청헌 김증한 교수 30주기 추모논문집

우리 법 70년 변화와 전망

사법을 중심으로

청헌 김증한 교수 30주기 추모논문집 간행위원회

法 文 社

청헌(晴軒) 김증한 교수님 생전의 모습

청헌 김증한 교수를 그리며

김용담

선생님께서 세상을 떠나신 지도 벌써 30년의 세월이 지났습니다. 그러나 선생님의 자취가 너무 크고 또렷하여, 크고 작은 일들이 생길 때면, 선생님을 자주 떠 올리고 그리워합니다.

오늘의 법조현실이 뒤숭숭한 탓인지, 처음 판사로 발령받고 인사드리려 찾아뵈었을 때, 선생님께서 하신 말씀을 곰곰 되씹게 됩니다.

그때 선생님께서는 법의 의미와 목적을 깊이 천착하지 않고, 다른 목적을 위한 수단과 도구로 이용하려고 법을 구부릴 때의 그 부정직함, 그리고 그로부터 생기는 해악을 경계하셨습니다.

오늘 법을 앞세우는 사람들의 그 내면에 있는 불순함이 엿보이는 듯하고, 그 폐해는 두고두고 나타날 것이라는 예감이 떠나지 않기 때문에 선생님의 말씀이 더욱 생생하고 또렷하게 들리는 듯합니다.

그러면서, 젊은이들 특히 젊은 법학도들에게 걸었던 선생님의 믿음과 기대를 되새기게 됩니다. 오늘 해결하지 못한 문제들을 풀 주체는 결국 젊은이들일 것이기 때문입니다.

선생님은 젊은 법학도들에게 성실하셨습니다. 아주 작은 예지만, 지금과 달리 논술형식으로 된 당시 2차 사법시험 채점을 하실 때, 선생님께서는 일찍 일어나 시험지를 살펴보시되 오전 중에만 점수를 매기셨습니다. 이유를 여쭌 즉, "아무래도 저녁에는 정신이 맑지 못한데, 내 소홀로 젊은 사람의 진로가 잘못되어서는 안 되지 않나?" 하시는 것이었습니다. 평생 간직하고 지키신 사도師道이십니다

법조개혁과 관련하여서는 선생님께서 아쉬워하실 것 같아 죄송한 마음도 갖게 됩니다.

법무법인 세종 변호사 · 전 대법관

선생님께서 세상을 떠나신 후 법조계 최대의 변화 중 하나는, 종래의 법학교육제도를 전면적으로 바꾸어 2009년부터 법학전문대학원 이른바 Law School제도를 채택한 것일 것입니다.

선생님께서는 생전, 우리 법학계가 극복해야 할 과제로 고시법학을 말씀하시곤 하셨습니다. 법률을 공부하는 사람들이 자격시험인 사법시험을 치는 것은 어쩔 수 없는 일이지만, 처음부터 시험 합격을 목표로 거기에 매달려서는 안 되고, 학문으로서의 법학을 먼저 배우고 익힌 다음 시험을 쳐 합격하여야 비로소 올바른 법조인이 될 수 있을 것이라고 강조하신 것입니다. 참으로 새겨들어야 할 옳으신 말씀입니다.

그러나 법조개혁의 핵심으로 삼는 법학전문대학원제도가 오히려 고시법학을 심화시키고 있는 현실을 보면서, 머리 흔드시는 선생님의 모습을 떠 올리게 되고, 우리 법조개혁의 미진함과 법학전문대학원제도가 성공적으로 정착하기 위하여 해야 할 일을 다시 깨닫게 됩니다.

저는 평생, "살아있는 법을 발견하여 적용하려고 애써야 한다. 살아있다는 것은 변하는 것이므로 항상 연구와 성찰을 게을리 하지 말아야 한다"는 선생님의 가르치심을 삶과 재판의 좌표로 삼아왔지만, 이 말씀은 곧 선생님 삶의 묘사이기도 하다는 생각을 하곤 합니다.

제가 당시 저술하시는 물권법의 원고정리를 도와 드리려고 1970년 댁을 찾아뵙고 기거하게 될 때, 먼저 놀란 것은, 15평 남짓 너른 서재에 꽉 들어찬 원서들이었습니다. 책값이 비쌀 뿐만 아니라 해외에 송금하는 절차도 쉽지 않은 때, 그 많은 책을 구입하시다니......! 대학원생에 불과하던 나에게는, 주註에서만 보던 세계적 대가들의 저서를 내 눈으로 찾아 뽑아 읽을 수 있다는 것이 얼마나 자랑스러웠는지 모릅니다. 그러나 그보다도 더욱 각인되고 기억되는 것은, 독일의 NJW, 일본의ジュリスト등을 정기구독하시면서 독일과 일본의 학설의 추이와 변동을 주의 깊게 관찰하시고, 하루도 공부를 게을리 하지 않으시는 모습이었습니다.

나중 선생님으로부터 직접 들은 고백이지만, 선생님은 그 때 마음이 무척 급하셨다고 합니다. 변변한 법률잡지 하나 없었던 척박한 법학계에서 당시 선진으로 여겼던 독일과 일본의 법학을 극복하고 이들과 어깨를 나란히 겨눌 한국법학을 일궈내야 한다는 압박감 때문에….

이 논문집, 『우리 법 70년 변화와 전망 – 사법을 중심으로 –』는 우리 법, 특히 사법이 지난 70년간 발전해 온 과정을 돌이켜 보고, 현재의 모습과 문제점 및 장차 나아갈 방향을 모색하기 위하여 각 분야의 전문가들이 작성한 논문들을 모아 한 권의 책으로 엮은 것입니다. 선생님을 기억하고 추모하는 후학들이 정성을 모아 마련한 이 논문집을 헌정 받으시며, 기뻐하실 선생님의 모습이 눈에 선하고, 느끼는 감동도 각별합니다.

선생님의 학문을 감히 평할 수는 없지만, 선생님의 학문작업은 법과 법원칙들을 찾아 발견하고 그것들이 잘 유지되고 작동되도록 모색하는 지혜를 탐구하는 것이었다고 생각합니다. 그러므로 시대와 환경의 변화에 따라 학설은 고쳐지고 변경되기도 하겠지만, 그러나 그러한 변화 속에서도 올바른 법과 법의 원리를 찾는 일이 멈추어져서는 안 될 것입니다. 그리고 선생님께서는 그 일에 동참하는 모든 이들을, 친구요 동역자요 제자로 여길 것이라고 확신합니다.

이제 세월의 흐름을 따라, 선생님께 직접 사사한 제자들은 벌써 원로가 되었는데, 그 원로와 책으로만 존함을 알았던 신진의 학자들까지도 함께 모여 선생님을 기념하며 연구업적을 담은 논문집을 내어 헌정하게 되었습니다. 참으로 귀하고 의의 있는 일입니다.

이 논문집이야말로 선과 형평의 원리를 찾는 일이 우리 안에서 끊임없이 그리고 중단 없이 계속 이어지고 있다는 산 증거이며, 선생님께서 가장 보람되고 기쁘게 여기시는 일이 될 것입니다.

끝으로 이번 추모논문집 사업은 정창순 님(서울대학교 법과대학 졸업 11회)이 김증한 선생님의 사랑에 감사하는 마음으로 희사해주신 출연금으로 추진되었습니다. 선생님 30주기를 맞아, 선생님의 학덕이 다시 한번 기억되고, 그 학풍이 후학들에게 이어지는 모습이 아름답게 펼쳐지도록 해 주신 정창순 님에게 마음속에서 우러나는 감사를 드립니다.

2018년 10월

청헌 김증한 교수 30주기 추모논문집 간행위원회 위원장

김 용 담

김증한의 생애와 학문[1)] – 개인적인 시각에서

양창수

I. 들어가기 전에

1. 나는 1970년에 서울대학교 법과대학의 법학과에 입학하여 1971년 1학기에 시작된 민법 강의는 줄곧 김증한 선생님(이하 경칭 일절 생략)으로부터 들었다. 당시는 법학과 100명의 학생은 이를 학번순으로 양분하여 앞의 50명은 김증한, 뒤의 50명은 곽윤직으로부터 민법 강의를 듣게 하였고, 이는 말하자면 '의무분담제'로서 그렇게 들어야 하도록 되어 있었다.[2)] 그리하여 나의 민법 공부 교재는 오로지 김증한・안이준 편저의 민법 강의 시리즈, 그리고 김증한의 『신물권법(상)(하)』이었다.

내가 1974년 3월에 위 대학교 대학원 법학과에 들어가서 민법학을 전공하게 된 때에도 지도교수로 당연히 김증한을 모셔서 "원시적 불능 급부를 목적으로 하는 계약의 무효론에 대한 비판적 고찰"이라는 논문으로 석사학위를 취득하였고, 그 후 같은 대학원 박사과정에 들어가서도 지도교수는 김증한이었다. 그것은 물론 학부 동안 내내 김증한으로부터 민법 강의를 들었기 때문이기도 하지만, 그의 장남인 김학동(현재 서울시립대 명예교수)이 나의 고등학교 2년 선배이고, 또 내 仲兄과 고

서울대학교 명예교수・전 대법관

1) 이미 양창수, "한국 민사법학 50년의 성과와 21세기적 과제", 서울대학교 법학 36권 2호(1995), 1면 이하; 동, "한국사회의 변화와 민법학의 과제", 서울대학교 법학 28권 1호(1987), 4면 이하(이상 후에 동, 민법연구, 제1권(1991) 및 제4권(1997)의 각 1면 이하에 수록)가 부분적이나마 다루고 있다.

2) 행정학과 60명에 대한 민법 강의는 황적인이 맡았던 것으로 기억한다. 최종길은 주지하는 대로 1970년에 미국의 하바드대학교에 연구차 갔다가 1971년에 귀국한 후 1972년 10월 사망하였는데, 나의 70학번 동기들이 그로부터 민법 강의를 들었다는 기억은 없다.

교 동기로 친구 사이이었다는 것도 분명 한몫을 했다.[3)]

그러나 나는 김증한의 32년 연하로서, '인간적으로 가까웠다'고 말할 수 있는지에는 아무래도 의문이 있다. 그러니 김증한을 사람으로서, 스승으로서 잘 안다고 하기도 아마 어려울 것이다. 그러나 드물기는 하지만 학교나 평창동 집에서 뵙고 이야기를 나눈 일이 드물지 않고, 무엇보다도 김증한을 잘 아는(또는 안다고 생각되는) 이호정으로부터 김증한에 관한 이야기를 많이 그리고 상세하게 들었다.

한편 나는 김증한의 정년퇴임으로 비게 된 서울대학교 법과대학의 민법 전공 교수 자리에 채용되었다. 말하자면 「후임자」인 셈이다. 나는 이미 대학교수의 직을 정년으로 퇴임하였지만, 이 점은 지금까지 어떠한 방식으로든 머리 한 구석을 차지하고 있었다.

2. 주지하는 대로 김증한의 생애와 민법학에 대하여는 지금으로부터 얼마 되지 않은 2015년에 도합 578면의 단행본이 나왔다.[4)] 이는 김증한이 '창립'하였다고 해도 좋을 「한국민사법학회」에서 기획하여 그 전해인 2014년의 10월 18일에 개최된 위 학회의 학술대회에서의 발표자료를 기초로 하여 쓰인 글을 모은 것이다. 이와 같이 어느 한 사람의 법학자를 여러 사람이 다각도로 조명하면서 얇지 않은 책을 꾸며낸 것은 내가 아는 한에서는 우리나라에서 처음이다.[5)]

거기에는 김증한의 생애, 민법연구 방법론 및 「판례평석과 실무에 미친 영향」이라는 총론적 서술에서부터 13개의 개별 주제에 초점을 맞추어 다양한 각론적 사항들을 검토하고 있다. 그 개별 주제를 구체적으로 보면, 법인, 법률행위, 소멸시효, 물권 변동, 물권적 기대권, 공동소유, 전세권, 양도담보, 계약 해제, 임대차, 도급, 조합, 공동불법행위로서, 민법총칙상의 제도에서부터 채권각칙의 전형계약은 물론이고 불법행위에도 미친다.

그 책에서 서민은 자신의 글을 "김증한 교수는 해방 후 한국의 법학계를 이끌어 온 대표적인 법학자이었고, 특히 한국 민법학의 초석을 놓고 또 튼튼하게 쌓아

---

3) 김학동과 광화문 근처에서 술을 마시다가 헤어지는 게 아쉬운데 통금시간이 가까워지면 평창동의 김증한 집으로 '쳐들어가기도' 했다.

4) 윤철홍 엮음, 한국 민법학의 재정립: 청헌 김증한 교수의 생애와 학문세계(경인문화사, 2013).

5) 우리나라의 공법학자들에 대하여는 우선 김효전 편, 한국의 공법학자들 — 생애와 사상(2003), 나아가 비교적 근자에 전광석, 한국 헌법학의 개척자들(2015)이 있다. 후자는 제2장 이하에서 유진오, 한태연, 문홍주, 박일경, 김기범을 각 장마다 다루고 있으며, 제1장('헌법 · 헌법학사 · 헌법학자')에서 헌법학자들에 대한 학문적 처리가 헌법학에서 가지는 의미를 음미하고 있다.

올린 위대한 법학자이었다. 오늘날 체계 잡힌 하나의 학문으로 정립된 한국의 민법학은 그의 이름을 떠올리지 않고는 생각할 수 없다고 해도 과언이 아니다"라는 말로 시작하고 있는 것이다.[6] 그러한 터에 김증한의 생애와 학문에 대하여 지금 이 시점에서 말하는 것은 군더더기라는 평가를 받기가 십상이겠다.

그러나 이하의 글은 김증한을 기념하는 또 하나의 논문집[7]을 위하여 그 맨 앞머리에 그를 추념하는 뜻에서 작성된 것이다. 이를 작성함에 있어서는 앞서 본 책과 가능하면 중복하지 않도록 거기에서 별로 다루어지지 않은 사실 또는 측면을 제시하고 또한/또는 그 책에 쓰인 것을 보충하는 한도에서 살펴보는 것이 되도록 유념하려고 한다. 그 과정에서 특히 김증한의 생애와 학문에 대하여 더 논구되어야 할 점들을 짚어본다. 그리고 김증한 자신의 언명을 그대로 옮겨 적음으로써 가능하면 그의 '숨결'을 느끼게 할 수 있지 않을까 하는 억측도 해 본다.

나는 김증한의 민법학과 관련하여 더 생각하여 볼 문제들이 적지 않다고 생각하고 있고, 이에 대하여는 기회 있을 때마다 소견을 피력하곤 하였는데,[8] 이 글은 이들을 보충하는 의미도 없지 않다.

3. 우선 김증한의 생애에 대하여 간단히 살펴본다(Ⅱ).

나아가 김증한의 학문에 관하여 변변치 못하나마 아직 충분히 주목되지 못하고 있는 점 몇몇을 들어두기로 한다(Ⅲ).

끝으로 김증한이 우리에게 제시하는 매우 무거운 과제라고 여겨지는 것을 들어보기로 한다(Ⅳ).

---

6) 서민, "김증한 교수의 생애", 윤철홍 엮음(주 4), 17면.

7) 뒤의 주 11에서도 보는 대로 김증한을 위해서는 그 환갑을 기념하여 마련된 논문집이 있다. 이번의 논문집은 말하자면 그의 서거 30주년을 추념하는 것으로서 제2의 기념 논문집이다. 우리나라의 다른 법학자의 예를 보면, 만일 김증한이 1988년 10월 7일에 영면하지 않았다면, 혹 1989년에 맞았을 고희 등을 기념하는 논문집 등이 마련되었을 가능성이 적지 않다.

8) 우선 개별적인 법문제에 관하여 양창수, "공동소유 — 민법 제정과정에서의 논의와 그 후의 평가를 중심으로", 이영준 박사 화갑 기념 논문집: 한국민법이론의 발전(1999), 361면 이하; 동, "한국법에서의 「외국」의 문제 — 한국 민법학 초기의 어떤 모습을 계기로 하여", 서민 교수 정년 기념 논문집: 민법학의 현대적 양상(2006), 67면 이하; 동, "법학 명저: 김증한, 『신물권법(상)(하) — 「독자적 민법체계」의 시도", 서울대학교 법학 48권 3호(2007), 206면 이하(나중에 동, 민법연구, 제6권(2001), 107면 이하; 제9권(2007), 1면 및 19면 이하에 각 수록되었다. 이하 후자에 의하여 인용한다) 등 참조. 그리고 보다 일반적으로 접근한 것으로는 무엇보다도 양창수, "우리 민법학의 성과와 앞으로의 과제", 본서(2018), 3면, 특히 39면 이하 참조.

Ⅱ. 김증한의 삶[9)]

1. 김증한은 1920년 5월 6일(음력 3월 19일)에 충청남도 부여군 구룡면 논티리[10)]에서 태어났다.[11)] 그의 아버지는 김익진金翼鎭으로,[12)] 일제 때 판사·변호사를 하였고 정부 수립 후 1949년에 검찰총장을 지낸 우리나라의 원로 법조인이다. 이

---

9) 김증한의 생애에 관한 자료로서는 서민(주 6)에서 인용되어 있는 글들 외에, 김증한의 사망에 처하여 쓴 추도문으로서 金道昶, "晴軒 金曾漢 敎授를 追悼함", 고시계 1988년 11월호, 210면 이하; 崔鍾庫, "讀史餘滴<71>: 晴軒 金曾漢", 법률신문 1790호(1988.10.20.), 12면; 黃迪仁, "弔辭: 故 晴軒 金曾漢 博士 靈前에 바침", 위 법률신문, 9면 등이 있다.

10) 이는 이 행정구역의 정식 명칭이다. '논티'는 위 마을을 지나는 홍산과 부여를 잇는 오래된 넓은 길을 가리킨다. 한자로는 論峙里(논치리)라고 한다.

11) 이 부분은 전적으로 現代民法學의 諸問題: 晴軒 金曾漢 博士 華甲紀念論文集(1981), 867면 이하 소재의 「晴軒 金曾漢 博士 年譜」(이하 단지 「연보」라고만 한다)에 의하였다.
한편 김증한의 동생으로 제1세대의 「국제 변호사」(그의 책 『여든에 돌아보다』, 2003, 9면 ('책머리에')에 따르면, "한국에 진출하려는 외국 기업과 국내 기업을 이어주는 다리 역할을 해 줄 변호사")로 이름이 있는 김흥한金興漢이 있다. 그러나 그의 위 자서전은 그가 미국으로 유학을 가던 1953년 7월의 일부터 다루고 있어서 김증한에 관한 자료로서는 한계가 있다. 다만 그 행간을 읽어 형제의 관계를 탐색하여 보는 것은 흥미로운 바가 없지 않을 것으로 느껴진다.

12) 김익진에 관한 자료는 유감스럽게도 별로 찾아볼 수 없다. 그 드문 예외로는 이영근·김충식·황호택, 법에 사는 사람들(1985), 153면부터 163면까지의 '金翼鎭' 편(황호택 집필)을 들 수 있을 것이다. 필자들은 동아일보 기자로서, 이 책은 1984년 내내 동아일보에 같은 제목으로 연재되었던 기사를 바탕으로 정리한 것이다. 내용은 우리나라 건국 초기의 법조인 중 특출한 사람들에 관하여 주변 사람이 실제로 견문한 바를 정리한 것이 대부분으로, 단발적 에피소드가 중심을 이루고 있다. 그 중에서는 김익진이 — 검찰총장에서 서울고등검찰청 검사장으로 '좌천'된 배경(뒤의 주 64도 참조) 등도 물론 그러하지만 — 젊었을 때 평양과 인연을 맺게 되는 계기가 흥미롭다. "그는 강경지청에 [판사로] 있을 때 부친상을 당했으나 저축해 놓은 돈이 없어 빚을 내 장례를 치렀다. 평소 돈에 신경을 쓰지 않았던 그는 이 빚을 갚을 길이 막연했다. 궁여지책으로 생각한 것이 전근이었다. 당시에는 전근 여비가 실비보다 상당히 두둑하게 나왔다. 이 전근 여비를 타내 빚을 갚고 평양으로 떠났다."(위 책, 160면)(꺾음괄호 안은 인용자가 부가한 것이다. 이하 본문·각주에서 모두 같다)
한편 김익진의 약력은 다음과 같이 제시되어 있다.(위 책, 133면)

1896년 8월 9일	충남 부여 출생
1918년	경성전수학교 졸업
1920년	판사시험 합격 후 충주, 강경, 평양, 함흥 법원 등에 근무
1926년	평양복심법원 판사
1927년	변호사 개업(평양)
1945년	조선민주당 창당에 참여
1948년	월남, 대법관 취임
1949년	검찰총장
1950년	서울고검장
1952년	이승만 대통령 저격사건 관련 혐의로 면직
1970년 9월 17일	별세

엄격한 아버지에 대하여 장남 김증한은 매우 공순하였다는 증언이 많다.[13)]

그는 1937년에 평양사범학교 심상과를 졸업하면서[14)] 진남포에 있는 공립보통학교의 교사로 2년 남짓 일하였다. 그러다가 1939년 봄에 경성제국대학 예과 문과(갑류)에 입학하고[15)16)] 1944년 9월에 위 대학 법문학부 법학과를 졸업하였다.

2. 김증한의 훗날의 민법학을 생각함에 있어서도 대학 시절에 민법 담당 교수 有泉亨(아리이즈미 카오루)[17)]로부터 받은 영향을 되새겨 보는 것이 필요할 것으로 생각된다.[18)]

---

13) 이호정의 표현에 의하면, "제자들에게 엄격하기로 유명한 김증한 선생도 아버지 앞에서는 고양이 앞의 쥐처럼 꼼짝도 못 했다". 이 관계의 심리학적 탐색도 김증한의 '인간'을 설명하는 데 필요한 일인지 모른다.

14) 김증한과 평양과의 관계에 대하여는 다음과 같은 설명이 있다. 金晸鎭, "나와 曾漢 박사", 安二濬 편, 韓國法學의 證言: 故 金曾漢 博士 遺稿集(1989), 355면: "춘부장 익진 씨께서는 일제 강점기에 다년간 판검사를 지내셨고 평양에서 변호사 직을 개업하셨기 때문에 증한 박사도 평양에서 보통학교를 다녔으며 명실 공히 평양이 제2의 고향이다."

위 글의 필자 김정진은 김증한보다 한 살 위의 1919년 생으로 독문학을 전공하여 서울대학교 사범대학에서 오래 가르쳤다. 그는 김증한의 재종숙으로 "촌수는 7촌간이지만 각별히 친밀했던 정도를 측정하면 항렬을 초월해서 친형제나 다름없다고 생각한다."(위 책, 354면) 그는 김증한과 같이 1950년에 『受驗 獨逸語』를 저술·발간한 바도 있다("한 가지 특기할 것은 9·28 수복 직후 나와 증한 박사는 공저로 「수험 독일어」라는 참고서를 법문사 판으로 간행하여 뜻밖에 호평을 받고 낙양의 지가를 높였다는 사실이다."(위 책, 361면) 그러나 내가 소장하고 있는 이 책을 간행한 출판사는 그때까지만 해도 법문사가 아니라 葦聲文化社이다(뒤의 주 19에서 보는 「저서·논문 목록」, 869면에 의하면, 이 위성문화사는 나중에 "법문사로 되었다").

15) 이 시절에 대하여는 다음과 같은 증언이 있다. 김정진(전주), 356면: "증한 박사는 평양사범학교를 졸업한 후 잠시 교편을 잡았었다. 이때 증한 박사는 남달리 생물학에 취미를 갖고 위대한 생물학자가 되려고 했다. 그런데 춘부장께서 '조선 사람이 일제 통치 하에서 생물학을 공부해봤자 별로 뾰족한 수가 없다'고 한사코 만류하였기 때문에 스스로 좋아하는 생물학을 체념하고 부업을 계승하여 법률을 전공하기로 결심했던 것이다."

16) 예과 시절의 김증한에 대한 증언으로는 다음과 같은 것이 있다. 玄勝鍾, "賀序", 現代民法學의 諸問題(주 11), i면: "내가 김증한 박사를 처음 알게 된 것은 대학 예과 시절이었다. 체격이나 용모가 균형이 잡히고 단정하여 外樣도 믿음직한 데다, 그것에 못지않게 투지라고 할까 의지력과 박력이 넘쳐흐르며 진지하게 학업과 교우에 임하는 생활태도는 나의 눈길을 끌고도 남음이 있었다. … 입학 당초부터 김증한 박사는 모든 면에서 탁월하게 두각을 나타내 그 존재를 뚜렷이 하였으며, 상급반의 동창들에게 널리 알려졌었다. 실제로 김증한 박사는 동기생들의 구심점이 되어 있었을 뿐만 아니라 성적도 발군하여 일본학생들의 추종을 불허하였던 것으로 알고 있다."(점선은 인용자가 생략한 부분을 가리킨다. 이하 본문·각주에서 모두 같다)

17) 有泉亨(1906-1999)는 1932년에 동경제국대학 법학부를 졸업하고 그 조수를 거쳐 1940년에 경성제국대학 조교수로 부임하였다. 1944년에 동 대학 교수가 되었다가, 1946년에 일본으로 돌아갔다. 그 후 1947년부터 동경대학 사회과학연구소에 봉직하였고, 1955년에는 동 연구소 소장을 지냈다. 그는 민법 외에도 특히 일본으로 돌아간 후에 노동법 관련의 업적을 많이 냈으며(그를 위한 고희 기념 논문집은 『노동법의 해석이론』(1976)이라는 제목이 붙어 있다), 我妻榮의 高弟로 알려져 있다.

(1) 김증한은 민법학 수행에서 필요한 전제적 작업으로 — 역사적 · 비교법적 연구와 아울러 — 판례 연구와 이른바 실태조사를 들고 있는데,[19] 이 둘 모두에 관하여 모두 有泉亨의 「지도」를 말하고 있다. 그 외에도 有泉亨에 대한 언급은 여러 차례에 걸쳐 여러 가지 맥락에서 행하여지고 있다. 여기서는 '실태조사'에 관한 것만을 들어 말하기로 한다.[20]

김증한은 민법해석학 수행에 있어서 '실태조사'의 중요성을 놀라울 만큼 강조한다. 그는 "민법이론이 옳으냐 어떠냐를 결정지어 주는 것은 그 이론이 과연 우리나라 사회의 실태와 부합하느냐 어떠냐이다. 그러니까 민법 입론을 하다가 의문이 생기면 자기 혼자서 머릿속에서 생각하여 추론해 나가지 말고, 그곳에서 일단 글을 멈추어 놓고 몇 날 또는 몇 달 동안 실태조사를 해보는 것이다. 그리고 나서 그것을 토대로 하여 생각해 나가도록 하지 않으면 안 된다"고 한다.[21]

또한 "우리나라 민법학의 연구에 자극제가 되고 있고 그만큼 우리나라 민법학을 발전시키고 있다고 하는 것은 부인할 수 없"다고 스스로 평가하는 郭潤直과의 물권변동이론 대립, 즉 이른바 물권행위의 독자성 · 무인성 논의[22]에 대하여도, "곽 교수나 나나 이 문제가 옳고 그르고를 결정짓는 것은 이론의 정교성에 있는 것이 아니라 어느 쪽이 우리 사회현실에 맞고 우리 국민의 법의식과 부합하느냐에 있다고 생각하는 점에 있어서는 완전히 일치하고 있다"고도 하는 것이다.[23]

---

18) 그는 인간적으로도 有泉亨와 가까운지도 모르겠다. 예를 들면, 김증한, "한국 민법학의 진로", 안이준 편(주 14), 137면 이하: "有泉 교수는 … 작년(1984년)에 내가 초청해서 종전 후 처음으로 서울에 다녀가셨다. [그가 我妻 사망 후에 이어받아 전정판을 낸] 『민법 I』과 『민법 II』는 세 권씩을 나에게 보내와 이영섭 · 주재황 양 선배에게 전달하였다."

19) 본서에 별도로 수록된 金曾漢, "民法研究의 設計", 高大新報 제92호(1955.12.5.자), 2면 참조. 짤막하지만 김증한의 민법학 지향을 탐색함에 있어서 매우 중요하다고 생각되는 이 글은 現代民法學의 諸問題(주 11), 867면 이하의 「晴軒 金曾漢 博士 著書 · 論文 目錄」에는 누락되어 있는 것을 내가 다른 기회에 찾아내 김학동에게 전한 것이다.

20) 판례 연구에 관하여는 예를 들면 김증한(주 18), 137면: "이와 같이 내가 판례 연구에 항상 많은 관심을 가졌던 것은, 대학 재학 시절에 有泉亨 교수가 지도하는 「판례연구반」이라는 써클의 멤버로서 매주 판례 하나씩 맡아서 평석, 보고를 하는 데 참여했었기 때문이다. 有泉 교수는 동경대학의 我妻榮 교수의 수제자로서 동경대학에서 하고 있는 「판례연구회」 같은 것을 해 보려고 했던 것이다."

21) 김증한(주 18), 140면.

22) 김증한(주 18), 146면. 이 논쟁은, 李好珽, "프란츠 · 바이얼레의 물권계약론(상)", 법조 18권 1호(1969), 41면에 의하면, "우리나라의 민법학의 역사상 가장 찬란하고 높은 이론적 수준의 논쟁"이다.

23) 김증한(주 18), 146면.

그러면서 김증한은 대학 재학 시절 有泉 교수의 지도 아래서 행하여진 「법생활 실태조사」에 직접 참여하였음을 밝히면서,[24] "위에 말한 것 이외에도 시골에 많은 사람들이 떼지어 들어가면 우선 경찰에서 주목을 하기 쉽다. 그러니까 실태조사를 실시할 때에는 경찰을 비롯한 지방관서의 긴밀한 협조를 얻어야 한다는 것을 잊어서는 안 된다"라는 조언까지 덧붙이고 있다.[25]

그런데 다른 한편으로 "우리나라에서 아직 실태조사가 부진한 데는 여러 가지 이유가 있다. 첫째는 많은 인력이 필요한데 그만한 인력을 동원하기가 쉽지 않다는 것이고, 조사하는 데에나 그 뒤의 처리를 하는 데에나 모두 돈이 필요한데 그만한 풍부한 재원이 없다. / 그뿐만 아니라 주민들은 무엇을 묻거나 무조건 '모르겠습니다'라고 대답하는 것이다. 잘못 대답했다가는 세금을 물게 된다거나 경찰에 잡혀간다고 생각하는지 몰라도, '모른다'는 대답이 도저히 나올 수 없는 물음에 대해서도 무조건 모른다고 대답하는 것이다. 그렇기 때문에 제대로 도움이 될 만한 대답을 얻는 것이 매우 힘이 든다고 하는 것이 우리나라의 실정이다"(/는 단락이 나뉘는 부분을 가리킨다. 이하 같다)라고 한다.[26]

이와 관련하여서는, 근자에 이와 같이 이른바 '실태조사'를 강조하는 태도가 일정 당시 조선총독부가 — 자신들의 통치 목적을 위하여 — 관변 또는 교육기관 등을 동원하여 수없이 행한 인류학적 · 지리학적 · 민속학적 조사 등[27]으로부터 무의식으로라도 영향을 받은 것은 아닌지 논의가 필요할 것이다.

(2) 나아가 앞서 잠깐 언급한 물권변동이론에 관하여도 김증한은 다음과 같이 말하고 있다.

---

24) 김증한(주 18), 139면: "필자는 대학 재학 중에 하계휴가 중에 경성제대 법문학부의 실태조사팀의 일원으로서 군산에서 10리쯤 남쪽으로 내려간 둔산이라는 조그만 해변 마을에서 법생활 실태조사를 실시한 일이 있다. 그때에도 지도교수는 有泉 교수이었다. 호적과 실제 거주상태와의 一致度라든가, 두 개의 우물이 있는데 그 우물의 사용에 관한 권리관계 등을 알아보았다. 호적과 실제 거주관계의 일치 여부를 알아보니, 그곳에 본적을 두고 있으면서 그곳에 실제로 거주하고 있는 사람은 반에도 훨씬 미치지 못했고(1941년 여름 — 그만큼 인구의 이동이 매우 빨랐다), 우물의 사용관계는 두 개의 우물을 온 동네 사람들이 의좋게 나누어 마시는 것이지, 어느 우물은 어느 집 것이라고 분명한 권리한계가 그어져 있지 않은 것을 보았다."

25) 김증한(주 18), 140면.

26) 김증한(주 18), 138면 이하.

27) 이러한 식민지에서의 식민종주국 학자들의 '실태조사작업'의 내용 · 문제점 등에 관한 일본에서의 최근의 연구로는 사카노 토오루, 박호원 역, 제국 일본과 인류학자(1884-1952)(2013)[坂野徹, 帝國日本と人類學者 1884年－1952年(2005)의 번역]; 山路勝彦 · 田中雅一 編, 植民地主義と人類學(2000); 中生勝美 編, 植民地人類學の展望(2000) 등 참조.

"**有泉亨 교수의 말에 의하면**, 물권변동이론에 있어서 石田文次郎・末川博 등 경도대학 교수들이 물권행위의 독자성・무인성을 강조하는 데 반해서, 末弘嚴太郎・我妻榮 등 동경대 교수들이 물권행위의 독자성・무인성을 부인하는 것으로 뚜렷하게 대립하고 있으나, 원래 동대에서의 물권행위 독자성・무인성 부인론은 어떤 이론적 연구의 결과로서가 아니라 오랫동안 판례연구를 하는 동안에 그것을 인정할 필요가 없지 않으냐,라는 쪽으로 기울어졌다는 것이다."[28](강조는 인용자가 가한 것이다)

이 肝心의 그 법문제와 관련하여서도 김증한이 有泉亨의 말을 인용하는 것을 어떻게 이해하여야 할 것인가?

3. 김증한은 경성제대를 졸업한 직후 일제에 징용되어[29] '경리갑종간후보생'으로 선발되고 경리소위로 임관하여 일본의 山陰(산인) 지방에 있는 병영에서 근무하다가 8・15해방을 맞았다.[30]

그는 해방 후 일단 평양으로 돌아왔다가 1946년 초에 월남하여 「경성대학」[31]의 법문학부 형법학 담당 윤동직 교수[32]의 연구실에 조수로 근무하기 시작하였다.[33]

---

28) 김증한(주 18), 154면 이하.

29) 정확하게 말하면, 김증한은 경성제대 법문학부 3학년 때 학병으로 입대하였다. 그러나 "그 당시 졸업하기 위해서는 27단위(학점)를 취득해야 했는데 20단위 이상 취득하고 학병으로 간 학생에 대해서는 집으로 졸업장을 보내 주"는 특별한 처리("晴軒 金曾漢 博士께서 걸어오신 길", 안이준 편(주 14), 27면의 김증한 발언. 이 글은 황적인과의 대담을 정리한 것이다)에 의하여 졸업을 하게 된 것으로 생각된다. 한편 김정진(주 14), 358면: "그 당시 나(행정과)와 증한 박사(사법과)는 한참 고문시험[=고등문관시험]을 준비하고 있었는데, 청천벽력이 내려 펜을 칼로 바꾸고 인명재천이라고 생각하고 용약 출정했다." 여기서 '고등문관시험'은 1894년부터 1948년까지 일본과 그 식민지인 조선 등에서 시행된 고급관리 채용시험이다

30) 김정진(주 14), 358면 이하.

31) 이는 종전의 「경성제국대학」을 8・15해방 후 임시로 부르던 이름이다. 8월 16일에 조선인 교직원들이 '경성대학 자치위원회'를 구성하고, 학생들과 함께 당시의 야마가 노부지(山家信次) 총장으로부터 학교의 운영에 대한 전권을 얻어낸 다음, 다음날인 8월 17일에는 학교 본관에 태극기를 게양하고 거기에 걸린 「경성제국대학」 현판의 '제국'이라는 부분을 종이로 가려 「경성대학」으로 보이게 하였다고 한다.

32) 김정진(주 14), 359면: "그 당시 법문학부 교수들 가운데는 좌경한 사람들이 많았는데, 상기한 윤동직 교수 외에도 이종갑(상법), 이태진(행정법), 최모(정치학, 만주 건국대 출신) 등이 있었다. 이들은 6・25사변을 전후해서 예외 없이 자진 월북했다." 여기서의 李鍾甲, 尹東直이 유동선兪東璿, 주유순朱愈淳(그는 1950년 3월에 발간된 『商法總則講義』의 저자이다), 그리고 주재황 및 朴商鎰(주지하는 대로 후에 민사소송법 교과서를 발간하였다)과 함께 조선과학동맹 편, 각국 선거제도 독본(1947)의 분담 집필자로 되어 있는 것은 우연이 아닐 것이다.

33) 김정진(주 14), 360면: "월남 직후의 일이었다고 생각되는데 증한 박사는 나에게 군대, 재판소, 행정관청, 은행, 학계(대학) 등 여러 진로 가운데서 자기는 학계를 택하고 평생 동안 오로지 법학연구에 소명감을 갖고 일로매진하겠다고 술회한 바가 있었다." 그리고 "書齋閑談 대담"(이

그가 “1946년 가을 경성대학 법문학부 개강일에 제1번 타자로 강단에 서서 패기에 넘쳐 자신만만하게 서양법제사 강의를 개시한 것은 참으로 획기적이며 극적이라고 아니할 수 없다.”[34] 이때에 그는 약관 26세의 청년이었다.

Ⅲ. 김증한의 학문

1. 서양법제사[35]

(1) 그가 서울대학교에서 서양법제사 강의를 담당한 것은 스스로의 이니시어티브에 의해서라기보다는 오히려 그때의 사정에 좇아갔기 때문인 것으로 추측된다.[36] 그러나 일단 맡은 일은 철저하게 수행하는 것이 김증한의 타고난 성품인 듯하다.

그는 자신이 서울대학교에서 행하던 서양법제사 강의를 위한 강의안을 정리하여, 그 일부를 당시 「서울通信大學」의 이름으로 간행되던 『新朝鮮法學全集』의 제2권(1948.5.15. 발행)에 「서양법제사」라는 이름으로 발표하였다. 이 책에는 朴商鎰의 「법학입문」, 朱宰璜의 「채권법」, 그리고 尹世昌의 「행정법」이 같이 묶여 있다.[37][38] 그리고 1949년 8월 20일에 발간된 그 제3권에 「서양법제사(2)」가, 1950

는 한국경제신문 기자와의 대담을 정리한 것이다), 안이준 편(주 14), 55면: “해방 이듬해에 38선을 넘어 서울에 도착해 보니 마침 경성대학에서 조수(현 조교)를 모집하고 있더군요. 응모하려 했더니 ‘형법을 해 보겠느냐’고 물어요. ‘이제부터 시작하는 것이니까 아무거나 좋다’고 말했더니 논문을 써오라는 거예요. 책이란 한 권도 못 갖고 월남했기 때문에 중앙도서관[아마도 서울대 중앙도서관이리라] 신문 통계를 자료로 해서 「범죄 통계와 금후의 형사정책」이라는 논문을 써서 제출하고 면접한 결과 교수회의에서 통과가 됐지요.”

34) 김정진(주 14), 360면.

35) 한편 김증한은 “나와 서양법제사”, 안이준 편(주 14), 156면 이하에서 최종고, 서양법제사(1986)에 대한 서평의 형식을 빌어 자신의 서양법제사 연구의 자취를 스스로 살펴보고 있다.

36) 그는 형법연구실 조수로 있었던 시절에는 “[독일의 형법학자인] 비르크마이어(Birkmeyer), 빈딩(K. Binding) 등의 책을 열심히 읽었다”고 스스로 말한다(“청헌 김증한 박사께서 걸어오신 길”, 안이준 편(주 14), 29면). 그러다가 “[서울대 법대의 조수가 된 후] 소식을 들으니 당시 법전[즉 경성법학전문학교] 교장으로 계시던 고병국 선생이 법대 학장으로 오신다는데 저하고는 일면식도 없는 사이였죠. 다만 고 학장과 [지리학자로서 연희전문 교수·경성제대 예과 강사 등을 지낸] 육지수 선생이 가깝다는 얘기를 듣고 육 선생을 찾아가 부탁을 드렸지요. 육 선생에겐 대학 예과 시절에 배웠으니까요. / 육 선생의 알선으로 고 학장을 뵈었더니 이미 기본과목은 경험 있는 분들이 맡게 됐으니 서양법제사를 담당해 보겠느냐고 말씀하세요. 그래서 즉석에서 승낙하고 1주일 간 준비해서 1946년 9월 28일 상오 9시에 국립 서울대학교로선 첫 강의를 제가 했지요.”(“서재한담 대담”, 안이준 편(주 14), 56면)

년 5월 30일[39]에 발간된 제4권에 「서양법제사(3)」이 발표되었다. 이와 같이 하여 일단 「채권법」, 즉 불법행위법까지가 완결되었다.[40]

그 후에도 김증한은 「서양법제사」의 완성을 위하여 노력하였다.[41] 그 결과가 6·25전쟁이 한참 진행 중이던 때에 나온 『獨逸私法史』이다.[42] 이 책은 '법무부 법무국'이 주관하고 있던 「法務資料」 시리즈의 제20집으로 발간되었다. 그 앞머리에 실린 '筆者의 말'은 그의 학문적 기본입장을 엿보는 데 의미가 적지 않다고 생각되므로 조금 길더라도 인용하여 본다.[43]

> "우리의 현행 민법은 대체로 종전 전의 일본민법전이고, 일본민법전은 대체로 독일민법 제1초안을 본받은 것이었다.[44] 그뿐만 아니라 일본의 법학은, 따라서 현재의 우리나라의 법학은 법전이 그랬던 이상으로 독일법학의 再版이라 함은 주지의 사실이다. 그러니 獨逸私法史는 곧 우리가 현재 가지고 있는 사법체계의 역사적 회고인 것이다.
>
> 우리나라는 바야흐로 빌린 옷을 벗어버리기 위하여 우리 자신의 법체계를 창조하려는 단계에 있다. 그러나 법의 창조란 결코 현실과 유리하고 종래의 법체계와 沒交涉하게 이루어질 수 있는 것이 아니라, 위선 과거의 회고·검토·음미로부터 출발하여야 할 것이다.

---

37) 장차 한 권의 책이 될 원고의 일부를 다른 법분야에 관한 부분 원고들과 합하여 우선 한 책으로 발간하는 방식은 일제 당시 「日本評論社」의 『新法學全集』의 발간체제를 그대로 본딴 것이다. 예를 들어 우리나라에도 영향력이 지대한 我妻榮의 『事務管理·不當利得·不法行爲』는 애초에는 그와 같은 방식의 3分冊으로 나뉘어 발간되었다.

38) 참고로 김증한을 포함하여 이들 4인은 모두 「國立서울大學法科大學教授」라는 직함을 가지는 것으로 표지 및 목차 등에 표시되어 있다.

39) 이 책의 刊記에 의하면, 이 책은 '단기 4282년'(서기 1949년) 5월에 발행된 것으로 기재되어 있으나, 이는 원고의 내용별 편제 순서나 紙質의 개선 등에 비추어 제3권보다 먼저 출간되었다고 믿기 어렵다. 아마도 '단기 4283년'의 잘못이거나 앞서 본 제3권의 발행일자가 잘못 인쇄되었을 것이다.

40) 이 「서양법제사(3)」이 매우 서둘러 발행된 것은, 그 목차에서 맨 마지막 부분의 '노무계약' 및 '불법행위'(「제3편 채권법」의 「제2장 채권법각론」의 제5절과 제6절)에는 면수가 매겨져 있지 않고 공란으로 되어 있는 것으로부터도 추론할 수 있다.

41) 그의 저술목록 중 [논문] 부분의 제3. 및 제4.를 차지하는 것이 "게르만의 親族法" 및 "게르만의 相續法"으로서 각각 法政 4권 6호·7호·10호(1949) 및 동 5권 1호 내지 3호(1950)에 발표되었다. 이들은 바로 뒤에서 보는 『獨逸私法史』의 「본론」 제4편 친족법 및 제5편 상속법과 일치하는 내용이다. 즉 이들은 앞에서 본 「서양법제사(3)」의 말미를 장식하는 '불법행위'(전주 참조)에 이어지는 것이다.

42) 나는 이 책을 두 권 소장하고 있다. 그러나 유감스럽게도 모두 刊記가 없다. 다만 맨 앞에 있는 '법무부 법무국' 명의의 「序」나 바로 뒤에서 보는 「筆者의 말」은 모두 1951년 12월 31일자로 되어 있다.

43) 원래의 책에 이 부분 면수가 매겨져 있지 않다.

44) 우리나라에서도 널리 받아들여지고 있는, 일본민법전이 독일민법 제1초안을 본받은 것이었다는 인식이 수긍할 만한 것인지에 대하여는 논의를 요한다.

이 요청에 응하여 주는 것이 法制史이다.

따라서 법제사의 연구는 한국법학의 현단계에서 요청되는 가장 緊急切要의 분야의 하나이다. 그럼에도 불구하고 우리나라의 법학도와 법조인은 종래 이 분야에 대한 관심이 매우 희박하였었다. 이러한 실정에 비추어 다소라도 이 분야에 대한 관심을 야기하고 나아가서 우리 법과 우리 법학의 기초공사에 도움이 될 수 있으면 하는 마음으로 아직 극히 연구 불충분이며 오류까지도 적지 않을 것을 알면서 감히 인쇄에 부치는 바이다."(앞서의 인용문에서와 같이 현재의 맞춤법에 좇아 수정한 곳이 있다. 인용문에 붙은 각주는 인용자가 가한 것이다)

애초에 김증한은, 자신의 『서양법제사』를 독일법제사에 초점을 맞추어 개진하기로 하되, 그 내용은 이를 서론과 본론으로 나누며, 후자에서는 「제1부 社會史及法源史」와 「제2부 私法史」를 다루고, 그 중 제2부는 「제1편 총칙」부터 「제5편 상속법」까지 독일민법전의 편서에 따른 소재 외에 「제6편 민사소송」까지 다룬다는 구상을 제시하였었다.

그러나 앞서 본 1951년 발간의 『독일사법사』나 1956년에 발간된 『新訂 西洋法制史』 모두에서 「제6편 민사소송」은 다루어지지 않고 있다.

(2) 이와 같이 법제사는 김증한의 학문적 역정에서 언제나 하나의 지표로서의 역할을 한 것으로 여겨진다. 본서에 별도로 붙인 「민법연구의 설계」[45]에서도 그는 "민법 연구를 세 가지 길로 해 나가야 한다고 생각한다"고 하면서, 그 제1로 '법제사적 및 비교법적 연구'를 드는 것이다.

아마도 김증한의 법제사 연구의 성과가 민법 법리의 전개에 직접 영향을 미친 예로서 중요한 것으로는 무엇보다도 그의 논문 「공동소유형태의 유형론」[46]을 들 수 있을 것이다. 그러나 이에 대하여는 정종휴가 앞서 본 『한국 민법학의 재정립』에서 이를 다루고 있을 뿐만 아니라, 나도 다른 글에서 이를 비판적으로 검토한 바 있다.[47] 그러므로 여기에서는 더 이상 언급하지 아니하기로 한다.

---

45) 앞의 주 19 참조.

46) 김증한, "공동소유형태의 유형론", 법조협회잡지 2권 3호(1950), 220면 이하. 이 글은 그의 주요한 논문 8편을 모아 발간한 김증한, 民法論集(1978), 211면 이하에 다시 수록되었다. 내가 소장하고 있는 이 책은 김증한으로부터 직접 받은 것이다. 그는 내가 군법무관을 마치고 서울민사지방법원 판사로 임명을 받은 직후인 1979년 11월 30일에 "梁彰洙 君에게 著者"라고 그 특유의 달필로 친히 서명을 하였다.

47) 양창수(주 8. 2001), 120면 이하.

2. 전세권과 국가재건최고회의

(1) 김증한의 이력을 살펴보면, 그가 대학교수로서 통상 맡는 교내 보직 외에 학교 외의 기관에 종사한 일이 적지 않음이 눈에 띈다. 당시 그가 역임한 문교부의 대학교육국장이나 차관의 직[48]은 대학과 직접 연관이 있는 것이니, 여기서는 일단 넘어가기로 하자.

그런데 그 외에 그는 우선 「특별재판소」의 「심판관」을 맡은 일이 있다. 여기서 「특별재판소」란 제2공화국 헌법 아래서 3·15부정선거에 관련된 자를 형사처벌하기 위하여 이른바 革命立法의 일환으로 제정된 「특별재판소 및 특별검찰부 조직법」(1960년 12월 30일의 법률 제567호)에 기하여 구성된 것이다. 김증한은 1961년 1월에 그 「審判官」으로 임명되어 1961년 5월까지 일하였다.[49] 동법 제3조 제2항에 의하면, 하나의 심판부는 5인의 심판관으로 구성되는데 그 중 1인은 대학교수로 임명하도록 되어 있었다.

이 '가욋일'은 지금에 와서 김증한의 민법 연구 진척의 관점에서 보면 아무런 의미가 없는 것이 아니었다. 그것은 아무래도 그 진전에 '부정적인' 영향을 미쳤다. 이는 다음에서 알 수 있다.

> "[1961년] 1월 하순에 특별재판소에 나가게 됨으로써 원고 진행에 결정적인 지장을 초래하게 되었다. 원고는 겨우 용익물권의 부분을 마친 때이었다. 아직 담보물권이 남아 있는데, 이 부분을 상권이나 용익물권에 있어서처럼 아처 교수의 틀을 벗어나서 독자적인 체계를 세워서 서술하려면 도저히 4월 신학기에 댈 수 없다는 것이 명백하게 되었다. 여기서 어떻게 할까를 망설이다가, 결국 담보물권의 부분에서는 일반이론에 관해서는 다분히 아처 교수의 설명을 그대로 빌리면서 담보물권에 관한 우리 민법의 해석론을 전개함으로써 신학기에 대어서 물권법의 상·하권을 일단 완결짓기로 하였다. 그 결과 상권 및 하권의 제7장 [전세권]까지와 제8장[담보물권 총설] 이하와는 아처 교수의 저서에 의존한 정도에 크게 차이가 생기게 되었다."[50]

그러한 외부의 일을 맡음으로 말미암아 만일 '아처 교수의 저서에 의존한 정도'에 생긴 차이를 메우지 못하게 되었다는 것도 그렇지만,[51] 특히 我妻의 「담보물권

48) 이에 대하여는 「연보」(주 11), 867면 참조.
49) 전주, 동소.
50) 金曾漢, 新物權法(下)(1961), 3면.

의 일반이론」은 일본에서의 평가에 의하면 그의 민법학 중 가장 精彩 있는 부분이라고 하는데,[52] 우리로서는 김증한의 '민법학'으로부터 이에서 「벗어난」 그의 생각을 알 수 없는 것은 유감이라고 하지 않을 수 없다.

(2) 또한 김증한은 이른바 5·16 정변이 일어난 직후인 1961년 5월부터 1962년 2월까지 「국가재건최고회의」 법제사법위원회의 「자문위원」으로 일한 바 있다.[53] 위 회의는 당시까지도 여전히 효력을 가지고 있었던 日政 당시의 법령을 우리말로 새롭게 만드는 것을 시정목표의 하나로 내걸었는데, 김증한 등 「자문위원」의 적어도 일부는 그 작업을 실제로 담당하였던 것이다.

(가) 나는 김증한의 독창적 사고력을 보여주는 것은, 독일적 이론을 그대로 도입하려는 물권변동론에서라기보다,[54] 새로 도입된 제한물권으로서의 傳貰權에 대

51) 김증한은 1960년 이후 연구와는 직접 관련이 없는 「가욋일」을 연달아 맡게 되었다. 즉, 1960년 5월부터 12월까지는 문교부 고등교육국장, 1961년 1월부터 1962년 2월까지는 「대학신문」(서울대 교내 신문)의 편집국장, 1961년 5월부터 1962년 2월까지는 본문 바로 아래 (2)에서 보는 국가재건최고회의의 「자문위원」, 1962년 2월부터 1965년 12월까지는 서울대 행정대학원장, 1967년 8월부터 1968년 5월까지는 문교부 차관 등이다. 또 그는 1967년 8월에 서울대학교에서 법학박사 학위를 받았는데, 그 학위논문이 바로 이른바 상대적 소멸설을 주장한 "소멸시효론"이다(이는 김증한, 민법논집(주 46), 245면부터 340면까지에 다시 수록되었다). 아마도 서울대 행정대학원장의 보직을 마친 1966년 1월부터 문교부 차관으로 간 1967년 8월까지 그는 이 학위논문의 작성에 전심하였을 것이다. 이상의 서술 중 김증한의 경력사항에 대하여는 「연보」(주 11), 867면 참조.

한편 그는 1963년부터 1965년까지 한국신문윤리위원회 위원으로 있었는데, 1965년 2월 그 일로 부산으로 출장을 갔다가 묵었던 여관에서 불의의 사고(연탄가스 중독)를 당하였다(이는 서민으로부터 들은 바에 의한다).

52) 예를 들면 星野英一, "我妻法學の足跡 — 「民法講義」など", 同, 民法論集, 제4권(1978), 50면(원래는 ジュリスト 563號(1974년 6월 21일 자. 我妻榮 先生 追悼 臨時 增刊號) 소재): "『擔保物權法』 등은 이를 능가하는 것이 상당히 곤란하다고 말해도 좋을 정도의 完成度를 보이고 있다"). 이는 여전히 우리 민법 교과서의 서술을 지배하고 있다고 생각된다(이 점에 대하여는 양창수, "담보에 관한 새로운 일반이론의 방향 — 하나의 문제제기로서", 동, 민법산책(2006), 99면 이하 참조).

53) 「연보」(주 11), 867면.

54) 나는, 독일이론에의 경사와 함께, 김증한의 法思考의 어떠한 특징을 보여주는 것으로서, 처의 행위능력 제한을 정하는 의용민법 및 의용민사소송법의 규정에 관하여 그 「적용」을 거부한 1947년 9월 2일의 大法院判決에 대하여 반대주장을 편 論說을 들 수 있다고 생각한다. 거기서는 일정한 현실주의 또는 점진주의 같은 것을 읽을 수 있다. 이에 대하여는 양창수, "우리나라 최초의 헌법재판 논의 — 처의 행위능력 제한에 관한 1947년 대법원판결에 대하여", 동, 민법연구, 제6권(2001), 37면 이하, 특히 47면 이하 참조(이 글은 원래는 서울대학교 법학 40권 2호(1999), 125면 이하에 게재되었다). 한편 우리 민법의 제정과정에서 외국이론에 대한 「과격」한 도입의 주장과 현실문제에 대한 「점진주의적」 접근이 공존하는 법학자들의 일반적 경향에 대하여는 우선 양창수, "민법안에 대한 국회의 심의(II) — 국회본회의의 심의", 동, 민법연구,

하여 —아마 별다른 「참고문헌」 없이, 아니면 혹 만주국민법의 典權에 관한 설명을 참고로 하여— 전개한 상세한 해석론[55]이라고 할 것이라는 의견을 피력한 바 있다.[56] 그 후 우리 민법학이 전세권에 대하여 행한 설명의 구도는 예외없이 기본적으로 김증한의 서술에 좇은 것이다.

하나의 예를 들면, "전세권은 용익물권이냐, 담보물권이냐" 하는 그 법적 성질에 대한 주지의 논의가 그러하다. 이와 같이 논의되어야 할 중요문제를 발견하고 제시하는 것이야말로 —그에 대하여 제안된 해결책이 설득력 있는 것인가와는 별도로— 「명저」로서의 이름에 값하는 것이다. 김증한은 이 문제에 대하여 당시의 통설에 반하여 결론적으로 전세권은 용익물권인 동시에 담보물권의 성질도 겸유한다고 한다. 용익물권과 담보물권의 기본적인 차이는 객체에 대한 지배가 목표로 하는 바가 사용가치인가, 교환가치인가에 있고, 이러한 교환가치 지배성이란 優先辨濟權의 유무로 판단되는데, "전세권자에게 경매권을 인정한 민법의 취지를 살리려면, 전세권자에게 우선변제권을 인정하지 않으면 안 된다고 믿는다"는 것이다.[57]

(나) 그러한 주장을 뒷받침하기 위하여 그는 경매법 제34조 제3항이 "… 배당에 관하여는 저당권자와 전세권자와의 순위는 등기의 선후에 의한다"고 규정한 것을 그러한 우선변제권의 실정법적 근거의 하나로 삼는다.[58] 그런데 이 규정은 依用競賣法(조선민사령 제1조 제22호 참조)에는 없던 것인데(동법 제33조 참조), 경매법은 앞서 본 대로 그때까지도 효력을 가지고 있던 일제의 법령(제헌헌법 제100조 참조)을 척결하는 것을 주요한 일의 하나로 내걸었던 「국가재건최고회의」에서 1962년 1월 15일의 법률 제968호로 공포·시행한 것이다.

여기서 밝히거니와, 나는 김증한 본인으로부터 그가 위의 제34조 제3항을 직접 기초·삽입하였다는 말을 들은 일이 있다. 일정한 시기까지의 우리 법학의 역사에서 입법에의 관여와 해석작업의 조응관계를 탐색해 보는 것도 시도해 볼 만한 일이다.

제3권(1995), 83면 이하 참조.

55) 김증한(주 50), 444면 내지 484면. 그 전에 이미 동, "新民法上의 傳貰權", 法曹 7권 4·5호(1958), 7면 이하가 있다.

56) 양창수(주 8. 법학 명저), 29면 이하.

57) 김증한(주 50), 451면.

58) 김증한(주 50), 452면.

3. 번역물

(1) 김증한에게는 영미의 법 관련 서적을 번역한 것이 여러 권 있다.

우선 쩬크스, 『영국민법휘찬(1): 총칙 · 계약총론』(법무자료 제16집)(1948)(원저는 Edward Jenks, *A Digest of English Civil Law*, 3rd ed., 1938)을 들 수 있다. 이 책은 에드워드 젱크스가 주 편집자가 되어 1905년부터 1917년까지 영국의 버터워즈 출판사에서 발간되었던 것이다(이 책은 요즈음도 다른 출판사를 통하여 발간되고 있다). 그 서문에 의하면, 이는 독일 베를린 소재의 「비교법학 및 경제학 연구원(Berlin Society for Comparative Jurisprudence and Political Economy)」으로부터 1900년 1월 1일부터 시행된 독일민법전을 모델로 하여 문명국가들의 법에 관한 개요서를 발간하자는 요청에 좇아 저술 · 간행되었다.

우리나라에서는 위 제1권 이후 제2권(계약각론 · 준계약)(법무자료 제20집), 제3권 및 제4권(이상 불법행위)(법무자료 제26집, 제27집)으로 역간되었다. 이는 명백히 민법 연구, 특히 당시 법조계의 주요 현안과제의 하나였던 민법전의 제정을 위한 기초자료로서 비교법적 시야를 넓히기 위한 의도에서 법무부의 주도로 기획된 것으로 여겨진다. 다시 말하면, "우리들이 판례 중심으로 발전한 英法을 이해하기에 곤란이 많은 점에 착안하여 이를 조문별로 彙纂하였을 뿐 아니라 주석까지 가하여 우리들의 영국 민법 연구에 공헌하는 바 실로 크다 할 것"이기 때문이다.59)

위 제1권의 번역은 김증한이 담당하였는데, 이는 다른 한편으로는 그가 주장하는 「민법 연구의 설계」에서의 제1요목, 즉 비교법 및 법사학적 관점을 획득하려는 의도와 관련되는 것으로 위치지을 것이다.60)

(2) 나아가 김증한은 『미국의 헌법과 정치』(1955)도 번역 · 출간하였다.61)

---

59) 쩬크스, 영국민법휘찬(3): 불법행위(1955), 서문.

60) 그러나 "김증한 교수와의 대담"(최종고 교수와의 대담을 정리한 것이다), 안이준 편(주 14), 45면에서는 "영미법은 예를 들어 영미법 판례를 독일민법전에 맞추어 체계화시킨 Edward Jenks의 저서 *Digest of English Civil Law*를 보아도 양국법은 틀이 전혀 다르기 때문에 영미법의 경우는 나사 끼우듯이 갖다 맞출 수는 없습니다. / 그러므로 우리나라에서 법학을 완전히 배운 사람이 영미에 가서 영미법의 사고방식(way of thinking)을 배우는 데는 도움이 될 것이나 독일법과 같이 그대로 갖다 끼울 수는 없는 노릇입니다"라고도 한다. 여기서 '독일법은 그대로 갖다 끼울 수 있다'는 부분에 대하여는 뒤의 IV.를 보라.

61) 앞의 주 19에서 본 「저서 · 논문 목록」에는 이를 1954년에 법문사에서 출판된 것으로 표시하고 있다. 그러나 나는 그 역서를 한양대의 헌법 전공 방승주 교수가 소장하고 있는 역서 원본을 배람한 바 있는데, 이는 명백히 1955년에 葦聲文化社에서 간행되었다.

(가) 그 맨 앞에 있는 1954년 12월 23일자의 「역자의 말」의 앞부분을 그대로 옮겨본다.

> "이 책은 미국 국무성에서 엮은 'A Government by the People'이라는 책을 번역한 것이다.
>
> 국무성에서 엮은 그 책은 미국의 수도 「워싱톤」에 있는 「아메리칸」대학 교수 Cathryn [Catheryn의 잘못이다] Seckler-Hudson 씨가 지은 『우리 헌법과 정치Our Constitution and Government』라는 책을 기초로 하여 그것을 미국 내의 각급 학교 학생들이 보기에 알맞게 쉽고 간단하게 다시 엮은 것이다. 그 내용은 헌법을 기초로 하여 미국의 정치가 어떻게 운영되어 나가느냐를 간명하게 설명한 것이지만, 무미건조한 헌법 조문의 해설을 피하고 헌법의 굵은 줄기만 따서 그것이 일반적 관심이 깊은 여러 가지 구체적 경우에 어떻게 실현되어 나가느냐를 실제적으로 그려 놓았다."

원저인 『우리의 헌법과 정치』의 부제는 '시민권[즉 국적] 신청자들이 공립학교에서 쓰기 위한, 미합중국의 헌법과 정치에 관한 수업항목들Lessons on the Constitution and Government of the United States for Use in the Public Schools by Candidates for Citizenship'이고, 그 발행처도 당시 미국 법무부에 속하고 있던 「입국심사 및 귀화 사무처The U.S. Immigration and Naturalization Service」이다. 원래는 위 사무처에서 미국 시민권을 얻으려는 사람들에게 미국의 헌법과 정치의 개요를 소개·교육하기 위하여 당시 아메리칸대학의 정치학·행정학 교수로 있던 캐서린 세클러-허드슨에게 위촉하여 집필하도록 한 결과로 1940년에 발간되었다. 그런데 곧바로 "그 교육 배경이 보다 제한적인 사람들을 위하여" 이를 간략하게 한 판본이 요구되어, 템플대학교의 존 허비John G. Hervey 교수가 마련한 『우리의 헌법과 정치 — 간략판Simplified Edition』이 1941년에 역시 위 기관에서 발간되었다. 이 간략판은 그 후 꾸준히 개정되고 재쇄된 바 있다.[62)]

그런데 그 도중에 제2차 세계대전이 끝나자 미국 국무부에서 미국의 헌법과 정치를 외국 사람들에게 알리기 위하여 위 책을 축약·편집하여 *The United States of America: A government by the people*로 발간한 것으로 추측된다. 이는 1946년에 프랑스어로 번역되어 *Les États-Unis d'Amérique: Un gouvernement par le*

62) 내가 인터넷으로 검색하여 출력한 판본에 의하면, 재쇄는 1943년, 1949년, 1954년에 되었는데, 그 사이사이에, 즉 1947년, 1948년, 1951년, 1953년, 1954년, 1955년에 개정이 행하여졌다.

*peuple*이라는 책[63]으로 발간되었다.

(나) 김증한은 앞서 본 「역자의 말」에서 이어 다음과 같이 말한다.

> "우리나라에서는 아직 민주주의 성장의 역사가 짧다. 해방 직후 한때는 「민주주의」라는 말이 홍수와도 같이 범람하여 남용되더니, 그 물결도 지고 지금에 와서는 민주주의라는 말이 아무런 감촉도 주지 않는 듯 싶다. 그러나 원래 민주주의가 일조일석에 이루어질 수 있는 것은 아니다. 歐美에 있어서도 민주주의는 수 세기에 걸친 피의 투쟁의 대가로서 이루어졌던 것이다. 우리는 마땅히 민주주의 초년생으로서 꾸준하게 민주주의를 배우며 실천하여 나가야 할 것이다.
>
> 그러한 의미에서 현대 민주주의의 표본이라고 할 수 있는 미국의 정치가 어떻게 운영되는가를 알기 쉽게 해설한 이 책은 민주주의를 지향하는 국민의 누구나가 일독할 가치가 있고 필요가 있다고 믿고 이것을 번역 소개하는 것이다."

나는 김증한이 이와 같은 책을 번역·출간한 것에 대하여 놀람을 느끼면서도, 그의 민주주의에 대한 열정을 새삼 알게 된다. 그러고 보면, 그가 4·19혁명 때 교수 데모의 시국선언문의 기초위원을 맡았던 일[64]도 우연은 아니었던 것이다.

(3) 그가 스미스-문트Smith-Mundt 장학금으로 미국의 튤레인대학에 유학을 간 것은 1953년 9월이었다.[65] 약 1년을 머물고 다음해 8월에 귀국하였다.[66] 그때부터 그는 민법 강의를 담당하였다.[67]

그에게 미국은 무엇이었던가? 이 점도 그동안 별로 주목되지 아니한 부분이다.

(가) 그는 형법연구실 조수 시절에 이미 겔다트William Geldart의 *Elements of*

---

63) 이 책은 그 저자 이름을 그녀가 봉직한 미국 아메리칸대학의 도서관에서 검색함으로써 오늘날도 찾을 수 있다.

64) 이에 대하여는 "서재한담 대담", 안이준 편(주 14), 57면. 그에게는 다음과 같은 일도 일어났다. "전임강사 7년, 조교수 7년을 지낸 후 부교수를 거쳐 정교수로 올라갈 때인데 도무지 발령이 나지 않아요. 알아봤더니 경무대에서 신원조회에 걸렸다는 거예요. 자유당 정권 말기 때 우리 집안은 위험한 사람으로 지목됐던가 봐요."(동소, 56면 이하) 이 부분은 앞서 본 부친 김익진의 行狀(앞의 주 12도 참조)과 더 관련이 있지 않을까.

65) "청헌 김증한 박사께서 걸어오신 길", 안이준 편(주 14), 33면. 스미스-문트 장학금이란 1948년에 제정된 미국의 연방법률 「미국 정보 및 교육 교환 법(U.S. Information and Educational Act)」(이 법률은 흔히 「스미스-문트 법」이라고 불렸다)에 기하여 미국을 '선전'할 목적으로 외국의 학자·언론인·기술자 등에게 제공되던 재정보조금을 말한다.

66) 「연보」(주 11), 867면.

67) "서재한담 대담", 안이준 편(주 14), 56면.

English Law[68]를 읽었다고 한다. 또 위에서 본 대로 1948년에는 젱크스의 『영국사법휘찬』을 번역 · 출간한 바 있다. 그리하여 그는 미국에 가서도 "영미법에 대한 기초지식이 어느 정도 있었으므로 연구하는 데 큰 곤란은 없었다"고 한다. 그럼에도 그는 영어 실력이 부족하다고 느끼고 "[미국에 가서] 제일 처음 뼈저리게 느낀 것은 어학 공부에 대한 아쉬움"이라고 솔직히 고백한다.[69]

한편 그가 미국에서 가장 큰 영향을 받은 것은 case method식 강의이었다.[70] 그래서 귀국 후 약 1년 간 일본대심원 판결을 교재로 하여 그 방식의 강의를 시도한 적도 있다.[71]

(나) 그는 1956년에 로스코 파운드의 『영미법의 정신』을 번역하여 출간한다.[72] "1956년 1월 서울대학교 법과대학 연구실에서" 쓴 것으로 되어 있는 「역자의 말」은 다음과 같다.

> "이것은 미국 법학계 最長老의 일인인 Roscoe Pound의 *The Spirit of the Common Law*, 1921의 全譯이다. 이 책은 발간된 지 벌써 35년이나 되었고 그동안에 미국의 법상태도 많이 달라졌지만, 대체로 1910년대의 미국법을 기초로 하여 그 법과 법사상을 형성한 사회적 · 사상적 배경을 예리하게 분석한 것으로, 現今에 있어서나 장래에 있어서 그 가치가 감소되지 않을 불후의 명저이다. 우리 한국 법학도에게는 단지 영미법을 이해하기 위한 好適의 입문서일 뿐만 아니라, 영미에 대하여 하등의 관심을 가지지 않더라도 무릇 법의 연구에 뜻을 두는 모든 분에게 甚大한 시사를 줄 것으로 믿는다. 그것은 첫째로 법과 법사상이 사회적 · 정치적 · 경제적 사정의 변천에 따라서 어떻게 변화하느냐 하는 일반적 문제의 이해에 대하여 기여하는 바가 큰 것이고, 둘째로 미국법의 배경의 분석이 우리 한국법의 배경의 반성을 촉발할 수 있을 것이고, 세째로 극도로 개인주의적인 일면을 가진 동시

---

68) 이 책은 1907년에 발간되었는데, 출간 당시부터 영향력이 있었다. 오늘날에도 데이빗 야들리(David Yardley)가 보정한 제11판이 『영국법 입문(*Introduction to English Law*)』(1995)이라는 이름으로 옥스포드대학 출판부에서 발행되고 있는 것에서도 이를 알 수 있다. 우리나라에는 그 번역으로 徐希源 역, 영국법원리(1955)가 있다.

69) "청헌 김증한 박사께서 걸어오신 길", 안이준 편(주 14), 34면.

70) 그는 1955년에 법을 공부하는 학생들을 위하여 쓴 "법률공부의 방법", 안이준 편(주 14), 239면 이하의 글(원래는 法政 10권 4호(1955.4) 소재)에서 그가 미국에서 경험한 「케이스 · 메쏘드」에 대하여 상세히 설명하고 있다(위 책, 241면 이하).

71) 전주, 동소. 나아가 "그곳의 moot court의 영향을 받아 법대에서 최초로 민사모의재판을 시도하기도 했죠. 6 · 25 이전에는 형사모의재판이 있긴 했습니다만 민사모의재판과는 그 성격이나 준비과정이 달랐죠"라고 한다(안이준 편(주 14), 34면 이하).

72) 이는 「서울대학교 번역총서」의 하나로 출간되었다. 이 번역사업의 내용, 경향 등도 1950년대 우리나라 지성의 방향 모색과 관련하여 흥미로운 점이 있다.

에 또 항상 인적 결합을 간과하지 않는 영미법의 특색이 개인주의와 전체주의를 양자택일적으로 생각하고 혁명적 방법으로 一者로부터 他者로 전환하는 대륙법적 사고방식에 대하여 함축 있는 시사를 던져 줄 것이기 때문이다.

「파운드」 씨의 저작이 그 해박한 학식에 유래하는 종횡무진의 인용 때문에 한편으로는 그 학술적 가치를 높이는 동시에 他便으로는 그 저작을 매우 난해한 것으로 만든다는 것은 이미 정평 있는 바이다. 역자의 천학비재에 보태어 이 번역이 단시일 내에 서두른 것인 관계로 역어의 부적절 내지 불통일뿐만 아니라, 오역까지도 있을 것을 심히 두려워 하는 바이다."

과연 김증한이 그의 법학적 작업에 있어서 로스코 파운드의 사상 또는 지향(흔히 '社會工學으로서의 법 law as social engineering'이라는 표어로 요약된다)을 실제로 얼마나 또는 어떻게 구현하였는가 하는 점도 앞으로 살펴볼 필요가 있다고 하겠다.

Ⅳ. 소 결

1. 한편 김증한은 로스코 파운드에 대하여 다음과 같이 독일법학과 연관지어 말한다. 즉 "20세기 미국의 최대의 법학자라고 할 수 있는 Roscoe Pound도 그가 그렇게 위대한 법학자가 될 수 있었던 것은 그가 젊어서 독일에 유학하여 독일법학을 착실히 공부하였기 때문이라고 나는 믿는다."[73] 또 이렇게도 말한다.

"Roscoe Pound 교수를 금세기 미국의 최고의 법학자로 보는 데 이론이 없을 것입니다. 그가 왜 그렇게 유명해졌느냐 하면 그도 젊었을 때 독일에 유학 가서 공부한 사람입니다. 그의 법학이 독일의 것 그대로는 아니라 해도 그 뼈대에는 독일 학문이 들어가 있습니다. 왜냐하면 제가 번역한 그의 저서 *Spirit of Common Law*[원문대로]를 보면 중세 게르만법에 대한 해박한 이해가 바탕을 이루고 있습니다. 물론 그 후의 Pound의 법이론은 독자적으로 구성된 것은 틀림없으나 밑바닥에 독일법이 들어가 있다고 확신하고 있습니다."[74]

2. 로스코 파운드에 대한 평가에서도 그렇지만, 독일법학은 김증한에 있어서 그만큼 樞要의 지위에 있었다. 그가 정년 기념 강연에서 밝힌 그 이유를 다소 길더

---

73) "한국 민법학의 진로", 안이준 편(주 14), 154면.
74) "김증한 교수와의 대담", 안이준 편(주 14), 44면.

라도 여기에 인용하여 둔다.[75)] 그것은 (i) 일본법학을 극복하여 우리 자신의 독자적 이론을 개척하여야 한다는 것, (ii) 독일법학이 그 극복의 '가장 손쉬운 의거처' 라는 것으로 전개되어 간다.[76)]

"우리나라는 여러 가지 점에서 일본과 비슷한 사회사정 하에 있기 때문에 일본의 이론이 통하기 쉬운 점도 있을지 모른다. 그리고 법률도 일본의 것과 거의 비슷한 것이 많은 것이 사실이다.

그러나 법이 결코 전적으로 일본과 같은 것이 아니다. [그 예로 물권변동에 관한 입법적 전환 등을 든다] 우리나라 사법부의 중견을 이루고 있는 분들이 일본시대에 교육을 받은 탓인지 몰라도 일본 것이라고 하면 금과옥조로 생각하는 경향이 있는 것 같다. 그분들은 일본의 대심원판례가 말하고 있으니까 우리도 그대로 따른다고 생각하고 있는 것이 아닐까?

그렇기 때문에 먼저 일본법학의 망령으로부터 해방되어야 한다. …

그렇다고 해서 일본법학을 무시하거나 경시하는 것은 아니다. 우리가 현대 법학을 일본을 통해서 받아들인 것은 움직일 수 없는 사실이다. 말하자면 법학에 관해서는 일본이 우리의 선생이었던 셈이다. 그리고 지금도 우리보다 훨씬 더 많은 학자들이 우리보다 훨씬 더 열심히 공부하고 있는 것도 인정해야 한다. 그렇지만 일본 것이니까 따라야 한다는, 말하자면 문화적 식민지 사상을 하루 속히 버려야 한다는 것이다. …

[물권행위, 공동소유, 전세권, 제607조 · 제608조 등에서 "우리가 독자적으로 이론을 펴 나가는 수밖에 없다"는 이유를 제시한다]

요컨대 일본법학의 굴레에서 벗어나서 우리 자신의 독자적 이론을 개척해 나가야 한다.

그것을 하는 데 있어서는 역시 독일법학이 가장 손쉬운 의거처가 되지 않을 수 없다. 왜 하필이면 독일이냐고 반대할 사람이 있을지 모른다. 그러나 … 일본에서도 영법 · 독법 · 불법 중에서 처음에는 일본민법전이 Boissonade가 기초한 관계로 … 일본민법에 대하여 佛法의 영향이 지대하였지만, 학문적으로는 독일법학이 전적으로 지배하다시피 한 것이 사실이다. 그 결과 우리나라의 법조인이나 법학자들은 이 독일법학의 선례[세례?]를 착실히 받은 사람들이다. 또 일본뿐만 아니라 전세계적으로 보더라도 19세기의 독일법학은 세계적으로 가장 훌륭하게 발달한 것이라고 하는 것을 부인할 수 없다. [앞의 주 74에서 인용한 로스코 파운드 관련의 언급]"

---

75) "한국 민법학의 진로", 안이준 편(주 14), 149면 내지 154면.

76) 이에 대하여는 이미 양창수, "어느 법학교수가 살아온 이야기", 저스티스 2017년 8월호, 389면 이하에서 약간의 소감을 밝혀 두었다.

3. 위 발언은 앞서 본 대로 1985년 11월의 서울대학교 법과대학에서 있었던 정년퇴임 기념 강연에서 한 것이다. 말하자면 그의 민법학교수로서의 삶을 정리하는 자리이다.

그런데 그 강연은 다음과 같은 말로 시작된다. "우선 한국에 민법학이 있는가가 의문이다. 그렇지만 민법 담당 교수들이 하는 일을 일단 민법학이라고 부르기로 한다."[77)]

우리나라에서 과연 무엇이 '민법학'인가? 어떻게 하는 것을 '민법학'이라고 부를 것인가, 부르기에 합당한가? 김증한은 이러한 심중한 질문을 우리에게 던지고 있다는 생각을 금할 수 없다.

---

77) 안이준 편(주 14), 133면(원래는 서울대학교 법학 26권 2·3호(1985.10), 1면).

청헌 김증한 교수
30주기 추모간담회

일 시 | 2017. 11. 1.(수) 15시~18시
장 소 | 그랜드 인터컨티넨탈 서울, 파르나스 비즈니스센터

참석자 김창기 님 (서울법대 9회, 전 기독교TV 사장)
이시윤 님 (서울법대 12회, 전 헌법재판관)
이영준 님 (서울법대 15회, 전 동국대 교수)
서　민 님 (서울법대 16회, 충남대 명예교수)
김용담 님 (서울법대 25회, 전 대법관)
권오승 님 (서울법대 27회, 학술원 회원, 서울대 명예교수, 전 공정거래위원장)
김학동 님 (서울법대 27회, 서울시립대 명예교수)
양창수 님 (서울법대 28회, 서울대 명예교수, 전 대법관)
박병호 님 (서울법대 8회, 학술원 회원, 서울대 명예교수)

* 박병호 님은 당일 외유 중이어서 별도로 추모의 글을 게재

김용담 내년 선생님 돌아가신 지 30주년이 되는 해를 맞아 '추모 논문집'을 발간할 계획인데, 이를 준비하는 소모임에서 논문 이외에 선생님의 족적과 추억들도 같이 수록했으면 좋겠다는 의견들이 있었습니다. 그래서 이렇게 생전 선생님과 가까우셨던 분들을 모시고 오늘의 간담회를 갖게 되었습니다.

선생님 걸어오신 길은 선생님 돌아가신 지 1주년 되었을 때 안이준 선생님이 편찬하신 『한국법학의 증언』(1989) 제1장 "나의 걸어온 길"에 네 편의 대담으로 실려 있습니다. 그중 80년 4월에 '황적인' 교수님과의 대담 기록에 유년시절, 사범학교시절, 서울법대 초창기, 6·25전쟁 때의 대구 및 부산 시절, 해외교환교수 생활, 그리고 신민법 제정 때까지의 말씀이 실려 있어요. 1983년 8월의 최종고 교수님과의 대담에서는 한독법률학회, 한국민사법학회에 대한 말씀이, 한국경제신문 김희진 기자하고의 85년에 "서재한담書齋閑談" 에서는 선생님의 정년퇴직을 계기로 한 신변잡기에 관한 말씀이 재미있게 기록되어 있습니다.

이 중에 제일 자세하고 시대적으로 정리된 것이 황적인 교수님과의 대담인데. 아쉬운 것은 선생님이 말씀하신 것은 『민법안의견서』 내실 때까지이고, 그 후 60년대부터 80년대까지의 부분에 대한 말씀은 없으셨습니다. 그래서 그 시절에 선생님과 가깝게 지내신 여러분들을 모시고 그 시대의 선생님의 족적을 보충할 수 있었으면 합니다.

김창기 선생님께서는 법대를 졸업하시고 나서부터, 제가 알기로는, 선생님 장녀이신 혜동과 김학동 교수와는 아주 어릴 적부터 함께 놀아주기까지 하시고, 사모님과도 집안의 대소사까지도 의논하시는, 선생님과 매우 가깝게 지내신 분이시고, 이시윤 선생님께서는 법대에 1964년에 오셔서 선생님과 7년 동안 함께 연구생활도 하시고 우리나라 민사소송의 흐름을 많이 바꿔놓으신 분이십니다.

이영준 선생님은 판사로 근무하셨고, 독일에 유학 후 선생님과 『주석민법』도 같이 작업하셨었습니다. 선생님께서 한국민사법학회 운영하실 때 이영준 선생님께 많이 도움을 받으셨던 것으로 알고 있습니다. 특히 선생님과의 공동작업이 많으신데 이 부분 나중에 말씀해주시기 부탁드립니다.

서민 교수님은 선생님이 책을 내실 때 제일 많이 도와드렸었지요. 선생님 책을 교정 볼 때에는 선생님 댁에 같이 기거까지 하시며 도와드렸었습니다. 예전에는 인쇄가 어려웠잖아요. 그 후 법제처에 근무하다가 충남대에 법대 교수로 30여년 봉직하시다가 퇴직하셨습니다.

권오승 교수님은 김학동 교수님과 동기동창으로 서울법대에 계시다가 3년 전에 정년퇴직하시고, 양창수 교수님은 서울법대에 교수로 계시다가 대법관을 지내시고 지금은 한양대학교에 계시는데, 선생님하고는 각별하셨었습니다.

저는 잠깐, 70년, 사법대학원 시절, 선생님이 물권법 교과서를 집필하실 때 서민 교수님과 같이 도와 드린 적이 있었고, 이후로도 자주 선생님 찾아뵙고 했었습니다.

조금 전에 말씀드린 것처럼 선생님께서 황적인 선생님하고 대담하시면서 신민법 제정할 때까지는 육성으로 말씀해 주셨는데, 그 이후로는 육성으로 들을 수가 없는데, 다행히, 60년대 이후의 사정들을 다 여기 계신 분들이 기억을 하고 계셔서, 우선은 그 부분을 보충을 해주셨으면 하는 생각이 듭니다. 먼저 김창기 선생님부터 선생님하고 맺은 인연이나 혹은 기억나는 얘기들을 자유롭게 해주시지요.

김창기 제가 선생님과 인연을 맺은 것은 제가 대학 2학년 때, 1952년으로 기억합니다. 부산 피난시절이었는데, 하루는 학교를 나오니 친구들이 "너 잘못한 것 있느냐?"고 물어요. 게시판에 "김창기, 학생과 출두"라고 써 붙여 있다는 거예요. (웃음)

사실 선생님께서는 매우 엄하셨었어요. 그래서 학생들이 다 두려워들 했었지요. 그래서 학생과에 들어가서 사무직원에게 선생님이 출두하라시는데, 내가 뭐 잘못한 것이 있느냐고 물었더니, 그래서 부르신 것 같지는 않다고 해서 조금 긴장을 풀고 선생님 방에 들어갔어요. 당시 선생님은 학생과장이셨어요. 들어서니 그때 마침 점심시간이어서 선생님이 "나하고 같이 나가지"라고 하시고 나가서 점심을 사 주셨어요.

점심 식사 후 다시 방으로 돌아와서 하시는 말씀이, "날 좀 도와줄 수 있겠냐?"고 하시더군요. 제가 선생님 도와드릴 형편이 못된다고 말씀드렸더니 ―제가 당시 경제적으로 아주 어려웠었습니다― "그래도 날 좀 도와주면 좋겠네" 하셨어요. 그리고 "오늘 저녁에 우리 집에 가서 저녁 먹지", 그러시더라고요. 저야 뭐 혼자 몸이니까 어렵지 않았지요, 선생님 집에 가니까 사모님께서 계시고, 그때 혜동이[장녀], 학동[장남]이가 다 초등학교 들어가기 전입니다. 함께 저녁을 먹었습니다만, 나도 어리벙벙했어요. 그렇게 해서 인연이 시작되었습니다.

제가 선생님과 인연을 맺고 처음 시작한 것이 『법률학사전』입니다. 『법률학사전』을 만드는데, 그 당시에는 등사기로 인쇄했었어요. 카드에 제목을 영어로, 독일어로 써 주시면, 제가 그것을 수천 장 인쇄했어요. 그렇게 작업을 시작했는데, 그렇게 해서 나온 것이 유진오 박사 대표편집 『법률학사전』이 아닌가 생각합니다.

참 재미있는 일도 있었습니다. 부산 피난시절이었는데, 하루는 선생님과 같이 나가서 라디오를 하나 샀어요. '제니스'인데 당시는 제일 좋은 것이었습니다. 그런데 그걸 며칠 만에 잃어버렸어요. 마침 제가 그 라디오의 특징이나 문제점을 알고 있었어요. 그래서 광복동 중고상에 갔더니 바로 그 물건이 나와 있더군요. 내가 그 라디오의 특성을 설명하며 사정을 얘기했더니 상점주가 어쩔 수 없이 돌려주더군요. 도품으로 들어온 것을 제가 찾았던 것이지요. 그 후로 선생님의 심부름도 많이 했고, 가정적으로도 가까워졌어요. 그래서 김흥한 변호사(선생님 동생)나 다른 누이동생들도 만났고, 김익진 총장님(선생님 부친, 6·25 당시 검찰총장)과 할머님도 찾아뵈었었습니다. 그런 인연부터 시작을 했어요.

재미난 얘기 하나 더 말씀드리면, 김증한 교수님이 교환교수로 1953년에 1년 동안 미국에 가게 되셨는데, 그때 학생 몇명과 교수님 몇분이 명동 한일관에서 송별회를 열었어요. 거기서 황산덕 선생님이 "김증한 교수님이 미국에 교환교수로 가시는데, 교환교수로 가시기보다는 미국대학에 학생과장을 좀 해야 미국 교육이 바뀔 텐데……" 그런 말씀을 하셔서 폭소를 터뜨린 적이 있습니다. 학생과장으로서 너무나 열심히 잘 하셔서 미국에서도 이 일을 하시면 좋겠다는 말씀이셨지요.

또 기억나는 일은, 제가 여름 방학 때 동숭동 연구실에 찾아갔어요. 그런데 연구실 문이 잠겨있어 노크를 하니 누구냐고 계속 물으시는 거예요. 그래서 "김창기입니다!"라고 대답했더니 그제서야 문을 열어주시더군요. 그래 들어가 봤더니 팬티 한 장 입고 공부하고 계시더라고요. 그것을 보고 제가 놀랐습니다. 정말 더운 날씨인데 그렇게 열심히 공부하고 계셨던 거지요. 아마 다른 분들은 모르실 거예요. 선생님은 아무리 취하고 아무리 저녁에 술을 많이 드시고 들어가시더라도 두 시간을 독서를 하십니다. 어떻게 하느냐? 책을 들고 방을 빙글빙글 돌아 다니시면서 하시는 거예요. 제가 그걸 보고 '나는 아무것도 아니구나' 하는 생각을 하면서 감명을 받은 적이 있습니다.

또 한 가지 말씀을 드리면 "김군! 정치인이 필요한 게 뭔지 아나?", 그래서 제가 "초지일관이 중요하지 않습니까", 그랬더니 당신은 "지조라고 생각한다"고 그러시더라고요.

선생님이 행정대학원장으로 계실 때(1966년 2월) 연탄가스 사고가 있었습니다. 선생님이 사고를 당하신 것은 선생님께서 한국신문윤리위원회 위원으로 계시면서 업무차 부산에 출장갔다가 생긴 일이었습니다. 그래서 자꾸 어려운 문제가 생기니까, 사모님이 전화를 주셨어요. 그때가 초여름인데, 사모님께서 울먹거리면서, 선생님이 서울대학병원에 입원하셔야 하는데, 선생님은 "내가 멀쩡한데 왜 입원하느냐" 하시면서 안 가시겠다고 하니, 김 선생이 오셔서 설득을 시켜달라고 하시더라고요. 그래서 당장 근무하던 학교에서 나와 시발택시[1950년대에 운행되던, 지프차를 개조한 택시]를 타고 선생님 댁에 가서 택시를 밖에다 세워놓고 "선생님 입원하셔야 합니다"라고 말씀드렸습니다. 그랬더니, "김군이 입원해야 한다면 입원해야지" 그러시면서 그제야 나서시더라고요. 그래서 사모님과 함께 선생님을 모시고 서울대학병원에 입원시켜 드렸습니다. 그때 입원하고 나셔서도 정신이 약간 혼미하셨었지요. 그런데 선생님은, 대단하신 게, 그걸 극복하셨어요.

선생님이 건강을 회복하시고 몇 년 후 문교부 차관으로 발령을 받으셨어요. 그날이 토요일인데 제가 그 소식을 듣고 택시를 타고 선생님 댁에 갔습니다. "선생님 축하합니다" 하고 인사를 드렸더니, 내일 꼭 보자고 말씀하시는 거예요. 그래서 다음날 시청 앞에 있는 일식집에서 사모님도 함께 저녁식사를 같이 하였습니다. 그런데 그 자리에서 사모님이, "김 선생은 선생님 사정을 잘 알고 있으시니, 선생님 좀 도와주세요" 하고 부탁하시는 거예요.

그때는 제가 고등학교 교감을 할 때입니다. 저로서는 제가 근무하던 학교에서 나오기가 사실 참 어려웠어요. 그렇지만 제가 학교 다닐 때 제 등록금도 내주시고 저를 그렇게 신뢰를 해주셨기 때문에 제가 오늘이 있다고 생각하니, 이를 마다하기가 어려웠었습니다. 그래서 집으로 돌아와서는 밤새 잠을 못 잤어요. 학교에다 얘기하면 안 들어줄 것이 뻔한 일이니까요, 그래도 결국 제가 결단을 내렸습니다. '제가 공부할 때 선생님께서 사랑을 베풀어 주셨는데, 사모님까지 그렇게 말씀하시니, 안 갈 수가 없지.' 그래서 제가 이사장께 찾아가서 학교를 그만두고 그 다음날 문교부로 출근을 했어요.

당시 학교에서는 학교의 경영관계가 전부 저한테 맡겨져 있었습니다. 그래도 제가 모든걸 떨치고 선생님께 갔습니다. 그랬더니 이사장이 선생님께 찾아가서 “김 선생 돌려달라”고 했었답니다. 그랬더니 선생님께서 “여기 필요한 사람이니까 끝나면 다시 데려가시지요.” 그러셨다더군요.
선생님하고는 참 가족적으로도 그렇고 인간적으로도 굉장히 사랑을 많이 받았습니다. 그래서 지금 생각해보면 그런 여러 가지 일들이 늘 고맙고 감사하고, 제가 오늘 이렇게 있는 것은 선생님 덕분이다, 그렇게 생각합니다.
대학 다닐 때 얘기를 하나 더 하면, 한 친구가 컨닝하다 걸려서 정학처분을 받았어요. 그랬더니 그 친구가 저보고, 너는 어떻게 저렇게 무서운 선생님하고 가까이 지내느냐고 해서, “그래도 저분같이 인정이 많은 분이 없으시다. 그리고 너가 컨닝하고 정학처분 받은 것하고는 다른 문제이지.” 한 적이 있었습니다.
또 한번은 선생님이 성대[‘경성제국대학’의 약칭] 다니실 때에 하숙했던 하숙집 할머니의 손자가 컨닝하다가 걸려 정학처분을 받았어요. 그때 그 할머니가 오셔서 사정을 했는데도, “그건 안 됩니다.” 그러시더라고요.
이와는 사뭇 다른 얘기를 하지요. 부산 피난시절에 당시 학생과장이셨던 선생님이 도장을 저에게 맡기셨어요. 그때는 학기 중에 2/3 출석을 안 하면 기말시험을 볼 수 없었습니다. 그런데 당시에는 어려운 사정들이 많아 학교 나오기가 정말 힘들었었지요. 그런데도 제가 원칙대로 출석하지 않은 것으로 찍어줬다가는 매 맞아 죽겠더라구요. (웃음) 그래서 제가 다 출석처리 해주었어요. 그리고 나중에 서울 올라와서 선생님께 그 일을 고백했더니, 선생님이 말없이 그냥 웃으시더라구요. 어쩌면 선생님은 그렇게 될 것을 알면서 도장을 제게 맡기셨는지 모르겠어요.
이런 일도 있었습니다. 선생님이 서양법제사를 가르치셨을 때인데, 학생들의 성적이 너무 나빴어요. 선생님이 “이 녀석들이 공부를 안 한다”고 하시길래, 제가 “선생님, 그렇게만 생각하실 게 아닙니다. 잘 못 가르치셔서 성적이 나쁘다는 얘기도 나올 수도 있습니다.” (웃음) 그랬지요. 선생님은 그 얘기를 받아 주시더라구요. 그리고 다음날 “김군, 학생들 성적을 한 등급씩 올려줘.” 그러시더라고요. 그렇게 되면 재시험 볼 학생들이 2/3 이상 줄어듭니다. 그 당시에 재시험 본다는 게 그렇게 어려웠어요. 피난시절이었으니까요.
선생님을 모시면서 여러 가지 일이 많았는데, 이런 경험에서 제가 느낀 것은 선생님은 밖에서 느끼는 것과는 달리 참으로 인정이 많으신 분이었다는 점입니다. 선생님이 친구들한테서 부탁을 받잖아요. 부탁을 받고 도저히 안 되겠다 해서 못 들어주면, 술 마시고 나서는 눈물을 흘리세요. 믿고 찾아왔는데, 그걸 못해주니 마음 아프다고 눈물 흘리시는 것을 제가 봤어요. 선생님은 의외로 눈물이 많으셨습니다.

김용담 지금 말씀하신 부분이 피난시절부터, 문교부차관 시절까지 말씀해주셨는데요. 조금 정리가 필요한데, 『법률학사전』이 나온 것이 1954년이고, 청구문화사에서 나왔더라고요. 그 후에 제2판이 나오고요. 재미있는 얘기를 많이 해주셨는데요. 다음으로 이시윤 선생님 말씀해 주시지요.

이시윤 저는 1954년에 입학했어요. 그 당시에 학생운동은 요새같이 정치운동이 아니고, 선생 배척운동이었어요. 여러 교수님들이 거론되어 성토되었었지요. 그런 와중에서도 김증한 교수님은 학생들에게 대표적인 실력파로 존경을 받았었습니다. 학구적이고 또 상당히 창의적이셔서, 단순히 일본을 통해서 들어온 독일의 법학에 만족하지 않고, 창의적인 법이론을 세우려고 노력하시는 훌륭하고 실력있는 교수로 알려져 있었습니다. 당시 학생과장을 하시며, 학생들을 꽉 휘어 잡으셨습니다. 학생들을 엄하게 다루셨지만, 워낙 실력이 있는 분이라 아무도 감히 이의를 제기하지 못했었지요. 그런 기억이 나는군요. 서양법제사를 가르치셨는데, 그 때 게베레Gewere와 포셋시오Possesio를 강조하셨던 것이 기억이 납니다. 선생님이 공동소유에 관해서 창의적인 연구를 그 때 시작했던 것이 아닌가 생각됩니다. 오토 폰 기이르케Otto Friedrich von Gierke, 1841~1921의 *Das deutsche Genossenschaftsrecht*(1868~1913)를 통독을 하셨고, 공동소유의 형태로 총유, 합유, 공유의 세 가지를 인정하자는 것이었지요. 우리나라의 경우는 비법인사단인 단체가 많으니까 이를 규율하는 현실성 있는 법이론이라 학생들에게 큰 감명을 주었었습니다.

서양법제사 시험은, 당시로서는 파격적인 방법으로, 레포트 제출로 갈음했던 적도 있었지요. 로마법부터 게르만법까지 서양법제사를 연대별로 도표를 만들어서 제출하는 것이었어요. 교수님 저서를 통독하지 않으면 그 도표가 나올 수가 없어요.

그러시면서 한편으로는 선생님이 민법 진입을 위한 준비를 하셨던 것 같아요. 일본 대심원 판결 원문을 놓고 학습시킨 적도 있었습니다. 당시 학생과장이셨는데, 그 무렵에 저는 선생님이 대학원 시험 출제위원이 되실 것이고 그러면 틀림없이 공동소유를 출제하실 것이다라고 예단하고 준비하고 있었는데, 그게 맞았어요. (웃음) 그 당시에 대학원에 들어가면 군대가 면제되었던 시절이어서, 입시경쟁률이 꽤나 높았어요. 공동소유에 관해서 개척자적인 이론을 구축하고 그것을 법제화하셨거든요. 이것은 선생님의 학문적인 큰 업적이라고 저는 생각합니다.

여기까지가 내가 학창시절에 있었던 일입니다. 지금도 민사소송법에서 필수적 공동소송의 실체법적 근거인 합유를 설명할 때는 선생님을 생각합니다. 그 뒤의 일들은 나중에 차례가 되면 얘기를 하겠습니다.

양창수 선생님, 그 당시에 민법 기본 교재로는 어떤 책을 썼나요?

이시윤 당시에 와가츠마 사카에我妻 榮, 1897~1973의 민법시리즈였는데, 안이준 선생이 처음에 번역하신 것입니다. 그걸 교재로 해서 민법총칙을 고병국 선생님께 배웠습니다. 그때는 김증한 선생님이 서양법제사에서 민법 쪽으로 진입하려고 시동을 거시던 때였는데, 그때 와가츠마 책을 번역을 하면서 안이준 선생이 힘이 모자라니까 김증한 선생님한테 협력을 구했던 것 같습니다. 처음에는 민법시리즈로 하면서 편저로 나갔습니다. 그리고 채권법은 김기선 선생님한테 배웠습니다. 김증한 선생님께 민법을 배우지는 않았습니다.

김증한 선생님은 당시 알려진 실력파이셨고, 학생들한테 엄격하게 해도 따뜻하고 인정이 있으셨어요, 그러니까 내유외강內柔外剛의 전형이라고 할까요.

김용담 다음으로 이영준 선생님께서 말씀해 주시지요.

이영준 아마 벌써 한 4-5년쯤 전이지요. 김증한 선생님의 학문적 업적에 관해서 한국민사법학회에서 여러 파트를 나눠서 학술 심포지움도 하고 그 결과를 연재도 하고 그랬는데[민사법학 제69호(2014.12.)], 그때 그분에 대한 업적평가는 상세하게 이루어진 셈이라고 봅니다. 저는 그냥 개인적으로 그분께 배운 몇 가지를 얘기하는 것으로 대신하려고 합니다.

처음에 그분을 조우하게 된 것은 강의실이었는데, 바로 그때 강의실에서 쫓겨났어요. (웃음) 그 당시에 도강盜講이 유행이었어요. 실력있는 교수님들의 강의를 몰래 듣고 그랬어요. 저는 그분의 3학년 채권각론 강의를 2학년 초에 도강을 했어요. 뒷자리에 앉아서 옆에 있는 친구랑 잡담을 했는데, 용케 아시고는, 저기 뒤에 두 학생 당장 나가라고 하시더라고요. 우리가 머리를 책상에 박고 우물쭈물하고 있으니까 안 나가면 나갈 때까지 강의를 하지 않겠다고 선언하셨어요. 강의실 내 전 학생들의 눈총이 우리한테 집중이 되니까 하는 수 없이 나왔었지요. 뭐 저렇게까지 하시나 했는데, 그때 그 어른의 우렁차고 장중한 음성은 그야말로 위력적이었어요. (웃음)

그러다가 선생님을 다시 가까이 뵙게 된 것은 학생들의 연구 동아리 모임에서였습니다. 그 당시에 법대 학도호국단 산하에 여러 동아리 모임이 있었어요. '민사법학회'는 선생님이, 형사법학회는 유기천 교수님이 지도하셨어요.

한 선배가 권유도 하고 민법에 흥미도 있어서 민사법학회에 들어가 뒤에는 그 선배에 이어 회장을 맡았어요. 김증한 선생님은 당시에 미국에서 돌아오신 지 얼마 안 되신 때였어요. 미국 로스쿨에서는 Moot Court가 중요하다, 교과서만으로 강의만 하는 것이 아니라 실제 사건을 두고 학생들끼리 토론하다가 모의재판도 한다, 우리나라에서도 민사모의재판을 시작을 해야 된다 하시며 처음으로 민사법학회에서 미국식 민사모의재판을 하게 되었어요.

그때 선생님이 당시 서울지법 민사 4부장이셨던 주재황 판사에게 가보라고 하셔서, 그분을 이 모의재판의 재판장으로 모시고 모의재판 케이스를 받았어요. 교통사고에 관한 사안이었는데 채권자취소권도 문제되는 복잡한 사안이었습니다.

재판부는 주재황 판사, 안이준 선생, 김흥한 선생, 이렇게 세 분으로 구성하고 소송대리인과 원고·피고는 다 학생들로 구성을 했어요. 제가 대학 입학한 게 57년도이니 민사법학회에서 처음 무트코트를 한 것은 대학 3학년 때인 1960년일 겁니다.

김용담 민사법학회에서 민사모의재판을 하면, 제가 대학 다닐 때도 서울지방법원의 한 부가 옮겨와 했었거든요. 그게 처음이 언제인지가 굉장히 궁금했었는데…

서 민 김증한 교수님께서 미국 다녀오신 후에 55년 3월에 김증한 선생님 지도로 민사법학회를 결성을 했고, 54년 무렵에 모의재판을 처음 시작했더라고요. 그 후, 민사법학회와 상사법학회가 합쳐져서 사법학회가 되었습니다.

김용담 네. 그렇습니다만, 재판부가 와서 한 게 언제인지가 중요한 것 같아요.

이영준 다시 선생님을 뵌 것은 제가 사법고시 12차 시험에 합격한 1962년이었습니다. 선생님이 사시던 동숭동 댁에 찾아가 선생님을 뵙고 시험 합격했다는 말씀도 하고 앞으로의 계획도 말씀드리고 하다가, 사법관시보 할 때까지는 몇 달 여유가 있으니까 그동안에 무엇을 해야할지 여쭤보니까 가만히 계시더라고요. 그때 제가 고서점에서 책을 하나 사가지고 보다가 가지고 갔었어요. 일본 민법총칙에 관한 판례를 일본 교수가 엄선해서 책으로 낸 것이었지요. “선생님 제가 일본어 학원을 다니고 있는데 공부해 가면서 이걸 번역해보고 싶습니다. 선생님께서 지도해주시면 감사하겠습니다”고 말씀을 드리니까, 아무 말씀도 안 하고 계시다가 갑자기 “아! 이 사람이 지금 정신이 있는 건가”라고 하시면서 야단을 치시더군요. 그리고 말씀하시기를, 최소한도 일본에서 중학교 이상 졸업해야 일본 법률 책을 이해할 수가 있는데, 자네가 이제 고등고시 붙었다고 바로 할 수 있는 것이 아니라시며, 이제 한국법 공부할 것도 산더미같이 있는데 일본 책이나 번역해보겠다는 것이 말이 되냐고…. 그 말씀이 제 일생에 많은 도움이 된 것 같아요.

그러다가 선생님과, 당시 법대학장이셨던, 나중에 총장도 하셨지만, 유기천 교수님의 추천으로 독일 유학을 가게 되었습니다. 프랑크푸르트 대학에서 4년 수학 후 학위논문을 제출하고 구술시험 준비 중이던 1968년이었습니다. 대학 기숙사에 함께 기숙하던 독일 학생이 제 방문을 두드리고 “한국 대사관에서 전화가 왔는데 굉장히 중요한 일이니까 바꿔달라고 한다”고 하더라고요.

그 말을 들으니 굉장히 겁이 나더군요. 당시 ‘동백림 사건’이 얼마 전에 있어서 한국 학생들이 많이 잡혀갔었고, 그래서 독일 학생들이 한국 학생들을 보호한다고 학생식당에 갈 때도 같이 따라오기도 하던 시기였었기 때문이지요. 전화를 받으니 대사관 직원이 “김증한 교수께서 지금 대사관에 들르셔서 통화를 원하셔서 수소문해서 전화를 하는 것”이라며 선생님을 바꿔주었습니다. 그때만 해도 외국에서 한국 사람은 거의 만나지도 못하던 시절인데 선생님의 전화이니까 얼마나 반가웠겠어요. 다음날 기차를 타고 쾰른 대학으로 선생님을 뵈러 갔습니다. 그때 선생님이 훔볼트 재단 지원으로 오셔서 대우도 융숭했을 텐데, 학생기숙사에 학생들하고 함께 기숙하시더군요. 선생님과 한 방에 누워 여러 말씀을 들었습니다. 저는 그때 이제 겨우 박사학위를 끝냈으니 한 5년 동안 그동안 읽고 싶었던 책들 읽으면서 공부를 좀 더 하고 싶다고 말씀드렸더니, 야단을 치시더군요. “이 사람 자기 생각만 하는 사람이구만. 한국에는 교수가 없어서 야단인데, 가서 가르칠 생각은 안 하고 제 욕심만 차리느냐”고…. 당시 제 학위 지도교수 비트횔터Rudolf Wiethoelter도 저에게 은사가 그러시면 귀국하라고 하시더라고요.

그래서 판사로 일하면서도 강의는 열심히 했고 책도 내고 했습니다.
제가 민법총칙을 냈을 때, 선생님이 말씀하신 것도 평생 교훈이 되었는데요. "학자는 책을 쓸 때 자기가 하고 싶은 얘기만 하는 것이지 남의 이론이 이렇다 저렇다 비판하는 게 아니야" 하고 말씀을 하시고는, "책 내용은 좋았어" 그러셨지요.
김증한 선생님께서 독일 오셔서 기숙사 방에서 저랑 같이 주무실 때 하신 말씀 중에 당신이 한국 가서 하실 일들에 관한 부분도 있었습니다. 한국민사법학회를 중흥해서 정기적으로 학술지를 내야겠다, 한국 민법 코멘타르를 써야겠다, 독일에는 여러 코멘타르가 잘 되어 있는데 한국은 하나도 없다, 한독법률학회를 만들어서 한국과 독일 간의 학술 교류를 해야겠다 등 ….
선생님은 귀국하셔서 이 일을 다 하셨지요. 오늘 제가 『민사법학』 창간호(1978.6.)를 가져왔습니다. 당시 실렸던 글들을 보면, 김증한 선생님께서 "물권적 기대권론"을 쓰시고, 정권섭 교수, 김용규 교수, 이태재 교수, 허규 부장판사, 황적인 교수, 김정현 판사, 배경숙 교수, 최민근 교수, 박병호 교수 등의 글이 수록되어 있어요. 그러니까 학계뿐만 아니라 실무계까지 아울러 민사법 전반을 망라하신 거예요.
모두 우리 민법학의 주춧돌을 보는 것 같아요. 제가 국립중앙도서관에 가서 문헌을 좀 찾다 보니까 위 창간호 전에 '가리방'으로 된 한국민사법학회 활동보고 자료가 있더군요.

김용담 다음으로 서민 교수님 말씀해 주시지요.

서 민 저는 대학 때는 김증한 선생님으로부터 서양법제사 강의를 들었고요, 민법 강의는 2학년 때부터 듣기 시작했는데, 그때는 분반이 되어 저는 김기선 교수님 반으로 배정이 돼서 채권법까지 김기선 교수님 강의를 들었습니다. 그래서 대학 때는 김증한 선생님 민법강의를 들을 기회가 없었어요.
대학 때는 등산을 열심히 하였고, 그러느라 학교 공부가 좀 부실했지요. 그래서 휴학하고 1년 더 공부하고 졸업했는데, 다행히 어학공부는 쉬지 않고 했어요. 영어소설책을 대학 때 1만 페이지는 읽어야 된다고 해서 도서관에 앉아서 영어소설을 읽고 있었던 색다른 법과대 학생이었습니다. 그러면서 독일어 원서강독 같은 수업은 다 들었습니다. 그 덕택에 대학원 들어가서는 공부하기가 비교적 수월했습니다.
대학원 1년을 지나고 나서 공부를 좀 본격적으로 해야 되겠는데, 혼자 해서는 안 되겠고, 선생님 지도를 받는 것이 좋겠다는 생각이 들었어요. 그래서 1학년 때 선생님 강의 중에, 사법대학원 학생들과 Ludwig Raiser의 *Dingliche Anwartschaften*(1961)이라는 책을 같이 읽었었어요. 그 책을 당시 행정대학원장 비서가 타자 쳐서 책으로 엮어 그것을 읽었었지요.

혼자 강의를 듣기도 했어요. 수강생이 두 명이었는데 한 학생은 거의 안 나와서 그렇게 되었습니다. 그때 강의교재가 영어책이었는데, 행정대학원장실에 가서 강의를 들은 기억도 납니다. 어쨌든 그렇게 1년을 선생님 강의를 듣고, 두세 사람이 들은 강의들이니까 기억이 새롭습니다.

그리고 2학년에 올라가서 민법이 법학의 기초라는 생각이 들어서 민법을 전공하기로 마음 먹고, 교수님 연구실에 들어가 공부해야겠다고 결심했습니다. 그리고 김증한 선생님 지도를 받는 것이 좋겠다고 생각하여 하루는 강의가 끝난 후 선생님께 말씀을 드렸습니다. "선생님, 제가 민법을 공부하고 싶은데, 학문을 하려면 Drei G[Genie, Geld, Gelegenheit]가 필요하다고 하는데, 저한테는 갖춰진 것이 하나도 없습니다. 고등고시도 합격하지 못했으니 재능도 별로이고, 집에 경제적인 여유도 없고, 기회도 갖추어진 것이 없습니다."

그렇게 말씀을 드렸더니, "공부하다보면 돈은 어떻게 해결될 수 있는 것이고, 법과대학 들어온 머리이면 머리는 됐으니, 공부할 만하니까 걱정 말고 공부해라." 하시면서 내 연구실이 여유가 있으니 내 연구실에서 공부해도 된다고 하셔서, 제가 64년 봄에 선생님 연구실에 들어가게 됐어요. 그때 최종길 교수님이 연구실 관리를 하고 계셨는데, 선생님께서 "내가 최군한테 얘기를 해둘 테니까 열쇠를 받아서 거기서 공부해라"고 하셨어요. 당시 최종길 교수님은 독일에서 학위 받고 오셔서 전임되시기 전에 강사를 하고 계셨을 거예요. 그때부터 연구실 생활을 했습니다.

아까 김용담 대법관님도 서두에서 말씀하셨지만, 제가 선생님하고 가졌던 특별한 인연 중에서도, 선생님 책 만드는 데 도움을 드린 것이 가장 중요한 일 중에 하나입니다. 제가 선생님 연구실에서 공부를 시작하던 그해 가을에 바로 작업을 하나 시키셨습니다. 『신채권각론(下)』의 내용을 녹음한 테이프를 저에게 주시면서 그걸 가지고 원고지에 옮겨 쓰라고 하셨습니다.

선생님이 그때 행정대학원 원장직을 맡으셔서 워낙 업무로 바쁘셔서 필기를 하실 시간이 없으시니까 원고를 직접 못 쓰시고 녹음을 하셨어요. 선생님 녹음을 들어보면 한 마디 바꿀 필요 없이 그대로 쓰면 되도록 그렇게 완벽하게 녹음을 하셨더라고요. 그리하여 『신채권각론(下)』는 전부 다 제가 (원고지에 옮겨) 썼습니다. (웃음)

당시 여름이면 더위를 피해서 녹음작업을 명동에 있는 메트로 호텔에서도 하고, 남산 밑에 있는 호텔에서도 했습니다. 65년에 나온 『신채권각론(下)』가 그렇게 해서 나왔습니다. 그런 계기로 선생님과 가까워진 거예요. 그 후 공군장교로 입대할 때까지 계속하여 3년 가량 선생님 연구실에서 공부를 했습니다.

선생님과의 인연의 또 하나는, 선생님 모시고 등산을 많이 했던 것입니다. 선생님과 산에 다니면서 가장 기억나는 말씀은, "술이 취해서 평소 안 하던 행동을 하면 술을 끊어라"라는 것이었습니다. 산에 갔다 내려오시면 저녁식사를 하며 반주도 드시곤 했습니다. 선생님께서는 상당한 주량이셨는데, 아마 경험에서 나온 좌우명 같다고 생각했습니다.

몇 년 전에 민사법학회에서 김증한 선생님의 학문세계를 조명하는 학술대회를 한 후에 윤철홍 교수가 주관이 돼서 『한국민법학의 재정립: 청헌 김증한 교수의 생애와 학문세계』(2015)라는 책을 발간했는데, 이 글의 서두에 "김증한 교수의 생애"라는 글에 지금 말씀드린 내용의 상당 부분이 요약되어 있습니다.

저는 선생님과는 학문적인 토론보다는 생활의 일부를 같이 하는 그런 생활을 많이 했습니다. 제가 군에 가기 전에, 선생님 댁에서 제 기억에 8~9개월 합숙을 하며 책 출판 일을 도와드렸습니다. 그때는 교정이 어려운 활판인쇄였는데, 인쇄작업하는 것을 보니까 일하는 사람들 일하기 편하게 교정지시를 해줘야 되겠다는 생각이 들어서 글자를 넣고 빼는데 반각을 넣을지

1/3각을 넣을지까지 다 지시했습니다. 그래 공무국에서 저를 '교정도사'라고 하기도 했습니다. (웃음) 어쨌든 그렇게 해서 저는 특별히 선생님하고는 책을 출판하는 데 인연을 많이 가졌습니다.
제가 67년에 군대를 들어가면서 연구실을 떠나고, 입대 후 1년 쯤 후 서울로 다시 와서 연구실 다시 들어가고 싶다고 선생님께 말씀드렸더니 지금은 다른 사람이 쓰고 있어서 쓸 수 없다고 하셔서, 궁여지책으로 곽윤직 선생님께 제가 퇴근하고 책 볼 자리가 없다고 말씀드렸더니, "내 방 비어있으니까 내방 쓰게." 하셔서, 곽 교수님 연구실에서 군대 있을 몇 년 동안 공부한 일이 있습니다. 그때는 연구실에 공부하면서 교수님 책 교정을 봐드릴 대학원생들이 별로 없었거든요. 대부분 고시공부하느라 바빴고 연구실에서 공부하고 있는 사람은 민법에서는 저밖에 없었으니까요. 곽 교수님이 어느 날 강의 끝나고 나서, "자네, 내 책 출판하는데 교정 좀 봐주게나." 하셔서 곽 교수님 책 교정을 봐드렸어요. 그때 교정봤던 책이 『채권총론』이었습니다. 곽 교수님께서 그때 서문에다가 "만족하게 교정을 봐주었다."고 써주셨더라고요. (웃음) 어쨌든 저는 그래서 대학원시절에 김증한 선생님 연구실에 있으면서도 곽윤직 선생님 책 교정도 봐드렸습니다.
군대 가서는 학교는 나갔지만 연구생활은 잘 못하고 있다가 71년에 제대한 후에 몇 달 좀 쉬면서 사법시험공부를 몇 달 했습니다. 그리고 1차 시험 떨어지고 나니까 사모님께서 "오셔서 책 출판해야지." 하셔서, 다시 가서 일도 하고 그랬습니다. (웃음)
제가 독일어를 하니까 법제처에 마침 외국자료 담당하는 부서에 독일어 파트가 사람이 비었으니 와서 일해 달라고 연락이 와서 법제처에 법제조사위원회라는 데서 3년 가까이 일했는데, 그 사이에 충남대학교에 자리가 났어요. 그때 박희범 총장이셨는데, 충남대학교에 채용문제가 어느 정도 진전되었기에 선생님을 찾아뵙고 경과를 말씀드렸더니, 선생님께서 "그럼 내가 가서 얘기를 해야지." 하시고 사모님과 같이 직접 대전으로 박희범 총장님을 방문하셔서 당신 제자라고 말씀해주셔서 발령이 확고하게 되었습니다. 선생님께서는 제자를 위해 적극적이시고 정이 많으신 분이셨어요. 당시 대전까지 승용차로 손수 가시는 것이 보통 쉬운 일이 아닌데… 저는 그런 각별한 사랑을 받는 은혜도 입었습니다.
선생님과 사모님의 제자 사랑이 극진하셨는데, 그 예를 하나 말씀드리겠습니다. 매년 1월 2일에는 선생님과 가깝게 지냈던 제자들을 평창동 자택으로 초청하여 점심을 하였습니다. 사모님께서 손수 준비하신 정이 담긴 음식을 나누었습니다. 이 모임의 참석자는 안이준 교수, 심태식 교수, 김종원 교수, 이호정 교수를 비롯하여 10여명 정도이었습니다.

그리고 민사법학회와 관련되어 생각나는 것은 저의 대학원 때 선생님 연구실 들어간 이후로는 매월 열리는 민사법연구회(1974년에 "민사법학회"로 이름을 바꾸었음)에 제가 계속 참석을 했습니다. 선생님께서 연구회에 가실 때 같이 가자고 하셔서 선생님을 따라 참석했습니다. 그때는 안이준 선생님이 판례를 선정하고, 발표자는 김증한 선생님이 주로 지정을 하셔서, 판례연구를 했어요. 등사기로 인쇄해서 안내장을 보내고 연구회를 개최했는데, 저녁 때 모여서 발표하고, 발표가 끝나면 같이 식사를 하고 해산했습니다. 그때 열심히 참석하셨던 분들 중 얼핏 기억나는 분은 이항녕 선생님, 안윤출 변호사님, 안이준 변호사님, 허규 부장판사님 등입니다.

김용담 민사법학회가 그때는 실무 판사들도 많이 참석을 했어요. 변호사분들도 많이 오시고요.

이시윤 김증한 선생님이 민사법학회 회장을 15년 정도 하셨을 겁니다. 그래서 내가 대학원 다닐 때 모시고 건국대학교까지 갔던 기억이 있어요. 그분의 충직한 제자들이 여기 다 모였지만, 작고한 황적인 교수님도 간사를 같이 15년 하면서 모셨습니다.

양창수 김증한 선생님이 처음에 편저로 내신 새로 제정된 민법에 관한 교과서와 관련하여 제가 전에 의문을 가지고 있던 점이 있습니다. 안이준 선생께서 1950년부터 1952년까지 사이에 와가츠마의 「민법강의 시리즈」를 번역하여 출간하셨잖습니까? 그런데 제가 알기로는 안이준 선생의 번역으로 『채권각론』이 나온 1952년까지 「민법강의 시리즈」로 『채권각론』에 해당하는 것은 아직 출간된 바 없습니다.

그러니까 앞서 말씀드린 와가츠마 저, 안이준 역의 『채권각론』이, 그 「서序」를 보면, 그것이 「이와나미 전서岩波全書」의 한 권으로 1934년에 출간된 와가츠마의 『민법 II』 중에서 채권각론에 해당하는 부분만을 번역한 것임을 알 수 있습니다. 그런 까닭에 안이준 역의 이 『채권각론』은 도합 134페이지밖에 안 되는 얇은 것이었지요.

한편 와가츠마의 『채권각론 상권』은 계약총론을 다루고 있는데, 그것이 출간된 것이 1954년에 이르러서입니다. 그리고 이어서 『채권각론 중권(1)』이 1957년에, 그 『중권(2)』가 1962년에 각각 출판됨으로써 계약각론이 완성됩니다.

그런데 김증한·안이준의 공편저로 처음 나온 「민법강의」 시리즈 중에서 『채권법각론』은 1957년에 혜문사라는 출판사에서 출간되었는데, 이 책은 그 이름과는 사뭇 달리 계약총론만을 다루고 있습니다. 그리고 내용적으로 보면, 그 「편저자의 말」에서 보듯이, 앞서 말씀드린 와가츠마의 1954년 출간의 『채권각론 상권』을 그대로 번역한 것에 "조선고등법원 판례 및 [민법]초안을 인용대조하여서 엮은" 것으로 되어 있고, 책의 제목은 『채권법각론』이지만 계약총론만을 다룬 것입니다.

그 후 우리 민법이 제정·시행됨에 따라 앞에 「신新」이 붙는 민법 교과서들이 『신민법총칙』에서부터 『신채권각론』까지 역시 두 분의 공편저로 출간됩니다. 그중 『신채권각론(하)』는 1965년에 출간되고 이로써 「민법강의」 시리즈가 완성됩니다. 그 내용은 계약각론의 뒷부분, 즉 고용부터 화해, 혼합계약에다가 이른바 법정채권관계, 다시 말하면 사무관리·부당이득·불법행위로 되어 있습니다.

그러니까 그 시점에서 보면, 앞의 계약각론에 해당하는 부분은 앞서 본 대로 와가츠마의 『채권각론 중권(2)』가 이미 1962년에 출간되어 있어서 그것을 바탕으로 마련되었으니 그렇다고 하더라도, 뒤의 불법행위 등 법정채권 부분에 대하여는 그 「머리말」에서 "사무관리 이하의 부분은 일본과 독일의 제서諸書를 참고로 하였다"고 말씀하고 계시거든요. 그런데 왜 그 책 전부에 대하여 '편저'라고 하셨을까요?

서 민 말씀하신 대로 거기에는 법정채권관계 이외에 고용 이하의 계약법 부분도 들어가 있어요. 그 부분은 와가츠마 책을 토대로 해서 저술하셨기 때문이라 생각합니다.

양창수 그러면 서민 선생님이 김증한 선생님께서 구술하신 것을 원고로 만드실 때 그 구술의 기반이 되었던 것은 어떤 것이었지 혹시 짐작하시는 것이라도 있나요?

서 민 그건 여쭤본 적은 없는데, 『신채권각론(下)』의 머리말에서 사무관리, 부당이득, 불법행위는 독일과 일본의 여러 학자의 저서를 참고하여 저술하셨다고 말씀하셨습니다.[78] 그때 행정대학원 원장을 하셔서 워낙 업무로 바쁘셔서 필기를 하실 시간이 없으신 거예요. 선생님 녹음을 들어보면 한 마디 변함 없이 그대로 쓰면 되는, 그렇게 완벽하게 녹음을 하셨었습니다.

이시윤 그러니까, 『물권법』을 쓰실 때부터는 '저著'로 나갔지요.

양창수 1960년과 1961년에 나온 『신물권법(상)(하)』는 '김증한 저'로 되어 있습니다.

이시윤 '편저編著'의 시대가 가고 '저著'의 시대가 오기 시작한 것이지요. 그러면서 동시에 선생님이 얼마나 큰 포부를 가지고 있었느냐 하면, 아까도 얘기가 나왔지만, 방대한 양의 『법률학사전』을 만들었어요. 이것은 64년도에 완결이 됐을 겁니다. 한국의 법률체계를 정립해놓으신 것이지요. 그리고 나아가 그걸 계속해서 입법추이, 학설, 판례 등의 변천에 맞추어서 개정판을 내려고 했는데, 출판업자인 법문사하고 마찰이 생겨버렸어요. 그것을 해결하기 위해서 작고한 황적인 교수가 여러 번 법문사를 찾아갔어요. 제가 개인적으로 황적인 교수하고 상당히 친하기 때문에 같이 갔던 일도 있는데, 출판사가 선생님의 주재 하에 법률학사전의 개정판을 내는 데 매우 냉담하더라고요.

이영준 황인철 변호사도 법률학사전 하는 데 기여를 많이 했던 거 같아요.

이시윤 『법률학사전』 초판은 공법은 김도창 선생이 대표편집위원이고, 총괄대표편집위원이 김증한 선생이었습니다. 나는 그 당시에 판사업무를 하다가 법대로 들어갔는데, 민사소송법의 편집위원을 맡았어요. 모두가 상당히 심혈을 기울여서 편집한 것인데, 그 뒤에 개정판에서 선생님을 비롯하여 우리들 편집위원들을 출판사가 배제시켜 유감스럽게도 흐지부지 돼버렸어요.

서 민 자료에 의하면 이 법률학사전의 집필진은 220여명이었으며, 전국의 대학교수와 법조실무가를 망라하였다고 합니다.

양창수 앞서 잠깐 말씀이 계셨는데, 1954년에 유진오·고병국 공편으로 나온 『법률학사전』(청구문화사 간행)이 있거든요. 거기에도 「편집보조위원」으로 김증한

---

78) 이 책의 서문에서 "그 부분을 설술(說述)함에 있어서 특히 크게 참고한 것은 我妻 榮 저 사무관리·부당이득·불법행위(신법학전집), 松坂 佐一 저 사무관리·부당이득(법률학전집), 加藤 一郎 저 불법행위(법률학전집), 我妻 榮 편저 사무관리·부당이득·불법행위(판례 콤멘타르)이었다"고 밝혔다.

선생님이 김도창·안이준·곽윤직 선생님 등과 함께 그 이름이 나오십니다. 아까 김창기 선생님께서 말씀하시기로는 김증한 선생님이 거기에 많은 관여를 하셔서 카피도 만들고 하셨다고 그러셨는데, 그것과 1964년에 나온 법문사 판 『법률학사전』하고는 어떤 관계인가요?

이시윤 그건 편집진이 전혀 다르니까, 별개이지요. 법문사가 사전을 시리즈로 내려는 웅대한 출판계획을 세우고, 김증한 선생의 『법률학사전』부터 시작했습니다. 그래서 『법률학사전』을 먼저 냈고, 그 다음에 서울상대 조순 교수 대표편집으로 『경제학사전』을 냈습니다.

양창수 그러니까 김증한 선생님은 이미 50년도 초반부터 법률학사전 편찬에 관심을 크게 두고 계시지 않았나 생각합니다. 그런데 김증한 선생님께서 독일어 학습 참고서를 독문학을 전공하신 김정진 선생님하고 공저하신 것이 있지요.

서 민 그 책이 『수험독일어』인데요, 저도 대학입시 공부할 때 그 책으로 했어요. (웃음)

양창수 그 책이 출간된 것이 1951년인가 부산 피난 시절인데, 그동안 나온 김증한 선생님 화갑기념논문집이라든지 『한국법학의 증언』의 저술 목록에는 그 책이 수록이 안 되어 있더군요. 그런데 『한국법학의 증언』 뒷부분에 김정진 선생님이 쓰신 회고담("나와 曾漢 박사")이 있거든요. 거기에는 "9·28수복 직후"에 출간되었다고 하십니다. 그 책이 아주 잘 팔려서 "낙양의 지가를 높였다"고도 되어 있습니다.

김용담 이시윤 선생님, 학교 계실 적에 김증한 선생님하고 특별히 생각나시거나 하는 일 있으신가요? 그때 저술활동이 아주 활발하시던 때였는데요.

이시윤 좀 방향이 다른 이야기지만, 제 고향이 북한입니다. 저희 고향 동네에 이태진이라는 아주 천재라고 소문난 사람이 있었습니다. 철저한 공산주의자였는데 서울법대 조교수를 하다 해방 후 혼란기에 이강국과 함께 월북하여 김일성 대학 교수로 재직했었습니다.

제가 64년도에 서울법대 조교수로 들어 왔는데, 마침 그 사람에 대해 호기심이 생겨 선생님께 여쭤본 적이 있었습니다. 선생님은 경성대학[일제 시대의 '경성제국대학'이 광복과 동시에 폐지되고 '서울대학교'가 창설(1946.8.22.)되기 전까지 1년 간 '경성대학'으로 존치] 시절부터 법대에 계셨기 때문에 잘 아실 것 같아서였지요. 그래서 선생님으로부터 법대 초창기의 이야기를 겸해서 들을 수 있었습니다.

선생님의 말씀이 그는 와세다 대학 법학부를 나왔는데, 상당히 재능있는 사람이라고 하시더군요. 중학생 때부터 공산주의 운동을 해서 체포되어 재판까지 받은 사람인데, 그 사람이 김증한 선생님이 전임강사 채용에 응시했을 때 시험위원이었다고 하시더라구요. 그는 공산주의자였으면서도, 주관주의 형법이론으로 테스트하였다고 하더라구요.

김증한 선생님은 1962년부터 서울대 행정대학원장을 맡으셨고 또 67년에 문교부 차관으로 들어가셨는데, 그런 공백 때문인지, 특히 선생님이 문교부 차관으로 들어가시고 난 뒤로부터는 곽윤직 교수가 혜성처럼 나타나, 선생님께 대해서 상당히 도전적인 입장을 취했었습니다. 그 과정에 선생님이 고민도 많이 하셨을텐데, 이런 말씀을 하신 기억이 납니다. "곽군이 나에 대해서 상당히 공격적인데, 나에 대해 타격을 가해도 나는 별로 아프지가 않아."

선생님은 60년 중반부터는 서양법제사를 일단 접어 두시고 민법의 정립을 위한 작업을 시작하셨었습니다. 그때 『물권법』 책을 쓰시면서 물권적 기대권을 주장하셨지요. 이것은 일본의 학계에서도 본격적으로 논의되지 않았을 때인데, 그것을 도입해서 물권법에 관철시키려고 시도를 하신 것이라든가, 전세권의 담보물권화 같은 참신한 민법이론을 체계화하려고 학문적 노력을 하시던 모습이 기억납니다.

나는 단지 조교수여서 그분에게 저는 여전히 학생이었고, 같은 교수회 멤버로서 참여를 하지만 말석에서 학생된 기분으로 모셨는데, 특히 학문적으로 상당히 역동적이셨던 것으로 기억이 납니다. 카리스마가 있으셨지요. 한국민사법학회 회장을 오래 하시면서, 그때 주재황 선생 등 나중에 대법관까지 승진했던 판사들이 많이 민사법학회에 참여했던 것으로 아는데, 선생님이 리더십이 있어서 잘 끌고 나가시더라고요.

『법률학사전』을 완성시키신 것이 64년도였을 것입니다. 그 후에는 민법의 대가로 평가되셨지요. 저는 민사소송법 분야이기 때문에 학문적으로는 깊이 사사師事한 관계는 아닙니다만, 그분의 제자 황적인 교수, 이호정 군, — 이호정 군이 오늘 오려고 했는데 몸이 불편해서 참석을 못했다고 하더군요 — 그리고 여기 서민 교수, 이영준 박사, 김용담 대법관 이분들은 직접 선생님으로부터 제자로서 사사 받으셨었지요. 저는 이러한 제자분들을 통해서 간접적으로 선생님의 학문하는 태도라고 한다든가, 학자로서의 가는 길을 많이 배우고 느낄 수 있는 기회를 가졌습니다.

양창수 '전세권의 담보물권화'에 대하여 말씀하셨는데, 사실은 처음 제정・시행된 민법에는 전세권에 우선변제권을 부여하는 규정이 없었습니다. 그런데 1962년에 새로 만들어진 경매법에서 전세권에 우선변제권이 있는 것을 전제로 하는 규정이 제34조 제3항으로 들어가게 되었습니다. 제가 김증한 선생님으로부터 직접 들었습니다만, 당신께서 5・16 직후에 국가재건최고회의 법제사법위원회의 자문위원을 하고 계실 때의 일입니다. 그때는 아직도 상당히 많은 법률들이 일본법을 그대로 의용依用해서 쓰는 상황이었는데, 위 법제사법위원회의 작업으로 이것들을 우리말로 바꾸었다고 합니다.

경매법과 관련하여 우선변제권 관련조항은 김증한 선생님께서 넣으셨다고 하셨습니다. '일본에는 전세권이라는 법제도 자체가 없으니까 경매절차상 이를 어떻게 취급해야 하는지에 대하여도 당연히 규정이 없지만, 우리는 물권으로서의 전세권이 보다 실효있게 되려면 우선변제적 권능도 인정되어야 한다. 그래서 그 법조항을 넣었다'고 말씀하셨습니다. 그러던 중에 민법이 1984년에 개정되면서 전세권에 관한 모두규정인 제303조 제1항에 전세금의 반환에 관하여는 우선변제권이 있다는 규정이 새로 들어가게 되었지요.

저는 아까도 잠깐 말씀이 계셨던 『신물권법』에서 다른 나라 민법에는 찾아볼 수 없는 전세권을 다룬 부분이야말로 김증한 선생님의 발군의 업적이 아닌가 생각합니다. 그 후의 전세권에 관한 논의는 거기서 발굴하여 깔아 놓은 논점의 범위를 크게 벗어나지 못합니다.

이시윤 한 가지만 더 부언을 하자면, 그 당시에 내가 대학에 있을 때 동대파[일본의 동경제국대학 출신 학자를 칭함]와 성대파[한국의 경성제국대학 출신 학자를 칭함] 간에 아주 첨예한 예각적인 대립이 있었어요. 그런데 동대파의 좌장이 유기천 교수였고, 성대파의 좌장이 황산덕 교수였어요. 교수사회가 이렇게 날선 대립이 있을 수 있느냐 느낄 정도로 아주 심각했는데, 김증한 선생님은 성대 출신이시면서도, 동대파의 유기천 교수하고도 별로 큰 마찰이 없으셨습니다. 그만큼 인간적인 면이 있고 온건한 분이셨지요.

반면 유기천 교수와 황산덕 교수 간의 갈등은 결국 소송에까지 이르렀었지요. 그만큼 마찰이 심각했었는데 선생님은 초연한 입장에서 상대측 교수들과도 부드러운 인간관계를 유지했다는 것은 그분의 훈훈한 인간적인 측면을 보여주는 것이라고 생각합니다.

김창기 그것 관련해서 제가 한 말씀 드리겠는데요, 당시 사실은 연구실 문제 때문에 싸움이 벌어졌습니다. 동대파 성대파 중에서 동대파에게 먼저 연구실을 줬어요. 그래서 황산덕 선생하고 김기선 선생이 유기천 총장하고 싸움이 붙었습니다.

그 무렵에 제가 황산덕 교수님과 만났습니다. 황산덕 선생님이, 지금같이 알력이 있고 여러 가지 문제가 있어서 당신이 문리대로 가야겠는데, 김군 생각은 어떻냐고 물으셔서, 제가, 선생님의 생각보다, 우리 학생들이 선생님을 싫어하면 가시고, 학생들이 선생님을 좋아하면 학생들 곁에 계셔야 되지 않겠냐, 이렇게 말씀을 드렸어요. 그랬더니 이 말씀을 받아들이셨는지 결국 안 가시더라구요. (웃음)

그러고 나서 얼마 후 학생 몇몇이 을지로 6가에 있는 황산덕 선생님 댁에 찾아갔어요. 그 옆에 있는 냉면집에서 식사를 하며, 사모님께서, 우리 선생님은 학생들 때문에 고생스럽지만 법대에 있는 거라고 그렇게 말씀을 하시더라고요. 그때 황산덕 선생님하고 저하고 그런 일이 있었습니다. 김증한 선생님하고 저하고 제일 가까운 것을 황산덕 선생님은 잘 아시거든요. 이분이 나중에 법무장관도 하시고 문교부 장관도 하셨는데, 그때 만나서는 자기 옆으로 와, 그러시더니 먼저 그만두시더라고요.

김용담 선생님 제자 분들 얘기가 있었는데, 최종길 교수님 얘기를 여쭤보지 않을 수 없군요. 1973년에 최종길 교수님 사고가 있고 난 다음에 선생님이 안기부에 다녀오셨어요. 우연히 제가 댁에 갔는데, 그 일에 대해서는 아무 말씀도 안 하시더라고요. 최종길 교수님에 대해서 선생님이 굉장히 기대를 많이 하셔서, 스위스, 독일 유학갈 때도 선생님이 많이 도와주신 것으로 알고 있습니다.

최종길 선생님이 귀국하셔서 강의를 하실 때, 제가 66년도에 입학을 해서 67년도에 최종길 교수님 강의를 처음 들었는데, 그때까지는 두 분의 관계를 잘 몰랐는데, 그 후에 그런 관계가 있다고 알게 되었습니다. 선생님이 최종길 교수에 대해서 가졌던 기대나 그런 것을 아시는 것이 있으면 말씀해 주시면 좋을 것 같습니다.

이시윤 법대가 교수들 간에 전통적으로 분파가 오래 지속되어 왔습니다. 그것의 연장선에서 계보를 보게 되면 김증한 교수의 제자가 최종길 교수였습니다.

그 때 곽윤직 교수가 최종길 교수를 상당히 싫어했어요. 최종길 교수 자신은 독일에서 박사한 사람이고, 선진법학을 터득한 사람이라는 자존심이 있었어요. 더욱이 김증한 선생님을 철저히 모시고, 김증한 선생님께 발탁이 되어서 법대에 온 거였거든요. 그러니까 갈등관계가 김증한, 곽윤직 교수 간의 관계에서 최종길 교수 대 곽윤직 교수 갈등관계 비슷하게 되어 가던 상황이었습니다.

그래서 최종길 선생이 열심히 민법총칙 책을 썼지요. 원고가 완성될 단계에서 무참한 사고가 난겁니다. 아무튼 그만큼 선생님이 제자를 잘 다스리셨어요. 일단 제자가 되면 힘껏 도와주시고, 제자는 철저히 선생님을 받들다 보니까, 그것도 간접적인 곽 교수와 최 교수 간의 반목의 원인이 됐던 것이 아닌가 생각이 됩니다.

양창수 제가 서울법대 3학년 때, 그러니까 1972년 5월에 김증한 선생님이 법대 학장이 되셨고 1977년 5월까지 학장의 직에 계셨습니다. 그 전의 일은 잘 알 수 없는데, 그 후로는 5년 동안 학장을 하신 분이 또 계시지 않았다는 생각이 듭니다. 되짚어 보면 이른바 10월 유신이 1972년 10월에 났고, 그 후 죽 그야말로 살벌한 긴급조치 시대였거든요. 선생님께서 이 어려운 시기를 5년이나 학장을 하시면서 지내셨다는 것이 무슨 의미가 있는가 하는 생각을 해 보게 됩니다.

김용담 양 교수님께 부탁드리고 싶은 것은, 선생님의 특징적인 이론들, 아마도 물권적 기대권이나, 공동소유이론 등이 이에 해당할텐데, 이러한 이론들이 오늘날 민법학에서는 어떻게 평가를 받고 있는가 하는 점입니다.

양창수 앞서 서민 선생님도 말씀하신 것처럼, 저는 계속해서 김증한 선생님 강의만 들었습니다. 그때 제가 입학한 법학과가 정원이 100명이었는데, 앞의 50명은 김증한 선생님 강의를, 뒤의 50명은 곽 선생님 강의를 듣고, 행정학과 60명은 황적인 선생님이 맡으셨지요. 최종길 교수님은 당시 외국에 계셨던 것으로 기억합니다. 그때는 한 번 강의교수가 정해지면 줄곧 그 교수님 강의를 들어야 했지요. 그래서 저는 김증한 선생님 책을 가지고 민법 공부를 했고, 그야말로 학은을 많이 입었습니다. 그런데 제가 선생님의 민법학에 대하여 생각할 때 우선 떠오르는 것이 있는데, 선생님이 최초로 발표하신 글이 1948년 1월의 "민법 제14조에 대한 판례비평"[법정, 제3권 제1호]입니다. 당시의 의용민법은 처妻를 행위무능력자로 정하고 있었고, 이 규정이 그대로 의용 민사소송법에 준용이 되어서 소송행위, 상소, 항소나 상고를 하려면 부夫의 동의를 받아야 했습니다.

그런데 1947년에 대법원에서, 우리는 민주국가를 지향하고 민주주의 이념이 '현하의 국시國是'인데, 위의 법규정은 거기에 필수적인 남녀평등에 정면으로 반하는 것이므로 우리는 이 규정을 적용하지 않겠다고 판시했습니다. 피고가 된 처가 남편의 동의 없이 상고를 하였다는 주장이 있었던 것이지요.

이 판결을 두고 당시 유능한 법률가 여러 분이 견해를 발표했습니다. 예를 들면 김갑수, 홍진기, 김안진, 장후영 등인데, 김증한 선생님의 위 글도 그 중 하나지요.

당시 연세가 만 27세이셨는데, 논리는 간단합니다. 우리나라에는 아직 헌법이 없다, 법원은 현재 있는 법률을 적용해야 하고 법률을 적용하지 않는다고 선언할 권한이 없다는 것입니다. 홍진기나 장후영이 대법원이 위와 같은 판결을 하면서 했을 고민을 이해하고 그러한 태도를 뒷받침하는 논리를 제공하려는 노력을 보이고 있는 데 비하면, 어폐가 있는지 모르지만, 아무래도 형식적이고 단선적單線的인 입론이 아닌가 하는 느낌이 있습니다.

이러한 태도가 독일의 민법학에 대한 자세에도 그대로 이어지지 않는가 하는 생각을 합니다. 선생님의 물권행위 무인성 주장도, 우리 민법의 규정, 예를 들면 법률행위의 무효・취소를 선의의 제3자에게 대항하지 못한다고 하는 규정들의 의미를 잘 음미하기보다는, 독일 것을 그대로 받아들이려고 하는 지향이 분명히 있거든요.

물론 이것은 일본법학에서 벗어나야 한다는 마음 속 깊이 자리잡은 지향으로 말미암은 것이 아닌가 추측되기는 합니다. 그러나 비교법적으로 물권행위의 무인성이라는 것은 독일사람들 스스로도 나치시대뿐만 아니라 그 이후에도 권장할 만한 게 못된다고 평가하고 있습니다. 또 공동소유 3유형론은 결국 선생님이 일찍이 말씀하셨던 것이 민법에도 받아들여졌습니다만, 저는 약간의 의문이 없지 않습니다.

그것은 간단히 말하면 일본의 이시다분지로石田文次郎를 거쳐 오토 폰 기르케에 연결되는 이론인데, 독일에서, 특히 법제사 쪽에서의 최근 논의를 보면 공동소유의 한 형태로 기르케가 중세게르만법에서 발견하였다고 하는 '게노센샤프트적 총유', 이게 우리 민법의 총유제도의 연원이 되는 것입니다만, 그것은 그 근거가 희박한 것으로 평가되고 있습니다. 그리고 기르케의 총유는 기본적으로 지역단체를 전제로 하는 것이기 때문에 단체의 중요한 의사결정은 단체 구성원들이 쉽사리 모여서 열 수 있는 사원총회의 결의로 하고, 그 각 사원이 총유물을 사용·수익할 수 있는 것이지만(우리 민법 제276조가 그렇게 정하고 있습니다), 우리처럼 법인이 아닌 사단이 촌락과 같이 지역에 의존하는 경우는 오히려 드물고 예를 들어 동창회나 종중만 하더라도 구성원들이 모이기 어렵고, 총유물의 사용·수익이 별로 문제되지 않는 우리 같은 사회에서 과연 위와 같은 총유 개념이 적절한가 하는 것입니다. 이 점은 이호정 선생님도 지적하신 바가 있습니다.

또 물권적 기대권의 이론에 대해서도 그렇습니다. 우리는 부동산매매를 할 때 대금을 통상 계약금·중도금·잔금으로 나누어 지급하는데, 과연 선생님께서 말씀하시는 독일적 물권적 기대권론의 법구성을 이런 국면에 적용할 때에 설득력 있는 처리가 보장되는가, 이런 부분은 우리 후학들로서는 좀 생각하여 보아야 하지 않을까, 그런 생각을 합니다.

김용담 제가 사법대학원 시절에 개인적으로 궁금한 것들이 있어서 선생님께 여쭤보면 선생님께서 간단간단하게 대답을 잘 해주셨는데, 선생님의 편견이랄까 고집이랄까, 민법을 제대로 공부하려면 서양법제사하고 로마법을 공부를 해야 한다, 이게 선생님의 지론이셨어요.

아까 곽 선생님과의 관계 얘기가 나왔습니다만, 선생님이 곽 선생님에 대해

서 가지는 특별한 그런 것은 없었고, 동국대에서 서울대로 오실 적에 자리가 서양법제사 자리가 있었고 선생님 생각은 서양법제사를 해야 나중에 민법의 대가가 될 수 있다, 이렇게 생각을 하고 계셨는데, 선생님 제자 중에 황적인 선생님이 경제법을 하신 것에 대해서 조금 서운해 하신 것 같았어요.

그래서 권오승 선생님께 물어보고 싶은데. 민법공부하는 것하고 경제법 공부하는 것하고 관계에 대해서 말씀해 주시지요.

권오승 그전에 조금 다른 이야기를 하면요, 저희들이 학교에서 선생님 강의를 처음 듣게 된 게 3학년 1학기 때 채권법 총론 강의였습니다. 선생님에 대한 명성은 대단했는데, 막상 강의를 들어보니까 강의는 좀 답답했어요. 그냥 책을 읽으시면서 가끔씩 칠판에 판례번호를 하나씩 적어주시는 정도였어요. 그래서 참 이상하다, 그렇게 유명하신 분이 강의는 저렇게 재미없게 하시나 하고 생각했어요. 나중에 연탄가스 사고가 있었다는 이야기를 듣고, 그랬었구나 했지요. 어쨌든 선생님의 예전 모습이 어떠셨는지에 대하여는 실감할 수가 없었어요.

이처럼 선생님에 대하여 선배님들로부터 듣는 명성과 저희들이 직접 강의를 들으며 느끼는 것에는 많이 차이가 있어서 궁금해 하고 있던 중, 제가 도서관에 가서 『민법안심의록』을 찾아서 읽을 기회가 있었는데, 그때 물권법, 물권행위와 등기의 관계에 대해서 김증한 선생님이 말씀하신 것을 보고 저는 많이 놀랐습니다.

그때가 선생님이 겨우 서른 서너 살 정도 되셨을 때인데, 완벽하고 논리정연하게 말씀하셨을 뿐만 아니라 여러 가지를 종합적으로 고려하며 설득력 있는 주장을 하신 것을 보고, 정말 대단하셨구나, 당시에는 강의도 그렇게 하셨을 텐데, 저희들은 연탄가스 사고가 난 이후에 김증한 선생님을 만나서 선생님의 옛 모습을 전혀 경험할 수가 없었구나라고 생각했던 기억이 있습니다.

이영준 사고 당하시기 전의 모습을 말씀드리면, 선생님의 강의가 아주 성실한 강의로 정평이 있었어요. 조금 답답한 느낌도 물론 듭니다. 물권법 강의에서 '포셋시오'와 '게베레'를 가지고 우리 민법 점유를 설명하시던 것은 인상 깊습니다. 선생님의 물권적 기대권 이론, 물권행위 독자성 이론에 저는 전폭적으로 지지하는 입장은 아니었습니다만, 그분의 이론이 독일 것을 한국에 그대로 이식한 것은 아니었어요. 예를 들면 물권적 기대권은 독일에서 동산의 소유권유보부매매에 대해서만 인정되던 것을 선생님께서 부동산에까지도 적용하고 물권적 기대권 이론을 매개로 한 물권행위론도 독자적인 개척이었다고 할 수 있습니다. 우리나라 대법원 판례가 그것을 채택은 안 하였지만 학술사적으로 커다란 의미가 있다고 생각해요.

권오승 저도 그 점에 공감합니다. 저는 김증한 선생님의 학문적 노력 중에서 제가 보기에 가장 의미있는 것은, 제도와 현실 간의 괴리가 있을 때, 예컨대 모처럼 등기제도를 도입했으니까 등기를 가능한 한 독려해야 할 필요가 있지만, 부동산을 취득한 뒤에 아직 등기이전을 하지 않은 사람들이 있을 때 그러한 사람들을 어떻게 보호할 것이냐 하는 점에 착안해서, 그들을 가능한 한 두터이 보호해 주자는 취지에서 주장하신 것이 바로 물권적 기대권론이 아닌가 생각하고 있습니다.

그리고 할부매매와 같은 경우에도 10개월 할부로 물건을 구입한 후 9개월치 할부금을 낸 사람과 1개월치 할부금을 낸 사람이 있을 때, 아직 소유권 이전이 안 되었다고 하여 둘을 똑같이 취급하는 것이 옳은 것인가, 그들 사이에는 실질적인 차이가 있다고 보아야 하지 않는가 생각하고 9개월치 할부금을 낸 사람을 좀 더 두터이 보호해 보려는 노력의 일환으로 나타난 것이 물권적 기대권론이라고 생각되는데, 선생님은 일찍이 그러한 노력을 시작하신 분이라고 할 수 있습니다.

그런데 그 이후에 우리나라 민법학계에서 그러한 노력이 좀 더 활발하게 전개되지 못한 것이 아닌가 하는 점이 아쉬움으로 남습니다.

이영준 아파트분양에서 할부금을 거의 다 99.9% 납입했고 0.1%만이 미납입인 경우 소유권과 유사한 어떤 그런 권리까지도 전혀 안 넘어간다고 하는 것은 현실하고 좀 안 맞잖아요. 그런데 우리 법제는 유효와 무효, 물권과 채권만 인정하고 이외의 것은 인정을 하지 않아요. 유효 아니면 무효예요. 물권이 아니면 채권이라는 것이지요.

그러나 무효인 법률행위도 당해 법률행위로서만 효력을 발생하지 못할 뿐 그대로 법률상 효력을 가지는 것입니다. 물권과 채권 중간에 물권도 채권도 아닌 권리가 있을 수 있습니다. 등기만 갖추지 않았지 점유사용하면서 사실상 물권을 행사하는 경우를 어떻게 하든 물권적으로 다루어 법과 현실 간의 괴리를 막아야 할 것입니다. 물권적 기대권 이론을 매개로 부동산 물권에 준할 수 있는 부동산 채권을 인정하려는 선생님의 발상은 관계 법률을 보완하여 지향할 가치입니다.

이시윤 그것 관련해가지고요, 지금 집행법 분야에서 집행의 대상이 부동산, 유체동산, 그리고 채권, 채권 속에 금전채권 그리고 유체물 인도청구권, 그밖에 기타 재산권이 있거든요. 기타 재산권이 뭐냐 하면, 특허권이라든가 합유지분이라든가 미발행주식이라든가 등등 아니겠어요. 그런데 독일 책을 보니까 물권적 기대권도 집행의 대상이 되는 기타 재산권에 포함이 되어 있더라고요. 일본에서는 물권적 기대권에 관해서 외면하고 있는데, 일본사람들의 자존심인지, 그게 일본에는 채택되지 않았더라고요.

그런데, 지금 미등기건물이 거래대상이 되고 있지요. 주무관청의 허가라든지 신고가 되지 않았기 때문에 건축대장을 작성해서 보존등기를 할 수 없거나 미처 안 된 상태의 미등기건물이 거래 대상이 되고 있다는 말이죠. 그런데 그것이 재산가치가 없다고 단정할 수 없잖아요. 그것을 어떻게 설명할 것인가 막연한데, 그런 경우에는 물권적 기대권이라는 개념을 동원할 만하지 않느냐. 그런 의미에서 역시 김증한 선생님이 선각자적인 비전을 우리 학계에 제시했다, 우리는 그렇게 평가하고 싶어요. 민사집행법 개정판 책에 그 부분과 관련해서 김증한 선생님 물권법 책을 인용하려고 해요.

권오승 저는 수험법학의 영향도 있었다고 생각합니다. 왜냐하면 물권적 기대권이니 뭐니 하는 이야기는 이것도 아니고 저것도 아니고 좀 어정쩡하고 애매하잖아요. 딱 법률행위가 무효면 무효이고, 유효면 유효이고, 또 물권이 넘어갔으면 넘어갔고 아니면 아니고, 그렇게 명확하게 구별되어야 고민이 없을 텐데, 예컨대 곽윤직 선생님의 주장이나 교과서 내용은 대체로 고민해야 할 지점에 가서 고민하지 않게 딱 잘라 주는 측면이 있거든요. (웃음)

사실은 그러한 것들이 수험법학에는 도움이 됐을지는 모르지만, 한국 민법학의 발전을 위해서는 학생들에게 고민할 것은 고민하게 만들어주고, 고민의 핵심이 무엇이라는 것을 명확하게 가르쳐줬으면 좋았을 터인데, 그렇게 하지 못한 것이 아쉬운 점이 아닌가 하는 생각이 듭니다.

김용담 시간이 많이 지났는데, 꼭 말씀하실 것이 있으신 분은 말씀해 주시지요.

양창수 제가 하나만 덧붙여 말씀 드리겠습니다. 조금 일반적인 얘기인데요, 저는 해방 후 우리나라 법학의 역사적인 전개에 대해서 관심이 있습니다. 이를 추적하다가 보면, 우선 느껴지는 것이 자료가 충분히 모아지고 쉽게 접근할 수 있고 이런 부분이 참 부족하지 않은가 하는 겁니다.

제가 최근에도 김증한 선생님과 관련해서 이것저것 좀 찾아보다 보니까, 1955년에 이 어른이 『고대신보』라고 하는 고려대학교에서 전에 나온 학교 신문에다가 "민법연구의 설계"라고 하는 아주 좋은 글을 쓰셨더군요. 민법연구를 제대로 하려면 법제사, 그리고 비교법 공부를 많이 해야 한다, 판례연구를 해야 한다는 그런 내용인데, 그게 선생님 글을 모은 『한국법학의 증언』에 실려 있지 않습니다. 아까도 말씀을 드렸습니다만, 예를 들면 『수험독일어』 이런 책도 저술 목록에 안 올라와 있거든요.

하긴 본인 스스로도 잘 기억할 수 없는 자료들도 있을 수 있기는 하지만, 선학先學의 전체 상을 조명할 때는 법학 관련 저서 외에 그런 것도 적어도 자료로서는 언급되어야 하지 않을까 합니다. 김증한 선생님에 대하여는 그나마 한국민사법학회에서 『한국민법학의 재정립』이라는 논문집도 만들어졌지만, 후학의 입장에서 보면 그런 점에도 주의를 기울이는 것이 필요하지 않은가 생각합니다.

저희는 민법의 제정에 관련한 자료조차도 많지 않으니까 이 점을 이제 굳이 들어 말하는 것이 어떨지 잘 모르겠고, 또 전쟁이 있었다든지, 경제적으로 어려웠다든지, 사람이 모자란다든지 하는 여러 가지 이유를 댈 수 있기는 하겠지요.

이시윤 선생님이 『대학신문』의 주필을 오래 하셨잖아요. 그 부분도 평가를 받아야 할 것 같아요. 그 당시에 『대학신문』이라고 하는 것이 서울대 외에는 없었습니다. 서울대에만 있었어요. 그래서 『대학신문』이 대학사회에 결정적인 역할을 했어요. 60년대 말 정도 돼서야 고려대나 연세대가 독자적인 신문을 내기 시작했거든요. 『대학신문』은 사회에도 엄청난 영향력을 행사했습니다. 예컨대 정비석 씨의 『자유부인』에 대해서 황산덕 선생이 『대학신문』을 이용해서 거기에 대해서 비판을 하셨지요. 그때 우리가 고등학교 3학년 때였어요. 그 당시에는 공부를 한다는 사람들이라고 하면 서울대에서 발행하는 『대학신문』을 봤거든요. 다른 대학에는 없었으니까요. 선생님이 이의 주필을 하셨던 것도 하나의 업적으로 평가받아야 한다고 봐요.

양창수 선생님은 『대학신문』 편집국장을 두 번 하신 것으로 압니다. 1957년 9월부터 1년 남짓 하셨고, 1961년 1월부터 역시 1년 정도 하셨지요.

이영준 아까 양창수 교수께서 말씀하신 것과 관련된 것인데, 우리나라가 정말 앞으로 잘 되려면 기록이 잘 보존되어야 합니다. 논문을 쓰려고 하면 옛날 것은 없어요. 양창수 교수 시절에 우리나라 민법의 제정과정을 조사해서 학적으로 정리한 것은 커다란 공적이라고 생각됩니다. 대법관으로 가지 않고 교수로 계속하였더라면 더 좋았을터인데 하는 생각을 합니다.

이시윤 그것과 관련해서 우리나라 사법시스템이 전반적으로 문제가 있어요. 대법원에서 판례를 양산하고 있어요. 그것을 대학에서 민법교수들이 받아가지고 학생들 변호사시험에 합격시키려면 필사적으로 이를 이해해서 자기 것으로 소화한 다음에 가르쳐야 하는데, 그런 시간이 있어요?

판례가 쏟아지는 것이, 민사소송법의 경우에도 제가 매년 체크를 하는데, 한 50여 건이 되거든요. 일본이나 독일 같은 데서는 열 개 이내예요. 그러면 그것을 소화하기 그렇게 어렵지 않습니다. 평석 쓰는 것도 여유가 있고요.

그런데 우리나라에서는 그렇게 판례가 양산되다 보니까 그걸 다 소화해서 로스쿨에서 가르쳐야 자기네 학교에서 변호사시험 합격률을 높일 수가 있는데, 교수들이 시간 여유가 있어요? 여기 계신 퇴직하신 분들 빼고는 현역 교수들은 학생들 가르치느라 바쁘거든요. 판례 평석하고 심도 있는 학문을 할 겨를이 없어요, 법문화 풍토에 근본적으로 문제가 있는 것이 아닌가 싶어요. 이것을 바꾸려면 대법원 중심의 사법시스템부터 개편되어야 하는 것이 아닌가 생각합니다.

우리나라에서는 1심중심주의가 아니라 3심중심주의로서, 으레 대법원에 가야 되는 것으로 알고들 있어요. 그렇게 운영되는 나라는 없어요. 가치척도를 제시할 중요한 사건만 대법원까지 가야지요. 그런데 거꾸로 되어 있기 때문에 법학계에도 나쁜 영향을 미치고 있고, 그것이 김증한 선생님과 같은 법학계의 거물을 배출하기 어려운 상황이 되지 않았나, 그런 생각을 합니다.

권오승 마지막으로 한 가지만 더 말씀드리고 싶은데, 저희들 세대에서 선생님에 대한 기억은 먼저 말씀하신 선배님들처럼 개인적으로 깊은 관계에서 나오는 것들은 잘 없지 않습니까? 그런데 저의 경우에는, 제가 79년도에 동아대학에 가 있었는데, 선생님이 내려 오셨어요. 그래서 선생님을 모시고 청사포에 가서 생선회를 대접하면서 맥주도 마시고 했는데, 날이 어두워지면서 하늘에 별이 많이 보였어요.

선생님께서 나오시면서 "권 교수, 권 교수도 앞으로 별을 좀 보도록 해."라고 하시는 거예요. 그래서 무슨 뜻인가 여쭈었더니, 너무 사람들만 바라보고 일을 하면 힘들 수 있으니까, 당신께서는 무슨 일을 하시다가 힘이 들면 망원경을 들고 나와서 하늘의 별을 보신다고 하시면서, 저보고도 "별을 좀 봐."라고 하시더라고요.

저는 그 말씀이 아직도 기억이 됩니다. 저는 그 말씀을 이제 사물을 바라볼 때 너무 근시안적으로 보지 말고 한 걸음 물러서서 멀리 바라보는 훈련을 하라는 뜻으로 새기고 평생 동안 잊지 않고 있습니다. 선생님은 별뿐만 아니라 식물에 대해서도 깊은 관심을 가지고 계셨지 않습니까.

김용담 등산 모시고 가면, 풀이름, 나무이름 다 아세요.

이시윤 기억력이 탁월하셨지요.

서 민 선생님은 사범학교 다닐 때 생물 전공을 하셨다고 합니다. 그래서 처음에는 대학에서 생물학을 전공하시려고 했는데, 당시 서울대학교에 생물학과가 없어서 문과를 지원하셨고, 머리 쓰는 것이 수학과 비슷한 법학과를 택하였다고 대담에서 말씀하셨습니다.

김창기 우리 법대 출신 중에 교무과장을 하셨던 전철웅 씨가 있어요. 그분이 경성제대 나온 분들의 성적을 죽 보았는데, 김증한 선생이 최고였답니다. 전철웅 씨가, 지금 세상을 떠났지만, 저하고 가까이 지냈는데, 나하고 선생님하고 가까운 것을 아니까, 하루는 저를 보고 "너 그거 모르지? 김증한 선생님이 성대 졸업생 중에 성적이 제일 좋으시더라." 이렇게 얘기하시는 것을 듣고 저도 괜히 기분이 좋더라고요. (웃음)

이시윤 선생님께서 성대 수석이라는 것은 우리 재학 때도 그런 얘기가 있었어요.

김용담 오늘 와 주셔서 재밌는 얘기, 귀한 말씀해 주셔서 감사합니다. 박수 한번 치고 마치겠습니다.

晴軒 金曾漢 큰 스승을 추모한다

박병호

금년 10월 7일이면 청헌 선생께서 서세逝世하신 지 30주기가 된다. 너무 많은 세월이 흘러서 선생에게서 학부・대학원 과정에서 배운 후 같은 직장에서 모시고 있던 후생들도 거의 세상을 떠나고 나마저 90세를 눈앞에 두고 기억도 흐려지고 작문 능력도 감퇴하여 정확한 내용으로 선생을 기리는 것이 어렵게 되어 죄송하기 그지없지만 마지막 기회이니 학은學恩과 베푸신 정의情誼에 조금이나마 보답하고자 한다.

나는 아주 불행한 학부 생활을 보냈기 때문에 선생을 뵌 것이 단 세 번밖에 없었다. 첫 번째는 대학 입학시험 때인데 면접 시험장에 들어갔더니 몸집이 크고 무섭게 생긴 선생이 독일어 원서를 펴 놓고 읽고 해석해 보라고 하셨다. 저는 불어를 제2외국어로 했다고 대답했더니 불어 원서를 펴 놓으셨다. 겁에 질렸으나 유창한 발음으로 읽고 어물어물 번역했더니 나가라고 하셨다. 낙제점을 받았을 것 같았다. 대학 입학 후 2주간 강의를 듣고 북괴의 남침으로 가슴 벅차던 대학 생활은 산산조각이 났다. 고향인 전남 광주로 내려가서 피난하다가 수복을 맞이했더니 광주에 전시연합대학이 개교하여 대구・부산으로 가지 못하는 서울의 학생들은 전시연합대학에 등록하여 강의를 듣게 되었다. 당시 법률 과목은 없어서 서양철학・사상사・서양사・영어・불어 등을 수강하여 학점을 취득했는데 후에 비슷한 법률 과목 학점으로 대체 인정을 받았다. 1년을 휴학 후 부산으로 가서 동대신동 임시 교사에서 한 학기 동안 민사소송법・형사연습 등의 학점을 취득하였으나 청헌 선생께서 담당하신 대륙법・서양법제사・로마법은 없었고 광주전시연합대학에서 취득한 서양사 2학점이 로마법 2학점으로 대체되고 나머지 2학점을 취득해야 했다. 즉 기초 전공 과목으로 서양법제사나 로마법을 택일하여 4학점을 취득하도록 되어 있

대한민국학술원 회원, 서울대학교 명예교수

었기 때문이다. 서울 수복 후에는 민법 · 형법 · 상법 · 국제법 · 민사연습 · 해상법 등을 취득하였고 4학년 2학기에 서양법제사를 수강 신청하여 비로소 청헌 선생을 교실에서 뵐 기회가 있게 되었다.

그런데 당시 전시 중 비상시국이라 하여 문교부장관이던 이선근 장관이 1955년의 대학 졸업 예정자를 모두 광주보병학교에 입교시켜서 10주간 간부후보생 전반기 훈련을 받고 일등병으로 제대하게 하는 정책을 시행하였다. 나도 그에 해당되어 수강신청만하고 1954년 9월 6일 광주보병학교에 입교하였다. 나는 광주 자택에서 직접 입교하였는데, 서울에 있던 법대생들은 청헌 선생이 인솔하여 전세 기차로 왔었다고 들었고, 그때 청헌 학생과장을 뵙지 못했다. 11월 20일 10주간의 훈련을 마치고 퇴교했는데 서울 거주 학생들은 역시 김증한 학생과장이 인솔하여 상경하였다고 한다. 나는 광주의 집에서 휴식한 후 졸업시험을 치르기 위하여 12월 초에 상경하여 12월 중순 경에 서양법제사 시험장에 들어갔다. 거기에서 비로소 감독으로 들어오신 청헌 선생을 뵙게 되었는데 건장하시고 매우 근엄한 인상이었다. 그런데 학생들은 모두 강의를 한 시간도 듣지 않은 학생이고 당시 교재는 선생께서 집필하신 법무자료 독일사법사이어서 학생들이 모두 구득求得하여 시험장에 가지고 들어왔다. 시험 문제는 "집빼"와 "마르크 게놋센샤프트"와 "서양법제사를 배우는 이유"였던 것 같은데 모두 교과서를 무릎 위에 올려놓고 컨닝하여 답안지를 작성하였다. 그 엄격하고 무서운 청헌 선생이 그 컨닝을 적발하지 않으셨다. 모두 보병학교를 갔다 온 학생들이라서 참으셨을 터인데 선생에게는 이러한 시험 감독이 그때가 처음이자 마지막이었을 것이다. 희한한 사제지간이 아닌가.

대학원에서는 선생의 강의를 듣고 싶었다. 마침 "소유권사상사" 강의를 『*Ideal History of Ownership*』라는 교재로 하셨는데, 이 강의에서 영국의 제도, 독일의 총유 · 합유, 독 · 불의 분할소유권에 대하여 강의에서나 사적으로나 자상한 훈도를 받았으며 나의 우리나라 전통적 토지소유권 규명에 도움이 되었다. 또 선생의 동숭동 연구실의 사조교가 되고 싶었는데 마침 사조교를 하던 김종원 동기동창이 그만 두게 되어 내가 말씀드려서 사조교가 되어 날마다 연구실에 출근하였다. 이때 선생의 참모습을 엿볼 수 있는 일이 있었다. 하루는 2년 선배쯤 되는 학생이 찾아와서 선생께 '어떻게 이러실 수 있습니까. 군복무 중이니 부득이 했습니다.'라고 섭섭한 감정을 들어내어 하소연 하는 것이었다. 아마 졸업예정자이며 학생회 간부로서 선생과 친근한 사이었는데 F학점이 나와서 졸업할 수 없게 된 처지의 학생이었다. 이에 선생께서는 '군의 사정은 잘 아는데 공은 공이고 사는 사다.'라고 단호히 잘라 말씀하시는 것이었고, 그 학생은 울면서 연구실을 나갔다. 나는 이 장면에서 선생의 참모습을 뵙고 더욱 존경하게 되었다. 후에 들은 이야기인데 어떤 학내 문제로 학장과 단판을 하는데 뜻대로 결판이 날 때까지 몇 시간이고 대좌하시니 학장이 손을 들었다는 일화가 전해진다.

내가 선생과 직접 가까이 모시고 보좌하게 된 것은 1975년 서울대학교가 관악캠퍼스로 이전하여 새로운 종합대학으로 출발하게 된 때이다. 선생은 1972년 5월 26일부터 1976년 5월 27일까지 제10대 학장을 맡으셨으며, 임기 중에 관악캠퍼스로 이전하는 데 힘쓰셨다. 한편 종합화에 따라 대학 직제 개편이 있었는데 종래의 교무과장·학생과장 제도를 없애고 학장보 1인을 두게 되었는데, 말하자면 부학장으로서 교무·학생 업무를 관장하는 보직이었다. 당시 나는 중앙도서관 조사과장을 맡고 있었는데 조사과가 폐지되고 새로 규장각 도서관리실이 설치되어 나는 실장으로 보직변동하기로 되어 서류가 본부에 올라가 있었다. 그런데 법대의 김증한 학장이 학장보로 나를 지명하여 발령 절차를 밟게 되었다. 학장 선생은 나의 의사도 묻지 않고 서류를 올리셨다. 본부에서는 두 곳에서 인사 서류가 올라왔으니 먼저 올린 이만갑 도서관장이 이의제기를 하고 실장 발령을 추진하려고 했다. 그러자 김증한 학장은 본인의 소속대학 인사가 우선함이 원칙이고 관례라고 주장하시어 나는 법대학장보를 맡았으며 가급적 빠른 시일 내에 도서관 실장 보직으로 가기로 양해가 되었던 것 같다.

당시 관악캠퍼스에서는 주로 법대생의 주도하에 문리대·상대의 유신철폐요구 데모가 날마다 이어지고 5월 13일에는 긴급조치 9호가 선포되고 5월 20일에는 학도호국단 제도가 부활되고 학생회가 폐지되었다. 비상시국이라서 5월 24일 한심석 총장이 사퇴하고 윤천주 총장이 취임하였으며, 김증한 학장은 5월 27일 사임하고 이한기 교수가 학장에 취임하였다. 청헌 선생과의 밀착된 인연은 반년으로 끝이 났고 나는 9월부터 규장각 관리실장으로 보직을 옮겼다. 학장보를 하는 동안 청헌 학장께서는 특별한 경우를 제외하고 교무·학생 행정에 관하여 전적으로 학장보에게 일임하셨고 따라서 나는 무거운 책임감으로 혼신의 힘을 다하였다.

특히 1975년에는 나의 구제 박사학위청구논문 심사의 주심으로서 지도해 주셔서 법학박사학위를 받았다. 나는 선생에 대한 학은學恩에 보답하기 위하여 서툰 전각 솜씨이지만 관방인關防印으로 "民法長樂(1.0×3.3㎝)", 성명인姓名印으로 "金曾漢

印(2.3×2.3㎝)", 아호인雅號印으로 "晴軒情緣(2.3×2.3㎝)"의 3과를 전각하여 드렸다. 실제로는 사용하지 않으신 것 같다. 그리고 마지막 선생의 묘비 글씨를 써서 바치는 기쁨을 누렸다.

나의 학문 생애를 통해서 정광현 선생과 김증한 선생 두 분이 나의 학문정신을 이끌어 주신 큰 스승이시다. 끝으로 다시 한 번 청헌 선생의 명복을 빌면서 그 정신의 빛을 우러러 본다.

民法研究의 設計*

金曾漢

「로 - 마」법 강의에서 "專主政 시대에는 법학이 급격하게 쇠퇴하여 법학자의 독창적 활동은 停頓되고 그 대신에 고전시대의 학자가 남긴 업적의 발췌 · 주석 · 종합만이 성행하였다"는 말을 할 때마다, 필자는 이 말 중에서 '專主政 시대'라는 말을 바꾸어 넣어서 "한국에서는 법학자의 독창적 활동은 없고 일본 학자의 업적의 발췌 · 주석 · 종합만이 성행하고 있다"고 말하면 대체로 우리나라의 법학 — 그러나 법학 전역에 관한 입론은 필자로서는 주제넘은 일이겠으니 범위를 좁혀서 적어도 私法學 — 의 실정을 잘 표현하는 것이 되지 않을까 하는 감이 든다.

8 · 15 해방 당시의 우리나라 법학의 총역량을 회고하여 보자. 물론 상당한 경험을 가진 법조인이 있었고 학교에서 법률을 강의한 교수들이 있었다. 그렇지만 ORIGINALITY를 법학의 요소의 하나로 본다면, 적어도 사법에 관한 한 '우리 법학' 내지 '한국 법학'의 수준은 거의 零에 가깝지 않았을까. 그러면 그 후 10년간에 한국 법학은 얼마나 성장하여 왔을까. 적어도 사법에 관한 한 그동안에 ORIGINALITY를 가진 논설이 발표된 것이 거의 없다고 하여도 과언이 아닐 것이다. 그렇다면 한국 법학의 수준은 해방 당시 영에 가까웠고, 그 후 10년간 조금도 플러스된 것이 없이 지금도 똑같은 수준에 놓여 있다고 말하지 않을 수 없다. 물론 '한국 법학'이니 ORIGINALITY라는 말로 무엇을 의미하느냐는 문제삼을 여지가 있다.

그렇지만 여기서는 일본법학이 아무리 많이 독일법학으로부터 본땄다 하더라도 그것을 역시 일본법학으로서 ORIGINALITY를 가진 것이라고 보는 정도로 너그러

* 이 글은 고 김증한 교수의 발표논문 목록(안이준 대표편집위원, 『현대민법학의 제문제, 청헌 김증한 박사 화갑기념논문집』(1981); 안이준 편, 『한국 법학의 증언. 고 김증한 교수 유고집』(1989) 참조)에 포함되지 않아 세간에 알려지지 않은 것으로서, 고인의 숨결이 느껴지는 것이어서 여기에 수록한다.

운 뜻으로 前記의 용어를 쓴 것이다.

그러면 이 법학의 빈곤을 어떻게 하여서 극복하고 한국 법학의 건설은 어느 모퉁이로부터 시작할 것인가. 필자는 민법의 초학자로서 앞으로의 진로의 설계를 하여 보고자 한다. 그러나 설계는 하지만 그 설계를 얼마나 스스로 실현할 수 있을까를 생각할 때 실로 자기의 능력이 너무나 미약함을 통감하지 않을 수 없다. 또 一國의 법학 수준의 향상, 역량의 증진이란 결국 소수인의 힘만으로는 곤란한 것이고 양적으로 다수인의 협력의 결과로써만 이루어질 수 있는 것으로 믿는다. 그러한 의미에서 이 조그만 설계를 同學의 학도들 앞에 제시하여 그 비판을 받는 동시에, 민법 연구에 뜻을 품고 있으면서 미처 설계를 세우지 못하고 있을지도 모르는 분들에게 참고로 제공하고자 한다.

필자는 민법 연구를 세 가지 길로 해 나가야 한다고 생각한다.

第一은 법제사적 및 비교법적 연구이다. 육법전서의 노예인 상태를 벗어나서 육법전서의 주인이 되며, 일본법학을 밑에서 올려 쳐다보지 않고 내려다 볼 수 있게 되려면, 현행법과 현행 이론(즉 일본법학!)이 어떻게 하여서 성립한 것인지 그 역사를 알고, 그것이 사회적 경제적 사정의 변천에 따라서 어떻게 변천하였나를 검토하며, 우리가 현재 가지고 있는 것 이외에 또 어떠한 해결 방법이 가능한가를 알아야 할 것이다. 대륙법의 기본 구조를 이해하기 위하여 「로 - 마」법을 공부하여야 하고, 그 「로 - 마」법이 시대의 추이에 따라 「게르만법」과 어떻게 交錯하여 현대법이 성립하였나를 알아야 하고 마찬가지로 「로 - 마」법을 基幹으로 하면서 「게르만」법과의 교착으로 성립한 법체계이면서 독 · 불 · 西법은 각각 얼마나 다르며 또 무엇이 그러한 차이를 가져오게 하였느냐를 검토하여야 한다. 그뿐이 아니다. 특히 법과 법학의 장래의 발전에 유력한 시사를 줄 것은 「게르만」법과 영미법의 연구일 것이다. 개인주의를 단체주의적 방향으로 시정하려는 이론이 「게르만」법을 지혜의 淵源으로 삼아왔던 것은 주지의 사실이다. 그러나 대륙법의 연구에 영미법이 크게 공헌할 수 있으리라는 점은, 종래 그다지 많이 지적되지 않은 것 같다. 그러나 필자는 이 점에 크게 기대한다. 예컨대 현대 대륙법의 점유법은 「로 - 마」법의 POSSESSIO와 「게르만」법의 GEWERE의 교착으로 성립한 것이라고 설명되고 있지만 아직도 점유에 관하여는 문제가 허다하다. 그러한 문제의 해명에 대하여 영미법상의 SEISIN은 새로운 시사를 하여 주리라고 믿는다. 그뿐만 아니라, 법과 법학에 있어서 개인주의와 전체주의의 문제에 관하여, 영미법은 또한 좋은 지침이 될 것이다. 영미법은 파운드가 그의 『영미법의 정신』 중에서 지적한 바와 같이 두 개의 정반대 되는 특징을 가지고 있다. 하나는 극도의 개인주의요, 다른 하나는 인간을 개인으로서가 아니라 단체의 일원으로서 타인과의 어떤 관계 속에서 관찰하려는 태도이다. 이러한 영미법의 특징은 개인이냐, 단체이냐의 관계를 ENTWEDER - ODER의 관계로 보려고 하여 온 대륙법에 대하여 좋은 교훈을 줄 것이다.

설계의 第二는 판례의 연구이다. 항상 구체적 실제문제에 입각하여 이론을 구성하여 실제 경험이 이론의 부당함을 보여 줄 때에는 언제나 서슴치 않고 旣成의 이론을 버리고 새로운 이론의 구성에 노력하는 것이 「로 - 마」법학과 영미법학의 특징인 데 대하여, 완결된 이론 체계 속에서 개념의 유희를 하고 그것이 현실로부터 유리되어 버리기 쉬운 것이 대륙법학의 특징이라는 점은 이미 많이 지적된 바이다. 이 대륙의 개념법학은 19세기 후반 이래 신랄한 비판을 받아왔고, 그 결과 많이 시정되어 왔다고는 하지만 아직도 우리는 예－링의 「법학적 개념의 세계」를 읽을 때 言言句句 우리의 폐부를 찔리는 감을 금할 수 없다. 이론이 아무리 아름답게 정돈된들 현실로부터 유리된다면 그 이론에 무슨 생명이 있으리오. 그렇지 않아도 준법정신이 희박한 우리의 현 사회에 있어서 법학자들이 현실로부터 유리된 이론만을 농한다면 법학자는, 그리고 그와 더불어 법은 우리 사회로부터 버림을 받고야 말 것이다.

그러한 결과에 다다르는 것을 회피하고 반대로 법과 법학이 사회를 지도하는 힘을 얻으려면 법학자는 항상 현실로부터 유리되어서는 아니 될 것이다. 현실에 즉하여 법과 법이론이 현실에서 어떻게 작용하느냐를 알기 위하여 우리는 언제나 판례의 연구를 소홀히 하여서는 아니될 것이다.

끝으로 설계의 第三은 실태조사이다. 법과 법학이 현실로부터 유리되어서는 안 된다고 하였으나, 그 현실 즉 사회실태의 파악은 판례의 연구만으로는 도저히 부족하다. 법정에 나타나는 것은 우리의 법생활의 극소부분에 불과하기 때문이다. 그러므로 사회실태를 파악하기 위하여는 별도로 실태조사가 필요하다. 예컨대 貰家에 관한 입법을 하려면 먼저 세가의 실태를 알아야 할 것은 물론이다. 그러면 그 실태는 어떻게 파악하나. 판례만 가지고는 어림도 없다.

결국 상당한 경비를 들이고 상당한 勞力을 동원하여 서울시내면 서울시내의 실태를 조사하여 할 것이다. 물론 방대한 사업이며 다수한 애로를 가진 사업이다. 그러나 역사법학파 이래로 법은 VOLKSLEBEN을 토대로 하는 것이며 계수법이 백

퍼-센트로 자국 사회에 적합할 수 없다는 것이 법학자의 상식으로 되어 있다면 우리의 현행법에도 우리의 사회에 알맞게 수정되어야 할 부분이 있을 것이다. 특히 장래의 입법에 있어서 항상 실태 파악의 필요성에 당면할 것이라 함을 누구나 시인할 것이다. 이러한 필요에 酬應하기 위하여 우리는 실태조사의 難事業을 꾸준히 추진하여야 할 것이며, 그것을 하지 못하는 한 우리는 기분법학, 기분입법의 영역에서 벗어나지 못할 것이다.

이상 간단히 설계의 약도를 그려 보았으나 이 약도만으로 그 사업이 얼마나 방대하고 곤란한가를 짐작할 수 있을 것이다. 거듭 동학의 학도들에게 奮起와 협력을 호소한다.

[高大新報 제92호(1955.12.5.), 2면]

차 례

기초법 625

상 법 679

민사절차법 781

민사특별법 843

일러두기

※ 판례 인용 표시(예)

대법원 1963.5.9. 63아11 판결; 대법원 2008.11.20. 2007다27670 전원합의체 판결

헌법재판소 1989.11.20. 89헌가102 결정

- 본 집에서 '법고을'에 나와 있는 판례는 별도로 출처를 밝히지 않았다.
- 이하 출처 표기는 다음을 가리킨다.

집	대법원판례집
요지	대법원판결요지집
공	법원공보(1996년 이후 판례공보)
카드	판례카드

청헌 김증한 교수 30주기 추모논문집

민 법

우리 민법학의 성과와 앞으로의 과제

양 창 수

[초 록]

이 글은 해방 후 현재에 이르기까지 우리 민법학의 성과를 정리하고 그에 비추어 앞으로의 과제를 제시한다.

우리 민법학은 해방 당시 이를 연구하는 인적 자원의 희소성, 그리고 그 학문적 온축의 빈약으로 인하여 일본 민법학의 대표적인 교과서를 번역하는 법학으로 시작하였고, 나아가 여기에다가 우리 법제의 고유한 요소들을 반영하는 번안법학으로 나아갔다. 이는 법학교육에 대한 절박한 고도의 수요에 대한 대응으로 수긍될 수 있을 것이다. 한편 민

서울대학교 명예교수 · 한양대학교 석좌교수

법학자들은 민법전의 제정에도 큰 기여를 하였다고 말하기 어렵고, 오히려 그들의 주장이 채택된 몇 안 되는 부분은 입법론적으로 문제가 없지 않다.

그 후 민법학은 민법전을 학문적으로 처리하는 작업을 수행하고, 또한 사회의 변화에 따른 요구에도 일정한 대처를 하여 왔다. 그러나 여전히 그 작업은 오늘날까지도 개별 문제의 깊이 있는 논구보다는 '교과서'의 집필에 집중되었다고 하지 않을 수 없다. 그 '교과서'는 많은 경우에 앞선 저자들의 논의에 그대로 고착된 데다가 재판례를 배치하는 정도에 그친다. 이러한 태도는 민법학의 출발점을 이루는 그 기본원리에 대한 이념적 攻究가 빈약하다는 것에서 대표적으로 드러난다.

앞으로 민법학은 우리의 현재 있는 법을 정확하게 인식하는 것을 기초로 우리 사회의 실상을 적실하게 파악한 다음 자기 자신의 이성을 과감하게 발휘하여 체계적이면서도 설득력 있는 법리를 궁리·제시하는 과제를 안고 있다.

Ⅰ. 序

1. 해방 후 오늘날까지 70여 년 동안 우리 민법학이 거둔 성과를 정리하고 거기에 나타난 특수성과 문제점을 파악하여 새로이 해결하여야 할 과제를 제시한다는 작업은[1)2)] 필자에게는 아무래도 능력의 범위를 넘는 일로 여겨진다.[3)] 그것은, 자신의 관심에 좇아 그때그때의 개별적 테마를 천착하여 들어가는 것만으로도 때로 절망적일 만큼 고심하고 있어서, 그와 같은 전체적 조감을 얻는 데 필요한 견식이나 통찰을 갖추지 못하고 있다고 생각되기 때문이다.

그는 종전에 학교에 일터를 얻어 민법학의 연구를 막 시작한 학자생활의 초입에서 「한국사회의 변화와 민법학의 과제」라는 학술세미나 주제보고의 임무가 부과되었을 때 다음과 같이 말한 적이 있다.[4)]

"민법학의 과제는 민법을 전공하는 자에게는 최초의 문제인 동시에 최후의 문제라고 하겠다. 최초의 문제라 함은 민법학이라는 의식적인 활동에 동기와 목적을 부여하는 것이기 때문이고, 최후의 문제라고 함은 그것이 처음부터 완전한 형태로 주어지는 것이 아니라 상당한 실제의 작업을 거친 후에야 그 성과의 하나로서 제시될 수 있는 것이라고 생각되기 때문이다. 그리고 그러한 것을 개인적인 소신의 차원에서가 아니라 다른 사람에게도 납득이 갈 수 있는 객관적인 모습으로 논하려면, 우선 우리 민법과 민법학의 위치를 역사적으로, 또 우리 문화 전반과의 연관 아래서 정확하게 파악하는 작업이 선행되어야 할 것이다.

---

1) 이하 본문 및 각주를 통들어 경칭은 일절 생략한다.

2) 이와 관련한 문헌으로서는 우선 다음과 같은 것을 들 수 있다. 郭潤直, "한국민법학의 현대적 과제", 법과 사회 연구 3집(1984), 57면 이하; 權五乘, "민법학의 과제", 민법특강(1995), 3면 이하; 金曾漢, "한국민법학의 진로", 서울대 법학 26권 2·3호(1985); 同, "한국법학 30년의 개관", 법정 5권 9호(1975.9); 同, "사법학계 30년", 법정 5권 11호(1975.11); 同, "한국민법학 30년의 회고", 서울대 법학 19권 1호(1978)(이상은 安二濬 편, 한국법학의 증언, 故 金曾漢 教授 遺稿集(1989)에 再錄되어 있다. 이하 이 遺稿集에 의하여 인용한다); 金亨培, "민법학의 현대적 과제와 쟁점", 분야별 현대적 쟁점과 과제(고시계 1986년 6월호 별책 부록), 3면 이하; 同, "우리 민법과 외국법의 영향", 丘秉朔 외, 한국법학의 회고와 전망(1991), 219면 이하; 尹喆洪, "한국민법학의 문제점과 개선방향", 법과 사회 3호(1990), 190면 이하; 同, "사법상의 일제청산 청산", "법" 그 속에 잔존하는 일제유산의 극복(한국법사학회 주관 광복 50주년 기념 학술대회 발표논문집), 79면 이하; 또한 民事法學 9·10호(1993), 456면 이하에 수록된 金容漢, 黃迪仁, 金亨培, 李銀榮, 李鍾馥, 梁彰洙의 글(민법전 시행 30주년 기념 학술대회 발표) 등.

3) 한편 우리 민법학의 개별분야마다 그 역사적인 전개와 발전경향을 다룬 것으로서는 우선 李銀榮 외 編, 한국민법이론의 발전(Ⅰ)(Ⅱ)(2000) 참조.

4) 梁彰洙, "한국사회의 변화와 민법학의 과제", 서울대 법학 28권 1호(1987), 4면(同, 민법연구, 제1권(1991), 1면에 再錄. 이하 이에 의하여 인용한다).

… 그러나 이러한 여러 가지의 전체적 작업은 보고자의 능력으로써는 쉽사리 할 수 있는 일이 아니다."(점선은 인용자에 의하여 생략된 부분을 가리킨다. 이하 인용문에서 같다)

2. 이하에서는 부득이 극히 사적인 감상을 피력하고자 한다. 이는 필자가 민법 해석학을 수행하는 그 사이의 과정에서 가끔씩 느꼈던 바를 생각나는 대로 적어 본 것이다. 그리하여 결국은 치우치거나 아니면 모자란 모습이 될 수밖에 없을 것이다. 이것이 앞으로 우리 민법학을 생각하는 데 있어서 조그만 단서라도 제공할 수 있다면 큰 다행이겠다.

3. 또한 이하에서는 논의를 민법 중에서도 앞의 3편, 즉 총칙 · 물권 · 채권법에 한정하기로 한다. 친족법학과 상속법학에서도 「성과와 과제」는 당연히 문제될 수 있을 것이고, 특히 광복 후 60년 사이에 일어난 가족에 관하여 일어난 사실적 · 법적 변화는 실로 현저한 것이어서 더욱 그러하다. 그러나 우선 이에 관하여는 근자에 약간의 성과가 있고,[5] 그리고 무엇보다도 친족법과 상속법에 대하여는 필자에게 깊이 있는 연구경험이 없어서 이에 대하여는 개인적인 감상마저 토로할 것이 없다.

Ⅱ. 民法典 制定 前의 우리 民法學

1. 「無로부터의 출발」

"우리나라의 법학은 해방 후에 비로소 시작되었다고 하여도 과언이 아니다."[6] 그와 같이 無에서 출발한 우리 민법학은 1945년 8월 광복이 있은 후 오늘날에 이르기까지의 70여 년 사이에 괄목할 만한 성장을 거두었다고 할 수 있겠다. 우리는 그 사이에 우선 민법전을 여러 가지 어려움을 극복하고 제정하여, 시행하였다. 이로써 광복 이후 그 날까지 민사생활에 관하여 남의 나라의 법률을 「의용」

5) 家族法研究 8호(1994), 13면 이하에 수록된 朴秉濠, 李凞培, 李和淑, 金淑子, 權貞姬의 각 글 참조, 그 외에 崔達坤, "한국가족법 30년의 회고와 전망", 丘秉朔 외, 한국법학의 회고와 전망(1991), 443면 이하; 또한 金疇洙, 한국가족법과 과제(1993)에 수록된 "개정가정법의 개정경위와 과제"(146면 이하), "개정가족법의 문제점"(165면 이하) 및 특히 "가족법의 입법 · 개정경과"(918면 이하)도 참조.

6) 金曾漢(주 1. 1975.9), 71면.

하여 왔던 수치스러운 과거를 청산할 수 있었다. 동시에 이로써 우리의 민법학이 비로소 성립하고 발전할 수 있는 실정법적인 기틀이 놓여졌다. 그리고 민법전의 제정 전의 민법학은 무엇보다도 보다 나은 민법전의 제정을 위한 준비작업으로서의 의미를 가지는 것이라고 하겠다.

2. 「飜譯法學」

당시의 민법학의 상황이 어떠하였는가를 웅변으로 보여주는 것은, 1950년[7]부터 1952년 사이에 我妻榮의 『민법강의』 시리즈의 『채권총론』까지 4권[8] 및 『민법 Ⅱ』의 채권각론 부분이 우리말로 번역되었다는 사실,[9][10] 또한 이를 바탕으로 하여 金曾漢과 安二濬이 1956년 가을 이래 1958년까지 사이에 共編著로 출간한 『신민법총칙』부터 『채권각론』까지의 5권의 책들이 당시의 대표적인 민법교과서로서 통용되었다는 사실이다.

우선 安二濬은 위 책을 번역하는 동기를 다음과 같이 말한다.[11]

"해방 이후 우리 법학계에서도 민법에 관한 저서가 점차로 나오고 있다. 이 땅의 법률

7) 필자가 소장하고 있는 위 『민법총칙』의 간기에 의하면, 인쇄는 단기 4282년(즉 서기 1949년) 3월 10일이고 발행은 단기 4283년(서기 1950년) 3월 20일로 되어 있어 그 연도가 일치하지 않는다. 그런데 그 「譯序」는 1950년의 1월 17일자로 되어 있어서, 위 간기의 「단기 4282년」은 오식인 것으로 보인다.

8) 我妻榮의 『민법강의』 시리즈 중 「채권각론」 부분은 그 계약법 총론을 다루는 『債權各論 上卷』이 戰後도 10년 가까이 지난 1954년에 비로소 출간되었고, 그 후로 계약법 각론을 다룬 『債權各論 中卷Ⅱ』(1962)까지 이어졌다. 그 외에 사무관리 · 부당이득 · 불법행위의 이른바 법정채권 부분에 대하여는 뒤의 주 10에서 보는 대로 일본민법전의 편서에 좇아서 질권부터 불법행위까지를 담았던 『民法 Ⅱ』(1934)에서 매우 간략하게 다루어졌다. 이 점에 대하여는 同書, 序 참조. 또 보다 상세한 교과서적 서술은 日本評論社에서 발간하던 「新法學全集」에 포함되어 애초는 3分册으로 나왔다가 그것이 모아져 동 전집, 제10권(1939)으로 발간되었다. 我妻榮의 저술 및 경력을 정리한 자료로서는 우선 我妻洋 · 唄孝一 編, 我妻榮先生の人と足跡: 年齡別業績經歷一覽表(1993)가 있다. 위 「신법학전집」 제10권에 대하여는 同書, 32면.

9) 安二濬의 번역으로, 1950년 6월의 한국전쟁 직전의 동년 2월(앞의 주 6 참조)부터 5월까지 사이의 짧은 기간 안에 지금은 잊혀진 출판사 哲也堂에서 『민법총칙』, 『물권법』, 『담보물권법』, 『채권총론』의 4권이 숨가쁘게 출간되었다(그 출간의 순서는 반드시 위와 같지 않다). 그 후 1952년에 文星堂에서 『채권각론』이 나왔다.

10) 安二濬 역, 채권각론(1952)은 계약총론부터 불법행위까지를 도합 154면에 담고 있는 간략하기 짝이 없는 '교과서'이다. 그 원저인 『民法 Ⅱ』는 간략함을 제1의 지표로 하는 「岩波全書」의 1책으로 발간되었다.

11) 我妻榮, 安二濬 역, 담보물권법(1950), 譯序 2면 이하.

문화를 위하여 欣快事가 아닐 수 없다. … 그런데도 이제 감히 本書를 邦譯하는 소이는,

一. 이제 정평을 가지는 본 강의는, 이들 저서들 중에 伍하여서 능히 그 존재의의를 주장할 수 있는 것이다. 우리 법률문화의 수준이 높아져서, 본 강의를 능가하는 권위서가 하루 바삐 나타나, 본 역서가 필요 없게 되기를 바라는 바이나, 其時까지는 역시 제대로 존재의의를 유지할 것으로 믿는다.

二. 대체로, 주체의 확립 없이 하는 비판은 所詮은 허무주의이고, 또 비판될 대상에 대한 徹底精確한 인식 없이 하는 비판은 곧 의의 없는 헛노릇인 것과 같이, 주체의 확립에 致意 않은 廣學은 평면적인 박학이고 심지어는 비굴한 배외주의이라면, 동시에 지식을 널리 세계에 구하지 않는 주체의 편집은 자신을 세계의 進運에서 뒤떨어지게 하는 문화쇄국주의 이외의 아무것도 아니다."(맞춤법에 맞게 인용자가 수정한 곳이 있다. 이하 인용문에서 같다)

결국 하나는, 당시의 우리 「법률문화」, 다시 말하면 민법학이 당시에는 아직 "昭和 初年 이래 십수 년 간 일본민법학계의 지도적 위치에 섰던" 我妻榮의 「수준」에 미치지 못하였다는 것이고, 다른 하나는, 이 책을 통하여 「대상에 대한 철저정확한 인식」을 얻음으로써 「세계의 진운에 뒤떨어지지」 않도록 하자는 것이다.[12] 이러한 동기에는 당시의 상황에 비추어 볼 때 수긍할 만한 점이 있다고 하여도 좋을 것이다.

이와 같이 처음에 우리 법학은 문자 그대로 「번역법학」으로부터 출발하였다고 하여도 과언이 아니다. 당시에는 주로 일본의 법률서적이 번역·출간되었다.[13] 1945년 8월에 식민지상태로부터 벗어난 한국에서는 공직을 담당할 사람들을 대거 채용할 필요가 있었다. 그리고 이들 공무원들의 임용시험 등에 있어서는 대체로 법률과목이 중시되었다. 따라서 수험을 위한 법학서적에 대한 수요가, 대학의 법학강의에서 사용될 「교과서」에 대한 수요와 맞물려서, 폭발적으로 증가하였다. 그

12) 安二濬(주 11), 譯序 2면은, 我妻榮의 민법학에 대하여 "氏의 비범한 재능과 진지한 연구는 本書로 하여금 … 보편적 가치를 자랑하게 함으로써 독자로 하여금 현대민법의 세계적 수준에 접하게 하고 있다"고 평가하고 있다.

13) 我妻榮 이외에도 필자가 파악하는 한에서는 민사소송법의 兼子一, 형법의 牧野英一 및 木村龜二, 형사소송법의 小野清一郎 등이 한국어로 번역되었다. 이와 같이 각 法分野마다 대체로 일본의 어느 한 명(또는 많아야 두 명)의 학자(아마도 당시 가장 「우수한」 것으로 정평 있는 학자, 특히 동경제국대학의 교수)의 표준적인 저작이 번역되었다는 것도 그 후에 우리 법학계에 나타나는 「教科書一本主義」(이에 대하여는 뒤의 V.1. 참조. 또는 「教科書覇權主義」, 즉 교과서시장을 정복함으로써 나아가 '학계의 패권' 내지 '학계의 威望'도 함께 거둔다는 사고경향)과 관련하여 흥미롭다.

런데 당시에는 물론 헌법과 일부 형사법령 등은 새롭게 마련되어 있었으나, 다른 법분야에서는 아직 일본의 법률이 여전히 효력을 가지고 있었는데[14] 우리 법학자의 손으로 된 그에 관한 저술은 별로 많지 않았고[15)16] 또 있더라도 지나치게 소

14) 1945년 8월 15일에 북위 38도 이남에 군정을 실시한 미국 당국은 8 · 15 해방 당시 시행 중이던 법률적 효력을 가지는 규칙, 명령, 고시 기타 문서(documents)는 미 군정청에서 특별한 명령으로 이를 폐지할 때까지(그러한 법령으로 민사에 관하여 중요한 것으로는 예를 들면 창씨개명에 관한 일제의 법령을 폐지한 군정법령 제122호의 朝鮮姓名復舊令이 있다) 완전히 효력을 가진다는 태도를 취하였다(특히 1945년 11월 2일의 미군정법령 제21호가 그 취지를 명확하게 밝히고 있다). 따라서 조선민사령에 의하여 「의용」되고 있는 한에서 일본민법은 대체로 여전히 효력이 있었다. 그리고 1948년 7월의 제헌헌법 제100조는 "현행법령은 이 헌법에 저촉되지 아니한 한 효력을 가진다"라고 정하여, 1948년 8월 이후에도 일본민법은 그대로 적용되고 있었다. 여기서 「현행법령」의 절대 다수는 물론 日帝 하에서의 법령이었다. 따라서 예를 들면 金曾漢, 法學通論(1951), 56면은 "법학공부를 하려면은 日政時代의 육법전서가 절대로 필요하다"고 말하고 있다. 이상에 대하여는 우선 양창수, "민법의 역사와 민법학", 한국민사법학회 편, 민법학의 회고와 전망(1993), 18면 이하(동, 민법연구, 제3권(1995), 123면 이하. 이하 후자에 의하여 인용한다) 참조.

15) 우선 陳承錄의 교과서, 즉 民法總則, 上卷(1947); 民法總論(1949); 物權法(1950); 擔保物權法(1951); 債權總論(1953); 債權各論(1955)을 들 수 있을 것이다. 그 외에 張厚永, 現行民法總論(1950); 朱宰璜, 債權各論講義(1950); 金基善, 物權法(1953) 등이 있다.

이 중 주재황에 대하여는 다음과 같은 증언이 있다. 김증한, "한국 민법학의 진로", 안이준 편(주 2. 1985), 140면 이하: "민법에 관한 저서로는 6 · 25 전에 서울법대 교수를 지낸 주재황 씨가 「채권각론강의」를 냈다. … [그는] 경성대학에서도 민법 강의(채권법)를 했는데, 國大案 때문에 퇴임하여 연대에 가 있다가 1947년에 서울법대로 복귀하였었다. 주재황 씨의 지론은 채권법의 강의는 먼저 채권각론부터 들어가는 것이 이해하기 쉽다고 해서 채권각론 책만 낸 것이다. 내용은 주재황 씨가 有泉亨 교수의 수제자이었던 만큼, 我妻 내지 [경성제국대학 민법 담당] 有泉[亨] 교수의 저서 그대로이다." 한편 朝鮮科學同盟 편, 각국 선거제도 독본(1947)(필자 소장)에는 주재황이 영국편을 담당하여 집필하고 있다(집필에는 그 외에 이종갑, 윤동직, 유동준, 주유순, 박상일이 참여하였다). 좌익 지식인들의 단체로 알려진 「조선과학동맹」과 주재황의 구체적인 관계는 별로 알려진 바 없다. 이 중 윤동직은 「경성대학」 법문학부의 형법학 담당 교수로서, 김증한은 1946년 초 월남한 후에 이 연구실에서 조수로 근무한 바 있다. 또한 주재황도 영미법에 관한 문헌의 번역이라는 1950년대 법학의 분명한 흐름(뒤의 주 18, 26도 각 참조)에서 벗어나지 않아서, P. G. 비노그라도프, 『英法概論』(1954)(원저는 P. G. Vinogradoff, *Common Sense in Law*)을 이경호와 함께 번역 · 출간하였다(비노그라도프의 이 책은 같은 해에 서돈각도 『법에 있어서의 상식』이라는 이름으로 역간하였다. 다만 주재황 등 역본이 1931년의 제9판을 번역한 것에 대하여, 이 책은 H. G. Hanbury에 의한 개정 제2판(1949)을 번역한 것이다).

16) 바로 앞의 주에서 든 교과서의 필자 중 陳承錄은 오늘날 거의 잊혔으나, 그에 대하여는 일언을 요한다. 그는 1905년생으로 일본의 와세다(早稻田)대학을 졸업하고 1936년부터 보성전문학교의 교수로 재직하였다. 해방 후 그는 1950년부터 서울대학교 법과대학의 제3대 학장을 지냈고, 1952년에 고시위원회(1948년에 제정 · 공포된 정부조직법에서 대통령 직속으로 설치되어 중견 공무원 선발을 위한 고시 · 전형을 담당하였다)의 위원장으로 임명되었다. 그런데 그러나 1962년에 간첩방조혐의로 체포되어 결국 징역 12년의 형이 확정되었다. 1978년 12월에 대통령의 특별사면을 받은 후 서울에서 변호사 등록을 하여 변호사 일을 하다가 1985년에 사망하였다. 현재 2018년 8월 현재 그에 대한 재심사건이 대법원에 계류 중이다.

략한 것이었기 때문에, 당연히 일본인들이 저술한 「보다 나은」 저서를 볼 필요가 있었던 것이다. 그리고 기타의 현실적 사정도 뒤섞여서 앞서 본 바와 같은 일본 법률서적의 번역이 빈번하게 행하여졌던 것이 아닐까 하는 것이다.[17)]

3. 「飜案法學」

그 후 金曾漢[18)]은 安二濬과 함께 1954년부터 "[이 我妻榮의 교과서를] 근간으로 해서 우리 법현실에 적합하게"(꺾음괄호 안은 필자가 부가한 것이다. 이하 같다) 민법교과서를 만드는 작업을 수행하여, 1956년부터 1958년까지 사이에 『물권법』(1956년), 『담보물권법』(1957년), 『신민법총칙』, 『신채권총론』, 『신채권각론(상)』(이상 각 1958년)을 두 사람의 「共編」 또는 「編著」로 하여 잇달아 출간하였다. 그 책들은 "대체로 일본의 아처 교수의 민법강의를 토대로 하여, 우리 현행법령과 다른 점을 우리 법령과 맞추고, 조선고등법원판례와 대법원판례를 가하여서 엮은 것"이라고 하고 있다.[19)] 그리고 다른 한편으로 다음과 같이 말하고 있다.

> "우리가 자주적으로 제정한 민법의 해석론의 전개를 지향하여 엮은 이 책이, 전면적으로 외국학자의 이론에 의거하고 있음은, 참개慙慨하지 않을 수 없는 바이다. 하루 속히 외국학자–특히 일본학자–의 결정적인 영향력에서 벗어나서, 우리 자신의 독자적인 민법체

---

17) 金曾漢·安二濬 共編, 物權法(1956), 1면의 「編者의 말」에서 安二濬(편자는 그 외에도 金曾漢이 있으나, 이 부분은 安二濬이 집필한 것이다)은 그 번역서 출간의 보다 현실적인 측면에 대하여 다음과 같이 말하고 있다. "당시의 사정이, 일본서적은 매우 고가인 데다가, 그나마도 求得하기 極難하였고, 국내에서 출간된 民法書는 殆無하였으므로, 학생들로 하여금 廉價로 민법서를 가질 수 있게 하려는 마음으로, 그 일을 하였던 것이다."

18) 金曾漢은 1920년 출생으로, 1944년 京城帝國大學 법문학부 법학과를 졸업하였다. 1946년에 서울대학교가 설립되면서부터 동 대학교 법과대학에 교수로 재직하였고 1986년 2월에 정년퇴임하였다. 그에 대하여는 우선 現代民法學의 諸問題: 晴軒 김증한 박사 화갑 기념(1981), 867면 이하의 「年譜」 및 「著書·論文 目錄」 참조. 그의 생애는, 安二濬 편(주 2), 編者 머리말에 의하면, "한마디로 해방 후 한국의 법질서를 학문적으로 기초 놓는 교두보의 역할을 한 일생이었다고 할 수 있다. 다시 말하면 선생의 한 평생은 곧 현대 한국법학의 역사 그 자체라고 말할 수도 있다." 金曾漢이 한국 민법학의 제1세대를 대표하는 사람임에는 異論의 여지가 없다. 그의 민법학에 대하여는 우선 윤철홍 엮음, 한국 민법학의 재정립: 청헌 김증한 교수의 생애와 학문세계(2015) 참조. 그 책에서 다루어진 사항 외에도 쉬운 하나의 예를 들면 김증한의 번역작업(쩬크스, 『英國民法彙纂』(Edward Jenks, *A Digest of English Civil Law*)(1948–1950); 미국 국무부, 『美國의 憲法과 政治』(*A Government by the People*)(1955); 로스코 파운드, 『英美法의 精神』(*The Spirit of the Common Law*)(1956) 등)에도 주목할 필요가 있다고 생각한다.

19) 金曾漢·安二濬 共編, 新民法總則(1958), 머리말.

계를 완성하여야만 하는 것은 言外의 사실이며, 우리 자신이 이 점의 자각에 있어서, 人後에 뒤떨어지지 않는다는 것도 또한 진실이다. … 우리는 이 과제를 가장 가까운 장래에 있어서 수행할 것을 약속하면서, 독자제현께서는 우리가 이 책의 개정판을 이러한 모습으로 세상에 내어놓는 것을 양해하여 주심을 冀願하는 바이다."[20]

이리하여 일찍부터 「독자적 민법체계의 완성」이라는 과제가 설정되었다. 그리고 아마도 그 과제설정 자체의 타당성은 — 「독자적」이라는 말의 의미에도 달려 있는 문제이기도 하겠으나 — 크게 나무랄 바 없다고 생각된다. 이러한 과제는 어떻게 하면 달성될 수 있는 것이었을까. 그것은 단지 편저가 아닌 저서라는 이름으로 「교과서」가 출간되기만 하면 달성될 수 있는 일이 아님은 자명한 일일 것이다.

이와 같이 하여 애초의 「飜譯法學」은 이제 말하자면 「飜案法學」으로 전개되어 갔다. 그리고 실제로 민법에 관한 한 위의 역서 또는 편저서는 적어도 상업적으로는 굉장한 성공을 거두었다.[21] 그리고 한국 민법전이 시행된 1960년 이전은 물론, 그 이후에도 10년 이상에 걸쳐 한국의 대표적인 교과서의 지위를 유지하였다. 이러한 교과서의 번역 또는 편저의 성공은 그 당시의 상황 하에서는 법학교육의 기초를 제공하였다는 등 일정한 긍정적 기능을 하였다고 하여도, 후의 민법학 또는 "민법 담당 교수들이 하는 일"[22]에 적지 않은 부정적 영향을 미친 것으로 보인다. 민법교수들이 학문적으로 큰 의미가 있다고 할 수 없는 「교과서」의 저술에 많은 정력 또는 거의 모든 정력을 기울이게 된[23] 연유의 하나는 여기서 찾을 수 있을는지도 모른다.

---

20) 金曾漢・安二濬 편저, 신민법총칙, 개정판(1960), 머리말("개정판을 내면서").

21) 가령 博英社40年史編輯委員會 編, 박영사 40년(1993), 33면에 의하면, 1953년 당시 재정적으로 매우 어려웠던 동 출판사에서 "安二濬 씨가 번역한 일본학자 와가스마(我妻)의 민법, 특히 《물권법》의 지형을 대여하여 출간한 것이 起死回生하는 계기가 되었다"고 한다. 또 安二濬, "내가 아는 인간 安洹玉 회장", 同書, 494면에는, "이 편저들은 민법교과서가 전무하다시피 했던 당시의 상황과 우리의 자주적인 민법전의 제정・공포・시행의 직전・직후라고 하는 시대적 여건에다가 박영사 측의 혼신의 노력 경주와 원저서가 명저라는 점 등에 힘입어 조금 과장하면 그야말로 洛陽의 紙價가 오를 만큼 좋은 성과를 올린 것으로 기억합니다"라는 기술이 있다.

22) 金曾漢(주 1. 1985), 133면: "우선 한국에 민법학이 있는가가 의문이다. 그렇지만 민법 담당 교수들이 하는 일을 일단 민법학이라고 부르기로 한다."

23) 이에 대하여는 뒤의 VI.1.에서 보다 상세히 보기로 한다.

Ⅲ. 民法典의 制定과 우리 民法學

1. 民法典 起草에의 關與

주지하는 대로 민법안의 기초작업은 법전편찬위원회(위원장 김병로)에서 이루어졌다.[24] 위원의 정원이 75인(원래는 50인 이내)인 법전편찬위원회는 주로 일제 아래서 법조인자격을 취득한 실무가들로써 구성되어 있었고, 대학에 몸담고 있었던 사람으로서는 俞鎭午와 高秉國, 鄭光鉉, 그리고 陳承錄이 참여하였을 뿐이었다.[25] 그 중에서 高秉國[26]은 민법 중 총칙편의 기초위원으로 일하였다.[27][28] 그리

24) 민법안의 기초 등 작업과정에 대하여는 우선 양창수, "민법안의 성립과정에 대한 소고", 서울대학교 법학 30권 3・4호(1989), 186면 이하(후에 동, 민법연구, 제1권(1991), 61면 이하); 鄭鍾休, 韓國民法典の比較法的硏究(1989), 156면 이하; 동, 역사 속의 민법(1994), 155면 이하 각 참조.

25) 관보, 1948년 9월 15일자 1면의 법전편찬위원회 위원 명단 참조.

26) 高秉國에 대하여는 우선 法學의 諸問題: 慧南 高秉國 박사 還曆 기념(1969), 663면 이하의 「年譜」 참조. 이 자료에 의하면, 그는 1909년 생으로 1934년 동경제국대학을 졸업하고 동 대학원에 입학하여 穗積重遠의 지도를 받았다. 1936년부터 2년 간 동경에서 변호사 개업을 한 후(1932년 10월에 '일본고등시험'[아마도 '고등문관시험'을 가르키는 듯하다] 사법과에 합격한 바 있다) 1937년 귀국하여 서울에서 변호사로 일하다가 1938년 9월부터 1941년 4월까지 연희전문학교 교수를 지냈다. 1946년 및 1953년의 두 차례에 걸쳐 서울대학교 법과대학 학장을, 1958년 단국대학교 학장, 1961년 9월 경희대학교 총장을 각 역임하였다. 위 「연보」에는, 단지 로스코 파운드(Roscoe Pound)의 *Interpretations of Legal History*의 번역인 『法律史觀』(1956)(그 「역자 서문」에, "역자가 20여 년 전에 대학 법과 학생시대에 처음으로 동 저작에 접하게 된 이래 **지금까지 정독하기 여러 차를 거듭**하였고 또한 다년간 서울대학교 대학원 법과 학생을 위한 강의텍스트로도 사용하고 있는 관계로"(강조는 인용자가 가한 것이다) 번역에 이르게 되었다는 서술이 있다) 및 역시 로스코 파운드의 『法의 새로운 길』(1958)(원저는 *New Paths of the Law*)(이는 李範燦과 공역이다)을 번역하고 『英美法辭典』(1958)(잘 알려져 있지 않은 '중앙법률연구소'[혹시 1950년대 말에 미국의 재정 원조로 설립된 '한국법학원'의 前身인가?]가 편집한 것으로 되어 있는 이 흥미로운 책에는 강명옥・김기두・김치선・유기천・이한기・서돈각・정광현 등이 '편찬・집필위원'으로 참가하였다. 고병국은 金炳觀[변호사이면서, 위 연구소의 所員이다]과 함께 '편찬대표'이다)의 '편집대표'라는 것 외에 그의 저술에 대하여 별다른 언급이 없는 것이 눈에 뜨인다. —앞의 주 18에서 본 김증한 번역의 『영미법의 정신』, 그리고 김효영・안이준 번역의 『법의 임무』(1956)(원저는 *The Task of Law*) 및 서돈각이 번역한 『法에 의한 正義』(1960)(*Justice according to Law*)와 함께— 로스코 파운드가 1950년대에 우리나라에서 이와 같이 많이 번역된 이유는 과연 무엇일까?

27) 그는 법전편찬위원회의 前身에 해당하는 '법전기초위원회'의 위원이기도 하였다. 법전기초위원회에서 그는 '민법 2(신분법)'의 분과에 속하여 그 중 상속편의 "기초위원, 연락위원 겸 조직소위원"의 직을 맡았었다. 법전기초위원회에 대하여는 우선 양창수(주 14), 124면 이하 참조.

28) "法典編纂委員總會議事錄(抄)"(이 자료는 梁彰洙, "[자료] 법전편찬위원총회의사록(초)", 同, 민법연구, 제3권(1995), 86면 이하에 해제를 붙여 再錄되어 있다)에 의하면, 그는 1949년 2월 19일에 열린 동 위원회의 제7차 회의에서 "기초위원"의 자격으로 민법전편찬요강안 중 총칙편

하여 그는 "총칙편을 기초"하였다고 한다.[29)]

그런데 민법안 중 총칙편은 특히 이른바 만주국민법의 영향이 현저하게 보이는 부분이다. 만주국민법의 총칙에는 없는데 민법안에 규정되어 있는 것은 폭리행위의 무효를 정하는 동안 제99조(현행민법 제104조), 불법조건과 기성조건에 관한 제144조(현행민법 제151조)의 둘뿐이다. 그 외에 규정내용은 거의 전적으로 동일하며, 단지 표현이나 어법 등의 점에서 부분적으로 약간씩 수정하였을 뿐이다.[30)]

그리고 하나 언급하여 둘 것은 민법안 총칙편이 만주국민법과 달리 정하는 부분은 대체로 입법론적으로 문제가 있다는 점이다. 가령 민법안 제146조(현행민법 제153조)는 일본민법 제136조와 같이 법률행위의 기한에 관한 규정 중에, 기한의 이익이 채무자에게 있는 것으로 추정된다는 것, 그리고 채무자는 이를 포기할 수 있다는 것을 정하고 있다. 그러나 동조에서 정하는 「기한」은 법률행위의 부관으로서의 기한이 아니라 채무이행의 기한을 가리키는 것으로서, 이것이 민법총칙에 정할 사항인지 의문이 있다. 민법안은 다른 한편으로 변제기 전의 변제에 대한 제459조에서 그와 실질적으로 동일한 취지를 중복하여 규정하고 있다. 만주국민법은 법률행위의 기한에 관하여는 제145조, 제146조(우리 민법 제152조, 제154조에 해당한다)만을 두고, 일본민법이 그곳에서 정하였던 기한이익에 관한 규정들(일민 제136조, 제137조)을 채권편으로 옮겼다. 또한 민법안은 기한이익의 상실에 관하여는 채권편으로 옮겨 정하면서도(제379조, 현행민법 제388조), 앞서와 같이 기한이익에 관한 규정을 그대로 총칙편에 둔 것이다.

그리고 앞서 본 불법조건과 기성조건에 관한 제144조도 문제이다. 우선 기성조건에 관한 민법안 제144조 제2항, 제3항은 당연한 이치를 정한 것으로서 불필요하다고 생각된다. 왜냐하면 법률행위의 조건이란 성부가 불확실한 장래의 사실에 법률행위의 효력발생을 걸리게 하는 것이라면, 법률행위 당시에 이미 그 성부가 확정된 사실에 법률행위의 효력발생을 걸리게 하는 기성조건은 비록 당사자들이 이를 알지 못하였다고 하더라도 그야말로 가장조건에 불과한 것이기 때문이다.

에 대한 것을 발의하고 있다.

29) 法學의 諸問題(주 26), 663면 이하의 「연보」에 의하면, 그는 "1948년 대한민국 정부 수립에 즈음해서는 헌법제정전문위원으로서 헌법의 기틀을 확립하는 데 기여하였으며 동년 법전편찬위원회 위원으로 임명되어 민법총칙을 기초하여 현행법제정에 그 공적이 컸다"고 한다.

30) 가령 만주국민법 제3조는 "사람의 권리능력은 출생으로 시작되고 사망으로 종료된다"고 정하는데, 민법안 제3조는 "사람은 생존한 동안 권리와 의무의 주체가 된다"고 한다.

또한 제144조 제1항은 "조건이 선량한 풍속 기타 사회질서에 위반한 것인 때에는 그 법률행위는 무효로 한다"고 정한다. 그러나 법률행위의 조건은 그것만을 따로 분리하여 생각하여서는 반사회성의 유무를 판정할 수 없고, 조건을 포함하여 법률행위를 전체적으로 파악하여 이를 결정하여야 할 것이다. 그러므로 불법의 조건을 붙였기 때문에 법률행위가 반사회적이라고 인정되는 경우는 물론이고, 당연히 하여서는 안 되는 행위를 특히 하지 않는 것을 조건으로 하였기 때문에 반사회적이라고 하여야 할 경우도 있는 것이다. 가령 살인하는 것을 조건으로 하는 금전지급의 약속은 반사회적이지만, 살인하지 않는 것을 조건으로 하는 금전지급약속도 특별한 사정이 없는 한 마찬가지로 반사회적이라고 할 것이다. 말하자면 어떠한 조건으로 인한 법률행위가 반사회적이 되는 것은 어디까지나 반사회적 법률행위의 한 양태에 불과한 것으로서 이는 어디까지나 민법 제103조 일반의 문제이며,[31] 이 태양에 대하여서만 특히 별도로 규정할 필요는 무엇인가 하는 의문이 드는 것이다. 따라서 동항도 역시 반드시 필요한 규정이라고는 생각되지 않는다.

2. 『民法案意見書』

(1) 민법제정과정에서의 학자들의 관여는 주로 『민법안의견서』라는 의견서를 통하여 이루어졌다. 이를 마련하는 데 직접 관여하고 주도하였던 한 학자는 민법의 제정과정을 서술하는 자리에서 이에 대하여 다음과 같이 평가하고 있다.

> "여기서 한 가지 특기할 것은 [민의원 법제사법위원회] 민법안심의소위원회의 심의 도중에, 주로 서울특별시내에 소재하는 각 대학의 민사법담당교수들이 우리나라 입법사상 처음이라고 할 수 있는 그들의 공동노작에 의한 입법의견서를 제출하였다는 사실이다. 즉 그들은 민사법연구회를 조직하여, 재산법의 분야에 국한된 것이기는 하지만, 168개 항목에 달하는 의견을 「민법안의견서」란 책자로 정리하여 국회에 제출한 바 있었던 것이다. 여기에서 제시한 입법의견은 비록 법제사법위원회의 심의에는 충분히 고려될 여유가 없었지만, 학계가 국회에서의 법제정의 과정에 있어서 지대한 공동관심을 표명한 효시로서 하나의 획기적인 사실이었다고 지적하지 않을 수 없다."[32]

31) 민법총칙 교과서에서의 민법 제103조에 대한 설명은, 반드시라고 하여도 좋을 만큼, 「사회질서 위반의 모습」이라는 항목 중에서 그 모습의 하나로 「사회질서에 반하는 사항을 조건으로 하는 것」을 들고, "제151조 제1항은 바로 이러한 경우 등을 규정한 것"이라고 덧붙이고 있다. 하나만 예를 들면 郭潤直, 민법총칙, 제7판(2002), 219면을 보라.

물론 "학계가 국회에서의 법제정의 과정에 있어서 지대한 공동관심을 표명한 효시"라는 것의 역사적인 의의는 충분히 평가되어야 할 것이다. 그런데 우리의 관심은 자연 이 『민법안의견서』의 내용이 어떠한 것이며, 어떻게 평가될 수 있는가, 나아가 그것이 우리 민법의 모습에 실제로 어떠한 영향을 주었는가 하는 점에도 쏠리게 된다. 이 점에 대하여 필자는 다음과 같은 발언을 한 바 있다.[33)]

"이상을 종합하여 보면, 현석호 수정안 그리고 그 배경을 이루는 『민법안의견서』는, 다른 선진국, 특히 독일의 법제도나 법이론으로의 근접에의 지향과 우리 사회의 현실에 대한 고려가 불안한 균형을 잡고 있는 것이라고 할 수 있겠다. … 『민법안의견서』는 당시의 우리 사회에서 실제로 중요한 기능을 수행하고 있던 기존의 제도에 대하여는 대부분 의용민법의 태도를 유지할 것을 주장하고 있고, 이 점에서는 오히려 보수적이라고 불릴 수 있다. 그 대표적인 예로서는 법률행위에 의한 물권변동에 관하여 의사주의의 존속을 주장하고 민법안의 태도에 반대한 것, 물권으로서의 전세권제도의 신설에 반대할 것을 들 수 있을 것이다. … 그러나 어떠한 제도가 우리나라의 현실에서 수행하는 실제적 기능의 점에서 별로 중요하지 않다고 생각되는 사항에 대하여는 외국제도, 특히 독일민법상의 제도나 독일민법학이론에의 경사가 두드러진다.[34)] 이 점은 특히 공동소유에 관한 규정[35)]이나 계약체결상의 과실책임[36)] 등에서 현저하거니와, 그 외에도 위에서 본 수령의무 등 일일이 예를 들 필요

32) 金曾漢・安二濬 편저, 신민법총칙, 수정판(1962), 29면 이하.

33) 梁彰洙, "민법안에 대한 국회의 심의(Ⅱ) – 국회본회의의 심의", 同, 민법연구, 제3권(1995), 82면 이하.

34) 여기서 상기되는 것은 金亨培(주 1. 1991), 219면 이하가, 민법전 제정 후의 민법학의 성과를 정리하면서, "민법전 체계상의 불비로 인하여 발생하게 된 문제" 및 "생활관계의 산업화・현대화에 따른 제문제"와 함께, "생활관계와는 직접적 관련성이 없는 이론적 관심의 문제"를 한 항목으로 내세우고, 그 예로 사실적 계약관계・계약체결상의 과실・제3자보호효를 가지는 계약과 제3자손해청산이론・부당이득의 법리구성 등을 들고 있는데, 이들은 모두 독일민법이론의 「수입」에 해당한다는 점이다.

35) 이에 대하여는 무엇보다도 양창수, "공동소유 – 민법 제정과정에서의 논의와 그 후의 평가를 중심으로", 한국민법이론의 발전: 이영준 박사 화갑 기념 논문집(1999), 361면 이하(후에 동, 민법연구, 제6권(2001), 107면 이하에 수록되었다) 참조. 위 글에서 필자는, 김증한에 연유하는 우리 민법상의 공동소유 3유형, 특히 합유와 총유의 개념은 독일의 게르만법 학자들이 중세게르만의 공동소유형태를 파악하는 과정에서 마련한 개념으로서 일본학자들의 수용을 통하여 우리에게도 '선험적으로' 타당한 것으로 전제되었으나, 그것은 독일에서 어느 한 시기에 유력하였던 견해에 불과하고 오늘날의 독일 法史學에서조차 시민권을 얻지 못한 역사적 유물이며, 나아가 우리 사회의 공동소유형태를 파악하기에 적절한지 의문이 적지 않다고 주장한 바 있다.

36) 「계약체결상의 과실」이라는 표제를 달고 있는 민법 제535조는 앞서 본 '공동소유 3유형'과 함께 『민법안의견서』의 입법적 주장이 민법전에 받아들여진 드문 예이다. 주지하는 대로 위 민법규정은 원시적으로 불능인 급부를 목적으로 하는 계약이 무효임을 전제로 하여서 그러한 계약이 체결된 경우의 법률효과로서 신뢰이익 배상에 관하여 규정하고 있다. 그런데 위 제535조

가 없을 만큼 독일의 규정과 경우에 따라서는 그 이론이 도처에서 원용되고 있다. 여기서는 그것이 현행의 제도 또는 ―그 스스로도 반대하지 않는― 민법안의 태도와 정합적인가, 또 그것이 어떠한 현실문제에 적용될 가능성이 있으며 그 적용의 결과는 과연 합당한가 하는 점에 대하여는 별로 착안하지 않는다. 어떠한 점에서는 「갑자기 맹목적이 된다」고까지 표현할 수 있을 정도이다. … 이렇게 보면 장경근의 말대로 "민법안의견서에 나온 의견을 별로 새로운, 종전에 있던 학설과 [다른] 새로운 것은 없었다"고 하여야 할지 모른다. 특히 만에 하나 거기에 나타난 외국제도에의 지향이 이미 「종전에 있던 학설」, 즉 일본민법학에 의하여 그 방향이 정하여진 것이고, 나아가 그 외국제도의 내용 자체도 이미 일본민법학에 의하여 탐구되었거나 적어도 시사된 바 있는 것이라고 한다면, 더욱 그러할 것이다. 그렇다고 하면 대학교수들은 오히려 장차에라도 입법을 지도할 수 있을 능력을 배양하여 주는 학문에 전념할 것이었고, 시대적・정치적인 요청에 의하여 추진되어 가는 민법전의 제정작업에 대하여는, 시기상조라는 주장 이외에는, 입을 다물고 있는 것이 마땅한 태도였을까. 그러나 그것은 올바른 태도가 아니며, 적어도 직분에 책임을 지는 태도는 아니라고 하여야 하지 않을까. 그렇다면 대학교수들이 "학설상 새로운 것이 없더라도 그 학설에 대한 이해력이 부족한 데서 생긴 오진 내지 결함을 능력껏 지적"하고 "우리나라의 실정에 비추어서도 도입하는 것이 타당하다고 생각되는 외국제도의 채택을 주장하는 것"은[37] 가능한 최선의 현실참여이었다고 평가되어야 할 것이다. 문제는 그 지적과 주장의 내용인 것이다."(이 인용문에서의 각주는 원문에는 없는 것으로 이번 글을 작성하면서 새로 붙인 것이다)

의 원형인 독일민법 제307조 및 그의 바로 앞에서 그 계약의 무효를 정면으로 선언하는 동법 제306조는 2002년의 채권법 대개정에서 모두 삭제되었다. 이제 독일에서 그 무효를 주장하는 견해는 일절 찾아볼 수 없음은 당연한 일이다. 필자의 석사논문 「원시적 불능급부에 관한 계약의 무효론에 대한 비판적 고찰」은 독일민법 제306조가 성립하기에 이른 과정을 추적하여, 그 규정이 일정한 역사적 오해에 기한 것임을 보이려 한 것이다.

2017년의 일본민법 대개정(시행은 2020년 4월부터이다)에서도 원시적 불능의 급부를 목적으로 하는 계약이 유효임을 적극적인 전제로 하는 규정이 새로 마련되어, 그 제412조의2는 "계약에 기한 채무의 이행이 그 계약의 성립시에 불능이라는 사정은 [우리 민법 제390조와 같이 채무불이행책임에 관한 일반규정인] 제415조의 규정에 의하여 그 이행의 불능으로 생긴 손해의 배상을 청구하는 것을 방해하지 아니한다"고 정한다.

한편 우리나라의 민법 개정작업에서 위 제535조에 대하여는 「계약체결시의 불능」이라는 표제로 "① 계약을 체결한 때에 이미 그 이행을 할 수 없다는 사정은 계약의 효력에 영향을 미치지 아니한다. ② 제1항의 경우에 채권자는 손해배상을 청구할 수 있다. 그러나 계약을 체결할 때에 채권자가 그 사정을 안 경우 또는 채무자가 그 사정을 알지 못하였고 알지 못한 데에 과실이 없는 경우에는 그러하지 아니하다"라는 개정안이 '논의중'이라고 한다. 법무부 민법개정자료발간팀 편, 2013년 법무부 민법개정시안: 조문편(2013), 174면을 보라.

37) 이는 玄勝鍾, "민법안심의에 한 마디 한다", 高大新聞 162호(1957년 12월 9일자), 1면이, 『민법안의견서』에 대하여 장경근이 말한 바를 비판하여 한 말이다.

(2) 어쨌거나 민법제정과정에서 학자들이 그 내용에 대하여 큰 영향력을 가지지 못하였다는 점은 부인할 수 없을 것이다. 그것은 다음과 같이 설명될 수도 있다. 민법전편찬요강안이 작성되기 시작한 후 민법안이 국회에서 심의를 마친 1947년부터 1957년까지의 10년 사이에 민법제정과정을 주도한 것은 앞서 본 대로 일제 아래서 법조인자격을 취득한 실무가들이었다. 말하자면 이들 법전편찬위원회 위원들은 1945년 8월 광복 당시에는 기성법률가층을 형성하고 있었다. 그리고 당시에는 아직 대학이 정비되지 아니하였고 또 법학계라고 하여도 "도저히 독립한 단위를 가진 학계라고는 볼 수 없는 형편"이었기 때문에,[38] 아마도 이는 부득이 그렇게밖에 될 수 없었던 것이다.[39]

그리고 민법안이 제기된 1954년과 그 후를 보면, 적어도 일정수의 민법학교수들이 대학에서 교육과 연구에 종사하고 있었다. 그들은 민법안의 기초작업 당시(1947년에서 1953년까지)에는 "새로이 법학교수로 등장한 신인들"로서 "아직 그 진가를 발휘할 시간적 여유를 얻지 못하였"던 것이다.[40] 그러나 민법안이 공표된 단계에서는 "의기는 높았고, 의욕이 왕성"하였던 "젊은 학자"들이[41] 민법의 제정이라는 중대한 사업에 대하여 반응이 없을 수 없었던 것이다. 결국 신인 법학교수들의 입법의견이 기성의 실무가들에 의하여 별다른 평가를 얻지 못하였던 것이라고도 할 수 있을 것이다.

---

38) 俞鎭午, "한국법학계의 회고와 전망", 고대신문 60호(1954년 11월 24일자), 3면.

39) 민법전의 제정과정이 실무가들에 의하여 주도되었다는 사정은 프랑스의 경우에도 다른 바 없다고 할는지도 모른다. 그 지적은 프랑스민법의 제정과정 자체만을 놓고 보면 옳을 것이다. 그러나 다른 한편 프랑스민법전이 실무자들만에 의하여 성문화될 수 있었던 것이 바로 도넬루스(1527-1591), 도마(1625-1692), 특히 포티에(1699-1772) 등과 같은 법학자들에 의한 학문적 성과의 결과임에는 의문의 여지가 없는 것이다. 우선 Jean Carbonnier, *Droit civil*, t. 1, 15e éd.(1984), [12], p.67("이론적으로 … 또한 입법적으로 … 당대의 법에 질서를 부여하려고 노력함으로써 민법전 제정에의 길을 닦은 도마, 다게소, 포티에와 같은 법학자"); Gérard Cornu, *Droit civil. Introduction, les personnes, les biens*, 6e éd.(1993), no.272(p.101)("그들[물렝, 도마, 포티에 등]의 저작은 프랑스민법전의 편찬자들에게 영감을 주었다. 그것들은 民法典의 先取된 注釋書(un commentaire par anticipation)라고 말할 수 있을 것이다.")

40) 俞鎭午(주 38), 同所.

41) 金曾漢(주 1. 1978), 119면: "해방 직후 우리나라의 법학상태는 일정시대부터 전문학교 내지 대학강단에서 법학을 강의하신 분이 극히 적었고, 교수들도 그때부터 처음으로 공부를 하면서 대학에서 강의했던 것이어서 깊은 연구가 없고 그 당시의 학자들의 활동이란 대체로 일본법학을 전수한 것입니다. 그러나 한편 그 당시의 젊은 학자들의 의기는 높았고 의욕이 왕성했었습니다."

Ⅳ. 民法典의 解釋論的 處理

1. 교과서의 저술

어느 나라에서나 법전편찬사업이 대법전의 제정으로 일단 매듭을 지은 후에는 주석학파école d'exégèse; exegetische Schule의 시대가 온다.[42] 우리 민법학의 경우도 예외는 아니었다. 민법전을 출발점으로 하여 그 내용을 체계적으로 서술하는 수많은 「교과서」들이 출간되었다.[43] 金曾漢은 민법전 공포 후의 「교과서」 저술에 대하여 이를 백화난만기와 정돈기의 둘로 나누고, 민법전 공포 직후의 백화난만기에는 "아직 충분히 연구·검토할 겨를이 없이 우선 급한 대로 학생들에게 새로 제정 공포된 민법전의 내용을 알려 주자는 것"이었다고 하고, 그러나 1960년에 들어와서 점차로 정돈기에 들어서자 "차츰 좀더 연구·검토해서 책을 쓰게 되었"다고 한다.[44] 그리고 그 정돈기의 「교과서」 중에서 "가장 빛나는 것"은 1963년부터 1971년까지 사이에 나온 郭潤直의 『민법총칙』에서 『채권각론』까지의 저술이라고 하며, 이는 "우리 민법학계의 커다란 자랑거리"라고 평가하고 있다.[45]

그리고 학자들의 노력은 일단 우리 민법이 의용민법과 다른 내용으로 정하고 있는 제도, 다시 말하면 일본민법학의 이론으로서는 설명될 수 없는 민법규정의 해석론에 집중되었다.[46]

---

42) Ernst von Caemmerer, Das deutsche Schuldrecht und die Rechtsvergleichung, in: *Gesammelte Schriften*, Bd. 1(1968), S.3(원래는 *NJW*, 1956, S.569): "프랑스가 19세기 초에 그러하였던 것처럼 독일의 민법학에도 독일민법전의 제정 후에 주석학파(exegetische Schule)의 시대가 있었다." 또한 Wesenberg/Wesener, *Neuere deutsche Privatrechtsgeschichte*, 3.Aufl.(1976), S.194: "민법전을 私法生活의 실용가능한 기반으로 만든다는 과제."

43) 민법 공포 이후 1960년대 중반까지 출간된 많은 「교과서」의 목록에 대하여는 우선 金曾漢(주 1. 1978), 122면 이하를 보라.

44) 金曾漢(주 1. 1978), 123면.

45) 金曾漢(주 1. 1978), 124면: "곽 교수의 민법서의 특색은 실례를 들어서 알기 쉽게 그리고 정연하게 서술되어 있으며, 국내의 문헌을 충실히 인용하여 면밀히 검토하고 있고, 우리나라의 판례를 최대한으로 인용하고 있으며, 특히 독일의 문헌에 충실히 언급되고 있다는 점 등에 있습니다." 그러나 후의 金曾漢(주 1. 1985), 149면에서는 "결국 재산법 분야의 교과서류를 개관하였는데 … [郭潤直의 「교과서」도 포함하여] 거의 모두가 일본서의 테두리를 별로 벗어나지 못하고 있지 않나 생각된다"고 평가한다.

46) 여기서 다루는 것 외에도 민법에 새로 도입된 지시채권·무기명채권에 관한 규정들(제508조 이하) 등을 들 수 있을 것이다. 위 새로운 규정들로부터 유가증권법 총론을 민법학 차원에서 구상할 수 있지 않을까?

그 주요한 내용에 대하여는 2. 이하에서 살펴보기로 한다. 그러나 이와 관련하여서는 일반적으로 여러 가지 설득력 있는 선명한 해결이 얻어지지 아니하고 많은 문제가 여전히 남아 있다고 평가할 수 있다.

2. 물권행위론: 새로운 규정의 해석문제 I

(1) 우리 민법이 법률행위로 인한 물권 변동에 관하여[47] 입법주의상의 전환을 행하였음은 주지하는 대로이다. 그리고 이러한 전환의 중대성에 상응하여, 민법이 공포된 직후부터 학자들은 새로운 민법이 정하는 물권변동에 관한 규정을 이론적으로 파악·설명하려는 노력을 활발하게 행하여 왔다. 이러한 이론적 노력에 있어서 핵심적인 지위를 차지한 것은 「물권행위」, 특히 「물권계약」의 개념이었다. 그리하여 민법의 공포 후 10여 년이 지난 1969년에 이르러서, "채권계약과 물권계약의 개념, 채권계약에 대한 물권계약의 독자성·무인성의 제문제를 둘러싸고 우리나라의 민법학의 역사상 가장 찬란하고 높은 이론적 수준의 논쟁이 전개되었었으며, 아직도 계속 중"이라는 언명이 행하여진 바 있다.[48]

(2) 그 내용에 대하여는 주지하는 바이므로, 굳이 여기서 반복하지 않기로 한다.[49] 그러나 여기서 지적하고 싶은 것은, 이 문제는 여전히 미해결의 문제라는 것이다. 현재에 이르기까지도, 우리 민법의 물권변동을 설명·파악함에 있어서 「물권행위」의 개념이 어떠한 지위를 차지하며(또는 차지하여야 하며), 어떠한 역할을 하는가(또는 하여야 하는가)의 논의는 그 명확한 귀결점을 찾지 못하고 있는 것으로 생각된다.

우선, 주지하는 대로 이른바 물권행위의 독자성 또는 무인성 유무에 관하여 학설은 여전히 분열되어 있다.[50] 그리고 최근에 발간된 물권법 교과서 중에는, 물권

---

47) 이하 단지 「물권변동」이라고 하면, 특별히 다른 지시가 없는 한 「법률행위로 인한」 물권변동만을 가리키고, 이른바 법률의 규정에 의한 물권변동은 여기서 제외된다.

48) 李好珽, "프란츠·바이얼레의 물권계약론(上)", 법조 18권 1호(1969), 41면. 同所, 52면 주 1은, "金曾漢 교수(『신물권법(상)』)와 郭潤直 교수(『물권법』, 『부동산물권변동의 연구』(서울대학교 학위청구논문))의 논쟁"을 인용하고 있다.

49) 이 논의에 대한 약간의 평가에 대하여는 梁彰洙, "韓國法における「外國」の問題 − 韓國民法學史の一齣を契機として", ジュリスト 1310호(2006.4.15), 138면 이하 참조. 여기서 필자는 물권행위의 독자성 및 유인성 유무에 집중된 논의의 「과도로 추상적인 경향」과 그 배경에 있는 독일이론에의 무비판적 의존성을 지적하였다.

행위에 무인성을 인정할 것인가 여부의 문제에 대하여, "우리 판례는 현행 민법이 시행된 직후부터 계속하여 무인성을 부정하는 판결을 함으로써 이제 물권행위의 무인성을 부정하는 것은 확고한 관습법으로 되었다"고 하여 전혀 다른 각도에서 접근하는 견해도 제시되고 있다.[51] 나아가, 이 법문제를 학문적으로 다룬 저서는 민법 제186조에서 말하는 「법률행위」는 "채권행위 또는 물권적 합의를 포함하는 채권행위로 이해하"여야 한다고 주장하고 있다.[52] 이는 종전의 학설이 일치하여 민법 제186조의 「법률행위」란 물권행위를 가리킨다고 이해하여 왔던 것과는 사뭇 다른 것이다. 또한 부동산에서는 등기신청행위가, 동산에서는 인도의 합의가 바로 물권행위라고 하는 주장도 등장하였다.[53] 이와 같이 물권변동의 이론은 아직도 많은 미해결의 문제를 안고 있다고 할 것이다.

(3) 물권행위의 독자성・무인성의 문제에 대하여 어떠한 입장을 취하는가와는 관계없이 우리의 물권변동이론 일반에 대하여 필자가 가지고 있는 의문의 일단을 제시하여 보면 다음과 같다.[54]

첫째, 물권행위의 독자성의 문제란 물권행위의 존재시기 또는 성립시기 여하의 문제라는 것이 종전의 이해이다. 이에 관한 설명을 인용하여 보자.

> "이와 같이 대부분의 경우에 원칙적으로 물권행위는 그 원인causa이 되는 채권행위가 존재하고, 그것을 전제로 하여 행하여지는 것이라면, 그것은 그에 선행하는 채권행위와는 별개의 행위라고 할 수 있다. 그렇다면, 이와 같은 채권행위는 「언제나」, 좀 더 정확하게는 「원칙적으로」, 원인이 되는 채권행위와는 현실적으로도 별개의 행위로서 행하여져야만 하는가? 이것이 이른바 물권행위의 독자성(독립성)의 문제이다."[55]

---

50) 이에 관한 학설상황에 대하여는 많은 논문이 있으나, 우선 洪性載, 부동산물권변동론 – 소유권양도를 중심으로(1992), 248면 이하, 266면 이하를 각기 참조하라.

51) 李英俊, 물권법(1990), 77면; 同, 한국민법론 [물권편], 신정2판(2004), 76면. 同, 민법총칙(1987), 178면 이하에서 이미 同旨의 견해를 표명한 바 있다.

52) 洪性載(주 50), 특히 238면 이하, 256면 등 참조.

53) 尹眞秀, "物權行爲 槪念에 대한 새로운 接近", 民事法學 28호(2005.6.), 3면 이하.

54) 이 문제에 대한 독일에서의 논의를 정리한 방대한 종합적 문헌(교수자격취득논문으로 본문이 1296면에 이른다)으로 Jan Lieder, *Die rechtsgeschäftliche Sukzession. Eine methodenpluralistische Grundlagenuntersuchung zum deutschen Zivilrecht und Zivilprossrecht sowie zum Internationalen und Europäischen Privatrecht*(2015)이 있다. 또한 유럽법 통일의 시각에서 법률행위에 의한 물권 변동의 법리를 살펴본 것으로는 우선 Dieter Krimphove, *Das europäische Sachenrecht*(2006) 참조.

55) 郭潤直, 물권법, 신정판(1992), 80면 이하(同, 物權法, 제7판(2002), 41면에서도 반복되고 있다).

그 취지는 다음과 같은 것이다. 물권행위는 채권행위와는 논리적·관념적으로 별개의 법률행위이다. 그러나 이 양자의 법률행위가 「현실적으로도」, 즉 현실의 거래에 있어서도 반드시 따로, 즉 별개의 행위로서 행하여져야 하는가, 이것이 바로 물권행위의 독자성 유무라는 문제의 내용이라는 것이다.

그러나 그렇다고 하면 독자성문제는 물권변동에 고유한 문제라고 할 수 없지 않을까. 이것은 단지 물권행위라는 하나의 법률행위의 존재를 어떠한 사정 아래서 인정할 것인가 하는 법률행위 해석의 문제일 뿐이라고 하여야 하지 않을까. 그 해석에는 다른 법률행위의 해석문제와 마찬가지로, 각종의 기준(보다 정확하게 말하면, 그 해석에 있어서 고려되어야 할 사항들의 목록)이 적용되어 개별적으로 정하여지는 것이고, 설사 통상의 생활사상으로부터 일정한 법칙성이 인정된다고 하더라도, 이는 이른바 '경험칙'일 뿐이라고 할 것이 아닌가.[56)]

필자는 오히려 물권행위의 독자성의 문제란 채권행위와는 독립한 별개의 법률행위로서의 물권행위라는 개념 자체를 물권변동의 구성적 요소로서 요구할 것인가 여부의 문제라고 본다. 그리하여 물권행위의 독자성을 인정하지 않는다고 하는 것은, 의무부담과 처분에 관한 각각의 합의는 가령 매매계약이라는 하나의 법률행위의 두 모멘트, 즉 채권 발생과 물권 변동이라는 각기 다른 법률효과적 관점에서 관찰한 별개의 모멘트에 불과한 것(이 때 처분적 합의는 하나의 계약의 한 부분을 구성하며, 독립한 법률행위가 아니다)으로서, 이들은 일체로서 그 매매계약 안에 결합되어 있다고 하는 의미라고 할 것이 아닐까.[57)]

그러나 동시에 다음과 같은 설명도 보인다. "「물권행위」라는 개념을 쓰고 있다고 해서, 그것이 곧 후술하는 「물권행위의 독자성」을 인정하는 것이 되지 않음을 주의하여야 한다."(同書, 59면) 또 "유인설은 채권행위와 물권행위가 동시에 하나의 행위로 행하여진다고 보는 데 대하여 무인설은 양 행위는 따로이 행하여진다고 하는 점을 언제나 염두에 두어야 한다."(同書, 98면).

56) 그렇기 때문에 金曾漢(주 1. 1985), 146면에서, "곽 교수나 나나 이 문제가 옳고 그르고를 결정하는 것은 이론의 정교성에 있는 것이 아니라 어느 쪽이 우리 사회현실에 맞고 우리 국민의 법의식에 부합하느냐에 있다고 생각하는 점에서는 완전히 일치하고 있다"는 언명이 행하여지는 것이 아닐까.

57) 가령 Franz Bydlinski, Die rechtsgeschäftlichen Voraussetzungen der Eigentumsübertragung nach österreichischem Recht, in: *Festschrift für Larenz*(1973), S.1035: "법을 잘 모르는 당사자들도 매매계약에 있어서, 물건이 종국적으로 매수인에게, 매매대금이 매도인에게 '속한다'는 것을 알고 의욕하고 있다. 이 혼란한 법률효과관념을 법적으로 면밀하게 분석한다면, 매수인이 (매매대금에 대하여는 매도인이) 소유자(및 점유자)가 된다는 하나의 합의(Einigung)를 서로의 상대방에 대한 채권법적인 급부약속으로부터 구분해 낼 수 있다. 물론 이 합의는 그 법률효과가 법률에 좇아서 객관법적인 유효요건(objektivrechtliche Vorraussetzung)으로서의 인도가 부가된 때에 비로소 발생한다. 따라서 「인도」는 그 자체 '실행행위'이기는 하나, 소유권을

둘째, 채권행위는 물권행위의 원인causa이 된다고 설명되는데, 여기서 「원인」이란 어떠한 의미인가. causa의 정의나 그 법해석론상의 의미에 대하여는 극히 착종된 논의가 있음은 주지하는 대로이다.[58] 그리고 이는 이른바 「소유권양도의 정당한 원인」에 대하여도 마찬가지이다. 그러한 causa 이해의 어려움은 당연히 유인론에도 영향을 미친다. 우선 물권의 양도에는 다름아닌 causa에 대한 쌍방의 합의를 요하는가.[59] 가령 甲이 소비대차를 위하여 貸主라는 생각으로 乙에게 그

양도하기 위하여는 그것이 '물권적 합의'라고 부를 수 있는 소유권양도에 관한 합의에 기하여 행하여져야 한다. 그러나 통상 이 합의는 인도 시에 또는 다른 때에 독자적으로 행하여지는 것이 아니고, 비독자적이며, 이른바 **매매계약적 합의의 물권법적 부분**인 것이다." 또한 S.1038f.: "매도인의 … 서로 고립된 두 개의 의사표시가 존재하는 것이 아니라 단지 하나만이 존재한다. 즉, 나는 매매목적물에 대한 소유권을 당신에게 이전할 의무를 부담하며, **그러므로**(그것을 의미적합적으로 보면: 이 의무의 범위에서, 그리고 그 이행을 위하여) 그 소유권이 당신에게 이전되는 것에 동의한다는 것이다."(이상 고딕체 부분은 원문에 이탤릭체로 강조되어 있다) 또 S.1040에서는 "효과에 있어서만 물권법적인" 의사표시라고도 한다. 한편 K. Larenz, *Lehrbuch des Schuldrechts*, Bd. Ⅱ, 1. Halbbd., 13.Aufl.(1986), § 39 Ⅱ d(S.20f.)(梁彰洙 역, "매매계약과 소유권양도", 월간고시 1987년 11월호, 145면. 이제는 梁彰洙 편역, 독일민법학논문선(2005), 153면 이하): "따라서 입법정책적으로는 사실상 실행행위(인도 또는 등기)를 요건으로 요구하면서도 법률행위를 채권계약과 특수한 물권계약으로 분열시키지 않는 형태에 우위를 인정하여야 할 것이다. 그러한 형태에 있어서는 매매의 경우에 단지 하나의 계약, 즉 의무부담행위이면서 동시에 처분행위일 것이며 또한 (思考上으로는 역시 구분되어야 할) 2개의 모멘트를 통일하고 있는 매매계약만이 요구된다. 매도인의 의사는 의미적합적으로 다음과 같이 해석되어야 한다. 즉, 나는 너에게 소유권을 이전할 의무를 지며(의무부담의 모멘트), 이로써 －인도(또는 등기)를 유보하고－ 그것을 너에게 양도한다(처분의 모멘트). 그와 같이 이해된 매매계약에 기하여, 그러나 통상은 사실적 실행행위가 부가된 때에 비로소, 소유권은 이전된다. 이 경우에는 새로운 의사의 합치는 불필요하며 물건을 인도하면서 이루어진 소유권유보의 의사는 효력이 없다. 유효한 계약이 없으면 물건의 인도나 등기가 이루어졌음에도 불구하고 소유권은 이전되지 않는다." 또한 일본에서 예를 들어 柚木馨, 注釋民法(14)(1966), 555면은, "관념상 구별되는 두 개의 요소가 1개의 매매계약 안에 일체화된다"고 한다.

58) 崔秉祚, "로마법상의 불법원인급여", 로마법연구(Ⅰ)(1995), 334면에 의하면, 로마법에서 causa는 다음의 세 가지 관점에서 문제된다고 한다. ① 물권변동의 원인으로서, ② 급부의 보유를 정당화하여 반환청구를 물리치게 하는 원인으로서, ③ 법적 효력이 있는 합의인가, 즉 訴求할 수 있는 합의인가를 결정하는 원인으로서가 그것이다. 우리 민법 아래서도 사정은 이와 크게 다르지 않을 것이다. 프랑스에서 causa는 주로 ③과 관련하여 문제된다. 우선 Zweigert/Kötz, 梁彰洙 역, 비교사법제도론(1991), 134면 이하 참조. 일반적으로 ①과 관련하여 독일에서 causa의 의미에 대하여는 G. Kegel, Verpflichtung und Verfügung, in: *Festschrift für F. A. Mann*(1977), S.59ff.(丁玉泰 역, "의무부담과 처분", 황적인 박사 화갑기념논문집(1990), 874면 이하) 참조.

59) 이와 관련하여서 로마法源에 나타난 Ulpianus D. 12,1,18과 Julianus D.41,1,36의 적어도 외견상 서로 모순되는 法文을 둘러싸고 로마법의 계수 이래 논의가 있었고, 특히 독일 보통법학에서 치열하게 견해가 대립하였음은 주지하는 대로이다. 이에 관하여는 무엇보다도 Johannes Georg Fuchs, *Iusta causa traditionis in der Romanistischen Wissenschaft*(1952), S.27ff.; 海老原明夫, "十九世紀トイツ普通法學の物權移轉理論", 法學協會雜誌 106권 1호(1989), 1면

목적물인 동산을 인도하였는데, 乙은 이것을 受贈의 의사로 수령하였다. 이와 같이 인도의 「원인」에 대하여 합의가 없거나 그 합의에 문제가 있는 경우(이른바 「誤想causa」 등)에 乙은 그 동산의 소유권을 취득하는가. 무인론을 취하는 입장에서는 문제가 없을 것이나, 유인론을 취하는 입장에서는 어떠한가. 나아가 위의 경우에 甲이 실제로 소비대차계약에 기하여 乙에 대하여 동산인도의무를 부담하고 있었던 경우에는 어떠한가. 다시 말하면 객관적인 causa의 존재는 주관적인 causa에 관한 합의의 흠결을 치유하는가, 또는 물권변동에 영향을 미치는 것은 단지 객관적인 의미의 causa에 한정되고, 주관적인 causa 합의의 유무 또는 유효 여부는 물권변동의 효력과는 무관한가. 또한 반대로 주관적인 causa 합의는 존재하나 객관적인 causa를 결하는 경우는 어떠한가. 가령 甲과 乙은 모두 甲이 乙에게 그러한 채무를 부담하고 있는 것으로 잘못 알고 그 채무의 이행으로서 그 목적물을 인도하고 인도받았다. 이 경우에 乙은 그 목적물의 소유권을 취득하는가.

우리나라에서의 종전의 물권변동에 과한 논의는 有因인가 無因인가만을 집중적으로 논의하고, 그 전에 무엇의 무엇에 대한 어떠한 의미에서의 원인 또는 원인의존causa-Abhängigkeit, 즉 有因인가에 대한 논의를 소홀히 하였던 것이 아닌가 하는 느낌을 지울 수 없다.

셋째, 민법 제186조에서 정하는 「법률행위」가 「물권행위」를 가리킨다고 보아야 할 이유는 무엇인가. 「물권행위」의 개념은 물권변동을 설명함에 있어서 불가결의 도구로서 말하자면 논리필연적으로 요구되는가, 아니면 그 채택 여부가 입법자의 선택에 맡겨져 있는 입법정책상의 한 선택지인가. 만일 후자라면 우리 민법상 「물권행위」의 개념은 과연 입법자에 의하여 채택되었다고 볼 것인가. 만일 민법 제186조가 스위스민법 제656조 제1항("토지소유권의 취득을 위하여는 등기부에의 등기가 요구된다")과[60] 같이 부동산물권변동에는 원칙적으로 등기가 있어야 함을 정하는 데 그치는 것이라면, 同條에서 말하는 「법률행위」는 해석론상으로 훨씬 가벼운 짐을 져도 되지 않을까.

이하 참조.

60) 한편 동조 제2항은 우리 민법 제187조와 거의 같은 내용을 정하고 있다.

3. 소멸시효 완성의 효과: 새로운 규정의 해석문제 Ⅱ

(1) 우리 민법은 "시효는 당사자가 이를 원용하지 아니하면 법원은 이에 의하여 재판을 할 수 없다"는 시효의 원용에 관한 의용민법 제145조를 극히 의식적으로 채택하지 않았다. 애초 「민법전편찬요강」의 총칙편 제13항은 "소멸시효 완성의 효과는 권리를 소멸시킬 수 있는 일종의 항변권을 발생하도록 할 것"이라고 하여, 이른바 상대적 소멸설의 입장에서 입법할 것을 정하고 있었다. 그러나 민법안은 이러한 입장에 서 있는 것으로는 생각되지 않으며, 오히려 이에 대한 심의과정에서는 민법안이 이른바 절대적 소멸설의 입장에 서 있는 것으로 이해되었다.[61]

(2) 어쨌거나 단지 시효의 원용에 관한 규정을 두지 않았다는 것은 혹 이른바 절대적 소멸설에 유리한 하나의 사정이라고는 할 수 있을 것이나, 그것만으로 이 문제가 입법에 의하여 의문의 여지 없이 해결되었다고는 할 수 없을 것이다. 그리하여 일찍부터 이에 관하여 학설상 견해의 예리한 대립이 있었고,[62] 이는 지금도 크게 변함이 없다.[63]

한편 이에 대한 판례의 태도도 반드시 명확한 것은 아니다. 일단 적어도 일정 시기까지는 대체로는 절대적 소멸설의 입장에 서 있다고 할 수 있을 것이다. 가령 대판 66.1.31, 65다2445(집 14-1, 56)는, 이미 소멸시효가 완성된 채권의 집행보전을 위하여 가압류가 행하여진 경우에 채무자가 가압류 집행으로 인한 손해의 배상을 청구한 사건에서 "신민법 아래서는 당사자의 원용이 없어서 시효완성의 사실로써 채무는 당연히 소멸하는 것"이라고 설시하고, 그러므로 채권자가 가압류 절차를 채무자의 시효원용이 있기 전에 밟았다고 하여도 채권자에게 부당가압류에 대하여 과실이 없다고 할 수 없다고 판단하였다.[64] 그러면서 나아가, 소멸시효

---

61) 民法案審議錄, 상권, 103면 하단은 "종래 시효의 원용에 관하여 각종의 학설이 발생하였는바 초안은 이를 정리하여 원용에 관한 규정을 삭제함으로써 시효에 관하여는 금후 절대소멸설이 확정"되었다고 한다. 또한 민법 부칙 제8조 제1항이 "본법 시행 당시에 구법의 규정에 의하여 시효기간을 경과한 권리는 본법의 규정에 의하여 취득 또는 소멸한 것으로 본다"고 정하는 것도 이와 무관하지 않다고 생각된다.

62) 소멸시효 완성의 효과에 관한 학설상의 논의는 金曾漢, 소멸시효론, 1967년 서울대학교 법학박사 학위논문(同, 민법논집(1978), 245면 이하에 再錄되어 있다)에 의하여 촉진된 바 크다.

63) 오늘날의 학설상황에 대하여는 우선 민법주해[Ⅲ](1992), 476면 이하(윤진수 집필) 참조.

64) 그 외에 뒤의 註 55에서 보는 대판 78.10.10, 78다910(공보 602, 11551)이나 조세채권의 소멸시효가 완성되면 "당사자의 원용이 없어도"그 채권은 소멸하므로 그 후의 조세부과처분은 납세의

의 완성으로 인한 권리소멸이 소송에서 문제되는 경우에는 "변론주의의 원칙상" 소송당사자가 소멸시효가 완성되었음을 주장하지 아니하면 법원이 이를 고려할 수 없으며 직권으로 시효완성의 사실을 인정하여 권리의 소멸을 인정할 수 없다는 태도를 취하고 있었다. 가령 민법이 시행된 후 이 점에 관하여 처음 판단한 것으로 추측되는 대판 62.10.11, 62다466(집 10-4, 62)은 "새 민법이 시효이익 사전 포기 금지에 관한 규정은 그대로 두고 시효 원용에 관한 규정을 삭제하였다거나 법률행위에 의한 소멸시효의 배제 연장 가중을 금지하는 규정의 신설이 있다하여, 시효 완성 후에 그 이익을 포기할 수 있음과 마찬가지로 시효 완성 후 소송에서 시효 완성으로 채권이 소멸되었음을 항변으로 주장하지 아니함에도 불구하고 구태여 시효완성의 사실을 직권으로 인정하여 그 이익을 부여하여야 한다는 것으로 해석되지 아니"한다고 판시하였고, 이러한 태도는 그 후로도 유지되고 있다.[65] 최근의 대판 2017.3.22., 2016다258124(공보 2017상, 844)도 "민사소송절차에서 변론주의 원칙은 권리의 발생·변경·소멸이라는 법률효과 판단의 요건이 되는 주요사실에 관한 주장·증명에 적용된다. 따라서 권리를 소멸시키는 소멸시효 항변은 변론주의 원칙에 따라 당사자의 주장이 있어야만 법원의 판단대상이 된다"고 전제적으로 판시하고 있는 것이다.[66]

그러나 이른바 절대적 소멸설에 의하면 소멸시효가 완성된 권리는 누구의 원용을 기다릴 것 없이 당연히 소멸하므로 누구나 필요하면 그 소멸을 주장할 수 있고, 별도로 누가 시효원용권자에 해당하는지 여부를 가릴 필요가 없는 것이다.

무 없는 사람에 대한 것으로서 그 하자가 중대하고도 명백하여 당연무효라고 판단한 대법원 85.5.14, 83누655(집 33-2, 175) 등을 절대적 소멸설의 입장에 선 재판례로 들 수 있을 것이다.

65) 그 외에 대판 64.9.15, 64다488(총람 1-2(A), 320-15)(사안불명); 대판 78.10.10, 789다910(공보 602, 11551) 등도 그러하다. 후자의 판결은 근저당권에 기한 경매개시결정이 있기 전에 이미 피담보채권의 소멸시효가 완성되었고 그 결정 후에 비로소 시효원용이 있는 사안에서, 경락인은 목적부동산의 소유권을 취득할 수 없다고 판시하고 있다. 경매법 폐지 전의 판례는 피담보채권이 경매개시 결정 전에 소멸하여 저당권이 소멸하면 그 결정을 비롯한 일련의 절차 및 경락허가결정은 모두 무효이나 (따라서 경락인은 목적물을 취득할 수 없다), 경매개시결정 후에 그러한 사유가 있으면 경락은 유효하다는 태도를 취하고 있었다.

66) 그러면서 이어서 "그러나 이 경우 어떤 시효기간이 적용되는지에 관한 주장은 권리의 소멸이라는 법률효과를 발생시키는 요건을 구성하는 사실에 관한 주장이 아니라 단순히 법률의 해석이나 적용에 관한 의견을 표명한 것이다. 이러한 주장에는 변론주의가 적용되지 않으므로 법원이 당사자의 주장에 구속되지 않고 직권으로 판단할 수 있다. 당사자가 민법에 따른 소멸시효기간을 주장한 경우에도 법원은 직권으로 상법에 따른 소멸시효기간을 적용할 수 있다"고 판시하였다.

그런데 재판례 중에는 여전히 상대적 소멸설에 고유한 바의 「시효원용권자의 범위」라는 시각을 버리지 못하였다고 할 경우도 없지 않다. 가령 대판 79.2.13, 78다2157(집 27-1, 114)은 "신민법상은 당사자의 원용이 없어도 시효완성의 사실로써 채무는 당연히 소멸되는 것이고 … 다만 변론주의의 원칙상 소멸시효의 이익을 받을 자가 그것을 포기하지 않고 실제 소송에 있어서 권리를 주장하는 자에 대항하여 시효소멸의 이익을 받겠다는 뜻을 항변하지 않은 이상 그 의사에 반하여 재판할 수 없을 뿐이다"라고 하여, 앞에서 살펴 본 종전의 입장을 그대로 반복하면서도, 이어서 "본건에서 피고는 소멸시효 완성으로 직접 의무를 면하게 되는 당사자로서 그 소멸시효의 이익을 받겠다는 뜻을 항변할 수 있는 자라 할 것이므로, 같은 취지에서 한 원심판단은 정당"하다고 설시하고 있다. 또한 대판 92.11.10, 92다35899(공보 1993, 90); 대판 93.3.26, 92다25472(집 41-1, 246)은 채권자대위소송에서 제3채무자(피고)는 피보전채권의 소멸시효를 원용할 수 없는 사람이라고 판단하여, 원고가 채권자대위권의 요건을 갖추지 못하였다는 피고의 주장을 배척하였다.[67] 이와 같이 채권자대위소송에서 피고가 된 제3채무자가 원고 채권의 소멸시효 완성을 주장할 수 없다는 태도는 그 후 대판 97.7.22, 97다5749(공보 2641); 대판 98.12.8, 97다31472(공보 1999, 93) 등에서 이어지고 있다.

그 외의 법상황에 있어서도 「시효원용권자의 범위」에 기초한 판단은 변함없이 이어지고 있다. 예를 들면 대판 95.7.11, 95다12446(공보 2761)은, "소멸시효를 원용할 수 있는 사람은 권리의 소멸에 의하여 직접 이익을 받는 사람에 한정된다"고 전제한 다음, "채권 담보의 목적으로 매매예약의 형식을 빌어 소유권이전청구권 보전을 위한 가등기가 경료된 부동산을 양수하여 소유권이전등기를 마친 제3자는 당해 가등기담보권의 피담보채권의 소멸에 의하여 직접 이익을 받는 자이므로, 그 가등기담보권에 의하여 담보된 채권의 채무자가 아니더라도 그 피담보채권에 관한 소멸시효를 원용할 수 있다"고 판시하고, 나아가 "이와 같은 직접수익자의 소멸시효원용권은 채무자의 소멸시효원용권에 기초한 것이 아닌 독자적인 것으로서 채무자를 대위하여서만 시효이익을 원용할 수 있는 것은 아니며, 가사 채무자가 이미 그 가등기에 기한 본등기를 경료하여 시효이익을 포기한 것으로 볼 수 있다고 하더라도 그 시효이익의 포기는 상대적 효과가 있음에 지나지 아니하

67) 그 외에 대판 79.6.26, 79다407(공보 615, 12038)도 참조.

므로 채무자 이외의 이해관계자에 해당하는 담보 부동산의 양수인으로서는 여전히 독자적으로 소멸시효를 원용할 수 있다"라고 밝힌다.

또한 대판 2004.1.16., 2003다30890(집 52-1, 3; 공보 2004, 348)은 "타인의 채무를 담보하기 위하여 자기의 물건에 담보권을 설정한 물상보증인은 채권자에 대하여 물적 유한책임을 지고 있어 그 피담보채권의 소멸에 의하여 직접 이익을 받는 관계에 있으므로 소멸시효의 완성을 주장할 수 있다"고 하여, 물상보증인은 담보권의 피담보채권이 시효소멸하였음을 원용할 수 있는 법적 지위에 있음을 긍정한다.[68] 나아가 대판 2009.9.24., 2009다39530(공보 2009하, 1754)은 "유치권이 성립된 부동산의 매수인은 피담보채권의 소멸시효가 완성되면 시효로 인하여 채무가 소멸되는 결과 직접적인 이익을 받는 자에 해당하므로 소멸시효의 완성을 원용할 수 있는 지위에 있다"고 설시한다.

이러한 재판례들은 절대적 소멸설에 입각한 것으로 이해되는 종전의 판례의 태도를 전원합의체 판결에 의하여 변경하면서 나온 것이 아니다. 따라서 소멸시효 완성의 효과에 관한 '판례'의 태도는 이를 무어라고 쉽사리 단정할 수 없다.

4. 전세권: 새로운 규정의 해석문제 Ⅲ

(1) 우리 민법은 제한물권의 일종으로 전세권을 규정하고 있다(제303조 내지 제313조). 이는 "외국의 입법례에서는 찾아볼 수 없는, 우리의 특유한 제도이며, 민법에 있어서의 이채로운 존재"라고 한다.[69] 그런데 민법의 입법자들 사이에서도

68) 그러나 나아가, "그는 아무런 채무를 부담하고 있지 아니하므로, 물상보증인이 그 피담보채무의 부존재 또는 소멸을 이유로 제기한 저당권설정등기 말소등기절차이행청구소송에서 채권자 겸 저당권자가 청구기각의 판결을 구하고 피담보채권의 존재를 주장하였다고 하더라도 이로써 직접 채무자에 대하여 재판상 청구를 한 것으로 볼 수는 없는 것이므로 피담보채권의 소멸시효에 관하여 규정한 민법 제168조 제1호 소정의 '청구'에 해당하지 아니한다"고 하여 피담보채권의 시효소멸을 부정하였다.

69) 郭潤直, 물권법, 제7판(2002), 253면. 그런데 전세권제도는 중화민국민법 또는 만주국민법에서 규정되어 있는 典權과 유사한 점이 적지 않다는 지적도 있다. 예를 들면 李銀榮, "중화민국 민법의 전권에 관한 연구: 우리 전세권과 비교하여", 현대 민법학의 제문제(청헌 김증한 교수 화갑기념논문집)(1981), 382면 이하; 尹大成, 한국전세권법연구(1988), 117면 이하, 240면 이하("우리나라 민법전의 입법과정에 있어서 전세권의 제정과정에 나타난 기초자나 입법자의 의사는 만주국민법전의 전권제도를 「모델」로 하였으며, 이의 영향이 컸음을 알 수 있다. 만주국민법전의 전권제도는 중화민국민법전의 전권제도보다도 더욱 완전한 담보물권으로 규정하였"다); 金相容, "전권과 전세권의 비교", 同, 민사법연구(1997), 234면 이하 등 참조.

등기가 잘 행하여지지 않는 우리나라의 실정으로 보아 전세권제도가 많이 이용될 것인지에 관하여는 의문이 없지 않았었다.[70] 이러한 의문은 학설에 의하여서도 표출되고 있었다. 그러나 일부에서는 전세권은 지상권보다 소유자에게 유리하며, 전세금의 시가에 대한 비율은 더 상승할 것이고, 소유자가 목적물을 직접 용익하여야 할 사정이 없는 경우에는 상당한 금액을 융통하기에 편리하다는 등의 이유를 들어, 전세권의 이용이 증가할 것임을 예측하는 견해도 있었다.[71] 그러나 그 후의 사태를 살펴보면, 전세권의 이용은 당초보다는 증가하였다고 하더라도 근자에는 1년에 8만 건 전후에 머물러 있어서,[72] 이는 타인의 부동산을 유상용익하는 건수 전체에 비하면 미미한 숫자라고 생각된다. 대개는 여전히 채권적 전세 또는 임대차라는 채권관계 설정의 방법에 의하고 있는 것이 현실이다.

1984년의 민법 개정에서는 전세권자의 지위를 강화하는 몇 개의 규정이 신설 또는 개정되었다. 즉 전세권자에게 우선변제권이 명문으로 인정되고(제303조 제1항 후단), 건물전세권의 최단존속기간이 법정되는 한편 그 법정갱신이 인정되었으며(제312조 제2항, 제4항), 전세금의 증감청구에 관한 규정이 신설되었다(제312조의 2). 이는 부동산이용권의 강화라는 입법적 경향을 드러내는 것이다.

(2) 전세권은 부동산(특히 건물)의 유상용익에 관한 관습을 물권으로 법제도화한 것이다. 그런데 그 규정의 구체적인 내용을 보면, 전세의 관습을 적절한 법개념에 의하여 체계적으로 파악한다는 그 기초작업이 충분하였던가를 의심케 하는 점도 없지 않다(이는 규정내용의 당부와는 별개의 문제이다).

그것은 무엇보다도 다음과 같은 점에서 그러하다. 판덱텐체계의 구성을 택하고 그 논리를 관철한다는 입장에서 보면, 물권은 통상 권리자의 물건에 대한 배타적인 지배권능이라는 관점에서 파악되고, 제한물권이라고 하더라도 그 권리자와 소유자(즉 설정자) 간의 인적 채권관계는 그 측면을 달리하여 규율된다. 물론 그러한

---

70) 民法案審議錄, 상권, 183면 상단 참조.

71) 金曾漢, 신물권법, 하권(1961), 446면.

72) 전세권설정등기건수는 전국을 합하여 1965년의 2,080건에서 1974년의 8,324건, 그리고 1984년의 7,477건으로 이때까지는 그 숫자에 머물고 있다가 1985년의 19,308건부터 매년 상당히 증가하여 1989년에는 80,068건에 이르렀다. 그 후 10만 건을 넘게 되었다. 2000년대에 들어와서 보면, 2007년에 14만 2천 건, 2009년 13만 7천 건, 2009년 13만 7천 건, 2011년 12만 4천 건, 2013년 10만 2천 건이었다가, 2015년에 8만 7천 건, 2017년에 7만 8천 건으로서 오히려 8만 건 전후로 감소하였다.

분리가 순수한 형태로 가능한 것이냐는 의문이고, 나아가 과연 그렇게 하는 것이 바람직한 것이냐 하는 것도 음미해 볼 여지가 있다고 하겠다. 그러나 민법은 일단 판덱텐체계를 취하였고, 또 다른 제도에서는 물권관계와 채권관계를 준별한다는 태도를 가능하면 관철한다는 입장을 취하고 있다고 생각된다. 용익물권에 한정하여 보더라도, 가령 지상권에 대하여 민법은 지상권 설정의 원인계약에 기한 권리의무에 관하여는 지료에 관한 것을 제외하고는 일절 규율하지 않고 있다.

그런데 전세권에 관하여는 그러한 규정이 매우 많다. 예를 들면 설정행위에 의한 양도 등의 금지(제306조 단서), 전세권자의 현상유지 및 수선의 의무(제309조), 전세금증감청구권(제312조의2) 기타 전세금에 관한 규정(제303조 제1항 전단, 제315조 제2항), 전세권자의 손해배상책임(제315조 제1항), 전세권 소멸 시의 각종 의무(제317조) 등이 그러하다.[73] 이들 규정 중 대부분은 임대차와 관련하여 그에 대응하는 규정이 있거나 학설이나 판례에 의한 법형성이 이루어진 것이다.[74] 말하자면 종래의 관습적 전세에 원칙적으로 적용이 있다고 인정되어 온 임대차의 규정들(그리고 아마도 채권관계로서의 관습적 전세에는 적용하여도 별다른 문제가 없다고 생각되어 온 것들)을 물권의 차원으로 끌어올린 것이다.

그러나 이러한 채권규정 내지 법리들을 물권에 그대로 적용하는 것에는 －체계구성상의 미학적인 문제 외에도－ 과연 아무런 문제가 없는가. 이 점에 대한 면밀한 검토가 충분하지 못하였고 그로부터 많은 문제들이 제기된다고 생각된다.

(3) 예를 하나만 들어 보자. 전세권자가 전세금을 지급하여야 한다는 것은 '전세권의 내용'으로서 그 규정의 冒頭를 장식하고 있다(제303조 제1항: "전세권자는 **전세금을 지급하고** 타인의 부동산을 점유하여 그 부동산의 용도에 좇아 사용 · 수익하며 …"). 이는 채권관계로서의 전세계약에 있어서는 당연한 내용이다. 그러나 물권취득자의 급부의무가 물권의 「내용」이 되거나 물권 성립의 요건이 되는 것은 달리 예가 없으며, 그러한 의무를 전세권의 설정이나 존속요건과 어떻게 체계적으로 연결시킬 것인가는 쉬운 문제가 아니다.

전세금을 「전세권의 요소」라고 하고, 전세금이 실제로 지급되어야 비로소 전세권이 유효하게 성립한다는 것이 주지하는 대로 다수설의 입장이다.[75] 그러나 다

73) 이에 비용상환청구권에 관한 제310조를 가할 수 있을런지도 모른다. 동조가 그 의무자를 다른 경우와 같이 "전세권설정자"라고 하지 않고 "소유자"라고 하는 것에는 어떠한 의미가 있을까.

74) 전세권의 법정갱신에 관한 제312조 제4항도 임대차의 법정갱신에 관한 제639조와 관련이 있다.

른 제한물권에 있어서는 요구되지 않은 그와 같은 요건이 유독 전세권의 경우에만 요구되어야 하는 것인지 납득이 가지 않는다. 위 입장에서는 민법 제303조 제1항이 "전세권자는 전세금을 지급하고 …"라고 한 것을 근거로 들는지도 모른다. 그렇다면 이어서 "… 부동산을 점유하여"라고 정하는 데도 위 입장이 점유의 취득을 그 설정의 요건으로 하지 않는 이유는 무엇인가. 나아가 전세금에 관한 약정만을 하고 당사자들의 합의로 우선 전세권등기를 한 경우에 전세권의 성립을 부인할 아무런 이유가 없다. 예를 들면 그 경우에도 전세권자는 불법점유자를 상대로 목적물의 인도를 청구할 수 있어야 한다(민법 제319조, 제213조). 요컨대 민법 제303조 제1항의 문언은 전세권의 내용을 제시하는 데 그치는 것으로서, 그러한 내용의 권리를 설정하는 합의 내에 전세금을 지급할 것이 포함되어야 함을 말하는 것이라고 하면 족하지 않을까?

(4) 한편 민법의 전세권규정에는 채권적 임대차의 경우보다 임차인에게 불리한 규정도 없지 않다. 예를 들면 후자에서는 유지·수선의무를 임대인이 부담하는데(민법 제623조) 반하여, 전자에서는 전세권자가 부담한다(제309조). 이에 따라 비용상환청구권에 있어서도 임차인의 경우와 전세권자의 경우는 그 내용이 사뭇 다르다.

나아가 그 후에 제정·시행된 주택임대차보호법이나 상가건물임대차보호법도 시야에 넣는다면, 전세권자는 오히려 위 특별법의 보호를 받는 임차인보다 더 불리한 점도 적지 않다. 예를 들어 주택임대차보호법이 적용되는 한에서는, 우선 그 대항력의 취득에 전세권 등기에서와 같이 상대방의 협력이 필요 없을 뿐만 아니라 비용이나 절차면에서 보다 간편하며, 이는 그 종료시의 말소등기를 생각하면 더욱 그러하다. 또 주택임대차보호법상으로는 건물에 대한 임대차로 나아가 대지의 환가대금으로부터도 우선변제받을 수 있는 것이다. 무엇보다도 이른바 최우선변제권과 같은 권리(위 법률 제8조, 동법 시행령 제10조 참조)는 전세권자에게는 규정되어 있지 않다. 그런데 예를 들어 서울에서 2018년 8월 현재로 전세금이 1억 원 이하인(동법 시행령 제10조 제1항 제1호) 등기한 주택전세권자가 그 등기를 하지 아니한 채권적 전세권자보다 불리한 취급을 받아야 할 이유가 있을까?

이러한 말하자면 「규범조정」의 문제가 실제로도 광범위하게 필요함을 환기시

---

75) 곽윤직, 물권법, 제7판(2002), 256면 이하만을 들어두기로 한다.

키는 재판례로 대판 2002.11.8, 2001다51725(공보 2003상, 19)를 들 수 있다. 이 판결은 "주택에 관하여 임대차계약을 체결한 임차인이 자신의 지위를 강화하기 위한 방편으로 따로 전세권설정계약서를 작성하고 전세권설정등기를 한 경우에, 따로 작성된 전세권설정계약서가 원래의 임대차계약서와 계약일자가 다르다고 하여도 계약당사자, 계약목적물 및 보증금액(전세금액) 등에 비추어 동일성을 인정할 수 있다면 그 전세권설정계약서 또한 원래의 임대차계약에 관한 증서로 볼 수 있고, 등기필증에 찍힌 등기관의 접수인은 첨부된 등기원인계약서에 대하여 민법 부칙 제3조 제4항 후단에 의한 확정일자에 해당한다고 할 것이므로, 위와 같은 전세권설정계약서가 첨부된 등기필증에 등기관의 접수인이 찍혀 있다면 그 원래의 임대차에 관한 계약증서에 확정일자가 있는 것으로 보아야 할 것이고, 이 경우 원래의 임대차는 대지 및 건물 전부에 관한 것이나 사정에 의하여 전세권설정계약서는 건물에 관하여만 작성되고 전세권등기도 건물에 관하여만 마쳐졌다고 하더라도 전세금액이 임대차보증금액과 동일한 금액으로 기재된 이상 대지 및 건물 전부에 관한 임대차의 계약증서에 확정일자가 있는 것으로 봄이 상당하다"고 판시하였다. 이 사건에서는 건물에 대해서만 전세권설정등기가 행하여졌으므로 임차인이 대지의 경락대금에 대하여 위 법률에서 정하는 확정일자를 받음에 의한 우선변제권을 주장할 수 있는가가 문제되었던 것이다.

5. 이른바 대물변제의 예약: 새로운 규정의 해석문제 Ⅳ

(1) 민법 제607조 · 제608조를 "채권편에 있어서 우리 민법의 최대의 특색"[76] 중의 하나라고 하여도 지나치지는 않을 것이다. 그리고 이 규정을 출발점으로 하여 1983년 말에 「가등기담보 등에 관한 법률」이 제정되어, 다음 해 1월 1일부터 시행되고 있다.

민법 제607조 · 제608조는, 「대물변제의 예약」이라는 이름 아래 행하여지던 거래유형에 대하여 의용민법 아래에서 폭리행위의 일반법리에 의하여 이를 규율하던 것을 단순한 객관적 요건만에 의하여 획일적으로 무효가 되도록 하는 데에 그 입법이유가 있는 것이라고 생각된다.[77] 그런데 주의할 것은 이 규정은 "차용물의 반

76) 金曾漢(주 1. 1985), 153면.
77) 이에 대하여는 梁彰洙, "「가등기담보 등에 관한 법률」의 현황과 문제점", 민사판례연구 12집

환에 관하여 차주가 차용물에 갈음하여 다른 재산권을 이전할 것을 예약한 경우에"이라는 문언 자체에서 명백한 대로 원래 소비대차에 있어서 당사자 사이에 流擔保特約Verfallklausel이 행하여진 경우만을 규율하는 것이다. 그러므로 양도담보·가등기담보 기타 권리이전형 담보에 있어서의 원칙적인 경우, 즉 따로 유담보특약이 행하여지지 아니하여 채권자가 정산을 할 의무를 부담하는 경우에는 적용의 여지가 없는 것이고, 판례도 그와 같이 해석하고 있다.[78] 가령 정산형 양도담보의 경우에 채권자가 목적물을 제3자에게 처분하면 그 제3자는 그 목적물을 확정적으로, 즉 환수당할 여지 없이 취득한다고 하더라도, 채권자는 여전히 채무자에게 정산의무(또는 그와 실질적으로 동일한 내용의 손해배상의무나 부당이득반환의무 등)를 부담하므로, 그 목적물이 "차용물에 갈음하여" 채권자에게 이전되었다고는 할 수 없는 것이다.

(2) 그런데 「가등기담보 등에 관한 법률」은, 적어도 그 입법관여자의 이해에 의하면, 민법 제607조·제608조의 '실행절차법'으로 마련된 것이면서도, 단지 유담보특약 있는 권리이전형 부동산담보에 대하여서뿐만 아니라 정산형의 권리이전형 부동산담보에도 당연히 적용되는 것이다. 이러한 「모순」은 민법 제607조·제608조가 앞서 본 바와는 달리 정산형에도 적용된다는 견해에 좇음에 의하여 해소될 수 있겠는데, 실제로 입법관여자는 당시 돌연 주장되었던 그러한 견해에[79] 좇았던 것이다. 또한 동법은 양도담보의 경우, 즉 소유권이전등기가 이미 채권자가

(1990), 375면 이하(후에 동, 민법연구, 제1권(1991), 324면 이하에 수록) 참조.

78) 우선 대판 66.9.6, 66다981(집 14-3, 9): "본건의 경우에 당사자 간에 특히 변제기에 채무변제를 하지 아니하면 채권채무관계는 소멸되고 부동산의 소유권이 확정적으로 채무자에게 귀속된다는 명시의 특약이 없는 이상 대물변제의 예약이 있었다고 인정할 수 없으므로, 원심이 본건 채무를 담보하기 위한 소유권이전등기절차를 이양하였음이 매도담보에 그치는 것이고 대물변제예약이 있었다고 인정되지 아니한다는 이유로 민법 제607조를 적용할 수 없다고 단정하였음은 정당하다."

79) 무엇보다도 金鼎鉉, "민법 제607조·제608조의 출발점에 대한 근본적인 반성과 재구성", 법조 31권(1982) 2호, 1면 이하; 3호, 1면 이하 참조. 그는 나중에 同, "내 인생에 가을이 오면 …", 駱山의 노래(서울대 법대 입학 50주년 89동문 기념문집)(2006), 115면에서, "그 후 1982년 법무부 산하의 민상법개정위원회의 위원으로 참석하여 민상법 개정작업에 종사하게 되었다. 이때 소위원회 위원으로 '가등기담보에관한법률'의 입법작업을 함에 있어서 당초 일본의 가등기담보법을 그대로 복사하여 제정하려고 어느 위원이 초안을 만들었는데, 나는 그 초안 내용에 반대하여 「민법 제607조·제608조의 출발점에 대한 근본적인 반성과 재구성」이라는 논문을 발표하고 가등기담보와 양도담보를 완전히 담보권적 이론으로 구성하고 위 민법규정의 절차법 성격으로 위 법률을 제정해야 한다는 것을 강력히 주장하여 거의 그 내용과 같은 '가능기담보법'을 만들어 국회를 통과시켰다"고 회고하고 있다.

유효하게 경료된 경우에도, 채권자가 동법이 정하는 청산절차를 밟지 않고 있는 동안에는 여전히 담보제공자의 소유에 속한다고 정하고 있다(동법 제4조 제2항). 그리하여 채권자는 일종의 담보물권을 가지는 자, 특수한 저당권자로서 다루어지게 된다고 한다. 그러나 소유권이전등기에 의하여 저당권이 설정된다는 등의 결과는 물권변동의 일반법리에 비추어서도 쉽사리 수긍될 수 없는 것이라고 하겠다.[80)]

Ⅴ. 民法 制定 후 새로이 제기된 民法問題

1. 부동산임차인의 보호

(1) 민법의 제정 당시부터 부동산임차인, 특히 주택임차인의 보호문제는 입법자들이 명백하게 의식하고 있던 바이었다. 그리하여 물권으로서의 전세권제도가 새로이 창설되었고, 임대차에 관한 규정에도 이에 대한 배려가 있었다.[81)] 그러나 한편으로 우리의 경우에 특유한 고액의 보증금이나 특히 채권적 전세에 있어서 전세금의 반환을 보정하기 위한 규정이 미흡하였고, 다른 한편으로 부동산 양수인에게도 대항할 수 있기 위하여 요구되는 등기(전세권 또는 임차권의 등기)가 당사자 간에 이행되지 아니함으로 말미암아 부동산이용권의 존속보장도 실제에 있어서는 충분하다고 할 수 없었다. 민법학자들은 특히 주택임대차(이하 '단지 임대차'라고 하면 채권적 전세의 경우도 포함하여 말하는 것으로 한다)에 있어서 임차인의 지위를 보호하기 위한 해석론・입법론상의 제안을 행한 바 있었다.[82)]

전자에 관하여 보면, 판례는 대판(전) 77.9.28, 77다1241등(집 25-3, 121)으로

---

80) 이상에서 적은 바 및 그 외의 「가등기담보 등에 관한 법률」의 문제점에 대하여는 梁彰洙(주 77), 303면 이하 참조.

81) 이상에 대하여는 梁彰洙, "민법안에 대한 국회의 심의(Ⅰ) - 법제사법위원회의 심의", 동, 민법연구, 제3권(1995), 18면 이하 및 26면 이하 참조. 이 글은 원래 한국법사학논총: 박병호 교수 환갑 기념 논문집(Ⅱ)(1991), 461면 이하에 수록되었던 것이다.

82) 가령 高翔龍, "전세제도의 재검토 - 해석론적 시도", 現代民法學의 諸問題(주 18), 337면 이하, 특히 370면 이하는 "채권적 전세권자에 의한 당해 가옥의 「거주」라는 점유는 당해 가옥의 소유권에 부속하는 임대차(채권적 전세)관계를 공시하는 것이며, … 공시방법의 기능으로서도 충분하다 하겠다"고 주장한다(인용은 375면). 그 외에 한국민사법학회 편, 민사법개정의견서(1982), 37면 이하에 수록된 玄勝鍾, 金錫宇, 高翔龍, 金學東, 李銀榮의 의견 및 토론내용; 高翔龍, "주택임대차보호법의 제문제 - 제2차 개정과정을 중심으로", 민법학특강(1995), 509면 이하 등 참조.

임대차 종료 후 임차인의 목적물반환의무와 임대인의 보증금반환의무는 동시이행의 관계에 있다고 판단하여, 종전의 엇갈린 입장을 정리하고 보증금의 반환을 보장하는 방향으로 한 발자국 나아갔다. 그러나 임차인의 보증금반환채권은 일반채권에 불과하여 저당권자 기타 담보권자가 이에 우선하므로, 특히 임대차목적물이 경매되는 경우에는 임차인은 경락인에게 목적물을 인도하여 주어야 하는 한편, 목적물의 환가금으로부터 보증금을 우선변제받을 권능이 없어서, 보증금의 반환이 구체적으로 실현되지 아니하는 경우가 적지 않았다.

그리하여 결국 우선 1984년 민법의 개정으로 전세권에 우선변제권능이 부여됐으며, 나아가 1981년 3월 법률 제3379호로 새로 제정된 「주택임대차보호법」에 보증금이 일정액 이하인 소액보증금임차인에 대하여는 그 반환채권에 담보권보다 앞서는 우선변제권능을 인정하는 규정(동법 제8조)이 마련되었다. 또한 뒤에서 보는 것처럼 목적물의 인도와 주민등록에 의하여 보다 쉽게 임차권에 대항력이 인정됨으로써, 목적물이 경매되더라도 임차인은 많은 경우에 경락인에게 임대인으로서의 지위의 법정승계를 주장할 수 있게 되어서, 앞서 본 동시이행의 항변을 통하여 보증금의 반환이 간접적으로 보장되는 결과가 되었다.

그러나 주택임차권이 대항력을 갖추기 전에 이미 목적물에 저당권이 설정되어 있는 경우에는 그 담보권자의 보호를 위하여 임차권을 그 경락인에게 대항할 수 없다고 하는 것은 부득이한 일이었다. 그리하여 1989년 말에 주택임대차보호법을 개정하여 대항요건을 갖춘 임차인이 그 임대차계약서에 확정일자를 받은 경우에는 경매절차에서 "후순위권리자 기타 채권자보다 우선하여" 보증금을 변제받을 수 있도록 하는 규정을 신설하였다(동법 제3조의2). 그리고 앞서 본 소액보증금임차인의 최우선변제권에 관한 규정도 개정하여, 주택임차인은 일반적으로 일정액의 범위에서 최우선변제권을 가지는 것으로 하되 그 보호를 받는 임차인과 우선변제를 받게 되는 보증금액과의 구체적인 범위는 대통령령으로 정하게 하여, 그 보호를 확대하였다(동법 제8조, 애초의 동법 시행령 제3조, 제4조[현재의 동법 시행령 제10조, 제11조] 참조).

이러한 임차인보호규정들은 住生活이 사람의 기본수요의 하나임을 고려하여 주택임차인의 법적 지위를 안정시키기 위한 하나의 임시방편으로서, 담보권자의 이익이나 거래의 원활이라는 일반이익을 일정한 범위에서 희생시킨 것이라고 평가할 수 있다.

(2) 나아가 부동산이용권의 존속보장에 대하여는, 우선 1984년의 민법개정으로 건물전세권에 한하여 법정갱신제도가 도입되었다(제312조 제4항). 그리고 앞서 본 대로 주택임대차보호법에서는 임차권은 인도와 주민등록에 의하여도 대항력을 가지게 되는 것으로 정하였다(동법 제3조). 그러나 私權인 임차권의 효력에 관하여 주로 주민의 파악이라는 행정목적에 봉사하는 주민등록을 그 요건으로 한 것이 과연 적절한지 검토의 여지가 적지 않으며, 실제의 운용에 있어서도 많은 문제점을 야기하고 있다.[83] 목적물의 인도만으로 임차권은 제3자에게 대항할 수 있다고 정하였으면 족하였을지 모른다. 나아가 임대차 종료 전 일정기간 내에 갱신거절의 통지가 없으면 계약갱신되는 것으로 간주하고(동법 제6조), 또 1983년 말에는 주택임대차의 최단존속기간을 2년으로 못박았다(동법 제4조).

2. 소비자의 보호: 「약관의 규제에 관한 법률」·「할부거래에 관한 법률」 등

(1) 우리 민법에서도 약자의 보호라는 이념이 전혀 고려되지 않고 있는 것은 아니다. 민법이 정하는 내용보다 임차인에게 불리한 약정은 이를 무효로 하는 제652조가 그러한 이념을 표현하는 규정의 하나라고 할 것이고, 특히 상대방의 "궁박, 경솔, 무경험"을 이용한 폭리행위를 금하는 제104조가 그러하며, 나아가 앞서

83) 하나의 예를 들면, 대판 87.4.24, 86다카1695(공보 524)은, 임차인이 주택임대차보호법에 의한 대항력취득요건을 일단 갖춘 후에 목적물에 제3자를 위한 저당권이 설정되었는데 그 후 임차인이 주민등록을 일시적으로 다른 곳으로 옮겼다가 다시 복귀한 경우에, 위 저당권에 기한 경매절차에서 목적물을 경락받은 사람이 임차인에 대하여 인도청구를 한 사안에서, 원심이 주택에 대한 점유를 계속하는 한 대항력은 유지된다고 판단한 것을, "달시 공시방법이 없는 주택임대차에서는 주택의 인도 및 주민등록이라는 대항요건은 그 대항력 취득시에만 구비하면 족한 것이 아니고, 그 대항력을 유지하기 위하여서도 계속 존속하고 있어야 한다"고 판단하여 파기하였다. 이 판결은 구체적 사건의 해결로서는 물론이고, 대항력의 요건으로서의 주민등록의 법적 의미를 부당하게 확대한 것으로서 추상적 법률론이라는 점에서도 부당하다고 생각된다. 同旨: 高翔龍, "주택임대차보호법상 주민등록과 대항요건", 법률신문 1754호(1988년 5월 30일자), 11면. 그 후의 대판 89.1.17, 88다카143(집 37-1, 18)은, 가족의 주민등록은 그대로 둔 채 임차인의 주민등록만을 일시적으로 다른 곳으로 옮겼던 사안에 대하여는 "전체적으로나 종국적으로 주민등록의 이탈이라고 볼 수 없"다고 하여 대항력이 유지된다고 판단한 바 있다. 일반적으로 대판 89.6.27, 89다카3370(공보 1161)은 "주택임대차보호법 제3조 제1항에서 주택의 인도와 더불어 대항력의 요건으로 규정하고 있는 주민등록은 거래의 안전을 위하여 임차권의 존재를 제3자가 명백히 인식할 수 있는 공시방법으로 마련된 것"이라는 일반론을 설시하고 있으나, 주민등록이 과연 공시방법으로 기능할 적격이 있는가가 우선 문제일 것이다.

본 바와 같이 민법 제607조·제608조도 이러한 관점에서 파악될 수 있다. 그러나 민법은 역시 기본적으로 '지위의 互換性'의 기초 위에서 마련되어 있고, 대립하는 당사자들의 의사표시의 합치에 의하여 일단 성립한 계약은 그 내용 여하에 불구하고 그것이 사회질서나 강행법규에 반하지 않는 한 유효한 것으로서, 그 계약을 구성하는 의사표시의 내용대로의 효과가 부여되는 것이 원칙이다. 그리고 시장이, 절대적으로 다양하여 미리 계산할 수 없는 바의 사람의 「수요」를 최대한으로 그리고 자원의 낭비 없이 만족시키는 합리적 방법인 한에서는, 이러한 원칙은 포기될 수 없을 것이다.[84)]

(2) 그러나 대립하는 계약당사자들이 전형적으로 관찰할 때 실제적으로 대등한 능력이나 지위 또는 숙고기회 등을 가지지 못하는 계약체결유형에 있어서는 계약제도가 가지는 정당성 보장Richtigkeitsgewähr의 메커니즘이[85)] 제대로 작동할 수 없다. 이러한 경우에 국가는 개인 간의 거래에 개입하여, 약한 지위에 있는 당사자로 하여금 그 계약의 구속으로부터 벗어날 수 있도록 하거나, 또는 필요한 경우에는 당사자가 대등한 지위에 서 있었다면 체결하였을 것으로 생각되는 내용을 계약에 상감시키거나(이는 계약의 보충적 해석에 의하여서가 아니라, 객관적 법의 적용으로서 행하여진다) 하는 등의 조치를 취할 수 있을 것이다. 우리나라에서도 많은 학자들의 참여 아래 이러한 계약에의 개입이 실제로 행하여졌다. 이들은 「계약공정성」에의 지향의 한 모습이라고 부를 수 있을 것이다.

(3) 그러한 지향을 실현하는 법률로 우선 들 수 있는 것이 1986년에 제정된 「약관의 규제에 관한 법률」이다.[86)] 이는 주로 독일의 약관규제법(1976년 제정)[87)]

---

84) 그 점에서 李銀榮, 채권각론, 개정판(1993), 44면 이하가 "현대계약법은 계약공정(Vertragsgerechtigkeit)을 계약자유보다 상위의 개념으로 채택하였다. 계약당사자가 꾀한 자기결정은 그것이 계약공정과 일치하는 경우 — 즉 양 당사자의 이익조정이 객관적 정의와 일치하는 이익형평을 이룬 경우 —에 한해서 법은 그의 정당성을 인정하고, 그 합의에 법적 구속력을 부여한다. … 계약공정의 요청은 모든 계약에 대하여 객관적 정의의 기준에 비추어 심사할 것을 요구한다고 생각한다"라는 언명에는 찬성할 수 없다. 동, 채권각론, 제5판(2005), 37면 이하에서도 동일한 취지를 전개한다.

85) 이에 대하여는 무엇보다도 Walter Schmidt-Rimpler, Grundfragen einer Erneuerung des Vertragsrechts, in: *AcP* 147(1941), S.130ff.; ders., Zum Vertragsproblem, in: *Festschrift für Ludwig Raiser*(1974), S.3ff. 참조. 슈미트-림플러의 이론 및 그에 대한 비판에 대하여는 우선 權五乘, "사적 자치의 기초이론", 安二濬 박사 화갑기념논문집(1985), 11면 이하 참조.

86) 동법의 제정까지의 관련문헌에 대하여는, 소비자문제를 연구하는 시민의 모임, 약관규제의 입법(1986), 358면 이하 참조. 한편 이 법률에 대한 비판적 검토로서는 梁明朝, "약관의 규제에

을 참고로 한 것으로 추측된다.

이 법률은, 우선 약관이 계약의 내용이 되기(이른바 「編入」) 위한 요건이나 약관해석에 관한 약간의 규정(제2조 내지 제5조)을 둔 후, 역시 현저히 중요한 부분으로서 약관의 내용통제에 대하여 정한다(제6조 이하). 그 통제는 첫째, 약관이 무효가 되는 경우에 관한 일반조항을 정하고(제6조), 둘째, 개별적으로 무효가 되는 약관조항의 목록을 열거하고 있다(제7조 내지 제14조).[88] 이 개별목록에 있어서는 "상당한 이유 없이", "부당하게", "과중한" 등과 같은 별도의 가치보충을 필요로 하는 요건들이 많이 쓰이고 있는 점이 특히 두드러진다. 법원이 이 법률을 적용하여 약관조항을 무효로 판단한 예도 적지 않으나,[89] 행정기관에 설치된 약관심

관한 법률 – 현상과 문제", 민사판례연구 12집(1990), 441면 이하 참조. 1992년 말에 이 법률은 개정되었는데, 그 내용은 주로 약관규제의 방식과 기관 등에 관한 것이고, 실체법적 규정은 그대로 유지되고 있다.

87) 독일의 「일반약관규제법」은 주지하는 대로 2002년의 채권법 대개정에서 대체로 민법에 편입되었다.

88) 또한 同法 제16조는, 약관조항이 무효가 되는 경우에도 원칙적으로 "계약은 나머지 부분만으로 유효하게 존속한다"고 정하여, 법률행위의 일부무효에 관한 민법 제137조의 원칙을 배제하고 있다.

89) 그 재판례에 대하여는 우선 송덕수, 채권법각론, 제3판(2017), 29면 이하 참조. 법률 시행 초기에 나온 재판례로서 비교적 중요한 것을 몇 개 들면, 대판 94.5.10, 93다30082(집 41-1, 351)은, 한국토지개발공사의 주택용지분양신청서에 기재되어 있는 "당첨 후 지정기한 내에 계약을 체결하지 않는 경우에는 당첨을 무효로 하며 분양신청금은 이 공사[분양자]에 귀속됩니다"라는 조항이 「약관의 규제에 관한 법률」 제8조, 제6조에 반하여 무효라고 판단하였다. 원심은 이 조항이 유효한 것을 전제로 하여 이를 손해배상액의 예정에 관한 약정으로 보고, 민법 제398조 제2항에 따라 감액하였는데, 위 판결은 위와 같이 판단하여 원심판결을 파기하였다(그런데 그 후에 대판 94.10.25, 94다18140(공보 3087)은 같은 한국토지개발공사의 주택용지분양신청에 있어서의 같은 내용의 약정에 대하여 반대로 이는 "이 사건 예약에 따른 채무불이행에 대한 위약금의 약정을 한 것으로 보아야 할 것이고, 이러한 약정은 특별한 사정이 없는 한 손해배상액의 예정의 성질을 지닌다 할 것"이라고 판단한 다음, 원심이 분양신청예약금 1천5백만원을 부당하게 과다한 손해배상액의 예정이라고 하여 5백만원으로 감액한 것을 肯認하고 있었다. 이에 대하여 다시 대판 96.9.10, 96다19758(공보 하, 3009)은 과도한 손해배상액을 예정하는 약관조항(10%의 분양신청예약금 몰취)은 무효라고 판단한 다음 그 약관조항이 무효인 이상 그것의 유효를 전제로 민법 제398조 제2항을 적용하여 적당한 한도로 손해배상예정액을 감액하거나 과중한 손해배상의무를 부담시키는 부분을 감액한 나머지 부분만으로 그 효력을 유지할 수 없다고 판시하였다). 또한 대판 99.12.28, 99다25938(공보 2000상, 365)은, "주채무자의 채무불이행시 원고는 물적 담보를 언제든지 임의로 처분하여 그 처분대금을 원고가 임의로 정하는 순서와 방법에 따라 변제충당"하기로 하는 약관조항을 무효라고 하였다. 한편 실무에서는 하나의 약관조항 전체를 무효로 하는 것이 아니라 그 약관이 축소되는 한에서는 효력이 유지된다고 하는 이른바 효력유지적 축소해석을 즐겨 채택한다. 예를 들면, 대판 95.12.12, 95다11344(집 43-2, 428)("韓電의 전기공작물에 고장이 발생하는 경우 한전은 부득이 전기의 공급을 중단할 수 있고 이 경우 피고는 需用家가 받은 손해를 배상하지 아니한다"는 전력공급약관조항은 한전의 고의·중대한 과실로 인한 경우까지 적용된다면 이는 約款法 7조 1호에 위

사기구(약관심사위원회, 1992년 법률개정 후에는 공정거래위원회)에 의한 내용통제는 더욱 활발한 편이라고 생각된다.

(4) 나아가 1991년 말에 제정된 「할부거래에 관한 법률」[90][91]도 중요하다.[92]

이 법률은 이른바 「금융부 할부거래finanziertes Abzahlungsgeschäft」에도 적용되는 것으로 한다(동법 제2조 제1항 제2호). 나아가 할부금액이 일정 이상인 경우에는 할부거래의 당사자가 아닌 신용제공자에 대하여도 매수인이 매도인에 대하여 가지는 대항사유를 직접 주장할 수 있도록 하여(동법 제12조 제2항) 대담하게 이른바 「대항사유의 관철Einwendungsdurchgriff」을 인정하고 있다.[93] 또 중요한 것은 이른바 숙고기간cooling-off period을 인정하여, 할부거래계약서의 교부가 있은 날로부터 7일 이내에 매수인은 자신의 의사표시를 철회할 수 있도록 정하였다는 점이다(동법 제5조).

그 외에 할부계약의 전형적인 내용을 이루는 것, 즉 (i) 매수인의 채무불이행이 있을 경우 매도인이 가지는 해제권의 발생요건과 그 행사의 효과에 관한 특약, (ii) 매수인의 사소한 채무불이행에 대하여도 인정되는 기한이익상실특약 및 위약금약정, (iii) 할부금의 기한전 변제 등에 관하여 규정하고(동법 제8조 내지 제11조), 이들을 편면적 강행규정으로 하고 있다(동법 제13조).

3. 다양한 사고의 처리

나아가 자동차사고, 의료과실, 공해, 제조물책임 등 민법 제정 후 현저히 증가하거나 아예 새로이 등장한 사고유형에 대하여는 이미 이에 대한 민법학의 대처

반되어 무효이다); 대판 96.4.26, 96다4909(집 44-1, 475)(상해보험에서 보험사고가 전체적으로 보아 고의로 평가되는 행위로 인한 경우뿐만 아니라 과실(중과실 포함)로 평가되는 행위로 인한 경우까지 보상하지 아니한다는 취지라면, 이는 후자의 부분에 관한 한 무효이다); 대판 96.5.14, 94다2169(집 44-1, 527)(용역경비회사의 약관에서 금고 안에 넣지 않고 진열창 안에 둔 보석에 대한 면책조항은, 고의·중과실로 인한 사고에 대하여도 면책한다는 범위에서는 무효이다) 등이 그러하다.

90) 1994년 말에 제정된 「방문판매 등에 관한 법률」도 마찬가지이다.

91) 이하의 법규정 인용은 제정 당시를 기준으로 하였다.

92) 참고문헌에 대하여는 우선 이경현·김영원, 할부판매법의 제정방향(한국소비자보호원 연구보고서)(1988), 524면 이하 참조.

93) 이 문제에 관한 독일에서의 논의에 대하여는 우선 梁彰洙, "서독 소비자신용법제의 개관", 동, 민법연구, 제1권(1991), 448면 이하 참조. 이 글은 원래 서울대학교 법학 29권 3·4호(1988), 133면 이하에 수록되었다.

를 정리한 문헌이 있으므로 이에 미루기로 한다.[94)]

이들 사고유형을 처리하는 데 있어서는 아직까지 입법적 대응은 행하여지지 않고 있다. 이는 주로 불법행위에 관한 일반규정인 민법 제750조가 탄력 있게 적용됨으로써 입법조치에의 필요가 급박한 것으로 느껴지지 않았기 때문이 아닌가 추측된다. 그 과정에서 민법 제750조가 정하는 요건들은 불법행위의 성립 여부를 통제한다는 기능을 거의 하지 못하는 경우도 없지 않게 되었다.[95)]

Ⅵ. 우리 民法學의 特殊性 혹은 問題點

1. 교과서법학

(1) 필자의 경험으로는 그가 연구생활을 시작한 때부터 줄곧 주위로부터 "언제 「교과서」를 쓸 것이냐?"는 질문을 수없이 받았다. 마치 「교과서」가 없는 민법교수는 당연히 제 역할을 다하지 못하기나 하는 것처럼. 우리나라의 민법학자들이 민법전 제정 이후 오랜 기간 동안 해 온 학문적 작업의 대부분은 「교과서」의 저술이었다(教科書一本主義!). 이러한 「교과서」들은 거의 예외 없이 민법의 편별에 좇아 『민법총칙』, 『물권법』, 『채권총론』, 『채권각론』의 네 부분으로 구성되고 있다. 또한 이들 「교과서」는 말 그대로 학생들이 민법을 이해하는 것을 이끌기 위한 자료로서의 교과서가 아니라, 민법해석상의 제반문제를 체계적·종합적·추상적으로 설명하고 해결하는 체계서들이다.

이렇게 보면, 민법학의 성과에서 결여되어 있는 것의 대부분이 저절로 드러나게 된다.

첫째, 기능의 면에서 보아 민법의 중요한 영역을 이루고 있는 분야에 대한 전문적이고 포괄적인 저술(독일에서는 통상 Handbuch, 미국 등에서는 treatise라는 이름으로 불리는)은 거의 없다. 쉬운 예를 들어서 『불법행위법』, 『부동산거래법』, 『임대차법』, 『보증법』, 『법인 기타 단체법』 등에 대하여는 그에 관련된 문제 전부를 상세히 설명하고 있는 저술이 없는 것이다.[96)]

---

94) 金亨培(주 1. 1991), 245면 이하 참조.

95) 이에 대하여는 우선 梁彰洙, "불법행위법의 변천과 가능성", 同, 민법연구, 제3권(1995), 310면 이하 참조.

둘째, 더욱 중요한 것은 민법의 개별문제에 대하여 끝까지 파고들어 고찰한 논문 기타 저작monograph이 없다는 점이다.[97] 민법에 규정되어 있는 제도마다 중요한 해석론상의 문제가 숱하게 미해결로 남아 있다는 것은 굳이 예를 들지 않더라도 명백한 바이다.

우선 채권총론의 분야에서 몇 개를 생각나는 대로 추려보면, 민법 제374조에서 정하는 보존의무와 급부의무와의 관계, 채무불이행의 유형론, 이른바 「부수의무」론, 손해배상의 범위, 채권자지체책임의 요건과 효과, 채권자취소권의 법적 성질, 연대채무의 구성적 징표는 무엇인가 하는 문제, 채권양도에서의 「대항요건」의 의미, 변제자대위의 문제 등등 한정이 없다. 그리고 「교과서」에서조차도, 많은 문제가 "장래 연구할 과제"로서 제시되어 있다. 그런데도 이와 같은 "장래 연구할 과제"가 그 사이의 50년 이상의 세월 동안 연구되지 아니한 채로 그대로 남아 있다.[98] 그것에 비추어 보면 다음과 같은 과격한 명제도 세울 수 있을는지도 모른다. "우리 민법학자들은 「교과서」를 쓰되, 연구는 별로 하지 않는다."[99]

셋째, 1990년대 후반부터 활발하게 행하여진 법학교육의 개혁 논의, 나아가 2009년부터 새로 도입된 있는 법학전문대학원제도 아래서의 법교육의 방안 등과

96) 1990년대에 이르러서야 최소한의 모양을 갖춘 민법의 주해서(郭潤直 편집대표, 민법주해, 1992-2005)가 출간되었다는 사정도 이와 무관하지 않다고 생각된다.

97) 이와 같은 개별연구가 없다는 것을 반증하여 주는 사실의 하나는 우리나라에 박사학위논문을 조직적으로 출판하는 叢書類가 2005년에 이르러서야 발간되기 시작하였다는 점이다(「서울대학교 법학연구소 법학연구총서」).

98) 구체적인 예를 하나만 들어보기로 한다. 독일에서 수입되어 한때 우리 민법학계를 풍미하였으나 이제는 별로 지지를 얻지 못하고 있는 것으로 '사실적 계약관계'의 이론이 있다. 그 이론에 관한 곽윤직의 『채권각론』 교과서에서의 서술의 변화를 추적하여 보는 것은 우리 민법학의 어떠한 특징과 관련하여 흥미로운 일이다. 즉, 채권각론(상)(1967), 77면 이하; 그 전정판(1977), 63면 이하; 그 재전정판(1984), 74면 이하가 그것이다. 그 후에 나온 『채권각론』에서는 제6판(2003), 48면 이하에 이르기까지 이 재전정판에서의 서술이 그대로 반복되고 있다. 즉 "그러한 처리를 위한 법기술적 개념으로서 사실적 계약관계가 적절한지의 여부, 어디까지 이 개념을 사용할 것인지 등의 문제는 앞으로 私法學이 연구·검토할 과제이다"라는 것이다. 그러나 '앞으로의 연구·검토'라는 것은 그 후 도대체 어떻게 되었나?

99) 필자는 여기서도 다시 我妻榮을 끌어들일 수 있다고 생각한다. 同, 近代法における債權の優越的地位(1953), 序, 1면: "원래 나는 대학교수에게는 두 개의 임무가 있다고 생각한다. 하나는, 그 전공하는 학문분야의 전부에 걸쳐서 강의안 또는 교과서를 만드는 것이고, 둘은, 가장 흥미를 느끼고 중요하다고 믿는 테마를 골라 終生의 연구를 거기에 집중시키는 것이다. 그러한 신조에 기하여 나는 한편으로 민법의 각부를 7책의 「민법강의」로 종합정리함과 동시에, 다른 한편으로 「자본주의의 발달에 따르는 사법의 변천」이라고도 할 테마를 終生의 연구과제로 하려고 생각하였다." 이 둘 중에서 -어떠한 방법에 의하든지 달성하기 쉬운- 前者의 과제는 집중적으로 추구되고, 後者의 과제에 대한 討究는 미미한 것이다.

도 관련되는 것인데, 학생들이 민법을 공부하는 데 적합한 진정한 의미의 「교과서」가 거의 없다. 우리의 법학교육이 대체로 추상적 법명제의 전달을 내용으로 하고 구체적으로 발생한 분쟁(또는 분쟁유형)이 어떠한 법적 장치에 의하여 어떻게 해결되는가(또는 어떻게 해결되어야 하는가)를 알게 하는 것에는 별로 주의가 기울어지지 않고 있는 현상, 다시 말하자면 법은 대체로 「학리」로서 가르쳐지고, 법의 「사리」로서의 측면 내지는 그 구체적 적용의 측면이 소홀히 되고 있는 현상은 우리 법학문헌이 주로 추상적 법명제를 체계화하여 종합적으로 전달하는 것을 1차적인 임무로 하는 언필칭 「교과서」들로써 구성되어 있는 것과 무관하지 않을 것이다. 한편 학생들이 「학설의 대립」에 대하여 매우 민감한 반응을 보이는 것도 마찬가지일 것이다.[100]

(2) 민법학자들이 그동안 그 정력의 대부분을 쏟은 이들 「교과서」란 도대체 어떠한 종류의 저술이라고 할 것인가? 이것이 다음에 제기되는 문제이다.

우리의 「교과서」들을 서로 비교하여 보면 바로 알 수 있는 것은 그것이 여러 가지 면에서 대동소이하다는 점이다.

첫째, 구성의 점에서 그러하다. 가령 『민법총칙』을 보면, 하나같이 행위무능력에 관한 설명은 권리능력의 다음에 설명되고 있다. 의사능력도 그러하거니와 "[행위]무능력자제도는 법률행위에만 관한 것"인데도,[101] 법률행위에 관한 설명과는 체계상으로 관련을 가지지 않는다.

둘째, 내용도 크게 다르지 않다. 우선, 서술의 대상이 되는 주제는 어느 「교과서」나 별로 차이가 없다. 하나의 쉬운 예를 들기 위하여 민법총칙의 허위표시부분을 대조하여 보면, 대체로 의의, 요건, 효과, 적용범위, '허위표시와 구별되어야 할 행위'로 소제목이 붙은 다섯 개의 항목이 있다. 그 중 가령 적용범위와 관련하여서는 예외 없이 계약 외에 단독행위에도 적용이 있는가, 또 신분행위에 대하여는 어떠한가, 또 '허위표시와 구별되어야 할 행위'로서는 예외 없이 은닉행위와 신탁행위에 대한 설명이 있다.

나아가 중요한 것은, 견해가 서로 대립이 있는 문제에 대하여도 많은 경우에

100) 우리나라 법학교육의 문제점과 「교과서」와의 관계에 대하여는 우선, 梁彰洙, "법학교육의 문제점", 저스티스 28권 1호(1995), 79면 이하(同, 민법연구, 제4권(1997), 53면 이하에 再錄) 참조.

101) 郭潤直(주 31), 85면. 이제는 '제한행위능력제도'라고 해야 할 것이다.

그 논의가 심도를 더하여 가지 않는다는 점이다.[102] 가령 앞서 본 소멸시효완성의 효력에 대하여 보더라도, 약 50년(!!) 전에 金曾漢이 절대적 소멸설을 비판하고 상대적 소멸설을 옹호하면서 주장한 근거들(이를 論素라고 불러두기로 한다)은[103] 최근의 「교과서」에서 상대적 소멸설을 옹호하는 경우에도 그대로 반복되고 있다.[104] 물론 표현이나 서술방식에 약간의 차이는 있다. 문제는 새로운 論素가 별로 제시되지 않는다는 점에 있다. 그리고 이는 절대적 소멸설의 경우에도 크게 다를 바 없다.

요즈음도 계속 나오고 있는 언필칭 「교과서」를 보면, 다음과 같은 자기증식적 교과서생산방식까지도 상정할 수 있을지도 모른다. 어떠한 법해석문제에 대하여 甲說과 乙說이 대립한다. 각 견해는 그 근거를 이루는 바의 論素가 있다. 그리고 각 견해는 지지자의 목록을 가진다. 뒤에 나온 교과서라도 論素는 별로 증가하지 않는다. 다만 그동안 나온 교과서의 수만큼 지지자의 목록만이 늘어갈 뿐이다.

물론 어떠한 「교과서」 전체를 통틀어서 진보 또는 변화라고 할 것이 전혀 없다고 하면 이는 잘못이다. 그러나 「교과서」의 저술이 요구하는 엄청난 노력에 비하면, 그러한 정도의 진보 또는 변화는 아무래도 합리적이라고 할 수 없다고 생각된다. 체계서란 결국 "현행의 민사법규범을 해석론적으로(dogmatisch) 파악한 바의 내용대로 체계 있게 서로 연관지어 개괄적으로 정리·서술한 것"이라고 부를 수 있을 것이다. 그러한 앞서 본 바와 같이 민법의 개별문제에 대한 연구가 별로 이루어진 바 없다고 한다면, 이는 곧 체계서가 다룰 소재가 새로이 개발된 것이 없다는 말이 된다.[105]

---

102) 또한 근자에 후순위저당권자 있는 공동저당부동산에 대한 경매와 물상보증인의 지위에 대하여 판단한 대판 94.5.10, 93다25417(공보 1639)에 대한 판례평석을 하면서, 이 문제에 대한 그 동안의 「교과서」에서의 논의가 1960년초 이래 일보도 전진한 바 없음을 확인한 바 있다. 梁彰洙, "후순위저당권자 있는 공동저당부동산의 경매와 물상보증인의 대위", 민사판례연구 18집(1996), 163면 이하(同, 민법연구, 제4권(1997), 279면 이하에 재록) 참조. 원래 이 글에는 "우리 민법 안의 일본민법(I)"이라는 副題가 달려 있었다. 이는 앞서 말한 바와 같은 문제의식을 앞으로도 계속 추급하여야 보고자 하는 취지에서였다. 그러나 뒤에 이르러 「우리 민법 안의 일본민법」을 별도의 연구테마로 하는 것 자체가 우리의 현재의 입장에서 과연 「허용되는 것」인지 하는 의문을 떨칠 수 없고, 결국 위 논문집에 수록함에 있어서는 일단 이 부제를 없앴다.

103) 金曾漢·安二濬(주 20), 431면 이하.

104) 가령 金相容, 민법총칙, 전정판 증보(2003), 754면 이하.

105) 실제로 우리의 「교과서」들을 들추어 보면, 논문 또는 모노그라피 등은 거의 인용되지 않고 있다.

2. 이념 또는 원리에의 功究 부족

(1) 민법총칙 교과서들의 첫머리에는 대체로 「우리 민법의 기본원리」가 독립된 장으로 다루어지고 있다. 이에 관하여 일반적으로 행하여지고 있는 설명은 대체로 다음과 같은 내용을 가지고 있다.[106]

우선, 「근대」 민법(또는 19세기 민법, 또는 개인주의적 민법)의 기본원리와 「현대」민법(또는 20세기 민법)의 기본원리가 서로 대립적으로 파악된다. 근대민법의 기본원리로서 사유재산권(또는 소유권)의 존중, 계약자유(또는 사적 자치), 그리고 과실책임이 그 "구체적인 원칙"으로 제시되고, 현대민법에 있어서는 이들 원칙이 「수정」되어 "근대민법의 소유권절대의 원칙은 공공복리를 위하여 제한될 수 있는 소유권상대의 원칙으로" 변하고, 계약자유의 원칙은 계약공정의 원칙으로 바뀌며, 또 과실책임의 원칙은 수정되어 무과실책임도 가미하게 된다는 것이다.

그런데 위와 같은 근대민법과 현대민법의 기본원리를 대립적으로 파악하는 것에는 역사주의historicism의 냄새가 풍긴다. 즉 근대로부터 현대로의 이전은 단지 그간의 역사에 대한 설명으로서가 아니라, 거기서 파악된 바의 「현대」는 윤리적 요청으로 제시되는 것이다. 「현대」의 원리는 그 자체 바람직한 것이거나 적어도 「근대」의 원리보다는 좋은 것이며, 지금부터라도 노력하여 「현대」의 달성에 있어서는 서구의 「선진국」에 뒤떨어지지 않도록 하여야 한다는 것이다. 이러한 「뒤쫓아가기(또는 뒤쫓아가서 앞지르기)」의 논법에 의하면, 우리는 역사의 방향을 깨달아 하루 빨리 서구가 도달한 지점에 우리도 도달하여야 하므로, 서구가 이미 벗어난 바의 「근대」란 어차피 우리의 관심이 아닌 것이다. 이러한 사고방식이 가령 독일에서 단지 독일민법전 시행 후 독일민법의 「계속형성Fortbildung」 또는 「발전경향

---

106) 郭潤直(주 31), 63면 이하; 高翔龍, 민법총칙, 제3판(2003), 22면 이하; 金相容(주 104), 77면 이하; 金容漢, 민법총칙, 재전정판(1993), 37면 이하. 또한 민법안이 정부안으로서 국회본회의에 상정됨에 있어서 정부측의 제안설명(제3대 국회 제26회 정기회의 속기록, 제29호(1957년 11월 5일자), 15면 이하 소재)도 참조하라: "본 민법안이 대체 어떠한 기본원칙에 입각한 것이며 또 현행법과 비교하여 어떠한 특색을 가졌느냐에 대하여 말씀드려야 하겠습니다. … 재산편에 있어서 … 둘째 극단한 개인주의사상의 지양 발전입니다. … 其 근본내용을 말씀드리면 종래의 소유절대의 사상을 권리남용의 사상으로써 제한하고 계약자유의 원칙을 신의성실의 원칙으로써 환치하고 과실책임의 원칙을 원인책임의 원칙으로 보충하려는 것입니다. … 우리의 경제생활질서의 근본을 규정하는 본법안의 기본입장은 전술 세계법률사조에 입각하여 개인주의를 지양 발전시키고 공공복리라는 국민의 경제도의에 적응시킴에 있음은 물론입니다."

Entwicklungstendenzen」이라고 설명되는 것들을[107] 원리의 대립으로 질적으로 전화시키는 것이나 아닐까. 사람이 성장하여 가는 것처럼 변하기는 하여도 그래도 여전히 동일한 것을 마치 별개의 개체가 된 것으로 보는 것은 실제로 다름아닌 역사의 이해로서는 적절하지 않다고 생각된다.

우리가 서양법사를 읽을 때 확연히 느끼는 것은 로마법 이래 면면히 내려오는 바로 그 전통이다.[108] 물론 변하여 간다. 그러나 그것은 굳건한 전통을 배경으로 하여 다양한 사상적 · 사회적 諸力의 영향을 받으면서 시대의 새로운 과제들을 해

---

107) 가령 Karl Larenz, *Allgemeiner Teil des deutschen Bürgerlichen Rechts*, 7.Aufl.(1988)은, 그 서론(Einleitung)의 제3장에서 "현재에 이르기까지의 독일민법의 계속형성(Fortbildung)"을 논하면서, 제1절에서 "일반적 발전경향들"을 지적하고, 제2절 이하에서 "계약법에서의 사회적 요소의 강화", "무과실책임", "소유권의 사회적 구속", "친족법의 변화"를 각각 논하고 있다. 또한 Franz Wieacker, *Privatrechtsgeschichte der Neuzeit*, 2.Aufl.(1967), § 27(S. 514ff.)은 "[독일민법전 제정 후의] 독일민법의 계속발전(Fortentwicklung)"이라는 제목을 달고 있는데, 그 내용을 개관한 후에 「일반적 발전경향」을 다루는 그 제3절(S. 539ff.)은 다음과 같은 문장으로 시작된다. "민법에 대한 판례와 입법의 전체상은 [바이마르 공화국이 수립된, 그리고 앞의 주 42에서 본 주석학파의 시대, 비아커의 표현에 의하면 법률실증주의의 시대가 끝나는] 1918년 이래 국가형태와 이데올로기의 변화와 세계관의 분열 속에서도 여전히 공통적인 특질들을 드러내 보인다. 이러한 점에 비추어 보면, 그 간의 민법발전의 밑바탕에 있는 정신을 종합적으로 서술하여 보려는 이하의 시도도 잘못은 아닐 것이다. 그 일반적인 발전경향은, 독일 기본법의 잘 알려진, 그러나 다의적인 표현에 좇아, 시민적 · 자유주의적 법치국가에서 사회적 법치국가로의 발전(Entwicklung vom bürgerlich-liberalen zum sozialen Rechtsstaat)에 그 원인을 돌릴 수 있다. 여기서 사회적 법치국가란, 사회가 법의 독자성을 보존하고 또한 개인의 권리를 존중하면서도, 그 구성원의 사회적, 경제적, 도덕적 존립에 대한 책임을 실현하는 것을 의미한다. 그러한 변화의 주된 징표는, 사권이 그 사회적 기능에 의하여 상대화되는 것, 이들 제반 기능의 사회윤리적 구속성, 그리고 19세기의 고전적 민법체계의 형식주의로부터의 탈피의 셋이다." 이 점에 대한 비아커의 견해는 그 외에도 그의 논문 Das Sozialmodell der klassischen Privatrechtsgesetzbücher und die Entwicklung der modernen Gesellschaft (1953)과 Das bürgerliche Recht im Wandel der Gesellschaftsordnungen(1960)에서 보다 상세히 진술되고 있다(이들 논문은 그 후 Franz Wieacker, Industriegesellschaft und Privatrechtsordnung(1974)에 수록되었다).

한편 라렌츠와 비아커는 모두 나치시대에 독일법의 '改新' 운동에 나선 바 있는데, 그 점과도 관련하여 라렌츠 등의 위와 같은 견해에 대하여 보다 자유주의적인 입장에서의 비판도 행하여지고 있음을 부기하여 둔다(우리나라의 문헌으로는 우선 김동훈, "칼 라렌쯔와 나찌시대의 법학", 법과 사회, 11호(1995), 249면 이하 참조. 또한 보다 일반적으로 강진철, "나찌법학에 대한 조망", 법사학연구, 12호(1991), 99면 이하도 참조).

108) 무엇보다도 Harold J. Berman, *Law and Revolution. The Formation of Western Legal Tradition*(1983)을 보라. 또한 보다 근자의 문헌으로는 Reinhard Zimmermann, *Roman Law, Contemporary Law, European Law. The Civil Tradition Today*(2001) 참조. 민법상의 여러 제도의 역사적 형성에 대하여는 우선 Helmut Coing, *Europäisches Privatrecht*, Bd. Ⅰ: Älteres Gemeines Recht(1985); Bd. 2: Überblick über die Entwicklung des Privatrechts in den ehemals gemeinrechtlichen Ländern(1989) 등 참조.

결하여 가는 과정인 것이다. 우리는 거기서 어떠한 침착성과 묵중함을 느낀다. 아마도 유물사관은 무의식적으로 우리 학자들에게 깊은 영향을 끼치고 있는 것인지도 모른다.[109)]

(2) 그리고 나아가, 우리 민법의 기본원리가 제시된다. 그 예를 하나 들어보면 다음과 같다.[110)]

"이와 같이 헌법정신을 이어받아서, 민법도 자유·평등을 그 이념으로 강조하고, 한편으로는 그것을 공공복리의 원칙으로써 조절하고 조화하려고 한다. 즉 민법은 모든 사람에게 법인격을 인정하고(3조 참조), 사유재산권을 보장하고(211조 참조), 사적 자치를 인정하며(103조·105조 참조), 과실책임을 원칙으로 한다(750조 참조). 그러나 한편으로는, 이른바 3대원칙[앞서 본 근대민법의 3개의 원칙을 가리킨다]의 제약원리 또는 수정원리로서 작용한 신의성실의 원칙과 권리남용금지의 원칙을 보편적 원칙으로서 민법전의 첫머리에 선명하고 있다. … 이것은 필경 공공복리라는 존재원리의 실천원리 또는 행동원리로서 신의성실과 권리남용금지의 원칙을 든 것에 틀림없다. 바꾸어 말하면, 민법은 우리의 헌법과 마찬가지로 공공복리를 그의 최고원리로 하면서, 그의 행동원리를 앞에 내세워 이른바 3대원칙은 이들 행동원리의 제약 내에서 승인된다는 것을 명백히 하고 있는 것이다. 따라서 신의성실·권리남용금지, 그리고 거래의 안전·사회질서 등의 여러 원칙들은 3대원칙을 적극적으로 제약하는, 그리고 3대원칙보다 고차의 상위원칙이며, 그것은 공공복리라는 최고원칙의 구체화이다."

그러나 이와는 다른 견해도 있다. 가령 다음과 같이 주장되기도 한다.[111)]

"우리 민법은 사적 자치의 원칙을 최상의 이념·원리로 하면서, 필요한 범위에서 신뢰보호 및 사회적 형평의 이념에 기하여 이를 수정 혹은 제한한다. … 사적 자치의 원칙은 인간의 자유에 대한 기본적 가치판단에 기한 것으로서 이 안에는 인격의 존중이 침전되어 있다는 점, 사적 자치 원칙은 각인의 인격의 자유로운 전개를 가능케 해 주는 것이라는 점, 각자는 자신의 이해관계를 가장 잘 통찰하고 자신의 관계를 적절하게 규율하는 데 가장 적

109) 이는 결국 「我妻榮에 있어서의 바이마르좌파적 요인」이라는 문제로 환원된다는 것이 필자의 생각이다.
110) 郭潤直, 민법총칙, 신정판(1992), 78면 이하. 同(주 31), 37면 이하에도 동일한 설명이 있다.
111) 金曾漢·金學東, 민법총칙, 제9판(1995), 29면 내지 33면. 또한 李英俊, 민법총칙 [한국민법론 I](2005), 11면 이하; 송덕수, 민법총칙, 제4판(2018), 34면 이하; 權五乘, 민법특강(1994), 27면 이하도 유사한 뜻을 말한다.

합한 위치에 있기 때문에 그에게 자신의 생활관계를 규율토록 하는 것이 가장 적절하고 실제적이라는 점, 그리고 특히 이 원칙이 이룩해 놓은 경제발전에 대한 경험에 입각하여,[112)] 오늘날에도 대부분의 국가는 여전히 이를 기본원리로 삼으면서, 이것이 낳은 폐단을 시정하기 위하여 종래 당사자에게 일임하였던 생활관계에 국가가 직접 개입하는 방법을 택하였다. … 오늘날 사적 자치의 원칙은 19세기의 그것과 같이 절대적인 것은 아니다. 그러나 사적 자치의 원칙은 여전히 민법의 가장 최상의 기본원리이다."

이와 같은 입장의 대립은 그것이 다름아닌 「기본원리」에 대한 것이니만큼, 쉽사리 보아 넘길 수 있는 성질의 것이 아니라고 생각된다. 여기서는 당연히 이 문제를 상론할 수 없으나, 다음과 같은 몇 가지의 착안점은 지적될 수 있을 것이다.

첫째, 1948년 이래 우리가 가지고 있는 헌법이[113)] 사법에 대하여 어떠한 의미를 가지고 있는가를 명확하게 하지 않으면 안 된다.

쉽게 떠오르는 문제로서는 헌법학에서 「기본권의 사인 간의 효력」이라는 표제 아래 이루어지고 있는 논의(가령 상대방의 종교나 인종 등을 이유로 하여 계약의 체결을 거부하는 것은 어느 범위에서 허용되는가 등등)이다. 우리 헌법학의 통설에 의하면, 기본권규정은 사인 간에 직접 적용될 수는 없고, 신의성실의 원칙(민법 제2조 제1항)이나 반사회적 법률행위를 무효로 하는 민법 제103조의 「반사회질서」 등을 해석 · 적용함에 있어서 헌법의 기본권규정이 어떻게 발현되어야 할 것인지가 논하여지는 것을 기대하는 것은 당연하다고 하겠다.[114)] 그러나 실제로는 이러한 논의는 별로 행하여지지 않고 있다.[115)]

---

112) 이상을 郭潤直(주 110), 74면의 "근대자본주의의 폐해" 또는 "공허한 형식적 평등" 등에 대한 설명을 비교하여 보라.

113) 필자는 우리 민법학이 일본민법학으로부터 받은 나쁜 영향 중의 하나가 헌법적 視座의 결여라고 생각한다. 어느 시점의 우리 민법학에 결정적인 영향력을 미친 我妻 민법학에 있어서 헌법이란 어떠한 의미를 가졌던가, 그것은 2차대전을 전후하여 어떻게 변화하여 갔는가 하는 문제는 흥미로운 테마라고 하겠다. 우선 我妻榮, 民法研究 Ⅷ(1970), はしがき 참조.

114) 독일에서의 논의와 관련하여서는 우선 민법학자인 카나리스의 저술들이 주목된다. Claus-Wilhelm Canaris, Grundrechte und Privatrecht, in: *AcP* 184(1984), S.201ff.; ders., Verstöße gegen das verfassungsrechtliche Übermaßverbot im Recht der Geschäftsfähigkeit und im Schadensersatzrecht, in: *JZ* 1987, S.993ff.; ders., Grundrechtswirkungen und Verhältnismäßigkeitsprinzip in der richterlicher Anwendung und Fortbildung des Privatsrechts, in: *JuS* 1989, S.161ff. 등 참조. 또한 공법학 또는 법철학의 입장에서는 무엇보다도 Robert Alexy, *Theorie der Grundrechte*(1986)이 유용하다.

115) 이에 대하여는 기껏해야 사고상의 단서에 그치는 것이기는 하나, 우선 민법주해[I](1992), 95면 이하(梁彰洙 집필) 참조.

그러나 민법의 「기본원리」와 관련하여 더욱 중요한 것은, 우리 법질서 전체의 뼈대를 이루는 「자유민주적 기본질서」(헌법 전문)의 일부로서의 사법질서는 어떠한 내용을 가져야 하는가, 어떠한 내용의 사법질서가 보다 더 잘 헌법의 이념을 실현할 것인가 하는 점이다. 앞서 본 민법의 「기본원리」에 대한 견해의 대립은 결국 국가권력이 사법상의 법률관계에 어느만큼 개입할 수 있는가, 또는 어떠한 모습으로 개입하여야 할 것인가 하는 문제로 환원될 수 있고, 이와 같은 국가권력과 개인(의 자유)과의 갈등이야말로 헌법의 원초에 놓인 문제이기 때문에 민법학도 헌법논의로부터 많은 시사와 자양을 얻을 수 있다고 생각되는 것이다.

둘째, 여기서 민법의 「기본원리」라고 할 때에는 어떠한 원리를 의미하고 있는가를 명확하게 할 필요가 있다. 앞서 본 郭潤直의 언명에는 「최고원리」(또는 「최고원칙」), 「제약원리」, 「수정원리」, 「존재원리」, 「실천원리」, 「행동원리」, 「상위원칙」, 그리고 「신의성실 · 권리남용금지, 그리고 거래의 안전 · 사회질서 등의 여러 원칙들」, 「사유재산권존중의 원칙, 계약자유의 원칙, 과실책임의 원칙의 3대원칙」 등과 같은 용어가 구사되고 있다. 그러나 잘 들여다 보면, 서로 동일한 차원에서 논하여질 수 있는 것들이 병렬되고 있다. 가령 거래의 안전은 민법이 그 제도의 설계나 해석을 통하여 발현하고 도모하여야 할 가치라고 할 수 있을 것인데, 과실책임의 원칙은 민법의 개별규칙rule이 거기로부터 연역될 수 있는 또는 그 개별규칙들로부터 귀납된 실정의 보다 일반적인 법리이다(그렇기 때문에 우리는 '거래안전의 원칙'이라는 말은 쓰지 않는 것이다). 물론 경우에 따라서 이들 양자의 측면은 서로 관련되고 교차될 수도 있을 것이나, 적어도 사고상으로는 이를 구분하는 것이 논의의 대상을 명확하게 하기 위하여서도 합목적적이라고 생각된다. 그러한 관점에서 보면, 공공복리가 민법의 「최고원리」라고 하는 것은 어떠한 의미에서인가? 郭潤直은 공공복리란 무엇을 뜻하는가를 자문하고, 다음과 같이 대답한다.[116]

> "공공복리는 Bentham이 말하는 「최대다수의 최대행복」을 의미한다고도 말할 수 있다. 이를 좀더 풀어서 적는다면, … 개인의 사회적 활동의 자유와 사권의 절대적 보장 하에서 개인이 누리고 있었던 사적 이익의 자유로운 추구는 이제는 무제한으로 허용되지 않으며, 약한 지위에 있는 자를 돕고 강한 지위에 있는 자의 양보를 요구함으로써[이상을 ①이라 하자] 국민 모두의 행복을 추구하려는 것이 현대국가의 이념으로서의 공공복리인 것이다."

116) 郭潤直(주 110), 79면 이하.

그렇다고 하면, 공공복리가 민법의 「최고원리」라고 하는 것과 사적 자치의 원칙이 민법의 「기본원리」라고 하는 것은 차원이 다른 언명이고, 서로 충돌하거나 모순되는 것은 아니라고 할지도 모른다. 사적 자치의 원칙이란, 앞서 본 과실책임의 원칙과 마찬가지로, 민법의 개념규칙들이 거리로부터 연역될 수 있는 또는 그 개별규칙들로부터 귀납된 실정민법의 ―아마도 가장― 일반적인 법리라고 이해할 수도 있다면, 이러한 의미의 원칙과 「최대다수의 최대행복」, 즉 공공복리라는 가치가 실현된다는 「이념」과는 아무런 문제 없이 양립할 수 있다고 하지 않을까. 그렇게 본다면 사적 자치의 원칙에 의하여 「공공복리」를 실현하고자 한다는 언명도 충분히 성립할 수 있지 않을까. 물론 어떠한 이념이나 가치는 어떠한 실정의 제도의 설계나 운용방향을 정당화하는 근거가 되기도 한다. 가령 거래안전이라는 가치는 물권변동에서의 공시원칙의 정당화근거로 원용된다. 그러나 공시원칙 자체와 공시원칙의 정당화근거는 서로 엄연히 다른 것이다.

추측컨대 앞서 본 郭潤直의 언명은, 그 ①에서 드러나듯이, 私權의 이른바 「사회적 구속성」을 강조하고 그것이 그가 이해하는 바의 이른바 「개인주의적」 민법들에서는 별로 중요한 기능을 하지 못하였음을 지적하려는 데 그 진의가 있을 것이고, 이 점은 수긍할 만하다. 그러나 앞서 본 의미에서의 사적 자치의 원칙과 이러한 私權의 사회적 구속성은 반드시 서로 「제약」하는 관계에 있어야 하는 것일까? 또 그러한 사회적 구속성에 의하여 사적 자치의 원칙이 「수정」되고 「제약」되는 것이라고 하여, 반드시 전자가 후자의 「상위원칙」이라고 하여야 할까? 도대체 어떠한 의미의 「원칙」 또는 「원리」 간의, 어떠한 기준에 의한 위계인가?

Ⅶ. 日本法學의 「克服」

1. 「독립한」 민법학보다 「우수한」 민법학을

필자는 「독립한」 민법학보다 「우수한」 민법학이 더욱 바람직하다고 생각한다. 우리는 어떠한 민법학을 우수하다고 하는가?

그 기준을 망라적으로 들어 논할 능력은 없으나, 틀림없이 요구되는 것은 무엇보다도 실질문제Sachfragen를 남김없이 해부하는 능력을 갖추어야 한다는 점이다.

즉 그 문제를 구성하고 있는 각각의 사실적 측면을 「일정한」 규범적 원리의 관점에서 음미하여, 그 각각의 유형적 사안요소에 적합한 법적 평가관점(또는 평가관점들)을 획득하는 능력이 바로 그것이다. 실질문제가 가지는 고유한 사정요소들을 깎아버리고 그 어느 하나만을 강조하여 어떠한 추상적 법원리 또는 법규칙이 당연히 또는 기계적으로 적용되는 것으로 평탄화하거나, 또는 반대로 「개별사안의 구체적 제반사정들」 또는 「사회관념」에 달려 있다고 하여 법관 기타 법적용자에게 백지위임하는 법학은 이러한 능력이 있다고 하기 어렵다.

하나의 쉬운 예를 들어본다. 약혼의 파기로 인한 법적 책임은 매우 민감하고, 어려운 문제이다. 이에 대하여 우리 민법은 제806조에서, 약혼이 해제된 경우에 일방 당사자는 "과실 있는 상대방에 대하여 이로 인한 손해"(재산상 손해 외에 정신상 고통으로 인한 손해도. 同條 제2항 참조)의 배상을 청구할 수 있다고 한다. 독일민법은 이에 관하여 제1298조에서 제1300조의 3개조에서 이를 정한다. 이를 종합하면 다음과 같다. 일방이 약혼을 해제한 경우에는 상대방 약혼자 및 그의 부모(및 그 대행자)에 대하여 혼인을 예기하여 비용지출을 하거나 채무를 부담함으로 인하여 입은 손해를 배상하여야 하고(제1298조 제1항 제1문), 특히 상대방 약혼자에 대하여는 혼인을 예기하여 "자신의 재산이나 직업에 관하여" 행한 기타의 처분으로 인하여 발생한 손해에 대하여도 배상책임을 진다(同項 제2문). 그 경우 손해배상은 그 비용지출이나 부담한 채무 또는 처분이 "제반 사정에 비추어 적절한 한도에서만" 허용된다(同條 제2항). 그리고 해제약혼자의 이러한 배상의무는 "해제할 중대한 이유가 있는 경우"에는 발생하지 않는다(同條 제3항). 반대로 상대방약혼자가 귀책사유로 해제할 중대한 이유를 발생시킨 경우에는, 오히려 그가 해제약혼자에 대하여 제1298조 제1항, 제2항의 책임을 진다(제1299조). 한편 「품행방정한」 약혼녀unbeschlotene Verlobte가 상대방에게 동거를 허용하였던 경우에는, 그녀는 제1298조, 제1299조의 요건을 갖추면, 비재산적 손해에 대하여도 "상당한 금전배상eine billige Entschädigung in Geld"을 청구할 수 있다(제1300조 제1항).

이상과 같은 독일민법의 규정과 같은 태도가, 앞서 말한 대로 약혼의 파기로 인한 책임이라는 실질문제를 구성하고 있는 각각의 유형적 사안요소(약혼파기의 원인, 그 귀책, 이해당사자의 범위, 책임의 내용이 될 수 있는 내용, 동거사실의 유무 등)를 파악하여 이를 일정하게 평가한 바탕 위에서 이들 사안요소들의 조합을 좇아 다양한 책임 내용을 정하고 있다는 면에서, 앞서 본 실질문제의 분석능력에

있어서 우리 민법의 규정태도보다 우월하다고 생각된다.[117)]

우리가 「앞선」 외국법학에서 시급하게 배워야 하는 것은 바로 그들의 이러한 실질문제에서 문제되어야 할 유형적 사안요소들을 적출하여 이들을 법적으로 평가하는 능력, 그리고 그 어느 하나의 관점을 절대화하지 아니하고 그들 사이의 상보관계와 또는 긴장관계를 이해하고 동시에 −실천적으로는− 견디어가는 능력이라고 생각한다("물고기 한 마리가 아니라 물고기 잡는 법을!").

물론 그러한 평가들은 타당하여야 하고, 그 타당성을 뒷받침하는 논증틀을 획득하기 위하여는, (i) 연혁을 거슬러 올라가고 또 다른 나라의 유사한 제도를 고려함으로써 그 역사적 · 비교법적 맥락을 탐구하고, (ii) 사회의 현실에서 법제도나 법명제가 영위하는 기능을 탐색하고 또는 이를 비판하며, (iii) 법규정의 배후에 있는 입법목적 또는 그것이 실현하려는 가치를 찾아내고 그 타당범위를 획정하여, 결국 이들을 하나의 평가좌표로 통합하려고 노력하고, (iv) 이러한 가치좌표를 받쳐 줄 이념적 · 철학적 기초를 공고히 하며, (v) 또한 서로 모순 없는 하나의 통일적 설명체계를 지향하여야 할 것이다.

2. 「독자성」 획득의 손쉬운 의거처로서의 독일법학?

金曾漢은 약 40년에 걸친 민법교수생활을 마감하면서, 「한국민법학의 진로」라는 제목의 고별강연을 하였다. 그는 거기서 한국민법학은 "먼저 일본법학의 망령으로부터 해방되어야 한다"고 하였다. 그리고 이어서 또 "일본법학의 굴레에서 벗어나서 우리 자신의 독자적 이론을 개척해 나가야 한다"고도 한다. 그런데 "그것을 하는 데 있어서는 역시 독일법학이 가장 손쉬운 의거처가 되지 않을 수 없다" 고 한다.[118)]

(1) 그런데 거기에는 일본법학은 어떠한 이유로 그것이 우리에게 있어서 「굴레」이고 「망령」이면서, 독일법학은 어떠한 이유로 「독자적 이론을 개척하는 데 있어서의 의거처」가 될 수 있는지에 대하여는 반드시 그 이유가 명료하게 밝혀져

117) 필자가 이 예를 든 것은 물론 우리 민법의 규정내용과 독일민법의 규정내용 중 어느것이 더 우월한 것으로 평가되는가를 말하기 위하여서가 아니라, 민법학이 갖추어야 할 실질문제의 분석능력의 예를 들어 보여주고자 하여서이다.

118) 이상 金曾漢(주 1. 1985), 150면 이하.

있지 않다. "일본 것이라고 하면 금과옥조로 생각하는 경향"이 좋지 않은 것이라면, 우리는 독일 것이라고 하면 금과옥조로 생각하는 경향은 없는지도 반성하여 보아야 할 것이다. 또 "일본 것이니까 따라야 한다는, 말하자면 문화적 식민지사상을 속히 버려야 한다"면, 독일 것이니까 따라야 한다는 생각도 역시 문화적 식민사상에 다름아닐 것이다.[119)]

(2) 金曾漢은, "왜 하필이면 독일이냐고 반대할 사람이 있을지 모른다. 그러나 … 전세계적으로 보더라도 19세기의 독일법학이 세계에서 가장 훌륭하게 발달한 것이라고 하는 것을 부인할 수 없다"고 한다.[120)] 이 언명은 우리가 지금 「세계에서 가장 훌륭하게 발달한 것」을 하루 빨리 배워 익혀야 한다는 당위를 밑바탕에 깔고 있다. 이러한 요청 자체에 대하여 여기서 그 당부를 논하는 것은 피하고자 한다.

여기서 묻고 싶은 것은, 우선 19세기가 아니라 이제 21세기가 되고 20년 가까이 지난 이 시점에서 독일법학이 여전히 「세계에서 가장 훌륭하게 발달한 것」인가에 대한 검증이 필요하지 않은가 하는 점이다. 서양법학의 지적 리더십에 대하여 우고 마테이는 흥미로운 분석을 하고 있다.[121)] 그에 의하면 법학에서의 독일의 리더십은 한때 전 세계를 풍미하였다.

"세계 어디서나, 커먼로국가이든 시민법국가이든, 심지어는 서양 이외의 나라에서도 '독일의 체계적이고 교의적인 방법과 거기서 정의된 개념들은 의기양양하게 퍼져 나갔다.' 시민법 국가 중에는 프랑스, 벨기에, 퀘벡, 그리고 루이지에나만이 그러한 확장에 비교적 덜 영향을 받았다. 스위스·오스트리아·스칸디나비아·러시아·항가리·루마니아·불가리아·이태리·스페인 그리고 그리스에서 법률가들은 비록 그들의 법전이 프랑스법에 영향

119) 굳이 덧붙일 필요도 없는 것이거니와, 필자는 여기서 「문화적 식민지사상」을 배척하고 있지, 일본민법학에 대한 어떠한 평가를 내리고 있는 것은 아니다.

120) 金曾漢(주 1. 1985), 154면.

121) Ugo Mattei, Why the wind changed: Intellectual leadership in western law, in: *American Journal of Comparative Law*, Vol.42(1994), pp.195-218. 그는 여기서 독일에서 발간된 두 권의 책, 즉 Mathias Reimann(Hrsg.), *The reception of continental ideas in the common law world 1820-1920*(Berlin, 1993)와 Marcus Lutter et al.(Hrsg.), *Der Einfluß deutcher Emigranten auf Rechtsentwicklung in den USA und in Deutschland*(Tübingen, 1993)에 촉발되어(위의 글은 이들 책에 대한 서평의 형식을 취하고 있다), 法의 移植(legal transplants)에 관한 일반이론을 소묘하고 있다. 마테이는 이태리 트렌토 대학의 교수이면서 미국 캘리포니아 대학의 헤이스팅스 법대의 교수를 겸하고 있다.

을 받은 것인 경우에도 이를 해석하고 논의하는 데 독일의 형식주의적 방법을 사용하여 일하였다. 유럽 밖에서도, 즉 대부분의 라틴아메리카 나라들과 저 멀리 중국과 일본에서도 독일의 법학은 가장 권위 있는 法源이 되었다."[122]

그러나 "독일의 하락은 그 상승보다 급격하였다." 1920년대가 지나면서 이 경향은 이미 나타나기 시작하였는데, 그래도 제2차 대전이 끝나기 전까지는 그래도 유럽시민법의 우세가 유지되고 있었다. 그러나 그 후에 "바람이 바뀌었다. … 유럽의 학제는 근자에 점점 더 미국을 쳐다보고 있다." 가령 이론으로서의 법law in the books과 실제의 법law in action과의 구분, 법경제학 등과 같은 미국식의 연구방식은 독일을 포함하여 유럽 어디에서나 행하여지고 있다. 미국식 법학교육의 스타일이 유럽에도 퍼져나간다. 판례집casebooks에서부터 Lexis까지. 미국의 법학저술이 유럽어로 번역된 양은 반대의 경우를 현격히 능가한다. 영어의 보급이 현저하여 영어로 된 저술의 번역은 그 필요성이 덜한데도 말이다. 미국의 로스쿨은 프랑스나 독일 등 유럽국가의 법과대학보다 학비가 더 드는데, 그래도 수많은 유럽의 학생들이 미국의 로스쿨로 유학하고, 또 돌아와 동료들에게 영향을 준다.

중요한 것은 무엇이 이러한 변화를 일으켰는가 하는 점이다. 마테이에 의하면, 우선 미국에서 법은 보다 적극적으로 "개인의 권리를 보장하는 장치"로서 기능하는데, 이러한 법의 기능, 다시 말하면 법의 지배rule of law의 이념은 보편적인 매력을 가진다. 법의 지배는 다름아닌 법률가에게 파워를 주는 그러한 이념인 것이다.[123] 다른 하나는, 독일법학의 실증주의 또는 형식주의적 사고의 한계이다.[124]

---

122) Mattei(前註), p. 203. 최근 적어도 미국의 법사학계에서 즐겨 논의되고 있는 주제 중의 하나는 19세기에 영미의 법과 법학이 독일로부터 받은 영향에 관한 것이다. 이에 관하여는 그 사이의 많은 연구성과를 인용하고 있는 M. H. Hoeflich, Transnational friendships & the German influence on American law in the first half of the nineteenth century, in: *American Journal of Comparative Law*, Vol.35(1989), pp. 599-611 참조. 위의 「미국비교법잡지」는 그 37권 1호(1989)에서 사비니가 미국법에 미친 영향을 특집으로 하고 있다. 또한 독일에서의 그 반향으로서는 우선 Mathias Reimann, *Historische Schule und Common Law. Die deutsche Rechtswissenshaft des 19. Jahrhunderts im amerikanischen Rechtsdenken*(1993) 참조.

123) 독일의 학자들도 이 점은 인정하고 있다. Rolf Stürner, Die Rezeption U.S.-amerikanischen Rechts in der Bundesrerublik Deuchland, in: *Festschrift für Kurt Redmann*(1989), S. 857f.: "독일에서 미국법이 계수되는 이유를 규명함에 있어서는, 다름아닌 헌법이 역사적인 선구자의 역할을 하였다는 점이 흥미롭다. 독일과 유럽을 열광시킨 것은 우선 자유주의적 사회체제이었고, 무엇보다도 그것이 어떻게 2세기를 넘는 세월 동안 큰 파국없이 유지되고 지속적으로 발전될 수 있었는가 하는 점이었다. … 미국의 자유주의적 기본체제는 독일이나 유

"독일법학이 리더쉽을 가지게 되었던 것은 독일민법전의 성공과는 전적으로 무관한 일이다. 독일의 경우에 그 지적 리더쉽이 상실된 것이 독일민법전의 시행 직후라는 것은 명백하다. 독일법학이 외국에서 매력적이고 존경되었던 이유는 그것이 실정의(따라서 정치적인) 법에 기초를 두지 않았다는 사실에 있었다. 미리 정의된 개념으로부터 법규칙을 연역하는 데 기초를 둔 추론의 방법은 성문법률의 규정과는 독립적으로 행하여졌었다. 판덱텐법학이 융성할 때 독일에는 실정법체계가 존재하지 않았다. … 개념들은 로마법으로부터 또는 프랑스법으로부터 또는 심지어 영국의 판례법으로부터도 추출될 수 있었다. 형식주의적 접근방식은 세계적으로 의미 있는 營爲로서의 법학 또는 '법'에 대한 진정한 기여이었고, 독일법학이나 독일법에 대한 기여가 아니었다. 그런데 독일민법전이 시행된 순간부터 독일의 법문화는 실증주의적으로 되었다. 그 작업성과는 실정의 법규정에 지나치게 관련되게 되었는데, 그 실정의 법규정은 다른 나라에서는 효력이 없는 것이었다. 그러한 작업성과가 다른 법규정을 가지고 씨름하는 학자들에게 흥미롭지 않게 된다는 것은 자연스러운 일이다."[125]

(3) 물론 부분적으로 마테이의 견해에 찬성하기 어려운 점도 쉽사리 발견할 수 있을 것이다. 그러나 다음과 같은 점은 명백하다. 우리는 단지 독일이 「19세기의 가장 발달된 법학」을 가졌다는 이유만으로는 독일법학이 우리의 「독자적 이론을 개척함에 있어서의 손쉬운 의거처」가 될 수 없다는 것이다.

첫째, 金曾漢 스스로도 말하는 것처럼 독일은 19세기 후반에는 아마도 세계에서 가장 발달된 법학을 자랑하였을는지는 몰라도, 오늘날에는 그러한 지위의 독점을 주장할 수 없다. 우리는 널리 배워야 한다. 우리는 독일로부터도 한껏 배워야 하지만, 또한 프랑스를, 일본을, 미국을, 또 어디를 배워야 한다.[126] 어느 한 나라,

럽대륙이 종전에는 알지 못하였던 학문적, 사회적, 그리고 경제적 개혁가능성을 창출하였다."

124) 이 역시 독일학자에 의하여 인정되고 있다. Stürner(前註), S. 858 참조. 그 외에도 아마도 1933년 이후로 대대적으로 미국으로 「이주」한 유럽의 법학자들로부터 그 때까지 기본적으로 몬로주의적이었던 미국의 법과 법학이 흡수한 개방적·창조적 활력을 들 수 있을 것이다.

125) Mattei(주 121), p.215. 이에 비하여 미국의 법현실주의는 "지방적 주제와만 관련되지 않는" 지적 작업이었다. 미국의 주된 로스쿨(이른바 *national* law schools)에서는 어느 한 주에서만 시행되는 법이 아니라 커먼로의 일반원칙을 주로 가르친다는 점에서 결코 실증주의적으로 될 수 없다고 한다. 그리고 이것이 유럽의 자연법학이나 판덱텐법학과 공통된 점이라는 것이다.

126) 그리고 여기서 굳이 강조할 필요조차 없는 점은, 외국법, 나아가 외국문화를 제대로 이해하기가 얼마나 힘이 드는가 하는 것이다. 근자에 외국문학의 텍스트 「이해」에 관하여 이 점을 생각하여 보게 하는 글로는 우선 郭光秀, "외국문학 연구의 텍스트 읽기 — 김현의 바슐라르 연구 성과에 대하여", 가스통 바슐라르(1995), 209면 이하 참조. 이렇게 보면 과제는 실로 어렵고, 갈길은 멀다.

그것도 자신의 법생활을 실정화한 이후의 자신의 법문제의 처리에 골몰한 나라의 법학에만[127] 의지하는 것은 극히 위험하다. 독일 자신도 다른 나라로부터 열심히 배우고 있고, 심지의 독일학자 스스로가 「미국법의 계수」를[128] 운운하고 있는 마당인 것이다.

둘째, 우리 민법전이 독일민법 또는 독일민법학의 영향을 많이 받았다는 사실도 이를 뒤집지는 못한다. 오히려 필자는 민법전의 「모법」이 독일민법이라는 생각에서 하루빨리 벗어나야 한다고 생각한다. 물론 독일민법(또는 그 초안들) 또는 독일민법학이 일본민법 또는 일본민법학에 의하여 민법의 모습에 가장 큰 영향을 끼친 것은 사실이다. 그러나 필자의 생각으로는 우리 민법전 중에서 가장 독일적이라고 할지도 모르는 물권변동이론에 있어서조차, 비록 우리의 입법주의를 獨法主義라고 일반적으로 부르고 있기는 하지만, 독일민법과는 다른 태도를 취하고 있다. 우리 민법은 단지 물권변동에 등기나 인도를 요구한다는 점에서 독일·스위스·오스트리아 등과 같은 태도를 취하지만, 물권행위의 무인성을 부인한다는 점에서 독일과 기본적으로 다르다. 이 차이는 물권변동이론이 주지하는 대로 민법의 체계구성적 요소의 하나인 만큼 민법의 체계 전체에 매우 중요한 영향을 미친다. 그 외에 채무불이행책임에 관한 일반규정인 민법 제390조나 불법행위에 관한 일반규정인 민법 제750조도 어느 것이나 독일민법의 규정태도와는 다른 모습을 취하고 있다. 문제는 부분적인 유사성 내지 −강하거나 약한− 영향의 유무가 아니라, 우리 민법의 전체적 구조연관Strukturzusammenhang이 독일이나 기타 어느 나라의 민법과도 다르다고 하는 사실이다.

(4) 아울러 우리는 근자에 우리 민법의 역사적 바탕으로서의 프랑스민법, 독일민법 및 일본민법의 최근의 대폭적 개정,[129] 그리고 유럽의 통합과 관련하여 유럽

127) 이와 관련해서는 梁彰洙(주 4), 19면 이하에서 「독일에만 특유한(spezifisch-deutsch)」 약간의 문제들에 대하여 지적한 바 있다.

128) Stürner(주 108), S.893: “독일법이 현재 대규모로 미국법을 계수하고 또 그로부터 다른 나라에 주는 것보다 더욱 많은 것을 받아들이고 있다는 것이 옳다면, 이는 우리 법문화의 활력에 중대한 귀결을 가져올 것이다.”

129) 이들 외에도 입법동향으로는 우선 네덜란드신민법(1992년)이 중요하고, 나아가 종전 공산국들의 ‘체제 전환’(넓은 의미에서의)에 따르는 새로운 민법 제정, 특히 우리와의 관련에서는 러시아연방민법 제1부(1994년), 제2부(1996); 중화인민공화국 합동법(1999년)(그 번역으로 이상욱 역, 중국계약법전(2005)이 있다); 베트남사회주의공화국민법(2005년) 등도 주목할 만하다. 러시아민법에 대하여는 간략하나마 우선 명순구·이제우, 러시아법 입문(2009), 276면 이하; 중국계약법에 대하여는 이정표, 중국통일계약법(2002) 각 참조.

전체 차원에서 극히 활발하게 논의되고 있는 유럽법 통일 기타 세계적 차원의 법통일의 움직임에 주목하지 않으면 안 된다.

전자에 대하여는 이미 수많은 문헌이 있으므로 여기서 따로 그 내용에 언급할 필요는 없을 것이다. 전자와 후자는 밀접한 관계가 있다는 것만을 지적하여 두기로 한다.

후자에 대하여는, 우선 「국제물품매매계약에 관한 국제연합협약」United Nations Convention on Contracts for the International Sale of Goods, CISG이 우리의 실정법률과 정착하는 등의 법통일의 성과가 우리에게도 그 열매를 제공하고 있다. 나아가 유럽의 법통일 작업의 일환으로 예를 들면 2003년까지 완성된 「유럽계약법원칙」Principles of European Contract Law, PECL,[130] 2009년의 「유럽민사법 공통참조안」Draft Common Frame of Reference, DCFR,[131] 2011년의 「유럽공통매매법(초안)」Common European Sales Law, CESL 등이 나와 있고, 이에 대하여는 우리나라에서도 연구가 활발하게 진행되고 있다. 또한 私法통일국제협회Institut international pour l'unification du droit privé, UNIDROIT의 「국제상사계약원칙」[132]Principles of International Commercial Contracts, PICC.(1994년 공표, 2004년 및 2010년 각 개정 및 추가); 국제연합의 국제상거래법위원회United Nations Commission on International Trade Law, UNCITRAL의 다양한 '모델법' 작업 기타도 주목할 만한다.

그리고 시야를 유럽법 통일작업에 한정하더라도, 그 과정에서 독일이나 프랑스, 영국[133]이 각기 자기 나라 법의 「합리성」을 다른 당사국들에 주장하여서 그

130) 일찍이 양창수, "「유럽계약법원칙」에서의 채무불이행법리", 민법연구, 제6권(2001), 285면부터 358면까지(이에는 부록으로 "「유럽계약법원칙」에 대한 一考 및 그 번역"이라는 제목으로 「유럽계약법원칙」에 대한 일반적 소개 및 제1부, 제2부 규정들의 번역이 붙어 있다) 및 동, "「유럽계약법원칙」의 소멸시효규정－우리 민법에의 시사를 덧붙여", 민법연구 제8권(2005), 131면부터 182면까지(이에는 부록으로 "「유럽계약법원칙」 제3부"라는 제목으로 그 제3부의 번역이 붙어 있다)에서 그 내용의 일부를 소개하고, 또한 그 규정들의 번역을 덧붙인 바 있다. 그 후의 올 란도 · 휴 빌 편, 김재형 역, 유럽계약법원칙 제1 · 2부(2013)도 출간되었다. 앞으로 그 제3부의 번역이 기대된다. 또한 朴永馥, 글로법시대의 계약법(2005), 160면 이하도 참조.

131) 안태용 역, 유럽 민사법의 공통 기준안: 총칙 · 계약편(2012); 가정준 역, 유럽 민사법의 공통 기준안: 비계약편(2015)(각 법무부 간행의 『비교민법총서』, 제1권 및 제4권으로 발간되었다)로 번역되어 있다. 이 「공통기준안」의 일부 내용에 대한 구체적인 연구로 예를 들면 이상훈, 유럽민사법 공동참조기준안(DCFR) 부당이득편 연구(2017)(앞의 주 97에서 본 「서울대학교 법학연구소 법학연구총서」의 제71권으로 발간되었다)가 있다.

132) 이에 대하여는 우선 朴永馥(주 130), 78면 이하 참조.

133) 이들 세 나라의 민법이 늦어도 19세기 초반부터 20세기에까지 세계의 주요한 法系를 구성하였음은 두말할 필요가 없을 것이다. 우선 Zweigert/Kötz, *Einführung in die Rechtsvergleichung*, 3.Aufl.(1996)은 세계의 法系를 설명하는 데 모두 240여 면을 할애하는데, 그 중

설득력의 우열을 다투는 이른바 각국 법 사이의 「체계경쟁Systembewerb」이 치열하게 일어나고 있다.[134] 2002년의 독일민법 대개정도 그 정치적 動因으로 보면 「유럽민법에의 도상」에서 보다 큰 발언권을 얻으려는 의도가 있었고, 따라서 그 개정의 내용은 현저히 「유럽적 사고방식」에 근접하였던 것이다.[135] 이러한 상황에서 우리가 어느 한 나라의 어느 한 때의 「민법」에 고착되는 것은 어리석은 일이라고 하여야 하지 않을까?

3. 「현재 있는 법」의 인식으로부터의 출발

우리가 무엇을 배우려고 할 때에 그 배움에 어느만큼의 성과를 얻을 수 있는가가 많은 부분 그것을 배우려고 하는 동기가 무엇이냐에 달려 있음은 늘상 경험하는 바이다. 우리는 왜 외국의 법 또는 법학을 배우려고 하는가?

이 점을 생각하는 단서는 결국 우리가 현재 가지고 있는 법, 「현재 행하여지고 있는 법」이 될 수밖에 없다고 생각한다. 이와 같이 「현재 있는 법」과 관련이 없는 민법이론(적어도 해석법학이론)이란 존재할 가치가 없으며, 단지 교과서에 쓰여 추상적인 법명제와의 관련에서만 전개되는 민법이론, 「이론을 위한 이론」은 자갈밭에 종자를 뿌리는 것과 같은 것이 아닐까.[136] 물론 「현재 있는 법」과의 관련이

200면을 영미법계, 독일법계, 프랑스법계의 셋에 충당하고 있다. 이 외에 北歐法系, 극동법계, 그리고 이슬람법계를 든다.

134) 그러한 「체계경쟁」에 처하여 경쟁이 아니라 오히려 법규칙의 조화(Harmonisierung)를 주장하는 견해로서, 예를 들면 Thomas Eger, Harmonisierung von Rechtsregeln versus Wettbewerb zwischen Jurisdiktionen in Europa, Dieter Martiny et al.(Hrsg.), *Auf dem Wege zu einem Europäischen Zivilgesetzbuch*(1999), S.95ff. 참조.

135) 이 점은 무엇보다도 그 개정작업을 개시할 당시의 연방법무부장관이 독일민법전의 개정이 "유럽민법전으로 향하는 길목에서의 이정표"가 될 것이라고 언명한 데서 드러난다. Reinhard Zimmermann, *The New German Law of Obligations. Historical and Comparative Perspectives*(2005), p.4 & Fn.19 참조. 그 외에 예를 들면 Hertha Däubler-Gmelin(연방법무부장관), Die Entscheidung für die so genannte Große Lösung bei der Schuldrechtsreform, in: *NJW* 2001, S.2289("초안이 채택되면 독일의 매매법과 계약법은 유엔통일동산매매법과 같은 수준에 도달하게 된다. 이 유엔매매법은 국제적인 전개를 지배하고 있으며 또한 유럽계약법에 관한 논의도 지배하고 있다. 그러므로 독일은 거기서 천명된 원칙들에 상응하는 계약법을 채택함으로써 **맨 처음으로** 국제적인 수준에 오를 수 있게 되는 것이다.")도 참조하라.

136) 다른 한편으로 우리 민법학의 문제점으로는 교리주의Dokrinarismus 또는 －비아커가 19세기 후반의 독일 판덱텐법학의 특징을 가리키는 말로 쓴 바를 빌린다면(Wieacker(주 107. 1967), S.431ff. 참조)－ 학설실증주의rechtswissenschaftlicher Positivismus의 경향도 지적할 수 있을 것이나, 이에 대하여는 여기서 상론하지 않는다.

란 극히 추상적·일반적인 차원에서부터 극히 구체적·특수한 차원에까지 다양하게 있을 수 있다. 그런데 민법이론의 전개는 어느 경우에나 그 논의가 관련되는 「현재 있는 법」의 정확한 인식의 기반 위에서 행하여져야 하는 것이다. 우리는 때로 「우리의 법학」을 수립하여야 한다고들 말하는데, 필자의 생각으로는 그 용어는 그 자체 폐쇄적, 타인배척적인 함의를 자칫 가지기 쉽기 때문에 적절하지 않다. 우리는 「우리의」 법학이 아니라 「우리의 민법문제」의 해결을 지향하는 법학을 지향할 것이다.

그렇다고 「현재 있는 법」의 내용이 고정불변이라는 것은 아니다. 또 굳이 해석학적 순환hermeneutisher Zirkel을 들먹이지 않더라도, 문제의 발견 자체가 사태의 일정한 先理解 없이는 불가능하며, 인식의 지평이 넓어질수록 문제를 발견하고 바라보는 시선의 심도와 정밀도가 높아진다는 것도 부인하지 않는다("아는 만큼 보인다"). 그래도 역시 출발점은 문제를 확인하는 데 있다고 생각된다. 冒頭에서 언급한 학술세미나 주제보고를 마감하면서 필자는 다음과 같이 말한 바 있는데,[137] 이는 지금도 크게 변함이 없다.

> "우리 민법학이 이와 같이 우선 「현재 행하여지고 있는 법」에 대한 정확한 인식을 얻고, 나아가서 이를 바탕으로 하여 그것이 적절한 해결을 주지 못하고 있는 또는 주지 못할 문제를 발견한다면, 그 문제들의 해결은 오히려 보다 용이할 것이라고 믿는다."

Ⅷ. 小 結

우리 민법학은 해결하여야 할 많은 문제점과 과제를 안고 있지만 그 사이에 괄목할 만한 발전을 하여 왔다.

근자에 발간되는 법학 관련 전문 정기간행물을 들춰 보면, 우리나라의 젊은 민법학자들의 역량이 질과 양의 모든 면에서 현격하게 증진되었음을 느낀다. 그들은 무엇보다도 어떠한 법문제의 논의도 우리나라의 법규정과 재판례와 거래실무를 정확하게 파악한 위에 행하여져야 하며 외국의 이론을 그대로 우리나라에 끌고 들어와 그 타당성을 주장하는 것이 매우 위험한 일일 수 있음을 명료하게 의식하고 있는 듯하다.

137) 梁彰洙(주 4), 26면.

나아가 그들은 끊임없이 시야를 널리 세계로 넓히고 있다. 그러한 점에서 필자는 앞으로 다른 70년 후의 우리 민법학을 낙관적으로 전망하는 것이다.

민사판례의 변화와 해석경향

김 학 동

[초 록]

판례는 해석방법에 관해서 일반적으로는 법적 안정성을 저해하지 않는 범위 내에서 구체적 타당성을 찾아야 하고, 법문의 의미가 명확할 때는 법문에 충실하게 해석하고 그것이 불명확한 때 입법취지 · 법질서 전체와의 조화 등을 고려해서 해석해야 하며, 법률의 의미가 명확함에도 법형성적 판결을 하는 것은 법률해석을 통한 입법행위이므로 권력분립의 원칙상 허용되지 않는다고 한다. 판례의 실제 해석례는 대체적으로 위의 일반론과 부합한다. 그러나 이와 다른 해석례도 적지 않다. 즉 구체적 타당성을 중시하는 해석례, 사회현실 내지 실제적 결과를 고려하는 해석례, 법문에 반하는 해석례도 상당히 많다. 법적 안정성을 중시하는 것은 정의의 한 요소인 평등을 우선시하는 것이나, 이는 정의의 또 다른 요소인 형평에 반한다. 따라서 법적 안정성과 구체적 타당성이 균형있게 조절되어야 한다. 법문의 의미는 결코 그 자체 명확히 될 수 없다. 특히 해석이 사회에 미치는 실제적 효과를 고려해서 법문의 의미를 이해해야 한다. 다음으로 권력분립은 권력의 단순한 분배가 아니라 이를 통한 권력의 견제와 균형을 위한 것이다. 입법정책에 관한 문제가 아니라 공평과 정의에 관한 문제의 최종 결정권한은 법원에게 있다.

서울시립대학교 명예교수

Ⅰ. 서

1. 대한민국 정부 수립 후 70년 동안의 법의 모습을 돌아 보는데 있어서는 판례의 모습을 돌아보는 것도 의미가 있을 것이다. 왜냐하면 법의 실제적 의미는 구체적 사건에 대한 판례에 의해서 선명해지기 때문이다. 판례에 대한 연구는 대부분 개별적인 주제에 대한 것이지만,[1] 이 글은 그동안 판례가 전반적으로 법을 어떻게 해석해 왔는가 하는 점을 살펴보려는 것이다. 이렇게 판례의 전반적인 해석경향을 살펴보는 것은 판례가 전체적으로 공통된 이념에 기초하고 따라서 서로 조화되는가 하는 점을 점검하는 계기가 될 것이다.

2. 프랑스법학자 제니Francois Gény는 프랑스법의 발전과정에 대한 연구를 통해서 프랑스민법 제정 이후 한 세기 동안의 민법전에 대한 사법적 해석은 분석법학의 이론보다 훨씬 더 창조적인 활동을 전개하였다는 것을 깨달았고, 이러한 점에 기해서 그는 당시 지배적이던 분석법학의 이론에 강력한 도전을 표하였다고 한다.[2] 필자는 이 작업을 통해서, 그동안 우리 법원의 창조적 활동을 엿볼 수 있기를 기대한다.

3. 민법의 해석에 관한 판례의 모습을 보다 객관적으로 진단하기 위해서는 민법 전반에 관한 판례의 모습을 살피는 것이 필요할 것이다. 그런데 이 책자에는 물권 및 채권에서의 중요한 문제들을 다루는 글이 있고, 민법총칙 중에서도 법인 기타 단체를 다루는 글이 있다. 그러므로 이러한 글과의 중복을 피하기 위해서 고찰대상을 민법총칙 분야(그것도 법인 부분을 제외한)에 관한 판례로 한정한다.

4. 판례 중에는 법의 해석방법에 관한 일반론을 말하는 것이 있다. 그러므로 먼저 이의 내용을 살피고, 다음으로 민법총칙의 각 제도에 관한 판례를 살핀다. 그리고 끝으로 결론으로 판례의 해석경향에 대한 필자의 소견과 앞으로의 전망을 적는다.

5. 이 글에서 판례를 선정함에 있어서는 이론적으로 중요한 혹은 실제적으로 자주 문제된 것보다는 해석경향을 보여주는 것을 골랐다. 그리고 판례를 소개함

---

1) 건국 후 30년 동안 개별적인 주제 전반에 걸쳐 판례의 발전을 연구한 글로서 김증한, 광복 30년 우리나라 판례(민사법)의 회고, 법조 25권 9호(1976.9.)부터 12회에 걸쳐 게재.

2) W. Friedmann, Legal Theory, 5.ed., 1967, p. 328.

에는 원칙적으로 지도적 판결에 한정하고 同旨의 판례는 가능한 생략한다. 판결의 사안은 특히 판결의 타당성을 평가하는 데 필요한 경우에 한해서 註에서 소개한다.

Ⅱ. 해석방법 일반론

1. 원칙적인 해석방법

대법원 2009.4.23. 2006다81035 판결은 다음과 같이 말한다: 법은 불특정 다수인에 대한 보편타당한 규범이므로 이를 해석함에 있어서는 법의 표준적 의미를 밝히고 법적 안정성을 유지해야 한다. 그리고 실정법이란 보편적이고 전형적인 사안을 염두에 두고 규정되기 때문에 법을 적용함에 있어서는 구체적 사안에 맞는 가장 타당한 해결이 될 수 있도록, 즉 구체적 타당성을 가지도록 해석할 것도 또한 요구된다. 요컨대, 법해석의 목표는 어디까지나 법적 안정성을 저해하지 않는 범위 내에서 구체적 타당성을 찾는 데에 두어야 한다. 그리고 그 과정에서 가능한 한 법문의 통상적인 의미에 충실하게 해석하는 것을 원칙으로 하고, 나아가 법률의 입법 취지와 목적, 그 제·개정 연혁, 법질서 전체와의 조화, 다른 법령과의 관계 등을 고려해서 해석해야 한다. 후자와 같이 다른 요소를 고려해서 문언의 통상적 의미와 다르게 해석하더라도 전체법질서와 조화되어야 한다는 한계가 있다. 이러한 취지의 판결은 그 후에도 계속되고 있으며, 보다 압축적으로 해석방법을 표현한다.[3)]

2. 해석의 한계

위의 판결은 일반적인 해석방법에 관한 것인데, 그 외에 대전지법 2017.5.19. 2016나108951,108968 판결(상고)은, 법원의 법형성적인 판결은 권력분립의 원칙을 침해하지 않는 범위 내에서 행사해야 한다는 한계가 있으며, 따라서 법률 조항의 의미가 명확함에도 법형성적 판결을 하는 것은 법률해석을 통한 일종의 입

3) 대법원 2013.1.17. 2011다83431 전원합의체 판결; 대법원 2017.12.22. 2014다223025 판결(이의 내용은 Ⅲ3(2)(가)에서 소개).

법행위로서 사법권의 한계를 벗어나는 것이라고 한다. 이와 유사한 취지는 대법원 2008.5.29. 2004다33469 판결(이의 내용은 Ⅲ6(3)(가)3) 참조)에서 나타났다.

Ⅲ. 민법총칙에서의 해석례

1. 法 源

(1) 관습법

(가) 관습법의 효력

1) 민법 제1조(이하에서 민법은 법령명칭 생략)는 법률이 없는 경우에 관습법을 적용하도록 규정한다. 판례는 이에 따라 관습법에 보충적 효력만을 인정한다(대법원 1983.6.14. 80다3231 판결).

2) 그런데 실제로는 관습법에 성문법과 대등한 효력을 인정한 것이 있다. 명인방법에 의한 공시방법(법고을에 수록된 최초의 것으로는 대법원 1962.1.31. 4293민상413 판결), 관습상의 법정지상권(대법원 1963.5.9. 63아11 판결), 관습상의 분묘기지권(대법원 1982.1.26. 81다1220 판결) 등이 그 예이다.

(나) 관습법의 요건

대법원 2005.7.21. 2002다1178 전원합의체 판결은, 관습법이 효력을 가지기 위해서는 헌법을 최상위 규범으로 하는 전체 법질서에 반하지 않는 것으로서 정당성과 합리성이 있어야 한다고 하면서, 종중 구성원의 자격을 성년 남자만으로 제한하는 종래의 관습법은 그러한 요건을 갖추지 않으므로 무효라고 한다.[4)]

(2) 헌 법

(가) 대법원 2010.4.22. 2008다38288 전원합의체 판결 ＜대광고교 사건＞은, 헌법상의 기본권은 객관적인 가치질서를 구체화한 것이므로 사인간의 사적인 법률관계도 헌법상의 기본권 규정에 적합하게 규율되어야 한다고 하여, 민사사건에서도 헌법이 법원임을 명언한다. 다만 기본권 규정은 “사법상의 일반원칙을 규정

---

4) 대법원 2017.1.19. 2013다17292 전원합의체 판결은 관습법의 요건을 본문과 같이 판시하면서, 그러나 분묘기지권에 관한 관습법은 전체 법질서에 부합하므로 2000.1.12.에 전부 개정된 ‘장사 등에 관한 법률’에 의해서 소멸되거나 그 내용이 변경되었다고 할 수 없다고 한다.

한 민법 제2조, 제103조, 제750조, 제751조 등의 내용을 형성하고 그 해석 기준이 되어 간접적으로 사법관계에 효력을 미치게 된다"고 하여, 간접적 법원이라고 한다.

(나) 위의 대광고교 사건은 분쟁 당사자 쌍방이 각기 향유하는 헌법상의 기본권(학생의 종교의 자유와 학교의 종교교육의 자유)이 충돌된 경우에 과연 양자를 어느 선에서 조절할 것인가 하는 점이 문제된 경우이다. 이와 같이 기본권이 충돌하는 사건은 근래 들어 많이 나타난다(주로 표현의 자유와 인격권과의 충돌).[5] 이러한 사건에서는 과연 누구의 권리나 이익을 어디까지 보호할 것인가 – 즉 이를 어떻게 조화시키는가 – 하는 점이 관건이 된다.

2. 신의성실의 원칙

이 원칙은 적용례가 워낙 많고 다양해서 이에 관한 적용례를 살피는 것이 매우 조심되지만, 이는 법적 안정성과 구체적 타당성을 조화시키는 법적 장치로서 판례의 해석경향을 보여주는 지표라고 할 수 있으므로, 신중하게 이를 살펴본다.

(1) 일반적 서술

초기에는 신의칙의 적용에서 고려할 사정을 말하는 판례가 보이지 않는다. 그런데 대법원 1991.12.10. 91다3802 판결은, 신의칙에 반한다고 하기 위해서는 상대방에게 신의를 공여하였다거나, 객관적으로 보아 상대방이 신의를 가지는 것이 정당하다고 할 수 있어야 한다고 한다.[6] 이러한 판례는 근래에도 이어진다(대법원 2017.2.15. 2014다19776, 19783 판결 참조).

(2) 사정변경의 원칙

(가) 이 원칙은 다양한 사례에서 문제되었는데, 오늘날 이 원칙의 일반적인 의

---

5) 예컨대 명예훼손 사건(대법원 1988.10.11. 85다카29 판결<주부생활 사건>), 초상권침해 사건(대법원 2006.10.13. 2004다16280 판결), 퍼블리시티권 사건(서울중앙지법 2005.9.27. 2004가단235324 판결), 개인정보보호권 사건(대전지법 2007.6.15. 2007카합527 결정) 등.

6) 위 판결에 앞서 나온 대법원 1989.5.9. 87다카2407 판결은, 신의성실의 원칙은 '상대방의 이익을 배려하여 형평에 어긋나거나 신뢰를 저버리는 권리행사나 의무이행을 해서는 안된다는 추상적 규범'이므로 신의칙의 적용에서는 여러 가지 사정을 고려해야 한다고 하면서, 그러한 사정의 하나로 상대방의 신뢰를 들었었다.

의와 요건(계약해제 요건)을 명언하는 것은 대법원 2007.3.29. 2004다31302 판결이다.

(나) 이 원칙이 문제된 최초의 사건은 화폐가치의 폭락으로 인한 매도인의 대금증액청구 사건이다(대법원 1955.4.14. 1953민상231 판결[공 1957,7]).

(다) 이 원칙이 실제로 많이 적용된 사례는 계속적 보증계약이다.[7)]

1) 이의 대표적 사례는, 회사의 임원 등이 회사의 제3자에 대한 채무를 보증하였는데 그 후 회사에서 퇴직한 경우에 보증계약의 해지를 인정한 것이다. 이의 최초는 대법원 1990.2.27. 89다카1381 판결이다. 이후 점차 해지가 인정되기 위한 구체적 요건이 다듬어졌다.[8)]

2) 그 밖에 사정변경의 원칙에 기해서 보증책임을 제한한 사례로는 신원보증,[9)] 신용카드회원에 대한 연대보증[10)] 등이 있다.[11)]

3) 판례 중에는 계속적 보증계약에서는 사정변경의 원칙에 기한 보증책임의 제한 이외에도, 보증인의 책임을 제한하는 예가 종종 있다. 주채무의 시효소멸 후 주채무자의 시효이익 포기는 보증인에게 효력이 없다고 하는 대법원 1991.1.29. 89다카1114 판결이 그 한 예이다.[12)] 이런 점에서 볼 때 보증인 보호는 판례의 해석경향을 이루고, 계속적 보증에서의 사정변경 원칙의 적용은 이러한 해석경향의 한 표현이라고 할 수 있다.

---

7) 판례가 계속적 보증계약에서 사정변경의 원칙을 적용한 최초의 사건은 병원의 장래의 치료비를 잘못 알고 보증한 경우이다(대법원 1978.3.28. 77다2298 판결). 그러나 이는 사정변경의 원칙이 아니고 착오에 관한 것이다.

8) 그 요건은, ① 일정한 지위에 있기 때문에 부득이 보증하였어야 한다(대법원 1995.4.25. 94다37073 판결). ② 계속적 거래관계로 인해서 발생하는 불특정한 채무를 보증하였어야 한다. 따라서 채무가 특정되어 있는 확정채무를 보증한 경우에는 해지할 수 없다(대법원 1991.7.9. 90다15501 판결). ③ 계속적 보증인 한 보증한도액이나 보증기간이 한정되어 있더라도 해지할 수 있다(앞의 89다카1381; 대법원 1992.11.24. 92다10890 판결). ④ 해지의 의사표시를 해야 한다. 다만 이는 반드시 서면에 의해야 하는 것은 아니다(대법원 1992.5.26. 92다2332 판결).

9) 대법원 1962.9.27. 62다458 판결. 신원보증인의 책임을 제한하기 위하여 신원보증법이 제정(1957년)되었다.

10) 대법원 1986.1.28. 85다카1626 판결.

11) 그 외에도 주채무가 예상 밖으로 커졌는데 채권자가 보증인에게 아무런 통지도 하지 않은 경우에, 원론적으로는 보증인의 책임을 제한할 수 있다고 하지만(대법원 1984.10.10. 84다카453 판결), 실제로 이를 제한한 사례는 보이지 않는다.

12) 그 외에도 확정판결에 의한 주채무의 소멸시효기간 연장은 채권자와 보증인 사이의 보증채무의 소멸시효기간에 영향을 미치지 않는다고 하는 대법원 86.11.25. 86다카1569 판결, 법률행위의 해석에서 소개하는 대법원 1993.10.26. 93다3103 판결 등.

(3) 실효의 원칙

이의 대표적 적용례는 부당해고 후 상당기간이 지나서 해고무효소송을 제기한 경우이다. 이의 최초의 판례는 대법원 1988.4.27. 87누915 판결이다.[13)]

(4) 모순행위 금지의 원칙(금반언 원칙)

(가) 가장 많이 문제된 사례는, 강행법규에 위반한 행위를 한 자가 스스로 그러한 점을 이유로 자신의 행위의 무효를 주장하는 경우이다. 판례는 만약 그러한 주장을 신의칙에 위배된다고 해서 배척한다면 강행법규 위반행위가 유효로 되어 강행법규를 둔 취지가 몰각된다는 점을 이유로, 그러한 주장은 신의칙에 반하지 않는다고 한다.[14)] 다만 특수한 사정이 있는 경우에는 그렇지 않다.[15)]

(나) 임차인이 은행의 저당물확인과정에서 건물주의 부탁을 받고 임대차관계의 존재를 감추고는, 후에 그 건물이 경매되자 임차권을 내세워 경락인의 건물명도청구를 거부한 경우에, 판례는 임차인이 어느 정도로 임대차를 숨겼느냐 하는 구체적 사정을 고려해서 임차인의 신의칙 위반 여부를 판단한다.[16)]

(5) 권리남용 금지의 원칙

(가) 이 원칙은 다양한 사건에서 문제되지만, 여기에서는 적용례가 가장 많은 토지소유자의 소유권에 기한 물권적 청구권 사건(즉 자신의 토지에 타인의 건물이 존재하는 경우 토지인도 및 건물철거 청구 사건)에 관한 것만을 살핀다.

(나) 구민법 시대의 판례에서는 권리남용의 요건으로 가해의사라는 주관적 요건을 요구하지 않았다.[17)] 그런데 현행 민법 시대에서는 가해의사를 권리남용의

---

13) 이러한 판례에서 '상당기간'의 정도가 사례마다 크게 차이가 난다. 짧게는 1년 미만인 것도 있지만(대법원 1991.10.25. 90다20428 판결(7개월)), 10년인 것도 있다(대법원 1990.8.28. 90다카9619 판결). 판례 중에는 뒤늦은 해고무효소송 사건을 실효의 원칙이 아니라 금반언의 원칙에 관한 것으로 취급한 것도 있다(그러한 최초의 판결은 대법원 1989.9.29. 88다카19804 판결).

14) 이의 지도적 판결은 대법원 1997.3.14. 96다55693 판결(사립학교법에 위반한 경우). 이러한 최초의 판결은 대법원 1968.9.6. 68다1323 판결이다(농지개혁법을 위반하여 상환완료 전에 수분배농지를 처분하고 인도해준 경우).

15) 대법원 1977.11.22. 77다1947 판결(농지개혁법이 시행될 당시 자경하지 아니한 농지를 농지개혁법 시행된 후 동법 제27조에 반하여 타인에게 매도한 경우에 반한다), 대법원 2000.6.9. 99다70860 판결(사립학교법 위반의 경우).

16) 대법원 1987.5.12. 86다카2788 판결은 임차인이 경매과정에서도 이를 숨겨 경락인이 경매과정에서 이를 알 수 없었던 경우로서, 신의칙 위반이라고 하였다. 반면에 대법원 1987.1.20. 86다카1852 판결은 경매과정에서 임대차관계가 조사·보고된 경우로서, 위반이 아니라고 하였다.

요건이라고 하는 판례가 주류를 이룬다(지도적 판결은 대법원 1986.7.22. 85다카2307 판결).[18] 이와 달리 오직 객관적 요소만을 기준으로 한 것(대법원 1982.9.14. 80다2859 판결), 혹은 주관적 요소와 객관적 요소를 선택적으로 요구한 것(대법원 1983.10.11. 83다카335 판결)도 있지만, 극히 일부에 불과하다. — 근래 권리남용 여부가 종종 문제된 사건으로는 상계권 행사, 지적재산권 행사 등이 있는데, 이러한 사건에서는 주관적 요건이 요구되지 않는다.[19]

(6) 기 타

(가) 신의칙은 당사자의 구체적인 주의의무의 정도나 내용을 결정하는 기능을 가진다. 특히 오늘날 새로운 유형의 계약이 생겨나면서 신의칙의 이러한 기능은 중요성이 커진다. 이러한 계약에서의 신의칙의 적용에서는 일반적인 법률지식을 넘어 당해 거래에 관한 전문적인 지식과 경험이 요구된다.[20]

(나) 신의칙 사건 중에서 공통성이 있는 것으로는 소멸시효 항변의 신의칙 위반 여부이다. 이는 소멸시효 부분에서 다룬다.

---

17) 박찬주, 권리남용금지와 권리자의 주관적 요건, 인권과 정의 386호(2008.10), 6-25면(17면)은, 구 민법 하에서는 명시적으로 권리자의 주관적 요건을 요구하는 판례는 발견되지 않는다고 하고, 현행민법 하에서 주관적 요건을 요구하는 판례가 나오기 시작했다고 한다. 현행민법이 적용된 사건에서 주관적 사해의사를 요구한 최초의 판결은 대법원 1962.3.8. 4294민상934 판결(원문 확인)으로 여겨진다.

18) 다만 근래에는 이러한 주관적 요건은 권리자의 정당한 이익을 결여한 권리행사로 보여지는 객관적 사정에 의해서 추인할 수 있다고 하는 것도 있다(대법원 2010.12.9. 2010다59783 판결).

19) 대법원 2003.4.11. 2002다59481 판결; 대법원 2007.1.25. 2005다67223 판결.

20) 주의의무의 내용에 관한 것으로는, 여행업자의 신의칙상의 주의의무에 관한 대법원 1998.11.24. 98다25061 판결, 중개업자의 신의칙상 주의의무에 관한 대법원 2015.1.29. 2012다74342 판결 등. 전문적 지식이 요구되는 몇 가지 예를 들면, 재산권 거래관계에서 신의칙상의 고지의무 유무(대법원 2013.11.28. 2011다59247 판결), 유가증권을 판매한 증권회사의 투자자에 대한 보호의무의 내용(대법원 2015.5.14. 2013다2757 판결), 유사투자자문업자나 미등록 투자자문업자의 신의칙상 의무(대법원 2014.5.16. 2012다46644 판결) 등. 그 외에 불공정행위 여부가 문제된 소위 키코 사건에서도 핵심은, 은행이 환 헤지(hedge) 목적을 가진 기업과 통화옵션계약을 체결할 때 부담하는 고객 보호의무의 내용과 정도이다(대법원 2013.9.26. 2013다26746 전원합의체 판결).

3. 권리의 주체

(1) 자연인

(가) 권리능력

1) 태아의 권리능력

대법원 1976.9.14. 76다1365 판결은, 태아인 동안에는 권리능력을 가지지 않으며 출생해야 비로소 소급적으로 권리능력을 가진다고 한다. 그리고 대법원 1982.2.9. 81다534 판결은 증여에 관해서 태아의 수증능력이 인정되지 않는다고 한다.

2) 존엄사

대법원 2009.5.21. 2009다17417 전원합의체 판결은, 환자가 곧 사망에 이를 정도로 회복불가능한 경우에 인간의 존엄과 가치 및 사회상규를 근거로 연명치료의 중단(존엄사)이 허용될 수 있다고 하고, 구체적으로 그것이 허용되는 요건을 판단한다.

존엄사 문제는 근래 새롭게 나타난 문제이고, 사회에서 활발히 논의되는 것이었다. 위 판결에 앞서서는 환자 가족의 요청에 따라 의사가 치료를 중지(인공호흡기 제거)하여 결국 환자가 사망한 사건에서 의사에게 살인방조죄를 인정한 판결이 있었는데(대법원 2004.6.24. 2002도995 판결, 보라매병원사건), 그 후 얼마 안 되어 위 판결은 엄격한 요건 하에 존엄사를 허용한 것이다.

3) 동시사망의 추정

대법원 2001.3.9. 99다13157 판결<괌 사건>은, 가족 4인이 함께 여행을 갔다가 비행기가 추락해서 모두 사망하였는데, 이중 3인은 사고 현장에서 사망했으나 1인은 병원에 후송되었다가 사망한 사건에서, 이들의 사망시기가 증명되었으므로 동시사망을 추정하는 제30조는 적용되지 않는다고 한다.

4) 실종선고

법원에 의한 부재자 재산관리인의 선임결정은 그 결정이 취소되지 않는 한 관재인의 권한은 소멸되지 않으며, 취소의 효력은 장래에 향해서만 생긴다(대법원 1970.1.27. 69다719 판결). 대법원 1971.3.23. 71다189 판결은, 부재자(A)에 대한 실종선고가 내려져(1949년 행방불명) 그의 처(B)가 관재인으로 선임되었는데, A가 사망하였음이 1969년에 확인되어 실종선고가 취소될 처지에 놓이자 B가 법원의 허가를 받아 A의 재산을 처분한 사건에서, 위의 법리를 그대로 적용해서 그 처분행위를 유효하다고 한다.

(나) 행위능력

행위능력제도는 구민법에서와 현행민법에서 커다란 변화를 겪었으며,[21] 현행민법에서도 중요한 변화를 겪었다. 즉 현행민법은 미성년자 이외에 행위능력이 제한되는 자로 한정치산자 및 금치산자를 두었었는데, 2011년의 개정으로 피한정후견인·피성년후견인·피특정후견인·피임의후견인 등으로 바뀌고, 제한내용도 크게 달라졌다. 법의 변화에 대한 고찰은 이 글의 방향을 넘는 것이므로, 여기에서는 이에 관한 주목할 만한 판례를 살핀다.

1) 처의 행위능력

앞의 註에서 설명한 것처럼 구민법은 처의 행위능력을 준금치산자와 마찬가지로 제한하여, 처가 일정한 행위('소송행위' 포함)를 함에는 夫의 허가를 받도록 규정하였다. 그런데 대법원 1947.9.2. 1947민상88 판결(법정 2권 10호(1947.10.), 49면)은, 남녀 차별을 가장 현저히 하는 위 규정은 일본의 기속으로부터 해방되어 민주주의를 기초삼아 국가를 건설하고 모든 제도를 민주주의 이념으로 건설하는 것을 國是로 하는 우리 사회상태에 적합하지 않다고 하면서, 위 규정을 적용하지 않았다.

위 판결이 내려진 시기에는 아직 헌법이 제정되지 않아 위헌법률심사제도[22]가 인정되지 않은 상태이지만, 위 판결은 민주주의라는 國是를 근거로 당시 시행되던 법률의 적용을 거부한 점에서 실질적으로 최초의 위헌법률심사 사건이라고 할

---

21) 구민법에서는 미성년자 이외에 행위무능력자(제한적 행위능력자)로서 금치산자와 준금치산자를 두었으며(구민법 제7조 이하), 그 외에 처를 행위무능력자의 하나로 하였었다(구민법 제14조 이하). 처의 행위능력에 관한 규정을 좀 더 설명하면, 구민법 제14조 제1항은 "처가 다음의 행위를 함에는 夫의 허가를 받을 것을 요한다"고 하면서 그 내용으로 동법 '제12조 제1항 제1호 내지 제6호의 행위'를 규정하였다. 그런데 동법 제12조는 준금치산자의 행위능력에 관한 것으로서, 이의 제1항은 "준금치산자가 다음의 행위를 함에는 그 보좌인의 동의를 얻을 것을 요한다"고 하고, 이의 4호는 '소송행위를 하는 것'을 규정한다. 다음에 소개하는 1947민상88은 처가 夫의 허가없이 소송행위를 하였기 때문에 문제가 된 사건이다. 참고로 처의 행위능력을 제한하는 일본민법상의 위 규정은 소화 22년(1947년)에 삭제되었다.

22) 이는 1948년 7월의 제헌헌법 제81조 제2항에 의해서 비로소 공식화되었다.

수 있다.[23)]

2) 의사무능력자

판례는 민법이 규정하지 않는 '의사능력'이라는 개념을 인정하고, 의사무능력자의 행위는 무효라고 한다(지도적 판결은 대법원 2002.10.11. 2001다10113 판결). 나아가 의사무능력자의 반환범위와 관련해서 제한적 행위능력자에 관한 제141조 2문을 유추적용한다(대법원 2009.1.15. 2008다58367 판결).

(2) 법 인

여기에서는 해석경향을 두드러지게 보여주는 판례만을 간단히 지적한다.

(가) 법인의 설립 혹은 탈퇴의 자유

1) 대법원 1996.9.10. 95누18437 판결은 중개업자가 임의로 설립한 갑 사단(한국공인중개사회)의 설립허가를 거부한 것(불허가처분)은 재량권의 일탈이 아니라고 한다.[24)] 즉 법인의 설립에 관한 민법의 허가주의(제32항)에 충실하게 허가 여부는 전적으로 관할청의 자유재량에 속한다고 본 것이다.

2) 대법원 2017.12.22. 2014다223025 판결은, 법령에 근거해서 설립된 私法人의 구성원이 법인에서 탈퇴하고자 한 사건에서, 사법인의 공익적 성격 그리고 설립근거인 법률상의 문언("회원이 될 수 있다"고 하지 않고 "회원이 된다"고 하는 단정적 의미) 등을 근거로 임의탈퇴의 효력을 부인한다.

(나) 대법원 1979.12.11. 78다481,482 전원합의체 판결은, 제48조는 출연자와 법인과의 관계를 상대적으로 결정하는 기준에 불과하며, 제3자에 대한 관계에서는 출연행위는 법률행위이므로 출연재산이 부동산에 대한 권리인 경우에는 이의 법인에의 귀속에는 등기를 필요로 한다고 하여, 위 규정의 법문에 반하는 해석을 한다.

---

23) 이 판결에 관해서는, 양창수, 우리 나라 최초의 헌법재판논의: 처의 행위능력 제한에 관한 1947년 대법원 판결에 대하여, 법학 40권 2호(111호)(1999.8.), 125-151면(서울대 법학연구소) 참조.

24) 이 사안은, 법률에 의해서 모든 중개사를 당연직 회원으로 하는 사단법인 A가 있는 외에, 가입을 희망하는 중개사 및 비중개사(개업중개사)로 구성된 비법인사단 갑이 법인격 취득을 위해서 허가를 신청한 사건이다. 그런데 갑이 법인격을 취득하려는 이유는, A법인에서 갑의 회원이라는 이유로 불이익을 주는 점, 중개사가 아닌 개업중개사의 권익보호를 위해서 A 아닌 단체가 필요하다는 점 때문이다. 그 밖에 부동산중개사와 관련된 비법인사단은 갑 이외에도 여러 개가 있다.

(다) 대법원 1975.4.22. 74다410 판결은, 이사의 대표권 제한을 등기하지 않은 경우에 법인은 제3자의 선의·악의를 불문하고 대항하지 못한다고 한다. 이는 민법 제60조가 대항할 수 없는 자를 단지 '제3자'라고 한 법문, 그리고 이의 입법취지에 따른 것이다.

4. 권리의 객체

(1) 유체·유골

대법원 2008.11.20. 2007다27670 전원합의체 판결은, A의 사실혼 배우자의 자녀인 을이 A의 뜻에 따라 A의 분묘를 X묘원에 모셨는데 A의 배우자의 자녀인 갑이 A의 분묘를 가족묘원에 모시겠다고 하면서 이장을 청구한 사건에서, 분묘에 안치되어 있는 선조의 유체·유골은 분묘와 함께 그 제사주재자인 갑에게 승계된다고 하고, 피상속인이 자신의 유체·유골의 매장장소를 지정한 경우에 그 의사는 존중되어야 하지만, 이는 도의적인 것에 그치고 제사주재자가 무조건 이에 구속되어야 하는 법률적 의무까지 부담하지는 않는다고 하여, 갑의 청구를 인용하였다.

5. 법률행위

(1) 법률행위의 해석

(가) 해석방법에 관하여

판례는 법률행위의 해석방법에 관하여 소위 표시주의 입장을 취한다. 즉 법률행위의 해석은 당사자가 그 표시행위에 부여한 객관적인 의미를 확정하는 것이므로 표의자의 내심적 의사가 아니라 표시행위의 객관적 의미를 합리적으로 해석해야 하고, 문언에 의하여 그 객관적인 의미가 명확하게 드러나지 않는 경우에는 법률행위가 이루어진 동기, 법률행위에 의하여 달성하려는 목적, 거래의 관행 등을 종합적으로 고려하여 사회정의와 형평의 이념에 맞도록 합리적으로 해석해야 한다고 한다(지도적 판결은 대법원 1994.3.25. 93다32668 판결). 이러한 해석방법은 처분문서에서 많이 나타나지만, 그러나 처분문서에서도 법률행위의 해석은 자유재량행위라는 점을 강조하는 판례도 적지 않다.[25] 또 법률행위가 당사자에게 무거

25) 예컨대 대법원 1990.12.11. 90다8589 판결. 다만 위 판결은 문언대로 해석한 것이다. 문언내용

운 책임을 부과하는 것인 때에는 엄격히 해석해야 한다고 한다.[26)]

(나) 타인 명의의 법률행위

1) 계약당사자가 타인 명의로 법률행위를 한 경우(행위자 ≠ 명의자)에 누구를 계약당사자로 볼 것인가? 이에 관해서 판례는, 행위자와 상대방의 의사가 일치한 경우에는 그 일치한 의사대로 당사자를 확정하고, 일치하지 않는 경우에는 구체적인 제반 사정을 고려할 때 합리적인 상대방이라면 계약 당사자로 이해할 자를 당사자로 결정한다고 한다(이러한 일반론의 선도적 판결은 대법원 1998.3.13. 97다22089 판결).

2) 앞의 판결은 행위자가 명의자의 승낙을 받고 그의 이름으로 행위한 경우(명의차용)에 관한 것이다. 그런데 이러한 일반론은 먼저 타인 명의를 도용하여 계약을 체결한 경우에 관한 대법원 1995.9.29. 94다4912 판결에서 나타났었다. 이와 같이 위의 일반론은 명의도용 및 명의차용의 경우를 중심으로 해서 전개된 것이다. 그런데 판례는 이후 이러한 일반론을 점차 확대하여, ① 대리의 경우(대법원 2003.12.12. 2003다44059 판결), ② 허무인 명의로 계약을 체결한 경우(명의은닉의 경우)(대법원 2012.10.11. 2011다12842 판결), ③ 행위자가 마치 다른 사람인 것처럼 행세한 경우(가장명의)(대법원 2013.6.27. 2013다11959,11966 판결). ④ 소위 차명대출의 경우에도 적용하였다(대법원 2010.5.13. 2009다92487 판결)(이의 문제점은 Ⅲ5(3)(나)1) 참조).

(다) 예문해석

1) 판례는 일찍부터 계약문서 작성자에게 일방적으로 유리한 조항을 단순한 예문에 불과하다고 해석해서, 이의 구속력을 부인하였다.[27)] 이에 대해서는 예문 여부를 판단하는 기준이 불명확하다는 비판 이외에도, 법률행위의 해석이라는 작업이 과연 당사자가 행위시에 가졌던 의사를 해석하는 것이냐, 아니면 타당한 법률관계(가혹한 책임의 배제 혹은 신의칙상 적절한 해결)에 도달하기 위한 수단으로 이

과는 다른 내용으로 해석해서 책임을 경감한 예로는 대법원 1987.5.26. 85다카1046 판결.

26) 예컨대 연대보증계약에 관한 대법원 1993.10.26. 93다3103 판결.

27) 예문해석의 전개와 발전에 관해서는 김증한/손지열, 「주석채권각칙(Ⅰ)」, 1985, 78면 이하 참조. 이 글에 의하면 예문해석론은 일본의 판례가 발전시킨 이론을 우리 판례가 수용한 것이라고 한다. 판례에서 예문해석으로 인정된 대표적인 사례는 은행에서의 근저당권설정계약서이다(대법원 1984.6.12. 83다카2159 판결).

용되는 것이냐 하는 의문과 비판이 제기되었으나, 이는 부당하거나 불공정한 조항의 효력을 부인함으로써 상대방(대부분 부동문자에 의한 계약서를 사용할 수밖에 없었던 소비자)을 보호하고자 하는 법원의 노력의 소산이라고 하는 긍정적인 평가가 우세하였다.

2) 그런데 약관법이 제정된 이후에도 일정한 계약문언을 예문이라고 해서 구속력을 배제하는 판례가 있다(최근의 것으로는 대법원 2005.7.28. 2005다22565 판결). 이는 당해 사건에 적용되어야 할 법률을 제쳐놓고 선례를 답습하는 것이 아닐까?

(라) 약관의 해석

1) 약관법은 약관의 해석방법으로 공정해석, 객관적·통일적 해석, 작성자불리해석, 엄격해석을 규정한다. 약관의 해석과 관련해서는 해석의 특수한 형태인 수정해석의 예만을 살핀다.

2) 수정해석이란 약관조항이 명확하나一義的, 문언 그대로 해석하는 것이 불합리하다고 판단되어 이를 제한적으로 해석하는 것이다. 수정해석의 허용 여부는 논란되지만, 판례는 이를 인정한다. 이의 지도적 판례는 자동차종합보험보통약관 소정의 이른바 무면허운전면책조항에 대한 대법원 1991.12.24. 90다카23899 전원합의체 판결이다.[28)]

(2) 법률행위의 목적에 관한 요건

(가) 목적의 적법

1) 이자제한법

가) 이자의 상한을 제한하는 이자제한법은 강행규정의 표본인데, 이는 상당한 변화를 겪었다. 광복 직후부터 일본의 이식제한령이 우리나라에도 적용되었으며, 1962년에 이자제한법이 제정되었다. 그런데 이 법이 IMF 시대에 폐지되었다가(1998년 1월 13일), 다시 새로운 이자제한법이 제정되었다(2007년 3월 29일).

나) 이자제한법과 관련해서 다툼이 많았고 변화를 겪은 문제는 초과이자를 이미 지급한 경우에 이의 반환을 청구할 수 있느냐 하는 점이다. 이식제한령 하의 판례는 반환청구를 부인하였으며(대판 1960.6.30. 4292민상838[요지 404조, 18]), 구 이자제한법 하에서도 같은 입장이었다(대법원 1988.9.27. 87다카422,423 판결). 그런

---

28) 이 판결은 보험약관에 면책조항으로 규정된 '무면허운전'은 무면허운전이 '보험계약자의 지배 또는 관리가능한 상황에서 이루어진 경우'에 한해서 적용된다고 하였다.

데 이자제한법이 폐지된 시기에 판례는 이자가 지나치게 고율인 경우 그러한 이자 약정은 사회질서에 위반하여 무효라고 하고, 이와 같이 무효 부분의 이자를 이미 지급한 때에는 이의 반환을 청구할 수 있다고 하였다(대법원 2007.2.15. 2004다50426 전원합의체 판결).[29] 그런데 새로운 이자제한법은 이 문제를 입법으로 해결하여, 이의 반환을 청구할 수 있다고 규정한다(동법 제2조 제4항).

다) 오늘날에는 기지급된 초과이자의 반환을 인정하는 위의 판결, 그리고 이를 명언한 법규정에 대해서 모두 찬성한다. 그런데 과거의 판례가 반환을 부인했던 이유는 – 고리의 사채 이외에는 서민의 금융수단이 거의 없었던 시기에 – 만약 반환청구를 인정하게 되면 그나마 긴박한 금전조차 얻지 못하게 할 위험이 있다는 당시의 사회사정에 대한 실제적 고려 때문으로 이해된다. — 물론 그 외에 과거의 이자제한법 하에서는 초과이자 약정은 강행법규 위반이므로 불법원인급여 규정(제746조)이 적용되지 않아 이론적으로는 반환을 인정할 근거가 없었다는 점도 고려되었을 것이다.

2) 강행법규 여부가 문제되는 경우

이하에서는 그러한 경우 중에서 판례의 변경이 있은 경우 및 국가계약에 관한 판례를 살펴본다.

가) 판례변경의 경우

국내 거주자의 비거주자에 대한 외국환 지급을 금지하는 구 외국환관리법 제21조 등,[30] 차입제한에 관한 상호신용금고법 제17조,[31] 그리고 근래의 대표적 예로서 중개수수료에 관한 구 부동산중개업법 제15조 등의 규정[32] 등이 그 예이다.

---

29) 이 사건에서의 약정이자는 15일에 10%였는데, 판결은 연 25%를 초과하는 이자의 반환을 명하였다.

30) 대법원 1975.4.22. 72다2161 전원합의체 판결은, 이전까지 서로 저촉되는 판례들을 정리해서, 이를 단속법규라고 하였다. 그런데도 그 후 이와 다른 견해의 판결들이 나오자(대법원 1979.9.25. 79다1150 판결), 다시 대법원 1981.5.26. 80다2367 전원합의체 판결은 이를 단속법규라고 하였다.

31) 이전에는 단속법규로 보았으나(대법원 1984.9.25. 84도1581 판결), 대법원 1985.11.26 85다카122 전원합의체 판결은 이를 효력법규로 보았다.

32) 초기의 판례는 이 규정을 효력규정이라고 하였는데(대법원 1976.11.23. 76다405 판결), 이를 변경하여 단속규정이라고 하였다(대법원 2001.3.23. 2000다70972 전원합의체 판결 – glaw.scourt.go.kr에서 검색). 그런데 다시 효력규정이라고 하는 판결이 나왔고, 대법원 2007.12.20. 2005다32159 전원합의체 판결은 이러한 충돌되는 판결을 정리해서, 이를 효력규정이라고 하였다.

나) 국가 등이 당사자인 계약(공공계약 혹은 국가계약)에 관한 법령

(ㄱ) 구 지방재정법 제52조의5(현행 지방재정법 제63조), 구 예산회계법 제70조의6(현행 국가를당사자로하는계약에관한법률(약칭: 국가계약법) 제11조) 등은 지방자치단체가 계약을 체결할 때는 계약의 목적과 금액 등 일정한 사항을 상세히 기재한 계약서를 작성하여 당해 공무원이 반드시 기명날인하도록 규정한다. 대법원 2004.1.27. 2003다14812 판결＜홍익대 사건＞은, 이러한 법령은 계약의 내용을 명확히 하고, 지방자치단체가 사인과 사법상 계약을 체결함에 있어 적법한 절차에 따를 것을 담보하기 위한 것으로서 강행규정이라고 하고, 따라서 이러한 요건과 절차를 지키지 않은 계약은 무효라고 한다.[33)]

(ㄴ) 그런데 위의 법령 중 다른 규정에 관해서는 내부규정이라고 한 판례가 상당히 많다. 이중 몇 개의 예를 들면, 의무불이행시 일정 내용의 遲滯償金을 부과하도록 규정하는 구 예산회계법 제94조 등에 대한 대법원 1996.4.26. 95다11436 판결, 국가계약에서는 경쟁입찰에 의하도록 규정하는 국가계약법 제7조 등에 대한 대법원 2001.12.11. 2001다33604 판결, '공무원은 필요할 때에는 계약금액을 조정한다'고 규정된 국가계약법 제19조 등에 대한 대법원 2017.12.21. 2012다74076 전원합의체 판결[34)] 등이 있다.

(ㄷ) 정 리 동일한 법률에 담긴 다수의 규정들의 성질이 모두 동일해야 하는 것은 아니다. 그런데 (ㄱ)의 판례에서 문제된 예산회계법상의 규정은 목적이나 내용을 볼 때 국가기관(공무원 포함)의 업무처리방법을 규율하는 것이다. 즉 공무원을 수범자로 하는 것이다. 또한 이러한 규정취지가 계약내용을 명확히 하기 위한 것이라면, 굳이 지방자치단체 내부의 절차를 거치지 않았더라도 계약내용이 명확하다면 이를 무효로 할 이유가 없을 것 같다. 그러므로 이를 무효라고 하기 위해서는 적어도 그러한 요건이나 절차를 알지 못하는(즉 요건이 미비하거나 절차를 위반했음을 모르는) 사인이 왜 불이익을 입어야 하는지 그 이유를 설명해야 하지 않을까?

---

33) 이러한 입장의 판례는 일찍부터 나왔는데(최초의 판례는 대법원 1986.2.11. 84다카2454 판결), 위의 판결 전에는 이 법령을 강행법규라고 하지는 않고 단지 이를 위반한 계약은 무효라고 하였었다. 그리고 무효로 보는 근거에 관해서 아무런 설명도 없었다.

34) 이를 강행법규로 보는 반대의견은, 그 근거의 하나로 위 법문이 계약금액을 '조정한다'라고 되어 있는 점을 든다.

(나) 목적의 사회적 타당성

1) 일반론

가) 대법원 1984.12.11. 84다카1402 판결[35]은 제103조에 의하여 무효로 되는 행위는 '법률행위의 목적인 권리의무 내용'이 선량한 풍속 기타 사회질서에 위반되는 경우뿐만 아니라, 내용 자체가 아니지만 '그 법률행위에 반사회질서적인 조건 또는 금전적 대가가 결부'됨으로써 반사회질서적 성질을 띠게 되는 경우 그리고 '표시되거나 상대방에게 알려진 법률행위의 동기'가 반사회질서적인 경우를 포함한다고 한다. 그런데 대법원 1992.11.27. 92다7719 판결은, 위의 일반론에 이어서, "이상의 각 요건에 해당하지 아니하고 단지 법률행위의 성립과정에서 강박이라는 불법적 방법이 사용된데 불과한 때'에는, 반사회질서의 법률행위로서 무효라고 할 수는 없다고 한다. 그런데 근래에는 후자의 내용이 삭제되고 단지 앞의 일반론만을 전개한 판례가 주류를 이룬다(선도적 판결은 대법원 2000.2.11. 99다56833 판결).

나) 84다카1402이 위와 같은 일반론을 전개한 이유는, 제103조가 법률행위의 '내용'에 반사회적 요소가 있는 경우에 무효라고 규정하는 바, 법률행위의 내용이 아닌 부분에 반사회성이 있는 경우에도 무효가 될 수 있음을 밝히기 위한 것으로 이해된다.[36] 그렇다면 이러한 일반론은, 경직되거나 규범화하지 않는 한, 문제될 것 없다.

그러면 92다7719이 이러한 일반론을 '요건'으로 전환시킨 이유는 무엇인가? 84다카1402 역시 법률행위의 성립과정에 불법적 방법이 사용된 경우임에도 이를 요건으로 하지 않은 점에서 보면, 그 이유는 당해 사건에서 찾을 수밖에 없다. 이 사건은 전두환 정권 시대에 보안사 등에 끌려가 고문 등에 못이겨 재산을 기부했던 피해자가 그 재산기부행위는 반사회적 행위로서 무효라고 하면서 재산반환을 청구한 사건인데, 판결은 그러한 청구를 배척하기 위해서 일반론을 요건으로 전환시켰을 것으로 추론된다. 물론 이후에도 이와 다른 사건에서 요건론이 유지되었으

35) 이 사건은 갑(원고)이 A의 협박과 폭행, 행패에 시달려 자신의 부동산을 을(피고)에게 이전한 경우이다.

36) 서을오, 민법 제103조상의 반사회질서행위의 유형화에 대한 비판적 검토, 대상판결: 대법원 2002.12.27. 선고 2000다47361 판결, 민사판례연구 33-1권(2011.2.), 127-156면은, 이러한 일반론은 일본의 와가츠마(我妻) 교수의 견해를 받아들인 것이라고 한다.

므로(예컨대 대법원 2002.9.10. 2002다21509 판결), 위의 추론은 잘못된 것일 수 있다. 그런데 근래 요건론을 따르는 판례가 보이지 않는 것은, 위와 같은 추론을 뒷받침한다.

2) 이중양도

가) 대법원 1967.12.5. 66다2451,2452 판결은, 부동산 2중양도에서 '병(제2양수인)이 갑(양도인)의 배임행위에 적극 가담'하였다면 그의 행위는 반사회적 행위로서 무효라고 하였다. 이후 2중양도가 무효로 되기 위한 구체적 요건과 효력이 다듬어져 갔다. 여기에서는 요건과 효과에 관한 눈에 띄는 판례를 살핀다.

나) 책임귀속사유라는 요건

(ㄱ) 대법원 2009.9.10. 2009다23283 판결은, 제2양수행위가 반사회적인 것이라고 하려면 상대방에게도 "그가 의도한 권리취득 자체의 좌절을 정당화할 만한 책임귀속사유"가 있어야 한다고 한다. 이 판결은 2중양도에 관한 판례에 대한 소극적 평가에 기초해서 2중양도의 반사회성 요건을 엄격히 하려는 취지에 기한 것으로 이해된다. 즉 2중양도는 소위 절대적 무효이므로 병이 부동산을 제3자에게 이전한 경우에도 을(제1양수인)은 이의 반환을 청구할 수 있게 되어 거래안전을 크게 해친다는 점, 과연 등기를 태만히 한 을을 이렇게까지 보호하는 것이 적절한가 하는 의문에 기한 것이다.

(ㄴ) 2중양도의 반사회성 이론은 현행 민법이 채택한 소위 형식주의의 취지에 정면으로 배치되는 것임에도 판례가 이러한 이론을 취한 것은, 현행민법 시행 초기에 일반인이 형식주의로의 법의 변화를 몰랐고 또 등기에 익숙치 않았던 당시의 사회상을 고려해서이다. 그렇다면 등기에 관한 일반인의 인식이 바뀌고 실제로도 등기를 하는 데 소홀하지 않는 오늘날의 사회에서는 2중양도의 반사회성 이론은 보다 엄격히 적용되거나 축소 또는 배제되어야 한다. 이런 점에서 위의 판결의 방향은 타당하다. 다만 그러한 방법으로 '책임귀속사유'라는 의미가 불명확한 개념을 요건으로 한 점은 잘 이해되지 않는다. 그 밖에도 이 판결 이전부터 병에게 요구되는 요건은 '갑의 배임행위를 적극적으로 유인할 것'이었는데, 과연 '책임귀속사유'가 이러한 요건보다 더 엄격한 요건인가 하는 의문도 든다.

다) 이행한 급부의 반환 여부

(ㄱ) 2중양도를 무효라고 한 이유는 제1양수인(을)에게 부동산을 보유하도록 하

기 위해서이다. 그런데 2중양도가 반사회적인 것이어서 무효가 된다면 제746조가 적용되어 갑은 병으로부터 부동산을 반환받을 수 없게 된다.[37] 그래서 2중양도를 무효라고 한 취지를 실현하기 위해서 판례는 2중양도가 반사회적 법률행위라면 을은 갑을 대위해서 병 앞으로 경료된 등기의 말소를 구할 수 있다고 하였다(대법원 1983.4.26. 83다카57 판결).

㈁ 2중양도가 반사회적이어서 무효라면 갑은 병에 대해서 반환청구(등기말소청구)를 할 수 없는데, 을이 갑에게 있지도 않는 이러한 권리를 대위한다는 것은 이론상 모순임이 명백하다. 위 판례는 이론적 모순을 감수하고라도 2중양도를 무효로 한 취지를 실현하고자 한 것이다.

3) 변호사의 성공사례

변호사의 보수에 관해서, 판례는 일찍부터 이에 관한 약정이 실제로 출연한 노력과 비용의 정도에 비추어 부당히 과다한 때에는 신의성실의 원칙에 반하여 무효라고 하였다(대법원 1972.2.29. 71다2722 판결). 다음으로 성공보수약정에 관해서는, 민사사건에서는 유효로 인정한다.[38] 형사사건에 관해서 얼마 전까지는 이를 유효로 인정하였었으나,[39] 근래 대법원 2015.7.23. 2015다200111 전원합의체 판결은 이를 변경해서, 그러한 약정이 가져오는 사회적 폐단과 부작용 등을 고려할 때, 이는 수사·재판의 결과를 금전적인 대가와 결부시키는 것으로서 사회질서에 위배되는 것으로 평가할 수 있다고 하였다.

4) 기타 개별적 사례

가) 근래 우리 사회의 단면을 보여주는 사안으로서, ① 세금면탈을 위하여 행해진 약정은 반사회적 행위가 아니라고 한다.[40] 또 ② 투기목적의 세입자입주권 대량 매수 역시 반사회성을 부인한다.[41]

---

37) 이러한 문제를 피하기 위해서 판례는 불법원인급여의 경우에도 급여자는 소유권에 기한 물권적 청구권을 행사할 수 있다고 하였었다(대법원 1977.6.28. 77다728 판결). 그런데 대법원 1979.11.13. 79다483 전원합의체 판결은 이를 변경해서, 제746조는 소유권에 기한 방해제거청구권의 행사에도 적용된다고 하였다. 그러자 판례는 위와 같은 결과를 실현하기 위해서 다른 길을 모색하지 않을 수 없었다.

38) 그러나 변호사가 들인 노력과 비용의 정도에 비추어 부당히 과다하지 않는 범위에서 유효하다(대법원 2014.3.27. 2012다50353 판결).

39) 대법원 2009.7.9. 2009다21249 판결.

40) 대법원 1991.5.14. 91다6627 판결(주택매매계약에서 매도인으로 하여금 양도소득세를 부과받지 않게 할 목적으로 소유권이전등기는 3년 후에 넘겨받기로 한 특약).

나) 근래 자주 문제되는 것은 위약벌의 반사회성이다. 위약벌은 손해배상액의 예정과 다르므로 제398조 제2항을 유추적용하여 감액할 수 없다. 그래서 판례는 약정된 위약벌이 과도하게 무거울 때에는 그 일부를 공서양속에 반하여 무효로 된다고 한다.[42] 그 외에 근래 자주 나타나는 반사회적 행위로는 보험계약자가 보험금을 부정취득할 목적으로 다수의 보험계약을 체결한 경우이다.[43]

5) 회피수단 = 재판상화해 등

가) 대법원 1975.11.11. 74다634 판결은,[44] 구 민사소송법 제206조 소정의 화해조서는 확정판결과 동일한 효력이 있으므로, 재판상의 화해가 성립한 경우에는 가령 그 내용이 강행법규에 위배된 경우라도 그것은 단지 재판상 화해에 하자가 있음에 불과하여, 재심절차에 의한 구제를 받는 것은 별문제로 하고 그 화해조서의 무효를 주장할 수 없으며, 이러한 법리는 제소전화해(민사소송법 제355조)에 관해서도 같다고 한다.[45] 특히 제소전화해는 가등기담보에서 소송대리에 관한 쌍방대리와 결합하여[46] – 그리고 나아가 대리인 선임에 관한 백지위임장을 이용해서[47] – 차용액보다 훨씬 고가의 담보물을 편취하는 방편으로 많이 이용되었다.[48]

나) 이러한 판례에 의하면 반사회적 행위도 재판상화해를 통해서 이의 효력을 유지하게 된다. 즉 재판상화해가 반사회적 행위를 유효로 만드는 회피수단으로 악용된다. 재판상화해에 관한 문제점은 민사소송법에서 검토할 점이므로 더 이상의 고찰은 생략하지만, 이러한 방법을 통해서 반사회적 행위 등의 효력이 유지된다면, 반사회적 행위를 무효로 하는 법의 취지가 말살될 뿐만 아니라, 법을 악용하는 자에게 법의 보호를 주는 결과가 된다. 이는 법원이 법이론에 묻혀 정의에 눈

41) 대법원 1991.5.28. 90다19770 판결(세입자입주권 15매를 투기의 목적으로 매수한 경우).

42) 유효라고 한 것으로는 대법원 1989.10.10. 88다카25601 판결, 일부 무효라고 한 것으로는 대법원 1999.3.26. 98다33260 판결.

43) 대법원 2009.5.28. 2009다12115 판결.

44) 그외에 판례는 일찍부터 소송상의 화해는 소송행위로서 사법상의 화해와는 달리 사기나 착오를 이유로 취소할 수 없다고 하였다(대법원 1964.9.15. 64다92 판결).

45) 제소전화해에 기해서 소유권이전등기가 행해진 경우 중에는 전두환 정권 하에서 보안사 직원의 고문 등 가혹행위에 못이겨 재산을 기부한 사건도 있다(대법원 1992.11.27. 92다7719 판결; 대법원 1997.10.10. 96다35484 판결). 그리고 앞에서 살핀 반사회적인 2중양도 사건에 관해서 재판상화해가 행해진 사건으로는 대법원 1975.8.19. 74다2229 판결.

46) 대법원 1969.6.24. 69다571 판결; 대법원 1973.10.23. 73다437 판결.

47) 대법원 1979.12.26. 79다1851 판결; 대법원 1990.12.11. 90다카27853 판결.

48) 가등기담보에서의 쌍방대리 및 제소전화해의 실태에 관해서는 유현, 변칙적담보와 제소전화해(재판자료 13집: 변칙담보 · 행정소송 실무상의 제문제) 227-247면, 법원행정처, 1982 참조.

을 감는 것이 아닌가 하는 생각을 들게 한다.

(다) 불공정행위

1) 요건 일반

가) 초기의 판례는 대부분 불공정행위의 객관적 요건으로 1방(채무자)의 궁박・경솔 또는 무경험 등과, 주관적 요건으로 타방(채권자)의 이러한 사정에 대한 '인식'을 요구하였다.[49] 그런데 그 후 객관적 요건으로 궁박 등 이외에 '급부와 반대급부 간의 현저한 불균형'을 요구하고, 주관적 요건으로 상대방의 궁박 등과 같은 사정을 '알면서 이를 이용하여'라는 점을 요구한다(대법원 1988.9.13. 86다카563 판결).[50]

나) 제104조는 '궁박 등으로 인하여 현저하게 공정을 잃은' 법률행위라고 하여, 주관적 요건을 요구하지 않는다. 단지 궁박 등과 불공정 간의 인과관계를 요구할 뿐이다. 그 외에 객관적 요건으로 '급부와 반대급부 간'의 불균형이라고 하지 않는다. 판례는 주관적인 가해의사를 요건으로 하는 이유를, 위 규정은 '궁박 등을 이용한 폭리행위를 규제'하려는 데 목적이 있다는 점을 든다. 그러나 제104조의 문언에 의하면 이의 취지는 단지 '폭리행위를 규제'하려는 데 목적이 있는 것이 아닌가 생각된다. 어쨌든 위와 같은 판례는 우리의 법문과 맞지 않는다.

2) 국가의 권력적 불법행위 사건

전두환 정권 시대에 보안사에서의 가혹행위에 못이겨 재산을 기부했던 피해자가 그러한 기부행위는 불공정행위로서 무효라고 주장한 데 대해서, 불공정행위에

---

49) 예컨대 대법원 1964.8.31. 63다681 판결[요지 제104조 23, 카드8054]; 대법원 1970.11.24. 70다2065 판결. 그러나 대법원 1964.5.19. 63다821 판결은 – 아래의 구민법의 판례와 유사하게 – '편승하여'를 요건으로 삼는 입장인 듯하다. 구민법 시대의 판례에는 '채무자의 급박한 궁박에 乘하여'라고 한 것이 많다(대법원 1954.12.23. 4287민상70 판결[집 1-7 민22]. 그러나 주관적 요건을 말하지 않는 것도 있다(대법원 1948.11.25. 4281민상166 판결[요지 제104조 1, 카드5403]). 참고로 구민법에는 불공정행위에 관한 규정이 없고, 따라서 이는 제90조의 "공서양속위반"에 해당하여 무효가 되었다. 다만 '이용'을 요건으로 하는 판례도 있었다(대법원 1959. 10.1. 4291민상404 판결[요지 제104조 19, 카드6305] 참조). 그외에 대법원 1977.12. 13. 76다2179 판결도 이러한 입장인 듯하다.

50) 판결은 이러한 주관적 요건을 요구하는 이유로서, 불공정행위는 '약자적 지위에 있는 자의 급박 등을 이용한 폭리행위를 규제하려는 데 목적이 있다'고 한다. 그 외에 대법원 2010.7.15. 2009다50308 판결<소위 알박기 사건>은, 매매계약이 불공정행위로서 무효인 경우에는 그 계약에 관한 부제소합의 역시 무효라고 한다.

해당하기 위해서는 급부와 반대급부와의 사이에 현저히 균형을 잃을 것이 요구되는데, '증여에서는 상대방에 의한 대가적 의미의 재산관계의 출연이 없이 당사자 일방의 급부만 있으므로 급부와 반대급부 사이의 불균형의 문제는 발생하지 않는다'고 하여 무효주장을 배척하였다(이의 지도적 판결은 대법원 1993.7.16. 92다41528,41535 판결<김계원 사건>). 그런데 이에 의하면 상대방의 궁박을 이용해서 1억 원의 부동산을 1만 원에 사는 것은 불공정행위가 되지만 무상으로 받으면 불공정행위가 아니라는 해괴한 결과가 된다.

(3) 하자있는 의사표시

(가) 비진의표시

1) 비진의표시에 해당하느냐 하는 점이 문제된 대표적인 경우는 사직서를 제출하여 의원면직된 경우, 그리고 강제에 의해서 재산을 기부한 경우이다. 전자는 다시 사직서 제출이 강제된 경우와 그렇지 않은 경우로 나눌 수 있다. 그런데 전자 중 사직서가 강제된 경우 및 후자의 경우는 모두 전두환 정권 하에서의 국가의 권력적 불법행위와 관련된 경우이다. 따라서 두 경우는 뒤에서 살핀다(Ⅲ6(2)(가)).

2) 전자 중 사직서가 강제되지 않은 경우에 관한 것으로서, 대법원 1996.12.20. 95누16059 판결은 근로자가 당시의 상황에서는 의원면직을 하는 것이 최선이라고 판단하여 사직의 의사표시를 수락한 때에는 비진의표시에 해당하지 않는다고 한다.

(나) 통정허위표시

1) 차명대출

가) 이는 갑이 은행 기타 금융기관(병)으로부터 금전을 차용하려 하는데 법령상의 제한 등 특수한 사정 때문에 자신의 명의로 차용할 수 없어서 을에게 부탁해서 을이 자신의 이름으로 금전을 차용한 경우이다. 이 경우에 누가 차용인으로 되는가 하는 점에 관해서, 대부분의 판례는 을이 은행에 와서 계약서에 주채무자로서 서명·날인하였다면 이는 자신이 계약의 주채무자임을 은행에게 표시한 것이므로 비진의표시가 아니라고 하여 을을 차용인이라고 한다(선도적 판결은 대법원 1991.4.23. 90다19657 판결).[51] 다만 특수한 사정이 있는 경우에 갑을 당사자로 인

정한다(예컨대 대법원 1992.6.12. 92다10722 판결).

나) 특수한 사정을 이유로 갑을 당사자로 인정한 경우는 물론이고, 을을 당사자로 인정한 판례 중에도 은행 병이 갑과 을의 위와 같은 사정을 알고 있는 경우가 많다(90다19657의 사안도 그렇다). 또 병은 갑이 실질적인 대출자임을 알고 갑에 대해서만 대출금을 회수해왔다. 그럼에도 갑이 대출금을 갚지 않자 화살을 을에게 돌리는 병을 보호하는 것이 정당한지 의문이다. 판례는 근래 을을 당사자라고 하는 이유로서, 차명대출을 타인 명의의 법률행위의 한 유형으로 보고 여기에 그러한 경우의 일반적인 당사자의 확정방법을 적용한다.[52] 그런데 차용대출에서는 행위자가 자신 명의로 법률행위를 한 것이다. 즉 행위자 = 명의자이다. 따라서 차명대출을 타인 명의의 법률행위의 한 형태로 파악하는 것은 부당하다.

2) '선의 제3자'의 보호규정

'제3자'는 허위표시의 당사자와 그의 포괄승계인 이외의 자로서 '허위표시행위를 기초로 하여 새로운 이해관계를 맺은 자'이다(대법원 1983.1.18. 82다594 판결).[53] 근래 자주 문제되는 것은, 가장 소비대차의 대주가 파산선고를 받은 경우 그 파산관재인이 여기의 제3자에 해당하느냐 하는 점이다. 판례는 파산관재인은 파산자의 포괄승계인과 같은 지위를 가진다고 하면서도, 이를 긍정한다(대법원 2003.6.24. 2002다48214 판결). 이는 법논리를 벗어나 실제를 고려한 판단이다.

(다) 착 오

착오의 모습은 매우 다양하다. 이하에서는 이러한 다양한 모습의 착오 중에서 특히 판례의 해석경향을 보여주는 것을 몇 가지 살핀다.

1) 동기의 착오

가) 제109조는 법률행위의 내용 중 중요부분에 착오가 있는 경우에 취소할 수 있다고 규정하므로, 동기의 착오는 취소할 수 없다. 그런데 판례는 당사자 사이에 동기를 의사표시의 내용으로 삼았거나 혹은 의사표시의 해석상 법률행위의 내용

---

51) 타인 명의로 대출받은 사건의 시초는 대법원 1980.7.8. 80다639 판결인데(사립학교법상의 제한규정 때문에 교직원 등의 명의를 빌려서 학교법인의 차금행위를 한 경우), 이 사건에서도 비진의표시를 부인했다.

52) 이의 시초는 대법원 2010.5.13. 2009다92487 판결이다. 그런데 이 사건에서도 금융기관이 을에 관해서는 신용조사도 하지 않았고, 갑에게 계속해서 대출금을 상환받아 왔다.

53) 이는 채권을 가장 양도한 경우의 채무자는 여기에 해당하지 않는다고 한 것이다.

으로 되어 있는 경우에는 취소할 수 있다고 한다.[54)]

나) 판례가 동기의 착오라고 한 경우는 매우 다양하지만, 주목할 만한 경우로는 가격에 대한 착오,[55)] 법률적 장애의 착오(부동산에 존재하는 법령상의 제한을 모른 경우),[56)] 소위 신용에 관한 착오,[57)] 그리고 화해의 전제에 관한 착오(손해발생 원인을 잘못 알고 화해한 경우)[58)] 등을 들 수 있다. 다만 이중에서 언제나 동기의 착오라고 한 것은 가격의 착오뿐이고, 그 외에는 동기의 착오라고 한 것도 있고, 그렇지 않은 것도 있다. 그러면 각 경우에 취소의 인정 여부는 어떤가? 우선 가격에 관한 착오에서는 언제나 취소를 부인한다.[59)] 그런데 법률적 장애의 경우[60)] 및 신용의 착오 경우에는[61)] 취소를 인정한 것과 부인한 것이 있다. 끝으로 화해의 전제에 관한 착오에서는 거의 대부분 취소를 인정하지만, 이를 부인한 것도 있다.[62)]

다) 우선 동기의 착오인가 하는 점에 대한 판단의 당부를 검토하면, 가격은 법률행위의 가장 중요한 부분이다. 그러므로 이를 동기의 착오라고 한 것은 부당하다. 다음으로 법률적 장애의 착오 및 신용의 착오는 동기의 착오로 볼 여지도 있으므로 당부를 논할 수 없다. 끝으로 화해전제의 착오는 명백히 동기의 착오이다.

---

54) 다만 동기의 착오를 이유로 취소할 수 있는 요건에 관해서는 판례마다 조금씩 차이가 있다. 예컨대 대법원 1989.1.17. 87다카1271 판결은 본문의 내용 중 전자만을 요구하나, 대법원 1989. 12.26. 88다카31507 판결은 양자를 모두 요구한다.

55) 대법원 1955.7.7. 4288민상66 판결. 근래에도 같은 입장이다(대법원 1991.2.12. 90다17927 판결).

56) 동기라고 한 것으로는 대법원 1984.10.23. 83다카1187 판결. 동기의 착오라고 하지 않은 것은 대법원 1993.6.29. 92다38881 판결.

57) 이는 은행(갑)이 A의 은행에서의 은행거래상황에 관해서 잘못된 확인서를 신용보증기금(을)에게 제출하여 을이 이를 기초로 A의 새로운 차용금채무를 신용보증하였는데, 을이 그러한 사정을 발견하고 착오를 이유로 신용보증계약을 취소한 사건이다. 이를 동기의 착오라고 한 것으로는 대법원 1989.1.17. 87다카1271 판결, 동기의 착오라고 하지 않은 것으로는 대법원 1987.11.10. 87다카192 판결.

58) 단지 화해계약의 전제에 관한 착오라고 한 것으로는 예컨대 대법원 1990.11.9. 90다카22674 판결. 동기의 착오라고 한 것은 대법원 1979.3.27. 78다2493 판결.

59) 다만 대법원 1998.2.10. 97다44737 판결은 취소를 인정했는데, 이는 쌍방이 토지상의 공법적 제한을 간과하고 산정한 감정가격에 기초해서 토지가격을 결정했던 경우(즉 공통의 착오의 경우)이다.

60) 취소를 인정하지 않은 것으로는, 앞에서 소개한 83다카1187. 92다38881도 취소를 인정하지 않았으나, 그 이유를 착오자의 중과실이라고 하였다. 취소를 인정한 것으로는 대법원 1995.11.21. 95다5516 판결.

61) 앞에서 소개한 87다카192는 기금의 취소 주장을 배척하였으나, 87다카1271은 이를 인용했다.

62) 취소를 인정한 것으로는 앞에서의 90다카22674. 취소를 부인한 것으로는 앞에서의 78다2493.

이런 점에서 볼 때 전반적으로 동기의 착오이냐에 관한 판단은 이론적으로는 문제가 있다. 그러면 실제적 측면에서 취소의 인정 여부에 대한 판단은 타당한가? 필자의 소견으로는 거의 대부분 타당하다고 생각된다. 그러면 실제적으로 타당한 판단을 할 수 있는 이유는 무엇일까? 그리고 그러한 판결을 유지하기 위한 방법은 무엇인가? 이하에서 이러한 두 가지 점을 살펴본다.

2) 타당한 판단을 하는 이유 = 실제적 사정의 고려

취소의 요건은 착오가 '법률행위 내용의 중요부분'에 있어야 한다. 그러면 판례는 어떤 점을 고려해서 법률행위의 중요부분에 착오가 있다고 판단하는가? 판례는 이에 관해서 구체적인 언급을 하지 않지만, 필자의 분석에 의하면 실제적 사정을 고려할 때 당사자 중 어느 쪽을 보호하는 것이 타당한가 하는 점이 궁극적인 고려요소로 작용한다. 이러한 분석을 뒷받침하기 위해서 다음의 몇 개의 착오 사례를 추적해 본다. – 물론 이러한 고려요소는 착오에 한정되지 않고 모든 사건에서 고려되는 것이다. 그런데 착오와 같이 객관적으로는 알 수 없는 내심의 의사가 법률행위의 효력을 좌우하는 경우에는 특히 그렇게 해야 한다.

가) 가격은 법률행위의 가장 중요한 부분이다. 그런데 합의된 가격이 상대방의 급부에 대한 적절한 대가이냐 하는 점은 각자가 자신의 위험부담 하에 판단할 문제이다. 판례가 가격의 착오는 취소할 수 없다고 한 것은 이런 이유에서일 것이다. 판례가 장차의 예상이 틀린 경우 취소사유가 아니라고 한 것(대법원 2007.8.23. 2006다15755 판결) 역시 그와 같은 사고에 기한 것으로 이해된다.

나) 법률적 장애에 관한 착오의 경우에 취소의 인정 여부의 기준으로 판례는 매수부동산의 사용용도(동기)를 표시했느냐 하는 점을 든다. 그런데 사안을 보면 그런 점보다는 착오(사용목적의 좌절)로 인한 불이익을 매수인이 감수해야 하느냐 여부가 실제의 이유로 여겨진다. 즉 취소가 부인된 사건은 주로 개인이 토지를 특정 용도(농장 혹은 주택신축)로 사용하기 위한 경우인데(앞의 83다카1187도 이에 해당), 이런 경우에는 실제로도 매수인이 그러한 목적을 말하지 않았을 가능성도 크지만, 그보다는 매수인은 그러한 용도로 사용하지 못할 뿐이지 토지는 취득하므로, 굳이 취소를 인정할 필요가 없다고 할 수 있다. 따라서 동기의 표시 여부보다는 착오의 불이익을 매수인이 감수해야 한다는 점이 취소를 부인한 실제적 이유일 것이다. 다음으로 아파트를 짓기 위해서 토지를 매수한 사건 중에서, 예컨대

대법원 1995.11.21. 95다5516 판결은 동기를 표시했다고 하면서 취소를 인정했다. 그런데 같은 목적으로 토지를 매수한 대법원 1990.5.22. 90다카7026 결정(한신공용 사건)에서는 동기를 표시하지 않았다는 이유로 취소를 배척했다. 그러나 이런 이유는 수긍할 수 없다. 왜냐하면 이 사안에서 매수인은 당시 굴지의 건설회사였고 고층아파트를 짓기 위해서 토지를 매수한다는 점은 신문에도 실릴 정도로 알려진 사실이었기 때문이다. 당시에 매수인은 고도제한의 장애를 피할 수 있다고 생각하고 계약을 맺은 것이라는 소문이 나돌았다. 그렇다면 이러한 매수인은 설령 그러한 장애 때문에 목적대로 아파트를 짓지 못하게 되었을지라도 보호받을 가치가 없다. 이것이 이 판결이 취소를 배척한 진정한 이유이다.

다) 경제적 불이익을 주지 않는 착오

판례는 착오로 인하여 표의자가 경제적인 불이익을 입지 않으면 법률행위 내용의 중요부분의 착오라고 할 수 없다고 한다(대법원 1999.2.23. 98다47924 판결). 이는 판례가 사건을 해결함에 있어서 실제적 결과를 중시한다는 점을 명시적으로 표시하는 것이다.

3) 타당한 판결을 유지하는 방법 = 착오 사안의 유형화

착오의 사안이 너무나 다양하므로, 자칫 구체적 사정의 고려에 파묻혀 같이 취급해야 할 것을 달리 취급할 위험이 크다. 이를 방지하기 위해서는 유사한 사건을 묶어서 유형화하는 것이 필요할 것이다. 이러한 유형의 몇 가지를 살펴본다.

가) 공통의 착오

착오의 사례 중에는 쌍방이 공통하게 같은 내용의 착오에 빠져 계약을 체결한 경우가 있다. 착오의 경우에 취소를 엄격히 하는 이유는, 표의자의 착오 사실을 알지 못하는 상대방을 보호해야 하기 때문이다. 그렇다면 공통의 착오에서는 취소를 불허할 이유가 없다. 앞에서 살핀 화해의 전제에 관한 착오에서 취소를 인정한 것은 이러한 이유에서 설명될 것이다.

나) 유발된 착오

이는 상대방이 표의자의 착오를 유발시킨 경우이다. 이런 경우까지 상대방을 보호(취소를 불허)하는 것은 타당치 않을 것이다. 신용의 착오는 대부분 유발된 착오에 해당하고, 취소를 인정한 이유는 이런 점에서 찾을 수 있다. 다만 신용의 착

오에서도 취소를 불허한 사건이 있는데, 판례는 그 이유를 설명하고 있다.[63]

(라) 사기 · 강박

1) 대법원 1974.2.26. 73다1143 판결(A사건)은, 강박이 취소사유로 되는 것에 그치지 않고 더 나아가 무효사유로 되기 위해서는 강박의 정도가 극심하여 표의자의 의사결정의 자유가 완전히 박탈되는 정도에 이를 것을 요한다고 하였다.[64] 그런데 대법원 1993.7.16. 92다41528,41535 판결＜김계원 사건＞은, 전두환 정권시대에 보안사 등에 끌려가 고문 등의 가혹행위에 못이겨 재산을 제3자에게 기부한 사건(B사건)에서도 위와 동일한 이유에서 기부행위는 무효가 아니라고 하였다.

2) A사건과 B사건은 모두 보안사의 불법 감금과 협박이 개재된 점에서는 유사하나, 전자는 단지 개별적으로 보안사 직원이 개인과 공모해서 그런 불법행위를 한 경우임에 반해서, 후자에서는 당시의 정권이 주도적으로 그런 불법행위를 저지른 경우이다. 그래서 A사건에서는 표의자는 불법감금상태에서 벗어나자 곧 이의 효력을 문제삼았고, 이런 점에서 그의 의사표시는 표의자의 의사결정에 기한 것이라고 할 여지가 있다. 그러나 B사건에서 피해자는 강박에서 풀려나고도 정권이 종료될 때까지는 무효를 주장하지 못하였다. 과연 피해자에게 자유로운 의사결정의 공간이 있었다고 할 수 있는지 의문이다.

(4) 대 리

(가) 자기계약 · 쌍방대리의 금지

1) 제124조는 자기계약 및 쌍방대리를 금지하면서, 예외로서 본인의 허락이 있거나 채무이행의 경우에는 이를 허용한다. 그런데 판례는 소송대리에도 위 규정을 적용해서, 특정한 법률행위에 관하여 본인의 승낙이 있으면 1방이 타방의 소송대리인 선임을 대리할 수 있다고 한다(대법원 1969.6.24. 69다571 판결. 그 외의 판례는 주 46, 47 참조).

2) 소송대리인은 상대방과의 법적 분쟁에서 의뢰인의 이익을 옹호해줄 지위에

63) 예컨대 전술 주 57의 87다카192는, 연체의 정도와 피고의 신용보증 여부의 결정에 있어서 그와 같은 연체사실이 참작되는 정도 등을, 대법원 1998.9.22. 98다23706 판결은 착오로 인하여 경제적 불이익을 입은 것은 아니라는 점을 이유를 들고 있다.

64) 이의 사안은 갑(원고)이 많은 재산을 상속받자 친척 을(피고)이 이를 시기하여 재산을 빼앗기 위해서 지인인 보안사 직원 A와 공모하여 A가 갑을 불법 감금하여 재산을 을에게 넘길 것을 강요하여 갑이 결국 재산을 을에게 넘긴 경우이다.

있는 자이다. 그런데 1방이 타방의 소송대리인을 선임한 경우에, 그 타방의 소송대리인이 타방의 이익을 위하여 노력하기를 기대하기는 어렵다. 그 외에도 1방의 소송대리인이 타방의 소송대리인을 선임하는 것은 변호사의 윤리에도 맞지 않는다. 이런 점에서 위의 판례의 타당성은 의문이다. 그 외에 쌍방대리는 제소전화해에 기한 소송대리에서 행해지고 특히 가등기담보에서 담보물을 편취하는 수단으로 많이 이용되었다는 점은 전술하였다(주 48의 본문).

(나) 이해상반행위

1) 친권자와 자녀 사이에 이해상반되는 행위에 관해서 대리권을 제한하는 제921조의 적용에서, 판례는 친권자의 의도나 행위의 실질적 효과를 고려하지 않고 단지 행위의 외형을 기준으로 해서 대리권의 제한 여부를 판단한다(대법원 1993.4.13. 92다54524 판결).

2) 이러한 해석은 법이 규정하는 '이해상반'이라는 실질적 요소를 기준으로 해서 대리권의 제한 여부를 결정하게 되면 법적 안정성을 훼손할 수 있다는 점에 기한 것으로 이해된다. 그런데 이러한 해석에 의하면 실질적으로 이해상반되는 경우에도 친권자의 대리권이 인정될 수 있다. 이러한 해석은 규정의 취지를 고려하지 않고 법적 안정성만을 추구하는 것이다.

(다) 표현대리

표현대리에 관한 판례 중에서 가장 적용이 많은 제126조의 해석에 관한 것을 살펴본다.

1) 제126조는 표현대리책임의 요건으로 – 소위 기본대리권의 존재 이외에는 – 상대방의 신뢰의 정당성만을 규정하기 때문에, 판례는 이러한 상대방에 관한 요건을 살피는 데 주력한다. 그런데 이에 관한 판례의 태도는 변화를 겪은 것으로 보인다. 즉 초기에는 표현대리인에게 대리권이 있다고 믿게 만들 만한 요소(외관)가 있는 때에는 신뢰의 정당성을 쉽게 인정하였다. 표현대리인이 본인의 등기서류를 소지한 경우에는, 그 연유를 문제삼지 않고[65] 정당성을 인정한 것은 그러한 예일 것이다(A입장의 판례). 그런데 그 이후의 대부분의 판례는 외관의 존재만으로는 상대방의 신뢰의 정당성을 인정하지 않고, 그 외에 다른 사정[66] – 본인이

65) 표현대리인이 이를 훔친 경우이건(대법원 1967.5.23. 67다621,622 판결) 혹은 본인의 처를 속여 받아낸 경우이건(대법원 1968.11.26. 68다999 판결).

대리인에게 대리권을 주었다고 믿게 할 만한 사정 – 이 있어야 이를 인정한다(B입장의 판례). 이런 점에서 근래에는 상대방의 신뢰의 정당성 판단에 있어서 신중을 기한다고 할 수 있다. 이는 표현대리의 운영에 있어서 거래안전 보호에 치우치지 않고 구체적 사정을 세심히 고려한다는 점을 보여주는 것이다.

2) 우리 민법은 상대방의 신뢰의 정당성(즉 상대방의 사정)만을 규정하지만, 표현대리에서는 본인의 過責性(즉 외관형성의 빌미를 주었거나 기여했다는 본인 측의 사정)도 표현대리책임의 인정에서 고려될 중요한 요소이다. 그런데 B입장의 판례의 사안을 보면, 상대방의 신뢰의 기반인 외관이 본인에게 귀속될 만한 사정으로 인해서 생긴 경우이다. 이런 점을 볼 때 민법은 본인의 과책성을 요건으로 규정하지 않지만, 판례는 실제로는 이를 요건으로 삼는다고 할 수 있다. 그리고 이런 점에서 상대방 보호에 치우치지 않고 이를 본인보호와 조화시켜 대립하는 이익을 균형있게 조절한다고 할 수 있다.

(라) 무권리자의 행위에 대한 추인

민법은 무권대리에 관해서만 추인을 인정한다(제130조 이하). 그런데 판례는 무권리자의 행위(타인의 권리를 마치 자기의 권리인 것처럼 속여 이를 처분하는 행위)에 대해서도 추인을 인정한다(대법원 1981.1.13. 79다2151 판결). 이는 법률이 규정하지 않는 경우에도 법률을 유추적용한 것으로서, 적극적인 법해석이다.

(5) 무효 · 취소

(가) 유동적 무효이론

민법은 유동적 무효라는 개념을 알지 못한다. 그런데 판례는 국토이용관리법상의 규제구역 내의 토지에 대하여 허가를 받지 않고 체결한 거래계약에 관해서 이러한 이론을 전개하였다(대법원 1991.12.24. 90다12243 전원합의체 판결). 이의 핵심은 그러한 계약은 허가를 받기까지는 물권적 효력은 물론 채권적 효력도 발생하지 않는다는 점, 따라서 쌍방은 권리의 이전이나 대금지급 등 어떠한 내용의 이행청구도 할 수 없다는 점이다. 따라서 매도인이나 매수인은 아무런 채무(대금지

66) 예컨대 본인이 표현대리인에게 등기서류(외관)를 교부하였거나(예컨대 대법원 2003.4.11. 2003다7173,7183 판결), 혹은 장기간 출타 중이어서 표현대리인에게 일정한 권한을 맡겼을 것으로 여겨지는 경우(예컨대 대법원 1987.11.10. 87다카1325 판결), 본인이 표현대리인의 행위를 알면서 묵인했거나 혹은 적어도 표현대리인의 대리행위가 수차례 행해졌던 경우(예컨대 대법원 1989.3.28. 87다카2152,2153 판결).

급채무, 부동산이전채무)도 지지 않고, 이의 불이행을 이유로 손해배상을 청구하거나 해제할 수 없게 된다.[67] 그러나 계약이 효력 있는 것으로 완성될 수 있도록 서로 협력할 의무(즉 관청의 허가를 신청할 의무)는 있다고 한다.[68]

계약의 채권적 효력을 부인하면서도 당사자의 협력의무를 인정하는 것이 법이론상 적절한가 하는 점 기타 이 이론에는 의문점이 적지 않다. 또한 일정한 행위를 함에는 관청의 허가를 받도록 하는 법률이 많음에도(예컨대 농지개혁법, 사립학교법) 유독 위 법에 관해서만 이러한 이론을 취하는 것이 타당한가 하는 문제도 있다.[69] 그럼에도 판례가 이러한 이론을 취한 이유는 무엇일까? 이는 당시의 사회적 여건을 고려한 때문으로 이해된다. 즉 당시에는 개발경제가 최고조에 이르러 토지가격이 계속해서 상승하였고, 따라서 만약 채권적 효력을 인정하게 되면 매수인은 가등기에 의해서 투기이익을 확보하여 허가를 요구하는 법의 취지를 무의미하게 만들거나, 가격의 상승 여하에 따라 생길 수 있는 여러 가지 불미스러운 다툼이 생길 우려가 있다. 만약 이러한 필자의 추측이 타당하다면, 이러한 판례는 − 다른 법제도와의 부조화 혹은 이론적 모순 등을 감수하고 − 법률의 취지의 실현을 최상의 목표로 삼는 법원의 해석방법의 한 면을 보여주는 것이다.

6. 소멸시효[70]

(1) 시효제도의 취지

시효제도를 해석하고 운영함에 있어서는 시효제도의 취지를 어떻게 이해하느냐 하는 것이 중요한 의미를 가진다. 시효제도의 취지로서 일반적으로 인정되는 것은 법률관계의 안정 및 입증곤란의 구제이다. 여기에 더해서 판례는 “권리 위에 잠자는 자는 법적 보호에서 제외”된다는 점을 또 하나의 취지로 본다(대법원 1976.11.6.

67) 해제를 배척한 예는 위의 판결이고, 손해배상청구를 배척한 예는 대법원 1994.1.11. 93다22043 판결.

68) 위의 판결은 이런 이유에서 매수인의 주위적 청구(갑의 소유권이전등기의 이행)는 배척하였으나, 예비적 청구(허가신청에 협력할 의무의 이행)는 인용했다.

69) 농지개혁법상의 허가를 받지 않은 농지매매도 채권적 효력은 발생한다고 명언한 것으로는 대법원 1964.10.1. 64다563 판결. 유동적 무효 이론이 적용될 전형적 경우는 무권대리이다. 그런데 대법원 1995.11.14. 95다28090 판결은 이에 접근된 판시를 하면서도, 이의 효력을 유동적 무효라고 명언하지 않는다.

70) 소멸시효제도의 변화를 다룬 것으로는, 윤진수, 소멸시효, 민법학의 회고와 전망: 민법전시행삼십주년기념논문집, 92-125면, 한국사법행정학회, 1993.

76다148 전원합의체 판결).[71)]

(2) 기산점

시효는 '권리를 행사할 수 있을 때'(제166조)부터 진행하기 시작하는데, 이의 의미를 판례는 법률상 권리를 행사할 수 있는 때, 즉 권리행사에 '법률상의 장애'가 없어진 때(예컨대 이행기 도래 혹은 정지조건 성취)라고 하고, 따라서 '사실상의 장애'(권리자의 개인적 사정이나 법률지식의 부족, 권리존재의 不知 또는 채무자의 부재 등)로 인해서 권리를 행사하지 못하더라도 시효가 진행한다고 한다(지도적 판결은 대법원 1984.12.26. 84누572 전원합의체 판결). 그런데 보험금청구권 사건에서 '보험사고가 발생한 것인지의 여부가 객관적으로 분명하지 아니하여 보험금청구권자가 과실 없이 보험사고의 발생을 알 수 없었던 경우'에도 보험사고가 발생한 때로부터 소멸시효가 진행한다고 하는 것은 권리자에게 너무 가혹하여 사회정의와 형평의 이념에 반하므로, 이러한 경우에는 '권리자가 보험사고의 발생을 알았거나 알 수 있었던 때'로부터 소멸시효가 진행한다고 한다(이의 선도적 판결은 대법원 1993.7.13. 92다39822 판결).[72)] 기산점에 관한 이러한 탄력적인 해석은 그후 보험금청구권 이외의 사건에서도 나타나고 있다.[73)] 그 외에 '객관적으로 권리를 행사할 수 없는 사실상의 장애사유'(객관적인 장애사유)가 있는 때에는 신의칙에 기해서 소멸시효 항변이 허용되지 않는다고 하는데, 이는 기산점 자체를 달리 해석하지 않으면서도 실제로는 그와 같은 결과를 인정하는 것이 된다(그런데 이에 의하면 기산점에 관한 위의 원칙이 동요된다. 이를 둘러싼 문제는 뒤의 (3)(나)에서 살핀다).

(3) 소멸시효의 효과

(가) 소멸시효의 효과와 원용 필요성

1) 구민법은 소멸시효의 효과로서 권리가 '소멸한다'고 규정했으나(동법 제167

---

71) 대법원 2016.9.30. 2016다218713,218720 판결은 소멸시효제도의 의의에 관해서 특이한 설명을 하지만, 이는 시효원용을 신의칙 위반으로 평가하는 것은 신중해야 한다는 데 방점이 있는 것이므로, 이의 내용은 뒤에서 소개한다(주 80).

72) 이는 A와 B가 타고 있던 트럭이 사고로 전복되어 A가 사망하였는데, 이 사고가 B의 운전과실로 인한 것으로 알았는데 B에 대한 형사소송에서 B가 운전한 것이 아님이 드러나, A의 부모가 사고 후 2년이 지나 보험금청구소송을 제기한 사건이다.

73) 예컨대 대법원 2003.2.11. 99다66427,73371 판결(법인의 내부적 법률관계(이사회결의 부존재)로 인한 부당이득반환청구권).

조), 현행민법은 단지 소멸시효가 '완성한다'(제162조 등)고 규정한다. 그러나 판례는 시효완성의 효과로서 – 당사자의 원용이 없어도 – 시효완성의 사실로서 채무는 당연히 소멸한다고 한다(대법원 1966.1.31. 65다2445 판결).

2) 구민법은 당사자가 시효를 '원용'해야 재판소는 이에 의해서 재판할 수 있다고 규정했으나(동법 제145조), 현행민법은 이러한 원용 규정을 두지 않는다. 그런데 판례는 원용이 있어야 이에 따라 재판할 수 있다고 한다(대법원 1979.2.13. 78다2157 판결). 원용의 필요성은 변론주의에서 구한다(대법원 2017.3.22. 2016다258124 판결).

3) 소멸시효 완성의 효과를 권리의 소멸이라고 하면서, 당사자의 원용이 있어야 시효를 고려할 수 있다고 하는 것은 이론적으로 모순이다. 왜냐하면 시효완성으로 권리가 소멸한다면 시효완성은 법률문제(권리의 존부)가 되는데, 변론주의는 사실문제(즉 시효의 완성 여부)에 적용되는 것이지 법률문제에 적용되는 것은 아니기 때문이다.[74] 그런데 소멸시효가 완성되었는가 하는 점은 법원이 알 수 없고 따라서 당사자의 주장에 의존해야 한다. 그러므로 원용을 요구하는 것은 실제적으로 타당하다.[75] 그런데 구민법에서는 시효완성의 효과를 권리소멸로 규정했으므로 위와 같은 모순을 피할 수 없었으나, 현행민법은 시효완성의 효과를 그와 같이 규정하지 않으므로 모순을 취할 필요가 없다. 그럼에도 왜 판례가 이런 해석을 하는지 알 수 없다.

(나) 소멸시효의 원용과 신의칙

1) 일반론

대법원 1994.12.9. 93다27604 판결[76]은 다음과 같은 경우에는 소멸시효의 원용이 신의칙에 반하여 허용되지 않는다고 한다: "채무자가 시효완성 전에 채권자인 주주의 권리행사나 시효중단을 불가능 또는 현저히 곤란하게 하거나 그러한

74) 대법원 2008.3.27. 2006다70929,70936 판결은, 어떤 권리의 소멸시효기간이 얼마나 되는지에 관한 주장은 단순한 법률상의 주장에 불과하므로 변론주의의 적용대상이 되지 않는다고 하여, 위와 같은 점을 명언한다.

75) 이는 마치 관습이 법규범임에도 당사자가 이를 주장 입증할 필요가 있는 것과 마찬가지이다(대법원 1983.6.14. 80다3231 판결).

76) 이는 국세환급금청구사건이다. 위 판결에 대한 평석인 한강현, "소멸시효의 주장이 권리남용에 해당하는가", 민사재판의 제문제 9권(97.3.), 205-224면(212면 이하)(민사실무연구회 편)는, 일본에서 시효원용이 권리남용으로 인정된 판례를 유형화하여 소개하면서, 이 판결의 유형은 이러한 일본의 판례유형과 거의 일치한다고 한다(다만 ②가 축소).

조치가 불필요하다고 믿게 하는 행동을 하였거나(①), 객관적으로 채권자가 권리를 행사할 수 없는 장애사유가 있었거나(②), 또는 일단 시효완성 후에 채무자인 국가가 시효를 원용하지 아니할 것 같은 태도를 보여 채권자로 하여금 그와 같이 신뢰하게 하였거나(③), 채권자보호의 필요성이 크고 같은 조건의 다른 채권자가 채무의 변제를 수령하는 등의 사정이 있어 채무이행의 거절을 인정함이 현저히 부당하거나 불공평하게 되는(④) 등의 특별한 사정이 있는 경우."

2) 이후 모든 판례가 이를 따른다(특히 지도적 판결로 여겨지는 것은 대법원 2005.5.13. 2004다71881 판결<2중 군복무 사건>).[77] 다만 대법원 2010.5.27. 2009다44327 판결은 ②의 사유와 관련해서, 객관적으로 권리를 행사할 수 없는 사실상의 장애사유를 시효주장을 신의칙에 반하는 사유로 삼게 되면 법률상의 장애와 사실상의 장애를 구별하여 기산점을 정하는 법규칙의 의미가 상실하게 되기 쉽다고 지적한다.[78][79]

3) 대법원 2016.9.30. 2016다218713,218720 판결은, 소멸시효 제도를 "법률관계의 주장에 일정한 시간적 한계를 설정함으로써 그에 관한 당사자 사이의 다툼을 종식시키려는 것"이라고 하고, 따라서 시효주장이 신의칙에 반한다는 평가는 신중을 기해야 한다고 한다.[80]

(다) 시효이익의 포기

1) 과거에는 시효이익의 포기를 비교적 용이하게 인정했었다.[81] 그런데 근래에

---

77) 이는 6.25. 전쟁 중 학도의용군으로 참전·복무하였던 원고가 그러한 사실을 주장하였음에도 다시 현역으로 입대·복무하였다가, 국가가 그 후 20년에 비로소 그러한 사실을 공식 확인하여 그제서야 손해배상을 청구한 사건이다.

78) 이 사건은 갑이 1998.6.27. 교통사고로 식물인간상태가 되었는데, 2006.7.20. 보험회사에 대해서 보험금청구소송을 제기한 사건이다. 다만 이 판결은 채무자가 갑측에서 권리행사를 하지 않도록 하는데 기여했다는 점(즉 앞의 ①의 경우)을 들어서 시효원용은 신의칙에 반한다고 한다. 이후의 판례 중에는 이러한 지적에 따라 시효원용이 신의칙 위반으로 되는 근거를 다른 점에서 구한 것도 있지만, 대부분은 -표현은 약간 달라졌지만- 실제로 객관적 장애사유를 근거로 한다(이러한 판례는 아래의 6(3)(가)2)에서 소개). 그러므로 위의 지적에 의해서 판례가 영향받았다고 할 수는 없다.

79) 이 판결이 던진 또 다른 문제는, 이 사건에서도 예외적인 시효 기산점이 적용되는가, 적용 여부의 기준은 무엇인가 하는 점이다.

80) 법적 안정성을 이유로 시효원용의 반사회성 인정에는 신중을 기해야 한다고 하는 주장은 앞의 2004다71881 및 2009다443272에서도 나왔는데, 위 판결은 시효제도의 취지에 대한 새로운 이해를 그러한 주장의 근거로 제시한다.

81) 예컨대 대법원 1965.12.28. 65다2133 판결은, 시효완성 후 채무자가 기한의 유예를 요청한 것은 시효이익을 포기한 것으로 보아야 한다고 하였다.

는 이를 부인하는 판례가 적지 않다. 이의 지도적 판결은 대법원 2013.2.28. 2011다21556 판결이다.[82)]

2) 시효완성 후에 채무승인을 하는 사람은 시효완성 사실조차 모르고 그렇게 하였을 것이다. 그러므로 시효이익의 포기를 용이하게 추정한 과거의 판례는 의사표시의 해석을 정밀히 하지 않은 것이라고 할 수 있다. 그런데 그렇게 해석한 이유는 공정한 규율을 위해서였다. 그러나 근래의 변화된 판례에 의하면 공정한 규율이 희생된다. 양자를 어떻게 조화시킬지 고민해야 할 문제이다.

7. 국가의 권력적 불법행위

(1) 총 설

이는 통상적인 국가의 불법행위가 아니라, 국가권력을 악용해서 국민을 불법체포·감금하고 고문 등 가혹행위를 가하여 허위자백에 기해서 형사처벌하거나 재산을 빼앗는 반국가적 불법행위를 뜻한다. 이러한 형태의 불법행위 사건은, 광복 이후 계속적으로 행해졌는데 과거사정리법에 의해서 비로소 진실이 밝혀진 것과, 전두환 정권 시대에 사회정화라는 미명 하에 행해진 것으로 나눌 수 있다. 두 사례군은 불법행위의 유형과 법률적 쟁점이 다르므로 이를 나누어 살핀다. 다만 전자는 비교적 근래에 비로소 사건화되었으므로 먼저 후자를 살핀다.

(2) 전두환 정권 시기의 사건

이는 불법행위의 형태에 따라 다음과 같이 나누어 살핀다.

(가) 사직서 제출의 강제

이는 국가가 公社 등에게 일정 비율의 임직원을 퇴출시킬 것을 명하여, 공사 등이 임직원 모두에게 사직서를 제출하도록 강제하고 이중 일부를 특별한 퇴직사유 없이 해고(의원면직)한 사건이다. 전두환 정권 종료 후 제기된 해고무효확인소송에서, 판례는 우선 해직자는 사직의 의사가 없음에도 사직서를 제출한 것이므로

82) 이 판결은 시효완성 후의 시효이익 포기는 관념의 통지인 시효완성 전의 중단사유인 승인과는 달리 의사표시이므로 "시효의 완성으로 인한 법적인 이익을 받지 않겠다는 효과의사가 필요"하다고 하면서, 따라서 채무승인이 있었다는 것만으로 곧바로 소멸시효 이익의 포기라는 의사표시가 있었다고 단정할 수 없다고 한다.

사직 의사표시는 비진의표시에 해당한다고 하고, 다음으로 사용자는 사직의 의사 없는 근로자를 사직케 한 것이므로 이는 해고에 해당하는데, 해고가 정당한 이유 없이 행해진 것이므로 부당해고로서 무효라고 하였다(대법원 1991.7.12. 90다11554 판결). 그러나 해고된 근로자가 퇴직금 등을 수령한 후 오랜 기간이 지나서 해고의 효력을 다투는 것은 신의칙에 위배된다고 하였다(대법원 1993.2.9. 91다36666 판결). 끝으로 원고는 의원면직 처분시에 피고(국가)의 불법행위 사실을 알았으므로 그의 손해배상청구권은 시효로 소멸하였다고 하였다(전술의 90다11554).

(나) 고문 등에 의한 재산기부 강제

1) 정권은 일부 재력가들을 보안사에 불법 연행하여 온갖 고문과 가혹행위를 가하고는 이들에게 재산을 타인에게 기부하도록 강제하였다. 이의 피해자들은 정권 종료 이후 강박을 이유로 기부행위를 취소한다고 하면서 재산반환을 청구하였는데, 판례는 취소 주장을 긍정(그리고 기부된 재산을 수령한 제3자는 그러한 강박사실을 알았다고 인정)하면서, 그러나 취소권의 제척기간 경과를 이유로 청구를 배척하였다(대법원 1991.9.10. 91다18989 판결).

2) 그리하여 이후의 소송에서는 제척기간의 제약을 피하기 위해서 여러 가지 무효원인을 내세워 반환청구를 시도했다. 그러한 것 중에서 강박의 정도가 심하므로 무효라는 주장, 법률행위의 성립과정에서 강박이 사용되었으므로 반사회적 법률행위로서 무효라는 주장, 불공정한 행위로서 무효라는 주장 등에 대한 판례의 태도는 관련 부분에서 소개했으므로(Ⅲ5(2)(나)1), (다)2), (3)(라)), 여기에서는 그 외의 무효원인을 살핀다.

가) 기부행위는 기부의사 없이 행해진 것이므로 비진의표시라는 주장에 대해서, 판결은 표의자가 강박에 의해서나마 증여를 하기로 하고 그에 따른 증여의 의사표시를 한 이상 증여의 내심의 효과의사가 결여된 것이라고 할 수는 없다고 하여 비진의표시를 부인하였다(92다41528<김계원 사건>).

나) 기본권 보장을 임무로 하는 국가가 오히려 기본권을 침해하여 위헌적으로 공권력을 행사하여 강박에 의해서 의사표시를 하게 하였다면 그러한 의사표시는 당연히 무효라고 주장한 데 대해서, 판결은 "강박행위의 주체가 국가 공권력이고 그 공권력 행사의 내용이 기본권을 침해하는 것이라고 하여 그 강박에 의한 의사표시가 항상 반사회성을 띠게 되어 당연히 무효로 된다고는 볼 수 없다"고 하였

다(이의 지도적 판결은 대법원 1996.12.23. 95다40038 판결<김진만 사건>).[83)]

(다) 삼청교육대

이는 사회정화사업이라는 미명 하에 깡패 등 불량배들을 잡아들여 소위 삼청교육대로 보내서 무자비한 고문과 훈련을 시킨 사건이다. 전두환 정권이 종료된 이후 이들에 대한 국가의 손해배상책임이 사회문제로 대두되면서, 당시 노태우 대통령은 1988.11.26. 피해자에게 손해배상을 하겠다는 담화문을 발표하였다. 그리하여 이 담화가 피해자의 손해배상청구권에 관해서 국가가 소멸시효의 이익을 포기한 것이냐 하는 점이 쟁점으로 부각되었다. 그런데 이에 관해서 판례는 흥미로운 변화를 보인다. 우선 대법원 1996.12.19. 94다22927 전원합의체 판결은, 위 담화는 단순히 정치적인 것으로서 사법상으로 시효이익을 포기한 것으로 볼 수 없다고 하였다. 그런데 대법원 2001.7.10. 98다38364 판결은, 위 담화는 대통령이 향후 입법조치 등을 통하여 그 피해를 보상해 주겠다고 약속한 것이라고 하여, 피해자의 신뢰상실에 따르는 손해를 배상할 의무가 있다고 하였다. 그러나 대법원 2003.11.28. 2002다72156 판결은 이와 같은 신뢰상실로 인한 손해배상청구권은 노태우 대통령이 퇴임한 1993.2.24.에 발생하였으며, 그 후 3년이 경과함으로써 시효로 소멸하였다고 하였다.

(3) 과거사 사건

2000년 이후 '의문사진상규명에관한특별법'(이 법은 그 후 2005.5.31. 제정된 '진실 · 화해를 위한 과거사정리 기본법'(약칭: 과거사정리법)으로 대체되었다)[84)]의 제정과 이에 의해서 설치된 의문사정리위원회(이하 '의문사위'로 약칭－이는 법률의 변화에 따라 '과거사위'로 변경)의 활동에 의해서 지금까지 은폐되었던 과거의 국가기관에

---

83) 가혹행위에 못이겨 재산을 기부한 피해자 중에는 기부행위의 무효를 근거로 재산반환을 청구한 것과는 달리, 피해자의 기부에 의한 국가의 재산취득은 수용에 유사한 재산침해행위라고 하여 정당한 보상을 청구하거나(대법원 1993.10.26. 93다6409 판결<문화방송 사건>), 혹은 피해보상을 청구한 사건(대법원 1993.2.23. 92다14632 판결)도 있다.

84) 위 법률 이외에 과거사사건에 관한 특별법으로는, 한국전쟁 전후 희생사건과 관련된 것으로서 "제주 4 · 3사건 진실규명 및 희생자 명예회복에 관한 특별법", "거창사건 등 관련자의 명예회복에 관한 특별조치법", "노근리사건 희생자 심사 및 명예회복에 관한 특별법", 그리고 민주화운동과 관련된 것으로서 "민주화운동관련자 명예회복 및 보상 등에 관한 법률", "5 · 18 민주화운동 관련자 보상 등에 관한 법률", 그리고 기타의 경우로서 "특수임무수행자보상에관한법률" 등이 있다.

의한 권력적 불법행위 사건들의 진상이 수없이 밝혀졌다.[85] 그리하여 피해자는 불법행위 후 상당한 기간이 지나서 비로소 국가에 대해서 손해배상을 청구하였는데, 사건마다 불법행위의 유형이나 쟁점에 차이가 있다.[86] 이하에서는 쟁점에 따라 두 사례군으로 나누어 살핀다.

(가) 시효항변이 신의칙에 반하는가 하는 점에 관한 것

1) 이에 관해서는 대부분 의문사위의 진상규명 전까지는 혹은 재심에서의 무죄판결 확정 전까지는 피해자는 권리를 행사할 수 없는 '객관적 장애'가 있었다는 이유로 시효항변은 신의칙에 반한다고 하였다.[87] 다만 이러한 판결은 대부분 객관적 장애 이외에 다른 사유도 신의칙 위반의 근거로 제시한다.[88][89]

2) 이와는 달리 진도군 사건에 관한 대법원 2013.5.16. 2012다202819 전원합의체 판결은, 앞(주 78)에서 소개한 2009다44327이 지적한 것처럼 객관적 장애사유를 근거로 시효항변을 신의칙에 반한다고 평가하는 것은 신중해야 한다고 하면서, 2005.5.31. 제정된 과거사정리법은 개별 피해자에 대한 보상금을 지급하는 근거를 마련하여 피해자측이 이를 위한 국가의 적절한 조치(후속 입법)를 기대하였을 것이므로, 국가는 피해자에게 시효를 원용하지 않으리라는 신뢰를 주었다는 이유로 시효항변을 배척하였다.

---

85) 과거사사건에 관해서는 이영창, 민청학련 사건을 통한 과거사 사건의 쟁점들에 대한 검토 – 대법원 2012.3.29. 2011다57852 판결, 대법원판례해설 91호(2012 상반기), 642-688면; 이영창, 불법행위에 기한 손해배상청구에 대한 소멸시효 항변: 과거사 사건을 중심으로, 민사재판의 제문제 22권(2013.12.), 351-400면, 한국사법행정학회 참조.

86) 유형적으로는 6.25 당시 국군이 양민을 공비로 몰아 집단 살해한 사건(거창사건, 문경사건, 진도군 사건 등), 무고한 시민을 간첩으로 몰아 처벌한 사건(동백림 사건이 대표적인 사건이고, 그 외에도 이 글에서는 소개되지 않은 사건이 매우 많다), 민주화투쟁을 벌이다 처벌된 사건(인민혁명당 사건 및 민청학련 사건), 그리고 그 외에 개별적 사건 등으로 나뉜다.

87) 그러한 사건으로는 최종길 교수 사건에 관한 서울고법 2006.2.14. 2005나27906 판결, 문경사건에 관한 대법원 2011.9.8. 2009다66969 판결, 인민혁명당 사건에 관한 대법원 2011.1.27. 2010다1234 판결, 동백림 사건에 관한 대법원 2013.12.12. 2013다201844 판결, 군 내부에서의 의문사 사건에 관한 대법원 2011.10.13. 2011다36091 판결, 긴급조치위반사건에 대한 대법원 2014.10.27. 2013다217962 판결 등이 있다.

88) 예컨대 인민혁명당 사건에 관한 판결은, 이 사건 불법행위는 민주헌정국가에서는 결코 일어나서는 안 되는 행위로서 인권침해의 불법성이 중대하고 그로 인한 원고나 그 가족들의 오랜 동안의 고통과 어려움에 비추어볼 때 원고의 보호 필요성은 심대한 반면 시효완성을 이유로 손해배상의 거절을 인정하는 것은 현저히 부당하고 불공평하다는 점을 근거로 든다.

89) 다만 시효항변이 신의칙에 반하는 근거를 실질적으로는 객관적 장애에서 구하면서도, 다음의 진도군 사건에 관한 판결의 영향을 받아 표현을 다소 수정한 것이 있다(동백림 사건에 관한 2013다201844 참조).

3) 그러나 거창사건에 관한 대법원 2008.5.29. 2004다33469 판결은, 피해자 측이 적어도 거창사건의 책임자들에 대한 형사재판에서 유죄판결이 선고(1951.12.16.)된 시점에는 불법행위 사실과 손해 및 가해자 등을 모두 알았다고 봄이 상당하고, 그 외에 시효원용이 신의칙에 반하게 되는 사유가 없다고 하여, 손해배상청구를 배척하였다. 특히 이 판결은, 거창사건 피해자에게 보상금을 지급하도록 하는 특별법을 제정할 것인지 여부는 국회와 행정부가 정책적으로 판단할 문제이고, "이러한 입법이 선행되지 아니한 상태에서 법원이 법리적인 문제점을 초월하여 우리 헌법상 권력분립원칙에 위배되는 판단을 할 수는 없다"고 한다. 그 외에 긴급조치위반에 관한 사건 중 대법원 2015.3.26. 2012다48824 판결은, 피해자가 긴급조치위반으로 불법 체포·구금되었으나 유죄 확정판결을 받지 않고 풀려난 사건에서, 국가의 시효주장은 권리남용에 해당하지 않는다고 하였다.

4) 앞의 진도군 사건에서 판결은, 신뢰제공을 신의칙 위반의 이유로 들면서, 나아가 국가가 그와 같은 신뢰를 준 경우에도 피해자는 그러한 사정이 있은 때로부터 '상당한 기간' 내에 권리를 행사해야만 채무자의 시효항변을 저지할 수 있다고 하였다. 그리하여 이 이후의 판례에서는 '상당한 기간'이 중요한 문제로 되었다. 이에 관해서 동백림 사건의 판결은, 재심에서의 무죄확정판결 후 6월 내에 형사보상청구를 한 경우에는 '상당한 기간'을 연장할 특수한 사정이 있으며, 이때에는 형사보상결정 확정일로부터 6개월 내에 손해배상청구의 소를 제기하면 상당한 기간 내에 권리를 행사한 것으로 볼 수 있다고 한다. 긴급조치위반사건에 관한 2013다217962(주 87 참조)도 이러한 입장이다. 다음으로 군 내부의 의문사 사건에 관한 대법원 2013.6.27. 2013다23211 판결은, 상당한 기간은 민법상 시효정지의 경우에 준하여 단기간(정지사유가 소멸된 날부터 6개월 내)으로 제한된다고 하였으나, 대법원 2015.9.10. 2013다73957 판결은, 이를 진상규명 후 3년이라고 한다.

(나) 특별법에 의한 보상금 수령과 손해배상청구권

1) 북파공작원 사건에서 서울고법 2005.6.14. 2004나68917 판결(확정)은, 특수임무수행자보상에관한법률('특임자보상법')에 기해서 보상금을 수령한 경우에는 화해계약(동법 제17조의2)이 맺어진 것이므로, 피해자측은 보상금 이외에 별도의 손해배상청구권을 행사할 수 없다고 하였다.[90)]

90) 참고로 보상금은 55,680,000원이고, 손해배상청구액은 457,614,700원이었다.

2) 민주화운동 피해자가 무죄의 재심판결을 받고 보상금을 수령한 후 다시 국가에 대해서 손해배상청구소송을 제기한 사건에서, 판례는 보상금의 근거법률에 따라 판단을 달리한다. 우선 형사보상법에 따라 보상금을 수령한 사건에서는 청구를 인용한다.[91] 그러나 민주화운동관련자명예회복및보상등에관한법률(약칭: 민주화보상법)에 따라 보상금을 수령한 사건에서는 청구를 배척한다. 즉 대법원 2015.1.22. 2012다204365 전원합의체 판결은, 불법행위에 의한 복역으로 인하여 원고가 입은 피해는 모두 민주화보상법에서 정한 민주화운동과 관련하여 입은 피해에 해당하므로, 이에 대하여도 민주화보상법 제18조 제2항에 따라 재판상 화해와 동일한 효력이 미친다고 하여 청구를 배척한다.[92]

Ⅳ. 정 리

개별적 법제도에 관한 이상의 고찰을 토대로 판례의 해석경향을 정리하고, 이에 대한 필자의 의견을 적어본다. 그리고 끝으로 앞으로 판례가 나아갈 방향에 대한 필자의 바램을 '전망'이라는 항목으로 적어본다.

1. 판례의 해석경향

해석경향은 여러 가지 각도에서 살필 수 있겠지만, 판례에서의 해석방법 일반론(Ⅱ 참조)의 내용에 따라 살핀다.

---

91) 주 87에서 소개한 인민혁명당 사건(2010다1234), 민청학련 사건에 관한 대법원 2012.4.26. 2011다78798 판결, 그 외의 사건에 관한 것으로서 대법원 2013.12.12. 2013다201844 판결 등. 형사보상법은 다른 법률에 의한 손해배상청구를 금지하지 않는다(형사보상및명예회복에관한법률 제6조).

92) 민주화보상법은 "이 법에 의한 보상금 등의 지급결정은 신청인이 동의한 때에는 민주화운동과 관련하여 입은 피해에 대하여 민사소송법의 규정에 의한 재판상화해가 성립된 것으로 본다"고 한다(동법 제18조 제2항). 이에 대한 소수의견은, 법원의 실무는 과거사 사건에서 민주화보상법에서 정한 생활지원금 등의 수배가 넘는 다액의 위자료를 인정하여 왔는데, 이제 와서 다수의견과 같이 보상금 등 지급결정에 동의하였다는 사정만으로 억울한 복역 등으로 피해자가 입은 정신적 손해에 대하여 더 이상 손해배상청구권을 행사할 수 없다고 보는 것은 공평과 정의의 관념에 배치된다고 한다.

(1) 법적 안정성과 구체적 타당성

(가) 판례를 보면 법적 안정성을 강조하거나 이를 고려한 해석례도 많지만(이의 대표적 예는 아래의 (나)2) 및 (다)의 경우이다), 유사한 사건임에도 달리 판단한 해석례도 상당히 많다.[93] 판결은 개개의 다툼에 대한 해결인데, 그 해결은 각 사건에 즉응해서 나오는 것이므로, 사건에 따라 달리 판단하는 것은 판례의 당연한 모습일 것이다. 요컨대 판례는, 2006다81035가 말하는 것처럼, 법을 적용함에 있어서 '구체적 사안에 맞는 가장 타당한 해결'이 되도록, 즉 '구체적 타당성'을 가지도록 해석한다고 할 수 있다.

(나) 그러면 판례는 구체적 타당성과 법적 안정성을 균형있게 합리적으로 조화시키는가? 이를 평가하기 위해서는 평가의 기준이 있어야 하고, 외국의 판례의 해석경향이 좋은 기준이 될 수 있다. 그런데 필자의 과문 탓으로 외국 판례의 전반적 해석경향을 알지 못한다. 따라서 필자의 주관적 법률관을 기준으로 이를 평가할 수밖에 없다. 또 이 문제의 평가는 각 사건의 개별적 해결에서 출발해야 하는데, 이러한 작업은 이 글에서는 불가능하다. 그러므로 여기에서는 추상적인 해석의 형태를 고려해서 평가해 본다.

1) 유사한 사건임에도 달리 판단하는 해석례는 대체로 양자를 합리적으로 조절하는 것이라고 할 수 있다. 앞에서 이러한 해석례를 다수 소개했다. 이중에서 특히 모범적인 것은 달리 판단하는 이유를 설명한 판례(모순행위금지 위반 중 임차사실을 숨긴 경우에 관한 주 16, 신용의 착오에 관한 주 63의 판례)이다. 이러한 판례에 의하면 당해 판단의 정당성도 설득할 뿐만 아니라, 언제 달리 판단될 것인가를 예견가능하게 함으로써 구체적 타당성과 법적 안정성을 잘 조화시킬 수 있게 되기 때문이다.

2) 반면에 우선 일반론을 전개하는 법제도에서는 법적 안정성에 기울어진 해석을 낳게 한다고 할 수 있다. 왜냐하면 일반론은 당해 제도를 안정적으로 운용하기 위해서 만들어진 것이기 때문이다. 다음으로 개별적 법제도에서 법적 안정성에 기울어진 해석을 낳게 하는 것은, 엄격한 요건을 요구하는 경우이다. 왜냐하면 엄

---

93) 앞에서 판례의 구체적 해석례를 지면이 허용하는 한 폭넓게 소개한 것은 이런 점을 보여주기 위해서였다. 따라서 이러한 예는 일일이 지적할 필요도 없을 것이다. 다만 대표적인 것으로는, 신의성실의 원칙 중 사정변경의 원칙, 실효의 원칙, 모순행위 금지의 원칙 등에 관한 것, 그리고 법률행위의 해석, 착오를 이유로 한 취소, 표현대리 등에 관한 것을 들 수 있다.

격한 요건을 요구하게 되면 그 제도의 운영이 경직되고 따라서 법적 안정성에 기울어질 수밖에 없기 때문이다. 그 대표적인 예는 권리남용 금지의 원칙 및 불공정행위에서, 사해의사를 요건으로 하는 것이다. 그 외에 법문에 엄격히 매인 해석도 법적 안정성에 기울어진 해석을 낳게 하는 것이라고 할 수도 있다. 그러나 이는 법문을 우선적인 해석기준으로 여기는 것이므로, 다음의 '해석에서 고려되는 요소'의 문제로 다룬다. 그러므로 이하에서는 법적 안정성에 기울어진 해석을 낳게 하는 일반론의 문제점을 살펴본다.

(다) 일반론의 문제점

1) 먼저 일반론 자체의 문제점을 검토해 본다. 일반론은 반사회적 행위, 불공정행위, 타인 명의의 법률행위에서의 당사자 확정방법, 시효원용의 신의칙 위반 등과 같이, 추상적 규범 혹은 다양한 사안이 뒤섞여 있는 법제도에서 전개된다. 그런데 그러한 법제도에서는 그렇기 때문에 오히려 각 사안의 구체적 사정을 고려해서 개별적으로 법을 운영해야 한다. 그럼에도 이러한 제도에서 일반론을 전개하는 것은 아이러니라고 할 수 있다. 아마도 이러한 분야에서 일반론을 전개하는 이유는 각 사안마다 달리 판단함으로써 생기는 법적 불안정을 막기 위해서 일종의 가이드라인을 제시한 것으로 이해된다. 이런 점에서는 일반론 자체가 부당하다고 할 수는 없다. 그런데 실제 해석례를 보면 일반론이 가이드라인으로서 탄력적으로 운영되는 것이 아니라 요건으로 고정화되고 나아가 규범으로 작용한다. 이러한 폐단은 일반론이 일본의 판례에서 차용한 것이면 더욱 심하다(반사회적 행위에 관한 Ⅲ5(2)(나) 및 소멸시효 원용과 신의칙에 관한 Ⅲ5(3)(나) 참조). 여기에서는 일반론이 마치 선험적 존재로 행세하는 것이다.

2) 일반론 중 몇 가지는 관련 부분에서 문제점을 살폈다. 여기에서는 신의성실의 원칙과 관련된 일반론의 문제점을 살핀다.

신의성실의 원칙은 법률규정에 따른 해결이 당해 사실관계에 비추어 볼 때 적절치 않은 경우에 이를 수정하는 기능을 하는 것이다. 그러므로 이는 구체적 타당성을 위한 것이고, 법적 안정성을 희생시킬 수밖에 없다. 따라서 이의 적용은 신중해야 한다. 그러나 반면에 신의성실의 원칙은 당해 사건의 타당한 해결을 위한 것으로서, 오늘날의 다양한 사회에서는 더욱 활발히 적용되어야 한다. 신의칙은 헌법적 가치를 사법관계에 실현시키는 통로인 점에서 더욱 그렇다. 그런데 판례는 신의성실의 원칙의 적용에서 일반론을 전개함으로써 이의 적용을 입구에서부터 좁게 한다.

우선 판례는 일반적으로 신의칙에 반한다고 하기 위해서는 상대방에게 신의를 공여하였어야 한다고 한다(Ⅲ2(1)). 이는 물론 신의의 공여 자체를 요건으로 삼는 것은 아니지만, 실제로는 그렇게 된다. 신의칙 자체는 구체적 요건을 가지지 않는 일반조항이다. 그런데 여기에 그와 같은 일반적 서술을 하는 것은 신의칙 자체와 모순된다. 더욱이 신의칙의 파생원칙 중에서도 예컨대 사정변경의 원칙이나 모순행위 금지의 원칙에서는 신의의 공여는 문제되지 않는 바, 이러한 점도 위의 일반적 서술이 부적절함을 보여준다.

다음으로 소멸시효의 원용이 신의칙에 반하는 경우에 관한 일반론(Ⅲ5(3)(나))을 살펴본다. 이 일반론은 일본판례에서 신의칙에 반하는 사례를 참조해서 제시된 것임에도 처음부터 요건으로 기능하고 있다. 즉 개별 사안에 즉응해서 시효원용이 신의칙에 반하는지를 평가하지 않고, 일반론이 말한 유형에 속하는지만을 검토하고 이에 속하지 않으면 신의칙에 반하지 않는다고 판단한다(2중 군복무 사건은 이의 좋은 예가 아닐까?). 따라서 시효원용이 신의칙에 반한다고 하는 판단은 매우 어렵게 된다. 실제로 시효원용이 신의칙 위반으로 인정된 사례는 과거사 사건을 제외하면 극히 드문 것은[94] 그 때문이다. 그런데 근래의 판례는 시효원용의 신의칙 위반 인정을 보다 어렵게 하는 방향으로 나아가고 있다(2009다44327, 2016다218713 참조). 과연 이것이 올바른 방향인지 의문이다. — 물론 판례는 시효 기산점에 관해서 탄력적 해석을 함으로써 신의칙 운영의 경직성을 어느 정도 해소시킬 수 있다. 그런데 기산점의 예외적 해석이 허용되는 요건이 상당히 엄격해서[95] 이것만으로 경직성을 해소하기는 어렵지 않을까 생각된다.

(라) 해석방법 일반론의 검토

법적 안정성을 구체적 타당성보다 중시하는 판례의 태도는 해석방법에 관한 2006다81035의 명제와 부합한다. 이러한 명제의 타당성을 검토해 본다. 위 판결

94) 소멸시효의 원용과 신의칙에 관한 일반론을 처음으로 전개한 93다27604은 시효항변이 신의칙에 반하지 않는다고 한 것이다. 신의칙에 반한다고 한 최초의 사건은 대법원 1997.12.12. 95다29895 판결이다. 과거사 사건 이외에 신의칙 위반을 인정한 것으로서 주목할 것은 대법원 2008. 9.18. 2007두2173 전원합의체 판결(업무상 재해를 입은 갑이 근로복지공단에 대한 요양급여 불승인처분의 취소소송을 제기하느라고 휴업급여청구소송이 늦어진 경우).

95) 이 점은 2009다44327의 원심판결에서 나타난다(주 78 참조).

이 말하는 것처럼, 실정법은 보편적이고 전형적인 사안을 염두에 두고 규정된 것이다. 그런데 사회현실에서 일어나는 사안에는 그와 다른 것이 상당히 많다. 그런데 이런 경우에 – 위 판결이 말하는 것처럼 – '구체적 사안에 맞는 가장 타당한 해결'을 하게 되면 실정법과는 다른 결과가 된다. 이와 같이 구체적 타당성과 법적 안정성은 서로 반대 방향을 지향하는 것이고, 따라서 어느 선에서 조절되어야 하는 것이다. 그러면 어느 선에서 조절되어야 하는가? 이 문제에서는 구체적 타당성과 법적 안정성의 의미를 고려해야 한다.

우선 법적 안정성은 평등이 요구하는 가치이다. 평등은 법의 궁극적 가치인 정의의 가장 중요한 내용이기 때문에, 우리는 법적 안정성을 법의 가장 중요한 가치로 생각한다. 그러나 평등은 같은 것을 같게 취급하는 것이다. 따라서 다른 것은 그에 맞게 다르게 취급해야 하며, 이것 역시 정의가 요구하는 것이다. 다른 것을 그에 맞게 취급하는 데 고려되는 요소 내지 가치가 형평이며, 구체적 타당성은 바로 형평을 이념으로 하는 것이다. 요컨대 평등과 형평은 다같이 정의의 한 내용(하위가치)이며, 평등이 추구하는 법적 안정성과 형평이 추구하는 구체적 타당성은 모두 정의가 요구하는 것이다. 그리고 양자는 대등한 가치를 가지는 것으로서, 어느 쪽에 기울어지지 않도록 균형있게 조절되어야 한다. 위의 명제가 말하는 것처럼 법적 안정성을 중시하는 것은 자칫 다른 것을 같이 취급하게 만든다.

(2) 해석에서 고려되는 요소

(가) 판례에 나타난 해석의 형태

이는 다음의 세 가지로 나눌 수 있다.

1) 법문에 따른 해석

법원은 법을 적용해서 분쟁을 해결하는 것이므로, 법문에 따른 해석례는 앞에서 소개한 것 이외에도 무수히 많다. 앞에서는 그중에서 주목할 만한 것을 소개한 것에 불과하다. 특기할 점을 적는다면,

가) 입법취지를 고려한 대표적 예는 유동적 무효이론이다. 그런데 이러한 해석이 다른 법률의 해석과 조화되는가 하는 의문이 든다.

나) 재판상화해 특히 소송대리에서의 쌍방대리의 유효성을 인정하는 것도 법문에 따른 해석례이다. 그런데 이러한 해석의 타당성은 극히 의문스럽다. 이러한 해석은 법문을 절대적인 해석기준으로 삼는 것은 잘못임을 보여주는 예가 된다.

다) 그 외에 법규정 자체라기보다는 법규정의 논리적 귀결에 따라 해석하는 경우로는 동시사망의 추정, 부재와 실종에 관한 해석례를 들 수 있다. 이러한 해석은 법리적으로는 타당하지만, 그 결과가 타당한지는 쉽게 판단하기 어렵다는 생각이 든다. 이와 비교할 것은 통정허위표시에서 파산관재인을 '제3자'에 해당한다고 한 해석이다.

2) 법문에 반하는 해석

판례 중에는 법문에 반하는 해석례가 적지 않다. 성문법과 대등한 효력을 인정한 관습법, 재단법인 설립시의 출연재산의 귀속시기, 2중양도, 그리고 그 외에도 민법총칙 아닌 것으로서 농작물의 귀속 등이 그 예이다. 이러한 예는 법문이 절대적인 해석기준은 아니라는 점을 말하는 것이다.

3) 다른 요소를 고려한 해석

가) 판례 중에는 법문이나 입법취지·법체계 등과는 전혀 다른 요소가 고려된 해석례도 많다.

(ㄱ) 다른 고려요소로 가장 중요한 것은 사회의 실제 혹은 실제적 사정이다. 2중양도를 반사회적 행위라고 한 것, 구 이자제한법 위반의 초과 이자의 반환청구를 인정한 것 등은 당시의 사회여건을 고려한 해석의 예이다.

사회의 실제를 고려한 보다 광범한 해석례는 착오, 표현대리 등에 관한 것이다. 착오에서는 실질적인 이익형량(누구에게 불이익을 부과시키는 것이 타당한가) 혹은 착오가 미치는 경제적 효과 등을 고려한다. 또 표현대리에서는 본인과 상대방의 이익 중 어느 쪽을 더 보호하는 것이 타당한가 하는 점이 가장 중요한 고려요소가 되고 있다.[96)]

(ㄴ) 판례 중에는 사회정의, 헌법적 가치 등을 고려요소로 말하는 것이 있다. 전자의 예로는 기산점에서의 예외적 해석, 후자의 예로는 관습법의 요건에 관한 해석을 들 수 있다. 그러나 이러한 요소는 모든 경우에 고려되어야 할 요소이다.

나) 그런데 판례 중에는 사회의 실제에 대한 고려보다는 법문 내지 법리에 따

---

96) 사회의 실제를 고려한 해석례는 민법총칙 이외의 분야에서 많이 나타나는데, 그 대표적인 것은 사실상의 소유권에 관한 판례이다(대법원 1987.3.24. 86다카164 판결). 그 밖에 이혼사유로 파탄주의를 취하지 못하는 이유로서, 현재로는 아직 상대방(처) 보호를 위한 장치가 부족하다는 현실적 사정을 드는 대법원 2015.9.15. 2013므568 전원합의체 판결은, 법률을 어떻게 해석할지를 보여주는 예라고 할 수 있다.

르는 해석을 한 예도 있다. 세금면탈을 위한 약정, 투기목적의 세입자입주권의 대량 매수 등을 반사회적 행위가 아니라고 하는 해석은 이의 예이다.[97]

(나) 해석기준으로서의 법문의 지위

법문은 당연히 중요한 해석기준이다. 그러나 법문 이외의 요소를 고려한 해석례, 법문에 따른 해석이 부당한 결과를 낳는 해석례, 그리고 나아가 법문에 반하는 해석례 등은, 법문이 해석기준으로서 가지는 지위에 대해서 재검토하는 계기가 된다. 법률은 불특정 다수인에게 적용되는 보편타당한 규범이기 때문에 가능한 추상적인 문언을 사용한다. 따라서 이의 의미는 一義的일 수가 없다. 법문이 그 자체 명확한 기준이 되지 않음은, 법규정의 문구가 동일함에도 달리 해석된 예나,[98] 동일한 법규정임에도 달리 해석되는 판례변경의 예에서 잘 나타난다. 그 외에 실화책임법,[99] 국가유공자 등의 예우에 관한 법률의 위헌 여부[100]에 관한 헌법재판소의 결정이 변화를 겪은 것도 그러한 예이다. 이런 점에서 볼 때 법문의 의미는 결코 그 자체 명확히 될 수 없다.

그러면 법문 이외에 무엇을 고려해서 해석해야 하는가? 법은 원래 사회에서 생기는 일정한 사회현상을 규율하기 위해서 만들어진 것이다. 그러므로 사회에서 생기는 실제 현상을 잘 규율하는 것이 법의 궁극적인 임무이다. 그렇다면 법의 의미는 이러한 임무를 잘 실현하는 것이어야 한다. 따라서 결국 법의 의미는 해석

---

97) 민법총칙 이외의 분야에 관한 판례로는 변호사의 개업지역 제한에 관한 헌법재판소 1989.11.20. 89헌가102 결정(전관예우 방지를 위한 법령), 초상권 침해의 불법행위에 관한 대법원 2006.10.13. 2004다16280 판결(교통사고 피해자의 과잉 보험금 방지를 위한 사진촬영), 박물관이 국보(御保)가 도품임을 이유로 감정의뢰했던 자에게의 반환을 거절한 서울중앙지법 2017.8.25. 2017가합518187 판결(항소) <어보 사건> 등을 들 수 있다. 그 외에 지적도상의 경계와 현실의 경계가 불일치하는 경우에 전자를 기준으로 하는 판례 중에서도 대법원 1991.6.14. 90다10346,10353 판결(그러한 불일치가 연속적이어서, 사건 당사자의 경계가 달라지면 연속해서 다수의 경계가 변경되어야 하는 경우).

98) '회원이 된다'고 하는 단정적 표현임을 이유로 강행규정이라고 해석한 2014다223025(Ⅲ3(2)(가))와, 이와 달리 계약금액을 '조정한다'라고 되어 있음에도 임의규정으로 해석한 2012다74076(주 34).

99) 경과실로 인한 실화의 경우 실화피해자의 손해배상청구권을 전면 부정하는 실화책임에 관한 법률에 대해서 한때는 합헌이라고 판단하다가(헌법재판소 1995.3.23. 92헌가4등 결정), 헌법재판소 2007.8.30. 2004헌가25 결정에서 이를 위헌이라고 하였다.

100) 국가유공자 등에게 공무원시험 등에서 가산점을 주는 법률규정(국가유공자등예우및지원에관한법률 제31조 제1항)을 한때는 합헌이라고 하였는데(헌법재판소 2001.2.22. 2000헌마25 결정), 헌법재판소 2006.2.23. 2004헌마675,981,1022 결정은 이를 변경하여 일정한 범위에서 위헌이라고 한다.

결과가 사회에 미치는 실제적 효과를 고려해서 파악해야 한다. 그리고 '법관은 법에 따라 재판한다'고 말할 때의 법은 '법문의 객관적 의미'가 아니고 실제적으로 타당한 규율을 낳게 하는 의미의 법을 뜻하는 것이다.

(3) 법률과 해석과의 관계

2016나108951과 2004다33469은 법률에 반하는 해석은 3권분립의 원칙상 허용되지 않는다고 한다. 먼저 법률에 충실한 해석례와 법문에 반하는 해석례를 살피고, 다음으로 이러한 해석방법의 당부를 살핀다.

(가) 법률에 충실한 해석 – 국가우선주의

여기에서 법률에 충실하다는 의미는, 법문이 해석기준이라는 것과 다른 것이다. 이는 법률의 정당성을 고려치 않고 이를 그대로 적용한다는 의미이다. 이러한 대표적 예는 법인설립에 관한 해석이다. 법인의 탈퇴에 관한 해석도 마찬가지이다. 이들 판례는 법규정이 헌법에 반하는가 하는 문제를 전혀 고려하지 않고, 또 법규정에 따른 해석이 실제적으로 타당한가 하는 점을 전혀 고려하지 않고, 이를 그대로 적용한다. 또 과거사 사건에서 보상금의 근거규정이 보상금과 손해배상의 2중수령을 금하면, 유사한 사건과 어긋나 형평에 반하는 모순이 생기더라도 그러한 규정을 그대로 적용하는 것도 이의 예이다. 이러한 판례들은 법률의 타당성을 고려하지 않고 국가의 입법에 절대적인 권위를 인정하는 점에서, 이를 국가우선주의라고 할 수 있다.

이러한 의미의 국가우선주의는 국가의 권력적 불법행위 사건 전반에 나타난다. 우선 판례는 전두환 정권 시대에 강박으로 재산을 기부케 한 사건에서 기이한 논리를 내세워 피해자 보호를 외면한다(구체적 내용은 Ⅲ6(2)(나) 참조). 다음으로 과거사 사건에서는 – 물론 국가책임을 인정한 사례가 더 많기는 하지만 – 국가책임을 제한하는 방향으로 나아가는 것 같은 인상을 지울 수 없다. 이는 초기에는 객관적 장애사유 이외에도 공권력을 이용하여 기본권을 유린하는 행위라는 점을 소멸시효 항변을 신의칙에 반하는 이유로 제시했으나, 후에는 이러한 점을 탈락시킨 점, 진상규명이 있은 후에도 상당기간 내에 권리행사를 해야 한다고 하면서 그 기간을 6개월이라는 짧은 시간으로 한 점 등에서 나타난다. 특히 같은 민주화운동의 피해자임에도 어떤 법에 의해서 보상금을 수령했느냐에 따라서 손해배상청구의 가부를 달리 취급하는 것은, 법원이 강조하는 법적 안정성의 의미가 무엇인가를 되묻게 만든다.

(나) 법률에 반하는 해석

1) 법률에의 충실과 해석기준으로서의 법문의 중시가 다른 것에 대응해서, 법문에 반하는 해석 역시 두 가지 의미로 나눌 수 있다. 하나는 법률에의 충실과 대립하는 해석으로서, 법률이 부당하기 때문에 이의 효력을 부인하는 것이다. 다른 하나는 법률이 부당해서가 아니라 이를 문제된 사건에 그대로 적용하는 것이 불합리하기 때문에 그 사건에서 법률과 다른 결과를 인정하는 것이다. 후자의 예는 앞에서 언급했다. 이하에서는 전자의 예를 살핀다.

2) 이러한 해석의 대표적인 예는 위헌법률판결이다. 국가배상법 규정에 대한 위헌판결이 이의 대표적 예이지만,[101] 1947년의 처를 행위무능력자로 규정한 구민법 제14조는 무효라고 하여 적용을 배제한 1947민상88(Ⅲ3(1)(나) 참조)도 이에 해당한다.

위헌법률판결은 법률이 언제나 절대적인 해석기준이 아님을 보여줄 뿐만 아니라, 법원은 단순한 법률의 적용자가 아니라 때로는 법률의 심판자로서 그것이 정당한가를 심사하고 결정하는 위치에 있음을 보여준다. 헌법재판소의 위헌결정심사제도의 도입 후 그동안 당연한(즉 유효한) 규정으로 여겨왔던 법규정들이 위헌결정으로 효력을 잃게 되는 경우가 적지 않은데,[102] 이는 이러한 점을 선명하게 보여준다. 특히 법원이 그동안 위헌 여부를 검토조차 하지 않았던 민법규정이 위헌결정을 받아 효력을 잃는 현실은, 법원이 그동안 법률에 부여했던 비중이 어떠했나 하는 점을 보여준다.

(다) 일반론의 검토

법문을 넘는 법형성적 판결은 권력분립 원칙을 침해하는 것으로서 사법권의

---

101) 대법원 1967.11.2. 67다1334 전원합의체 판결(징발법 부칙 제3항에 의한 징발재산의 보상에 관한 건 제2조); 대법원 1971.6.22. 70다1010 전원합의체 판결(법원조직법 제59조 제1항 단서 및 국가배상법 제2조 제1항 단서).

102) 헌법재판소 1991.4.1. 89헌마160 결정(제764조); 헌법재판소 2005.12.22. 2003헌가5,6 결정(제781조); 헌법재판소 1997.7.16. 95헌가6-13 결정(제809조 1항, 동성혼등의 금지); 헌법재판소 2015.4.30. 2013헌마623 결정(제844조 제2항); 헌법재판소 1997.3.27. 95헌가14,96헌가7 결정(제847조 제1항); 헌법재판소 1998.8.27. 96헌가22, 97헌가2·3·9, 96헌바81, 98헌바24·25 결정(제1026조 제2호); 헌법재판소 2001.7.19. 99헌바9등 결정(제999조 제2항).

한계를 벗어난 것이라는 앞의 두 판결은 위헌법률의 판결이나 결정에 의해서 이미 정당성을 상실하였다. 이하에서는 더 근본적으로 법률과 해석과의 관계에 관한 두 판결의 문제점을 생각해 본다.

물론 입법정책에 의해서 결정해야 할 문제를 법원이 선행적으로 결정하는 것은 잘못이다. 그러나 무엇이 공정한가 혹은 정의에 부합한가 하는 문제에 관해서는 그렇지 않다. 오히려 이러한 문제에 관해서 최종적인 심판권한을 가지는 것은 법원이다. 위헌법령에 대한 심판권을 사법부(내지 준사법부)에 맡기는 것은 이러한 점을 보여주는 것이다. 법원을 인권의 수호자, 최후의 보루라고 하는 이유는 이 때문이다. 3권분립은 단순히 3권의 분배 자체가 아니라 3권 간의 균형과 견제를 통해서 권력남용을 방지하기 위한 장치이다. 만약 법원은 법률이 제정되지 않으면 스스로 어떤 문제이든(즉 정의의 문제라도) 결정할 수 없다고 한다면, 그리고 법률이 규정하는 것은 아무리 정의에 반하더라도(즉 예컨대 동일하게 취급해야 할 경우임에도 서로 다르게 취급하더라도) 그대로 적용해야 한다고 한다면, 이는 결코 3권분립의 정신에 맞지 않는다. 이는 사법부의 역할을 포기하는 것이고, 법원을 다른 권력의 집행자로 만드는 것이다.

2. 전 망

(1) 먼저 판례의 시대적 흐름을 살펴보면, 판결이 이론적으로 정밀해진 것은 대체로 1990년대 들어서이다. 그 이전에는 아직 법이론이 성장단계에 있었기 때문에 재판결과를 이론적으로 명확히 설명하는 판결은 많지 않은 것 같다. 1990년대에서의 법이론의 발달은 사회의 안정과 법제도의 정착과 연계된 것이다. 그리고 그 이후 판례는 사회의 발전에 따라서 등장한 새로운 법률문제에 대응해서 새로운 법제도(예컨대 의사무능력제도, 무권리자의 추인)를 전개하면서 법형성적 역할을 하였다. 다만 이러한 새로운 법제도는 – 앞서 살핀 법해석의 한계를 반영하듯– 법 안에 담겨져 있는 이념을 구체화하는 것에 그치지 않았나 생각된다(의사무능력제도는 물론 존엄사 사건도 이에 해당하지 않을까?).

그런데 이와 같은 법이론의 발달은 다른 한편으로 법해석을 법문과 법논리에 기울어지게 한 것 같다. 이 시기부터는 법문에 반하는 해석 혹은 법창조적 해석이 나오지 않은 것은 – 법제도의 정착도 이유이겠지만 – 이러한 점을 보여준다.

이 시기 이후 일반론이 등장하고 법해석에서 법적 안정성을 중시하는 판례가 많이 나타난 것도 이와 마찬가지이다. 위와 같은 현상이 가장 두드러지게 나타난 것은 1990년대에 나타난 국가의 권력적 불법행위 사건이다. 법원은 이러한 사건에서 법원의 역할을 잊고 법논리와 법조문에 숨었다. 더욱이 이러한 과정에서 법이론을 왜곡시켰다. 국가의 권력적 불법행위에서 나타난 법원의 소극적 자세는 아마도 훗날 우리의 법원의 역사에서 지울 수 없는 오점으로 남지 않을까 생각된다. 그러나 반대로 이는 법률가로 하여금 자성의 기회를 주어 이것이 오히려 법의 해석에서 커다란 방향전환의 계기가 될 수 있지 않을까 하는 기대도 가져 본다.

(2) 근래 들어 분쟁이 더욱 다양화되면서 그 해답을 실정법규범이나 개별적인 법제도에서는 찾을 수 없는 사건이 등장하고 있다. 이러한 현상은 권리가 확대(인격권이나 환경권의 확대와 분화, 헌법상의 기본권의 확대 등)되고 특히 모든 국민이 진정으로 평등한 권리주체가 되면서 가속화되고 있다. 이제 사법적 법률관계의 분쟁은 사법을 넘어 공법 특히 헌법문제로 번져가고 있다. 그런데 충돌하는 이익이나 권리를 어디에서 조절할지를 결정하는 것은 법원의 일이다. 그 답은 실정법규정 안에서는 찾을 수 없다. 법원은 헌법적 가치와 사회현실, 정의라는 법의 궁극적 가치 등을 고려해서 현명한 답을 찾아내야 하고, 이익을 잘 조절하고 분쟁을 해결해야 한다. 법원은 이러한 과정을 통해서 새로운 법을 창설해 갈 것이다. 이제 법률이 해석의 한계인가 하는 고전적 문제는 더 이상 실제 문제가 되지 않을 것이다.

(3) 법관은 법률을 적용해서 사건을 해결해야 하므로, 우선 법률에 의하면 어떻게 해결해야 하는가를 고민할 것이다. 그러나 다른 한편으로 눈 앞에 닥쳐 있는 생생한 분쟁을 해결하는 법관으로서는 어떻게 해결하는 것이 정당한가 하는 점을 고민하지 않을 수 없다. 그리고 법률에 의한 해결이 자신의 정의관에 비추어 정당하지 않다고 여겨지는 경우에, 그 고민은 더 깊어질 것이다. 이때 법관은 아마도 일반적인 해석방법상의 명제(법문을 1차적 해석기준으로 삼아 법적 안정성을 기해야 하고 법률을 넘는 해석은 허용되지 않는다는)는 절대적인 것은 아니라는 점을 이미 알 것이다. 그래서 이 글은 어쩌면 진부한 것으로서 실제 의미는 그다지 크지 않을지 모른다. 그래도 전반적인 해석경향을 조감해 보는 것, 그리고 그러면서 가지게 되는 반문 즉 왜 법적 안정성을 강조하고 왜 법문이 해석기준으로 되는가 하는 점 등에 대한 반문은 이러한 고민을 정리하는 데 도움이 되지 않을까

기대해 본다. 끝으로 재판의 의미에 관한 한 법사회학자의 다음과 같은 글을 소개하면서 글을 마치고자 한다: 법관은 자신의 역할을 어떻게 생각하는가? 법관은 '정책police'이야말로 판결의 요소라고 한다. John Wold는 델라웨이, 메릴랜드, 뉴욕 그리고 버지니아주의 최고법원 재판관과의 인터뷰에서 "법관은 법해석자law interpretor로 행동해야 하는가 법제정자law maker로 행동해야 하는가?"라고 물었는데, 이에 대해서 22명 중 12명은 전자로 답했으나, 뉴욕의 재판관 3인은 모두 후자로 답했고, 나머지 사람들은 사건에 따라 역할이 다르다고 답했다.[103)]

103) Lawrence M. Friedman, Law and Society: An Introduction, 1977, p. 169.

한국 민법과 사적 자치

권영준

[초 록]

사적 자치는 개인이 자신의 법률관계를 그의 자유로운 의사에 의하여 형성할 수 있다는 원칙이다. 사적 자치는 개인의 자율을 보장하여 사적 영역에서 그의 인격이 온전히 실현될 수 있도록 돕는다. 사적 자치가 추구하는 이러한 이상이 민법의 기본 토대를 구성한다는 점에는 거의 이견이 없다. 그런데 사적 자치의 구체적인 적용을 둘러싸고는 복잡한 논의가 펼쳐진다. 사적 자치는 어떤 영역에 적용되어야 하는가? 사적 자치가 누리는 운신의 폭은 어디까지인가? 무엇이 진정 사적 자치를 고양하는 길인가? 한계선상에 있는 구체적 사례의 맥락에서 이러한 질문이 주어지면 사람마다 서로 다른 해답을 내놓을 것이다. 사적 자치에 대한 추상적 이해는 비슷하지만, 그에 대한 구체적 이해는 각자 다르기 때문이다.

사적 자치에 대한 구체적 이해의 차이는 사적 자치를 토대로 개별 법리를 구축해 나가는 민법학의 전체 지형에 상당한 영향을 미친다. 민법학의 개별 법리나 실제 민사 사건의 결론에 관한 견해 차이는 결국 사적 자치에 대한 근본적인 입장 차이에 기인하는

서울대학교 법학전문대학원 교수

경우가 많다. 그러므로 사적 자치에 대한 논의는 추상적이고 일반적인 차원을 넘어서서 민법의 구체적인 해석론이나 입법론과도 밀접한 관련을 가지고 있다.

이러한 점을 염두에 두고 이 글에서는 우선 사적 자치의 개념 요소를 분석하고, 사적 자치가 정당화되는 근거를 모색하는 한편 사적 자치의 한계를 설정하였다. 아울러 우리나라 민법과 민법학의 역사적 흐름 속에서 사적 자치의 위상이 어떻게 이해되었으며 사적 자치의 논의가 어떻게 다변화되어 왔는지를 서술하였다. 또한 우리나라 판례에 나타난 사적 자치의 다양한 모습을 검토한 뒤 민법과 민사특별법에서 사적 자치가 구현되는 양상도 살펴보았다. 특히 민사특별법의 민법 편입 문제가 사적 자치 논의에 가지는 의미도 되새겨 보았다. 결론 부분에서는 행동경제학과 통계학의 발달, 그리고 빅데이터의 축적을 배경으로 한 사적 자치의 개별화 가능성에 대해서도 언급하였다.

Ⅰ. 서 론

사적 자치는 개인이 자신의 법률관계를 그의 자유로운 의사에 의하여 형성할 수 있다는 원칙이다.[1] 사적 자치는 개인의 자율을 보장하여 사적 영역에서 그의 인격이 실현될 수 있도록 한다. 개인의 자율 보장은 인격의 자유로운 발현, 나아가 인간의 존엄성을 보호하는 데 기여한다. 사적 자치가 추구하는 이러한 이상에 반대할 사람은 아마 없을 것이다. 그러나 총론의 영역에서 각론의 영역으로, 이상을 논하는 장에서 현실을 논하는 장으로 내려오면 논의 양상은 사뭇 달라진다. 사적 자치는 어떤 영역에 적용되어야 하는가? 사적 자치가 누리는 운신의 폭은 어디까지인가? 무엇이 진정 사적 자치를 고양하는 길인가? 한계선상에 있는 구체적 사례의 맥락에서 이러한 질문이 주어지면 사람마다 서로 다른 해답을 내놓을 것이다. 사적 자치에 대한 추상적 이해는 비슷하지만, 그에 대한 구체적 이해는 각자 다르기 때문이다.

이러한 구체적 이해의 다양성은 사적 자치가 법질서에서 고려되어야 할 유일한 가치가 아니라는 점에서 비롯된다. 사적 자치와 다른 가치들의 관계를 어떻게 이해하고 설정하는가에 따라 사적 자치가 현실에서 구현되는 구체적인 모습도 달라진다. 따라서 사적 자치에 대한 구체적 이해의 차이는 사적 자치를 토대로 개별 법리를 구축해 나가는 민법학의 전체 지형에 상당한 영향을 미친다. 때로는 사적 자치에 대한 구체적 이해의 차이가 민법학의 개별 법리나 실제 민사 사건의 결론에 어떤 차이를 가져오는지가 외견상 명백히 드러나지 않는다. 하지만 민법학의 개별 법리나 실제 민사 사건의 결론에 관한 견해 차이는 결국 사적 자치에 대한 근본적인 입장 차이에 기인하는 경우가 많다. 그러므로 사적 자치에 대한 논의는 추상적이고 일반적인 차원을 넘어서서 민법의 구체적인 해석론이나 입법론과도 밀접한 관련을 가지고 있다. 또한 사적 자치의 가치, 내용, 한계 등을 탐구할 때에는 구체적이고 개별적인 차원과의 관련성을 의식적으로 발견하여야 한다.

---

1) 대법원 2016.8.24. 2014다9212 판결; 대법원 2017.6.8. 2017다3499 판결. 사적 자치의 원칙은 "인간의 자기결정 및 자기책임의 원칙에서 유래된 기본원칙으로서, 법률관계의 형성은 고권적인 명령에 의해서가 아니라 법인격자 자신들의 의사나 행위를 통해서 이루어[진다는 원칙]"(헌법재판소 2011.2.24. 2008헌바87 결정)이라거나 "사회공동생활을 관계당사자들이 스스로 결정하도록 하고 국가는 단지 그러한 결정을 법적 구속력 있는 것으로 존중한다는 원칙"(김학동, "사적자치원칙의 의의와 이의 제한", 고시계(1993.3.), 117면)이라고 정의되기도 한다.

이러한 점을 염두에 두고 이 글에서는 사적 자치 일반론을 소개한 뒤, 사적 자치가 우리 판례와 학설, 관련 제도에서 어떤 모습으로 나타나는지를 살펴본다.

Ⅱ. 사적 자치 일반론

1. 사적 자치의 의의

사적 자치의 개념은, 공公과 구별되는 사私, 스스로自 다스림治이라는 두 가지 개념 요소로 구성되어 있다. 그러므로 사적 자치가 가지는 의미에 대한 탐색은 이러한 두 가지 개념 요소의 탐색으로부터 출발한다.

(1) 사(私)의 영역

사적 자치는 사私의 영역을 지배하는 원칙이다. 사私는 공公과 구별되는 영역이므로, 공公과의 경계선을 그어야 비로소 확정될 수 있는 개념이다. 공公과 사私의 구별은 오랜 역사를 가지고 있다. 고대 그리스 철학자 아리스토텔레스는 그의 저서 「정치학」에서 삶의 영역을 ① 정치적 행동과 결부된 공적 영역[2]과 ② 가족이나 생물학적 삶과 결부된 사적 영역[3]으로 나누었다.[4] 그의 공(公)·사私 구별론은 그 후 전개된 서양 사상사에 큰 영향을 미쳤다. 양자의 구별은 법학에도 큰 영향을 미쳐, 대륙법계에서 널리 받아들여진 공법·사법 이원론의 토대가 되었다. 공公과 사私의 구별은 결국 공동체와 개인의 구별에 대응한다. 공公은 공동체와 개인 사이의 문제를 다루는 영역이고 사私는 개인에 고유한 문제 또는 개인과 개인 사이의 문제를 다루는 영역이다. 공公은 공동체주의communitarianism, 사私는 자유주의libertarianism와 밀접한 관련을 가진다.[5]

---

2) 그리스어 πόλις에 해당하며, 알파벳으로는 polis라고 표기한다. 이 단어는 성채, 도시, 국가 등을 의미하기도 하였다.

3) 그리스어 οἶκος에 해당하며, 알파벳으로는 oikos라고 표기한다. 이 단어는 주택, 거주 등을 의미하기도 하였다.

4) J. Roy, "'Polis' and 'Oikos' in Classical Athens", Greece & Rome, Vol 46, No. 1(1999), 1-18 참조.

5) 자유주의적 전통은 홉스-로크-벤담-밀-칸트 등을 통하여 형성되었고, 공동체주의적 전통은 아리스토텔레스-아퀴나스-헤겔 등을 통하여 형성되었다. 또한 현대의 자유주의와 공동체주의 논쟁은 롤즈의 『정의론』 및 『정치적 자유주의』에 대한 샌델, 바버, 매킨타이어, 테일러와 왈쩌 등의 비판으로 본격화되었다. 김정오 외 4, 법철학: 이론과 쟁점, 2012, 181면.

물론 공법과 사법의 경계가 언제나 명확한 것은 아니다. 공법과 사법 어디에도 속하지 않는 노동법, 경제법, 사회보장법 등 사회법 영역이 등장하면서 양자의 구별은 더욱 모호해지고 있다. 그러나 어떤 법률관계에서 공동체와 개인의 관계를 다루는 공公적 요소와 개인에 고유한 문제 또는 개인과 개인 사이의 문제를 다루는 사私적 요소를 구별하는 것은 불가능하지 않다. 민사재판과 그 외의 재판을 제도적으로 구별하는 것도 이러한 구별의 필요성과 가능성을 전제하고 있다. 사적 자치는 공법과 구별되는 사법의 대원칙이다.[6] 사적 자치는 공公적 요소와 구별되는 사私적 요소를 규율 대상으로 삼는다. 물론 어떤 법률관계에 공적 요소와 사적 요소가 혼재하는 경우도 적지 않다. 이때 공公적 요소와 사私적 요소의 비중을 살피는 것은 사적 자치의 적용 여부와 범위를 결정하는 데에 의미 있는 작업이다.

(2) 자치(自治)

사적 자치는 자치自治, 즉 '스스로 다스림'을 의미한다. '스스로 다스림'의 출발점은 자유이다. 따라서 사적 자치는 자유주의liberalism와 불가분의 관계에 있다. 근대법의 기틀을 이룬 로마법도 자유주의의 토대 위에서 사적 자치를 추구하였다. 근대법의 자유주의적 기틀은 로마법으로 거슬러 올라가는 셈이다. 최병조 교수는 아래와 같이 설명하였다.

> "법질서의 범위 내에서 사인 간의 자유롭고 자율적이며 자기책임 하에 이루어지는 법률거래를 통한 상호적인 물자와 용역의 교환이 인간 생활공동체의 실상임을 솔직하고 허심탄회하게 인정하였다.[7] 로마법은 도덕이나 종교의 이름으로 개개인의 삶을 규제하기보다는 권리와 정의의 이름으로 개개인의 사회활동을 북돋우고, 각자에게 돌아가야 할 권리의 실현을 위하여 매우 다양한 제도와 절차를 마련하였다."[8]

그런데 이러한 원칙은 어디까지나 자유인인 시민에게만 적용되는 것이었다. 시민과 완전히 다른 계급이었던 노예에게는 이러한 원칙이 적용되지 않았다. "시민의 자유는 부자유인인 노예가 존재하는 신분제 사회였기에 더욱 더 값진 것"[9]이

6) 아울러 경제적으로는 시장경제질서(헌법 제119조 제1항 참조)의 기초를 이루는 원리이기도 하다.
7) 최병조, 로마법연구(Ⅰ): 법학의 원류를 찾아서, 서울대학교 출판부, 1995, 112면 이하.
8) 최병조, 대표편역, 한국민법의 로마법적 배경과 기초, 법무부, 2013, 27면.
9) 최병조, 로마법강의, 박영사, 1999, 9면.

었다는 설명은 사적 자치와 자유의 관계를 잘 나타낸다. 역사적으로 이러한 자유는 "free man"으로 불리는 시민으로부터 모든 유형의 인간으로 확장되어 왔다. 다른 한편 외부의 억압으로부터 해방된다는 의미의 소극적 자유는 자기의 주도적 결정 아래 행위를 전개해 나간다는 의미의 적극적 자유로 확장되어 왔다. 그런데 자치自治는 단순한 자유自由의 차원에 머무르는 개념이 아니다.[10] 오히려 자치는 스스로 정립한 질서 속에서 스스로를 규율하는 것, 즉 자율自律에 가까운 개념이다.[11] 자율은 소극적 의미의 자유를 넘어서서 적극적 의미의 자유까지 포섭할 뿐만 아니라, 자유의 행사에 수반되는 자기책임까지도 전제하는 개념이다.[12] 즉 자율은 자기결정, 자기지배뿐만 아니라 자기책임도 포함한다.[13] 이러한 점에서 자율은 자유보다 규범적으로 더욱 고양된 개념으로서 타인, 나아가 공동체와의 관계를 염두에 둔 개념이다. 사적 자치가 자율을 의미하는 것이라면 사적 자치는 자기결정을 표상하는 계약자유의 원칙뿐만 아니라, 자기지배의 물적 토대인 소유권 보호의 원칙, 자기책임의 불법행위적 발현인 과실책임의 원칙까지 포괄하는 원리이다.

(3) 사적 자치와 자기책임의 원칙

그런데 대법원 판결 중에서는 사적 자치와 자기책임의 관계에 대해 이와 다소 다른 인식을 내비친 판결도 눈에 띈다. 즉 대법원은 "우리의 사법질서는 개인이 자신의 법률관계를 그의 자유로운 의사에 의하여 형성할 수 있다는 사적 자치의 원칙과 개인은 자기에게 귀책사유가 있는 행위에 대하여만 책임을 지고 그렇지 아니한 타인의 행위에 대하여는 책임을 지지 아니한다는 자기책임의 원칙 등을 근간으로 한다."라고 판시함으로써 사적 자치의 원칙과 자기책임의 원칙을 사법질서의 두 축으로 천명하였다.[14] 적어도 표현만 놓고 보면 사적 자치의 원칙과 자

10) 임미원, "윤리적 개념으로서의 자율성 – 칸트의 자율성 개념을 중심으로 –", 법학논총(한양대학교) 제33집 제3호(2016.9.), 12면은 "인간의 모든 자유상태가 곧 자율을 의미하지는 않는다는 점에서" 자율은 자유에 포섭되는 하위 개념이라고 한다.

11) 사적 자치의 원칙을 규정한 2004년 법무부 민법 개정안 제1조의2는 표제와 내용에서 "사적 자치"라는 표현을 사용하지는 않되 표제에서 "자율"이라는 표현을 사용하였다. 이는 당시 법무부 민법 개정 작업에 참여하였던 윤진수 교수의 제안에 바탕을 둔 것으로 생각된다. 법무부 민법개정자료발간팀 편, 2004년 법무부 민법개정안 총칙·물권편, 2013, 39면 참조.

12) Robert Paul Wolff, In Defense of Anarchism, New York: Harper & Row, 1970, 14면.

13) 사적 자치에 관한 같은 취지의 설명으로 권오승, 민법의 기본원리, 고시계(1988.7.), 17면; 이영준, 민법총칙〔한국민법론 I〕, 박영사, 2004, 11면.

기책임의 원칙이 별개의 원칙임을 전제로 한 판시처럼 보인다.[15]

이처럼 사적 자치의 원칙에서 자기책임의 원칙을 분리시켜 사고하는 것이 합당한지는 생각해볼 문제이다. 위와 같은 판시는 사적 자치의 원칙이 담고 있는 '자유'의 가치에 집중한 나머지 '자유'와 '책임'의 상관관계를 간과한 것으로 보인다. 그러나 자기통치를 의미하는 자치自治 또는 자기규율을 의미하는 자율自律은 단순한 자유가 아니라 스스로 책임지는 자유를 의미한다. 또한 그렇게 이해하는 것이 사적 자치를 향한 오해, 가령 공동체적 가치와는 동떨어진 순수한 개인주의적 가치라는 세간의 오해를 떨쳐버리는 길이다.

흥미롭게도 헌법재판소는 사적 자치의 원칙을 "인간의 자기결정 및 자기책임의 원칙에서 유래된 기본원칙으로서, 법률관계의 형성은 고권적인 명령에 의해서가 아니라 법인격자 자신들의 의사나 행위를 통해서 이루어진다는 원칙"이라고 정의내리고,[16] "자신의 일을 자신의 의사로 결정하고 행하는 자유뿐만 아니라 원치 않으면 하지 않을 자유로서 우리 헌법 제10조의 행복추구권에서 파생되는 일반적 행동자유권의 하나"라고 천명한다.[17] 사적 자치의 원칙과 자기책임의 원칙을 별개의 원칙으로 파악하기보다는 자기책임의 원칙을 자기결정의 원칙과 함께 사적 자치의 원칙을 떠받치는 두 가지 기둥 중 하나로 파악한 것이다.

물론 대법원 판결이 모두 위와 같은 태도를 취하고 있는 것은 아니다. 자기책임의 원칙이 사적 자치의 원칙의 일부를 이룬다고 본 판결도 발견된다. 가령 대법원은 미성년자가 법정대리인의 동의 없이 신용구매계약을 체결한 뒤 법정대리인의 동의가 없다는 이유로 계약을 취소하는 것이 신의칙에 위배되는지를 다룬 판결에서, "행위무능력자 제도는 사적자치의 원칙이라는 민법의 기본이념, 특히

---

14) 대법원 2016.8.24. 2014다9212 판결. 참고로 이 사건에서는 영업임대차에 대하여 영업양도에 관한 상법 제42조 제1항이 적용될 수 있는지가 쟁점이 되었다. 대법원은 사적 자치의 원칙과 자기책임의 원칙을 천명한 뒤, "법률의 규정에 의하여 당사자의 의사와 관계없이 타인의 채무에 대한 변제책임이 인정될 수 있으나, 그러한 법률규정을 해석·적용할 때에는 가급적 위와 같은 원칙들이 훼손되지 않도록 배려하여야 [한다]"고 하여 영업임대차에 대한 유추 적용을 부정하였다.

15) 이와 유사한 판시는 카지노이용자의 이익을 위한 카지노사업자의 보호의무나 배려의무를 인정할 수 있는지가 문제된 대법원 2014.8.21. 2010다92438 판결에서도 발견된다. 위 대법원 2016.8.24. 2014다9212 판결도 위 2014년 판결을 인용하고 있다. 다만 2014년 판결에서는 마치 사적 자치의 원칙과 과실책임의 원칙으로부터 자기책임의 원칙이 도출되는 것처럼 판시하였다는 차이가 있다.

16) 헌법재판소 2001.5.31. 99헌가18, 99헌바71,111, 2000헌바51,64,65,85, 2001헌바2(병합) 결정.

17) 헌법재판소 2010.5.27. 2008헌바61 결정.

자기책임 원칙의 구현을 가능케 하는 도구로서 인정되는 것"이라고 한 뒤 거래의 안전을 희생시키더라도 행위무능력자를 보호하고자 하는 행위무능력자 제도의 취지에 비추어 위와 같은 계약의 취소가 신의칙에 위배되지 않는다고 보았다.[18] 이 판결에서 대법원은 자기책임의 원칙이 사적 자치의 원칙의 일부임을 분명히 하고 있다.

2. 사적 자치의 정당성 근거

사적 자치가 민법의 기본 원칙임은 앞서 살펴본 것과 같다. 그러나 사적 자치의 원칙을 깊이 있게 탐구하기 위해서는 이를 그저 처음부터 주어진 원칙으로 받아들이기보다는 사적 자치가 왜 민법의 기본 원칙이어야 하는지, 사적 자치의 원칙이 어떠한 근거 위에서 정당화되는지 살펴볼 필요가 있다. 우선 사적 자치의 헌법적 근거는 헌법 제10조와 헌법 제119조 제1항이다. 헌법 제10조는 국민의 행복추구권과 여기서 파생된 일반적 행동자유권 및 사적 자치를 보장한다. 헌법 제119조 제1항은 사유재산제도와 사적 자치의 원칙 및 과실책임의 원칙을 기초로 하는 자유시장 경제질서가 우리 헌법이 상정하는 경제질서임을 규정한다. 한편 민법은 사적 자치에 관한 명문 규정을 두고 있지 않다. 그러나 민법의 수많은 규정들, 특히 민법총칙과 채권편 분야의 규정들은 당사자가 자신의 법률관계를 스스로 결정할 수 있고 또 마땅히 그래야 한다는 점을 당연한 전제로 삼고 있다. 즉 헌법이 상정하는 사적 자치의 원칙은 민법을 비롯한 사법私法에서도 당연한 전제로 받아들여지고 있는 셈이다. 그런데 "법이 사적 자치를 규정하므로 사적 자치는 보호되어야 한다"는 차원의 실정법적 근거를 넘어서서 사적 자치를 보호해야 하는 당위성은 무엇인가? 즉 실정법적 근거의 배후에 있는 사적 자치의 정당성 근거는 무엇인가? 이를 어떻게 이해하는가에 따라 사적 자치의 폭이 달라진다. 두 가지 관점에서 설명해 볼 수 있다.[19]

첫째, 사적 자치는 인간의 존엄성을 구현하는 데에 필수적인 가치이므로 사적 자치가 어떠한 결과를 가져오건 사적 자치 그 자체가 보호되어야 한다는 관점이

18) 대법원 2007.11.16. 2005다71659,71666,71673 판결.

19) 이 부분에 대한 설명은 권영준, "계약법의 사상적 기초와 그 시사점 – 자율과 후견의 관점에서 –", 저스티스 통권 제124호(2011.6.), 173-174면에 기초하였다.

있을 수 있다. 즉 사적 자치 그 자체를 법이 추구하여야 할 목적으로 상정하는 것이다. 이는 일종의 의무론deontology[20)]적 관점으로서, 도덕적 자율성을 이성적 인간의 핵심적 특성으로 꼽았던 칸트Kant의 도덕 윤리와도 연결된다. 이러한 관점에서 사적 자치는 "원래 존중할 가치가 있기 때문에" 존중되어야 한다.[21)] 만약 사적 자치가 그 자체로 보호되어야 할 대상이라면, 설령 사적 자치에 기한 당사자의 결정이 그의 이익에 반하는 결과로 이어지더라도 그 결정은 존중되어야 한다. 계약 당사자들에게는 계약 내용을 합리적이거나 정당하게 형성하거나 해명할 의무가 부과되지 않는다.[22)] 이러한 입장에 따르면 사적 자치가 오히려 당사자의 이익에 반하는 결과를 가져올 수 있다는 이유만으로 사적 자치의 제한이 정당화되지 않는다. 이러한 입장을 강조하면 사적 자치의 범위는 넓어지기 쉽다.

둘째, 사적 자치는 사적 자치 자체에 내재한 가치보다는 사적 자치를 통하여 달성할 수 있는 효용 때문에 보호되어야 한다는 관점이 있을 수 있다. 이는 일종의 결과론consequentialism[23)]적 관점으로서, 제레미 벤덤Jeremy Bentham, 존 스튜어트 밀John Stuart Mill[24)]을 중심으로 전개된 공리주의utilitarianism와 밀접한 관련이 있다. 공리주의의 계보에 있는 법경제학은 이러한 관점을 잘 나타낸다. 법경제학의 설명에 따르면 사적 자치는 당사자의 편익을 높이기 때문에 보호되어야 한다. 계약 당사자는 합리적인 주체이므로 계약을 통해 자신의 편익이 높아질 때만 계약을 체결한다. 그러므로 사적 자치 아래 계약 당사자가 계약을 체결한다는 것은 계약을 통해 계약 당사자들의 편익이 모두 높아진다는 것을 의미한다. 이른바 파레토 효율pareto efficiency이 달성된다. 또한 국가가 계약 당사자의 법률관계에 개입하지 않는 것은 국가의 후견적 개입에 수반되는 비용을 줄이는 길이기도 하다. 그러므로

---

20) 의무론(deontology)은 도덕이론(ethical theory) 중 하나로서, 행동은 그 행동이 가지고 오는 결과가 아니라 그 행동이 도덕적으로 의무지워진 것인가에 따라 이루어져야 한다는 관점이다. Donald M. Borchert ed., Encyclopedia of Philosophy, 2nd edition, 2006, pp. 712-713 (Henry S. Richardson 집필 부분).

21) Morris R. Cohen, The Basis of Contract, 46 Harv. L. Rev. 553, 575(1933).

22) Flume, Allgemeiner Teil des Bürgerlichen Rechts, BdⅡ: Das Rechtsgeschäft, 3. Aufl. 1979, S. 6.f.

23) 결과론(consequentialism)은 도덕이론(ethical theory) 중 하나로서, 행동은 그 행동이 가지고 오는 결과의 가치에 따라 평가되어야 한다는 관점이다. Borchert(주 20), p. 460(Henry West 집필 부분).

24) 존 스튜어트 밀의 공리주의는 의무론과 배치되는 것이 아니라 오히려 규범적으로는 의무론적 기반 위에 서 있다는 주장도 있다. 강병호, "밀의 공리주의의 규범성의 의무론적 바탕에 관하여", 사회와 철학 제34집(2017.10.), 174-175면.

사적 자치를 확장할수록 계약 당사자의 편익은 물론, 사회의 총 효용도 높아진다. 하지만 사적 자치가 편익 및 효용 증진으로 이어진다는 전제가 깨어진다면 사적 자치의 제한이 정당화될 수 있다. 그러한 의미에서 사적 자치는 효율성에 복속되는 열위적이고 도구적인 가치라고 표현할 수 있다. 이러한 입장을 강조하면 사적 자치의 영역은 이를 통하여 효율성이 증진되는 범위 내로 제한될 수 있다.

3. 사적 자치의 한계

사적 자치의 원칙은 인간이 자신의 법적 운명을 스스로 결정할 수 있도록 자유와 책임을 부여함으로써 인간의 존엄과 가치를 고양하고자 하는 법 원칙이다. 이는 헌법 제10조에 바탕을 둔 일반적 행동자유권으로부터 파생된다.[25] 그러나 모든 원칙이 그러하듯 사적 자치의 원칙에도 예외와 한계가 없을 수 없다. 사적 자치 원칙도 궁극적으로는 공동체의 법질서 안에서 인정되는 것이므로 타인과의 관계 또는 공동체와의 관계에서 일정한 내재적 한계를 지닐 수밖에 없다.

또한 사적 자치 원칙은 그 원칙이 기초하고 있는 전제가 충족되어야 비로소 그 정당성을 인정 받을 수 있다. 사적 자치의 원칙은 충분한 정보의 토대 위에서 합리적이고 자유롭게 의사결정에 이르는 자율적인 인간상을 전제한다. 즉 ① 사적 자치의 당사자에게 충분한 정보가 제공되어야 하고(정보의 토대), ② 그가 그 정보를 제대로 인식·이해하고 합리적으로 판단할 수 있어야 하며(인지와 판단의 토대), ③ 상대방이 있는 경우에는 그 판단의 토대 위에서 대등하게 상대방과 협상할 수 있어야 한다(협상력의 토대).[26] 그런데 현실에서 이러한 전제가 언제나 충족되는 것은 아니다. 따라서 이처럼 사적 자치의 전제가 충족되지 못하는 영역에서는 사적 자치 원칙도 후퇴하게 되고, 그 자리에 후견적 요소가 들어서게 된다.

이러한 후견적 관여는 강행규정이라는 개별적·구체적 규정을 매개로 이루어지기도 하고, 공서양속 위반 금지(민법 제103조)나 신의칙(민법 제2조)이라는 일반적·추상적 법 원리를 매개로 이루어지기도 한다. 사적 자치를 제어하는 국면에서 입법부는 강행규정을 주도적으로 설정해나가고, 사법부는 공서양속 위반 금지나 신의칙을 활용하여 사적 자치의 영역과 후견적 관여의 영역 사이의 경계를 설

25) 대법원 2018.5.17. 2016다35833 전원합의체 판결.
26) 권영준(주 19), 174면.

정해나간다. 하지만 어떤 규정이 강행규정인지 임의규정인지가 불명확할 경우에 그 규정의 성격을 파악하고 내용을 확정하는 것은 사법부이므로, 강행규정의 해석 단계에서는 사법부가 제한적 주도권을 행사한다. 임의규정과 대비되는 의미의 강행규정의 폭을 얼마나 넓게 볼 것인가, 또한 공서양속의 범위나 신의칙 적용의 폭을 얼마나 넓게 볼 것인가에 따라 사적 자치와 후견적 관여 사이의 관계가 달라지게 된다. 이러한 관점의 차이는 아래에서 살펴보듯이 우리나라 민법학의 논의 양상에도 반영되어 왔다.

Ⅲ. 우리나라 민법학과 사적 자치

1. 사적 자치에 대한 민법학의 흐름

(1) 초기 논의

민법 제정 전에는 사적 자치에 대한 치열하고 깊이 있는 학술적 논의가 이루어지지 못하였다. 해방 후 미군정의 실시, 남북이 나뉘어 이루어진 정권 수립, 한국 전쟁과 그 이후 생존과 자립을 위한 몸부림, 그 과정에서 법률을 만들고 법학 교육과 연구의 최소한의 틀을 마련해야 했던 시대 상황을 생각하면 당연한 일이었다. 하지만 민법 제정 전 민법 개설서나 교과서들에서는 적어도 사적 자치에 대해 일반적인 설명은 이루어지고 있었다. 가령 한국전쟁 직후인 1954년에 출판된 한 민법 개설서에는 사적 자치의 원칙과 한계가 중립적이고 무색투명하게 서술되어 있다.[27] 이 책은 사적 자치의 원칙을 구성하는 근대 민법의 3대 원칙, 즉 소유권 존중과 계약자유, 과실책임 원칙에 대해 서술하면서도, 이러한 자유주의적 시각이 수정을 거치면서 신의성실의 원칙과 권리남용 금지 원칙의 중요성이 부각된다는 점을 함께 언급하였다. 1956년에 출판된 김증한 교수의 "법학개론"에는 근대민법의 지도원리와 현행민법의 지도원리에 대한 생각이 담겨 있다. 김증한 교수는 아래와 같이 자유주의 사상의 한계를 소상하게 지적하면서도, 그 기반을 무너뜨리기보다는 결점을 보완해야 한다는 방향성을 제시하였다.[28]

---

27) 장후영, 현행민법총론, 정음사, 1954, 21-23면.

28) 김증한, 법학개론, 전정판, 일한도서출판사, 1956, 110-112면. 한자로 된 부분은 편의상 한글

일본민법전은 19세기말(1896년)에 제정된 것이며, 그 재산편(1, 2, 3)은 철저한 개인자유의 사상을 그 기초로 하고 있다. 이것을 더 풀어서 근대민법전의 3원칙이라고 부르는 것을 설명하면 다음과 같은 것이다.

1. 개인재산권 존중의 원칙 (내용 생략)

2. 계약자유의 원칙 – 계약은 서로 평등한 두 개인이 각자의 자유의사에 의하여 하는 것이니, 어떤 계약을 하든지간에 국가나 타인이 간섭할 바가 아니다.

3. 자기책임의 원칙 – 자기의 의사에 의하여, 적어도 자기의 과실에 의하여서만 책임을 지지 자기의 고의도 과실도 없이 일어난 일에 대하여는 책임을 지지 않는다.

그러나 이러한 지도원리는 개인의 자유를 인정치 않는 봉건제도를 타파하는데 있어서 바로 해방의 여신이 역할을 하였었으나, 지금에 와서는 도리어 사회발전을 억제하는 방해물이 되고 말았다. 어째서냐. 개인자유의 사상 아래 누구나 마음대로 돈버리를 할 수 있게 되어, 모두가 신이 나서 한참 정신없이 경쟁하다가보니, 한 사람은 든든히 자리 잡은 부자가 되고, 다른 사람은 실패를 거듭하여 가졌던 것조차 잃고 맨 주먹이 되었다. 부자와 빈자와의 차이가 어지간히 나면 인제는 부자는 그 자본의 힘으로 더욱더욱 큰 부자가 되고 빈자는 영원히 부자를 딸아 가지 못하게 된다. 부자·빈자의 차이는 시대가 내려 갈수록 커진다. 이렇게 되고 보니 개인재산권 존중의 원칙은 부자에게는 십상 좋지만 보호받을 재산이 없는 빈자를 보호하는 의미는 못 가지게 되었다. 계약자유라는 것도 빈 말이 되고, 부자와 빈자와의 계약에 있어서는 빈자는 부자가 제시하는 조건을 좋든 싫든 간에 받지 않을 수 없게 되었다. 자기책임의 원칙도 또한 부자가 빈자를 울리는 결과를 가져오게 되었다. 전지(田地) 옆에 큰 공장이 생기드니 도모지 곡물이 잘 되지 않어 연연(年年) 감수(減收) 되어 간다. 이상해서 연구를 하여 본 결과 그것은 공장에서 나오는 연기 속에 독소가 있어서 그렇다는 것이 판명되었다. 그때에 공장주 말이 「그러한 독소가 있다는 것은 종전의 학문으로는 판명되지 않았던 것이요 그것을 몰랐다는 것은 나의 과실이라고는 할 수 없고, 그러니 나는 책임없오」라고 한다면 농지의 주인은 누구에게 호소할 곳이 있겠는가.

그러면 그러한 근대민법의 지도원리 대신에 현행민법의 지도원리는 무엇이어야 하겠는가. 이 문제는 아직 확실한 해결에 도달되지 못하고 있다. 개인의 자유를 부인하는 사회주의도 결국 그 해결책으로서 등장한 것이지만, 사회주의에는 또 여러 가지 결함이 많아서, 개인의 자유는 될 수 있는대로 그대로 유지하면서 종래의 결점만을 제거하려는 것이 민주주의 자유세계가 노력하고 있는 방향이다.

로 바꾸었고, 지금의 맞춤법에 맞지 않는 것도 그대로 옮겼다. 이하에 인용할 다른 문헌들도 같다.

(2) 민법 제정과 사적 자치 논의

해방 직후 정부는 '법전편찬위원회직제'(대통령령 4호)를 공포하였고, 이에 따라 법전편찬위원회를 구성하였다. 또한 법전편찬위원회 아래 설치된 민법분과위원회가 민법안을 기초하였다.[29] 정부는 이 민법안을 국회에 제출하였다. 국회는 이 법안을 심의하여 수정 · 보완하였다. 그 결과물인 현행 민법이 1958년 2월 22일 공포되어 1960년 1월 1일부터 시행되었다.

민법 제정은 실로 역사적 과업이었다. 이러한 역사적 과업의 방향성은 무엇이었을까? 사적 자치는 한국 역사상 최초로 만들어진 민법에서 어떤 위상을 차지하였을까? 아쉽게도 이 질문에 대한 답이 될 만한 입법자료를 찾기는 어렵다. 그러나 굳이 말한다면, 민법 초안의 기초자들은 사적 자치의 제한 쪽에 좀 더 무게를 두었던 것 같다. 1957.11.5. 배영호 당시 법무부차관이 국회에서 행한 원안 제안 설명에서 이러한 생각을 엿볼 수 있다.[30]

> 다음에 정부에서 제안한 민법안이 어떠한 기본원칙에 입각한 것이며 또 현행법과 비교하여 어떠한 특색을 가졌느냐에 대하여 말씀드려야 하겠습니다. (중략)
>
> 첫째, 본 법안은 소위 대륙법계의 체계를 채용하였습니다. (중략)
>
> 둘째, 극단적 개인주의 사상의 지양 · 발전입니다. 무릇 법률도 사회적 산물로서 그 사회의 사상 · 경제 · 도덕 기타 제도의 영향을 받는 것이고, 또 법률이 그 사회를 뒷받침하여 존재하는 것은 누구나 다 시인할 것입니다. 근대 사회사상의 핵심은 자유주의 · 개인주의의 사상입니다. 이 사상은 개인의 자유 · 평등을 중심으로 하는 만큼 인류를 봉건적 신분사회로부터 해방하고 새로운 시민사회를 창설하며, 경제적으로는 산업혁명과 결부되어 자본주의 제도를 발전시켰던 것입니다. 이것은 인류의 획기적 사실이었으나 자본주의경제 사회의 고도의 발달은 소수 자본가에 의하여 막대한 부가 독점되고 자본없는 대다수의 국민은 자본가가 경영하는 대기업체에 노동자로서 그 자의적 조건으로 고용되고 지배당하여 경제적 약자로서 비참한 생활을 하는 현상이 출현되었습니다.
>
> 이것이 비록 예상외의 결과이기는 하나, 중대한 사회문제로 국민 각각에게 '사람다운 생

29) 법전편찬위원회의 조직과 구성에 대한 자세한 내용은 정종휴, "한국민법전의 제정과정", 민법학논총, 후암 곽윤직교수 화갑기념논문집, 박영사, 1985, 6면 이하; 양창수, "민법전의 성립과정에 대한 소고", 서울대학교 법학 제30권 제3 · 4호(1989), 192면 참조.

30) 배영호 법무부차관이 1957년 11월 5일 민법안에 대한 제1독회에서 한 발언 내용이다. 제1독회 회의록은 제26회 국회정기회의속기록 제29호, 국회사무처, 1957.11.5, 1면 이하에 실려 있다. 그중 입법방침에 대한 배영호 법무부차관의 발언 내용은 명순구, 실록 대한민국 민법 3, 법문사, 2010, 29-30면에서 재인용하였다.

> 활'을 보장하여야 할 고귀한 인류사상에 비추어 볼 때 그 불합리성은 명백한 것입니다. 따라서 종래 이의 시정을 위한 노력이 사상적 · 정책적 혹은 법률적으로 활발히 논의되었고, 다른 한편으로는 사회혁명을 도모하는 공산주의가 등장한 것은 주지의 사실입니다. 그러면 이 개인주의 내지 자본주의적 경제사회를 뒷받침하는 근대 사법제도는 어떠하였는가? 이것은 소유권의 절대성, 계약의 자유, 과실책임주의를 철저히 구현한 권리 본위의 제도에 그 기초를 두고 있습니다. 이 법제도의 시정사업은 종래 사회협조 내지 사회복지적 견지에서 입법 또는 법해석의 방향에서 시도되었습니다. 그 근본내용을 말씀드리면 종래의 소유권절대의 원칙을 권리남용의 사상으로 제한하고 계약자유의 원칙을 신의성실의 원칙으로 환치하고 과실책임의 원칙을 원인책임의 원칙으로 보충하려는 것입니다.
>
> 우리 헌법은 제80조에서 국민경제질서에 관한 기본원칙을 국민에게 기본생활을 충족하는 사회정의의 실현과 균형있는 국민경제의 발전에 두고, 제15조에서 재산권의 보장을 명시하며 그 행사는 공공복리에 적합하도록 명하고 있습니다. 이러한 점을 생각할 때 우리의 경제생활질서의 근본을 규정하는 본 법안의 기본입장은 세계 법률사조에 입각하여 개인주의를 지양 · 발전시키고 공공복리라는 국민의 경제도의에 적응시킴에 있음은 물론입니다.

"개인주의를 지양 · 발전시키고 공공복리라는 국민의 경제도의에 적응시킴"이라고 하는 우리 민법 초안의 기본입장은 신의칙에 관한 민법 제2조에서 가장 현저하게 나타났다. 조선민사령[31] 제1조에 의해 우리나라에 적용되던 의용민법, 즉 일본민법에는 원래 신의칙에 관한 규정이 없었다. 그런데 일본민법의 좀 더 발전된 형태로서 1937년 6월 17일에 공포되었던 만주민법 제2조는 "권리의 행사와 의무의 이행은 성실과 신의에 따라 하여야 한다."라고 규정하고 있었다. 19세기말부터 20세기 중반에 이르는 독일과 일본 학계의 흐름을 받아들인 것이다. 우리 민법 초안 작업이 시작되기 전인 1947년 개정 일본민법은 신의성실의 원칙과 권리남용금지의 원칙을 명문으로 규정하였다(제1조 제2항, 제3항). 이러한 만주민법과 일본민법의 태도는 우리 민법이 모두冒頭에 신의칙을 규정한 데에 영향을 미쳤으리라 생각된다.[32] 좀 더 거슬러 올라가면 1907년에 신의칙을 민법 모두冒頭에 두어 이를 민법 전체의 원리로 확장한 스위스민법 제2조 제1항도 우리 민법 제2조 규정에 영향을 미쳤을 것이다.

---

31) 조선민사령(조선총독부 제령 제7호)은 1912.3.18. 제정되어 1912.4.1.부터 시행되었다.

32) 민의원 법제사법위원회 민법안심의소위원회, 민법안심의록, 상권(1957), 4면은 민법 제2조의 참조 외국민법 중 일본민법과 만주민법을 "최유사" 입법례로 소개하고 있다.

이러한 권리의 공공화 내지 사회화에 대한 국회의 반응은 대체로 긍정적이었다. 1957.11.8. 법제사법위원회에서 현석호 의원은 이러한 "공정한 분배를 지향하는 우리 헌법정신을 반영하여 사권을 사회화社會化한 것"에 대해 찬성의 뜻을 밝혔다.[33] 학계의 반응도 여기에서 크게 다르지 않았다. 오히려 한국민사법학회의 전신인 민사법연구회가 1957년 출간한 민법안의견서에서는 민법 초안에 대한 총평에서 "새로운 민법은 「분배의 공정성」이라는 지도원리를 표방하는데 좀더 용감하였어야 할 것이다."라고 평가하였다.[34] 좀 더 과감한 권리의 공공화를 주문하였던 것이다.

이영섭 판사도 1958년에 출판한 문헌에서 자유이념과 평등이념을 대비하면서, 우리 민법이 세계사적 조류에 따라 신의칙을 강조하였다고 분석하였다.[35]

> 그러므로 20세기에 있어서의 민법의 지도이념은 자유를 바탕으로 삼기는 하되 종래 지나치게 무력하였던 평등이념을 강조하여 국부적으로만 살쪄가는 무절제한 사회경제현상을 지양하는데 전력을 기울이는 점으로 전환된 느낌이 있다. 도리켜 우리의 신민법을 보건대 우리의 신민법도 이상과 같은 세계사적인 조류에서 고립될 수 없었던지, 첫째로, 민법전체의 저류로서 신의성실의 원칙과 권리남용금지의 법리를 높히 내걸고 자유이념의 무궤도한 발전에 대하여 공공사회적인 조정자로서 군림시켰고, 둘째로, 그 이외의 법규에 있어서도 위에서 본 바와 같은 가지가지의 자유이념제한규정을 끼워놓았다. 그러나 신민법도 무정견無定見하게 평등이념만을 강조하고 이에 반비적反比的으로 자유이념을 후퇴시키려는 것이 아님도 분명하다.

이처럼 학계에서도 민법 제정에 즈음하여 과도한 자유주의적 민법의 극복 필요성과 "사회본위의 법률사상"에 대한 강조가 지속적으로 이루어졌다.[36] 다만 가족법 분야에서는 오히려 개인의 자유가 더욱 보장되어야 한다는 지적도 있었다.[37] 요컨대 재산법 분야에서는 자유주의의 적절한 제한이, 가족법 분야에서는 자유주의의 적극적 신장이 요청되었다.

---

33) 제26회 국회정기회의속기록 제32호, 국회사무처, 1957.11.8, 8면 이하. 명순구(주 30), 46면에서 재인용.

34) 민사법연구회, 민법안의견서, 일조각, 1957, 198면(이항녕 집필 부분)

35) 이영섭, 신민법총칙, 박영사, 1958, 55-56면.

36) 김증한 · 안이준 공저, 신민법(Ⅰ), 법문사, 1958, 24-27면; 이태준, 유민상 편저, 주석 신민법, 일조각, 1958, 2-4면; 이영섭 · 이재철 공저, 신민법총칙, 박영사, 1961, 24-28면.

37) 김증한 · 안이준(주 36), 27면.

(3) 공공복리와 사적 자치 논쟁

제정 민법과 이를 중심으로 한 초기 민법학에서 나타나던 후견주의적 관점은 1970년대 이후 곽윤직 교수에 의해 더욱 선명하고 구체적인 형태로 발전되었다. "근대 개인주의의 보편화에 따른 윤리적 토대의 상실, 즉 고도산업사회화에 따른 도덕적 공동체의 와해와 이기적 개인주의의 팽배에 의한 원자화 등의 현상에 대한 불만의 이론적 표출"[38]이 민법학의 영역에서도 강조된 것이다. 곽윤직 교수는 근대민법의 3대 원칙인 사유재산권 존중의 원칙, 개인의사 자치의 원칙, 과실책임의 원칙이 여러 폐해를 가져와 그에 관한 근본적인 반성과 수정이 필요하게 되었다고 하면서, 공공의 복리가 민법의 근본이념으로 떠올랐다고 설명하였다.[39]

> …이들 3대원칙도 처음부터 무제한은 아니었으며, 사회질서·신의성실·거래안전·권리남용 금지 등의 원리에 의한 제약을 받았으나, 어디까지나 주가 되었던 것은 3대원칙이고, 여러 제약원리는 그것에 종속하는 것에 지나지 않았다. 그러나 이제 공공의 복리가 최고의 이념으로 되자, 거래안전·사회질서·신의성실·권리남용 금지 등은 민법의 근본이념으로서의 공공복리의 실천원리로서 3대원칙보다 고차원적인 기본원리로 승격되고, 3대원칙은 이들 실천원리의 제약 내에서 비로소 승인되는 것으로 되었다.
>
> (중략) 이상의 설명을 종합·정리해 본다면, 우리 민법은 자유인격의 원칙과 공공복리의 원칙을 최고원리 내지 이념으로 하며, 공공복리라는 이념의 실천원리 내지 행동원리로서 신의성실·권리남용 금지·사회질서·거래안전의 여러 기본원칙이 있고, 다시 그 밑에 이른바 3대원칙이 존재한다고 할 수 있다. 이것이 우리 민법의 기본적인 원칙적 구조라고 할 수 있다. 이러한 의미에서 이른바 근대민법의 3대원칙은 우리 민법의 3대원칙이기도 하지만, 그러나 그것은 근대사회의 초기에 있어서 그의 절대자유를 자랑하던 그러한 3대원칙이 아님을 명심하여야 한다.

반면 독일 학계에서 1970년대 이후 사적 자치의 중요성을 강조하는 흐름이 나타나면서,[40] 우리나라에서도 공공복리를 민법의 근본이념으로 강조하는 입장에 반대하고 사적 자치의 원칙을 민법의 근본이념으로 복권復權시키려는 시도가 늘어났

---

38) 유홍림, "공동체주의의 철학적 기초: A. MacIntyre와 C. Taylor", 미국학 제19집(1996), 1면.

39) 곽윤직, 민법개설, 개정수정판, 박영사, 1991, 19-23면. 곽윤직, 민법총칙, 박영사, 1986, 79면도 같은 취지이다.

40) 김동훈, "사적 자치의 원칙의 헌법적·민사법적 의의 – 헌재 결정례와 대법원 판례의 비교·분석을 중심으로 –", 법학논총(국민대학교) 제30권 제3호(2018.3.), 44면.

다. 이영준 판사는 1987년 처음 출판한 그의 저서에서 공공복리의 원칙을 사적 자치의 원칙 위에 올려놓는 것에 대해 다음과 같이 비판하였다.[41)]

> 흔히 우리 민법은 자유인격의 원칙과 공공복리의 원칙을 최고원리로 하며, 공공복리라는 최고의 존재원리의 실천원리 내지 행동원리로서 신의성실 · 권리남용의 금지 · 사회질서 · 거래안전의 여러 기본원칙이 있고, 다시 그 밑에 이른바 계약자유의 원칙 · 소유권절대의 원칙 · 과실책임의 원칙 등의 3대 원칙이 존재한다고 설명한다. 그러나 후술한 바와 같이 사적 자치의 원칙은 우리 헌법이 선언하고 있는 개인의 존엄과 가치를 보장하기 위한 유일한 수단이다. 다른 한편 신의성실 · 권리남용의 금지 · 사회질서 · 거래안전 등은 원칙적으로 적용되는 「실천원리 내지 행동원리」가 아니고 예외적으로 적용되어야 할 제한규정에 불과하다. 그러므로 현행민법하에서 신의성실 · 권리남용의 금지 · 사회질서 · 거래안전을 '실천원리' 내지 '행동원리'라 하여 사적 자치의 위에 올려 놓는 이론은 근거 없는 것으로서 허용되지 않는다. 뿐만 아니라 이러한 이론은 위와 같은 신의성실 등의 남용을 유발할 우려가 있는 것이다. 요컨대 사적 자치를 보장하여 경제구조를 확대하고 이에 의하여 이룰 수 있는 소득증대를 조세 등에 의하여 흡수함으로써 이것을 가지고 공공복리를 실현하는 것이 정도이다.

양창수 교수는 사적 자치의 이념과 한계를 설명하면서, '사회적 형평' 내지 '권리의 사회적 책임'이 제2의 이념이면서 소극적 · 제한적인 이념임을 분명히 하고 있다.[42)]

> 민법의 기본을 이루는 것은 인간의 존엄이라는 이념으로부터 도출되는 사적 자치의 원칙이라고 생각된다. 사적 자치란 각자가 자신의 법률관계를 그의 의사에 따라 자유롭게 형성할 수 있다는 것을 말한다. …이와 같이 각 개인의 자유로운 자기형성을 공동체보다 앞세우는 이념이 민법에 투사된 것이 바로 사적 자치의 원칙이다. 이로부터 인격존중의 원칙, 계약자유의 원칙, 소유권존중의 원칙, 유책성의 원칙, 양성평등의 원칙 등이 도출되며, 이들 원칙들은 민법전상의 여러 제도로부터 귀납될 수도 있다. … 위와 같이 개인의 자유와 권리를 강조하는 시민법적 원칙이 우리 민법의 기본을 이루고 있다. 그러나 다른 한편으로 소유권, 계약, 불법행위 등은 하나의 사회적인 제도로서 다른 모든 개인의 자유나 권리와 조화될 수 있도록 유지 · 발전되어야 한다. 만일 어떠한 권리가 주어졌다고 하여서 이를 무차별하게 추구해 나아간다면, 결국 권리와 권리의 끝없는 충돌이 있을 뿐이고, 법이 종국적

41) 이영준, 민법총칙〔민법강의 I〕, 박영사, 1987, 16-17면.
42) 양창수, 민법입문, 초판, 1991, 315-318면.

인 목표로 하는 평화와 질서는 내내 달성되지 않는다. 이로부터 '사회적 형평' 내지 '권리의 사회적 책임성'이라고 부를 수 있는 제2의 – 그러나 단지 소극적·제한적인 – 이념이 점차 명확하게 인식되고 있다.

제철웅 교수도 공익 목적의 국가 개입 필요성을 수긍하면서도 그것이 사적 자치의 강화에 걸림돌이 되어서는 안 된다고 역설한다.[43)]

공익 목적의 국가 개입이 사적 자치를 보장하고 강화하는 것과 배치되어서는 안 될 것이다. 어느 누구도 타인을 수단으로 삼을 수 없고, 인간 그 자체를 목적으로 취급하여야 한다는 것은 몇몇 철학자의 이야기가 아닌, 인류의 정신적 지도자인 수많은 聖子들이 설파한 공통적 규범이었으며, 이와 다르지 않는 사적 자치는 한 순간도 포기할 수 없는 최고의 가치이기 때문이다. 이런 사적 자치의 이념을 강조하고 수호하기 위한 학문적 노력은 비단 사법학자만의 과제는 아니다. 우리 헌법 제10조는 사적 자치의 존중과 강화를 의식적으로 개인의 법적 권리로서 수용하였으므로, 그 존중은 국가의 가장 중요한 의무이기도 하다.

(4) 관 찰

조심스러운 관찰이기는 하나, 사적 자치와 공공복리의 이념 논쟁은 공공복리에서 사적 자치로 무게중심이 옮겨가는 양상을 보인다. 물론 이러한 흐름이 신의칙의 강조로 대변되는 공동체적 관점의 중요성을 격하하는 것은 아니다. 공동체에 대한 고려는 현대 계약법의 중요한 흐름 중 하나이다. 예컨대 유럽계약법원칙 Principles of European Contract Law[44)]은 실체적 내용을 담은 첫 번째 조항인 제1:102조 제1항에서 "당사자들은 신의성실과 공정거래의 요구, 그리고 이 원칙에 의해 정해진 강행규정 아래에서 자유롭게 계약을 체결하고 그 내용을 결정할 수 있다"라고 규정하였다. 처음부터 신의칙과 강행규정에 따라 사적 자치의 원칙이 제한된다는 점을 진솔하게 밝힌 것이다. 또한 유럽계약법원칙 제1:201조 제1항에서는 "각 당사자는 신의성실과 공정거래에 따라 행위하여야 한다"라고 규정하였다. 해당 조항

43) 제철웅, "사적 자치와 공익의 상호관계", 서울대학교 법학 제47권 제3호(2006.9.), 152면.

44) 유럽계약법원칙은 덴마크 코펜하겐 대학의 Ole Lando 교수가 이끄는 유럽계약법위원회(Commission on European Contract Law)가 1982년 이후의 연구성과를 토대로 순차적으로 발간하였다. Ole Lando and Hugh Beale(ed.), Principles of European Contract Law, Part Ⅰ and Ⅱ, 2000; Ole Lando, Eric Clive, Andre Prum & Reinhard Zimmermann (ed.), Principles of European Contract Law, Part Ⅲ, 2003.

의 주석에는 "이 조문은 유럽계약법원칙을 관통하는 기본원칙"이라는 설명이 부가되어 있다.[45)] '의사' 못지않게 '신뢰'를 중시하는 것도 현대 계약법의 중요한 흐름이다.[46)] 이러한 신뢰 중심적 사고는 나의 자유로운 의사보다 상대방의 신뢰를 권리의무관계의 형성과 실현의 중심에 둔다. 나의 내면에 머무르는 의사보다 나의 외부로 표현된 언행과 그로 인하여 형성된 상대방의 신뢰에 무게를 둔다. 계약당사자 '개인'의 자유로운 의사보다 '계약공동체'의 합리적 규율을 도모한다. 이 점에서 신뢰 중심적 사고는 공동체주의와 연결되기 쉽고, 자유주의의 한 발현인 의사 중심적 사고와 구분된다.[47)]

그러나 우리 민법을 비롯한 다수 국가의 민법이 연혁적으로나 구조적으로 자유주의적 토대에 서 있다는 점 자체를 부인할 수는 없다. 나아가 사적 자치는 인간을 주체적이고 자율적인 존재로 상정하는 이념으로서 법질서가 추구하여야 할 궁극적인 이념이다. 사적 자치를 제약하는 수많은 현실적 장애들이 있다는 이유만으로 사적 자치 자체가 가지는 이념적 타당성을 부정할 수는 없다. 오늘날 민법에서 사적 자치의 복권復權은 단순히 고전적인 의미의 사적 자치로의 복귀를 뜻하지 않는다. 이는 민법이 담고 있는 자유주의적 이념을 현대적 맥락에서 새롭게 발견하고 정의하는 것에 가깝다. 사적 자치를 단순한 자기결정을 넘어서서 자기책임까지 적극적으로 포용하는 이념으로 파악하는 이상, 사적 자치가 공동체에 대한 배려를 도외시한다고는 할 수 없다. 오히려 사적 자치는 내재적으로 개인과 공동체의 균형을 추구하는 이념이다. 그렇게 본다면 공동체 관점을 표방하는 신의성실의 원칙마저도 사실은 사적 자치에 배치된다기보다는 책임 있는 사적 자치의 구현을 뒷받침하는 기둥이다. 모든 계약관계에는 각 당사자가 상대방 당사자의 합리적 기대를 벗어나서 손해를 입히거나 그의 이익을 침해해서는 안 된다는 묵시적인 약속이 포함되어 있다고 볼 수 있는데, 그 점에서 신의칙은 적어도 부분적으로 사적 자치의 합리적이고 객관적인 발현 형태라고도 볼 수 있다.

결국 우리 민법에서 발견되는 공동체적 요소 또는 후견적 요소는 중요한 의미를 가지지만, 사적 자치를 민법의 기본 원리의 지위에서 끌어내리는 쿠데타적 의

45) Ole Lando and Hugh Beale(ed.), *Principles of European Contract Law, Part* Ⅰ *and* Ⅱ (2000), p. 113.

46) 고영남, "계약규범 재구조화를 위한 가치다양성: 민주주의와 인권의 관점에서", 저스티스 통권 제146-3호(2015.2.), 340면 이하.

47) 권영준, "계약관계에 있어서 신뢰보호", 서울대학교 법학 제52권 제4호(2011.12.), 222면.

미까지 가진다고 할 수는 없다. 오히려 이러한 요소는 자율의 결함을 보완하고 더욱 온전하고 책임 있는 자율로 나아가기 위한 도구로 볼 수 있다. 사적 자치와 공동체적 · 후견적 요소는 충분히 양립할 수 있고, 건전한 상호 보완을 통해 인간의 존엄성과 자율성을 고양시킬 수 있다. 대법원의 다음 판시는 그러한 사상을 잘 표현하고 있다.[48)]

> 사유재산제도와 경제활동에 관한 사적자치의 원칙에 입각한 시장경제질서를 기본으로 하는 우리나라에서는 원칙적으로 사업자들에게 계약체결 여부의 결정, 거래상대방 선택, 거래내용의 결정 등을 포괄하는 계약의 자유가 인정되지만, 시장의 지배와 경제력의 남용이 우려되는 경우에는 그러한 계약의 자유가 제한될 수 있다 할 것이고, 이러한 제한 내지 규제는 계약자유의 원칙이라는 시민법 원리를 수정한 것이기는 하나 시민법 원리 그 자체를 부정하는 것은 아니며, 시민법 원리의 결함을 교정함으로써 그것이 가지고 있던 본래의 기능을 회복시키기 위한 것으로 이해할 수 있다.

2. 사적 자치 논의의 다변화

(1) 계약법 영역과 그 밖의 영역에서의 사적 자치

계약법은 사적 자치가 가장 분명하게 발현되는 영역이다. 계약은 사적 자치를 구현하는 가장 중요한 법적 형태이기 때문이다. 사적 자치는 계약법에서 계약자유의 원칙으로 나타난다. 계약자유의 원칙은 계약 체결 여부와 계약 체결 방식, 계약 상대방과 계약 내용의 결정을 당사자 자신이 자기 의사로 결정할 수 있다는 원칙이다.[49)] 사적 자치와 계약자유의 원칙이 별도의 원칙인 것처럼 읽힐 수 있는 대법원 판례도 있으나,[50)] 그 진의眞意는 계약자유의 원칙을 사적 자치의 원칙으로부터 독립시키려는 것이 아니라 이를 사적 자치 원칙의 핵심으로 보려는 것이다. 계약자유의 원칙은 입법에 의해 광범위하게 제한될 수 있다. 그러나 여전히 계약자유는 '원칙'으로서의 지위를 유지하면서 계약법의 해석론에서 지표가 되고 있다.[51)]

---

48) 대법원 2007.11.22. 2002두8626 전원합의체 판결.
49) 헌법재판소 1991.6.3. 89헌마204 결정.
50) 대법원 2017.12.21. 2012다74076 전원합의체 판결("…사적 자치와 계약자유의 원칙을 비롯한 사법의 원리…").
51) 대법원 2007.11.22. 2002두8626 전원합의체 판결.

그런데 사적 자치와 계약법의 밀월관계는 약관의 영역으로 오면 재평가된다. 약관은 그 명칭이나 형태 또는 범위를 불문하고, 계약의 한쪽 당사자가 여러 명의 상대방과 계약을 체결하기 위하여 일정한 형식으로 미리 마련한 계약의 내용이다(『약관의 규제에 관한 법률』 제2조 제1호). 우리가 의식하지 못할지는 몰라도 양적으로 보면 실제 체결되는 계약은 대부분 약관의 형태를 띤다. 그런데 약관은 정형적·대량적으로 체결되므로 개별적으로 자유롭게 체결되는 계약과는 구별된다. 약관은 이러한 전통적인 의미의 계약과 법률의 중간 지대에 위치한다. 약관은 기업과 같은 사적 주체를 통해 제공되는 사실상의 규범에 가깝다. 이러한 영역에서 당사자의 합의가 가지는 의미는 희박해진다. 따라서 약관의 법적 성격을 계약이라고 파악하더라도, 전통적인 사적 자치의 원칙은 약관의 영역에서 변형될 수밖에 없다. 이른바 '약관을 통한 계약의 시스템화'가 진행되는 것이다.[52] 이 국면에서 사적 자치의 원칙이 어떤 형식으로 온존하여 활동할 수 있는가는 현대 계약법의 중요한 논의 과제이다. 민법학에서 약관에 관하여 이루어지는 숱한 연구물들은 의식하건 의식하지 않건 약관과 사적 자치에 대한 문제의식을 담고 있다.

한편 사적 자치는 사법私法의 최고 원리이므로 계약법에만 머무르지 않는다. 예컨대 사적 자치는 가족법 분야에서도 중요한 의미를 가진다. 혼인의 자유와 유언의 자유는 가족법상 사적 자치 원칙이 구현되는 전형적인 모습이다. 다만 가족법 분야에서 사적 자치는 재산법 분야에서와 다른 모습으로 나타난다. 재산법 분야에서는 거래의 안전과의 관계에서 의사의 염결성 보호가 후퇴할 수 있지만, 가족법 분야에서는 개인의 의사가 더욱 강력하게 보호되기 때문이다. 이러한 고려에서 민법은 가족법상 법률행위의 취소나 무효, 해제에 대해서는 재산법상 법률행위의 취소나 무효, 해제의 특칙에 해당하는 별도 규정을 두고 있다.[53] 그 외에도 사적 자치의 원칙은 소유권법에서는 소유권 행사의 자유로, 단체법에서는 단체의 자유로 발현된다.[54] 처분권주의나 변론주의로 대변되는 절차법에서의 사적 자치도 중요한데, 이제 중재를 비롯한 대체적 분쟁해결절차ADR의 급부상은 절차법에서의 사적 자치가 급기야 절차 내에서의 사적 자치를 넘어서서 절차 자체의 선택과 형성에

52) 권영준(주 19), 187면.

53) 약혼 해제에 관한 제804조, 혼인 무효에 관한 제815조, 혼인 취소에 관한 제816조, 이혼에 관한 제834조 이하, 인지 취소에 관한 제861조, 입양 무효에 관한 제883조, 입양 취소에 관한 제884조, 파양에 관한 제898조 이하, 유언 철회에 관한 제1108조.

54) 김학동, "사적자치원칙의 의의와 이의 제한", 고시계(1993.3.), 118면.

대한 사적 자치로 이어지고 있음을 보여준다.[55] 가히 사법司法의 민영화라고 부를 수 있다.

(2) 과학기술과 사적 자치

사적 자치는 과학기술이 고도로 발달한 현대적 상황에 직면하여 다변화된 모습으로 전개된다. 예컨대 정보 수집과 모니터링을 용이하게 만드는 현대 과학기술의 발달은 프라이버시 보호의 중요성을 일깨워준다. 프라이버시 또는 이와 연결된 개인정보에 대한 학술적인 논의가 법 영역을 불문하고 활발하게 이루어지는 것은 그만큼 우리 사회의 기술적 환경이 프라이버시나 개인정보를 쉽게 침해할 수 있는 단계에 이르렀기 때문이다. 그런데 이처럼 외부의 시선으로부터 자신의 영역을 지켜내려는 시도는 곧 자기결정의 정서적 공간을 확보하기 위한 노력이다. 그 점에서 프라이버시나 개인정보의 문제는 사적 자치의 토대를 확보하는 문제와 직접 연결된다. 필자는 프라이버시와 자유의 관계를 아래와 같이 고찰한 바 있다.[56]

> 프라이버시 보호의 맥락에서 말하는 자유는 좀 더 정확히 말하자면 '자신일 수 있는 자유'이다. 프라이버시가 보호되는 영역에서 사람들은 타인의 간섭과 시선 및 이를 의식한 자기 검열에서 해방된다. 이는 마치 신체가 노동으로부터 잠시 물러나 휴식을 취하듯 인격이 공동체로부터 잠시 물러나 휴식을 취하는 시간이다. 따라서 프라이버시는 우리를 사회적 질식으로부터 자유롭게 한다. 이러한 해방 공간에서 사람은 자기의 정체성에 따라 진정한 자아를 표출한다. 우리는 사무 공간과는 달리 주거 공간에서 더 자유롭게 말하고 행동한다. 튀는 옷도 입어보고, 옷을 벗기도 하며, 남들 앞에서는 절대 추지 않을 춤을 추기도 한다. 평범하지 않은 상상의 나래를 홀로 펼친다. 이는 비자발적인 외로움loneliness과 구별되는 자발적인 고독solitude의 공간이다. 동거同居의 공간과 구별되는 은거隱居의 공간이다. 타인의 간섭과 시선으로부터의 소극적 자유뿐만 아니라 사적 영역에서 한껏 자아를 발현할 수 있는 적극적 자유의 공간이기도 하다. 그 곳에서 진정한 자기 결정과 자아 표현이 이루어진다. 이러한 자유의 공간은 신체 그 자체와 신체에서부터의 일정한 거리,, 주거지 등 실제 공간으로부터 SNS나 이메일 계정, 전자게시판 등 가상공간에 이르기까지 다양한 형태로 존재한다. 이러한 의미의 자유를 확보하는 것이야말로 프라이버시를 보호하는 이유이다. 바

---

55) 물론 중재법의 존재, 임시처분이나 중재판정에 대한 법원의 관여 등에서 알 수 있듯이 중재가 순수하게 사적인 절차만은 아니다. 그러나 적어도 소송보다 훨씬 사적 자치의 요소가 많이 가미된 것은 부인할 수 없는 사실이다.

56) 권영준, "프라이버시 보호의 정당성, 범위, 방법", 사법 제41호(2017.9.), 292-293면. 원 논문의 각주는 생략하였다.

꾸어 말하면 프라이버시에 대한 보호 확장은 자유의 확장을, 보호 축소는 자유의 축소를 의미한다.

그 외에도 현대적 의미의 사적 자치에 관한 논의는 전자대리인electronic agent, 스마트 계약smart contract을 비롯하여 블록체인blockchain이나 인공지능 기술을 기반으로 한 사적 영역의 법률관계 형성이 활성화되면서 더욱 다양하게 전개되리라 예상된다.[57] 가령 스마트 계약은 블록체인 기술을 기반으로 하여 계약의 체결과 실행을 자동화한 형태의 계약이다.[58] 계약의 실행이 자동화됨으로써 재판절차와 강제집행절차를 거쳐야 하는 번거로움이 사라진다는 것이 스마트 계약의 핵심적 속성이다.[59] 이처럼 일정한 의사결정과 결정된 의사에 따른 실행이 미리 마련된 알고리즘algorithm에 의해 자동적으로 이루어지는 만큼 그 과정에서 인간의 개입은 줄어들게 된다. '약관을 통한 계약의 시스템화'에 빗대어 말하자면 '알고리즘을 통한 계약의 시스템화'가 이루어진다. 이러한 고도의 자동화와 인적 개입human intervention의 배제는 사적 자치의 원칙과의 관계에서 어떻게 이해되어야 하는가? 우선 개인과 국가의 관계에서 보면 스마트 계약은 국가의 개입을 최소화한다는 점에서 사적 자치를 신장한다고 볼 수도 있다.[60] 하지만 개인과 알고리즘의 관계에서 보면 개인이 알고리즘에 의사결정을 상당 부분 위임함으로써 개인의 자유로운 의사결정에 기반한 사적 자치가 침식된다고 볼 여지도 있다. 그러나 알고리즘에 의해 체결되는 계약 그 자체에 대한 인간의 개별적인 자율권 행사가 줄어들더라도, 알고리즘 자체를 설계하고 모니터링하는 과정에서는 여전히 인간의 자율권이 행사될 수 있다. 이러한 자율성을 실질적으로 신장하기 위해서는 알고리즘의 투명성 및 이해 가능성이 제고되어야 한다.

---

57) 이에 대한 최신 연구로 김제완, "블록체인 기술의 계약법 적용상의 쟁점 – '스마트계약(Smart Contract)'을 중심으로 –", 법조 제727호(2018.2.); 정경영, "암호통화(cryptocurrency)의 본질과 스마트계약(smart contract)에 관한 연구", 상사법연구 제36권 제4호(2018.2.); 양영식 · 송인방, "블록체인 스마트계약의 상용화 대비를 위한 법적 과제", 법학연구(한국법학회) 제18권 제2호(2018.6.) 참조.

58) 사후에 법원이 계약의 내용을 변경할 수 있는 계약을 약한 스마트계약(weak smart contract), 그렇게 할 수 없는 계약을 강한 스마트계약(strong smart contract)으로 구별하기도 한다. Max Raskin, The Law and Legality of Smart Contracts, 1 Geo. L. Tech. Rev. 305, 310(2017).

59) Kevin Werbach & Nicolas Cornell, Contracts Ex Machina, 67 Duke. L.J. 313, 339(2015).

60) Max Raskin, The Law and Legality of Smart Contracts, 1 Geo. L. Tech. Rev. 305, 335 (2017).

Ⅳ. 우리나라 판례에 나타난 사적 자치

1. 개 관

우리나라 판례는 사적 자치에 관하여 어떤 입장을 취하는가? 이 질문에 한마디로 답변하기는 어렵다. 법원은 법관으로 구성되고(헌법 제101조 제1항), 법관은 헌법과 법률에 의하여 그 양심에 따라 독립하여 심판한다(헌법 제103조). 그러므로 법관의 숫자만큼 서로 다른 사적 자치에 관한 입장 차이가 존재할 수 있다. 또한 사적 자치는 사법私法을 지배하는 대원칙인 만큼, 그 내용이나 적용 범위, 적용의 구체적인 모습을 짧은 문장으로 설명할 수는 없다. 우리나라 판례에 나타난 사적 자치의 모습 역시 한 각도에서만 바라보고 묘사할 수 없다. 그저 사적 자치의 문제를 정면으로 다룬 판결들을 소개하고 이에 대한 필자의 개인적 소회를 말할 수 있을 뿐이다. 아래에서는 그러한 판결들을 소개하고 분석하였다.

2. 주요 판례

(1) 사정변경 원칙과 사적 자치

사적 자치는 계약법의 영역에서 계약자유의 원칙으로 나타난다. 계약자유의 원칙은 계약 당사자가 자유롭게 계약을 체결할 수 있다는 원칙이다. 그 이면에는 계약준수의 원칙이 있다. 즉 계약 당사자는 스스로 자유롭게 계약을 체결하는 대신 그 계약에 구속된다는 것이다. 바꾸어 말하면 계약 당사자는 자신이 스스로 선택하지 않은 것에 구속되지 않는다.

그런데 사정변경 원칙은 이러한 원칙에 대한 예외이다. 사정변경 원칙은 계약의 기초를 이루는 사정이 현저하게 변경되어 계약을 그대로 이행하는 것이 신의칙에 반하는 경우 계약 당사자가 계약의 구속력에서 벗어나는 것을 허용하는 원칙이다. 신의칙은 사적 자치의 폭을 결정하는 계약 외부적 요소인데, 사정변경 원칙은 이러한 신의칙의 분칙分則으로서 계약자유의 원칙의 한계선을 설정하는 역할을 수행한다. 역사적으로도 사정변경 원칙은 사적 자치 원칙과 밀접한 관련이 있는 의사 이론will theory의 흥망성쇠와 부침을 함께 하여 왔다.[61] 그러므로 사정변경

원칙에 대한 판례의 태도에는 법원이 바라보는 사적 자치의 모습이 스며들어 있다고 하겠다.

우리나라 대법원은 초기에는 현행 민법상 사정변경의 원칙을 인정하지 않았다.[62] 심지어는 한국전쟁과 경제적 격변 등으로 인해 임야 가액이 약 1,620배 가량 급등한 사안에서조차도 사정변경 원칙을 부정하였다.[63] 그 후 대법원은 이사의 지위 때문에 부득이하게 회사의 채무에 대해 계속적 보증을 한 사안에서 이사가 퇴사한 이후에는 사정변경을 이유로 보증계약을 해지할 수 있다고 보았다.[64] 그렇다고 하여 대법원이 사정변경 원칙을 인정하는 쪽으로 입장을 선회하였다고 평가하기는 어렵다. 왜냐하면 이사가 언젠가 퇴사하리라는 사정은 보증계약 체결 시점에 이미 예견할 수 있는 사정이므로, 예견불가능성을 요건으로 하는 사정변경 원칙이 적용될 수 없기 때문이다. 이러한 계약해지권은 계약 해석 또는 일반적인 신의칙으로부터 도출될 수 있을 뿐이다.[65]

그러다가 대법원 2007.3.29. 2004다31302 판결에 이르러 대법원은 일반론으로서의 사정변경 원칙을 명시적으로 선언하였다. 이 판결에 따르면 "사정변경으로 인한 계약해제는, 계약 성립 당시 당사자가 예견할 수 없었던 현저한 사정의 변경이 발생하였고, 그러한 사정의 변경이 해제권을 취득하는 당사자에게 책임 없는 사유로 생긴 것으로서, 계약내용대로의 구속력을 인정한다면 신의칙에 현저히 반하는 결과가 생기는 경우에 계약준수 원칙의 예외로서 인정되는 것"이다. 그 후 대법원은 사정변경 원칙에 관하여 동일한 판시를 반복하였다가,[66] 대법원 2017.6.12. 2016다249557 판결에 이르러 당사자의 귀책사유 부존재 요건을 없애는 한편, 신의칙 요건 대신 "당사자의 이해에 중대한 불균형을 초래"하거나 "계약을 체결한 목적을 달성할 수 없는 경우"라는 두 가지 구체적 유형을 제시하였다.

이처럼 대법원은 사정변경 원칙에 대해 부정적 입장에서 긍정적 입장으로 선회하였고, 사정변경 원칙의 요건을 세부적으로 제시, 발전시켜 왔다. 그 점에서 대법원은 사정변경 원칙을 통해 사적 자치 원칙의 한계를 설정하는 작업에 상당

61) 권영준, "위험배분의 관점에서 본 사정변경의 원칙", 민사법학 제51권(2010.12.), 207면.
62) 대법원 1955.4.14. 4286민상231 판결; 대법원 1956.3.10. 4288민상234,235 판결 등.
63) 대법원 1963.9.12. 63다452 판결.
64) 대법원 1990.2.27. 89다카1381 판결 등 다수.
65) 대법원 2000.3.10. 99다61750 판결.
66) 대법원 2011.6.24. 2008다44368 판결.

한 관심을 기울여 왔다고 평가할 수 있다. 그러나 실제로 사정변경 원칙을 적용함으로써 사적 자치에 대한 제한을 정당화한 대법원 판례는 찾아보기 어렵다. 즉 일반론으로서는 사정변경 원칙을 인정하면서도 실제로는 계약 당사자의 사적 자치를 존중하여 계약에서 예정하지 않은 계약 해제권이나 해지권을 인정하지 않았던 것이다. 이른바 키코KIKO 통화옵션계약에 대한 판결이 대표적인 예이다. 이 사건에서는 많은 중소기업들이 환 헤지를 위해 금융기관과 통화옵션계약을 체결하였는데 그 뒤 환율 변동이 예상보다 훨씬 커지자 그 중소기업들이 사정변경 원칙에 따라 계약을 해지할 수 있는지가 문제되었다. 그런데 대법원은 일반론으로서 사정변경 원칙이 인정됨을 재확인하면서도, "환율의 변동가능성은 이 사건 각 통화옵션계약에 이미 전제된 내용이거나 내용 자체이고, 원고와 피고는 환율이 각자의 예상과 다른 방향과 폭으로 변동할 경우의 위험을 각자 인수한 것이지, 환율이 일정 범위 내에서 유지됨을 계약의 기초로 삼았다고 볼 수 없다."라고 하면서 "원고가 이 사건 각 통화옵션계약의 구조를 이해하고 그 계약을 체결한 이상 그 손해는 기본적으로 원고의 책임으로 부담하여야 한다."라는 이유로 이 사건에 사정변경 원칙이 적용될 수 없다고 판단하였다.[67] 이러한 대법원 판례의 흐름은 계약법의 영역에서 사정변경 원칙을 내세워 계약 당사자가 형성한 법률관계에 사후적, 후견적으로 개입하는 것에 대한 신중함을 보여준다.

(2) 변호사 보수약정과 사적 자치

변호사 보수약정에 대해서는 최근 수년 간 특기할 만한 전원합의체 판결들이 선고되었다. 이는 모두 사적 자치와 밀접한 관련을 가지는 판결들이다.

변호사와 의뢰인 사이의 형사성공보수약정은 민법 제103조에 반하여 무효라고 본 대법원 2015.7.23. 2015다200111 전원합의체 판결은 변호사 보수에 관한 사적 자치 원칙의 한계를 설정한 판결이다. 대법원은 "형사사건에 관하여 체결된 성공보수약정이 가져오는 여러 가지 사회적 폐단과 부작용 등을 고려하면, 구속영장청구 기각, 보석 석방, 집행유예나 무죄 판결 등과 같이 의뢰인에게 유리한 결과를 얻어내기 위한 변호사의 변론활동이나 직무수행 그 자체는 정당하다 하더라도, 형사사건에서의 성공보수약정은 수사·재판의 결과를 금전적인 대가와 결부시킴으로써, 기본적 인권의 옹호와 사회정의의 실현을 사명으로 하는 변호사 직무의 공

67) 대법원 2013.9.26. 2012다13637 전원합의체 판결.

공성을 저해하고, 의뢰인과 일반 국민의 사법제도에 대한 신뢰를 현저히 떨어뜨릴 위험이 있으므로, 선량한 풍속 기타 사회질서에 위배되는 것으로 평가할 수 있다."라고 판시하였다. 다만 그동안 대법원이 성공보수 약정이 원칙적으로 유효하다는 입장을 취해 왔고, 현실적으로도 성공보수약정의 문제점을 인식하지 못한 채 이를 널리 활용하여 왔으며, 정상적인 보수까지도 성공보수 방식으로 약정하는 경우가 많았던 점에 비추어, 종래 이루어진 보수약정은 민법 제103조에 반하지 않고, 판결 선고 후 이루어질 성공보수약정만 무효가 된다고 밝혔다.

대법원 2018.5.17. 2016다35833 전원합의체 판결은 신의칙에 기해 변호사 약정보수를 감액하는 것은 사적 자치의 원칙에 비추어 신중하게 해야 한다고 보았다. 즉 대법원은 변호사 약정 보수액이 부당하게 과다하다고 볼 만한 특별한 사정이 있는 경우에는 신의성실의 원칙에 따라 이를 감액할 수 있다는 입장을 재확인하면서도, 이러한 감액은 어디까지나 계약자유의 원칙에 대한 예외이므로 법원이 변호사 약정보수를 감액할 때에는 그에 관한 합리적 근거를 명확히 밝혀야 한다고 하여 이러한 감액이 사적 자치에 의해 제한되어야 함을 밝힌다. 그런데 사적 자치의 관점에서 더욱 특기할 만한 것은 변호사 보수의 감액 자체가 불가능하다고 한 별개의견이다. 별개의견은 민법 제2조의 신의칙 또는 민법에 규정되어 있지도 않은 형평의 관념은 당사자 사이에 체결된 계약을 무효로 하거나 계약 금액을 감액할 근거가 될 수 없다고 하면서, 이러한 개별 약정 효력의 제한은 사적 자치의 원칙 등 헌법적 가치에 정면으로 반한다고 하였다.

두 판결은 모두 변호사 보수약정을 다루고 있는데, 2015년 판결은 사적 자치에 대한 제한 사유인 민법 제103조를 적극적으로 적용하였지만, 2018년 판결은 사적 자치에 대한 제한 사유인 민법 제2조를 조심스럽게 적용하였다. 2015년 판결은 사적 자치 원칙의 예외가 인정되어야 한다고 본 반면, 2018년 판결은 그 예외가 다시 사적 자치 원칙에 따라 제한되어야 한다고 보았다. 얼핏 보면 대법원이 두 판결에서 사적 자치에 관하여 서로 다른 관점을 보였다고 평가할 수도 있다. 하지만 2015년 판결은 앞에서 인용한 판시에서 알 수 있듯이 형사사건에 관한 변호사 보수약정이라는 특수성 때문에 위와 같은 결론에 이르렀던 것으로 보인다. 그러므로 변호사 보수약정과 사적 자치의 적용에 관한 대법원의 태도가 모순된다거나 변경되었다고 할 수는 없다. 형사사건에 관한 성공보수약정이 공서양속에 반하여 무효라는 2015년 판결은 여러 반향을 불러일으켰다. 그동안 학계에서는 성공보수약정의 효력 문제에 대한 국가 개입을 최소화하여야 한다는 견해,[68] 형사사건의 경우에는 성공보수를 제한할 수 있다는 견해,[69] 형사사건과 가사사건의 성공보수약정은 금지되어야 한다는 견해,[70] 성공보수약정을 전면적으로 금지해야 한다는 견해[71] 등이 있었다. 2015년 판결 선고 후에는 이 판결에 대한 비판론도 제기되었다.[72] 이 판결의 중대성과 이 판결이 가지고 올 파장에 비추어 공개변론 등 공론화 과정을 거치지 않은 채 전광석화처럼 판결을 선고한 것에 대한 대한변호사협회의 비판도 있었다.[73]

대법원이 스스로 밝히듯이 형사사건에 관한 성공보수약정을 금지하는 것은 국제적인 흐름에 부합한다.[74] 다만 이러한 금지가 입법의 영역에 속하는 것인지, 아니면 사법부가 그러한 입법 없이도 민법 제103조를 적용하여 금지할 수 있는 것인지에 대해서는 논란의 여지가 없지 않다. 이는 사법부가 사적 자치의 원칙을 어느 정도로 제한할 수 있는가 하는 문제와도 맞닿아 있다. 대법원은 이 점에서 사법적극주의를 전형적으로 보여 준 셈이다. 이 판결의 보충의견이 "계약체결의 자유를 지나치게 제한하는 것이라는 반론"을 상정하면서도 "전체 변호사 집단이 국민의 신뢰를 회복하여 기본적 인권을 옹호하고 사회정의를 실현하는 본연의 사명을 잘 감당할 수 있게 된다면 이러한 제한은 합리적이고 균형에 맞는 것"이라거나 "안타깝게도 사실 여부를 떠나 적지 않은 국민들이 유전무죄 · 무전유죄 현상이 여전히 존재한다고 믿고 있는 사회적 풍토 아래에서 형사사건에 관한 성공보수약정은 그동안 형사사법의 공정성 · 염결성에 대한 오해와 불신을 증폭시키는

68) 이창희, "변호사보수의 적정성과 투명성", 법률가의 윤리와 책임, 박영사, 2003, 301면; 권오승, "변호사보수에 관한 검토", 법과 사회 제11호, 법과사회이론학회, 1995, 144면.

69) 정한중, "변호사 보수의 규제에 대한 연구", 인하대학교 법학연구 제14집 제1호(2011), 114-115면.

70) 정선주, "변호사의 성공보수약정: 독일연방헌법재판소 2006년 12월 12일 결정을 중심으로", 민사소송 제12권 제1호(2008), 168면.

71) 전경운, "변호사의 성공보수약정-대법원 2002.4.12. 선고 2000다20190 판결", 민사법학 제25호(2004), 224면.

72) 김제완, "형사사건 변호사 성공보수약정 무효화에 대한 비판적 고찰", 인권과 정의 제457호(2016.5.), 28-35면; 이윤정, "변호사의 성공보수약정의 효력과 규제 방향에 대한 소고", 강원법학 제53권(2018.2.), 404-405면 참조.

73) 대한변호사협회는 2015.7.27. 성공보수약정무효 대법원 판결에 대한 헌법소원을 제기하였다.

74) 대법관 민일영, 대법관 고영한, 대법관 김소영, 대법관 권순일의 보충의견 중 "다른 나라의 사례를 보더라도 미국, 영국, 독일, 프랑스 등 대부분의 법률 선진국에서는 일찍부터 형사사건에서의 성공보수약정이 변호사 직무의 독립성과 공공성을 침해하거나 사법정의를 훼손할 우려가 있어 공익에 반한다는 이유로 금지하고 있다."는 부분 참조.

부정적 역할을 해 왔음을 부인할 수 없다"고 본 대목에서 이 판결이 추구하고자 하는 정책적 관점을 간취할 수 있다. 대법원 판결에서 정책과 법리의 상관관계에 대해 생각해 보게 하는 대목이다.

(3) 강행규정 판단과 사적 자치

강행규정 판단은 사적 자치와 공익의 경계선을 설정하는 일이다. 어떤 규정이 강행규정인지는 입법부가 1차적으로 결정한다. 이러한 입법부의 결정은 어떤 규정에 위반되는 법률행위는 무효로 한다는 명문 규정으로 나타난다. 『부동산 실권리자명의 등기에 관한 법률』 제4조에서 명의신탁약정과 이에 기한 물권변동을 무효로 한다고 명시한 것이 그 예이다. 하지만 그러한 정함이 없다면 해당 규정을 해석하는 법원이 그 규정의 목적과 의미에 비추어 이에 반하는 법률행위를 무효로 해야 할 것인지를 개별적으로 정해야 한다.[75] 이러한 강행규정 판단에서는 당사자의 합의를 얼마나 존중할 것인가에 대한 고려도 수반된다. 그러므로 어떤 규정이 강행규정인지에 대한 판단은 그 규정이 관철되어야 할 당위성에 대한 판단인 동시에 그 규정으로부터 벗어날 당사자의 자유에 대한 판단이다.

강행규정 판단에 관한 대법원 판결들은 매우 많다. 어떤 규정을 강행규정이라고 본 것과 강행규정이 아니라고 본 것들을 몇 가지만 들어본다. 대법원이 강행규정성을 인정한 것으로는 상호신용금고의 차입행위를 금지한 상호신용금고법 관련 규정,[76] 학교법인의 재산 중 교지, 교사 등은 매도하거나 담보 제공할 수 없다고 한 사립학교법 관련 규정,[77] 노동부장관의 허가를 얻지 않은 자의 근로자공급사업을 금지한 직업안정법 관련 규정,[78] 부동산중개수수료의 상한을 정한 부동산중개업법 관련 규정,[79] 공인중개사 자격이 없는 자의 중개업을 금지한 공인중개사법 관련 규정[80] 등이 있다. 대법원이 강행규정성을 부정한 것으로는 보험사업자의 재산 운용 방법 및 기준에 관한 보험업법 관련 규정,[81] 일임매매의 제한에 관한 증권거래법 관련 규정,[82] 임대사업자의 임대차계약 체결 방식을 제한한 임

75) 대법원 2010.12.23. 2008다75119 판결.
76) 대법원 1985.11.26. 85다카122 전원합의체 판결.
77) 대법원 1997.3.14. 96다55693 판결.
78) 대법원 2004.6.25. 2002다56130,56147 판결.
79) 대법원 2007.12.20. 2005다32159 전원합의체 판결.
80) 대법원 2010.12.23. 2008다75119 판결.
81) 대법원 1989.9.12. 88다카2233,2240 판결.

대주택법 관련 규정,[83] 국가계약법상 물가변동에 따른 계약금액 조정 규정[84] 등이 있다.

그중 『국가를 당사자로 하는 계약에 관한 법률』(이하 '국가계약법'이라고 한다)상 물가변동에 따른 계약금액 조정 규정의 강행규정성 문제를 다룬 대법원 2017. 12.21. 2012다74076 전원합의체 판결은 지금까지 계약금액 조정 규정을 강행규정으로 보던 행정부의 유권해석과 국가계약법에 따른 거래관행을 뒤집고 공공계약에서의 사적 자치를 강조한 판결로서 특기할 만하다. 대법원은 국가나 공기업이 당사자가 되는 공공계약도 본질적인 내용은 사인 간의 계약과 다를 바가 없으므로 사적 자치와 계약자유의 원칙을 비롯한 사법의 원리가 원칙적으로 적용된다고 보았다. 그리고 국가계약법에서 물가변동으로 인한 계약금액을 조정하도록 규정하고 있더라도 이러한 규정이 당사자가 다르게 합의하는 것을 막는 취지라고 볼 수 없고, 사적 자치와 계약자유의 원칙상 그러한 내용의 계약의 효력을 함부로 부인하여서는 안 된다고 보았다. 이에 대해서는 계약금액 조정에 관한 규정은 강행규정이므로 이에 반하는 계약은 무효라는 반대의견이 있었다.

순수한 사인 간의 계약과 공공계약이 넓은 의미의 사법상 계약의 범주에 속한다고 하여 두 계약 유형에서 사적 자치가 가지는 의미까지 같을 수는 없다. 국가나 공기업이 사경제의 주체로 계약을 체결하더라도 권력주체의 잔영殘影이 미치지 않으리라는 보장이 없기 때문이다. 이러한 공공계약의 특수성 때문에 국가계약법에는 사적 자치를 합리적인 범위에서 제한하는 특칙들이 규정되어 있다. 물가변동 등에 따른 계약금액을 조정하도록 한 국가계약법의 규정도 그중 하나이다. 물론 사건을 하나씩 떼어놓고 보면 계약의 상대방이 오히려 갑甲의 위치에 있는 경우도 있고, 계약금액 고정특약을 허용하는 것이 쌍방 당사자의 이익에 더 부합하는 경우도 있다. 그러나 어떤 규정이 강행규정인지 여부는 일반적으로 결정해야 한다. 그리고 일반적으로 계약금액 조정규정을 회피하려는 합의를 보호해 주어야 하는지는 의문이다. 어쨌든 이 판결은 공공계약의 영역에서 사적 자치가 어떤 의미를 가지는가를 돌아볼 계기를 제공하였다.

---

82) 대법원 1996.8.23. 94다38199 판결.
83) 대법원 2000.10.10. 2000다32055 판결.
84) 대법원 2017.12.21. 2012다74076 전원합의체 판결.

(4) 위약벌과 사적 자치

공서양속에 반하는 계약은 무효이다(민법 제103조). 그리고 계약의 일부만 무효가 될 수도 있다(민법 제137조). 위약벌 약정도 계약의 일종이므로 공서양속에 반하면 전부 또는 일부가 무효가 된다. 그런데 위약벌은 위약금의 일종으로서 손해배상액 예정과 비슷한 성격을 가진다. 실제로 양자를 구별하기 어려운 경우도 있다. 한편 손해배상 예정액이 과다하면 법원은 이를 직권으로 감액할 수 있다(민법 제398조 제2항). 이러한 직권 감액 규정이 위약벌에도 유추 적용될 수 있는지가 논란이 되어 왔다. 다수설은 민법 제398조 제2항의 유추 적용을 긍정하나,[85] 대법원은 유추 적용 가능성을 부정한다.[86]

그런데 대법원은 최근 몇몇 판결에서 한 걸음 더 나아가 위약벌 약정의 효력 판단에서 사적 자치의 이념을 강조한다. 대법원 2015.12.10. 2014다14511 판결은 "위약벌 약정과 같은 사적 자치의 영역을 일반조항인 공서양속을 통하여 제한적으로 해석할 때에는 계약의 체결 경위와 내용을 종합적으로 검토하는 등 매우 신중을 기하여야 한다."라고 판시하였다. 대법원 2016.1.28. 2015다239324 판결은 "당사자가 약정한 위약벌의 액수가 과다하다는 이유로 법원이 계약의 구체적 내용에 개입하여 약정의 전부 또는 일부를 무효로 하는 것은 사적 자치의 원칙에 대한 중대한 제약이 될 수 있고, 스스로 한 약정을 이행하지 않겠다며 계약의 구속력에서 이탈하고자 하는 당사자를 보호하는 결과가 될 수 있으므로 가급적 자제하여야 한다."라고 판시하였다. 이처럼 "사적 자치의 원칙"을 직접 언급하면서 민법 제103조의 적용을 자제하여야 한다고 강조하는 것은 다른 판결에서는 쉽게 찾아볼 수 없는 태도이다. 결국 같은 위약금 약정이라도 손해배상액 예정이면 법원의 적극적인 직권 감액의 대상이 되지만, 위약벌이면 강력한 사적 자치의 이념에 복속하게 되는 셈이다.

---

85) 서민, "손해배상액의 예정", 민사법학 제7호(1988), 189면; 최병조, "위약금의 법적 성질", 민사판례연구 제11권(1989), 238면; 곽윤직 편, 민법주해 IX, 1992, 687면(양창수 집필부분); 손지열, "손해배상액산정 약관조항에 대한 내용통제", 민사판례연구 제18권(1996), 11면 이하; 지원림, "위약금에 관한 약간의 고찰 – 위약금의 법적 성질 및 위약벌의 감액을 중심으로 –", 인권과 정의 제430호(2012.12.), 36면; 김재형, "『손해배상액의 예정』에서 『위약금 약정』으로", 비교사법 제21권 제2호(2014.5.), 646면; 권영준, "위약벌과 손해배상액 예정 – 직권감액 규정의 유추 적용 문제를 중심으로–", 저스티스 통권 제155호(2016.8.), 225-227면.

86) 위약벌 감액을 최초로 부정한 대법원 1968.6.4. 68다491 판결을 비롯하여 대법원 1993.3.23. 92다46905 판결 등 다수.

위약벌에 대한 자유주의적 시각은 우리나라와 일본에서 발견된다. 반면 일반적으로 계약법에서 자유주의적 시각이 강조되는 영미법계 국가들은 위약벌penalty에 관한 한 강제가능성enforceability 자체를 부정한다.[87] 대부분의 대륙법계 국가들은 계약자유의 원칙에 따라 위약벌 약정의 유효성은 인정하되 손해배상액 예정과 마찬가지로 직권감액 가능성을 허용함으로써 우리나라나 일본보다 후견주의적 시각을 취한다. 그런데 일본은 민법 제420조 제1항 후단에서 손해배상액 예정에 대한 직권감액조차 불허하기 때문에 애당초 유추 적용에 의한 위약벌 감액은 문제되지 않는다.[88] 그 점에서 손해배상액 예정의 감액을 명문으로 규정하는 우리나라의 경우와는 사뭇 구별된다. 그렇게 본다면 위약벌과 손해배상액 예정을 구별하면서 유독 전자에 대해서만 사적 자치를 강조하는 우리나라 대법원의 태도는 비교법적 시각에서 보면 매우 독특한 것이다.

그러나 위약금에 공통적으로 요구되는 계약공정의 원리와 합리적 손해배상의 원리에 따른 위약금 감액의 필요성과 정당성은 손해배상액 예정과 위약벌에서 달라질 이유가 없고, 오히려 위약벌에서 더욱 강하게 나타난다. 『위약벌 약정 = 계약 ⇒ 사적 자치의 강조』라는 도식은 위약금에 관한 민법의 특수한 취급과 맞지 않을 뿐만 아니라, 모든 계약 조항에 사적 자치 원칙이 동일한 정도로 적용되어야 한다는 다소 경직된 사고에서 비롯된 것이다. 매매계약에 따른 권리와 의무에 관한 일반적인 계약조항과 계약위반에 따른 위약금 조항에 적용되는 사적 자치의 정도는 다르다. 그러므로 위약벌에 관하여 유독 사적 자치를 강조하는 대법원의 입장은 사적 자치를 강조해야 할 영역을 잘못 고른 것이다.

(5) 성년후견과 사적 자치

성년후견제도는 사적 자치 원칙과 밀접한 관련이 있다. 성년후견제도의 기본이념은 제한능력자를 후견적으로 보호하면서도 본인의 의사와 능력을 최대한 존중하는 데에 있다.[89] 따라서 후견은 본인이 필요한 범위 내에서만 행해져야 하고

---

87) B. A. Hepple, International Encyclopedia of Comparative Law, Vol. 13, 1989, p. 49. 다만 영국 대법원은 비교적 최근 위약벌의 범주를 좁힘으로써 사실상 위약벌의 감액 가능성을 열어 놓았다. Cavendish Square Holding BV v Talal EI Makdessi; ParkingEye Limited v Beavis [2015] UKSC 67(병합사건임).

88) 참고로 2017.12.20. 공포되어 2020.4.1.부터 시행되는 일본 개정 민법에서는 손해배상 예정액의 감액을 불허하는 제420조 제1항 후단을 삭제하였다.

89) 구상엽, 장애인을 위한 성년후견제도, 경인문화사, 2015, 13면.

(필요성의 원칙), 본인의 의사가 반영된 임의후견이 법정후견보다 우선해야 하며(보충성의 원칙), 본인이 다른 사람들과 대등하고 조화롭게 사는 것을 목표로 한다(보편화 · 정상화의 원칙).[90] 즉 성년후견제도는 후견주의에 입각한 제도이지만, 사적 자치를 보호하기 위한 제도이기도 하다. 이처럼 본인의 의사를 존중하고 사적 자치를 보호하는 정신은 특히 후견계약에 기초한 임의후견제도에서 잘 나타난다. 임의후견제도는 본인의 의사를 존중하고 자기결정권을 보장하려는 후견제도의 이념을 잘 구현하고 있다. 임의후견이 법정후견보다 앞서는 이유도 여기에 있다.

대법원 2017.6.1. 2017스515 결정은 법정후견과 임의후견의 관계를 다룬다. 이 사건의 1심법원은 사건본인이 사무를 처리할 능력이 부족한 상태에 있다는 이유로 사건본인에 대한 한정후견 개시를 명하였다.[91] 그러자 사건본인은 항고를 제기하는 한편, 자신의 자녀인 A를 임의후견인으로 하는 후견계약을 체결하고 이를 등기한 뒤 가정법원에 임의후견감독인 선임을 청구하였다. 사건본인의 대리인은 항고심에서, 법정후견에 대한 임의후견의 우선적 지위를 인정한 민법 제959조의20의 규정 취지에 비추어 위 임의후견감독인 선임 청구에 관한 심판이 있을 때까지 법정후견에 관한 항고심의 심리가 중단되어야 한다고 주장하였다.

대법원은 후견계약이 등기된 경우에는 사적 자치의 원칙에 따라 본인의 의사를 존중하여 후견계약을 우선하도록 하고, 예외적으로 본인의 이익을 위하여 특별히 필요할 때에 한하여 법정후견에 의할 수 있도록 해야 한다고 판시하였다. 그리고 이는 본인에 대해 이미 한정후견개시심판 청구가 제기된 후 그 심판이 확정되기 전에 후견계약이 등기된 경우에도 마찬가지이므로 가정법원은 본인의 이익을 위하여 특별히 필요하다고 인정할 때에만 한정후견개시심판을 할 수 있다고 판시하였다. 임의후견제도가 구현하고자 하는 사적 자치 이념에 비추어 타당한 판시이다.

대법원에 따르면 '본인의 이익을 위하여 특별히 필요할 때'란 후견계약의 내용, 후견계약에서 정한 임의후견인이 그 임무에 적합하지 아니한 사유가 있는지, 본인의 정신적 제약의 정도, 기타 후견계약과 본인을 둘러싼 제반 사정 등을 종합하여, 후견계약에 따른 후견이 본인의 보호에 충분하지 아니하여 법정후견에 의한 보호가 필요하다고 인정되는 경우를 말한다. 이 사건에서 대법원은 위와 같은 법

90) 윤진수, 친족상속법 강의, 박영사, 2016, 250면; 구상엽(주 89), 14면.
91) 서울가정법원 2016.8.29. 2015느단31667 결정.

리를 적용한 뒤, 사건본인의 이익을 위하여 한정후견의 개시가 특별히 필요하다고 본 원심의 판단이 정당하다고 보았다.

(6) 도산절차와 사적 자치[92)]

도산해지조항은 계약 당사자 일방에 관하여 도산절차가 개시되거나 도산 원인 또는 이에 준하는 일정한 사실이 발생하면 계약 상대방이 그 계약을 해지할 수 있도록 하거나 당연히 해지되도록 하는 계약 조항이다. 도산해지조항은 계약 조항의 하나이므로 계약법의 규율 대상이지만, 이에 따른 해지가 도산절차에 미치는 영향 때문에 도산법의 규율 대상이기도 하다. 개별주의적 성격이 강한 계약법과 집단주의적 성격이 강한 도산법이 교차하면서 도산해지조항의 효력을 둘러싸고 어려운 법적 문제가 발생한다. 『채무자 회생 및 파산에 관한 법률』 제119조와 제335조는 강행규정으로서 쌍방 미이행 쌍무계약에 관해 관리인 또는 파산관재인이 계약의 이행과 계약의 해제 또는 해지 중 도산절차의 목적 달성에 유리한 쪽을 선택할 수 있는 권리를 부여하는데, 도산해지조항이 이러한 선택권을 침해하여 무효가 아닌가 하는 문제가 발생한다. 이 문제에 관해서는 다음 두 가지 관점을 생각할 수 있다. 하나는 사적 자치를 중시하는 관점이다. 이 관점을 강조하면 도산해지조항의 유효성이 인정될 가능성이 크다. 다른 하나는 도산법의 목적을 중시하는 관점이다. 이 관점을 강조하면 도산해지조항의 유효성이 부정될 가능성이 크다.

이 문제에 대한 유일한 대법원 판결은 대법원 2007.9.6. 2005다38263 판결이다. 이 판결은 채무자에 대해 회사정리절차가 개시된 이후의 정리채권 확정 사건을 다루었다. 정리회사의 채권자인 원고는 채무자와의 합작투자계약에 도산해지조항 및 해지에 따른 주식매수조항이 있음을 근거로 장차 해지권 및 주식매수청구권을 행사할 경우에 발생할 주식인도청구권을 정리채권으로 신고하였다. 이와 관련하여 원고에게 도산해지조항에 따른 해지권이 인정되는지, 다시 말해 도산해지조항이 유효한지가 다투어졌다. 엄밀히 말하면 이 판결은 쌍방 미이행 쌍무계약에 관한 판결은 아니다. 그러나 이 판결에서는 도산법과 계약법의 상호관계에 관한 대법원의 태도를 엿볼 수 있다. 대법원은 "도산해지조항을 일반적으로 금지하는 법률이 존재하지 않는 상태에서 그와 같은 구체적인 사정을 도외시한 채 도산해지조항은 어느 경우에나 회사정리절차의 목적과 취지에 반한다고 하여 일률적으

92) 이하 내용은 권영준, "도산해지조항의 효력", 비교사법 제25권 제2호(2018.5.)에 의거한 것이다.

로 무효로 보는 것은 계약자유의 원칙을 심각하게 침해하는 결과를 낳을 수 있을 뿐만 아니라 상대방 당사자가 채권자의 입장에서 채무자의 도산으로 초래될 법적 불안정에 대비할 보호가치 있는 정당한 이익을 무시하는 것이 될 수 있다."라고 전제한 뒤 해당 조항을 무효라고 볼 수 없다고 판단하였다.

이 판결만 놓고 보면 대법원은 도산의 국면에서도 사적 자치를 비교적 넓게 인정하려는 입장을 취한 것처럼 보인다. 비교법적으로 보면 쌍방 미이행 쌍무계약에 관한 한 도산해지조항을 원칙적으로 무효로 보는 입장이 우세하다. UNCITRAL 도산법 입법지침이나 독일, 프랑스, 일본, 미국이 이러한 입장을 취한다. 영국과 호주, 캐나다 등 영연방 국가들은 도산해지조항의 유효성을 원칙적으로 인정하여 왔으나, 호주와 캐나다는 입법을 통하여 도산해지조항의 효력을 원칙적으로 부정하는 쪽으로 선회하였다. 영국은 여전히 도산해지조항의 유효성을 인정한다. 이는 결국 사적 자치가 도산절차에서 어디까지 존중되어야 하는가의 문제이다. 이는 도산해지조항에서 해지사유로 삼는 것의 실질이 무엇인지, 어떤 계약 유형에서 도산해지가 문제되는지에 따라 달라진다. 하지만 원론적으로 말하자면 사적 자치는 도산절차가 실질적으로 개시되는 순간 한 걸음 뒤로 물러서야 할 것이다. 헌법재판소의 표현처럼 도산절차가 "채무자의 경제적 재건을 돕고, 회생채권자들 전체의 이익을 균형 있게 조정하[는]" 것이 되기 위해서는[93] 획일적이고 공정한 기준에 기초하여 집합적인 권리조정이 이루어져야 한다. 이러한 도산절차의 목적에 비추어, 도산해지조항은 원칙적으로 무효라고 보는 것이 타당하다.

(7) 기 타

그 외에도 사적 자치에 관하여 의미 있는 대법원 판결들이 여럿 있다. 몇 가지만 들어둔다.

대법원 2009.5.21. 2009다17417 전원합의체 판결은 연명치료 중단의 허용 기준을 제시한 판결이다. 이 판결에서 제시한 허용 기준의 핵심은 연명치료에 관한 환자의 자기결정권이다. 즉 환자가 미리 의료인에게 자신의 연명치료 거부 내지 중단에 관한 의사를 밝혔거나, 환자의 평소 가치관이나 신념 등에 비추어 연명치료 중단이 객관적으로 추정되는 환자의 의사에 부합하는 경우에는 일정한 절차를 거쳐 연명치료를 중단할 수 있다는 것이다. 환자의 추정적 의사를 어느 정도로

---

93) 헌법재판소 2016.9.29. 2015헌바28 결정.

엄격하고 신중하게 판단할 것인가는 사적 자치의 이름 아래 환자의 의사를 사후적으로 재구성하는 것이 어디까지 허용되는가, 특히 생명이라는 가장 숭고하고 무거운 가치 아래 이러한 외부적 재구성이 얼마나 정당화될 수 있는가와 밀접한 관련을 가진 어려운 문제이다.

대법원 2011.2.24. 2009다17783 판결은 종중 유사단체가 사적 자치의 원칙 내지 결사의 자유에 따라 그 구성원의 자격이나 가입조건을 자유롭게 정할 수 있다고 하였다. 따라서 종중 유사단체가 공동선조의 후손 중 남성만으로 구성원을 한정하는 것도 가능하다고 하였다.[94] 고유한 의미의 종중의 구성원에 관하여 가입과 탈퇴에 관한 사적 자치의 원칙을 제한하면서, 남성과 여성이 모두 자신의 의사와 무관하게 종중의 구성원이 되어야 한다고 본 대법원 2005.7.21. 2002다1178 전원합의체 판결과 비교하면서 음미해 보아야 할 판결이다.

대법원 2014.8.21. 2010다92438 전원합의체 판결은 카지노 사업자와 카지노 이용자 사이의 카지노 이용을 둘러싼 법률관계에 대하여 자기책임의 원칙이 적용된다고 하면서, 카지노 사업자에게 원칙적으로 도박 중독 상태에 있는 카지노 이용자가 재산상 손실을 방지하도록 보호할 의무가 없다고 보았다. 이에 대해서는 자기책임의 원칙만을 내세워 이들에 대한 보호를 거부하는 것은 타당하지 않다는 반대의견이 있었다.

Ⅴ. 우리나라 민사법제와 사적 자치

1. 현행 민법과 사적 자치

(1) 민법상 사적 자치의 인정과 이에 대한 제한

앞서 살펴보았듯이 사적 자치는 우리 민법의 기본 원리이다. 민법에서 이를 직접적으로 천명하는 규정은 없다. 그러나 이미 우리 민법의 다수 규정들은 사적 자치의 원칙을 토대로 만들어졌다. 우리 민법을 구성하는 가장 핵심적인 개념은 법률행위이다. 법률행위는 사적 자치의 정수精髓이다. 민법 제103조를 비롯하여 법

94) 사적 단체가 그 성격이나 목적에 비추어 그 구성원을 성별에 따라 달리 취급하는 것이 일반적으로 금지된다고 할 수 없다고 한 대법원 2011.1.27. 2009다19864 판결도 참조. 다만 이 판결에서는 사적 단체의 구성원 성별에 따른 차별처우가 불법행위를 구성할 수 있다고 한다.

률행위의 무효와 취소에 관한 제반 규정들은 오히려 사적 자치 원칙은 당연히 인정된다는 전제 아래 예외적으로 법률행위에 대한 법의 개입을 허용하기 위하여 마련된 것으로 이해할 수 있다. 그렇다면 현실적인 관심사는 당연하게 여겨지는 기본 원칙보다는 이에 대한 제한 규정들이다. 원칙과 그에 대한 예외가 있을 때 원칙 자체를 탐구하기보다는 그에 대한 예외의 범위를 탐구하는 것이 실용적인 접근 방법이기도 하다. 계약자유의 원칙을 중심으로 살펴보면, 이 원칙에 대한 제한규정은 다음과 같이 유형화할 수 있다.

(가) 기간 제한

지상권의 최단존속기간 제한(민법 제280조, 제281조 및 제284조)[95)]: 존속기간을 약정하였는지를 불문하고 지상권의 최단존속기간을 30년(석조, 석회조, 연와조 또는 이와 유사한 견고한 건물이나 수목의 소유를 목적으로 하는 때), 15년(그 밖의 건물의 소유를 목적으로 하는 때), 5년(건물 이외의 공작물의 소유를 목적으로 하는 때)으로 제한하고, 이보다 단축한 기간을 정한 때에는 최단존속기간까지 연장한다. 갱신된 최단존속기간은 위 기간보다 단축하지 못하지만, 당사자는 이보다 장기의 기간을 정할 수 있다(제284조). 이는 편면적 강행규정이다(제289조).

전세권의 최장존속기간 및 최단존속기간 제한(민법 제312조): 전세권의 존속기간을 설정행위로 정하는 경우 전세권의 최장존속기간은 10년으로 제한하고, 당사자의 약정기간이 이를 넘는 경우에는 10년으로 단축한다(제1항). 건물전세의 경우에는 1년의 최단존속기간이 적용된다(제2항). 갱신된 최장존속기간은 10년으로 제한한다(제3항).

환매기간의 제한(민법 제591조)[96)]: 환매권의 행사는 환매기간 내에 하여야 한다. 부동산은 5년, 동산은 3년을 최장기간으로 제한하고 있고, 당사자가 이보다 긴 기간을 정하였더라도 이 기간으로 단축된다(제1항). 뿐만 아니라 당사자가 환매기간을 정한 때에는 다시 이를 연장하지 못한다(제2항). 매매계약시 환매기간을

---

95) 민법상 지상권의 최장존속기간 제한에 관한 규정은 존재하지 아니한다.

96) 김증한·김학동, 물권법, 박영사, 1997, 306면에서는 이와 관련하여 "매도인이 환매할 수 있는 기간 동안에는 목적물의 귀속이 불안정하여, 매수인은 목적물을 자유롭게 사용할 수 없고 필요한 개량도 하지 못하게 된다. 그리하여 매수인의 이익 및 목적물의 사회경제적 효용을 위하여 환매기간에 제한을 가한 것이다. 목적물이 동산이냐 부동산이냐에 따라서 환매기간을 달리한 것은, 일반적으로 동산은 부동산에 비하여 훼손·마멸되기 쉬우므로 환매기간을 너무 길게 하면 매매계약 당시의 목적물의 현상과 환매시의 그것이 현저히 달라지게 된다는 점을 고려해서 일 것이다."라고 서술하고 있다.

정하지 않은 때에는 후에 이를 정할 수 없고, 그 기간은 부동산의 경우 5년, 동산의 경우 3년으로 한다(제3항).

(나) 처분 제한

임차권의 양도나 전대차 제한(민법 제629조) : 임차인은 임대인의 동의를 받아야 임차권을 양도하거나 임차물을 전대할 수 있고, 이에 위반한 때에는 임대인이 계약을 해지할 수 있다.

저당권의 처분제한(민법 제361조) : 저당권은 그 담보한 채권과 분리하여 타인에게 양도하거나 다른 채권의 담보로 하지 못한다.

질권설정자의 권리처분제한(민법 제352조) : 질권설정자는 질권자의 동의 없이 질권의 목적된 권리를 소멸하게 하거나 질권자의 이익을 해하는 변경을 할 수 없다.

대물반환의 예약(민법 제607조 및 제608조) : 차용물의 반환에 관하여 차주가 차용물에 갈음하여 다른 재산권을 이전할 것을 예약한 경우에는 그 재산의 예약당시의 가액이 차용액 및 이에 붙인 이자의 합산액을 넘지 못한다. 이는 편면적 강행규정이다.

유류분반환제도(민법 제1112조 이하) : 피상속인의 생전처분이나 유언에 의한 상속재산 처분의 자유에 대하여 일정한 제한을 가하여 법정상속인에게 최소한의 상속재산을 보장한다.

(다) 매매 자유에 대한 제한

지상권자의 지상물매수청구권(민법 제283조) : 지상권이 소멸한 경우에 지상물이 현존한 때에는 지상권자는 계약의 갱신을 청구할 수 있고, 지상권설정자가 계약의 갱신을 거절하면 지상권자는 지상권설정자에게 상당한 가액으로 지상물의 매수를 청구할 수 있다. 이는 형성권이므로, 지상권자가 이를 행사하면 즉시 매매계약이 성립한다.[97] 이는 편면적 강행규정이므로(제289조), 지상권설정자는 특약으로 이를 배제할 수 없다.

지상권설정자의 지상물매수청구권(민법 제285조 제2항) : 지상권설정자가 상당한 가액을 제공하여 지상물의 매수를 청구한 때에는 지상권자는 정당한 이유 없이 이를 거절하지 못한다. 이러한 매수청구권은 형성권이라고 보는 것이 일반적이고,

---

97) 대법원 1967.12.18. 67다2355 판결 참조.

이는 편면적 강행규정이다(제289조).

전세권자의 부속물매수청구권(민법 제316조 제2항) : 부속물건이 전세권설정자의 동의를 얻어 부속시킨 것이거나 전세권설정자로부터 매수한 것인 때에 전세권자는 전세권설정자에 대하여 그 부속물건의 매수를 청구할 수 있다. 이러한 매수청구권은 형성권이라고 보는 것이 일반적이다.

전세권설정자의 부속물매수청구권(민법 제316조 제1항) : 전세권이 그 존속기간의 만료로 인하여 소멸한 때에는 전세권자는 그 목적물을 원상에 회복하여야 하며 그 목적물에 부속시킨 물건은 수거할 수 있으나, 전세권설정자가 그 부속물건의 매수를 청구한 때에는 전세권자는 정당한 이유 없이 거절하지 못한다. 이러한 매수청구권은 형성권이라고 보는 것이 일반적이다.

토지임차인(토지전차인)의 지상물매수청구권(민법 제643조 및 제644조) : 건물 기타 공작물의 소유 또는 식목, 채염, 목축을 목적으로 한 토지임대차의 기간이 만료한 경우에 지상물이 현존한 때에는 토지임차인은 갱신을 청구할 수 있고, 임대인이 갱신을 원하지 않는 경우 토지임차인은 그 지상물의 매수를 청구할 수 있다. 이 권리는 적법한 토지전차인에게도 인정된다. 이는 편면적 강행규정이다(제652조).

건물임차인(건물전차인)의 부속물매수청구권(민법 제646조 및 제647조) : 건물 기타 공작물의 임차인이 그 사용의 편익을 위하여 임대인의 동의를 얻어 이에 부속하거나 임대인으로부터 매수한 부속한 물건이 있는 때에는 임대차의 종료 시에 임대인에 대하여 그 부속물의 매수를 청구할 수 있다. 이 권리는 적법한 건물 기타 공작물의 전차인에게도 인정된다. 이는 편면적 강행규정이다(제652조).

(라) 법률행위 제한 일반

반사회질서의 법률행위(민법 제103조) : 선량한 풍속 기타 사회질서에 위반한 사항을 내용으로 하는 법률행위는 무효로 한다. 비록 당사자 사이에 자유롭게 이루어진 법률행위가 개별 강행규정에 위반하지 않더라도 사회질서에 어긋나는 것이라면 그 효력을 인정받을 수 없다. 이는 사적자치의 원칙에 대한 법률적 통제 내지 제한을 의미한다.

불공정한 법률행위(민법 제104조) : 당사자의 궁박, 경솔 또는 무경험으로 인하여 현저하게 공정을 잃은 법률행위는 무효로 한다. 당사자 간 급부와 반대급부의 가치에 차이가 있다는 사실만으로 계약자유의 원칙에 대한 제한이 가해지는 것은 아니고, 급부와 반대급부 사이에 현저한 불공정이라는 객관적 요건과 상대방의 궁박, 경솔, 무경험을 알면서 이를 이용하려는 의사, 즉 폭리행위의 악의라는 주관적 요건을 함께 갖추어야 해당 법률행위가 무효로 된다.[98] 대법원은 "민법 제104조가 규정하는 현저히 공정을 잃은 법률행위라 함은 자기의 급부에 비하여 현저하게 균형을 잃은 반대급부를 하게 하여 부당한 재산적 이익을 얻는 행위를 의미하는 것이므로, 증여계약과 같이 아무런 대가관계 없이 당사자 일방이 상대방에게 일방적인 급부를 하는 법률행위는 그 공정성 여부를 논의할 수 있는 성질의 법률행위가 아니다"고 판시한 바 있다.[99]

(2) 임대차 최장 존속기간 제한과 사적 자치

이처럼 민법을 비롯한 법률의 규정에 의해 사적 자치를 제한하는 것은 허용된다. 그러나 그러한 제한이 사적 자치에 대한 헌법 정신을 벗어나서까지 허용될 수는 없다. 사적 자치를 제한하는 민법 조항 중 헌법에 위반된다고 하여 위헌 결정을 받은 사례가 있다. 임대차의 최장존속기간 제한에 관한 민법 제651조이다. 이 조항은 사적 자치를 침해한다는 이유로 헌법에 위반된다는 판단을 받았고,[100] 그에 따른 민법 개정을 통해 삭제되었다.[101]

민법 제651조 제1항은 '석조, 석회조, 연와조 또는 이와 유사한 견고한 건물이나 기타 공작물의 소유를 목적으로 한 토지임대차'나 '식목, 채염을 목적으로 한 토지임대차'를 제외한 임대차의 최장기간을 20년으로 규정하는 한편, 당사자가 20년이 넘는 기간을 약정한 때에는 이를 20년으로 단축한다고 규정하고 있었다.[102] 지나치게 장기간으로 설정된 임대차는 소유자인 임대인의 이익을 크게 제약할 우려가 있고,[103] 너무 오랜 기간에 걸쳐 임차인에게 임차물의 이용을 맡겨 놓으면 임차물의 관리와 개량이 소홀해져 사회경제적 손실이 생길 수 있다는 이유 때문

---

98) 대법원 1997.7.25. 97다15371 판결.
99) 대법원 2000.2.11. 99다56833 판결.
100) 헌법재판소 2013.12.26. 2011헌바234 결정.
101) 2016.1.6. 법률 제13710호에 의하여 개정된 것.
102) 원래 민법 초안에는 임대차 존속기간에 관하여 최장기간을 제한하지 않고 오히려 최단기간을 보장하는 규정만을 두었다. 그런데 법제사법위원회 민법안심의소위원회는 이를 수정하여 임대차 존속기간의 최장기간을 제한하는 규정을 신설하였다. 이는 의용민법 제604조, 만주국 민법 제449조를 참고한 것이다. 민의원 법제사법위원회 민법안심의소위원회, 민법안심의록, 상권, 1957, 378-379면.
103) 대법원 2003.6.22. 2003다19961 판결.

이었다.[104)] 실제 부동산 임대차기간이 20년이 넘는 경우는 많지 않으므로, 이 조항은 거의 사문화되어 가고 있었다. 그런데 부동산에 대한 민간투자사업이 활성화되고 장기간 임대차를 통해 투자자가 투자 수익을 회수하는 것이 중요하게 되면서 임대차 존속기간이 종전에 가지지 않던 새로운 의미를 가지게 되었다. 또한 장기 임대차는 노후화된 건물의 방치를 가져와 공익적 관점에서 문제가 될 수 있다는 것이 이 조항의 배경이었으나, 이제는 건물이 더욱 견고해져서 장기간의 임대차가 물리적으로나 구조적으로 별다른 문제가 되지 않게 되었다. 이러한 상황에서 임대차 기간을 20년 이상 약정하지 못하도록 하는 것이 사적 자치에 대한 과도한 침해가 아닌가 하는 점이 문제될 여지가 있었다.

헌법재판소는 이 조항에 대해 위헌 결정을 선고하였다. 헌법재판소는 "임대차계약을 통하여 합리적이고 효과적인 임차물의 관리 및 개량 방식의 설정이 가능함에도 불구하고, 임대인 또는 소유자가 임차물의 가장 적절한 관리자라는 전제하에 임대차의 존속기간을 강제함으로써 임차물 관리, 개량의 목적을 이루고자 하는 것은 임차물의 관리소홀 및 개량미비로 인한 가치하락 방지라는 목적 달성을 위한 필요한 최소한의 수단이라고 볼 수 없다"라고 판시하였다. 특히 오늘날 "건축물의 규모와 사업의 성격에 따라 토지소유자인 건축주는 임차인으로부터 일정기간의 임대료를 일괄선납받아 건축비 등에 충당하고, 건축주로부터 임차하는 임차인은 상권 분석 등 스스로의 사업수익 판단에 따라 일정한 임차기간을 안정적으로 확보"하는 경향이 있는바, 위 법률조항은 "현저히 변화된 현재의 사회경제적 현상을 제대로 반영하지 못하는 데 그치지 않고, 사적 자치에 의한 자율적 거래관계 형성을 심하게 왜곡"하고 있어서 위헌이라고 선언하였다.

헌법재판소가 지적하였듯이 임대차 최장기간을 제한해야 할 사회경제적 이유는 거의 사라졌다. 이제는 오히려 임대차 최장기간의 구속을 풀어주어야 할 사회경제적 요구가 등장하였다. 비교법적으로도 외국은 대체로 임대차 최장존속기간을 제한하지 않는 경향이다. 독일민법은 임대차의 최장존속기간이나 최단존속기간을 전혀 규정하지 않고, 다만 제544조에서 30년을 넘는 임대차 계약의 경우에만 특별해지권을 부여한다. 미국의 경우 주마다 차이가 있기는 하나 다수의 주는 최장존속기간에 관하여 아무런 제한을 두고 있지 않다. 임대차 최장존속기간 제한 규

---

104) 대법원 2009.12.24. 209다40738,40745 판결.

정이 없는 것은 프랑스, 오스트리아, 헝가리, 스페인, 스위스, 네덜란드 등 대부분의 유럽 국가에서도 마찬가지이다. 일본 민법은 우리 민법처럼 최장존속기간을 제한하고 있으나, 차지차가법借地借家法이라는 특별법을 통해 최장존속기간 제한 규정의 적용을 광범위하게 배제하고 있다. 이러한 국제적 흐름에 비추어보아도, 임대차 최장기간에 대한 강행규정적 제한을 두어 사적 자치를 좁힐 정당성은 매우 희박해졌다. 물론 민법 제651조 제1항에 따라 최장존속기간이 제한되더라도 이를 갱신하는 데에는 아무런 문제가 없으므로 과연 이 조항이 위헌으로 선언될 만큼 사적 자치를 침해하는가에 대해서는 의문이 없지 않다. 그러나 결과적으로 이 조항을 폐지한 것은 올바른 방향이다.

2. 민법 개정 작업과 사적 자치

1960년 1월 1일 민법이 제정된 이래 재산법 분야에는 여러 차례 국지적인 개정이 이루어졌으나, 전면적인 개정은 이루어진 바 없다. 재산법을 전면적으로 개정하기 위한 시도는 두 차례 있었다. 법무부 민법개정특별분과위원회는 1999년부터 2004년까지 작업한 끝에 2004년 10월 21일에 국회에 민법(재산편) 전면개정안(이하 '2004년 민법 개정안'이라고 한다)을 제출하였다. 이 개정안은 국회의 임기만료로 폐기되었다. 또한 법무부 민법개정위원회는 2009년부터 2014년까지 작업하여 민법(재산편) 전면개정시안(이하 '2014년 민법 개정시안'이라고 한다)을 만들었다.[105] 그중 성년후견제도, 법인, 시효, 유치권, 보증계약, 여행계약 부분은 법무부 민법 개정안으로 국회에 제출되어 그중 성년후견제도, 보증계약, 여행계약 부분이 실제로 개정되었다. 나머지 부분은 아예 국회에 제출되지 않거나 국회 임기 만료로 폐기되었다. 재산편 전체에 걸쳐 민법 개정시안 작업을 하고도 일부만 제출한 이유는 분량이 많고 복잡하다는 이유로 제대로 심의도 되지 않은 채 폐기되고 만 2004년 민법 개정안의 전철을 반복하지 않기 위해서였다. 그러나 그 결과는 크게 다르지 않았다. 이처럼 재산법 전면 개정작업은 그다지 성과를 거두지 못하였지만, 합계 10년에 이르는 작업 과정에서 축적된 논의 자료는 민법학계와 실무계에 소중한 자산이다. 사적 자치의 원칙과 관련하여 특기할 만한 사실은 2004년 민법 개정

105) 이 중 총칙 · 물권편에 대한 해설로는 권영준, 2014년 법무부 민법 개정시안 해설 – 민법총칙 · 물권편 –, 법무부, 2017 참조.

안에 사적 자치 원칙에 관한 명문 규정이 포함되어 있다는 점이다.

그 출발점은 이영준 위원의 제안이었다. 이영준 위원은, 사적 자치의 원칙은 헌법이 선언하고 있는 개인의 존엄과 가치(헌법 제10조)를 보장하기 위한 수단이므로 "모든 사람은 자기의사에 의하여 자기의 생활관계를 형성함으로써 자기의 존엄과 가치를 실현하고 사람다운 생활을 할 수 있다"는 취지의 규정을 신설할 것을 제안하였다.[106] 이에 대해 검토 담당위원인 백태승 위원은 민법의 최고원리를 명확하게 규정한다는 면에서는 긍정적인 면이 있으나 그 규정의 내용에 대해서는 심층적인 검토가 필요하다는 의견을 제시하였다.[107] 단서를 부가하기는 하였지만 기본적으로 긍정론의 입장으로 이해된다.

토의 과정에서는 이는 당연한 원칙을 명문화하는 것으로서 실익이 적다는 의견(윤진수 위원), 부동산 거래 질서 확립을 위해 사적 자치가 제약을 받는 현실을 감안할 때 사적 자치의 원칙을 명문화하는 데는 논란이 예상된다는 의견(김상용 위원), 사적 자치와 인간 존엄의 연결은 너무 포괄적이며, 이미 헌법에서 규정하고 있는 원리를 개별법에서 다시 규정할 필요가 있는지 의문스럽다는 의견(남효순 위원) 등의 신중론부터 사적 자치 원칙 자체를 명문화하기보다는 사적 자치의 핵심인 계약자유의 원칙을 명문화하는 것이 오히려 바람직하다는 의견(이은영 위원) 등의 수정론까지, 다양한 의견이 제기되었다. 공청회와 관계기관 의견 검토 과정에서는 법무부와 법원행정처가 모두 헌법에 규정되어 있는 당연한 내용을 민법에 별도로 규정할 필요가 없고 적절하지도 않다는 반대 의견을 제시하였다.[108] 그러나 결과적으로는 사적 자치를 명문화하는 방향으로 결정되었고, 아래와 같은 조항이 포함되었다.

> 제1조의2(인간의 존엄과 자율) ① 사람은 인간으로서의 존엄과 가치를 바탕으로 자신의 자유로운 의사에 좇아 법률관계를 형성한다.
> ② 사람의 인격권은 보호된다.

그러나 사적 자치 원칙의 포괄성과 중요성을 인정하더라도 이를 민법의 모두冒頭

106) 법무부 민법개정자료발간팀(주 11), 36면.
107) 법무부 민법개정자료발간팀(주 11), 36면.
108) 법무부 민법개정자료발간팀(주 11), 40-41면.

에 꼭 명문화해야 하는 것은 아니다. 아울러 제1조의2 제1항 자체를 보더라도 다음과 같은 의문이 제기된다. 제1조의2 제1항은 그 위치나 형식에 비추어 민법의 대원칙을 선언하는 것이다. 하지만 민사관계에서는 '자유로운 의사에 좇아 형성하는 법률관계'만 존재하는 것이 아니다. 사람의 자유로운 의사와 무관하게 형성되는 법률관계(가령 법정채권관계)나 자유로운 의사에 반하여 일정한 제한이 가하여지는 법률관계(계약자유의 원칙을 제한하는 민법 및 민사특별법의 각종 규정들 참조)도 존재한다. 물론 이러한 법률관계마저도 사적 자치의 원칙과 무관하지는 않지만, 민법의 모두冒頭에서 "자신의 자유로운 의사에 좇아 법률관계를 형성한다"고 단정적으로 선언하는 것은 지나친 감이 없지 않다.

법률관계 형성의 주체를 '사람'으로 규정함으로써 민사관계에서 중요한 권리주체인 법인을 배제한다는 문제도 있다. 헌법 제10조가 규정하는 "인간으로서의 존엄과 가치" 중 "인간"은 자연인으로서의 인간을 말하는 것이다. 제1항의 "사람"이나 "인간"도 자연인을 염두에 두고 있다. 하지만 현대 사회에서는 법인이 민사관계의 주체가 되는 경우가 매우 빈번하다. 법인 역시 그 특성상 허용되지 않는 경우를 제외하고는 자연인과 동일한 법리에 의하여 규율되고 있다. 그러므로 자연인과 법인을 공히 규율하는 민법의 대원칙을 선언하면서 자연인을 전제로 한 "사람" 또는 "인간"에게만 적용되는 규정을 두는 것은 적절하지 않다. 또한 "사람은 … 법률관계를 형성한다"는 선언적, 단정적 표현은 법률 차원의 표현으로는 이례적이다. 이것이 존재sein와 당위sollen 중 어느 차원에 속하는 것인지 분명하지 않다. 만약 전자라면 이는 앞서 비판하였듯이 법정채권관계 등 다양한 민사관계를 표상하지 못하여 잘못된 선언이다. 만약 후자라면 "형성하여야 한다"라고 표현하여야 할 것이지만, 이는 법률관계형성의 "자유"를 강조하려는 본래의 입법취지와 부합하지 않는다. 이처럼 사적 자치 원칙을 민법의 모두冒頭에 지나치게 단정적으로 선언하는 것은 사적 자치가 가지는 다면성을 지나치게 단순화하는 측면이 있다.

2014년 민법 개정시안을 만드는 과정에서 2004년 민법 개정안을 대폭 참고하였는데도 사적 자치의 원칙을 선언하는 제1조의2 제1항 신설 관련 논의가 거의 이루어지지 않았던 점은 흥미롭다. 결과적으로 2014년 민법 개정시안에는 2004년 민법 개정안처럼 사적 자치를 선언하는 조항은 두지 않았다. 그 대신 2014년 개정시안은 제3조의2에서 "인격권"이라는 표제 아래 "사람은 생명, 자유, 신체, 건강, 명예, 사생활의 비밀과 자유, 성명, 초상, 개인정보, 그 밖의 인격적 이익에 대한 권리를 가진다."라고 규정하여, 2004년 민법 개정안 제1조의2 제2항에서 매우 추상적으로만 선언되었던 인격권 보호의 이념을 좀 더 구체적으로 규정하였다. 참고로 2010.4.1. 제2기 민법개정위원회 1분과 회의에서는 민법 제1조에 민법을 적용·해석할 때에는 사적 자치와 사권私權의 보장 및 사회적 형평 등을 고려해야 한다는 조항을 신설하자는 논의가 있기는 하였다.[109] 그러나 이러한 가안마저도 사적 자치를 강조한다기보다는 사적 자치를 민법 적용·해석의 한 고려 요소로 위치시키려는 시도였다. 그 후 논의가 더 이상 진전되지 않아 이 내용은 최종 민법 개정시안에 포함되지 않았다.

3. 민사특별법과 사적 자치

(1) 사적 자치를 제한하는 주요 민사 특별법

민법은 사적 자치의 원칙을 토대로 하고 있으나, 민법의 특별법 중에는 사적 자치를 제한하는 것들이 많다. 이는 고전적인 사적 자치의 원리를 그대로 관철시키기에는 사적 자치의 전제가 충족되지 않는 영역이 그만큼 많다는 것을 의미한다. 이 경우 특별법은 한편으로는 사적 자치를 제한하지만, 다른 한편으로는 사적 자치의 토대를 후견적으로 보충한다는 의미도 있다. 이러한 영역에 대한 특수한 규율을 민법 자체에 담느냐, 아니면 특별법을 만들어 담느냐는 입법정책의 문제이다. 우리나라는 대체로 민법의 모습을 바꾸지 않으면서 사적 자치 제한을 향한 사회정책적 요청에 특별법으로 대응하는 양상을 보여 왔다. 이러한 특별법은 매우 다양한 모습으로 나타나고, 그 숫자 역시 매우 많다. 특히 중요하다고 생각되는 몇몇 특별법만 언급한다.

(가) 임대차보호 관련 법률

주택임대차보호법은 주택의 임대차에 관한 특례를 담고 있다. 이 법은 1981.3.5. 법률 제3379호로 공포되어 같은 날부터 시행되었다. 주택 임차인의 지위를 강력하게 보호하기 위한 법으로, 가장 많이 활용되는 민사특별법 중 하나이다. 이

109) 법무부 민법개정위원회 제1기 민법개정위원회 1분과 회의(제14차)(2019.9.7.) 회의일지(미공간); 법무부 민법개정위원회 제2기 민법개정위원회 1분과 회의(제4차)(2010.4.1.) 회의일지(미공간); 법무부 민법개정위원회 제2기 민법개정위원회 1분과 회의(제23차)(2011.1.13.) 회의일지(미공간).

법은 급격한 도시화에 따라 발생한 심각한 주택난을 배경으로 입법되었다.[110] 1980년 인구 및 주택 센서스에 의하면 당시 서울의 무주택가구 비율은 56%에 이르렀다고 한다.[111] 이처럼 주택 임차인이 주택 소유자의 숫자보다 많지만 경제적 우열관계 때문에 주택 임차인의 지위가 충실히 보호되지 못하였다. 민법에도 임차인 보호를 위한 규정들이 있으나 주택 임차인의 보호에는 턱없이 못 미치는 것이었다. 민법은 임차인 보호의 핵심인 존속보장, 보증금회수, 차임통제 그 어느 것도 제대로 달성하지 못하였다. 민법은 임차권 존속보장을 위해 임대차를 등기하거나(제621조) 전세권을 설정할 수 있도록 하고 있으나(제303조), 주택 소유자의 승낙 없이는 관철시킬 수 없는 방법들이어서 별다른 효용을 발휘하지 못하였다. 보증금에 관하여는 아예 아무런 규정이 없다. 또한 지속적인 물가상승을 배경으로 차임증감청구권(제628조)은 오히려 임대인에게 유리하게 작동하였다. 이러한 현실 속에서 주택임대차보호법은 주택임차인의 권리를 보장하는 데에 큰 역할을 수행하였다. 마찬가지로 2001.12.29. 법률 제6524호로 제정되어 2002.11.1.부터 시행된 상가건물임대차보호법도 경제적, 사회적 약자인 상가임차인들의 보호에 기여하고 있다. 특히 권리금을 명시적으로 정의하고 권리금회수 기회 보호를 위한 제반 규정을 둔 것은 주택임대차보호법에서 찾아볼 수 없는 임차인 보호 조치이다(제10조의3 내지 제10조의7).

(나) 소비자 보호 관련 법률

소비자계약과 관련된 여러 특별법들은 소비자가 계약 당사자가 되는 경우의 특례를 담고 있다. 소비자법 분야는 소비자 보호를 명문으로 규정한 제8차 헌법 개정이 있던 1980년 이후 획기적으로 발전하였다.[112] 1980년에 소비자보호법이 제정되었고, 1986년에 『약관의 규제에 관한 법률』이 제정되었다. 1991년에 『할부거래에 관한 법률』과 『방문판매등에 관한 법률』이 제정되었다. 1999년에 표시광고의 공정화에 관한 법률이 제정되었다. 소비자금융과 관련된 법률도 줄을 이었다. 2002년에는 『대부업등록 및 금융이용자보호법』, 2006년에는 전자금융거래법, 2007년에는 『자본시장과 금융투자업에 관한 법률』, 이자제한법, 2009년에는 『보증인 보호를 위한 특별법』이 제정되었다. 특별법의 해석에 관한 판결들도 다수

110) 1981년 신군부의 국가보위입법회의가 주도하였다.
111) 고상룡, "주택임대차보호법의 문제점과 그 해결방안", 사회과학 제19권(1982), 295면.
112) 이은영, "한국소비자법 35년, 회고와 과제", 저스티스 통권 제146-3호(2015.2.), 468면.

선고되었다. 특히 계약법의 영역에서는 약관규제법에 관한 판결들이 쏟아져 나왔다.[113)]

헌법재판소에서는 『방문판매 등에 관한 법률』(2012.2.17. 법률 제11324호로 전부 개정된 것) 제31조가 헌법에 위반되는지가 다투어지기도 하였다. 제31조는 계속거래계약을 체결한 소비자는 계약기간 중 언제든지 계약을 해지할 수 있다고 규정하였다.[114)] 이 조항이 사적 자치의 원칙 및 자유시장경제질서에 위배되는지가 문제되었다. 헌법재판소는 거래의 안전 등을 위해 일정한 계속거래계약의 경우 소비자의 해지권이 부인되는 예외가 허용되는 점, 해지권 행사의 효력이 장래효에 그친다는 점, 계속거래업자는 해지로 인한 대금의 환급이 제한되거나 손해를 배상받을 수 있다는 점 등을 종합해 보면, 계속거래업자의 계약의 자유 제한의 정도가 소비자의 권익 보호라는 심판대상조항이 추구하는 공익에 비하여 크다고 단정할 수 없다고 보았다.

학계에서도 소비자법에 대한 관심이 계속 고조되었다. 2009년에는 민법학자들이 주도적 역할을 수행하여 한국소비자법학회가 창립되었고, 민법적 관점이 가미된 소비자법 연구가 수행되고 있다.[115)] 특히 2009년부터 시작된 민법 개정 작업에서 소비자법의 민법 편입 문제가 대두되면서 소비자법과 민법의 상호관계에 대한 논의가 축적되었다. 이 문제에 대해서는 아래 "나. 특별법의 민법 편입 문제" 목차 아래에서 자세하게 살핀다.

(다) 하도급 관련 법률

『하도급거래 공정화에 관한 법률』(이하 '하도급법'이라고 한다)은 도급계약에 관한 특례를 담고 있다. 하도급법은 1984.12.31. 법률 제3779호로 제정되어 1985.4.1.부터 시행되었다. 제정이유에 따르면 이 법은 "하도급거래에 있어서 원사업자의 부당한 행위를 억제하고 수급사업자의 열위적 지위를 보완하여 하도급거래가 상호보완적인 협조관계에서 이루어지도록 유도함으로써 분업화와 전문화를 통한 생산성의 향상에 기여하도록 하려는 것"이다. 제조업이 고도로 분업화·전문화되면서

---

113) 약관규제법에 관한 학설, 판례 및 입법의 변천사에 대해서는 김동훈, "약관법의 형성과 전개", 이은영·양창수·백태승·안법영 외 공편, 한국민법이론의 발전(Ⅱ), [채권편], 박영사, 1999, 751-772면.

114) 헌법재판소 2016.6.30. 2015헌바371 등 결정.

115) 한국소비자법학회에서는 매년 2회씩 소비자법연구를 발간하고 있다.

도급거래가 다층화되고, 그 층위 속에서 이른바 갑을甲乙 관계가 나타나는 것에 대한 입법적 대응이다. 우리 민법은 도급인과 수급인 사이의 갑을甲乙 관계는 예정하지 않고 있으므로, 이러한 도급거래 현실에 적극적으로 대응하기에는 적합하지 않다. 하도급법은 하도급 계약 관련 서면발급(제3조), 표준하도급계약서의 작성과 사용(제3조의2), 부당특약 금지(제3조의4), 부당한 하도급대금 결정 금지(제4조), 물품 등의 구매강제 금지(제5조), 선급금 지급의무(제6조), 부당한 위탁취소 금지(제8조), 부당반품 금지(제10조), 하도급대금 감액금지(제11조), 물품구매대금 등의 부당결제 청구금지(제12조), 경제적 이익 부당요구 금지(제12조의2), 기술자료 제공 요구 금지(제12조의3), 하도급대금 직접지급청구권(제14조), 하도급대금 조정신청(제16조, 제16조의2), 부당한 대물변제 금지(제17조), 부당한 경영간섭 금지(제18조), 보복조치 금지(제19조), 탈법행위 금지(제20조) 등 특례들을 두어 수급사업자의 지위를 강하게 보호하고 있다.

그중 가장 빈번하게 법적 분석 대상이 되는 것은 하도급대금 직접지급에 관한 제14조이다.[116] 이 조항에 의하면 일정한 사유가 발생할 때 발주자(도급인)는 수급사업자(하수급인)에게 하도급대금을 직접 지급하여야 하고, 그 사유 발생 시 원사업자(수급인)에 대한 발주자(도급인)의 대금지급채무와 수급사업자(하수급인)에 대한 원사업자(수급인)의 하도급대금 지급채무는 그 범위에서 소멸한 것으로 본다.[117] 원래 수급사업자는 자신과 계약관계가 없는 발주자에게 대금지급청구권을 행사할 수 없는 것이 원칙이지만, 수급사업자 보호를 위해 계약관계가 없는 발주자와 수급사업자 사이에 하도급대금을 직접 지급하도록 하는 법률적 토대를 인위적으로 생성한 것이다. 헌법재판소는 이러한 직접지급제도가 "중소기업인 하수급인을 보호하여 국민경제의 균형 있는 발전을 도모하려는 것으로 입법목적이 정당하고 목적달성에 적합한 수단이며, 계약자유보다는 사회적 이익이 크므로 사적 자치권에 관한 헌법규정에 위배되지 않는다."고 판단하였다.[118]

---

116) 이에 대한 일반적인 분석으로 이준현, "하도급거래에 있어서 수급자의 발주자에 대한 하도급대금 직접지급 청구권", 법조 통권 제605호(2007.2.); 이동진, "하도급법상 직접청구권에 관한 연구", 통권 630호(2009.3.); 심재한, "하도급법상 하도급대금 직접지급청구권", 경영법률 제28권 제1호(2017.10.) 참조.

117) 이 조항은 하도급법이 제정된 때에 규정된 이래 여러 차례에 걸쳐 복잡하게 개정되어 왔다. 이러한 제정 및 개정 연혁에 대해서는 심재한, "하도급법상 하도급대금 직접지급청구권", 경영법률 제28권 제1호(2017.10.), 313-314면 참조.

118) 헌법재판소 2003.5.15. 2001헌바98 결정.

(2) 특별법의 민법 편입 문제

민사특별법, 특히 계약과 관련된 민사특별법은 민법보다 한층 후견적인 특징을 지닌다. 역사를 통해 증명되었듯이, 합리적이고 대등한 개인을 상정하는 근대 민법의 패러다임은 현실에서 수정을 요한다. 규범으로서의 민법과 현실로서의 사회 사이에 간극이 존재한다는 의미이다. 그런데 이러한 간극을 지금처럼 특별법으로 메우는 것이 타당한가, 아니면 그 내용을 민법으로 편입하는 것이 타당한가? 이는 2014년 민법 개정시안 작업 과정에서 소비자 보호에 관한 내용을 민법에 편입시킬 것인가를 중심으로 논의되었다.[119)]

2002년 1월부터 시행된 독일의 개정 민법에는 약관규제법, 방문판매법, 소비자신용법, 일시거주권법, 통신판매법 등 소비자 보호 관련 법률의 내용이 대거 편입되었다.[120)] 유럽에서는 독일 외에도 네덜란드, 슬로바키아, 체코, 에스토니아가 소비자보호에 관한 법률을 민법전에 통합하여 규정하고 있다.[121)] 반면 프랑스, 스페인, 이탈리아, 벨기에, 오스트리아, 룩셈부르크, 라트비아, 리투아니아 등은 소비자 보호에 관한 법률을 민법전에 통합하지 않고 특별법을 통해 규율하고 있다.[122)] 중국은 소비자권익보호법을 통해 소비자계약 문제를 포괄적으로 규율하고 있고, 일본은 소비자계약법과 기타 개별 소비자법(특정상거래법, 할부판매법 등)을 통해 소비자보호 문제를 규율하고 있다.[123)] 일본 민법 개정 과정에서는 소비자법의 민법 편입 문제가 진지하게 논의되었으나,[124)] 실제 민법 편입은 이루어지지 않았다.

이처럼 어떤 내용을 민법전에 포함시킬 것인가는 민법의 체계나 기조, 또한 민법이 상정하고 있는 인간상人間像과 밀접한 관련을 가진 문제이다. 우리나라는 민

---

119) 관련 논문으로 백경일, "소비자보호법의 민법전 내 편입문제에 관한 비판적 고찰 - 소비자사법론, 상황관련적 소비자보호관, 실질적 사적자치 개념 등의 모순성에 대하여 -", 재산법연구 제16권 제2호(2009); 서희석, "일본 민법개정시안에 있어서 소비자법의 위치", 재산법연구 제16권 제2호(2009); 이준형, "약관규제법 · 소비자법의 민법에의 통합문제에 대한 관견", 재산법연구 제16권 제2호(2009); 서희석 · 백경일, "소비자법의 민법전 편입에 관한 연구", 2009년도 법무부 연구용역 과제보고서.

120) 독일민법 제312조, 제312조의a 내지 제312조의k.

121) 이러한 외국의 동향은 2012.5.24.부터 5.26.까지 대만 국립대학에서 법전화(codification)를 주제로 개최된 International Academy of Comparative Law 학술대회에 제출된 각국의 보고서 파일들에 기초한 것이다.

122) 전주 참조.

123) 서희석, "한 · 중 · 일 소비자계약법의 비교법적 고찰", 일감법학 제33호(2016.2.), 183면 참조.

124) 서희석, "일본 민법개정시안에 있어서 소비자법의 위치", 재산법연구 제26권 제2호(2009.10.), 349-410면 참조.

법의 기본법적 성격을 중시하면서 특별법에 더 많은 역할을 부여하는 방향을 취하였다. 이러한 방향은 민법의 역할을 다음과 같이 설정한다. 민법은 사법私法의 모법母法으로서, 사인 간의 법률관계에서 발생할 수 있는 모든 문제를 직접 규율하지는 않는다. 오히려 민법은 특별법에서는 얻을 수 없는 민법적 사고의 지혜가 필요할 때 기댈 수 있는 버팀목과 같은 역할을 수행한다. 이러한 방향은 기본적으로 타당하다. 민법에서 대체로 포괄적이고 일반적인 규율방식을 취하면서 유독 특정한 사항에 대해서만 세세한 규율방식을 취하는 것은 민법의 미관과 체계성, 유기성을 해치는 결과를 가져온다. 적어도 그동안 진행된 민법 개정작업 경과를 지켜보면 아직 우리 민법은 일반법이라는 관념, 따라서 포괄적이고 일반적인 규율방식을 취하는 것이 기본적인 방향이라는 인식이 자리 잡고 있는 듯하다. 민법이 규율하지 못하는 영역을 특별법으로 규율할 것인지, 이러한 영역도 민법으로 편입시켜 규율할 것인지는 그 나라의 법 전통, 민법과 특별법의 역할 분담 관계, 민법과 특별법의 제·개정 용이성, 입법정책과 관행 등을 종합적으로 고려하여 논의하여야 할 문제이다. 어느 쪽이 논리 필연적으로 옳다고 말할 수는 없다. 우리 민법의 위와 같은 방향성은 『민법=일반법』이라는 관념, 민법 개정의 현실적 어려움 등 우리나라의 법현실에 비추어 충분히 수긍할 수 있다.

본질적으로 중요한 것은 어떤 사항이 민법과 특별법 중 어디에 규정되어 있는가가 아니라 민법과 특별법 사이의 실질적인 상호 작용을 통해 전체 법질서의 유기성과 사회 적응성을 높이는 것이다. 물론 어떤 특별법의 원리가 시간의 흐름을 통해 민법상 원리로 격상되어야 할 경우도 있다. 그 경우 특별법의 내용이 민법에 편입되는 것은 자연스러운 일이다. 『보증인 보호를 위한 특별법』의 내용 중 상당 부분이 우리 개정 민법에 포함된 것이 전형적 예이다.[125] 이러한 편입 기준으로서는 ① 해당 원리나 내용이 일반법으로서의 민법에 부합하는 정도의 일반성을 지니고 있는가(일반성), ② 해당 원리나 내용이 기존 민법의 원리나 내용과 유기적으로 결합할 수 있는가(유기성), ③ 민법 편입으로 인한 편익이 이로 인한 비용을 초과하는가(효율성)를 들 수 있다.[126] 가령 특정 유형의 소비자계약 철회에 대한 내용을 민법에 담을 필요는 없으나, 정보제공의무나 부실표시, 현대형 폭리행위에

125) 2015.2.3. 신설된 제428조의2(보증의 방식), 제428조의3(근보증), 제436조의2(채권자의 정보제공의무와 통지의무 등).

126) 권영준, 특별법의 민법 편입에 관한 연구, 2012년도 법무부 연구용역 과제 보고서, 2012, 85-96면.

대한 규율과 같은 것이 일반 계약에도 적용될 수 있는 내용은 앞으로 민법 편입의 가능성을 고려할 수 있다. 또한 계약의 대부분이 약관의 형태로 체결되는 현실, 전자적 형태의 계약이 급증하는 현실에 비추어 이러한 관련 법리를 민법에 편입시키는 것도 가능하다.

Ⅵ. 결 론

사적 자치 원칙은 이를 어느 각도에서 바라보는지에 따라 다른 모습으로 보일 수 있다. 또한 사적 자치 원칙은 역사 속에서 변화하여 왔다. 적용 영역의 특징에 따라 다른 모습으로 발현되었다. 전통과 문화와도 상호작용하여 왔다. 따라서 사적 자치 원칙에 대한 일의적인 설명은 불가능하다. 그러나 사적 자치 원칙이 인간의 자율성을 신장시켜 인간을 인간답게 만드는 데 기여한다는 공통의 공감대는 형성되어 있다. 이러한 이상을 구현하기 위한 구체적 방법론은 계속 치열한 고민과 열띤 토론의 대상이 될 것이다.

앞으로는 사적 자치의 개별화 문제도 논의될 필요가 있다. 사적 자치를 누리는 주체는 이 세상에 존재하는 개인의 수만큼이나 매우 다양한 모습으로 존재한다. 그런데 전통적으로 법학은 이러한 주체들을 인위적으로 하나의 표상에 끼워 맞춘 뒤 획일적으로 규율하는 규범체계에 익숙하였다. 이러한 일반화, 획일화가 현대사회에서도 견지되어야 하는지는 생각해볼 문제이다. 행동경제학과 통계학의 발달, 그리고 빅데이터의 축적은 한때 획일적으로 표상되던 '평균적 인간' 또는 '합리적 인간'의 실제 민낯을 냉철하고 분석적으로 드러낼 것이다. 개인별 맞춤형 광고에서 드러나듯이 이미 비즈니스 현장에서는 이러한 개별화가 높은 정도로 발달되어 있다. 이러한 현대사회의 변화는 법에도 영향을 미칠 것이다. 개인을 제대로 파악할 수 있고, 그 파악한 바에 따른 맞춤형 법을 설계할 수 있으며, 이를 쉽게 공시할 수 있다면 사적 자치는 좀 더 유연하고 다양한 모습으로 전개될 것이다. 성년후견제도가 바로 개별화의 초기 단계이다. 이처럼 '정교하게 개별화된 사적 자치'가 구현될 날도 그리 멀지 않다.[127]

---

127) 유럽 사법(私法)의 개별화에 대해서는 Philipp Hacker, Personalizing EU Private Law: From Disclosure to Nudges and Mandates, European Review of Private Law, Volume 25, Issue 3(2017) 참조.

법인·단체법의 변천과 과제*

엄 동 섭

[초 록]

이 글은 서구 근대법의 수용 이후 우리나라 법인·단체법의 변천과정, 현행법 시행상의 주요 쟁점(학설, 판례), 나아가 법인관련 민법개정안을 비롯하여 이 분야에 있어서의 앞으로의 과제 등을 검토함으로써, 법인·단체법의 과거, 현재, 미래를 개관하는 것을 목적으로 한다. 현행 법제상 법인 및 단체에 관한 법규는 특별법상의 법인을 포함할 경우 무수히 많이 존재하지만, 이 글은 일반 법인법의 지위에 있는 민법상의 법인 관련규정과 이른바 비법인 사단·재단에 대한 규율 문제를 주된 검토대상으로 한다. 그리고 비영리법인에 대한 특별법 가운데서는 실질적으로 민법의 특별법의 지위에 있는 공익법인과 학교법인 관련 법규(공익법인에 관한 법률, 사립학교법 등)를 검토한다. 반면 상법 회사편을 비롯한 영리법인에 관한 특별법은 종래 회사법학의 영역에 속하는 것으로서

서강대학교 법학전문대학원 교수

* 이 논문은 법과 기업연구(서강대 법학연구소) 제8권 제2호(2018.8.31.)에 게재되었음.

이 글의 검토대상에서는 제외하였다.

먼저 민법 법인편의 변천과 관련해서는 현행 민법과 의용민법(일본 민법)의 차이점 및 제정 과정에서의 논의, 현행 민법 시행 후의 주요 쟁점(제48조, 제60조) 등에 관해 살펴 본 다음, 두 차례에 걸친 민법 개정안(2004년, 2013년)의 내용을 소개하였다. 이어서 권리능력 없는 사단·재단에 대한 현재의 규율상황(판례)과 그 문제점을 종중, 개신교회, 사찰, 동·리 등으로 나누어 살펴보았다. 그리고 특별법에 의해 규율되고 있는 대표적인 비영리 법인인 공익법인과 학교법인에 대한 현행의 법적 규율(공익법인법, 사립학교법 등) 및 그 문제점도 검토하였다.

나아가 이 글은 법인·단체법 분야의 향후의 검토과제로서 우선, 민법 분야에서는 권리능력 없는 사단·재단에 관한 규정의 신설, 법인의 합병 및 분할, 정관목적에 따른 권리능력 제한여부, 외국법인에 관한 규정의 신설, 기관(지배구조)의 개편, 기금 제도의 도입 등을 제시하였다. 그 밖에 현행 공익법인법이 안고 있는 문제점을 해결하기 위해 그 개정방향을 제시함과 아울러, 권리능력 없는 사단·재단 가운데 종래 많은 분쟁을 야기해 온 종중과 종교단체를 규율하기 위해 종중관리법과 종교법인법을 제정할 것을 제안하였다.

Ⅰ. 서 설

1. 이 글의 목적

사법상의 여타의 법제도와 마찬가지로 법인 및 단체에 관한 현행 법제 역시 일제 강점기를 거치면서 이루어진 서구법의 수용을 통해 형성되어 왔다. 그러나 서구법의 수용 이전에도 우리나라에는 종중이나 촌락공동체(동, 리) 같은 자연발생적인 단체가 이미 존재하고 있었으며, 이로 인해 단체법의 영역에 있어서는 우리나라 특유의 이러한 자연발생적 단체에 대한 서구 근대법의 적용이라는 난제가 일차적으로 등장한다. 뿐만 아니라 1960년 현행 민법의 시행으로 인해 종래 의용 민법(일본 민법)상의 문제점이 어느 정도 해소됨과 동시에 새로운 해석상의 난점도 등장하였다. 나아가 그간의 사회현실의 변화에 따라 법인 및 단체법의 영역에서도 입법론적으로 많은 새로운 과제가 등장하고 있으며, 이에 따라 이미 두 차례에 걸쳐 민법개정안의 일부로 법인관련 개정안이 성안되었으나 아직 결실을 맺지는 못하고 있다.

이 글은 이러한 문제의식에 기초하여 우리나라 법인 및 단체법의 변천과정, 현행법 시행상의 주요 쟁점(학설, 판례), 나아가 법인관련 민법개정안을 비롯하여 이 분야에 있어서의 앞으로의 과제 등을 검토함으로써, 법인 및 단체법의 과거, 현재, 미래를 개관하는 것을 목적으로 한다.

2. 법인 및 단체의 개념

통설에 따르면 일정한 목적을 위한 인적 결합체 가운데서 그 구성원의 개성을 넘어서서 단일 · 독립의 존재가 된 이른바 사단과 일정의 목적을 위해 바쳐진 재산 가운데 출연자와는 독립된 존재로서 유지되는 이른바 재단만을 단체로서 파악하며, 인적 결합체 가운데서 구성원의 개성이 전면에 드러나는 이른바 조합은 단체의 개념에서 제외한다.[1] 그리고 이러한 단체, 즉 사단과 재단 가운데서 법인격

---

1) 이와 같이 사단과 조합을 엄격히 구별하는 이른바 사단 · 조합 준별론에 대해서는 최근 의문이 제기되기도 하지만, 이에 관해서는 권리능력 없는 사단 · 재단에 관한 규정신설 문제와 관련하여 검토하기로 한다.

을 취득한 존재를 법인으로 파악한다. 이 글은 이러한 통설적 입장에 따라 법인(사단법인, 재단법인) 및 비법인 단체(이른바 권리능력 없는 사단·재단)에 관한 법만을 검토대상으로 하며 조합법에 대해서는 필요한 범위 내에서만 살펴보기로 한다.

3. 현행 법제상 법인 및 단체에 대한 규율 개관

(1) 민 법

민법 법인편(제1편 제3장)의 규정은 공사법 준별론의 입장을 취하면 사법인에 대한 일반법으로 이해될 수밖에 없으나, 실질적으로는 공·사법인이나 중간법인 나아가 권리능력 없는 사단·재단 등 모든 종류의 법인과 단체에 대해 적용/준용/유추적용될 수 있는 일반법인법 또는 일반단체법으로서의 성격을 보유하고 있다고 봄이 타당하다.[2)]

(2) 특별법

(가) 영리법인

영리사단법인인 회사에 대해서는 상법 회사편(제3편)이 일차적으로 적용되며, 회사 가운데 상장회사, 은행, 보험회사 등 특정 종류의 회사에 대해서는 다시 상법의 특별법으로서 자본시장과 금융투자업에 관한 법률, 은행법, 보험업 등이 일차적으로 적용된다. 그 밖에 종래 전문적인 자격을 가진 자연인만이 수행해 오던 직역을 담당할 수 있는 영리법인(법무법인, 회계법인)의 설립을 허용하는 특별법으로서 변호사법, 공인회계사법 등이 있으며, 이들 영리법인에 대해서는 상법의 합명회사나 유한회사에 관한 규정이 일차적으로 준용된다.

(나) 비영리법인

우선 비영리법인 가운데서 공익사업을 목적으로 하는 공익법인을 규율하는 법률로서 공익법인에 관한 법률이 있으며, 각종 사립학교의 운영주체가 될 수 있는 학교법인에 대해서는 사립학교법과 교육법이 일차적으로 적용된다. 그리고 의료법에 의해 의료기관의 운영주체로서 설립이 허용되는 의료법인은 법무법인이나 회

---

2) 동지: 주석민법 총칙(1)/송호영, 제4판(2010), 505면. 나아가 문제된 법률관계의 특성에 따라서는 조합에 대해서도 사단법인에 관한 민법규정을 유추적용할 수 있다는 견해도 있다: Karsten Schmidt, Gesellschaftsrecht, 4. Aufl.(2002), S. 735f.; 송호영, 법인론, 제2판(2015), 31면에서 재인용.

계법인과 마찬가지로 종래 일정 자격을 가진 자연인만이 수행할 수 있었던 전문직역을 담당하기는 하지만, 현행 의료법에 의하면 비영리법인인 재단법인으로서만 설립될 수 있으며 이에 따라 의료법인에 대해서는 의료법 이외에 민법의 재단법인에 관한 규정이 준용된다.[3] 한편 사회복지사업법에 의해 설립이 허용되는 사회복지법인에 대해서는 동법 이외에 민법 및 공익법인법이 준용된다.[4]

나아가 노동조합이나 농업협동조합, 농지개량조합 등 특별법에 의해 법인격을 부여받는 각종의 단체[5]와 관련하여 많은 단행법률들이 존재하며, 도시 및 주거환경정비법에 따른 정비사업조합(이른바 재개발 · 재건축조합) 역시 특수한 비영리법인에 속한다.[6] 그 밖에 변호사회나 의사회 등 각종의 전문직업인단체는 특별법에 의해 설립이 강제됨과 동시에 비영리법인으로서의 법인격을 부여받고 있으며, 이러한 비영리법인들에 대해서는 특별법이 목적의 특수성에 따른 세부적 · 기술적 조항을 두는 것 이외에는 민법의 사단법인에 관한 규정을 적용 또는 준용하고 있다.[7]

4. 이 글의 검토대상

이 글은 우선 앞서 지적한 것처럼 현행 법제상 일반 법인법의 지위에 있는 민법상의 법인 관련규정과 이른바 비법인 사단 · 재단에 대한 규율 문제를 주된 검토대상으로 한다. 이어서 비영리법인에 대한 특별법 가운데서는 실질적으로 민법의 특별법의 지위에 있는 공익법인과 학교법인 관련 법규(공익법인에 관한 법률, 사립학교법 등)를 검토한다.[8] 반면 상법 회사편을 비롯한 영리법인에 관한 특별법은 종래 회사법학의 영역에 속하는 것으로서 이 글의 검토대상에서는 제외한다.

---

3) 의료법 제50조.
4) 사회복지사업법 제32조.
5) 본문에서 든 단체 이외에, 임업협동조합, 수산업협동조합, 축산업협동조합, 신용협동조합, 한국교직원공제회, 새마을금고, 건설공제조합, 자동차환경협회(대기환경보전법 제78조), 도서관협회(도서관법 제17조) 등.
6) 2003년 동법이 제정되기 이전의 구 주택건설촉진법 제4조의 재건축조합에 대해서는 법인설립의 근거규정이 존재하지 않았기 때문에 판례상 재건축조합은 권리능력 없는 사단으로 취급되었다(대법원 1996.10.25. 95다56866 판결 등).
7) 그 이외에도 상공회의소, 대한적십자사, 대한민국 재향군인회, 대한체육회(국민체육진흥법) 등 1차적으로 특별법의 적용을 받는 비영리법인은 일일이 열거하기 힘들 정도로 많이 존재하고 있다.
8) 위에서 본 것처럼 현행 법제상 비영리법인에 관한 많은 특별법들이 존재하고 있지만, 공익법인법과 사립학교법을 제외하고는 이러한 특별법들은 법인 설립목적의 특수성을 고려하여 세부적 기술적 조항을 두는 것 이외에는 모두 민법 규정을 준용하고 있다.

Ⅱ. 민 법

1. 현행 민법의 제정: 의용민법(일본 민법)과의 차이

1960.1.1. 시행(1958.2.22. 공포)된 현행 민법의 법인관련 규정(제1편 제3장)은 다음과 같은 몇 가지 부분에서 종래의 의용민법과 차이를 보이고 있다.

(1) 비영리 비공익법인의 인정

의용민법 제34조[9]에 의하면 비영리 공익법인만 설립이 가능하였으나, 현행 민법 제32조는 "학술, 종교, 자선, 기예, 사교 기타 영리아닌 사업을 목적으로 하는 사단 또는 재단은 주무관청의 허가를 얻어 이를 법인으로 할 수 있다"라고 규정함으로써 비영리 공익법인뿐 아니라 비영리법인이면서도 적극적으로 공익을 추구하지 않는 비영리 비공익법인의 설립도 가능하도록 하고 있다.

(2) 법인설립등기의 성립요건주의 채택

의용민법 제45조[10]는 법인 설립등기에 대해 대항력만을 부여하고 있었던 반면, 현행 민법 제33조는 "법인은 그 주된 사무소의 소재지에서 설립등기를 함으로써 성립한다"라고 규정하여 법인 설립등기를 법인의 성립요건으로 채택하였다.[11] 이에 따라 생전처분으로 재단법인을 설립하는 경우 출연재산의 귀속시기를 법인설립허가時로 규정하고 있던 의용민법 제42조[12]와는 달리 현행 민법 제48조 제1항은 "생전처분으로 재단법인을 설립하는 때에는 출연재산은 법인이 성립된 때로부터 법인의 재산이 된다"라고 규정하게 되었다.

---

9) 의용민법 제34조: 제사, 종교, 자선, 학술, 기예 기타 공익에 관한 사단 또는 재단으로서 영리를 목적으로 하지 않는 것은 주무관청의 허가를 얻어 이를 법인으로 할 수 있다.

10) 의용민법 제45조 제2항: 법인의 설립은 그 주사무소의 소재지에서 등기를 하지 아니하면 이로써 타인에 대항할 수 없다.

11) 그 이유로는 물권변동의 경우와 마찬가지로 거래의 안전과 법률관계의 명료화를 위해서는 성립요건주의가 타당하다는 점이 제시되고 있다. 이에 관해서는 우선, 명순구, 실록 대한민국 민법 I (2008), 157-8면 참조.

12) 의용민법 제42조 제1항: 생전처분으로써 寄附行爲를 한 때에는 寄附財産은 법인설립허가가 있은 때로부터 법인의 재산을 組成한다.

(3) 삭제규정과 신설규정

우선 외국법인에 관한 규정인 의용민법 제36조[13]는 삭제된 반면,[14] 현행 민법 제45조, 제46조, 제49조 제2항 제9호[15] 및 제41조, 제56조, 제59조 제2항, 제61조, 제65조, 제70조 제3항, 제75조, 제76조, 제90조, 제91조, 제96조 등 많은 규정이 신설되었으나, 이는 대부분 일본 민법 시행 이후 해석상 인정되어 온 내용을 명문화한 것이다.[16]

(4) 법률용어의 변경, 기타

의용민법상 재단법인과 관련하여 사용되던 寄附行爲라는 법률용어(의용민법 제43조, 제39조, 제41조, 제42조 등)는 현행 민법상 정관(제34조, 제40조) 또는 '재단법인 설립'(제47조, 제48조)이라는 표현으로 변경되었다. 그리고 의용민법상 법인편에서의 대리인(제44조), 대리권(제54조, 제57조)이라는 표현은 현행 민법상으로는 대표자(제35조), 대표권(제60조, 제64조)으로 변경되었다. 그 밖에 의용민법상 사단법인의 정관변경을 위해서는 총사원의 4분의 3 이상의 동의가 있어야 하며 주무관청의 인가를 정관변경의 효력발생요건으로 하였으나(제38조), 현행 민법 제42조는 총사원의 3분의 2 이상으로 의결정족수를 완화하는 한편 주무관청의 허가를 정관변경의 효력발생요건으로 규정하고 있다.

(5) 권리능력 없는 사단 · 재단에 대한 규율

의용민법과 마찬가지로 현행 민법 제정을 위한 원안에도 권리능력 없는 사단

---

13) 의용민법 제36조: (제1항) 외국법인은 國, 國의 행정구획 및 상사회사를 除한 외에는 그 성립을 認許하지 아니한다. 단 법률 또는 조약에 의하여 認許된 것은 그러하지 아니하다.
(제2항) 전항의 규정에 의하여 認許된 외국법인은 국내에서 성립하는 同種의 者와 동일한 私權을 가진다. 단 외국인이 향유할 수 없는 권리 및 법률 또는 조약 중에 특별한 규정이 있는 것은 그러하지 아니하다.

14) 그 이유로는 이미 자연인과 관련하여 외국인에 관한 규정(의용민법 제2조)을 삭제하기로 한 것과 보조를 맞춘다는 점이 제시되었다(민법안심의록 상권, 30면). 그리고 이와 달리 외국법인에 관해 보다 상세한 새로운 규정을 두어야 한다는 민사법연구회의 제안(민법안의견서, 37-38면, 황산덕 교수 집필)도 있었으나 채택되지 아니하였다. 이에 관해 상세한 것은 우선, 명순구, 전게 실록 대한민국 민법Ⅰ, 157-9면 참조.

15) 동호 신설에 의해 이사의 대표권에 대한 제한이 등기사항이 됨에 따라, 의용 민법 제54조(이사의 대리권에 가한 제한은 이로써 선의의 제3자에게 대항할 수 없다)는 현행 민법 제60조(이사의 대표권에 대한 제한은 등기하지 아니하면 제3자에게 대항하지 못한다)로 변경되게 되었다.

16) 이에 관해 보다 상세한 것은 우선, 명순구, 전게 실록 대한민국 민법Ⅰ, 당해 부분 참조.

및 재단에 대한 규정은 존재하지 않았다. 이에 대해 당시 민사법연구회의 민법안 의견서[17]는 권리능력 없는 사단 및 재단에 관한 규정을 둘 것을 제안하였고, 이에 따라 "법인이 아닌 사단 또는 재단에 관하여는 본 장의 규정을 준용한다"라는 수정안이 제출되었다. 그러나 수정안은 준용의 범위가 모호하다는 반대에 부딪혀 국회 본회의에서 부결되어 폐기되었다.[18]

다만 권리능력 없는 사단의 재산소유관계와 관련하여 이를 총유로 구성하는 민사법연구회의 제안[19]은 채택되어 현행 민법 제275조-제277조를 이루게 되었다.[20] 한편 권리능력 없는 사단 및 재단의 부동산등기능력에 대해서는 이미 일제하의 조선부동산등기령[21]이 이를 인정하고 있었으며, 1960.1.1. 현행 민법과 함께 시행된 부동산등기법 제30조(현행법상으로는 제26조) 역시 비법인 사단 및 재단의 부동산등기능력을 인정하였다.[22] 그 밖에 민사소송에 있어서의 비법인 사단 및 재단의 당사자능력에 대해서는 의용(일본) 민사소송법 제29조가 이를 인정하고 있었으며, 이는 1960.7.부터 시행된 우리 민사소송법 제48조(현행법상으로는 제52조)에 의해서도 인정되었다.

(6) 2001.12.29. 개정에 따른 신설 규정

현행 민법 제정 이후 2001.12.29.의 개정을 통해 제52조의 2(직무집행정지 등

---

17) 민사법연구회, 민법안의견서, 일조각(1958), 102-3면(김증한 교수 집필).

18) 이에 관해 상세한 것은 우선, 명순구, 전게 실록 대한민국 민법 I, 169-172면 참조.

19) 전게 민법안의견서, 96-106면(김증한 교수 집필).

20) 그 과정에 관하여 상세한 것은 우선, 양창수, 공동소유 - 민법제정과정에서의 논의와 그 후의 평가를 중심으로 -, 한국민법이론의 발전(이영준박사 화갑기념), 박영사(1999), 361-393면, 특히 368-381면 참조.

21) 조선부동산등기령은 1912.3. 조선총독부 제령 제9호로 제정, 시행되었으며, 그 뒤 1930.10. 제령 제10호로 일부 개정이 이루어지면서 제2조의 4를 통해 권리능력 없는 사단 및 재단의 부동산등기능력을 인정하였다: (동조 제1항) 종중·문중·기타 법인에 속하지 아니하는 사단 또는 재단으로 조선총독이 정하는 것에 속하는 부동산의 등기에 대하여는 그 사단 또는 재단을 등기권리자 또는 등기의무자로 본다. (제2항) 전항의 등기는 그 사단 또는 재단의 名으로 그 대표자 또는 관리인이 신청하여야 한다.

22) 그러나 일본에는 일제下는 물론 현재까지도 비법인 사단 및 재단의 부동산등기능력을 인정하는 규정은 존재하지 않는다. 따라서 권리능력 없는 사단 소유 부동산에 관한 등기는 사단구성원 전원을 위해 대표자가 이를 신탁적으로 소유한다는 법리를 통해 대표자 개인 명의로 등기가 이루어지고 있으며, 이른바 肩書つき(대표자 직함 附) 등기는 허용되지 않는다. 그리고 대표자가 변경된 경우 판례에 의하면 신대표자나 권리능력 없는 사단 자신이 구 대표자를 상대로 신대표자 개인 명의의 소유권이전등기를 청구할 수 있다고 한다: 佐久間 毅, 民法の基礎 I 總則, 제4판, 有斐閣(2018), 383-4면.

가처분의 등기)와 제60조의 2(직무대행자의 권한) 두 조문이 신설되었다. 이 조문들은 종래 판례[23] 및 학설에 의해 인정되어온 이사의 직무집행정지 및 직무대행자 선임의 가처분[24]이 이루어진 경우에 그 가처분의 등기와 직무대행자의 권한에 대해 규정하고자 하는 것이다.[25]

2. 현행 민법 시행 후의 주요 쟁점

(1) 제48조

현행 민법 제48조 제1항에 의하면 생전처분으로 재단법인을 설립하는 경우 출연재산은 법인이 성립된 때[26]로부터 법인의 재산이 되며, 동조 제2항에 의하면 유언으로 재단법인을 설립하는 경우 출연재산은 유언의 효력이 발생한 때부터 법인에 귀속된다. 그리고 현행 민법 제33조에 의하면 법인은 설립등기시에 성립하며,[27] 유언의 효력은 유언자가 사망한 때로부터 효력이 발생한다(제1073조). 따라서 현행 민법 제48조만을 놓고 보면 재단법인에의 출연재산은 법인설립등기시(생전처분의 경우) 또는 유언자의 사망시에 재단법인에 귀속된다.

한편 현행 민법은 부동산 물권변동과 관련하여 의용 민법과는 달리 등기를 성립요건으로 채택하였으며(제186조), 지시채권 및 무기명채권의 양도에 대해서도 배서 및 교부 또는 교부를 효력발생요건으로 하고 있다(제508조, 제523조). 여기서 출연재산이 부동산이거나 지시채권 또는 무기명채권인 경우에는 제48조와는 별개로 재단법인 명의로의 소유권이전등기나 증권의 배서/교부가 있어야만 당해 재산이 재단법인에게 귀속되는지 여부라는 해석론상의 쟁점이 등장하게 되었다.[28]

제1설[29]은 민법 제48조를 재단법인의 재산적 기초를 충실히 하기 위한 특별규

23) 대법원 1995.12.12. 95다31348 판결.

24) 상법상 주식회사의 이사의 직무집행정지 및 직무대행자선임의 가처분에 대해서는 상법 제407조가 이를 명시적으로 규정하고 있다.

25) 제52조의2는 상법 제407조 제3항, 제60조의2는 상법 제408조에 대응하는 조문이다.

26) 앞서 소개한 것처럼 의용민법 제42조 제1항은 재단법인의 출연재산은 법인설립허가시 법인에 귀속하는 것으로 규정하고 있었다.

27) 앞서 소개한 것처럼 의용민법 제45조는 법인설립등기에 대항력만을 부여하고 있었으며, 그 결과 법인은 설립허가 時에 성립하는 것으로 해석되어 왔다.

28) 이는 전적으로, 현행민법 제48조는 의용민법 제42조를 그대로 받아들이면서도(앞서 본 것처럼 제1항에서 '법인설립허가 있은 때'를 '법인이 성립된 때'로 변경한 것 이외에는 의용민법과 차이가 없다), 부동산물권변동 등에 있어서는 의용민법의 대항요건주의로부터 성립요건주의로 일대 전환이 있음을 고려하지 않은 데 기인한다.

정으로 이해하고 동 규정은 민법 제187조의 '기타 법률의 규정'에 해당하므로 출연재산이 부동산이거나 지시채권 또는 무기명채권인 경우에도 이전등기나 배서/교부 없이 당해 재산은 제48조가 정한 시점(법인설립등기 또는 유언자의 사망시)에 재단에 귀속한다고 주장한다. 반면 제2설[30]은 재단법인설립을 위한 재산의 출연행위 역시 법률행위에 해당하므로 출연재산이 부동산이거나 지시채권 또는 무기명채권인 경우에는 민법 제186조나 제508조, 제523조 등에 따라 재단법인 명의로의 소유권이전등기나 증권의 배서/교부가 있어야만 당해 재산이 재단법인이 귀속한다고 본다.[31]

한편 판례[32]는 처음에는 제1설과 같이 재단법인에의 출연 부동산은 소유권이전등기 없이도 제48조가 정한 시점에 재단법인에 귀속된다는 입장을 취하고 있었다. 그러나 1979년 대법원 전원합의체 판결[33]은 기존 입장을 변경하여, '재단법인의 설립함에 있어서 출연재산은 그 법인이 성립된 때로부터 법인에 귀속된다는 민법 제48조의 규정은 출연자와 법인과의 관계를 상대적으로 결정하는 기준에 불과하여 출연재산이 부동산인 경우에도 출연자와 법인 사이에는 법인의 성립 외에 등기를 필요로 하는 것은 아니지만, 제3자에 대한 관계에 있어서, 출연행위는 법률행위이므로 출연재산의 법인에의 귀속에는 부동산의 권리에 관한 것일 경우 등기를 필요로 한다'고 판시함으로써 재단법인의 재산귀속관계를 대내적 관계와 대외적 관계로 구별하는 독창적인 입장을 취하였다. 그리고 유언으로 재단법인을 설립하는 경우에도 판례[34]는 '제3자에 대한 관계에서는 출연재산이 부동산인 경우는 그 법인에의 귀속에는 법인의 설립 외에 등기를 필요로 하는 것이므로, 재단법인이 그와 같은 등기를 마치지 아니하였다면 유언자의 상속인의 한 사람으로부터

29) 대표적으로 곽윤직 · 김재형, 민법총칙 제9판(2013), 177-8면.
30) 대표적으로 김증한 · 김학동, 민법총칙 제10판(2013), 194-8면.
31) 이러한 입장에 설 경우, 민법 제48조가 정한 시점(법인성립 또는 유언자의 사망)부터 재단법인 명의로의 소유권이전등기 또는 증권의 배서/교부가 이루어지기 이전까지의 구체적 법률효과에 대해서는 전게 김증한 · 김학동, 민법총칙, 198-9면; 전게 주석민법 총칙(1)/송호영, 681-2면 등 참조.
32) 대법원 1973.3.28. 72다2344 · 2345 판결(재단법인의 발기인은 법인설립인가를 받기 위한 준비행위로 재산의 증여를 받을 수 있고 그 등기의 명의신탁을 할 수 있으며 이러한 법률행위의 효과는 그 법인이 법인격을 취득함과 동시에 당연히 이를 계승한다); 대법원 1976.5.11. 75다1656 판결.
33) 대법원 1979.12.11. 78다481 · 482 판결.
34) 대법원 1993.9.14. 93다8054 판결.

부동산의 지분을 취득하여 이전등기를 마친 선의의 제3자에 대하여 대항할 수 없다'고 판시함으로써 1979년 전원합의체 판결의 입장을 재확인하였다.

(2) 第60条

현행 민법 제60조는 '이사의 대표권에 대한 제한은 등기하지 아니하면 제3자에게 대항하지 못한다'고 규정하고 있다.[35] 여기서 동조의 제3자란 이사가 법인을 대표하여 한 법률행위의 상대방을 가리키는 데에는 의문의 여지가 없지만 이를 선의의 제3자에 한정할 것인지, 아니면 조문의 문언대로 등기하지 아니하면 선의 · 악의를 불문하고 제3자에게는 대항하지 못하는 것인지에 대해서는 학설이 대립하고 있다. 후자의 입장(무제한설)은 현행 민법이 선의 · 악의를 구별하지 않고 단순히 '제3자'로 규정한 것은 등기의 이행을 강제하고자 하는 입법취지에 따른 것이며, 법인에 관한 여타의 등기 모두 선의 · 악의를 불문하고 제3자에 대한 대항요건으로 규정되어 있다는 점, 그 밖에 제3자의 선의 · 악의를 불문함으로써 법률관계가 간명해진다는 점 등을 근거로 제시한다.[36] 반면 전자의 입장(제한설)은 등기하지 않았더라도 악의의 제3자는 보호할 필요가 없으며, 조문상 '선의'라는 문구가 삭제되었다는 점만으로부터 무제한설의 주장과 같은 입법자의 의도를 추론해내는 것은 무리한 해석이라고 한다.[37]

한편 판례는 대법원 1975.4.22. 74다410 판결 및 대법원 1992.2.14. 91다24564 판결 등에서, 대표자의 대표권에 대한 제한이 정관에 규정되었더라도 이를 등기하지 아니한 이상, 그러한 정관규정에 대한 선의 · 악의에 관계없이 대표권에 대한 제한을 제3자에게 주장할 수 없다고 판시함으로써 이른바 무제한설의 입장을 취하고 있다.[38]

---

35) 앞(주 15)서 소개한 것처럼 현행 민법은 의용민법과 달리 제49조 제2항 제9호에서 이사의 대표권에 대한 제한을 등기사항으로 규정함에 따라, 의용민법 제54조(이사의 대리권에 가한 제한은 이로써 선의의 제3자에게 대항할 수 없다)는 현행 민법 제60조와 같은 내용으로 변경되게 되었다.

36) 대표적으로 양창수, 법인 이사의 대표권 제한에 관한 약간의 고찰, 민법연구 I (1991), 111-132면, 특히 119-126면.

37) 대표적으로 민법주해 [I]/최기원(1992), 683-6면.

38) 한편 판례에 의하면 비법인사단의 경우에는 대표자의 대표권에 대한 제한을 등기할 방법이 없으므로 민법 제60조를 유추적용할 수는 없고, 따라서 거래상대방이 대표권의 제한에 대해 선의 · 무과실인 이상 그 거래행위는 유효하며, 이 경우 상대방의 악의나 과실에 관해서는 비법인사단 측에서 이를 주장 · 입증해야 한다고 한다(대법원 2003.7.22. 2002다64780 판결; 대법원 2007.4.19. 2004다60072 · 60089 전원합의체 판결).

(3) 총유규정의 입법론적 타당성

앞서 소개한 것처럼 현행 민법은 권리능력 없는 사단·재단에 대해 법인에 관한 章을 준용하는 명문의 규정을 두지 않은 반면, 물권편의 공동소유 부분에서 권리능력 없는 사단의 소유관계를 총유로 하는 규정(제275조-제277조)을 신설하였다. 여기서 이러한 총유규정의 신설이 입법론적으로 타당한지 여부에 관해 민법제정 직후부터 의문이 제기되어 왔다.

총유규정 신설에 대해 비판적인 견해는 주로, 애당초 총유적 이용관계는 게르만 촌락공동체의 토지이용관계에 뿌리를 둔 전근대적인 유물이라는 점, 권리능력 없는 사단의 소유관계는 극히 다양성을 띠고 있어서 민법의 간단한 몇 개 규정만으로는 규율할 수 없다는 점 등을 그 이유로 하고 있다.[39] 반면 우리 민법이 공유 이외에 총유와 합유라는 공동소유형태를 유형화하여 규정한 것은 드물기는 하지만 매우 논리적인 입법례이며, 이 규정들은 그 간 판례의 축적을 통해 이미 우리 사회에서 충분한 기능을 하고 있다는 견해[40]도 존재한다.

3. 민법개정안

1960년 현행 민법 시행 이후 민법의 법인 편에는 앞서 소개한 2001.12.29. 개정을 통해 제52조의 2와 제60조의 2, 두 조문이 신설된 것 이외에는 개정된 내용이 없다. 다만 2004년과 2010년 두 차례에 걸쳐 법무부 주도하에 개정안이 완성되어 정부안으로서 국회에 제출되었으나 두 안[41] 모두 국회의 임기종료로 인해 자동폐기되었다. 그 뒤 2010년 개정안을 토대로 한 2013년 법무부 민법개정시안이 발표되고 이를 일부 수정한 법인법 개정안(민법 일부개정법률안, 의안번호 제12119호)이 2014.10.24. 다시 국회에 제출되었으나 2016.5.29. 제19대 국회의 임기만료로 인해 역시 자동폐기되었다. 이하에서는 2004년과 2013년의 민법개정안

39) 대표적으로 곽윤직, 물권법(1963), 247면 이하.

40) 이영준, 물권법, 전정판(1996), 569면 이하. 그 밖에 최근에는, 민법의 총유규정은 권리능력 없는 사단에 대해 부동산등기능력을 인정하는 부동산등기법 제26조, 소송상의 당사자능력을 인정하는 민사소송법 제52조와 함께 하나의 정합된 체계를 구성하는 것으로 보는 견해도 있다: 임상혁, 법인이 아닌 사단의 민사법상 지위에 관한 고찰 – 총유규정을 둘러싼 민법 개정 논의와 관련하여, 법학(서울대) 제54권 제3호(2013.9.), 189-209면.

41) 2004년 개정안은 민법(재산법) 전반에 관한 개정안이었으며, 2010년 개정안은 법인법 개정안의 형태로 2011년 국회에 제출되었음.

가운데 법인 편의 주요 내용을 소개하기로 한다.

(1) 2004년 개정안의 주요 내용[42)]

2004년 개정안의 주된 골자만을 소개하면 우선 비영리 법인의 설립요건과 관련하여 현행 민법의 허가주의를 인가주의로 변경하고(제32조), 비법인 사단 및 재단에 대해 성질상 반하지 아니하는 한 법인에 관한 章을 준용하는 규정(제39조의 2)을 신설하기로 하였다. 그리고 앞서 본 것처럼 현행 민법 시행 후 해석론상 주된 쟁점인 제48조와 제60조를 개정하여, 재단법인에의 출연재산 가운데 권리변동과 관련하여 등기나 인도 등을 필요로 하는 재산은 이를 갖추어야만 법인의 재산이 되도록 함으로써 물권변동에 관한 성립요건주의를 관철시키고(제48조), 이사의 대표권에 대한 제한은 이를 등기하지 않은 경우 선의의 제3자에 대해서만 대항할 수 없도록 하였다(제60조).

(2) 2013년 개정시안의 주요 내용[43)]

2013년 개정시안은 2004년 개정안과 마찬가지로 비영리법인의 설립에 관한 입법주의를 허가주의에서 인가주의로 바꾸고, 비법인 사단 · 재단에 관한 명문의 규정을 두며, 재단법인의 출연재산의 귀속시기에 관한 민법 제48조를 물권변동의 대원칙에 따르도록 한 것 이외에, 비영리법인의 합병 및 분할에 관한 규정을 신설하고, 법인등기와 해산 및 청산에 관한 규정을 정비하는 것을 주된 내용으로 한다.

(가) 법인설립주의의 변경

현행민법 제32조는 비영리법인의 설립을 위해서는 주무관청의 '허가'를 요건으로 규정하고 있으나 2013년 개정시안은 2004년 개정안과 마찬가지로 이를 '인가'로 바꾸었다. 나아가 2013년 개정시안은 인가의 세부적인 요건[44)]에 관해서도 규

---

42) 2004년 개정안에 대한 상세한 설명은 우선, 윤진수, 법인에 관한 민법개정안의 고찰, 법학(서울대) 제46권 제1호(2005.3.), 65-99면 참조.

43) 2013년 개정시안에 대한 상세한 내용은 우선, 법무부민법개정자료발간팀, 2013년 법무부 민법개정시안 총칙편, 법무부(2013); 권영준, 2013년 민법 개정시안 해설(총칙 · 물권편), 2013년도 법무부 연구용역과제 보고서 등 참조. 2010년 개정안에 대해서는 송호영, 전게 법인론, 388면 이하 참조.

44) 사단법인의 경우에는 1. 5인 이상의 사원이 있을 것 2. 제40조에 따라 작성된 정관이 있을 것 3. 다른 법인과 동일한 명칭이 아닐 것 4. 그 밖에 법인 설립에 관련된 규정을 준수할 것을 요

정할 뿐 아니라, 주무관청은 인가요건이 충족되면 정관으로 정한 사항이 선량한 풍속 기타 사회질서에 위반한 경우를 제외하고는 법인설립을 인가하여야 한다고 규정함으로써 주무관청의 재량을 배제하고 있다(동조 제3항). 그리고 이와 같이 비영리 법인의 설립요건이 인가주의로 변경됨에 따라 개정시안은 현행 민법상 허가를 전제로 하는 규정들[45]도 모두 인가주의에 맞추어 개정하였다.

(나) 비법인 사단 · 재단에 관한 규정의 신설

2013년 개정시안은 "법인 아닌 사단과 재단에 대하여는 주무관청의 인가 또는 등기를 전제로 한 규정 및 제97조에 따른 벌칙을 제외하고는 이 장의 규정을 준용한다"(제39조의2)라고 함으로써 2004년 개정안[46]에 비해 준용의 범위를 보다 명확히 하고 있다. 나아가 개정시안은 이른바 '영리를 목적으로 하는 비법인사단'에 대한 규정도 신설하였다(제39조의3).[47] 그러나 이러한 내용의 2013년 개정시안 제39조의 2와 제39조의 3은 그 뒤 논란의 여지가 있는 조항은 개정에서 제외한다는 방침에 따라 2014.10.24. 국회에 제출된 법인법 개정안(민법 일부개정법률안, 의안번호 제12119호)에는 포함되지 않았다.

(다) 재단법인 출연재산의 귀속시기

2013년 개정시안은 2004년 개정안과 마찬가지로 재단법인 출연재산의 귀속시기와 관련하여 물권변동에 관한 현행 민법의 성립요건주의를 관철하는 내용으로 제48조를 변경하였다.[48] 아울러 이와 같이 성립요건주의을 관철함에 따라 설립자 사망 후 재단법인이 성립되는 경우나 재단법인 성립 이후 출연재산이 아직 재단법인에 귀속되기 전에 설립자가 사망한 경우, 출연재산이 과도적으로라도 설립자

건으로 하며(동조 제1항), 재단법인의 경우에는 1. 제43조에 따라 작성된 정관이 있을 것 2. 재단법인의 목적달성에 필요한 최소한의 재산출연이 있을 것 3. 제1항 제3호 및 제4호의 요건을 갖출 것을 인가요건으로 규정하고 있다(동조 제2항).

45) 제38조, 제42조 제2항, 제46조, 제49조, 제53조, 제77조 제1항, 제80조 제2항 등.

46) 2004년 개정안 제39조의 2는 "법인 아닌 사단과 재단에 대하여는 그 성질에 반하지 아니하는 한 본장의 규정을 준용한다"라고만 규정하고 있었다.

47) 제39조의3 제1항: 영리를 목적으로 하는 법인 아닌 사단의 재산으로 사단의 채무를 완제할 수 없는 때에는 각 사원은 연대하여 변제할 책임이 있다. 제2항: 영리를 목적으로 하는 법인 아닌 사단의 재산에 대한 강제집행이 주효하지 못한 때에도 각 사원은 연대하여 변제할 책임이 있다. 제3항: 제2항의 규정은 사원이 법인 아닌 사단에 변제의 자력이 있으며 집행이 용이한 것을 증명한 때에는 적용하지 아니한다.

48) 제48조 제1항: 재단법인을 설립하기 위하여 출연한 재산의 권리변동에 등기, 인도 그 밖의 요건이 필요한 경우에는 그 요건을 갖춘 때에 법인의 재산이 된다.

의 상속인에게 귀속되는 것을 방지하기 위한 조항[49]을 신설하였다.

(라) 비영리법인의 합병 및 분할에 관한 규정의 신설

2013년 개정시안은 비영리법인의 합병 및 분할에 관한 규정을 신설하였다. 영리법인인 회사의 합병 및 분할에 대해서는 상법[50]이 이를 인정하고 있으며, 그 밖에 특별법상의 비영리법인에 대해서도 합병 및 분할을 인정하는 규정들[51]이 산재해 있는 반면, 현행 민법은 이를 인정하지 않고 있다.[52] 따라서 현행 민법하에서 비영리법인이 사실상 합병하거나 분할되기 위해서는 해산 및 청산절차를 거쳐 새로운 법인을 설립하는 복잡한 과정을 거쳐야 할 뿐 아니라, 그 과정에서 법인에 대한 채권자를 비롯한 이해관계인들의 이익을 충족시키는 것이 쉽지 않다. 여기서 개정시안은 비영리법인에 대해서도 합병 및 분할을 정면으로 인정하고(제96조의2[53]), 그 절차(제96조의3), 합병 · 분할계획서(제96조의4~6), 채권자보호(제96조의7), 합병 · 분할의 등기 및 효력발생(제96조의8~9), 합병 · 분할의 효과(제96조의10[54]), 합병 · 분할 무효의 소 및 그 판결의 효력(제96조의11~15) 등에 관한 상세한 규정을 신설하였다.[55]

---

49) 제48조 제2항: 설립자의 사망 후에 재단법인이 성립하는 경우에는 출연에 관하여는 그의 사망 전에 재단법인이 성립한 것으로 본다. 제3항: 제2항의 경우에 출연재산은 제1항의 요건을 갖추면 설립자가 사망한 때부터 법인에 귀속한 것으로 본다. 재단법인이 성립한 후 설립자가 사망한 경우에도 이와 같다.

50) 제174조(회사의 합병), 제522조~제530조(주식회사의 합병), 제530조의2 이하(주식회사의 분할), 제598조 이하(유한회사의 합병) 등.

51) 예컨대 농업협동조합법 제75조(합병), 제77조(분할), 제80조(채권자보호절차), 제81조 및 제95조(합병등기) 참조. 그 밖에 산림조합법, 중소기업협동조합법, 신용협동조합법, 새마을금고법 등에도 농업협동조합법과 유사한 합병 및 분할에 관한 규정들이 존재한다.

52) 이에 따라 후술하는 바와 같이 판례는 권리능력 없는 사단의 분열 역시 인정하지 않는다.

53) 제96조의2 제1항: 사단법인은 다른 사단법인과 합병하거나 복수의 사단법인으로 분할할 수 있다. 제2항: 재단법인은 다른 재단법인과 합병하거나 복수의 재단법인으로 분할할 수 있다. 다만, 재단법인의 합병 또는 분할은 제45조 제1항 또는 제46조에서 정한 정관변경의 요건이 갖추어진 경우에만 할 수 있다.

54) 제96조의10 제1항: 합병후 존속하는 법인 또는 합병으로 인하여 신설된 법인은 합병으로 인하여 소멸된 법인의 권리와 의무를 승계한다. 제2항: 분할로 인하여 신설된 법인 또는 존속하는 법인은 분할하는 법인의 권리와 의무를 분할계획서가 정하는 바에 따라 승계한다. 분할로 신설되는 법인 또는 존속하는 법인은 분할 전의 법인채무를 연대하여 변제할 책임이 있다.

55) 그러나 법인의 합병과 분할에 관한 규정들 역시 2014년 국회에 제출된 개정안에는 포함되지 않았다.

(마) 법인등기에 관한 규정의 개정

2013년 개정시안은 법인등기 관련 규정들에 대한 개정안도 포함하고 있는데 그 주된 내용만 소개하면 우선, 현행 민법 제49조의 법인의 등기사항 가운데 법인설립의 '허가'를 모두 '인가'로 바꾸고, 감사를 둔 경우 감사의 인적 사항을 등기사항으로 추가하였다. 그 밖에도 개정시안은 분사무소설치의 등기(제50조), 사무소이전의 등기(제51조)와 관련하여 불필요하다고 여겨지는 조항(각 제2항)을 삭제하는 등 법인등기와 관련하여 기술적인 측면에서의 개선과 아울러 일부 조문의 표현을 수정하였다.

(바) 해산 및 청산에 관한 규정의 개정

2013년 개정시안은 민법 제3장 제4절의 표제인 '해산'을 '해산과 청산'으로 바꾸고, 현행 민법 제77조와 제78조를 통합하여 해산사유를 1개의 조문으로 명료하게 규정하였다. 나아가 개정시안은 채무자회생 및 파산에 관한 법률에 맞추어 제79조와 제97조를 개정하고, 잔여재산의 귀속과 관련하여 현행 제80조를 삭제하는 대신 제92조의 2를 신설하여 잔여재산의 귀속에 관해 규정하고 있다.[56] 그 밖에도 현행 민법 제83조(법원에 의한 청산인의 선임)는 '청산인이 될 자가 없는 경우'와 '청산인의 결원으로 인하여 손해가 생길 염려가 있는 때'를 구별하지 않고 함께 규정하고 있는데, 개정시안은 양자에 대해 각기 항을 달리하여 규정하고 있다(제2항 신설).

(사) 기 타

현행 민법 제56조는 '사단법원의 사원의 지위는 양도 또는 상속할 수 없다'고만 규정하고 있으나, 개정시안은 '다만, 정관에 달리 정한 때에는 그러하지 아니하다'는 단서 조항을 추가함으로써, 정관에 의해 사원권의 양도나 상속이 가능할 수 있도록 규정하였다.[57]

---

56) 그 주된 내용을 소개하면 현행 민법 제80조 제1항은 '해산한 법인의 재산은 정관으로 지정한 자에게 귀속한다'라고 규정하고 있으나, 개정시안 제92조의2 제1항은 '청산인은 잔여재산을 정관으로 지정한 자에게 양도하여야 한다'라고 규정하고 있다.

57) 현행 민법하에서도 통설 · 판례(대법원 1992.4.14. 91다26850 판결; 대법원 1997.9.26. 95다6205 판결)에 의하면 제56조는 임의규정으로 해석되고 있으며, 개정시안은 이러한 해석론을 입법에 반영한 것이라고 할 수 있다.

Ⅲ. 권리능력 없는 사단·재단

1. 총 설

앞서 본 것처럼 현행 민법 제정 당시부터 최근의 개정안에 이르기까지 권리능력 없는 사단 · 재단에 대해서는 법인에 관한 章을 준용하는 명문의 규정을 두자는 제안이 이루어져 왔으나 채택되지 않았다. 따라서 권리능력 없는 사단 및 재단에 대한 규율은 민법의 총유 규정과 부동산등기법 및 민사소송법상의 관련 규정 이외에는 전적으로 관습법 및 판례를 통해 형성되어 왔다고 할 수 있다. 따라서 이하에서는 종래 판례에 의해 대표적인 권리능력 없는 사단 또는 재단으로 취급되어온 종중, 개신교회, 사찰, 동 · 리 등에 대한 법적 규율 상황을 간단히 살펴보기로 한다.

2. 종 중

종중[58]은 우리나라에만 존재하는 단체로서 이미 일제강점기하에서부터 이에 관한 판례가 집적되어 현재로는 그 규율이 확립된 단계에 있다고 할 수 있다. 여기서 판례상 종중이 여타의 비법인 사단과 달리 취급되는 점을 살펴 보면, 종중은 자연적 집단이므로 그 성립을 위하여 특별한 조직행위를 필요로 하지 않으며,[59] 반드시 특정한 명칭을 사용하거나 서면화된 종중규약이 있어야 하는 것도 아니며,[60] 종중의 대표자가 계속하여 선임되어 있는 등 조직을 갖추고 있을 필요도 없다[61]고 한다.

---

58) 종래 판례에 의하면 종중이란 "공동선조의 분묘수호, 제사봉행, 종원 상호간의 친목을 목적으로 하는 공동선조의 후손 중 성년 이상의 남자를 종원으로 하여 구성되는 종족의 자연적 집단"으로 정의되어 왔다(대법원 1972.9.12. 72다1090 판결; 대법원 1997.10.10. 95다44283 판결 등). 그러나 대법원 2005.7.21. 2002다1178 전원합의체 판결은 성년남자만을 종원으로 인정하는 종래의 관습법은 남녀평등을 실현하는 방향으로 변화된 오늘날의 우리 전체법질서에 부합하지 않으므로 더 이상 효력이 없다고 판시함으로써, 현재는 성년 여성도 종원에 포함되게 되었다.

59) 대법원 1988.9.6. 87다카514 판결; 대법원 1983.2.22. 81다584 판결 등.

60) 대법원 1966.7.26. 66다881 판결; 대법원 1972.9.12. 72다1090 판결 등.

61) 대법원 1991.6.14. 91다2946 판결; 대법원 1992.12.11. 92다18146 판결; 대법원 1995.11.14. 95다16103 판결 등.

종중의 이러한 자연발생적 단체로서의 성격으로부터 종중에 대한 규율상의 문제점이 발생하게 되는데,[62] 우선 그 구성원(종원)의 확정이 어렵고, 이에 따라 종중총회의 결의에 의해 선출되는 대표자의 확정도 어렵게 된다.[63] 나아가 대표자가 적법한 처분권한을 가지고 있는지, 특히 총유물의 처분에 있어 적법한 종중총회의 결의가 있었는지 여부를 확인하기도 어려우며, 종중총회 결의를 둘러싸고 분쟁이 있는 경우 이를 해결할 규정이 미흡하다. 여기서 이러한 문제점을 해결할 방안으로 종중재산 처분에 대한 주무관청의 허가제나 종중등기 제도의 도입, 종중설립이나 향후 취득할 수 있는 부동산의 제한 등[64]이 제시되고 있는 바, 이에 관해서는 뒤에서 다시 살펴보기로 한다.

3. 개신교회

교구별로 재단법인을 설립하여 재산관계 등 세속적인 문제를 해결하는 카톨릭교회(천주교회)와는 달리 우리나라의 대부분의 개신교회는 법인 형태를 취하고 있지 않다. 이와 같이 법인격을 취득하지 않고 있는 개신교회와 관련하여 학설,[65] 판례[66]는 각종 개신교 교단에 속하는 개별 지교회를 비법인 사단으로 취급하는 입장을 취하고 있다.[67]

---

62) 이에 관해 보다 상세한 것은 이동명, 종중에 대한 법적 규율, 민사판례연구 [XIX](1997), 549-582면, 559-562면 참조.

63) 부동산등기법 제26조에 따라 종중 명의의 부동산등기가 이루어지는 경우 동법 제48조 제3항에 의해 그 대표자의 인적 사항도 등기부에 표시되게 되고 그와 아울러 부동산등기용등록번호(제48조 제2항)를 부여받는 과정에서 행정관청에 대표자가 등록되기는 하지만, 그 뒤 대표자가 변경되면 변경등기가 이루어지지 않는 이상 등기부나 행정관청의 등록부(이른바 종중등록부)를 통해 종중의 대표자를 확인할 수 있는 방법은 없다.

64) 이동명, 전게 종중에 대한 법적 규율, 563-568면. 그리고 이 논문은 이러한 해결방안의 도입을 위해 가칭 '종중관리법'의 입법을 제안한다. 그 내용에 관해 상세한 것은 동 논문, 571-582면 참조.

65) 민법주해 [1]/정귀호(1992), 823면; 김진현, 교회의 법적 성질, 민법학의 현대적 과제(고창현 화갑기념)(1987), 62면 이하, 91-97면; 그 밖에 일반적으로 개신교회는 비법인사단으로서의 성질을 가지지만 경우에 따라서는 비법인재단일 수도 있으며, 불교의 사설사암처럼 교회 설립자 개인을 떠난 독자적인 교회 자체의 존재를 인정할 수 없는 경우도 있다고 보아야 한다는 견해(변동걸, 교회의 분열과 교회재산의 귀속, 법과 정의(이회창 화갑기념)(1995), 465-495면, 478면)도 있다.

66) 판례는 교단변경결의의 효력 및 후술하는 교회분열 문제와 관련하여 지교회가 비법인 사단임을 전제로 하고 있다. 개별 판결례에 관해서는 박해성, 종교단체에 대한 법적 규율, 민사판례연구 [XIX](1997), 583-623면, 607면 이하 참조.

67) 한편 교단 자체에 대해서도 사단성을 인정하거나 이를 전제로 판단한 판결례도 있다. 이에 관

권리능력 없는 사단으로서의 개신교 지교회와 관련하여 종래 판례상 가장 큰 쟁점은 교회의 분열의 인정 여부이다. 즉 교리상의 다툼이나 교회 운영을 둘러싼 분쟁 등을 이유로 기존 교회의 구성원인 교인 가운데 일부가 기존 교회를 이탈하는 경우, 이를 구성원 개인의 탈퇴가 아니라 비법인 사단인 교회의 분열로 볼 것인지, 그리고 분열을 인정한다면 기존 교회 재산에 대한 권리관계를 어떻게 취급할 것인가가 종래 판례상 크게 다투어져 왔다.

우선 대법원 1993.1.19. 91다1226 전원합의체 판결은 종래 판례의 입장에 따라 교회의 분열을 인정하고, 이 경우 기존 교회의 재산은 분열 당시 교인들의 총유에 속하지만 분열된 각 교회는 새로운 교인을 받아들일 수 있기 때문에 반드시 분열 당시의 교인들만 기존 교회의 재산을 사용·수익할 수 있는 것은 아니라고 판시하였다.[68] 그러나 그 뒤 대법원 2006.4.20. 2004다37775 전원합의체 판결은 기존의 판례를 변경하여 교회의 분열을 인정하지 않고, 그 결과 기존 교회의 재산은 잔존 교인들의 총유에 속하게 되지만, 만약 탈퇴교인들이 사단법인의 정관변경에 준하여 의결권을 가진 교인 3분의 2의 찬성이라는 요건을 갖추어 소속 교단을 탈퇴하거나 다른 교단으로 소속을 변경한 경우에는 기존 교회의 재산은 탈퇴교인들의 총유에 속한다는 입장을 취하였다.[69]

4. 사 찰

불교 사찰의 정의에 관한 실정법규정[70]은 없으나, 판례에 따르면 사찰이란 '불교의 전법, 포교, 법요집행 및 신자의 교화육성을 고유목적으로 하는 불교단체'로 정의된다.[71] 그 밖에 불교의 경우에는 신도나 승려 등 개인에 의하여 창건된 소

해서는 박해성, 위의 논문, 608면 참조.

68) 이 판결에서는 이러한 다수의견과는 달리, 교회의 분열은 인정하되 기존 교회의 재산은 분열된 각 교회의 공유에 속하는 것으로 보아야 한다는 반대의견이나 애당초 교회의 분열을 인정할 수 없다는 반대의견도 제시되었다.

69) 이 판결에서도 이러한 다수의견 이외에, 별개의견과 반대의견 및 다수의견에 대한 보충의견이 각기 제시되었다.

70) 전통사찰의 보존 및 지원에 관한 법률 제2조 제1호는, "'전통사찰'이란 불교 신앙의 대상으로서의 형상(形象)을 봉안(奉安)하고 승려가 수행(修行)하며 신도를 교화하기 위한 시설 및 공간으로서 제4조에 따라 등록된 것을 말한다"고 규정함으로써 사찰을 단체가 아닌 물적 시설로 정의하고 있으나, 이는 동법의 목적이 물적 시설로서의 전통사찰을 보존하는 데 있기 때문이다.

71) 대법원 1976.4.13. 75다2234 판결. 동 판결은 이에 덧붙여 '고래로 그 목적의 실현을 위하여 역사적인 유래가 있는 불상, 화상, 석불, 석탑 등 많은 고고의 자료와 그중 불상, 화상 등을 인

위 사설(개인)사찰 또는 私設寺庵도 존재하고 있으나, 판례에 따르면 이는 개인 소유의 불교목적시설에 불과할 뿐 그 자체가 독립된 권리주체로서의 단체에는 해당하지 아니한다.[72)]

단체로서의 성격을 가지는 사찰이 구체적으로 사단과 재단 가운데 어디에 속하는지 여부와 관련하여, 판례상 이를 비법인재단으로 보는 판결[73)]과 비법인사단으로 본 판결[74)]이 혼재하고 있다.[75)] 학설로는 사찰은 비법인 사단이며 그 구성원은 승려이고 신도는 구성원이 아니라고 보는 견해,[76)] 당해 사찰의 창립과정이나 의사결정방법, 주지선출방법 등을 종합적으로 고려하여 구체적·개별적으로 판단하여야 한다는 견해,[77)] 전통사찰보존법에 의하여 전통사찰로 등록한 사찰[78)]이나 고래로부터 전승되어온 일반사찰은 물론 근래에 창건되어 단체로서의 독립성이 인정된 사찰의 경우에도 특별히 사단적 성격을 갖고 있다고 보이지 않는 경우에는 비법인재단으로 보아야 한다는 견해[79)] 등이 대립하고 있다.

정하고 예배하는 법당을 위시하여 승려의 기거수양을 위한 건물 및 공작물들과 불교의 정원은 물론 법요집행에나 승려의 의식에 소요되는 물자를 마련하기 위한 토지 및 사찰의 존엄 또는 풍치의 보지에 필요한 그 주위의 일정 구역내에 임야등을 소유 관리하여 온 전통이 있는 단체' 라는 정의를 추가하고 있으나, 이는 동 판결의 사안이 이른바 전통사찰에 해당하기 때문인 것으로 보인다.

72) 대법원 1994.10.28. 94다24442 판결. 이 판결은 이러한 '개인사찰도 그 뒤 구 불교재산관리법에 따라 불교단체로 등록되어 기본재산을 소유하고 아울러 주지 등이 임명되어 왔다면 그 때부터 같은 법 제2조 소정의 불교단체인 사찰로서 독립하여 권리의 귀속주체가 된다'고 판시하고 있다(그 밖에 대법원 1995.9.26. 94다41508 판결도 같은 취지임).

73) 대법원 1970.2.10. 66누120·121 판결; 대법원 1994.12.13. 93다43545 판결; 대법원 1991.6.14. 91다9336 판결 등.

74) 대법원 1982.2.23. 81누42 판결.

75) 그 밖에 대법원 1989.10.10. 89다카2902 판결; 대법원 1996.1.26. 94다45562 판결은 "일반적인 사찰은 사설사암과는 달리 법인격 없는 사단 또는 재단이다"라고만 판시하고 있다.

76) 민법주해 [1]/정귀호(1992), 834면.

77) 민법주해 [V]/이동명(1992), 669면. 이 견해에 따르면 전통사찰보존법상의 전통사찰은 비법인 재단으로 봄이 옳고, 일반사찰의 경우에는 구체적 사안에 따라 비법인 사단 또는 재단으로 보아야 할 것이나, 조계종단에 속하는 오래된 사찰은 재단에 가깝다고 보아야 하며, 사찰이 사단에 해당하는 경우에도 사찰은 신도회와는 별개의 사찰소속 승려로 이루어진 사단으로 그 의결기구는 승려만에 의해 구성된다고 한다. 그러나 이와 달리 신도도 비법인 사단의 구성원으로서 사찰의 운영이나 재산 등에 의사를 반영할 수 있다는 견해도 있다(홍광식, 사찰과 신도회의 재산귀속, 판례연구(부산판례연구회) 제4집(1994), 7-34면, 27면).

78) 구 불교재산관리법 제6조는 모든 사찰을 등록하도록 규정하고 있었으나, 현행 전통사찰보존법 제4조는 전통사찰만 등록하도록 규정하고 있다.

79) 박해성, 전게 종교단체에 대한 법적 규율, 595면.

5. 동, 리, 기타

이상 살펴본 종중, 개신교회, 사찰 이외에도 우리 사회에는 다양한 비법인 사단 · 재단이 존재하는 것으로 추측될 뿐 아니라 사회의 변화에 따라 새로운 형태의 단체가 생겨나는 것도 충분히 예상할 수 있다. 그러나 이러한 단체들은 분쟁 등으로 인해 민사판결의 대상이 되기 전에는 개별적인 파악이 곤란하다. 다만 1990년도부터 1997년도까지의 서울고등법원 민사판결원본철에 편철된 판결을 토대로 이러한 단체들에 대한 실증적 연구를 하고 있는 한 논문[80]에 따르면 그 기간 동안, 행정구역이 아닌 주민 공동체로서의 동, 리, 마을 등의 각종 자연부락, 洑中,[81] 어촌계, 노인회, 군민회, 시장 및 상가 관련 단체(상가건물 관리위원회, 시장번영회, 상가 운영위원회), 화교소학교, 직업기술학교 설립위원회, 동창회, 전국화물자동차운송사업조합 연합회, 선어중매조합,[82] 노동조합 지부, 채권자단체, 도시개발추진위원회, 철거민 대책위원회, 구 주택건설촉진법에 따른 직장 · 지역 주택조합, 아파트 주민자영회(자치운영위원회, 자치관리위원회), 아파트 입주자대표회의 등이 법원의 판결에 의해 비법인사단으로 인정되고 있다.

Ⅳ. 공익법인

민법상의 비영리법인 가운데 공익법인에 대해서는 '공익법인의 설립 · 운영에 관한 법률'[83]이 일차적으로 적용된다. 동법은 "사단법인 또는 재단법인으로서 사회일반의 이익에 이바지하기 위하여 학자금 · 장학금 또는 연구비의 보조나 지급, 학술, 자선에 관한 사업을 목적으로 하는 법인"을 공익법인으로 정의하며(제2조), 이러한 공익법인으로 하여금 그 공익성을 유지하며 건전한 활동을 할 수 있도록 함을 그 목적으로 한다(제1조).

---

80) 고의영, 각종 단체에 관한 법적 규율, 민사판례연구 [XIX](1997), 672-708면.

81) 저수지의 관리를 위해 인근 농민들이 조직한 단체.

82) 수산업협동조합중앙회 여수공판장으로부터 선어중매인으로 지정받은 중매인 60여명 가운데 50여명이 결성한 단체로서, 2심 법원은 이를 민법상 조합으로 보았으나(광주고등법원 1991.11.28. 89나1359 판결), 대법원은 이를 비법인 사단으로 인정하였다(대법원 1992.7.10. 92다2431 판결).

83) 동법은 1975.12.31. 제정(시행일은 1976.4.1.)된 이후, 2017.12.12.의 일부개정에 이르기까지 총 7번의 개정이 이루어졌다.

여기서 동법의 주된 내용을 간단히 소개하면, 우선 동법은 민법에 비해 보다 상세하게 정관기재사항에 대해 규정하고 있으며(제3조 제1항[84]), 설립허가와 관련해서도 보다 엄격한 기준을 제시하고 있다(제4조 제1항[85]). 나아가 동법은 제5조에서 임원(이사와 감사)의 定數와 임기 · 취임에 대한 주무관청의 승인 · 결격사유뿐 아니라 '이사회를 구성할 때 대통령령[86]으로 정하는 특별한 관계가 있는 자의 수는 이사 現員의 5분의 1을 초과할 수 없다'(제5항)고 규정함으로써 공익법인이 그 출연자 등으로부터 독립하여 공익목적을 위해 활동하도록 하고 있다. 그 밖에도 동법은 공익법인의 재산(제11조)과 예산 및 결산(제12조)에 관해 상세한 규정을 두고 있으며, 해산한 공익법인의 남은 재산은 정관으로 정하는 바에 따라 국가나 지방자치단체에 귀속되며(제13조 제1항) 이에 따라 국가나 지방자치단체에 귀속된 재산은 공익사업에 사용하거나, 유사한 목적을 가진 공익법인에 증여 또는 무상대부하도록 규정하고 있다(제13조 제2항).[87]

아울러 동법은 공익법인의 설립을 장려하기 위해 조세감면 등의 혜택을 부여하고 있다. 즉 동법 제15조에 의하면 공익법인에 출연出捐하거나 기부한 재산에 대한 상속세 · 증여세 · 소득세 · 법인세 및 지방세는 '조세특례제한법'으로 정하는 바에 따라 감면할 수 있다. 이에 따라 대표적으로 '상속세 및 증여세법' 제16조 제1항은 '상속재산 중 피상속인이나 상속인이 종교 · 자선 · 학술 관련 사업 등 공익성을 고려하여 대통령령으로 정하는 사업을 하는 자(이하 '공익법인등'이라 한다)에게 출연한 재산의 가액으로서 제67조에 따른 신고기한 이내에 출연한 재산의 가액은 상속세 과세가액에 산입하지 아니한다'고 규정하고 있다.[88] 그리고 동법

84) 민법 제40조가 정관기재사항으로 규정하고 있는 법인의 목적, 명칭, 사무소의 소재지 이외에, 설립 당시 자산의 종류 · 상태 및 평가액, 자산의 관리방법과 회계에 관한 사항, 이사 및 감사의 정수 · 임기 및 그 임면에 관한 사항, 이사의 결의권 행사 및 대표권에 관한 사항, 정관의 변경에 관한 사항, 공고 및 그 방법에 관한 사항, 존립시기와 해산사유를 정한 때에는 그 시기와 사유 및 잔여재산의 처리방법, 업무와 회계감사에 관한 사항 등을 정관의 필수적 기재사항으로 규정하고 있다.

85) 제4조 제1항: 주무 관청은 「민법」 제32조에 따라 공익법인의 설립허가신청을 받으면 관계 사실을 조사하여 재단법인은 출연재산의 수입, 사단법인은 회비 · 기부금 등으로 조성되는 재원(財源)의 수입(이하 각 '기본재산'이라 한다)으로 목적사업을 원활히 수행할 수 있다고 인정되는 경우에만 설립허가를 한다. 아울러 제16조 이하에서는 설립허가의 취소에 대해서도 상세하게 규정하고 있다.

86) 공익법인의 설립운영에 관한 법률 시행령 제12조 참조.

87) 이와 달리 공익법인이 아닌 비영리법인의 잔여재산은 일차적으로 정관으로 지정한 자에게 귀속한다(민법 제80조 제1항).

시행령 제12조는 이러한 상속세의 조세감면 혜택을 받는 '공익법인 등'의 범위에 관해 구체적으로 규정하고 있는데, 여기에는 학교법인과 사회복지법인이나 의료법인뿐 아니라 종교단체를 비롯한 각종 비법인 단체까지 포함되어 있어 위의 '공익법인의 설립 · 운영에 관한 법률'상의 공익법인의 개념과는 많은 차이를 보이고 있다.[89]

그 결과 공익을 표방하는 단체들의 경우 굳이 공익법인 설립절차를 밟지 않더라도 세법상의 각종 감면혜택을 받을 수 있을 뿐 아니라 앞서 소개한 '공익법인의 설립 · 운영에 관한 법률'상의 각종 규제를 피할 수 있으므로, 많은 공익표방 단체들이 비법인 단체의 형태로 남아있게 된다. 이는 우리 법상의 공익법인 제도에 대한 전면적인 재검토를 요청하는 바, 이에 대해서는 후술하기로 한다.

Ⅴ. 학교법인

사립학교법에 의하면 사립학교인 초등학교 · 중학교 · 고등학교 · 특수학교 · 대학 · 산업대학 · 사이버대학 · 기술대학 등은 학교법인이 아니면 설치 · 경영할 수 없다(제3조 제1항).[90] 그리고 이러한 학교법인은 구성원들로 이루어진 단체(사단)가 아니라, 설립자가 출연한 교육용 재산과 수익용 재산으로 이루어진 실체로서 본질적으로는 재단법인에 속한다.[91]

사립학교법은 이른바 사학의 공공성을 강화하기 위하여, 민법상의 재단법인에 대한 규정의 특별규정으로서 학교법인의 조직 및 운영에 관한 법적 규제와 행정감독을 골자로 하는 규정들을 두고 있는바, 그 주된 내용만 소개하면 다음과 같다. 우선 학교법인은 그 설치 · 경영하는 사립학교에 필요한 시설 · 설비와 당해 학교의 경영에 필요한 재산을 갖추어야 하며(제5조 제1항), 그 학교법인이 설치한 사립학교의 교육에 지장이 없는 범위안에서 그 수익을 사립학교의 경영에 충당하

88) 그 밖에 증여세와 관련해서는 '상속세 및 증여세법' 제48조, 법인세와 관련해서는 법인세법 제29조 및 조세특례제한법 제74조, 부가가치세와 관련해서는 부가가치세법 제26조 제1항이 공익법인에 대한 조세감면을 규정하고 있다.

89) 윤철홍, 공익법인제도의 의의, 공익법인법연구(법무법인 태평양 · 재단법인 동천 공동편집, 경인문화사, 2015), 16면 이하는 '공익법인의 설립 운영에 관한 법률'상의 공익법인을 '좁은 의미의 공익법인', '상속세 및 증여세법'상의 '공익법인 등'을 '넓은 의미의 공익법인'으로 지칭한다.

90) 다만 산업체 부설 중고등학교의 경우에는 예외가 인정된다(동조 제1항 단서).

91) 조영달, 사립학교법, 개정판(2014), 27면; 대법원 2007.5.17. 2006다19054 전원합의체 판결.

기 위하여 수익을 목적으로 하는 사업收益事業을 할 수 있다(제6조 제1항).[92] 그리고 학교법인의 재산과 회계에 대해서는 관할청의 허가나 감독 등 강한 규제가 행해지며, 대학교육기관을 설치·경영하는 학교법인의 결산과 관련해서는 외부감사가 요구된다(제28조-제33조).

특히 학교법인이 설립자의 사유물이 되는 것을 방지하기 위하여 사립학교법은 임원(이사, 감사) 및 그 의사결정에 관해 상세한 규정을 두고 있는데, 우선 학교법인의 임원은 관할청의 승인을 얻어 취임하며(제20조 제2항), 관할청은 일정한 경우 임원의 승인을 취소하거나(제20조의2) 직무집행을 정지시킬 수 있다(제20조의3). 그리고 이사회의 구성에 있어서 각 이사 상호간에 「민법」 제777조에 규정된 친족관계에 있는 자가 그 정수의 4분의 1을 초과하여서는 아니된다(제21조 제2항). 나아가 학교법인은 이사 정수의 4분의 1에 해당하는 이사(개방이사)를 개방이사추천위원회[93]에서 2배수 추천한 인사 중에서 선임하여야 한다(제14조 제3항).

그리고 학교법인이 이사의 결원보충을 하지 아니하여 학교법인의 정상적 운영이 어렵다고 판단되는 경우 등 일정한 경우에는 관할청은 이해관계인의 청구 또는 직권으로 사학분쟁조정위원회[94]의 심의를 거쳐 임시이사를 선임하여야 한다(제25조).[95][96] 나아가 사립학교법은 학교법인에 이사회를 두도록 하고(제15조), 그 기능 및 소집절차와 의사 및 의결정족수, 회의록의 작성과 공개 등에 관해 상세한 규정을 두고 있으나(제16조-제18조의2), 의결권의 위임이나 서면결의가 가능한

---

92) 단 수익사업에 관한 회계는 당해 법인이 설치·경영하는 사립학교의 경영에 관한 회계(이른바 교비회계)와 구분하여 별도회계로 경리하여야 한다(동조 제4항).

93) 개방이사추천위원회는 사립학교법 제26조의2에 따른 대학평의원회 또는 「초·중등교육법」 제31조에 따른 학교운영위원회에 두고 그 조직과 운영 및 구성은 정관으로 정하되, 위원정수는 5인 이상 홀수로 하고 대학평의원회 또는 학교운영위원회에서 추천위원회 위원의 2분의 1을 추천하도록 한다(사립학교법 제14조 제4항).

94) 사학분쟁조정위원회는 2007.7.27. 신설된 사립학교법 제24조의2에 의거하여, 임시이사의 선임과 해임 및 임시이사가 선임된 학교법인의 정상화 등에 관한 중요사항을 심의하기 위하여 교육부장관 소속으로 설치된다.

95) 민법 제63조도 임시이사에 관한 규정을 두고 법원으로 하여금 임시이사를 선임하도록 하고 있으나, 사립학교법은 선임기관을 관할청으로 할 뿐 아니라 선임요건과 절차, 해임 등에 대해 상세한 규정을 두고 있다(제25조-제25조의3).

96) 이 임시이사의 권한과 관련하여 임시이사는 정식이사와 동일한 권한을 가지는지, 따라서 임시이사가 정식이사를 선임할 수 있는 권한을 가지는지 여부가 종래 다투어졌으나, 대법원 2007. 5.17. 2006다19054 전원합의체 판결은 이를 부정하였다. 그리고 현행 사립학교법 제25조의 3 제1항(2007.7.27. 개정)은 '관할청은 임시이사의 선임사유가 해소되었다고 인정한 때에는 사학분쟁조정위원회의 심의를 거쳐 지체 없이 임시이사를 해임하고 이사를 선임하여야 한다'고 규정함으로써 이 문제를 입법적으로 해결하였다.

지 여부에 관해서는 명문의 규정을 두고 있지 않다.[97)]

이 가운데 의결권의 위임 가능 여부와 관련하여 비록 사립학교법 제정 이전의 판례이지만 대법원 1957.3.22. 4290行上9 판결은 이를 부정하고 있으며,[98)] 사립학교법 제42조가 민법의 법인규정 가운데 많은 규정을 준용하면서도 서면이나 대리인에 의한 의결권 행사를 허용하는 민법 제73조 제2항은 준용규정에 포함시키지 않는 점에 비추어, 학교법인 이사회에 있어서는 의결권의 위임이나 서면결의가 허용되지 않는다고 보아야 할 것이다.[99)]

Ⅵ. 향후의 과제

결론에 갈음하여, 지금까지 살펴 온 내용을 토대로 법인·단체법 영역에서의 향후 과제를 (1) 2014년 법인법 개정안에 포함되지 않은 내용을 중심으로 한, 민법 법인편의 개정, (2) 공익법인법의 개정, (3) 이른바 종중관리법과 종교법인법의 제정 등으로 나누어 검토해 보기로 한다.

1. 민 법[100)]

(1) 권리능력 없는 사단·재단에 관한 규정의 신설

앞서 본 것처럼 2004년 개정안과 2013년 개정시안 모두 비법인 사단·재단에 대해 사단법인과 재단법인에 관한 규정을 준용하도록 하는 규정을 신설하는 내용을 담고 있었다. 특히 2013년 개정시안은 준용의 범위를 2004년 개정안에 비해

97) 다만 현행 사립학교법은 2012.1.26. 신설된 제18조 제2항에서 원격영상회의 방식에 의한 이사회의 개최는 허용한다.

98) 이 판결은 '이사의 표결권은 이를 위임 또는 포기할 수 없는 일종의 인격권으로서 만일 위임할 수 있다면 표결권이 1인의 수중에 몰릴 위험이 있고, 포기할 수 있다면 이사회는 불성립을 초래할 수 있'음을 그 근거로 제시하고 있다.

99) 김증한, 폐쇄회사의 법리와 학교법인, 법학의 제문제(홍진기 화갑기념, 1977), 220면 이하, 258면; 한편 주영달, 전게 사립학교법, 169-170면은 대법원 2005.6.9. 2005다2554 판결이 학교법인이 이사회의 서면결의를 허용한 판례로 소개하고 있으나, 이 판결의 사안은 신용협동조합 이사회의 서면결의에 관한 것으로서 학교법인 이사회의 서면결와는 무관하다.

100) 2013년 개정시안에 대한 비판적 검토 및 민법 법인편 개정을 위한 향후의 검토과제를 보다 포괄적으로 다루고 있는 문헌으로 권철, 민법의 관점에서 바라본 민법개정안의 법인제도, 비교사법 제17권 4호(2010.12.), 37-75면 참조.

보다 구체화하고 이른바 영리 비법인사단에 관한 규정도 두고 있었으나, 논란의 여지가 있는 조항은 개정에서 제외한다는 정부 방침에 따라 2014년 국회에 제출된 법인법 개정안에는 포함되지 않았다. 이는 이 규정의 신설과 관련하여 종래 다양한 비판론이 있었음을 방증해준다고 할 수 있다. 여기서 2004년 개정안과 2013년 개정시안으로 나누어 비판론의 내용을 소개함으로써 향후 이 문제의 재검토를 위한 출발점으로 삼고자 한다.

우선 2004년 개정안에 대한 비판론[101]에 관해 일별하면, 먼저 이른바 '권리능력 없는 사단'은 권리능력이 없는 것이 아니라 미등기사단으로서 권리능력을 가지며 이는 향후 법인으로 이론구성할 수도 있으므로 입법을 통해 이를 법인이 아니라고 못 박을 것이 아니라 법인이론의 발전에 맡기는 것이 타당하다는 견해[102]가 있다. 그러나 대부분의 비판론은 권리능력 없는 사단에는 권리능력이 없음을 전제로 하면서, 비법인 사단의 설립 및 운영에는 사단법인에 관한 규정을 준용함이 타당하지만 재산관계에 관해서는 조합에 관한 규정을 준용하는 것이 비법인사단과 거래당사자 간의 형평을 기할 수 있다[103]고 주장하거나, 권리능력 없는 사단에 대해 법인에 관한 규정을 준용하게 되면 권리능력 없는 사단 구성원의 소유관계를 총유로 규정하고 있는 민법 제275-제278조를 삭제해야 한다[104]고 주장한다. 그 밖에 2004년 개정안은 '그 성질에 반하지 아니하는 한'이라고만 규정하고 있으므로 준용의 범위가 불명확하다[105]는 비판도 있다.

다음으로 2013년 개정시안과 관련해서는 다음과 같이 보다 근본적인 의문을 제기하는 비판론[106]이 개진되었다. 우선 이 비판론은 이른바 사단·조합 준별론에 대한 일본 민법학상의 유력한 비판론[107]을 토대로, 조합형 단체(구성원 상호간의

101) 2004년 개정안에 대한 비판론의 상세한 소개 및 이에 대한 재비판에 관해서는 윤진수, 법인에 관한 민법개정안의 고찰, 법학(서울대) 제46권 제1호(2005.3.), 65면 이하, 70-73면 참조.

102) 남기윤, 사법상 법인개념의 새로운 구성, 저스티스 제70호(2003), 166-206면, 200면 이하. 그 밖에 이른바 '권리능력 없는 사단'에 대해 법인격을 전제로 한 것을 제외하고는 법인에 관한 규정을 준용하자는 우리의 통설 판례는, 일본 부동산등기법이 권리능력 없는 사단에 대해 부동산등기능력을 인정하지 않고 있는 것을 전제로 한 일본의 통설·판례를 답습한 것이라는 지적도 있다: 민법개정안 연구회, 민법개정안의견서(삼지원, 2002), 18면(고상룡).

103) 좌담회, 민법개정(총칙편), 인권과 정의 2003.3., 20-21면(이호원).

104) 예컨대 강태성, 법인에 관한 민법개정방향, 법조 2001.7., 180면 이하, 186면.

105) 위 민법개정안의견서, 18면(고상룡). 한편 동 민법개정안의견서, 19면(안법영)은 '그 성질에 반하지 아니하는 한'이라는 문구 대신 '그 조직 및 구성, 그리고 능력에 관하여' 또는 '재산소유에 관한 사항 이외에는'이라는 문구를 추가할 것을 제안한다.

106) 권철, 전게 민법의 관점에서 바라본 민법개정안의 법인제도, 55-9면.

계약적 결합)와 사단형 단체(구성원의 조직적 결합)를 명확하게 구별하는 것은 어려우며, 오히려 역사적 경위를 중시하면 비법인 사단이란 법인에 가까운 효과가 부여되는 조합이라고 보아야 한다[108]고 한다. 나아가 이 비판론은 '비법인 사단이라는 개념에 의해 법인이 아닌 것을 법인에 가깝게 취급할 필요가 있는가'라는 보다 근본적인 의문을 제기한다. 즉 이 비판론은 '애당초 법인이라는 제도가 있고, 법인격 있는 것과 없는 것을 나누고 있으면서, 이러한 구별을 형해화하는 것이 과연 바람직한 것인가'[109]라는 의문을 제기하고 있다. 그 밖에도 이 견해는 영리 비법인 사단의 구성원에게 사단채무에 관한 연대책임을 규정하고 있는 2013년 개정시안 제39조의 2 제2항-제4항에 대해, 이는 비법인사단 자체가 재산을 소유하는 것을 전제로 하고 있으므로 현행 민법이 비법인 사단의 재산관계를 그 구성원의 총유로 규정하고 있는 것을 결과적으로 부정하게 된다[110]는 점을 지적한다.

그 밖에 애당초 권리능력 없는 사단에 대해 현행 통설 · 판례와 같이 법인격을 전제로 한 규정을 제외하고는 사단법인에 대한 규정을 유추적용하고 나아가 민사소송법 및 부동산등기법을 통해 소송상의 당사자능력과 부동산등기능력을 인정하는 것은 비법인 사단을 양산하는 결과를 가져올 뿐 아니라 이러한 단체의 법률행위를 규제할 방법도 없다는 점을 지적하면서, 오히려 권리능력 없는 사단의 법률행위에 대해서는 행정적 제재뿐 아니라 그 행위능력에 대해 입법에 의한 제한을 가할 필요가 있다는 견해[111]도 존재한다.

(2) 법인의 합병 및 분할

앞서 본 것처럼 2013년 개정시안에는 법인의 합병 및 분할에 관한 규정을 신설하는 내용을 포함하고 있었다.[112] 그러나 이 규정들은 권리능력 없는 사단 및

---

107) 이러한 비판론을 최초로 제기한 논문으로 星野英一, いわゆる'權利能力なき社團'について, 同, 民法論集 (1)(1970), 227-314면.

108) 권철, 앞의 논문, 57면.

109) 위 논문, 57-8면.

110) 위 논문, 55면. 다만 이 견해도 제2항-제4항을 추가함으로써 사단=유한책임이라는 기존학설의 도식적인 전제를 상대화한 점은 긍정적으로 평가할 수 있다고 한다.

111) 이혜진, 판례에 나타난 비법인 사단의 유형 및 규율에 관한 입법론, 동아법학 제71호(2016. 5.), 29면 이하, 51면.

112) 반면 2004년 개정안 작성을 담당한 개정위원회는 법인의 합병 및 분할에 관한 규정을 신설하지 않기로 하고 이를 장기과제로 남겨두었다: 법무부, 2004년 법무부 민법개정안 총칙 · 물권편, 140-2면.

재단에 관한 규정과 함께 2014년 국회에 제출된 법인법 개정안에는 포함되지 않았다. 이는 종래 이 주제와 관련하여 그다지 심도 있는 논의가 전개되지 않았기 때문이라고 여겨진다.

여기서 2013년 개정시안에 대한 비판론[113)]만을 간단히 소개하면, 영리법인과는 달리 비영리법인의 경우에는 그 합병 및 분할을 명문으로 규정할 만큼 실제 사례가 많이 존재하지는 않으며,[114)] 비교법적으로도 이를 인정하는 국가가 거의 없다는 점, 나아가 2013년 개정시안이 주로 참조한 일본의 일반법인법과는 달리 기본법인 민법에 지나치게 상세한 규정을 두는 것은 적절치 않다는 점 등이 규정 신설에 대한 반대근거로서 제시되고 있다.

그러나 이 주제는 법인의 합병・분할을 넘어서서 권리능력 없는 사단 특히 교회의 분열을 인정할 수 있는가라는 종래 판례상의 중요한 쟁점과 연결되어 있는 문제로서, 향후 이 주제에 관한 보다 심도 있는 검토가 요구된다고 할 수 있다.

(3) 정관 목적에 따른 권리능력 제한

현행 민법 제34조에 의하면 "법인은 법률의 규정에 좇아 정관으로 정한 목적의 범위내에서 권리와 의무의 주체가 된다." 이는 영미법상의 이른바 'ultra vires'의 법리를 받아들인 것으로, 이에 따르면 법인의 권리능력은 정관 목적에 의해 제한을 받게 된다. 그리고 이를 전제로 해석론상 정관의 목적 범위를 판단하는 기준과 관련하여, 적극적으로 법인이 그 목적을 달성하는 데 필요한 범위 내라고 좁게 해석하는 견해와 소극적으로 목적에 위반하지 아니하는 범위 내라고 보다 넓게 해석하는 견해로 나뉘어 왔다.[115)]

그러나 위의 어느 견해를 따르든 정관의 목적 범위란 유동적이며 불확실한 개념임을 부인할 수 없으며, 이에 따라 법인과의 거래에 있어서는 법적 불안정이란 문제가 항상 내재해 있다고 할 수 있다. 여기서 입법론상 민법 제34조를 개정하여 '정관으로 정한 목적의 범위내에서'라는 문구를 삭제하거나 수정하여야 한다는

---

113) 권철, 전게 민법의 관점에서 바라본 민법개정안의 법인제도, 66-7면.

114) 송호영, 전게 법인론, 346면은 비영리 사단법인인 한국공인중개사협회와 대한공인중개사협회 간의 통합을 실제 사례로 소개하고 있다.

115) 송호영, 전게 법인론, 452면. 한편 판례(대법원 1974.11.26. 74다310 판결)는 '목적의 범위내라 함은 이를 광의로 해석하여 정관에 열거된 목적과 그 외에 법인의 목적을 달성함에 필요한 범위를 지칭하는 것으로 해석함이 타당'하다고 한다.

주장이 이미 오래전부터 제기되어 왔다.[116)]

이에 따라 2010년 법인법 개정안의 작성을 담당한 민법개정위원회 분과위원회(제1기 제3분과위원회)는 제34조에서 정관의 목적범위를 삭제하는 안[117)]과 '정관으로 정한 목적에 반하지 않는 한'으로 수정하는 안[118)]을 개정시안으로 제시하였으나, 두 안 모두 민법개정위원회의 전체회의에서 과반수를 얻지 못해 2010년 법인법 개정안에는 포함되지 않게 되었다. 이는 영리법인인 회사와는 달리 비영리법인은 정관으로 정한 목적의 범위 내에서 권리능력을 가진다고 봄이 타당하여, 특히 현행 민법 제34조를 삭제하면 법인은 정관목적과는 관계없이 언제나 법률효과에 따른 책임을 져야 하므로 결과적으로 법인에게 대단히 불리하게 된다[119)]는 점을 근거로 하는, 현행 민법 제34조의 존치론이 나름대로 설득력을 얻고 있기 때문이라고 생각되며, 추후 이 주제 역시 심도 있는 검토의 대상이 되어야 할 것이다.[120)]

(4) 외국법인

앞서 소개한 것처럼 외국법인에 관한 규정인 의용민법 제36조는 현행 민법 제정시 삭제되었다.[121)] 그 뒤 2004년 민법개정안을 작성한 민법개정위원회에서 외국법인의 설립허가 및 권리능력과 외국법인의 등기에 관한 규정의 신설의견[122)]이 검토되었으며, 이에 따라 외국법인의 권리능력과 등기에 관해 규정하는 실무위 가안[123)]까지 작성되었으나, 위원회 내부에서 신설반대의견이 제시되어 표결 결과 채

116) 상법학계에서는 해석론상으로도 민법 제34조는 상사회사에는 적용되지 않는다는 견해가 통설이라고 할 수 있다. 상세한 것은 송옥렬, 상법강의 제8판(2018), 731-4면 참조.

117) 제1안: 법인은 그 자연적 성질 또는 법률의 규정에 반하지 아니하는 한 모든 권리와 의무의 주체가 된다.

118) 제2안: 법인은 자연적 성질 또는 법률의 규정과 정관으로 정한 목적에 반하지 않는 한 모든 권리와 의무의 주체가 될 수 있다.

119) 이에 대한 반론으로는 송호영, 전게 법인론, 457-8면 참조.

120) 제34조의 개정시안 작성을 담당한 위 민법개정위원회 분과위원회(제1기 제3분과위원회)의 내부적인 검토 내용에 대해서는 전게 2013년 법무부 민법개정시안 총칙편, 134-6면, 157-8면 참조.

121) 그 이유 등에 대해서는 앞의 주 14 참조. 반면 상법은 제614조 이하에서 외국회사에 관한 상세한 규정을 두고 있으며, 일본 민법은 제35조(의용민법 제36조에 상응)와 제37조(외국법인의 등기)에서 외국법인에 관해 규정하고 있다.

122) 대한법무사협회의 의견임. 그 이유로는 국제화 추세에 따라 외국의 비영리법인이 국내에서 활동할 가능성이 증가하고 있으므로 그 근거규정을 민법에 두어야 하고, 나아가 외국법인이 국내에서 활동할 경우 그 조직내용을 공시할 필요가 있으므로 외국법인에 대해 내국법인에 준거한 등기를 하도록 하는 근거규정도 마련되어야 한다는 점이 제시되었다(2004년 법무부 민법개정안 총칙 · 물권편, 127-8면).

택되지 않았다. 그 이유는 주로, 외국법인에 관한 규정을 두면 이는 외국인의 권리능력에 관한 규정을 두지 않는 것과 균형이 맞지 않는다는 점, 국제사법 제16조[124]와 중복 또는 충돌하거나 해석상 혼란을 가져올 수 있다는 점 등이 제시되었다.[125] 그러나 국제사법 제16조의 내용은 내외국법인의 구별기준 및 그에 따라 결정된 외국법인에 대한 법적용의 준거법에 관해 규정하고 있는 것이므로, 민법에서 외국법인의 권리능력이나 등기에 관해 규정하는 것과는 무관하다. 특히 외국법인이 국내에 사무소를 두고 활동하는 경우 이는 국내의 거래관계와 직결되므로 그 조직내용을 공시할 필요가 있다. 따라서 최소한 외국법인의 등기에 관한 규정이라도 민법에 신설하는 문제를 향후 다시 검토해 보아야 할 필요가 있다고 생각한다.

(5) 기관(지배구조)의 개편, 기금제도 등

현행 민법은 법인의 기관으로 이사 및 감사(임의기관)에 관해 규정하고 있고 사단법인의 경우에는 이에 추가하여 사원총회에 관한 규정을 두고 있으며, 종래 이러한 기관의 개편 문제에 관하여는 그다지 심도 있는 논의가 이루어지지 않았다. 반면 최근 일본의 일반법인법[126]은 일본민법 구 법인편의 규정과는 달리 비영리법인의 기관을 대폭 개편하고 있다. 즉 일반법인법은 비영리법인의 의사결정 및 감독과 관련하여 몇가지 새로운 제도를 도입하였는데,[127] 그 가운데 주요한 내용

---

123) 第56조의 2(외국법인) 제1항: 외국법인은 대한민국에서 설립되는 동종의 법인 또는 가장 유사한 법인과 동일하게 권리와 의무의 주체가 된다. 그러나 법률 또는 조약에서 제한하는 경우에는 그러하지 아니하다. 제2항: 제49조 내지 제52조의 규정은 외국법인이 우리나라에 사무소를 설치하는 경우에 준용한다. 다만 등기사항이 외국에서 생긴 때에는 등기기간은 그 통지가 도달한 날로부터 기산한다.

124) 국제사법 제16조(법인 또는 단체): 법인 또는 단체는 그 설립의 준거법에 의한다. 다만, 외국에서 설립된 법인 또는 단체가 대한민국에 주된 사무소가 있거나 대한민국에서 주된 사업을 하는 경우에는 대한민국 법에 의한다.

125) 전게 2004년 법무부 민법정안 총칙·물권편, 131-2면; 전게 민법개정안의견서, 27면(박경량), 28면(최흥섭); 박병대 외 5인(법원행정처), 민법개정안에 대한 의견, 인권과 정의 2003. 10., 161-2면 등.

126) 일본의 일반법인법(정식 명칭은 '일반사단법인 및 일반재단법인에 관한 법률'임)은 2006년 비영리법인에 관한 일반법으로서 제정되었으며(2008.12.1. 시행), 이에 따라 일본 민법상의 법인에 관한 규정은 법인의 성립, 능력 및 외국법인에 관한 규정 등 5개 조문을 제외하고는 모두 삭제되었다. 일반법인법의 성립 경위 및 그 개요에 관해서는 우선 권철, 일본의 새로운 비영리법인제도에 관한 소고, 비교사법 제14권 제4호(2007.12.), 117-171면 참조.

127) 이에 관한 자세한 내용은 위의 논문 140-144면 참조.

만 소개하면 일반법인법은 우선 이사회와 평의원회제도를 도입하고,[128] 사원총회(재단법인의 경우에는 평의원회)의 권한을 명확히 하는 한편, 이사회를 설치한 법인의 경우에는 감사를 필수기관으로 하고, 대규모 법인에 대해서는 감사와 회계감사인을 두도록 하고 있다. 이는 일반법인법에 의해 더 이상 비영리법인은 주무관청의 감독을 받지 않게 됨에 따라 비영리법인 내부에서의 자율적 감독을 강화하기 위한 차원에서 도입된 제도이긴 하지만, 향후 우리 민법의 개정에 있어 주무관청의 감독 폐지와 함께 도입을 검토해 볼 만한 과제라고 생각된다.

그 밖에도 일반법인법은 종래 민법이 사단법인의 재산과 관련해서는 아무런 규정을 두지 않은 것과는 달리 '기금제도'[129]를 도입하였다. 즉 일반사단법인은 정관의 정함에 의하여 기금을 인수하는 자를 모집할 수 있으며,[130] 일정한 요건(정시사원총회의 결의, 반환청구이익의 존재 등)하에서 기금의 據出者에게 기금반환청구권을 인정한다.[131] 이 기금제도 역시 향후 민법개정과 관련하여 그 도입을 검토해 볼 만한 과제라고 할 수 있다.[132]

2. 공익법인법

앞서 소개한 것처럼 현행 '공익법인의 설립 · 운영에 관한 법률'(이하 '공익법인법'으로 약칭함)은 공익법인의 설립을 장려하기 위해 조세감면 등의 혜택을 부여함과 동시에 설립허가 및 사후 감독과 관련하여 일반 비영리법인에 비해 엄격한 기

---

128) 일반사단법인은 이사회를 둘 수 있는 반면 일반재단법인은 반드시 이사회를 설치해야 하고 이와 함께 평의원 및 평의원회도 두어야 한다. 이사회는 업무집행의 결정을 할 뿐 아니라 대표이사 및 업무집행이사를 감독할 수 있는 권한을 가진다.

129) 이에 관해 자세한 내용은 우선, 전게 권철, 일본의 새로운 비영리법인제도에 관한 소고, 151-2면. 나아가 山本敬三, 民法講義 I (總則) 제3판(有斐閣, 2011), 474-5면 참조.

130) 이 경우 기금의 據出者의 권리에 관한 규정과 기금의 반환절차를 정관으로 정해 두어야 한다(일반법인법 제131조).

131) 단 기금으로 거출된 재산은 법인의 일반채권자의 채권에 대한 책임재산이 되므로, 해산시 기금반환채권은 법인에 대한 일반채권자의 채권보다 후순위가 된다(일반법인법 제236조). 그리고 이 기금반환채권에는 이자를 붙일 수 없다(일반법인법 제143조). 왜냐하면 이자를 붙일 경우 이 채권은 실제로는 이익배당청구권으로 기능할 우려가 있기 때문이다.

132) 일본 학자에 따르면 일반법인법의 기금반환청구권을 권리능력 없는 사단에 유추적용하여, 사단구성원 탈퇴시의 재산반환청구권을 일정한 범위 내에서 인정할 수 있다고 한다. 대표적으로, 전게 佐久間 毅, 民法の基礎 I 總則, 382면(이 견해에 따르면 증여나 경비의 지출 등 반환을 청구하지 않겠다는 취지가 명확한 경우를 제외하고는 반환청구권을 인정할 수 있다고 한다).

준을 두고 있다. 그러나 앞서 살펴본 것처럼 각종 세법은 공익법인뿐 아니라 각종 비영리단체에 대해서도 동일한 조세혜택을 부여함으로써 공익을 표방하는 많은 단체들이 비법인사단의 형태로 남아 있게 된다. 그 밖에도 현행 공익법인법은 설립허가기준을 추상적으로 규정하여 허가여부를 주무관청의 전적인 재량에 맡기는[133] 등 여러 가지 미비점을 갖고 있다. 여기서 향후 공익법인법의 전면적 개정을 위한 참고자료로서, 최근 제정된 일본의 공익인정법[134]의 내용 가운데 중요한 부분만 간단히 소개하기로 한다.

우선 일본의 공익인정법은 공익목적사업의 종류를 23가지 항목으로 나누어 상세히 규정하고 있으며, 제5조에서 공익성인정[135]의 기준을 법인의 목적 및 사업의 성질 · 내용에 관한 요건(제1호-제7호), 법인의 재무에 관한 요건(제8호-제9호), 법인의 기관에 관한 요건(제10호-제14호), 법인의 재산에 관한 요건(제15호-제18호)으로 나누어 매우 구체적으로 규정하고 있다. 나아가 공익인정법은 공인인정 권한을 내각총리대신과 도도부현 지사에게 부여하고 있으며,[136] 내각총리대신이나 도도부현 지사가 공익성 판정을 하는 데 있어서는 내각총리대신 직속의 공익성인정위원회나 각 도도부현에 설치된 합의제 기관의 자문을 반드시 거치도록[137] 함으로써, 공익인정에 있어서 행정청의 자유재량을 배제함과 아울러 민간전문가의 의견을 반영하고 있다. 그 밖에도 행정청은 공익인정 또는 공익인정의 취소를 공시하여야 할 뿐 아니라 공익법인의 활동상황 등에 대한 정보를 국민에게 제공하여야 하며, 공익법인이 아닌 일반법인이나 단체는 그 명칭이나 상호 가운데 공익사

133) 공익법인법 제4조 제1항(앞의 주 85 참조).

134) 일본의 공익인정법(정식 명칭은 '공익사단법인 및 공익재단법인의 인정 등에 관한 법률'임)은 앞서 소개한 일반법인법 및 법인정비법(정식 명칭은 '일반사단법인 및 일반재단법인에 관한 법률과 공익사단법인 및 공익재단법인의 인정 등에 관한 법률의 시행에 따르는 관계 법률의 정비 등에 관한 법률'임)과 함께 2006년 이른바 공익법인개혁 관련3법 가운데 하나로 제정되었다. 동법의 내용에 관해서는 우선 최성경, 일본의 공익법인제도 개혁, 민사법학 제41호(2008. 6.), 535-573면 참조.

135) 일본의 공익법인법은 일단 일반법인법의 준칙주의에 따라 성립된 일반법인이 신청을 통해 공익인정을 받으면 공익법인이 되는 구조를 취하고 있다.

136) 내각총리대신이 공익인정의 행정청이 되는 경우는, 당해 법인이 2이상의 도도부현에 사무소를 두거나 2이상의 도도부현에서 공익목적사업을 행하고자 하는 경우 또는 당해 공익목적사업이 국가의 사무나 사업과 밀접한 관련을 맺고 있는 경우이며(동법 제2조 1호), 그 밖의 경우에는 당해 법인의 사무소가 소재하는 도도부현의 지사가 행정청이 된다(제2조 2호).

137) 이 위원회는 민간의 전문가로 구성되며, 내각총리대신이나 도도부현 지사의 자문에 대한 위원회의 회답은 공표하도록 되어 있다.

단법인 또는 공익재단법인으로 오인될 수 있는 명칭을 사용할 수 없도록 하는 등, 공익인정법은 향후 우리 공익법인법의 개정시에 여러 가지로 참고할 만한 내용을 담고 있다.

3. 종중관리법, 종교법인법 등의 제정

(1) 종중관리법

앞서 본 것처럼 우리나라 고유의 자연발생적 단체인 종중은 대부분 권리능력 없는 사단의 형태로 존재하기 때문에 그 구성원이나 대표자 및 그 권한 등이 불확정적이며 대외적으로 공시되지도 않는다. 나아가 종중에 대한 감독규정이나 종중을 둘러싼 각종 분쟁을 해결하기 위한 규정도 미비하다고 할 수 있다.

여기서 종중등기제도와 같은 공시제도의 도입과 종중에 대한 규제 및 감독을 위해 종중에 대한 특별법(이른바 종중관리법)의 제정을 추후 본격적으로 검토해 볼 필요가 있다고 생각된다. 그 경우 종중등기와 관련하여 종중의 규모에 따라 차등을 두는 문제,[138] 등기종중과 비등기종중의 권리능력에 차이를 두는 문제,[139] 종중재산의 처분에 대한 허가제의 도입이나 취득할 수 있는 종중재산에 제한을 가하는 문제,[140] 이사회제도의 도입, 종중에 대한 주무관청의 감독권의 인정과 각종 의무 부여, 나아가 종중총회 결의취소소송 등 분쟁해결 규정의 도입 문제 등이 깊이 검토되어야 할 것이다.

(2) 종교법인법

위의 종중과 마찬가지로 개신교나 사찰 등 대부분의 종교단체 역시 법인격을 취득하지 않고 권리능력 없는 사단 또는 재단의 형태를 취하고 있다.[141] 특히 개

---

138) 이동명, 전게 종중에 대한 법적 규율, 565면에 의하면, 원칙적으로 8대손 이상의 후손으로 구성되는 종중에 대해서는 등기를 위해 종원의 확정이 필요 없는 종중개념을 도입하여 이를 특별종중으로 하되, 주무관청의 강한 통제를 받게 하여 사실상 민법상의 비영리법인과 같이 취급되도록 하자고 한다.

139) 위의 논문, 565면에 의하면 등기종중만이 원고로서의 소송행위, 등기권리자로서의 등기신청행위, 공탁금출급청구행위를 할 수 있도록 함으로써 종중등기를 사실상 강제하고자 한다(다만 미등기 종중에 대해서도 피고로서의 소송행위와 등기의무자로서의 등기신청행위, 피공탁당사자능력은 인정할 수 있다고 한다).

140) 위의 논문, 566-7면에 의하면, 종중이 향후 취득할 수 있는 재산은 묘지 및 매장 등에 관한 법률에 따라 墓土로 제한함이 타당하다고 한다.

신교의 일부 교회나 대형사찰의 경우 그 재산규모가 막대하여 이로 인한 대내외적 분쟁이 빈번하게 발생하고 있을 뿐 아니라 최근에는 종교단체에 대한 과세 문제까지 대두되고 있다. 여기서 종교단체의 법인화를 목표로 하는 종교법인법의 제정 필요성이 오래전부터 주장되어 왔다.[142)][143)] 다만 종교법인의 경우에는 법인의 형태 문제(사단법인과 재단법인 가운데 어느 하나를 선택하도록 할 것인지, 아니면 양자를 절충하여 독자적인 법인형태를 설정할 것인지[144)]의 문제)를 비롯하여, 종교법인의 자율성 보장문제, 재산처분에 관한 자율성의 보장과 한계, 개별 종교단체(예컨대 지교회)와 상위 종교단체(예컨대 교단교회)의 관계, 법인격을 취득하지 않는 종교단체의 취급, 전통사찰보존법 등 기존의 종교재산 관련법령과의 관계 등, 종중에 비해 보다 많은 검토과제가 남아 있다고 할 수 있다.[145)]

---

141) 다만 유교의 전통적 교육기관인 향교는 향교재산법에 의해 광역자치단체별로 재단법인의 형태를 취하고 있으나, 엄밀한 의미에서 유교를 종교라고 할 수는 없다.

142) 예컨대 연기영, 종교관계법령의 문제점과 입법정책적 과제, 법과 사회 제2호(1990), 175-192면, 187면 이하. 그 밖에 종교법인법의 제정에 관한 각계의 의견에 관해서는, 한국법제연구원(연구책임자: 이준우), 종교법인법(국내입법의견조사 94-1)(1994.3.), 12-16면 참조.

143) 참고로 일본의 경우에는 1951년 종교법인법이 제정되었으며(그 시행은 1953년부터), 동법에 의하면 종교단체는 단체규칙에 대한 관할청(문부과학대신 또는 도도부현 지사)의 인증이 있으면 설립등기를 통해 종교법인이 될 수 있다. 그리고 이를 위해 문부과학성 산하에 종교법인심의위원회를 설치하도록 하고 있다.

144) 일본의 종교법인법은 재단법인의 형태를 기본으로 하고 여기에 사단법인적 요소를 절충하고 있다.

145) 이에 관해서는 우선, 전게 종교법인법(국내입법의견조사 94-1), 27-31면 참조.

물권 · 채권 준별론

이 상 태*

[초 록]

우리 민법은 물권과 채권을 엄격히 대립시키는 이론을 취하고 있다.

그런데 이러한 물권 · 채권 준별론은 실제 생활관계와 어긋나는 부분이 상당히 존재한다.

먼저, 준별론에 의하면, 채권과 물권 사이에 있는 이익에 대하여 일종의 권리로서 보호할 필요가 있는 경우를 적절하게 규율하지 못한다. 그리고 실제의 생활관계에 있어서는 물권과 채권은 결합되어 있는 것이 보통이므로, 물권은 물권법 영역에서, 채권은 채권법 영역에서 규율되는 불편함이 있을 뿐 아니라, 종종 물권에 관한 규정과 채권에 관한 규정의 충돌이 일어나기도 한다.

또한 민법은 상대권인 채권에 대하여 필요에 따라 제3자에 대한 대항력을 인정하여 채권의 효력을 강화하고 있다. 나아가, 상대권인 채권도 과연 제3자에 의한 침해가 가능하며, 이때 제3자에게 불법행위책임이 발생하는가라는 문제에 봉착하게 되면 준별론은 존립 자체가 흔들리게 된다.

* 건국대학교 명예교수

그리고 채권이나 기타 권리에 대하여도 물권에 고유한 물권적 청구권 등의 효력이 인정되고 있다.

여기서 물권·채권의 준별론이 현실과 어긋나는 이유는 몇 가지의 한계가 있기 때문이다. 첫째, 물권과 채권 두 개의 추상적인 권리만으로는 우리의 복잡한 재산상의 법률관계를 규율하기에는 어려운 한계가 처음부터 존재한다. 둘째, 하나의 법체계가 추상적인 원리와 개념들에 의하여 형성되고 나면 폐쇄성을 띠게 되고, 새로운 모습으로 전개해 나가는 생활관계를 파악하는 것이 어려워지는 한계를 가진다. 셋째, 과거 물권과 채권의 중간적 존재이었던 "물건에의 권리"jus ad rem라는 것이 존재하여 왔는데도, 독일민법 제정 시에 무시되고 모두 일반 채권으로 규정되어 버린 역사적 한계가 있다.

결론적으로 논리적이고 형식적인 물권·채권 준별론으로는 현실의 재산적인 법률관계를 규율하기 어려운 부분이 존재하는 것은 사실이다. 그렇지만 물권·채권의 법적 개념을 명확히 정립하고, 각각의 영역을 자기완결적인 법체계로 구성하고, 구체적 사안事案을 법률적 구성요건 아래에 포섭하여, 그에 대한 법적 효력을 도출하는 방법론은 현재에도 법학발전에 많은 기여를 하고 있음을 부인할 수가 없다. 다만, 유연한 개념이나 논리를 개발하여 법현상을 있는 그대로 구체적으로 파악하고, 그에 따른 적절한 법적 취급을 해 나갈 필요가 있다.

끝으로 우리들의 향후의 과제는, 판덱텐 법체계가 탄생된 의의를 충분히 존중하면서, 준별론이 가지고 있는 여러 한계점들을 종합적으로 고려하여, 새로운 권리체계 내지 권리보호강화의 방도를 찾아내는 것이라고 하겠다.

Ⅰ. 서 론

우리 민법을 설명할 때에 먼저 이야기되는 것 중 하나는 그의 편별법에 관한 내용이다. 즉, 우리 민법은 총칙·물권·채권·친족·상속의 다섯 편으로 구성되어 있는데, 이러한 체계는 이른바 판덱텐체계Pandektensystem라 불리고 있으며, 그 주된 특징은 재산권을 물권과 채권 두 권리로 나누어 체계적으로 준별하고 있다는 점이다.

필자는 과연 판덱텐법학이 어떠한 것이며, 그리고 그곳에서 민법을 5편으로 구성하게 된 연유가 무엇이며, 그러한 체계에 대한 문제점은 없는지에 관한 의문을 가지고, 그에 관한 개괄적인 파악을 시도해 본 바가 있다.[1)]

금번 晴軒 金曾漢 선생님의 30주년 추모기념논문집에서는 특별히 재산권에 관한 물권·채권 준별론에 초첨을 맞추어 고찰하고자 한다.

그런데 이와 같은 재산권의 2원적 체계가 과연 오늘날에도 타당한가에 대한 의문이 여전히 집요하게 일어나고 있다. 그 이유는 법철학적인 고찰 또는 순수한 이론적 흥미에서 유래하는 것일 수도 있겠지만, 보다 근본적인 실질적 이유는 사회생활에 있어서 부단하게 일어나는 새로운 법적 현상에 대하여, 2원적 체계를 가지고서 적절하고 타당한 법적 규율을 하는 것이 곤란한 경우가 실제로 많이 발생하고 있기 때문이라 생각된다.

따라서 본고에서는 먼저 물권·채권 준별론의 성립과정과 그 내용을 개관해 보고(Ⅱ), 현재의 법현실이 물권·채권 준별론과 동떨어지거나 괴리가 있다고 생각되는 부분이 어떠한 것들이 있는가를 찾아본 후(Ⅲ), 그 준별론이 가지고 있는 한계를 고찰하고 이를 극복하기 위하여 준별론의 원류인 독일에서 제안된 대표적인 사고思考의 내용을 소개하고(Ⅳ), 앞으로 준별론이 나아갈 방향과 과제를 생각해 보기로 한다(Ⅴ).

이 논문이 청헌 선생님께서 민법학 연구는 이론연구·판례연구·실태조사 3가지가 정립되어야 하며, 특히 개념법학에 그치지 말고 현실생활에 밀착한 연구를 강조하신 것에 조금이라도 부합하기를 소망한다.

---

1) 이상태, 물권·채권 준별론을 취한 판덱텐체계의 현대적 의의, 건국대학교 출판부, 2006.

Ⅱ. 물권·채권 준별론의 성립 과정과 내용

먼저 독일 판덱텐법학에서 물권·채권 준별론이 성립된 과정과 그 내용을 개관해 보고, 이어 우리나라에서 논의되는 물권·채권 준별론의 내용도 살펴본 후, 독일과의 차이점도 찾아보기로 한다.

1. 물권·채권 준별론의 성립 과정

(1) 판덱텐법학의 성립 배경

다섯 편으로 구성되어 있는 민법의 체계는 로마 유스티니아누스Justinianus 황제의 『로마법대전』 중의 하나인 『학설휘찬』의 별칭을 따라서 판덱텐체계Pandektensystem라고 하고 있다.

그렇지만 근대에 성립된 판덱텐체계는 『학설휘찬』의 체계를 그대로 따른 것은 아니며, 이는 자연법적 요소와 로마법적 요소가 교착하여 태어난 것으로서, 그 성립의 역사는 복잡한 우여곡절을 거친 것이다. 특히 Heise[2]를 거쳐 Savigny[3]에 의하여 이론적 기초가 마련되었고, 나아가 Windscheid[4]에 의해 체계가 가다듬어졌으며, 그 후 이른바 판덱텐법학(독일 보통법학이라고도 함)이라고 불리는 학파에서 일반적으로 이 체계가 받아들여졌던 것이다.

이러한 판덱텐법학은, 19세기 대규모적인 성문법의 체계가 갖추어지면서 법학

---

2) Georg Arnold Heise(1778-1851)는 1807년의 『판덱텐 강의 취임을 위한 보통시민법체계의 개요』(*Grundriß eines systems des gemeinen Civilrechts zum Beruf von Pandecten-Vorlesungen*)에서, 민법의 체계를 6편으로 나누었다. 즉, 제1편 총칙(Allgemeine Lehren), 제2편 물권법(Dingliche Rechte), 제3편 채권법[Obligationenrecht], 제4편 가족법(Jura potestatis), 제5편 상속법(Das gesamte Erbrecht), 제6편 원상회복(Die Restitutio in integrum)이었다. 제2판(1816)부터는, 가족법이 '물적-인적 권리(Dinglich-persönliche Rechte)'로 대체되었다.

3) Friedrich Carl von Savigny(1779-1861)는, 자신의 대저(大著) 『현대로마법체계』(*System des heutigen Römischen Rechts*)"를, 제1편 법원(法源), 제2편 법률관계, 제3편 법률관계에의 법규의 적용, 제4편 물권법, 제5편 채권법, 제6편 가족법, 제7편 상속법이라는 편별로 저술하려는 구상을 가지고 있었다.

4) Bernhard Windscheid(1817-1892)의 『판덱텐법교과서』(*Lehrbuch des Pandektenrecht*)는 Heise의 편별에 따른 대표적인 교과서의 하나로서 19세기의 '표준주석서(Glossa ordinaria des 19. Jahrhunderts)'라 일컬어진다. 그의 저서는 독일학계 및 실무에 대하여 결정적인 영향을 미쳤고, 특히 1874년에 설치된 독일민법전 기초를 위한 제1위원회(빈트샤이트도 그 위원이었다)가 1887년에 완성한 제1초안이, '小빈트샤이트'라고 불릴 정도로 그의 학설에 큰 영향을 받은 것이었다.

은 탄력성 있는 자유로운 법해석보다도 엄정한 기준을 추구하는 방향으로 전개되어야 한다고 하는 시대적 사조에 부응하여, 법학 외적外的인, 예컨대 종교적 · 사회적 혹은 학문적 가치판단과 합목적성에는 법창조적 혹은 법변경적 효력을 인정하지 않고, 오로지 법학의 체계 · 개념을 일반적으로 승인된 이론적 명제Lehrsätz로부터 도출하려고 하였다.[5)]

(2) 판덱텐법학과 물권 · 채권 준별론

로마법에서는 대물소권actio in rem과 대인소권actio in personam이 구별되기는 하였지만, 아직 권리개념 자체가 확립되지 않았으므로 물권과 채권이 준별되고 있었다고 하기는 어렵다.

그리고 중세시대에도 본래 법의 본질이 사람을 강제하고 구속하는 것이라고 생각하였기 때문에, 의무에 중점이 있었지 권리에는 중점이 있지 않았다.

근세에 이러한 의무의 체계를, 자율적 구성원리에 바탕을 두는 권리의 체계로 전환한 것은 Kant[6)]였다. 그는 권리를 물권Sachenrecht, 인적 권리[채권]persönliches Recht, 물권적 대인권dinglich-persönliches Recht으로 나누었다.

그러나 그 후 Savigny와 Windscheid가 물권과 채권(또는 인적 권리)을 구별하였고, 한편 Windscheid는 물권을 절대권의 일종으로, 채권을 상대권으로 파악함으로써, 물권 · 채권 준별론이 확립되었던 것이다.

(가) Savigny의 물권 · 채권 준별론

Savigny에 의하면, 사람과 사람 사이의 개별적인 법률관계는 법규에 의하여 정해지는데, 법규는 개인의 의사에 일정한 범위를 부여함으로써, 그 범위 안에서는 그 사람의 의사가 다른 사람의 의사로부터 독립하여 지배될 수 있도록 허용하여 주는 것이라고 파악한다.[7)] 따라서 권리를 개인의 의사가 대상을 지배할 수 있는 힘Macht이라고 정의한다.[8)]

---

5) Franz Wieacker, 『근세사법사』(*Privatrechtsgeschichte der Neuzeit*), 2. Aufl., Vandenhoeck & Ruprecht, 1967, S. 431. Wieacker는 이러한 방법론을 법학적 실증주의(rechtswissenschaftlichen Positivismus)라고 한다.

6) Immanuel Kant(1724-1804), *Metaphysische Anfangsgründe der Rechtslehre*, Friedrich Niclovius, 1798, S. 79.

7) Savigny, *System des heutigen Römischen Rechts*, 1. Bd, Veit und Comp, 1840, S. 333.

8) AaO, S. 7.

그런데 법률관계에 있어서 의사의 지배가 미칠 수 있는 대상에는, '자연'unfreie Nature과 '다른 사람'이 있다고 한다. 먼저 '자연'에 대한 관계에 있어서는, 사람은 자연 전체를 지배할 수는 없고, 다만 일정한 공간적 범위 내에 있어서만 지배할 수가 있다. 이와 같이 범위가 정해진 자연이 물건Sache이고, 이것에 대하여 물건에 대한 권리das Recht an einer Sache가 인정된다. 그리고 이 권리의 가장 순수하고 완전한 모습을 소유권Eigentum이라 부른다. 그리고 소유권과, 그때그때의 실정법에 의하여 인정된 제한물권jura in re들을 합친 것이 '물권'dingliches Recht이라고 한다.[9)]

한편 '다른 사람'에 대한 관계에서는, 상대방의 인격 전체를 지배하는 것은 그의 자유를 무시하고 인간을 마치 소유물과 같이 지배하는 것이 되어서 오늘날에는 허용될 수 없고, 다만 상대방의 개개의 행위만을 지배할 수 있을 뿐이라고 한다. 이러한 지배를 그는 '채권'[Obligation]이라고 한다.

그런데 물건에 대한 지배(물권)와 타인의 행위에 대한 지배(채권)는 모두 권리자의 힘Macht이 외계를 향하여 확장되는 것이다. 그 때문에, 이러한 관계를 재산Vermögen관계라 하며, 이들에 관한 법제도의 총체를 재산법Vermögensrecht이라고 부른다.[10)]

이와 같이 물권과 채권을 엄격하게 분리한 Savigny는 법률행위도 물권계약과 채권계약으로 구별하고 그 각각을 독자의 영역이라고 생각한다. 나아가, 그는 목적물의 인도Tradition를 중시하여, 이를 진정한 계약이라고 한다. 그 이유는, 인도는 점유 및 소유권의 현실적 이전移轉에 향해진 당사자 쌍방의 의사표시를 포함하며, 또한 인도에 의하여 행위자의 법률관계가 새로이 정해지기 때문이라고 한다. 예컨대 집을 매매하는 경우, 먼저 채권적 매매계약을 생각하게 되는데 그것은 옳다. 그러나 그것에 기하여 이어지는 집의 인도도 하나의 계약이며, 위의 매매계약과는 전혀 다른 별개의 계약이라는 것이다. 이는, 거지에게 동전을 희사Geschenk하는 경우를 보면 분명해진다. 이 경우에는 선행先行하는 어떠한 채권채무관계가 없이 쌍방이 하나의 진정한 계약과 일치하는 의도로 금전을 수수하게 된다. 결국 인도라고 하는 현실행위 안에는 점유이전이라는 사실행위 이외에도, 소유권을 이전한다는 계약이 포함되어 있는데, 그는 이를 물권계약dingliche Verträge이라 한다.[11)12)]

9) AaO, S. 338.
10) AaO, S. 340.
11) Savigny, *System des heutigen Römischen Rechts*, 3. Bd, Veit und Comp, 1840, SS. 312-313.
12) AD 2세기 무렵에는 엄격한 의식적 절차를 요구하는 로마 초기의 소유권양도방법인 mancipatio

이어, 그는 채권계약의 무효 · 취소는 물권계약의 무효 · 취소를 일으키지 않는다는 물권계약의 무인적無因的 이론구성을 완성하고, 나머지는 부당이득의 문제로 처리하는 이론을 펼쳤다.[13] 이는 물권과 채권을 체계적으로 분류하고 준별하는 판덱텐법학의 추상적 · 완결적인 체계수립에 대한 최후의 마무리를 의미한다.

(나) Windscheid의 물권 · 채권 준별론

Windscheid는 Savigny에 의하여 이론적 기초가 세워진 판덱텐체계를 일반화시켰다.[14]

그는, '물적 권리'das dingliche Recht[또는 '물권'Sachenrecht]와 '인적 권리'das persönliche Recht를 대립시킨다. 그리고 후자에는 가족의 도덕적 의무에 기초를 두는 '가족권'Familienrecht과 그렇지 않은 '채권'Forderungsrecht이 속하고 있다고 파악한다.

이러한 구분에 기초하여, 물권과 채권을 다음과 같이 설명한다. 즉, 모든 권리

(악취행위)와 in iure cessio(법정양여)는 거의 사라지지고, 결국 인도(引渡)만이 모든 거래에 적용될 수 있는 보편적이고도 유일한 양도방법이 되었다.

이에 따라 로마 고전법학은 인도에 의한 소유권 취득에는 정당한 원인(justa causa)과 인도(traditio)라는 두 개의 요건을 요구했다.

16세기에는 자연법론에 의한 통일적 체계의 요구에 따라, 물권취득 일반에 적용되는 원칙으로서, 물권취득에는 titulus(권원)와 modus(취득방법)의 2개가 필요하다는 이른바 'titulus-modus'(權原-取得方法) 이론이 확립되었다. 이는 로마법에서 소유권 취득의 두 가지 요건이었던 justa causa(정당한 원인)와 traditio(인도)를 보다 일반적인 표현으로 대치한 것으로 볼 수 있다.

그러나 '정당한 원인'(justa causa) 또는 '권원'(titulus)이 무엇을 의미하며, '인도'(tradition) 또는 '취득방법'(modus)과는 어떠한 관계가 있는가에 관해서는 많은 논란이 있어 왔다. Savigny는, 종래 낙성계약인 매매의 경우를 생각하여 일반적으로 채권관계를 정당한 원인'(justa causa)으로 파악하고 있는 당시의 해석론에 대하여, 예컨대 현실증여의 경우에는 원인이 되는 무슨 채권관계가 별도로 존재하는 것도 아니고, 그렇다고 현실증여 그 자체를 하나의 계약으로 볼 수도 없지 않는가라는 의문을 품었다. 그리하여 모든 경우에 들어맞는, '정당한 원인'의 일반적인 개념을 찾아내었다. 즉, 인도라고 하는 현실행위 안에 점유의 이전이라는 사실행위 외에, 소유권을 이전한다는 합의가 포함되어 있고, 이 합의가 바로 '정당한 원인'이 된다는 것이다. 그리고 이 합의가 물권의 변동을 내용으로 하기 때문에 물권계약이라고 불러야 한다는 것이 그의 주장이다(서을오, "사비니의 물권계약론에 관한 학설사적 고찰", 법학논집 제11권 제2호, 이화여자대학교 법학연구소, 2007.3, p. 125 이하).

13) Savigny, *Das Obligationenrecht als Theil des heutigen Römischen Rechts*, 2. Bd, Veit und Comp, 1853, S. 26f.

14) Windscheid는 그의 저서에서, ① 법이라는 것에 대하여(Vom Rechte überhaupt)(제1장), ② 권리라는 것에 대하여(Von den Rechten überhaupt)(제2장), ③ 물권법(Sachenrecht)(제3장), ④ 채권법[Obligationenrecht](제4장), ⑤ 가족법(Familienrecht)(제5장), ⑥ 상속법(Erbrecht)(제6장)이라는 편별을 취한다고 서술한다(Windscheid, *Lehrbuch des Pandektenrecht*, Bd 1, 6. Aufl., Literarische Anstalt Rütten & Loenig, 1887, SS. 38-39).

는 사람과 사람 사이에 존재하는 것이기 때문에, '물권'은 물건 자체에 대하여 물권자의 의사의 복종이 명하여지는 것이 아니라, 오히려 물권자의 의사가 다른 사람의 물건에 관한 행위에 대하여 척도가 된다고 한다. 그러나 물권을 행사하는 의사의 힘의 내용은 소극적인 것이므로, 권리자의 상대편에 서 있는 다른 사람들은 물건에 대하여 영향을 주는 것을 지양해야 하며, 물건에 대하여 어떤 행위를 함으로써 물건에 대한 권리자의 작용을 방해해서도 안 된다고 한다.[15)]

한편 채권은, 모든 권리와 마찬가지로, 권리자에게는 법질서로부터 어떤 지시를 할 수 있는 권한이 부여되며, 권리자로부터 이러한 지시를 받은 사람은 외부적 행위에 대하여 그 특정된 방법으로 행위를 하여야 한다고 한다.[16)] 그러나 이와 같이 '채권'이 모든 권리와 마찬가지로 어떠한 지시를 한다고 하여, 채권자가 의무자의 의사를 특정된 방법으로 결정하는 것까지를 관철할 수 있다는 의미는 아니라고 한다.[17)]

결국 그는 '채권'이란 어떤 행위Handlung를 요구할 권리에 불과한 것이라고 한다. 그것은 어떤 행위 자체an einer Handlung에 대한 권리도 아니며, 어떤 행위 위의über eine Handlung 권리도 아닌 것으로 파악하고 있다.[18)]

Windscheid는 이와 같이 물권과 채권을 구별하면서, 물권의 대표적인 권리인 소유권에는 그 침해가 있는 경우 물권적 청구권이 발생하며,[19)] 채권의 일반적 효력으로, 채권자는 채권에 기하여 채무자에게 정해져 있는 내용을 요구할 수 있을 뿐이고, 채무자의 채무불이행의 경우에는 채권자는 소를 제기하여 강제이행을 시킬 수 있고 이행불능의 경우에는 사정에 따라 면책되거나 배상책임을 진다고 기술하고 있다.[20)]

끝으로 주목할 것은, 그는 절대권absolutes Recht과 상대권relatives Recht의 개념을 인정한 점이다. 그에 의하면, 절대권은 누구에 대해서도 효력이 있는 권리이고, 상대권은 개개의 사람에 대해서만 혹은 한정된 다수의 사람에 대해서만 효력이 있는 권리라고 한다. '물적 권리'[물권]는 절대권이고, 또한 '인적 권리' 중 가족권은

---

15) AaO, S. 101.

16) Windscheid, *Lehrbuch des Pandektenrecht*, Bd 2, 6. Aufl., Literarische Anstalt Rütten & Loenig, 1887, S. 2.

17) AaO, S. 2 Anm.1.

18) AaO, S. 2 Anm.2.

19) Windscheid, *Lehrbuch des Pandektenrecht*, Bd 1(각주 14), S. 662f.

20) Windscheid, *Lehrbuch des Pandektenrecht*, Bd 2(각주 16), S. 53f.

절대권에 속하지만 채권은 상대권이라고 한다.[21] 이와 같이 물권을 절대권의 일종으로, 채권을 상대권의 일종으로 파악하는 그의 새로운 개념은 오늘날까지 사법학私法學에 영향을 미치고 있다.[22]

(다) 독일 민법의 물권 · 채권 준별론

독일민법전은 1863년 작센민법전Bürgerl. Gesetzbuch für das Königreich Sachsen v. 3. Januar 1863을 비롯하여, 빈트샤이트와 같은 위대한 판덱텐법학자의 압도적 우위 하에서 후기 판덱텐법학의 성과를 기초로 하여 편찬되었다. 즉, 물권(법)과 채권(법)을 체계적으로 분류하고, 물권은 물건에 대한 직접적 지배권, 채권은 채무자의 행위만을 요구할 수 있는 상대적 · 대인권이라고 하는 대조적 파악을 수용하고, 나아가 두 법역을 자기완결적으로 확연하게 구별하기 위하여, 그 각각의 권리를 발생시키는 물권행위와 채권행위를 각각 독립한 것으로 하여, 전자는 추상적인 계약으로서, 후자의 무효 · 취소는 전자의 효력에 영향을 미치지 않는다고 하는 이른바 독자적獨自的 · 무인적無因的 물권계약이론을 기초로 하여 제정되었다.[23] 요컨대 독일민

21) Windscheid, *Lehrbuch des Pandektenrecht*, Bd 1(각주 14), S. 106.

22) Savigny와 Windscheid처럼, 권리관계를 사람과 사람 사이의 관계로 파악하고, 권리를 의사의 힘(Willensmacht) 혹은 의사의 지배(Willensherrschaft)로 파악하게 된다면, 절대권 · 상대권의 구별이 가능하게 된다. 즉, 권리가 존재한다면, 가장 먼저 의사의 힘을 가지고 있다고 말할 수 있는 주체가 설정되어야 한다. 그리고 이러한 힘의 소지(Machthaben)는 필연적으로 주체와 구별되는 객체를 요구하게 되고, 그 객체는 다른 사람의 의사가 된다. 이와 같이 그 다른 사람이 하나의 권능의 객체로 설정되어지는 순간, 동시에 하나의 상응하는 의무의 주체로서 나타난다. 이러한 의무의 주체가 규정되는 방법에는 두 가지가 있다. 하나는 권리가 모든 사람에 대하여 향하여지는 경우에는 의무의 주체가 특정되지 않거나, 또 다른 하나는 권리가 처음부터 특정된 주체에 대하여 향하여지는 경우에는 의무의 주체가 특정된다. 이것으로부터 절대권과 상대권의 구별이 생겨나게 된다(Roland Dubischar, "Über die Grundlagen der schulsystematischen Zweiteilung der Rechte in sogenannte absolute und relative. Ein dogmengeschichtlicher Beitrag zur Lehre vom subjektiven Privatrecht," Dissertation, Eberhard-Karls-Universität zu Tübingen, 1961, S. 131).

23) 독일민법전의 입법이유서에서는, 물권과 채권을 체계적으로 분류하고 두 권리를 준별하는 입장에서, 프로이센일반주법(一般州法)과 프랑스민법전의 구성을 비난한다. "이전의 여러 법전, 특히 프로이센일반주법과 프랑스민법전에서는, 채권법적 규정과 물권법적 규정이 뒤섞여 있다. 그곳에서는, 어느 권리에도 – 간접적이긴 하지만 물권에서도 – 존재하는 대인적(對人的) 방향에서 출발하여, 채권을 단지 물권의 취득 내지 변경을 위한 수단으로만 취급하고 있다. 이러한 방법은 개념적 대비에 적합하지 않고, 권리관계의 본질을 통찰하는 것을 곤란하게 하며, 그 때문에 법규의 정당한 적용을 위태롭게 한다."(*Motive zu dem Entwurfe eines Bürgerlichen Gesetzbuches für Deutsche Reich*, Bd Ⅲ, J. Guttentag, 1896, S. 1). 그리하여 권리의 개념적 대비를 명확히 하고, 법규의 정당한 적용을 확보하기 위해서는, 물권과 채권을 체계적으로 분류하고, 나아가서는, 각각의 권리를 발생시키는 물권행위와 채권행위를 각각 독립한 것으로 하여, 전자는 추상적인 계약으로서, 후자의 무효 · 취소는 전자의 효력에 영향을 미치지 않는다

법전에는 물권 · 채권 준별론이 순수 · 극단적인 모습으로 관철되어 있다.[24)]

2. 우리나라의 물권 · 채권 준별론

1960년 우리 민법 시행에 즈음하여 펴낸 김증한 교수의 민법총칙 교과서[25)]나 그 후에 쓴 물권법 교과서[26)]를 보면, 우리 민법은 물권과 채권을 엄격히 대립시키는 독일식 체계Pandektensystem를 취하고 있다고 파악하고 있다.

(1) 개 념

김증한 교수는 물권과 채권을 엄격히 구별하여, 물권은 물건 자체를 그 객체로 하여, 특정한 물건을 직접적으로 지배하는 배타적 권리인데 대하여, 채권은 채무자의 행위를 그 객체로 하여, 그에 대하여 약정된 급부를 요구할 수 있는 권리로 파악한다.[27)]

이러한 기본개념에 따라 그 후의 학계에서는, 물권은 지배권, 채권은 청구권이라고 하기도 하고,[28)] 권리의 객체에 주목하여 물권을 대물권對物權, 채권을 대인권對人權이라고 하기도 한다.[29)]

한편 의무자의 범위를 표준으로 하여, 물권은 의무자가 일반인이므로 절대권이

고 하지 않으면 안 된다고 한다(AaO, S. 9).

24) 물권과 채권의 '준별'이라고 하는 용어는, 물권과 채권의 체계적 분류가 일응 행해지고 있는 초기 판덱텐법학의 단계에서 사용하는 것은 적당하지가 않고, 무인적(無因的) 물권계약이론을 취하면서 물권행위를 원인행위인 채권행위로부터 단절하는 후기 판덱텐법학이나 독일민법전의 단계에서 비로소 '준별'이라는 용어를 사용할 수 있다는 주장도 있다(好美淸光, "Jus ad remとその發展的消滅 − 特定物債權の保護强化の一斷面 − ", 法學硏究 3, 一橋大學硏究年報, 1961, p. 186 주 4).

25) "우리 민법전이 의거하고 있는 독일식 편별법은 물권과 채권을 엄격히 대립시키는 것"이라고 기술하고 있다(김증한/안이준, 신민법총칙[개정초판], 법문사, 1960, p. 32; 김증한, 민법총칙[초판], 진일사, 1972, p. 46).

26) "민법은 물권법을 채권법으로부터 분리하여 독립한 체계로 구성하였다. 이것은 이른바 독일식 체계(Pandektensystem), 즉 19세기의 독일보통법학이 세운 체계를 따른 것이다."라고 기술하고 있다(김증한, 물권법(상)[개정초판], 진일사, 1970, p. 6).

27) 위의 책, p. 6.

28) 채권도 채무자의 행위를 지배하는 권리로 파악하여 채권도 지배권에 포함시킬 수도 있으나, 일반적으로는 채권은 채무자에 대한 청구력을 주된 내용으로 한다는 점에 주목하여 청구권으로 분류한다.

29) 곽윤직/김재형, 물권법(민법강의 Ⅱ)[제8판, 전면개정], 박영사, 2014, p. 7; 김상용, 물권법, 화산미디어, 2009, p. 15.

며, 채권은 의무자가 특정인인 채무자만이므로 상대권이라고 설명하기도 한다.[30)] 이와 달리, 채권에도 불가침성이 있음을 내세워 절대권 · 상대권의 구별은 무의미하다는 주장도 있다.[31)]

(2) 성 립

절대권인 물권에는 거래당사자나 제3자 보호를 위해서 물권법정주의가 적용된다. 이와 달리 상대권인 채권에는 계약자유의 원칙이 인정되어, 채권의 종류와 내용은 당사자가 자유롭게 결정할 수 있다.

(3) 효 력

물권에 공통되는 일반적 효력으로서 동일물 위에 여러 개의 물권이 존재하는 경우에 우선적 효력이 인정되며, 물권내용의 실현이 침해되는 경우에 물권적 청구권이 인정된다.

채권은 원칙적으로 채무자에 대해서만 효력(대내적 효력)을 갖는다. 구체적으로는, 청구력, 급부보유력, 소구력訴求力, 집행력 등이 인정된다.

그런데 상대권인 채권이 과연 제3자에 대하여도 효력(대외적 효력)을 가질 수 있는가 의문이 제기된다. 민법이 규정하고 있는 채권자대위권(민법 제404조, 제405조; 이하에서 법령의 표기가 없는 것은 민법의 조문을 의미한다)과 채권자취소권(제406조, 제407조)이 여기에 해당된다고 할 수 있다.[32)] 특히 문제가 되는 것은 제3자에 의한 채권침해의 경우이다. 이 경우에 채권자가 제3자에 대하여 불법행위책임을 지울 수가 있고, 나아가 방해배제를 청구할 수 있다고 한다면, 이를 채권의 제3자에 대한 효력으로 볼 수 있을 것이다.

(4) 물권행위 · 채권행위의 구별 및 관계

우리 민법 시행 이후 민법학계에서는 대체로 물권과 채권을 엄격히 구별하는 준별론에 따라서 법률행위를, 채권 · 채무의 발생을 목적으로 하는 채권행위와 물

---

30) 곽윤직/김재형, 위의 책, p. 7; 김상용, 위의 책, p. 16; 김증한/김학동, 물권법[제9판], 박영사, 2004, p. 8; 송덕수, 물권법, 박영사, 2012, p. 15.

31) 김기선, 한국물권법[전정 증보판], 법문사, 1990, p. 31.

32) 그러나 이러한 권리들은 본래 채무자의 재산을 보전하려는 목적을 가지는 것이기 때문에, 제3자에 대한 영향은 반사적 효과에 지나지 않는다는 파악도 있다(송덕수, 채권법총론[제2판], 박영사, 2015, p. 21).

권의 변동을 목적으로 하는 물권행위를 구별하여 논하여 오고 있다.[33] 판례도 물권행위[34]·물권적 합의[35]·준물권행위[36]라는 개념을 인정하고 있다.

그러나 이와 달리, 민법시행에 즈음하여 채권행위로부터 물권 자체의 변동만을 목적으로 하는 물권행위를 떼어내는 것은 쉽지 않을 뿐 아니라 형식적 심사주의를 취하고 있는 부동산등기법상으로는 등기신청서를 수리하기 이전에 새삼스럽게 당사자에게 물권을 변동시키려는 의사의 유무를 다시 타진하여 볼 실익도 없으므로, 물권행위를 인정할 필요가 없다는 주장이 없었던 것은 아니었다.[37] 이후 1990년대를 전후하여서는, 물권행위를 물권변동을 직접 목적으로 하는 물권적 의사표시와 이에 의한 등기·인도를 구성요소로 하는 법률행위라고 정의하는 견해[38]가 제기되는가 하면, 2000년 이후에는 물권행위를 부동산의 경우에는 물권변동을 위한 등기의 신청행위이고, 동산의 경우에는 물권변동을 위한 점유이전(인도)의 합의라고 하는 새로운 견해[39]도 제안되고 있으며, 심지어는 물권행위 개념 자체의 무용론까지 주장[40]되고 있다.

그런데 특히 물권행위와 채권행위의 관계와 관련하여 제기되는 이른바 물권행위의 독자성獨自性과 무인성無因性 인정 여부는 1970년대에 우리 민법학계에서 가장 활발하게 논의되었던 문제라고 할 수 있다. 현재까지도 채권행위로부터 물권행위의 독자성을 긍정하는 견해[41]와 부인하는 견해[42]가 팽팽히 대립되고 있으며, 또

---

33) 곽윤직/김재형, 앞의 책(물권법)(각주 29), p. 40; 김상용, 앞의 책(물권법)(각주 29), 70면; 김증한/김학동, 앞의 책(물권법)(각주 30), p. 46; 송덕수, 앞의 책(물권법)(각주 30), p. 51; 이상태, 물권법[제9정판], 법원사, 2015, p. 45 등.

34) 대법원 1963.1.24. 62다825 판결; 대법원 1975.4.8. 74다1700 판결; 대법원 1977.5.24. 75다1394 판결; 대법원 1991.3.22. 91다70 판결; 대법원 1996.2.27. 95다38875 판결; 대법원 1997.11.28. 95다43594 판결; 대법원 2001.10.9. 2000다51216 판결; 대법원 2005.3.10. 2004다67653·67660 판결.

35) 대법원 1994.9.27. 94다23975 판결; 대법원 1999.9.7. 99다30534 판결; 대법원 2005.6.10. 2002다15412·15429 판결; 대법원 2010.2.11. 2009다93671 판결.

36) 대법원 2011.3.24. 2010다100711 판결.

37) 이영섭, "물권행위의 독자성", 법조 9권 7호, 법조협회, 1960, p. 25 이하.

38) 이영준, "물권행위의 구성요소", 손해배상법의 제문제(성헌 황적인박사 화갑기념), 박영사, 1990, p. 707 이하.

39) 윤진수, "물권행위 개념에 대한 새로운 접근", 민사법학 제28호, 한국민사법학회, 2005.6, p. 16 이하.

40) 명순구, "이제는 물권행위와 작별하자", 아듀 물권행위, 고려대학교 출판부, 2006, p. 128; 김기창, "물권행위무용론", 민법의 자화상과 미래상–한국민법시행 50주년기념(민사법학 특별호 제52호), 한국민사법학회, 2010, p. 277 이하.

41) 강태성, 물권법[개정 제5판], 대명출판사, 2015, p. 124; 김기선, 앞의 책(한국물권법)(각주

한 채권행위로부터 물권행위의 무인성을 긍정하는 견해[43]와 부인하는 견해[44]가 나눠져 있다.

이와 같이 우리 민법에서 물권행위와 채권행위의 관계가 명확하지 않아서 학설이 심하게 대립되고 있는 현상은, 물권과 채권의 두 법역을 자기완결적으로 확연하게 구별하기 위하여 그 각각의 권리를 발생시키는 물권행위와 채권행위도 독자적獨自的 · 무인적無因的 관계로 입법하고 있는 독일 민법의 경우와는 다른 점이라 할 수 있다.

Ⅲ. 물권·채권 준별론의 현실과의 괴리현상

위에서 본 바와 같이 물권 · 채권 준별론은 재산권을 물권과 채권의 두 종류로 나누어서 논리적 · 추상적인 체계를 세우고 있지만, 우리의 생활관계는 대단히 다양하고 복잡하기 때문에 물권 · 채권 이분법의 구성만으로는 규율하기 어려운 부분이 존재하기 때문에, 현실의 생활관계와는 어긋나는 부분이 상당히 존재한다.

그렇다면 과연 우리법상 추상적인 물권 · 채권의 준별론과 실제 현실과의 괴리가 일어나는 부분에 어떠한 것들이 있는지를 살펴보기로 한다.

1. 체계상의 불편

(1) 적용 법영역의 분리

물권 · 채권 준별론에 의하면, 물권은 물권법 영역에서, 채권은 채권법 영역에

---

31), p. 71면; 김상용, 앞의 책(물권법)(각주 29), p. 107; 김증한/김학동, 앞의 책(물권법)(각주 30), p. 44면; 윤철홍, 물권법강의, 법원사, 2009, p. 53; 이상태, 앞의 책(물권법)(각주 33), p. 56; 이영준, 물권법[전정신판], 박영사, 2009, p. 69; 이은영, 물권법[제4판], 박영사, 2006, p. 140; 황적인, 현대민법론Ⅱ(물권), 박영사, 1987, p. 54.

42) 고상룡, 물권법, 법문사, 2001, p. 73; 곽윤직/김재형, 앞의 책(물권법)(각주 29), p. 58; 송덕수, 앞의 책(물권법)(각주 30), p. 65.

43) 강태성, 앞의 책(물권법)(각주 41), p. 144; 김기선, 앞의 책(한국물권법)(각주 31), p. 74 이하; 김증한/김학동, 앞의 책(물권법)(각주 30), p. 55; 윤철홍, 앞의 책(물권법강의)(각주 41), p. 57.

44) 고상룡, 앞의 책(물권법)(각주 42), p. 77; 곽윤직/김재형, 앞의 책(물권법)(각주 29), pp. 66-67; 김상용, 앞의 책(물권법)(각주 29), p. 116; 이영준, 앞의 책(물권법)(각주 41), p. 78 이하; 이상태, 앞의 책(물권법)(각주 33), pp. 60-61; 이은영, 앞의 책(물권법)(각주 41), p. 151; 송덕수, 앞의 책(물권법)(각주 30), p. 71; 황적인, 앞의 책(현대민법론Ⅱ))(각주 41), p. 65.

서 규율되는 불편함이 있다. 예를 들면, 부동산 매매계약을 체결하는 경우, 법률적으로는 그 목적부동산의 소유권 이전시기는 물권변동과 관련되는 것으로서 물권편에서 규율되고, 한편 매매대금의 청구나 목적부동산의 인도청구는 급부의무의 이행에 관한 것으로서 채권편에서 규율되고 있다. 또한 금전을 빌리면서 담보부동산에 대하여 저당권을 설정하는 경우, 금전채무와 저당권과는 불가분리의 관계에 있지만, 법률적으로는 부동산에 대한 저당권설정은 물권의 설정으로 파악되어 물권편에서 규율되고, 금전을 빌리는 것은 채권관계로 분리 파악되기 때문에 채권편에서 규율되고 있다.

(2) 물권행위 · 채권행위의 분리

물권 · 채권 준별론의 논리적 귀결로서, 물권을 발생시키는 물권행위와 채권을 발생시키는 채권행위도 분리되어 논해진다.

이에 대해, 실제의 거래행위를 이와 같이 채권행위 · 물권행위의 두 개로 구분하는 것은 법현실과 동떨어진 것이라고 하는 비판이 있다. 예컨대 부동산의 매매에서 매매계약과 등기만 하면(또는 등기에 필요한 서류만 수수하면) 그것으로 거래가 끝난 것으로 이해하는 것이 일반인의 관념이며, 그 밖에 매매계약과 등기의 사이에 물권법적인 소유권이전의 합의(물권행위)를 별도로 하여야 한다고 생각하지 않는 것이 거래의 실정이라고 한다.[45)]

(3) 물권적 청구권 · 채권적 청구권 효력 중복 문제

물권 · 채권 준별론을 취한다면, 역시 물권에 기하여 발생하는 물권적 청구권과 채권에 기하여 발생하는 채권적 청구권도 당연히 준별되어야 한다. 그렇지만 물권적 청구권도 특정인에 대하여 행위를 청구하는 것을 내용으로 하므로, 이 점에 관한 한 채권과 유사한 성질도 가지고 있다. 따라서 우리 학설은 일반적으로 이행지체(제387조 이하) · 변제(제480조 이하) 등 채권에 관한 규정이 물권적 청구권의 성질에 반하지 않는 한, 유추적용된다고 해 왔다.

그런데 이러한 해석은 너무 추상적이어서, 실제로 물권적 청구권을 행사하였으나 그 후에 물권적 청구권이 이행불능이 된 경우에도, 채권이 이행불능이 된 경우와 마찬가지로, 전보배상(제390조)이 인정되는가의 문제가 구체적으로 제기되기

---

45) 곽윤직/김재형, 앞의 책(물권법)(각주 29), p. 57.

도 하였다. 2012년 대법원 전원합의체 판결은 물권적 청구권은 소유권을 상실하면 그 발생의 기반이 아예 없어지게 되므로, 물권적 청구권의 이행불능을 이유로는 민법 제390조상의 손해배상청구권을 가지지 못하는 것으로 판단하였다(이른바 물권법적 규율론).[46)]

살피건대 물권 · 채권 준별론을 취한다면, 논리적으로는 물권적 청구권과 채권적 청구권에 적용되는 법원리도 달라야 할 것이지만, 물권적 청구권도 특정인에 대하여 행위를 청구하는 것을 내용으로 하는 점에 있어서는 채권(또는 채권적 청구권)과 같은 성질을 가지고 있으므로, 물권적 청구권에도 채권(또는 채권적 청구권)에 관한 규정이 유추적용될 수밖에 없는 경우가 실제로 존재하는 것을 부인하기는 어렵다고 하겠다.

2. 물권 · 채권의 중간적 이익에 대한 보호

인간의 사회활동이나 경제활동은 대단히 다양하고 복잡하기 때문에 물권 · 채권 이분법의 구성만으로는 재산상의 법률관계를 규율하기 어려운 부분이 존재하는 것이 사실이다. 그리하여 실제로 채권과 물권 사이에 있는 이익 중 일부는 일종의 권리로서 보호할 필요가 있다는 주장들이 있다. 여기서는 이른바 물권적 기대권과 사실상 소유권에 관해서만 보기로 한다.[47)]

---

46) 대법원 2012.5.17. 2010다28604 전원합의체 판결. 다만, 청구권이 발생한 기초가 되는 권리가 채권인지 아니면 물권인지와 무관하게 이미 성립한 청구권에 대하여는 그 이행불능으로 인한 전보배상을 인정하는 것이 법리적으로 불가능하지 않다는 별개의견도 있다(이른바 채권법적 규율론).

47) 우리나라에서는 근래 연예, 스포츠산업 및 광고산업의 급격한 발달로 유명인의 성명이나 초상 등을 광고에 이용하게 됨으로써 그에 따른 분쟁이 적지 않게 일어나고 있다. 이를 규율하기 위하여 이른바 퍼블리시티권(Right of Publicity)(즉, 사람이 그가 가진 성명, 초상이나 기타의 동일성(identity)을 상업적으로 이용하고 통제할 수 있는 배타적 권리)이라는 새로운 권리 개념의 인정 여부가 논의되고 있다. 이것도 물권 · 채권의 중간적 이익에 대한 보호 문제의 하나로 볼 수 있을 것이다.

이에 대한 대법원 판결은 아직 없고, 하급심에서는 견해가 나뉘고 있다. 즉, 퍼블리시티권이라는 권리에 관하여 우리 법에 명문의 규정은 없으나 사회의 발달에 따라 유명인이 스스로의 노력에 의하여 획득한 명성 · 사회적인 평가 · 지명도 등으로부터 생기는 독립한 경제적 이익 또는 가치는 그 자체로 보호할 가치가 충분하기 때문에, 해석상 이를 독립적인 권리로 인정할 수 있다는 입장(서울동부지법 2006.12.21. 2006가합6780 판결)과 민법 제185조는 물권법정주의를 선언하고 있고, 물권법은 강행법규성을 중핵으로 하고 있으므로, 법률(성문법과 관습법)이 인정하지 않는 새로운 종류의 물권을 창설하는 것은 허용되지 않는데, 퍼블리시티권은 성문법과 관습법 어디에도 그 근거를 찾아볼 수 없으므로, 그 필요성이 있다는 사정만으로 물권과

(1) 물권적 기대권

우리나라에서 독일의 물권적 기대권론을 소개하면서, 우리의 해석론으로 도입할 것을 최초로 주장한 분은 김증한 교수이다. 1960년 그의 저서에서 물권적 합의의 구속력을 전제로 하여 물권적 기대권이론을 주장하였다.[48] 이러한 물권적 기대권의 효력은, 완전한 부동산물권에 준하며, 권리자는 목적물을 처분(양도·질입 등)할 수 있고 또 압류의 목적이 될 수 있다고 한다.[49] 그리고 이러한 이론은, ① 실제로 사회일반의 법의식에 적합하고, ② 중간생략등기의 설명과 창설적 등기에 있어서 등기청구권의 근거에 관한 일원적 설명 등에 유익하다고 한다.[50]

이어 최종길 교수는 더욱 심도 있는 연구를 통해 물권적 기대권론을 우리 민법의 해석론으로 발전시켰다.[51][52]

그러나 곧 이어서 곽윤직 교수의 물권적 기대권론에 대한 부정론이 제기되었다. 즉, 우리 민법상의 물권적 합의는, 독일과 달리, 그 유효성의 정도가 현저히 떨어지며,[53] 나아가 등기를 하지 않고 있는 부동산취득자를 보호한다는 것은 등기주의를 취한 현행 민법의 입법정신에 반할 뿐 아니라 이들을 보호할 필요도 없다는 것이다.[54]

이와 같이 1960년대에 물권적 기대권에 대한 찬반의 논의가 시작된 후 1970년대를 거쳐 현재까지도 이에 관한 찬반 논의는 계속 진행되고 있다.[55]

유사한 독점·배타적 재산권인 퍼블리시티권을 인정하기 어렵다는 입장(서울고등법원 2002.4.16. 2000나42061 판결; 서울서부지방법원 2014.7.24. 2013가합32048 판결; 서울중앙지방법원 2017.8.14. 2017카합81063 결정)이 나눠져 있다.

48) 김증한, 신물권법(상), 법문사, 1960, pp. 292-293. 구체적으로, 물권적 합의가 있었고 더구나 처분자가 등기에 필요한 일체의 서류를 취득자에게 교부하여, 취득자가 단독으로 등기신청을 할 수 있는 상태가 된 경우에는, 부동산물권을 취득할 물권적 기대권이 인정된다고 한다.

49) 위의 책, pp. 46, 292-293.

50) 김증한, "물권적 기대권", 민법논집, 박영사, 1978, pp. 61-64.

51) 최종길, "물권적 기대권(Ⅴ)", 사법행정(1965.6.), 사법행정학회, 1965, p. 36.

52) 최종길 교수는, 김증한 교수가 물권행위의 독자성을 물권적 기대권의 전제조건으로 삼은 것에 반하여, 물권행위의 독자성을 인정하면서도 물권적 기대권의 전제조건으로 삼지 않고 있다는 점이나 부동산의 점유를 물권적 기대권의 요건으로 하여 물권적 기대권의 성립요건을 강화한 점 등에서는 차이가 있다고 한다(윤철홍, "물권적 기대권", 한국민법이론의 발전 Ⅰ; 총칙·물권편[무암 이영준박사 화갑기념논문집], 박영사, 1999, p. 244).

53) 곽윤직, 부동산물권변동의 연구, 박영사, 1968, pp. 218-222.

54) 위의 책, p. 223면

55) 물권적 기대권론에 찬성하는 문헌으로는, 권오승, "물권적 기대권", 민법의 쟁점, 법원사, 1990, p. 123; 김상용, 앞의 책(물권법)(각주 29), p. 177; 양형우, "물권적 기대권론의 유용성", 민사법학 37호, 한국민사법학회, 2007, p. 284; 윤철홍, 앞의 논문("물권적 기대권")(각주 52), p.

물권적 기대권을 긍정하는 견해에서는 그 법적 성질을 "채권과 물권과의 중간적인 권리이지만 오히려 물권적인 권리"라고 한다.[56] 그러나 물권적 기대권을 부정하는 견해에서는, 만약 물권적 기대권을 인정한다면 민법의 권리체계를 물권과 채권이라는 2원적 권리체계에서 3원적 권리체계로 변화시키는 것으로서 현행 민법의 권리체계에 반한다고 한다.[57] 이러한 비판에 대해서, 물권적 기대권의 이론은 물권 자체를 창설하는 것이 아니고 일정한 상태에 놓인 자의 보호와 그러한 자의 법적 지위의 설명을 위하여 창안된 것으로서, 사실상의 회사 · 사실상의 혼인관계 등의 이론과 상통하는 것이라는 반론도 제기되고 있다.[58][59]

(2) 사실상 소유권

우리의 실정법이 부동산의 '사실상 소유자' 또는 '사실상 소유하는 재산'을 규정[60]하고 있고, 대법원 판례 역시 "사실상 소유 또는 실질적 소유"라는 개념을 인정하고[61] 여러 가지의 효력을 인정하고 있다. 이를 근거로 우리나라에서 사실상

248; 정옥태, "물권적 기대권", 사법연구 제1집[청헌법률문화재단], 청림출판, 1992, p. 104 이하; 황적인, 앞의 책(현대민법론Ⅱ)(각주 41), p. 104 등을 들 수 있다.

한편 물권적 기대권을 부정하는 문헌으로는, 강태성, 앞의 책(물권법)(각주 41), pp. 228-229; 고상룡, "물권행위 독자성과 무인론의 재검토 소고", 민법학특강, 법문사, 1995, p. 299; 송덕수, 앞의 책(물권법)(각주 30), p. 180; 이상태, 앞의 책(물권법)(각주 33), pp. 74-75; 이은영, 앞의 책(물권법)(각주 41), p. 100; 장경학, 물권법, 법문사, 1988, pp. 237, 247, 249; 홍성재, "부동산 물권변동론의 재정립", 민사법학 제43-2호, 한국민사법학회, 2008, pp. 346-347 등이 있다.

56) 김증한, 앞의 책(신물권법(상))(각주 48), p. 293. 독일에서도 물권적 기대권의 법적 성질에 관하여, Raiser는 물권적 법률관계와 채권적 법률관계의 두 영역이 혼합된 예외로 이해된다고 하였으며(Ludwig Raiser, *Dingliche Anwartschaften*, J.C.B. Mohr, 1961, S. 60), Serick은 물권도 아니고 채권도 아닌 '채권적 · 물권적 권리'(ein schuldrechtlich-dingliches Recht)라고 한다(Rolf Serick, "Causa und Anwartschaft", Archiv für die civilistische Praxis(AcP) 166. Band, C.B. Mohr, 1966, S. 130).

57) 이은영, 앞의 책(물권법)(각주 41), p. 100.

58) 김증한/김학동, 앞의 책(물권법)(각주 30), p. 94.

59) 한편 이와 달리, 동산의 소유권유보부 매매의 경우 매수인의 법적 지위에도 역시 물권적 기대권의 인정 여부가 논의되고 있다. 이를 긍정하는 견해(이영준, 앞의 책(물권법)(각주 41), p. 1015.), 부정하는 견해(강태성, 앞의 책(물권법)(각주 41), p. 1412; 고상룡, 앞의 책(물권법)(각주 42), p. 808; 김상용, 앞의 책(물권법)(각주 29), p. 857; 이은영, 앞의 책(물권법)(각주 41), p. 751)가 있다.

60) 부동산소유권이전등기 등에 관한 특별조치법 제5조 제1항; 지방세법 제107조 제1항; 공직자윤리법 제4조 제1항; 부동산 실권리자명의 등기에 관한 법률 제2조 1호 등.

61) 대법원 2000.10.13. 98다55659 판결은, "일반적으로 사실상 소유 또는 실질적 소유라는 개념은 매매 등 소유권 취득의 원인이 되는 법률요건이 성립되어 소유권 취득의 실질적 요건은 모두 갖추고 있으나 그 형식적 요건인 자기 명의의 등기를 갖추고 있지 아니한 경우를 의미한

소유자 개념을 인정하자는 주장이 제기되고 있다.

그런데 실제로는 대체로 물권행위와 부동산(토지)의 점유의 이전이 있었으나 등기를 갖추지 못한 자의 법적 지위를 중심으로 하여 사실상 소유권 인정 여부가 논의되고 있다.

우리 판례는 현행 민법 시행 후 일찍부터 지금까지 지속적으로 이와 같은 부동산매수인에 대하여 물권 또는 물권에 준하는 효력을 인정하고 있다.

① 이러한 부동산매수인은 그 권리의 범위 내에서는 부동산을 법률상 또는 사실상 처분할 수 있는 지위에 있다. 따라서 그 부동산매수인은 타인에게 이를 적법하게 임대는 물론 양도도 할 수 있다.[62]

② 이러한 부동산매수인은 인도받은 부동산을 매매계약의 효력으로서 점유・사용할 권리(본권)를 갖게 된다.[63] 그 결과, 매도인은 자신이 소유자임을 내세워 매수인에 대하여 물권적 청구권을 행사할 수 없다.[64] 나아가, 이러한 부동산매수인으로부터 그 부동산을 다시 매수하고 점유를 이전받은 자도 역시 부동산의 점유사용권을 취득한다. 따라서 매도인은 다시 위 부동산을 전매 받은 자에 대하여도 소유권에 기한 물권적 청구권을 행사할 수 없다.[65]

③ 이러한 부동산매수인이 소유권이전등기 없이 목적물을 인도 받아서 사용・수익하고 있다면, 그 매수인은 그의 등기청구권을 행사하지 않고 있다고 할 수 없기 때문에 그의 매도인에 대한 등기청구권은 소멸시효에 걸리지 않는다.[66] 나아가, 이러한 부동산매수인이 다른 사람에게 그 부동산을 다시 처분하고 점유를 승계하여 준 경우에도, 매도인의 입장에서는 처음의 부동산매수인이 그 부동산을

다."고 판시하여 사실상 소유의 개념을 정의하고 있다.

62) 대법원 1967.2.28. 66다2228 판결; 대법원 1969.7.8. 69다665 판결; 대법원 1986.12.23. 86다카1751 판결; 대법원 1988.9.27. 88다카4017 판결; 대법원 1989.2.14. 87다카3073 판결; 대법원 2008.4.10. 2007다38908・38915 판결; 대법원 2009.1.30. 2008다65617 판결; 대법원 2012.7.26. 2012다45689 판결; 대법원 2014.2.27. 2012다93794 판결.

63) 대법원 1988.4.25. 87다카1682 판결 등 다수.

64) 대법원 2016.7.7. 2014다2662 판결.

65) 대법원 1998.6.26. 97다42823 판결; 대법원 2001.12.11. 2001다45355 판결.

66) 대법원 1976.11.6. 76다148 전원합의체 판결.

부동산물권변동에 관하여 형식주의를 채택한 현행 민법 아래에서는, 구 민법에서와는 달리, 부동산매수인의 등기청구권에 관한 법적 성질을 채권적 청구권으로 해석하지 않을 수 없고 그렇다면 그것은 10년의 소멸시효의 대상이 된다. 그런데 현행 민법 시행 초기에는 실제 10년의 소멸시효기간을 완성한 경우가 없어 부동산매수인을 보호하는 데에는 지장이 없었다. 그러다가 현행 민법 시행 후에 부동산을 매수한 자가 등기청구권을 10년이 넘은 다음에 행사한 사안이 문제되었던 것이 이 판결이다.

스스로 계속 사용 · 수익하고 있는 경우와 특별히 다를 바 없으므로, 처음의 부동산매수인이 비록 목적부동산을 점유하고 있지 않더라도 그의 매도인에 대하여 원래 가지고 있던 소유권이전등기청구권의 소멸시효가 진행되지 않는다고 한다.[67]

한편 학계에서는, 위에서 언급한 실정법 규정과 판례를 근거로, 아직 등기를 갖추지 못하였지만 점유를 이전받은 부동산매수인에 대하여 물권 또는 물권에 준하는 효력을 가지는 '사실상 소유권'을 인정할 수 있다는 긍정적인 견해가 있는가 하면,[68] 이에 반하여, 소유권이전등기를 갖추지 못한 매수인에게 법률상 또는 사실상 처분권이 있다고 해석하는 판례의 입장은 부동산물권변동에 관하여 형식주의(성립요건주의)를 취하고 있는 현행 민법 제186조에 반할 뿐 아니라, 이러한 매수인이 물건에 관한 사실적 지배권능인 점유 · 사용 · 수익의 권능을 가지고 있다고 하여 채권자의 지위에서 더 높아지는 것은 아니라는 부정적인 견해도 있다.[69]

살피건대 판례(위 대법원 2000.10.13. 98다55659 판결)가 사실상 소유권을 "매매 등 소유권취득의 원인이 되는 법률요건이 성립되어 소유권취득의 실질적 요건은 모두 갖추고 있으나 그 형식적 요건인 자기 명의의 등기를 갖추고 있지 아니한 경우"라고 정의한다면, 이러한 경우에는 굳이 물권적 기대권을 원용할 것도 없이 사실상 소유권으로 보호하면 될 것이다. 그리고 사실상 소유권이 침해된 경우에도 우회하여 등기명의인을 대위하여 물권적 청구권을 행사할 필요가 없이 당사자 간에는 물론 제3자에 대하여도 사실상 소유자가 직접 방해배제를 청구할 수 있는 실익이 있다고 하겠다.[70]

어쨌든 물권 · 채권을 준별하고 물권에는 물권법정주의를 취하는 현행법 체계 아래에서는 '물권적 기대권' 또는 '사실상 소유권'이라는 물권 내지는 준물권을 인정하기는 매우 어려울 것으로 생각된다. 다만, 우리 민법은 관습법에 의해서도 물권이 인정될 수 있는 여지를 열어두고 있으므로(제185조), '사실상 소유권'이 관습법상의 물권으로 인정받을 수 있는 요건을 갖춘 경우에는 물권으로 인정될 여지는 있다고 하겠다. 그러나 이러한 권리를 인정해야 한다는 논의가 민법 시행 이

---

67) 대법원 1999.3.18. 98다32175 전원합의체 판결.

68) 박종두, "사실적 소유권의 개념과 그 보호", 민사법학 제39-1호, 한국민사법학회, 2007.12, p. 41 이하; 황태윤, "등기청구권과 사실상 소유자", 동북아법연구 제9권 제3호, 전북대학교 동북아연구소, 2016.1, p. 351.

69) 곽윤직 편집대표/남효순 집필, 민법주해[XIV], 박영사, 2001, pp. 170-171; 이은영, 앞의 책(물권법)(각주 41), p. 103.

70) 박종두, 앞의 논문("사실적 소유권의 개념과 그 보호")(각주 68), p. 80.

후 지금까지도 꾸준히 이어지고 있다는 것은 그만큼 현실적으로 채권과 물권 사이에 있는 중간적 이익도 권리로서 보호할 필요가 있다는 것을 여실히 보여주는 것이라고 하겠다.

3. 물권 · 채권의 결합

물권 · 채권 준별론에서는 재산권을 물권과 채권의 두 종류로 나누어서 각 권리의 논리적 · 추상적 체계를 세우고 있지만, 실제의 생활관계에 있어서는 물권과 채권은 결합되어 있는 것이 보통이다.

(1) 담보물권부 채권의 양도

물권 · 채권을 준별하는 체계 하에서는 예컨대 부동산을 담보로 저당권을 설정하고 금전을 빌리는 경우에, 이론상으로는 금전을 빌리는 소비대차계약을 체결하는 행위(채권행위)와 저당권을 설정하는 행위(물권행위)는 별개의 행위이다.

그러나 실정법상으로 피담보채권과 저당권은 매우 밀접한 관계를 가지고 있는 것으로 규정하기도 한다. 즉, 저당권은 특정채권의 담보를 목적으로 하므로, 피담보채권의 존재를 전제로 하여서만 저당권이 설정될 수가 있다(부종성). 또 채권이 변제 · 포기 · 혼동 · 시효의 완성 기타 사유로 소멸하면 저당권도 소멸한다(제369조 참조).

또한 저당권은 피담보채권과 분리하여 처분하지도 못한다(제361조)(수반성). 따라서 저당권부 채권이 양도되기 위해서는 피담보채권의 양도행위 외에 저당권의 양도행위도 행해져야 한다. 이때에는 채권양도에 관한 규정(제449조 이하)과 부동산물권변동에 관한 규정(제186조 이하)이 적용되어, 각각의 행위에 대한 요건을 모두 갖추어야 한다.[71)]

그 결과 2000년대 이후, 어느 한 쪽 행위의 요건만을 갖추고 있고, 다른 한 쪽 행위의 요건을 갖추지 못하고 있는 경우에, 그 법률관계를 어떻게 해석한 것인지 문제가 본격적으로 제기되었다. 특히 채권양도의 대항요건을 갖추었으나 저당권

---

71) 이러한 담보물권과 피담보채권의 부종성을 기능적 측면에서 보면 서로 밀접한 관계를 가지고 있다고 할 수 있다. 즉, 일반적으로는 채권은 상대적 효력밖에 없지만, 그것에 담보물권을 설정함으로써 제3자에 대하여도 우선적인 변제를 주장할 수 있게 되므로, 실제로 담보물권은 채권 그 자체에 물권적 · 대세적인 성격을 부여하는 기능도 가지고 있는 것이다.

이전의 등기가 이루어지지 않은 경우 또는 그 반대의 경우가 문제된다. 판례는 개별적인 사례에 대하여 판단하고 있으나, 그것만으로는 부족하고 향후 입법에 의한 해결이 필요하다.[72)]

이와 같이 우리 민법이 기본적으로 물권과 채권의 준별론을 취하고 있지만, 담보물권처럼 민법 스스로가 채권과 물권을 밀접한 관계로 결합시키고 있는 예외의 경우를 입법하고 있는 것이다. 그것으로 인하여 채권규정과 물권규정의 적용에 충돌이 발생하고 있다.

(2) 임차주택 양수인의 보증금반환채무의 승계

임차인이 주택임대차보호법상의 대항력을 갖춘 후 임대인이 임차주택을 양도한 경우, 임대인이 지고 있던 보증금반환채무를 포함하는 모든 권리의무가 주택의 양수인에게 승계되는가의 문제와 관련하여, 주택임대차보호법 제3조 제4항은 "임차주택의 양수인(기타 임대할 권리를 승계한 자)은 임대인의 지위를 승계한 것으로 본다."는 규정(신설 1983.12.30.신설)을 두고 있다. 이에 의하면, 임차주택이 양도되면 이제는 종전의 임대인과 임차인 사이의 임대차관계는 동일성을 유지하면서 양수인과 임차인 사이에 포괄적으로 이전되며, 채무인수나 혹은 계약인수 등의 법률행위 없이도 임차주택의 양도만으로 당연히 승계되는 것으로 간주된다. 따라서 임차보증금이 지급되어 있는 경우에는, 양수인의 선의 · 악의에 관계없이, 그리고 양도인 · 양수인의 채무인수계약의 유무에 관계없이, 보증금반환채무가 당연히 양수인에게 이전되는 것으로 간주되는 것이다. 이때 판례는 종전 임대인은 임대인의 지위에서 벗어나고 그의 임차보증금반환채무도 소멸한다고 한다.[73)]

살피건대 인적 채무는 인수자의 의사에 기하여 그것을 인수한 경우에만 그를 구속하기 때문에, 비록 채무자 소유의 물건이 양도된다고 하더라도 채무자가 지는 채무가 양수인에게 당연히 이전하지 않는 것이 원칙이다. 그러나 임차주택이 양도되는 경우에는 임대차보증금의 반환채무가 임차주택의 양수인에게 부동산소유권

---

72) 대법원 2003.10.10. 2001다77888 판결; 대법원 2005.6.23. 2004다29279 판결; 대법원 2014.12.2. 2014마1412 결정 참조.
이에 관한 입법적 해결방안을 모색한 문헌으로 최수정, "피담보채권의 양도와 저당권이전", 민사법학 제48호, 한국민사법학회, 2010.3, p. 131 이하 참조.

73) 대법원 1989.10.24. 88다카13172 판결; 대법원 1995.5.23. 93다47318 판결; 대법원 1996.2.27. 95다35616 판결; 대법원 1996.11.22. 96다38216 판결 등.

이전과 일체로 법률의 규정에 의하여 당연히 이전하게 되므로, 결과적으로 임차인의 보증금반환채권의 효력이 임차주택의 양수인에게 확장되는 것이라 할 수 있다. 이러한 결과는 물권·채권 준별론이 취하고 있는 계약의 상대효의 원칙에는 어긋나는 예외적 현상이라 할 수 있다.

(3) 전세부동산 양수인의 전세금반환채무의 승계

물권적인 전세권이 설정된 후, 전세권의 존속기간 중에 전세목적물이 양도되어 소유권의 변동이 있은 경우에도, 그 양수인이 전세금반환채무를 포함하는 양도인의 전세권설정자로서의 지위를 승계 받는 것인지가 문제된다.

이에 대해 학설은 승계부정설[74)]과 승계긍정설[75)]로 나누어져 있었으나, 2000년 대법원 판례[76)]는 승계긍정설의 입장을 취하여, 결과적으로 주택임대차보호법상의 대항력을 갖춘 후 임차주택이 양도된 경우와 동일한 해석을 하고 있다.[77)]

이 경우에, 위의 주택임대차의 경우처럼, 전세금반환채무가 부동산의 소유권과 결합하여 일체로서 당연히 이전하는 것으로 해석하는 것은, 역시 전세부동산의 양수인에 대하여 전세금반환채무의 채무적 효력(구속력)이 확장되는 것으로서, 물권·채권 준별론에서 취하고 있는 계약의 상대효의 원칙에 대한 예외적 현상이라고 할 수 있다.

4. 물권·채권 간의 우선적 효력의 전도

우리 법제는 토지와 건물이 소유자를 달리하게 된 것이 부득이한 경우에는 건물소유자의 보호를 위하여 법률상 당연히 법정지상권이 성립되는 것으로 규정하

74) 이주홍, “전세권과 경매(하), 법조 31권 11호, 법조협회, 1982.11, pp. 54-57.

75) 양창수, “전세권”, 고시계, 고시계사, 1992.3, pp. 113-114.

76) 대법원 2000.6.9. 99다15122 판결.

77) 이 판례는, 특별히 주택임대차에 있어서 임차주택이 양도되는 경우에 예외적으로 적용되는 규정(주택임대차보호법 3조 4항)과 그에 관한 해석론을 승계에 관한 명문규정조차 없는 물권적 전세권의 모든 경우에 그대로 적용함으로써, 심지어 주거용이 아닌 건물이나 토지의 전세권자까지 필요 이상으로 보호하는 결과가 될 뿐 아니라, 전세권자는 물권자로서 목적물에 대하여 지배권·대항력·추급력은 물론 경매권·우선변제권까지 가지고 있어 전세권자가 전세금을 반환받지 못한 경우에도 목적물로부터 우선변제를 받을 수 있으므로 굳이 구 소유자는 전세금반환의무를 면하고 신 소유자가 이를 승계한다는 해석론을 취하지 않더라도 전세권자에게는 크게 불리한 점이 없다. 오히려 신 소유자에게 자력이 없는 경우에는 전세권자에게 불리한 경우도 발생할 수 있다는 점에서, 해석론으로서는 재고할 필요가 있다(이상태, 앞의 책(물권법)(각주 33), p. 387).

고 있다(제305조 제1항 · 제366조 제1항, 가등기담보 등에 관한 법률 제10조 등). 판례는, 이 이외에도, 일정한 요건 아래 관습법상의 법정지상권의 성립을 인정한다.

그런데 이러한 법정지상권의 취득에는, 일반지상권과는 달리, 지상권의 설정등기를 필요로 하지 않지만, 그 취득한 법정지상권을 처분하기 위해서는 지상권의 설정등기를 하고 처분해야 한다(제187조 참조). 여기서 법정지상권을 취득하고 있던 건물소유자가 지상권에 관한 설정등기를 하지 않고서 다시 그 건물을 다른 사람에게 양도한 경우, 토지소유자가 지상권이전등기를 받지 않은 건물의 양수인에 대하여 건물철거를 청구를 할 수 있는가의 문제가 법원에 제기되었다.

이에 대해 1985년 대법원 전원합의체 판결은, 다음과 같은 법리를 전개하였다. 즉, ① 이와 같은 경우, 법정지상권은 당초의 법정지상권자인 건물의 양도인에게 유보되어 있다. ② 그러나 건물의 양도인과 양수인 사이에는, 특별한 사정이 없는 한, 건물과 함께 그 법정지상권도 양도하기로 하는 채권계약이 있었다고 할 것이므로, 당초의 법정지상권자는 토지소유자와의 사이에서 일단 지상권의 설정등기를 한 후에 건물양수인에게 지상권의 이전등기절차를 이행하여 줄 의무가 있고, 따라서 건물양수인은 건물양도인을 대위하여 지상권의 설정등기절차이행을 청구할 수 있다. ③ 이때 토지소유자가 종국에는 법정지상권을 취득할 지위에 있는 건물양수인에 대하여 건물의 철거를 청구하는 것은 "지상권의 부담을 용인하고 그 설정등기절차를 이행할 의무 있는 자가 그 권리자를 상대로 한 청구라 할 것이어서 신의성실의 원칙상 허용될 수 없다"는 결론을 내렸다.[78]

살피건대 이러한 판례의 법리에 의하면, 물권자인 토지소유자는 건물양도에 아무런 관여를 하지 않았음에도 불구하고, 법정지상권 이전등기절차의 이행을 청구할 수 있는 채권을 가지고 있는 데 불과한 건물양수인에 대하여 건물의 철거를 청구할 수 없게 된다. 이러한 결과는, 사안에 대한 구체적 타당성은 별론으로 하고, 동일물을 목적으로 하여 물권과 채권이 동시에 성립하고 있는 경우에는 그 성립의 전후를 불문하고 언제나 물권이 우선한다는 물권 · 채권 준별론의 대원칙에는 어긋나는 것이라고 할 수 있다.

---

78) 대법원 1985.4.9. 84다카1131,1132 전원합의체 판결; 대법원 1988.9.27. 87다카279 판결. 이 판결에 관한 문헌으로, 고상룡, "법정지상권양수자의 법적 지위", 법률신문 제1612호, 법률신문사, 1985.11.11, p. 12; 명순구, "법정지상권과 지상물 소유권의 관계", 안암법학 5호, 안암법학회, 1997, p. 245 이하; 윤진수, "법정지상권 성립 후 건물을 취득한 자의 지위"(상 · 중 · 하), 사법행정 27권 5호-7호, 한국사법행정학회, 1986.5.7, 각각 p. 57 이하, p. 21 이하, p. 35 이하.

5. 채권효력의 강화 · 확장

(1) 채권효력의 강화

민법은 채권의 상대효에 대한 예외로서 일정한 요건을 갖춘 채권을 제3자에 대하여 주장할 수 있는 경우를 인정하여 채권의 효력을 강화하고 있다.

(가) 청구권 보존의 가등기

우리 법은 특별히 부동산물권변동을 목적으로 하는 채권적 청구권의 효력을 보다 확실하게 해야 할 필요에 따라, 가등기제도를 마련하고 있다.[79]

이러한 가등기가 갖는 효력과 관련하여 종래 부동산등기법 제91조[80]를 기초로 하여 청구권보전의 효력(본등기순위보전적 효력)을 갖는다고 해석해 오고 있다.[81] 따라서 가등기에 기하여 본등기가 행해지면, 가등기 이후에 행해진 처분은 가등기에 의해 보전되는 청구권과 양립되지 않는 범위 내에서 무효로 되거나 후순위가 된다(상대적 무효). 즉, 그 처분은 가등기된 청구권자에 대해서만, 그것도 청구권을 침해하는 범위 내에서만 효력이 없어진다.

그러나 이와 달리 최근에는 가등기가 물권적인 성질인 절대성을 갖는 것으로 해석하여 제3자에 대한 대항력이 발생한다는 주장[82]이 제기되기도 한다.

---

79) 구체적으로 부동산등기법 제88조는 가등기를 할 수 있는 경우로, ① 물권(소유권 · 지상권 · 지역권 · 전세권 · 저당권 · 권리질권 · 채권담보권) 또는 부동산임차권의 변동(설정 · 이전 · 변경 · 소멸)을 목적으로 하는 청구권을 보전하려고 할 때(예 : 부동산매수인의 소유권이전청구권), ② 그러한 청구권이 시기부 또는 정지조건부인 때(예 : 채무불이행이 생기면 토지의 소유권을 이전하기로 한 경우), ③ 기타 청구권이 장래에 확정될 것인 때(예 : 예약완결권을 행사할 수 있는 경우)를 규정하고 있다.

그러나 물권적 청구권을 보전하기 위해서는 가등기를 할 수가 없다(대법원 1982.11.23. 81다카1110 판결).

80) 부동산등기법 제91조는 "가등기에 의한 본등기(본등기)를 한 경우 본등기의 순위는 가등기의 순위에 따른다."고 규정하고 있다 .

81) 곽윤직/김재형, 앞의 책(물권법)(각주 29), pp. 151-155; 송덕수, 앞의 책(물권법)(각주 30), pp. 119-124; 이상태, 앞의 책(물권법)(각주 33), pp. 113-115.

판례도, 가등기는 본등기 순위보전의 효력만이 있고, 후일 본등기가 마쳐진 때에는 본등기의 순위가 가등기한 때로 소급함으로써 가등기 후 본등기 전에 이루어진 중간처분이 본등기보다 후순위로 되어 실효된다는 것일 뿐이고, 본등기에 의한 물권변동의 효력이 가등기한 때로 소급하여 생기는 것은 아니라고 한다(대법원 1981.5.26. 80다3117 판결; 대법원 1982.6.22. 81다1298 · 1299 판결 등).

82) 강태성, 앞의 책(물권법)(각주 41), pp. 273-275. 이에 의하면, 소유권이전등기청구권이 가등기되면, 그때부터 가등기 당시의 청구권은 물권적 성질인 절대성을 가져 제3자에 대하여 대항력이 발생한다고 주장한다. 그렇더라도 가등기설정자의 물권 자체에는 아무런 영향이 없고, 그

어쨌든 이와 같이 부동산물권변동을 목적으로 하는 채권적인 청구권에 대하여 가등기제도를 마련하여, 순위보전적 효력(또는 학설에 따라서는 절대성을 가지는 제3자에 대한 대항력)을 인정하여 채권의 당사자 이외의 제3자에 대하여 일정한 효력을 인정하는 것은, 물권 · 채권의 준별론의 입장에서는 체계의 순수성 내지 채권의 상대효를 범하는 것이 된다. 그리고 부동산권리의 취득에 향해진 모든 채권법적인 청구권에 채권자는 언제든지 가등기를 통하여 제3자에 대하여 주장할 수 있는 권능이 포함되어 있다고 한다면 상대적인 채권과 절대적인 물권을 엄격히 구별하고 있는 준별론과는 모순된다고 하는 지적도 있다.[83]

(나) 부동산임차권의 대항력

우리 민법은 임대차계약을 전형적인 채권계약의 하나로 규정하고 있기 때문에, 임차권은 임대인에 대해서만 주장할 수 있는 채권에 불과하다. 그러나 부동산 임차권은 사회적으로 보호할 필요성 있어서, 그 임차권에 대하여 3자에 대한 대항력을 인정하고 있다.

우리 민법은 부동산임차권은 반대약정이 없으면 임대인에 대하여 임대차 등기절차에 협력할 것을 청구할 수 있고, 이를 등기를 한 때에는 제3자에 대한 대항력이 생기는 것으로 규정하고 있다(제621조).[84] 따라서 임차권이 등기된 부동산이 양도된 경우에, 임차인은 새로운 소유자에 대하여 자신의 임차권을 가지고 대항할 수 있게 된다. 임대차기간이 종료되면 임차인은 새로운 소유자에 대하여 보증금반환청구를 하면 된다.[85]

이와 같이 부동산임차권에 대하여 일정한 요건 하에 예외적으로 제3자에 대항력을 인정하고 있는 한에서는 역시 물권 · 채권 준별론이 관철되지 않고 있다고 하겠다.[86]

는 그의 물권을 다시 유효하게 제3자에게 처분할 수가 있다고 한다. 이때 가등기권리자의 가등기 당시의 소유권이전청구권 자체가 물권적 성질인 절대성을 가지므로, 가등기권리자는 그의 소유권취득요건을 모두 갖추면 제3자를 상대로 소유권이전등기를 청구하여 그 제3자로부터 소유권을 승계취득할 수 있다고 한다.

83) Wieacker, "Die Forderung als Mittel und Gegenstand der Vermögenszuordnung," *Deutsche Rechtswissenschaft*, 6. Bd, Hanseatische Verlagsanstalt, 1941, S. 59.

84) 구 민법은 단순히 부동산 임대차를 등기한 경우에 대항력을 가지는 것으로 규정하였다(제605조).

85) 송덕수, 채권법각론[제2판], 박영사, 2016, p. 256.

86) 다만, 임차권은 채권이지만 등기된 임차권만은 물권으로 다루어야 한다는 견해(김기선, 한국채권법각론[재3정정판], 법문사, 1988, p. 204)가 있으나, 민법 규정의 내용만으로는 부동산임차권을 물권으로 파악하기는 어렵고 다만 그 효력을 강화하였다고 하는 것이 적절하다고 하겠다.

(다) 주택임차권 · 상가건물임차권의 대항력 등

우리의 현실이 부동산임차권의 등기는 임대인의 동의를 받기가 어려워 별로 이용되지 않아서, 민법의 규정이 그다지 실효를 거두기 어려운 점이 있었다.

그러던 중 1981.3.5. 국민 주거생활의 안정을 보호하기 위한 목적으로 주택임대차보호법이 제정되면서, 주거용 건물의 임대차에 관하여 민법에 대한 특례를 규정함으로써, 여러 가지 방법으로 주택임차권을 강화하기에 이르렀다.

주택임대차보호법은 '주택의 임대차'에 관하여, 민법이 정하는 등기 대신, '주택의 인도'와 '주민등록'을 갖추면 그 익일부터 제3자에 대하여 대항력을 갖는 것으로 규정하고 있다(같은 법 제3조 제1항).

그리고 임차인이 대항력을 가지는 임차주택이 양도된 경우, 그 임차주택의 양수인은 임대인의 지위를 승계한 것으로 본다고 규정(같은 법 제3조 제4항)하고 있는 것은 앞에서 언급한 바 있다.

또한 주택임차인이 제3자에 대한 대항요건과 임대차계약증서상에 확정일자를 받은 경우에는, 민사집행법에 따른 경매 또는 국세징수법에 따른 공매를 할 때에 임차주택(대지 포함)의 환가대금에서 후순위권리자나 그 밖의 채권자보다 우선하여 보증금을 변제받을 권리가 있다(같은 법 제3조의2 제2항). 특히 보증금 중 일정액에 대해서는 다른 담보물권자보다 우선하여 변제받을 수 있는 최우선변제권까지 인정하고 있다(같은 법 제8조). 이러한 우선변제적 효력의 인정은 부동산 담보권에 유사한 효력을 인정한 것과 같다.[87)]

기타 임대차가 종료된 후 보증금을 반환받지 못한 경우를 대비하여 임차권등기명령제도를 마련하고 있다(같은 법 제3조의3).

한편 2001.12.29. 상가건물 임차인을 보호하기 위하여 상가건물 임대차보호법이 제정되었으며, 이 법 역시 민법상의 임대차 규정에 대하여 여러 가지 특례를 규정하여, 상가건물 임차권의 효력을 강화하고 있다,

상가건물임대차는 그 등기가 없는 경우에도, 임차인이 건물의 인도와 조세법에 따른 사업자등록을 신청하면, 그 다음 날부터 제3자에 대하여 효력이 생긴다(같은 법 제3조 제1항). 또한 임차인이 대항력을 가지는 경우, 임차건물의 양수인은 임대인의 권리를 승계한 것으로 본다(같은 법 제3조 제2항).

---

87) 대법원 1992.10.13. 92다30597 판결; 대법원 2007.11.15. 2007다45562 판결.

임대인이 위와 같은 대항요건을 갖추고 관할 세무서장으로부터 임대차계약서에 확정일자를 받으면, 경매의 경우에 임차건물의 환가대금에서 후순위권리자 및 일반채권자보다 우선하여 보증금을 변제받을 수 있는 우선변제권을 인정하고 있다(같은 법 제5조 제2항).

기타 임차권등기명령(같은 법 제6조), 소액보증금에 대한 최우선특권(같은 법 제14조) 등은 주택임대차에 인정되고 있는 것과 유사하다.

살피건대 이와 같이 민법은 물론 특별법에서 부동산임차권의 효력을 강화하고 있는 현상에 대한 설명은 다양하다. 즉, 부동산임차인에게 '준물권적 지위'quasi-dingliche Stellung가 보장되는 것으로 보고 임차권이 '물권화'되었다고 하는 견해,[88] 부동산임차권은 순수한 채권이라기보다는 물권에 접근된(물권화된) 채권이 되었다고 하는 견해,[89] 특별법까지 제정되었지만 아직 물권화의 정도는 그렇게 짙은 것이 아니므로, 우리나라의 부동산임차권은 본질은 채권에 지나지 않으나, 실제의 효력에 있어서는 물권적인 것을 부분적으로 포함하는 특수한 채권이라고 보는 것이 옳다고 하는 견해,[90] 채권적 성질과 물권적 성질을 함께 갖고 있는 중간적 권리로 이해함이 타당하다는 견해[91] 등이 제시되고 있다.

어쨌든 부동산임차권자 보호의 현실적 필요성은 인정된다고 하더라도, 채권에 불과한 부동산임차권에 대하여 물권에 인정되는 제3자에 대한 대항력이나 우선변제권까지 부여하는 것은 물권과 채권을 준별하는 체계를 뒤흔들게 되는 것은 분명하다.

(2) 채권효력의 확장

상대권인 채권이 채무자가 아닌 제3자에 대하여도 효력을 가지는가[92]와 관련하여 주로 문제되는 것은 제3자에 의한 채권침해의 경우와 부동산의 이중매매의

88) 김형배, 채권각론[계약법], 박영사, 1997, pp. 410-411.
89) 김증한/김학동, 채권각론[제7판], 박영사, 2006, p. 368.
90) 곽윤직, 채권각론[제6판], 박영사, 2005, p. 194.
91) 고상룡, "임차권의 물권화", 사회과학 24권, 성균관대학교 사회과학연구소, 1985.12, p. 76; 김상용, 채권각론, 화산미디어, 2009, p. 277.
92) 2016.10.1. 시행된 개정프랑스민법은, 계약은 당사자 사이에서 상대적 효력을 가지지만, 제3자는 계약상의 의무는 부담하지 않을지라도 계약이 발생하고 있는 상황을 존중할 의무, 즉 계약상 급부의 이행을 방해하는 행동을 해서는 안 되는 의무는 부담한다는 학설 · 판례의 입장을 받아들여, 제1200조 제1항 "Les tiers doivent respecter la situation juridique créée par le contrat."(제3자는 계약에 의하여 만들어진 상황을 존중하여야 한다.)을 신설하고 있다.

경우이다.

(가) 제3자에 의한 채권침해의 책임론(불법행위책임 인정 여부)

제3자에 의하여 상대권에 지나지 않는 채권의 내용이 실현 불가능하게 되거나 방해를 받았을 경우에, 과연 채권자가 그 제3자에 대하여 불법행위책임을 물을 수 있는 효력이 발생하는가에 대한 의문이 제기된다.

이와 관련하여, 구 민법시대 초기에는, 채권은 상대권에 불과하기 때문에, 그 성질상 제3자가 채권을 침해하는 현상은 있을 수 없고, 따라서 불법행위의 성립도 인정되지 않는다고 하였다. 그러나 그 후기에 들어와서는, 권리불가침의 이론을 근거로 하여, 제3자에 의한 채권침해가 가능하고, 따라서 그러한 경우에 불법행위가 성립할 수 있다고 하는 긍정설이 유력해지기도 하였다.[93)]

현행 민법시대에 들어와서는, 1960년대 초, 일찍이 김증한 교수는 절대권·상대권의 개념을 좀 더 넓게 파악하여 그 권리내용의 실현을 위한 주장까지를 포함해서 모든 사람에 대하여 주장할 수 있느냐 또는 특정인에 대하여서만 주장할 수 있느냐를 가지고 구별하여야 한다고 하면서,[94)] 채권도 제3자에 의한 침해가 가능하며, 제3자가 불법적으로 채권을 침해한 때에는 불법행위책임이 발생한다고 주장하였다. 물론 침해의 사실 이외에, 불법행위의 일반적 요건이 필요하다고 하였다.[95)]

그 이후 현재까지, 우리의 대부분의 학설도 채권의 상대성을 인정하면서도, 제3자에 의하여 채권의 실현이 침해 또는 방해되는 경우가 발생하는 것을 인정하고, 다만 이때에는 언제나 불법행위가 성립하는 것은 아니고, 위법성이 있는 경우에 한정적으로만 불법행위가 성립한다고 한다. 그러나 그 이론구성에 있어서는 약간의 차이들이 있다.[96)]

---

93) 김용한, "채권의 대외적 효력 – 제3자에 의한 채권침해", 법정논총 제17집 제1호, 건국대학교, 1982, p. 30.

94) 김증한, "제3자의 채권침해와 채권의 상대성", Fides 10권 2호, 서울대학교 법과대학, 1963, p. 7.

95) 김증한/안이준, 신채권총론[개정7판], 박영사, 1962, pp. 78-83.

한편, 이와 같은 제3자의 채권침해에 대하여, 물권의 경우 그에 대한 객관적으로 위법한 침해상태가 있을 때에 침해자의 주관(고의 또는 과실)을 묻지 않고 그 배제를 청구할 수 있는 물권적 청구권이 인정되는 것과는 달리, 공시를 수반하지 않는 채권의 경우에는 일률적으로 이와 같은 권리를 인정할 수는 없지만, 다만, 공시방법을 수반한 채권에는 이러한 방해배제나 방해예방청구 정도는 가능할 것이라고 한다. 나아가, 점유를 갖춘 임차권에도 이러한 효력을 인정할 수 있다고 한다(pp. 83-85).

96) 곽윤직, 채권총론[재판], 법문사, 1966, pp. 110-111(상대권인 채권도 채권의 성질상 예외적으

그러나 이에 대해, 절대권과 상대권의 구별을 부인하는 전제 하에서 모든 권리는 불가침의 성질을 가진다고 하면서, 제3자가 채권을 침해하면 당연히 불법행위가 성립한다는 주장[97]이 있는가 하면, 채권이 상대권이라고 하는 것은 특정 채무자에게만 급부를 청구할 수 있다는 것만을 의미할 뿐이고, 제3자에 의해서는 침해를 받을 수 없는 권리라든지 제3자에 의하여 부당하게 침해되는 경우에 그러한 부당한 침해로부터 당연히 보호받지 못하는 권리라는 것을 의미하지 않는다고 하면서, 제3자에 의한 채권침해가 불법행위가 될 수 있다고 하는 주장[98]도 제기되고 있다.

그런데 2000년대 후반에는 채권은 채무자에게만 효력을 미치는 상대권이라는 점을 강조하면서, 비록 제3자의 행위가 채권의 실현에 영향을 미쳤다 하더라도, 채권자에 대하여는 불법행위책임을 지지 않는다는 주장이 다시 등장하고 있다. 이러한 경우에 제3자가 불법행위책임을 진다고 하는 것은 물권 · 채권 준별론을 기초로 하고 있는 현행법의 체계 및 기본원리에 벗어난 것이라고 비판한다.[99]

한편 판례는 1970년대에 제3자에 의한 채권침해가 불법행위가 성립할 수 있다는 점을 밝히고 있는 판결[100]을 시초로 하여, 2000년대에 들어와 본격적으로 제3자에 의한 채권침해가 불법행위로 인정되는 경우 그 위법성의 판단 기준을 마련하여 불법행위 성립요건의 법리를 더욱 확고히 하고 있다. 그 대표적인 판결은 대법원 2003.3.14. 2000다32437 판결이다.[101] 이 판결에서 주목되는 것은 제3자

로 제3자에 의해 침해될 수 있고, 그에 대한 보호는 정책의 문제이다); 김상용, 채권총론, 화산미디어, 2009, p. 89(예외적으로 제3자에 의한 채권의 침해행위가 보호법규위반 · 선량한 풍속위반 · 사회질서위반 등 위법성이 인정될 때에 불법행위가 성립한다); 김형배, "제3자에 의한 채권침해", 법학논집 제22집, 고려대학교 법학연구소, 1984.12, pp. 133-134면(제3자에 의한 채권침해는 채권의 효력이 어디까지 미치느냐 하는 문제라기보다는, 채권을 법질서 속에 존재하는 객관적 실체로 파악하고, 이를 그 침해로부터 보호하는 문제로 파악해야 한다. 민법 제750조는 '위법성'을 불법행위의 성립요건을 규정하고 있으므로, 제3자에 의한 채권침해에 대한 불법행위의 성립도 구체적 사안에 있어서 채권자의 '보호받을 가치가 있는 이익'의 침해 여부에 따라 결정되어야 한다).

97) 김기선, 한국채권법총론[재3정정판], 법문사, 1987, p. 169.

98) 서광민, "제3자에 의한 채권침해", 현대민법의 과제와 전망, 남송 한봉희박사화갑기념논문집간행위원회, 1994, p. 1012.

99) 박영규, "'제3자의 채권침해'이론 비판", 법률행정론집 제13권, 서울시립대학교, 2006.2, pp. 54 이하, 73 등.

100) 대법원 1975.5.13. 73다1244 판결.

101) 대법원 2003.3.14. 2000다32437 판결(일반적으로 채권에 대하여는 배타적 효력이 부인되고 채권자 상호간 및 채권자와 제3자 사이에 자유경쟁이 허용되는 것이어서 제3자에 의하여 채권이 침해되었다는 사실만으로 바로 불법행위로 되지는 않는 것이지만, 거래에 있어서의 자유경쟁의

의 침해대상으로 '채권'의 침해가 아니라 '채권자의 이익'이라고 표현하고 있다는 점이다.

살피건대 채권은 당사자 사이에만 효력을 갖는다고 하는 물권·채권 준별론에 의하면, 제3자에 의한 채권침해의 경우 채권자가 제3자에 대해 불법행위책임을 물을 수 있다는 것을 설명하기에는 이론적으로는 매우 어려운 점이 있는 것은 사실이다. 만약 절대권이든 상대권이든 법적으로 보호할 필요가 있는 이익에 대하여 제3자에 의한 침해가 있는 경우에 불법행위책임을 인정할 수 있다고 한다면, 제3자에 의한 채권침해를 불법행위로 인정할 것인가의 문제는 직접적으로는 채권의 효력과 관련이 없다고 할 수 있을 것이다.[102] 그러나 이러한 경우 채권자가 제3자에 대한 불법행위책임를 물을 수 있다고 해석한다면, 어쨌든 채권의 효력과는 전혀 관련이 없다고 할 수 없고, 적어도 간접적으로는 채권의 효력이 확장되는 측면이 있는 것은 부인할 수가 없다고 하겠다. 결국 제3자에 의한 채권침해에 대한 책임론에 관한 논의는 물권과 채권을 준별하는 체계 하에서는 설명하기 매우 어려운 점이 있다는 것을 나타내 주고 있다고 하겠다.

(나) 부동산의 이중매매

채권은 배타성이 없으므로 부동산 2중매매의 경우 두 매매계약 모두 법률상 유효하게 성립된다. 따라서 두 매수인의 매도인에 대한 소유권이전청구권은 유효하게 성립하며, 두 권리 사이에 우열도 없다. 만약 매도인이 어느 한 매수인에게 이행을 한다면, 다른 매수인은 매도인에 대하여 채무불이행으로 인한 손해배상만을 청구할 수 있을 뿐이다.

그런데 이때 매도인이 먼저 제2 매수인에게 공시방법인 이전등기를 해주면, 일

원칙은 법질서가 허용하는 범위 내에서의 공정하고 건전한 경쟁을 전제로 하는 것이므로, 제3자가 채권자를 해한다는 사정을 알면서도 법규에 위반하거나 선량한 풍속 또는 사회질서에 위반하는 등 위법한 행위를 함으로써 **채권자의 이익**을 침해하였다면 이로써 불법행위가 성립한다고 하지 않을 수 없고, 여기에서 **채권침해의 위법성**은 침해되는 채권의 내용, 침해행위의 태양, 침해자의 고의 내지 해의의 유무 등을 참작하여 구체적·개별적으로 판단하되, 거래자유 보장의 필요성, 경제·사회정책적 요인을 포함한 공공의 이익, 당사자 사이의 이익균형 등을 종합적으로 고려하여야 한다). 이와 같은 취지의 판결로는, 대법원 2001.5.8. 99다38699 판결; 대법원 2007.5.11. 2004다11162 판결; 대법원 2007.9.6. 2005다25021 판결; 대법원 2007.9.21. 2006다9446 판결; 대법원 2009.6.11. 2007다68862 판결; 대법원 2009.10.29. 2008다82582 판결; 대법원 2009.11.26. 2008다24494 판결; 대법원 2012.9.13. 2010다77538 판결; 대법원 2013.3.14. 2011다91876 판결 등이 있다.

102) 윤진수, "제3자의 채권침해와 부동산의 이중양도", 민법논고 Ⅲ, 박영사, 2008, p. 6.

물일권주의의 원칙상 그 제2 매수인이 소유권을 취득한다. 이때 제1 매수인의 보호 문제가 대두된다. 여기서 중요한 쟁점은 매도인(채무자)의 제1 매수인(채권자)에 대한 계약의 구속성을 어디까지 인정할 것인지, 제2 매수인의 자기 이익 추구라는 의미에서 자유경쟁을 어디까지 허용해야 할 것인지이다.[103)]

현행 민법이 시행된 지 얼마 지나지 않아, 김증한 교수는 이와 같은 2중매매가 선량한 풍속 기타 사회질서에 위반함으로써 무효의 가능성이 있다고 주장하였다.[104)] 이는 물권변동에 관하여 형식주의를 채택한 현행 민법 하에서 처음으로 이 문제를 다룬 것으로서, 그 후의 학설과 판례에 대하여 선도적인 역할을 하였다.[105)]

그 이후의 학계에서는 제2 매수인이 매도인의 배임행위에 적극 가담하였을 때에는 제2의 매도행위는 사회질서 위반이 되어 무효라는 이론이 정설이 되었다.[106)] 다만, 제1 매매계약의 이행의 정도와 관련해서는, 매수인이 매매대금을 완납하고 이전등기에 필요한 서류를 교부받았어야 한다는 견해,[107)] 매매대금의 완납과 목적물의 점유를 이전받아 사실상 소유자의 지위에 있어야 한다는 견해,[108)] 중도금을 받기 이전에는 해약(제565조)이 가능하고 또한 형법상 배임죄에 비추어 매도인이 중도금을 받은 이후이야 한다는 견해[109)] 등이 있다.

1969년 대법원도 매수인이 매도인을 기만함으로써 매도인의 배임행위에 적극 조성 · 가담하여서 이를 매수하였다면 이때의 매매는 사회정의관념에 위배된 반사회적 법률행위로서 무효라는 취지로 판단한 원심조치는 정당하다고 판시[110)]한 이

---

103) 이춘원, "부동산 이중매매에 관한 일 고찰", 집합건물법학 제13집, 한국집합건물법학회, 2104. 6, p. 24.

104) 김증한 교수의 이론은 2중매매의 문제를 물권적 기대권의 이론과 관련시켜 다루고 있는 데 특색이 있다. 즉, 부동산의 매수인이 매매대금을 완납하고 이전등기에 필요한 서류를 교부받은 때에는 물권행위가 있다고 해석되고, 그 후에 2중매매행위를 하면 배임죄가 성립되므로, 사법상으로 사회질서에 반하게 된다고 설명한다(김증한, "이중매매의 반사회성", 법정 제19권 9호, 1964, pp. 7-9).

105) 윤진수, "부동산의 이중양도와 원상회복", 민사법학 6호, 한국민사법학회, 1986, p. 164.

106) 고상룡, 민법총칙[전정판], 법문사, 1999, p. 344; 곽윤직/김재형, 민법총칙[제9판], 박영사, 2013, p. 283; 김상용, 민법총칙, 화산미디어, 2009, p. 386; 이영준, 민법총칙[개정증보판], 박영사, 2007, p. 237 이하.

107) 김증한, 앞의 논문("이중매매의 반사회성")(각주 104), pp. 7-9.

108) 이은영, 민법총칙[제4판], 박영사, 2005, p. 377.

109) 김준호, "반사회적 부동산이중매매에 관한 판례이론", 한국민사법학의 현대적 전개(연람 배경숙교수화갑기념논문집), 박영사, 1991, p. 314.

110) 대법원 1969.11.25. 66다1565 판결.

후, 같은 취지의 판결[111]을 반복함으로써 판례로서 확립되었다고 할 수 있다.

한편 판례는, 제1 매수인은 아직 목적물의 소유권을 취득하지는 못하였으므로, 직접 제2 매수인의 이전등기에 대한 말소를 청구할 수 없고, 매도인을 대위하여서만 그 말소를 청구할 수 있다고 한다.[112] 그리고 제2 매수인의 등기가 원인무효로 된 경우에, 제2 매수인으로부터 목적물을 전득한 자는 그가 선의인 때에도, 부동산 등기에 공신력이 인정되지 않는 한 보호받지 못한다고 한다.[113]

그런데 위와 같은 판례의 이론에는 다음과 같은 문제점이 있다. 첫째, 2중매매의 경우 제2 매수인 앞으로의 이전등기는 민법 제746조 소정의 불법원인급여에 해당하므로, 매도인은 제2 매수인에 대하여 위 등기의 말소를 청구할 수 없다고 하여야 한다. 그렇다면 제1 매수인이 대위하여야 할 매도인의 제2 매수인에 대한 등기말소청구권은 존재하지 않는다는 점, 둘째, 민법 제103조의 무효는 절대적 무효이므로, 결과적으로 전득자가 선의라 하더라도 보호를 받지 못하게 되는 것은 부당하다는 점이 있다.

이와 같은 판례의 문제점을 해결하는 방안으로, 1980년대 불법원인급여의 적용범위를 좁히자는 주장[114]이 제기되고 이를 위한 시도가 계속되고 있다.[115] 1990년대에는 발상을 전환하여 제2 매수인이 매도인의 배임행위에 적극 가담한

---

111) 대법원 1970.10.23. 70다2038 판결; 대법원 1977.1.11. 76다2083 판결; 대법원 1981.12.22. 81다카197 판결; 대법원 1992.3.31. 92다1148 판결; 대법원 1994.3.11. 93다55289 판결; 대법원 1996.10.25. 96다29151 판결; 대법원 1997.7.25. 97다362 판결; 대법원 2009.9.10. 2009다23283 판결.

112) 대법원 1980.5.27. 80다565 판결; 대법원 1983.4.26. 83다카57 판결.

113) 대법원 1979.7.24. 79다942 판결; 대법원 1996.10.25. 96다29151 판결; 대법원 2008.3.27. 2007다82875 판결.

114) 이용훈, "반사회적 이중양도와 불법원인급여", 민사법의 제문제(온산 방순원선생 고희기념), 박영사, 1984, p. 31 이하(반사회적 이중매매는 다른 반사회적인 법률행위와 달리 무효를 주장할 수 있는 자는 제1 매수인뿐이고, 제2 매수인은 매도인에게 그 급부를 반환하여 제1 매수인이 그 목적물에 관한 권리를 이전하여 갈 수 있도록 협력할 의무가 있다. 따라서 위 한도 내에서 반사회적 이중매매로 인한 급부는 매도인과 제2 매수인 사이에서는 불법원인급여에 해당하지 않는다).

115) 이영준, 앞의 책(민법총칙)(각주 106), pp. 267-268(민법 746조가 부당이득반환청구를 배제하는 이유는 출연을 출연자와 수취자 중 어느 일방에 머무르게 하는 것이 법 질서에 반하여 현상을 고정하려는 데 있는 것이므로, 출연이 원래 귀속되어야 할 제3자에게 자동적으로 귀속되는 경우에는 746조의 적용이 없다. 즉, 매도인과 제1 매수인 사이에는 제746조가 적용될 여지가 없고, 매도인과 제2 매수인 사이에서만 제746조가 적용된다. 따라서 제1 매수인은 매도인의 부당이득반환청구권을 대위행사하여 제2 매수인을 상대로 소유권이전등기의 말소를 청구함과 동시에 매도인에게 소유권이전등기를 청구할 수 있다).

경우에는 제1 매수인의 채권침해로 이론구성을 하자는 견해[116)]도 주장되고 있다.

그런데 2000년 이후, 개인의 자유(사적 자치)를 최대한 보장하려고 하는 우리의 법이념 아래에서는 자유로운 경쟁을 보장할 필요성이 매우 크므로 2중매매계약은 유효하다고 하여야 하고, 다만 매도인은 제1 매수인에게 계약위반에 따른 책임인 이행불능을 이유로 금전배상을 하면 충분하다는 비판적 견해[117)]도 제기되고 있다.

살피건대 2중매매에 대해 사회질서위반의 문제로 해결하려는 견해는 물권 · 채권 준별론에서 취하는 채권의 상대효 이론의 난점을 일단 피해갈 수가 있을 것으로 생각된다. 그리고 2중매매를 제3자의 채권침해의 유형의 하나로 파악하려는 견해는, 채권의 효력을 제3자에 대하여 적어도 간접적으로 확장하는 것이라고 할 수 있다. 그런데 2중매매를 유효한 것으로 보고 일반 계약이론에 의하여 매도인은 제1 매수인에 대해 이행불능의 책임만 지면 된다고 하는 견해는, 물권 · 채권 준별론으로 다시 돌아가서, 채권의 상대효이론을 수호하려는 것이라고 할 수 있다. 어쨌든 이러한 현실적으로 행해지는 2중매매에 대한 법적인 규명에는 물권과 채권을 준별하는 체계 아래에서는 역시 어려운 점이 있다고 하겠다.

---

116) 이러한 입장을 취하는 견해는, 다시, 채권자취소권제도를 적용하자는 견해와 불법행위로 인한 원상회복을 인정할 수 있다는 견해로 나뉜다.

전자의 견해는, 채무자의 무자력과 관계없이 특정물채권 자체에 기하여 채권자취소권을 행사할 수 있으며 또한 채권자는 그 목적물로부터 다른 채권자에 우선하여 자기채권의 변제를 받을 수 있다는 전제에서, 제1 매수인은 매도인과 제2 매수인 사이의 양도계약을 사해행위로 취소하고 제2 매수인에 대하여 직접 제1 매수인 명의로의 소유권이전등기를 청구할 수 있으며, 이 경우 제2 매수인으로부터 목적 부동산을 취득한 선의의 전득자는 민법 제406조 제1항 단서에 의하여 보호될 수 있을 뿐만 아니라 제1 매수인의 위 사해행위취소권은 동조 제2항의 제척기간의 제한을 받음으로써 거래의 안전을 유지할 수 있다고 한다(홍춘의, "부동산의 이중매매와 제1 매수인의 보호", 부동산법학의 제문제(석하 김기수교수화갑기념), 박영사, 1992.6, p. 225 이하).

후자의 견해는, 불법행위의 효과로서 일반적으로 원상회복청구권을 인정할 수는 없다고 하더라도, 적어도 원상회복을 인정하는 것이 제1 매수인에게 금전배상보다 유리하고 제2 매수인에게도 그다지 불리하지 않은 경우에는 제한된 범위 내에서 예외적으로 원상회복청구권을 인정하는 것이 타당하다고 한다(윤진수, 부동산의 이중양도에 관한 연구, 서울대학교 박사학위논문, 1993, p. 227 이하).

117) 김상현, "부동산이중양도의 법리 재고", 법학연구 제32권, 한국법학회, 2008.11, p. 141; 박영규, "부동산 이중매매에 관한 이론 비판", 법률행정론집 제8권, 서울시립대학교, 2001, p. 129.

6. 물권효력의 확장(물권적 청구권의 확장)

물권·채권 준별론에 의하면, 배타적 효력·우선적 효력·물권적 청구권 등과 같은 효력은 물권에만 인정되는 것으로서, 채권이나 기타의 권리나 법익에 대하여 인정되는 것은 논리적으로 있을 수 없다. 그런데 현실에 있어서는 필요한 경우에 물권 이외의 권리에도 물권적 청구권이 인정되고 있다.

(1) 채권에의 확장

제3자가 채권자의 채권행사를 방해하는 경우에 채권자가 그 제3자에 대하여 채권에 기하여 방해배제를 청구할 수 있는지가 문제된다. 이것이 실제로 문제되는 것은 부동산임차권이 침해되는 경우이다.

이와 관련하여서는 학설은 나눠지고 있다. 먼저, 물권은 절대권, 채권은 상대권이라는 구별을 부인하고 모든 권리는 누구든 침해해서는 안 된다는 대세적 불가침성을 인정하는 입장에서 채권의 일반적 성질로서 침해배제청구권이 인정된다는 견해[118)]가 있다.

다음으로, 채권이 상대권인 점을 인정하지만, 침해배제청구권을 예외적으로 인정하여야 한다는 견해가 있다. 그러나 그 요건에 관해서는 다양한 주장을 하고 있다.[119)]

다만, 일반적으로 이러한 예외적인 경우에도 방해제거 및 방해예방의 범위 내에서만 인정되며, 목적물의 반환청구는 인정되지 않는다고 한다.[120)] 그리고 그것이 인정되기 위해서는, 물권에서처럼 침해행위가 위법하면 되고, 침해자의 고의·

---

118) 이태재, 채권총론, 진명문화사, 1982, pp. 41-42; 현승종, 채권총론, 박영사, 1975, pp. 103-104. 그러나 침해배제청구권의 행사요건에 관해서는, 다시 침해자의 위법성과 귀책사유 모두 필요하다는 견해(현승종)와 침해행위의 위법성만 필요하다고 하는 견해(이태재)로 나뉜다.

119) ① 채권의 공시방법의 유무를 따지지는 않으나 채권침해의 위법성과 침해자의 고의·과실이 있어야 한다는 견해(김용한, 채권법총론, 박영사, 1988, p. 117), ② 현실적으로는 물건의 이용을 목적으로 하는 임차권이 침해된 경우에 일어나는 문제로서, 다만 그 임차권은 공시방법(대항력도 포함)을 갖추어야 한다는 견해(곽윤직, 채권총론[제6판], 박영사, 2006, p. 68; 김상용, 앞의 책(채권각론)(각주 91), p. 281; 김증한/김학동, 채권총론[제6판], 박영사, 2007, p. 72), ③ 부동산임차권 또는 이와 유사한 채권에 인정되며, 대항력을 갖추고 점유를 취득하여야 한다는 견해(김형배, 채권총론[제2판], 박영사, 1998, p. 337) 등이 있다.

120) 그러나 임차권의 대항요건을 갖춘 때에 제3자에게도 임차권의 효력이 미친다고 한다면, 마땅히 제3자에 대하여 목적물 반환청구권도 인정해야 한다는 견해도 있다(김증한/김학동, 앞의 책(채권각론)(각주 89), p. 388).

과실은 필요하지 않다고 한다.[121)]

대법원은, 채권자가 침해자를 상대로 직접 토지의 인도를 구한 사건[122)]과 침해한 시설의 철거 등을 구한 사건[123)]에서 '그 권리가 채권적 권리에 불과하여 대세적 효력이 없다'는 이유로 채권자의 청구를 부인하였다. 그러나 등기가 된 선박임대차와 관련해서는 "임차권등기가 되어 있는 선박에 관하여 제3자 명의의 원인무효의 가등기 및 본등기가 행하여져 임차권등기가 말소된 경우에 대하여는, 임차권자는 그 방해를 배제하기 위한 청구를 할 수 있다"[124)]고 함으로써, 방해배제청구권을 긍정하고 있다.

살피건대 물권 · 채권 준별론의 이론을 관철한다면, 상대권에 불과한 채권에 대해서는 방해배제청구권이 원칙적으로 부정되어야 할 것이다. 그러나 실제로는 채권이 대항요건을 갖추어 물권에 가까워진 경우에는, 물권에 준하여 방해배제청구권이 인정되고 있다.

(2) 기 타

채권 외에도 지식재산권,[125)] 인격권,[126)] 환경권[127)] 등에 방해제거청구권이 현재

---

121) 송덕수, 앞의 책(채권법총론)(각주 32), p. 40.

122) 대법원 1981.6.23. 80다1362 판결.

123) 대법원 2001.5.8. 99다38699 판결.

124) 대법원 2002.2.26. 99다67079 판결.

125) 특허권(특허법 제126조) · 실용신안권(실용신안법 제30조; 특허법 제126조 준용) · 디자인권(디자인보호법 제113조) · 상표권(상표법 제65조) · 저작권(저작권법 제123조) 등의 지식재산권에 대하여는 침해의 금지(정지) 또는 예방(또는 손해배상의 담보)의 청구권이 인정되고 있다.

126) 판례는, 인격권 침해의 경우에도 불법행위에 의한 손해배상청구권 이외에, 현재 이루어지고 있는 침해행위를 배제하거나(사후적 방해배제청구권), 장래 생길 침해를 예방하기 위하여 침해행위의 정지 · 방지 등 금지를 청구할 수 있다(사전적 방해예방청구권)고 한다(대법원 1996.4.12. 93다40614 · 40621 판결; 대법원 1997.10.24. 96다17851 판결; 대법원 2005.1.17 2003마1477 결정; 대법원 2013.3.28. 2010다60950 판결; 대법원 2014.5.29. 2011다31225 판결 등).

127) 환경이익에 대한 침해행위가 계속됨으로 인하여 손해가 발생하고 있거나 발생할 우려가 있는 경우에 이를 제거하거나 예방하기 위하여 침해행위의 소극적 또는 적극적인 중지를 청구하는 이른바 유지(留止)(또는 중지)청구권이 환경권에 기하여 원칙적으로 인정되어야 한다는 견해가 우세해지고 있다. 그러나 대법원은 환경권은 명문의 법률규정이나 관계 법령의 규정 취지 및 조리에 비추어 권리의 주체, 대상, 내용, 행사 방법 등이 구체적으로 정립될 수 있어야만 인정되는 것이므로, 사법상의 권리로서의 환경권을 인정하는 명문의 규정이 없는데도 환경권에 기하여 직접 방해배제청구권을 인정할 수 없다고 한다(대법원 1997.7.22. 96다56153 판결 등). 다만, 광산에서 금광의 탐광 및 채광을 위한 굴진공사에 대하여 주민들에게 토지소유권 및 환경권에 기초하여 굴진공사의 중지와 금지를 청구할 권리가 있는 것으로 판단한 대법원 판결이 있다(대법원 2008.9.25. 2006다49284 판결).

인정되고 있거나 인정되어야 한다는 주장이 있다. 이 경우도 물권에서 인정되는 물권적 청구권이 확장되는 것으로 볼 수 있다.

Ⅳ. 물권·채권 준별론의 한계 및 그 극복을 위한 시도

위에서 우리나라에서 추상적인 물권 · 채권의 준별론과 실제 현실과 어긋나고 있는 것들이 어떠한 것이 있는지를 살펴보았다.

아래에서는 이를 기초로 하여, 먼저 물권 · 채권 준별론이 지니고 있는 한계가 어떠한 것이 있는지를 생각해 보고, 이어서 이러한 한계를 극복하기 위해서 물권 · 채권 준별론을 채용한 독일에서는 어떠한 시도가 있는지 두 가지만 간략히 소개해 보기로 한다.

1. 물권 · 채권 준별론의 한계

(1) 물권 · 채권 준별론 자체의 한계

이미 앞에서 언급한 바와 같이, 물권 · 채권 준별론에 의하면, 물권은 물권법 영역에서, 채권은 채권법 영역에서 나누어져 규율되어야 하는 불편함이 있다.

그리고 우리의 사회생활의 현실은 이와 같은 추상적 개념이나 형식논리에 의하여 파악될 정도로 그렇게 단순 명확하지는 않으며, 물권 · 채권 이분법의 구성만으로는 재산상의 법률관계를 규율하기 어려운 부분이 존재하며, 그 중간영역의 사회생활도 존재하기 때문에, 물권 · 채권의 이분법을 가지고서는 처음부터 우리의 생활관계를 규율하기에는 한계를 지니고 있다고 하겠다.[128)]

(2) 물권 · 채권 개념의 추상성의 한계

하나의 법체계가 추상적인 원리Maxime와 개념Begriff들에 의하여 형성되고 나면, 폐쇄된 하나의 체계로 정렬하게 된다. 그런데 일단 그러고 나면, 항상 새로운 모

---

128) 일찍이 김증한 교수도, "민법전이 의거하고 있는 독일식 편별법은, 그것이 물권과 채권을 엄격히 대립시키는 것은 반드시 오늘날의 자본주의적 기구의 현실에 부응하지 않는다는 점이 있다든가, 총칙편이 반드시 민법 전반을 통하는 원칙으로서의 기능을 잘 할 수 없다는 따위가 인식됨에 이르러, 그 절대성이 의심되고 있다."고 기술하고 있다(김증한/안이준, 앞의 책(신민법총칙)(각주 25), p. 32; 김증한, 앞의 책(민법총칙)(각주 25), p. 46).

습으로 변화하는 생활소재나 생활관계를 파악하는 것이 어려워지게 된다.[129]

더구나 모든 법체계와 법개념은 시대와 장소와 사상의 흐름의 소산으로서 끊임없이 변화한다. 사람과 물건과의 관계도 지속적으로 변화하며, 각 사회의 문명 · 경제 등의 발달단계에 따라서, 또한 민족에 따라서 차이가 생긴다. 따라서 우리는 현존하는 이론체계를 절대적인 불변의 진리로서 수용하는 것을 경계할 필요가 있다.

그리고 물권과 채권의 결정은 논리필연적으로 결정되는 것은 아니고, 어느 정도까지는 입법정책에 의하여 정해지는 것이므로, 물권 또는 채권으로 정하면서도 예외적인 취급을 하는 것은 가능하다.[130] 이와 같이 무엇을 물권으로 규정하고 무엇을 채권으로 규정하는가에 대하여 초역사적인 절대적인 기준이 있는 것도 아닌데도, 일단 물권으로 인정되기만 하면 채권에 대해서 절대적으로 우월한 효력을 가지고, 한편 채권으로 인정된 권리는 어떠한 경우에도 채무자에 대한 상대적 효력밖에 없다고 한다면, 이러한 추상적인 물권과 채권의 개념을 가지고서 현실의 생활관계를 타당하게 규율하는 데 한계가 있는 것은 당연하다고 하겠다.

(3) 물권 · 채권의 중간형태의 불인정에 대한 역사적 한계

우리 현실에서는 물권과 채권 사이의 중간형태가 존재한다. 그리하여 민법이 부동산임차권에 대하여 채권이지만 일정한 요건 하에 제3자에 대한 대항력을 인정하거나, 판례가 목적부동산의 점유를 이전받아 사용하고 있으나 등기를 하지 않은 매수인의 지위를 물권에 준하여 사실상 보호하는 해석을 하기드 한다.

그런데 이러한 중간형태의 존재는 로마법의 법원法源에서는 찾을 수가 없고, 역사적으로는 게베레Gewere와 관련된 중세 게르만법상의 "물건에의 권리"jus ad rem라는 관념에 거슬러 올라간다는 것을 밝히고 있는 연구가 있다. 즉, 중세 13세기에 즈음하여 물건 위에 행사되는 권리를 당시의 학자들은, "jus in re"와 "jus ad rem"의 두 개의 범주로 분류하였다. "jus in re"은 물건에 대한 종래의 권리로서, 고유한 의미에 있어서의 물권이고, 이에 대하여 "jus ad rem"은, 권리자에게 물건을 취득시키는 권리로서, 대인권은 아니지만 물권보다는 정도가 낮은 권리로 파악

---

129) Franz Wieacker, "Die Forderung als Mittel und Gegenstand der Vermögenszuordnung," *Deutsche Rechtswissenschaft*, 6. Bd. Hanseatische Verlagsanstalt, 1941, S. 49.

130) 김증한, 앞의 책(물권법(상))(각주 26), p. 13; 김증한/김학동, 앞의 책(물권법)(각주 30), p. 10.

하였다.[131)]

그런데 시간이 지남에 따라, "jus ad rem"이라고 하는 용어가 각 시대에 따라 다양하게 사용되어 왔고, 드디어 1784년 독일의 프로이센일반란트법에서 "jus ad rem= Recht zur Sache"의 권리가 입법되기도 하였다.[132)]

이 법에서는, 채권을 특정물채권과 기타의 채권으로 나누고, 특히 전자는, "jus ad rem"의 독일어에 해당하는 Recht zur Sache로 표기되고 있다.[133)] 그런데 법조문에서는 Recht zur Sache(특정물채권)가 비록 채권의 일종으로 규정하고 있지만 순수한 채권은 아니라는 것이다. 목적물의 양도에 있어서는, 이 Recht zur Sache가 권원Titel, titulus이고, 이것에 방식modus인 점유이전占有移轉이 부가附加되어서 물권이 되는 것이다.[134)] 이 Recht zur Sache는, 절대적 물권도 순수한 상대적 채권도 아닌, 그 중간적인 것으로서, 더구나 제3자, 특히 2중매매에 있어서는 제2의 취득자에 대해서 일정한 요건 하에서 그 효력을 주장할 수 있기까지 하는 권리라는 것이다.[135)136)]

그러나 그 후, 이러한 권리는, 물권 · 채권의 준별론의 체계를 수립한 후기 독일보통법학의 압도적 지배 하에서 제정된 독일민법전에서는 입법되지 못하였다. 여기에서는 물건의 지배 · 이용을 궁극적인 목적으로 하는 Recht zur Sache의 물건과의 특수관계도 완전히 무시되고, 다만 물권과 이에 대비되는 채권 두 가지만 존재하는 것이 마치 초역사적인 진리인 것처럼 입법되었던 것이다.[137)]

이와 같이 물권 · 채권의 준별론을 기초로 하여 제정된 독일민법전에서는 이와

---

131) 예컨대 봉지(封地)의 수여를 받아서 아직 그것을 점유하기에 이르지 않은 자는, 봉지 위에 "jus ad rem"을 가지는 것이었다. 요컨대 "jus in re"도 "jus ad rem"도 모두 물건을 대상으로 하는 권리이지만, 직접 물건에 대한 것이냐 아니냐의 여부에 차이가 있었다(ジェオン デロングレー/福井勇二郎 譯, "對物權と對人權の區別に關する史的考察"(1), 法學協會雜誌 第59卷(第2號), 東京法學協會, 1941, pp. 188-196).

132) 好美清光, 前揭論文(각주 24), pp. 183-184.

133) 프로이센일반란트법 제1편 제2장 제124조 "이러한 채권이 특정물의 引渡(Geben) 또는 양도(Gewärung)를 대상으로 가지는 때, 그것을 Recht zur Sache라고 한다."

134) 프로이센일반란트법 제 I 편 제2장 제135조 "채권적 Recht zur Sache를 가지는 자에게, 이 권리에 기하여 그 물건의 점유가 이전(移轉)되는 때에는, 그것에 의하여 그 물건에 대한 물권이 발생한다."

135) 프로이센일반란트법 제 I 편 제10장 제25조 "인도 받는 때에, 그보다 일찍 성립한 타인의 권원(Titel)[의 존재]을 안 자도 또한, 그 타인에게 불이익 되게 자신에게 먼저 행해진 인도를 주장할 수 없다."

136) 好美清光, 前揭論文(각주 24), pp. 324-325.

137) 상게논문, p. 369.

같은 독일에서의 고유한 중요한 권리들이 무시되어 버렸다는 역사적 한계가 존재함을 주목할 필요가 있다.

2. 물권 · 채권 준별론의 한계 극복을 위한 시도

다음으로, 위와 같이 물권 · 채권 준별론의 문제 내지 한계를 극복하기 위하여 준별론을 취한 독일에서 제안된 사고思考 두 가지의 내용을 간략히 소개해 보기로 한다.

(1) Canaris의 시도(목적론적 체계사고)

Canaris는 법체계를 가치평가의 체계로서 파악하고, 법률의 목적론적 평가Wertung를 중시한다.[138] 그는 법규범의 취지ratio legis를 명백히 하여, 법규정을 목적론적으로 · 체계적으로 일관시켜 해석할 것을 주장한다.

그는 지금까지의 전통적 법률학에서는 형식논리를 중시하여 논리 또는 공리公理[Axiom]의 체계로서 법체계를 구축하려는 노력을 하여왔지만, 이는 적절하지가 않다고 한다.[139]

그는 목적론적 가치평가의 체계인 법체계를 발견하게 위해서는, 법질서의 깊은 곳에 기초를 두고 있는 기본적 가치평가Grundwertung, 즉 법질서의 보편적 법원리allgemeines Prinzip를 탐구하여야 한다고 한다.[140]

이어서 그는 법질서의 보편적 법원리의 예로서, 자기결정의 원리, 자기책임의 원리, 거래 및 신뢰보호의 원리, 타인의 인격 및 자유영역의 존중, 부당이득의 반환 등을 들고 있다.[141] 논리나 공리는 일체의 예외를 인정하지 않지만, 원리는 예외나 상반되는 원리의 존재를 허용한다. 예컨대 오늘날 사적 자치 · 계약자유의 원리는 여러 체약강제나 임대차 · 노동계약의 해약제한解約制限 등에 의하여 현저하게 제한되고 있다. 그러나 이들에 의하여 현행법이 사적 자치 · 계약자유의 원리에 기하고 있는 것 자체가 부정되는 것은 아니다. 또한 원리는 당해 원리만의 배

138) Claus-Wilhelm Canaris, *Systemdenken und Systembegriff in der Jurisprudenz*, 2. Aufl. Duncker & Humblot, 1983, S. 18f. 41f.

139) AaO, SS. 25-26.

140) AaO, S. 46.

141) AaO, S. 48.

타적 적용을 요구하는 것은 아니다. 예컨대 오늘날 손해배상의무는 과실책임원리 過失責任原理뿐 아니라 위험책임원리에 의해서도 인정되고 있는 것처럼, 어느 특정한 원리에 기하여 생긴 것과 동일한 법률효과가 다른 원리에 기하여 생기는 것도 있을 수 있다는 것이다.[142)]

이러한 그의 목적론적 체계론을 물권과 채권의 개념에 적용해 본다면, 물권에는 물권을 강력하게 보호하여야 한다는 원리가 존재하지만, 예외적으로 절대성의 효력이 부정되는 경우가 존재할 수가 있으며, 한편 채권에는 물권에 인정되는 절대성의 효력이 인정되지 않는다는 원리가 있지만, 예외적으로 임차권의 대항력 부여 등의 방법에 의해 물권에 인정되는 절대성의 효력의 일부가 채권에 대해서도 인정되는 경우가 있다고 하게 된다는 것이다.[143)]

(2) Larenz의 시도(유형론적 사고)

Larenz는 현행 독일 민법의 기초가 되고 있는 학문적 체계를 추상적(보편적) 개념에 의하여 구성된 체계라고 한다. 그런데 이와 같은 방법으로 구축된 체계는 스스로 완전히 되기 위하여 최고의 추상단계의 개념으로 그때그때 서로 모순 대립하는 관계에 서 있는 두 개의 연역된 개념만을 허용할 것을 요구한다고 한다. 예컨대 법적으로 의미가 있는 것은, 권리주체인가 또는 권리객체인가, 권리가 '상대적 권리'인가 또는 '절대적 권리'인가, 물권은 '완전한 권리'(소유권)인가 또는 '제한물권'인가뿐이다. 따라서 이러한 추상적 개념 체계를 가지고서는 규율하기 어려운 곤란에 빠지는 경우가 있는데, 예컨대 물권과 채권 이외의 권리(인격권, 물건 이외의 재화에 대한 지배권, 형성권, 기대권 등)의 인정, 채권적 권리에 대한 '물권화'의 인정, 합유의 중간형태(특히 합명회사의 인정)의 인정 등의 설명에 궁색함이 있다는 것이다.[144)]

나아가, 그와 같은 추상화의 과정을 반복하여 간다면, 점차 개념의 내용은 엷어져 가서, 지나치게 추상적·형식적이며 내용이 공허한 개념밖에 남지 않게 된다고 한다.[145)] 그 대표적인 예가 사람[人]의 개념이라고 한다. 추상적으로는 사람

---

142) AaO, S. 53f.

143) 赤松秀岳, "物權・債權峻別論とその周邊 − 20世紀ドイツにおける展開を中心に", 成文堂, 1989, pp. 195-196.

144) Karl Larenz, *Methodenlehre der Rechtswissenschaft*, 6, Aufl. Springer-Verlag, 1991, SS. 454-455.

을 권리주체와 동일시하고 그리고 그 아래에서 사람을 권리와 의무를 가질 수 있는 소지자Träger로 이해한다. 이러한 매우 넓게 파악된 사람의 개념에 의하면, '인간'(즉 '자연인')뿐만 아니라, '법인'도 포함시킬 수 있다. 그러나 법인과 달리 인간에게만 인정되는 존엄이라든지 책임능력 등은 이 개념에 의해서는 이해되지 않는 채로 남는다고 한다.[146)]

이와 같이 그는 추상적(보편적) 개념과 이에 기한 논리적 체계의 한계를 지적한 후, 그것만으로 충분하지 않는 곳에서는, 하나의 생활현상을 그것이 가지고 있는 의미대로 충분히 파악하려면 그의 독특한 이론인 이른바 '유형Typus의 사유형식'思惟形式; Denkenform이 필요하다고 한다.[147)]

이러한 Larenz의 유형론은 Hegel의 논리학에 영향을 받은 것이다.[148)] Hegel은 그의 논리학에서 '구체적(보편적) 개념'이란, '스스로 특수화하고 있는 것'das sich selbst Besondernde 또는 '세분화하고 있는 것'Spezifizierende이고, 그리고 타자他者 가운데 있으면서도 흐리지 않는 명료함을 가지고서 자기 자신의 것에 '변함없이 머무르고 있는 것'das Bleibende이라고 한다. 이러한 '구체적(보편적) 개념'은, 사유思惟에 있어서는, 각각 분리하여 생각되는 메르크말[표지]들의 단순한 부가물附加物로서 나타나는 것이 아니라, 유의미적有意味的으로 서로 관련하는 '모멘트[요소]' – 모멘트는 상호 교호적 결합에 있어서만 개념을 만든다 – 의 전체로서 나타난다고 한다.[149)]

Larenz는 권리의 구별에 대하여 이러한 Hegel의 논리학에 기초를 둔 유형론을 적용한다. 즉, 상대적인 채권과 절대적인 물권이라고 할 때 '상대적' · '절대적'이라고 하는 개념은 고도로 추상화된 것으로서 통상 서로 모순하는 대립관계에 있기 때문에, 제3이라는 것의 존재를 허용하지 않는다. 따라서 예컨대 주관적 권리는 절대권 또는 상대권 어느 하나밖에 없고, 물권은 완전권(소유권) 아니면 제한물권밖에 없다고 한다. 그리고 그의 유형론에서는, 채권이나 물권도 권리의 유형Typus의 일종으로 파악한다. 이러한 유형의 특징은 가변성可變性을 가지고 있기 때문에, 이들을 구성하고 있는 개개의 요소 중 일부가 후퇴하고 다른 요소가 새로이 부가되든가 혹은 서로 이동을 할 수가 있다고 한다. 이러한 성질 때문에 유형 자체의

---

145) AaO, S. 454.
146) AaO, SS. 455-456.
147) AaO, S. 461.
148) AaO, S. 457f.
149) AaO, S. 458.

경계선도 유동적이며, 유형 간의 이행移行도 가능해진다. 이와 같이 생겨난 권리유형이 물권과 채권의 중간형태로서, 채권적 권리의 '물권화'로 총칭되고 있는 여러 권리(예컨대 대항력을 가지는 부동산임차권, 가등기된 청구권 등)라는 것이다.[150)]

나아가, 유형과 유형 사이의 공통점과 차이점 그리고 이행현상移行現像이 명확해짐으로써, 가까이 존재하고 있지만 구별되어야 하는 유형이 서로 인접하여 배열을 이루는데, 이것이 '유형계열類型系列'이라고 한다. 예로서 채권채무관계의 유형들 사이에는 다음과 같은 유형계열도 생각할 수 있다고 한다. 즉, 단순히 하나의 급부관계 가운데에서 소멸하는 채권채무관계(예컨대 수표채권) → 주된 급부의무와 종된 급부의무, 보호의무 및 기타의 행위의무, 여러 종류의 권능과 구속이 복합되어 있는 채권채무관계(채무관계의 '표준유형') → 계속적 채권채무관계 → 채권채무관계의 구속이 성실의무로 높아지는 계속적 채권채무관계(노동계약) → 인적 결합의 계열로의 접합이 가능한 조합계약을 든다.[151)]

이와 같이 법적 세계와 사실적 세계와의 괴리를 인정하면서, 그것들이 서로 대응하면서 진전한다는 관점에서 두 세계를 가교架橋하는 방법론으로서의 유형적 사고형식類型的 思考形式은 금후의 법해석작업에 있어서 많은 참고가 될 것으로 생각된다.

Ⅴ. 결 론

19세기의 판덱텐법학이 취한 방법론, 즉 여러 법적 개념들을 정립하고 또 이들 각각의 개념들을 전체 법체계 안에 각각의 자리매김한 후, 구체적 사안事案을 법적 구성요건 아래에 포섭하고, 그에 대한 법적 효력을 도출하는 방법론은 지금까지의 법학발전에도 많은 기여를 하고 있는 것은 부인할 수 없다. 특히 물권·채권을 준별하고, 물권을 절대권의 일종으로, 채권을 상대권으로 파악하여 물권·채권의 권리 개념을 명확히 하고, 물권법 영역과 채권법 영역을 각각 자기완결적인 독립한 것으로 법체계를 구성하였을 뿐만 아니라, 특히 무인적無因的 물권계약이론을 안출해 낸 업적은 결코 과소 평가되어서는 안 될 것이다.

그렇지만 이러한 물권·채권의 논리적이고 형식적인 준별이 현실의 재산적인

150) AaO, S. 436f.
151) AaO, S. 473.

법률관계를 규율하기에 어려움과 한계가 존재하는 것은 사실이다. 그러나 그렇다고 하여 물권과 채권을 구별하는 재산법체계 그 자체를 완전히 부정할 수도 없을 것으로 생각된다. 다만, 경우에 따라서는 법현상을 있는 그대로 구체적으로 파악하고, 그에 적합한 법적 취급을 할 필요가 있다. 따라서 양자의 중간형태나 혼합형태를 유연한 개념이나 논리에 의하여 용인하는 태도를 취하는 것이 바람직하다고 생각한다.

나아가, 우리들의 향후의 과제는, 판덱텐법학의 체계학이 탄생된 근대적인 적극적 의의를 충분히 존중하면서도, 물권 · 채권 준별론 자체의 한계, 물권 · 채권 개념의 추상성의 한계, 과거 존재하던 물권과 채권의 중간형태의 권리들을 무시하고 입법되어버린 역사적 한계 등을 종합적으로 고려하여, 새로운 권리체계 내지 권리보호강화의 방도를 찾아내는 것이라고 하겠다.

韓國에서의 物權變動에 관한 法理論, 判例 및 法制度의 變遷

김 상 용

[초 록]

우리나라에서 근대적 자유소유권과 근대적인 부동산등기제도를 입법한 것은 1912년부터이다. 그러나 불행하게도 우리나라가 자주적으로 이를 입법한 것이 아니라, 타의에 의한 개항으로 일본의 강압에 의하여 이루어졌다.

근대적인 자유소유권과 근대적인 부동산등기제도의 입법과 시행에 의한 물권변동의 원칙은 등기·인도를 물권변동의 대항요건으로 하는 대항요건주의로 시작되었다. 해방이 되고 건국을 하면서 타의에 의하여 입법·시행이 되어오던 대항요건주의를 버리고, 등기·인도를 물권변동의 성립요건으로 하는 성립요건주의로 전환하여 오늘에 이르고 있다.

물권변동은 부동산물권변동과 동산물권변동으로 분류되며, 부동산물권변동이 그 이

대한민국학술원 회원 · 연세대학교 명예교수

론, 판례, 법제도가 동산물권변동의 그것들에 비하여 국민의 법생활에 있어서 그 중요성이 훨씬 더 크다. 그러므로 물권변동에 관한 법이론, 판례 및 법제도는 부동산물권변동에 관한 것들이 중심을 이룬다.

부동산물권변동에 있어서, 대항요건주의의 근대적인 부동산물권변동제도의 입법과 시행이 이루어지면서, 이와 함께 실정법으로 규정되지 않은 매도증서의 등기원인서면으로 사용, 중간생략등기, 명의신탁 등 대항요건주의 일본에서의 실정법의 근거가 없는 관행도 함께 이식되어 통용이 되었다. 또한 우리나라에서의 근대적인 물권변동제도는 대항요건주의로 시작되어, 성립요건주의로 전환을 하였으나 국민들의 법의식 속에는 대항요건주의와 舊慣에 익숙하여 있었기 때문에, 성립요건주의 하에서도 여전히 대항요건주의에 따른 법생활이 계속되었다. 법이론과 판례도 역시 성립요건주의 하에서도 대항요건주의에서나 합당할 수 있는 이론구성을 하고 판결을 하여 왔다.

1960년대부터 시작된 경제개발로 산업화와 도시화의 진전에 따라서 부동산가격의 급격한 상승으로, 불로소득인 개발이익의 사유화를 위하여 정상적인 부동산거래와 부동산물권변동보다는 변칙적인 방법으로 부동산물권변동이 이루어졌다. 그리하여 부동산물권변동은 변칙적인 방법으로 이루어지는 것이 다반사였다. 그 대표적인 변칙적인 부동산물권변동의 방법이 중간생략등기, 명의신탁이었다. 그것은 대항요건주의와 그것에 터잡은 舊慣의 제도들이 성립요건주의 하에서도 그 유효성이 인정되었기 때문이었다. 한편으로 부동산투기를 위해 이용되었던 변칙적인 부동산거래와 부동산물권변동을 규제하기 위하여 수많은 규제입법을 하여 부동산투기에 대처하여 왔다. 그 규제입법은 대부분 공법에 의한 규제였다. 근원적으로는 부동산등기제도의 개선을 통하여 부동산등기가 부동산거래의 실체적 내용을 진실 그대로 등기할 수 있도록 하였어야 함에도 불구하고, 부동산등기제도의 개선에 극히 소홀하였다. 그리하여 경제개발로 불로소득인 개발이익의 사유화의 방법으로 변칙적인 부동산물권변동이 이루어지고, 그 변칙적인 부동산물권변동은 부동산등기를 통하여 합법적으로 이루어졌다. 법이론과 판례는 변칙적인 부동산물권변동의 유효성을 인정하는 이론을 구성하고 판결을 하여 왔다. 이처럼 변칙적인 부동산거래에 대하여 입법자들은 공법적 규제입법을 양산하였으나, 법이론과 판례는 이러한 규제입법을 무력화하고 失效시키는 이론구성과 판결을 하였던 것이 지난날의 모습이었다. 사법이론에 충실한 입법을 하였어야 했으나, 공법적 규제입법을 계속하여 국민들의 의식 속에는 부동산물권변동에 관한 한 기회주의가 만연하였다고 말할 수 있다.

이제부터라도 변칙적인 부동산물권변동의 방법을 근절시키고, 정상적인 부동산물권변동이 이루어지도록, 성립요건주의에 충실한 법이론을 구성하고, 판결을 하여야 한다. 그리고 부동산등기제도를 근원적으로 개선하여 성립요건주의에 충실하게 부동산물권변동의 과정과 내용이 등기부에 진실 그대로 공시될 수 있도록 하여야 한다. 무엇보다도 등기원인증서를 공정증서로 작성하도록 하고, 등기에 공신력을 인정하여 부동산물권의 선의취득이 이루어지도록 하여야 한다. 또한 부동산물권변동은 실정법의 법규정에 따라서 이루어지도록 하여, 국민의 일상의 법생활 속에서 자연스럽게 부동산물권변동이 정상적으로 이루어지도록 하여야 한다.

동산물권변동에 있어서는 인도를 대항요건에서 성립요건으로 전환하였다. 그러나 근자에는 등기에 의하여 동산담보권을 설정할 수 있도록 하여 부분적이지만 등기에 의하여 동산물권변동이 일어날 수 있게 되었다. 동산의 점유에는 구민법에서부터 공신력을 인정하여 동산물권의 선의취득이 인정되어 왔다.

물권변동에 관한 법이론, 판례 및 법제도는 성립요건주의의 원칙에 충실하고, 외관존중주의에 따를 것이 아니라 실체적 진실주의 내지 실체적 권리 존중주의에 입각하여 이루어져야 하며, 등기는 부동산거래의 과정과 내용을 진실 그대로 공시할 수 있도록 하는 제도의 보완을 하여야 한다. 그렇게 하여야 물권거래에 있어서 국민들의 정상적인 법생활이 가능해진다.

Ⅰ. 개 설

우리나라에서 자유로운 소유권 개념이 입법이 되고, 토지를 포함한 부동산의 물권변동에 있어서 등기를 하게 된 것은 1912년 조선민사령에 의해서 일본민법이 의용됨으로써 시작되었다. 그러므로 올해는 근대적인 자유부동산소유권과 근대적인 부동산등기제도가 입법이 된 지 106년이 되는 해이며, 현행민법이 제정된 지 60년이 되는 해이다. 이렇게 한국민법사에서 중요한 해를 맞이하여, 우리나라에서 부동산과 동산의 물권변동제도가 어떻게 형성되었고, 어떠한 변천과정을 거쳐서 오늘에 이르고 있는지를 거슬러 살펴보는 것은, 과거의 물권변동제도의 이해는 물론 앞으로의 정상적이고 이상적인 물권변동제도의 정립과 정착을 위하여 필수적인 前提課業이라 생각된다. 물권변동, 그중에서도 부동산물권변동을 중심으로 하여 그 시작과 변천을 살펴보는 것은 더욱더 그 法史的 意義가 多大하다고 할 수 있다.

이러한 근대적인 자유부동산소유권 개념과 근대적인 등기제도의 우리나라에서의 입법은 1896년 강화도 조약에 의한 개항에 의한 결과로 이루어졌다. 그러므로 자연히 이러한 근대적인 자유소유권과 근대적 등기제도의 입법은 우리나라가 자주적으로 이를 실행하지 못하고, 일본의 강압에 의하여 실행될 수밖에 없었다. 따라서 1912년의 근대적 자유소유권 개념과 근대적인 등기제도의 입법과 그 변천을 이해하기 위해서는 자연히 1896년 개항 시까지 거슬러 살펴보는 것이 적절하다. 그리하여 本稿에서는 개항 시부터 현재까지 기간의 물권변동, 그것도 부동산물권변동을 중심으로 물권변동에 관한 법이론, 판례와 법제도의 변천을 살펴보기로 하였다.

우리나라에서는 물권변동의 원칙은 의용된 일본민법인 우리의 구민법에서는 등기·인도를 물권변동의 대항요건으로 한 대항요건주의에서, 우리 스스로 입법한 현행민법에서는 등기·인도를 물권변동의 성립요건으로 하는 성립요건주의로 바뀌어 왔다. 대항요건주의를 취한 일본민법이 의용되어 우리나라에서 그대로 시행됨에 따라서 일본에서 물권변동의 慣行, 특히 부동산물권변동의 관행도 함께 우리나라에 移植되어 그대로 통용되었다. 그리하여 국민의 일상의 법생활에서 물권변동에 관하여는 일본민법의 대항요건주의와 그것에 부합하는 관행이 우리 국민들의 법의식으로 정착되어 있었다. 그러나 현행민법에서 구민법의 대항요건주의를 버리고 성립요건주의로 입법을 하고 실행을 하였으나, 국민의 법의식은 대항요건주의와 대항요건주의 하에서의 관행에서 벗어나지를 못하였다. 그러므로 인하여 물권변동, 그중에서도 부동산물권변동의 원칙은 성립요건주의였으나 실무와 국민들의 법의식은 구민법상의 대항요건주의와 당시의 관행을 그대로 답습하고 있었다. 민법학계에서도 대항요건주의와 舊慣의 부동산물권변동의 여러 제도들이 성립요건주의 하에서도 그대로 이용되어도 문제가 없는지에 대한 깊은 이론적 성찰을 하지 못하고 오히려 답습하는 모습을 보였다.

그리고 1960년대에 들어와서부터 경제개발계획에 따라서 공업화와 도시화가 진전됨에 따라서 불로소득인 개발이익의 사유화를 위하여 社會惡인 토지투기가 일어나고, 주택투기로 점차 확대되었다. 부동산의 투기적 거래로 인한 부동산물권변동은 정상적인 부동산물권변동에 의해서가 아니라, 변칙적은 부동산물권변동의 방법으로 이루어졌다. 입법자들은 그러한 변칙적인 부동산물권변동을 통한 부동산투기를 방지하기 위하여 수많은 규제 법률을 제정하여 공법적 규제로 대처하고자 하였다. 그러나 민법이론과 판례는 변칙적인 부동산물권변동의 유효성을 널리 인정하여, 입법자들이 변칙적인 부동산물권변동을 규제하기 위하여 제정한 규제입법을 무력화하고 失效시키는 이론이 제시되고 판결이 이루어졌다. 그리하여 물권변동, 특히 부동산물권변동의 성립요건주의 원칙이 입법은 되었지만 실제로는 성립요건주의가 제대로 충실히 확립되지 못하였다.

Ⅱ. 부동산물권변동에 관한 법원칙의 변천

1. 舊民法 시행 이전 시기: 地契·家契 및 證明制度의 시기

우리나라에서 근대적인 자유로운 부동산소유권제도와 등기에 의한 부동산물권변동이 있게 된 것은 현재의 일본민법이 우리의 민법으로 依用되기 시작한 1912년부터라고 보아야 할 것이다. 의용된 일본민법이 우리의 구민법으로 우리나라에서 적용되기 이전에도 우리나라에서는 부동산, 특히 토지소유권이 인정되었고 부동산소유권의 변동이 있었으며, 변동된 부동산소유권을 공시하여 이를 보호할 수 있는 법제도가 없지 않았다.

조선시대에는 부동산매매계약은 文記라는 문서로 체결하였으며, 그 문기를 官으로부터 매매증명인 立案을 받아 매매사실을 입증하는 방법을 취하였다.[1] 따라서 조선시대의 토지거래계약은 문기라는 방식의 요식계약이었으며, 또한 매매대금의 授受가 있어야 매매계약이 성립하는 요물계약이었다.[2]

1896년 강화도조약의 체결에 의하여 조선이 개항을 하자, 일본에 의한 경제적 침투가 일어나기 시작하게 되고, 일본의 강압에 의하여 대한제국에서 부동산, 그 중에서도 토지거래의 안전을 위한 제도의 마련이 잇따랐다. 그 첫 법제도로 1899년에 量田事業을 실시하고, 그 양전사업을 기초로 하여 1901년에 地契制度를 실시하였다.[3] 가계제도는 지계제도보다 먼저 1893년부터 실시되었다.[4] 이러한 가계와 지계제도는 가옥과 토지의 소유에 관한 官의 증명서면으로 발급되었다. 토지, 가옥의 매매시에는 舊契를 官에 제출하고 新契를 교부받아야만 소유자로 인정되었다. 이러한 지계, 가계에 대하여 1906년에는 대한제국의 법률 제2호로 "토지건물의 매매, 양여, 교환, 전당에 관한 건"을 제정하여 토지건물을 매매를 하는 때에는 契券과 매매계약서를 관에 제출하여 認許를 받고, 官의 帳簿에 이를 기입하였다. 그리고 동법률에서는 외국인의 대한제국 토지의 취득을 금지하였다.[5] 이와 같이 지계·가계를 소지한 자는 제3자에 대하여 자기의 권리를 주장하여 보호받을 수 있었다.[6] 그러므로 지계·가계는 토지가옥에 대한 권리의 설정, 이전에 필요한 요건이었다고는 할 수 없었으나, 지계·가계를 소지하지 아니한 자는 제3자에 대하여 그의 권리로써 대항할 수 없었다. 그러나 불행하게도 대한제국에 의한 양지사업과 그것을 기초로 한 지계·가계제도의 실시는 兩者에 대한 지식과 기술의 부족으로 모두 실패로 돌아갔다.[7]

1908년에 이르러서는 대한제국 칙령 제65호로 "토지가옥증명규칙"을 제정하여, 토지·가옥을 매매, 증여, 교환 또는 전당을 할 때에는 관의 증명을 받도록 하였다. 그리고 동 칙령에서는 외국인의 대한제국토지의 취득을 허용하였다.[8] 그리고

1) 김상용, 한국법사와 법정책(피앤씨미디어, 2014), 104면.
2) 상게서, 104면.
3) 상게서, 164면.
4) 상게서, 164면.
5) 상게서, 170면.
6) 상게서, 164면.
7) 상게서, 164면.

동년에 칙령 제47호로 "토지가옥소유권증명규칙"을 제정하여 "토지가옥증명규칙" 시행 이전에 매매, 증여, 교환, 가옥의 신축 등의 적법한 원인에 의하여 토지 또는 가옥의 소유권을 취득한 자는 官으로부터 증명을 받을 수 있도록 하였다.[9] 이러한 증명은 토지가옥소유권의 변동요건이 아니라 대항요건일 뿐이었다.

그리고 일본은 한국의 토지를 합법을 가장하여 취득하기 위하여, 1906년에 대한제국 칙령 제80호로 "토지가옥전당집행규칙"를 제정하도록 하여, 부동산의 유질계약을 허용하고 전당채권자가 전당목적물인 부동산소유권의 취득을 용인하였다. 이때에, 유질계약에 의하여 전당채권자가 전당의 목적물인 토지를 취득하고 관의 인증을 받으면 그 인증에 증명과 동일한 효력을 인정하였다.[10][11]

이와같이 개항이후 구민법이 시행되기까지의 기간 동안에 대한제국이 부동산거래제도의 법적 정비를 위하여 노력하였지만, 그것은 일본의 강압에 의하여 일본자본이 대한제국에 침투할 수 있도록 하고 일본의 자본가들로 하여금 대한제국의 토지를 취득할 수 있도록 하고, 또한 그들이 취득한 부동산소유권을 보호하기 위한 목적의 법제도의 정비였으며, 대한제국의 자주적인 부동산거래제도의 정비는 아니었다고 평가해야 마땅할 것이다.

2. 구민법 시행 이후: 대항요건주의

일본은 대한제국을 그들의 식민지로 합병하기 전까지는 일본의 高利貸 資本의 대한제국에로의 침투와 한국의 토지소유권의 소위 합법적 방법으로의 취득을 위한 법제도에 관한 법을 대한제국으로 하여금 강압적으로 제정하여 시행하도록 하였다. 그러나 그것만으로는 대한제국의 완전한 식민화를 이룰 수는 없었다. 그리하여 결국 1910년 대한제국을 강압적으로 합병하여 식민지로 만들고, 그들 일본의 자본주의법을 한국에 이식하여 법적으로도 일본과 한국이 하나로 될 수 있도

---

8) 상게서, 171면.

9) 김상용, 민법총칙, 제3판(화산미디어, 2014), 64면.

10) 김상용, 전게 한국법사와 법정책, 171면.

11) 구민법에서는 유저당권의 금지규정을 두지 아니하였다. 그러나 당시의 판례는 유저당의 유효성을 인정하였다(민법안의견서(민사법연구회 편, 일조각, 1957), 129면). 이러한 판례는 부동산의 유전당을 인정한 토지가옥전당집행규칙의 내용을 그대로 인정한 관행의 계승이라 해석된다. 그리고 구민법에서는 부동산질권을 규정하고 있었으나, 현행민법에서는 부동산질권 설정을 불허하고 있다(현행민법 제345조 단서). 이는 일제에 의하여 인정된 부동산의 유전당 및 유저당계약의 사회적 폐해를 경험한 결과일 것으로 해석된다.

록 하여, 소위 한국의 근대화를 위한다는 名分으로, 일본의 자본주의법을 한국에 移植하였다. 한국에 이식된 일본의 자본주의법의 대표적인 법이 바로 일본민법의 한국에의 依用이었으며, 동법에서 일본에서의 물권변동의 법제도를 한국에도 그대로 적용함으로써 일본자본의 한국에서의 침투 및 한국부동산의 일본인에 의한 취득에 법적인 아무런 장애가 없도록 하였다. 그리고 일본민법에서 근대적인 자유토지소유권을 입법하여(일본민법 제206조) 한국에도 그대로 적용함으로써, 한국토지의 자유로운 거래가 가능한 상품화를 도모하여 일본인의 한국토지의 자유로운 취득을 가능케 하고자 하였다. 그리하여 1912년에 제령 제2호에 의하여 일본민법(1896년 제정, 1898년 시행)이 한국에 적용되게 되었다.

1912년에 의용된 일본민법에서는 자유토지소유권을 규정하고, 그 거래의 자유를 인정하고(일본민법 제176조), 등기를 대항요건으로 하였다(일본민법 제177조). 이와 같이 자유토지소유권과 등기의 대항요건으로의 입법은 자유주의와 개인주의에 기초한 프랑스민법의 영향을 받아 이루어졌다. 프랑스민법은 자유, 평등, 박애의 혁명사상을 바탕으로 하는 극히 개인주의적이고 자유주의적인 민법으로서 개인의 자유의사에 의한 (부동산)물권변동을 입법하게 되었으며, (부동산)물권변동에 개인의 자유의사 이외의 다른 요건을 추가적으로 입법하는 것은 자유주의와 개인주의 사상에 반하는 것으로 관념되었다.

일제는 이러한 자신들의 민법상의 자유토지소유권과 자유로운 토지거래를 가능케 하기 위해서는 부동산등기제도의 정비가 필요하고, 부동산등기제도의 정비를 위해서는 토지의 경계와 면적, 지목 등의 토지의 현황을 명확히 하는 토지조사가 필요하였다. 그리하여 일제는 1912년에 제령 제2호로 토지조사령을 제정하여 먼저 地稅賦課가 가능한 토지지목인 田, 畓, 垈地의 토지조사를 실시하고, 1918년에는 제령 제5호로 조선임야조사령을 제정하여 임야조사사업을 실시하였다. 이 토지조사사업과 임야조사사업의 결과를 바탕으로 하여 조사가 완료되고 토지소유자가 확정된 토지에 대해서부터 먼저 토지대장을 만들고 토지대장을 기초로 하여 토지등기부를 편철하였다. 토지의 현황조사인 구체적인 토지의 측량은 조선총독부 내의 임시토지조사국에서 실행을 하였지만, 토지소유자의 확정은 신고주의에 따라서 소유자에 의하여 신고된 토지에 대해서는 행정처분인 査定에 의하여 소유권을 확정하였다. 소유권을 가진 자가 소유권 신고를 하여야 하였으며, 행정청의 사정에 의하여 裁決로 그 신고자를 소유자로 확정하였다. 이 때 사정은 행정처분이었지만 토지소유권의 확인이 아니라 토지소유권의 原始的인 창설이었다.[12] 그리하여 査定이 한국에서는 토지소유권의 權原이 되었다. 신고가 없는 토지는 국유로 하였다. 일제는 이 토지조사사업과 임야조사사업의 결과를 토대로 하여 먼저 토지대장을 만들고 1912년 제령 제9호로 제정된 부동산등기령에 의하여 토지등기부를 편철하였다. 이렇게 만들어진 토지대장과 부동산등기가 현재 우리나라의 토지대장과 부동산등기의 시작이었으며 근원이 되어 오늘에 이르고 있다.

또 한편으로 토지조사사업이 완료되지 아니한 지역의 토지에 대해서는 일제가 1912년 제령 제15호로 "조선부동산증명령"을 제정하여 증명제도가 시행되었다. 그러므로 한국에서의 부동산공시제도는 1914년에 서울의 토지조사사업이 완료되었기 때문에, 1914년 이전에는 증명제도가 1914년부터 1918년까지는 등기제도와 증명제도가 병용 시행되다가, 1918년부터 비로소 증명제도가 철폐되고 등기제도만이 실시되게 되었다.[13]

이러한 구민법에서의 물권변동은 당사자의 의사만에 의하여 물권이 변동되었으며, 등기는 부동산물권변동의 제3자에 대한 대항요건이었으며, 점유는 동산물권변동의 제3자에 대한 대항요건이었다. 그리하여 구민법 시대의 물권변동의 원칙을 대항요건주의라 한다.

이와 같이 대항요건주의를 취하여 물권변동요건인 우리의 구민법이었던 일본민법 제176조의 의사표시를, 일본에서는 일본민법에 시행된 초기에는 프랑스민법학의 영향을 받아 채권행위로 파악하였다.[14] 그러나 그 후 독일민법학의 영향을 받아 의사표시를 물권행위로 파악하였다.[15] 왜냐하면 채권행위에 의하여서는 채권이 발생할 뿐 물권변동을 가져올 수는 없다고 이해하였기 때문이었다. 그러나 하나의 법률행위로써 채권의 발생과 물권변동의 양자를 목적으로 하는 것은 가능하다고 하였다.[16] 따라서 일본에서도 물권변동요건으로서의 의사표시는 물권행위로 이해하였다. 그러나 물권변동을 목적으로 하는 의사표시인 물권행위가 어느 시점에 행하여지느냐에 관하여는 견해가 나누어졌다. 즉, 채권행위와는 다른 시기에

12) 농지개혁사(상권)(농지개혁편찬위원회 편, 1970), 235면; 곽윤직, 부동산등기법(박영사, 1994), 53면.
13) 김상용, 전게 민법총칙, 66면.
14) 注釋民法(6): 物權(1) §§ 175-179(舟橋諄一 編集, 1981), 119면.
15) 상게서, 119-120면.
16) 我妻 榮, 物權法(岩波書店, 1939), 55-56면.

행하여진다는 견해와 하나의 법률행위 속에 채권행위와 물권행위 양자의 법률행위가 함께 행하여진다는 견해가 있었다.

전자의 견해에 의하면, 이행의 문제를 남기지 아니하는 법률행위인 물권행위는 채권행위 후에 매수인이 매도인으로부터 등기신청에 필요한 서류를 교부받은 때에 물권행위가 행하여진다고 파악하여,[17] 물권행위 독자성을 인정하고 또한 물권행위 무인성을 인정하는 것이 일반적이었다.[18] 이는 물권행위와 채권행위가 한 개의 행위로 행하여지는 경우에도 마찬가지라고 설명하였다.[19] 그러나 후자의 견해에 의하면, 물권행위는 채권행위와 함께 한 개의 법률행위로서 행하여지지만, 물권행위의 독립존재성은 인정되므로 물권행위의 독자성은 인정되지만 유인성을 갖는다고 하였다.[20]

일본의 판례는 일본민법 제176조의 의사표시를 채권행위로 이해하고, 따라서 그 채권행위는 물권적 의사표시를 포함하고 있기 때문에 물권변동을 위한 독립적인 물권변동을 위한 의사표시를 필요로 하지 않는다고 이론구성하여 물권행위의 독자성을 부인하고, 따라서 물권적 의사표시는 채권행위에 포함되어 있고, 물권변동은 채권적 의사표시와 물권적 의사표시가 一體로서 하나의 행위로 행하여지기 때문에 물권행위의 유인성, 무인성은 논의 자체가 성립되지 않았다.[21]

이와 같은 구민법시대의 대항요건주의 하에서 특기하여야 할 사항은, 부동산물권변동은 당사자 간의 의사의 합치, 즉 계약에 의하여 일어나지만, 제3자에게 대항요건으로서의 등기를 하기 위한 등기원인서면은 매매계약서가 아니라 매도증서라는 서면이 이용되었다. 매도증서를 등기원인서면으로 한다는 실정법 규정은 없이 일본에서 관행적으로 등기원인서면으로 제출되었던 매도증서가 우리나라에서도 그대로 이용되었다. 매도증서는 실정법적 근거가 없는 일본에서 관행적으로 이용되었던 등기원인서면이었다. 이렇게 실정법적 근거 없이 등기원인서면으로 이용되었던 매도증서가 구민법시대는 물론 현행민법이 시행되고 나서도 그대로 등기원인서면으로 이용되고, 그것에 대해 법적 의문을 제기하지 않고 오히려 매도증서

17) 일본에서는 지금도 매도증서를 등기원인증명정보, 즉 등기원인서면으로 인정하고 또한 이용하고 있다(山野目 章夫, 不動産登記法(商事法務, 2011), 294면).
18) 陳承錄, 物權法(高麗出版社, 1956), 75면.
19) 我妻 榮, 前揭 物權法, 56면.
20) 上揭書, 56면.
21) 전게 注釋民法(6): 物權(1) §§ 175-179, 122, 133면. 현재도 일본판례는 이와같은 태도를 일관되게 유지하고 있다(상게서, 133면).

의 기능에 합법적인 법적 효력을 부여하는 이론이 전개되어 왔다. 그러나 그 결과는 정상적이지 못한 변칙적인 부동산물권변동이 용인되었으며 또한 그러한 변칙적인 부동산물권변동은 합법적인 부동산투기 수단으로 이용되어 부동산거래가 정상적이지 못한 토지거래질서의 정의를 해치는 사회문제를 낳았다.[22)]

그리고 매매계약서와는 달리 매도증서를 등기원인서면으로 사용하면서 매수인을 백지로 하는 백지매도증서가 일반적으로 이용되어 중간자의 등기를 생략한 중간생략등기가 행하여졌다. 중간생략등기는 등기가 부동산물권변동의 대항요건인 일본에서는 그 유효성이 인정될 소지가 있었다. 그러나 등기가 부동산물권변동의 성립요건인 현행민법에서는 용인되어서는 아니 될 부동산물권변동이었다. 그럼에도 불구하고 성립요건주의 하에서도 우리의 법이론과 판례는 중간생략등기에 의한 부동산물권변동의 유효성을 널리 인정하였다. 이처럼 일본에서 관행적으로 등기원인서면으로 이용되었던 매도등서가 식민지였던 우리나라에서도 그대로 이용되었기 때문에, 우리나라에서 정상적이지 못한 변칙적인 부동산물권변동이 일어나고 그것은 부동산투기의 합법적인 방법으로 이용되었다. 실정법의 근거가 없는 관행에 의한 남의 나라의 제도가 우리나라의 부동산물권변동과정의 정상화를 깨뜨리는 작용을 하였음을 늦게라도 인식하여야 할 것으로 생각한다.

그리고 당사자 간의 의사의 합치만에 의한 물권변동과 등기의 대항요건으로의 효력만의 인정에 의한 대항요건주의의 구민법 하에서, 명의신탁이라는 또 다른 변칙적인 부동산물권변동과 混一性의 특질을 갖는 부동산소유권이 내부적 소유권과 외부적 소유권으로 분리되는 현상을 초래하였다. 명의신탁은 토지조사사업에 의한 부동산등기부의 편철이 시작되었을 때에 당시의 부동산등기령에서는 권리능력 없

---

22) 매도증서는 법적 근거 없이 관행적으로 이용되고 토지투기의 합법적인 방법으로 이용되었기 때문에, 토지투기가 극심하였던 1978년의 토지투기방지책으로 소위 8·8조치에서 그 사용을 폐지하기로 결정하였다가 그로부터 10년 후인 1988년에 8·10조치 후 동년에 검인계약서를 등기원인서면으로 사용하도록 하면서 그 사용이 폐지되었다. 구체적인 폐지의 법적 과정을 살펴보면, 1978년 12월 6일 부동산등기법 제40조 제2항을 신설하여 등기원인서면은 검인계약서로 하도록 입법화되었으나, 구체적 시행은 대통령령으로 정하도록 동법부칙 제1항 단서에서 규정하였다. 검인계약서 시행을 위한 대통령령의 제정은 1988년 9월 30일 "부동산등기법 제40조 제2항 및 제45조 단서의 적용에 관한 규정"을 제정하고 그 다음날인 1988년 10월 1일부터 시행하게 되었다. 그런데 1988년의 계약서의 검인은 檢認이었으며, 부동산의 매매와 교환으로 인한 소유권이전등기신청의 경우에만 사용하는 것으로 입법이 되었다. 그 후 1990년 9월 2일 "부동산등기특별조치법"을 제정하면서 검인(檢認)계약서는 검인(檢印)계약서로 바뀌어 검인계약서의 제출범위를 매매와 교환계약에서 부동산의 소유권이전을 목적으로 하는 모든 계약으로 확대되었다(동법(1990) 제3조 제1항).

는 사단이나 재단에 대해서는 등기능력이 인정되지 아니하였다.[23] 우리나라에서 대표적인 권리능력 없는 사단인 종중이 토지조사사업 당시에 토지를 많이 소유하고 있었으나 종중명의로의 등기가 허용되지 아니하였다. 그러나 종중의 토지소유를 무시할 수는 없었다. 그리하여 일제에 의하여 고안된 제도가 바로 명의신탁이었다. 종중소유 토지를 종중대표자 명의로 등기를 하면 종중과 종중대표자 간의 내부적 관계에서는 종중이 토지소유자이고, 종중의 종중대표자 이외의 제3자에 대한 외부적인 관계에서는 등기명의인인 종중대표자가 소유권자라는 소위 관계적 소유권에 의한 명의신탁의 유효성을 인정하였다. 이는 등기를 대항요건으로 하고 물권변동은 당자가의 의사에 합치에 의하여 일어나게 된다는 의사주의에 반하지 않는다는 이론에 터 잡고 있던 것이었다. 당사자의 의사가 내부적으로는 종중을 소유자로 하고, 외부적으로는 등기명의자인 종중대표자의 소유로 하기로 하였기 때문에 당사자의 의사에 하등 어긋나지 않는다는 것이었다. 그러므로 명의신탁도 유효하고, 내부적 소유권은 종중이 외부적 소유권은 등기명의자인 종중대표자가 갖는다고 하였다. 이러한 관계적 소유권에 기한 명의신탁 역시 부동산투기의 합법적 방법으로 이용되었다. 그러나 명의신탁의 유효성을 인정하는 실정법은 없었다. 관행으로 그 유효성이 인정되어 부동산투기의 합법적 방법으로 널리 이용되었다.

또한 양도담보도 역시 소유자인 양도담보설정자와 채권자인 양도담보자 간의 자유의사에 의하여 채권자를 위한 채권담보로 양도담보목적부동산의 소유권을 양도담보자에게 이전하고, 양도담보자가 소유권을 이전받지만 담보의 목적범위 내에서만 소유권을 행사하겠다는 합의를 하고 양도담보자에게 소유권이전등기를 하였기 때문에, 양도담보설정자와 양도담보자 간의 내부적 관계에서는 양도담보권설정자가 소유자이고 양자 간 이외의 제3자에 대한 외부적 관계에서는 양도담보자가 소유자라는 관계적 소유권을 인정하였다. 그러한 양도담보에서의 내부적 소유권과 외부적 소유권으로 분열되는 관계적 소유권 역시 구민법시대 일본에서 형성되었으며, 양도담보를 특수저당권으로 입법한 가등기담보법이 제정되어 시행되고 있는 오늘날에도 여전히 일부의 학설에서는 이러한 立論을 유지하고 있다.[24]

23) 1930년 10월 23일의 "조선부동산등기령"의 개정에 의하여 동령 제2조의 4에서 비로소 권리능력 없는 사단, 재단에도 등기능력이 인정되었다.

24) 소유권이전의 형식에 의한 당보목적의 양도담보권의 설정과 그 유효성의 인정은 독일에서 출발하였다. 독일에서는 일찍부터 양도담보를 설정하고 목적물의 소유권이전등기를 양도담보설정자에게서 양도담보권자에게로 경료하면, 양도담보권자에게로 소유권이 완전히 이전하고, 채무

3. 현행민법 시행 이후: 성립요건주의

대항요건주의에 입각한 물권변동의 구민법은 1912년 4월 1일부터 1959년 12월 31일까지 한국에서 그 효력이 유지되었다. 구민법이 시행되기 이전에도 이미 지계·가계, 증명제도에 의한 부동산물권변동이 대항요건주의에 입각하여 있었으므로, 한국에서는 대항요건주의가 근대적인 부동산물권변동의 원칙으로 半世紀 이상 유지되었다. 무엇보다도 이 땅에 근대적 부동산물권변동의 시행은 대항요건주의로 시작되었다. 그러므로 대항요건주의는 한국인의 의식 속에 깊이 刻印되어 있을 수밖에 없었다고 평가할 수 있다. 그것도 우리 스스로의 자주적인 의사에 의해서가 아니라 일본의 강압에 의하여 시작되었던 것이었다.

해방이 되고 건국이 된 후에 새로운 대한민국은 새로운 민법을 가져야만 하였다. 물권변동에 관한 법규정을 담을 새로운 대한민국의 민법은 의용된 일본민법인 구민법과는 다른 특징적인 내용을 규정할 것이 강하게 요청될 수밖에 없었다. 새로운 민법의 제정자들도 구민법과 다른 특징 있는 민법을 제정하여야 한다는 입법의식을 가졌을 것임은 충분히 미루어 짐작할 수 있다.

새로운 우리 민법은 1958년 2월 22일 법률 제471로 제정이 되어 1960년 1월 1일부터 시행이 되어 오늘에 이르고 있다. 우리 민법의 제정 시에는 의용된 구민법을 기초로 할 수밖에 없었다. 그러면서도 새로운 외국의 민법전을 참고하여 현행민법을 제정하였다. 참고한 외국 민법 중에서도 독일민법이 우리 현행민법의 제정과정에 크게 참고가 되었다. 특히 의용된 일본민법의 제정 시에는 프랑스민법의 의사주의와 개인주의적인 로마법에 바탕을 둔 독일민법 제1초안(1888년 공표)을 참고하였으나, 현행 우리 민법을 제정할 당시에는 일본에서 이미 프랑스민법 중심에서 독일민법 중심으로 일본민법학의 연구중심이 옮겨간 상태로서 독일민법의 연구가 많이 이루어진 상태이었으며,[25] 독일민법을 바탕으로 하여 중화민국민법과

자가 피담보채무를 변제하면 양도담보설정자의 양도담보권자에 대한 소유이전등기말소청구권을 채권적 청구권으로 이론구성하여 오늘에 이르고 있다. 일본도 초기에는 채무변제로 인한 양도담보에 의한 소유이전등기의 말소청구권을 양도담보설정자가 그의 소유권에 기한 물권적 청구권으로 파악하였으나, 지금은 독일의 영향을 받아 채권적인 등기말소청구권으로의 이론전환을 이루었다. 그러나 우리나라에서는 아직도 양도담보등기말소청구권을 물권적 청구권으로 이론구성하는 견해가 남아 있다.

25) 일본에서는 1910년(明治 43년)에서 1920년(大正 9년) 사이에 독일민법해석학의 전성기를 이루었다(水本 浩, 平井一雄, 日本民法學史·各論(信山社, 1997), iv면).

만주민법이 이미 제정·시행되었던 시기였다. 그리고 부동산물권변동에 관하여는 독일민법에서의 성립요건주의가 프랑스민법에서의 대항요건주의보다는 부동산물권변동의 원칙으로는 더 우수하다는 학문적 성과를 이룬 상태였다.

그리하여 우리 민법의 제정과정에서 부동산물권변동에 관한 원칙은 일본민법에서와는 다르고, 독일민법의 성립요건주의(§ 873 Abs 1 BGB)가 프랑스민법의 대항요건주의(Art. 711, 1138 C.c.)보다는 부동산물권의 현재의 귀속관계는 물론 부동산물권변동 과정의 진실성의 확보까지도 담보함에 더 적합하다는 학문적인 성과가 있었고, 일본에서의 민법학 연구의 경향이 프랑스민법에서 독일민법으로 옮겨가서 독일민법의 연구가 집적되어 있었고, 독일민법의 영향을 받아 중화민국민법(1929년 제정)과 만주민법[26](1937년 제정)에서 이미 성립요건주의를 입법(중화민국민법 제758조; 만주민법 제177조)하여[27]시행하고 있었기 때문에, 우리도 독일민법의 성립요건주의로 전환하여 일본민법의 대항요건주의와는 달리 등기를 부동산물권변동의 요건으로 하는 성립요건주의로 입법하게 되었다고 평가된다.[28]

이러한 사정을 배경으로 하여 현행민법에서 그 제186조에서는 부동산물권변동에 관하여, 동산물권변동에 관하여는 그 제188조에서 성립요건주의를 입법하였다. 그리하여 부동산물권변동은 물권행위와 등기, 동산물권변동은 물권행위와 점유의 이전, 즉 인도에 의하여 성립하고 효력을 발생하게 되었다. 그리고 성립요건주의에 충실하게 등기가 이루어지도록 하기 위한 절차법으로서 1960년 1월 1일에 부동산등기법을 제정하여 同日字로 민법과 함께 시행하였다.

이렇게 새로운 민법에서 종래의 대항요건주의를 버리고 성립요건주의로 입법을 하였다 하더라도 국민들의 법의식 속에는 당사간의 의사의 합치만에 의하여 부동산물권을 취득하고 등기는 대항요건에 불과하다는 인식이 그대로 유지되고 있었다. 그러므로 자연히 대항요건주의에서 성립요건주의로 물권변동의 원칙을 전환하였다 하더라도, 실체적인 부동산물권의 귀속과 외관인 등기와는 불일치하는 사례가 허다하였을 것임은 충분히 이해할 수 있다.

그리고 제도적으로도 구민법 하에서 등기하지 않고 취득하여 보유하고 있던 부

26) 만주민법의 편찬은 일본의 대표적인 독일법론자였던 我妻 榮이 주도하였다.

27) 부동산물권변동의 요건으로서 만주민법에서는 등기라 하지 않고 등록이라 하였다.

28) 물론 당시의 민법학계에서는 구민법에서의 대항요건주의를 새로운 현행민법에서 성립요건주의로 전환을 하면 등기하지 아니한 사실상의 소유권이 생기게 된다는 이유로 성립요건주의로의 입법에 반대의 입장을 표하였다(민사법연구회 편, 민법안의견서(일조각, 1957), 67면).

동산물권을 실체적 진실에 부합되게 등기를 실체적인 권리귀속자에게로 경료하도록 함이 당연한 요청이었다. 또한 구민법 하에서 변칙적으로 이루어지던 중간생략등기에 의한 부동산물권변동, 명의신탁에 의한 부동산물변동도 여전히 이용되었으며, 민법학에서는 대항요건주의 하에서나 인정되었을 관행상의 변칙적인 부동산물권변동방법을 성립요건주의 하에서도 여전히 유효하다고 설명하고 판례도 마찬가지로 그 유효성을 인정하였다.

이와 같이 성립요건주의에 충실하게 등기가 실체적인 부동산물권귀속자 명의로 이루어지도록 하게 하기 위하여, 민법 부칙 제10조 제1항에서 민법시행일로부터 3년 이내에 실체적 권리자 명의로 등기하도록 하고, 그 기간 내에 등기하지 아니하면 그 부동산물권은 소멸하도록 규정하였다. 그리고 동산에 관한 물권의 양도는 민법 시행일로부터 1년 내에 인도를 받지 못하면 그 효력을 잃는다고 규정하였다. 민법의 입법자들은 이러한 경과규정을 입법하여 유예기간 내에 실체관계에 부합되게 등기하지 아니하면 실체적인 부동산물권이 소멸하게 된다고 하여 실체관계에 부합되는 등기신청이 이루어지도록 하고자 하였다. 그러나 국민들의 법의식은 그렇게 쉽게 변하는 것이 아니다. 그러므로 경과기간 3년이 지나도 여전히 실체관계에 부합하는 등기가 이루어지지 아니하여, 1962년에는 동 경과규정을 개정하여 유예기간을 2년을 더 연장하여 5년 이내에 등기하도록 하였다. 그러나 5년이 지나도 등기하지 아니한 사례가 적지 아니하여 1964년 말에 동 경과규정을 다시 개정하여 유예기간을 1년 더 연장하여 6년 이내에 등기를 하도록 하였다. 그러나 경과기간 6년이 지나서도 실체관계에 부합되게 등기하지 않은 사례가 많아 1966년부터는 판례에 의하여 민법 부칙 제10조 제1항에 의한 실체관계에 부합되게 하기 위한 등기청구권의 소멸시효기간이 1966년 1월 1일부터 개시된다고 판결함으로써[29] 민법부칙 제10조 제1항에 의한 등기가 1975년 말까지 연장되는 효과를 도모하였다. 그러나 1976년이 되어도 역시 등기하지 않은 사례가 있으므로 그 때 부터는 민법부칙 제10조 제1항의 등기와 관련하여 판례는 부동산의 점유의 이전을 받아 당해 부동산을 점유하고 있는 부동산의 실체적 소유자의 등기명의자에 대한 등기청구권은 소멸시효의 대상이 되지 않는다고 판결함으로써,[30] 실체관계에의 부합을 위한 등기청구권은 실체적인 권리자가 당해 부동산을 점유

29) 대법원 1966.9.17. 66다1150 판결; 대법원 1968.11.5. 68다1797 판결.
30) 대법원 1976.11.23. 76다342 판결; 대법원 1976.11.23. 76다546 판결.

하고 있는 한 언제든지 등기청구권을 행사할 수 있도록 하여, 결과적으로 등기와 실체관계의 부합을 판례에 의하여 포기하고만 결과에 이르게 되었다. 그리하여 실체관계에 부합된 등기를 하게 하기 위한 민법 부칙 제10조 1항은 입법적 실효성이 전혀 없게 되었다.

그리하여 민법 시행 후 실체관계에 부합하는 등기를 하게 하기 위하여 여러 차례에 걸쳐서 등기특별조치법을 제정하여 현재의 실체적 권리자가 단독으로 그의 명의로 등기를 하게 할 수 있는 입법적 조치를 취하였다.[31] 그리고 판례는 이러한 등기특별조치법에 의하여 경료된 등기에 강한 권리추정력을 인정하기도 하였다.[32] 등기특별조치법에 의하여 등기권리자의 단독신청에 의하여 경료된 등기는 등기권리자와 등기의무자가 공동으로 신청하지 아니하고 또한 실체적 진실발견에 바탕을 두어 등기하지 아니하고, 형식적인 隣友保證만에 의한 단독신청에 의하여 경료된 등기이다. 그럼에도 불구하고 일반적인 공동신청에 의한 등기에서보다 단독신청에 의한 등기에 더 강한 권리추정력을 인정하여 등기의 효력의 일관성을 유지하지 못하고 있다. 그리고 너무 자주 限時法으로서 등기특별조치법을 제정·시행함으로써 현재의 권리자가 단독으로 등기를 신청하게 하고 강한 권리추정력을 인정하여, 부동산물권변동에 있어서 국민들로 하여금 정상적으로 부동산거래시마다 등기하기보다는 새로운 특별조치법이 또 제정·시행될 것이라는 요행심을 갖게 한 입법정책적인 잘못이 있다고 평가된다. 이와 같이 성립요건주의로의 전환에 따라서 실체관계에 부합하는 등기가 이루어지도록 하는 노력은 실체적 진실에 기초한 등기의 경료보다는 형식적인 인우보증에 의한 간편한 절차로 이를 달성하려고 하였다. 그리하여 상호보증을 하여 서로 타인소유의 땅에 대해 등기특별조치법에 의한 등기가 경료되어도, 그 등기의 진실성을 인정하도록 하는 실체적 진실

---

31) 구체적인 등기특별조치법들을 살펴보면, 1961년 5월 25일에 제정된 "분배농지소유권이전등기에 관한 특별조치법"(시행기간: 1961.5.5.-1965.6.30.), 1964년 9월 17일에 제정된 "일반농지의 소유권이전등기 등에 관한 특별조치법"(시행기간: 1964.9.17.-1965.6.30.), 1969년 7월 18일에 제정된 "임야소유권이전등기 등에 관한 특별조치법"(시행기간: 1978.3.1.-1984.12.31.), 1983년 7월 1일에 제정된 "수복지역 내 소유자 미복구토지의 복구등록과 보존등기에 관한 특별조치법"(시행기간: 1982.12.31.-1991.12.31.), 그리고 3차례에 걸친 "부동산소유권이전등기 등에 관한 특별조치법"(제1차: 1978년 3월 1일 제정)(시행기간: 1978.3.1.-1984.12.31.), (2차: 1993.1.1. 제정)(시행기간: 1993.1.1.-1994.12.31.), (3차: 2006.1.1. 제정)(시행기간: 2006.1.1. -2007.12.31.) 등이 있다(김상용, 부동산거래의 공증과 부동산등기의 공신력 연구(법원사, 2008), 15면).

32) 대법원 1987.10.13. 86다카2928 전원합의체 판결; 대법원 2001.11.22. 2000다카71388, 71395 전원합의체 판결.

과는 거리가 있는 법현상을 입법에 의해 생산하는 결과를 낳았다.

그리고 또 다른 실체적 권리관계에 등기를 일치시키는 방법으로 점유에 의한 부동산소유권의 시효취득제도가 그 일부의 기능을 담당하였다. 부동산물권의 점유취득시효는 구민법에서도 인정하였다(일본민법 제162조 제1항). 현행민법에서는 구민법을 그대로 계승하여 민법 제245조 제1항에서 부동산소유권의 점유취득시효를 규정하고 있다. 20년간 소유의 의사로 타인의 부동산을 점유한 후에 점유자 명의로 등기함으로 당해 부동산의 소유권을 점유자가 취득하도록 규정하고 있다. 구민법에서는 대항요건주의를 취하였기 때문에 20년간 점유를 하면 그 기간의 만료와 함께 바로 소유권을 취득할 수 있도록 규정하였으나, 현행민법은 성립요건주의로 전환하였기 때문에 20년간 점유한 후에 점유자 명의로 등기를 하여야만 소유권을 취득하도록 하였다. 따라서 현행민법 하에서는 20년간 점유를 하면 그 점유자에게는 등기명의자를 상대로 한 등기청구권이 법률의 규정에 의하여 발생하는 것으로 입론된다. 그리고 부동산의 점유를 하고 있는 자의 등기청구권은 소멸시효에 걸리지 아니함으로 그가 점유하고 있는 한 그의 등기청구권은 계속 존속하게 되어, 언제나 그의 명의로 등기할 수가 있게 된다. 이와 같은 부동산소유권의 점유취득시효는 점유의 승계합산이 인정되므로(민법 제199조) 그의 점유기간이 20년이 되지 못하여도 그의 명의로 등기하여 실체관계에 등기를 부합하게 할 수 있다. 이처럼 부동산소유권의 점유취득시효제도도 성립요건주의로 전환된 신민법에서의 부동산물권변동에 있어서 구민법 하에서 등기 없이 취득한 부동산소유권을 성립요건주의에 적합하게 실체적으로 진실한 소유자명의로 등기할 수 있도록 하는 제도로 기능하였다.

그리고 성립요건주의로 전환하였음에도 불구하고, 대항요건주의 하에서 변칙적인 부동산거래와 부동산물권변동의 방법으로 그 유효성이 인정되었던 중간생략등기, 명의신탁은 변함없이 그 유효성이 인정되었다. 오히려 그 유효성의 범위를 확대 인정하였다. 민법학도 그러하였고 판례도 그러하였다. 실정법적인 근거가 없이 관행으로 그것도 일본에서 이용되었던 변칙적인 제도를 일본민법이 구민법으로 시행된 시대에는 우리나라에서도 그 유효성을 인정할 수 있었다 하더라도, 성립요건주의로 전환된 새로운 우리 민법 하에서는 그러한 변칙적인 부동산물권변동제도의 유효성의 계속 인정여부에 대한 검토가 있었어야 마땅하였다고 생각한다. 그러나 아무런 비판적 검토 없이 오히려 더 강력하게 그 유효성과 인정범위의 확대를 용인하였던 것이 우리 민법학과 판례의 과거였으며 지금도 그러하다고 생각한다.

변칙적인 부동산물권변동제도는 실정법에 그 법적 근거를 갖고 있는 것이 아니다. 관행으로 이용되어 오던 제도였다. 그런데 그러한 변칙적인 부동산물권제도가 정상적인 부동산거래의 방법이 아니었기 때문에 변칙적인 부동산거래, 즉 부동산투기의 합법적인 방법으로 기능하였다. 그럼에도 불구하고 민법학계와 판례는 무비판적으로 변칙적인 부동산물권변동을 그대로 그 유효성을 인정하였다. 그로 인하여 실정법에 의한 정상적인 부동산물권변동보다는 관행에 의한 변칙적인 부동산물권변동이 이루어졌다. 그 사회적 폐해는 부동산투기의 사회적 폐해를 통하여 명확해졌다. 공직자재산등록과 고위공직자인사청문회 때마다 변칙적인 부동산물권변동의 사례가 나타나고 그것에 대한 비판이 쏟아지고 있다. 생각건대 부동산물권변동에 관련된 입법은 흠결이 있는 不實立法이었고, 판례는 변칙적인 부동산물권변동을 유효하다고 판결하고, 민법학계는 변칙적인 부동산물권변동에 이론적인 합법성을 더하여 준 결과로 신민법에서 성립요건주의로 부동산물권변동의 원칙을 입법하였으나 실제의 법생활에서는 변칙적인 부동산물권거래를 정상적인 부동산물권거래로 인식하는 법의식이 굳어져 있는 느낌이다.[33)]

그리고 중복등기에 관하여 종래에는 등기의 先後에 의한 유효한 등기의 결정보다는 실체적 진실에 부합하는 등기의 유효성을 인정하던 것이 판례의 입장이었으나,[34)] 지금은 먼저 경료된 등기가 유효하다는 결정으로 판례가 변경되었다.[35)] 이러한 판례의 변경은 그동안 중복등기의 발생을 방지할 수 있는 제도적 보완도 이루어지고, 부동산거래를 하면 등기를 반드시 하여야 부동산물권을 취득하게 된다는 법의식도 많이 성숙해 있다고 판단되기 때문에, 먼저 이루어진 등기가 실체

33) 물권법 교과서의 내용도 역시 정상적인 부동산물권변동의 내용과 그것의 안정적인 유지를 위한 이론구성과 설명보다는 변칙적인 문제의 부동산거래 내지 부동산물권변동방법의 정당성을 부여하는 설명내용으로 이루어진 느낌이 든다. 필자는 舊來의 변칙적인 부동산물권변동의 방법들에 대하여 근원적으로 검토하여 그러한 제도를 그대로 유지할 것인지, 아니면 수정할 것인지, 폐기할 것인지를 진지하게 검토하여야 한다고 생각한다. 필자는 부동산물권변동의 원칙과 그 세부적인 내용은 실정법으로 확정하여 국민들의 일상생활 속에서 그대로 지켜져서 부동산거래가 정상적이고 안정적인 방법으로 이루어지도록 하여야 한다고 생각한다(김상용, "부동산거래 선진화를 위한 제도 개선: 명의신탁, 공정증서의 법제화로 극복을", 부동산포커스, Vol., 98(한국감정원 KAB부동산연구원, 2016.7.7.), 2-14면).

34) 대법원 1978.12.26. 77다3265 전원합의체 판결.

35) 대법원 1990.11.27. 87다카2961 전원합의체 판결; 대법원 2001.2.15. 99다66915 전원합의체 판결.

적 권리관계에의 부합여부와 관계없이 유효하다는 판례를 수긍할 만한 면이 없지는 않다. 그러나 부동산물권변동의 요건으로서의 등기는 진실한 실체적 권리관계에 부합하는 등기에 그 유효성을 인정하여야 함이 대원칙이라 생각한다. 등기는 권리의 외관Rechtsschein이지 권리 그 자체는 아니기 때문이다.

Ⅲ. 부동산물권변동의 요건에 관한 법이론과 법제도의 변천

1. 부동산물권의 변동요건으로서의 물권행위와 등기

(1) 물권행위론의 변천

(가) 물권행위의 개념, 시기 및 방식에 대한 논란

법률행위에 의한 물권변동에 있어서 그 법률행위가 물권행위인가 아니면 채권행위인가에 관하여, 종래까지 우리나라에서는 물권행위, 특히 물권적 합의Einigung라는 데 의문의 여지없이 당연한 법리로 받아들여졌다. 왜냐하면 우리 민법은 물권법과 채권법을 준별하고 있고, 물권변동을 목적으로는 법률행위는 물권법에 의하여 규율되는 물권행위, 특히 물권적 합의라는 데 하등의 의문을 갖지 아니하였다. 채권행위는 채권의 발생을 목적으로 하는 법률행위로서 이행이라는 문제를 남기는 법률행위이며 물권행위는 그 원인이 되는 채권행위의 이행행위이며 물권행위에 의해서는 물권변동이 있게 되고 이행이라는 문제는 남기지 아니하는 법률행위로 파악하였다. 그리하여 성립요건주의의 우리나라에서는 물권행위와 등기·인도의 2가지 요건이 결합하여 물권변동이 있게 되는 것으로 받아들여졌다. 다만 물권행위가 명시적으로 행하여지지 아니하고 묵시적으로 행하여진다고 파악하였다. 그러나 매도증서가 등기원인서면으로 사용되었을 당시에는 그 賣渡證書[36]는

36) 매도증서는 오랫동안 관행상 부동산매매계약을 체결하고 매수인이 매도인에게 매매대금을 완급하였을 때에 매도인이 작성하여 그의 서명날인을 한 후에 매수인에게 교부하였다. 매수인은 교부받은 매도증서를 등기원인증서로 하여 소유권이전등기를 신청하였다. 매도증서는 1978년 부동산등기법의 개정과 그 후의 1988년 9월 30일의 "부동산등기법 제40조 제2항 및 제45조 단서의 적용에 관한 규정"(대통령령 제12527호, 1988.9.30. 제정)에 의하여 1988년 10월 1일부터 검인계약서의 시행으로 더 이상 이용되지 않게 되었다. 매도증서가 등기원인서면으로 이용되었을 때에는 그 매도증서가 독일에서의 Auflassung 증서와 동일하다고 평가되기도 하였다

매매계약서와는 별도로 매도인이 작성하여 매수인이 매매대금을 완급할 때에 매수인에게게 교부하였으므로 명시적으로 물권행위가 채권행위와는 다른 시기에 행하여지고, 물권행위가 물권변동을 위한 법률행위였다.[37] 또한 매도증서는 물권행위의 방식으로 이해되었다.

또 한편으로 우리 민법 제186조의 법률행위를 2원적으로 파악하여 매매, 교환 등의 채권계약으로 부동산의 소유권이전이 있게 되는 경우에는 채권계약과 등기에 의하여 부동산물권변동이 있게 됨으로 소유권이전의 물권변동의 경우에는 채권행위가 물권변동의 요건인 법률행위이며,[38] 제한물권의 설정의 경우의 그 법률행위는 채권행위가 아니라 물권행위라고 이론구성을 하는 견해가 주장[39]되고 있다. 또 이와 달리 2원적으로 파악하는 견해에 의하면 민법 제186조에서 규정하고 있는 법률행위는 채권행위의 이행행위로서 물권행위가 행하여지는 경우에는 채권행위로 파악하고, 물권행위만이 존재하는 경우에는 이를 물권행위로 보는 것이 가능하다고 한다.[40]

그러나 近者에는 물권변동을 목적으로 하는 법률행위는 물권행위가 아니라 채권행위로 이해하는 견해가 주장[41]되고, 그 법률행위는 채권행위일 수도 있고 물권행위일 수도 있다는 견해가 주장[42]되기도 하며, 드디어는 물권행위라는 개념조차 불필요하다는 극단적인 견해까지 주장[43]되고 있다. 물론 물권행위의 개념이 불필요하다는 견해에 대해서 이를 반박하면서 물권행위의 개념과 존재가 필요하다는 것을 법제사적 근거에 기초하여 주장하는 견해[44]도 제기된 상태이다.

우리의 판례는 법률행위에 의한 부동산물권변동에 있어서 물권행위를 물권변동의 요건으로 인정하고 있으며 채권행위를 물권변동의 요건으로 인정하고 있지

(김증한, 물권법(박영사, 1981), 56면).

37) 또한 물권행위는 매도증서가 그 방식으로서 요식행위라고 하였다.

38) 고상룡, 물권법(법문사, 2002), 63면; 홍성재, 부동산물권변동론: 소유권양도를 중심으로(법문사, 1992), 369면.

39) 고상룡, 상게서, 61면.

40) 윤진수, "물권행위 개념에 대한 새로운 접근", 민사법학 제28호(한국민사법학회 편, 2005.6.), 40면.

41) 고상룡, 물권법(법문사, 2002), 63면; 홍성재, 부동산물권변동론: 소유권양도를 중심으로(법문사, 1992), 238면 이하.

42) 윤진수, 전게논문, 40면

43) 명순구, 김제완, 김기창, 박경신, 아듀 물권행위(고려대학교 출판부, 2006), 125면 이하. 이러한 주장은 불법의 영향을 강하게 받은 결과라 생각한다.

44) 서을오, 물권행위에 관한 학설사적 연구(세창출판사, 2008), 158면 이하.

는 아니하다. 특히 舊농지개혁법이 시행될 당시에 농지매매로 인한 농지소유권이전에 있어서 소재지관서의 농지매매증명을 얻지 못하면 채권행위는 유효하지만, 농지소유권이전등기신청을 할 수 없다고 판결[45]하여 농지소유권의 이전을 위한 물권변동의 요건은 채권행위가 아니라 물권행위로 인정하였다. 그리고 舊외국인토지법에 의하여 외국인이 한국의 토지를 취득하기 위하여서는 당시 내무부장관의 허가를 받도록 한 때에, 허가를 얻지 아니하고 외국인이 한국의 토지를 취득한 경우에 그 때에도 물권행위가 효력을 발생하지 아니하여 당해 토지의 소유권이전등기를 신청할 수 없다고 판결[46]하여 역시 외국인의 토지소유권 취득에 있어서도 물권행위를 물권변동의 요건으로 인정하였다.

채권행위와 물권행위는 그 요소인 의사표시의 내용이 다르며, 다른 권리의 변동이 일어난다. 채권행위는 채권의 발생을 내용으로 하는 의사표시를 요소로 하는 법률행위로서 채권행위에 의해서는 채권이 발생한다. 그리고 물권행위는 물권적 의사표시를 내용으로 하는 법률행위이며 물권행위에 의해서 물권이 변동된다. 그러므로 채권행위에 의하여 물권이 발생한다는 법리구성은 법률행위를 채권행위와 물권행위로 구별하는 법제에서는 용인될 수 없다.[47]

생각건대 우리 민법 제186조의 법률행위는 물권행위라고 해석해야 함이 타당하다고 생각된다. 부동산물권변동에 등기를 요하는 경우에는, 채권행위도 하고 물권행위로 하는 경우가 대부분이지만, 채권행위는 없이 물권행위만이 행하여지는 경우에도 역시 민법 제186조에 의하여 등기하여야 물권변동이 있게 된다. 예컨대 부동산물권의 포기, 지역권설정자의 지역권의 부담을 지고 있는 부분의 승역지소유권의 委棄(민법 제299조)로 인한 부동산물권의 변동의 경우에는 말소등기 또는

45) 대법원 1964.9.15. 64다617 판결; 대법원 1987.4.28. 85가카971 판결.

46) 대법원 1966.6.21. 66다368 판결; 대법원 1973.8.21. 73다737 판결.

47) 물권행위는 독법계에서만 인정되는 법률행위이다. 물론 법률행위라는 개념도 역시 독법계에서만 인정한다. 법률행위, 물권행위의 개념을 인정하지 아니하는 나라에서는 채권행위인 계약에 의해서도 물권변동이 있게 됨을 인정하는 나라도 있다(프랑스민법). 그리고 채권행위와 등기에 의하여 부동산물권변동이 있게 입법한 입법례(오스트리아민법 제431조 및 제432조)도 있으며, 채권행위와 물권행위의 개념을 인정하는 스위스에서는 채권행위, 물권행위(등기신청행위(Anmeldung)를 양도인의 실체적인 처분행위인 물권행위로 파악함), 등기의 3가지 요건을 부동산물권변동의 요건으로 입법하였다(Art. 963 I, Art. 965 I. Ⅲ ZGB). 일본에서는 의사표시에 의하여 부동산물권변동이 일어남을 규정하였으나(일본민법 제176조), 그 의사표시를 채권행위라고 이해하는 견해도 있고 물권행위로 이해하는 견해도 있다. 채권행위로 이해하는 견해에 의하면, 채권행위에 의하여 물권변동이 일어난다는 것을 인정하게 된다.

위기의 경우에는 분할과 그 후의 이전등기를 경료하여야 비로소 그 소유권의 소멸의 물권변동이 있게 된다. 이러한 물권변동의 원인이 되는 포기나 위기는 물권행위일 뿐이고 그것의 원인행위인 채권행위는 존재하지 아니한다.[48] 따라서 민법 제186조는 부동산물권변동이 있기 위해서 법률행위를 요하는 것으로 규정되어 있으나, 그 법률행위는 채권행위만도 아니고 채권행위와 물권행위가 결합된 행위도 아니고, 채권행위나 물권행위도 아니며, 물권행위로 해석하여야 한다.[49] 그리고 물권행위는 물권변동의 의사표시를 내용으로 하는 법률행위로서 매수인이 잔대금을 매도인에게 지급하고, 매도인이 매수인에게 등기신청에 필요한 서면인 등기원인서면을 교부할 때에 묵시적으로 행하여진다고 이해함이 바람직하다.[50] 그리고 매도증서가 등기원인서면으로 이용되었을 때에는 물권행위는 매도증서를 방식으로 하는 요식행위로 이해되었다.[51] 그러나 매도증서의 사용이 폐지된 후에 등기원인서면으로 이용되고 있었던 檢認계약서, 檢印계약서에 대해서는 그것이 물권행위의 방식인가에 관해서는 다툼이 있었으며,[52] 부동산거래신고서를 등기원인서면으로 하는 있는 지금은 물권행위는 무방식으로 행하여진다고 이론구성함이 타

48) 포기나 위기의 원인으로 사실행위는 있으나, 그 원인이 되는 법률행위, 즉 채권행위는 존재하지 아니한다.

49) 김상용, 물권법 제3판(화산미디어, 2016), 57면.

50) 근자에는 등기신청시에 물권행위가 행하여진다는 견해가 있으며, 당사자의 등기신청행위가 바로 물권행위라고 한다(윤진수, 전개논문, 4면). 그러나 당사자의 등기신청행위는 공법행위이며 사법상의 법률행위가 아니다. 스위스에서는 등기신청행위 시에 물권행위기 행하여진다고 해석되고 있으나, 스위스에서는 매매계약서를 공정증서로 작성하고 그것을 등기소에 제출하여 등기함으로 부동산물권이 이전되고, 이 때에 공정증서에 의한 등기신청행위는 단순한 행정행위로서의 신청이 아니라 등기의무자인 양도인의 실체적인 처분행위로 파악한다(Bernd von Hoffmann, Das Recht des Grundstückskaufs(1982), S. 29). 이러한 이론구성은 스위스에서는 등기신청에 등기의무자에 의한 단독신청주의를 취하며, 공정증서인 매매계약서를 가지고서 등기의무자인 양도인이 단독으로 등기신청을 하기 때문에 그 등기의무자의 등기신청행위를 자기의 소유권을 양수인에 확실하게 이전해 준다는 처분행위인 물권행위로 파악하는 것으로 이해된다. 독일에서는 등기권리자에 의한 단독신청주의를 취하여, 양도인인 등기의무자의 등기허락서를 교부받아 양수인인 등기권리자가 단독으로 등기를 신청한다. 이때에 등기의무자의 등기권리자에 대한 등기허락서의 교부 시에 물권행위가 행하여진다고 이론 구성한다. 확실히 스위스에서는 등기의무자의 등기신청 시에 확정적으로 자신의 부동산소유권을 양수인에게 이전한다는 의사표시가 행하여지는 것으로 이론구성할 수 있다. 그러나 공동신청주의를 취하고 있는 우리나라에서 공동의 등기신청행위를 물권행위로 파악함은 적절치 못하다고 생각한다. 이렇게 이론구성하면 물권행위를 당사자간에 하는 것이 아니라 등기관에게 한다는 이상한 결론에 이르게 된다.

51) 매도증서를 채권행위서면의 대용일 뿐이라고 이해한 견해는 매도증서를 물권행위의 방식으로 파악하지 아니하였다.

52) 필자는 檢認계약서, 檢印계약서가 사용될 당시에는 이를 물권행위의 방식으로 입론하였다(김상용, 전게 물권법 77면).

당하다.

(나) 물권행위의 독자성과 유인 · 무인론의 대립

1) 물권행위의 독자성과 그 인정여부

물권행위 독자성을 인정할 것인가 부인할 것인가의 논의는 물권행위를 물권변동을 위한 법률행위로 인정하는 경우에만 그 실익이 있다. 물권행위를 물권변동을 위한 법률행위로 인정하지 아니하는 경우에는 논의할 실익이 없는 것이다.

물권행위를 물권변동을 위한 법률행위로 인정하는 견해에서도 물권행위의 독자성의 개념을 서로 달리 이해하고 있다. 외국의 입법례에 의하면, 독일에서의 물권행위의 독자성은 물권행위가 그 원인행위인 채권행위와는 분리하여 독립적으로 존재함을 의미한다. 그리하여 독일에서는 물권행위가 그 원인행위인 채권행위와 동시에 행하여지든 異時에 행하여지든 그것을 물권행위의 독자성 인정유무의 기준으로 삼는 것이 아니라, 물권행위가 언제 행하여졌든 물권행위가 그 원인행위인 채권행위와는 분리, 독립하여 존재함을 의미한다. 그리하여 독일에서는 물권행위의 독자성을 분리주의Trennungsprinzip라 한다.[53)]

우리나라에서의 물권행위의 독자성의 개념에 관하여는 독일에서와 동일하게 이해하는 견해[54)]도 있지만, 독일에서와는 달리 물권행위가 채권행위와 분리 · 독립하여 행하여짐을 의미하는 것으로 파악하는 것이 아니라, 물권행위의 개념과 그 독립존재성은 모두 인정하지만, 물권변동을 목적으로 하는 물권행위가 그 원인행위인 채권행위와 결합되어 동시에 하나의 행위로 행하여지느냐, 별도의 시기에 별개의 행위로 행하여지느냐를 기준으로 前者로 이해하면 물권행위의 독자성을 부인하고, 後者로 이해하는 견해는 물권행위의 독자성을 인정한다고 한다. 따라서 물권행위의 독자성의 개념이 독일에서와 우리나라에서 동일하지 아니하다. 물권행위의 독자성의 개념을 독일에서의 그것으로 파악하면 우리나라에서도 물권행위의 독자성이 인정된다. 왜냐하면 물권행위의 독자성을 부인하는 견해도 물권행위에

53) 독일에서는 부동산소유권이전의 합의인 물권행위(Auflassung)는 공정증서인 채권행위서면을 공증인에게 제출하고 공증인의 면전에서 행함으로 물권행위는 채권행위와 분리되어 별도로 행하여진다. 그리고 Auflassung 이외의 물권행위는 등기의무자가 등기권리자에게 등기허락서(Eintragungsbewilligung)를 교부할 때에 묵시적으로 행하여지므로 역시 물권행위는 그 원인되는 채권행위와는 별도로 별개의 행위로 행하여진다.

54) 이영준, 물권법(박영사, 1990), 71면.

의하여 물권변동이 있게 된다고 설명하므로 독일에서의 물권행위의 독자성의 개념에 의하면 학설과 판례가 예외없이 물권행위의 독자성을 인정하고 있다고 할 수 있다. 그러나 물권행위의 독자성의 개념을 독일에서와 달리 파악하기 때문에, 학설은 대립되고 있고 판례는 물권행위의 독자성을 부인한다.

판례는 충분한 설명을 하지 아니한 채 물권행위의 독자성을 부인한다.[55] 또한 판례는 물권행위를 물권행위의 요건으로 판결하면서 물권행위의 유인성을 인정하는 판결들에 비추어 보면, 우리 판례는 물권행위의 독자성을 부인하고 있다.

생각건대 물권행위를 물권변동의 법률행위로 파악하는 우리나라에서는 물권행위의 독립존재성을 인정하고 있다. 그러므로 독일에서의 물권행위의 독자성 개념에 의하면 우리나라에서도 물권행위의 독자성이 인정된다. 그리고 물권행위는 채권행위와 동시에 하나의 행위로 결합되어 행하여진다고 하기보다는 物權移轉의 확정적인 의사표시는 매수인의 매매대금의 완급과 매도인의 등기신청서류의 교부시에 묵시적으로 행하여진다고 판단되므로, 물권행위는 채권행위와는 다른 시기에 별도로 행하여진다고 봄이 타당하다. 따라서 우리나라에서의 물권행위의 독자성의 개념에 의할 때에도 물권행위의 독자성이 인정된다고 봄이 타당하다.

그러나 물권행위가 등기에 있어서는 등기원인이고 따라서 그 등기원인인 물권행위의 서면이 등기원인서면으로 제출되어야 하는데, 제한물권의 설정의 경우에는 물권행위서면이 등기원인서면으로 제출되나, 매매, 증여 등으로 인한 소유권이전등기시에는 물권행위서면이 등기원인서면으로 제출되는 것이 아니라 관할 행정청으로부터 부동산거래신고필증을 교부받아 그것을 등기원인서면으로 제출함으로, 결국 신고필의 확인을 받은 부동산매매계약서가 등기원인서면으로 제출되어 채권행위가 등기원인으로 등기부에 기재됨으로 물권행위의 독자성이 부동산등기절차에서는 실현되지 못하고 있다. 또한 물권행위가 묵시적으로 행하여지므로 그것을 서면화할 수도 없는 것이다. 물권행위의 독자성을 인정하고 이를 부동산등기에서 실현하려면 물권행위서면의 작성이 관철되고 그 물권행위서면을 등기원인서면으로 제출하도록 부동산등기법의 개정・보완이 필요하다.

私見으로는 물권행위의 독자성의 개념을 물권행위의 독립존재성의 개념으로 수정하고, 물권변동을 목적으로 하는 법률행위는 물권행위로 파악하여야 하며, 그

55) 대법원 1977.5.24. 75다1394 판결.

물권행위가 등기원인이 되는 법률행위가 되며, 따라서 물권행위를 서면으로 작성하도록 하여 그 물권행위서면을 등기원인서면으로 제출하도록 하여야 할 것으로 생각한다.

2) 물권행위의 유인성 · 무인성 여부

모든 법률행위는 그 법률행위를 하게 되는 원인이 있다. 원인없는 법률행위는 존재하지 아니한다. 그러나 일정한 법률행위에 대해서는 법정책적으로 그 원인행위와 絕緣되어 있는 경우가 있다. 물권변동을 위한 법률행위인 물권행위는 그 원인행위인 채권행위의 이행행위로서 행하여진다. 따라서 채권행위는 물권변동의 요건인 법률행위는 아니지만 물권변동의 요건인 물권행위의 원인행위로서 행하여지고, 그 채권행위를 원인으로 하여 그 이행행위로서 물권행위가 행하여진다. 그러므로 물권변동의 요건인 물권행위는 채권행위의 유효여부에 따라서 그 효력에 영향을 받을 수 있게 할 것인가, 아니면 법정책적으로 채권행위의 효력유무에 관계없이 물권행위의 효력을 물권행위 독자적으로 결정할 것인가가 문제로 된다. 이와 같이 자연적으로는 물권변동과정의 법률행위는 채권행위를 원인행위로 하여 그 이행행위로서 물권행위가 행하여지며, 물권변동의 요건인 법률행위를 물권행위로 파악하는 견해에 있어서는 물권행위의 효력이 그 원인행위인 채권행위의 효력여부에 좌우되게 할 것인가 채권행위의 효력과 물권행위의 효력을 絕緣하여 물권행위의 효력을 독자적으로 결정할 것인가는 논리필연적인 문제가 아닌 법정책적인 문제이다. 물권행위의 원인행위인 채권행위의 효력여부에 따라서 물권행위의 효력여부가 영향을 받도록 할 때에 그 법리를 물권행위의 유인성이라 하며, 법정책적으로 채권행위의 효력여부는 물권행위에 영향을 주지 못하게 하고 물권행위 독자적으로 그 효력여부를 결정하도록 하자는 법리가 바로 물권행위의 무인성Abstraktheit des dinglichen Rechtsgeschäfts이다.

물권행위의 무인성을 인정할 것인가 유인성을 인정할 것인가에 관하여는 학설이 대립되고 있고 판례는 유인성을 취하고 있다.[56] 그리하여 우리나라에서 물권행위의 독자성을 부인하는 것은 확고한 관습법으로 되었다고 하는 평가까지 하는 견해[57]가 있다. 그리고 물권행위의 독자성 인정유무와 물권행위의 유인성, 무인성

56) 대법원 1966.3.22. 65다2593 판결; 대법원 1974.6.11. 74다542 판결; 대법원 1977.5.24. 75다1394 판결; 대법원 1982.7.27. 80다2968 판결; 대법원 1991.11.12. 91다9503 판결; 대법원 1995.5.12. 94다18881,18904 판결. 물론 이 판례들은 물권행위의 독자성도 부인한다.

과도 견해가 대립되고 있다. 물권행위 독자성을 인정하는 견해는, 다시 물권행위의 무인성을 인정하는 견해[58]와 물권행위 독자성을 인정하면서도 물권행위의 유인성을 취하는 견해[59]가 있으며, 물권행위의 독자성을 부인하는 견해는 모두 물권행위의 유인성을 취한다.[60]

독일에는 부동산소유권이전의 합의Auflassung는 조건과 기한을 붙일 수 없으므로 (§ 925 Abs 2 BGB) 절대적 무인행위이다. 그러나 부동산소유권이전의 합의 이외의 물권적 합의Einigung에는 조건과 기한을 붙일 수 없다는 법적 제약이 없으므로 유인적일 수도 있지만 독일에서는 일반적으로 Einigung도 무인행위로 파악되고 있다. 그리하여 독일에서는 물권행위의 독자성이 인정되고 또한 물권행위의 무인성이 받아들여지고 있다.[61]

생각건대 모든 법률행위는 그 원인행위로부터 有因的이라고 할 수 있다. 그러나 법률의 규정에 의하여 원인행위의 유효여부가 이행행위에 영향을 미치지 못하도록 할 수 있다. 그러나 물권행위의 유효여부가 그 원인행위인 채권행위의 유효여부에 의하여 영향을 받는지 받지 않는지에 관하여는 법상 아무런 규정이 없다. 해석상 부동산등기에 공신력이 인정되지 아니하는 우리나라에서는 부동산거래의 안전을 위하여 물권행위의 無因性을 인정할 필요성이 있다는 것이 물권행위의 무인성을 인정하는 근거로 삼고 있다.[62] 따라서 물권행위는 논리필연적으로 독자성이 인정되는 것도 아니고 무인성이 인정되는 것도 아니다. 등기의 공신력이 인정되지 아니하는 우리나라에서 부동산거래의 안전을 위하여 물권행위의 무인성을 인정할 필요가 있고, 또한 물권행위의 무인성 인정을 위하여 물권행위의 독자성이 인정되어야 한다고 한다.

그러나 私見으로는 원인행위와 그 원인행위에 기한 이행행위 간에는 인과관계가 인정되며, 따라서 원인행위의 瑕疵는 그 원인행위에 기한 이행행위에도 영향을 주어 이행행위도 하자있는 행위가 된다고 파악함이 타당하다고 생각한다. 따라

57) 이영준, 전게서, 77면.
58) 김증한, 물권법강의(박영사, 1984), 48, 54면.
59) 황적인, 현대민법론 Ⅱ(박영사, 1987), 65면; 김상용, 전게 물권법, 117면.
60) 곽윤직, 물권법, 제7판(박영사, 2008), 53면.
61) Jürgen Baur, Rolf Stürner, Sachenrecht, 17. Aufl.(1999), S. 42; Kurt Schellhammer, Sachenrecht nach Anspruchsgrundlagen samt Wohnungseigentum- und Grundbuchrecht, 2. Aufl. (C.F.Müller, 2005), Rn 1460.
62) 김증한, 물권법(박영사, 1981), 59면; 김용한, 물권법론(재전정판, 박영사, 1993), 93면.

서 물권행위는 그 원인행위인 채권행위가 무효, 취소, 해제 등으로 失效하면 그 영향으로 물권행위도 역시 失效한다고 함이 타당하다고 생각된다. 그리고 물권행위의 무인성을 인정하면 악의의 제3자도 보호하는 부당한 결과가 발생하므로, 등기의 공신력을 인정하는 나라에서도 선의의 거래상대방만을 보호하는데, 입법에 의해서가 아니라 학설로 물권행위의 무인성에 의하여 악의의 제3자까지 보호하는 것은 학설이 입법을 초월하는 결과를 초래하여 타당하지 못하다고 판단된다.

따라서 등기원인증서에 대한 공증제도의 확립으로 등기의 공신력을 인정하여 부동산물권의 선의취득이 인정된 후에나 물권행위의 무인성 인정여부에 대한 논의가 이루어져야 할 것으로 생각된다. 또한 부동산, 그중에서도 토지는 인간생존의 기초이면서 산업활동의 기반이므로, 진정한 권리자를 보호하는 바탕위에서 거래의 상대방을 보호함이 타당하다고 생각된다. 즉 부동산거래는 정적 안정의 바탕위에서 동적 안전을 보호하는 것이 바람직하다고 생각된다. 그러한 면에서도 부동산거래에 있어서 그 거래과정과 거래내용의 진실성과 진정성을 보장할 수 있는 제도적 장치인 부동산거래서면의 공증제도가 마련되어 부동산거래에 있어서 공신의 원칙이 확립된 다음에야 비로소 물권행위의 무인성 인정을 검토할 수 있을 것으로 생각된다.

그리하여 私見으로는 물권변동을 의욕하는 물권행위는 채권행위와는 다른 행위라고 판단되어 물권행위의 독자성은 인정되지만, 원인행위인 채권행위의 失效는 그 이행행위인 물권행위의 실효를 초래한다고 이해함이 타당하여 물권행위는 유인행위라고 이해함이 바람직하다고 생각된다. 즉, 물권행위의 유인성을 인정함이 타당하다.

(다) 물권행위와 등기와의 관계에 관한 논의들

성립요건주의를 취하는 우리나라에서는 물권행위만에 의하여 물권변동이 일어나지 아니하고 등기까지 갖추어야 비로소 물권변동의 효과가 발생하게 된다. 그리하여 성립요건주의 하에서는 물권행위를 하였다고 하더라도 등기를 하지 않는 한 물권변동이 일어나지 아니함으로 물권행위는 물권적 의사표시만을 요소로 하는 법률행위라고 개념정의를 하면, 그러한 물권행위의 개념정의는 이행이라는 문제를 남기지 않는다는 물권행위의 개념에 반한다. 이러한 물권행위 개념에 어긋나는 결과를 극복하기 위하여 물권행위는 물권적 의사표시와 등기를 그 구성요소로 하는 법률행위로 개념정의하고자 하는 견해들[63)]이 주장되고 있다. 이러한 견해에 의하면 물권행위는 등기를 그 요소로 하므로 요물행위이며 또한 등기가 방식이 됨으로 요식행위로 이해한다.

그리고 소수의 견해[64)]이기는 하지만, 성립요건주의 하에서의 제한물권 설정의 경우에는, 채권행위는 행하여지지 아니하고 등기・인도를 포함하는 물권행위가 행하여져야 물권변동이 있게 되는데, 등기・인도가 있기 以前의 물권행위만으로는 물권변동이 일어나지 아니함으로 제한물권 설정의 법률행위는 등기・인도가 있기까지는 채권행위이며 등기. 인도까지 있어야 비로소 물권행위가 행하여진다고 이론구성한다. 물권행위를 이와 같이 이론구성하게 되면, 물권적 의사표시가 등기・인도 전에는 채권행위이고 등기・인도 후에 비로소 물권행위가 된다는 결론에 이르게 된다.

그러므로 등기를 물권행위의 요소로 이해하는 견해는 적절치 못하다고 평가된다. 왜냐하면 부동산등기법에서는 등기신청행위는 자기계약과 쌍방대리를 모두 인정하지만(부동산등기법 제28조), 민법에서는 자기계약, 쌍방대리를 원칙적으로 금지하고 있는데(민법 제124조), 등기를 물권행위의 구성요소로 이해하면 법률행위인 물권행위를 자기계약이나 쌍방대리에 의해서도 자유롭게 할 수 있다는 결과를 초래하기 때문이다. 또한 물권행위는 등기・인도가 완료되었을 때에 비로소 행하여지는 결과가 되어 그것은 물권거래의 실제와도 부합하지 아니한다. 그리고 이 견해에 의하면 물권변동에 관한 성립요건주의를 취하느냐 대항요건주의를 취하느냐에 따라서 물권행위의 개념이 달라지는 모순점을 內在하고 있다.

특히 우리나라에서는 구민법에서는 대항요건주의를 취하였고, 현행민법에서는 성립요건주의를 취하여, 구민법에서나 현행민법에서나 물권행위를 물권변동의 요건으로 이해하는 견해에 의하면, 구민법에서는 물권행위가 물권적 의사표시만으로 구성된다고 파악하였으나, 현행민법에서는 물권행위를 물권적 의사표시와 등기・인도가 결합되어 성립하게 된다는 결론에 도달하게 되어, 물권변동에 관한 입법주의에 따라서 물권행위의 개념이 달라지는 문제점이 발생하게 된다.

그리고 물권적 의사표시만으로 물권행위가 성립한다는 견해는 등기・인도와의

---

63) 고상룡, 전게서, 73면; 이영준, 전게 물권법, 64면; 홍성재, 전게서, 256면; Schellhammer, a.a.O., Rn 1454.

64) 고상룡, 상게서, 63면.

관계정립에 있어서, 첫째의 견해는 물권적 의사표시에 의하여 물권행위가 성립하고 등기·인도에 의하여 물권행위가 효력을 발생한다고 한다.[65] 이 견해에 의하면 물권행위는 등기·인도를 정지조건으로 하는 정지조건부 법률행위로 파악하게 된다. 그러나 물권행위가 과연 정지조건부 법률행위이냐는 의문이다.

그리고 두 번째의 견해는 물권행위는 물권적 의시표시만으로 성립하며 물권변동의 효력도 물권적 의사표시, 즉 물권행위만으로 발생한다. 그러나 성립요건주의 하에서는 법률의 규정에 의하여 물권변동의 요건으로 물권행위이외에 등기·인도를 더 요구하고 있다고 파악하며, 물권행위와 등기는 대등한 가치를 가지는 물권변동의 2개의 요건 중의 각각의 요건으로 양자의 관계를 정립한다.[66]

우리 판례는 물권행위의 독자성을 부인하고 있기 때문에[67] 물권행위는 채권행위와 동시에 하나의 행위로 결합되어 행하여지고, 따라서 물권행위는 등기·인도를 그 요소로 하지 아니하며, 등기·인도를 물권행위의 효력발생요건으로도 이해하지 아니하는 것으로 추론된다. 따라서 우리 판례는 물권행위는 등기·인도와 대등한 가치를 가지는 물권변동의 2가지 요건 중의 각각의 요건으로 이해하는 것으로 추론된다.

생각건대 물권행위는 채권행위와 구별되는 법률행위이며, 물권변동을 위한 법률행위이며, 등기와는 대등한 가치를 가치는 물권변동의 각각의 요건으로 파악함이 타당하다. 따라서 등기·인도를 물권행위의 요소로 이해하는 견해는 물론 등기·인도를 물권행위의 효력발생요건으로 파악하는 견해도 적절치 못하다고 이해된다. 특히 물권행위는 그 개념이 물권변동에 관한 입법주의에 상관없이 통일적으로 정립되어야 하며, 물권행위가 정지조건부 법률행위로 이해되지는 아니한다고 판단된다. 성립요건주의 하에서는 법률의 규정에 의하여 물권변동의 요건으로 물권행위이외에 등기·인도를 추가적으로 더 요구하고 있다고 이론정립함이 가장 적절하다고 판단된다.

65) 김증한, 전게 물권법강의, 40면; 황적인, 전게 현대민법론 Ⅱ, 48면.
66) 곽윤직, 전게 물권법, 제7판, 40면.
67) 대법원 1966.3.22. 65다2593 판결; 대법원 1974.6.11. 74다542 판결; 대법원 1977.5.24. 75다1394 판결; 대법원 1982.7.27. 80다2968 판결; 대법원 1991.11.12. 91다9503 판결; 대법원 1995.5.12. 94다18881,18904 판결.

(2) 부동산등기제도의 변천

(가) 부동산등기의 개념과 등기 내용

부동산등기는 부동산에 관한 물권과 일정한 법정의 부동산에 관한 채권[68]을 공적장부인 부동산등기부에 登載하여 이를 공시하는 제도이다. 부동산등기제도는 1912년 조선부동산등기령의 제정·시행으로 우리나라에서 시행되기 시작하여 오늘에 이르고 있다.

등기는 등기권리자와 등기의무자의 공동신청에 의하여 이루어지는 공동신청주의를 취하고 있다.[69] 이는 등기제도의 시작과 함께 변함이 없이 유지되고 있다. 그리고 등기신청행위는 공법적 행위이나 자기계약, 쌍방대리가 인정된다.

부동산등기의 효력은 등기를 부동산물권의 제3자에 대한 대항요건으로 하였던 구민법시대에는 제3자에 대한 대항력이 인정되었다. 그러나 등기를 부동산물권변동이 성립요건으로 하고 있는 현행민법에서는 등기가 부동산물권의 권리변동의 효력과 권리추정력을 갖고 있다. 그러나 어느 시대에도 등기의 공신력은 인정되지 아니하였다.

이와 같이 등기는, 대항요건주의 하에서는 현재의 부동산물권의 권리귀속 상태의 진실성을 입증하였으며, 성립요건주의 하에서는 부동산물권의 현재의 귀속상태의 진실성뿐만 아니라, 당해 부동산물권의 변동과정의 진실성을 입증하는 기능을 담당한다.

그리고 등기부의 주요한 기재사항은 부동산의 현황, 소유권의 변동사항, 기타 부동산물권 및 부동산임차권의 설정과 그 내용에 관한 사항 등이다. 소유권의 변동사항에서는 반드시 소유권변동의 원인[70]을 등기하며, 판례는 소유권변동의 원인을 구체적으로 기재하지 아니하고, 진정명의회복을 등기원인으로 기재할 수 있음을 인정하고 있다.[71][72] 왜냐하면 부동산등기특별조치법 제6조 및 제8조 2호에서

68) 부동산임차권에 등기능력이 인정되고 있다.

69) 독일과 스위스에서는 단독신청주의를 취하고 있다. 독일은 등기권리자가 단독으로, 스위스는 등기의무자가 단독으로 등기를 신청하도록 하고 있다.

70) 소유권변동원인에는 법률행위도 있고 사실행위도 있다. 법률행위인 경우에는 견해의 대립이 있지만 물권행위를 등기원인으로 이해한다.

71) 대법원 1990.11.27. 89다카12398 전원합의체 판결.

72) 진정명의회복을 등기원인으로 하는 부동산소유권이전등기는 대항요건주의에서는 인정될 수 있지만, 성립요건주의 하에서는 허용되어서는 아니될 것으로 이해된다(김상용, 민사법연구(10)(화산미디어, 2017), 17-18면).

등기원인을 사실과 다르게 하여 등기신청을 하면 처벌하도록 하고 있기 때문이다.

그리고 2005년에는 "부동산등기법"과 "부동산등기규칙"을 개정하여(부동산등기법 제41조 제1항 9호, 부동산등기규칙 제47조의5 및 제47조의6), 2006년 1월 1일부터 매매를 원인으로 한 소유권이전등기의 경우에는 거래가액을 등기부의 甲區의 사항란에 등기하도록 하였다.[73)]

그리고 근저당권설정등기에 있어서, 근저당권도 피담보채권의 발생원인이 되는 범위의 약정에 따라서 그 종류가 여러 가지임에도 불구하고, 등기부에서는 등기원인을 획일적으로 근저당권설정약정으로 등기하도록 하여(부동산등기법(1960) 제140조 제1항, 동법(2017) 제75조 제2항), 등기부에서는 근저당권의 피담보채권의 발생범위를 알 수가 없다.[74)]

(나) 부동산등기부 종류와 편철방식의 변천

구민법에서부터 우리나라에서는 토지와 건물을 별개의 부동산으로 하였기 때문에(구민법 제86조 제1항, 현행민법 제99조 제1항), 등기부도 토지등기부와 건물등기부를 별도로 편철하였다. 등기부는 그 시작부터 1부동산1등기용지주의에 의한 물적편성주의를 취하여 오늘에 이르고 있다.

그리고 1973년에는 "입목에 관한 법률"을 제정하여 등기된 입목을 독립한 부동산으로 하여 소유권과 저당권의 객체로 하고, 이를 등기하는 장부로 입목등기부를 별도로 편철하도록 하였다. 그리하여 현재에는 토지등기부, 건물등기부, 입목등기부 3가지의 부동산등기부를 별도의 등기부로 하여 운영하고 있다.

등기부의 編制는 초기에는 장부식으로, 그 다음 1983년부터는 카드식으로, 다시 그 다음 1994년부터는 컴퓨터에 의한 등기부의 전산화 사업을 시작하여 2010년에 이를 완성하였다. 그리하여 그 후부터는 모든 등기부를 전자등기부로 운영하고 있다.

등기부는 등기번호, 등기부동산의 현황에 관하여 등기하는 표제부, 소유권의 변동에 관하여 등기하는 甲區, 그리고 소유권이외의 권리의 변동에 관하여 등기하는 乙區로 구성되어 있다. 그런데 우리나라에서는 부동산공시방법으로 부동산의 현황

73) 그 목적은 부동산투기방지를 위하여, 양도소득세 부과를 위한 양도차액 계산의 기준가액으로 하고자 하는 데 있었다.

74) 일본의 부동산등기법에서는 근저당권의 피담보채권의 발생범위를 등기하도록 하고 있다(동법 제88조 제2항 1호).

에 관하여 공시하는 대장이 등기부와는 별도로 편철하고 있으며, 또한 대장에는 소유자의 변동도 함께 기재한다. 대장에는 다시 토지대장, 임야대장, 가옥대장, 입목등록원부가 편철되며, 가옥대장은 별도로 편철되지 않아 건물과세대장을 가옥대장으로 파악하는 견해가 있었으나, 그것은 건물에 대한 과세장부이므로 가옥대장으로 인정할 수 없으며, 건축물관리대장을 가옥대장으로 파악함이 타당하다.

그리고 대장에는 부동산의 현황과 소유자변동을 기재하며, 등기부에도 표제부에는 당해 부동산의 현황을 갑구에서는 소유자의 변동을 등기한다. 그러므로 대장과 등기부는 일치되어야 한다. 대장과 등기부의 부합을 위하여 등기부의 표제부등기는 대장등록을 근거로 하여 등기하며, 대장의 소유자변동은 등기부의 갑구의 소유자변동등기를 기초로 하여 대장에서 소유자변동을 기재하는 방식을 취한다.

(다) 등기원인서면의 변천: 매도증서, 檢認계약서, 檢印계약서, 부동산거래신고필증

부동산등기를 함에는 그 등기를 하게 되는 원인을 등기하여야 한다. 이를 등기원인이라한다. 등기신청시에는 반드시 등기원인을 증명하는 서면, 즉, 등기원인서면, 등기원인증서를 등기관에게 제출하여야 한다.[75]

물권행위에 의한 부동산물권변동으로 인한 등기의 경우에 제출하는 등기원인서면은 그 동안에 변천하여 왔다. 토지등기부를 처음으로 편철한 때에는 토지조사사업에 의한 査定書面이 등기원인서면이었으며, 사정이 이루어져서 보존등기가 경료된 토지 및 부동산의 매매로 인한 소유권이전등기시의 등기원인서면은 관행적으로 매매계약서가 아니라 매도증서가 이용되었다. 이러한 매도증서의 등기원인서면으로 이용은 실정법의 근거 없이 일본에서 이용되던 관행이 우리나라에서도 그대로 이어졌다. 매도증서의 악용으로 인한 부동산투기가 성행하자 비로소 매도증서를 더 이상 등기원인서면으로 이용할 수 없다는 자각을 하고서 비로소 매도증서의 사용을 금지하기 위하여 1978년에 "부동산등기법"에서 매매 또는 교환으로 인한 소유권이전등기신청의 경우에는 검인을 받을 계약서를 등기원인서면으로 제출하도록 하였다(동법(1978) 제40조 제2항). 그러나 그 검인계약서의 등기원인서면으로 제출을 입법은 하였으나 동법 부칙 제1항에서 그 구체적인 시행은 대통령령으로 정하는 날에 하도록 함으로써 입법과 동시에 시행하지 못하였다. 그 후 토지투기가 성행하여 1988년 9월 30일에 이르러서 "부동산등기법 제40조 제2항

75) 전자식등기를 운영하는 지금은 이를 등기원인정보라 한다.

및 제45조 단서의 적용에 관한 규정"을 대통령령으로 제정하고 다음 날인 1988년 10월 1부터 시행함으로써 매도증서의 등기원인서면으로 사용이 폐지되고 매매와 교환에 의한 소유권이전등기신청의 경우에만 檢認계약서가 등기원인서면으로 사용되게 되었다.

그 후 1990년에 "부동산등기특별조치법"을 제정하여 1988년부터 사용되던 등기원인서면으로서의 檢認계약서를 檢印계약서로 바꾸어 檢印계약서를 등기원인서면으로 제출하도록 하고, 檢印을 받아야 할 경우도 매매와 교환을 넘어 부동산소유권이전을 목적으로 하는 계약 전반으로 확대하였다. 검인은 행정청으로부터 받도록 하였다.

그 후 주택투기가 성행함에 따라 2004년에는 "주택법"을 개정하여 주택거래신고구역 내의 유상의 주택거래는 관할 행정청에 신고를 하도록 하고, 관할 행정청으로부터 주택거래신고필증을 교부받게 되면, 그 신고필증을 검인에 갈음하도록 하여(동법(2004) 제80조의2 제4항), 주택거래신고구역 내의 유상의 토지거래로 인한 소유권이전등기 신청 시에는 검인계약서가 아니라 주택거래신고필증을 등기원인서면으로 제출하도록 하였다. 그리고 2005년에는 "공인중개사의 업무 및 부동산거래신고에 관한 법률"을 제정하여 주택거래신고구역 이외 지역에서의 유상의 부동산거래도 역시 행정청에 신고하도록 하고 신고필증을 교부받으면 검인을 받은 것으로 인정하여(동법(2005) 제27조 제4항), 부동거래신고필증을 등기원인서면으로 제출하도록 하였다. 그 후, 2014년에는 "부동산거래신고에 관한 법률"을 제정하여 주택거래신고제와 부동산거래신고제를 통합하여 유상의 부동산거래의 경우에는 행정청에 부동산거래신고를 하고 행정청으로부터 부동산거래신고필증을 교부받으면 검인을 받은 것으로 의제하고(동법(2014) 제3조 제4항) 그 부동산거래신고필증을 등기원인서면으로 제출하도록 하였다."부동산거래신고에 관한 법률"은 2016년에 "부동산거래신고 등에 관한 법률"의 제정으로 폐지됨으로써 부동산거래신고와 신고필증의 교부와 효력, 그것의 등기원인서면으로의 제출에 관하여는 "부동산거래신고 등에 관한 법률"에서 규정되어(동법(2016) 제3조) 시행되고 있다.

그리하여 지금은 유상의 부동산거래계약에 의한 부동산소유권이전등기신청시의 등기원인서면은 부동산거래신고필증이며, 무상의 계약에 의한 부동산소유권이전등기의 신청의 경우에는 여전히 "부동산등기특별조치법"에 의한 검인계약서를 등기원인서면으로 제출하도록 하여, 2원적으로 운영되고 있다.

(라) 등기청구권, 등기인수청구권의 인정과 판례 및 입법의 변천

등기의 공동신청주의하에서는 등기권리자가 등기의무자에 대하여 등기신청에 협력해 줄 것을 청구할 수 있는 私權이 등기청구권으로서 이는 당연히 인정된다. 그러나 그 등기청구권의 발생원인과 법적 성질에 대해서는 채권행위로부터 발생하며 따라서 채권적 청구권이라는 견해가 일반적이고 소멸시효에 걸린다고 한다. 그러나 물권적 청구권으로 인정하는 견해는 물권적 기대권으로부터 등기청구권이 발생하고 따라서 등기청구권을 물권적 청구권으로 파악하며, 소멸시효에 걸리지 않는다고 한다.

구민법 시대에는 물권행위만에 의하여 물권변동이 있게 됨으로 매수인인 등기권리자의 등기청구권은 그의 소유권에 기한 물권적 청구권이라고 하였다. 판례는 부동산을 매수하여 점유하고 있는 매수인의 매도인에 대한 등기청구권은 소멸시효에 걸리지 않는다고 판결하였으나,[76] 등기청구권을 물권적 청구권이라 판시하지는 않았다. 판례는 등기청구권을 채권적 청구권으로 판시하고 있다.[77]

등기청구권과는 반대로 등기의무자가 등기권리자에 대하여 자기명의의 등기를 인수할 것을 청구할 수 있는 등기인수청구권 내지 등기수취청구권을 인정할 수 있느냐에 관하여, 이를 인정하여야 한다는 견해가 일찍부터 있었다.[78] 1991년에 "부동산등기법"의 개정에 의하여 등기의무자의 등기수취청구권을 입법으로 인정하였으며(부동산등기법(1991) 제29조), 그 후 판례도 이를 인정하였다.[79]

(마) 등기신청의무주의의 입법

당사자가 부동산거래를 하고 부동산의 물권변동을 위하여 등기신청을 할 것인가 아니할 것인가는 당사자의 자유의사에 맡겨져 있었다. 대항요건주의 하에서는 등기는 대항요건이었기 때문에 등기신청을 의무화할 이론적 근거는 없었다. 그러나 성립요건주의 하에서는 당사자가 부동산물권변동에 필요한 요건 중 등기만을 남겨두고 등기신청하지 아니한 채 방치하면서 부동산의 투기적인 거래를 하는 것이 사회문제로 비화하였다. 부동산투기, 특히 변칙적인 부동산물권변동의 방식이었던 중간생략등기와 명의신탁의 방지를 위하여는 등기신청을 의무화하여 이에

76) 대법원 1976.11.23. 76다342 판결; 대법원 1976.11.23. 76다546 판결.
77) 대법원 1962.5.10. 4294민사1232 판결; 대법원 1977.8.23. 77다622 판결.
78) 김증한, 물권법강의(박영사, 1986), 44면; 김용한, 물권법론(박영사, 1985), 139면.
79) 대법원 2001.2.9. 2000다60708 판결.

대처할 필요가 인정되었다. 또한 우리나라에서는 등기제도의 시작에서부터 오늘에 이르기까지 등기신청서류에 대하여 형식적 심사주의로 일관하였다.

그리하여 부동산투기의 합법적 방법으로 이용되었던 중간생략등기의 근절을 위하여 1990년에 "부동산등기특별조치법"을 제정하여 등기신청의무주의를 입법하였다. 동법에 의하면 부동산의 소유권이전을 목적으로 하는 계약을 체결한 당사자는, 그 계약이 유상계약인 때에는 잔대금의 완납일로부터 60일 내에, 무상계약인 경우에는 계약의 효력발생일로부터 60일 내에 거래당사자는 반드시 등기를 신청하도록 의무화하였다(동법(1990) 제2조 제1항). 보존등기의 신청은 원칙적으로 등기신청의무가 없으나, 보존등기가 되어 있지 아니한 부동산에 대하여 소유권이전을 목적으로 하는 계약을 체결한 당사자는, 보존등기를 신청할 수 있었음에도 불구하고 신청하지 아니한 경우에는 그 계약을 체결한 날로부터, 그 계약을 체결한 한 후에 보존등기를 신청할 수 있게 된 경우에는 그 소유권보존등기를 신청할 수 있게 된 날로부터 60일 이내에 소유권보존등기를 신청하도록 의무화하였다(동법(1990) 제2조 제4항). 이러한 등기신청의무를 위반한 경우에는 당해 부동산의 동록면허세액의 5배 이하의 과태료를 부과할 수 있도록 하였다(동법(1990) 제11조).

그리고 명의신탁을 금지하기 위해서도 역시 등기신청의무주의가 인정되고 있다. 1995년에 명의신탁 금지를 위하여 "부동산실권리자명의등기에 관한 법률"을 제정하면서, 동법 제10조에서 부동산거래계약을 체결하고 3년 동안 이전등기를 신청하지 아니한 경우, 소위 장기 미등기자에 대해서 과징금과 이행강제금을 부과할 수 있도록 하였다. 이는 명의신탁을 금지하려는 목적이며, 당해 부동산의 소유권이전등기신청의무를 위반하여 "부동산등기특별조치법"에 의하여 과태료의 부과가 있은 때에는 과징금에서 그 과태료액을 공제하도록 하였다.

등기신청의무와 부동산거래신고제와의 관계에서, 유상계약에 있어서는 부동산거래신고를 하여 신고필증을 교부받아 등기를 신청할 수 있음에도 불구하고, 잔대금지급 완납일부터 60일 내에 소유권이전등기를 신청하지 아니하면 등기신청의무의 위반이 되며 과태료가 부과된다. 무상계약에 있어서는 검인을 받아 소유권이전등기를 신청할 수 있음에도 불구하고 계약의 효력발생일로부터 60일 내에 등기신청을 하지 아니하면 등기신청의무의 위반이 된다.

생각건대 등기신청권은 사권이 아니라 공권이다. 등기신청권은 공권이기 때문에 공권에 의무를 가하는 등기신청의무의 부과도 가능하다고 생각한다. 등기신청의무주의를 입법하고자 하였을 때에 등기신청의무주의는 사적자치에 反한다는 비판이 있었으나, 사적자치는 사권의의 영역에서의 私法의 법원칙이며, 공권에는 공권행사의무를 부과할 수 있다고 판단된다.

2. 변칙적인 부동산물권변동에 대한 규제의 변천

(1) 부동산물권변동을 위한 법제도의 입법, 이론 및 판례에 대한 비판

부동산물권변동은 진실 그대로 등기에 의하여 공시되어야 한다. 그리하여 대항요건주의는 등기가 현재의 부동산물권의 귀속상태를 진실 그대로 공시할 것이 요구되지만, 성립요건주의 하에서는 물권변동의 과정과 현재의 물권의 귀속상태를 진실 그대로 등기에 의하여 공시할 수 있어야 한다. 이와 같이 등기가 부동산물권변동의 과정과 현재의 부동산물권 귀속상태를 진실 그대로 빠짐없이 공시하기 위해서는 등기신청서류에 대한 실질적 심사가 이루어져야 한다. 형식적 심사가 이루어지고 있는 현재의 등기제도 하에서는 등기의 진실성을 신뢰할 수 없고 등기의 공신력도 인정할 수 없다.

등기신청서류에 대한 실질적 심사는 등기업무를 담당하는 등기관에 의해서는 어렵다. 왜냐하면 등기관은 이미 작성되어 제출된 등기신청서류를 기초로 하여 등기업무를 담당하기 때문에 事後에 등기신청서류의 실체적 진실성을 심사한다는 것은 적절치도 않다. 등기신청서류가 작성될 때에 그 등기신청서류가 실제의 부동산물권거래와 정확히 부합되게 작성되도록 하는 事前의 법적 제도를 갖춤이 필요하다. 등기신청서류 중에는 등기원인서면이 가장 중요하고, 법률행위에 의한 등기원인서면은 당사자가 작성할 것이 아니라 공증인에 의하여 작성되도록 하여 공증된 등기원인서면이 등기관에게 제출되도록 함이 가장 적절하고 이상적이다. 공증 중에는 당사자가 부동산거래약서를 작성하고 공증인이 그 당사자가 작성한 거래계약서의 성립의 진정성을 확인하는 방법의 私署의 인증에 의한 공증öffentliche Beglaubigung도 있지만, 그보다는 거래계약서를 공증인이 직접 작성하여 거래계약의 성립의 진정성은 물론 거래내용의 진실성도 담보하는 공정증서에 의한 공증notarielle Beurkundung의 방식이 더 확실하고 우수하다.

그러나 우리나라에서는 등기원인서면의 공증에 관하여 논의가 없지는 않았지만, 구체적인 공증의 방법, 물권행위를 공증하게 할 것인가 채권행위를 공증하게 할 것인가의 공증의 대상, 공증인 양성의 방안 등에 대한 법적 뒷받침을 위한 국가적인 노력은 전혀 없었다. 그러므로 당사자에 의하여 부동산거래계약서가 작성되고, 법적 근거가 없는 관행에 의한 매도증서를 등기원인서면으로 사용하여 왔으며, 그 등기원인서면에 대한 형식적인 심사만 함으로써 진실한 부동산거래서면을 등기원인서면으로 하지 않은 허위의 등기원인서면을 기초로 하여 이루어진 부실등기가 양산될 수밖에 없었다. 부동산거래에 있어서 진실과 다른 허위의 2중계약서가 작성되고 그 허위거래계약서를 기초로 하여 매도증서가 작성되어 소유권이전등기가 행하여진 사례들이 오늘날에도 허다함은 公知의 사실이다.[80)]

그리고 부동산투기가 중단 없이 계속됨으로써 부동산투기를 방지하기 위하여 근원적인 대책보다는 공법적인 규제방법만을 양산하여 왔으며, 실제 부동산거래를 진실 그대로 작성한 부동산거래계약서를 기초로 하여 등기원인서면이 작성되도록 하여, 그 진실한 등기원인서면을 바탕으로 하여 등기가 이루어져서, 등기가 부동산거래과정을 진실 그대로 공시하도록 하는 법적 조치를 취하지 않았다고 평가해도 크게 틀림이 없을 것이다. 따라서 우리나라에서는 정상적인 부동물권변동이 일어나도록 하는 근원적인 방법을 강구하기보다는 변칙적인 부동산물권변동방법에 의한 투기억제를 위한 공법적 규제위주로 부동산거래의 정상화를 도모하고자 하였다. 공법적 규제는 하면 할수록 탈법적인 방법이 더 많이 행하여짐을 알지 못하지는 않았을 것이나, 부동산투기로 인한 개발이익의 사유화가 가능하도록 입법도, 판례도 부실하였다고 평가되며, 학설도 변칙적인 부동산물권변동방법의 합리화를 위한 이론구성에 치중하여 왔다고 평가된다. 그리하여 우리나라에서는 부동산거래 영역에 관한 한 信賴社會를 이루지 못하고 不信社會만을 키워온 것이 아닌가 되돌아 보게 된다. 또한 투기방지를 위하여 공법적인 규제위주로 대처하고, 그 규제도 지속적이지 못하고 너무 자주 바꾸고, 등기에 관한 특별조치법을 한시법으로 그것도 너무 자주 그리고 많이 제정하여, 우리나라에서는 정상적인 부동산

---

80) 독일민법에서는 부동산소유권양도를 목적으로 하는 거래계약(즉 채권계약)은 공정증서에 의하여 공증하도록 하고(§ 311b Abs 1 S 1 BGB), 따라서 부동산소유권이전을 위한 채권계약인 매매계약, 증여계약, 교환계약 등은 공정증서를 방식으로 하는 요식행위이고, 요식계약에서 방식을 갖추지 않은 거래계약은 무효로 규정하고 있다(§ 125 BGB). 그리하여 독일의 판례는 당사가 부동산거래계약을 체결하고 실계약과는 달리 허위의 2중계약을 공정증서로 작성하였다면, 진실한 거래계약은 방식을 갖추지 아니하여 무효이고, 방식을 갖춘 허위계약은 통정허위표시(§ 117 Abs 1 BGB)로서 무효로 판결하고 있다(BGB(Kommentar), 12. Aufl.(bearbeitet von Othmar Jauering, et. al., 2007), Rn 33 zum § 311b).

거래보다는 변칙적인 부동산거래로 개발이익을 사유화하고자는 기회주의적인 국민의 의식이 부동산물권변동과정에서 크게 자란 것이 아닌가 생각도 해보게 된다. 결국 우리나라에서는 부동산거래의 진실과 그 거래내용의 부동산등기부에의 공시에 대한 근원적이고 항구적인 제도마련을 하지 않은 잘못이 있다고 생각한다.

그리고 등기원인의 허위기재도 1990년의 "부동산등기특별조치법"에서 이를 금지하고 처벌할 수 있도록 하였으나, 판례는 동법의 제정시행이전에 이미 등기원인을 실제와 달리하여 등기하여도 그 등기는 유효하다고 하였다.[81]

무엇보다도 부동산거래가 정상적으로 이루어지고 부동산등기가 진실한 거래계약의 내용을 진실 그대로 공시할 수 있도록 하고, 그리하여 종국에는 부동산등기에 공신력을 인정할 수 있어야 한다. 이를 위해서 가장 중요한 것은 등기원인서면의 공정증서에 의한 공증을 하도록 하여야 한다. 법률행위에 의한 부동산물권변동에 있어서 부동산거래가 매매 등의 채권계약, 물권적 합의, 그리고 등기의 과정으로 진행된다. 이때에 부동산물권변동의 요건은 물권행위와 등기이다. 이 경우에 등기원인인 물권행위를 공정증서로 작성하게 할 것인가, 물권행위의 원인행위인 매매 등의 채권계약을 공정증서로 작성하게 할 것인가, 아니면 양 법률행위를 모두 공정증서로 작성하게 할 것인가가 논란이 될 수 있다. 왜냐하면 매매 등의 채권계약을 공정증서로 작성하지 아니하면 허위의 채권계약에 기하여 물권행위가 공정증서로 작성되어 그것을 등기원인으로 하여 등기가 경료되면 물권행위의 무인성을 인정하는 견해에서는 그 물권변동을 무효로 할 수 없으며, 물권행위의 유인성을 인정하는 견해에서는 공정증서로 작성된 물권행위의 무효를 주장은 할 수는 있지만 공정증서는 강한 증거력이 인정되기 때문에 그 물권행위의 무효를 입증하기 어려워, 그 물권변동을 무효로 하기가 극히 어려울 뿐만 아니라, 거래가액을 등기하도록 하는 현재의 우리의 등기제도 하에서는 허위의 거래가액이 등기될 가능성도 없지 아니하다. 그리하여 물권행위의 원인행위인 소유권이전을 목적으로 하는 부동산채권계약을 공정증서로 작성하도록 하면, 물권행위 독자성을 부인하는 견해에서는 물권행위도 함께 공정증서로 작성된 것이 되고, 물권행위의 독자성을 인정하는 견해에서는 물권행위서면을 별도로 등기관에게 제출하도록 하는 방법을 강구하여야 한다. 판례가 물권행위의 독자성을 부인함으로, 채권계약을 공정증서

81) 대법원 1955.1.24. 4287민상200 판결; 대법원 1980.10.14. 79다232 판결.

로 작성하면 물권행위도 공정증서로 작성하는 것이 되기 때문에 등기원인서면의 공정증서로의 작성을 쉽게 설명할 수 있다고 생각된다.

(2) 변칙적인 부동산물권변동과 그 규제의 변천

(가) 중간생략등기에 의한 부동산물권변동과 그 규제의 변천

중간생략등기는 대항요건주의 일본에서 일찍부터 매수인을 백지로 한 매도증서가 등기원인서면으로 사용됨으로 이용되기 시작하였다. 대항요건주의 하에서는 중간생략등기를 한다고 하더라도 등기가 현재의 물권귀속상태만을 공시하기 때문에 물권변동에 영향을 주지 않아 그 유효성이 인정될 수 있었다.

이와 같은 중간생략등기는 구민법 시대에서부터 현재에 이르기까지 계속 이용되고 있고 그 유효성이 인정되고 있다. 문제는 매도증서를 등기원인서면으로의 사용은 실정법에 근거를 둔 것이 아니라 일본에서 관행으로 이루어진 것이며, 현행 민법이 시행되고서도 실정법의 근거 없이 관행으로 그렇게 사용되었을 뿐이었다. 중간생략등기는 관행상 등기원인서면으로 이용되었던 매수인을 백지로 한 백지매도증서가 이용되었기 때문이었으며, 그러나 백지매도증서의 유효성에 대한 의문을 전혀 갖지 않았기 때문이었다.

그러나 1960년대 초에 시작된 경제개발계획에 따라서 공업화와 도시화가 진행됨에 따라서 토지가격이 급격히 상승하고 상승된 토지가액인 개발이익의 사유화를 위하여 토지투기 확대되었을 때에, 바로 중간생략등기가 토지투기에 의한 부동산물권변동의 합법적인 방법으로 널리 이용되었기 때문이었다. 특히 매수인을 백지로 한 백지매도증서의 사용에 의하여 중간자의 등기를 생략하고서 최초양도인으로부터 최종양수인에게로 곧바로 부동산소유권이전등기가 이루어지고 그 등기의 효력이 인정되었으므로, 등기가 이루어지지 아니한 중간자들은 그들이 취득한 거래차액을 그대로 私有하였다. 그것이 바로 토지투기이었고 그 토지투기에 의한 부동산물권변동이 비록 실제의 부동산 거래과정과는 부합하지 아니하지만, 중간생략등기의 유효성 인정에 의하여, 합법적으로 부동산물권변동이 일어났으며 이러한 방법으로 토지투기가 가능하였다.

이러한 중간생략등기에 의한 부동산투기는 사회적인 폐해를 낳은 사회악이 되었다. 그리하여 토지투기로부터 시작된 부동산의 투기적 거래를 근절할 필요성이 절박하였다. 그 결과로 투기적 부동산거래에 대한 공법적 규제와 함께 투기의 방법으로 이용되던 중간생략등기를 하지 못하게 하는 방안이 다방면으로 강구되었다. 그리하여 먼저 중간생략등기를 가능케 하였던 매도증서의 사용을 금지하는 방안을 강구하기 시작하였다. 그리하여 1978년에 "부동산등기법"을 개정하여 검인계약서를 등기원인서면으로 제출하도록 하는 입법을 하였으나 그 시행시기는 대통령령으로 정하도록 하였다가, 1988년에 이르러서야 檢認계약서를 등기원인서면으로 사용하도록 함으로써, 비로소 매도증서의 사용은 끝나게 되었다. 그러고 보면 매도증서를 등기원인으로 사용하기 시작한 이래로 근 90년 가까운 세월이 지나서야 매도증서의 사용이 끝맺음을 보게 되었다. 그 후 1990년부터의 檢印계약서의 사용, 그 다음 2004년부터의 주택거래신고필증의 등기원인서면으로의 사용, 2005년의 부동산거래신고필증의 등기원인서면으로 사용, 2014년의 주택거래신고제와 부동산거래신고제와의 통합에 의하여 부동산거래신고필증을 등기원인서면으로 사용토록 하여, 구체적인 부동산 거래 시마다 검인신청과 신고를 하게 하고, 그 검인계약서와 신고필증을 등기원인서면으로 하여 등기를 신청하도록 함으로써 중간생략등기를 할 수 없도록 하는 입법적 조치를 취하였다. 그리고 부동산거래의 신고기간을 두어 중간생략등기에 의한 부동산물권변동, 즉 중간자의 미등기전매를 방지하고자 하고 있다. "부동산거래신고 등에 관한 법률"에서는 거래계약체결일로부터 60일 내에 신고하도록 하고 있다(동법(2016), 제3조 제1항). "부동산거래신고에 관한 법률"에서도 계약체결일로부터 60일 내에 신고하도록 하였으며(동법(2014) 제3조 제1항), "공인중개사의 업무 및 부동산거래신고에 관한 법률"(동법(2005) 제27조 제1항)에서는 거래계약체결일로부터 30일 내에 신고하도록 하였으나 2006년 동법을 개정하여 계약체결일로부터 60일에 신고하도록 신고기간을 연장하였다(동법(2006), 제27조 제1항). 2004년의 "주택법"에서는 주택거래계약체결일로부터 15일이내에 신고하도록 하였다(동법(2004) 제80조의2 제1항).

그리고 또한 부동산투기의 방지를 위한 방안으로 인감증명의 효력기간을 단축하는 방안도 시행이 되었다. 중간생략등기를 근절하기 위하여 부동산소유권이전등기를 매수인이 자기계약에 의하여 단독으로 등기신청을 하거나, 법무사가 쌍대대리에 의하여 단독으로 등기신청을 할 때에, 등기의무자 본인임을 증명하는 인감증명의 효력기간을 단축함으로써 중간생략등기를 할 수 없도록 하는 입법적 조치를 강구하였다. 본래 인감증명에는 그 유효기간의 제한이 없었으나, 1984년 "부산등기법시행규칙" 제55조에서 인감증명의 효력기간을 3개월로 단축하고 동시에 부동산의 소유권이전을 목적으로 하는 등기의무자의 인감증명의 유효기간은 1개월 단축하여 중간생략등기가 행하여지지 못하게 하였다. 그러다가 1994에는 역시 "부동산등기법시행규칙"에서 인감증명의 유효기간을 획일적으로 6개월로 조금 늘렸다. 그리고 2006년 "부동산등기규칙" 제5조에서는 3개월로 단축하여 오늘에 이르고 있다.

그리고 1990년에는 "부동산등기특별조치법"에 의하여 등기신청의무주의를 입법하고 유상계약으로 인한 소유권이전등기의 경우에는 잔대금 완납일부터 60일 내에, 무상계약에 의한 소유권이전등기의 경우에는 계약의 효력발생일로부터 60일 내에 당사자가 공동으로 신청하도록 하여, 중간생략등기에 의한 부동산거래를 하기 힘들게 하는 방법으로 중간생략등기를 하지 못하게 하도록 하였다. 그리고 동법에서 중간생략등기를 금지하는 규제규정(동법(1990) 제8조 제1호)을 두었으나, 판례는 이 규정을 단속규정으로 판결하여,[82] 중간생략등기의 유효성을 인정하였다.

이와같이 중간생략등기를 할 수 없도록 하는 입법적 조치는 계속하여 이어져 왔다. 그러나 판례는 중간생략등기의 유효성을 인정하는 판결을 계속하여 오늘에 이르고 있다. 판례는 근본적으로 중간자가 자기명의의 중간등기를 생략하고 최초양도인에게서 최후양수인에게로 직접 이전등기를 함에 동의한 때에 그 중간생략등기는 유효하다고 판시하면서, 그러한 합의는 3자간의 합의라도 상관이 없고, 최초양도인, 중간자, 최후양수인 간에 순차적으로 하여도 상관이 없다고 하였다.[83] 그리고 매수인 백지의 매도증서를 중간자가 최후양수인에게 이전매도한 때에는 중간생략등기에 합의한 것으로 본다고 판결하였다.[84] 판례는 더 나아가 중간자의 동의가 없다 하더라도 적법한 등기원인에 의하여 일단 중간생략등기가 경료한 때에는, 중간자는 자기명의의 등기의 생략에 합의가 없었음을 이유로 그 중간생략등기의 무효를 주장할 수 없다고 하였다.[85] 이와 같이 판례는 중간생략등기의 유효성을 여전히 인정하고 있을 뿐만 아니라, 3자가 합의를 한 때에는 최후양수인은 최초양도인을 상대로 중간자의 등기를 생략하고 직접 자기에게로 이전등기를 하여 줄 것을 청구할 수 있는 적극적 중간생략등기청구권까지도 인정하고 있다.[86]

82) 대법원 1993.1.26. 92다39112 판결.
83) 대법원 1964.9.22. 64다587 판결; 대법원 1971.2.23. 70다2986 판결.
84) 대법원 1982.7.13. 81다254 판결.
85) 대법원 1979.7.10. 79다847 판결; 대법원 1980.2.12. 79다2104 판결.
86) 대법원 1965.3.23. 64다1900 판결; 대법원 1994.5.24. 93다47738 판결.

또한 3자가 순차적으로 중간생략등기의 합의를 한 경우에도 최후양수인은 최초양도인을 상대로 중간자의 등기를 생략하고 자기명의로의 이전등기를 하여줄 것을 청구할 수 있는 적극적 중간생략등기청구권을 인정하고 있다.[87] 이와 같이 판례는 중간생략등기의 유효성을 여전히 널리 인정하고 있다.

학설은 거의 대부분 중간생략등기의 유효성을 인정하여 왔고 지금도 그러하며, 적극적 중간생략등기청구권도 인정하고 있는 견해도 있다.[88] 그러나 성립요건주의의 현행민법의 규정(민법 제186조)은 강행규정이며 중간생략등기는 성립요건주의에 충실하게 부동산물권변동과정을 진실 그대로 등기하지 아니하여 강행법규 위반이며, 중간생략등기가 부동산의 투기적 거래의 방법으로 이용되어 "부동산등기특별조치법"에서 중간생략등기를 금지하고 있고, 그 금지규정은 단속규정이 아니라 효력규정으로 파악하여야 하며, 중간생략등기의 유효성을 인정하려면 최초양도인과 최후양수인 간에 물권변동의 요건인 등기는 갖추었으나 물권행위가 존재하여야 하는데, 물권행위가 존재하지 아니한다. 만약에 최초양도인과 중간자 간에 물권행위가 있고, 중간자와 최후양수인 간에도 물권행위가 존재한다면, 양 물권행위를 최초양도인과 최후양수인 간의 물권행위로 代替하여, 최초양도인과 최후양수인 간에 물권행위가 존재하는 것으로 이론구성하여 중간생략등기의 유효성을 인정할 수도 있을 것이다. 그러나 최초양도인과 중간자 간에는 채권행위는 존재하지만 물권행위는 물권행위의 독자성을 인정하는 견해로는 물권행위가 존재하지 아니하며, 중간자와 최후양수인 간에는 타인 부동산의 매매인 채권행위만이 존재한다. 중간생략등기의 유효성을 인정하기 위하여 최초양도인과 중간자, 중간자와 최후양수인 간의 법률행위를 최초양도인과 최후양수인 간의 물권행위로 대체하려고 하여도, 적어도 중간자와 최후양수인 간에는 물권행위가 존재하지 아니하여, 최초양도인과 중간자 간의 법률행위와 중간자와 최후양수인 간의 법률행위를 최초양도인과 최후양수인 간의 물권행위로 대체할 수가 없다. 그러므로 사견으로는, 중간생략등기는 무효인 등기이며, 따라서 중간생략등기가 무효인 이상 적극적 중간생략이행등기청구권은 있을 수 없는 것이다.[89]

---

87) 대법원 1994.5.24. 93다47738 판결; 대법원 1995.8.22. 95다15575 판결.
88) 이에 관하여는 김상용, 전게 물권법, 164-167면에서의 비판적 설명 참조.
89) 상게서, 167-168면.

(나) 명의신탁에 의한 부동산물권변동과 그 규제의 변천

명의신탁은 日帝에 의한 토지조사사업으로 부동산등기를 편철하기 시작한 때로부터 일제에 의하여 이용되기 시작되었다. 그 후 명의신탁은 양도소득세를 부과하기 시작하고, 1가구 1주택에 대해서는 양도소득세[90]를 면제한 때로부터(비과세: 최초 소득세법(1974) 제5조 6호 자目; 현재의 소득세법 제89조 제1항 3호 가目), 다주택소유자들이 양도소득세를 면하기 위한 목적으로 자기 소유의 주택을 무주택의 타인명의로 등기한 때로부터 이용이 점차 확대되기 시작한 것으로 미루어 짐작이 된다. 그러나 명의신탁이 사회적인 악으로 비판받고 명의신탁에 대한 규제가 행하여진 것은 토지투기로 시작된 부동산투기의 방법으로 명의신탁이 중간생략등기와 함께 널리 합법적인 투기방법으로 이용되었기 때문이다. 또한 개발이익의 사유화로 적절하였던 제도였기 때문이었다. 그리고 근자에는 공직자재산등록제도가 시행되고서는 공직자의 소유부동산의 공개를 회피할 목적으로 악용되고 있다. 이러한 명의신탁에 대하여, 판례는 소위 관계적 소유권을 인정하여, 명의신탁자와 명의수탁자와의 내부적 관계에서는 명의신탁자가 소유자이고, 명의신탁자 이외의 제3자에 대한 관계에서는 등기명의자인 명의수탁자가 소유자이며, 따라서 명의수탁자로부터 명의신탁부동산을 취득한 제3자는 선의이든 악의이든 언제나 당해 명의신탁부동산의 소유권을 취득한다고 하였다.[91]

명의신탁은 부동산의 소유명의를 타인명의로 등기해 두는 등기방법이다. 물론 명의신탁이 성립하기 위해서는 명의신탁자와 명의수탁자 간에 반드시 명의신탁의 약정이 있어야 하고,[92] 명의신탁 약정 없이 우연히 타인명의의 등기가 이루어진 경우에는 명의신탁이 아니다.[93] 그러나 명의신탁의 목적이 무엇이냐는 문제되지 않는다는 것이 판례의 입장이었다.[94] 그러니 자연히 명의신탁이 부동산투기목적으로는 물론 불법목적으로도 이용될 수도 있게 되었다.

명의신탁에는 2당사간의 명의신탁도 행하여지지만, 주로 많이 활용된 명의신탁은 3자간의 명의신탁으로서 등기명의신탁과 계약명의신탁으로 나누어졌다. 3자간의 등기명의신탁은 부동산거래는 양도인과 명의신탁자인 매수인 간에 행하여지고,

---

90) 양도소득세는 1974년 소득세법의 개정에 의하여 처음으로 새로운 세목으로 신설되었다.
91) 대법원 1962.1.15. 4294민상165 판결; 대법원 1963.9.19. 63다388 판결.
92) 대법원 1972.5.23. 71다2760 판결; 대법원 1981.12.8. 80다카367 판결.
93) 대법원 1981.12.8. 80다카367 판결.
94) 대법원 1966.7.5. 66다909 판결; 대법원 1988.4.22. 79다1872 판결.

소유권이전등기는 양도인에게서 바로 명의수탁자인 제3자명의로 경료되었으며, 매수인과 그 제3자 간에는 명의신탁약정이 있는 경우의 명의신탁이다. 이러한 등기명의신탁은 중간자인 매수인의 명의로의 등기가 행하여지지 아니하기 때문에 중간생략등기의 성격도 갖는 것이다. 그리하여 이러한 등기명의신탁을 중간생략명의신탁이라고도 한다. 이 등기명의신탁이 부동산투기의 합법적인 방법으로 널리 이용되었다.

또 하나의 3자간 명의신탁으로 기업의 비업무용토지취득에 많이 이용된 명의신탁이 계약명의신탁이다. 계약명의신탁은 특정의 명의신탁자와 명의수탁자가 내부적으로 명의신탁의 약정을 하고, 부동산의 매도인에 대해서는 명의수탁자가 진정한 매수인 양 매수인으로서 매도인과 매매계약을 체결하고, 이때에 매도인은 매수인이 명의수탁자임을 전혀 알지 못하는 상태에서 매매계약이 체결되고, 소유권이전등기는 정상적으로 매도인에게서 매수인에게로 경료된다. 그러나 매수인 명의로 이전등기가 경료되어도 매수인은 진정한 소유자가 아니고 명의신탁자와의 명의신탁계약에 의하여 진정한 소유자는 명의신탁자가 되는 것이다. 계약명의신탁계약에 의하여 취득한 명의신탁부동산은 명의신탁해지에 의하여 명의수탁자에게서 명의신탁자에게로 소유권이전등기를 할 수도 있고, 명의신탁관계를 그대로 유지할 수도 있다. 기업이 비업무용부동산을 취득할 때에 기업이 명의신탁자가 되고 기업의 임직원을 명의수탁자로 하여 임직원 개인이 기업의 자금으로 매도인과 기업용토지를 취득하는 매매계약을 체결하는 방식이 바로 이러한 계약명의신탁이었다.

어떠한 명의신탁이든 이는 실정법의 근거가 없는 관행상의 등기방법이었으며, 부동산투기의 방법으로 아주 널리 이용되어, 사회악의 근원이 되었다. 그러한 명의신탁의 유효성을 판례가 널리 인정하였을 뿐만 아니라 법이론도 그 유효성은 인정하는 방향으로 진행되어 왔다. 명의신탁이 중간생략등기와 함께 부동산투기라는 사회악의 합법적인 방법으로 이용되었기 때문에 이에 대한 규제가 행하여지지 않을 수 없었다. 그 규제는 모두 공법적인 制裁의 방법이었으며 사법적인 법이론에 의하여 명의신탁을 무효화시키거나 명의신탁의 등기를 부동산거래의 실체적 진실에 부합되게 이론구성하고자 하는 학문적인 노력은 극히 부족하였다. 명의신탁은 사적자치의 원칙에서 당연 허용된다는 주장도 있었다.[95] 그러나 명의신탁이

95) 이영준, 민법총칙(박영사, 1987), 188-189면.

탈세, 탈법, 투기 등의 반사회적 목적으로 행하여지는 데도 불구하고 이를 사적자치에 의하여 허용된다는 것은, 사적자치는 적법한 경우에만 인정되는 법원칙임을 망각한 이론구성이었다. 사견으로는 명의신탁이 반사회적 목적으로 행하여진 때에는 반사회질서의 법률행위로서 무효이며(민법 제103조), 명의신탁이 반사회적 목적으로 행하여진 것이 아닌 때에는 명의신탁등기를 실체적 진실관계에 부합되게 영미법상의 수동신탁passive trust의 법리에 의하여 법리구성을 하였다.[96]

명의신탁에 대한 공법적 규제의 첫 조치는 토지투기의 방지책으로서, 1981년에 舊"상속세법"을 개정하여 명의신탁을 명의신탁자의 명의수탁자에 대한 증여로 의제하여 증여세를 부과할 수 있도록 하는 입법이었다(동법(1981) 제32조의2). 그러나 동규정은 헌법상의 실질과세의 원칙에 반하는 명목과세라는 이유로 헌법재판소의 위헌결정이 내려져서,[97] 명의신탁의 이용을 억제할 수 없었다. 그 후에 1990년 "부동산등기특별조치법"에서 명의신탁을 금지하고 형사처벌을 할 수 있도록 하는 규정을 입법하였다(동법(1990) 제7조, 제8조 3호). 그러나 동법상의 명의신탁금지규정을 대법원이 효력규정이 아니라 단속규정이라고 판결함으로써,[98] 또 명의신탁의 이용을 방지할 수 없게 되었다. 이렇게 비록 판례에 의하여 명의신탁의 법적 유효성은 인정되었으나 법률에서 명의신탁을 금지함으로써, 명의신탁해지의 방법으로 실제로는 명의신탁을 하는 사례들이 발생하게 되었다. 이는, 매수인이 매도인으로부터 부동산을 취득하여 소유권이전등기를 신청함에 있어서, 매매에 의한 소유권이전등기로 등기신청을 하지 아니하고, 과거에 매도인 명의로 매수인이 당해 부동산을 명의신탁하여 두었던 것을 이제는 그 명의신탁을 해지하고 본래의 소유자인 자기, 즉 명의신탁자에게로 소유권이전등기를 신청한다는 허위의 등기신청을 하고, 그러한 소유권이전등기신청이 그대로 받아들여지고, 그러한 허위의 명의신탁 해지에 의한 소유권이전등기의 유효성이 인정되었다. 그러므로 당시까지는 법률에 의해서 명의신탁을 근절시킬 수가 없었다.

그 후 다시 명의신탁을 근원적으로 무효화하는 입법을 하여 명의신탁을 근절하고자 하였다. 그것이 바로, 1995년에 "부동산실권리자명의등기에 관한 법률"의 제정에 의하여, 부동산의 명의신탁의 약정 및 그것에 기한 부동산물권변동을 무효

96) 수동신탁의 법리구성에 관하여는, 김상용, 전게 물권법, 429-430면.
97) 헌법재판소 1989.7.21. 89헌마388 결정.
98) 대법원 1993.8.13. 92다42651 판결; 대법원 1995.11.7. 94다1890 판결.

화하였다(동법(1995) 제4조 제1항, 제2항 본문). 그리하여 동법시행 후에는 명의신탁을 하는 것이 금지되게 되었으며, 이미 행하여져 있던 명의신탁등기는 동법 시행일로부터 1년의 유예기간 내에 명의신탁자명의의 실명으로 등기를 하도록 하였다(동법(1995) 제11조 제1항 본문).

그러나 동법에도 허점이 있다. 장래의 명의신탁을 금지하면서, 부부간의 명의신탁과 종중소유 부동산의 명의신탁은 허용하고 있으며(동법(1995) 제8조), 기존 명의신탁의 실명전환의무도 종교단체, 향교, 종중, 부부간의 명의신탁은 이를 면제하였다(동법(1995) 제11조). 그리하여 명의신탁을 무효화하여도 여전히 명의신탁이 행하여지는 경우가 있으며, 명의신탁은 널리 존재하게 되는 한계점을 보여주고 있다.

이렇게 "부동산실권리자명의등기에 관한 법률"의 제정·시행으로 명의신탁이 행하여질 수 없게 되었으나, 판례는 동법위반의 명의신탁의 등기가 경료된 경우에 동법 제4조에 의하여 명의신탁약정이 무효이므로, 명의신탁 해지에 의하여서는 명의신탁자가 명의신탁부동산을 명의수탁자로부터 반환받을 수 없지만 부당이득을 이유로 하여서는 반환받을 수 있다는 판결을 하여,[99] 동법의 실효성을 떨어뜨리고 있다. 또한 명의신탁자가 명의수탁자로부터 원물반환을 받을 수 없을 때에는 명의수탁자가 받은 매매대금은 명의신탁자에 대하여 부당이득이므로 그 매매대금을 부당이득으로 반환청구할 수 있다고 한다.[100] 따라서 판례는 무효인 명의신탁약정에 기한 명의신탁부동산은 명의신탁자에 대하여 불법원인급여가 아니라고 본다.[101] 판례가 이와 같이 명의신탁약정과 그에 기한 부동산물권변동의 무효규정을 운용함으로써 부동산실명법상의 명의신탁의 규제도 그 실효성이 떨어질 수밖에 없다.

사견으로는 동법상의 명의신탁의 약정과 그에 기한 부동산물권변동의 무효규정은 민법 제103조의 반사회질서의 무효규정의 구체화 규정으로 이해하며, 반사회질서성이 강한 명의신탁의 약정에 기한 급여는 불법원인급여로서 명의신탁자는 그 반환을 청구할 수 없다고 해석하고 적용하여야 명의신탁의 근절을 도모하여 부동산투기의 사회악을 근절할 수 있다고 생각한다. 그리고 동법상의 명의신탁의

99) 대법원 1999.9.17. 99다21738 판결; 대법원 2002.3.15. 2001다6164 판결; 대법원 2002.12.26. 2000다21123 판결.
100) 대법원 2005.1.28. 2002다66922 판결; 대법원 2008.2.14. 2007다6918,69155 판결.
101) 대법원 2003.11.27. 2003다41722 판결; 대법원 2014.7.10. 2013다74769 판결.

무효화 규정은 그 처벌규정에 비추어 볼 때에 단속규정이 아니라 효력규정이라 판단된다.

다행히 최근에 대법원 전원합의체 판결은 명의수탁자가 명의신탁약정에 의하여 받은 토지를 처분하는 것이 명의신탁자에 대하여 횡령죄가 성립하지 않는다고 판시하였다.[102] 그리하여 동 전원합의체 판결에 의하여, 명의신탁은 불법이므로 명의신탁자는 명의신탁부동산의 소유권을 가지지 아니하며, 따라서 명의수탁자를 타인의 재물을 보관하는 자로 볼 수 없으므로 횡령죄가 성립하지 않는다는 것이다. 이 전원합의체 판결에 의하여, 명의수탁자의 명의신탁부동산의 처분이 횡령죄가 된다는 종래의 판결을 모두 폐기하였다.

Ⅳ. 취득시효에 의한 부동산물권변동에 관한 법리운용의 변천

소유권은 소멸시효에는 걸리지 아니하나(민법 제162조 제2항), 취득시효에 의하여 취득할 수는 있다. 부동산소유권의 취득시효에는 다시 소유의 의사로 20년간 평온·公然하게 점유하고 등기함으로써 소유권을 취득할 수 있는 점유취득시효(민법 제245조 제1항)와 소유자로 등기된 자가 10년간 소유의 의사로 평온·공연하게 선의·무과실로 점유한 때에 소유권을 취득할 수 있는 등기부취득시효(민법 제245조 제2항)가 있다. 구민법에서는 오로지 점유에 의한 취득시효만이 인정되었으며, 이에는 다시 占有開始 時에 선의인 선의취득시효에 있어서는 10년간 소유의 의사로 평온·공연하게 점유하면 소유권을 취득하였으며(구민법 제162조 제2항), 악의로 점유를 개시한 악의취득시효에 있어서는 20년간 소유의 의사로 평온·공연하게 점유하면 소유권을 취득하였다(구민법 제162조 제1항).

실무에서는 취득시효에 의한 부동산소유권의 취득의 사례들이 많았으며, 그중에서도 점유취득시효가 더욱 많았다. 이에 관하여 판례는, 점유취득시효에 있어서 자주점유가 요건이고, 점유의 효력으로 자주점유가 추정된다(민법 제197조 제1항). 그러나 판례는 1997년에 이르러 무단점유인 경우에는 자주점유의 추정을 쉽게 깨뜨릴 수 있는 방향으로 판결하고 있다.[103]

---

102) 대법원 2016.5.19. 2014도6992 전원합의체 판결.

그리고 20년의 취득시효기간의 기산시점에 관하여는 판례가 많이 변천되어 왔다. 초기에는 시효의 기초가 되는 점유가 개시된 때라고 하여 시효취득을 주장하는 자가 임의로 기산점을 선택할 수 없다고 판결하였다.[104] 그 후 판례는 시효기간 중 계속해서 등기명의자가 동일하고 취득자의 변경이 없는 경우에 시효성립을 그 등기명의인에게 주장함에 있어서는 기산점을 어디에 두든 상관없으나, 시효기간 만료 후에 이해관계있는 제3자가 있는 경우에는 시효이익을 주장하는 자가 임의로 기산점을 선택할 수 없다고 판례를 변경하였다.[105] 그 후에는 다시 원상태로 되돌아가 기산점은 점유의 개시된 때라고 하여 시효취득을 주장하는 자가 임의로 기산점을 선택할 수 없다고 판결하였다.[106] 또한 점유기간을 前점유자의 점유를 승계 · 합산하여 시효취득을 주장하는 경우에는 前전유자의 점유개시시점을 기산점으로 하여야 한다고 한다.[107]

점유취득시효는 20년의 점유 후 점유자 명의로 등기하여야 시효취득이 인정되므로, 20년간의 점유기간이 완성되면 시효기간 완성의 점유자는 현재의 등기명의자를 상대로 하는 소유권이전등기청구권이 발생한다.[108]

그리고 등기부취득시효에서는 자기명의로 등기되어 있는 자가 10년간 당해 부동산을 점유하여야 한다. 10년의 점유기간에 관하여 초기에는 등기기간과 점유기간이 다같이 10년이어야 한다고 하였으나,[109] 그 후 판례가 변경되어 등기기간의 승계합산을 인정하였다.[110] 그리고 등기부취득시효의 요건인 선의 · 무과실은 점유개시 시에 선의 · 무과실이면 족하다고 한다.[111] 등기기간의 승계 · 합산과 점유개시 시에만 선의 · 무과실이면 족하다고 함으로써, 등기의 공신력이 인정되지 아니하는 우리나라에서, 등기부취득시효제도가 부동산거래의 안전제도로 기능하도록 하였다.

103) 대법원 1997.8.21. 95다28625 전원합의체 판결.
104) 대법원 1966.2.28. 66다108 판결; 대법원 1971.9.28. 71다1446,1447 판결.
105) 대법원 1976.6.22. 76다448 판결; 대법원 1982.1.26. 81다826 판결.
106) 대법원 1982.11.9. 82다565 판결; 대법원 1985.3.26. 84다카5317 판결.
107) 대법원 1982.12.11. 92다9968,9975 판결.
108) 대법원 1991.4.29. 89다1305 판결.
109) 대법원 1969.6.24. 69다436 판결; 대법원 1985.1.29. 83다카1730 전원합의체 판결.
110) 대법원 1989.12.26. 87다카2176 전원합의체 판결.
111) 대법원 1993.11.23. 93다21132 판결.

Ⅴ. 동산물권변동론과 법제도의 변천

1. 점유의 이전에 의한 동산물권의 변동

구민법의 대항요건주의 하에서는 당사자 간의 의사표시에 의하여 동산물권이 변동되고 인도는 대항요건이었다(구민법 제178조). 그러나 성립요건주의의 현행민법에서의 동산물권변동은 물권행위와 인도를 요건으로 하였다(민법 제188조). 인도로는, 신·구민법 共히, 현실의 인도, 간이인도, 점유개정, 목적물반환청구권의 양도 4가지가 인정되고 있다.

2. 등기에 의한 동산물권의 변동 입법

2010년 "동산·채권 등의 담보에 관한 법률"의 제정의 의하여 동산담보권, 채권담보권을 새로운 물권으로 창설하고, 동산담보권과 채권담보권은 점유의 이전이 아니라 등기에 의하여 설정할 수 있는 방법을 입법하였다. 동산담보권은 현재의 동산은 물론 장래에 취득할 동산도 그 목적물로 할 수 있으며, 한 개의 동산은 물론 여러 개의 동산에도 하나의 동산담보권을 설정할 수 있도록 하였다(동법 제2조 2호). 그러나 동산담보권은 모든 사람이 이를 설정할 수는 없으며, 설정자의 자격을 제한하여 법인과 상업등기법에 의하여 商號登記를 한 자만이 설정할 수 있다(동법 제2조 5호). 그리고 등기는 전자정보기억장치에 의하여 이루어지며 등기는 동산담보권의 성립요건이다(동법 제7조 제1항). 이러한 동산담보등기부는 물적편성주의를 취하지 아니하고 인적편성주의를 취하고 있다(동법 제2조 8호, 제47조 제1항). 그리고 동산등기는 그 존속기간에 제한을 두어 5년을 초과할 수 없다(동법 제49조 본문). 물론 5년을 초과하지 않는 기간으로 갱신할 수는 있다(동법 제49조 단서).

동산담보등기에 공신력을 인정하지 아니하여, 동산담보권의 선의취득은 허용되지 아니한다. 동산담보권의 실행상의 특수성으로 동산담보권자의 임의매각이 허용되며(동법 제23조 제1항), 유담보약정이 허용되어 유담보도 가능하다(동법 제31조 제1항 본문).

채권담보권은 채권질과 채권양도담보권을 통합한 지명채권을 목적으로 하는 담보권이다(동법 제34조). 현재의 지명채권은 물론 장래의 지명채권도 목적으로 할 수 있다. 한 개의 지명채권을 목적으로 할 수도 있고 여러 개의 지명채권을 목적으로 하여 하나의 채권담보권을 설정할 수도 있다. 채권담보권은 채권담보권등기부에 등기하며 그 등기는 성립요건이 아니라 대항요건이다(동법 제35조 제1항). 채권담보권등기의 효력기간은 5년이며, 갱신할 수 있다. 실행은 담보권자의 담보목적채권의 추심명령, 전부명령, 기타 환가방법에 의할 수도 있으나 채무자에 대한 직접변제청구권이 인정된다(제36조).

3. 동산물권의 선의취득제도의 변천

부동산등기에는 공신력이 인정되지 아니하기 때문에 부동산물권의 선의취득은 인정되지 아니한다. 그러나 동산의 점유에는 공신력이 인정되어 동산물권의 선의취득이 인정된다(민법 제249조 내지 제251조). 그러나 등기에 의하여 성립하는 동산담보권은 그 등기의 공신력이 인정되지 아니하여 선의취득이 인정되지 아니한다. 그리고 점유개정에 의하여서는 동산물권의 선의취득이 인정될 수 없다는 것이 일반적인 견해이다. 구민법에서는 선의취득을 즉시취득이라 하여 동산점유의 하나의 효력으로 규정하였다(구민법 제192조 내지 194조).

동산물권의 선의취득은 취득자가 선의, 무과실로 평온·공연하게 점유하여야 한다. 동산물권의 선의취득은 동산의 소유권과 질권의 취득에 인정된다(민법 제249조 내지 제250조, 제343조). 동산소유권의 선의취득 인정에 의하여 동산소유권의 시효취득제도는 그 효용성이 거의 없게 되었다.

Ⅵ. 맺음말

물권변동은 정상적인 방법으로 이루어져야 한다. 변칙적인 물권변동은 근절되어야 한다. 정상적인 물권변동은 물권변동이 성립요건주의의 원칙에 충실하게 일어나고 공시되도록 법이론, 판례가 이를 적극적으로 입론을 하고 판결을 하여야 한다. 변칙적인 물권변동에 대해서는 성립요건주의의 원칙에서 이를 失效시킬 수 있는 법이론을 정립하고, 실효시키는 판결을 하여야 한다. 또한 입법자들은 변칙적인 물권변동에 대해서 강력한 법적 규제를 가하여야 한다. 또한 국민들은 진실한 거래를 하고 거래 그대로 물권변동이 일어나도록 성립요건주의 원칙에 충실한 법생활을 하여야 한다.

그러나 이러한 소망과 이상과는 달리 물권변동, 그중에서도 부동산물권변동은 정상적이고 원칙적인 과정의 부동산물권변동보다는 변칙적인 부동산물권변동의 방법을 널리 이용하였다. 이는 부동산투기로 불로소득인 개발이익을 사유화하고, 공법적 규제를 회피하기 위하여 변칙적인 부동산물권변동의 방법이 이용되고, 법이론과 판례가 그 유효성을 인정한 때문이었다. 또한 이러한 변칙적인 부동산물권변동이 가능하였던 것은 부동산등기제도의 不實에 그 원인이 있었다. 부동산등기는 부동산물권거래과정과 내용을 진실 그대로 실체적 진실주의에 부합되게 공시할 수 있도록 등기신청서류에 대한 실질적 심사제도로서 등기원인서면의 진실성을 담보할 수 있는 제도의 마련이 필요하였다. 그러나 우리나라에서는 등기원인서면의 진실성을 담보할 수 있는 제도의 마련에 극히 소홀하였다. 그러므로 부동산등기만을 믿고서는 안전하고 확실하게 부동산물권을 취득할 수 없는 문제점을 내재하고 있었다.

이러한 변칙적인 부동산물권변동이 가능하였던 법이론과 판례를 수정하고, 과거의 변칙적인 부동산물권변동을 가능케 하였던 과거의 관행을 폐기하고, 실체적 진실 그대로 부동산물권변동이 일어나고. 그 내용을 등기부에 등기할 수 있도록 하여야 하며, 등기만을 믿고서 부동산 거래를 안정적으로 그리고 안전하게 할 수 있는 등기원인서면의 공정증서로의 작성이 필요하다. 그리하여 등기의 공신력을 인정할 수 있어야 한다.

그리고 부동산물권변동에 관련한 법제도는 실정법에 의하여 이를 입법으로 규정하여야 하며, 관행으로 행하여지도록 하여서는 아니 된다. 입법에 의한 원칙과 그 실천규정을 두어 국민들의 일상의 법생활 속에서 정상적인 부동산거래를 하고 정상적인 부동산물권변동이 일어나도록 하는 법의식을 확립하여 실천하도록 하여야 한다. 진실에 의한 부동산거래를 하고, 실체적 진실 그대로 등기부에 등기하여 정상적으로 부동산물권변동이 일어나도록 실정법으로 이를 명확히 입법하여 실행하여야 한다. 그리고 공법적 규제위주로 정상적인 부동산물권변동이 이루어지게만 할 것이 아니라 사법이론과 사법이론에 입각한 입법도 함께 도모하여야 한다.

그리고 변칙적인 부동산물권변동은 부동산거래로 인하여 발생하는 불로소득인 개발이익windfalls을 사유화하기 위함에 가장 큰 원인이 있으므로, 개발이익을 사회로 환수함으로써 변칙적인 부동산거래 방지책도 아울러 실행하여야 한다.

우리의 그간의 부동산물권변동과정은 원칙을 벗어난 변칙이 너무 심하였다. 이제는 근원적으로 변칙적인 부동산물권변동의 유효성을 인정하였던 지난날의 법이론, 판례 및 법제도를 근본적으로 성찰하여, 성립요건주의의 원칙에 부합하는 부동산거래 내지 부동산물권변동의 정의를 세워야 한다.

소유권론의 변천과 과제

윤 철 홍

[초 록]

이 글은 우리 헌법 제23조와 민법 제211조를 중심으로 이루어진 소유권론의 변천 과정을 비교 법사적 관점에서 검토한 후 앞으로 과제를 논구한 것이다. 소유권론의 변천 과정과 과제로 나누어 정리해 본다.

1. 소유권은 역사적 경험적 범주에 속한 것으로 조선 시대에도 사소유권이 인정되었음을 확인하였다. 조선 시대 전기에 사실상 지배를 강조하던 집지경식 제도로부터 중반기 이후 次知制度에서는 근대적인 의미의 소유권의 요소를 지니고 있었다. 그러나 이 제도가 우리의 민법전에 입법화되지 못하고 일제에 의해 서구의 근대 민법상 소유권개념이 강제적으로 이식되었다. 우리 민법 제211조는 계수사적인 관점에서 볼 때 로마법으로부터 많은 영향을 받은 프랑스 민법 제544조와 그것을 계수한 일본 민법의 영향을 받았다. 그래서 우리 민법은 소유권의 권능을 예시적으로 열거하고 있다. 그러나 입법정책적인 차원에서는 독일 민법전의 태도가 더 바람직하다고 생각한다.

숭실대학교 법과대학 교수

소유권의 개념은 개인주의적인 로마법적 개념으로 이해하기보다는 사회성과 단체성이 강조되는 게르만법적인 것으로 이해하는 것이 타당하다고 생각한다. 왜냐하면 소유권의 내용을 규정하고 있는 제211조 이외의 소유권과 직접 또는 간접적으로 관련된 조항들은 독일법의 영향을 받은 것도 많이 있으며, 소유권의 의무성을 규정한 1919년 바이마르헌법 영향으로 우리 헌법도 소유권, 그 중에서도 토지소유권의 공공성과 사회성이 강조되었기 때문이다. 소유권의 제한은 소유권의 본질을 규정하는 중요한 요소이다. 그러나 소유권의 개념과 내용을 분리하여 이해하는 것보다는 내재적 제한설에 의해 소유권 자체에 제한이 내재한 것으로 이해하는 것이 우리나라의 현재 소유 질서와 부합되는 법리라 여겨진다.

중세 서구 유럽에서는 주석학파들의 오해로부터 기인한 상급소유권과 하급소유권으로 나누어진 분할소유권론이 지배적인 견해였다. 이러한 분할소유권적인 시도가 현대에도 없지는 않았지만, 우리 민법 체제상 결코 인용될 수 없는 것이다. 예컨대 명의신탁에서 대내적인 소유권의 분화나 양도담보에서 신탁적 소유권, 소유권유보부매매에서 처분소유권과 이용소유권의 분화 등은 인정될 수 없는 것이다. 왜냐하면 우리 민법이 철저하게 단일소유권을 지향하고 있기 때문이다. 더 나아가 토지공개념은 새로운 소유권의 개념이 아니며, 토지소유권의 제한을 강조하는 표현에 불과한 것이다.

2. 소유권은 역사적 경험적 범주에 속한 것이다. 따라서 시대와 지역에 부합하는 소유권으로 변화에 능동적으로 대처할 수 있도록 법 논리를 개발해야 할 것이다. 토지소유권의 제한과 관련된 특별법이나 민법의 해석 시에 유동적 무효와 명의신탁, 신탁적 소유권, 소유권의 분화, 개발권, 경관이익 등 다양한 법리들이 고안되고 있다. 이러한 법리들을 더욱 발전시켜 소유권의 권능에 따른 소유권의 역할을 제고하고, 이용권능을 극대화하는 방안들이 모색되어야 할 것이다.

헌법개정 논의와 함께 또다시 토지공개념이라는 말이 회자되고 있다. 이러한 토지공개념은 헌법상 규정이 없다고 하더라도, 토지공개념이 추구하는 것을 현행 민법 안에서도 얼마든지 법률이나 해석에 의해서 도달할 수 있다. 그런데도 문재인 정부에서는 헌법에 토지공개념을 신설하고자 한다. 그러나 이러한 입법적인 노력이 성공하여 헌법전에 '토지공개념'이라는 것이 법률용어화된다고 하더라도 구체적인 실천 노력이 없을 경우에는 추상적 혹은 단순한 구호에 그칠 수 있다. 따라서 이러한 토지공개념을 단순한 공공성의 강화 내지 토지소유권의 규제 내지 제한에 머물지 않도록 구체적인 연구와 실천적 후속 입법 조치들이 필요할 것이다.

남북통일 후 소유권 질서의 재편을 위한 준비가 더욱 구체적으로 이루어져야 할 것이다. 북한의 공산주의 체제에서는 토지는 물론 그 밖의 부동산의 경우도 사소유권이 인정되지 않고 있다. 따라서 주로 이용권이 문제되고 있는데, 통일 후 북한지역의 토지

질서의 재편과 사소유권의 확대를 위한 미시적인 토지 정책적인 관점뿐만 아니라 환경 정책이나 국토의 균형 발전 차원에서 보다 면밀한 소유권에 대한 연구가 수행되어야 할 것이다.

Ⅰ. 서 설

1. 오늘날에는 '소유의 종말'[1]이라는 말이 회자될 정도로 전통적인 지배권으로서 부동산소유권의 기능이 약화되는 대신 다른 재산권의 중요성이 강조되고 있다. 그럼에도 불구하고 소유권은 여전히 인간들이 향유하고 있는 가장 원초적인 기본권의 하나로 보장되고 있다.[2] 이러한 소유권은 그 본질상 논리적인 것이 아니라 역사적 경험적인 범주에 속한 것이다.[3] 따라서 시대와 장소에 따라 달라질 수밖에 없어 '시대의 산물Kind der Zeit'이라고도 한다.[4] 소유권의 본질은 지역적인 특성과 사회 경제적인 변천과의 관련 속에서 고찰해야 바르게 파악할 수 있을 것이다. 동서고금을 막론하고 의식주와 관련하여 형태나 명칭 등의 차이는 있을지라도 소유제도 자체는 존재하였다. 이러한 소유제도는 기원전 3세기 제2차 포에니전쟁 후 지중해 상권을 장악하고, 많은 속령지를 갖게 된 로마제국에서 급격히 발전되었다. 그 후 중세에 접어들면서 봉건제도와 결합하여 토지에 대한 분할소유권론 등이 출현하였다. 그러나 근대 자본주의, 특히 화폐의 발달로 말미암아 자본이 토지 대신에 중요한 지위를 차지하면서 소유권의 기능도 변화되었다. 특히 자본은 소규모의 상업자본에서 점차 대규모의 산업자본으로 바뀌게 되었다. 법률적인 측면에서 이러한 자본들은 대개 금전채권이다. 따라서 오늘날에는 금전채권이 소유권보다 우월하다는 주장도 나타나게 되었다.[5]

2. 이러한 소유권에는 지역적 특성과 사회 상황 등이 반영되었다. 예컨대 기원전 3세기 이후 해상무역 등 상업의 발달로 개인주의적인 사고가 지배하고 있던 로마에서는 개인주의적이고 절대적인 소유권이 나타나게 되었다. 이에 반해 유목과 산림업이 주류를 이루었던 게르만 지역에서는 단체적 공동체 의식이 강하여,

1) J. Rifkin(이희재 역), 「소유의 종말」(민음사, 2001) 참조.
2) BVerfGE 24, 367(389).
3) O. v. Gierke, Deutsches Privatrecht(Ⅱ), 1905, S. 308 Anm. 2.
4) W. Merk, Das Eigentum im Wandel der Zeiten, in: Pädagogisches Magazin, Heft 388(1934), S. 7; Soegel-Sibert-Baur, Vormerkung § 903 BGB, in: Kommentar zum BGB, Stuttgart, 1978, Rn. 1
5) 我妻榮, 「近代法における債權の優越的地位」(東京:有斐閣, 1979), 256면. 그러나 이 견해에 대하여 금전의 위력은 금전에 대한 소유권에 있는 것이지 금전채권에 있는 것은 아니라고 하였다. 즉 우월한 것은 금전채권이 아니라 금전 소유권 내지 금전에 대한 지배권이라는 것이다 <丹橋諄一, 「物權法」(1960), 338면>.

이러한 의식에 부합하는 오늘날 총유와 같은 단체주의적 소유권이 발달하였다. 또한 근대에 들어서서 프랑스 혁명의 결과로 자유와 평등 등 혁명정신이 반영된 프랑스 민법과 보통법으로서 로마법을 계수한 독일 민법, 그리고 이러한 서구 민법을 계수한 일본 민법에서도 소유권에 대한 이해는 소유권 자체에 내재된 공통적인 점도 많이 존재하지만, 각국의 상황에 따른 지역적인 특성을 아울러 지니고 있다.

3. 후술하는 바와 같이 이러한 민법전에서 규정하고 있는 소유권은 로마법에서처럼 영구불변한 추상적이고 절대적인 것이 아니라 역사의 변천에 따라 끊임없이 변모될 수밖에 없는 것이다. 현대 거의 모든 법제에서는 소유권에 대한 내용이나 권능을 규정하면서도 그 개념에 대해서는 구체적으로 규정하지 않고 있다. 예컨대 바이마르 헌법의 영향 아래서 제정된 우리 헌법 제23조는 "재산권은 보장된다. 그의 내용과 한계는 법률로 정한다"고 규정하고 있으며, 민법 제211조에서는 "소유자는 법률의 범위 내에서 그 소유물을 사용, 수익, 처분할 권리가 있다"고 규정하고 있다. 이러한 민법의 규정은 로마법에서 시작된 것으로, 특히 후기주석학파의 견해를[6] 프랑스 민법에서 채택하였고,[7] 이어서 일본의 구민법에서 이 프랑스 민법의 소유권 사상을 수용한 것을 현행 일본 민법에서 거의 그대로 답습하였다. 이 일본 민법은 주지하는 바와 같이 1912년부터 조선민사령에 의해 한국에도 적용되기 시작하여 1959년 말까지 사적인 국민 생활의 기본법이 되었다. 1958년에 제정된 현행 민법은 전체적으로는 프랑스 민법전보다 독일 민법전의 영향 아래서 제정되었다.[8] 그러나 소유권의 내용을 규정한 민법 제211조는 프랑스 민법 제544조의 규정 방식처럼 소유권의 권능을 열거하고 있다.

4. 우리나라의 법사에서는 서구 민법과 같은 의미의 소유권이 존재하지 않았는가? 어느 국가나 어느 시기에서든 인간이 생존하기 위해서는 물건, 특히 토지의 지배를 필요로 하였다. 따라서 명칭이야 어찌 되었던 소유제도는 존재하였을 것이

6) 후기주석학파의 소유권을 대변하는 것은 바르톨루스의 견해이다. 그는 "소유권은 법률이 금지하지 않는 한 유체물을 완전히 처분할 수 있는 권리이다"(dominium est jus re corporali perfacte disponere, nisi lex prohibeat)라고 정의하였다. 이에 대한 로마법적인 소유권에 대한 간략한 소개에 대해서는, 윤철홍, "토지의 기능소유권", 「성곡논총」 제22집, 1991, 518-519면 참조.

7) 남효순, "나뽈레옹법전(프랑스민법전)의 제정에 관한 연구", 서울대 「법학」 제35권 1호, 1993, 305면.

8) Cho, Kyu-Chang, Koreanisches Bürgerliches Gesetzbuch, Frankfurt 1980, S. XX.

다. 물론 우리나라에도 이러한 소유제도가 존재하였다. 후술하는 바와 같이 법사학자 朴秉濠의 연구에 따르면 조선 시대에도 근대적인 의미의 소유권과 유사한 제도가 있었다고 한다. 하지만 일제가 식민지 통치의 수단으로 의용한 일본 민법전으로 말미암아 고유한 우리의 소유제도가 존속 내지 발전하지 못하고 단절되었다는 것이다. 이러한 한국의 소유권 변천사에서 근대성과 관련하여 혹자들은 근대적인 의미의 소유권은 1918년 토지조사사업의 완료에 의해 확립된 것이라고 주장하고 있으며,[9] 순전히 법형식적으로 판단한다면 오히려 조선민사령에 의한 일본민법이 의용되기 시작한 1912년부터 근대적인 소유권이 확립되었다는 견해도 있다.[10] 그러나 이러한 견해들은 법 형식적으로 본다고 전제하는 바와 같이 너무 형식 논리적인 것이다. 왜냐하면 조선 말기에 이미 근대적인 소유권의 요소를 지닌 '次知' 제도가 확립되었으며, 토지조사사업 이후 재편된 토지 질서 역시 많은 부분에서 현대적인 의미와 부합되는 것이 아니었기 때문이다.

5. 본 연구에서는 우리나라에서 '소유권론의 변천과 과제'를 구체적으로 논구하고자 한다. 이를 위해 먼저 우리 민법상 소유권의 이해를 위해 법사적인 관점에서 조선 시대로부터 현행 민법에 이르는 소유권의 변천 과정을 논구하고자 한다(Ⅱ). 이어서 소유권의 내용과 그 제한에 대한 법리를 살펴본(Ⅲ) 다음, 소유권을 제한하는 중요한 법률들과 그에 따라 구축된 법리들을 살펴보고(Ⅳ), 앞으로의 과제를 점검해 보고자 한다(Ⅴ).

Ⅱ. 우리 민법상 소유권에 대한 역사적 개관

1. 개 설

일제 강점기 초기인 1911년에 법률 제30호 '조선에 시행할 법령에 관한 법률'에 따라 공포된 조선민사령(1912, 제령 제7호)에 의해 일본 민법이 우리나라에 시

9) 이영협, 「한국 근대토지 제도사 연구」(보문각, 1968), 1면; 최송화, "우리나라 토지행정법에 관한 연구", 서울대 「법학」 제16권 2호, 1975, 101면; 권오승, "토지소유권의 법적 성질과 그 제한", 「법과 토지」(삼영사, 1982), 43면.

10) 박병호, 「한국법제사」(한국방송통신대학출판부, 1989), 178면. 이러한 일본 민법에 의하여 근대적인 소유권이 창설된 것이 아니라, 종래 존재해 오던 것을 근대법의 이름으로 확인한 것에 불과하기 때문이다.

행됨으로써 서구의 절대적이고 추상적인 소유권이 인정되었다. 다시 말해 현대화된 일본 법률들에 의해 전면적 포괄적인 지배권으로서 사적 소유권이 보장되기 시작하였다. 따라서 이러한 소유제도는 1912년 이전까지 시행되었던 우리의 전통적인 소유제도와는 법적 근거뿐만 아니라 체제상 완전히 다른 이질적인 것이었다. 그러나 15세기 말 이래로 소유권의 관념화와 추상화가 반영된 '次知' 제도와는 어떤 차이가 있었는가 하는 점에 대해서는 구체적인 검토가 요구된다. 필자는 조선 시대 중기부터 인정되었던 차지 제도가 근대적인 소유권의 본질적인 요소들을 함유한 것으로 본다. 따라서 이 장에서는 조선 시대 소유권의 개념에 대한 변천을 개괄적으로 살펴보고, 이어서 한국 민법전이 성립되기까지의 배경들을 살펴보고자 한다. 1912년부터 1959년까지 일본 민법이 의용민법으로서 우리나라에 시행되었는데, 이러한 일본 민법의 성립 배경이 된 것은 1804년의 프랑스 민법전과 1888년의 독일 민법전 제1 초안이었다. 따라서 우리 민법상 소유권을 바르게 이해하기 위해서는 프랑스 민법상 소유권의 개념과 독일 민법전 제1 초안 그리고 일본 민법 제206조의 성립 배경을 살펴보는 것이 필요하겠지만, 여기에서는 프랑스 민법전과 독일 민법전의 성립배경에 대해서는 생략하고[11] 곧바로 일본 민법전의 성립과 식민지 체제에서 일본 민법이 의용민법으로 시행되던 시기의 소유권과 제2차 세계대전 후 우리 민법의 제정 과정에 논의된 소유권을 간략하게 살펴보고자 한다.

2. 조선 시대의 소유권[12]

(1) 조선 시대 초기 소유권 보장에 관한 법적 근거

조선 시대 초기에 일반적인 농지는 아주 예외적인 경우를 제외하고 매매나 상속이 가능하였다.[13] 이것은 개인들에게 처분권을 인정한 것으로 사적 소유권을 보장해 준 중요한 근거가 되는 것이다. 이러한 사적인 토지소유권의 보장은 다양

---

11) 양국의 민법전 특히 소유권 규정의 성립배경에 대해서는 윤철홍, 「소유권의 역사」(법원사, 1995) 175면 이하 참조.

12) 조선 시대 소유권에 대해 주를 부가하지 않은 것은 전적으로 이에 대한 선구적인 연구 업적인 박병호, "근세의 토지소유권에 관한 연구", 「한국법제사고」(법문사, 1974), 107-236면에서 요약 정리한 것임.

13) 전지의 매매가 공식적으로 허용된 것은 세종 6년(1460)부터이다. 이에 대해서는 한우근 외 역, 「역주 경국대전」, 주석편(정신문화연구원, 1986), 286면.

한 법률에 따라 이루어졌는데, 다음과 같은 법률 조항들로부터 추론할 수 있겠다.

첫째, 經國大典 戶典 賣買限條는 "토지나 가옥의 매매는 15일이 지나면 변경하지 못하고, 모든 매매가 있고 난 뒤 100일 이내에 관에 신고하여 입안을 받아야만 한다. 소와 말은 5일이 지나면 변경하지 못한다."고 규정하였다. 이것은 소와 말과 같은 동산뿐만 아니라 토지나 가옥 등을 자유롭게 매매할 수 있음을 보여주고 있다.

둘째, 經國大典 刑典 私賤條는 토지나 가옥 등의 상속과 유증에 관하여 규정하고 있다. 즉 나눠 갖지 않은 노비는 자녀의 생사를 막론하고 분급하였으며, 나누는 수에 차지 않은 것은 적자녀에게 균등하게 분급하고, 그래도 남은 수가 있으면 承重子에게 먼저 주고, 또 나머지가 있으면 長幼의 차례로 준다고 규정하고 있다. 이것은 자녀들에 대한 균분상속 제도의 원칙을 규정한 것이었다.

셋째, 經國大典 戶典 田宅條는 국가가 토지소유권을 절대적으로 보장하면서 토지나 가옥에 관한 분쟁은 분쟁이 발생한 때로부터 5년이 지나면 소송을 수리하지 않는다고 규정하였다. 이에 대해서는 다음과 같은 예외들이 인정되었다. ① 자기도 모르게 타인이 토지나 가옥을 훔쳐 팔아버린 경우盜賣, ② 토지나 가옥에 대한 소송이 끝나지 않고 권리자가 확정되지 못한 경우相訟未決, ③ 부모의 유산인 토지나 가옥을 형제자매 사이에 균등하게 몫을 나누지 않고 어느 한 사람이 독점한 경우父母田宅合執, ④ 토지에서 거둔 수확을 절반씩 나누는 소작계약을 맺은 토지를 소작하고 있는 소작인이 소작기간이 끝났거나 지주가 토지를 반환하라고 요구하여도 이를 듣지 않고 자기 것으로 영구히 차지하려고 하는 경우因併耕永執, ⑤ 세 들어 사는 자가 계약기간이 끝났거나 집주인이 비우라고 요구하여도 이를 듣지 않고 자기 것으로 영구히 차지하려고 하는 경우賃居永執에는 5년의 제소기간의 적용을 받지 않고 언제든지 소송을 제기하여 구제받을 수 있다는 것이다.[14)]

넷째, 法典에서는 소유물 또는 소유권에 대해 '己物'이라는 용어를 사용하고 있었다. 이 기물은 동산, 노비, 가옥, 토지 등 모든 경우에 사용되는 사법적인 법률용어이었다. 기물이란 내 물건이라는 뜻으로, 구체적으로 '나'라고 하는 인격과 결합된 대상은 나와 같은 것으로 본다. 그래서 '나'에게 흡수된 것이다. 물건도 나

---

14) 이 조항은 "凡訟田宅 過五年不聽 盜賣者 相訟未決者 父母田宅合執者 因併耕永執者 賃居永執者 不限年 告狀而不立訟 過五年者 亦勿聽"이라고 규정하였다. 이에 대한 자세한 것은 박병호 (주 10), 168면 이하 참조.

에게 전속하여 나의 지배하에 속하고 자유롭게 사용, 수익, 처분할 수 있으면 나와 같은 것이 된다.[15)]

다섯째, 정부에서 殿場을 짓거나, 鎭을 설치하거나, 능묘나 비각을 세우기 위해 개인 소유의 가옥이나 토지를 수용할 때에는 보상해 주는 것이 관례였다. 정부가 가옥을 수용한 경우에 공적일 때에는 가격 혹은 목재로 보상하고, 사적인 경우에는 매수하였다. 이에 반해 토지의 경우에는 매수의 형식을 취하지 않고 국유지 혹은 관유지를 대토로써 제공하였다.[16)] 이러한 공용수용은 당시가 절대 군주가 통치하였던 시대였음을 고려한다면, 소유권을 제한하는 의미에서보다도 오히려 사적 소유권의 침해에 따른 정당한 보상을 보장해 주는 제도로 이해해야 할 것이다.[17)]

이상의 규정들과 관행들을 종합해 볼 때, 조선 시대 토지나 가옥 등에 대한 소유권은 법률상 자유롭게 상속할 수 있고, 처분할 수도 있는 것이었다. 전前근대사회에서는 상속 가능성과 처분 가능성이 인정된다는 것만으로도 소유의 사권성을 인정할 수 있는 것이다.[18)] 이러한 권능뿐만 아니라 일반적으로 계약에 의해서는 기간을 정한 소유권과 조건이 붙여진 소유권이 허용되지 않았다. 다시 말해 조선 시대에 토지소유권에 대해 상속 가능성과 처분 가능성을 인정하였다는 점은 토지조사사업이 완료된 이후 근대적인 소유권제도가 확립되었다는 견해와는 달리 1918년 이전에 이미 근대적인 요소를 갖추고 있었다는 점을 말해주고 있다고 여겨진다. 이 점에 대해 관용어로써 사용되었던 소유권과 관련된 용어들을 통해 다시 살펴보자.

(2) 官用語에 나타난 소유제도

조선 시대에 물건에 대한 현실적인 지배와 지배할 수 있는 권리가 당시의 정부나 지방관아 등 관공서의 용어에서는 어떻게 표현되고 있는가를 논구해 봄으로써 소유제도의 실질적인 모습을 파악할 수 있을 것이다. 관공서에서는 소유를 나타내는 용어로써 '有'라는 단어를 주로 사용하였으며, 나아가 '私有', '己有'라는 표

15) 박병호(주 12), 136면.
16) 박병호(주 12), 142면.
17) 같은 견해로는 박병호(주 12), 142면.
18) 심희기, "조선 시대의 토지법과 토지 소유관계", 「박병호환갑기념논문집(II)」(박영사, 1991), 190면.

현도 보충적으로 사용하였다. 그러나 공식적인 문서에서는 '執持'라는 용어가 주로 사용되었다.[19] 집지란 "자기 마음대로 제어할 수 있도록 꽉 쥐다"는 뜻이다. 집지는 오로지 소유자가 합법적으로 소유하고 있는 경우에, 그리고 토지나 가옥 등 부동산에 대해서만 사용하였다. 동산의 경우에는 따로 '지니며'의 뜻을 지닌 '持'라고 표현하였다. 다시 말해서 '지'는 "휴대한다"는 의미를 지니었다.[20] 이와 같이 집지는 단순한 일상용어가 아니라 법적인 뜻을 지닌 관용어였다. 또한 소유자의 경우에만 사용하므로 소작인 등 소유자가 아닌 경우에는 집지라는 용어를 사용하지 않았다. 따라서 집지는 토지 소유자로서 토지에 대한 배타적인 지배 가능성을 뜻하는 법률상 인정되는 사실적 지배이며, 구체적인 요소가 강하였다.[21] 그런데 조선 시대 중기부터는 집지라는 용어의 사용이 차츰 줄어들고 대신에 '次知'라는 용어가 자주 사용되었다.[22] 차지는 고유한 우리말을 한자로 표기한 것으로 고려 말부터 사용되었다고 한다. 관용어인 '차지'는 어떤 일을 '맡는다', '담당한다', '주관한다'는 뜻이다. 이러한 차지라는 용어가 물건의 지배 상태를 의미하게 된 이유는 관리가 어떤 직책이나 임무를 차지하고 있다는 것을 넓은 의미에서 지배라고 이해하였기 때문이다. 이러한 지배의 뜻이 있기 때문에 물건에 대한 지배에도 사용하였던 것으로 생각한다. 이러한 차지는 정당한 권리를 가진 소유자에게 사용되었다. 이것은 부동산뿐만 아니라 동산에도 사용되었다. 집지가 확실히 현실적이고 구체적인 지배 관계에 대한 표현인 데 반하여, 차지는 추상적 관념적인 표현이다. 집지 대신에 차지가 사용되게 된 것은 임진왜란 이후 귀족이나 토호들의 토지 소유가 확대되고, 이에 따라 지주제도가 확산되어 보편화된 점, 그리고 전당과 권매 등 토지거래가 증대되어 토지에 대한 권리의 가치화가 점차로 추진됨에 따라, 이로 인하여 토지소유권이 관념화 현상을 띠게 된 사회 경제적인 변화 때문이라 한다.[23] 예컨대 조선 시대 초기에는 토지를 사실상 직접 점유해야만 소유권이 인정되는 체계, 즉 '執持耕食'해야 하는 사회 경제적인 상황에서는 '집

19) 때로는 간략하게 '執'이라고도 했다.
20) 자세한 것은, 박병호(주 12), 203면 이하 참조.
21) 執持에서와 같이 현실적인 지배와 본권이 밀접하게 결합되어, 오늘날의 소유권과 점유권이 명확하게 구분되지 않은 형태는 게르만법상의 Gewere가 전형적인 모습이다. 이에 대해 자세한 것은 W. E. Albrecht, Die Gewere als Grundlage des älteren deutschen Sachenrechts, 1828(1967) 참조할 것.
22) 이러한 次知에 대해서는, 박병호(주 12), 208면 이하 참조.
23) 박병호(주 12), 217면.

지'가 필요하였다. 이것은 소유와 점유가 밀접하게 결합되어 있는 것으로 소유와 점유의 미분화를 뜻한다.[24] 그러나 조선 시대 중기에는 이러한 사실상의 지배인 집지경식 제도가 약화되어 추상적이고 포괄적인 개념을 필요로 하게 되었다. 따라서 본래 합법적인 권한에 의한 직책의 관장 내지 합법적인 지배의 뜻을 지닌 개념인 '차지'가 현실적인 토지거래에 적합하게 된 것이다. 집지에서 차지로 변천하는 과정에서 이용권능 중심에서 가치권능으로 전환되고 있음을 알 수 있으며, 근대적 소유권의 법률적 개념이 도입되면서 차지 중에서 법률상 소유와 점유가 완전히 분화하게 된 것이다.[25] 이것은 중세 독일의 점유와 본권이 미분화된 상태를 표현하던 Gewere에서 후에는 점유Besitz와 소유Eigentum가 명확히 구별된 것과 같은 모습이라 할 수 있다.

3. 일제 강점기의 소유권

(1) 일본 민법전상 소유권

(가) 일본 구민법상의 소유권

일본에서는 명치 초기에 토지개혁을 위한 입법에 토지소유권의 기본적인 내용이 규정되어 있었으며, 지조 개정에서는 토지소유권의 현실적 보유자들이 확인되어 이러한 규정들을 통해 토지소유권이 제도적으로 보장되었다. 이것은 곧바로 보아소나드Boissonade가 구상한 구민법 상 소유권 규정의 기본방향으로 이어졌다. 다시 말해 명치 정부가 1878년에 보아소나드에게 일본국 민법 초안의 기초를 위촉하였다. 이 위촉에 따라 보아소나드에 의해 제정된 것이 일본 구민법이다. 보아소나드의 구상에 따라 구체화된 일본 구민법 제30조는 소유권에 대해 "소유권이란 물건의 사용, 수익 및 처분을 자유롭게 할 수 있는 권리를 말한다. 이 권리는 법률이나 합의 또는 유언이 아니면 제한할 수 없다"고 규정하였다. 이러한 규정의 내용은 프랑스 민법전과 같이 자유로운 소유권을 보장하고 있음을 알 수 있다. 농민적 토지 소유를 배경으로 성립한 프랑스 토지소유권은 용익권에 대해 매우 소극적인 태도를 지니고 있었는데, 구민법의 소유권 규정은 이러한 태도를 계수하였다. 그러나 이것은 소농민 형 절대주의와 지주 자본가 유착형 절대주의의 투쟁

24) 같은 견해로 심희기(주 18), 191면.
25) 박병호(주 12), 176면.

과정에서 후자의 승리가 아직 결정적이지 않았던 당시의 사회 경제적인 관계를 반영한 것으로 이해하고 있다.[26] 이러한 구민법상 소유권 규정에서 토지소유권의 자유성이 비교적 광범하게 인정되었지만, 절대성은 거의 관철되지 못했다는 점은 매우 시사적이다.[27]

(나) 명치 민법상 소유권

보아소나드의 영향 아래서 구민법이 제정되자, 이 법전의 시행에 대한 반발이 일어났다. 특히 시행을 연기하자는 연기파와 시행을 강행하려는 시행 강행파 사이에 법전 편찬 논쟁이 일어났는데 연기파의 세력이 우세하여 구민법은 시행되지 못하였다. 따라서 이러한 구민법을 대체할 새로운 민법전의 편찬을 위해 법전조사회가 조직되어 새로운 민법전의 제정이 모색되었다. 일본 민법전 편찬 논쟁 중에서 특이한 사항은 구민법의 시행을 주장하는 시행파가 토지소유권을 농민적 토지소유와 지주적 토지 소유로 이해하는데, 반해 연기파는 자연스럽게 지주적 토지소유의 이익을 대변하였다는 점이다. 명치정부가 단행한 토지개혁 이후에 농민적 토지 소유와 지주적 토지 소유 사이에 대립이 시작되었다. 그러나 후자의 세력이 점차 강력해져 기생지주제가 거의 전국적으로 확산되었다. 이러한 과정에서 민법 시행을 연기할 것을 주장하는 자들은 후진적인 일본의 유산계급과 함께 명치시대 절대주의 체제의 핵심계층이었던 기생지주계급의 이익을 민법 제정에 반영하고자 노력하였다. 따라서 용익권의 보호에 큰 관심을 가졌던 구민법과는 달리 토지소유권의 절대성이 보장되게 되었다. 이렇게 해서 제정된 명치 민법 제206조에서는 "소유권은 법령의 범위 내에서 자유롭게 소유물의 사용, 수익 및 처분을 행하는 권리를 갖는다"고 규정하였다. 이것은 토지소유권의 자유성을 보장한 것으로, 자유성의 측면에서는 구민법과 차이가 없다. 그러나 권리의 강약, 우열관계를 의미하는 절대성은 명치 민법에서 비교적 강력하게 규정되었다. 그래서 토지소유권은 토지용익권에 대해 절대적이고 우월적인 지위를 가지게 되었으며, 이러한 토지소유권의 절대성은 지주적 토지 소유, 기생지주제의 확립을 배경으로 하였다.

명치 민법, 즉 현행 일본 민법 제206조는 구민법과 마찬가지로 프랑스 민법의 영향 아래서 자유롭고 절대적인 소유권으로 규정하였다. 이 규정은 소유권에서 사

---

26) 水本浩著/ 柳海雄譯, 「토지문제와 소유권」(법론사, 1985), 177면.
27) 이에 대해 자세한 것은 中村菊男, 「近代日本の 法的 形成」(東京: 有信堂, 1958); 宮川澄, 「舊民法]と 明治民法」(東京: 青木書店, 1960) 참조.

용, 수익, 처분을 원칙적으로 자유롭게 보장하고 있음을 천명하면서, 법률 또는 명령에 의해 예외적으로 제한할 수 있다고 규정하고 있다. 그러나 해석상으로는 법률에 따라서만 제한할 수 있다. 따라서 원칙적으로는 명령이나 조례에 의해서는 제한할 수 없으나, 예외적으로 법률의 위임을 받은 명령에 의해서는 소유권을 제한할 수 있다고 해석하고 있다.[28] 이러한 소유권은 로마법상 소유권의 개념을 받아들인 프랑스 민법상 소유권의 개념이 이식된 것으로, 이와 같은 소유권의 개념이 정착된 것은 납세자를 확립하여 물적인 토대를 구축하려고 하는 명치정부의 현실적인 필요에서 나온 것으로 생각된다.[29]

(2) 日帝 强占期下 土地調査事業과 所有權

(가) 일본 민법전의 依用과 토지조사사업

프랑스 민법과 독일 민법 제1 초안을 계수하여 제정된 민법전을 시행하고 있던 일본은 원활한 식민 통치를 위해 한국에도 민법전을 제정할 것인가 아니면 일본 민법을 의용할 것인가에 대해 고민하다 조선총독부 법률고문으로 한국에 체류하고 있던 우메 겐지로의 조언에 따라 일본 민법을 의용하게 되었다.[30] 다시 말해 1912년 朝鮮民事令에 따라 일본 민법전이 관습법이 적용되는 예외적인 경우를 제외하고는 한국에서 그대로 시행되었다. 그러나 예외적으로 인정되었던 관습법의 범위도 조선민사령의 개정에 따라 차츰 축소되어 일제 후반기에는 거의 예외 없이 일본 민법이 한국 국민들의 사적인 법률관계에 적용되었다. 특히 1910년대 당시 한국의 토지 법제 등이 근대화되지 못한 관계로 일제의 측면에서 볼 때는 식민지 통치의 물적 토대를 구축하는 데 장해가 되었다. 그래서 1912년에 토지조사령에 의해 한국의 모든 토지를 조사하는 사업을 전개하였다.[31] 이 사업은 ① 토지에 대한 소유자의 査定, ② 地形과 地模 등 지적의 측량, ③ 토지 가격을 과세표준으로 하는 지세체계의 확립을 목적으로 하였다. 그러나 이 중에서도 가장 중요한 것은 소유자의 사정이었다. 이것은 준비 조사와 一筆地調査 및 紛爭地調査를 거쳐 소유자를 법적으로 확정하는 査定 및 裁決에 이르는 과정으로 이루어

---

28) 我妻榮著, 有泉亨補訂, 「新訂 物權法」(東京: 岩波書店, 1985), 271-272면.
29) 水本浩(주 26), 175면.
30) 이러한 과정에 대해 자세한 것은 이영미 저/김혜정 역, 「한국의 사법제도와 우메 겐지로」(일조각, 2011), 84면 이하.
31) 토지조사사업의 전개 과정에 대해서는 신용하, 「조선토지조사사업연구」(지식산업사, 1982), 15-109면 참조.

졌다. 소유자의 사정은 토지 소유자의 신고에 따라 그 지목을 정하고 지반을 측량하여 인접토지와의 경계를 확정하여 그에 대한 소유자를 정하는 것이었다. 이러한 소유자를 확정하는 작업은 일종의 행정처분이었지만, 이 작업에 의해 확정된 소유자의 권리는 법원까지도 구속하는 절대적이었다. 그러므로 이러한 확정 작업과 일치하지 않은 등기나 증명은 말소되어야만 했다. 이 작업에 의해 소유자가 정해지면 사정 전의 소유권은 소멸하고 새로운 소유자는 소유권을 원시취득하게 되었다. 토지 소유자의 사정에 불복하는 사람은 재결을 신청할 수 있었는데, 이 재결은 고등토지조사위원회가 그 토지에 대한 권리 관계를 확인하는 행정처분이었다.

(나) 토지조사사업의 결과에 대한 연구의 시각

1980년대에 접어들면서 토지조사사업에 대한 연구가 심층적으로 이루어졌다.[32] 그러나 이러한 연구 성과물은 연구자들의 시각에 따라 토지조사사업에 대한 평가뿐만 아니라 법적 성질도 많은 차이가 났다.[33] 이러한 연구 시각은 조선시대 토지 소유의 성격에 대한 이해에서 출발하였다. 첫 번째 견해는 조선 시대의 토지가 국유라는 관점에서 출발한 것이다. 이것은 토지조사사업의 실무자였던 和田一郎과 일제 후기에 활동한 朴文圭[34]와 印貞植[35]의 견해이다. 和田一郎은 조선의 토지 소유를 公田制로 표현되는 국유로 단정하고, 이러한 국유제를 해체하고 역사상 처음으로 사적 토지소유권을 확립시킨 것이 토지조사사업이라고 주장하였다. 그에 따르면 조선 후기에 토지의 사유화 양상이 나타나기는 하나, 이것은 조선 시대 전체에 나타났던 수조권적 토지 지배의 문란에 따른 비정상적인 결과일 뿐이라고 주장하였다.[36] 이러한 견해는 조선 사회 경제사에 대한 당시 일제 관변학자들의 주류적인 입장을 대변한 것이었다. 이에 반해 후자들은 토지조사사업을 일제가 조선사회에 이질적인 근대적 토지소유권의 범주를 강압적으로 이식함으로써 많은 농민을 토지로부터 분리하는 과정으로 이해하였다. 이들은 사업의

32) 예컨대 신용하(주 31) 이외에도, 배영순, 한말・일제초기의 토지조사와 지세개정에 관한 연구, 서울대 대학원 박사학위청구론문, 1988; 宮嶋博史, 朝鮮 '土地調査事業' 硏究序說, 「韓國近代經濟史硏究」(사계절, 1983), 299-326면 등이 있다.

33) 이러한 시각에 대해서는, 이철우, "토지조사사업과 토지 소유법제의 변천", 「박병호교수환갑기념논문집」(박영사, 1991), 350-356면 참조.

34) 朴文圭, "農村社會の起點としての土地調査事業に就て", 「朝鮮經濟硏究」 1933, 531면.

35) 印貞植, 「朝鮮の農業機構分析」(白楊社, 1937), 序文, 48면 이하.

36) 和田一郎, 「朝鮮土地地稅制度調査報告書」(東京: 宗高書店, 1920).

약탈적인 성격을 강조하였다는 점에서 전자와는 반대되는 견해이지만, '농촌사회의 분화 기점'으로서 토지조사사업이 가지는 단절의 의미를 국유에 기초한 전통적 토지 질서의 해체에서 찾고 있었다는 점에서 和田一郎의 견해와 같은 범주에 속한다. 해방 후까지도 이러한 견해가 지속되었다. 이러한 견해의 공통점은 토지조사사업을 통해 형성된 토지 제도는 이전의 토지 제도와는 완전히 단절된 것이라는 점이다.

이러한 조선 시대의 토지 소유를 국유론에 입각한 견해와는 달리 조선 시대에 이미 토지의 사유가 확실히 정착되었다는 관점에서 출발한 견해가 있다. 여기에는 1970년대 이후 이 방면의 연구에 전환점을 제시한 愼鏞廈[37]로 대표되는 견해와 80년대 이후 실증적인 연구를 통해 당시의 토지 제도를 분석한 裵英淳[38]과 趙錫坤[39]의 견해이다. 신용하의 연구에 따르면 토지조사사업 이전에 이미 조선에는 사적인 토지소유권이 확고하게 정착되었으며, 토지조사사업은 이것은 다시 확인한 것에 불과하다는 것이다. 그는 토지조사사업이 과거의 토지 제도와의 단절이 아니라 연속적인 성격을 지닌 것이라고 주장하였다. 그러나 그는 동시에 토지조사사업이 철저히 일제의 식민지 지배를 목적으로 하는 정책의 일환으로서 전통적인 토지 질서에 많은 왜곡을 초래하였다고 주장하였다.[40] 그는 토지조사사업에서 채택된 신고주의의 수탈적 성격, 조사과정의 폭력성 및 조사결과의 자의성을 강조하였다. 배영순과 조석곤의 견해 역시 조선 시대에 사적 토지소유권의 존재를 확고하게 인정한다는 점과 토지조사사업이 조선말의 토지관계를 다시 확인하였다는 점에서는 신용하의 견해와 같다. 그러나 배영순은 경상남도 김해시의 사료들에 대한 실증적인 조사를 통해, 토지조사사업 당시에 일제에 의한 폭력 및 절차의 조작을 통한 귀속 관계의 대량적인 변동은 그다지 가져오지 않았다는 것을 증명하였다. 즉 그는 소유권의 신고와 사정이 결코 자의적이었다고 볼 수 없으며, 사정을 둘러싼 분쟁이 반드시 농민들의 권리를 박탈하는 방향으로 귀결되지는 않았다고 주장하였다.[41] 배영순은 신고주의가 사적 토지소유권의 충분한 발전을 전제로 한

37) 신용하(주 31), 88면 이하.
38) 배영순(주 32), 124면 이하.
39) 조석곤, "조선토지조사사업에 있어서 소유권조사과정에 관한 연구 – 김해군사례를 중심으로 –", 「한국 근대농촌사회와 농민운동」(열음사, 1988).
40) 신용하(주 31), 106면 이하.
41) 배영순(주 32), 146면 이하.

당연한 정책이었고 신고 과정에서 자의가 개입될 여지가 거의 없었음을 지적하면서 愼鏞廈, 田中愼一 등이 주장한 신고 과정을 장악함으로써 지주의 이익을 관철하였다는 지주 총대 등의 존재가 향촌 내에서 미미한 지위밖에 가지지 못하는 부류로써 조사 과정에서 큰 권한을 행사할 수 없었음을 입증하였다.[42] 특히 배영순은 당시에 사적인 소유제도가 상당히 발전되었기 때문에 소위 신고주의에 의해 자의적으로 왜곡시킬 수 없었을 것이라고 보았다. 그래서 토지조사사업은 현실의 소유를 그대로 근대법에 의해 확인하는 기술적 공정의 의미 이상의 것은 아니었다고 한다.[43] 이러한 견해는 조선 시대에 이미 사적 소유권이 거의 완비되었기 때문에 토지조사사업 이후의 제도와 단절된 것이 아니라 연속되고 있음을 보여주고 있다는 것이다.

이러한 견해에 대해 宮嶋博史는 양 견해의 절충적인 것으로서 "조선 시대에서 인격적 지배관계의 물적 표현으로서 존재하고 있었던 수조권적 토지지배를 해소시키면서 대등한 인격을 가진 사적 토지 소유자를 법적으로 확정함으로써 근대적인 토지 소유 제도를 확립한 것이었고 국가의 토지 파악방식의 일대 전환을 의미하는 것이었다."고 주장한다.[44]

필자는, 구체적인 증거도 없이 제국주의에 대한 비판의식의 일환으로 강렬한 '민족주의적인 편향'에[45] 따른 연구로서 실증적으로 거의 파산되었다는 비판을 받아온[46] 신용하의 견해에 심정적으로 가까이하고 있다. 물론 배영순 등의 연구에 따르면 민유지에 대한 신고주의의 자의성이나 폭력성이 거의 존재하지 않았다는 점에 대해서는 일리가 있다고 생각하지만, 驛屯土와 宮房土 등의 국유지 부분에 대한 조사과정에서는 상당한 자의성과 폭력성이 존재하였으며, 식민지통치를 위한 물적 토대의 구축을 위해 '명의신탁'의 법리 등을 주장한 배경과 해방 후 1949년에 있었던 농지개혁이 식민성의 제거뿐만 아니라 지주 소유 자체를 부정하여 토지를 분배하는 형식을 취한 점들을[47] 고려한다면 무조건 폐기해야 할 견해는 아니라 여겨진다.[48]

---

42) 배영순(주 32), 152-157면.
43) 배영순(주 32), 154면.
44) 宮嶋博史, "土地調査事業과 近代的 土地所有權의 成立", 「法史學硏究」 제12호(1991), 127면.
45) 김홍식, "대한제국기의 역사적 성격", 「대한제국기의 토지 제도」(민음사, 1990), 16면.
46) 宮嶋博史(주 44), 121면.
47) 윤철홍, "농지개혁의 법사적 고찰", 「박병호교수환갑기념논문집」(박영사, 1991), 503면 이하 참조.

(다) 소 결

우리나라 토지법사에서 법형식적으로 토지소유권의 근대화를 말한다면, 1912년 조선민사령에 따라 근대적인 소유권을 규정한 일본 민법을 의용하기 시작한 때부터라고 한다. 그러나 이러한 견해는 너무 형식 논리적인 것으로 당시 토지 소유의 실체와 부합하지 않는 것으로 부당하다. 이와는 달리 1918년에 완료된 토지조사사업에 의한 근대적 소유권의 이식 여부에 대한 판단은 이 사업의 목적에 대한 바른 판단이 전제되어야 한다. 일제가 수행한 토지조사사업은 식민지인 조선으로부터 안정적이고 효율적으로 잉여 자산을 착취하기 위하여, 그리고 일본 자본주의가 조선을 지배하기 적합한 물적 토대를 구축하고자 한 것이다.[49] 따라서 이러한 토지조사사업에 의해서 재편된 토지 질서를 이해할 때 이 사업의 목적을 간과해서는 그 실체를 바로 파악할 수 없다고 생각한다. 이렇게 재편된 토지 소유 형태는 봉건적인 유제와 자본주의적인 법형식이 혼재해 있는 반봉건적인 형태였다.[50] 따라서 1918년에 완료한 토지조사사업에 따라 근대적인 토지 소유 질서가 확립되었다고 말할 수 없다. 왜냐하면 조선 시대 중기부터 광범하게 확산된 지주제나 전호제는 수조권의 사실상 소유권화에 의한 것이 아니라, 조세를 국가나 개인에게 지급하는 것과 관계없이 이미 이루어지고 있었던 민전에 대해 집지를 중심으로 한 것이었기 때문이다.

조선 시대 초기부터 광범하게 토지 사유가 존재하였고, 조선 시대 중기부터 나타난 차지 제도에서 확인할 수 있는 바와 같이 당시 소유권은 상당한 절대성과 관념성을 갖추고 있었다. 이러한 점들을 고려해 보면 토지조사사업이 근대적 소유권의 성질을 함유하고 있는 토지 소유 관계를 현대법적인 소유권의 형식으로 확인한데 불과한 것이라고 할 수 있겠다.[51] 더 나아가 토지조사사업에 의한 토지 귀속 관계의 변동 여부와 관련해서는 토지조사사업은 현대적인 소유권의 이식을 통한 과거와 단절보다는 조선 시대 중기 이후부터 존재하였던 근대적인 소유권의 요소들이 단절되지 않고 연속하여 존재하였음을 확인한 것이라 할 수 있다.[52] 따

48) 윤철홍, "한국 민법상 소유권의 개념"(주 11), 189면 참조.
49) 배영순(주 32), 124면.
50) 경제사적인 관점에서 볼 때 토지조사사업 후에 새롭게 편성된 토지 이용 관계의 특징은 半封建的인 지주적 토지 소유라는 데 있다. 이러한 식민지 반봉건적 토지 소유에 대해 자세한 것은, 신용하, 「한국근대사회사연구」(일지사, 1987), 343면 이하; 장시원 편역, 「식민지반봉건사회론」(미래사, 1986) 참조.
51) 이철우(주 33), 354면.

라서 일제하의 토지소유권은 조선 중기 이후 확립된 사적 소유권을 근대화된 일본 민법전의 적용으로 법 형식적으로는 절대적이고 자유로운 소유권으로 보장된 것이지만, 실제적으로는 식민통치의 물적인 기반을 구축하기 위한 제도로 기능을 하였기 때문에 근대성과 전근대적인 성질이 혼재된 것이라 할 수 있다.

4. 한국 민법상 소유권 규정의 성립

(1) 개 설

우리 민법 제211조는 "소유자는 법률의 범위 내에서 그 소유물을 사용, 수익, 처분할 수 있다"고 규정하고 있다. 이것은 전술한 바와 같이 자유로운 소유권론을 확립시킨 후기주석학파의 견해들을 통해 프랑스 민법 제544조를 거쳐 일본 민법을 참고하여 제정한 것이다. 원래 로마법상 소유권은 절대적 배타적인 지배권이었다. 이러한 소유권은 물건을 자유롭게 사용, 수익, 처분하는 권능을 포함하고 있었다. 그러나 소유권은 이러한 세 가지 권능의 양적인 총화 또는 종합을 뜻하는 것이 아니라, 그러한 권능의 연원을 의미하였다. 따라서 제한물권이 설정되면 일시적으로 소유권이 제한받는다고 하더라도 소유권 자체가 소멸하지 않으며, 제한물권이 소멸되면 전면적 포괄적인 지배권으로 되돌아가는 탄력성을 지니고 있다. 이러한 로마법적인 소유권은 배타적으로 객체를 지배하는 권리이다. 따라서 동일한 물건에 대해 여러 개의 소유권이 성립하지 못하는 일물일권주의 원칙이 적용되었다. 우리 민법상 소유권은 로마법에서와 같이 소유자가 자신의 의사로 모든 면에서 물건을 지배할 수 있는 전면적 포괄적인 지배권이다.[53)]

소유권의 권능과 관련하여 가장 대표적인 권능을 구체적으로 열거한 우리 민법의 입법 태도는 프랑스와 일본 민법의 태도를 계수한 것이다. 소유권이 원래 포괄적이고 전면적인 지배권인 점과 관련해서 볼 때 입법 상 바른 것이라고 할 수 없으며,[54)] 이에 대한 검토가 요청된다.[55)]

---

52) 같은 견해로서 이철우(주 33), 354면.

53) 장경학, 「물권법」(법문사, 1988), 365면.

54) 이에 대해 필자는 독일 민법 제903조처럼 추상적 포괄적으로 정의하는 것이 입법상 타당하다고 생각한다. 왜냐하면 우리 민법이 불법행위나 채무불이행책임에 대해 추상적 일반적인 규정을 두고 있는데, 이러한 태도와 같이 포괄적으로 규정하는 것이 전체 입법태도와 부합하기 때문이다. 같은 견해로는 柚木馨, 「判例 物權法總論」(東京, 1956), 407면.

55) 이러한 민법 제211조의 개정 방향에 대해서는 윤철홍, "소유권의 내용(민법 제211조)의 개정방

(2) 소유권 규정의 성립 과정

해방 후 1948년 9월 15일 대통령령 제4호에 의한 법전편찬위원회 직제의 공포로 법전편찬위원회가 구성되어 민법전의 제정이 시작되었다. 그러나 전쟁 등 여러 가지 우여 곡절 끝에 1953년 7월 4일에야 민법전 초안이 작성되었다.[56] 이렇게 작성된 초안은 물권 편에서 의용민법, 즉 현행 일본 민법과 다른 입법 태도를 보여주었다. 그중에 가장 중요한 점은 물권변동의 경우에 프랑스 민법의 의사주의에서 독일 민법의 형식주의로 전환한 것과 점유권에서 주관주의에서 객관주의로 전환한 것, 그리고 소유권의 사회성을 강조한 것 등이다.[57] 소유권에 관한 규정의 초안에는 진보적 사상을 반영시키려고 노력한 흔적들이 확연하다. 예컨대 현행 일본 민법 제206조에 해당하는 초안 제198조에서 '자유'라는 단어가 삭제된 것은 법사상사적인 관점에서 볼 때 중요한 전환이다. 또한 헌법상 '공공복리의 사상'과 궤를 같이하여, 민법총칙에서 신의성실의 원칙과 권리남용금지의 원칙이 민법전 서두의 통칙에 규정되어[58] 소유권에도 당연히 적용된다. 이러한 규정들을 통해 소유권에 대한 사회성이 강조되었다. 소유권은 자본주의 경제 체제의 근간이 되는 것으로 민법의 핵심적인 제도일 뿐만 아니라 전체 법률 체계의 핵심적인 제도이므로 이와 같은 소유권에 관한 초안의 태도는 그 후 소유권론의 발전에 하나의 시사점이 될 수 있었다.[59]

민법 초안 제198조는 "소유자는 법률의 범위 내에서 그 소유물을 사용, 수익, 처분할 권리가 있다"고 규정하여, 일본 민법의 '법령의 제한 내'를 '법률의 범위 내'로 수정하였다. 다시 말해 일본에서는 민법 제206조의 '법령의 제한 내'를 해석하는 경우 원칙적으로 명령을 포함하지 않는 것이 종래 지배적인 견해였는데, 이러한 해석을 입법에 반영함과 동시에 '제한 내'를 '범위 내'로 수정하면서 일본 민법과 같은 조문의 '자유로이'를 삭제하였다. 이것은 소유권 절대 원칙으로부터 많은 제한을 내포하고 있는 소유권으로 변천하는 과정을 보여주고 있는 것이다. 예

향", 「토지소유권에 대한 새로운 이해」(경인문화사, 2015), 36면 이하, 특히 58면 이하 참조.

56) 이러한 민법제정과정에 대해서는 정종휴, "한국민법의 제정과정", 「곽윤직교수화갑논문집」(박영사, 1985), 1면 이하; 양창수, "민법안의 성립과정에 관한 소고", 「민법연구」 제1권(박영사, 1991), 61면 이하 참조.

57) 민사법연구회, 「민법안의견서」(일조각, 1957), 8면.

58) 이러한 입법태도는 입법사적으로 볼 때 스위스민법의 영향을 받은 것이라 할 수 있다.

59) 민사법연구회(주 57), 9면.

컨대 1804년의 프랑스 민법 제544조가 소유권은 객체를 절대적으로 지배하는 권리라고 규정한 데 대하여, 1896년의 독일 민법 제903조와 1907년의 스위스 민법 제641조에서는 절대적인 지배권인 소유권이 그 내용 속에 제한을 포함하는 것으로 변모되었다. 따라서 오늘날 명문의 제한 규정이 없을 경우에는 소유권의 행사가 언제나 자유로운 것인가의 여부가 문제된다. 그러나 소유권의 제한은 본래 사회적인 제한을 내포하고 있는 것으로 새기자는 것이 입법 당시 지배적인 견해였다.[60] 이러한 사상적인 변모와 함께 우리 민법 제211조는 초안 제198조로부터 수정 없이 확정되었다. 특히 민법 제정 시부터 권리남용의 법리를 근거로 하여 소유권의 남용을 금지해야 된다는 입장이 지배적이어서 민법의 통칙 부분에 규정되었다.[61]

Ⅲ. 소유권의 개념과 그 제한의 법리

1. 개 설

(1) 우리 민법 제211조에 따르면 소유자는 법률의 범위 내에서 그 소유물을 사용, 수익, 처분할 수 있는 권능을 가진다. 이 규정은 로마법 이래 소유권의 내용 중에서 핵심적인 사용, 수익, 처분권능을 예시적으로 열거한 것이다. 우리 민법전은 이 밖에도 소유권에 관해 다양한 규정을 두고 있지만, 어느 곳에서도 소유권의 개념을 구체적으로 규정하지 않고 있다. 이러한 입법 태도는 독일 민법전이나 일본 민법전 등에서도 마찬가지이다. 이 때문에 독일이나 스위스를 비롯한 여러 국가에서는 소유권의 개념에 대한 논의가 장기간 계속되었다. 그러나 아직도 논의가 종식되지 않은 상태이다. 특히 급속한 사회 변화에 따라 소유권의 기능과 행사 방법이 근대의 전형적인 것과는 판이해지고 있다. 이에 따라 특정 분야에서는 소유보다도 점유나 접속권이 강조되기도 한다.[62]

(2) 소유권의 개념을 정의하려는 경우에 문제가 되는 것은 소유권의 제한을 어

60) 제26차 정기국회 속기록 제29호 민법안 제안 설명(장경근위원장); 동 제32호, 14-15면(현석호 의원 발언); 민사법연구회(주 57), 84면.
61) 민사법연구회(주 57), 84면.
62) 윤철홍, "소유권의 개념과 그 제한의 법리"(주 55), 4면.

떻게 이해할 것인가 하는 점이다.[63] 독일 민법 제903조뿐만 아니라 우리 민법 제211조에 따르면 특별법에 의해 소유권의 제한이 가능하고, 제3자의 권리에 의해서도 제한될 수 있다. 더 나아가 신의성실의 원칙과 권리남용금지의 원칙 등 민법의 일반조항들에 의해서도 제한할 수 있다. 따라서 소유권의 개념을 정의하고자 할 때, 이렇게 다양한 형태의 소유권 제한들을 소유권의 개념과 관계가 없는 오직 소유권의 내용에 대한 제한으로 이해할 것인가, 아니면 소유권 혹은 소유권의 개념 자체에 이러한 제한들이 내재해 있는 것으로 해석해야 하는지의 문제에 봉착하게 된다. 역사 속에서 소유권의 모습은 어느 시대나 어떤 곳에서도 제한이 없는 절대적인 것으로 존재하지 않았다. 예컨대 소유권을 가장 절대적이고 추상적인 권리로 이해했던 로마법에서도 소유권의 행사에 상당한 제한이 존재했다. 더 나아가 자유주의 시대의 징표가 자유로운 권리 행사임에도 불구하고, 이 시대에서조차도 소유권의 제한이 광범하게 인정되었다. 물론 사소유권을 부정하는 공산주의 또는 사회주의 국가에서는 말할 것도 없고, 오늘날 서구 유럽의 여러 나라에서처럼 사회국가 원리가 지배하고 있는 곳에서도 소유권의 제한은 예외의 정도를 넘어 거의 원칙의 수준에서 다양하게 나타나고 있다. 따라서 이렇게 다양한 소유권의 제한을 어떻게 이해할 것인가의 문제는 기본적으로 소유권의 개념을 어떻게 정의할 것이냐의 문제와 직접 관계된다. 소유권을 자유주의적이고, 절대적 무제한적인 권리로 이해하는 로마법적 사고에 따르면 소유권의 개념과 내용을 분리하는 방식으로 이해하는 것이고, 공동체 이익과 밀접한 관련 하에서 이해하는 게르만법적 사고에서는 소유권의 제한이 소유권의 개념에 내재해 있다는 해석도 가능할 것이다. 이 장에서는 소유권론과 관련하여 중요한 쟁점 중의 하나인 소유권의 개념과 제한과의 관계를 집중적으로 논구해 보고자 한다. 우선 이에 대해 가장 활발한 논의가 전개된 독일에서의 논의를 살펴보고, 이어서 우리나라에서의 논의 상황을 검토해 보고자 한다.

---

63) 이에 대해 자세한 것은 윤철홍, “소유권의 개념과 그 제한의 법리”(주 55), 4면 이하를 참조할 것.

2. 독일에서의 소유권의 개념과 제한의 논의

(1) 논의의 개관

19세기 독일 민법학의 지배적인 견해였던 로마법적 사고에 따르면 소유권은 추상적이고 무제한적인 물적 지배권이었다.[64] 그러나 이러한 배타적인 물적 지배라 하더라도 오직 법질서의 범위 내에서만 성립하는 것이며, 그 때문에 현실 거래에서는 결코 무제한적인 것이 아니었다. 예컨대 독일 민법 제903조 제1항에서는 "법률과 제3자의 권리에 반하지 않는 범위 내에서는 소유자에게 속한 물건을 임의로 처분할 수 있고, 타인의 침해에 관하여 타인을 배제할 수 있다"고 규정하고 있다. 소유자의 지배 권능의 법률적인 제한들은 과거에도 적지 않았지만, 오늘날에는 점점 더 광범하게 인정되고 있다.[65] 이러한 제한의 증가는 공법상 소유권에 많은 제한이 가해지고 있는 것과 같이, 법률상 제한들이 소유권의 개념을 위하여 언급되거나 혹은 소유자의 지배권 행사와 함께 소유권의 내용을 표현하려는 것인지의 여부와 관련되었다. 이 문제와 관련한 독일에서의 논의는 소위 '외연설'[66]과 '내재적 제한설',[67] '분리설'[68]로 표현되는 3가지 견해로 나타났다.[69] 이러한 소유권 제한의 본질에 관한 논의들은 소송 실무상으로는 큰 의미를 가지지 못한다.[70] 그런데도 소유권 제한들이 소유권의 개념을 위해 어떤 기능을 하고 있는가를 논구하는 것은 소유권의 본질을 이해하기 위한 전제가 되는 등 중요한 의미를 지니고 있기 때문이다. 따라서 이러한 고찰 없이는 소유자가 현행 법률들을 근거로 행사하고 있는 권리나 의무를 부담하는 이유를 제대로 파악할 수 없다.[71]

---

64) 사뷔니, 빈트샤이트, 푸후타 등 판덱텐 법학자들의 견해로서, 이에 대한 한국문헌으로서는 윤철홍, "역사법학파와 단일 소유권의 확립 과정"(주 11), 59면 이하. 특히 70면 이하를 참조.

65) J. Lehmann, Sachherrschaft und Sozialbindung?, Berlin 2004, S. 92.

66) P. Liver, Eigentumsbegriff und Eigentumsordnung, in: Gedenkschrift für Gschnitzer, 1969, S. 247.

67) F. Baur, Möglichkeit und Grenzen des Zivilrechts bei der Gewährleistung öffentlicher und sozialer Erfordernisse im Bodenrecht, in: AcP 176(1976), S. 117f.; Soergel-J. F. Baur, § 903 BGB, 13.Aufl., 2002, Rn. 17.

68) A. Georgiades, Eigentumsbegriff und Eigentumsverhältnis, in: Festgabe für Sontis, 1977, S. 109ff.; Soergel-J. F. Baur, § 903 BGB(주 67), Rn. 18.

69) Soergel-J. F. Baur, § 903 BGB(주 67), Rn. 15ff.; J. Lehmann(주 65), S. 92-93.

70) J. Lehmann(주 65), S. 93.

71) W. Böhmer, Eigentum aus verfassungsrechtlicher Sicht, in: Das Eigentum(Herg. J. F. Baur), 1987, S. 66; J. Lehmann(주 65), S. 93.

다시 말해 이 문제는 소유권 제한이 그의 개념에 어떻게 작용하는가와 같이, 소유권의 본질론과 관련하여 중요한 의미를 지니고 있다. 즉 오늘날까지 민법상 소유권의 개념에 대한 비판과 함께 소유권 제한을 그 개념 속에 포함시키려고 하는 것은 소유권 제한의 가능성과 그 의미가 점점 증대하고 있다는 점에 기초한다.[72] 소유권의 제한은 공법에서뿐만 아니라 민법에서도 광범하게 나타나고 있기 때문에 이러한 현상을 예외적인 것으로만 설명할 수 없다.[73] 오히려 소유권의 제한들은 독일 민법 제903조 제1항에서 보여주는 것과 같이, 소유권의 개념 형성이나 그에 대한 이해에 중요한 의미를 포함하고 있다.[74]

(2) 소유권의 개념과 제한과의 관계

제2차 세계대전이 끝난 후 독일에서는 19세기 말 민법전 편찬 전후부터 논의되어 온 소유권의 개념에 관한 논쟁이 재현되었다.[75] 즉 소유권의 개념은 사회경제적 변화에 따라 변모하는가와 독일 민법 제903조가 오늘날 법 현실에 타당한 것인가의 여부에 대한 것이었다. 많은 학자는 소유권은 제한되지 않는 물적 지배권으로 표현되는 것이 아니라, 사회 기능의 전달자로 보았다. 따라서 사회 변천과 관련하여 고찰되어야 하는 역사적인 개념으로 이해하였다.[76] 원래 경제나 사회의 변화가 있음에도 불구하고 소유권의 개념이 변하지 않는다는 것은 결국 소유권의 내용과 개념의 분리를 의미하게 된다. 다시 말해서 추상적인 소유권의 개념에는 변화가 없고, 사회적인 변화에 따라 그 내용만 변한다는 것이다. 이에 대해 게오르기아데스Georgiades는 "사람들은 소유권의 개념을 손상하지 않고도 소유권을 공공복리의 요구들에, 그리고 변화된 사회관계에 적응시킬 수 있다. 이것에 도달하기 위해서 한편으로는 소유권의 개념, 다른 한편으로는 소유권의 내용 혹은 소유권의 질서 또는 소유권의 제도 사이를 구별할 수 있을 것이다"[77]라고 주장하였다. 왜냐하면 소유권의 개념은 비록 본질적으로 필요한 모든 소유권의 요소들을 포함하고

---

72) J. Lehmann(주 65), S. 92f.
73) Staudinger/Seiler Vorbemerkung zu § 903 BGB, 11. Aufl., Rn. 17 u. § 903 BGB, Rn. 1.
74) Staudinger/Seiler, Vorbemerkung zu § 903 BGB(주 73), Rn. 55ff. u. § 903 BGB, Rn. 3.
75) 독일 민법상 소유권의 개념에 대해 자세한 것은 윤철홍, "독일민법상의 소유권 개념"(주 11), 85면 이하 참조.
76) 이러한 소유권의 역사성에 대해서는 Vgl. W. Merk, Das Eigentum im Wandel der Zeit, in: paedagogisches Magazin, 1388(1934), S. 7.
77) A. Georgiades(주 68), S. 150.

있기는 하지만, 논리적인 질서관의 의미에서는 하나의 공허한 내용을 규정하는 형식적인 개념으로써 표현되고 있다는 것이다.[78] 따라서 소유권의 내용은 소유권의 개념 정의로부터 야기되는 것이 아니라 전체 법질서에서 도출되는 것으로 보았다.[79] 이러한 견해는 소유권이 물건의 종속성 혹은 배타적인 기능을 강조하는 것에서 기인한 것이다. 즉 소유자에게 자신의 의도에 따라 사용할 수 있는 물건의 지배에 관한 승인을 목적으로 하는 것이다. 따라서 이러한 입장에서는 소유권은 물건에 대한 인간의 근본적으로 제한되지 않은 지배권을 의미하는 것으로 이해하는 것이다. 더 나아가 변화될 수도 변경될 수도 없는 것으로 정의하였다.[80] 따라서 소유권의 개념에 대한 이러한 정의는 경제 사회적인 관계의 변화에도 불구하고 변하지 않는다는 것을 의미한다. 이것은 철저한 로마법적인 사고에서 연유한 것이다.

그러나 바우어Baur는 소유권의 개념과 내용을 분리하여 소유권의 개념을 추상적이고 변하지 않는 것으로 정의하는 것을 잘못된 것이라고 비판하였다.[81] 즉 로마법적인 소유권의 개념의 영향 아래서 구체화된 이러한 소유권의 정의는 법규에 대한 오해로부터 기인하는 것이라고 한다. 왜냐하면 이러한 소유권의 정의는 절대적인 지배권이라는 관점에서 의무 없는 소유권이 존재한다는 사고로부터 출발했기 때문이다. 또한 소유권이라고 해서 의무 없는 권리를 부여받은 것은 아니며, 오히려 소유권은 법질서의 제한된 범위 내에서 지배권을 행사해야만 하기 때문이다. 예컨대 누구든지 독일 민법 제903조 이하와 독일 민법시행령 제65조 이하를 자세히 읽어보면 입법자가 민법에 제정해 놓고 있는 소유권의 제한과 그 의도를 알 수 있다는 것이다. 우리 민법도 제211조의 ‘법률의 범위 내에서’와 제212조의 ‘정당한 이익이 미치는 범위 내’에서 등과 같은 소유권 조항이나 제2조의 신의성실의 원칙과 권리남용금지 등을 고려해 보면 법률이나 법률의 해석에 의해서 제한할 수 있음을 알 수 있다.[82] 결국 추상적이고 공허한 개념으로서 소유권의 개념과 구체적인 법질서로서 소유권의 내용을 분리시킨다는 것은 하나의 이론적이

78) C. Offermann-Class, Eigentum in den europäischen Gemeinschaft, 1974, S. 10; J. Sontis, Strukturelle Betrachtungen zum Eigentumsbegriff, in: Festschrift für K. Larenz, 1973, S. 981.
79) A. Georgiades(주 68), S. 150.
80) Ebenda.
81) F. Baur(주 67), S. 117.
82) Soergel-J. F. Baur(주 67), Rn. 17.

고 기술적인 측면에서는 가능한 것이나,[83)] 법 현실에서는 무리한 이론으로 생각된다.[84)] 따라서 소유권의 개념은 동시대의 경제적 정치적 사회적인 요소에 따라 변천되는 유동적인 것일 수밖에 없다. 그러므로 소유권의 본질을 구성하는 가장 핵심적인 요소는 소유권에 대한 제한이 될 것이다. 이러한 제한의 범위에 따라 소유권의 본질까지도 변화하기 때문이다.

(3) 소유권의 제한의 법리

소유권의 제한은 민법상 일반조항의 해석과 특별법, 더 나아가 제3자의 권리행사에 의해서도 가능하다. 이러한 제한은 로마법에서와 같이 예외적인 정도를 넘어 원칙 수준에서 다양한 형태로 나타나고 있다. 이렇게 다양한 소유권의 제한을 어떻게 이해할 것인가에 대한 견해는 통상 다음과 같이 세 가지로 나누어지고 있다.

(가) 내재적 제한설

소유권의 개념 자체에 제한이 포함되어 있다고 하는 법리는 19세기 후반 예링의 연구로부터 기원하였다. 예링은 "소유권의 법률상 제한들은 사실상 제한이 아니라, 오히려 소유권 개념의 한계를 포함한다"라고 주장하여, 소유권의 개념에 제한이 내재해 있음을 밝혔다.[85)] 예링은 이와 같은 제한론에 기초하여 '개인주의적 소유권이론'으로 표현되던 당시 지배적인 소유권론에 반대하여 '사회적 소유권론'을 주장하였다.[86)] 기르케는 이러한 예링의 견해를 더욱 발전시켜, 거의 모든 소유권의 제한들이 그 개념 속에 함유되어 있을 뿐만 아니라, 소유권은 사회 내지 공동체에 의무를 부담하는 것으로 간주하였다.[87)] 기르케에 의해 구체화된 이러한 내재적 제한설은 독일 민법전의 제정 이후에도 소유권 규정들의 해석론과 조화를 이루었다. 소유권의 제한들이 그 개념 자체에 내재해 있다는 예링과 기르케의 견해는 오늘날까지도 유효하게 인정되고 있다.[88)] 이러한 내재적 제한설은 소유권의

---

83) Th. Bühler, Zur Geschichte des Eigentumsbegriffs, in: SJZ 1974, S. 309.

84) F. Baur(주 67), S. 117.

85) R. v. Jhering, Geist des römischen Rechts, Ⅱ § 31, S. 141, Fn, 155. 이러한 견해를 포함한 예링의 법사상에 대해서는 윤철홍, "예링의 법사상", 「법철학연구」 제10권 제1호, 2007, 107-148면 참조.

86) R. v. Jhering, Der Zweck im Recht Ⅰ, 4.Aufl., 1904, S. 526f.

87) O. v. Gierke, DPR Ⅱ, 1905, § 120, S. 364.

88) Rudolf, Bindung des Eigentums, S. 3ff.; D. Schwab, Eigentum, in: geschichtliche Grundbegriffe(Ⅱ), 1975, S. 107f.; Meier-Hayoz, Vom Wesen des Eigentums, in: Festschrift für

제한이 그 개념에 속하는가 아니면 내용에 속하는가에 따라 견해를 진정 내재적 제한설과 부진정 내재적 제한설로 나눌 수가 있다.[89] 이러한 견해들의 공통점은 소유권 제한의 필요성과 소유권에 제한이 내재해 있다는 것이다. 양자의 차이는 제한이 소유권의 개념에 내재하는가 아니면 내용에 내재하는가이다. 소위 '부진정 내재적 제한설'이란 소유권 제한들이 형식적 추상적인 개념에 있는 것이 아니라 내용에 내재해 있다는 견해이다.[90] 내용에 내재하기 위해서는 결국 소유권의 개념과 내용을 분리하는 견해와 궤를 같이 하게 된다.[91] 이에 반해 '진정 내재적 제한설'이란 소유권 제한이 소유권의 개념 자체에 포함되어 있다고 보는 견해이다. 소유권의 개념과 내용을 구분하여 소유권의 제한들이 소유권의 내용에 포함된다고 이해하는 관점은 독일 민법전 제903조와 부합된다고 볼 수 있다. 그러나 만약 소유권을 그 개념에만 제한되는 것으로 간주한다면 민법전의 규정들, 특히 역사적으로 독일 민법전에 수많은 제한이 포함되어 있었다는 사상들과 명백히 배치된다.[92] 따라서 소유자의 지배 권능의 제한과 의무들을 고찰할 때에는, 우선 공동체의식에 반하는 오직 개념상으로만 제한이 나타난다고 해석할 수는 없다. 특히 F. Baur에 따르면,[93] 만약 소유권의 개념을 하나의 내용으로 고정하려고 구상한다면, 소유권의 내용을 위해 논구하고 있는 소유권의 제한들은 필연적으로 소유권의 개념 속에서 그 논거를 발견할 수 있다는 것이다.[94]

(나) 외연설

소위 외연설은 소유권을 원칙적으로 물건에 대한 완전하고 포괄적인 지배권으로 이해하면서, 이 지배권을 제한할 수 있는 것은 객관적인 법규들이 유보된 있

K. Oftinger, 1969, S. 185; H. Peter, Wandlungen der Eigentumsordnung und der Eigentumslehre seit dem 19.Jh, 1949, S. 39ff. u. S. 51ff. usw.

89) 소유권 혹은 소유권 개념 자체에 제한을 포함하고 있다는 '내재적 제한설'은 다양하게 이해되고 있다. 특히 이것은 '내재된'이라는 말의 해석과 '소유권 제한'의 해석에 견해가 나뉘고 있다.

90) Wolff/Raiser, Sachenrecht, 10.Aufl., 1975, § 52 Ⅱ, S. 180. 이 견해는 소유권의 개념 속에 소유권의 제한을 편입시키는 것을 부정하면서, 소유권의 내용에 포함되는 것으로 해석한다. 이 견해에 의하면 기본적으로 소유권을 그 개념과 내용으로 분리하는 것을 부정한다. 분리설을 부정한다는 관점에서 내재적 제한설에 포함시키자는 견해가 나타나는데, 과연 소유권의 개념과 내용을 구별하지도 않고도 내용만을 제한할 수 있는가 하는 의문이 든다.

91) 이러한 '부진정 내재적 제한설'은 새로운 견해가 아니다. 이에 대한 구체적인 근거와 검토 내용에 대해서는 윤철홍, "소유권의 개념과 제한의 법리"(주 55), 12면 이하 참조.

92) J. Lehmann(주 65), S. 101.

93) F. Baur, AcP 176(주 67), S. 97ff.

94) J. Lehmann(주 65), S. 101.

는 경우에 한한다는 견해이다. 따라서 이러한 소유권 제한들은 모두 '외부로부터 von aussen' 나오는 것이며, 소유권의 개념 안에는 그러한 제한들이 존재하지 않는다고 한다.[95] 이 견해에 따르면 소유권 제한은 대부분 소유권의 행사를 제한하는 것이기 때문에, 소유자의 어떠한 권능도 박탈되지 않는다는 것이다. 이러한 주장은 독일 민법전에 기초되어 있는 관념과는 반대되는 견해라고 할 수 있다. 따라서 이 외연설을 지지하는 자는 더 이상 나타나지 않고 있다.[96] 외연설에 대한 논거를 제공한 Liver는 비록 소유권의 개념과 그 제한의 의미를 아주 명확하게 특정하지는 못하였지만, 형식 논리적으로는 이전보다도 독일 민법전에 기초해 있는 소유권사상을 바로 지적하였다.[97] Liver가 소유권의 제한과 관련하여 물건을 이용하는 자유로서 소유권을 제한한다거나 혹은 소유권의 반대 지위에 있다고 주장하였다. 또한 소유권의 제한들이 외부로부터 소유권으로 들어 온 때에도 이러한 모습과 같다고 보았다.[98]

(다) 분리설

분리설은 소유권을 그 추상적인 개념과 구체적인 내용으로 나누어 소유권의 개념은 시대와 상황의 변화에도 변하지 않는 절대적이고 포괄적인 지배권으로 이해하고, 소유권의 내용은 다양한 제한들에 의해 그 형태가 변화된다는 것이다.[99] 이에 따르면 공적인 수단을 통해 소유권의 수많은 제한과 부담들이 민법상 소유권의 개념을 변경시키는 강제적인 근거가 될 수 없다는 것이다. 사람들은 소유권의 개념을 손상시키지 않고도, 소유권을 공공복리의 요청과 변화된 사회관계에 적응할 수 있다고 생각하였다.[100] 이것에 도달하기 위해서 소유권의 개념과 내용을 구별하였다.[101] 이 견해에 따르면 추상적인 소유권의 개념은 경제적 사회적인 변

---

95) P. Cosack, Lehrbuch Ⅱ, 6. Aufl., § 195, S. 106; Soergel-J. F. Baur(주 67), Rn. 16; J. Lehmann(주 65), S. 98; 윤철홍, "한국 민법상 소유권의 개념"(주 11), 197-198면.

96) 주로 스위스출신 학자들, 예컨대 Peter Liver와 Arthur Meier-Hayoz가 이 외연설을 지지하였다. 그러나 후자는 후에 명확하게 자신의 예전의 견해에서 태도를 바꾸어 내재적 제한설을 지지하였다.

97) P. Liver Eigentumsbegriff und Eigentumsordnung, in: Gedenkshrift für Gschnitzer, 1969, S. 261ff.

98) P. Liver Eigentumsbegriff(주 97), S. 261f.

99) A. Georgiades(주 68), S. 152ff.

100) A. Georgiades(주 68), S. 152.

101) Staudinger/Seufert, Vorbe. zu § 903, Bem.3; P. Liver(주 97), S. 149ff.; L. Raiser, Das Eigentum als Rechtsbegriff in den Rechten West- und Osteuropas, RabelsZ 26, S.

화에도 불구하고 변화될 수 없고, 변화되지도 않는다는 것으로서, 기본적으로 물건에 대한 무제한적인 지배권을 의미한다는 것이다.[102] 따라서 소유권은 그 내용이 변화하는 경우에도 그 개념의 변화를 필수적으로 요구하지 않았으며, 형식적인 개념으로서 소유권의 개념은 모든 소유권 질서를 계속 유지하고 있다는 견해에 도달하게 된다.[103] 민법상 소유권의 개념을 그 내용으로부터 명확하게 구별할 수 있다는 인식은 소유권 제한의 법리를 내재적 제한이라는 문제와는 다른 새로운 차원으로 발전시켰다.[104] 이러한 분리설에 따르면 소유권의 개념과 내용은 서로 다른 두 개의 범주를 서로 다르게 표현한 것으로서 서로 다른 기능을 지니고 있다고 한다. 이것은 소유권의 개념 구조와 소유권의 구체적인 특성이 현대 사법 이론에 부합한다고 해석한다.[105] 특히 분리설은 물권의 체계적인 구조와 소유권의 본질을 명확히 하기 위해 추상적인 소유권의 개념에 대한 가치가 부정되어서는 안 된다는 점을 강조한다. 왜냐하면 정확한 법률 개념이 없이는 법학은 존재할 수 없기 때문이라고 한다. 특히 라렌츠가 강조한 바와 같이[106] 법학은 개념을 형성시킬 뿐만 아니라 개념을 통해 법학을 하나의 체제 속으로 귀속시키려는 시도의 필요성은 결코 폄하될 수 없다는 점을 근거로 들고 있다.[107]

(라) 검토 및 사견

외연설은 오늘날 지지자가 없고, 규범 목적적인 해석 관점에서 볼 때 헌법과 민법전에 산재해 있는 소유권의 관련 규정들을 체계 정합적으로 해석할 수 없다. 따라서 소유권 제한의 본질을 이해하는 견해로서는 본질적인 결함을 지니고 있다. 현재 지지자가 전혀 없는 현실이 이러한 약점을 잘 반영해 주고 있다. 또한 소위 부진정 내재적 제한설은 소유권의 개념과 내용의 분리를 전제로 하고 있기 때문에 후술하는 분리의 비판과 궤를 같이한다. 분리설에 따르면 절대적이며 무제한적

230ff. usw.

102) 이에 반하여 법과 경제의 이해의 변화를 통해서 소유권 질서와 함께 소유권의 내용이 아주 강하게 변했다는 주장도 있다. 다시 말해 경제적 사회적 변화들은 소유권 내용의 변화 역시 초래할 수도 있다는 것이다. 왜냐하면 소유권 내용이 개념에 대한 법률상의 정의로부터 기인한 것이 아니라, 전체 법질서로부터 기인한 것이기 때문이다.

103) A. Georgiades(주 68), S. 150.

104) J. Lehmann(주 65), S. 107.

105) A. Geogiades(주 68), S. 151.

106) K. Larenz, Die Methodenlehre der Rechtswissenschaft, 2. Aufl., S. 412.

107) 이에 대해 자세한 것은 윤철홍, “소유권의 개념과 그 제한의 법리”(주 55), 13-15면 참조.

인 소유권이 존재해야 하는데, 그러한 소유권은 지구상에 존재하지 않으며, 또한 소유권의 개념과 그 내용을 어떻게 분리할 수 있는가도 문제이다. 과연 분리가 가능한가. 존재하지도 형식적인 개념을 정해 놓고 변하지 않았다고 주장하는 격이다.[108)]

분리설에 따르면 소위 '진정 내재적 제한설'은 소유권의 개념 속에 소유권의 제한들을 포함하고 있기 때문에 민법상의 관념과 맞지 않는다고 한다. 예컨대 독일 민법 제903조 1문은 법률상의 소유권 제한들을 '소유권의 내용Inhalt des Eigentums'이라는 제목 하에 규정되어 있다는 점과 내재적 제한설에 따르면 소유권의 개념에는 제한이 전제되었다는 것이다. 그러나 제903조 문언을 일별만 하더라도 쉽게 파악할 수 있는 바와 같이, 소유권은 실체적인 권리로서 권리 행사를 주된 기능으로 하는데, 그 반대인 제한을 개념 속에 포함하는 것은 모순이라는 것이다. 이러한 지적은 일면 타당한 것이라 여겨진다. 그러나 항상 바른 것은 아니다. 왜냐하면 현행 독일 기본법상 기본권에도 법률에 의한 유보조항이 다수 있기 때문이다. 또한 사법상 소유권의 개념에서 공법에 의한 제한을 채택하는 것은 분리해야 하는 두 개의 법률 영역들에서 두 가지가 서로 혼합된 것으로서 이러한 현상은 피해야만 한다는 비판이 있다. 이것은 현행법 체계의 기본을 이루고 있는 공사법의 분리라는 일반 원칙을 말하는 것으로서 일리 있는 지적이다. 그러나 내재적 제한설의 비판으로는 부당하다. 왜냐하면 독일 기본법 제14조에서 소유권의 제한을 법률에 유보해 놓았는데, 이 법률이 꼭 사법이어야 할 필요는 없다. 공법, 특히 행정법상의 많은 법률이 소유권을 제한한다고 해서 공사법의 구별을 부정하는 것이 아니며, 개개의 법률의 내용에 따라 제한의 형태와 내용이 달라질 뿐이다. 더 나아가 실질적인 의미의 민법에 속하는 특별법에 의한 제한이라고 하더라도 법률의 내용에 따라 천차만별하다. 다시 말해서 개별 특별법의 목적과 내용에 의해 소유권의 제한이 달라지는 것이지 공사법의 분류에 따라 달라지는 것이 아니라는 점이다. 따라서 진정한 의미에서의 내재적 제한설에 약점이 없지 않지만, 현행 독일 민법과 독일 기본법 제14조의 해석론으로서는 상대적으로 타당하다고 생각한다.[109)]

---

108) 분리설에 대해 자세한 검토 사항은 윤철홍, "소유권의 개념과 그 제한의 법리"(주 55), 22면 이하 참조.

109) 이러한 논의들에 대한 구체적인 검토사항에 대해서는 윤철홍, "소유권의 개념과 그 제한의 법

3. 우리나라에서 소유권의 개념과 제한에 관한 논의

(1) 문제의 소재

바이마르공화국 헌법 제153조의 영향 아래 제정된 우리 헌법 제23조 제1항은 “모든 국민의 재산권은 보장된다. 그 내용과 한계는 법률로 정한다.”고 규정하여, 모든 국민의 사유 재산권, 즉 넓은 의미의 소유권 보장을 천명하고 있다. 이러한 사유재산제도의 보장은 타인과 더불어 살아가야 하는 공동체 생활과의 조화와 균형을 유지하는 범위 내에서의 보장하는 것이다.[110] 따라서 국가 공동체의 질서를 유지하기 위해서는 기본적으로 사소유권의 행사에 제한이 가해질 수밖에 없다. 이러한 관점에서 우리 헌법은 국민 개개인들의 재산권을 보장함과 동시에 다른 기본권들과는 달리 “그 내용과 한계는 법률로 정한다.”고 규정하여 입법자에게 재산권에 관한 입법 권한을 유보하고 있다. 따라서 재산권의 내용 결정이나 제한에 관한 입법은 입법부에 위임되어 있으며, 이러한 입법부에 의해 제정된 법률들이 기본권을 본질적으로 침해하는 등 과도한 제한으로 위헌 여부의 심사 대상이 되는 때에는 입법자의 재량이 그에 대한 판단의 기준이 될 수밖에 없다.[111] 이와 같이 우리 헌법에서는 재산권을 보장하면서도 필요에 따라 법률에 의해 제한할 수 있도록 유보해 놓은 방식으로 소유권을 규정하였다. 즉 재산권에 대한 유보조항을 두고 있는 것과 같이 소유권의 행사에 다양한 제한을 유보해 놓고 있다. 이러한 헌법의 유보조항에 의해 제정된 대표적인 것이 바로 우리 민법 제211조라 할 수 있다. 우리 민법 제211조는 소유권의 개념이 아닌 소유권 내용 내지 권능을 규정하고 있다. 즉 우리 민법 제211조는 프랑스 민법 제544조와 같이 사용, 수익, 처분권능이라는 로마법 이래 가장 대표적인 소유권의 권능을 열거하고 있다.[112] 따라서 입법자의 재량에 의해 제정되는 민법전 이외의 소유권 제한에 관한 개개 법률마다 소유권의 권능을 열거하여 구체적으로 규정할 필요는 없다.[113] 이러한 헌법과 그 유보조항에 따른 개별법들의 입법 방식, 더 나아가 민법전의 입법 방식

리”(주 55), 15면 이하 참조.

110) 헌법재판소 1989.12.22. 88헌가13 결정.

111) 헌법재판소 2005.5.26. 2004헌가10 결정.

112) 이러한 민법 제211조의 입법과정에 대해서는 윤철홍, “한국 민법상의 소유권 개념”(주 11), 191면 이하 참조.

113) 이영준, 「물권법」(박영사, 2006), 386면.

은 독일 등 서구 제국의 입법 태도와 대동소이하다. 우리 법체계상 소유권의 제한은 공법상의 제한과 사법상의 제한으로 구분하여 공법상의 제한은 소유권의 사회성과 공공성에 따라 사회적 구속과 정당한 보상이 행해져야만 하는 공용수용으로 나눌 수 있다. 이에 반해 사법상의 제한은 공공성의 관점에서 제한되는데, 민법의 조항 자체나 조항의 해석에 따라 제한이 가능한 민법상의 제한과 민사특별법에 의한 제한으로 구분할 수 있다. 공용수용을 제외한 공사법의 제한은 모두 보상이 문제되지 않기 때문에 제한의 적절성 등이 문제된다.[114] 이러한 소유권 제한의 본질은 앞서 살펴본 독일을 비롯한 서구 여러 나라에서의 소유권 제한의 본질에 대한 논의와 크게 다르지 않다고 생각한다.

(2) 소유권 제한의 본질에 관한 학설과 판례의 태도

(가) 학 설

사권의 대표적인 권리 중의 하나인 소유권 역시 법이 인정해 주는 범위 내에서 존재하는 법적 소산이기 때문에, 그것은 법이 인정하는 한도에서 보장된다. 다시 말해서 소유권은 헌법 제23조와 민법 제211조 등을 근거로 인정되는 제한된 범위 내에서만 권리로서 존재할 수 있다.[115] 따라서 법률들에 의해 제한되고 있는 소유권의 제한은 독일 법에서와 마찬가지로 우리 법에서도 소유권을 이해하는 데 핵심적인 문제가 된다. 그러나 소유권 제한의 본질론과 관련하여 국내에서는 논의가 거의 이루어지지 못한 상태이다. 예컨대 국내에서는 앞서 살펴본 독일에서의 외연설과 분리설과 같은 견해를 취하는 태도는 아직 나타나지 않고 있어서, 학설의 대립은 물론 그 구체적인 내용마저도 소개되지 못한 상태이다. 이러한 소유권 제한의 본질과 관련하여 국내에서 최초로 문제를 제기한 분은 고 김증한 교수로, 그는 "이론상 이러한 제한은 소유권에 내재하는 것이냐, 아니면 외부로부터 가하여지는 예외적인 것이냐는 문제가 있을 수 있다. 19세기 말 이래로 오늘날에 이르기까지 소유권에 대하여 가하여지는 중요한 제한의 대부분은 공법상의 것임은 사실이다. 따라서 공법과 사법을 준별하는 법체계에 있어서는 공법상의 제한은 외부로부터의 제한으로 생각하고 사법상의 영역에서는 소유권은 여전히 그 원칙적 자유를 유지하고 있다고 생각할 수도 있다. 그러나 오늘날 소유권에 대한 제한의

114) 이에 대해 자세한 것은 윤철홍, " 소유권의 개념과 그 제한의 법리"(주 55), 26면 이하 참조.
115) 김용한, 「물권법론」(박영사, 1993), 233면.

정도는 매우 높으며, 그것을 예외적인 것으로 생각하는 것은 적당치 않고, 또 헌법 제23조나 민법 제211조가 모두 법률에 의한 제한 가능성을 처음부터 예정하고 있느니만큼 이러한 소유권 제한이 소유권의 개념에 내재하고 있는 것이라고 하는 것이 타당하다"고 주장하였다.[116] 그러나 이러한 내재적 제한설의 주장을 포함한 소유권 제한의 본질론에 대한 논의는 더 이상 발전되지 못하고 있는 실정이다. 오히려 '소유권의 사회적 구속이론'과 '내재적 제한론'을 혼동하는 모습들이 나타나고 있다. 예컨대 "소유권은 소유자에게 물건을 지배할 수 있는 권한을 부여하지만 소유자는 그 물건을 혼자서가 아니라 다른 사람과 공동생활을 하는 속에서 지배하는 것이다. 그러므로 소유자가 소유권을 행사함에 있어서는 언제나 타인의 이익을 함께 고려하여야 하는 것은 당연하다"라고 전제하고, "소유자는 소유권의 행사에 관하여 불가피하게 일정한 제한을 받는"데 이것을 "소유권의 내재적 제한 또는 소유권의 사회적 구속"이라 설명하면서 "우리 헌법과 민법 질서 하에서는 사소유권의 자유는 원칙이고 사소유권의 내재적 제한 또는 사회적 구속은 어디까지나 예외라고" 주장한다.[117] 다시 말해서 소유권 제한의 본질을 설명하는 이론으로서 소유권의 개념이나 내용 자체에 제한이 내재해 있다는 내재적 제한설과 공법상 사회성과 공공성의 관점에서 제한을 할 수 있는 국가의 고권행위에 의한 소유권 제한의 법리로서 사회적 구속성을 동일시하고 있다.[118] 그러나 이것은 명백히 다른 두 개념을 동일한 것으로 해석하고 있는 것으로 양 개념은 차원을 달리하는 것인데, 이에 대해 오해하고 있는 것으로 여겨진다.[119] 따라서 공법상의 제

116) 김증한, 「물권법」(박영사, 1983), 230면. 그러나 이 같은 견해는 김학동교수가 증보한 제9판에서부터는 언급이 사라지고 없다<김증한/김학동, 「물법법」(박영사, 1997), 245면>.

117) 이영준(주 113), 384면.

118) 예컨대 이은영도 "토지소유권은 공공의 이익을 위해 제한받을 수밖에 없는 사회적 공공적 속성을 지닌다. 토지소유권의 행사에는 일정한 제한이 가해지게 되는데, 이것을 소유권의 내재적 제한 또는 소유권의 사회적 구속이라고 한다"고 설명하고 있다<이은영, 「물권법」(박영사, 2006), 428면>.

119) 원래 소유권의 사회적 구속성 내지 기속성은 독일 공법상의 'Sozilalbindug des Eigentums'를 번역한 것으로 통상 재산권의 박탈이나 양도가 아닌 재산권의 지배 범위를 일정한 한계 내에서 구속력있는 방법으로 제한하는 것으로서, 보상이 없는 국가의 고권행위에 의한 제한을 의미한다(W. Leisner, Sozilalbindung des Eigentums, 1972, S.11ff.). 따라서 이 사회적 구속성은 공공복리를 위한 제한을 의미하며, 권리남용과는 달리 공법적인 제한에 국한된다, 이러한 구속성은 보상이 없기 때문에 제한 정도가 공용수용에 이르지 아니해야만 한다. 자세한 것은 윤철홍, "토지공개념의 사법적 검토" 「배경숙교수회갑논문집」(박영사, 1990), 498면 이하 참조.

한의 법리인 사회적 구속이론과 소유권의 개념에 제한이 내재해 있다는 내재적 제한을 동일 선상에서 파악한 것은 무리가 있는 해석이라 생각한다.

(나) 판례의 태도

법원의 판결 태도는 이러한 견해와는 달리 소유권의 사회적 구속성과 소유권에 대한 내재적 제한을 구별하여 판시하고 있는 것으로 여겨진다. 예컨대 헌법재판소는 "헌법상의 재산권은 토지 소유자가 이용 가능한 모든 용도로 토지를 자유로이 최대한 사용할 권리나 가장 경제적 또는 효율적으로 사용할 수 있는 권리를 보장하는 것을 의미하지는 않는다. 입법자는 중요한 공익상의 이유로 토지를 일정 용도로 사용하는 권리를 제한할 수 있다. 따라서 토지의 개발이나 건축은 합헌적 법률로 정한 재산권의 내용과 한계 내에서만 가능한 것일 뿐만 아니라 토지재산권의 강한 사회성 내지는 공공성으로 말미암아 이에 대하여는 다른 재산권에 비하여 보다 강한 제한과 의무가 부과될 수 있다"고 전제하고,[120] 이어서 "토지재산권은 강한 사회성, 공공성을 지니고 있어 이에 대하여는 다른 재산권에 비하여 보다 강한 제한과 의무를 부과할 수 있"다고 판시한 바 있다.[121] 이러한 토지재산권의 강한 사회성과 공공성으로 인하여 다른 재산권에 비하여 보다 강한 제한과 의무가 부과될 수 있다는 견해는 이후에도 계속되고 있다.[122] 헌법재판소는 이러한 공공성과 사회성의 관점에서 토지소유권의 제한을 사회적 구속성으로 이해하면서, 내재적 제한에 대한 견해를 분명히 밝히고 있다. 예컨대 헌법재판소는 "자연생태계와 자연풍경지의 보호 등을 목적으로 국립공원을 지정하도록 하는 이 사건 법률조항과 이를 근거로 토지사용을 제한하는 구법조항들(제16조, 제23조, 제36조)은 입법자가 토지재산권에 관한 권리와 의무를 일반·추상적으로 확정하는, 재산권의 내용과 한계에 관한 규정이면서 동시에 재산권의 사회적 제약을 구체화하는 규정이다. 모든 토지에는 그의 위치, 성질 및 자연과 풍경과의 관계, 즉 토지의 고유상황에서 나오는 재산권의 내재적 한계가 있는데, 토지 소유자는 재산권의 행사에 있어서 토지의 이러한 고유한 상황을 고려하여 모든 토지를 그의 위치 및

---

120) 헌법재판소 1998.12.24. 89헌마214, 90헌바16, 97헌바78 결정.

121) 헌법재판소 1998.12.24. 89헌마214, 90헌바16, 97헌바78 결정; 헌법재판소 2005.2.3. 2003헌마930 결정. 그러나 다른 기본권을 제한하는 입법과 마찬가지로 비례성원칙을 준수하여야 하고, 재산권의 본질적 내용인 사용·수익권과 처분권을 부인하여서는 아니된다.

122) 헌법재판소 2003.4.24. 99헌바110, 2000헌바46 결정.

상황에 적합하도록 사용해야 한다는 사회적 제약을 받으며, 한편 입법자는 토지 소유자로 하여금 토지의 상황에 상응하게 재산권을 행사하도록 규율할 수 있다. 따라서 지역의 풍경을 대표하는 수려한 풍경지이기 때문에 공원구역 지정의 요건을 충족시키는 토지에 대하여 자연보존을 목적으로 부과되는 자연공원법상의 현상유지의무나 사용제한은 토지의 위치와 주변 환경에 비추어 토지재산권에 내재하는 제한을 구체화한 것으로서 사회적 제약의 한 표현이라고 볼 수 있다"고 판시하였다.[123] 헌법재판소는 '토지소유권에 내재하는 제한'이라는 말을 사용함으로써 소유권의 내재적 제한설을 직접 설명하지는 않았지만 원용하고 있음을 알 수 있다.

(다) 소 결

국내 민사법학계에서 최초로 고 김증한 교수가 제기했던 소유권의 '내재적 제한설'과는 달리 현재 나타나고 있는 견해는 '소유권의 내재적 제한'과 '사회적 구속'을 동일한 차원에서 이해하고 있는데, 이것은 전적으로 양 개념을 잘못 이해하고 있는 것으로 여겨진다. 예컨대 독일 민법학계에서 '내재적 제한'이라는 법률용어는 주로 '소유권의 제한'과 '권리남용이론'에서의 주장되고 있다. 여기에서 '내재적'이라는 의미는 '소유권'이나 '권리행사' 자체에 제한이 내재해 있다는 것을 의미하는 것으로 공법상 사회성이나 공공성의 관점에서 제한을 의미하고 있는 사회적 구속성과는 다른 의미이다. 물론 사회성이나 공공성과 전혀 관계없는 것은 아니라 하더라도 권리의 본질상 그 자체에 제한을 함유하고 있다는 의미가 더 강한 것이다. 이러한 점들을 고려해 볼 때 우리 민법학계에서는 아직 소유권 제한의 본질을 바르게 이해하지 못하고 있다고 여겨진다. 더 나아가 소유권에 대한 제한이 외부에서 가해지는 예외적이라고 보아야 하는가의 문제 역시 공론화되지 못한 상태이다. 현재 지배적인 견해는 예외적인 것으로 이해하고 있다.[124] 여기서 문제가 되는 것은 이러한 '예외'가 독일이나 스위스의 '외연설'이 주장한 바와 같이 외부로부터 행해지는 예외적인 제한으로 이해하고 있는 것인가 하는 점이다. 문헌들에

123) 헌법재판소 2003.4.24. 99헌바110, 2000헌바46 결정. 이 판결문에서 표현되고 있는 토지소유권의 사회적 구속성은 독일의 이론들에 의하면 오히려 토지소유권의 상황 구속성에 가까운 것이다. 이러한 상황구속성은 물론 사회적 구속성 및 내재적 제한설 등을 구체적으로 구별하여 언급하고 있지는 않고 있다.

124) 이영준(주 113), 384면; 이은영(주 118), 428면; 고상룡, 「물권법」(법문사, 2001), 246면.

서 정확하게 표현을 하고 있지 않아서 명확히 판단할 수도 없지만 외연설과 같은 태도는 아닌 것으로 여겨진다. 원칙과 예외라는 이분법적인 관점에서 자유로운 소유권의 행사가 원칙이고, 그에 대한 제한은 예외로 해석하는 것으로 이해한다면, 이러한 해석 자체는 원칙적으로 부당한 것이라 할 수 없다. 그러나 헌법 제23조에서 소유권의 내용과 한계를 법률로 정하도록 규정하고 있고, 실제로 민법 제211조에서 법률과 제3자의 권리행사 및 민법의 일반 조항이라 할 수 있는 신의성실의 원칙이나 권리남용금지의 원칙에 의해 제한되는 등 그 제한의 강도나 빈도가 예외적인 정도를 넘어서고 있다. 따라서 소유권 제한의 본질을 내재적 제한의 관점에서 파악한다면 독일에서 주장되다 폐기된 외연설과 같이 외부에 의해서 가해지는 예외적인 것이 아니라 소유권의 본질 속에 제한이 내재해 있다고 볼 수 있다. 만약 소유권의 제한을 외부에 의해서 가해지는 예외적이라고 해석할 때, 공공복리나 사회성의 차원에서 민법의 일반 조항인 신의칙이나 권리남용에 의한 제한을 어떻게 이해할 것인가의 문제도 발생하기 때문이다.

Ⅳ. 소유권 제한의 유형과 새로운 법리

1. 개 설

우리 민법은 프랑스 민법 제544조나 독일 민법 제903조 및 일본 민법 제206조 등과 같이 소유권의 개념을 규정하지 않았다. 원래 독일 민법 초안은 소유권의 개념보다는 소유권에 귀속된 권리의 내용을 보다 더 자세히 규정하였다.[125] 이러한 현상은 독일 민법의 영향 아래서 제정된 일본 민법이나 우리 민법에서도 그대로 나타난다. 더 나아가 지금까지 시행되고 있는 다른 헌법들도 소유권의 개념을 규정하지 않고 있다. 이러한 이유 때문에 전술한 바와 같이 소유권의 개념을 어떻게 정의할 것인가에 대해 오늘날까지도 계속해서 논의되고 있다. 우리나라에서는 소유권의 개념에 대한 구체적인 논구는 거의 없었지만, 소유권 제한에 대한 연구는 상당히 이루어졌다.[126] 특히 우리나라에서 행해지고 있는 소유권 제한의

125) Mugdan, Ⅲ, S. 145.
126) 조상근, "토지소유권개념의 변천과 토지이용권 강화에 관한 연구", 단국대 박사학위청구논문 1987; 강태성, "토지소유권의 본질과 제한", 경북대 박사학위청구논문 1988; 정해상, "토지소

유형과 제한에 따른 새로운 법리들에 대한 연구에 많은 발전이 있었다. 여기에서는 이러한 연구 성과들을 중심으로 소유권의 제한에 대해 유형별로 나누어 검토해 보고자 한다.

이미 살펴본 바와 같이 소유권의 개념에는 내재적으로 그 제한이 포함되어 있다. 그러나 이러한 내재적인 제한 이외에도 민법상 소유권 제한을 규정하고 있는 규정에 의한 제한과 일반조항과 같은 규정의 해석을 통해서 제한할 수 있다. 또한 다양한 특별법에 의해 많은 제한이 가해지고 있다. 특히 이러한 특별법에 의한 제한들로 말미암아 새로운 법리가 출현하거나 기존 법리에 많은 발전이 행해지고 있다. 이 장에서는 먼저 민법의 규정 및 그에 대한 해석으로 나타나는 소유권의 제한을 살펴본 다음, 특별법에 의해 행해지고 있는 다양한 제한들을 구체적으로 검토해 보고자 한다.

2. 민법의 규정 및 그 해석에 의한 제한

(1) 신의성실의 원칙에 의한 소유권의 제한

우리 민법은 스위스 민법전의 입법 태도를 본받아 통칙편인 제2조 제1항에서 “권리의 행사는 신의에 좇아 성실히 이행하여야 한다.”고 규정하고 있다. 이것은 사법의 대원칙으로 소유권에도 적용됨은 당연하다.[127] 그러므로 형식적으로는 소유권이 존재하거나 행사되었음에도 불구하고 그것이 실질적으로는 소유권의 존립 목적과 배치되는 경우에는 허용될 수 없을 것이다. 왜냐하면 권리란 원래 사회적 승인을 통해서 존립할 수 있기 때문이다. 따라서 이러한 일반 조항인 신의성실의 원칙에 의해서도 소유권은 제한된다.

(2) 권리남용금지의 원칙에 의한 소유권의 제한

우리 민법 제2조 제2항에서는 “권리는 남용하지 못한다”고 규정하고 있다. 이 원칙은 전술한 신의성실의 원칙과 함께 민법 전반에 적용되는 일반조항이다. 이

유권의 현대적 개념에 관한 연구”, 중앙대 박사학위청구논문 1991 등.

127) 이러한 입법태도와는 달리 독일 민법 채권법 편 제242조에서 “채무자는 거래상의 관습을 고려하여 신의성실이 요구하는 바에 따라서 급부할 의무가 있다”고 규정하고 있다. 그러나 독일 민법이 신의성실의 원칙을 채권법 편에서 규정하고 있지만 채무의 이행에만 요구되는 원칙이 아니라, 민법 전체에 적용되는 원칙이라는 점에 대해 이론이 없다.

원칙은 1855년 이후 프랑스의 판례에서 구체화되었다. 이러한 프랑스에서와는 달리 독일 민법전은 제226조에서 "권리의 행사는 그것이 타인에게 손해를 가할 목적만을 지닐 때에는 허용되지 않는다."는 시카네금지 규정을 두었으며, 스위스 민법은 제2조 제2항에서도 "권리의 명백한 남용은 법률의 보호를 받지 못한다."고 규정하였다. 우리 민법은 이러한 스위스 민법의 태도를 본받은 것이다. 소유권의 행사에서는 특히 권리남용이 문제된다. 왜냐하면 비록 자신의 소유권행사라 하더라도 그것이 사회적 윤리 관념이나 공서양속에 위반되는 경우에는 권리의 행사라고 할 수 없다.128) 그러므로 이 원칙은 원래 소유권의 자유성을 외부적으로 수정하고자 하는 것이었지만, 실질적으로는 오늘날 소유권의 자유성 그 자체를 내부적으로 제한하는 것이 된다. 그것은 소유권이 원래 의무를 포함하고 있다고 하는 사고에서 출발하였다.129) 대법원은 토지 소유자가 그 토지의 소유권을 행사하는 것이 권리가 남용되어 제한되려면, "주관적으로 그 권리 행사의 목적이 오직 상대방에게 고통을 주고 손해를 입히려는 데 있을 뿐 행사하는 사람에게 아무런 이익이 없는 경우이어야 하고, 객관적으로는 그 권리 행사가 사회질서에 위반된다고 볼 수 있어야 한다."고 판시하였다.130)

(3) 정당방위(Notwehr)와 긴급피난(Notstand)에 의한 소유권의 제한

독일 민법 제904조는 소유권의 제한의 한 유형으로서 비 관계자의 수인의무를 창설하였다.131) 이에 반해 우리 민법은 불법행위 편의 제761조에서 "타인의 불법행위에 대하여 자기 또는 제3자의 이익을 방위하기 위하여 부득이 타인에게 손해를 가한 자는 배상할 책임이 없다"(동조 1항)와 "전항의 규정은 급박한 위난을 피하기 위하여 부득이 타인에게 손해를 가한 경우에도 준용된다"(동조 2항)고 규정하고 있다. 이 규정에 따라 소유자 역시 타인의 정당방위나 긴급피난을 통해 제한받게 됨은 당연하다. 그러나 이 규정이 적용되기 위해서는 위법적인 침해가 소유자로부터 기인된 것이 아니며, 그에게 속해진 물건에 대한 심각한 위험이 발생

---

128) J. v. Gierke, Das Sachenrecht des Bürgerlichen Rechts, 4. Aufl., 1959, S. 70.

129) 이러한 사고의 대표적인 표현이 바이마르공화국 헌법 제153조일 것이다. 이에 대해서는 윤철홍, "바이마르공화국에 있어서 소유권에 관한 소고"(주 11), 111-129면 참조.

130) 대법원 1994.11.22. 94다5458 판결; 대법원 2002.9.4. 2002다22083,22090 판결; 대법원 2003.2.14. 2002다62319,62326 판결; 대법원 2009.2.12. 2008다67651, 67668 판결; 대법원 2010.2.25. 2009다58173 판결 등 다수.

131) F. Baur, Lehrbuch des Sachenrechts, 13. Aufl., 1985, S. 221.

하는 것이 아니어야 한다. 위협적인 손해가 생명이나 건강의 침해를 초래하는 경우에는, 물건의 손상에 의한 침해와 비교할 때 "지나치게 크다"unverhältnis groß고 인정된다.[132] 그러나 손상된 물건이 엄청나게 비싼 가격인 경우에는 가해자가 그것을 인식한 경우에 한하여 고려될 수 있을 뿐이다.[133] 만약 이러한 요건들이 충족된 경우의 침해는 합법적이며 소유자는 그것을 수인해야만 한다. 이러한 경우에 소유권이 제한되기도 한다. 그러나 가해행위가 계속적인 경우에는 피해자는 소송의 방법을 통해 구제받을 수 있다.[134]

(4) 공간적인 제한

우리 민법 제212조는 토지소유권의 공간적인 제한을 규정하고 있다. 민법 제212조에 따르면 "토지의 소유권은 정당한 이익이 있는 범위 내에서 토지의 상하에 미친다."고 규정하고 있다.[135] 스위스 민법 제667조의 영향을 받아 제정된 이 규정은 두 가지의 큰 의미를 지니고 있다. 첫째로, 토지소유권은 정당한 이익이 있는 범위 내에서만 인정되는 것이기 때문에 소유권의 제한을 명시하는 법률의 존재 여하를 불문하고 토지 소유자는 자신의 정당한 이익을 침해하지 않는 토지 또는 지하에 대한 타인의 이용을 금지할 수 없다는 것이다. 둘째로, 토지의 완전한 이용을 위해서는 지표뿐만 아니라 지상의 공간이나 지하의 지각에 대해서도 소유권의 효력이 미친다는 것이다. 즉 토지소유자가 토지의 소유권을 완전히 향수할 수 있도록 하고 있다는 것이다. 결국 항공기나 지하시설 등을 통한 이용이 토지 소유자의 정당한 이익을 침해하지 않는 상공과 지중에서 이루어진 경우에 이러한 타인의 이용을 금지하는 것은 허용되지 않는다. 따라서 이러한 공간적인 효력 범위를 정해 놓은 규정에 의해서도 소유권은 제한받는다. 그러나 오늘날에는 이러한 규정의 의미가 크게 상실되었다. 왜냐하면 지상의 경우에는 항공법, 지중에는 광물법, 지하에 흐르는 지하수의 경우에는 지하수법 등이 제정되어 이러한 특별법들이 우선 적용되기 때문이다.[136]

---

132) G. Winter, § 904 BGB, in: AK-BGB, 1983, Rn. 2.
133) Ebenda; F. Baur(주 131), S. 221.
134) F. Baur(주 131), S. 222-223.
135) 공간적인 제한에 대해 자세한 것은 윤철홍, "토지소유권의 효력이 미치는 상하범위"(주 11), 247면 이하 참조.
136) G. Winter, § 905 BGB, in: AK-BGB, Rn. 1.

(5) 상린관계(Nachbarrecht)에 의한 소유권의 상호 제한[137)]

우리 민법은 인접하고 있는 부동산의 소유자 상호 간의 이용을 조절하기 위하여 그들 사이의 권리 관계를 상린관계라고 명명하면서, 이에 대해 제216조 내지 제244조에서 자세히 규정하고 있다. 원래 인접하는 부동산 모두가 각각 완전히 이용하기 위해서 각 소유권의 내용을 일정한 범위에서 제한하고, 각 소유자가 일정한 범위에서 상호 협력할 것을 규정하고 있으므로 상린관계 역시 토지소유권의 제한이라 할 수 있다. 이러한 토지소유권의 제한과 관련된 대표적인 상린관계로는 인지사용청구권(제216조), 임미시온금지(제217조), 수도 등 시설권(제218조), 주위토지통행권(제219조), 경계표나 담의 설치권(제237조 내지 제239조), 수지나 목근의 제거권(제240조), 토지의 심굴금지(제241조), 지하시설 등에 대한 제한(제244조) 등이다. 이와 같이 인접해 있는 토지소유권의 병존이라는 목적 때문에 생기는 소유권의 내용에 대한 제한과 확장이 상린관계의 중요한 내용이다. 현대의 추세는 소유권의 사회성과 공공성에 결부되어 상린관계의 범위를 넓게 해석하고 있다.[138)] 이러한 민법상 상린관계(제215조) 규정의 미흡함 때문에 제정된 집합건물의 소유 및 관리에 관한 법률(1984년 4월 10일 법률 제3725호)에 의한 소유권의 제한도 오늘날에는 중요한 의미를 지닌다. 특히 구분소유자의 의무(동법 제5조)와 전유부분과 분리하여 대지사용권의 처분을 금지하는 것(동법 제20조 제2항) 등에 의한 제한은[139)] 집합건물의 특성상 부과되는 제한들이다.

---

137) 이에 대한 문헌으로는, Kleindienst, Der privatrechtliche Immissionsschutz nach § 906 BGB, 1964; G. Köhler, Sportlärm und Nachbarschutz, in: Jura 1985, S. 225ff.; H. Westermann, Die Funktion des Nachbarrechts, in: FS für K. Larenz, 1973, S. 1003ff.; 박영우, 근린방해에 관한 입법례와 민법 제217조, 「법조」 28-4(1979.4.), 56면 이하; 정재길, 서독의 임미시온 보호법, 서울대 「법학」 22-1(1981), 180면 이하.

138) 임정평/석종현, 토지공개념과 사유재산제와의 법적 갈등에 관한 연구, 단국대 「논문집」, 1986, 323면.

139) 일체성 원칙에 대해 대법원은 집합건물에 대하여 전유부분의 등기와 대지지분의 등기가 동시에 이루어져야 하나 특별한 사정으로 인하여 전유부분에 대하여만 소유권이전등기를 받은 매수인이 대지지분에 대한 소유권이전등기를 받기 전에 대지사용권을 전유부분과 분리하여 처분할 수 없으며, 매수인이 전유부분 및 장래 취득할 대지 지분을 다른 사람에게 양도하여 그 중 전유부분에 대한 소유권이전등기를 경료하여 준 다음 사후에 취득한 대지지분을 전유부분의 소유권을 취득한 양수인이 아닌 제3자에게 분리 처분할 수 없다고 한다(대법원 2000.11.16. 98다45652,45669 전원합의체 판결.

(6) 기타 제3자의 권리행사에 의한 제한

용익권에 의한 제한은 토지 소유자의 자유의사에 의한 지상권(제279조 내지 제290조), 임차권(제618조 내지 제654조) 등을 설정하여 토지소유자의 사용권, 수익권을 제한할 수 있는 것이다. 그러나 이러한 용익권에 의한 제한은 당사자의 계약에 따라 설정되는 것이기 때문에 용익권의 설정기간 동안만 소유권이 허유화되는 것이다. 이러한 용익권의 설정 역시 소유자의 권리 행사의 일부이다.

3. 법률에 의한 제한

(1) 개 설

사법적인 영역에서 이상과 같은 민법상 소유권을 직접 제한하는 규정과 일반조항 등의 해석에 의한 제한뿐만 아니라, 헌법 제23조와 제211조를 근거로 한 특별법에 의해서도 제한할 수 있음은 당연하다. 여기서 법률이란 공법과 사법을 총괄하는 넓은 의미의 법률이다. 이 범주에 들어가는 법률들은 헤아릴 수 없을 정도로 많다. 먼저 공법 영역에 속하지만, 소유권의 제한에 중요한 의미를 지닌 것으로 국토의 계획 및 이용에 관한 법률, 토지공개념 관련 법률, 경관법 등이며, 사법 영역의 대표적인 것으로는, 부동산 실권리자명의 등기에 관한 법률, 집합건물의 소유 및 관리에 관한 법률, 농지개혁법(현재는 농지법에 흡수되었음), 산림법, 신탁법, 주택임대차보호법 등이다. 또한 담보권의 조정이나 이용권의 보호가 강조되어 가등기담보 등에 관한 법률이 시행되고 있는데, 이 법률 역시 소유권을 제한할 수 있는 기능을 하고 있다. 이러한 특별법에 의한 제한들을 통해 다양한 형태의 법리들이 생성 발전되고 있다.

(2) 구 농지개혁법(현재 '농지법'에 포함)과 현대적 소유권의 확립

(가) 농지개혁에 의한 현대적 의미의 소유권 확립

1948년에 제정된 대한민국 헌법 제86조는 "농지는 농민에게 분배하여야 한다. 그 분배의 방법과 소유의 한도, 소유권의 내용과 한계는 법률로 정한다."고 규정하였다. 이 규정을 근거로 해서 제정된 것 중 대표적인 것이 바로 1949년의 농지개혁법이다. 이 농지개혁법 제1조에서는 농지를 농민에게 적절히 분배함으로써 농가 경제의 자립과 농업생산력의 증진으로 인한 농민생활의 향상 내지 국민경제의 균형과 발전을 위하여 제정되었음을 천명하고 있다. 이렇게 농지개혁의 당위성을 헌법에서까지 규정해야만 했던 이유는[140] 해방 직후 국민의 80% 정도에 이르는 농민 중에는 반봉건적인 지주와 소작관계 때문에 고율의 소작료에 허덕일 수밖에 없는 농민들이 대부분을 차지하고 있었으며, 이러한 농민들에 대한 농지의 분배는 경제적인 차원뿐만 아니라 사회 정치적인 목적에서도 아주 시급한 문제였기 때문이다. 이러한 필요성 때문에 수행된 농지개혁은 수 백 년 동안 지배해 오던 소작 지주제로부터 농민을 해방시킨 것이며,[141] 고율의 소작제를 본원적 축적의 주된 원인으로 삼았던 식민지 경제 내지 일본 자본주의 경제에 의한 지배체제를 종식한 일대 변혁을 일으킨 조치였다.[142] 농지개혁법에 따른 농지개혁의 최대 성과는 대대적인 자작농의 창설이라 할 수 있다. 이러한 자작농의 창설은 일제 강점기 농지소유 관계를 대변해 주던 반半봉건적이며 기생지주적 토지 소유 관계를 해체하여, 농민들을 명실상부하게 해방한 것이다. 이를 통해 실질적인 토지소유권이 확립된 것이다. 일제 강점기의 토지조사사업과 일본 민법의 의용에 의해 형식적인 의미에서의 근대적인 토지소유권의 확립이 이 농지개혁을 통해서 실질적으로 보장되기에 이르렀다. 농지개혁법에 의해서 보장된 토지소유권은 일제 강점기의 반봉건적인 지주적 토지소유권 보다 자유성과 절대성에서 훨씬 강력한 것으로 인정되었다. 이후에도 비록 소작제가 잔존해 있다고 하더라도 일제 강점기의 소작과는 달리 고율의 소작료가 아니었으며, 헌법과 농지개혁법에 의해서 제한받고 있는 것이기 때문에 소작인에게 결코 불리한 것만은 아니었다.[143]

(나) 토지소유권의 제한에 대한 효시

제헌 헌법이 재산권의 보장과 제한을 규정하고 있었음에도 불구하고 농지개혁법에서 다시 농지 소유 상한제를 통해 소유의 한계를 구체적으로 규정하고, 더 나아가 소작을 금지하였다. 이러한 제한은 근대 민법의 기본원리인 소유권 절대 원칙이나 계약자유의 원칙을 공공성과 사회성의 측면에서 제한한 것이다. 특히 농지 소유를 3정보로 제한한 것은 과도한 것이었다. 특히 구 농지개혁법 제17조에

---

140) 이러한 이유들에 대해서는 한국농촌경제연구원, 「농지개혁사연구」, 1990, 434면 이하; 이경숙, "한국 농지개혁 결정과정에 관한 재검토" 「한국자본주의와 농업문제」(아침, 1990), 84면 이하를 참조.

141) 농지개혁사편찬위원회, 「농지개혁사」(上) 1970, 321면.

142) 권병탁, "농지개혁의 과정과 경제적 기여", 「농업정책연구」 11권 1호 1984, 191면.

143) 이에 대해 자세한 것은 윤철홍, "농지개혁에 대한 법사적 검토"(주 11), 219면 이하 참조.

서는 농지에 대한 임대차를 금지하였고, 1958년에 제정된 민법 제303조 제2항에서도 농지는 전세권의 목적으로 할 수 없도록 규정하였다. 이에 따라 대리경작자에게 법정지상권이나 법정임차권을 인정할 수 없어 농지소유권과 농지이용권으로 분리된 것으로 볼 수 있었다. 그러나 이러한 농지개혁법을 비롯한 농지임대차관리법 등을 종합하여 2007년 4월 11일에 농지법(법률 제8352호)이 제정되어 이러한 기본 정신들이 계승되었다. 즉 농지법 제6조 제1항에서는 "농지는 자기의 농업경영에 이용하거나 이용할 자가 아니면 소유하지 못한다."고 규정하여 비농민의 농지 소유를 제한하고 있다. 더 나아가 농지는 원칙적으로 위탁경영하거나(동법 제9조) 임대차 및 사용대차할 수 없도록 규정하고 있다(동법 제23조). 물론 여러 가지 예외 규정을 두어 농지가 휴경되지 않도록 조치하였다. 여기서 문제가 되는 것은 이러한 위탁경영이나 농지임대차의 금지규정을 위반한 경우의 처리이다. 우선 동법 제60조에 따르면 이러한 위반행위에 대해 1000만 원 이하의 벌금에 처하도록 규정하고 있다. 그렇다면 규정을 위반하여 체결된 임대차계약의 효력은 어떻게 되는가. 원래 농지임대차의 금지는 농민이 농지를 경작함으로써 농지로 보전할 수 있고, 비농민들이 농지를 투기대상을 삼는 것을 배제하여 경자유전의 원칙을 관철시키기 위한 것이라 한다. 이러한 입법 취지에 따른다면 금지규정은 강행규정으로서 사법상의 효력도 무효로 해석해야 할 것이다. 대법원도 "입법 취지를 달성하기 위해서는 위반행위에 대하여 형사처벌을 하는 것과 별도로 농지임대차계약의 효력 자체를 부정하여 계약 내용에 따른 경제적 이익을 실현하지는 못하도록 함이 상당하므로, 농지의 임대를 금지한 구 농지법 제23조의 규정은 강행규정이다. 따라서 구 농지법 제23조가 규정한 예외사유에 해당하지 아니함에도 이를 위반하여 농지를 임대하기로 한 임대차계약은 무효이다"라고 판시하고 있다.[144] 더 나아가 위탁경영이나 대리 경작의 경우에 소유권으로부터 이용권의 분리로 이해할 수 있는가 하는 점이 문제된다. 소유권의 분화가 아니라 채권적인 토지 이용권으로 이해할 수 있는 것이다.

(3) 소위 토지공개념법과 소유권 제한의 한계

(가) 서 설

1) 소위 토지공개념은 많은 논의가 있었음도 불구하고 지금까지도 통일된 개념

144) 대법원 2017.3.15. 2013다79887,79894 판결.

으로 정착되지 못하고 있다.[145] 우선 토지공개념을 "토지정책의 일대 전환을 위한 기본전제로서 토지란 단순한 상품이 아니라 인간생활과 생산을 위한 불가결한 기반이기 때문에 그것이 농지이든 산림지이든 혹은 거주지이든 그 토지가 지니는 기능 내지 적성 혹은 지역에 따라 공공복리를 위해 가장 값지게 그리고 가장 효율적으로 이용되지 않으면 아니 되며 그를 위해 적정한 규제가 가해지지 않으면 아니 됨을 의미한다."고 주장하고[146] 있으며, 기타 학자들도 같은 취지에서 "토지의 효율적인 관리와 이용을 위한 토지정책의 일대 전환의 필요성과 그를 위한 적절한 규제를 의미한다."[147]거나, "토지가 가지는 다른 의미와 성격에 기초하여 토지의 공적 성질을 강조하고 토지의 이용거래의 사적 자치가 초래하는 사회적인 문제를 극복하기 위하여 토지재산권이 광범위한 사회적 구속을 받는다는 것을 총체적으로 표현한 것"이라 한다. 또한 헌법재판소의 결정에 따르면 "모든 사람에게 인간으로서 생존권을 보장해주기 위해서는 토지소유권은 더 이상 절대적인 것일 수 없었고, 공공의 이익 내지 공공복리의 증진을 위하여 의무를 부담하거나 제약을 수반하는 것으로 변화되었으며, 토지소유권은 신성불가침의 것이 아니고 실정법상의 여러 가지 의무와 제약을 감내하지 않으면 안 되는 것으로 되었으니 이것이 이른바 토지공개념이론"[148]이라고 했다. 이러한 토지소유권의 규제 내지 제한의 관점과는 달리 "자유주의적 토지소유권의 자유방임적 보호에 의하여, 자유 사소유권의 남용의 결과로 발생한 토지투기를 중심으로 한 토지 질서 문란의 사회적 폐해를 시정하고, 토지 정의를 실현하고자 하는 토지 철학이며 토지 사상이"라고[149] 이해하기도 한다.

2) 정부는 1988년 올림픽 후 부동산투기가 만연하여 토지공개념을 구체적으로 실현하기 위해, '택지소유상한에 관한 법률', '토지초과이득세법', '개발이익환수에 관한 법률'이라는 세 가지 법률을 제정하였다. 그러나 이 법률들은 정치적인 결정을 합리화 할 뿐 헌법적 쟁점에 대한 검토가 미진하여 헌법불합치 내지 위헌 결

145) 김남진은 토지공개념에 대한 정의를 내리는 것 자체를 꺼리고 있다. 김남진, "자유시장경제체제와 토지공개념", 「경제백서」 1989, 경제기획원, 366면.

146) 서원우, "토지의 공개념", 「법과 토지」(삼영사, 1982), 11면. 김철용, "토지공개념에 대한 검토", 대한변호사협회지 1978.10, 29면.

147) 정권섭, 「한국토지공법」(학연사, 1985), 30-31면.

148) 헌법재판소 1989.12.22. 88헌가13 결정.

149) 김상용, "토지공개념 실천결과의 평가와 향후 발전방향의 모색" 「민사법연구」(3)(법원사, 2000), 221면.

정으로 귀결되었다.[150] 그런데 2018년 3월 26일 문재인 정부는 소위 '토지공개념'을 헌법 조항에 담고 있는 제10차 헌법개정안을 국회에 제출하였다. 헌법 개정안 제128조 제2항에 "국가는 토지의 공공성과 합리적 사용을 위하여 필요한 경우에 한하여 법률로서 특별한 제한을 하거나 의무를 부과할 수 있다"라는 내용의 신설을 제안한 것이다. 재산권 보장 조항인 제23조 등이 있음에도 불구하고 불명확한 이러한 개념을 헌법에 규정할 필요가 있는가에 대해서는 회의적인 시각이 많다.[151]

(나) 토지공개념은 새로운 소유권의 개념인가?

이러한 토지공개념에 대한 견해들을 종합해 볼 때 한마디로 "토지는 그 특성상 사회성과 공공성이 강해 공공복리를 위해 제한할 수 있다"는 것으로 요약할 수 있겠다. 만약 토지공개념이 토지에 대한 강한 사회적 구속성을 강조한 것이라면 구태여 토지공개념이라는 신조어를 사용하면서까지 강조할 필요는 없다고 생각한다. 이렇게 필요 이상으로 강조하고 있기 때문에 토지국유화 내지 공유화 더 나아가 중세에 있었던 농민들에게는 토지를 이용할 수 있는 이용권 중심의 하급소유권과 영주들의 처분소유권으로 대표되는 상급소유권으로 나누어지는 분할소유권을 획책하지나 않나 하는 의심을 가질 수도 있다.[152] 따라서 토지공개념이라는 용어의 사용을 자제하는 대신에 이미 공인된 토지소유권의 사회적 구속성 Sozialbindung des Grundeigentums과 토지소유권의 제한Schranke des Grundeigentums을 사용하는 것이 바람직하다고 생각한다.[153] 다시 말해서 토지공개념을 공법에서는 사회적 구속성으로 이해하고,[154] 사법에서는 토지에 부과된 여러 원칙상 제한받게 되는

150) 예컨대 개발이익환수에 관한 법률 제10조 제3항 단서에 대해 헌법재판소 1998.6.25. 95헌바35, 97헌바81 98헌바5,10(병합)에서 위헌 결정되었으며, 토지초과이득세법 제8조, 제10조 등에 대해서는 헌법재판소 1994.7.29. 92헌바49,52(병합)에서 헌법불합치 결정되었고, 택지소유상한에 관한 법률 제2조 제1호 나목 등에 대해서는 헌법재판소 1999.4.29. 94헌바37에서 위헌 결정되었다.

151) 이에 대해 자세한 것은 정영화, "토지공개념의 헌법적 쟁점과 전망", 「토지법학」 제34권 1호, 2018.6, 60면 이하 참조.

152) 조규창, "사유재산제도의 위기 -토지공개념의 허구성과 위험성", 「월간고시」 1989.8, 48-50면.

153) 이에 대해 자세한 것은 윤철홍, "토지공개념의 사법적 고찰, 「배경숙교수화갑기념논문집」(박영사, 1991), 491면 이하 참조.

154) 사회적 구속성에 대해서는 B. Bender, Sozialbindung des Eigentums und Enteignung, in: NJW 1965, S. 1299ff.; W. Leisner, Sozialbindung des Eigentums, 1972; 김문현, 재산권의 사회적 구속성에 관한 연구, 서울대학교 박사학위청구논문, 1988 참조.

것을 모아 토지소유권의 제한으로 해석하자는 것이다. 이렇게 이원론적으로 이해하는 것이 법원리 상 타당하리라 생각한다. 공공복리의 원칙이 공법에서는 최고원리가 되겠지만 사법에서까지 기계적으로 적용할 수는 없으며, 사법은 어디까지나 사적자치원칙Privatautonomie과 자기결정Selbstbestimmung이 중심이 되어야 하기 때문이다.[155] 이렇게 토지공개념을 이해한다면 언론 등에서 계속 사용함으로써 야기되는 혼란을 막기 위하여 그에 대한 해설이나 계몽은 필요하겠지만 토지소유권의 사회적인 의무를 강조하기 위해서는 토지공개념이라는 모호한 용어의 사용은 자제되어야 할 것이다.[156] 따라서 이러한 토지공개념은 민법상의 새로운 소유권의 개념은 결코 아니며, 로마법 이래 특히 1919년의 바이마르헌법 이후에 나타난 소유권의 제한을 강조하기 위한 정치적인 용어에 불과한 것이다. 또 달리 말하면 토지정의를 실현하고자 하는 '토지 철학' 내지 '토지 사상'이라고 이해한다. 따라서 헌법 개정에 따른 규정의 신설 여부와 관계없이 이에 대한 실천적 의지가 중요하다고 여겨진다.

(4) 국토의 계획 및 이용에 관한 법률과 유동적 무효의 법리

(가) 토지거래계약의 허가제도

1) 국토의 계획 및 이용에 관한 법률 제117조 제1항에 따르면 국토교통부장관 또는 시 도지사는 국토의 이용 및 관리에 관한 계획의 원활한 수립과 집행, 합리적인 토지 이용 등을 위하여 토지의 투기적인 거래가 성행하거나 지가가 급격한 상승하는 지역과 그러한 우려가 있는 지역으로서 대통령령으로 정하는 지역에 대해서는 5년 이내의 기간으로 토지거래계약 허가 구역을 정할 수 있다. 만약 이러한 지역 내에서 토지에 관한 소유권, 지상권을 이전하거나 설정하는 계약을 체결하려는 자는 시장, 군수 또는 구청장의 허가를 받아야 한다(동법 제118조 제1항). 이러한 허가를 받지 않고 체결한 토지거래계약은 그 효력을 발생하지 아니한다(동법 동조 제6항). 이러한 규정에 따라 토지거래계약의 허가 구역 내에서 허가를 받지 않고 체결한 계약의 경우는 공법상의 허가와는 달리 거래계약의 성립요건을 충족하지 못한 것으로 무효가 된다는 것이다. 사적인 토지거래에 허가를 받아야만

155) 이영준, 「한국민법론: 민법총칙」(박영사, 2003), 11면.

156) 같은 취지의 글로서, 조규창, "토지공개념의 모호성", 「월간고시」 1985.1, 78면; 이태재, "소유권의 전면적 지배성", 「고시연구」 1983.8, 42면; 김상용, "토지소유권개념의 변천에 관한 법제사적 고찰", 「이광신교수 화갑기념논문집」(고시원, 1982), 286면.

하는 소유권에 대한 강력한 제한이 가해지고 있다. 그러나 이러한 구역 내 실제 토지거래에서는 허가를 먼저 받은 다음 거래계약을 체결하는 것이 아니라, 거래계약을 체결한 후에 허가를 신청하는 것이 통상적이다. 따라서 법 형식적으로 해석하면 허가 받기 전에 체결한 거래계약은 무효이기 때문에, 허가를 받은 후에 다시 거래계약을 체결해야 하는 문제가 발생하게 되었다. 이에 따라 고안된 법리가 바로 유동적 무효라 할 수 있다.

2) 이러한 토지거래계약에 대한 허가제도가 소유권에 대한 과도한 제한인가? 사법학자들은 과도한 제한으로서 위헌이라는 주장도 있었다. 이에 대해 헌법재판소는 "국토이용관리법이 규제하고자 하는 것은 모든 사유지가 아니고 투기우심지역 또는 지가폭등지역의 토지에 한정하고 있다는 점과 규제기간이 5년 이내인 점, 설사 규제되더라도 거래목적, 거래면적, 거래가격 등에 있어서 기준에 위배되지 않는 한 당연히 당국의 거래허가를 받을 수 있어 처분권이 완전히 금지되는 것은 아닌 점 및 당국의 거래불허가처분에 대하여서는 불복방법이 마련되어 있는 점 등을 종합해볼 때 토지거래허가제는(토지 등의 거래계약이 허가되었을 경우에는 제한의 해제로서 별 문제될 것이 없고 토지 등의 거래계약이 불허가되었을 경우에도) 사유재산제도의 부정이라 보기는 어렵고, 다만 그 제한의 한 형태라고 봐야 할 것이다. 생산이 자유롭지 않은 토지에 대하여 처분의 자유를 인정하지 않고 이를 제한할 수밖에 없음은 실로 부득이한 것이며 토지거래허가제는 헌법이 명문으로 인정하고 있는 (헌법 제122조) 재산권의 제한의 한 형태로서 재산권의 본질적인 침해라고는 할 수 없는 것이다"라고 판시하여[157] 헌법에 위반되는 것이 아니라고 하였다. 이 결정문에서 설시하고 있는 바와 같이 토지거래계약에 대해 허가를 받아야 하는 것은 매우 중대한 제한이지만, 한시적이고 거래 자체가 부정되는 것은 아니기 때문에 과잉금지 내지 본질적인 침해는 아니라고 생각한다.

(나) 유동적 무효의 법리에 대한 판례의 태도

대법원은 1991년 12월 24일에 선고한 90다12243 전원합의체 판결에서 당시 우리 민법학의 해석론에서는 생경하던 '流動的 無效'라는 법리를 적용하여 토지거래 허가와 관련된 복잡한 법적 문제들을 해결하였다. 즉 대법원은 "국토이용관리법상의 규제구역 내의 토지 등의 거래계약허가에 관한 관계 규정의 내용과 그 입

157) 헌법재판소 1989.12.22. 88헌가13 결정.

법취지에 비추어 볼 때 토지의 소유권 등 권리를 이전 또는 설정하는 내용의 거래계약은 관할 관청의 허가를 받아야만 그 효력이 발생하고 허가를 받기 전에는 물권적 효력은 물론 채권적 효력도 발생하지 아니하여 무효라고 보아야 할 것인바, 다만 허가를 받기 전의 거래계약이 처음부터 허가를 배제하거나 잠탈하는 내용의 계약일 경우에는 확정적으로 무효로서 유효화될 여지가 없으나 이와 달리 허가받을 것을 전제로 한 거래계약(허가를 배제하거나 잠탈하는 내용의 계약이 아닌 계약은 여기에 해당하는 것으로 본다)일 경우에는 허가를 받을 때까지는 법률상 미완성의 법률행위로서 소유권 등 권리의 이전 또는 설정에 관한 거래의 효력이 전혀 발생하지 않음은 위의 확정적 무효의 경우와 다를 바 없지만, 일단 허가를 받으면 그 계약은 소급하여 유효한 계약이 되고 이와 달리 불허가가 된 때에는 무효로 확정되므로 허가를 받기까지는 유동적 무효의 상태에 있다고 보는 것이 타당하므로 허가받을 것을 전제로 한 거래계약은 허가받기 전의 상태에서는 거래계약의 채권적 효력도 전혀 발생하지 않으므로 권리의 이전 또는 설정에 관한 어떠한 내용의 이행청구도 할 수 없으나 일단 허가를 받으면 그 계약은 소급해서 유효화되므로 허가 후에 새로이 거래계약을 체결할 필요는 없다"고 판시하였다. 통상 토지거래계약을 체결할 당시나 계약체결 전에 해당 관청으로부터 허가를 받은 경우가 거의 없기 때문에, 이러한 허가를 유효요건으로 규정하고 있는 국토의 계획 및 이용에 관한 법은 처음부터 거래 현실과 괴리가 있는 비현실적인 입법이라는 비판을 받았다. 그런데 이 판결을 통해 거래의 실제와 법률 적용상의 괴리를 상당한 부분 완화시켰으며, 여러 가지 법적인 문제를 해결할 수 있는 단초를 제공해 주었다.

(다) 유동적 무효와 관련 그 밖의 문제들

1) 유동적 무효 상태 하에서는 물권적 효력뿐만 아니라 채권적 효력도 발생하지 않는다. 그러나 토지거래허가 구역 내에서 토지매매계약을 체결할 때 거래 관행상 허가를 받기 전에 매수인이 계약금이나 중도금을 지급하게 된다. 그 후 이 계약에 대해 허가를 받게 되면 이미 지급한 계약금이나 중도금은 매매대금에 충당하게 되어 문제가 없다. 그런데 허가를 신청하지 않는 등 여러 가지 이유에서 유동적 상태가 계속되는 동안 무효를 이유로 부당이득반환을 청구할 수 있는가? 이러한 문제에 대해 대법원은 "허가를 배제하거나 잠탈하는 내용이 아닌 유동적

무효상태의 계약을 체결하고 매도인이 이에 기하여 임의로 지급한 계약금은 그 계약이 유동적 무효상태로 있는 한 이를 부당이득으로 반환청구할 수 없고 유동적 무효상태가 확정적으로 무효가 되었을 때 비로소 부당이득으로 그 반환을 청구할 수 있다."고 판시하였다.[158] 또한 "허가받기 전의 매매계약이 유동적 무효라고 하여 매매계약에 관한 계약금을 교부한 상태에 있는 계약당사자 일방이 언제든지 계약의 무효를 주장하여 부당이득으로써 임의로 지급한 계약금의 반환을 구할 수 없다."고 판시하여[159] 유동적 무효 상태 하에서의 부당이득의 반환청구의 문제를 명확히 정리하였다.

2) 토지거래 허가구역 내에서 토지거래계약을 체결한 경우에 당사자 중 일방은 타방에게 허가신청절차를 이행하라고 청구할 수 있는가? 이에 대해 대법원은 "토지거래허가구역내의 토지에 대하여 거래계약을 체결한 당사자 사이에서는 계약이 효력 있는 것으로 완성될 수 있도록 서로 협력할 의무가 있으므로 계약의 쌍방당사자는 공동으로 관할관청의 허가를 신청할 의무가 있고 이러한 의무에 위반하여 허가신청절차에 협력하지 않는 당사자에 대하여 상대방은 협력의무이행을 소송으로서 구할 이익이 있다"고 판시하였다.[160] 따라서 협력의무를 소구당한 당사자가 계정토지에 대해 관할 관청으로부터 거래허가를 받을 수 없을 것이라는 사유를 들어 그 협력의무 자체를 거절할 수 없다.[161] 이렇게 신의칙상 발생하는 협력의무를 근거로 하여 허가신청을 청구할 수 있도록 하는 것이 국토이용관리법 입법취지에도 부합하게 될 것이다.[162] 그러나 매수인이 매도인에게 토지거래 허가 신청절차에 협력해 달라는 청구를 하는 경우에 매수인이 매매계약의 내용에 따른 매매대금 지급채무를 이행하여야 하거나 매도인이 그 대금지급채무의 변제 시까지 위 협력의무의 이행을 거절할 수 있는 것은 아니다.[163]

3) 유동적 무효 상태 하에서도 당사자 사이에서는 주된 급부의무가 발생하는 것은 아니지만 신의칙에 기한 협력의무가 발생하기 때문에 이러한 협력의무를 해태하여 허가를 받지 못하게 된 경우에는 이로 인한 손해에 대해 배상책임이 발생

---

158) 대법원 1993.7.27. 91다33766 판결.

159) 대법원 1993.9.14. 91다41316 판결; 대법원 1993.9.10. 93다8412 판결.

160) 대법원 1993.3.9. 92다56575 판결.

161) 대법원 1992.10.27. 92다34414 판결.

162) 같은 견해로, 이주흥, "토지거래허가에 있어서 이른바 유동적 무효에 기한 법률관계", 「민사재판의 제문제」(민사실무연구회, 1994), 38면.

163) 대법원 1993.8.27. 93다15366 판결.

한다. 이와 관련하여 대법원은 "매매계약이 매매계약 자체로서는 유동적 무효 상태 있는 것이나 유동적 무효상태에 있는 계약을 효력 있는 것으로 완성하여야 할 협력의무를 부담하는 한도에서의 당사자의 의사표시까지 무효상태에 있는 것이 아니므로, 이러한 유동적 무효상태에 있는 이 사건 매매계약에 대하여 허가를 받을 수 있도록 허가신청을 하여야 할 협력의무를 이행하지 아니하고 원고가 그 매매계약을 일방적으로 철회함으로써 피고가 손해를 입은 경우에 원고는 이 협력의무 불이행과 인과관계가 있는 손해는 이를 배상하여야 할 의무가 있다고 할 것이다."라고 판시하고 있다.[164)]

4) 토지 거래계약 허가구역으로 지정된 지역에서 토지 거래계약을 체결하고 허가를 받지 않고 있는 상태에 있는데 건설교통부에서 그 거래 객체인 토지가 허가구역으로부터 해제된 경우에는 허가 없이도 곧 바로 확정적으로 유효한 법률행위가 되는 것인가? 이에 대해 대법원은 허가가 필요 없이 확정적으로 유효한 법률행위가 된다고 판시하였다.[165)] 그러나 필자는 소수 견해와 같은 차원에서 이 판결은 법의 이념 내지 존재 이유와 배치되는 것이라고 생각한다. 따라서 토지 거래허가제도 자체를 폐지하지 않는 한 허가구역 내에서 토지 거래계약을 체결한 때에는 그 후에 비록 허가구역 지정이 해제된다고 하더라도 토지 거래 허가제도의 목적과 거래자들 사이의 형평, 더 나아가 법적 안정성을 기하기 위해서는 다시 허가를 받도록 해야 할 것이다.[166)]

(5) 경관법과 경관이익의 법리

(가) 경관법상 경관의 의의

헌법 제35조가 "모든 국민은 건강하고 쾌적한 환경에서 생활할 권리"로서 환경권을 규정하고 있지만, 이러한 환경권이 사법상 권리로서 인정되려면 명문의 규정이 있거나 관계 법령의 규정 취지나 조리에 비추어 권리의 주체, 대상, 내용, 행사방법 등이 구체적으로 정립될 수 있어야 한다.[167)] 이러한 헌법상 환경권을 구성하고 있는 개별적인 권리 중 사법상 주로 문제가 되는 것으로 일조권과 조망권 및 경관권 등을 들 수 있다.[168)] 이러한 개별적인 권리 중 특히 '경관'이라는 용어

---

164) 대법원 1995.4.28. 93다26397 판결.
165) 대법원 1999.6.17. 98다40459 전원합의체 판결.
166) 이에 대해 자세한 것은 윤철홍, 「민사특별법연구」(법원사, 2003), 제2장 2절 참조.
167) 대법원 1995.5.23. 94마2218 판결.

는 부동산 공법과 관련한 특별법에서 자주 사용되는 것으로, 판례에서는 대개 조망이라는 용어와 함께 병렬적으로 사용되고 있다.[169] 이러한 경관에 대해 경관법에서는 경관을 "자연, 인공요소 및 주민의 생활상 등으로 이루어진 일단의 지역환경적 특징"을 나타내는 것이라고 규정하고 있다(동법 제2조 제1호). 이러한 경관에는 자연경관과 문화경관, 역사경관 등을 포함하고 있다. 토지 소유자의 생활이익과 관련하여 거의 같은 관점에서 논의되고 있는 조망권과 경관이익을 판례에서는 병렬적으로 사용하면서 일반적인 환경이익을 논할 때에는 특별히 구별하지 않고 있다. 이러한 판례의 태도와 같이 양자의 구별에 부정적인 견해도 있지만,[170] 구별하는 것이 타당하다고 생각한다.[171] 그 이유는 첫째로, 조망권과 경관이익은 법적 취급을 달리하고 있다는 점이다. 둘째로 조망권의 침해는 생활자의 관점에서 개인이 특정의 장소에서 좋은 경치나 풍경을 향유할 수 있는 개인적 이익에 대한 침해로 나타나지만, 경관침해는 사회적인 관점에서 사회적 이익에 대한 침해로서 나타나는 경우가 많다. 이에 따라 경관은 개인적 조망이익의 광역적인 집적集積으로서 조망을 광역화한 것으로 이해될 수 있다.[172] 셋째로 조망은 자연의 표면적 전망을 의미하지만, 경관은 전망을 형성하는 여러 요소, 예컨대 특정지역의 자연, 역사, 풍토, 건물 등을 포함한다. 넷째로, 건강하고 쾌적한 생활을 영위하기 위해 인정되는 점은 양자가 공통적이지만, 그 법적 성질을 보면 경관권이 인격권적 측면이 강하고 환경권적 측면이 약한데 비하여 조망권은 인격권적 측면이 약하고 환경권의 요소와 함께 재산권적인 요소가 강하다고 할 수 있다.[173]

(나) 경관이익의 권리성 인정 여부

경관이익을 하나의 권리로서 보호할 수 있는가? 경관권 혹은 경관이익을 헌법에서 보장하고 있는 개별적 환경권으로 이해한다면 권리로 인정할 수 있다.[174] 대

---

168) 이러한 종류의 권리를 '환경향유권'이라 칭하는 학자도 있다(정종섭, 「헌법학원론」(박영사, 2008), 749면).

169) 대법원 1995.9.15. 95다23378 판결; 대법원 1997.7.22. 96다56153 판결.

170) 구별을 부정하는 견해로는 전경운, 「환경사법론」(집문당, 2009), 392면.

171) 같은 견해로 이동원, "일조권 및 조망권 침해에 대한 판례동향", 「대법원 · 한국민사법학회 공동주최 학술대회 자료집」 2004.12.4., 110-111면; 배성호, "조망이익의 법적 보호", 「인권과 정의」(2006.4.), 131면.

172) 談路剛久, "景觀權の生成と國立 · 大學通り訴訟判決", 「ジュリスト」 1240號, 有斐閣, 2003. 3, 72面 이하.

173) 大阪辯護士會環境權研究會編, 「環境權」(日本評論社, 1973), 83-84面; 배성호(주 171), 131면.

174) 경관법상 경관이익의 권리성 등에 대해서는 윤철홍, "경관이익의 보호에 관한 사법적 고찰"

법원도 "사법상의 권리로서의 환경권이 인정되려면 그에 관한 명문의 법률규정이 있거나 관계법령의 규정 취지 및 조리에 비추어 주체, 대상, 내용, 행사방법 등이 구체적으로 정립될 수 있어야 한다."고 판시하여,[175] 권리성의 인정 요건을 구체적으로 설시하고 있다. 이에 따르면 경관이익이 권리로서 보호받기 위해서는 명문의 규정이 있거나 그 밖의 구체적인 요건에 의하여 보호되어야 한다는 것을 의미한다. 이러한 관점에서 경관이익은 권리로 규정하는 법률의 규정이 없기 때문에, 판례에서도 객관적인 요건에 의해 제한적으로 인정하고 있다. 예컨대 대법원 판례에서는 "어느 토지나 건물의 소유자가 종전부터 향유하고 있던 경관이나 조망이 그에게 하나의 생활이익으로서의 가치를 가지고 있다고 객관적으로 인정된다면 법적인 보호의 대상이 될 수 있"다고 판시하여,[176] 경관이나 조망이 생활이익으로서 객관적으로 인정된다면 법적인 보호 대상, 즉 피보전권리가 된다는 점을 명확히 하였다. 따라서 인접토지 소유자의 경관이익의 침해가 민법 제217조에 의한 유지청구권의 요건이나[177] 민법 제750조에 의한 손해배상청구권의 요건을 충족하는 경우에는[178] 경관이익의 침해에 대한 사법적인 구제를 인정해야 할 것이다.

(다) 경관법과 토지소유권의 제한

대략 40여 개의 법률에서 경관에 관하여 규정하는 등[179] 다양한 형태로 '경관'의 형성 내지 보전, 유지를 위해 노력하고 있다. 경관이익은 넓은 의미에서 환경이익에 속하는 것으로, 헌법상 환경권의 범주에 포함되어 환경권에 의한 보호 대상이 될 수 있다. 또한 민법상 소유권에 기한 방해제거청구권(제214조)이나 상린관계 규정(제217조)에 의해 보호될 수도 있을 것이다. '경관법'은 경관이익에 대한 기본법으로서 경관의 형성과 보전에 관하여 구체적으로 규정하고 있다. 경관법 제1조에서는 "국토의 체계적 경관관리를 위하여 각종 경관자원의 보전·관리 및 형성에 필요한 사항을 정함으로써 아름답고 쾌적한 지역특성을 나타내는 국토환경 및 지역환경의 조성에 기여함을 목적"으로 경관법이 제정되었음을 선언하고 있다.

(주 55), 265면 이하 참조.

175) 대법원 1995.9.15. 95다23378 판결.

176) 대법원 2007.6.28. 2004다54282 판결.

177) 이상욱·배성호, "경관이익보호에 관한 법적 고찰", 「비교사법」 제13권 4호, 2006.12, 415면 이하.

178) 김민규, "경관이익의 침해와 불법행위책임과의 만남", 「토지법학」 제27-2호, 2011.12, 136면.

179) 문상덕, "경관법과 지방자치", 「지방자치법연구」 제8권 제4호, 2008.12, 14면; 이헌석, "경관법상 경관협정제도의 개선방안", 「토지공법연구」 제48집, 2010.2, 71면.

이 법에서의 경관이란 "자연, 인공요소 및 주민의 생활상 등으로 이루어진 일단의 지역 환경적 특징을 나타내는 것을 말한다."(동법 제2조 제1호). 경관법은 경관계획의 수립, 경관사업의 시행, 경관협정의 체결 및 이에 대한 지원 등을 주된 내용으로 하고 있다. 경관법은 새로운 경관 형성과 경관의 보전 및 관리를 위하여 경관권을 인정하고 있다. 특히 경관법에서는 경관협정을 토지소유자 등이 자율적으로 체결할 수 있도록 하고, 자치단체장이 '인가'하여 '공고'함으로써, 주민들이 자율적으로 경관의 형성, 보전함과 아울러 지방자치단체에서 이를 지원하도록 규정하고 있다. 즉 경관협정이 체결된 지역에서의 경관은 협정서에 의해 보호되는데, 이 협정서가 자치법규적 성질을 지니고 있어 협정을 위반하는 경우 협정서에 의한 제재가 가해질 것이다.[180)]

(6) 가등기담보법과 소유권의 분화

(가) 양도담보란 채권담보의 목적으로 일정한 재산, 즉 담보 목적물을 양도한 후 채무자가 채무를 이행하지 않은 경우에는 채권자는 그 담보 목적물을 처분하여 우선변제를 받고 채무자가 이행한 때에는 그 담보목적물을 반환해 주는 형태의 담보를 말한다. 피담보채권은 통상 소비대차에 따른 원리금반환채권이다. 그러나 매매대금채권이나 공사대금채권 및 보수채권의 담보를 위해서도 가능하다. 양도담보의 목적물은 부동산이 핵심적이지만, 동산과 채권 및 지식재산권도 담보의 목적이 될 수 있다.[181)] 이러한 양도담보의 법적 성질에 대해 1984년 "假登記擔保 등에 관한 法律"이 제정되기 전까지의 학설과 판례는 신탁적 소유권이전설이 통설적인 견해였다.[182)] 이 견해에 따르면 양도담보권자는 목적물의 소유권을 완전히 취득하지만, 그 권리의 행사에서는 담보권설정자에게 담보 목적을 넘어서 행사하지 않을 채권적 구속을 받는 것이므로 담보권자의 소유권은 신탁자의 소유권에 불과하다는 것이었다.[183)] 그러나 가등기담보 등에 관한 법률이 시행된 이후에는 이 법의 적용을 받는 양도담보와 적용을 받지 않는 양도담보로 구분해야만

---

180) 이러한 경관협정에 대해 자세한 것은 윤철홍, "경관법상 '경관협정에 관한 사법적 고찰"(주 55), 296면 이하, 특히 307면 이하 참조.

181) 제철웅, 「담보법」(율곡출판사, 2011), 463면.

182) 양도담보에 대한 학설과 판례의 변천 과정 등에 대해서는 김인유, "양도담보론" 「한국민법학의 재정립(경인문화사, 2015), 332면 이하 참조.

183) 이영준 변호사는 "가등기담보 등에 관한 법률"이 시행되고 있는 현재에도 이 견해를 취하고 있다(이영준(주 113), 983면).

한다. 왜냐하면 모든 양도담보가 가등기담보법의 적용을 받는 것은 아니기 때문이다.

(나) 가등기담보법이 제정된 후에도 등기가 불가능한 동산에 대한 양도담보는 성질상 적용되지 않는다. 또한 매매대금의 지급을 담보하는 것과 같이 소비대차에 기한 채권을 담보하기 위한 것이 아니거나 부동산 가액이 차용액과 이자의 합산액에 미달하는 경우는 적용되지 않는다.[184] 이렇게 가담법이 적용되지 않는 양도담보의 법적 성질은 일종의 신탁행위가 될 것이다. 이에 따르면 소유권은 채권자에게 이전되지만, 채권자는 그 권리를 채권담보의 목적을 넘어서 행사할 수 없는 법률관계가 성립한다. 이러한 법률관계는 신탁적 소유권이전설에 해당하는 것이며, 통설[185]과 판례의 태도이다.[186] 이러한 판례에 따르면 양도담보의 대외적인 효력, 즉 제3자에 대한 관계에서는 소유권이 채권자에게 이전한다고 한다. 이러한 태도는 결국 소유권을 대내외적으로 분리되어 귀속한다는 것이다. 그러나 이러한 소유권의 분할 귀속은 일물일권주의의 원칙을 취하고 있는 우리 법제에는 부합하지 못하는 것이다.

(다) 가등기담보법은 가등기담보뿐만 아니라 양도담보에도 적용된다. 예컨대 소비대차에 기한 채권을 담보하기 위한 부동산양도담보와 부동산의 가액이 차용액과 이자의 합산 액을 초과한 경우에는 가등기담보법이 적용된다. 이와 같이 가등기담보법이 적용되는 양도담보의 법적 성질이 문제 된다. 왜냐하면 "채권자는 담보부동산에 관하여 이미 소유권이전등기가 경료된 경우에는 청산기간 경과 후 청산금을 채무자에게 지급한 때에 목적 부동산의 소유권을 취득"한다고 규정하고 있기 때문이다(동법 제4조 제2항). 이미 소유권이전등기가 경료되었다고 하더라도 공부상의 소유권을 인정하지 않는다는 규정을 어떻게 해석할 것인가의 문제이다. 이와 관련하여 학설이 대립하고 있다. 우선 가등기담보법의 제정 전에 통설이었던 신탁적 소유권이전설을 여전히 유지하고 있는 견해이다. 이에 따르면 가등기담보법은 판례의 신탁적 소유권이전설을 입법화한 것이기 때문에 양도담보는 담보목적으로 소유권을 신탁적으로 이전한 것이라고 해석하는 것이 입법 취지에 부합한다는 것이다.[187] 이에 반해 담보물권설은 이미 소유권이전등기까지 경료된 경우에

184) 대법원 2001.1.5. 2004다47682 판결; 대법원 1996.11.15. 96다31116 판결 등.
185) 송덕수, 「물권법」(박영사, 2012), 565면; 양창수, 「민법연구(6)」(박영사, 2001), 268면 등.
186) 대법원 1999.9.7. 98다4783 판결 등.
187) 이영준(주 183), 983면.

도 소유권은 이전하지 않고 있기 때문에 채권자는 양도담보권이라는 일종의 담보권을 갖는데 불과하다는 것이다.[188] 이와 관련하여 대법원은 "채권담보를 위하여 소유권이전등기를 경료한 양도담보권자는 채무자가 변제기를 도과하여 피담보채무의 이행지체에 빠졌을 때에는 담보계약에 의하여 취득한 목적 부동산의 처분권을 행사하기 위한 환가절차의 일환으로서 즉, 담보권의 실행으로서 채무자에 대하여 그 목적 부동산의 인도를 구할 수 있고 제3자가 채무자로부터 적법하게 목적 부동산의 점유를 이전받아 있는 경우에는 그 목적 부동산의 인도청구를 할 수도 있다 할 것이나 직접 소유권에 기하여 그 인도를 구할 수는 없다"고 판시하여[189] 소유권이 이전되지 않은 것을 전제로 담보물권설을 취하고 있다. 그런데 이러한 태도와는 달리 대법원은 "건물 소유를 목적으로 한 대지 임차권을 가지고 있는 자가 위 대지상의 자기소유 건물에 대하여 제3자에 대한 채권담보의 목적으로 제3자 명의의 소유권이전등기를 경료하여 준 이른바 양도담보의 경우에는, 채권담보를 위하여 신탁적으로 양도담보권자에게 건물의 소유권이 이전될 뿐 확정적, 종국적으로 이전되는 것은 아니"라고 판시하여[190] 신탁적 소유권이전설을 취하고 있는 것도 존재한다. 태도가 일관되지 못하고 있다.

이러한 양도담보는 담보목적물에 대한 소유권이 이전된 후에도 채무자가 그 담보목적물을 계속 이용할 수 있는 반면, 변제기에 변제가 없는 경우에는 채권자가 처분할 수 있는 권리를 가지고 있다. 따라서 가등기담보법을 적용받지 않는 양도담보에서와 같이 채권자에게는 처분소유권을, 채무자에게는 이용소유권을 준 것으로 분할해서 이해할 수 있다. 또한 이렇게 이해하는 것이 권리의 실체에 부합한다고 생각할 수도 있다.[191] 그러나 우리나라 민법상의 소유권은 단일 소유권을 취하고 객체에 대한 전면적인 지배권을 의미하기 때문에 이와 같은 분리는 우리 민법의 체제에 맞지 않는 것이다. 소유권의 분화로서 이해할 수는 없는 것이다.

---

188) 곽윤직/김재형, 「물권법」(박영사, 2014), 572면; 김상용, 「물권법」(화산미디어, 2012), 785면; 김증한/김학동(주 116), 598면; 송덕수(주 185), 565면; 이상태, 「물권법」(법원사, 2012), 547면; 윤철홍, 「물권법」(법원사, 2013), 563면 이하 다수.

189) 대법원 2007.5.11. 2006다6836 판결; 대법원 2005.4.15. 2003다47621 판결; 대법원 1991.11.8. 91다21770 판결 등.

190) 대법원 1995.7.25. 94다46428 판결.

191) 이영준(주 113), 384면.

(7) 부동산실명제법과 명의신탁의 법리

(가) 명의신탁의 의의

대법원의 판례에 따르면 명의신탁이란 대내적인 관계에서는 신탁자가 소유권을 보유하여 이를 관리 수익하면서 공부상의 소유명의만을 수탁자로 해두는 것인데, 이러한 행위가 통정의 허위표시가 되지 않는 이상 항상 유효하다는 것이다.[192] 이러한 명의신탁은 공부에 의하여 진정한 소유자가 아닌 자를 대외적으로 외관상은 마치 소유자인 것처럼 표시해 두려는 것이므로 명의신탁을 할 때의 소유명의를 의미하고 신탁되는 재산은 공부에 의하여 소유관계가 공시되어야 한다. 따라서 이러한 공시가 가능한 것이면 목적 불문하고 명의신탁의 성립이 가능하다는 것이다. 따라서 토지, 건물, 입목에 관한 법률에 의하여 등기된 입목, 선박, 항공기, 자동차, 중기 등의 소유권이 그 대상이 되었다. 그러나 대법원은 명의신탁의 적용대상을 확대해 가고 있는 추세이다. 즉 조선임야조사령에 의한 임야의 사정에 있어서 명의신탁을 인정하였으며,[193] 귀속재산의 불하에 대해서도 인정하였다.[194] 더 나아가 전화가입청약[195]과 단순한 계약관계에 해당하는 경매나 입찰의 경우에까지 그 범위를 확대 적용하고 있다.[196] 이러한 판례들을 고려해 볼 때 등록하면 효력이 발생하는 준소유권적인 광업권이나 어업권과 특허권과 같은 무체재산권에도 명의신탁이 가능하다고 할 것이다.[197]

(나) 부동산실명제법에 의한 소유권의 제한

1) 부동산실명제법에 따르면 1995년 7월 1일 이후부터 부동산에 관한 물권은 명의신탁의 약정에 따라 명의수탁자의 명의로 등기해서는 안 된다(동법 제3조 제1항). 이에 위반한 명의신탁약정은 효력이 발생하지 않으며(동법 제4조 제1항), 명의신탁약정에 의해 행해진 등기에 의해서는 부동산물권변동의 효력 역시 발생하지 아니한다(동법 제4조 제2항 본문). 그러나 부동산물권을 취득하기 위한 계약에서 명의수탁자가 그 일방당사자가 되고 그 타방당사자는 명의신탁약정이 있다는 사실을 알지 못한 때에는 효력이 발생한다(동조 단서).

---

192) 대법원 1965.5.18. 65다312 판결.
193) 대법원 1971.5.24. 71다512 판결.
194) 대법원 1959.1.29. 4291민상148 판결.
195) 대법원 1971.9.28. 71다1382 판결.
196) 대법원 1957.10.21. 4290민상368 판결.
197) 같은 견해로서 권오곤, “명의신탁”, 「민법주해」(Ⅴ)(박영사, 1992), 513면.

2) 채무의 변제를 담보하기 위하여 채권자가 부동산에 관한 물권을 이전받은 경우에는 채무자 채권금액 및 채무변제를 위한 담보라는 뜻이 기재된 서면을 등기신청서와 함께 등기공무원에게 제출하여야 하는데(동법 제3조 제2항), 이 규정을 위반한 채권자 및 이 규정에 의한 서면에 허위로 기재하여 제출하게 한 채무자와 제4조의 명의신탁금지의 규정을 위반한 사람에게는 부동산가액의 30%에 상당하는 과징금을 부과하고(동법 제5조 제1항), 5년 이하의 징역 또는 2억원 이하의 벌금에 처하도록 하고 있다(동법 제7조 제1항). 또한 이를 교사한 자와 명의신탁약정에 의하여 등기를 한 명의수탁자에 대해서도 3년 이하의 징역 또는 1억원 이하의 벌금에 처하도록 하고 있다(동법 제7조 제3항).

3) 과징금을 부과받은 자가 실제상의 권리자명의로 등기하지 아니하는 경우에는 2년에 한하여 첫 해는 부동산가액의 10%, 둘째 해는 20%의 이행강제금을 부과하고 있다(동법 제6조 제2항).

4) 종중재산과 부부간의 명의신탁의 경우에는 조세의 포탈 또는 강제집행의 면탈 또는 법령상 제한의 회피를 목적으로 하지 아니하는 경우에는 예외를 인정하여 금지규정, 과징금과 이행강제금 및 형사처벌 등을 적용하지 않고 있다(동법 제8조).

(다) 대내외적 소유권의 분화 법리

부동산실명제법에 따라 예외적으로 허용되는 명의신탁은 법리상 유효하다. 따라서 신탁자가 가지는 사실상의 소유권, 즉 대내적 소유권과 수탁자가 가지는 법률상의 소유권, 즉 내외적인 소유권으로 분화의 문제가 발생한다. 판례에 따르면 명의신탁의 대내관계에서는 신탁자가 소유자이므로 명의신탁이 성립하기 위해서는 명의신탁이 있기 전에 신탁자에게 소유권이 확정적으로 귀속하고 있어야 한다. 그런데 부동산물권변동에 관하여 형식주의를 취하는 우리나라에서 중간생략등기에 의한 명의신탁에서는 신탁자가 결코 소유권을 취득하지 못한다. 따라서 명의신탁에 의하여 대내적으로 보유할 소유권이 존재할 수가 없는 구조이다. 그럼에도 불구하고 판례가 신탁자는 공부상 소유자로 등기된 사실이 없다 하더라도 명의신탁의 성립에 영향이 없다고 하는 것은 편의주의적인 관점에서 내린 중대한 과오라고 생각한다.[198] 필자는 명의신탁을 법리상 통정에 의한 허위표시라고 해석하고

198) 곽윤직/김재형(주 188), 127면. 중간생략명의신탁에 의해 탈세, 탈법, 투기의 수단으로 이용되

있기 때문에 무효(민법 제108조)라고 본다.[199] 이러한 관점에서 중간생략등기에 의한 명의신탁의 유효성은 더욱 문제가 많다고 생각한다. 왜냐하면 명의신탁 자체를 무효라고 한다면, 이러한 보통의 명의신탁과는 달리 신탁자가 내부적인 소유권을 취득하지 않은 상태에서 명의신탁계약을 체결하는 점과 명의신탁 자체가 투기와 탈법의 수단으로 자주 이용되는데, 그 중에서도 이러한 중간생략등기에 의한 명의신탁이 가장 많이 행해지고 있다는 사실 때문이다.[200] 중간생략등기에 의한 명의신탁의 유효설이 제시한 논거들은 명의신탁의 유효성을 전제로 하는 것이며, 매도인에게 피해가 없다고 하나 이러한 방법을 통해 탈법과 투기가 성행하고 있어 이로 인해 발생하는 사회에 대한 악영향과 폐해는 매도인과 비교될 수 없는 것이다. 그러나 명의신탁을 통정에 의한 허위표시가 아닌 유효한 것이라고 가정한다고 하더라도 물권변동에 관하여 형식주의를 취하며 일물일권주의 원칙을 고수하고 있는 우리 민법의 체제상 신탁자가 자기명의로 등기를 하지 않는 한 소유권을 취득하지 못한다. 따라서 대내관계에서 신탁자가 보유할 소유권이 없게 되므로 대내적인 소유권과 대외적인 소유권의 분화는 있을 수 없는 것이라고 생각한다.

(8) 그 밖의 특별법들에 의한 소유권의 제한의 법리

(가) 산림법에 의한 소유권의 분화 여부

산림의 分收林制란 산림자원의 조성과 산림시업의 합리화를 도모하기 위하여 인정되는 제도로서 산림소유자가 산림법(1980.1.4, 법률 제3232호)이 규정하고 있는 시업요건(동법 제11-12조)에 위반하여 시업을 하거나 또는 시업을 하지 아니한 때에는 산림소유자의 조림, 육림, 벌채 기타 시업의 정지를 명하고, 대집행자로 하여금 대신 집행케 하고 산림소유자에게는 수익의 1할을 분수하도록 하는 것이다. 이 경우에 산림소유자가 대집행자와 그 시업으로 발생한 수익을 분배할 것을 내용으로 하는 계약을 체결한 것으로 보는데(동법 제14조 제3항), 이 계약이 체결된 산림에 관해서는 산림소유자가 대집행자에 대하여 지상권을 인정한 것으로 본

고 있어 금지해야 한다고 한다는 것은 김상용(주 118), 428면 이하 참조.

199) 윤철홍, "부동산명의신탁이론에 대한 소고", 숭실대 「법학론총」 제7집(1994), 209-238면, 특히 225면 이하; 윤철홍, "명의신탁의 무효성", 「인권과 정의」 1993.12, 49-58면 참조. 같은 견해로는 곽윤직/김재형(주 188), 127면 이하; 권오곤, 명의신탁에 관한 판례동향, 「민사판례연구」(X)(박영사, 1988), 404-405면 등.

200) 윤철홍, 법학논총(주 199), 232-233면. 특히 유효설을 주장하는 이영준도 이 점에 대해서는 인정하고 있다("명의신탁의 유효성에 관하여", 「사법논집」 제19집(법원행정처, 1988), 34면).

다(동법 제14조). 이것은 산림소유자의 권리를 제한하는 것이지 소유권의 분화를 의미하는 것은 아니라고 여겨진다.

(나) 초지법에 의한 소유권의 분화 여부

초지법(1980.1.4, 법률 제3238호)에 따르면 초지의 代理造成制란 초지 단지 조성구역 내의 토지 소유자가 초지조성 계획 내에서 정한 기간 내에 초지조성 허가를 신청하지 아니한 때에는 대리조성자로 하여금 이용케 할 수 있게 하기 위한 제도이다(동법 제14조). 초지의 대리조성제에서 토지 소유자와 대리조성자 또는 초지의 대리이용자간에는 임대차관계가 성립한다(동법 제14조 제2항). 이러한 법률관계는 법정 임대차라 할 수 있는데, 이러한 임대차에 의한 초지소유권의 제한이라 여겨진다.

(다) 할부거래에 관한 법률 등에 의한 소유권의 분화 여부

할부거래에 관한 법률(2010.3.17., 법률 제10141호) 등을 근거로 할부매매계약이나 소유권유보부매매계약을 체결한 경우, 매매대금을 완제하기 전에 목적물의 점유를 매도인으로부터 매수인에게 이전하고, 그 대신에 매도인이 대금완제시까지 목적물의 소유권을 담보하게 된다. 만약에 매수인이 매매대금을 완제하지 않으면 매도인은 유보하고 있던 소유권에 기하여 그 물건의 반환을 청구할 수 있다. 다시 말해서 매수인은 대금을 완제하기 전에도 물건을 이용할 수 있는 이용권을 갖고 매도인 역시 완제받기 전까지는 물건에 대한 처분소유권을 가진다고 할 수 있다. 이렇게 이해하여 소유권으로부터 이용권의 분리된 소유권의 분화로 이해하는 견해가 없지 않다.[201] 그러나 우리 민법은 소유권을 전면적인 지배권으로 파악하고 있으므로 소유권의 분화로 이해하는 것 보다는 물권적 기대권으로 이해하여[202] 물권에 준하는 권리를 갖는다고 하는 것이 타당하다고 생각한다.

201) 이영준(주 113), 384면.

202) 이러한 형태의 물권적 기대권에 대해서는 권오승, "물권적 기대권이 가지는 의미", 「한국 민법학의 재정립」(경인문화사, 2015), 238면 이하 참조.

Ⅴ. 소유권론의 과제

1. 이 글에서는 우리 헌법 제23조의 재산권 보장 규정과 민법 제211조를 중심으로 이루어진 소유권론의 변천 과정을 비교 법사적 관점에서 검토해 보았다.

(1) 조선 시대 중반기 이후 행해진 次知制度는 근대적인 의미의 소유권의 요소를 지니고 있었다. 그러나 이 제도가 우리의 민법전에 입법화되지 못하고 일제에 의해 근대 민법상의 소유권개념이 강제적으로 이식되었다. 우리 민법 제211조는 계수사적인 관점에서 볼 때 로마법으로부터 많은 영향을 받은 프랑스 민법 제544조와 그것을 계수한 일본 민법의 영향을 받았다. 그래서 우리 민법은 소유권의 권능을 예시적으로 열거하고 있다. 이에 반해 독일 민법은 추상적인 포괄주의를 취하고 있다. 입법 정책적인 차원에서는 독일 민법전의 태도가 더 바람직하다고 생각한다. 왜냐하면 소유권의 혼일성에 의해서 양자의 차이는 거의 없다고 하더라도, 열거주의는 전면적 포괄적인 소유권의 성질에 부합하지 못하기 때문이다. 앞으로 소유권의 내용에 대한 개정을 모색한다면 이러한 포괄적인 입법 방법으로 개정하는 것이 바람직하다고 생각한다.

(2) 소유권의 개념과 관련해서도 비록 우리 민법의 규정이 로마법으로부터 영향을 받은 것이라 하더라도, 개인주의적인 로마법적 개념으로 이해하기보다는 사회성과 단체성이 강조되는 게르만법적인 것으로 이해하는 것이 타당하다고 생각한다. 왜냐하면 소유권의 내용을 규정하고 있는 제211조 이외의 소유권과 직접 또는 간접적으로 관련된 조항들은 독일법의 영향을 받은 것도 많이 있으며, 소유권의 의무성을 규정한 1919년 바이마르 헌법 이후 이러한 헌법정신을 이어받은 각국들의 후대 헌법들, 특히 우리 헌법도 소유권, 그중에서도 토지소유권의 공공성과 사회성을 강조하였기 때문이다. 이러한 헌법에 의해 제도적으로 보장받고 있는 소유권은 자연히 제한할 수 있게 되었다. 더 나아가 소유권의 개념 자체에 제한이 내재해 있다고 보기 때문이다. 소유권의 제한은 소유권의 본질을 규정하는 중요한 요소이다. 그러나 소유권의 개념과 내용을 분리하여 이해하는 것보다는 내재적 제한설에 의해 소유권 자체에 제한이 내재한 것으로 이해하는 것이 우리나라의 현재 소유 질서와 부합되는 법리라 여겨진다.

(3) 중세 서구 유럽에서는 주석학파들의 오해로부터 기인한 상급소유권과 하급소유권으로 나누어진 분할소유권론이 지배적인 견해였다. 특히 18세기 말엽에는 프로이센일반주법ALR과 오스트리아민법전ABGB에서는 입법화되기도 하였다. 이러한 분할소유권적인 시도가 현대에도 없지는 않았지만, 우리 민법의 체계에서는 결코 인용될 수 없는 것이다. 따라서 명의신탁에서 대내적인 소유권의 분화나 양도담보에서 신탁적 소유권, 소유권유보부매매에서 처분소유권과 이용소유권의 분화 등은 인정될 수 없는 것이다. 왜냐하면 우리 민법이 철저하게 단일소유권을 지향하고 있기 때문이다.

2. 소유권은 역사적 경험적 범주에 속한 것이다. 따라서 시대와 지역에 부합하는 소유권으로 변화에 능동적으로 대처할 수 있도록 법 논리를 개발해야 할 것이다. 토지소유권의 제한과 관련된 특별법이나 민법의 해석 시에 유동적 무효와 명의신탁, 신탁적 소유권, 소유권의 분화, 개발권, 경관이익 등 다양한 법리들이 고안되고 있다. 이러한 법리들을 더욱 발전시켜 소유권의 권능에 따른 소유권의 역할을 제고하고, 이용 권능을 극대화하는 방안들이 모색되어야 할 것이다.

3. 헌법 개정 논의와 함께 또다시 토지공개념이라는 말이 회자되고 있다. 토지공개념은 법률상의 용어가 아닌 정치 내지 언론계에서 사용하던 용어로서 토지에 대한 사회성 강화의 일환으로 생성된 것이다. 학자에 따라서는 토지 철학으로 이해하기도 한다. 이러한 토지공개념은 헌법상 규정이 없다고 하더라도, 현행법 안에서도 얼마든지 관철할 수 있다. 그럼에도 문재인 정부에서는 토지공개념을 헌법에 명문으로 신설하고자 한다. 그러나 이러한 입법적인 노력이 성공하여 헌법전에 '토지공개념'이 신설된다고 하더라도, 구체적인 실천 노력이 없을 경우는 추상적 혹은 단순한 구호에 그칠 수 있다. 따라서 이러한 토지공개념을 단순한 공공성의 강화 내지 토지소유권의 규제 내지 제한에 머물지 않도록 구체적인 연구와 실천적 후속 입법 조치들이 필요할 것이다.

4. 남북통일 후 소유권 질서의 재편을 위한 준비가 구체적으로 이루어져야 할 것이다. 최근 남북정상 회담에 이어 북미정상 간의 회담 등이 개최되어 남북 사이의 긴장이 완화되고 있다. 그로 인하여 남북 이산가족의 만남이 재개되고 남북 간의 경제협력이 모색되고 있다. 거시적으로는 1960년대 후반부터 시작된 서독의 동방정책에서 확인할 수 있듯이 통일을 향한 작은 발걸음이라 할 수 있다. 북한

의 공산주의 체제하에서는 토지소유권은 물론 다른 부동산의 경우도 사소유권이 거의 인정되지 않고 있다. 따라서 주로 이용권이 문제되고 있는데, 통일 후 북한 지역의 토지 질서의 재편과 사소유권의 확대를 위한 미시적인 토지 정책적인 관점뿐만 아니라 환경정책이나 국토의 균형발전 차원에서 보다 면밀한 소유권에 대한 연구가 수행되어야 할 것이다.

용익관계에 관한 입법의 변천과 판례

– 전세권, 부동산임차권 및 주택임차권(상가건물임차권)을 중심으로 –

남 효 순

[초 록]

용익관계 특히 부동산용익관계에 관한 중요한 입법으로 전세권과 임대차에 관한 민법 그리고 부동산임대차에 관한 특별법인 농지법, 주택임대차보호법과 상가건물임대차보호법이 있다. 민법 제정 후 전세권의 개정은 1981.3.5. 주택임대차보호법의 제정으로 촉발되었고 또 2001.12.29. 상가건물임대차보호법은 주택임대차보호법을 모범으로 하여 제정된 것이어서, 부동산용익관계에 관한 입법 변천의 중심에는 바로 주택임대차보호법이 있다고 할 수 있다. 우선 민법이 제정되기 전부터 주택의 이용은 전통적으로 전세제도에 의존하였다. 1958.2.22. 제정된 민법은 이를 등기가 있어야 성립하는 전세권으로 입법하였다. 그러나 거래계에서는 미등기전세가 대부분이었다. 이러한 미등기전세의 법적 성격과 이에 적용될 법조가 무엇인지에 대하여는 학설상 논란이 있었고 또 판례의 태도도 명확하지 않았다. 그 후 미등기전세는 1983.12.30. 주택임대차보호법의 개정에 의하여 주택임차권으로 보호를 받게 되었다. 또 전세권의 경우는 1984.4.10. 민법의 개정으로 전세권자를 보호하기 위하여 건물전세권의 최단존속기간의 보장과 법정갱신, 전세금

서울대학교 법학전문대학원 교수

증감청구권과 우선변제권을 도입하였다. 그러나 전세권의 법적 성격, 전세금반환청구권과 전세권의 분리양도, 전세물의 양도에 따른 전세금반환의무의 이전 여부 등에 관한 법적 쟁점이 남아 있었고, 이에 대하여 판례의 발전이 있었다. 한편 부동산임차권의 보호를 위하여 민법 제정 당시에 많은 규정이 신설되었다. 대표적인 것으로 등기에 의하여 부동산임대차에 대항력을 부여하는 것이었다. 부동산임대차의 등기는 임대인의 협력 없이는 불가능한 것이어서 사실상 부동산임차인을 보호하는 데에 한계가 있었다. 특히 주택임차인의 경우가 그러하였다. 그런데 1970년대부터 주택임대차가 현저하게 증가하기 시작하였던바, 전국적으로 주택 중 임대차의 증가율은 1980년에 39.4%, 1985년에 42.8%, 1990년에 46.9%를 기록하면서 꾸준히 상승하였다. 주택임차인보호를 위한 특별법의 제정이 시급하던 중, 1981.3.5. 주택임대차보호법의 제정을 보게 되었다. 주택임대차보호법의 제정으로 주택임대차는 등기를 하지 않아도 주택의 인도와 주민등록만으로 대항력을 가질 수 있었고, 1년 미만의 단기임대의 경우 기간의 정함이 없는 것으로 되었고 또 임대차의 묵시적 갱신을 인정하게 되었다. 그 후 대항력, 임대기간, 묵시의 갱신에 관하여 개정이 있었고 또 차임 등의 증감청구권, 소액보증금의 최우선변제권, 보증금의 우선변제권, 임차권등기명령제도에 의한 임차권등기, 확정일자부에 의한 정보제공 등에 관한 규정이 단계적으로 신설되었다. 그 결과 현재 주택임차권자는 전세권자보다 더 강한 보호를 받는 현상이 나타나고 있다. 이는 주택임차인을 보호하려는 법의 취지상 불가피한 현상이라고 할 것이다. 주택임대차보호법 등이 시행되어 온 기간은 비록 일천하지만 이 법들은 사회적 요구에 따라 개정이 이어져 온 역사성이 있는바, 주택의 인도와 주민등록이라는 간단하고 편리한 공시방법을 유지하면서 입법을 계속적으로 보완해나가는 것이 필요하다고 할 것이다. 마지막으로 부동산용익관계에 관한 특별법은 민법으로 편입되어야 한다는 입법과제가 등장하고 있다. 주택임차인의 보호가 일반적인 사회현상이 되었다면 그에 관한 입법을 민법으로 편입하거나 또는 적어도 대항요건과 임차보증금반환의 확보와 같은 부동산임차인 보호에 관한 규정은 민법에 신설하여 민법에 일반법으로서의 지위를 확보하는 것이 필요하다고 할 것이다.

I. 서 론

용익관계에는 물권적 용익관계와 채권적 용익관계가 있다. 이 중 중요한 것은 토지, 건물, 주택과 같은 부동산의 용익관계로서, 물권적 용익권인 전세권과 채권적 용익권인 부동산임차권이 있다. 민법 제정 후 1980년대에 주택임차권자를 보호하는 특별법인 주택임대차보호법의 제정과 전세권에 관한 민법의 개정이 있었다. 이러한 입법의 제・개정은 모두 주택임차권자를 보호하기 위한 것이었다. 전세권에 관한 민법의 개정은 주택임대차보호법의 제정으로 촉발된 것이어서, 용익관계에 관한 입법의 중심에는 바로 주택임대차보호법의 제정이 있었다고 할 수 있다. 그 후 2000년대에 상가임차인을 보호하기 위한 상가건물임대차보호법이 제정되었다.

주택임차인을 보호하는 문제는 민법 제정 당시부터 이미 사회문제로 대두되었다.[1] 주택의 이용관계는 대부분의 경우 물권인 전세권에 의하지 않고 채권인 임차권을 이용하였다. 전세권의 경우에는 전세권설정자가 주택을 양도하더라도 전세권자는 대항력과 우선변제권에 의한 보호를 받을 수 있었다. 그런데 주택임차권의 경우에는 임차기간을 안정적으로 확보할 수 없었고 또 소유자가 주택을 양도할 경우에는 양수인에게 대항할 수 없었다. 더구나 주택임차인은 주택의 소유자에게 임료의 지급방식으로 제공하였던 보증금의 반환을 확보할 수 없었다. 그런데 1970-80년대에는 내 집을 마련하지 못한 이용자들의 주택에 대한 수요가 폭발적으로 늘었다. 이 시기에 아파트를 비롯한 공동주택의 건설이 급증하였지만, 도시화의 속도와 인구증가율을 따라잡지 못하였다. 1975년도까지는 10% 정도만 타인주택에서 거주하고 있었지만, 1980년대에는 주택임차인의 비율이 급격하게 높아졌다. 바로 이런 시점인 1981년에 주택임차인을 보호하기 위하여 주택임대차보호법이 제정되었다. 주택임대차보호법이 제정된 후 1984년에는 전세권자의 보호를 위하여 전세권의 개정이 단행되었다. 그 후 다시 1990-2000년대에는 상가건물의 임차인의 보호가 역시 사회적 문제로 대두되었던바, 드디어 2002년에 상가건물임대차보호법이 제정되었다. 이하 전세권, 부동산임대차 내지는 주택임대차에 관한 입법과 그 변천 그리고 그럼에도 불구하고 명확하지 않은 법적 쟁점에 관한 판례

1) 민법안의견서, 민사법연구회, 일조각, 1957, 178.

를 살펴보기로 한다.

Ⅱ. 전세권에 관한 입법의 변천과 판례

민법이 제정되기 전부터 우리 사회에는 주택의 이용관계로 전통적으로 전세제도가 있었다. 전세제도는 조선시대부터 일반적으로 행하여지고 있는 주택의 이용관계로서 주택의 이용자가 주택 시세의 일정액(1/2 내지 7·8할이 통례)을 주택소유자에게 지급하고 별도로 차임을 지불하지 않고 주택을 반환하는 때에 제공한 금전을 반환받는 제도이다.[2] 민법이 제정되면서 전세제도는 등기를 요하는 물권인 전세권으로 입법되었다. 그러나 주택소유자가 전세권등기를 설정하여 주는 것을 선호하지 않아 거래에서는 미등기전세가 다수였다. 이러한 미등기전세의 법적 성질을 어떻게 볼 것인지 또 적용할 법규가 무엇인지에 대하여 민법 제정 후 논란이 이어졌다. 그 후 미등기전세자를 보호하기 위하여 주택임대차보호법의 규정을 미등기전세에 준용하게 되었다. 한편 민법 제정 후 전세권자를 보호하기 위하여 민법이 개정되었다. 이하 미등기전세와 전세권에 관한 입법의 변천과 법적 쟁점에 관한 판례를 살펴보기로 한다.

1. 미등기전세에 대한 입법

미등기전세에 대하여 민법의 규율 중 전세권과 임대차 중에서 어느 규율을 따르는지가 문제되었다. 그러나 1983.12.30. 주택임대차보호법이 개정되어 미등기전세에 주택임대차보호법이 준용되게 되었다.

(1) 미등기전세의 법적 성질과 규율

미등기전세란 전세권의 등기만 없을 뿐이고 나머지는 전세권과 유사한 법률관계인 전세를 말한다. 미등기전세를 학자들은 채권적 전세 또는 채권적 전세권이라고 부른다. 민법(제186조)이 등기를 물권의 성립요건으로 보는 이상, 미등기전세를 채권적 전세권이라고 부를 수는 없다.[3] 그런데 민법에 물권인 전세권과 채권인

---

2) 관습조사보고서, 243(윤대성, "전세권의 입법과 법리", 민법학의 회고와 전망; 민법전시행30주년기념논문집, 한국민사법학회, 1993, 397 재인용).

임차권이 규율되면서 미등기전세에 어느 규율을 준용 내지 적용할지에 대하여는 학설이 분분하였다.[4] 미등기전세의 법률관계를 실질적으로 전세권의 그것과 동일하다고 보아, 전세권에 관한 규정을 유추적용하여야 한다는 견해가 있다.[5] 미등기전세는 등기가 되지 않았다는 점을 제외하고는 전세권과 다를 바가 없기 때문에, 물권법의 전세권 규정을 유추적용한다는 것이다. 이에 반하여 미등기전세는 전세권으로 등기가 되지 않은 이상 채권편의 임대차에 의하여 규율될 수밖에 없다는 반대의 견해도 있다.[6] 또 미등기전세는 임차부동산을 사용・수익하게 할 것을 청구할 수 있는 채권에 불과하여 물권으로서의 요건을 구비하지 않고 있지만 전세자가 상대방에 대하여 전세금을 교부하고 소정기간 상대방 소유의 건물을 사용하고 그 차임과 전세금의 이자를 상계시키어 전세자가 임료를 지급하지 아니하는 점에 임대차와 다른 전세권 유사의 성격을 가지고 있으므로, 성질에 반하지 않는 한 전세권에 관한 규정이 유추적용되어야 할 것으로 보인다는 절충적인 견해도 있다.[7] 한편 판례는 미등기전세의 법적 성질에 대하여 명확한 입장을 밝히지 않고서, 사안에 따라 물권법의 규정 또는 채권법의 규정을 적용하였다. 예를 들면, 미등기전세의 전세금반환청구권을 전세계약 자체와 분리하여 양도할 수 있다고 하는 것은 임대차의 규율에 따르는 것으로 볼 수 있고,[8] 반대로 미등기전세물의 통상의 수선의무와 그 밖에 통상의 관리에 속하는 의무를 미등기전세자에게 부담시키는 것은 전세권의 규율을 따르는 것으로 볼 수 있다.[9] 생각건대 미등기전세는 현행 민법 체계하에서는 채권의 본질을 가질 수밖에 없지만, 채권의 성질에 반하지 않는 한 전세권에 관한 규정이 유추적용될 수 있다고 할 것이다. 따라서 등기를 전제로 하는 규정인 전세권의 양도(제306조), 전세권의 경매청구권(제318조), 전세권의 최장기간의 제한(제312조)은 미등기전세에는 적용되지 않는다. 그러나 당사자들이 그 외의 법률관계에서 임대차가 아닌 전세권의 약정을 하거나 또

---

3) 이하 법률의 명칭은 민법 또는 주택임대차보호법을 설명하는 부분에서는 법률명 없이 인용하고, 다른 법률을 함께 설명할 경우는 괄호 안에서 법률명을 사용하여 인용한다.

4) 자세한 것은 윤대성, "전세권과 미등기전세와의 관계 - 입법론적 검토 -", 민사법학 37호, 2007, 한국사법행정학회, 351 이하 참조.

5) 윤대성, 전게서, 360.

6) 주석민법, 물권(3)(박순성 집필부분), 사법행정학회, 2011, 231.

7) 서성, "채권적 전세권에 관한 민법의 적용법조 – 목적물에 대한 통상의 관리의무와 관련하여 –", 대법원판례해설 2권 2호, 법원도서관, 1978, 61.

8) 대법원 1969.12.23. 69다1745 판결.

9) 대법원 1978.1.24. 77도3465 판결.

는 물권법의 규율에 따른다는 사실인 관습이 있을 경우에는 이를 비전형의 무명계약으로 보고 또 물권법의 규율이 유추적용될 수 있다고 할 것이다.[10)]

(2) 주택임대차보호법의 준용

1983.12.30. 주택임대차보호법이 개정되면서 미등기전세에 대하여는 주택임대차보호법을 준용하는 규정(제12조)을 신설하였다. 이 경우 전세금은 임대차의 보증금으로 본다(주임법 제12조 단서). 이는 거래계에서 전세권의 등기를 하지 않음으로써 발생하는 문제점을 해결하기 위한 것이다. 예를 들면, 미등기전세도 대항력과 우선변제권(주임법 제3조, 제3조의2)이 인정된다. 그러나 미등기전세가 대항력을 갖춘 경우에는 전세권으로 보아야 한다는 견해도 있지만,[11)] 대항력을 갖는다고 해서 바로 전세권이 될 수는 없다고 할 것이다. 또 1999.3.1. 주택임대차보호법의 개정으로 임차권등기명령제도(제3조의3)가 도입되어 미등기전세도 등기할 수 있게 되었다. 이 경우에도 미등기전세가 등기가 되는 경우 전세권의 규정이 적용된다는 견해가 있지만,[12)] 임차권등기명령에 의한 등기의 경우 전세금을 기재하지 않는 등(제3조의3 제2항 참조) 전세권등기와 동일시 할 수는 없다. 주택임대차보호법상의 임차권등기명령이 도입되기 전의 판례이지만, 판례가 주택에 대한 전세계약을 체결하여 주택임대차보호법상의 대항력을 갖춘 임차인이 그 후 전세권설정등기까지 경료한 경우 선순위 근저당권의 실행으로 전세권등기가 말소된다고 하더라도 대항력을 상실하지 않는다고 하는바,[13)] 이는 임차권등기명령에 의한 등기도 미등기전세자를 보호하기 위한 것일 뿐이라는 것을 말하는 것이라고 볼 수 있다. 요컨대 미등기전세가 임차권등기명령에 의하여 등기되는 경우 어디까지나 주택임차권으로 등기되는 것이지 전세권으로 등기되는 것은 아니라고 할 것이다.

10) 이자로 차임을 지급하기 위하여 보증금을 교부하는 것이 임대차와 미등기전세를 구별하는 기준이 되지는 않는다. 보증금이 교부되더라도 그 밖의 법률관계를 임대차로 규율할 경우에는 미등기전세라고 할 수 없다. 이러한 구분이 학설상 또는 판례(대법원 1995.7.14. 94다15318 판결 참조)상 명확히 지켜지고 있지는 않다.

11) 윤대성, "전세권과 미등기전세와의 관계 – 입법론적 검토 –", 359.

12) 윤대성, 전게서, 359.

13) 대법원 1993.11.23. 93다10552,93다10569 판결.

2. 전세권에 관한 입법의 변천

민법 제정 후 전세권에 담보물권성을 인정할 수 있는지에 대하여 논란이 있어왔다. 그리고 1984.4.10. 전세권자를 보호하기 위하여 민법 개정이 단행되었다. 그것은 한편으로 전세권에 우선변제권을 부여하기 위한 것이었고, 다른 한편으로 주택임차인의 보호에 관한 주택임대차보호법의 규정과 같은 규정을 전세권자를 보호하기 위하여 도입하기 위한 것이었다. 전세권의 개정은 일반 전세권에 관한 것과 건물전세권에 관한 것으로 나누어 볼 수 있다. 전자로 전세권의 우선변제권(제303조 제1항 후단)과 전세금증감청구권(제312조의2)이 있고, 후자로 건물전세권의 최단존속기간(제312조 제1항)과 법정갱신제도(제312조 제4항)가 있다. 그런데 이러한 개정에도 불구하고 전세권의 많은 쟁점들이 여전히 미해결인 채로 남았다. 이는 용익물권을 비롯한 제한물권에 관한 민법상의 규정이 충분하지 않는 데에서 기인하는 것이다. 이에 대하여는 판례의 발전이 필요하였다.

(1) 건물전세권의 최단존속기간(1년)의 보장

건물전세권의 최단존속기간을 1년으로 하였다(제312조 제2항). 본조는 주택임차권의 최단기간에 관한 규정(주임법 제4조 제1항)의 영향을 받은 것이었다. 제정 주택임대차보호법은 1년 미만으로 정한 경우 기간이 정함이 없는 것으로 보았지만, 민법은 전세권의 최단기간을 1년으로 하여 건물전세권자를 보호하였다.[14] 그 후 1989.12.30. 개정으로 주택임대차보호법은 최단기간을 2년으로 하였으나, 전세권의 최단기간은 개정되지 않았다.

(2) 법정갱신제도의 신설

묵시적 갱신이 인정되면 전세기간은 정함이 없는 것으로 하는(제312조 제4항) 법정갱신제도가 신설되었다. 이는 주택임대차의 묵시적 갱신(주임법 제6조 제1항)을 민법 상의 전세권에 도입하려는 것이었다. 그 후 2009.5.8. 개정으로 주택임대차보호법은 묵시적 갱신의 경우 임대기간을 2년으로 하였지만(제6조 제2항), 민법은 그러하지 않았다.

---

14) 주석민법, 물권(3)(박순성 집필부분), 345.

(3) 전세금증감청구권의 신설

전세금증감청구권(제312조의2)을 신설하였다. 본조의 개정에는 두 가지 점이 고려되었다. 첫째, 1983.12.30. 주택임대차보호법의 개정으로 차임증감청구권(제7조)을 두게 되었는데, 이를 민법의 전세권에도 도입하기 위한 것이었다. 둘째, 주택임대차보호법상의 전세금증액을 제한하는 것을 도입하기 위한 것이었다. 민법은 지상권의 지료증감청구권(제286조)과 임대차의 차임증감청구권(제628조)을 인정하고 있다. 그러나 증액청구권을 제한하는 규정은 없다. 주택전세의 경우에도 전세금의 폭등이 커다란 사회적 문제였다. 결국 전세금증액의 경우에는 대통령령이 정하는 기준에 따른 비율을 초과하지 못한다는 주택임대차보호법 제7조 단서 규정을 전세권의 경우에도 도입하게 된 것이다. 전세금증액청구의 제한은 존속기간 만료 후 약정갱신을 하거나 또 갱신거절의 통지를 하는 경우에는 인정되지 않는다(제312조 제4항).[15]

(4) 우선변제권의 인정

민법 제정 당시 전세권에 경매청구권을 인정하면서도(제318조) 우선변제권은 인정하지 않았다. 전세권자에게 투하자본의 회수를 보장하기 위해서는 우선변제권을 인정하는 것이 필요하였다. 그런데 민법 제정 후 입법된 경매법(제34조 제3항)은 전세권을 저당권과 동일하게 취급하여 우선배당을 인정하였고, 파산법(제84조)은 전세권자에게 유치권자, 질권자, 저당권자와 마찬가지로 별제권을 인정하였으나, 정작 실체법인 민법은 전세권의 우선변제권에 대하여 아무런 규정을 두지 않았던바, 전세권자의 우선변제권을 인정하게 된 것이다. 그런데 우선변제권을 인정한 개정이 있었음에도 불구하고 전세권에 담보물권성을 인정할 수 있는지에 대하여는 학설의 대립이 여전하였다.

3. 전세권의 쟁점에 대한 판례

전세권은 민법의 규율에도 불구하고 명확하지 않은 점이 있어 여러 가지 쟁점이 제기되었다. 우선 전세권의 성립에 관련된 것으로서, 전세금의 지급 또는 전세

---

15) 민법주해[Ⅵ], 물권(3)(박병대 집필부분), 박영사, 1992, 237-8; 주석민법, 물권(3)(박순성 집필부분), 363.

물의 인도가 전세권의 성립을 위하여 필요한지의 쟁점이 있다. 또 전세권의 존속상의 것으로서, 전세금반환청구권을 전세권과 분리하여 양도할 수 있는지 또 전세물의 소유권이 양도되면 전세금반환의무도 이전되는지의 쟁점이 있다. 그리고 본질적인 것으로서 전세권에 담보물권성을 인정할 수 있는지의 쟁점이 있다.

(1) 전세권의 법적 성질의 쟁점에 관한 판례

1984.4.10. 민법 개정으로 우선변제권(제303조 제1항)을 인정하였지만 여전히 전세권에 담보물권성을 인정할 수 있는지가 학설상 논란이 되었다.[16)]

(가) 학 설

용익물권설은 전세권은 용익물권의 성질만을 갖는다고 본다. 전세권이 소멸하여야 발생하는 전세금반환청구권의 반환을 위하여 경매청구권과 우선변제권이 인정된다고 해서, 소멸한 전세권이 담보물권으로서 존속하는 것은 아니라고 한다.[17)] 반대로 담보물권설은 전세권을 전세물의 사용·수익을 수반하는 부동산질권으로 이해한다.[18)] 그 논거로 전세금의 지급이 전세권의 성립을 위한 요건이 되고 또 전세권자의 용익권능은 전세권이라는 부동산질권의 속성일 뿐이라는 것을 든다. 또 겸유설은 전세권에 용익물권과 담보물권의 성질을 모두 인정한다.[19)] 미등기전세의 전통적 기능과 현행 민법상의 전세권의 규율을 고려하는 것이다. 즉, 민법의 많은 규정(제309조, 제310조, 제311조, 제312조의2, 제316조 등)은 전세권설정자와 전세권자 사이의 용익관계를 규율하고 있어 전세권을 순수한 담보물권으로 이해하는 것은 민법제정자의 의사와 개정의 취지에 부합하지 않는다고 한다.[20)] 또 전세권에 담보물권에 대한 자세한 규율이 없는 것은 입법의 불비이다.[21)] 겸유설에는 다시 전세권의 용익물권성과 담보물권성이 동등하다는 견해(동격설)가 있는가

16) 민법의 개정 전과 개정 후에 있었던 학설 상황에 대하여는 주석민법, 물권(3), 238-48 참조.

17) 양창수, "전세권", 고시계, 1992/3. 95.

18) 윤대성, 한국전세권법연구, 삼지원, 1988, 255.

19) 곽윤직, 물권법[민법강의 Ⅱ], 박영사, 2015, 345; 김증한·김학동, 물권법, 박영사, 1997, 413; 오시영, "전세권의 용익물권성과 담보물권성 분리에 따른 입법론적 고찰", 민사법학 제48호, 한국민사법학회, 2010, 236; 이영준, 724; 이은영, 물권법, 박영사, 2002, 628; 남효순, "전세금과 전세권의 관계 – 전세권 요소의 법적 의미와 전세권의 법적 성질 –", 서울대학교 법학연구소, 2008, 200-8.

20) 박순성, "전세권에 관한 판례의 동향과 전망 – 전세권의 담보물권성을 중심으로 –", 21세기 한국민사법학의 과제와 전망, 심당송상현선생화갑기념논문집, 박영사, 2002, 85.

21) 곽윤직·김재형, 물권법, 346.

하면,[22] 용익물권성이 주된 성질이라는 견해도 있다.[23] 후자의 견해는 전세권은 용익물권성을 기본으로 담보물권성은 부차적으로 겸유하는 특수용익물권으로 이해한다.

한편 전세권의 담보물권성이 어느 때 나타나는가에 대하여도 견해가 대립하고 있다. 우선 특수용익물권설은 전세권의 담보물권성이 가장 두드러지게 나타나는 것은 용익기간의 만료나 경매로 인하여 전세금의 반환 등 전세관계의 청산이 문제되는 단계이고, 전세권의 용익기간 중에는 담보물권성은 내재하고 있을 뿐이라고 한다.[24] 즉, 전세권의 담보물권성은 전세금을 수수하는 전세권성립의 단계에서 부분적으로 현출되고, 전세권이 소멸하는 경우에 경매절차가 진행되면서 결정적으로 다시 나타나게 되지만, 용익기간 중에는 담보물권성은 용익적 권능의 표면 아래에서 잠재하고 있을 뿐이라고 한다.[25] 마찬가지로 전세권은 전세권성립 당초부터 장래의 담보물권으로 존재하던 것이 용익물권으로서의 전세권의 소멸과 동시에 현재의 담보물권으로 전화되는 것이라고 한다.[26]

(나) 판 례

판례는 겸유설을 취하고 있다.[27] 다만, 전세권자가 목적물을 사용·수익하는 것을 완전히 배제하는 것이 아니라면, 전세권을 주로 채권담보의 목적으로 설정하는 것도 허용된다고 한다.[28] 전세권에는 담보물권성이 인정되는 이상 부종성, 수반성, 물상대위성과 불가분성의 담보물권의 통유성이 인정된다고 한다. 그러나 전세권의 경우 담보물권성은 용익물권성에 의하여 제한을 받으므로, 담보물권의 통유성이 온전하게 인정되는 것은 아니다. 판례를 용익기간 중과 종료 후로 구별하여 살펴본다.

---

22) 이은영, 물권법, 628; 주석민법, 물권(3)(박순성 집필부분), 248.
23) 김증한·김학동, 413; 이영준, 724; 민법주해[Ⅵ], 물권(3)(박병대 집필부분), 박영사, 1992, 174.
24) 이상태, "전세권 위에 설정된 저당권의 효력", 일감법학 제7권, 2002. 24.
25) 주석민법 물권(3)(박순성 집필부분), 248; 민법주해[Ⅵ], 물권(3)(박병대 집필부분), 박영사, 1992, 174.
26) 양창수·권영준, 권리의 보전과 담보, 민법 Ⅲ, 박영사, 2015, 654.
27) 대법원 1995.2.10. 94다18508 판결.
28) 대법원 2005.5.26. 2003다12311 판결. 같은 취지의 판결, 대법원 1995.2.10. 94다18508 판결; 대법원 2009.1.30. 2008다67217 판결.

1) 용익기간 중의 전세권의 담보물권성에 관한 판례

판례에 의하면 전세권의 피담보채권인 전세금반환채권은 조건부채권 또는 기한부채권로서 전세권은 성립 당시부터 담보물권으로 존재하고 그에 따른 우선순위를 확보한다고 한다. 이는 담보물권성은 전세권이 성립하는 때부터 인정되는 것이지, 용익기간의 종료 후 발현되거나 또는 전환되는 것은 아니라는 것을 말하는 것이다. 그런데 후술하는 바와 같이, 용익기간 중에는 전세금반환청구권을 전세권과 분리하여 양도하는 것이 허용되지 않으므로,[29] 이 점에서 전세금반환채권의 수반성은 저당권의 경우와 다르다.

2) 용익기간 종료 후의 전세권의 담보물권성에 관한 판례

판례는 용익기간이 종료된 후에는 전세권은 용익물권성을 상실하고 담보물권성만 존속한다고 한다.[30] 판례는 특별한 사정이 없는 한 전세금반환청구권의 양도에 담보물권도 수반하여 이전되지만,[31] 담보물권으로서의 전세권의 소멸을 전제로 하는 전세금반환청구만의 양도도 허용한다.[32] 이 경우 무담보의 전세금반환청구권만 양도된다고 한다.[33] 이 점에서 용익기간 중과는 달리 전세금반환청구권에 대한 전세권의 부종성과 수반성은 담보물권의 그것과 완전히 동일하다고 할 것이다.[34]

(2) 전세권의 성립을 위한 전세금의 지급 여부의 쟁점에 관한 판례

전세권의 성립을 위해서는 전세금의 지급이 필요한지가 문제이다.[35]

(가) 학 설

긍정설은 그 논거로 전세금은 전세권의 요소를 이룬다거나, 전세금의 수수는

---

29) 대법원 2002.8.23. 2001다69122 판결.

30) 대법원 1995.2.10. 94다18508 판결 참조.

31) 대법원 2005.3.25. 2003다35659 판결.

32) 대법원 1999.2.5. 97다3399 판결.

33) 판례는 전세권이 용익기간의 만료로 소멸하거나 전세계약의 합의해지된 경우에는 담보물권의 속성상 담보물권이 없는 무담보의 전세금반환채권을 양도하는 것을 인정하고 있다(대법원 1997.11.25. 97다29790; 대법원 1999.2.5. 97다33997 판결).

34) 전세권이 용익기간의 만료 후의 전세금반환채권의 양도에 관하여는 최우식, “전세권과 분리된 전세금반환채권의 양도”, 재판과 판례 7집, 대구판례연구회, 1997, 참조.

35) 자세한 사항은 남효순, “전세금과 전세권의 관계 – 전세권 요소의 법적 의미와 전세권의 법적 성질 –”, 184-189 참조.

전세권 고유의 특성이라거나, 전세금의 지급은 등기사항이라거나, 전세금의 지급은 피담보채권의 발생에 해당하는 것으로 담보물권의 부종성상 전세금의 지급이 필요하다는 것을 들고 있다.[36] 이에 반하여 부정설은 전세금의 지급이 필요하다는 것은 전세금설정계약을 요물계약으로 보는 것인데 민법에는 명문의 규정이 없다거나, 부동산의 인도가 전세권의 성립요건이 아니듯이 전세금의 지급도 성립요건이 아니라거나, 전세금이 지급될 때까지 동시이행의 항변에 의하여 전세물의 인도를 거절할 수 있어 불리하지 않다거나, 전세금의 지급이 없는 경우에도 담보물권성은 장래의 채권을 담보하는 것으로서 담보물권성에는 아무 지장이 없다는 논거를 들고 있다.[37]

(나) 판 례

판례는 전세금을 지급하여야 전세권이 성립한다고 본다.[38] 다만, 판례는 전세금은 현실적으로 수수되어야 하는 것은 아니고, 기존의 채권으로 전세금의 지급에 갈음할 수 있다고 한다.[39] 판례는 전세권의 성립과 동시에 담보물권성을 인정하기 위하여 전세금 지급을 요구하고 있는 듯하다.

(3) 전세권의 성립을 위한 전세물의 인도 여부의 쟁점에 관한 판례

전세물의 인도가 전세권의 성립을 위하여 필요한 요소인지가 문제이다.

(가) 학 설

다수설인 부정설은 전세물의 인도는 전세권의 성립요건이 아니라고 본다.[40] 이에 반하여 긍정설은 전세권은 전세물의 점유를 요소로 하고 있으므로 전세권자의 점유를 확보해주기 위해서는 반드시 부동산의 인도가 있어야 전세권이 성립한다

36) 곽윤직 · 김재형, 전게서, 346; 김상용, 물권법, 법문사, 1999, 540; 김증한 · 김학동, 전게서, 415; 이은영, 전게서, 박영사, 2002, 655; 홍성재, 물권법, 대영문화사, 2006, 453; 주석민법, 물권(3)(박순성 집필부분), 246; 민법주해[VI], 물권(3)(박병대 집필부분), 191; 소재선, "전세목적물의 양도와 전세금반환의무 대법원 2000.6.9. 99다15122 판결", Jurist 제410호, 청림인터렉티브, 2006, 401.

37) 김증한 · 김학동, 전게서, 415; 이영준, 전게서, 683; 강성태, "지역권 · 전세권에 관한 해석과 입법론", 재산법연구 21/1, 법문사, 2004, 34.

38) 대법원 1995.2.10. 94다18508 판결.

39) 대법원 1995.3.15. 94다18508 판결; 대법원 2009.1.30. 2008다67217 판결.

40) 김상용, 전게서, 506; 김증한 · 김학동, 전게서, 415-6; 이영준, 전세서, 740; 민법주해[VI], 물권(3)(박병대 집필부분), 185.

고 한다.[41)]

(나) 판 례

판례는 당사자가 전세권을 주로 채권담보의 목적으로 전세권을 설정하여 그 설정과 동시에 전세물을 인도하지 아니한 경우라 하더라도, 장차 전세권자가 전세물을 사용·수익하는 것을 완전히 배제하는 것이 아니라면 그 전세권의 효력을 부인할 수는 없다고 하여 부정설을 취하고 있다.[42)] 나아가 판례는 전세권자의 명의를 제3자로 하는 것도 가능하다고 한다.[43)] 이는 일반 물권의 경우와 마찬가지로 전세권을 물권행위와 등기에 의하여 성립하는 관념적인 권리라고 보는 것이다.[44)] 따라서 전세권 양도의 경우에도 점유물의 이전은 필요하지 않는 것이다.

(4) 전세금반환청구권과 전세권의 분리양도 여부의 쟁점에 관한 판례

전세금반환청구권을 전세권과 분리하여 양도할 수 있는지가 문제이다.

(가) 학 설

대부분의 학설은 전세금반환채권도 임차보증금반환채권과 마찬가지로 조건부 또는 기한부채권이라고 보기 때문에 조건부 분리양도는 허용한다.[45)] 조건부 분리양도설은 장래의 권리의 처분행위는 현재 할 수 있으나 처분의 효력은 장래의 권리가 현실화된 때에 발생한다는 것이다. 확정적 분리양도를 부정하는 근거로 전세금은 전세권의 성립요건일 뿐만 아니라 존속요건이라거나, 전세권은 용익물권과 담보물권으로 분리될 수 없다거나, 전세금반환채권의 분리양도를 허용하면 담보물권의 수반성에 반한다는 것 등을 논거로 들고 있다.[46)] 이에 반하여 甲이 전세금을 지급하고 전세권을 취득한 이후 乙에게 전세금의 반환청구권을 양도한 경우에 이의 효력을 인정하는 것이 타당하다는 것을 논거로, 용익기간의 존속 중 전세금

41) 주석민법, 물권(3), 264.
42) 대법원 1995.2.10. 94다18508 판결; 대법원 2009.1.30. 2008다67217 판결.
43) 대법원 1995.2.10. 94다18508 판결.
44) 곽윤직·김재형, 전게서, 7.
45) 오시영, 물권법, 학현사, 2009, 538; 이영준, 전게서, 2004.
46) 그 밖에 부정설은 전세금반환채권은 전세권의 일부분을 이루는 종된 권리로서 전세금반환채권의 분리양도도 허용될 수 없다는 점, 담보물권이 존속하고 있음에도 불구하고 피담보채권만을 처분할 수 있다는 것은 담보물권의 본질에 반한다는 점 등을 들고 있다. 부정설의 논거와 이에 대한 비판에 대한 자세한 것은 남효순, "용익기간 중의 전세금반환채권의 분리양도", 민사법학 제43-1호, 한국민사법학회, 2008.12, 62-6 참조.

반환청구권의 분리양도를 허용하는 견해가 있다.[47] 또 확정적 분리양도를 허용하더라도, 전세물의 용익대가인 전세금의 지급에 관한 규정(제303조), 전세권설정자와 전세권자에 의한 전세금증감청구권에 관한 규정(제312조의2)과 전세권설정자에 의한 손해배상금공제에 관한 규정(제315조의2)에 반하지 않는다고 하는 견해가 있다.[48]

(나) 판 례

판례는 민법 개정 전부터 전세금반환청구권의 분리양도를 부정하여 왔는데,[49] 전세권이 존속하는 동안은 전세권을 존속시키기로 하면서 전세금반환채권만을 전세권과 분리하여 확정적으로 양도하는 것은 허용되지 않지만 장래에 그 전세권이 소멸하는 경우에 전세금 반환채권이 발생하는 것을 조건으로 하여 장래의 조건부 채권을 양도할 수 있을 뿐이라고 한다.[50] 판례는 용익기간 중 전세권에 담보물권성을 인정하는 한, 전세금반환청구권의 분리양도는 허용되지 않는 것이라고 한다.

(5) 전세물의 양도와 전세금반환채무의 이전 여부의 쟁점에 관한 판례

전세물의 소유권이 양도되는 경우 전세물의 구소유자와 신소유자 중 누가 전세금반환의무를 부담하는지가 문제이다.

(가) 학 설

학설은 부정설(불이전설)과 긍정설(이전설)이 대립하고 있다.[51] 우선 불이전설은 전세금반환채무는 신소유자에게 이전되지 않는다고 한다.[52] 전세금반환채무는 일반의 채무와 마찬가지로 채무인수에 의해서만 양수인에게 이전된다고 본다. 불이전설의 논거 중 전세물의 신소유자는 구소유자의 전세금반환채무에 대하여 물상

---

47) 김증한 · 김학동, 전게서, 423. 주9).

48) 자세한 사항은 남효순, "용익기간 중의 전세금반환채권의 분리양도", 66-74, 참조.

49) 대법원 1966.6.28. 66다771 판결(공보불게재); 대법원 1966.7.5. 66다850(요지 민Ⅰ, 573) 판결; 대법원 1966.9.6. 66다769 판결(공보불게재).

50) 대법원 2002.8.23. 2001다69122.

51) 자세한 것은 것은 남효순, "용익기간 중 전세물의 양도와 전세금반환의무의 이전 여부 – 물권 및 물권적 청구권 개념에 대한 새로운 이해의 단초 –", 법학 제49권 4호, 서울대학교 법학연구소 2008. 12, 379-97, 참조.

52) 이상태, "전세목적물의 양도와 전세금반환의무", 민사판례연구, 박영사 2000, 210-11; 이재성, "임차주택을 양도한 자의 임차인에 대한 보증금반환책임", 판례평석[X], 506; 이주흥, "전세권의 경매(하)", 법조 31/11, 법조협회, 1982, 54-7; 소재선, 전게논문, 403-8.

보증인이 되어 저당목적물의 제3취득자와 비슷하고, 민법은 전세금반환의무의 이전에 관한 주택임대차보호법(제3조 제4항)과 같은 규정을 두고 있지 않고, 제576조(제2항)는 전세금반환의무의 불이전을 전제로 매수인이 매도인에 대하여 전세금 등 출자액의 상환청구를 인정하고, 전세금반환관계는 채권계약인 전세권설정계약으로부터 발생하는 채권관계이므로 전세목적물의 양도라는 물권관계에 수반하지 않는다는 것 등을 그 논거로 제시하고 있다.[53] 이에 반하여 이전설은 전세물이 양도되면 전세금반환채무는 신소유자가 부담한다고 한다.[54] 그 논거로 민법은 유익비상환청구권(제310조), 소멸통고권(제313조) 등의 전세권관계(제310조-제317조)를 전세권자와 전세물소유자의 관계로서 규율하고 있고, 제576조(제2항)가 전세목적물이 전전양도된 경우 최종매수인의 직전 매도인에게 담보책임을 인정하고, 전세권이라는 물권이 성립하면 전세금관계는 이제 채권관계가 아닌 물권법정주의에 따라 법이 정한 전세권의 내용과 효력에 좇아 전세권자가 목적물을 직접 지배하는 권리의무관계로 이행되므로 신소유자는 종전 소유자와 동일한 지위에 있게 되고, 임차권에 대항력이 있는 경우에 임대인으로서의 지위가 임차물의 양수인에게 당연히 승계된다는 법리(주임법 제3조 제4항)는 성질상 당연히 대세적 효력이 있는 전세권에도 인정된다는 것 등을 들고 있다.[55]

불이전설과 이전설은 매도인의 담보책임(제576조)에 관한 규정을 각각 자신의 논거로 들고 있지만, 이 규정은 어느 학설의 논거도 될 수 없는 중립적인 것이라고 하겠다. 전세권이 실행되어 매수인이 취득한 소유권을 상실하거나 또는 매수인이 자신의 출재로 소유권을 보존하게 되는 경우에 매수인이 매도인에게 소유권의 이전의무를 이행하지 못한 데에 따른 책임을 묻는 규정일 뿐 전세금반환의무를 누가 부담하느냐는 것과는 무관한 규정이라고 할 것이다.[56]

---

53) 그 밖에 전세금은 고액이어서 양수인에게 예측하지 못할 손해를 줄 수 있고, 전세권자에게 경매청구권이 있으므로 전세금반환의무의 이전을 부정하더라도 전세권자는 충분히 보호받을 수 있고, 신소유자의 신용상태를 알 수가 없으므로 전세금반환채무의 이전이 반드시 전세권자에게 유리한 것은 아니라는 등의 논거가 제시되고 있다. 논거에 대하여는 남효순, "용익기간 중 전세물의 양도와 전세금반환의무의 이전 여부 – 물권 및 물권적 청구권 개념에 대한 새로운 이해의 단초 –," 380-3, 참조.

54) 이영준, 전게서, 694; 이은영, 전게서, 박영사, 2002, 642; 홍성재, 전게서, 2006, 456; 양창수, "전세권", 고시계, 1992.3, 13; 민법주해[VI], 물권(3)(박병대 집필부분), 181-91.

55) 자세한 사항은 남효순, "용익기간 중 전세물의 양도와 전세금반환의무의 이전 여부 – 물권 및 물권적 청구권 개념에 대한 새로운 이해의 단초 – ", 384-5 참조.

56) 자세한 것은 남효순, "용익기간 중 전세물의 양도와 전세금반환의무의 이전 여부 – 물권 및 물

(나) 판 례

판례는 이전설을 취하여 전세권이 성립한 후 전세물의 소유권이 이전되는 경우 전세금반환의무를 포함한 전세권설정자로서의 지위가 승계됨을 인정한다.[57] 판례는 전세권은 전세권자와 신소유자 사이에서 계속 동일한 내용으로 존속하고, 그 결과 신소유자는 구소유자와 전세권자 사이에 성립한 전세권의 내용에 따른 권리의무의 직접적인 당사자가 되므로, 구소유자는 전세권설정자의 지위를 상실하여 전세금반환채무를 면한다고 한다. 즉, 판례는 민법이 상환청구(제310조), 소멸청구(제311조). 갱신청구(제312조 제4항), 전세금증감청구(제312조의2), 원상회복(제316조 제1항), 매수청구(제316조 제2항) 등의 법률관계는 권리행사 당시의 전세권자와 전세물소유자의 관계에서 의미를 갖는다는 것을 그 논거로 들고 있다.

용익기간이 종료된 후 전세물이 양도될 경우 전세금반환의무가 이전하는지에 대한 판례는 아직 존재하지 않는다. 만일 판례가 전세금반환의무는 이전하지 않는다고 한다면, 전세물의 소유자와 전세금반환의무자가 분리되어 전세금반환청구권은 용익기간의 종료 당시의 전세물의 소유자에게만 주장할 수 있는 채권적 청구권의 성질을 가지게 된다. 이를 위해서는 전세권의 용익기간이 종료된 후에는 전세금반환채무자를 기재하는 등기를 허용하도록 부동산등기법(제72조)을 개정할 필요가 있다. 이에 반하여 판례가 전세금반환의무가 전세물의 양도에 수반하여 함께 이전된다고 볼 경우에는 전세물의 신소유자가 전세금반환의무를 부담하게 되어, 용익기간이 존속 중인 경우와 마찬가지로 전세금반환청구권은 전세물의 소유자 누구에 대해서나 주장할 수 있어 대세적인 권리가 된다.[58]

Ⅲ. 부동산임차권에 관한 입법의 변천과 판례

민법 제정시 일정한 사용료를 지불하고 주택 내지 부동산을 이용하는 용익관계는 채권법에 의하여 임대차로 규율되었다. 후술하는 바와 같이, 민법은 구민법보다도 부동산임차인의 보호를 위하여 많은 규정을 신설하였다. 특히 "매매가 임

권적 청구권 개념에 대한 새로운 이해의 단초 －", 400-6, 참조.

57) 대법원 2000.6.9. 99다15122 판결; 대법원 2006.5.11. 2006다6072 판결.

58) 필자는 이러한 성질의 청구권을 물권적 청구권이라고 부른다. 자세한 것은 남효순, "물권관계의 새로운 이해 － 물권 및 물권적 청구권의 개념에 대한 새로운 이해의 단초2 －", 민사법학 제63-1호, 2013.6, 311-41 참조.

대차를 깨뜨린다."는 원칙에 따라 임차인은 주택의 신소유자에게 대항할 수 없다는 근본적인 문제점을 해결하기 위하여 요건을 완화하여 부동산임대차의 등기(제621조)를 허용하였다. 이는 부동산임차권의 물권화의 중요한 내용에 해당한다.[59] 그러나 부동산임대차의 등기는 임대인의 협력이 있거나 반대가 없어야 가능하다는 근본적인 한계가 있었다. 부동산임대차가 대항력을 얻는 것은 사실상 불가능한 것이나 다름이 없었다. 그 후 주택임대차는 1981.3.5. 특별법인 주택임대차보호법에 의하여 보호를 받게 되었다.[60] 그 핵심은 주택임대차에 대항력을 부여하는 것과 또 주택임차권에 우선변제권을 갖게 하는 것이었다. 이하 민법상의 부동산임대차에 대한 규율을 먼저 살펴본 후에 주택임대차에 관한 입법의 변천과 법적 쟁점에 관한 판례를 살펴보기로 한다.

1. 부동산임대차에 대한 민법의 변천과 판례

민법은 제정 당시 임대차를 규율하면서 많은 조문을 신설하였다(제622조, 제628조, 제631조, 제632조, 제638조, 제640조, 제642조-제653조). 이 중 부동산임차인의 보호와 관련이 있는 규정으로 임대차의 등기(제621조), 건물등기 있는 건물소유목적의 토지임대차의 대항력(제622조), 차임증감청구권(제628조),[61] 임차인(또는 전차인)의 갱신청구권·매수청구권(제642조, 제643조), 임차인(또는 전차인)의 부속물매수청구권(제646조, 제647조) 등을 들 수 있다.[62] 특히 중요한 것은 부동산임차권의 대항력에 관한 규정(제622조)이다. 나머지 부동산임차인을 보호하기 위한 규정들은 그 실효성이 떨어졌다.[63] 한편 2016.1.6. 민법 제651조가 삭제되어 일정한 임대차에 대하여 존재하던 최장기간의 제한이 폐지되었다. 부동산임차권은 안정적

---

59) 곽윤직, 채권각론[민법강의 Ⅳ], 박영사, 2114, 191-4; 김증한, 채권각론[민법강의 Ⅳ], 박영사, 1989, 222-5; 김형배, 채권각론, 411-3; 이은영, 채권각론, 박영사, 2004, 469-70: 주석민법, 채권각칙(3)(박해식 집필부분), 사법행정학회, 2016, 493-500; 민법주해[XIV], 채권(8)(박병대 집필부분), 박영사, 1997, 49-57.

60) 상가건물임대차보호법에 특별규정이 있는 경우를 제외하고, 주택임대차에 관한 설명은 상가건물임대차에 대하여도 그대로 타당하다.

61) 부동산임차인의 차임증감청구권에 대하여는 후에 살펴볼 주택임대차보호법상의 차임증감청구권의 설명으로 대신한다.

62) 그 밖에 전차인의 권리의 확정(제631조), 해지통고의 전차인에 대한 통지(제638조)을 들 수 있다.

63) 이은희, "임대차법의 현황과 과제", 민사법학 제36호, 한국사법행정학회, 2007, 439-40.

으로 임대기간을 보장받을 수 있게 되었다. 이는 2013.12.26.에 있었던 헌법재판소의 위헌결정에 따른 것이었다.

(1) 부동산임대차의 대항력에 관한 민법의 규율

민법은 부동산임대차가 제3자에 대하여 효력이 있음을 규정하고 있다. 이것이 이른바 부동산임차권의 대항력의 문제이다. 부동산임대차의 대항력은 후술하는 주택임대차의 대항력과 동일한 것이므로 여기에서 자세히 살펴보기로 한다.

(가) 대항력이 인정되는 경우

민법은 두 경우에 부동산임대차의 대항력을 인정하고 있다. 하나는 등기된 부동산임대차의 대항력이고 다른 하나는 건물등기가 있는 토지임대차의 대항력이다. 전자는 구민법에서도 인정되었던 반면에, 후자는 민법제정 당시에 신설된 것이다.

1) 등기된 부동산임대차

부동산임차인은 당사자 사이에 반대약정이 없으면, 임대인에 대하여 임차권등기절차에 협력할 것을 청구할 수 있다(제621조). 구민법에 의하면 임대인이 임의로 부동산임대차의 등기에 동의할 때에만 부동산임대차의 등기를 할 수 있었다. 그러나 민법을 제정하면서 "반대의 약정이 없을 경우"로 개정하였는데, 그 취지는 임차인을 보호하기 위하여 임차권의 물권화경향을 일층 강화한 것이라고 한다.[64] 이러한 점에서 구민법보다는 일응 진일보한 것임에는 틀림없다. 그러나 임대인은 그의 우세한 지위를 이용하여 등기의무를 면하는 특약을 맺을 것이 분명하므로 실질적으로는 부동산임차인의 지위에 개선이 있다고 보기는 어렵다.[65]

반대의 약정이 없을 경우 임대인이 등기절차에 협력하지 않으면 부동산임차인은 임대인을 상대로 소송을 제기하여 판결을 받은 후 단독으로 임차권등기를 신청할 수 있다(부동산등기법 제23조 제4항).[66]

2) 건물등기 있는 건물소유목적의 토지임대차

건물의 소유를 목적으로 하는 토지임대차는 이를 등기하지 않더라도 임차인이

---

64) 민법안심의록(상), 총칙편 · 물권법 · 채권법, 민의원 · 법제사법위원회 · 민법안심의소위원회, 360.
65) 민법안의견서, 177-8.
66) 임차권등기신청서에는 차임을 기재하여야 하고, 존속기간, 차임의 지급 및 그 지급시기나 임차보증금의 약정이 있는 때는 이를 기재하고, 임대차를 한 자가 처분의 능력 또는 권한이 없는 자인 때에는 그 뜻을 기재하여야 한다(부동산등기법 제74조).

지상건물을 등기한 때에는 제3자에 대하여 대항할 수 있다(제622조 제1항). 건물이 임대차기간 만료 전에 멸실 또는 후폐된 때에는, 토지임차권은 대항력을 상실한다(제622조 제2항). 기술한 바와 같이, 본조는 일본의 건물보호에 관한 법률의 입법례를 참작하여 신설된 규정이다.[67] 건물등기부는 토지등기부와 별개의 등기부이므로, 건물등기가 실행되었더라도 토지임차권의 공시와는 관계가 없으므로, 이는 등기된 건물을 점유하고 있는 것에 대하여 임대차등기에 갈음하는 공시력을 부여하는 것이라고 한다.[68] 요컨대 본조는 부동산임대차 자체를 등기하여야 대항력이 인정되는 제621조와는 근본적으로 다른 규정이다.

임차인소유의 건물에 대한 등기는 보존등기에 한하지 않고 소유권이전등기도 포함한다. 토지임차인이 임대인 소유의 건물을 양수하여 소유권이전등기를 한 경우에도 토지임차권에 대항력이 인정된다. 그러나 토지임차인이 지상건물을 등기하기 전에 제3자가 토지에 대하여 소유권취득의 등기를 하는 경우에는 나중에 지상건물을 등기하더라도 토지임차는 제3자에 대하여 대항력이 인정되지 않는다.[69]

한편 토지임차인으로부터 건물의 소유권과 함께 건물의 소유를 목적으로 하는 토지임차권을 취득한 자는 토지임대인의 동의를 얻어 건물의 소유를 목적으로 하는 토지임차권을 양수한 경우에만 그의 토지임차권에 대항력이 인정된다.[70] 따라서 지상건물이 경매절차에 의하여 매각된 경우, 매수인은 건물의 소유권과 함께 토지임차권도 취득하지만, 토지임대인의 동의에 의하여 토지임차권을 취득한 것은 아니므로, 토지임대인에 대하여 토지임차권을 대항할 수는 없다. 다만, 판례는 경매제도의 원활한 운영을 위하여 매수인이 임차인의 변경이 임대차를 지속시키기 어려울 정도로 신뢰관계를 파괴하는 배신행위가 아니라고 인정되는 특별한 사정이 있음을 입증한 경우에는 임대인의 동의가 없더라도 임차권의 이전을 임대인에게 대항할 수 있다고 한다.[71]

(나) 대항력의 전제: 양수인의 임대인지위의 승계

등기된 부동산임대차 또는 건물소유목적의 토지임대차가 제3자인 부동산의 양

---

67) 민법안심의록(상), 361.
68) 민법안의견서, 179.
69) 대법원 1965.12.21. 65다1655 판결.
70) 대법원 1966.9.27. 66다1224 판결; 대법원 1996.2.27. 95다29345 판결.
71) 대법원 1993.4.13. 92다24950 판결.

수인에게 대항할 수 있다는 것은 임대차가 양수인과 부동산임차인 사이에 계속 존속하게 된다는 것을 의미한다. 임차인이 부동산양수인의 의사에 반하여 임대차를 양수인에게 대항할 수 있도록 하기 위해서는 양수인이 임대인의 지위를 승계한다는 규정을 두어야 한다. 그러나 민법은 주택임대차보호법(제3조 제4항)과 농지법(제26조)과 같은 승계간주규정을 두고 있지 않다. 이는 입법의 불비라고 할 것이다.

(다) 대항력의 내용

부동산임대차의 대항력은 소유권을 취득한 제3자(양수인)와 제한물권 또는 제한물권 등을 취득한 제3자(기타 제3자)로 나누어 살펴볼 수 있다.

1) 양수인에 대한 대항력

부동산임차인 또는 건물소유목적의 토지임차인이 양수인에 대하여 대항할 수 있다는 것은 임대차계약상의 모든 권리를 양수인에게 주장할 수 있다(또 모든 의무를 부담한다)는 것을 말한다. 그러나 이미 발생한 차임채권은 승계되지 않고 종전 임대인에게 귀속한다.[72] 첫째, 양수인은 임차인에 대하여 임차보증금반환의무를 부담한다.[73] 따라서 임차인은 임대차기간이 종료한 후에도 임차보증금을 반환받기까지 양수인에 대하여 임차권등기의 말소를 거부할 수 있고 또 임차권등기가 원인 없이 말소된 때에는 그 방해의 배제를 청구할 수 있다.[74] 둘째, 양수인은 양도인이 임차보증금으로 연체차임의 변제에 충당한 경우에는 잔액에 대하여서만 보증금반환의무가 이전된다. 셋째, 차임에 관한 특약도 양수인에게 대항할 수 있다. 그러나 임대차 승계 이후에 종전 임대인과 임차인의 약정은 양수인에게 불리한 경우 그 효력이 없다. 예를 들면, 저당권설정등기가 있은 후에 보증금증액합의는 낙찰자에게 대항할 수 없다.[75] 넷째, 임차권의 양도와 임대물의 전대에 대한 특약도 양수인에게 대항할 수 있다. 다섯째, 필요비반환의무는 양도인에게 발생하는 것이지만(제626조 제1항) 특별한 사정이 없으면 양수인에게 승계된다. 유익비상

---

72) 주석민법, 채권각칙(3)(박해식 집필부분), 553.

73) 대법원 1989.10.24. 88다카13172 판결; 대법원 1993.7.16. 93다17324. 판결; 대법원 1993.12.7. 93다36615 판결; 대법원 1995.5.23. 93다47318 판결.

74) 대법원 2002.2.26. 99다67079 판결.

75) 대법원 1990.8.24. 90다카11377 판결; 대법원 2010.5.13. 2010다12753 판결; 대법원 2012.7.12. 2010다42990 판결.

환청구권(제626조 제2항), 건물부속물매수청구권(제646조 제1항)은 임대차종료시에 발생하므로 양수인이 당연히 그 의무를 부담한다.

2) 기타 제3자에 대한 대항력

기타 제3자에 대한 대항력이란 임대차가 등기된 후에 제한물권 또는 이에 준하는 권리(대항력 있는 임차권)를 취득한 자보다 우선한다는 것을 말한다. 즉, 부동산임대차가 등기된 후에 담보물권이 설정되는 경우 부동산임차권은 다른 권리에 우선하게 된다. 이 경우 임차물에 대한 후순위의 담보물권이 실행되더라도 부동산임차권은 소멸하지 않는다. 이에 반하여 토지임차인이 지상건물을 등기하여 대항력을 갖추기 전에 제3자가 토지에 대하여 제한물권을 설정하거나 또는 다른 임대차가 등기가 되면, 역시 나중에 지상건물을 등기하더라도 제3자에 대하여 토지임차권이 우선하지 못하여 소멸하게 된다.[76)]

(라) 법률행위의 무효 · 취소 등에 있어서 부동산임차인의 제3자로서의 보호

부동산소유자에 대하여 대항할 수 있는 부동산임차인은 부동산소유자와 전소유자의 계약이 무효이거나 취소되거나(제107조 제1항, 제108조 제1항, 제109조 제1항, 제110조 제1항 · 제2항) 또 해제되는 경우(제548조 제1항 본문)에는 전소유자에 대하여도 역시 제3자로서 보호를 받는다(제107조 제2항, 제108조 제2항, 제109조 제2항, 제110조 제3항, 제548조 제1항 단서).[77)]

(2) 임대차의 최장기간 제한에 관한 민법규정의 폐지

2016.1.6. 일정한 임대차의 최장기간을 제한하던 제651조가 법률 제13710호에 의하여 폐지되었다. 폐지된 제651조 제1항에 의하면 석조, 석회조, 연와조 또는 이와 유사한 견고한 건물 기타 공작물의 소유를 목적으로 하는 토지임대차나 식목, 채염을 목적으로 하는 토지임대차의 경우를 제한 외에는 임대차의 존속기간은 20년을 넘지 못하며(본문), 당사자의 약정기간이 20년을 넘는 때에는 이를 20년으로 단축하였다(단서). 또 제2항에 의하면, 전항의 기간은 이를 갱신할 수 있지만(본문), 그 기간은 갱신한 날로부터 10년을 넘지 못하였다(단서). 폐지된 제651조는 일정한 토지임대차에 대하여는 최장기간의 제한을 두지 않지만, 그 외의 토지

---

76) 대법원 2003.2.28. 2000다65802,65819 판결.

77) 대법원 1996.8.20. 96다17653 판결; 대법원 2009.1.30. 2008다65617 판결 참조.

임대차, 건물임대차와 동산임대차에는 최장기간의 제한을 두었다. 그 결과 폐지된 제651조는 토지 또는 건물의 소유주가 건물을 신축할 자본이 없을 경우 장차 건물의 임차인이 될 자로부터 장기간의 임대료를 선납받아 건축비를 충당하고 임차인은 건축주로부터 건물을 장기임차하는 거래의 실정을 반영하지 못하였다.

2013.12.26. 헌법재판소는 폐지된 제651조의 계약자유의 침해여부에 대하여(이하 사안이 건물임대차와 관련한 것이므로 이를 중심으로 살펴본다), 첫째, 건물 등 임대차와 관련하여 임대차존속기간을 강행규정으로 제한한 이유에 대하여는 임대인을 위한 것인지, 임차인을 위한 것인지 또는 임대차와 관련된 사회경제적 효용성을 고려한 것인지 그 입법취지가 불명확하고, 둘째, 임대인 또는 소유자가 임차물의 가장 적절한 관리자라는 전제하에 임대차의 존속기간을 강제함으로써 임차물 관리·개량의 목적을 이루고자 하는 것은 임차물의 관리 소홀 및 개량 미비로 인한 가치하락 방지라는 목적 달성을 위해 필요한 최소한의 수단이라고 볼 수 없고, 셋째, 대형건물 신축에 따른 임대차에 관한 거래의 실정이 당사자가 20년 이상, 예컨대 30년의 임대차기간을 원할 경우, 처음 계약할 때부터 계약기간을 20년으로 하되 특별한 사유가 없는 한 10년 연장이 가능하도록 하면서, 30년분의 임대료를 선납받는 형태로 임대차계약이 이루어지고 있는 변화된 현재의 사회경제적 현상을 제대로 반영하지 못하는 데 그치지 않고, 사적 자치에 의한 자율적 거래관계 형성을 심하게 왜곡하고 있고, 넷째, 민법 제651조 제2항이 임대차기간의 갱신이 가능하도록 규정하고 있기는 하나, 위와 같은 사회경제적 현상에 비추어 볼 때 위 조항은 이 사건 법률조항으로 인한 문제점을 해결하는 데 아무런 도움이 되지 않는다는 이유로 제651조를 위헌으로 결정하였다.[78] 그 후 2016.1.6. 국회는 법률 제13710호로 제651조 제1항뿐만 아니라 제2항도 함께 폐지하였다.

2. 주택임차권에 관한 입법의 변천과 판례

주택은 국민의 생활의 기초가 되는 의식주의 한 부분이다. 국민은 거주의 계속성, 안정성 그리고 확실성을 보장받을 필요가 있다. 이를 위해서는 주택임차인에 대한 각별한 보호가 요청된다고 할 것이다. 거래의 실제에서는 전세제도의 영향을 받아서, 임대차의 경우에도 보증금을 제공하고 부동산을 이용하는 임대차가 증가

78) 헌법재판소 2013.12.26. 2011헌바234 결정.

하였다.[79] 따라서 무엇보다도 주택의 양도가 있는 경우에도 주택임차인에게 대항력을 부여하고 또 보증금의 반환을 확보하는 것이 필요하였다. 통계청의 2010년 인구주택총조사 전수집계(가구주택) 결과(보도자료)에 의하면 1975년도에는 전국의 주거가구 4,734,169호 중 주택의 소유자는 4,259,981호(90%)로 달하였고, 전인구의 10%에 달하는 사람들이 내 집을 마련하지 못하였다.[80] 이 중 전세는 230,795호(4.9%), 월세는 110,591호(2.3%)에 달하였고, 나머지 사용대차는 132,802호(2.8%)였다.[81] 그리고 인구주택총조사에 의하면 1975년 이후에 주택임대차계약이 급격히 증가하였음을 알 수 있다. 우선 서울을 살펴보면, 서울시민의 전체주택 중 임대차(전세 및 월세)의 비율은 1970년에 10.1%를 기록하였으나, 1975년에 13.1%, 1980년에 16.1%, 1985년에 17.8%, 그리고 1990년에 24.2%를 기록하는 등 꾸준히 증가하여, 2010년도엔 57.5%를 기록하고 있다. 또 전국적으로 살펴보더라도 전체주택 중 임대차(전세 및 월세)는 1980년에 39.4%(전세 23.9%, 월세 15.5%), 1985년에 42.8%(전세 23.0%, 월세 19.8%), 1990년에 46.9%(전세27.8%, 월세 19.1%)를 기록하였다가 1995년에 와서는 43.2%(전세 29,7%, 월세 19.1%, 사글세 2.6%)를 기록하였다.[82]

주택의 임대차가 계속 증가하면서 주택임차인의 보호 요구가 강해졌다. 그러던 중 주택임차인의 보호라는 시대적 요청에 따라 1981.3.5. 주택임대차보호법이 제정되었다. 우선 주택임대차보호법의 제정으로 주택임대차의 대항력이 확보되었고, 그 후 개정을 통하여 주택임차인을 보호하기 위하여 필요한 후속조치가 계속 뒤따랐다. 이어서 상가건물임차인을 보호하기 위하여 2001.12.29. 상가건물임대차보호법이 제정되었다.

(1) 주택임대차보호법의 제정과 개정

주택임차인의 보호를 위해서는 무엇보다도 대항력, 임대기간, 보증금의 우선변제권, 거주이전의 수월성 등이 보장되어야 한다. 이하 주책임대차보호법의 제정과 개정을 통하여 이러한 사항에 대하여 주택임대차보호법이 어떻게 발전하여 왔는

79) 이를 채권적 전세라고 부르기도 하지만 채권적 전세는 미등기전세를 칭하는 것이라는 점에서 이곳에서는 이를 임대차에 포함시키기로 한다.
80) 통계청, 2010년 인구주택총조사, 조사관리국 인구총조사과, 22.
81) 통계에서는 사용대차를 '세 없이 빌려든 집'이라고 적고 있다.
82) 통계청, 22.

지를 간략히 살펴본 후, 대항력, 보증금의 우선변제권, 대항력과 우선변제권의 관계에 관한 판례를 살펴보고자 한다.

(가) 주택임대차보호법의 제정

주택임대차보호법의 주요 내용은 대항력(제3조), 임대기간(제4조) 또 임대차의 갱신(제6조)을 보장하는 것이었다. 이것이 주택임차인을 보호하기 위하여 가장 시급한 것이었다.

1) 대항력요건

임대차는 그 등기가 없는 경우에도 임차인이 주택의 인도와 주민등록을 마친 때에는 그 익일부터 제3자에 대하여 효력이 생기고, 이 경우 전입신고를 한 때에 주민등록이 된 것으로 본다고 규정하고 있다(제3조 제1항).[83] 본조는 임대인의 협력이 없이는 임차인 단독으로 등기를 할 수 없는 현실에서 간편한 방법으로 주택임대차에 대항력을 부여하기 위한 것이다.[84] 인도(점유의 이전)는 부동산에 관한 권리의 공시방법이 아니라, 동산에 관한 권리의 공시방법이다. 그것도 불완전한 공시방법이다(민법 제188조 제1항).[85] 또 주민등록제도는 인구의 이동현황을 파악하는 행정적 편의를 위한 제도이다.[86] 이러한 대항요건이 원래 주택임대차의 공시방법은 아니지만, 주택임대차보호법은 인도와 주민등록을 주택임대차의 공시방법으로 설정하고 있는 것이다. 그 결과 주민등록은 등기부상의 주택의 현황과 일치하여야 한다.

대항력이 익일부터 발생한다고 규정하는 것은 인도 및 주민등록과 제3자 명의의 등기가 같은 날 이루어진 경우에 그 선후관계를 정하는 것이 어렵고 또 제3자가 인도와 주민등록을 마친 임차인이 없음을 확인하고 등기까지 경료하였는데도

---

83) 상가건물임대차보호법은 주민등록 대신에 법인세법 등에 따른 사업자등록을 대항요건으로 규정하고 있다(제3조 제1항).

84) 공시방법으로서의 주택인도와 주민등록의 단점과 한계에 대하여는 유원규, “주택임차권의 공시방법”, 21세기 한국민사법학의 과제와 전망, 심당송상현선생화갑기념논문집, 박영사, 2002, 216-22.

85) 이 경우 동산점유자는 소유자로 추정이 된다(제197조).

86) 종래 주민등록이 임대차의 대항력 나아가 우선변제권의 공시방법이 될 수 있는가에 대하여는 찬반론이 있었다(자세한 것은 이근영 · 김상진, “주택임대차보호법 · 상가임대차보호법상 임차인 보호를 위한 공시방법에 관한 소고”, 토지법학 제31권 제1호, 한국토지법학회, 2015.6, 144-55 참조). 그러나 주택임대차보호법이 인도와 주민등록을 주택임대차의 대항요건으로 설정하였고 그 결과 주민등록이 주택임대차의 공시방법으로 기능하고 있다.

그 후 같은 날 임차인이 인도와 주민등록을 마침으로써는 불측의 피해를 방지하기 위하여 임차인보다 등기를 경료한 권리자를 우선시키고자 하는 취지이다.[87)]

임대차의 목적이 된 주택이 매매나 경매의 목적물이 된 경우에는 민법 제575조 제1항・제3항 및 같은 법 제578조를 준용하여(제3조 제4항), 담보책임을 인정한다. 주택임대차는 주택의 양수인 또는 제3자에 대하여 대항력이 인정되는 결과 매수인과 낙찰자는 주택을 사용할 수 없게 되므로 매도인이 담보책임을 지는 것이다(민법 제575조 제1항, 제578조). 매수인 또는 낙찰자는 주택임대차의 제한을 받는 사실을 안 날로부터 1년 내에 담보책임상의 권리를 행사하여야 한다(민법 제575조 제3항, 제578조). 매도인이 담보책임을 지는 경우 동시이행의 항변권에 관한 민법 제536조를 준용한다(주임법 제3조 제5항).

2) 임대기간의 보장

기간을 1년 미만으로 정한 경우 임대차는 기간의 정함이 없는 것으로 본다(제4조). 그리고 임대인의 해지에 해지통고기간의 제한을 두어, 계약을 체결한 날로부터 6월이 경과하지 아니하면 계약의 해지통고를 할 수 없다(제5조 본문). 민법의 경우 기간의 정함이 없는 임대차계약은 당사자들이 언제든지 해지할 수 있으나(제635조 제1항), 주택임대차보호법은 임대인에게만 이러한 제한을 가하였다. 임대인의 해지통고기간의 제한에 의하여 주택임차인은 사실상 6월 이상의 임대기간을 보장받을 수 있게 되었다.

3) 묵시의 갱신

임대인이 임대차기간이 끝나기 6개월 전부터 1개월 전까지의 기간에 임차인에게 갱신거절의 통지를 하지 아니하거나 계약조건을 변경하지 아니하면 갱신하지 아니한다는 뜻의 통지를 하지 아니한 경우에는 전 임대차와 동일한 조건으로 다시 임대차한 것으로 본다(제6조 제1항 제1문). 갱신된 임대차의 존속기간은 기간의 정함이 없는 것으로 본다(제6조 제1항 제2문). 따라서 갱신 후에는 민법에 따라 기간의 정함이 없는 임대차계약으로 당사자들은 언제든지 해지할 수 있다. 다만, 2기의 차임액에 달하도록 차임을 연체하거나 기타 임차인으로서의 의무를 현저히 위반한 임차인에 대하여는 법정갱신을 인정하지 않는다(제6조 제2항).

---

87) 대법원 1997.12.12. 97다22393 판결.

(나) 주택임대차보호법의 개정

주택임대차보호법이 제정된 후 주택양수인의 임대인의 지위의 승계, 임대기간, 임대차의 묵시의 갱신에 관하여 개정이 있었고, 차임 등의 증감청구권, 소액보증금의 최우선변제권, 보증금의 우선변제권, 임차권등기명령제도에 의한 임차권등기, 확정일자 부여 및 임대차 정보제공 등에 대하여 단계적으로 개정이 이루어졌다. 이를 개정 시기와 사항별로 살펴본다.

1) 주택양수인의 임대인지위의 승계

1983.12.30. 개정으로 임차주택의 양수인은 임대인의 지위를 승계한 것으로 보는 규정이 신설되었다(제3조 제4항). 본조는 학설상 양수인이 임대인의 권리의무를 승계한다는 학설을 적극적으로 수용한 것이다.[88] 따라서 본조는 대항력(제3조 제1항)의 실질적인 근거가 되는 규정이다.

2) 보증금반환시까지 임대차존속의 보장과 연장

1983.12.30. 개정에 의하여 임대차기간이 끝난 경우에도 임차인이 보증금을 반환받을 때까지는 임대차관계가 존속하는 것으로 보는 규정이 신설되었다(제4조 제2항). 주택임차인은 보증금반환시까지 임대차관계가 연장되는 효과를 누릴 수 있게 되었다. 한편 임대차관계는 의제되므로 임대인과 임차인은 계속하여 임대차계약상의 권리를 가지고 의무를 부담한다. 임대차가 종료되기 전에 해지되는 경우에는 당사자 사이에 부당이득반환의무만 발생하게 된다.

3) 최단기간(2년)의 보장

1989.12.30. 기간의 정함이 없거나 기간을 2년 미만으로 정한 임대차는 임대기간을 2년으로 개정하였다(제4조 제1항 본문). 주택임차인은 비로소 2년의 최단기간의 보장을 받을 수 있었다. 임대인에 대한 해지통고기간의 제한에 관한 규정(제5조)도 폐지되었다. 그러나 임차인은 2년 미만으로 정한 기간이라도 유효함을 주장할 수 있다고 하였다(제4조 제1항 단서).

4) 임대차의 묵시의 갱신과 임차인의 해지의 자유

1999.1.21. 개정으로 임차인이 임대차기간이 끝나기 1개월 전까지 통지하지 아

---

88) 민일영, "임대주택의 양도인에 대한 임대차보증금 반환청구 대법원 1985.5.28. 84다카1890 판결", 민사판례연구[IX], 박영사, 1987, 100-2.

니한 경우에도 묵시의 갱신을 인정하는 규정이 신설되었다(제6조 제1항 제2문). 또 1999.1.21. 개정에 의하여 임대차가 묵시적으로 갱신되는 경우 임차인은 언제든지 임대차의 해지를 통지할 수 있는 규정이 신설되었다(제6조의2 제1항). 이는 묵시의 갱신 후에도 임차인에게는 해지의 자유를 부여하려는 것이다. 그 후 2009.5.8. 묵시적으로 갱신된 임대차의 존속기간을 2년으로 의제하는 개정이 있었다(제6조 제2항). 개정 전까지는 갱신된 임대차의 존속기간은 기간의 정함이 없는 것으로 보았었다. 묵시의 갱신 후에는 여전히 임차인에게 해지의 자유가 인정된다(제6조의2 제2항).

5) 차임 등의 증감청구권

1983.12.30. 개정에 의하여 당사자는 약정한 차임이나 보증금이 임차주택에 관한 조세, 공과금, 그 밖의 부담의 증감이나 경제사정의 변동으로 인하여 적절하지 아니하게 된 때에는 장래에 대하여 그 증감을 청구할 수 있다는 규정이 신설되었다(제7조 본문). 다만, 증액의 경우에는 대통령령으로 정하는 기준에 따른 비율을 초과하지 못한다(제7조 제1항 단서).

차임 등의 증감청구권은 민법 제628조의 특별규정이라고 볼 수 있다. 민법상 지상권의 경우 지료증감청구권(제286조)과 임대차의 경우 차임증감청구권(제628조)에 관한 규정을 주택임대차보호법에도 도입한 것이다. 다만, 임대차의 차임증감청구권과는 달리 첫째, 차임뿐 아니라 보증금에 대하여도 증감청구권을 인정하고, 둘째, 차임 등의 증액의 경우에는 대통령령이 정하는 기준에 따른 비율을 초과하지 못한다는 제한이 있다.[89] 주택임대차보호법 시행령 제8조에 의하면, 증액청구는 약정한 차임 등의 20분의 1의 금액을 초과하지 못하고(제1항), 증액청구는 임대차계약 또는 약정한 차임 등의 증액이 있은 후 1년 이내에는 하지 못하도록 하였다(제2항).

6) 소액임차인의 보증금 중 일정액에 대한 최우선변제권 보장

1983.12.30. 개정으로 임차인은 보증금 중 일정액을 다른 담보물권자보다 우선하여 변제받을 권리에 관한 규정이 신설되었다(제8조 제1항). 본조에 따라 보증금이 법이 정하는 소액인 임차인(이를 통상 '소액임차인'이라 부른다)은 보증금의 일정액(이를 통상 '소액보증금'이라 부른다)에 대하여 최우선적으로 변제받을 수 있다.

89) 나중에 전세권에 전세금증감청구권이 신설될 때에도 주임법과 동일한 제한이 따랐다.

이로써 소액임차인은 소액보증금에 대하여 다른 담보물권자보다 우선적으로 변제를 받게 된다. 소액보증금은 담보물권, 전세권, 가등기담보권자, 사용인의 우선특권(상법 제468조), 국세 및 지방세(당해세도 마찬가지)에 우선하여 변제된다. 소액보증금의 일정액은 최종 3월의 임금, 최종 3년의 퇴직금과 재해보상금(근로기준법 제37조 제2항)과 동순위로 변제된다. 또 수인의 소액임차인은 동순위로 변제된다. 이러한 소액임차인을 우선적으로 보호하는 데 대하여는, 선순위담보권자의 권리를 해치고, 주택의 담보가치를 하락시키고, 가장소액임차인의 위장 전입을 조장한다는 문제점이 지적되고 있다. 소액보증금의 우선변제를 받기 위해서도 소액임차인은 배당요구를 하여야 하는 것이, 다른 담보물권과 다른 점이다.

1989.12.30. 개정으로 임차인은 주택에 대한 경매신청의 등기전에 대항요건을 갖추어야 한다는 것을 신설하였다(제8조 제1항 제2문). 이는 가장소액임차인이 증가하는 문제를 해결하기 위한 것이었다. 경매신청의 등기란 경매개시결정의 기입등기를 말하고, 이에 의하여 경매신청에 의한 압류의 효력이 발생한다. 그 결과 경매신청의 등기 후 배당 전에 허위의 임대차계약을 체결하여 가장소액임차인이 출현하는 것을 방지할 수 있게 되었다. 그러나 경매신청 후 경매기입의 등기 전에 가장소액임차인이 위장 전입하는 것은 방지할 수 없다. 대항요건은 배당시까지 존재하여야 한다. 그러나 임차인은 임대차계약서에 확정일자를 갖출 필요는 없다. 그 결과 임대인과 임차인이 허위계약서를 작성하여 소액보증금에 대하여 배당요구를 하는 경우가 있을 수 있다. 이 경우 이해관계인은 배당이의의 소를 제기하여 허위 계약서 작성 사실을 증명하여야, 경매법원은 허위 임차인에 대한 배당을 배제할 수 있다.

보증금 수령 전 주택인도를 규정하고 있는 규정(제3조2 제3항)은 소액임차인의 최우선변제권에는 준용되지 않는다(제8조 제2항). 그러나 이 경우에도 임차인이 경매매수인으로부터 받은 주택명도확인서를 제출한 후 우선 배당된 보증금을 보관하고 있는 경매법원으로부터 수령할 수 있다.

7) 보증금에 대한 우선변제권

1989.12.30. 개정에 의하여 주택임차인의 보증금반환청구권에 우선변제권을 부여하는 규정이 신설되었다. 대항요건과 임대차계약증서상의 확정일자를 갖춘 임차인은 민사소송법 및 경매법에 의한 경매 또는 국세징수법에 의한 공매시 임차주

택(대지를 포함한다)의 환가대금에서 후순위권리자 기타 채권자보다 우선하여 보증금을 변제받을 권리가 인정된다(제3조의2 제1항 본문). 본규정은 대항요건에 확정일자만 갖추면 우선변제권을 인정하는 것으로 주택임대차보호법의 핵심적 사항 중의 하나이다.[90] 확정일자를 요구하는 것은 사후에 임대인과의 담합으로 계약일자 또는 임차보증금을 변경하는 것을 방지하려는 데에 그 목적이 있다.

1989.12.30. 개정 시에는 임차인이 당해 주택의 양수인에게 대항할 수 있는 경우에는 임대차가 종료된 후가 아니면 보증금의 우선변제를 청구하지 못하였다(제3조의2 제1항 단서). 임차인은 임차주택을 양수인에게 인도하지 아니하면 제2항에 따른 보증금을 받을 수 없었다(제3조의2 제2항). 그 후 1999.1.21. 개정으로 우선변제권의 행사에 임대차종료를 요구하였던 규정(제3조의2 제1항 단서)을 삭제하고, 제3조의2 제1항을 제3조의2 제2항으로 이동하여 규정하였다. 제3조의2 제1항 단서를 삭제한 것은 필요 없는 규정이라고 보았기 때문이다. 또 1999.1.21. 개정에 의하여 임차권은 경매가 행하여진 경우에는 임차주택의 경락에 의하여 소멸하지만(제3조의5 본문), 보증금이 전액 변제되지 아니한 대항력이 있는 임차권은 그러하지 아니하다는 규정이 신설되었다(제3조의5 단서). 본조와 보증금을 반환받을 때까지는 임대차관계가 존속하는 것으로 본다는 규정(제4조 제2항)과의 관계가 문제되는바, 이에 대하여는 주택임차인의 우선변제권의 관계에 대한 판례와 함께 살펴보기로 한다.

1983.12.30. 개정 당시에는 구민사소송법 제491조의2에 따라 주택임차인이 임대인의 보증금미지급을 이유로 채무명의에 기하여 강제경매를 실행할 경우에는 주택을 인도하여야 하였다. 그렇게 되면 주택임차인은 대항요건을 상실하고 나아가 우선변제의 요건도 상실하게 되고 만다. 이러한 불합리한 점을 개선하기 위하여 1999.3.1. 개정 시에는 임차인이 임차주택에 대하여 보증금반환청구소송의 확정판결 기타 이에 준하는 채무명의에 기한 경매를 신청하는 경우에는 민사소송법 제491조의2의 규정에 불구하고 반대의무의 이행 또는 이행의 제공을 집행개시의 요건으로 하지 아니한다는 규정을 신설하였다(제3조의2 제1항).[91] 따라서 주택임차인은 주택의 인도 또는 인도의 제공을 하지 않고서도 강제경매를 신청할 수 있어 대항력과 우선변제권을 유지할 수 있게 되었다. 이 경우 주택임차인은 별도로 배

90) 확정일자가 갖는 단점과 한계에 대하여는 유원규, 전게논문, 222-4.

91) 그 후 2002.1.26. 민사집행법의 제정으로 민사소송법 제491조의2는 민사집행법 제41조가 되었다.

당요구를 할 필요가 없다.[92)]

8) 임차권등기명령제도에 의한 “임차권등기”

1999.12.30. 개정으로 임차권등기명령제도에 의한 “임차권등기”(제3조의3)가 신설되었다. 임대차가 종료된 후 보증금이 반환되지 아니한 경우 임차인은 임차주택의 소재지를 관할하는 법원에 임차권등기명령을 신청할 수 있게 되었다(제3조의3 제1항). 이는 임차인이 임대차가 종료되어 보증금을 반환받지 못한 상태에서 이사를 하여야 할 경우 임차인 단독으로 법원의 임차권등기명령을 신청하여 등기를 할 수 있도록 한 것이다. 임차권등기명령에 의하여 임차권등기를 하는 경우 대항력과 우선변제권을 취득하게 된다(제3조의3 제5항 본문). 다만, 임차인이 임차권등기 이전에 이미 대항력이나 우선변제권을 취득한 경우에는 그 대항력이나 우선변제권은 그대로 유지되며, 임차권등기 이후에는 제3조 제1항 · 제2항 또는 제3항의 대항요건을 상실하더라도 이미 취득한 대항력이나 우선변제권을 상실하지 아니한다(제3조의3 제5항 단서). 이 점이 민법상의 등기된 부동산임차권이 대항력만 갖는 것과는 다른 점이다. 한편 대항력과 우선변제권을 취득하지 못한 상태에서 등기를 하게 되면 그때부터 대항력과 우선변제권을 취득하게 된다. 따라서 임차권등기명령에 의하여 임차권등기 전에 이미 저당권 등의 담보물권의 등기가 설정된 경우에는 그에 앞서 대항력과 우선변제권을 가질 수는 없다.

임차권등기명령제도에 의한 “임차권등기”가 된 경우 주택임차인은 우선변제를 받기 위하여 배당요구를 할 필요가 없다. 임차인은 등기에 의하여 공시가 되는 자이므로(민사집행법 제90조 제3호) 법률상 당연히 배당요구를 한 것이 된다.[93)] 배당요구가 필요없는 것은 임대차가 부동산등기부상에 공시되기 때문이다. 만일 임대차등기가 경매개시결정기입등기(압류효력발생시기)보다 나중에 이루어진 경우에는 배당요구가 필요하다(민사집행법 제148조 제4호 참조).

임차권등기명령제도에 의한 임차권등기(제3조의3)는 대항력과 우선변제권이 인정된다. 따라서 주택임차인이 우선변제권을 행사하였지만 보증금 전액을 변제받지 못할 경우에는 제3조의5에 의하여 주택임차권은 소멸하지 않는다. 이는 대항력과 우선변제권을 별도로 규율하는 주택임대차보호법의 취지에서 비추어서 당연한 것

92) 주석민법, 채권각칙(3)(최준규 집필부분), 851.
93) 대법원 2005.9.15. 2005다33039 판결.

이다. 또 임차권등기가 이루어진 경우 임차인의 배당요구를 불문하고 우선변제가 이루어진다(민사집행법 제148조 제4호). 이 점이 단순히 대항요건과 우선변제요건을 갖춘 임차인의 경우 우선변제권을 행사하여 배당요구를 하여야 배당이 이루어지는 것과 다른 점이다.

9) 민법 제621조에 의한 "주택임대차등기"

1999.3.1. 개정에 의하여 민법 제621조에 의한 "주택임대차등기"의 효력에 관한 규정이 신설되었다(제3조의4). "주택임대차등기"가 경료되면 제3조의3 제5항 및 제6항을 준용하여 대항력과 우선변제권이 인정된다(제3조의4 제1항).[94] 원래 민법상 등기된 부동산임차권은 대항력만 인정된다(민법 제621조, 제622조). 그런데 주택임대차보호법은 민법 제621조에 의한 등기에 대하여도 대항력뿐만 아니라 우선변제권을 인정한다. 이는 임차권등기명령제도에 의한 "임차권등기"에 대하여 대항력과 우선변제권을 인정한 이상, 주택임대차의 등기에 대하여도 동일한 효력을 부여하려는 것이다.[95] 주택임대차보호법 제3조의4는 민법 제621조에 대한 특별규정에 해당한다고 할 것이다. 한편 신설규정(제3조의4)은 1999.3.1. 전에 경료된 주택임대차등기에 대하여는 적용될 수 없는 것이다(부칙 제3항).

임차인이 대항력이나 우선변제권을 갖추고 임대차등기를 신청할 경우에는 부동산등기법 제156조(2011.4.12. 부동산등기법 제74조로 개정)에 규정된 사항 외에 주민등록을 마친 날, 임차주택을 점유한 날, 확정일자를 받은 날을 기재하여야 한다(제3조의4 제2항). 이는 종전의 대항력과 우선변제권을 유지하기 위한 것이다. 한편 임차권등기가 경료된 주택을 임차한 임차인에게는 소액보증금의 일정액에 대한 최우선변제권이 인정되지 않는다(제3조의3 제6항).

민법 제621조의 주택임대차등기의 경우에도 임차인이 우선변제권을 행사하였지만 보증금 전액을 변제받지 못할 경우 주택임차권은 역시 소멸하지 않는다고 볼 것이다(제3조의5 단서). 민법 제621조의 주택임대차등기가 이루어진 경우에도 임차인의 배당요구를 불문하고 우선변제가 이루어진다.

10) 확정일자 부여 및 임대차 정보제공 등

2013.12.30. 개정으로 확정일자부여기관, 주택의 임대차에 이해관계가 있는 자

94) 상가건물임대차호보법 제7조에 의한 "건물임대차등기"의 경우도 마찬가지이다.
95) 부동산등기실무[Ⅱ], 법원행정처, 2007, 418.

와 임대차계약을 체결하려는 자의 확정일자부여기관에 대한 정보제공요청, 확정일자부의 작성 등에 관한 규정(제3조의6)이 신설되었다. 확정일자부여기관은 해당 주택의 소재지, 확정일자 부여일, 차임 및 보증금 등을 기재한 확정일자부를 작성하여야 하고(제3조의6 제2항), 주택임대차에 이해관계가 있는 자와 임대차계약을 체결하려는 자의 신청이 있으면 주택임대차에 관한 정보를 제공하여야 한다(제3조의6 제3항).

(2) 주택임대차보호법에 관한 판례

주택임대차보호법은 그 운용과 관련하여 구체적인 쟁점에 대하여 판례에 의한 보충이 필요하다. 이 중 대항력과 우선변제권에 대한 판례를 살펴보기로 한다.

(가) 주택임대차의 대항력에 관한 판례

임차인이 주택의 인도를 받고 주민등록을 마치면, 임대차는 제3자에 대한 대항력이 인정된다(제3조 제1항). 이는 임차주택의 양수인은 임대인의 지위를 승계한 것으로 보기 때문이다(제3조 제4항). 제3자란 주택임대인의 양수인과 기타 제한물권을 취득한 자를 말한다. 대항력의 전제와 내용은 부동산임차권에서와 마찬가지이다. 이하에서 대항요건, 대항력의 발생시기, 종료시기에 대한 판례를 살펴본다.

1) 주택임차권의 대항요건: 주택인도 및 주민등록(전입신고)

인도에는 현실인도(민법 제188조 제1항)와 간이인도(민법 제188조 제2항) 또는 반환청구권의 양도(민법 제190조)가 인정된다. 판례는 점유개정(민법 제189조 제1항)도 대항요건인 인도로서 인정한다.[96] 판례는 점유보조자(배우자나 자녀)의 주민등록을 점유주의 주민등록으로 본다.[97] 주민등록은 임차권의 존재를 제3자에게 인식시킬 수 있는 정도가 되어야 하므로, 판례에 의하면 주민등록은 등기부상 표시와 다르게 된 경우 유효한 대항요건이 되지 못하고,[98] 실제 건물의 소재지와 일치하는 경우 나중에 건물의 지번이 변경되더라도 유효한 대항요건이 된다.[99]

판례에 의하면 임차인이 임대인의 동의를 얻어 적법하게 임차권을 양도하거나

---

96) 대법원 2001.1.19. 2000다55645 판결.

97) 대법원 1996.1.26. 95다30338 판결. 같은 취지의 판결, 대법원 1987.10.26. 87다카14 판결; 대법원 1988.6.14. 87다카3093 판결.

98) 대법원 1996.4.12. 95다55474 판결.

99) 대법원 1999.12.7. 99다44762,44779 판결.

전대한 경우에 임차인이 퇴거한 날로부터 주민등록법상의 전입신고기간 내에 전차인에 의한 전입신고가 이루어지면, 양수인과 전차인은 임차인의 점유와 주민등록으로 임대차의 대항력을 계속 유지할 수 있다.[100] 물론 양수인과 전차인은 임대인의 승낙을 받아 임차주택을 전대하는 경우에 한하여 보호받을 있다. 이 경우 주택임차인이 처음부터 임대인의 승낙을 얻어 임차주택을 전대하는 경우에도 주택임대차는 대항력을 가질 수 있다.[101]

한편 주택인도와 주민등록은 대항력의 취득요건인지 아니면 존속요건인지 조문만으로는 명확하지 않다. 불가피하게 주민등록을 이전하는 경우가 많은 현실에서 주택임차인을 보호하여야 필요성에서 취득요건이 될 뿐이라는 견해가 있다.[102] 그러나 판례는 존속요건으로 본다.[103] 주택인도와 주민등록이 본래의 주택임대차의 공시방법이 아니라는 점에서 대항력의 존속요건으로 보아야 할 것이다. 따라서 판례에 의하면 주택임차인이 나중에 다시 전입신고를 하더라도, 임대차는 대항력을 회복하지 못하고, 그때부터 대항력을 가지게 될 뿐이다.[104] 그러나 주민등록이 임차인의 의사에 의하지 않고 이전된 경우에는, 나중의 전입신고로 임대차는 원래의 대항력을 유지할 수 있다.[105] 또 주민등록법에 의하여 직권말소된 주민등록이 회복되거나 재등록이 이루어진 경우 소급하여 그 대항력이 유지되어, 새로운 이해관계를 맺은 선의의 제3자에 대하여도 대항력의 유지를 주장할 수 있으나, 재등록이 이루어지기 전에 새로운 이해관계를 맺은 자에 대하여는 대항할 수 없다.[106]

2) 주택양수인의 임대인지위의 승계

임대인은 반드시 임차물의 소유자에 한하지 않으므로, 판례에 의하면 임대물의 소유자인 **명의신탁자**,[107] 소유권이전등기를 하지 아니하였으나 목적물을 사용·수익할 수 있는 **매도인**[108] 등과 임대차계약을 체결한 주택임차인도 대항력에 의하

100) 대법원 1988.4.25. 87다카2509 판결; 대법원 2007.11.29. 2005다64255 판결.
101) 대법원 1994.6.24. 94다3155 판결.
102) 이근영·김상진, 전게논문, 151.
103) 대법원 1987.2.24. 86다카1695 판결; 대법원 2000.9.29. 2000다37012 판결.
104) 대법원 1998.1.23. 97다43468 판결.
105) 대법원 2000.9.29. 2000다37012 판결.
106) 대법원 2008.3.13. 2007다54023 판결. 같은 취지의 판결, 대법원 2002.10.11. 2002다20957 판결.
107) 대법원 1995.10.12. 95다22283 판결.
108) 대법원 2008.4.10. 2007다38908,38915 판결.

여 보호를 받는다. 그리고 양수인이란 임대인으로부터 매매, 증여, 신탁, 상속, 경매, 공용징수 등에 의하여 소유권을 취득한 자를 말한다. 판례는 미등기주택을 달리 취급하는 특별한 규정을 두고 있지 아니한 이상 미등기주택의 양수인도 양수인에 해당한다고 한다.[109] 또 판례는 **양도담보권자**는 종국적으로 소유권을 취득한 자가 아니므로 양수인의 법적 지위를 가지지 않지만,[110] 양도담보권자가 귀속정산에 의하여 소유권을 취득한 경우에는 양수인이 된다.[111] 그리고 신탁법상의 수탁자는 대내외적으로 소유권이 수탁자에게 완전히 이전되므로 양수인이 될 수 있다.[112]

임대차보증금반환채무의 지급금지를 명령받은 주택임대인(제3채무자)의 지위도 양수인에게 이전되는지가 문제이다. 이는 임대차계약상의 의무는 아니지만 임대인의 지위에 따른 의무라고는 할 수 있다. 이에 대하여는 학설이 대립하고 있다. 승계긍정설은 주택양도인의 지위가 포괄적으로 이전된다면 가압류의 효력도 양수인에게 승계되는 것이 합리적이라고 하거나,[113] 임차인이 주택양수인에 대해 우선변제권이 있는 임대차보증금반환채권을 계속 보유하는 것과 마찬가지로 제3채무자 지위의 승계를 긍정해야 가압류채권자의 우선변제권이 유지된다고 하여 승계를 긍정한다.[114] 이에 반하여 승계부정설은 주택임대차보호법상의 승계가 특정승계임을 전제로, 임차주택의 양수인이 임대차보증금반환채권에 관한 가압류의 존재와 내용을 조사하게 하는 것보다는 가압류채권자가 등기부열람을 통하여 주택의 양도 여부를 확인하도록 하여 그 변동이 있을 경우에는 신속하게 새로 양수인을 제3채무자로 하는 가압류명령을 받도록 하는 것이 타당하다는 논거를 들고 있다.[115] 판례는 임대차보증금반환채무의 지급금지를 명령받은 임대인의 제3채무자로서의

---

109) 대법원 2007.6.21. 2004다26133 전원합의체 판결.
110) 대법원 1990.1.23. 69다카33043 판결; 대법원 1993.11.23. 93다4083 판결.
111) 대법원 2001.1.5. 2000다47682 판결.
112) 대법원 2002.4.12. 2000다70460 판결.
113) 김현선, "임대차보증금반환채권의 가압류와 임차주택의 양도", 일감법학 제28호, 건국대학교 법학연구소, 2014.6, 472.
114) 이영창, "주택임대차보호법상 대항력 있는 임대차보증금반환채권에 대한 가압류의 효력", 사법 제23호, 사법발전재단, 2013, 355.
115) 이혜민, "주택임대차보호법상 임대인 지위 승계의 성질 및 범위", 민사판례연구[XXXVI], 2014, 690; 정구태, "주택임대차보호법상 임차주택의 양도와 임대인의 제3채무자로서의 지위의 승계 – 대법원 2013.1.17. 2011다49523 전원합의체 판결에 대한 비판적 검토 – ", 고려법학 제74호, 고려대학교 법학연구원, 2014, 167-8.

지위는 임대인의 지위와 분리될 수 있는 것이 아니므로, 임차주택의 양도로 임대인의 지위가 일체로 양수인에게 이전된다면 채권가압류의 제3채무자의 지위도 임대인의 지위와 함께 이전된다고 한다.[116] 생각건대 주택임대차보호법이 양도인의 "지위"가 양수인에게 당연히 승계된다는 것을 규정하고 있는 이상, 포괄승계이냐 특정승계냐에 상관없이 승계긍정설이 타당하다고 할 것이다.

판례에 의하면 대항력을 갖춘 주택임차인은 임대인의 주택의 소유권을 취득한 법률행위가 무효이거나 취소되거나(제107조 제1항, 제108조 제1항, 제109조 제1항, 제110조 제1항·제2항) 또는 해제되는 경우(제548조 제1항) 등기가 말소되더라도 제3자로서 보호를 받는다(제107조 제2항, 제108조 제2항, 제109조 제2항, 제110조 제3항, 제548조 제1항 단서).[117] 그러나 아직 등기를 이전받지 못하고 단순히 임대권한을 부여받은 매수인으로부터 매매계약이 해제되기 전에 대항요건을 갖춘 주택임차인이 제3자(민법 제548조 제1항 단서)로서 보호를 받을 수 있는지가 문제이다. 이에 대하여는 판결도 명확하지 않다.[118] 한편으로 대항력을 부정하는 판결도 있지만,[119] 다른 한편으로 대항력을 인정하는 판결도 있다.[120] 우선 등기를 갖추지 못한 매수인은 매도인에 대하여 채권적 권리를 취득한 것일 뿐이므로 이러한 매수인으로부터 주택에 대하여 대항요건을 갖춘 자는 제3자에 해당하지 않는다고 하여 전자의 판결을 지지하는 견해가 있다.[121] 이에 반하여 비록 등기를 갖추지 못한 매수인으로부터 대항요건을 갖춘 주택임차인이라도 우선변제권도 인정되어 마치 물권에 유사한 권리를 취득하므로 당연히 제3자로서 보호를 받을 수 있다고 하여 후자의 판결을 지지하는 견해도 있다.[122] 생각건대 주택임차권에 물권에 준하는 효력을 인정하는 것일 뿐이지 바로 물권이 되는 것은 아니라는 점에서 부정설이 타당하다.

---

116) 대법원 2013.1.17. 2011다49523 전원합의체 판결.
117) 대법원 1996.8.20. 96다17653 판결; 대법원 2003.8.22. 2003다12717 판결.
118) 이러한 판결의 분석에 대하여는, 김학동, "미등기매수인과 맺은 주택임대차의 대항력", 서민교수정년기념, 법문사, 2006, 299-301.
119) 대법원 1995.12.12. 95다32037 판결.
120) 대법원 1996.8.20. 96다17653 판결; 대법원 2003.8.22. 2003다12717 판결; 대법원 2008.4.10. 2007다38908,38915 판결; 대법원 2009.1.30. 2008다65617 판결.
121) 김학동, 전게논문, 300.
122) 박형준, "매매계약의 해제와 임차인의 대항력", 판례연구 2010/21, 부산판례연구회, 52; 이동진, "매매계약이 해제된 경우 미등기 매수인이 한 임대차의 운명", 민사법학, 한국민사법학회, 2014. 제68권, 687; 주석민법, 채권각칙(8)(최준규 집필부분), 834.

3) 대항력의 발생시기

대항력은 주택인도와 주민등록을 마친 날의 익일에 발생한다(주임법 제3조 제1항). 판례에 따르면 대항력은 대항요건을 모두 갖춘 날의 익일 오전 0시부터 발생한다.[123] 인도와 주민등록을 마친 주택임차인은 당일 이루어진 제3자명의의 등기에 우선할 수가 없게 되는 불이익을 받게 된다.

판례는 주택임대차보호법의 규정에도 불구하고 임대차가 유지되는 관계에서 소유권의 변동이 있는 경우 기존의 점유와 주민등록이 제3자가 임차권의 존재를 인식할 수 있을 때에는 예외적으로 소유권의 변동이 있는 당일 바로 대항력을 취득한다고 한다. 예를 들면, 종전의 주민등록이 임대차를 공시함을 제3자가 알 수 있었을 경우에는 바로 대항력을 갖는다. 또한 전차인의 점유와 주민등록은 전대인인 임차인이 임대인으로부터 소유권이전등기를 받는 경우에도 임대차의 대항요건이 될 수 있다.[124] 따라서 이 경우 종전 전차인의 주민등록은 이미 전대차를 공시하는 기능을 수행하고 있었기 때문에 소유권이전등기가 된 시점부터 바로 임대차는 대항력을 갖는다. 따라서 주택임차인이 임대인으로부터 소유권이전등기를 받고 바로 저당권설정등기를 한 경우, 전차인의 전대차는 근저당권에 우선한다. 또 예를 들면, 임차인과 매도인으로부터 낙찰을 받은 낙찰자가 경매절차에서 임대차계약을 체결하는 경우 낙찰자가 매각대금을 납부하여 소유권을 취득하는 즉시 임대차는 대항력을 취득한다.[125] 이 경우에도 종전 임차인의 주민등록은 이미 임대차관계를 공시하는 기능을 수행하고 있었기 때문에, 소유권을 취득하는 순간부터 임대차는 대항력을 취득하게 된다. 따라서 낙찰자가 낙찰을 받은 후 바로 저당권설정등기를 한 경우, 주택임차권은 근저당권에 우선한다. 그러나 점유개정에 의하여 주택의 종전 소유자가 임차인이 되는 경우에는, 종전의 주민등록은 소유권이 변동한 날의 익일부터 대항력을 갖는다.[126] 이는 종전의 주민등록은 임대차관계를 공시하지 못하고 소유권변동이 있는 날 비로소 처음으로 임대차관계를 공시하기 때문에 바로 그 익일부터 주택임대차는 대항력을 가지게 되는 것이다.

한편 임차주택에 대하여 경매가 실시될 경우, 임차주택을 대상으로 하는 저당권설정등기, 가압류·압류등기, 소유권이전등기청구권의 보전을 위한 처분금지가

123) 대법원 1995.5.25. 99다9981 판결.
124) 대법원 2001.1.30. 2000다58026,58033 판결.
125) 대법원 2002.11.8. 2002다38361,38378 판결.
126) 대법원 2000.2.11. 99다59306 판결.

처분등기·가등기 등의 경우보다 먼저 대항요건을 갖추어야, 주택임차인은 낙찰자에게 대항할 수 있다. 예를 들면, 가등기에 기하여 본등기가 실행된 소유권자와의 관계는 대항력의 발생시기와 가등기의 선후에 따라 대항력의 유무가 결정된다.[127] 또 체납처분의 경우에도 주택임차인은 압류등기시보다 앞서 대항요건을 갖추어야(국세징수법 제47조 제1항), 경매매수인에게 대항할 수 있다. 또 일반채권자에 의하여 강제경매가 실행되는 경우에는 임차인은 압류의 효력발생시기(경매개시결정의 송달시 또는 경매신청기입등기시)(민사집행법 제83조 제4항)에 앞서 대항요건을 갖추어야 한다.

4) 대항력의 종료시기

주택임대차의 대항력의 존속시기는 임대차종료시까지이다. 그런데 후술하는 바와 같이, 주택임대차보호법(제3조의5)은 주택임차권은 민사집행법에 따른 경매가 행하여진 경우에는 임차주택의 경락에 따라 소멸하지만 보증금이 모두 변제되지 아니한 경우에는 그렇지 않다고 한다. 또 주택임대차가 끝난 경우에도 임차인이 보증금을 반환받을 때까지는 임대차관계의 존속이 의제되므로(제4조 제2항), 주택임대차가 종료하여 우선변제권을 행사한 후에도 임차보증금의 전액을 지급받지 못할 경우에는 잔액을 지급받을 때까지는 임대차관계의 존속이 의제된다고 할 것이다.

(나) 주택임차권의 우선변제권에 관한 판례

우선변제권을 인정하는 주택임대차보호법(제3조의2 제1항)이 후순위권리자 등의 평등권이나 재산권을 침해하는지 여부에 대하여는 헌법재판소는 합헌결정을 내렸다.[128] 저당권은 경매신청인의 권리보다 먼저 등기된 것도 소멸하는바(소제주의)(민사집행법 제91조 제2항), 저당권에 우선하지 못하는 임차권이 소멸하면, 임차인은 후순위저당권자나 채권자보다는 우선변제를 받을 수 있다.

1) 우선변제권이 있는 주택임차권의 법적 성질

우선변제권이 인정되는 주택임차권의 법적 성질은 무엇인가? 판례는 우선변제권이 있는 주택임차권을 법정담보물권의 성격을 갖는다고 한다.[129] 그러나 우선적

127) 대법원 1986.9.9. 86다카757 판결.
128) 헌법재판소 1988.2.27. 97헌바20 결정.
129) 대법원 2007.6.21. 2004다26133 전원합의체 판결.

변제가 인정된다고 해서 주택임차권이 담보물권 또는 법정담보물권이 되는 것은 아니다. 첫째, 우선변제권은 담보물권의 필요조건이기는 하지만 충분조건이 아니다. 주택임차권에는 경매청구권과 추급권이 인정되지 않는다.[130] 특히 추급권이야 말로 담보물의 가치에 대한 직접적 권리로서 물권의 지배성을 드러내는 담보물권의 본질적 속성 중의 하나라고 할 것이다. 둘째, 주택임차권은 담보물권이 아니므로 우선변제가 인정되더라도 매도인은 낙찰자에 대하여 담보책임(제576조)을 지지 않는다. 예를 들면, 우선변제력이 있는 저당권의 실행으로 인하여 매수인이 소유권을 상실하는 경우 매도인에게 제576조의 담보책임을 물을 수 있다. 그러나 우선변제권이 인정되는 주택임차인이 우선변제를 받아가더라도 낙찰자는 매도인에게 제576조의 담보책임을 추궁할 수 없다. 다만, 대항력 있는 임차권이 존재하거나 일부의 변제를 받은 대항력이 있는 임차권이 존속하게 될 경우에는 매도인은 낙찰자에 대하여 제575조에 의한 담보책임을 질 뿐이다. 이상의 점에 비추어 볼 때 주택임차권의 우선변제권은 채권자인 주택임차인을 특별히 보호하기 위한 우선특권에 지나지 않는다.[131]

2) 우선변제권의 성립요건

주택임차인이 경매절차 중 주민등록을 옮기거나 점유를 상실한 경우에도 우선변제권을 인정할 것인지, 즉 대항요건은 언제까지 존속하여야 하는지가 문제이다. 학설은 경매개시결정기입등기시설, 배당요구시설, 배당요구종기시설, 매각대금납입시설, 배당기일설 등이 있다. 판례는 배당요구종기시설을 취하고 있다.[132]

---

130) 판례는 임금우선특권에 대하여 경매청구권을 부정하고(대법원 1988.6.14. 87다카3222 판결; 대법원 1977.4.22. 95다41611 판결), 추급효를 부정하고(대법원 1994.1.11. 93다30983 판결; 대법원 1994.12.27. 94다19242 판결) 또 이시배당의 법률관계에 관한 규정(제368조 제2항)의 유추적용을 부정하고 있다(대법원 2002.7.12. 2001다53264 판결). 이에 반하여 주택임차권은 주택(대지도 포함)이라는 특정의 부동산에 대하여 우선변제권이 인정된다는 점에서 채무자의 일반 재산을 대상으로 하는 임금우선특권과는 차이가 있지만, 경매청구권과 추급권이 인정되지 않는다는 점에서는 마찬가지이다.

131) 프랑스의 특정부동산우선특권은 법정저당권과 완전한 동일한 효력을 갖기 때문에 담보물권이라고 볼 수 있을 뿐 아니라 저당권에 우선하는 효력도 인정된다. 특정부동산우선특권에는 부동산의 제3취득자에게 척제권(droit de purge)(프랑스민법전 제2475조-2487조)과 위부권(droit de délaisser)(제2462조)이 인정될 뿐만 아니라 추급권도 인정된다(제2461조). 이러한 효력이 인정되기 위해서는 특정부동산우선특권은 등기를 하여야 하고(제2377조) 등기를 하면 채권의 발생일에 소급하여 저당권에 우선하는 효력이 있게 된다. 상세한 것은 남효순, “프랑스민법상의 부동산우선특권 – 개정 담보법(2006)의 내용을 중심으로 – ”, 민사법학 제49-2호, 한국민사법학회, 2010, 189-239 참조.

판례에 의하면 임차인이 보증금을 반환받기 위해서는 임대차의 종료가 전제된다. 판례는 임차인의 사전 동의 없이 임차주택이 경매되는 경우, 공평의 원칙 및 신의성실의 원칙에 근거하여 임대차의 승계를 원하지 않는 임차인은 매각기일 전까지 배당요구(우선변제청구)를 함으로써, 임대차를 해지하여 이를 종료시킬 수 있다고 한다.[133] 이 경우 판례는 임차인이 경매법원에 배당요구를 하였다는 사실만으로 곧바로 임대차관계가 종료되지 않고, 임차인의 배당요구사실을 임대인에게 통지하여 그 통지가 임대인에게 도달하면, 해지의 효력이 발생한다고 한다.[134] 배당요구의 통지가 임대인에게 도달하는 즉시 해지의 효력이 발생하므로, 이 경우 해지의 유예기간을 정하는 민법 제636조 · 제635조(제2항 제1호)가 적용되지 않는다. 한편 임차인이 보증금전액을 변제받지 못할 경우에는 역시 임대차관계의 존속이 의제된다고 할 것이다(제3조의5 단서).

기술한 바와 같이, 1999.1.21. 개정으로 우선변제권의 행사에 임대차종료를 요구하였던 규정(제3조의2 제1항 단서)을 삭제하면서 동시에 임차권은 임차주택의 경락에 의하여 소멸하지만 보증금이 전액 변제되지 아니한 대항력이 있는 임차권은 소멸하지 않는다는 제3조의5가 신설되었다. 학설 중에는 제3조의2(제1항 단서)의 삭제로 인하여 임대차 종료가 필요하지 않게 되었다는 해석론이 있다. 그러나 제3조의2(제1항 단서)는 대항력이 있는 임차인에게 우선변제권이 아니라 대항력에 의한 보호를 강요하는 것이어서 삭제되었던 것이고, 우선변제권을 행사하기 위해서는 임대차가 종료되어야 한다는 것이 전제된다고 할 것이다. 제3조의5 본문은 민사집행법의 소제주의를 밝힌 것이고, 단서는 대항력 있는 주택임차권이 완전변제를 받지 못하였을 경우에 예외적으로 낙찰자에게 대항력을 인정하여 보증금전액의 변제를 보장하는 것이 주택임대차보호법의 취지라고 할 것이다.[135]

3) 우선변제권의 행사요건

판례에 의하면 임차인은 우선변제를 받기 위해서 경매법원에 배당요구를 하거나, 체납처분청에 우선변제권의 행사를 신고하여야 한다.[136] 임차권은 등기부에 공시되지 않아 경매법원이 우선변제권이 있는 임차인의 존재를 알 수 없으므로,

132) 대법원 1997.10.10. 95다44597 판결.
133) 대법원 1996.7.12. 94다37646 판결.
134) 대법원 1998.9.18. 97다28407 판결.
135) 주석민법, 채권각칙(3)(최준규 집필부분), 853.
136) 대법원 2005.8.25. 2005다14595 판결; 대법원 2008.12.24. 2008다65242 판결.

임차인은 배당요구를 하여 자신의 권리를 행사하여야 한다(민사집행법 제88조). 이 점이 우선변제권자가 배당요구를 할 필요가 없는 담보물권과 다른 점이다. 배당요구를 하지 않아 우선변제를 받지 못한 임차인은 나중에 후순위권리자를 상대로 부당이득반환청구를 할 수 없다.137) 배당요구는 배당요구종기까지 하여야 한다(민사집행법 제84조 제1항).

임차인은 임차주택을 양수인에게 인도하지 아니하면 보증금을 수령할 수 없다(제3조의2 제3항). 판례에 의하면 경매 또는 공매 절차에서 임차인이 보증금을 수령하기 위해서는 주택을 명도한 증명을 하여야 한다는 것을 의미하는 것이고 임차인의 주택명도의무가 보증금반환의무보다 선이행되어야 하는 것은 아니다.138) 따라서 임차인은 우선배당된 보증금을 보관하고 있는 경매법원이나 체납처분청에 양수인으로부터 받은 주택명도확인서를 제출한 후 보증금을 수령하게 된다.139)

4) 우선변제의 순위

임차인은 우선변제에서 저당권자와 동일한 취급을 받는다. 최종 3월분의 임금, 최종 3년간의 퇴직금 및 재해보상금(근로기준법 제37조 제2항)과 당해세(임차주택에 대하여 부과된 국세·지방세 및 그 가산금)(국세기본법 제35조 제1항 제3호, 지방세법 제31조 제1항 제4호)는 언제나 보증금보다 우선하여 변제된다. 기타의 경우는 우선변제요건을 갖춘 시기와 담보물권설정등기시, 압류·가압류의 등기시, 당해세가 아닌 세금의 법정기일을 기준으로 우선순위를 결정한다.

우선순위는 대항요건과 확정일자를 모두 갖춘 날을 기준으로 한다. 판례에 의하면 이 경우 대항요건은 대항력의 경우와 마찬가지로 이를 갖춘 날의 익일을 기준으로 결정한다.140) 따라서 첫째, 확정일자를 받고 나서 대항요건을 갖춘 경우에는 우선변제권은 익일 0시부터 효력을 발생한다. 따라서 확정일자를 받고 나서 대항요건을 갖춘 날에 저당권등기가 있으면 저당권자가 우선한다(대항력은 저당권등기가 있은 날 익일 0시부터 효력을 발생하기 때문에 저당권이 우선한다). 반대로 확

137) 대법원 1998.10.13. 98다12379 판결.
138) 대법원 1994.2.22. 93다55241 판결.
139) 민일영, "주택임대차보증금의 우선변제를 둘러싼 문제점에 관한 소고 – 주택임대차보호법 제3조의2를 중심으로 – ", 민법학논총 제2, 후암곽윤직선생고희기념, 박영사, 1995, 391; 주석민법, 채권각칙(3)(최준규 집필부분), 857.
140) 대법원 1997.12.12. 97다22393 판결; 대법원 1999.3.23. 98다46938 판결; 대법원 1998.9.8. 98다26002 판결.

정일자를 받고 나서 대항요건을 갖춘 날의 익일에 저당권등기가 있으면 주택임차인이 우선한다(대항력은 익일 0시부터 효력을 발생하기 때문에 저당권에 우선한다). 둘째, 대항요건을 갖춘 후에 확정일자를 갖춘 경우에는 우선순위는 확정일자를 받은 날에 발생한다. 주택임차인이 대항요건을 갖추고 나서 확정일자를 갖춘 날에 1번 저당권과 2번 저당권이 설정된 경우(주택임대차와 저당권등기의 우열을 가릴 수 없다), 임차인과 저당권자들은 모두 동순위로 채권액에 비례하여 평등하게 배당(안분배당)을 받는다. 다만, 저당권자 사이에서는 우선순위가 있으므로, 2번저당권자가 우선배당을 받은 후에 3번저당권자가 배당을 받는다.

가압류 · 압류 · 처분금지가처분의 등기가 먼저 이루어진 후에 확정일자를 갖춘 경우, 판례에 의하면 주택임차인은 압류채권자에 대하여 우선변제권이 없지만 압류채권자도 우선변제권이 없으므로, 가압류채권자 · 압류채권자와 주택임차인은 안분배당을 받는다.[141)]

임대차가 갱신된 경우에는, 종전 임대차를 기준으로 우선변제가 이루어진다. 다만, 임대차를 갱신하면서 보증금을 증액하였으면, 종전 보증금에 한하여 우선변제가 이루어진다.[142)] 나머지 보증금은 임차인이 임대인으로부터 변제를 받아야 한다.

(다) 대항력과 우선변제권의 관계에 관한 판례

주택임차권의 대항력과 우선변제권(또 소액보증인의 최우선변제권)이 어떠한 관계에 있는지가 문제이다.

1) 대항력과 우선변제권의 관계

주택임대차에 대항력과 우선변제권이 인정되는 것은 담보물권(전세권을 포함)의 그것과는 다른 측면이 있다. 담보물권의 경우에는 대항력이란 곧 우선변제권을 의미한다. 즉, 다른 채권자 또는 담보권자보다 우선하는 대항력이 인정된다는 것은 그 범위에서 우선변제가 인정된다는 것을 말한다. 따라서 우선변제를 받고 나서는 저당권은 소멸한다(민사집행법 제91조 제2항). 피담보채권이 완제를 받지 못한 채권은 무담보의 채권으로 남게 된다. 이에 반하여 주택임차권은 우선적으로 대항력이 인정되는 권리이고 더 나아가서 우선변제권도 인정되는 우선특권에 해당한다. 임차인이 임대인(또는 승계인인 양수인)에 대하여 대항력이 인정된다는 것과 임차

141) 대법원 1992.10.13. 92다30597 판결.
142) 대법원 1990.8.24. 90다카11377 판결.

인이 다른 채권자 또는 담보물권자에 비하여 우선변제를 받을 수 있다는 것은 별개의 권리에 해당한다. 따라서 임대차기간이 종료된 경우 주택임대차는 대항력과 우선변제권을 각각 갖는 것이다. 우선 임대차가 종료된 주택임차인이 우선변제권을 행사하여 경매절차에서 보증금 전부를 변제받을 경우에는 주택임차권도 당연히 소멸한다. 임대차가 존속하여야 할 이유가 없기 때문이다. 이것이 제3조의5 본문이 규정하는 바이다. 그러나 보증금을 완제받지 못할 경우에는 주택임차권은 소멸하지 않는다. 임대차기간이 끝난 경우에도 임차인이 보증금을 반환받을 때까지는 임대차관계가 존속되는 것으로 의제되기 때문이다(제4조 제2항). 이것이 바로 제3조의5 단서가 규정하는 바이다. 주택임차인에게 대항력 외에 우선변제권을 인정할 경우 낙찰자와 채무자 · 채권자에게 예측하지 않은 손해를 발생시킬 수 있지만,[143] 판례는 주택임차인은 대항력과 우선변제권 중 임의로 선택할 수 있다고 한다.[144] 이하에서는 우선변제권을 행사한 주택임대차의 대항력의 존속 여부와 우선변제권을 행사한 주택임차인의 우선변제권의 존속 여부에 대하여 살펴본다.

2) 우선변제권을 행사한 주택임대차의 대항력의 존속 여부

1999.1.21. 개정으로 제3조의5 단서가 신설되기 전에도, 판례는 주택임대차법 제4조 제2항을 근거로 우선변제권을 행사하였으나 임차보증금을 완전히 변제받지 못한 주택임대차의 대항력을 긍정하였다.[145] 우선변제권을 행사한 것이 주책임대차의 대항력을 포기한 것은 아니기 때문이다. 따라서 보증금 중 경매절차에서 배당받을 수 있었던 금액을 공제한 잔액에 관하여 낙찰자에 대항하여 이를 반환받을 때까지 임대차관계의 존속을 주장할 수 있다고 하였다. 그 후 1999.1.21. 주택임대차보호법 제3조의5 단서를 신설하여, 보증금이 전액 변제되지 아니한 대항력이 있는 임차권은 소멸하지 않는다고 규정하여 적극적으로 임차인에게 대항력을 인정하게 되었다. 그 결과 첫째, 임대차는 존속이 의제되므로, 임차인의 주택사용

143) 첫째, 주택임차인이 우선변제권을 행사하지 않을 경우, 낙찰자는 장차 지급하여야 할 보증금을 고려하여 매수가격을 낮게 책정하게 된다. 만일 주택임차인이 우선변제를 요구하면, 낙찰자는 이익이 되지만 배당을 받게 될 채무자 · 채권자는 손해를 보게 된다. 둘째, 주택임차인이 우선변제권을 행사할 경우, 낙찰자는 매수가격을 높게 책정하게 된다. 만일 배당요구를 한 임차인이 배당요구를 철회하게 되면, 낙찰자가 손해를 보고 채무자 · 채권자는 이익을 보게 된다.

144) 대법원 1986.7.22. 86다카466,468,469 판결.

145) 대법원 1986.7.22. 86다카466,468,469 판결; 대법원 1993.12.24. 93다39676 판결; 대법원 1997.8.22. 96다53628 판결; 대법원 1998.6.26. 98다2754 판결; 대법원 1998.7.10. 98다15545 판결.

은 부당이득이 되지 않는다.[146] 다만, 이 경우 임차주택 전부를 사용·수익하고 있는 임차인은 적정임료 상당액 중 배당받지 못한 보증금에 해당하는 부분을 제외한 나머지 금액에 대하여 부당이득을 얻고 있으므로, 이를 반환하여야 한다.[147] 둘째, 대항력 있는 주택임차인은 보증금의 일부가 배당금으로 확보된 상태에서 낙찰자에게 주택의 인도를 거부하여 보증금잔액의 지급을 요구할 수 있다. 이 경우 주택임차인은 부족액을 낙찰자로부터 수령하면서 주택을 인도한 후 경매법원으로부터 배당금을 수령하게 된다.[148] 주택임차인은 잔액보증금의 범위 내에서 임대차가 존속하여 사실상 잔액보증금을 우선적으로 변제받을 수 있게 된다.

3) 우선변제권을 행사한 주택임차인의 우선변제권 존속 여부

임차인이 우선변제권을 행사하였으나 임차보증금을 완전히 변제받지 못한 1차 경매의 낙찰자의 주택이 다시 2차로 경매되는 경우에도 주택임차인은 우선변제권을 행사할 수 있는지가 문제이다. 이에 대하여는 임차보증금의 반환을 위하여 임대차관계가 의제될 뿐 우선변제권은 소멸한다는 부정설과 임차보증금의 반환을 위하여 임대차관계가 의제되는 상태라고 할지라도 우선변제권은 소멸하지 않는다고 하는 긍정설이 대립하고 있다.[149] 판례는 주택임대차보호법 제3조의5 단서는 제4조 제2항의 주의적·보완적 규정으로 보아, 임차권에는 대항력만 인정되고 우선변제권은 소멸하는 것으로 보고 있다.[150] 법리적으로는 대항력과 우선변제권은 별개의 지위이므로 우선변제권은 주택임차인이 만족을 얻을 때까지 인정할 수도 있다. 그러나 우선변제권은 임대차의 종료를 전제로 하는 권리이고 또 1차경매의 낙찰자에게 대항하여 보증금의 잔액을 받을 수 있다면 2차경매절차의 안정을 해하면서까지 다시 우선변제권을 인정할 필요는 없다는 관점에서 본다면 판례의 입장도 이해할 수 있을 것이다.

146) 주석민법, 채권각칙(3)(최준규 집필부분), 853.
147) 대법원 1998.7.10. 98다15545 판결.
148) 민일영, 주택·상가건물의 경매와 임대차, 2009, 378; 민법주해[VI], 채권(3)(민일영 집필부분), 378; 주석민법, 채권각칙(3)(최준규 집필부분), 857.
149) 상세한 것은 이근영·김상진, 전게서, 158-9.
150) 대법원 2006.2.10. 2005다21166 판결.

3. 부동산임차권 · 주택임차권과 전세권의 비교

부동산임차권에는 대항력 또 주택임차권에는 대항력과 우선변제권이 인정된다. 이것이 부동산임차권과 주택임차권의 물권화임은 기술하였다. 그런데 주택임차권은 전세권보다 더 강한 보호를 받는다는 결과가 나타나고 있다. 먼저 부동산임차권과 주택임차권의 물권화의 의미를 살펴보기로 한다.

(1) 부동산임차권 · 주택임차권의 물권화의 의미

부동산임차권과 주택임차권이 대항력을 갖는 경우 그것은 전세권의 그것과는 다른 의미를 갖는다. 채권 · 물권의 준별론에 따르면, 전세권은 전세물에 대한 지배권으로서 지배력이 있기 때문에 전세물의 신소유자에 대한 대항력이 인정된다. 이는 물권의 본질에서 비롯되는 효력이다. 물권법은 대항력에 대하여는 별도로 명문의 규정을 두지 않는 것이다. 그러나 부동산임차권과 주택임차권은 대인권에 지나지 않는다. 따라서 대항력을 인정하고 또 그 전제로 양수인이 임대인의 지위를 승계한다는 규정이 필요하다. 주택임대차보호법에는 관련규정이 모두 존재한다. 그러나 부동산임차권에 대항력을 인정하는 규정만 있고 그 전제인 승계규정이 없는 것은 입법의 불비라고 할 것이다.

(2) 주택임차권과 전세권의 비교

주택임차권은 물권화의 결과 오히려 물권인 전세권보다 더 강한 보호를 받는다. 대표적인 것으로 첫째, 주택임차권의 최단기간의 보호가 그러하다. 주택임차권의 최단기간은 2년이지만(주임법 제4조 제1항), 건물전세권의 최단기간은 1년이다(민법 제312조 제2항). 둘째, 임대차가 종료된 후 주택임대차의 존속의제의 경우가 그러하다. 주택임대차관계가 끝난 후에도 임차인이 보증금을 반환받을 때까지는 임대차관계가 존속하는 것으로 본다(주임법 제4조 제2항). 그러나 전세권의 경우에는 전세기간의 종료 후에는 전세권은 존속하지 않는다. 전세물의 사용 · 수익이 사실상 이루어지는 범위에서 부당이득관계가 발생할 뿐이다. 이는 부동산임대차의 경우도 마찬가지이다. 셋째, 주택임차보증금의 반환확보를 위한 보호가 그러하다. 주택임차보증금이 모두 변제되지 아니한 대항력이 있는 임차권은 소멸하지 않는다(주임법 제3조의5 단서). 이에 반하여 전세권의 경우는 전세기간이 종료된 후 경매절차에서 우선변제가 이루어지면 전세금이 완제되지 않더라도 낙찰자는 전세권이 없는 소유권을 취득한다(민사집행법 제91조 제3항). 이상과 같은 현상은 주택임차인을 보호하기 위한 주택임대차보호법의 취지에 따른 것으로서 불가피한 것이라고 할 것이다.

Ⅳ. 결어: 부동산용익관계에 관한 입법의 과제

부동산용익관계에 대한 입법과 그 변천이 남긴 과제에 대하여 살펴본다.

1. 부동산용익권에 관한 민법의 과제

부동산용익권에 관한 민법의 과제로 주택임대차보호법의 편입 등을 살펴보기로 한다.

(1) 주택임대차보호법 등의 편입

주택임대차보호법(상가건물임대차보호법)과 같은 민사특별법을 민법으로 편입할 것인지가 민법의 당면한 과제이다. 민법 제정 당시에는 개인주의적 및 자유주의적 관점에서 임대인과 임차인을 대등한 지위에서 다룬 결과 임차인을 특별히 보호하지 않았다. 물론 민법 제정 당시에도 이미 임차인 또는 부동산임차인의 보호가 사회문제로 인식되었지만, 그것은 어디까지나 예외였다. 민법도 예외적으로 임차인보호규정을 두었다. 그러나 시대가 변하여 주택임대차가 증가하였고 또 임차인도 보증금을 지급할 수밖에 없는 것이 사회의 일반적인 현상이 되어버렸다. 그렇다면 그것은 마땅히 일반법인 민법의 규율을 받아야 할 것이다. 사회의 법률관계의 패러다임의 변화는 필연적으로 민법의 역할에도 변화를 가져올 수밖에 없는 것이다. 다만, 이러한 특별법을 민법으로 편입하는 방식에 대하여는 다양한 견해가 있을 수 있다.

민법에 일반법으로서의 지위를 부여하는 방법으로, 부동산임대차뿐만 아니라 나아가 동산임대차의 경우에도 차임의 지급방식으로 보증금이 교부되는 경우에 대한 규정을 민법에 신설할 필요가 있을 것이다. 예를 들면, 전세권(제315조 제2항)의 경우와 같이 보증금으로 손해배상에 충당하고 그 나머지를 임차인에게 반환하는 것과 같은 규정을 신설하여야 한다.[151] 또 주택임차인을 포함한 부동산임차인에게 우선변제권을 부여하고 또 부동산임대차의 대항요건을 규율하는 규정을 신설할 필요가 있다.

(2) 대항력 있는 부동산임대차의 경우 양수인의 임대인지위를 승계하는 규정의 필요

민법은 부동산임대차가 등기되는 경우 제3자에 대하여 대항력을 인정하고 있다(제621조, 제622조). 대항력은 부동산임대차가 양수인과 임차인 사이에도 계속 존속한다는 것을 전제로 한다. 이를 위하여 민법에 지위승계에 관한 규정을 둘 필요가 있다. 이것이 농지법(제26조)의 경우 대항요건을 규정하지 않고서도 바로 양수인의 임대인의 지위승계를 규정하고 있는 이유이다. 민법이 부동산임대차에 이와 같은 대항력의 실질적 근거규정을 두지 않은 것은 입법의 불비이다. 민법에 이러한 규정을 두게 되면, 주택임대차보호법 제3조(제2항)과 상가건물임대차보호법 제3조(제2항)의 규정은 주의적 규정일 뿐이라는 점에서 굳이 규정을 둘 필요가 없다고 할 것이다.

(3) 전세권에 관한 담보물권성의 규율

민법에는 전세권의 담보물권성에 관한 규정이 전혀 존재하지 않으므로, 전세권의 부종성, 수반성, 물상대위성과 불가분성에 대하여 규율하여야 한다. 특히 용익기간 종료 후 전세물의 소유권이 양도되면 전세금반환의무도 이전되는지 여부에 대하여 규정할 필요가 있다.

2. 주택임대차보호법의 과제

외국과 비교하여 주택임대차보호법이 시행된 기간은 일천하다. 주택임대차보호법은 임대차시장의 요구에 부응하여 개선되어온 역사성을 가지고 있다. 따라서 장래에도 제도를 계속적으로 개선할 필요가 있다. 그중 주택임대차의 공시방법의 개선과 통일에 대하여 살펴본다.

151) 박수곤, “임대차법의 개정논의에 대한 관견”, 한양법학 제27권 제3집(한양법학회), 2016, 118.

(1) 주택임대차의 공시방법의 개선

주택임대차의 공시방법인 인도와 주민등록을 다른 제도로 개선하자는 주장이 있다. 첫째, 주민등록을 폐지하자는 주장이다. 주민등록은 등기가 인정되지 않은 상태에서 인도 이외에 대항요건으로 요구되는 간편한 제도이다. 따라서 대항요건으로 인도만을 요구하는 것은 불완전하므로 주민등록을 폐지할 필요까지는 없다. 둘째, 임차인 단독으로 등기하는 것을 허용하자는 주장이다.[152] 또는 장기임대차와 단기임대차를 구분하여, 전자의 경우에만 이를 허용하자는 주장이 있다.[153] 그렇게 되면 공시방법이 이중적인 것이 되는 문제점이 있다. 한편 등기를 공시방법으로 채택하는 경우 현행 주택임대차보호법상의 임차권등기명령제도에 의한 임차권등기와 주택임대차등기를 모두 정리하여야 할 것이다. 셋째, 임대차등록부로 대체하자는 주장이다.[154] 그렇게 되면 새로 신설된 확정일자부(제3조의6)는 폐지하여 할 것이다.

(2) 주택임대차의 공시방법의 통일

주택임대차보호법상 공시방법으로 대항요건, 임차권등기명령에 의한 임차권등기와 주택임대차등기가 병존한다. 임차권등기명령에 의한 임차권등기는 임대차의 종료 후에 주택임차권을 공시하기 위한 것으로서 보충적인 것이기는 하지만, 주택임대차등기는 주택임차권의 설정을 위한 것으로서 그렇지 않다. 결국 이는 주택임대차의 공시방법으로서 등기를 인정하기까지 과도기적 현상으로서 궁극적으로는 통일되어야 할 것이다.

152) 지원림, “주택임차권 공시제도의 개선방안”, 저스티스 150, 한국법학원, 2015.9, 28-36.
153) 이은희, 전게논문, 448.
154) 유원규, 전게논문, 226.

우리 담보제도 발전의 회고

김 형 석

[초 록]

우리 사법제도가 창설되어 지속한 지난 70년 동안 사법의 각 분야에서 눈부신 발전이 있었지만, 그중에서도 담보제도의 발전은 특히 괄목할 만하다. 본고는 담보관계를 둘러싼 이익들이 대립하는 전형적인 쟁점들 중에서 우리나라의 경제발전과 관련해 진행된 사법발전을 잘 예시하는 몇 가지 전형적인 주제를 중심으로 담보법의 발전을 소묘한다. 즉 담보대상의 확장과 관련된 문제, 보증인의 보호, 저당권자의 방해배제청구, 강제집행·도산절차에서 비전형담보의 취급, 가등기담보와 부동산 양도담보라는 다섯 개의 쟁점을 중심으로 하여, 문제의 소재를 밝히고, 그 해결을 위한 판례와 학설의 노력을 분석하며, 그에 대한 입법적 대응을 소개하고 평가한다. 이러한 주요 사례연구를 통해 우리 학계와 실무가 경제성장에 수반하여 증대하는 담보수요가 제기하는 어려운 이익충돌 상황을 해결하기에 노력하였고, 대체로 관계인의 이해관계를 균형 있게 조정하는 것에 성공적이었음을 확인한다.

서울대학교 법학전문대학원 교수

Ⅰ. 서 론

우리 사법제도가 창설되어 지속한 지난 70년 동안 사법의 각 분야에서 눈부신 발전이 있었지만, 그 중에서도 담보제도의 발전은 특히 괄목할 만하다. 대한민국의 경제발전 과정에서 창출된 대규모의 자본 수요는 신용의 팽창과 이를 지탱하는 담보제도의 확충을 요구하였다. 법질서가 명확한 재산법 규율과 공시제도를 창출함으로써 비로소 단순히 사용가치의 영역에 있었던 재산은 이제 담보의 객체로서 생산에 활용될 수 있는 자본으로 변모하여 경제성장의 기초를 제공할 수 있다.[1] 우리나라의 경우에도 학설과 실무가 법률을 해석·적용하고, 필요한 경우 법형성을 통해 이를 보충하며, 입법에 따른 담보제도 개혁에 조력하면서 이러한 발전을 견인하였음은 그동안 경험이 명백히 확인해 주고 있다.

사법 70년 동안의 담보제도의 발전을 상세하게 개관하는 것은 본고에 부여된 제한된 지면을 크게 초과할 것이다. 따라서 본고는 담보관계를 둘러싼 이익들이 대립하는 전형적인 쟁점들 중에서 우리나라의 경제발전과 관련해 진행된 사법발전을 잘 예시하는 몇 가지 전형적인 주제를 중심으로 담보법의 발전을 소묘해 보고자 한다. 이러한 서술방법의 채택은 단순히 지면의 제약을 고려하는 것 이상의 의미가 있다고도 생각된다. 민법 및 강학상 체계에 따른 평면적 서술보다는, 문제중심적 서술이 우리 학설과 실무의 노력을 보다 입체적으로 보여줄 뿐만 아니라, 다양한 담보제도 사이에 존재하는 체계적 관련성을 드러나게 해 줄 것으로 예상되기 때문이다.

Ⅱ. 담보대상의 확장

앞서 지적한 바와 같이, 채권자와 채무자는 보다 많은 신용을 제공하고 수수하는 것에 이해관계를 가지기 때문에, 신용 증대에 상응하여 보다 많은 대상을 담보로 확보하는 것에 대한 첨예한 이해관계를 가지며, 우리 사법제도 역시 여러 가지 모습으로 이러한 과제에 대응해 왔다.

---

1) 데 소토, 자본의 미스터리, 2003, 제2장 참조.

1. 입법적인 고려

(1) 특별법에 따른 저당

민법에 기하여 설정되는 저당권은 특정한 부동산 또는 부동산의 용익을 내용으로 하는 지상권·전세권을 목적물로 하고 있다(제356조, 제371조). 그러나 그 이외의 재산권 특히 집합재산에 대한 담보화의 요구는 경제와 거래의 발달에 좇아 필연적으로 일어났다. 법은 이러한 요구에 발맞추어 등기제도의 확대에 연동하면서 특별법을 마련하여 일정한 동산, 재단 등에 대한 저당권을 인정하여 왔다. 「입목에 관한 법률」에 따른 입목저당(동법 제2조, 제3조), 「자동차 등 특정동산 저당법」에 따른 자동차·항공기·소형선박 및 건설기계에 대한 저당(동법 제3조), 「상법」에 따른 등기된 선박에 대한 저당(동법 제787조, 제789조), 「공장 및 광업재단 저당법」에 따른 공장의 토지 또는 건물에 대한 저당(동법 제3조, 제4조) 및 공장재단·광업재단에 대한 저당(동법 제10조, 제52조) 등이 그 예이다.[2)]

(2) 등록동산담보 및 등록채권담보

더 나아가 담보대상을 확대하려는 최근의 입법적 노력으로 특기할 만한 것은 2010년 제정된 「동산·채권 등의 담보에 관한 법률」에 따른 등록동산담보 및 등록채권담보의 도입이다. 이들 담보권은 종래 실무에서 활용되고 있는 동산 양도담보 및 채권 양도담보가 가지는 여러 문제[3)]에 대한 대응으로 UNCITRAL의 담보거래지침을 모델로 하여 입법화되었다.[4)] 등록담보권은 명시적으로 동산이나 채권의 (유동하는) 집단에 대해 설정될 수 있음을 확인하여, 집합동산 및 집합채권에 대한 비점유담보권을 가능하게 한다(동법 제2조 제2호, 제3호 참조).

등기담보권의 장점은 무엇보다도 그 등기가능성에 있다. 그에 의해 설정자는 담보목적물의 가치를 순위로 분할하여 담보권을 설정할 수 있는 이익을 받는다(동법 제7조 제2항, 제3항, 제35조 제2항, 제3항). 또한 담보목적물에 이해관계를 가지는 사람들은 보다 개선된 공시에 의거하여 담보권의 존재 및 내용을 비교적 쉽게

2) 양창수·김형석, 민법 Ⅲ: 권리의 보전과 담보, 제2판, 2015, 553면 이하 참조.
3) 우선 김형석, "「동산·채권 등의 담보에 관한 법률」에 따른 동산담보권과 채권담보권", 서울대 법학, 제52권 제3호, 2011, 192-194면 참조.
4) 동산담보권과 채권담보권의 법률관계에 대해 상세한 내용은 김재형, "「동산·채권 등의 담보에 관한 법률」 제정안의 구성과 내용", 민법론 Ⅳ, 2011, 234면 이하; 김형석(주 3), 194면 이하; 김현진, 동산·채권담보권 연구, 2013 등 참조.

탐문할 수 있는 가능성을 보유하게 된다(동법 제6조, 제37조). 이러한 관점에서 등기담보권은 담보제공자와 제3자인 일반채권자에게 유리한 장점을 가진다.

반면 등기담보권이 채권자의 입장에서 종래 양도담보와 비교할 때 반드시 유리한 담보제도인지 여부에 대해서는 이를 쉽게 긍정할 수 없다고 생각된다. 물론 등기담보권도 우선변제라는 측면에서는 부족함이 없다. 그러나 채권자가 양도담보를 설정받는 경우와 비교할 때 등기담보권에서는 후순위권리자가 등장할 수 있어 신용관계가 예상보다 일찍 중단되는 불이익이 발생할 수 있다.[5] 또한 등기담보권의 경우 양도담보에서 존재하던 담보권자의 불이익이 반드시 제거되었다고 단정할 수도 없다. 동산담보권에서 담보권이 공시가 된다고 하더라도 선의취득으로 소멸할 가능성이 배제되는 것도 아니며(동법 제32조),[6] 사실상의 담보권 침해는 어차피 등기담보권에서도 피할 수 없다. 또한 담보등기부가 종국적인 권리관계를 공시하는 것은 아니라 그 확인을 간이하게 하는 것뿐이므로, 집합동산담보에서 발생하였던 고유한 문제들은 등기담보권에서도 여전히 나타난다(예컨대 객체의 특정, 담보침해 등의 문제[7]). 채권담보권의 경우에도 종래 질권이나 양도담보와 관련한 통지를 둘러싼 난점은 등록담보권에서도 제3채무자에 대한 대항요건으로 통지를 요구함으로써(동법 제35조 제2항) 완전히 해소되지는 않는다.

또한 설정자의 입장에서도 등기담보권보다 양도담보가 더 유리한 경우를 상정할 수 있다. 설정자로서는 한 명의 채권자로부터 충분한 신용을 받을 수 있다면 양도담보를 설정함으로써 담보설정 사실을 숨기고(상당한 담보제공이 공시되는 것은 설정자의 평판에 좋지 않을 수 있다), 담보목적물을 책임재산에서 제외하여 다른 일반채권자들의 강제집행을 배제하는 것이 유리할 수도 있다.

그러므로 등기담보권은, 다른 이해관계인에 대해서는 일정한 정도로 법률관계를 명확하게 하지만, 설정자와 담보권자의 이익이라는 관점에서 살펴볼 때 종래 양도담보에 비하여 반드시 유리한 담보권이라는 평가를 내릴 수는 없다고 생각된다. 특히 후순위권리자를 배제할 담보권자의 이익과 일반채권자의 집행을 회피할

---

5) 동산담보권에서 일반채권자의 집행에 대해 동산담보권자가 제3자이의를 할 수는 없고 배당요구만 가능하다는 점에 대해 김형석(주 3), 212면 참조.

6) 김재형(주 4), 263-264면은 선의취득이 대폭 줄어들 것이라고 예상하지만 속단하기 어렵다. 이는 설정자와 이해관계를 맺는 사람들에게 일반적인 담보등기부 조사의무를 부과할 수는 없기 때문이다. 김형석(주 3), 228면 참조.

7) 김형석(주 3), 198면, 209면 이하 참조.

설정자의 이익이 만나는 경우에는 오히려 여전히 양도담보를 선호할 가능성도 충분히 존재한다 실제로 동법은 양자의 병존을 허용함으로써 실무에 선택가능성을 부여하였는데,[8] 시행 이후 동산담보나 채권담보의 실무를 살펴보면 새로운 등록담보권은 기대만큼 활용되고 있지는 않은 것으로 보인다.[9] 이러한 현상에 비추어 볼 때, 종래 동산·채권의 양도담보와 관련해 지적되었던 문제점의 다수는 실은 양도담보라는 법적 수단의 약점이라기보다는 사물의 본성상 동산과 채권을 집합담보의 대상으로 확보하려는 시도에 내재하는 난점일지도 모른다.

2. 양도담보에서 담보대상의 확장

비전형담보에서 특히 담보대상의 확장에 따른 비공시에 대한 채무자·채권자의 이익과 공시담보 및 도산 효율성에 대한 일반채권자의 이익이 예민하게 충돌한다.

(1) 집합동산의 양도담보

(가) 동산을 담보로 신용을 공여받아야 하는 담보제공자는 종종 물건의 출입에 의해 구성내용이 변동하는 동산집단을 담보로 제공해야 하는 상황에 직면한다. 그런데 동산 양도담보는 동산 소유권 이전에 관한 일반적인 규정 특히 점유개정에 의한 소유권 양도(제189조)의 방법으로 설정되므로, 그러한 양도행위가 유효하기 위해서는 물권법상 양도의 객체가 특정되어야 한다는 특정의 원칙이 준수되어야 한다. 이는 집합동산 특히 그 구성부분이 변동하는 집합동산의 양도담보(이른바 유동집합동산 양도담보)에서도 다르지 아니하다. 그러므로 집합동산의 양도담보의 설정단계에서는 양도행위가 양도 목적물을 특정하고 있는지 여부가 중요한 쟁점으로 부각된다. 그리고 이러한 문제는 구성부분이 변동하지 아니하는 집합동산의

---

8) 김재형(주 4), 241-242면.

9) 「사법연감」에 따르면 동법에 따른 접수된 등기사건 건수는 2012년에 1,810, 2013년에 3,428, 2014년에 2,826, 2015년에 2,865, 2016년에 2,173 건인데, 우리 경제규모에 비추어 활용이 크다고 말하기는 어려울 것이다. 특히 이후의 금융실무에 관한 보도에 따를 때 등록담보권이 종래 양도담보에 비해 법률관계의 안정과 명확화라는 관점에서 크게 기여하지 못하고 있다는 인상을 받게 된다. 매일경제 2017년 1월 3일, http://news.mk.co.kr/newsRead.php?year=2017&no=6403; 조선비즈 2017년 1월 13일, http://chosun.com/tw/?id=biz*2017011202730; 서정호, "은행권의 동산담보대출 활성화를 위한 과제", 주간 금융브리프, 제25권 제23호, 2016, 12-13면 등 참조.

경우에도 나타나지만,[10] 구성부분이 변동하는 유동집합동산의 양도담보에서 보다 빈번하고 또 예민하게 제기된다. 이에 대해 대법원은 양만장에 있는 모든 뱀장어,[11] 특정 창고에 보관된 의류 전부,[12] 특정 돈사에 있는 돼지들 전부[13] 등으로 양도 목적물이 특정되어 있는 경우, 특정이 원칙이 충족되는 것으로 볼 수 있다고 하여, 유동집합동산의 담보가능성을 인정한다.

(나) 이렇게 집합물의 내용이 증감·변동하는 양도담보에서 핵심적인 과제는 그러한 증감·변동 과정에서 영업에 좇은 물건의 반출이 허용될 뿐만 아니라 새로 유입되어 특정의 기준을 충족하는 물건이 계속 채권자에게 양도되어 담보로 기능할 수 있도록 해야 한다는 것이다. 이를 설명하기 위해 판례는 이른바 집합물설을 따르고 있다. 이에 의하면 다수의 집합물을 장소, 종류, 수량에 있어서 특정하면 그 집합물은 하나의 물건으로 취급되어 그 내용의 증감변동에 의하여 동일성을 상실하지 아니하여 양도담보가 유지된다는 것이다.[14] 다만 양도담보권설정자가 양도담보권설정계약에서 정한 종류·수량에 포함되는 물건을 계약에서 정한 장소에 반입하였더라도 그 물건이 제3자의 소유라면 담보목적인 집합물의 구성부분이 될 수 없고 따라서 그 물건에는 양도담보권의 효력이 미치지 않는다고 한다.[15] 이를 지지하는 견해도 유력하다.[16] 그러나 이러한 판례와 다수설에 대해 이는 일물일권주의에 반하므로 거부되어야 한다는 비판도 주장되고 있다.[17] 그에 따르면 유동집합동산 양도담보의 설정은 당사자들 사이의 사전점유개정의 약정에

---

10) 유동집합동산 양도담보를 둘러싼 계약해석 문제에 대해 대법원 2016.4.28. 2015다221286 판결 참조.

11) 대법원 1990.12.26. 88다카20224 판결.

12) 대법원 1999.9.7. 98다47283 판결.

13) 대법원 2003.3.14. 2002다72385 판결; 대법원 2004.11.12. 2004다22858 판결.

14) 대법원 1988.12.27. 87누1043 판결 참조.

15) 대법원 2016.4.2. 2012다19659 판결.

16) 김재협, "집합동산양도담보", 사법연구자료, 제16집, 1989, 84면 이하; 김여회, "집합동산의 특정과 공시", 비교사법, 제10권 제3호, 2003, 132-133면; 박강회, "집합동산양도담보의 효력", 민사법연구, 제13집 제2호, 2005, 22-23면; 신봉근, "유동집합동산 양도담보의 법리", 인권과 정의, 제353호, 2006, 98-99면; 장창민, "유동집합동산의 담보제도에 관한 연구", 성균관법학, 제18권 제3호, 2006, 310면; 고상용, 물권법, 2001, 798면; 김증한·김학동, 물권법, 제9판, 1997, 599면; 이은영, 물권법, 제4판, 2006, 746-747면; 김용담 편집대표, 주석 민법 물권(4), 제4판, 2011, 524-526면(오영준) 등.

17) 양창수, "내용이 변동하는 집합적 동산의 양도담보와 그 산출물에 대한 효력", 민법연구, 제5권, 1999, 418면 이하; 강동욱, "집합적 동산의 담보", 민사판례연구[XXVI], 2004, 711면 이하; 김재형, "담보법에서 담보목적물의 확장문제", 민법론 I, 2004, 397면; 강태성, 물권법, 제5판, 2015, 1404-1405면; 송덕수, 물권법, 제3판, 2017, 603면 등.

의해 쉽게 설명될 수 있는데, 장래에 창고 등에 반입되는 물건에 대하여 미리 점유매개관계를 합의하는 사전점유개정antizipiertes Besitzkonstitut 약정을 하여 반입과 동시에 소유권이 채권자에게 이전되도록 하면서, 담보약정에서 채권자는 설정자에게 처분수권Verfügungsermächtigung을 하여 설정자가 영업의 과정에서 유효하게 물건을 처분할 수 있도록 한다는 것이다.

그런데 후자의 견해(이른바 分析論)와 집합물설(이른바 集合物論)이 일반론적인 법률구성의 차원에서 개진한 근거들은 그 자체만으로는 결정적이라고 말하기 어렵다. 예컨대 집합물론은 분석론에 대해 기교적인 구성이며 사회경제적 요청이나 당사자 의사를 무시한다고 비판하고 있으나, 이는 자신의 결론을 전제로 하는 선결문제 요구의 논거에 지나지 않는다. 집합물 개념은 이미 그 자체로 충분히 인공적이고 기교적일 뿐만 아니라, 지금 다투어지는 쟁점 자체가 당사자 의사를 어떻게 해석해야 하고 그것으로 어떠한 사회경제적 결과에 도달할 것인지 여부이기 때문이다. 반대로 분석론은 집합물론에 대해 일물일권주의를 근거로 비판하지만, 바로 쟁점은 유동집합동산 양도담보에서 그러한 일물일권주의에 예외를 인정할 만한 합리적 사정이 있는지 여부이다. 그러므로 법률구성 자체로부터의 추론이 아니라, 구체적인 사안유형을 법률에 비추어 해석한 결과로부터 법률구성의 타당성을 음미하는 작업이 필요하다.[18)]

(다) 두 견해의 차이는 예컨대 다음의 경우 나타날 것이다. ① 설정자의 채권자가 집합물 전체가 아니라 이를 구성하는 개별 동산을 압류하거나 침해하는 경우 또는 설정자가 그러한 개별 동산을 허용되지 않는 방법으로 처분하거나 가공하는 등의 행위를 하는 경우, 분석론에 의할 때 이는 담보침해에 해당하므로 양도담보권자는 소유자로서 그에 대응할 수 있을 것이지만, 집합물론에 의할 때에는 집합물에 대한양도담보가 그대로 유지되고 있으므로 그러한 권리행사는 가능하지 않을 것이다. ② 채권자취소권이나 부인권의 판단에 있어서, 분석론은 양도담보 설정시점을 개별 물건이 양도되는 시점으로 파악하므로 재정악화 이후에 유입된 동산이 양도담보권자에게 양도되는 경우 원칙적으로 채권자취소권이나 부인권의 대상이 될 수 있지만, 집합물론에 의하면 최초 집합물이 구성되어 양도담보가 설정된 시점이 양도담보 설정시점이므로 채권자취소권이나 부인권은 아예 문제되지

---

18) 이미 양도담보의 법률구성에 대해 김형석, “강제집행 · 파산절차에서 양도담보권자의 지위”, 저스티스, 제111호, 2009, 76면 이하 참조.

않을 것이다.

두 경우 모두 집합물론은 타당하지 않은 결과에 도달한다고 보아야 한다. 양도담보권자가 개별 동산에 대한 그러한 간섭에 대응할 수 없다면, 그는 설정자와 제3자가 행하는 전략적이고 단계적인 담보침해에 대해 속수무책의 무기력 상태에 처할 수밖에 없다. 양도담보의 실행 이전에 반출된 목적물에 대해 반환청구를 할 수 없고, 일반채권자가 일부 동산을 압류한 때에도 제3자이의를 할 수도 없으며, 집합동산의 상당부분이 멸실된 경우 손해배상도 청구할 수 없다는 결과는 담보목적에 정면으로 반하며 받아들이기 어렵다. 게다가 채무자가 위기상황에 도달하여 채권자취소권이나 부인권이 기능해야 하는 상황이 도래하였음에도 집합물이라는 개념 조작으로 실정법률의 적용을 원천 배제하는 해석은 채권자취소와 도산법의 취지에 반하여 도저히 허용하기 어렵다고 생각된다. 오히려 분석론에 따라 원칙적으로 채권자취소와 도산법의 적용을 전제로 하면서, 개별 요건을 음미함으로써 적절한 결과에 도달하는 해석이 보다 타당할 것이다. 그래서 예컨대, 채무자가 채무초과 상태가 되었더라도 이미 이전에 체결된 담보약정의 이행으로 새로 유입되는 목적물의 소유권이 채권자에게 이전되는 경우에는, 채무자에게 부여된 신용에 상응하는 범위 즉 담보약정에서 예정되었던 피담보채권을 합리적으로 담보하는 수준에서 담보가 유지되고 있는 이상 이는 사해의사 없는 본지행위로 취소할 수 없다고 해야 하지만, 채무자와 담보권자가 공모를 통해 신용에 상응하지 않는 신규 담보를 제공하는 등 재산이탈을 가속화하는 경우에는 반대로 사해행위가 인정될 것이다.[19] 마찬가지로 도산법에서도 동법 제100조, 제391조의 요건을 구체적으로 음미해서 판단하면 충분하다. 그에 따르면 담보약정의 이행인 통상적인 양도담보 설정의 경우 고의부인은 예외적인 사정 하에서만 가능할 것이고(앞서 채권자취소권에서와 대체로 다르지 않을 것이다), 위기부인은 채권자가 지급정지 등에 대해 악의인 이후에만 가능하겠지만, 반대로 신규 신용 없이 양도되는 동산을 증가시키는

19) 이러한 내용은 본지행위는 원칙적으로 사해행위에 해당하지 않으나(대법원 2001.4.10. 2000다66034 판결) 편파를 내용으로 하는 공모가 있는 경우에는 사해행위에 해당하고(대법원 2001.4.10. 및 2004.5.28. 2003다60822 판결; 대법원 2005.3.25. 2004다10985,10992 판결), 대물변제적 성격의 담보제공은 원칙적으로 사해행위에 해당하나(대법원 2008.2.14. 2005다47106,47113,47120 판결; 대법원 2000.4.25. 99다55656 판결), 신규 신용과 결부된 담보제공은 그렇지 않다(대법원 2001.5.8. 2000다66089 판결; 대법원 2011.1.13. 2010다68084 판결; 대법원 2009.3.12. 2008다29215 판결; 대법원 2010.4.29. 2009다104564 판결 등)는 판례를 고려할 때 정당화된다.

행위는 고의행위나 비본지행위로 부인가능성이 높을 것이다.[20] 그러므로 채권자취소와 도산법의 취지를 고려하는 적절한 해결은 분석론에 따를 때 가능하며, 집합물론에 따라 개념조작으로 그 적용을 배제하는 해석은 일반채권자의 보호를 무시할 수밖에 없어 부당하다.[21]

나아가 ③ 집합물론에 따르면 양도담보를 실행하기 위해서는 개념상 집합물을 집행가능한 개별 물건으로 전환시키는 절차가 필요한데(이른바 「고정화」),[22] 그에 따르면 실행의 통지 이후에는 양도담보 약정이 정하는 기준에 따른 새로운 동산이 유입되더라도 이는 담보목적물로 파악되지 아니하고, 이제 설정자는 고정된 목적물을 처분할 수 없다고 한다. 그러나 채권자의 만족이 없는 상태임에도 단지 실행의 통지만이 있다는 이유로 담보약정에 부합하는 물건의 유입이 있음에도 담보로 파악되지 않는다는 결과는 채권자의 의사나 담보목적에 부합한다고 보기 어렵다. 게다가 고정화 이후 시점에 유입된 물건과 그렇지 않은 물건을 구별하여 집행하는 것은 많은 경우 현실적으로 극히 어려울 뿐만 아니라,[23] 예컨대 실행의 통지 이후 담보침해가 발생해 고정화된 목적물이 상실된 경우에 새로 유입된 동산이 있더라도 담보로 기능하지 못하는 결과가 발생한다. 반면 분석론에 따르면 양도담보권자가 실행을 통지해 인도를 청구한 이후에 양도담보 실행으로 인도가 이루어지는 시점까지 유입되는 목적물은 담보로서 기능할 수 있다.[24] 이때 설정자는 채무불이행만으로 통상적 영업에 따른 처분권한을 상실하는 것은 아니지만(양도담보권자는 채무불이행에도 불구하고 영업에 따른 처분을 기다려 그 대금으로 만족받는 방법을 선택하는 것이 합리적일 수도 있다), 실행통지에 따른 인도청구가 있

---

20) 이상의 내용은 분석론에 따라 유동집합동산 양도담보를 이해하는 독일의 경우에도 마찬가지이다. 우선 Reich, *Die Sicherungsübereignung*, 1970, S. 114ff. 참조.

21) 그래서 예컨대 집합물론을 주장하는 주석 민법 물권(4)(주 16), 525면(오영준)은 일본의 학설을 따라(예컨대 道垣內弘人, 擔保物權法, 第4版, 2017, 336면 등) "당초의 약정내용보다 혹은 재정적 위기 전의 피담보채권의 담보부족액보다 과다한 재고재산이 유입되었을 경우"에 예외적으로 채권자취소권이나 부인권 행사를 허용해야 한다고 한다. 그러나 이러한 해석은 집합물론을 전제로 할 때 그와 일관되지 아니하는 예외를 인정하는 것일 뿐만 아니라, 실정 도산법 규정의 해석으로 정당화되기도 어렵다.

22) 실제로 집합물론을 알지 못하는 독일의 해석론에서 「고정화」의 문제의식은 전혀 찾아볼 수 없다. 양도담보권자는 양도된 개별 동산 전부를 환가의 대상으로 할 수 있다. Wiegand in Staudinger, *Kommentar zum Bürgerlichen Gesetzbuch*, Anh zu §§ 929ff., 2004, Rn. 232 참조.

23) 특히 판례(대법원 2004.11.12. 2004다22858 판결)에 따라 양도담보의 효력이 미치지 않음을 주장하는 자가 그에 대해 증명책임을 부담한다고 해석하면 더욱 그러하다.

24) 양창수 · 김형석(주 2), 512면 참조.

으면 그의 처분권한은 담보약정에 따라 소멸하므로 설정자는 이제 통상적인 영업에 따르더라도 목적물을 처분할 수 없게 된다. 이로써 집합물론에 따른 「고정화」의 설명은 이론적으로 불필요하며, 실제 결론에 있어서도 타당하지 않음을 알 수 있다.

이상에서 분명하게 되었지만, 일물일권주의는 우리 법률이 법률관계 내지 권리행사의 대상을 구체적이고 개별적인 물건으로 전제하고 있기 때문에 도출되는 법원리이다. 집합물론은 법률에 근거가 없이 개별적인 물건이 아닌 물건집단에 법률효과를 연결함으로써, 인위적이고 기교적인 개념조작으로 담보침해나 채권자취소・부인의 경우 법률이 인정하는 당사자들의 권리를 부당하게 배제하는 결과로 귀결하며, 또한 실행의 단계에서 집합물을 개별 물건으로 돌리는 부자연스러운 절차를 요구할 수밖에 없다. 이러한 해석이 법률에 부합한다고 보기는 어려울 것이다. 사전점유개정 및 가공조항의 해석으로 유동집합동산의 양도담보를 이해하는 해석이 타당하다.

(2) 집합채권의 양도담보

채무자가 담보로 제공할 수 있는 자산이 매출채권 등 다수의 소액채권으로 구성되어 있는 경우, 실무에서 집합채권의 양도담보가 종종 사용된다. 이는 다수의 소액 대여금 채권, 서비스료 채권, 매출 채권의 흐름만을 자산으로 가지고 있는 기업에서 특히 그러하다. 그런데 이러한 채권들은 일정한 시간에 걸쳐 발생과 소멸을 반복하는 것이 통상이므로, 채무자에게 영업의 자유를 보장하면서도 이 채권들을 모두 효율적으로 담보로 획득하는 법적 수단이 요구된다. 이는 한편으로 장래채권의 양도가능성의 문제로, 다른 한편으로 채권양도 대항요건(제450조)의 취급이라는 문제로 제기된다. 그리고 이들 쟁점에서 일반채권자는 공시담보의 요구와 도산 효율성이라는 이익으로 대립한다.

(가) 유동집합채권의 양도담보가 적절히 기능하기 위해서는 아직 발생하지 아니한 장래채권의 양도가 가능해야 한다. 조건부 채권, 기한부 채권[25] 또는 장래의 법률행위로부터 발생할 채권 등의 양도가 그 예이다. 조건부・기한부 채권의 경

---

25) 양창수, “장래채권의 양도”, 민법연구, 제7권, 2003, 243면 참조. 이는 성립에 기한이 있는 채권을 말하며, 이미 성립하였으나 단지 이행의 기한 즉 변제기가 있는 채권과는 구별해야 한다. Stürner in Jauernig, *Bürgerliches Gesetzbuch*, 15. Aufl., 2014, § 398 Rn. 9 참조.

우에 양도가 가능하다는 점은 의문이 없으나(제149조, 제154조), 그 밖의 장래채권에 대해서는 논의가 있다. 대법원은 "장래의 채권도 양도 당시 기본적 채권관계가 어느 정도 확정되어 있어 그 권리의 특정이 가능하고 가까운 장래에 발생할 것임이 상당 정도 기대되는 경우에는 이를 양도할 수 있다"[26]는 입장을 취하고 있다. 따라서 수급인이 장래에 취득하게 될 보수청구권,[27] 계속적 물품공급계약에서 발생하게 될 매매대금 청구권은 이를 양도할 수 있다고 한다.[28] 반면 계약해제가 있으면 발생하게 될 원상회복 청구권은 통상 이러한 요건을 충족하지 못한다고 하나,[29] 해제의 가능성이 높아 이를 예상할 수 있는 경우에는 양도할 수 있다고 한다.[30] 종래 다수설도 같은 입장이다.[31] 그러나 판례가 추가적으로 요구하는 '발생의 상당한 개연성'이라는 기준에 대해서는 최근 비판이 유력하다.[32] 즉 채권 발생의 상당한 개연성이라는 개념은 매우 모호하여 실제로 의미 있는 기준이 될 수 없으며, 법적 명확성은 이미 특정성을 요구함으로써 충족된다는 것이다. 이러한 비판은 타당하다고 생각된다(물론 그러한 관점이 도산절차에서 고려될 수 있는지는 다른 문제이다; 바로 아래 (나) 및 특히 주 42 참조). 물론 장래 채권의 양도의 효력은 그 채권이 발생한 시점에 비로소 발생한다.

(나) 장래채권이 양도된 이후 채권이 실제로 성립하는 경우, 이는 논리적 순간에 양도인에게 발생하였다가 양수인에게 이전하는가(경유취득) 아니면 바로 양수인에게 발생하는가(직접취득)? 이는 예전부터 독일에서 다투어지는 문제로,[33] 특히 양도행위가 행해진 이후 장래채권이 발생하기 이전에 양도인에게 도산절차가 개시한 사안을 어떻게 취급할 것인지의 문제와 연동하여 논의되는 경우가 많다. 그러나 전자의 문제에 대해 어떻게 답을 하더라도, 후자의 해결이 그에 필연적으로 결부될 이유는 없다. 오히려 도산법의 취지에 좇아 해석되어야 하며,[34] 이는 예컨대 직접취득을 인정하더라도 마찬가지이다.

---

26) 대법원 1996.7.30. 95다7932 판결.
27) 대법원 1996.7.30.(주 26).
28) 대법원 1991.6.25. 88다카6358 판결.
29) 대법원 1982.10.26. 82다카508 판결. 사안은 가압류에 대한 것이다.
30) 대법원 1997.7.25. 95다21624 판결.
31) 전거와 함께 곽윤직 편집대표, 민법주해[X], 1995, 559면(이상훈) 참조.
32) 양창수(주 25), 264-265면; 김재형, "근저당권부채권의 유동화에 관한 법적 문제", 민법론 I, 2004, 473면; 김용담 편집대표, 주석 민법 채권총칙(3), 제4판, 2014, 335면(최수정).
33) 상세한 내용은 서민, 채권양도에 관한 연구, 1985, 104면 이하 참조.
34) Roth in *Münchener Kommentar zum BGB*, 6. Aufl., 2012, § 398 Rn. 84.

이 쟁점은 얼마 전 대법원의 한 판결에 의해 우리나라에서도 본격적으로 제기되었으며, 제2금융권의 대출실무에 상당한 영향을 주었다. 여기서 의사가 병원설비를 이유로 은행으로부터 대출을 받으면서 자신의 국민건강보험공단에 대한 향후 의료비 등 채권을 담보목적물로 한 채권양도담보계약을 체결하였는데, 은행이 담보목적물 중 일부인 그 당시 현존 의료비 등 채권에 대하여 담보권을 실행하여 공단으로부터 채권 일부를 회수한 후 甲에 대하여 회생절차가 개시된 사안이 문제되었다. 대법원은, 은행이 피담보채권인 대출금채권 전액의 만족을 얻지 아니한 이상 담보권 실행 후 발생하는 의료비 등 채권에 대해서도 담보권을 실행할 수 있고, 담보권 실행으로 인하여 그 후 발생하는 의료비 등 채권에 대하여 담보권의 효력이 미치지 아니하게 되는 것은 아니지만, 담보권 실행 후 甲에 대한 회생절차개시 당시까지 담보목적물인 채권이 남아 있지 아니하였고, 회생절차개시 후에 의료비 등 채권이 추가로 발생하였더라도 그러한 채권에 대해서는 더 이상 담보권의 효력이 미치지 아니하기 때문에, 乙 은행의 잔존 대출금채권은 담보목적물이 존재하지 아니하는 회생채권이라고 판시하였다. 여기서 "장래 발생하는 채권이 담보목적으로 양도된 후 채권양도인에 대하여 회생절차가 개시되었을 경우 […] 회생절차가 개시된 후 발생하는 채권은 채무자가 아닌 관리인의 지위에 기한 행위로 인하여 발생하는 것으로서 채권양도담보의 목적물에 포함되지 아니하고, 이에 따라 그러한 채권에 대해서는 담보권의 효력이 미치지 아니한다"는 것이 근거로 제시되었다.[35] 이 판결을 계기로 학설에서 장래채권의 양도와 도산절차의 효력에 관한 논의가 본격적으로 이루어졌다.[36]

---

35) 대법원 2013.3.28. 2010다63836 판결. 이 판결에 대해 이상주, "집합채권양도담보에서의 담보권실행의 효력과 회생절차가 개시된 후 발생하는 채권에 대해서도 담보권의 효력이 미치는지 여부", 대법원판례해설, 제95호, 2013, 621면 이하 참조.

36) 본문에서 인용된 것처럼, 이 판결은 양도담보권자의 이전의 실행으로 담보목적채권이 「고정화」되는지의 논점을 다루면서 이를 부정하고 있다. 관련해서 우리 학설은 일본 학설에 따라 이 사건과 같이 채무자가 추심권을 상실하고 계속 채권자에게 이전되어 그때그때 만족에 봉사하는 유형을 「누적형」 집합채권 양도담보라고 하면서 이 경우 「고정화」는 있을 수 없다고 설명한다(주 35, 37의 문헌 참조). 위 판결 역시 그러한 관점에 따른 것으로 보인다. 그러나 이는 이론적으로 정확한 설명이라고 말하기는 어렵다. 「누적형」 집합채권 양도담보라는 용어를 사용하는 것에 반대할 이유는 없으나, 엄밀하게 이는 법적 개념에 따른 양도담보로 파악될 수는 없기 때문이다. 주지하는 바와 같이 다른 채권의 만족을 위해 채권이 양도되는 경우, 그 원인되는 목적관계는 논리적으로 세 가지가 존재할 수 있다(대법원 2010.12.23. 2010다44019 판결). ① 대물변제를 위한 양도, ② 변제를 위한(erfüllungshalber) 채권양도, ③ 담보를 위한(sicherungshalber) 채권양도. 여기서 특히 ②와 ③의 차이는 채권자가 양도된 채권으로부터 우선적으로 채권의 만족

이 판결에 대해서는 찬반이 나뉘고 있다.[37] 비판하는 견해는 판례가 논거로 제시하는 관리인 지위에 기한 행위의 특별취급에 의문을 제기하면서, 채권양도의 대항요건이 갖추어진 이상 도산절차 개시 전에 행해진 양도의 효력을 부정할 수 없고, 「채무자회생 및 파산에 관한 법률」(이하 '도산법'으로 인용한다) 제340조 제1항이 장래의 차임채권에 대해서만 규율하고 있는 것에 비추어 장래채권을 담보목적물에서 일괄제외할 수 없다고 비판한다. 반면 판례를 지지는 입장은 회생절차의 실효성 보장이라는 목적과 아울러 도산법 제65조 제1항, 제330조, 제580조 제1항 제1호에 따라 그러한 양도의 효력은 부정되며, 회생절차는 채권자 지위를 회생절차개시시점에 확정되는 것으로 하고 있다는 이유를 들고 있다.

어느 견해나 일반채권자나 담보권자의 이익을 일방적으로 우선하여 사태의 적절한 해결에 기여하지 못한다고 생각된다. 보다 상세한 연구가 필요한 쟁점이나, 우선 다음과 같이 해석해야 할 것이다. 해석의 출발점은 도산절차가 개시한 이후 채무자가 취득한 재산의 이탈을 저지하는 도산법 제64조, 제65조, 제329조, 제330조, 제580조 제1항이다. (논의의 편의를 위해 도산절차의 기본형인 파산절차를 기준으로 살펴본다.) 도산법 제329조, 제330조의 규정은 한편으로 채무자의 법률행위를 파산채권자에게 대항할 수 없도록 하는 한편, 채무자의 법률행위가 매개되지 아니한 경우에도 채무자로부터의 권리 취득을 파산채권자에게 대항할 수 없도록 한다. 이는 일본 구파산법을 매개로[38] 독일 구파산법 제7조, 제15조를 계수한 것

을 받도록 노력할 의무를 부담하고 그렇지 아니한 한에서만 원래의 채권을 행사할 수 있는 것인지("변제를 위하여") 아니면 양도된 채권은 만족의 강화를 위한 것이므로 채무불이행에 직면한 채권자는 원래의 채권과 새로운 채권을 선택적으로 행사할 수 있는지("담보를 위하여") 여부이다(대법원 1996.11.8. 95다25060 판결; Köhler, "Die Leistung erfüllungshalber", WM 1977, 242 참조). 이른바 「누적형」의 경우 채권자는 이전되는 채권으로부터 우선적으로 피담보채권을 충당할 의무를 담보계약으로부터 부담하므로, 이는 당사자들이 이를 지칭한 용어와 무관하게 법적 구조에서는 변제를 위한 채권양도에 해당한다고 보아야 한다. 그러므로 집합채권 양도담보의 구성에서 집합물론적인 관점에 따르더라도, 담보를 위해 채권이 양도된 경우에 문제될 「고정화」는 이 사안에서 당사자들 약정내용에 비추어 처음부터 문제될 여지가 없다.

37) 세부적인 차이는 있으나 기본적으로 지지하는 문헌으로 김재형, 민법판례분석, 2015, 159-161면; 오영준, "집합채권양도담보와 도산절차의 개시", 사법논집, 제43집, 2006, 368면 이하; 최준규, "장래채권 양도의 도산절차상 효력", 사법, 제32호, 2015, 235면 이하; 정소민, "도산법상 채권담보권자의 지위에 관한 연구", 법학논총, 제33집 제1호, 2016, 242면; 반대하는 문헌으로 박진수, "회생절차개시결정과 집합채권양도담보의 효력이 미치는 범위", 민사판례연구 [XXXVI], 2015, 595면 이하; 이연갑, "장래채권 양도담보와 회생담보권의 효력이 미치는 범위," 법조, 제695호, 2014, 178면 이하.

38) 1925년 제정된 일본 구파산법이 독일 파산법을 계수한 사정에 대해 齊藤秀夫・麻上正信・林

인데, 그 취지는 파산절차가 개시한 이후에 채무자가 취득하였을 일체의 재산을 파산재단에 속하도록 하는 취지이다. 특히 도산법 제330조는 채무자의 행위가 매개되지 않는 경우에도 모든 권리취득을 빠짐없이 파악할 수 있게 하는 포괄규정 Auffangtatbestand으로 의도된 규율이다.[39] 그러므로 이들 규정에 따르면 일단 대항요건을 갖추고 사전양도된 장래채권이라도 파산절차 개시 이후 발생한 이상 원칙적으로는 파산재단에 속해야 한다는 결론이 도출된다.[40] 그러나 이러한 내용에도 불구하고 일정한 예외를 두는 것은 불가피하다. 이는 일정한 장래채권 양도의 경우 그 이익상황이 현존하는 채권의 이익상황과 구별하기 어려워 이와 달리 취급하는 것이 부당한 경우가 있기 때문이다. 현존채권 양도와 달리 장래채권 양도의 경우 그것이 파산재단에 속해야 하는 중요한 이유는 양도에 의해 양수인이 가지게 되는 이해관계가 불확실하다는 사정에 있다. 현존채권의 경우 대항요건을 갖춘 유효한 양도에 의해 이미 그 시점에 양수인의 이익이 확정되고 이로써 법질서의 보호를 요청한다. 이에 반해 장래채권은 그것이 유효하게 양도된 때에도 그것의 장래 발생이 불확실하기 때문에 양수인이 가지게 되는 이해관계 역시 불확실하다.[41] 그의 이해관계는 비로소 채권이 발생한 시점에 확정된다. 따라서 그 발생 시점에 이미 파산절차가 개시되었다면 양수인이 확정된 이해관계를 가지게 되는 동시에 일반채권자도 효율적 도산의 이해관계를 가지게 된다. 여기서 도산절차의 목적상 무조건적으로 전자를 우선할 수 없게 되며, 이로써 파산절차의 구속이 정당화되는 것이다. 그런데 일정한 장래채권의 경우에는 이미 사전양도의 시점에 양

屋禮二 編, 注解 破産法, 上巻, 第三版 1998, 15면(齊藤秀夫) 참조. 회생절차와 관련된 규율은 일본의 회사갱생법을 거쳐 미국의 제도를 도입한 것이지만, 본문에서 문제되는 규정들은 이미 일본에서 기존에 시행되던 파산법을 고려하여 내용적으로 동일하게 조율되었으므로, 본문의 논의는 회생절차에 대해서도 마찬가지로 타당하다.

39) 구파산법 제15조를 승계한 독일 도산법 제91조에 대해 Mock in Uhlenbruck, *Insolvenzordnung. Kommentar*, 14. Aufl., 2015, § 91 Rn. 1 참조.

40) Uhlenbruck/Mock(주 39), § 91 InsO Rn. 15 참조. 차임채권의 사전양도에 대한 도산법 제340조는 그 특칙에 해당하게 된다(Bork, *Einführung in das Insolvenzrecht*, 8. Aufl., 2017, Rn. 176). 관련하여 채권은 이미 유효하게 양도되었고 그것이 발생하는 시점에 양수인에게 직접취득되었다는 개념적인 설명만으로는 이 결론을 바꿀 수 없다고 생각된다. 사전채권이 양도된 경우 양수인은 특정승계의 취지상 그 채권이 양도인에 발생하였을 경우와 비교해서 유리하게 취급될 이유가 없기 때문이다. 결국 그는 장래채권이 양도인에게 발생하였다면 존재하였을 이익상황을 기준으로 이를 취득한다. 이는 양수인으로서는 당해 채권이 파산재산에 속함을 수인할 수밖에 없음을 의미한다. Nörr/Scheyhing/Pöggeler, *Sukzessionen*, 2. Aufl., 1999, S. 119.

41) Nörr/Scheyhing/Pöggeler(주 40), S. 113 참조.

수인의 이익이 현존채권의 양도와 비슷한 수준으로 확정되었다고 보아야 하는 경우가 있다. 예컨대 채권 성립에 기한이 있는 사안을 생각해 본다. 이 경우 양수인은 채권의 성립과 양수를 이미 양도시점에 당연한 것으로 전제하고, 그에 확정된 이익을 가지게 된다고 말해도 좋지 않겠는가? 이는 발생에 기한이 있는 채권과 발생하였으나 변제기가 있는 채권의 이익상황이 본질적적으로는 구별되기 어렵다는 점을 환기해 보면 쉽게 납득할 수 있으며, 법률도 장래채권의 양도가 아닌 현존 기한부 채권의 양도로 파악함으로써 이러한 태도를 확인해 주고 있다(제154조). 그런데 이러한 관점은 정지조건부 채권의 경우에도 마찬가지이다. 정지조건은 발생이 불확실한 장래의 사정이기는 하지만, 그 발생은 당사자의 행위로부터 독립되어 있으며 이후 그 사정이 발생하는 이상 권리취득은 확실한 것으로 전제된다. 그러므로 양수인은 이미 양도시점에 확정된 이해관계를 가진다고 말할 수 있으며, 이러한 가치평가는 조건부 채권과 기한부 채권의 양도를 동등하게 취급하는 민법의 규정에 반영되어 있다(제149조, 제154조). 그렇다면 장래채권이 양도되었고 파산절차 이후에 발생하였다고 하더라도, 파산절차 개시 시점에 이미 채권발생의 원인되는 법률관계가 존재하였고 그로부터 그 성립이 당사자의 행위로부터 독립하여 예정되어 있었던 장래채권이라면, 그것에 대한 양수인의 이해관계는 조건부・기한부 채권과 다르지 않다고 해야 한다. 그러므로 발생의 원인되는 법률관계가 존재하여 채무자의 행위와 무관하게 그 성립이 예정되어 있었던 장래채권이 양도된 경우에는, 그것이 파산절차 개시 이후에 발생하였더라도 양수인은 제약없이 이를 취득한다고 해석하는 것이 타당하다.[42] 예컨대 임대차에서 보증금반환채권이나 금전소비대차에서 지분적 이자채권이 사전양도된 경우에 그러하다. 그러나 반대로 발생의 원인되는 법률관계가 존재하지 않았거나, 존재하였더라도 채무자의 행위를 매개로 해서야 비로소 성립할 장래채권의 경우에는 그 발생시점에 비로소 이해관계가 확정되므로 원칙으로 돌아가 파산재단에 속한다고 해야 한다. 예컨대 교섭 중인 장래 매매대금 채권이 미리 양도되었으나 파산이 선고된 이후

42) Larenz, *Lehrbuch des Schuldrechts*, Band Ⅰ, 14. Aufl., 1987, S. 584f. 이래 독일의 다수설이다. Adolphsen in Gottwald, *Insolvenzrechts-Handbuch*, 5. Aufl., 2015, § 40 Rn. 25; MünchKomm/Roth(주 34), § 398 Rn. 85; Bork(주 40), Rn. 176 참조. 독일 학설은 이 경우 이익상황에 비추어 양수인의 지위는 장래채권을 압류한 채권자의 지위와 동일하게 판단하는 것이 적절하다고 지적한다. 실제로 우리나라에서 장래채권 양도의 요건으로 발생기초의 존재 및 발생 개연성을 요구하지 아니하는 학설도 장래채권의 압류의 경우에는 그러한 요건이 요구된다고 설명하고 있는 것(양창수(주 25), 264면 참조)은 시사적이다.

파산관재인이 매매계약을 체결한 경우, 기본계약이 존재하였더라도 이후 그에 기초해 개별계약이 체결되어야 비로소 발생할 장래채권이 양도된 경우가 그러하다.[43] 다소 까다로운 문제는, 이상의 내용에 따라 파산절차의 구속을 받지 않을 장래채권이 양도되기는 하였으나, 그 발생의 원인되는 관계가 미이행쌍무계약으로 견련관계의 제약을 받고 있었고 그에 따라 파산관재인이 계약의 존속을 선택한 경우에도(도산법 제335조) 양수인이 절차 개시 이후 발생한 장래채권을 취득할 수 있는지 여부이다. 예컨대 계속적 공급계약에 따른 장래의 반대급부 채권이 포괄적으로 사전양도되었고 공급자의 파산관재인이 계약의 존속을 선택한 경우가 그에 해당한다. 여러 고려가 가능하겠지만, 양수인의 이해관계는 파산관재인의 계약유지 선택과 그에 따른 반대급부 이행을 전제로 하므로 파산절차 개시 이후에 확정된다고 보아야 하는 점 그리고 파산관재인이 파산재단을 위해 존속을 선택한 미이행쌍무계약이 파산재단에 부담만을 발생시켜서는 안 된다는 도산법 제335조의 목적을 고려한다면, 그러한 채권은 파산재단에 속해야 한다고 생각된다.[44] 그리고 이상의 내용은 회생절차나 개인회생절차에서도 회생담보권이 성립하는지 문제와 관련해 기본적으로 타당할 것이다(주 38 참조).

(다) 그런데 장래채권을 담보를 위해 양도하는 경우, 채무자인 설정자와 채권자인 양도담보권자의 이해관계를 고려할 때 대항요건과 관련해 다음의 과제가 제기된다. 즉 한편으로 담보권자는 자신이 양도받은 채권을 관철하기 위해서는 채권양도의 대항요건(제450조)을 충족해야 하는 문제가 있다. 채권양도 자체는 설정자와 채권자의 합의에 의해 효력이 발생하더라도(제449조), 이후 채권자가 양도담보에 기해 우선변제를 받기 위해서는 제3채무자에게 채권양도를 대항할 필요가 있기 때문이다. 그러나 다른 한편으로 설정자로서는 가능한 한 대항요건의 충족을 늦추고자 하는 정당한 이해관계를 가진다. 유동집합채권 양도담보의 경우, 변동하는 다수의 개별채권에 대하여 일일이 대항요건을 구비하는 것은 설정자에게 과도한 비용을 부담하게 하며, 특히 장래에 발생할 채권의 경우에는 아직 제3채무자가 특정되어 있지도 않으므로 양도행위의 시점에 대항요건을 갖추는 것이 가능하지도 않다. 뿐만 아니라 채권양도의 통지에 의하여 채무자의 자산상태가 악화되었

43) 대법원 2013.3.28.(주 35)의 사안이 기본적으로 이 경우에 해당한다고 보인다.

44) Uhlenbruck/Mock(주 39), § 103 InsO Rn. 149 참조. 독일에서는 이 문제에 대해 많은 논의가 있다. 우선 和田勝行, 將來債權讓渡擔保と倒産手續, 2014, 59면 이하의 소개 참조.

다는 점이 시장에 알려지게 되어, 채무자는 추가적인 자금융통에 어려움을 가지게 될 수도 있다. 게다가 담보권 실행시기가 도래하기 전에는 통상의 영업에 좇아 설정자가 (양도담보권자의 수권에 기초해) 자신의 고객들과의 관계에서 정상적으로 채권을 추심해야 할 이해관계도 가지고 있다.

따라서 실무에서는 계약에 의해 설정자가 가능한 한 영업을 지속하면서 대항요건 충족을 늦추지만 채권자가 "위기"가 도래하는 시점에 대항요건을 구비하려는 시도가 행해지고 있다. ① 우선 양도담보를 설정하는 시점에 설정자로부터 제3채무자, 채무내용 등이 백지인 채권양도 통지서를 받아두고서, 채무자의 경영이 악화되면 백지를 보충하여 제3채무자에게 통지를 하는 방법이 있을 수 있다("통지유보형 집합채권 양도담보"). 이를 위해서 채권자는 설정자가 보유하는 채권의 현황을 알고 있을 필요가 있으므로, 여기서는 통상 설정자가 정기적으로 채권자에게 채권목록을 교부한다는 약정이 행해진다. 그런데 통지유보형의 경우 원인행위가 있은 이후에 상당한 시간이 흐른 위기의 시점에 근접하여 대항요건을 구비하게 하므로, 채권자취소권(제406조) 내지 부인권(도산법 제100조 이하, 제391조 이하)의 공격을 받을 수 가능성이 높다.[45] ② 이러한 채권자취소권이나 부인권의 문제를 회피하기 위해서 처음에는 채권양도담보의 예약만을 하여 채권자가 예약완결권을 보유하고 있는 상태에서, 이후 채무자의 자산상태가 악화되면 예약완결권을 행사하여 양도담보를 성립시키고 (통지유보형과 같이 제공받은 채권목록과 백지통지서 등을 활용하여) 대항요건을 갖추는 방법이 있을 수 있다("예약형 집합채권 양도담보"). 우리나라에서도 이러한 방법을 사용하는 사례가 나타나고 있다.[46] 대법원도 이를 대물변제의 예약이 아닌 집합채권 양도담보로 추정한다.[47] 이 방법은 아직 채무자의 재산상태가 악화되기 전에 양도담보설정계약이 있으면서 양도담보의 효력은 위기 시에 발생할 뿐만 아니라 채무자의 행위를 매개로 하지 않으므로, 사해행위취소나 부인권의 공격을 회피할 여지를 둔다는 점에서 장점이 있다. ③ 더 나아가 채무자의 "위기"의 징후(파산절차개시 신청, 지급정지 등)를 정지조건으로 하여 양도담보를 하고 조건이 성취되면 대항요건을 구비하는 사례도 있다("정지조건형 집합채권 양도담보").[48] 정지조건형은 예약완결권의 행사 없이 바로 정지조건성취

45) 다만 대법원 2012.8.30. 2011다32785,32792 판결은 양도통지 자체는 채권자취소의 대상이 될 수 없다고 한다.

46) 대법원 2002.7.9. 2001다46761 판결; 대법원 2016.7.14. 2014다233268 판결.

47) 대법원 2003.9.5. 2002다40456 판결.

로 채권양도가 효력을 발생한다는 점을 제외하면 그 구조에 있어 예약형과 유사하다.

②와 ③ 형태의 채권양도담보에서도 채무자의 “위기”가 발생한 상태에서 다수의 채권을 한 사람의 채권자가 담보로 취득하는 것은 다수의 일반채권자에 대하여 불이익하므로, 과연 어느 한도에서 채권자취소권(제406조) 및 부인권(도산법 제100조 이하, 제391조 이하 참조)의 대상이 되는지 논의가 필연적으로 발생한다. 판례는 위기부인(구 회사정리법 제78조 제1항 제2호, 도산법 제100조 제2호)이 문제된 사건에서 예약형 양도담보에서 예약완결권의 행사는 이미 행해진 양도담보의 대항요건 구비행위로서 부인의 대상이 되는 채무자의 행위라고 볼 수 없다는 이유로 부인권 행사를 부인하였다.[49] 즉 원인행위는 위기 이전에 존재하고, 위기 이후에 행해진 예약완결권 행사는 채무자의 행위가 아니므로 위기부인의 대상이 되지 않는다는 것이다. 판례는 채권자취소가 문제되었던 예약형 양도담보[50] 및 정지조건형 양도담보[51]에서 같은 결론을 유지하였다. 한편 판례는 대항요건 부인과 관련해(회사정리법 제80조 제1항, 현행 제103조 제1항) 15일 기산의 기준이 되는 “권리의 설정 · 이전 또는 변경이 있은 날”은 원인행위 시점이 아니라 예약완결권이 행사된 시점이라고 보아 부인권을 부정한다.[52] 더 나아가 대항요건 부인이 부정될 때 양도통지만을 별도로 위기부인할 수 있는지 여부에 대해서는 “권리변동의 대항요건을 구비하는 행위는 같은 법 제80조 소정의 엄격한 요건을 충족시키는 경우에만 부인의 대상이 될 뿐이지, 이와 별도로 같은 법 제78조에 의한 부인의 대상이 될 수는 없다”고 보아(채권자취소에 대해 주 45 참조) 채권자의 통지행위는 “예약완결권의 행사로 효력이 발생한 매출채권의 양도사실을 통지하여 그 채권양도의 대항력을 갖추는 행위이므로 그 행위 자체는 원인행위인 이 사건 약정과 분리하여 독자적으로 회사정리법 제78조에 의한 부인의 대상이 되지 않는다”는 원심의 판단을 시인하였다. 이로써 판례는 대체로 집합채권 양도담보에 대한 부인권 행사를 부정하는 경향을 보인다.[53]

---

48) 대법원 2013.6.28. 2013다8564 판결.
49) 대법원 2002.7.9.(주 46).
50) 대법원 2016.7.14.(주 46).
51) 대법원 2013.6.28.(주 48).
52) 대법원 2004.2.12. 2003다53497 판결.
53) 물론 사실관계의 특수성을 고려해 부인이 인정된 재판례도 존재한다. 대법원 2011.10.13. 2011다56637 판결 참조. 이 사건은 기본계약인 채권양도담보 약정 자체가 (정상적인 영업 활동이

대법원이 원용하고 있는 도산법 규정의 문언에 비추어 본다면, 판례의 태도가 적어도 형식적으로는 법률에 근거하고 있음을 부정하기는 어렵다. 그러므로 판례에 대한 문제제기는 이상의 집합채권 양도담보 관행이 도산절차의 규범목적에 반하는 탈법행위라는 점을 지적함으로써 행해진다. 실제로 이러한 판례에 대해서는 학설에서 도산법의 취지가 잠탈된다는 비판이 많다.[54] 특히 이와 관련해 정지조건형 채권양도담보에 대해서 이는 "파산법[…]의 취지에 반하여 그 실효성을 상실하게 하는 것으로, 그 계약내용을 실질적으로 본다면 상기계약에 관계한 채권양도는 채무자에게 지급정지 등의 위기시기가 도래한 후에 행해지는 채권양도와 동일시해야 할 것"이라는 이유로 부인의 대상이 된다고 해석하는 일본의 판례가 참조된다.[55] 그러나 적어도 대법원이 앞서의 판결을 선고할 시점에서 부인권 행사를 부정한 태도는 수긍할 만한 점이 있다고 생각된다. 일본 판례의 배후에는 특별법(「동산 및 채권의 양도의 대항요건에 관한 민법의 특례 등에 관한 법률」을 말한다)에 따른 채권양도등기 방법을 이용하여 대항요건을 구비하여 보다 합리적으로 목적을 달성할 수 있으므로, 민법의 대항요건을 조작하는 방법으로는 도산법의 취지를 회피하지는 말라는 판단이 존재한다.[56] 그러나 앞서 판결이 선고되는 시점에 우리나라에서는 그러한 대안적인 방법이 존재하지 않았다. 따라서 이들 채권양도에 채권자취소나 부인을 허용하는 것은 실질에서 집합채권 양도담보를 전면금지함으로써 다수의 소액채권만을 자산으로 가지는 상당수 기업에 신용을 차단하는 효과를 가질 수밖에 없었을 것이어서, 해석론으로 선뜻 받아들이기 어려웠을 것이다. 결국 집합채권 양도의 효력을 인정하되, 도산절차가 개시된 이후 발생한 채권에 대해서는 앞서 설명한 제한에 따라(앞의 Ⅱ. 2. (2) (나) 참조) 도산절차에 구속된다고 해석하는 것이 온당한 해석이었을 것이라고 생각된다.

한편 이와는 다른 문제는 이제 집합채권에 대한 등록담보권 설정이 가능하므로 이러한 법제의 변화를 고려해 민법의 대항요건을 이용해 행해지는 예약형 또

아니라) 위기 시점에 행해져서 그 자체부터 편파행위로 부인의 대상이 되었고, 관련 정황상 채권자의 공모가 인정되어 채무자의 행위로 동일시될 수 있다는 특수성이 있다. 이 점에서 기존 판례와 충돌이 있다고 하기는 어려울 것이다.

54) 이진만, "통합도산법상의 부인권", 민사판례연구[XXVIII], 2006, 910-911면. 오영준(주 37), 325면; 김건호, "도산절차상 부인의 대상과 효과", 충북대 법학연구, 제21권 제1호, 2010, 23면 등.

55) 日最判 2004.7.16., 民集 58-5, 1744.

56) 오영준(주 37), 325면; 内田貴, 民法 Ⅲ, 第3版, 2008, 220면 참조.

는 정지조건형 채권양도담보가 채권자취소나 부인의 대상이 된다고 볼 것인지 여부이다. 충분히 생각해 볼 수 있는 입장이기는 하나, 「동산 · 채권 등의 담보에 관한 법률」이 입법적으로 기존의 담보제도의 온존을 의도하고 있으므로(앞의 Ⅱ. 1. (2) 참조) 그렇게 해석하는 것은 주저된다. 그러나 만일 부인권의 대상이 된다고 해석하는 경우에는, 앞서 유동집합동산의 양도담보와 관련해 분석론의 관점에서 서술한 내용이 마찬가지로 타당할 것이다(앞의 Ⅱ. 2. (1) (다) 참조).

Ⅲ. 보증인의 보호

채권자의 담보이익에 비추어 과도한 담보제공을 억제하여 담보제공자의 경제활동의 자유를 유지시키고자 하는 고려는 여러 담보유형에서 문제될 수 있다. 예컨대 유동집합동산이나 유동집합채권을 포괄적으로 양도하는 방법으로 담보를 설정하는 경우에는 과잉담보가 성립할 여지가 있다.[57] 그러나 종래 우리 실무에서는 양도담보의 경우 과잉담보가 다투어지는 경우는 그다지 많지 않았던 것으로 보인다. 오히려 담보제공자의 경제적 자유의 확보라는 과제는 보증인 보호의 형태로 주로 다투어졌다.

1. 근보증에서 판례에 의한 법형성

보증계약은 주채무자가 이행하지 아니하는 채무를 이행할 채무를 보증인에게 발생시키는 계약으로(제428조), 중요한 인적 담보 수단의 하나이다. 보증에 의한 만족가능성이 보증인의 책임재산 상태에 의존한다는 점에서 보증은 물적 담보에 비하면 담보로서 불안정한 측면이 있는 것은 사실이다. 그러나 보증인이 자력이 충분한 경우에는 담보로서 적절히 기능할 수 있을 뿐만 아니라, 그 밖에도 장점이 존재한다. 예를 들어 현실적으로 법인을 통제하고 있는 실질적 운영자에게 채무를 부담하게 함으로써 법인격 창설에 의한 책임제한적 효과를 돌파하는 수단으

57) 독일의 상황에 대해 남윤삼, "신용담보에서 과잉담보에 따른 상환조항에 관한 고찰", 국민대 법학논총, 제14집, 2002, 149면 이하; 차선자, "독일 동산담보제도의 개괄", 법조, 제52권 제5호, 2003, 178면 이하; 이승우, "과잉담보의 상환청구", 민사법연구, 제19집, 2011, 235면 이하 등 참조.

로 활용될 수 있으며,[58] 또한 채무자의 근친에게 채무를 부담시킴으로써 원활한 이행에 대한 유인을 줄 수 있다. 그러나 보증은 무상의 편무계약이며, 주채무자와의 관계에서도 반드시 대가가 약정되는 것은 아니다(제686조 제1항 참조). 그 결과 보증채무를 이행하는 보증인은 경우에 따라 아무런 대가를 수령함 없이 주채무자의 무자력을 감당해야 하는 위험을 부담할 수 있다. 그리고 이러한 위험은 보증이 인적인 관계에 기초해 비타산적으로 이루어지는 경우에 특히 가혹하게 다가온다.

그동안 보증인 보호는 주로 금융거래에서 체결되는 근보증(계속적 보증)과 관련하여 논의되었다. 특히 이 영역에서 대법원은 많은 재판례를 통해 보증인 보호를 위한 법리를 축적하였는데, 이를 개관해 보면 ① 보증기간 없는 보증의 경우 임의해지권의 인정, ② 보증기간이 있더라도 중대한 사유가 있는 경우 특별해지권의 인정, ③ 계약해석에 의한 피담보채무 범위의 제한, ④ 신의칙에 따른 보증책임의 제한, ⑤ 상속성의 제한 등이 그 주요내용이었다.[59]

2. 입법에 의한 해결

보증인의 보호를 규율하기 위해 입법도 여러 차례 개입하였다.

가장 이른 시도로는 신원보증법을 들 수 있다. 신원보증은 다른 계속적 보증의 경우보다도 더욱 비계산적으로 피보증인과 단지 일정한 인적 관계에 있기 때문에 행해지고, 일단 얻어진 직장은 장기간의 근무를 예정하고 있으므로 그 보증기간도 자연 장기간에 이르게 되어 담당직무에 따라서는 엄청난 손해를 가할 위험을 내포한 것일 수도 있다. 그러므로 신원보증인은 의외로 가혹한 책임을 짊어지게 될 위험이 항상 존재한다. 이러한 신원보증인의 책임을 완화하기 위하여 1957년 「신원보증법」이 제정되었다. 신원보증법은 신용보증관계 자체에 대한 규율로서도 의미를 가지지만, 여기서 제시된 각종의 책임완화장치가 다른 계속적 보증에 대한 판례의 법형성에 하나의 모범으로 기능하였다는 점도 지적되어야 한다.

그 다음으로는 2008년 제정된 「보증인 보호를 위한 특별법」(이하 '보증인보호법'으로 인용한다)을 들 수 있다. 이 법률은 일정한 범위의 보증인을 대상으로(동법 제2조 제1호), 보증인의 의사표시에 대한 서면방식(보증인보호법 제3조), 보증채무

58) 양창수 · 김형석(주 2), 247면.
59) 그 개관으로 양창수 · 김형석(주 2), 273면 이하 참조.

최고액의 특정(동법 제4조), 채권자의 통지의무(동법 제5조), 근보증의 규율(동법 제6조), 보증기간의 제한(동법 제7조) 등을 정함으로써 보증인의 보호를 도모하였다.[60] 동법은 보증인의 보호를 위해 민법의 규율을 수정·보충하는 내용을 포함하는 입법적 시도라는 점에서 중요한 의미를 가진다. 2015년 개정된 민법은 이러한 규율의 일부를 그대로 또는 변경하여 민법에 수용하였다. 즉 보증의 의사표시에 서면방식이 규정되고(제482조의2), 근보증에 대한 규율이 도입되었으며(제428조의3), 상당히 광범위한 채권자의 성실의무가 인정되었다(제436조의2). 이러한 「보증인 보호를 위한 특별법」의 제정과 민법의 개정으로, 종래 보증인 보호를 위해 전개되었던 판례 법리는 많은 부분에서 이전과 같은 중요성을 가지지는 않을 것으로 예상된다. 예를 들어 근보증에서 서면방식에 의한 최고액 특정(제428조의3, 보증인보호법 제6조), 보증채무의 감경 또는 면제를 전제로 하는 채권자의 정보제공의무와 통지의무(제436조의2, 보증인보호법 제5조, 제8조), 보증기간의 제한(보증인보호법 제7조) 등이 적용되는 경우, 종래 판례 법리에 의지해야 하는 사안은 크게 감소할 것으로 전망된다.

Ⅳ. 저당권자의 방해배제청구

담보제공자가 담보목적물에 대해 가지는 용익의 이익과 담보권자의 담보가치 보전에 대한 이익의 갈등은 대표적인 부동산 비점유담보권인 저당권에서 특히 문제되었다. 이는 저당권자의 일괄경매청구(제365조)이나 법정지상권의 성립(제366조)과 같은 쟁점에서도 나타나지만, 90년대 이후 특히 저당권자의 방해배제청구권 행사와 관련해서 보다 구체적으로 부각되었다.

1. 저당부동산 소유자의 용익권한

일반적으로 인정되는 바와 같이, 저당권자가 방해배제청구권(제370조, 제214조)

60) 상세한 내용은 최성경, "「보증인 보호를 위한 특별법」(안)에 관한 소고", 단국대 법학논총, 제30권 제2호, 2006, 181면 이하; 최봉경, "「보증인 보호를 위한 특별법」에 관한 소고", BFL, 제33호, 2009, 25면 이하; 이혜리, "보증인 보호를 위한 특별법에 관한 검토", 성균관법학, 제23권 제3호, 2011, 85면 이하 등 참조.

을 행사할 수 있기 위해서는 저당권에 대한 방해가 위법해야 한다. 이는 저당권자가 그러한 방해를 수인할 의무가 없음을 의미한다. 그러므로 저당권자에게 방해를 수인할 의무가 있는 때에는 방해행위는 위법하지 아니하므로 방해배제청구권은 발생하지 않는다. 그런데 비점유담보권인 저당권에서는 부동산 소유자에게 정상적인 사용수익의 권능이 보장되고 있으므로, 이로부터 발생하는 수인의무의 해석이 특히 문제된다. 이 경우 어느 정도까지의 사용수익을 허여할 것인지가 저당권자의 담보이익과 상충할 수 있으며, 법률의 취지 및 제반사정을 고려한 이익형량이 필요하다. 이에 대해 판례는 기본적으로 다음과 같은 견해에 입각하고 있는 것으로 보인다.[61] 즉 저당부동산 소유자 또는 그로부터 적법하게 용익권을 설정받은 제3자의 사용수익은 원칙적으로 허용되지만, 예외적으로 저당권에 대한 위법한 침해로 평가될 수 있는 경우가 있을 수 있다. 이는 ① 사용·수익이 통상의 용법을 넘어 부동산의 가치를 현저하게 감소시키는 비정상적인 방법에 의한 것이거나, ② 저당부동산 소유자나 기타 용익권자의 주관적인 행태 즉 고의의 방해목적을 가진 사용수익을 이유로 그들의 사용수익이 위법하다고 평가받을 수 있는 경우에 그러하다.

2. 재판례에 나타난 몇 가지 사안유형

(1) 환가목적물에 대한 침해

저당권은 저당부동산과 그 효력이 미치는 일정한 물건을 환가하여 우선변제를 받는 권리이다. 그러므로 그러한 책임기초를 구성하는 환가목적물인 저당부동산 기타 저당권의 효력이 미치는 대상(부합물, 종물, 저당권의 효력이 미치는 과실 등)을 멸실·훼손시키는 행위나 그 처분을 통해 저당권의 효력을 소멸시킬 가능성이 있는 행위가 행해지는 경우, 저당권자는 그러한 행위의 배제를 청구할 수 있다. 즉 그는 그러한 행위의 중단을 청구할 수 있고,[62] 방해가 현재 지속하고 있는 때에는 방해행위의 반대행위actus contrarius에 해당하는 적극적 행위도 청구할 수 있다.[63] 판례도 같은 취지로, 공장저당권의 목적 동산이 저당권자의 동의를 얻지 아

61) 대법원 2007.10.25. 2007다47896 판결 참조.

62) 김용담 편집대표, 주석 민법 물권(4), 제4판, 2011, 311면(김재형).

63) 김형석, "소유물방해배제청구권에서 방해의 개념", 서울대 법학, 제45권 제4호, 2004, 419면 이하 참조.

니하고 설치된 공장으로부터 반출된 경우에는 저당권자는 점유권이 없기 때문에 설정자로부터 일탈한 저당목적물을 저당권자 자신에게 반환할 것을 청구할 수는 없지만, 저당목적물이 제3자에게 선의취득되지 아니하는 한 원래의 설치 장소에 원상회복할 것을 청구함은 저당권의 성질에 반하지 아니함은 물론 저당권자가 가지는 방해배제권의 당연한 행사에 해당한다고 한다.[64] 저당권자가 반출된 종물을 자신에게 반환청구하는 것은 제370조에 반할 것이지만,[65] "원래의 자리" 즉 소유자가 정상적인 사용수익을 할 수 있도록 반환시키는 것은 소유자의 사용수익에 개입하는 것이 아니라 자신의 책임기초 감소행위에 대해 반작용하는 것에 지나지 않아 법률의 취지에 반하지 않는다.

(2) 소유자 또는 용익권자의 건축

소유자 기타 용익권자가 사용의 방법으로 나대지에 건물을 건축하는 경우, 그러한 건축도 정상적이고 통상적인 사용수익으로 볼 수 있는가?

(가) 판례는 원칙적으로 그러한 건축을 용익권한에 기초해 적법한 것으로 평가하는 것으로 보인다. 한 사안에서 갑은 나대지를 매수하면서 이를 을에게 임대하였다. 동시에 그는 병을 채무자로 하여 원고에게 금전을 차용하여 잔대금을 지급하였고, 소유권 등기를 이전받으면서 원고에게 근저당권을 설정해 주었다. 갑과 병은 저당권을 설정하면서 토지에 건물을 신축할 경우에는 저당권자의 사전 동의를 받고, 건물이 완공되면 공동담보로 제공하겠다고 원고와 약정하였다. 을의 배우자인 피고는 이 토지에 건물을 신축하였다. 약 2년 후 원고는 저당권을 실행하면서 이 건물의 철거를 청구하였다. 대법원은 일반론으로 "담보로 제공된 부동산 소유자로부터 점유권원을 설정받은 제3자가 통상의 용법에 따라 부동산을 사용·수익하는 한 저당권을 침해한다고 볼 수 없다"고 하면서도 "점유권원을 설정받은 제3자의 점유가 저당권의 실현을 방해하기 위한 것이고, 그 점유에 의해서 저당권자의 교환가치의 실현 또는 우선변제청구권의 행사와 같은 저당권의 실현을 방해하는 특별한 사정이 있는 경우에는 저당권의 침해로 인정될 수 있"다고 설명한 다음, "피고가 갑으로부터 이 사건 각 대지에 대한 점유권원을 설정 받은 시기와

64) 대법원 1996.3.22. 95다55184 판결. 이 판결은 지금은 폐지된 공장저당법 제9조가 적용된 것이지만(현행 「공장 및 광업재단 저당법」 제7조 참조), 동일한 법리가 그대로 일반 저당권에도 적용될 수 있다.

65) 김증한·김학동(주 16), 547-548면; 강태성(주 17), 1184면.

경위, 이 사건 각 대지에 대한 임의경매신청 시기에다가 피고가 위 확약서의 존재를 알았다고 볼만한 뚜렷한 사정이 없는 점 등을 종합해보면 피고가 원고의 근저당권의 실현을 방해하기 위하여 이 사건 각 대지 중 일부에 이 사건 건물을 신축하여 점유한 것이라고 단정하기는 어렵다고 할 것이므로, 위와 같은 피고의 점유를 저당권 침해에 해당하는 것으로 평가할 수는 없다"는 원심을 시인하였다.[66]

이러한 태도는 타당하다고 보인다. 민법은 저당권을 비점유담보권으로 규정함으로써, 저당부동산을 사용수익하여 저당채무를 변제할 수 있는 기초로 활용할 수 있는 경제활동의 자유를 저당부동산 소유자에게 보장하고 있다. 따라서 특별한 사정이 없는 한 토지 소유자가 스스로 건물을 건축하거나 또는 건축을 목적으로 하는 타인에게 토지를 임대하는 등의 방법으로 토지를 활용하는 것은 허용된다고 해야 한다.[67] 앞의 사건에서 원고가 갑과 병에게 채무불이행 책임을 묻는 것은 별론, 그 약정의 당사자가 아닌 임대인의 적법한 사용수익의 결과 성립한 건물에 대해 철거를 청구할 수는 없다고 하겠다.

그러므로 건축을 하지 않을 소유자의 의무는 소유자와 저당권자 사이에 그에 대한 계약이 있는 경우에만 인정된다. 즉 특별한 약정이 없는 한 저당토지 소유자는 정상적인 사용수익의 방법으로 건축을 할 수 있으며, 저당권자는 건축에 따른 통상적인 가치하락의 범위에서는 이를 수인해야 할 것이다.[68] 반대로 건축을

66) 대법원 2007.10.25. 2007다47896 판결. 이 판결에 대해 김창보, "토지저당권에 기한 방해배제청구권의 행사로서 지상건물에 대한 철거청구", 민사재판의 제문제, 제16권, 2007, 576면 이하 참조.

67) 김증한 · 김학동(주 16), 531면; 양창수, "2006년도 민사판례 관견", 민법연구, 제9권, 2007, 368면.

68) 대부분의 외국 법제는 건물을 토지의 구성부분으로 취급하므로 이 문제에 대한 비교법적 자료를 찾기는 쉽지 않다. 그럼에도 프랑스 민법에서 저당권 설정 이후 소유자가 행한 임대차(bail)의 효력에 관한 논의가 참조가 된다. 즉 프랑스 민법에서는 저당권 설정 이후 소유자가 설정한 임대차라도 저당권자에게 대항할 수 있어 경락인에게 승계되는데(동법 제1743조 제1항 참조), 그러한 임대차가 상당한 장기인 때에는 경락인이 토지를 사용수익할 가능성을 제한받아 토지가치가 저하한다는 점에서(Cabrillac, Mouly, Cabrillac et Pétel, *Droit des sûretés*, 9e éd., 2010, n° 970) 우리의 경우 건축의 사례와 비교할 만한 부분이 있기 때문이다(물론 차이도 없지 않은데, 우리의 경우 경락인은 건물 철거에 해당하는 불이익을 받는 대신 건물 없는 토지를 소유하게 되나 프랑스의 경우 경락인은 임대차를 인수하는 불이익을 받지만 남은 기간 차임을 청구할 권리를 가지게 된다). 프랑스 민법은 처음에는 소유자의 관리권한에 비추어 그러한 임대차의 효력을 제한 없이 인정하였던 것으로 보인다. 그러나 그러한 결과가 저당권자에게는 불리하므로, 1855년 이후 입법(1855년 3월 23일 법률 제3조; 현재는 1955년 1월 4일 데크레 제28-1조)을 통해 일정 기간(현재는 12년)을 기준으로 그보다 단기의 임대차는 저당권 설정 이후의 것이더라도 그 실행 전에 성립하였다면 등기 없이 대항할 수 있도록 하고(일정한 강제갱

금지하는 계약이 있는 때에는 소유자의 건축은 위법하며 저당권자의 방해배제의 대상이 된다. 또한 문제의 건축이 통상적인 건축에 수반하는 가치하락을 상회하여 비정상적인 가치하락을 수반하는 경우이거나 저당권 방해를 주된 목적으로 하여 행해지는 등 주관적으로 비난가능한 행태가 있는 경우에 예외적으로 저당권자의 수인의무가 부정되어 방해배제청구가 가능함은 물론이다.

(나) 그런데 재판례 중에서는 앞서 살펴본 것과는 다른 관점에서 판단한 것으로 보이는 것도 발견된다. 여기서는 토지 소유자가 저당권을 설정한 대지상에 20층 규모의 오피스텔을 신축한 지 1년 여 만에 지하층의 공사를 한 상태에서 부도를 내자, 제3자가 건축사업 시행권을 양수하고 공사를 속행하였고 이후 저당채권자의 신청에 의하여 임의경매절차가 개시되었음에도 공사를 강행한 사안이 문제되었다. 앞서 살펴본 사건과 구별되는 사실관계의 특징은 이미 경매개시결정이 있음에도 건축이 행해지고 있다는 것이라고 말할 수 있다.

대법원은 일반론으로 "저당부동산의 소유자 또는 그로부터 점유권원을 설정받은 제3자[…]가 저당부동산을 점유하고 통상의 용법에 따라 사용·수익하는 한 저당권을 침해한다고 할 수 없다"고 하면서도, "저당권자는 저당권 설정 이후 환가에 이르기까지 저당물의 교환가치에 대한 지배권능을 보유하고 있으므로 저당목적물의 소유자 또는 제3자가 저당목적물을 물리적으로 멸실·훼손하는 경우는 물론 그 밖의 행위로 저당부동산의 교환가치가 하락할 우려가 있는 등 저당권자의 우선변제청구권의 행사가 방해되는 결과가 발생한다면 저당권자는 저당권에 기한 방해배제청구권을 행사하여 방해행위의 제거를 청구할 수 있다"고 하면서 "대지의 소유자가 나대지 상태에서 저당권을 설정한 다음 대지상에 건물을 신축하기 시작하였으나 피담보채무를 변제하지 못함으로써 저당권이 실행에 이르렀거나 실행이 예상되는 상황인데도 소유자 또는 제3자가 신축공사를 계속한다면 신축건물을 위한 법정지상권이 성립하지 않는다고 할지라도 경매절차에 의한 매수인으로서는 신축건물의 소유자로 하여금 이를 철거하게 하고 대지를 인도받기까지 별도의 비용과 시간을 들여야 하므로, 저당목적 대지상에 건물신축공사가 진행

신의 경우도 포함), 12년 또는 그보다 장기의 임대차는 저당권 보다 먼저 등기된 때에만 그 기간을 인정하고 저당권보다 이후 등기된 때에는 12년의 효력만을 인정하는 것으로 하였다. 그 내용은 우선 Cabrillac, Mouly, Cabrillac et Pétel(주 68), n° 970 참조. 이러한 외국의 경험을 살펴본다면, 저당권자에게 상당한 불이익을 주는 소유자의 사용수익 권한 행사도 그것이 정상적인 용법에 부합하는 이상 허용되어야 하고, 그 제한에는 특별한 입법이 필요함을 알 수 있다.

되고 있다면, 이는 경매절차에서 매수희망자를 감소시키거나 매각가격을 저감시켜 결국 저당권자가 지배하는 교환가치의 실현을 방해하거나 방해할 염려가 있는 사정에 해당한다"고 하였다.[69)]

이 판결에 대해서는 찬반양론이 나뉜다. 긍정하는 견해는, 소유자에게는 담보가치유지의무가 있고, 저당권 실행 이후에는 저당권자의 이익이 보다 보호될 상황이며, 어차피 경매가 진행되면 소유자 또는 제3자는 경락인에 대하여 점유를 대항할 수 없으므로 어차피 철거될 건물의 건축을 계속하여 저당권자의 우선변제를 방해하는 것은 허용될 수 없고, 일괄경매청구(제365조)는 건물 완성 전에는 사용할 수 없을 뿐 아니라 그 행사는 저당권자의 권리이지 의무가 아니므로 이로써 문제를 해결할 수 없다는 이유를 든다.[70)] 그러나 소유자는 저당권 설정 이후에도 사용·수익의 권능을 보유할 뿐만 아니라, 저당권자는 대지가 통상적인 용익권 범위 내에서 활용될 가능성을 감수하고 담보가치를 확보하고 있으므로 저당권자에게 철거 및 퇴거청구를 인정하게 되면 실질적으로 소유자의 권능을 감축하는 것으로 부당하며, 원래 적법하던 행위가 경매신청이 있다고 위법하게 될 이유도 없다는 반론도 주장된다.[71)]

앞서 보았지만 특별한 약정이 없는 한 소유자의 건축행위는 정상적인 사용수익으로 허용되어야 하므로, 문제는 경매가 임박하였거나 신청된 경우라면 저당부동산의 객관적인 가치저하만으로 방해배제가 가능하다고 예외를 설정할 수 있을지 여부이다. 이 역시 법률이 당해 문제에 대해 결단한 가치평가에 기초해 판단해야 한다. 그런데 저당권 실행에 따른 부동산의 압류가 소유자의 사용수익권능에 미치는 영향에 대한 법률은 어떠한 태도를 보이는가? ① 우선 압류는 부동산에 대한 소유자의 관리·이용에 영향이 없고(민사집행법 제268조, 제83조 제2항), ② 압류 이후에 소유자가 수취하는 과실은 일단 그에게 귀속한 다음 이후 경매에 의

69) 대법원 2006.1.27. 2003다58454 판결.

70) 김재형, "저당권에 기한 방해배제청구권의 인정범위", 민법론 Ⅲ, 2007, 168면 이하; 윤진수, "2006년도 주요 민법 관련 판례 회고", 민법논고 Ⅲ, 2008, 728면 이하; 민유숙, "저당권에 기한 방해배제청구로서 저당목적토지상의 건물건축행위를 중지시킬 수 있는지 여부", 판례실무연구 Ⅷ, 2006, 342면; 김미경, "저당권에 기한 방해배제청구", 재판과 판례, 제15집, 2007, 368면 이하; 배성호, "저당권에 기한 방해배제청구의 허용범위", 민사법학, 제28권, 2005, 102면; 김창보(주 66), 595-596면.

71) 양창수(주 67), 367면 이하; 오현규, "저당권에 기한 방해배제청구권과 건물신축행위의 중지청구", 민사판례연구[XXIX], 2007, 555면 이하.

하여 경락인에게 이전한다(제359조). 이를 종합한다면, 저당권의 실행은 소유자(또는 그로부터 용익권을 설정받은 제3자)의 수익의 권한만을 그것도 수익 자체는 허용하되 그 결과물이 경매의 대상이 되는 방법으로 제한할 뿐이며, 소유자의 사용권한과 관리권한에는 아무런 영향을 주지 않는다는 것이 명백히 표현되어 있다. 그렇다면 저당권의 실행이라는 사태가 소유자의 사용수익에 어떠한 영향을 미친다는 결론은 법률의 해석으로는 인정되기 어렵다고 생각된다. 앞서 언급한 법률 규정에 비추어 보면 소유자의 사용권한에 따른 건축이 저당권 실행이라는 사정만으로 위법하게 될 근거를 찾을 수는 없기 때문이다. 이러한 결과는 경매절차가 종료하기 이전에 채무가 변제될 법적인 가능성이 −그것이 현실적으로 아무리 경미한 것이더라도− 존재한다는 사실(민사집행법 제49조 제3호, 제4호 참조)을 고려해도 그러하다. 즉 이후 피담보채권이 변제되어 경매가 개시하지 않거나 개시하여도 중단될 가능성이 존재하는 이상 법률에 근거가 없는 사용권한 제한에는 신중할 필요가 있는 것이다. 또한 소유자와 특약을 하거나 지상권을 설정하는 등 건축 가능성을 배제하는 조치를 취한 저당권자와 그렇지 아니한 저당권자를 동등하게 취급하는 것 역시 형평에 부합한다고 하기는 어려울 것이다. 그러므로 소유자 또는 적법한 용익권자의 건축이 저당권 실행 이후에 방해배제의 대상이 될 수 있기 위해서는, 다른 재판례에서 대법원이 선언한 법리에 따라 소유자 또는 용익권한 있는 자의 건축이 저당부동산의 가치를 감소시킨다는 사정뿐만 아니라 그것이 통상적이지 아니한 과도한 가치저하를 수반한다는 사정 또는 저당권을 방해하기 위한 목적으로 건축이 진행되고 있다는 사정도 존재하는 때에만 저당권자의 수인의무가 부정되어 방해배제청구권이 허용된다고 하겠다(앞의 Ⅳ. 2. (2) (가) 참조).[72]

72) 이에 대해서 윤진수(주 70), 729면 주 84는 방해배제청구권은 귀책사유를 요건으로 하지 아니하므로 이러한 주관적 요건을 도입하는 것은 바람직하지 아니하고 적용에서 불확실성을 증가시킨다고 비판한다. 그러나 방해목적의 고려는 이미 앞서 서술한 바와 같이 귀책사유 요건이 아니라 위법한 방해 판단의 요소로서 저당권자의 수인의무를 구체화하는 기준이다. 예컨대 제3자에 의한 채권침해의 경우 위법성의 전제로 가해자의 강화된 주관적 행태를 요구한다고 해서(예컨대 대법원 2003.3.14. 2000다32437 판결; 대법원 2001.5.8. 99다38699 판결) 이를 추가적인 귀책사유 요건이라고 하지 않는 것과 다를 바 없다. 그리고 이렇게 수인의무를 구체화할 때 당사자들의 행태에 대한 고려가 불가결함은 부정하기 어려울 것이다. 또한 방해배제청구권에서 수인의무를 구체화할 때 일정 부분 판단의 불확실성이 존재함은 피할 수 없는 것일 뿐만 아니라, 사안에서 방해목적을 보이는 사정이 충분히 드러나지 아니하는 때에는 원칙으로 돌아가 통상적인 사용수익으로 저당권자는 이를 수인해야 한다고 판단해야 할 것이므로 각별히 불확실성이 증가한다고 말하기도 어렵다.

예컨대 저당권이 실행되어 경매가 개시한 이후에 새삼 사용수익 방법을 바꾸어 완결될 수 없는 건축을 시작하는 경우라면 그러한 방해목적이 인정되기 쉬울 것이지만, 기존에 진행되고 있던 건축이라면 당사자들의 이해관계 기타 제반사정을 고려하여 그러한 방해목적 유무를 심사해야 한다. 그 밖에 집행법상의 구제수단(가령 민사집행법 제268조, 제83조 제3항)이 고려될 수 있음은 물론이나, 여기서도 제370조, 제214조의 가치평가는 마찬가지로 타당할 것이다.

(3) 제3자의 불법점유

제3자가 권한 없이 저당부동산을 점유하고 있는 경우, 저당권자는 방해배제청구권을 행사하여 목적물의 반환을 청구할 수 있는가? 종래 그러한 불법점유는 경락인에게 주장할 수 없어 어차피 퇴거될 운명이므로 저당권의 효력범위에는 아무런 영향이 없어 침해를 인정하기 어렵다는 견해[73]와 반대로 그렇다고 하더라도 불법점유의 존재는 실질적으로 경락인의 출현을 저해하거나 경매대금을 하락시킨다는 이유로 저당권 침해가 있다고 하여 퇴거청구를 인정하는 견해[74]가 주장되었다.

판례에서는 점유자의 점유할 권리가 다투어지는 사안에 대한 대법원 판결이 이 유형에 속한다고 볼 수 있다. 대법원은 일반론으로 "저당부동산에 대한 점유가 저당부동산의 본래의 용법에 따른 사용·수익의 범위를 초과하여 그 교환가치를 감소시키거나, 점유자에게 저당권의 실현을 방해하기 위하여 점유를 개시하였다는 점이 인정되는 등, 그 점유로 인하여 정상적인 점유가 있는 경우의 경락가격과 비교하여 그 가격이 하락하거나 경매절차가 진행되지 않는 등 저당권의 실현이 곤란하게 될 사정이 있는 경우에는 저당권의 침해가 인정"될 수 있어 방해배제로서 퇴거를 구할 수 있다고 하면서, 다만 점유권원인 매매의 존재를 입증하지 못한 다세대주택의 한 구분부분의 점유자에 대한 퇴거청구에 대하여 부적절한 용익이나 경매지연 등의 우려가 없다고 하여 청구를 기각하였다.[75] 물론 이 판결의 사실관계에서 점유자의 매수인 지위가 인정되는 때에는 저당권자는 방해배제를 할 수 없게 될 것이어서 이 점에 대해 원심에서 심리가 속행되어야 할 것이었다. 그러나 대법원은 매매가 부정된다고 하여도 피고의 점유가 주택의 점유로서는 적

73) 김증한·김학동(주 16), 547면.
74) 이영준, 물권법, 전정신판, 2009, 913면.
75) 대법원 2005.4.29. 2005다3243 판결.

정하지 않다거나 경매절차의 진행이나 경락을 곤란하게 하여 정상적인 경락가격보다 교환가치를 하락시켰다고 볼 수 없다는 이유로 방해배제의 관점에서도 청구를 받아들이지 않았다. 요컨대 여기서는 구체적으로 객관적 방해사실조차 부정된 것이라고 말할 수 있다. 이 서술에서는 비정상적인 사용수익 또는 방해목적이 별도의 요건이라기보다는 객관적 방해사실의 예시인 것처럼 서술되어 이들 사이의 관계가 모호하지만, 이후 재판례[76]의 판시를 고려할 때 별개의 요건으로 보는 것이 타당하다. 즉 환가권과 우선변제권에 대한 간섭이 있으면 방해가 존재하고, 점유가 통상의 용법을 벗어나거나 방해 목적이 있는 때에 저당권자의 수인의무가 없어 방해가 위법하게 된다는 의미로 이해해야 한다.

그러나 제3자의 불법점유에 의해 경매대가가 저하하는 등 우선변제에 대한 간섭이 확인되는 경우에는, 점유자의 주관적인 방해목적의 고려 없이 바로 방해배제를 청구할 수 있다고 해석하는 것이 타당하다고 생각된다. 왜냐하면 정당한 권한 없이 타인 물건을 점유하는 행위가 그 물건의 정상적이고 통상적인 용법에 따른 사용이라고 말하기는 어렵기 때문이다. 그러한 경우에는 소유자도 물권적 반환청구권을 가질 것이므로(그러므로 저당권자가 소유자의 소유물반환청구권(제213조)을 대위행사하는 것(제404조)도 가능하다), 저당권자가 자신의 방해배제청권을 행사해 저당부동산을 소유자 기타 적법한 용익권자의 정상적인 점유와 사용수익으로 돌리는 것은 비점유담보권으로서의 성질에 반하지 않는다고 해야 한다. 따라서 제207조 제2항을 유추하여 우선변제권의 간섭을 받는 저당권자는 불법점유자에게 저당부동산을 소유자 기타 적법한 용익권자에게 반환할 것을 청구할 수 있고, 그러한 반환이 불가능하거나 기대할 수 없을 때 자신에게 반환할 것을 청구할 수 있다. 이때 저당권자가 저당부동산을 사용수익할 수는 없으며 유지관리에 필요한 최소한의 조치를 취함에 그쳐야 함은 물론이다.

Ⅴ. 강제집행·도산절차에서 비전형담보

채무자인 담보설정자에 대해 도산절차가 개시되거나 그가 제공한 담보대상에 일반채권자가 강제집행을 시도하는 경우, 담보유지 및 환가주도권에 관한 담보권

76) 대법원 2007.10.25. 2007다47896 판결 및 대법원 2008.1.17. 2006다586 판결.

자의 이익과 공시담보 및 도산효율성에 대한 일반채권자의 이익이 날카롭게 충돌할 수 있다. 이 문제는 특히 경제위기 이후 도산절차의 활성화와 맞물려 적극적으로 제기되었고, 학설·판례 및 입법에 의해 다루어졌다.

1. 동산 양도담보

동산에 대하여 양도담보가 설정된 경우, 당사자들 사이의 담보계약에 의하여 동산의 직접점유는 통상 설정자에게 있게 된다. 그런데 이러한 사정은 양도담보로 제공된 동산에 대하여 설정자의 채권자들이 공취할 가능성을 발생시킨다. 이 경우 양도담보권자가 제3자이의의 소를 제기하여 집행을 배제할 수 있는지 아니면 배당요구를 할 수 있음에 그치는지 여부는 당사자들의 이해관계에 큰 영향을 미친다.

이와 관련해 판례는 일관하여 양도담보권자는 소유권을 주장하여 제3자이의의 소를 제기할 수 있다고 판시한다.[77] 그러나 동시에 판례는 양도담보권자가 강제집행을 승낙하는 취지의 공정증서를 집행권원으로 하여(민사집행법 제56조 제4호) 직접 양도담보물을 압류하여 환가하는 경우 양도담보권자에게 우선변제권을 인정하기도 한다.[78] 이러한 판례의 태도에서는 학설에 찬반이 있으나, 이미 다른 곳에서 살펴본 바와 같이 판례의 입장이 타당하다고 생각된다.[79] 이로써 양도담보권자는 일반채권자의 강제집행에 대해 담보를 유지하면서 환가시기를 선택할 환가주도권을 보유하게 된다. 동시에 채무자는 일반채권자의 자의적인 공취를 예방하여 담보로 제공되는 목적물을 안정적으로 용익할 가능성도 가진다. 이로써 일반채권자의 이익이 후퇴되는 것은 사실이나, 그는 다른 집행가능한 재산이 없는 경우 도산절차를 신청함으로써 채무자와 담보권자에게 청산을 강요할 수 있으므로 그의 보호가 완전히 도외시되는 것은 아니다.

한편 설정자 파산의 경우 양도담보권자의 지위에 관하여 대법원은 별제권을 부여하는 견해를 채택하고 있다. 방론이기는 하지만 구 회사정리법이 적용되는 사안에서 양도담보권자를 정리담보권자로 취급한 판결[80] 이후, 그러한 경향으로 판례가 진전할 것이 추측되는 상황에서, 대법원은 2002년 구 화의법 제44조, 구 파

77) 대법원 1971.3.23. 71다225 판결; 대법원 1994.8.26. 93다44739 판결.
78) 대법원 1979.3.27. 78다2141 판결; 대법원 1994.5.13. 93다21910 판결.
79) 전거와 함께 김형석(주 18), 76면 이하.
80) 대법원 1992.10.27. 91다42678 판결.

산법 제84조가 적용되는 사안에 대하여 양도담보권자가 별제권자임을 명시적으로 확인하였다.[81] 이는 타당하며, 새로 제정된 도산법에서도 마찬가지라고 할 것이다.[82] 그리고 입법자는 이러한 판례의 연장선상에서 설정자에게 회생절차가 개시되는 경우, 입법자는 양도담보권이 회생담보권으로 취급되도록 규정함으로써 이를 입법적으로 해결하였다(도산법 제141조).

2. 소유권유보

(1) 소유권유보의 구조

소유권유보는 상품신용을 제공하는 매도인의 전형적인 담보수단이다. 매도인은 매도인에게 목적물을 인도하면서도, 매수인이 매매대금을 모두 지급할 때까지 그 소유권을 자신에게 유보한다. 이로써 매도인은 매수인이 대금의 지급을 불이행하는 경우 매매계약을 해제하고 물건을 반환청구함으로써 자신의 매매대금채권을 담보할 수 있다. 종래 다수설[83]과 판례[84]는 이러한 유보매도인의 지위를 설명하기 위해, 매매의 당사자들은 그 이행행위인 소유권이전(물권행위)에 매매대금의 완제라는 정지조건을 부가한 것으로 이해하고 있었다.[85] 이에 따르면 유보매도인의

---

81) 대법원 2002.4.23. 2000두8752 판결.

82) 김형석(주 18), 90-91면.

83) 예컨대 곽윤직, 채권각론, 제6판, 2003, 163면; 김상용, 물권법, 제2판, 2013, 837-838면; 김증한 · 김학동, 채권각론, 제7판, 2006, 311-312면; 송덕수, 채권법각론, 제3판, 2017, 211면; 제철웅, 담보법, 개정판, 2011, 447면.

84) 대법원 1999.9.7. 99다30534 판결; 대법원 2010.2.11. 2009다94278 판결.

85) 이러한 다수설과 판례에 따를 때 유보매수인의 지위를 이른바 물권적 기대권으로 파악할 것인지 여부(우선 전거와 함께 김형배, 채권각론[계약법], 신정판, 2001, 372면 이하 참조)는 용어법의 문제이며, 법률관계 판단의 실질에 영향을 주는 것은 아니라고 생각된다. 중요한 점은 민법의 여러 규율에 따라 유보매수인의 지위가 타인의 간섭에 의해 좌절될 수 없는 확고한 것이며 따라서 "물권화"된 지위에 해당한다는 사실이다(그 기준에 대해 Canaris, "Die Verdinglichung obligatorischer Rechte", *Festschrift für Flume*, 1978, S. 374ff. 참조). 우선 그는 매매계약의 이행으로 목적물을 인도받았으므로 매매를 기초로 이를 점유하고 사용 · 수익할 권리가 있으며(제563조, 제587조, 제213조 단서), 목적물을 점유하고 있으므로 대세적으로 점유보호청구권을 행사하여 사용 · 수익을 방어할 수 있다(제204조 이하). 그는 이러한 조건부 소유권을 양도할 수 있으며(제149조; 인도가 요구될 것이다. 곽윤직 편집대표, 민법주해[Ⅲ], 1992, 352면(민형기) 참조), 타인은 이를 침해해서는 안 되므로(제148조) 이를 침해하는 경우 불법행위가 성립할 것이다(제750조). 유보매도인은 소유권을 가지고 있다고 해서 이를 달리 처분할 수도 없는데, 이를 위해서는 반환청구권을 양도하는 방법밖에 없으나(제190조) 매매가 유효한 이상 그는 아무런 반환청구권을 가지지 않기 때문이다. 그는 매수인의 대금채무 불이행을 전제로 해제로 인한 장래의 반환청구권을 양도함으로써 소유권을 양도할 수는 있겠지만, 그 경우 소유권양도

지위는 소유권자이며,[86] 이를 기준으로 당사자들의 법률관계가 해명된다. 그러나 이러한 다수설과 판례에 대해서는, 유보매도인이 소유권유보에 의해 매매대금채권을 담보하고 있다는 점에서 소유권이전과 동시에 설정된 양도담보와 다를 바 없으므로, 유보매도인의 지위를 양도담보권에 준하는 담보물권으로 취급해야 한다는 견해도 유력하게 주장되고 있다.[87]

그러나 소유권유보와 양도담보를 단순히 동일시하는 견해는 이익상황의 중요한 차이를 무시하고 있어 타당하다고 말하기 어렵다. 이는 무엇보다 소유권유보의 경우 매매대금채권과 유보된 소유권의 이전이 견련관계로 결합되어 있어 서로 강한 구속성을 가지고 있음을 간과한다는 점에서 그러하다.[88] 양도담보는 금전신용 제공자의 담보수단이다. 그는 신용수수자에게 원본을 공여함으로써 이자부 소비대차를 전부 선이행하는 것이며, 이로써 채무자의 무자력 위험을 완전히 인수한다. 물론 그는 이러한 무자력이 실현되는 것을 회피하기 위해 담보를 확보하고자 하며, 실무상 사용이 거의 불가능한 질권 대신에 비점유담보권으로 기능하는 양도담보를 설정받는다. 그래서 양도담보는 환가담보권이며, 채권자는 목적물을 환가하여 그 대금으로부터 직접 피담보채권에 충당해 만족을 받는다. 상품신용을 담보하는 소유권유보에서는 그렇지 않다. 여기서 매도인은 매수인의 용익을 위해 목적물을 인도하기는 하지만, 소유권의 이전은 매매대금의 지급과 연동시킴으로써 매매계약을 인도에 대해서만 선이행하면서 소유권이전에 대해서는 동시이행의 항변권(제536조)을 관철한다. 따라서 소유권유보는 "동시이행의 항변권의 부분적 행사"

의 효력은 장래채권인 반환청구권이 현실적으로 성립한 시점에 발생하므로, 매도인이 대금채무를 불이행하지 않는 이상 매도인의 배신적 처분은 불가능하다(김형석(주 26), 78면 주 31도 참조). 이러한 확고한 지위를 물권적 기대권이라고 부르는 것에 굳이 반대할 이유는 없으나, 그렇다고 해서 우리에게 어떤 추가적인 인식이 주어지는 것은 아니다. 반대로 개념적 불명확을 이유로 물권적 기대권이라는 용어를 회피한다고 해서, 우리가 소유권유보의 법률관계를 해석하는 것에 어떠한 난점이 발생하는 것도 아니다. 즉 이는 헤크의 용어를 빌면 규범획득(Normgewinnung)의 과제가 아니라 정식화(Formulierung)의 문제에 지나지 않는다. Heck, *Begriffsbildung und Interessenjurisprudenz*, 1932, S. 126ff. 참조.

86) 그러므로 매수인이 자신의 이름으로 목적물의 소유권을 처분하는 경우 이는 타인 물건의 처분으로 무효이다(대법원 2010.2.11. 2009다93671 판결).

87) 예컨대 고상룡(주 16), 808면; 이은영, 채권각론, 제5판, 2007, 357면; 이상태, 물권법, 9정판, 2015, 612면; 윤철홍, 물권법, 개정판, 2013, 575면.

88) 아래의 내용은 Ulrich Huber, "Der Eigentumsvorbehalt im Synallagma", ZIP 1987, 750 이하의 분석에 따른다. 또한 Serick, *Eigentumsvorbehalt und Sicherungsübertragung. Neue Rechtsentwicklungen*, 1993, S. 222ff. 아울러 김형석(주 18), 69면 주 1; 양형우, "회생절차에서 소유권유보와 매도인의 지위", 인권과 정의, 제447호, 2015, 149면 이하도 참조.

로 이해되어야 한다.[89] 그렇기 때문에 소유권유보가 매도인의 만족을 담보하는 방식은 채무불이행 규정을 매개로 간접적으로 이루어진다. 즉 매도인은 원칙적으로 환가권을 가지는 것이 아니라 계약해제와 손해배상이라는 계약책임의 수단을 행사함으로써 간접적으로 자신의 지위를 담보한다. 이로써 양도담보에서 환가를 전제로 발생하는 귀속청산이나 처분청산의 문제도 발생하지 않는다.[90] 그러므로 양도담보의 경우 목적물을 환가함으로 피담보채채권이 직접 만족을 받음에 반해, 소유권유보의 경우 매매의 해제로 매매대금 채권이 만족 없이 소멸함으로써(!) 원상회복과 손해배상의 형태로 간접적인 담보가 행해지는 것이다. 그래서 양도담보가 실행되면 그 피담보채권도 함께 행사되어 만족을 받지만, 소유권유보가 실행되는 경우 매매대금채권은 전혀 행사되지 않는다. 요컨대 매도인은 법적으로는 소유권을 유보함으로써 매매대금채권이 아니라 매매의 해제로 발생하는 원상회복채권(제548조)을 유지·담보한다.[91] 그러한 의미에서 동시이행의 항변에 기초해 채무불이행법을 활용하는 소유권유보는 환가로부터 피담보채권을 충당하는 전형적인 환가담보와는 그 기능과 이익상황을 달리한다.

그런데 이상의 설명은 이른바「단순」소유권유보에 대해서만 타당하다. 예컨대 매수인의 경제적 목적을 위해 소유권유보로 공급된 원료를 매수인이 부합·가공하는 방식으로 활용해야 하는 사안이 있을 수 있다. 이때 부합이나 가공의 결과 유보매도인의 소유권이 상실되고 매수인이 소유권을 취득하게 되는 경우(제257조, 제259조), 당사자들은 소유권유보에 이른바 가공조항을 부가하여 매수인의 부합·가공을 허용하면서도 그 결과물의 소유권이 유보매도인에게 귀속된다고 정한다. 이러한 가공조항의 성질에 대해서는 독일에서 종래 많은 논의가 있으나,[92] 우리 민법의 해석으로는 가공조항에 따른 점유매개관계에 기해 유보매수인이 유보매도인에게 가공물의 소유권을 담보를 위해 양도한 것으로 해석해야 한다고 생각된다(사전점유개정). 제257조, 제259조는 일반적으로 강행규정으로 해석되고 있어 단순히 당사자 약정으로 이를 배제함을 인정할 수 없으므로, 이제 소유권을 유보매도인에게 귀속시키기로 하는 약정은 점유개정에 따른 소유권이전(제189조)으로 계약

89) Huber(주 88), 755.
90) 석광현, UNCITRAL 담보권 입법지침 연구, 2010, 763면 주 61도 참조.
91) Serick, *Eigentumsvorbehalt und Sicherungsübertragung*, Band Ⅰ, 1963, S. 211.
92) 양형우, "독일의 연장된 소유권유보론의 우리 민법학에의 수용한계에 관한 고찰", 민사법학, 제20호, 2001, 194면 이하 참조.

해석해야 하기 때문이다. 이 경우 유보매도인은 외관상 여전히 소유권유보에 따른 지위를 보유하고 있는 것처럼 보이더라도, 이제 그 취급은 양도담보권자에 준하여 이루어져야 한다. 유보매도인이 매매목적물의 가공에 따른 변형을 인정하여 소유권 상실을 감수한 이상 실질에 있어 매매를 선이행한 것과 달리 취급할 이유를 찾을 수 없기 때문이다. 원래 매매계약에 따른 부분적 동시이행은 포기되었고, 이로써 유지되었던 견련관계는 상실되었다. 유보매도인은 자신이 영업상 취급하지 아니하는 가공된 동산을 인도받아 처분하여 그 대금으로부터 만족을 받아야 한다는 점에서 더 이상 원상회복이라 할 수 없으며, 그 지위는 이제 신탁적 환가담보권에 접근한다.[93] 이익상황은 양도담보와 유사하므로 그와 평행하게 취급하는 것이 타당하다. 그리고 이상의 내용은 유보매도인이 유보매수인에게 유보목적물을 사전에 처분할 권한을 부여해 영업상 처분을 가능하게 하면서, 담보의 유지를 위해 처분으로 발생하는 매매대금 채권을 양도받는 경우에도 마찬가지이다. 주지하는 바와 같이 가공조항이나 채권양도와 결부된 처분조항이 있는 소유권유보를 「연장된」 소유권유보라고 한다.[94] 그러므로 요컨대 연장된 소유권유보에서 가공 또는 처분이 이루어진 경우 이로써 유보매도인 지위의 성질은 달라진다고 말할 수 있다. 이는 소유권유보가 견련관계에 있지 아니한 다른 채권을 담보하기 위해 사용되는 이른바 「확장된」 소유권유보의 경우에도 마찬가지이다. 소유권유보가 다른 채권으로 확장된 범위에서는 견련관계로 지지되지 아니하는 양도담보 유사의 관계가 존재한다.

(2) 강제집행 · 도산절차에서의 취급

이상의 내용에 따른다면, 유보매수인이 점유하고 있는 목적물에 대해 그의 일반채권자가 압류하여 집행을 시도하는 경우, 유보매도인은 유보된 소유권에 기초해 제3자이의의 소(민사집행법 제48조)를 제기하여 그러한 집행을 배제할 수 있어야 한다. 판례도 이러한 결과를 인정한다.[95] 이는 단순 소유권유보뿐만 아니라 연

---

93) Serick(주 88), S. 224ff.

94) 우선 양형우(주 92), 192면 이하; 양창수, 독일의 동산담보개혁논의, 민법연구, 제7권, 2003, 160-161면 참조.

95) 대법원 1996.6.28. 96다14807 판결. 관련하여 유보매수인이 인도받은 목적물을 다른 사람에게 인도하여 간접점유를 가지고 있는 경우, 그 직접점유자의 채권자가 소유권유보의 목적물에 대해 행하는 강제집행에 대해 유보매수인이 제3자이의를 할 수 있다는 판결(대법원 2009.4.9. 2009다1894 판결)은 앞의 판결과 모순되지 아니한다. 제3자이의의 취지에 비추어 일정한 채권적 청구

장된 소유권유보에서도 마찬가지다. 유보매도인의 지위를 양도담보권자에 준하더라도, 그는 제3자이의를 할 수 있어야 하기 때문이다(앞서 V. 1. 참조).

반면 소유권유보의 도산절차에서의 취급에 대해 실무는 종래 회생절차에서 이를 회생담보권으로 처리해 오고 있었고,[96] 이로써 미이행쌍무계약에 관한 규정(도산법 제119조)을 적용하지 않았다. 최근 대법원도 이러한 태도를 확인하였고,[97] 담보의 실질을 고려한다는 관점에서 찬성하는 견해[98]가 다수이다. 그러나 앞서 지적한 바와 같이, 단순 소유권유보와 관련해 이러한 해석은 타당하지 않다고 생각된다.[99] 유보매도인은 유보매수인의 동의 하에 의식적으로 동시이행관계를 유지함으로써 간접적으로 자신의 지위를 담보하는 것이므로, 이러한 명백한 견련관계를 무시하면서[100] 회생담보권으로 취급하는 것은 당사자들의 의사와 이익에 부합하지 않는다. 도산절차의 특수성을 운위하면서 소유권자인 양도담보권자가 회생담보

권을 가지는 자도 제3자이의의 소를 제기할 수 있기 때문이다. 즉 집행의 대상이 되는 재산이 집행채무자의 책임재산에 속하지 않음을 보이는 내용의 채권적 청구권이 주장되는 경우에 제3자이의의 소는 허용된다(상세하게 Gaul/Schilken/Becker-Eberhard, *Zwangsvollstreckungsrecht*, 12. Aufl., 2010, § 41 Rn. 98ff. 참조). 이는 종래 우리 학설도 인정하고 있는 바이며(김능환 · 민일영 편집대표, 주석 민사집행법(2), 제3판, 2012, 290-291면(이승영) 참조), 특히 간접점유자의 지위가 이의사유에 해당한다고 설명되고 있다(同所 285-286면).

96) 서울중앙지방법원 파산부 실무연구회, 회생사건실무(상), 제4판, 2014, 429-430면.

97) 대법원 2014.4.10., 2013다61190 판결.

98) 김재형, "도산절차에서 담보권자의 지위", 민법론 Ⅲ, 2007, 219-220면; 고원석, "할부계약에 있어서 매수인의 도선과 매도인의 권리", 리스와 신용거래에 관한 제문제(하), 1994, 384면; 우성만, "회사정리법상 담보권자의 지위", 회사정리법 · 화의법상의 제문제, 2000, 299면; 정소민, "도산법상 소유권유보부 매매의 매도인의 지위", 민사판례연구[XXXⅦ], 2015, 244면 이하; 노영보, 도산법 강의, 2018, 303면.

99) 대법원 2014.4.10.(주 97)의 사실관계에서는 단순 소유권유보가 문제되었다. 원심인 대구지법 2012.11.27. 2012가단48272 판결 참조.

100) 김재형(주 98), 219-220면은 "쌍무계약에서 미이행 여부를 판단하는 기준은 분명한 것이 아니"라고 하면서, "매도인이 소유권을 유보하고 있는 이상 소유권을 이전한 것은 아니라는 이유로 무조건 미이행 쌍무계약으로 볼 수 있을지는 의문"이라고 한다. 그러나 이러한 지적은 납득하기 어렵다. 우리 민법에서 급부행위가 완료되었더라도 그에 더하여 급부결과가 달성되어야 변제의 효과가 발생해 채무가 이행된다는 점은 이론의 여지없이 인정되는 해석이다(김형배, 채권총론, 제2판, 1999, 644-645면 참조). 급부행위를 완료하였더라도 급부결과가 발생하지 아니하는 이상 채무가 이행되지 않는다는 점은 변제제공(제460조, 제461조) 및 채권자지체(제400조 이하) 규정에 당연한 내용으로 전제되어 있고, 이는 민법상의 쌍무계약상 이익의 보호를 도모하는 도산법의 미이행쌍무계약 규율의 해석에서도 달리 볼 이유가 없다. 이 점을 명료하게 밝히는 Uhlenbruck/Wegener(주 39), § 103 InsO Rn. 59; 宮脇幸彦 · 井關浩 · 山口和男 編, *注解 會社更生法*, 1986, 353면(宗田親彦) 등 참조. 그렇다면 소유권유보부 매매계약 자체가 명백하게 매매대금의 완제와 소유권이전을 연동시키고 있는 상황에서, 도대체 어떻게 소유권이전의무의 이행이 있다고 말할 수 있다는 말인가? 상세한 분석은 Serick(주 91), S. 333ff. 참조.

권자과 별제권자로 취급되는 것과 비교해 소유권유보의 경우도 마찬가지로 취급할 수 있다고 설명하기도 하지만, 이는 이익상황과 작용방식이 전혀 다른 양도담보와 평행하게 취급해야 한다는 주장으로 설득력이 없다. 양도담보는 환가담보권이므로 금전에 따른 만족이 주어지는 이상 그러한 취급이 부당하지 아니하나 소유권유보는 원상회복을 목적하는 담보이므로 회생담보권자로 취급하는 경우 담보목적이 좌절된다는 점을 간과하고 있기 때문이다. 게다가 앞서 살펴본 대로 소유권유보는 법적으로 매매대금채권이 아니라 원상회복채권을 담보하므로(유보된 소유권의 가치는 매매대금에 충당되지 않는다) 매매대금채권을 회생담보권으로 취급하는 것은 소유권유보의 원래 목적에 반하며, 엄밀하게 말해 소유권유보의 피담보채권인 원상회복채권은 통상 회생절차개시 당시 아직 성립하고 있지 않아 처음부터 회생담보권의 요건을 충족하지 못한다고 볼 여지마저 존재한다(도산법 제141조 제1항 참조). 한편 경제적인 관점에서 살펴보면, 양도담보권자는 “타인의 물건”(원래 설정자의 재산으로 담보목적으로 양도받았으나 다시 반환되어야 할 물건)에 대해 담보를 확보하여 그 환가를 목적한다는 점에서 회생담보권으로 취급하여 만족을 부여하는 것이 타당하지만, 유보매도인은 자신의 지위를 “자신의 물건”(원래 매도인의 재산으로 계속 소유를 유지하고 있는 물건)을 되찾아 오는 방식으로 담보하는 것이기에 그의 소유권 행사를 강조할 필요가 있음을 고려해야 한다.[101] 또한 소유권유보부 매매가 명백히 미이행상태에 있음에도, 관리인에게 선택권을 박탈하는 해석이 과연 합리적인가? 재산가치인 금전의 변제만 문제되는 양도담보에서와는 달리, 회생을 위해 유보매수한 영업용 목적물의 필요성을 검토하여 물건을 반환하고 손해배상을 회생채권으로 취급하는 것(구조조정!)이 유리하다고 판단한 관리인에게 계약해제를 선택할 가능성을 부정하는 것이 과연 회생절차의 취지에 비추어 타당할 수 있겠는가?[102] 이렇게 양도담보와 소유권유보에서 당사자들의 의사와 이익상황이 명백히 상이함에도, “담보의 실질”이라는 모호한 주문에 전적으로 의지하여(오히려 담보로 기능하기만 하면 그 실질의 차이를 전혀 고려하지 않는다!) 양자를 동일하게 취급하는 것을 바람직한 해석이라고 말하기는 어렵다. 그러므로 사태를 직시하여 소유권유보를 미이행쌍무계약으로 보아 관리인이 계약을 해제하는 경우 유보매도인에게 환취를 인정해야 하며, 관리인이 계약을 존속을 선택한 때에도 대

101) Serick(주 88), S. 223.
102) 양형우(주 88), 154-155면도 참조.

금지급에 지체가 있는 때에는 매도인이 계약을 해제하고 목적물을 환취할 수 있다고 해석해야 한다.[103] 이상의 내용은 리스계약에서 리스이용자에 도산절차가 개시된 경우에도 다르지 않다.[104]

그러나 가공조항이나 채권양도와 결합한 처분조항이 있는 연장된 소유권유보의 경우에는, 유보매도인의 지위는 견련관계와 분리되었고 실질적으로 선이행이 이루어졌으므로 미이행쌍무계약으로 취급을 받을 이유가 없다. 그의 지위는 환가담보권으로, 그 이익상황에서 양도담보권과 다르지 않다. 그러므로 연장된 소유권유보에서 유보매도인은 가공된 동산이나 양도된 채권과 관련해서 회생담보권자로 취급되어야 한다. 이는 처음부터 견련관계가 없었던 확장된 소유권유보에서는 더욱 그러하다(주 94의 본문 참조).

Ⅵ. 부동산 비전형담보

1. 가등기담보와 부동산 양도담보

(1) 도 입

우리나라에서 담보권자가 효율적인 환가를 위해 사적 실행을 선택할 이익은 부동산 비전형담보에서 특히 부각되었다. 우리나라의 실무에서 과거 부동산 비전형담보인 부동산 양도담보와 가등기담보는 꾸준히 사용되었고, 현재에도 사용되는 일이 드물지는 않다. 이는 대표적 부동산담보인 저당권이 가지는 몇 가지 단점에서 기인한다고도 볼 수 있다. 첫 번째로, 저당권의 경우 후순위저당권자나 일반채권자의 경매를 저지할 수 없어 선순위저당권자로서는 환가시기를 선택할 권능이 없이 만족을 강제당할 가능성이 있다. 두 번째로, 저당권의 실행은 민사집행법에 따른 경매절차에 의하므로 시간과 비용이 소요되는데, 사적 실행이 가능한 양도담보의 경우 그러한 문제를 회피할 수도 있다. 세 번째로, 사적 실행과 결합하여 청산을 배제하는 내용의 유담보약정을 하는 경우 채권자가 상당한 이익을 취할 수 있는 여지가 존재한다. 이러한 사정들이 부동산 비전형담보가 이용되는 환경을 조

103) 김학동, “소유권유보의 법률관계”, 민사법학, 제27호, 2005, 508면 이하; 양형우(주 88), 146면 이하; 김영주, “도산절차상 양도담보계약 당사자의 법적 지위”, 사법, 제33호, 2015, 29면.
104) 이연갑, “리스계약과 도산절차”, 민사판례연구[XXVIII], 2006, 941면 이하 참조.

성하였다고 생각된다. 그러나 이로써 달성되는 채권자의 이익은 피담보채권액을 넘어서는 과도한 부담을 발생시키는 유담보약정의 억제에 관심을 가지는 채무자의 이익과 대립하였고, 이는 특히 담보목적인 부동산이 채무자의 주택인 경우 주거의 안정과 관련해 불안정을 야기하였다. 학설·판례 및 입법은 이러한 이익의 상충을 조절하는 과제를 수행해야 했다.[105)]

(2) 판례에 따른 규율

(가) 가등기담보는 통상 피담보채무가 이행되지 아니하는 경우에 채권자가 설정자에 대하여 설정자의 부동산 소유권 이전을 대물변제로서 청구할 수 있는 권한을 부여하고 이를 보전하기 위하여 가등기를 경료하기로 하는 채권자와 설정자 사이의 담보계약이다. 이러한 이른바 대물변제의 예약에 따라 채권자는 피담보채무가 변제되지 아니하는 경우 설정자로부터 목적부동산 소유권의 이전을 청구할 수 있다. 이 경우 채권자는 가등기에 의하여 소유권 이전청구권을 보전함으로써 만족가능성을 대세적으로 확보한다. 채권자는 담보권 실행시기가 되면 가등기에 기해 본등기를 경료하고 부동산을 인도받은 다음, 이를 종국적으로 자신에게 귀속시키거나(귀속청산) 그 처분으로 대금을 확보하여(처분청산) 피담보채권에 충당함으로써 우선변제를 받을 수 있다. 그런데 이러한 가등기담보에서는 당사자의 교섭력의 격차로 인해 담보계약으로 청산을 배제하는 약정을 하여 피담보채권액을 초과하는 부분을 채권자가 가져갈 위험이 존재한다.

이러한 위험에 대처하기 위하여 우리 민법은 매우 독특한 두 조문을 두고 있다. 즉 "차용물의 반환에 관하여 차주가 차용물에 갈음하여 다른 재산권을 이전할 것을 예약한 경우에는 그 재산의 예약당시의 가액이 차용액 및 이에 붙인 이자의 합산액을 넘지 못한다"(제607조)고 하고, 이러한 규정에 위반한 "당사자의 약정으로 차주에게 불리한 것은 환매 기타 여하한 명목이라도 그 효력이 없다"(제608조)고 한다. 물론 이렇게 "효력이 없다"고 하는 경우 그 법률효과가 무엇을 의미하는지가 불분명하다. 대법원은 초기의 혼선을 거쳐 "대물반환의 예약이 본법 제607조, 제608조에 의하여 무효가 되는 경우라 할지라도 그 당사자 사이에는 양도담

---

105) 부동산 비전형담보에 관한 학설·판례의 전개와 「가등기담보 등에 관한 법률」의 제정 경과 및 내용에 대해 상세한 내용은 양창수, "「가등기담보 등에 관한 법률」의 현황과 문제점", 민법연구, 제1권, 1992, 281면 이하 참조.

보의 효력"이 있다는 입장을 확정하였다.[106] 즉 이에 따르면 제607조, 제608조에 위반하는 이른바 대물변제의 예약은 무효이지만, 그럼에도 불구하고 가등기에 기하여 소유권 이전등기가 경료되었다면 당사자 사이에 양도담보가 성립한 것으로 이해하는 것이다. 그러므로 채권자는 아직 종국적으로 소유권을 취득한 것은 아니다. 판례에 의하면 그 경우 (관계적 소유권이론에 따라) 소유권은 대외적으로는 이전하지만 대내적으로는 이전하지 않는 형태로 담보가 존속하고 있으며, 피담보채권은 아직 변제된 것이 아니다.[107] 따라서 채무자는 여전히 채무를 변제하고 부동산의 소유권을 환수해 올 가능성을 가지게 된다.[108] 결국 채권자가 목적 부동산을 종국적으로 취득하기 위해서는 담보 부동산을 적정한 가격으로 평가하거나 처분하여 그 대금으로 피담보채권의 원리금에 충당하고 잔액을 반환하는 정산절차를 밟아야 하는 것이다.[109]

(나) 양도담보는 기본적으로 권리이전이 가능한 목적물이라면 이를 활용할 수 있는 것이므로, 부동산도 양도담보의 목적이 될 수 있음은 물론이다. 그에 따라 채권자는 부동산의 소유권을 신탁적으로 이전받아 보유하지만 이를 담보의 목적으로만 사용할 채권적 의무를 부담하고, 설정자는 담보계약에 기해 부동산을 점유하고 사용수익하면서 관리할 의무를 부담한다. 이때 채권자는 등기부상으로 소유자로 등기되어 있으므로 채무자가 이행기에 채무를 변제하지 못하는 경우, 채권자는 이제 담보계약 내지 소유물반환청구권(제213조)에 기하여 환가를 위하여 채무자에게 부동산의 인도를 청구할 수 있다. 이제 채권자는 부동산을 계속 보유하여 그 가치를 자신에게 귀속시키든가(귀속청산) 아니면 이를 처분하여 그 대금을 확보함으로써(처분청산) 자신의 피담보채권의 만족을 얻게 될 것이다.

그런데 20세기 중반까지의 일본의 통설과 판례에 따르면 양도담보는 그 약정의 내용에 따라 두 가지 유형이 존재한다고 하였다. 하나는 담보목적물은 대외적으로는 양도담보권자에게 귀속하지만 대내적으로는 설정자에게 남아있는 청산형 양도담보이고(이른바 외부적 이전형, 약한 양도담보), 다른 하나는 소유권이 대외적·대내적 모두 채권자에게 이전하는 유담보형 양도담보(이른바 내외부이전형, 강

106) 대법원 1972.11.14. 72다1633 판결; 대법원 1968.10.22. 68다1654 판결.
107) 대법원 1977.11.22. 77다1513 판결. 이는 곧 살펴보는 바와 같이(아래 VI. 1. (3) 참조) 대법원이 원칙적으로 약한 양도담보를 추정하기 때문이다.
108) 대법원 1982.10.26. 81다375 판결.
109) 대법원 1981.4.14. 80다714 판결 참조.

한 양도담보)가 그것이다. 우리 판례는 당사자들의 약정에 따라 청산의무가 있는 약한 양도담보 또는 그러한 의무 없는 강한 양도담보를 약정할 수 있다고 하면서도,[110] 양도담보를 원칙적으로 약한 양도담보로 추정하면서,[111] 대내관계에 제607조, 제608조를 적용하여 항상 청산의무를 인정하고 있었다.[112] 실제로 강한 양도담보가 인정된 예를 쉽게 찾을 수 없어 부동산 양도담보의 경우 판례에서 거의 청산형으로만 인정되고 있었다고 해도 과언이 아니다.

(다) 이상에서 살펴본 바와 같이, 판례는 제607조, 제608조를 매개로 부동산 비전형담보에서 청산이 이루어지지 아니하는 결과를 억제하였다. 그러나 이러한 해결이 설정자의 보호에 반드시 충분한 것은 아니었다. 우선 판례는 제607조, 제608조를 문언에 충실하게 소비대차 채무에 한정해서만 적용하고 있었으므로,[113] 다른 채무의 담보를 위해 가등기담보를 한 경우 도움이 될 수 없었다는 문제가 있었다. 그러나 보다 더 큰 문제점은 채권자의 본등기청구권과 채무자의 청산금청구권이 동시이행관계에 있지 않는 것으로 이해되고 있었다는 점이었다. 즉 담보계약에 의하면 평가 또는 매각에 의하여 만족을 받은 후에 비로소 정산의무가 발생한다고 설명되었기 때문이다. 따라서 가등기담보나 부동산 양도담보가 실행되는 경우 채무자는 이미 부동산 소유권을 상실한 상태에서 채권자에게 청산금의 반환을 청구해야 했으며, 이는 채무자의 지위를 악화시키는 원인이었다. 게다가 당시에는 법원이 가등기담보의 경우 당사자들이 제소전 화해(민사소송법 제385조 이하)에 의해 이전등기청구 및 인도청구에 기판력을 부여하는(동법 제220조 참조) 관행을 인정하고 있어, 설정자의 어려움은 가중되었다. 게다가 부동산 양도담보의 경우 소유권을 가지고 있는 채권자의 배신적 처분에 의하여 담보제공자가 자신의 부동산을 되찾아올 가능성을 상실한다는 문제도 존재하였다.

2. 「가등기담보 등에 관한 법률」

이러한 문제에 대응하기 위해 1983년에 제정된 법률이 「가등기담보 등에 관한

110) 대법원 1999.12.10. 99다14433 판결 참조.
111) 대법원 1955.3.31. 4287민상124 판결; 대법원 1968.10.22. 68다1654 판결; 대법원 1980.7.22. 80다998 판결 등.
112) 대법원 1970.12.22. 70다2295 판결; 대법원 1977.11.22. 77다1513 판결; 대법원 1983.2.8. 81다547 판결 등.
113) 대법원 1964.9.22. 64다548 판결.

법률」(이하 '가등기담보법'으로 인용한다)이다. 동법은 자신을 제607조, 제608조의 실행절차법으로 이해하면서 적용범위를 소비대차에 기한 채무에 한정하면서도(가등기담보법 제1조, 제2조 제1호), 이른바 담보권적 구성을 채택하여 가등기담보 및 부동산 양도담보를 담보물권 즉 일종의 저당권으로 파악한다는 점에서 매우 급진적인 입법이었다.[114)]

(1) 규율의 개관

(가) 가등기담보법은 채권자가 가등기담보를 환가하는 방법으로 두 가지를 인정한다. 첫 번째는 가등기담보의 고유의 실행방법으로서 채권자가 가등기에 기한 본등기를 경료함으로써 부동산의 소유권을 취득하여 채권의 만족을 얻는 방법이고("귀속청산"), 두 번째는 가등기담보권자가 경매를 신청하여 부동산을 환가함으로써 그 대가로부터 우선변제를 받는 방법이다. 가등기담보법은 채권자에게 귀속청산과 경매 사이에 선택할 수 있는 권리를 부여하고 있다(가등기담보법 제12조 제1항 참조). 이로써 가등기담보법상 처분청산은 인정되지 아니한다.[115)]

(나) 귀속청산과 관련해, 담보권 실행시기가 도래한 경우, 가등기담보권자는 가등기가 경료된 부동산의 소유권을 취득함으로써 피담보채권의 만족을 받을 수 있다(가등기담보법 제3조 제1항). 그런데 채권자는 채무불이행이 있는 경우 즉시 목적 부동산을 취득할 수는 없으며 동법이 정한 일정한 기간 이후 청산을 하여야 비로소 소유권을 취득할 수 있다. 즉 채권자가 가등기담보를 실행하려고 하는 경우 채무자 등(채무자, 물상보증인, 담보 부동산 취득자를 말한다, 가등기담보법 제2조 제2호)에 실행을 통지하고(가등기담보법 제3조 제1항, 제2항; 이 금액에는 구속력이 발생한다, 가등기담보법 제9조 참조) 통지가 도달한 날로부터 2개월의 청산기간 동안 기다려야 한다. 채권자는 이 기간이 지난 다음에 비로소(가등기담보법 제4조 제2항 후단) 청산금을 지급하고(가등기담보법 제4조 제1항) 비로소 본등기청구를 할 수 있으며(가등기담보법 제4조 제2항 후단), 청산금 지급과 본등기의 이전은 동시이행관계에 선다(가등기담보법 제4조 제3항; 청산기간 동안 청산금 반환청구권의 처분은 제한된다, 가등기담보법 제7조 참조). 이로써 채무자 및 담보설정자는 본등기 청구에 대하여 청산금의 반환을 동시이행으로 주장할 수 있는 가능성 및 청산기간 동안 채

114) 양창수(주 105), 297면 이하 참조.
115) 대법원 2002.4.23. 2001다81856 판결 참조.

무를 변제하여 가등기를 말소할 수 있는 가능성(가등기담보법 제11조 본문 참조)을 가지게 된다.[116] 그러나 그 채무의 변제기가 지난 때부터 10년이 지나거나 선의의 제3자가 소유권을 취득한 때에는 설정자의 말소청구가 배제된다(가등기담보법 제11조 단서). 특히 후자의 경우는 거래의 안전을 위해 일종의 공신력이 인정된 것이라고 말할 수 있다.

(다) 가등기담보권자는 경매청구권(가등기담보법 제12조 제1항) 및 경매절차에서 우선변제권(가등기담보법 제13조 제1문)을 인정한다. 이러한 점에서 가등기담보는 저당권과 동일하게 취급되며(동법 제13조 제2문), 도산절차에서도 마찬가지이다(가등기담보법 제17조 제1항). 그러므로 제3자의 신청으로 목적 부동산에 경매절차가 개시되는 경우, 가등기담보권자는 그 절차에 참가하여 저당권자에 준하여 자신의 채권의 만족을 받아야 한다. 이 경우 가등기담보권자는 저당권자에 준하여 우선변제를 받을 권리가 있다(가등기담보법 제13조). 경매절차의 종료로써 가등기담보는 소멸한다(가등기담보법 제15조). 그러한 경우 경매법원은 가등기가 담보가등기인지의 여부를 확인할 필요가 있으므로 일정 사항을 신고할 것을 최고하여야 한다(가등기담보법 제16조 참조). 한편 귀속청산에서 청산금의 액수의 확정에 관하여 불만이 있는 후순위 권리자들은 청산기간 내에 한하여 그 피담보채권의 변제기 도래 전이라도 목적 부동산의 경매를 청구할 수 있으며(가등기담보법 제12조 제2항), 이로써 가등기담보권자는 저당권자에 준하여 만족을 받을 수밖에 없다(가등기담보법 제13조, 제14조).

(라) 부동산 양도담보권자는 귀속청산에 의하여 담보를 실행하며, 경매에 의한 실행은 배제된다(가등기담보법 제12조 이하 참조). 양도담보권자의 지위는 청산을 하지 않은 채로 본등기를 경료한 가등기담보권리자의 지위와 동일하게 취급된다. 즉 부동산 양도담보권자는 소유권이전등기를 경료하여도 소유권을 취득하지 못하며, 오히려 변제기에 도달한 채권자가 채무자에게 실행의 통지를 하고 청산기간이 도과한 다음 청산금을 지급하여야 비로소 소유권을 취득한다(가등기담보법 제4조 제2항 전단). 다만 양도담보권자가 배신적 처분을 하는 등의 사정이 경우 선의의 제3자는 보호를 받는다(가능기담보법 제11조 단서).

---

116) 문제는 제소전 화해에 의해 담보권자가 미리 집행권원을 확보하는 경우이나, 가등기담보법 시행 이후 법원은 그러한 제소전 화해가 가등기담보법의 취지를 잠탈한다고 하여 이를 불허하고 있다.

(2) 입법에 대한 평가

가등기담보법에 대해서는 부정적인 평가가 많다.[117] 우선 가등기담보법은 소비대차에 기한 채무의 담보를 위해 피담보채권액보다 가치를 상회하는 목적물의 소유권을 이전할 것이 예정되는 이른바 유담보형 대물변제의 예약을 전제로 하는 제607조, 제608조의 실행절차법으로 예정되어 있어, 부동산 비전형담보에 대한 포괄적인 규율로서 기능할 수 없다는 결함을 가지고 있다. 더 나아가 무엇보다 동법은 가등기담보와 부동산 양도담보를 일종의 담보물권으로 파악하여 소유권이전등기가 적법하게 경료되었음에도 소유권이 이전되지 않는다는 결과를 인정하는데, 이는 당사자들의 의사를 왜곡할 뿐만 아니라, 부동산등기 공시체계에 위협을 야기한다. 특히 가등기나 소유권이전등기에는 피담보채권 등 담보권의 공시에 필요한 사항이 등기될 수 없어 담보권을 공시하기에 불완전하고,[118] 이로써 등기에 대한 거래의 신뢰는 현저히 저해된다(예컨대 가등기담보법 제16조를 보라). 한편 가등기담보법은 처분청산을 배제하고 엄격한 절차에 따른 귀속청산을 규율할 뿐만 아니라, 가등기담보의 경우 후순위권리자 또는 일반채권자가 경매에 따른 환가를 강제할 수 있도록 정하여, 담보권자로서는 효율적 환가 및 환가주도권에 대한 이익이 제약을 받는다. 실제로 가등기담보법의 시행 이후 부동산 비전형담보의 사용이 감소한 것도 이러한 사정에 원인이 있는 것으로 보인다.

판례는 가등기담보법의 적용범위와 관련해 유추적용을 거부하는데, 아마도 동법의 이러한 문제점들이 고려의 배후에 있는 것으로 추측된다. 그래서 가등기담보법은 소비대차 채무를 담보하는 가등기담보와 부동산 양도담보에 대하여만 적용된다.[119] 그래서 매매대금채권[120]이나 공사대금채권[121]이 피담보채권인 경우에는 가등기담보법이 적용되지 않는다. 마찬가지로 목적물의 가치가 피담보채권액에 미달하는 경우에도 제607조, 제608조의 적용이 없으므로 가등기담보법은 적용되지 아니한다.[122]

---

117) 양창수(주 105), 323면 이하 참조.

118) 예컨대 피담보채권액 자체가 불명확하게 남아 이후 배당절차에 부담으로 작용한다. 사후적으로 피담보채권액을 확장한 사안에 대해 대법원 2011.7.14. 2011다28090 판결 참조.

119) 대법원 1990.9.26. 88다카20392 판결.

120) 대법원 1991.9.24. 90다13765; 대법원 2000.1.5. 2000다47682 판결.

121) 대법원 1992.4.10. 91다45356,45363 판결.

122) 대법원 1993.10.26. 93다27611 판결.

Ⅶ. 마무리

지금까지 살펴본 몇 가지 쟁점만으로 우리 사법제도가 지난 70년 동안 성취한 담보제도의 발전을 충분히 개관할 수는 없을 것이다. 그러나 몇 가지 중요한 사안유형을 살펴봄으로써 우리 학계와 실무가 경제성장에 수반하여 증대하는 담보수요가 제기하는 어려운 이익충돌 상황을 해결하기에 노력하였고, 대체로 (세부적인 부분에서는 논란이 있을 수 있더라도) 관계인의 이해관계를 균형 있게 조정하는 과제에 성공적이었음을 확인할 수 있다. 이제 새로운 과학기술의 발전에 직면하여 급격히 발전하고 있는 신용거래의 진전에 따라 앞으로 우리 사법제도에는 지금까지 알지 못한 새로운 쟁점들이 제기될 것으로 예상된다. 그동안 우리 민법학이 구축한 이론과 경험을 바탕으로 새로운 거래현상에서 발생하는 법문제들을 우리 법률의 해석과 법형성으로 대처하는 과제가 지속적으로 제기되고 있다고 하겠다.

채무불이행법의 과거, 현재, 미래

이 동 진

[초 록]

채무불이행법은 민법 중에서도 기본적인 것으로, 지난 70년간 법 규정상으로는 높은 안정성을 누려왔다. 적용범위가 워낙 넓은 만큼 시대변화를 투영한다는 등의 경향도 이 영역에서는 찾아보기 어렵다. 그러나 규정이 일반적인 만큼 그 구체적인 운용은 광범위하게 학설 · 판례에 맡겨져 있었고, 이 분야의 학설 · 판례는 실제로 장기간에 걸쳐 조용한 변화를 거쳐 왔다. 이는 부분적으로는 우리 법 규정과 실무상의 수요에 대한 대응이었지만, 부분적으로는 빌려온 이론을 우리의 것으로 대체하는 과정이기도 하였다. 그럼에도 불구하고 아직 많은 세부적 쟁점들이 미해결상태로 남아 있을 뿐 아니라, 두 차례의 민법 개정 시도와 관련하여 또는 그와 독립적으로 계약법 영역에서 국제화의 진전과 적절한 거래규범에 대한 감각의 변화를 반영, 채무불이행법의 근본적인 재검토가 요구되고 있다는 점 또한 부정할 수 없다.

서울대학교 법학전문대학원 교수

Ⅰ. 서 론

민법 제390조(법명을 따로 적지 아니한 조문은 모두 민법의 그것을 가리킨다. 이하 같다), 제393조, 제397조, 제398조 등에는 '채무불이행'이라는 표현이 나온다. 이들을 전후한 일련의 규정, 즉 제387조 내지 제399조 및 그 규율대상인 이행지체, 이행불능, 강제이행, 손해배상 등이 채무불이행법을 이룬다. 바로 뒤에 이어지는, 채권자지체에 관한 제400조 내지 제403조도 강학상 채무불이행법의 일부로 다루어지곤 한다.[1)]

실질적 의미의 채무불이행법은 이에 그치지 아니한다. 무엇보다도 계약책임에 관한 계약법의 규정이 중요하다. 채무불이행에 관한 채권편 총칙의 규정은 법률행위에 의한 채권은 물론 법정채권에도 적용된다. 그러나 법정채무의 불이행에 대하여는 각 근거법령이 따로 정하거나 해석상 독자적 법리가 인정되는 경우가 많다. 총칙 규정이 법정채권에 적용되는 것은 사실상 제397조 정도이다.[2)] 강학상으로도 계약상 채무의 불이행, 즉 계약위반을 전제로 채무불이행을 논하는 경우가 많고, 그것이 더 생산적이다. 그렇다면 해제 등에 관한 규정, 특히 채무불이행을 원인으로 하는 해제 등에 관한 제544조 내지 제546조, 제551조도 함께 살펴봄이 바람직할 것이다. 판례가 인정하는 이른바 대상代償청구권도 빼놓을 수 없다. 담보책임도 채무불이행과 밀접한 관련을 맺고 있고, 오늘날에는 오히려 채무불이행책임의 일종으로 이해되고 있다. 매도인의 담보책임에 관한 제570조 내지 제584조는 원칙적으로 매매 이외의 유상계약에 준용(제567조)되므로 사실상 일반적인 제도이기도 하다.

이 글은 이상과 같은, 어느 정도 일반적인 적용범위를 갖는 계약상 채무의 불이행에 관한 법리를 대상으로 한다. 강학상 채무불이행과 관련하여 다루고 있어도

---

1) 가령 곽윤직, 채권총론 제육판, 2003, 74면 이하; 김증한·김학동, 채권총론 제6판, 1998, 73면 이하.

2) 물론 채무불이행법은 법정채권에도 적용되고, 나아가 물권적 청구권에도 유추될 수 있다. 예컨대 사무관리에 터 잡은 취득물 인도의무(제738조, 제684조)의 불이행에 채무불이행에 관한 규정이 적용되고, 물권적 반환의무를 이행하려고 하였으나 그 반환청구권자가 수령을 지체한 경우 변제비용에 관하여는 제403조가 유추될 수 있는 것이다. 그러나 적용을 생각할 수 없거나 적용이 배제되는 경우도 많다. 예컨대 물권적 청구권의 이행불능에 관한 대법원 2012.5.17. 2010다28604 전원합의체 판결, 부당이득반환의무의 이행불능에 관한 민법 제747조 제1항이 그러하다.

위와 같은 주제의 범위를 넘는 일반적인 논의, 예컨대 일반 손해배상법,[3] (약정 및 법정)해제의 효과 등은 일응 제외한다. 또한 위 범위 내에 있어도 법률행위법 등 다른 소재에 주로 관계하는 문제, 가령 담보책임의 요건과 그 법적 구성,[4] 계약체결과정에서 설명의무위반과 계약책임,[5] 위험부담과 사정변경의 원칙 등과 계약무효를 전제하는 원시적 불능(제535조)은 원칙적으로 다루지 아니한다. 반면 주로 채무불이행책임에 관련되는 이른바 보호의무론 및 채무구조론은 논의에 포함한다. 접근방법과 관련하여서는, 1948년 이래 지난 70년간 안정적이었거나 특별한 변화 내지 대응이 필요하다고 보이지 아니하는 소재는 가급적 제외하고, 논란이 되었거나 학설 또는 실무가 법 발전을 이루었거나, 그러한 발전 내지 대응이 요구되는 문제에 집중하기로 한다.

본격적인 논의에 앞서 용어를 정리하여 둘 필요가 있겠다. 학설은 일반적으로 채무불이행을 채무를 이행하지 아니한 경우와 그중 채무자에게 귀책사유가 있는 경우로 나눈다. 그리하여 앞의 것을 넓은 의미의 채무불이행, 뒤의 것을 좁은 의미의 채무불이행이라고 하거나,[6] 앞의 것을 급부장애Leistungsstörung,[7] 뒤의 것을 채무불이행이라고 하거나, 앞의 것만을 채무불이행이라고 하고, 뒤의 것에 대하여는 별도의 이름을 붙일 것 없이 각각의 구제수단remedy에 채무불이행 외에 귀책사유가 요구된다고 하면 족하다고 한다.[8] 이 글에서는 귀책사유 유무와 관계없이 객관적 불이행이 있으면 일응 채무불이행이라고 부르기로 한다.

---

3) 가령 곽윤직(주 1), 112면 이하; 김증한 · 김학동(주 1), 123면 이하.

4) 그 배후에는 하자 없는 물건의 인도의무가 계약상 인정되는지 여부의 문제가 깔려 있는데, 이는 어느 정도는 법률행위법의 문제이다. 김학동, "매도인의 담보책임", 사법연구 제5집, 2000, 116면 이하; 김형석, "동기착오의 현상학", 저스티스 통권 제151호(2015), 101면 이하; 남효순, "담보책임의 본질론(Ⅰ)", 서울대 법학 제34권 제3 · 4호(1993), 210면 이하 참조.

5) 대법원 2011.8.25. 2011다43778 판결. 평석: 안병하, "급부장애사유에 대한 계약체결 전 고지의무 위반의 책임", 민사판례연구[XXXⅧ], 2016, 371면 이하.

6) 곽윤직(주 1), 74-75면. 뒤의 것만을 채무불이행이라고 하는 것으로, 송덕수, 채권법총론, 2013, 105면.

7) 예컨대 김형배, 채권총론 제2판, 1998, 150-151면; 지원림, "채무불이행의 유형에 관한 연구", 민사법학 제15호(1997), 376-377면. 김증한 · 김학동(주 1), 73면도 비슷하나, '급부장애' 대신 '급부불이행'이라는 용어를 제안한다.

8) 가령 김상용, 채권총론 개정증보판, 2003, 100-101면; 명순구, "계약책임법의 전개와 미래상", 한일법학연구 제17집(1998), 34-35면; 이은영, 채권총론 제4판, 2009, 203면.

Ⅱ. 채무불이행법의 체계

1. 요건적 유형론

(1) 폐쇄적 삼(三)유형론

종래 학설은 채무불이행이 이행불능, 이행지체 및 불완전이행(또는 적극적 채권침해)의 세 유형으로 나뉜다고 보았다. 이행불능에 관하여는 제546조가, 이행지체에 관하여는 제387조(및 제388조), 제392조, 제395조, 제544조가 명문으로 정하고 있다. 문제는 불완전이행인데, 학설은 "채무자가 채무의 내용에 좇은 이행을 하지 아니한 때에는 채권자는 손해배상을 청구할 수 있다"고 규정한 제390조 본문은 일응 이행지체를, "그러나 채무자의 고의나 과실없이 이행할 수 없게 된 때에는 그러하지 아니하다"고 규정한 같은 조 단서는 이행불능을 각각 정한 것으로 이해하는 전제 하에, 불완전이행, 즉 이행을 하였으되 완전하게 이행되지 아니한 경우에 대하여는 별도의 규정이 없고 민법은 이를 담보책임에 관한 제570조 이하에 맡기고 있으나, 그것만으로는 규율의 흠결이 생기는 것을 피할 수 없으므로 제삼의 유형으로 불완전이행 내지 적극적 채권침해를 인정하여야 한다고 하였다. 다만, 제390조 본문은 반드시 이행지체만을 가리키는 것으로 읽어야 하는 것은 아니고 채무불이행 일반을 가리킨다고 읽을 수도 있으므로 불완전이행을 인정하는 경우 손해배상의 실정법상 근거는 제390조가 된다고 한다.[9] 그리고 원칙적으로 각 채무불이행유형별로 요건과 효과를 부여하는 방식으로 채무불이행법의 체계를 수립한다. 이행지체에 대하여는 이행청구 내지 이행강제, 손해배상, 책임가중 및 계약해제가, 이행불능에 대하여는 손해배상, 계약해제 및 대상청구가, 불완전이행에 대하여는 손해배상, 계약해제 및 추완追完청구가 인정된다는 식이다.[10] 이행불능, 이행지체, 불완전이행의 세 유형을 채무불이행법의 기본적인 인식 틀로 삼고 있다는 점에서 이러한 접근을 폐쇄적 삼三유형론이라고 부를 수 있다.

이러한 폐쇄적 삼三유형론은 독일민법학의 영향을 받은 것이다. 2002년 개정

---

9) 가령 곽윤직(주 1), 78, 96-97면; 김상용(주 8), 135-136면; 김형배(주 7), 220-222면; 이호정, 채권법총론, 1991, 113면 이하.

10) 가령 곽윤직(주 1), 79면 이하; 김상용(주 8), 117면 이하; 김형배(주 7), 183면 이하; 이호정(주 9), 113면 이하.

전 독일민법은 이행불능과 이행지체를 각각 규율하고 있을 뿐 그 밖의 채무불이행 유형이나 채무불이행 일반에 대하여는 규정을 두지 아니하였다. Staub는 독일민법이 이행불능, 이행지체 등 불이행으로 인한 책임 이외에 불완전하나 적극적인 이행으로 인하여 손해가 발생하는 경우에 관하여 규율하지 아니한 것은 법의 흠결이라면서 적극적 계약침해positive Vertragsverletzung라는 제3의 채무불이행유형을 인정하여야 한다고 주장하였고,[11] 이 견해가 독일학설·판례상 널리 받아들여졌다.[12] 이후 이 견해가 일본민법학에 수용되었고, 우리 민법학에까지 영향을 미치게 되었다.[13]

그러나 2002년 개정 전 독일민법이 이행불능과 이행지체만을 규율하고 있어 흠결보충으로 하나의 새로운 유형을 인정하여 그 안에서 남은 문제를 모두 해결하는 것이 자연스러웠던 것과 달리, 민법 제390조 본문의 문언은 불완전한 이행을 포섭하는 데 아무런 지장도 없었고, 따라서 불완전이행이라는 단 하나의 보충적 유형만 인정할 까닭도 없었다. 종래 학설도 우리 민법에 형식적 흠결이 없음은 인정하고 있었으므로, 오랫동안 폐쇄적 삼三유형론이 통용되어온 것은 주로는 불완전이행 이외에 – 부작위의무의 불이행과 같이 비교적 덜 중요하고 특수한 예를 제외하면[14] – 제4, 제5의 채무불이행유형을 발견하지 못한 데 기인하였다고 할 수 있다.

(2) 개방적 유형론

이상과 같은 상황은 무엇보다도 양창수의 1995년 논문, "독자적인 채무불이행 유형으로서의 이행거절"에[15] 의하여 바뀌었다. 같은 논문은 우리 민법이 독일민법과 달리 일반조항주의 또는 포괄규정주의를 취하고 있다는 인식을[16] 재확인하면

11) Staub, Über die positiven Vertragsverletzungen und ihre Rechtsfolgen, in: Festschrift für den 26. Deutschen Juristentag, 1902=Die positiven Vertragsverletzungen, 1913.

12) 가령 RGZ 54, 98; BGHZ 11, 80, 83.

13) 이러한 의미에서 이는 이른바 학설계수, 특히 이중계수의 전형적인 예라 할 만하다.

14) 가령 곽윤직(주 1), 75-76면; 김증한·김학동(주 1), 113-114면. 같은 곳은 - 아래 (2)의 논의를 받아들여 - 이행거절을 또 다른 예로 들고 있으나, 이들을 '기타'의 유형으로 분류한다.

15) 후암곽윤직선생고희기념논문집 민법학논총·제이, 1995=민법연구 제4권, 2007, 121면 이하.

16) 민법 제390조의 계보에 대하여는 아직까지도 분명하지 아니한 점이 있다. 이 규정 및 그 모법(母法)이 일본민법 제415조가 기본적으로 프랑스민법을 따랐다는 이해로, 김형배, "우리 민법의 채무불이행법체계". 후암곽윤직교수화갑기념논문집 민법학논총, 1985=민법학연구, 1986, 152면 이하, 일반적 Culpa-Haftung을 인정하였던 독일민법 제1초안과 관련되어 있다는 것으로 안법영, "채무불이행법 체계의 재구성", 김형배교수고희기념논문집 사법질서의 변동과 현대

서, 나아가 이행거절이 독자적인 채무불이행유형으로 인정되어야 한다는 주장을 전개하였다. 그리고 그러한 시도가 '독일민법학의 압도적인 영향으로만 설명될 수 있는 채무불이행의 객관적 유형의 삼분론을 돌파'하기 위한 것임을 분명히 하였다.[17)]

같은 논문은 이행거절을 채무불이행의 독자적인 유형으로 정립하기 위하여 특히 판례를 재해석하는 전략을 취한다. 외국법에서 이행거절이 독자적 채무불이행유형으로 인정받고 있거나 그렇게 볼 만한 단서가 있고,[18)] 우리 민법도 제544조 단서가 이행거절에 대하여 최고요건을 배제하고 있음을 지적한 뒤, 채무자의 명시적·묵시적 이행거절의 의사표시가 있었고, 법관이 결과적으로 채무불이행책임이 인정되어야 한다는 결론에 이른 일련의 재판례들을[19)] 분석하여 '학설 등에 의하여 그러한 방식으로 의식되지 않고 있었'으나 이미 그곳에 있었던 법리로서 이행거절을 도출해낸다. 그리고 이행거절이 이행지체나 이행불능 등 다른 채무불이행유형과 요건과 효과에서 구별되는 점을 밝히면서, 특히 이행거절이 고유한 의미를 갖는 것은 이행기 전 이행거절anticipatory repudiation이지만, 이행기 전 이행거절이 독자적 채무불이행유형으로 인정되어야 한다면 이행기 후의 이행거절을 이행지체의 특수한 예로 보기보다는 둘 다 합쳐 이행거절을 독자적 유형으로 정립함이 더 합리적이라고 주장한다.[20)]

또한 양창수는 같은 해 나온 민법주해의 제390조 주석에서 불완전급부와 부수

화, 2004, 102면 이하.

17) 양창수(주 15), 122면.

18) 다만, 영미법과 CISG 등이 독자적인 유형으로 구성하고 있는 것은 주로 이행기 전의 이행거절이고, 프랑스법은 우리와 같은 식의 채무불이행 유형론을 쓰지 아니한다는 점도 유의.

19) 같은 문헌은 대법원 1976.11.9. 76다2218 판결(변제제공과 관련하여 구두의 제공조차도 불필요하고, 채무불이행책임이 인정된다고 판시); 대법원 1980.5.13. 80다130 판결(일방적 파기로 채무를 불이행하였다고 판시); 대법원 1993.6.25. 93다11821 판결(수령을 거절하고 계약을 이행하지 아니할 의사를 명백히 표시하였다면 신의칙상 해제가 가능하다고 판시)을 들고 있다. 양창수(주 15), 133-139면. 흥미를 끄는 점은 그중 특히 이행기 전의 이행거절을 독자적 채무불이행유형으로 인정한 재판례로 든 대법원 1993.6.25. 93다11821 판결의 경우 재판연구관의 판례해설은 이를 예외적으로 수령지체에 계약해제권을 부여하여야 하는 특별한 사정이 있는 사안으로 이해하고 있었다는 점이다. 이성룡, "부동산의 매도인의 중도금의 수령을 거절할 뿐더러 계약을 이행하지 아니할 의사가 명백한 경우, 매수인의 해제권의 유무", 대법원판례해설 제19호, 1993, 119면 이하. 양창수(주 15)는 이 문헌을 명시적으로 인용하지는 아니한다. 그러나 채권자지체의 법적 성질에 대한 해설의 이해의 당부를 떠나 이미 위 판결에 대한 (객관적) 해석으로도 해설의 해석보다 양창수(주 15)의 이해가 더 설득력 있게 다가온다는 점은 부정하기 어렵다.

20) 양창수(주 15), 143-147면.

의무위반을 각각 독자적 채무불이행의 유형으로 세우고, 전자와 달리 후자에서는 원칙적으로 추완청구나 계약해제가 문제되지 아니한다는 점을 지적하였다. 이로써 이행지체, 이행불능, 이행거절, 불완전급부, 부수의무위반 등으로 이루어진 이른바 개방적 유형론이 완성되었다.[21)]

이후 학설은 대체로 '개방적' 유형론이 타당하다는 점을 받아들였다. 다만 이행거절을 독자적 채무불이행유형으로 보아야 하는지에 대하여는 반론도 없지 아니하였다. 이행거절을 이행지체의 하부유형으로 보아 계약해제와 전보배상청구의 요건을 완화하면 족하다는 것이다.[22)] 그러나 판례는 채무자가 계약을 이행하지 아니할 의사를 명백히 표시한 경우 (쌍무계약에서도) 이행제공이나 이행최고 없이 계약을 해제하거나 전보배상을 구할 수 있다는 법리를 수립해오다가 대법원 2005.8. 19. 2004다53173 판결에 이르러서는 이러한 경우 '채무자의 이행거절을 이유로' 계약을 해제하거나 채무자를 상대로 손해배상을 청구할 수 있다고 판시함으로써 이행거절을 – 이행지체, 이행불능과 함께 – 독자적 채무불이행유형으로 정립하였다.[23)] 그리고 이러한 이행거절은 재판실무상으로, 특히 계약해제 등과 관련하여, 두드러진 기능을 담당하게 된다. 우리 민법과 판례가 이행지체를 원인으로 하는 계약해제에 대하여 – 거래관념과는 다소 상치되게 – 제법 까다로운 요건을 설정하고 있어,[24)] 이를 돌파하는 주요 수단으로 이행거절이 활발하게 활용된 것이

21) 곽윤직 편집대표 민법주해[IX], 1995, 224면 이하, 295면 이하, 343면 이하(양창수 집필부분). 한편 김상용(주 8), 138-141면은 불완전이행의 하부유형으로 불완전급부와 부수의무위반을 들고, 김형배(주 7), 223면 이하는 급부의무위반의 불완전이행, 부수적 주의의무위반의 불완전이행, 보호의무위반의 불완전이행을 구분하며, 김용담 편집대표 주석민법[채권총칙(1)] 제4판, 2013, 712면 이하(김상중 집필부분)는 이행거절, 불완전급부, 부수의무위반, 보호의무위반을 언급하면서, 이행거절은 이행지체의 한 유형으로, 불완전급부, 부수의무위반 및 보호의무위반은 불완전이행의 하부유형으로 위치 지운다. 한편, 송덕수(주 6), 106면 이하는 이행지체, 이행불능, 불완전급부, 기타의 행위의무위반으로 나누나, 이러한 유형구분이 완결적, 즉 폐쇄적이라고 한다.

22) 김형배, 계약법 [채권각론 I] 신정판, 2002, 263면; 송덕수(주 6), 109면; 지원림(주 7), 399-400면. 마지막 문헌은 이행기 전 이행거절도 같은 방법으로 해결할 수 있다는 입장을 취하나 그 근거는 제시하지 아니한다. 판례도 한때 이러한 접근을 하였다. 상세는 양창수, "독자적인 채무불이행유형으로서의 이행거절 재론 – 판례의 형성 및 법률효과를 중심으로 –", 법조 통권 제700호(2015), 13면 이하.

23) 위 판결에 대한 판례해설인 이주원, "이행기 전의 이행거절과 채무불이행", 대법원판례해설 제57호, 2006, 318면 이하도 이 판결의 의미를 그와 같이 설명한다.

24) 전형적인 쌍무계약의 경우 일방 당사자는 자기 채무의 이행을 제공하고 상대방 채무의 이행을 최고하여 그 기간 내 이행이 없어야 계약을 해제할 수 있는데, 어차피 상대방이 이행하지 아니할 것으로 예상되어 자기 채무의 이행 제공 없이 상대방에게 이행을 최고한 뒤 해제를 주장하

다.[25] 이러한 이행거절의 법리는 학설이 판례에서 미처 의식되지 못한 소재 내지 관점을 발굴하여 명료하게 의식된 접근 틀로 발전시키고 다시 판례가 이를 수용하여 실무상 확고한 위치를 부여한 드문 예이다.

2. 구제수단 중심의 접근

한편, 불완전급부와 부수의무위반의 구분은 이행거절과 달리 실무에 확고하게 정착하지는 못하고 있다. 판례는 이행지체, 이행불능, 이행거절을 제외한 채무불이행으로 인한 손해배상이 문제되는 경우 유형 구분 없이 곧바로 '채무불이행으로 인한' 손해의 배상을 인정하고 있고,[26] 하자담보책임과의 경합 및 확대손해의 배상이 문제된 사안에서나 '불완전이행'을 언급할 뿐,[27] 불완전급부와 부수의무위반을 독자적인 채무불이행 「유형」으로 쓰고 있지는 아니하다.

그 대신 판례는 주된 의무와 부수적 의무를 구분한다. 즉, 동시이행의 항변과 계약해제의 맥락에서 부수의무에 대하여는 동시이행의 항변권이 인정되지 아니하고 계약해제도 인정되지 아니한다고 한다.[28] 그러나 다른 한편으로는 부수적 의무의 불이행이라 하더라도 계약의 목적달성에 있어 필요 불가결하고 이를 이행하지 아니하면 계약의 목적이 달성되지 아니할 정도에 이르는 경우에는 예외적으로 계약을 해제할 수 있다거나,[29] 아예 주된 의무와 부수적 의무의 구분에 불이행으로 인한 결과를 고려하여야 한다고 한다.[30]

는 예가 많다.

25) 이미 양창수(주 15), 150-151면.

26) 가령 건물의 일부를 임차하였는데 그 부분 및 연접한 임차 목적물 아닌 부분이 소훼된 사안에 대한 대법원 2017.5.18. 2012다86895, 86901 전원합의체 판결은 임차 목적물의 반환이 불가능해진 데 대하여는 '이행불능'이라고 하나, 연접한 부분의 소훼에 대하여는 '채무불이행을 원인으로 하는 배상'이라고 할 뿐이다. 그 밖에 이러한 재판례에 대한 소개・분석으로는 양창수(주 21), 221-222면.

27) 대법원 2004.7.22. 2002다51586 판결; 대법원 2015.6.24. 2013다522 판결. 그 이외에도 불완전이행을 언급한 재판례가 몇몇 있으나, 대체로 당사자의 주장 또는 원심의 판시를 인용한 것이다.

28) 대법원 1976.10.12. 73다584 판결(동시이행의 항변권에 대하여), 대법원 2001.11.13. 2001다20394, 20400 판결; 대법원 2005.11.25. 2005다53705,53712 판결(계약해제에 대하여). 대법원 1968. 11.5. 68다1808 판결은 나아가 이행지체가 있을 때에도 부수적 의무만 지체되었다면 그 불이행으로 인하여 채권자가 계약을 달성할 수 없는 경우 또는 특별한 약정이 있는 경우를 제외하면 원칙적으로 계약 전체의 해제를 허용할 수 없다고 한다.

29) 대법원 1968.11.5. 68다1808 판결.

30) 대법원 1997.4.7. 97마575 결정; 대법원 2005.7.14. 2004다67011 판결. 부동산을 매수하면서

그런데 이러한, 그 자체 부당하다고 할 수는 없는 판시는 위와 같은 계약상 채무의 구분이 동시이행의 항변과 계약해제 양쪽에서 일관되게 관철되고 있고, 또 관철될 수 있는지, 나아가 계약해제의 요건이 이러한 구분에 의지할 수 있는지에 대한 의심을 불러일으켰다. 그리하여 근래에는 학설상 적어도 계약해제의 맥락에서 주된 의무와 부수적 의무의 구분이 결정적이지 아니하고 독자적인 요건이 설정되어야 한다는 주장,[31] 나아가 채무불이행의 유형을 구분하고 각각에 요건과 효과를 할당하는 것보다 각 구제수단별로 독자적 요건을 세우는 체계구성이 더 낫다는 주장이 대두하고 있다(구제수단으로부터의 접근remedy approach). 이 견해는 이것이 근래의 국제적인 경향이라는 점도 지적한다.[32]

이러한 체계구성의 차이가 개별사례의 해결에 어떤 차이를 가져오는 것은 아니다.[33] 문제는 어느 쪽이 더 명료하고 경제적인 인식 및 논증의 틀을 제공하는가이다. 이러한 관점에서 민법은 이미 이행지체와 이행불능을 법 개념으로 쓰고 있고, 특히 계약해제와 관련하여서는 이 둘만이 법문에 등장한다. 이행거절에 관하여 제544조 단서가 일정한 법적 근거를 제공함은 이미 본 바이다. 이들 유형의 경우 유형적 접근이 더 나은 인식 및 논증 틀을 제공함을 부인하기 어렵다.[34] 반면 그 밖의 유형의 경우 – 하자담보책임과 경합이 문제되는 불완전급부의 특수한 유형을 제외하면[35] – 채무불이행의 유형에서 출발하는 것이 효율적 법운용에 얼마나 도움이 되는지 분명하지 아니하다. 판례가 부분적으로는 유형적, 부분적으로는 채무구조론적, 그리고 부분적으로는 구제수단적인 접근을 혼용하는 것도 그 때

그 부동산에 관한 채무를 인수하기로 한 경우 그 채무를 현실적으로 변제하지 아니하였다는 것만으로는 매도인이 계약을 해제할 수 없지만 매수인이 인수채무를 이행하지 아니함으로써 매매대금의 일부를 지급하지 아니한 것과 동일하다고 평가할 수 있는 특별한 사유가 있을 때에는 계약을 해제할 수 있다는 대법원 2007.9.21. 2006다69479 판결 등도 이러한 관점에서 이해할 수 있다.

31) 가령 정진명, "부수적 채무의 불이행과 계약해제", 민사법학 제30호(2005), 213, 236-237면; 최수정, "해제권을 발생시키는 채무불이행 – 주된 의무와 부수적 의무의 구분에 대한 재검토 –", 저스티스 통권 제68호(2002), 76면 이하.

32) 가령 김상중, "채무불이행법의 새로운 이해를 위한 시도 – 채무구조론과 '요건적 유형론'의 극복을 통하여 –", 비교사법 통권 제45호(2009), 1면 이하, 특히 30-33면.

33) 김상중(주 32), 3면도 이를 확인한다.

34) 김상중(주 21), 667면 이하도 요건과 효과의 구체적 설명과 관련하여서는 유형구분으로 되돌아간다.

35) 담보책임에 관한 규정은 (도급을 제외한) 노무를 목적으로 하는 계약에는 준용될 여지가 없다. 우선 곽윤직 편집대표 민법주해[XIV], 1997, 162면(심재돈 집필부분). 그러나 불완전급부는 하는 채무에 관하여도 가능하고 또 빈번하다.

문일 것이다. 현행법의 이해 및 운용과 관련하여서는 판례의 접근에 수긍할 만한 점이 있다.

아마도 장래의 민법과 관련하여서는 구제수단 중심의 접근을 정면에서 채택하는 것을 검토할 필요가 있을 것이다. 가령 계약해제의 요건으로 중대한 내지 본질적 계약위반을 채택하고 최고에는 보충적인 기능만을 부여하거나, 나아가 이행강제의 배제사유로 불능 대신 채무자의 과도한 희생을 채택하는 등이다. 구제수단 중심의 접근과 유형적 접근의 장·단점에 관한 비교·분석은 아직 활발하게 이루어지고 있지 아니하다.

Ⅲ. 개별 채무불이행유형을 둘러싼 쟁점

1. 이행불능

(1) 이른바 영역설과 그에 대한 반론

종래의 통설은, 독일의 통설의 영향 하에, 불능에 이르게 한 장애가 채무자 영역에 있으면 이행불능이고 채권자 영역에 있으면 수령불능이라는 입장(이른바 영역설Sphärentheorie)을 취하였다.[36] 독일판례에서 이와 같은 해석은 특히 고용관계에서 사용자 측의, 그러나 사용자에게 책임을 돌릴 수는 없는 사정으로 이른바 경영장애가 생겨 근로자의 노무 급여가 이루어질 수 없었을 경우에 근로자가 보수도 받지 못하게 되는 사태를 피하기 위한 것이었다.

그러나 영역설은 우리 판례상 관철되지 못하고 있다. 무엇보다도 그 주요 적용영역인 고용관계에 관하여 근로기준법 제46조 제1항이 '사용자의 귀책사유로 인하여 휴업하는 경우' 평균임금의 100분의 70 이상을 지급하도록 하고 있고(휴업수당), 이때 '사용자의 귀책사유'를 민법의 그것보다 넓게 해석하는 것이 노동법학의 통설이자 판례, 실무이기 때문이다.[37]

나아가 근래에는 이 견해가 독일에서도 법적 근거가 없고 기준이 모호하여 퇴

---

36) 곽윤직(주 1), 104면(일치된 견해라고 한다); 김증한·김학동(주 1), 176-177면; 이은영(주 8), 407면.

37) 대법원 1969.3.4. 68다1972 판결; 대법원 1970.5.26. 70다523,524 판결; 김형배, 새로쓴 노동법 제25판 전면개정판, 2016, 384-386면.

조하고 있고 이 견해를 따르면 근로자보호법인 근로기준법 제46조 제1항을 적용한 것이 민법 제538조를 적용한 것보다 불리해지는 모순이 생긴다면서, 영구적 수령불능의 경우에는 이행불능이 문제될 뿐이지만 수령이 일시적으로 불능이 된 때에는 수령불능의 문제이고, 영구적 수령불능이라 하더라도[38] 근로기준법 제46조 제1항이 적용되는 때에는 그에 따라,[39] 그 밖의 경우는 별도의 법적 기초를 찾아 그 해결책을 모색하여야 한다는[40] 견해가 유력해졌다. 이는 독일학설을 계수하여 성립한 통설을, 그 모국母國에서의 논의와 우리 법의 특수성에 대한 이해의 심화를 통하여 극복해가는 과정이라고 할 수 있다.

(2) 불능 개념의 확장과 불능의 두 기능 사이의 긴장

판례는 매매 목적물에 관하여 가등기가 마쳐지거나 가압류, 가처분이 되었다는 점만으로는 이행불능이 아니라는 입장을 취하고 있다.[41] 그러나 대법원 2003.1.24. 2000다22850 판결은 분양 목적물에 채권최고액 70억 원의 근저당권설정등기와 수 개의 가압류 또는 압류등기가 마쳐져 있고, 그 모두를 말소하여 소유권이전등기절차를 이행할 수 없는 무자력 상태에 있다면 소유권이전등기의무는 이행불능이 되었다면서 해제를 긍정하였고,[42] 대법원 2006.6.16. 2005다39211 판결은 이러한 법리를 매매계약상 소유권이전등기청구권 내지 분양권에 대하여 거액의

---

38) 이들 학설은 고용계약의 경우 급여가 시간과 결부되어 있어 그 시점에 제공하지 못하면 영구적 수령불능이 됨을 전제한다.

39) 하경효, "고용계약에 있어서의 반대급부위험의 부담", 민사법학 제9 · 10호(1993), 294면 이하. 이에 찬성하는 것으로 김진우, "고용 · 근로계약에서의 대가위험", 광운비교법학 제5호(2004), 141면 이하.

40) 김상용(주 8), 225면(공평의 법리에 따라 대가를 청구할 수는 없지만 지출비용은 청구할 수 있다고 한다); 김형배(주 7), 314-315면(신의칙에 비추어 제538조 제1항 전단의 적용범위를 확장하여야 한다고 한다). 목적도달과 목적좌절에 관하여 이행불능을 인정하는 김상중(주 21), 672-673면; 양창수(주 21), 244-245면도 비슷한 입장이라고 보인다. 나아가 이 경우 위임비용상환청구권 등으로 비용상환을 받을 수 있다는 설명으로 양창수 · 김재형, 계약법 [민법 I] 제2판, 2015, 421-422면.

41) 대법원 1987.9.8. 87다카655 판결; 대법원 1992.12.22. 92다28518 판결; 대법원 1993.5.27. 92다20163 판결; 대법원 1995.4.14. 94다6529 판결; 대법원 1999.7.9. 98다13754,13761 판결 등.

42) 취득시효완성을 원인으로 하는 소유권이전등기의무에 관한 것이지만 그 이전의 대법원 1991.7.26. 91다8104 판결도 같은 취지의 판시를 한 바 있다. 그러나 이 판결이 채무자에게 자력이 없다는 점을 강조하여, 채무자의 입장에서 이행의 실현을 기대할 수 없을 것을 요건으로 파악하는 듯한 입장이었던 데 비하여 위 대법원 2003.1.24. 2000다22850 판결 이래 일련의 판례는 명시적으로 채권자의 입장에서 채무자의 이행의 실현을 기대할 수 없을 것을 요건으로 든다는 차이가 있다.

가압류결정 및 처분금지가처분결정이 내려진 경우로 확장하였다. 이러한 판례는 무엇보다도 채무자가 약정한 바와 같이 완전한 권리상태를 회복하여 이전할 것을 기대할 수 없는 경우 채권자가 이행제공 및 최고와 같은 절차를 거치지 아니하고 곧바로 계약을 해제할 수 있게 해주기 위함이다.[43)]

그러나 불능의 기능이 계약해제 또는 전보배상청구를 용이하게 할 수 있게 하는 데 그치는 것은 아니다. 불능의 또 다른, 보다 고유한 기능은 이행청구 내지 강제를 배제하는 것이다. 두 기능은 하나는 채권자를 위한 것이고 다른 하나는 채무자를 위한 것으로 서로 달라, 불능의 범위를 확장하는 경우 양자가 갈등을 일으킬 가능성이 있다. 위 사안의 경우 과연 채권자가 거액의 가압류결정 등에도 불구하고 대규모의 사업에 그 토지가 반드시 필요한 것이어서 굳이 소유권이전등기를 받기를 원하였다면 채무자가 불능의 항변을 할 수 있을지는 의심스럽다.[44)] 이는 본래의 의미의 불능에 해당한다기보다는,[45)] 이행지체로 인한 해제의 엄격한 요건을 완화할 필요성을 보여주는 다소 극적인 예에 가깝다.

이후 위 판례 법리는 점차 일반화하는 경향을 보인다. 가령 대법원 2010.12.9. 2009다75321 판결은 대법원 2003.1.24. 2000다22850 판결을 인용하여 이행불능을 '채권자가 채무자의 이행의 실현을 기대할 수 없는 경우'라고 정의하고, 상가분양자가 분양계약상 입점예정일로부터 상당한 시간이 경과하도록 상가 개점과 소유권이전등기의무 등을 이행하지 아니하자 일부 수분양자가 분양자의 분양계약상 의무의 이행불능을 이유로 분양계약을 해제하고 분양대금의 반환을 구한 사안에서, 늦어도 원심 변론종결 당시에는 분양자의 분양계약상 의무가 단순한 이행지체의 단계를 넘어서서 사회통념상 이행불능이라고 볼 여지가 있다고 하였다. 이 사안도 채권자의 계약해제에 이행제공이나 최고를 요구하는 것은 지나치지만 그렇다고 그의 이행청구 내지 강제를 막을 이유는 없었다고 보인다. 이러한 점에 대하여는 이미 지적이 있었지만,[46)] 아직 판례와 주류적 논의에서 적절한 위치를

43) 김상중(주 21), 688면.

44) 비슷한 취지에서 채권자 즉시해제의 요건으로서 불능과 채무자 면책요건으로서 불능을 구분하려는 시도로, 박영목, "무자력으로 인한 소유권이전등기의무의 불이행과 계약의 해제", 민사법학 제47호(2009), 491면 이하(위 대법원 2006.6.16. 2005다39211 판결에 대한 평석이다).

45) 본래의 의미의 불능은 채무자에게 이행에 과도한 부담을 주는 경우인데, 이 사안은 그러한 사안에 해당하지 아니한다는 주장으로, 박영목(주 44), 496-504면.

46) 박영목(주 44), 524-526면은 이를 좁은 의미의 물리적 불능이 한편으로는 채무자 희생의 과도성이라는 관점에서, 다른 한편으로는 채권자의 즉시해제의 필요성이라는 관점에서 서로 다른

부여받고 있지는 아니하다.

(3) 불능의 회복

그 밖에 판례는 취득시효가 완성되었는데 아직 등기를 마치지 아니한 사이에 그 목적 부동산에 관하여 제3자 앞으로 소유권이전등기가 마쳐지면 취득시효완성자의 소유권이전등기청구권은 이행불능이 되나, 어떠한 사정으로 취득시효완성 당시의 소유자에게 그 소유권이 회복되면 그에게 다시 시효취득의 효과를 주장할 수 있게 된다고 한다.[47] 이에 대하여는 불능 여부는 원칙적으로 이행기를 기준으로 판단하여야 하고, 그 시점에 일시적으로 불능이 되었으나 다시 가능해질 것으로 예상되는 경우에는 처음부터 불능이 아닌 지체에 불과한 반면, 다시 가능해질지 여부가 분명하지 아니하고 분명해질 때까지 채권자가 수인할 것을 기대할 수 없는 경우에는 불능으로, 나중에 장애사유가 예기치 않게 제거되었다 하더라도 불능의 효과가 지속된다는 견해와,[48] 일단 이행불능으로 평가되는 이행장애사유가 발생하였더라도 후에 예외적으로 그 장애가 제거되는 경우에 이행불능의 치유를 인정하여야 한다는 견해가[49] 대립한다. 앞의 견해는 원고가 피고에게 임치한 자동차를 구매자에게 매도하였는데 피고가 과실로 그 자동차를 도난당하여 원고가 구매자에게 동종의 다른 자동차를 인도해준 뒤 전보배상을 청구한 사안에서 피고의 전보배상책임을 긍정하면서 피고가 자동차를 찾아 반환하고자 한다 하여도 원고에게 수령의무가 있다고 할 수 없다고 한 대법원 1990.12.11. 90다카27129 판결을 그 근거로 들고 있다.[50]

이 문제 또한 지금은 논의가 소강상태에 있다. 향후의 논의에서는 아직까지 불능의 회복을 인정한 재판례가 모두 취득시효완성을 원인으로 하는 이전등기청구에 관한 것이었다는 점과, 채권자가 채무자의 이행을 기다리지 아니하고 전보배상을 구할 수 있는지와 이행이 가능해진 뒤 이행을 강제할 수 있는지는 그 문제 상

방향으로 확장되는 과정으로 보고, 불능판단의 통일성이 해쳐지고 이원화가 일어난다는 점을 인정하면서도 현행법의 해석으로는 그러한 이원화가 가능하다고 한다. 물론 같은 문헌도 입법론으로는 해제요건을 별도로 규정함으로써 불능개념의 통일성을 유지할 수 있음을 지적하고 있다.

47) 대법원 1991.6.25. 90다14225 판결; 대법원 1992.12.11. 92다9968,9975 판결; 대법원 1994.2.8. 93다42016 판결; 대법원 1995.9.29. 94다46817 판결; 대법원 1999.2.12. 98다40688 판결.

48) 지원림, "일시적인 급부장애와 이행불능의 성부", 금랑김철수교수화갑기념 현대법의 이론과 실제, 1993, 1009면 이하.

49) 양창수 · 김재형(주 40), 377면.

50) 지원림, 민법강의 제15판, 2017, 1029-1030면.

황이 서로 다르다는 점도 고려되어야 할 것이다.

2. 이행거절

(1) 이행기 전 이행거절

이행기 전 이행거절을 인정할 것인지 여부는 법 정책적으로 중요한 문제이다. 논리적으로는 이를 부정하는 입장도 얼마든지 가능하고, 역사적·비교법적으로 이행기 전 이행거절의 인정 여부는 논란거리였다. 영미에서 이행기 전 이행거절의 인정에 이르기까지 상당한 역사적 발전을 거쳐야 했고, 지금도 프랑스법에서는 이를 인정하지 아니하는 것이 주류적인 입장이다.[51] 제544조 단서는 이행지체를 원인으로 하는 해제에 관한 특칙이므로 일단 지체가 성립하여야 하는데 이행기 전에는 지체를 관념할 수 없다는 점에서, 이행기 전 이행거절에 대하여 법문의 근거가 있는 것도 아니다. 그럼에도 초기의 논의는 이 문제를 정면에서 다루지 아니하고 당연한 것으로 전제하고 있었고,[52] 국제적인 입법례도 이행기 전 이행거절을 인정하는 것이 압도적이어서 이 문제에 대하여는 아직까지도 많은 논의가 이루어지지는 못하고 있다. 다만, 근래 동시이행의 항변권이나 유치권, 대금지급거절권 등 일시적인 이행거절권능만 부여하는 것으로는, 채권자로 하여금 이행기까지 계약에 구속되어 커다란 손해를 입힐 수 있으므로 이를 인정하여야 한다는 주장이 제시된 정도이다.[53]

---

51) 우선 김성수, "채무불이행의 유형으로서의 이행거절의 비교법적 연구 – 프랑스 민법전과 프랑스법계의 민사법의 연구와 우리법의 시사점에 관한 소고", 김재형·제철웅 편 채무불이행과 부당이득의 최근동향, 2013, 76면 이하. 국내문헌 중에는 프랑스법상 이행기 전 이행거절이 인정된다고 소개하는 것이 있는데, 잘못이다. 해제는, 이행기 전 이행거절을 이유로 할 때에도, 이행기 후에만 가능하다. 2016년 개정도 이행기 전 해제를 허용하는 명문 규정은 결국 받아들이지 아니하였다.

52) 이는 이행기 전 이행거절을 원인으로 하는 계약해제를 인정한 판례를 소재로 이행거절 일반의 독자성을 주장하여 폐쇄적 삼(三)유형론을 돌파하는 것을 목적으로 하였던 양창수(주 15)의 경우에는 당연한 것일 수 있으나, 그 이후 논의에서도 이 문제가 그다지 제기되지 아니하였던 점은 다소 뜻밖이다.

53) 위계찬, "채무불이행의 독자적 유형으로서 이행거절", 한양법학 통권 제41집(2013), 424-425면. 그 이외에 성승현, "이행기 전의 이행거절과 민법 제544조 단서", 법조 통권 제571호(2004), 169면 이하도 이행기 전 이행거절의 정당화 문제를 제기하고, 이를 입법자의 의사에서 도출하고자 한다. 그러나 같은 문헌은 입법자의 의사로부터 이행기 후 이행거절의 정당화를 도출하는 데 그치고 있다. 이에 대하여 제544조 단서에 이행기 전 이행거절도 포섭된다고 주장하는 것으로 김형배(주 22), 263면.

그러나 이러한 논의가 충분하다고 보이지는 아니한다. 채권자가 채무자에게 그 사이 증가한 손해의 배상을 구할 수 있는 한 그 손해는 채무자에게 전가轉嫁되므로 채권자에게 커다란 손해를 입힌다고 할 수 없기 때문이다. 결국 이러한 논의는 암묵적으로 이른바 손해경감의무duty to mitigate를 전제한다. 실제 판례는 이행거절이 있는 경우 손해배상액의 산정기준시는 거절시라는 입장을 취하고 있고,[54] 미국이나 영국에서도 이행기 전 이행거절이 특히 문제되는 것은 손해경감의무와 관련하여서이다. 추가적인 논의가 필요할 것이다.

이행기 전의 이행거절과 관련하여 제기되는 또 다른 문제는 이행기 전에 이행을 명시적으로 거절한 때에만 특별취급이 필요한가, 아니면 제반 사정에 비추어볼 때 이행기에 이행되리라고 기대하기 어려운 경우에도 비슷한 규율이 필요한가 하는 점이다. 근래의 입법례와 2004년 및 2013년 법무부 민법개정시안은 주관적 거절의사가 없다 하여도 이행기에 이행되지 아니할 것이 명백한 때에는 최고 없이 계약해제를 할 수 있게 한다. 반면 대법원 1996.10.25. 96다21393, 21409 판결은 "공사도급계약에 있어서 수급인의 공사중단이나 공사지연으로 인하여 약정된 공사기한 내의 공사완공이 불가능하다는 것이 명백하여진 경우에는 도급인은 그 공사기한이 도래하기 전이라도 계약을 해제할 수 있지만, 그에 앞서 수급인에 대하여 위 공사기한으로부터 상당한 기간 내에 완공할 것을 최고하여야" 한다고 한다. 다만, 이 판결은 앞서 본 불능의 확장(주 42의 본문) 전의 것으로, 불능의 확장에 어떠한 영향을 받을지 단정하기 어렵다. 민법 개정이 곧 이루어지리라고 보기 어려운 지금, 이 또한 해석의 과제로 남아있다.

(2) 채권자지체와의 관계

종래 통설은 채권자지체도 채무불이행으로 보았다(채무불이행책임설). 채권자에게는 채무자의 이행에 대한 협력의무 내지 수령의무가 있고, 채권자지체는 그 위반에 대한 책임이라는 것이다. 그리하여 채권자지체의 효과에 제401조 내지 제403조, 제538조 제1항 이외에 손해배상과 계약해제를 인정하고, 그 대신 요건에 채권자의 수령거절 또는 수령불능(제400조) 이외에 그의 귀책사유를 추가하였다.[55] 판례의 입장은 분명하지는 아니하나, 적어도 이행기 전 이행거절의 리딩 케

---

54) 가령 대법원 2007.9.20. 2005다63337 판결; 대법원 2008.5.15. 2007다37721 판결. 이 점에 대한 본격적인 논의로는 양창수(주 22), 36면 이하.

이스leading case인 대법원 1993.6.25. 93다11821 판결은, 그 재판연구관의 해설에[56] 따르면, 이러한 입장을 채택한 것으로 볼 여지가 있었다.

그러나 이 판결은 이후 쌍무계약의 일방 당사자로서 상대방의 변제의 수령을 거절한 것이 아닌 자기 채무의 이행을 거절한 것 때문에 계약이 해제된 것으로 재해석되었다. 이는 채무불이행책임설의 가장 큰 실익이 수령거절에 대하여 계약해제를 인정하는 점에 있다는 점에서[57] 사실상 판례 내지 실무에서 채무불이행책임설이 나타날 기회를 빼앗는 효과를 가져왔다. 학설상으로도 독일의 논의를 참조하여 종래 채무불이행설이 그 기초로 삼던 유기체적 채권관계론이나 일반적 협력의무가 나치의 전체주의·공동체주의적 사고에 닿는 것이고, 부당하다는 등의 비판이 제기되었고, 오늘날은 오히려 법문이 직접 정하는 요건과 효과만 인정하는 견해(법정책임설)가 더 유력해졌다.[58] 이는 특정 일본학자(가령 我妻 榮)의 영향 하에 수입된 특정시기, 특정조류의 독일민법학의 극복과정으로도 이해될 수 있다.

3. 그 밖의 채무불이행유형

(1) 이른바 채무구조론

이행지체는 기한의 도래라는 단순한 요건만으로 인정되는 것으로, 요건적 유형의 관점에서 특기할 만한 쟁점이 없고, 뒤에 보는 바와 같이 개별 구제수단의 요건과 관련된 문제가 있을 뿐이다. 그러나 종래 불완전이행으로 총칭되어온 기타의

---

55) 곽윤직(주 1), 102면 이하. 한편, 김상용(주 8), 223면 이하; 이호정(주 9), 139면은 제401조 이하는 채권자 귀책사유 유무와 관계없이 적용하고, 귀책사유가 있으면 해제 및 손해배상을 인정한다.

56) 이성룡(주 19), 119면 이하.

57) 채권자지체로 인한 손해의 배상은 대체로 제401조 내지 제403조, 제538조 제1항에 의하여 해결될 수 있다.

58) 상세한 것으로 김진우, "채권자지체론의 문제점과 입법론", 민사법학 제20호(2001), 225면 이하. 그 밖에 김증한·김학동(주 1), 173-175면; 김형배(주 7), 301면 이하; 송덕수(주 6), 202-203면; 양창수·김재형(주 40), 419-420면; 이은영, "채권자지체", 후암곽윤직교수화갑기념논문집 민법학논총, 1985, 370면 이하; 지원림(주 50), 961면. 물론 이 견해가 당사자가 합의로 채권자의 수령의무를 정하거나 보충적 해석 또는 신의칙상 수령의무가 인정될 수 있다는 점을 부정하는 것은 아니다. 이와 관련하여 김형배(주 7), 304면은 – 근거를 제시하지 아니한 채 – 매매, 도급, 임치에서는 수령의무가 인정된다고 한다(같은 문헌은 이를 절충설이라고 한다). 이에 대하여 우리 입법자가 그러한 제안을 명시적으로 거부하였다는 비판으로 양창수(주 21), 235면, 각 계약의 유형적 특질에 비춘 해석결과를 확대한 것에 지나지 아니한다는 반론으로 김상중(주 21), 640-642면.

채무불이행유형의 경우 몇 가지 중요한 쟁점이 있다. 그중 하나가 이른바 채무구조론이다.[59)]

종래 통설은 계약상 채무를 주된 (급부)의무, 부수적 의무, 보호의무로 나누었다. 이는 무엇보다도 이른바 불완전이행과 관계된다. 그중 특히 다투어진 것은 보호의무이다. 종래 통설은 독일의 판례 · 학설의 영향을 받아 일반적 보호의무를 인정하여 일방 계약 당사자는 상대방의 생명 · 신체 및 재산을 침해하지 아니할 고양된 주의의무가 있다고 보았다.[60)]

그러나 오늘날은 적어도 일반적 보호의무, 즉 급여와 무관한 보호의무에 대하여는 비판적인 견해가 더 유력하다. 일반적 보호의무를 인정하는 독일의 판례 · 통설은 독일불법행위법의 몇몇 결함, 특히 사용자의 면책가능성과 이른바 순수재산손해pure economic loss의 배상의 곤란을 피하기 위한 것인데, 우리 불법행위법은 사용자책임에서 사용자의 면책을 사실상 부정하고 있고, 하나의 일반조항을 중심으로 하여 순수재산손해의 배상에 관하여도 유연한 해결이 가능하므로 이를 무리하게 계약법에 포섭할 필요가 없다는 것이다.[61)]

종래 통설이 일반적 보호의무로 포섭하고자 했던 것은 대체로 사회적 접촉과정에서 피해자가 가해자에게 자기 법익을 위험에 노출시켰고, 그 기회에 가해자가 손해를 가한 사안이다. 이러한 경우가 사회적 접촉이 전혀 없는 타인 사이의 불법행위와 구별되기는 하나, 그 특수성은 계약이나 계약교섭과 직접 관련되어 있지 아니하다. 유력설이 지적하듯 우리 불법행위법은 현실적으로 독일불법행위법과 같은 구제의 흠결을 보이지 아니하고 있기도 하다. 그러므로 이들 모두를 불법행위법에서 해결하는 것이 더 자연스럽다. 그러한 사안들 중 어느 한 사안이 우연히 계약에 연접하였다는 이유만으로 계약책임으로 무리하게 밀어 넣어야 할 이유는 없다. 재판실무상으로도 그러한 사안은 대체로 불법행위책임으로 처리되고 있다.

---

59) 우선 안춘수, "채무불이행책임 체계의 재검토", 한국민법이론의 발전[Ⅱ]: 채권편, 1999, 490면 이하; 지원림, "채무구조론 – 계약상의 의무를 중심으로 –", 민사법학 제21호(2002), 557면 이하. 보호의무 및 완전성이익침해에 관한 상세한 학설분석으로 박영복, "완전성이익의 침해와 계약책임", 외법논집 제38권 제1호(2014), 131면 이하.

60) 곽윤직(주 1), 75면; 김규완, "채무자의무의 이원구조", 재산법연구 제21권 제2호(2005), 114-117면; 김형배(주 7), 35면 이하; 송덕수(주 6), 153-154면.

61) 김증한 · 김학동(주 1), 111면 이하; 양창수(주 21), 230면; 이은영(주 8), 192면; 지원림(주 59), 569면 이하. 또한 박준서 편집대표 주석민법[채권총칙(1)] 제3판, 2000, 502면 이하(최흥섭 집필부분).

다만, 판례는 여관 등 숙박시설 운영자, 여행업자, 사용자, 병원 등 입원시설의 운영자에 대하여는 안전배려의무 내지 보호의무를 부과하고 있다.[62] 그러나 위 사안은 계약의 주된 목적이 전형적으로 수반하는 법익침해 내지 위태화의 위험을 회피할 의무를 계약에 포섭한 것으로 비판의 대상이 되고 있는 일반적 보호의무와는 성질을 달리한다.[63]

또 하나 논란이 되는 것은 주된 급여를 하는 과정에서 주된 급여의 하자로 인하여 채권자의 다른 법익에 손해를 입힌 경우이다. 이것이 원칙적으로 계약책임의 범위에 포함이 된다는 점에 대하여는 학설상 별 이론異論이 없다.[64] 문제는 어떻게 설명할 것인가 하는 것인데, 학설은 급여와 밀접한 관련 하에 입은 손해에 대하여는 그러한 손해를 피할 보호의무가 인정되고, 위 손해는 그러한 보호의무 위반에 해당한다는 견해와[65] 인과관계와 손해배상범위의 문제로 해결하면 족하다는 견해로[66] 갈린다. 앞의 견해는 불완전한 이행이 있었던 경우 이를 완전한 이행을 하지 아니한 부분과 흠이 있는 이행을 한 부분으로 나누어 각각에 위반한 의무를 달리 할당하는 반면, 뒤의 견해는 완전한 이행을 하는 대신 흠이 있는 이행을 함으로 인한 손해를 곧바로 파악한다. 그러나 앞의 견해에서도 흠이 있는 이행도 「이행으로」 이루어졌다고 평가할 수 있어야 하는데, 그것이 긍정되는 한 흠이 있는 이행이 별도의 완전성이익보호의무를 위반한 것이라는 구성은 불필요한 우회로 보인다. 판례도 이를 손해배상의 범위의 문제로 다룰 뿐이다.[67]

---

62) 대법원 1994.1.28. 93다43590 판결; 대법원 2000.11.24. 2000다38718,38725 판결(각 숙박업자); 대법원 1998. 11.24. 98다25061 판결; 대법원 2007.5.10. 2007다3377 판결(각 여행업자); 대법원 1998.4.25. 96다53086 판결; 대법원 1995.2.23. 97다12082 판결; 대법원 2006.9.28. 2004다44506 판결 등(각 사용자); 대법원 2003.4.11. 2002 다63275 판결(병원).

63) 김상중(주 32), 7-10면. 다만, 이들을 계약상 의무로 포섭한다 하더라도 여기에는 소비자 및 근로자의 보호와 같은 별도의 고려요소가 있어 강행법규로 해석되거나 이미 불법행위법으로도 그러한 의무가 인정되어야 할 수 있다는 점에 유의하여야 한다.

64) 다만, 불완전한 이행이 있었던 경우 중 확대손해가 발생한 경우만을 적극적 채권침해라고 하는 경우가 있다. 나아가 지원림(주 59), 572면 이하는 확대손해만을 떼어내 이행가해(履行加害)라는 별도의 유형을 정립하려고 한다. 이는 불완전 이행에서 이행이익의 손해에 대하여는 (일부) 이행지체나 이행불능의 법리에 맡기는 것을 전제한다. 이와 달리 확대손해도 불법행위법에 맡겨야 한다는 견해로, 김대정, "채무불이행법 체계의 재점검", 민사법학 제36호(2007), 362면 이하.

65) 김형배(주 7), 35, 231면 이하; 이은영(주 8), 195면; 지원림(주 59), 572면 이하.

66) 곽윤직(주 1), 100면; 김규완, "채무불이행 체계의 재정립: 요건측면의 일단", 민사법학 제43-2호(2008), 20면 이하; 김증한·김학동(주 1), 111면 이하; 양창수(주 21), 230면; 조규창, "민법 제390조와 적극적 채권침해", 후암곽윤직교수화갑기념논문집 민법학논총, 1985, 354면 이하; 최흥섭(주 61), 502면 이하.

67) 가령 대법원 1997.5.7. 96다39455 판결.

나아가 근래에는 주된 의무와 부수적 의무의 구분에 대하여도 의문이 제기된다.[68] 부수적 의무 개념은 동시이행의 항변권이나 계약해제의 맥락에서는 '쓰여 있는' 의무 중 일부의 법적 의미를 축소하고, 손해배상과 관련하여서는 반대로 '쓰여 있지 아니한' 의무를 – 보충적 해석이나 신의칙으로 – 창출하는 데 쓰이는데, 세 문제 상황이 다 다르고, 각 경우에 일관된 구분이 행해진다는 점이 보증되지 아니한다는 점에서 수긍할 점이 있다. 이들 논의는 독일법학의 영향으로밖에 설명되지 아니하는 이른바 채무구조론 자체에 대한 회의로 이어지고 있다.[69]

(2) 하자담보책임의 불완전이행에 대한 영향

하자담보책임의 법적 성질에 관하여서는 법정책임설과 채무불이행책임설이 대립한다. 당초 법정책임설이 우세하였으나 오늘날은 오히려 채무불이행책임설이 지배적이다.[70] 근래 판례도 같은 입장을 채택하였다.[71] 그런데 민법은 다른 대륙법계의 민법전과 달리 담보책임의 효과로 해제와 대금감액 이외에 손해배상도 인정하고 있다.[72] 때문에 하자담보책임과 이른바 불완전이행 내지 불완전급부의 손해배상에서의 경합이 문제가 된다. 학설은 복잡하게 갈리나, 결국 쟁점은 담보책임에 의하여서든 채무불이행책임에 의하여서든 이른바 신뢰이익에 대하여는 무과실

68) 김상중(주 32), 10면 이하; 정진명(주 31), 213, 237면 이하; 최수정(주 31), 76, 82-85면도 참조.

69) 일반적으로 김상중(주 32), 10면 이하; 조규창(주 66), 361면 이하. 이러한 접근방법의 차이는 이행거절의 법적 근거를 부수의무 내지 충실의무위반에서 찾는 독일의 학설에서 잘 드러난다. 우리 법에 대하여도 이러한 구성이 가능함을 시사하는 것으로, 최봉경, "하자손해, 확대손해 및 하자와 무관한 결과손해에 대한 유형론적 고찰", 비교사법 통권 제27호(2004), 114면.

70) 김대정, "채무불이행책임설에 의한 하자담보책임의 재구성", 민사법학 제9·10호, 1993, 242면 이하; 남효순(주 4), 230면 이하; 안법영, "매매목적물의 하자로 인한 손해배상", 민사법학 제11·12호(1995), 194면 이하; 안춘수, "하자담보법상의 문제점", 민사법학 제11·12호(1995), 419면. 학설사에 관하여는 오종근, "특정물매매에서의 하자담보책임에 관한 학설사", 무암이영준박사화갑기념논문집 한국민법이론의 발전[Ⅱ]: 채권편, 1999, 834면 이하(그 자신은 법정책임설을 취한다). 특정물매매에 한하여 법정책임설을 취하고 그 밖에는 채무불이행책임설을 취하는 것으로 김학동(주 4), 114면 이하.

71) 아래 주 74의 판결 이외에 대법원 2016.5.19. 2009다66549 전원합의체 판결도 참조. 같은 판결은 폐기물과 오염물질이 매립되어 있는 토지를 매도한 매도인의 채무불이행책임을 인정하면서 "민법 제374조와 제462조의 규정이 매매목적물에 하자가 있음에도 매도인이 이행기의 현상대로 인도한 것만으로써 모든 책임을 면한다는 취지가 아니"라는 피고의 주장을 받아들이지 아니한 원심 판단이 "특정물인도채무" 등에 관한 법리를 오해한 것이 아니라고 한다. 여기에서 특정물인도채무에 관한 법리가 이른바 특정물도그마의 부정임은 명백하다.

72) 우선 김대정(주 70), 244-245면.

책임을 인정할 것인가, 나아가 이행이익에 대하여도 무과실책임을 인정할 것인가, 그리고 채무불이행책임을 묻는 경우에 담보책임에 관한 단기제척기간을 적용 내지 유추할 것인가로 모인다.[73] 근래 들어 판례는 하자손해에 대하여는 무과실의 담보책임, 확대손해에 대하여는 과실책임인 일반 채무불이행책임을 지우되, 일반 채무불이행책임의 경우 과실은 추정되며, 두 책임은 각 요건을 충족하는 한 제한 없이 경합하고, 담보책임의 제척기간이 경과한 뒤에 하자손해에 대하여 일반 채무불이행책임을 묻는 것도 가능하다는 쪽으로 입장을 정리하고 있다.[74] 요컨대 불완전이행은 담보책임의 영향을 받지 아니한다는 것이다. 이러한 입장은 채권자보호를 위한 제도인 담보책임으로 인하여 오히려 채권자가 불리해지는 것은 부당하다는 통찰에 터 잡고 있고, 현행법 해석·운용으로는 합리적이라고 보인다.

그러나 이러한 해석은 하자담보책임을 따로 두는 의미가 무엇인지 알기 어려워진다는 문제를 야기한다. 하자담보책임규정이 없더라도 채무불이행책임규정으로 목적을 거의 달성할 수 있고, 하자담보책임에 부여된 제한을 채무불이행책임으로 대부분 피할 수 있기 때문이다.[75] 특히 무과실의 손해배상책임을 인정하는 근거와 범위는 여전히 논란거리이다. 이러한 점은 2004년 및 2013년 민법개정시안에서 담보책임법을 원칙적으로 유지하기로 하는 과정에서도 충분히 논의되지 아니하였다고 보인다. 담보책임과 관련하여서는 오랫동안 주어진 실정법을 조화롭게 운용하는 데 관심이 기울여졌다. 채무불이행법의 다른 영역에서도 그렇지만 이 영역에서도 이제 「있어야 할 법」에 대하여 관심을 기울일 필요가 있겠다.

---

73) 학설의 상세에 관하여는 다른 문헌을 대신하여, 김학동(주 4), 129면 이하 참조.

74) 대법원 2004.7.22. 2002다51586 판결은 채무불이행책임과 하자담보책임의 경합 및 전자에 의한 목적물의 가액을 초과하는 손해배상을 인정하였고, 대법원 2015.6.24. 2013다522 판결은 상법 제69조 제1항(하자통지의무)은 담보책임에만 적용되고 불완전이행으로 인한 손해배상에는 적용되지 아니한다고 하였다. 둘 다 종류매매나 도급이 아닌 특정물매매 사안이었다는 점도 유의. 이러한 해석은 이미 남효순, "담보책임의 본질론(Ⅱ)", 서울대 법학 제35권 제2호(1994), 226면 이하에서 제시된 바이나, 위 문헌은 손해배상도 담보책임법으로 처리하고 10년 시효에 의하여야 한다고 주장한다.

75) 채무불이행책임에도 담보책임의 단기제척기간이 원칙적으로 적용 내지 유추되어야 한다는 해석[가령 김학동(주 4), 131-133면. 곽윤직(주 1), 100-101면은 신의칙상 상당한 기간으로 제한한다]은 그와 같은 점을 의식한 결과이다. 이에 대하여 담보책임규정의 손해배상을 대금감액으로 해석하고 본래의 손해배상은 전적으로 채무불이행법에 맡기는 것으로 김대정(주 70), 264면 이하.

Ⅳ. 개별 구제수단을 둘러싼 쟁점

1. 손해배상

(1) 쌍무계약과 지연배상

쌍무계약에서 지연배상과 관련하여서는 두 문제가 제기되었다.

먼저, 동시이행의 항변(제536조)에 관한 것이다.

첫째, 판례·학설은 기한이 도래한 채무자의 채무가 그의 반대채권과 동시이행관계에 있다는 사실만으로 당연히 지체책임이 배제된다고 한다. 반면 채권자의 이행청구에 대하여는 채무자가 동시이행의 항변을 하여야 비로소 동시이행관계를 고려할 수 있다는, 즉 상환이행판결을 하여야 한다는 것이 판례·통설이다.[76] 그러나 두 경우 모두 동시이행관계에 있다는 점만으로 당연히 동시이행관계가 고려되어야 하고, 항변권 행사는 필요하지 아니하다는 견해도 있다.[77]

학설대립의 실익은 이행청구의 경우에 나타난다. 입법론적으로는 두 입장이 모두 가능하나, 우리 법의 태도는 이행청구의 실체법상 선행조건 ― 소송법상 항변 Einwendung이 아닌 실체법상 항변권Einrede이고,[78] 그러한 입장에는 그 나름의 합리성이 있으므로, 이 점에서는 판례·통설이 타당하다. 오히려 지체책임과 관련하여서는 항변권의 행사 없이 당연히 동시이행관계를 고려하여야 하는 까닭이 문제인데, 동시이행관계에 있는 쌍무계약상 두 채무는 '받기 때문에 주는' 관계에 있으므로 일방의 선이행제공은 기대되는 바가 아니고 상대방의 이행제공이 있으면 그에 응하여 이행 내지 그 제공을 하면 족하다는 점으로 설명할 수 있을 것이다. 편무계약상 채무의 이행기가 도래한 경우 그 이행을 담보하기 위하여 어음·수표 등이 교부된 바 있고 따라서 그 반환의무와 관련하여 동시이행의 항변권을 갖는다 하더라도 위와 같은 의미의 당연효가 인정되지 아니하는 것도[79] 이 경우에는 오히려 채무자가 먼저 이행 내지 그 제공을 하면서 어음·수표 등의 반환을 구하는

76) 대표적으로 대법원 1964.9.15. 64다84 판결; 곽윤직, 채권각론 제육판, 2003, 65면; 김증한·김학동, 채권각론 제7판, 2006, 76-77면.

77) 김형배(주 22), 143면 이하.

78) 두 입법주의에 대한 선구적인 연구로 김증한, "쌍무계약에 관한 일고찰", 서울대 법학 특별호 4권(1979), 37-38면. 강한 견련관계, 약한 견련관계로 구분하면서 앞의 예로 스위스채무법, 뒤의 예로 독일민법, 프랑스민법을 든다. 영미법도 앞의 예에 추가할 수 있을 것이다.

79) 대법원 1999.7.9. 98다47542, 47559 판결.

것이 예정되어 있다는 점으로 설명할 수 있다.[80)]

나아가 대법원 1997.7.25. 97다5541 판결은 이른바 불안의 항변(제536조 제2항)이 인정되는 경우에도 이행거절의사의 표시 여부와 무관하게 지체책임을 배제한다. 그러나 이는 의문이다. 계약에서 정한 (선이행)의무의 기한이 도래하였고 채무자로부터 아무런 통지도 받지 못하였으며 따라서 채무자의 불안을 해소할 기회도 없었음에도 사후에 따져보니 채무자에게 불안해할 만한 합리적인 이유가 있었다는 이유만으로 채권자가 실제 발생한 손해를 배상 받지 못한다는 것은 납득하기 어렵다. 적어도 개별 사정을 고려하여 예외를 두어야 할 것이다.

둘째, 판례는 지체책임은 채권자의 자기 채무의 이행제공이 계속되는 동안에만 성립한다는 입장을 취한다.[81)] 이는 일회一回의 이행제공으로 상대방을 수령지체에 빠뜨린다 하더라도 동시이행의 항변권이 소멸하는 것은 아니라는 그 자체 타당한 법리를[82)] 지체책임에 연장하여 계속적 이행제공이 있어야 지체상태가 계속된다고 보는 입장이라고 할 수 있다. 일부 학설도 이에 찬성한다(계속적 이행제공설).[83)] 그러나 통설은 일회一回의 이행제공이 있으면 그 이후 계속하여 지체에 빠지고, 채무자가 지체를 중단시키려면 자기 채무의 이행을 제공하여야 한다고[84)] 한다(일시적 이행제공설).[85)] 채권자가 이미 자기의 반대채무의 이행을 제공하고 채무자의 채무이행을 청구하였으나 채무자가 응하지 아니하였고, 그로 인하여 실제 채권자에

---

80) 동시이행의 항변권의 이른바 당연효를 법 도그마틱적으로 어떻게 설명할 것인가에 대하여도 논란이 있다. 통설은 동시이행의 항변권의 존재가 위법성을 조각한다고 설명하나[곽윤직(주 1), 78면. 남효순, "동시이행관계의 본질 및 내용 – 동시이행항변권의 발생시기, 지체자와 동시이행항변권, 동시이행관계의 본질 및 내용 – ", 후암곽윤직선생고희기념논문집 민법학논총 · 제이, 1995, 359면도 같은 취지], 책임조각으로 설명하는 견해[김형배(주 7), 174면; 이은영(주 8), 247-248면], 채무불이행의 객관적 요건이 충족되지 아니하였다는 견해[양창수(주 21), 115면]도 주장되고 있는 것이다. 그러나 이러한 학설대립에 별 실익이 있는 것은 아니다.

81) 대법원 1980.4.22. 80다268 판결; 대법원 1988.9.27. 87다카1029 판결; 대법원 1995.3.14. 94다26646 판결 등.

82) 판례 · 통설이다. 대법원 1995.3.14. 94다26646 판결; 강일원, "동시이행의 항변과 이행지체로 인한 손해배상", 민사재판의 제문제 제9권, 1997, 298-300면; 남효순(주 80), 342면 이하; 양창수(주 21), 116면. 이에 대하여 수령지체로 동시이행의 항변권이 소멸한다는 견해로, 김상용, "쌍무계약에서 변제의 제공을 한 후 이를 중지한 당사자의 상대방에 대한 이행지체를 원인으로 한 손해배상청구의 가부 – 대판 1995.3.14. 94다26646 – ", 법률신문 제2419호(1995) = 민사법연구 2, 1997, 684-685면. 동시이행의 담보적 기능보다 계약충실을 강조한 결과라고 한다.

83) 이은영, "쌍무계약과 동시이행의 항변권", 고시연구 통권 제160호(1987), 124면.

84) 이 규정은 본래 지체책임을 대상으로 한다. 양창수, "민법 제401조와 제461조의 경계획정", 고시계 통권 제351호(1986) = 민법연구 제1권, 1991, 355면 이하.

85) 강일원(주 82), 304면 이하; 김상용(주 82), 682면 이하; 남효순(주 80), 348-349면.

게 실제 손해가 발생하고 있음에도 불구하고 그 배상을 구하기 위하여 계속하여 자기 채무의 이행제공을 하여야 한다는 것은 과도한 부담이고 불필요한 자원낭비로써, 무엇보다도 실천적 관점에서 납득하기 어렵다. 이행지체를 원인으로 전보배상을 구하는 경우에도 계속적 이행제공을 요구할 수 있을지도 의문이다. 그럼에도 불구하고 판례가 이러한 결론에 이른 것은, 부분적으로는, 학설이 1회의 이행제공이 있어도 동시이행의 항변권이 소멸하지 아니한다는 법리와 지체책임의 성립요건을 단절시키는 납득할 만한 논리를 제공하지 못한 데 기인한다. 그 해소도 여전히 판례와 학설 공동의 과제로 남아 있다.

다음으로 보는 제587조의 문제도, 판례가 논리적으로는 쉽게 이해되나 실천적으로는 오히려 부당한 결론에 이른 예에 속한다.

제587조는 매매계약이 있은 후에도 인도하지 아니한 목적물로부터 생긴 과실은 매도인에게 귀속되고, 매수인은 목적물을 인도받은 날부터 대금의 이자를 지급하여야 한다고 규정한다. 그런데 매도인이 매매 목적물의 점유를 보유하고 있는 동안 그 과실을 수취하는 것은 당연한 법리이므로, 위 규정은 매도인이 목적물을 인도하여주고도 대금을 지급받지 못하였거나 대금은 지급받고도 인도하지 아니한 경우에 의미가 있게 된다. 이때 위 규정은 점유자 아닌 계약 상대방에게 과실수취권을 부여하는 것이다.[86] 문제는 이것이 목적물 인도의무와 대금지급의무 양자 모두가 이행기가 도래하였을 것을 전제하고 있는 한, 이 규정이 의미를 획득하는 사안이 대부분 인도 또는 대금지급의무의 지체와 겹친다는 데 있다. 이는 민법이 물권변동에 관하여 의사주의에서[87] 형식주의로 전환하여 생긴 문제이다. 판례·통설은 제587조를 지체에 대하여도 적용하여, 이행기가 도과하였어도 매매 목적물이 인도되지 아니하고 있어 목적물의 차임(법정과실이기도 하다) 상당의 손해배상(지연배상이다)을 구하는 경우, 소유권이전등기의무의 이행지체로 인한 손해배상과 달리 대금지급의무의 이행제공(제460조)으로 족하지 아니하고 실제로 대금을 지급하여야 하며, 반대로 대금이 기한이 지나도록 지급되지 아니하여 그 지연이자

86) 그러한 예로 대법원 1992.4.28. 91다32527 판결; 대법원 1993.11.9. 93다28928 판결(과실 상당의 부당이득반환을 인정한다).

87) 이 규정은 의사주의를 전제할 때 잘 이해될 수 있다. 명순구, “부동산매매목적물로부터 발생한 과실: 그 수취권의 판단 – 대판 1992.4.28., 91다32527의 비판적 평가 – ”, 고려법학 제36호(2001), 383면 이하; 제철웅, “민법 제587조의 재해석”, 인권과 정의 통권 제234호(1996), 77면 이하.

를 구하는 경우 목적물의 인도의 제공으로 족하지 아니하고 실제로 목적물을 인도하여야 한다고 한다.[88] 그 결과 이 규정은 그 본래의 적용영역에서는 별 의미를 가지지 아니하고 부수적인 적용영역에서 오히려 의미를 획득하고 있다.[89]

문제는 일반적인 이행지체의 법리와 제587조의 적용 사이에 이와 같은 구별을 두어야 할 실질적 근거가 무엇인지 전혀 분명하지 아니하다는 점이다. 재판실무상 위 특칙의 적용범위도 그다지 분명하다고 할 수 없다.[90] 학설상으로는 이 규정 내지 적어도 그중 제1항은 삭제함이 타당하다거나, 해석상 지체책임에 대한 적용은 부정하여야 한다는 주장이[91] 제기되고 있다. 이에 대하여는 아직까지 통설의 입장에서 설득력 있는 반론이 나오고 있지도, 그렇다고 개정이 추진되거나 판례변경이 시도되고 있지도 아니하다.

(2) 결과채무와 행위(수단)채무의 구별

제390조는 본문에서 채무불이행으로 인한 손해의 배상을 명하고, 단서에서 채무자에게 고의 또는 과실이 없으면 그러하지 아니하다는 취지를 정함으로써 의식적으로 채무자의 귀책사유의 (부존재의) 증명책임을 채무자에게 지운다. 그러나 판례는 결과채무와 행위(수단)채무를 구분하여, 전자에서는 채권자는 결과 불발생만 증명하면 족하고 채무자가 과실 없음을 항변으로 주장하고 증명하여야 한다고 하는 반면, 후자에서는 채권자가 처음부터 주의의무위반을 증명하여야 한다고 한다. 가령 의사가 환자에게 부담하는 진료채무는 수단채무이므로 진료결과가 만족스럽지 못하다고 하여 진료채무 불이행으로 추정할 수 없고,[92] 증권회사가 신용대출을 함에 있어 그 회사의 대표이사가 대출금 회수를 책임지기로 한 것은 미회수금 손해 등의 결과가 전혀 발생하지 아니하도록 하여야 할 결과채무가 아니라 회사

---

88) 대법원 1981.5.26. 80다211 판결(지급지체에 대하여); 대법원 2004.4.23. 2004다8210 판결(인도지체에 대하여).

89) 지체책임 이외에 이 규정이 활용되는 또 하나의 중요한 국면은 쌍무계약이 무효·취소되었을 때 부당이득반환이다. 판례는 이때 물건반환의무에 대하여 제201조를 적용하는 대신 대금반환의무에 대하여 제587조를 유추한다. 대법원 1993.5.14. 92다45025 판결.

90) 매매법은 다른 유상계약에 준용(제567조)되지만, 이 규정은 인도의무와 대금지급의무가 대립하는 것을 전제하므로 매매 이외의 유상계약에 준용하기에 적합하지 아니하다. 실제로 매매 이외의 계약유형에서 위 규정을 적용한 예는 찾아볼 수 없다.

91) 가령 명순구(주 87), 381면; 제철웅(주 87), 81면 이하.

92) 대법원 1988.12.13. 85다카1491 판결(채무불이행); 대법원 2015.10.15. 2014다21295 판결(불법행위).

의 이익을 위하여 선량한 관리자로서의 주의의무를 가지고 필요하고 적절한 조치를 다해야 할 채무이므로 회사에게 대출금 중 미회수금 손해가 발생하였다는 결과만을 가지고 바로 채무불이행사실을 추정할 수는 없다.[93)]

이는 프랑스의 l'obligation de résultat와 l'obligation de moyens의 구분을 해석상 도입한 것으로써,[94)] 당초 진료계약의 불완전이행과 관련하여 문제되었으나 점차 적용범위가 확대되고 있다. 독일에서도 특히 불완전이행과 관련하여 비슷한 해석상 구분이 행해지고 있다.[95)]

결과채무와 관련하여서는 채무불이행책임에서 채무자의 과실을 추정하는 것이, 불법행위법에서 쓰는 표현을 빌자면, 일종의 중간책임을 도입하는 결과가 된다는 점에 대하여 보다 깊이 있는 검토가 필요하다. 이 점을 특히 잘 보여주는 예가 임차 목적물 반환이 원인불명의 화재 등으로 불능이 된 경우이다. 이러한 경우 채무자의 면책항변은 거의 불가능하다.[96)] 나아가 그로부터 임차 목적물 이외의 채권자 소유의 건물 등이 연소延燒된 경우 확대손해에 대하여도 책임을 진다는 것이 판례로서, 그 당부에 대하여 논란이 제기되어왔다.[97)] 대법원 2017.5.18. 2012다86895, 86901 전원합의체 판결의 다수의견은 발화지점조차도 불명인 경우는 물론, 발화지점이 임차부분(임차인의 지배 · 관리영역)인 경우에도 발화원인이 불명이고, 따라서 임차인의 의무위반이 확정되지 아니하였다면, 임차부분으로 책임을 한정하고 확대손해에 대한 책임을 부정하였으나, 그 이론적 근거는 제시하지 아니하였다. 이는 임대차 목적물이 화재로 멸실 · 훼손한 경우에 발생하는 특수한 문제이지만, 채무불이행으로 인한 확대손해의 배상과 그 한계 전반에 의문을 제기하는 것으로써, 아직 이론적 해명을 기다리고 있다.

---

93) 대법원 1996.12.23. 96다30465, 30472 판결. 반면 본 대출(project financing)을 성사시킬 금융자문사의 채무는 수단채무 내지 행위채무에 해당한다는 이유로 책임을 부정한 원심을 파기한 예로 대법원 2012.11.15. 2010다20228 판결.

94) 그러나 프랑스민법상 채무불이행으로 인한 손해배상은 귀책사유를 요하지 아니하고 불가항력일 때에만 면책되므로, 프랑스의 결과채무와 행위채무의 구분은 우리의 그것과 다소 다른 의미를 가진다.

95) 이동진, "위험영역설과 증거법적 보증책임: 증명책임 전환의 기초와 한계", 저스티스 통권 제138호(2013), 187면 이하.

96) 대법원 1994.2.8. 93다22227 판결; 대법원 1994.10.14. 38182 판결 참조. 그러므로 채무불이행에서 과실책임주의와 불법행위법에서 과실책임주의는 같은 의미라고 할 수 없다.

97) 김대원, "임차건물에서 발생한 화재로 건물이 소훼된 경우 임차인의 손해배상책임", 민사재판의 제문제 제14권, 2005, 205면 이하; 이동진(주 95), 181면 이하, 190면 이하; 이은영, "실화시 임차인의 손해배상범위", 민사판례연구[X], 1988, 176면 이하.

행위(수단)채무와 관련하여서는 제390조의 증명책임전환이 적용되지 아니한다는 점을 제외하면 본격적인 연구를 찾아보기 어렵다. 예컨대 판례는 진료채무는 행위(수단)채무이므로 주의의무를 다하였는데도 진료한 결과 질병이 치료되지 아니하였다 하더라도 치료비를 청구할 수 있고,[98] 반대로 주의의무위반이 있다면 치료비도 청구할 수 없다고 하는데,[99] 그중 뒷부분은 반드시 자명하다고 보이지는 아니함에도 별다른 논의가 없다. 물건의 교환·대차貸借가 아닌 서비스service 제공 계약의 불이행에 대하여는 체계적인 연구도 관심도 별로 없었음을 반영한다. 그러나 오늘날 중요한 의미를 획득하고 있는 것은 오히려 이와 같은 계약이다. 현재의 채무이행·불이행법체계는 이러한 유형의 계약을 그다지 배려하지 아니한 채 구축되어 있을 뿐 아니라, 그러한 점을 그다지 의식하고 있지도 못하다고 보인다.

(3) 이른바 신뢰이익의 배상

제390조, 제393조는 '채무불이행으로 인한 손해'의 배상을 명하고 있다. 채무불이행으로 인한 손해란 채무불이행으로 인한 현재의 재산상태와 적법한 이행이 있었다고 가정하였을 때의 재산상태의 차이(차액설)를 가리키고, 이는 이행하였더라면 얻었을 이익을 고려한다는 점에서 이른바 이행이익Erfüllungsinteresse의 배상을 지향한다.[100]

그런데 근래 판례는 이행이익expectation interest 배상만을 인정하던 입장을[101] 버리고 신뢰이익reliance interest 배상도 허용하고 있다. 즉, 대법원 1992.4.28. 91다29972 판결에서 채무불이행을 원인으로 하는 손해배상에 관하여 지출비용도 통상의 범위에 속한다면 이행이익의 한도 내에서 배상을 구할 수 있다는 법리를 정립하고, 대법원 1996.2.13. 95다47619 판결에서 이를 해제 후 손해배상에 확장하였으며, 대법원 1999.7.27. 99다13621 판결에 이르러서는 "일방 당사자가 상대방의 이행을 믿고 지출한 비용인 이른바 신뢰이익의 손해도 그러한 지출 사실을 상대

98) 대법원 2001.11.9. 2001다52568 판결.

99) 대법원 1993.7.27. 92다15031 판결; 대법원 2015.11.27. 2011다28939 판결.

100) 독일법학의 맥락에서 이 용어는 주로 완전성이익(Integritätsinteresse)과 대립하는 의미로 쓰인다.

101) 가령 대법원 1962.2.22. 4294민상667 판결; 대법원 1962.10.18. 62다550 판결; 대법원 1983.5.24. 82다카1167 판결(해제 후 제551조에 따른 손해배상 사안인데, 신뢰이익배상을 부정한다).

방이 알았거나 알 수 있었고 또 그것이 통상적인 지출비용의 범위 내에 속한다면 그에 대하여도 이행이익의 한도 내에서 배상을" 구할 수 있다는 일반적인 법리를 정립하였다. 이때 신뢰이익이 이행이익을 초과한다는 점은 채무자가 주장·증명하여야 한다.

종래의 통설은 이른바 신뢰이익배상은 계약이 무효가 된 경우 등에 계약의 유효를 신뢰하고 지출한 비용 등의 배상을 구하는 경우를 의미하고, 계약이 유효함을 전제하는 채무불이행책임에서는 문제될 수 없다고 보았다.[102] 지금도 이러한 관점에서 적어도 위와 같은 경우에 계약이 이행되리라는 점을 신뢰하고 지출한 비용의 배상을 신뢰이익배상이라고 하는 데는 부정적이고 지출비용의 배상이라고 하여야 한다는 지적이 있다.[103] 그와 별개로 이러한 손해배상을 인정할 필요가 있는가 하는 점도 다투어진다. 이행이익(액)의 증명곤란을 구제하기 위하여, 이와 같은 손해배상을 인정하여야 한다는 견해도 있지만,[104] 이른바 신뢰이익 내지 지출비용은 채무불이행과 인과관계가 있는 손해가 아니고, 이행이익의 증명도를 낮추어주는 것으로 충분히 대응할 수 있으므로 이러한 손해배상은 인정할 필요가 없다는 견해도 있다.[105]

이 법리의 현실적인 효용이 이행이익의 증명곤란의 해결에 있다는 점은 분명하다. 그러나 채권자가 무용해진 지출비용 등의 배상을 구할 때, 독일학설의 영향을 받은 우리 학설이 일반적으로 주장하듯 그로써 이행이익의 배상을 추구하는 것인가, 아니면 말 그대로 신뢰의 보호를 요구하고 있는 것인가는 좀 더 따져볼 필요가 있을 것이다.[106] 이는 계약에 대한 기본이해에까지 이어질 수 있는 문제이다.

---

102) 가령 곽윤직(주 1), 114면.

103) 김규완, "손해배상과 비용배상", 재산법연구 제21권 제1호(2004), 178-179면; 박영목, "계약채무의 불이행으로 인한 비용배상", 비교사법 통권 제42호(2008), 56면 이하.

104) 김영두, "채무불이행으로 인한 신뢰이익의 손해배상과 범위", 민사법학 제42호(2008), 250면 이하; 박영목(주 103), 58면 이하; 윤진수, "채무불이행으로 인한 특별손해, 동시이행의 항변권과 권리남용", 대법원판례해설 제17호, 1992=민법논고 Ⅲ, 2008, 61-62면(리딩 케이스인 위 대법원 1992.4.28. 91다29972 판결의 재판연구관 보고에 기초한 판례해설이다).

105) 김규완(주 103), 194면 이하(독일판례의 이른바 수익성추정법리를 활용할 것을 제안한다); 김재형, "계약의 해제와 손해배상의 범위 – 이행이익과 신뢰이익을 중심으로 – ", 인권과 정의 통권 제320호, 2003, 91면 이하(일실이익 등의 증명도 완화를 활용할 것을 제안한다).

106) 신뢰이익배상을 이론적으로 정립한 Fuller and Purdue, "The Reliance Interest in Contract Damages", 46 Yale. L. J. 52(1936)는 오히려 이행이익배상이 신뢰이익배상의 한 수단이라고 본다.

2. 계약해제

(1) 동시이행의 항변권과 계약해제

쌍무계약에서 이행지체를 원인으로 하는 계약해제를 하기 위해서는 우선 채무자를 지체에 빠뜨려야 한다. 그러므로 동시이행의 항변권을 복멸시키기 위한 이행제공이 문제가 된다.

판례는 계약해제와 관련하여서는 계속적 이행제공을 요구하지 아니한다. 즉 판례는 "이행의 제공을 계속할 필요는 없다고 하더라도 상대방이 최고 기간 내에 이행 또는 이행제공을 하면 해제권은 소멸하는 것이므로 상대방이 이행을 수령하고 자신의 채무를 이행할 수 있는 정도의 준비는 되어 있어야 한다"고 하여,[107] 계속적 이행제공 대신 최고 기간 내에 상대방이 변제해오는 경우 이를 수령하고 자기 채무를 상환으로 이행할 수 있도록 준비하고 있어야 한다는 좀 더 완화된 요건을 부과하고 있을 뿐이다. 학설상으로도 일시적 이행제공설이 통설이다.[108]

문제는 최고 기간 내에 변제를 수령하고 자기 채무를 상환으로 이행할 수 있도록 준비하고 있을 것을 요구한다는 점이다. 이는 계속적 이행제공과는 구별된다.[109] 계약해제에서 이행의 최고를 요구하는 까닭은 채무자로 하여금 최고 기간 내 이행함으로써 계약해제를 저지할 기회를 주기 위함인데, 채무자가 그 사이 이행을 제공해오더라도 채권자가 준비가 되어 있지 아니하여 이를 수령할 수 없거나 채무자가 지체만 종료시키고 되돌아갈 수 있다면, 채무자가 마침 그러한 조치를 취하지 아니하였음을 기화로 최고 기간 도과 후 채권자가 계약을 해제하는 것은 신의칙에 반한다고 볼 여지도 있다. 이 점에서 판례가 법문에 없는 이러한 요건을 추가한 것이 전혀 근거가 없다고 할 수는 없다.[110]

그러나 이처럼 계약해제에 관하여 엄격한 태도가 계약에 대한 오늘날의 이해 및 거래상의 필요에 잘 부합하는지에 대하여는 이견異見이 있을 수 있다. 특히 이

---

107) 대법원 1981.4.14. 80다2381 판결; 대법원 1992.12.22. 92다28549 판결.

108) 김상용(주 82), 683면 이하; 남효순(주 80), 350면 이하.

109) 지연배상의 요건으로서 계속적 이행제공은 채권자가 이를 증명하여야 하나, 계약해제의 요건으로서 최고 기간 중 변제수령 및 이행의 준비는 오히려 채무자가 그 부존재를 증명하여야 한다고 봄이 상당하다. 그러한 한 양자 사이에는 상당한 차이가 있다. 그러나 판례가 사실상 계속적 이행제공을 요구하고 있다고 보는 것으로 남효순(주 80), 353면 이하.

110) 같은 취지에서 지체책임과의 일관성 결여를 지적하면서도 계약해제에 관한 판례에 찬성하는 것으로 강일원(주 82), 308면 이하.

행거절이나 불능의 확장 등으로 한편에서는 해제가능성을 넓히면서 다른 한편에서는 이행지체를 원인으로 하는 해제의 요건으로서 이행제공을 매우 엄격하게 새기고,[111] 나아가 어차피 채무자가 최고 기간 내 적법한 이행제공을 하지 아니한 사안에서 채권자의 이행의 준비를 요구하여 이행지체를 원인으로 하는 계약해제만 까다롭게 하는 것이 균형 잡힌 접근인지에 대하여도 검토할 필요가 있다.

(2) 귀책사유와 계약해제

통설은 제390조 단서는 이행불능에 관하여 채무자의 고의・과실을 요구하고 있을 뿐이지만 채무불이행을 원인으로 하는 손해배상 일반에 관하여 채무자의 고의・과실이 필요하고, 채무불이행을 원인으로 하는 해제에 관하여는 불능을 원인으로 하는 경우에 관한 제546조가 채무자의 고의・과실을 언급하고 있을 뿐이지만 지체를 원인으로 하는 제544조에서도 채무자의 고의・과실이 필요하다고 한다.[112] 그러나 이에 대하여 근래 불능을 원인으로 하는 계약해제의 경우에는 위험부담과의 관계상 채무자의 고의・과실이 필요하나 지체를 원인으로 하는 계약해제의 경우에는 채무자의 고의・과실이 필요하지 아니하다는 견해가 주장되고 있다.[113] 이러한 견해는 특히 채무자 귀책사유 없는 일시적 불이행 내지 이행장애가 있을 때 채권자에게 계약에서 벗어날 가능성을 준다는 점에서 의미가 있다.[114]

나아가 근래에는 지체에 관한 제544조의 해석과 별개로 채무불이행을 원인으로 하는 계약해제 일반에 대하여 귀책사유 요건을 폐지하여야 한다는 입법론이 꾸준히 제기되고 있다. 이들 견해는 근래의 국제적 동향이 계약해소규범으로서 해제에 관하여는 귀책사유를 요구하지 아니하는 경향을 강하게 보이고 있다는 점도 이를 뒷받침하는 근거로 든다.[115]

확실히 새로운 접근에는 합리적인 점이 있을 뿐 아니라 근래의 국제적 동향과 부합하는 것이기도 하다. 그러나 이는 해제법의 전면적 재편을 요구할 뿐 아니라,

111) 이러한 경향에 대하여는 양창수(주 15), 150-151면.
112) 다른 문헌을 대신하여, 곽윤직 편집대표 민법주해[XIII], 1999, 274면(김용덕 집필부분) 참조.
113) 정진명, "계약해제와 유책사유", 비교사법 제8호(1998), 5면 이하; 하경효, "채무불이행과 계약해제의 요건 – 유책성 요건에 대한 비판적 검토를 중심으로 – ", 고려법학 제40호(2003), 67면 이하.
114) 하경효(주 113), 88면 이하.
115) 가령 이재목, "법정해제의 귀책사유에 관한 국제적 동향과 우리 민법에서의 논의", 인권과 정의 통권 제356호(2006), 142면 이하; 하경효(주 113), 94면 이하. 반론으로 김영두, "계약의 해제와 채무자의 귀책사유", 민사법학 제35호(2007), 53면 이하.

계약의 구속력에 관한 시각의 변화를 요구하는 것이기도 하다.

3. 강제이행 · 추완청구와 이른바 대상(代償)청구권

(1) 강제이행 · 추완청구

제389조는 채무불이행에 대하여 강제이행청구권을 인정하고 있다. 채무불이행과 관련하여 이 규정은 커먼로common law에서와 달리 이행의 강제를 원칙적으로 인정한다는 실체법적 의미가 있다는 점에 대한 조명이 이루어진[116] 이외에는 그다지 논의가 활발하지 못하였다.[117]

비교적 근래 제기된 쟁점으로 제581조의 완전물급부청구권의 제한이 있다. 종래 이행청구권의 신의칙상 축소된 형태로서 하자추완청구권이 논의되어왔다.[118] 그러나 도급에 관하여 명문의 규정이 있는 외에 재판실무상 실례를 찾기 어려웠다. 그런데 대법원 2014.5.16. 2012다72582 판결은 종류매매에서 목적물에 하자가 있다 하더라도, 그것이 "경미하여 수선 등의 방법으로도 계약의 목적을 달성하는 데 별다른 지장이 없는 반면 매도인에게 하자 없는 물건의 급부의무를 지우면 다른 구제방법에 비하여 지나치게 큰 불이익이 매도인에게 발생되는 경우와 같이 하자담보의무의 이행이 오히려 공평의 원칙에 반하는 경우"에는 종류매매에서 완전물급부청구권의 행사를 제한하여야 한다고 하였다.[119] 이러한 법리가 종류매매 이외에 대하여도 확장될 수 있는 것임은 물론이다. 나아가 이러한 관점을 일반화하여 채무자의 희생의 한계라는 관점에서 이행청구의 요건을 재조명해볼 필요가 있겠다.

(2) 이른바 대상(代償)청구권

우리 민법은 일본민법과 같이, 그리고 독일민법이나 프랑스민법과는 달리 대상

116) 가령 양창수 · 김재형(주 40), 427-428면.

117) 이 규정에 관하여는 간접강제의 보충성에 대하여 의문을 제기하는 김형석, "강제이행 – 특히 간접강제의 보충성을 중심으로 –", 서울대 법학 제46권 제3호(2005), 242면 이하, 간접강제의 배상금이 채무자의 작위의무 불이행으로 인한 손해의 전보에 충당된다는 대법원 2014.7.24. 2012다49933 판결도 중요하다. 그러나 이들이 문제되는 것은 주로 불법행위법이나 인격권법에서이다.

118) 가령 곽윤직(주 1), 100면.

119) 해설: 김진오, "민법상 완전물급부청구권의 공평의 원칙에 의한 제한의 가부(可否) 및 품질보증서 교부행위의 법적 성격", 대법원판례해설 제99호, 2014, 222면 이하.

청구권에 관하여 명문의 규정을 두고 있지 아니하다. 그럼에도 불구하고 종래 통설은 대상청구권을 해석상 인정하여야 한다는 입장을 취하고 있었다.[120] 판례도 대법원 1992.5.12. 92다4581, 4598 판결에서 "우리 민법에는 이행불능의 효과로서 채권자의 전보배상청구권과 계약해제권 외에 별도의 대상청구권을 규정하고 있지 않으나 해석상 대상청구권을 부정할 이유가 없다"고 한 이래 대상청구권을 인정하고 있다. 이처럼 명문의 규정 없이, 심지어 별다른 논거도 없이 대상청구권을 인정한 데 학설의 기여가 없었다고 할 수는 없을 것이다. 그러나 대상청구권에 관한 본격적인 논의는 정작 판례가 대상청구권을 인정한 뒤에서야 이루어졌다.

판례는 대상청구권의 인정근거에 대하여 별다른 언급을 하지 아니하고 있다.[121] 이것이 법 형성임에 비추어볼 때 놀라운 태도이다. 학설은 대체로 당사자 의사 내지 채권관계의 연장효Fortwirkung와 민법 곳곳에 있는 대상代償 내지 대위代位 법리Surrogationsprinzip, 제538조 제2항과 손익상계의 법리 등을 근거로 이를 도출할 수 있다고 설명한다.[122] 보충적 해석이나 채권관계에서 급부를 당사자 사이에서 채권자에게 귀속시키는 결과를 달성하기 위해 민법의 해석상 인정되는 구제수단이라는 설명도 있다.[123]

좀 더 문제가 되는 것은 대상청구권이 언제 인정되는가 하는 점이다. 통설은 물건의 인도 등을 목적으로 하는 채무에서 멸실로 인한 이행불능을 전제로, 쌍무계약·편무계약을 가리지 아니하고, 또 채무자의 귀책사유의 유무도 묻지 아니하고 일반적 대상청구권을 인정한다.[124] 나아가 최근에는 물건의 멸실과 무관하게

---

120) 그러나 이를 부정하는 견해도 있다. 정상현, "대상청구권의 인정 여부에 관한 법리 재검토", 성균관법학 제19권 제3호(2007), 724-725면.

121) 日最判 1966(昭和 38).12.23. 昭和38年(オ)第1030号는 채권자의 귀책사유로 인한 이행불능에서 반대급부청구권을 인정하되 자기채무를 면함으로써 얻은 이득을 반환하여야 한다고 규정한 일본민법 제536조 제2항을 근거로 들었다.

122) 양창수, "매매목적토지의 수용과 보상금에 대한 대상청구권", 판례월보 통권 제268호(1993) = 민법연구 제3권, 2006, 392면 이하; 지원림, "대상청구권", 후암곽윤직선생고희기념 민법학논총·제이, 1995, 208면 이하(다만 제538조 제2항은 논거에서 제외한다). 이에 대하여 실정법 규정의 전체유추에 대하여 반대하면서 제390조와 제2조 또는 제1조에서 근거를 찾을 수밖에 없다고 하는 견해도 있다. 안법영, "채권적 대상청구권", 김형배교수화갑기념논문집 채권법에 있어서 자유와 책임, 1994, 252면; 이상경, "대상청구권", 이시윤박사화갑기념 민사재판의 제문제(상), 1995, 254-255면.

123) 김형석, "대상청구권 – 민법개정안을 계기로 한 해석론과 입법론 –", 서울대 법학 제55권 제4호(2014), 122-123면.

124) 김상중(주 21), 694면; 김증한·김학동(주 1), 169-170면; 김형석(주 123), 116면 이하; 양창수(주 122), 392-396면; 지원림(주 122), 205-210면.

하는 채무나 부작위채무의 불능에 대하여도 확장할 수 있다는 견해도 제시되고 있다.[125] 그러나 이에 대하여는 명문 규정이 없는 한 채무불이행책임, 위험부담, 채권자대위, 제3자에 의한 채권침해 등 다른 법리로 해결할 수 없는 경우에 한하여 대상청구권을 인정하여야 한다는 견해도 있다.[126] 판례도 쌍무계약에서 일방 당사자의 급부가 이행불능이 되고 상대방의 반대급부도 전부 이행불능이 되거나 그 일부가 이행불능이 되고 나머지 잔부의 이행만으로는 상대방의 계약목적을 달성할 수 없는 등 상대방에게 아무런 이익이 되지 않는다고 인정되는 때에는, 상대방이 당사자 일방의 대상청구를 거부하는 것이 신의칙에 반한다고 볼 만한 특별한 사정이 없는 한, 대상청구권을 행사할 수 없다고 한다.[127]

한편, 법률에 의한 대상commodum ex re이 대상청구권의 대상이 되고, 보험금청구권도 그에 준한다는 점에 대하여는 별 이론異論이 없다.[128] 문제는 법률행위에 의한 대상commodum ex negotiatione도 대상청구권의 대상이 되는가 하는 점이다. 학설은 긍정하는 견해가 다수이지만,[129] 부정하는 견해도 있다.[130] 판례는 수용보상금 이외에 구 공공용지의 취득 및 손실보상에 관한 특례법상 협의매수의 매매대금에 대하여도 대상청구권을 인정하고 있으나,[131] 이 경우 협의매수에 응하지 아니하면 수용절차가 개시된다는 특수성이 있어 일반적으로 법률행위에 의한 대상에 대하여 대상청구권을 인정하는 취지라고 단정하기는 어렵다.

끝으로 대상청구권의 범위가 채권자의 손해로 제한되는가, 아니면 초과이득도 포함하는가가 다투어진다. 학설은 초과이득도 포함한다는 견해와[132] 손해로 제한된다는 견해로[133] 갈린다. 이 문제 또한 판례의 태도는 아직 명확하지 아니하

125) 김형석(주 123), 128면 이하. 이때의 불능은 시간과 결부되어 있는 급부의 지체 등을 포함하는 것으로 읽어야 할 것이다. 이렇게 보는 한 대상청구권은 채무불이행의 유형으로서 이행불능에 제한되지 아니하는 일반적 구제수단이 된다.

126) 곽윤직 편집대표 민법주해[XIII], 1997, 90-91면(최병조 집필부분); 김준호, "이행불능의 효과로서 대상청구권", 사법행정 제34권 제6호, 1993, 83면; 이은영(주 8), 230-231면.

127) 대법원 1996.6.25. 95가6601 판결. 이 판결이 이른바 제한적 인정설을 취한 것은 아니다. 유남석, "쌍무계약 당사자 쌍방의 대가적 채무가 모두 이행불능이 된 경우 대상청구권 행사의 가부", 대법원판례해설 제26호, 1996, 121-122면.

128) 그러나 보험금을 제외하는 것으로 이상경(주 122), 257면.

129) 김증한 · 김학동(주 1), 170면; 김형석(주 123), 123-124면; 안법영, "대상청구권의 발전적 형성을 위한 소고", 한국민법이론의 발전[II]: 채권편, 1999, 538면.

130) 성중모, "민법상 대상청구권의 반환범위", 이화여대 법학논집 제14권 제4호(2010), 151면.

131) 대법원 1996.6.25. 95다6601 판결; 대법원 2003.11.14. 2003다35482 판결.

132) 김증한 · 김학동(주 1), 170면; 이상경(주 122), 258면.

133) 김형석(주 124), 124면 이하; 양창수(주 122), 398면 이하; 지원림(주 122), 217면. 한편 안법

다.[134)]

이상에서 본 바와 같이 대상청구권에 대하여는 매우 다양한 논점이 제기되어 있고, 그 상당부분이 해결되지 아니하고 있다. 대상청구권의 법 형성·보충적 성격 및 채무자위험부담주의와의 긴장을 고려하여 가급적 이를 좁게 인정하는 입장에서부터 일반적 이득박탈disgorgement of profits을 향하여 가급적 넓게 인정하는 입장에 이르기까지 상반된 시각이 있고, 입법적 해결 전망이 밝지 아니한 현 상황에서는 그러한 대립이 상당기간 계속되리라고 예상된다.

V. 결 론

채무불이행에 관한 규정들은 민법 중에서도 기본적인 부분에 해당한다. 법조문이 70년 간 전혀 변화를 겪지 아니한데다가, 그 내용도 매우 일반적이어서 학설·판례의 전개가 관건이 될 수밖에 없다.

이러한 관점에서 1948년 우리 민법학의 출발점은 일본민법학과 일본판례를 통하여 이해한 우리 민법의 채무불이행 규정이었다. 이후 민법학은 한편으로는 (일본민법학의 렌즈를 걷어낸) 독일민법학으로, 나아가 프랑스민법, 커먼로 및 국제적 계약법 규범들로 시야를 넓히고 관점을 상대화하였고, 민사재판실무는 – 마땅히 기대된 바와 같이 – 우리의 현실에서 제기되는 문제에 대하여 우리 법의 규정과 건전한 형평감각에 터 잡아 개별적인 해결책을, 나아가 일반적 법리를 정립해 나아갔다. 그 과정에서 우리의 거래현실과 거래관념이 큰 역할을 하였음은 물론이다. 그 과정에서 민법학과 판례가 서로 건전한 피드백feedback을 주고받아왔다는 점 또한 주목된다. 독자적 채무불이행유형으로서 이행거절의 확립은 물론, 채권자지체, 하자담보책임, 이른바 보호의무론의 취급도 그러한 예에 해당한다.

물론 모든 분야에서 발전이 고르게 이루어진 것은 아니다. 민사재판실무에서

영(주 129), 268면은 고의에 의한 불능인 경우에는 초과이익에 대상청구권이 미치나 고의 없는 불능의 경우에는 그러하지 아니하다고 한다.

134) 가령 대법원 2008.6.12. 2005두5956 판결은 "특별한 사정이 없는 한 채권자는 그 목적물에 대하여 지급되는 보상금 전부에 대하여 대상청구권을 행사할 수 있는 것"이라고 하였으나 이는 바로 그 뒤의 설명에서도 보듯 매매대금을 한도로 손해가 제한된다고 할 수 없다는 취지로서, 대상청구권이 채권자의 손해를 한도로 하는 것인지에 대하여는 별다른 답을 주지 아니한다.

제기된 쟁점에 대하여 아직 충분한 이론적 대응이 이루어지지 못하고 있는 것도 적지 아니하다. 동시이행의 항변권이나 제587조, 불능 개념의 확장, 원인불명의 화재로 인한 임차 목적물 및 임차 목적물 아닌 채권자 소유물의 소훼에 대한 책임 등을 그 예로 들 수 있다. 그 밖에 입법론적 선택에 대한, 더 나아가 계약, 계약의 구속력 및 계약책임에 대한 근본적 이해에 대한 논의가 상대적으로 많지 아니하였다는 점도 아쉽다. 이른바 채무구조론에 대한 반성과 우리 민법의 고유성 및 좀 더 바람직한 채무불이행법 체계에 관한 논의 등이 이미 이러한 방향을 가리키고 있지만, 신뢰이익배상, 계약해제와 귀책사유 및 대상청구권 등에 대한 논의에도 근본적인 성찰을 요하는 부분이 있다. 이들 중 적어도 일부는 진전된 국제화 및 적절한 거래규범에 대한 감각의 변화와 관련되어 있다. 그러나 이들은 아직까지는 대부분 장래의 과제로 남겨져 있다.

불법행위법과 부당이득법의 변화와 과제

김 상 중

[초 록]

본 논문은 민법전 제정 이래 현재에 이르기까지 불법행위법과 부당이득법의 변화와 발전을 소개한 후 향후 과제를 제시해 보는 데 초점을 맞추었다. 불법행위법의 경우 그 변화의 시기를 ① 민법전의 제정과 근대적 법리정착(1960년대), ② 산업화에 따른 과실책임의 현대적 발전(1970, 80년대), ③ 사회발전의 고도화와 전문화에 따른 불법행위책임의 다양화(1990년대), 그리고 ④ 과학기술 발전에 따른 책임법의 대응과 공적 과제의 수행(2000년대 이후)으로 구분하여 학설의 논의와 판결례의 법리를 최대한 폭넓게 개관해 보았다. 그 과정에서 ① 우리나라의 민법전은 연혁 등에서 '근대'민법으로 분류됨에도 이미 입법 당시에 현대적으로 발전된 책임법리(객관적 과실 등 Ⅱ.1.(1))에 따라 발전해 왔다는 점, ② 입법 이후 산업화·도시화가 본격화되면서 공해소송, 의료소송 등에서 과실, 인과관계에 관한 피해자의 입증부담이 완화되어 왔으며(Ⅱ.2.(2)) 또한 위법

고려대학교 법학전문대학원 교수

성과 고의·과실의 책임성립요건에 관한 이론적 논의도 본격화되었다는 점(Ⅱ.2.(1)), 그리고 ③ 1990년대 우리 사회가 고도의 경제발전과 아울러 정치, 사회 전반에서 민주화, 개방화를 경험하면서 불법행위법에서도 제조물책임법의 도입, 전문직업인의 민사책임, 타인과의 경제활동에서 공정한 경쟁질서의 준수 및 투자위험 등에 관한 설명의무의 예외적 인정, 그리고 민사책임에 의한 위법행위의 예방·억지에 관한 논의가 확대되었다는 점(Ⅱ.3.)을 확인할 수 있었다. 그리고 이러한 변화의 바탕 위에서 불법행위법은 2000년대 이래 종래의 법리를 지속적으로 발전시킴과 아울러 차별금지, 실질적 정의의 보장과 같은 사회적 과제의 수행에 기여하는 한편, 인터넷, 과학기술의 발달에 따른 새로운 책임법적 문제에 대응해 가고 있다(Ⅱ.4.). 민법전 제정 이래 불법행위법의 위와 같은 변화·발전과 비교하면 부당이득법은 1980년대 이전까지는 큰 변화 없이 유지되었다고 평가할 만하다. 그러다가 1980년대 중후반 이래 부당이득에 관한 유형론의 소개와 발전, 특히 전용물소권 등 다수자 사이의 부당이득 당사자확정에 관한 이론적 논의와 판결례의 집적을 거치면서 부당이득의 법리도 크게 발전해 가고 있다(Ⅳ.2.). 불법행위법과 부당이득법이 이렇듯 사회변화에 따라 끊임없이 새롭게 등장하는 개별 사례의 적정한 해결을 도모해야 함은 앞으로도 물론이겠으며, 기본개념(가령 부당이득에서 '손실' 개념), 이론적 체계(불법행위에서 위법성과 고의·과실의 위상과 관계), 그리고 사회적 과제(위법행위의 예방과 억지, 위법이익의 '토출')에 관한 근본적 연구도 보다 활발해지기를 기대해 본다(Ⅲ.과 Ⅳ.3.(2)).

Ⅰ. 들어가며

개인은 사회생활 과정에서 자신의 권리・법익이 침해되어 손해를 입을 수 있다. 이때 그 손해는 피해자 스스로 감수함을 출발점으로 하지만, 일정한 경우에는 피해자가 아니라 그 손해발생에 관여한 다른 사람으로 하여금 가해의 결과를 부담하도록 할 수도 있다. 불법행위법은 계약관계 여부를 묻지 않고 피해자에게 발생한 손해가 어떠한 경우에 그 손해발생에 관여한 타인에 의하여 배상되어야 할 것인지를 판단해 주는 법 영역이다. 그런데 이러한 손해 전보 여부의 판단은 시대적 변화와 발전에 따라 끊임없이 변모해 왔고,[1] 따라서 어떠한 행위가 위법행위에 해당하며 가해자의 고의・과실에 따른 책임이 인정될 수 있는지를 판단하는 것 역시 해당 시기의 지배적 관념과 사회경제적 여건 등을 반영하지 않을 수 없다.

아래에서는 불법행위법이 위법하고 유책한 가해행위에 대한 책임임을 기본으로 하면서도 위험책임을 포함하는 넓은 의미임을 전제하여, 불법행위법에 관한 학설, 판례의 법리과정에 대하여 민법전이 제정된 이래 시대적 순서에 따라 살펴보려고 한다.[2] 이 글은 자의적일 수도 있겠으나 ① 민법전의 제정과 근대적 불법행위법의 정착(1960년대), ② 산업화에 따른 과실책임의 현대적 발전(1970, 80년대), ③ 사회발전의 고도화에 따른 불법행위책임의 다양화(1990년대), 그리고 ④ 과학기술 발달에의 대응과 사회적 과제의 수행을 위한 불법행위책임의 기여(2000년대 이후)라고 시대를 대략이나마 구분하여 불법행위책임의 발전과정을 정리해 보도록 하겠다(Ⅱ.). 그런 다음 이런 발전과정에서 드러나는 불법행위법의 향후 과제를 제시한 후(Ⅲ.), 최근 논의가 활발해지고 있는 부당이득법의 변화과정과 논의과제에 대해서도 간략히 소개하려고 한다(Ⅳ.).

1) 불법행위법의 역사적 변천에 관하여는 HKK/Schiemann §§ 823-830, 840, 842-853 Rn. 31-86; 민법주해 [XIII] 제750조 전론, 2005, 29면 이하(김성태 집필); 주석민법 채권각칙(6) 불법행위 전론, 2016, 35면 이하(박동진 집필).

2) 다만 불법행위법과 부당이득법의 1960년대 이래의 변화와 발전 내용을 소정의 분량에 의한 논문 한 편에 기록하는 데 여러 한계가 있고, 따라서 불법행위책임의 기본이론에 관하여는 문헌 중심으로, 구체적 책임유형과 내용의 발전에 관하여는 대법원의 판결례를 중심으로 소개하려고 한다.

Ⅱ. 사회 변화에 따른 불법행위책임의 발전

1. 민법전의 제정과 근대적 불법행위법의 정착

(1) 민법전의 제정

불법행위책임에 관한 현행 민법 제750조 이하의 규정은 주지하듯이 의용민법 제709조 이하의 규정 체계와 내용을 대체로 따르고 있다. 그러면서도 몇몇 규정에서는 당시의 논의를 바탕으로 의용민법과 달리 규정하고 있는데, 무엇보다 현행 민법 제750조는 의용민법 제709조와 마찬가지로 불법행위 책임요건에 관한 일반 규정의 형식에 따르면서도 그 요건을 '권리침해'가 아니라 '위법행위'로 수정하였다.[3] 한편 민법상의 개별적 불법행위 규정 중에서 특기할 만한 바는 사용자책임에 관한 현행 민법 제756조의 내용을 확정하는 과정에서 의용민법 제715조의 사업의 "집행에 관하여"라는 문구를 사무"집행으로 인하여"라는 문언으로 변경할 것을 제안하였다가 이 같은 제안이 "본래의 사무집행 자체에 국한하는 것으로 해석되기 쉬워 너무 협소하다"는 지적에 따라 현행과 같이 "사무집행에 관하여"라고 수정, 확정하였다.[4] 또한 공작물책임에 관해서도 의용민법 제752조가 "토지의 공작물"이라고 규정함에 대하여 "공장기계 등은 여기에 해당하지 않으므로 그로 인한 재해는 포함되지 않는다"는 비판을 받아들여 "공작물"로 책임범위를 확대하여 규정하기에 이르렀다.[5] 그리고 손해배상금의 지급과 관련하여 현행 민법 제751조 2항은 의용민법에서는 정하고 있지 않던 정기금지급의 채무를 당시 중화민국민법 제193조에 따라 신설 규정하였다.[6]

끝으로 주목되는 바는 민법원안 제750조에서는 "미성년자, 심신상실자, 감독의무자 또는 사용인에게 손해배상의 책임이 없는 경우에도 법원은 당사자의 경제상황 및 기타 사정을 참작하여 그에게 손해의 전부 또는 일부의 배상을 명할 수 있다"는 의용민법에 없던 규정을 신설할 것을 제안하였으나 수용되지 못하였다. 피

3) 명순구, 실록 대한민국 민법 3, 2010, 787-789면; 더불어 최흥섭, 불법행위의 성립요건, 한국민법이론의 발전(Ⅱ), 1999, 968-969면.
4) 명순구, 실록 대한민국 민법 3, 801면.
5) 명순구, 실록 대한민국 민법 3, 810면.
6) 이 규정의 입법적 불비에 대한 지적으로는 민법주해 [XⅧ], 436면(이동명 집필); 주석민법 채권각칙(8), 362면(박동진 집필).

해자의 보호를 위한 형평책임[7]으로 이해되는 위 규정안은 "진보적 특색"을 이유로 일부 긍정되기도 하였으나 자기책임의 철저한 관철과 책임무능력자 등에 대한 가혹한 부담임을 이유로 받아들여지지 않았다.[8]

(2) 근대적 불법행위책임의 법리적 정착

현행 민법 제750조 이하의 불법행위책임은 유럽의 근대국가 등과 비교하여 늦은 시기에 입법되었고 또한 의용민법의 경험을 거쳤던 관계로 과실책임의 근대적 법리를 유지하면서도 부분적으로 극복, 발전시켜나가는 내용으로 발전, 정착하였다. 이미 의용민법이 적용되던 시기부터 불법행위의 일반적 성립요건(의용민법 제709조, 현행민법 제750조)은 독일민법의 과실책임 원칙에 따라 객관적 요건(가해행위, 권리침해 또는 위법성, 인과관계) 이외에 고의·과실의 주관적 요건으로 나누어 파악되었다.[9] 그러면서 위법성의 요건은 지금의 통설이 이해하는 바와 마찬가지로 초법규적 가치판단의 문제라고 하면서 "피침해법익의 종류와 침해행위와를 상관적으로 고찰하여 판단"하여야 한다고 여겼다.[10] 또한 고의, 과실의 개념에 대하여 고의의 경우에는 "위법한 것으로 평가되는 사실이 발생할 것을 인식하면서 감히 이를 행하는 심리상태"라고 정의하는가 하면, 과실에 관하여는 주의의 결여라고 하면서도 그 기준이 되는 주의의무의 척도에 대하여 이미 그 당시에 일반인·평균인을 기준으로 하는 추상적·객관적 과실을 원칙으로 한다고 큰 다툼 없이 이해되었다.[11]

그리고 민법전의 특수한 불법행위에 관하여도 이미 그 당시에 현재와 같은 법리의 바탕이 마련되어 있었는데, 가령 사용자책임에서 '사무집행 관련성'은 그 당시에도 "피용자의 담당업무의 객관적 범위에 속하는 이상, 사업 본연의 범위에 속하지 않는 경우나 피용자가 사무를 부당하게 집행하거나 그 지위를 남용하여 자기 또는 제3자의 사리를 도모한 경우 모두 포함"한다고 해석되고 있었다.[12] 이러한 해석은 가령 "일반인이 피용자의 직무범위내라고 신뢰할 수 있는 경우에는

7) 독일민법의 강조로는 HKK/Schiemann §§ 823-830, 840, 842-853 Rn. 30.
8) 명순구, 실록 대한민국 민법 3, 805-806면.
9) 진승록, 채권각론, 1954, 313면; 김현태, 신민법 채권각론강의, 1958, 236면.
10) 김증한·안이준, 신채권각론(하), 1965, 763-764, 778면.
11) 김증한·안이준, 신채권각론(하), 754-756면. 민법전 제정 이후의 위법성과 과실에 관한 논의의 개관으로는 최흥섭, 불법행위의 성립요건, 한국민법이론의 발전(Ⅱ), 971면.
12) 김증한·안이준, 신채권각론(하), 802면(구민법 당시의 판례 태도라고 인용하고 있음).

(...) 사용자에게 책임을 지우는 것이 상당하다"는 판결례에서도 반영되고 있다.[13] 그리고 공동불법행위에서 민법 제760조 1항의 '협의의 공동불법행위'에 대해서도 지금의 논의상황과 마찬가지로 여러 사람 사이에 공모 내지 공동의 인식을 필요로 하다는 '주관적 공동'이 있어야 한다는 견해도 피력되었는가 하면,[14] 이를 필요로 않고 가령 선박충돌로 승객이 상해된 경우와 같이 수인의 행위가 결과적으로 공동으로 손해를 발생케 함으로써 충분하다고 객관적으로 파악하려는 입장[15]도 제시되었다. 그 당시의 판례는 지금과 마찬가지로 "민법 제760조 제1항에 규정한 공동불법행위를 구성하려면 반드시 불법행위를 한 가해자간에 통모 또는 의사의 공통을 필요로 하지 않으나 권리침해에 대하여 객관적으로 공동원인이 있어서 가해자 각자의 행위와 이로 인하여 발생한 손해와의 사이에 인과관계가 있어야" 한다고 판시하여[16] 후자의 객관적 공동의 입장을 채택하였다.

한편, 대법원 판결례 중에서는 그 당시 근대화된 고속 교통기관인 기차의 운행에 따른 사고발생과 관련하여, 열차가 교행할 때에 발생하는 풍압으로 차체가 손상되어 승객이 부상당한 사안에서 '고속 교통기관이 엇갈려 지나갈 때에 발생하는 강한 풍압을 고려하여 차체 손상과 이로 인한 위해를 방지하기 위하여 평소에 차체를 정비해야 할 사업자의 업무상 주의의무가 인정된다'고 하면서 과실책임에 따르면서도 사업자의 엄격한 책임을 인정한 판결례도 제시되고 있었다.[17] 또한 생명, 신체 등의 침해에 따른 위자료청구권에 관하여 대법원은 ① 피해 당시 정신상 고통에 대한 감수성을 갖추고 있지 못한 태아의 경우에 대해서도 장래 이를 감수할 것이라고 여겨지는 한 정신상 고통으로 인한 위자료청구권을 청구할 수 있다는 법리,[18] ② 생명침해에 따른 피해자의 근친에 대한 민법 제752조의 적용범위를 넘어서 민법 제750조에 따라 위자료청구권의 인적, 물적 범위를 넓게 인정하는 법리,[19] 그리고 ③ 위자료청구권에 관하여 원칙적으로 상속성을 인정하는 법리[20]를 확립하였다.

---

13) 대법원 1964.6.30. 64다3 판결.
14) 김증한 · 안이준, 신채권각론(하), 826면.
15) 김현태, 신민법 채권각론강의, 245-246면.
16) 대법원 1963.10.31. 63다573 판결.
17) 대법원 1964.7.14. 63다1098 판결 등.
18) 대법원 1962.3.15. 4294민상903 판결.
19) 대법원 1967.6.27. 66다1592 판결; 대법원 1967.9.5. 67다1307 판결; 대법원 1967.9.19. 67다1445 판결; 대법원 1967.12.18. 67다2047 판결.

(3) 개별적 무과실책임의 입법적 도입

현행 민법은 제750조 이하에서 과실책임의 원칙에 따르고 있는데, 이미 입법 당시에도 대규모의 교통기관과 기업의 발달에 따라 손해위험이 증대함에 따라 과실책임에만 의거할 경우 피해자에 대한 충분한 구제를 기대할 수 없다는 사정이 충분히 인식되고 있었다.[21] 다만 입법 당시의 민법안의견서에 따르면 "극히 예외적인 무과실책임론을 불법행위를 규정한 제5장에 기재함은 체제상 부당하다. 무과실책임주의를 구체적으로 필요한 경우에 따라서 특별법 중에 규정함이 적절할 것이다"는 판단에 따라, 무과실책임에 관하여는 민법이 아니라 특별법에 일임하려는 의사가 있었다고 여겨진다. 실제로 현행 민법이 입법되기 훨씬 이전인 1951년 광업법이 제정되어 제60조 1항에서 광업권자의 고의·과실을 묻지 않는 광해배상책임을 명시하고 있었고, 1963년 자동차손해배상보장법이 제정되어 제3조에서 자동차운행자에 대하여 사실상 면책하기 어려운 배상책임을 규정함과 아울러 자동차의 등록을 받은 자로 하여금 자동차손해배상책임보험에 가입하도록 하였다. 또한 1969년 제정된 원자력손해배상법은 원자력사업자의 원자로의 운전 등에 있어서 무과실책임을 규정함과 아울러 원자력사업자의 손해배상조치에 필요한 사항 등을 규정하고 있었다.

2. 산업화·도시화에 따른 과실책임 법리의 현대적 발전

(1) 책임 성립요건에 관한 이론적 연구의 본격화

1970, 80년대 들어 불법행위책임의 기본적 성립요건, 특히 위법성과 과실 요건에 관한 이론적 연구가 본격화되었다.

(가) 위법성

먼저, '위법성' 요건과 관련하여 전통적 입장에 따르면 이미 소개한 바와 같이 침해된 법익과 침해행위의 상관관계에 따라 파악되어야 한다고 하였는데, 당시 산업화에 따른 공해문제가 대두되면서 민법학계에서는 공해로 인한 손해배상책임에 관한 민법 제750조의 적용을 위한 위법성 판단에 관한 논의가 진행되었다. 그 논

20) 대법원 1969.10.23. 69다1380 판결.

21) 이미 현행민법의 입법 이전부터 무과실책임의 법리를 설명하는 교과서로서 진승록, 채권각론, 311-312면.

의에 따르면 환경권을 내세워 환경오염 그 자체가 위법하다는 주장도 없지 않았으나, 대체로 공해 또는 환경오염은 그 자체로 바로 위법한 것이 아니라 침해된 이익의 성질·정도와 침해행위의 태양을 비교, 형량하여 위법성 여부를 결정할 수 있다고 하면서(수인한도설), 현재의 판결례에서도 활용되는 바와 같이 침해된 이익의 성질과 정도, 공공성, 지역성, 선후관계, 방지조치와 손해회피가능성 등을 고려해야 한다고 하였다.[22] 그 후 위법성 요건에 관한 논의는 1980년대 들어 독일 학계의 주도적 영향을 받아 결과불법과 행위불법이라는 이론적 논란으로 지속되었다. 민법학계의 당시 논의는 대체로 행위불법의 입장에 서서 행위자의 주의의무 위반에 따라 위법성 여부를 적극적으로 찾아야 한다고 하면서, 결과불법, 즉 '가해행위의 위법성이 법익침해 또는 손해발생의 결과로부터 곧바로 징표된다'는 입장을 강하게 비판하였다.[23]

(나) 과 실

일정한 결과 발생에 관한 예견·회피가능성이 있음에도 그렇지 못한 상태[24]로 파악되는 과실에 관하여는 이에 관하여 1970, 80년대에 활발하게 논의되었던 바는 과실의 판단기준을 행위자 개인에서 찾을 것인지 아니면 평균인·일반인으로 할 것인지 여부이다. 앞서 소개한 바와 같이 통설과 판례에 따르면 과실 여부는 일반인·평균인을 기준으로 하여 추상적으로 정해지고, 이때 일반인·평균인이란 추상적 일반인·평균인이 아니라 구체적 사례에서 일반인·평균인을 뜻한다고 이해되어 왔다.[25] 그런데 이러한 추상적·객관적 과실판단 척도에 대하여 1980년대

---

22) 김현태, 공해와 그 사법적 구제를 중심으로 한 연구, 고려대학교 법률행정논집 제10집, 1972, 241면; 이정우, 공법에 대한 사법적 구제, 저스티스 제11권 제1호, 1973, 75, 81면 이하; 이용우, 공해의 위법성, 사법논집 제10집, 1979, 88, 91면 이하. 이후 수인한도설은 위와 같은 이익형량에 따라 위법성과 과실 요건을 함께 파악한다는 입장(이른바 신수인한도론)으로 발전하였다고 하는데, 이는 공해 이외에 불법행위 영역에서 위법성과 과실의 요건을 통합적으로 파악하는 이후의 법리 발전과 맥락을 같이하고 있다.

23) 서광민, 손해배상책임의 일요건으로서의 위법성, 민사법학 4·5호, 1985, 353면 이하; 김윤구, 민사불법이론의 연구(중앙대학교 박사학위논문), 1984, 109면; 이은영, 불법행위에서의 주의의무(하), 판례월보 1986년 8월, 36면 이하. 최근의 논의에 관한 개관으로는 최흥섭, 불법행위의 성립요건, 한국민법이론의 발전(Ⅱ), 1999, 965, 980면; 안춘수, 민법상의 위법성, 비교사법 제23권 3호, 2016, 831, 847면.

24) 한때 과실의 내용이 가해결과의 방지가능성에 한정되는지 아니면 예견가능성을 중심으로 할 것인에 관한 논의도 있었는데, 이에 관하여는 민법주해 [XⅢ], 188-191면(이상훈 집필); 주석민법 채권각칙(6), 167-171면(이연갑 집필).

25) 곽윤직, 채권각론, 1985, 630면.

초반 주관적 과실의 관점에서 비판하는 입론이 제시되었는데,[26] 이 입장은 객관적 과실설이 책임능력과 조화되지 않는다는 점을 지적하였다. 그러나 통설과 판례는 민사책임이 형사책임과는 달리 사회질서의 신뢰보호와 손해의 공평한 분담을 도모한다는 점에서 여전히 추상적 과실의 입장을 견지해 오고 있다.[27]

한편 과실의 개념과 관련하여 전통적 입장이 결과발생을 예견할 수 있었음에도 알지 못한 '심리상태'라고 정의하는데 대하여, 당시 학설에서는 예견할 수 있는 결과발생을 방지하지 못한 '주의의무의 위반'임을 강조하는 입장이 피력되었다.[28] 주의의무 위반이라는 사정이 의사의 흠이라는 내적 부주의의 결과일 수밖에 없다면 양 입장이 실제 사건에서 어떠한 결과적 차이를 가져온다고는 생각되지 않는다.[29] 그러나 이 같은 개념의 변화는 법학이론의 발전과 민사책임의 과제를 반영한다고 여겨진다. 즉, 과실을 '심리상태'라고 파악하는 전통적 태도는 19세기 독일 법학에서 발전한 인과적 행위론, 심리적 유책성론에서 유래하였으나 이러한 입장은 이미 극복된 지 오래이다.[30] 또한 행위자의 개인적 인식상태에서 책임성을 찾기 보다는 '과실 = 주의의무위반'이라는 개념파악이 손해의 공평한 분담을 위한 과실판단의 객관화에 보다 부합한다고 여겨진다. 다만 위와 같이 과실을 객관적 주의의무 위반이라고 파악함과 아울러 행위불법의 입장에 따른 위법성 판단과의 관계가 논의되지 않을 수 없었고, 그 당시에는 양자를 일원적으로 파악하고자 하는 입장이 유력하였다.[31] 그렇지만 지배적 입장은 비록 행위자 개인에 대한 비난

26) 김형배, 불법행위에 있어서 책임귀속의 근거와 손해배상의 범위, 고려대학교 법률행정논집 제18집, 1980, 91면 이하; 김윤구, 민사불법이론의 연구, 105면 이하.

27) 객관적 과실의 근거에 관하여는 김증한·안이준, 신채권각론(하), 756면; 곽윤직, 채권각론, 632면; 마찬가지로 서광민, 불법행위의 귀책구조 연구, 98-100면; 최홍섭, 불법행위의 성립요건, 973면.

28) 이은영, 불법행위법에서 주의의무(하), 36면; 더 나아가 김주수, 채권각론, 1993, 610면; 김증한·김학동, 채권각론, 796면.

29) 민법주해 [XIII], 187면(이상훈 집필); 주석민법 채권각칙(6), 161면(이연갑 집필).

30) 인과적 행위론에 따르면 행위를 '의사에 기한 신체적 거동'이라고 정의하면서, 행위의 외부적 측면은 위법성 판단으로, 행위의 내부적 측면은 유책성으로 나누어 파악하였고, 후자의 요소와 관련하여 심리적 유책성론은 일정한 결과발생을 인식하지 못한 심리상태에서 유책성의 근거를 찾았다. 이러한 논의의 개관으로는 서광민, 불법행위의 귀책구조 연구, 52, 88면.

31) 이 입장은 다시 위법성 중심의 일원적 파악, 과실 중심의 일원적 파악으로 나누어지는데, 전자의 입장으로는 서광민, 불법행위의 귀책구조 연구, 101면; 이은영, 불법행위법에서 주의의무(하), 36면. 반면 후자의 입장으로는 장재현, 과실불법의 구조에 대한 소고, 경북대학교 법학논총, 제25권, 1987, 22면; 최상호, 불법행위법에 있어서의 위법성과 과실, 안암법학 창간호, 1993, 405, 419면.

가능성의 의미가 완화되기는 하였지만 사적자치의 일환으로 과실책임 법리를 표현하고 있다는 점에서 여전히 유책성에 대하여 위법성과 구별되는 주관적 요건의 의미를 부여하고 있다.[32] 객관적으로 요구되는 주의의무의 내용을 구체적 상황에 따라 상대화하면 할수록 위법성과 유책성은 동일할 수밖에 없다고 여겨진다. 그러나 행위자의 판단능력을 전제로 책임을 귀속시키려는 책임능력 제도의 취지, 해당 행위가 일반적 관점에서는 주의의무에 반한다고 판단되더라도 행위자의 개별 상황에 비추어 최종적으로 책임을 귀속시키기 적절하지 않다고 여겨질 경우에 결과 발생에 대한 예견·회피가능성을 내용으로 하는 과실 요건의 활용 여지, 그리고 무엇보다 위법성과 유책성의 요건이 민법 제750조의 손해배상책임만이 아니라 여타의 민사책임 제도에서 기능하고 있다는 점[33]에서 보다 나은 설명방식이 제시되기 이전에는 민사책임의 요건으로서 위법성과 유책성은 포기하기 쉽지 않을 것이라고 여겨진다.

(2) 현대적 불법행위 유형에서 과실책임법리의 발전: 과실의 추정과 인과관계 입증의 완화

1970년대 산업화·도시화가 본격화되면서 공해, 제조물, 의료 등 이른바 현대형 불법행위에 따른 민사책임이 자주 문제되었는데, 당시 이들 책임이 과실을 요건으로 하는 민법 제750조에 따라 근거지어져야 했던 관계로 위법성 내지 주의의무의 판단기준을 침해유형에 따라 구체화하는가 하면, 공해 등 사고에 따른 피해자의 충분한 보호를 도모하기 위하여 과실과 인과관계의 입증부담을 완화하는 법리가 발전하지 않을 수 없었다.

(가) 공 해

먼저, 공해에 따른 민사책임과 관련하여 이미 (1)에서 소개한 바와 같이 침해행위의 모습과 침해되는 법익의 종류 등을 종합적으로 고려하는 위법성 판단의 기준을 구체화하는 한편, “공장설립 당시나 그 가동에 있어서 현대과학이 가능한 모든 방법을 취하여 손해를 방지하는 시설을 갖추고 있다 하여 (...) 과실이 없다

32) 최근 문헌으로는 주석민법 채권각칙(6), 163면(이연갑 집필); 또한 최흥섭, 불법행위의 성립요건, 991면; 안춘수, 사무관리·부당이득·불법행위, 120, 156면.

33) 가령 위법행위에 대한 금지청구, 과실상계, 가해자의 비난가능성 여하에 따른 책임의 가중·감경 등.

고 말할 수는 없다"고 판시함으로써 과실의 판단을 엄격히 하였다.[34] 무엇보다 공해로 인한 불법행위책임에서는 인과관계의 입증이 피해자에게 어려울 수밖에 없을 것인데, 이와 관련하여 초기 판결례에서는 "공해사건에 있어서 인과관계의 인정은 (...) 개연성만 있으면 일응 입증이 있는 것으로 소송상 추정"한다는 법리를 인정하지 않기도 하였다.[35] 그러나 대법원은 얼마 후 "공해로 인한 불법행위에 있어서의 인과관계에 관하여 (...) 침해행위와 손해와의 사이에 인과관계가 존재하는 상당 정도의 가능성이 있다는 입증을 함으로써 족하고 가해자는 이에 대한 반증을 한 경우에만 인과관계를 부정할 수 있다고 하는 (...) 개연성이론을 수긍 못할 바 아니다"고 판단함으로써 피해자의 인과관계 입증부담을 완화하였다.[36] 그 후 이 법리는 각 당사자가 주장, 입증해야 할 요소를 구체화하는 이른바 '신개연성설'로 발전하여, 대법원도 수질오탁으로 인한 공해소송 사건에서 ① 피고에 의한 폐수배출, ② 배출된 폐수의 피해자 원고에의 도달, ③ 폐수 도달 후 원고에의 손해야기라는 사실이 모순 없이 증명된 이상 폐수배출과 손해 사이의 인과관계가 일응 증명되었다고 여기면서 피고로 하여금 이를 번복할 만한 사실을 반증하여 인과관계를 부정하지 못하는 한 그 불이익은 피고에게 돌려야 한다고 판단한 바 있다.[37] 이러한 법리는 가령 독일의 경우에는 표현증명, 영미의 경우에는 res ipsa loquitur the thing speaks for itself의 법리와 같이 비교법적으로 지지되었고,[38] 이후 제조물책임, 의료과오의 영역 등에서도 전개되어갔다.[39]

(나) 제조물책임

또한 제조물의 결함에 의한 불법행위책임에서도 주목할 만한 판례의 법리가 발전하였는데, 피해자의 입장에서는 제조물의 결함에 대한 제조자의 과실 여부, 제조물의 결함과 피해자의 손해 사이의 인과관계의 입증이 제조자에 대한 손해배상청구권의 실현에서 관건이 될 것이다. 이와 관련하여 대법원은 사료에 불순물이 함유되어 닭들의 산란율이 현저히 저하하여 양계농가가 재산상 손해를 입게 된

---

34) 대법원 1973.10.10. 73다1253 판결.
35) 대법원 1973.11.27. 73다919 판결.
36) 대법원 1974.12.10. 72다1774 판결.
37) 대법원 1984.6.12. 81다558 판결.
38) 위 대법원 판결례 이전부터 문헌의 연구로는 오석락, 공해소송과 인과관계의 증명도, 법조 제25권 6호, 1976, 1면 이하; 위 대법원 판결례의 평석으로서 오용호, 공해소송의 인과관계에 대한 입증, 민사판례연구 제7권, 1985, 158면 이하.
39) 박동섭, 의료과오소송에 있어서의 인과관계(Ⅱ), 사법논집 제20집, 1989, 251면 이하.

이른바 '닭사료 사건'에서 "배합사료와 기초사료에 어떠한 불순물이 함유되었고 (...) 위 사료로서 사양시험을 한 결과 똑같은 시험결과를 보였고 급식방법이나 계사 관리 또는 사료보관에 어떤 이상이 없었고 사양시험에 제공했던 사료들이 변질되거나 부패한 것도 아니고 또 이건 사료를 급식할 무렵 닭들에 시주한 뉴켓슬 예방주사의 시주방법이나 약품에 아무런 하자도 없어 적어도 그 사료에 어떤 불순물이 함유된 것이 틀림없어 제조과정에 과실이 있었고 이로 인하여 원고가 사육하던 닭들이 위와 같은 현상을 초래하게 된 경우에는 그 사료 제조 판매자에게 불법행위의 책임이 있다"고 판시함으로써 제조물의 결함에 대한 제조자의 과실을 추정하는가 하면 사료관리 · 사용방법 등에서 다른 잘못이 없는 한 결함과 손해발생 사이의 인과관계에 대한 피해자의 입증부담도 완화해 주고 있다.[40] 이 같은 판결례는 이후에도 완구용 주사기가 제조상 잘못되어 주사침이 몸통에 부착하여 공기를 압축하는 과정에서 주사기로부터 분리되어 손해를 야기한 사건[41] 등에서도 유지되었다.[42]

(다) 의료과오와 명예훼손

한편 의료과오에 관한 민사책임의 법리도 1960년대 이래 의료과오 판결이 계속 내려지면서 발전하였는데, 대법원은 의료인의 과실에 대해서도 결과발생에 대한 예견 · 회피가능성이라고 이해하면서 해당 업무에 종사하는 일반인이라면 누구나 할 수 있는 주의의 정도를 표준으로 판단해야 한다고 한 후, "사고당시의 일반적인 의학의 수준과 진료환경 및 조건, 의료행위의 특수성 등"을 고려하여 의료종사원의 과실 유무를 판단해야 한다고 판시하였다.[43] 또한 설명의무의 법리도 발전하기 시작하여, 대법원은 수술 후유증에 대하여 제대로 설명하지도 않은 채 더욱이 긴급한 시행을 요하지 않는 수술의 결과로 중대한 후유증이 수반된 사안에서 처음으로 의사의 설명의무 위반을 명시하면서 이와 동시에 환자의 승낙권을 침해하여 위법한 수술을 한 불법행위책임의 성립을 받아들였다.[44] 더 나아가 의

40) 대법원 1977.1.25. 75다2092 판결.

41) 대법원 1970.12.26. 79다1772 판결(법률신문 1980년 1월 28일자).

42) 당시 과실, 인과관계에 대한 피해자의 입증부담 완화에 관하여는 여상규, 제조물 책임소송과 증명책임, 재판자료 제26집, 1985, 296면; 1990년대 이전의 판결례 등에 관한 개관으로는 조규창, 제조물책임의 실태, 논리와 직관, 1998, 575면.

43) 대법원 1987.1.20. 86다카1469 판결.

44) 대법원 1979.8.14. 78다488 판결. 마찬가지로 대법원 1987.4.28. 86다카1136 판결. 더 나아가 아래 3. 참고.

료과오에서도 과실의 추정과 인과관계 입증완화의 법리가 발전해 갔는데, 예방접종 후 피접종자가 사망한 사건에서 "손해부담을 공평의 원칙에서 결정하려는 민사 분쟁에서 인과관계는 과학적 인과관계를 의미하는 것이 아니므로 (...) 출혈이 예방접종으로 인한 가능성이 있다고 인정되는 이상 달리 피해자에게 뇌출혈을 일으킬만한 특별한 사정이 있음을 인정할 자료가 인정될 수 없다면 법적 견지에서 예방접종과 피접종자의 사망 사이에는 인과관계가 있다고 해석하는 것이 타당하다"고 판시한 바 있다.[45] 또한 과실의 입증에 관하여도 수술 후 좌측하지의 마비증세가 발생한 사안에서 수술 과정에서 손상을 가하는 경우 이외에 환자의 특이체질 등 다른 모든 가능성이 마비증세의 원인이라고 여겨지지 않을 때에 의사의 과실이 추인될 수 있다고 판시하였다.[46]

끝으로 도시화의 진전과 사회의 개방화 등에 따라 1970년대 이래 선고된 대법원 판결례는 많지 않지만 명예훼손 등을 포함한 인격권에 관한 본격적 연구가 꾸준히 진행되어 왔음도 간과할 수 없다. 대체로 ① 인격적 이익을 총칭하는 일반적 인격권 이외에 성명 · 초상 · 명예 · privacy와 같은 개별적 인격권의 내용에 따른 논의의 진행, ② 인격권 침해의 위법성 판단과 관련하여 가령 명예훼손의 경우 형법 법리에 따라 책임 여부의 판단에서 의견표명과 사실전달의 구분, 사실유포의 경우 진실성과 공공성 등을 고려하는 구체적 논의, ③ 인격권의 보호주체(법인과 사자), 그리고 ④ 인격권 침해에 대하여 손해배상 이외에 이를 사전에 방지하기 위한 금지청구권의 인정 여부 등에 관한 논의가 진행됨으로써,[47] 현재의 인격권 보호에 관한 민사 법리에 중요한 기틀을 마련해 주었다.[48]

(3) 손해의 규범적 파악에 관한 판례 법리와 손해액 입증 완화의 법률 규정

불법행위로 인한 손해는 가해행위의 전후에 걸친 피해자의 재산상태 변화에

---

45) 대법원 1977.8.23. 77다686 판결. 강봉수, 의료소송에 있어서의 증명책임, 재판자료 제27집, 1985, 304면 이하에 따르면 이 판결에 대하여는 인과관계의 판단에서 과실과 손해 사이의 시간적 접착성 및 타 원인의 개입가능성을 중시하였다고 평가하고 있다.

46) 대법원 1983.11.22. 83다카1350 판결. 이러한 판결례는 이후 1990년대의 대법원 1992.12.8. 92다29924 판결; 대법원 1993.7.27. 92다15031 판결 등에서 유지되었다.

47) 1960년대 이래 발전한 논의로서 최종길, 인격권의 사법상의 보호, 저스티스 9권 1호, 1965, 29면; 지홍원, 인격권의 침해, 사법논집 10집, 1979, 213면; 김오수, 언론에 의한 피해보상형태, 언론중재 3권 1호, 1983, 32면; 홍춘의, 인격권의 보호에 관한 연구, 전북대학교 법학연구 제13집, 1986, 143면; 김상용, 인격권 침해와 손해배상, 손해배상법의 제문제, 1990, 149면.

48) 상세한 판례의 법리는 아래 Ⅱ.3.(2) 참고.

따르는 차액설에 의하여 산정한다. 이를 인신사고에서 일실수입에 적용할 경우, 소득상실설, 즉 '불법행위가 없었더라면 피해자가 얻을 수 있었을 소득의 상실'을 손해로 파악하여(현실손해설) '불법행위 당시의 소득과 불법행위 후의 향후 소득과의 차액에 따라 손해를 산정하는 형태(소득상실설)로 나타나게 된다. 그러나 이러한 손해의 파악·산정방법은 개별 사안에서 피해자의 개인적 차이 등에 따라 불합리한 결과를 야기할 수 있다는 점에서 보다 정형적, 유형적 기준으로 보완할 필요가 논의되었던 바, 대법원은 1979년 판결례에서 "생명이나 신체에 대한 불법행위로 인하여 가동능력의 전부 또는 일부를 상실함으로써 일실하는 이익의 액은 그 피해자가 그로 인하여 상실하게 된 가동능력에 대한 총평가액"이라고 판시함으로써 가동능력상실설, 즉 가동능력의 상실 자체를 평가하는 방법에 따라 손해액을 산정하는 입장을 채택하였다.[49] 이후 대법원은 "사고당시 일정한 직업에 종사하여 수입을 얻고 있던 자가 사고로 인한 부상으로 신체기능장애가 생겨 그 직업에는 더 이상 종사할 수 없게 된 경우에 그 일실이익은 종전직업의 소득으로부터 잔존한 신체기능을 가지고 장차 다른 직업에 종사하여 얻을 수 있을 것이 예상되는 향후소득을 공제하는 방법으로 산정할 수 있음은 물론 종전직업의 소득에 피해자의 노동능력상실률을 곱하는 방법으로 일실이익을 산정할 수도 있다"고 판단함으로써[50] 차액설과 평가설 중 어느 하나의 입장을 고집하지 않음을 분명히 하였다.

위와 같은 평가설의 입장은 인신손해로 인한 적극적 손해의 영역에도 영향을 미쳐 가령 피해자가 근친개호를 받아서 실제로는 개호비를 지출하지 않은 경우에도 개호비 상당의 손해배상을 청구할 수 있다는 법리를 확립시켰다. 대법원은 이에 관하여 초기에는 실제 지출하지 않은 부분에 관하여는 손해배상을 인정하지 않는다는 전제에 서 있기도 하였으나,[51] 이후에는 "근친자가 피해자의 개호를 위하여 휴업한 경우 그 근친자가 휴업으로 인한 상실이익을 배상청구하거나, 피해자가 실제 개호비의 지출유무와 관계없이 개호비상당액의 배상청구를 할 수 있다"고 판단해 오고 있다. 또한 일실수입의 산정에서도 피해자의 실제 수입이 일반일용노임에 미달하거나 피해자가 무직자, 가정주부와 같이 현실적 수입을 얻지 못하

49) 대법원 1979.2.13. 78다1491 전원합의체 판결. 위 입장은 인신사고에서 사상(死傷) 그 자체를 손해로 파악하는 관점(사상손해설)을 이론적 바탕으로 삼고 있다.
50) 대법원 1986.3.25. 85다카538 판결.
51) 대법원 1977.8.23. 77다279 판결; 대법원 1980.5.27. 80다664 판결.

고 있는 경우에도 특별한 사정이 없는 한 일반일용노임을 기준으로 일실수입을 산정하는 법리[52] 역시 평가설에 의해 차액설을 보완하는 것이다. 더 나아가 피해자가 사고로 가동능력의 일부를 상실한 후 다른 곳에 취업하여 사고 당시 받았던 급여보다 더 많은 급여를 받은 경우에도 그와 같은 사정만으로는 가동능력의 일부 상실로 인한 손해가 없다고는 단정할 수 없다고 판시하면서 노동능력 상실에 따른 수입상실을 인정한 판결례[53] 역시 마찬가지로 이해된다.

한편 손해의 규범적 파악 또는 손해액 산정의 입증완화와 관련하여 소개할 바로는 이 시기에 저작권 · 특허권 · 상표권 등 지적재산권의 침해에서 피해자의 효율적 청구권실현과 위법한 권리침해의 억제를 위한 손해액 추정 규정이 도입되었다. 1973년 상표법 제37조(현행 제67조), 1986년 저작권법 제93조(현행 제125조), 1990년 특허법 제128조(현행 제128조)은 권리침해자가 얻은 이익을 손해액으로 추정한다는 규정과 아울러 권리행사로 통상 얻을 수 있는 금액에 상당하는 액을 손해액으로 배상 청구할 수 있다고 규정하였다.[54] 특히 실시료 상당액의 배상규정은 손해액으로 추정되는 침해자이익 역시 산정하기 어렵기 때문에 권리침해에 따른 최소한의 손해배상을 보장하기 위한 입법 조치이며, 저작권법과 특허법의 경우에는 권리침해만으로 손해발생을 인정하려는 규정이라고 파악하는 견해도 유력하다.[55]

3. 사회발전의 고도화와 불법행위책임의 다양화

(1) 불법행위법 전반에 관한 이론적 · 실무적 논의의 활성화

우리 사회가 1990년대 들어 정치 · 경제 등에서 개방과 민주화 과정에 접어들면서 민사책임에서도 이론적 · 실무적 발전을 경험하게 되었다. 먼저, 불법행위책

52) 대법원 1980.2.26. 79다1899 전원합의체 판결.
53) 대법원 1987.9.8. 86다카816 판결.
54) 규정 취지에 관하여는 송영식, 상표권의 효력, 변호사: 법률실무연구 13집, 1983, 217면; 같은 저자, 저작권침해에 대한 구제제도와 그 문제점, 대한변호사협회지 120호, 1986, 41면.
55) 실시료 상당액에 따른 손해액 산정규정에 관하여 손해액 산정의 편의규정으로만 파악하는 입장과 손해평가설의 입장이 대립하는데, 전자의 입장이 다수의 입장으로 되어 있다. 후자의 입장으로는 정상조 · 박성수, 특허법 주해 Ⅱ, 2010, 240-241면; 오승종, 저작권법, 2013, 1439면; 이들 논의의 개관으로는 김상중, 지적재산권 침해로 인한 손해배상책임, 재산법연구 제31권 제3호, 2014, 267면 이하.

임의 기본요건과 관련하여, 과실의 객관화에서 비롯한 과실책임 법리의 현대적 변모는 주의의무의 고도화를 통하여 더욱 가속화되었다. 가령 대법원 판결례는 특히 생명・신체의 법익침해에 대한 위험발생의 개연성이 높은 직무활동의 경우에 '최대한의 주의' 또는 '고도의 주의의무'를 부과함으로써[56] 불법행위책임을 통하여 행위자 개인에 대한 윤리적 비난보다는 사고위험의 적절한 분담이라는 과제수행을 도모하고 있음을 엿볼 수 있게 해주고 있다. 이러한 발전은 불법행위 성립요건에서 유책성의 필요 여부를 근본적으로 점검하여야 한다는 주장으로 표현되기도 하였다.[57] 또한 의료과오, 제조물, 공해와 같은 현대적 불법행위 유형을 중심으로 과실・인과관계 입증에 관한 종래의 법리가 유지, 발전되었다(아래 (2) 참고). 한편 손해의 파악과 인정 여부에 관해서도 이미 Ⅱ.2(3)에서 소개한 전통적 차액설의 비판 이외에 치료기회 상실의 손해에 관한 논의가 있어 왔는데,[58] 1990년대 후반에 의사가 피임・불임시술 등을 잘못하여 원치 않은 임신・출산에 따른 민사상 책임과 관련하여 원치 않았던 아이 자체가 손해로 파악될 수 있는지도 논의되었다.[59]

더 나아가 이 시기에는 불법행위책임의 체계와 기능・효과에 관한 이론적 연구도 상당히 진척되었는데, 과실책임의 엄격화와 더불어 위법・유책한 행위 여부를 묻지 않고 사고발생에 따른 손해배상책임을 인정하기 위한 위험책임에 관한 입법적 논의도 활발하였다. 당시의 논의에 따르면 과실책임 법리가 위법・유책한 행위로 인한 손해를 배상함으로써 보상적 정의를 관철한다고 한다면, 위험책임은 사회생활상 필요로 하는 활동이지만 그 과정에서 불가피하게 타인의 법익을 침해하는 위험이 현실화되는 경우에 자신의 이익을 위해 타인의 법익을 위태롭게 하는 특별한 위험을 창출・관리하는 자로 하여금 손해배상의 책임을 지도록 함으로써 배분적 정의의 실현을 목적으로 한다고 파악하였다.[60] 이러한 위험책임의 법

56) 대법원 1995.8.25. 94다47803 판결; 대법원 2000.2.25. 98다15934 판결; 이미 그 이전에도 대법원 1979.1.30. 78다2204 판결.

57) 서광민, 과실책임주의에 대한 해석론적・입법론적 재고, 민사재판의 제문제(이시윤박사화갑기념논문집), 1995, 477면 이하.

58) 이에 관하여는 박영호, 의료소송상 기회상실 이론의 도입에 관한 소고, 사법논집 제46집, 2008, 382면. 치료기회의 상실과 관련하여, 가령 의사가 적절한 치료를 게을리하여 환자가 사망하게 되는 경우 우리나라의 판결례는 의사의 오진과 사망 사이의 인과관계를 인정하되 상당한 비율로 배상책임을 제한하거나 또는 치료기회 상실에 따른 위자료만을 인정하는 경향에 있고, 치료기회의 상실 자체를 재산상 손해로 파악하지는 않는다고 여겨진다.

59) 서울고법 1996.10.17. 96나10449 판결; 대법원 1999.6.11. 98다22857 판결.

리는 이미 Ⅱ.1.(3)에서 소개한 바와 같이 광업법 등에서 부분적으로 도입되었지만, 과학기술의 발달 등에 따라 보다 일반적인 규정이 마련되어야 한다고 입법적으로 제안되었다.[61] 또한 불법행위책임의 기능·과제와 관련하여 전통적 입장이 이를 피해자의 손해전보에서 찾고자 하였다면, 일부 문헌에서는 위법행위의 억제와 이를 통한 사회질서 형성이라는 과제를 역설하는가 하면[62] 또한 불법행위책임에 의한 위법행위의 예방적 기능을 강조함과 아울러 불법행위의 사전적 예방을 위한 금지청구권의 인정도 논의되었다.[63] 끝으로 언급할 바는 과실책임의 엄격화에 따라 불법행위책임에 의한 손해분산의 기능이 강조되면서 이 시기에 불법행위책임에 관한 법경제학적 분석의 필요성이 강조되기 시작하였고, 가령 '주의의무'의 설정 등에서 비용-편익의 분석법을 유용한 기준으로 활용할 수 있다고 평가하기도 하였다.[64]

(2) 시장의 발전과 전문화에 따른 불법행위책임의 다양화

(가) 민법전 내의 특수한 불법행위와 현대적 불법행위 유형에 관한 판결례 발전

민법전 내의 특수한 불법행위와 관련하여 이 시기에는 사용자책임에서 외형이론에 따른 사무집행 관련성의 인정, 공동불법행위에서 객관적 공동에 따른 공동성의 인정 등과 같이 종래의 법리가 유지되었다.[65] 그중 특기할 바는 대법원 전원합의체 판결로 내려진 책임능력 있는 미성년자의 감독자책임 법리라고 하겠다. 민법 제755조가 책임능력 없는 미성년자에 대한 감독자책임만을 규정하는 관계로 책임능력 있는 미성년자의 감독자책임에 관한 법적 구성이 당시 논란이 되었다. 민법 제755조의 반대해석에 따라 책임능력 있는 미성년자의 감독자책임 자체를 부정하는 입장도 없지 않았지만, 대체로 피해자의 현실적 보호, 비교법적 측면에

60) 김형배, 위험책임론, 민법학의 회고와 전망, 1993, 773면.
61) 한국민사법학회 민법개정안연구소위원회, 불법행위법 개정안 의견서, 민사법학 제15호, 1997, 173면 이하.
62) 이명갑, 불법행위법의 이념으로서의 가해행위 억제, 사법행정 제27권 2호, 1986, 48면.
63) 한국민사법학회 민법개정안연구소위원회, 불법행위법 개정안 의견서, 민사법학 제15호, 1997, 173, 219면; 송오식, 불법행위의 귀책근거와 예방적 효과론, 전남대학교 법학박사학위논문, 1994.
64) 김건식, 불법행위법과 법경제학, 민사판례연구 15권, 1993, 403면; 권순일, 불법행위법상 주의의무의 기준, 법조 제46권 3호, 1997, 70면.
65) 이 시기의 판결례 개관으로는 지원림, 90년대 채권법 판례 회고, 민사판례연구 [XXⅡ], 2000, 864면; 더 나아가 이상정, 공동불법행위, 한국민법이론의 발전(Ⅱ), 1999, 1007면; 윤형렬, 사용자배상책임, 한국민법이론의 발전(Ⅱ), 1999, 1031면.

서 입법적 불비를 지적하면서 책임능력 있는 미성년자의 감독자책임을 긍정해 오던 중[66] 대법원은 "미성년자가 책임능력이 있어 그 스스로 불법행위책임을 지는 경우에도 그 손해가 당해 미성년자의 감독의무자의 의무위반과 상당인과관계가 있으면 감독의무자는 일반불법행위자로서 손해배상책임이 있다고 할 것이므로 이 경우에 그러한 감독의무위반사실 및 손해발생과의 상당인과관계의 존재는 이를 주장하는 자가 입증하여야 할 것이다"고 판시함으로써[67] 민법 제750조에 따라 책임을 근거지으려는 다수설과 그 입장을 같이하였다. 한편, 학교사고로 인한 교사, 학교의 손해배상책임에 관한 논의도 활발하였다.[68]

또한 이미 1970, 80년대 이래 빈번해진 제조물의 결함, 환경오염, 의료과오 등 현대적 불법행위 유형에 관한 민사책임에 관한 판결례도 계속 발전하였는데, 그 중 의료과오에 관한 당시의 주요 판례 법리를 소개하도록 하겠다. 대법원은 1980년대 의사의 주의의무 판단을 위한 기준을 제시한 후에도 "의사의 주의의무는 의료행위를 할 당시 의료기관 등 임상의학분야에서 실천되고 있는 의료행위의 수준을 기준으로 판단"하여야 한다고 하였고,[69] 이때 "그 의료수준은 규범적으로 요구되는 수준으로 파악되어야 하고, 당해 의사나 의료기관의 구체적 상황에 따라 고려되어서는 안 된다"고 하면서[70] 주의의무의 판단기준을 더욱 발전시켰다.[71] 그리고 과실·인과관계의 입증완화와 관련해서도 종래 판결례와의 연장선에서 의료행위의 밀실성, 재량성과 전문성 등 의료행위의 특성에 따라 "피해자 측에서 일련의 의료행위 과정에 있어서 저질러진 일반인의 상식에 바탕을 둔 의료상의 과실 있는 행위를 입증하고 그 결과와 사이에 일련의 의료행위 외에 다른 원인이 개재될 수 없다는 점(...)을 증명한 경우에 있어서는, 의료행위를 한 측이 그 결과가 의료상의 과실로 말미암은 것이 아니라 전혀 다른 원인으로 말미암은 것이라는 입증을 하지 아니하는 이상, 의료상 과실과 결과 사이의 인과관계를 추정하여 손해배상책임을 지울 수 있도록 입증책임을 완화"해야 한다고 판시하였다.[72] 더 나아가

66) 조규창, 미성년자의 불법행위에 대한 친권자의 책임, 고려대학교 판례연구 제2집, 1983, 145면.
67) 대법원 1994.2.8. 93다13605 전원합의체 판결.
68) 윤인태, 학교사고의 손해배상책임, 재판실무, 1999, 161면.
69) 대법원 1994.4.26. 93다59304 판결.
70) 대법원 1997.2.11. 96다5933 판결.
71) 판례 법리의 변화과정에 관하여는 박영호, 의료소송에 있어서 주의의무위반 여부의 판정기준, 사법논집 제32집, 2001, 493면; 석희태, 의료과실 판단기준에 관한 학설·판례의 동향, 한국민법이론의 발전(Ⅱ), 1999, 1109면.

의사의 설명의무 위반에 따른 책임내용에 관하여도 대법원은 의사의 설명의무 위반에 따라 위자료만을 청구하는 경우에는 의사의 설명의무 위반에 따라 선택의 기회를 상실했다는 사실만을 입증하면 충분하지만, 설명의무 위반에 따라 사망 등의 중대한 결과가 발생하여 그 모든 손해를 청구하는 경우에는 "그 중대한 결과와 의사의 설명의무 위반 내지 승낙취득과정에서의 잘못과의 사이에 상당인과관계가 존재하여야 하며, 그 경우 의사의 설명의무의 위반은 (...) 환자의 생명 신체에 대한 의료적 침습 과정에서 요구되는 의사의 주의의무 위반과 동일시 할 정도의 것이어야 한다"고 판시하였다.[73] 의료진에 의한 진료기록의 위변조의 경우에 비록 입증책임이 전환되거나 상대방의 주장 사실이 증명된 것으로 볼 수는 없더라도 법원은 이를 자유로운 심증에 따라 의료진에게 불리한 평가를 할 수 있다는 법리도 이 시기에 정립되었다.[74]

한편 이 시기에는 명예훼손 등 인격적 법익의 침해를 이유로 한 불법행위책임에 관한 법리가 활발히 다루어졌는데, 개인의 명성 · 신용 등 사회적 평가를 침해하는 명예훼손의 경우[75] 이미 Ⅱ.2.(2)에서 소개한 바와 같은 해당 행위의 공익성과 진실 · 상당성을 고려한다는 법리를 보다 구체화하였다. 즉, 대법원은 "방송 등 언론 매체가 사실을 적시하여 개인의 명예를 훼손하는 행위를 한 경우에도 그것이 공공의 이해에 관한 사항으로서 그 목적이 오로지 공공의 이익을 위한 것일 때에는 적시된 사실이 진실이라는 증명이 있으면 그 행위에 위법성이 없다 할 것이고, 그 증명이 없다 하더라도 행위자가 그것을 진실이라고 믿었고 또 그렇게 믿을 상당한 이유가 있으면 그 행위에 대한 고의 · 과실이 없다고 보아야 한다"고 판시해 왔다.[76] 이때 "적시된 사실이 공공의 이익에 관한 것인지 여부는 당해 적

72) 대법원 1995.2.10. 93다52402 판결. 위 판결례에서는 피해자로 하여금 "일련의 의료행위 과정에 있어서 저질러진 일반인의 상식에 바탕을 둔 의료상의 과실 있는 행위를 입증"하도록 판시하였던 바, 이러한 판시가 의료의 문외한인 피해자로 하여금 입증할 내용을 완화해 주고 있음은 분명한데, 더 나아가 종전의 판결례에 따른 '과실의 추정' 법리를 수정하고자 한 것인지에 대한 논의의 여지를 남겼으나 이후에도 종전 판결례와 같이 과실추정의 판결례는 지속하였다. 이에 관하여는 박영호, 의료과실소송에 있어서 과실과 인과관계의 입증과 방법, 저스티스 77호, 2004, 90면 이하.

73) 대법원 1994.4.15. 93다60953 판결. 의사의 설명의무에 관한 판결례 전반에 관하여는 김천수, 의사의 설명과오책임에 관한 국내 판례의 분석, 민사재판의 제문제(이시윤박사화갑기념논문집), 1995, 494면 이하.

74) 대법원 1995.3.10. 94다39567 판결; 대법원 1999.4.13. 98다9915 판결.

75) 단순히 주관적인 명예감정을 침해하는 것만으로는 명예훼손으로 보기에 부족하다는 대법원 1999.7.13. 98다43682 판결.

시 사실의 구체적 내용, 당해 사실의 공표가 이루어진 상대방의 범위의 광협, 그 표현의 방법 등 그 표현 자체에 관한 제반 사항을 감안함과 동시에 그 표현에 의하여 훼손되거나 훼손될 수 있는 타인의 명예의 침해의 정도 등을 비교·고려하여 결정하여야 한다"고 판단하는 한편,[77] 상당성 여부는 가령 언론보도에 의한 명예훼손의 경우에는 "적시된 사실의 내용, 진실이라고 믿게 된 근거나 자료의 확실성과 신빙성, 사실 확인의 용이성, 보도로 인한 피해자의 피해 정도 등 여러 사정을 종합하여 행위자가 보도 내용의 진위 여부를 확인하기 위하여 적절하고도 충분한 조사를 다하였는가, 그 진실성이 객관적이고도 합리적인 자료나 근거에 의하여 뒷받침되는가 하는 점을 종합적으로 고려"하여 판단하여 왔다.[78]

또한 사생활 침해를 이유로 한 민사책임도 문제되었는데, 성형수술의 부작용을 방송하는 과정에서 피해자의 신분이 노출된 사건에서 "사람은 자신의 사생활의 비밀에 관한 사항을 함부로 타인에게 공개당하지 아니할 법적 이익을 가진다고 할 것이므로, 개인의 사생활의 비밀에 관한 사항은, 그것이 공공의 이해와 관련되어 공중의 정당한 관심의 대상이 되는 사항이 아닌 한, 비밀로서 보호되어야 하고, 이를 부당하게 공개하는 것은 불법행위를 구성한다"고 전제한 후, "본인의 승낙을 받고 승낙의 범위 내에서 그의 사생활에 관한 사항을 공개할 경우 이는 위법한 것이라 할 수 없다 할 것이나, 본인의 승낙을 받은 경우에도 승낙의 범위를 초과하여 승낙 당시의 예상과는 다른 목적이나 방법으로 이러한 사항을 공개할 경우 이는 위법한 것이라"고 판단하였다.[79] 더 나아가 공적 인물의 경우에도 "사생활의 비밀과 자유가 일정한 범위 내에서 제한되어 그 사생활의 공개가 면책될 수는 있으나, 이는 공적 인물의 경우에는 일반 국민의 알 권리의 대상이 되고 그 공개가 공공의 이익이 된다는 데 근거한 것이므로, 일반 국민의 알 권리와는 무관하게 국가기관이 평소의 동향을 감시할 목적으로 개인의 정보를 비밀리에 수집한 경우에는 그 대상자가 공적 인물이라는 이유만으로 면책될 수 없다"고 판시하

---

76) 대법원 1998.2.27. 97다19039 판결. 참고로 위 판결례에서는 '상당성' 여부가 과실 여부의 판단에서 고려되고 있는데, 가령 대법원 1993.11.26. 93다18389 판결에서는 이를 위법성 배제사유로 언급하고 있다. 한편 특정 종교 또는 종교집단에 대한 비판과 명예훼손에 관하여는 대법원 1996.9.6. 96다19246, 19253 판결; 범죄사실 공표에 따른 명예훼손 여부의 위법성 판단에 관하여는 대법원 1999.1.26. 97다10215 판결.

77) 대법원 1998.7.14. 96다17257 판결.

78) 대법원 1998.10.27. 98다24624 판결.

79) 대법원 1998.9.4. 96다11327 판결.

였다.[80)]

끝으로 최근 사회적으로 큰 이슈가 되고 있는 직장 내 성희롱에 따른 불법행위책임에 관한 대법원 판결례가 그 당시에도 큰 관심을 모았다.[81)] 또한 명예훼손 등 인격권침해에 대한 구제방법과 관련해서도 이 시기에 주목할 만한 판례 법리가 확립되었다. 그중의 하나가 사죄광고의 위헌성 여부에 관한 헌법재판소 결정인데, "민법 제764조가 사죄광고제도를 포함하는 취지라면 그에 의한 기본권 제한에 있어서 그 선택된 수단이 목적에 적합하지 않을 뿐 아니라 그 정도 또한 과잉하여 비례의 원칙이 정한 한계를 벗어난 것"이라고 판단함으로써 헌법재판소는 인격권침해의 구제방법으로서 사죄광고를 허용할 수 없음을 분명히 하였다. 이러한 법리와 더불어 대법원은 "인격권은 그 성질상 일단 침해된 후의 구제수단(금전배상이나 명예회복 처분 등)만으로는 그 피해의 완전한 회복이 어렵고 손해전보의 실효성을 기대하기 어려우므로, 인격권 침해에 대하여는 사전(예방적) 구제수단으로 침해행위 정지·방지 등의 금지청구권"을 인격권침해에 대한 사전적 구제수단으로 인정하기에 이르렀다.[82)]

(나) 산업, 경제활동 과정의 불법행위 유형의 증가

경제, 산업 활동의 변화하는 사회상을 반영하는 불법행위책임에서도 영업과 경영 과정에서 타인의 법익을 침해하는 불법행위 유형이 주목되었다. 가령 제3자의 채권침해로 인한 불법행위 책임은 종래 채권의 권리성 여부라는 관점에서 논의되었으나 이 시기에는 영업이익의 보호 정도 또는 공정한 경쟁질서의 준수라는 시각이 강조되었다.[83)] 또한 노사 간의 갈등에서 비롯한 부당해고, 쟁의행위에 대한 불법행위책임도 자주 다루어져 사용자의 징계권한 남용, 노동조합의 정당한 쟁의행위의 한계 일탈 여부가 책임 여부에서 판단되었다.[84)]

이 시기에 경제활동 과정의 불법행위책임으로서 언급할 바는 무엇보다 증권거

80) 대법원 1998.7.24. 96다42789 판결.

81) 대법원 1998.2.10. 95다39533 판결.

82) 대법원 1996.4.12. 93다40614,40621 판결.

83) 이은영, 제3자의 채권침해와 경쟁질서, 채권법에 있어서 자유와 책임(김형배교수화갑기념논문집), 1994, 343면; 안법영, 영업경영의 과실침해와 책임귀속의 인과적 표지, 고려대학교 판례연구 제8집, 1996, 175면; 구남수, 제삼자의 채권침해로 인한 불법행위의 성립과 손해배상의 범위, 부산판례연구회 판례연구 제7집, 1997, 161면.

84) 부당해고에 관하여는 가령 대법원 1993.10.12. 92다43586 판결; 노동쟁의에 관하여는 대법원 1994.3.25. 93다32828,32835 판결.

래 과정에서 증권회사의 투자고객에 대한 보호의무라고 하겠다. 이에 관하여 대법원이 처음으로 내린 판결에 따르면 "무릇 증권거래는 본래적으로 여러 불확정 요소에 의한 위험성을 동반할 수밖에 없는 것으로서 투자가로서도 일정한 범위 내에서는 자신의 투자로 인해 발생할지 모르는 손실을 스스로 부담해야 함이 당연한 점에 비추어, 증권회사의 임·직원이 강행규정에 위반된 이익보장으로 투자를 권유하였으나 투자 결과 손실을 본 경우에 투자가에 대한 불법행위책임이 성립하기 위하여, (...) 적어도 거래경위와 거래방법, 고객의 투자상황, 거래의 위험도 및 이에 관한 설명의 정도 등을 종합적으로 고려한 후 당해 권유행위가 경험이 부족한 일반 투자가에게 거래행위에 필연적으로 수반되는 위험성에 관한 올바른 인식형성을 방해하거나 고객의 투자 상황에 비추어 과대한 위험성을 수반하는 거래를 적극적으로 권유한 경우에 해당하여, 결국 고객에 대한 보호의무를 저버려 위법성을 띤 행위인 것으로 평가될 수 있는 경우라야 할 것이다"고 판단하였다.[85] 또한 증권회사의 직원이 고객의 주식에 대한 포괄적 일임매매를 약정한 경우에도 "고객의 이익을 무시하고 회사의 영업실적만을 증대시키기 위하여 무리하게 빈번한 회전매매를 함으로써" 고객에게 손해를 입힌 경에도 충실의무에 반하는 과당매매 행위로서 불법행위책임을 인정하였다.[86] 한편 '주식회사의 외부감사에 관한 법률'에 따라 일반적인 공시책임과 외부감사인인 공인회계사의 피해 투자자에 대한 책임을 포괄하는 판결례도 이 시기에 선고되었다.[87]

끝으로 특허권, 상표권이 경쟁적 산업활동에서 갖는 중요한 의미에 비추어 이 시기에 지적재산권 침해를 이유로 한 금지청구와 손해배상에 관한 문헌적 연구가 활발하였을 뿐만 아니라[88] 상표권자의 보호를 위한 손해액의 추정규정의 의미에 대한 대법원 판결례가 선고되기도 하였다. 그에 따르면 "상표법 제67조 제1항(인용자: 현행 상표법 제110조 제1항)의 규정은 상표권자 등이 상표권 등의 침해로 인하여 입은 손해의 배상을 청구하는 경우에 그 손해의 액을 입증하는 것이 곤란한

85) 대법원 1994.1.11. 93다26205 판결. 이에 관하여는 권순일, 증권회사의 고객에 대한 보호의무, 민사재판의 제문제 제10권, 2000, 374면.

86) 대법원 1996.8.23. 94다38199 판결.

87) 대법원 1997.9.12. 96다41991 판결. 이에 관한 논의의 개관으로는 이준섭, 재무정보공시에 대한 외부감사인의 손해배상책임, 상사법연구 제17권 2호, 1998, 135면.

88) 전효숙, 상표권 침해로 인한 손해배상청구의 요건사실, 민사재판의 제문제 9권, 1997, 410면; 동 저자, 특허권 침해로 인한 손해배상, 저스티스 30권 1호, 1997, 7면; 배대헌, 특허권침해로 인한 손해배상의 범위와 배상액 산정에 관한 연구, 충남대학교 법학박사학위논문, 1996.

점을 감안하여 권리를 침해한 자가 그 침해행위에 의하여 이익을 받은 때에는 그 이익의 액을 상표권자 등이 입은 손해의 액으로 추정하는 것일 뿐이고, (...) 위 규정의 취지에 비추어 보면 위와 같은 손해의 발생에 관한 주장 · 입증의 정도에 있어서는 손해 발생의 염려 내지 개연성의 존재를 주장 · 입증하는 것으로 족하다고 보아야 하고, 따라서 상표권자가 침해자와 동종의 영업을 하고 있는 것을 증명한 경우라면 특별한 사정이 없는 한 상표권 침해에 의하여 영업상의 손해를 입었음이 사실상 추정된다고 볼 수 있다"고 판시하였다.[89] 또한 영업비밀의 보호와 부정경쟁행위 등 경쟁법규 위반행위로 인한 민사책임에 관한 논의도 활성화되기 시작하였다.

(다) 전문가책임

사회의 분업화 · 전문화에 따라 해당 분야의 전문종사자의 업무상 부주의로 인하여 민사책임을 묻는 경우가 증대하였다. 과실책임 일반과 분리하여 전문가의 책임이 논의되는 배경은 정보 등에서 전문가의 우월함, 전문가에 대한 일반인의 신뢰와 그 보장의 필요성, 면허 등에 의한 전문가의 사회적 관리와 독점적 지위 승인 등에서 비롯하고 있다.[90] 이러한 전문가책임에 포함되는 직업종사자로는 의사, 변호사, 법무사, 공인회계사, 변리사, 건축사 등이 있는데, 의사의 민사책임에 관하여는 이미 앞서 소개한 바와 같으며, 변호사의 과실에 관하여는 당시 상고제기기간의 잘못된 고지로 인한 기간도과와 같이 변호사의 과오가 명백한 사건이 다루어졌다.[91] 법무사의 과실로는 사건을 위촉하는 본인 또는 그 대리인을 제대로 확인하지 않아서 부실등기를 경료하여 이를 믿고 신용을 제공한 자에게 재산상 손해를 일으킨 경우[92] 등과 같이 등기사무의 부적절한 처리로 인한 직무상 과실이 자주 문제되었다. 부동산등기[93] 또는 주민등록[94]의 부실관리에 따른 책임 역시 법무사의 책임과 동일한 맥락에서 공적 장부의 공신력 제고를 도모하고 있다.

한편 감정인과 같이 전문가는 이해관계자가 투자활동 등에 필요로 하는 정보

89) 대법원 1997.9.12. 96다43119 판결. 이 판결례에 따르면 '상표권자에 의한 등록상표의 사용'이라는 요건을 필요로 하다고 판시하고 있는 바, 이에 대한 비판적 견해로는 조영선, 불사용 상표에 대한 침해와 손해배상, 인권과 정의 제437호, 2013, 6면.
90) 김민규, 전문가책임법의 전개, 한국외국어대학교 외법논집 제13집, 1995, 498면.
91) 대법원 1997.5.28. 97다1822 판결.
92) 대법원 1996.5.14. 95다45767 판결.
93) 대법원 1998.9.22. 98다2631 판결.
94) 대법원 1994.9.27. 94다16335 판결; 대법원 1994.12.27. 94다36285 판결.

를 제공하는 업무를 수행하는 경우가 많은데, 이때 정보이용자는 제공되는 정보에 의존하게 되어서 그 정보가 잘못된 경우에 재산상 손해를 입게 된다. 바로 위에서 소개한 주식회사의 외부감사인으로서 공인회계사의 부실감사에 따른 책임이 잘못된 정보제공에 따른 민사책임의 하나라고 하겠다. 또한 토지 등의 평가액을 잘못 감정한 경우,[95] 정보제공이라고는 할 수 없겠으나 공사감리자의 감리 잘못으로 건물 소유자 등에게 손해를 일으킨 경우[96] 역시 이에 해당하는데, 이들 감정인은 자신의 잘못된 직무활동에 따라 의뢰인인 계약당사자만이 아니라 이들의 직무활동을 신뢰하여 손해를 입게 된 제3자에게도 배상할 책임을 부담하게 된다.[97]

(3) 제조물책임법의 제정

1990년대 입법으로는 무엇보다 2000년 제조물책임법의 제정을 언급할 수 있겠다. 이미 1970년대 이래 제조물책임에 관한 연구와 판결례가 꾸준히 축적되었을 뿐만 아니라 제조물책임법의 국제적 통일화 경향, 그리고 학계의 꾸준한 입법요청에 따라 마침내 제조물책임법이 제정되었다.[98] 당시 입법과정에서는 주로 ① 입법의 명칭(제조자책임, 생산자책임, 제조물책임, 생산물책임) ② 제조물책임의 규율방식(과실책임, 무과실책임), ③ 제조물의 범위(부동산, 농산물, 전기 · 가스, 소프트웨어 포함 여부), ④ 제조물 결함에 관한 규정방식(유형의 구분) 등에 관하여 논의되었다.[99]

4. 과학기술 발전에의 대응과 공적 과제의 수행을 위한 불법행위 책임

우리 사회는 2000년대 접어들면서 이전 시기와 비교하여 보다 큰 경제적 여유를 누리면서 인격적 가치의 실현, 사회질서의 공정성과 안전한 사회망의 구축에

---

95) 대법원 1998.9.22. 97다36239 판결. 이에 관하여는 박형남, 감정평가과오에 대한 법적 책임, 법조 제47권 11호, 1998, 33면.
96) 대법원 1997.8.22. 97다19670 판결.
97) 이에 관하여 김상중, 잘못된 정보에 따른 직업전문가의 제3자에 대한 책임, 민사법학 제25호, 2004, 3면.
98) 제조물책임법의 제정 경위와 아래 주요 쟁점에 관하여는 연기영, 제조물책임법의 제정과 기업의 대책, 비교사법 제6권 1호, 1999, 139면.
99) 바로 아래 4.(1) 참고.

많은 관심을 기울이고 있다. 또한 정보처리 기술과 인터넷 및 과학기술의 발달에 따라 새로운 책임법적 문제도 경험하면서 불법행위의 각 유형에 따른 책임 여부의 판단 법리가 구체화되어가고 있다. 이전 시기와 비교하여 불법행위법 전반에 관한 이론적 연구는 양적 측면에서는 많다고 할 수 없더라도 주요하게 참고할 만한 연구가 이어졌고,[100] 2009년 이래 진행되었던 민법개정의 일환으로 민법 제750조 이하의 불법행위책임 전반에 관한 입법적 논의도 활발하였다.[101]

(1) 현대적 불법행위 유형에서 계속된 판례 법리 발전

이 시기에도 의료, 명예훼손 등 현대적 불법행위 유형에서 끊임없는 법리의 발전이 계속되었는데, 먼저 의료과실의 경우에는 ① 과실과 인과관계 추정에 관한 종래의 법리를 견지하면서도[102] "의사의 과실로 인한 결과발생을 추정할 수 있을 정도의 개연성이 담보되지 않는 사정들을 가지고 막연하게 중한 결과에서 의사의 과실과 인과관계를 추정함으로써 결과적으로 의사에게 무과실의 입증책임을 지우는 것까지 허용되는 것은 아니다"는 점을 분명히 하고 있으며,[103] ② 의료진의 주의의무 위반 자체가 비록 환자에게 발생한 악결과와 사이에 상당인과관계가 인정되지 않는 경우에도 주의의무 위반의 정도가 수인한도를 넘어설 정도로 현저하게 불성실한 진료라고 평가될 경우에는 그 자체로서 불법행위를 구성하여 위자료의 지급의무를 발생시킬 수 있음을 분명히 하였으며,[104] ③ 의사 이외에 약사, 한의사, 조산사 등의 경우에도 설명의무 위반 등 의료과오에 따른 책임이 인정되고 있다.[105]

또한 명예훼손과 사생활 침해의 인격적 법익침해를 이유로 한 민사책임 역시 명예훼손의 위법성 판단과 관련하여 '공공성, 진실성 내지 상당성'의 법리를 견지하면서, ① 그 입증부담과 관련하여 적시된 사실의 허위성에 대하여는 원고에게, 공공성 등의 위법성 배제사유에 대하여는 피고에게 있음을 분명히 하였는가 하

100) 박동진, 불법행위에서의 주의의무: 그 위상 및 판단기준을 중심으로, 비교사법 제9권 2호, 2002, 157면; 권영준, 불법행위법의 사상적 기초와 그 시사점, 저스티스 109호, 2009, 73면; 김천수, 불법행위법의 소묘 - 그 자화상과 미래상, 민사법학 제52호, 2010, 527면.

101) 이에 관하여는 Ⅲ.2. 참고.

102) 대법원 2000.7.7. 99다66328 판결 외 다수.

103) 대법원 2004.10.28. 2002다45185 판결 외 다수.

104) 대법원 2006.9.28. 2004다61402 판결; 대법원 2014.2.13. 2013다77294 판결.

105) 대법원 2002.1.11. 2001다27449 판결 외 다수.

면,[106] ② 의견 또는 논평을 표명하는 표현행위로 인해서도 타인의 명예를 훼손할 수 있다고 인정하면서 다만 그 행위의 공공성 및 의견 또는 논평의 전제가 되는 사실의 진실성 또는 이를 진실이라고 믿을 만한 상당성에 따라 위법성이 배제될 수 있다고 판단하였다.[107] 또한 명예훼손의 위법성 여부를 판단함에서 언론·출판의 자유와의 불가피한 이익형량의 과제와 관련하여 대법원은 '① 피해자가 공적 존재인지 여부, ② 표현이 공적 관심사인지 사적 영역의 사안인지 여부를 고려하여 공적 의미를 갖는 사안에서는 언론자유의 제한이 완화되어야 하고, 특히 공직자의 도덕성 등에 관한 사안은 악의적이거나 현저히 상당성을 잃은 공격이 아닌 한 쉽게 제한해서는 안 된다'는 법리를 밝힌 바 있다.[108] 한편 초상권 또는 사생활 침해의 경우에도 이를 침해하는 행위와의 이익형량에 따라 위법성 여부를 판단할 수밖에 없는데, 이 시기에 대법원은 그 판단요소를 구체화하기도 하였다.[109]

더 나아가 제조물책임에서도 결함의 존재와 과실의 입증책임과 관련하여 텔레비전이 정상적으로 수신하는 상태에서 발화·폭발한 사건에서 '고도의 기술이 집약되어 대량으로 생산되는 제품의 경우, 외부의 소비자에 의한 생산과정에의 접근가능성이 거의 없다는 점에서 소비자측에서 ① 사고가 제조업자의 배타적 지배하에 있는 영역에서 발생한 것이라는 사정, ② 어떤 자의 과실이 없는 한 그러한 사고가 통상 발생하지 않는다는 사정을 증명하고, 제조업자 측에서 그 사고가 제품의 결함이 아닌 다른 원인으로 말미암아 발생한 것임을 입증하지 못하는 이상, 제품의 결함 및 그 결함으로 인한 사고발생의 인과관계가 추정된다'고 판시하였다.[110] 그리고 공해로 인한 민사책임에 관해서도 종전의 입증책임 완화에 관한 판결의 태도가 지속되었을 뿐만 아니라[111] 공해를 유발하는 유해물질의 배출이 사회적으로 불가피한 유용한 시설을 적법하게 가동하는 과정에서 이루어진다는 점에서 그 위법성 판단과 관련하여 "불법행위 성립요건으로서의 위법성은 관련 행위 전체를 일체로만 판단하여 결정하여야 하는 것은 아니고, 문제가 되는 행위마

106) 대법원 2008.1.24. 2005다58823 판결; 대법원 2014.6.12. 2012다4138 판결.
107) 대법원 1999.2.9. 98다31356 판결; 대법원 2008.2.1. 2005다8262 판결 외 다수.
108) 대법원 2003.9.2. 2002다63558 판결 외 다수.
109) 대법원 2006.10.13. 2004다16280 판결; 대법원 2013.6.27. 2012다31628 판결.
110) 대법원 2000.2.25. 98다15934 판결(제조물책임법 시행 이전의 판결례); 대법원 2006.3.10. 2005다31361 판결. 한편 이 시기에는 사회적으로도 주목을 받았던 여러 판결례가 있는데, 이에 관하여는 아래 (3)에서 별도로 소개하도록 함.
111) 대법원 2002.10.22. 2000다65666,65673 판결 외 다수.

다 개별적 · 상대적으로 판단하여야 할 것이므로(...) 이러한 경우의 판단 기준은 그 유해의 정도가 사회생활상 통상의 수인한도를 넘는 것인지 여부이다"고 판시하였다.[112] 또한 이 시기에는 대법원도 환경정책기본법 제44조(2011.7.21. 법률 제10893호로 전부개정 되기 이전의 구 환경정책기본법 제31조) 등에서 규정된 무과실의 환경오염책임에 관한 실체법적 효력을 명시적으로 인정하였다.[113] 변호사[114] 등 전문직업인의 직무의무 위반에 따른 민사책임도 꾸준히 다투어졌다.

(2) 계약침해, 생활방해 및 기본권 충돌 등에 따른 이익형량

이 시기에는 꾸준한 산업화 · 도시화에 따라 생활상의 접촉과 개인 사이의 경쟁적 거래관계가 빈번해짐에 따라 원래는 개인의 자유로운 활동임에도 타인의 경제적, 생활적 법익을 위법하게 침해하는 책임유형이 자주 논의되었다. 계약교섭의 부당파기,[115] 타인의 계약적 지위에 대한 부당한 침해[116]를 이유로 한 불법행위책임이 그러하며 또한 이웃한 부동산의 이용관계에서 불가피하게 발생하는 소음, 일조의 방해와 조망이익의 침해에 대한 불법행위책임 역시 마찬가지라고 하겠다. 후자의 생활방해에 관하여 대법원은 일찍부터 '수인한도' 여부에 따라 생활방해의 위법성 여부를 판단해 왔는데, 이 시기에 즈음하여 법적 근거와 판단요소를 구체화하였고[117] 또한 조망이익의 침해에 대해서도 불법행위 책임에 의한 보호가 인정되었다.[118]

한편 토지이용에 대한 방해가 논의된 사안 중에는 항공기가 토지의 상공을 통과함으로써 토지의 사용 · 수익 방해가 문제된 사건에서 토지의 사용 · 수익 방해를 이유로 한 방해제거 · 예방청구권과 손해배상청구권의 관계에 대하여 "항공기의 비행으로 토지 소유자의 정당한 이익이 침해된다는 이유로 토지 상공을 통과하는 비행의 금지 등을 구하는 방지청구와 금전배상을 구하는 손해배상청구는 내용과 요건이 다르므로, 참을 한도를 판단하는 데 고려할 요소와 중요도에도 차이

---

112) 대법원 2001.2.9. 99다55434 판결 외 다수.
113) 대법원 2001.2.9. 99다55434 판결 외 다수.
114) 대법원 2015.9.10. 2013다9918 판결.
115) 대법원 2001.6.15. 99다40418 판결 외 다수.
116) 대법원 2003.3.14. 2000다32437 판결 외 다수.
117) 일조방해의 경우 가령 대법원 1999.1.26. 98다23850 판결; 소음의 경우 대법원 2004.3.12. 2002다14242 판결 외 다수.
118) 대법원 2004.9.13. 2003다64602 판결 외 다수.

가 있을 수 있다. 그중 특히 방지청구는 그것이 허용될 경우 소송당사자뿐 아니라 제3자의 이해관계에도 중대한 영향을 미칠 수 있으므로, 방해의 위법 여부를 판단할 때는 청구가 허용될 경우 토지 소유자가 받을 이익과 상대방 및 제3자가 받게 될 불이익 등을 비교·형량해 보아야 한다"고 판시하였다.[119] 또한 방금 소개한 판결례에서도 소유권의 정당한 보호범위가 문제되었는데, 이 외에도 인근 지상의 건축으로 인하여 방송의 송수신 장애가 발생하는 경우에도 대법원은 상린관계에 따라 법률관계를 규율한 바 있다.[120]

더 나아가 이 시기에는 종교자유, 남녀평등과 같은 헌법상의 기본권 보장을 위한 민사책임의 역할도 논의되었는데, 일단 대법원은 "헌법상의 기본권 규정은 (...) 사법상의 일반원칙을 규정한 민법 제2조, 제103조, 제750조, 제751조 등의 내용을 형성하고 그 해석기준이 되어 간접적으로 사법관계에 효력을 미치게 된다"고 판단하였다.[121] 그리고 이러한 전제 위에서 ① 종교단체가 설립한 사립학교에서 종교교육을 할 자유와 학생이 갖는 소극적 종교행위의 자유가 충돌하는 경우에 종립학교의 종교교육의 허용 여부,[122] ② 사적 단체의 사적 자치의 원칙 내지 결사의 자유에 입각한 성별에 따른 구성원의 차별취급의 합리성 여부와 한도[123]를 판단한 바 있다. 또한 대법원은 ③ 사업주가 동일 사업 내에서 근무하는 남녀근로자가 제공하는 노동이 동일한 가치임에도 합리적 이유 없이 여성근로자에 대하여 남성근로자보다 적은 임금을 지급하는 경우에 남녀고용평등법 제8조를 위반하는 불법행위라고 판단한 바 있다.[124] 이 외에도 공익목적을 수행하는 시민단체의 활동에 따른 경제적 손해 야기행위에 대한 위법성 여부의 판단에 관한 대법원 판결례도 주목되고,[125] 사립학교 입시요강 또는 대학수학능력시험 시행 및 관리에 대하여 대학입학 수험생의 보호할 만한 합리적 기대와 그 위반에 따른 불법행위 책임 여부에 대한 판결례[126] 역시 우리의 현실을 단적으로 보여주고 있다.

---

119) 대법원 2016.11.10. 2013다71098 판결; 이미 대법원 2015.9.24. 2011다91784 판결.
120) 대법원 2003.11.28. 2003다43322 판결.
121) 대법원 2010.4.22. 2008다38288 전원합의체 판결; 대법원 2011.1.27. 2009다19864 판결.
122) 대법원 2010.4.22. 2008다38288 전원합의체 판결.
123) 대법원 2011.1.27. 2009다19864 판결.
124) 대법원 2013.1.16. 2012다31734 판결.
125) 대법원 2001.7.13. 98다51091 판결.
126) 대법원 2006.9.8. 2004다18859 판결; 대법원 2007.12.13. 2005다66770 판결.

(3) 거래관념의 확대 및 공정하고 안전한 경제·사회질서의 구축을 위한 민사책임

거래질서의 확대에 따라 상업화의 필요와 요청이 증대하면서 종래 정신적 법익으로만 취급해 왔던 법익의 재산적 성질이 강조되거나 종래에는 피해자가 감수해야 한다고 여겨졌던 불이익에 대한 배상책임이 인정되어가고 있다. 연예인, 운동선수 등과 같은 유명인의 성명, 초상 등 동일성 표지가 상품의 선전 등에 무단이용되는 경우에 일부 판결례에서는 초상 등의 무단사용에 따른 위자료 지급을 인정하기도 하지만,[127] 일부 하급심 판결례와 문헌에서는 이른바 퍼블리시티권right of publicity이라고 하여 독립한 재산권을 인정하려는 입장 또는 인격권의 재산적 측면을 파악하여 재산적 손해의 배상책임을 인정하는 태도 역시 유력하다.[128] 또한 불법행위로 영업용 물건이 멸실된 경우 교환가치의 배상 이외에 휴업손해를 통상의 손해로서 인정하는 판결례 역시 사용·수익의 기회상실에 대한 손해배상을 인정하고 있으며,[129] 얼마 전에는 자동차의 주요 골격 부위가 파손되는 등 중대한 손상을 야기하는 사고가 발생하여 기술적으로 수리를 마쳤더라도 자동차의 가격하락에 따른 손해 역시 통상손해에 해당한다고 판단한 바 있다.[130]

또한 이 시기에는 실질적 계약자유의 보장과 공정한 거래질서의 확립을 위한 사회적 요청이 높아지면서 민사책임 역시 이러한 요청에 기여하고 있다. 주지하듯이 시장경제 하에서는 자기결정·자기책임의 원칙에 따라 거래에 필요로 하는 사정은 스스로 알아보아야 하고 그 불확실의 위험은 본인 스스로 부담함을 원칙으로 한다.[131] 그러나 이러한 원칙에 대하여는 적지 않은 예외가 인정되는데, 계약체결여부 또는 내용형성에 영향을 미치는 중요한 사항에 대한 고지의무가 계약은 말할 것도 없고 법률 및 신의칙에 따라 인정되고 있다. 예를 들어 은행법 제52조, 제52조의3 제2항에 따라 은행의 은행이용자에 대한 대출상품의 거래조건에 관한 설명의무가 인정되며,[132] 또한 보험계약의 체결 또는 모집에 있어서 보험회사 또

127) 대법원 2012.1.27. 2010다39277 판결.
128) 이에 관한 논의의 개관으로 김상중, '퍼블리시티권'에 관한 국내 논의의 현황과 비교법적 고찰을 통한 법리적 제언, 비교사법 제23권 1호, 2016, 1면 이하.
129) 대법원 2004.3.18. 2001다82507 전원합의체 판결; 영업용 물건이 일부 손괴된 경우 대법원 2004.3.25. 2003다20909 판결; 대법원 2005.10.13. 2003다24147 판결.
130) 대법원 2017.5.17. 2016다248806 판결.
131) 대법원 2001.7.13. 99다38583 판결 외 다수.
132) 대법원 2016.7.7. 2013다35764, 35771 판결.

는 보험모집종사자의 설명의무와 고객 보호의무가 인정되고 있다.[133] 더 나아가 아파트 · 상가 등 부동산 분양과정에서 분양건축물 인근의 쓰레기매립장 건축예정, 인구밀집시설의 설치계획 등에 관하여 사실과 달리 허위 · 과장 광고를 행한 사안에서 표시 · 광고의 공정화에 관한 법률 위반과 함께 신의칙에 의한 설명의무 위반을 이유로 민사상의 불법행위책임도 이 시기에 인정되기 시작하였다.[134]

이와 같은 거래상대방을 위한 예외적 설명의무의 확대는 1990년대 이래 대두되었던 금융투자업자의 고객에 대한 설명 · 보호의무에 관한 판결례의 급증에서 여실히 드러나고 있다. 즉, 대법원은 종래의 법리에 따라 금융투자업자로 하여금 고객보호의무의 일환으로 투자권유에서 적합성의 원칙을 준수하고 투자할 상품과 위험 등에 관한 설명의무를 부담하도록 하는데(현재 자본시장과 금융투자업에 관한 법률 제46조, 제47조),[135] 이러한 의무는 투자기법의 다양화와 상품의 복잡화 등에 따라 그 내용에 있어서 상세한 발전을 겪고 있다.[136] 또한 주식의 포괄적 일임매매 약정에 기한 주식거래가 충실의무에 반하는 과당매매행위로서 불법행위에 해당하는 경우 그 손해액을 산정하기 위한 법리도 이 시기에 확립되었으며,[137] 증권공모에 필요한 증권신고서와 투자설명서 등의 허위 · 부실기재에 따라 발행인 등의 손해배상책임 역시 꾸준히 다투어져 청구권자의 범위,[138] 부실기재와 손해발생의 인과관계 입증 완화,[139] 손해액 추정의 내용,[140] 그리고 분식회계 사실을 부주의로 알지 못한 외부감사인의 배상책임[141]에 관한 다수의 판결례가 내려졌다. 더 나아가 금융기관이 고객의 재정 · 신용상황의 평가에 필요한 거래확인서를 발급함에 있어서 부실한 기재를 함으로써 제3자가 고객과 거래관계를 맺었다가 재산상

133) 대법원 2013.6.13. 2010다34159 판결; 대법원 2014.10.27. 2012다22242 판결.

134) 대법원 2006.10.12. 2004다48515 판결 외 다수.

135) 대법원 2001.4.27. 2000다30943 판결 외 다수.

136) 대법원 2010.11.11. 2008다52639 판결(주가지수 연계증권에 투자하는 투자신탁 수익증권의 매수 권유); 대법원 2012.12.13. 2011다25695 판결(사모형 부동산투자신탁); 대법원 2013.9.26. 2011다53683, 53690 전원합의체 판결(KIKO 사건).

137) 대법원 2007.4.12. 2004다4980 판결.

138) '증권의 취득자' 범위에 관한 해석으로서 대법원 2002.5.14. 99다48979 판결 외 다수.

139) 대법원 2002.10.11. 2002다38521 판결 외 다수.

140) 대법원 2007.10.25. 2006다16758,16765 판결(분식회계 등의 사실이 공표된 후 정상주가가 형성된 후의 주가변동분에 대한 배상책임 여부); 대법원 2015.11.27. 2013다211032 판결(지연손해금의 가산시기).

141) 대법원 2008.6.26. 2007다90647 판결; 대법원 2011.1.13. 2008다36930 판결; 대법원 2016.9.30. 2013다85172 판결.

손해를 입은 경우 제3자에 대한 금융기관의 손해배상책임도 인정되고 있다.[142)]

한편 이 시기에는 개인의 생명·신체 등에 대한 위해를 이유로 한 민사책임도 자주 문제되었는데, 우리나라 근대화 과정의 어두운 역사적 단면을 보여주는 사건도 있는가 하면,[143)] '안전불감정' 사회에서 벗어나고자 하는 사회적 관심을 반영하는 사건도 있다. 예를 들어 학교 내 우발적 안전사고[144)] 외에 학생 폭력, 집단따돌림 등에 대하여 부모 외에 교사·학교의 불법행위 책임,[145)] 정신의료기관이 정신보건법의 요건과 절차에 반하여 정신질환자를 퇴원시키지 않고 방치함에 따른 불법행위책임,[146)] 유흥업소에 감금된 채 윤락을 강요받으면서 생활하던 여종업원들이 유흥주점에 화재가 발생하여 미처 피신하지 못하여 유독가스에 질식한 사건에서 화재 발생 전 소방점검 과정에서 행해진 소방공무원의 직무상 의무위반에 따른 국가의 배상책임,[147)] 그리고 국가가 과거 한센병 환자의 치료 및 격리수용 과정에서 한센인들에게 동의를 받지 않고 정관절제 또는 임신중절수술을 시행한 것에 대하여 위법한 공권력 행사로 인한 국가의 불법행위책임[148)] 등을 언급할 수 있겠다. 또한 식생활 등 일상적 생활에 대한 안전요청도 높아지면서, 놀이공원 내 경사지에 설치된 자동보행기moving way에 유모차를 몰고 탑승한 탑승자가 출구에서 제대로 내리지 못하는 바람에 뒤따르던 탑승자들이 차례로 겹치면서 사고가 발생한 사안에서 유모차의 탑승제한 또는 안전요원 배치의 소홀을 이유로 주의의무 위반을 인정한 경우,[149)] 교도소 수용자가 탈주하여 도주과정에서 일반 국민에게 손해를 입힌 사건에서 피해자에 대한 국가의 배상책임을 인정하기도 하였다.[150)] 더 나아가 영·유아에게 사용하는 베이비파우더에 석면이 함유되어 있었던 사안,

---

142) 대법원 2006.2.24. 2005다38355 판결; 대법원 2007.7.26. 2006다20405 판결.

143) 해방과 근대화 과정에서 나타난 국가의 불법행위에 대하여 1990년대 후반 이래 국가의 배상책임을 다루는 여러 판결례가 제시된 바 있는데, 무엇보다 장기간의 시간 경과에 따른 국가의 소멸시효 항변에 대하여 권리남용에 따른 항변배제의 법리, 지연이자의 가산에 관한 특수한 법리가 형성된 바 있다. 소멸시효에 관하여는 무엇보다 대법원 1996.12.19. 94다22927 전원합의체 판결; 대법원 2013.5.16. 2012다202819 전원합의체 판결; 그리고 지연이자에 관하여는 대법원 2011.7.21. 2011재다199 전원합의체 판결.

144) 대법원 2008.1.17. 2007다40437 판결; 대법원 2008.5.8. 2008다5417 판결.

145) 대법원 2007.4.26. 2005다24318 판결; 대법원 2007.11.15. 2005다16034 판결.

146) 대법원 2009.1.15. 2006다19832 판결; 대법원 2016.4.28. 2014다205584 판결.

147) 대법원 2008.4.10. 2005다48994 판결.

148) 대법원 2017.2.15. 2014다230535 판결; 대법원 2017.5.31. 2017다202166 판결.

149) 대법원 2010.1.14. 2009다73332 판결.

150) 대법원 2003.2.14. 2002다62678 판결.

어린이가 먹는 미니컵 젤리가 탄성과 강도, 응집성 등으로 질식의 개연성이 높은 상태로 제조, 판매된 사안에서 식품의 안전규제에 관한 국가의 직무의무 위반 여부가 다투어졌다.[151)]

또한 제조물책임법에 따른 제조물책임의 인정 여부에 관해서도 의미 있는 판결이 여러 차례 선고되었는데, 자동차 급발진 사고와 관련하여 자동차의 설계상의 결함과 표시상의 결함 인정 여부에 관한 판결,[152)] '콘택 600'이라는 일반감기약을 복용한 사람이 출혈성 뇌졸중으로 사망한 사안에서 이를 유발할 수도 있다고 알려져 있는 페닐프로판올아민이라는 합성화학물질을 사용하여 약품을 제조한 것이 제조물의 결함인지 여부에 대한 판결[153)]을 들 수 있겠다. 또한 혈우병 환자가 혈액제재를 투여받은 후 HIV(인간면역결핍 바이러스)에 감염된 사건에서 대법원은 의약품 분야에서 제조물책임법의 적용과 관련하여 피해자가 충분히 손해전보를 받을 수 있도록 의약품의 결함 및 감염과의 인과관계 추정에 관한 법리를 발전시켰다.[154)][155)] 그리고 베트남전 참전군인의 고엽제 피해에 대한 제조물책임법의 적용과 관련하여서는 유해물질의 함유에 따른 제조물의 결함은 인정하면서 다만 그 결함과 당뇨병 등 비특이성 질환 사이의 인과관계 여부를 역학적 인과관계에 의하여 인정하는 데 필요한 판단요소를 구체화하는 한편 비율적 인과관계를 받아들일 수 없음을 분명한 바 있다.[156)] 이후 역학적 인과관계에 따른 제조물책임의 인정 여부에 관한 법리는 담배로 인한 폐암 발병[157)] 및 자동차배출가스에 따라 천식이 발병·악화되었음을 이유로 한 자동차 제조회사의 제조물책임 인정 여부에서 재차 다루어지었다.[158)]

---

151) 대법원 2010.11.25. 2008다67828 판결; 대법원 2014.2.13. 2011다38417 판결(두 판결 모두 국가의 직무상 의무위반을 인정하지 않았음).
152) 대법원 2004.3.12. 2003다16771 판결; 제조물책임법 시행 이전의 판결로는 대법원 2001.11.27. 2001다44659 판결.
153) 대법원 2008.2.28. 2007다52287 판결(제조물책임법의 적용 부정).
154) 대법원 2011.9.29. 2008다16776 판결.
155) 한편 예방백신 사용 후 송아지가 집단 폐사한 사건에서 제조물 결함을 부정한 판결로는 대법원 2013.9.26. 2011다88870 판결; 더 나아가 대법원 2017.11.9. 2013다26708, 26715, 26722, 26739 판결.
156) 대법원 2013.7.12. 2006다17539 판결; 대법원 2013.7.12. 2006다17553 판결.
157) 대법원 2014.4.10. 2011다22092 판결.
158) 대법원 2014.9.4. 2011다7437 판결.

(4) 인터넷, 과학기술 발달에 따른 민사책임의 대응

2000년대 이래 불법행위법의 발전과 관련하여서는 무엇보다 인터넷, 과학기술의 발달에 따른 민사책임법적 대응을 언급하지 않을 수 없다. 가구당 인터넷 접속률이 100%에 육박할 정도라는 현실이 말해주듯이,[159] 인터넷의 발달에 따른 지식, 정보의 손쉬운 취득・이용과 함께 명예훼손, 저작권 등 지적재산권 침해 등의 법적 문제를 야기하고 있다. 물론 인터넷상의 명예훼손, 권리침해의 경우에도 현실공간에서의 그것과 마찬가지로 위법성 여부를 판단하여 행위자에게 민사책임을 지도록 하면 되겠지만, 가상공간이라는 특징에 따라 행위자의 특정이 어렵고 또한 행위자가 미성년자이어서 자력이 부족한 경우가 많은 관계로 온라인서비스제공자 Online Service Provider의 책임 여부가 자주 논의되고 있다.[160] 대법원은 이와 관련하여 2000년 초반 몇몇 판결례를 선고한 후[161] 전원합의체 판결에서 사업자의 의무위반 여부에 대한 구체적 판단기준을 정립하였고,[162] 이는 인터넷 게시공간에 타인의 저작권을 침해하는 게시물이 게시된 것에 따른 온라인서비스제공자의 저작권자에 대한 책임에서도 마찬가지로 지속되었다.[163] 이 외에도 인터넷에서 취득한 정보를 활용함에 있어서 이용자가 자기책임에 따라 진실 여부를 확인할 의무가 있다고 한 판결례,[164] 그리고 인터넷 포털사이트가 상당한 노력과 투자에 의하여 인터넷 공간에서 광고영업의 이익을 올리고 있는데 이를 무단으로 침해하는 행위에 대하여 피해 사업자가 금지청구를 할 수 있음을 인정한 판결례가 선고되었다.[165]

또한 컴퓨터, 인터넷 등 정보통신기술이 발달함과 함께 개인정보의 저장, 이용・전달이 손쉬워짐에 따라 개인정보에 대한 침해 역시 자주 문제되고 있다.[166]

---

159) 2018년 1월 발표된 한국인터넷진흥원의 '2017년 인터넷이용실태조사' 보고서에 따르면 가구당 인터넷 접속률이 99.5%에 이른다고 함. https://isis.kisa.or.kr/statistics/?pageId=020102 (2018.5.30. 최종방문).

160) 이에 관한 최근의 문헌으로는 김영훈, 판례를 통해 본 온라인서비스제공자의 책임, 민사판례연구 [XL], 2018, 1117면.

161) 대법원 2001.9.7. 2001다36801 판결; 대법원 2003.6.27. 2002다72914 판결.

162) 대법원 2009.4.16. 2008다53812 전원합의체 판결.

163) 대법원 2010.3.11. 2009다4343 판결; 대법원 2010.3.11. 2009다80637 판결.

164) 대법원 2006.1.27. 2003다66806; 대법원 2013.2.14. 2010다108579 판결.

165) 대법원 2010.8.25. 2008마1541 결정; 또한 통행방해에 대한 금지청구로는 대법원 2011.10.13. 2010다63720 판결; 대법원 2013.2.14. 2012마1417 결정; 영업이익 방해금지에 관하여는 대법원 2014.5.29. 2011다31225 판결.

166) 개인정보의 법적 보호에 관한 최근의 연구로는 고홍석, 개인정보 보호에 관한 대법원 판례의

개인정보의 보호는 인격권의 한 내용으로서 개인정보의 이용과 이에 따른 경제 등 사회 발전의 효율성이라는 대립하는 이익과의 형량에서 구체적으로 정해질 수 밖에 없을 것인데, 대법원은 1998년 처음으로 보안사의 민간인 사찰 사건에서 개인의 자신 정보에 대한 적극적 권리를 인정한 후 2014년 판결례에서 이를 개인정보자기결정권이라고 명명하였다.[167] 그러면서 이 판결은 "개인정보자기결정권의 보호대상이 되는 개인정보는 개인의 신체, 신념, 사회적 지위, 신분 등과 같이 개인의 인격주체성을 특징짓는 사항으로서 개인의 동일성을 식별할 수 있게 하는 일체의 정보라고 할 수 있고, 반드시 개인의 내밀한 영역에 속하는 정보에 국한되지 않고 공적 생활에서 형성되었거나 이미 공개된 개인정보까지 포함한다"고 밝히고 있다.[168]

이러한 개인정보의 침해는 ① 정보주체의 동의를 받지 않거나 동의에 반하여 개인정보가 수집, 이용 또는 제공되는 경우, 그리고 ② 개인정보가 개인정보 처리자 또는 해커에 의하여 불법하게 유출되는 모습으로 이루어지고 있다. 예를 들어 변호사의 인맥지수·승소율과 전문성지수 등을 수집하여 제공한 사건,[169] 교원들의 전교조 가입현황을 인터넷에 공개한 사건,[170] 그리고 대학교수의 사진, 성명, 학력, 경력 등 개인정보를 수집하여 인터넷 사이트에 공개하여 제3자에게 제공한 사건[171] 등은 개인정보의 위법 수집·제공 등이 문제된 경우인데, 이 경우에는 "개인정보에 관한 인격권 보호에 의하여 얻을 수 있는 이익(비공개 이익)과 표현행위에 의하여 얻을 수 있는 이익(공개 이익)을 구체적으로 형량하여" 위법성 여부를 판단하여야 한다. 한편 개인정보 유출에 의한 침해 유형의 경우에는 제3자의 헤킹과 같이 직접침해 이외에 영업 등의 이유로 개인정보를 보관하는 사업자 등이 개인정보를 안전하게 관리해야 할 주의의무를 다하였는지 여부가 문제되고,[172] 또한 인터넷 포털사이트가 수사기관에게 포털사이트 이용자의 성명, 아이

동향, 민사판례연구 [XL], 2018, 1037면.

167) 대법원 2014.7.24. 2012다49933 판결.

168) 가령 대학교수의 사진, 성명, 학력, 경력 등 개인정보를 대학교 홈페이지에서 수집하여 제3자에게 제공하는 경우와 같이 공개된 개인정보도 보호대상이 된다는 또 다른 판결례로는 대법원 2016.8.17. 2014다235080 판결.

169) 대법원 2011.9.2. 2008다42430 전원합의체 판결.

170) 대법원 2014.7.24. 2012다49933 판결.

171) 대법원 2016.8.17. 2014다235080 판결.

172) 가령 대법원 2015.2.12. 2013다43994,44003 판결.

디, 휴대폰 번호 등의 개인정보를 제공한 것이 위법한 것인지 여부도 다루어지고 있다.[173] 이상과 같은 개인정보 침해에 대한 사법적 구제는 인격권 침해의 일반적 경우와 마찬가지로 침해중지와 손해배상의 청구인데, 개인정보의 침해에 따른 정신적 손해의 발생 여부가 중요한 문제로 다루어지고 있다.[174]

끝으로 과학기술의 발달에 따른 불법행위법의 대응과 법리 발전을 소개할 수 있겠는데, 과학기술의 발전은 의약품 등 제조물의 결함에 따른 제조물책임의 적용과 관련해 제조물의 결함 및 손해 발생과의 인과관계 입증에서 피해자의 입증부담 완화를 위한 추정의 법리로 표출되고 있다.[175] 또한 유전공학의 발전이 수반하는 불가피한 손해위험에 대한 위험책임도 논의되고 있으며,[176] 대법원에서도 줄기세포를 의약품이라고 인정하면서 그 임상시험에 대한 의사의 설명의무를 다룬 바 있다.[177] 또한 최근에는 4차 산업혁명 시대의 도래와 함께 인공지능 기술의 비약적 발전에 따른 민사책임법의 대응이 왕성하게 논의되고 있다. 무인자동차의 운행에 따른 자동차손해배상보장법 및 제조물책임법의 적용,[178] 인공지능 로봇이 손해를 야기한 경우 그 로봇의 보유자로 하여금 과실 여부와 관계없는 민사책임의 인정 여부,[179] 그리고 인공지능을 이용한 의료행위에 따른 민사책임[180] 등이 이에 해당한다.

(5) 환경오염피해구제법의 입법과 배액배상책임의 도입

이 시기의 입법과 관련하여서는 환경오염피해 배상책임 및 구제에 관한 법률(2014.12.31. 법률 제12949호. 이하 '환경오염피해구제법' 약칭함)을 특기할 만하다. 물

---

173) 대법원 2016.3.10. 2012다105482 판결.

174) 지에스칼텍스 개인정보 유출사건에 관한 대법원 2012.12.26. 2011다59834,59858,59841 판결.

175) Ⅱ.4.(3) 주 166 인용 판결례 참고.

176) 김민중, 생명공학의 발달에 따른 민사법적 과제, 민사법학 21호, 2002, 13면; 강봉석, 유전공학에서의 손해배상책임, 환경법연구 제24권 1호, 2002, 255면; 윤석찬, 유전자변형 생산물로 인한 손해배상과 책임법리에 관한 연구, 재산법연구 제26권 3호, 2009, 87면.

177) 대법원 2010.10.14. 2007다3162 판결.

178) 이제우, 자율주행자동차의 등장과 민사책임법의 변화, 고려법학 제86호, 2017, 361면; 김현수, 자율주행자동차 사고에 대한 민사법적 책임과 과제, 과학기술법연구 제23집 제2호, 2017, 3면; 최병록, 자율주행자동차에 있어서 제조물책임의 주요 쟁점에 관한 연구, IT와 법연구 제14집, 2017, 211면.

179) 오병철, 인공지능 로봇에 의한 손해의 불법행위책임, 연세대학교 법학연구 제27권 4호, 2017, 157면 이하; 더 나아가 김진우, 지능형 로봇에 대한 사법적 규율, 법조 제723호, 2017, 5면; 또한 서종희, 4차 산업혁명 시대 위험책임의 역할과 한계, 사법 제43호, 2018, 73면.

180) 백경희, 인공지능을 이용한 의료행위와 민사책임에 관한 고찰, 법조 제724호, 2017, 90면.

론 그 이전에도 환경정책기본법 등과 같은 특별법에 의하여 환경오염에 대한 민사책임이 발전해 왔음은 앞서 소개한 바와 같다. 그러나 2012년 (주)휴브글로벌 불산누출사고 등 일련의 화학사고로 인한 엄청난 규모의 손해배상이 이슈로 되면서, 신속하고 공정한 피해전보를 도모할 특별법을 제정할 요청이 높아졌던 바, 이에 환경오염피해구제법은 책임주체의 확정(제2조 제3호), 적용대상이 되는 시설의 한정(제2조 제2호), 무과실책임(제6조)을 통하여 배상책임의 요건을 명확히 하는 한편, 인과관계 추정(제9조)과 정보청구권(제15조)을 도입하고 있다.[181] 환경오염피해구제법에 따른 손해배상책임은 그 방법, 범위와 내용에서 원칙적으로 민법규정을 준용하나, 사업자의 배상책임에 대한 예견과 보험 가능성을 고려하여 2천억 원으로 한정하고 있다(제7조 1문).

한편 2017년 1월 법원의 위자료 연구반이 마련, 발표한 '불법행위 유형별 적정한 위자료 산정방안'(이하 '위자료 산정방안' 약칭함)도 법률은 아니지만 손해배상 법리의 향후 발전에 갖는 의미에 비추어 소개할 만하다.[182] 위자료 산정방안은 종래 우리나라 위자료 인정금액이 지나치게 낮다는 지적에 따라 불법행위 유형을 ① 교통사고, ② 대형재난사고, ③ 영리적 불법행위, 그리고 ④ 명예훼손으로 정한 후 각 유형에 따른 위자료 기준금액을 설정하여, 일정한 사유에 따라 특별가중 또는 일반가중·감액의 과정을 거쳐 구체적 액수를 정하도록 하고 있다. 예를 들어 '교통사고로 인하여 사람이 사망하거나 중대한 상해에 이른 경우'에 위자료 금액을 1억 원으로 정하는 것을 기준으로 하여, 가령 사고 후 도주, 음주운전 등으로 인한 사고의 경우에는 위 기준금액에 2배까지 가중할 수 있도록 하고 있다. 그리고 '영리적 불법행위', 즉 사업자가 영리적 행위의 과정에서 사람의 사망 또는 중대한 상해를 발생할 위험성이 있음에도 이윤추구를 위하여 요구되는 주의의무를 다하지 않은 경우에는 교통사고의 기준금액 1억 원에 3배를 가중하여 3억 원을 기준금액으로 하는 한편, 고의·중과실 등 특별사유가 있는 경우에는 다시 2배까지 가중할 수 있도록 정하고 있다. 이는 정신적 법익침해의 특성에 따른 위자료의 구체적 산정을 위한 가이드라인의 역할을 하겠는데, 그 속에 담겨져 있는 사고, 즉 ① 손해배상책임의 위법행위 억제적 기능, ② 배상책임의 내용에서 가해

181) 안경희, 환경오염피해구제법의 주요 내용 분석, 민사판례연구 [XXXIX], 2017, 973면.
182) http://www.scourt.go.kr/portal/news/NewsViewAction.work?pageIndex=1&searchWord=&search Option=&seqnum=25&gubun=713 (최종 방문: 2018/5.31.).

자의 비난가능성 정도 등에 대한 고려는 다른 유형의 불법행위책임에서도 중요한 의미를 갖는다고 하겠다.[183] 최근 '하도급거래의 공정화에 관한 법률' 제35조, '기간제 및 단시간근로자 보호 등에 관한 법률' 제13조, '신용정보의 이용 및 보호에 관한 법률' 제43조, 그리고 제조물책임법 제3조 등에서 일정한 가해행위에 대하여는 피해자의 실제 손해에 일정한 배수를 가중하여 배상하도록 하는 배액배상 책임multiple damages[184] 역시 이와 같은 취지에서 이해할 수 있겠다.

Ⅲ. 불법행위책임의 향후 과제

1. 책임의 기본요건과 체계

(1) 객관적 손해전보와 책임 성립요건의 변화된 이해

앞서 소개한 바와 같이 민법 제750조의 불법행위책임은 위법성이라는 객관적 요건과 고의·과실의 주관적 요건을 성립요건으로 하고 있다. 이 같은 성립요건의 구성은 1800년대 독일민법의 법리적 역사와 맥락을 같이하며 또한 자기책임의 원칙에서 이론적 배경을 부여받고 있다. 그러나 민사상의 손해배상책임이 가해자의 징벌과 제재의 측면이기보다는 손해의 적절한 귀속을 통한 재산관계의 규율이라는 점이 강조되면서 끊임없이 과실을 객관화하고 최근에는 위법성과 과실의 요건을 통합적으로 이해하려는 입장이 증가하고 있다.[185] 비교법적으로 보더라도 프랑스, 영미법의 경험도 그러할 뿐만 아니라 최근 유럽의 불법행위법 통일화 과정에서 마련된 여러 입법안(가령 PETL, DCFR) 역시 위법성과 과실의 요건을 분리하여 파악하지 않고 있다.[186] 이 입장에 따르면 주관적 과실을 전제로 구성된 책임무능력 제도 역시 주의의무 판단기준의 하나로서 구체화되거나 별도의 면책사유로 고려될 뿐이라고 한다. 물론 이 글에서는 전통적 견해와 마찬가지로 위법성과

183) 김상중, 손해배상책임과 위법행위의 억제 – 법원의 불법행위 유형별 적정한 위자료 산정방안을 계기로 한 손해배상 법리의 현대적 발전이라는 관점에서, 사법 제43호, 2018, 35면.

184) 김태선, 미국 배액배상제도 및 법정손해배상제도의 도입에 관한 소고, 민사법학 제66호, 2014, 239면; 최나진, 징벌적 손해배상과 법정손해배상, 경희법학 51권 3호, 2016, 241면.

185) 앞의 Ⅱ.2.(1)(나) 각주 31 인용문헌 참고.

186) 신유철, 유럽 불법행위법의 동향: 손해배상법의 체계에 관하여, 사법 21호, 2012, 41면; 가정준, DCFR의 비계약적 책임, 외법논집 33집 2호, 2009, 129면.

과실의 요건이 현행법상으로 여전히 독자적 의미를 갖는다고 하였으나, 이에 관한 이론적 논의는 계속되어야 할 것이다.

한편 인과관계에 관하여서도 여전히 논의되어야 할 바가 적지 않은데, 최근 대법원 판결례에서도 다루어진 바 있는 역학적 인과관계, 즉 집단질병의 원인분석을 위한 통계적 인과관계가 민사책임의 성립 여부에 관한 인과관계 판단에서 어떠한 의미를 갖는지 하는 연구가 보다 활발해질 것으로 짐작된다.[187] 한편으로는 피해자의 손해에 대한 구체적 개인에의 책임귀속이라는 관점과 집단적 현상을 규명하기 위한 통계적 방법의 차이가 있음은 분명하지만, 다른 한편 다양한 유해물질과 질병 사이의 인과관계를 자연과학적으로 규명함에도 한계가 있고 더욱이 미래사회에서 집단적 피해구제가 중요한 사회적 과제일 수밖에 없는 한 역학적 인과관계에 대하여 어쩌면 보다 적극적인 의미부여가 이루어지지 않을까 생각해 본다. 또한 비율적 인과관계의 논의 역시 책임성립에서 양자택일적 사고가 불가피하는 한 전통적 법리에 따라 인과관계 그 자체로 받아들여질 수는 없다고 하더라도 가령 기여도와 같은 배상범위의 제한 등에서 의미를 갖게 되는 바, 향후 보다 실질적으로 논의가 이루어졌으면 한다. 위와 같은 인과관계의 논의와 관련하여 집단책임, 즉 피해자와 잠재적 가해자의 수가 대규모인 상황에서 각 피해자가 잠재적 가해자 중 누구의 행위로 손해를 입었는지 증명할 수 없는 경우 가령 시장점유율에 따른 책임귀속의 논의 역시 현행법의 해석상 받아들이기에는 무리가 있겠지만 합리적인 사회정책의 하나라는 점에는 공감할 수도 있을 것이다.[188]

(2) 불법행위책임의 체계와 계약책임과의 관계

비교법적 측면과 우리나라의 논의에서도 과실에 의한 불법행위책임 이외에 무과실의 위험책임이 민사책임의 근거로서 인정되고 있다. 양자의 책임은 종래 과실책임의 경우 교정적 정의에 입각한 위법한 행위에 따른 책임인 반면, 위험책임의 경우 배분적 정의에 따라 행위의 위법성을 묻지 않는 결과책임으로 파악되어 왔다. 이와 관련하여 최근에는 과실책임의 엄격화와 더불어 민사책임 전반에 걸쳐 결과책임의 입장에 따라 설명하려는 개별 견해가 외국에서 제시되기도 하는

187) 이연갑, 역학연구결과에 의한 인과관계의 증명, 법조 670호, 2012, 116면; 박영주, 흡연과 폐암 발병 사이의 인과관계, 고요한 정의의 울림(신영철대법관 퇴임기념 논문집), 2015, 216면.

188) 김상중, 공동불법행위에 관한 현행 민법 제760조의 개정 방향과 내용, 민사법학 60호, 2012, 342면.

바,[189] 불법행위 책임의 기본요건과 함께 좀 더 논의되어야 할 바라고 여겨진다. 이와 더불어 위험책임의 입법방식, 특히 규율대상에 관한 논의는 앞으로 더욱 활발해질 것이다. 이미 Ⅱ.4.에서 언급한 바와 같이 생명·신체에 대한 위해방지와 사회의 안전망 구축에 대한 관심은 갈수록 높아갈 것이고 그 반면 과학기술의 발달에 따라 관리·통제할 수 없는 위험요소의 증대에 대하여 과실의 불법행위책임이 대응할 수 없다는 것은 분명하며, 이에 위험책임의 규율대상은 향후 넓혀질 수밖에 없고 그 과정에서 민법의 근본적 개혁이 시도된다면 위험책임에 관한 일반규정의 도입도 반드시 논의되어야 할 것이다.

그리고 불법행위책임과 계약책임의 관계도 여전히 논의의 여지를 남기고 있다. 물론 양자는 청구권경합의 관계에 있다고 파악된 지 오래이며, 계약법적 보호의무의 인정 여부, 불완전이행과 불법행위책임의 관계에 관한 논의 역시 상당 부분 정리되었다고 여겨진다. 다만 최근에는 예를 들어 제조물책임법의 적용과 관련하여 제조물의 결함과 하자의 구별을 통하여 계약책임의 고유한 영역 여부가 논의되고 있다.[190] 또한 2016년 대법원의 한 판결례가 자기 소유 토지에 토양오염을 유발하고 폐기물을 매립한 자가 이를 매각한 후 그 매수인으로부터 토지를 취득한 전전 매수인에게 오염토양 정화비용이나 폐기물 처리비용 상당의 손해에 대하여 불법행위를 이유로 배상할 책임을 지는지 여부를 판단하였다. 전원합의체로 내려진 위의 판결례에서 다수견해는 당시 환경정책기본법 등의 취지에 비추어 "토지의 소유자라 하더라도 (...) 토양오염을 유발하였음에도 오염토양을 정화하지 않은 상태에서 오염토양이 포함된 토지를 거래에 제공함으로써 유통되게 하거나, 토지에 폐기물을 불법으로 매립하였음에도 처리하지 않은 상태에서 토지를 거래에 제공하는 등으로 유통되게 하였다면, 다른 특별한 사정이 없는 한 이는 거래의 상대방 및 토지를 전전 취득한 현재의 토지 소유자에 대한 위법행위로서 불법행위가 성립할 수 있다"고 판단하였다.[191] 위 판결에 대하여 학설에서는 찬반의 의견이 엇갈리고 있는데,[192] 결국에는 매매목적물의 상태에 대한 매수인의 위험부담

189) 가령 Janssen, Die Struktur des Haftungsrechts, 2003.

190) 권영문, 제조물책임에 있어서 결함의 개념과 하자와의 구별, 부산판례연구회 판례연구 제26집, 2015, 421면.

191) 대법원 2016.5.19. 2009다66549 전원합의체 판결.

192) 다수의견에 찬성하는 입장으로 권영준, 2016년 민법 판례 동향, 민사법학 제78호, 2017, 526면; 반대하는 입장으로는 양형우, 자신의 토지에 토양오염을 유발하고 폐기물을 매립한 자의 불법행위책임, 홍익법학 제18권 2호, 2017, 378면.

이라는 전통적 계약법리와 포괄적인 불법행위책임의 위법행위 억제라는 현대적 기능 사이의 충돌에서 비롯한 바로서 위 사안에서만큼은 환경오염을 유발한 자에게 책임을 귀속시켜야 할 필요성이 중히 고려되었다고 여겨진다.

2. 민법전 내 특수한 불법행위의 입법적 개선

책임무능력자의 감독자책임(제755조), 사용자책임(제756조), 그리고 공동불법행위책임(제760조)에 관하여는 오래전부터 입법적으로 개선할 필요가 지적되어 왔고, 2009년부터 진행된 민법개정안의 마련과정에서도 중요한 논의대상으로 되었다.[193)]

(1) 책임무능력자의 감독자책임

현행 민법 제755조 제1항은 "전 2조의 규정에 의하여 무능력자에게 책임없는 경우"에 감독의무자의 배상책임을 명정하고 있다. 따라서 책임능력 있는 미성년자의 불법행위에 대하여 감독자는 위 규정에 의해서는 배상할 책임을 지지 않고, 다만 앞서 소개한 바와 같이[194)] 민법 제750조에 따라 감독의무자가 감독의무를 소홀하였고 이와 피해자의 손해발생 사이에 인과관계가 인정될 경우에 비로소 피해자에게 배상책임을 부담하게 된다. 이러한 판례 법리는 현행 민법이 입법 당시 다른 나라의 일반적 입법례와는 달리 감독자의 배상책임을 책임능력 없는 미성년자에 한정한 나머지 피해자 보호에서 발생하는 공백을 메우기 위한 궁여지책일 수밖에 없다고 하겠다. 이에 불법행위법에 관한 입법적 개선논의가 있을 때마다 책임능력 있는 미성년자의 불법행위에 대해서도 제755조에 의한 감독의무자의 배상책임을 확대하려는 제안이 행해지고 있고, 이는 향후에도 마찬가지라고 할 것이다.

(2) 사용자 및 도급인 책임

현행 민법 제756조 1항은 단서에서 "사용자가 피용자의 선임 및 그 사무감독에 상당한 주의를 한 때 또는 상당한 주의를 하여도 손해가 있을 경우에는" 피용

193) 아래 내용 및 여기에서는 지면관계로 소개하지 못하는 관계로 당시 불법행위법 개정안에 관한 개관으로는 엄동섭, 불법행위법의 개정, 민사법학 제60호, 2012, 97면.

194) 앞의 Ⅱ.3.(1)(가) 참고.

자의 불법행위에 따른 사용자의 책임을 인정하지 않고 있다. 이 단서규정은 계약책임과 불법행위책임의 차이를 보여준다고 소개됨에도 불구하고 판결례에서 위 단서규정에 의한 사용자의 면책을 인정한 경우는 거의 전무할 정도이다. 또한 비교법적 측면과 이론적 차원에서도 사용자 면책의 근거가 되는 자기책임주의에 입각한 사용자책임의 규율방식보다는 대위책임의 입법방식이 보다 타당하다는 의견이 우월해 가면서[195] 위 면책조항을 삭제할 것이 제안되고 있다. 한편 현행 민법 제757조는 본문에서 도급인에 대하여는 도급의 본질에 따라 수급인의 불법행위에 따른 책임을 인정하지 않는다고 하면서 단서에서 도급인에게 도급 또는 지시에서 '중대한 과실'이 있을 경우에 예외적 책임을 인정하고 있다. 그러나 이같이 중과실로 책임을 제한하는 경우가 비교법적으로 유례가 없으며, 또한 과실책임에 입각한 민법 제750조의 규정태도 등에 비추어 중과실로 책임을 제한해야 할 이론적 근거도 없다는 점에서 향후 입법적 개선이 필요하다고 할 것이다.

(3) 공동불법행위

현행 민법 제760조 1항은 "수인이 공동의 불법행위로 타인에게 손해를 가한 때에는" 피해자에게 연대하여 배상할 책임을 인정하고 있는데, 통설과 판례에 따르면 위 규정의 "공동"의 의미는 행위자의 공모 또는 의사의 공통을 필요로 하지 않고 각 행위가 하나의 손해발생에 객관적으로 관련공동을 가지면 족하다고 파악해 오고 있다. 이러한 해석이 피해자의 충분한 보호를 도모하려는 취지에서 비롯함은 분명하다. 그러나 '공동'의 의미가 이같이 넓게 파악됨에 따라 사고발생에 기여정도가 경미한 가해자에게도 손해 전부에 대한 연대책임이 인정됨으로써 과도한 책임의 부과라는 결과도 수반하고 있으며, 이에 법원 역시 과실상계 법리의 활용 등을 통하여 개별 사안에서 발생하는 불합리한 결과를 모면하고 있다.[196] 위와 같은 상황에 대하여 최근 연구문헌과 입법적 제안은 공동불법행위의 유형을 구분하면서 객관적 공동의 경우에는 책임경감의 여지를 모색해가고 있다.[197]

195) 김형석, 사용자책임의 연구, 2013, 67면 이하; 반면 사용자의 유형화에 따른 차별화된 책임구성을 지지하는 견해로는 김봉수, 민법상 사용자책임의 입법론, 계약과 책임, 2017, 417면 이하.

196) 가령 대법원 1992.2.11. 91다34233 판결; 과실방조의 경우로서 대법원 2015.6.24. 2014다231224 판결.

197) 김상중, 공동불법행위에 관한 현행 민법 제760조의 개정방향과 내용, 민사법학 제60호, 2012, 317면; 모성준, 공동불법행위의 책임제한논의에 대한 소고, 민사법연구 제21집, 2013, 91면.

3. 불법행위법의 과제와 사회변화에 따른 발전

(1) 불법행위법에 의한 위법행위의 예방과 억지

불법행위에 따른 손해배상책임은 전통적으로 피해자의 손해를 전보해 주는 역할을 한다고 이해되고 있다. 그런데 정신적 손해, 장래 영업이익의 손실과 같이 피침해 법익의 종류에 따라서는 피해자의 손해가 무엇인지 확정하는 것 자체가 쉽지 않은 경우가 있다. 또한 피침해 법익의 사회적 중요성, 침해행위의 모습과 경위에 비추어 가해자로 하여금 피해자에게 발생한 손해만을 배상하도록 할 경우 가해행위에 상응하는 충분한 책임을 물렸다고 말하기 어려운 경우가 있다. 이러한 배경에서 앞서 소개한 바와 같이[198] 법원은 일정한 불법행위의 유형에 관하여 종전과 비교하여 위자료의 증액을 내용으로 하는 '위자료 산정방안'을 마련하는가하면, 입법자 역시 경제적 지위의 남용, 차별대우 등에서 배액배상책임을 명문화하고 있다. 더 나아가 지적재산권 법제는 지적재산권 침해의 경우 침해자의 침해이익에 따라 피해자의 손해를 산정함으로써 권리침해의 예방과 억지를 도모하고 있다. 또한 상법의 경우 상업사용인, 주식회사 이사의 경업금지 의무위반에 대하여 개입권을 통하여 이익의 반환책임을 인정하는가 하면(상법 제17조 제2항, 제397조 제2항), 신탁법에서도 수탁자의 의무위반에 대하여 이익반환의무를 규정하고 있다(신탁법 제43조 제3항).[199] 불법행위법의 과제와 기능에 대한 인식은 바로 이와 같이 산재되어 있는 개별 규정과 법리를 한데 아울러 파악해야만 하며, 이렇게 할 경우 불법행위법이 손해전보라는 방법을 통하여 위법행위의 예방과 억지라는 기능을 도모하고 있음이 분명해질 수 있을 것이다.

한편 불법행위에 대한 사전적 구제수단으로서 위법행위의 금지청구권도 불법행위법의 과제를 여실히 보여주고 있다. 현행법에 따르면 위법행위의 금지청구는 개별 법률에서 이를 인정하거나(예를 들어 저작권법 제123조, '부정경쟁방지 및 영업비밀보호에 관한 법률' 제4조와 제10조) 인격권 침해와 같이 축적된 판결례(앞의 Ⅱ.3.(2)(가) 참고)를 통하여 인정되어 왔다. 그러다가 최근에는 영업이익의 침해에 대해서도 절대적 법익의 보호를 매개하지 않은 채 침해행위의 위법성에 따라 금

198) 앞의 Ⅱ.4.(5) 참고.
199) 이들 규정에 관하여는 김상중, 손해배상책임과 위법행위의 억제, 사법 제43호, 2018, 57면 이하.

지청구권을 인정하고 있다.[200] 개인의 행위자유를 제한한다는 우려가 없지 않겠지만 손해발생 이전에 미리 법익침해행위를 예방하는 데 대한 공감대에 비추어 위법행위의 구제수단으로서 금지청구권의 일반적 발전은 결코 피해질 수 없다고 여겨진다. 1995년, 2004년, 2009년 민법개정안의 마련이 논의될 때마다 불법행위법 내에 금지청구권을 도입하자는 제안은 긍정적으로 검토된 바 있다.[201]

(2) 사회발전의 규범화와 공적 질서의 형성·유지를 위한 민사책임법의 역할

불법행위법은 사회의 발전과 변동을 반영하는데, 최근 수십 년 동안 경제, 과학, 정보통신 영역 등에서 비약적 발전은 불법행위책임에게도 새로운 과제를 끊임없이 던져주고 있다. 이미 19세기 철도 등 대중교통의 발달이 위험책임에 관한 계기로 되었듯이, 최근 유전공학, 나노기술, 인공지능 등 과학기술의 발전에 따라 인간이 통제할 수 없게 된 위험에 대한 책임법적 규율의 요청이 높아가고 있다. 또한 개인정보의 관리·통제에 대한 주의의무의 정도를 높일수록 사회적으로 유용한 개인정보의 활용을 곤란하게 하는 현상이 잘 보여주듯이, 기술발전의 위험에 대한 책임법적 대처는 다원화된 가치의 충돌, 달리 말해 서로 대립하는 이해관계를 비교형량 하면서 어렵사리 이루어질 수밖에 없을 것이다. 그 과정에서 불법행위법은 굳이 과학기술의 경우를 들지 않더라도 가령 투자권유자의 고객 보호의무의 인정 여부와 내용의 정도, 시장교란행위에 따른 손해액 산정의 경우와 같이 해당 전문영역을 책임법적으로 전환하여 이해·판단해야만 하는 창조적 역할을 맡게 될 것이다. 이러한 작업은 물론 의료책임 영역에서 알 수 있듯이 비단 어제 오늘의 일은 아니지만 지난 수십 년 동안 사회의 비약적 발전과 전문화 현상에 따라 영역별로 보다 깊어지고 있다.

또한 불법행위법은 개인 간의 손해위험 귀속을 통하여 사회적 과제의 실현에 일조한다는 점도 지적할 수 있겠다. 행정법·형법 등 공법의 규율대상이라고 여겨지던 환경오염에 대한 법적 규제와 관련하여 행정자원의 한계와 형법의 최후보충성에 따라 무과실의 민사적 환경책임에 의한 보완적 역할이 지적되어 왔는데, 이러한 현상은 최근 '甲의 횡포'를 억지하기 위하여 공정거래 영역에서 배액배상

200) 앞의 Ⅱ.4.(3) 각주 165 인용 판결례 참고.
201) 김상중, 불법행위에 대한 금지청구권 규정의 신설 제안, 민사법학 제55호, 2011, 177면.

책임의 도입, 직장에서 남녀의 성별 또는 기간제 여부에 의한 차별취급에 따른 사용자의 배상책임을 인정하는 법리, '가습기 살균제' 사건을 계기로 하여 2017년 법원이 마련한 '위자료 산정방안' 등에서도 엿볼 수 있다. 공적 과제의 사적 집행 private enforcement이라고 불리는 이 같은 현상은 피해법익의 침해경위와 사회적 비중, 침해행위의 빈번함과 낮은 적발정도 등을 고려하여 민사책임이 손해전보라는 전통적 기능을 넘어서 실 손해 이상의 배상책임을 부과함으로써 위법행위를 예방하고 억지해야 할 사회적 필요에서 비롯하고 있다고 여겨진다. 조만간 이러한 논의는 최근 민사책임의 보완적 역할이 강조되고 있는 '독점규제 및 공정거래에 관한 법률'에서 경쟁법규 위반행위에 대한 배액배상책임의 입법적 도입 여부에 관한 논의로 이어질 것이라고 사료되며, 2014년 강원랜드 카지노 이용자의 손해배상청구에 관한 판결례에서 다루어진 바와 같이[202] 개인에 대한 민사책임의 후견적 역할 여부도 차츰 주목할 수 있지 않을까 기대해 본다. 끝으로 불법행위법과 사회보장제도의 관계에 대한 이론적 연구가 심화되기를 바라며, 불법행위로 인한 실체적 권리의 효과적 관철을 보장하기 위하여 증권관련 집단소송제도, 소비자 집단분쟁조정제도 등과 같은 집단분쟁 해결제도의 마련 역시 중대한 현대적 과제의 하나라고 하겠다.

Ⅳ. 부당이득법의 변화와 과제

1. 부당이득법의 정립

부당이득에 관한 현행 민법 제741조 이하의 규정내용은 의용민법 제703조 이하와 본질적으로 동일한 내용으로 마련되었다. 다만 부당이득에 관한 기본규정인 의용민법 제703조에서는 부당이득반환의무의 성립요건과 함께 "그 이익의 존재하는 한도에서" 반환할 의무가 있다고 규정한 것과 달리, 현행 민법 제741조는 '현존이익의 한도'라는 내용을 반환범위의 내용에 관한 제748조로 위치변경을 하면서 선의의 수익자에 한함을 분명히 해 두었다.[203] 그리고 가액반환과 전득자의 책

202) 대법원 2014.8.21. 2010다92438 전원합의체 판결.

203) 명순구, 실록 대한민국 민법 3, 769, 783면. 위와 같은 규율체계 변경의 의미에 관하여는 민법주해 [XVII], 143, 579면(양창수 집필).

임에 관한 현행 민법 제747조 역시 의용민법에 없던 규정을 신설한 것으로서, 그 당시 수령한 대체물의 반환불능에 따른 반환의무의 형태(다른 대체물을 반환할 것인지 아니면 가액의 반환의무를 부담하는지 여부)에 관한 논의를 가액반환의 방식으로 정리하는 한편, 수익자의 반환의무가 이 같은 가액의 형태로도 이행될 수 없는 경우에 악의전득자의 반환의무를 보충적으로 규정함으로써 형평을 도모하고자 하였다.[204)]

이렇게 입법된 부당이득법은 1980년대 중후반 부당이득 유형론 등에 따른 이론적 논의가 본격화되기까지는 큰 관심대상이 되지는 못하였던 것으로 사료된다.[205)] 또한 그 당시 판결례를 보더라도 '타인 토지의 무단이용에 따른 부당이득',[206)] '해제된 계약관계에 기해 지급된 금전에 관한 계약당사자 사이의 부당이득 반환관계의 인정',[207)] '경매대금의 배당을 못 받을 자가 배당을 받은 경우 배당을 받아야 할 권리자의 부당이득반환청구권의 인정'[208)]과 같이 지극히 당연한 법리를 확인해 주는 정도이었다. 1980년이 되기까지 부당이득에서 주목할 만한 판결례는 불법원인급여에서 부당이득반환청구권을 배제하는 민법 제746조의 적용이 소유물반환청구권에도 확대되어야 한다는 전원합의체 판결례[209)]이지 않을까 싶다.

2. 부당이득법의 법리적 발전

1980년대 초반까지 위와 같이 커다란 변화 없이 유지되었던 부당이득제도는 1980년대 중후반 독일법의 영향으로 유형론에 의한 부당이득제도의 파악이 본격화되면서부터[210)] 이론적 관심의 대상이 되었다. 부당이득의 유형적 파악은 당시 지배적 입장으로 여겨졌던 이른바 통일설이 부당이득제도의 본질이라고 설명해

204) 명순구, 실록 대한민국 민법 3, 780면; 민법주해 [XVII], 572-573면(양창수 집필).
205) 1960년대 부당이득법에 관한 문헌의 논의는 '법고을' 검색에 의하면 대체로 부당이득법과 불법행위법의 관계에 집중했던 것으로 나타난다.
206) 대법원 1962.5.31. 62다80 판결.
207) 대법원 1962.6.28. 4294민상1598 판결.
208) 대법원 1964.7.14. 63다839 판결.
209) 대법원 1979.11.13. 79다483 전원합의체 판결.
210) 양창수, 일반부당이득법의 연구, 서울대학교 박사학위논문, 1987; 김주수, 부당이득의 성립요건에 대한 유형론적 검토, 고시연구 15권 4호, 1988, 26면; 현병철, 부당이득법의 연구, 성균관대학교 박사학위논문, 1990; 이은영, 채권각론, 1994. 물론 그 이전에도 부당이득의 유형론은 국내에 소개되어 있었던 바, 김증한, 부당이득의 유형, 법조 27권 2호, 1978, 1면.

왔던 '공평'이라는 막연한 관념을 민법상의 여러 제도와의 관련 속에서 파악할 수 있게 해 주었고[211] 또한 부당이득 성립요건의 의미를 분명히 해 줄 수 있었다. 가령 통일설은 '손실'에 관하여 "그 사실이 없었더라면 확실히 재산이 증가하였으리라는 것이 증명된 경우"에 한정하지 않고 "그 사실이 없었더라면 그만큼 재산상 증가가 있는 것이 보통이라고 인정되는 경우"라고 막연히 설명하는 것으로 그칠 뿐이나, 유형론의 입장에 따르면 계약의 무효·취소에 따른 급부부당이득의 경우에는 계약상 의무이행을 위하여 급부된 바 자체, 타인의 재산을 무단히 침해한 침해부당이득의 경우에는 침해된 권리 또는 권리의 이용가능성 자체라고 함으로써 손실의 의미를 분명히 해 주고 있다.[212] 더 나아가 부당이득의 유형적 파악은 부당이득제도와 계약, 불법행위 등 민법의 다른 제도와의 기능적 관계를 분명히 해 주는 데 기여하였고, 그 과정에서 쌍무계약의 무효·취소에서 당사자 일방의 목적물반환이 불가능하게 된 경우 상대방의 부당이득반환의무의 존속 여부,[213] 반환목적물로부터 과실을 취득한 경우 민법 제201조와 부당이득법의 적용관계[214]에 관한 이론적 논의가 진행될 수 있었다.

부당이득에 관한 이 같은 이론적 논의의 진행은 2000년 접어들면서 마침내 법원의 판결례에도 영향을 미치기 시작하였다. 대법원은 2002년 유효한 도급계약에 기하여 수급인이 도급인으로부터 제3자 소유 물건의 점유를 이전받아 이를 수리한 결과 그 물건의 가치가 증가한 경우, 수급인이 소유자를 상대로 반환목적물의 가치증가에 따른 이익을 부당이득으로 반환 청구할 수 있는지 여부를 다루었다. 이 사건을 계기로 대법원은 이른바 전용물소권, 즉 계약상 급부가 제3자의 이익으로 되는 경우에 제3자에 대한 부당이득반환청구가 인정되는지에 관하여 학계의 비교법적 연구를 바탕으로 하여,[215] "계약상의 급부가 계약의 상대방뿐만 아니라 제3자의 이익으로 된 경우에 급부를 한 계약당사자가 계약 상대방에 대하여 계약상의 반대급부를 청구할 수 있는 이외에 그 제3자에 대하여 직접 부당이득반환청

---

211) 민법주해 [XVII], 162면 이하; 김형배, 사무관리·부당이득, 2003, 69면 이하.

212) 민법주해 [XVII], 243면 이하; 김형배, 사무관리·부당이득, 169면.

213) 김용담, 쌍무계약의 무효·취소와 부당이득(상, 중, 하), 사법행정 24권 2호, 3호, 4호, 1983, 4면, 20면, 23면.

214) 김남수, 선의점유자의 과실수취권과 부당이득반환의무, 대법원판례해설 8호, 1988, 95면; 최상호, 점유자와 회복자의 관계에 대한 연구, 1992, 고려대학교 박사학위논문.

215) 제철웅, 타인 소유 부동산에 대한 비용지출과 부당이득, 판례실무연구 [VI], 2003, 259면; 정태윤, 전용물소권에 관한 프랑스의 판례와 학설, 판례실무연구 [VI], 2003, 293면.

구를 할 수 있다고 보면, 자기책임 하에 체결된 계약에 따른 위험부담을 제3자에게 전가시키는 것이 되어 계약법의 기본원리에 반하는 결과를 초래할 뿐만 아니라, 채권자인 계약당사자가 채무자인 계약 상대방의 일반채권자에 비하여 우대받는 결과가 되어 일반채권자의 이익을 해치게 되고, 수익자인 제3자가 계약 상대방에 대하여 가지는 항변권 등을 침해하게 되어 부당하므로, 위와 같은 경우 계약상의 급부를 한 계약당사자는 이익의 귀속 주체인 제3자에 대하여 직접 부당이득반환을 청구할 수는 없다고 보아야 한다"고 판단하였다.[216] 이 판결은 계약관계의 청산이 계약당사자 사이에서 이루어져야 하는 근거를 이익평가의 관점에서 잘 제시해 줌으로써[217] 이후의 판결례에 대하여 선도적 판결의 의미를 갖고 있다.

3. 부당이득법의 지속적 발전과 향후 논의 과제

(1) 다수자 사이의 부당이득관계에 관한 법리의 지속적 발전

바로 위에서 소개한 2002년의 대법원 판결이 선고된 이래 계약상의 급부가 계약당사자 이외의 제3자에게 이익으로 되는 경우에 부당이득의 당사자 확정이라는 문제는 아래의 여러 유형을 아우르는 다수(당사)자의 부당이득 또는 삼각관계에서의 부당이득 관계라는 문제로 확대되어 논의되고 있다. 이와 관련하여 학설, 판례의 논의는 일단 ① 지시관계, 즉 계약 당사자 일방의 지시에 따라 상대방이 제3자에게 계약상의 급부를 이행하였으나 이후 그 계약 또는 지시자와 제3자 사이의 계약관계가 실효된 경우[218] 부당이득 당사자의 확정을 중심으로 하여, 독일의 법리와 우리나라의 개별 판결례 등에서 실제로 문제되었던 바인 ② 제3자를 위한 계약에서 채무자가 수익자에게 급부를 이행한 후 기본계약이 해제된 경우 부당이득 당사자의 확정,[219] ③ 채권이 양도되어 채무자가 양수인에게 채무를 이행한 후 기본계약이 해제된 경우 부당이득 당사자의 확정,[220] 그리고 ④ 소유권이 유보된 물건이 부합되어 그 소유자가 부합한 물건의 소유권을 상실한 경우 주물의

216) 대법원 2002.8.23. 99다66564, 66571 판결.

217) 위 대법원 판결례에서 제시된 여러 근거들은 다수자 사이의 부당이득반환관계에 판단기준을 정하기 위하여 독일의 Canaris 교수가 이른바 '실질적 평가기준설'이라고 제시했던 근거들과 아주 유사하다. 이에 관하여는 김형배, 사무관리 · 부당이득, 312-315면.

218) 대법원 2003.12.26. 2001다46730 판결.

219) 대법원 2005.7.22. 2005다7566,7573 판결; 대법원 2010.8.19. 2010다31860,31877 판결.

220) 대법원 2003.1.24. 2000다22850 판결.

소유자에 대하여 부당이득의 반환을 청구할 수 있는지[221] 등의 문제를 다루고 있다.[222] 한편, 이상의 경우와는 이익상황을 달리하지만, 횡령한 금전에 대한 부당이득, 가령 甲이 乙의 금전을 횡령 또는 편취하여 이를 자신의 채권자 丙에 대한 채무를 변제한 경우에 乙이 丙을 상대로 甲으로부터 취득한 금전을 부당이득으로서 반환할 수 있는지 여부에 대한 대법원 판결도 이 시기에 내려지었다.[223]

(2) 부당이득의 요건 · 효과 및 기능에 관한 근본적 연구

이상과 같이 현행 민법의 제정 이래 부당이득의 법리는 학설과 판례의 노력에 따라 많은 발전을 경험하고 있다.[224] 그러나 바로 위에서 소개한 다수자 사이의 부당이득반환과 같이 여전히 다툼의 여지가 있는 개별 법리에 대한 연구는 차치하더라도 부당이득의 성립요건과 반환범위와 같은 기본적 문제에 관한 법리가 충분히 발전되지 못했거나 또는 합리적 공감대가 아직까지는 형성되지 않았다고 여겨지는 부분도 적지 않다. 무엇보다 유형론에 따라 부당이득을 파악하는 경우에도 침해부당이득의 보호객체가 절대권을 중심으로 한정되는지 아니면 이를 넘어서 '시장을 통한 거래가능성'이 인정되는 경우, 가령 영업상의 비밀과 같은 법익에도 확대될 수 있는지 여부가 충분히 해명되어 있지 않다.[225] 이러한 이론적 발전 상황은 저작권 침해에 대한 부당이득법적 구제라는 지극히 당연한 법리가 대법원 판결례에서 확인되는 것조차 비교적 최근의 일이라는 실정과도 무관하지 않을 것으로 여겨진다.[226]

또한 우리나라의 통설과 판례에 따르면 부당이득의 반환의무는 수익자가 얻은 이익 중에서 상대방의 손실을 한도로 하며 이를 넘어서는 부분은 반환할 필요가

221) 대법원 2009.9.24. 2009다15602 판결; 대법원 2016.4.28. 2012다19569 판결.

222) 이에 관한 전체적 개관으로는 정태윤, 다수당사자 사이의 부당이득에 관한 최근의 판례의 검토, 민사법학 특별호(제52호), 2010, 487면 이하 참고.

223) 대법원 2003.6.13. 2003다8862 판결; 대법원 2008.3.13. 2006다53733 판결; 대법원 2011.2.10. 2010다89708 판결; 대법원 2012.1.12. 2011다74246 판결.

224) 부당이득에 관한 민법 제741조 이하의 규정에 관한 입법적 개선 노력은 2009년 민법개정 작업과정에서 비로소 이루어졌는데, 그 상세한 소개로는 권영준, 부당이득에 관한 민법개정안 연구, 서울대학교 법학 제55권 4호, 2014, 149면 이하.

225) 김형배, 사무관리 · 부당이득, 165면; 민법주해 [XVII], 244면(양창수 집필).

226) 법고을 검색에 의하면 대법원 2016.7.14. 2014다82385 판결. 물론 지적재산권 침해에 대한 부당이득의 인정이 위 대법원 판결례에서 비로소 인정되고 있다고 말할 수는 없을 것이며, 불법행위에 따른 손해배상에 의한 피해자의 구제가능성 등을 이유로 실무에서는 아직까지 부당이득법의 활용에 큰 관심을 두고 있지 않다는 정황을 지적하고자 할 뿐이다.

없다고 한다.[227] 그러나 이러한 '손실 한도'의 법리는 부당이득이 손해배상과 달리 반환을 청구하는 자의 손해가 아니라 반환의무자가 얻은 수익에 초점을 맞추고 있다는 점, 그리고 침해부당이득의 경우 경제적 가치를 갖는 권리와 법익의 침해 자체로 인정되며 그로 인하여 권리·법익의 주체에게 전체 재산상 감소가 있을 것을 필요로 하지 않는다는 점과 상치한다. 또한 대법원 판결례가 '손실 한도'의 법리를 적용하고자 했던 사안의 상황을 살펴볼 경우에 이러한 법리가 도대체 필요한지 의문이 든다.[228] 물론 '손실 한도' 법리에 대한 진지한 고민이 이른바 '운용이익'의 반환을 의미하지는 않는다.[229]

끝으로 이 글에서 다루고 있는 부당이득법과 불법행위법 양자에 관련한 논의로서 최근 영미법의 '위법행위로 인한 부당이득 반환'restitution for wrongs 법리의 국내법적 수용 여부에 관하여 언급하면서 글을 맺고자 한다. 영미법의 위 법리는 ① 타인의 지적재산권 침해와 같은 일정한 불법행위의 경우, ② 계약목적에 비추어 전보배상만으로는 채권자 구제에 충분하지 않다고 여겨지는 일정한 계약위반의 경우, 그리고 ③ 신인의무 위반과 같은 형평법상의 위법행위의 경우에 위법행위자로 하여금 의무위반에 따른 이익을 반환하도록 하고 있다. 국내의 일부 견해는 이러한 법리를 받아들여 가령 인격권 침해의 경우에 침해자로 하여금 피해 권리자에게 침해이익을 반환하도록 할 것을 적극적으로 모색할 수 있다고 한다.[230] 이러한 입장이 '불법행위로부터 이익을 얻을 수 없다'는 정의의 관점에 부합하고

227) 민법주해 [XVII], 580면(양창수 집필); 주석민법 채권각칙(5), 707면(민중기 집필); 대법원 1974. 7.26. 73다1037 판결(공 498, 8029); 대법원 1995.5.12. 94다25551 판결.

228) 바로 위 각주에서 인용한 2개의 대법원 판결례는 손실자의 노무제공으로 수익자의 토지의 가치가 증가한 경우 또는 타인의 토지에서 무단으로 토석을 채취한 자가 이를 제방성토 작업장으로 운반하여 토지를 성토하는 데 활용한 사안에서 '손실 한도'라는 법리에 의하여 수익자의 이익(노무제공 또는 토석활용에 따른 토지의 재산적 가치증가 전부)과 비교하여 손실자의 손실(제공된 노무 자체, 무단 채취된 토석 자체)이 적은 경우에 후자의 이익만을 반환할 의무가 있다고 판단하였다. 그러나 이 같은 결과는 수익자가 취득한 바가 손실자의 노무, 토석 자체라고 파악하는 한 '손실 한도'라는 법리를 운운하지 않더라도 동일한 결과에 이르게 된다. 이는 부당이득에서 '이익' 여부에 관하여 전체재산의 관점에서 판단할 것인지 아니면 구체적으로 취득한 바 자체로 볼 것인지 하는 논의의 핵심이기도 하다.

229) 이에 관하여는 김상중, 대상청구권의 적용범위와 반환내용, 민사판례연구 [XL], 2018, 211면.

230) 이지민, 퍼블리시티권과 부당이득, 민사법학 제68호, 2014, 525면; 보다 일반적 언급으로는 이혜리, 미국법상 기회주의적 계약위반에 대한 토출(吐出)책임, 비교사법 제21권 2호, 2014, 673면; 서종희, 침해부당이득에서 수익자의 초과이익반환, 저스티스 제151호, 2015, 173면; 이상용, 미국 부당이득법의 개관, 민사법학 제75호, 2016, 363면; 진도왕, 미국 침해부당이득법의 개관, 재산법연구 제33권 3호, 2016, 254면.

또한 위법행위의 예방·억지의 필요에서 비롯함은 의문이 없다. 그러나 개인적으로는 위와 같은 영미 법리의 국내법적 수용은 적절하지 않다고 여겨진다.[231] 위의 Ⅲ.3.에서 피력한 바와 같이 위법행위의 예방·억지라는 불법행위법의 기능, 침해행위의 수익적 계기와 비난가능성 등에 따른 배상책임의 가중이라는 요청이 시대의 변화에 따른 책임법의 불가피한 발전이라고 여기고 있으나, 손해전보의 과제와 과잉배상의 금지라는 전통적 책임법리와 충돌하는 것 역시 사실이며 이에 개별사례 연구 역시 중요한 과제이겠으나 불법행위와 부당이득에 관한 근본적 연구도 보다 활발해지기를 기대해 본다.

231) 김상중, 영국의 restitution for wrongs와 위법이익의 반환, 민사법학 제78호, 2017, 325면.

친족법의 변화와 앞으로의 과제

이승우*

[초 록]

본고는 민법전 친족편의 제정과 개정을 중심으로 친족법의 변화의 역사를 살펴보고 오늘의 상황을 점검한 후 미래의 과제를 탐색함을 그 목적으로 한다.

제정당시의 가족법은 이른바 관습존중론과 헌법존중론 사이의 타협입법이라고 하나 구습인 종법제도의 기본원리를 골격으로 함으로써 헌법 및 민주주의 이념과 상치되는 규정을 많이 포함하게 되었다. 그리하여 민법이 시행된 직후부터 가족법이 갖고 있는 가부장적, 비민주적 요소를 제거하여 민주적 가족법으로 개정하여야 한다는 요구가 끊임없이 이어져 왔다. 또한 그 어느 나라보다도 짧은 기간 동안에 극심한 사회변화를 겪고 있는 가족 현실을 가족법이 적절히 규율하지 못하고 있어 현실에 맞는 가족법으로의 개정이 시급하다는 주장 또한 꾸준히 제기되어 왔다. 이러한 사회사정의 변화와 국민적 요청을 배경으로 여성계를 비롯한 시민단체와 학계의 노력 그리고 헌법재판소의 위헌결

* 성균관대학교 명예교수

정 등으로 가족법은 여러 차례 개정되어 현행 가족법은 제정당시의 가족법과는 그 모습과 내용이 크게 달라졌다.

우리 가족법은 그동안 사회의 변화를 담아내는 한편 헌법에 합치되는 방향으로 발전해 왔다고 할 수 있다. 그중에서도 1990년과 2005년의 개정은 그 의미가 특별하다. 1990년의 개정은 남녀불평등적 요소를 가지고 있던 대부분의 규정을 개정하였고, 제정당시에 미처 생각지 못하여 입법하지 못하였거나 사회의 변화에 따른 새로운 수요를 충족키 위한 제도도 일부 도입하는 등 그 개정의 범위와 내용이 대폭적이고 혁신적이어서 가히 획기적이라 할 수 있다. 또한 2005년의 가족법 개정에서는 우리 가족법의 특질이자 낙후성을 상징하던 호주제 및 동성동본불혼제도와 부성강제주의를 폐지하였는데 이로써 가부장제 가족제도와 남계(부계)혈통 우선제도의 잔재가 민법에서 완전히 사라지게 되었다. 성 변경을 인정하고 친양자 제도를 도입한 것 또한 기존의 부계혈통중심의 관념을 서서히 희석시켜 나아가는 계기로 작용할 것으로 생각한다. 2005년의 개정은 우리 가족법에 남아 있던 전근대적 요소를 거의 제거함으로써 우리의 가족법사에 큰 획을 긋는 사건으로 기록될 것이다.

사회의 급격한 변화는 새로운 법 수요를 발생시키며 이는 가족법에 있어서도 예외는 아니다. 가족연대의 이완, 단체적 가족윤리의 약화 및 개인화, 소자화 및 고령사회화, 가족유형의 다양화, 혼인의 탈제도화 등은 종래의 규범으로는 해결하기 어려운 문제를 낳고 있다. 동성혼, 혼외동서, 노년 이혼 및 재혼, 사실혼 배우자 일방의 사망 시 상대방 배우자의 보호, 혼인생활의 기초가 되는 부부 일방 명의 재산의 처분제한 인정여부, 유책배우자의 이혼 허용 여부 및 범위, 다문화 가족을 둘러싸고 일어나는 제 문제에 대하여도 유연하고 적절한 대응이 필요할 것이다. 그 밖에도 성전환자의 문제, 인공수정, 대리모 등 인공생식기술의 발달에 따른 제 문제, 통일에 대비한 법정비의 준비 등 다양한 가족법상의 문제가 그 해결을 기다리고 있다. 위와 같은 문제는 해석론만으로는 해결에 한계가 있어 새로운 입법을 필요로 하는 경우가 많을 것으로 생각한다. 그리고 가정법원의 후견적 기능, 역할을 강화하는 입법도 필요할 것이다.

가족법의 기본법성과 보수성 및 관습성 등의 특성을 고려하면서도 위의 제반 변화와 요구에 신속히 그리고 유연하게 대응·준비하는 자세가 필요하다고 하겠다.

Ⅰ. 서

현행의 민법전은 1958년 2월 22일 법률 제471호로 제정, 공포되어 1960년 1월 1일부터 시행되었는데, 가족편의 제정에 있어서는 재산편의 경우와 달리 극심한 견해의 대립이 있었다. 국회는 심의과정에서 상당한 진통을 겪은 끝에 결국 가부장제를 근간으로 하면서 이를 헌법과 새로운 시대사상에 맞추어 부분적으로 수정하는, 소위 점진적 개혁론의 입장에 서서 가족법의 제정을 마무리지었다. 제정당시의 가족법은 이른바 관습존중론과 헌법존중론 사이의 타협입법이라고 하나 구습인 종법제도의 기본원리를 골격으로 함으로써 헌법 및 민주주의 이념과 상치되는 규정을 많이 포함하게 되었다. 그리하여 민법이 시행된 직후부터 가족법이 갖고 있는 가부장적, 비민주적 요소를 제거하여 민주적 가족법으로 개정하여야 한다는 요구가 끊임없이 이어져 왔다. 또한 그 어느 나라보다도 짧은 기간 동안에 극심한 사회변화를 겪고 있는 가족 현실을 가족법이 적절히 규율하지 못하고 있어 현실에 맞는 가족법으로의 개정이 시급하다는 주장 또한 꾸준히 제기되어 왔다. 이러한 사회사정의 변화와 국민적 요청을 배경으로 여성계를 비롯한 시민단체와 학계의 노력 그리고 헌법재판소의 위헌결정[1] 등으로 가족법은 여러 차례 개정되어[2] 현행 가족법은 제정당시의 가족법과는 그 모습과 그 내용을 크게 달리하고 있다.

한편 학설의 발전은 판례와 입법에도 영향을 주었으며 판례도 중요한 것들이 많이 나왔다. 이로써 법규의 내용을 사회적 변화와 요구에 맞춰 나아갔다.

본고의 목적은 민법전 제정 후의 친족법의 변화와 앞으로의 과제를 살펴보는 것이다. 친족법의 변화를 입체적, 실질적으로 파악하기 위하여는 판례와 학설의 변화도 함께 살펴보아야 할 것이나 친족편 개정의 양이 방대하여 본고에 할애된 지면으로는 이를 감당키 어렵다. 이러한 사정으로 본고에서는 민법전 친족편의 제정과 개정을 중심으로 친족법 변화의 역사를 살펴보고 오늘의 상황을 점검한 후 미래의 과제에 관하여 간략히 언급하고자 한다.

---

1) 가족법 개정에 있어서 헌법재판소의 역할은 특히 주목할 만한 것이라 하겠다. 이에 관하여는 후술 본문 참조할 것.

2) 가족법의 보수성과 가족법 개정이 갖고 있는 정치적 성격으로 인하여 민주성, 현실적합성을 갖는 가족법으로의 개정에는 장구한 세월이 소요되었다.

Ⅱ. 가족법(친족법)의 제정

1. 민법 제정 전사

우리 가족법(민법 친족편)의 변화를 이해하기 위하여는 민법전 제정 전에 시행되었던 가족법 규범을 알 필요가 있는 바 이에 관하여 간략히 살펴보기로 한다.

(1) 조선시대에 있어서 가족관계는 주로 유교윤리에 바탕을 둔 관습법에 의하여 규율되었다. 조선시대의 가족법은 중국의 영향을 받은 종법제에 입각한 가족제도를 그 바탕으로 하고 있으며, 그 결과 남계혈통 중심의 제사본위를 그 특징으로 하고 있다.

(2) 1910년 8월 29일 일제는 한국을 합병한 당일 「조선에 시행할 법령에 관한 건」이라는 칙령[3]을 공포하여 우리나라에서 법률로 규정해야 할 사항은 조선총독의 명령으로써 이를 규정할 수 있다고 선언하였다.[4] 또한 동 칙령은 일본의 법률의 전부 또는 일부를 조선에 시행할 필요가 있는 경우에는 칙령으로 이를 정할 수 있도록 하였다. 그리고 조선 총독은 이 칙령에 기하여 합방 당일 제령 제1호로써 「조선에 있어서의 법령의 효력에 관한 건」을 공포하여 합방당시 효력을 갖고 있던 대한제국의 법령 및 통감부령은 잠정적으로 효력을 갖는다고 선언하였다. 그 후 1912년 3월 18일에는 일제시대에 있어서 우리나라의 민사기본법이 될 조선민사령(제령 제7호)을 제정하여 4월 1일부터 시행하였는 바, 이 조선민사령에 의하여 일본민법 중의 일부가 의용되기 시작하였다. 즉 조선민사령 제1조는 "조선인의 민사에 관한 사항은 본령 기타의 법령에 특별한 규정이 있는 것을 제외하고 다음의 법률에 의한다"고 규정하고 의용되는 법률로서 민법 및 각종의 특별법·부속법을 들고 있다. 그리고 제11조는 조선인의 친족 및 상속에 관하여는 조선인의 관습에 의한다고 규정하였다. 이로써 조선민사령 공포 당시에는 친족상속에 관하여는 일본민법 규정을 적용하지 않고 우리의 관습법에 의하게 되었다. 그러다가 일제의 식민지배와 동화정책이 강화됨에 따라 조선민사령 제11조가 4차의 개정을 겪으면서 점차 친족상속관계에 있어서 일본민법의 적용범위가 확대되어 갔다.[5]

---

3) 이 칙령은 1911년에 일본국 법률 제30호로 전환되었다.

4) 이로써 우리나라에 있어서 입법사항은 조선총독의 명령으로써 제정할 수 있게 되었던 바, 이러한 총독의 명령을 제령이라고 한다.

5) 1912년 조선민사령 공포 당시의 제11조의 내용과 해방될 당시의 그것을 비교해 보면 친족상속

일제가 초기에 가족관계에 있어서 일본민법을 의용하지 않고 한국관습법을 원칙적으로 적용[6]한 것은 우리나라 국민의 감정과 고유한 생활방식을 존중해서가 아니라, 보수성·관습성이 강한 가족법의 특질상 일본민법(가족법)의 적용을 강요하는 것은 한국인의 민족적 저항을 불러 일으켜 식민지지배 정책상 득책이 되지 못한다는 판단에 기한, 효율적 식민지배전략의 일환이었음은 다시 말할 필요도 없다 할 것이다.

(3) 1945년 8월 15일 일본의 지배에서 벗어나 해방이 되자 동년 9월 7일부터 미군정이 시작되었다. 미군정당국은 동년 10월 9일 군정법령 제11호를 발포하여 38도선 이남에 시행하던 종래의 법령 중 조선인에게 민족적 차별과 압박을 가하려는 정책과 주의를 가진 정치범처벌법, 치안유지법, 예비검속법, 출판법, 정치범보호관찰령 등을 폐지하였다. 그리고 1945년 11월 2일에는 군정법령 제21호를 발포하여, 1945년 8월 9일 현재 시행중이던 법률적 효력을 가진 규칙, 명령, 고시, 기타 문서는 그간 폐지한 것을 제외하고는 군정청에서 특별명령으로써 이를 폐지할 때까지 완전히 효력이 있다고 선언하였다. 이것은 곧 일제시대에 우리나라에서 효력을 가지던 법령의 대부분이 미군정하에서도 그대로 효력을 유지함을 의미하

관계에 관한 일본민법의 적용범위가 어느 정도로 확대되고 있으며, 그로 인하여 우리나라의 가족제도 내지 가족관습법이 어느 만큼 파괴되었는지 쉽게 알 수 있을 것이다. 1912년 제정 당시의 조선민사령 제11조는 "제1조의 법률 중 능력, 친족 및 상속에 관한 규정은 조선인에 이를 적용하지 않는다. 조선인에 관한 전항의 사항에 관하여서는 관습에 의한다"는 간단한 것이었다. 여러 차례 개정을 거쳐 1945년 해방을 맞을 당시의 제11조는 다음과 같이 되었다.

조선인의 친족 및 상속에 관해서는 별단의 규정이 있는 것을 제한 외에 제1조의 법률에 의하지 않고 관습에 의한다. 단, 씨, 혼인연령, 재판상의 이혼, 인지, 재판상의 이연, 서양자연조의 경우에는 혼인 또는 연조가 무효인 때 또는 취소되었을 때의 연조 또는 혼인의 취소, 친권, 후견인, 보좌인, 친족회, 상속의 승인 및 재산의 분리에 관한 규정은 차한에 부재한다.

분가, 절가재흥, 혼인, 협의상의 이혼, 연조 및 협의상의 이연은 이를 부윤 또는 읍면장에게 계출하므로 인하여 그 효력을 발생한다. 단, 유언에 의한 연조에 관해서는 그 계출은 양친의 사망시에 소급하여 그 효력을 발생한다.

씨는 호주(법정대리인이 있는 때에는 법정대리인)가 이를 정한다.

제11조의 2: 조선인의 양자연조에서 양자는 양친과 성을 같이함을 요하지 않는다. 단, 사후양자의 경우에는 차한에 부재한다. 서양자연조는 양자연조의 계출과 동시에 혼인을 계출함으로 인해서 그 효력을 발생한다.

서양자는 처의 가에 들어간다. 서양자이연 또는 연조의 취소로 인하여 그 가를 떠나도 가녀의 직계비속은 그 가를 떠나지 않고 태아가 출생했을 때는 그 가에 들어간다.

6) 한국관습법을 적용하였다고 하나 그 중 상당한 부분이 일본의 정략적 동화정책의 목표하에서 왜곡되었음이 밝혀지고 있다. 이상욱, "일제하 전통가족법의 왜곡", 「한국법사학논총」(박병호 교수 환갑기념논문집Ⅱ), 1991, 371면 이하 참조.

는 것이며, 이에 따라 일본민법은 조선민사령에 의하여 의용되고 있는 한에 있어서는 여전히 그대로 우리나라에서 효력을 가지게 되었다. 그리고 미군정당국은 이듬해인 1946년 10월 23일 조선성명복구령(군정법령 제122호)을 발포하여 일제시대의 창씨제도를 폐지하였다. 동법령은 일제시대의 창씨제도에 의하여 일본씨명으로 변경된 조선성명을 간이하게 조선전래의 성으로 복귀하게 할 목적으로 제정한 것으로, 창씨제도로 인하여 조선성명을 일본씨명으로 변경한 호적부기재와 본령에 배치되는 모든 법령, 훈령 및 통첩은 그 창초일부터 무효로 한다고 선언하고 다만 창씨개명하에 성립된 기왕의 법률행위는 아무런 영향을 받지 않도록 하였다. 그리고 1946년 11월 1일 동 법령에 의한 신고 및 호적기재 절차규정으로서 조선성명복구령 시행규칙이 공포되었다. 한편 군정당시 대법원은 가족법 분야에서 다음과 같은 주요한 판결을 하였다. 즉 1947년 9월 2일 대법원은 처가 소송행위를 함에는 부의 허가를 필요로 한다는 의용민법 제14조의 규정이 있음에도 불구하고 처가 부의 허가 없이 소송행위를 할 수 있다고 판결하였다.[7)]

(4) 대한민국 정부가 수립된 후에도 일거에 일제 및 미군정 시의 법령을 모두 정리할 수는 없었다. 그래서 제헌헌법은 제100조에 「현행법령은 이 헌법에 저촉되지 않는 한 효력을 가진다」고 규정하여, 일제 및 미군정 시의 법령의 대부분이 그대로 효력이 지속되게 되었다. 이러한 헌법적 근거에 기초하여 가족법의 법원으로서 미군정 당시에 효력을 갖고 있던 제 법령은 정부수립 후에도 헌법에 저촉되지 않는 한[8)] 여전히 현행법으로서 그대로 효력을 유지하였다.

2. 가족법의 제정

(1) 제정과정

1948년 8월 15일 독립 정부를 수립한 대한민국은 동년 9월 15일 대통령령 제4호 법전편찬위원회 직제를 공포하고 이어 법전편찬위원회 분과위원회를 조직하였다. 민법 중 친족상속편의 기초는 민법 기초위원인 장경근(보조위원 장승두)이

7) 정광현, 신친족상속법요론, 법문사, 1962, 35면.

8) 헌법에 저촉된다고 하여 효력이 상실된 법령 또는 법규정은 실제에 있어서 아주 적었다. 이러한 희소한 사례로서 대법원은 1949년 3월 26일에 서양자제도는 공서양속에 위반되므로 성립당초부터 무효이고 오로지 부부관계만 존속한다는 판결을 한 바 있다(대법원 1949.3.26. 4281민상348 판결).

담당하였는바, 장경근은 "친족상속법 입법방침과 친족상속법 기초요강 사안"을 작성한 후 이를 법전편찬위원회에 제출하기 전에 각계의 의견을 듣고 자문을 구하기 위하여 "법정" 9월호(1948)에 발표하였다.

법전편찬위원회는 1948년 12월 15일 민법전의 기초에 착수하였으며 1949년 6월 11일 장경근이 작성한 친족상속법요강사안을 중심으로 친족상속편요강의 심의를 시작하였다. 수차에 걸친 심의 끝에 장경근 사안에 적지 않은 수정을 한 42개 항목의 친족편요강과 7개 항목의 상속편요강을 채택하였다.[9] 이 요강은 민법 친족상속편 제정 논의의 최초의 기본적인 틀이 되었다. 이후 이 요강을 바탕으로 축조기초를 거쳐 정부의 민법제정안이 완성되어 1953년 12월 26일 국회에 제출되었는 바 국회 법제사법위원회는 11월 6일 민법안심의소위원회를 구성하여 정부안의 예비심사를 시작하였다. 민법안심사소위원회는 1956년 9월에 친족편 34개 항목의 요강과 상속편 7개 항목의 요강을 결정한 후 이유서를 첨부하여 친족상속편심의요강심의록을 발표하였다.[10] 이 법사위의 요강에는 장경근의 요강사안을 부활시킨 것이 적지 않았다. 민법안심의소위원회는 정부안에 대한 심의를 거쳐 수정 작성한 민법안을 1957년 9월 11일 법제사법위원회에 상정하였으며 이것이 무수정으로 통과되었다. 이것이 다음날 법제사법위원회수정안으로서 국회본회의에 회부되었다. 이 법제사법위원회수정안은 친족상속편의 경우 정부안에 대하여 171개조에 수정을 가한 것이다. 정부안인 민법안에 대한 수정안에는 민의원법제사법위원회의 수정안 외에도 정일형 의원외 33인의 수정안(이하 '정일형 안'이라고 한다) 등 6개의 국회의원의 수정안이 있었다.

정부안이 관습존중론에 입각하여 입법한 데 대하여 법제사법위원회의 입법방침은 점진적 개혁론(혁신론)에 입각하고 있다. 반면 정일형 안은 한국여성단체연합, 여성문제연구원의 건의 및 학계의 입법의견을 종합한 35개 항목에 걸친 제안

---

9) 장경근 사안과 이 요강은 이후의 가족법제정 과정에서 논의의 출발점이 되었는 바 기본적으로 헌법보다는 현실과 관습을 존중한다는 입장이어서 헌법에 부합하는 민주적 가족법의 이상과는 거리가 먼 것이었다. 가족법의 입법방침에 관하여는 민법 제정 논의 초기부터 크게 보아 관습존중론, 헌법존중론, 점진적 개혁론의 대립이 있었는데 이러한 대립은 그 후의 민법 심의과정에서도 그대로 이어졌다.

10) 민법안심사소위원회는 총칙, 물권, 채권의 3편에 대한 축조심의를 완료하여 그 축조적 수정안을 완성 발표하였으나 친족상속편에 관하여는 축조적 심의안을 완성하지 못하고 친족편 34개 항목의 요강과 상속편 7개 항목의 요강을 결정한 후, 이유서를 첨부하여 친족상속편심의요강심의록을 발표하는 데 그쳤다.

으로서 헌법정신존중론에 입각하고 있다.[11]

국회 본회의는 심의과정에서 격렬한 의견 대립을 보였는데 이는 크게 보아 위의 세 의견의 대립이라 할 수 있다. 민법안은 심의를 거쳐 1957년 12월 17일 국회를 통과하였는데 그 내용을 보면 대체로 법사위안에 약간의 수정을 가한 것으로 볼 수 있다. 신민법은 다음해인 1958년 2월 22일에 공포되어 1960년 1월 1일부터 시행되었다.

(2) 제정가족법의 의의 및 내용과 특색

(가) 위에서 본 바와 같이 민법 가족편의 심의과정에는 재산편의 경우와는 달리 극심한 견해의 대립이 있었다. 이는 관습존중론과 헌법존중론 그리고 점진적 개혁론으로 크게 나누어 볼 수 있는데, 관습존중론은 고래의 관습 중에는 순풍미속이 많으므로 아무리 새 시대를 맞이했다 하더라도 되도록 이를 존중해야 한다는 주장이고, 헌법존중론은 고래의 관습은 중국의 종법제의 영향을 강하게 받은 남계혈통중심의 가부장적 가족제도를 바탕으로 한 것으로서 남녀차별적이고 父系 및 夫系 위주, 장남중심의 체계를 가진 것이어서 헌법의 민주화 정신前文 및 「법 앞의 평등원칙」에 어긋나는 것이어서 친족상속법의 제정에 있어서는 이러한 헌법정신을 존중하여 이에 반하는 古來의 관습은 이를 과감하게 버리자는 주장이었다. 그리고 점진적 개혁론은 위 양자의 타협으로서 가족현실에 기초를 두어 관습을 존중하되 이를 헌법 정신에 맞게 점진적으로 개혁해 나가자는 것이다.

민법이 제정되었던 1950년대의 사회적 사정, 국민 및 입법부 구성원들의 법의식은 오랫동안 지켜져 내려오던 고래의 관습을 완전히 떨쳐버리고 헌법정신에 충실한 가족법을 만들어 내기에는 역부족이었다. 국회는 심의과정에서 상당한 진통을 겪은 끝에 결국 위에서 본 바와 같이 가부장제를 근간으로 하면서 이를 헌법과 새로운 시대사상에 맞춰 부분적으로 수정하는, 소위 점진적 개혁론의 입장에서서 가족법의 제정을 마무리지은 것이다.[12]

---

11) 정일형 의원은 잘 알다시피 가족법의 민주화에 헌신한 이태영 변호사의 부군이다. 이태영 변호사는 여성단체 및 학계와 협력하여 개혁적 입법안을 만들어 국회의원인 부군을 통하여 입법안을 낸 것으로 보인다. 정일형 안은 당시로서는 매우 혁신적인 것으로 이후 가족법 개정 논의에서 하나의 지침 내지 방향을 제시한 것으로 평가할 수 있다.

12) 가족법의 제정에 따라 가족법과 표리일체의 불가분의 관계를 갖는 호적법과 인사소송법 그리고 가사심판법이 잇따라 제정되었다. 즉 1960년 1월 1일 법률 제535호로 호적법이 공포 시행되었다. 개인의 신분관계를 공인하고 공시할 필요에서 마련된 것이다. 또한 가사분쟁의 특수성

(나) 제정가족법의 주요 내용 및 특색 – 구법에 비하여 진전, 그러나 가부장적 성격은 전편에 온존

제정가족법은 그 가부장적 성격으로 인하여 제정 직후부터 여러 부면에서 개정의 요구를 받는 처지가 되었지만 다른 한편으로는 구 관습가족법에 비하여 헌법이념과 새로운 사조를 받아들인, 진일보한 측면도 적지 않았다. 처의 무능력제도의 폐지, 부부재산제를 관리공통제에서 부부별산제로 바꾼 점, 혼인 및 이혼의 자유를 확대하고 재판상 이혼원인의 부부평등을 이룬 점, 가계계승을 위한 양자 외에 양부모와 자녀를 위한 양자제도를 도입한 점, 호주권을 약화시킨 점 등이 바로 그것이다.

그러나 이러한 진전에도 불구하고 제정 당시의 가족법의 가부장적 성격은 호주제도, 호주상속, 혼인, 양자, 친권, 친족관계 등 가족법 전편에 걸쳐 나타나고 있어서 헌법이념과 새로운 사조와는 거리가 멀다는 근본적 한계를 지니고 있었다. 이에 관하여는 개정의 역사를 다룰 때 자세히 살펴보기로 하겠다.

(다) 가족법 제정의 의의

성문가족법전의 탄생은 그 내용의 한계에도 불구하고 그것이 우리 국민의 손으로 제정한 최초의 근대적 성문가족법전이라는 점에서 그 역사적 의의는 매우 큰 것이다. 위에서 본 바와 같이 일제로부터 독립한 후에도 오랜 기간 일본 민법을 의용하는 상태가 계속되었는바 당시의 사회사정이나 우리의 역량을 고려할 때 불가피했던 것으로 이해할 수 있는 측면도 있지만 이는 독립 주권 국가로서 체면이 서지 않는 일임은 두말할 필요가 없을 것이다. 이로써 우리나라도 체계화된 법전을 가짐으로써 가족법 발전의 토대를 구축하고 구 관습가족법의 불명확성을 극복하게 됨으로써 가족생활의 안정성을 높이게 된 것이다. 그러나 제정가족법의 가부장적 성격과 위헌성은 오랜 기간 개정논란을 불러오며 국론분열을 초래하였고 국민의 가족생활에 있어서의 평등과 개인의 존엄을 훼손하는 등으로 고통을

에 따라 가사분쟁처리특별법으로서 인사소송법이 1961년 12월 6일 법률 제803호로 제정되었다. 인사소송법은 인사사건의 특수성으로 인하여 인사사건의 분쟁처리가 일반 민사소송법에 따른 절차에 의하는 것이 적절하지 않기 때문에 마련된 특별소송법이다. 그리고 가사사건의 특수성에 기하여 가사분쟁을 합리적, 효율적으로 처리하기 위하여 1963년 7월 1일 법률 제1375호로 가사심판법을 제정하고 가정법원을 설치하였다. 가사사건은 소송에 의하여 승패를 가리기보다는 당사자의 합의에 의하여 분쟁을 처리하는 것이 바람직한 경우가 많아 가사심판법은 일정한 사건에 있어서는 조정을 반드시 거치도록 하고 있다(조정전치주의. 가사심판법 제11조). 가사심판법의 제정과 가정법원의 설치는 가족법 발전사에 있어서 중요한 의미를 갖는다.

안겨주었다. 앞서 본 바와 같이 가족법은 제정 직후부터 개정의 필요성이 제기되었는데 그것은 가족법이 갖고 있던 위와 같은 가부장적 성격과 위헌성에서 비롯된 것이어서 차후 가족법 개정의 방향은 가족법의 가부장적 성격과 위헌적 요소를 제거하는 것이 우선될 수밖에 없었다. 실제의 가족법개정도 그러한 방향과 내용으로 이루어졌는바 특히 초기의 개정에 있어 그러한 성격이 두드러진다.

Ⅲ. 가족법의 개정

앞에서 본 바와 같이 제정당시의 가족법은 종법제도를 기본원리로 하는 가부장적인 성격이 강하였다.[13] 즉 헌법 및 민주주의의 이념과 상치되는 규정들을 많이 포함하게 되었다. 그리하여 민법이 시행된 직후부터 여성계와 학계를 중심으로 하여 남녀평등을 바탕으로 하는 민주적 가족법으로의 개정을 위한 노력이 꾸준히 전개되어 왔다. 그 결과 1962년과 1977년에 일부 개정이 있었고, 다시 1990년 1월에 광범위한 개정을 보게 되었다. 1990년의 개정은 개정의 범위와 내용이 대폭적이고 혁신적이었으나 여기서도 호주제도는 형해화되었다고는 하나 그대로 남겨졌으며, 또한 동성동본간의 혼인금지규정도 폐지되지 않았다.

다시 1997년에 일부의 개정을 거쳐 2005.3.31. 호주제도의 폐지를 포함한 대폭적 개정이 있었다. 2005년의 개정은 그동안 우리 가족법의 특질이자 낙후의 상징으로 여겨졌던 호주제도와 동성동본불혼제도를 폐지하고 子가 모의 성을 따를 수 있는 길이 열리고 일정한 경우 성의 변경이 가능하도록 하는 등 획기적인 내용을 담고 있다. 가족법 발전사에 한 획을 긋는 역사적 개정이라 하겠다.

2007년에도 협의이혼에 숙려기간제도를 도입하는 등 중요한 개정이 있었다. 2009년에는 의미 있는 가사소송법의 개정이 있었으며 2011년에는 성년후견제도

13) 이러한 가족법의 가부장제적 성격은 호주제도, 호주상속, 혼인, 양자, 친권, 친족관계 등 가족법 전편에 걸쳐 존재하는 것이었지만 제정과정과 그 이후에 있어서까지 가장 격렬한 논란의 대상이 되어 왔던 것은, 호주제도와 동성동본불혼제도였다. 이 두 제도는 우리 가족법을 다른 나라의 그것과 구별짓게 하는 특질이자 또한 우리의 순풍미속이라는 긍정적 평가와 함께 반대로 이는 헌법정신에 반하는 낙후된 것이어서 이를 폐지하여야 한다는 상반된 평가를 동시에 받아오면서 항상 가족법개정논의의 핵심적 쟁점으로 등장하였다. 그동안 몇 차례에 걸쳐 이를 폐지하는 것을 내용으로 하는 민법 중 개정법률안이 국회에 제출되었으나 번번이 입법에까지 이르지는 못하였다. 그러다가 민법 제809조 제1항의 동성동본금혼규정은 1997.7.16.에, 호주제도는 2005.2.3.에 각각 헌법재판소로부터 헌법불합치결정이 내려져 그 효력을 잃어버렸고, 2005년 3월에 이를 반영한 새로운 입법이 행하여졌다.

가 도입되고 2013년에는 양자법의 개정이 큰 폭으로 이루어졌으며 2013년과 2015년에는 친권에 관한 중요한 개정이 있었다. 2016년, 2017년, 2018년에도 후견과 면접교섭 그리고 친생부인에 관한 일부 개정이 이루어졌다.

민법이 제정된 후 민주적 가족법으로의 개정 요구가 계속되었음에도 의미 있는 최초의 개정은 1990년이 되어서야 이루어졌다. 그 후 2005년에 호주제도가 폐지된 후 가족법은 전과 달리 사회의 요구에 따라 수시로 여러 번 개정되었다. 이는 우리 사회의 민주화의 진전에 따른 결과로 보인다.

앞서 본 바와 같이 가족법은 제정 이래 여러 차례 개정되었는데 이하에서 그 내용을 살펴보기로 한다.

1. 1962년의 개정법(1962.12.29. 법률 제1237호 1963.3.1. 시행)

1962년의 개정에 의하여 법정분가제도가 신설되었다. 법정분가는 가족이 혼인함으로써 법률상 당연히 분가되는 것을 말한다(제789조). 다만 가족인 여자가 혼인으로 인하여 夫의 家에 입적하는 경우나, 가족인 남자가 입부혼인을 하여 처의 家에 입적하는 경우에는 이를 분가라고 볼 수 없다. 이 경우는 법률의 규정에 의하여 당연히 去家되는 것이다. 이렇게 보면 법정분가가 가족이 혼인함으로써 당연히 분가되는 것이라고 하지만 그것은 결국 호주의 직계비속장남자가 아닌 남자인 가족이 혼인하는 경우에 당연히 이루어지는 분가라고 할 수 있다.

법정분가제도를 인정한 이유는 현실의 가족과 관념화된 호적상의 가족을 일치시키기 위하여서다.

2. 1977년의 개정법(1977.12.31. 법률 제3051호 1979.1.1.7. 시행)

제정 가족법이 갖고 있던 가부장적 성격에 더해 사회의 급격한 변화로 가족법 개정의 요구는 더욱 커졌다.

1973년 여성단체는 범여성가족법개정촉진회를 결성하고 가족법개정요강 10개항[14]을 결정한 후 이어서 이 10개항을 기초로 가족법학자들의 지원을 받아 1974

14) 범여성가족법개정촉진회의 가족법개정요강 10개 항목은 1) 호주제도의 폐지 2) 친족범위에서의 남녀평등 3) 동성불혼제도의 폐지와 근친혼금지범위의 축소 4) 소유불명재산의 부부공유추정 5) 이혼배우자의 재산분할청구권 신설 6) 가정법원의 이혼의사 확인 등 협의이혼제도의 합리화 7)

년에 “민법 제4편 친족 · 제5편 상속법 개정안 및 이유서”를 작성하여 발표하였다. 이 개정안은 1975년 4월 9일에 국회에 제출되었으나 국회의 심의과정에서 대폭 축소 수정되어 극히 일부만이 국회를 통과하였다.[15] 동 개정에서 개정안의 핵심인 호주제도의 폐지, 동성불혼제도의 폐지, 친족범위에서의 남녀평등, 이혼배우자의 재산분할청구권의 신설, 적모서자관계 및 계모자관계의 폐지 등은 이루어지지 않았다. 그러나 동 개정안은 시민단체가 주체가 되어 최초로 가족법 전반에 걸친 체계적 · 혁신적 내용을 담아 추진되었다는 점에서 그 의미가 적지 않다고 생각한다.

개정된 내용은 다음과 같다.

(1) 혼인의 동의 연령

남자 27세, 여자 23세 미만인 자가 혼인할 때에는 부모의 동의가 있어야 하도록 되어 있던 것을 미성년자의 혼인에 한하여 부모의 동의를 얻도록 개정하였다(제808조 제1항).

(2) 혼인에 의한 성년의제제도의 신설

혼인연령에 달한 미성년자가 부모의 동의를 얻어 혼인한 때에는 성년자로 본다는 규정을 신설하였다(제826조의2). 이를 혼인에 의한 성년의제라 하는 바 혼인생활에 대한 외부로부터의 간섭을 배제하여 혼인생활의 자주 독립성을 유지하기 위한 것이다.

이념적으로는 의의가 있으나 조혼이 없어져 미성년자가 혼인하는 경우가 드문 오늘날의 현실에서는 그 입법적 의의는 그리 크지 않다.

(3) 소유불명 부부재산의 부부공유추정

부부의 누구에게 속한 것인지 분명하지 아니한 재산은 부의 특유재산으로 추정하던 것을 부부평등의 이념에 따라 부부의 공유로 추정하도록 개정하였다(제830

부모의 친권공동행사 8) 적모서자관계와 계모자관계의 폐지 9) 배우자 상속의 강화 및 기여분제도의 신설 등 상속제도의 합리화 10) 유류분제도의 신설이다. 이에 관한 상세는 범여성가족법개정촉진회, 가족법개정요강해설, 1973 참조 요.

15) 여성단체에서 제시한 개정안은 이숙종의원 외 19인의 공동발의로 1975.4.9.에 국회에 제안되었으나 주요한 부분은 반영되지 못하고, 이 중 일부만이 법제사법위원장의 민법중개정법률안(대안)으로 제안되어 1977.12.16.에 법제사법위원회를 통과한 뒤 다음날 국회본회의를 통과하였다.

조 제2항).

(4) 협의이혼의사의 가정법원 확인 절차의 신설

개정 전의 협의이혼은 당사자의 합의와 호적법에 정한 바에 따른 신고만으로 성립하였으나 개정법은 '이혼합의와 가정법원의 확인을 받아' 신고하여야 성립하는 것으로 개정하였다(제836조 제1항). 개정법이 이혼의사확인절차를 새로이 둔 것은 이혼에 신중을 기하고 협의이혼의 남용을 방지하기 위한 것이다. 즉 협의이혼이 이상적으로 운영되기 위해서는 사회적으로 남녀평등이 실질적으로 이루어져 있어야 하는데, 우리 나라의 현실은 그러하지 못하여 과거에는 협의라는 이름하에 남편이 아내를 내쫓는 즉 남편의 일방적・강제적인 축출이혼이 많이 행하여졌다. 남편이 이혼의사가 없는 아내를 강제하여 협의이혼서에 도장을 찍게 하여 그것을 제출함으로써 이혼을 하는 강제적 이혼이 협의이혼 형식으로 행하여졌던 것이다. 그래서 이러한 폐단을 없애기 위하여 가정법원으로부터 이혼의사의 확인을 받도록 한 것이다. 당시의 사회적 현실을 고려할 때 이혼의사에 대하여 가정법원의 확인을 얻도록 한 것은 축출이혼을 방지하는 의미 있는 장치라고 하겠다.

(5) 부모의 친권 공동행사

개정 전의 법은 미성년자인 자녀와 동일한 가에 있는 父가 1차적으로 친권자가 되고(개정전 민법 제909조 제1항), 父가 없거나 기타 친권을 행사할 수 없을 때 자녀와 家를 같이 하는 모가 2차적으로 친권자로 되어 있었다(개정전 민법 제909조 제2항). 이는 자녀복리를 이념으로 하는 친권의 본질에 반할 뿐만 아니라 부부평등의 원칙에도 반하는 것이다. 개정법은 부부평등의 원칙에 맞게 부모공동친권으로 개정하였다. 즉 개정법은 미성년자인 자의 친권은 부모가 공동으로 행사하고, 다만 부모의 의견이 일치하지 아니하는 경우에는 부가 행사하며, 부모의 일방이 친권을 행사할 수 없을 때에는 다른 일방이 행사하도록 하였다(제909조 제1항). 다만 개정법 제909조 제1항 단서에서 부모의 의견이 일치하지 아니하는 경우에는 부가 친권을 행사하도록 한 것은 부부평등의 원칙에 반하는 것으로 타당성을 결한 것이라고 하겠다.

3. 1990년의 개정법(1990.1.13. 법률 제4199호 1991.1.1. 시행)[16)]

1977년의 개정법은 호주제도의 폐지, 친족범위의 조정, 동성동본금혼제도의 폐지, 이혼배우자의 재산분할청구권 신설, 적모서자관계 및 계모자관계의 폐지 등과 같은 핵심적, 본질적 사항은 개정치 못하고 지엽적인 일부의 개정에 그쳤기 때문에 이후에도 가족법 개정의 요구는 계속되었다. 학계와 시민단체, 여성단체 등은 개정에 대한 다양하고 심층적인 논의를 진행하는 한편 구체적 개정안을 제시하였다.[17)] 이러한 노력에도 불구하고 개정작업은 오랫동안 가시적인 진척을 보지 못하였다. 그러던 중 지지부진하던 개정움직임은 1989년 정기국회에서 급속도로 진행되어 국회를 통과하였다

1990년의 개정은 그동안의 몇 차례의 개정에도 불구하고 남겨졌던 대부분의 남녀불평등 규정의 개정과, 제정 당시에 미처 생각지 못하여 입법하지 못하였거나 사회의 변화에 따른 새로운 수요를 충족키 위한 제도도 일부 도입하는 등 그 개정의 범위와 내용이 대폭적이고 혁신적이어서 가히 획기적이라는 평가를 받았다. 그러나 동 개정에 있어서도 호주제도는 형해화되었다고는 하나 그대로 남겨졌으며, 또한 동성동본간의 혼인금지도 폐지되지 않았다. 또한 이 개정으로 대부분의 남녀불평등 규정은 폐지, 개정되었으나 남녀평등과 직접적으로 관련은 없으나 가족법에 있어서 또 하나의 헌법적 가치인 개인의 존엄을 실현하는 문제에 관하여는 진전을 보이지 못하였다.[18)] 제정가족법이 갖고 있던 남녀차별적 규정을 폐지하는 것의 시급성 때문에 이에 집중한 결과로 보인다. 이 문제는 차후의 가족법 개정의 과제로 남겨지게 되었다.

주요 개정 내용은 다음과 같다.

---

16) 1990년의 개정법은 1991년 1월 1일부터 시행되었는데, 이 개정과 함께 종래의 가사심판법과 인사소송법을 통합하여 새로 가사소송법을 제정하고(1990.12.31. 법률 제4300호) 호적법도 대폭 개정하였다(1990.12.31. 법률 제4298호). 가사소송법 제정의 배경과 내용에 관한 상세는 서정우, "가사소송법안해설", 가족법연구 5호, 173-183면; 서정우, "새 가사소송법의 개설", 가족법학논총(박병호교수화갑기념(Ⅰ)), 1991, 669-700면 참조 요.

17) 이 시기의 가족법개정운동에 관하여는 한봉희, 가족법논집(남송 한봉희교수 정년기념), 1999, 268-269면 참조 요.

18) 서정우, "개정민법의 문제점" 고시계 1990년 4월호, 167면 이하.

(1) 친족관계

(가) 자매의 직계비속과 직계존속의 자매의 직계비속의 혈족에의 포함

개정전 법 제768조에 의하면, 혈족의 정의라고 하여 「자기의 직계존속과 직계비속을 직계혈족이라 하고, 자기의 형제자매와 형제의 직계비속, 직계존속의 형제자매 및 그 형제의 직계비속을 방계혈족이라고 한다」고 규정하고 있었다. 이에 의하면 「자매의 직계비속」, 예컨대 생질과 직계존속의 「자매의 직계비속」, 예컨대 내종형제자매 · 이종형제자매는 방계혈족에서 제외되어 이를 인척으로 하고 있다(제771조 참조). 이는 여계혈족을 무시한 것으로 부당한 것이다. 구관습법에서는 자매의 직계비속(즉 생질)과 고모의 직계비속(즉 내종형제자매)은 본가유복친이며, 이모의 직계비속(즉 이종형제자매)은 모가유복친이었다. 그래서 개정법은 자매의 직계비속과 직계존속의 자매의 직계비속을 혈족에 포함시켰다.

(나) 친족범위의 조정

개정전 법 제777조는 「8촌 이내의 부계혈족 · 4촌 이내의 모계혈족 · 부의 8촌 이내의 부계혈족 · 부의 4촌 이내의 모계혈족 · 처의 부모 · 배우자」를 친족으로 규정하고 있었다. 이것은 대체로 구관습법상의 친족범위인 유복친을 답습한 것으로서 부계혈족과 모계혈족 그리고 부족인척과 처족인척 사이에 심한 차별을 두고 있었다. 그래서 개정법은 「8촌 이내의 혈족 · 4촌 이내의 인척 · 배우자」로 조정하여(개정법 제777조) 친족범위에 있어서 남녀불평등을 제거하였다.

제777조의 개정으로 혼인한 여자의 친족(인척)은 축소되었으나, 모계혈족이 4촌에서 8촌으로 확대되었고, 처가 쪽으로도 처의 4촌까지가 친족에 포함되게 되어 친족의 범위가 전체적으로 확대되었다.

(다) 인척의 범위의 조정

개정전 법 제769조는 「혈족의 배우자, 혈족의 배우자의 혈족, 배우자의 혈족, 배우자의 혈족의 배우자」를 인척으로 규정하고 있었는데 개정법은 「혈족의 배우자의 혈족」을 인척에서 제외시켰다(개정법 제769조). 혈족의 배우자의 혈족이란 예를 들면 친형수의 친정혈족, 친누이의 시댁혈족, 조카며느리의 친정혈족, 조카사위의 본가혈족 등 소위 사돈관계에 있는 사람을 말한다. 이러한 사돈은 우리의 관습상 인척으로 인정되지 않았다. 또 민법은 8촌까지의 인척과는 혼인할 수 없도록 규정하고 있었기 때문에(2005년 개정전 민법 제809조 제2항) 개정 전의 법제하에서는 사돈의 8촌까지 혼인이 금지되었다. 그러나 우리의 고래의 관습은 사돈을 인척으로 보지 않고 있어서 사돈끼리도 혼인할 수 있도록 하였다. 개정법에서는 「혈족의 배우자의 혈족」을 인척에서 제외시킴으로써 그 결과 사돈간의 혼인이 가능해졌다.

이러한 개정에 대하여는 이로써 시아버지와 장모간의 혼인, 동생의 시아버지와의 혼인이 가능해졌는데 이는 우리의 윤리나 법감정상 용납할 수 없는 것이라 하여 비판하는 견해[19]도 있다.

(라) 계모자관계와 적모서자관계의 폐지

개정전 법은 계모자관계(제773조)와 적모서자관계(제774조)를 인정하고 있었다. 계모자관계란 자의 부가 모가 아닌 다른 여자와 혼인함으로써 그 여자(계모)와 전처의 출생자 사이에 그들의 의사에 의하지 않고 당연히 발생하는 법정모자관계를 말한다. 그리고 적모서자관계란 부의 인지를 받은 혼인외의 출생자와 부의 처 사이에 그들의 의사에 의하지 않고 당연히 발생하는 법정모자관계를 말한다.

계모자관계와 적모서자관계는 당사자의 의사에 의하지 않고 성립한다는 점과 특히 적모서자관계는 첩제도의 잔존물로서 처의 인격에 대한 모욕이라 하여 그 폐지가 주장되어 왔었다. 즉 이들 사이는 법정모자로 할 것이 아니라 단지 인척관계로 하여 상호 혼인장애만을 인정하는 것이 타당하다는 것이다. 이와 같은 주장이 받아들여져서 개정법에서는 이것이 모두 폐지되었다. 계모자관계와 적모서자관계를 폐지한 것에 대하여 계모나 적모의 권리도 생모의 권리 못지않게 중요하다는 점과 계모자나 적모서자의 관계는 전통적으로도 어머니와 자식의 관계로 여겨왔다는 점을 들어 이를 비판하는 견해도 있다.[20] 그러나 이들 사이에 당사자의 의사에 의하지 않고 모자관계를 인정할 것이 아니라 이를 폐지하고 모자관계의 발생을 원하는 경우에는 입양을 통하여 모자관계를 발생시키면 될 것이므로 개정법의 태도는 타당하다고 하겠다.

(마) 인척관계소멸사유의 개정

개정전 법 제775조 제2항은 부가 사망한 경우에 처가 친가에 복적하거나 재혼한 때에는 인척관계가 소멸한다고 규정하고 있었다. 인척관계의 소멸에 있어서 부

---

19) 서정우, 전게 "개정민법의 문제점", 169면.
20) 서정우, 상게논문, 171면.

가 사망한 경우와 처가 사망한 경우를 차별할 이유가 없으며, 처가 재혼하지 않고 친가에 복적만 한 경우에 인척관계가 소멸된다고 보아야 할 필요도 없기 때문에, 개정법은 「부부의 일방이 사망한 경우 생존배우자가 재혼한 때에도 제1항과 같다」고 함으로써 부부평등하게 부부의 일방이 사망하여 생존배우자가 재혼하면 인척관계가 소멸하도록 하였다.

(2) 호주제도

호주제도는 오늘날 현실적인 필요성과 실효성을 상실한 채 한낱 남자 중심 사상유지를 위한 비민주적인 관념적인 제도로서 기능할 뿐이어서 그 폐지가 오래전부터 주장되어 왔었으며, 개정안에도 폐지가 들어 있었다. 그러나 국회심의 과정에서 호주제도는 가족법의 근간을 이루는 제도로서 이를 폐지하는 경우 법률체계와 가족관계를 중심으로 하는 사회전반에 미치는 영향이 크다는 주장이 제기되어, 개정법에서는 이를 그대로 존치시키되 다만 불합리한 호주의 권리의무규정을 삭제하고 남녀불평등 조항을 개정하는 것으로 낙착이 되었다.

개정법상 호주제도는 형식적으로는 남아 있지만 호주권의 대폭 삭제로 인하여 이름만의 존재로 남게 되었다고 할 수 있다.

(가) 호주의 권리의무규정의 삭제

가족의 한정치산·금치산선고청구권(제9조), 부의 혈족 아닌 처의 직계비속 입적 시 부가의 호주로서의 동의권(제784조 제1항), 가족을 분가시킬 수 있는 강제분가권(제789조 제2항), 가족에 대한 거소지정권(제798조), 호주권의 대행규정(제799조), 미성년자·금치산자·기혼자의 후견인이 될 권리(제932조, 제933조, 제934조), 가족에 대한 부양의무(제797조)가 삭제되었다. 그리고 귀속불명재산에 대한 호주소유추정규정을 삭제하고 가족공유로 추정하는 것으로 개정하였다(제796조 제2항). 상속상의 특권도 상실되어, 개정전법에서 호주상속인에게 인정되던 분묘 등에 관한 승계권(제996조)과 재산상속분의 가급규정(제1009조 제1항 단서)도 삭제되었다.

(나) 호주의 변경과 여호주 규정의 삭제

여호주의 가에 그 가의 계통을 계승할 남자가 입적한 때에는 호주의 변경으로 인하여 가족이 된다는 규정(제792조)을 삭제하였다. 따라서 종래 잠정적으로 인정되었던 여호주의 지위가 영구적이고 확정적인 것으로 인정되게 되었다. 이것과 관련하여 호주상속개시의 원인으로서 여호주의 가에 그 가의 계통을 계승할 남자가 입적한 때(제980조 4호)라는 규정도 삭제되었다.

(다) 분가규정의 개정

강제분가규정(제789조 제2항)의 삭제로 인하여 임의분가와 법정분가만 남게 되었으며, 다음과 같이 그 내용이 개정되었다.

임의분가에 관하여 개정전 법은 가족은 분가할 수 있으나 호주의 직계비속장남자는 분가할 수 없다(제788조 제1항)고 규정하고 있었다. 그러나 개정법은 임의분가에서 호주의 직계비속장남자의 분가금지규정을 삭제하고 그 대신 법정분가규정에 단서를 신설하여 호주의 직계비속장남자의 법정분가를 금지하고 있다(개정법 제789조). 개정전 법에 의하면 호주의 직계비속장남자는 호주상속 때문에 어떠한 종류의 분가도 할 수 없게 되어 있다. 그런데 개정법에서는 법정분가만을 명문으로 금지할 뿐 임의분가에는 제한이 없다. 호주의 직계비속장남자에게 임의분가를 허용하면서 법정분가는 금지한 이유는 호주계승인이기 때문에 일단은 가족으로 남겨 놓자는 취지이다. 그러나 임의분가가 가능하기 때문에 그 의미는 별로 없다고 할 수 있다.

(라) 호주상속제도의 호주승계제도로의 개정

개정법은 호주상속제도를 폐지하고 그 대신 호주승계제도로 그 개념을 변경하여 이를 친족편에 규정하였다.

호주승계와 관련하여 개정법 중 가장 중요한 내용은 호주승계권의 포기를 인정한 것이다. 개정전 법 제991조는 호주상속권의 포기를 금지함으로써 상속을 강제하고 있다. 그러나 개정법 제991조는 「호주승계권은 이를 포기할 수 있다」고 함으로써 앞으로는 호주의 직계비속장남자라 하더라도 그가 원치 않으면 호주승계권을 포기할 수 있게 되었다. 이러한 경우에는 호주승계순위에 관한 규정(제984조)에 따라 차순위의 승계인이 그 지위를 승계할 수 있다. 또한 태아를 호주상속순위에 있어 이미 출생한 것으로 보는 제988조를 삭제하였다. 따라서 태아는 호주승계권이 없으며 출생하여야만 승계권자가 될 수 있게 되었다. 호주상속에 있어서 대습상속을 인정하였던 제990조도 삭제되었다. 그 결과 적장손의 호주승계권이 없어지고 제984조의 승계순위에 따라 차순위자가 호주승계인이 된다.

호주승계개시 원인으로서 규정된 제980조 제4호가 삭제되었다. 따라서 여호주의 가에 그 가의 계통을 계승할 남자가 입적하더라도 호주승계가 개시되지 않고 여호주가 그대로 호주의 지위를 갖도록 되었다.

개정전 법에 의하면 양자는 양부와 동성동본인 혈족인 경우에 한하여 호주상속을 할 수 있게 되어 있었는데(제877조 제2항), 개정법은 이 규정을 삭제하였다.

개정전 법에 의하면 분묘에 속한 1정보 이내의 금양임야와 6백평 이내의 묘토인 농지, 족보와 제구의 소유권은 호주상속인이 승계하도록 되어 있었는데(제996조) 개정법은 이를 삭제함으로써 호주승계인이 위의 분묘 등을 당연히 계승하지는 않는 것으로 하고, 이들의 소유권은 제사를 실제로 주재하는 자가 승계하는 것으로 하였다(개정법 제1008조의3).

(3) 혼 인

(가) 약혼해제사유의 개정

약혼해제사유 중 「폐병」을 삭제하고 「불치의 정신병」으로 대체하였으며(제804조 제3항), 약혼 후 「2년 이상」 생사불명을 「1년 이상」으로 단축하였다(제804조 6호). 현대의학의 발달로 폐병을 약혼해제사유에서 삭제하고 교통 통신의 발달에 따라 약혼해제사유로서의 생사불명 기간도 단축한 것이다.

(나) 동거장소 규정의 개정

부부의 동거장소에 대하여 개정전 법은 부의 주소나 거소(입부혼의 경우에는 처의 주소나 거소)로 규정하고 있는데, 개정법은 이를 부부의 합의로 정하되 협의가 이루어지지 아니하는 경우에는 당사자의 청구에 의하여 가정법원이 정하도록 하였다(개정법 제826조 제2항). 부부평등의 원칙에 따른 개정이다.

(다) 생활비용규정의 개정

개정전 법은 혼인생활비용을 부부사이에 특별한 약정이 없으면 부가 부담하는 것으로 규정하고 있었다(제833조). 그러나 부부는 서로 생활유지적인 부양의무가 있기 때문에 이를 공동으로 부담하는 것이 타당할 것이다. 그래서 개정법은 당사자간에 특별한 약정이 없으면 부부가 공동으로 부담하는 것으로 하였다(개정법 제833조).

(라) 이혼시 자의 양육책임규정의 개정

개정전 법에 의하면 이혼을 할 때에 자녀가 있는 경우 그 자녀의 양육에 관한 사항에 관해서는 부모의 협정에 의하고 협정을 하지 아니한 때에는 부가 양육책임을 지도록 하고 있었다(제837조 제1항). 그러나 이는 부권우위 사상의 표현으로 부부평등의 원칙에 반할 뿐 아니라 자녀의 복지가 완전히 무시되고 있다고 할 수 있다. 그래서 개정법은 부모평등의 원리에 입각하여 부모의 협의에 의하여 이를 정하도록 하였다(개정법 제837조 제1항).

(마) 면접교섭권의 신설

개정법에서는 면접교섭권을 신설하였다(제837조의2). 이혼 등으로 별거하여 어버이가 실제 양육을 하지 않는다고 해서 자식과 접촉하고자 하는 자연적인 정을 단절시키는 것은 인륜에 반하는 것이라 할 것이다. 또한 자녀와 비양육친의 단절은 자녀의 건전한 성장(자의 복리)에 나쁜 영향을 주므로 이들이 서로 교통할 수 있도록 장치를 마련할 필요가 있다. 이러한 필요에서 개정법은 면접교섭권을 신설하였다. 따라서 이제는 이혼하여 자녀를 직접 양육하지 않는 부 또는 모도 상대방의 양해를 얻어서만 자녀를 만나보고 편지를 교환할 수 있는 것이 아니라 부모의 당연한 권리로서 상대방이 양육하는 자녀를 직접 방문하여 만나 보거나 서로 왕래하면서 서면으로 교섭할 수 있게 되었다. 그러나 면접교섭권은 아무런 제한없이 언제나 인정되는 것은 아니다. 즉 가정법원은 자의 복리를 위하여 필요한 때에는 당사자의 청구에 의하여 면접교섭을 제한하거나 배제할 수 있다(개정법 제837조의2 제2항). 면접교섭권이 자의 복리를 위한 권리라는 데서 나오는 당연한 제한이라 하겠다.

(바) 재산분할청구권의 신설

이혼당사자에게 가장 현실적인 문제의 하나는 이혼 후의 경제적 생활의 안정이라 할 수 있는데 개정전 법은 이에 관한 적극적인 보호책을 마련하고 있지 않았다. 개정법은 이 점을 보완하기 위하여 재산분할청구권제도를 신설하였다(개정법 제839조의2).

민법에 의하면 혼인 중에 취득한 재산은 그 재산이 누구의 명의로 되어 있느냐에 따라 소유자가 정해진다(별산제). 그러나 부부가 함께 살면서 협력하여 이루어 놓은 재산을 어느 한쪽의 명의로 해 놓았다 하더라도 그것은 그 명의자만의 소유라 할 수 없고 부부공동의 소유로 보아야 할 것이다. 따라서 혼인관계를 해소하는 경우에는 소유의 실질에 따라 이를 청산하는 것이 필요하다. 재산분할 청

구권은 바로 이러한 취지에서 인정된 권리이다.[21)]

청구의 대상이 되는 재산은 혼인 중에 취득한 것이면 무엇이든 가능할 것이나, 상속이나 증여받은 재산과 같이 부부의 협력으로 이룩하지 아니한 재산은 제외된다.

재산분할청구권은 협의이혼과 재판상의 이혼의 경우에 모두 적용된다(개정법 제843조). 다만 이 청구권은 이혼한 날로부터 2년 이내에 행사하여야 한다(개정법 제839조의2 제3항).

(4) 양 자

(가) 가계계승을 위한 양자제도의 폐지

사후양자 등 가의 계승을 목적으로 하는 제도를 모두 폐지하였다. 즉 사후양자 규정(제867조)과 사후양자선정권자(제868조), 사후양자의 신고(제879조), 유언양자(제880조), 호주의 직계비속장남자의 입양금지(제875조), 호주가 된 양자의 협의상 파양금지(제898조 제2항)와 이 규정의 재판상 파양에의 준용(제906조) 규정 등을 삭제하였다. 이것과 관련하여 호주의 직계비속장남자의 거가금지(제790조) 규정도 삭제되었다. 따라서 이후로는 직계비속이 전혀 없는 경우에도 가계계승을 위하여, 사후에 또는 유언에 의하여 양자를 들일 수 없게 되었다. 뿐만 아니라 호주의 직계비속장남자는 본가에 입양하는 경우는 물론 타가에의 입양이 자유롭게 되었다. 또한 호주가 된 양자도 이제는 협의나 재판에 의하여 파양이 가능하게 되었다. 또한 특수양자제도로서 인정되었던 서양자규정(제876조)[22)]도 삭제되었다.

(나) 이성양자의 호주상속금지규정의 삭제

개정전 법은 호주상속양자인 경우에 양자는 양부와 동성동본임을 요구하였는데(제877조 제2항) 개정법은 이를 삭제하였다. 이로써 이성양자의 호주승계가 가능해졌다. 원래의 개정안은 호주상속을 폐지하는 전제에서 이 규정을 삭제하도록 한

---

21) 이에 따라 이혼할 때는 처는 남편에게 남편명의로 취득해 놓았던 재산에 대해 자기가 협력한 몫을 청구할 수 있고 반대로 재산이 처의 명의로 되어 있는 경우에는 남편도 자기가 협력한 몫을 처에게 청구할 수 있다. 이 제도가 신설되기 전에는 부부별산제 하에서 부부의 재산을 대부분 남편의 명의로 해 놓고 있는 우리의 혼인 현실상 처는 이혼 시 매우 불리한 위치에 놓여 있었다. 이러한 점에 비추어 볼 때, 이 제도는 특히 여성의 이혼 후의 경제적 지위의 안정과 부수적으로 실질적 이혼의 자유를 확보하는 역할을 하고 있다.

22) 이 제도는 가제도를 위한 일본의 제도를 계수한 것인데 사위가 동시에 양자가 된다는 것은 우리의 관념과 의식에 맞지 않아 그동안 거의 이용되지 않았다.

것인데 호주상속이 폐지되지 않고 호주승계로 바뀌면서 이 규정이 삭제되어 이성양자도 호주승계를 할 수 있게 된 것이다. 결과적으로 이 규정에 의하여 오랜 기간 강고하게 지켜 내려오던, 동성동본인 혈족으로 계승되는 전통적 가제도의 의미는 상당부분 퇴색되었지만 이는 입법자가 의도한 바가 아니며 또한 이 개정에서도 그대로 남아 있는 제993조의 취지와도 모순된다는 점에서 입법상의 미스가 아닌가 생각한다.

(다) 부부공동입양의 원칙 확립

부부공동입양규정에 있어서 "처가 있는 자는 공동으로 함이 아니면 양자를 할 수 없다"라는 규정을 "배우자가 있는 자가 양자를 할 때에는 배우자와 공동으로 하여야 한다"로 바꾸어 명실 공히 부부가 공동으로 입양할 수 있도록 하였다(개정법 제874조).

(라) 입양에 있어서 가정법원의 후견적 기능 강화

개정전 법은 양자가 될 자가 15세 미만인 때 후견인이 대낙할 경우와 후견인이 피후견인을 양자로 하는 경우에는 친족회의 동의를 얻도록 하였는데(제869조 · 제872조), 개정법에서는 후견인이 미성년자입양에 동의할 경우와 피후견인을 입양할 경우에는 가정법원의 허가를 요하도록 하였다(개정법 제871조 · 제872조). 이는 양자의 복리실현을 위하여 가정법원의 후견적 역할을 강화한 것이다.

(5) 친 권

오늘날의 친권은 자의 복리를 위하여 부모에게 주어진 의무적 색채가 강한 권리이다. 개정 전의 법은 이러한 현대적 친권법의 이념에 충실치 못하였다. 또한 친권에 있어 가부장제도의 父우월주의에 따라 모를 차별하였다. 개정법은 친권에 있어 부부(부모)평등의 원칙을 채택하고 자의 복리증진을 위하여 가정법원의 후견적 기능을 강화하였다. 그러나 이 개정도 자의 복리라는 현대친권법의 이념을 구현하는 데는 부족한 미봉적 개정이라고 하겠다.

개정의 주요 내용은 다음과 같다.

(가) 개정전 법은 부모가 혼인중인 때에는 친권은 부모가 공동으로 행사하되 부모의 의견이 일치하지 않을 경우 부가 단독으로 행사할 수 있도록 되어 있었으나(제909조 제1항), 개정법에서는 당사자의 청구에 의하여 가정법원이 정하도록 하

였다(개정법 제909조 제2항).

(나) 개정전 법에서는 혼인외의 출생자를 부가 인지하거나 부모가 이혼한 경우 생모나 친생모는 그 아이의 친권자가 될 수 없었으나(제909조 제1항, 제3항, 제5항), 개정법에서는 당사자가 협의하여 정하고, 협의가 되지 않을 때에는 가정법원에 청구하여 친권자를 정하게 하였다(개정법 제909조 제4항).

(다) 일단 친권자가 정하여졌더라도 나중에 친권자를 변경할 필요성이 생기면 변경도 가능하게 하였다(개정법 제909조 제4항 후단).

(라) 친권의 효력으로서 공동친권자의 일방이 공동명의로 한 행위의 효력에 관한 규정을 신설하였다(개정법 제920조의2). 즉 부모의 일방이 공동명의로 자를 대리하거나 자의 법률행위에 동의한 때에는 다른 일방의 의사에 반하는 때에도 효력이 있도록 하였다. 이는 선의의 제3자를 보호하기 위하여 도입된 표현대리(표현동의)제도라 할 수 있다.[23)]

4. 1997년의 개정법(1997.12.13. 법률 제5431호 1998.6.14. 시행)

개정전 민법 제781조 제1항은 "자는 부의 성과 본을 따르고 부가에 입적한다"로 되어 있었는데, 국적법개정법률(1997.12.23. 법률 제5431호) 부칙 제8조에서 민법 제781조 1항에 "다만 부가 외국인인 때에는 모의 성과 본을 따를 수 있고 모가에 입적한다."는 단서를 신설함에 따라 개정된 것이다. 개정 국적법이 부모양계혈통주의를 채택함에 따라, 외국인 부와 한국인 모 사이에 출생한 자녀는 모의 성과 본을 따를 수 있고 모의 호적에 입적하도록 개정한 것이다.

5. 2005년의 개정법(2005.3.31. 법률 제7427호 2005.3.31. 시행)

정부는 1993년 법무부에 민법(가족법)개정특별분과위원회를 설치하고 여기서 마련한 가족법개정안을 1998.11.13. 국회에 제출하였다. 이 개정안에는 호주제도의 폐지는 포함하지 않았으나 동성동본금혼제도의 폐지 등 민감한 내용들을 다수 포함하고 있었기 때문에 일부 보수층의 반발이 심하였다. 동 개정안은 본회의에

23) 이에 대하여는 현대 친권법의 발전추세에 역행한다는 비판이 있다(오종근, "민법 제920조의 2(공동친권자의 일방이 공동명의로 한 행위의 효력)에 대한 검토", 가족법연구 제11호, 1997, 332면.

상정도 되지 못한 채 2000.5.29. 15대 국회의원의 임기만료로 자동폐기 되었다.

정부는 16대 국회가 개원한 후 다시 2000.10.16. 15대 국회에 제출하였던 것과 거의 같은 내용의 개정안을 제출하였다. 다른 한편으로 호주제도의 폐지 등을 선거공약으로 내건 노무현 대통령의 취임 후인 2003년 6월 4일 정부는 법무부에 "가족법개정특별위원회"를 설치하고 여기에서 논의된 안을 토대로 호주제폐지와 자녀의 성 결정 및 변경 등을 내용으로 하는 가족법개정안을 마련, 11월 6일 국회에 제출하였다. 그러나 두 안 모두 2004년 5월 16대 국회의 임기만료로 폐기되었다.[24)]

정부는 17대 국회가 개원하자 2004.6.3. 다시 16대 국회에 제출했던 정부의 두 안을 통합한 개정안을 제출하였다. 한편 정부안이 제출된 후 이경숙 의원이 대표발의한 개정안이 2004.9.9. 국회에 제출되었고 이어 노회찬 의원 대표발의의 가족법개정안이 2004.9.14. 국회에 제출되었다.[25)]

그동안 호주제도와 동성동본금혼제도의 폐지 등 가부장제 가족제도를 개혁하려는 사회 각계의 노력이 꾸준히 이어지고 여러 차례 국회에 개정안이 제출되었지만 번번이 국회통과에 실패하였다. 여기에는 사회의 발전 정도, 국민과 국회의원의 의식, 호주제도에 대한 오해 등 여러 이유가 있을 것이다. 그러나 2000년대의 한국사회는 민법이 제정된 1950년대와는 비교할 수 없는 상전벽해의 변화가 있었으며 국민의 의식 또한 크게 바뀌었다. 호주제도에 대한 이해도도 높아졌을 뿐만 아니라 동성동본불혼제도의 불합리와 그로 인한 폐해에 대하여 공감하는 국민도 크게 늘어났다. 여기에는 시민사회의 개정운동이 기여한 바가 크다 할 것이다. 또한 입법을 이루어내는 데 결정적인 힘은 국회의원과 집권세력이 갖고 있는데 2003년 출범한 노무현 정부는 호주제도의 폐지를 선거 공약으로 내걸고 당선되었기 때문에 가족법 개정에 있어서의 정치환경은 종전과는 크게 달랐다. 집권세력이 가족법 개정을 공약실천 과제로 선정하여[26)] 강력하게 추진한 것이다. 국회

---

24) 호주제도의 폐지를 내용으로 하는 정부안이 국회에 제출된 것은 2003.11.6.인데 이는 16대 국회의원의 임기를 불과 6개월여를 남겨 둔 시기였다. 국회가 여론을 수렴하면서 본격적·심층적 심의를 하기에는 턱없이 부족한 시간이었다. 정부로서는 공약에 쫓겨 일단 국회에 개정안을 제출하는 데 치중한 감이 없지 않고 다른 한편으로 선거를 코앞에 둔 국회의원으로서는 호주제 폐지 같은 정치성 짙은 예민한 사안을 다루는 것에 부담을 느꼈을 것으로 생각한다. 이러한 이유로 개정안은 본격적인 논의 없이 국회의원의 임기만료로 자동폐기된 것이라 생각한다.

25) 정부안과 의원안은 세부적인 데서 약간의 차이를 보일 뿐 큰 틀에서 보아 별 차이가 없다.

26) 대통령직 인수위원회는 호주제폐지를 12대 국정과제로 선정하였다.

는 심의 끝에 2005.3.2. 호주제도와 동성동본불혼제도의 폐지, 부성강제주의의 폐지 및 성변경 허용, 친양자제도의 신설 등을 내용으로 하는 가족법개정안을 통과시켰다.

2005년의 개정은 우리 가족법에 남아 있던 가부장적 전근대적 요소를 거의 제거함으로써 우리의 가족법 발전사에 큰 획을 긋는 대사건으로 기록될 것이다.

주요 개정 내용은 다음과 같다.

(1) 호주제도의 폐지

(가) 제정당시의 가족법은 宗法制 가족원리를 기본골격으로 하였기 때문에 호주는 가장권자로서 가족에 대한 통솔권을 갖고 있을 뿐만 아니라 가통계승자 내지 제사계승자로서의 지위를 가지고 있었으나 1990년의 가족법의 대폭적 개정으로 호주제도는 그 실질이 거의 없는 명목적, 형식적 존재로 형해화되었는데, 이는 장차 호주제도의 완전폐지에로 나아가는 과도기적 조치였다고 할 수 있다.

(나) 헌법재판소는 이러한 와중에 2005.2.3. 호주제도에 대하여 헌법불합치결정을 내렸고[27] 이어 2005.3.2. 국회가 그 폐지를 의결함으로써 호주제도는 오랜 논란을 뒤로 하고 역사 속으로 사라지게 되었다.

(다) 호주제도의 폐지는 만시지탄의 감이 있으나 우리 가족법 개정사에 큰 획을 긋는 역사적 사건으로서 크게 환영할 일이라 생각한다. 가족의 민주화를 가로막는 최대의 장애가 제거된 것이다. 또한 논의자체가 무익하다고 여겨질 정도의 40여년의 지루한 소모적 논쟁[28]에서 벗어나 이제 그 정력을 시급히 해결을 기다리는 다른 문제에 집중할 수 있게 되었다는 점에서도 반가운 일이라 생각한다.

(라) 개정법은 호주제를 폐지하면서 “제2장 가족의 범위와 자의 성과 본”을 두고 제779조에서 가족의 범위를 명문으로 규정하였다. 가족개념은 본래 법무부 가족법개정특별위원회의 정부안 성안 단계에서는 두지 않기로 했던 것인데 국무회의를 거치면서 가족의 해체를 우려하는 일부 국무위원의 이의제기에 따라 위와 같이 규정하게 된 것이다. 그러나 이는 불필요하고 또한 입법상 부적절한 것으로

27) 헌법재판소 2005.2.3. 2001헌가9,10,11,12,13,14,15,2004헌가5(병합) 결정.

28) 이는 패전 2년 후인 1947년에 호주제도 등을 폐지하고 근대적 가족제도로 방향을 전환한 일본의 경우와 큰 대조를 이룬다고 할 것이다. 일본도 패전 후 가제도의 폐지 등에 반대하며 명치 가족법의 골격을 유지하여야 한다는 주장도 강하였으나 미국의 점령하라는 특수한 사정에 의하여 새로운 민주헌법과 근대적 가족법이 국회를 통과할 수 있었다고 한다.

생각한다.[29)]

(마) 호주제도가 폐지됨으로써 호주제도에 기반하여 신분관계의 공시와 공인에 관한 법으로 시행되어 왔던 호적법도 그 폐지가 불가피하게 되었다. 이에 호적법을 대체할 신분등록법으로서 "가족관계의 등록 등에 관한 법률"(2007.5.17. 법률 8435호. 이하 가족관계등록법이라 한다)이 제정되었다.

호적법은 그 기술적 성격에도 불구하고 그것이 호주제도와 연계되어 있어 민주적 가족생활을 저해할 뿐만 아니라 사생활 보호에도 여러 가지 문제점을 드러냈다. 호주를 중심으로 가족을 하나의 호적부에 편제하였던 호적과는 달리 가족관계등록법상의 가족관계등록부는 개인별 편제를 취함으로써 남녀차별적 요소를 원천적으로 제거하고 개인의 신분과 가족관계에 관한 기록 사항을 필요한 목적에 따라 증명할 수 있게 함으로써 불필요한 신분정보까지 공시되는 폐단을 막을 수 있게 되었다. 다만 목적별 증명서에 기재되는 내용의 적절성 등 개인의 사생활 보호와 관련하여서는 개선이 필요하다는 비판이 있다. 앞으로 이에 관한 연구와 보완이 필요하다고 하겠다.

가족관계등록법의 제정과 시행은 호주제도의 폐지와 함께 우리 가족법 발전사에 한 획을 긋는 사건이라고 할 수 있다.

(2) 부성강제주의의 폐지와 성의 변경

(가) 우리나라에서 성은 700년 이상 부계혈통을 표시하는 것으로서 어떠한 경우에도 바꿀 수 없었다.[30)] 부자동성의 원칙과 성불변의 원칙이 바로 그것인 바, 이는 오랜 세월이 경과하는 동안 우리 사회의 관습으로 확고히 자리 잡아 국민들 중 상당수는 이를 당연한 것으로 여길 정도였다.

2005년 3월에 개정되기 전의 민법도 제781조 제1항에서 子는 父의 성과 본을 따른다고 함으로써 성이 부계혈통을 표시함父子同姓의 原則을 명정하고 있었다.

(나) 부성강제승계주의는 그동안 국제법과 관련하여, 다른 한편으로 헌법에 위

---

29) 그 상세에 관하여는 이승우, "호주제를 폐지할 경우 민법 규정의 정비를 위한 검토", 가족법연구 제17권 1호, 2003, 45-47면 참조할 것.

30) 일본의 경우는 과거 혼인과 입양에 의하여 夫家 및 養家의 구성원(가족)이 되면 종래의 성을 버리고 새로운 가명인 夫家 및 養家의 씨명을 칭하였던데 대하여 한국은 어떠한 경우에도 출생성(부계혈통표시)을 바꾸지 않았다. 이는 일본의 경우 씨명이 가명을 표시하였던데 대하여 한국의 성본은 부계혈통을 표시하는 종명이었기 때문이라 하겠다.

반된다는 비판을 받아 왔다. 2005년 개정법은 부성강제주의와 성불변의 원칙을 수정하여 자는 부의 성과 본을 따르되, 부모가 혼인신고 시 모의 성과 본을 따르기로 협의한 경우에는 모의 성과 본을 따를 수 있도록 하는 한편(제781조 제1항), 자의 복리를 위하여 자의 성과 본을 변경할 필요가 있을 때에는 부, 모 또는 자의 청구에 의하여 법원의 허가를 받아 이를 변경할 수 있도록 하였다(제781조 제6항 본문). 부성 강제주의를 폐지하고 자의 복리를 위하여 필요한 경우 성의 변경을 인정한 것이다.[31)32)]

(다) 민법은 성불변의 원칙에 관하여는 명문의 규정을 두고 있지 않으나 개정 전 민법 하에서도 성의 변경을 인정하지 않는 관습법의 효력을 인정하고 있는 것으로 해석되었다. 그러나 성불변의 원칙의 엄격한 적용은 오늘날의 다양화한 가족생활을 규율하는 데 장애가 되고, 다른 한편으로 개인의 인격권을 침해한다는 비

31) 한편 헌법재판소 전원재판부는 2005.12.22. 민법 제781조 제1항 본문(2005.3.31. 법률 제7427호로 개정되기 전의 것) 중 "자는 부의 성과 본을 따르고" 부분은 헌법에 합치되지 않는다고 선고하면서, 2007.12.31.까지 위 법률조항의 잠정적용을 명하였다(헌법재판소 2005.12.22. 2003헌가5,6(병합) 결정【민법제781조제1항위헌제청】). 2005년 3월에 이미 민법 제781조 1항 본문이 개정되었음에도 2005.12.22.에 헌재의 결정이 나오게 된 이유는 개정법의 시행시기가 2008년 1월 1일부터이었기 때문에 개정전 민법 제781조 1항 본문은 2007.12.31.까지는 여전히 효력을 갖는 현행법이었기 때문이다.

32) 입법과정에서 부성강제주의의 대안으로는 父 또는 母의 성 중 하나를 선택할 수 있도록 하는 안(의원안)과 부의 성을 따름을 원칙으로 하되 부모의 합의에 따라 모의 성을 따를 수 있도록 하는(정부안)이 제시되었다.

앞의 안은 구미의 대부분의 국가와 일본의 "민법의 일부를 개정하는 법률안요강, 1996년"이 취하고 있는 태도로 가족생활의 민주화, 가족 내에서의 남녀평등, 인간의 존엄성의 구현을 그 논거로 하고 있다. 합리적 방안이나 국민의 관습 내지 전통적 성관념과는 다소 거리가 있다고 하겠다.

뒤의 안은 국민의 성에 관한 전통적 의식·관념과 오랜 관습을 존중함으로써 성제도의 변경에 따른 혼란과 충격을 줄이면서 강제적 부성승계의 문제점을 해소할 수 있는 현실적 대안으로 제안된 것이다. 자녀의 부성추종은 오랫동안 우리의 생활을 지배해온 관습법으로서 이의 전면적 폐지는 사회에 큰 충격을 주고 격렬한 저항을 불러일으킬 것이므로 관습에 기초하여 부성추종을 원칙으로 하면서 부모의 합의에 따라 모의 성도 따를 수 있는 길을 열어 둠으로써 관습존중·법감정의 보호와 헌법존중·자녀복리보호의 조화를 이루자는 것이다(이승우, 전게논문, 67면).

개정법은 국민의 성에 관한 전통적 의식·관념과 오랜 관습을 존중하고 다른 한편으로 국회통과라는 현실적 벽을 돌파하기 위하여 반대가 상대적으로 약한 후자의 입장을 채택하였다고 보여진다. 전자의 안을 지지하는 입장에서 보면 미흡한 감은 있지만 그러나 오랜 기간 우리 사회와 대다수 국민의 의식을 지배해 온 강고한 부성강제주의, 부자동성의 원칙을 폐지하고 모의 성을 따를 수 있는 길을 연 것은 가족법의 입법사에 있어 크나큰 의미를 갖는 진전이라 생각된다. 앞으로 사회사정과 국민의 의식의 변화에 따라 다시 전자의 방향으로의 개정 움직임이 일어날 것으로 예측되나 이에는 많은 시간이 필요할 것으로 보인다.

판을 받아 왔다. 이러한 세론을 반영하여 개정법은 제781조 제6항에 자의 성본을 변경할 수 있도록 하는 조항을 신설한 것이다. 개정법은 자녀의 복리와 가정법원의 허가를 요건으로 일반적인 성 변경[33]을 인정함으로써, 종래의 부계혈통 중심의 종법적 질서를 완화하고 개인의 이익·복지와 인격을 중시하는 방향으로 나아간 것인데, 이는 성불변에 대한 우리 국민의 강한 집착을 고려할 때 가히 혁신적이라 할 수 있다. 성변경의 인정은 성불변의 원칙의 바탕이 된 부계혈통주의를 희석 내지는 완화하는 데에도 기여할 것으로 생각한다.

(3) 동성동본금혼제도로부터 근친혼금지로의 전환

(가) 2005년 개정전 민법 제809조 제1항은 "동성동본인 혈족 사이에서는 혼인하지 못한다."고 규정하고 있었다. 즉 동성동본인 혈족(동일부계혈족) 사이에서는 촌수여하를 묻지 않고 혼인을 할 수 없다는 것이다.

일정한 근친 사이의 혼인을 금지하는 것은 세계보편적인 현상이나 동성동본불혼과 같이 부계혈통중심의 혼인금지를 규정하고 있는 예는 적어도 오늘날에는 다른 나라에서 그 예를 찾아 볼 수 없는 우리나라 특유의 것이었다고 할 수 있다.

(나) 동성동본금혼규정은 위에서 본 바와 같이 호주제도와 함께 한국가족법의 제정과 그 이후에 있어서까지 가장 격렬한 논란의 대상이 되어 왔으며 항상 가족법 개정논의의 핵심적 쟁점이 되었다.[34] 위와 같은 상황이 계속되던 중 헌법재판소는 1997.7.16. 위 민법 제809조 제1항이 헌법에 합치되지 않는다는 결정을 내렸다.[35] 이로써 1999.1.1.부터 이 규정은 효력을 상실하였다. 이에 따라 2005년 개정법은 동성동본금혼제도를 폐지하고 근친혼금지로 전환하였다.[36]

---

33) 성본 변경에 대한 사회적 논의는 재혼가정의 자녀가 계부와의 성의 상이로 인하여 겪는 고통을 덜어 주어야 한다는 데서 시작되었다.

34) 동성동본금혼규정의 부당성은 혼인에 관한 특례법을 한시법으로 3번이나 제정, 시행한 데서도 잘 드러난다. 같은 내용의 한시법을 1977년과 1987년 그리고 1995년 세 번이나 제정하여 동성동본혼인금지규정에 위반하여 혼인 또는 사실혼 관계에 있는 자에 대하여 일정기간 내에 한하여 혼인 신고를 할 수 있는 길을 열어 주었으며 이들이 혼인 신고를 한 때에는 동 금지규정의 위반을 이유로 혼인의 취소를 청구할 수 없도록 하였다. 이는 입법자 스스로 민법의 동성동본금혼규정의 부당성을 인정한 것인데, 민법의 동성동본금혼규정을 정면에서 폐지하는 데 대한 정치적 부담을 덜기 위하여 편법(임시적 미봉책)을 택한 것이라 하겠다.

35) 헌법재판소 1997.7.16. 95헌가6-13(병합) 결정.

36) 헌재의 헌법불합치 결정이 내려졌음에도 이를 보완하는 입법의 책임이 있는 국회가 이를 폐지하는 입법을 한 것은 헌재의 결정이 내려진 지 7년여가 지난 2003년 3월이 되어서였다. 국회의 입법태만을 지적하지 아니할 수 없다.

(다) 대표적인 불합리한 규정으로서 혼인의 자유를 부당히 제한하던 위 규정이 삭제되고 근친혼금지로 전환된 것은 만시지탄은 있으나 환영할 일이라고 할 것이다. 다만 개정법상의 근친혼금지범위를 둘러싸고서는 그 범위가 너무 넓다는 일부의 비판이 있다.[37)]

(4) 친생부인의 소

(가) 1) 2005년 개정전 민법 제847조는, 친생부인의 소는 그 출생을 안 날로부터 1년 내에 제기하여야 한다고 규정하고 있었다. 출생을 안 날로부터 1년이 지난 후에 자기의 자가 아님을 아는 경우도 흔히 있을 수 있는 일인데(이러한 경우가 오히려 일반적이라 할 것이다) 위 규정에 따르면 이러한 경우에는 친생부인의 소를 제기할 수 없게 되어 진실하지 않은 부자관계가 영구히 확정되어 버리는 불합리가 발생하게 된다. 그래서 학자들로부터 친생부인의 소의 제소기간의 기산점을 출생을 안 날에서 자기의 자가 아님을 안 날로 개정하여야 한다는 주장이 제기되었다. 그러던 중 헌법재판소는 1997년 민법 제847조 제1항의 "그 출생을 안 날로부터 1년 내"의 부분에 대하여 인간의 존엄과 가치 · 행복추구권을 보장한 헌법 제10조 및 혼인과 가족생활의 권리침해금지를 보장한 헌법 제36조 제1항에 위반되는 규정이라고 하여 헌법불합치 결정을 하였다.[38)] 이에 따라 2005년 개정법은 친생부인의 소의 출소기간의 기산점과 그 기간을 "출생을 안 날로부터 1년"에서 "그 사유 있음을 안 날로부터 2년"으로 개정하였다.

2) 출소기간의 개정과 관련하여서는, 입법과정에서 절대적 출소기간의 제한을 둘 것인가, 즉 그 사유 있음을 알았느냐 몰랐느냐에 관계없이 자의 출생 후 일정기간이 경과하면 친생부인의 소를 제기할 수 없도록 할 것인가의 여부를 둘러싸고 다른 의견이 제출되었다. 절대적 출소기간을 두어야 한다는 견해는 자의 이익을 위하여 그 지위를 조속히 확정하고 또한 가정의 평화를 유지하여야 한다는 것을 그 근거로 들고 있으나 혈연을 특히 중시하는 우리의 사정을 고려할 때 부자

---

37) 개정법은 그 밖에 혼인법에 있어서 재혼금지기간을 규정한 제811조를 삭제하였다. 즉 개정전 법 제811조는 "여자는 혼인관계의 종료한 날로부터 6월을 경과하지 아니하면 혼인하지 못한다. 그러나 혼인관계의 종료 후 해산한 때에는 그러하지 아니하다."고 규정하고 있었다. 이는 재혼녀가 출산한 자녀의 부성추정의 충돌을 막기 위한 것이라고 하나 유전자감식기술 등 의학기술의 발전으로 이는 여자에 대한 불합리한 혼인의 제한이라는 비판을 받아왔다. 개정법은 이러한 주장을 받아들여 동 조항을 폐지한 것이다.

38) 헌법재판소 1997.3.27. 96헌가14,96헌가7(병합) 결정.

관계의 증명이 과학기술의 발전에 의하여 용이해진 상황에서 부자의 혈연이 없는 것으로 밝혀진 경우 친자관계를 父에게 강요하는 것이 반드시 자의 이익에 합치된다거나 가정의 평화유지에 기여한다고 보기 어렵다는 판단 하에 절대적 출소기간의 제한을 두지 않았다. 혈연진실주의에 더 다가간 것이라 평가된다.

(나) 개정법은 또한 친생부인의 소의 제기권자를 "夫"에서 "부夫 또는 처妻"로 확대하였다. 처가 친생부인권을 행사하는 경우는 일반적으로 혼인관계가 파탄된 경우일 것이다.

夫가 자의 양육 등 자의 복지에 관심이 없는 경우 자의 복리를 위하여 처에게 친생부인권을 인정할 필요가 있을 것이나, 부가 자에 대한 애정을 가지고 부자관계를 유지하고자 하는 경우까지도 처의 의사에 의하여 부자관계를 소멸케 할 수 있도록 한 개정법의 태도가 과연 자의 복리와 관련하여 바람직한 것인가에 관하여는 논의가 있을 수 있다. 어쨌거나 처에게로 친생부인권을 확대한 개정법의 태도는 위에서 본 출소기간의 개정과 마찬가지로 혈연진실주의에 더 다가간 것이라고 하겠다.

(다) 친생부인권자로 부夫 및 처妻 외에 子까지 포함시켜야 한다는 주장도 있었으나 입증의 어려움, 가족관계의 장기간의 불안정, 사회적 통념 내지 정서와의 상치 등의 이유로 받아들여지지 않았다.[39] 그러나 자신의 출생의 근원을 알 권리 내지 이를 확인할 권리는 헌법상의 기본권(행복추구권, 일반적 인격권)에 속한다는 점에서 자에게 전혀 친생부인권을 인정치 않는 것은 헌법위반의 논란을 불러일으킬 소지가 있다고 하겠다.

(5) 친양자제도의 신설

(가) 2005.3.31. 민법개정에 의하여 친양자 제도가 신설되었다. 이로써 민법은 기존의 양자제도(소위 보통양자, 일반양자 제도)와 친양자 제도의 두 가지를 갖게 되었다.

개정법이 이미 민법에 양자제도(보통양자)가 있음에도 불구하고 이와 竝立的으로 친양자제도를 신설한 이유는 다음과 같다.[40]

39) 추호경, "민법개정안 공청회 진술요지서", 민법개정안공청회자료집 – 제1주제: 친족편 –, 국회 법제사법위원회, 1999, 16-17면.
40) 이승우, "친양자제도 소고", 아세아여성법학 제2호, 아세아여성법학연구소, 1999, 95-96면.

기존의 민법상의 양자, 즉 보통양자는 양친측과의 사이에 친족관계를 가지면서 동시에 친생부모측과의 친족관계도 그대로 유지한다. 또한 보통양자는 호적에 양자로 기재되고 양자로 된 후에도 종래의 성과 본을 그대로 갖는데 이는 양자라는 사실을 외부에 공시하는 것이 되어 입양신고에 의한 입양을 기피하게 하는 중요한 요인이 되고 있다. 그래서 입양사실을 숨기기 위하여 주로 유아를 대상으로 친생자로 출생신고 하는 경우도 많이 있었다. 학계와 입양기관에서는 위와 같은 사정에 따라 오래전부터 子의 복리를 위하여, 친생부모측과의 친족관계를 단절하고 양친측과의 사이에만 친족관계를 갖도록 할 뿐만 아니라, 호적상으로도 양친의 친생자와 똑같이 기재함으로써 양친과 양자 사이를 친생친자관계와 똑같이 다루는 제도를 도입하여야 한다고 주장하여 왔는바, 친양자 제도는 바로 이러한 요구에 부응하여 입법된 것이라고 하겠다.

(나) 친양자로 될 자는 15세 미만이어야 한다[41)]

개정법의 토대가 되었던 본래의 정부 안은 친양자로 될 자를 7세 미만의 아동이어야 한다고 규정하였다.[42)] 그러나 당사자가 이보다 더 나이 든 아동을 친양자 입양하려고 하는 경우에 이를 굳이 막을 이유가 없고 또 7세 미만으로 연령을 제한하는 것은 친양자 제도의 이용을 지나치게 제한하는 것이어서 부당하다는 비판이 있었다. 즉 양자의 연령을 7세 미만으로 제한하는 경우에는 구체적 사안에 따라서는 부당한 결과가 초래되므로 양자로 될 자에 대하여 위와 같은 연령제한을 두지 말아야 한다는 것이다.[43)]

7세 미만의 요건을 두지 않는다 하더라도 친양자제도가 자의 복리를 위한 제도라는 점에서 그 대상을 성년자에게까지 확대하여 인정할 수는 없다고 할 것이다.

개정법은 위의 두 가지 입장을 절충하여 양자로 될 자의 연령을 15세 미만으

---

41) 친양자로 될 자가 15세 미만이어야 한다는 규정은 다시 개정되어(2012.2.10. 개정법) 현행규정으로는 미성년자로 그 대상 연령이 완화되었다. 이와 관련하여서는 2012년의 개정법 부분에서 후술.

42) 정부안이 이와 같이 친양자로 될 자의 연령을 7세 미만으로 한정한 이유는 친양자 자신이 친생부모와의 혈연관계를 인식하지 못하고 양친을 친부모로 인식하도록 하는 것이 친양자의 복리를 위하여 바람직하며 양친과 친양자 사이에 친생부모와 자녀만큼의 연령차이가 나도록 할 필요에서라고 한다(추호경, 전게 진술요지서, 19-20면).

43) 곽배희, “민법개정안 공청회 진술요지서”, 민법(친족상속편) 개정에 관한 공청회(2004.12.3.) 자료집(국회법제사법위원회), 2004, 229-230면. 일부 의원 발의의 개정안도 이러한 입장에 서서 양자로 될 자에 대하여 7세 미만이라는 연령 제한을 두지 않았다.

로 결정한 것이다(제908조의2 제1항 제2호).

(다) 친양자 입양이 성립하기 위하여는 원칙적으로 친양자로 될 자의 친생부모가 친양자 입양에 동의하여야 한다. 다만 부모의 친권이 상실되거나 사망 기타 사유로 동의할 수 없는 경우에는 친생부모의 동의를 요하지 않는다(개정법 제908조의2 제1항 제3호). 그리고 친양자로 될 자는 15세 미만의 자이므로, 제869조의 규정에 의한 법정대리인의 입양승낙이 필요하다(제908조의2 제1항 제4호).

친양자 입양에 있어서 양자의 의사는 전혀 고려되고 있지 않는데, 이는 아동의 권리에 관한 협약 제12조 제1항에 반할 뿐만 아니라 법적 부모가 바뀌는 친양자 입양의 중대성에 비추어 볼 때에도 문제라 할 것이다. 양자가 될 자가 중학생이 되는 12세(혹은 13세) 이상의 경우에는 양자로 될 자의 동의를 요하도록 하는 개정을 검토할 필요가 있다고 생각한다.

(라) 친양자 입양이 성립하기 위하여는 가정법원의 허가가 있어야 한다. 가정법원은 친양자로 될 자의 복리를 위하여 그 양육상황, 친양자 입양의 동기, 양친養親의 양육능력 그 밖의 사정을 고려하여 친양자 입양이 적당하지 아니하다고 인정되는 경우에는 친양자 입양의 청구를 기각할 수 있다(제908조의2 제2항).

(마) 친양자 입양이 성립하면 친양자는 부부의 혼인중의 출생자로 보고, 친양자의 입양 전의 친족관계는 친양자 입양이 확정된 때에 종료한다(제908조의3). 입양이 성립하면 친양자는 양친의 혼인중의 출생자의 신분을 취득하므로, 종래의 성을 버리고 새로이 양부의 성을 따르게 된다.

(바) 개정법은 친양자 입양의 경우에는 협의파양은 할 수 없고(제908조의5 제2항, 제898조) 일정한 경우 재판상 파양만을 인정하고 있다(제908조의5 제1항, 제908조의5 제2항, 제905조).

일정한 경우에는 재판상 파양을 인정하는 개정법의 태도에 대해서는 양자의 복리를 주안으로 하는 친양자에 있어서는 파양을 인정해서는 안 된다거나[44] 개정법 제908조의5 제1항 제2호의 사유 즉 친양자의 양친에 대한 패륜행위로 인하여 친양자 관계를 유지시킬 수 없게 된 것을 파양사유로 한 것은 타당하지 않으므로 이를 삭제하여야 한다고 한다는 비판이 있다. 친생자가 친생부모에게 패륜행위를 하였다고 하여 친생부모가 친생자관계를 법적으로 소멸시킬 수 없듯이, 양자의 완

44) 최진섭, "친자법 개정의 방향과 과제" 가족법 개정의 방향과 과제(인천대 법대), 1999, 34-35면.

전 적출화를 목적으로 하는 친양자에 있어서, 양친측에 의한 파양은 생각할 수 없다는 것이다.[45)]

완전양자의 성격상 파양을 인정하지 않는 것이 적절할 것이나 개정법은 우리 국민의 남다른 혈연의식을 고려하여 제한적인 경우에 파양을 인정한 것으로 보인다.

(사) 친양자제도에 대하여는, 입양에 의하여 양자와 친생부모측과의 친족관계가 단절되도록 하는 것은 인륜에 반하는 것이라고 하여, 제도 자체를 반대하는 견해도 있다. 또한 영유아의 경우 여전히 허위의 친생자출생신고방식을 더 선호할 가능성이 존재한다는 점과 입양사실을 알고 있는 아동의 경우에 자의 복리에 어느 정도 기여할 수 있는가에 대한 전망의 불투명성 등을 이유로 그 정착여부는 좀 더 지켜보아야 할 것이라는 견해도 있다. 그러나 개정법의 태도는 자의 복리라는 측면에서 기본적으로 타당하다고 하는 견해가 많다. 성변경과 친생자관계의 단절을 가져오는 동제도의 도입은 친자관계와 성에 있어서 기존의 부계혈통중심의 관념을 서서히 희석시켜 나아갈 것으로 생각한다.

(6) 친 권

개정전 법에서 친권자와 친권행사자로 2원화되어 있던 용어를 개정법은 친권자로 통일하였다(개정법 제909조 제4항).

혼인외의 자가 인지된 경우와 부모가 이혼한 경우에 친권자를 정하기 위한 부모의 협의가 불가능하거나 이루어지지 아니하는 경우에 개정전 법은 당사자의 청구에 의하여 가정법원이 이를 정하도록 되어 있었는데(개정전 법 제909조 제4항) 개정법은 당사자가 가정법원에 그 지정을 청구하여야 하는 것으로 개정하였다(개정법 제909조 제4항). 자녀보호의 공백을 막기 위하여 지정청구를 의무화한 것이다.

개정법은 "가정법원은 혼인의 취소, 재판상 이혼 또는 인지청구의 소의 경우에는 직권으로 친권자를 정한다."는 조항(개정법 제909조 제5항)과 "가정법원은 자의 복리를 위하여 필요하다고 인정되는 경우에는 자의 4촌 이내의 친족의 청구에 의하여 정하여진 친권자를 다른 일방으로 변경할 수 있다"(개정법 제909조 제6항)는 조항을 신설하였다. 자의 복리를 위하여 필요한 경우 가정법원의 조정 또는 심판으로 친권자를 변경할 수 있도록 한 것이다. 친권변경이 자녀의 복리에 미치는

45) 권정희, "친양자법에 대한 고찰", 가족법연구 제12호, 1998, 446-447면.

영향을 고려하여 당사자의 합의만으로는 변경할 수 없도록 하고 있으나 당사자의 합의가 있다면 가정법원은 조정 및 심판 절차에서 이를 고려할 것이다.

개정법은 "친권을 행사함에 있어서는 자의 복리를 우선적으로 고려하여야 한다"는 규정을 신설하였다(제912조). 현대적 친자법의 지도이념 즉 친권이 부모의 이익을 위한 지배적 권리가 아니라 자의 복리를 위한 의무적 성격이 강한 권리, 즉 권리이며 동시에 의무임을 분명히 하기 위하여 독립조항을 둔 것이다. 동 조항은 친권법의 최고원리를 천명한 것으로 이로써 친자관계는 규범적으로 종래의 지배복종의 수직적 관계로부터 상호 인격적 존중을 바탕으로 한 민주적 관계로 바뀌었다. 동 조항은 친권법의 입법과 해석의 지도원리로 기능하게 되었으며, 이 개정은 호주제도의 폐지 등과 함께 개인의 존엄을 확보하고 가족법의 민주화를 보여주는 한 장면이라 생각한다.

6. 2007년의 개정법(2007.12.21. 법률 제8720호 2007.12.21. 시행)

2007년 개정법은 남자 18세 여자 16세로 되어 있던 약혼연령과 혼인연령을 남녀 공히 18세로 개정하고 협의이혼에 있어서 소위 이혼숙려기간제도를 도입하였으며 부모의 권리로 되어 있던 면접교섭권을 자에게도 인정하였다. 또한 재산분할청구권을 보전하기 위한 사해행위취소권 규정을 신설하였다.

(1) 협의이혼제도

(가) 개정 전의 협의이혼법에 대하여는, 이혼의 신속과 자유의 보장에 치중한 나머지 이혼으로 인한 최대의 피해자인 자녀의 보호가 소홀하고, 혼인의 파탄여부 및 그 회복 가능성 그리고 이혼의 결과에 대한 냉철한 인식·검토 없이 이혼이 이루어지게 됨으로써 이혼 후의 생활에 대한 적응이 어렵게 된다는 비판이 제기되었다.[46] 일부의 학자들은 협의이혼에 앞서 소위 숙려기간을 거치도록 하여야 한다고 주장하였는 바, 개정법은 이러한 의견을 받아들여 소위 이혼숙려기간제도를 도입하였다.[47]

---

46) 이혼을 하려는 부부들은 상대방에 대한 적대감과 현재의 혼인생활의 고통으로 인하여 자신들의 상태를 객관적으로 바라보지 못할 뿐만 아니라, 자녀양육문제 등을 진지하게 생각하고 협의할 상황이 못 되는 경우가 일반적이다. 오로지 현재의 고통스런 혼인생활을 빨리 끝내고자 하는 생각에서 이혼에 따르는 결과를 심각히 고려하지 아니하고 이혼만을 서두르는 경향이 있다.

(나) 이혼 후의 자녀양육에 관한 사항은 일차적으로 부모의 합의에 맡기는 것이 바람직하나, 이혼을 하려는 부모의 상황은 자녀의 복리를 고려하여 양육에 관한 합의를 이루어내기 어려운 것이 현실이다. 그런데 개정전 법은 자녀의 양육에 관한 합의 없이도 이혼이 가능하게 되어 있어, 자녀의 보호가 방치되는 경우가 많이 있었다. 여기에서 개정법은 이혼 부부의 자녀의 보호를 위하여 협의 이혼의 요건으로 자녀 양육에 관한 약정서 제출을 의무화하였다(제836조의2, 제837조).

(다) 숙려기간의 도입에 있어서 그 적용범위를 어떻게 할 것인가에 관하여는 두 가지 입장이 있을 수 있다. 하나는 자녀가 있는 부부에게만 적용하는 것이고 다른 하나는 자녀의 유무에 관계 없이 모든 부부에게 적용하는 것이다. 이 두 가지 방안은 숙려기간제도의 목적 내지 그 중점을 어디에 두느냐에 따른 견해의 차이에 기인한다. 전자는 숙려기간제도의 목적의 중점을 자녀의 보호에 두는 데 반하여 후자는 자녀의 보호와 함께 무분별하고 충동적인 이혼의 방지도 그 목적으로 하는 것이다. 자녀가 없는 경우에도 숙려기간을 적용하는 경우에는 그 기간을 자녀가 있는 경우에 비하여 단기로 하는 것이 합리적이라고 할 것이다. 자녀가 있는 경우에는 양육사항에 관하여 합의를 하는 데 더 많은 시간이 필요하기 때문이다. 개정법 제836조의2는 후자의 입장을 취하여 협의이혼의 경우에는 자녀의 유무에 관계없이 숙려기간을 적용하되 자녀가 없는 경우에는 자녀가 있는 경우보다 단기(양육할 자녀(포태 중인 자를 포함한다)가 있는 경우에는 3개월, 그렇지 않은 경우에는 1개월)로 하고 있다.

(라) 숙려기간제도의 본래의 취지가 구현되도록 하기 위하여는 전문상담인 내지 기관의 상담을 강제토록 하여야 한다는 견해도 있었으나 개정법은 이를 단지 권고 사항으로 규정하고 있다(제836조의2 제1항). 개정법의 이러한 태도는 상담 강제가 상담의 자율적 성격에 맞지 않는다는 점과 인력과 비용의 문제 등을 고려한 것으로 보인다.

(마) 이혼숙려기간제도에 관하여는, 국가가 전문상담인력을 확충하고 무료상담제도를 마련하는 등 숙려기간의 실효성을 담보할 제도적 장치를 갖추지 않은 채 숙려기간에 관한 규정만 신설한다면 불화기간・별거기간만 연장시키는 결과를 초래하여 얻는 것보다 잃는 것이 커질 우려가 있다[48]는 등의 우려에서부터, 근본적

47) 숙려기간 동안 당사자들은 혼인의 파탄여부 및 회복가능성 그리고 이혼이 가져다주는 결과에 대하여 다시 생각해 보는 한편 자녀양육문제에 대하여 협의할 수 있는 기회를 갖게 된다.

으로 법이 사생활의 영역에 관여할 수 있는 것은 가정폭력 등과 같이 타인에 대한 해악을 제거하기 위한 경우에 한정하는 것이 타당한 바, 이혼숙려기간제도는 이러한 합리적 한계를 벗어난 과도한 사생활 개입이라는 비판이 있다.

(2) 재산분할청구권 보전을 위한 채권자취소권

개정법은 제839조의3을 신설하여, 재산분할을 명하는 재판의 확정 또는 당사자 간의 재산분할에 관한 합의의 성립으로, 재산분할의 액수나 범위가 구체적으로 확정되지 않은 단계(보통은 혼인파탄으로 이혼소송을 제기하려는 단계)에서도, 배우자 일방이 상대방 배우자의 재산분할청구권 행사를 해하기 위하여 자신의 재산을 처분하여 버린 경우에는, 상대방 배우자는 재산분할청구권의 보전을 위하여 채권자취소권을 행사할 수 있도록 하였다.

취소의 상대방이 되는 수익자는 자신이 선의(상대방 배우자의 재산분할청구권 행사를 해함을 알지 못했음)임을 입증하여 채권자취소권의 행사를 저지할 수 있으므로 이 제도의 신설로 거래의 안전이 크게 위협 받지는 않을 것이다.

(3) 면접교섭권자의 확대

개정전 법은 면접교섭권을 부모의 권리로 규정하고 있었으나 개정법은 자녀에게도 면접교섭권을 인정하였다(제837조의2 제1항). 면접교섭권이 처음에는 양육권을 갖지 않는 부모로서의 정을 보호하기 위한 부모의 권리로서 출발하였으나, 자녀의 복리라는 측면이 강조되면서 이를 자녀의 권리로서도 인정한 것이다. 자녀는 이제는 면접교섭권의 단순한 객체가 아니라 주체로서의 지위를 갖게 되었으며, 이는 면접교섭권의 성격과 그 구조가 크게 변화되었음을 뜻하는 것이라고 하겠다. 자의 복리라는 측면에서 볼 때 개정법의 태도는 타당한 것으로 생각한다.[49] 다만 그 구체적 실현방법은 앞으로의 연구 과제라 할 것이다.

7. 2009년의 개정법(2009.5.8. 법률 제9650호 2009.8.9. 시행)

(1) 2007.12.21. 개정된 민법에 따라 부부가 협의이혼 시 미성년자녀의 양육비

---

48) 민유숙, "민법(친족상속편)개정 공청회(2006.6.29.) 지정 토론문 2", 공청회자료집, 86-87면.

49) 자에게 면접교섭권이 인정되지 않아 우리나라가 아동권리협약을 유보하고 있었던 점도 법 개정에 영향을 주었을 것으로 추측된다.

용의 부담에 관한 사항을 합의하여 정한 경우에도 집행력 등이 인정되지 않아 양육비 확보에 어려움이 있었다. 이를 개선하기 위하여 개정법은, 제836조의 2에 제5항을 신설하여, 가정법원은 당사자가 협의한 양육비부담에 관한 내용을 확인하는 양육비부담조서를 작성하여야 하고, 이 양육비부담조서는 「가사소송법」 제41조의 준용에 의하여[50] 집행권원이 되는 것으로 하였다(제836조의2 제5항). 양육비부담조서제도의 도입과 이에 대한 집행력의 부여(확정된 심판과 같은 집행력 인정)로 양육비채권의 간편한 확보를 꾀한 것이다.[51] 제836조의2 제5항의 신설에 의하여 이제는 양육비부담조서에 따라 양육비지급의무를 부담하는 부모의 일방이 양육비 지급을 하지 않는 경우에는 다른 일방은 별도의 재판절차 없이 바로 강제집행을 신청할 수 있게 되었다.

(2) 양육비 집행의 간소화 등을 위하여 가족법 개정과 함께 가사소송법도 2009.5.8. 법률 제9652호로 개정되었다. 보다 간편한 양육비의 확보를 위하여 새로운 제도를 도입하고 의무불이행에 대한 제재를 강화한 것이다. 즉 양육비 청구사건에 재산명시 및 재산조회 제도를 도입하고(가사소송법 제48조의2, 제48조의 3 신설), 양육비 직접 지급명령제도[52]를 신설하여 양육자 등의 신청에 의하여 양육비채무자의 사용자인 소득세원천징수의무자로 하여금 일정기간 계속하여 급여에서 양육비를 공제하여 양육비채권자에게 직접 지급하도록 하였다(가사소송법 제63조의2 신설). 또한 양육비를 정기적으로 지급하게 하는 경우에 그 이행을 확보하기 위하여 담보제공 및 일시금 지급명령제도를 신설하였으며(가사소송법 제63조의3 신설) 일시금 지급명령 불이행자에 대한 강제방법으로 30일의 범위에서 감치할 수 있도록 하고(가사소송법 제68조 제1항 제3호 신설) 그 밖에 의무불이행자에 대한 제재를 강화하고(가사소송법 제67조 제1항. 과태료를 100만원 이하에서 1000만원 이

---

50) 개정법은 양육비부담조서에 집행력을 부여하기 위하여 가사소송법 41조를 준용하고 있는데 이는 일반법·기본법이 특별법·부속법의 규정을 준용한다는 것이어서 입법체계상 적절치 못하다고 생각한다. 양육비부담조서에 집행력이 인정된다고 민법에 규정하는 것이 오히려 간명하고 입법체계에도 맞을 것이다.

51) 양육비부담조서제도의 시행으로 이혼부부 자녀의 복리가 종전보다 더욱 보호되게 되는 것은 물론, 법원의 입장에서는 양육비청구사건이 감소하여 업무부담이 경감되고, 당사자의 입장에서도 불필요한 분쟁으로 인한 시간적, 경제적 낭비를 줄이는 효과가 발생될 것으로 예상된다.

52) 양육비직접지급명령제도를 가사소송법에 규정할 것인지 민사집행법에 규정할 것인지에 대하여 법사위에서 심도 있는 논의를 하였는데, 이 제도는 강제집행의 성격을 가지고 있으나 양육비채권자를 보호하기 위한 특별한 제도로서 민사집행법의 특례라는 점을 감안하여 가사소송법에 규정하기로 결론을 내렸다고 한다(법제사법위원회회의록 제4호 2009년 4월 16일).

하로 상향 조정), 재산목록 제출거부 및 거짓자료 제출 등에 대하여 과태료를 부과하도록 하였다(가사소송법 제67조의2 및 제67조의3 신설).

(3) 양육비부담조서제도의 도입 및 이에 대한 집행력 부여를 내용으로 하는 민법의 개정과 간편한 양육비의 확보를 위한 가사소송법의 개정은 이혼 후의 자녀양육비의 이행확보를 위한 의미 있는 개정으로 평가할 수 있다.

8. 2011년의 개정법(2011.3.7. 법률 제10429호 2013.7.1. 시행)

개정법은 청소년의 조숙화에 따라 성년연령을 낮추는 세계적 추세와 「공직선거법」 등의 법령 및 사회·경제적 현실을 반영하여 성년에 이르는 연령을 만 20세에서 만 19세로 낮추었다(성년 연령의 하향(제4조)). 또한 종래의 무능력자제도를 폐지하고 성년후견제도를 도입하였다.

이하에서 개정법상의 성년후견제도에 관하여 살펴보기로 한다.

(1) 개정의 배경 및 경과

(가) 기존의 무능력자제도는 심신미약이나 심신상실 상태에 있는 사람의 행위능력을 제한, 박탈하고 제3자(후견인)의 대리행위를 통하거나 제3자(후견인)의 동의를 얻어서만 법률행위를 할 수 있도록 함으로써 의사능력이 부족한 본인을 보호하는 제도이다. 그러나 이 제도는 여러 가지 면에서 비판을 받았다. 우선 행위능력이 전면적, 포괄적으로 박탈됨으로써 잔존능력[53)]을 활용하여 자신의 생활을 스스로의 의사에 따라 영위할 수 있는 여지가 원천적으로 봉쇄되게 된다. 자신의 생활을 전적으로 타인에게 의존하게 되는 것이다. 또한 정신능력의 부족으로 후견을 필요로 하는 사람들에게는 재산관리에 못지않게 신상보호가 필요한데 무능력자제도는 재산관리가 중심이었다. 그리고 한정치산선고나 금치산선고를 받을 경우에는 그 사실이 가족관계등록법에 기재되어 낙인의 효과가 발생하고 수많은 법률에서 자격요건을 정하면서 무능력자를 배제하고 있었다. 위와 같은 이유로 무능력자제도는 별로 이용되지 않았다.

위와 같은 무능력자 제도의 문제점을 해결하기 위하여 무능력자제도를 폐지하

53) 잔존능력이란 사리를 변식할 정신능력이 부족한 요보호인에게 남아 있는 정신능력을 말하는 바, 일본민법학에서 사용하고 있는 관용적 표현으로 우리 민법학계에서도 널리 받아들여져 사용되고 있다.

고 외국과 같은 후견제도 즉 성년후견제도를 도입할 필요가 있다는 주장이 제기되어 왔다. 우리사회가 최근 들어 고령사회로 진입하면서 의사능력을 상실하거나 감퇴되는 노인이 증가하고 다른 한편으로 정신장애인의 인권에 대한 인식이 높아지면서 성년후견제도 도입에 대한 사회적 요구는 점증하였다.

(나) 2008년 이후 국회에는 황영철 의원 대표발의의 「민법일부개정법률안」(2008.8.4.), 나경원 의원 대표발의의 「장애성년후견법안」(2009.10.27.), 정부 발의의 「민법일부개정법률안」(2009.12.29.), 박은수 의원 대표발의의 「민법일부개정법률안」(2010.1.8.), 신학용 의원 대표발의의 「민법일부개정법률안」(2010.6.30.) 및 「임의후견에 관한 법률안」(2010.6.30.) 등 6개의 성년후견관련 법률안이 제출되었다. 국회법제사법위원회는 위 6건의 법률안을 본회의에 부의하지 않고 대신 이들 법률안의 내용을 반영한 위원회의 대안을 마련하여 이를 본회의에 제안한 바, 이 대안이 2011년 2월 국회본회를 통과하였다. 새로운 성년후견제도의 시행에는 관련법령의 정비 등 많은 사전 준비가 필요한 점을 고려하여 개정 민법은 그 시행시기를 2013.7.1로 하였다.

(2) 개정법상의 성년후견제도의 개요

성년후견제도는 그 내용이 방대하여 여기서 이를 상세히 논하는 것은 적절치 않아 제도의 취지, 목적, 유형 등 몇 가지의 기본적인 사항만을 서술하기로 한다.[54)]

(가) 개정 민법상의 성년후견제도는 피후견인의 인간으로서의 존엄과 가치를 보장한다는 이념하에 요보호자의 잔존능력과 그에 따른 자기결정을 최대한 존중한다는 관점에서 입법되었는 바, 종래의 무능력자 제도가 재산관리 중심이었던 데 대한 반성 위에서 새로이 신상보호에 관한 규정을 신설하였다(제947조, 제947조의2 신설).[55)]

(나) 성년후견제도는, 사리변식 능력을 결하거나 그것이 불충분한 사람(본인)에 대해서, 스스로 유효하게 법률행위를 하는 능력(행위능력)을 제한하는 것과 동시에, 본인의 능력을 후견적 입장으로부터 보완하는 것에 의해서 본인의 재산을 보

54) 법률 제10429호에 의하여 새로 도입된 성년후견의 상세에 관하여는 법무부 민법개정자료집발간팀편, 2013년 개정 민법 자료집(법무부, 2012)과 윤진수·현소혜, 2013년 개정 민법 해설(법무부, 2013) 참조 요.

55) 피후견인의 복리에 대한 후견인의 폭넓은 조력이 가능하도록 하되, 피후견인의 신상에 관한 결정권은 본인에게 있다는 원칙과 후견인의 임무 수행에 있어서 피후견인의 의사 존중 의무를 명시하는 등 피후견인의 복리를 실질적으로 보장할 수 있도록 하였다.

호하고 다른 한편으로 신상의 문제에 대한 결정능력이 없거나 부족한 사람에 대한 신상결정을 대행함으로써 그 자를 보호하는 것을 목적으로 하고 있다.

(다) 개정법은 성년후견(넓은 의미의 성년후견)의 유형을 본인의 사무처리능력과 후견인의 개입 필요성의 정도에 따라 성년후견(좁은 의미의 성년후견), 한정후견, 특정후견으로 나누고 여기에 후견계약을 더해 총 4가지로 나누었다. 본인의 의사에 따라 체결되는 후견계약에 의한 후견을 임의후견이라 하는 데 대하여, 성년후견, 한정후견, 특정후견은 법원의 선고에 의한다는 점에서 법정후견이라 한다. 법정후견은 원칙적으로 임의후견이 존재하지 않는 경우에만 개시할 수 있도록 함으로써(제959조의20) 보충성의 원리를 실현하고 자기결정권을 최대한 보장하였다.

(라) 제한능력자 능력의 확대(제10조 및 제13조)

성년후견을 받는 사람의 법률행위 중 일용품의 구입 등 일상생활에 필요한 행위나 후견개시의 심판에서 달리 정한 것은 취소할 수 없도록 하고, 한정후견을 받는 사람의 법률행위는 가정법원에서 한정후견인의 동의 사항으로 결정한 것이 아닌 이상 확정적으로 유효한 법률행위로 인정되며, 특정후견을 받는 사람의 법률행위는 어떠한 법적 제약이 따르지 않도록 하였다.

(마) 복수(複數) · 법인(法人) 후견 도입 및 동의권 · 대리권의 범위에 대한 개별적 결정(제930조 및 제938조, 제959조의4 및 제959조의11 신설)

후견인의 법정순위를 폐지하고, 가정법원이 피후견인의 의사 등을 고려하여 후견인과 그 대리권 · 동의권의 범위 등을 개별적으로 결정하도록 하며, 복수複數 · 법인法人 후견인도 선임할 수 있도록 하였다.

(바) 후견감독인제도의 도입(제940조의2부터 제940조의7까지, 제959조의5 및 제959조의10 신설)

친족회를 폐지하고 그 대신 가정법원이 사안에 따라 후견감독인을 개별적으로 선임할 수 있도록 함으로써 후견인의 임무 해태, 권한 남용에 대한 실질적인 견제가 가능하도록 하였다.

(사) 후견계약 제도의 도입(제959조의14부터 제959조의20까지 신설)

후견을 받으려는 사람이 사무를 처리할 능력이 부족한 상황에 있거나 부족하게 될 상황에 대비하여 재산관리 및 신상보호에 관한 사무의 전부 또는 일부를 자신이 원하는 후견인에게 위탁하는 내용의 계약을 체결할 수 있도록 하는 한편, 후견계약은 공정증서에 의하여 체결하도록 하고, 그 효력발생 시기를 가정법원의 임의후견감독인 선임 시로 하는 등 피후견인의 권익을 보호할 수 있는 제도적 장치를 마련하였다.

(아) 제3자 보호를 위하여 성년후견을 등기를 통하여 공시(제959조의15, 제959조의 19 및 제959조의20 신설)

거래의 안전을 보호하고 피성년후견인과 거래하는 상대방인 제3자를 보호하기 위하여 후견계약 등을 등기하여 공시하도록 하였다.

(자) 후견등기에 관한 법률 제정(2013.4.5. 법률 제11732호 2013.7.11. 시행)

성년후견제도의 도입에 따라 이를 공시하기 위한 절차법으로 후견등기에 관한 법률이 제정되었다.

9. 2011년의 개정법(2011.5.19. 법률 제10645호 2013.7.1. 시행)

(1) 이혼 후 단독친권자로 지정되어 있던 부모의 일방이 사망한 경우, 친권자로 지정되지 않은 부모의 다른 일방이 생존하고 있는 때에는, 그 자(생존친)가 자동적으로 친권자가 되는가 아니면 후견이 개시되는가?

이에 관하여는 개정전 법은 명문의 규정을 두고 있지 않았기 때문에, 친권을 어떻게 이해하는가 그리고 친권과 후견의 관계를 어떻게 파악하느냐에 따라, 친권당연부활설[56]과 후견개시설[57]이 대립하였다.

판례는 친권당연부활설을 취하고 있었다(대법원 1994.4.29. 94다1302 판결; 가족관계등록예규 제177호 제10조).

단독친권자의 사망시 친권이 당연히 부활되느냐 후견이 개시되느냐에 관하여 학계와 실무계의 논의가 진행되는 와중에 최진실 씨의 사망에 따른 자녀의 보호문제가 크게 사회문제화 되면서 이 문제의 입법적 해결을 촉구하는 여론이 일어났다.

2009.1.22.에 김상희 의원 대표발의의 민법개정안이 국회에 제출되었고 2009.

---

56) 양수산, “친권자와 친권행사자”, 가족법연구 제10호, 1996, 331면 이하.
57) 김주수 · 김상용, 친족상속법 제8판, 법문사, 2006, 360-361면.

3.31.에 손승미 의원 대표발의의 민법개정안이 제출되었으며 이어 2010.2.10.에 정부발의의 민법개정안이 제출되었다. 법제사법위원회는 위 3안을 심의한 후 이를 본회의에 부의하지 않고 대안[58]을 마련하여 본회의에 회부하였으며 이것이 2011.4.29.에 본회의에서 통과되었다.

(2) 개정법의 주요 내용은 다음과 같다.

(가) 단독 친권자로 정해진 부모의 일방이 사망하거나, 입양이 취소, 파양된 경우 또는 양모부가 모두 사망한 경우 친생부모의 일방이 당연히 친권자로 되는 것이 아니라 생존하는 부 또는 모(친생부모 일방 또는 쌍방), 미성년자, 미성년자의 친족 등 일정한 자가 일정한 기간 내에 청구하고 이 청구에 따라 가정법원이 친권자로 지정함으로써 친권자가 되도록 하였다(제909조의2 제1항 및 제2항).

(나) 일정한 기간 내에 위의 청구가 없는 경우에는 가정법원은 직권 또는 미성년자 등 일정한 자의 청구에 의하여 미성년자의 후견인을 선임할 수 있다(제909조의2 제3항).

(다) 가정법원은 친권자 지정 청구나 후견인 선임 청구가 미성년자의 복리를 위하여 적절하지 아니하다고 인정할 때는 그 청구를 기각할 수 있다(제909조의2 제4항).

(라) 가정법원은 친권자가 지정되거나 미성년후견인이 선임될 때까지 그 임무를 대행할 사람을 선임할 수 있다(제909조의2 제5항). 미성년자녀보호의 공백을 막기 위한 장치이다.

(마) 가정법원은 미성년후견인이 선임된 경우라도 미성년자의 복리를 위하여 필요하면 일정한 자의 청구에 의하여 후견을 종료하고 생존하는 부 또는 모, 친생부모 일방 또는 쌍방을 친권자로 지정할 수 있다(제909조의2 제6항).

---

58) 이 개정안의 취지는 대안의 제안이유에 잘 나타나 있는 바 그 내용은 다음과 같다. "이혼 등으로 단독 친권자로 정해진 부모의 일방이 사망하거나 친권을 상실하는 등 친권을 행사할 수 없는 경우에 가정법원의 심리를 거쳐 친권자로 정해지지 않았던 부모의 다른 일방을 친권자로 지정하거나 후견이 개시되도록 하고, 입양이 취소되거나 파양된 경우 또는 양부모가 모두 사망하거나 친권을 상실한 경우 등에도 가정법원의 심리를 거쳐 친생부모 일방 또는 쌍방을 친권자로 지정하거나 후견이 개시되도록 하여 부적격의 부 또는 모가 당연히 친권자가 됨으로써 미성년자의 복리에 악영향을 미치는 것을 방지하고, 이혼 등으로 단독 친권자로 정해진 부모의 일방이 유언으로 미성년자의 후견인을 지정한 경우라도 미성년자의 복리를 위하여 필요하다고 인정되면 후견을 종료하고 친권자로 정해지지 않았던 부모의 다른 일방을 친권자로 지정할 수 있게 하여 미성년자의 복리를 증진시키려는 것임".

(바) 가정법원이 친권자를 지정할 때에는 자子의 복리를 우선적으로 고려하도록 하고, 이를 위해 관련 분야의 전문가 등으로부터 자문을 받을 수 있도록 하였다(제912조 제2항 신설).

(사) 단독친권자가 유언으로 미성년후견인을 지정한 경우에도 미성년자의 복리를 위하여 필요하면 가정법원은 생존하는 부 또는 모, 미성년자의 청구에 의하여 후견을 종료하고 생존하는 부 또는 모를 친권자로 지정할 수 있다(제931조 제2항 신설).

(3) 개정법에 의하여 이제는 단독친권자가 사망한 경우 생존친이 자동적으로 친권자가 되지 않고 가정법원의 심사를 통하여 친권자로 지정되거나 후견인이 선임되게 됨으로써 부적격자가 보호자로 되는 사태를 막을 수 있게 되었다. 또한 미성년후견인이 선임된 경우 및 유언으로 미성년후견인이 지정된 경우라도 자녀 복리를 위하여 필요한 때에는 후견을 종료하고 친권자의 지정을 할 수 있게 함으로써 친권법의 이념인 미성년자녀의 보호의 충실을 기하게 되었다.

10. 2012년의 개정법(2012.2.10. 법률 제11300호 2013.7.1. 시행)

(1) 현대 양자법은 양자의 복리를 위하여 단순히 양친과 양친측의 합의만에 의하여 입양이 성립하는 것으로 하지 않고 양친이 될 자의 양육능력, 양육환경 등 양자의 복리를 위하여 필요한 최소한의 요건을 법정하고 입양 시 이러한 요건의 구비여부와 그 입양이 자녀의 복리에 적합한 것인지를 국가가 심사하여 이를 허가함으로써만 입양이 성립하는 것으로 하고 있다(허가형 양자법). 그러나 개정 전의 가족법은 미성년자의 일반 양자 입양의 경우 가정법원 등 국가의 허가 없이 당사자의 합의만으로 입양이 성립하는 것으로 하고 있었다.[59] 그 결과 영리의 목적으로 양자를 입양하거나, 아동학대의 습벽 그 밖의 사유로 양육에 부적합한 사람이 양친이 되는 것을 막을 수 없었다. 이는 현대 양자법이 양자의 복리를 주안으로 하고 있다는 점에서 문제가 아닐 수 없다. 그래서 학자들은 미성년자의 입양이 인신매매나 기타의 타산적 목적에서 이루어지는 것을 막고, 양자의 행복과 복리를 위한 제도로서의 목적을 다할 수 있도록 하기 위하여, 미성년자를 입양하

59) 개정전 법에서도 후견인이 피후견인을 양자로 하는 경우에는 가정법원의 허가를 얻도록 하고 있었다(제872조).

는 경우에는 모두 가정법원의 허가를 얻도록 하여야 한다고 주장해 왔다.

다른 한편으로 우리나라가 가입한 "유엔 아동의 권리에 관한 협약" 제21조(아동권리협약) (가)는 "아동의 입양은 적용 가능한 법률에 따라 관계당국에 의해서만 허가되도록 보장하여야 한다"고 하고 있는데 그 목적은 아동이 강제노동에 종사하거나 학대 혹은 유기되는 일이 없이 전인격적인 존재로 성장하기에 적합한 가정을 찾도록 국가가 보장해야 한다는 국가의 책임을 명시하기 위한 것이다. 우리나라는 위의 협약에 가입하면서 위 조항에 대하여는 유보를 하였는바, 유엔의 아동권리위원회는 한국 정부에 대하여 위의 유보를 철회하라는 권고를 수차 하였다. 이에 대하여 국가인권위원회는 2005.4.11. 국가인권위원회 결정 "유엔 아동의 권리에 관한 협약 제21조의 유보 철회 및 이행에 대한 권고"를 통하여, 아동의 권리에 관한 협약 제21조(가)의 이행을 위하여 입양은 관계기관의 심사 후 허가에 의해서만 가능하도록 하고 파양의 경우도 아동의 이익을 보호하기 위한 경우에만 허가되도록 관련 민법 등을 개정하고 아동의 권리에 관한 협약 제21조(가)에 대한 유보를 철회하도록 아동정책조정위원회 위원장인 국무총리 및 외교통상부장관에게 권고하였다.[60)]

또한 실제로 양부모養父母가 보험금을 수령할 목적으로 입양한 영아를 살해하거나 입양한 아동을 성폭행하는 등 부적격한 양부모에 의한 입양 아동의 피해 사례가 늘어난 것도 법개정의 요구를 키우는 요인이 되었다. 이러한 배경 속에서 정부는 2011.9.1. 입양제도의 개선을 주요 내용으로 하는 민법개정안을 국회에 제출하였다. 법제사법위원회는 이미 제출되어 있던 민법 개정안 3개와 정부안을 심의한 후 이들을 모두 본회의에 부의하지 않고 거의 대부분 정부안을 반영한 대안을 마련하여 이를 국회본회의에 회부하였다. 법제사법위원회 대안은 2011.12.29. 국회 본회의를 통과하여 2012.2.10.법률 제11300호로 공포되었다.

(2) 양자와 관련한 개정법의 주요 내용은 다음과 같다.

(가) 미성년자 입양에 대한 가정법원의 허가제 도입 등

개정전 법은 미성년자를 입양할 때에도 당사자의 합의만 있으면 입양이 성립하는 것으로 하였으나 개정법은 반드시 가정법원의 허가를 받도록 하고(제867조 제1항), 가정법원이 입양을 허가할 때에는 양부모가 될 사람의 양육능력, 입양의

---

60) tps://www.humanrights.go.kr/site/program/decision/viewDecision?menuid=00100300 1002001&id=535

동기 등을 심사하여 허가 여부를 결정하도록 하였다(제867조 제2항).

그리고 양자가 미성년자 또는 피성년후견인인 경우에는 협의상 파양은 할 수 없고 오로지 재판에 의해서만 파양(재판상 파양)할 수 있도록 개정하였다(제898조).

입양과 파양에 국가기관이 후견적으로 개입토록 함으로써 양자의 복리를 도모한 것이다.

(나) 부모의 동의 없이 양자가 될 수 있는 방안 마련

개정전 법은 부모의 동의를 받아야만 양자가 될 수 있었는데(개정전 법 제870조), 개정법은 부모의 소재를 알 수 없는 경우 등에는 부모의 동의 없이 가정법원이 입양을 허가할 수 있도록 하였고 또 부모가 동의를 거부할 때에도 가정법원은 일정한 경우에는 부모의 동의 없이 또는 부모의 동의를 갈음하는 심판을 통하여 입양을 허가할 수 있도록 개정하였다(제870조, 제871조 및 제908조의2 제2항).

(다) 친양자 입양 가능 연령 완화(제908조의2 제1항 제2호)

개정전 법은 친양자가 될 사람은 15세 미만이어야 한다고 되어 있었으나, 오랜 공동생활을 통해 계부모와 계자녀 사이에 사실상의 친자관계가 형성된 재혼 가정의 경우 등에 당사자들이 친양자 입양을 원하는데도 양자로 될 자가 15세를 넘었다고 하여 친양자 입양을 막을 이유는 없다. 미성년자라면 나이에 관계없이 친양자 입양을 허용하는 것이 미성년자의 복리를 도모하는 것이 되어 타당하다는 주장을 받아들여 이와 같이 개정한 것이다.

(3) 양자 외의 개정 사항

헌법재판소는 2010.7.29. 결정으로 제818조를 헌법에 합치하지 아니한다고 결정하였다(헌법재판소 2010.7.29. 2009헌가8 결정). 즉 중혼의 취소청구권자를 규정한 민법 제818조는 그 취소청구권자로 직계존속과 4촌 이내의 방계혈족을 규정하면서도 직계비속을 제외하였는바, 직계비속을 제외하면서 직계존속만을 취소청구권자로 규정한 것은 가부장적·종법적인 사고에 바탕을 두고 있고, 직계비속이 상속권 등과 관련하여 중혼의 취소청구를 구할 법률적인 이해관계가 직계존속과 4촌 이내의 방계혈족 못지않게 크며, 그 취소청구권자의 하나로 규정된 검사에게 취소청구를 구한다고 하여도 검사로 하여금 직권발동을 촉구하는 것에 지나지 않은 점 등을 고려할 때, 합리적인 이유 없이 직계비속을 차별하고 있어, 평등원칙에 위배되는 것으로서 헌법에 위반된다고 판단한 것이다.

헌재의 헌법불합치결정에 따라 국회는 중혼의 취소권청구권자로 직계비속을 추가하였다. 법문상으로는 개정전 법상 직계존속으로 되어 있던 것을 직계혈족으로 개정하였다.[61]

(4) 국회는 2011.8.4. 양자법에 있어서 민법과 함께 다른 한 축을 이루는 "입양촉진 및 절차에 관한 특례법"을 "입양특례법"으로 이름을 바꾸고 전면개정을 하였다. 모든 입양 아동의 입양에 대하여 가정법원의 허가를 받도록 하고(개정법 제11조) 입양된 아동은 민법상 친양자와 동일한 지위를 갖도록 하였다(개정법 제14조). 그 밖에 개정된 주요 내용은 다음과 같다.

(가) 국가 및 지방자치단체는 입양의뢰된 아동의 양친될 자를 국내에서 찾기 위한 시책을 최우선적으로 시행하도록 하고, 입양기관의 장은 보건복지부령으로 정하는 바에 따라 입양의뢰된 아동의 양친을 국내에서 찾기 위한 조치를 하고 이를 관계기관의 장에게 보고하게 하며, 이러한 조치 및 관련 기관과의 정보공유 및 협조에도 불구하고 국내에서 양친이 될 자를 찾지 못하였을 경우에 한하여 국외입양을 추진할 수 있도록 하였다(제7조). 국내입양 우선의 원칙을 천명한 것이다. 그동안 고아수출이라는 오명을 쓴 해외입양을 줄이고 국내입양을 활성화하기 위하여 국가 및 지방단체가 취하여야 할 조치를 규정한 것이다.

(나) 양친이 되기 위한 자격요건을 아동학대, 가정폭력, 마약 등의 범죄나 알코올 등 약물중독의 경력이 없는 자로 강화하고, 입양의 성립 전에 입양기관 등으로부터 보건복지부령으로 정하는 소정의 교육을 이수하도록 하였다(제10조).

(다) 친생부모의 입양 동의는 아동의 출생일부터 1주일이 지난 후 이루어지도록 하고, 입양동의와 관련하여 어떠한 금전, 재산상의 이익, 그 밖의 반대급부를 주고받을 것을 약속할 수 없도록 하였다(제13조).

11. 2014년의 개정법(2014.10.15. 법률 제12777호 2015.10.16. 시행)

개정법의 주요내용은 다음과 같다.

---

61) 제818조(중혼의 취소청구권자) 당사자 및 그 배우자, 직계혈족, 4촌 이내의 방계혈족 또는 검사는 제810조를 위반한 혼인의 취소를 청구할 수 있다.

(1) 친권자의 동의를 갈음하는 법원의 재판 제도의 도입

부모의 개인적 신념 등으로 자녀의 수술을 거부하는 경우와 같이 친권자가 동의하지 않아 자녀의 생명·신체 등에 위해를 발생케 하는 경우에도 개정전 법상으로는 자녀의 보호를 위하여 활용할 수 있는 제도가 친권의 상실 선고 외에는 없었다. 이에 개정법은 친권자의 동의를 갈음하는 재판 제도를 도입하여 자녀의 복리 보호 장치를 마련하였다(제922조의2 신설). 즉, 가정법원은 친권자의 동의가 필요한 행위에 대하여 친권자가 정당한 이유 없이 동의하지 아니함으로써 자녀의 생명, 신체 또는 재산에 중대한 손해가 발생할 위험이 있는 경우에는 자녀, 자녀의 친족, 검사 또는 지방자치단체의 장의 청구에 의하여 친권자의 동의를 갈음하는 재판을 할 수 있도록 하였다. 이 제도의 도입으로 부모의 친권이 유지되도록 하면서도 자녀의 생명 등을 보호하기 위한 조치가 가능하게 되었다.

(2) 친권의 일시 정지 제도의 도입

개정법은 친권의 박탈인 친권상실 외에 이를 일시적으로 제한하는 친권의 일시정지 제도를 도입하였다. 즉 가정법원은 부 또는 모가 친권을 남용하여 자녀의 복리를 현저히 해치거나 해할 우려가 있는 경우에는 자녀, 자녀의 친족, 검사 또는 지방자치단체의 장의 청구에 의하여 2년의 범위에서 친권의 일시 정지를 선고할 수 있도록 하였다(제924조). 일시 정지의 선고가 있으면 친권자는 가정법원이 정한 기간 동안 친권을 행사할 수 없게 된다. 친권 제한 사유가 단기간에 소멸될 가능성이 있는 경우에 유용한 제도라 하겠다.

(3) 친권의 일부 제한 제도의 도입

개정법은 친권의 일부 제한 제도를 도입하였다. 즉 가정법원은 거소의 지정이나 징계, 그 밖의 신상에 관한 결정 등 특정한 사항에 관하여 친권자가 친권을 행사하는 것이 곤란하거나 부적당한 사유가 있어 자녀의 복리를 해치거나 해할 우려가 있는 경우에는 자녀, 자녀의 친족, 검사 또는 지방자치단체의 장의 청구에 의하여 구체적인 범위를 정하여 친권의 일부 제한을 선고할 수 있도록 하였다(제924조의2). 친권의 일부 제한 선고가 있는 경우에는 당해 친권자는 제한된 범위에서 친권을 행사할 수 없게 된다. 즉 제한된 범위에서 친권행사가 정지된다. 이 제도는 친권자의 동의를 갈음하는 재판 제도로는 해결할 수 없는 사안이지만 친권을 전부 상실시키지 않고 최소한의 제한으로 자녀의 복리를 도모할 수 있다는 점에서 그 유용성이 있다.

12. 2016년의 개정법(2016.12.20. 법률 제14409호 2016.12.20. 시행)

개정전 법 제937조 제8호에서는 "피후견인을 상대로 소송을 하였거나 하고 있는 자 또는 그 배우자와 직계혈족"을 후견인의 결격사유로 규정하고 있어, 피후견인의 배우자가 피후견인을 상대로 이혼 청구 소송 등을 하였거나 하고 있다는 이유만으로 피후견인의 직계비속은 후견인이 될 수 없게 되어 사안에 따라 구체적 타당성에 맞지 아니하는 측면이 있었다. 그래서 피후견인의 직계비속은 그 직계혈족이 피후견인을 상대로 소송을 하였거나 하고 있더라도 후견인 결격사유에 해당되지 않도록 할 필요가 있었다. 개정법은 위와 같은 취지에서 제937조 제8호를 다음과 같이 하고,같은 조에 제9호를 다음과 같이 신설하였다.

8. 피후견인을 상대로 소송을 하였거나 하고 있는 사람
9. 제8호에서 정한 사람의 배우자와 직계혈족. 다만, 피후견인의 직계비속은 제외한다.

13. 2016년의 개정법(2016.12.2. 법률 제14278호 2017.6.3. 시행)

이혼 후 자녀를 직접 양육하지 아니하는 부모 일방이 사망하거나 입원, 군복무, 교도소 수감 등 피치 못할 사정으로 면접교섭권을 행사할 수 없는 경우에는 자녀가 오로지 친가나 외가 중 한쪽 집안과만 교류하게 되어 양쪽 집안간의 균형있는 유대를 형성치 못하게 될 위험이 있다. 이는 자녀의 심리적 안정과 건전한 성장에도 부정적인 영향을 미치게 될 것인바, 이러한 경우에는 조부모의 면접교섭권을 인정하여 최소한의 교류를 이어나갈 수 있게 할 필요가 있다. 이에 개정법은 자녀를 직접 양육하지 아니하는 부모 일방이 사망하거나 피치 못할 사정으로 면접교섭권을 행사할 수 없을 때 그 부모의 직계존속이 가정법원의 허가를 받아 손자녀와 면접교섭이 가능하도록 하였다. 즉 개정법은 개정전 법 제837조의2 제2항을 제3항으로 하고,[62] 같은 조에 제2항을 다음과 같이 신설하였다.

---

62) 개정법은 종전의 제2항을 제3항으로 하면서 면접교섭권을 "제한하거나 배제할 수 있다"를 "제

② 자子를 직접 양육하지 아니하는 부모 일방의 직계존속은 그 부모 일방이 사망하였거나 질병, 외국거주, 그 밖에 불가피한 사정으로 자子를 면접교섭할 수 없는 경우 가정법원에 자子와의 면접교섭을 청구할 수 있다. 이 경우 가정법원은 자子의 의사, 면접교섭을 청구한 사람과 자子의 관계, 청구의 동기, 그 밖의 사정을 참작하여야 한다.

14. 2017년의 개정법(2017.10.31. 법률 제14965호 2018.2.1. 시행)

헌법재판소는 2015.4.30. 민법 제844조 제2항 중 혼인관계종료의 날부터 300일 이내에 출생한 자는 혼인 중에 포태胞胎한 것으로 추정하는 부분에 대하여 헌법불합치결정(헌법재판소 2015.4.30. 2013헌마623 결정)[63]을 내렸다. 이에 따라 국회는 헌재의 결정 취지를 반영하여 혼인관계가 종료된 날부터 300일 이내에 출생한 자녀에 대하여 어머니와 어머니의 전前 남편은 가정법원에 친생부인의 허가 청구를 할 수 있으며(제854조의2 신설), 생부生父는 인지의 허가청구를 할 수 있도록 하였다(제855조의2 신설). 친생부인의 허가청구에 따라 가정법원의 허가를 받은 경우에는 친생추정의 효력이 미치지 아니하고(제854조의2 제3항), 인지의 허가청구에 따라 인지 허가를 받은 생부가 가족관계의 등록 등에 관한 법률 제57조 제1항에 따른 신고를 하는 경우에는 친생추정의 효력이 미치지 아니한다(제855조의2 제3항).

한 · 배제 · 변경할 수 있다"로 개정하였다.

63) 결정요지는 아래와 같다.

"오늘날 이혼 및 재혼이 크게 증가하였고, 여성의 재혼금지기간이 2005년 민법개정으로 삭제되었으며, 이혼숙려기간 및 조정전치주의가 도입됨에 따라 혼인 파탄으로부터 법률상 이혼까지의 시간 간격이 크게 늘어나게 됨에 따라, 여성이 전남편 아닌 생부의 자를 포태하여 혼인 종료일로부터 300일 이내에 그 자를 출산할 가능성이 과거에 비하여 크게 증가하게 되었으며, 유전자검사 기술의 발달로 부자관계를 의학적으로 확인하는 것이 쉽게 되었다. 그런데 심판대상조항에 따르면, 혼인 종료 후 300일 내에 출생한 자녀가 전남편의 친생자가 아님이 명백하고, 전남편이 친생추정을 원하지도 않으며, 생부가 그 자를 인지하려는 경우에도, 그 자녀는 전남편의 친생자로 추정되어 가족관계등록부에 전남편의 친생자로 등록되고, 이는 엄격한 친생부인의 소를 통해서만 번복될 수 있다. 그 결과 심판대상조항은 이혼한 모와 전남편이 새로운 가정을 꾸리는 데 부담이 되고, 자녀와 생부가 진실한 혈연관계를 회복하는 데 장애가 되고 있다. 이와 같이 민법 제정 이후의 사회적 · 법률적 · 의학적 사정변경을 전혀 반영하지 아니한 채, 이미 혼인관계가 해소된 이후에 자가 출생하고 생부가 출생한 자를 인지하려는 경우마저도, 아무런 예외 없이 그 자를 전남편의 친생자로 추정함으로써 친생부인의 소를 거치도록 하는 심판대상조항은 입법형성의 한계를 벗어나 모가 가정생활과 신분관계에서 누려야 할 인격권, 혼인과 가족생활에 관한 기본권을 침해한다."

친생부인의 소보다 간이한 방법으로 친생추정을 배제할 수 있도록 한 것이다.

Ⅳ. 결 어

1. 1960년 1월 1일부터 시행된 민법은 현재(2018년 6월)까지 30회의 개정이 있었던 바 그 대부분이 가족법에 대한 것이었다. 민법에 있어서 그 개정이 주로 가족법에 집중된 데에는, 그동안의 가족현실의 급격한 변화와 더불어 제정 당시의 가족법 자체에 내재된, 미풍양속이라는 이름 뒤에 감추어진 낙후성, 전근대성, 위헌성에도 그 중요한 원인이 있었다고 생각한다. 또한 경제발전과 이에 기반하여 성장한 개인의 권리·민주시민의식 그리고 헌법재판소의 적극적 태도[64](위헌결정·헌법불합치결정)도 가족법의 개정을 촉진시킨 한 요인으로 보인다.[65]

2. 우리 가족법은 그동안 사회의 변화를 담아내는 한편 헌법에 합치되는 방향으로 발전해 왔다고 할 수 있다.[66] 그중에서도 1990년과 2005년의 개정은 그 의미가 특별하다고 할 것이다.[67] 1990년의 개정은 대부분의 남녀불평등 규정의 개정과 제정 당시에 미처 생각지 못하여 입법하지 못하였거나 사회의 변화에 따른 새로운 수요를 충족키 위한 제도도 일부 도입하는 등 그 개정의 범위와 내용이 대폭적이고 혁신적이어서 가히 획기적이라 할 수 있다. 1990년의 개정은, 그 개정

---

64) 1987년 헌법 개정에 따라 1988년 새로이 구성된 헌법재판소는 위헌법률심판에 있어서 종래 이를 담당하였던 대법원 등과는 달리 전향적·적극적 태도를 보여 왔다. 그 원인 내지 배경으로서는 민주화의 진전 등 시대의 변화 외에도 직접 재판을 담당하지 않는다는 점에서 대법원에 비하여 위헌 결정에 대하여 상대적으로 부담을 덜 느끼는 한편 대법원과의 관계에서 최고사법기관기관으로서의 독자적 위상을 확보하려는 목적도 있었지 않았나 추측된다.

65) 이러한 사실은 2002년과 2005년에 이루어진 중요한 가족법 개정 사항 중 친양자 제도를 제외하고는 모두(호주제, 부성강제주의, 동성동본 금혼제도의 폐지, 친생부인의 소의 제소기간의 기산점, 특별한정승인제도, 상속회복청구권의 제척기간의 기산점) 헌법재판소의 헌법불합치 또는 위헌 결정이 직접적인 개정의 계기가 된 데서 잘 드러난다고 하겠다. 헌법재판소의 결정은 가족법의 오랜 개정 논란을 종식시키고 가족법이 전근대성을 벗고 헌법에 부합하는 방향으로 진전되는 데 결정적인 역할을 하였다고 하겠다. 이러한 점에서 보면 우리의 가족법 발전에 헌법재판소가 끼친 공헌은 실로 크다고 할 것이다. 헌법재판소가 위와 같은 결정을 함에 있어서는 사회의 변화도 일정한 영향을 주었음은 물론이다.

66) 가족법 개정의 큰 흐름은 남녀(부부)불평등에서 남녀(부부)평등으로, 가통중심·부모중심의 친자관계에서 자녀복리 중심의 친자관계로, 가족생활에 있어서 개인의 존엄실현방향으로 발전해 왔다고 할 수 있다.

67) 본고에서 1990년 개정법과 2005년 개정법에 관하여 많은 지면을 할애하여 비교적 상세히 다뤘는데 그것은 두 개정법이 한국가족법의 발전사에서 갖는 의미가 특별하기 때문이다.

의 불완전성으로 인하여 일부의 비판도 있었으나, 대부분의 남녀불평등적인 규정을 삭제하고 호주제를 형해화함으로써 2005년 개정법이 가부장제 가족제도와 남계(부계)혈통 우선의 전근대적 요소를 완전히 제거하도록 하는 데 교량적 역할을 하였다는 점에서 가족법 개정사에 있어서 중요한 의의를 갖는다.

2005년의 가족법 개정에서는 우리 가족법의 특질이자 낙후성을 상징하던 호주제 및 동성동본불혼제도와 부성강제주의를 폐지하였는데 이로써 가부장제 가족제도와 남계(부계)혈통 우선제도의 잔재가 민법에서 완전히 사라지게 되었다. 성변경을 인정하고 친양자 제도를 도입한 것 또한 기존의 부계혈통중심의 관념을 서서히 희석시켜 나아가는 계기로 작용할 것으로 생각한다. 2005년의 개정은 우리 가족법에 남아 있던 전근대적 요소를 거의 제거함으로써 우리의 가족법 사에 큰 획을 긋는 사건으로 기록될 것이다.

3. 가족법 개정의 초기의 초점은 남녀불평등을 시정하고 가부장제 가족제도를 폐지하는 것이었다. 이로 인하여 가족법 개정이 예컨대 아동, 노인 등의 가족복지문제와 가족현실의 변화에 따른 새로운 문제 그리고 남녀평등과 직접관련이 없으나 불합리한 제도를 해결하고 개선하는 데에 너무 소홀하였다는 비판을 받아왔다. 여기에는 제정 당시의 가족법이 갖는 가부장제적 성격에서 비롯한 불가피한 측면이 있었다고 생각한다. 가부장제적 색채를 지우는 것이 우선 급했기 때문이다. 2005년법 이전의 개정에서도 물론 위에서 든 여러 문제가 다루어졌으나 이는 부분적이고 부차적인 데 그쳤다. 이러한 문제가 본격적인 가족법 개정의 의제로 등장한 것은 호주제 등 가부장적 가족제도를 폐지한 2005년의 개정 이후이다.[68)]

4. 사회의 급격한 변화는 새로운 법 수요를 발생시키며 이는 가족법에 있어서도 예외는 아니다. 가족연대의 이완, 단체적 가족윤리의 약화 및 개인화, 소자화 및 고령사회화, 가족유형의 다양화, 혼인의 탈제도화 등은 종래의 규범으로는 해

---

68) 2007년 개정법의 경우를 보면, 협의이혼제도와 재산분할청구권, 면접교섭권 규정을 개정하였다. 이 때 개정에까지는 이르지 못했지만 정부와 의원안은 혼인 중 부부재산의 처분을 제한하고 일정한 경우에는 혼인 중에도 재산분할을 할 수 있도록 하며 이혼시 재산분할비율을 원칙적으로 균등화 하는 것을 내용으로 하는 부부재산제의 개정과 원칙적으로 배우자의 상속분을 2분의 1로 하는 상속법의 개정을 포함하고 있었고(이때 개정안에 포함되어 있었으나 위 사항이 개정되지 못한 것은 그에 관한 국민적 합의가 부족한 것이 그 주요 원인으로 생각한다. 이에 관한 자세한 내용은, 이승우, “한국가족법의 최근의 경향”, 성균관법학 제18권 제2호 별쇄본, 성균관대학교 비교법연구소, 2006, 199면-203면 참조 할 것), 2011년 이후의 개정은 후견법(성년후견제도의 도입 등), 양자법, 친권법 등을 개정한 것이다.

결하기 어려운 문제를 낳고 있다. 동성혼, 혼외동서, 노년 이혼 및 재혼, 사실혼 배우자 일방의 사망시 상대방 배우자의 보호, 부부 일방의 명의로 되어 있으면서 혼인생활의 기초가 되는 재산의 처분제한 인정여부, 유책배우자의 이혼 허용 여부 및 범위, 다문화 가족을 둘러싸고 일어나는 제 문제에 대하여도 유연하고 적절한 대응이 필요할 것이다. 그 밖에도 성전환자의 문제, 인공수정, 대리모 등 인공생식기술의 발달에 따른 제 문제, 통일에 대비한 법정비의 준비 등 다양한 가족법상의 문제가 그 해결을 기다리고 있다. 위와 같은 문제는 해석론만으로는 해결에 한계가 있어 새로운 입법을 필요로 하는 경우가 많을 것으로 생각한다.[69] 그리고 가정법원의 후견적 기능·역할을 강화하는 입법도 필요할 것이다.

가족법의 기본법성과 보수성 및 관습성 등의 특성을 고려하면서도 위의 제반 변화와 요구에 신속히 그리고 유연하게 대응, 준비하는 자세가 필요하다고 하겠다.

5. 마지막으로 가족법 개정과정에서 나타난 몇 가지 문제점을 적어보기로 하겠다. 첫째로 개정이 장기적인 전망과 계획 하에 이루어지지 못하고 그때그때 제기되는 문제의 해결에만 시선이 머물러 체계적인 개정이 이루어지지 못한 경우가 많았다. 동일한 법령 안의 조항들 간에 상호 모순, 저촉, 충돌되거나 관련 조항의 개정을 빠트리는 실수를 저지른 경우도 있었다.[70] 둘째로 개정안에 담겨 있는 내용 중에는 오랜 기간 학계나 실무계에서 많은 논의가 이루어지고 공감대가 형성된 것도 있지만 이에 대한 연구 및 사회적 논의나 공감대 없이 입법이 이루어진 경우도 없지 않았다. 법 개정에 앞서 가족관습과 법의식 등의 조사 등이 특정 분야에 단편적으로 이루어진 경우는 있으나 이를 종합적, 체계적으로 하였다는 보고는 듣지 못하였다. 이 점은 가족법이 상대적으로 관습적 성격이 강한 분야라는 점에서 더욱 아쉬운 점이다. 학계와 실무계에서의 연구와 조사가 축적되고 충분한 논의가 이루어진 후 국회 심의 과정에서 여론을 수렴하고 충분한 토의가 이루어져야 함에도 그동안의 가족법 개정과정에서 나타난 모습은 그와 거리가 있었다.

---

69) 인공수정을 예로 들어 보면 민법은 이러한 사태를 전혀 예상하지 못하고서 제정된 것이기 때문에 민법의 해석론만으로 인공수정에 따르는 제반문제를 합리적으로 규율하는 데에는 근본적 한계가 있을 수밖에 없다. 따라서 우리나라에서도 인공수정에 관한 특별법을 제정하는 것이 필요하다고 생각한다. 입법을 함에 있어서는 우리의 가족관·가족윤리에 바탕을 두면서 인공수정을 행하는 부부와 인공수정자의 이익이 조화되도록 하여야 할 것이다.

70) 그 구체적 예에 관하여는 윤철홍, "한국 민법학의 문제점과 개선방향", 법과 사회 3권, 법과 사회이론연구회, 1990, 196-197면 참조할 것.

발효와 숙성 과정을 거치지 않은 술 맛이 좋을 수 없다는 말이 떠오른다. 국회에서의 심층적 심의가 없었음은 개정이유서와 국회심의록 등 입법자의 의사를 파악할 수 있는 자료가 없거나 매우 부실하다[71]는 데에서도 확인할 수 있다. 기본법인 민법의 대폭적 개정에 대한 국회 의사록이 몇 페이지에 불과한 경우도 있는데 이는 민의를 수렴하는 입법기관의 자세가 아니라고 생각한다. 셋째로 국회의 입법태만을 지적하고 싶다. 헌법재판소의 헌법불합치 또는 위헌결정이 내려져 여러 해동안 법의 공백상태를 겪은 후에 비로소 가족법 개정이 이루어진 경우도 있는데 이는 국회의 직무 태만이라 아니할 수 없다. 위헌성이 오랜 기간 지적되어 왔는데도 개정을 미루어 오다가 헌재로부터 위헌결정을 받았는데도 수년간 법 개정을 하지 않은 것은 어떤 변명도 통하지 않을 직무태만이라 생각한다.

71) 윤철홍, 전게논문, 197-198면.

상속법의 변화와 앞으로의 과제

윤 진 수*

[초 록]

민법 시행 후 상속법 자체의 개정도 여러 차례 있었을 뿐만 아니라, 상속을 둘러싼 법적 분쟁도 크게 늘어나고 있고, 그 분쟁의 양상도 달라지고 있다.

민법 제정 전에는 친족상속에 관하여는 일본 민법이 의용依用되지 않고, 관습에 의하도록 규정하였으므로, 당시의 법원은 관습을 조사하고, 그에 따라 재판을 하였다. 그러나 일본의 법원이 실제로 적용한 관습은 반드시 종래의 관습과 일치하지 않았다. 1958.2.22. 공포된 민법 중 상속편은 기본적으로 일본 민법과 프랑스 민법의 영향을 받았다. 그러나 제정민법에는 호주상속을 인정하고, 부와 처의 상속법상 지위를 달리 규정하였으며, 또 상속인이 호주상속인인지 여부, 남자인지 여자인지 여부에 따라 달라지는 등 남녀평등에 어긋나는 내용을 담고 있었다. 민법 제정 후 상속법의 중요한 개정은

---

* 서울대학교 법학전문대학원 교수

1977년, 1990년, 2002년 및 2005년 4차례였다.

학설과 판례상 많이 논란이 되었던 것으로는 상속법이 가족법인가 재산법인가, 상속회복청구권의 성질 및 기산점, 배우자의 대습상속, 낙태와 상속결격, 제사주재자가 누구인가, 상속의 법정단순승인의 위헌 여부, 한정승인이 있는 경우 상속채권자 상속인의 채권자 사이의 우열, 상속의 포기가 사해행위가 될 수 있는지, 자필유언증서의 방식으로서의 주소, 유류분반환청구권의 성질 등이 있다. 또한 이러한 쟁점에 대하여 헌법재판소가 중요한 역할을 하였다. 그리고 근래에는 민법 시행 전의 상속관습법의 위헌 여부가 새롭게 논의되고 있다.

향후의 과제로는 피상속인의 의사에 의한 상속권 박탈제도의 도입, 배우자의 상속법상 지위 강화, 한정승인제도의 개선, 유언 방식의 개선, 유류분 제도의 개정 등을 들 수 있다.

Ⅰ. 들어가는 말

민법 시행 후 상속에 관하여는 여러 가지 변화가 있었다. 법 자체의 개정도 여러 차례 있었을 뿐만 아니라, 상속을 둘러싼 법적 분쟁도 크게 늘어나고 있고, 그 분쟁의 양상도 달라지고 있다. 이는 기본적으로 우리 사회가 큰 변화를 겪고 있기 때문이다.

이 글에서는 상속법의 변화 과정을 소개하고, 상속법상 어떤 것이 주된 쟁점이 되었는가 하는 것들을 살펴본 다음, 앞으로의 상속법의 과제는 무엇인가 하는 점을 검토하고자 한다. 이 글의 목적상 지나치게 상세한 설명은 자제하고자 하였고, 참고문헌의 인용도 최소한으로 줄였다.

Ⅱ. 상속법의 변화[1)]

1. 민법 제정 전의 상속법

민법 제정 전에는 1912년의 조선민사령朝鮮民事令에 따라 친족상속에 관하여는 일본 민법이 의용依用되지 않고, 관습에 의하도록 규정하였으므로(제11조), 당시의 법원은 관습을 조사하고, 그에 따라 재판을 하였다.[2)]

그러나 일본의 법원이 실제로 적용한 관습은 반드시 종래의 관습과 일치하지 않았다. 예컨대 일제 강점기 초기에는 관습상 제사상속이 인정된다고 보았으나, 조선고등법원 1933(소화 8).3.3. 판결은, 제사상속은 법률적으로는 더 이상 인정되지 않는다고 하였다.[3)] 또 우리나라에는 상속회복청구권의 소멸시효는 존재하지 않았는데, 조선고등법원 1935(소화 10).7.30. 연합부 판결은 종래의 판례를 변경하여, 상속회복청구권은 상속인 또는 그 법정대리인이 상속권을 침해당한 사실을 안 때에는 상속개시의 때로부터 각각 상당한 기간 내에 한하여 행사할 수 있고 그

---

1) 전경근, "한국 상속법의 변천과 전망", 아세아여성법학 제17호, 2014도 참조.
2) 관습조사의 결과를 모은 것으로는 통감부 시절에 조사되어 1913년까지 간행된 慣習調査報告書와 中樞院이 조회에 대하여 회답한 民事慣習回答彙集이 있다.
3) 윤진수, "고씨 문중의 송사를 통해 본 전통 상속법의 변천", 민법논고 5, 박영사, 2011, 48면 이하 참조.

기간을 경과한 때에는 위 청구권이 소멸하는 것으로 되는 것 역시 조선의 관습상 시인된다고 판시하였다.[4)]

어쨌든 광복 후 대법원도 민법 시행 전의 상속에 관하여는 일제가 인정한 관습을 그대로 따랐다. 현재에도 이러한 상속관습법은 재판에서 적용되기 때문에, 이를 아는 것은 실무적으로도 중요하다. 예컨대 최근의 대법원 2015.1.29. 2014다205683 판결은, 현행 민법이 시행되기 전에 호주 아닌 기혼의 장남이 직계비속 없이 사망한 경우 그 재산은 처가 상속하는 것이 우리나라의 관습이었다고 하여 원심판결을 파기하였다.

반면 대법원 2003.7.24. 2001다48781 전원합의체 판결은, 상속회복청구권은 상속이 개시된 날부터 20년이 경과하면 소멸한다."는 내용의 관습은 소유권은 원래 소멸시효의 적용을 받지 않는다는 권리의 속성에 반할 뿐 아니라 진정상속인으로 하여금 참칭상속인에 의한 재산권침해를 사실상 방어할 수 없게 만드는 결과로 되어 불합리하고, 헌법을 최상위 규범으로 하는 법질서 전체의 이념에 부합하지 아니하여 정당성이 없으므로, 위 관습에 법적 규범인 관습법으로서의 효력을 인정할 수 없다고 하였다.[5)] 이 밖에도 종전의 상속관습법의 위헌 여부가 문제되는 경우가 있다. 이에 대하여는 아래 Ⅲ. 9. 참조.

2. 제정 민법

(1) 제정 경위

1948년에 법률 제정을 위하여 법전편찬위원회가 구성되었는데, 여기서 친족상속법을 담당한 사람은 장경근張暻根이었고, 장경근의 사안私案[6)]을 토대로 하여 친족상속편 원요강이 작성되었다.[7)] 장경근의 안은 기본적으로 종래의 관습을 존중하면서도 점진적으로 개혁을 꾀하려는 이른바 점진적 개혁론의 입장이라고 할 수 있다. 그런데 실제로 1954년 국회에 제출된 민법안[8)]은 친족상속편 원요강과는 많

4) 윤진수, "상속회복청구권의 소멸시효에 관한 구관습의 위헌 여부 및 판례의 소급효", 민법논고 5(주 3), 165-167면 참조.
5) 이에 대하여는 윤진수(주 4) 참조.
6) 장경근, "친족상속법 입법방침 급 친족상속법기초요강사안," 정광현, 한국가족법연구, 1967, 부록편 1면 이하 게재.
7) 장경근, "민법친족상속편 원요강해설," 정광현(주 6), 부록편 12면 이하 게재.
8) 정광현(주 6), 부록편 46면 이하.

은 차이가 있었다. 이 민법안의 기초를 주도한 것은 당시 대법원장이었던 김병로金炳魯였다. 이 민법안은 기본적으로 종래의 관습을 존중하여야 한다는 관습존중론이었다. 이 민법안에 대하여 국회 법제사법위원회는 1956년 9월에 정부안을 수정하는 요강을 만들었다.[9] 당시 장경근은 법제사법위원회 민법안심의소위원회 위원장으로서 위 요강의 작성에 주된 역할을 하였고, 본회의에서의 민법안 심의에서도 법제사법위원회 위원장 대리로서 심의를 주도하였는데, 장경근 의원은 이른바 점진적 개혁론을 표방하였다. 다른 한편 정일형 의원 외 33인은 친족상속편 수정안을 제출하였는데, 이는 당시 서울대학교 법과대학의 정광현 교수가 주장하고 있던 헌법존중론[10]에 입각한 것이었다.[11]

그러나 최종적으로 1957.12.17. 의결된 민법안에서는 정일형 의원의 수정안은 그다지 반영되지 못하였고, 정부안을 수정한 법사위 안이 거의 대부분 채택되었다. 의결된 민법은 1958.2.22. 공포되어 1960.1.1.부터 시행되게 되었다. 제정 민법 중 상속편은 기본적으로 일본 민법의 영향을 많이 받았음은 부정할 수 없는 사실이다. 나아가 일본민법은 프랑스 민법의 영향을 받았으므로, 우리 상속법에는 프랑스 민법적인 요소가 적지 않다. 예컨대 공동상속재산을 공유로 규정하고(제1006조), 상속의 한정승인제도를 인정하며(제1028조 이하), 유언에 의한 상속인 지정 대신 포괄적 유증(제1078조)을 인정하는 것 등이다.[12]

그러나 제정민법에는 다른 나라와는 다른 이질적인 규정도 많았다. 즉 호주상속을 인정하고, 부와 처의 상속법상 지위를 달리 규정하였으며, 또 상속인이 호주상속인인지 여부, 남자인지 여자인지 여부에 따라 달라지는 등 남녀평등에 어긋나는 내용을 담고 있었다.

(2) 중요한 내용

이하에서는 그 후 달라진 부분을 중심으로 서술한다.

(가) 호주상속의 인정

친족법에 호주를 규정함에 따라 상속법에서는 호주상속을 인정하였다(제

---

9) 정광현(주 6), 부록편 87 이하.

10) "친족상속편의 요강과 초안에 대한 분석과 관견," 정광현(주 6), 330 이하.

11) 정일형 수정안에 대하여는 윤진수, "한국민법학에 대한 서울대학교의 기여", 서울대학교 법학 58권 1호, 2017, 97면 이하 참조.

12) 김형석, "우리 상속법의 비교법적 위치," 가족법연구 제23권 2호, 2009 참조.

980-996조).

(나) 부(夫)와 처의 상속순위

부와 처는 서로간에 상속인이 될 수 있었지만, 그 내용에 있어서 차이가 있다. 즉 처가 피상속인인 경우에 부는 그 직계비속과 동순위로 공동상속인이 되었고 그 직계비속이 없는 때에는 단독상속인이 되었던 반면, 부가 피상속인인 경우에는 처는 피상속인의 직계비속 또는 직계존속과 공동상속인이 되었고, 직계비속이나 직계존속이 없는 때에 단독상속인이 되었다(제1002조, 제1003조 제1항). 그리고 처는 부를 대습상속할 수 있었으나, 부는 처를 대습상속하지 못하였다(제1003조 제2항).

(다) 법정상속분

법정상속분은 균분을 원칙으로 하면서도, 호주상속인의 상속분은 5할이 가산되고, 여자의 상속분은 남자의 상속분의 2분의 1이었으며, 동일가적 내에 없는 여자의 상속분은 남자의 상속분의 4분의 1이었다. 그리고 피상속인의 처의 상속분은 직계비속과 공동으로 상속하는 때에는 남자의 상속분의 2분의 1이고, 직계존속과 공동으로 상속하는 때에는 남자의 상속분과 균분이었다(제1009조).

3. 상속법의 개정

민법이 제정된 후 얼마 되지 않아서 가족법 개정운동이 벌어지게 되었다.[13] 민법 제정 후 상속법의 중요한 개정은 1977년, 1990년, 2002년 및 2005년 4차례였다.[14]

(1) 1977년 개정[15]

1977.12.31. 법률 제3051호에 의하여 개정된 민법은 법정상속분의 조정 및 유류분제도의 도입이 주된 내용이었다. 우선 동일가적 내에 있는 여자의 상속분이 종전에는 남자의 1/2이던 것을 남자와 동일하게 하였고,[16] 피상속인의 처의 상속

13) 가족법 개정운동에 대하여는 가령 이태영, 가족법 개정운동 37년사, 1992 참조.

14) 그 외에도 상속법의 개정이 있었지만, 주로 다른 법이 개정되면서 그에 따라 상속법도 개정되거나, 용어가 바뀐 정도이다.

15) 이 개정의 경위에 관하여는 가령 김주수, "가족법 반세기의 회고와 과제", 가족법연구 제23권 1호, 2009, 4면 이하 참조.

16) 그러나 동일가적이 아닌 여자의 상속분은 1/4로 유지되었다.

분은 직계비속과 공동으로 상속하는 때에는 직계비속의 상속분의 5할을 가산하며, 직계존속과 공동으로 상속하는 때에는 직계존속의 상속분의 5할을 가산하는 것으로 늘어났다(제1009조). 또한 유류분제도가 새로이 도입되었다(제1112-1118조).

(2) 1990년 개정[17)]

1990.1.13. 법률 제4199호에 의하여 개정된 민법은 비교적 큰 폭의 개정이었다. 우선 호주상속제도가 호주승계제도로 바뀌어 상속법에서 친족법으로 옮겨졌다. 또한 종전에는 피상속인의 8촌 이내의 방계혈족은 상속인이 될 수 있었으나 개정법에 의하여 4촌 이내의 방계혈족이 상속인이 될 수 있는 것으로 제한되었다(제1000조 제1항 제4호). 그리고 부와 처의 상속법상의 지위가 동일하게 되었다(제1003조). 다른 한편 법정상속분도 상속인이 호주승계인이건 아니건, 남자이건 여자이건 불문하고 모두 균분으로 되었으며, 다만 피상속인의 배우자의 상속분은 다른 공동상속인보다 5할을 더 받게 되었다(제1009조). 이외에도 기여분제도(제1008조의2)와 특별연고자에 대한 분여제도(제1057조의2)가 신설되었다.

(3) 2002년 개정

2002.1.14. 법률 제6591호에 의한 개정은 헌법재판소의 두 조문에 대한 헌법불합치결정을 반영하기 위한 것이었다. 우선 상속회복청구권은 상속이 개시된 날부터 10년을 경과하면 소멸된다고 규정하고 있던 것이 위헌이라고 하여 헌법불합치결정을 선고한 헌법재판소 2001.7.19. 99헌바9 등 결정을 반영하여, 제999조 제2항이 상속회복청구권은 상속권의 침해행위가 있은 날부터 10년을 경과하면 소멸된다고 개정되었다. 그리고 법정단순승인 의제를 규정한 제1026조 제2호에 대하여 헌법불합치결정을 선고한 헌법재판소 1998.8.27. 96헌가22 등 결정을 반영하여, 특별한정승인제도(제1019조 제3항)를 신설하고, 헌법불합치결정되었던 제1026조 제2호를 되살렸다.

(4) 2005년 개정

2005.3.31. 법률 제7427호에 의한 개정은 상속에 관하여는 주로 2002년 개정 당시에 특별한정승인에 관한 규정을 불완전하게 만들었던 것을 보완하였다(제1030

17) 이 개정의 경위에 관하여는 가령 김주수(주 15), 6면 이하 참조.

조, 제1034조, 제1038조).

Ⅲ. 학설과 판례상의 주된 쟁점

1. 상속법의 본질

상속법의 본질이 재산법인가 가족법인가 하는 점에 관하여는 근래 논쟁이 있다. 종래에는 상속법이 친족법과 함께 가족법에 속한다는 데 별다른 의문이 제기되지 않았으나. 특히 1990년의 상속법 개정 후에는 상속법이 가족법이 아니라 재산법에 속한다는 견해가 유력하게 주장되고 있다. 그 근거는 1990년 개정에 의하여 상속법상의 호주상속이 친족법상의 호주승계로 바뀌었고, 상속법의 효과는 재산의 승계이기 때문이라는 것이다.[18]

생각건대 상속법이 재산법이라고 하는 주장에도 일리가 있는 것처럼 보인다. 민법 제1005조는 상속의 대상을 피상속인의 재산에 관한 권리의무라고 규정하고 있기 때문이다. 그리고 일본을 제외한 다른 나라에서는 상속법을 가족법의 일부로 보는 경우는 별로 없다. 일본에서 상속법을 가족법의 일부로 보게 된 것은 1947년 개정 전의 일본 민법이 가家제도를 인정하여 친족법상의 지위인 호주의 상속을 인정하고 있었기 때문이다. 그러나 실질적으로 관찰한다면 상속법과 친족법은 깊은 연관이 있다. 우선 유언이 없는 법정상속에서는 배우자, 직계존비속, 형제자매 등 일정한 범위 내의 친족이 상속인이 된다. 이 점에서 상속법과 친족법 사이에는 밀접한 관련이 있다. 반면 유언에 의한 재산의 사후승계는 친족법과는 관련이 없는 것처럼 보일 수도 있지만, 반드시 그렇지는 않다. 우선 유언의 자유도 친족의 보호를 위한 유류분제도에 의하여 제한된다. 그리고 유언에 의하여 유증을 받는 사람은 대부분 배우자나 혈족과 같은 친족이고, 친족 이외의 사람들이 유증의 상대방이 되는 경우는 오히려 예외적이라고 할 수 있다.

그러므로 상속법은 적어도 그 요건, 즉 상속재산이 누구에게 귀속되는가 하는 면에서는 친족법과 밀접한 연관이 있다고 하지 않을 수 없다.[19] 그러나 논의의

18) 곽윤직, “상속의 근거와 상속법의 본질”, 민사판례연구 제18권, 1996, 650면 이하; 곽윤직, 상속법, 개정판, 2004, 24면 이하. 같은 취지, 송덕수, 친족상속법, 제3판, 2017, 2면 이하; 최금숙, “상속법-가족법인가 재산법인가,” 가족법연구 제19권 1호, 2005, 425-426면 등.

실익은 크지 않다. 종래 신분행위라는 개념을 인정하는 견해는 친족법뿐만 아니라 상속의 승인이나 포기 등 상속법상의 법률행위도 신분행위에 포함되므로 재산법의 규정이 전반적으로 적용되지 않는다고 보았으나, 이러한 신분행위라는 개념을 인정할 필요는 없다. 민법총칙의 규정이 친족법이나 상속법에 그대로 적용될 수 있는가 하는 점은 개별적으로 따져야 할 문제이고, 상속법의 본질을 무엇으로 볼 것인가에 따라 좌우될 문제는 아니다. 다만 대법원 2011.6.9. 2011다29307 판결은 상속의 포기는 제406조 제1항에서 정하는 "재산권에 관한 법률행위"에 해당하지 아니하므로 채권자가 채권자취소권을 행사할 수 없다고 하였는데, 어떤 의미에서 상속의 포기가 재산권에 관한 법률행위가 아닌지는 이 판결의 설시만으로는 알기 어렵다.[20]

2. 상속회복청구권

민법이 시행된 이래 상속법 중 가장 많은 대법원 판례가 나온 부분은 상속회복청구권에 관한 것이다. 그에 상응하여 많은 쟁점이 제기되었고, 또 헌법재판소도 상속회복청구권 규정에 대하여 두 차례에 걸쳐 헌법불합치결정을 선고하였으며, 그에 따라 앞에서 언급한 것처럼 민법이 개정되었다.

(1) 상속회복청구권의 성질

상속회복청구권의 성질에 관하여는 종래부터 독립권리설과 집합권리설이 대립하고 있다. 독립권리설은, 상속회복청구권은 상속인의 소유권 기타의 권리에 기한 개별적 청구권과는 별개의 독립한 권리로서, 상속권 그 자체에 대한 침해를 포괄적으로 회복하는 것을 목적으로 하는 독립된 권리라고 한다.[21] 이 설에 의하면 상속회복청구권은 개별적 청구권과는 청구권 경합의 관계에 있는 것으로서, 진정상속인은 목적물을 개별적으로 특정하지 않고 포괄적으로 반환청구를 할 수 있다는 데 독자적 의의가 인정되고, 상속인은 자기에게 상속권이 있다는 사실과 청구의 목적물이 상속개시 당시 피상속인의 점유에 속하였던 사실만을 증명하면 되며, 나아가 소유권 기타 권리의 존재를 증명할 필요는 없으므로 이와 같은 상속회복

19) 윤진수, "재산법과 비교한 가족법의 특성," 민법논고 7, 2015, 25-27면 참조.
20) 이에 대하여는 윤진수, 친족상속법강의, 제2판, 2018, 488면 참조.
21) 김용한, 친족상속법론, 보정판, 2003, 293-294면 등.

의 소에 있어서의 증명책임의 전환에 그 독자적인 의의가 있다고 한다. 다만 독립권리설을 따르면서도 개별적 청구권과의 경합을 부정하는 견해도 있고,[22] 경합을 인정하지만, 개별적 청구권을 행사하더라도 상속회복청구권의 제척기간의 적용을 받는다는 견해도 있다.[23]

반면 집합권리설은, 상속회복청구권은 상속재산을 구성하는 개개의 재산에 관하여 생기는 개별적 청구권의 집합에 불과한 것이라고 이해한다.[24] 따라서 상속을 이유로 하여 상속재산의 반환을 청구하는 소는 그것이 포괄적으로 행하여지든, 상속재산 중의 특정재산에 대하여 개별적으로 행하여지든, 또는 참칭상속인에 대하여 행하여지든, 제3취득자에 대하여 행하여지든, 상속을 원인으로 하여 행하여지면 상속회복청구권의 행사로 보며, 물권적 반환청구권과의 경합을 인정하지 않는다.

대법원의 판례는 초기에는 독립권리설의 입장에서 상속회복청구권이 개별적 청구권과는 별개의 권리라고 본 것과, 집합권리설의 입장을 택한 것이 섞여 있었다.[25]. 그런데 대법원 1981.1.27. 79다854 전원합의체 판결은, 재산상속에 관하여 진정한 상속인임을 전제로 그 상속으로 인한 소유권 또는 지분권 등 재산권의 귀속을 주장하고 참칭상속인 또는 자기들만이 재산상속을 하였다는 일부 공동 상속인들을 상대로 상속재산인 부동산에 관한 등기의 말소 등을 청구하는 경우에도 그 소유권 또는 지분권이 귀속되었다는 주장이 상속을 원인으로 하는 것인 이상, 그 청구원인 여하에 불구하고 이는 상속회복청구의 소라고 해석함이 상당하므로, 이와 같은 경우에도 당시의 제999조에 의하여 준용되는 제982조 제2항 소정의 제척기간의 적용이 있는 것이라고 하여 집합권리설을 따름을 명백히 하였다. 그 후 대법원 1991.12.24. 90다5740 전원합의체 판결의 다수의견도 이러한 태도를 유지하고 있고, 이는 현재에도 계속 유지되고 있다.

독립권리설과 집합권리설의 차이는 실제로는 상속회복청구권과, 상속인이 상속에 의하여 취득한 상속재산의 권리자로서 가지는 물권적 청구권이나 손해배상청구권 등의 관계를 어떻게 파악할 것인가 하는 점에 있다. 집합권리설에 따를 때

22) 곽윤직, 상속법(주 18), 164-165면.
23) 송덕수(주 18), 359면.
24) 김주수 · 김상용, 친족 · 상속법, 제14판, 2017, 616-617면 등.
25) 전자: 대법원 1977.11.22. 77다1744 판결. 후자: 대법원 1978.12.13. 78다1811 판결; 대법원 1980.4.22. 79다2141 판결.

에는 상속회복청구권은 이러한 권리들의 집합 외에 다른 것이 아니므로, 상속회복청구권과는 별도로 이러한 권리들을 행사하는 것이 배제된다. 반면 독립권리설에 따른다면 상속회복청구권 외에 이러한 권리들을 별도로 행사할 수 있게 된다.

연혁적으로 볼 때 상속회복청구권은 상속인의 보호를 위하여 개별적 청구권 외에 특별히 인정되었던 것이므로, 상속회복청구권은 개별적 청구권과는 별개의 권리로서 직접 상속재산의 반환을 청구하는 권리라고 보아야 할 것처럼 생각되기도 한다. 그러나 이처럼 상속회복청구권을 개별적 청구권과 별개의 독립적 권리로 인정한다면 그 권리의 내용이 별로 없는 공허한 권리가 되고 만다. 독립권리설에서는 진정상속인은 목적물을 개별적으로 특정하지 않고 포괄적으로 반환청구를 할 수 있으며, 상속인은 자신의 소유권 기타 권리의 존재를 증명할 필요는 없다고 주장한다. 그러나 현행 소송법상 목적물을 특정하지 않은 채 포괄적 반환을 명하는 집행권원을 얻을 수 있는 방법은 없다. 또 피상속인의 점유는 상속인에게로 이전되는데(제193조), 점유자가 점유물에 대하여 행사하는 권리는 적법한 것으로 추정되고(제200조), 피상속인 명의로 등기된 부동산의 경우에는 상속인에게 등기의 추정력이 인정되므로, 소유물반환청구권의 행사가 상속회복청구권과 비교하여 증명책임 면에서 불리하다고 하기는 어렵다. 그러므로 현행법의 해석론으로는 집합권리설을 따르지 않을 수 없다.

집합권리설에 대하여는, 왜 참칭상속인이 일반의 불법점유자와는 달리 제척기간이 경과함으로써 보호를 받게 되는 것인가, 소유권에 기한 물권적 반환청구권이 소멸시효에 걸리지 않는 것과는 균형이 맞지 않는다는 비판이 있다. 이러한 비판에 수긍할 점이 없지 않으나, 이는 현행법의 해석상 부득이한 결과라고 하지 않을 수 없다.

따라서 상속회복청구권과, 상속인이 상속인의 지위에서 가지는 상속재산에 관한 물권적 청구권이나 다른 권리와는 청구권경합의 관계에 있는 것은 아니며, 법조경합 관계에 있다고 보아야 한다. 그러므로 상속인이 참칭상속인이나 그로부터의 전득자 등에 대하여 상속재산에 관한 권리자임을 주장하여 상속재산의 회복을 주장하는 경우에는 이는 항상 상속회복청구에 해당하고, 따라서 그 청구는 제척기간의 적용을 받게 되며, 이는 상속인이 상속회복청구라고 주장하지 않는다고 하여도 마찬가지이다.

다만 입법론적으로는 과연 개별 권리 외에 상속회복청구권이라는 별개의 권리를 인정할 필요가 있는가 하는 점을 재검토할 필요가 있다. 그리고 상속회복청구권 제도를 유지한다면, 다른 나라의 입법례와 같이 진정한 상속인의 보호를 위한 장치를 보완할 필요가 있을 것이다.[26)]

(2) 상속회복청구권의 제척기간의 기산점

2002년 개정 전의 민법 제999조 제2항은 "제1항의 상속회복청구권은 그 침해를 안 날부터 3년, 상속이 개시된 날부터 10년을 경과하면 소멸된다"라고 규정하여 10년의 제척기간의 기산점을 상속이 개시된 날로 규정하고 있었다. 그런데 위 규정을 문언 그대로 해석한다면 예컨대 참칭상속인에 대한 상속권의 침해행위가 상속이 개시된 날로부터 10년을 경과한 후에 이루어진 경우에는 상속회복청구권은 처음부터 행사할 수 없는 것이 된다. 실제로 대법원 1989.1.17. 87다카2311 판결은 상속개시일로부터 10년을 경과한 후에 상속권의 침해가 있었다고 하더라도 10년의 제척기간 경과로 인하여 상속권회복청구권은 소멸하였다고 판시하였다.

그러나 대법원 1991.12.24. 90다5740 전원합의체 판결에서의 이재성, 배만운 대법관의 반대의견에 덧붙이는 의견은, 상속회복청구권의 제척기간은 참칭상속이 개시된 날, 다시 말하면 상속권의 침해가 있었을 때부터 기산하는 것으로 해석하여야 한다고 주장하였다. 제척기간은 권리를 행사할 수 있음을 전제로 하고, 권리를 행사할 수 있을 때부터 기산되어야 하는 것이며, 권리가 침해되지도 아니한 때부터 그 권리의 회복청구권의 행사기간이 경과한다는 것은 모순이라는 것이다. 그렇지만 위 전원합의체 판결의 다수의견은 이러한 주장을 받아들이지 않았다.

그런데 헌법재판소 2001.7.19. 99헌바9 등 결정은, 이 규정[27)] 중 "상속이 개시된 날부터 10년" 부분은 위헌이라고 하였다. 그 주된 이유는 진정상속인의 귀책사유의 유무나 참칭상속인의 침해행위가 언제 있었는지를 묻지 않고 일률적으로 상속개시일부터 10년의 제척기간으로 규정하고 있다는 점 및 상속에 의하여 재산권을 취득한 자와 그 밖의 원인에 의하여 재산권을 취득한 자를 합리적인 근거 없이 다르게 취급하고 있다는 점의 두 가지라고 할 수 있다.

그리하여 2002년 개정된 제999조 제2항은 "제1항의 상속회복청구권은 그 침해

26) 윤진수, "상속회복청구권의 성질과 그 제척기간의 기산점", 민법논고 5(주 3), 96면 이하 참조.
27) 정확히 말하면 2002년 개정 전의 제999조 제2항뿐만 아니라 1990년 개정 전의 제999조에 의하여 준용되는 제982조 제2항.

를 안 날부터 3년, 상속권의 침해행위가 있은 날부터 10년을 경과하면 소멸된다"는 것으로 바뀌었다. 위 개정된 조항에 대하여 헌법재판소 2002.11.28. 2002헌마134 결정은 헌법에 어긋나지 않는다고 하였다.

확실히 종전의 민법 규정에 따르면, 상속 개시 후 10년이 지난 후에 참칭상속인에 의한 상속권의 침해가 있으면 더 이상 상속회복청구권은 행사할 여지가 없으므로 불합리하다고 하지 않을 수 없다.[28] 이 점에서 위와 같은 헌법재판소의 결정과 개정 민법은 수긍할 수 있다.[29] 다만 이러한 법 개정이 있기 전에도, 해석론상 참칭상속인이 자신이 진정한 상속인이 아니라는 것을 알면서 상속권을 침해한 때에는, 그러한 참칭상속인이 10년의 제척기간 경과를 이유로 상속회복청구권의 소멸을 주장하는 것은 신의칙에 어긋나므로 받아들일 수 없다고 볼 수 있고, 그렇게 본다면 대부분의 상속회복청구에 관한 분쟁은 진정한 상속인에게 유리한 방향으로 해결될 수 있었을 것이다.[30]

(3) 남북주민 사이의 상속회복청구

2012.5.10. 남북 주민 사이의 가족관계와 상속 등에 관한 특례법이 제정되었다. 이 법에서는 남한주민과 북한주민 사이의 가족관계와 상속·유증 및 이와 관련된 사항에 관하여 민법에 대한 특례를 규정하고 있다. 그중 제11조 제1항은 남북주민 사시의 상속회복청구에 관하여 규정을 하고 있다. 그 내용은 다음과 같다.

"남북이산으로 인하여 피상속인인 남한주민으로부터 상속을 받지 못한 북한주민(북한주민이었던 사람을 포함한다) 또는 그 법정대리인은 「민법」 제999조 제1항에 따라 상속회복청구를 할 수 있다. 이 경우 다른 공동상속인이 이미 분할, 그 밖의 처분을 한 경우에는 그 상속분에 상당한 가액으로 지급할 것을 청구할 수 있다."

그런데 위 특례법은 민법 제999조 제2항이 규정하는 상속회복청구권이 제척기간이 이 경우에도 적용되는지에 관하여는 침묵을 지키고 있어서 논란이 생겼다.

---

28) 이재성, 배만운 대법관은 위 90다5740 전원합의체 판결의 반대의견에 덧붙이는 의견에서, "법은 권리가 침해될 때에 이를 구제하는 길을 열어 주어야 그 존재의의가 있는 것이지 권리의 침해는 있었으나 처음부터 그 회복을 청구할 기회를 갖지 못하게 하는 것은 용인될 수 없다"고 하였다.

29) 윤진수(주 4), 178면 이하 참조.

30) 윤진수(주 26), 108면 이하 참조.

이 점에 관하여 대법원 2016.10.19. 2014다46648 전원합의체 판결의 다수의견은, 상속회복청구의 경우에도 친생자관계존재확인이나 인지청구의 경우와 마찬가지로 남북 분단의 장기화·고착화로 인하여 북한주민의 권리행사에 상당한 장애가 있음을 충분히 예측할 수 있음에도, 이들 법률관계를 구분하여 상속회복청구에 관하여 제척기간의 특례를 인정하지 아니한 것은 입법적인 선택이고, 상속회복청구의 제척기간이 훨씬 지났음에도 그 특례를 인정하는 것은 법률해석의 한계를 넘는다고 하였다.

학설상으로는 대법원 판례와 같은 긍정설과, 민법이 규정하는 제척기간은 남북주민 사이에는 적용되지 않는다는 부정설[31] 외에 북한 주민의 상속회복청구권은 '상속권 침해 사실을 안 때'로부터 3년의 제척기간에 걸리고, 10년의 제척기간 규정은 적용되지 않는다는 견해도 주장되었다. 위 전원합의체 판결의 반대의견은 남북이산으로 인하여 피상속인인 남한주민으로부터 상속을 받지 못한 북한주민이었던 사람은 남한의 참칭상속인에 의하여 상속권이 침해되어 10년이 경과한 경우에도 민법상 상속회복청구권의 제척기간이 연장되어 남한에 입국한 때부터 3년 내에 상속회복청구를 할 수 있다고 하였다.

생각건대 이 문제는 매우 어려운 정책적 판단을 필요로 하는데, 입법 과정에서 특례를 둘 것인가를 논의하였으나, 반대에 부딪쳐 그러한 특례를 두지 않기로 한 점에 비추어 보면, 본조의 제척기간 규정은 그대로 적용될 수밖에 없고, 해석에 의하여 특례를 인정할 수는 없다고 보아야 할 것이다.[32] 다만 입법론으로는 특례를 인정하는 개정안을 두는 것을 신중하게 검토할 필요가 있다.

3. 배우자의 대습상속

민법 제1003조 제2항은 상속인이 될 자가 사망하거나 상속결격된 경우에, 그 배우자가 대습상속을 할 수 있는 것으로 규정한다. 이처럼 배우자의 대습상속을 인정하는 것은 외국의 입법례에서는 찾아볼 수 없는 것인데, 이 점이 사회적으로 주목을 끌게 된 것은 1997년에 일어난 한 항공기 사고 때문이었다. 이 사건에서는 피상속인이 그 처와 아들, 딸 및 그 자녀와 함께 비행기 사고로 모두 사망하

31) 제1심 판결이 이와 같이 보았다.
32) 윤진수(주 20), 342면 참조.

였고, 그에게 다른 직계비속이나 직계존속은 없었다. 위 피상속인의 상속재산을 둘러싸고 피상속인의 사위(딸의 배우자)와 피상속인의 형제자매 사이에 다툼이 생겼는데, 대법원 2001.3.9. 99다13157 판결은 피상속인의 사위가 피상속인의 형제자매보다 우선하여 단독으로 대습상속한다고 하였다.

이 사건에서 우선 문제되었던 것은, 피상속인과 상속인이 될 자가 동시에 사망한 경우에도 대습상속이 인정되는가 하는 점이었다. 즉 피상속인과 상속인이 될 피상속인의 딸은 동일한 위난으로 사망하였으므로 민법 제30조에 의하여 동시에 사망한 것으로 추정된다. 그런데 민법 제1001조 제1항은 “상속인이 될 직계비속 또는 형제자매가 상속개시전에 사망하거나 결격자가 된 경우에 그 직계비속이 있는 때에는 그 직계비속이 사망하거나 결격된 자의 순위에 가름하여 상속인이 된다”고 규정하여, 그 법문에만 따른다면 상속인이 될 자가 상속개시 전에 사망하여야만 대습상속이 가능하고, 피상속인과 상속인이 될 자가 동시에 사망하거나 또는 민법 제30조에 의하여 동시사망한 것으로 추정되는 경우에는 대습상속이 인정되지 않는 것처럼 해석될 여지가 있다. 그러나 위 대법원 판결은 동시사망의 경우에도 대습상속이 인정된다고 하였다. 위 판결은 그 이유로서, 상속인이 될 직계비속이나 형제자매의 직계비속 또는 배우자는 피대습자가 상속개시 전에 사망한 경우에는 대습상속을 하고, 피대습자가 상속개시 후에 사망한 경우에는 피대습자를 거쳐 피상속인의 재산을 본위상속을 하므로 두 경우 모두 상속을 하는데, 만일 피대습자가 피상속인의 사망, 즉 상속개시와 동시에 사망한 것으로 추정되는 경우에만 그 직계비속 또는 배우자가 본위상속과 대습상속의 어느 쪽도 하지 못하게 된다면 동시사망 추정 이외의 경우에 비하여 현저히 불공평하고 불합리하고 대습상속제도 및 동시사망 추정규정의 입법 취지에도 반하므로, ‘상속인이 될 직계비속이 상속개시 전에 사망한 경우’에는 ‘상속인이 될 직계비속이 상속개시와 동시에 사망한 것으로 추정되는 경우’도 포함하는 것으로 합목적적으로 해석함이 상당하다고 하였다. 학설도 대체로 이러한 대법원의 판시를 지지하고 있다.[33]

다른 한편 위 판결은 배우자의 대습상속이 헌법에 위반된다는 주장은 배척하였다. 그 이유는, 배우자의 대습상속은 혈족상속과 배우자상속이 충돌하는 부분인

---

33) 이를 이론적으로 설명한다면, 법은 불합리한 결과를 회피하도록 해석하여야 하므로(absurd result rule), 상속개시 전이라는 문구를 목적론적으로 확장한 것(목적론적 확장, teleologische Extension)이다.

데 이와 관련한 상속순위와 상속분은 입법자가 입법정책적으로 결정할 사항으로서 원칙적으로 입법자의 입법형성의 재량에 속하고, 상속순위와 상속분은 그 나라 고유의 전통과 문화에 따라 결정될 사항이지 다른 나라의 입법례에 크게 좌우될 것은 아니며, 피상속인의 방계혈족에 불과한 피상속인의 형제자매가 피상속인의 재산을 상속받을 것을 기대하는 지위는 피상속인의 직계혈족의 그러한 지위만큼 입법적으로 보호하여야 할 당위성이 강하지 않다는 것이다. 다만 이 판결도 외국에서 사위의 대습상속권을 인정한 입법례를 찾기 어렵고, 피상속인의 사위가 피상속인의 형제자매보다 우선하여 단독으로 대습상속하는 것이 반드시 공평한 것인지 의문을 가져볼 수는 있다고 하였다.

생각건대 배우자의 대습상속을 인정하는 것이 입법론적으로 타당한지는 의문이다. 배우자의 대습상속을 인정하는 것은 혈족상속과 배우자상속을 결합시킨 것인데, 혈족상속의 근거로서 거론되는 혈연대가설血緣代價說이나 공유설, 사후부양설 등은 배우자의 대습상속의 근거가 될 수 없다. 또 피상속인의 의사가 자신의 혈족의 배우자에게까지 자신의 재산을 상속시키려는 것이었다고 추정할 수도 없다. 이 점은 피상속인의 형제자매의 배우자가 대습상속하는 경우에 두드러진다. 다른 한편 배우자상속의 근거인 부부관계에서의 상속재산 형성과 자녀의 출산·양육 등에 협력한 대가나 자녀 양육을 위한 배려 및 사후부양 등도 배우자의 대습상속을 설명할 수 없다. 특히 직계비속의 배우자가 대습상속을 받은 다음 재혼하여 자녀를 낳는다면, 피상속인의 재산이 전혀 혈족관계가 없는 위와 같은 자녀에게 넘어가는 것이 되는데, 이는 피상속인의 의사나 일반인의 관념에 부합하지 않는다. 민법 제정자는 처의 상속권을 인정하므로 대습상속할 권리가 인정되는 것이 입법의 균형상으로도 합당하다고 하여, 일반적인 대습상속의 근거라고 하는 형평의 원칙이 이 경우에도 타당하다고 판단한 것으로 이해되지만, 이것만으로는 충분하지 못하다. 또 배우자가 부양을 필요로 한다는 것도 남편과 사별한 며느리의 재혼이 많지 않고, 며느리가 남편 사망 후에도 시부모와 동거하는 일이 드물지 않았던 민법 제정 당시에는 어느 정도 타당하였을지 몰라도, 재혼이 일반화되어 있고, 또 사망한 자녀의 배우자가 그 자녀의 부모와 동거하는 것을 찾아보기 어려운 오늘날은 더 이상 설득력이 없다.

그렇지만 누구를 상속인으로 할 것인가는 제1차적으로는 입법자가 정할 수 있는 문제이므로, 배우자의 대습상속을 인정하는 것이 헌법에 위반된다고 말하기는

어려울 것이다. 그러나 입법론적으로는 배우자의 대습상속권은 인정할 필요가 없을 것이다.[34)]

4. 상속결격

대법원 1992.5.22. 92다2127 판결은, 호주상속의 선순위 또는 재산상속의 선순위나 동순위에 있는 태아를 낙태하면 이는 고의로 상속의 선순위나 동순위에 있는 자를 살해한 것에 해당하여, 1990년 개정 전 민법 제992조 제1호 및 제1004조 제1호 소정의 상속결격사유에 해당한다고 하였다. 위 개정 전 민법 제992조 제1호는 호주상속에 관하여, 고의로 직계존속, 피상속인, 그 배우자 또는 호주상속의 선순위자를 살해하거나 살해하려 한 자는 상속인이 되지 못한다고 규정하고 있었고, 제1004조 제1호는 고의로 직계존속, 피상속인, 그 배우자 또는 재산상속의 선순위나 동순위에 있는 자를 살해하거나 살해하려한 자는 상속인이 되지 못한다고 규정하고 있었다. 현행 민법 제1004조 제1호도 그와 같다.

위 판결은 우선 태아가 호주상속의 선순위 또는 재산상속의 선순위나 동순위에 있는 경우에 그를 낙태하는 것은 상속결격사유에 해당한다고 하였다. 이 점에서는 원심판결과 같은 취지였다. 그러나 대법원은 원심판결을 파기하였는데, 이는 상속인이 될 자에게 상속결격사유에 해당하는 행위를 하려는 고의 이외에 "상속에 유리하다는 인식"이 있어야만 상속결격이 되는가 하는 점에 관하여 원심과 달리 보았기 때문이다. 위 사건의 원심에서는 이를 긍정하여, 낙태를 한 태아의 모가 상속인이 될 수 있다고 하였으나, 대법원은 이를 부정하였다. 즉 민법이 '상속에 유리하다는 인식'이 있어야 한다고는 규정하고 있지 않고, 또한 민법은 가해자보다 상속순위가 후순위일 수 있는 '직계존속'도 피해자에 포함하고 있는 이유는 상속결격요건으로서 '살해의 고의' 이외에 '상속에 유리하다는 인식'을 요구하지 아니한다는 데에 있다고 해석할 수밖에 없으며, 민법이 '상해를 가하여 사망에 이르게 한 자'도 상속결격자로 규정하고 있는데, 이 경우에는 '상해의 고의'만 있으

34) 한편 위 대법원 판결은, 우리 나라에서는 전통적으로 오랫동안 며느리의 대습상속이 인정되어 왔다고 하였으나, 이는 의문이다. 조선 시대에는 피대습인의 직계비속이 대습상속을 할 수 있었고, 피대습인의 배우자의 대습상속은 인정되지 아니하였지만, 피상속인보다 먼저 사망한 자에게 자녀가 없는 경우에 한하여 수신(守信, 개가하지 않는 것)을 조건으로 하여 그 유처의 대습권이 인정되었고, 다만 종국적인 소유권의 귀속이 인정되는 것은 아니며 개가하거나 종신할 때까지의 용익권이 부여될 뿐이었다.

면 되므로, 이 '고의'에 '상속에 유리하다는 인식'이 필요없음은 당연하므로, '살해의 고의' 이외에 '상속에 유리하다는 인식'은 필요로 하지 않는다는 것이다.

우선 제1004조 제1호와 제2호의 경우에는 상속결격이 되기 위하여 상속에 유리하다는 인식까지 필요로 하는 것은 아니라고 보아야 할 것이다. 위 판결이 말하는 것처럼 제1호는 상속의 순위와는 관계없는 직계존속을 피해자로 규정하고 있고, 제2호는 상속에 유리하다는 인식이 있을 수 없는 상해치사를 상속결격사유로 규정하고 있기 때문이다.[35)]

그러나 낙태는 상속결격사유에 해당한다고 볼 수 없다. 우선 상속결격제도의 해석은 엄격하게 하여야 하는데, 형법상으로는 낙태죄(제269조)는 살인죄와는 별도의 장에 규정되어 있어서 살인죄와 동일하게 취급할 수 없다. 뿐만 아니라 태아가 상속에 관하여 출생한 것으로 본다는 것은 어디까지나 살아서 출생한 것을 전제로 하는데, 정지조건설에 의하면 낙태된 경우는 조건이 성취되지 않았으므로 태아가 동순위나 선순위의 상속인은 되지 않으며, 해제조건설에 의하더라도 낙태에 의하여 해제조건이 성취되었으므로 태아는 소급하여 권리능력 내지 상속능력을 취득하지 못하게 되고, 따라서 태아가 동순위나 선순위의 상속인이 될 수는 없다.[36)]

5. 제사용 재산의 승계

대법원 2008.11.20. 2007다27670 전원합의체 판결에서는 민법 제1008조의3에서 말하는, 제사용 재산을 승계하는 "제사를 주재하는 자"를 어떻게 결정하는가가 문제되었다. 이 사건에서는 소외 A가 처 및 처와의 사이에서 낳은 장남인 원고 등의 자녀와는 별거하고 다른 여자와 동거하면서 그 사이에서 피고들을 낳았고, 그 후 A가 사망하자 피고들이 A를 매장하였는데, 원고가 피고들을 상대로 하여 A의 유체를 인도할 것을 청구하였다.

위 판결은, 제사를 주재하는 자는 통상 종손이라고 하는 종래의 관습은, 헌법

35) 그러나 피상속인의 상속에 대한 유언행위에 대한 위법한 간섭을 상속결격사유로 규정하고 있는 제1004조 제3, 4, 5호의 경우에는 상속에 유리하다는 인식이 있어야 할 것이다(이른바 이원설). 윤진수(주 20), 319-320면 참조.

36) 윤진수, "1990년대 친족상속법 판례의 동향", 민법논고 5(주 3), 495-496면; 윤진수(주 20), 321-322면 등 참조.

을 최상위 규범으로 하는 전체 법질서에 반하여 정당성과 합리성이 없으므로, 더 이상 효력을 인정할 수 없고, 제사를 주재하는 자는 조리에 의하여 정해져야 하는데, 제사주재자는 우선적으로 망인의 공동상속인들 사이의 협의에 의해 정해져야 하되, 협의가 이루어지지 않는 경우에는 특별한 사정이 있지 않은 한 망인의 장남(장남이 이미 사망한 경우에는 장손자)이 제사주재자가 되고, 공동상속인들 중 아들이 없는 경우에는 망인의 장녀가 제사주재자가 된다고 판시하였다.

그러나 이 판결에는 3개의 반대의견이 있었다. 제1반대의견(대법관 박시환, 전수안)은 공동상속인들 사이에 협의가 이루어지지 않는 경우에는 다수결에 의해 제사주재자를 결정하여야 한다고 보았다. 그리고 제2반대의견(대법관 안대희, 양창수)은 이 사건에서 누구를 제사주재자로 볼 것인가와 관계없이, 망인이 유체를 처리하는 것에 관하여 생전에 종국적인 의사를 명시적으로 표명한 경우에는 상응하는 법적 효력을 가져야 한다고 하였다. 마지막으로 제3반대의견(대법관 김영란, 김지형)은, 민법 제1008조의3에 정한 제사주재자란 제사용 재산을 승계받아 제사를 주재하기에 가장 적합한 공동상속인을 의미하고, 이에 관하여 공동상속인들 사이에 협의가 이루어지지 아니할 경우에는 법원이 여러 가지 사정을 병렬적·포괄적·종합적으로 고려하여 제사주재자를 정하여야 한다고 주장하였다.

생각건대 종손嫡長子이 원칙적으로 제사주재자가 된다고 하는 종래의 관습은 위 판결의 다수의견이 지적하는 것처럼 적서차별嫡庶差別의 요소가 있기 때문에 오늘날에도 그 효력을 인정하기는 어려울 것이다. 나아가 공동상속인들 사이에 협의가 이루어지면 그에 따라 제사주재자를 결정하면 된다. 그러나 그러한 협의가 이루어지지 않을 때에 관하여, 다수의견은 적서를 불문하고 망인의 장남(장남이 이미 사망한 경우에는 장남의 아들, 즉 장손자)이 제사주재자가 되고, 공동상속인들 중 아들이 없는 경우에는 망인의 장녀가 제사주재자가 된다고 하지만, 이는 반대의견이 지적하는 것처럼 남녀차별적인 요소를 그대로 유지하는 것이라는 비판을 면하기 어렵다. 그렇다고 하여 제1반대의견처럼 공동상속인들 사이의 다수결에 의하여 결정한다는 것도 지지하기 어렵다. 과연 이러한 문제가 다수결로 결정하기에 적절한가 하는 점도 문제이지만, 제1반대의견도 인정하는 것처럼 가부동수와 같은 경우에는 다수결의 원칙만으로는 해결될 수 없기 때문이다.

결국 이 때에는 법원이 여러 사정을 종합하여 결정하여야 한다고 볼 수밖에 없다.[37] 만일 법에 제사주재자를 결정할 기준이 없다는 이유로 법원이 결정할 수 없다고 한다면 이는 법원이 그 책무에 속하는 사항에 대하여 재판을 거부하는 것이 된다. 제사주재자의 결정이 가사소송사항으로 규정되어 있지 않다고 하더라도, 법원이 누가 제사주재자가 되어야 하는가를 일반 민사 또는 가사사건의 재판상 필요한 한도 내에서 부수적으로 심사하는 것Inzidentprüfung이 허용되지 않는다고 볼 이유가 없다.

6. 상속의 단순승인과 한정승인 및 포기

(1) 상속의 법정단순승인

2002년 개정 전의 민법 제1026조 제2호는 "상속인이 제1019조 제1항의 기간 내에 한정승인 또는 포기를 하지 아니한 때"에는 상속인이 단순승인을 한 것으로 본다고 규정하고 있었다. 그리고 제1019조 제1항은 "상속인은 상속개시 있음을 안 날로부터 3월내에 단순승인이나 한정승인 또는 포기를 할 수 있다. 그러나 그 기간은 이해관계인 또는 검사의 청구에 의하여 가정법원이 이를 연장할 수 있다"고 규정한다. 그러므로 상속인은 원칙적으로 상속개시가 있었음을 안 날로부터 3개월의 이른바 숙려기간 내에 한정승인 또는 포기의 의사를 표시하여야 하고, 그렇지 않으면 단순승인한 것으로 간주된다. 그런데 상속인이 상속이 개시된 사실은 알았으나, 상속채무가 있는 줄은 몰라서 숙려기간 내에 한정승인 또는 포기를 하지 않다가, 뒤늦게 상속채무가 있다는 사실을 알게 되는 경우가 많이 있다.

이 점에 관하여 종전의 판례는, 판례는, 상속개시 있음을 안 날이란 상속개시의 원인되는 사실의 발생을 알고 또 이로써 자기가 상속인이 되었음을 안 날을 말하고, 상속재산 또는 상속채무 있음을 안 날 또는 상속포기제도를 안 날을 의미하는 것은 아니라고 보았다(대법원 1969.4.22. 69다232 판결; 대법원 1974.11.26. 74다163 판결 등). 따라서 상속인들이 피상속인에게 아무런 상속재산이 없다고 생각하여 상속개시의 사실을 안 날로부터 3월이 지나도록 상속의 한정승인이나 포기를 하지 않고 있었는데, 그 후 피상속인의 채권자가 그 채무의 이행을 청구하는 경우에는 상속인에게 가혹한 결과를 가져오게 된다. 그리하여 숙려기간은 일반

---

37) 윤진수, "이용훈 대법원의 민법판례", 민법논고 7(주 19), 567면 이하. 전효숙, "제사주재자의 결정방법", 이화여자대학교 법학논집 제14권 3호, 2010, 322면 이하; 정구태, "제사주재자의 결정방법에 관한 소고", 경희법학 제45권 4호, 2010, 85면 이하도 같은 취지이다.

적으로 상속인이 적극재산 또는 소극재산의 존재를 안 때로부터 기산한다고 해석하여야 한다는 설이 주장되었다.[38)]

이러한 상황에서 헌법재판소 1998.8.27. 96헌가22 등 결정은, 민법 제1026조 제2호에 대하여 헌법불합치선고를 하면서, 위 법률조항은 입법자가 1999.12.31.까지 개정하지 아니하면 2000.1.1.부터 그 효력을 상실하고, 법원 기타 국가기관 및 지방자치단체는 입법자가 개정할 때까지 위 법률조항의 적용을 중지하여야 한다고 명하였다. 헌법재판소는, 상속인이 아무런 귀책사유 없이 고려기간 내에 한정승인이나 포기를 하지 못한 경우에 구제받을 수 있는 아무런 수단도 마련하지 아니한 채 고려기간 내에 한정승인이나 포기를 하지 아니하면 그 이유여하를 묻지 않고 일률적으로 단순승인을 한 것으로 보아 그 의사와 관계없이 상속채무를 전부 부담하게 한 것은 기본권제한의 입법한계를 일탈한 것으로 재산권을 보장한 헌법 제23조 제1항, 사적자치권을 보장한 헌법 제10조 제1항에 위반된다고 보았다.

위 헌법재판소 결정에 따라, 2002.1.14. 민법이 개정되었다. 개정의 내용은, 헌법재판소가 헌법불합치를 선고한 제1026조 2호는 다시 되살리고, 그 대신 제1019조 제3항을 신설하여 이른바 특별한정승인제도를 창설하였다. 신설된 조항은 다음과 같다.

"제1항의 규정에 불구하고 상속인은 상속채무가 상속재산을 초과하는 사실을 중대한 과실없이 제1항의 기간내에 알지 못하고 단순승인(제1026조 제1호 및 제2호의 규정에 의하여 단순승인한 것으로 보는 경우를 포함한다)을 한 경우에는 그 사실을 안 날부터 3월내에 한정승인을 할 수 있다."

그리고 2005.3.3.에는 위 제1019조 제3항의 신설에 따라 한정승인에 관한 규정을 보완하였다.

생각건대 상속채무 초과 사실을 알지 못하여 숙려기간 내에 한정승인이나 포기를 하지 못한 상속인에 대한 구제를 할 필요성은 충분히 인정할 수 있다. 그러나 위 헌법재판소 결정은 민법의 관점에서 볼 때 몇 가지 문제점이 있다.

첫째, 민법에 대하여 위헌판단을 하기 전에, 민법의 해석론에 의하여 이러한 상속인을 구제할 수 있는 가능성이 있는지를 따져 보았어야 한다. 구체적으로는

38) 당시의 상황에 대하여는 윤진수, "상속채무를 뒤늦게 발견한 상속인의 보호", 민법논고 5(주 3), 300면 이하 참조.

민법 제1026조 제2호에 의하여 단순승인의 의사표시가 있는 것으로 의제되는 경우에도, 상속재산을 초과하는 사실을 중대한 과실없이 몰랐던 경우에는 착오를 이유로 하여 위 법정단순승인을 취소할 수 있다고 볼 수 있는 것이다.[39] 이에 대하여는 당사자의 실제의 의사표시가 아니라 의제된 의사표시에 대하여는 취소를 인정할 수 없다고 하는 비판이 있으나, 의사표시의 취소에 있어서 그 취소의 대상이 되는 것은 의사표시 그 자체라기보다는 그 의사표시에 의하여 발생한 효과이고, 취소의 목적은 의사표시 자체를 없는 것으로 하려는 것이라기보다는, 그 의사표시에 의하여 발생한 효과를 발생하지 않은 것으로 하려는 데 있는 것이다. 따라서 의제된 의사표시라고 하여 취소를 배제할 근거가 없다.[40] 이와 같이 보았다면 굳이 헌법재판소의 개입을 필요로 하지 않았을 것이다.

둘째, 헌법재판소가 민법 제1026조 제2호가 위헌이라고 한 것은 상속법의 체계를 오해한 것이다. 원래 상속인이 피상속인의 채무를 승계하는 것은 상속인이 상속을 승인하였기 때문은 아니다. 상속이 개시되면 상속인은 당연히 피상속인의 권리와 의무를 승계하고(민법 제1005조), 다만 상속인이 제1019조 제1항의 기간 내에 상속을 포기하면 상속채무를 면하게 되며, 상속의 한정승인을 하게 되면 상속재산을 한도로 하는 유한책임을 지게 되지만, 민법 제1019조 제1항의 기간이 경과하여 버리면 상속인은 더 이상 상속의 한정승인이나 포기를 할 수 없게 되어 상속채무를 면할 수 없게 되는 것이다. 그러므로 상속인의 단순승인은 그 자체가 채무의 승계라는 법률효과를 가져오는 것이라기보다는, 다만 더 이상 포기나 한정승인을 할 수 없게 된다는 의미를 가질 뿐이다. 민법 제1025조가 "상속인이 단순승인을 한 때에는 제한없이 피상속인의 권리의무를 승계한다"고 규정하고 있는 것도, 제1005조와 대비하여 볼 때에는 결국 한정승인이나 포기의 가능성이 있어서 잠정적이었던 상속의 효과가 확정적으로 된다는 의미라고 해석된다. 그렇다면 상속인이 상속채무를 확정적으로 승계하게 되는 것은 민법 제1019조 제1항에 의하여 상속의 포기 내지 한정승인을 할 수 있는 기간이 경과하여 버린 때문이지,

---

39) 윤진수(주 38), 319면 이하 참조. 김주수 · 김상용(주 24), 748-749면은 이러한 주장이 상속인을 보호하기 위하여 타당한 해석이라고 생각되지만, 2002년 민법일부개정에 의하여 제1019조 제3항이 신설되었으므로, 굳이 이러한 해석을 할 필요가 없다고 한다.

40) 독일의 학설도 의제된 의사표시에 대한 취소가능성은 원칙적으로 인정되어야 한다고 본다. Münchener Kommentar zum BGB/Armbrüster, 7. Auflage 2015, Vorbemerkung (Vor § 116), Rdnr. 12 참조.

민법 제1026조 제2호에 의하여 단순승인을 한 것으로 의제되는 때문이라고는 할 수 없다. 그러므로 민법 제1026조 제2호가 위헌으로 결정된다고 하여도, 고려기간이 경과함으로써 채무를 확정적으로 승계하게 된 상속인의 지위에는 어떤 변화가 있을 수 없는 것이다. 이렇게 본다면 위 제1026조 제2호가 위헌인지의 여부는 상속채권자가 상속인을 상대로 하여 상속채무의 이행을 구하는 소송에서 재판의 전제가 될 여지가 별로 없다.[41]

실제로 헌법재판소는 제1026조 제2호는 입법자가 1999.12.31.까지 개정하지 아니하면 2000.1.1.부터 그 효력을 상실한다고 하였는데, 입법자는 위 기간 내에 위 조항을 개정하지 아니하여, 결국 위 조항은 효력을 상실하였는데, 그 때부터 실제로 위 조항이 개정될 때까지 법원은 피상속인의 채권자가 실제로 현재 법원에 위와 같은 상속채무의 승계가 문제된 사건들에서 어떻게 재판을 하여야 할지를 알 수 없어서 재판을 진행하지 못하고 있었다.

그리고 앞에서도 언급하였지만 국회는 위 헌법불합치결정에 따라서 민법을 개정하면서 헌법재판소가 위헌이라고 한 제1026조 제2호를 되살리고, 제1019조 제3항을 신설하여 이른바 특별한정승인제도를 창설하였다. 그러나 형식적으로만 본다면 국회가 위헌이라고 한 제1026조 제2호를 되살린 것 자체가 위헌이라는 의문이 제기될 수 있는 것이다.

한편 위 2002년 개정 민법 부칙 제3항에서는 위 개정 민법 시행 전에 개시된 상속 중에서 제1019조 제3항이 어느 범위까지 소급적용될 수 있는가에 관하여 규정을 두었는데, 위 헌법불합치결정이 있은 날로부터 3개월 전인 1998.5.27.부터 위 법 시행 전까지 상속개시가 있음을 안 자만이 특별한정승인을 할 수 있다고 제한하였다. 그러나 위 규정에 대하여는 1998.5.27. 전에 상속개시가 있었음을 알았지만, 상속채무 초과사실을 그 후에 안 상속인은 특별한정승인을 하지 못하게 한 것은 위헌이라는 비판이 있었다.[42] 결국 헌법재판소 2004.1.29. 2002헌가22 등 결정은, 1998.5.27. 전에 상속개시 있음을 알고 위 일자 이후 상속채무초과사실을 안 상속인이 특별한정승인을 하지 못하게 하는 것은 위헌이라고 하여 헌법

41) 윤진수, "상속의 단순승인 의제규정에 대한 헌법불합치 결정의 문제점", 민법논고 5(주 3), 341면 이하 참조.

42) 윤진수, "상속의 단순승인 의제규정에 대한 헌법불합치 결정의 소급효가 미치는 범위", 민법논고 5(주 3) 참조.

불합치결정을 선고하였다.[43] 그에 따라 국회는 2005.12.29. 위 부칙 제3항 외에 제4항을 추가하여, 이러한 상속인도 특별한정승인을 할 수 있도록 하였다.

(2) 상속의 한정승인

한정승인이 있는 경우 상속재산에 관하여 상속채권자(피상속인의 채권자)와 한정승인을 한 상속인의 채권자 사이에서는 누가 우선하는가?

판례는 한정승인을 한 상속인의 채권자가 우선변제권을 가지는가 아닌가에 따라 달리 본다. 대법원 2010.3.18. 2007다77781 전원합의체 판결은, 한정승인이 있는 경우 상속채권자는 상속재산에 관하여 한정승인자로부터 근저당권을 취득한 한정승인자의 채권자에 대하여 우선적 지위를 주장할 수 없다고 하였다. 반면 대법원 2016.5.24. 2015다250574 판결은, 상속재산에 관하여 담보권을 취득하지 못한 한정승인자의 고유채권자는 상속채권자가 상속재산으로부터 그 채권의 만족을 받지 못한 상태에서 상속재산을 고유채권에 대한 책임재산으로 삼아 이에 대하여 강제집행을 할 수는 없고, 이는 한정승인자의 고유채무가 조세채무인 경우에도 마찬가지라고 하였다. 다만 이 판결은 조세채무가 상속재산 자체에 대하여 부과된 조세나 가산금, 즉 당해세에 관한 것이라면 우선권이 있으므로 상속채권자에게 우선하게 된다고 보았다.

생각건대 한정승인이 있으면 상속채권자는 상속인의 고유재산에 대하여는 강제집행을 할 수 없으므로, 그와 형평을 맞추기 위하여는 상속인의 채권자도 상속재산에 대하여 강제집행을 할 수 없다고 보아야 할 것이다. 다만 한정승인이 있은 후 상속인의 채권자가 상속인의 행위에 의하여 우선변제권을 취득하였거나, 조세우선특권이 있는 경우에 어떻게 볼 것인가가 문제되는데, 이 경우에도 재산분리(민법 제1045조 이하)에 관한 규정을 유추하여, 피상속인의 채권자가 상속인의 채권자보다 우선한다는 주장도 있다.[44] 그러나 재산분리의 경우에도 제1049조는 "재산의 분리는 상속재산인 부동산에 관하여는 이를 등기하지 아니하면 제삼자에게 대항하지 못한다"고 규정하고 있으므로, 설령 한정승인에 재산분리의 효과를 유추하더라도, 상속재산이 부동산인 경우에는 상속채권자가 저당권을 취득한 상속인의 채권자에게 우선하지 못한다. 그러므로 위 제1049조를 한정승인에도 유추할

43) 윤진수, "특별한정승인의 규정이 소급적용되어야 하는 범위", 민법논고 5(주 3) 참조.
44) 김형석, "한정승인의 효과로서 발생하는 재산분리의 의미", 가족법연구 제22권 3호, 2008 참조.

수 있다고 전제하지 않는다면, 일반론으로 위와 같은 주장을 따를 수는 없다. 현재 다수설도 위와 같은 판례를 지지하고 있다.

(3) 상속의 포기

상속의 포기가 채권자취소권의 대상인 사해행위가 될 수 있는지가 문제된다. 이 점에 관하여는 종전부터 견해가 대립되었다. 한 견해는 피상속인의 채권자가 상속 포기를 채권자취소권에 의하여 취소하는 것은 상속 포기 제도의 목적에 반하므로 허용되지 않지만, 상속인의 채권자가 채권자취소권을 행사하는 것은 허용된다고 본다. 반면 피상속인의 채권자뿐만 아니라 상속인의 채권자에 의한 채권자취소권 행사도 허용되지 않는다는 견해도 있다.[45)]

그런데 대법원 2011.6.9. 2011다29307 판결은, 일반적으로 상속의 포기는 채권자취소권의 행사에 의한 사해행위취소의 대상이 되지 못한다고 판시하였다. 그 이유는 상속의 포기는 제406조 제1항에서 정하는 “재산권에 관한 법률행위”에 해당하지 아니하고, ‘인적 결단’으로서의 성질을 가지며, 채권자취소권의 적용이 있다면 법률관계가 상속인 확정의 단계에서부터 복잡하게 얽히고, 상속의 포기가 채무자인 상속인의 재산을 현재의 상태보다 악화시키는 것은 아니라는 등의 이유로 채권자취소권의 대상이 될 수 없다는 것이다. 이는 이 판결의 주심 대법관이었던 양창수 대법관이 이전에 발표하였던 글에서 주장한 것과 대체로 궤를 같이한다.[46)]

그러나 피상속인의 채권자는 상속의 포기가 사해행위라 하여 취소할 수 없지만, 상속인의 채권자는 이를 사해행위라고 주장하여 취소할 수 있다고 보아야 한다. 상속 포기가 재산권에 관한 법률행위임이 분명하다. 또한 상속인은 상속개시된 때로부터 피상속인의 재산에 관한 권리의무를 승계하므로, 상속을 포기하면 소급적으로 상속재산을 상실하게 된다. 그리고 채무자가 채무를 변제하기 위한 책임재산은 반드시 채권 성립 당시의 그것에 국한되는 것은 아니다. 한편 상속 포기의 자유도 채권자를 위하여 제한될 수 있다. 채무자회생 및 파산에 관한 법률 제386조 제1항은, 파산선고 전에 파산자를 위하여 상속개시가 있은 경우에 파산자가 파산선고 후에 상속의 포기를 한 때라도 파산재단에 대하여는 한정승인의 효

---

45) 상세한 것은 윤진수, “상속포기의 사해행위 취소와 부인”, 가족법연구 제30권 3호, 2016, 187면 이하 참조.

46) 양창수, “「가족법」상의 법률행위의 특성,” 민법연구 제8권, 2005, 329면 이하.

력을 가진다고 규정하고 있고, 따라서 상속의 포기가 있더라도 상속재산은 상속인의 채권자에 의한 집행의 대상이 될 수 있는데, 부정설에 의하면 파산선고가 있기 전에 상속을 포기하면 이는 상속인의 채권자에 의한 집행의 대상이 될 수 없다는 불균형이 생긴다. 마지막으로 상속 포기를 취소할 수 없다고 보는 것은 상속포기와 마찬가지로 소급효가 있는 상속재산분할의 경우에는 사해행위가 된다는 것(대법원 2001.2.9. 2000다51797 판결)과는 조화되지 않는다.[47]

7. 자필증서 유언의 방식

자필증서에 의한 유언의 요건은 유언자가 그 전문全文과 연월일, 주소, 성명을 자서自書하고 날인하는 것이다(민법 제1066조 제1항). 그런데 주소의 자서 또는 날인이 누락된 자필증서 유언의 효력을 어떻게 볼 것인가에 관하여 논란이 있다.

우선 주소의 자서에 관하여는, 주소는 제1차적으로는 유언자의 동일성 확인에 필요하고, 그 외에 큰 의미를 가지지 않으므로, 유언에 주소가 누락되었더라도 유언자의 동일성 확인에 문제가 없는 한 이를 유효한 것으로 보아야 할 것이라는 학설이 있고, 같은 취지의 하급심 판례도 있다.[48] 그리고 날인에 관하여도, 날인을 요구하는 목적은 유언자의 동일성과 유언이 그의 진의에 의한 것임을 밝히기 위하여서이지만, 이러한 목적은 유언서 전문의 자서와 성명의 자서에 의하여 충분히 달성되므로 그 밖에 날인을 요구하는 것은 불필요하고, 따라서 날인이 없더라도 자필증서에 의한 유언은 유효하게 성립한다고 하는 주장이 있다.[49]

그러나 대법원의 판례는 주소의 자서나 날인이 누락된 자필증서 유언은 무효로 보고 있다.[50] 대법원 2014.9.26. 2012다71688 판결은, 유언자가 자필증서유언에 '암사동에서'라고 기재한 경우에, 유언자가 암사동 주소지에서 거주하였다고 볼 수 있다 하더라도, 그가 '암사동에서'라는 부분을 다른 주소와 구별되는 정도의 표시를 갖춘 생활의 근거되는 곳을 기재한 것으로 보기는 어렵다고 하여 유언이 무효라고 하였다. 그리고 서울고법 2014.11.21. 2014나2011213 판결은, 유언자가

---

47) 윤진수(주 45), 213면 이하 참조.
48) 윤진수, "법률해석의 한계와 위헌법률심사", 민법논고 7(주 19), 325면 이하의 소개 참조.
49) 곽윤직, 상속법(주 18), 230면 등.
50) 유언에 관하여는 대법원 2007.10.25. 2006다12848 판결; 대법원 2014.10.6. 2012다29564 판결; 날인에 관하여는 대법원 2006.9.8. 2006다25103,25110 판결 등.

자필증서에 자신의 주소지인 건물의 주소를 명시하여 이를 유증하겠다고 하였어도, 따로 주소라는 표시가 없으면 무효라고 하였다. 해석론으로서 주소의 자서나 날인이 누락된 자필증서 유언을 유효하고 하는 것은 무리일 것이다.

그런데 위와 같이 자필증서 유언의 요건으로서 주소나 날인을 요구하는 것은 위헌이라는 주장도 있다. 그러나 헌법재판소는 이것들이 위헌이 아니라고 하였다.

우선 날인에 관하여는 헌법재판소 2008.3.27. 2006헌바82 결정의 다수의견은 자필증서의 요건으로서 날인을 요구하는 것이 유언자의 재산권과 일반적 행동자유권을 침해하는 것이 아니므로 위헌이 아니라고 하였다. 즉 동양문화권인 우리나라에는 법률행위에 있어서 인장을 사용하는 오랜 법의식 내지 관행이 존재하는바, 사문서에 있어서 인장은 의사표시의 진정성을 확보하고 문서가 문서작성자에 의하여 작성되었다는 것을 징표하는 기능을 하며, 특히 의사의 최종성을 표현하고 문서의 완결을 담보하는 수단으로 관행적으로 사용되어 왔다고 하면서, 자필증서 유언에 날인을 요구하는 것이 기본권침해의 최소성 원칙이나 법익의 균형성에 위반되지 않는다고 하였다. 그러나 이에 대하여는, 자필증서에 의한 유언에서 날인을 요구하는 목적은 유언장 작성자와 유언장 명의자의 동일성을 확보하고 유언이 그의 진의에 의한 것임을 밝히기 위한 것인데, 이는 유언장의 전문의 자서와 성명의 자서에 의해서 충분히 달성되므로 그 밖에 날인을 요구하는 것은 위헌이라는 재판관 1인의 반대의견이 있었다. 헌법재판소 2008.12.26. 2007헌바128 결정도 마찬가지이다.

다음 주소의 자서에 대하여는, 헌법재판소 2008.12.26. 2007헌바128 결정의 다수의견은 주소의 자서를 요구하는 것은 유언자의 재산권과 일반적 행동자유권을 침해하지 아니하므로 위헌이 아니라고 하였다. 이는 유언자의 인적 동일성을 명확히 하기 위한 것이므로 그 입법목적의 정당성이 인정되고, 특히 동명이인의 경우에는 유언자의 주소가 그 인적 동일성을 확인할 수 있는 간편한 수단이 되므로 방법의 적절성도 인정된다고 하였다. 그리고 유언자가 '주소의 자서' 요건을 충족하는 것은 그다지 어려운 것이 아니므로 기본권침해의 최소성원칙에 위반된다고 할 수 없고, 사익인 유언자의 유언의 자유가 제한되는 정도와 종합적으로 비교하였을 때 그 달성하고자 하는 공익이 더욱 크므로 법익의 균형성을 갖추었다고 하였다. 그러나 이에 대하여는 유언자필증서에 유언자의 주민등록번호 기타 유언자를 특정할 수 있는 기재가 있는 경우에도 민법 제1066조 제1항 중 '주소' 부분을 적용하여 유언자필증서의 효력을 부인하는 것은 헌법에 위반된다는 재판관 1인의 반대의견과, 주소의 자서를 요구하는 것은 방법의 적절성, 침해의 최소성 및 법익의 균형성 원칙에 위반되어 위헌이라는 재판관 3인의 반대의견이 있었다. 헌법재판소 2011.9.29. 2010헌바250, 456 결정도 같은 취지이지만, 여기서는 위헌의견과 합헌의견이 4 : 4로 갈렸다.

생각건대 우선 주소의 자서에 관하여는, 유언에 주소의 기재가 없다고 하더라도 유언자의 서명이 있음에도 유언의 내용 등에 비추어 유언자의 동일성을 확인하기 어려운 경우란 거의 생각할 수 없으므로, 이 규정은 유언자의 재산권과 일반적 행동자유권을 제한함에 있어서 방법의 적절성, 피해의 최소성 또는 법익의 균형성을 갖추지 못하여 위헌이라고 보아야 할 것이다. 뿐만 아니라 앞에서 언급한 것처럼 자필증서유언의 요건으로서 주소의 기재를 요구하는 다른 나라의 입법례를 찾아볼 수 없다는 점도 주소의 기재가 인적 동일성의 확인을 위하여 필요한 것은 아니라는 점을 뒷받침한다.[51)52)] 이에 대하여는, 자필증서를 유언방식으로 인정하지 않는 국가가 다수 존재한다는 사정을 살펴볼 때 자필증서에 날인이나 주소의 자서를 요구한다고 하여 이를 위헌이라고 볼 수는 없다는 결론은 쉽게 납득할 수 있다고 하면서, 여러 다양한 방식에 의한 유언을 가능하게 한 이상 입법자가 자필증서 유언의 요건을 비교적 엄격하게 한다고 하더라도 입법형성권의 한계를 일탈한다고 할 수 없기 때문이라고 하는 견해가 있다.[53)] 그러나 자필증서 유언을 인정하지 않는 나라들이 있다는 것으로부터 주소의 자서를 요구하는 것이 위헌이 아니라는 결론이 어떻게 도출되는지 알기 어렵다. 비교법적인 고찰을 한다면, 자필증서 유언을 인정하는 나라들에서 주소의 기재를 요구하는 경우를 찾을

51) 윤진수(주 48), 340면 이하 참조. 위 헌법재판소 2007헌바128 결정과 2010헌바250, 456 결정의 반대의견은 공간되기 전의 위 논문을 참고한 것으로 보인다. 위 두 결정에 대한 헌법재판소 연구관의 해설은 위 미공간 논문을 인용하고 있다. 조혜수, "민법 제1066조 제1항 위헌소원," 헌법재판소결정해설집(2008년), 2009, 107면 이하 등.

52) 같은 취지, 현소혜, "유언방식의 개선방향에 관한 연구," 가족법연구 제23권 2호, 2009, 16면 이하; 조인섭, "자필증서유언의 개선방안", 가족법연구 제30권 3호, 2016, 297-298면 등. '주소' 부분은 원칙적으로 위헌이지만, 성명 및 전문의 자서와 유언의 내용만으로는 유언자의 인적 동일성을 확보할 수 없는 경우에 적용되는 한 예외적으로 헌법에 위반되지 아니한다고 하는 한정합헌 의견도 있다. 정구태, "헌법합치적 법률해석의 관점에서 바라본 주소가 누락된 자필증서유언의 효력", 강원법학 제43권, 2014, 622면 이하.

53) 김형석(주 12), 98면 주 71). 김형석, "유언의 성립과 효력에 관한 몇 가지 문제", 민사판례연구 제38권, 2016, 1050-1051면도 같은 취지이다.

수 없다는 것[54]에 비추어 볼 때 주소의 자서를 요구하지 않더라도 아무런 문제가 없고, 따라서 불필요한 주소의 자서를 요구하는 것은 위헌이라는 결론을 이끌어내야 하지 않을까?

반면 날인을 요구하는 것은 주소의 자서와는 달리 위헌이라고는 할 수 없을 것이다. 이는 날인이 문서가 유언의 초안에 불과한 것이 아니라 확정적인 유언임을 담보하는 의미를 가지기 때문이다.[55] 그러나 날인을 요구하는 것은 위헌이라는 견해도 있다. 이 견해는, 민법은 날인이 유언의 말미에 있을 것을 요구하지 않으므로, 날인이 문서의 완결성을 담보하기 위한 것은 아니라고 한다.[56]

8. 유류분반환청구권의 성질

1977년 유류분제도가 도입되어 1979년부터 시행된 이래 유류분에 관한 분쟁이 많이 발생하였다. 그런데 이론적으로 중요한 문제는 유류분반환청구권의 성질을 어떻게 볼 것인가 하는 점이었다. 이에 관하여는 형성권설과 청구권설이 대립하고 있다.

형성권설에 따르면, 유류분을 침해하는 유증 또는 증여는 유류분권리자의 반환청구에 의하여 효력을 상실하고, 반환의 목적물 위의 권리는 당연히 유류분권리자에게 이전한다고 한다.[57] 반면 청구권설은, 유류분반환을 청구하여도 증여나 유증의 효력 자체에는 영향이 없고, 유류분권리자는 수증자에 대해 유류분을 침해하는 증여나 유증으로 인해 수증자가 취득한 개별적 권리를 이전해 줄 것을 요구하는 채권을 가질 뿐이며, 아직 이행되지 않은 부분에 대하여는 이행거절권을 가진다고 본다.[58]

대법원 2013.3.14. 2010다42624,42631 판결은, 유류분권리자가 반환의무자를 상대로 유류분반환청구권을 행사하는 경우 그의 유류분을 침해하는 증여 또는 유

54) 2002년 제정된 북한 상속법도 자필증서 유언(서면유언)을 인정하고 있으나(제38조 제1호), 주소의 자서는 요건이 아니다.

55) 윤진수(주 20), 507면. 위 헌법재판소 2008.3.27. 2006헌바82 결정도, 우리나라에는 인장은 의사의 최종성을 표현하고 문서의 완결을 담보하는 수단으로 관행적으로 사용되어 왔다고 설시하였다.

56) 현소혜(주 52), 19면 이하; 조인섭(주 52), 312-313면.

57) 김주수 · 김상용(주 24), 863-864면 등.

58) 곽윤직, 상속법(주 18), 292-294면 등.

증은 소급적으로 효력을 상실한다고 하여, 유류분반환청구권을 형성권으로 보고 있음을 명확히 하였다. 다른 한편 대법원 2005.6.23. 2004다51887 판결 등은 원물반환을 원칙으로 보고 있다.

학설의 차이는 주로 반환청구의 목적물에 대하여 제3자가 이해관계를 가지게 되었을 때 나타난다. 즉 유증 또는 증여의 목적물에 대하여 제3자가 강제집행을 한 경우에, 형성권설에 의하면 유류분권리자는 목적물이 자신의 소유임을 주장하여 제3자 이의의 소를 제기할 수 있고, 또 수유자 또는 수증자가 파산한 경우에 유류분권리자에게는 소유자로서 환취권을 행사할 수 있으나, 유류분반환청구권을 청구권으로 본다면 이러한 권리는 인정되지 않는다. 그리고 반환의 목적물이 수유자나 수증자로부터 제3자에게로 양도되었거나, 수유자나 수증자가 제3자를 위해 용익물권 또는 담보물권을 설정하였을 때에는, 형성권설을 관철한다면 유류분권리자는 위와 같은 제3자에 대하여도 권리를 주장할 수 있다고 하여야 할 것이다. 그러나 형성권설을 주장하는 학설은, 거래의 안전을 위하여 제3자가 선의인 경우에는 그 제3자에 대하여 목적물의 반환을 청구할 수 없고, 유류분을 침해한 수유자 또는 수증자에 대하여 그 가액의 반환을 청구할 수 있을 뿐이라고 한다.

판례(대법원 2002.4.26. 2000다8878 판결; 대법원 2015.11.12. 2010다104768 판결; 대법원 2016.1.28. 2013다75281 판결)는 유류분반환청구권의 행사에 의하여 반환하여야 할 유증 또는 증여의 목적이 된 재산이 타인에게 양도된 경우 그 양수인이 양도 당시 유류분권리자를 해함을 안 때에는 양수인에 대하여도 그 재산의 반환을 청구할 수 있다고 하였으나, 그 근거에 관하여는 명확한 설명이 없다.

과연 우리 민법상은 어떤 설이 타당한가? 민법 제1115조는 “그 재산의 반환을 청구할 수 있다”라고만 규정하고 있을 뿐이어서, 이 규정만으로는 기존의 증여 또는 유증의 효력이 상실된다고 볼 근거가 없다. 그리고 민법에는 유류분반환청구의 목적물이 제3자에게 양도된 경우에 관하여도 아무런 법률 규정이 없다. 이 경우에 형성권설에 의한다면 유류분권리자가 선의의 제3자에 대하여도 유류분반환청구권을 주장할 수 있어야 하나, 이는 거래의 안전을 해친다. 이 점에 대하여 형성권설에서는 제1014조를 유추한다거나, 선의의 제3자 보호에 관한 민법 규정을 전체유추하면 된다고 하지만, 민법의 입법자가 악의의 양수인에 대하여는 반환청구를 할 수 있다는 일본 민법과 같은 규정을 두지 않은 것은 의도적인 것으로 보이므로, 그와 같은 유추를 필요로 하는 흠결이 있다고 할 수 없다. 그리고 제1117

조는 유류분반환청구권을 제척기간 아닌 소멸시효에 걸리도록 하였는데, 형성권은 원칙적으로 소멸시효에 걸리지 않는다. 결국 우리 민법의 해석상으로는 형성권설을 뒷받침할 만한 근거가 없다. 기본적으로 프랑스 민법과 일본 민법은 상속재산 가운데 유류분과 자유분을 구별하여, 피상속인은 자유분의 범위 내에서만 증여나 유증을 할 수 있다는 전제에 서 있으나, 우리 민법은 유류분과 자유분을 구별하지 않으므로, 피상속인은 자신의 재산을 자유롭게 증여하거나 유증할 수 있고, 따라서 그러한 증여나 유증의 효력을 상실시킬 수 있는 근거가 없다.

원래 상속법의 기본원칙인 유언의 자유와 친족상속의 원리를 비교한다면, 유언의 자유가 좀 더 중요하고 친족상속의 원리는 그에 대한 제한에 불과하다. 대법원 2014.5.29. 2012다31802 판결도, 유류분제도가 피상속인의 자유의사에 기한 자기 재산의 처분을 그의 의사에 반하여 제한하는 것인 만큼, 그 인정범위를 가능한 한 필요최소한으로 그치는 것이 피상속인의 의사를 존중한다는 의미에서 바람직하다고 하였다. 그러므로 유류분을 침해하는 증여나 유증도 그 자체로는 유효하고, 유류분반환청구에 의하여 그 효력을 상실하는 것은 아니며, 다만 유류분권리자의 보호를 위하여 그에게 반환청구권을 인정하는 것이라고 보아야 할 것이다.

결국 해석론으로서는 청구권설이 타당하다.[59] 그리고 반환의 방법에 관하여는, 가액을 반환하여야 한다는 특별한 규정이 없으므로 원물을 반환하여야 한다고 해석하는 것이 1115조의 "그 재산의 반환을 청구할 수 있다"는 규정의 문언에 부합할 것이나, 여기에는 폭넓은 예외가 인정되어야 할 것이다.[60]

9. 상속관습법의 위헌 심사

민법 시행 전에 적용되었던 상속관습법은 당시의 문화를 반영하여 가부장적이고 남녀차별적인 내용이 많았다. 그리하여 근래에는 이것이 헌법에 위반되는지 여부가 문제되고 있다.

(1) 상속관습법상 상속회복청구권의 소멸시효

앞에서도 언급한 것처럼, 우리나라에는 원래 상속회복청구권의 소멸시효는 존

59) 윤진수(주 20), 573-578면; 윤진수, "유류분반환청구권의 성질과 양수인에 대한 유류분반환청구", 전남대학교 법학논총 제36권 2호, 2016, 119면 이하 참조.

60) 윤진수, "유류분의 반환방법", 민법논고 7(주 19), 336면 이하 참조.

재하지 않았는데, 조선고등법원의 판례는 1935(소화 10).7.30. 연합부 판결 이래 상속회복청구권은 상속인 또는 그 법정대리인이 상속권을 침해당한 사실을 안 때에는 상속개시의 때로부터 각각 상당한 기간 내에 한하여 행사할 수 있다고 하였고, 광복 후 대법원도 이를 따르고 있었다.

그런데 대법원 2003.7.24. 2001다48781 전원합의체 판결은, 제정민법이 시행되기 전에 존재하던, "상속회복청구권은 상속이 개시된 날부터 20년이 경과하면 소멸한다."는 내용의 관습은 소유권은 원래 소멸시효의 적용을 받지 않는다는 권리의 속성에 반할 뿐 아니라 진정상속인으로 하여금 참칭상속인에 의한 재산권침해를 사실상 방어할 수 없게 만드는 결과로 되어 불합리하고, 헌법을 최상위 규범으로 하는 법질서 전체의 이념에 부합하지 아니하여 정당성이 없으므로, 위 관습에 법적 규범인 관습법으로서의 효력을 인정할 수 없다고 하였다.[61]

(2) 여성의 분재청구권

종래의 판례는, 민법 시행 이전의 재산상속에 관한 관습법에 의하면 호주가 사망하여 그 장남이 호주상속을 하고 차남 이하 중자가 수인 있는 경우에, 그 장남은 호주상속과 동시에 일단 전호주의 유산전부를 승계한 다음 그 약 2분의 1은 자기가 취득하고 나머지는 차남 이하의 중자衆子[62]들에게 원칙적으로 평등하게 분재하여 줄 의무가 있다고 보았다.[63] 그리고 아들 아닌 딸들에게는 장남에 대한 분재청구권을 인정하지 않았다.

그런데 대법원 2009.5.28. 2007다41874 판결에서는 원고들이 이처럼 딸들에게 분재청구권을 인정하지 않는 관습이 위헌이라고 주장하였다. 그러나 위 판결은, 이 점에 대하여는 직접 판단하지 않고, 구 관습법상의 분재청구권은 일반적인 민사채권과 같이 권리자가 분가한 날부터 10년이 경과하면 소멸시효가 완성되는데, 이 사건에서는 딸들인 원고들이 혼인하여 분가한 때로부터 10년이 경과하여 소를 제기하였으므로 소멸시효가 완성되었다고 하여 원고들의 청구를 받아들이지 않았다. 그리고 위 관습법에 대한 위헌제청신청에 대하여는, 헌법과 헌법재판소법에서 규정하는 위헌심사의 대상이 되는 법률은 국회의 의결을 거친 이른바 형식적 의

---

61) 이에 대하여는 윤진수(주 4) 참조.
62) 맏아들 이외의 아들.
63) 대법원 1969.11.25. 67므25 판결 등.

미의 법률을 의미하고, 관습법이 헌법에 위반되는 경우 법원이 그 관습법의 효력을 부인할 수 있으므로, 결국 관습법은 헌법재판소의 위헌법률심판의 대상이 아니라고 하여 이를 각하하였다.[64)]

그러나 이 사건에 대하여 원고들이 제기한 헌법소원심판 사건에서 헌법재판소 2013.2.28. 2009헌바129 결정은, 관습법도 헌법재판소에 의한 위헌심판의 대상인 '법률'에 해당한다고 보았다. 즉 이 사건 관습법은 비록 형식적 의미의 법률은 아니지만 실질적으로는 법률과 같은 효력을 갖는데, 헌법 제111조 제1항 제1호, 제5호 및 헌법재판소법 제41조 제1항, 제68조 제2항에 의한 위헌심판의 대상인 법률에는 국회의 의결을 거친 이른바 형식적 의미의 법률뿐만 아니라 법률과 동일한 효력을 갖는 관습법도 포함된다고 하였다. 그러나 헌법재판소는, 이 사건에서 대법원은 청구인들이 분재청구권을 가진다고 하더라도 소 제기 이전에 이미 소멸시효 10년이 완성되었다고 판단하여 원고(청구인)들의 상고를 기각하여 그 판결이 확정된 이상, 이 사건에서 문제되는 소멸시효의 완성 여부에 관하여 당해사건에서는 더 이상 다툴 수 없게 되었다고 하여 위 관습법이 헌법에 위반되는지 여부는, 당해사건에서 재판의 전제가 되지 아니한다는 이유로 결국 헌법소원 심판청구를 각하하였다.

생각건대 딸들의 분재청구권을 부정한 종래의 관습법은 그 실재 여부 자체가 불분명하다. 그리고 분재청구권에 관한 종래의 관습을 인정한다고 하더라도, 이는 실질적으로는 상속재산의 분할에 해당하므로 분재청구권이 따로 소멸시효에 걸린다고 볼 수는 없다. 한편 종래의 관습법이 딸들의 분재청구권을 부정하였다고 한다면, 이는 성별에 의한 차별로서, 명백히 헌법에 어긋난다. 그렇다면 설령 분재청구권의 소멸시효를 긍정한다고 하더라도, 이러한 위헌인 관습법의 존재는 분재청구권의 행사에 대한 법률상 장애에 해당하므로, 위 관습법이 위헌이라는 법원의 확정적인 선언이 있기 전에는 소멸시효가 진행하지 않는다고 보아야 한다.[65)] 그렇지만 이처럼 원고들이 분재청구권을 행사하지 않은 것이 여자들에게는 분재청구권이 없다는 관습법 때문이었다면, 그러한 관습법의 존재를 신뢰하였던 다른 상속인들의 보호를 위하여는 실효失效 원칙의 적용을 검토하여 볼 수 있다. 즉 상당

64) 대법원 2009.5.28. 2007카기134 결정.

65) 위 헌법재판소 2013.2.28. 2009헌바129 결정에서의 이정미 재판관의 반대의견은 그러한 취지이다.

한 기간이 경과하도록 권리를 행사하지 아니하여, 의무자인 상대방으로서도 이제는 권리자가 권리를 행사하지 아니할 것으로 신뢰할 만한 정당한 기대를 가지게 된 다음에, 새삼스럽게 그 권리를 행사하는 것이 법질서 전체를 지배하는 신의성실의 원칙에 위반하는 것으로 인정되는 결과가 될 때에는, 권리의 행사가 인정되지 않는다는 것이다.

다른 한편 관습법이 헌법과 헌법재판소법이 규정하는 위헌법률의 심판대상인 법률에 해당하는 것은 아니라고 보아야 한다. 관습법이 형식적 의미의 법률과 동등한 효력을 가진다고 할 수는 없을 뿐만 아니라, 관습법에 대하여는 헌법이 전혀 규정하고 있지 않아서, 관습법에 대한 위헌심사는 헌법이 예정하고 있는 것이 아니었다.[66)]

(3) 여호주가 사망한 경우 상속재산의 귀속

종래의 판례는, 상속관습법상 여호주가 사망 또는 출가한 때로부터 상당한 기간 내에 사후양자가 선정되지 않으면 그때에 비로소 절가가 되고, 절가된 경우의 유산은 그 절가된 가家의 가족이 이를 승계하고 가족이 없을 때 비로소 출가녀가 이를 승계한다고 보고 있었다. 그런데 사망한 여호주의 재산을 동일한 가적 내에 남아 있던 가족이 승계하자, 여호주의 출가녀의 후손이 이러한 관습법은 위헌이라고 주장하였다.

이에 대하여 헌법재판소 2016.4.28. 2013헌바396, 2014헌바394 결정은 결과적으로 위헌이 아니라고 하였으나, 여기에는 관습법은 헌법소원심판의 대상이 되지 않는다는 3인의 반대의견 및 위와 같은 관습법은 위헌이라는 2인의 반대의견이 있었다.

앞에서 말한 것처럼 관습법은 헌법재판소에 의한 위헌법률심사의 대상이 될 수 없다. 그렇지만 위와 같은 관습법은 이정미, 안창호 두 재판관의 의견과 같이, 절가된 가의 재산을 청산함에 있어서 합리적인 이유없이 남성과 여성을 달리 취급하므로, 혼인과 가족생활에 있어 양성의 평등을 보장하는 헌법 제36조 제1항에 위반된다고 보아야 할 것이다.[67)]

---

66) 이상에 대하여는 윤진수, “관습상 분재청구권에 대한 역사적, 민법적 및 헌법적 고찰”, 민사재판의 제문제 제22권, 2013, 242면 이하 참조.

67) 윤진수, “상속관습법의 헌법적 통제”, 헌법학연구 제23권 2호, 2017, 149면 이하 참조. 이 경우에도 실효의 원칙 적용을 따져볼 수는 있으나, 이 사건은 출가한 딸 또는 그 후손과 다른 상

Ⅳ. 향후의 과제

상속법은 친족법에 비하면 개정의 횟수가 많지 않았고, 또 그 개정도 그다지 광범위한 것은 아니었다. 그러나 민법이 제정된 이래 한국 사회에는 매우 많은 변화가 있었다. 우선 경제 성장으로 인하여 상속될 수 있는 재산이 엄청나게 늘어났다. 이는 필연적으로 상속을 둘러싼 분쟁이 많아지는 결과를 초래하였다. 그리고 과거에는 농지와 같은 토지가 주된 상속재산이었으나, 현재는 금전이나 주식과 같은 재산도 상속재산의 상당부분을 이루게 되었다. 다른 한편 국민들의 평균수명이 크게 늘어나서, 상속이 개시될 때에는 자녀인 상속인이 이미 자신의 생활을 유지할 수 있는 재산을 가지고 있고, 따라서 상속재산이 피상속인의 자녀들의 생존을 위하여 가지게 되는 중요성은 감소하였다. 반면 피상속인을 위한 생활비용이나 의료비용 등은 평균수명 증가에 따라 늘어나게 되고, 또 피상속인의 배우자에 대한 부양 필요성도 상대적으로 증가하였다. 아래에서 중요한 점을 들어 본다.

1. 피상속인의 의사에 의한 상속권 박탈제도의 도입

민법은 일정한 사유가 있는 경우에는 당연히 상속권을 상실하는 상속결격제도 외에, 이에 해당하지 않더라도 다른 중대한 사유가 있는 경우에는 피상속인의 의사에 의하여 상속권을 박탈하는 제도를 인정하고 있지 않다. 그러나 유류분제도를 인정하고 있는 나라들에서는 피상속인의 의사에 기한 상속권 박탈을 인정하는 것이 일반적이다. 유류분제도를 인정하지 않는 경우에는 피상속인이 유언 등에 의하여 임의로 특정 상속인의 상속을 배제할 수 있지만, 유류분제도가 있으면 피상속인이 특정 상속인의 상속을 배제하려고 하여도 유류분까지 배제할 수는 없다. 우리나라는 1977년에 유류분제도를 도입하였으나, 피상속인의 의사에 기한 상속권 박탈제도는 도입하지 않았으므로, 입법상 흠결이 있다고 보인다. 2010년 구성된 법무부의 제3기 가족법개정특별분과위원회는 상속권 상실이라는 명칭으로 상속권 박탈제도를 두는 개정안을 제안하였으나,[68] 입법에 이르지 못하였다.

속인들 사이의 분쟁이 아니라, 상속인이나 그 승계인 아닌 제3자와의 분쟁이었으므로, 실효의 원칙은 적용될 여지가 없을 것이다.

68) 법무부, 제3기 가족법개정 특별분과위원회 회의록, 2011 참조.

2. 배우자의 상속법상 지위 강화

배우자의 상속분은 1990년에 다른 상속인의 상속분보다 5할을 가산하도록 개정된 후 변동이 없었다. 그러나 근래에는 상속이 개시되면 피상속인의 배우자는 상속재산 외에 다른 생계를 유지할 수단이 없는 반면, 다른 공동상속인인 직계비속은 이미 상당한 재산을 가지고 있어서 부양의 필요가 없는 경우가 많아서 배우자의 부양을 위하여는 배우자의 상속분을 더 늘릴 필요가 있다. 그동안 이에 관하여 개정 논의가 없었던 것은 아니었다. 2006년에 제17대 국회에 제출되었던 여러 개의 가족법 개정안은 배우자의 상속법상 지위를 강화하는 내용을 담고 있었으나, 2008년 제17대 국회의 임기 만료로 인하여 폐기되었다. 그리고 2014년에는 법무부 민법(상속편) 개정특별분과위원회에서 배우자에게 선취분을 인정하는 내용의 개정안을 마련하였으나, 반발에 부딪쳐 입법예고절차에도 이르지 못하였다.[69] 나아가 외국의 입법례와 같이 배우자의 주거에 관한 권리를 우선적으로 보호하는 것도 고려할 필요가 있다. 지난 2018.7.13. 개정 공포된 일본 민법은 상속인인 배우자의 주거권에 관한 규정을 신설하였다.[70]

3. 한정승인제도의 개선

현재 한정승인이 있으면 그 후의 상속채권자에 대한 변제 등의 절차 진행은 한정승인을 한 상속인에게 맡겨져 있다. 그러나 이러한 상속인이 적극적으로 변제를 진행할 유인은 크지 않다. 경우에 따라서는 상속채권자에 대한 변제에 충당하여야 할 상속재산을 한정승인을 한 상속인이 임의로 처분하는 일도 생긴다. 그런데 한정승인제도는 실제로는 채무자 회생 및 파산에 관한 법률이 규정하는 상속재산의 파산과 거의 유사한 기능을 한다. 그러나 한정승인의 경우에는 파산과는 달리 파산관재인이 존재하지 않고, 한정승인의 사실이 따로 공시되지도 않으며, 채권자집회도 개최되지 않고, 부인권 규정도 없는 등 상속채권자를 위하여 상속재산을 공평하게 분배하는 역할을 하기 위하여는 충분하지 못하다. 따라서 입법론으

---

69) 김상용, "사망으로 혼인이 해소된 경우 생존 배우자의 재산권 보호", 중앙법학 제17권 2호, 2015, 223면 이하 참조.

70) 이에 대하여는 곽민희, "일본의 배우자 상속법제 개정 작업 관견(管見)", 경상대학교 법학연구 제26권 1호, 2018, 18면 이하 참조.

로는 한정승인 제도를 폐지하고, 상속재산의 파산 제도를 보완하는 것이 바람직하다.[71)]

4. 유언 방식의 개선

현재 민법이 인정하고 있는 유언 방식은 개선의 여지가 많다. 우선 장애인은 현행의 유언 방식을 이용하여 유언하는 데 어려움이 있다. 특히 대화능력과 필기능력이 모두 없는 자는 어떻게 유언을 할 수 있는가 하는 점이다. 자필증서에 의한 유언은 유언자의 자서自書를, 녹음증서에 의한 유언은 유언자의 구술을 요구하고 있으므로, 대화능력과 필기능력을 모두 갖추지 못한 사람은 이를 이용할 수 없다. 공정증서에 의한 유언과 구수증서에 의한 유언도 모두 유언자의 구수를 요구하고 있으므로, 이러한 장애인은 이용할 수 없다. 비밀증서에 의한 유언도 가능한지 의심스럽다. 그러므로 이러한 사람들도 유언을 할 수 있도록 법을 개정할 필요가 있다.[72)] 법무부 제3기 가족법개정특별위원회에서 2011년에 마련한 개정안은 장애인의 유언에 관하여 특별규정을 두었으나,[73)] 입법이 진행되지는 않았다.

그리고 자필증서 유언의 요건으로서 주소의 자서와 날인을 요구하는 것이 위헌이라는 논란이 있는데, 이 또한 재검토하여야 할 것이다. 법무부 제3기 가족법개정특별위원회에서 2011년에 마련한 개정안은 이를 모두 삭제하는 것으로 하였다.[74)]

5. 유류분

현행 유류분에 관한 민법 규정은 조문이 간략하여 여러 가지 문제점을 충분히 규율하지 못하고 있다. 그러므로 이에 관하여 개선이 필요하다.[75)] 우선 유류분의 반환방법으로서 원물반환 아닌 가액반환을 원칙으로 하는 것을 검토하여 볼 필요가 있다. 원물반환을 원칙으로 하는 것은 목적물을 사업에 이용하거나, 주거로 사

71) 윤진수(주 20), 471면 참조.
72) 윤진수(주 20), 504면 참조.
73) 법무부(주 60) 참조.
74) 법무부(주 60) 참조.
75) 최준규, “유류분과 기업승계: 우리 유류분 제도의 비판적 고찰”, 사법 37호, 2016, 353면 이하 참조.

용하는 반환의무자에게 큰 불이익을 준다. 반면 가액반환을 원칙으로 한다면, 이것이 피상속인의 의사에 더 부합할 수 있을 뿐만 아니라 유류분권리자에게도 큰 불이익을 주지 않는다.[76] 2018년 개정된 일본 민법은 원물반환에서 가액반환으로 유류분 반환 방법을 변경하였다.

그리고 민법 제1114조는 유류분 반환의 대상이 되는 증여는 원칙적으로 상속개시 전의 1년간에 행한 것으로 제한하고 있다. 그러나 대법원의 판례(대법원 1995.6.30. 93다11715 판결 등)는 민법 제1118조가 특별수익에 관한 제1008조를 유류분에 준용하고 있음을 이유로, 공동상속인에 대한 증여는 그 시기를 불문하고 유류분산정의 기초재산에 산입된다고 보고 있고, 헌법재판소의 판례(헌법재판소 2010.4.29. 2007헌바144 결정)도 그것이 헌법에 위반되지 않는다고 하였다.

그러나 이것이 반드시 해석상 명백한 것도 아닐 뿐만 아니라,[77] 설령 해석상 그와 같은 결론이 나온다고 하더라도, 입법론상 바람직하다고 할 수 없다. 상속개시보다 훨씬 이전에 행하여진 증여까지 공동상속인에 대한 증여라 하여 유류분 산정에서 고려하는 것은 수증자에게 가혹한 결과를 가져올 수 있다. 그러므로 공동상속인에 대한 증여를 유류분 산정의 기초재산에 포함시키는 것에는 시기적인 제한을 둘 필요가 있다.[78]

---

76) 윤진수(주 60), 386면 이하 참조.

77) 필자는 다음과 같이 판례에 대하여 비판하였다. 즉 제1114조는 제1008조에 대한 특별규정이므로, 상속개시 전 1년 전의 것은 손해를 가할 것을 안 때에만 유류분산정의 기초재산에 해당한다고 보아야 하고, 제1118조가 특별수익에 관한 제1008조를 준용하고 있는 것은 유류분권리자의 유류분 부족액을 산정함에 있어서 그가 받은 특별수익을 공제하여야 한다는 의미일 뿐, 시간적 제한이 없다는 의미를 포함하고 있는 것이라고는 할 수 없다는 것이다. 윤진수(주 20), 565-566면. 참고로 대법원 2018.7.12. 2017다278422 판결은, 유류분 반환청구자가 개정 민법 시행 전에 피상속인으로부터 증여받아 이미 이행이 완료된 경우에는 그 재산은 유류분 산정을 위한 기초재산에 포함되지 않지만(대법원 2012.12.13. 2010다78722 판결 참조), 위 재산은 당해 유류분 반환청구자의 유류분 부족액 산정시에는 특별수익으로 공제되어야 한다고 하였다.

78) 2018년 개정된 일본 민법은, 상속인 외의 증여에 관하여는 종전과 마찬가지로 상속개시 전 1년간에 행해진 것으로 제한하지만, 공동상속인에 대한 증여는 상속개시 전 10년간에 행해진 것으로 제한하고(제1044조), 다만 유류분권리자가 받은 특별수익은 시기의 제한 없이 유류분침해액에서 공제하는 것으로 하였다(제1046조).

V. 결 론

앞에서도 말한 것처럼 상속법은 많은 변화를 겪고 있고, 이러한 변화는 앞으로도 계속 이어질 것이다. 그런데 이는 잘 알려져 있지 않고, 많은 사람들의 관심을 끌고 있지도 않다. 이 글이 이러한 점에 대한 관심을 환기하는 데 도움이 되기를 바란다.

청헌 김증한 교수 30주기 추모논문집

기초법

사회 속의 법 변동: 탈식민화와 근대화

이 철 우

[초 록]

이 글은 광복후 한국 사회에서 법이 변천해온 모습을 탈식민화와 근대화라는 두 주제 아래 개관한다. 일본제국주의의 잔재를 탈각하기 위한 한국법의 노력을 이해하기 위해 일본제국주의 지배가 가지는 특수한 비교사적 의미를 해석한다. 조선(대한제국)과 일본이 베스트팔렌 국제질서에 참여하는 주권국가였다는 점이 대한민국의 과거부정(일제 지배의 법적 효력 부정)에 강력한 동력을 제공했고, 탈식민화 작업을 일정한 방향으로 추동했다. 그러나 돌아갈 근대법적 준거점이 없었기 때문에 일제가 남긴 법질서를 일정 기간 계승할 수 밖에 없었고, 그러한 제약 속에 새로운 법제를 구축해야 했다. 이 글에서는 민법을 중심으로 그러한 과정의 역사적 의의를 반추한다. 이어 법을 통한 친일과거청산의 이모저모를 조명하고, 식민화와 근대화의 착종이 빚어낸 과거청산의 딜레마를 지적한다. 그러한 딜레마는 근대화를 바라보는 관점과 근대화를 논하는 방식에도 반영되어 있다. 이 글에서는 근대화의 개념을 탈규범화, 탈본질화함으로써 불필요한 개념적 교착에서 벗어나자고 제안한다. 이어 법근대화의 세계사적 흐름인 '법과 발전'law and development 운동이 한국에서 어떻게 전개되었고, 1990년대 이후 개발국가적 '발전'이 세계적 차원에서 전개되는 법치rule of law 및 그에 따른 법체계의 자율성 증대에 자리를 내

연세대학교 법학전문대학원 교수

어주게 되었음을 보여주는 한편 법치화의 핵심적 현상인 사법司法의 강화가 과도한 사법수요를 수반함으로써 역으로 법체계의 자율성을 침해할 위험을 생성함을 지적한다. 마지막으로, 법근대화를 논할 때 중요한 소재가 되는 소송 및 분쟁해결 행태를 민사소송과 민사조정의 실태를 통해 살피면서 한국 법문화에 대한 기존의 가정들을 검토한다.

Ⅰ. 들어가는 말

이 글은 해방후 70여년간 한국 사회에서 법이라는 사회적 실재reality가 어떤 방향으로 변해왔는가를 개관하는 것을 목적으로 한다. 원래 필자에게 주어진 과제는 사회변동이 법을 어떻게 모습지었고 역으로 법이 어떻게 사회변동을 매개했는지를 서술하는 것이었다. 그러나 여러 사회적 실천의 장場에서 일어난 변동과 여러 법 분야에서 일어난 변화를 인과적 설명의 틀로써 서술하는 것은 장기간에 걸친 연구자들의 협력 없이는 수행하기 힘든 과제이다. 이 글은 그러한 과제를 위한 준비작업의 일환으로서, 두 개의 방향의 법변동legal change을 기술하는 것에 한정하기로 했다. 한국 사회에서 법의 변천을 추동한 사회적 힘들의 방향으로는 탈식민화, 근대화, 민주화, 세계화 등 많은 것들을 열거할 수 있는바, 지면관계상 여기에서는 탈식민화와 근대화만을 다룬다.

탈식민화decolonization는 제2차 세계대전이 종식된 후부터 1960년대 전반기에 이르는 시기에 독립을 얻은 많은 국가 그리고 그들이 속한 국제기구 및 포럼을 통해 널리 전개된 움직임이다. 그 양상은 지배국과 피지배사회의 관계에 따라 다양하게 나타났다. 근대 국제법질서 속에서 승인된 국가를 가지고 있다가 인접국 일본에 주권을 침해당한 한국은 서구의 지배로부터 독립한 많은 신생국들과는 차별화되는 탈식민화의 준거담론을 가지고 있었다. 제Ⅱ절에서는 한국의 경험이 가진 특징을 살핀 후 새로운 법제를 만들어간 과정과 그 한계, 그리고 일제 지배의 인적 유산을 청산하려는 노력을 기술한다. 그 과정은 주권의 단절을 부정하면서도 일제 지배가 깔아놓은 제도적 매트릭스를 계승할 수밖에 없었던 대한민국의 딜레마를 보여준다.

근대화modernization는 근대성modernity을 지향하는 사회의 총체적 변화 및 그것을 가져오기 위한 프로그램들을 포괄적으로 일컫는다. 근대, 근대성, 근대화는 연구공동체에서 통용되는 분석적 개념이 아니라 연구 대상인 사람들이 사용하는 일차적first-order 개념이다. 제Ⅲ절에서는 그 개념의 지시대상이 가지는 다양성과 가변성을 지적하고 일제시대의 변화에 대한 그 개념의 적용가능성을 타진한다. 이어 법근대화의 중요한 전략적 흐름인 '법과 발전law and development'이 세계적으로 등장, 진화한 과정을 개관하면서 '법과 발전' 프로그램이 한국에서 전개된 양상들을 살핀다. 그리고 1990년대 이후 법치rule of law의 확산이 어떻게 세계와 한국에서 새로운 대세로 등장했는지를 서술한다. 마지막으로 발전과 근대화의 관건으로 여겨진 법문화의 실태와 변화를 분쟁해결, 특히 소송과 조정에 대한 태도를 통해 견취한다.

이 글은 주로 법제와 법률의 변천을 다룰 뿐 법제를 둘러싼 사회적 환경을 주된 분석의 대상으로 삼고 있지 않다는 점에서 법사회학적 연구로는 불충분하다. 그러나 여기에서는 법제와 법률 그리고 해석법리를 사회적 사실로서, 법에 대한 외적 관찰의 견지에서 접근한다는 점에서 법체계의 자기관찰self-observation에 해당하는 법도그마틱 등 법내재적 관점에 입각한 서술과는 구별된다.[1)]

Ⅱ. 탈식민화의 논리와 실천

한국은 서구의 식민지배국과 비서구 피지배사회의 관계와는 매우 다른 성격의 지배를 경험한 까닭에 그것을 극복하려는 노력의 양상도 다른 지역의 탈식민화 과정과 차별화되는 특징을 가지고 있다. 한국이 경험한 이민족 지배는 두 개의 주권국가 사이에서 벌어진 일이었다는 점에서 대개의 식민지 지배와 구별되는 반면 그 지배를 통해 토착질서를 변형시키면서 사회경제적, 문화적 예속을 가져왔다는 점에서 식민지 지배에서 일반적으로 간취되는 양상 또한 가지고 있다. 그러한 특징이 탈식민화를 위한 노력을 어떻게 모습지었는가? 본절에서는 한국인에게 '광복'이 가지는 의미가 무엇인지를 한국에 대해 일본제국주의 지배가 가진 특수한 의미에 비추어 해석하고 탈식민화 개념의 유용성을 점검한 후 탈식민화를 위한 노력을 두 분야에서 살핀다. 하나는 새로운 법제의 구축, 특히 민법의 제정이고, 다른 하나는 친일 인적 잔재의 청산 작업이다.

1. 광복의 의미

일제 지배로부터 제도적으로 탈피하고 그 유산을 극복하기 위한 노력들은 일제에 의한 대한제국의 병합이 합법적이지 않다는 전제에서 출발한다. 이 점은 한

---

1) 니클라스 루만 [윤재왕 옮김], 『사회의 법』(새물결, 2014), 제11장.

국의 탈식민화 논리와 실천을 서구 열강의 식민지 지배로부터 해방되어 성립한 신생국들과 다르게 만든다. 근래 식민지 지배에 대해 구지배국이 사과하는 사례가 다소 늘고 있긴 하지만 대개는 지배의 과정에서 일어난 비극적 사건에 대한 사과이며, 지배 자체에 대한 사과는 드물다.[2)] 사과를 요구하는 경우도 많지 않다. 그 중요한 이유 중 하나는 사과를 받아야 하는 집단이 뚜렷한 경계를 가지는 국가공동체가 아니었기 때문이다. 한국인은 일본에 대해 위안부 동원, 강제징용 등 특정 집단에 대한 가해를 이유로 사과를 요구할 뿐만 아니라 국권을 침탈한 것 자체에 대해서도 사과를 요구하며, 무라야마 등 일부 일본 지도자는 "식민지 지배" 자체에 대해 사과했다.[3)] 한국은 침탈된 주권이 있었고, 그 주권은 근대 국제법의 바탕을 이루는 베스트팔렌 국제질서 속에서 승인된 것이었다는 점에서 그러한 요건을 갖춘 국가를 가지지 못한 대부분의 식민지 피지배민족과 구별된다. 국제관계 이론가 데이비드 스트랭David Strang은 1415년부터 1987년에 이르는 기간 동안 존재한 모든 비서구 정치체polities 중 2개 이상의 서유럽 국가의 승인을 받았음에도 불구하고 소멸한 경우는 15건, 종속적 지위로 격하된 것은 11건에 불과했다고 보고했다. 종속적 지위로 격하된 11건에는 한국과 아비시니아(이탈리아에 복속)가 포함되는데, 스트랭은 이 두 나라의 사례를 무력에 의해 복속된 매우 드문 케이스로서 주목했다. 이러한 사실을 통해 스트랭은 주권이라는 제도가 국가들로 하여금 해당 국가를 함부로 복속할 수 없게끔 하는 힘을 발생시킨다는 점을 강조했다.[4)] 주권국가들의 공동체의 일원이었던 한국이 일제에 병탄된 것은 그러한 제도적 힘에 반하는 것으로서, 한국인이 그토록 집요하게 일제의 지배를 부정해온 것은 그에 기인한다. 헤이그 밀사에서부터 카이로선언을 이끌어낸 것에 이르기까지 한국의 외교를 통한 독립운동, 그리고 해방후 일본에 대한 한국의 태도와 과거사를 바라보는 한국의 공식적 관점은 이로부터 설명된다.

---

2) Rhoda E. Howard-Hassmann and Anthony P. Lombardo, "Words Require Action: African Elite Opinion About Apologies from the 'West'," in Mark Gibney et al. (eds.), *The Age of Apology: Facing Up to the Past*(Philadelphia: University of Pennsylvania Press, 2008).

3) 2010년대 접어들어 법을 통한 한일과거청산 움직임이 강해진 중요한 계기로서 2010년 광복 65주년을 앞두고 한일 지식인 1,118명이 서명한 "한일병합조약 원천무효" 공동성명을 들 수 있다. 한편 일본의 "식민지 지배" 사죄는 조약은 적법했지만 식민지 지배는 부당했으므로 사과해야 한다는 소위 유효부당론에 입각하고 있다. 도시환, 「한일조약체제와 '식민지' 책임의 국제법적 재조명」, 『국제법학회논총』 제57권 제3호(2012), 17-45면.

4) David Strang, "Anomaly and Commonplace in European Political Expansion: Realist and Institutional Accounts," *International Organization*, Vol. 45, No. 2.(1991), pp. 143-162.

한국인에게 '광복'은 불법 강점에 의해 방해 받았던 주권을 다시 행사하는 것이었다. 그런 관점에서 보면 한국의 광복은 식민지 지배로부터 벗어나 나라를 세운 아시아·아프리카의 사례들보다는 불법 강점의 시계를 강점 이전으로 돌려놓은 발트3국의 사례와 더 유사할지 모른다. 제헌헌법 전문前文은 "우리들 대한국민"이 "기미삼일운동으로 대한민국을 건립"했다고 함으로써, 주권의 연속된 상태를 대한제국에까지 거슬러 긍인하는 표현은 사용하지 않았지만 대한민국이 일제 지배가 종식되기 전에 이미 존재하고 있었음을 강조하고 있다. "우리들 대한국민"의 경계를 확정한 1948년의 국적법은 최초국민을 정의하는 규정을 두지 않은 채 대한민국의 국적이 이미 존재함을 전제로 혈통주의에 의한 선천적 국적취득을 규정했다.[5] 한일국교정상화를 위한 협상에서도 대한민국은 일제에 의한 한국의 병합이 소급해서 무효임을 주장했고, 협상의 결과 체결된 「대한민국과 일본국간의 기본관계에 관한 조약」 제2조의 "1910년 8월 22일 및 그 이전에 대한제국과 대일본제국간에 체결된 모든 조약 및 협정이 이미 무효임을 확인한다"는 조문의 뜻을 동 조약과 협정이 원천적으로 무효임을 확인한다는 의미로 해석하고 있다.[6] 1987년 대한민국 외무부는 대한제국이 체결한 다자조약 중 3개에 대해 그 효력의 지속을 확인했다.[7] 국내 국제법학자들의 다수는 이러한 점들을 근거로 대한제국과 대한민국의 계속성과 동일성을 인정한다.[8]

이렇게 보면 일제의 한국 지배를 식민지 지배로 표현하는 것이 한국의 경험이 가지는 특수성을 모호하게 하는 것이 아닌가 하는 의문이 들 수 있다. 실제로 이태진은 이미 존재한 주권 국가를 불법으로 강점한 것을 식민지 지배로 볼 수 없다고 말한다.[9] 그러한 관점을 따른다면 여기에서 묘사하고자 하는 현상들을 '탈식민화'라고 부르는 것도 타당하지 않을 것이다. 그러나 이에 대한 판단은 다른 기회로 미루고, 이 글에서는 일제의 지배를 '식민지 지배'로, 그 극복을 위한 노력을

5) 정인섭, 「법적 기준에서 본 한국인의 범위」, 임원택교수정년기념 『사회과학의 제문제』(법문사, 1988).
6) 김창록, 「1910년 한일조약에 대한 법사학적 재검토」, 『동북아역사논총』 제29호(2010), 197-225면.
7) 이근관, 「북한의 급격한 체제변화시 통치주체에 대한 국제법적 검토」, 심지연·김일영 엮음, 『한미동맹 50년』(백산서당, 2004), 293면.
8) 전종익 외, 『대한제국의 주권 및 영토승계에 관한 법적 연구』, 외교부 연구용역보고서(2016), 제Ⅲ절.
9) 이태진, 「'보호'에서 '병합'까지 – 점철된 강제, 기만, 범법」, 『일본의 대한제국 강점 – '보호조약'에서 '병합조약'까지』(까치, 1995), 17면.

'탈식민화'로 특징짓는 통례를 일단 받아들인다.[10)]

2. 일제시대 법제와의 연속성과 단절

대한제국과 대한민국의 계속성과 동일성을 인정하는 것이 대한민국의 공식적 태도이고 학계에서도 널리 통용되는 관점이라 할지라도 일제 지배에 대한 대한민국의 태도는 소비에트연방에 편입되었던 과거를 대하는 발트3국의 태도와는 다른 모습을 보인 것도 사실이다. 후자가 소비에트연방 시절에 시행된 법의 효력을 부정한 것과 달리 대한민국은 헌법 제100조를 통하여 일본제국주의 치하의 법의 효력을 인정했다.[11)] 김창록이 지적하듯이, "대한민국의 역사 속에서 일제강점기는 '선언적인 단절'과 '법적 · 현실적인 연속'의 괴리 속에 애매하게 자리매김"되었다."[12)] 한국의 과거 부정이 발트3국과 같이 철저하지 못했음은 1940년에야 소련방에 편입되어 돌아갈 근대법제가 있었던 발트3국과 달리 군주제 치하의 대한제국 법제로 돌아갈 수 없었기 때문이었다.[13)] 즉 한국은 일제시대에 일정한 근대화를 경험했고, 그러한 근대화의 소산을 계승하는 것이 불가피했던 것이다. 일제 지배가 합법적이었는지, 일제 법령이 해방 후에도 법적 효력을 가지고 있었는지의 여부를 별론으로 하고, 일제 지배가 가져온 변화를 한국 법제와 한국 사회는 어떻게 수용, 거부, 계승, 극복했는가?

대한민국은 1950년대에 주요 법전을 편찬하면서 새로운 법제의 골격을 갖추어 나갔다. 1951년부터는 법령정리간행위원회(1956년에 법령정리위원회로 개편)를 조직하여 구법령정리사업을 추진했다. 그러나 구법령정리는 큰 진척을 보지 못하고 있다가, 5.16 후 1961년 「구법령 정리에 관한 특별조치법」을 제정해 헌법 제100조

---

10) 일제의 한국 지배를 식민지 지배로 볼 수 있는지의 문제에 대해서는 이철우, 「일제 지배의 법적 구조」, 김동노 엮음, 『일제 식민지 시기의 통치체제 형성』(혜안, 2006), 113-121면.

11) 정인섭, 「대한민국 수립과 구법령의 승계 - 제헌헌법 제100조 관련 판례의 분석」, 『국제판례연구』 제1집(1999). 미군정이 1945년 일반명령 제5호, 법령 제11호와 제21호를 통해 일제시대 법령 중 억압적이고 차별적인 법령을 폐지하면서도 나머지의 효력을 승인한 것을 남한 인민의 단체의사의 표현으로, 즉 조리 및 형평의 원리에 기초하여 질서 유지를 위해 필요한 최소한도의 일제 법령을 계수한다는 단체의사에 따라 새로운 법령으로 시행한 것이라는 설명(김갑수)도 있었지만 그러한 관점의 당부를 떠나 그것이 공식적 또는 지배적 관점이었다고 말하기는 어렵다고 본 김창록, 「제령에 관한 연구」, 『법사학연구』 제26호(2002), 134-158면 참조.

12) 김창록, 「한일 과거청산의 법적 구조」, 『법사학연구』 제47호(2013), 106면.

13) 이근관, 「북한의 급격한 체제변화시 통치주체에 대한 국제법적 검토」, 298면.

에 의하여 그 효력이 존속되고 있는 구법령을 1961년 12월 31일까지 정리하도록 하는 한편 정리되지 않은 구법령은 1962년 1월 20일 폐지한 것으로 간주했다.[14)]

이렇게 일제의 법제를 정리했음에도 불구하고 일제의 법적 유산이 극복되지 못했다는 자성自省이 계속되었고, 민주화시대에 접어들어 특히 두드러졌다.[15)] 1995년 광복 50주년을 맞이해 한국법사학회는 「'법', 그 속에 잔존하는 일제유산의 극복」이라는 제목으로 학술대회를 개최했다. 식민지 지배구조, 형사법제, 사법私法상의 일제 잔재, 가족법제, 법의식과 법생활을 주제로 한 그 학술대회에서는 법을 통한 일제의 억압적 권력 행사, 타율적·비자주적인 법의 계수繼受, 해방후 권위주의적 통치방식과 행태를 통한 식민지 잔재의 재생산을 집중적으로 조명했다.[16)] 그로부터 20여년이 흐른 지금에도 불행했던 사건 또는 광복을 기념하는 학술행사 때마다 같은 문제의식의 표출을 볼 수 있다.[17)] 그러한 '기념적' 토론 외에도, 개별 분야에서 일제의 법적 유산이 어떻게 취급되었는지를 살피는 연구가 활성화되었다. 억압적, 인권침해적 요소를 농후하게 가진 형사법의 유산을 비판적으로 식별해내는 작업은 물론 조선은행법, 시장법, 양곡관리법, 신탁업법 등 경제관련 법제에 남은 일제의 유산이 어떠했고 어떻게 처리되었는지를 살피는 연구가 산출되었다.[18)]

일제시대 법제에 대한 연구와 탈식민화 담론은 일제 법제를 '악법규탄' 식으로 서술하는 경향을 강하게 지니고 있었다.[19)] 그러한 시각은 역으로 일제 이전의 법현실을 '좋은 옛 법gutes altes Recht'으로 낭만화하는 전통관傳統觀과 쉽게 결합할 수 있었다.[20)] 그러나 1990년대 이후 연구가 확대·심화되면서 그와 같은 단순한 역

14) 허영란, 「해방 이후 식민지 법률의 정리와 탈식민지화 – '구법령' 정리 사업과 시장 관계 법령의 개편을 중심으로」, 『제2기 한일역사공동보고서』 제5권(한일역사공동연구위원회, 2010), 18-22면; 최종고, 「해방 후 한국기본법제의 정비」, 박병호교수환갑기념 『한국법사학논총』(박영사, 1991), 455-460; 명순구, 「아직도 살아있는 법, '조선민사령' – '조선민사령'의 소급적 폐지를 제안한다」, 『저스티스』 제103호(2008), 221-224면.

15) "1980년대 후반의 대내외적 환경 변화는 식민지법에 대한 새로운 주목을 불러왔다. 권위주의 정권의 붕괴와 냉전의 종식은 한국 사회의 정체성에 대해 심각한 의문을 던졌으며, 그 의문을 해결하기 위한 실마리로서 식민지법에도 주목하게 만든 것이다." 김창록, 「일제하의 법과 사회, 어떻게 볼 것인가」, 『교수신문』 제446호(2007.7.9.), 9면.

16) 「'법', 그 속에 잔존하는 일제유산의 극복」, 『법사학연구』 제16호(1995), 1-58면.

17) 한국법제연구원이 발간하는 『법제연구』 제39호(2010)의 특집 「경술국치 100년의 회고와 전망」 참조.

18) 「특집: 일제시기 경제법령의 식민지성과 그 유산」 I · II 『한국사학보』 제32호(2008), 제34호(2009).

19) 이철우, 「일제하의 법과 사회, 어떻게 볼 것인가」, 『교수신문』 제446호(2007.7.9.), 9면.

사 서술로부터 탈피하는 성과가 나타났다. 무엇보다, 연구가 실증적 깊이를 더하게 됨으로써 비판적 역사서술의 사실적 토대가 현저히 강화되었다.[21] 사론史論에서도 악법규탄적 서술에서 벗어나 '거리를 둔 연구'가 활발해졌다.

일제시대에 일어난 변화를 근대화로 파악하는 것이 마치 일제 강점을 정당화하는 것처럼 여겨지는 풍조도 완화되었다. 일제하에 이루어진 근대화에 주목하는 연구 흐름에는 '뉴라이트' 역사관으로 치부되는 소위 "식민지근대화론"만 있는 것은 아니다. 법적 근대화의 양상들에 대한 경험적 연구를 정치적 관점과 분리하는 연구자와 청중의 태도도 자리잡았다. 그러한 연구는 탄압과 폭력이 두드러지게 인지되는 형사사법에 대해서도 나타났다.[22] '악법규탄적' 연구가 단지 억압의 정도와 권력의 크기를 따지는 데 비해, 일제하에 도입되고 운영된 제도에 작용하는 권력의 새로운 속성에 주목하는 연구들도 활성화되었다. 즉 일제하에 도입된 제도와 기법技法들 －철저한 등록을 통해 이루어지는 인구관리, 질병통제, 교육의 확대 등 － 을 단순히 누적적인 진보와 합리성의 증진으로 찬양하는 것이 아닌, 별종의 권력이 침투, 확산되었음을 그려내고 그 권력과 지배의 본질을 식별해내는 연구가 추진되었다.[23] 그러한 연구는 일제하에 부과된 법령의 효력을 논하는 담론이나 근대화의 성과를 자연스럽고 누적적인 것으로 이해하는 논의와는 다른 견지에서 일제하의 법제와 해방후의 법제 사이의 연속성과 단절을 바라본다. 예를 들어, 1948년 국적법 기초자들은 헌법상 주권자인 국민이 누구인지는 자명한 것이어서 굳이 정의할 필요가 없다고 생각했지만 실제로 누가 그에 속하는지를 판단하는 것은 사람 하나하나의 신원을 파악하는 근대적 인구관리 기법, 인구를 영토와 분리된 별개의 실체로 관리하려는 특수한 합리성(푸코Foucault의 용어를 빌면 거번멘탈리티governmentality)과 특수한 권력(푸코의 용어를 빌면 생명권력biopower)의 작용을 필요로 한다. 6백만이 안 되는 인구밖에 파악하지 못한 대한제국에 비해 일제는 모든 주민의 생애주기를 파악하는 높은 정보력에 바탕한 등록 시스템을 구축함과 동시에 조선인을 내지인內地人 및 다른 외지인外地人과 구별하는 별개의 호적에 기

20) 민사법에 대한 것이기는 하지만 정종휴, 「비교법적 시야에서 본 한국민법전」에 부가된 양창수의 토론, 『법사학연구』 제12호(1991), 143면이 그러한 경향을 비판한다.
21) 그러한 연구로 문준영, 『법원과 검찰의 탄생: 사법의 역사로 읽는 대한민국』(역사비평사, 2010).
22) 개화기와 일제 초기에 한정되지만 도면회, 『한국근대형사재판제도사』(푸른역사, 2014).
23) 김진균・정근식 엮음, 『근대주체와 식민지 규율권력』(문화과학사, 1997).

재함으로써 뚜렷한 경계를 가진 집단으로 재생산했다. 이 집단은 일본식 가부장제를 반영하는 가족 개념에 입각해 재편성된 호戶를 단위로 한 집단이었다. 그 집단이 국적법이 아무 정의 없이 규정한 대한민국 국민이었고, 그에 앞서 미군정기에 제정된 「국적에 관한 임시조례」가 '조선국적'을 가진 사람들로 전제한 바로 그 사람들이었다. 대한민국 국적법의 기초자들이 조선인이 일본제국의 신민이었음을 부정하는 한편 대한제국과 대한민국의 인적 연속성을 강조했지만 그 연속성은 일제의 근대적인, 동시에 종족화種族化ethnicized되고 젠더화된 인구관리 기법에 의존한 것이었다.24)

관습의 취급에 대한 연구에서도 일제의 태도를 동화주의에 기초한 '전통말살' 내지는 '왜곡'으로 보는 시각에 대한 의문이 제기되었다. 이승일은 종래의 관점을 비판하면서 관습에 대한 일제의 정책을 법인화法認化로 요약했다. 일제가 관습을 의도적으로 말살 또는 왜곡시켰다기보다는 이미 존재하는 관습을 공식화하고 성문법 속에 담아내려 했다는 것이다.25) 이에 대해, 심희기는 종래의 동화주의적 왜곡론과 이승일의 법인화정책론을 공히 비판하면서 식민지적 맥락과 식민주의적 통치의 동기에 따라 새로이 양육되는 "식민지 관습법"의 형성을 제3의 관점으로 제시한다.26) 이 관점은 일제하 가족 관습에 대한 조사와 적용을 통해 새로운 식민지적 젠더 질서가 창출되었음을 보여준 양현아와 홍양희의 연구에 잘 나타난다.27) 이 연구자들은 그러한 감수성을 결여한 해방후의 전통/관습 인식 – 일제에 의해 도입된 호주제를 조선 재래의 전통에 뿌리를 둔 것으로 오인하는 한편 동성동본금혼을 전통적 양속良俗으로 옹호한 것 등 – 을 "포스트식민주의적postcolonial 정신구조"로 비판했다.28) 이러한 접근은 탈식민화 과정에서 흔히 보이는 신전통주의

24) 이철우, 「한인의 분류, 경계 획정 및 소속 판정의 정치와 행정」, 『한국이민학』 제1권 제2호(2010), 5-36면; Chulwoo Lee, "How Can You Say You're Korean? Law, Governmentality and National Membership in South Korea," *Citizenship Studies*, Vol. 16, No. 1(2012), pp. 85-102.

25) 법인된 관습에는 일제하에 생겨난 관습도 포함된다. 이승일, 『조선총독부 법제 정책: 일제의 식민통치와 조선민사령』(역사비평사, 2008). 이승일이 비판하는 종래의 관점을 보여주는 연구로는 이상욱, 「일제하 전통가족법의 왜곡」, 박병호교수환갑기념 『한국법사학논총』(박영사, 1991); 정긍식, 『한국근대법사고』(박영사, 2002), 제2부.

26) 심희기, 「일제강점 초기 '식민지 관습법'의 형성」, 『법사학연구』 제28호(2003), 5-31면.

27) 홍양희, 「식민지시기 가족 관습법과 젠더 질서 – <관습조사보고서>의 젠더인식을 중심으로」, 『한국여성학』 제23권 제4호(2007), 87-118면.

28) 양현아, 『한국 가족법 읽기-전통, 식민지성, 젠더의 교차로에서』(창비, 2011), 제6장. 이 맥락에서 가족법 기초작업에서 중요한 역할을 수행한 김병로가 비판을 받는데, 그가 부계혈통론과

neo-traditionalism, 즉 후대의 사회적 이해관계에 따라 만들어진 전통을 '좋은 옛 법'으로 부활시키는 운동의 문제점을 일깨워준다.[29] 그런데 그러한 비판론은 극복 대상으로 여기는 초기의 접근, 즉 관습왜곡론과 공유하는 지대가 있다. 즉 식민지 관습창출론은 "오염되지 않은 원상태의 우리 가족법의 복원"의 가능성과 정당성을 부정하지만, 일제가 조선의 관습이라고 선언한 것이 과거의 삶과는 다른 것임을 강조하는 점에서 역시 '왜곡'을 말하고 있는 것이다.[30] 그것이 '왜곡'이건 '가공'이건, 일제하 법원이 조선의 관습이라고 선언한 관습은 해방후의 민사 실무를 통해 재생산되었다. 조선민사령과 그것에 의해 의용된 법률은 미군정 법령(제11호와 제21호)에 의해, 그리고 헌법 제100조에 의해 효력을 지속했다. 그러한 법상황은 1960년 대한민국 민법이 시행되어 의용민법을 대체함에 따라, 그리고 구법령정리의 결과로 조선민사령이 1962년 1월 20일 폐지됨에 따라 변화했지만, 민법 부칙은 그 시행일 전의 사항에 대해 "이미 구법에 의하여 생긴 효력에 영향을 미치지 아니한다"고 규정했고(제2조), 구법하에서 개시된 상속에 관하여는 의연히 구법의 규정을 적용하도록 했다(제25조 제1항). 새로이 제정된 민사법률 중 상법 등 일부도 해당 법률의 소급 적용을 제한했기 때문에 그 법 시행 전에 성립한 법률관계를 통해 조선민사령과 의용 민사법률이 계속 적용될 수 있었다.[31] 그에 따라 2000년대에 들어와서도 탈맥락화된 식민지 관습을 그대로 인정하는, 특히 상속 관습에서 일제가 조선의 관습이라 선언한 것을 계승하는 사법실무가 지속되었다.[32] 그중 헌법적 가치에 반하는 것들에 대해 급기야 위헌 판단이 요구되었고 대법원과 헌법재판소 중 누가 관습법의 위헌심판 권한을 가지는가의 문제도 제기되었다.[33]

사법司法을 통한 탈식민화는 성문 민법 규정을 대상으로 해서도 이루어졌는데

순풍미속론을 내세우며 가부장적 가족질서를 옹호한 것은 사실이지만 동성동본금혼에 대해서는 알려진 바와 달리 내심 반대하는 입장이었음을 지적하는 최신 연구가 주목된다. 한인섭, 『가인 김병로』(박영사, 2017), 638-647면.

29) 이철우, 「인류학과 사회사의 접점에서 본 법」, 최대권외 10인, 『법사회학의 이론과 방법』(일신사, 1995), 142면.

30) 이철우, 「일제 지배의 법적 구조」, 165면.

31) 명순구, 「아직도 살아있는 법, '조선민사령'」, 233-235면.

32) 그렇게 원용된 관습의 예로는 호주상속인의 유산 상속 및 분재의 관습, 딸의 분재청구권 부정, 상속회복청구권의 소멸시효 등. 그러한 관습이 다툼의 대상이 된 2000년대의 사건의 예로는 대법원 2003.7.24. 2001다48781 판결; 대법원 2007.1.25. 2005다26284 판결; 대법원 2009.5.28. 2007다41874 판결.

33) 윤진수, 「상속관습법의 헌법적 통제」, 『헌법학연구』 제23권 제2호(2017), 149-198면; 장영수, 「위헌법률심판의 대상으로서 관습법」, 『공법연구』 제40집 제2호(2011), 339-360면.

그 첫 성과는 처妻의 행위능력을 제한하는 의용민법 제14조 제1항의 적용을 배제한 대법원의 판결로서, 법률에 대한 규범통제의 준거가 되는 헌법이 제정되기도 전, 그래서 법률에 대한 사법심사의 주체가 누구인지도 정해지지 않은 상태에서 내려졌다는 점에서 특기할 만하다.[34] 이에 비해, 호주제는 여러 차례에 걸친 법개정 노력에도 불구하고 강인하게 존재를 지속하다가 2000년대 들어서야 헌법재판소에 의해 헌법불합치 판정을 받았다. 이 사건에서 다수 재판관은 전통이 "역사성과 시대성을 띤 개념"으로서 "오늘날의 의미로 재해석된 것"이어야 함을 역설한 반면, 반대의견을 개진한 3인 재판관 중 2인은 호주제가 한국의 오랜 전통에 뿌리를 둔 부계혈통주의에 근거하는 것으로서 1990년 민법개정에 의해 "일제의 잔재로서의 색채를 불식하고 우리 고유의 관습으로 복귀한 것"이라 주장하면서 '좋은 옛 법'에서 정당성의 근거를 찾는 신전통주의적 탈식민화 논변을 구사했다.[35]

민사법에 남아 있는 일제 잔재는 주로 친족과 상속에서 쟁점화되었다. 농업생산관계를 비롯한 재산법관계에서는 조선민사령 제10조와 제12조에 의해 관습의 생존 공간이 주어졌음에도 불구하고 많은 관계가 일본 민법의 의용依用에 의해 다스려졌고, 일제하에 창출 또는 재생산된 관습은 해방후 경제적 변화에 따라 소멸하거나 약화되었다.[36] 따라서 탈식민화의 과제는 의용민법을 대체한 대한민국 민법의 내용으로 귀착된다. 광복 50주년 「'법', 그 속에 잔존하는 일제유산의 극복」에서는 "사법私法상의 일제잔재 청산"도 논하고 있는데 주로 "일본 민법학에 대한 의존," "판례에 남아 있는 일제 잔재와 일본 판례의 영향"을 문제 삼고 있다.[37] 농지개혁으로 지주 – 소작관계가 해체된 이후 민법전에서의 일제 잔재는 법에 의해 창출되었거나 법이 반영하는 사회적 관계보다는 법규정의 기원이나 법리에서

34) 양창수, 「우리나라 최초의 헌법재판 논의 – 처의 행위능력 제한에 관한 1947년 대법원판결에 대하여」, 『서울대학교 법학』 제40권 제2호(1999), 125-151면에서 해설한 대법원 1947.9.2. 1947년민상(民上)제88호 판결; 대법원 1948.3.28. 1947년민상제260호 판결.

35) 헌법재판소 2005.2.3. 2001헌가9-15·2004헌가(병합) 결정. 이보다 앞선 1997년 동성동본금혼 규정에 대한 헌법불합치 결정이 내려졌으나 이를 일제 잔재의 사법적 청산의 예로 볼 수는 없다. 헌법재판소 1997.7.16. 95헌가6-13(병합) 결정.

36) 일례로 농지개혁으로 인한 소작관습의 소멸을 들 수 있다. 그러나 분묘기지권에서 보듯이 일제시대 법원에 의해 존재가 인정된 후 현재까지 존재하는 것도 있다. 대법원 2017.1.19. 2013다17292 판결 참조. 이를 일제시대에 인위적으로 만들어낸 관습이라고 보는 견해가 있으며, 그런 견지에서는 그것을 둘러싼 공방은 탈식민화의 문제로 접근할 수 있는 여지도 있다. 그러한 예로, 오시영, 「관습상의 분묘기지권 인정 대법원 판례 검토 - 대법원 2013다17292 전원합의체 판결」, 『동북아법연구』 제11권 제1호(2017), 241-263면.

37) 윤철홍, 「사법(私法)상의 일제잔재의 청산」, 『법사학연구』 제16호(1995), 10-13면.

얼마나 일본을 추수追隨하는가의 문제를 중심으로 판단되는 것이다. 그런 견지에서, 대한민국 민법에 담긴 일본의 법규, 개념, 법리의 영향이 과도함을 지적하면서 일제 잔재의 청산을 부르짖는 목소리가 주류를 이루었다.

일본 민법의 영향은 일본 민법전의 규정들을 통해서만 발휘되는 것이 아니라 학설을 통해, 그리고 독일 민법에 대한 일본의 학설계수學說繼受의 성과인 중화민국 민법전과 만주국 민법전의 규정들을 통해서도 침투했다. 정종휴는 한국, 일본, 중화민국, 만주국의 4개 민법전을 비교하여, 일본 민법전에 비해 독일의 영향을 더욱 농후하게 가지게 된 한국 민법전을 일본의 "'학설계수'에 의해 생긴 이중구조, 즉 민법전과 민법학의 체계상의 모순을 극복하고자 만들어진 입법상의 결정結晶"이라고 평가했다.[38] 한국 민법과 민법학의 일본 의존성을 지적한 이러한 진단은 법에 남은 식민지 잔재를 비판하고 그 청산을 부르짖는 목소리를 가일층 자극할 여지가 있었다. 그런데 이 진단은 다른 각도의 탈식민화 관점을 취하는 양창수에 의해 강력히 비판되었다. 양창수는 정종휴의 입론이 일본학자 기타가와 젠타로北川善太郎의 일본민법사 인식을 한국에 무비판적으로 적용한 것으로서, 일본 민법의 이중구조를 극복하겠다는 의식을 가지지 않은 한국 민법 기초자들의 작업을 설명할 수 없다고 공박했다.[39] 큰 틀에서는 일본 법학의 압도적 영향이 있었지만 세부적으로 들어가 보면 일본 민법학의 결정체인 중화민국 민법이나 만주국 민법의 영향으로 볼 수 없는 요소들이 많고, 일본에 학설계수된 독일법의 영향으로 지목된 한국 민법의 여러 규정들이 반드시 독일 민법의 영향이라 할 수도 없다는 것이다. 즉 양창수는 기초자들이 어느 정도 독창성을 가지고 몇 개의 선택지를 저울질하여 민법을 기초했음을 강조했다.[40] 민법에 대한 비전문가인 필자는 한국 민법전의 계보학을 평가할 위치에 있지 않지만, 이 문제에 대한 위의 상이한 견해는 대립하는 사실인식을 보여주기보다는 같은 사실을 어떤 각도에서 보느냐의

38) 정종휴, 「비교법적 시야에서 본 한국민법전」, 『법사학연구』 제12호(1991), 133-138면; 鄭鍾休, 『韓國民法典の比較法的研究』(東京: 創文社, 1989).

39) 기타가와의 계수사(繼受史) 인식에 대해서는 Zentaro Kitagawa, "Development of Comparative Law in East Asia," in Mathias Reimann and Reinhard Zimmermann (eds.), *The Oxford Handbook of Comparative Law*(Oxford: Oxford University Press, 2006) 참조.

40) 정종휴, 「비교법적 시야에서 본 한국민법전」에 부가된 양창수의 토론, 139-145면; 양창수, 「민법안의 성립과정에 관한 소고」, 『민사법학』 제8호(1990), 21-59면. 양창수는 부분적인 유사성에 집착하지 말고 한국 민법의 전체적 구조연관(Structurzusammenhang)을 보아야 한다고 말한다. 양창수, 「한국 민법학 60년의 성과와 앞으로의 과제」, 『민사법학』 제36호(2007), 751면.

차이를 보여주는 것에 가까우며, 그 차이는 점차 좁혀져 왔다는 인상을 받는다. "'독립'은 드디어 왔으나, 과거는 여전히 사람들을 지배하고 있었다"는 양창수의 촌평이 함축하듯이, 일본 민법학과 그 프리즘을 통해 수용된 서양법에 대한 지식은 독자적 법전을 편찬하는 탈식민화 과제의 지배적 조건이자 준거였다.[41] 한편 정종휴도 근래의 연구에서는 "자세히 보면 볼수록 한국 민법전에는 입법 관계자들의 고민이 응축된 부분이 드러[나며]" "한국 민법전의 조문은 모두가 '입법자들의 자주적인 취사선택의 결과"임을 인정한다.[42]

시간의 흐름에 따라 한국 민법의 독자성에 대한 집착은 줄어들고, "'독립한' 민법학보다 '우수한' 민법학을" 주문하는 목소리가 증대되었다.[43] 그러한 지적 '여유' 속에 대한민국 사법私法 체제의 구축을 비교법사학 – 비교법사회학의 세계적 흐름 속에서 조망해 봄직하다. 로마법 연구자 왓슨Alan Watson의 법이식론legal transplants theory이 촉발한 논쟁은 흥미로운 이론적 소재가 될 수 있다. 법의 변동은 사회변동의 결과가 아니라 법률가들의 법내재적法內在的 실천을 통해 다른 법제를 차용하는 형태로 이루어진다는 왓슨의 통찰에 대해, 법사회학 이곳저곳에서는 사회의 필요에 의한 법의 변동을 강조하는 기능주의적 비판(프리드먼) 또는 같은 법규가 다른 법공동체에서는 전혀 다른 의미를 가지는 이상 이식은 불가능하다는 현상학 – 해석학적 비판(르그랑) 등을 가했다.[44] 특정 법학교육의 배경을 가진 법률가들의 지적 작업을 통해, 제한된 선택지 속에서, 사회적 맥락에 대한 치열한 고려 없이 이루어진 한국의 민법 계수를 보면 왓슨의 테제가 타당하게 느껴진다. 그러나

41) 양창수, 「민법안의 성립과정에 관한 소고」, 59면. 법전편찬위원회의 민법안 총칙편에 대한 만주국 민법의 압도적 영향에 대해서는 양창수, 「민법안에 대한 국회의 심의(Ⅰ)」, 『민법연구』 제3권(박영사, 1995), 10-11면; 「한국 민법학 60년의 성과와 앞으로의 과제」, 715-716면.

42) 정종휴, 「한국민법의 편찬과 비교법적 위치 – 한일법사학계의 협력을 기대하며」, 『법사학연구』 제40호(2009), 24면. 한편 이철송은 민법 전문가가 아님을 전제하면서 한국 민법전에 대한 만주국 민법의 영향을 과소평가하는 것이 오히려 역사적 현실을 직시하지 못하게 만드는 것이 아닌가라는 의문을 제기한다. 이철송, 「만주국민법의 우리 법제사적 의의 – 만주민법의 자리매김에 관한 의문」, 『민사법학』 제78호(2017), 3-41면.

43) 양창수, 「한국 민법학 60년의 성과와 앞으로의 과제」, 746-747면.

44) Alan Watson, "Comparative Law and Legal Change," *Cambridge Law Journal*, Vol. 37, No. 2(1978), pp. 313-336; Lawrence Friedman, "Some Comments on Cotterrell and Legal Transplants," in David Nelken and Johannes Feest (eds.), *Adapting Legal Cultures* (Oxford: Hart Publishing, 2001); Pierre Legrand, "The Impossibility of 'Legal Transplants'," *Maastricht Journal of European and Comparative Law*, Vol. 4(1997), pp. 111-124.

다른 한편으로는 같은 법규와 개념이 원천 사회와는 전혀 다른 사회관계에 적용되는 모습을 보면서 "이식"의 사회적 차원에 대한 관심을 결여한 법이식론에 불만을 가지게 된다. 게르만 마르크공동체의 소유관계를 설명하기 위해 개발된 총유總有Gesamteigentum 개념이 일본에 학설로써 계수되었고 만주국 민법으로 입법화된 것에 이어 한국에서도 20대의 젊은 학자 김증한의 강력한 주창에 의해 민법에 진입한 후 원천 사회에서 찾아볼 수 없는 종중宗中의 소유관계를 비롯해 비법인사단 일반의 소유관계에 적용되게 된 점은 소위 "이식"된 법이 새로운 의미공동체에 현지화됨domesticated으로써 전혀 다른 규칙으로 전화한다는 르그랑의 반론을 수긍하게 해준다.[45] 한편 총유 개념과 규정이 민법의 다른 법규정과 조화를 이루지 못하고 실질적 효용 또한 제한되어 있다는 비판은 그러한 현지화가 제대로 이루어졌는가라는 의문을 불러일으킨다.[46] 법이식론이 소홀히 하는 지식사회학적 함의도 생각해 봄직하다. 심희기는 종중재산에 대한 총유 이론의 적용에서 조선사회정체성론을 읽어낸다.[47] 양창수는 만주국 민법을 기초하는 데 주도적 역할을 수행한 와가츠마我妻榮에게서 단체주의로의 이행을 필연으로 인식하는 역사주의적 사고를 발견한다.[48] 그와 같은 역사주의는 전전戰前 일본의 맑시스트 민법학자인 스에

45) 총유의 게르만적 기원과 한국에의 적용 양태에 대해서는 김학동, 「총유의 본질과 실제」, 청헌법률문화재단 엮음, 『사법연구』 제1권(1992), 113-172면. 총유 규정은 이미 민법전편찬요강에 예정되어 있었다. 또 총유를 규정한 만주국 민법 제252조가 민법전 초안 제262조에 총유를 합유로 바꾸기만 한 채 들어가 있었다. 임상혁, 「법인이 아닌 사단의 민사법상 지위에 관한 고찰 – 총유 규정을 둘러싼 민법 개정 논의와 관련하여」, 『서울대학교 법학』 제54권 제3호(2013), 194-196면. 그러나 오늘날 한국 민법학에서 당연시되는 총유와 합유의 개념적 구별의 전제 위에 총유를 도입한 것은 김증한의 기여이다. 이에 관해서는 양창수, 「민법전의 제정과정에 관한 연구 – 민법안에 대한 국회본회의의 심의」, 『서울대학교 법학』 제33권 제2호(1992), 156-163면. 총유에 대한 김증한의 견해는 김증한, 「공동소유형태의 유형론」, 『법조협회잡지』 제2권 제3호(1950), 220-243면 및 이를 해설하고 그것의 연구사적 의의를 밝힌 정종휴, 「청헌 김증한 교수의 공동소유론 – 특히 총유를 중심으로」, 『민사법학』 제69호(2014), 251-288면. 국회에 제출한 민사법연구회의 『민법안의견서』에 담긴 김증한의 의견과 그에 대한 국회의 토의는 명순구, 『실록 대한민국 민법』 제2권(법문사, 2010), 233-252면에 수록되어 있다. 김대정은 만주국 민법이 규정한 총유가 일본 민법이 규정한 "공유의 성질을 가지는 입회권"을 명칭만 달리 바꾼 것에 불과한 것임에 비해 비법인사단의 소유 형태를 일률적으로 총유로 정한 한국 민법 규정은 "김증한 교수의 창작물"이라 말한다. 김대정, 「총유에 관한 민법규정의 개정방안」, 『중앙법학』 제14집 제4호(2012), 94면.

46) 대표적 비판론으로는 이호정, 「우리 민법상의 공동소유제도에 대한 약간의 의문 – 특히 합유와 총유를 중심으로」, 『서울대학교 법학』 제24권 제2·3호(1983), 102-118면.

47) 심희기, 「조선후기 종중의 단체성과 소유형태」, 『법사학연구』 제10호(1989), 1-42면.

48) 양창수, 「한국 민법학 60년의 성과와 앞으로의 과제」, 742면 주 94. 그렇다고 한국 민법에 총유를 도입한 것을 전체주의 사상의 소산으로까지 보는 것은 아니다. 양창수, 「공동소유-민법

히로末弘嚴太郎와 히라노平野義太郎로 하여금 개인주의의 극복이라는 명분을 매개로 일본군국주의에 복무하게 만든 지적 동력이기도 했다.[49] 한국 민법에 도입된 총유는 이러한 배경으로부터 자유로운 것인가? 김증한은 일본 학자들(특히 이시이石田文次郎와 와가츠마)의 이해가 불충분함을 지적하면서 기르케Otto von Gierke의 단체Genossenschaft 이론으로부터 개념에 대한 이해를 직접 도출하고자 했다.[50] 김증한에게 그러한 독일 법학에의 직접적 접속은 서양법의 “불유쾌한 매개자”인 일본에의 의존을 극복하는 탈식민화의 한 방편이었다.[51] 그러나 정종휴는 “한국과 일본 두 나라를 털어 공동소유 유형에 관한 가장 심도 있는” 김증한의 저작을 일본을 거친 독일 민법의 학설계수가 정점을 찍은 모습으로 본다.[52] 흥미로운 것은 근래 들어 민법상의 총유가 제주공동목장과 같은 자연자원의 집합적 관리를 위한 방편으로 새로이 주목 받게 되었다는 점이다.[53] 그것은 총유 이론이 가진 식민지적 함의가 극복되었음을 의미하는 것인가 아니면 망각되었음을 보여주는 것인가? 그러한 의문은 이미 불필요하게 되었는지도 모른다. 윗슨은 영국의 권력분립에 대한 몽테스키외의 부정확한 이해가 미국 헌법 기초자들에게 받아들여졌음을 지적하면서 원천에 대한 올바른 이해 여부는 법의 이전移轉에 중요하지 않다고 말했다.[54] 어쩌면 망각과 오해야말로 한 나라에서 다른 나라로 법개념과 제도가 이동하는 조건일지도 모른다.[55]

제정과정에서의 논의와 그 후의 평가를 중심으로」, 『민법연구』 제6권(박영사, 2001), 137-138면.

49) Chulwoo Lee, “Hegemony, Contestation, and Empowerment: The Politics of Law and Society Studies in South Korea,” *Asian Journal of Law and Society*, Vol. 1, No. 2 (2014), p. 280.

50) “서울에서 전등불 구경을 못하던 때에 석유 람프불로 매일 밤 1시, 2시경까지 앉아서 Gierke의 Deutsches Privatrecht와 씨름을 한 끝에 쓴 것이었다.” 양창수, 「공동소유」, 121면, 주 39에서 재인용.

51) “불유쾌한 매개자”는 최종고의 조어이다. 「청리 최종고 교수 정년기념대담」, 『서울대학교 법학』 제54권 제1호(2013), 29면.

52) 정종휴, 「청헌 김증한 교수의 공동소유론」.

53) 박태현 · 이병천, 「자연자원의 집합적(또는 공동체적) 관리와 총유제」, 『ECO』 제21권 제1호(2017), 7-39면. 이 현대적 총유론은 오스트롬(Elinor Ostrom) 등의 커먼즈(commons) 관리론과 공명하는 개념과 제도로서 총유를 바라본다. 아직 총유와 직접 연결하지는 않지만 공동소유에 대한 한국 민법의 태도를 그러한 이론 개발의 터전으로 삼는 김영희, 「커먼즈적 공유에 관한 고찰」, 『법과 사회』 제57호(2018), 153-204면도 참조.

54) Watson, “Comparative Law and Legal Change,” pp. 315-316.

55) 한국의 현대적 총유론이 위에서 서술한 총유의 학설사적, 입법사적 유래에 대한 지식을 결여하고 있다고 말하는 것은 결코 아니다.

3. 친일과거청산

일제 유산의 인적人的 청산을 둘러싼 갈등도 일제의 한국 지배가 가지는 특수한 성격 – 특히 한국의 국가성statehood과 국제적 지위로부터 오는 특성 –을 드러낸다. 식민지 지배로부터 해방된 집단은 지배에 부역한 사람들을 단죄하는데 그 규모와 형태는 다양하여 일반화하기 어렵다. 식민지 지배 이전에 경계가 뚜렷한 정치공동체가 수립되어 있지 못한 경우에는 식민 지배의 종식으로 생성되는 새로운 정치공동체가 '반역'을 규정하고 단죄할 준거와 정체성을 가지지 못한다. 그 경우에는 정치공동체에 대한 반역보다는 지배 과정에서 수행한 반인륜적 권력 행사를 단죄의 대상으로 삼을 수밖에 없다. 한국과 같이 지배국에 복속되기 전에 이미 베스트팔렌 국제질서의 일원인 국가를 가지고 있었고 그 국가의 침해된 주권을 되찾으려는 독립운동을 전개하는 경우, 인적 과거청산은 전시 점령에서 벗어난 주권국가의 부역자 처벌과 유사하거나 그것에 스스로를 비유하는 준거 담론을 가지게 된다. 한국에서 '친일' 과거 청산을 프랑스의 나치 부역자 처벌과 비교하는 경향은 이에 기인한다. 반면 한국은 35년간 일제의 직접 통치를 받으면서 국제적으로는 일본의 일부로 받아들여졌고 내부적으로도 상당한 동화가 진행되었으며, 단죄를 법적으로 근거짓는 과거의 유효한 법질서와 그것을 도덕적으로 정당화하는 준거점으로서 '좋은 옛 질서'를 가지고 있지 못하다는 점이 '반역'에 대한 처벌에 저항하는 힘과 논리를 만들어냈다. 여기에 분단과 남북간 체제 경쟁이라는 조건이 일제 유산의 인적 청산을 어렵게 만들었다.

일제가 패망하자마자 많은 한인 정치집단이 곧바로 '친일' 반민족행위자에 대한 처벌을 요구한 것은 당연했다. 그러나 해방이 독립전쟁을 거쳐서 얻은 것이 아닌데다 미군정의 철저한 폭력관리로 민간에 의한 초법적 처벌이나 보복이 이루어지지 않은 까닭에 반민족행위자에 대한 법적 처벌을 재촉하는 동력이 상대적으로 제한되었다.[56] 그렇더라도 경찰 등에 광범위하게 남아 있던 일제의 그림자는 통치의 정당성을 위협하는 큰 요인이었다. 1946년 대구에서 시작되어 여러 지역으로 확산된 대중봉기가 이를 보여주었다.[57] 반민족행위자 처벌을 위한 첫 법적

56) 프랑스에서 노르망디 상륙부터 임시정부가 통치력을 확보하는 몇 개월간 이루어진 초법적 숙청과 그것을 대체한 사법절차를 통한 숙청에 대해서는 이용우, 「초법적 숙청과 사법적 숙청 – 해방후 프랑스의 부역자 처벌」, 『역사학보』 181호(2004), 261-299면.

57) 김상숙, 『10월항쟁: 1946년 10월 대구 봉인된 시간 속으로』(돌베개, 2016).

시도인 1947년 조선과도입법의원의 「부일협력자-민족반역자-전범·간상배에 대한 특별법률조례」의 제정은 이를 배경으로 했다. 이 조례는 넓게 "부일협력자"를 정의한 초안에서부터 몇 번에 걸친 수정 끝에 상당히 축소되어 1947년 7월 입법의원을 통과했으나, 군정장관이 동의와 서명을 거부하여 입법화되지 못하였다.[58] 그렇지만 그동안 불명확했던 부일협력자와 민족반역자에 대한 정의와 처벌 범위 등을 구체화하여 향후 논의의 원형을 마련했고, 1948년 국회의원선거법의 선거권과 피선거권 규정에도 영향을 주었다.[59] 국회의원선거법 제2조는 "일본정부로부터 작爵을 받은 자"와 "일본제국의회의 의원이 되었든 자"의 선거권을, 제3조는 "일제시대에 판임관 이상의 경찰관 급及 헌병, 헌병보 또는 고등경찰의 직에 있든 자급 기밀행위를 한 자," "중추원의 부의장, 고문 또는 참의가 되었든 자," "부府 또는 도道의 자문 혹은 결의기관의 의원이 되었든 자," "고등관으로서 3등급 이상의 지위에 있든 자 또는 훈7등 이상을 받은 자"(단 기술관과 교육자는 제외)의 피선거권을 박탈했다.

미군정 당국이 상기 특별법률조례에 서명하기를 거부한 이유 중 하나는 그런 입법은 "전 의원이 민선으로 된 의원議院에서 나와야" 한다는 것이었다.[60] 그러한 요건은 1949년 공포된 반민족행위처벌법에서 충족되었다. 이 입법은 "이 헌법을 제정한 국회는 단기 4278년 8월 15일 이전의 악질적인 반민족행위를 처벌하는 특별법을 제정할 수 있다"고 한 제헌헌법 제101조에 예고되어 있었다. 반민족행위처벌법의 입법은 1948년 8월 5일 제헌국회 제40차 본회의에서 기초를 위한 특별위원회 설치안이 가결됨으로써 시작되었고, 같은 해 9월 22일 법률 제3호로 공포됨으로써 결실을 보았다. 동법은 "일본정부와 통모하여 한일합병에 적극협력한 자, 한국의 주권을 침해하는 조약 또는 문서에 조인한 자와 모의한 자," "일본치하 독립운동자나 그 가족을 악의로 살상박해한 자 또는 이를 지휘한 자"를 사형에 처할 수 있도록 하는 등 제1장에서 처벌할 범죄의 태양과 형벌을 규정했다. 동법에 의해 특별조사위원회가 설치되어 688명을 조사한 결과 559명을 특별검찰

58) 군정법령 제118호 「조선과도입법의원의창설」 제5조 "동 의원에서 제정한 법령은 군정장관이 동의하야 합법적으로 서명 날인하고 관보에 공포하는 때에 법률의 효력이 있음." 이 법령의 초안과 최종안, 제정 과정에 대해서는 기초위원장 정이형의 전기인 박환, 『잊혀진 혁명가 정이형』(국학자료원, 2004), 155-183면 참조.

59) 김민철, 「탈식민의 과제와 친일파 청산 운동」, 정근식·이병천 엮음, 『식민지 유산, 국가 형성, 한국 민주주의』 제1권(책세상, 2012), 245면.

60) 안진, 『미군정과 한국의 민주주의』(한울, 2005), 366면.

부에 송치했고, 특검은 221명을 기소했다. 동법에 의해 설치된 특별재판부는 이 중 41명에 대해 재판을 하여 1명에 대해 사형을, 1명에 대해 무기징역을, 13명에 대해 징역형을, 18명에 대해 공민권 정지를 선고했으며, 6명 무죄, 2명 형 면제를 선고했다.[61] 여기에 그친 것은 제2차 개정에서 공소시효를 1949년 8월 31일로 변경해 법의 기능을 앞당겨 종결시킨 결과였다. 제3차 개정에서는 특별조사위, 특검과 특별재판부를 모두 해체하고 진행 중인 수사 및 재판을 대검찰청과 대법원으로 이관했다. 동 법률은 1951년 2월 폐지되었고, 동법에 의해 선고된 형은 모두 효력을 상실했다.

친일과거청산은 전쟁, 권위주의 통치, 냉전이라는 조건 속에 수면 아래 잠복하고 있다가 1987년 민주화의 국면을 맞자 중요한 아젠다로 다시 등장했다. 『친일문학론』의 저자 임종국의 유지를 이어 반민족문제연구소가 1991년 설립되었다. 이 연구소는 1995년 민족문제연구소로 개칭하면서 일종의 시민운동단체로 발전했다. 친일과거청산을 요구하는 목소리가 민주화로부터 자양분을 얻었을 뿐만 아니라 비난받는 친일행위 및 행위자를 기념하는 행사들 또한 민주화의 국면 속에 활발해지면서 과거청산의 요구를 역으로 자극했다. 즉 지방자치의 발전에 따라 지방에서 추진된 기념사업들이 기념의 대상이 되는 사람들의 친일과거를 공론화시키는 결과를 가져왔다. 기념사업들은 행적 조사를 필요로 했고 이는 민족문제연구소의 기능을 강화시켜주었다. 『친일인명사전』의 편찬 움직임은 그 결과의 하나였다.[62] 1990년대부터 탄압과 학살의 과거사를 청산하려는 여러 입법이 추진되는 가운데 친일과거청산에 대한 요구가 커지던 형국에서 2003년 『친일인명사전』의 편찬을 위한 예산이 한나라당 의원들에 의해 거부되자 대중의 비난이 일어났고 이것이 국가 차원의 친일청산을 요구하는 여론을 강화함으로써 같은 해 이미 발의되어 있던 「일제강점하 친일반민족행위진상규명에 관한 특별법」에 연료를 제공했다.

이 특별법안은 154인의 국회의원(한나라당 49인 포함)에 의해 2003년 8월 발의되었고, 원안을 상당부분 수정하는 우여곡절을 거쳐 2004년 3월 국회를 통과했다. 법률의 이름은 「일제강점하 반민족행위진상규명에 관한 특별법」(이하 '반민규명법'

61) 이강수, 『반민특위 연구』(나남, 2003), 301-307면. 반민특위 특별재판부장 김병로의 활동과 상념에 대한 한인섭, 『가인 김병로』, 제16장 참조.
62) 김민철, 「탈식민의 과제와 친일파 청산 운동」, 253-258면.

으로 약칭)으로 확정되었다. 이 법률은 18개의 "친일반민족행위" 태양態樣을 열거하고 친일반민족행위진상규명위원회(이하 '반민규명위'로 약칭)를 설치하여 조사대상자를 선정하고 그들의 행위를 조사한 결과를 보고서와 사료로써 공표한다는 내용이었다. 그러나 이를 "누더기" 법안이라 비난하는 시민연대가 개정안을 제시함으로써 곧바로 개정 논의가 시작되었고 2004년말 개정이 이루어졌다. 시민연대의 개정안은 제정 법률이 취한 행위 중심의 "친일반민족행위" 정의를 지위 또는 행위자 중심으로 바꾸려 했다.[63] 그러나 결국 행위 중심의 정의를 그대로 둔 채 일부 행위 태양에서 "전국적" 차원의 행위라는 요건을 없애는 한편 가장 민감한 쟁점이었던 "중좌 이상의 장교로서 침략전쟁에 적극 협력한 행위"를 "소위 이상"으로 바꾸고 2개 행위를 추가해 총 20개 행위를 친일반민족행위로 규정했다. 제정 법률과 개정 법률 모두 "일본제국의회의 귀족원의원 또는 중의원의원으로 활동한 행위"와 "조선총독부 중추원 부의장 고문 또는 참의로 활동한 행위"만을 객관적 직책 기준으로 정의하였을 뿐 다른 행위에 대해서는 "탄압에 앞장선," "집행을 주도한"과 같은 특정 성격 요건을 추가로 요구하였다. 반민규명위는 2005년 5월부터 4년 6개월 동안 가동하여 1,006명에 대해 친일반민족행위 결정을 내렸다.[64]

반민규명법은 반민족행위자를 형벌로 다스리지 못하게 된 상황에서 실질적인 명예형을 가하는 사회적 기능을 발휘하는 한편 2005년 12월말 제정된 「친일반민족행위자 재산의 국가귀속에 관한 특별법」이 가동하기 위한 전제조건을 마련했다. 반민족행위자가 친일반민족행위로 축재한 재산을 국가에 귀속시키는 것을 목적으로 한 이 법은 그 대상자를 반민규명법에 의거하여 정의한다. 이러한 법에 대한 요구는 이미 1990년대 전반기에 대두되었다.[65] 한편으로는 민주화가 권위주의시대 억눌렸던 친일청산에 대한 요구를 자극했고, 다른 한편으로는 소위 친일파 후손들이 조상 소유 토지를 찾아내어 소송을 통해 되찾는 사건들이 발생하여 공분

63) 예를 들어, 제정 법률에서는 "중앙의 문화기관이나 단체를 통하여 일본제국주의의 내선융화 또는 황민화운동을 주도함으로써 일본제국주의의 식민통치 및 침략전쟁에 적극 협력한 행위"라 한 것을 시민연대안에서는 "문화·예술·언론·교육·학술·종교 등 사회 각 부문에서 황민화운동을 비롯한 일제의 식민통치정책과 침략전쟁에 적극 협력한 자"로 개정할 것을 요구했다. 이준식, 「뒤늦은 국가차원의 친일청산: 친일반민족행위진상규명위원회의 활동을 중심으로」, 『법과 사회』 제49호(2015), 45-50면.

64) 같은 글, 52면.

65) 한상범, 「반민족 행위자 재산처리에 관한 특별법 제정의 필요성」, 『아태공법연구』 제2호(1993), 5-17면; 이헌환, 「반민족행위자 재산환수 문제에 대한 헌법적 접근」, 『법과 사회』 제10호(1994), 108-126면.

을 일으켰다. 그런 소송은 1980년대부터 시작되었다. 중추원 참의를 역임한 조진태의 후손이 제기한 소송에 대해 1986년 대법원은 조선토지조사사업에 따른 사정査定을 받았다는 사실의 입증으로써 등기명의자의 소유권 추정을 뒤집을 수 있다는 이전의 판례를 더욱 활용하기 쉽게, 토지조사부 등재로써 사정을 추정할 수 있도록 판결했다.[66] 이 판례 법리에 힘입어 친일파 후손이 등기부상의 명의자인 국가를 물리치고 토지를 찾는 일이 빈번해졌다. 이완용의 한 후손 역시 국유의 추정을 깨뜨리는 판결을 얻어냈다.[67] 더욱이 그 후손이 제기한 또 다른 소송에서 서울고등법원은 반민족행위처벌법이 폐지된 뒤 46년이 경과하도록 반민족행위자의 재산권을 박탈, 제한하는 법률을 국회가 제정한 바 없는 상황에서 법률에 의하지 아니하고 그 재산권을 제한, 박탈하는 것은 "법치국가에서 있을 수 없는 일"이며 "소급하여 과거의 일을 정의 관념만을 내세워 문제삼는 것"이 사회질서에 어긋난다고 언명했다.[68] 한편 1995년부터 행정자치부와 지방자치단체의 지적전산화에 힘입은 "조상 땅 찾기" 사업이 친일파 후손의 소유권 주장을 더욱 용이하게 했다. 2004년 2월 「친일반민족행위자의 재산환수에 관한 특별법안」이 발의된 것은 이에 대한 대응이었다.[69] 이 법안은 제16대 국회 회기만료로 폐기되었고, 제17대 국회에서 다시 발의되었다.

친일파 소송을 차단하려는 사법적 시도가 없었던 것은 아니었다. 일제 남작 이재극의 손자며느리가 국가를 상대로 제기한 소송에 대해 2001년 서울중앙지방법원은 제헌헌법 제101조의 규정, 현행 헌법 전문前文의 문언과 반민족행위처벌법의 취지 등을 근거로 친일파 재산 회복을 위한 소송이 정의와 신의칙에 반한다며 각하하였다. 이 시도는 앞선 이완용 후손 항소심 판결을 인용하는 한편 해당 토지가 반민족행위에 의해 취득된 것인지에 대해 심리가 미진하였음을 이유로 원심을 파기한 항소심 판결에 의해 무위로 돌아갔다.[70] 반면 수원지방법원은 2004년 이

66) 김기창, 「친일재산 환수의 쟁점과 의의」, 『법과 사회』 제49호(2015), 81면.

67) 다만 이 사건에서는 이미 이완용이 제3자에게 토지를 매도했고 농지개혁으로 그 소유권이 국가에 귀속하였음을 인정함에 따라 원고는 패소했다. 김계순, 「친일반민족행위자 후손의 토지소송에 관한 판례유형」, 『법학논집』(이화여대) 제14권 제4호(2010), 13-14면.

68) 김기창, 「친일재산 환수의 쟁점과 의의」, 82면.

69) 2004년 12월까지 31건의 친일파 후손 토지 소송이 있었다. 같은 글, 83면.

70) 서울지방법원 2001.1.16. 99가합30782 판결, 서울고등법원 2003.4.4. 2001나11194 판결. 환송심은 이 토지를 농지개혁에 의해 제3자가 합법적으로 취득했음을 이유로 원고의 청구를 기각했다. 서울지방법원 2003.11.28. 2003가합36749 판결. 이 사건에 대해서는 윤철홍, 「친일파의 토지관련 소송시 법규적용상의 문제 – 서울지법 2001.1.16, 99가합30782; 서울고등법원 2003.

근호의 후손이 제기한 소송에 대해 제헌헌법 제101조부터 현행 헌법에 이르기까지의 헌법 정신에 비추어 볼 때 친일반민족행위자의 재산권 행사를 제한할 입법 의무가 있다고 설시하면서, 친일 재산 환수를 위한 입법이 추진되고 있으므로 입법이 이루어질 때까지 재판청구권의 행사를 일시 정지한다는 취지에서 소를 각하하였다.[71] 「친일반민족행위자 재산의 국가귀속에 관한 특별법」(이하 '친일재산귀속법'으로 약칭)은 이 판결이 있은 후 몇 주 후에 국회를 통과했다.

친일재산귀속법 제2조는 반민규명법이 열거하는 친일반민족행위 중 그 정도가 중한 행위를 추출하여 그것을 범한 자를 "재산이 국가에 귀속되는 대상인 친일반민족행위자"로 정의하는 한편, "친일반민족행위자의 재산"(이하 '친일재산'으로 약칭)을 "친일반민족행위자가 국권침탈이 시작된 러·일전쟁 개전시부터 1945년 8월 15일까지 일본제국주의에 협력한 대가로 취득하거나 이를 상속받은 재산 또는 친일재산임을 알면서 유증·증여를 받은 재산"으로 정의했다. 그리고 "러·일전쟁 개전시부터 1945년 8월 15일까지 친일반민족행위자가 취득한 재산은 친일행위의 대가로 취득한 재산으로 추정"함으로써 힘을 들이지 않고 친일반민족행위자의 재산을 국가에 귀속시킬 수 있었다.[72] 동법에 의해 설치된 친일반민족행위자재산조사위원회는 4년간 활동한 결과 168명의 친일반민족행위자가 남긴 2,359 필지(11,139,645㎡, 시가 2,107억원 상당)의 국가귀속을 결정했다.[73]

반민규명법에 따른 친일반민족행위 결정, 그리고 친일재산귀속법에 따른 재산의 국가귀속 처분은 많은 쟁송을 야기했다. 친일반민족행위 결정을 받은 사람들이 제기하는 결정처분취소소송, 친일재산으로 국가귀속이 결정된 데 대한 국가귀속처분취소소송이 가장 대표적인 소송 양태이다. 국가귀속처분에 따른 토지소유권이전등기를 말소하라는 소송도 있다. 역으로, 친일재산이 제3자에게 양도된 경우 국가가 원고가 되어 매매대금을 부당이득으로 청구하는 소송도 있다.[74] 미묘한 사실관계에 따라 친일 후손이 (일부)승소하는 경우가 있지만 대다수의 소송에서는 국가의 처분이 존중되었다.[75] 한편 반민규명법과 친일재산귀속법이 위헌심사에 회부

4.25. 2001나11194의 검토」, 『토지법학』 제21집(2005), 226-257면.

71) 수원지방법원 2005.11.15. 2004가단14143 판결. 이 판결에 대한 평석으로는 윤철홍, 「친일파후손의 소유권보존등기말소청구소송판결에 관한 일고찰」, 『법조』 제593호(2006), 226- 257면.

72) 단 제3자가 선의로 취득하거나 정당한 대가를 지급하고 취득한 권리는 해하지 못한다고 규정했다(제3조 제1항 단서).

73) 이준식, 「국가기구에 의한 친일청산의 역사적 의미」, 『역사비평』 제11호(2010), 105면.

74) 예를 들면, 대법원 2011.6.10. 2010다40239 판결이 다룬 사례.

되는 것은 피할 수 없었다. 친일과거청산의 다이내믹스를 잘 보여주는 사건으로서 일제로부터 작위를 받은 이해승의 손자가 제기한 소송을 들 수 있다.

이해승은 철종의 부父인 전계대원군의 5대손으로서 1910년 조선귀족령에 근거해 일제로부터 후작의 작위를 수여받았고 국민총력조선연맹 등 친일 단체에서 활동했다. 2009년 반민규명위는 이해승의 행위를 반민규명법 제2조 제7호가 규정하는 "한일합병의 공으로 작위를 받거나 이를 계승한 행위" 및 기타 규정이 정하는 일본제국주의에 협력한 행위에 해당한다고 결정했다. 2007-2009년 친일반민족행위자재산조사위원회는 반민규명법 제2조 제7호의 행위를 재산의 국가귀속 사유로 규정한 친일재산귀속법 제2조 제1호에 따라 여러 필지의 토지의 국가귀속을 결정했다.[76] 이해승의 손자인 원고는 이해승이 "한일합병의 공으로" 작위를 취득한 것이 아니므로 반민규명법 제2조 제7호에 해당하지 않는다고 주장하면서 친일반민족행위결정처분 및 국가귀속결정처분에 대한 취소를 구하는 소송을 제기했다. 이미 국가로 소유권이전등기가 이루어진 사건에 대해서는 소유권이전등기말소를 구하는 민사소송도 제기했다. 이에 대해 위원회는 한일병합조약문에서 "공훈 있는 한국인"에게 수작授爵함을 언급하고 있는 이상 수작 자체가 "한일합병의 공"에 의한 것임을 주장했다. 그러나 서울행정법원은 이해승이 "한일합병의 공으로" 수작受爵한 것이 아님을 인정하여 해당 반민족행위결정 및 그에 터잡은 국가귀속결정처분을 취소하는 판결을 내렸고, 서울중앙지방법원은 원인무효를 이유로 이전등기말소를 명하는 판결을 내렸다.[77] 한 사건에서는 서울행정법원이 원고의 청구를 기각했으나 항소심인 서울고등법원이 이를 취소하고 결정처분취소의 판결을 내렸으며, 대법원이 피고의 상고를 기각함으로써 판결이 확정되었다.[78] 이 사건을 본 국회는 2011년 5월 친일재산귀속법 제2조 제1호와 반민규명법 제2조 제7호를 개정하여 "친일반민족행위진상규명위원회가 결정한 친일반민족행위자 중 일제로부

75) 조세열, 「법정에 선 역사정의 – '친일' 관련 소송의 추이와 판결 분석」, 『내일을 여는 역사』 제43호(2011), 16-21면.

76) 총 194필지, 면적 3,783,619㎡, 공지지가 157억원에 해당하는 토지에 대해 국가귀속 또는 친일재산확인결정을 내렸다. 친일반민족행위자재산조사위원회, 『청산되지 않은 역사, 친일재산』(2010), 133면.

77) 서울행정법원 2010.12.16. 2010구합5431 판결; 서울행정법원 2010.12.23. 2009구합51025 판결; 서울중앙지방법원 2011.2.18. 2010가단207337 판결.

78) 서울행정법원 2010.12.23. 2008구합7564 판결; 서울고등법원 2010.5.27. 2009누19658 판결; 대법원 2010.10.28. 2010두12576 판결.

터 작위를 받거나 이를 계승한 자"라면 재산을 국가귀속 대상으로 삼을 수 있게 하는 한편 개정 전의 친일반민족행위자 결정은 개정 규정에 따라 결정한 것으로 간주하도록 했다.[79] 이에 따라, 진행되던 쟁송에 대한 판결도 달라졌는데 이를 확실히 한 것은 헌법재판소의 결정이었다. 이해승 손이 국가에 귀속된 임야의 소유권이전등기 말소를 청구하여 승소한 것에 대해 대한민국이 항소하자, 개정된 법률 조항에 대해 원고가 위헌심판제청을 신청했고 항소심 법원이 심판을 제청한 사건이다. 헌재는 친일재산은 친일반민족행위자가 해당 재산을 취득하였을 때 소급하여 국가에 귀속하는 것이고 재산조사위의 결정에 의해 국유화되는 것이 아니기 때문에 제청법원은 재산조사위의 결정과 무관하게 소유권이전등기의 효력을 판단하면 되므로 부칙 조항이 재판의 전제가 되지 않고, 친일재산귀속법이 진정소급입법이지만 친일재산의 성격상 그 소급적 박탈을 예상할 수 있었으므로 위헌이 아니며, 법 개정 전 국가귀속 대상이 아니었던 재산을 법 개정 후 귀속 대상으로 결정하더라도 제청신청인의 신뢰의 보호가치에 비해 달성되는 공익이 크기 때문에 신뢰보호 원칙에 반하지 않고, 친일재산 국가귀속의 역사적 당위성, 대상 범위의 합리적 설정, 선의의 제3자 보호 등에 비추어 볼 때 과잉금지원칙에 반하지 않는다고 판시했다.[80] 제청법원은 제1심 판결을 취소하고 원고의 청구를 기각했으며, 대법원은 상고를 기각했다.[81] 헌재 결정을 원용해 친일반민족행위결정취소청구를 기각하는 판결, 친일재산국가귀속결정취소청구를 기각하는 판결, 제3자에게 매각된 친일재산의 매매대금에 대한 국가의 부당이득반환청구를 인용하는 판결이 잇따르자 이해승 손은 재삼 헌법재판을 구하고자 했다.[82] 상고심에서 위헌심판제청을 신청했으나 상고와 함께 기각되고, 헌법소원심판을 청구하였으나 앞선 결정과 같은 이유로 청구기각의 결정을 받았으며, 다른 한 사건에서는 핵심적 청구가 법원의 판결을 대상으로 한다는 이유로 각하되었다.[83]

이처럼 두 특별법을 통한 친일과거청산의 작업은 근래까지 쟁송에 시달렸지만

---

79) 「친일반민족행위자 재산의 국가귀속에 관한 특별법」 부칙(법률 제10645호, 2011.5.19.) 제2항.

80) 헌법재판소 2013.7.25. 2012헌가1 결정.

81) 서울중앙지방법원 2014.1.17. 2011나14939 판결; 대법원 2016.12.29. 2014다22789 판결.

82) 서울고등법원 2014.1.8. 2011누3229 판결; 대법원 2016.11.9. 2014두3235 판결; 서울고등법원 2014.1.8. 2011누503 판결; 대법원 2016.11.9. 2014두3228 판결; 서울중앙지방법원 2014.2.7. 2010가합1550 판결; 서울고등법원 2015.2.6. 2014나18898 판결; 대법원 2016.12.27. 2015다13997 판결.

83) 헌법재판소 2018.4.26. 2016헌바454 결정; 헌법재판소 2018.4.26. 2017헌바88 결정.

사법부는 일관되게 두 법률의 합헌성을 선언하고 친일반민족행위/재산귀속 결정을 옹호하였다. 이 사업에 대해서는 사회적 도전도 크지 않았기에, 해방후 좌절된 인적 청산을 수행하여 늦추어진 역사적 보정을 원만하게 일단락한 것으로 보인다. 그러나 법체계에는 상당한 난제를 남긴 것이 사실이다. 반민규명법에 대한 헌법쟁송에서 제기된 가장 큰 쟁점은 사자死者와 유족의 인격권 침해로서, 헌재는 입법취지와 침해의 방식 및 정도에 비추어 볼 때 과잉금지원칙 등 헌법의 원칙에 반하지 않는다고 보았다.[84] 이에 대해서는 제헌헌법 제101조와 같은 규정이 없는 한 소급처벌 및 이중처벌 금지에 위반된다는 반대의견이 있었다. 친일재산귀속법에 대한 헌법쟁송의 쟁점 중에는 진정소급입법에 의한 재산권 박탈의 합헌성, 일정한 시기의 취득 재산을 친일 행위에 대한 대가로 취득한 것으로 추정하는 것이 적법절차원칙에 반하는지 등이 포함되었다.[85] 다수의견은 헌법이 선언하는 건국이념 등에 비추어 볼 때 소급입법을 예상할 수 있고, 침해되는 법적 신뢰와 달성되는 공익을 비교할 때 후자가 크다는 이유로 특별법을 정당화한다. 반면 헌법상 허용되지 않는 소급입법에 의한 재산권 박탈이라는 반대의견도 있다. 이러한 소급의 문제가 발생하는 것은 전술한 대로 '반역'에 대한 단죄를 근거짓는 과거의 실효적 법질서가 뚜렷하지 않은 까닭이다. 이와 관련해 친일반민족행위를 대한제국기의 형법대전刑法大全에 저촉되는 행위로 규정하고 그 대가로 취득한 재산을 강제환수하는 것의 정당성을 그로부터 찾는 별개의견이 있음이 흥미롭다.[86]

한편 러·일전쟁 개전시부터 1945년 8월 15일 사이에 취득한 재산을 친일행위의 대가로 취득한 것으로 추정하는 한편 그러한 재산 취득에 토지조사사업에 따른 사정査定을 포함시키는 것을 과잉금지원칙에 반한다고 본 소수의 한정위헌의견은 토지조사사업에 대한 역사 연구에 비추어 평가할 필요가 있다.[87] 조선토지조사사업에 대한 과거의 교과서적 관점은 사업을 통해 광범위한 소유권 변동이 있었다는 것이었다. 1980년대 후반부터 그러한 믿음은 세밀한 역사 연구에 의해 깨어지기 시작했다. 적어도 민유지에서는 신고와 사정이 당시의 소유관계를 정확

84) 헌법재판소 2010.10.28. 2007헌가23 결정; 헌법재판소 2011.3.31. 2008헌바111 결정; 헌법재판소 2013.5.30. 2012헌바19 결정.

85) 헌법재판소 2011.3.31. 2008헌바141, 2009헌바14 · 19 · 36 · 247 · 352, 2010헌바91(병합) 결정; 헌법재판소 2011.11.24. 2009헌바292 결정; 헌법재판소 2018.4.26. 2016헌바454 결정.

86) 헌법재판소 2011.3.31. 2008헌바141외(병합) 및 2011.11.24. 2009헌바292 결정에서 목영준의 별개의견. 이에 의하면 친일재산귀속법은 부진정소급입법이다.

87) 위의 사건에서 이동흡, 목영준의 의견.

히 반영하였다는 것이 현재의 연구 성과가 보여주는 바이다.[88] 그렇다면 친일재산귀속법의 친일재산 정의와 '친일대가취득 추정'은 이와 같은 역사상에 반하는 것인가? 동 조항(제2조 제2호) 자체는 그렇다고 보기 어렵다. 추정을 통한 입증책임의 전환이 반드시 그러한 역사적 가정을 전제하는 것은 아니며, 반대로 친일인사들이 일제시대를 통해 이룬 토지 취득과 관리의 실적은 친일 협력 내지는 그에 따른 사회경제적 조건과 무관하지 않다는 짐작을 가능하게 하기 때문이다.[89] 문제는 일제 초기에 이루어진 소유권 사정이다. 법에서 말하는 재산 취득에 사정이 포함됨은 재산조사 실무와 판례의 확고한 입장이다. 그런데 사정이 단지 존재하는 권리를 인증한 것인지, 새로운 권리를 창출한 것인지에 대해 논란이 있다. 토지조사령 제15조는 사정(또는 고등토지조사위원회의 재결)에 의해 소유자의 권리가 "확정"된다고 규정하고 있는데, 이전의 "모든 사유는 사정에 의해 일체 단절"된다는 일제 당국의 표현에 나타나는 사정의 효력을 대한민국 법원은 "원시취득의 효력"으로 해석했고,[90] 이것을 친일재산에 대한 판결에서도 이어받아 "사정을 받은 사람은 해당 토지나 임야를 원시적·창설적으로 취득"한다는 점을 들어 사정을 위의 "취득"에 포함한 것이다.[91] 더욱이 이 판결들은 "여러가지 사정으로 소유자의 신고가 이루어지지 아니하거나 소유자가 없는 토지, 소유권의 귀속이 명확하지 아니한 토지에 대하여도 사정이 이루어지는 등 토지 및 임야조사사업이 일제나 그와 결탁한 친일반민족행위자들에 의하여 토지를 수탈하는 수단으로 이용되기도 하였음"을 들어 사정을 친일재산 취득의 핵심적 루트로 보고 있다. 윤진수는 이와 같은 인식이 근래의 역사 연구에 합치하지 않을 뿐만 아니라, 사정의 수탈성을 강조하기 위해 토지조사사업 이전의 소유제도 발전을 인정치 않음으로써

88) 배영순, 「한말·일제초기의 토지조사와 지세개정에 관한 연구」, 서울대학교 박사학위논문(1987); 조석곤, 「조선토지조사사업에 있어서 소유권조사과정에 관한 연구 – 김해군의 사례를 중심으로」, 장시원 외, 『한국 근대 농촌사회와 농민운동』(열음사, 1988); 조석곤, 『한국 근대 토지제도의 형성』(해남, 2003); 이영훈, 「토지조사사업의 수탈성 재검토」, 김홍식 외, 『조선토지조사사업의 연구』(민음사, 1997), 제7장. 연구사를 정리한 이철우, 「토지조사사업과 토지소유법제의 변천」, 박병호교수환갑기념 『한국법사학논총』(박영사, 1991); 「수탈론을 넘어선, 그러나 무시된 첫 걸음-E. 그래거트, 『식민통치하의 토지소유제도: 일제하 조선의 경험 1900-1935』-조석곤의 서평에 대한 논평」, 『해외한국학평론』 제3호(2002), 33-39면.

89) 친일반민족행위자재산조사위원회, 『청산되지 않은 역사, 친일재산』(2010), 제3장 참조.

90) 대법원 1983.10.25. 83도2118 판결; 대법원 1984.1.24. 83다카1152 판결.

91) 대법원 2011.6.24. 2010두3169 판결; 대법원 2012.2.23. 2010두17557 판결; 대법원 2013.3.28. 2009두11454 판결; 대법원 2013.5.23. 2011두31390 판결.

식민사관과 결론을 같이하게 된다고 비판한다. 그에 따르면, 사정은 단지 강력한 불가변력을 동반하는 확인의 행위로서 취득 사유가 아니라는 것이다. 그러한 결론은 추정조항에 대한 한정위헌론으로 이어진다.[92] 윤진수의 지적대로, 사정을 원시취득 사유로 보거나 창설적 효력을 가진다고 보는 것은 오류이며, 수탈론적 가정 또한 경험적 근거가 약하다.[93] 반면 적절치 않은 용어를 사용한 것은 문제이나 판례가 사정의 효력을 전혀 잘못 이해한 것인지는 의문이다.[94] 대법원은 사정에 앞선 소유관계와 이후의 관계 사이의 연속성을 인정하여, 사정 이후의 소유에 대한 개연성을 보여준다면 사정의 추정력을 깨뜨릴 수 있게 하는가 하면 토지조사사업 전에 친일재산에 대한 실질적 지배권을 취득하였음을 추정함으로써 제3자 명의의 사정을 친일재산 취득에 포함시키기도 한다. 즉 사정 전후 소유관계의 연속성을 인정하고 있는 것이다.[95]

사정에 의한 소유권 확정은 친일재산 취득의 가장 중요한 추정 근거로 작용하고 있다. 친일재산귀속법을 위헌으로 선언하거나 사정을 추정조항 속에 포섭하는 것을 한정위헌으로 선언한다면 친일재산환수를 불러온 친일반민족행위자의 '조상 땅 찾기'가 재개될 수 있다. 여기에 딜레마가 있다. 무리한 역사 해석에 바탕을 둔 재산환수의 법리는 일제 지배의 결과를 수용하지 않을 수 없는 현실과 그에 터잡아 그리고 비성찰적으로 쌓인 법원의 기관기억institutional memory 때문에, 그리고 그것을 해체하지 못하는 가운데 친일과거청산의 부담을 떠안은 사법부의 곤경을

---

92) 윤진수, 「토지 및 임야 사정의 법적 성격 – 원시취득론 비판」, 『서울대학교 법학』 제53권 제1호(2012), 601-635면. 사정이 원시취득이 아닌 확인적 효력밖에 가지지 않았음은 사정과 확정판결의 경합, 제한물권의 존속 등을 보여주는 조선고등법원의 판례로부터 간취된다. 그러한 판례의 상세한 소개는 이우석, 「사정에 의해 확정된 토지소유권의 성격 – 조선고등법원의 판례를 중심으로」, 『법사학연구』 제36호(2007), 65-99면. 윤진수의 식민사관 비판은 새로운 식민사관으로 비난받기도 하는 '식민지근대화론'의 대표 선수인 이영훈이 토지조사사업을 "근대적 소유권을 원시창출하는 과정"으로 본 것과 묘한 대조를 이룬다. 이영훈, 『한국경제사 II』(일조각, 2016), 76면. 이영훈이 토지조사사업의 수탈성을 강조하는 전통적 견해를 가장 강하게 부정한 학자라는 점은 이 쟁점을 둘러싼 역사해석 전선(戰線)의 복잡성을 보여준다.

93) 필자 역시 사정에 창설적 효력이 있다고 언급했다. 이에 대한 비판은 윤진수, 「토지 및 임야 사정의 법적 성격」, 616면, 주 41.

94) 위의 대법원 판례는 대부분 사정이 "확인적 성격이 있음을 부인할 수는 없다"고 하면서도 단순히 기존의 소유권을 확인받는 절차에 불과한 것은 아니라 보고 있다. 사정에 부여된 강한 공신력, 불가변력을 "원시적·창설적 취득"이라는 용어로 강조한 것으로 생각된다.

95) 대법원 2013.3.28. 2009두11454 판결; 대법원 2016.12.29. 2014다22789 판결. 앞의 판결의 의의에 대해서는 윤진수, 「토지 및 임야 사정의 법적 성격-원시취득론 비판-추기」, 『법학논고』 VI(박영사, 2015), 266-267면.

적나라하게 보여준다. 법을 통한 친일과거청산은 법관을 역사의 판관의 지위에 올려놓았다. 친일청산 특별법은 법관에게 "독립운동에 적극 참여한 사람," "침략전쟁에 적극 협력한 행위," "일본제국주의에 현저히 협력한 행위"에 대한 판단을 요구함으로써 합법/위법의 이항대립적 코드에 의해 작동하는 법체계를 그 환경(다른 체계)과 착종시킴으로써 법체계에 과부하過負荷를 초래한다.[96)]

친일재산의 국가귀속을 정당화하는 대법원의 담론에 나타난 일제하 토지소유권 사정은 한편으로는 일제 지배의 물적 기반을 확립한 중요한 계기이면서 다른 한편으로는 "근대적 의미의 소유권이 처음으로" 생겨난 계기이기도 했다. 한국인에게 "근대" 그리고 "근대화"는 이처럼 식민지성과 착종되어 있기에 그것을 논하는 것은 긴장을 수반한다.

Ⅲ. 근대화의 논리와 실천

1995년 대한민국 사법부는 근대 사법 100주년을 대대적으로 경축했다. 법학계 역시 근대 법학 100주년을 기념했다. 같은 해 법사학계는 광복 50주년을 기념하면서 「'법', 그 속에 잔존하는 일제 유산의 극복」 심포지움을 개최하여 일제 통치의 부정적 영향을 되새겼다. 그렇다면 100년의 '근대화' 과정 가운데 시간적으로만 4할을 차지한 일제 지배는 어떤 의미를 가진 것이었으며, 일제시대의 변화는 '근대화'라는 개념 속에 어떻게 포섭되는 것인가?

많은 사람들에게 '근대' 사회는 그 이전 사회보다 나은 것이고 '근대화'는 좋은 것이기에, 일제시대의 변화를 '근대화'로 이해하는 것은 일제 지배를 정당화하는 것으로 여겨지기도 한다. 그렇기 때문에 '근대화'의 개념을 여러가지 방식으로 조정함으로써 일제하의 변화가 진정한 근대화가 아니었다고 말하는 데 많은 노력을 기울인다. 한국근대사를 논하는 데 흔히 보는 긴장과 자아분열은 민간folk의 개념일 뿐인 '근대', '근대성', '근대화'라는 개념이 학문적 분석도구가 될 수 있다고 생각하기 때문에 생겨난다. 본절에서는 근대 개념에 대한 비판적 성찰을 바탕으로 일제 지배의 법적 유산을 간략히 평가한 후, 여러 근대화 전략 중 하나이지만 법

96) 니클라스 루만, 『사회의 법』, 제4장; Niklas Luhmann, *The Differentiation of Society*(New York: Columbia University Press, 1982), chap. 6 참조.

분야에서 중요한 흐름을 형성한 '법과 발전'law and development 프로그램이 전후戰後 세계에서 어떻게 생성, 전개되었고 어떻게 한국에 상륙하였는지, 그것이 반영하는 미국의 세계 전략이 어떤 비교법적 의미를 생산했는지를 되돌아보고, 1990년대 세계화의 배경 속에, 아시아금융위기를 겪으면서 한국의 법제가 친시장적 '법치'rule of law의 프로그램을 수용한 경위를 살핀다. 마지막으로 발전과 근대화의 중요한 조건을 이룬다고 생각한 법의식에 대한 가정을 검토하고 법문화의 단면을 소송에 대한 태도를 통해 관견한다.

1. 근대화란 무엇인가[97)]

근대, 근대성, 근대화를 논하는 학자들은 크게 두 가지의 태도 중 하나를 취한다. 첫째는 근대의 징후를 역사 경험 속에서 추출하여 나열하는 징후나열적 개념 규정이다. 둘째는 근대의 본질적 모습을 한두 개로 특정하고 근대화를 그러한 본질의 실현으로 보는 본질주의적 개념 규정이다. 징후나열적 개념 규정의 한 예로서 법사회학자 갈란터Marc Galanter의 근대법 정의를 들 수 있다. 갈란터에 의하면 근대법은 다음의 모습들을 보인다. ① 통일된 기준에 의해 적용되는 규칙으로 구성된다. ② 권리 · 의무가 신분 등 사람에게 부착된 거래외적 지위가 아니라 거래로부터 도래한다. ③ 보편주의적이다. 즉 일반적 적용가능성을 가지고 있다. ④ 위계적 체계, 위계적 사법기구를 가지고 있다. ⑤ 그러한 체계는 관료적으로 조직화되어 있다. ⑥ 합리적이다. 즉 규칙의 가치는 의식적으로 선택된 목표를 얻기 위한 도구적 효용에 의해 주어진다. ⑦ 전문가에 의해 운영된다. ⑧ 법체계가 기술적이고 복잡해짐에 따라 전문적 중개인이 형성되어 법을 다룬다. ⑨ 법체계는 수정가능하다. 규칙의 수정을 위한 정규의 공언된 방법을 가지고 있어 특정 목적을 위한 의식적 혁신이 가능하다. 입법이 관습법을 대체한다. ⑩ 법체계는 정치적이다. 분쟁해결은 국가에 의해 독점되어 있고, 국가외 조직에 의한 분쟁해결은 국가의 묵인 및 감독하에서만 가능하다. ⑪ 법의 발견과 적용은 인적 · 기술적으로 다른 통치기능으로부터 분화되어 있다. 갈란터는 이러한 근대법의 모델을 이념형ideal-type으로 삼을 뿐 특정 사회의 현실을 그대로 보여주는 것으로 생각하지 않는

---

97) 이 소절의 많은 내용은 이철우, 「법에 있어서 '근대' 개념 – 얼마나 유용한가」, 『법과 사회』 제16 · 17합본호(1999), 251-272면에 의거한다.

다. 그는 오늘날의 모든 사회가 근대법의 징후들을 어느 정도 가지고 있지만 각 징후의 많고 적음, 또 각 징후와 전통적인 요소의 배합 비율은 각각 다르다고 말한다.[98]

한국 사회에서 법이 변화해온 모습을 회고하면 위의 요소 중 상당 부분이 누적적으로 실현되어왔음을 인정할 수 있다. 그렇지만 몇 가지 의문이 제기된다. 첫째, 위의 모습에 반하는 현상 중에도 시간이 감에 따라 확대, 강화된 것들이 있다. 국민참여재판과 같은 비전문가의 사법 참여가 한 예이다. 막스 베버Max Weber가 영국법의 비합리성을 보여주는 징후로 지목한 이 제도가 영국법에서는 퇴조한 반면, 대륙법계 국가에서는 부침 속에서나마 확산되고 있음을 알 수 있다.[99] 또 과거 상인들의 자치 규칙으로 생성된 상인법law merchant이 대륙법 국가의 상법전 또는 영국 코먼로common law의 체계 속에 흡수된 것이 갈란터가 제시하는 근대화에 부합하는 변화였다면, 오늘날에는 글로벌한 상거래의 확산에 따라 국민국가의 틀을 넘어서는 초국가적 상인법transnational lex mercatoria이 발전하고 있고, 국제거래에서 중재를 활발히 사용함으로써 분쟁해결의 탈국가화가 증대하고 있다. 이러한 변화들은 근대에 반하는 현상인가? 둘째, 민주적 절차를 통한 법제정 그리고 입헌주의에 기초한 법률제정권력의 제한은 왜 포함되지 않는 것인가? 첫 번째와 두 번째의 의문은 상통한다. 근대의 징후로서 열거되는 것들은 어떤 기준에 의해 선정된 것인가? 특정 역사시대에 나타난 현상들은 무수히 많은데 왜 그중 일부만으로 근대의 표준형을 구축하는 것인가? 표준형을 구축할 수밖에 없다면 왜 해당 특정 측면에 특권적 지위를 부여하는 것인가?

이러한 문제들은 석학들이 모여 일본 근대화를 논한 1960년의 하코네 회의를 상기시킨다. 라이샤워Edwin Reischauer를 비롯한 미국측 참가자들은 정치, 경제, 사회, 지성의 분야에서 근대를 특징짓는 징후들을 열거하는 방식으로 근대화를 정의하려 했다. 자연히 근대화는 다종다양한 현상들의 목록이 되었다. 반면 일본측 참가자 중 특히 맑시즘의 세례를 받은 학자들은 근대화의 본질을 자본주의에로의 이행으로 보고 그것에 정치적으로 조응하는 민주화를 근대화의 핵심적 기준으로 삼

98) Marc Galanter, “The Modernization of Law,” in M. Weiner (ed.), *Modernization: The Dynamics of Growth*(Washington DC: Voice of America, 1966).

99) 영국 배심제를 보는 베버의 시각은 Max Weber, *Economy and Society*, Vol. 2(New York: Bedminster Press, 1968), pp. 762-763 참조.

아야 함을 주장했다. 이들은 본질적이라고 생각되는 한두 개의 징후를 다른 것들에 우선시하면서 근대화를 그러한 본질의 실현으로 본다. 근대화는 현상에 대한 묘사가 아니라 역사가 진행하는 방향이며 실천 과제이다. 이와 같은 본질주의적, 역사주의적 접근에 대해 미국학자들은 강력 반발했다. 그들은 근대화가 다면성을 가지고 있으며 정치, 문화, 사회구조의 영역에서 나타날 수 있는 상이한 양상들과 결합할 수 있다고 반박했다.[100)]

하코네 회의에서 일부 일본 학자는 미국 학계와 일본 학계 간에 가로놓인 심연深淵을 확인했다는 말로 불편한 심기를 토로했다.[101)] 그러나 미국 학자들의 징후 나열적 접근과 일본 학자들의 본질주의적 접근 사이의 연못은 그리 넓지 않다. 양자 모두 서유럽의 역사 경험을 가지고 근대의 표준형을 구축한 것이다. 후에 하코네 회의를 논평한 한 학자는 하코네 회의가 근대의 징후를 이것저것 나열해 보았지만 결국 이를 모두 포섭하는 단일한 개념(합리화)으로 환원하는 "일차원적 모델"을 재확인한 것에 불과했다고 비판하면서,[102)] 일본의 특수한 경험을 포함하는 "다양한 경로divergent paths"를 인정할 것을 주창했다.[103)] 일본 근대화를 연구하는 학자 중 그러한 문제의식을 가진 사람이 적지 않다. 그런데 이 논리는 한편으로는 어떤 다양한 경로를 개념에 포섭할 것인지에 대한 기준을 결여하고 있고 (따라서 근대화에 무수히 많은 형용사를 붙일 뿐이고), 다른 한편으로는 다양한 경로를 통해 도달하는 단일한 지향점을 상정하는 것이어서 본질주의적 개념 규정과 다를 것이 없다.

한국의 근대화 논의에서도 무엇을 근대의 표준형으로 보느냐에 따라 완전히 다른 평가가 이루어지고 있다. '식민지근대화론'으로 지칭되는 일련의 연구 경향은 표준적인 근대의 모습을 경제성장에서 찾는다. 토지조사사업을 통한 토지소유제도

---

100) 하코네 회의의 전망에 대해서는 John W. Hall, "Changing Conceptions of the Modernization of Japan," in Marius Jansen (ed.), *Changing Japanese Attitudes Toward Modernization* (Princeton: Princeton Univ. Press, 1965); James W. Morley, "Introduction: Choice and Consequence," in James W. Morley (ed.), *Dilemmas of Growth in Prewar Japan* (Princeton: Princeton Univ. Press, 1971).

101) 川島武宜, 「近代日本史の社會科學的研究 — 一九六〇年箱根會議の感想」, 『思想』 第442號 (1961), 483-488面.

102) 다종다양한 현상들을 하나로 묶는 개념으로 (목적)합리성의 증대를 지목한 것은 벤자민 슈워츠(Benjamin Schwartz)였다.

103) Johann Arnason, "Nationalism, Globalization and Modernity," in Mike Featherstone (ed.), *Global Culture*(London: Sage, 1990).

의 자본주의적 재편성, 안정된 재정 확보를 가능케 하는 세제의 확립 및 화폐·신용제도의 개혁, 공업화 등을 바탕으로 일제시대에도 경제가 상당한 성장을 성취하였음을 강조한다.[104] 이를 비판하는 입장에서는 물량적 변화가 있었다 하더라도 잉여의 대규모 본국 유출에 따른 축적의 제약이 있었으므로 오히려 진정한 근대화가 방해되었다고 본다.[105] 일제하의 변화는 자생적인 발전이 아니었기 때문에 정상적인 근대화가 아닌, "왜곡된" 근대화였고, 그에 의해 성취한 근대는 "식민지적 근대"에 불과했다는 것이다.[106] 한편 신용하는 독립한 국민국가 및 시민권의 결여를 들어 근대화의 성취를 인정하지 않는다. 즉 식민지성과 근대성은 양립할 수 없다고 본다.[107] 법의 근대화를 둘러싼 논의를 보면, 식민지근대화론을 대표하는 이영훈은 사적 자치, 소유권 절대, 계약 자유의 원칙에 입각한 민법의 도입에서 근대화의 징후를 찾은 반면, 김창록은 입헌주의의 결여를 이유로, 정긍식은 자유주의적 법치주의의 결여를 이유로 일제시대의 법현실은 근대에 반하였다고 평가한다.[108] 후에 김창록은 이념형이자 "공시적·통시적 자리매김"의 기준으로서 근대 개념을 제시하면서, 법에 있어서의 근대를 "기본적 인권의 보장"과 "국가권력의 통제된 구성"으로 규정한다.[109]

이처럼 선별된 지표를 가지고 만든 표준형을 안경으로 하여 현실을 보거나 단일의 본질을 상정하는 논의는 그에 반하는 수다한 현상을 모두 '전'근대라는 잔여범주에 집어넣고 그것들 사이의 의미 있는 차이들을 사상해버릴 위험이 있다. 근대의 본질이 무엇인지를 논하다 보면 특정 가치를 판단의 기준으로 삼기 쉽다. 반대로 근대의 징후로 여겨지는 복수의 현상들을 개념에 포섭하다 보면, 그것들이 상이한 실천영역에서 의미를 가지는 현상으로서 필연적 상호동반관계가 존재하지

---

104) 안병직, 「한국근현대사연구의 새로운 패러다임」, 『창작과 비평』 제98호(1997), 39-58면; 조석곤, 「수탈론과 근대화론을 넘어서」, 『창작과 비평』 제96호(1997), 355-370면; 이영훈, 『한국경제사Ⅱ』, 제8장.

105) 정태헌, 「수탈론의 속류화 속에 사라진 식민지」, 『창작과 비평』 제97호(1997), 344-357면 참조.

106) 정태헌, 「한국의 식민지적 근대화 모순과 그 실체」, 역사문제연구소 엮음, 『한국의 '근대'와 '근대성' 비판』(역사비평사, 1996), 242면 참조.

107) 신용하, 「'식민지근대화론' 재정립 시도에 대한 비판」, 『창작과 비평』 제98호(1997), 8-38면.

108) 이영훈, 『한국경제사 Ⅱ』, 제8장. 한국법사학회 심포지움, 「'법', 그 속에 잔존하는 일제유산의 극복」에서 이루어진 토론, 『법사학연구』 16(1995), 44-45면; 김창록, 「식민지 피지배기 법제의 기초」, 『법제연구』 제8호(1995), 49-78면; 정긍식, 「서구법 수용의 왜곡」, 역사문제연구소 엮음, 『전통과 서구의 충돌: '한국적 근대성'은 어떻게 형성되었는가』(역사비평사, 1988).

109) 김창록, 「법에 있어서의 '근대'」, 『법학논총』(조선대) 제21권 제1호(2014), 67-87면.

않는다는 사실을 잊기 쉽다. 그래서 필자는 근대, 근대성, 근대화에 과학적 개념으로서의 지위를 부여하지 말고, 민간에서 사용하는 일차적 개념임을 전제로, '현시대'에 존재하는 모든 것을 화자話者의 관심에 따라 배열하는 개념으로만 여기자고 주장한다. 이러한 애매한 시간적 개념이야말로 '근대'의 본래적 모습이다. '현시대적'이라는 의미의 '근대적modernus'이라는 용어가 처음 사용된 것은 15세기 후반으로서 기독교적 당대를 로마적 과거와 구별하기 위한 목적밖에 가지고 있지 않았다.[110] 법학자에게 익숙한 "판덱텐의 현대적 관용usus modernus pandectarum"이라는 문구에서도 그 용어의 쓰임새를 짐작할 수 있다. 근대가 이처럼 현시대의 모든 변화를 총체적으로 지칭하는 개념일 뿐이라면, 다른 한편으로는 여러 종류와 영역의 근대성을 상정하고 특수한 실천영역에서의 근대화의 모습을 변별할 수도 있을 것이다.[111] 필자는 근대를 해방적 기획으로 보는 관점이 놓칠 수 있는 현상들, 특히 조선시대의 억압과 단순한 양적 차이에 그치지 않는 새로운 종류의 권력의 침투 및 권력의 심화에 주목할 것을 제안했다. 경찰 밀도의 현저한 증가, 새로운 감시 장치들의 도입 및 개인에 대한 정보와 지식의 체계화, 그 조건이면서 결과인 각종 등록제도, 도살, 매장과 같이 과거 규제받지 않은 행위에 대한 규제 등을 일제시대에 이루어진 '근대화'의 중요한 모습들로 부각시켰다.[112] 앞에서 대한민국 국민의 경계가 일제가 구사한 통치합리성의 소산이었음을 보았듯이, 일제하에 이루어진 사회의 규율화disciplinarization와 인구관리의 합리화, 그 방식과 성과는 그대로 대한민국에 계승되었다.

2. '법과 발전' 프로그램의 전개

일제 지배 아래에서 한국 사회는 공업화와 도시화, 경제적 분업화를 겪었으며, 뒤르케임Emile Durkheim이 유기적 연대organic solidarity로 개념화한 사회적 변화를 상당

110) 근대가 특정의 역사 시대를 뜻하는 것으로 사용된 것은 계몽철학의 등장과 함께였다. Barry Smart, "Modernity, Postmodernity and the Present," in Bryan Turner (ed.), *Theories of Modernity and Postmodernity*(London: Sage, 1990), p. 17.

111) 김창록은 이러한 필자의 개념 사용을 근대개념해체·폐기론이라 명명했다. 김창록 「법에 있어서의 근대」, 74면.

112) Chulwoo Lee, "Modernity, Legality, and Power in Korea Under Japanese Rule," in Gi-Wook Shin and Michael Robinson (eds.), *Colonial Modernity in Korea*(Cambridge MA: Harvard University Asia Center, 1999). 이 책은 도면회에 의해 번역되어 『한국의 식민지 근대성』이라는 제목으로 2006년 출간되었다.

부분 경험했다.[113] 새로운 사회적 연대를 정식화하고 표출하는 법제의 구축은 당연한 것이었고, 대한민국이 그렇게 구축된 질서를 이어받았다는 것 또한 부정할 수 없는 사실이다.[114] 그러나 앞에서 보았듯이, 일제가 구축한 법제를 식민지 유산으로 보고 이를 극복하고자 노력했다는 것 또한 중요한 역사적 사실이다. 젊은 학자 김증한이 일제 유산에서 벗어나기 위한 방편으로 독일 법학에 직접 접맥할 것을 주창하였음은 앞에서 보았다. 김증한은 미국 법학계의 정상급 학자인 로스코 파운드Roscoe Pound의 '내공'이 그의 독일법 학습 경험에 기인하였다고 추정하면서 독일의 법제와 법학이 최고의 선진성을 담지하였음을 강조했다.[115] 후에 양창수는 김증한이 제안한 독일 법학의 '탈식민지적 이식' 전략 역시 "문화적 식민사상"이라 비판했다.[116] 그러나 독일 민법전과 그것을 만들어낸 판덱텐 법학은 막스 베버가 근대법의 징후로 주목한 형식적 합리성을 가장 농후하게 간직한 결정체였기에 김증한과 같은 문제의식은 법의 근대화를 추구하는 후발 국가의 법학자들에게 자연스러운 것이었다.

그러나 독일이 대표하는 대륙법의 권위는 세계적 차원에서 도전받고 있었다.[117] 제2차 세계대전을 일으킨 파시스트 국가들이 독일을 비롯한 대륙법계 국가들이었기에 대륙법의 특징으로 간주된 제정법중심주의와 관념적 형식주의가 전체주의와 친화력을 갖는다는 추정이 대두했다. 이와 병행하여, 실용적 사고와 자율적 법조法曹의 전통을 가진 영미법이 더 우수하다는 인식이 등장했다. 근대화를 사회학적으로 이론화하는 데 결정적으로 기여한 파슨스Talcott Parsons는 영미법계의 사법제도가 개인의 권리보호에 가장 철저하며 코먼로common law는 보편주의적 질서의 가장 진전된 형태로서 근대사회의 정수라고 찬양하면서, 산업혁명이 영국에서 가장 먼저 일어났음이 우연이 아니었다고 말했다.[118] 이는 수십년 전 막스 베버가 설파한 비교법사회학적 조망과 상반되는 관점이었다. 베버는 형식적 합리성을 갖

113) Emile Durkheim, *The Division of Labour in Society*(London: Macmillan, 1984), Book 1.
114) 변화를 사실로 다루면 되는 것이지, 이영훈과 같이 이를 문명의 세례인 것처럼 찬양하거나 그 반작용으로서 선악이분법적 비난을 가하는 것은 불필요하다.
115) 김증한, 「한국 민법학의 진로」, 『서울대학교 법학』 제26권 제2·3호(1985), 11면.
116) 양창수, 「한국 민법학 60년의 성과와 앞으로의 과제」, 748-752면.
117) 양창수는 우고 마테이(Ugo Mattei)를 인용하면서 독일법의 권위가 1920년대 들어 이미 쇠퇴하기 시작했다고 평가했다. 같은 글, 748-750면.
118) Talcott Parsons, *On Institutions and Social Evolution: Selected Writings*(Chicago: University of Chicago Press, 1982), pp. 316-339.

춘 법이 가장 시장친화적이라 보았고, 영국 코먼로는 대륙법, 특히 독일 민법과 비교할 때 그러한 조건을 터무니없이 결여했다고 평가했다. 그럼에도 불구하고 영국이 가장 먼저 자본주의 발전을 이룩한 원인에 대해 베버는 구구한 설명을 가하고 있으나 전체적으로는 코먼로를 비합리적이라 여겼다.[119)]

영미법의 권위 증대는 수퍼파워 미국의 등장과 냉전을 조건으로 했다. 한국은 일제 지배에서 벗어남과 동시에 미군정의 통치하에, 그리고 미국의 압도적인 정치·군사적 영향력 아래에 들어갔다. 미군정하 미국법의 잠재적 영향은 일찍이 1946년에 조미법률가협회Korean-American Lawyer Society가 결성되어 퍼글러Charles Pergler, 프랭켈Ernst Fraenkel, 로빈기어Charles Lobingier 등 군정청 법률고문과 김용무, 김병로, 이인, 유진오 등 한국 최고의 법률가들이 교류하게 된 것에서 느낄 수 있다.[120)] 이 한국인들은 1947년 남조선과도정부 아래 조직된 법전기초위원회의 주축을 이루게 된다. 미군정 당국은 한편으로는 일제하의 법제를 유지하여 체제 안정을 기하려 하면서도 다른 한편으로는 탈식민화에 대한 한국인의 열망을 이용해 미국의 소프트파워를 증대하려는 전략을 구사한 것으로 보인다. 법률고문 로빈기어가 일본법에 대한 부정적 평가를 늘어놓으며 "침략국의 시대착오적 산물에 의거하지 않고 세계의 최신·최량의 모본에 기초하여 조선 자체의 민법을 제정해야 함"을 역설하면서 한국민법전안Proposed Civil Code for Korea을 제시한 것은 그러한 정치적 맥락에서였다.[121)] 그러나 급히 새 법전체제를 만들어야 했던 당시 상황에서 그러한 미국법의 잠재적 영향이 현실화하기는 힘들었다. 19세기 미국의 법전편찬운동codification movement의 소산인 캘리포니아 민법전을 비롯해 잡다한 원천으로 구성된 로빈기어의 민법안은 대륙법적 매트릭스에서 벗어날 수 없었던 민법기초자들에게

---

119) 영국법에 대한 베버의 단상은 곳곳에 등장하지만 특히 다음을 참조. Max Weber, *Economy and Society*, Vol. 2, pp. 762-763, 787-788, 814.

120) 최종고, 「해방후 기본법제의 제정과정」, 『법제연구』 제8호(1995), 111면.

121) 로빈기어는 위의 말을 한 조미법률가협회 강연에서 일본 민법이 독일 민법을 좇아 친족법을 분리한 것을 비판하면서 다음과 같이 말하였다. "나는 독일법전의 총괄성을 매우 존중히 여깁니다. 그러나 이 특징을 갖고라도 그 배치에 결점이 있다고 느낍니다. 그리고 단순히 '독일제'라는 이유로 따를 것도 아니라고 믿습니다. 세계는 바로 '독일제'인 소위 '정치철학'이 문명의 파괴를 초래할 뿐이었다는 것을 경험하였습니다." 그는 다음의 말로 강연을 종료했다. "일본은 도로 교량 같은 어떤 물질적 성과 이상에 별로 남긴 것이 없습니다. 미국이 그 기념품을 법조계에 남기기를 본인은 기원하며, 이 법전이 그 기념품의 일부분이 되어 세월이 감에 따라 보다 널리 사용되고 오는 세대에 봉사하기를 본인은 기원하여 마지 않습니다." 찰스 로빙기어, 「한국민법 제정의 방향」, 최종고 엮음, 『서양인이 본 한국법속』(교육과학사, 1989).

영향을 주지 못하였다.[122] 당시의 상황판단은 상법편찬과 관련한 홍진기의 발언에 잘 나타난다. 그는 군정과 함께 영미법이 커다란 관심사로 등장했으며 영미법의 여러 우수한 제도가 소개되고 있다는 점, 특히 민주주의와 자유의 보장 면에서 그러한 점이 뚜렷함을 인정하면서도, “40년 동안이나 대륙법 밑에서” 살아왔고 “조선사람의 법감정도 대륙법적으로 짙게 물들이어져” 있으며 “대륙법만이 손에 익은 조선의 법률가들이 더구나 영어라는 장해를 헤치고서 영미법을 실용할 수 있도록 습득하는 것을 일조일석에 도저히 기대할 수 없다”는 문제도 있는데다 “커먼로 일반이 논리적 체계가 없[으므로]” 부분적 계수밖에는 가능하지 않다고 보았다. 그는 소련의 예를 들어 정치경제의 급진적 변화에도 불구하고 법형태가 쉽게 바뀌지 않는다는 비교법사회학적 안목도 제시했다.[123]

한편 형법과 형사소송법을 필두로, 민법, 민사소송법, 상법을 순차적으로 제정하는 법전편찬 사업에 법학의 역량이 집중되고 있을 때 원조체제하의 경제변동은 법의 지형에 변화를 가져오고 있었다. 1949년부터 시작된 귀속재산의 매각을 통해 자본주의적 산업구조가 형성되어갔다. 1950년에는 미국 연방준비은행이 파견한 고문단의 도움을 받아 한국은행법과 은행법을 제정해 금융시스템을 구축했고, 1954년 자유시장경제를 지향하는 방향으로 헌법이 개정됨과 함께 은행의 민영화를 추진했다. 이 시기에 정부의 경제정책은 자율성을 가지지 못했다. 전쟁에 따른 원조를 받게 되면서 1952년 일명 마이어협정이라 불리는 한미경제조정협정을 체결하여 경제정책을 조정하게 되었고, 1953년에는 「대한민국과 미합중국간의 경제재건과 재정안정계획에 관한 합동경제위원회 협정」이 체결되어 합동경제위원회가

---

122) 최종고는 1948년 법전기초위원회 위원장 김용무의 “새 법전편찬에 있어서는 영미법계에 치중하지 않[는다는]” 발언으로부터, 윤대성은 “대륙법계의 씨스템을 취하며, 주로 독일민법에 근거한 현행민법총칙편의 규정을 기초로” 한다는 법전기초위원회(법제편찬위원회)의 조선임시민법전편찬요강으로부터 미군정청의 영미법 수용 압력에 대한 민법기초자들의 대응을 간취한다. 최종고, 「해방후 기본법제의 제정과정」, 110-111면; 윤대성, 「미군정시대(1945-1948)의 한국민법전편찬사업과 로빈기어의 <한국민법전초안>에 관한 연구」, 『비교사법』 제4권 제1호(1997), 28-31면. 그러나 로빈기어의 발상이 반드시 미국법에 경도되었다고 볼 수는 없다. 그의 민법안은 변형된 인스티투티오네스 편별방식을 따랐고, 주요 원천인 캘리포니아민법전도 대륙법의 영향을 많이 가지고 있었을 뿐만 아니라, 로빈기어는 중화민국 민법을 좋은 모델로 칭송했다. 캘리포니아민법전과의 비교는 윤대성, 『미군정시대(1945-1948)의 한국민법전편찬사업; 로빈기어(Lobingier, C)의 한국민법전초안(Proposed Civil Code for Korea, 1949) 분석』(한국학술정보, 2009), 제4장. 법률고문 퍼글러와 프랭켈은 각각 체코와 독일 배경을 가지고 있었고 대륙법과 영미법에 대한 지식을 겸비한 인물들이었다.

123) 최종고, 「한국상법전의 제정과정」, 『상사법연구』 제9집(1991), 220-224면.

설치되었다.[124] 이렇듯이 경제정책에 미국의 영향력이 개입하였으나 그렇다고 경제운영의 기법이 전면적으로 미국화된 것은 아니었다. 예를 들어, 1953년 한국산업은행법의 공포는 연방준비은행 고문의 반대에도 불구하고 일제시대 식산은행을 계승하는 금융기관을 만들어낸 작업이었다.[125] 대외무역에 대한 통제와 같이 경제에 대한 국가의 개입을 헌법에 의해 보장받고 있었던 한국 정부는 산업화를 위한 수입의 방향을 둘러싸고 미국과 대립하기도 했다. 그러나 일정한 타협 속에 소비재 중심의 수입대체공업화를 추진했고, 원조의 감소와 함께 미국의 권고를 받아 경제개발계획을 마련하기도 했다.[126]

그러나 제1공화국 시대에 있어 시장에 대한 국가의 개입 및 경제개발은 장기적인 '발전'(이하 문맥에 따라 '개발'과 호환하여 사용함)의 전망을 가지고 추진된 것은 아니었다. 개발을 추진할 인적, 제도적, 정치적 능력이 구비되지 못했고, 개발에 대한 전망이 전반적으로 미흡한 상태에서 법과 경제의 관계에 대한 발전과학적 인식이 부족했음은 당연했다. 개발을 향한 열망은 제2공화국에로 계승되었으나, 개발이 추진력을 가지고 집행된 것은 제3공화국 시대에서였다. 자유시장적 요소를 강화하면서도 규제와 조정을 새롭게 뒷받침하는 제5차 개헌을 전후하여 제1차 경제개발5개년계획이 추진되었고 금융의 정책도구화를 촉진하는 방향으로 금융관련 입법이 개정되었다. 이 시대에 법변동을 가져온 가장 큰 경제적 환경의 변화는 원조를 대체한 차관의 도입이었다. 안정된 자본 조달과 경제 자립을 위해 시장질서의 제도적 확립과 수출 확대를 통한 외화 획득이 필요했고, 이를 위한 법적 수단으로서 1962년부터 1966년까지 여러 경제법령이 제정되었다.[127]

한국이 개발국가developmental state의 면모를 갖춘 1960년대는 UN이 개발의 10년Development Decade을 선포한 데에서 보듯, 전 세계적으로 발전, 특히 경제개발이 화두가 되었을 때였다. 이때 미국은 정치, 경제, 군사적 파워에서 움직일 수 없는 세계 최강이었고, 자국의 모델을 세계로 수출하는 소프트파워 전략에서도 큰 성과

124) 이영훈, 『한국경제사Ⅱ』, 332-337면; 김일영, 『건국과 부국: 이승만·박정희시대의 재조명』(기파랑, 2010), 250-256면.
125) 이영훈, 『한국경제사Ⅱ』, 327면.
126) 김일영, 『건국과 부국』, 250-269면.
127) 외자도입촉진법(1961), 「차관 보증에 관한 법률」(1962) 등. Pyung-Joo Kim, "Financial Policies and Institutional Innovation," in Dong-Se Cha et al. (eds.), *The Korean Economy 1945-1995: Performance and Vision for the 21st Century*(Seoul: Korea Development Institute, 1997), pp. 197-198.

를 거두고 있었다. 법학과 법률서비스, 법적 테크닉도 미국의 소프트파워의 일부를 구성하기에 이르렀는데, 그 일환이 '법과 발전' 운동law and development movement이었다. 미국은 개발도상국에 대해 경제원조의 대가로 법과 제도의 개혁을 요구했고, 개발지원에 참여한 포드재단Ford Foundation이나 국제개발처USAID 등은 수원국受援國의 법개혁을 지원하는 프로젝트를 추진했다. 그러한 작업은 학계와도 연관을 맺었으며, 당시 유행하던 근대화이론 및 발전론적 패러다임을 지적 자원으로 삼는 '법과 발전' 학문 분야의 성장을 자극했다. 이러한 '법과 발전' 운동은 다음의 특징을 가지고 있었다. 첫째, 발전은 제도의 수입이라는 법적-형식적 접근만으로는 성취할 수 없으며, 정치적, 경제적, 문화적 요인에 대한 과학적 인식에 기반하여, 사회 전반의 '근대화'를 추진하는 일환으로 법개혁을 수행해야 한다는 것이다. 둘째, 법을 사회를 변화하는 정책적 수단, 사회공학의 도구로 삼아야 하며 그런 점에서 코먼로가 대륙법에 비해 강점을 지닌다는 믿음을 담지하였다. 셋째, 자유주의적 법치주의에 입각해 민주주의와 정치발전에 법이 기여해야 한다는 믿음을 담고 있었다. 근대법을 "자의적 통치를 억제하는 기술이자 개인적 자유를 보호하는 수단"으로 보고, 자의적 통치를 억제하기 위해 법은 자율성을 가져야 하며, 그 조건으로 사법부의 독립, 행정적 재량의 억제, 입헌주의, 법률에 대한 사법심사를 강조했다.[128)]

'법과 발전' 프로그램의 중요한 내용 중 하나는 법학교육과 법조인양성이었다. 법학교육의 개혁은 대륙법 계통의 법제를 가진 나라에 미국법의 영향이 침투할 수 있는 좋은 통로였다. '법과 발전' 사고를 불어넣는 대상으로 한국은 빼놓을 수 없는 나라였다. 1960년대 등장한 한국의 개발국가는 시장과 사회로부터 자율성을 가지고 경제개발을 이끌어내는 유능한 관료 엘리트를 필요로 했다.[129)] 1960년대 한국의 개발국가가 일본의 식산흥업정책, 전시공업화, 만주 개발 등 일제시대의 경험에 기원을 두었는지 당대의 제3세계 민족주의적 수입대체공업화 모델에 바탕을 두었는지에 대해서는 논쟁이 있지만, 설사 일제시대의 기억을 자양분으로 하고

---

128) 데이비드 트루벡 · 마크 갤런터, 「자기소외된 법률가들: 미국에 있어서 법발전 연구의 위기에 관한 고찰」, 한인섭 · 이철우 편역, 『법 · 국가 · 저발전』(이성과현실사, 1986), 137면; David Trubek, "Toward a Social Theory of Law: An Essay on the Study of Law and Development," *Yale Law Journal*, Vol. 82, No. 1(1972), p. 47.

129) 개발국가의 개념에 대해서는 김일영, 「한국의 근대성과 발전국가」, 『사회과학』(성균관대) 제39권 제1호(2000), 37-84면.

있었더라도 근대화이론을 바탕으로 경제개발과 사회발전을 지향하는 미국식 정책과학이 중요한 지적 자원으로 침투했음은 강조해야 마땅하다.[130] '법과 발전'은 그러한 정책지향적 사고의 법적 표현이었다. 1960년대 아시아재단Asia Foundation은 사법고시 합격자를 훈련시키는 서울대 사법대학원에 재원과 어드바이스를 제공했는데, 당시 아시아재단 한국 책임자였던 스타인버그David Steinberg는 다음과 같이 말하였다. "개발을 위해 법이 수행하는 역할은 법률가의 지위와 교육, 그리고 사회의 입법·사법과정의 성격과 밀접히 관련되어 있다. [한국의] 법률가집단은 종종 독립운동에서 중요한 역할을 했지만, 개발의 과정 또는 개발 프로그램을 계획하고 집행하는 데에서는 그리하지 못했다."[131] 아시아재단을 통해 방문해 교편을 잡았던 법학자 제이 머피Jay Murphy는 한국의 법학이 "칸트와 헤겔적 관념론의 전통, 신칸트주의 자연법론, 분석적 실증주의의 틀에 과도하게 사로잡혀 있어" 개발의 목표를 수행하기 위한 법의 역할을 극대화할 수 없다고 하면서, "사회학적 법리학, 법현실주의, 맥두걸Myers McDougal과 래스웰Harold Lasswell의 정책과학, 듀이John Dewey의 도구주의" 같은 새로운 관점을 취해야 한다고 갈파했다.[132] '법과 발전' 연구의 세계적 학자인 트루벡David Trubek은 법의 도구적 활용능력을 배양하는 법학교육의 처방 사례로서 한국을 언급하면서 스타인버그와 머피를 인용했다.[133]

근래 한국의 '법과 발전' 연구자들은 '법과 발전' 사조가 한국에 잘 알려지지 않은 것처럼 서술하는 경우가 있다.[134] 그러나 '법과 발전'은 한국의 '법과 사회'

---

130) 박정희시대 개발국가의 기원에 대해서는 에커트(Carter Eckert), 커밍스(Bruce Cumings), 이영훈의 식민지유산연속설을 비판한 이병천, 「권위주의적 근대화의 역사적 기원-식민지 유산연속설의 비판적 검토」, 정근식·이병천 엮음, 『식민지 유산, 국가 형성, 한국 민주주의 2』(책세상, 2012) 참조. 일제 말기에는 공업화의 진전에도 불구하고 '근대의 초극'과 같은 반서구근대적 이데올로기를 고취하는 등 서구의 근대화 이데올로기와 상당히 다른 정신적 색채를 보였다는 점도 이 문제를 논하는 데 고려해야 할 것이다.

131) David I. Steinberg, "Law and Development in Korean Society," in Sang Hyun Song (eds.), *Introduction to the Law and Legal System of Korea*(Seoul: Kyung Mun Sa, 1983), p. 49.

132) Jay Murphy, *Legal Education in a Developing Nation: The Korea Experience*(Seoul: Korea Law Research Institute, 1967), p. 35; "Legal Education and the Development of Law in Traditional Cultures: Learning from the Korean Experience," *Journal of Legal Education*, Vol. 27(1975), pp. 245-246.

133) David Trubek, "Toward a Social Theory of Law: An Essay on the Study of Law and Devlopment," *Yale Law Journal*, Vol. 82, No. 1(1972), p. 11.

134) 정확히 말하자면 법과 개발의 관계를 과학적으로 규명하는 연구가 부족하다는 것이지만 '법과 발전' 운동을 다룬 연구 자체가 드물다는 인식을 가지고 있다. 조혜신, 「법과 개발(Law and Development)과 동북아시아 발전국가론의 전개에 관한 고찰-한국법 연구에 주는 시사점을

연구를 촉발시킨 연구 주제이자 사조였음을 간과해서는 안 된다. 한국의 '법과 사회' 연구의 선구자로 간주되는 함병춘도 근대화 과정에서 법이 어떤 역할을 수행하고 어떤 모습을 띠게 되는지에 대한 관심을 가지고 연구를 시작했다. 그가 1963-1964년에 수행한 법의식조사는 아시아재단 프로젝트였다.135) 처음으로 법과대학에서 법사회학 강좌를 개설한 최대권도 법을 둘러싼 근대화의 문제에 골몰했으며, 개발과 법의 관계를 중요한 연구 주제로 삼았다.136) 서울법대의 젊은 교수 권태준 등에 의해 1966년에 결성되어 송상현, 강구진 등 쟁쟁한 젊은 학자들이 가세한 법과사회연구회도 '법과 발전'을 중요한 토의주제로 삼았다.137)

한국이 일본의 지배를 받았기에 '법과 발전'은 탈식민화와 근대화를 동시에 추구하는 외형을 갖추기에 유리한 면이 있었다. 그리고 그것은 미국의 동아시아 전략과 결부되어 있었다. 스타인버그는 로빈기어가 그랬듯이 일제의 유산을 부정적으로 묘사하고 미국의 영향이 이를 대체할 것을 전망했다. 그렇기 때문에 닉슨독트린이 발표되자 그는 미국의 영향력 감소가 일본의 역할 증대를 가져올 것이며 이는 법과 행정에서 일본 모델의 복귀를 초래하고 개혁을 어렵게 만들 것임을 우려했다.138) 실제로 이는 어느 정도 사실로 밝혀지는 듯이 보였다. 일본식 사법연수원이 법조인 양성 기관으로 설립되는 것을 보고 스타인버그는 개탄을 금치 못했다.139) 2-3년의 예과와 일정 연한의 본과로 구분되는 법과대학 제도를 도입하자는 머피 등의 개혁안은 받아들여지지 않았다.140)

같은 시기에 전 세계적으로도 미국에 의해 지도되는 '법과 발전' 프로그램은 위기를 맞았다. '법과 발전'이 지향한 가치 중 정책지향적, 도구주의적 법의 활용

중심으로」, 『법학논총』(숭실대) 제39집(2017), pp. 241-266면; 김대인, 「발전국가론에 대한 공법적 고찰」, 『법과 사회』 제47호(2014), 115-152면; 이용식, 「법개발학에 관한 고찰 - 한국에서의 의의 및 중요성」, 『법학연구』(전북대) 제38집(2013), 375-390면.

135) 김정오, 「함병춘 선생의 한국법문화론」, 『법학연구』(연세대) 제24권 제2호(2014), 29-31면.

136) 최대권, 「법에 있어서의 근대화」, 『서울대학교 법학』 제13권 제2호(1972), 81-122면; 「법과 사회개발」, 고려대 아세아문제연구소 엮음, 『한국사회개발연구』 제10권(고려대학교출판부, 1983); "Law and Development: The Korean Experience," 『서울대학교 법학』 제52권 제3호(2011), 37-62면.

137) 송상현, 「법과 사회발전」, 『Fides』(서울대 법대) 제18권 제2호(1973), 29-31면; Chulwoo Lee, "Hegemony, Contestation and Empowerment: The Politics of Law and Society Studies in South Korea," *Asian Journal of Law and Society*, Vol. 1, No. 2(2014), pp. 286-288.

138) Steinberg, "Law and Development in a Korean Society," p. 69.

139) 같은 글, 62면.

140) 양승규, 「Murphy 교수가 본 한국법학교육」, 『Fides』 제15권 제2호(1968), 13-15면.

과 법치 및 법의 자율성은 충돌가능성을 내장하고 있었고, 라틴아메리카에서는 전자가 후자를 압도하면서 권위주의 통치에 봉사하는 경향을 보였다. 베트남전쟁으로 미국의 전략적 동기가 의심 받으면서 '법과 발전'의 권위도 추락했다.[141] 비판적 법사회학자들은 '법과 발전'을 자본주의의 세계적 확산의 견지에서 접근하면서, 종속이론을 수용해 '법과 저발전'으로 초점을 이동시켰다. 그러한 흐름은 1980년대 한국에도 수용되어, '법과 발전'의 토대를 이루는 자유주의적 법치주의를 근저에서 의문시하는 급진적 관심을 불러일으켰다.[142] 그러나 '법과 발전'에 대한 급진적 시각 전환도 오래갈 수 없었다. 미증유의 경제성장을 구가한 1980년대 후반의 한국 상황을 설명하는 데 적합하지 않았고, 사회주의의 몰락으로 전 세계적으로도 급진적 사회변혁 논의가 급속도로 퇴조했기 때문이다.

'법과 발전'을 비판적으로 재검토하고 그 패러다임에 도전하는 급진적 시각의 논문을 모은 한인섭 · 이철우 편저 『법 · 국가 · 저발전』이 간행된 1986년은 라틴아메리카의 여러 나라가 외채 위기를 겪고 있을 때였다. 그리고 국제통화기금IMF과 세계은행이 이들 국가에 대해 재정건정성 확보, 금리와 무역, 직접투자에서 자유화, 민영화, 사유재산권 보장 등을 처방하고 있었다. 그러한 처방은 1989년 존 윌리엄슨John Williamson에 의해 워싱턴 컨센서스로 지칭되었다.[143] 당시 이미 미국과 영국에서 공화당 및 보수당 정부가 집권하여 레이거노믹스와 대처리즘이라는 신종 시장자유주의 이데올로기를 정책화하고 있었다. 이어 소련과 동유럽 사회주의 블록이 붕괴되면서 워싱턴 컨센서스는 경제자유화의 대세를 상징하는 용어가 되었다. 1990년대는 그것이 세계화globalization되는 시기였다. 이 흐름 속에서 등장한 것이 '법치'를 향한 운동rule of law, RoL movement이었다. 이 사조는 재산권의 보장과 계약의 집행을 확실히 함으로써 예측가능한 질서를 확립하는 것을 경제에 봉사하는 법의 가장 중요한 기능으로 간주한다. 여기에서 가장 중요한 조건은 독립한 사법부의 역할이다. 이것이 '법과 발전'L&D을 대체한 새로운 흐름인지, '법과 발전'의 새로운 내용을 구성하는 것인지에 대해서는 상이한 언설이 있다.[144] 생각

---

141) Trubek, "Toward a Social Theory of Law," p. 59; 트루벡 · 갤런터, 「자기소외된 법률가들」, 160-161면.

142) 한인섭 · 이철우 편역, 『법 · 국가 · 저발전』(이성과현실사, 1986).

143) John Williamson, "The Washington Consensus as Policy Prescription for Development," Lecture delivered at the Institute for International Economics, January 13, 2004, https://piie.com/publications/papers/williamson0204.pdf.

144) '법과 발전'의 최신 동향을 담은 David M. Trubek and Alvaro Santos (eds.), *The New*

건대, 재산권보장의 관점endowment perspective에 입각한 법치의 고취가 체제전환 국가 등 개발을 추구하는 나라를 위한 프로그램에 중요하게 반영됨으로써 '법과 발전' 운동이 성격과 내용을 새로이 갖추었다고 이해하는 것이 적절할 것이다. 그러나 후술하듯이, '법치'를 중핵으로 삼는 '발전'은 목표지향성을 탈각한 것이기에 더 이상 정책 및 운동으로서의 '발전'(또는 '개발')이 될 수는 없다.

1990년대 이후 한국이 경험한 변화는 개발국가로부터 '법치' 경제에로의 이행으로 특징지을 수 있다. 그리고 그 변화를 큰 틀에서 조건지은 것은 세계화였다. 세계무역기구WTO로 대표되는 국제무역질서에의 참여와 OECD 가입에 따라 상당한 제도 변화가 불가피했다. 그러나 워싱턴 컨센서스를 제도화하게 된 결정적 계기는 1997-1998년의 아시아금융위기였다. 이 위기는 아시아 신흥공업국의 특수한 노선이 경제발전에서 대안이 될 수 없음을 보여주었는데, 특히 한국은 김대중 정부가 "민주주의와 시장경제의 병행발전"을 내세우면서 아시아적 개발국가 노선을 앞장서서 부정했다.

한국 정부는 1997년 12월 「국제통화기금 대기성차관도입을 위한 합의의향서 및 양해각서」를 제출했고 이것이 IMF에 의해 승인됨으로써 IMF와의 합의하에 경제정책을 수립하고 집행해야 하는 처지가 되었다.[145] 45년 전의 마이어협정을 연상케 하는 상황이었다. 이때부터 거시경제정책, 통화정책, 재정정책, 금융개혁, 무역자유화, 자본자유화, 기업지배구조, 노동시장 유연화, 외환·금융정보 공개 및 금융실명제에 이르기까지 경제의 수다한 분야에 걸쳐 개혁을 수행해야 했다. 이를 위해 무수히 많은 법을 제정 또는 개정했다. 금융 분야에서는 「금융감독기구의 설치 등에 관한 법률」, 「금융기관부실자산 등의 효율적 처리 및 성업공사의 설립에 관한 법률」, 금융지주회사법, 기업구조조정투자회사법, 여신전문금융업법, 「자산유동화에 관한 법률」 등을 제정했고, 「금융산업의 구조개선에 관한 법률」, 한국은행법, 은행법, 「종합금융회사에 관한 법률」, 예금자보호법, 증권투자신탁업법 등을 개정했다. 관치금융을 민간주도형 금융으로 전환하고 통합금융감독체제를 도입하여 그에 맞는 규제 감독 시스템을 구축하였으며, 금융기관의 지배구조를 개선하고 금융기관의 건전성을 강화하고자 했다.[146] 기업지배구조에서는 상법에서 이사

Law and Economic Development: A Critical Appraisal(Cambridge: Cambridge University Press, 2006)에서는 그러한 상이한 언설을 볼 수 있다.

145) 박훤일, 「IMF 협약과 금융구조조정의 문제점」, 『경희법학』 제35권 제1호(2000), 36-37면.

146) 박준, 「1997년 경제위기와 IMF 구제금융이 금융법에 미친 영향」, 『서울대학교 법학』 제55권

의 충실의무를 새로 규정하고, 상법 및 증권거래법을 개정하여 대표소송을 통한 소수주주의 견제 권한을 강화하였으며, 사외이사와 감사위원회 제도를 두었고, 「주식회사의 외부감사에 관한 법률」을 개정하여 결합재무제표를 도입하는 등 미국식 지배구조의 방식과 글로벌 스탠다드를 수용하는 방향으로 변화가 일어났다.[147] 이러한 변화에 부응하여 「독점규제 및 공정거래에 관한 법률」을 개정하여 출자총액제한제도를 폐지하고 계열사 상호간 채무보증을 금지하였으며, 이듬해에는 출자총액제한제도를 부활하는 한편 지주회사를 제한적으로 허용했다.[148] 도산법의 개혁은 특히 시급했다. 정부는 원래 파산법, 회사정리법, 화의법을 통합하려 하였으나 외환위기가 발발한 후 IMF와의 약속에 따라 시급히 3개 법률을 개정했다. 경제적 효율성의 원리에 부합하게 도산법제를 개정했다는 외관은 외국인 투자 유치를 위해 절실했다. 동 법률들은 1999년부터 2001년 사이에 재개정되었고, 통합도산법은 2001년부터 입법이 추진되어 2006년에야 「채무자 회생 및 파산에 관한 법률」의 이름으로 시행되었다. 이와 같은 변화의 대체적인 방향은 미국법의 계수였다.[149] 노동시장의 유연성 제고 또한 이 시기의 변화로서 빼놓을 수 없다. 이 변화는 경제위기 속에서 일종의 사회적 타협이라는 형태로 추진되었음이 주목된다. 외환위기가 발발한 직후 대통령 당선자의 자문기구로서 노사정위원회가 설치되었다. 대통령 취임 후 노사정위원회규정이 제정되었고, 1999년에 「노사정위원회의 설치 및 운영 등에 관한 법률」이 제정되어 법률상의 대통령 자문기구로 발전했다.[150] 1998년초 노사정위원회는 「경제위기 극복을 위한 사회협약」을 체결했는데, 노동시장의 유연성 제고를 중요한 의제로 채택하는 한편 노동기본권 보장과 고용안정 및 실업대책 또한 의제로 채택함으로써 불안정성을 상쇄하고자 했다. 그에 따라 근로기준법의 해고 규정을 손질하고 「파견근로자 보호 등에 관한 법률」

제1호(2014), 105-203면.

147) 송옥렬, 「기업경영에서 법치주의의 확산-외환위기 이후 회사법의 발전을 중심으로」, 『서울대학교 법학』 제55권 제1호(2014), 59-103면; Joongi Kim, “The Next Stage of Reforms: Korean Corporate Governance in the Post-Asian Financial Crisis Era,” *Asian Journal of Comparative Law*, Vol. 1, No. 1(2006), 1-23.

148) 권오승 · 서정, 『독점규제법: 이론과 실무』(박영사, 2016), 32-33면.

149) 김재형, 「IMF에 의한 구제금융 이후 민사법의 변화-이자제한법, 도산법, 자산유동화법을 중심으로」, 『서울대학교 법학』 제55권 제1호(2014), 15-38면.

150) 지금은 경제사회발전노사정위원회법에 근거하여 경제사회발전노사정위원회라는 명칭으로 기능하고 있다. 김양희 외, 『노사정간 합의제고 및 합의사항 이행 강화 방안 연구』, 경제사회발전노사정위원회 연구용역보고서(2011), 4면.

을 제정하여 고용의 유연성을 높이는 한편 남녀차별금지 규정의 도입, 근로시간 단축, 임금채권보장법 제정, 「교원의 노동조합설립 및 운영에 관한 법률」 및 「공무원직장협의회의 설립·운영에 관한 법률」 등을 제정해 노동자의 권익을 강화했다.[151] 그러나 아시아금융위기라는 파고 속에 이루어진 이와 같은 변화가 그 후 지금까지 15년간 하나의 방향으로 누적적으로 진행된 것은 아니었다.[152] 고금리를 유지하려는 IMF의 압력 아래 폐지한 이자제한법을 2007년에 부활한 것은 흥미로운 예이다.[153]

1990년대 이후 세계적 대세가 된 '법치'RoL 운동은 세계경제의 우여곡절과 함께 변형을 겪었다. 이 시대의 법치 및 그것을 수용한 제2단계 '법과 발전'이 재산권보장에만 치우쳐 경제적 불균형을 좌시했다는 점이 드러나면서, 인권과 환경을 아울러 강조하는 제2기 법치RoL-2를 수용하는 한편 국가의 규제 권한을 긍정하는 제3단계 '법과 발전'을 전망하게 되었다.[154] 2008년 세계금융위기를 통해 혹독한 시장실패를 경험하면서 그러한 전망이 강화되었다. 이 새로운 '법과 발전' 이론에서도 가장 중시되는 법의 기능은 사법司法이다. 그런데 바로 이 점은 '법과 발전'의 '발전'적 계기와 충돌한다. '발전'(더 강한 번역어로는 '개발')은 목표에 대한 추구를 담론의 구조 속에 내장하고 있다. 발전 담론의 의사소통적 프로그램은 목표달성에의 적합 여부라는 코드에 최적화되어 있는 반면 법체계는 조건적 프로그램(if/then, 즉 ~하면 ~한다는 언어 형태)에 의해 구동되며 이는 특정 사건의 결정에 적합하게 되어 있는 의사소통의 형식이다.[155] 합법/위법의 이항대립적 코드와 조건적 프로그램에 따라 작동하는 법체계는 법원의 판결을 통해 통일성을 확보한다. 법원은 법체계의 가장 내측 중심에 위치한 하위체계로서 환경(다른 체계)의 자극으로부터 가장 멀리 떨어져 있다.[156] 사법적 결정은 법체계에서도 발전의 목표를 지향하는 정책으로부터 가장 자율성을 가지는 소통이다. 이 점에서 '법치'는 제도

151) 이철수, 「IMF 구제금융 이후의 한국의 노동법제 발전」, 『서울대학교 법학』 제55권 제1호 (2014), 205-252면.

152) 본서의 각 장이 개별적 법분야의 동향을 다루는 만큼 본장에서는 새천년의 변화는 서술하지 않는다.

153) 김재형, 「IMF에 의한 구제금융 이후 민사법의 변화」, 6-14면.

154) Trubek and Santos (eds.), *The New Law and Economic Development* 중 Trubek and Santos의 서론, Trubek 및 David Kennedy의 논문을 참조.

155) 목표 프로그램(goal programs)과 조건적 프로그램(conditional programs)의 차이에 대해서는 Luhmann, *The Differentiation of Society*, pp. 110-113 참조.

156) 니클라스 루만, 『사회의 법』 제7장.

의 인프라 구축이라는 초보적 과제에서 '법과 발전'의 내용을 이룰 뿐 그 단계를 넘어서면 '법과 발전'과 긴장관계에 서게 된다. '법치'를 매개로 한 사회변동은 변동을 주도하는 특정 주체를 상정할 수도, 특정 목적을 위한 처방을 기대할 수도 없다. 그것은 고도로 분화되어가는 사회적 체계들의 요구에 간접적으로 부응한 결과인 권리의 분화의 형태를 띠며 권리의 유무를 판단하는 구체적 사건에 대한 결정에 궁극적으로 의존한다.

그런데 법원의 판단에 의한 법체계의 경계 설정과 확인은 결코 순조롭지 않다. 사회분화가 급속도로 진행되면서 각 체계가 스스로의 영역에서 고유한 소통질서를 안정적으로 재생산하는 데 어려움을 겪는다. 그에 따라 엄청나게 많은 결정 수요가 법체계에 쇄도한다. 이에 법원이 반응하지 않거나 과도하게 반응하는 경우 사회의 안정성은 위험에 처한다. 근래 세계적 차원에서 빚어지는 정치의 사법화 judicialization of politics는 정치체계와 그 하위체계인 행정체계의 요구들이 과도하게 법체계를 자극하고 법체계가 그 요구에 과도하게 반응하는 현상이다. 이는 한국에서도 큰 문제로 대두되고 있다. 두 번에 걸친 대통령탄핵재판에서 보듯이 국가의 정치적 향배를 사법부가 결정하기에 이르렀다. 일본군위안부 및 원폭피해자 배상청구권 협정부작위 위헌확인 사건, 일제강점기 강제징용 손해배상 사건에서 보듯이 외교적 갈등을 수반하는 분쟁의 해결을 사법에 의존하는 문제도 목격한다. 신행정수도특별조치법의 위헌결정은 국가의 중요한 정책 사안이 사법적 결정에 좌우될 수 있음을 보여준다.[157] 거대한 정치 또는 정책에 관련된 사건외에도 자율적 해결이 요구되는 생활영역에서 발생하는 분쟁을 법원이 판단하는 현상이 사회 곳곳에서 나타난다.[158] 한편 정치 및 정책의 사법화는 사법의 정치화, 사법의 정책화를 초래한다. 사법 내부에서 개별 법관의 판결을 통제할 수 없는 경우에도 사법의 정치화·정책화 위험이 있다. 관료화된 사법은 관료제의 핵심 원리인 형식

157) Chulwoo Lee, "The Judicialization of Politics in South Korea," *Journal of Comparative Law*, Vol. 11, Issue 2(2016), pp. 100-113. 물론 민감한 정치적 사건이 사법적 판단에 회부되었다고 해서 반드시 법원이 그 향배를 결정하는 것은 아니다. 사법적 결정에 대한 수요의 측면과 공급의 측면은 구별되어야 한다. Chulwoo Lee, "Who's Afraid of the Big Bad Court? Examining Observations on the Judicialization of Politics in South Korea," Paper presented at the Asian Law and Society Association Conference, 22-23 September 2016, Singapore.

158) 조영남 대작사건을 소재로 이 문제를 지적한 남형두, 「법과 예술-조영남 사건으로 본 주리스토크라시(Juristocracy)」, 『정보법학』 제20권 제2호(2016), 31-68면.

주의formalism에 의해 그러한 위험을 경계하지만, 다른 한편으로는 정치체계 및 그 하위체계인 행정체계의 작동 논리를 모방한 의사결정을 통해 위험을 배가할 수도 있다. 근래 문제가 되는 소위 사법농단과 사법행정의 파행을 그와 같은 각도에서 바라볼 필요가 있다.

3. 법문화와 소송 행태

전술한 대로, 초기의 '법과 발전' 학자로 언급한 함병춘은 한국인의 법의식 또는 법문화를 탐구하는 데 많은 노력을 기울였다. 트루벡은 이러한 문화주의적 접근이 초기 '법과 발전'의 특징이라 말했다. '법과 발전' 프로그램이 교육을 중시한 것도 그에 기인한다.[159] 상당한 기간 동안 한국의 '법과 사회' 학계가 법문화에 대한 논의에 치중한 것은 한편으로는 '법과 발전' 등 근대화이론에 입각한 개발 연구가 문화를 근대화 및 개발의 관건으로 생각했다는 점과 다른 한편으로는 긍정적이건 비판적이건 함병춘의 연구를 논의의 출발점으로 삼았기 때문이다.[160] 함병춘의 연구 중 최대의 기여는 그가 1963-1964년에 층화표본추출법에 의해 추출한 전국 1,301명에 대한 설문조사를 바탕으로 하는 법의식조사였다. 함병춘은 한국 법문화에 대해 다음과 같은 가설을 가지고 있었으며, 법의식조사를 통해 이를 뒷받침하고자 했다. 함병춘에 의하면, 한국사회는 정情을 최고의 가치로 삼는 사회이다. 한국인은 "타자와의 감정의 교환"을 무엇보다도 중시하며 개인적인 이득의 추구를 멀리한다. 문명의 본질을 조화와 평화에서 찾는 만큼 분쟁과 다툼을 불온시하며, 분쟁이 일어나는 경우 관官에 의지하여 일도양단의 법적인 해결을 꾀하기보다는 양보와 타협, 화해, 조정 같은 비공식적, 비재판적 분쟁해결을 선호한다. 또 한국의 전통적 관념에서는 법을 외적 행위규제를 목적으로 하는 형벌의 수단

---

159) David M. Trubek, "The 'Rule of Law' in Development Assistance: Past, Present, and Future," in Trubek and Santos (eds.), *The New Law and Economic Development*, p. 76.

160) 최대권, 『법사회학』(서울대학교출판부, 1983); 『법과 사회』(서울대학교출판부, 1992); 양승두, 「우리나라의 전통적 법의식과 그 변화에 관한 연구」, 『한국의 사회와 문화』 제3집(1981), 99-137면; 양건, 「한국과 일본간의 비교법문화론을 위한 서설: 함병춘과 가와시마 다케요시(川島武宜)를 넘어서」, 『저스티스』 제34권 제1호(2001), 88-106면; 김정오, 『한국의 법문화: 인식, 구조, 변화』(나남, 2006); Chulwoo Lee, "Talking About Korean Legal Culture: A Critical Review of the Discursive Production of Legal Culture in Korea," *Korea Journal*, Vol. 38, No. 3(1998), pp. 45-76; 「법문화의 담론적 생산: 방법론적 비판」, 『법철학연구』 제4권 제1호(2001), 203-230면.

으로 보며, 법을 부차적이거나 예禮의 실현을 위한 보충적이고 최종적인 수단으로 취급하였다. 한국 전통사회는 법에 의해 다스려지는 법치주의 사회가 아닌 도덕의 내면화와 권위에 대한 내면적 순응을 기대하는 덕치주의 사회였으며, 한국 사람들은 법을 "덕德, 선善, 평화, 조화에 대한 안티테제"로서 적대시해왔다.[161] 이렇게 서구 근대와 대척적인 문화의 바탕 위에 무엇을 해야 할 것인지에 대한 함병춘의 생각은 복잡했다. 그는 서구를 지향점으로 하는 단선적 발전경로에 믿음 위에 "발전의 각 단계에서 시간의 길이를 줄이는" 압축근대화를 희구하는 듯한 모습을 보이다가도,[162] 근대법과 전통적 법문화 사이의 간극을 메우는 것이 당분간 불가능하기 때문에 오히려 전통 문화에 부합하는 제도를 마련해야 한다는 '비관적 발전론'pessimistic developmentalism을 취하기도 했다.[163] 소송보다는 조정 위주의 분쟁해결제도를 구비하는 것이 좋다는 견해는 그것의 표현이었다.

이와 같은 함병춘의 진단은 타당한가? 1989년 양건은 국내외에서 간행된 야심찬 논문을 통해 함병춘 테제를 맹비판했다. 함병춘이 문화적 요인에만 집착하고 정치경제적 요인 등 비문화적 요인을 소홀히 했다고 비판하면서 그로부터 보수적인 정치적 함의를 도출하기까지 했다.[164] 양건과는 달리 문화를 중심에 두는 접근방법에 대해서는 비판하지 않으면서도 근대/전통, 서양/동양 이분법을 비판하는 논평들도 있다.[165] 한국 전통사회가 소송을 멀리하는 사회였다는 믿음에 반하는 역사적 사실을 들어 반박하기도 한다.[166] 함병춘의 법의식조사로부터 40년이 지난 후에 연구를 수행하는 학자들은 소송 폭증과 쟁송으로 갈등을 해결하려는 경향 등 함병춘이 그려낸 현실과 전혀 다른 현실에 직면한다. 함병춘 연구에 후속하는 법의식조사도 다른 결과를 보여준다. 함병춘의 법의식조사에 참여했던 양승

---

161) Pyong-Choon Hahm, *Korean Political Tradition and Law: Essays in Korean Law and Legal History*(Seoul: Royal Asiatic Society Korea Branch, 1967); *Korean Jurisprudence, Politics and Culture*(Seoul: Yonsei University Press, 1986).

162) 김창록, 「법에 있어서의 '근대'」, 70면.

163) Chulwoo Lee, "Hegemony, Contestation, and Empowerment," pp. 284-286.

164) 양건, 「한국에서의 '법과 사회' 연구」, 『법과 사회』 창간호(1989), 66-83면; Kun Yang, "Law and Society Studies in Korea: Beyong the Hahm Theses," *Law & Society Review*, Vol. 23(1989), pp. 891-901.

165) 이철우와 김정오가 그러하다.

166) 이철우, 「아시아적 가치와 한국의 법문화: 담론과 현실」, 『전통과 현대』 제11호(2000), 98-99면; 임상혁, 「소송 기피의 문화전통에 대한 재고와 한국사회」, 『법과 사회』 제25호(2003), 145-158면.

두는 1979년의 한 조사에서 권리의식이 강화되고 있음을 보여주었고, 1990년대 이후 함병춘과 유사한 방식으로 수행된 한국법제연구원의 조사도 법에 대한 부정적 인식이나 불신은 상존해도, 권리의식이 강화되고 법을 통해 분쟁을 해결하려는 경향이 증대되고 있음을 보여주었다.[167)]

법의식 및 법문화의 현시적 표현으로서 널리 활용되는 것이 소송을 대하는 태도이다. 특히 제소율은 알기 쉬운 지표이다. 다음 그림은 1916년부터 2016년까지 100년에 걸친 기간 동안 인구 10만명당 연간 소송건수가 어떻게 변화해왔는가를 보여준다.

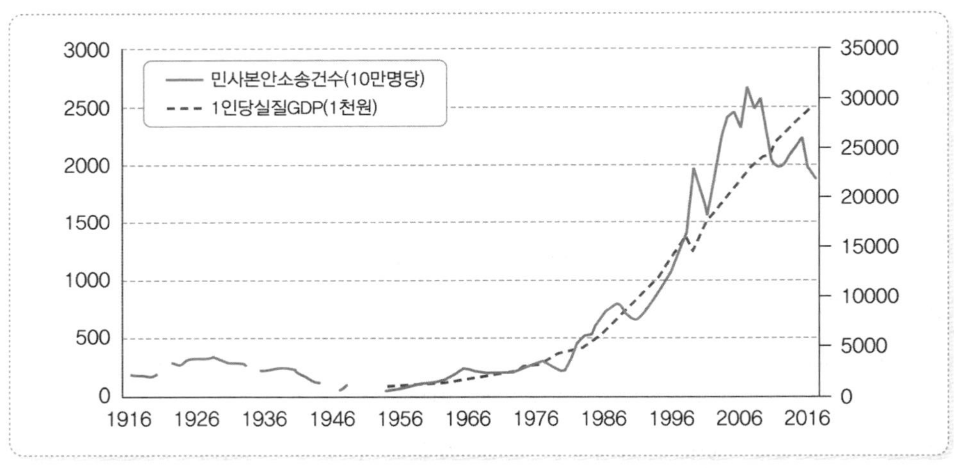

[그림 1] 민사본안제소율과 1인당 GDP의 시계열추이(1916–2016)[168)]

1920년대의 제소율이 1970년대보다 높았음은 흥미롭다. 일본에서도 메이지 말기의 제소율이 전후 여러 해의 제소율에 비해 높았다고 알려져 있다.[169)] 앞선 시

167) 한국법제연구원, 『국민법의식조사연구』 1991, 1994, 2008, 2015. 이 일련의 법의식조사는 함병춘의 조사와 방법과 구조면에서 연속성을 가지고 있다. 법의식조사의 설문 설계 등 조사방법에 대한 비판으로 염유식, 「한국 법의식 조사에 대한 연구 방법론 검토-2008 국민 법의식 조사연구를 중심으로」, 『법과 사회』 제37호(2009), 215-239면.

168) 이 그림은 김도현, 「소송증가는 계속될 것인가?: 제소율과 경제요인의 관계 분석」, 『법과 사회』 제48호(2015), 258면의 그래프를 2016년까지 연장한 것이다. 데이터의 출처는 국세청 국가통계포털(http://kosis.kr/index/index.do) 및 『사법연감』 각년. 김도현의 연구에 바탕하여 정보를 업데이트한 Dohyun Kim and Chulwoo Lee, "Dispute Resolution in South Korea," Michael Palmer, Marian Roberts and Maria Moscati (eds.), *Comparative Dispute Resolution*(London: Edward Elgar, forthcoming)에 재생.

대에 제소율이 높았음은 사람들이 전통에 사로잡혀 소송을 스스로 억제하는 성향이 있다는 가설에 도전을 가한다. 그림에서 보듯이, 제소율은 증감이 있긴 하지만 2000년대 중반에 이르기까지 급속히 상승해 2006년에 정점에 달했다. 그 해의 제소율은 1953년의 무려 79배에 달하였고 함병춘이 법의식조사를 시작한 1963년의 15배가 넘었다. 2006년의 제소율은 같은 해 일본의 5.8배에 달하였다. 42개 유럽 국가와 미국, 일본, 한국을 비교한 김도현의 연구에 의하면 2012년 한국의 제소율은 45개국 전체 평균 및 중위값을 상회했다.[170] 그렇다면 한국에서 이 많은 소송의 주체는 누구인가? 김두얼의 연구는 2015년 전체 본안소송의 73%가 법인 원고에 의한 것이었고, 그중 94%가 자연인 피고를 상대로 한 것이었음을 보여준다. 그리고 그러한 소송의 90%는 소액사건이었다. 법인 중 1년에 10,000건 이상을 제소한 18개 법인의 제소가 법인 원고 소송의 66%를 차지했고, 1년 제소 건수가 1,000건을 상회한 66개 법인이 전체 법인 원고 소송의 82%, 모든 민사본안사건의 60%, 그리고 소액사건의 68%를 차지했다고 한다. 이들은 모두 금융회사였다.[171] 즉 한국의 소송의 절대다수는 자연인을 상대로 한 금융회사의 채권추심 사건이었다. 그렇다면 제소율의 절대치만을 가지고는 소송을 대하는 사람들의 태도를 판단하기 어려울 수 있다. 그러나 이는 다른 나라의 소송 통계에서도 직면하는 문제여서 여전히 수량적 비교가 무의미하지 않다.[172]

소송이 많아지는 원인을 1987년 이후의 민주화 또는 권리의식의 신장에서 찾고자 하는 유혹이 있을 수 있다.[173] 그러나 [그림 1]을 자세히 살피면 제소율의 급격한 증가가 1980년경부터 시작되었음을 알 수 있다. 2000년대 전반기에 한국과 일본 법사회학자들이 공동연구를 할 때부터 소송 증가가 제도적 요인보다는 1인당 GDP 등 경제적 변인과 더 깊은 상관관계를 가진다는 가설이 등장했는데, 김도현은 후에 회귀분석을 통해 이를 밝혀냈다.[174]

---

169) John Haley, "The Myth of the Reluctant Litigant," *Journal of Japanese Studies*, Vol. 4, No. 2(1978), pp. 359-390.

170) 김도현, 「소송증가는 계속될 것인가?」, 263면; Dohyun Kim and Sanghie Han, "Civil Litigation in Korea: Trends and Analysis," in Dai-Kwon Choi and Kahei Rokumoto (eds.), *Judicial System Transformation in the Globalizing World: Korea and Japan* (Seoul National University Press, 2007).

171) 김두얼, 『경제성장과 사법정책』(해남, 2011), 제2장.

172) 김도현, 「소송증가는 계속될 것인가?」, 253-254면. 이는 소송당사자에 대한 정보가 충분히 공급되지 않은 상태에서는 해결하기 어려운 문제이다.

173) 이은영, 「한국의 계약문화」, 『법과 사회』 제16·17합본호(1999), 291-292면.

한국인이 소송을 회피하고 조정을 통해 분쟁을 해결하려는 성향을 가졌다는 가설은 어떠한가? 우선 민사조정을 가지고 본다면, 그 가설은 현실을 설명하는 데 어려움이 있다. 민사조정 접수 건수는 민사소송과 비교하면 1/10도 되지 않으며 조정신청 건수는 1/100을 넘지 않는다. 민사조정 처리의 양상을 보면 [그림 2]와 같다.

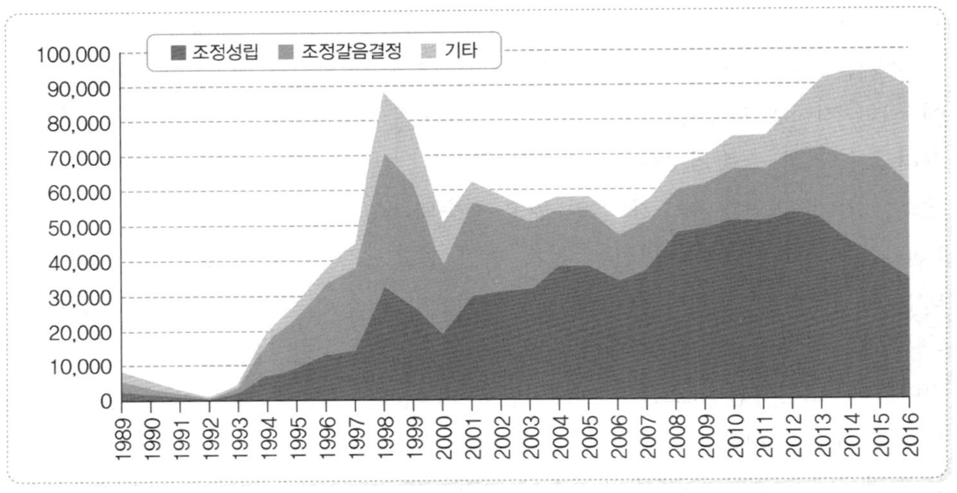

[그림 2] 제1심 민사조정 사건 처리 결과(1989–2016)[175)]

[그림 2]는 민사조정 처리 건수 중 조정성립 건수와 조정에 갈음하는 결정 건수의 비율을 보여준다. 신청사건과 회부사건을 모두 포함한다. 2001-2006년의 통계를 보면, 회부사건에서는 63%에서 조정이 성립한 반면 신청사건에서는 불과 20%에서만 조정이 성립했다. 특히 수소법원조정에서는 74%의 성립률을 달성했다.[176)] 이는 무엇을 말해주는가? 호문혁은 수소법원이 당사자를 압박하여 조정성립을 유도하는 경향이 크다는 점을 지적하며, 전체 민사본안사건의 1/3 정도에서 수소법원 조정이 시도된다고 추정한다. 법원은 민사소송법상의 화해권고 및 화해

174) 김도현, 「소송증가는 계속될 것인가?」

175) Kim and Lee, "Dispute Resolution in South Korea," (forthcoming). 이 그림은 김도현, 「민사조정통계의 법사회학적 해석」, 『법과 사회』 제45호(2013), 351면의 [표 2]를 2016년까지 연장해 도시한 것이다. 정보의 출처는 『사법연감』 각년.

176) Kim and Lee, "Dispute Resolution in South Korea," (forthcoming).

권고결정이라는 수단도 가지고 있다.[177)]

소송과 비교되는 조정의 실태를 보면 한국인이 소송을 회피하고 조정을 선호한다는 함병춘의 가설은 현실과 거리가 있다. 특히 민간에서 자율적으로 제공되는 조정서비스에 대한 수요가 매우 적다는 점을 볼 때 그러하다. 반면 분쟁해결을 담당하는 법관이 조정으로 사건을 해결하려는 경향은 매우 강하며, 당사자도 그 권위에 눌려 판결과 별 다름 없이 조정을 받아들이는 경우가 흔하다. 미국의 인류학자 린다 루이스Linda Lewis는 1970년대말 광주지방법원에서 현지조사를 하면서, 한국의 판관들은 전통적으로 판결을 내리는 사람이 아니라 조정자의 역할을 수행한다는 점, 그리고 현대의 판사들도 그러한 행태를 보인다는 점을 지적하였는데, 그 관찰이 여전히 유효함을 보여준다.[178)] 이것은 전근대적인 것인가? 과거에도 존재한 후견주의 행태가 새로운 분쟁해결제도의 틈새에서 작용하는 이 모습이 전근대적인 것인지 근대적인 것인지를 논하는 것은 불필요하다.

Ⅳ. 맺음말

광복 이후 지금까지 한국법이 변천해온 모습을 탈식민화와 근대화라는 두 개의 주제를 초점으로 하여 서술했다. 탈식민화를 위한 한국법의 노력으로부터는 근대 국제법질서의 일원이었던 배경 때문에 강력한 과거부정이 필요했지만 35년간의 일제 지배를 통해 형성된 질서를 대체할 수 있는 과거의 질서가 없었기 때문에 새로운 제도를 만들어내는 과정에서 겪게 되는 딜레마를 느낄 수 있었다. 탈식민화는 근대화의 문제와 착종되어 있었다. 본문에서는 그로부터 어떤 개념적 문제가 야기되었는지를 살폈고, 근대화 프로그램의 하나인 '법과 발전'이 어떻게 한국에서 전개되었는지를 개관하였으며, '법치'의 세계화라는 새로운 대세가 한국에서는 어떤 양상을 띠었는지를 간략히 살피면서, 법치화의 중요한 면모인 사법司法의 역할 증대로부터 나타나는 몇 가지 문제를 언급했다. 마지막으로 한국인의 법의식을 나타내는 지표로 논의되는 소송과 조정에 대한 태도를 분석한 연구 성과

177) 호문혁, 「판결과 ADR 체계의 정립에 관한 연구」, 『서울대학교 법학』 제53권 제1호(2012), 587-589면.

178) Linda Sue Lewis, "Mediation and Judicial Process in a Korean District Court," Ph.D. dissertation, Columbia University(1984), chap. 1; 김도현, 「민사조정통계의 법사회학적 해석」, 354면.

들을 소개했다.

탈식민화와 근대화의 주제 아래 다루었어야 할 세부적 주제와 쟁점은 무수히 많다. 탈식민화에서는 헌법과 형법의 제정이 가지는 정치사회학적 함의를 언급하지 못했고, 일본을 상대로 하는 과거사 청산의 노력 – 대일청구권, 일본군위안부 사실인정 및 배상, 강제동원 피해 배상 등 – 도 손대지 못했다. 후자의 문제에 대해 사법이 관여하게 됨으로써 법체계에 긴장이 초래되고 있음을 감안할 때 이 문제를 다루지 못한 것에 대해 아쉬움이 남는다.

근대가 헤아릴 수 없이 많은 현상들의 총체인 만큼 근대화 역시 무한대의 탐구 대상을 가지고 있다. 각 분야에서의 변화는 본서의 각장이 전문성을 가지고 심층적으로 다룰 것이기에 자세한 언급을 피하였다. 그렇더라도 위험사회에 대응하는 법의 역할, 젠더의 해체와 같은 새로운 현상에 대한 법의 반응 등 논의했음직한 주제들이 적지 않다.

이 글에서 다루지 않은 민주화는 탈식민화, 근대화와 병행하여 전개된 중대한 변화의 방향이었다. 지면이 허락했다면 이 글에서 별도의 절로 다루었어야 할 주제이다. 민주화를 다룰 경우, 일제에 의한 주권 침해의 상태에서도 발명·재생산·변형해온 민족(인민)정체성과 5.10선거라는 수행적 발화를 통한 대한민국 국민의 자기호명 사이의 긴장부터 천착하게 될 것이다.[179] 민주주의와 법치(입헌주의 포함)라는 두 마리의 토끼 사이의 충돌 또한 한국에서는 침묵되기 일쑤이나 심각히 논의해야 할 쟁점이다. 대의민주주의의 기능 장애로 빚어지는 정치의 사법화를 위에서 간략히 언급했으나 민주화라는 별도의 주제 아래 논의를 더욱 풍부하게 할 필요가 있었다.

---

179) 이에 대하여는 Chaihark Hahm and Sung Ho Kim, *Making We the People: Democratic Constitutional Founding in Postwar Japan and South Korea*(Cambridge: Cambridge University Press, 2015), chap. 1.

청헌 김증한 교수 30주기 추모논문집

상 법

상법총칙·상행위법의 회고와 전망

최 영 홍

[초 록]

우리 상법은 일제의 의용상법에서 출발하여 오늘에 이르렀다. 사회 있는 곳에 법이 있다는 말처럼 사회상황에 따라 크고 작은 변화를 거듭해 온 것이다. 제정상법은 의용상법 총칙편의 내용을 변경하고 상행위편을 상법 제2편에 배치하였으며 일본식 용어를 우리 용어로 대폭 교체하는 진전을 이루었다. 그러나 의용상법상의 지배인과 상업사용인이라는 용어를 그대로 답습하여 민법의 대리 및 고용의 용례와 다르게 된 점은 아쉽다. 1995년의 개정에서는 기명날인에 국한되었던 문서작성의 요건을 서명으로 대체할 수 있게 하고, 대리상의 보상청구권 규정을 신설하였다. 서명에 의한 문서작성은 국제적 상거래관행에 부합하고 국내거래에도 신속성과 편의성을 증대시켰다는 점에서 매우 진전된 조치라 할 수 있다. 그러나 대리상의 보상청구권을 신설한 것은 그에 기한 대법원판결

고려대학교 법학전문대학원 교수

에서 '대리상의 보상청구권 규정은 여타 유통계약에도 일정한 조건하에 유추적용될 수 있다'고 함으로써 세계적 보편성에 어긋나게 되었고 실무 거래계에는 예측가능성보다 불확실성을 더 크게 안겼다. 2010년의 개정에서는 리스, 프랜차이즈, 팩토링에 관한 조항이 신설되었다. 이러한 조항의 신설은 시장의 변화상을 수용한 것이지만 조문의 문언과 용어에 적지 않은 문제점이 내포되어 있어 아쉽다. 2011년에는 합자조합제도가 도입되었다. 그러나 사업조직의 다양화라는 도입취지에도 불구하고 실제 이용가능성에 대한 검토가 부족했던 점은 아쉽다. 이상의 변천사를 회고해 보면 우리 상법은 일부 아쉬움에도 불구하고 전체적으로는 시대상황에 부응하며 진화 · 발전해 왔다고 평가할 수 있을 것이다.

한편, 상법의 완결성을 제고하기 위해서는 보완할 부분이 없지 않다. 우선 민법에 후견제도가 도입된 후에도 방치되고 있는 상행위능력 관련조항의 개정이 시급하다. 또한 현행 법조문상 개념이 통일적이지 못한 "상행위"라는 용어는 상행위 관련 법체계의 이해를 쉽게 하는 방향으로 정비될 필요가 있다. 그 밖에 상거래의 기본유형인 상사매매에 관한 조항을 보다 정밀하게 보완할 것인지에 대한 논의도 필요해 보인다. 또한 전자상거래 시대를 맞이하여 그와 관련된 조문을 상법에 수용할 것인가, 수용한다면 어떻게 할 것인가에 관하여 학계의 검토가 필요해 보인다. 향후 그러한 보완 및 검토과정에 미진함을 남기지 않기 위해서 후학들의 올바른 참여와 분발이 요구된다.

Ⅰ. 서 언

필자는 관악산 캠퍼스에서 졸업한 첫 기수이지만 동숭동 낙산 교정에서 뵈었던 청헌 김증한 선생님의 모습은 지금도 눈에 선하다. 선생님께서 서거하신 지 어언 30년이 되었다니 참으로 세월이 무상하다. 선생님의 학덕을 기리기 위한 추모집발간 준비위원회(회장 권오승 교수)는 '한국법학 특히 사법분야가 발전해 온 역사를 돌이켜 보고, 현재의 모습을 평가한 뒤에 앞으로 나아갈 방향을 제시하는 논문집을 발간하고자 한다'는 취지를 전하며 필자에게 상법총칙 · 상행위법 분야의 집필을 요청하였다. 학은을 입은 제자의 한 사람으로서 추모논문집 발간에 참여하게 되어 무척 영광스러우면서도, 천학비재한 필자로 인하여 청헌 선생님과 동료 집필진께 도리어 누가 될까 두려운 마음 떨칠 길 없다.

이 글은 집필의 순서와 범위에 있어서 추모집 발간에 참여하는 다른 필진들과 궤를 같이 하였다. 그리하여 "상법총칙 · 상행위법"이 "1948년 정부수립" 이후 현재까지 70년간 변천해 온 과정을 시대별로 입법, 판례 및 이론 등을 검토하고 현행상법의 체계나 내용상 개선방향을 모색하는 순서로 구성하였다. 그리고 여기서 "상법총칙 · 상행위법"이란 "형식적 의의의 상법", 즉 「상법」이라는 이름으로 된 제정법의 제1편 및 제2편으로 한정하였다. "실질적 의의의 상법"까지 포섭하여 논하기에는 그 범위가 너무 방대하기 때문이다.[1] 1948년 정부수립 당시 우리나라에 적용되던 의용상법은 엄밀한 의미에서 대한민국 입법부에서 제정한 "형식적 의미

---

1) 서돈각, 「신고 상법(상권)」, 위성문화사, 단기4290(서기 1957년).5.30. 이 책에서 서돈각 선생님은 일찍이 실질적 의의의 상법을 <기업을 중심으로 전개되는 생활관계에 특유한 법규의 전체>로 파악하셨다. '상법은 상에 관한 법'이라 할 수 있는데, 본래 '재화의 전환을 매개하는 경제상 상'의 개념 외에 그러한 상을 보조하거나(운송, 은행, 보험 등) 그와 무관한 산업의 일부(제조업, 연극업 등)까지 포함되면서 법률상 상과 경제상의 상이 이미 너무 다르게 되었다. 이처럼 광범하고 복잡한 생활관계를 대상으로 하는 법규를 상법의 대상으로 통일시키기 위해서는 중심적 개념이 필요하다. 이러한 맥락에서 기업이 영리를 목적으로 인적, 물적 설비를 계획적으로 일정한 질서하에 통합조직화된 사회적 경제적 조직체라는 점이 주목을 받게 되었다. 바로 이 점에 착안하여 학자들은 실질적 의의의 상법을 '기업에 관한 법'이라고 정의하게 되었던 것이다. 그런데 이러한 실질적 의의의 상법에 관하여 일부 공법적 법규도 포함시켜야 할 것인지 아니면 순수한 사법만이 상법이라고 할 것인지에 관하여 다시 견해가 나뉘고 있다. 전자는 현재 다수설로서 상법을 '기업관계에 특유한 법규의 전체'라고 정의한다. 이와 달리 후자는 '상법은 기업에 관한 특별사법'이라고 정의한다.

이 글에서는 위와 같은 실질적 의의의 상법에 관한 학설의 당부를 떠나서 오직 형식적 의의의 상법 즉 「상법」이라는 이름으로 제정된 실정법 중에서도 총칙과 상행위편만을 대상으로 한다.

의 상법"은 아니고, 그 입법과정에 우리의 학계가 주도적으로 참여하지 못한 채 신생 해방국가의 임시적 필요에 의해 채택된 것이다. 그렇기는 하지만 의용상법 역시 법규로서 발효되었기에 이 글에서는 그 배경이 된 역사적 궤적에 대해서도 간략히 언급하였다. 제정상법의 제정과 그의 순차적 개정은 법률에 조문의 변경·추가·삭제 또는 신설로 귀결되지만 그러한 법전의 변화는 그 시대 제·개정에 참여한 상법학자들의 견해와 인식태도를 엿볼 수 있는 흔적이기도 하다. 이러한 과거의 회고를 통하여 보다 나은 상법의 미래를 전망해 볼 수 있다.

상법은 1962년 제정되었고 그 이후 여러 차례 개정을 거쳐 오늘에 이르고 있다. 상법의 개정은 주로 회사법 분야에 치중되었고, 총칙과 상행위편의 개정은 상대적으로 적었다. 이는 우리나라가 비약적으로 경제성장을 하는 과정에서 중추적 역할을 담당한 주식회사의 대내외 관계에 변화가 많았기 때문이지만, 본래 총칙·상행위편은 총체적·원론적 법리에 관한 규정으로서 잦은 개정과는 친하지 않은 데도 원인이 있다. 그럼에도 불구하고 경제발전에 따른 변화는 총칙·상행위편에도 영향을 미치게 되어 1984년 개정시에 상업장부에 관한 일부 규정이 개정 및 신설되고, 1995년 개정시에 상호 가등기제도의 신설, 상업장부 등의 보존, 상업등기 공고제도의 폐지, 새로운 유형의 기본적 상행위의 추가, 대리상의 보상청구권 등에 관한 규정이 신설되었다. 그 후 2010년에는 총칙·상행위편에 상당히 큰 폭의 개정이 있었다. 전통적인 상사계약 외에 사회경제적 변화와 기술의 발달로 금융리스업·가맹업·채권매입업의 법률관계를 규율하는 규정이 신설되었고, 법전상의 불합리한 용어나 문구가 현대적 용어로 수정되었다. 이어서 2011년에는 미국의 공동기업제도를 참고하여 합자조합제도를 상행위편에 도입하였다.

우리 상법의 변천사를 파악하기 위해서는 해방전 의용상법과 함께 그에 영향을 준 유럽 상법의 변천사에 대해서도 개괄적으로나마 살펴볼 필요가 있다. 이에, 그 부분에 대한 언급으로 글을 시작한다.

Ⅱ. 상사법의 역사 개관

1. 근대 상법의 역사

사회 있는 곳에 법이 있고Ubi societas ibi ius, 사회는 시대에 따라 변한다. 사회의 변화에 따라 법이 변하고, 그 변화에는 시간의 경과가 수반된다. 그러나 우리 상법은 이러한 시간의 자연적 경과에 따라 변화한 것이 아니다. 일제의 침략에 따른 조선왕조의 몰락과정에서 일본의 법제가 강제로 도입되었기 때문이다. 게다가 일본의 법제는 다시 유럽대륙에서 발달한 상사제도를 계수한 것이다. 결국 우리의 현행 상법은 일제 식민지 시대를 거치며 서구유럽의 상법이 계수된 것이지 우리 역사 속에 실재하던 고유의 상사제도가 진화 · 발전되어 법제화된 것이 아니다.

유럽대륙에는 고대부터 상거래가 있었고 그 거래를 규율하는 상법적 제도가 있었다. 그러나 제정법 내지 관습법으로서의 상법이 그 당시에 따로 존재하지는 않았다. 상법이 독립된 법역으로 등장하게 된 것은 중세 9세기 이후 상인단체인 길드의 자치법에서 비롯되었다. 그 후 길드 자치법은 17세기 중앙집권적 절대주의가 등장하면서 국가법으로 흡수되었다. 이 과정에서도 상인신분을 가진 자에게만 적용되는 상인법적 성질은 유지되었다. 이러한 상인신분법은 19세기 자유주의적 시대정신의 풍미와 함께 1807년의 프랑스 상법전(소위 나폴레옹 상법전)을 효시로 하는 근대 상법으로 발전하였다. 이는 전통적인 상인개념을 포기하지 않으면서도 기존의 상법에서 계급적 신분적 요소를 제거하여 '신분'이 아닌 '상행위'를 기준으로 상법을 적용하는 새로운 입법체계를 구축한 것이다. 프랑스 상법전을 모델로 1861년에 독일 상법전ADHGB이 제정되었다. 독일 상법전은 프랑스 상법전과 차별화하여 상행위편을 별도로 설치하고 상행위에 관한 사법적 법률관계를 규율하였다. 독일 상법전은 일본을 비롯한 여러 나라의 상법에 영향을 미쳤고, 우리 상법상 지배인 등 기업보조자와 위탁매매업, 운송주선업, 운송업에 관한 규정에도 영향을 주었다.

2. 우리의 고유한 상사제도

역사적으로 우리나라에도 나름의 고유한 상사제도가 있었다. 우선 대표적으로, 상거래의 주체인 상인으로서 행상行商과 좌상坐商이 있었다.[2)] 행상은 보부상褓負商이라는 이름으로 알려진 우리나라 최초의 상인계급이다. 이들은 주로 지리적으로 이동하면서 매매행위를 하였다. 반면에 좌상은 객주와 거간 등으로 알려진 상인들로서, 행상과 달리 고정된 점포를 기반으로 하여 다양한 상거래활동을 하였다. 그러

2) 박원선, "한국고유의 상사제도", 동방학지, 제27집, 92면 이하.

한 상거래활동에는 매매를 포함하여 동산 및 부동산의 임대차, 제조가공, 금융업, 공중접객업, 위탁매매업, 중개업, 임치업 등 다양한 영업활동이 포함되었다. 이러한 행상과 좌상 외에도 그들의 활동을 위해 필요한 인적·물적 설비 및 지급수단이 있었다. 상인의 인적 보조자로서 지배인과 유사한 차인제도差人制度가 있었고,[3] 사개치부법과 같은 회계처리방식이 있었으며, 일종의 유가증권인 어음과 환간이 금전지급이나 신용거래의 수단으로 이용되었다. 그러나 이러한 제도가 상법으로 입법화되어 현재의 법제에 연결되지는 못했다. 일제치하를 거치며 우리의 고유한 상사제도와 다른 유럽대륙의 상사법제가 계수되었기 때문이다.

3. 조선민사령과 의용상법

현행상법의 모태가 되는 대한민국 상법전(이하 '제정상법'이라 함)은 1962년 1월 20일 공포되어 1963년 1월 1일부터 법률 제1000호로 시행되었다. 그 전까지는 일본상법이 의용되었다. 해방 전에는 1912년 조선총독부 조선민사령에 의하여 1899년에 제정된 일본상법이 의용되었고, 해방 후 정부수립 때까지는 미군정법령에 의하여 그리고 정부수립 후에는 제헌헌법 제100조의 경과규정에 의하여 1962년 12월 31일까지 일본상법이 적용되었다. 제헌헌법 제100조의 경과규정에 의하여 의용된 상법은 헌법 실시전의 법령인 「조선민사령」 제1조의 8호 내지 10호와 기타 단행령이었다.[4]

의용상법인 일본상법은 프랑스와 독일의 상법을 절충하여 제정되었지만 독일법계에 더 가까웠다.[5] 당시 서구 제국에 비해 뒤늦게 자본주의화를 추진해 나가던 일본은 기업의 확대와 집중을 시도하였고 이 과정에서 상법이 자본주의 발전에 법적 지주支柱 역할을 하였다. 그러나 정치적으로는 군국주의적 정책과 함께 관권에 의한 통제법규가 누적되고 상법상 자유주의의 남용으로 기업집중현상이 지나치게 야기되어 약육강식의 비민주적 결과를 초래하였다. 제2차 세계대전 패전

3) 차인의 대리권이 광범위한 경우에는 오늘날의 지배인과 유사한 권한을 가졌으며, 특히 전주(錢主)와 같이 일하는 경우에는 조합원으로서의 지위를 가지고 있었고, 지방에서 파견된 차인은 전주의 표시 없이 자신의 성명만 표시하여 거래했다고 한다. 정희철, 「신상법요론(상)」, 박영사, 단기4293, 76면.

4) 서돈각, 「신고 상법(상권)」, 위성문화사, 단기4290년(서기 1957년). 51-52면. 이는 실질적 의의의 상법에 대한 서교수님 견해의 논리적 귀결이다.

5) 정희철, 「상법(1)」, 박영사, 단기4292.4., 57면.

후 일본에서는 이러한 문제를 해소하고 상법의 민주화를 도모하기 위하여 여러 차례 개정이 있었다.[6)]

한편 일제치하에서 우리나라는 식민지정책의 제물이 되어 경제적으로 민족자본의 형성이나 자본주의적 발전을 도모할 겨를이 거의 없었다. 그로 인하여 당시에는 기업법인 상법의 필요성을 절실히 느끼지 못한 것도 사실이다. 이러한 상황은 해방 후에도 한동안 계속되었다. 일제치하에서 벗어나 독립국가가 된 후에도 10여 년 동안 의용상법을 계속 사용한 것도 경제적 환경이 그것을 통절히 요구하지 않았기 때문일 수 있다.[7)] 그러나 점차 국가경제가 발전해 가면서 자산재평가법이 제정되고 증권거래소가 설치되는 등 기업환경이 변하게 되었고, 독립국가로서 독자적 상법의 제정 필요성이 강하게 요구되기 시작하였다.

Ⅲ. 제정상법의 주요 내용과 평가

1. 의용상법에 기초한 상법제정

해방으로 독립국가가 되었음에도 다른 나라의 법을 계속 차용한다는 것은 부끄러운 일이었을 것이다. 이러한 점은 당시 우리 상법학계를 이끌고 계시던 원로 교수님들께도 늘 마음의 짐으로 남아 있었던 것 같다. 정희철 교수님께서 우리의 독자적 상법이 제정된 후 출판한 저서의 서문에서 '민족적 숙원이 해결되었다'고 기쁨을 표현하고 계신 점만 봐도 알 수 있다.[8)] 다른 한편으로는, 독자적 상법을

6) 이러한 상법의 민주화는 특히 제2차 세계대전 후 연합군 사령관 맥아더 장군이 일본정부에 요구한 5대 개혁지령 중 하나인 '경제의 민주화'에 의해 촉발되었다. 五大改革指令은 (1) 女性の解放, (2) 労働者の団結権の保障, (3) 教育の民主化, (4) 秘密警察の廃止, (5) 経済の民主化다. 맥아더가 '경제의 민주화'를 요구한 것은 태평양전쟁 수행의 경제적 기반인 재벌을 해체하기 위한 것이었다. '경제의 민주화'는 일본국의 경제가 천황을 위한 군벌체제에서 국민을 위한 경제체제로 전환하라는 것이었다. https://ja.m.wikipedia.org/wiki/%E9%80%A3%E5%90%88%E5%9B%BD%E8%BB%8D%E5%8D%A0%E9%A0%98%E4%B8%8B%E3%81%AE%E6%97%A5%E6%9C%AC. 2018.6.15. 방문. 참고로, 이러한 일본에서의 경제민주화 조치가 현재 우리나라에서 전개되는 소위 경제민주화 입법과는 그 내포와 지향점이 크게 다름은 물론이다.

7) 정희철, 전게서, 57면.

8) 정희철, 「신상법요론(上)」, 박영사, 1962.10.25. 서문. 정교수님은 처음으로 가로쓰기로 편찬하신 이 책의 머리말 첫 문장에서 "민족적 숙원이던 舊日政 · 軍政의 법령정비의 일환으로 상법전을 제정 · 공포한지도 어언 반년이 넘고 그 시행의 날이 멀지 않게 되었다……."고 벅찬 감정을 밝히고 계신다.

제정하더라도 이미 수십 년에 걸쳐 우리 사회의 상사관계를 규율해 오던 의용상법을 일거에 배제하고 그와 전혀 다른 법제를 창설하는 것은 쉽지 않았을 뿐만 아니라 합당하다고도 할 수 없다. 그러한 점에서 제정상법이 기본적으로 의용상법에 기반을 두고 있는 점을 비판적으로만 보기는 어렵다. 즉, 그 당시 상법학계가 의용상법에 기반한 제정상법의 탄생을 큰 틀에서 수용하며 반겼다는 점은 충분히 수긍할 만하다.

제정상법은 다음과 같은 과정을 거쳐 제정되었다. 1948년에 법전편찬위원회가 설치되었고, 이 위원회에서 상법초안을 작성하여 1960년 1월 국회에 제출하였다. 그러나 정치적 사정으로 심의조차 제대로 이루어지지 못하다가 1961년 5월 16일 군사정변으로 국회가 해산되면서 위 상법안은 폐기되었다. 그 후 군사정부는 구법령정리사업의 일환으로 위 법전편찬위원회의 상법안을 토대로 다시 상법 제정을 추진하였다. 위 상법안은 상법심의소위원회의 심의를 거친 후, 1962년 1월 19일 당시 비상입법기관이던 국가재건최고회의를 통과하였다. 우리나라 상법이 최초로 제정된 것이다. 이 때 제정된 상법의 제1편 총칙과 제2편 상행위는 주로 독일 상법을 모델로 하였다.

2. 제정상법의 주요 내용

제정상법은 상법총칙, 상행위, 회사, 보험, 해상편으로 구성되었다. 그중에서 회사편은 훗날 경제팽창에 따라 빈번하게 개정이 이루어졌지만, 기업의 인적·물적 설비에 관한 총칙과 계약법리에 기초한 상행위편의 개정은 상대적으로 활발하지 못하였다. 급격한 경제발전에 따른 회사법리의 변화와 민법적 원리에 기초하는 상법총칙·상행위편의 변화 간에는 속도에 있어서 차이가 있다는 점을 감안할 때 이는 당연한 경과라 할 수 있다.

제정상법의 총칙은 의용상법과 달리 내용의 구성과 배치의 순서에 차이가 있다. 의용상법의 총칙은 제1장 법례法例,[9] 제2장 상인, 제3장 상업등기, 제4장 상호, 제5장 상업장부, 제6장 상업사용인, 제7장 대리상으로 구성되어 있었다. 이러한 의용상법과 달리, 제정상법의 총칙은 제1장의 명칭이 통칙으로 바뀌고, 제2장은 상인으로 같으나 제3장에 상업사용인, 제4장에 상호, 제5장에 상업장부, 제6장에

---

9) 상법의 적용관계를 정하는 규정을 의미하며, 현행상법 제1편 제1장의 통칙에 해당한다.

상업등기, 그리고 제7장에 영업양도가 각각 규정되었다. 특히 의용상법 총칙 제7장의 대리상에 관한 규정을 상행위편으로 옮기고 대신 그 자리(총칙 제7장)에 영업양도를 규정한 것은 법리적 측면에서 볼 때 매우 합당한 조치라 할 수 있다. 대리상은 총칙상의 상사대리와 구별되는 독자적 상인의 영업형태이므로 이를 총칙에 두는 것은 적절하지 아니하고 또한 영업양도는 모든 기업에 공통적으로 관련될 수 있는 문제라는 점에서 총칙편에 규정되어야 하기 때문이다.

제정상법의 상행위편 역시 의용상법과는 상당한 차이가 있다. 의용상법은 제2편에서 회사를 규율하고 제3편에 상행위가 배치되어 있었다. 그리고 상행위편은 다시 순차로, 제1장 총칙, 제2장 매매, 제3장 교호계산交互計算, 제4장 익명조합, 제5장 중립영업仲立營業, 제6장 문옥영업問屋營業, 제7장 운송취급영업運送取扱營業, 제8장 운송영업運送營業, 제9장 기탁寄託, 제10장 보험으로 구성되어 있었다. 앞서 본 바와 같이 대리상이 상행위편에 규정되지 않은 점 외에도, 특히 보험이 상행위의 일종으로 상행위편에 배치된 점이 눈에 띈다. 이러한 차이에도 불구하고 그 시절에 이미 현행상법과 비교해도 별로 손색이 없을 정도로 법제가 정비되어 있었음은 놀라운 일이다.

제정상법에서는 총칙과 상행위편을 의용상법과 달리 구성 · 배치한 점 외에도 여러 일본식 법률용어를 우리 용어로 변경하였다. 우선 "부분적 포괄대리권을 소유한 사용인"이란 용어가 "부분적 포괄대리권을 가진 사용인"으로 변경되었다. 이는 물건이 아닌 권리를 '보유'가 아니라 '소유'하는 것으로 인식될 수 있는 의용상법상의 표현이 법리적으로 부적절하다는 점이 고려된 결과로 생각된다.[10] 그리고 부분적 포괄대리권을 가진 사용인의 예시도 의용상법에서는 일본구래의 명칭에 따라 番頭, 手代라고 되어 있던 것이 部長 · 課長 · 係長 · 主任 등으로 변경되었다. 이는 일본식 용어를 버리고 우리 기업의 당시 실무용례에 따른 것으로서 합당한 개정이라 할 것이다. 또한 교호계산交互計算이 상호계산으로, 상인간의 매매에서의 賣主가 매도인으로 買主가 매수인으로 각각 변경되었다. 그 밖에도 仲立營業이 중개업으로, 仲立人이 중개인으로, 問屋營業이 위탁매매업으로, 問屋이 위탁

10) 소유의 대상이 물건에서 비롯되었다는 점에서 볼 때, 물건이 아닌 권리나 권한에 대한 지배관계를 나타내는 용어는 '소유'보다 '보유'가 더 적절해 보인다. 권리나 권한을 '소유'한다고 한다면, 특히 소유권에 있어서는 '소유권을 소유'한다는 식으로 표현되는 문제도 있다. 이러한 점을 의식하여 '소유'와 '보유'를 아우르는 용어로 변경한 것이 아닐까 한다.

매매인으로, 寄託이 임치로, 運送取扱營業이 운송주선업으로, 운송취급인이 운송주선인으로, 운송영업이 운송업으로, 寄託營業이 창고업으로, 場屋營業이 공중접객업으로, 창고영업이 창고업으로 각각 변경되었다. 이러한 변경은 당시 우리 거래계의 실무 용어를 반영하고 법리에 보다 부합하게 개선한 것이라는 점에서 적절한 조치라 할 것이다.

3. 제정상법에 대한 평가

제정상법에서는 의용상법의 총칙편의 내용을 변경하고 상행위편을 제3편에서 제2편으로 옮겼다. 법률은 합당한 법리에 기초해야 한다는 당위적 측면에서 볼 때 제정상법의 이러한 내용과 편제의 변경은 적절한 조치라 할 수 있다. 총칙편과 상행위편의 용어를 변경한 것 역시 법리적 정합성을 높였을 뿐만 아니라 일본식 용어와 조문을 우리의 생활언어로 교체했다는 점에서 매우 의미 있는 진전이라 할 수 있다. 법률의 제・개정에는 입법기관의 통과의례에 앞서 학자들의 장기적이고 치열한 논의와 헌신적 참여가 있기 마련이다. 단기 4290년(서기 1957년)에 출간된 상법교과서가 당시 1,900환이었다는 사실에서 알 수 있듯이,[11] 척박한 법학자의 길에서 우리 선학들이 상법의 제정이라는 시대적 소명을 충실히 준비・수행해 낸 점은 높이 평가되어야 할 것이다.

다만, 용어변경에 있어서 일부 미진하다고 생각되는 부분이 있다. 첫째는 "지배인"이란 용어를 의용상법의 문언대로 답습한 점이다. 독일상법의 Prokurist라는 제도를 도입하면서[12] 그 용어를 지배인이라고 옮긴 일본상법(의용상법)의 적정성에 대해 깊이 있는 검토가 있었는지 의문이다. 지배인支配人이란 글자 그대로 지배支配와 인人이 결합된 단어이다. 이 경우 지배支配란 '거느려 부린다', '다스린다', '통치한다'는 등의 의미이고, 인人이란 그러한 행위의 주체를 의미한다. 상인인 영업주의 거래행위를 총괄적으로 대리하는 '보조자'인 Prokurist가 일본상법에 편입되는 과정에서 '다스리는 자' 내지 '통치하는 자'라는 뉘앙스를 가진 "지배인"이란 용어로 둔갑한 것이다. 이처럼 일본이 잘못 번역한 신조어가 제정상법에 그대로

---

11) 서돈각, 「신고 상법(상권)」, 위성문화사, 단기4290년 5월 30일 발행.

12) 프랑스법계나 영미법계에서 인정되지 않는 지배인제도를 우리 상법에 도입한 것이 적정했는가에 관한 논의는 차치한다.

답습되어 현행상법에까지 이르고 있다. 즉 이제는 법률이라는 울타리에 편입됨으로써 어찌할 수 없는 상황이 되고 말았다. 생각건대, Prokurist란 독일법상의 용어는 "총괄대리인" 또는 "총대리인"으로, 그리고 그가 갖는 권한인 지배권支配權은 "총괄대리권總括代理權" 또는 "총대리권總代理權"이라고 옮겼더라면 어땠을까 싶다. 상법은 '지배인', '부분적 포괄대리권을 가진 상업사용인', '물건판매점포의 사용인'이란 개념을 구별하여 대리권의 범위를 차별화하고 있지만, 이러한 대리권 개념은 본래 민법에 기반을 둔 것이어서 가능하면 민법상의 용례와 일관성을 유지하는 것이 민법과 상법의 대리법리에 대한 체계적 연결성을 높이기 때문이다.

둘째는, 제정상법에서 의용상법상 용어인 "(상업)사용인"이란 용어를 그대로 답습한 점이다. 제정상법 총칙 제3장은 지배인과 부분적 포괄대리권을 가진 상업사용인, 물건판매점포의 사용인에 관한 규정을 담고 있는데 그 장의 명칭 및 조문에서 상업사용인이란 용어를 사용하고 있다. 이 또한 지배인의 명칭과 관련한 논의와 같은 맥락에서 보면 아쉬운 점이다. 민사기초법인 민법에서 사용자使用者란 '타인을 자기의 일에 사용하는 자'를 의미한다. 그리고 이러한 의미의 개념은 노동법에서도 대체로 동일하여 이러한 사용자에 대립되는 개념으로 피용자被傭者라는 용어가 사용되고 있다. 그런데 상법에서의 상업'사용인'은 이러한 민법상 또는 노동법상 '사용자'와 그 발음과 외형이 매우 유사하면서도 그 개념은 사용자와 반대되는 '피용자'로서의 의미를 상당부분 내포하고 있다. 물론 실정법은 법률마다 그 자체에서 독자적으로 용어의 개념을 정의할 수 있다. 그러나 민법과 상법처럼 동일한 민사관계를 규율하는 법 사이에서 이처럼 유사한 용어가 거의 반대적 의미를 갖도록 법제화된 것은 문제이다. 무엇보다도 법체계의 완결성을 저해한다. 입법을 통하여 법전화codification를 추구하는 주된 목표는 공통의 개념과 고유한 법리 및 일관된 용어로 연결된 법분야에 통합적 법체계를 제공하고 관련법 상호 간의 모호성과 불일치를 줄이기 위한 것이다.[13] 그러한 점에 비추어 볼 때, 제정상법 제1편 제3장에 규정된 "(상업)사용인"이란 용어는 "(상업)대리인"이라고 하는 것이 더 좋았을 것이다.

---

13) LS Sealy and RJA Hooley, Commercial Law 4th ed., Oxford, 2009, p. 46.

Ⅳ. 1995년 개정상법의 주요 내용과 평가

1. 개정사항의 주요 내용

상법은 1995년에 제1편 [총칙], 제2편 [상행위], 제3편 [회사]에 관한 규정이 상당히 개정되었다.[14)]

먼저 이들 모두에 적용되는 공통적 개정사항을 보자. 종래 문서에 「기명날인」을 하도록 되어 있던 규정들이 모두 「기명날인 또는 서명」으로 개정되었다. 따라서 개정법이 적용되는 시점 이후에는 기명날인뿐만 아니라 그에 갈음하여 서명만 하여도 문서로서 유효하게 성립하게 되었다. 문서행위의 진정성을 담보하기 위한 문서의 형식적 요건은 「기명날인」에 한정하여야 할 필요가 없고, 서명의 위조 가능성과 그에 따른 문제점이 인장의 위조나 도용의 문제점보다 심하다 할 수도 없다. 국내외 거래 및 기업의 문서작성 행태에서도 인장에 의한 날인 방식이 점차 사라져가고 있다. 이러한 점을 종합적으로 고려하여 거래계에 신속함과 편리함을 더하는 방향으로 개정이 이루어졌다.

총칙편의 주요 개정사항으로는 상호의 가등기제도가 신설되고 상업등기의 공고제도가 폐지된 점을 들 수 있다. 먼저 상호가등기제도의 신설에 관하여 보자. 종래 상법상 상호가 등기되면 동일 상호의 배척효과가 나타나서 동종업종에는 동일한 행정구역 내에서 같은 상호를 등기할 수 없었다(제22조). 그리하여 물적 회사를 설립하거나 정관변경절차를 거쳐야 하는 경우인 회사의 본점, 상호 또는 영업목적을 변경할 경우에 불가피하게 상당한 시일이 소요되는 과정에서 이러한 정보를 알게 된 제3자가 해당 행정구역에서 먼저 등기하게 되면 애당초 회사가 의도했던 상업등기를 할 수 없었다. 상호의 가등기제도는 이처럼 상법상 등기제도의 미비점을 악용하는 행태를 방지하고 정상적인 절차를 거쳐 상업등기를 하려는 회사를 보호하기 위해 도입되었다.[15)] 이러한 가등기제도의 도입에 관하여, 제도적 도입에는 찬성하면서도 굳이 이를 상법에 규정하기보다는 상업등기의 절차에 관한 「비송사건절차법」에 규정하는 것이 바람직하다는 견해가 있다.[16)]

---

14) 법률 제5053호, 1995.12.29. 일부개정, 1996.10.1. 시행. 참고로, 이에 앞서 1984년에도 개정이 있었지만, 상업장부에서 일기장, 재산목록을 삭제하고 대차대조표를 작성하도록 하는 내용이었다.

15) 김정호, 「상법총칙 · 상행위법」 제2판, 법문사, 2014, 95면.

다음으로 상업등기 공고제도의 폐지를 보자. 상업등기는 기업에 관한 중요한 사항을 이해관계인들에게 주지시키는 데 목적이 있다. 따라서 이를 능동적으로 공고하도록 하는 것이 그러한 목적에는 한층 충실할 것이다. 그러나 기업의 등기사항을 파악하려는 자는 주로 상업등기에 이해관계를 가진 자로 한정되고 기타의 사람은 별 관심이 없다. 이러한 사정을 고려할 때 굳이 기업에 등기공고에 따른 비용과 부담을 지우면서까지 엄격한 공고제도를 유지해야 할 필요가 있는지는 의문이었다. 이러한 이유에서 개정상법에서는 등기공고에 관한 제36조와 제37조 중에 공고에 관한 규정을 삭제하여 상업등기의 공고제도를 폐지한 것이다. 따라서 이렇게 상법이 개정된 이후에 등기사항을 알고 싶은 자는 직접 등기부를 열람하고 그 내용을 확인해야 한다.

개정상법은 상행위편 통칙에서 상법 제46조의 기본적 상행위에 리스[17] · 프랜차이즈 · 팩토링을 추가하였다. 거래계에 등장한 새로운 유형의 상행위 중 대표적인 것들을 기본적 상행위로 편입한 것이다. 그러나 이는 상법의 적용대상이라는 관점에서 보면 큰 의미는 없다. 어차피 이러한 유형의 거래행위들은 대부분 의제상인인 회사가 이용하는 것이고, 가사 자연인인 개인상인이 이용하는 경우라도 상법 제5조 제1항의 의제상인에 해당할 것이므로 상법의 적용대상이 되기는 마찬가지이기 때문이다. 다만 의미가 있다면, 상법이 실제 거래계에서 이용도가 높아지는 거래유형을 도외시하지 않고 법전에 기본적 상행위로 포섭함으로써 시대의 변화에 둔감하지 않다는 신호를 시장에 보냈다는 점 정도를 들 수 있을 것이다. 아무튼 당시의 개정으로 리스 · 프랜차이즈 · 팩토링이 상법 제46조의 기본적 상행위로 편입되었다. 그러나 그들 거래유형의 법률관계를 규율하는 구체적 조문들까지 신설되지는 않았다. 그러한 조문들이 상행위편에 신설되기까지에는 그로부터 15년이 흐른 2010년까지 기다려야 했다.

1995년 개정내용 중에서 상행위편에서 의미 있는 부분은 대리상의 보상청구권(제92조의2)과 함께 대리상의 영업비밀 준수의무(제92조의3)에 관한 규정을 신설한 점이다. 이들 두 규정이 거래계에 미치는 영향은 실제에 있어서 차이가 있다. 비밀

---

16) 최기원, 「상법학개론」 신정2판, 박영사, 1996, 44-45면.

17) 이 당시 리스에 관한 규정 제19호는 "기계 · 시설 기타 재산의 물융(物融)에 관한 행위"라고 되어 있었다. 物融이란 용어가 어떻게 창안되었는지는 알 수 없으나, 그 자체로 생소하여 내포하는 의미가 잘 전달되지 않았다. 이에 따라 2010.5.14.에 이 규정은 "기계 · 시설 그 밖의 재산의 금융리스에 관한 행위"로 개정되었다.

준수의무를 신설한 것은 거래실무상 대리상계약을 체결할 때 그러한 의무를 약정하는 것이 통상적이라는 점을 고려한 것으로서, 거래관행을 입법에 반영하여 명문화하였다는 정도의 의미가 있을 뿐이다. 그리고 그렇게 신설된 조문의 법적 성질은 통상의 다른 상행위 관련 상법조항과 마찬가지로 당사자의 의사가 계약에 명시되지 않은 경우에 당사자의 의사를 보충하는 의사보충규정default rule 내지 임의규정non-mandatory rule이다. 요컨대, 상법 제92조의3으로 신설된 대리상의 영업비밀 준수의무에 관한 조항이 실제 거래계에 미칠 영향은 그리 크지 않다 할 수 있다.

이와 달리, 대리상의 보상청구권에 관하여 신설된 규정은 대리상거래 자체는 물론이고 여타 유통거래에까지 파급력을 지닐 수 있어서 거래계에 매우 큰 파장을 초래하고 있다. 이에 관하여는 항을 바꾸어 좀 더 깊이 살펴본다.

2. 대리상의 보상청구권 규정의 신설

학계는 1995년 개정시에 신설된 대리상의 보상청구권에 관한 우리 상법의 규정이 1953년에 신설된 독일 상법 제89조b의 보상청구권Ausgleichsanspruch 제도를 본받았다고 보는 듯하다.[18] 그러나 엄밀히 말하면 EC 대리상지침[19]의 제정 및 시행에 영향을 받았다고 보는 것이 더욱 정확할 것이다. EC 대리상지침은 1986년에 EC가 독일법 및 그와 내용이 약간 다른 프랑스법 그리고 대리상제도가 아예 없던 영국의 입장까지를 종합적으로 고려하여 제정되었다. 그 결과 EC 대리상지침의 내용은 독일법은 물론이고 애초의 프랑스법과도 동일하지 않다. 프랑스는 위 EC 대리상지침이 제정된 후 자국의 보상청구권 규정을 개정하였다.[20] 그러나 개정된 프랑스법에서도 대리상계약의 종료시에 대리상에게 보상청구권droit à une indemnité compensatrice en réparation du préjudice subi을 인정하는 점은 마찬가지다. EC 대리상지침이 독일의 영향을 비교적 크게 받아 제정되기는 하였지만 독일법을 그대로 답습한 것은 아니다. 영국에서는 상위법으로 EC 대리상지침이 제정되자 비로소 1993년에 자체적으로 대리상법[21]을 제정하였다. 1995년에 신설된 우리 상법

18) 이철송, 「상법총칙 · 상행위법」, 제14판, 박영사, 2016, 471면 등.

19) Council Directive 86/653 on the coordination of the laws of the Member States relating to self-employed commercial agents (18 December 1986, OJ 1986 L382/17).

20) Loi n⁰ 91-593 du 25 Juin 1991 aux apports entre les agents commerciaux et leurs mandants.

21) Commercial Agents (Council Directive) Regulations 1993 (SI1993, NO 3053).

의 대리상 규정은, 이들 EC 대리상지침과 개정된 프랑스법, 독일법, 그리고 새로 제정된 영국법의 내용과 비교했을 때, EC 대리상지침과 가장 유사하다. 실제로 우리 상법상 대리상의 보상청구권에 관한 규정은 독일법의 규정과는 내용상 상당한 차이가 있다.[22] 이러한 점을 종합하면, 우리 상법상 대리상의 보상청구권 제도는 EC 대리상지침이 EU 회원국 전부에 폭넓게 적용되는 상황을 보고 그에 가까운 내용으로 도입한 것이라 할 수 있을 것이다.

3. '95년 개정상법에 대한 평가 - 대리상의 보상청구권을 중심으로 -

'95년에 개정된 상법총칙 · 상행위편에 대해서는 사항별로 평가를 달리할 수 있을 것이다. 우선, 「기명날인」에 국한된 기존의 서면작성방식 외에 「서명」을 추가한 부분은 전적으로 긍정적이라고 평가할 수 있을 것이다. 이는 국내외 거래에 있어서 문서 작성명의인의 동일성을 한층 신속, 편리하게 표시할 수 있게 하였기 때문이다. 다음으로, 상호가등기제도는 앞서 본 바와 같이 상호등기의 효력에 내재된 미비점을 보완하기 위해 필요한 제도이기는 하나 반드시 상법에 규정했어야 하는가에 대해서는 논란의 여지가 있다. 그리고 대리상의 영업비밀준수의무에 관한 규정은 기존의 거래실무를 법전에 반영한 것으로서, 명문의 계약조항이 없더라도 대리상에게 이러한 의무가 발생하도록 하였다는 정도의 의미가 있다. 아무튼 전체적으로 볼 때, 이들 제도의 도입에 대해서는 보다 나은 방향으로의 진전이라는 평가가 가능할 것이다.

그러나 대리상의 보상청구권 규정을 신설한 것에 대해서는 그 적정성을 좀 더 살펴 볼 필요가 있다. 이는 종래에 없던 제도를 상법에 신설하면서 그것이 강행규정인지 그리고 다른 여타 유통계약에도 유추적용되는지를 명확히 하지 않았기 때문이다. 이처럼 모호한 상태로 규정이 신설됨으로써 그 파급효과가 어디까지 미칠지 알 수 없는 불확실성이 거래계에 초래되었다. 상법 제92조의2의 「대리상의 보상청구권」 규정은 앞서 본 바와 같이 EC 대리상지침을 참고한 것이다. 그런데 EC 대리상지침은 그 문언상 본인상本人商; principal과 대리상commercial agent 사이의 계약, 즉 대리상계약에 적용되도록 규정되어 있다. 그리고 대리상의 보상청구권은

---

22) 대리상의 보상청구권에 관한 독일법과 우리 상법의 조항간의 상이점과 그 문제점을 해소하기 위한 입법론으로는 이철송, 전게서, 471-479면.

대리상계약이 종료하기 전에는 당사자가 이를 배제하거나 제한할 수 없도록 규정되어 있다(EC 대리상지침 제19조). 즉, EC 대리상지침의 보상청구권 규정은 당사자 간에는 강행규정이다. EC 대리상지침이 그 규정을 강행규정으로 명문화한 것은 대리상계약 당사자 간에 이익분배의 형평을 기하고 영세한 대리상을 보호하기 위한 것이라고 한다. 즉 대리상의 보수가 대리상계약의 존속기간 중에 체약 또는 중개한 일의 대가에 그칠 뿐 대리상계약 종료 후의 시장개척효과까지 반영하지는 못함에도 불구하고 대규모 제조업체인 본인상보다 교섭력이 약한 대리상이 적정한 보상을 받지 못하는 현실을 고려한 것이라고 한다.

그런데 우리 상법에는 EC 대리상지침과 달리 대리상의 보상청구권 규정이 강행규정임을 밝히는 명문조항이 없다. 이로 인하여 학설은 대리상의 보상청구권 규정이 강행규정이라는 설과[23] 임의규정이라는 설로 나뉘어 있다. 임의규정설의 논거는 보상청구권 규정이 상행위편에 규정되어 있는데 상행위편의 규정은 계약자유의 원칙이 강하게 적용된다는 점 및 애당초 이 규정이 독일법에 도입되던 당시의 논리, 즉 <대규모 제조업체 대 영세 대리상>이라는 1950년대 독일사회와 지금의 우리 거래현실은 너무도 다르다는 점 등을 종합할 때, 이를 강행규정으로 봐야 할 필요성이나 실익이 없다는 것이다.[24] 하급심 판례이긴 하지만 이 규정의 국내법적 강행규정성을 부정한 것이 있고,[25] 또한 적어도 국제적인 강행규정성은 인정되지 않는다고 한 것이 있다.[26]

또한 대리상의 보상청구권 규정이 다른 유통거래의 중간상인에게도 유추적용

23) 김정호, 「상법강의(상)」 제4판, 법문사, 2005, 267면; 정찬형, 「상법강의(上)」 제21판, 박영사, 2018, 300면; 윤남순, "국제거래와 대리상의 보호", 경영법률 제17집 제1호 상권, 2006, 120면; 이철송, 「상법총칙 · 상행위」, 제14판, 박영사, 478면; 김성태, 「상법총칙 · 상행위법강론」, 법문사, 2002, 542면; 석광현, "국제거래에서의 대리상의 보호 – 상법 제92조의2의 적용범위와 관련하여 – ", 법조, 2006(Vol. 592), 32면 등.

24) 졸고, "대리상의 보상청구권 규정의 법적 성질과 다른 중간상에의 확대적용 여부", 안암법학 통권 36호, 2011, 588-593면. 강행규정설에 의하면, '힘 있는 본인상'은 보상청구될 금액을 계약기간 중의 보수에 미리 반영하여 낮게 책정하려 할 것이고 이를 막을 방법이 없어 결국 경제적 약자의 보호에 별 실익이 없고, 오히려 그렇게 낮게 책정할 '힘이 없는 본인상'들만 이 규정의 강행성으로 인하여 약정과 달리 피해를 보게 된다. 채이식, 개정판 상법강의(상) 박영사, 1996, 243면; 최기원, 상법학신론, 제18판, 박영사, 2009, 321면; 박준우, "대리상의 보상청구권과 영업비밀준수의무 – 상법 제92조의2 및 3에 대한 법경제학적 분석", 상사법연구 제21권 제1호, 2002, 188면.

25) 서울중앙지방법원 2010.11.18. 2010가합61101 판결.

26) 서울고등법원 2005.1.14. 2004나14040 판결.

되는가에 관하여 그간 학설과 하급심판결에서 심각한 견해 차이가 있었다. 일부 학자는 당연히 유추적용되어야 한다고 주장하는 반면에,[27] 하급심판결들은 대체로 유추적용되지 않는다는 입장을 보였다.[28] 해외의 주요 판례도 유추적용되지 않는다는 입장을 보이고 있었다.[29] 이러한 와중에 대법원이 2013년 2월 14일에 이에 관한 판결을 선고하였다.[30] 대법원판결의 요지는 '원칙적으로 대리상의 보상청구권에 관한 규정은 3가지 요건을 "모두 충족하는 경우에 한하여" 재판매상에게도 유추적용될 수 있다'는 것이다. 대법원은 "① (예를 들어 특정한 판매구역에서 제품에 관한 독점판매권을 가지면서 제품판매를 촉진할 의무와 더불어 제조자나 공급자의 판매활동에 관한 지침이나 지시에 따를 의무 등을 부담하는 경우처럼) 계약을 통하여 사실상 제조자나 공급자의 판매조직에 편입됨으로써 대리상과 동일하거나 유사한 업무를 수행하였고, ② (자신이 획득하거나 거래를 현저히 증가시킨 고객에 관한 정보를 제조자나 공급자가 알 수 있도록 하는 등) 고객관계를 이전하여 제조자나 공급자가 계약 종료 후에도 곧바로 그러한 고객관계를 이용할 수 있게 할 계약상 의무를 부담하였으며, ③ (아울러 계약체결 경위, 영업을 위하여 투입한 자본과 그 회수 규모 및 영업 현황 등) 제반 사정에 비추어 대리상과 마찬가지의 보호필요성이 인정된다는 요건을 모두 충족하는 때에는, 상법상 대리상이 아니더라도 대리상의 보상청구권에 관한 상법 제92조의2를 유추적용할 수 있다고 보아야 한다."고 판시하였다. 그러면서 재판매상과의 공급계약을 대상으로 한 당해 사건에서는 "위와 같은 요건을 모두 충족하였다고 인정할 자료가 없다"는 이유로 보상청구권 규정의 유추적용을 부정하였다. 이러한 대법원의 판결은 '대리상의 보상청구권에 관한

27) 김정호, 「상법강의(상)」 제4판, 법문사, 2005, 274-275면; 윤남순, "Commission Agent의 법리", 96-97면; 석광현, 전게논문, 32면.

28) 2001.6.22. 2000가합8033,25080; 2002.8.23. 2002가합23982; 2008.5.21. 2006가단252408; 수원지방법원 안양지원 2011.4.29. 2009가합8036; 2010.1.8. 2009가합24069; 2009.12.18. 2009가합26058; 서울남부지방법원 2010.11.26. 2009가합27859; 2009.12.9. 2009가합34356; 2010.11.26. 2009가합94037; 2011.1.26. 2010가합1865; 2010.11.18. 2010가합46843(중개대리상에 해당하지만 그간 수수료 및 인센티브에 비추어 보상청구는 불가하다); 2010.11.18. 2010가합61101(보상청구권규정은 강행규정이 아니다); 2011.1.12. 2010가합66250; 2011.4.22. 2010가합66380; 2011.2.11. 2010나431(유추적용된다는 명문규정 없고, 학설상 주장되는 인정요건을 충족하는 조항도 없다. 이하 고등법원 판결 이유 동일함); 2011.1.13. 2010나7821; 2011.2.23. 2010나18456; 2011.7.6. 2010나120663. 위 판결 중 선고법원이 기재되지 않은 것으로서 1심판결은 서울중앙지방법원, 항소심판결은 서울고등법원 판결이다 --- 필자 주.

29) Sagal (t/a Bunz UK) v Atelier Bunz GmbH, Court of Appeal, 03 July 2009; [2009] EWCA Civ 700; AMB Imballaggi Plastici Srl v Pacflex Ltd [1999] 2 All E.R. (Comm) 249.

30) 대법원 2013.2.14. 2011다28342 판결.

규정은 다른 유통계약에도 원칙적으로 유추적용되지만, 매우 엄격한 3가지 요건을 모두 구비해야 한다'는 것이다. 그런데 그러한 요건들의 해석에 다시 모호성이 크게 내재하고 있을 뿐만 아니라 판결문언대로 그들 요건을 모두 구비하는 경우를 거래실무상 찾아보기 힘들고, 또 어찌 보면 그러한 요건과 관련하여 거래상 우월적 지위에 있는 공급자에게는 오히려 보상청구권 규정이 유추적용되는 것을 사전에 피할 수 있는 방법을 폭넓게 제시한 셈이기도 하다는 점에서 문제가 있다. 앞으로 유통거래에 있어서 상위유통단계에 있는 공급자는 자기의 거래관계가 위 3가지 요건에 해당하지 않도록 계약구조를 설계하려 할 것이다. 다만 그 경우에도 여전히 해석상 모호한 점이 있을 수 있기 때문에 실제로 거래상 우월적 지위에 있는 공급자라면[31] 애당초 커미션 등 대가관계를 약정할 때 훗날 유추적용될지 모를 위험을 대리상의 보수에 미리 반영하여 대가를 낮게 책정하려 할 것이다. 위 대법원판결은 상위유통업자가 위와 같이 계약방침을 정하는 데에는 속수무책이다. 이러한 점을 종합할 때, 실효성도 없는 내용을 언어유희적 논리로 복잡하게 구성하기보다는 유럽사법법원European Court of Justice: ECJ처럼 '대리상의 보상청구권 규정은 대리상관계 이외의 여타 거래관계에는 유추적용되지 않는다'고 단순명쾌하게 선언[32]하는 편이 훨씬 좋았을 것이다. 정작 보상청구권의 본고장이라고 할 수 있는 EU의 최고법원조차 유추적용을 부정하는데도, 그 제도를 EU로부터 도입한 우리나라의 대법원이, 실제로 유추적용될 가능성이 매우 희박하도록 조건을 붙이는 복잡한 논리구조를 거쳐 "(극히 희박한 3가지 조건을 모두 충족하는 경우에 한하여) 원칙적으로 유추적용된다"고 한 것은 납득하기 어렵다. 이러한 유형의 판결은 거래계에 도움을 주기는커녕 불확실성과 혼란 및 법률비용만 가중시킨다.

이처럼 학설대립과 하급심 판결의 혼란 끝에 나온 대법원 판결조차 그 논리구조의 비현실성과 비실효성으로 인하여 거래계에 명쾌한 해답을 주지 못하고 있다. 이러한 결과가 초래된 근본적 원인은 이 제도를 도입하는 과정 즉, 법개정의 준비과정이 충실하지 못한 데 있다고 할 수 있다. 상거래법 체계의 기본원리를 만연히 소홀히 한 채, 새로운 제도의 도입이 갖는 의미와 여파에 관하여 치밀하게

---

31) 아이러니한 점은 보상청구권을 애당초 도입한 논거가 바로 이러한 자로부터 대리상을 보호하자는 것이었다는 것이다.

32) Mavrona & Sia OE v Delta Etaireia Symmetichon AE, formerly Delta Protypos Viomichania Galaktos AE, 10 February 2004; EU: Case C-85/03, Celex No. 60300085.

숙고하지 않고 '일부 국가에서 시행하는 제도가 좋아 보이니 우리도 시행하자'거나 '약자를 위한 것이니 강행규정으로 도입하자'는 생각에서 대리상의 보상청구권 제도를 도입한 데 있다. 이러한 경향이 상법학계에 확산되면 계약자유의 원칙이 가장 충실하게 구현되어야 할 상행위법에까지 공법적 · 규제법적 논리가 침투하여 상거래법영역의 완결성integrity을 해치게 된다. 상인간의 거래에서 상정想定하는 상인상商人像은 자신이 체결하는 계약의 의미와 내용 및 그로 인한 위험을 감내할 수 있는 영민한 사람sophisticated person이다. 민법이 상정하는 평균인보다 상법이 상정하는 상인에게 당사자 자치가 훨씬 강하게 보장되는 것도 그 때문이다. 상거래법의 기초원리가 이러한데도 이에 역행하는 제도를 섣불리 상법에 도입하고 강행규정으로 해석하며 유추해석을 확대하려는 것은 상법학적 관점으로는 자해적 행태로 비쳐질 수 있다. 그러한 주장은 '약자보호'라는 미려한 구호에 경도되기 쉬운 경제법학계에서조차 가납될지 의문이다. 요컨대, 대리상의 보상청구권과 같은 규정을 강행규정화하고 이를 딜러계약dealership agreement이나 배급계약distributorship agreement 및 프랜차이즈계약 등 다른 유통계약에까지 유추적용되게 하여 상거래의 원활 · 왕성화를 해치는 것은 세계적으로 유래가 없을 뿐만 아니라, 사적자치를 기초로 하는 민사법의 일반원리에도 그리고 민법보다 당사자자치가 중시되는 상법(상거래법)의 독자성에도 부합하기 어렵다.

Ⅴ. 2010년 이후 개정상법의 주요 내용과 평가

1. 2010년 개정상법의 주요 내용

상법총칙 · 상행위법은 2010년과 2011년에 각각 1차례 개정이 있었다.

먼저 2010년 개정상법의 주요 내용을 보자. 2010년에는 상법총칙 · 상행위편에 비교적 큰 폭의 개정이 있었다.[33] 그중 대표적인 것은 리스lease, 프랜차이즈franchise 및 팩토링factoring에 관한 세부규정이 신설된 점을 들 수 있다. 기업가의 끊임없는 개척정신과 탐구정신은 경제관계를 다루는 법분야에 부단히 새로운 문제를 제기한다. 경제가 발전함에 따라 새로운 거래방식이 생겨나고 그것이 당사자 간에 이

33) 법률 제10281호, 2010.5.14. 일부개정, 시행 2010.11.15. 시행.

용되고 빈도가 증가하며 유형화되면 점차 입법적 관심을 끌게 되고 마침내 법제화가 검토된다. 1995년 개정당시 상법 제46조에 단순히 기본적 상행위로 새롭게 열거되었던 금융리스업·가맹업·채권매입업도 이러한 과정을 거쳐 법제화되었다. 이들 계약은 당사자 간의 개별 약정과 약관조항을 통해서만 이용되던 비전형계약 상태에서 벗어나 2010년 개정에 의해 마침내 상법상 전형계약이 된 것이다. 그렇다고 하여 상법에 규정된 조항만으로 이들 거래관계를 충분히 규율할 수 있는 것은 아니다. 앞으로도 이들 거래에 있어서 거래관행이나 약관이 중요하게 기능할 것이며, 그에 따라 약관의 법리나 공정거래 차원의 규제법이 개입할 여지가 있다.

금융리스업financial leasing에 관한 규정은 상법 제12장에 4개 조항이 신설되었다. 그들 조항을 통하여 금융리스의 개념을 정의하고(제168조의2), 거래당사자의 의무를 규정하였으며(제168조의3), 리스물건공급자의 의무를 규정하고(제168조의4), 금융리스계약의 해지에 관한 권리의무관계를 규정하였다(제168조의5). 상법에 금융리스에 관한 규정이 신설됨으로써, 금융리스는 민법상 임대차계약과 차별화되는 '별도의 상사계약'이라는 판례의 입장[34]이 정식으로 법제화된 것이다.

가맹업franchising에 관한 규정은 상법 제13장에 5개 조항이 신설되었다. 거래당사자인 가맹본부franchisor와 가맹상franchisee을 상호 연관하여 정의하고(제168조의6), 가맹업자의 의무(제168조의7)와 가맹상의 의무(제168조의8)를 규정하였으며, 가맹상의 영업양도에 대한 제한 및 그 한계를 규정하고(제168조의9), 계속적 계약인 가맹계약의 법정해지사유로 '부득이한 사유'를 추가하였다(168조의10).

채권매입업factoring에 관한 규정은 상법 제14장에 2개 조항이 신설되었다. 채권매입업자의 개념을 정의하고(제168조의11), 채권매입업자의 상환청구권에 관하여 규정하였다(제168조의12). 팩토링을 통하여 상인은 외상매출채권을 채권매입업자에게 양도하여 조기에 채권을 회수하며 채권회수에 따른 업무 부담을 덜게 되고, 채권매입업자는 추심과 관련된 서비스를 제공하고 그로부터 수수료 수입을 얻을 수 있다.

2010년 개정에서는 이상 살펴 본 '새로운 상행위'에 관한 규정의 신설 외에도 적지 않은 사항이 개정되었다. 상법 제52조를 삭제하여 격지자간 계약의 청약에

---

34) 대법원 1986.8.19. 84다카503,504 판결 외 다수.

도달주의를 도입하였고, 비상인에 대한 상인의 금전대여시 상법상 법정이자청구권이 있음을 명시하였으며(제55조), 채권자의 지점에서의 거래로 인한 채무이행의 장소가 그 행위의 성질 또는 당사자의 의사표시에 의하여 특정되지 아니한 경우 특정물 인도 외의 채무이행은 채권자의 그 영업소가 채무이행장소가 되도록 하였고(제56조), 위탁매매인의 개입권의 대상에 유가증권을 추가하였으며(제107조), 화물상환증에 운송계약의 추정적 효력을 부여하였고(제131조), 공중접객업자의 책임을 적정화하고 '객'을 '고객'이란 용어로 변경하였다(제151조, 제154조).

2. 2011년 개정상법의 주요 내용

다음으로 2011년 개정상법의 주요 내용을 보자. 2011년 개정상법[35]에서는 상법 총칙 · 상행위편에 새롭게 도입된 제도와 관련하여 개정이 필요한 제19조(회사의 상호), 제65조(유가증권과 준용규정)와 기존 조문의 오류를 시정하기 위하여 제137조 제1항(운송물의 전부멸실 또는 연착된 경우의 손해배상액의 결정기준)을 개정하였다. 또한 새로운 공동기업형태로서 상행위편 제4장의2에 합자조합에 관한 규정을 신설하였다.[36] 합자조합은 무한책임을 지는 구성원과 유한책임을 지는 구성원으로 혼성되는 기업형태로서 상법상 조합에 해당한다. 회사의 상호에 관한 제19조는 기존의 회사의 종류 외에 제3편(회사) 제3장의2(유한책임회사)가 신설됨에 따라 회사의 상호의 종류에 유한책임회사를 추가한 것이다. 유가증권과 관련하여 종래의 상법 제65조는 문언상 유가증권이 금전, 물건 또는 유가증권의 '지급'을 목적으로 하는 증권이라고 하여 그 정의가 적절하지 않았다. 유가증권이란 이들 대상 모두의 '지급'을 목적으로 한다기보다는 금전의 경우에는 지급청구권, 물건 또는 유가증권의 경우에는 '인도청구권' 그리고 사원의 지위인 경우에는 그 자체가 표창된 증권이다. 또한 유가증권에는 민법 및 어음법의 일부 조항 외에 특별법상 규정도 적용되고 있다. 이러한 문제점을 시정하고 아울러 유가증권을 전자등록기관에 등록하여 발행할 수 있도록 하였다.

35) 법률 제10600호, 2011.4.14. 일부개정, 2012.4.15. 시행.

36) 이와 동시에 별도의 회사형태로 유한책임회사제도(제287조의2-287조의45)도 신설하였다.

3. 2010년 이후 개정상법에 대한 평가

2010년에 이후에 개정된 상법의 내용은 상당히 방대하기 때문에 개정사항 모두에 대하여 일일이 평가하기는 어렵다. 중요하다고 생각되는 부분을 중심으로 살펴본다.

(1) 새로운 유형의 상행위에 관한 규정의 불완전성

2010년 개정상법에서 개정된 사항 중 대표적인 것으로는 당시 거래계에서 날로 이용도가 높아가던 새로운 유형의 상행위 즉 리스, 프랜차이즈, 팩토링을 법전에 편입한 점이다. 이들 새로운 유형의 상거래행위를 편입함으로써 상법은 종래의 정형화된 전통적 상거래 유형을 대상으로 하는 차원을 넘어 시장의 변화상을 적극 포섭하게 되었다. 이러한 개정의 긍정적 측면에도 불구하고 이 때 신설된 상거래 유형에 관한 조문의 구체적 문언wording에 관하여는 아쉬운 점이 있다. 이들 신설된 규정에 기초적 국문법이나 논리적 정합성에 어긋나는 부분이 포함되었기 때문이다. 그러한 문제점을 많이 내포하고 있는 대표적 부분은 가맹업에 관한 제13장(제186조의6-제186조의10)이다. 우선 제186조의6의 문언을 보자. 동 문언에는 자신의 상호·상표 등(이하 '상호 등')을 제공하는 것을 영업으로 하는 자를 가맹업자라고 되어 있다. 가맹업으로 번역된 franchising은 단순한 licensing(지식재산권의 사용허가계약)의 요건에 franchisor의 franchisee에 대한 통제와 조력이라는 추가적 요건이 반드시 결부되어야 성립한다. 그러나 상법 조문상 가맹업자의 정의는 "상호 등"의 영업표지를 사용하도록 타인에게 허가하는 licensor를 지칭하는 용어일 뿐, 그에 추가적 요소를 필수요건으로 하는 프랜차이즈사업에서의 franchisor와는 일치하지 않는다. 이러한 차이를 명확히 함의하지 못한 조항의 문언은 문제가 있다. 더구나 동 조문은 가맹업자가 가맹상에게 제공하는 것을 "상호·상표 등"이라 하고 규정함으로써 상호, 상표 외에 어떤 것이 더 포함되는지 알 수 없도록 구성되어 있다. 상호, 상표 외에 무한대의 것을 제공하는 것을 전제로 하지 않았음은 물론일 것이다. 그렇다고 하여 노하우나 특허와 같은 무체재산권 내지 지식재산권을 제공의 대상으로 의도하였다고 보기도 어렵다. 왜냐하면, 이러한 권리의 제공행위 자체만으로는 여전히 라이선스계약license agreement일 수는 있어도 프랜차이즈계약franchise agreement일 수는 없기 때문이다. 이러한 문제점을 제거하기 위해서는 "상호 · 상표 등"이라는 단어 뒤에 영업의 주체나 상품의 동일성을 외부로 나타내는 무체재산권을 포괄적으로 지칭하는 용어인 "영업표지business symbol"란 단어를 추가하여*ejusdem generis* "상호 · 상표 기타 영업표지(이하 '영업표지')"라고 표현했어야 한다. 그 밖에도 여기서 사용된 "제공"이란 용어는 "사용을 허가하는"이라는 문언으로 표현되었어야 할 것이다. 이처럼 개정상법상 가맹업자의 정의는 '짧은 문장 속에 많은 문제점'이 내포되어 있다.[37)]

또한 제186조의8의 규정에도 문제가 있다. 상행위편에 규정된 기존의 거래유형에 있어서는 모두가 그 거래 당사자의 법률관계를 알 수 있는 문언이 포함되어 있다. 예컨대, 대리상에 대한 제87조에는 "거래의 대리 또는 중개를 영업으로 하는 ……"이라고 규정되어 있고, 중개업에 관한 규정에는 "중개를 영업으로 하는 ……"이라고 규정되어 있으며, 위탁매매업에 관한 규정에는 "자기명의로써 타인의 계산으로 ……의 매매를 영업으로 하는 ……"과 같이 해당 영업방법의 고유한unique 특성을 나타내는 문언으로 구성하여 다른 영업거래방식과 차별화 및 범주화categorization를 확립하고 있다. 그런데도 가맹상의 의무와 관련하여서는 그 거래의 특징적 내용을 나타내는 어떠한 내용도 담고 있지 않다. 가맹업에 있어서 가맹상의 의무의 핵심은 가맹업자의 영업표지를 허가받은 범위에서 사용하면서 해당 브랜드가 표상하는 영업의 통일성을 기하기 위해 가맹업자가 지시하는 실질적 통제에 충실히 따르는 점이다. 그럼에도 불구하고 개정상법에는 이러한 내용의 문언이 들어 있지 않다. 요컨대, 가맹상의 의무에 관하여 "가맹상은 가맹업자가 시행하는 교육, 훈련 기타 합리적인 지도와 통제에 따라야 한다"는 조항이 규정되었어야 한다.[38)]

(2) 합자조합제도 도입의 필요성 미흡

2011년 개정상법의 내용 중 상행위편에 신설된 대표적 조항은 합자조합에 관한 것이다. 합자조합은 제4장의2에 별도의 장으로 신설되었는데, 이는 법인격이 인정되지 않는 공동기업으로서 유한책임을 지는 조합원과 무한책임을 지는 조합원으로 구성되는 것을 핵심내용으로 한다. 이 제도는 미국의 합자조합limited partnership: LP 제도를 참고하여 도입한 것이다. 그러나 우리 상법의 회사편에 여러 회사형태가

37) 졸고, "프랜차이즈 관련 상법 개정안의 고찰", 상사법연구 제28권 2호, 2009, 79-81면.
38) 전게논문, 83-84면.

규정되어 있지만 유독 주식회사형태가 압도적으로 이용되고 다른 형태의 회사, 특히 합자회사는 거의 이용되고 있지 않는 현실에 비추어 볼 때, 그와 유사한 기능을 담당하는 합자조합이라는 별도의 비법인 조직을 추가로 신설할 필요가 있었는지 의문이다. 2011년 개정에서 제3편 회사편 제3장의2로 유한책임회사 제도가 신설된 점까지를 감안하면 합자조합제도를 신설할 필요성은 더욱 적어진다. 요컨대, 비법인적 실체entity의 공동기업방식이 거래계에서 별로 이용되지 않고, 유사한 조직이 유한책임회사로 법인화되는 상황에서 합자조합이 도입된 것이다. 이처럼 국내에서 이용가능성이 희박한 제도를 일부 선진국에 제도화되어 있다는 이유만으로 도입하는 것은 그야말로 "개정을 위한 개정"일 뿐 별다른 실익을 찾아보기 어렵다. 더구나 합자조합은 기존의 합자회사에서 법인격을 제거한 것과 대동소이하여 법인격이 없는 데서 비롯되는 단점이 있을 뿐, 기존의 합자회사보다 나은 장점은 별로 없어 보인다. 비법인 조합이라는 속성이 회사조직보다 유연성이 크다는 장점을 활용하고자 했다면 구성원 전원이 유한책임을 지는 유한책임조합limited liability partnership: LLP 제도를 도입하는 것이 어쩌면 더 나았을 것이다.[39] 법률의 개정은 그 대상선정 및 내용 구성에 있어서 실용성에 기초하여야 한다. 거래계에 도움이 큰 분야에 우선순위를 두어야 하고 같은 순위라면 가장 효율적인 방안이 도입되도록 해야 한다.

Ⅵ. 상법총칙·상행위법의 전망

1. 법의 변천과 법학자의 자세

「상법총칙」은 기본적으로 기업의 주체인 상인과 그 인적·물적 설비에 관한 제도를 규율한다. 이러한 조직적 측면의 규율은 상인 자신에 국한하지 않고 사회 전체에 대한 법적 이해관계를 야기하기 때문에 법적 안정성과 제3자의 신뢰보호가 특히 중요하다. 「상법총칙」이 법적 안정성에 입각하여 다루어지고 대부분 강행규정으로 구성되는 것도 이 때문이다. 또한 상거래의 기반을 이루는 조직에 관

39) 김재문, "미국의 LLP 입법과 일본의 유한책임사업조합 입법의 비교," 상사법연구 61호(2009), 87면 이하; 정대익, "상법개정안상 새로운 기업유형에 대한 검토," 상사법연구 64호(2009), 83면 이하; 이철송, 「상법총칙·상행위법」 제14판, 박영사, 2016, 436면 등.

한 제도를 규율하므로 시대상황에 따라 진화 · 발전하는 상행위법보다 개정의 소요가 많을 수 없다. 오히려 상법총칙의 잦은 개정은 법적 안정성을 해칠 수 있다.

상법의 「상행위편」은 기업의 영업활동에 관하여 규율한다. 그러한 영업활동은 대부분 상품과 서비스의 이전, 즉 유통행위와 연관된다. 기업의 영업활동은 영리를 추구하는 것으로 사회가 발전함에 따라 상품과 서비스에 관한 새로운 거래유형이 생겨난다. 그러한 거래유형이 계속적 · 반복적으로 이용되고 활성화되면 그에 대한 제정법적 규율 즉 법제화法制化가 논의되기 시작한다. 금융리스와 프랜차이즈, 팩토링에 관한 조항이 상법전에 편입되는 과정도 그러하였다. 중요한 것은 새로운 거래방식의 법제화 작업에는 그 사안에 정통한 전문가가 최대한 참여해야 한다는 점이다. 그렇지 못할 경우에 가맹업 규정에서 보듯이 해당 거래유형의 정체성을 특정하지 못하거나 심지어 국문법적으로 잘못된 문구wording가 법조문에 들어가기도 한다. 법률용어나 문구는 해석의 대상이 되고, 사용되는 맥락과 의도하는 목적에 따라 의미가 달라질 수 있다. 법률조문으로 개념을 정의definition한 경우에도 그러한 조문 자체가 모호하거나 의미를 제대로 함축하지 못하는 경우에는 해석에 어려움이 따르고 이는 거래계의 예측가능성을 저해한다. 법조문이 알기 쉬운 용어로 구성되어야 하는 것도 이 때문이다. 정통한 전문가일수록 쉬운 용어로 법문을 구성하여 문제의 소지를 제거한다. 무릇, 학자라면 모르는 것을 아는 체해서는 아니 된다. 법개정 작업과 같이 후대에 영향을 미칠 활동에 참여할 경우에는, 참여 자체로 허명虛名이 높아지는 매력에도 불구하고, 국가적 사업에 과오나 미진함이 없도록 자신의 참여가 합당한지 성찰할 필요가 있다.[40)]

또한 새로운 제도를 도입함에 있어서는 과연 그러한 제도가 우리의 거래현실에 꼭 필요한지에 대한 검토가 필요하다. 선진국의 경험이 우리 법제의 향상에 도움이 되는 경우가 적지 않지만, 일부 국가에 도입되어 있다는 이유만으로 별로 활용되지도 못할 제도를 도입하는 것은 법전의 간명화를 해칠 뿐, 거래계에 도움을 주지 못한다.[41)] 도입 필요성이 충분히 확인되지 않은 제도가 개인의 업적이나

40) 전문가가 많지 않던 과거에는 소수의 원로 교수님들에 의해 상법 전반의 법률안이 제시되었지만, 1990년대 이후부터는 각 분야가 한층 세분화되고 전문화되고 있으므로 앞으로는 입법과정에 해당 주제에 정통한 전문가가 참여하도록 하여야 한다. 또한 전문가에 의해 마련된 초안을 소관부처에서 충분한 협의 없이 가감 · 수정하는 과정에서 법률 체계나 내용에 오류가 내포되는 사태도 방지해야 한다.

41) Ewan McKendrick, 「Goode on Commercial Law」, fourth ed.(2010), Penguin Books, pp. 22-23.

소관 부처의 실적을 위해 그럴듯한 명분으로 포장되어 추진되어서는 아니 된다. 국회의 입법과정이 통과의례로 형해화하고 있는 오늘날의 상황을 고려하면 법개정이 '개정을 위한 개정'이 되지 않도록 준비단계에 참여하는 학자들이 한층 유의해야 할 점이다. "법의 도리는 처음에는 고통스러우나 길이 이롭다法之爲道 前苦而長利"는 한비자의 명언에도 불구하고, 잘못 제정된 법은 처음에는 통쾌하지만 길이 해로울 수 있다.

이러한 인식하에 상법 총칙·상행위편의 보다 나은 미래상을 위해 필요하다고 생각되는 점을 순차로 제시한다.

2. 민법개정에 따른 상법총칙의 보완 필요성

상법상 제도 중에서 능력·법률행위·소유와 같은 분야는 민법의 일반원칙에 바탕을 두고 있다. 따라서 그러한 분야에서 민법이 개정되고 용어가 변경되는 경우에는 상법도 관련 용어를 바꿔야 한다. 이러한 점에서 현행 「상법총칙」편에는 시급히 보완되어야 할 부분이 있다. 주지하다시피, 민법상 행위능력 및 후견제도에 관한 법조문이 2011년에 개정되어 2013년 7월 1일부터 시행에 들어갔다. 그리하여 현행 민법에서는 "한정치산자"와 "금치산자"와 같은 용어들이 사라졌다. 그럼에도 불구하고 2018년 7월 현재 상법에는 아직도 개정 전의 민법상 용어인 "한정치산자"와 "금치산자" 그리고 (미성년자 이외의 자에 대하여) "법정대리인"이라는 용어가 방치되어 있다.[42] 이러한 방치는 특히 개정 민법 부칙 제3조에서 동법 시행 후 5년을 시한으로 상법 등 관련법의 개정을 예정하고 있기에 더욱 문제이다.

---

42) 2011년 3월 7일 법률 제10429호로 개정된 민법은 2013년 7월 1일부터 시행에 들어갔다. 동 개정민법 부칙 제3조(다른 법령과의 관계)에서 「이 법 시행 당시 다른 법령에서 "금치산" 또는 "한정치산"을 인용한 경우에는 성년후견 또는 한정후견을 받는 사람에 대하여 부칙 제2조 제2항에 따른 5년의 기간에 한정하여 "성년후견" 또는 "한정후견"을 인용한 것으로 본다」고 규정하고 있다. 따라서 이 기간 중 상법상 금치산자와 한정치산자는 각각 피성년후견인 및 피한정후견인으로 보고 동규정을 적용하면 상당부분 입법적 미비가 해결되지만, 그렇다고 하여 피한정후견인과 종전의 한정치산자가 능력을 달리하는 데서 오는 문제까지 해결되지는 아니한다. 즉 피한정후견인은 법원이 한정후견인의 동의를 얻어야 할 행위의 범위를 정하지 않으면 허락 없이 영업을 할 수 있을 것이기 때문이다.

무엇보다도 문제인 것은 위 민법 부칙 제3조의 규정이 적용되는 시한이 동법 시행 후 5년으로 한정되어 있기 때문에 현행 상법상 한정치산자 및 금치산자와 관련된 상법 제6조 내지 제8조는 늦어도 2018년 7월 1일까지는 개정되었어야 한다는 점이다.

3. '상행위'와 관련된 조문의 개정 필요성

'상행위'란 상법체계의 기반이 되는 용어로서, 기본적 상행위 · 보조적 상행위 · 일방적 상행위 등의 용례에서 보듯이, 통상적으로는 영리를 목적으로 하는 '여러 행위'를 포섭하는 개념이다. 상법 제2조(공법인의 상행위)나 제3조(일방적 상행위)에 규정된 '상행위'가 바로 그러하다. 그런데 상법에는 이러한 통상적 의미의 상행위 개념과 다르게 규정된 경우가 있다. 예컨대 제46조(기본적 상행위)에서는 「영업으로 하는 다음의 행위를 '상행위'라 한다. ……」고 규정되어 있고, 제4조(상인-당연상인)에서는 「자기명의로 '상행위'를 하는 자를 상인이라 한다」고 규정되어 있으며, 제5조(동전-의제상인) 제1항 및 제2항에서는 「…… '상행위'를 하지 아니하더라도 상인으로 본다(…… 전항과 같다)」라고 규정되어 있다. 그런데 이들 각각의 조문에 기재된 '상행위'는 실제로는 '기본적 상행위'만을 지칭하는 것으로 해석하여야 한다. 상법의 이러한 규정태도는 "'상행위'라고 쓰였지만 '기본적 상행위'라고 읽어라"는 것이어서 상행위법체계를 이해하는 데 상당한 혼란을 주고 있다. 이러한 문제를 시정하기 위해서는 위에 예시된 각 조항의 '상행위'란 용어를 모두 '기본적 상행위'로 바꿔야 한다. 그렇게 개정하면 특히 상법 제5조가 마치 '영리를 목적으로 하는 일체의 행위'를 하지 않는 자도 상인이 되는 것처럼 읽히는 질곡에서 벗어날 수 있을 것이다.

4. 상사매매 규정의 보완 검토

기업의 영업활동이란 영리를 추구하기 위한 것이고 이는 대부분 상품과 서비스의 이전 및 제공과 관련되어 있다. 이러한 활동은 상법의 발생사적 기원에서도 알 수 있듯이 기본적으로 상품의 매매를 기반으로 한다. 기업활동의 가장 기본적 거래행태는 매매이기 때문이다. 그런데 현행상법은 매매에 관하여 상행위편 제2장에 단지 6개 조항을 두고 있을 뿐이다. 물론 상법에 규정이 없어도 민법의 "매매"나 계약 관련 규정 및 신의성실의 원칙 등에 의해 상당 부분 메워지겠지만 그렇다고 하여 우리의 현행 상행위법이 상사매매의 원활 · 왕성화를 뒷받침하고 다양한 상황에 대한 예측가능성을 제시하기에 충분하다고 하기는 어렵다. 이러한 상태는 거래비용의 최소화에 기여하려는 상법의 목적에도 부합하지 않는다.[43] 따라서 상법전에 매매와 관련된 조문이 추가되어야 하는지에 관한 논의가 필요해 보인다. 그러한 논의는 CISG와 UCC Article 2에 규정된 조항들에서 상당한 시사점을 얻을 수 있을 것이다.

CISG로부터 얻을 수 있는 대표적 시사점으로는 상인간의 매매에 관한 상법 제69조(매수인의 목적물의 검사와 하자통지의무)의 보완을 생각해 볼 수 있다. 동조는 양당사자가 모두 상인인 경우에 「매수인이 목적물을 수령한 때에는 지체 없이 이를 검사하여야 하며 하자 또는 수량의 부족을 발견한 경우에는 즉시 매도인에게 그 통지를 발송하지 아니하면 이로 인한 계약의 해제, 대금감액 또는 손해배상을 청구하지 못한다. 매매의 목적물에 즉시 발견할 수 없는 하자가 있는 경우에 매수인이 6월내에 이를 발견한 때에도 같다.」고 규정되어 있다. 문제는 '매수인이 매매목적물에 대한 정보를 제대로 갖지 못하고 목적물의 품질미달 사실이 인도 당시에 탐지되기 어려운 경우'에도 이 조항이 적용된다는 점이다. 이 조항의 해석과 관련하여 판례는 조문상의 요건이 충족되는 경우에는 매도인의 하자담보책임이 부정된다는 입장이고,[44] 학설은 특히 심층적 하자와 관련하여 대립되어 있다.[45] 이러한 조문의 문제점으로 인하여 매수인은 아무래도 물품의 매수를 주저하게 되고, 이는 결국 거래의 왕성화를 저해하는 결과로 귀착된다. 이러한 문제점을 해소하기 위해서 입법적 보완책이 강구되어야 한다. 법적으로 정보공개요건을 구비하여 거래당사자가 정보의 균형을 유지하도록 하는 방안과 우월적 정보를 지닌 매도인이 매도목적물에 관하여 표명한 것에 대해서 '표명한 그대로' 책임을 지게 하는 방안이 검토될 수 있을 것이다.

UCC Article 2가 우리 상사매매법에 주는 시사점은 적지 않다. UCC Article 2에는 상사매매와 관련하여 우리 민·상법에 명시적 조항이 없거나, 있더라도 상거래의 특성에 부합하지 않는 경우에 참고할 수 있는 규정들이 다수 포함되어 있

---

43) Clayton P. Gillette, 「Advanced Introduction to International Sales Law」, Edward Elgar, 2016, p. 5.

44) 대법원 2015.6.24. 2013다522 판결, 매수인이 오염된 토지의 하자를 제69조의 기간이 지난 다음에 알고 하자담보책임 또는 불완전이행으로 인한 손해배상을 청구하였다. 대법원은 제69조의 기간이 지났음을 이유로 하자담보책임은 부정하였다. 그러나 오염된 토양을 정화하지 않은 채 인도한 점에 대해서는 매매계약에 따른 채무에 좇은 이행이라 할 수 없음을 이유로 불완전이행으로 인한 토지정화 필요비 상당의 손해배상책임을 인정하였다. 상법 제69조에 의해 하자담보책임은 부정되지만 불완전이행책임은 여전히 소구할 수 있다는 것이다.

45) 이철송, 「상법총칙·상행위법」 제14판, 박영사, 2016, 395-396면.

다. 이들 규정을 좀 더 구체적으로 예시하면, 청약과 승낙의 엄격한 일치를 요구하는 mirror image rule의 완화,[46] 계약성립 확정시점의 완화,[47] 청약철회의 자유와 청약철회 제한의 합의option contract 및 그 기간의 제한,[48] 승낙방법의 다양성,

46) § 2-204. Formation in General.

(1) A contract for sale of goods may be made in any manner sufficient to show agreement, including offer and acceptance, conduct by both parties which recognizes the existence of a contract, the interaction of electronic agents, and the interaction of an electronic agent and an individual.

(2) An agreement sufficient to constitute a contract for sale may be found even if the moment of its making is undetermined.

(3) Even if one or more terms are left open, a contract for sale does not fail for indefiniteness if the parties have intended to make a contract and there is a reasonably certain basis for giving an appropriate remedy.

(4) Except as otherwise provided in Sec.tions 2-211 through 2-213, the following rules apply:

(a) A contract may be formed by the interaction of electronic agents of the parties, even if no individual was aware of or reviewed the electronic agents' actions or the resulting terms and agreements.

(b) A contract may be formed by the interaction of an electronic agent and an individual acting on the individual's own behalf or for another person. A contract is formed if the individual takes actions that the individual is free to refuse to take or makes a statement, and the individual has reason to know that the actions or statement will:

(i) cause the electronic agent to complete the transaction or performance; or

(ii) indicate acceptance of an offer, regardless of other expressions or actions by the individual to which the electronic agent cannot react.

47) § 2-204. Formation in General.

(2) An agreement sufficient to constitute a contract for sale may be found even if the moment of its making is undetermined.

48) § 2-205. Firm Offers.

An offer by a merchant to buy or sell goods in a signed record that by its terms gives assurance that it will be held open is not revocable, for lack of consideration, during the time stated or if no time is stated for a reasonable time, but in no event may such period of irrevocability exceed three months; but in no event may the period of irrevocability exceed three months. Any such term of assurance in a form supplied by the offeree must be separately signed by the offeror.

상거래 당사자가 시장상황에 신속히 대처할 수 있도록 하기 위하여 청약을 언제든지 철회할 수 있도록 하는 규정을 신설함으로써 민법 제527과 달리 하는 방안이 검토될 수 있다. 이러한 방향으로 개정할 때에는 동시에 청약의 상대방이 청약자와 사이에서 청약의 철회를 제한하는 약정을 할 수 있도록 하고, 그러한 철회제한의 기한을 법률로 정하는 방안도 검토되어야 할 것이다.

서면계약의 수정modification과 계약요구 조건의 포기waiver 및 그 철회의 제한, 매매계약상 권리의무의 이전이 아닌 계약 자체의 이전, 상품가격을 확정하지 않은 매매계약의 성립과 그 인정 범위open price term 및 그 가격의 결정기준,[49] 전량매수계약output contract과 전량공급계약requirements contract의 체결 및 그 해석, 배타적 거래와 최선의 노력 조항the best effort doctrine, 상품의 인도시기와 장소 및 방법, 가분적 물량인 경우 그 전부 또는 일부의 인도, 기간의 정함이 없는 계속적 계약의 종료와 방법, 매수인의 대금지급 전 상품 검사권, 일방당사자가 이행의 조건을 특정할 권리와 그 행사방법, 상품의 완전성 및 상품적합성merchantability에 관한 담보책임warranty, 승인조건부 또는 반환조건부 매매sale on approval or return, 검사전 상품대금의 지급약정과 한계, 검사비용의 매수인 부담과 구상권의 행사,[50] 조정이나 이의제기를 위한 목적물 검사권, 매수인의 하자상품에 대한 반품권과 그 행사방법,[51] 사전이행거절과 상대방의 선택적 대응방안, 할부인도계약, 매도인에 의한 공급물량의 할당과 그 기준, 매수인의 채무초과시 매도인의 인도거절권, 상품반환청구권 등 구제수단, 매도인의 계약 위반시 매수인의 대체조달 등의 구제수단에 관한 규정 등을 들 수 있다.

5. 전자거래시대에 부응한 조항의 신설 검토

상법이 제정될 당시와 지금의 거래현실은 너무도 다르다. 특히 전자적 거래는 상법 제정 당시에는 상상할 수도 없었다. 거래법은 거래현실을 반영하여야 한다는 점에서, 이처럼 변화된 전자상거래 현상에 관하여 상법전이 침묵하는 것이 과연 합당한지에 대한 논의도 필요해 보인다. 미국에서도 UCC Article 2의 현대화를

---

49) 우리 민법 제586조에 대금지급장소와 관련된 규정은 있으나, 가격에 대한 논의가 없거나 나중에 정하기로 했지만 합의하지 못한 경우 또는 양당사자가 합의한 시장이나 제3자가 설정하는 기준에 따라 정하기로 한 경우에, 그 가격을 해당 물품 인도시의 합리적 가격으로 정하는 조항이 필요하다.

50) 우리 민법 제566조(매매계약의 비용의 부담)에서 “매매계약에 관한 비용은 당사자 쌍방이 균분하여 부담한다.”고 규정하고 있어 매매의 목적물인 상품의 검사와 관련된 비용의 부담에 대한 규정이라고 보기는 어렵다. 검사에 소요되는 비용은 통상 매수인이 부담해야 하겠지만, 상품이 계약에 적합하지 아니하여 수령을 거절할 수 있는 경우에는 매수인이 매도인에게 검사비용을 구상청구할 수 있다고 하여야 할 것이다.

51) 매수인은 상품의 거절 사유인 상품의 하자를 적시(摘示)하여 하자를 적기(適期)에 시정할 수 있도록 해야 한다. 매수인이 상품의 하자에 대한 적시를 소홀히 하면 상품을 거절하거나 반품하지 못하도록 하여야 할 것이다.

위해 2003년에 전자상거래의 발전에 따른 변화를 시도한 적이 있다. 전자상거래와 관련한 여러 특별법상의 내용을 상법에 세세히 포섭하기는 입법기술상 쉽지 않을 것이다. 그러나 유가증권에 관한 통칙적 규정이 상법 제65조로 상행위편에 편입되어 있는 것처럼 전자상거래에 관해서 통칙적 수준 정도의 규정을 마련하는 것까지 불가능하지는 않을 것이다.

Ⅶ. 결 언

현행상법은 의용상법에 기초하여 제정된 후 여러 차례 개정을 거쳐 현재에 이르고 있다. 상법의 이러한 변천은 일부 아쉬운 점도 없지 않지만 전체적으로는 시대상황과 사회변화에 적절히 부응해 왔다고 평가할 수 있을 것이다. 제정상법에서는 의용상법 총칙편의 내용을 상당히 변경하고 제3편에 위치했던 상행위편을 제2편으로 앞당겨 배치했으며 일본식 용어를 우리의 용어로 대폭 교정하였다. 그러나 '지배인'과 '상업사용인'이란 용어를 그대로 답습한 점은 아쉬움이 남는다. 1995년 개정상법에서는 기명날인에 국한되었던 문서작성의 요건을 서명으로 대체할 수 있도록 한 점과 대리상의 보상청구권을 신설한 점이 대표적으로 눈에 띈다. 서명만으로 문서작성을 가능하게 한 것은 거래실무에 도움을 주는 적절한 개정이라 생각된다. 그러나 대리상의 보상청구권을 신설한 것은, 그 조항이 일정한 조건하에 여타 유통계약에도 준용된다는 대법원판결이 내려짐으로써 거래계에 불확실성을 확대시키고 있다. 2010년 개정상법에서는 상행위편에 새로운 상거래 유형인 리스, 프랜차이즈, 팩토링에 관한 규정을 신설하였다. 이들 업종을 상사전형계약으로 편입한 것은 시장의 변화에 대응한 것으로서 기본 방향은 적절하다고 할 수 있다. 다만 관련 조문의 문언과 용어에 미흡한 부분이 다수 내포된 점은 아쉽다. 2011년 개정상법에서는 상행위편에 합자조합을 신설하였으나, 이러한 방식의 공동기업이 실무거래계에서 얼마나 이용될지는 의문이다.

현행상법이 보다 완결된 법이 되기 위해서 앞으로 보완해야 할 부분이 있다. 당장 민법의 후견제도 도입에 따른 상법총칙편의 개정이 시급하다. 상법체계의 이해를 증진시키기 위해서는 "상행위"란 용어와 관련된 조문의 정비도 필요하다. 그 밖에 논의대상으로 검토할 사항으로는 상사매매의 신속 · 원활 · 왕성화를 위해 상사매매와 관련된 조항을 추가할 것인가와 전자상거래 시대를 맞아 통칙적으로나마 전자상거래에 관한 조항을 신설할 것인가 하는 점이 있다.

기업가의 끊임없는 개척정신과 창조정신은 상사관계를 다루는 법분야에 부단히 새로운 문제를 제기한다. 그에 따라 상법은 앞으로도 계속 변천해 갈 것이다. 그러한 변천상황을 법리적 · 체계적으로 한층 완벽하게 뒷받침하기 위해서 상법학계는 각자 전문역량을 더욱 향상시켜 나가야 할 것이다. 척박한 시대에 법학계에 투신하여 신생국가인 대한민국의 법제적 기틀을 마련하고 발전시키신 선학들의 숭고한 헌신을 기억하며 ―.

회사법의 변천과 회사법학의 과제

정 경 영

[초 록]

청헌 김증한 선생님을 추모하며 이 글을 집필하게 되었다. 회사법 전체를 개괄하는 글의 성격상 회사법의 개별쟁점에 관한 논의를 지양하고 통시적 관점에서 회사법학, 특히 주식회사법학을 입법, 판례, 법학의 관점에서 조망하고자 하였다.

우리 회사법이 제정된 지 56년을 지나고 있어 외국법 계수라는 초창기의 모습을 벗어나 독자적인 모습을 갖추어 가고 있다고 본다. 회사법은 독일과 미국의 회사제도가 절충되어 주식회사의 설립을 용이하게 하였으며 다양한 방식으로 회사의 자본을 형성할 수 있게 한 점에서 진보적인 모습을 가지고 있다고 본다. 하지만 개정회사법은 회사지배의 투명성이나 건전성보다는 효율성을 더욱 강조하고 있어 실질적으로 권한 남용의 가능성이 상존한다고 진단된다.

회사법 판례 영역은 양적으로나 질적으로 매우 성장하였다. 회사법의 각 쟁점에 관해 다수의 판례가 누적되었고 판결의 내용도 초창기 외국 판례 모방의 수준을 벗어나 우리

성균관대학교 법학전문대학원 교수

법의 독자적인 시각에서 판단한 많은 좋은 판례들이 탄생하였다. 하지만 최근 들어 일부 판례는 '판례만능주의'라고 할 정도로 법률의 개정에 의해 해소되어야 할 쟁점을 법해석이라 할 수 있는 판례 특히 전원합의체판결에 의해 해결하려 했다. 이는 종전의 체계화된 이론·판례를 뒤엎고 무리하게 실무상 문제를 해결하려는 움직임으로 비쳐져 다소 해석의 한계를 넘는다는 우려가 생기는 부분이다.

회사법은 한 나라의 경제의 활성화, 건전성을 결정짓는 매우 중요한 법률이다. 따라서 회사법은 경제의 활성화를 위해 효율적 규범체계가 되어야 하지만 동시에 경제가 건전하게 발전할 수 있도록 규제적 규범체계도 병행하여야 한다. 자본·재무구조의 영역은 활성화, 효율성이 더 중요한 가치인데 반해, 지배구조의 영역은 오히려 건전성, 투명성이 상대적으로 더 중요한 가치라 할 수 있다. 회사법학의 중요한 쟁점인 회사의 사회적 책임론은 단순히 회사의 사회공헌활동의 장려를 넘어 회사를 평가하는 기준이 되고 회사의 법적 책임화 할 가능성까지 보이고 있다. 회사가 주주의 이익보호에서 출발하여 이해관계자의 이익까지 포용하여야 한다는 새로운 이념에도 소홀히 해서는 안 된다고 본다.

요컨대 회사법은 세계경제의 지배적인 이념을 소화하고 있어야 하고 경제의 활성화, 건전화를 위한 수단을 내용으로 하고 있어야 한다. 그리고 회사법 관련 판례는 입법과 구별되는 해석론의 한계를 지키면서 회사법규를 이들 이념과 목적이 반영될 수 있도록 해석하여야 하고, 해석론으로서 극복이 힘든 부분은 입법론으로 남겨야 할 것이다.

Ⅰ. 서 론

우리 상법이 제정된 지 56년이 지났다. 상법 제3편 회사법은 국가경제의 중추라 할 수 있는 기업의 조직과 활동을 규율하는 법률로서, 우리의 기업문화와 직결될 뿐만 아니라 경제체제의 골격을 형성한다. 사회경제의 변화에 따라 기업문화가 발전해왔고, 경제체제가 진화함에 따라 회사법(이하 회사법은 상법 제3편을 의미한다)은 많은 변화를 경험하였다. 제정 이후 회사법의 변화를 몇 개의 키워드로 압축하면, 개방화, 전자화, 투명화로 대별될 수 있다. 우리 회사법은 대륙법과 영미법의 제도를 계수하여 제정되었는데, 자본시장이 개방되면서 미국법의 많은 제도들이 증권거래법을 통해 상법에 편입되어 왔다. 그리고 전자통신기술이 발전되면서 다른 영역과 유사하게 회사법 영역에서도 전자통신기술을 활용한 제도들이 다수 도입되게 되었다. 뿐만 아니라 성장일변도의 국가 경제가 양적 성장의 한계를 경험하며 발생한 경제의 왜곡을 극복하고 질적 성장으로의 전환을 위해 투명한 기업경영이라는 기업문화의 회사법제화를 위해 노력 중이다.

개방경제하에 기업의 투명경영을 위한 회사법의 개정 속에서 회사 관련 판례도 엄청난 양적 성장을 하였다. 회사법학의 대부분의 쟁점에 관해 수많은 판례들이 누적되어 왔고 최근에는 전원합의체 판결을 통해 기존의 회사법 질서가 판례에 의해 새롭게 변화하는 모습까지 나타나고 있다. 이들 판례의 향배에 관한 구체적 평가와는 별도로 회사법학에서 판례가 가지는 비중은 매우 높아졌음을 부인할 수 없게 되었다. 그런데 회사법 판례의 내용을 들여다보면 과거 일본 판례들이 그 모델이 되었음을 부인할 수 없는데, 최근에는 일본 판례보다는 미국 판례 또는 미국법상의 제도들이 우리 회사법 규정을 해석함에 있어서 자주 등장하고 있음을 볼 수 있어 회사법 판례의 양적 성장뿐만 아니라 질적 변화도 나타나고 있다.

회사법의 개정과 판례의 변화 속에서 과연 우리 회사법학은 회사실무에 변화를 선도하고 있고 기업문화를 이끌어가고 있는가? 특히 사단법인의 본질을 가진 회사에서 사단성 · 법인격 등 회사의 실체에 관한 논의를 바탕으로 회사법의 자본구조가 회사의 기능을 달성하고 투자자를 보호하기에 효율적인 구조를 가지고 있는지 그리고 회사법의 지배구조가 투명한 경영을 통한 주주shareholder와 이해관계

stakeholder인의 이익보호에 어떠한 기능을 할 것이지 등이 문제되고 있다. 이 글은 회사법의 제정 이후 회사법의 변화와 주요 판례의 변화를 살펴보고 우리 회사법학이 나아갈 방향을 모색하고자 한다. 다만 이 글은 청헌 김증한 선생님을 회고하는 뜻에서 기획된 점을 고려하여 통상의 논문과 달리, 회사법의 개별쟁점에 관한 논의를 논증의 형식으로 접근하기보다는 통시적 관점에서 회사법학의 조망을 통해[1] 특히 주식회사법의 과거와 현재, 미래를 살펴보는데 그 의의를 두고자 한다.

Ⅱ. 주식회사법의 변화

1. 개 관

한반도가 일제에 의해 병탄되어 광복을 맞이하기까지 기업법제는 의용상법체제였는데, 해방 이후에도 미군정령 및 제헌헌법 제100조의 경과규정에 따라 의용상법이 그대로 시행되었다.[2] 광복 이후 17년이 경과된 1962년 1월 20일에야 비로소 상법이 제정되어 1963년 1월 1일부터 시행되었고 그 이후 20여 차례 이상의 개정이 있었다.[3] 특히 회사법의 개정은 1984년 최초의 대규모 개정 이후 1990년대 수차례 개정을 거친 바 있으며, 그 다음부터는 외환위기, 자본시장의 개방을 경험하면서 변화된 경제현실에 적응하기 위해 비교적 빈번하게 개정되고 있다.[4] 의용상법의 모태인 일본 상법은 주로 독일의 상법과 독일의 주식법을 계수

1) 이 글에서 회사법 이론의 전개와 학설의 소개를 최소한으로 생략함으로써 구체적 쟁점에 관한 논의의 정리가 아닌 회사법 전제의 흐름을 법률개정연혁과 주요판례를 중심으로 소개하고자 한다.

2) 이철송, 「회사법강의」 제25판, 박영사, 2017, 25면; 의용상법은 조일합방 후 일본정부가 1911년 '조선에 시행할 법령에 관한 법률'을 제정하여 우리나라의 법률은 조선총독부령으로 정한다는 것과 이 령에 의해 일본법률 중 우리나라에 시행할 법률을 지정한다는 것을 정하였다. 이에 따라 1912년 3월 '조선민사령'이 공포되었는데, 동령 제1조 제8호 및 제10호에 의해 일본의 商法, 手形法, 小切手法, 有限會社法, 기타 商法施行法 등이 우리나라에 의용되게 되었다(이철송, 앞의 책, 24면).

3) 상법이 제정된 이후 향후 시행이 예정된 상법 개정까지 포함하면 총 25회 개정되었으며, 이 중 다른 법률이 개정되어 동반 개정된 6번의 개정(이른바 '타법개정')을 제외하면 순수하게 상법이 개정된 횟수는 19회이다. 상법이 제정, 시행된 지 올해 55년이 되었으므로 평균 약 3년에 한 번 꼴로 개정되었다고 볼 수 있다.

4) 타법개정에 따른 상법개정을 제외한 총 19차례 상법개정 중 회사법은 총 13차례 개정되었으며, 회사법 이외의 영역에서 6차례 개정이 있어 회사법 영역에 개정이 압도적으로 많았다.

하였고, 일본 유한회사법은 독일의 유한회사법을 계수하였다고 볼 때,[5] 의용상법에 포함되어 있던 회사법은 일본법을 경유하여 독일법을 계수한 것으로 볼 수 있다. 하지만 이후 빈번한 상법 개정을 통해 변화된 주식회사법(이하 주식회사법은 상법 제3편 제4장 주식회사를 의미한다)을 보면, 어느 법계를 순수하게 계수하였다고 하기보다는 독법계에 영미법과 일본법상 제도가 혼합된[6] 입법이라 할 수 있다.

제정 상법 중 회사법은 유한회사에 관한 규정을 흡수하였고 수권자본제도를 도입했으며 이사회제도를 도입하고 그 권한을 강화하였다는 특징을 가지고 있었다. 상법 제정 이후 특히 회사법의 개정을 내용별로 구분해 보면, 회사조직의 개선, 지배구조의 개편, 자본(재무)구조의 유연화로 분류할 수 있다. '84년 개정과 '95년 개정은 회사조직의 개선에, '90년대 후반 외환위기 전후해서는 지배구조개편에, 그 이후의 개정은 재무구조유연화에 중심을 둔 개정이라 할 수 있다. 상법 개정의 내용을 개정시기별로 살펴보는 것은 법령검색 사이트의 겸색을 통해서도 가능하므로 그다지 의미가 없다고 본다. 그보다는 주식회사법의 빈번한 개정에 의해 변경된 주식회사의 규율체계를 일정 기준 예컨대 회사조직, 지배구조, 재무구조 등으로 구별하는 편이 실익이 있다고 본다. 왜냐하면 이렇게 접근함으로써 각 영역에서 회사법이 어떻게 변화되었는지 파악이 가능할 뿐만 아니라 이를 통해 향후 우리 주식회사법의 개정방향을 가늠하는데 시사점을 얻을 수 있기 때문이다. 이하에서 회사법의 변화를 회사조직, 지배구조, 재무구조의 순서로 고찰한다.

2. 회사조직의 개선

(1) 주식회사 설립절차의 변화

제정상법 제298조는 '이사는 취임 후 지체 없이 회사설립의 경과를 조사하게 하기 위하여 검사인의 선임을 법원에 청구'하도록 정하고 있었다. 동조는 '95년 상법 개정(이하 개정은 특별한 명기가 없으면 모두 상법개정을 의미한다)에 의해 검사인 선임 없이 가능한 '이사 · 감사의 조사보고'로 대체되었고, 단지 변태설립사항의 조사를 위해서만 검사인 선임을 법원에 청구하도록 개정되었다(상법 제298조,

---

5) 한국상사법학회편, 「주식회사법대계 I 」, 법문사, 2013, 3면.

6) 최기원, 「신회사법론」, 13대정판, 박영사, 2009, 14면; 정찬형, 「상법강의(상)」, 제15판, 2012, 428면.

이하 조문은 특별한 명기가 없으면 모두 상법조문을 의미한다). 검사인의 조사보고의무 대상을 변태설립사항과 현물출자이행으로 하였고, 2011년 개정을 통해 현물출자이행의 조사・보고에 관해 일정한 예외(소규모 재산인수・현물출자, 거래소 시세 있는 유가증권 등)를 인정하였다. 그리고 '95년 개정에서 변태설립사항 중 발기인의 특별이익・보수와 설립비용은 공증인의 조사・보고로 현물출자와 재산인수는 감정인의 감정으로 검사인의 조사를 갈음할 수 있게 하였다(제299조의2). 제정 상법은 발기설립의 경우에는 회사 설립시 납입금의 납입금보관자와 납입장소에 관한 규정을 두고 있지 않았는데, '95년 개정으로 납입을 맡을 은행 기타 금융기관과 납입장소를 지정하도록 하였다(제295조). 회사 설립시 발기인의 수는 제정 상법 당시 '7인 이상'이었으나 '95년 개정으로 '3인 이상'으로 축소되었고, 다시 2001년 동조의 전문을 개정하여 발기인의 수를 삭제함으로써(제288조) 현재는 1인의 발기인으로 주식회사 설립이 가능하다고 해석된다.[7)]

(2) 주식제도의 보완

제정 상법은 '기명주식의 양도는 주권의 배서 또는 주권과 이에 주주로 표시된 자의 기명날인 있는 양도증서의 교부에 의하도록' 정하였다. 그런데 '84년 개정으로 주식을 주권의 교부에 의해 양도될 수 있도록 함으로써(제336조), 주권에 소지인출급식으로 발행된 유가증권과 유사한 양도방식을 도입하였다. 그리고 '84년 개정 시 주식양도와 관련하여 회사에 대한 대항요건인 명의개서를 보다 용이하도록 하기 위해 명의개서대리인제도를 도입하였다. '98년 개정 시에는 주식의 최저액면액을 100원으로 인하하였고(제329조 제3항), 주식분할제도도 도입하였다(제329조의2). 그 밖에 주식제도의 중요한 변화로, 2011년 개정 시 무액면주식제도를 도입하여 회사가 액면주식과 무액면주식 중 한 종류를 선택하여 발행할 수 있도록 하고(제291조 3호), 최저자본금제도를 폐지하였다(제329조). 그리고 무기명주식제도에 관해, 거의 이용된 사례가 없고 기업의 자본조달에 기여하지 못할 뿐만 아니라 소유자 파악이 곤란하여 양도세 회피 등 과세사각지대의 발생 우려가 있다고 보았다. 그리하여 2014년 상법 개정 시 조세 및 기업 소유구조의 투명성 결여로 인한 국가의 대외신인도를 저하시키는 원인이 되는 등으로 더 이상 유지할 실익이

---

7) 그 밖에 소규모 주식회사의 설립절차를 용이하게 한 개정이 수차례 있었지만 이에 관해서는 따로 후술한다.

없다고 본 무기명주식제도를 폐지하여 주식회사법상의 주식을 기명주식으로 일원화하였다.[8)]

(3) 주주의 권리 강화

주주의 권리를 강화하기 위한 개정도 다수 있었는데 그 내용을 보면, '95년 개정으로 영업의 양도 · 양수 · 임대 등 주요사안에 대한 결의에 반대하는 주주에게 회사를 상대로 한 주식매수청구권을 인정하여 줌으로써 소수주주의 이익을 보장하였다(제374조의2). 그리고 다시 2001년 개정에서 주식매수청구권을 행사함에 있어서 주식의 매수가액이 회사 또는 주식매수를 청구한 주주간의 협의가 이루어지지 아니한 경우 종전에는 회계전문가에 의한 산정을 거친 후 법원에 매수가액 결정을 청구하도록 하였으나, 곧바로 법원에 대하여 매수가액의 결정을 청구할 수 있도록 하였다(제374조의2 제4항, 제5항). 그리고 '98년 개정에서 주주제안제도가 도입되어 발행주식총수의 100분의 3이상의 주식을 보유한 주주는 주주총회의 목적사항(의제 또는 의안)을 이사에게 제안할 수 있는 권한을 가지게 되었다(제363조의2). 그 밖에 '98년 개정에서 대표소송의 소수주주권 행사요건을 완화하여 발행주식총수의 100분의 5이상에서 100분의 1이상의 주식을 가진 주주로 변경되었다(제403조).

(4) 기록 · 절차의 전자화

컴퓨터 통신기술의 발전은 상법 특히 주식회사법제 등에 많은 영향을 미쳤다. 먼저 '95년 개정으로 상업장부와 영업에 관한 서류 중 전표 또는 이와 유사한 서류의 의무보존기간을 10년에서 5년간으로 단축하면서, 보존의 방법에 있어서도 마이크로필름 · 디스켓 등 전산정보처리조직을 사용할 수 있도록 하였다(제33조). 주식회사법제에서 중요한 변화를 보면, 2009년에 주주총회에서의 전자투표제도가 도입되어, 주주가 주주총회에 출석하지 아니하고도 전자적 방법으로 의결권을 행사할 수 있게 하였고(제368조의4), 회사는 정관으로 정하는 바에 따라 전자적 방법으로 공고할 수 있으며 대통령령으로 정하는 기간까지 공고하여야 하도록 개정되었다(제289조). 그리고 2011년에는 주식 및 사채의 전자등록제가 도입되어, 주

8) 종합법령정보(웹사이트), 법령검색-상법, '일부개정 2014.5.20. [법률 제12591호, 시행 2014.5.20.] 법무부', 개정이유 참조.

권과 사채권을 실물로 발행하지 아니하고 전자등록기관에 등록한 후 증권을 소지하지 아니하고도 권리의 양도, 담보의 설정 및 권리행사가 가능하도록 하였다(제356조의2, 제478조 제3항).[9)]

(5) 소규모 주식회사제도

제정 상법은 주식회사의 규모와 무관하게 동일한 입법형식을 취하고 있어, 주식회사의 대다수를 차지하는 소규모 주식회사(예컨대 가족기업 등)에는 회사법은 너무 복잡하고 비용이 많이 소요되는 규범이었다. 2009년 개정을 통해 자본금 10억원 미만의 주식회사라는 소규모 주식회사의 개념이 회사법에 도입되었다. 소규모 주식회사에 대한 회사법의 특징을 보면, 소규모 주식회사를 설립하는 경우 정관에 대한 공증의무를 면제하고(제292조) 주금납입금 보관증명서를 잔고증명서로 대체하였다(제318조). 그리고 소규모 주식회사의 주주총회 소집절차를 간소화하여 주주총회 소집통지 기간을 주주총회 10일 전으로 단축하고, 주주 전원이 동의하면 소집절차를 생략할 수 있도록 허용하며, 서면에 의한 주주총회 결의도 허용하였으며(제363조), 감사 선임의무를 면제하였다. 감사를 선임하지 아니할 경우에는 주주총회가 이사의 업무 및 재산상태에 관하여 직접 감독·감시하도록 하고, 이사와 회사 사이의 소송에서 회사, 이사 또는 이해관계인이 법원에 회사를 대표할 자를 선임하여 줄 것을 신청하도록 하였다(제409조 제4항-제6항).

(6) 상장회사특례규정의 도입

자본시장과 금융투자에 관한 법률(이하 '자본시장법'이라 한다)이 제정되어 구 증권거래법에 있던 상장회사에 관한 규정을 상법에 편입할 것인지 아니면 자본시장법에 둘 것인지 여부가 논란이 된 적이 있었다. 부처간 논의 끝에 2009년 상법 개정을 통해 상장주식회사의 지배구조에 관한 규정들을 '상장회사에 대한 특례'(이하에서 '상장회사 특례규정'이라 한다)로 상법에 포함시키게 되었다. 상장회사 특례규정의 구체적 내용을 간략히 보면, 1) 주식매수선택권을 그 회사 외에 관계회사 이사 등에게도 부여할 수 있도록 하고, 부여범위를 확대하며, 주주총회 결의 없이

9) 동 조항에 따른 시행령 제정이 미뤄지다 2016.3.22. '주식·사채 등의 전자등록에 관한 법률'이 독립된 법률의 형식으로 제정되었다. 동법은 공포 후 4년을 넘지 아니하는 범위에서 시행을 대통령령으로 정한다는 부칙규정을 두고 있다(동법 부칙 제1조).

이사회 결의만으로도 일정 범위에서 주식매수선택권을 부여할 수 있도록 하였다(제542조의3). 2) 일정한 지분율 이하의 소수주주에 대하여는 일간신문공고 또는 전자적 공고로 주주총회 소집통지를 갈음할 수 있도록 하여, 주주총회 소집공고제도를 도입하였다(제542조의4). 3) 집중투표에 관한 특례를 신설하여 대규모 상장회사에 대한 집중투표 청구권의 행사요건을 완화하는 한편, 집중투표를 도입·배제 시 3%룰을 도입하였다(제542조의7). 4) 일정 예외적 경우를 제외하고는 사외이사가 이사 총수의 1/4 이상이 되도록 하고, 대규모 상장회사(자산총액 2조원 이상인 상장회사)의 사외이사는 3명 이상으로 하되, 이사 총수의 과반수가 되도록 사외이사 설치를 의무화하였다(제542조의8). 5) 자산총액 1천억원 이상인 상장회사에 대하여는 1명 이상의 상근감사를 두어야 하고, 대규모 상장회사에 대하여는 감사위원회를 의무적으로 설치하도록 하였다(제542조의10, 제542조의11). 6) 감사위원회 위원의 선임·해임권이 주주총회에 있음을 명문으로 규정하고, 선임방식을 일괄선출방식으로 통일하며, 위원 선임 시 의결권 없는 주식을 제외한 발행주식총수의 3/100을 초과하는 주식에 대하여는 의결권을 제한하였다(제542조의12, 이른바 '3%룰'이라 한다). 7) 그 밖에 소수주주권의 행사요건을 차별적으로 규정하고(제542조의6), 이해관계자와의 거래를 제한하였으며(제542조의9, 제624조의2), 준법통제기준과 준법지원인제도를 신설하였다(제542조의13).

(7) 유한책임회사제도의 도입

제정 상법은 회사의 형태를 합명회사, 합자회사, 주식회사, 유한회사 등 4개의 회사형태만을 인정하였는데, 2011년 상법 개정으로 유한책임회사제도가 도입되었다. 이는 최근 인적 자산의 중요성이 높아짐에 따라 인적 자산을 적절히 수용할 수 있도록 회사 형태를 취하면서 내부적으로는 조합의 실질을 갖추고 외부적으로는 사원의 유한책임이 확보되는 기업 형태에 대한 수요가 늘어나고 있는 현상에 부응하기 위해서였다.[10] 사원에게 유한책임을 인정하면서도 회사의 설립·운영과 기관 구성 등의 면에서 사적 자치를 폭넓게 인정하는 유한책임회사를 신설하였다(제287조의2-제287조의45).

---

10) 종합법령정보(웹사이트), 법령검색-상법, '일부개정 2011.4.14. [법률 제10600호, 시행 2012.4.15.] 법무부', 개정이유 참조.

3. 지배구조의 개선

(1) 주주총회제도의 변화

'84년 개정으로 실질주주의 이익을 보호할 수 있도록 의결권의 불통일행사제도가 도입되었다. 그리고 '95년 개정에서 의사정족수 제한이 철폐되었고,[11] '99년 개정에서 주주총회의 질서유지를 위하여 주주총회장에서 고의로 의사진행을 방해하는 자에 대하여는 발언의 정지・취소 또는 퇴장을 명할 수 있는 질서유지의 권한을 주주총회 의장에게 부여하였고(제366조의2), 주주의결권행사의 편의를 도모하기 위하여 서면에 의한 의결권행사를 허용하였다(제368조의3). 그리고 주주총회결의취소의 소의 원인에 '결의의 내용이 정관에 위반한 때'를 추가하였고, 그 효과에 관해 제190조가 아닌 '제190조 본문'만을 준용하도록 개정함으로써 주주총회결의 취소판결의 효과에 소급효를 부여하였다. 2001년에는 회사경영의 중요사항에 대한 주주의 의결권을 강화하여 회사 영업의 중요부분을 양도하는 경우뿐만 아니라 회사 영업에 중대한 영향을 미치는 다른 회사의 영업 일부의 양수에 대하여도 주주총회의 특별결의를 얻도록 개정하였다(제374조 제1항 제4호).

(2) 이사제도의 변화

'84년 개정으로 이사의 임기를 2년에서 3년으로 연장하였으며, '98년 개정에서 집중투표제도가 도입되어 소수주주권의 행사대상이 되었다(제382조의2). 그리고 '98년 개정에서 이사의 충실의무가 신설되었으며(제382조의3), 업무집행지시자 등(사실상의 이사)의 책임제도가 신설되었다(제401조의2). '99년 개정으로 주식매수선택권제도를 도입하여 주식회사의 이사・감사 또는 피용자가 회사의 설립・경영과 기술혁신 등에 기여하는 경우에는 미리 정한 가액으로 회사의 주식을 매수할 수 있도록 하였고(제340조의2-제340조의5), 이사회 내에 위원회제도가 도입되었다(제393조의2). 2001년 상법 개정은 이사회의 활성화를 위하여 이사회 결의사항의 범위를 구체화하고, 이사의 회사업무에 관한 정보접근권을 강화하며, 이사로 하여금 업무집행상황을 3월에 1회 이상 이사회에 보고하도록 하였으며(제393조), 각종 회

11) 종전에는 발행주식총수의 과반수의 출석이 있어야 주주총회가 성립하였으나, 주식이 폭넓게 분산된 주식회사의 경우 총회 성립을 위한 의사정족수를 충족시키기가 어려우므로 의사정족수 제한을 철폐하였다.

사에서 업무집행정지・직무대행자선임 가처분과 그 등기제도를 도입하였다(제183조의2). 2011년 개정으로 회사의 사업기회 유용금지제도가 신설되었고(제397조의2), 이사의 자기거래 승인대상이 확대되고 승인요건이 특별결의로 강화되었으며 공정성 요건이 추가되었다(제398조), 그리고 회사에 대한 이사의 책임을 정관으로 제한할 수 있게 하였다(제400조 제2항).[12]

(3) 감사제도의 변화 등

'84년 개정으로 회사의 자주적 감시기능을 강화하기 위하여 회계감사권만 있는 감사에게 업무감사권을 부여하는 등 감사의 권한을 강화하고(제412조), 그 임기도 1년에서 2년으로 연장하였다. '95년 개정에서 2년인 감사의 임기를 다시 3년으로 연장하고(제410조) 모・자회사간의 실질적 감사권을 보장하며 주주총회소집 요구권을 부여하는 등 감사의 지위를 강화함으로써 주식회사의 건전한 경영을 보장하였다(제412조의5). '99년 개정에서 감사위원회제도를 도입하여 회사가 감사 또는 감사위원회를 선택하여 운영할 수 있도록 하고, 감사에 갈음하여 감사위원회를 설치하는 경우에는 3인 이상의 이사로 구성하되, 위원 3분의 2이상의 사외이사가 참여하도록 하며, 감사위원회는 감사의 권한을 행사할 수 있도록 하였다(제415조의2). 2011년에는 집행임원제도가 도입되어 회사가 이를 선택할 수 있게 되었으며(제408조의2-제408조의9), 사외이사의 개념 규정이 포함되었다(제382조 제3항).

4. 재무구조의 유연화

(1) 자본금・수권자본제도, 신주발행제도의 변화

'84년 개정에서 주식회사의 최저자본을 5천만원으로 법정하였고, 수권자본과 발행자본의 비율을 2 대 1에서 4 대 1로 변경하였는데, 2011년 최저자본금제도를 다시 폐지하였다(제289조). '95년 개정으로 발행주식총수의 4배를 초과하지 못하도록 되어 있는 증자제한규정을 삭제함으로써 수권자본제도의 탄력적 운용을 도모하였고(제289조), 2001년 개정에서 주주 외의 자에게 신주를 배정하는 경우에는 정관에 의하도록 하되 신기술의 도입, 재무구조의 개선 등 회사의 경영상 목적을

12) 이사의 손해배상책임을 정관으로 고의 또는 중대한 과실로 회사에 손해를 발생시킨 경우를 제외하고는 이사의 최근 1년간의 보수액의 6배(사외이사는 3배) 이내로 제한하고 이를 초과하는 금액에 대하여는 면제할 수 있도록 하여, 이사의 책임제도를 개선하였다.

달성하기 위해여 필요한 경우로 제한하였다(제418조).

(2) 주식제도의 변화

'84년 개정으로 불공정한 가액으로 신주를 발행하는 것을 방지하기 위하여 현저하게 불공정한 발행가액으로 주식을 인수한 자의 책임을 정하였다(제424조의2). 2011년에는 이익형·의결권형·상환형·전환형 종류주식 등 종류주식제도를 도입하여(제344조-제346조, 제344조의2-제344조의3) 회사의 자금조달을 원활하게 하였다. 그리고 '99년 개정에서 자기주식의 취득제한을 완화하여 주식매수선택권의 행사에 따라 자기주식을 양도하거나 퇴직하는 이사·감사 또는 피용자의 보유주식을 양수할 목적으로 취득하는 경우에는 발행주식총수의 10/100의 범위 안에서 자기주식을 취득할 수 있도록 하였는데(제341조의2), 2011년 개정에서 배당가능이익의 범위 내에서 주주총회의 결의를 거쳐 자유롭게 자기주식의 취득하는 것이 허용되었다. 2001년 개정에서 회사의 주가관리 등의 편의를 위하여 이익배당 한도 안에서 정기 주주총회의 특별결의에 의하여 주식을 매수하여 소각할 수 있도록 하였다(제343조의2).

(3) 회계제도

2011년 개정에서 회사의 회계는 일반적으로 공정·타당한 회계관행에 따르도록 원칙 규정을 신설하는 한편, 구체적인 회계 처리에 관한 규정들을 삭제함으로써 대차대조표와 손익계산서를 제외한 회계서류가 회계규범의 변화에 신속하게 대응할 수 있게 하였다(제446조의2, 제447조 등). 그리고 자본금의 1.5배를 초과하는 준비금에 대하여는 주주총회의 결의에 따라 준비금을 배당 등의 용도로 사용할 수 있도록 허용하였다(제460조, 제461조의2).[13] 그리고 배당제도에 관해서도, '98년 개정에서 중간배당제도를 도입하였는데(제462조의3). 2011년에도 배당제도를 개선하여 정관에서 배당에 관한 결정 권한을 이사회에 부여할 수 있도록 하고 금전배당 외에 현물배당도 허용하였다(제462조 제2항, 제462조의4).

---

13) 이에 따라 자본전입과 감자절차를 거칠 필요 없이 과다한 준비금을 주주에게 분배할 수 있게 되고, 이익준비금과 자본준비금의 신축적인 사용이 가능하게 되었다.

(4) 사채제도의 변화

2011년 개정에서 사채제도가 대폭 개선되었는데, 사채의 발행총액 제한 규정을 폐지하고, 이익배당참가부사채 등 다양한 형태의 사채를 발행할 수 있도록 법적 근거를 마련하였으며, 수탁회사의 권한 중 사채관리 기능 부분을 분리하여 사채관리회사가 담당하도록 하였다(제469조, 제481조-제485조, 제480조의2, 제480조의3).

(5) 회사조직개편

'98년 개정으로 회사합병절차를 간소화하기 위해, 기업의 구조조정 및 인수·합병의 활성화를 지원하기 위하여 소규모합병(존속회사가 합병으로 인하여 발행하는 신주의 총수가 그 회사의 발행주식총수의 100분의 5이하인 합병)의 경우에는 주주총회절차를 생략하고 이사회의 승인으로 갈음할 수 있도록 하고, 회사합병시 채권자의 이의제출기간을 2월에서 1월로 단축하였으며(제527조의3), 회사분할제도를 도입하였다(제530조의2-제530조의12). 그리고 '99년 개정에서 기업구조조정의 편의를 위하여 회사를 발행주식총수 100분의 5이하의 소규모로 분할합병하는 경우에 주주총회의 결의에 갈음하여 이사회의 결의로 이를 분할합병할 수 있도록 분할합병 요건을 완화하였다(제530조의11 제2항). 2015년에는 간이한 영업양도, 양수, 임대 제도를 도입하였고(제374조의3), 회사의 분할·합병 관련 규정을 정비하였다(제530조의5 등) 그리고 상법은 지주회사의 설립과 관련하여, 2001년에 지주회사 설립 등을 용이하게 하기 위하여 회사가 주식의 포괄적 교환 또는 이전에 의하여 다른 회사의 발행주식의 전부를 소유할 수 있도록 하는 제도를 도입하였다(제360조의2-제360조의23). 그리고 2015년에 삼각주식교환, 역삼각합병 및 삼각분할합병 제도를 도입하였고(제360조의3, 제530조의6), 소규모 주식교환의 요건을 완화하였다(제360조의10 제1항, 제527조의3 제1항).

(6) 기타 회사제도의 변화

2011년에 소수주식의 강제매수제도 도입하여, 발행주식총수의 95% 이상을 보유하는 지배주주가 소수주주의 주식을 공정한 가격에 매입할 수 있도록 하는 한편, 소수주주도 지배주주에게 주식매수청구권을 행사할 수 있게 하여 소수주주 보호방안을 마련하였다(제360조의24-제360조의26). 그리고 2015년 상법 개정으로 반대주주의 주식매수청구권 제도의 정비하여, 무의결권 주주도 주식매수청구권을 행사할 수 있음을 명문으로 규정하고, 주식매수청구권이 인정되는 경우에는 무의결권 주주에게도 주주총회 소집을 통지하도록 규정하였다(제360조의5 제1항, 제374조의2). 그리고 2011년 개정으로 준법지원인제도가 도입되었으며(제542조의13), 유한회사에 대한 각종 제한 규정을 철폐하였다(제545조 삭제, 제556조, 제571조, 제607조). 즉 유한회사의 사원 총수 제한 규정을 삭제하고, 유한회사 사원의 지분 양도를 원칙적으로 자유롭게 하되 정관으로 지분 양도를 제한할 수 있도록 하며, 사원총회 소집방법으로 서면에 의한 통지 외에도 각 사원의 동의를 받아 전자문서로 통지를 발송할 수 있도록 하고, 유한회사를 주식회사로 조직을 변경하는 사원총회의 결의요건을 정관에서 완화할 수 있도록 하였다.

Ⅲ. 회사법 판례의 변화

1. 회사법 판례 개관

상법 제정 이후 회사법에 관한 판례는 그 양적 측면이나 질적 측면에서 많은 성장을 하였다. 일본 판례를 주로 참조하여 판결을 하던 과거의 모습에서 벗어나 미국 판례 등 다양한 판례를 참조하고 우리법의 독자적인 해석을 위해 노력해 온 흔적을 발견할 수 있다. 뿐만 아니라 최근의 판례는 우리 회사법만의 독특한 해석론을 전개하려는 움직임마저 감지되어 신선함을 주기도 하지만, 판례의 해석론을 넘어서 실질적 입법행위를 대신하는 판례도 나타나고 있어 사법부의 권한 일탈의 우려도 감지되고 있다. 방대한 판례를 소개하는 것은 이 글의 목적이 아니므로 그간 회사법 영역에서 특징적인 판례로 인식되는 주요 것들을 중심으로 회사조직, 지배구조, 자본구조 순서로 소개함으로써 우리 판례의 변천을 살펴보고자 한다.

2. 회사조직에 관한 판례

(1) 법인격부인론

'법인형해론'이란 용어가 대법원 판결에서 일찍이 등장하였지만 동 판결에서 이를 받아들이지는 않았다.[14] 이후 판결에서 'A회사와 B회사는 외형상 별개의 회사로 되어 있으나 A회사 및 B회사는 이건 선박의 실제상 소유자인 C회사가 편의치적을 위하여 설립한 회사들로서 실제로는 사무실과 경영진 등이 동일하므로 이러한 지위에 있는 A회사가 법률의 적용을 회피하기 위하여 별개의 법인격을 가지는 회사라는 주장을 내세우는 것은 신의성실의 원칙에 위반하거나 법인격을 남용하는 것으로서 허용되어서는 아니된다'[15]고 판시함으로써 사실상 법인격부인론을 최초로 받아들인 판례가 되었다. 이후 '회사가 외형상으로는 법인의 형식을 갖추고 있으나 이는 법인의 형태를 빌리고 있는 것에 지나지 아니하고 그 실질에 있어서는 완전히 그 법인격의 배후에 있는 타인의 개인기업에 불과하거나 그것이 배후자에 대한 법률적용을 회피하기 위한 수단으로 함부로 쓰여지는 경우에는, 비록 외견상으로는 회사의 행위라 할지라도 회사와 그 배후자가 별개의 인격체임을 내세워 회사에게만 그로 인한 법적 효과가 귀속됨을 주장하면서 배후자의 책임을 부정하는 것은 신의성실의 원칙에 위반되는 법인격의 남용으로서 심히 정의와 형평에 반하여 허용될 수 없고, 따라서 회사는 물론 그 배후자인 타인에 대하여도 회사의 행위에 관한 책임을 물을 수 있다'고 판시하여 법인격이 부인되는 유형을 제시하였다.[16]

동 판결에서 제시된 '법인격의 형해화'[17]와 '법인격의 남용'[18]의 유형 이외에 '채무면탈 목적의 기업설립'[19]과 '모자회사간 법인격의 남용'[20]도 판례에서 문제되었다. 그리고 '피고 회사는 소외 회사의 채무를 면탈할 목적으로 설립된 것으로서 피고 회사가 A회사의 채권자에 대하여 A회사와는 별개의 법인격을 가지는 회사라는 주장을 하는 것이 신의성실의 원칙에 반하거나 법인격을 남용하는 것으로 인정되는 경우에도 권리관계의 공권적인 확정 및 그 신속. 확실한 실현을 도모하기 위하여 절차의 명확 안정을 중시하는 소송절차 및 강제집행절차에 있어서는 그 절차의 성격상 소외 회사에 대한 판결의 기판력 및 집행력의 범위를 피고 회

14) 대법원 1977.9.13. 74다954 판결.
15) 대법원 1988.11.22. 87다카1671 판결.
16) 대법원 2001.1.19. 97다21604 판결.
17) 법인격부인론 중 '법인격 형해화'의 유형에 관해 대법원 2008.9.11. 2007다90982 판결은 그 판단기준을 자세히 제시하고 있다.
18) '법인격 남용'의 유형에 관해 대법원 2008.9.11. 2007다90982 판결은 그 판단요건을 자세히 판시하고 있다.
19) 대법원 2008.8.21. 2006다24438 판결.
20) 대법원 2006.8.25. 2004다26119 판결.

사에까지 확장하는 것은 허용되지 아니한다'고 판시하여[21] 형식상 분리된 법인격 간에 판결의 효력 즉 기판력, 집행력이 확장되지 못한다고 보았다.

(2) 1인회사의 법률관계

1인의 주주만 존재하는 소위 1인회사가 허용되는지 학설의 다툼이 과거 있었지만, 현재는 1인회사의 적법성을 전제하고[22] 오히려 1인회사의 주주총회, 이사회, 형사책임 등 법률관계를 어떻게 해석할 것인가 하는 점으로 논의의 초점이 옮겨 왔다. 이에 관해 판례는 '주주총회의 소집절차가 위법하다 하더라도 1인 주주회사에서 그 주주가 참석하여 총회개최에 동의하고 아무 이의 없이 결의한 것이라면 그 결의 자체를 위법한 것이라고 할 수 없다'[23]고 보았다. 동 판결은 1인회사가 우리법상 허용됨을 전제하고 있으며 이사회의 주총소집, 결의절차에 하자가 있었고 소집권자 아닌 자에 의해 개최된 주주총회라 하더라도 1인주주의 개최동의와 이의 없는 결의라면 결의를 적법하게 보아 1인회사의 주주총회에 관한 법리를 본 최초로 소개한 판례라 할 수 있다. 이후 '따로 총회소집절차가 필요 없고 실제로 총회를 개최한 사실이 없었다 하더라도 그 1인 주주에 의하여 의결이 있었던 것으로 주주총회 의사록이 작성되었다면 특별한 사정이 없는 한 그 내용의 결의가 있었던 것으로 볼 수 있다'[24]고 판시하여 동일한 입장이 계속되어 최근의 판례[25]에 이르고 있다.

1인회사의 이사회, 특히 자기거래에서 이사회승인과 관련하여 판결은 '상법 제398조 …… 규정의 취지가 회사 및 주주에게 예기치 못한 손해를 끼치는 것을 방지함에 있다고 할 것이므로, 그 채무부담행위에 대하여 사전에 주주 전원의 동의가 있었다면 회사는 이사회의 승인이 없었음을 이유로 그 책임을 회피할 수 없는 것이다.'[26]고 보아 1인주주의 동의에 의해 이사회결의가 대체될 가능성을 시사하였고, '1인회사에 있어서 1인 주주의 의사는 바로 주주총회나 이사회의 의사와 같은 것이어서 가사 주주총회나 이사회의 결의나 그에 의한 임원변경등기가 불법

21) 대법원 1995.5.12. 93다44531 판결.
22) 현행 상법은 1인에 의한 주식회사의 설립을 허용하고(제288조), 사단성 규정을 삭제하였으며(제169조), 1인회사로의 변경을 허용하고 있다(제360조의24, 25).
23) 대법원 1966.9.20. 66다1187,1188 판결.
24) 대법원 1976.4.13. 74다1755 판결.
25) 대법원 2014.1.23. 2013다56839 판결.
26) 대법원 1992.3.31. 91다16310 판결.

하게 되었다 하더라도 그것이 1인 주주의 의사에 합치되는 이상 이를 가리켜 의사록을 위조하거나 부실의 등기를 한 것이라고는 볼 수 없다'[27)]는 판시를 하고 있다. 그리고 대표이사인 1인주주가 회사의 재산을 횡령하거나 손해를 입힌 경우 횡령죄와 배임죄가 성립하는지 여부에 관해 판례는, 주식회사에서 피고인이 사실상 1인 주주라고 하여도 피고인이 업무상 보관하고 있는 회사재산을 임의 소비하였다면 횡령죄가 성립한다고 보았다.[28)]

(3) 회사의 능력

정관에서 정한 목적의 범위 내에서 회사의 권리능력이 제한되는지 즉 민법 제34조가 회사에도 적용되는지가 학설상 다퉈진 바 있다. 이에 관해 판례는 '피고회사는 벽지제조업 국내외 수출업 등과 이에 부대하는 사업을 목적으로 하는 영리회사인 만큼 설사 피고회사가 한국벽지 수출조합의 조합원이 아니고, B가 당시 피고회사의 공동대표 A의 아들로서 그 석방을 위한 방편으로 채무를 인수하였다고 하여도 이러한 채무인수는 적어도 피고회사의 목적사업(벽지제조, 국내외수출)을 수행함에 필요한 행위로서 회사의 목적범위 내의 행위라고 할 것이고 이를 피고 회사의 목적범위 외의 행위로서 무효라고 할 수 없다'고 하여 정관의 목적범위를 넓게 해석하였다.[29)] 이후 판례는 '피고회사 대표이사 A가 피고회사를 대표하여 B의 극장위탁경영으로 인한 손해배상의무를 연대보증 한 사실 …… 이는 피고회사의 사업목적범위에 속하지 아니하는 행위로서 피고회사를 위하여 효력이 있는 적법한 보증으로 되지 아니한다'는 원심판단을 정당하다고 보아,[30)] 목적범위를 좁게 해석하여 앞선 판결과 사실상 상충하는 판단을 하였다. 그러나 이후 판결은 '회사의 권리능력은 회사의 설립근거가 된 법률과 회사의 정관상의 목적에 의하여 제한되나, 그 목적범위 내의 행위라 함은 정관에 명시된 목적 자체에 국한되는 것이 아니고 그 목적을 수행하는 데 있어 직접 또는 간접으로 필요한 행위는 모

---

27) 대법원 1992.9.14. 92도1564 판결.

28) 대법원 1983.5.10. 83도693 판결; 다른 판결에서 '1인 회사에 있어서도 행위의 주체와 그 본인은 분명히 별개의 인격이며 그 본인인 주식회사에 재산상 손해가 발생하였을 때 배임의 죄는 기수가 되는 것이므로 궁극적으로 그 손해가 주주의 손해가 된다고 하더라도(또 주식회사의 손해가 항시 주주의 손해와 일치한다고 할 수도 없다) 이미 성립한 죄에는 아무 소장이 없다(대법원 1983.12.13. 83도2330 전원합의체 판결)'고 보았다.

29) 대법원 1968.5.21. 68다461 판결.

30) 대법원 1975.12.23. 75다1479 판결.

두 포함되며 목적수행에 필요한지 여부도 행위의 객관적 성질에 따라 추상적으로 판단할 것이지 행위자의 주관적 구체적 의사에 따라 판단할 것은 아니다'고 보아 목적범위를 넓게 해석하고 그 판단은 객관적이어야 함을 판시하였으며[31] 이러한 입장은 계속 유지되고 있다.[32]

3. 지배구조에 관한 판례

(1) 주주총회결의 취소·부존재판결의 소급효

'95년 상법 개정에서 주주총회결의의 취소판결에 대해 소급효를 부여함으로 인해, 취소판결의 대상이 된 주주총회결의 의해 선임된 이사·대표이사의 행위의 효력이 문제되었다. 상법 개정 이후의 판결을 보면, '이사 선임의 주주총회 결의에 대한 취소판결이 확정된 경우 그 결의에 의하여 이사로 선임된 이사들에 의하여 구성된 이사회에서 선정된 대표이사는 소급하여 그 자격을 상실하고, 그 대표이사가 이사 선임의 주주총회 결의에 대한 취소판결이 확정되기 전에 한 행위는 대표권이 없는 자가 한 행위로서 무효가 된다'[33]고 하여 판결도 주총결의의 효력과 대표행위의 효력이 소급적으로 무효가 된다는 원칙을 선언하고 있다. 그런데 하자 있는 주주총회·이사회에서 선임된 대표이사의 행위 중 소송행위의 효력에 관해서는 '그 대표이사가 무효 또는 부존재확인청구의 대상이 된 결의에 의하여 선임된 이사라고 할지라도 그 소송에서 회사를 대표할 수 있는 자임에는 변함이 없다고 할 것이다. …… 이사선임결의 무효확인청구의 소에서 결의무효를 확인하는 판결이 확정되더라도 그 결의에 의하여 선임된 이사가 그 판결확정 전에 회사의 대표자로서 행한 소송행위에는 아무런 영향을 미치지 않음이 명백하다'[34]고 보아 소급효의 예외로 보았다.

다음으로 하자 있는 주주총회에서 선임된 대표이사의 거래행위는 소급효에 의해 당연히 무효가 되는데 그 거래상대방 보호가 문제된다. 이에 관해 판례는 'A를 이사로 선임한다는 내용의 원고 회사의 임시주주총회가 존재하지 아니한다는 이

---

31) 대법원 1987.9.8. 86다카1349 판결.

32) 대법원 1991.11.22. 91다8821 판결; 대법원 1999.10.8. 98다2488 판결; 대법원 2001.9.21. 2000그98 결정; 대법원 2005.5.27. 2005다480 판결; 대법원 2009.12.10. 2009다63236 판결.

33) 대법원 2004.2.27. 2002다19797 판결.

34) 대법원 1983.3.22. 82다카1810 전원합의체 판결.

른바 부존재확인청구에 관한 판결이 확정되었다 할지라도 A가 원고 회사의 대표이사인 것으로 믿고 위와 같은 계약을 체결한 피고에 대한 관계에 있어서는 원고 회사는 A가 원고 회사의 적법한 대표이사가 아니라는 이유를 내세워서 A가 원고 회사를 대표하여 피고와 체결한 위에서 근저당권 설정계약의 효력을 부인할 수 없다고 본 원판결판단은 정당하다'[35]고 원칙을 선언하였지만 그 판결이유는 밝히지 않았다. 이후 판결은 '이사 선임의 주주총회결의에 대한 취소판결이 확정되어 그 결의가 소급하여 무효가 된다고 하더라도 그 선임 결의가 취소되는 대표이사와 거래한 상대방은 상법 제39조의 적용 내지 유추적용에 의하여 보호될 수 있다'[36]고 보았으며, '주주총회를 소집, 개최함이 없이 의사록만을 작성한 주주총회결의로 대표자로 선임된 자의 행위에 대하여 의사록 작성으로 대표자격의 외관이 현출된 데에 대하여 회사에 귀책사유가 있음이 인정될 경우 상법 제395조에 따라 회사에게 그 책임을 물을 수 있다'[37]고 하여 부실등기제도 또는 표현대표제도에 의해 선의의 거래상대방을 보호하고 있다.

(2) 이사 선임결의와 선임계약의 관계

이사나 감사는 회사와 위임관계에 있으므로 주주총회의 선임결의에 따른 대표이사의 선임계약에 의해 적법하게 그 지위를 취득한다고 볼 수 있다. 판례는 이러한 입장에서 '감사의 선임에 관한 주주총회의 결의는 피선임자를 회사의 기관인 감사로 한다는 취지의 회사 내부의 결정에 불과한 것이므로, 주주총회에서 감사선임결의가 있었다고 하여 바로 피선임자가 감사의 지위를 취득하게 되는 것은 아

35) 대법원 1974.2.12. 73다1070 판결.

36) 그러면서 '주식회사의 법인등기의 경우 회사는 대표자를 통하여 등기를 신청하지만 등기신청권자는 회사 자체이므로 취소되는 주주총회결의에 의하여 이사로 선임된 대표이사가 마친 이사 선임 등기는 상법 제39조의 부실등기에 해당된다'고 보았다(대법원 2004.2.27. 2002다19797 판결).

37) 대법원 1992.8.18. 91다14369 판결; 다른 판결에서 '의사록을 작성하는 등 주주총회결의의 외관을 현출시킨 자가 사실상 회사의 운영을 지배하는 자인 경우와 같이 주주총회결의 외관 현출에 회사가 관련된 것으로 보아야 할 경우에는 회사에 귀책사유가 있다고 인정할 수 있다'(대법원 2009.3.12. 2007다60455 판결)고 본 바 있다; 그 밖에 '상법 제395조의 규정에 의하여 회사가 표현대표자의 행위에 대하여 책임을 지는 것은 회사가 표현대표자의 명칭 사용을 명시적으로나 묵시적으로 승인함으로써 대표자격의 외관현출에 책임이 있는 경우에 한하는 것이고, 이 사건의 경우와 같이 주주총회를 소집, 개최함이 없이 의사록만을 작성한 주주총회의 결의로 대표자로 선임된 자의 행위에 대하여 회사에게 그 책임을 물으려면, 의사록 작성으로 대표자격의 외관이 현출된 데에 대하여 회사에 귀책사유가 있음이 인정되어야만 한다'는 판결(대법원 1994.12.27. 94다7621,94다7638 판결)도 동일한 입장이다.

니고, 주주총회의 선임결의에 따라 회사의 대표기관이 임용계약의 청약을 하고 피선임자가 이에 승낙을 함으로써 비로소 피선임자가 감사의 지위에 취임하여 감사로서의 직무를 수행할 수 있게 되는 것이므로, 주주총회에서 감사선임의 결의만 있었을 뿐 회사와 임용계약을 체결하지 아니한 자는 아직 감사로서의 지위를 취득하였다고 할 수 없다'[38]고 보았다.

그런데 최근 대법원은 전원합의체 판결로 이러한 입장을 번복한 바 있다. '이사·감사의 지위가 주주총회의 선임결의와 별도로 대표이사와 사이에 임용계약이 체결되어야만 비로소 인정된다고 보는 것은, 이사·감사의 선임을 주주총회의 전속적 권한으로 규정하여 주주들의 단체적 의사결정 사항으로 정한 상법의 취지에 배치된다. 또한 상법상 대표이사는 회사를 대표하며, 회사의 영업에 관한 재판상 또는 재판 외의 모든 행위를 할 권한이 있으나(제389조 제3항, 제209조 제1항), 이사·감사의 선임이 여기에 속하지 아니함은 법문상 분명하다.[39] 그러므로 이사·감사의 지위는 주주총회의 선임결의가 있고 선임된 사람의 동의가 있으면 취득된다고 보는 것이 옳다. …… 또한 주주총회에서 새로운 이사를 선임하는 결의는 주주들이 경영진을 교체하는 의미를 가지는 경우가 종종 있는데, 이사선임결의에도 불구하고 퇴임하는 대표이사가 임용계약의 청약을 하지 아니한 이상 이사로서의 지위를 취득하지 못한다고 보게 되면 주주로서는 효과적인 구제책이 없다는 문제점이 있다. …… 결론적으로, 주주총회에서 이사나 감사를 선임하는 경우, 그 선임결의와 피선임자의 승낙만 있으면, 피선임자는 대표이사와 별도의 임용계약을 체결하였는지 여부와 관계없이 이사나 감사의 지위를 취득한다고 보아야 한다'[40] 고 판시하여, 이사·감사의 선임결의만으로 그 지위를 취득한다고 보았다.

---

38) 대법원 2005.11.8. 2005마541 결정.

39) 동 판결은 그 밖에 '상법상 이사는 이사회의 구성원으로서 회사의 업무집행에 관한 의사결정에 참여할 권한을 가진다(제393조 제1항). 상법은 회사와 이사의 관계에 민법의 위임에 관한 규정을 준용하고(제382조 제2항), 이사에 대하여 법령과 정관의 규정에 따라 회사를 위하여 그 직무를 충실하게 수행하여야 할 의무를 부과하는 한편(제382조의3), 이사의 보수는 정관에 그 액을 정하지 아니한 때에는 주주총회의 결의로 이를 정한다고 규정하고 있는데(제388조), 위 각 규정의 내용 및 취지에 비추어 보아도 이사의 지위는 단체법적 성질을 가지는 것으로서 이사로 선임된 사람과 대표이사 사이에 체결되는 계약에 기초한 것은 아니다'라는 점, 그리고 '감사선임과 관련해서 대표이사가 임용계약을 해태할 경우 대주주의 의결권제한(이른바 3%룰)의 취지가 몰각될 수 있다는 점' 등도 이유로 들고 있다(대법원 2017.3.23. 2016다251215 전원합의체 판결).

40) 대법원 2017.3.23. 2016다251215 전원합의체 판결.

(3) 이사의 충실의무, 손해배상책임, 경영판단의 원칙

'98년 상법 개정에 의해 이사의 충실의무가 우리 회사법에 도입된 후 이사의 선관의무와 충실의무의 관계가 논란이 되었지만, 판례는 대체로 선관의무와 충실의무를 병기함으로써 동일한 의무로 이해하고 있다.[41] 그리고 주식회사의 이사의 회사에 대한 손해배상책임이 발생하기 위해서는 이사의 임무해태가 요구되는데 이사의 과실을 판단함에 있어서 경영판단의 원칙을 적용할 것인가 하는 점이 문제된다. 경영판단의 원칙이라는 표현을 사용하지는 않았지만 '대표이사를 상대로 주식회사에 대한 임무 해태를 내세워 채무불이행으로 인한 손해배상책임을 물음에 있어서는 대표이사의 직무수행상의 채무는 미회수금 손해 등의 결과가 전혀 발생하지 않도록 하여야 할 결과채무가 아니라, 회사의 이익을 위하여 선량한 관리자로서의 주의의무를 가지고 필요하고 적절한 조치를 다해야 할 채무이므로 회사에게 대출금 중 미회수금 손해가 발생하였다는 결과만을 가지고 곧바로 채무불이행사실을 추정할 수는 없다'[42]고 하여 판시사항에서 경영판단원칙의 취지를 표현하고 있다.

이후 금융기관의 경우 경영판단의 특수성을 언급한 판례가 나타났으며,[43] 일반

---

41) 대법원 2013.9.12. 2011다57869 판결(신세계 주주대표소송사건); 그러나 '합병에 있어서 적정한 합병비율을 도출하기 위한 합당한 정보를 가지고 합병비율의 적정성을 판단하여 그 합병에 동의할 것인지를 결정하였고, 그 합병비율이 객관적으로 현저히 불합리하지 아니할 정도로 상당성이 있다면, 이사는 선량한 관리자의 주의의무를 다한 것이라고 봄이 상당하다'고 충실의무라는 표현 없이 선관의무만을 언급하고 있다(대법원 2015.7.23. 2013다62278 판결). 그리고 '증권회사의 직원이 충실의무를 위반하여 과당매매행위를 한 것인지의 여부는 고객 계좌에 대한 증권회사의 지배 여부, 주식매매의 동기 및 경위, …… 등 제반 사정을 참작하여 주식매매의 반복이 전문가로서의 합리적인 선택이라고 볼 수 있는지 여부를 기준으로 판단하여야 한다'고 하여 충실의무만을 문제삼고 있다(대법원 2007.4.12. 2004다4980 판결).

42) 대법원 1996.12.23. 96다30465,30472 판결.

43) '금융기관의 임원은 소속 금융기관에 대하여 선량한 관리자의 주의의무를 지므로, 그 의무를 충실히 한 때에야 임원으로서의 임무를 다한 것으로 된다고 할 것이지만, 금융기관이 그 임원을 상대로 대출과 관련된 임무 해태를 내세워 채무불이행으로 인한 손해배상책임을 물음에 있어서는 임원이 한 대출이 결과적으로 회수곤란 또는 회수불능으로 되었다고 하더라도 그것만으로 바로 대출결정을 내린 임원에게 그러한 미회수금 손해 등의 결과가 전혀 발생하지 않도록 하여야 할 책임을 물어 그러한 대출결정을 내린 임원의 판단이 선량한 관리자로서의 주의의무 내지 충실의무를 위반한 것이라고 단정할 수 없고, 대출과 관련된 경영판단을 함에 있어서 통상의 합리적인 금융기관 임원으로서 그 상황에서 합당한 정보를 가지고 적합한 절차에 따라 회사의 최대이익을 위하여 신의성실에 따라 대출심사를 한 것이라면 그 의사결정과정에 현저한 불합리가 없는 한 그 임원의 경영판단은 허용되는 재량의 범위 내'라고 보았다(대법원 2002.6. 14. 2001다52407 판결).

주식회사에서 경영판단의 원칙이 나타난 판례는 다수 있다. 하지만, '금융기관의 이사가 대출 관련 임무를 수행함에 있어 필요한 정보를 충분히 수집·조사하고 검토하는 절차를 거친 다음 이를 근거로 금융기관의 최대 이익에 부합한다고 합리적으로 신뢰하고 신의성실에 따라 경영상의 판단을 내렸고, 그 내용이 현저히 불합리하지 아니하여 이사로서 통상 선택할 수 있는 범위 안에 있는 것이라면, 비록 사후에 회사가 손해를 입게 되는 결과가 발생하였다고 하더라도 그로 인하여 이사가 회사에 대하여 손해배상책임을 부담한다고 할 수 없지만, 금융기관의 이사가 이러한 과정을 거쳐 임무를 수행한 것이 아니라 단순히 회사의 영업에 이익이 될 것이라는 일반적·추상적인 기대 하에 일방적으로 임무를 수행하여 회사에 손해를 입게 한 경우에는 필요한 정보를 충분히 수집·조사하고 검토하는 절차를 거친 다음 이를 근거로 회사의 최대 이익에 부합한다고 합리적으로 신뢰하고 신의성실에 따라 경영상의 판단을 내린 것이라고 볼 수 없으므로, 그와 같은 이사의 행위는 허용되는 경영판단의 재량범위 내에 있는 것이라고 할 수 없다'[44] 라고 하여 경영판단의 원칙을 전제하면서도 해당 사안에서 절차를 거치지 않았고 다른 판결들에서는 법령을 위반하였음 등을 이유로[45] 경영판단의 원칙을 실제 적용함에는 인색한 입장을 보이고 있다.

4. 주식제도·자본구조에 관한 판례

(1) 가장납입

형식적으로 납입에도 불구하고 실제 자본금을 형성시키지 않는 가장납입에 관해, '소위 「견금見金」에 의한 주금불입의 경우에도 금원의 이동에 따른 현실의 불입이 있는 것이고, 설령 그것이 실제로는 불입의 가장 수단으로 이용된 것이라 하더라도, 이는 당해 불입을 하는 발기인등의 주관적 의도의 문제에 불과하고, 회사가 관지하는 바는 아니므로, 이러한 발기인 등의 내심적 사정에 의하여 회사의 설립과 같은 집단적 절차의 일환을 이룬 주금불입의 효력을 좌우함은 타당하지 아니하다'고 본 판결이 있다.[46] 이후 판결에서도 '회사의 설립이나 증자의 경우에

44) 대법원 2008.7.10. 2006다39935 판결.
45) 대법원 2005.7.15. 2004다34929 판결.
46) 대법원 1966.10.21. 66다1482 판결.

당초부터 진정한 주금의 납입으로서 회사자금을 확보할 의도 없이 일시적인 차입금으로 단지 주금납입의 외형을 갖추고 회사설립이나 증자절차 후 곧바로 그 납입금을 인출하여 차입금을 변제하는 주금의 가장납입'이라는 표현을 사용하면서 동일한 판단을 하고 있으며,[47] 이후 판결도 이를 따르고 있다.[48] 그러면서 '주금의 가장납입이 일시 차입금을 가지고 주주들의 주금을 체당납입한 것과 같이 볼 수 있어 주금납입이 종료된 후에도 주주는 회사에 대하여 체당납입한 주금을 상환할 의무가 있다'고 보았다.[49] 그리고 가장납입에 대한 형사책임은 납입가장죄, 공정증서원본불실기재죄, 불실기재공정증서원본행사죄가 성립하지만[50] 판례상 배임죄[51]와 업무상횡령죄[52]는 부인된다.

(2) 주권발행 전의 주식양도의 제한

'84년 상법 개정으로 회사가 설립된 후 또는 신주납입기일 후 6월이 경과하여도 회사가 주권을 발행하지 않은 경우 주권 없는 주식의 양도가 허용되었다(상법 제335조 3항). 이 경우 주식의 양도방법, 대항요건, 이중양도와 주주명부 명의개서와의 관계 등이 문제되는데, 이에 관한 판례는 다음과 같다. '주권발행 전의 주식

---

47) 대법원 1983.5.24. 82누522 판결.

48) 대법원 1997.5.23. 95다5790 판결; 대법원 1998.12.23. 97다20649 판결; 대법원 2004.3.26. 2002다29138 판결.

49) 대법원 2004.3.26. 2002다29138 판결.

50) 대법원 2004.6.17. 2003도7645 전원합의체 판결.

51) '주식회사의 설립업무 또는 증자업무를 담당한 자와 주식인수인이 사전 공모하여 주금납입취급은행 이외의 제3자로부터 납입금에 해당하는 금액을 차입하여 주금을 납입하고 납입취급은행으로부터 납입금보관증명서를 교부받아 회사의 설립등기절차 또는 증자등기절차를 마친 직후 이를 인출하여 위 차용금채무의 변제에 사용하는 경우, 위와 같은 행위는 실질적으로 회사의 자본을 증가시키는 것이 아니고 등기를 위하여 납입을 가장하는 편법에 불과하여 주금의 납입 및 인출의 전 과정에서 회사의 자본금에는 실제 아무런 변동이 없다고 보아야 할 것이므로 그들에게 불법이득의 의사가 있다거나 회사에 재산상 손해가 발생한다고 볼 수는 없으므로, 업무상배임죄가 성립한다고 할 수 없다'고 보았다(대법원 2005.4.29. 2005도856 판결).

52) 납입가장의 경우 업무상횡령죄 성립에 관해 판례는 '주식회사의 설립업무 또는 증자업무를 담당한 자와 주식인수인이 사전 공모하여 주금납입취급은행 이외의 제3자로부터 납입금에 해당하는 금액을 차입하여 주금을 납입하고 납입취급은행으로부터 납입금보관증명서를 교부받아 회사의 설립등기절차 또는 증자등기절차를 마친 직후 이를 인출하여 위 차용금채무의 변제에 사용하는 경우, 위와 같은 행위는 실질적으로 회사의 자본을 증가시키는 것이 아니고 등기를 위하여 납입을 가장하는 편법에 불과하여 주금의 납입 및 인출의 전 과정에서 회사의 자본금에는 실제 아무런 변동이 없다고 보아야 할 것이므로, 그들에게 회사의 돈을 임의로 유용한다는 불법영득의 의사가 있다고 보기 어렵다 할 것이고, 이러한 관점에서 상법상 납입가장죄의 성립을 인정하는 이상 회사 자본이 실질적으로 증가됨을 전제로 한 업무상횡령죄가 성립한다고 할 수는 없다'고 보았다(대법원 2004.6.17. 2003도7645 전원합의체 판결).

의 양도는 지명채권 양도의 일반원칙에 따르는 것이므로, 주권발행 전의 주식양도의 제3자에 대한 대항요건으로는 지명채권의 양도와 마찬가지로 확정일자 있는 증서에 의한 양도통지 또는 회사의 승낙이라고 보는 것이 상당하다'[53]고 하고, '주권발행 전 주식의 이중양도가 문제되는 경우, 그 이중양수인 중 일부에 대하여 이미 명의개서가 경료되었는지 여부를 불문하고 누가 우선순위자로서 권리취득자인지를 가려야 하고, 이 때 이중양수인 상호간의 우열은 지명채권 이중양도의 경우에 준하여 확정일자 있는 양도통지가 회사에 도달한 일시 또는 확정일자 있는 승낙의 일시의 선후에 의하여 결정하는 것이 원칙'[54]이라고 보았다. '주권발행 전에 주식이 양도되는 경우라도 그것이 회사 성립 후 6개월이 경과한 후에 이루어진 때에는 회사에 대하여 효력이 있으므로 그 주식 양수인은 주주명부상의 명의개서 여부와 관계없이 회사의 주주가 되고, 그 후 주식양도 사실을 통지 받은 바 있는 회사가 그 주식에 관하여 주주가 아닌 제3자에게 주주명부상의 명의개서 절차를 마쳤다고 하더라도, 그로써 그 제3자가 주주가 되고 주식 양수인이 주주권을 상실한다고 볼 수는 없다'[55]고 하여, 주주명부에의 명의개서는 대항력 결정에 직접 영향을 미치지 않는 것으로 보고 있다.

(3) 주주의 신주인수권과 신주발행무효의 소

2001년 상법 개정으로 주주의 신주인수권을 제한하고 제3자에게 신주인수권을 부여하는 것이 허용되었지만 그 요건을 엄격하게 정하고 있다. 이 경우 문제가 되는 주주배정과 제3자배정의 구별기준과 신주발행무효의 소의 원인에 관해 판례는 다음과 같이 판시하고 있다. '신주 등의 발행에 있어서 주주배정방식과 제3자배정방식을 구별하는 기준은 회사가 신주 등을 발행함에 있어서 주주들에게 그들의 지분비율에 따라 신주 등을 우선적으로 인수할 기회를 부여하였는지 여부에 따라 객관적으로 결정되어야 할 성질의 것이지, 신주 등의 인수권을 부여받은 주주들이 실제로 인수권을 행사함으로써 신주 등을 배정받았는지 여부에 좌우되는 것은 아니다'[56]고 하였고, 더 나아가 '회사가 주주배정방식에 의하여 신주를 발행하려는데 주주가 인수를 포기하거나 청약을 하지 아니함으로써 그 인수권을 잃은

53) 대법원 1995.5.23. 94다36421 판결.
54) 대법원 2006.9.14. 2005다45537 판결.
55) 대법원 1996.8.20. 94다39598 판결; 대법원 1999.7.23. 99다14808 판결.
56) 대법원 2009.5.29. 2007도4949 전원합의체 판결(에버랜드 전환사채 발행사건).

때에는(제419조 제4항) 회사는 이사회의 결의에 의하여 그 인수가 없는 부분에 대하여 자유로이 이를 제3자에게 처분할 수 있고, 이 경우 그 실권된 신주를 제3자에게 발행하는 것에 관하여 정관에 반드시 근거 규정이 있어야 하는 것은 아니다'[57]고 하여 주주가 신주인수를 포기하였다면 이는 주주배정에 해당하고 이사회가 인수포기부분을 처분할 수 있다고 보았다. 그리고 '신주(이 판결에서는 전환사채가 문제됨)발행무효의 소에서의 무효원인에 관해, 상법 제429조에도 무효원인이 규정되어 있지 않고, …… 사후에 이를 무효로 함으로써 거래의 안전과 법적 안정성을 해칠 위험이 큰 점을 고려할 때, 그 무효원인은 가급적 엄격하게 해석하여야 하고, 따라서 법령이나 정관의 중대한 위반 또는 현저한 불공정이 있어 그것이 주식회사의 본질이나 회사법의 기본원칙에 반하거나 기존 주주들의 이익과 회사의 경영권 내지 지배권에 중대한 영향을 미치는 경우로서 전환사채와 관련된 거래의 안전, 주주 기타 이해관계인의 이익 등을 고려하더라도 도저히 묵과할 수 없는 정도라고 평가되는 경우에 한하여 전환사채의 발행 또는 그 전환권의 행사에 의한 주식의 발행을 무효로 할 수 있다'[58]고 제한적으로 해석하고 있다.

(4) 실질주주와 형식주주

1) 타인의 명의로 주식을 취득한 경우 누가 주주의 지위를 가지느냐에 관해 학설도 대립하지만 판례는 '주식을 인수함에 있어서 타인의 승락을 얻어 그 명의로 출자하여 주식인수가액을 납입한 경우에는 실제로 주식을 인수하여 그 가액을 납입한 명의차용자만이 실질상의 주식인수인으로서 명의대여자로부터 명의개서 등의 절차를 밟은 여부와는 관계없이 주주가 된다'[59]는 입장이었다. 이러한 기존의 입장에 대해 최근 전원합의체판결은 '주식을 양수하였으나 아직 주주명부에 명의개서를 하지 아니하여 주주명부에는 양도인이 주주로 기재되어 있는 경우뿐만 아니라, 주식을 인수하거나 양수하려는 자가 타인의 명의를 빌려 회사의 주식을 인수하거나 양수하고 그 타인의 명의로 주주명부에의 기재까지 마치는 경우에도,

57) 대법원 2012.11.15. 2010다49380 판결.

58) 대법원 2004.6.25. 2000다37326 판결; 대법원 2009.1.30. 2008다50776 판결; 대법원 2010.4.29. 2008다65860 판결.

59) 대법원 1977.10.11. 76다1448 판결; 대법원 1975.9.23. 74다804 판결; 대법원 1980.9.19. 80마396 결정; 대법원 1980.12.9. 79다1989 판결; 대법원 1985.12.10. 84다카319 판결; 대법원 1998.4.10. 97다50619 판결; 대법원 2011.5.26. 2010다22552 판결; 대법원 2011.5.26. 2010다27519 판결도 유사한 취지이다.

회사에 대한 관계에서는 주주명부상 주주만이 주주로서 의결권 등 주주권을 적법하게 행사할 수 있다'[60]고 하여 명의차용자(실질주주)의 주주권 행사를 부인하고 명의대여자의 주주권 행사를 허용하였다.

2) 명의개서미필주주에게 회사가 주주권 행사를 하게 할 수 있는가에 관해서도 학설이 대립되었지만, 판례는 '상법 제337조의 규정은 주주권이전의 효력요건을 정한 것이 아니고 회사에 대한 관계에서 누가 주주로 인정되느냐 하는 주주의 자격을 정한 것으로서 기명주식의 취득자가 주주명부상의 주주명의를 개서하지 아니하면 스스로 회사에 대하여 주주권을 주장할 수 없다는 의미이고, 명의개서를 하지 아니한 실질상의 주주를 회사 측에서 주주로 인정하는 것은 무방하다'고 보아.[61] 대항력에 관해 편면적 효력설을 따르고 있었다. 이러한 기존의 입장에 대해 최근 전원합의체판결은 '주주명부상의 주주만이 회사에 대한 관계에서 주주권을 행사할 수 있다는 법리는 주주에 대하여만 아니라 회사에 대하여도 마찬가지로 적용되므로, 회사는 특별한 사정이 없는 한 주주명부에 기재된 자의 주주권 행사를 부인하거나 주주명부에 기재되지 아니한 자의 주주권 행사를 인정할 수 없다'[62]고 하여 이른바 쌍면적 효력설로 판례를 변경하였다.

3) 주주명부의 면책력의 한계에 관해 '주식회사가 주주명부상의 주주에게 주주총회의 소집을 통지하고 그 주주로 하여금 의결권을 행사하게 하면, 그 주주가 단순히 명의만을 대여한 이른바 형식주주에 불과하여도 그 의결권 행사는 적법하지만, 주식회사가 주주명부상의 주주가 형식주주에 불과하다는 것을 알았거나 중대한 과실로 알지 못하였고 또한 이를 용이하게 증명하여 의결권 행사를 거절할 수 있었음에도 의결권 행사를 용인하거나 의결권을 행사하게 한 경우에는 그 의

---

60) 대법원 2017.3.23. 2015다248342 전원합의체 판결, 동 판결에 대한 비판적 연구로는 졸고, "주식회사와 형식주주, 실질주주의 관계", 「비교사법」 제24권 2호, 한국비교사법학회, 2017.5, 859면 이하 참조.

61) 대법원 1989.10.24. 89다카14714 판결; 대법원 2001.5.15. 2001다12973 판결; 대법원 2005.2.17. 2004다61198 판결; 대법원 2006.7.13. 2004다70307 판결.

62) 따라서 '주식양도의 경우에는 주식발행의 경우와는 달리 회사 스스로가 아니라 취득자의 청구에 따라 주주명부의 기재를 변경하는 것이기는 하나, 회사가 주식발행시 작성하여 비치한 주주명부에의 기재가 회사에 대한 구속력이 있음을 전제로 하여 주주명부에의 명의개서에 대항력을 인정함으로써 주식양도에 있어서도 일관되게 회사에 대한 구속력을 인정하려는 것이므로, 상법 제337조 제1항에서 말하는 대항력은 그 문언에 불구하고 회사도 주주명부에의 기재에 구속되어, 주주명부에 기재된 자의 주주권 행사를 부인하거나 주주명부에 기재되지 아니한 자의 주주권 행사를 인정할 수 없다는 의미를 포함'하는 것으로 보았다(대법원 2017.3.23. 2015다248342 전원합의체 판결).

결권 행사는 위법하게 된다'[63]고 하여 일정한 경우 회사에게 주주명부의 면책력 주장이 허용되지 않았다. 이러한 기존의 입장에 대해 최근 전원합의체판결은 '특별한 사정이 없는 한, 주주명부에 적법하게 주주로 기재되어 있는 자는 회사에 대한 관계에서 그 주식에 관한 의결권 등 주주권을 행사할 수 있고, 회사 역시 주주명부상 주주 외에 실제 주식을 인수하거나 양수하고자 하였던 자가 따로 존재한다는 사실을 알았든 몰랐든 간에 주주명부상 주주의 주주권 행사를 부인할 수 없으며, 주주명부에 기재를 마치지 아니한 자의 주주권 행사를 인정할 수도 없다'[64]고 보아 주주명부의 면책력의 한계를 부인하였다.

Ⅳ. 회사법학의 과제

1. 상법에서 회사법의 분리

상법은 기업의 조직과 영리활동에 관한 규범이고 회사법은 상법 제3편에 규정되고 있다. 상법 제3편의 회사법은 기업의 조직에 관한 규범인데 반해, 제2편의 상행위, 제4편의 보험, 제5편의 해상, 제6편의 항공운송은 기업의 영리활동에 관한 규범을 주된 내용으로 한다. 회사법은 상법의 규율대상인 기업의 조직에 관한 규범이므로 체계상 문제가 있는 것은 아니지만, 다른 영역과 달리 회사법은 오로지 기업의 조직에 관한 규범이라는 점에서 굳이 상법이라는 편제에 포함될 필요가 있는가 하는 의문이 제기된다. 주요국의 회사법을 살펴보더라도 대체로 독립된 법률로 제정되어 있으며 상법이라는 편제 속에 회사법이 포함된 주요국의 입법례는 단지 연역적으로 찾아볼 수 있을 정도이다.[65]

---

63) 대법원 1998.9.8. 96다45818 판결; 대법원 1998.9.8. 96다48671 판결.

64) 대법원 2017.3.23. 2015다248342 전원합의체 판결; 동 판결은 '주주명부에 기재를 마치지 않고도 회사에 대한 관계에서 주주권을 행사할 수 있는 경우는 주주명부에의 기재 또는 명의개서청구가 부당하게 지연되거나 거절되었다는 등의 극히 예외적인 사정이 인정되는 경우에 한한다'고 하여 아주 예외적인 경우에만 명의개서미필주주의 권리행사를 허용하고 있다.

65) 미국의 경우는 회사법이 주법의 형식을 띠고 있으며 그 대표격인 델라웨어 일반회사법(Delaware General Corporation Law) 등 대부분은 주들이 독립된 회사법을 가지고 있다. 독일의 경우 주식법이 독일 상법전(HGB)에 포함되어 있다가 1937년 상법전에서 분리되어 주식법으로 독립된 단행법이 되었다. 영국도 미국과 유사하게 처음부터 회사법(Company Act)로 제정되었고, 일본은 우리와 유사하게 상법전에 회사법이 내재되다 2005년부터 독립된 회사법이 제정되었다.

앞서 소개한 바와 같이 상법의 개정 연혁을 보면, 상법은 다른 법률이 개정됨에 따라 개정된 경우 6차례를 제외하면 총 19차례 개정되었는데, 이 중 회사법은 총 13차례 개정되었다. 기타 영역이 상법 개정의 주된 대상이 된 경우는 총 6회로서, '91년에 보험해상법이 개정되었으며, 2007년에 해상법 개정, 2010년에 상법 총칙, 상행위편 개정, 2014년 제6편 항공운송편의 제정, 2014년 보험법 개정, 2017년 보험법 전자문서에 의한 타인동의 포함 등이 전부이다. 이렇게 볼 때 회사법은 개정이 매우 빈번하였는데 반해, 기타 영역은 한두 차례 개정이 있어 개정이 잦았다고 보기는 어렵다. 이는 회사법 분야는 회사의 지배구조와 재무구조에 관한 다양한 시도들이 법제화되는 특성을 가지고 있다는 점에서 그 원인을 찾을 수 있으며 회사법 영역의 개정은 앞으로도 빈번하리라 예상된다.

상법은 이미 1,100여개에 달하는 조문을 가진 방대한 법률이 되었고, 회사법은 600여개의 조문을 넘어서고 있다. 상법이 기업에 관한 법률이라는 점에서 회사법과 기타 영역의 법들은 공통점을 가지고 있다. 하지만 회사법을 제외한 영역은 거래법제에 포함되지만, 회사법은 회사라는 기업에 국한될 뿐만 아니라 대부분의 규정이 기업의 활동보다는 조직규범을 대상으로 하고 있는 조직법제라는 점에서 구별된다. 그리고 회사법은 조직법제의 특성상 벌칙(회사형법) 등 규제적 규정도 다수 가지고 있고, 외국회사 등 섭외적 요소도 앞으로 더 고려할 필요가 높아진다는 점 등에서도 다른 영역과는 구별될 수 있다. 요컨대 외국 입법례나 빈번한 개정의 필요성을 고려하고 조직법제라는 점 규제적 특성과 섭외적 특성 등을 감안할 때 회사법이 상법으로부터 독립할 필요성에 관해 논의가 요구된다고 본다.[66)]

2. 주식회사의 규모에 따른 입법

주식회사법은 다른 회사 형태에 비해 복잡한 구조를 가지고 있으며 그에 따라 규범도 매우 상세하고 복잡하다. 사실 소규모의 회사일 경우 유한회사의 구조가, 대규모의 회사일 경우 주식회사의 구조가 적합하도록 회사법은 설계되어 있다. 하지만 막상 현실은 소규모의 회사도 대부분 주식회사 형태를 가지고 있어 복잡한 주식회사 법제를 준수함에 있어 현실적으로 어려움과 함께 시간과 노력의 낭비가

---

66) 더 나아가 주식회사법제의 분리도 고려할 수 있겠지만, 우리나라의 회사실무에서 기타 회사형태가 그다지 활성화되지 않아 기타 회사법제가 주식회사법제로부터 분리 규정될 경우의 실익은 낮다고 보이므로 주식회사법의 분리는 현재로선 검토할 필요성이 적다고 본다.

발생하고 있는 실정이다. 뿐만 아니라 과거와 달리 글로벌 시장경제가 체화된 이후에는 회사설립을 간이하게 설계한 법역으로 많은 투자자금이 몰리는 현상이 발생하고 있어, 회사설립의 간이화는 국가경쟁력의 지표가 되고 있다.

우리 회사법도 이러한 추세에 따라 앞서 소개한 바와 같이 2009년 상법 개정에서 회사설립 시 정관의 공증인인증 면제(제292조), 주금납입증명서의 예금잔고증명서에 의한 대체(제318조 제3항) 등 회사설립을 간이화하기 위한 많은 제도들이 도입되었다. 그러면서 이들 규제완화의 대상을 자본금 10억 미만의 회사에 한정하였는데 이 과정에 소규모 주식회사라는 개념이 도입되었다. 그리고 2007년 증권거래법 등 다수의 법률이 통폐합되어 자본시장법이 제정되었는데 이 과정에 증권거래법상의 상장회사 지배구조에 관한 규범들이 회사법에 상장회사 특례규정으로 포함되게 되었다. 결국 주식회사는 사실상, 소규모 주식회사, 일반회사, 상장회사로 구분되고 상장회사는 다시 자본금, 자산규모에 따라 각각 다양한 규정을 가지게 되었다.

규범은 당연히 논리적 구조를 전제하여야 하지만, 수범자의 편의를 위해 체계화될 필요성 또한 강하다. 현재 주식회사법제는 모든 회사에 적용되는 규범을 두고 개별 규정에서 예외규정의 형식으로 소규모 주식회사에 적용되는 규정을 정하고 있다. 그리고 상장회사에 관한 규정은 특례규정으로 회사법 내에 별도의 절을 두어 규정하고 있다. 따라서 소규모 주식회사를 운영하는 자는 회사법의 개별 규정을 일일이 확인해야 소규모 주식회사에 적용되는 회사법 규범을 인식할 수 있어 수범자에게 불편한 규범체계라 할 수 있다. 주식회사를 소구모 주식회사, 일반 주식회사, 상장 주식회사로 구분하고 주식회사 법제도 일반 주식회사에 관한 규정을 두면서 소규모 주식회사에 관한 규정과 상장 주식회사에 관한 규정을 따로 규정할 필요가 있다고 본다. 이렇게 함으로써 수범자에 편의성을 제공할 뿐만 아니라 해당 회사형태에 규범을 체계화할 수 있고, 특히 상장회사의 경우 한층 더 많이 요구되는 규제적 성격의 규정[67]을 상장 주식회사의 규정에서 자연스럽게 규정할 수 있는 장점이 있다고 본다.

---

67) 현재 자본시장법에 상장회사의 재무구조에 관한 규정을 존치하고 있는데, 만일 회사법이 상법에서 분리되고 상장회사에 관한 체계적 규율이 될 경우 상장회사의 재무구조에 관한 법률도 회사법에의 이관을 검토할 필요가 있다. 현재 상장회사의 지배구조에 관한 법률은 상법에 있고 재무구조에 관한 법률은 자본시장법에 존치하고 있는데, 이는 동일한 대상을 분리해서 규율하는 규범체계로서 바람직하지 못하다고 본다.

3. 회사자본구조에 관한 입법론

최근 회사의 지배·자본구조에 관해 특히 주식회사를 중심으로 논의가 뜨겁다. 2013년 법무부 회사법 개정안이 발의된 이후 유사한 회사법 개정안이 계속 발의되고 있는 실정이다. 그 주요한 내용을 보면, 2013년 상법 개정안은 집행임원제도의 강행규범화, 집중투표제의 강행규범화, 감사위원회 위원의 분리선출, 다중대표소송의 도입, 전자투표제도의 강행규범화 등이었다.[68] 동 회사법 개정안은 소위 경제민주화의 일환으로 추진되었으나 재계, 정계의 반대에 부딪혀 결국 폐기되었다. 하지만 이후 유사한 내용의 의원입법안이 다수 발의되었으며, 2017년 법무부가 회사법 개정안을 마련하는 작업을 진행한 바 있다. 논의되고 있는 회사법 개정안은 2013년 개정안과 유사하지만 집행임원제도의 강행규범화에 관한 규정이 빠지고 자기주식의 처분에 관한 개정안이 새롭게 포함되어 있다고 정리할 수 있다.

주식회사의 자본구조에 관한 논의에서 최근 가장 문제가 되는 쟁점이 자기주식의 처분문제이다. 2011년 회사법을 개정하면서 종전의 자기주식 취득을 금지하던 입장을 바꿔 자기주식의 취득을 허용하되 배당가능이익의 범위 내에서만 취득하게 하는 재원규제, 자기주식을 취득하는 과정에도 주주평등의 원칙이 훼손되지 않도록 절차규제를 규정하였다. 따라서 자기주식을 배당가능이익의 범위 내에서 공평하게 취득하면 문제가 없지만, 이렇게 취득한 자기주식의 처분에 관해서는 회사법에 아무런 규정을 두지 않았다. 따라서 현행 회사법에 의하면 이사회의 결의만으로 자기주식을 처분할 수 있고(제342조), 자기주식의 처분방법에 따라 회사의 지분구조까지도 변경될 수 있어 회사경영자가 자기주식제도를 악용할 가능성이 존재한다. 회사가 신주를 발행할 경우 발행되는 신주는 주주의 지분율을 보호하기 위해 우선적으로 주주의 신주인수권의 대상이 된다. 예외적으로 신주를 제3자에 배정할 경우 정관에 규정이 있어야 함은 물론 경영상 목적달성을 위한 경우로 한정하는 등의 규제를 하고 있는데, 자기주식을 이사회의 결의만으로 자유롭게 처분할 수 있도록 한 것은 지배구조의 변화 가능성을 고려할 때 신주발행과 균형이 맞지 않는 면이 있다. 따라서 주식회사가 자기주식을 취득한 경우 그 처분은 신주발행과 동일하게 규제하는 것이 적절하다고 본다.

---

68) 법무부, 「기업지배구조 상법 개정 공청회」(자료집), 2013.6.14. 참조.

4. 주식회사 지배구조에 관한 입법론

우리 주식회사의 지배구조는 외환위기를 거치면서 크게 변화한다. 그중 가장 큰 변화는 사외이사제도의 도입과 감사위원회제도의 도입이다. 이들 제도를 우리가 자발적으로 도입하였다고 하기 보다는 국제통화기금의 권고에 의해 도입한 것으로 알려져 있지만, 우리 주식회사의 지배구조를 완전히 바꿔놓았다고 볼 수 있다. 왜냐하면 종전에 이사회는 대표이사를 선임하고 회사의 의사를 결정하는 기관이었는데, 감사위원회제도가 도입되어 이사회 내 위원회인 감사위원회가 감사의 기능을 대체하고 그 구성원의 다수가 사외이사로 되어 이사회는 감독기관화 되었다고 할 수 있다. 회사의 업무에 대한 전문성을 떨어지고 독립성만 가진 사외이사를 중심으로 구성되는 이사회는 업무를 담당하기에는 부적합하게 되었고, 대표이사가 존재할 경우 이사회는 자기감독이라는 한계를 가지게 된다.

사외이사, 감사위원회가 도입됨으로써 결과적으로 이사회에는 이사회결의를 통한 의사결정, 대표이사를 통한 회사의 업무집행, 감사위원회를 통한 업무의 감독이라는 모든 권한이 집중되게 되었다. 대주주가 이사회를 장악하면 회사의 의사결정, 업무집행의 권한을 장악함은 물론 감독으로부터도 자유로울 수 있게 되었다. 왜냐하면 자신이 선임한 이사가 감사위원회의 위원이 되어 대주주의 영향력 아래에서 소극적 감독을 할 것이라는 것은 자명하기 때문이다. 권한의 집중은 부패를 낳는다는 우리의 경험은 국가권력에만 국한된 것은 아니고 그보다 훨씬 더 작은 조직인 주식회사에도 그대로 적용된다는 사실을 최근 문제가 된 대기업의 사례에서도 확인할 수 있다.

주식회사의 지배구조의 틀이 변형된 이상 그와 조화될 수 있는 제도의 변경이 요구된다. 그 일환으로 2011년 집행임원제도가 도입되어 이사회는 감독업무에 집중하도록 하고 회사의 업무집행권과 의사결정권의 일부를 집행임원에게 위임할 수 있게 하였다. 하지만 이를 임의규정화 함으로써 대부분의 주식회사로부터 외면당하고 있는 실정이다. 그리고 감사위원회는 종전의 감사를 대신하는 기관인 만큼 종전 감사에 상응하는 독립성[69]을 유지해 줄 필요가 있다. 그런데 현행 회사법상 감사위원회 위원은 이사 중에서 선임하게 되어 있어 대주주의 영향력을 막는 것

69) 주식회사의 감사를 선임함에 있어서는 대주주의 의결권을 제한하는 소위 3%룰이 적용된다. 따라서 감사는 적어도 대주주의 영향력으로부터 벗어나 독립성을 갖고 대주주의 영향력 하에 있는 대표이사의 업무집행을 감독할 수 있게 하려는 취지이다.

이 원천적으로 불가능하게 되어 있어 감사위원회 위원의 분리선출방안이 대두하였다. 이미 금융회사의 지배구조에 관한 법률에서는 이미 감사위원의 분리선출에 관한 규정이 제한적이지만 도입되어 있어(동법 제19조) 제도 도입에 대한 거부감도 약화된 상태이다.

완전지주회사의 경우 지주회사가 자회사의 이사의 책임을 묻는 대표소송이 사실상 기대하기 어려운 상태여서 지주회사의 주주가 자회사의 이사의 책임을 물을 수 있게 하는 이중·다중대표소송제도도 기업에 큰 부담을 주지 않는 제도라 본다. 주주가 이사를 선임하기 위한 의결권행사에 있어 지분에 따른 비례적 결과가 도출될 수 있도록 하는 집중투표제도, 의결권을 전자적으로 행사할 수 있게 하여 회사경영에 무관심한 주주에게 주주권 행사의 기회에 편의를 제공하는 전자투표제도 등은 회사에 부정적인 효과보다는 긍정적인 효과가 더 커다. 따라서 주주보호의 취지에서 대규모회사의 경우 이를 강행법규로 하더라도 회사의 이익에 반하지 않는다고 본다. 다만 회사규범의 강행법규성에 관해 회사법을 계약법의 연장으로 보는 미국법상의 논의[70]를 근거로 의문도 제기되지만, 회사법은 그 단체법적 성질 이외에도 회사의 경영자는 타인이 투자한 자금을 관리한다는 기본적 특성을 가지고 있어 강행법적 규율이 불가피하며, 건전한 회사 경영을 위해 강행법적 지배구조에 관한 규범이 요구된다고 본다.

Ⅴ. 결 론

우리 회사법이 제정된 지 56년을 지나고 있어 외국법 계수라는 초창기의 모습을 벗어나 독자적인 모습을 갖추어 가고 있다고 본다. 회사법은 독일과 미국의 회사제도가 절충되어 주식회사의 설립을 용이하게 하였으며 다양한 방식으로 회사의 자본을 형성할 수 있게 한 점에서 진보적인 모습을 가지고 있다고 본다. 하지만 주식회사의 지배구조에 관해서 보면, 과연 현재의 주식회사의 지배구조가 초

70) 회사의 본질에 관한 계약결합체로 파악하는 견해는 주식회사를 자유시장과 관련시키면서, 회사는 결코 국가의 피후견인이 아니며 오히려 소유자와 다른 자들 간의 계약의 산물로 이해한다. 계약이론은 공개회사의 주주와 경영진의 관계를 회사의 선택에 따른 정관과 회사법으로 구성된 회사계약(corporate contract)으로 개념화 한다(Michael Klausner, THE CONTRACTARIAN THEORY OF CORPORATE LAW: A GENERATION LATER, 31 J. Corp. L. spring, 2006, p. 779).

창기 회사법의 지배구조보다 더 나아졌는가 하는 점에서 선뜻 긍정적인 대답이 나오지 않는다. 회사지배의 효율성만 강조하였지 투명성이나 건전성에 관한 고려는 형식적으로만 이뤄졌고, 실질적으로 권한 남용의 가능성을 억지하는 방향으로 회사법이 발전되었다고 보기 어렵다. 물론 주식회사의 지배구조에 관해 타율적 상법 개정도 없지 않았지만 그 이후에라도 변형된 지배구조의 틀에 맞는 회사법의 개정이 뒤따르지 않았다는 점은 반성의 여지가 있다고 본다.

회사법 판례 영역은 양적으로나 질적으로 매우 성장하였다. 회사법의 각 쟁점에 관해 다수의 판례가 누적되었고 판결의 내용도 초창기 외국 판례 모방의 수준을 벗어나 우리법의 독자적인 시각에서 판단한 많은 좋은 판례들이 탄생하였다. 하지만 최근 들어 일부 판례는 '판례만능주의'라고 할 정도로 법률의 개정에 의해 해소되어야 할 쟁점을 법해석이라 할 수 있는 판례 특히 전원합의체판결에 의해 해결하려 했다. 이는 종전의 체계화된 이론·판례를 뒤엎고 무리하게 실무상 문제를 해결하려는 움직임으로 비쳐져 다소 해석의 한계를 넘는다는 우려가 생기는 부분이다. 앞서 소개한 타인명의로 주식을 인수하였거나 명의개서미필주주의 권한 행사에 관한 최근 전원합의체판결은 상법이 명의개서에 부여한 '대항력'에도 불구하고 이를 일종의 '확정적 효력'을 해석하여 사실상 동 규정을 개정한 것에 다름이 없다. 그리고 이사·감사를 선임하는 주주총회결의만으로 선임계약이 없이 선임의 효력이 발생한다고 한 판결 역시 주식회사의 의사결정과 대외적 업무집행을 구분하던 종전의 법인이론과 상충하고 있다.

회사법은 한 나라의 경제의 활성화, 건전성을 결정짓는 매우 중요한 법률이다. 따라서 회사법은 경제의 활성화를 위해 효율적 규범체계가 되어야 하지만 동시에 경제가 건전하게 발전할 수 있도록 규제적 규범체계도 병행하여야 한다. 자본·재무구조의 영역은 활성화, 효율성이 더 중요한 가치인데 반해, 지배구조의 영역은 오히려 건전성, 투명성이 더 중요한 가치라 할 수 있다. 물론 자본구조에서 건전성이 중요하지 않다는 의미는 아니며 지배구조에서 효율성이 중요하지 않다는 의미도 아니다. 그리고 회사의 사회적 책임론이 단순히 회사의 사회공헌활동의 장려를 넘어 회사를 평가하는 기준이 되고 회사의 법적 책임화 할 가능성까지 보이고 있어 이러한 관점에서 이해관계자의 이익을 보호한다는 새로운 이념에도 소홀히 해서는 안 된다고 본다. 결국 회사법은 세계경제의 지배적인 이념을 소화하고 있어야 하고 경제의 활성화, 건전화를 위한 수단을 내용으로 하고 있어야 하며,

회사법 관련 판례는 입법과 구별되는 해석론의 한계를 지키면서 회사법규를 이들 이념과 목적이 반영될 수 있도록 해석하여야 하고, 해석론으로서 극복이 힘든 부분은 입법론으로 남겨야 할 것이다.

70년간의 해상법의 발전과 전망

김 인 현

[초 록]

본 논문은 지난 70년간의 우리나라 해상법의 발전을 법률과 판례를 통하여 살펴보고, 앞으로의 해상법에 대한 전망을 논의한다.

의용상법의 시대를 지나 1963년부터 우리 상법이 시행되면서 상법해상편이 협의의 의미에서 해상법으로 자리매김해왔다. 1991년 2007년 두 번에 걸친 큰 개정작업이 있었다. 상법 보험편에 규정된 해상보험규정도 해상보험법의 법원으로서 존재하지만, 실무상 영국법을 준거법으로 하는 관행 때문에 크게 주목받지 못했다.

고려대학교 법학전문대학원 교수

실질법적 해상법으로는 이 두 가지 법 외에도 유류오염손해배상보장법, 국제선박등록법 등이 있다. 해사공법적인 성격을 가지지만 해상법과 밀접한 관련이 있는 법률로서 선원법, 선박법, 선박안전법, 해사안전법, 선박직원법 등이 있다. 최근에는 해상법이 선박건조와 선박금융 및 해사도산의 문제에까지 연결되면서 선박투자회사법, 채무자회생및파산에관한법률도 해상법의 범위에 일부 속하게 되었다. 해상법은 국제간의 거래를 다루므로 국제사법도 많이 활용된다. 절차법적인 것으로 선박소유자책임제한절차에 관한 법률이 있다.

실무적으로는 법률은 아니지만 선하증권과 해상보험약관과 같은 보통거래약관이 법률의 규정보다 먼저 해상거래에 적용되면서 법률관계를 규율하는 큰 기능을 해왔다. 또한 운송물인도지시서의 활용과 같은 상관습법에 이른 제도도 있다.

법률의 규정의 해석이 필요한 경우 혹은 법률이 해운환경의 변화를 따라가지 못하는 경우에는 법원이 판결로서 그 공백을 메워주었다. 현행 상법 제850조의 해석과 관련하여 일찍이 우리 대법원은 1975년 74다847판결에서 나용선(선체용선)시 대외적인 책임은 선박소유자가 아니라 나용선자(선체용선자)가 부담한다고 해석하여주어 오늘에 이르기까지 법적 안정성에 큰 기여를 했다. 정기용선의 대외적 책임에는 규정이 없는 바 상법 제850조를 유추적용할 수 있을지에 대하여 대법원은 1991년 91다14215판결(소위 폴사도스 판결)에서 이를 긍정하였다. 그렇지만, 2003년 2002다65977 판결 불법행위책임에는 이를 부인하였다.

해상법은 국제적인 성격을 가지는 만큼 영국법이 준거법인 경우 우리 법원이 이를 해석해왔는데, 가장 대표적인 것은 영국보험법이 유효하다는 1977년 71다2116판결이다. 대법원은 이 판결을 지금도 유지하고 있다.

해상법은 국제적인 성격과 전문적인 성격을 동시에 가지는데 신속하고 정확한 분쟁해결을 위하여는 전문법원이 있어야 한다. 그러나, 우리나라는 해사법원이 아직 없다. 이를 극복하기 위하여 임의중재를 지원하는 서울해사중재협회가 2018년 2월 설립되었다.

해상법은 바다의 상거래를 다루는 법이니 만큼, 예측가능성과 법적 안정성을 가지는 것이 가장 중요하다. 산업환경의 새로운 변화에 맞추어 해상법 개정작업이 이루어져야 할 것이다. 우리 해상법의 국제화도 필요하다. 외국법의 해석 및 적용에 전문성을 갖추기 위한 법조 및 학계의 노력이 필요할 것이고, 우리 법을 외국에 알리기 위한 우리 법과 판결의 영문화 작업 등도 더 가속화되어야 할 것이다.

Ⅰ. 서 론

해상법은 좁게는 상법 제5편 해상편(이하 '해상법')을 말한다. 상법은 선박을 이용한 해상기업의 법률관계를 규율하는 법이다. 우리 해상법은 1962년 상법이 제정되면서 1963년부터 우리나라에 적용되기 시작하였다.[1] 일제강점기는 물론 해방된 이후에도 1963년까지는 일본 의용 상법이 우리나라에 적용되었다.[2]

우리나라에서 해상법강의가 가장 먼저 이루어진 곳으로 기록상 확인되는 곳은 1945년 설립된 한국해양대학이다.[3][4] 해방이후 법과대학에서 해상법을 강의하신 교수로서는 서돈각 교수, 손주찬 교수, 박길준 교수, 배병태 교수가 유명하다.[5] 1980년대부터는 외국어대의 이균성 교수, 서울대의 송상현 교수, 한국해양대의 임동철 교수 및 박용섭 교수가, 고려대의 채이식 교수가, 1990년대부터 성균관대의 최준선 교수, 중앙대의 서헌제 교수, 경희대의 정완용 교수 등이 활약을 하였다.[6][7]

---

1) 1945.11.12. 공포된 군정법령 제1호에서 일제강점기의 법령중 한국인에게 차별적인 법령을 제외하고 나머지는 계속효력을 갖도록 했다. 그 후 1948년 정부수립 후에도 제헌 헌법 제100조에 의거 헌법에 저촉되지 않는 현행법령은 그 효력을 계속 인정하도록 하였다. 이러한 조치에 의하여 "조선민사령"과 여기에 근거한 일본의 민법전, 상법전(해상법포함)이 계속하여 우리나라에 적용되었다고 한다. 이렇게 적용된 상법을 "의용상법"이라고 부른다. 김두환, "나와 해상법과의 인연", 해상법 50년사, 한국해법학회, 2013, 173면.

2) 1912.3.18. 조선총독부 제령 제7호인 조선민사령 제1조는 "민사에 관한 사항은 본령 외에 법령에 의해 특별한 정함이 없는 경우를 제외하고는 다음 법률에 의한다"라고 규정하고, 제1조에 열거된 법률중 제8호로 상법, 제10호 상법시행령, 제12호 상법시행조례가 있다. 채이식 교수에 의하면 이 일본 상법이 1912년부터 1963년 우리 상법이 제정되어 시작되기 전까지 의용상법으로 그대로 우리나라에 적용되었다. 채이식, "한국해상법 50년 회고와 전망", 해상법 50년사, 한국해법학회, 2013, 18-19면.

3) 한국해양대학교 50년사, 480면.

4) 해상법Ⅰ, 해상법Ⅱ 그리고 해사법규와 해상충돌예방규칙도 배웠다.

5) 손주찬 교수는 1959년 12월 "해상법 초안의 개정점과 통일조약과의 관계에 있어서의 제문제"라는 논문을 건국대학 학술지에 기고한 바있다. 1962년 8편, 1963년 5편의 해상법논문을 발표하여 우리나라 해상법의 기초를 닦았다.

6) 2000년대부터는 목포해양대의 김인현 교수, 한국해양대의 정영석 교수, 2010년대부터는 부산대학의 이정원 교수, 단국대학의 박영준 교수, 명지대학의 최세련 교수, 한국해양대의 홍성화 교수 등 소장학자들이 유입되었다. 2010년대에 들어서는 1980년대부터 활약하던 해상법교수들이 후배들을 배출하지 못하여 서울대, 한국외대, 연세대, 성균관대, 중앙대 등에서는 해상법교수들이 존재하지 않게 되었다. 2009년 로스쿨이 생기면서 해상법강의가 개설되는 곳은 고려대, 부산대, 인하대가 고작이었다. 뒤늦게 서울대에서 해상법강좌가 개설된 것은 다행이다. 송정관·유록상·정병석·최종현·유기준·정해덕·심재두·김현·이진홍·서영화·서동희·윤석희·조성극·권성원 변호사도 해상법의 발전에 기여하였다.

7) 1973년 한양대학교의 이영욱교수가 출간한 "해상법"은 현존하는 해상법 교과서로서 가장 오래된 것으로 보인다. 이후 1978년에 배병태 박사가 처음으로 주석해상법을 발간하였다. 이 책은

해상운송의 수단의 변화에 따라 상법 해상편은 2번의 개정작업을 거쳤다. 1991년과 2007년의 개정이 그것이다.[8)9)10)]

실질적 의미의 해상법에는 상법 제5편 해상편에 더하여 유류오염손해배상보장법(이하, '유배법'), 선박소유자책임제한절차법, 선원법, 국제선박등록법 등이 있다. 산업의 발전에 따라 선박에 관한 규율의 대상도 넓어지게 된다. 유류오염사고시 손해배상 및 보상의 문제에 대처하기 위하여 1992년 유배법이 만들어졌다. 해상법의 특유한 제도인 선박소유자 책임제한절차법도 만들어졌다. 우리나라 해상기업에게 경쟁력을 부여하기 위하여 선박법 이외에 국제선박등록법을 특별히 만들게 되었다.

민사의 손해배상책임에서 주의의무를 부과하는 해사공법, 준거법을 정하는 국제사법등도 살펴볼 필요가 있다. 최근 해상법의 일부로 포함되어 연구되는 선박건조법, 선박금융법, 해사도산법 등도 언급하고자 한다.

정기용선계약으로 용선한 선박을 활용하여 해상기업이 영업을 하는 것이 대세가 되었지만, 정기용선자의 대외적 책임에 대한 규정이 없기 때문에 법원의 해석으로 처리해야하는 어려움이 계속되고 있다. 이와 같이 여전히 많은 부분이 법원의 판결에 의하여 결정되고 있는 상황이기 때문에 중요한 판결의 내용을 이해하는 것도 중요하다.

해상법 자체뿐만 아니라 해상법에 대한 교육과 강의도 중요한 의미를 가지지만 본 연구의 범위에서는 벗어나므로 서론에서 간단히 살펴본다.[11)12)] 각 분야의

실무를 반영한 주석서로서 해상변호사를 비롯한 실무에서 유용하게 사용되었다.

8) 우리나라 해상법의 역사적인 흐름을 다룬 논문으로는 김인현, "한국근대 해상법 120년의 성과와 과제", 저스티스 통권 제146-3호(2015.2.), 639면<김인현, 해상법연구Ⅲ, 법문사, 2015, 160면> 이하가 있다.

9) 우리 해상법의 제정 및 개정에 대한 역사적인 변천에 대한 요약설명으로는 채이식, 해상법 50년사, 한국해법학회, 2013, 15면 이하가 있다.

10) 영국 해상법교재로서 우리나라에서 가장 많이 읽힌 책은 John Wilson, *Carriage of Goods by Sea*, PEARSON, 2010이다.

11) 이에 대한 선행연구로는 김인현, "로스쿨에서의 해상법을 포함한 운송법 강의와 연구", 상사법연구 제30권 제3호(2011.11.); 해상법 연구Ⅲ, 30면 이하가 있다.

12) 해상법을 연구하는 단체로서 가장 큰 영향력을 가진 곳은 한국해법학회이다. 1978년 설립된 동 학회는 회원 300여명으로 해상법 교수와 해상변호사, 그리고 기타 실무자들이 가입되어있다. 해상법의 발전을 위하여 1년에 5차례의 공식 세미나를 개최하고, 학회지를 2회 발간하며, 상법개정안을 제시하는 기능을 하여왔다. 또한 세계해법회(CMI)의 한국지부로서의 기능도 한다. 부산에 본부를 둔 한국해사법학회는 한국해법학회보다는 후발이지만, 해사공법을 중심으로 학회활동을 하고 있다. 해사법연구지를 연간 4차례 발간한다.

발전방향도 제시한다.[13)]

Ⅱ. 법원(法源)

해상법은 해상기업의 법률관계에 적용되는 법이다. 해상기업의 법률관계는 해상운송인과 송하인 사이의 운송계약, 선박소유자와 용선자와의 용선계약, 그리고 선박의 운항과 관련된 유류오염, 선박충돌, 해난구조, 공동해손에서의 관련자들의 법률문제를 포함하는 개념이다.

해상법은 민법의 특별법인 상법의 특별법으로서 기능한다. 따라서 민법이나 상법총칙과 충돌하는 규정이 있으면 해상법이 먼저 적용되고, 해상법에 규정이 없으면 상법총칙 및 민법의 규정이 적용된다. 상관습법도 중요한 법원이지만 숫자가 많지 않으므로 논의를 생략한다. 보통거래약관이 특히 많이 사용되는 것이 해상법이므로 약관의 효력에 대하여도 논의한다.[14)]

1. 상법 총칙상행위법

(1) 일 반

상법 총칙은 상법 해상편의 일반법으로서 기능한다. 따라서, 상법 해상편에 규정되어있지 않은 내용은 상법 총칙 상행위편의 적용을 받게 된다. 상법 해상편의 인적 조직으로는 선장만 규정되어있지, 상법사용인이나 지배인에 대한 규정은 없다. 그렇다고 하여 해상기업에는 지배인을 포함한 상업사용인이 없다는 의미가 아니다.[15)] 해상기업의 지배인에 대한 규율은 상법총칙의 내용과 규정에 의한다. 한

---

13) 우리 해상법의 발전방향에 대한 논문으로는 최종현, “한국해상법의 발전 방향”, 한국해법학회지 제31권 1호(2009), 7면이 있다.

14) 해상법에 관한 단행법으로는 배병태, 해상법주석서(사법행정학회), 1981; 박용섭, 해상법론(형설출판사), 1998; 채이식 상법Ⅳ(법문사), 2001; 송상현 김현, 해상법원론(박영사, 제5판), 2015; 이균성, 신해상법대계(한국해양수산개발원), 2010; 최종현, 해상법상론(박영사, 제2판), 2015; 김인현, 해상법(법문사, 제5판), 2018 등이 있다.

15) 예컨대, 흥아해운은 부산에 지점이 있고 지점장이 있다. 이 지점장이 송하인과 운송계약을 체결한 경우 그 효력이 흥아해운에 미치게 되는 것, 즉, 흥아해운이 운송인이 되는 근거는 그 지점장은 지배인으로서 재판상 재판외의 모든 행위를 할 권한을 가지는 흥하해운의 대리인이기 때문이다.

편, 상행위편은 해상편과 동일한 효력을 가지는 것이므로, 해상편에서 특별히 준용규정을 두지 않다면, 적용되지 않는다. 상법 상행위편 운송에 대한 많은 규정을 해상편에서 준용하는 형식을 취하고 있다. 예를 들면 선하증권의 상환성은 상행위편에 있는 것을 해상편에서 준용하는 형식을 취하고 있다(제129조, 제861조).[16)17)] 상행위편의 정액배상주의 규정도 해상편에서 준용하는 규정을 두고 있다(제137조, 제815조, 제841조 제1항).

상법해상편의 규정이 총칙의 규정과 반하는 경우 해상편의 규정이 먼저 적용된다. 그리하여 상행위의 일반적 소멸시효 5년은 해상운송에서 1년으로 줄어들게 된다(제814조).

(2) 상행위편 운송규정

상행위편 운송의 장의 화물상환증의 규정은 사실상 실무에서 발행되지 않는다. 이것이 존재하는 이유는 운송법이 제2편에 먼저 존재하기 때문에 제5편 해상편의 선하증권에 준용되는 기능을 하기 위함이다.

선하증권의 채권적 효력은 국제조약에 따라 변화되어왔는데, 해상편에 반영되었다. 상행위편의 운송은 육상운송에 적용되는 것이다. 상법개정을 통하여 해상편의 내용과 동일하게 만들었다. 그렇지만, 불법행위에도 적용된다는 규정은 아직 두지 못함으로써 절반의 성공만 한 셈이 되었다.

(3) 복합운송

복합운송을 다루기 위한 법무부의 노력에도 불구하고 아직 입법화가 되지 못하였다.[18)] 상법 해상편의 규정은 반드시 해상운송이 포함된 경우에만 적용되는

---

16) 화물상환증은 상환성을 가진다. 그러므로 반드시 운송인은 화물상환증과 상환하여서만 운송물을 인도하여한다. 이를 위반하여 소지인이 손해를 입게 되면 손해배상책임을 운송인이 부담한다. 이는 상법 상행위편에 있는 규정으로서 육상운송에 적용되지만, 해상편에서도 준용된다(제129조). 따라서 해상운송인이 자신이 발행한 선하증권과 상환하지 않고 운송물을 수하인에게 인도하면 소지인이 입은 손해에 대하여는 운송인이 부담해야 한다.

17) 화물상환증의 물권적 효력의 규정은 상법해상편이 준용하고 있다(제133조, 제861조). 그러나, 화물상환증의 채권적 효력은 준용하지 않고 각기 규정하는데, 내용은 동일하다(제131조, 제854조). 이는 오히려 상법 해상편의 규정을 상행위편에서 도입한 결과이다.

18) 2007년 상법개정시 제814조를 신설했는데, 이는 반드시 해상운송이 결부된 복합운송에만 적용되는 것이다. 이 규정은 단순히 손해배상의 문제가 발생시 어느 법을 준거법으로 할 것이지를 지정하는 기능으로 만들어졌다. 자세한 내용은 김인현, “2007년 개정 상법 해상편의 개정 내용과 의의”, 한국해법학회지 제31권 제1호(2009), 99면 이하가 있다.

것이므로, 항공-육상이 결합된 경우 적용법규가 없는 결과가 된다. 제정초안이 마련되었지만 아직 입법화되지 않았다.[19] 북한과의 교류가 가시화되고 있으므로 항공-육상을 결합한 운송에 대한 규율이 필요하므로 입법화가 필요할 것으로 보인다.

현재는 복합운송증권을 이용한 약관으로 규율된다.[20]

2. 상법 해상편

(1) 서

상법 해상편은 해상법으로 불리울 정도로 해운 분야 사법에서 가장 중요한 법률이다. 상법 해상편은 선박을 이용하여 영리활동을 하는 해상기업의 법률관계에 적용된다. 임의규정과 강행규정으로 구성되어있고 당사자가 특별히 약정하지 않은 경우 상법 해상편의 규정이 적용된다.

(2) 중요내용

1962년 상법이 제정될 때부터 상법은 제5편에 해상편을 두었다.[21)22] 해상편은 해상기업의 인적 설비로서 선장, 물적 설비로서 선박을 다루고, 선주책임제한제도 및 선박임대차인 나용선을 기술하고, 해상운송에 대한 규정을 두었다. 해상운송에는 개품운송계약과 항해용선계약이 있었다. 용선계약은 선박임대차만 규정하고 있었다. 선박소유자 책임제한제도 및 운송인의 포장당책임제한제도도 있었다. 해상위험으로서 공동해손, 해난구조 및 선박충돌사고가 규율되었다. 이러한 규정이나 제도는 현재에도 그대로 존속되고 있다. 개품운송계약에서는 운송인과 송하인과의 관계에서 운송인이 우위에 있다고 보아 송하인을 보호하는 강행규정을 가지고 있다. 상법에서 정한 것보다 운송인의 의무와 책임을 감경하는 약정은 무효가 되도

---

19) 제정 초안에 대한 구체적인 소개는 황현영, "2014년 운송관련 상법 개정안의 주요내용과 과제", 상사법연구 제34권 제3호(2015), 213면 이하가 있다.

20) 우리나라에서 사용되는 복합운송선하증권은 FIATA 서식이 대부분이고, 정기선사는 자신들의 복합운송선하증권을 사용한다.

21) 연구에 따르면 1945년 이미 한국해양대학에서는 해상법 강좌가 개설되었다. 해상법연구Ⅲ, 163면.

22) 상법 해상편 제정법, 그 뒤의 개정사항 등을 일본, 중국법과 비교한 저서로는 채이식, 한중일 비교 해상법(세창출판사), 2013이 있다. 한중일 해상법의 비교연구로는 김인현 채이식, "한중일 해상법 비교연구 – 통일화를 중심으로 –", 상사법연구 제33권 제4호(2015), 119면 이하가 있다.

록 정하고 있다(제799조).

유류오염손해배상의 문제는 1992년 유배법이라는 단행법이 새롭게 추가되면서 실질적 의미의 해상법에 추가되었다. 선박소유자의 책임제한에 대한 법률이 추가되었다.

1991년 상법 해상편은 제1차 개정되었고, 2007년 제2차 개정작업을 하게 되었다.

1991년 제1차 개정에서 선박소유자중심주의에서 운송인중심주의로 변경되었고, 실무에서 많이 사용되는 정기용선에 대한 규정을 두게 되었다. 상법 해상편의 규정이 원칙적으로 계약관계에만 적용되는 것으로 대법원이 보았던 것이 국제적인 조류에 맞지 않아 개정시 국제조약의 입장을 반영하여 불법행위에도 적용되는 것으로 확대되었다. 선하증권의 효력에 대한 채권적 효력을 보다 명확히 하였다.[23)]

2007년 개정에서는 용선계약의 순서를 항해용선, 정기용선 그리고 선체용선을 두어 용선활동도 해상기업의 중요한 영업활동의 하나임을 강조하였다. 운송계약은 개품운송을 중심으로 기술하고 항해용선계약은 개품운송의 내용을 준용하는 형식을 취하고 있다. 제2차 개정작업에서는 운송인의 포장당책임제한액수가 변경되었다. 전자 선하증권, 복합운송에 대한 규정이 새롭게 도입되어 해상편을 새롭게 했다.[24)]

한편, 상법 보험편의 1991년 개정시 제724조 제2항에 직접청구권이 인정되어 해상편에도 영향을 미치게 되었다.[25)]

(3) 개선사항

대량화주들이 나타나면서 운송인과 화주의 관계에서 오히려 화주가 더 우위에 있게 되는 경우도 있다. 로테르담 규칙에서는 화주에게도 일정한 의무와 책임을 부과하고 이보다 감경하는 약정은 무효가 되도록 하고 있다. 우리 상법도 이를

23) 구체적인 개정내용은 이균성, “개정해상법개관”, 한국해법학회지 제13권(1991), 17면 이하가 있다.

24) 구체적인 개정내용은 김인현, “2007년 개정상법 해상편의 개정내용과 의의”, 한국해법학회지 제31권 제1호(2007), 99면 이하가 있다.

25) 해상기업이 책임보험에 가입하여 우리 법이 준거법인 경우에 피해자에게 보험자에 대한 직접청구권이 인정되어 피해자가 보호되게 되었다.

도입할 필요가 있다.[26)]

문전 대 문전door to door운송이 확대되면서 복합운송으로 운송이 처리되는 경우가 많아졌다. 복합운송은 해상-항공, 해상-육상만 있는 것이 아니라, 항공-육상도 있다. 그러므로, 이러한 모든 복합운송을 다루는 복합운송법을 제정할 필요가 있다.

디지털화가 해운에도 도입되면서 전자선하증권을 사용할 수 있는 규정을 우리 상법에 두었다. 그렇지만, 볼레로 전자선하증권은 실패로 돌아갔다. 한편, 최근 블록체인을 이용한 전자선하증권의 발행이 가시권에 들어왔다.

해상편은 해상기업의 물적 설비로서 선박만 규정하고 있지만, 정기선운송에는 컨테이너박스, 컨테이너 터미널과 같은 것도 중요한 기능을 하고 있다. 따라서 컨테이너박스와 터미널의 법률관계를 다루는 규정을 두는 것이 필요하다. 선박건조와 관련하여서도 최소한 (i) 선박건조의 정의, (ii) 선박건조시의 소유권, (iii) 선수금환급보증서의 법적 성질에 대한 규정을 둘 필요가 있다.[27)]

3. 상법 보험편 해상보험규정

(1) 서

선박의 운항과 관련한 손해를 보상받기 위한 보험이 해상보험이다. 여기에는 세가지가 있다. 선박의 소유자가 자신이 소유하는 선박에 손해가 발생한 경우 손해를 전보받기 위하여 보험자와 가입하는 선박보험hull insurance이 있다. 운송물을 선박을 통하여 수출 혹은 수입하는 화주가 입은 손해를 전보받기 위하여 가입하

26) 우리 상법은 운송인이 송하인에 대하여 협상력에서 우위에 있다고 보아서 운송인만 규제하는 입장이다. 그렇지만, 대량화주인 경우에는 반대현상도 나타나고 있다. 예를 들면, 운송계약을 체결하면서, 운송인은 포장당 책임제한, 선주책임제한, 항해과실면책 등을 주장하지 못한다는 약정을 체결하는 경우도 많다. 이러한 경우 그 약정은 모두 유효하다는 것이 대법원의 입장이다. 대법원 2015.11.17. 2013다61343 판결.

27) 선박건조와 관련하여 SAJ약정을 사용하여 영국법이 준거법인 경우 건조중인 선박의 소유권과 점유권은 건조자가 가지는 것으로 보지만, 소형선박 건조시 우리법이 준거법이 되면 제조물공급계약의 법리가 적용될 것인데, 소유권을 누가 가지는지 학설이 나뉜다. 소유권을 누가가지는지에 대하여 임의규정을 두는 것도 하나의 방법이다. 선수금환급보증서의 법적 성질도 다툼이 있다. 독립보증으로 원인관계와 분리되는 효력을 가지는 것으로 보증서에 기재된 사항이 발생되면 무조건 보증인이 책임을 부담한다. 효력에 대한 다툼이 많으므로 규정화하는 것이 좋을 것이다.

는 적하보험cargo insurance이 있다. 또한 선박의 소유자 또는 용선자가 제3자에 대하여 손해배상책임을 부담하는 경우에 이를 전보받는 책임보험(선주책임상호보험)(P&I 보험)이 있다.[28)]

해상보험규정은 선박보험과 적하보험을 규율하고 있다. 해상보험자의 면책사유로 불감항을 특별히 규정하고 있다. 영국해상보험법에 규정된 담보특약은 우리 해상보험규정에는 없다. 공동해손이나 해난구조료는 보험자가 지급해야한다.

이런 해상보험은 상법 제663조의 강행규정의 적용을 받지 않는다. 보험자와 보험계약자는 동등한 협상력을 가진다고 보기 때문이다(제663조 단서). 실무에서는 보험약관을 통하여 법률관계가 규율된다. 우리 법이 준거법이 되는 경우 강행규정의 적용을 받지 않기 때문에 약관은 더 중요하다.

(2) 개정 동향과 법원의 입장

우리나라 실무는 오랫동안 영국의 영향하에 놓여있다. 우리나라 보험자와 보험계약자 사이라고 하여도 영국법을 준거법으로 한다.[29)] 따라서 우리 법보다 영국해상보험법이 더 중요하게 작용해왔다. 그 결과로 우리 대법원의 해상보험판결은 영국법에 대한 해석이 절대 다수를 차지하고 있다.[30)][31)]

1991년 우리 법의 활용도를 높이기 위하여 개정작업이 이루어졌고, 영국해상보험법의 내용이 다수 들어왔지만, 실무로부터 외면을 받는 것은 여전하다. 2007년 상법 해상편의 개정시 해상보험규정은 보험편에 속해있었기 때문에 개정대상이 아니었다.

법무부는 2015년 해상보험규정에 대한 개정작업을 진행한 바있다.[32)] 그러나, 아직 개정되지 않고 있다.

---

28) 실무에서는 건조중인 선박을 위한 건조보험도 해상보험의 일종으로 분류한다.

29) 영국 준거법은 유효하다는 것이 우리 대법원의 입장이다. 대법원 1991.5.14. 90다카24314 판결.

30) 예를 들면, 담보특약, 피보험자가 부담하는 최대선의의 원칙, 기간보험에서 피보험자의 인식, 추정전손, 선원의 악행 등이다. 이에 대한 자세한 논의는 김인현, “우리나라 해상보험법 판례회고와 시사점”, 보험법연구 제4권 제1호(2010.6.); 해상법연구Ⅲ, 전게서, 766면 이하가 있다.

31) 영국 해상보험법에 대한 저서로는 심재두, 해상보험법(길안사), 1995가 있다.

32) 채이식 교수를 위원장으로 정병석 변호사, 최종현 변호사, 정완용, 박영준 교수 등이 위원으로 참가하였다.

(3) 개선 방향

현재 우리나라 실무에서 해상보험계약을 체결하면서 해상보험편을 적용하게 되는 경우는 한국법을 준거법으로 하는 해운조합의 선박보험과 선주책임보험 및 Korea P&I의 선주책임 보험밖에는 없다. 해상보험규정을 실무의 약관에 맞게 개정을 하여 수요자로부터 한국법을 준거법으로 선택받기 쉽게 해야 한다. 특히 담보특약과 같은 내용도 우리 해상보험규정에 담도록 해야 한다.

다음으로는 일본, 중국과 같이 해상보험규정은 상법 해상편으로 이동시켜서 항상 해상법과 같이 일체가 되어 다루어지도록 해야 한다. 상법 해상보험규정은 보험학자들은 자신들의 영역이 아니라고 하여 관심이 없고, 해상법학자들은 자신들의 영역이지만 외부에서는 이를 부인하는 관계로 어정쩡한 상태하에 있다.

우리나라에서 건조되는 선박은 건조보험을 가입하려면 반드시 우리나라 보험업자와 보험계약을 체결해야 한다.[33] 상당히 많은 수의 선박건조보험이 우리나라 보험자에 의하여 체결된다. 이러한 선박건조보험에 대한 규정도 해상보험규정에 추가하여야 한다. 이러한 실무에서의 수요를 수용하여 우리나라 해상보험법은 물론 해상보험시장도 발전하도록 해야 한다.

4. 유류오염손해배상보장법

(1) 서

우리나라의 산업화와 함께 원유의 수입이 많아지게 되었고, 이에 따라 사고가 발생할 여지도 커지게 되었다. 1995년 시프린스호 사고와 2007년 허베이 스피리트호 사고가 대표적이다. 국제적으로도 이러한 유류오염사고시 피해자를 보호하기 위한 법제도가 만들어졌는데 유류오염손해배상을 위한 민사책임협약CLC과 유류오염손해보상을 위한 국제기금협약IOPC Fund제도이다. 이에 따라 우리나라도 이들 조약을 비준하면서 유배법이라는 단행법을 1992년 만들게 되었다.

(2) 주요내용

피해자를 보호하기 위하여 (i) 유조선 선박소유자에게 무과실책임을 부과하였

33) 이는 cross border가 허용되는 선박보험과 달리 아직 선박건조보험은 해외 보험사 가입이 허용되지 않기 때문이다(보험업법 시행령 제7조).

다,[34] (ii) 등록 소유자에게 책임을 집중시켰다,[35] (iii) 책임을 일정한 한도로 제한하도록 하고 책임제한액만큼은 책임보험의 가입을 강제화시켰다,[36] (iv) 책임제한액을 넘어서는 일정액까지는 국제기금을 만들어 국제기금에서 추가보상하도록 했다.[37][38]

우리나라도 이러한 국제유류오염손해배상 및 보상체제를 받아들여 유배법에 모두 수용하였다. 이른바 1992년 CLC와 IOPC FUND 체제였다.

그 후 국제기금의 보상한도를 인상한 소위 추가기금협약제도가 채택되었다.

한편, 일반선박의 선박연료유로 인한 유류오염사고도 많이 발생하기 때문에 이를 처리하기 위한 선박연료유협약Bunker Convention이 만들어졌다. 우리나라도 위 두 조약을 비준하면서 유배법도 개정되었다.[39]

허베이 스피리트 오염사고시 선박소유자의 책임제한 및 국제기금의 책임제한을 넘어서는 액수까지 배상 및 보상하기 위한 특별법이 만들어졌다.[40]

(3) 개선방향

유류오염손해배상 및 보상법제는 크게 발전을 해왔다. 추가기금협약에 가입함으로써 충분한 보상의 문제는 해결이 되었다.[41] 그러나, 신속한 보상의 문제는 여

34) 무과실책임제도하에서는 피해자가 가해자인 선박소유자의 과실을 입증할 필요가 없기 때문에 피해자보호수단이 된다.

35) 독특한 제도로서 운항자인 선체용선자가 실제로 손해를 야기해도, 등록선박소유자가 법정의 손해배상책임을 부담하고, 선체용선자는 제3자로부터 책임을 추궁받지 않는다. 이는 책임주체를 명확히하고 등록선박소유자로 하여금 보험에 가입하여 손해배상의 문제를 처리하기 위함이다. 이를 channelling이라고 한다.

36) 등록선박소유자로 하여금 피해를 보상할 수 있도록 책임보험에 가입하도록 하고, 피해자에게는 직접청구권을 부여하여 피해자를 보호한다.

37) 이에 대한 논문으로는 서헌제, “유류오염손해배상보장법안의 해설”, 한국해법회지 제14권(1992), 113면 이하가 있다.

38) 국제기금은 원유사로부터 기금을 수령하여 피해가 발생시 선박소유자의 책임제한액을 넘어서는 일정한 액수를 보상하는 기능을 하게 된다. 우리나라는 4-5번째 기금납부국이다. 국제기금은 우리나라에서 피고적격을 갖게 된다. 따라서, 우리나라 피해자는 국제기금에 대하여 우리나라 법원에 손해보상청구가 가능하다.

39) 개정 법에는 선박연료유로 인한 오염사고시 배상 및 보상체제가 갖추어졌다. 자세한 내용은 김인현, “2009년 개정유유오염손해배상보장법에 대한 연구”, 안암법학 제34권(2011.1.), 653면 이하가 있다.

40) 2007년 12월 태안유류오염사고가 발생하자, 국회는 특별법을 만들어 주민들에게 선보상하고 국제기금의 보상한도를 넘어서는 손해도 보상하기로 정하였다.

41) 허베이 스피리트 유류오염사고시 국제기금의 최대 보상한도는 3,200억원 정도였지만, 우리나라가 추가기금협약에 가입하면서 보상한도는 1조 2,000억원 정도로 확대되었다.

전히 해결되지 않고 있다. 이를 위하여는 캐나다와 같은 국내기금 제도의 도입이 필요하다.[42][43] 유배법내에서 처리할지 아니면 특별법으로 둘지는 입법정책적인 판단에 의한다.

허베이 스피리트호 사고에서 나타난 전액보상주의를 어떻게 입법에 담을지도 관건이다. 유배법의 법체제는 책임제한제도를 근간으로 하는데, 이를 넘어서는 손해를 특별법을 만들어 전액배상을 해주기로 하면, 해상법상 법제도의 안정성이 없어진다. 그리고 특별법을 만들기까지의 많은 사회적 혼란이 동반된다. 이를 유배법에 상설화하는 방안의 논의가 필요할 것으로 본다.

5. 선박법, 편의치적 및 국제선박등록법

(1) 서

사람이 국적을 가지듯 선박도 선적을 가진다. 등록을 한 국가로부터 선박의 국적을 받게 된다. 유엔해양법에 의하면 선박과 국적을 부여한 국가 사이에는 진정한 연계genuine link가 있어야 한다(제91조).[44] 우리나라는 원칙적으로 한국인이나 한국에 설립된 법인만이 우리나라에 선박을 등록할 수 있고 등록된 선박은 한국국적을 얻게 된다(선박법 제2조 및 제8조 제1항).[45]

해상법의 규율대상인 해운업은 국제적인 산업이면서 완전경쟁하에 놓여 있다. 해상기업은 경비를 절감하고 행정규제에서 벗어나기 위하여 혹은 금융에서 유리한 지위를 차지하기 위하여 소위 편의치적을 하고 있다. 편의치적이란 선박의 등록을 허용하는 국가와 선박과는 아무런 관련이 없고 오로지 서류만 존재함에도 불구하고 선적을 허용하는 제도이다.[46] 이러한 숫자가 전 세계 선단의 60% 이상

---

42) 이에 대한 자세한 논문으로는 김인현 · 최세련, "캐나다의 유류오염 보상기금 제도와 그 시사점", 한국해법학회지제32권 제2호(2010.11.), 143면 이하가 있다.

43) 이에 대한 칼럼으로는 김인현, "유류오염손해보상기금 필요하다", 한국경제 2017.12.30.가 있다.

44) 선박등록제도와 관련하여 채이식, "선박의 국적제도에 관한 연구", 한국해법학회지 제19권 제1호(1997), 50면; 김인현, "선박국적부여조건으로서의 진정한 연계와 국제사회의 대응", 해사법연구 제18권 제1호(2006.3.), 69면 이하가 있다.

45) 한국선박의 소유자만 등기 후에 선적항을 관할하는 지방해양청장에게 선박의 등록을 신청하여야 한다(제8조 제1항).

46) 선적을 허용하는 연결점으로서는 선박을 소유하는 자의 국적, 승선하는 선원의 국적, 선박이 건조된 장소가 속하는 국가 등이다. 편의치적은 이러한 진정한 연계없이 오로지 가상의 종이상의 회사만을 편의치적국가에 세우고 편의치적국가에 선박을 등록하게 된다.

을 이루고 있어서 하나의 관행이 되었다.

우리나라 해상기업도 마찬가지로 우리나라에 선박을 등록하지 않고 파나마, 마샬아일랜드 등에 선박을 등록하게 되었다. 그 결과 우리나라에 등록된 선박의 수가 급격히 줄게 되었다. 이에 우리나라는 편의치적을 하는 경우와 동일한 효과를 줄 수 있는 선박등록제도를 만들었는데 이것이 바로 국제선박등록제도이다.

(2) 주요내용

국제선박등록제도는 국제선박등록법에 따라 우리나라에 등록된 한국국적의 선박이나 우리나라 해상기업이 국적취득조건부선체용선을 해온 경우 그 선박에 대하여 국제선박등록을 할 수 있게 한다(제3조). 그러한 선박에 대하여는 합의된 숫자만큼 외국선원의 승선이 가능하게 하였고, 국가필수국제선박으로 지정되면 국가에서 지원도 해주고 있다(제8조). 국취부선체용선은 외국적 선박이므로 일정한 문제점은 여전히 남아있다.

(3) 개선방안

편의치적은 실질 선박소유자와 형식상 선박소유자가 분리되는 현상이 나타나 피해자의 보호에 문제가 발생한다. 또한 우리나라 국제사법은 선적국법 주의를 택하고 있는데, 선적은 그 선박과 아무런 실제적인 관련성이 없으므로 법률관계가 왜곡되는 현상이 나타난다.[47]

선박 안전분야에서도 문제점이 노출되는데, 대체로 편의치적을 제공하는 국가는 안전관리가 선진해운국보다 떨어지는 것으로 나타난다. 이를 보완하는 방법으로 선체용선등록제도를 도입할 필요가 있다. 영국, 독일, 싱가포르, 홍콩 등지에서 이미 시행하는 것으로서 원등록은 그대로 유지하면서(일단 정지), 선체용선을 한 국가에서 선체용선등록을 하도록 하는 것이다. 이렇게 되면 선체용선국가의 안전관련 법제도를 일괄하여 적용하게 된다. 결국 선박의 실제 소유자가 안전관리를 하는 것이 되어서 안전이 향상된다.

---

47) 사실상 파나마 국에 편의치적한 선박의 실제 선박소유자는 한국 법인이고 선원들도 한국인들이 승선한 경우 선박우선특권을 선원들이 선박에 대하여 가지는지 여부, 책임제한을 실제선박소유자인 한국의 선체용선자가 할 수 있는지 여부는 파나마법에 의하여 결정된다(국제사법 제60조).

6. 해상교통법 등 해사공법

(1) 서

해상충돌예방규칙, 선원법, 선박안전법 등은 단순하게 해사공법으로만 존재하는 것은 아니다. 민사의 손해배상의 전제가 되는 과실을 인정하기 위한 주의의무 위반은 해사공법에서 도출된다.

특히, 선박충돌의 손해배상의 문제는 항해사의 항법상의 과실로 인하여 발생하는데, 그 과실은 해상교통법에서 도출된다.[48)]

항해사 및 선장이 바다를 항해하면서 선박충돌이 발생하지 않도록 항해하는 규칙을 정한 것을 해상교통법 혹은 항법이라고 한다. 항법은 1972년 해상충돌예방을 위한 국제조약(이하 '국제규칙')을 모법으로 한다.

(2) 주요내용

우리나라 해상교통법은 국제규칙,[49)] 해사안전법의 항법규정,[50)] 선박입항 및 출항에 관한 법률(선박입출항법)상 항법규정, 수상레저안전법 등으로 구성되어 있다. 국제규칙은 우리나라가 비준한 것으로 국내법과 동일한 효력이 있다. 해사안전법의 항법규정은 국제규칙을 국내법화한 것으로 국제규칙과 동일한 것이어야 한다. 그렇지만, 일부 다른 내용이 있어 해석에 문제가 있다. 선박입출항법의 항법규정은 무역항에서만 적용되는 것으로 해사안전법에 비하여 특별법적인 성격을 가진다.[51)]

해양안전심판원은 해양사고의 원인을 복수의 관련자가 제공한 경우 각자의 원인제공비율을 정할 수 있다.[52)53)] 상호시계에서 횡단항법이 적용되는 경우 피항선

48) 예를 들면, 상호시계 내에서 횡단항법이 적용되는 사항이라면, 국제규칙 제15조에 의하면 피항선은 적극적으로 유지선을 피할 의무를 부담한다. 이에 반하여 유지선은 일정한 지점까지는 자신의 침로와 속력을 유지하고 마지막 순간에 협력동작을 취하여야 한다. 이런 의무를 위반한 것이 과실이 되어 민사의 손해배상책임을 부과시키는 근거가 된다.

49) 우리나라는 1977년 7월에 1972년 국제조약을 비준하였다. 따라서 헌법 제6조 제1항에 의하여 국내법과 동일한 효력이 있다. 그럼에도 불구하고 우리나라는 이를 국내법화하여 해사안전법의 일부로 하고 있다.

50) 1986.12.31. 해상교통안전법을 국내법으로 제정하였고 그 후 해사안전법으로 제호가 변경되었다. 항법뿐만 아니라 다른 내용도 포함되어 있다. 이에 반하여 일본에서는 국제규칙을 "海上衝突豫防法"이라는 단행법을 마련해 있다. 자세한 내용은 海上保安廳 監修, 海上衝突豫防法の解說, 海文堂, 1999.

51) 해상교통법에 대한 상세한 내용은 김인현, 해상교통법 제5판(삼우사, 2018)이 있다.

과 유지선이 아무런 조치를 취하지 않고 충돌이 발생한 경우 원인제공비율은 65:35이다.[54] 이러한 원인제공비율은 항법 규정에서 정한 주의의무의 경중에서 도출되었다. 해양안전심판원의 원인재결에서 내린 이러한 원인제공비율은 민사의 손해배상에서 과실비율로 쉽게 환원이 된다.[55]

(3) 개선방안

국제규칙과 이를 국내법화한 해사안전법의 항법규정은 일치하도록 하는 것이 바람직하다.[56] 원칙적으로 해양안전심판원의 원인제공비율은 민사의 손해배상과는 다른 것이지만, 실무적으로 해양안전심판원의 원인제공비율이 민사의 손해배상으로 활용되는 빈도가 높으므로 해양안전심판원의 원인제공비율이 제대로 도출되는 것이 대단히 중요하다. 이를 위한 해양안전심판원의 인적 구성과 교육제도의 완비라는 보완책이 필요하다.[57]

7. 국제사법

(1) 서

외국적 요소가 있는 경우 국제사법에 따라서 준거법이 결정된다. 해상법 이슈는 기본적으로 외국적 요소를 가지고 있다. 한국의 해운회사가 외국의 화주와 운송계약을 체결한 경우, 선박충돌사고시 가해 선박과 피해 선박의 국적이 서로 다른 경우, 해상보험계약이 체결된 경우에 피보험자와 보험자가 모두 한국회사이지만 보험사고가 외국에서 발생한 경우가 모두 외국적 요소가 있는 해상사건이 된다.[58] 이러한 경우 재판이 우리나라에 계류된 경우 법원은 국제사법에 따라 사건

---

52) 해양안전심판원에 대한 자세한 내용은 www.kmst.go.kr에서 찾을 수 있다.

53) 해양사고의 조사 및 심판에 관한 법률 제4조
② 심판원은 제1항에 따른 해양사고의 원인을 밝힐 때 해양사고의 발생에 2명 이상이 관련되어 있는 경우에는 각 관련자에 대하여 원인의 제공 정도를 밝힐 수 있다.

54) 해양안전심판원은 선박충돌사고의 경우 원인제공비율에 대한 기준을 정하였고, 이를 충분히 활용하고 있다. 이에 대한 자세한 내용은 김인현, 해상교통법(삼우사, 2018), 80면을 참고 바람.

55) 해양안전심판원에서 내린 원인제공정도는 행정심판의 관점이지만, 민사의 관점에서는 반드시 동일하지 않다. 따라서 정확하게 다시 한번 민사에서 과실비율이 산정된다.

56) 예를 들면 국제규칙 제2조에 있는 선원의 상무규정이 해사안전법에는 포함되어 있지 않다.

57) 해양안전심판원은 심판관과 조사관으로 구성되는데, 심판관은 해기경험이 있는 자와 그렇지 않은 자들로 양분된다. 비해기사들이 선박충돌에 대한 항법적용에 어려움이 있다. 교육을 통하여 비경험을 보완하는 제도가 중요하고 해양안전심판원에서도 심판관 조사관 교육제도를 마련하고 있다.

에 적용될 법을 정하게 된다.

(2) 주요내용

우리나라 국제사법은 2000년 법의 제호를 섭외사법에서 국제사법으로 변경하고 국제재판관할에 대한 규정을 추가하게 되었다.[59] 그렇지만, 국제사법은 외국적 요소가 있는 경우 적용할 준거법을 지정하는 역할을 한다.[60]

우리나라 국제사법도 당사자자치를 큰 원칙으로 정하고 있다(제25조). 따라서 대부분의 외국적 요소를 갖는 사건은 당사자의 의사에 따라 준거법이 정하여진다. 해상보험계약에서 준거법은 대부분 영국법으로 되어있다.

우리 국제사법은 선적국법 주의를 취하고 있다. 선박소유자책임제한 관련 법적 쟁점, 선박우선특권이 발생하는 채권인지, 선박저당권이 인정되는지 여부 등은 모두 선적국법에 의한다(국제사법 제60조).

또한, 우리 국제사법은 가장 밀접한 관련이 있는 국가의 법을 준거법으로 정하는 원칙도 가지고 있다(제8조).[61]

(3) 개선사항

선적국법 주의에 대한 비판이 있다. 이는 편의치적제도 때문이다. 우리나라 선주가 실질적으로 소유하면서도 등록을 외국에 한 경우 우리 국제사법에 의하면 외국의 법을 적용하게 되어 연결점이 되는 국가의 법이 실질을 제대로 반영하지 못하는 문제점이 있다. 또한 세계 대부분의 선박의 국적이 편의치적으로 되어 있고, 파나마, 마샬 아일랜드, 세인트 빈센트와 같은 국가의 법률이 제대로 알려지지 않은 국가의 경우 우리나라 관련자들이 그 국가의 법률을 모르기 때문에 법적 안정성이 크게 떨어지는 점이 있다.

이를 개선하는 방안으로 선적국법 주의에서 법정지법 주의로의 변경이 주장되

---

58) 외국적 요소에 대하여는 석광현, 국제사법 해설(박영사, 2013), 52면에 설명이 있다.

59) 재판관할에 대한 규정을 국제사법에 두어 국제사법의 연구범위를 크게 확정한 측면이 있다.

60) 해상법의 규율대상이 되는 해상사건은 대부분 외국적 요소를 포함하고 있기 때문에 국제사법의 보고라고 불릴 정도이다.

61) 이 규정은 편의치적이 개입된 경우 선적국법주의를 피해갈 수 있는 좋은 근거를 제공한다. 우리 대법원은 선원의 선박소유자에 대한 선박우선특권 인정과 관련하여 국제사법 제60조에 의하여 선적국법인 파나마법이 적용될 사항이지만, 실질적 관련성이 가장 큰 곳은 대한민국이라고 보아 우리나라 법이 적용되도록 했다(대법원 2014.7.24. 2013다34839 판결).

고 있다.[62] 어떠한 경우에도 외국적 요소가 있다면, 한국법이 적용되게 된다는 것이다. 이렇게 하면 관련자들은 언제나 한국법을 쉽게 파악할 수 있는 장점은 있다. 그렇지만, 선박소유자는 입항하는 항구의 법률을 모두 알아야 하는 부담이 있을 것이다. 전자의 경우가 더 법적 안정성을 가져오므로 이에 찬성한다. 편의치적선의 숫자가 더욱 늘어나는 현실을 반영하면 더 설득력을 얻게 된다.

8. 선박투자회사법

(1) 서

해상기업이 가지는 물적 설비로서 대표적인 것이 선박이다. 해상법의 적용범위는 원칙적으로 선박이 건조되어 인도된 다음부터이다. 그렇지만 선박의 소유권이 누구에게 있는지는 채권자의 보호에 중요한 의미를 갖고, 이것은 건조되기 전 단계의 선박금융수단의 제공에서부터 결정된다. 따라서 해상기업이 선박건조시 금융을 제공하는 법률관계를 다루는 선박금융법도 해상법의 연구대상이 된다.

통상 선박을 건조하는 경우 30%는 선박소유자가 조달하고 70%는 금융회사로부터 융자를 받는 경우 통상이었다. 금융회사는 건조되는 선박자체를 담보물로 하여 저당권자의 지위를 득하고 선가의 70%를 융자하여 준다. 그런데, 불경기가 닥치면서 선박소유자들은 30%에 해당하는 대금을 조달할 수 없게 되었다. 이에 정부는 선박투자회사법을 만들어 선박소유자들이 마련해야하는 선박건조 자부담 30%를 일반대중으로부터 펀드를 조성하여 주어 그 부담을 들어주기로 했다[63]. 펀드의 안정한 운영을 위하여 선박투자회사는 다른 영업을 하지 못하도록 하고 선박운영회사가 업무를 처리하는 등 제도를 선박투자회사법에 담고 있다.

(2) 주요내용

선박투자회사법에는 선박투자회사, 선박운영회사, 선박운항회사, 자산관리회사 등이 있다. 선박운영회사는 선박을 건조하기 위하여 건조가의 30%에 해당하는 금액에 대하여 투자자로부터 자금을 모집한다. 이 금액으로 해외자회사인 특수목적회사SPC를 설립하고, 일반금융회사로부터 70% 선순위 대출을 받는다. 이렇게 합한

62) 중국의 경우, 법정지법주의를 취하고 있다.
63) 이기환 외 3인, 선박금융원론(도서출판 두남), 2016, 385면.

금액으로 SPC는 선박건조계약을 체결하게 된다. 건조된 선박을 인도받은 뒤 선체용선자로부터 용선료를 받아서 투자자들에게 배당을 하게 된다.[64]

(3) 개선사항

선박투자회사법은 일반투자자로부터 기금을 조성하여 기금이 선박을 소유하게 한다. 기금에 투자한 투자자를 보호하기 위하여 투자회사법은 특수목적회사SPC를 설치하도록 한다. 이는 투자자를 보호하기 위하여 선박의 운항에 의한 책임으로부터 분리시키고자 하는 의도이다.[65]

선박투자회사는 사실상 선박투자회사의 투자자 및 선박운영회사가 선박에 대한 소유권을 행사하면서도 해외의 특수목적회사가 등기소유자가 되어 있다. 그렇기 때문에 해상법과 관련된 채권자의 보호에 반하는 경향을 보인다.[66] 해상법에서 채권자를 보호하기 위한 책임재산으로서 선박의 존재는 대단히 중요한 것이다. 이에 대하여 선박투자회사법에서 선박운항과 관련한 채권자를 보호하기 위한 수단들이 더 필요하다.

9. 채무자회생 및 파산에 관한 법률

(1) 서

2008년 리먼 브라더 사태이후 우리나라 해운회사 및 조선소 20여개가 회생절차에 들어가게 되었다. 해운회사의 회생절차는 대내외적으로 큰 파장을 몰고왔다. 특히 2016년 9월 한진해운의 회생절차개시신청은 큰 사회적 문제가 되었다. 도산법은 원래 해상법의 연구의 범위는 아니다. 그렇지만, 도산법이 해상법과 맞물려 돌아가는 부분도 상당부분 있기 때문에 해사 도산법은 해상법의 영역이라고 보게 되었다. 가령 해상법상의 채권자는 회생절차가 개시되면 도산법상 회생담보권자 혹은 회생채권자 혹은 공익채권자로 지위가 변하게 된다. 이러한 지위를 결정하는 것은 바로 해상법의 문제이기도 하다.

---

64) 선박투자회사에 대한 논의로는 김인현, “선박투자회사 선박의 운항관련 책임주체와 그 채권자 보호”, 상사법연구 제35권 제4호(2017.2.), 103면 이하가 있다.

65) 정우영, “선박금융의 실무소개”, BFL 제19호(2006.9.), 93면; 김도경, “선박금융과 국내도선사의 도산”, 선진상사법률연구 제55호(2011.7.), 79면 이하; 木原知己, “船舶金融の發展的再定義”, 船舶金融の諸相, 成文堂, 2014, 13면이 있다.

66) 자세한 내용은 김인현, 전게 “선박투자회사” 논문, 113면을 참고 바람.

(2) 주요내용

채무자회생법은 회생절차가 개시되면 채무자의 재산은 동결되고, 채권자의 채권을 회생채권, 회생담보권, 공익채권으로 분류하여 회생절차 내에서만 회수가 가능하게 한다. 채권자들의 채권은 일정한 수준으로 낮추어서 배상이 될 수밖에 없다. 이러한 채권자의 희생하에 채무자는 회생을 도모하게 된다.[67)]

채무자회생법에서 해상법상 가장 중요한 조문은 제58조이다. 채무자회생법의 목적은 채무자를 회생시키기 위한 것이다. 제58조는 채무자의 재산은 회생절차가 개시되면 채권자들이 강제집행이나 보전처분을 할 수 없다고 규정하고 있다. 이렇게 함으로써 채무자의 재산은 그의 영업에 계속하여 활용이 가능하게 된다.

우리나라 해상기업이 국취부선체용선을 한 비중은 50% 이상이다. 한진해운의 경우에도 55척이 이러한 형식의 선박이었다. 이는 용선기간중 용선자가 선박대금을 조금씩 갚아나가다가 마지막에 잔금을 치르고 소유권을 취득하는 것이다. 이의 법적 성질이 다투어지고 있다. 금융리스로 보면 실질적인 소유권을 채무자인 용선자가 가지는 것이 된다. 할부매매로 보면 소유권은 여전히 매도인인 선박소유자가 유보하는 것이 된다.[68)]

그런데, 한진해운 사태에서 우리 법원은 소유권은 여전히 해외의 SPC가 가지는 것으로 보았다.[69)] 이로써 국취부선체용선 선박은 회생절차에 들어가면 이는 채무자의 재산이 아니므로 채무자회생법 제58조가 적용되지 않아 채권자에 의하여 강제집행을 당할 염려가 있는 것이 된다.[70)] 따라서 채무자의 회생을 도모하고 또한 채권자도 보호하도록 채무자회생법 제58조에 국취부선체용선 선박은 강제집행대상에서 제외된다고 규정하고 채권자는 회생담보권자로 보호하면 될 것이다.

(3) 개선방안

정기선 운항과 관련하여서는 특별한 제도의 도입이 필요하므로 채무자 회생법안에 정기선에 대한 별도의 절을 두어 규율할 필요가 있다.[71)] 정기선 운항에서

---

67) 채무자회생법에 대한 교재로는 김주학, 기업도산법(법문사, 제2판), 2012이 있다.

68) 자세한 논의는 김창준, "한진해운의 도산법적 쟁점", 한국해법학회지 제39권 제1호, 57면; 김인현, "국적취득부 선체용선의 법률관계", 한국해법학회지 제39권 제1호(2017.5.), 19면이 있다.

69) 이에 대한 자세한 논의는 김인현, 한진해운 회생절차상 선박압류금지 명령(stay order)의 범위 – 한국과 싱가포르를 중심으로 – 상사판례연구 제30집 제1권(2017), 129면이 있다.

70) 김인현, 상게 논문, 158면.

71) 정기선 운항은 부정기선 운항과 다른 특질을 가지고 있기 때문이다. 컨테이너 운송과 같은 정

마지막 항차의 하역이 제대로 이루어지는 것은 국제적인 무역 및 물류의 흐름과 관련되는 공적인 의미를 담고 있기 때문에 하역보장을 위한 국제기금제도 등이 마련되어야 할 것이다.[72]

10. 각종 보통거래 약관

해상법의 법원은 아니지만 당사자의 법률관계를 규율하는 중요한 것으로는 보통거래약관이 있다. 개품운송계약에서는 선하증권이 사용된다. 선하증권의 이면에 있는 조항들은 당사자들의 운송계약에 대한 약정으로서 약관이다. 이러한 당사자의 약정은 상법 제799조의 강행규정에 위반하지 않는 한은 유효하다. 해상보험에도 보험증권이외에 보험약관이 사용된다. 선박보험에는 ITC Hull이, 적하보험에는 ICC(A)(B)(C)가 사용된다.

용선계약에 사용되는 NYPE 등 표준서식은 당사자가 동등한 협상력을 가지고 자유로운 의사하에서 작성한 것이기 때문에 약관의 범주에 속하지 않는다.[73]

약관은 약관의규제등에 관한 법률의 적용을 받게 된다. 사업주가 소비자에게 중요한 사항을 설명하지 않았다면 그 내용은 사업주가 주장할 수 없게 된다(제3조 제4항).

11. 상관습법

(1) 서

상법 제2조에 의하면 상법전에 규정이 없으면 상관습법이 법원으로 적용된다. 관행이 반복적으로 적용되어 거래계의 법적 확신을 얻게 되면 상관습법이 되게 된다.[74] 반복되는 관행의 상태까지 가는 것은 여럿 있지만 이것이 법적 확신까지

기선 운항은 육상의 물류네트워크와 밀접한 관련을 맺고 있기 때문에 준비없이 회생절차에 들어가면 회생이 불가하므로, 회생이 가능하도록 제도를 잘 둘 필요가 있다.

72) 국내 정기선사 중 한 회사가 회생절차에 들어가면 마지막 항차의 운송물은 다른 정기선사들이 모은 기금으로 하역이 가능하도록 법률로서 보장하는 제도이다. 하역회사는 국내기금에 대하여 직접청구권을 가지도록 해운법에 규정화하여야 한다.

73) 자세한 내용은 최세련, "해상운송계약에서의 약관규제법의 적용", 한국해법학회지 제31권 제1호(2015), 79면이하; 김인현, "소비자보호의 관점에서의 선하증권의 효력", 해사법연구 제28권 제3호(20166.11.), 1면 이하.

74) 최종현, 전게서, 24면.

얻어서 상관습법으로 인정되는 것은 그렇게 많지 않다.

상관습법으로 인정받을 수 있는 것은 (i) 운송물의 인도에서 운송물인도지시서 D/O를 활용하는 것이다. (ii) 화물선취보증장이 발행되어 운송물이 인도되면 운송인의 책임이 면하게 되는 상관습법이 있다는 주장은 다툼이 있다. (iii) 공동해손의 산정은 YAR에 의하는 것이 상관습법이 되었는지 문제된다.[75)]

위 세 가지가 상관습법이라고 한다면, 법적 효력을 부여받는다는 점에 의의가 있다.

(2) 운송물 인도에 D/O를 사용하는 것

운송인은 인도할 의무를 부담한다. 선하증권이 발행된 경우 운송인은 이와 상환하여 운송물을 인도해야 한다. 그런데, 선박이 양륙항에 도착하게 되면 수하인은 선하증권을 은행으로부터 회수받아 이를 운송인에게 내준 다음 운송물을 수령해가게 된다. 그런데, 실제 운송물은 선박이나 창고에 존재하기 때문에 육상의 사무소에 있는 운송인의 대리인은 선하증권을 먼저 회수하게 된다. 선하증권을 회수하면서도 현실적으로 운송물을 넘겨주지 못하는 운송인은 선장이나 창고업자에게 본 증서의 소지자에게 운송물을 인도해주라는 지시를 내리는 증서를 수하인에게 발급하게 된다. 이를 운송물인도지시서D/O라고 한다. 이를 창고업자에게 가져가면 창고업자는 운송물을 내어주게 된다.

그런데 이런 D/O를 받지 않고 창고업자가 운송물을 내어주게 되면 여전히 선하증권이 회수되지 않았다는 의미가 되므로, 선하증권을 소지하고 있는 은행등은 손해를 보게 된다. 이 경우 창고업자가 손해배상책임을 부담하는지가 문제된다. 우리법원은 평택 등의 항구에서 D/O를 받고 운송물을 인도해야 하는 상관습이 존재한다고 인정하였다.[76)]

상법 해상편에는 D/O에 대한 아무런 내용이 없다. 그렇기 때문에 이러한 의무가 있다고 한다면 그 법적 근거는 상관습법이라고 해야 할 것이다.[77)]

---

75) 동지, 최종현, 전게서, 25면.
76) 대법원 2004.5.14. 2001다 33918 판결.
77) 인천항의 경우에 D/O를 받고 운송물을 내어 주어야 하는 의무를 창고업자가 부담한다는 점이 확인되었다. 이에 대한 자세한 논의는 김인현, “인도지시서와 화물선취보증장을 이용한 인도에 대한 소고”, 한국해법학회지 제33권 제1호(2011.4.), 69면 이하를 참고 바람.

(3) 화물선취보증장

선박이 선하증권보다 빨리 양륙항에 도착하는 경우 수하인(수입자)는 먼저 운송물을 수령하려고 한다. 이 때 수하인은 선하증권의 회수없이 운송물을 인도하여 운송인이 입게 되는 어떠한 손해에 대하여도 은행이 운송인에게 배상한다는 은행의 약속이 적힌 보증장을 운송인에게 제출하게 된다. 이를 화물선취보증장(L/I)이라고 한다. 이의 효력이 문제된다. 이에 대하여 종래 화물선취보증장을 받고 운송물을 건네주면 운송인의 의무는 종료된다는 상관습이 있다는 학설이 있었다.[78]

그러나, 우리 대법원은 이 경우에도 운송인은 선하증권 소지인에 대하여 손해배상책임을 부담해야 한다고 판시한 바 있다. 즉, 그러한 상관습법의 존재를 부정한 것이다.[79] 필자도 이러한 대법원의 판결에 찬성한다.

(4) 공동해손

공동해손이 선포되면, 선박소유자 및 각 화주들은 자신들이 공동위험체에서 차지하는 비중에 비례하여 손해를 본 자에게 공동해손분담금을 지급하여야 한다. 복잡한 공동해손의 정산을 위하여는 운송계약에서 요크안티호프 규칙을 적용한다는 약정을 하게 되는 것이 일반적이다.[80] 그런데, 이러한 약정이 없는 경우, YAR이 자동적으로 적용될 것인지 문제된다. 상법에는 이에 대한 규정이 없다. “다른 약정이 없다면 공동해손은 YAR에 의한다”는 임의규정이 있다면 이것이 적용될 것이다. 현 상법하에서 이것이 적용될 수 있다면 그 법적 근거는 상관습법이 될 것이다. 외항운송계약에는 그러한 관행은 상관습법화되었다고 판단되지만, 내항운송계약에서는 아직 그렇지 않은 것으로 보인다.

(5) 의 견

상관습법이 법원이 되기까지는 법적 확신을 얻기까지 시간이 필요하게 된다. 그러므로 그러한 판결이 나오기까지 쟁점사항은 법적 안정성이 떨어지게 된다. 상관습법은 최소화되고 쟁점이 된 사항은 법규정화하는 것이 바람직하다.

---

78) 이기수 외 2인, 보험해상법, 512면.

79) 대법원 2009.10.15. 2008다33818 판결; 대법원 2015.12.10. 2013다3170 판결.

80) 각종 선하증권, 용선계약에 그러한 내용이 약정으로서 추가되어 있다. 예컨대, GENCON 항해용선계약서 17조가 그러하다.

Ⅲ. 중요 판례[81)82)]

1. 선체용선에 대한 판결(대법원 1975.3.31. 74다847 판결)

해상기업은 선박을 다양한 방법으로 보유한다. 선박을 직접 소유하기도 하고 용선하기도 한다. 선체용선(나용선)이란 선박소유자는 용선자에게 선박만을 용선해 주고 용선자가 선장이하 선원을 승선시키고 선박의 운항을 가능하게 준비하여 그 선박을 자신의 영업에 활용하는 계약이다. 상법 해상편의 규정은 선박소유자를 기본으로 하여 마련되어 있다. 선체용선을 규율하는 규정으로 우리 상법은 제정 상법시절부터 “선체용선자는 선박소유자와 동일한 권리와 의무가 있다”는 규정을 두었다(현행 규정 제850조). 이 규정의 의미가 문제된다.

나용선(선체용선)된 선박의 좌초로 꿀벌이 손상된 사건에서 선박소유자 혹은 선체용선자 중에서 누가 책임의 주체가 되는지가 문제되었다. 이에 상법 제850조(구, 766조)에서 말하는 “선체용선자가 선박소유자와 연대책임을 부담하는가 혹은 단독책임을 부담하는가?”가 문제되었다. 이에 대법원은 동조의 문구는 연대책임을 말하는 것이 아니라 선체용선자가 단독책임을 부담하는 것이라고 판시하였다.[83)]

이 판결은 1975년에 내려진 것으로서 상법 제850조상 선체용선의 경우 선박소유자가 아니라 선체용선자가 권리와 의무의 주체가 되는 것으로 되었다. 이후 우리나라 해상기업이 선체용선한 선박을 이용하여 운항을 하는 경우에 책임관계가 분명하게 됨으로서 법률관계가 안정되는 큰 기여를 해 왔다. 이 조항에 대한 해석은 정기용선계약의 경우에도 적용되게 되었고 해상법의 큰 뿌리를 이루게 되었다. 즉, 정기용선계약에 대한 혼합설 혹은 임대차유사설의 입장에서 정기용선자가 선박소유자를 대신하여 권리와 의무의 주체가 되는 해석의 법적 근거가 되어왔다. 따라서 정기용선자가 책임을 부담하는 경우 선박소유자와 연대책임을 부담하는 것이 아니라 단독책임을 부담하는 것이 된다.

---

81) 우리나라 해상법 판례에 대한 정리는 다른 법분야보다 체계적으로 정리되어 있는 편이다. 김인현 교수는 1999년이래의 해상중요판례를 한 해도 빠짐없이 한국해법학회지에 기고하고 있다. 판례집으로는 유기준 · 송대원, 해상판례연구(박영사 제2판), 2009년이 있다. 2012-2017년 중요해상판례를 정리한 것으로는 김인현, 해상법 중요판례집 I, 법문사, 2017이 있다.

82) 지난 50년간의 중요 해상법판례를 논한 논문으로는 김인현, “해상법 판례 50년의 회고와 전망”, 상사판례연구 제23집 제1권(2010.3.), 215면 이하; 김인현, 전게 해상법연구Ⅲ, 74면 이하가 있다.

83) 이에 대한 평석으로는 김인현, 상게 논문, 226면이 있다.

2. 선주책임제한이 불법행위에도 적용되지 않는다는 판결(대법원 1987.6.9. 87다34 판결)

해상기업은 선박소유자 책임제한제도를 이용할 수 있다. 이러한 선박소유자책임제한제도는 1962년 상법제정시부터 우리 상법에 포함되어 있었다. 그런데 1991년 개정상법이 있기까지 우리 상법하의 책임제한제도는 1924년 책임제한조약의 내용을 따르고 있었기 때문에 책임제한액수는 매우 낮은 액수였다. 이에 상법은 원칙적으로 계약관계에만 적용된다는 관점에서 만약 불법행위를 청구원인으로 하면 책임제한제도의 적용이 없는지가 쟁점이 되어 왔다.

우리 대법원은 위 판결에서 위와 같은 상황하에서 책임제한제도는 불법행위에 있어서는 적용되지 않는다고 판시하였다.[84] 따라서, 선박소유자는 책임제한을 할 수 없는 상태가 되었다.

이러한 대법원의 판시의 내용은 해운업계와 학계의 강한 반대에 부딪치게 되었다. 특히 조약을 만들면서 하나의 사실관계에서 청구원인에 따라서 책임제한이 되는 경우가 있고 되지 않는 경우가 있다면 합리적이지 않다는 점에 문제가 있다고 보았다. 또한 선주책임제한조약에서는 "청구원인의 여하에 불구하고"라는 문구를 가지고 있었기 때문에 어떠한 청구원인으로 소가 제기된 경우라도 책임제한이 가능하였다(제2조 제1항). 그럼에도 불구하고 우리나라에서만 서로 달리 결과가 나온 것은 잘못이라는 것이다. 결국 1991년 상법개정시 우리나라도 "청구원인의 여하에도 불구하고"라는 문구를 넣어서 이러한 문제를 해결하게 되었다(상법 제798조 제1항).[85] 결국 해상법이 적용되는 한도에서는 우리나라는 마치 법조경합설과 같은 결과가 되었다.

3. 운송주선인이 운송인이기 위하여는 재산적 실체가 필요하다는 판결(대법원 1987.10.13. 85다카1080 판결)

상법 상행위편에는 운송주선인이 있다(제114조). 운송주선인은 운송인과 송하인을 주선하여주는 기능을 하지만, 선하증권을 발행하든가 확정운임운송계약을 체결한 경우에는 운송인이 된다(제116조).[86] 운송주선인은 운송과 관련하여 수수료만

84) 그 후 대법원 1989.11.24. 88다카16294 판결에서도 동일한 내용의 판시가 나왔다.
85) 동지, 김인현, 전게 해상법, 94면; 채이식, 전게서, 272면.

취득하다가 운송인이 되면 운임을 취득하기 때문에 경제적으로 운송인이 될 유인이 충분하다. 그래서 운송주선인이 주선인인지 혹은 운송인인지가 중요한 의미를 가지게 된다. 운송인이 되면 운송인으로서의 손해배상책임을 부담하고 책임제한이 가능하지만, 운송주선인에 한정된다면 운송인으로서의 책임을 부담하지 않고 또한 책임제한도 할 수 없다. 한편으로는 화주의 입장에서는 국내의 운송주선인에게 운송인으로서의 책임을 물을 수 있는 장점이 있다.

우리 대법원은 위 판결에서 운송주선인이 운송인이 되기 위하여는 "확정운임 주선계약으로 볼수 있으려면 주선인에게 재산적 바탕이 있어야 한다"고 판시한 바 있다.

위 판결은 1980년대에 나온 판결로서 잘못된 판결이라고 보는 견해가 지배적이었다.[87] 왜냐하면 상법상 운송인이 됨에는 어떠한 제한이나 요건이 필요없기 때문이다. 운송계약을 체결하고 운송을 인수하기만 하면 운송인이 된다.

그런데, 최근 대기업들이 자회사로서 물류회사를 두게 되었다. 대기업은 화주(송하인)이 되고 물류자회사는 운송주선인으로서 계약운송인이 된다. 물류자회사들의 영업력을 바탕으로 운송계약을 다량으로 체결하여 계약운송인이 됨으로써 해상기업은 오히려 열악한 지위에 놓이게 되었다. 실제로 운송계약을 이행하여야 하는 자는 해상기업으로서 선박의 확보, 컨테이너 박스의 확보 등 많은 투자와 자산이 투입되어야 함에도 이러한 부담이 없는 운송주선인과 운송계약을 두고 경쟁하는 관계에 놓이게 되었다. 이는 경쟁법적 관점에서 보면 공정한 경쟁이 아니기 때문에 시정되어야 할 필요가 있다. 이런 취지에서 위 대법원의 판시의 내용은 새롭게 조명되고 있다.

4. 영국해상보험법상 담보특약은 유효하다는 판결(대법원 1996.10.11. 94다60332 판결)

영국해상보험법에는 담보특약warranty이라는 제도가 있다.[88] 이 제도는 피보험자

86) 이들이 운송인이 되는 경우 자신들은 선박이라는 운송을 위한 물적 수단이 없기 때문에 실제 운송인과 다시 제2의 운송계약을 체결해야한다. 이들을 계약운송인이라고 부른다.

87) 이철송, 상법총칙상행위법(박영사 제14판), 2016, 576면.

88) 해상보험에서 사용되는 warranty라는 용어는 계약법(contract)에서 말하는 warranty와는 다르다. 후자는 condition보다 계약상 중요성이 떨어지는 것으로 법률상 효과가 달라진다.

가 보험계약을 체결시 약정한 내용을 조금이라도 위반한 경우에 그 위반이 인과관계가 없어도 보험자는 면책이 되는 제도이다. 우리 보험법에는 없기 때문에 피보험자들이 그 내용을 모르고 피해를 보는 경우가 많았다.

대법원은 위 판결에서 이러한 영국법상의 담보특약이 유효하다고 판시하였다. 그렇지만 담보특약을 적용하지 않는 방안을 찾게 되었다.[89]

Korea P&I 및 해운조합이 영업을 시작하여 담보특약을 담은 약관을 그대로 사용하면서 우리나라 법을 준거법을 한 경우에 이 약관이 유효한지 실무에서도 문제가 되기 시작하였다. 이를 입법화하자는 논의가 생겨났다.[90]

영국, 호주, 미국 등에서도 담보특약의 엄격성에 대한 반성이 일어났고 드디어 영국에서도 담보특약의 효력의 엄격성을 완화하는 입법이 이루어졌다. 인과관계를 요구하고, 담보특약의 위반이 치유되면 그 이후로는 여전히 보험계약의 효력이 유효한 것으로 변경되었다.[91]

5. 책임제한배제사유의 인정(대법원 2006.10.26. 2004다27082 판결)

선박소유자는 국제조약 및 국내법에 따라 총체적 책임제한을 할 수 있다(1976년 선주책임제한조약 제2조; 상법 제765조)). 또한 운송인도 국제조약 및 국내법에 의하여 포장당 책임제한을 할 수 있다(헤이그 비스비규칙 제4조; 상법 제797조). 그러나, 그들이 고의 혹은 무모한 행위로 인하여 손해를 야기한 경우에는 그들은 책임제한을 할 수 없다. 그런데, 무모한 행위는 "손해발생의 염려가 있음을 인식하면서 무모하게 한 행위"를 말한다. 이러한 무모한 행위는 미필적 고의 혹은 중과실로 인정되는 것이다.[92] 선박소유자 혹은 운송인이 무모한 행위로 인하여 사고를 일으키고 손해를 야기하는 것은 매우 이례적인 것이다. 그렇기 때문에 전세계적으로 선박소유자의 책임제한배제사유가 인정되어 책임제한을 할 수 없는

89) 대법원 2001.7.27. 99다55533 판결; 대법원 2010.9.9. 2009다105383 판결에서 비록 준거법이 영국법일지라도 우리나라의 약관규제에 관한 법률의 설명의무를 보험자에게 부과하기 시작하였다.

90) 대표적인 논문으로는 김인현, "보험편 해상보험규정의 의의와 개선방안", 상사법연구 제28권 제2호(2009.8.); 해상법연구Ⅲ, 761면이 있다.

91) 자세한 논의는 김찬영, "해상보험에 있어 담보특약의 법리의 변화와 그 시사점에 관한 연구", 한국해법학회지 제37권 2호(2015), 323면 이하가 있다.

92) 이에 대하여는 중과실설, 미필적 고의설, 인식있는 중과실설 등이 있다. 이에 대한 자세한 논의는 주석상법(해상), 한국사법행정학회, 2015, 206면이 있다.

경우는 유례를 찾아보기가 어려웠다.

위 판결에서 갑판하에 적재되어야 할 운송물을 갑판상에 적재하여 운송중 화물이 손상을 당하자 운송인이 포장당 책임제한을 주장한 것에 대하여 그러한 결정은 운송인 측의 무모한 행위라고 고등법원은 인정하였다. 우리나라 해상법상 처음으로 무모한 행위가 인정된 사례가 되었다. 이는 국제적으로도 유례가 드문 사례가 되었다. 이 판결에 대한 상고심에서 대법원은 회사의 과장이나 차장이 전권을 가진 경우라면 그 자의 결정도 운송인 자신의 결정에 해당한다고 판시하였다.[93]

우리나라는 무모한 행위와 운송인 혹은 선박소유자 자신의 범위에 대한 법원의 판시를 가지고 있는 아주 드문 국가가 되었다. 이에 반하여 국제적으로 이러한 사례는 굉장히 드물다. 사고발생의 염려가 있음을 알고서 아무런 조치를 취하지 않는 사례란 사실상 없다고 보아야 할 것이다. 왜냐하면 운송인측에서 사고가 예상됨에도 아무런 조치를 취하지 않는 경우는 상상하기 어렵기 때문이다. 앞으로 이러한 사례는 잘 인정되지 않을 것으로 본다.

6. 편의치적의 경우 국제사법상 준거법의 결정(대법원 2014.7.24. 2013다34839 판결)

해상법의 적용대상인 해운산업은 선박을 필수요건으로 한다. 그런데 해운산업은 국제경쟁하에 놓여 있기 때문에 선적을 자국에 두지 않고 편의치적을 하는 큰 경향하에 있다. 한국의 선박소유자가 한국에 등록을 하지 않고 파나마, 라이베리아, 마샬 아일랜드에 등록을 하는 것이 국제적인 관행이 되었다.

우리나라의 국제사법에 의하면 선적국법에 의하여 해상법문제들이 규율되게 된다. 파나마 선적의 선박에 대한 선박소유자책임제한을 규율하는 법은 법정지법인 한국법이 아니라 선적국인 파나마법에 의하게 된다. 과연 이러한 것이 합리적인지 문제가 된다.

위 판결에서 선원과의 법률관계가 문제되었는데 대법원은 국제사법 제8조 제1항에 따라 "가장 밀접한 관련"이 있는 국가의 법을 적용한다고 하여, 선원들의 문

93) 자세한 평석은 김인현, "운송인의 포장당 책임제한권이 부인된 해상사건", 인권과 정의 370호(2007.6.), 168면 이하가 있다.

제는 한국법에 의한다고 판시되었다.[94)]

이러한 대법원의 입장이 실질을 반영한 좋은 판결이기는 하지만, 명백한 선적국이 있음에도 이를 적용하지 않게 되면 법률관계가 불안정해지는 문제가 발생한다. 우리 국제사법에서는 많은 부분에서 선적국법에 의하도록 하는데, 실질적 관련성이 많은 국가는 편의치적선박의 경우에는 한국법이 될 것이다. 이러한 것은 바람직한 것 같지 않은 것으로 보인다. 그렇다면, 국제사법의 선적국법 주의를 법정지법으로 변경할 필요가 있다.[95)]

7. 영국 준거법이 유효하다는 판결(대법원 1977.1.11. 71다2116 판결)

우리나라 해상보험은 영국 보험법을 준거법으로 해왔다. 우리나라 피보험자와 보험자와의 보험계약에서도 준거법은 영국법으로 하고 있다. 그런데, 영국법에 의하면 피보험자에게 불리한 법조항들이 많다. 담보특약과 같은 것이 대표적이다. 보험계약의 체결시 약정한 내용이 조금이라도 지켜지지 않을 경우에는 보험자는 면책이 된다. 피보험자는 이 경우 담보특약의 적용을 받지 않기 위하여 영국법 준거법 적용은 무효가 된다고 주장하게 되었다.

이에 대하여 대법원은 1970년대부터 예외없이 영국 준거법약정을 유효하다고 판시하여 왔다. 대법원은 영국법을 해상보험계약에 준거법에 사용하는 것이 국제적인 관행으로 받아들여지고 있다는 점을 그 근거로 들고 있다.[96)]

영국준거법 약정이 유효하다는 약정은 그대로 유지되고 있지만, 대법원은 2000년 이후에 보험자에게 설명의무를 부과함으로써 우회되는 단계를 밟아왔다.[97)] 보험자는 약관규제에 관한 법률상 설명의무를 이행하지 못하게 된 경우 약정의 내용을 주장할 수 없다. 즉, 위에서 말하는 담보특약의 위반에 대한 효력을

94) 자세한 평석은 김인현, “2014년 중요 해상판례 평석”, 한국해법학회지 제37조 제1항(2014), 346면이 있다.

95) 자세한 내용은 김인현 편저, 해상법중요판례집 I (법문사, 2018), 23면을 참고 바람.

96) 대법원은 “영국법 준거약관은 오랜 기간동안에 걸쳐 해상보험업계의 중심이 되어온 영국의 법률과 관습에 따라 당사자간의 거래관계를 명확하게 하려는 것으로서 우리나라의 공익규정 또는 공서양속에 반하는 것이라거나 보험계약자의 이익을 부당하게 침해하는 것이라고 볼 수 없으므로 유효하다”고 판시하고 있다.

97) 대법원 2001.7.27. 99다55533 판결; 대법원 2010.9.9. 2009다105383 판결에서 비록 준거법이 영국법일지라도 우리나라의 약관규제에 관한 법률의 설명의무를 보험자에게 부과하기 시작하였다.

주장할 수 없게 되는 것이다. 이렇게 함으로써 결국 영국준거법약관이 무효가 되는 것과 동일한 효과가 나게 되었다.[98)]

8. 정기용선자의 대외적 책임에 관한 폴사도스 판결과 예인선판결 (대법원 1992.2.25. 91다14215 판결) (대법원 2003.8.22. 2002다65977 판결)

해상기업은 정기용선계약을 통하여 선박을 선박소유자로부터 빌려와서 단기간 사용하고 이를 되돌려주게 된다(상법 제842조). 대내적인 관계는 선박소유자와 용선자 사이의 용선계약을 통하여 규율된다.[99)] 그러나, 대외적인 문제는 상법에 규정된 바가 없기 때문에 제정상법 이후로 계속해서 문제가 되어왔다. 정기용선의 법적 성질이 선박임대차와 유사하여 선박임대차 규정을 준용하는 방법을 통하여 처리되어 왔다.[100)]

1992년 폴사도스 사건에서 정기용선 하에서 운항되는 선박의 운송계약상 책임은 상법 제850조에 의한다는 대법원 판결이 내려졌다. 이 판결은 정기용선의 법적 성질이 임대차와 유사하다는 입장에 따른 것이다.[101)] 선체용선자가 선박소유자와 동일한 책임을 부담하듯이 정기용선자도 선박소유자와 동일한 책임을 부담한다는 것이다.

그런데, 선박충돌의 경우 이는 불법행위이기 때문에 선장의 사용자인 선박소유자가 사용자책임을 부담하여야 할 것이라는 점이 업계와 학계의 지지를 받았다.[102)] 그 후 2003년 예인선판결에서 대법원은 해기상사구별설을 취하면서 불법행위는 사용자 책임을 선박소유자가 부담하는 것으로 인정되었다. 이로써 정기용선과 관련된 대외적인 책임은 사항별로 분화되는 단계로 들어가게 되었다.

---

98) 영국법이 준거법으로 약정된 경우에도 어떻게 우리나라 약관규제에 관한 법률을 적용할 수 있는지 많은 의문이 제기되었지만, 서울고법 2012.11.22. 2012나720 판결사건에서 외국적 요소가 없는 경우에 국제사법에 의하여 우리 법이 적용될 수 있다는 점이 확인되었다.

99) NYPE 등 표준서식이 대내적인 법률관계를 처리하기 위하여 활용된다.

100) 상법 제850조 선체용선자의 대외적 책임에 대한 규정이 정기용선자의 경우에도 준용될 수 있다는 것이다.

101) 자세한 논의는 김인현, "정기용선하에서 발행된 선하증권상의 책임주체", 한국해법학회지 제20권 제2호(1998.11.), 305면 이하가 있다.

102) 자세한 논의는 김인현, "정기용선중인 선박의 충돌사고에 대한 책임주체", 한국해법학회지 제19권 제1호(1997.4.), 195면 이하가 있다.

정기용선의 대외적 책임문제는 여전히 문제되고 있다. 최근 정기용선된 선박의 운항자가 운항중 발생시킨 채권과 관련하여 선박우선특권이 인정되는지 여부에 대하여 하급심 법원은 이를 부정하였다(인천지방법원 2017.10.17. 2015라838 결정). 그렇지만 학설은 이를 인정하고 있다.[103)]

일본은 이와 관련하여 개정 상법초안에서 정기용선자에 대하여도 선박우선특권을 인정하는 명문규정을 두도록 했다.[104)] 우리나라도 일본의 경우와 같이 명문의 규정을 두어 해결해야 할 일이다.

Ⅳ. 분쟁 해결절차

1. 의 의

해상기업의 영리활동에서는 운송계약과 용선계약, 해상보험계약이 필연코 나타나게 된다. 또한 선박충돌이나 유류오염사고와 같은 불법행위도 나타난다. 이러한 계약관계나 불법행위가 당사자의 합의로 종결되지 않은 경우 당사자는 법원의 소송이나 중재로 해결해야 한다.

해상법 분야는 연혁적으로 일반 법분야와 다른 내용이 많다. 따라서 각국은 특별한 분쟁해결절차를 두어 효율성을 기하고 있다. 해사법원 제도를 가진 국가로는 영국, 싱가포르, 홍콩, 중국 등이 있다. 또한 해사중재제도를 가진 국가로는 영국 런던해사중재, 싱가포르의 SCMA,[105)] 미국의 SMA가 유명하다. 그럼에도 불구하고

---

103) 최종현, 전게서, 491면; 김인현, "정기용선자가 발생시킨 채권의 선박우선특권 성립여부", 상사법연구 제37권 제2호(2018.8.), 351면 이하.

104) 일본 상법개정안은 제707조에서 정기용선의 경우에도 선체용선된 선박에도 선박우선특권이 인정된다는 규정을 준용하고 있다.

일본 상법 제703조 (선박임대차의 제3자에 대한 관계) ① 선박의 임차인이 상행위를 할 목적을 가지고 그 선박을 항해에 제공한 때에는 그 이용에 관한 사항에 대하여는 제3자에 대하여 선박소유자와 동일한 권리의무를 가진다.

② 전항의 경우에 있어서 선박의 이용에 관해 발생한 우선특권은 선박소유자에 대하여도 그 효력이 있다. 다만 우선특권자가 그 이용이 계약에 반한 것을 알았을 때에는 그러하지 아니하다.

제707조 (운송 및 선박임대차에 대한 규정의 준용)

(중략) 상법 제703조 2항의 규정은 정기용선자의 선박의 이용에 관하여 발생한 선박우선특권에도 준용한다. (중략)

105) 싱가폴해사중재(SCMA)에 대하여는 김인현, "싱가폴 해사중재제도와 그 시사점", 상사법연구

우리나라는 이러한 특별한 분쟁해결절차를 두고 있지 않다.

2. 법원의 소송

우리나라는 민사소송에 대하여 3심제도를 유지하고 있다. 관련자들은 전국의 지방법원에서 소송을 제기할 수 있다. 1심의 재판에 불복하는 자들은 고등법원이나 지방법원 합의부에 2심을 제기할 수 있다. 제2심에 불복하는 자들은 대법원에 3심을 제기할 수 있다. 제1심과 제2심 모두 사실심을 한다는 점에서 미국 등 1심에서만 사실심fact finder을 하는 점과 다르다.

우리나라는 해사법원제도를 가지고 있지 않기 때문에 해상사건이라도 모두 일반 법원에 제기된다. 법원은 전문성을 가지지 않았기 때문에 소송이 길어지고 당사자들이 불복하는 경향을 보인다. 이에 반하여 중국, 싱가포르, 홍콩 등은 해사법원을 두고 해상사건은 모두 해사법원에서 처리하고 있다.

우리나라는 2016년 2월부터 서울중앙지방법원, 서울고등법원, 부산지방법원 등에 해사전담부를 설치하여 해상사건을 처리하고 있다.

3. 중 재

법원의 판사가 아닌 중재인들에 의하여 분쟁을 해결하는 절차를 중재arbitration라고 한다. 우리나라는 대한상사중재원에서 해사중재도 함께 처리한다. 중재에는 기관중재와 임의중재가 있고 대한상사중재원의 중재는 기관중재이다. 이에 반하여 영국, 싱가포르는 임의해사중재를 실시하면서 업계로부터 많이 선택되고 있다.

이에 우리나라도 2018년 2월 28일 임의해사중재를 지원하는 서울해사중재협회SMAA를 설치하였다.[106] 대한상사중재원은 부산에 아태해사중재센터를 설치한 바 있다. 이로써 우리나라는 임의중재를 하는 서울해사중재협회의 중재와 기관중재를 하는 대한상사중재원의 아태해사중재센터로 양분되어 수요자들이 선택적으로 활용할 수 있게 되었다.

제34권 제4호(2016.2.), 211면 이하를 참고하기 바람.

106) 설립추진위원장은 김인현 교수가 맡았고, 초대회장은 정병석 변호사이다. 자세한 내용은 www.smaa.kr에서 확인이 가능하다.

4. 해양안전심판원

우리나라는 해양사고가 발생한 경우 사고의 원인을 판단하고 해기면허를 소지한 자들에게 징계를 가하는 해양안전심판제도를 가지고 있다. 제1심과 제2심으로 이루어지는데,[107] 이에 불복하면 대전고등법원에 행정소송을 제기하게 된다.[108] 대법원에서 최소소송에 대한 결론을 내린다.

해양안전심판은 민사법원과는 전혀 다른 것이다. 민사법원은 손해배상의 문제를 다루는 것이지만, 해양안전심판원은 행정심판을 행하는 곳이다.

그렇지만, 해사법원이 없는 우리나라에서는 해양안전심판원에서 내린 원인재결의 사실관계는 법원에서 그대로 인용되는 관행을 보인다. 이러한 점에서 해양안전심판은 민사소송과 긴밀한 관계를 가진다.

5. 전 망

해상법 관련 사건은 일반 사건과 다르다. 선박과 관련해서 발생하는 사건의 해결에는 전문적인 식견이 필요하다. 그렇기 때문에 외국의 선진해운국과 같이 해사법원, 해사중재원을 창설 및 활성화시켜야 한다.[109] 그리고 우리 해상법과 해상판례를 외국에 꾸준히 알리는 작업도 필요하다.[110]

2015년부터 해사법원중재활성화 추진위원회가 설치되어 해사법원 설치운동이 전개되고 있다. 사건수가 적기는 하지만 해사법원이 설치되면 해상사건이 늘어날 수 있으므로 조기에 해사법원이 설치되도록 노력해야 한다. 2018년 설치된 서울해사중재협회의 성장도 필요하다.

---

107) 제1심에서 해양안전심판원에서 징계를 가하면 이는 행정처분이 된다. 제2심은 이러한 처분에 대한 행정심판을 하는 것이다.

108) 사실관계에 대한 판단을 법관이 한번은 해야한다는 여론에 따라 2014년부터 고등법원에 행정소송을 제기하여 사실심을 하게 되었다. 이전에는 법률심인 대법원에 소송을 제기하기 때문에 법관에 의한 사실관계에 대한 판단을 받지 못한다는 비판이 제기되었었다.

109) 이와 관련된 논문으로는 김인현, "한국해사법정 및 한국 준거법 활용현황과 그 활성화 방안", 한국해법학회지 제34권 제1호(2014.4.); 해상법 연구Ⅲ, 3면 이하가 있다.

110) 김인현 교수의 Transport Law in South Korea가 Kluwer에 의하여 2013년부터 출간되어 외국에 한국 해상법을 알리는 기능을 하고 있다. 그는 이외에도 Journal of Maritime Law & Commerce에도 2005년 이래로 우리나라 해상판례를 지속적으로 소개하고 있다.

V. 앞으로의 전망

우리 상법 해상편은 1961년 제정된 이래로 해상기업의 법률관계를 규율하는 중요한 역할을 해왔다. 산업의 발전에 맞추어 1991년과 2007년 두 번의 상법개정을 통하여 상법 해상법은 선진화되었다.

대법원은 법률에 규정이 없는 부분이나 애매한 규정의 해석에 진력해왔다. 학설도 그러한 공백을 채우기 위하여 노력해왔다. 정기용선의 대외적 효력에 대한 논쟁이 대표적인 예이다.

상법의 이념의 하나는 상거래의 원활화에 있다. 상거래를 하는 당사자들이 법적 안정성을 가지고 상거래를 하도록 하는 것이 상법의 이념이다. 우리 법체제가 판례법 국가가 아니고 제정법 국가이기 때문에 법률에 규정을 잘 두는 것이 중요하다.

법률에 규정이 없거나, 논란이 있는 부분에 대하여는 새롭게 법률에 규정을 넣는 작업을 신속하게 진행하여야 한다.[111] 70년간 우리 해상법은 그런 점에서 부족한 면이 있다. 앞으로는 법적 안정성을 찾기 위하여 노력하여야 할 것이다.

새롭게 나타나는 법현상인 블록체인을 이용한 전자선하증권의 사용, 컨테이너 박스의 법률관계, 대량화주가 협상력에서 우위에 서기 때문에 오히려 운송인을 보호하는 강행규정을 둘 필요가 있는지 여부 등이 앞으로 해상법 입법의 과제가 될 것이다.

기존의 해상법의 범위가 아니지만, 해상기업의 영리활동에 큰 영향을 미치는 도산법이나 국제사법 등의 개정작업에도 해상법학자들이 의견을 낼 수 있어야 할 것이다.

---

111) 한국해법학회는 상법 해상편 개정 준비위원회를 설치하고 상법을 현실에 맞추는 개정작업을 법무부가 주도적으로 할 수 있도록 준비하는 작업을 해오는 전통을 가지고 있다. 2007년 상법 해상편 개정작업을 위하여 해법학회 개정위원회가 구성되어 3년 동안 활동했다. 이런 학회의 활동은 지속되어야 할 것이다.

청헌 김증한 교수 30주기 추모논문집

민사절차법

신민사소송법 제정 15년의 회고와 전망*

이 시 윤

변호사 · 전 헌법재판관

* 이 글은 한국민사소송법학회 창립 25주년 기념 학술대회 기조강연문이며, 민사소송 제21권 1호 (2017.5.), 9-25면(한국민사소송법학회 발행)에 게재되었던 것이다.

Ⅰ. 들어가며 – 구법의 내용과 경과

우리 민사소송법은 1948년 대한민국 수립 후 법전편찬위원회(위원장 김병로)가 구성되어 기초한 것으로 제4대 국회를 통과하며 1960년 7월 1일부터 시행되게 되었다. 그 골격은 쌍불취하 제도를 가미하였을 정도이고 일본 민사소송법을 통한 대륙의 독일 민사소송법ZPO의 계수였다.

그러다가 여러 차례의 개정이 있었는데, 제1차 개정 1961년에 증인신문에 관하여 대륙의 직권신문제에서 영미법의 교호신문제로 변혁시켰다. 여기에 4급 3심제 구도하의 고등법원 상고부의 설치에 따른 특별상고제와 판결서 작성의 간이화였다. 뒤이은 1963년 개정에서는 4급 3심제와 특별상고제를 없애고 원상으로 돌아갔다. 그 뒤의 개정은 작은 개정이 아니면 민사소송법 법전에 손대지 않고, 단행 특별법의 제정으로 보완하는 방식이었다.

그 대표적인 예가 1961년 민사소송에 관한 임시조치법에서 가집행선고의 원칙화와 국가소송에서 가집행선고의 금지였고, 1973년에 소액사건심판법의 제정으로 1회 심리의 원칙, 직권증거조사제, 직권증인신문제와 판결서이유의 생략, 그리고 상고제한의 특례를 담았는데, 이는 외국에서도 평가 받은 바 있다. 제5공화국이 출범하며 1983년에 소송촉진에 관한 특례법의 제정으로 작지만 강한 개혁을 이루었다. 연 25%의 소송지연이자, 변호사 보수의 소송비용산입, 미국 Supreme Court의 certiorari인 상고허가제도를 처음 도입하면서, 일본법의 모사단계에서 입법의 독자성이 나타났다. 한편 민사소송법의 본법시행세칙인 민사소송규칙이 대법원규칙으로 제정되면서 내용에 주목할 규정이 포함되었다. 그 뒤 1994년 대법원 주도하의 법원조직법의 개정으로 독일, 오스트리아의 제도인 사법보좌관제도가 신설되었다. 같은 해 상고심절차에 관한 특례법의 제정으로 비판 많던 상고허가제를 폐지하고 그 변형인 심리불속행제도로 바꾸었다.

이상은 민사소송법전 외적인 개정인데, 1990년 법무부 민사소송법 개정특별위원회가 성안한 초안을 기초로 한 대폭적인 개정안이 국회를 통과하였다. 강제집행절차까지 손댄 광범위한 개정인데, 판결절차만 보면, 민사소송의 지도이념과 신의칙, 관할규정의 정비, 필수적 공동소송의 추가와 피고의 경정제, 소송구조제도의 강화, 지적의무의 신설, 담보제공에 있어서 보증서제도, 변론집중주의, 송달, 소취하 간주와 반소 등의 정비, 독촉절차의 간소화 등을 포함하고, 앞서 본 소송촉진에 관한 특례법 규정의 민사소송법전에의 흡수가 주요 골자였다. 이 개정법 중에는 일본에 역수출된 것도 있다.

Ⅱ. 2002년 신민사소송법

이상과 같이 1960년 민사소송법의 역사가 흘러가다가, 2002년에 이르러 법무부가 아닌 대법원의 주도하에 원안기초, 의원입법의 형태로 민사소송법의 새로운 Version이 나타났다. 그것이 2002년 1월 26일 전문개정 법률 제6626호 신민사소송법으로, 위 1960년 민사소송법전은 대체되고 폐기에 이르렀다.

1. 체제면의 혁신

종전의 민사소송법을 이 법으로 대체하는 전문개정의 새민사소송법이며, 표제까지도 한글화하는 전면 한글순화, 가압류, 가처분절차와 강제집행절차를 분리하며 민사집행법으로 독립시켰다. 독일, 미국의 통합법의 체제에서 오스트리아 스타일로 이원화하였다. 미국법의 영향을 적지 않게 받았다.

2. 내용면의 개혁

(1) 변론의 효율과 집중을 위하여, ① 변론준비절차중심제, 적시제출주의의 채택과 재정기간제도의 신설, ② 1회적 변론기일 실시와 정리된 쟁점중심의 집중증인신문제, ③ 피고의 답변서제출의무와 무변론판결제도의 신설. 이것은 미국의 Pretrial 제도, 집중심리주의, 그리고 결석판결제도에의 접근이다.

(2) 증거조사의 충실화를 위하여, ① 문서제출의무의 확대, 문서정보공개, in camera 절차 등, ② 증인불출석의 경우 감치제도, 교호신문제도의 보완, ③ 당사자신문의 보충성 폐지, ④ 준문서 및 신종증거를 '그 밖의 증거'로 독립화. 이것은 미국의 discovery 제도 일부, 당사자본인과 증인의 무구별의 미국의 deposition제도, 전자저장정보물제도의 영향이 컸다.

(3) 송달제도의 현대화를 위하여, ① 간이기일통지방식, 근무지송달 및 근무지의 보충송달제 등, ② 공시송달제의 현대화, ③ 송달통지서의 전산화로 IT시대에 걸맞은 개편이다.

(4) 변론조서작성의 개량과 현대화를 위해, ① 조서기재생략의 적절화, ② 조서에 갈음하는 녹음, 속기의 활성화, ③ 소송기록의 열람제한의 신설.

(5) 예비적 선택적 공동소송제, 공동소송적 보조참가와 편면적 독립당사자참가의 신설. 예비적 공동소송제도는 독일, 일본에도 없는 것으로 다자多者간의 채무자 확정, 채권자 확정의 1회적 해결제도로서 우리나라의 자랑거리이며, 실무상 크게 활성화되어 신법의 백미가 되어 있다.

(6) 소송종료절차와 관련하여, ① 서면청구의 포기 인낙, 서면화해제도와 화해권고결정제도, ② 외국판결승인요건의 개선, ③ 정기금판결에 대한 변경의 소의 신설 등 시대추이에 걸맞은 입법으로 평가된다.

(7) 상소심절차 등에서는, ① 가집행선고에 대한 독립 상소 불허, ② 상고심에서의 참고인진술제, ③ 특별항고이유의 축소, ④ 재심사유에 대한 중간판결제 등.

이 밖에 지식재산권 등에 관한 특별재판적의 신설, 지급명령신청에서 인지의 인하, 소액사건심판법의 개정에 의한 이행권고제 등은 주목할 만한 개정이었다. 한편 1998년 상법 제403조 5항의 개정으로 주주의 대표소송에서 소의 취하, 청구의 포기, 인낙, 화해의 경우에 법원의 허가제. 이는 화해 등에 법원의 허가 통제를 받게 한 미국법의 영향이다.

Ⅲ. 신민사소송법 이후의 개정법률

1. 사법보좌관제

2005년 3월 24일 법원조직법 제54조의 개정에 의한 사법보좌관제도(독일의 Rechtspfleger)의 본격적인 도입이다. 사법보좌관제도는 사법인력을 보다 효율적으로 활용하기 위하여 법관은 실질적 쟁송인 고유의미의 재판사무에 집중하고, 그 밖의 부수적인 업무와 공증적 성격의 사법업무는 상당한 경력과 능력을 갖춘 사법보좌관으로 하여금 처리하도록 하려는 취지이다.

사법보좌관은 법관의 감독을 받아 민사소송법(동법이 준용되는 경우를 포함)상의 소송비용액 확정결정절차, 독촉절차, 소액사건의 이행권고결정, 공시최고절차에서의 법원의 업무 그 밖의 부동산 등과 채권에 대한 집행절차를 담당한다.

2. 증권관련집단소송과 소비자, 개인정보단체소송제 등

2004.1.20.자로 증권관련집단소송법이 제정되어 2005.1.1.부터 시행되는 한편, 2006.9.27.자에 제정된 소비자기본법에서 소비자단체소송제도를 신설하여 2008.1.1.부터 시행과 함께 2011년 개인정보보호법에서 개인정보단체소송제도도 신설하여 동년 9.30.부터 시행에 들어갔다. 민사소송법도 2007년에 두 차례에 걸쳐 개정되었는데, 한번은 확정된 재판기록에 대한 일반인 열람제도 등이고(2008.1.1.부터 시행), 다른 한번은 전문심리위원제의 도입(2007.8.13.부터 시행)이다. 증권관련법은 미국법, 소비자단체법은 독일법, 전문위원제도는 일본의 것으로 선진국제도의 도입시리즈이다. 세계문명의 십자로적 교착점이 한국이 된 느낌이다.

3. 전자소송제, 특허침해소송정비와 성년후견제에 따른 후속입법 등

(1) 앞에서 본 바와 같이 2002년도 전면개정의 신민사소송법의 대표적인 것인 변론준비절차중심의 pretrial제도가 2008.12.26. 개정법률에 의하여 변론기일중심제로 회귀되었다. 2010.7.23. 개정법률에서 소권남용의 원고에 대한 소송비용담보제공제도와 2011.7.18.자에 개정법률에서 확정판결서의 일반공개를 각 신설하였다.

(2) 2010년 초에 민사소송 등에서의 전자문서 이용 등에 관한 법률, 이른바 전자소송법(이하 그와 같이 약칭한다)이 새로 제정되어 종이소송제도와 병행시행의 시대를 맞았다.

(3) 2014년에 외국판결의 승인제도와 공시송달 및 재판장의 소장보정절차 등에서 법원사무관 등의 권한강화, 특례법 제20조의 2의 금융기관 등의 지급명령

특례와 제3조에서 소송이자 15% 인하 개정이 있었다. 2015년 11월 세계화의 물결 속에서 시대의 총아인 특허침해소송의 관할집중을 위하여 법원조직법과 함께 소송법도 바뀌었다. 이에 나아가 민법의 성년후견제도의 신설에 따른 소송법의 후속입법이 2016.2.3.에 이루어지고 2017.2.4.부터 시행되게 되었다. 이어서 2016.3.29.에 민사소송법 개정법률로 손해액의 재량산정제, 증인, 감정인 등 영상신문제와 감정인에 대한 직권신문제 등의 감정제도의 개선이 있었는데, 동년 9월 30일부터 시행되었다. 전자는 법무부 주도하에 정부안으로 나가고, 후자는 대법원 주도하에 의원입법안으로 나갔다. 법률성립과정이 이처럼 두 track화되는 것은 바람직한 일이 아니다.

Ⅳ. 학계의 동향과 주요판례

1. 학술활동

우리나라 민사소송법학계의 제1세대인 이영섭, 방순원 선생 등의 바톤 텃지의 제2세대도 이제 황혼기에 들어섰다. 이미 작고한 김홍규 선배의 애제자가 이은 김홍규/강태원의 제3판 민사소송법, 정동윤/유병현/김경욱 공저인 제5판 민사소송법과 송상현/박일환 공저의 신정 제7판 민사소송법도 나왔다. 여기에 연부역강의 강현중 교수의 민사소송법과 신민사소송법 강의가 이어지고 있다. 거의 같은 세대에 속하는 필자도 금년에도 신민사소송법(제11판)을 내는 한편, 민사소송법입문도 지난해 초판, 개정판을 출간했다. 한편 양병해, 호문혁 교수와 홍기문 교수도 각기 민사소송법 자기 저서의 개정판을 내어 놓고 있다.

제3세대에 속하는 김용진 교수, 김홍엽 교수, 정영환 교수, 전병서, 한충수 교수 등도 각기 자기 저서를 내며 왕성한 학술활동을 하고 있다. 김상원, 박우동, 필자, 이재성 편집대표의 주석 신민사소송법은 편집대표를 김능환, 민일영으로 바꾸고 집필자도 전원이 교체되어 개정판이 출간되었다.

우리 법학계의 문제점은 교과서는 적지 않은 편인데, 연구논문의 발표장인 시중 법률잡지가 고갈되었다는 데 있다. 법학연구 발전에 암문이 아닐 수 없다. 불행 중 다행은 사단법인 한국 민사소송법학회의 학회지 '민사소송'(현재 20권 제2호까지 간행)이 연구논문 발표의 큰 창구가 되어, 좋은 논문이 나와 학술발전에 크게 기여하고 있는 것은 대견스러운 일이다. 각 법학전문대학원에서 발간하는 Law Journal도 소송법 발전에 한몫을 한다.

대외적인 학술활동의 대표적인 것은 2014년 10월에 국제민사소송법 학술대회가 서울에서 개최되었다. 헌법재판소가 설치된 나라에 걸맞게 '헌법과 소송절차'가 주제가 되어 세계 40여 개국 100여 명의 외국 학자가 참석하여 성황리에 끝냈다. 일본 학회와는 일찍이 1990년 동경대학의 新堂 교수의 주선으로 처음 에쿠사재단의 후원하에 교류가 이루어진 뒤에 3년에 한 번씩 서울과 도쿄를 오가며 정기적인 한일 민소법 공동 symposium이 열리고 있다.

여기에 더하여 중국 측이 희원하여 거의 매년 한중 공동학술대회가 열려, 지금까지 6회에 이르고 있다. 국제적 활약상은 어느 법학회에 못지 아니하며 자랑스럽다. 나아가 법무부와 법원행정처 등으로부터 변호사강제주의, 독일의 집단소송, 민사 배심제도 등 연구용익을 받아 깊이 있는 연구성과가 나오는 것은 고무적인 일이다.

2014년에는 우리나라에서 10월에 세계민사소송법대회IAPL가 열린 것은 말하였거니와 이어서 11월에 UNCITRAL과 법무부 주최의 제3차 아시아 태평양 ADR회의가 개최되어 매우 성공적인 마무리를 하였다. 여기에서 각기 소송법의 헌법화, 소송의 국제화, 집단화, 분쟁해결의 민영화를 더 익힐 기회를 얻었다.

2. 헌법재판소와 대법원 판례

(1) 헌법재판소의 판례를 본다. 하나는 대법원에 상고이유서의 제출기간에 관한 사건이었다. 우리나라의 상고이유서 제출기간은 소송기록접수의 통지를 받은 날로부터 20일이다. 일본이 50일, 독일이 2개월에 연장가능, 미국이 90일에 연장가능과 비교하여 너무 짧다. 상고심에서 효율적 권리보호의 침해가 된다 하며 헌법소원을 냈으나, 헌법재판소 2008.10.30. 2007헌마532 결정에서는 민소법 제172조의 기간의 신장규정을 활용하면 된다고 하며, 청구기각을 하였다. 활용되지 않고 휴면화된 규정을 거론함은 현실을 도외시한 소치이다(졸고, '대법원에 쉬운 접근권', 변협신문 2016.5.9.자). 또 하나는 상고심리 불속행기각의 판결에 이유기재 생략의 규정(상특법 5조 1항)에 대한 헌법소원사건에서, 사건의 신속한 처리를 위한 것이고 하급심 판결에서 사실상 모두 설명한 것이어서 재판청구권 등 기본권을

침해하지 않는다 하며 기각하였다(헌법재판소 2009.4.30. 2007헌마589 결정 등). 대답 없는 재판으로 알 권리의 침해와 법적 근거를 명시하지 아니한 불리한 국가작용이 되어 법치국가의 원리에 반한다는 소수의견이 수긍이 간다. 헌법재판소가 법원운영의 소송법에 대한 합헌적통제의 기능을 제대로 하는가 의문이다. 법원운영의 봐주기보다 소송제도의 헌법화에 좀 더 박차를 가하였으면 한다.

(2) 대법원 판례가 2002년 신법 제정 후에도 양산되는 실정인데, 그중 대표적 판례 몇 가지를 본다.

① 김해공항 근처에 발생한 중국항공기 추락사고 사건에서 대법원 2010.7.15. 2010다18355 판결은 민사소송법상의 토지관할권, 소송당사자의 개인적인 이익, 증거. 집행재산이 한국에 있는 법원의 이익, 다른 피해가족과의 형평성 등을 고려하여 대한민국과 실질적 관련성이 있는 사건으로 보고 국제재판관할권을 인정하였다. 피해자(중국인 승무원의 유족), 가해자(중국항공사)가 모두 중국국적이라는 점이나 준거법(중국법)은 국제관할권 안정에 방해되지 않는다는 기준적 판례를 냈다. 외국법원안을 관할법원으로 하는 전속적 합의에 대하여, 대법원 2004.3.25. 2001다53349 판결은 종전 판례의 입장을 유지하며, i) 합의한 외국법원이 국제관할권을 가질 것, ii) 국내재판권에 전속하지 않을 것 이외에, 사건이 그 외국법원에 합리적 관련성이 있을 것을 합의의 유효요건으로 보았다. 합리적 관련성의 요건 추가는 global standard에 반할 뿐더러 2006년 국제관할협약에도 어긋나는 문제점이 있다. 아무튼 전속적 합의를 무효화하며 국내 법원의 관할권을 인정하였는데, 국내 법원의 관할권 확대는 외자 유치에 마이너스 요인이 될 것으로 부당한 확대인 것 같다.

② 대법원 2008.9.11. 2007다90982 판결에서는 회사가 실질적으로는 그 배후인 타인의 개인기업에 불과한 경우 즉 형해화의 경우에 회사는 물론 그 배후인에 대해서도 행위책임을 물을 수 있다 하여, 회사와 그 배후의 개인을 공동피고로 제소할 수 있음을 시사했다. 법인격 부인론이 긍정적 방향으로 가는 판례의 큰 진전이다. One company로 법인 제도의 악용으로 인한 사회적 적폐의 청소에 도움이 될 것이다.

③ 우리 판례는 종중의 당사자능력을 절제 없이 인정하며 소권을 남용하게 하는 경향인데, 대법원 2008.10.9. 2008다45378 판결은 고유 의미의 종중은 아니나

각 공동선조를 달리하며 재산관리를 위하여 일정한 지역거주자의 후손들로 범위를 제한하며 구성한 종중유사의 비법인사단에 당사자능력을 긍정하며, 이 경우에도 소송의 주체로서 민사소송의 장에 나설 수 있게 하였다. 이 정도라면 차라리 상호간에 조합관계로 보아 당사자능력의 부정도 생각할 수 있을 것이다.

④ 대법원 2014.1.16. 2013다69385 판결은 사용자의 채무불이행 또는 불법행위로 인한 손해배상청구권 등은 별개의 청구권이므로, 소송법적으로도 소송물을 달리한다고 했다. 여전히 청구권마다 별개의 소송물이라 하는 구소송물 이론의 구도에 집착하고 있어, 같은 사회적 · 경제적 목적의 분쟁을 1회적으로 해결하는 신소송물론에는 무관심을 보이고 있다.

⑤ 계약책임과 불법행위책임은 경합될 수 있는데, 대법원 2009.11.12. 2009다2765 판결에서는 법률적 근거가 계약책임인지 불법행위책임인지는 증명책임을 달리하는 중대한 사항인데, 원고가 이를 명시하지 않는 경우에 석명이나 지적 없이 불법행위책임을 묻는 것으로 단정하며 원고 측 증거부족을 이유로 청구기각에 이른 것은 잘못으로 보아 원판결을 파기했다. 경합하는 법률적 관점에 관한 주장이 불분명할 때면 이길 방향의 법률적 관점으로 석명권, 지적의무제도를 활용하라는 판지로 보여, 그 의미가 지대하다.

⑥ 대법원 2016.4.15. 2015다201510 판결이다. 환경분쟁조정법에서 재정위원회가 재정을 한 경우에 재정문서 정본을 당사자에게 송달하여야 하고, 송달받은 날로부터 60일 이내 소제기를 하지 아니하면 그 재정문서가 재판상 화해로 보게 되어 있는데, 문제는 공시송달로 송달되어 당사자가 이를 알아차리기 어려운 경우 이와 같은 간주화해의 효력을 인정할 것이냐가 쟁점이었다. 여기에서, 당사자의 재판청구권을 보장할 필요가 있는 점 등을 종합하여 간주화해의 효력발생의 송달을 공시송달의 방법으로는 할 수 없다고 했다. 이러한 간주화해의 효력발생의 규정이면 공시송달하는 경우는 적용배제를 하여야 헌법 제27조의 재판을 받을 권리에 합치된다는 한정 합헌의 해석 여지가 보이는 판례이다(강현중, 법률신문 2016.7.18.자).

⑦ 대법원 2014.6.12. 2012다17548 판결 등에서는 사해행위취소판결의 효과는 채권자와 수익자/전득자 사이에만 미치므로, 수익자/전득자가 채권자에 대하여 그 취소로 인한 원상회복의무를 부담하게 될 뿐, 채권자와 채무자 사이에서 법률관계가 형성되거나 취소 효과가 소급하여 채무자의 책임재산으로 복귀되는 것이 아니

라고 종전과 같은 견해를 유지하고 있다. 생각건대 이 취소판결의 상대적 효력에 대해서는 탓할 수 없으나, 이 판지를 독립당사자참가 중 사해방지참가에 확장시킨 것은 문제라고 하겠다. 즉 대법원 2014.4.12. 2012다47548 판결에서는 원고의 피고에 대한 원인행위가 사해행위라는 이유로 원고에 대하여 사해행위취소를 구하면서 독립참가를 한 것은 독립참가인의 청구가 그대로 받아진다고 하여도 원피고 간의 법률관계에 영향이 없어 참가신청은 사해방지의 목적을 달성할 수 없기 때문에 부적법하다는 것이다. 독립당사자참가 중 사해방지참가에 대한 이러한 축소 해석은 제도적 실효성을 거의 무의미하게 만드는 점에 이 판례는 우선 문제가 있다고 본다. 물론 사해행위취소판결이 독립의 소에서는 채무자에게 효력이 미치지 않는 상대적 효력이라도, 소송 중의 소인 독립당사자참가에서는 3자 즉 채권자, 채무자, 수익자 등 사이의 합일확정의 법리에 따라 채권자(참가인), 채무자(피고) 사이에서 판결의 효력이 영향이 없다고 할 수 없을 것인데, 이 점에서 사해행위취소 소송의 상대적 효력만을 생각하고 독립당사자참가의 법리를 간과한 것이 아닌가 생각된다.

⑧ 최근 기판력의 시적 범위에 관하여 기준적 판례를 냈다. 대법원 2016.8.30. 2016다222149 판결에서 기판력에 의하여 차단되지 않는 공격방어방법은 변론종결 후 발생한 사실자료에 한하는 것이지, 판례, 법률의 변경, 기초가 되었던 행정처분의 변경이나 과거의 사실관계에 새로운 증거의 발견, 다른 법률 평가 또는 그와 같은 평가가 담긴 다른 판결들은 해당되지 않는다고 했다. 이것은 잘 되었지만, 대법원 2014.10.30. 2013다53939 판결에서는 소송물이 동일하거나 선결문제 또는 모순관계에 의하여 기판력이 미치는 객관적 범위에 해당하지 아니하는 경우, 전소판결의 변론종결 후에 당사자로부터 계쟁물을 승계한 자가 제기한 후소에 전소판결의 기판력이 미치지 않는다고 했다. 기판력의 객관적 범위를 너무 좁히어서 법적 안정성에 도움이 안 되게 하고, 나아가 global 감각을 살리지 못한 판례로 보여진다(전소는 소유권에 기한 등기말소청구소송, 후소는 그 소유권이전을 받은 자의 목적건물인도청구 등).

⑨ 대법원 2015.5.29. 2014다230542,255059 판결은 피고가 원고와 필수적 공동소송 관계에 있는 제3자를 반소피고로 추가하는 제3자 반소의 형태를 인정할 수 있다고 했다. 반소형태의 새 장을 열었다.

⑩ 이 밖에도 예비적 공동소송에서 '법률상 양립할 수 없는 관계'를 잘 정리한

대법원 2008.3.27. 2008다49430 판결도 인상적이었다.

이상 몇 개의 판례를 보았지만, 소송법 판례만 연 평균 50개 정도가 양산되는 현실이다. 높은 상고율, 세계 유례없이 폭주하는 상고민사사건인 상황이기 때문에 판례의 민사소송법 발전에의 기여도는 크게 평가할 것이다. Law school 교수들이 변호사시험 대비의 교육 때문에 너무 국내 판례에 경도되어 법학문의 균형 연구가 소홀히 되는 부작용도 없지 않다고 본다. 판례에 대한 학계의 평석이 없고 주로 실천철학 없이 옹호론만 펴는 경향이 있어 학계에 의한 판례의 견제 기능이 취약한 것은 소송법의 발전에 아쉬운 부분이다. 우리 학계가 현대화가 늦은 취약점이다. 법원도 유사판례만 있으면, 깊은 사려 없이 기존의 대법원 판례의 인용으로 쉽게 대입의 결론을 내는 것도 사법운영의 문제점이다.

Ⅴ. 앞으로의 과제 그리고 전망

1. 심급제도운영과 법관증원문제

1심부터 보면, 소송목적의 값 2억원을 기준으로 그 초과는 합의부 사건, 그 이하는 단독사건이 된다. 2억원 이하의 단독사건은 2억원 내지 1억원 초과의 고액단독사건, 1억원~3,000만원까지 중액단독사건, 3,000만원 이하의 소액단독사건으로 나누어 운영한다. 2억원 초과의 사건이 많지 아니하므로 1심은 주로 단독제 운영이 방침인 것으로 보여진다. 고액단독사건도 원래는 2심을 지방법원 항소부의 관할이었다가 고등법원 관할로 바꾸었다가, 다시 2016년에 이르러 지법항소부로 환원하는 등의 왔다갔다의 동요를 보이고 있다. 문제는 소액단독사건을 3,000만원 이하로 상향조정한 것인데, 1심의 대부분 사건이 소액사건이 되어 이를 1회 변론기일, 판결이유의 생략, 상고제한 등 절차권 보장이 취약한 약식의 간이절차로 운영하는 결과가 되어 문제이고, 30년 경력의 법관을 소액단독에 배치한다지만 세계 유례없는 높은 상한의 소액사건 인상 때문에 법무부에 반대가 있었고 법무부의 반대된 대한변호사협회의 항의성명까지 나온 것을 유의할 필요가 있다. 2심인 고등법원은 15년 이상 경력의 배석판사로 구성하는 대등재판부의 운영이다. 재판장은 사건 1/5은 주심이 되어야 하는 형편이므로, 소송지휘에 바빠 배석판사와 충실한 합의결론을 내기 어려워진다. 더구나 1주일에 두 번 변론기일을 잡아야 사건수의 현상유지가 가능한 형편이라면 더욱 그러할 것이다. 고등법원의 절반 정도 되는 대등재판부의 3인제 합의는 3인 단독판사의 물리적 결합이 되기 쉽다.

3심인 대법원은 연간 41,000건에 이르는 폭주하는 상황에서 대법원장 제외의 12명의 대법관이 몇 건 안 되는 전원합의체 사건을 제외하고는 4인의 소부 합의제가 유명무실인 것도 알려진 일이다 4인제 소부의 1주일에 한 번 열리는 재판합의에 각 대법관 당 80건씩 320건이 처리되는 현실에서 사건 내용의 보고에도 바쁜 형편이라니 문제이다.

합의제의 장점을 '6개의 눈은 두 개의 눈보다 더 많이 본다'고 하며 중지를 모음으로써 혜안이 나오는 장점이 있음에도 1, 2, 3심 거의가 사실상의 단독제 운영이므로 재판의 주심 본위의 1인 독재화라고도 말할 수 있는 일이다. 이러한 문제점은 법관 부족 현상 때문에 생기는 고육지책으로 보인다. 사법선진화의 큰 장애이다. 로스쿨 변호사가 좁은 바닥에 1,500명씩 배출되어 대풍大豊인데, 법관수의 대기근과는 대조를 이루고 있다. 새 정부는 개혁정책에 포함시켜야 할 중요 과제임을 간과해서는 안 될 것이다.

사건 수로 보아 독일과 비슷한 형편에서 독일 법관 수는 20,000명 남짓임에 대하여 우리는 1/7정도의 3,000명에 미달이다.

특히 대법원의 현안 해결책은 대법관 수의 증원이나 이원적으로 대법관 외에 대법원 판사로 구성하여 해결하는 것이 유일의 대책임에도, 이 문제는 유보해 둔 채 상고허가제로 갔다가 심리불속행제도로 개편하였다가, 상고법원의 별도 설치안까지 내어 놓다가 국회 심의과정에 좌초되는 등의 거듭되는 시행착오는 대외적으로 부끄러운 모습이다. 다시 선진국의 예를 들어 상고허가제를 내놓은 논자도 있지만, 심리불속행제도가 상고허가제와 큰 차이가 없고 그 변형에 불과함을 간과하고 있는 것이라 하겠다.

한편 소액사건의 상한을 높이고, 제2심은 달리 새로운 공격방어 방법의 제출 없이 단순한 판결의 잘못을 지적하는 항소라면 제1회 변론주의로 끝맺음을 시도하여, 제2심을 사후심주의를 개편하는 구상인 것으로 알려졌다. 이렇게 하며 제1심 중심주의로 가자는 것이다. 대법원을 하늘같이 바라고 기다리는 제3심 중심주의 적폐는 그것으로 시정이 어려울 것으로 전망된다. 속심주의의 현행법을 유지하면서 사후심주의의 2심 운영은 소송법을 고치지 아니한 상태에서 위법문제가 생길 수 있다. 이렇게 되면 한 번만의 사실심이 된다는 비판도 있다.

2. 법원에 Access권의 보장

이것은 쉽게 말하면 문턱 낮추기이고, 헌법 제27조의 재판받을 권리의 실질적 보장이다. No cost, no Lawyer, no form 등 3가지 no의 실천이다. No cost는 소송구조제도의 확충과 소송보험제도의 활성화이다. 유럽은 소송보험제도가 일반화되어 있으나 우리나라는 자동차사고보험을 제외하고는 정착되어 있지 않다. 새로운 개척분야라고 본다. 인지대만 하여도 소가의 다과를 막론하고 소가의 0.5~0.35%이다. 증권관련집단소송이나 세무소송에서처럼 인지대 상한제를 도입함이 바람직하다(졸고, '인지대 상한제의 제안', 대한변협신문 2016.5.15.자). 민사소송에서도 형사소송이나 헌법소송에서처럼 국선변호사의 제한적 도입이 필요할 것이다. 현재 법원에서는 12개 사건 유형의 소장작성 양식을 법원민원실에 비치하여 지원하는 한편, 피고의 답변서 등 준비서면의 지원도 하는 것은 고무적이다. 증가하는 '나홀로소송'에서 형식에서의 자유를 존중하는 방향의 연구노력이 필요할 것이다. 상고이유서 제출기간의 20일은 세계 유례없는 단기간으로 대법원 접근을 어렵게 하는 대표적 예이다. 입법개선이 필요함은 이미 밝혔다.

지나치게 짧은 판결이유나 이유생략은 국민의 알 권리의 무시이며 법원에 대한 우호에 찬물을 붓는 것이다.

3. 시대상에 맞는 연구과제

(1) 집단소송제도의 정비

대량생산, 대량소비, 대량투자, 대량민원의 이 시대에 집단분쟁에 대응하는 집단소송이 빗발치고 있다. 이를 제도화한 것은 미국의 class action 유사의 증권관련집단소송과 독일형의 단체소송형인 소비자단체소송, 개인정보보호소송이다. 이들 제도는 구조적 결함 때문에 이용이 매우 불편하게 되어 있다. 증권관련집단소송은 소제기허가절차와 본안소송절차로 나누어지는데, 허가절차에서 소제기허가결정이 있을 때에 집행정지의 효력이 있는 즉시항고에 재항고가 허용된다. 피고 측의 이러한 불복절차의 악용 때문에 대법원에서 재항고 후 허가결정기각이 확정되기까지는 3, 4년이 소요되며(도이취뱅크ELS 주가조작사건), 그 뒤에 비로소 본안소송절차가 개시될 수 있어 제도이용이 백년하청의 문제점이 있다. 미국의 class action에서 허가결정grent에 항고할 수 있지만 그로 인한 집행정지의 효력은 없어 별도의 정지결정을 받아야 한다. 그리하여 소제기허가절차에서 시간끄는 일은 별 문제될 것이 없다. 우리 제도의 개선이 필요하다. 이것이 해결되지 않는 한, 현 제도의 이용이 저조할 수밖에 없다. 소비자단체소송은 소비자의 권익침해의 경우에 금지 중지를 구하는 공익소송이지만, 손해배상의 병합제기가 허용되지 아니므로 이 또한 제도이용의 한계를 보이고 있다.

이와 같은 제도권의 집단소송절차가 그 범위가 한정적이고 그나마 이용의 불편 때문에, 재래의 공동소송의 집합이라 할 한국형 집단소송이 크게 성행되고 있다. 법원도 심리에 큰 애로를 겪어야 하고, 원고들이 너무 많아 피고 측의 방어도 힘들어지고, 다른 피해자에게 판결효가 확장되지 아니하여opt in, 같은 소송이 연발될 소지를 남긴다.

(2) 재판의 IT화의 가속화

2010년 전자소송법이 제정되어 우리나라에 전자소송시대가 개막되었다. 아직은 종이소송과 병행하고 있지만, 전체의 50% 이상이 전자소송화되고 있으며, 증가 추세이다. 다만 우리나라가 일본보다는 단연 선진국이 되어 있다(전자공매는 되지만 법원경매가 이루어지지 않는 것은 유감). 2014년 서울에서 열린 국제민사소송법대회IAPL에서 대회장인 프랑스의 Loic Cadiet 교수가 우리나라의 변론기록의 전면 녹음화를 높이 평가하였다. 이제 제4차 산업혁명의 AI 시대가 도래한다. 인정에 끌리는 전관예우, '정'의 재판이 끝이 나고, 알파고 판사가 빅데이터의 객관적 자료에 의한 중립재판이 이루어질 것이라 한다. 제척 기피제도도 재정비할 시대가 된 것이다. 나아가 AI가 소송자료와 판례를 신속하고 정확하게 수집하여 소송촉진에 큰 도움을 줄 것이라 한다. AI를 재판보조도구로 활용하는 기술적 지혜를 연구개발해야 한다. 다자 전화통화에 의한 변론청취의 시대도 열린다. 이 분야에서 우리 소송법 학자의 개척자적 노력을 기대한다.

(3) 소송의 국제화 시대에 대응

이에 관하여는 필자의 2016.2.1.자 대한변협신문의 '소송의 국제화와 글로벌 감각'의 글로 대체한다.

(4) 전문법관, 전문변호사에 의한 재판

이에 관하여는 필자가 2016.7.11.자 대한변협신문에 게재된 전문법관, 전문변호사에 의한 재판의 글로 갈음한다. 변호사강제주의는 전문인에 의한 재판으로 가는 포석이라고 본다. 변호사 개인의 직업적 이익을 위한 사익제도만이 아니다. 박근혜 대통령 탄핵재판에서 대통령은 사인私人이 아니라는 이유로 변호사강제주의의 적용대상이 아니라는 논의가 있으나, 전문화시대에 걸맞지도 않고 탄핵이 私人에게 행정벌을 주는 제재임에 비추어 옳은 해석으로 보지 않음을 부언한다.

(5) 법전으로의 One stop service

민사소송법전에 흡수시키지 않고 단행특별법을 별도로 만드는 것은 법 운영에 혼선이 되므로 가급적 피하는 것이 좋다. 별도의 단행법을 만들어 나가는 것은 본법전을 형해화시키는 것이다. One stop의 집중화시대에 걸맞지도 않는다. 법제를 산만하게 하는 것은 옳지 않다. 따라서 소송촉진등에 관한 특례법, 소액사건심판법, 상고심절차에 관한 특례법 등 잡다한 단행법은 민사소송법전에 조속히 흡수 합병하며, 하나의 통일법전으로 집중시켜야 한다. 2002년 이 민사소송법전이 부디 오래오래 보존되고 온고지신溫故知新의 기조 하에 발전시키는 것이 제정 15년이 된 이 시점의 우리들의 책무일 것으로 생각한다.

Ⅵ. 결 어

2002년 새민사소송법은 일본을 통한 독일법의 골격에서 미국법의 적지 않은 영향을 받았고 우리의 고유의 것도 가미된 법전이라 평가된다. 그 뒤 15년간에 후속입법이나 학계의 학술연구 성과나 형성된 판례로 보아 큰 틀에서 독립국으로서 부끄럽지 않은 민사사법의 발전이라 본다. 그렇다고 자만할 것이 아니라, global의 보편성에 접근하며 나름대로 창의적인 민사소송제도의 미래상을 세우는 연구가 우리들 소송법학자들의 소명일 것이다.

민사소송은 뜰이나 광장에서의 이해충돌, 갈등, 반목 저주의 투쟁을 법정이라는 제도권으로 끌어들여 해결하는 법치주의 구현의 도구이다. 한편 민사소송법은 형사소송절차는 별론 그 밖의 헌법소송까지도 아우르는 절차의 기본법이기도 하다. 이번 대통령 탄핵 등 사건에서도 소송법의 일반원리로 풀어야 할 쟁점이 많이 나타났다. 우리들 소송법학자는 이와 같은 분야 담당의 자부심을 갖고 비록 수적으로 적지만 강하게 전진의 나래를 펴 나가자고 제의한다.

일본의 兼子一 박사는 민사소송법 공부는 험준한 높은 돌산의 등정코스와 같다 하면서, 그러나 인내를 갖고 정상 정복을 했을 때의 성취감은 엄청나고 환상적이라 했음을 끝으로 말한다.

민사집행법의 발전과 전망

손 흥 수

[초 록]

우리 민사집행법은 1960.7.1. 구 민사소송법 시행으로 출발하였다. 그 내용은 대체로 독일의 민사소송법을 계수한 일본의 구 민사소송법을 번역적으로 계수한 것이다. 종래 우리 강제집행절차의 가장 큰 문제점은 절차의 지연과 구 민사소송법이 채택한 평등주의로 인한 폐단이었고, 이후의 개선입법은 이에 대한 개선책을 마련해 가는 과정이었다. 일본의 민사집행법 제정에 자극받아 1990.1.13. 구 민사소송법이 대폭적으로 개정되었고, 이는 민사소송법에서 독립하여 2002.7.1.부터 시행된 현행 민사집행법의 토대가 되었다.

향후 입법에 있어 채권자의 보호 및 채무자의 보호, 매수인 등 이해관계인의 보호라

법무법인(유한) 바른 변호사

고 하는 기존의 민사집행법의 이념기조는 앞으로도 유지될 것이지만, 당분간은 강제집행 과정에서의 충돌완화와 이해관계의 조정에 입법이 관심을 기울일 것이다. 가혹집행 금지 규정을 도입하려는 움직임도 있다. 당분간 신속, 경제라는 이념은 강조되기 어려운 분위기이다. 민사집행업무의 상당부분을 최일선에서 담당하고 있는 집행관을 현행과 같이 법원이나 검찰 출신 고위공무원으로 계속하여 충원할 것인지 여부도 심도 있게 논의될 것이다. 부동산버블 처리로 경매사건이 폭증하는 상황이 오면, 일본처럼 보다 저렴하고 신속하게 경매사건을 처리하는 방향의 입법이 추진될 가능성도 있다.

민사집행사건은 꾸준히 증가하는 추세를 유지할 것으로 전망되고, 채권집행사건에 대비한 부동산경매사건의 상대적인 비중의 감소는 불가피해 보인다. 채권집행사건 중 배당절차 사건의 비중은 점진적이겠지만, 커질 것이다.

민사집행법은 자체가 실무적인데다가 학계의 연구자도 드물어 판례 주도의 경향이 유난히 강한 편이고, 이 같은 경향은 앞으로도 계속될 것이다. 한 동안 민사집행과 관련한 판례가 판례공보 민사 부분을 장악해 왔는데, 최근 그 경향이 다소 완화되고 있고, 그 자리를 채무자회생법(도산법) 관련 판결들이 메우고 있다.

현행 민사집행법에는 강제집행에 관한 규정들을 준용하기 위하여 제4편으로 보전처분에 관한 내용이 들어와 있으나, 민사보전절차는 집행권원을 만드는 절차와 그 집행권원을 실행하는 절차가 함께 혼합되어 있어, 만들어진 집행권원의 실현을 목적으로 하는 민사집행절차와 하나로 묶기에는 다소 불편하고 부자연스러운 부분이 있다. 민사집행법이라는 독립된 법률을 제정함으로써 판결절차와는 별개의 단행법으로 강제집행절차를 규정하는 입법례를 따른 이상, 실무가 발전하고 연구역량이 뒷받침한다면 장기적으로는 일본처럼 민사보전법이라는 단행법으로 보전절차가 독립할 가능성이 크다.

Ⅰ. 들어가는 말

우리 민사집행법은 강제집행에 관한 규정을 포함하고 있던(제7편) 구 민사소송법이 1960.4.4. 법률 제547호로 공포되어 1960.7.1.부터 시행된 데서 출발하였다. 그 내용은 대체로 독일의 민사소송법을 계수한 일본의 구 민사소송법을 '번역적으로 계수'한 것이다.[1]

종래 우리 강제집행절차의 가장 큰 문제점으로 지적되던 것이 절차의 지연과 구 민사소송법이 채택한 평등주의로 인한 폐단이었고, 그 후의 개선입법은 이에 대한 개선책을 마련해 나가는 일련의 과정이었다. 1990.1.13. 구 민사소송법이 대폭 개정되기 전까지는 모두 특별법에 의한 단편적인 것이었다. 다만 1983.7.9. 제정된 구 민사소송규칙은 1979년에 새로 제정된 일본 민사집행법의 내용을 대폭적으로 받아들인 것으로서 그 대부분이 1990년 구 민사소송법을 통하여 거의 본법에 흡수되었다.

강제집행의 실효성을 높이기 위한 전면적인 재검토를 거쳐 이루어진 1990.1.13. 구 민사소송법의 대폭적인 개정은, ① 집행채권자와 채무자의 이익을 서로 조절하고, ② 경락인의 보호를 강화하여 일반인이 안심하고 경매에 참가할 수 있도록 하며, ③ 집행절차를 신속・적정하게 하고, ④ 강제환가절차의 통일을 위하여

---

1) 이시윤, 신민사집행법(제7개정판), 박영사(2016), 22면.

실질적인 의미의 민사집행법의 법원(法源)은 민사집행법과 민사집행법 시행령 이외에 중요한 것으로 대법원규칙인 민사집행규칙을 들 수 있다. 그 밖의 법률로는 민사소송법, 민사소송 등에서의 전자문서 이용 등에 관한 법률, 상고심절차에 관한 특례법, 민법, 상법, 법원조직법, 집행관법, 가사소송법, 소송촉진 등에 관한 특례법, 증권관련 집단소송법, 소비자기본법, 인지첩부 및 공탁 제공에 관한 특례법, 민사소송 등 인지법, 형사소송법, 변호사법, 법무사법, 민사조정법, 가등기담보 등에 관한 법률, 국세기본법, 국세징수법, 지방세기본법, 지방세징수법, 채무자 회생 및 파산에 관한 법률, 주택임대차보호법, 상가건물임대차보호법, 금융기관의 부실자산 등의 효율적 처리 및 한국자산관리공사의 설립에 관한 법률 등에 개별적, 보충적, 예외적 규정이 들어 있다. 그 밖의 대법원규칙으로는 민사소송규칙, 민사소송 등에서의 전자문서 이용 등에 관한 규칙, 재산조회규칙, 집행관법시행규칙, 집행관수수료규칙, 민사소송 등 인지규칙, 증권관련집단소송규칙, 채무자 회생 및 파산에 관한 규칙 등이 있다. 다음에 보듯이 법원조직법 개정으로 2005.7.1.부터 사법보좌관이 민사집행 업무의 대부분을 담당하게 됨에 따라 대법원규칙으로 사법보좌관규칙이 2005.6.3. 제정되었다. 뿐만 아니라 민사집행법 분야는 상당수의 대법원예규가 있다. 이는 헌법이나 법률에 의하여 수권된 법규가 아님에도 사실상의 구속력을 갖는다. 참고자료라고 하지만, 법원(法源)이 아니고 법령처럼 일반국민에게 공포도 하지 않음에도 불구하고, 실무상 법원으로서 큰 역할을 하고 있기 때문에 문제가 있다[이상은 이시윤(주 1), 21-22면 참조]. 이하에서는 형식적 의미의 민사집행법전을 중심으로 필요한 범위 내에서 그 밖의 법률이나 대법원규칙을 함께 살펴보기로 한다.

민사소송법과 경매법을 통합함과 아울러 그 동안 특례법들에 규정되어 있던 조항을 모두 흡수 정리하며, ⑤ 민사소송규칙에 있던 것을 민사소송법으로 옮겨 법령 체계를 정비하는 것을 주된 내용으로 하는 것으로서, 그 당시에 개정된 내용이 현행 민사집행법의 기초가 되었다.

2001.12.6. 국회 본회의를 통과하여 2002.7.1.부터 시행되고 있는 현행 민사집행법은 그 동안 누적되어온 학계와 실무계의 연구성과 및 경험을 바탕으로 하여 강제집행절차가 채무자 등에 의하여 악의적으로 지연되는 것을 방지하고, 불량 채무자에 대하여 철저하게 책임을 추궁하는 등 보다 신속하고 효율적인 권리구제 방안을 마련하는 한편, 통일적이고 일관된 법 집행을 도모하기 위하여 민사소송법에서 강제집행 편을 따로 떼어내 별도의 독립된 법률을 만든 것이다. 강제집행을 법률로 규율하는 방법에 관하여는 판결절차와 함께 민사소송법에 규정하는 입법례(예: 독일 또한 일본의 구 민사소송법도 동일), 판결절차와는 별개의 단행법으로 규정하는 입법례(예: 오스트리아, 일본)가 있고, 강제집행과 파산을 한데 묶어 규정하는 입법례(예: 스위스)도 있다. 우리나라는 구 민사소송법의 제정 당시 독일과 독일의 제도를 계수한 일본의 구 민사소송법 체계를 본떠 판결절차와 합쳐 민사소송법에 강제집행에 관한 규정을 두었던 것인데, 구 민사소송법 속에 들어 있던 강제집행에 관한 규정을 그 후 시대의 변화에 따라 사회적 요구에 부응하기 위하여 여러 차례 개정하였다가, 결국 민사집행법이라는 이름의 독립된 법률을 새롭게 제정하기에 이르렀다.[2)]

우리 민사집행법의 채무불이행자명부제도와 재산조회제도의 도입이 역으로 일본에서 논의 중이다. 구 민사소송법이 일본의 구 민사소송법을 번역적으로 계수한 것이었던 것에 비하면 실로 상전벽해의 상황이다.

이하에서는 민사집행법 제정까지의 경과(Ⅱ.장), 민사집행법의 주요 내용, 후속 개정내용, 관련 법령의 제정 · 개정 내용, 최근의 입법 동향(Ⅲ.장), 민사집행사건의 현황(Ⅳ.항), 주요 대법원 판결과 그 영향 및 과제를 살펴보고(Ⅴ.항), 마지막으로 민사집행법의 전망과 함께 민사집행법이 절차에 관한 기본법으로서 제 기능을 다하도록 하기 위해서는 어떠한 과제를 극복해야 할 것인지(Ⅵ.항)의 순으로 살펴보고자 한다.

---

2) 민일영, “우리나라 강제집행법의 변천”, 민사재판의 제 문제 제11권, 민사실무연구회(2002), 1143-44면; 이시윤(주1), 24-25면.

Ⅱ. 민사집행법 제정까지

1. 구 민사소송법의 제정과 그 수정[3)]

(1) 구 민사소송법의 제정(구 민사소송법의 일부로서의 강제집행법)

강제집행에 관한 규정을 포함하고 있던(제7편) 구 민사소송법은 1960.4.4. 법률 제547호로 공포되어 1960.7.1.부터 시행되었다. 그 내용은 대체로 독일의 민사소송법을 계수한 일본의 구 민사소송법을 '번역적으로 계수'한 것이다. 구 민사소송법 제7편은 제1장 총칙, 제2장 금전채권에 관한 강제집행, 제3장 금전채권 외의 채권에 관한 강제집행, 제4장 가압류·가처분으로 구성되어 있었다. 가압류·가처분은 장래의 권리보호를 목적으로 한 집행보전절차이므로, 성질상 이를 강제집행의 일부로 포함하는 것은 이론상 타당하지 않지만, 가압류·가처분 명령의 집행에 강제집행에 관한 규정을 준용할 필요성 때문에 함께 규정한 것이다.[4)] 다만, 우선주의가 아닌 평등주의를 채택하고, 인적 집행을 인정하지 않고 물적 집행만을 허용하였던 점에서 독일의 민사소송법과 차이가 있었다. 그 결과 강제집행 운영의 실제에서 평등주의로 인하여 무명의채권자의 무제한적 집행편승이 가능하였기 때문에 집행권원 있는 채권자와 이에 편승한 배당요구채권자 사이에 차이가 없었던 것은 물론이거니와, 한 걸음 나아가 아무런 채권이 없는데도 불구하고 집행을 면탈 내지 방해할 목적으로 채무자와 짜고 실제 채권채무관계가 있는 것처럼 가장하여 배당요구를 하는 예가 많았고, 또한 채무자의 집행지연을 위한 불복신청의 남용으로 인하여 채권자의 신속하고 확실한 권리실현이 이루어지지 않는 등 폐단이 심하였다.

1963.12.13. 제3자이의의 소(509조)와 배당이의의 소(594조)에서 단독판사의 관할에 속하지 않는 사건을 합의부에서 심판하도록 한 것과 배당이의의 소송의 최초 변론기일에 원고가 출석하지 아니한 때에 소취하로 간주됨을 명백히 한 것(596조)을 주요 내용으로 한 일부 개정이 있었으나, 핵심적인 부분은 전혀 손을 대지 않은 것이었다.

---

3) 제3판 주석 민사집행법(Ⅰ), 한국사법행정학회(2012), 92-105면 참조.

4) 이시윤(주 1), 22면.

한편 구 민사소송법의 강제집행에 관한 규정은 판결 등 채무명의에 기한 강제경매절차만을 규율하는 것으로서, 저당권, 질권, 유치권, 전세권 등의 실현을 위한 임의경매절차에는 적용되지 않는 것이었고, 대신 그 절차를 규율하기 위하여 별도로 경매법(1962.1.15. 법률 제968호)이 제정되어 시행되었다. 경매절차에 관한 이러한 이원적 체계는 1990년까지 지속되었다.

(2) 특별법에 의한 수정

(가) 「금융기관의 연체대출금에 관한 특별조치법」에 의한 수정

종래 우리나라 강제집행절차의 가장 큰 문제점으로 지적되던 것이 절차의 지연과 평등주의로 인한 폐단이었다. 그 중 절차의 지연에 대한 개선책이 먼저 제한적이나마 강구되기에 이르렀는데, 그것이 바로 「금융기관의 연체대출금에 관한 특별조치법」(1966.8.3. 법률 제1808호)의 시행이다.

위 법률은 금융기관의 신청으로 개시되는 경매절차(즉, 경매법에 의한 임의경매절차)에 한하여 절차의 촉진을 도모하는 규정을 두었다. 그 주된 내용은, 통지나 송달을 받을 자의 주소 등을 알 수 없을 때 공시송달로 절차를 진행하도록 하고(3조), 통지를 요하는 이해관계인은 경매개시결정의 기입등기시의 이해관계인에 국한하며(5조), 최저경매가격은 2개의 금융기관이 평가한 금액의 평균가액으로 하도록 한 것(4조) 등이다.

위 법률은 1970.1.1. 법률 제2153호로 개정되었는데, 절차의 신속을 위한 규정을 다시 추가하였다. 즉, 정부가 출자한 금융기관 등의 신청에 의한 임의경매절차에서 발송송달의 방법에 의한 통지나 송달을 처음으로 가능케 하였고(3조 2항), 경매기일의 지정에 시적 제한을 둠은 물론 당사자의 기일변경신청을 불허하고(3조의3), 경락허가결정에 항고하기 위해서는 경락대금의 3/10에 해당하는 금원을 보증금으로 공탁하도록 하였다(5조의2).

(나) 「간이절차에 의한 민사분쟁사건처리특례법」에 의한 수정

위와 같이 임의경매절차의 신속을 위한 조치들이 마련되자, 민사소송법상의 평등주의에서 오는 폐단도 시정하여야 한다는 의견이 학계 및 실무계에서 더욱 팽배해졌다. 이러한 사회적 요구를 반영하여 탄생한 법률이 바로 1970.12.31.부터 시행된 「간이절차에 의한 민사분쟁사건처리특례법」(법률 제2254호)이다.

위 법률 제5조는 집행력 있는 정본에 의하지 아니하는 배당요구는 ① 채권, 채무에 관하여 확정일자가 있는 증서 소지자, ② 법원의 가압류명령을 받은 채권자, ③ 집행개시일 이전에 소를 제기한 채권자에 한하여 할 수 있다고 규정하고, 위의 확정일자는 압류채권자가 본안소송을 제기한 날 또는 압류채권자를 위하여 공증인이 집행권원이 되는 증서를 작성한 날 이전에 받은 것에 한한다고 규정하였다. 이로써 종래의 가장채권자에 의한 집행 방해의 폐단을 막는 효과는 상당하였으나, 악랄한 채무자가 제3자와 짜고 허위의 집행증서 또는 제소전 화해조서를 만들어 배당요구를 하는 문제는 여전히 남아 있었다. 또한, 위 법률 6조는 부동산 경매법원은 경락허가결정이 확정되어 기록 송부를 받은 날로부터 2주일 안에 대금지급 및 배당기일을 지정하여야 하고, 법원이 위 기간 안에 기일을 지정하지 아니할 때에는 경락인은 언제든지 경락대금을 법원에 납입할 수 있다고 규정하여 집행의 신속한 종료를 꾀하였다.

(다) 「소송촉진 등에 관한 특례법」에 의한 수정

「간이절차에 의한 민사분쟁사건처리특례법」의 시행으로 평등주의의 폐단은 어느 정도 시정할 수 있었으나, 강제집행절차가 무한정 늘어지는 폐단은 여전하였고 그것이 다시 도마 위에 올랐다.

그리하여 우선 1973.3.3. 「금융기관의 연체대출금에 관한 특별조치법」을 다시 개정(법률 제2570호)하여 모든 금융기관의 신청에 의한 임의경매절차에서 통지, 송달에 관한 발송송달을 채택하였다(3조). 나아가, 항고보증공탁금을 종래의 경락대금의 3/10에서 5/10로 인상함과 동시에(5조의2 1항), 항고장에 보증금 공탁서류를 첨부하지 않으면 경매법원이 7일 내에 각하하도록 하고 이에 대하여는 불복을 하지 못하게 하였다(동조 2, 3항).[5)]

이처럼 금융기관의 신청에 기한 임의경매절차에 관하여는 절차의 신속을 도모하기 위한 조치들이 부분적으로나마 꾸준히 마련되었으나, 그 밖의 일반적인 강제집행절차에 관하여는 별다른 변화가 없었다. 그러다가 「간이절차에 의한 민사분쟁사건처리특례법」 시행 후 10년 만에 비로소 이에 관한 개혁이 시도되었다. 다만, 이번에도 민사소송법의 개정이 아닌 특별법의 제정에 의해서였다. 즉, 1981.1.

5) 다만 이 조항은 헌법재판소 1989.5.24. 89헌가37,96 결정으로 효력을 상실하게 된다. 위헌결정의 이유는 금융기관에 합리적 근거 없이 우월적 지위를 부여하고 자력이 없는 항고권자에게 과다한 경제적 부담을 줌으로써 재판청구권을 침해한다는 것이었다.

29. 「소송촉진 등에 관한 특례법」(법률 제3361호)이 공포되어 1981.3.1.부터 시행에 들어갔는데, 위 법률에서는 강제경매절차의 신속을 도모하는 여러 특별규정을 두었다. 우선, 위 법률 14조는 부동산에 대한 경매기일의 공고방법에 관하여 공고사항을 기재한 서류를 법원의 게시판에 게시하는 방법만으로 행하되, 법원이 필요하다고 인정하는 때에는 공고사항의 요지를 1개 또는 수개의 일간신문에 게재하여 이를 공시할 수 있다고 규정함으로써 부동산 소재지의 시·구·읍·면 게시판에의 게시방법을 없앴다. 다음, 위 법률 15조는 부동산의 강제경매절차에서 경락허가결정에 대한 항고를 하려고 하는 자는 담보로서 경락대금의 10분의 2에 해당하는 금원을 보증금으로 공탁하여야 하며, 항고장에 위의 공탁을 증명하는 서류를 첨부하지 아니한 때에는 원심재판장이 그 항고장을 접수한 날로부터 7일 이내에 결정으로 이를 각하하고, 이 결정에는 불복을 신청하지 못한다고 규정하였다. 이 규정은 위에서 본 「금융기관의 연체대출금에 관한 특별조치법」 5조의2에 상당하는 것이다.

(3) 1983.7.9. 구 민사소송규칙의 제정

위에서 본 바와 같이 법률에 의한 강제집행법의 개정은 극히 제한적이었지만, 민사소송규칙 제5편으로 강제집행 편을 두어 비록 법률의 하위규범이지만 무려 111개의 조문을 신설하여(93조 내지 203조) 1979년에 새로 제정한 일본 민사집행법의 내용을 대폭적으로 받아들이는 등 강제집행제도를 새로이 정비하려는 의욕을 보였다(대법원규칙 제848호, 시행 1983.9.1.).

그 주된 내용을 보면, (1) 강제집행제도의 신속화를 위하여 집행법원은 변론 대신에 심문의 형식으로 간이한 증거조사를 할 수 있게 하였고(104조), 주소 등 변경 신고의무를 부과하고(95조), 변제수령문서의 제출에 의한 정기기간은 2월, 변제유예문서의 제출에 의한 집행정지는 2회에 한하되 6월을 한도로 하였으며(106조), (2) 강제집행절차의 적정화를 위하여 경매브로커를 경매장소에서 배제하고자 경매장소 질서유지 규정을 신설하고(118조, 153조), 집행관의 현황조사권을 강화하여 적정가액으로 경매가 되도록 배려하였으며(140조), 적정가액으로 경매가 되려면 매수인의 지위가 안정되어야 하는 점을 고려하여 부동산인도명령을 강화하였고(155조), (3) 민사소송법에 미처 규정하지 않은 자동차, 건설기계, 항공기에 대한 강제집행에 관한 규정을 신설하였으며(173조 내지 190조), (4) 종래 논란이 되어 왔던 것들 즉, 동시이행을 요하는 경우에 반대의무의 이행을 강제집행의 개시요건으로 하고(101조), 채권에 대한 특별현금화방법으로 양도명령, 경매명령, 환가명령 등 세 가지를 규정하고(131조), 경매개시결정의 효력발생시기를 명확하게 하였고(146조), (5) 강제집행신청의 방식(93조), 집행력 있는 정본부여신청의 방식(98조), 강제집행신청서의 기재사항(109조, 125조, 160조) 등 각종 집행에 관한 방식을 새로 규정하였다.

2. 1990.1.13. 구 민사소송법의 대폭적인 개정(경매법과의 통합 등)

이상에서 본 몇 차례에 걸친 수정이 모두 특별법에 의한 단편적인 것이었기 때문에 강제집행절차의 근본적인 문제점을 개선하는 데는 미흡하였다. 이에 강제집행의 실효성을 높이기 위한 전면적인 재검토의 필요성이 역설되었고, 일본에서 민사집행법이 제정 · 시행되는 것에 자극을 받아 법무부 주관 하에 민사소송법개정특별위원회를 설치하여 1984.4.부터 4년여의 심의 끝에 민사소송법개정안을 마련하여 정부안으로 1988.12. 국회에 제출하였다. 이 개정안이 국회의 심의과정에서 약간 수정되어[6] 1년 후인 1989.12. 통과되어 1990.1.13. 법률 제4201호로 공포되고 1990.9.1.부터 시행에 들어갔다.

강제집행편의 변혁의 대표적인 것은 경매법을 폐기하고 임의경매절차를 강제집행 편에 흡수 통합한 것이다. 그 밖에 ① 일본에 앞서 독일의 개시선서제도를 모방한 재산명시 및 채무불이행제명부제 도입, ② 집행에 관한 이의사유와 즉시항고 사유의 명백한 구별, ③ 부부공유의 유체동산에 대한 압류규정의 신설, ④ 부동산현황조사 및 매각물건명세서 제도의 신설, ⑤ 최초 매각기일 신문공고제 시행, ⑥ 차순위매수신고인 제도 신설, ⑦ 매각허가결정에 대한 항고에 있어서 1/10 보증금공탁제, ⑧ 선박집행에 관한 규정의 개혁, ⑨ 임의경매절차에 대한 공신력 부여 등이 주요 개정사항이었다. 일본의 민사집행법의 내용을 구 민사소송규칙에 대거 반영하였던 것들도 1990년 개정 법률에서 본법에 거의 흡수시켰는바, 그 당시에 개정한 아래의 골격이 현행 민사집행법의 기초가 되었다.

---

6) 수정의 대표적인 것으로 정부안은 금전채권집행에서 군단우선주의를 채택하였으나, 국회에서는 이를 평등주의로 되돌려 놓고, 대신 배당요구권자의 범위를 대폭 제한하였다.

(1) 집행채권자의 보호

(가) 재산명시제도의 도입(524조의2 내지 524조의8)

채권자로 하여금 불성실한 채무자의 재산을 추적하여 강제집행을 쉽게 할 수 있도록 하기 위하여 재산명시제도를 새로 도입하였다. 이는 독일 민사소송법상의 재산개시보증제도Offenbarungsversicherung를 본뜬 것이다.

(나) 채무불이행자명부의 도입(524조의9 내지 524조의12)

채무자가 집행권원에 의하여 금전채무가 확정된 후 6월 안에 임의이행을 하지 않은 경우나 재산명시와 관련하여 처벌대상이 되는 행위를 한 경우, 채무불이행자명부에 그 사실을 등재하여 이를 법원과 채무자의 본적지 행정관서에 비치하고 일반인의 열람·등사에 제공함으로써 불성실한 채무자로 하여금 그로 인한 명예나 신용 훼손을 면하기 위하여 임의변제하도록 유도하고, 일반인에게는 거래 상대방에 대한 신용조사를 쉽게 할 수 있게 하여 거래의 안전을 도모하도록 하였다. 이 역시 독일의 채무자명부Schuldnerverzeichnis를 본뜬 것이다.

(다) 배당요구의 제한(552조, 580조, 605조)

배당에 관한 평등주의를 악용한 악질적인 채무자가 허위의 채권자를 조작하여 배당요구하게 하는 것을 막기 위하여 종전의 「간이절차에 의한 민사분쟁사건처리 특례법」 5조를 민사소송법에 흡수함과 아울러 배당요구권자를 더욱 제한하였다. 즉, 집행력 있는 집행권원의 정본을 가진 채권자, 실체법상 우선변제권이 있는 자 또는 경매신청의 등기 후에 가압류를 한 채권자에 한하여 배당요구를 할 수 있게 하였다.

본래 국회에 제출되었던 정부안은 한 걸음 더 나아가 평등주의와 우선주의의 절충형인 군단우선주의를 채택하여 최초의 압류일로부터 일정기간 내에 배당에 참가한 채권자군은 그 다음 일정기간 내에 배당에 참가한 채권자군보다 우선하여 배당을 받을 수 있도록 하는 규정을 두었으나, 국회의 심의과정에서 이 안이 채택되지 못하고 대신 위와 같이 배당요구권자를 제한하는 쪽으로 변형되었다.

(라) 부부 공유의 유체동산에 대한 집행방법의 개선(527조의2)

종래에는 채무자와 그 배우자의 공유에 속하는 유체동산에 대하여는 채무자의 공유지분권을 기타 재산권에 대한 집행방법(584조)에 의하여 집행할 수밖에 없어 절차가 번잡하고 불확실하였는데, 이를 개선하여 채무자가 이를 단독 점유하거나 그 배우자와 공동 점유하는 경우에는 유체동산 압류의 방법으로 집행하도록 하였다.

(마) 지시채권에 대한 집행방법의 개선(527조 2항 3호)

종래의 채권집행설에 따르면 집행관이 채무자의 유체동산을 수색하는 과정에 어음, 수표 등이 발견되어도 이를 압류할 수 없어 채권자에게 불리한 점을 고려하여 배서가 금지되지 않은 유가증권은 유체동산 집행방법에 의하도록 함으로써 그에 대한 집행을 쉽게 하였다.

(2) 채무자의 보호

(가) 압류금지 동산의 확장(532조 1항, 533조 1항, 579조의2)

채무자의 생활 보호, 직업 유지, 품위 보전 등 사회정책적인 견지에서 압류가 금지되는 유체동산의 범위를 새로 정하고, 아울러 채권자, 채무자의 생활상황 기타의 사정을 고려하여 유체동산 압류의 전부나 일부, 또는 채권압류명령의 전부나 일부를 취소할 수 있도록 하였다.

(나) 전부명령에 대한 즉시항고(563조 6항, 7항)

흠이 있는 전부명령에 대한 채무자의 이익을 보호하기 위하여 채무자의 즉시항고권을 인정하고, 전부명령은 확정되어야 효력이 발생하는 것으로 하였다.

(다) 담보제공에 의한 선박경매절차의 취소(684조의2)

채무자가 집행정지명령이나 변제증서 등의 집행정지서류틀 제출하고 배당참가채권자의 모든 채권액과 집행비용에 상당하는 금액을 공탁한 때에는 집행절차를 취소하도록 함으로써 선박이 항행할 수 있게 하였다. 선박이 고가이고 항행으로 인한 채무자의 경제적 이익이 매우 크다는 점을 고려한 것이다.

(3) 경락인 등의 보호

(가) 경매신청 취하의 제한(610조)

매수의 신고가 있은 후에는 최고가매수신고인 및 차순위매수신고인의 동의를 받아야 경매신청을 취하할 수 있게 하고, 취하와 유사한 효과를 갖는 510조 3호, 6호의 집행취소서류의 제출에 의한 집행취소를 구함에 있어서도 마찬가지로 최고가매수신고인 및 차순위매수신고인의 동의를 얻도록 하였다.

(나) 경매부동산 훼손시의 경락허가결정 취소(639조 1항)

경락이 허가된 후에 경매부동산이 경락인이 책임질 수 없는 사유로 훼손된 때에는 경락인은 대금 납부 전까지 경락허가결정의 취소를 신청할 수 있도록 하였다.

(다) 소유권의 안정적 취득(646조의2, 727조)

경락인은 경락대금을 납부함으로써 경매부동산의 소유권을 취득하고, 담보권 실행을 위한 경매절차의 개시 후에 담보권이 소멸하였음에도 불구하고 채무자나 소유자가 불복하지 않아 경매절차가 그대로 진행된 경우에는 경락인의 소유권 취득이 담보권의 소멸로 영향을 받지 않도록 하여 경매에 공신력을 부여하였다. 다만, 담보권이 경매절차 개시 전부터 애당초 존재하지 않은 경우에는 공신력을 인정하지 않았다. 예컨대 위조문서에 의하여 설정된 저당권의 실행으로 경매가 신청되고 공시송달에 의하여 경매가 진행된 경우에는 채무자나 소유자에게 불복의 기회가 보장되지 않으므로 그런 경우까지 공신력을 인정하는 것은 부당하다는 이유에서였다.

(4) 집행절차의 신속, 적정화

(가) 불복방법의 정비(504조, 517조)

종래 집행법원의 집행행위의 성질을 띤 재판에 대한 불복을 집행에 관한 이의로 하여야 할지 즉시항고로 할지에 관하여 학설, 판례상 혼란이 있었기 때문에, 이를 정비하여 즉시항고는 허용하는 특별규정이 있는 경우에만 허용하고, 그 밖의 경우에는 집행에 관한 이의를 하도록 하였다. 그리고 즉시항고는 원칙적으로 집행절차를 종료시키는 재판(강제집행취소결정, 경매신청각하결정 등)과 집행관계자에게 중대한 이해를 미치는 재판(경락허부결정, 압류명령, 전부명령, 인도명령 등)에 대하여만 인정하고, 절차의 지연을 방지하기 위하여 즉시항고에 집행정지효를 인정하지 않았다.

(나) 집행비용 예납 불이행 때의 경매신청 각하(523조의2)

집행법원이 채권자에게 집행비용을 예납하도록 명령하고 이에 불응하면 경매신청을 각하하거나 이미 개시된 집행절차를 취소할 수 있게 함으로써, 채권자의 집행비용 예납 불이행으로 인한 절차의 지연을 방지하였다.

(다) 이중압류의 허용(549조, 604조, 668조, 677조)

종전의 조사절차 및 기록첨부 제도가 제3자에게 불측의 손해를 주는 등 폐단이 있어 이를 폐지하고, 대신 채권 외에 유체동산, 부동산, 선박에 대하여도 이중압류를 허용하였다. 다만, 환가를 함에 있어서 유체동산집행에서는 모든 채권자를 위하여 일괄 실시하고, 부동산·선박집행에서는 먼저 개시결정을 한 집행절차에 따라 하도록 하였다.

(라) 부동산의 현황조사 및 경매물건명세서의 작성·비치(603조의2, 617조의2)

부동산경매절차에서 적정한 매각조건을 정하고, 경매에 참가하는 일반인에게 정확한 정보를 제공하기 위하여 집행관으로 하여금 부동산의 현황, 점유관계, 차임, 보증금의 수액, 기타 현황에 관하여 조사하게 하고, 부동산의 점유관계, 부동산에 존재하는 권리관계를 기재한 경매물건명세서를 경매기일 전에 작성하여 그 사본을 법원에 비치하여 일반인의 열람에 제공하도록 하였다.

(마) 경매기일 공고제도의 개선(621조 2항)

경매에 관한 정보를 널리 알려 일반인의 참가를 유도하기 위하여 최초의 경매기일에 관한 공고의 요지를 반드시 신문에 게재하도록 하였다.

(바) 차순위매수신고인제도의 신설(626조의2, 627조, 647조의2)

재경매로 인한 절차의 지연을 방지하기 위하여 최고가매수신고인 다음으로 고액의 매수신고를 한 사람을 차순위매수신고인으로 정하여 경락인이 대금지급기일에 대금을 납부하지 않은 경우 바로 차순위매수신고인에게 경락을 허가할 수 있게 하였다.

(사) 경락허가결정에 대한 항고의 제한(642조 4항, 6항)

채무자나 소유자가 경락허가결정에 대한 항고를 제기할 때에는 경락대금의 1/10에 해당하는 금원을 보증금으로 공탁하도록 하고, 항고가 기각되어 확정되었을 때에는 그 금원을 몰취함으로써 절차지연 목적의 남항고를 억제하였다. 이후 1995.1.5. 법률 제4931호로 민사소송법을 다시 개정하여 항고의 제한을 경락인에게까지 확대하였다. 경락인이 항고를 하는 경우에도 경락대금의 1/10에 해당하는 보증금을 공탁하게 하되, 항고가 기각되어 확정되었을 때에는 항고일로부터 항고기각 확정일까지의 이자 상당액을 몰취하게 하였다(동법 642조 4항, 7항).

(5) 강제경매와 임의경매의 통합(第7편 第5장)

종래의 민사소송법에 의한 강제경매와 경매법에 의한 임의경매는 어느 것이나 사법상 권리의 강제적 실현절차라는 점에서 근본적으로 그 성질이 유사하기 때문에, 일부 요건상의 차이 등 부득이한 것을 제외하고는 이를 따로 규율할 필요가 없어 두 절차를 통일할 필요성이 절실하였다. 이에 경매법을 폐지하고, 강제집행편에 담보권의 실행 등을 위한 경매의 장을 신설하여 이를 흡수함으로써 강제경매와 담보권의 실행을 위한 경매를 통일적으로 규율하게 하였다.

3. 민사집행법의 제정

(1) 민사집행법의 입법배경

우리 사회가 1960년대 이후 산업화의 물결 속에 실로 엄청난 변화와 발전을 경험하였고, 그에 맞추어 법률제도도 많은 분야에 걸쳐 변신을 거듭하여 왔는데, 민사소송법상의 강제집행절차에 관한 규정은 위에서 본 몇 차례의 개정에도 불구하고 그동안의 사회·경제적 변화에 따른 신속한 권리구제의 필요성에 부응하지 못하고 있다는 지적을 받아 왔다. 이에 대법원이 나서서 그동안 누적되어온 학계와 실무계의 연구 성과 및 경험을 바탕으로 하여 강제집행절차가 채무자 등에 의하여 악의적으로 지연되는 것을 방지하고, 불량 채무자에 대하여 철저하게 책임을 추궁하는 등 보다 신속하고 효율적인 권리구제 방안을 마련하는 한편, 통일적이고 일관된 법 집행을 도모하기 위하여 민사소송법에서 강제집행 편을 따로 떼어내 별도의 독립된 법률을 만들기로 하였다.

(2) 입법경과와 입법체제

대법원은 1995.4. 학계와 실무계를 망라한 13인으로 '민사소송법 개정 착안점 제안을 위한 특별위원회'를 구성하여 약 1년여에 걸친 작업 끝에 민사소송법 개정 착안점을 발굴한 후, 각급 유관기관에 의견 조회를 하였다. 그 후 1996.9. 학계와 실무계의 전문가 15인으로 민사소송법개정위원회를 구성하여 1998.1.까지 24차례에 걸친 회의 끝에 위와 같은 의견조회 결과를 반영한 '민사집행법시안'을 만들었고, 1998.4.부터 1998.8.까지 대법관 3인으로 구성된 소위원회의 검토와 1998.11.9. 공청회에서의 논의를 거쳐 1999.2.25. 대법관회의에서 '대법원안'을 최종적으로 확정하였다.

대법원은 1999.2.28. 위 최종안을 법무부에 송부하였고, 법무부에서는 1999.3. 31.부터 3개월 동안 다시 60여 개의 관계 부처 및 단체에 의견조회를 실시한 후, 민사소송법개정실무위원회(교수 1인, 변호사 2인, 검사 1인)의 쟁점정리를 거쳐 1999. 9.27. 민사소송법개정특별분과위원회를 구성하여 2000.1.24.까지 심의를 마치고, 관계부처와 협의를 거친 다음 2000.4.25. 민사집행법안을 입법예고하였다. 그 후 법무부안은 법제처의 심사를 거쳐 국무회의에 상정, 의결된 후 2000.10.16. 제215회 정기국회에 정식으로 '민사집행법안'으로 제출되었다.

이 법안의 심의를 위하여 국회 법제사법위원회는 2001.6.22. 공청회를 개최하였고, 이후 법제사법위원회 법안심사 제1소위원회의 심의과정에서 위 공청회에서 개진된 의견을 반영한 수정안을 마련하였다. 이 수정안이 2001.12.5. 법제사법위원회에서 통과되고, 이어서 다음 날인 2001.12.6. 국회 본회의를 통과함으로써 6년간에 걸친 법률제정 작업이 마침내 마무리되었고, 2002.1.26. 공포되었다(법률 제6627호). 이렇게 탄생한 민사집행법이 2002.7.1.부터 시행되고 있다. 다만 종전의 강제집행편의 일부로 들어갔던 판결의 확정 및 집행정지 규정은 민사소송법에 남겨 놓았다는 것이 특색이다.

원래 민사집행절차를 민사소송법에 판결절차와 함께 포용하는 독일형(1877 ZPO)과 미국형(1938 FRCP) 입법례와, 민사소송법전에는 판결절차만을 수용하고 민사집행절차는 이와 별도의 단행법으로 독립시킨 오스트리아형EXO 입법례가 있는데, 새 민사집행법은 기본적으로 종전의 독일형을 버리고 오스트리아형을 따른 것으로서, 일본이 앞서 독일형에서 오스트리아형으로 전환한 것을 본받은 것이다. 다만 일본은 그 후 민사집행절차에서 가압류, 가처분 절차를 분리하여 민사보전법을 신설함으로써 민사절차법을 민사소송법, 민사집행법, 민사보전법 등으로 3분화했지만, 우리 법제는 이와 달리 민사집행법에 보전절차까지 수용하는 오스트리아 원형대로 2분체제를 유지하고 있다.[7]

이제 가압류·가처분을 포함하여 민사집행절차는 민사소송법이 아닌 민사집행법을 직접 적용받게 되었지만, 민사집행 및 민사보전 절차에 관하여 보다 구체적인 사항은 대법원규칙인 민사집행규칙으로 정하여 보완하기로 하였다(민집 23조 2

7) 이시윤(주1), 24-25면.

항). 민사집행규칙은 민사집행법 시행시기에 즈음하여 제정, 공포되었는데, 다만 본법의 시행령격으로서 시행세칙이어야 한다는 내재적인 제약에도 불구하고, 본법의 규율대상인 중요사항을 규칙에 규정하는 등 법과 규칙의 역할분담에 혼선을 일으킨 면이 적지 않다.[8)]

(3) 민사집행법 제정의 의의

대법원 주도하에 이루어진 민사집행법의 제정은 강제집행 제도의 운영자인 사법부가 그 이용자인 국민의 불편을 해소하기 위하여 직접 전면에 나서서 대대적인 변혁을 도모한 것이라는 점에 큰 의미가 있다. 뿐만 아니라 입법과정에서 그 동안 축적되어온 실무계와 학계의 연구성과를 적극 반영함으로써, 종래와 같은 외국법의 맹목적인 계수에서 벗어나 우리나라 법 현실에 부합하는 법을 마련하였다는 것도 자랑스러운 부분이다.

나아가 법률의 한글화 작업를 본격적으로 도모하여 법률문장에 우리말을 대폭 사용하고, 누구든지 그 뜻을 쉽게 알 수 있도록 문장구조를 개선함으로써, 국민들이 강제집행절차를 쉽게 이해할 수 있도록 하였다는 점 또한 중요한 의미를 지닌다. 아울러 집행절차에 관한 용어를 다수 순화하여 어려운 한자어를 쉬운 말로 바꾸었다.[9)]

(4) 민사집행법 제정과정 상의 절차상대효 도입 논의[10)]

일본이 개별상대효로 입법을 추진하다가 최종적으로는 절차상대효에 따른 입법이 된 것과는 정반대로 우리나라는 절차상대효로 입법을 시도하였다가 중단하였는바, 이것이 현재 양국 민사집행법의 가장 중요한 차이점이 되었으므로, 그 경위에 대하여 간단히 본다.[11)]

---

8) 이시윤(주1), 25면.

9) 다음은 그 대표적인 용어순화의 예이다. 경매기일 → 매각기일, 경매가격 → 매각가격, 신경매기일 → 새 매각기일, 일괄경매 → 일괄매각, 경매조서 → 매각기일조서, 경매물건명세서 → 매각물건명세서, 최저경매가격 → 최저매각가격, 경락기일 → 매각결정기일, 경락조서 → 매각결정기일조서, 경락대금 → 매각대금, 경락허가 → 매각허가, 경락인 → 매수인, 경락허부 → 매각허부.

10) 민사집행법 해설, 법원행정처(2002), 195-196면; 주석 민사집행법(Ⅲ), 한국사법행정학회(2004), 221-224면.

11) 자세한 것은 손흥수, "(가)압류의 개별상대효의 정립(鼎立)과 그 대안의 모색", 한국민사집행법학회 2014년도 추계 학술대회 발표논문집 참조.

(가) 대법원 민사소송법 개정위원회의 절차상대효설 채택

구 민사소송법이 압류의 효력에 관하여 개별상대효설에 입각하고 있었던 데 대하여는 ① 이론적으로 배당의 순위에 관하여 평등주의를 취하고 있는 것과 맞지 않고, ② 압류 채권자 외에도 다른 채권자에 대하여도 채무를 부담하고 있는 채무자가 집행이 개시된 후에도 제3자와 통모하여 그 압류 부동산을 허위로 양도하거나 저당권을 설정함으로써 매우 간편하게 그 부동산을 다른 채권자에 대한 책임재산으로부터 제외시킬 수 있으며(통모를 이유로 그 처분행위의 효력을 다투는 것은 사실상 극히 어렵다), ③ 권리취득의 내용을 보더라도 압류 후의 양수인과 담보권자는 압류등기의 말소를 조건으로 권리를 취득하는 데에 지나지 아니하므로 압류가 속행되는 경우까지 잉여가치를 모두 이들에게 귀속시킬 이유가 없고, ④ 배당에 있어서도 압류 후 저당권이 설정되고 다시 가압류가 된 경우, 평등배당을 한 다음 저당권자가 가압류 채권자의 배당액을 흡수하는 순환배당의 방식을 취하게 되는데, 이 경우의 가압류권자의 배당요구는 산술적으로 자신과는 무관하면서 압류채권자를 해하고 저당권자를 도와주는 의미밖에 없는 것이 되므로(계산상 압류 채권자의 배당액을 저당권자에게도 일부 이전하는 결과가 된다), 이러한 형태의 배당방식이 허용될 수 있는지 매우 의심스럽다는 비판이 제기되어 왔다.

이에 대법원 민사소송법 개정위원회는 이러한 비판을 수용하여 압류의 효력에 관하여 절차상대효설로 전환하기로 하여 압류 후에 부동산 위의 권리자로 등기된 사람이나 그 밖의 우선변제청구권을 취득한 사람은 그 집행절차에서 이를 주장하지 못하고, 일반채권자로서도 배당요구 할 수 없으며, 이해관계인으로서의 자격도 부여되지 않고, 목적물의 매각대금에 대한 잉여금은 매각시의 소유자가 아닌 채무자에게 교부하기로 하는 개정안을 마련하였다.

즉, 압류의 효력에 관하여 절차상대효설을 채택하여 민사집행법 148조 2항 및 3항으로 일본 민사집행법 87조 2항 및 3항과 동일한 내용의 규정을 두고, 4항으로 배당잉여금은 채무자에게 교부하도록 하는 안을 마련하였다. 같은 맥락에서 압류 후에 부동산 위의 권리자로 등기된 사람이나 그 밖의 우선변제청구권을 취득한 사람은 그 집행절차에서 이를 주장하지 못하고[83조(경매개시결정 등)에 5항 신설], 일반채권자로서도 배당요구를 할 수 없으며[88조(배당요구)에 1항 단서 신설], 이해관계인으로서의 자격도 인정하지 않았다[90조(경매절차의 이해관계인)에 4호 단서 신설].

(나) 개별상대효설로의 회귀

그러나 대법관 3인 구성의 소위원회가 이를 재심사한 결과, 절차상대효설은, ① 평등주의의 모국인 프랑스에서조차 우선주의적 요소를 점차 확대해 나가고 있는 마당에 우리 법이 평등주의의 원형인 절차상대효설을 뒤늦게 입법화하는 것은 바람직하지 않고, ② 압류 후에 담보물권이나 그 밖의 우선변제청구권을 취득한 경우에 당해 압류에 기초한 배당절차에 참여하지 못함은 물론 경매절차의 진행에 따라 매수인에게 소유권이전등기가 경료되면 그 담보물권의 등기는 말소되고 우선변제청구권의 효력도 소멸되는데, 이는 압류의 효력범위를 넘어서는 것이고, ③ 절차상대효설을 취하게 되면 채무자는 사실상 압류 후에는 당해 재산의 처분권을 상실하는 셈이 되어 자구노력을 통하여 채무를 청산할 기회를 봉쇄당하는 결과가 되며, ④ 채무자가 압류 후에 제3자에게 담보물권을 설정해 주거나 소유권이전등기를 경료하는 것은 그 재산의 교환가치 중 당해 경매절차에서 강제회수 당하는 부분을 제외한 잉여가치를 제3자에게 처분하고자 하는 의도에서인데, 배당결과 잉여금이 생긴 경우에 이를 채무자에게 반환하도록 하는 것은 채무자의 의도에 반하고, 압류등기 이후의 등기권리자, 그 밖의 우선변제청구권 취득자 등으로서는 채무자의 잉여금 반환채권을 또 다시 압류하여야 하는 번거로운 절차를 취하여야 하는 결과가 되고, ⑤ 압류의 효력에 관하여 절차상대효설을 취하는 경우에는, 등기를 요하지 않으나 특정 부동산에 대한 우선변제권의 성격을 갖는 권리(주택의 인도와 주민등록 및 확정일자를 갖춘 임차인 등)에 대해서도 압류의 효력이 미치는 것으로 보아야 하는데, 이러한 우선변제청구권자는 일반적으로 사회정책적 견지에서 일반채권자보다 우선적인 지위가 부여된 것임에도 불구하고, 압류 후 집행권원을 취득하여 배당요구를 한 일반채권자와 압류 후 우선변제청구권을 취득한 채권자를 비교해 보면, 압류 후 취득한 집행권원에 기한 배당요구로서는 배당에 참가할 수 있음에 비하여 압류 후 취득한 우선변제청구권으로는 그 우선순위를 보장받을 수 없을 뿐만 아니라 배당에 참가할 수조차 없게 되어 양자의 지위가 역전되어 우선변제청구권을 인정한 입법의 취지에 반하게 되는 등 이론적으로 여러 가지 문제점이 있고, 압류 및 가압류에 지나치게 광범위한 효력을 부여하는 것이 되어 실체법의 체계를 무시하는 결과를 초래할 우려가 있으며, 채무자의 재산권 행사와 경제활동의 자유를 지나치게 제한하게 된다는 점을 들어 이를 철회하고 개별상대효설로 복귀하였다. 다만, 배당요구의 시기를 앞당겨 우선주의적 요소를 도입함으로써 평등주의와 개별상대효가 결합함에 따른 폐단을 일부 완화할 수 있도록 하였다(민집 84조).

Ⅲ. 민사집행법상의 새로운 집행절차[12)]

1. 집행의 실효성 확보

(1) 재산명시제도의 강화

(가) 재산명시 신청을 할 수 있는 채권자 범위의 확대(61조)

구 민사소송법은 재산명시 신청을 할 수 있는 채권자를 확정판결, 화해·포기·인낙조서, 확정된 지급명령 또는 민사조정조서에 의한 금전채무를 이행하지 않는 채무자에 대한 채권자로 한정한 데 비하여(동법 524조의2 제1항), 민사집행법은 금전채권의 만족을 위한 강제집행을 개시할 수 있는 집행권원을 가진 모든 채권자로 확장하였다. 다만, 가집행선고부 판결과 가집행선고부 배상명령과 같이 아직 확정되지 않아 취소 가능성이 있는 집행권원까지 포함시키는 것은 채무자에게 회복 불가능한 손해를 입힐 우려가 있어 제외하였다.

(나) 재산명시명령 불이행자에 대한 감치제도의 도입(68조)

채무자가 재산명시절차에서 정당한 사유 없이 재산명시명령을 이행하지 않는 경우의 제재수단으로 구 민사소송법은 3년 이하의 징역이나 500만 원 이하의 벌금에 처하도록 하여 오로지 형사처벌 만을 규정하였으나(524조의8), 민사집행법은 새로이 감치제도를 신설하였다.

(다) 재산목록 정정제도의 도입(66조)

채무자가 재산명시기일에 제출한 재산목록에 형식적인 흠이 있거나 불명확한 점이 있는 때에는 이미 제출한 재산목록을 정정할 수 있도록 하는 제도를 새로이 도입하였다.

12) 제3판 주석 민사집행법(Ⅰ)(주 3), 105-120면 참조.

(2) 채무불이행자명부제도의 강화(72조, 73조)

구 민사소송법은 채무불이행자명부를 그 등재 결정을 한 법원에 비치하고, 채무자의 '본적지'의 장[시장(구가 설치되지 않은 시), 구청장, 읍장, 면장]에게 명부의 부본을 송부하도록 하였으나(동법 524조의11), 민사집행법은 명부의 부본을 '주소지'의 장에게 송부하도록 함으로써 일반인의 열람・복사를 용이하게 하였고, 나아가 일정한 금융기관이나 금융기관 관련 단체의 장에게 보내어 채무자에 대한 신용정보로 활용할 수 있도록 하였다.

(3) 채무자재산조회제도의 도입(74조)

재산명시절차에서 채무자가 재산명시의무를 위반하거나 채무자가 제출한 재산목록상의 재산만으로는 집행채권의 만족을 얻기에 부족한 경우에, 법원이 채권자의 신청에 의하여 개인의 재산 및 신용정보에 관한 전산망을 관리하는 공공기관, 금융기관, 단체 등에 대하여 채무자 명의의 재산에 관한 조회를 하고, 그 결과를 재산목록에 준하여 관리하도록 하는 채무자재산조회제도를 새로이 도입하였다. 세계적인 수준의 행정전산화에 기반한 것이다.

재산조회대상기관은 개인의 재산과 신용에 관한 전산망을 관리하는 공공기관・금융기관・단체 등인데(민사집행법 74조 1항), 민사집행규칙은 이를 구체화하여 조회할 재산의 종류와 성질에 따라 조회대상기관을 14개로 한정하는 한편, 재산목록의 기재사항과 조회의 효율성 등을 고려하여 조회 대상재산을 부동산의 소유권, 지적재산권, 자동차・건설기계의 소유권, 계좌별 합계액이 50만 원 이상인 금융자산 등으로 한정하고 있다(민사집행규칙 36조 1항, 별표). 대상기관과 조회할 재산은 법원행정처(토지, 건물의 소유권), 국토교통부(건물의 소유권), 특허청(특허권 등), 은행법에 의한 금융기관 등(금융자산), 보험사업자(보험금) 등이다.[13]

(4) 재산명시절차의 운영 실태[14]

2000년 재산명시신청 사건수가 56,661건(채무불이행자명부등재 1,393건)에 불과했던 사실에 비추어 보면, 최근 들어 재산명시절차 신청건수가 상당히 증가한 것

13) 자세한 내용은 법원실무제요 민사집행[Ⅰ], 법원행정처(2014), 387-411면 참조.
14) 자세한 내용은, 손흥수, "민사집행법 10년, 그 회고와 전망", 민사집행법연구Ⅱ, 유로(2018), 116-118면 참조.

으로 여겨지기는 한다. 다만 재산명시사건의 접수건수가 크게 증가하지 않는 상황에서도 채무불이행자명부등재 신청사건은 꾸준히 증가하는 양상을 보이고 있는 반면, 재산조회 사건은 위와 같은 제도 개선에도 불구하고, 최근 들어 그 이용건수가 증가추세에 있기는 하지만, 채무불이행자명부등재 신청 사건에 크게 미치지 못하고 있다. 채무자의 출석을 확보하는 것의 어려움으로 인하여 재산명시제도의 운영의 중점이 채무자의 출석을 통하여 재산목록을 제출받는 것보다는 재산조회 쪽으로 옮겨갈 것이라는 당초의 전망[15]과는 다소 다른 양상을 보이고 있는 것이다.

2. 부동산 집행절차의 신속, 합리화

(1) 미등기 건물에 대한 집행방법 마련(81조)

건축법에 의한 허가나 신고를 적법하게 마쳤으나 사용승인을 받지 못하여 보존등기를 못한 건물에 대하여 부동산집행의 방법으로 집행할 수 있게 하였다. 다만 사용승인을 받지 않은 건물에 대해서는 소유권보존등기를 허용해서는 안 된다는 건축행정상의 원칙과의 조화를 감안하여 적법하게 건축허가나 건축신고를 마친 건물로서 사용승인을 받지 않은 경우로 대상을 한정하였다.

(2) 매각조건의 조기 확정(84조, 88조, 91조)

구 민사소송법은 채권자 사이의 평등주의를 철저하게 실현하고 가능한 한 다수의 채권자에게 배당 받을 기회를 보장하기 위하여 배당요구의 종기를 경락기일까지로 규정하였다(동법 605조 1항). 그러나 그로 인하여 경매절차가 불안정한 점을 고려하여 배당요구의 종기를 최초의 매각기일 이전으로 앞당기고, 최선순위 저당권자(또는 압류, 가압류채권자)에 대항할 수 있는 전세권자가 배당요구를 하면 그 전세권이 소멸하는 것으로 하며, 배당요구의 여부에 따라 매수인이 인수할 부담이 바뀌는 경우에는 배당요구의 종기 후에는 배당요구를 철회할 수 없게 함으로써, 경매참가자들이 매각조건이 확정된 상태에서 경매에 참여할 수 있도록 하였다.

---

15) 제3판 주석 민사집행법(Ⅱ), 한국사법행정학회(2012), 378면.

(3) 매각방법의 개선

(가) 일괄매각의 확대(98조 내지 101조)

일괄매각의 범위를 확대하여 경매목적물이 서로 다른 종류의 재산이라 하더라도(다만, 강제집행의 대상이 금전채권인 경우는 제외) 그 이용관계를 고려하여 동일인에게 일괄매수하게 하는 것이 상당한 때에는 직권 또는 이해관계인의 신청에 의하여 일괄매각할 수 있도록 하였다.

(나) 기간입찰제의 도입(103조)

구 민사소송법은 부동산의 매각방법으로서 호가경매를 원칙으로 하였다(동법 617조). 그러나 호가경매는 일반인의 참가가 어렵고 경매브로커에게 경매목적물이 독점되어 버림으로써, 경락가액이 낮아지고 매각절차가 지연되는 경우가 많았다. 이에 1993. 5.부터 기일입찰의 방법을 채택하여 시행하여 왔으나, 기일입찰 역시 매수희망자가 지정된 기일에 모두 한 자리에 모여서 행하는 매각방법이라는 점에서 호가경매의 문제점을 완전히 해결하기에는 부족한 점이 있었기 때문에, 입찰의 방식으로 기간입찰제를 새로이 도입하였다.

그런데, 다른 사람의 매수신청 유무 및 그 신청액을 인식 또는 추측하는 데서 야기되는 경매브로커의 횡포를 봉쇄할 수 있는 점 등 장점[16]을 염두에 두고 전국 여러 법원에서 기간입찰제가 시도되었지만, 현재는 시행하는 법원이 한군데도 없다. 실제 기간입찰제를 시행하여 본 대부분의 법원에서 기간입찰제의 장점으로 거론되던 여러 가지 내용들이 실제로는 별 효과가 없는 반면, 기일입찰제에 비하여 여러 가지 돌발상황에 대응하기가 더 어렵고, 참여관과 집행관의 업무부담만 가중되는 것으로 나타나자, 서울중앙지방법원, 부산지방법원, 의정부지방법원 등이 기간입찰제를 도입하였다가 그 시행을 중단하였고, 서울서부지방법원과 서울북부지방법원마저 그 시행을 중단하여 그 명맥이 끊기고 말았다.[17] 기간입찰을 원칙적인 매각 실시방법으로 하는 일본의 실무[18]와 다른 점이다.

16) 기간입찰실무, 법원행정처(2004), 1면.

17) 박영호, "기간입찰제 시행에 대한 평가와 전망", 민사소송 12권 1호, 한국사법행정학회(2008), 416면.

18) 東京地方裁判所 民事執行センター実務研究會, 民事執行の實務(第3版) 不動産執行編(下), 金融財政事情研究會(2012), 2면.

(4) 매각허가에 대한 이의 및 매각불허가 사유의 정비(121조, 123조)

매각허가에 대한 기존의 이의사유 중 구 민사소송법 633조 4, 5, 7, 8호에 해당하는 사유를 삭제하고, ① 부동산을 매수할 자격이 없는 자가 최고가매수신고인을 내세워 매수신고를 하는 것은 탈법행위에 해당하므로 이를 이의사유에 포함하였고(121조 3호), ② 천재지변, 그 밖에 자기가 책임을 질 수 없는 사유로 부동산이 뚜렷하게 훼손된 사실 또는 부동산에 관한 중대한 권리관계가 변동된 사실이 경매절차 진행 중에 밝혀진 때를 이의사유로 규정하였다(121조 6호). 나아가, ③ 종래 통설·판례가 구 민사소송법 633조 소정의 이의사유가 제한적으로 열거된 것으로 해석한 관계로 경매절차에 정작 그보다 더한 중대한 하자가 있는 경우(예컨대, 경매물건명세서 사본을 비치하지 아니한 때 또는 대금지급기일에 경락인을 소환하지도 않고 대금 미납을 이유로 재경매한 때) 이를 이의사유로 삼을 수 없는 부당함이 있었는데, 이를 제거하기 위하여 '경매절차에 그 밖의 중대한 잘못이 있는 때'를 매각에 대한 이의사유로 추가하였다(121조 7호).

(5) 절차지연의 방지

(가) 외국송달의 특례(13조)

집행절차에 관하여 외국으로 송달하는 경우에는 그 송달과 함께 대한민국 내에 송달장소를 신고하도록 하고, 신고를 하지 않은 경우에는 그 이후 당해 절차 내에서 하는 송달이나 통지 등을 실시하지 않을 수 있게 하였다.

(나) 1기일 2회 매각제(115조)

입찰기일에 유찰되는 부동산에 대하여는 최저입찰가격의 저감 없이 즉시 제2회의 입찰을 실시할 수 있도록 하였다.

(다) 항고이유서의 제출 강제 및 항고심의 사후심화(15조, 130조 내지 132조)

항고장에 항고이유를 기재하지 않은 때에는 항고장을 제출한 날부터 10일 안에 항고이유서를 원심법원에 제출하여야 하고, 이를 게을리 한 때에는 원심법원이 그 항고장을 각하하며, 항고법원은 원칙적으로 항고장 또는 항고이유서에 기재된 항고이유에 한하여 조사·판단하도록 하였다. 항고심의 심리범위를 항고이유서에 기재된 항고이유의 당부에만 한정하는 동시에, 구 민사소송법 643조 3항의 635조 준용부분과 642조 1항의 규정을 모두 삭제함으로써 항고심이 직권으로 매각불허가 사유를 조사·판단하여야 하는 의무를 면제하였고, 항고법원은 원칙적으로 항고이유에서 지적한 매각이의 사유의 유무에 관하여만 판단하여 매각허부결정의 취소 여부만을 결정하고 새로운 매각허부결정은 집행법원이 하도록 하였다.

(라) 매각허가결정에 대한 항고시 보증공탁 확대(130조)

이해관계인들 간의 담합에 의한 남항고 방지를 위하여 매각허가결정에 불복하여 항고를 제기하는 모든 항고인에 대하여 매각대금의 10% 상당의 보증금을 공탁하도록 하고, 항고가 기각된 때에는 이를 몰수함으로써 경매절차의 신속을 도모하였다. 다만 매각허가결정에 대한 항고가 기각된 경우 몰취하여 배당재원에 편입시키는 범위가, 항고인이 채무자와 소유자인 경우에는 보증금 전액, 그 외의 모든 항고인은 보증공탁 금액을 상한으로 하여 항고를 한 날부터 항고기각결정이 확정된 날까지의 매각대금에 대한 연 20%의 비율에 의한 금액(민사집행규칙 75조)으로 다르게 하였다.

(6) 매수인 보호 강화

(가) 대금납부 제도의 개선(142조)

매수인의 대금 납부를 위하여 집행법원으로 하여금 특정의 기일이 아니라 일정 기한을 정하게 하고, 매수인은 그 기한 안에 언제라도 대금을 납부할 수 있게 하였다.

(나) 인도명령의 정비(136조)

인도명령이 실효성을 발휘할 수 있도록 인도명령의 상대방을 확장하여 점유자가 매수인에게 대항할 수 있는 권원을 가진 경우 이외에는 인도명령을 발할 수 있게 하였고, 그 절차에 있어서도 심문 제외 대상을 확장하여 채무자나 소유자가 점유하는 때, 매수인에게 대항할 수 있는 권원에 의하여 점유하고 있지 아니함이 명백한 때, 이미 그 사람을 심문한 때 등에는 심문을 생략할 수 있도록 함으로써 매수부동산의 인도를 쉽게 하였다.

(7) 배당제도의 개선

(가) 채권확정절차의 폐지 및 채무자의 배당이의의 정비(89조, 151조, 154조)

구 민사소송법은 강제집행절차에서 집행권원 없이 배당요구를 한 채권자(부동산경매의 경우 가압류권자와 우선변제권자)가 있는 경우 채무자가 그 채권에 관하여 적극적으로 인낙한다는 통지를 하지 않는 한 그 채권자는 5일 내에 채권확정의 소를 제기하여 집행권원을 획득하도록 하고 있었으나(동법 606조), 이러한 채권확정절차를 폐지하였다.

나아가, 집행력 있는 집행권원 없이 배당요구한 채권에 대하여 채무자가 이의한 경우에는 채무자가 배당이의의 소를 제기하여 완결하도록 하되, 다만 배당이의의 소의 대상에서 가압류채권을 제외하고 우선변제권에 기하여 배당요구한 채권으로 한정하였다(154조 1항).

(나) 공탁된 배당액의 추가배당(161조)

배당기일에 가압류채권자의 채권에 대하여 배당이의가 없어 그 배당액을 공탁하였는데, 가압류의 본안소송에서 가압류채권자가 패소한 경우 그 공탁금의 처리에 관하여 구 민사소송법에는 명문의 규정이 없어 그 동안 채무자교부설과 추가배당설이 대립하는 등 혼란이 빚어졌는바, 추가배당을 하도록 명문화하였다. 나아가 배당기일에 채권자가 불출석하여 그에 대한 배당액을 공탁하였는데, 그 후 채권자가 집행법원에 대하여 그 공탁금의 수령을 포기하는 의사를 표시한 때의 처리에 관하여 종래 의문이 있던 부분도 추가배당을 하는 것으로 명문의 규정을 두었다.

3. 부동산 이외의 재산에 대한 집행절차의 개선

(1) 채권집행에 있어 제3채무자 공탁제도의 개선(248조)

구 민사소송법은 채권집행에 있어 제3채무자는 채권자가 경합하지 않는 경우 공탁할 수 없도록 하였고(동법 581조), 그 결과 압류채권자가 피압류채권을 추심하지 않는 경우나 압류채권자의 추심권 행사가 제한되어 있는 경우 제3채무자는 변제에 의하여 그 채무로부터 해방될 수 없을 뿐만 아니라 그 지연손해금까지 부담하여야 했다. 이러한 점을 개선하기 위하여 채권자가 경합하지 않더라도 압류채권액을 공탁할 수 있도록 하였다.

다만 일본이 일찍이 제3채무자의 공탁에 관한 위 규정이 자신의 입법태도와 맞지 않은 것을 알고 1980년 민사집행법을 개정하면서 권리공탁과 의무공탁에 관한 내용을 현행처럼 전면 개정한 데 반하여,[19] 우리의 경우 2009년에 위 제3채무자의 의무공탁규정을 현재의 불완전 의무공탁에서 압류가 경합하는 경우 제3채무자는 공탁을 함으로써만 면책될 수 있다는 취지의 완전 의무공탁규정으로의 개정이 시도되었으나 성사되지 못하였다.[20]

(2) 동산집행의 배당과 채무자의 이의(256조, 151조)

구 민사소송법상 동산집행(유체동산뿐만 아니라 채권이나 그 밖의 재산권에 대한 집행을 포함한다)의 배당절차에서는 부동산집행에 관한 동법 659조 1항과 같은 채무자의 이의신청권을 인정하는 명문의 규정이 없어 채무자의 이의가 허용되지 않았는데, 이러한 불합리를 바로잡기 위하여 동산집행에서도 부동산집행의 경우와 마찬가지로 채무자의 배당이의를 인정하는 한편, 이와 중복되는 채권확정절차(구 민사소송법 554조 2항, 3항, 580조 3항)를 폐지하였다.

4. 민사집행법의 후속 개정

(1) 제1차는 2005.1.27. 법률 제7358호로 개정되어 2005.7.28.부터 시행된 것이다. 엄격한 채무자재산조회의 요건을 완화하여 도피 중인 채무자에 대하여도 재산추적이 가능하도록 하고, 최저생계비에 대한 압류를 금지하였다. 그리고 가압류, 가처분에 관하여 전면적 결정주의를 채택하였다.

(2) 2010.7.23. 개정 법률은 경매절차에서 매수인이 소유권이전등기 촉탁 전에도 금융기관 등으로부터 원활하게 자금 대출을 받을 수 있도록 하고, 주택임대차보호법에 따라 우선변제를 받을 수 있는 임대차보증금을 압류금지채권에 추가하였다(법률 제10376호).

(3) 2011.4.5. 개정 법률은 생명과 장애를 보장하는 보험의 보험금과 채무자의 최소한 생계유지에 필요한 예금금액을 압류금지채권에 포함하고, 압류금지채권의

19) 浦野雄幸, 逐條概說 民事執行法, 商事法務研究會(1980), 230면. 위 규정은 구 민사소송법 581조 1항, 2항에 해당하는 것이고, 이는 일본 구 민사소송법 621조 1항, 2항을 그대로 번역 수계한 것이며, 일본의 위 규정은 독일 민사소송법 853조를 본받은 규정인바, 일본은 위 독일법 규정을 수계함에 있어 독일이 일본과 달리 압류우선주의를 취하고 있다는 점을 간과하였거나 적어도 위 규정이 자신들의 입법체제인 채권자평등주의와 맞지 않다는 것을 간과하였던 것으로 보인다.

20) 손진홍, "근대 한국 민사집행법의 발전과 전망", 민사집행법연구 제11권, 한국민사집행법학회(2014), 168면.

금원이 채무자의 계좌에 이체된 경우 그에 해당하는 부분의 압류명령을 취소할 수 있도록 하였다(법률 제10539호).

(4) 2014.5.20. 개정 법률은 현행 민사집행법이 국내기업에 대한 외국법원의 판결만을 국내에서 승인・집행하도록 되어 있으나, 한・EU FTA, 한미 FTA 발효 등으로 국내기업에 대한 외국에서의 다양한 법적 소송 또한 증가할 것으로 예상됨에 따라, 외국법원의 확정판결뿐만 아니라 이와 동일한 효력이 인정되는 재판도 국내 승인・집행 대상에 포함토록 하기 위한 것이다(법률 제12588호).

(5) 2015.5.18. 개정 법률은 민사집행법상의 '항공기'를 '항공기 및 경량항공기'로 바꾸었다(법률 제13286호).

5. 관련 법령의 제정, 개정

아래에선 드는 것들 이외에도 상가건물임대차보호법의 조기 시행과 주택・상가건물임대차보호법의 개정, 한국자산관리공사법상 발송특례가 적용되는 금융기관의 범위 및 적용기간의 변경, 임차인 우선매수청구권 제도의 도입과 그 대상의 확대, 법무사와 공인중개사에 의한 매수신청 대리의 허용 등으로 관련 법령이 제정되거나 개정되었다.

(1) 사법보좌관제도의 시행(법원조직법 54조 2항 2호 등)

2005.3.24. 법률 제7402호로 개정된 법원조직법 54조 2항 2호에 따라 2005.7.1.부터 순차적으로 집행업무의 대부분을 사법보좌관이 담당하게 되었다. 이에 따라 업무유형별로 볼 때 재산명시사건 중 채무자 감치가 필요한 재산명시사건, 부동산집행사건 중 경매개시결정에 대한 이의사건, 부동산인도명령 및 관리명령사건, 채권집행사건 중 채권추심액의 제한허가, 특별현금화명령, 압류금지채권의 범위변경 등만이 법관의 업무로 남게 되었다. 지방법원 단독판사는 직접적인 민사집행 업무에서 거의 손을 떼고 사법보좌관의 업무감독과 그 처분에 대한 이의신청 재판 등 사후적인 통제를 담당하도록 한 가장 큰 제도적인 변화다. 사법보좌관은 독일, 오스트리아의 Rechtspfleger제도를 도입한 것으로서 법관의 업무 중 실질적 쟁송에 해당하지 않는 부수적인 사항을 넘겨주어 법관의 업무 부담을 경감하고자 하는 취지이다. 2017.7.1.부터 사법보좌관이 작성한 배당표에 대한 이의신청이 있

으면 배당기일을 중지하고 이의신청사건을 지체 없이 소속법원의 판사에게 송부하도록 한 사법보좌관 규칙 제5조를 삭제하여, 민사집행법 제151조에서 정하는 배당표에 대한 이의절차에 따라 처리하도록 개정하였다.

전문가의 충분한 의견수렴도 없이 급조된 법규라는 점에서 문제이거니와 이렇게 중요한 입법사항을 대법원 규칙으로 정한 점, 민사집행법과 부분적으로 상충되는 점 등 입법적으로 문제가 많다는 지적이다.[21]

사법보좌관제도의 도입에 따라 유체동산집행과 유체물 인도, 명도집행은 집행관이, 부동산집행과 채권 등 집행은 사법보좌관이, 대체집행과 간접강제는 1심 법원이 각기 담당하는 3원적 구조가 되었다. 법관은 집행관과 사법보좌관 감독과 보전처분을 담당한다.

(2) 경매절차상의 제도들을 대폭 도입한 국세징수법 개정(국세징수법 62조의2, 68조의3 등)

2011.4.4. 법률 제10527호로 공매대상재산 현황조사 및 공매재산명세서 작성 의무화, 공매공고에 대한 등기 제도 신설, 배분요구제도 개선, 배분에 대한 이의 신청제도 신설 등 경매절차상의 제도를 대폭적으로 도입하는 내용으로 국세징수법이 개정되었다. 일본과 같은 민사집행절차와 체납처분절차 조정에 관한 법률의 제정기반이 마련된 셈이다.

(3) 동산·채권 등의 담보에 관한 법률 제정

동산질권과 양도담보 등 기존의 동산담보제도가 안고 있던 문제점들을 해소하고 동산담보제도를 개선하기 위하여 법무부가 2008.3.5. '동산 및 채권의 담보에 관한 특례법 제정 특별위원회'를 구성 입법작업을 시작하여 국회가 2010.5.19. 「동산·채권 등의 담보에 관한 법률」을 의결하고, 정부가 2010.6.10. 법률 제10366호로 공포하여 그 부칙 제1조의 규정에 따라 공포 후 2년이 경과한 2012. 6.11.부터 시행되고 있다. 위 법률은 일본의 「동산 및 채권양도의 대항요건에 관한 민법의 특례 등에 관한 법률」에 자극받은바 크지만, 미국, 일본, 유엔국제거래법위원회의 담보거래에 관한 입법지침 등을 참고한 것으로서 외국의 여러 입법례 중 어느 하나를 그대로 채택한 것이 아니고, 현재 우리나라의 법 상황에 가장 적

---

21) 이시윤(주 1), 25-26면.

합하다고 판단되는 방식으로 법안이 구성되었다.[22] 대법원안이 일본의 것을 따른 것이었는데, 법무부안으로 입법이 되었다(전자가 동산양도담보를 염두에 둔 반면 후자는 동산저당을 염두에 둔 것이다).

(4) 민사집행의 전자소송화

「민사소송 등에서의 전자문서 이용 등에 관한 법률」, 「민사소송 등에서의 전자문서 이용 등에 관한 규칙」 부칙 2조 1항 별표2에 따라 2015.3.23. 이후 제1심에 최초로 접수되는 민사집행 사건에 대하여도 전자소송이 확대 시행되고 있다[민사소송 등에서의 전자문서 이용 등에 관한 규칙 부칙(제2332호) 2조 1항 참조]. 이에 따라 신청채권자의 경우 법원을 방문하지 않고도 부동산경매나 채권압류 및 추심명령 등 신청서 제출이 가능하며, 이해관계인 역시 전자소송으로 채권계산서를 제출할 수 있다. 임차인도 권리신고·배당요구서를 편리하게 제출할 수 있고, 교부권자의 교부청구서 제출도 마찬가지다. 채권집행절차의 이해관계인, 교부권자 등도 전자소송절차를 통해 서류를 낼 수 있다. 사건 기록에 대해 전자 열람을 신청할 수 있고, 법령상 열람권자는 전자적인 방법으로 기록 조회도 가능하다. 이해관계인이 다양하고 많아 일반 민사소송 등에 비하여는 전자소송이 차지하는 비중이 더 낮기는 하지만, 이용의 편이성과 상대적으로 저렴한 비용 등으로 인하여 전반적으로 이용이 증가하는 추세이다. 실무가의 입장에서 전자소송의 편리함은 대단한데, 가장 복잡한 민사집행 사건이 마지막으로 전자소송화된 것이다.

6. 최근의 입법 동향

(1) 입법추진이 무산된 것들

(가) 유치권제도 개선 법률(안)

유치권 행사로 인한 사회경제적 폐해를 극복하기 위하여 2004년 민법개정안을 마련할 당시 민법개정 특별분과위원회에서 민법상의 부동산 유치권을 폐지하고 법정저당권으로 전환하는 방안을 논의하였으나, 결국 결론을 내지 못하고 장기과제로 남겨두기로 하였었다. 이후 2009년에 출범한 법무부 민법개정위원회가 물권

22) 김재형, "「동산·채권 등의 담보에 관한 법률」의 주요쟁점 – 제정안 작성과정의 논의를 토대로 –", 민사법학 제61호, 한국사법행정학회(2012), 13면.

법 교수들이 중심이 된 담보제도 분과인 제5분과 위원회를 거쳐 개정안을 마련하여 2013.1.16. 민법 일부 개정법률(안)과 민사집행법 일부 개정법률(안)이 입법예고 되었었다. 그 주된 내용은 민법상으로는 부동산유치권은 원칙적으로 미등기 부동산에 대해서만 인정하되, 저당권설정청구권제도를 통하여 그 문제점을 보완하고, 민사집행법상으로는 배당요구권자에 저당권설정청구의 소를 제기한 유치권자를 포함하고(안 88조 1항), 경매로 인한 부동산 매각 시 유치권은 소멸하며(안 91조 2항), 저당권설정청구의 소를 제기한 유치권자에 대한 배당금액을 공탁하는 등(안 160조 1항 3호, 161조 2항)의 내용이었다.[23] 법원행정처도 위 개정 법률안에 대하여 크게 반대하지 않는 입장이었지만, 유치권에 관하여는 입법례도 다양하고, 찬반 의견도 분분하여 계획대로 입법이 이루어질지는 장담하기 어려운 상황이었는데,[24] 회기 만료로 폐기되었다.

(나) 2013.5.3. 입법예고 민사집행법 일부 개정법률(안)

법무부 주도하에 5인(학계 2, 재야 1, 법원 2명)의 위원으로 구성된 민사집행법 개정TF가 10차에 걸친 회의를 통하여 마련한 개정안으로, 유찰로 인한 기일의 공전을 막고 조기매각률을 높이기 위하여 경매법원이 감정평가액을 참작하여 '매각기준가격'을 결정토록 하고, 위 매각기준가격에서 20%를 차감한 금액이 '최저매각가격'이 되도록 하는 것과 공유자우선매수청구권 행사 횟수를 1회로 제한하는 내용이었다. 관련 기관간의 합의하에 마련된 개정안이어서 상대적으로 입법화 가능성이 큰 편이었는데, 역시 회기만료로 폐기되었다.

(2) 현재 입법이 추진 중인 것들

2018.7.30. 기준 국회 의안정보시스템 상으로 확인되는 20대 국회에 계류 중인 민사집행법 개정안은 총 6건이다. 최근 발의된 것부터 역으로 보면, ① 압류금지채권인 주택임대차보호법 제8조에 따라 우선변제를 받을 수 있는 금액을 이혼에 따른 재산분할의 경우에는 예외로 하여 압류할 수 있도록 하는 안(의안번호

---

23) 자세한 것은, 김재형, "부동산유치권의 개선방안 – 2011년 민법개정시안을 중심으로 –", 민사법학 55권, 한국사법행정학회(2011), 341-342면; 윤진수, "유치권 및 저당권설정청구권에 관한 민법 등 개정안 해설", 유치권제도 개선을 위한 민법 · 부동산등기법 · 민사집행법 개정안 공청회 자료집 참조

24) 민사집행법연구 제9권, 한국사법행정학회(2013), 381-395면; 손흥수, "민사집행법 10년, 그 회고와 전망", 사법 제25호, 사법발전재단(2013), 239-240면 참조.

13189), ② 주거 및 상가건물에 대한 인도집행과 관련하여 채무자 등이 집행관의 집행에 저항하는 경우, 집행관이 스스로 그 저항을 간단히 배제할 수 있는 때에만 필요한 최소한도의 범위 내에서 유형력을 행사할 수 있도록 하고, 집행보조자는 사람의 신체에 대한 유형력 행사를 할 수 없게 하는 등 인권침해를 예방할 수 있도록 강제집행 절차를 개선하려는 안(의안번호 12743), ③ 대포차에 대한 실효적인 제재 및 자동차 집행업무의 효율성 확보를 위하여 압류물이 자동차인 경우 제3자가 점유하고 그 인도를 거부하는 경우에도 정당한 권원이 있는 경우를 제외하고는 자동차를 압류할 수 있도록 하려는 안(의안번호 7786), ④ 민법의 관련 조항의 개정을 전제로 유치권의 목적물이 부동산인 경우 유치권자가 경매절차의 배당요구종기까지 배당요구를 하지 아니하면 경락인에게 유치권을 주장할 수 없도록 유치권의 적용범위를 제한하려는 안(의안번호 6699), ⑤ 법원조직법에 해사사건을 전담하는 전문법원으로서 해사법원을 설치하도록 하는 법적 근거가 마련되는 것을 전제로, 선박에 대한 집행 및 보전처분에 관하여 기존 관할특칙에 추가하여 선박 소재지 등을 관할하는 해사법원을 추가하는 안(의안번호 6349), ⑥ 농지취득자격증명을 부여받아야 하는 농지 등 관공서의 허가나 증명서 발급을 요하는 부동산의 경우에는 매각결정기일을 1주에서 1개월로 정하도록 하여 낙찰자의 부동산 사용을 실질적으로 보장하려는 안(의안번호 4974)이 소관 위원회에 접수 중인 상태이다.

집행관법 개정안으로는 집행관을 법원공무원 중에서 일정 자격을 갖춘 후 연수과정을 이수한 자 중에서 임명하도록 함으로써 자격을 강화하고, 법원의 엄격한 관리·감독 하에 업무를 수행하도록 하도록 하려는 안(의안번호 12177), 현재 집행관의 보조용역 사용 근거인 집행관규칙 제26조를 집행관법에 상향 규정하고, 집행관은 직무집행 현장에서 물리적 충돌 및 보조자의 위법·부당한 행위를 금지하는 등 감독업무를 수행하도록 명시하며, 보조자의 적절한 인원 등을 대통령령으로 정하도록 하고, 집행관이 집행 현장을 떠나 있거나 보조자가 집행 보조 권한을 부여받았음을 증명할 신분증을 패용하지 않는 등 집행 절차가 불공정·불투명할 시에도 징계가 가능하며, 집행관의 직무집행에 이해관계가 있는 자는 지방법원장에게 집행관 징계를 요구할 수 있도록 하고, 과태료를 2천만원 이하로 높이는 등 징계 수준을 보다 강화하여 법원으로부터 권한을 위임받은 집행관의 주도 하에 민사집행 절차의 공정성, 투명성, 책임성을 제고하려는 안(의안번호 7804) 2개의 안건이 계류 중이다. 전자와 관련하여서는 같은 취지의 법원조직법 개정안이 함께 계류 중이다(의안번호 12181).

현재 민사집행 실무와 관련하여서는 용산참사 등 일련의 집행과정에서의 극단적인 충돌에 따른 후폭풍으로서 부동산 인도, 철거 강제집행 과정에서의 이해관계인 간의 갈등 조정 및 충돌완화 방안이 화두로, 법원행정처에서도 이에 대한 제도개선책을 강구중인바,[25] 의안번호 12743, 의안번호 12177, 의안번호 7804 및 의안번호 12181은 모두 이를 겨냥한 것이다.

Ⅳ. 민사집행사건의 현황

민사집행법 시행 이후의 통계를 보면, 그동안 제1심 민사본안사건이 2002년 1,054,872건, 2006년 1,339,090건, 2007년 1,213,805건(100%)에서 2016년 973,310건(80.18%)으로 상당히 줄어든 반면,[26] 민사집행사건은 경제사정의 영향에 따른 다소간의 부침은 있지만 아래의 표에서 보듯이 2002년 256,917건(접수기준, 이하 같다), 2007년 498,481건(100%)에서 2015년 819,079건(164.3%), 2016년 867,365건(174.05)으로 증가하여 전체적으로 꾸준한 증가세를 보이고 있다.[27] 전체 민사사건에서 차지하는 비중 역시 2002년 12.45%(498,481건/4,000,096건)에서 2016년 18.31%(867,365건/4,735,443건)로 증가세를 나타내고 있다.

반면에 부동산경매사건의 비중은 꾸준히 줄어서 2002년 101,657건(강제경매 29,314건+담보권 실행을 위한 경매 72,343건), 2007년 117,023건(강제경매 47,381건+담보권 실행을 위한 경매 69,642건)이던 것이 2015년 96,399건(강제경매 36,875건+담보권 실행을 위한 경매 59,524건), 2016년 87,249건(강제경매 34,660건+담보권 실행을 위한 경매 52,589건)으로 그 숫자 자체도 답보상태이거나 줄고 있을 뿐 아니라, 전체 집행사건 중에서 차지하는 비중도 2002년 39.56%, 2007년 23.47%에서 2016년 10.05%로, 채권 그 밖의 재산권에 대한 강제집행사건이 2002년 42.81%, 2007년 58.96%에서 2016년 82.91%로 그 절대적인 숫자에서나 상대적인

25) 그 일환으로 필자가 법원행정처로부터 법무법인(유한) 바른 명의로 수주하여 2017년 보고한 연구용역보고서가 "부동산 인도 · 철거 강제집행의 개선방안에 관한 연구 – 이해관계인의 갈등 조정 및 충돌 완화 방안을 중심으로 –"이다.

26) 2012 사법연감, 법원행정처(2012), 539면; 2017 사법연감, 법원행정처(2017), 636면.

27) 2017 사법연감(주 22), 665면.

비중을 키워가고 있는 것과는 대조적인 모습을 보이고 있다.[28] 채권집행사건 내부에서는 배당절차 사건이 점진적으로 비중을 키워 나가고 있다. 경제의 발전에 따른 부의 축적양상에 비추어, 유심히 살펴보아야 할 부분이다. 이 같은 수치가 업무나 사건의 비중이나 무게와 반드시 비례하는 것은 아니겠지만,[29] 큰 흐름에 있어서는 변화가 있는 것이 아닌가 생각된다(아래의 표들은 모두 2017 사법연감에 실린 통계들이다).

〈민사집행사건 종류별 접수건수 누년비교표〉

종류 / 연도	합계		경매						채권과 그 밖의 재산권에 대한 강제집행		기타	
			강제		담보권실행		계					
	건수	건수	건수	지수	건수	지수	지수	지수	건수	지수	건수	지수
2007	498,418	(100.0)	47,381	(100.0)	69,642	(100.0)	117,023	(100.0)	293,920	(100.0)	87,538	(100.0)
2008	591,342	(118.6)	45,613	(96.3)	70,226	(100.8)	115,839	(99.0)	397,648	(135.3)	77,855	(88.9)
2009	699,411	(140.3)	44,343	(93.6)	79,910	(114.7)	124,253	(106.2)	493,425	(167.9)	81,733	(93.4)
2010	886,371	(177.8)	41,922	(88.5)	67,825	(97.4)	109,747	(93.8)	696,181	(236.9)	80,443	(91.9)
2011	911,481	(182.9)	40,921	(86.4)	66,923	(96.1)	107,844	(92.2)	723,148	(246.0)	80,489	(91.9)
2012	771,912	(154.9)	42,346	(89.4)	75,673	(108.7)	118,019	(100.9)	571,725	(194.5)	82,168	(93.9)
2013	838,922	(168.3)	39,415	(83.2)	79,769	(114.5)	119,184	(101.8)	626,364	(213.1)	93,374	(106.7)
2014	825,800	(165.7)	36,336	(76.7)	69,240	(99.4)	105,576	(90.2)	628,438	(213.8)	91,786	(104.9)
2015	819,079	(164.3)	36,875	(77.8)	59,524	(85.5)	96,399	(82.4)	645,440	(219.6)	77,240	(88.2)
2016	867,365	(174.0)	34,660	(73.2)	52,589	(75.5)	87,249	(74.6)	719,154	(244.7)	60,962	(69.6)
평균	771,016		40,981		69,132		110,113		579,544		81,359	
(구성비 %)	(100.0)		(5.3)		(9.0)		(14.3)		(75.2)		(10.6)	

28) 일본과의 비교에 관해서는 손흥수, “민사집행법 10년, 그 회고와 전망”, 민사집행법연구Ⅱ, 유로(2018), 107-109면 참조.

29) 정확한 통계가 있는 것은 아니지만, 실무자들의 말에 의하면 경매절차에서 부동산가압류권자가 일부라도 배당받는 경우가 전체사건의 3-5% 수준인 것과 마찬가지로 실제 배당절차에서 채권집행사건의 대부분을 점하고 있는 압류, 추심채권자가 배당받는 경우는 5%를 넘어서지 않는다고 한다.

〈민사집행사건 종류별 접수건수〉

종류 / 사건	합계	경매			채권기타					
		계	강제	담보권 실행등	배당 절차	채권과 그 밖의 재산권	강제 관리	대체 집행	간접 강제	기타
집행사건 구성비(%)	867,365 (100.0)	87,249 (10.1)	34,660 (4.0)	52,589 (6.1)	20,409 (2.3)	719,154 (82.9)	12 (0.0)	1,552 (0.2)	172 (0.0)	38,817 (4.5)

주: 배당절차는 「민사집행법」 제252조의 동산, 채권 등에 대한 강제집행의 배당절차를 말함.

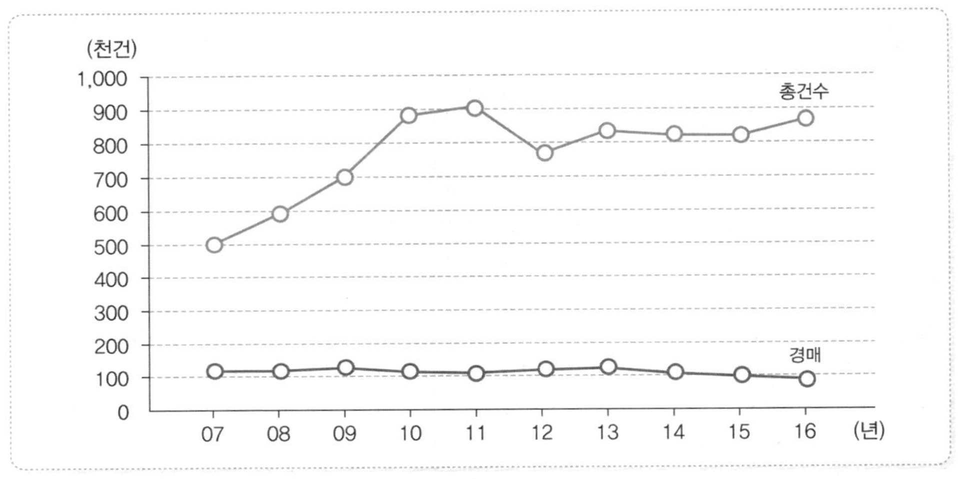

[민사집행사건 추이 – 접수]

V. 최근 주요 대법원 판결 및 그 영향과 과제

구 민사소송법 제정 시부터로 기산하면 지나치게 범위가 넓어지므로 민사집행법 시행 이후로 한정하여 보더라도, 유치권 경매가 소멸주의를 법정매각조건으로 한다고 한 대법원 2011.6.15. 2010마1059 결정처럼 경매실무의 대전환을 가져 온 것이 있는 반면, 개별상대효에 관한 대법원 2006.7.28. 2006다19986 판결처럼 기존에 선고된 대법원 판결의 법리를 다시 확인하거나 이를 구체적으로 적용하여 판례 법리를 심화한 것, 또는 대법원 2010.4.15. 2008다41475 판결처럼 구체적 사안에 관한 판례의 법리를 새롭게 내놓은 것까지 다양하고 그 숫자도 적지 않지만,

실무적인 입장에서 영향이 지대하거나 그 파급효가 큰 것을 중심으로 몇 개로 한정하여 살펴본다.[30] 지난 10여년간 판례공보를 통하여 공간되는 판례 중 민사분야에 관한 한 민사집행 사건의 비중이 단연 으뜸이었는데, 최근 들어서는 그 지위를 채무자회생법(도산법)에 넘겨주고 있는 것으로 여겨진다.

1. 대법원 2002.12.24. 2001마1047 전원합의체 결정

경매법원이 경매기일을 통지하지 아니하여 이해관계인이 경락허가결정에 대한 항고기간을 준수하지 못한 경우, 추완항고를 허용하는 내용이다. 위 판결은 근저당권자에 대한 매각기일 및 매각결정기일을 통지하지 않은 사안에 관한 것인데, 이익형량의 면에서 문제가 있다[31]는 등 그 결론의 당부는 별론으로 하고, 아무튼 실무에는 엄청난 부담을 주고 있다. 배당절차가 종료됨으로써 경매가 완결되었다고 하더라도 추완항고가 허용되기 때문에 소유자뿐만 아니라 이해관계인에 대한 송달에 문제가 있으면 사후적으로 경매절차가 소급하여 무효가 되는데다가, 국가나 공무원의 손해배상책임까지 문제되기 때문이다.[32] 종전 판례는 매각허가결정이 확정되어 매각대금이 납부되고 배당절차까지 종료되어 경매가 완결된 이상 그 후에는 추완신청에 의하여 매각허가결정을 취소할 수 없다는 것이었다.[33]

실무에서는 이와 관련하여 근저당권자나 공유자 등에 대한 통지의 방법,[34] 해

30) 유치권의 대항력 제한에 관한 일련의 판결들 즉, 대법원 2005.8.19. 2005다22688 판결; 대법원 2006.8.25. 2006다22050 판결; 대법원 2011.10.13. 2011다55214 판결; 대법원 2011.11.24. 2009다19246 판결; 대법원 2009.1.15. 2008다70763 판결; 대법원 2004.9.23. 2004다32848 판결; 대법원 2008.12.24. 2007다52706,52713(병합) 판결; 대법원 2008.5.30. 2007마98 결정; 대법원 2013.2.28. 2010다57350 판결; 대법원 2014.3.20. 2009다60336 전원합의체 판결 등도 실무상으로는 굉장히 영향력이 있는 판결들인데, 이것을 뺀 것은 순전히 지면상의 이유 때문이다.

31) 민동근, 대법원 민사집행법연구회-Q・A 2013.2.22.자 게시글{위 판결의 논법을 따르다 보면, 소유자에 대한 경매개시결정의 송달의 중요성과 공유자, 근저당권자 등 이해관계인에 대한 송달의 중요성이 동일해지는 결과가 발생하는데(배당까지 끝났더라도 매수인의 소유권 취득을 부정한다는 점에서), 소유자에 대한 경매개시결정은 목적물의 소유권을 상실당하는 자의 방어권 보장을 위한 기초가 된다는 점에서 「소유자 對 매수인」에서는 소유자 이익을 중시하는 것이 타당하겠지만, 「근저당권자・공유자 등 이해관계인 對 매수인」에서는 매수인의 이익을 우선시해야 한다}.

32) 대법원 2007.12.27. 2005다62747 판결.

33) 대법원 1969.10.27. 69마922 결정.

34) 민사소송법상 송달의 방법에 의하여야 할지, 민사집행법상 발송송달로도 가능한지 등을 말한다. 자세한 것은 유경종, "부동산공유자의 우선매수권제도의 실무상 문제점", 한국민사집행법학회 2013년도 하계학술대회 발표논문집, 8-20면 참조.

외 거주 근저당권자나 공유자 등에 대한 구체적인 발송송달의 방법 등이 문제되고 있다.[35]

2. 대법원 2003.10.10. 2001다77888 판결

근저당권부 채권이 양도되었으나 근저당권의 이전등기가 경료되지 않은 상태에서 실시된 배당절차에서 근저당권의 명의인이 배당이의로 배당표의 경정을 구할 수 있는지 여부에 관한 것이다. 이 판결은 NLP 채권양도 과정에 등록세를 내지 않으려는 유동화전문 유한회사 등의 꼼수에 철퇴를 가한 점에서도 의미가 있지만,[36] 필자는 위 판결이 민사집행을 어렵게 하고 또 재미있게 만드는 문제인 혼합계수로 인한 체계부정합에서 비롯되는 문제 중의 하나 즉, 채권양도통지와 저당권이전등기 사이에 시차가 발생한다는 문제를 인식시켜 주었다는 점에서 높이 평가하고 있다. 위 판결은 근저당권의 피담보채권과 함께 근저당권을 양수하였으나 채권양도의 대항요건을 갖추지 못한 양수인의 저당권실행의 가부에 관한 대법원 2005.6.23. 2004다29279 판결과 대비하여 보아야 제대로 이해가 된다.

3. 대법원 2006.3.10. 2004다742 판결

전유부분과 대지사용권의 일체성에 반하는 대지의 처분행위는 효력이 없다는 취지이다. 위 판결 이외에도 전유부분과 대지사용권의 일체성에 따른 판결들이 그 동안 꾸준히 선고되었다. 대법원 2005.4.14. 2004다25338 판결; 대법원 2006.9.22. 2004다58611 판결; 대법원 2006.10.26. 2006다29020 판결; 대법원 2006.3.10. 2004다742 판결이 그것들인데, 모두 필연적으로 전유부분과 토지의 분리처분이라는 결과를 낳게 되기 때문에 같은 결론에 이른 것이다.

그러나 위와 같은 원칙에도 예외는 있다. 구분소유권자 아닌 자가 집합건물의 건축 이전부터 전유부분의 소유와 무관하게 집합건물의 대지로 된 토지에 대하여 권리를 가지고 있었던 경우(대법원 2010.5.27. 2010다6017 판결), 대지에 관하여 근

35) 김갑수, “경매절차에 있어서의 송달에 관한 고찰”, 민사집행법연구 제6권, 한국사법행정학회(2010), 348-349면.

36) 노만경, “근저당권부 채권이 양도되었으나 근저당권의 이전등기가 경료되지 않은 상태에서 실시된 배당절차에서 근저당권의 명의인이 배당이의를 할 수 있는지 여부”, 대법원판례해설(46), 법원도서관(2004), 479면.

저당권이 설정된 후에 비로소 집합건물의 구분소유 관계가 성립된 경우(대법원 2010.5.27. 2010다6017 판결)가 그렇다. 이는 집합건물의 건축 이전부터 전유부분의 소유와 무관하게 집합건물의 대지로 된 토지에 대하여 경료된 근저당권에 기하여 임의경매절차가 개시된 경우나 그와 별도의 강제경매절차에서 그 근저당권이 매각으로 소멸되는 경우도 마찬가지이다(대법원 2010.5.27. 2010다6017 판결).

그렇다면 대지 근저당권자는 집합건물을 완전히 무시하고 자신의 권리를 행사할 수 있는가. 분명하지는 않지만 그렇게 보지는 않는 것으로 보인다. 매각부동산 위의 모든 저당권은 매각으로 인하여 소멸하므로(민집 91조 2항), 전유부분과 함께 그 대지사용권인 토지공유지분이 일체로서 매각되고 그 대금이 완납되면, 설사 대지권 성립 전부터 토지만에 관하여 설정되어 있던 별도등기로서의 근저당권이라 할지라도 경매과정에서 이를 존속시켜 매수인이 인수하게 한다는 취지의 특별매각조건이 정하여져 있지 않았던 이상 위 토지공유지분에 대한 범위에서는 매각부동산 위의 저당권에 해당하여 소멸하게 된다고 하기 때문이다(대법원 2008.3.13. 2005다15048 판결). 전유부분에 대한 경매시 토지에 대한 별도등기를 존속시켜 매수인이 인수하도록 하는 특별매각조건이 부가되지 않는 한 배당을 받았는지 여부와 상관없이 민사집행법 91조 2항에 따라 근저당권이 소멸된다는 취지이다. 대지권 성립 전에 설정된 근저당권에 대하여, 나중에 집합건물 건축을 이유로 대지권으로 취급하는 것이 근저당권자에게 불리하여 담보가치를 훼손하는 경우에 해당하지 않는가 하는 의문이 전혀 없다고 할 수는 없지만, 위 판결은 대지권의 분리처분금지의 원칙을 관철하기 위하여 담보가치를 훼손하지 않는 범위 내에서 근저당권의 행사를 다소 제한하고 있는 것이다.[37] 위 판결을 대지권 성립 전 근저당권자라고 하더라도 그 대지를 1필지 하나의 물건으로 매각할 것이 아니라 지상의 집합건물의 대지권 비율로 분할하여 매각하도록 하는 취지의 것으로 이해하여야 한다는 견해도 있지만,[38] 실무는 대지권 비율로 분할하여 매각하도록 하지는 않고 근저당권자의 의사에 맡기고 있는 것으로 보인다.

아무튼 기존 대지 근저당권자의 이익과 전유부분과 대지권의 분리처분 금지 원칙을 어떻게 조화시켜 나갈 것인가가 이 부분 쟁점인데, 그 구체적인 법리가 향후 어떻게 형성되어 나갈 것인지는 예측하기 쉽지 않다.

---

37) 이우재, 배당의 제 문제(제2판), 진원사(2012), 532-536면.

38) 이우재(주37), 532-533면.

4. 대법원 2006.7.28. 2006다19986 판결

가압류채권자는 그 매각절차에서 당해 가압류목적물의 매각대금에서 가압류결정 당시의 청구금액을 한도로 하여 배당을 받을 수 있고, 제3취득자의 채권자는 위 매각대금 중 가압류의 처분금지적 효력이 미치는 범위의 금액에 대하여는 배당을 받을 수 없다는 취지이다.

(가)압류의 개별상대효가 적용되는 구체적인 모습을 보면, 전소유자에 대한 가압류채권자는 당해 가압류목적물의 매각대금에서 가압류청구금액을 한도로 배당을 받을 수 있고(대법원 2006.11.24. 2006다35223 판결 등), 전소유자에 대한 다른 채권자는 배당에 참가할 수 없다(대법원 1998.11.13. 97다57337 판결). 선순위 가압류등기 후 목적 부동산의 소유권이 이전되고 신소유자의 채권자가 경매신청을 하여 매각된 경우, 매수인이 위 가압류등기의 부담을 인수하는 것을 전제로 매각절차를 진행한 경우가 아닌 한, 가압류채권자는 그 매각절차에서 당해 가압류목적물의 매각대금 중 가압류결정 당시의 청구금액을 한도로 배당을 받을 수 있고(대법원 2006.7.28. 2006다19986 판결), 위 가압류등기는 말소촉탁의 대상이 된다(대법원 2007.4.13. 2005다8682 판결).

신소유자에 대한 채권자는 전체 매각대금 중 처분금지효가 미치지 않는 부분에서는 배당받을 수 있으나(대법원 2005.7.29. 2003다40637 판결), 처분금지효가 미치는 범위의 금액에서는 배당받을 수 없다. 이 경우 그 강제집행은 가압류의 처분금지적 효력이 미치는 객관적 범위인 가압류결정 당시의 청구금액의 한도 안에서만 집행채무자인 가압류채무자의 책임재산에 대한 강제집행절차이고(대법원 1998.11.10. 98다43441 판결), 나머지 부분은 제3취득자의 재산에 대한 매각절차이므로, 부동산에 대한 가압류가 집행된 상태에서 부동산의 소유권이 제3자에게 이전된 후 가압류채권자가 가압류채무자를 집행채무자로 하여 실행한 강제집행절차에서 제3취득자에 대한 채권자 갑, 을이 배당을 받은 경우, 제3취득자의 잔여매각대금채권을 압류・전부받은 갑은 을에 대하여 배당이의의 소를 제기할 적격이 있다(대법원 2005.7.29. 2003다40637 판결). 개별상대효에 따라 소유권 이전이 배당가입을 차단하는 역할을 하기 때문에 위와 같이 되는 것이다. 개별상대효가 문제되는 거의 모든 국면에 관하여 판례가 등장한 느낌이다.

그렇지만, 개별상대효는 민사집행법이 취하고 있는 채권자 평등주의와도 잘 맞지 않는 점, 가압류 후 소유권이 이전된 것 보다 더 작은 침해행위 즉, 저당권 설정행위가 있었을 뿐임에도 가압류채권자의 지위가 더 크게 영향을 받는 논리적인 모순과 가압류의 처분금지효가 미치는 물적·인적범위의 제한이 사해행위 만연의 근본적인 원인이 되고 있는 점 등 그 폐해에 대한 지적이 끊이지 않고 있는데, 워낙 개별상대효에 따라 법률관계를 정리해 온 역사가 깊어 이제는 입법에 의하지 않는 한 절차상대효로의 전환은 어려운 시점이 되었다.

5. 대법원 2010.4.15. 2008다41475 판결

저당목적물의 일부가 물상보증인 소유일 경우에 동시배당의 경우에도 후순위저당권자 보호를 부정한다는 것, 민법 368조 2항뿐만 아니라 1항의 경우도 동일한 채무자의 소유일 경우에만 적용되는 규정으로 그 적용범위가 한정된다는 의미의 판결로서, 그 이론적인 근간은 대법원 2008.4.10. 2007다78234 판결에서 이미 확인할 수 있다.

우리의 판례의 상당수가 그러했듯이 공동저당에 있어서 후순위저당권자의 대위와 물상보증인의 변제자대위가 충돌하는 사안에 대한 최초의 대법원 판결인 대법원 1994.5.10. 93다25417 판결만 하여도 위 문제에 관한 일본의 판례들에 크게 의지한 것이었다. 그런데 정작 일본 최고재가 채무자 소유의 부동산과 물상보증인 소유의 부동산이 공동저당의 목적물인 경우에 있어 동시배당에 있어 법문의 문리해석에 반한다는 이유로 명확한 입장표명을 미루며 368조 1항 적용긍정설을 전제로 판단하고 있는 데 반하여, 대법원은 목적론적인 법해석의 견지에서 변제자대위에 관한 481조, 482조의 입법취지를 우선하여 이시배당과 동시배당 결과의 일관성을 관철하기 위하여 368조 1항 적용부정설을 따르고 있는 것이다. 필자가 지적한 바 있듯이 공동저당에 관한 배당관계에 관하여 우리와 같은 조문을 가지고 있는 일본 최고재 판례와 보조를 같이 하여오던 대법원이 위 판결로서 독자적인 길을 가기 시작한 것이다.[39] 우리 판례의 발전의 한 단면을 여실히 보여 주는 것으로 필자는 위 판결에 큰 의미를 부여하고 있다.

39) 자세한 것은 손흥수, "공동저당의 목적물인 채무자 소유 부동산과 물상보증인 소유 부동산이 함께 경매된 경우의 동시배당에 있어서 민법 제368조 제1항 적용여부와 그 경우의 배당방법", 민사집행법연구 I, 진원사(2012), 273면 이하 참조.

6. 대법원 2011.6.15. 2010마1059 결정

구 민사소송법 하에서의 공유물 분할을 위한 경매도 소멸주의가 법정매각조건이라고 판단한 대법원 2009.10.29. 2006다37908 판결과 같은 맥락의 판결로 최근 민사집행에 관한 판결 중 가장 의미 있는 판결 중 하나이다. 이로써 형식적 경매의 대부분을 차지하는 유치권에 기한 경매와 공유물분할을 위한 경매의 중요 쟁점이 대부분 해소되었다고 할 수 있다. 한편, 소멸주의에 의한다면 그 부동산상의 담보물권 등 소멸되는 것은 당연히 변제를 받아야 하고, 그 담보물권이 변제를 받는 이상 그보다 선순위의 우선변제권자에게 변제를 하지 않을 수 없으므로, 소멸주의는 필연적으로 배당절차로 연결될 수밖에 없다는 점도 함께 이해할 필요가 있다.

7. 대법원 2015.7.9. 2013다60982 판결

판례는 "현행법상 국세체납절차와 민사집행절차는 별개의 절차로서 양 절차 상호간의 관계를 조정하는 법률의 규정이 없으므로 한 쪽의 절차가 다른 쪽의 절차에 간섭할 수 없는 반면, 쌍방 절차에서 각 채권자는 서로 다른 절차에 정한 방법으로 그 다른 절차에 참여할 수밖에 없고, 동일 채권에 관하여 양 절차에서 각각 별도로 압류하여 서로 경합하는 경우에도 공탁 후의 배분(배당)절차를 어느 쪽이 행하는가에 관한 법률의 정함이 없어 제3채무자의 공탁(변제공탁이나 집행공탁)을 인정할 여지가 없다."라고 하여 오랫동안 공탁 자체를 아예 허용하지 않아 제3채무자를 곤혹스럽게 해왔다.[40]

그런데 위 판결이 "제3채무자는 체납처분에 의한 압류채권자와 민사집행절차에서 압류 및 추심명령을 받은 채권자 중 어느 한쪽의 청구에 응하여 그에게 채무를 변제하고 그 변제 부분에 대한 채무의 소멸을 주장할 수 있으며, 또한 민사집행법 제248조 제1항에 따른 집행공탁을 하여 면책될 수도 있고, 체납처분에 의한 압류채권자가 제3채무자로부터 압류채권을 추심하면 국세징수법에 따른 배분절차를 진행하는 것과 마찬가지로, 민사집행절차에서 압류 및 추심명령을 받은 채권자가 제3채무자로부터 압류채권을 추심한 경우에는 민사집행법 제236조 제2항

40) 대법원 1999.5.14. 99다3686 판결; 대법원 2008.11.13. 2007다33842 판결; 대법원 2012.5.24. 2009다88112 판결.

에 따라 추심한 금액을 바로 공탁하고 그 사유를 신고하여야 한다"고 판시함으로써 적극설로 입장이 바뀌었다. 부동산에 대하여 체납처분을 한 경우 부동산 위의 권리자로서 배당에 참가할 수 있음에 반하여, 채권에 대한 압류처분의 경우 선행하는 민사집행 압류사건의 존재를 상정하기 어려워 교부청구로서의 효력을 인정하기 어렵다는 이유로 공탁을 불허해 온 것인데, 부동산과 채권을 달리 볼 이유가 없다는 판례에 의한 결단에 의하여 이 문제도 해결되었다. 민사집행절차나 체납처분절차 모두 어느 쪽이 우선하거나 함이 없이 상호 동등한 입장에서 절차를 진행할 수 있다는 취지의 위 판결도 위에서 본 배분요구 제도를 도입한 국세징수법 개정과 더불러 민사집행절차와 체납처분절차를 조정하는 법률의 제정에 유리한 기반이 될 것이다.

집행법원이 위의 사유신고에 따라 배당절차를 진행함으로써 절차를 종료시킬 수 있다고 하는 것은 당연히 예견되는 바였는데, 대법원 2018.8.27. 2013다203833 판결에 의하여 바로 확인이 되었다.

8. 대법원 2017.12.21. 2013다16992 전원합의체 판결

공동근저당권자가 채무자 소유 부동산에서 우선변제 받은 경우, 물상보증인 소유의 다른 목적 부동산의 채권최고액이 감축된다는 취지이다. 학설이 대립하는 가운데, 판례 역시 최근의 대법원 2017.9.21. 2015다50637 판결을 비롯하여 감액긍정설에 따른 것이 다수였지만,[41] 공동근저당권의 목적 부동산이 일부씩 나누어 순차로 경매가 실행되는 경우에 공동근저당권자가 선행 경매절차에서 배당받은 원본 및 이자·지연손해금의 합산액이 결과적으로 채권최고액을 넘더라도 나머지 목적 부동산에 관한 경매 등의 환가절차에서 다시 우선변제권을 행사할 수 있다고 한 대법원 2009.12.10. 2008다72318 판결이 병존하고 있어 통일되지 않았는데, 위 판결에 의하여 감액긍정설로 입장이 정리되었다. 일본은 민법에 누적적 공동근저당권을 원칙으로 하여 공동저당에 관한 규정의 적용을 배제하고, 공동저당의 등기를 한 경우에 한하여 순수공동근저당권으로서 공동저당에 관한 규정이 적용된다고 함으로써(398조의18, 398조의16) 이를 입법에 의하여 해결했는데, 우리는 판례에 의하여 이 문제를 해결한 셈이다.

---

41) 대법원 2006.10.27. 2005다14502 판결; 대법원 2012.1.12. 2011다68012 판결.

Ⅵ. 민사집행법의 전망과 과제

1. 민사집행법의 전망

주로 압류금지채권의 범위를 확장하는 내용의 최근 일련의 민사집행법 등 개정은 포퓰리즘에 경도된 것이라는 비판을 받았고, 실제 그런 측면이 있음은 부인하기 어렵다. 향후 입법에 있어 채권자의 보호 및 채무자의 보호, 매수인 등 이해관계인의 보호라고 하는 기존의 이념기조는 앞으로도 유지될 것이지만, 용산참사 등의 트라우마 때문에 당분간은 강제집행 과정에서의 충돌완화와 이해관계의 조정에 입법이 관심을 기울일 것으로 보인다. 사회의 발전에 따라 가혹집행 금지 규정을 도입하려는 움직임도 있다. 당분간 신속, 경제라는 이념은 강조되지 어려운 분위기가 지배적이다. 이와 관련하여 민사집행업무의 상당부분을 최일선에서 담당하고 있는 집행관을 현행과 같이 법원이나 검찰 출신 고위공무원으로 계속하여 충원할 것인지 여부가 심도 있게 논의될 것으로 생각된다.[42] 부동산가격 상승과 저금리 기조 때문에 최근 몇 년간 부동산경매 사건이 급격히 감소하여 경매수요가 누적되고 있는 상황인데, 이 때문에 부동산버블 처리로 경매사건이 폭증하는 상황이 오면, 일본처럼 보다 저렴하고 신속하게 경매사건을 처리하는 방향의 입법이 추진될 가능성도 있다.[43] 다만 입법에 있어 일본의 영향력은 앞서 본 것처럼 굉장히 저감된 상황이다.

민사집행사건은 앞에서도 본 바와 같이 꾸준히 증가하는 추세를 유지할 것으로 전망되고, 경기에 따라 부침은 있겠지만 채권집행사건에 대비한 부동산경매사건의 상대적인 비중의 감소는 불가피해 보인다. 최근 대규모 PF가 대부분 신탁으로 처리되고 있는데, 신탁의 경우 공매로 정리가 되는데서 오는 영향도 적지 않은 것 같다. 채권집행사건 중 배당절차 사건의 비중은 점진적이겠지만, 커질 것으로 생각된다. 사회가 발전함에 따라 부를 부동산에만 쌓다가 금융자산에 쌓는다고 하고,

42) 대한변호사협회, "집행관 제도의 문제점과 해결방안" 심포지엄 자료집, 대한변호사협회(2018) 참조.

43) 법원행정처, "부동산 인도·철거 강제집행의 개선방안에 관한 연구 – 이해관계인의 갈등 조정 및 충돌 완화 방안을 중심으로 –", 법원행정처(2017), 122면 참조.

실제 실무상으로도 제3채무자의 공탁액이 상당액에 이르는 경우가 목격되고 있다.

민사집행법은 그 성격 자체가 실무적인데다가 또 학계의 연구자도 드문 편이어서 판례 주도의 경향이 다른 법 분야에 비하여 유난히 강한 편이고, 이 같은 경향은 앞으로도 계속될 것으로 전망된다. 판례들 중에는 거의 입법 수준으로 보이는 것들이 종종 눈에 띄는데, 이는 입법에 대한 불신이 깊은 우리 사회 특유의 한 단면일 것이다. 최근 10여년 민사집행과 관련한 판례가 판례공보 민사 부분을 장악해 왔는데, 요즘은 그 경향이 다소 완화되었고, 그 빈자리를 채무자회생법(도산법) 관련 판결들이 메우고 있다. 그동안 민사집행과 관련한 판례가 나올 만큼 나온 탓이기도 할 것인데, 향후 민사집행과 도산이 경합하는 부분 등에서 판례가 더 나오지 않을까 생각한다. 물론 민사집행이 민사 분쟁의 종착역이고, 집행면탈 등과 관련하여 늘 새로운 쟁점이 등장하기 마련이므로, 새로운 판례는 꾸준히는 생산될 것이다.

마지막으로, 현행 민사집행법에는 강제집행에 관한 규정들을 준용하기 위하여 제4편으로 보전처분에 관한 내용이 들어와 있으나, 민사보전절차는 집행권원을 만드는 절차와 그 집행권원을 실행하는 절차가 함께 혼합되어 있어, 만들어진 집행권원의 실현을 목적으로 하는 민사집행절차와 하나로 묶기에는 다소 불편하고 부자연스러운 부분이 있다. 민사집행법이라는 독립된 법률을 제정함으로써 판결절차와는 별개의 단행법으로 강제집행절차를 규정하는 입법례를 따른 이상, 실무가 발전하고 연구역량이 뒷받침한다면 장기적으로는 일본의 경우처럼 민사보전법이라는 단행법으로 가압류, 가처분 절차가 독립할 가능성이 크고, 일부 그런 움직임도 있는 것으로 안다.

2. 민사집행법의 과제

민사집행사건이 숫자 면에서나 비중 면에서나 그 중요도를 더해가고 있는 상황이지만, 앞에 놓인 과제들은 쉽지만은 않은 상황이다.

우선, 실무적으로 민사집행은 여전히 전근대적이고 후진적이라는 비판을 면하지 못하고 있다. 집행실무 종사자들의 전문성 부족(전직 법원, 검찰, 헌법재판소 공무원이 4년 단임의 집행관으로 재직하는 전근대적인 시스템이 아직도 유지되고 있다)과 통일되지 않은 업무집행, 실무 중심의 연구의 한계, 집행업무가 국민 편의적이지 못하고 집행 편의적이라는 것, 집행기관 간의 유기적인 협조체재의 미비 등이 그 문제점으로 지적되는 것들이다.[44]

입법론적인 측면에서의 비판도 여전하다.[45] 채권자평등주의, 집행관제도, 유치권, 법정지상권, 소액임차보증금채권 등 제도의 개선이 있어야 한다는 것이다. 체납처분[46]이나 재건축, 재개발 절차와 민사집행절차를 조정하는 법률의 부재도 문제이다.

위 문제 이외에도 연구와 교육의 부재도 큰 문제라고 생각된다.

민사집행 업무의 대부분이 사법보좌관으로 넘겨지면서 민사집행 분야가 판사들의 관심영역으로부터 멀어져 버려서, 이제 판사들 중에 민사집행에 관심을 가지고 있는 경우는 손으로 꼽을 정도의 상황이 되어 버렸다. 이는 필자만의 우려는 아닌 듯하고,[47] 무엇인가 가시적인 노력이 있어야만 하는데 뾰족한 수가 없어 안타깝기만 하다. 다만, 사법보좌관들의 경우 종래 판사들이 길어야 2년 이상 같은 업무를 담당하지 않았던 데 비하여 최소한 5년을 근무하는 관계로 전문화가 가능한 환경이 조성되어서 예전 같으면 전혀 문제 되지 않고 넘어 갔을 세세한 문제들에까지 관심을 가지게 된 것은 고무적인데, 여기에도 실체법 지식에 기반하지 못하는 한계가 있다. 사법보좌관은 판사들과 달리 본안재판을 경험하기 어렵기 때문이다.

로스쿨에서의 민사집행 교육의 현실도 희망적이라고 하기는 어렵다. 변호사로 개업을 하면 당장에 가장 먼저 시작하여야 할 것이 보전처분과 민사집행인데, 상대평가의 벽에 막혀 민사집행법 강의도 수강생을 구하기가 쉽지 않다고들 하는데, 변호사시험성적 공개로 자칫 문제가 더 심각해질 우려도 있는 상황이다.

---

44) 이쌍수, "민사 집행업무의 후진성 문제에 대한 제언", 법률신문 2010.7.22.자.

45) 이시윤, "민사집행법상 몇가지 입법론적 문제", 법률신문 2010.5.3.자.

46) 2011.4.4. 법률 제10527호로 국세징수법이 개정되면서, 2012.1.1.부터 체납절차에 배당요구제도와 유사한 배분요구제도가 도입되고(68조의2), 압류채권자나 가압류채권자 등도 배분대상에 포함(81조 1항 4호-7호)되고 나서야 비로소 체납압류와 압류경합의 경우 제3채무자의 공탁이 허용되었다(대법원 2015.7.9. 2013다60982 판결).

47) 손진홍(주 20), 180면.

청헌 김증한 교수 30주기 추모논문집

민사특별법

독점규제법의 발전과 전망

권 오 승

[초 록]

오늘날 많은 나라가 시장경제를 경제질서의 기본으로 삼고 있으며, 우리나라는 이를 헌법에서 명문으로 규정하고 있다. 시장경제가 정상적으로 작동하기 위해서는 시장에 자유롭고 공정한 경쟁이 유지되고 있어야 하며, 이를 위해서는 시장이 거기에 참여하려는 의사와 능력을 가진 모든 사람에게 개방되어야 하고(개방된 시장), 시장에서 사업자들 간의 경쟁이 아무런 제한 없이 자유롭게 이루어져야 하며(자유로운 경쟁), 사업자들 간의 경쟁은 상품이나 서비스의 품질과 가격을 중심으로 공정하게 이루어져야 한다(공정한 경쟁). 그러나 실제로는 그러한 조건을 모두 갖춘 시장을 찾아보기가 어렵고, 사업자들 간의 경쟁을 제한하는 각종 요인들로 인하여 시장경제가 정상적으로 작동하지 않는 경우가 많다. 따라서 각국에서는 시장경제의 기능을 유지하기 위하여 자유로운 경쟁을 제한하거나 공정한 경쟁이나 거래를 저해하는 행위들을 규제하는 법률을 제정하여 시행하고 있다.

우리나라는 1980년에 독점규제 및 공정거래에 관한 법률(이하 '독점규제법')을 제정

대한민국학술원 회원 · 서울대학교 명예교수

하여 1981년 4월 1일부터 시행하고 있다. 독점규제법은 지난 37년간 28차례나 개정되었으며 지금도 공정거래위원회(이하 '공정위')가 동법의 전면개정을 추진하고 있다. 독점규제법이 그동안 자유로운 경쟁질서와 공정한 거래질서의 확립에 상당한 기여를 하였다는 평가를 받고 있는데, 이러한 발전을 주도해 온 것은 공정위의 활발한 법집행이었으며 1997년 IMF 사태 이후에는 공정위의 법집행에 대한 법원의 사법적 통제도 상당한 기여를 하고 있다. 그럼에도 불구하고 독점규제법이 아직 경제질서의 기본법으로서 제 역할을 다하지 못하고 있다는 비판을 받고 있는데, 그 이유는 동법이 소수 재벌에 의한 경제력집중의 완화와 독과점화되어 있는 시장구조의 개선에 큰 기여를 하지 못하였기 때문이라고 생각된다. 따라서 독점규제법이 장차 시장경제의 기능을 유지하는 경제질서의 기본법으로서 제 역할을 다 하도록 하기 위해서는 소수 재벌에 의한 경제력집중의 완화와 독과점적 시장구조의 개선을 통하여 자유롭고 공정한 경쟁질서를 확립함으로써, 창의적인 스타트업들이 활발하게 살아나서 대기업으로 성장하고 중소기업과 대기업이 상생하는 공정하고 혁신적인 시장경제 시스템을 형성할 수 있는 방향으로, 동법의 시스템과 내용 및 집행체제와 수단 등을 전면적으로 개편할 필요가 있다.

Ⅰ. 머리말

오늘날 많은 나라가 시장경제를 경제질서의 기본으로 삼고 있으며, 우리나라는 이를 헌법에서 명문으로 규정하고 있다.[1] 시장경제가 정상적으로 작동하기 위해서는 시장에 자유롭고 공정한 경쟁이 유지되고 있어야 하며, 이를 위해서는 다음과 같은 조건들이 갖추어져야 한다. 우선 시장에 참여하려는 의사와 능력을 가진 자는 누구나 참여할 수 있을 정도로 시장이 개방되어야 하며open market, 둘째로 그 시장에서 활동하는 사업자들은 아무런 제한 없이 자유롭게 경쟁할 수 있어야 하고free competition, 셋째로 그들 간의 경쟁은 상품이나 서비스의 품질과 가격을 중심으로 공정하게 이루어져야 한다fair competition. 이러한 조건들이 모두 갖추어진 시장을 완전경쟁perfect competition시장이라고 한다. 그러나 실제로는 그러한 시장을 찾아보기가 매우 어렵고, 사업자들 간의 경쟁을 제한하는 각종 요인들로 인하여 시장경제가 정상적으로 작동하지 않는 경우가 많다. 따라서 각국에서는 시장경제의 기능을 유지하기 위하여 자유로운 경쟁을 제한하거나 공정한 경쟁이나 거래를 저해하는 행위들을 규제하는 법률을 제정하여 시행하고 있다. 이러한 법률은 통상 독점금지법Antitrust Law 또는 경쟁법Competition Law이라 부르고 있으며, 우리나라에서는 독점규제법 또는 공정거래법이라고 한다.

이러한 법률을 최초로 제정하여 시행한 나라는 미국이다. 미국에서는 1890년에 세계 최초의 독점금지법인 셔먼법Sherman Act을 제정하였고, 1914년에는 클레이톤법Clayton Act과 연방거래위원회법Federal Trade Commission Act을 제정하였는데, 이들 세 개의 법률이 미국 독점금지법의 근간을 이루고 있다. 그리고 일본에서는 1947년에 '사적 독점의 금지 및 공정거래의 확보에 관한 법률'을 제정하여 시행하고 있으며, 유럽에서는 1957년 3월에 체결된 유럽경제공동체의 설립에 관한 조약(EEC 조약) 제85조 내지 제90조에서 경쟁법에 관한 규정을 두고 있었는데, 이 조약은 1992년에 유럽공동체에 관한 조약(EC조약)으로, 1997년에 다시 유럽연합에 관한 조약(EU조약)으로 개정되었고, 해당 조문들도 제81조 내지 제86조로 바뀌었다가, 2009년에 리스본 조약이 발효함에 따라 EC조약도 약간의 수정, 보완을 거

1) 우리나라 헌법 제119조 1항은 "대한민국의 경제질서는 개인과 기업의 자유와 창의를 존중함을 기본으로 한다"고 규정함으로써, 우리나라가 시장경제를 경제질서의 기본으로 하고 있다고 선언하고 있다.

쳐서 EU기능조약으로 개명되었고, 독점금지 관련 조항들도 제101조(카르텔의 금지)와 제102조(시장지배적 지위의 남용금지)로 바뀌게 되었다. 한편 독일에서는 1957년에 경쟁제한방지법GWB을 제정하여 시행하고 있으며, 우리나라에서는 1980년 말에 '독점규제 및 공정거래에 관한 법률'(이하 '독점규제법'이라 함)을 제정하여 1981년 4월 1일부터 시행하고 있다. 또한, 1990년 이후에는 구소련의 해체로 인하여 사회주의 체제에 속해 있던 나라들이 체제개편을 통하여 시장경제를 도입함에 따라 독점금지법 또는 경쟁법을 제정하여 시행하고 있는 나라의 수가 획기적으로 증가하고 있다.[2)]

독점금지법이나 경쟁법의 집행은 통상 경쟁당국에 의한 공적 집행과 당사자에 의한 사적 집행으로 나누어진다. 그런데 미국에서는 공적 집행과 사적 집행이 동시에 활발하게 이루어지고 있지만, 그 밖의 나라에서는 주로 공적 집행에 의존하고 있으며, 사적 집행은 그다지 활발하지 않은 것 같다. 이러한 사정은 우리나라의 경우에도 마찬가지이다. 우리나라는 1960년대 이래 정부주도형 경제개발정책에 힘입어 경제가 단기간에 괄목할 만한 성장을 이룩하였으나, 1980년대에 들어오면서 그러한 성장모델이 한계에 부딪치게 되자 정부가 이를 극복하기 위하여 경제성장의 모델을 정부주도에서 민간주도로 바꾸는 동시에, 이를 실현하기 위한 수단으로 독점규제법을 제정하여 시행하고 있다. 우리나라에서는 공정거래위원회(이하 '공정위'라 함)가 독점규제법의 집행을 담당하고 있는데, 공정위는 그동안 활발한 법집행을 통하여 자유로운 경쟁질서와 공정한 거래질서의 확립에 상당한 기여를 하였다는 평가를 받고 있으며,[3)] 그 결과 우리나라 공정위가 국제적으로도 매우 높은 평가를 받고 있다.[4)] 그럼에도 불구하고 우리나라에서는 아직 독점규제법이 경제질서의 기본법으로서 제 역할을 다하지 못하고 있는 것으로 보인다.[5)] 따라서 이 글에서는 독점규제법이 형성, 발전되어 온 과정을 살펴본 뒤에(Ⅱ), 현재 독점규제법이 안고 있는 문제점을 찾아내어 이를 개선할 수 있는 방안을 제시

---

2) 2017년 말 현재 독점금지법 또는 경쟁법을 시행하고 있는 나라는 대략 120개국이 넘는다고 한다.

3) 유진희, 공정거래제도 30년의 운영성과와 향후 정책방향 – 공정거래법상 실체법 규정의 운영성과와 그 평가를 중심으로 –, 경쟁법연구 제23권(2011.5.), 158면 이하 참조.

4) 공정위는 영국의 경쟁법 전문 저널인 GCR(Global Competition Review)가 실시한 세계 경쟁당국에 대한 평가에서 미국, 독일, 프랑스 경쟁당국과 함께 2년 연속(2016, 2017) 최고 등급을 획득하여, 세계 경쟁당국 중에서 7위권 안에 들어가 있는 것으로 평가되고 있다.

5) 권오승, 독점규제법은 경제질서의 기본법이다, 경쟁법연구 제23권(2011.5.), 143면 이하 참조.

해 보고자 한다(Ⅲ). 그리고 최근에 공정위가 추진하고 있는 공정거래법 전면개편안에 대하여 살펴 본 뒤에(Ⅳ), 끝으로 독점규제법 집행의 성과에 대하여 평가하고, 나아가 독점규제법의 발전방향에 대하여 전망해 보기로 한다(Ⅴ).

Ⅱ. 독점규제법의 형성과 발전

독점규제법은 1981년 4월 1일부터 시행되고 있기 때문에, 어언 37년의 역사를 가지고 있다. 독점규제법은 그동안 많은 발전을 거듭해 왔는데, 그 발전을 이끌어 온 주된 동력은 크게 세 가지로 나누어진다. 하나는 국회에 의한 법률의 개정이고, 둘은 공정위에 의한 법집행이며, 셋은 법원에 의한 판결이다.

1. 법률의 개정

독점규제법은 지난 37년간 무려 28차례나 개정되었고,[6] 금년에는 공정위가 동법의 전면 개편을 추진하고 있어서 대폭 개정이 예상된다. 그런데 그동안 이루어진 동법의 개정을 그 내용별로 분류해 보면, 다음과 같이 크게 세 가지로 나눌 수 있다. 하나는 독점규제법의 실체법적인 내용의 개선이고, 둘은 독점규제법의 조직법 내지 절차법적 내용의 개선이며, 셋은 과도한 경제력집중을 억제하기 위한 제도의 개선이다. 그런데 그중에서 개정의 빈도가 가장 많았던 것은 경제력집중을 억제하기 위한 제도의 개선이다.

(1) 실체법적 내용의 개선

독점규제법의 개정 중에서 실체법적 내용의 개정은 다음과 같다. 우선, 1992년 제 3차 개정에서는 부당한 공동행위의 경우, 종래 실행행위가 있어야 공동행위가 성립하는 것으로 되어 있던 규정을 합의 그 자체만으로 공동행위가 성립하는 것으로 그 규제요건을 변경하였다. 또 1994년 제4차 개정에서는 종래 상품의 판매나 용역의 제공 등 공급자의 공동행위만 규제하도록 되어 있던 공동행위의 규제범위를 구매와 관련된 수요자의 공동행위까지 확대하였고, 국제계약의 체결에 대

6) 독점규제법의 제정과 개정에 관한 자세한 내용은 권오승 · 서정, 독점규제법 – 이론과 실무 – 제2판, 법문사, 2017, 29면 이하 참조.

한 신고의무제를 폐지하는 동시에 자율적인 심사청구제도를 도입하였으며, 과징금을 대폭 확대 · 강화하였다. 그리고 1996년 제5차 개정에서는 경제의 각 부문에 장기간 고착되어 있는 독과점적 시장구조를 개선함으로써 경쟁적인 시장구조를 확립하기 위하여 공정위로 하여금 독과점적 시장구조를 개선하기 위한 시책을 수립 · 시행하도록 하였고, 기업결합규제의 적용범위를 모든 사업자로 확대하는 동시에 부당한 공동행위에 대한 자진신고자 감면제도를 도입하고, 과징금 제도를 개선하였다.

한편 1999년 제7차 개정에서는 독점규제법이 경제질서의 기본법으로서 제 역할을 다 할 수 있도록 하기 위하여, 법적용이 배제되는 사업자의 범위와 행위 유형을 축소하는 동시에, 시장지배적 사업자의 지정 · 고시제도를 폐지하는 대신에 시장지배적 사업자의 추정제도를 도입하였다. 그리고 2001년 제9차 개정에서는 부당한 공동행위 자진신고자의 면책규정에 "증거제공을 통하여 공정위의 조사에 협조한 자"를 추가하였고, 2004년 제11차 개정에서는 부당한 공동행위에 대한 억지력을 제고하기 위하여 과징금 부과의 한도를 관련 매출액의 5%에서 10%로 높이고, 기업결합에 대한 심사절차를 개선하기 위하여 대규모 회사의 주식취득에 의한 기업결합의 경우에는 대금 납입일 이전에 신고하도록 하는 반면, 기업결합 당사회사 중의 일방이 소규모 기업인 경우에는 신고의무를 면제하도록 하고, 또 경쟁제한성이 있고 사안이 복잡한 기업결합의 경우에는 심사기간을 60일에서 90일로 연장하고, 동법을 외국사업자에게도 적용할 수 있는 역외적용의 근거를 마련하는 동시에 외국사업자에 대한 문서 송달에 관한 규정을 신설하였으며, 2007년 제14차 개정에서는 부당한 공동행위의 추정요건을 합리적으로 개정하였다. 2009년 제16차 개정에서는 대규모회사의 기업결합 사전신고의무의 부담을 완화하기 위하여 신고기한을 폐지하고 실제 기업결합일 이전에는 언제든지 신고할 수 있도록 하였다. 2014년 5월 제22차 개정에서는 사업자가 분쟁조정을 신청하거나 불공정거래행위를 신고한 자 등에 대하여 거래상 보복조치를 하는 것을 금지하고 이를 위반한 자에 대하여 시정조치, 과징금 및 형벌 부과를 할 수 있게 하였다. 2016년 제25차 개정에서는 국제계약의 체결제한에 관한 규정을 삭제하였다. 그리고 2018년 제28차 개정에서는 담합과 공정위 신고 등을 이유로 보복조치를 한 사업자에 대하여 실제 손해의 3배까지 배상할 수 있도록 하는 제도를 도입하였다.

(2) 조직법 내지 절차법적 내용의 개선

독점규제법의 개정 중에서 동법의 조직법적 내지 절차법적 내용의 개정은 다음과 같다. 우선, 1986년 제1차 개정에서는 부당한 공동행위에 대한 규제를 종래 등록제에서 원칙적 금지주의로 전환하였고, 기업결합의 제한과 관련하여 주식취득의 신고기준을 10%에서 20%로 상향 조정하였으며, 법 위반행위에 대한 억지력을 강화하기 위하여 벌칙을 강화하였다. 그리고 1990년 제2차 개정에서는 동법의 집행기관을 경제기획원장관에서 공정거래위원회(이하 '공정위'라 함)로 바꾸고 공정위를 경제기획원 소속하의 독립규제기관으로 개편하여 그 독립성과 전문성을 강화하였으며, 공정위의 위원도 5명에서 7명으로 증원하였다. 한편 1994년 12월에는 정부조직법의 개정을 통하여 공정위를 경제기획원 소속에서 국무총리 소속의 독립된 중앙행정기관으로 격상하고 조직도 확대하였으며, 1996년 제5차 개정에서는 동법에 공정위가 정부조직법에 의한 중앙행정기관이라는 점을 명시하는 동시에 위원의 수를 7명에서 9명으로 증원하고, 공정위의 회의를 전원회의와 소회의로 구분하여 운영할 수 있도록 하였다. 또 2004년 제11차 개정에서는 독점규제법 위반행위로 인하여 손해를 받은 자가 손해배상을 쉽게 받을 수 있도록 하기 위하여, 법원이 변론의 전 취지와 증거조사 결과를 감안하여 손해배상을 인정할 수 있는 제도를 도입하였고, 경쟁사업자나 소비자 등 시장참여자의 법위반에 대한 감시기능을 강화하기 위하여 법위반행위 신고자에 대한 포상금 제도를 도입하였다. 한편 2007년 제14차 개정에서는 한국공정거래조정원과 그 산하에 공정거래조정협의회를 설립하여 공정거래분야에 분쟁조정제도를 도입함으로써 피해구제의 실효성과 법집행의 효율성을 도모하고자 하였다.

그리고 2011년 제17차 개정에서는 한국과 미국 간의 FTA협정의 합의사항에 따라 동의의결제를 도입하고, 동의의결의 절차, 취소사유 및 이행확보 수단 등을 규정하였다. 2012년 제18차 개정에서는 공정거래위원회 위원장을 국회 인사청문의 대상에 포함시켰고, 체납과징금에 대한 가산금 요율을 대통령령으로 정하도록 하고, 사업자단체에 대한 과징금 상한액을 상향 조정하고, 공정위의 조사를 거부·방해·기피한 자를 처벌할 수 있도록 하는 한편, 기업결합 사후신고에 대한 심사기간을 30일로 명시하고, 한국공정거래조정원의 업무범위를 확대하였다. 한편, 2013년 제19차 개정에서는 독점규제법 위반자에 대한 형사처벌을 강화하기 위하여 종래 검찰총장에게 인정되고 있던 공정위에 대한 고발요청권을 감사원장, 조달청장, 중소기업청장에게까지 확대하였으며, 이들이 고발요청을 하는 경우에는 공정위가 반드시 고발하도록 하고, 담합의 자진신고자 또는 조사협조자에 대하여는 고발을 면제할 수 있도록 하였다. 2015년 제23차 개정에서는 신고인이 위법 또는 부당한 방법의 증거 수집, 허위 신고, 거짓진술, 증거위조 등의 방법으로 포상금을 지급받은 경우 지급된 포상금을 환수할 수 있도록 하고, 과징금 납부와 관련하여 납기연장 및 분할납부 사유가 해소되어 과징금 납부의무자가 과징금을 일시에 납부할 수 있다고 인정되는 때에도 공정위가 납기연장 및 분할 납부를 취소할 수 있게 하였다. 2016년 제25차 개정에서는 부당한 공동행위를 자진 신고하여 시정조치 및 과징금을 감경 또는 면제받은 자가 새로운 위반행위를 하는 경우 담합 등을 자진 신고하더라도 감면받은 날로부터 5년 이내에는 다시 감면하지 않도록 하고, 분쟁조정 신청 시 시효중단을 규정하고 분쟁조정에 있어서 쌍방이 동의하는 경우 분쟁조정기간을 60일에서 90일로 연장하고, 분쟁조정협의회의 분쟁조정 결과에 재판상 화해의 효력을 부여하였다. 한편 과징금 부과처분이 법원에서 패소한 경우 환급가산금을 지급함에 있어서 적법하게 부과된 금액에 대해서는 환급하지 않도록 하기 위하여 새로 부과하기로 결정한 과징금을 공제한 금액에 대해서만 환급하도록 하였다. 그리고 2017년 제26차 개정에서는 공정위의 조사 거부・방해 행위에 대한 제재를 강화하였다. 즉, 종래 과태료 부과대상이었던 현장조사 시 자료 은닉・폐기, 자료제출명령을 어긴 자료의 미제출・허위 자료 제출 행위에 대하여 형벌을 부과하기로 하였으며, 공정위의 보고명령 또는 자료나 물건의 제출명령을 따르지 않는 경우에는 이행할 때까지 매 1일당 1일 평균매출액의 3/1000의 범위 내에서 이행강제금을 부과할 수 있도록 하였다. 그 밖에 공정위 사건처리의 투명성을 제고하기 위하여, 앞으로는 법 위반 여부와 상관없이 위원회에서 의결한 모든 사건에 대해 의결서를 작성하여 공개하도록 하였다. 한편 2018년 제28차 개정에서는 불공정거래행위로 공정위에 신고된 행위 중에서 공정위가 직접 조사하는 것이 적합하다고 인정되는 경우 등을 제외한 사건에 대하여, 공정위가 분쟁조정협의회에 분쟁조정을 의뢰할 수 있게 하는 제도를 도입하였다.

(3) 경제력 집중의 억제 제도의 개선

독점규제법은 그동안 28차례의 개정 중에서 20차례의 개정이 대규모기업집단의 과도한 경제력 집중의 억제와 관련된 것이었다고 할 정도로, 과도한 경제력 집중의 억제가 동법 개정의 주된 대상이 되었다. 우선, 1986년 제1차 개정에서는 과도한 경제력 집중을 억제하기 위하여 지주회사의 설립을 금지하고, 대규모기업집단에 속하는 계열회사의 상호출자를 금지하고, 계열회사가 다른 회사에 출자할 수 있는 출자총액을 순자산의 40%로 제한하는 규정을 신설하였다. 그리고 1990년 제2차 개정에서는 금융·보험업을 영위하는 회사를 상호출자금지의 적용제외 대상에서 배제하여 그들도 상호출자금지의 적용을 받게 하였다. 1992년 제3차 개정에서는 대규모기업집단에 대한 편중여신과 그로 인한 경제력집중을 막기 위하여 대규모기업집단의 계열회사 상호간의 채무보증을 자기자본의 200%로 제한하는 제도를 도입하였고, 출자총액제한제도의 예외인정의 범위를 확대하였다. 또 1994년 제4차 개정에서는 출자총액제한의 한도를 순자산의 40%에서 25%로 인하하여 규제를 강화하는 동시에, 사회간접자본시설에 대한 민간자본의 유치를 촉진하고 소유분산과 재무구조의 개선을 유도하기 위하여 일정한 요건을 갖춘 기업에 대하여는 출자총액제한을 적용하지 않도록 하였다. 1996년 제5차 개정에서는 경제력집중 억제제도의 실효성을 제고하기 위하여 대규모기업집단 소속 계열회사에 대한 채무보증의 한도액을 자기자본의 200%에서 100%로 인하하는 동시에, 부당한 내부거래의 규제대상을 종래 상품이나 용역의 거래에서 가지급금·대여금·인력·부동산·유가증권·무체재산권까지 확대하였다.

1998년 제6차 개정에서는 우리나라가 사상 유례가 없는 금융·통화의 위기를 맞이하여 IMF로부터 구제 금융을 받으면서 그들의 요구조건을 실현하기 위한 방안의 하나로, 대규모기업집단의 구조조정을 통하여 국제경쟁력을 강화하기 위하여 출자총액제한 제도를 폐지하는 대신에 계열회사 상호간의 채무보증을 전면적으로 금지하게 되었고, 1999년 2월 제7차 개정에서는 기업의 구조조정을 차질 없이 추진할 수 있도록 하기 위하여 지주회사를 제한적으로 허용하고, 대규모기업집단의 계열회사 간 부당한 지원행위를 효과적으로 차단하기 위하여 금융거래정보요구권을 2년간 한시적으로 도입하였다. 1999년 12월 제8차 개정에서는 기업의 구조조정이 법과 제도의 틀 속에서 예측가능하게 이루어질 수 있는 여건을 마련하기 위하여 1998년에 폐지되었던 출자총액제한제도를 다시 도입하고 대규모 내부거래에 대해서는 이사회의 의결과 공시의무를 부과하는 동시에 부당지원행위에 대한 과징금의 부과한도를 매출액의 5% 이내로 상향조정하였다. 2001년 제9차 개정에서는 기업의 구조조정을 촉진하기 위하여 지주회사의 설립 또는 전환의 요건을 완화하고, 회사의 분할 또는 분할합병을 통하여 지주회사로 전환되거나 지주회사를 설립하는 경우에도 부채비율 등을 일정기간 유예하도록 하였으며, 벤처기업을 활성화하기 위하여 벤처기업을 자회사로 두는 벤처주식회사에 대하여는 자회사 주식소유 비율에 관한 제한을 적용하지 않기로 하였고, 금융거래정보요구권의 시한을 3년간 연장하였다. 2002년 제10차 개정에서는 기업집단의 지배력 확장을 위한 과도한 출자는 계속 억제하되 기업의 경쟁력 강화를 위한 출자는 자유롭게 할 수 있도록 하기 위하여 출자총액제한 제도를 개선하고, 기업의 책임·투명경영을 유도하기 위하여 상호출자 및 채무보증금지의 대상 기업집단의 범위를 조정하였다. 2004년 제11차 개정에서는 대규모기업집단에 소속된 비상장·비등록 회사(금융, 보험사 제외)의 소유 및 지배구조와 재무구조 및 경영활동에 관한 중요사항에 대한 공시의무를 강화하였고, 출자총액제한제도에 대한 졸업기준을 도입하는 동시에 적용제외 또는 예외인정제도를 보완하였다. 그리고 대규모기업집단에 소속된 금융·보험회사에 대하여 예외적으로 인정되고 있는 의결권 행사의 범위를 현행 30%에서 2006년 4월 1일부터 3년간 매년 5%씩 단계적으로 축소하는 동시에 부당내부거래를 효과적으로 조사하기 위하여 금융거래정보요구권을 3년간 시한으로 다시 도입하면서 그 남용을 방지하기 위하여 그 발동요건과 통제장치를 강화하였다. 2005년 제12차 개정에서는 남북교류협력법상 협력사업자로 승인된 회사로서 일정한 기준에 해당하는 회사의 주식을 취득 또는 소유하는 경우에는 출자총액제한규정의 적용을 받지 않도록 하였다. 그리고 2007년 4월 제13차 개정에서는 기업의 지배구조 및 회계투명성이 제고됨에 따라 지주회사의 부채비율을 200%로 상향 조정하고, 지주회사의 자회사에 대한 주식보유기준과 자회사의 손자회사에 대한 주식보유기준을 각각 50% 이상에서 40% 이상으로 인하하는 한편, 출자총액제한 기업집단의 범위를 자산총액기준 6조원에서 10조원 이상으로 상향하고 출자한도도 순자산의 25%에서 40%로 인상하는 등 대규모기업집단에 대한 규제를 일부 완화하였다. 그리고 2007년 8월 제14차 개정에서는 사업관련성이 없는 손자회사의 보유를 허용하였으며, 2007년 10월 제15차 개정에서는 출자총액제한을 받는 대기업이 수도권을 제외한 지방에 있는 기업에 출자할 경우에는 출자총액제한의 예외를 인정하도록 하였다. 한편 2009년 제16차 개정에서는 출자총액제한제도를 다시 폐지하는 대신에 일정한 규모 이상의 상호출자제한 기업집단에 속하는 회사에 대하여 그 집단의 일반 현황, 주식소유현황, 특수관계인과의 거래사항 등에 대한 공시제도를 새로 도입하였다.

2013년 제20차 개정에서는 부당지원행위의 요건을 현저히 유리한 조건의 거래에서 상당히 유리한 조건의 거래로 바꾸고, 부당지원행위를 통해 실제로 이득을 얻은 수혜자에 대해서도 과징금을 부과할 수 있도록 하는 동시에, 특수관계인에 대한 부당한 이익제공을 금지하는 규정을 도입하였다. 2014년 1월 제21차 개정에서는 대규모기업집단의 지배구조를 개선하기 위하여 계열회사들 간 신규순환출자를 금지하는 제도를 도입하였으며, 2016년 제25차 개정에서는 상호출자제한 기업집단에 속하는 금융·보험회사의 국내 계열사를 대상으로 한 의결권 행사의 제한에 있어서 의결권 없는 주식이 제외된다는 것을 명확히 하고, 상호출자제한 기업집단 소속 회사의 공시 항목에 지주회사 등이 아닌 계열회사의 현황과 금융·보험업을 영위하는 회사의 계열회사에 대한 의결권 행사 여부를 추가하고, 청산중에 있거나 1년 이상 휴업 중인 모든 회사의 회계감사의무를 면제하고, 일반지주회사의 자회사가 금융·보험사를 손자회사로 지배하는 것에 대한 과징금 부과의 근거를 마련하였다. 그리고 2017년 제26차 개정에서는 대규모기업집단에 대한 규제를 자산규모별로 차등화하여 자산총액이 10조원 이상인 기업집단을 상호출자제한 기업집단으로 지정하고, 자산총액이 5조원 이상인 기업집단을 공시대상 기업집단으로 지정하여, 전자에 대하여는 ① 상호출자의 금지, ② 순환출자의 금지, ③ 채무보증의 금지, ④ 금융·보험사의 의결권 제한, ⑤ 총수일가의 사익편취 규제, ⑥ 공시의무를 적용하도록 하고, 후자에 대하여는 ⑤와 ⑥을 적용하도록 하였다. 그리고 기존의 기업집단의 현황 공시 항목에 상호출자 현황과 채무보증 현황을 추가하였다. 한편 대규모기업집단 지정 자료를 구체화하고 지정자료 미제출과 허위자료 제출에 대한 처벌을 강화하였다.

2. 공정위의 법집행

독점규제법은 동법에 의한 업무를 독립적으로 수행하도록 하기 위하여 국무총리 소속하에 공정거래위원회를 두고 있다. 공정위는 동법의 시행에 관하여 필요한 기준을 정하고, 법위반행위에 대한 신고를 받거나 직권으로 필요한 조사를 하여, 법에 위반된 행위를 한 자에 대하여 시정조치를 내리고 과징금을 부과하며, 나아가 검찰에 고발하여 형사적 제재를 받게 하는 등 입법, 사법 및 행정기능을 모두 갖추고 있는 독립규제기관이다.

(1) 공정위의 입법기능

독점규제법은 시장에서 공정하고 자유로운 경쟁을 제한하는 다양한 형태의 경쟁제한행위와 불공정거래행위를 금지 또는 제한하고 있다. 그런데 동법에서 금지 또는 제한하고 있는 각종 경쟁제한행위나 불공정거래행위를 판단하는 기준에 관하여는 '시장지배적 지위의 남용', '일정한 거래분야', '경쟁의 실질적 제한', '부당한 경쟁제한', '공정한 거래를 저해할 우려' 등과 같은 불특정 개념이 많이 사용되고 있기 때문에, 구체적인 경우에 어떠한 행위가 동법에 위반되는지 여부를 가리기가 쉽지 않다. 따라서 공정위는 동법의 집행과정에서 나타나는 이러한 불확실성을 제거함으로써 수범자의 예측가능성을 높이는 동시에 동법의 실효성을 제고하기 위하여 동법의 집행에 관하여 필요한 구체적인 기준이나 절차를 고시나 지침 등의 형태로 마련하여 제시하고 있다. 이러한 고시나 지침들 중에서 실체법적인 측면에서 중요한 의미를 가지는 것으로는 시장지배적 지위 남용행위 심사기준과 기업결합심사기준, 부당한 공동행위 심사기준, 불공정거래행위 심사지침, 부당지원행위심사지침, 및 지적재산권의 부당한 행사에 대한 심사지침 등이 있다.

한편, 전술한 국회에 의한 법률의 개정이나 정부에 의한 시행령의 개정도 사실은 공정위가 주도해 온 것이라고 할 수 있다. 왜냐하면 우리나라에서는 오랫동안 국회가 입법기능을 제대로 수행하지 못하고 있는 상태에서 법률의 제정이나 개정은 주로 행정부에 의하여 추진되어 왔으며, 독점규제법의 경우에는 공정위가 그 역할을 담당해 왔기 때문이다.

(2) 법위반 사건의 처리

공정위는 독점규제법의 집행을 담당하고 있는 독립규제기관으로서, 동법에 위반되는 행위에 대한 신고를 받거나 직권으로 필요한 조사를 실시하여 법위반 여부를 판단하고, 법에 위반한 사업자에게 시정조치를 내리고 과징금을 부과하며, 나아가 검찰에 고발하는 등 사법적 기능을 수행하고 있다. 항간에서 공정위를 경제경찰이라고 부르는 것은 공정위가 바로 이러한 사법적 기능을 수행하고 있기 때문이다. 그런데 이러한 사법적 기능은 직접적으로는 독점규제법에 위반하는 경쟁제한행위나 불공정거래행위를 적발하여 시정함으로써 공정하고 자유로운 경쟁질서를 확립하는 데에 이바지하는 역할을 담당하고 있지만, 간접적으로는 시장에서 행해지고 있는 다양한 모습의 행위들 중에서 어떠한 행위가 허용되고 어떠한 행위가 금지되는지를 준별해 줌으로써 공정하고 자유로운 경쟁질서를 법질서로 정착시켜 나가는 역할을 담당하고 있다고 할 수 있다. 이러한 관점에서 보면, 공정위는 법집행을 통하여 독점규제법의 규정을 구체화되는 동시에 그 규정을 시대적 요구에 맞게 해석, 적용함으로써 거기에 새로운 의미를 부여하는 법창설적인 기능도 담당해 왔다고 할 수 있다.

그런데 공정위가 그동안 독점규제법을 집행해 온 과정을 돌이켜 보면, 법 시행 초기 즉 1980년대에는 주로 각 산업분야에 널리 퍼져 있던 불공정한 거래관행을 시정함으로써 공정한 거래질서를 확립하는 데 전념해 오다가, 1990년대에 들어오면서 점차 부당한 공동행위와 같은 경쟁제한행위에 대한 규제에도 관심을 가지게 되었다. 그러나 그 때까지는 경쟁제한행위에 대한 규제를 통한 자유로운 경쟁질서의 확립과 그를 통한 시장기능의 회복보다는 불공정거래행위에 대한 규제를 통한 공정한 거래질서의 확립에 초점을 맞추고 있었다고 할 수 있다. 그리고 우리나라가 1997년 말에 외환위기로 인하여 IMF 관리체제에 들어가게 되자, 기업의 구조조정이 광범위하게 일어나게 되고 이를 촉진하기 위한 수단으로 기업결합이 널리 행해지게 됨에 따라 공정위는 기업결합의 제한에도 깊은 관심을 갖게 되었으며, 과도하게 집중되어 있는 재벌에 의한 경제력집중을 억제하기 위하여 대규모기업집단에 대한 규제와 아울러 거기에 소속된 계열회사의 부당지원행위에 대하여도 규제를 시작하게 되었다.

한편, 2000년대에 들어와서는 공정위가 규제당국이 아니라 경쟁당국이라는 인식이 제고됨에 따라 경쟁당국으로서 그 역할을 다하기 위하여 한편으로는 부당한 공동행위와 불공정거래행위에 대한 규제를 강화해 나가면서, 다른 한편으로는 시장지배적 사업자의 지위남용이나 기업결합에 대한 규제와 아울러 장기간 고착되어 있는 독과점적 시장구조의 개선에도 관심을 가지게 되었다. 그리고 소수의 재벌에 의한 경제력집중의 심화와 불공정한 하도급거래에 대한 비판이 높아짐에 따라 경제력집중의 억제를 위한 규제와 하도급거래의 공정화를 위한 규제에도 깊은 관심을 가지게 되었다.

이러한 과정을 통하여 공정위의 위상은 단순히 불공정거래행위를 단속하는 규제기관에서 벗어나 점차 우리나라 경제질서의 기본인 시장경제의 기능을 유지하기 위하여 반드시 필요한, 경쟁제한행위를 금지하고 제한하는 경쟁당국으로 발전해 나가게 되었다. 그리고 우리나라의 경제규모가 커지고 점차 글로벌화되어 가면서 공정위도 예컨대 Microsoft나 Intel, Qualcomm 등과 같은 다국적 기업의 경쟁제한행위에 대한 규제도 시작하게 되었으며, 법 위반 여부를 판단하는 기준도 국내적인 기준을 점차 미국과 EU의 기준과 같은 세계적인 기준global standards에 맞추어 나가도록 노력하게 되었다. 예컨대 기업결합의 제한과 관련하여, 공정위가 시장집중도를 판단하는 기준으로 종래 CR3를 사용하고 있었으나 2007년 이후에는 HHI를 도입하여 사용하고 있는 것과 부당한 공동행위를 자진신고한 자에게 시정조치와 과징금을 감면해 주는 제도를 도입하여 사용하고 있는 것이 그 대표적인 예이다.

그런데 2010년대에 들어와서는 공정위가 다시 흔들리는 모습을 보이고 있다. 이명박 정부에서는 공정위가 한동안 물가규제에 앞장서면서 물가당국으로 자처하는 추태를 보이더니, 문재인 정부에 들어와서는 공정위가 우리 사회 전반에 뿌리 깊게 박혀 있는 갑을관계를 시정하기 위하여 이른바 '을의 눈물'을 닦아 준다는 명분하에 불공정한 거래관행의 시정에 깊은 관심을 보이게 되자, 사회의 각 분야에 널리 퍼져 있던 온갖 불공정거래행위에 대한 신고가 공정위로 몰려와서 신고건수가 대폭 증가하고 있다고 한다.

그러나 공정위가 을의 입장에 서서 그들의 눈물을 닦아 주는 것이 언뜻 보기에는 매우 좋은 것처럼 보이고 또 대중들의 지지를 받을 수도 있지만, 공정위의 본연의 임무가 공정하고 자유로운 경쟁질서를 유지하는 경쟁당국이라는 점에 비추어 볼 때, 이러한 현상은 결코 바람직하지 않은 것으로서 조속히 시정되어야 할 것이다. 이 시대에 공정위가 담당해야 할 가장 중요한 사명과 과제는 을의 눈물을 닦아주는 것이 아니라 을이 다시는 눈물을 흘리지 않도록 기울어진 운동장을 바르게 고치는 일, 즉 소수의 재벌에 의한 과도한 경제력집중의 억제와 장기간 고착되어 있는 독과점적 시장구조의 개선 및 제반 경쟁제한행위의 금지를 통하여 공정하고 자유로운 경쟁질서를 회복하는 일이라고 할 수 있다. 따라서 공정위는 하루속히 경쟁당국으로서 그 본연의 역할을 회복하기 위하여 진지한 노력을 경주할 필요가 있다.

3. 법원의 판결

독점규제법은 공정위의 처분에 대하여 불복하는 자는 서울고등법원에 불복의 소를 제기할 수 있게 하여(법 54조, 55조), 공정위의 법집행에 대한 사법적 통제의 길을 열어 놓고 있다. 그런데 우리나라에서는 1997년 IMF 사태 이전까지는 공정위의 처분에 대한 불복의 소를 제기하는 경우가 그다지 많지 않았다. 그러나 IMF 사태 이후에 공정위가 재벌규제의 일환으로 대규모기업집단 소속 계열회사의 부당지원행위에 대한 규제를 강화하기 시작하면서 이에 불복하는 소제기, 즉 행정소송이 대폭 증가하게 되었다. 그 결과, 이러한 행정소송으로 인하여 공정위의 처분이 취소되는 경우가 늘어나게 되었으며, 독점규제법을 단순히 경쟁정책의 수단으로 보던 시각도 서서히 바뀌어서 독점규제법이 법질서의 일부로서 자리를 잡아가게 되었다. 이와 같이 공정위의 법집행에 대한 사법적 통제가 활발하게 전개되기 시작하자 공정위의 처분에 대한 소제기는 더 이상 부담스러운 일이 아니라 자연스러운 현상이 되었으며, 그 결과 독점규제법이 단순한 경쟁정책의 수단이 아니라 법질서의 일부로서 법치주의의 원리에 따라 집행되어야 한다는 인식이 형성되게 되었다. 이러한 사법적 통제를 통하여 독점규제법에 포함되어 있는 수많은 불특정개념들이 법원의 판례를 통하여 구체화되었을 뿐만 아니라 공정위의 재량권이 합리적인 범위로 축소됨으로써 수범자들의 예측가능성이 높아지고 법적 안전성이 확보되는 등 독점규제법이 경제질서의 기본법으로 발전해 나갈 수 있는 기초가 마련되게 되었다고 할 수 있다.

그러나 여기서 반드시 유의할 필요가 있는 것은 이러한 사법적 통제가 독점규제법의 발전에 반드시 긍정적인 역할만 담당했던 것은 아니라는 점이다. 왜냐하면 독점규제법에 관한 법원의 판결들 중에는 동법의 발전을 가로막거나 적어도 도움이 되지 않는 것들도 적지 않았기 때문이다. 그 주된 이유는 우리나라 법원이 아직 시장경제 그 자체에 대한 이해가 부족할 뿐만 아니라 시장경제에 있어서 공정하고 자유로운 경쟁질서가 차지하는 의미나 중요성 및 독점규제법의 기본원리나 동법상 각종 제도들의 기능과 역할 등에 대하여 충분한 이해를 하지 못하고 있었기 때문이라고 생각된다. 여기서는 그 대표적인 예라고 할 수 있는 시장지배적 사업자의 지위남용에 관한 2007년의 포스코판결과 부당한 공동행위의 요건인 합의의 추정에 관한 구법 제19조 제5항의 해석에 관한 2002년의 판결 및 재판매가격유지행위에 관한 2010년의 한미약품 판결 등에 대하여 살펴보고자 한다.

우선, 포스코 판결에서는 대법원이 시장지배적 지위남용행위로서의 부당성은 특히 시장에서의 독점을 유지·강화할 의도나 목적, 즉 시장에서의 자유로운 경쟁을 제한함으로써 인위적으로 시장질서에 영향을 가하려는 의도나 목적을 갖고, 객관적으로도 그러한 경쟁제한의 효과가 생길 만한 우려가 있는 행위로 평가될 수 있는 행위로서의 성질을 갖는 거래거절행위를 하였을 때에 그 부당성이 인정될 수 있다고 판시하고 있다. 이 판결에서 대법원은 시장지배적 지위남용행위의 성립요건을 주관적 요건과 객관적 요건을 동시에 갖추도록 요구함으로써 시장지배적 지위남용행위의 성립을 어렵게 하고 있다. 어떤 시장지배적 사업자의 행위가 시장지배적 지위남용행위에 해당하는지 여부를 판단하기 위해서, 당해 사업자가 그러한 행위를 한 의도나 목적 그리고 그러한 행위가 시장에 미치는 영향과 경쟁제한적 효과 등을 종합적으로 고려할 필요가 있다는 점은 인정할 수 있지만, 반드시 독점을 강화하려는 의도나 목적으로 가지고, 또 경쟁제한적 효과가 생길 만한 우려가 있을 경우에만 시장지배적 지위남용행위의 부당성이 인정된다고 하는 것은 결코 타당하지 않다. 왜냐하면 그것은 시장지배적 지위남용행위를 금지하는 제도의 취지를 제대로 이해하지 못한 데에 기인한 것으로서, 동일한 제도를 가지고 있는 EU와 독일 등 선진국의 경쟁법의 해석기준에도 반하는 것이기 때문이다. 따라서 이 판결은 우리나라 독점규제법의 발전을 가로막은 대표적인 판결이라고 할 수 있다.

그리고 독점규제법은 부당한 공동행위를 규제함에 있어서 합의의 존재(공동성)에 관한 입증곤란을 해소하여 공동행위에 대한 규제의 실효성을 제고하기 위하여, 법 제19조 제5항에 일정한 요건이 충족되면 합의를 추정할 수 있다고 규정하고 있다. 그런데 이 추정규정은 2007년의 법 개정을 통하여 크게 바뀌었다. 구법 제19조 제5항은 "2 이상의 사업자가 법 제19조 제1항 각호의 1에 해당하는 행위를 하고 있다"는 사실 (행위의 외형상 일치)과 그것이 "일정한 거래분야에서 경쟁을 실질적으로 제한하는 행위"라는 사실 (경쟁제한성)만 입증하면 사업자들의 합의가 추정된다고 규정하고 있었다. 그러나 이 규정은 추정의 범위를 지나치게 넓게 규정하고 있기 때문에, 공정위는 이 규정의 문언에도 불구하고 추정제도의 취지에 부합하게, 행위의 외형상 일치에 더하여 여러 간접적 정황사실이 증명된 경우에 한하여 합의가 추정되는 것으로 해석하고 있었다. 그런데 2002년의 대법원 판결은 법 제19조 제5항의 규정을 그 문언에 충실하게 해석하여, 행위의 외형상 일치와 경쟁제한성을 입증하면 사업자들의 합의가 추정되고, 거기에 더하여 사업자들의 합의 내지 암묵적인 양해를 추정케 할 정황사실까지 입증할 필요가 없다고 판시하였으며, 그 후에도 이러한 입장을 일관되게 유지해 왔다.[7] 그러나 이 추정규정을 대법원의 판례처럼 해석하게 되면, 추정의 범위가 지나치게 넓어서 양성오류가 발생할 위험이 있다는 비판이 있었기 때문에, 입법자는 이러한 비판을 수용하여 2007년의 법 개정을 통하여 이 규정을 외형상 행위의 일치 이외에 여러 간접적 정황사실이 증명된 경우에 한하여 합의가 추정되는 것으로 개정하였다.[8]

한편, 독점규제법 제29조 제1항은 재판매가격유지행위를 원칙적으로 금지하고 있지만, 최고가격유지행위로서 정당한 이유가 있는 경우에는 이를 예외적으로 허용된다고 규정하고 있다. 한편, 최저가격유지행위에 대하여는 법이 마치 이를 당연위법인 것처럼 규정하고 있기 때문에, 문리적 해석에 따르면 정당한 이유가 있더라도 예외가 인정될 여지가 없었다. 따라서 이러한 입법태도의 타당성에 대해서는 상당한 비판이 제기되고 있었다. 이러한 상황에서 대법원은 2010년 한미약품 판결에서 최저가격유지행위의 경우에도 정당한 이유가 있는 경우에는 이를 허용할 필요가 있다고 판시하였다. 이 판결은 미국 연방대법원의 2007년 Leegin 판결[9]의 영향을 받은 것으로서 결과적으로 합리적인 결론을 도출한 것이라고 할 수 있지만, 법 제29조 제1항의 명문의 규정에 반하는 것으로서 법해석의 한계를 벗어난 위법한 판결이라는 비판을 면하기 어려울 것이다.

요컨대 독점규제법의 집행에 대한 사법적 통제는 독점규제법이 단순히 경쟁정책의 수단이 아니라 법질서의 일부로서 법치주의의 원리에 다라 집행되도록 하는 데에는 상당한 기여를 하였지만, 법원이 시장경제 그 자체는 물론이고 시장경제에 있어서 경쟁이 가지는 의미와 중요성 및 독점규제법의 기본원리나 각종 제도의 기능이나 역할에 대한 이해 부족 등으로 인하여 독점규제법의 건전한 발전을 저해한 측면도 있었다는 점을 부인할 수는 없을 것이다.

7) 대법원 2002.3.15. 99두6514,6521 판결; 대법원 2002.5.28. 2000두1386 판결; 대법원 2003.2.28. 2001두1239 판결; 대법원 2003.5.27. 2002두4648 판결; 대법원 2003.12.12. 2001두5552 판결 참조.

8) 권오승 · 서정, 앞의 책, 301면 참조.

9) 551 U.S. 877(2007).

Ⅲ. 현행 독점규제법의 문제점과 개선방안

1. 논의의 전제와 범위

독점규제법의 문제점과 개선방안을 논의함에 있어서 그 논의의 전제와 범위를 어떻게 설정하느냐에 따라 그 내용이 크게 달라진다. 그런데 이 글은 다음과 같은 몇 가지 사항을 기본적인 전제로 하여 논의를 전개하고자 한다. 우선, 우리나라 독점규제법은 독점이나 과점에 대하여 원인금지주의가 아니라 폐해규제주의를 채택하고 있고, 독점규제법의 집행은 공정위에 의한 행정적 규제를 중심으로 하고 있으며, 공정위는 법위반의 우려가 있는 사업자에 대하여 직권으로 조사, 심의를 진행하여 법 위반자에 대하여 시정조치와 아울러 과징금을 부과하는 직권규제주의를 채택하고 있다. 따라서 이 글은 이러한 독점규제법의 특징을 그대로 유지하는 것을 전제로 하여 논의를 전개하기로 한다.

그리고 독점규제법 또는 경쟁법의 집행에 관한 기준은 세계적 기준global standard[10]과 각국의 국내적 기준national standard으로 나누어지는데, 각 개별국가에서 집행되고 있는 국내적 기준은 한편으로는 점차 세계적 기준으로 수렴해 가는 경향을 보이고 있으며, 다른 한편으로는 각국의 경제사정과 경제발전의 단계 또는 법제도나 법문화의 특성에 따라 서로 다른 모습을 보이고 있다. 그것은 우리나라의 경우에도 마찬가지이다. 따라서 우리나라 독점규제법의 내용을 자세히 살펴보면, 그중에는 세계적 기준에 부합하는 것들도 있지만 그렇지 않은 것들도 있다. 그런데 후자의 경우에는 그러한 기준을 계속 유지해야 할 정당한 사유가 있는 경우도 있지만, 그렇지 않은 경우도 있는데, 정당한 이유가 없는 경우에는 이를 세계적 기준

---

10) 독점금지법 또는 경쟁법의 집행에 관하여 세계적으로 통용되는 기준은 없다고 주장하는 사람들도 있지만, 일반적으로는 미국법의 기준(American standard)과 유럽법의 기준(European standard)이 세계적인 기준으로 사용되고 있다. 그 이유는 다음과 같다. 우선, 독점금지법은 1890년에 제정된 미국 셔먼법(Sherman Act)에서 비롯되었기 때문에 미국법이 그 역사가 가장 오래되었을 뿐만 아니라 동법의 이론과 실무가 미국에서 가장 잘 발달되었고 또 실제로도 미국법이 많은 나라의 경쟁법에 큰 영향을 미치고 있기 때문이다. 한편, 유럽법이 중요한 기준으로 등장하는 이유는 common law를 중심으로 하는 미국에서 판례법으로 발달되어 온 독점금지법이 1950년대에 civil law를 중심으로 하는 유럽에 도입되어 각 나라의 법체계에 맞게 수정, 보완되어 왔으며, 유럽공동체(EU)의 형성과정에서는 경쟁법이 유럽시장의 통합을 위한 수단으로 활용되어 왔으며, 그 후에는 EU 회원국은 물론이고 전 세계 여러 나라의 경쟁법에 영향을 미치고 있기 때문이다.

에 부합시켜 나가는 방향으로 노력하고자 한다.[11)]

2. 법체계적인 측면

우선, 법체계적인 관점에서 볼 때, 독점규제법에서 규정하고 있는 내용들 중에서 그 성격상 동법에서 규율하는 것이 적절하지 않은 것들도 있다. 우선, 독점규제법은 시장경제의 기본법으로서 공정하고 자유로운 경쟁의 촉진을 목적으로 하고 있는 법이다. 그런데 동법에 경쟁과 관련이 없는 거래의 내용이나 조건의 불공정성을 문제 삼는 규정을 포함하고 있는 것이 과연 타당한지는 의문이고, 둘째로, 동법에서는 사업자단체와 재판매가격유지행위의 제한에 관하여 각각 별도의 장(제6장과 제7장)으로 규정하고 있는 것이 타당한지도 의문이며, 셋째로, 기업결합의 제한에 관하여 규정하고 있는 제3장에서 그것과 차원을 달리 하는 대규모기업집단에 의한 경제력집중의 억제에 관하여 함께 규정하고 있는 것이 타당한지도 의문이다.

(1) 불공정거래행위의 금지

우선, 독점규제법은 시장지배적 지위의 남용금지, 기업결합의 제한 및 부당한 공동행위의 금지와 더불어, 불공정거래행위의 금지를 규정하고 있다. 이러한 태도는 직접적으로는 일본 독점금지법의 태도를 본받은 것이지만, 그 뿌리는 미국 연방거래위원회FTC법 제5조에서 찾을 수 있다. 그런데 제5장에서 규율하고 있는 불공정거래행위는 공정한 거래를 저해할 우려가 있는 행위로서, 거기에는 부당한 거래거절이나 부당한 경쟁자배제와 같이 경쟁의 자유를 제한하는 행위, 즉 경쟁제한성이 있는 행위들도 있지만, 경쟁의 수단이나 방법의 불공정성을 문제 삼는 행위 또는 거래의 내용이나 조건의 불공정성을 문제 삼는 행위들도 포함되어 있고, 때로는 거래상대방의 자율적인 자기결정을 침해하는 행위들도 포함되어 있다. 그런데 이러한 행위들 중에서 경쟁질서와 관련이 있는 행위들, 즉 경쟁의 자유를 제한하거나 경쟁의 공정성을 저해하는 행위들을 독점규제법에서 규율하는 것은 타당하지만, 그 밖의 행위들에 대하여는 이를 독점규제법에서 규율하는 것이 과연 타당한지에 대하여 의문이 제기되고 있다.

11) 권오승, 독점규제법의 현대화, 경쟁법연구 제33권, 2016년, 125면 이하 참조.

우선, 경쟁의 수단이나 방법의 불공정성을 문제 삼는 행위들 중에는 경쟁질서와 관련이 있는 것들도 있지만, 그렇지 않은 것들도 있다. 그러나 거래의 내용이나 조건의 불공정성을 문제 삼는 행위들은 대체로 경쟁질서와는 무관한 행위들이라고 할 수 있다. 그런데 경쟁질서와 관련이 없는 행위들은 대체로 당사자 간의 사적 분쟁의 성격이 강한 행위들로서 공익적 성격이 없거나 크지 않은 행위라고 할 수 있다. 그리고 삼권분립의 원칙에 비추어 볼 때, 당사자 간의 사적 분쟁의 성격이 강한 행위들에 대하여는 이를 사법적 구제에 맡기고 국가기관에서는 가급적 여기에 개입하지 않는 것이 바람직할 것이며, 특히 경제질서의 기본법인 독점규제법의 집행을 담당하고 있는 공정위가 여기에 깊이 개입할 필요는 없을 것이다. 뿐만 아니라 자유롭고 공정한 경쟁질서의 확립에 기여하는 것을 그 사명으로 하고 있는 공정위가 제한된 인력과 예선을 가지고 소기의 목적을 충실히 달성할 수 있도록 하기 위해서는, 공정위는 경쟁질서와 관련이 있는 행위들만 규율하고, 경쟁질서와 관련이 없는 행위, 즉 당사자 간의 사적 분쟁의 성격이 강한 행위들에 대하여는 개입하지 않도록 하는 것이 바람직할 것이다. 따라서 불공정거래행위 중에서 경쟁질서와 관련이 없는 행위, 사적 분쟁의 성격이 강한 행위는 독점규제법의 규율대상에서 제외하는 것이 바람직할 것이다. 다시 말하자면, 현행법 제5장에서 규율하고 있는 불공정거래행위의 유형들을 경쟁질서와 관련이 있는 행위와 그렇지 않은 행위로 구별하여, 독점규제법에서는 전자에 대해서만 규율하고, 후자에 대해서는 이를 부정경쟁방지법이나 기타 약관규제법과 같은 민사특별법에 포함시켜서 당사자가 법원에서 소송을 통하여 스스로 해결하도록 하는 것이 바람직할 것이다.[12)]

(2) 사업자단체 등

독점규제법은 원래 제6장에서 사업자단체의 설립을 공정위에 신고하도록 한 뒤에 이를 별도로 규율하는 태도를 취하고 있었다.[13)] 그러나 1999년 2월의 법 개정으로 사업자단체의 설립을 신고하도록 하는 제도(법 25조)가 폐지된 이후에는, 사업자단체의 금지행위(법 26조)가 대체로 다른 장에서 규율하고 있는 내용, 즉

12) 독점규제법을 이러한 방향으로 개정하는 경우에는 현재 공정위가 집행하고 있는 공정거래관련 법들도 이러한 취지에 맞게 전면적으로 재검토할 필요가 있을 것이다.

13) 당시에 독점규제법은 사업자단체는 그 설립일로부터 30일 이내에 그 설립사항을 공정위에 신고하도록 하고 있었다(법 25조).

부당한 공동행위 또는 불공정거래행위의금지와 중복되기 때문에, 사업자단체를 사업자와 별도로 규율할 필요는 없게 되었다. 따라서 제6장 사업자단체에 관한 규정은 이를 삭제하고 사업자단체를 사업자의 개념에 포함시켜서 사업자와 함께 규율하도록 하는 것이 바람직할 것이다.[14)]

그리고 독점규제법은 당초 재판매가격유지행위를 원칙적으로 금지하면서(법 29조 1항),[15)] 저작물과 특정한 상품에 대하여 사업자가 재판매가격유지행위를 할 수 있도록 공정위로부터 미리 지정받은 경우에는 예외적으로 이를 허용하고 있었다. 한편 2001년 1월 동법의 개정으로 재판매가격유지행위 중에서 최고가격유지행위에 대하여는 정당한 이유가 있는 경우에는 예외를 인정하고 있다. 뿐만 아니라 대법원은 최저가격유지행위에 대하여도 2010년 한미약품(주) 판결[16)]과 2011년 한국켈러웨이골프(유) 판결[17)]을 통하여 정당한 이유가 있는 경우에는 예외를 인정할 수 있다고 판시함으로써, 최고가격유지행위와 최저가격유지행위 사이에 차이가 없어지게 되었다. 그리고 법 제29조 제2항에서 인정하고 있는 저작물과 지정상품에 대한 재판매가격유지행위의 예외는 실제로 거의 활용되지 않고 있다. 따라서 현재의 관점에서는, 재판매가격유지행위는 이를 별도의 장으로 규정할 필요 없이,[18)] 다른 규정들만으로 충분히 규율할 수 있게 되었다고 할 수 있다. 예컨대 그 행위가 부당한 공동행위의 요건을 갖춘 경우에는 (수직적) 공동행위로 보아 동법 제19조로 규율하고, 그렇지 않은 경우에는 이를 단독행위로 규율하되, 당해 사업자가 시장에서 지배적 지위를 차지하고 있는 경우에는 동법 제3조의2로 규율하고, 그 밖의 경우에는 동법 제23조로 규율하는 것이 바람직할 것이다.

한편, 독점규제법은 당초 부당한 공동행위, 불공정거래행위 및 재판매가격유지행위에 해당하는 사항을 내용으로 하는 국제계약의 체결을 금지하면서(법 32조 1항),[19)] 이를 효과적으로 규제하기 위하여 사업자 또는 사업자단체가 대통령령이

---

14) 동지: 양명조, 독점규제법의 전면개편을 위한 제안, 경쟁법연구 제32권(2015.11.), 155-156면; 172-176면 참조.

15) 독점규제법 제29조 제1항은 “상품을 생산 또는 판매하는 사업자는 재판매가격유지행위를 하여서는 아니 된다.”라고 규정하고 있었다.

16) 대법원 2010.11.25. 2009두9543 판결.

17) 대법원 2011.3.10. 2010두9976 판결.

18) 동지: 양명조, 앞의 논문, 156면 참조.

19) 독점규제법 제32조 제1항 본문은 “사업자 또는 사업자단체는 부당한 공동행위, 불공정거래행위 및 재판매가격유지행위에 해당하는 사항을 내용으로 하는 국제적 협정이나 계약(이하 ‘국제계약’이라 한다)을 체결하여서는 아니 된다.”라고 규정하고 있었다.

정하는 종류 및 범위에 해당하는 국제계약을 체결한 때에는 이를 공정위에 신고하도록 하고 있었다(법 33조 1항). 그러나 시장개방의 결과, 국제적인 거래의 규모가 획기적으로 증대하기 시작하면서 국제계약을 국내계약과 달리 취급할 필요가 없어졌기 때문에, 입법자는 1994년 12월의 법 개정으로 동법의 규제를 받는 국제계약의 범위를 제한하는 동시에, 국제계약의 체결에 대한 신고제를 폐지하게 되었다. 더욱이 우리나라가 미국, EU, 중국, 베트남 등과 FTA를 체결함으로써 국경을 넘는 거래가 일반화되고 있는 현재의 관점에서는 국제계약을 국내계약과 달리 취급해야 할 이유가 전혀 없다고 생각된다. 따라서 제8장 국제계약의 체결제한에 관한 규정은 이를 삭제하고,[20] 각 장에서 국제계약을 국내계약과 구별하지 말고 함께 규율하는 것이 바람직할 것이다.[21]

(3) 경제력집중의 억제

우리나라에서는 1960년대 이래 정부가 소수의 능력 있는 기업을 집중적으로 지원하는 방식으로 이른바 불균형성장정책을 추진해 왔기 때문에 경제력이 소수의 기업이나 기업집단(재벌)에게 과도하게 집중되는 현상이 나타나게 되었다. 그런데 이러한 경제력집중의 문제는 소수의 기업집단이 상호출자나 순환출자 등을 계열을 확장하고, 그 총수가 다수의 계열기업들을 선단식으로 경영함으로써 국민경제에 지대한 영향을 미치고 있는 문제이기 때문에, 개별시장에 있어서 독과점이나 경쟁제한행위를 규율하는 독점규제법 또는 경쟁법으로 규율하기에는 적절하지 않은 측면이 있는 것이 사실이다. 그러나 우리나라에서는 재벌의 문어발식 계열확장과 경쟁제한행위의 증대가 중요한 사회문제로 등장하였을 뿐만 아니라, 그것이 시장경제의 기반을 저해하는 측면도 있었기 때문에, 1986년의 법 개정을 통하여 독점규제법에서 재벌의 불합리한 계열확장의 수단으로 이용되고 있는 계열기업들 간의 상호출자를 규제하기 위하여, 기업결합의 제한을 규율하고 있는 제3장에서 지주회사의 설립금지와 대규모기업집단 계열회사의 상호출자금지 및 출자총액의 제한 등과 같은 제도를 도입하게 되었다.[22]

---

20) 제8장 국제계약의 체결제한에 관한 규정들(제32조 내지 34조의2)은 2016년 3월 29일의 법 개정으로 삭제되었다.

21) 동지: 양명조, 앞의 논문, 156면, 170-172면 참조.

22) 경제력집중의 수단으로 이용되고 있는 상호출자에 대한 규제는 1984년 4월 상법 개정 시에 상법에 도입되었는데, 상법상의 규제는 그 실효를 거두기가 어려웠기 때문에, 공정위를 통하여

그런데 기업결합의 제한은 일정한 거래분야에서 경쟁을 실질적으로 제한하는 기업결합을 규제하는 제도로서 국제적으로 널리 인정되고 있는 경쟁법상의 주요 제도 중의 하나이지만, 경제력집중의 억제를 위한 제도들은 경쟁제한적인 효과와는 직접적인 관련이 없을 뿐만 아니라, 이를 규제하는 방식도 경쟁제한행위에 대한 사후규제와는 다른 사전규제로서, 우리나라에 특유한 제도라고 할 수 있다. 따라서 경제력집중을 억제하기 위한 제도를 독점규제법에 포함시켜서 함께 규율하는 것이 타당한지에 대하여는 많은 의문이 제기되고 있으며, 설사 그 필요성을 인정한다고 하더라도 이를 기업결합을 규제하는 제3장에서 기업결합과 함께 규율하는 것이 타당한지에 대하여도 의문이 제기되고 있다. 왜냐하면 현행 독점규제법 제3장에는 기업결합에 관한 규정과 경제력집중의 억제에 관한 규정이 혼재되어 있는데, 이러한 제도를 실제로 운용하는 과정에서는 어느 규정이 기업결합에 관한 것이고 어느 규정이 경제력집중에 관한 것인지, 그리고 어느 규정이 양자 모두에 적용되는 것인지를 구별하기가 어려워서 실무상 적지 않은 곤란을 겪고 있기 때문이다.

따라서 경제력집중의 문제를 효과적으로 해결하기 위해서는 경제력집중의 현황과 문제점을 정확하게 진단하여 이를 근본적으로 해결할 수 있는 종합적인 대책을 강구할 필요가 있으며, 이를 실현하기 위한 특별법을 제정하여 시행하는 것이 바람직할 것이다. 그러나 실제로 그러한 입법을 기대하기는 매우 어려울 것이기 때문에, 그러한 특별법이 마련될 때까지는 이를 독점규제법에서 규율하는 태도를 그대로 유지하되, 경제력집중의 억제에 관한 규정들을 제3장에서 분리해서 별도의 장으로 규율하도록 하는 것이 바람직할 것이다. 그렇게 될 경우에는 제5장에서 불공정거래행위의 금지와 함께 규율하고 있는 부당지원행위의 금지 및 특수관계인에 대한 부당한 이익제공의 금지에 관한 규정(법 23조 1항 7호와 법 23조의 2)도 제3장으로 옮겨서 경제력집중 억제와 함께 규율하는 것이 바람직할 것이다.[23)]

보다 강력하게 규제하기 위하여 1986년 독점규제법 개정 시에 동법에 도입하게 된 것이다.

23) 동지: 양명조, 앞의 논문, 155-156면, 163-164면 참조.

3. 법 규정의 구체적인 내용에 대한 검토

독점규제법은 1981년 4월 1일부터 시행된 이래, 지난 37년간 많은 개정과 발전을 거듭해 왔음에도 불구하고, 현행법의 규정들 중에는 아직 비합리적이거나 타당하지 않은 것들도 많이 있고, 글로벌 스탠다드에 부합하지 않는 것들도 적지 않다. 따라서 여기서는 동법의 실체법적인 규정들 중에서 문제가 있다고 생각되는 규정들에 대하여 차례로 검토해 보고자 한다.

(1) 총 칙

제1장 총칙에서는 다음과 같은 규정들이 문제가 되고 있다. 우선, 제1조의 목적규정은 이 법의 목적을 직접적 목적과 궁극적 목적으로 나누어서, 직접적으로는 사업자의 시장지배적 지위의 남용과 과도한 경제력의 집중을 방지하고, 부당한 공동행위 및 불공정거래행위를 규제하여 "공정하고 자유로운 경쟁을 촉진"하고, 이를 통하여 궁극적으로는 "창의적인 기업활동을 조장하고 소비자를 보호함과 아울러 국민경제의 균형있는 발전을 도모"한다고 규정하고 있다. 그런데 여기서 궁극적 목적으로 규정되고 있는 창의적인 기업활동의 조장, 소비자 보호 및 국민경제의 균형 있는 발전에 대하여는 그 타당성이나 적절성에 대하여 의문이 제기되고 있다.[24)]

우선, 창의적인 기업활동의 조장은 시장경제의 장점[25)] 중의 하나라고 할 수는 있지만, 이를 독점규제법의 궁극적인 목적으로 보는 것은 타당하지 않다. 그리고 독점규제법이 추구하는 목적은 자원의 합리적인 배분을 통하여 소비자후생consumer welfare을 증진하려는 것이지 소비자를 보호하려는 것이 아니다. 물론 동법의 규정들 중에서 소비자보호를 목적으로 하거나 그러한 기능을 담당하고 있는 것들도 있기는 하지만, 그렇다고 하더라도, 소비자보호를 동법의 궁극적인 목적으로 규정하는 것은 타당하지 않다. 한편 국민경제의 균형있는 발전은 경쟁정책과 산업정책, 통상정책 등을 포괄하는 경제정책 일반이 추구하는 종합적인 목적이라고 할 수 있지만, 이를 동법의 궁극적 목적으로 규정하는 것은 타당하지 않다. 왜냐하면 독점규제법이 실효성을 확보하여 시장에 공정하고 자유로운 경쟁이 유지, 촉진되

---

24) 이 점에 대한 자세한 설명은 권오승, 경제법 제12판, 법문사, 82면 이하 참조.

25) 일반적으로 시장경제가 가지는 장점으로서는 그 밖에도 산업의 발전, 고용의 증대 및 국민의 실질적 소득수준의 향상 등이 있다.

게 되면, 경쟁력이 있는 기업은 살아남아 계속 발전하고 그렇지 못한 기업은 도태될 것이기 때문에, 기업 간의 불균형은 더욱 심화될 가능성이 있다. 이러한 불균형은 산업간, 지역간에서도 마찬가지로 발생할 수 있다. 따라서 국가는 국민경제의 균형있는 발전을 도모하기 위하여 중소기업을 보호하기 위한 중소기업정책이나 산업간, 지역간의 불균형을 시정하기 위한 산업정책이나 지역정책 등을 마련하여 실시하게 된다. 그러므로 국민경제의 균형 있는 발전은 시장경제의 기능을 유지하기 위한 독점규제법의 궁극적인 목적이 아니라 시장경제의 한계를 극복하기 위한 국가의 과제로 보는 것이 타당할 것이다.

이상에서 살펴본 바와 같이, 독점규제법 제1조에 동법의 궁극적 목적으로 규정되어 있는 것들은 모두 궁극적 목적이라고 하기에는 적합하지 않은 것들이다. 그럼에도 불구하고 이들을 동법의 궁극적 목적으로 규정해 놓게 되면, 그것이 동법의 해석과 운용에 영향을 미칠 가능성이 있다. 따라서 이러한 문제점을 해결하기 위해서는 제1조의 목적규정에서 궁극적 목적으로 규정하고 있는 부분을 모두 삭제해 버리고,[26] '소비자보호'를 '소비자후생'consumer welfare으로 바꾸어서, "… 자유롭고 공정한 경쟁을 촉진함으로써 소비자후생을 증진함을 목적으로 한다."라고 개정하는 것이 바람직할 것이다.

그리고 법 제2조에 규정되어 있는 정의규정들은 동법에서 사용하고 있는 용어들을 정의하고 있는데, 이러한 규정들은 동법의 제정 또는 관련제도의 도입 당시에는 중요한 의미를 가졌던 것으로 보이지만, 동법이 시행된 지 37년이 지난 오늘날의 관점에서 보면, 이러한 규정들은 더 이상 필요하지 않은 것들이다. 따라서 법 제2조의 정의규정은 이를 삭제하는 것이 바람직할 것이다.

한편, 독점규제법의 역외적용에 관하여 규정하고 있는 법 제2조의 2(국외행위에 대한 적용)는 미국에서 발달한 이른바 영향이론effect theory의 기본취지를 받아들여서 "이 법은 국외에서 이루어진 행위라도 '국내시장에 영향을 미치는 경우'에는 적용한다."라고 규정하고 있다. 그런데 이 규정은 역외적용의 요건을 분명하게 규정하고 있지 않기 때문에 그 요건과 관련하여 적지 않은 분쟁이 일어나고 있다. 따라서 이러한 분쟁을 예방하기 위해서는 역외적용의 요건을 세계적인 기준에 부합하고 대법원 판례[27]의 취지에 맞게 구체화하여 "… '국내시장에 직접적이고, 실

26) 목적조항을 두는 것 자체에 대하여 재고할 필요가 있다고 주장하는 견해도 있다(양명조, 앞의 논문, 160면 참조).

질적인 영향을 미칠 가능성이 있는 경우'에는 적용한다."라고 개정하는 것이 바람직할 것이다.[28]

(2) 시장지배적 지위의 남용금지

독점규제법 제2장 시장지배적 지위의 남용금지에 대해서는 다음과 같은 문제점들이 지적되고 있다. 우선, 독점규제법은 1996년 제5차 개정을 통하여 제3조에 공정위에게 독과점적 시장구조가 장기간 유지되고 있는 상품이나 용역의 공급 또는 수요시장에 대하여 경쟁을 촉진하기 위한 시책을 수립하여 시행할 권한과 의무를 부과하고 있다. 이는 공정위가 독과점화가 장기간 고착된 시장에 대하여 심층적인 조사와 분석을 통하여 이를 해결할 수 있는 시장구조개선시책을 마련하여 시행하도록 하려는 취지에서 마련된 것이다. 이로써 공정위는 단순한 법적용기관에 그치는 것이 아니라 시장구조를 개선할 수 있는 정책을 수립하여 시행하는 정책기관의 성격도 가지게 되었다.[29] 그러나 이러한 규정은 다른 나라의 독점금지법이나 경쟁법에서는 찾아보기 어려운, 우리나라에 특유한 규정이라고 할 수 있다.

그런데 이러한 제도가 실효성을 확보할 수 있도록 하려면, 시장구조 개선시책을 수립하여 시행할 것인지 여부를 공정위의 재량에 맡겨 놓을 것이 아니라, 공정위에게 그러한 시책을 수립하여 시행할 의무를 부과한 뒤에 그러한 의무가 적절히 이행되고 있는지를 평가하고 감독할 수 있는 시스템을 마련하여 정기적인 평가와 감독을 할 수 있도록 할 필요가 있다. 그 구체적인 방안으로는 우리나라에서도 독일의 독점위원회Monopolkommission[30]와 같은 독립기관을 설립하여 운영하거나, 혹은 공정위로 하여금 독과점적 시장구조의 개선시책의 내용과 추진경과 및 그 성과를 정기적으로 국회 등과 같은 기관에 보고하도록 하는 방안도 고려해 볼 필요가 있을 것이다.

그리고 제3조의2 이하에 규정되어 있는 시장지배적 지위의 남용금지에 대해서는 우선, 제3조의2 제1항에서 남용행위의 유형을 5가지로 열거하고 있는 태도는 바람직하지 않은 것으로 보인다. 왜냐하면, 실제의 시장에서 나타나고 있는 남용

27) 대법원 2014.5.16. 2012두13665 판결.
28) 권오승, 한국 독점규제법의 역외적용, 경쟁법연구 제24권, 2011, 149면 이하 참조.
29) 권오승, 앞의 책, 179-180면 참조.
30) 독일의 독점위원회에 관한 자세한 설명은 Rittner/Dreher/Kulka, Wettbewerbs- und Kartellrecht, 8. Aufl., S. 633, Rdnr. 1603ff. 참조.

행위의 유형들은 매우 다양할 뿐만 아니라 시대와 상황에 따라 그 모습이 끊임없이 바뀌고 있기 때문에, 이와 같이 남용행위의 유형을 열거하는 방식으로는 예상되는 남용행위를 모두 다 규율할 수 없기 때문이다. 따라서 공정위가 다양한 형태의 남용행위를 효과적으로 규제할 수 있도록 하기 위해서는 남용행위의 유형을 현행법과 같이 한정적으로 열거하는 방식을 취하지 말고, 제1항에서 "시장지배적 사업자는 그 지위를 남용하여 경쟁을 제한하거나 거래상대방 또는 소비자를 착취하는 행위를 해서 안 된다"고 규정한 뒤에, 제2항에서 그 대표적인 유형들을 예시하는 방법으로 이를 구체화하는 것이 바람직할 것이다.

그리고 대법원이 2007년에 이른바 포스코 판결을 통하여, 시장지배적 지위남용의 요건에 관하여 경쟁제한적 효과(객관적 요건)와 아울러 경쟁제한의 의도나 목적(주관적 요건)이 있어야 한다고 판시한 이래,[31] 그 태도를 일관되게 유지해 옴으로써,[32] 공정위의 시장지배적 지위남용에 대한 규제가 크게 위축되었을 뿐만 아니라, 최근에는 불공정거래행위로의 도피현상이 나타나고 있다. 따라서 장차 시장지배적 지위의 남용에 대한 규제가 활발하게 이루어지도록 하기 위해서는 포스코 판결의 문제점을 극복하기 위한 방안을 입법적으로 마련할 필요가 있으며, 그 구체적인 방안으로는 법 규정에 시장지배적 사업자가 경쟁을 제한할 우려가 있는 행위를 하는 경우에는 그 지위를 남용한 것으로 추정한다는 취지의 규정을 마련해 두는 것이 바람직할 것이다.

한편, 시장지배적 사업자의 지위남용행위 중에서 착취남용에 대하여는 이를 규제할 필요가 없다는 주장[33]도 있기는 하지만, 우리나라에서는 장기간 독과점화가 고착되어 있는 산업분야가 많이 있을 뿐만 아니라 그렇지 않은 산업에서도 소수의 독과점 사업자의 지위남용으로 인하여 시장경제가 정상적으로 작동하지 않고 있는 경우가 있고, 또 그 폐해가 시장지배적 사업자의 거래상대방이나 소비자에게 미치는 경우가 많기 때문에, 이를 규제해야 할 현실적인 필요가 있다는 점을 부인하기는 어려울 것이다. 따라서 이를 효과적으로 규제하기 위하여, 시장지배적 사업자가 그 지위를 이용하여 거래상대방의 이익을 침해하는 대표적인 행위의 유

31) 대법원 2007.11.22. 2002두826 전원합의체 판결.

32) 대법원 2011.10.13. 2008두1832 판결; 대법원 2008.12.11. 2007두25183 판결; 대법원 2010.3.25. 2008두7465 판결 및 대법원 2010.4.8. 2008두17707 판결 등 참조.

33) 김학현, 독점규제법상 단독행위 규제제도의 합리적 개편방안, 한양대학교 대학원 박사학위논문, 2011, 124면 참조.

형에 대하여는 이를 지위남용행위로 추정하는 규정을 도입하는 방안도 적극적으로 고려해 볼 필요가 있을 것이다.

또한, 법 제4조에서는 일정한 거래분야에서 1 사업자의 시장점유율이 100분의 50 이상이거나(1호), 3이하의 사업자의 시장점유율의 합계가 100분의 75 이상인 경우(2호)에는 그 사업자를 시장지배적 사업자로 추정하고 있는데, 이들 두 가지 요건 중에서 전자는 수긍할 수 있지만, 후자는 타당하지 않은 것으로 보인다. 참고로 우리 독점규제법이 그 모델로 삼고 있는 EU 경쟁법의 경우에는 유럽최고법원의 판례가 시장지배적 지위의 인정 여부에 관해서는 시장점유율 40-50%가 결정적으로 중요한 의미를 가진다고 판시하고 있다. 즉, 1 사업자의 시장점유율이 50%가 넘는 경우에는 시장지배적 지위가 추정되지만, 40% 이상 50% 미만인 경우에는 다른 요소들을 함께 고려하여 결정하게 되며, 40% 미만인 경우에도 시장지배적 지위를 인정할 수는 있지만, 실제로 그러한 사례는 매우 드물다고 한다.[34)] 따라서 독점규제법 제4조의 경우, 제1호는 그대로 유지하되, 제2호는 2 이하의 사업자의 시장점유율의 합계가 100분의 75 이상인 경우(다만 25% 미만인 사업자는 제외)로 개정하여 시장점유율이 그 이하에 해당하는 사업자는 시장지배적 사업자에 대한 규제를 받지 않도록 하는 것이 바람직할 것이다.

그리고 독점규제법 제5조는 공정위는 법 제3조의 규정에 위반하는 행위가 있을 때에는 당해 시장지배적 사업자에 대하여 가격의 인하, 당해 행위의 중지, 시정명령을 받은 사실의 공표, 기타 시정을 위한 필요한 조치를 명할 수 있다고 규정하고 있다. 그런데 이러한 조치들은 모두 이른바 행태적 조치에 해당되는데, 실제로는 시장지배적 사업자의 지위남용행위에 대한 시정조치로서 법 제5조에 열거된 행태적 조치 이외에도, 기업의 분할이나 시장진입 제한의 완화 등과 같은 구조적 조치가 필요한 경우도 있다. 그러나 법 제5조의 해석을 통해서는 공정위가 구조적 시정조치를 명하기가 어렵기 때문에, 이러한 곤란을 해소하기 위해서는 법 제5조에 기업의 분할이나 시장진입 제한의 완화 등과 같은 구조적 조치의 내용을 추가하여, 공정위가 필요한 경우에는 독과점적 시장구조를 개선하기에 적합한 구조적 시정조치를 명할 수 있도록 할 필요가 있다.

---

34) Alison Jones and Brenda Sufrin, EC Competition Law, 5th Ed., Oxford University Press, 2014, p. 297 이하 참조.

(3) 기업결합의 제한

독점규제법 제7조는 일정한 거래분야에서 경쟁을 실질적으로 제한하는 기업결합을 원칙적으로 금지하면서(1항), 일정한 경우에는 예외를 인정하고 있다(2항). 그런데 구체적인 경우에 있어서 어떤 기업결합이 일정한 거래분야에서 경쟁을 실질적으로 제한하는지 여부를 판단하기가 매우 어렵기 때문에, 이러한 곤란을 완화하기 위하여 동법 제7조 제4항에서 일정한 요건을 갖춘 경우에는 기업결합이 경쟁을 실질적으로 제한하는 것으로 추정하고 있다. 그러나 이러한 추정규정은 그 기준이 지나치게 높아서 기업결합 규제의 실제에는 별다른 도움을 주지 못하고 있다.[35] 왜냐하면 법 제7조 제4항 제1호에서 경쟁의 실질적 제한을 추정하는 요건으로, 기업결합의 당사회사의 시장점유율의 합계가 ① 시장지배적 사업자의 요건에 해당할 것, ② 당해 거래분야에서 1위일 것, ③ 시장점유율의 합계와 시장점유율이 제2위인 회사의 시장점유율과의 차이가 그 시장점유율 합계의 25% 이상일 것을 요구하고 있기 때문이다. 따라서 이러한 문제점을 해결하기 위해서는 경쟁제한성을 추정하는 요건을 기업결합에 참여한 당사회사의 시장점유율의 합계가 시장지배적 사업자의 요건[36]에 해당하는 경우에는 바로 경쟁제한성이 추정되는 것으로 개정하는 것이 바람직할 것이다.

그리고 시정조치 등에 관하여 규정하고 있는 독점규제법 제16조 제1항은 시정조치의 내용으로, ① 당해 행위의 중지, ② 주식의 전부 또는 일부의 처분, ③ 임원의 사임, ④ 영업의 양도, ⑤ 시정명령을 받은 사실의 공표, ⑥ 기업결합에 따른 경쟁제한의 폐해를 방지할 수 있는 영업방식 또는 영업범위의 제한, ⑦ 기타 법위반상태를 시정하기 위하여 필요한 조치 등을 규정하고 있다. 그런데 어떤 기업결합으로 인하여 초래되는 경쟁제한성을 해소하기 위해서는 위에 열거된 조치들 이외에도 기업의 분할이나 자산의 매각 또는 지적재산권에 관한 조치 등과 같은 구조적 조치가 필요한 경우도 있을 것이다. 그런데 공정위가 법 제16조 제1항의 해석을 통해서는 이러한 조치를 취하기가 어렵기 때문에, 이러한 어려움을 해소하기 위해서 법 제16조 제1항에 기업의 분할이나 자산의 매각 또는 지적재산권에 관한 조치 등과 같은 구조적 시정조치를 명할 수 있는 근거를 마련해 둘 필요가 있다.

---

35) 권오승, 앞의 책, 205면 참조.

36) 시장지배적 사업자의 추정요건은 1 사업자의 시장점유율이 50% 이상이거나 2 이하의 사업자의 시장점유율의 합계가 75% 이상인 경우로 제한하는 것을 전제로 한다.

(4) 경제력집중의 억제

독점규제법은 과도한 경제력 집중을 억제하기 위하여, 제3장에서 지주회사 등의 제한(법 8조, 8조의2, 8조의3), 상호출자의 금지(법 9조), 순환출자의 금지(법 9조의2), 계열회사에 대한 채무보증의 금지(법 10조의2), 금융회사 또는 보험회사의 의결권 제한(법 11조), 대규모내부거래의 이사회 의결 및 공시(법 11조의2), 비상장회사 등의 주요사항 공시(법 11조의3), 기업집단현황 등에 관한 공시(법 11조의4), 주식현황 등의 신고(법 13조), 상호출자제한 기업집단 등의 지정 등(법 14조), 계열회사의 편입 및 제외 등(법 14조의2) 등에 대하여 규정하고 있다. 그리고 불공정거래행위를 금지하고 있는 제5장에서 부당지원행위의 금지(법 23조 1항 7호), 특수관계인에 대한 부당한 이익제공 등 금지(법 23조의2) 등에 대하여 규정하고 있다.

그런데 이러한 제도들은 대규모기업집단에 의한 경제력 집중으로 인한 폐해 중에서 특히 일반집중과 그로 인한 폐해를 시정하기 위한 것이다. 그러나 이러한 제도의 시행으로 대규모기업집단의 경제력집중이 더욱 심화되는 것을 막는 데에는 어느 정도 기여를 했다고 볼 수 있지만, 이를 억제 내지 완화하는 데까지는 이르지 못한 것으로 보인다. 이에 정부는 대규모기업집단의 경제력집중을 효과적으로 억제하기 위해서는 우선, 계열회사들 상호간에 복잡하게 얽혀 있는 순환출자를 해소할 필요가 있다고 보고, 2007년 9월부터 이를 해소하기 위하여 노력해 왔으나 뜻을 이루지 못하고 있다가,[37] 2014년에 동법의 개정을 통하여 순환출자를 금지하는 규정을 마련하게 되었다(법 9조의2). 그러나 이 제도는 새로이 형성되는 순환출자만 금지하고,[38] 기존에 형성되어 있는 순환출자는 규제의 대상에서 제외하고 있기 때문에 복잡하게 얽혀 있는 순환출자의 해소를 통하여 대규모 기업집단의 지배구조를 개선하는 데에는 별다른 기여를 하지 못하고 있는 것으로 보인다. 따라서 이러한 한계를 극복하기 위해서는 동 규정을 개정하여 신규 순환출자뿐만 아니라 기존의 순환출자도 해소할 수 있도록 함으로써 대규모기업집단의 총수나 그 가족이 소수의 지분으로 기업집단 전체를 장악하여 선단식으로 운영하는 관행을 조속히 개선할 수 있도록 노력할 필요가 있다.

---

37) 2007년에 공정위가 경제력집중의 억제를 위한 방안의 하나로 순환출자의 금지를 도입하기 위하여 노력하였으나 재계의 강한 반대에 부딪쳐서 뜻을 이루지 못한 바 있다.

38) 법 제9조의2 제2항은 '상호출자제한기업집단에 속하는 회사는 순환출자를 형성하는 계열출자를 하여서는 아니 된다.'고 규정하고 있다.

그리고 공정위가 경제력집중의 억제를 위한 정책을 효과적으로 추진하도록 하기 위해서는, 법 제3조의 경우와 같이 공정위가 능동적으로 경제력집중의 현황과 문제점에 대하여 심층적인 조사와 분석을 통하여 그 해결방안을 마련하여 시행할 수 있는 권한과 아울러 의무를 부과하고, 전술한 독점위원회와 같은 기구에서 이를 정기적으로 평가 또는 감독할 수 있도록 하는 것이 바람직할 것이다.

(5) 부당한 공동행위의 제한

독점규제법 제4장에서는 부당한 공동행위의 제한에 대하여 규정하고 있다. 우선, 제19조 제1항에서는 9가지 유형에 해당하는 부당한 공동행위를 금지하고 있다. 그런데 공동행위는 매우 다양한 모습으로 나타나고 있으며, 그 모습은 시대가 바뀌고 환경이 변함에 따라 전혀 예상하지 못한 새로운 형태로 나타날 수도 있는데, 공동행위의 유형을 이와 같이 열거하게 되면 다양한 형태의 공동행위, 특히 새로운 형태의 공동행위를 규율하기가 어려울 것이다. 따라서 다양한 형태의 공동행위를 효과적으로 규율할 수 있도록 하기 위해서는 그 공동행위의 유형을 열거하는 방식을 지양하고, 다양한 형태의 공동행위를 모두 포섭할 수 있는 일반조항을 도입하는 것이 바람직할 것이다.

그리고 법 제19조 제1항은 원래, "사업자는 …… 다른 사업자와 공동으로 …… 다음 각 호의 1에 해당하는 행위(이하 '부당한 공동행위'라 한다)를 하여서는 아니 된다."고 규정되어 있었다. 그런데 이러한 규정으로는 당사자들 간에 경쟁제한에 관한 합의는 있지만, 아직 그 합의에 따른 실행행위가 이루어지지 않은 경우에는 이를 규제하기가 어려운 점이 있었다. 따라서 입법자는 이러한 문제점을 해결하기 위하여 1992년의 법 개정을 통하여 당사자들 간에 경쟁제한에 관한 합의만 있으면, 아직 그 합의에 따른 실행행위가 이루어지지 않은 경우에도 이를 공동행위로서 금지할 수 있도록 하기 위하여, "…… 다음 각 호의 1에 해당하는 행위를 할 것을 **합의**(이하 '부당한 공동행위'라 한다)하거나 다른 사업자로 하여금 이를 행하도록 하여서는 아니 된다."고 개정하였다.

그런데 법원은 이 규정의 의미를 전술한 연혁과는 무관하게 다른 방향, 즉 의사의 합치meeting of minds가 나타날 수 있는 다양한 모습들[39] 중에서 합의actual

---

39) 이러한 의사의 일치는 예컨대 명시적 합의, 묵시적 합의, 동조적 행위, 의식적 병행행위 등과 같은 모습으로 나타날 수 있다.

agreement, 즉 명시적 합의express agreement 또는 묵시적 합의implied agreement에 해당되는 경우에만 이를 금지한다는 의미로 해석함으로써, 넓은 의미의 의사의 합치meeting of minds에는 해당되지만, 합의agreement에는 해당되지 않는 경우, 예컨대 의식적 병행행위 중에 일정한 요건을 갖춘 경우나 동조적 행위 등과 같은 경우를 규제의 대상에서 제외하는 결과를 초래하게 되었다.[40] 그러나 이러한 해석은 부당한 공동행위를 금지하고 있는 경쟁법에 관한 글로벌 스탠다드global standard[41]에 부합하지 않을 뿐만 아니라 동 규정의 연혁을 무시한 것으로서 타당하지 않다고 생각된다. 따라서 이러한 문제점을 해결하기 위해서는 이 규정을 "사업자는 …… 다른 사업자와 공동으로 …… 다음 각 호의 1에 해당하는 행위(이하 '부당한 공동행위'라 한다) 또는 동조적 행위를 해서는 아니 된다."로 개정하여 다양한 형태의 공동행위를 모두 금지할 수 있도록 할 필요가 있을 것이다.[42] 그리고 합의의 입증에 따른 곤란을 해소하기 위하여 마련된 법 제19조 제5항 추정규정이 2007년에 개정된 이후에는 적극적으로 활용되지 않고 있는데, 그 규정이 적극적으로 활용될 수 있도록 하기 위하여 제5항에 열거되어 있는 정황증거를 통한 개연성에 대한 증명의 정도를 엄격한 입증이 아니라 소명의 수준으로 완화시켜 주는 방향으로 개정할 필요가 있을 것이다.[43]

한편, 독점규제법은 부당한 공동행위를 금지함에 있어서 가격담합이나 입찰담합과 같은 경성카르텔과 공동연구·개발이나 공동생산·구매등과 같은 연성카르텔을 구별하지 않고, 일률적으로 부당하게 경쟁을 제한하는 공동행위를 금지하는 태도를 취하고 있다. 따라서 대법원의 판례 중에는 심지어 가격담합사건에 대해서도 관련시장을 획정한 뒤에 경쟁제한성을 판단하여야 한다고 판시한 것도 있다.[44]

---

40) 서울고등법원은 이른바 라면담합사건의 판결(2013.11.8. 2012누2422 판결)에서 가격 정보의 교환만으로 당연히 부당한 공동행위의 합의가 있었다고 단정할 수 없다고 하면서, "외국에서 담합행위의 일종으로 규제하는 소위 **'동조적 내지 협조적 행위'도 그 개념이 명확하지 않을 뿐 아니라 공정거래법에 근거를 둔 것으로 보기도 어려우므로**, 별도의 입법이 없는 이상 이를 매개로 하여 부당한 공동행위에 관한 합의가 있었음을 판단할 수는 없다."라고 하여 '동조적 행위'를 독점규제법상 '합의'에 포섭할 수 없음을 명시하고 있다.

41) 미국법에서는 의식적 병행행위가 일정한 요건(plus factor)을 갖춘 경우에는 합의를 인정하고 있으며, 유럽법에서는 동조적 행위도 공동행위로 보아 금지하고 있다.

42) 권오승, 부당한 공동행위에 있어서 공동성의 의의와 그 입증, 성헌 황적인 선생님의 학문과 삶의 세계, 화산미디어, 2015, 194면 이하, 특히 217면 참조.

43) 동지: 양명조, 위의 논문, 166-167면 참조.

44) 대법원 2012.4.26. 2010두18703 판결; 대법원 2012.4.26. 2010두11757 판결 참조.

그러나 이러한 태도는 경성카르텔을 당연위법으로 보고 있는 경쟁법의 세계적인 기준global standard에 부합하지 않을 뿐만 아니라 공정위에게 지나치게 엄격한 입증책임을 부과함으로써 부당한 공동행위의 금지제도의 실효성을 떨어뜨리는 요인이 되고 있다. 따라서 이러한 문제점을 해결하기 위해서는 가격담합이나 수량제한, 시장분할 또는 입찰담합과 같은 경성카르텔에 대하여는 경쟁제한성을 추정하는 규정을 도입하여 경성카르텔에 대하여는 공정위의 입증부담을 완화시켜 줄 필요가 있을 것이다.[45)]

또한 독점규제법은 공정위가 일정한 요건을 갖춘 공동행위에 대하여는 이를 인가할 수 있도록 하는 제도를 마련하여 실시하고 있는데, 이 제도는 그동안 거의 활용되지 않았을 뿐만 아니라 앞으로도 적극적인 활용을 기대하기가 어려울 것으로 보인다. 따라서 이 제도는 폐지하는 것이 바람직할 것이다.[46)]

(6) 불공정거래행위

독점규제법 제5장에서는 불공정거래행위 및 특수관계인에 대한 부당한 이익제공의 금지에 대하여 규정하고 있다. 우선, 법 제23조 제1항은 당초 공정한 거래를 저해할 우려가 있는 행위, 즉 불공정거래행위의 유형을 7가지로 열거하고 있었는데(1호 내지 7호), 1999년의 법 개정으로 제6호를 삭제하는 대신에 제8호를 신설하여 제1호 내지 제7호 이외의 행위로서 공정한 거래를 저해할 우려가 있는 행위도 금지한다고 규정하고 있다. 그리고 제2항에서는 불공정거래행위의 유형 또는 기준을 대통령령으로 정하도록 위임하고 있는데, 이를 근거로 하여 동법 시행령 제36조 제1항 [별표 1의 2]에서는 9개 유형 28가지의 불공정거래행위를 규정하고 있다.

이러한 불공정거래행위의 유형들 중에는 경쟁의 자유를 제한하는 경쟁제한행위들도 있지만, 경쟁의 수단이나 방법이 불공정하거나, 거래의 내용이나 조건이 불공정한 행위, 또는 거래상대방의 자기결정을 침해하는 행위들도 포함되어 있다. 그런데 독점규제법에서 경쟁과 관련이 있는 행위, 즉 경쟁의 자유를 제한하거나 경쟁의 공정성을 저해하는 행위를 금지하는 것은 당연하지만, 거래의 내용이나 조건이 불공정하거나 거래상대방의 자기결정을 침해하는 행위까지 금지하는 것이

45) 동지: 양명조, 앞의 논문, 165-166면 참조.
46) 동지: 위의 논문, 168-169면 참조.

과연 타당한지, 그리고 공정위가 그러한 행위들 중에서 특히 당사자 간의 사적 분쟁의 성격이 강한 행위들에 대해서까지 개입하는 것이 타당한지에 대하여는 강한 의문이 제기되고 있다. 왜냐하면 이러한 규제방법은 피해를 입은 당사자들이 스스로 법원에 소송을 제기하여 구제를 받기 위하여 노력하는 자율적인 노력을 위축시킬 우려가 있을 뿐만 아니라, 인력과 예산의 제한을 받고 있는 공정위가 그러한 불공정거래행위를 규제하느라고 막상 국민경제적, 사회적으로 중요한 의미를 가지는 경쟁제한행위를 제대로 규제하지 못할 우려가 있기 때문에 이는 행정력의 합리적인 배분을 저해하는 요인이 되기도 하기 때문이다. 따라서 입법론으로는 불공정거래행위의 유형들 중에서 독점규제법에서는 시장우월적 지위를 가진 사업자[47)]가 그 지위를 남용하거나 혹은 사업자의 규모나 거래량이 일정한 규모 이상에 해당하는 경우처럼 국민경제적 또는 사회적으로 중요한 의미를 가지는 행위에 대해서만 규율하고, 그렇지 않은 경우, 즉 경쟁의 수단이나 방법이 불공정하거나 거래의 내용이나 조건이 불공정한 경우, 또는 거래상대방의 자기결정이 침해된 경우처럼 당사자 간의 사적 분쟁의 성격이 강한 행위들에 대하여는 이를 독점규제법에서 규율하지 말고, 부정경쟁방지법이나 기타의 민사특별법에 포함시켜서 당사자들이 법원에서 소송을 통하여 해결하거나 또는 공정거래조정원 등과 같은 별도의 기관에서 조정 등과 같은 간이한 절차를 통하여 해결하도록 할 필요가 있을 것이다.[48)] 그리고 재판매가격유지행위를 금지하고 있는 법 제 29조의 경우에는 제 1항 단서에서 "상품이나 용역을 일정한 가격 이상으로 거래하지 못하도록 하는 최고가격유지행위로서"라는 부분을 삭제함으로써, 그 가격이 최고가격인지 최저가격인지를 묻지 않고 사업자가 정당한 이유가 있다는 것을 입증하면 위법성을 부인할 수 있도록 하는 것이 바람직할 것이다.[49)] 그런데 법원을 통한 사적 구제를 활성화하기 위해서는 징벌적 배상이나 집단소송 또는 디스커버리 제도 등과

---

47) 시장우월적 지위를 가진 사업자라 함은 아직 시장지배적 지위에까지는 이르지 않았지만, 시장에서 상당한 지위를 가지고 있어서 자유롭고 공정한 경쟁을 저해할 우려가 있는 지위를 가진 사업자를 말한다. 예컨대 1 사업자의 시장점유율이 50%에는 이르지 않지만 35%는 넘는 경우가 여기에 해당될 수 있을 것이다.

48) 권오승, 이호영, 홍명수, '시장지배적 지위남용행위와 불공정거래행위 규정 합리화 방안연구', 공정위 용역보고서, 2015. 92-95면 참조.

49) Ewald, C., The Economics of Resale Price Maintenance-Why is Europe Right not to Follow the USA on the Slippery Slope of Leegin, Journal of European Competition Law & Practice, 3(3), 2012, pp. 300-307.

같은 제도들을 조속히 도입할 필요가 있을 것이다.[50] 다행스러운 것은 2018년 제28차 법개정을 통하여 담합과 보복조치를 한 사업자에 대하여 3배배상제도가 도입되었다는 점이다.

Ⅳ. 공정위의 공정거래법 전면개편

1. 공정거래법제 개선 특별위원회

공정위는 독점규제법이 1980년에 제정된 이래 그때그때의 필요로 따라 부분적으로 수정하는 방식으로 대응해 왔기 때문에 법 규정과 체계의 정합성 차원에서 문제가 제기되고 있을 뿐만 아니라, 과거 고도성장기 또는 산업화시대의 규제 틀로는 변화된 경제여건과 4차 산업시대의 경제현상을 효과적으로 규제하기에 어렵다고 보고, 금년(2018) 3월 16일 공정하고 혁신적인 시장경제 시스템을 구현하기 위한 「시장경쟁 Rule」선진화를 목표로 실체법과 절차법규를 망라하는 공정거래법 전면개편방안을 마련하기 위해 관련분야의 외부전문가들로 구성된 '공정거래법제 개선특별위원회'(이하 '특별위원회'라 함)를 출범시키고, 제1차 회의를 개최하였다.[51] 특별위원회는 그동안 내·외부의 의견수렴을 통해 발굴된 후보과제들을 토대로 제1차 회의 시에 논의를 거쳐 총 17개의 논의과제를 선정하였는데, 그 내용은 다음과 같다.

〈특별위원회의 17개 주요 논의과제〉

분 과	논의과제명
공통사항 (1개 과제)	▪ 법률 구성체계의 개편 * 경제력집중 억제 규율과 경쟁제한행위 규율의 체계적 정비 등
경쟁법제 분과 (6개 과제)	▪ 시장지배적지위남용 규율 현대화 * 현행 열거식 조항이 최근 발생하는 주요 위반행위를 포괄하지 못하는 문제 해결 등 ▪ 불공정거래행위 규율 체계 정비 * 위법성요건(경쟁제한성, 경쟁방법의 불공정성, 거래내용의 불공정성)에 따른 체계 정비(시지남용행위와의 관계설정 포함), 재판가 규율 합리의 원칙 반영 등

50) 권오승, 이호영, 홍명수, 앞의 용역보고서, 6면 참조.

51) 특별위원회는 민·관 합동위원장과 21인의 위원을 포함하여 총 23인으로 구성되어 있으며, 효율적인 논의를 위해 그 산하에 경쟁법제분과, 기업집단법제분과 및 절차법제분과 등 3개의 분과위원회를 두고 있다.

	▪ 리니언시 제도 및 담합인가제도 정비 * 행정소송과정에서 성실협조의무 위반시 자진신고자 감면지위 박탈 등 ▪ 형벌조항 정비 및 전속고발제 개편 등 ▪ 시장구조조사 및 경쟁제한 규제개선 제도의 실효성 강화 * 자료제출요구권 등 실태조사 법적근거 강화, 관계부처에 의견제시 권한 강화 등 ▪ 4차 산업혁명에 따른 경쟁법 현대화 사항 * 알고리즘 담합, 기업결합신고제도 개편(매출액외 거래금액 기준 추가) 등
기업집단법 제분과 (5개 과제)	▪ 기업집단 지정제도 개편 ▪ 지주회사 제도 개편 * 자회사 지분율 요건, 부채비율 요건 개편 등 ▪ 순환출자, 금융·보험사, 공익법인 등 출자규제 개편 ▪ 기업집단 공시제도 개편 * 해외계열사 관련 공시의무 강화 등 ▪ 사익편취 및 부당지원행위 규제 개편 * 규제대상 회사 지분율 요건 조정, 부당성 등 입증요건 완화 등
절차법제 분과 (5개 과제)	▪ 사건처리법제화 및 피심인 방어권 보장 방안 * 조사절차규칙, 사건절차규칙의 중요사항 법제화 등 ▪ 사건처리 절차 신속화·효율화 방안 ▪ 동의의결 활성화 및 실효성 제고 방안 ▪ 위원회 구성의 독립성 강화 방안 * 비상임위원 제도 개편방안 등 ▪ 공정위 법집행의 신뢰성 제고를 위한 제도개선 방안

한편, 특별위원회는 2차례의 전체회의와 21차례의 분과회의를 거쳐, '공정거래법전면개편방안 최종보고서'를 확정하여 공정위에 제출하였고, 공정위는 8월 24일 이를 토대로 마련한 '공정거래법 전면개편안'을 입법예고한 후, 규제심사 등을 거쳐서 11월 국회 제출을 목표로 입법활동을 전개할 계획이라고 한다. 그런데 특별위원회의 최종보고서 중 실체법적인 내용의 요지를 정리하면 다음과 같다.

(1) 경쟁법제분과

(가) 형벌정비 및 전속고발제 개편

형벌규정의 경우, 기업결합에 대한 형벌은 폐지하고, 불공정거래행위와 사업자단체에 대하여는 일부만 폐지하기로 한다.

전속고발제의 경우, 이를 보완·유지하자는 의견이 선별폐지(경성담합 포함 중대위반행위)하자는 의견보다 근소하게 우세를 보였다.

협업강화를 위해 리니언시정보를 검찰 수수에 제공할 수 있는 법적 근거를 마련하기로 한다.

(나) 시장지배적 지위남용행위 규제체계 개편

3사 이하의 점유율의 합계(CR3) 75% 기준은 현행대로 유지하되, 3사간 실질적 경쟁이 없는 등 공동의 시장지배력이 인정되는 경우에만 시장지배적 사업자로 추정하기로 한다. 다만 이 경우, 규제의 공백을 막기 위하여 1사 추정기준은 40%로 하향 조정한다.

시장지배적 지위남용행위의 유형과 관련하여 새로운 유형의 경쟁제한행위를 탄력적으로 규율할 수 있도록 하기 위하여 현행 한정적 열거방식을 예시적 열거방식으로 개편한다.

(다) 불공정거래행위 규제체계 개편

상이한 유형의 위법행위를 보다 체계적으로 분류할 필요가 있으며, 재판매가격유지행위는 제5장에서 불공정거래행위의 한 유형으로 규정하기로 한다.

(라) 공동행위 인가제 개편과 정보교환행위 규율 방안

공동행위 인가제는 그대로 유지하되 인가요건을 간명하게 정리할 필요가 있다.

정보교환행위를 담합으로 규율할 수 있도록 추정조항을 개편하거나, EU처럼 동조적 행위 개념을 도입할 필요가 있다.

(마) 시장분석 기능 강화방안

시장분석(경쟁제한규제개선 등)의 법적 근거를 명시하고, 공정위의 경쟁제한 규제개선 의견에 대해 관계부처가 검토의견을 일정한 기한 내에 회신하도록 의무화하는 규정을 신설한다.

경제분석 역량 강화를 위한 현실적 대안으로 공정거래조정원의 연구기능을 강화하는 방안을 고려할 필요가 있다.

(바) 4차산업혁명 관련 경쟁법 현대화 이슈

정보교환행위를 규율하기 위해 동조적 행위 개념을 도입할 경우에는 알고리즘 담합도 포섭할 수 있다.

기업결합신고제의 경우, 4차 산업혁명 분야 스타트업 인수 등을 감안해 현행 규모기준(자산총액 · 매출액)에 미달하더라도 일정한 거래금액(인수가액)을 충족하는 경우에는 신고의무를 부과하는 방식을 도입할 필요가 있다. 다만 피취득회사가 외국회사인 경우 국내시장 활동요건을 충족하는 경우에만 신고의무를 부과하도록 한다.

(2) 기업집단법제 분과

(가) 대규모기업집단 지정제도 개편방안

상호출자제한기업집단 지정기준은 경제규모를 자동 반영하기 위하여 GDP의 0.5%로 연동하는 방안을 도입할 필요가 있다. 다만 그 시행 시기는 GDP의 0.5%가 10조원을 초과하는 해의 다음 해부터 시행하도록 한다.

공시대상 기업집단의 지정기준은 경제력집중의 억제 외에 다른 고유목적이 있으므로 경제규모와 연동할 필요성이 낮기 때문에 현재의 기준을 유지할 필요가 있다(사익편취 규제는 특수관계인에게 부가 부당하게 귀속하는 것을 차단하기 위한 것인 반면, 공시는 시장감시를 통하여 소유지배구조와 불합리한 경영행태의 개선을 유도하기 위한 것임).

금융보험사 의결권제한의 경우, 현행 특수관계인 합산 15% 한도에 추가해서 금융・보험사만의 의결권 행사한도를 5%로 제한할 필요가 있고, 현행 15% 한도 내에서 예외적 의결권 행사가 허용되는 사유 중 계열사간 합병, 영업양도는 제외할 필요가 있다.

상호출자제한기업집단 소속 공익법인(상속증여세법상 공익법인으로 한정)의 의결권 행사를 현행 금융보험사 의결권 제한과 유사한 방식으로 제한할 필요가 있다(공익법인 보유 계열사 주식의 의결권행사는 원칙적으로 금지하되, 예외적인 경우에는 특수관계인과 합해 15%, 전체 공익법인 합산 5% 내에서 의결권 행사 가능).

공익법인의 내부거래 및 계열사 주식거래(제3자로부터의 취득・처분 포함)시에 이사회 의결・공시제도를 도입할 필요가 있다.

(나) 순환출자 금지제도 개편방안

순환출자금지제도는 향후 지정될 기업집단에 대해서는 여전히 규제의 실익이 있는 만큼 이를 규제할 필요성은 있으나, 법에 위반한 순환출자에 대하여는 주식처분보다는 의결권을 제한하는 방식을 채택하는 것이 최소침해의 원칙에 부합하는 것으로 보인다. 그리고 의결권 제한 시에는 순환출자 고리 중에서 순환출자를 최종 완성한 출자회사의 의결권을 제한하는 방식의 채택을 권고한다.

(다) 사익편취 규제 개편방안

규제대상의 기준을 현행 상장회사 30%, 비상장회사 20%에서 상장, 비상장 모두 20%로 일원화하고, 이들이 50% 이상 보유한 자회사도 포함시킬 필요가 있다.

(라) 해외 계열사 공시 강화방안

기업집단의 동일인에게 국내 계열사에 직·간접으로 출자한 해외계열사의 주식소유현황과 순환출자 현황은 물론이고, 총수 일가가 지분율 20% 이상 보유한 해외계열사와 그 자회사의 현황에 대한 공시의무를 부과할 필요가 있다.

(마) 지주회사제도 개편방안

자회사와 손자회사의 지분율을 상향 조정할 필요성이 있으며, 이를 신규 설립·전환 지주회사에 우선적으로 적용하도록 한다. 그러나 부채비율 제한의 강화는 그 규제실익이 크지 않을 것으로 보인다.

공동손자회사의 보유는 현행법의 규제공백loop · hole으로서 지주회사 제도의 취지에 반하기 때문에 이를 금지할 필요가 있으며, 배당외 수익 수취 등을 통한 사익편취를 막기 위해 지주회사의 내부거래 공시를 강화할 필요가 있다.

(바) 추가논의 과제

벤처기업의 M&A 저변을 확대하기 위해 벤처지주회사제도를 활성화할 필요가 있으며, 법 제68조와 관련해서 위반행위의 정도에 상응하는 적정 조치수단에 대한 장기적인 검토가 필요하며, 각 대규모기업집단시책의 적용대상이 국내회사에 한정되는지, 해외계열사를 포함하는지를 명확히 하는 방안을 마련할 필요가 있다.

(3) 전체회의 논의 결과: 법 구성 체계의 개편

법 제3장의 기업결합 조항과 경제력집중 억제조항을 별도의 장으로 분리하도록 한다.

2. 공정위의 공정거래법 전면개편안

(1) 전부개정안의 형성

독점규제 및 공정거래에 관한 법률(이하 '공정거래법'이라 함)은 1980년 말에 제정되어 1981년 4월 1일부터 시행되고 있는 우리나라 경제질서의 기본법이다. 그런데 이 법률은 그동안 무려 28차례나 개정되었지만, 그러한 개정들은 한 차례(1990년)의 전부개정을 제외하고 모두 그때그때의 필요로 따라 부분적으로 개정하는 일부개정의 방식으로 이루어졌기 때문에, 현행법의 체계나 내용에는 정합성이 떨어지거나 합리적이지 않은 문제점들이 있을 뿐만 아니라, 그동안 변화된 경제여건과 공정경제·혁신성장 등과 같은 시대적 요구에 부응하지 못하는 아쉬움이 있다. 이에 공정거래위원회(이하 '공정위'라 한다)는 21세기의 변화된 경제 환경에 부합하고, 공정하고 혁신적인 시장경제 시스템을 구현하는 데 이바지하기 위한 공정거래법 전면개편을 추진하기 위하여 민간전문가들로 구성된 특별위원회를 구성하여 여러 차례의 논의를 거쳐 마련한 '공정거래법전면개편안'을 토대로 하여 '공정거래법전부개정안'을 마련하여 지난 8월 24일에 입법예고를 하였다. 공정위는 입법예고 기간(금년 10월 4일까지) 동안 이 개정안에 대하여 이해관계자, 관계부처 등의 의견을 수렴한 후 법제처 심사, 차관회의와 국무회의를 거쳐 개정안을 정기국회에 제출할 예정이라고 한다.

(2) 전부개정안의 내용

이 전부개정안의 내용은 크게 법집행체계의 개편, 대규모기업집단시책의 개편, 혁신성장 생태계의 구축 및 법집행의 신뢰성과 투명성 강화 부분으로 나누어지는데, 그 주요내용은 다음과 같다.

(가) 법집행체계의 개편

공정거래법 위반행위에 대한 억지력을 제고하는 동시에 신속하고 효율적인 피해구제를 위해 형사·민사·행정 등 다양한 수단을 합리적으로 정비하여 경쟁법의 집행에 '경쟁원리'를 도입하였다. 우선, 법위반행위의 유형 중에서 위법성의 판단에 경쟁제한성 분석이 필요한 기업결합과 차별취급·거래거절 등 일부 불공정거래행위 및 사업자단체 금지행위 등에 대하여 형벌규정을 삭제하는 대신, 가격담합·입찰담합 등 위법성이 중대하고 소비자피해가 큰 '경성담합'에 대하여 전속고발제를 폐지하는 등 형사적 제재를 합리적으로 정비하였다. 그리고 불공정거래행위 중에서 피해구제의 필요성이 큰 행위에 대하여 피해자가 공정위를 거치지 않고 법원에 직접 위법행위의 중지를 청구할 수 있는 '사인의 금지청구제도'를 도입하고, 담합과 불공정거래행위로 인한 손해배상소송에서 피해자의 손해액 입증을 지원하기 위해 법원의 자료제출명령제를 도입하여 사적 구제를 강화하고, 공정위가 시정조치를 부과한 사건도 분쟁조정 신청의 대상에 추가하여 신속한 피해구제가 가능하게 하였다. 한편 행정제재의 실효성을 제고하기 위하여 위반행위 유형별 과징금의 상한을 일률적으로 2배로 상향 조정하였다.

(나) 대규모기업집단시책의 개편

대규모기업집단시책에 관하여 경직적 사전규제 위주에서 탈피하고, 일부 기업에 국한된 예외적 사례에 집중한 과잉규제를 지양하며, 다양한 부처와 법적 규제수단들의 협업체계를 구축하는 등 예측·지속가능한 규율체계를 구축하였다. 우선, 공익법인이 보유한 계열회사 지분의 의결권 행사를 원칙적으로 금지하되, 상장회사에 한해 특수관계인의 지분을 합산하여 15% 한도 내에서 예외적으로 의결권을 행사할 수 있도록 하였다. 둘째로, 금융보험사의 추가적 의결권제한은 규제실익이 크지 않아 현행 기준을 유지하되, 적대적 M&A 방어와 무관한 계열회사간 합병은 예외적인 의결권행사 사유에서 제외하였다. 셋째로, 순환출자에 대하여 의결권 제한을 도입하되, 기존 기업집단의 경우 순환출자를 자발적으로 해소하고 있는 추세임을 감안하여 신규로 지정되는 기업집단에 한하여 의결권 제한을 적용하기로 하였다. 넷째로, 지주회사를 통한 과도한 지배력 확대를 억제하기 위하여 새로 설립되거나 전환되는 지주회사에 한하여 자회사·손자회사의 지분율 요건을 새로 설립되는 지주회사에 대하여는 상장회사 20% → 30%, 비상장회사 40% → 50%로 상향 조정하였다. 한편, 기존의 지주회사에 대하여는 세법상 규율을 통해 자발적인 상향을 유도해 나가기로 하였다. 다섯째로, 사익편취 금지의 규제대상인 계열회사의 총수 일가의 지분율 기준을 현행 상장회사 30%, 비상장회사 20%에서 상장·비상장 구별 없이 20%로 일원화하고, 그들이 50% 이상 지분을 소유하고 있는 자회사도 규제대상에 포함시켜 규제의 실효성을 제고하였다. 끝으로, 상호출자제한기업집단의 범위가 경제규모의 성장에 연동하여 자동적으로 연동될 수 있도록 그 기준을 현행 자산규모(10조원)에서 GDP의 0.5%에 연동하는 방식으로 개편하였다. 다만, 수범자의 예측가능성을 제고하기 위해 명목 GDP의 0.5%가 10조원을 초과하는 해의 다음해부터 시행하기로 하였다. 그리고 동일인(총수)에게 국내 계열회사에 직·간접으로 출자한 해외 계열회사의 주식소유 및 순환출자 현황과 총수일가가 20% 이상의 지분을 보유한 해외 계열회사의 현황에 대한 공시의무를 부과하였다.

(다) 혁신성장 생태계의 구축

4차 산업혁명 시대에 있어서 경쟁당국의 역할을 강화하기 위하여 벤처지주회사 제도를 활성화하고 기업결합신고 제도를 정비하는 동시에, 정보교환행위에 대한 담합규율을 강화하고 최저재판매가격유지행위의 경우에도 정당한 이유가 있는 경우 예외를 허용하고, 공동행위의 인가요건을 간단·명료하게 정비하였다. 우선, 대기업의 벤처기업 투자를 지원하기 위해 벤처지주회사의 설립요건 및 행위제한을 대폭 완화하였다. 먼저, 벤처지주회사의 자회사 지분 보유요건은 현행 20%를 유지하되, 기존 지주회사가 벤처지주회사를 자회사·손자회사의 단계에서 설립하는 경우 자회사의 지분보유에 대한 특례를 적용하기로 하고, 비계열회사의 주식취득제한을 폐지하여 자유로운 벤처기업 투자를 보장하였다. 그리고 기업결합의 신고기준과 관련하여 매출액이나 자산총액의 규모는 작지만 성장잠재력이 큰 스타트업 등을 거액에 인수하더라도 신고대상에 해당되지 않아 신고가 되지 않는 문제를 해소하기 위하여 피취득회사의 자산총액 또는 매출액이 현행 신고기준(300억원)에 미달하더라도 인수가액이 큰 경우에는 기업결합의 신고를 하도록 하였다. 그리고 가격에 관한 명시적인 합의 없이 정보교환을 매개로 암묵적으로 이루어지는 담합을 효과적으로 규율하기 위하여, 사업자간 가격·생산량 등의 정보를 교환함으로써 실질적으로 경쟁을 제한하는 행위를 금지되는 공동행위의 유형으로 추가하는 한편, 사업자간 행위의 외형상 일치가 존재하고 이에 필요한 정보를 교환한 경우에는 사업자간 합의가 있는 것으로 법률상 추정할 수 있는 제도를 도입하였다. 또한, 시장분석과 경제분석의 역량을 강화하기 위하여 독과점산업에 대한 시장분석의 법적 근거를 명시하는 한편, 소관부처의 의견회신 근거를 마련하고 시장분석을 위한 자료제출 요청대상을 하였으며, 공정거래조정원의 연구기능이 강화될 수 있도록 공정거래조원의 업무에 분석 및 연구업무를 신설하였다.

(라) 법집행의 신뢰성과 투명성 강화

심의기구인 위원회의 충실한 심의와 독립성을 강화하기 위하여 비상임위원을 모두 상임위원으로 하되 직능단체의 추천제를 도입하여 공무원이 아닌 민간전문가들로 구성하도록 하고, 피심인의 방어권 보장을 강화하기 위하여 조사·심의과정에 있어서 변호인의 조력권, 피조사자의 의견제출권 등 피심인의 방어권과 관련된 사항을 법률에 규정하고, 처분을 위해 심의에 제출된 자료(영업비밀, 자진신고 자료 등은 제외)는 원칙적으로 피심인 및 이해관계인에게 열람・복사를 허용하도록 하고, 무혐의 등으로 조사가 종결된 경우에도 그 근거, 내용 및 사유 등을 기재한 서면을 당사자에게 통지하도록 하였다. 그리고 공정거래사건의 처분시효를 현행 최장 12년에서 7년으로 단축하되, 담합사건의 경우에는 사건처리에 장기간이 소요되는 점을 감안하여 현행 기준(위반행위 종료일로부터 7년, 사건조사개시일로부터 5년)을 유지하고, 사무처의 심사보고서가 위원회에 제출된 심의단계에서는 현장조사나 당사자의 진술청취를 원칙적으로 금지하고, 서면실태조사의 법적 근거를 명확히 하고, 자료 미제출 또는 허위자료의 제출에 대한 과태료 부과의 근거를 마련하였다.

(3) 정부개정안에 대한 평가

이 개정안은 종래 공정거래법의 문제점으로 지적되어 오던 제반 문제점들에 대한 대책을 종합적으로 마련했다는 점에서 그 의의가 있으며, 그 내용 중에서 법집행 체계의 개편과 법집행의 신뢰성에 관한 부분은 대체로 긍정적인 것으로 평가된다. 특히 지나치게 넓은 형사처벌의 범위 축소, 비상임위원의 상임위원화, 정보교환을 통한 담합에 대한 합의 추정, 법집행과정의 투명성과 피심인의 방어권 보장 및 사인의 금지청구제 도입과 피해자의 손해액 입증을 위한 법원의 자료제출명령제의 도입을 통한 사적 구제의 강화는 바람직한 방안으로서 장차 공정거래법의 실효성 제고에 크게 기여할 것으로 보인다. 그러나 대기업집단시책의 개편에 관한 부분은 과도한 경제력집중을 억제하기에 미흡한 것으로 보인다. 특히 지주회사의 자회사・손자회사에 대한 지분율 요건을 기존의 지주회사에 대하여는 현행 요건을 그대로 유지하면서 새로 설립되는 지주회사에 한하여 상향 조정하기로 한 것은 그 내용의 타당성도 의문이지만 기존의 지주회사와 새로 설립되는 지주회사를 차별하는 것이 적절한지도 의문이다. 그리고 순환출자에 대하여 기존의 순환출자는 금지하지 않으면서 신규로 지정되는 기업집단에 한하여 그 순환출자에 대한 의결권만 제한하는 것으로는 순환출자의 해소에 기여하기 어려울 것으로 보인다. 그리고 벤처지주회사의 설립요건과 행위제한 규제를 완화한 것과 신산업분야에서 기업결합의 신고기준을 보완한 것이 혁신적인 생태계 구축에 실질적인 기여를 할 수 있을지는 의문이다. 한편, 경성담합에 대하여 전속고발권을 폐지하여 공정위의 고발이 없이 바로 형사처벌이 가능하도록 한 것은 경성담합의 금지에는 기여할 수 있을 것으로 보이지만, 자진신고 제도의 운영과 관련하여 공정위가 검찰과 원만한 협조관계를 유지할 수 있을지는 의문이다. 또한 자유롭고 공정한 경쟁 질서를 저해하는 대표적인 요인이라고 할 수 있는 독과점적 시장구조의 개선과 시장지배적 지위 남용행위의 금지제도의 활성화를 위한 대책이 마련되어 있지 않은 점도 아쉬운 점이다. 요컨대 이 개정안의 결정적인 약점은 공정하고 혁신적인 시장경제 시스템을 구현하는 데 기여하기 위한 목적으로 전부개정안을 마련하다는 공정위의 설명과는 달리, 소수의 재벌에 의한 경제력 집중의 완화와 독과점적 시장구조의 개선을 통하여 창의적인 스타트업들이 활발하게 일어나서 대기업으로 성장하고 중소기업과 대기업이 서로의 장점을 살리면서 상생하는 공정하고 혁신적인 시장경제 시스템을 형성하기 위한 적극적인 의지와 구체적인 방안이 보이지 않는다는 점이다. 공정거래법이 명실 공히 경제질서의 기본법으로서 제 역할을 다하도록 하기 위해서는 이러한 점들이 조속히 보완되어야 할 것이다.

V. 독점규제법에 대한 평가와 전망

1. 독점규제법 집행성과에 대한 평가

독점규제법은 지난 37년간 상당한 발전을 거듭해 왔으며, 그 결과, 우리나라의 공정거래질서가 상당한 수준으로 발전한 것으로 평가된다. 동법의 집행으로 인하여 각 분야에 만연하고 있던 불공정거래관행이 사라졌으며, 부당한 공동행위와 같은 경쟁제한행위도 상당히 줄어들었다고 할 수 있다. 그리고 공정위의 활발한 경쟁주창 활동에 힘입어 시장경제에 있어서 경쟁법이나 경쟁질서 또는 공정한 거래가 가지는 의미와 중요성에 대한 국민들의 인식도 크게 향상되었다고 할 수 있다. 한편 동법을 집행하는 공정위의 규모도 많이 커졌으며, 그 권한이나 위상도 대폭 강화되었을 뿐만 아니라, 민간영역에서도 경쟁법이나 산업조직론을 연구하는 학자나 이를 전문적으로 취급하고 있는 실무가들이 많이 늘어나서 이른바 경쟁법 코뮤니티를 형성하고 있을 정도이다.

이와 같이 독점규제법은 그동안 상당한 성과를 거두었음에도 불구하고, 아직 경제질서의 기본법으로서 제 기능을 다하지는 못하고 있는 것으로 보인다. 다시 말하자면, 공정위가 불공정한 거래관행의 개선과 부당한 공동행위의 시정 및 경쟁질서에 대한 국민들의 인식 제고에는 상당한 성과를 거두었다고 할 수 있지만, 소수 재벌에 의한 경제력 집중의 억제와 독과점적 시장구조의 개선 및 시장지배적 지위남용의 금지 등을 통하여 시장경제가 정상적으로 작동하도록 함으로써 소비자후생을 증진하는 본연의 역할에 있어서는 아직 미흡하거나 아쉬운 점이 많다고 할 수 있다. 그 결과, 우리나라의 경제구조는 여전히 소수의 재벌에 의한 경제력집중의 심화와 그 계열회사들 중심의 독과점적 시장구조에서 벗어나지 못하고 있어서, 사업자들 간에 가격과 품질에 의한 경쟁이 치열하게 일어나지 않고 있는 경우가 많으며, 수직적으로 통합되어 있는 제조업과 유통업 분야에서는 이른바 갑을관계에 놓여 있어서 갑甲의 횡포로 인하여 고통 받고 있는 을乙들이 많은 것으로 보인다. 하도급거래나 프랜차이즈 거래에 있어서 빈번하게 나타나고 있는 불공정거래행위가 그 대표적인 예이다. 그리고 소수의 재벌이나 대기업들은 엄청난 부를 축적하고 있는 반면에, 도산하거나 퇴출되는 중소기업이나 자영업자들이 많아서 양극화현상이 더욱 심화되고 있는 것으로 보인다. 한편, 고용이나 실업문제와 관련해서는, 한편에서는 좋은 일자리를 찾기 위하여 노력하고 있는 고학력 실업자들이 계속 늘어나고 있는데, 다른 한편에서는 양질의 노동자를 구하지 못하여 사업을 축소하거나 미숙련 노동자나 외국인 노동자들로 만족할 수밖에 없는 중소기업이나 자영업자들이 계속 증가하는 현상이 나타나고 있다. 또한, 우리나라 경제가 활력을 잃어가고 있는 문제와 관련하여 우리나라에서는 왜 미국 애플사의 스티브 잡스Steve Jobs와 같은 혁신적인 창업자들이 나오지 않는지에 대하여 궁금해하는 사람들이 많이 있는데, '우리나라에서 중소기업이 B2B거래를 통해서 대기업으로 성장하려면 원가절감이나 품질개발 등과 같은 경쟁력 향상을 통하여 성장하는 방법이 아니라, 재벌의 계열회사나 협력회사가 되는 길을 모색해야 한다.'고 토로하고 있는 어느 벤처기업가의 말을 들어보면, 그것도 소수의 재벌에 의한 경제력집중과 독과점적인 시장구조라는 특징을 가지고 있는 우리나라의 경제구조의 폐쇄성과 무관하지 않은 것으로 보인다.

2. 독점규제법의 전망

독점규제법이 그동안 상당한 성과를 거두었음에도 불구하고, 우리나라의 경제구조는 소수의 재벌에 의한 경제력집중과 독과점적 시장구조에서 벗어나지 못하고 있다면, 그 이유는 무엇인가? 필자는 그 이유를 다음과 같이 생각하고 있다. 첫째로, 공정위가 그동안 독점규제법을 집행함에 있어서 소수의 재벌에 의한 경제력집중의 억제와 독과점적인 시장구조의 개혁을 통하여 시장구조를 경쟁적인 구조로 전환하기 위해 열심히 노력하지 않고, 주로 경쟁제한행위나 불공정거래행위 등과 같은 행태규제에 치중해 왔기 때문에, 경제력집중의 억제와 시장구조의 개선에는 큰 성과를 거두지 못하였다고 할 수 있다. 예컨대 독과점적 시장구조의 개선과 관련해서는 독점규제법에 시장지배적 지위 남용행위를 금지하는 제도가 마련되어 있지만, 공정위는 이를 적극적으로 시행하지 않고 있다가 2000년대에 들어와서 이 제도를 시행해 보려고 노력하였으나 2007년 포스코 판결 이후에는 그러한 노력조차 사라지고 말았다. 한편, 입법자는 1996년의 법 개정으로 공정위에게 독과점적 시장구조가 장기간 유지되고 있는 시장에 대하여 경쟁을 촉진하기 위한 시책을 수립하여 시행할 권한과 의무를 부과하였지만, 공정위는 그동안 이 제도를 적극적으로 활용하지 않고 있는 것으로 보인다.

둘째로, 현행 독점규제법이 경제력집중의 억제와 독과점적 시장구조의 개선에 관하여 규율하는 태도에 일정한 한계가 있기 때문에, 현행법 하에서는 공정위가 열심히 노력하더라도 소수의 재벌에 의한 경제력집중의 억제와 독과점적인 시장구조의 개선에 획기적인 성과를 기대하기가 어렵다고 할 수 있다. 우선, 현행법상 경제력집중의 억제에 관한 규정들은 경제력집중이 더 이상 심화되지 않도록 하려는 것이지 이미 집중된 경제력을 완화하려는 취지가 아니기 때문에, 그러한 규정들을 통해서 경제력집중의 억제에 큰 성과를 거두기를 기대하기가 어렵다. 이 점에 관해서는 일본에서는 2차 대전 후에 미국 점령당국이 먼저 재벌해체부터 실시하고 나서 독점금지법을 제정하여 실시하고 있는 반면,[52] 우리나라에서는 먼저 독점규제법을 제정하여 시행해 오다가 1986년에 와서야 비로소 경제력집중의 억제를 위한 제도를 도입하여 시행하게 되었을 뿐만 아니라, 현행법상 경제력집중 억제제도는 전술한 바와 같이 경제력집중이 더 이상 심화되지 않도록 하려는 취지에서 마련된 것이라는 차이가 있다는 점에 유의할 필요가 있을 것이다. 그리고 독과점적인 시장구조의 개선에 관해서는 공정위가 시장지배적 지위남용행위에 대

---

52) 일본의 재벌해체 과정에 대하여 상세한 것은 권오승, 일본재벌의 해체와 그것이 한국재벌정책에 주는 의미, 서울대 법학 제41권 4호(2001.2.) 참조.

한 규제를 강화한다고 하더라도 이 제도만으로는 독과점화된 시장구조를 경쟁적인 구조로 전환하기는 어려울 것이다.

따라서 앞으로 독점규제법이 나아갈 방향은 두 가지 중에 하나를 선택하는 것이라고 할 수 있다. 하나는 소수의 재벌에 의한 경제력집중의 억제와 독과점적인 시장구조의 개혁을 통하여 우리나라의 시장구조를 경쟁적인 구조로 전환하기 위하여 노력하는 방향이고, 다른 하나는 종래와 같이 소수의 재벌에 의한 경제력집중의 억제와 독과점적인 시장구조의 개선을 위하여 노력하지 않고 경쟁제한행위나 불공정거래행위와 같은 행태규제에만 집중하는 방향이다. 전자는 매우 어려운 길이지만 그 효과는 확실할 것이고, 후자는 비교적 쉬운 길이지만 그 효과는 크지 않을 것이다. 따라서 우리는 어렵더라도 전자의 방향으로 나가야 할 것이다. 그렇게 해야 비로소 독점규제법이 경제질서의 기본법으로서 제 역할을 다하게 될 것이고, 우리나라 경제도 활력을 되찾을 수 있게 될 것이다. 그런데 이번에 공정위가 마련한 '공정거래법 전면개편안'은 아쉽게도 전자가 아니라 후자의 길을 택한 것으로 보이기 때문에, 그것이 입법화되더라도 소수 재벌 중심의 독과점적인 시장구조를 경쟁적인 구조로 전환시키기는 어려울 것이다. 그러므로 독점규제법이 장차 시장경제의 기능을 유지하는 경제질서의 기본법으로서 제 역할을 다 하도록 하기 위해서는, 소수 재벌에 의한 경제력집중의 완화와 독과점적 시장구조의 개선을 통하여 자유롭고 공정한 경쟁질서를 확립함으로써, 창의적인 스타트업들이 활발하게 살아나서 대기업으로 성장하고 중소기업과 대기업이 서로의 장점을 살리면서 상생하는, 공정하고 혁신적인 시장경제 시스템을 형성할 수 있는 방향으로 동법의 시스템과 내용 및 집행체제와 수단 등을 전면적으로 개편할 필요가 있다.

공정거래법 집행기관의 현주소와 향후 과제

오 진 환

[초 록]

공정거래위원회는 현행헌법 제119조(경제질서의 기본, 규제와 조정) 상의 '자본주의적 시장경제질서'에 기초하여, 국가가 시장의 실패를 교정하고 공정하고 자유로운 시장경제질서를 유지하기 위하여 경제에 대한 규제와 조정을 할 수 있도록 제정된 독점규제법(1980.12.31. 법률 제3320호)을 비롯한 공정거래법의 집행기관으로서, 미국의 독립규

세계 법무법인 변호사

제위원회(어떤 고유한 행정분야에서 행정수반의 지휘·감독으로부터 독립하고 계층적 행정조직으로부터 일정한 독립적 지위를 가지며, 일정한 권한과 책임이 부여되는 행정집행적, 준입법적, 준사법적 기능을 통합적으로 보유하는 합의제 행정청)를 모태로 한 합의제 행정기관이다.

공정거래위원회는 독점규제법의 집행과 관련하여 30여 회의 개정을 통하여 경제기본법으로서의 기틀을 튼튼히 하였고 법령의 위임규정에 따라 수많은 고시나 지침을 제정하여 시행하고 있으며, 나아가 다양한 불공정거래행위의 각 특별법 등에서도 동일하게 많은 지침이나 고시 등을 제정하여 시행하고 있다. 또한 공정거래위원회는 기본적으로 행정집행기관이자 준사법기관으로서 독점규제법에 근거한 사건절차규칙 등을 통하여 수많은 공정거래법 위반사건을 효율적으로 조사하고 처리하여 왔다. 이처럼 공정거래위원회는 독점규제법에 의하여 설립된 후 짧은 역사에도 불구하고 괄목할 만한 성장을 이룩하여 세계가 우리를 주목하고 있다.

국내외적인 여러 상황과 여건 등을 모두 고려하고 빠르게 발전하는 세계경제의 흐름에 부응하여, 이제 우리 공정거래위원회의 과거를 회고하고 이를 토대로 미래의 청사진을 설계하여야 할 필요성에 입각하여 공정거래위원회의 선진화를 위한 향후 과제를 살펴본다.

첫째, 공정거래위원회의 소관사무는 독점규제법 제36조, 제36조의2와 이에 근거한 개별법령에 의하여 상당히 많은 분야에 걸쳐 다양하게 인정되고 있으나, 폐해규제주의, 행정규제주의 및 직권규제주의를 특징으로 한 공정거래위원회의 특성에 기대어, 전통적 사법권에 의한 분쟁해결보다는 공정거래위원회를 통한 해결을 선호하다보니 특별법의 제정으로 공정거래위원회의 소관사무를 확대해가는 경향이 있다. 공정거래위원회의 소관사무는 삼권분리원칙에 대한 수정 등에 해당하는 것으로서, 공정거래위원회의 기본적 성격에 입각한 그 본연의 업무에 집중할 수 있도록 소관사항을 적절히 조정할 필요가 있다.

둘째, 공정거래위원회의 기본적 성격과 주어진 임무에 비추어 볼 때, 공정거래위원회는 여타 행정조직과 달리 그 조직 및 운영에 있어서 독립성과 공정성이 강하게 요구되는데, 여기서 독립성은 여러 가지 중에서 임명권자인 대통령으로부터의 독립이 법적으로 가장 중요한 것이다. 이와 관련하여 구체적으로 공정거래위원회의 조직 및 구성 등에서 위원장, 부위원장, 위원의 임명절차 및 임기에서의 문제 등 여러 가지 개선하여야 할 과제가 많다.

셋째, 공정거래위원회의 준사법기관으로서의 기능과 관련해서는, 최적의 준사법기관의 구성과 운영이라는 측면에서 심의의 공정성을 최대화할 수 있는 구체적인 방안이 강구되어야 하고, 일반 민사소송 등에 준할 만큼 사건절차규칙 등 소정의 절차가 제대로 지켜지도록 운영하여 3심제 하에서 1심법원의 기능을 제대로 수행하도록 하여야 한다. 현재의 제도와 운영은 많이 미흡하다.

넷째, 공정거래위원회의 준입법기관으로서의 성격을 역사적으로나 법리적으로 충분히 고려하더라도 현재 공정거래위원회가 수행하고 있는 행정입법의 제정실태는 너무 광범위하고 통제와 정비 면에서 많은 문제점을 가지고 있어서, 상위 근거규정의 유무 및 상위 규정에의 배치여부, 내용의 적정 여부, 개정의 필요성 여부 등을 늘 챙겨서 공정거래법의 집행에 차질이 없도록 함은 물론 국민의 권리보호에도 소홀함이 없도록 하여야 한다. 대부분 입법예고절차 등의 사전예방적 통제가 약한 행정입법을 택하고 있는 것은 적정하다고 할 수 없다.

마지막으로, 공정거래위원회의 순수한 행정집행기관으로서의 업무와 관련하여 가장 논란이 많고 중요한 쟁점은, 어떻게 하면 공정거래위원회가 공정거래법 위반사건의 조사와 그에 상응한 행정처분을 함에 있어서 국민의 권리를 실체법적으로나 절차법적으로 최대한 보장하되 공정거래법 집행의 효율성을 극대화 할 수 있겠는가 하는 점에 있다. 국민들의 권리보장과 공정거래법 집행의 효율성은 다분히 상충되는 이념이기 때문에 그 실현이 말처럼 쉽지 않아서 늘 민원이나 논쟁의 주제가 되고 있고, 계속하여 개선되고 있지만 아직도 많은 과제를 남기고 있다. 효율적인 조사방안, 신고인의 불복청구권 보장, 사적소송의 활성화방안 등 세부적인 과제가 있다.

Ⅰ. 머리말

공정거래위원회는 1980.12.31. 법률 제3320호로 제정되어 1981.4.1.부터 시행된 '독점규제 및 공정거래에 관한 법률'(1990.1.13. 법률 제4198호로 전문 개정되어 1990.4.1.부터 시행됨: 이하 독점규제법이라고 한다)에 의하여 설립된 이래 37여 년이라는 상대적으로 길지 아니한 역사를 가지고 있으나,[1] 우리나라 경제력의 발전과 더불어 크게 성장하여 지금은 세계가 공정거래법[2] 집행기관으로서 대한민국 공정거래위원회를 주목하고 있다.[3]

그동안 독점규제법은 30여 회의 개정을 통하여 경제헌법 또는 경제기본법으로서의 기틀을 튼튼히 하였고, 1996.12.30. 법률 제5235호 개정 법률에 의한 독점규제법 제48조, 제55조의2 근거 하에 마련된 '공정거래위원회 회의운영 및 사건절차 등에 관한 규칙'(이하 '사건절차규칙'이라고 한다) 역시 여러 번의 개정을 거쳐, 공정거래위원회가 취급하고 있는 모든 공정거래법 위반사건 처리준칙으로서의 기능을 충실히 하고 있다.[4] 더불어 학문적으로나 실무적으로, 그리고 양적으로나 질적으로 공정거래법 분야는 하루가 다르게 변모하고 발전하고 있음을 실감할 수 있다.

수많은 국가 행정기관 또는 지방 행정기관이 있고 그중에서도 행정위원회 같은 합의제 행정기관이 다수 있음에도 불구하고, 우리가 특별히 공정거래위원회를 주목하는 이유는 무엇인가?

공정거래위원회는 시시각각 빠르게 변화하고 규모가 세계적으로 확대되는 복

---

1) 공정거래위원회는 2011년 초 공정거래위원회 30년을 기념하여 '공정거래위원회 30년사(1981-2010)'와 '공정거래위원회 심결사례 30선(1981-2010)'을 발간한 바 있다.

2) 통상 미국에서는 연혁적인 이유에서 Antitrust law라고 하고, 아시아나 유럽에서는 경쟁법, 공정거래법, 독점규제법 또는 독점금지법 등의 용어를 사용하나, 널리 독점을 규제하고 경쟁을 촉진하며 불공정거래행위를 금지한다는 포괄적인 의미로서 여기서는 '공정거래법'이라는 용어를 사용하기로 한다.

3) 영국의 Global Competition Review는 우리 공정거래위원회를 세계 6-7위의 선진 경쟁당국으로 평가한 바 있다.

4) 2017년 말 현재까지 30여 회의 독점규제법 개정이 공정거래위원회에 대한 국민들의 뜨거운 관심과 기대를 웅변적으로 증명하고 있는데, 지금도 공정거래위원회의 개선작업은 정치적 상황 등과 맞물려 계속되고 있다. 이 글을 쓰는 도중에도 공정거래위원회에서는 '공정거래법 집행체계 개선 TF' 중간보고서를 통하여, 지방자치단체와의 조사권 분담, 사인의 금지청구제 도입, 과징금 상향조정, 징벌적 손해배상제도 도입 및 확대, 전속고발권제도 개편 등을 '공정거래법 집행체계 개선방안'의 주요내용으로 발표하였다(2017.11.13.자 조선일보 B2면 참조).

잡 다양한 경제현상을 그 규제대상으로 하고, 일정한 절차에 따라 공정거래법 위반사건을 개별사건마다 조사한 후 실체적 법규를 적용하여 상응한 규제를 한다. 따라서 국가·사회적으로는 물론 사적私的으로도 공정거래위원회의 업무는 우리의 이해관계에 직결되어 있기 때문에 날로 국민들의 관심이 집중되고 기대치가 높아지고 있음을 체감하게 된다. 요즈음은 독점규제법의 역외적용 등과 관련하여 국제적으로 자기 나라의 실체법이나 절차법 외에 다른 나라의 관계법규에도 관심이 많아지고 있고, 따라서 우리가 외국 공정거래법 집행의 실태에 대하여 관심을 기울이고 있음은 물론, 선진 외국에서도 우리나라 공정거래법 집행의 현실과 실적 등에 대하여 많은 관심을 보이고 있는 것이 엄연한 현실이다.

그렇다면 우리나라의 국제적 위상과 공정거래위원회의 중요성 등을 감안하여 볼 때, 과연 공정거래법 집행기관으로서 공정거래위원회의 조직과 운영에 있어서 미흡한 점은 없는가, 향후 개선점은 무엇이고 해결하여야 할 과제는 무엇인가? 국내외적인 여러 상황과 여건 등을 모두 고려하고 빠르게 발전하는 세계경제의 흐름에 부응하여, 이제 공정거래법 집행기관으로서 우리나라 공정거래위원회의 과거를 회고하고 이를 토대로 미래의 청사진을 설계하여야 할 적기가 바로 지금이 아닌가 생각한다. 독점규제법의 개정 회수와 수많은 정책들의 발표 및 시행 등을 통하여 알 수 있듯이 관련 분야에서 끊임없는 문제 제기와 토론, 나아가 입법절차 등이 진행되었고 지금도 진행되고 있으나 아직도 큰 틀에서의 본질적인 개선작업은 그 성과를 얻지 못하고 있다고 보는 것이 솔직한 평가라고 할 수 있다. 공정거래법 집행기관의 선진화를 위하여 조속히 해결하여야 할 향후 과제라고 생각한다.[5)]

---

5) 필자는 2009.9.10.자 법률신문 13면에 '공정거래위원회 조직 및 운영의 선진화 방안'이라는 제목으로 발표한 바 있고, 이 글은 그 발표문과 골격을 같이 한다. 한편 국내외적으로 실무적 차원에서의 발전과 더불어 학문적으로, 공정거래위원회의 조직 및 운영과 관련하여 많은 연구 업적이 축적되어 있다. 그 중 국내 학위논문으로, 조성국, '경쟁법 집행의 조직 및 절차에 관한 연구', 서울대학교 대학원 법학박사 학위논문(2009.2.)과 정중원, '독점규제법 위반사건의 처리절차에 관한 연구', 서울시립대학교 대학원 법학박사 학위논문(2010.2.) 등이 있다.

Ⅱ. 공정거래위원회의 기본성격

1. 헌법적 기초

1948.7.12. 제정되어 같은 해 7.17. 공포된 대한민국헌법은 1987.10.29. 전문 개정되고 1988.2.25.부터 시행되어 지금에 이르고 있는데, 현행 헌법은 제9장 경제조항에서 과거 정부주도형 경제성장정책의 부작용이나 문제점을 해소하여 정부주도에서 민간주도로 경제체질이나 경제질서를 개선하고자 하는 의지 하에, 제119조(경제질서의 기본, 규제와 조정) 제1항으로 "대한민국의 경제질서는 개인과 기업의 경제상의 자유와 창의를 존중함을 기본으로 한다", 제2항으로 "국가는 균형있는 국민경제의 성장 및 안정과 적정한 소득의 분배를 유지하고, 시장의 지배와 경제력의 남용을 방지하며, 경제주체간의 조화를 통한 경제의 민주화를 위하여 경제에 관한 규제와 조정을 할 수 있다"고 천명하고 있다.[6)]

우리나라 헌법은 제헌헌법 이래 국가 경제의 운영현황과 그 결과 등을 반성하고 종합하여, 경제질서의 기본에 관하여 위와 같이 헌법상의 경제조항으로 천명한 것인데, 그렇다면 우리나라 헌법상 경제질서는 과연 어떤 성격을 표방하고 있는 것으로 볼 수 있는가? 이에 관해서는 세부적으로 여러 견해가 나뉘어져 있으나, 해답을 헌법상의 경제조항 하나만으로 찾을 수는 없고 헌법상의 경제조항을 기본으로 하고 나아가 이를 구체화하고 있는 각종 경제 관련 법령과 제도 등을 종합하여 판단할 수밖에 없다.

요컨대, 우리나라 헌법상 경제질서는 사유재산제도와 사적자치의 원칙 및 시장경제를 기초로 하는 자본주의적 시장경제를 기본으로 하되, 국가가 균형 있는 국민 경제의 성장과 안정, 적정한 소득 분배, 시장의 지배와 경제력의 남용의 방지, 경제 주체간의 조화를 통한 경제의 민주화를 위하여 경제에 관한 규제와 조정을

---

6) 참고로 헌법상 경제조항을 연혁적으로 살펴보면, 제헌 헌법 제84조는 "대한민국의 경제질서는 모든 국민에게 생활의 기본적 수요를 충족할 수 있게 하는 사회 정의의 실현과 균형 있는 국민경제의 발전을 기함을 기본으로 삼는다. 각인의 경제상 자유는 이 한계 내에서 보장된다"고 하고, 1962.12.26. 전문 개정된 헌법 제111조는 "대한민국의 경제질서는 개인의 경제상의 자유와 창의를 존중함을 기본으로 한다. 국가는 모든 국민에게 생활의 기본적 수요를 충족시키는 사회 정의의 실현과 균형있는 국민경제의 발전을 위하여 필요한 범위 내에서 경제에 관한 규제와 조정을 한다"고 하고, 1980.10.27. 전문 개정된 헌법은 제120조 제3항에서 "독과점의 폐단은 적절히 규제 조정한다"는 내용을 추가하였다.

할 수 있는, 이른바 수정자본주의적 시장경제에 해당한다고 볼 수 있다.[7)]

재언하자면, 우리 헌법은 생산수단의 소유에 관해서 사유재산제도를 기본으로 하고(제23조), 경제활동은 시장경제질서를 기본으로 하여 사적자치의 원칙 및 계약 자유의 원칙을 골격으로 하되, 한편으로는 국가가 시장의 실패를 교정하고, 공정하고 자유로운 시장경제질서를 유지하기 위하여 경제에 대한 규제와 조정을 할 수 있게 한 것이다.

국가가 행하는 경제에 관한 규제와 조정의 역할로서 각종 경제규제법이 제정되어 시행되고 있는데, 그 기본적이고 핵심적인 것이 바로 독점규제법이다. 독점규제법은 헌법상의 경제조항을 구체화하여 "사업자의 시장지배적 지위의 남용과 경제력의 집중을 방지하고, 부당한 공동행위 및 불공정거래행위를 규제하여 공정하고 자유로운 경쟁을 촉진함으로써 창의적인 기업 활동을 조장하고 소비자를 보호함과 아울러 국민경제의 균형있는 발전을 도모"함을 목적으로 하고(제1조), 구체적으로 시장지배적지위의 남용금지, 기업결합의 제한 및 경제력집중의 억제, 부당한 공동행위의 제한, 불공정거래행위 및 특수관계인에 대한 부당한 이익제공의 금지, 재판매가격 유지행위의 제한, 국제계약의 체결제한 등을 각 장별로 규정함으로써, 바로 우리나라의 경제질서에 관한 기본법이자 경제헌법에 해당하는데, 이 법에 의해서 바로 공정거래위원회가 설립되었다.[8)]

2. 행정위원회 일반론

(1) 통상의 독임제 행정기관에 대비되는 합의제 행정기관은 2명 이상의 복수 구성원의 합의에 의하여 의사결정이 이루어지는 행정기관을 말하는데, 대표적인 것이 행정위원회이다. 행정위원회는 1887년 미국에서 철도사업을 규제하기 위하여 창설된 주간무역위원회州間貿易委員會: Interstate Commerce Commission를 시초로 미국에서부터 발전된 제도다. 당시 미국에서의 철도사업은 그 내용이 복잡 다양하고 시시각각 변화하는 경제현상이었기 때문에 그로부터 발생하는 문제를 규제하는 데

7) 권오승, 경제법, 법문사, 2015, 52면에서는 이와 같은 우리 헌법상의 경제질서를 '사회조화적 시장경제'라고 부르고 있다.

8) 독점규제법 제정 당시 그 제안이유를 보면, "경제운영의 기본방향을 정부주도에서 민간주도로 점차 전환하되, 민간기업의 공정하고 자유로운 경쟁체제를 통하여 창의적 활동을 조장하고, 소비자 권익도 보호하는 건전한 경제질서의 확립을 위하여 '독과점의 폐단은 적절히 규제한다'는 헌법정신에 따라 이 법을 제정하려고 하는 것"이라고 되어 있다.

있어서 전통적인 삼권분립에 의한 입법적 방법이나 사법적 방법은 한계를 가질 수밖에 없어서, 새로운 사회·경제적 문제로 대두된 철도사업의 문제를 효과적으로 처리하기 위한 방안으로 창설된 새로운 권력 통합적 행정기관이 바로 행정위원회이다.

행정위원회는 권력분립의 원칙이나 법의지배의 원칙 등 고유의 헌법원리 등과의 관계에서 끊임없는 갈등과 비판 등의 과정을 겪으면서도 크게 발전하여, 세계적으로 각국에서 무수히 많은 행정위원회가 설치되어 운영되고 있는 실정이다.[9]

행정위원회는 위와 같은 사회·경제적인 요청에 의하여 발달한 특수한 행정조직으로서, 선험적인 이론에 입각하여 조직된 것이 아니기 때문에, 미국에서는 물론 이를 전수받은 각국에서의 행정위원회는 그 기구, 규모, 성격 및 기능 등에서 각양각색이고 전체적으로 통일된 표지를 찾기는 어렵다.

(2) 행정위원회를 넓은 의미로 정의하면 합의제 행정기관 전반을 가리키는 의미로 사용되고, 이를 좁은 의미로 정의하면 체계상으로 행정부에 속하면서도 그 직무에 관하여 독립성을 가지면서 행정권의 일부를 담당하여 직접 행정객체에 대하여 행정을 행하는 권한을 가지는 합의제 행정관청을 가리키는 의미로 사용된다.

넓은 의미의 개념에 의하면 자문, 심의, 조사 등의 기능을 가지는 합의제 기관도 모두 포함하게 되어 법적 성격이 지나치게 다양하게 되므로 개념정의의 실익이 거의 없다. 따라서 좁은 의미의 개념정의가 중요하다고 할 수 있는데, 그중에서도 특히 미국에서 발달한 '독립규제위원회'Independent Regulatory Commission라는 개념은 어떤 고유한 행정분야에 있어서 행정수반의 지휘 감독으로부터 독립하고 계층적 행정조직으로부터 일정한 독립적 지위를 가지며, 일정한 권한과 책임이 부여되는 행정집행적, 준입법적, 준사법적 기능을 통합적으로 보유하는 합의제 행정청을 의미한다. 가장 좁은 의미의 행정위원회 개념이라고 할 수 있다.

가장 좁은 의미의 행정위원회의 공통적인 개념요소는, 첫째 합의제 행정기관이라는 점, 둘째 일반 행정계통으로부터 직무상의 독립성이 인정된다는 점, 셋째 본래의 행정집행기능 외에 준입법기능과 준사법기능을 보유한다는 점 등을 들 수 있다. 삼권분리의 원칙에 대한 수정이자 제한이라고도 할 수 있다.

(3) 미국의 주간무역위원회를 효시로 세계 각국에서 크게 행정위원회가 발달한

---

9) 다양한 형태와 내용으로 존재하는 각 위원회의 설립근거, 목적, 성격, 조직, 운영절차 등은 천차만별이고, 가끔 사회적으로 '위원회 공화국'이라는 비판이 제기된 적도 있을 정도이다.

목적이나 이유는 무엇일까? 즉, 새로운 행정기관을 창설함에 있어서 무엇 때문에 원칙적 행정기관으로서의 독임제 행정기관이 아닌 합의제 행정기관인 행정위원회를 설치하려는 생각을 하게 되는 것인가? 그동안 학문적으로나 실무적으로 정리된 것을 보면 대개 아래와 같은 이유에서이다.

우선, 정당정치나 정치권력으로부터 독립하고 행정조직으로부터 독립하여 중립적이고 공정한 행정을 필요로 하는 업무분야에서 행정위원회를 설치하게 된다. 다음으로, 복잡 다양한 현대국가에서 날로 변화하는 사회현상을 규율하는 데 있어서 전문적 지식이 필수적인 행정분야가 폭발적으로 증가하고 있는데, 바로 그러한 분야에서 행정위원회를 필요로 하고 이 목적이 가장 많다고 할 수 있다. 다수 또는 집단적 이해관계인들이 존재하는 분야에서 그 관계자들의 이해를 조정하기 위하여 그 이해관계인들이나 대표자들의 참가를 필요로 할 경우도 행정위원회 설립 목적이 된다. 각종 행정의 통합 조정의 필요성도 행정위원회 설립의 주된 설립목적이다. 현대사회의 다양화와 복잡화에 따라 행정기능의 질적 분화 및 전문화가 진행되었는데, 한편으로는 이렇게 진행된 관계 행정기관 상호간의 조정 및 통합의 필요성이 수반된다. 행정위원회의 주된 설립 목적의 하나이다. 행정기관 상호간의 조정, 통합은 물론 행정과 정치의 조정 및 통합도 있다. 마지막으로 행정심판 기능 등과 같은 준사법적 기능을 수행하는 데 있어서 합의제 행정기관인 행정위원회가 유용하다. 독임제 행정기관으로 하여금 준사법적 기능을 수행하도록 하는 것은 공정성이나 전문성 면에서 바람직하지 않기 때문임을 쉽게 간파할 수 있다.

행정위원회는 각기 위와 같은 각종 설립목적 중 그 하나 혹은 다수 혼합된 것을 위하여 설치 운영되고 있는 것이다.

(4) 물론 행정위원회 제도가 가지는 문제점이 없는 것은 아니다.

행정위원회는 독임제 행정기관에 비하여 합의제의 속성상 사무처리가 지연되고 응급한 상황에 적절히 대처할 수 있는 신속성이 떨어진다. 이해관계가 첨예하게 대립되거나 판단이 어려운 중요 사안의 경우 합리적인 결정이 어렵고 타협에 의하여 불합리한 결정이 내려질 위험이 있다. 또한 다수 구성원 간에 책임소재가 불분명하고 책임전가가 용이하다. 다양한 구성원들을 통하여 각종 이익집단이나 압력단체의 부당한 영향 등을 받을 가능성이 농후하기도 하다.

3. 공정거래위원회

(1) 공정거래위원회 설립의 법적 근거를 보면 아래와 같다.

정부조직법 제5조(합의제행정기관의 설치)는 “행정기관에는 그 소관사무의 일부를 독립하여 수행할 필요가 있는 때에는 법률로 정하는 바에 따라 행정위원회 등 합의제 행정기관을 둘 수 있다”고 규정하고 있다. 나아가 ‘행정기관의 조직과 정원에 관한 통칙’[대통령령] 제21조(합의제 행정기관의 설치)는 “법 제5조의 규정에 의하여 행정기관에 그 소관사무의 일부를 독립하여 수행할 필요가 있을 때에는 법률이 정하는 바에 의하여 행정기능과 아울러 규칙을 제정할 수 있는 준입법적 기능 및 이의의 결정 등 재결을 행할 수 있는 준사법적 기능을 가지는 행정위원회 등 합의제 행정기관을 둘 수 있다”고 규정하고 있다.

그리고 독점규제법 제35조(공정거래위원회의 설치)는 “① 이 법에 의한 사무를 독립적으로 수행하기 위하여 국무총리 소속하에 공정거래위원회를 둔다. ② 공정거래위원회는 「정부조직법」제2조(중앙행정기관의 설치와 조직)의 규정에 의한 중앙행정기관으로서 그 소관 사무를 수행한다”고 규정하고 있다.

위 정부조직법 등 관련규정에 의하면 우리나라는 앞서 행정위원회의 개념 중 가장 좁은 의미의 행정위원회 설치근거를 마련하고 있고 공정거래위원회는 바로 그러한 의미의 행정위원회에 해당한다. 따라서 공정거래위원회는 통상의 독임제 행정기관과 달리 다수 구성원의 합의에 의하여 의사결정이 이루어지는 합의제 행정기관이고, 의결권과 함께 대외적인 표시권도 동시에 갖는 합의제 행정청이다. 한편 공정거래위원회는 중앙행정기관과 지방행정기관으로 구분되는 국가행정기관 중에서 중앙행정기관에 속한다.

(2) 행정기관의 독립성과 행정결정의 공정성이 요구되는 경우 또는 대립되는 이해의 공평한 조정이 요구되는 경우 등 합의제 행정기관 설치의 필요성에 비추어 볼 때, 공정거래법 집행업무의 전문성과 독립성 등을 보장하기 위하여 합의제 행정기관으로서 공정거래위원회를 설치한 것으로 이해할 수 있다.

공정거래법 집행업무는 고도의 전문성이 요구된다. 공정거래위원회의 규제 대상은 국가전체의 산업을 포함하므로 우선 그 모든 산업에 대한 깊이 있는 이해가 필요하고 가능한 한 최대한의 전문성을 갖추는 것이 바람직하다. 이처럼 다양한 규모와 숫자의 경제현상을 그 규제대상으로 할 뿐만 아니라 경제현상은 고정되어 있지 아니하고 수시로 변화하기 때문에 이를 규제하기 위해서는 정의 관념에 입각한 법률판단 외에 경제적 분석이나 판단이 필수적이다.

따라서 공정거래법의 집행과정에서는 복잡 다양한 경제현상의 정확한 실체 파악과 이에 대한 경제적 효과 등의 분석 및 규범적 차원의 판단 등 과정에서 다양한 의견대립이 예상되고, 이를 최대한 수렴하여 가장 합리적이고 적법 타당한 결론을 도출하는 것이 그 어느 분야보다도 필요하다. 합의제 행정기관으로서의 공정거래위원회 설립의 목적이 여기에도 있다.[10] 공정거래위원회가 수행하는 업무의 성격 등을 감안할 때, 합의제 행정기관을 설립하여 그 기관으로 하여금 업무를 담당하도록 한 것은 현재로서는 최선의 선택이라고 하지 않을 수 없다.

(3) 위에서 본 미국의 독립규제위원회 개념이나 성격에서 본 바와 같이, 공정거래위원회는 연혁적으로 일반 행정계통으로부터의 직무상 독립성, 본래의 행정집행기능 외에 준입법기능과 준사법기능 보유 등을 그 본질적 특징으로 하고, 이는 정부조직법이나 '행정기관의 조직과 정원에 관한 통칙' 등 관계법령에 의해서도 인정되고 있다.

뿐만 아니라 공정거래위원회의 업무 자체가 시시각각 변화하고 규모가 확대되는 복잡 다양한 경제현상을 그 규제대상으로 하고, 공정거래법 위반사건을 조사하여 개별사건마다 일정한 절차와 실체적 법령에 따라 상응한 규제를 한다는 점에서 업무의 독립성이나 준사법기능으로서의 특질과 결코 분리될 수가 없다. 만약 그러한 개념 요소에 있어서 문제가 있다면 이는 공정거래위원회의 존립 자체의 의미를 상실할 수도 있는 중대한 문제라고 할 수 있다.

다만 준입법기능의 경우 미국의 경우[11]와는 달리 우리나라에서는 처음부터 내각책임제 요소의 도입과 함께 행정부 주도 하에 경제정책이 수행되면서 여타 행정기관도 부령 등의 형식으로 상당부분 입법기능을 수행하여 왔기 때문에 공정거

10) 세계적으로도 합의제 행정기관이 대세다. 미국의 Federal Trade Commission, 일본의 公正取引委員會가 그것이며, 우리나라의 공정거래위원회는 이들을 모델로 하여 설립되었다고 할 수 있다. 유럽연합의 경우도 EC 위원회에서 경쟁담당위원의 주도로 경쟁법을 집행한다. 독일은 연방카르텔청(Bundeskartellamt) 내에 별도의 합의제 심판부를 두고 있고, 영국 역시 공정거래청(Office of Fair Trading) 내에 합의제 이사회(Board)가 독립적으로 경쟁법 집행업무를 수행한다.

11) 미국에서는 과거 엄격한 삼권분립원칙 하에서 입법권한이 원칙적으로 의회의 소관사항으로 되어 있었으나 행정행위의 질적, 양적 변화에 부응하여, 특히 독립규제위원회에 입법권의 일부가 주어지면서 준입법기능이 중요한 의미를 가지게 되었었다.

래위원회의 준입법기능은 정도의 문제일 뿐[12] 상대적으로 의미가 적다.

결국 공정거래위원회의 독립성과 준사법기능은 다른 행정기관과 비교할 때 중요한 의미가 있는 특징이 될 수 있다. 독립성은 독점규제법 제35조에서 "이 법에 의한 사무를 독립적으로 수행하기 위하여 국무총리 소속하에 공정거래위원회를 둔다"고 규정하고 있는 바와 같이, 같은 행정부에 속하면서도 독립적으로 사무를 수행한다고 강조한 점에서 다른 행정기관과 다르고, 준사법기능 역시 다른 행정기관에서 보기 힘든 기능이라고 하지 않을 수 없다.

(4) 독립규제위원회의 연혁과 관계법령의 규정 및 공정거래위원회의 업무내용 등을 종합하면, 공정거래법의 지도이념으로 독립성, 공정성, 효율성, 전문성 등이 도출된다는 데에 별다른 이론이 없다.

이에 공정거래위원회의 조직 및 행정집행기능, 준입법기능, 준사법기능 등의 항목별로, 위 공정거래법의 지도이념에 비추어 볼 때 구체적으로 공정거래위원회의 실상이 어떠하고 문제점이 무엇이며 그 대책은 무엇인지 살펴보기로 한다. 물론 위 각 지도이념은 항목별로 보다 더 중요하기도 하고 덜 중요하기도 하여 일의적으로 논의할 수는 없고 상호보완적(중복)이거나 상충되기도 하다는 점을 감안하여야 한다.

다만 위에서 살펴 본 바와 같이 공정거래법의 지도이념 중 독립성은 공정거래위원회의 행정집행기능, 준입법기능, 준사법기능 등 여러 기능과 무관하게 독립규제위원회의 본질적인 요건임을 이론적으로나 입법적으로 확인할 수 있다. 따라서 먼저 공정거래위원회 소관사무의 적정성에 대한 문제를 짚어보고 나서, 공정거래위원회의 독립성에 대해서는 우선하여 이를 별도의 항목으로 살펴본다. 그리고 공정거래법의 지도이념, 특히 독립성이나 공정성은 공정거래위원회의 준사법기능에서 특별히 중요하고 문제가 된다고 할 수 있으므로 이에 관한 논의를 좀 더 집중할 것이다.

---

12) 현대 사회의 많은 국가에서는 여타 행정기관도 법률의 위임 하에 많은 입법행위를 행하고 있으나, 공정거래위원회는 그 업무의 성격 및 특성과 독립기관으로서의 지위로 인하여 그 입법행위의 범위와 정도가 상대적으로 넓고 크기 때문에 준입법기능을 수행하는 기관으로 칭하는 것이다.

Ⅲ. 공정거래위원회의 소관사무

1. 관련법령

공정거래위원회의 소관사무를 법령에 의하여 살펴보면, 공정거래위원회 설립의 근거법인 독점규제법에서 "1. 시장지배적지위의 남용행위 규제에 관한 사항 2. 기업결합의 제한 및 경제력집중의 억제에 관한 사항 3. 부당한 공동행위 및 사업자단체의 경쟁제한행위 규제에 관한 사항 4. 불공정거래행위 및 재판매가격유지행위 규제에 관한 사항 5. 경쟁제한적인 법령 및 행정처분의 협의・조정 등 경쟁촉진정책에 관한 사항 6. 기타 법령에 의하여 공정거래위원회의 소관으로 규정된 사항" 등이라고 규정하고 있고(제36조), 나아가 국제협력과 관련하여 "① 정부는 대한민국의 법률 및 이익에 반하지 않는 범위 안에서 외국정부와 이 법의 집행을 위한 협정을 체결할 수 있는데 ② 공정거래위원회는 제1항의 규정에 의하여 체결한 협정에 따라 외국정부의 법집행을 지원할 수 있고, ③ 공정거래위원회는 제1항의 규정에 의한 협정이 체결되어 있지 않은 경우에도 외국정부의 법집행 요청 시 동일 또는 유사한 사항에 관하여 대한민국의 지원요청에 응한다는 요청국의 보증이 있는 경우에는 지원할 수 있다"고 규정하고 있다(제36조의2). 위와 같은 기본법 하에서 개별법령에 의하여 공정거래위원회의 소관으로 규정하고 있는 것으로 '하도급거래 공정화에 관한 법률' 등 상당히 많은 분야에 걸쳐 다양하게 인정되고 있다.[13] 우리 경제의 규모 확대 및 다양화, 세계화 등 상황변화 등에 부응하여,

---

13) 현재 독점규제법 외의 공정거래위원회 소관사무를 제정 일자를 부기하여 법령별로 일별하면 아래와 같다.

① 하도급거래 공정화에 관한 법률(1984.12.31. 법률 제3779호): 원사업자가 중소기업자인 수급자에 대하여 행하는, 부당한 특약의 금지, 부당한 하도급대금의 결정 금지, 물품 등의 구매강제 금지, 선급금 지급의무, 부당한 위탁취소의 금지, 하도급대금 감액 금지, 물품구매대금 등의 부당결제 청구의 금지, 경제적 이익 부당요구 금지, 하도급대금의 직접 지급의무, 부당한 대물변제의 금지, 부당한 경영간섭의 금지, 보복조치의 금지, 탈법행위의 금지 등 다양한 금지나 의무 등을 규정하고, 이를 위반할 경우 시정조치(제25조), 과징금 부과(제25조의3) 등 행정처분이 가능하고 시정조치 등의 불이행 시 형사처벌(제30조)을 할 수 있도록 규정하고 있다.

② 약관의 규제에 관한 법률(1986.12.31. 법률 제3922호): 약관사업자에게 일방적으로 유리한 면책 조항, 고객에게 부당하게 과중한 손해배상액의 예정, 채무의 이행에 관한 부당한 약관조항, 고객의 권익을 부당하게 제한하는 약관조항, 의사표시의 의제에 관한 부당한 조항, 대리인의 책임가중 조항, 소송 제기의 금지 등에 관한 불공정한 약관조항 등을 사용하는 것을 금지하고, 이를 위반할 경우 시정조치(제17조의2) 등 행정처분이 가능하고 시정조치 불이행 시 형사처벌(제32조)을 할 수 있도록 규정하고 있다.

종래 독점규제법에서 불공정거래행위라는 하나의 틀로 규율되고 있던 다양한 분야에 대하여 세부적으로 구체화하고 그 범위를 확대하는 등의 방향으로 공정거래

---

③ 표시·광고의 공정화에 관한 법률(1999.2.5. 법률 제5814호): 사업자 등에게 소비자를 속이거나 소비자로 하여금 잘못 알게 할 우려가 있는 표시·광고 행위로서 공정한 거래질서를 해칠 우려가 있는 부당한 표시·광고 행위를 금지하고, 이를 위반할 경우 시정조치(제7조), 이행강제금의 부과(제7조의5), 임시중지명령(제8조), 과징금 부과(제9조) 등 행정처분이 가능하고 시정조치 등의 불이행 시 형사처벌(제17조)을 할 수 있도록 규정하고 있다.
④ 할부거래에 관한 법률(1991.12.31. 법률 제4480호로 제정되어 2010.3.17. 법률 제10141호로 전문개정): 선불식 할부거래와 관련하여 영업자의 등록의무, 회계감사 보고서의 제출 및 공개 의무, 계약서 발급 의무 등 여러 의무와 일방적인 금지행위 등을 규정하고, 이를 위반할 경우 시정조치 및 과징금 부과(제3장 제4절) 등 행정처분이 가능하고 시정조치 등 불이행 시 형사처벌(제48조)을 할 수 있도록 규정하고 있다.
⑤ 방문판매 등에 관한 법률(1991.12.31. 법률 제4481호로 제정되어 2012.2.17. 법률 제11324호로 전문개정): 방문판매 및 전화권유판매에 관하여 방문판매업자 등의 신고 및 명부 작성 등 의무, 방문판매자 등의 소비자에 대한 정보제공 의무, 소비자의 청약철회 등·손해배상 청구금액의 제한 등 방문판매자 등의 전반적인 금지행위를 규정하고, 다단계판매 및 후원방문판매에 관하여, 계속거래 및 사업권유거래에 관하여 각각 비슷하게 규정하며, 이를 위반할 경우 시정조치 및 과징금 부과 등(제7장) 행정처분이 가능하고 시정조치 등 불이행 시 형사처벌(제60조)을 할 수 있도록 규정하고 있다.
⑥ 전자상거래 등에서의 소비자보호에 관한 법률(2002.3.30. 법률 제6687호): 전자상거래 및 통신판매 있어서 거래기록의 보존 등 의무, 통신판매업자의 신고 등 의무 및 전반적인 금지행위 등을 규정하고, 이를 위반할 경우 시정조치 및 임시 중지명령(제32조, 제32조의2), 과징금 부과(제34조) 등 행정처분이 가능하고 시정조치 등 불이행 시 형사처벌(제40조)을 할 수 있도록 규정하고 있다.
⑦ 대규모유통업에서의 거래 공정화에 관한 법률(2011.11.14. 법률 제11086호): 대규모유통업자로 하여금 서면의 교부 및 서류의 보존 등 의무, 상품판매대금의 감액 금지, 상품판매대금의 조기 지급의무, 상품 수령 거부·지체 금지, 상품의 반품 금지, 판매촉진비용의 부담전가 금지, 납품업자 등의 종업원 사용 금지, 배타적 거래강요 금지, 경영정보 제공요구 금지, 경제적 이익 제공요구 금지, 상품권 구입요구 금지 등을 규정하고, 이를 위반할 경우 시정명령(제32조), 과징금 부과(제35조) 등 행정처분이 가능하고 시정명령 등 불이행 시 형사처벌(제39조)을 할 수 있도록 규정하고 있다.
⑧ 가맹사업거래의 공정화에 관한 법률(2002.5.13. 법률 제6704호): 가맹본부의 정보공개서 제공 의무, 허위·과장된 정보제공 등의 금지, 가맹금의 조기 반환의무, 가맹계약서 제공 의무, 불공정거래행위 금지, 부당한 점포환경개선 강요 금지, 부당한 영업시간 구속 금지, 부당한 영업지역 침해금지 등 다양한 금지와 의무를 규정하고, 이를 위반할 경우 시정조치(제33조), 과징금 부과(제35조) 등 행정처분이 가능하고 시정조치 등 불이행 시 형사처벌(제41조)을 할 수 있도록 규정하고 있다.
⑨ 대리점거래의 공정화에 관한 법률(2015.12.22. 법률 제13614호): 대리점을 상대로 한 공급자의 구입 강제행위의 금지, 경제상 이익제공 강요행위의 금지, 판매목표 강제행위의 금지, 불이익 제공행위의 금지, 경영활동 간섭 금지, 주문내역 확인요청 거부 또는 회피 금지, 보복조치의 금지 등을 규정하고, 이를 위반할 경우 시정조치(제23조), 과징금 부과(제25조) 등 행정처분이 가능하고 시정조치 등 불이행 시 형사처벌(제30조)을 할 수 있도록 규정하고 있다.
⑩ 기타 소비자기본법(1980.1.4. 법률 제3257호 소비자보호법), 소비자생활협동조합법(1999.2.5. 법률 제5743호), 대·중소기업 상생협력 촉진에 관한 법률(2006.3.3. 법률 제7864호) 등에 공정거래위원회 관련 업무가 규정되어 있다.

위원회의 소관사무를 각각 별도 법령화 한 것으로서, 최근 경제상황의 빠른 변화에 따라 공정거래위원회의 소관사무도 빠르게 변모하고 있음을 알 수 있다.

2. 소관사무의 적정성

앞서 헌법상의 기초와 연혁적인 배경 등을 종합한 공정거래위원회의 기본성격에 비추어 볼 때 현재 공정거래위원회가 수행하고 있는 여러 가지 소관사무는 법체계적으로나 법 집행의 효율성 등의 면에서 볼 때 과연 적정한가?

위에서 본 바와 같이 공정거래위원회는 기본적으로 우리 헌법상의 경제질서인 '공정하고 자유로운 시장경제질서'를 유지하기 위하여 이에 반하는, 즉 공정하고 자유로운 시장경제질서를 해치는 경제현상에 대하여 규제하고 조정할 목적으로 설립되어 행정집행기능 외에 준입법적 기능과 준사법적 기능을 부여받은 것이고, 이는 삼권분리원칙에 대한 제한이자 수정이라고도 할 수 있다.

위와 같이 태생한 공정거래위원회가 집행하는 독점규제법 등은 원칙적으로 폐해규제주의, 행정규제주의 및 직권규제주의를 특징으로 한다. 독점이나 경제력 집중 등의 현상을 원인관계에서 광범위하게 금지하는 원인금지주의에 대비하여, 독점 등의 결과 일정한 폐해가 발생하는 경우 이를 행정적으로 또는 형사적으로 규제하는 것이 폐해규제주의이고, 당사자의 신고는 물론 그 외에 공정거래위원회가 직권으로 조사와 시정조치 등을 하는 행정규제주의는 위법행위에 대한 시정조치나 과징금의 부과와 시정조치 불이행에 대한 형사처벌을 특징으로 한다는 것이다.

공정거래위원회의 업무가 위와 같은 특징을 가지고 있기 때문에 국민들은 물론이고 입법기관이나 행정기관의 입장에서도 법원에 의한 사법적 구제보다는 공정거래위원회를 통한 행정규제 및 형벌권의 개입을 선호하고 있고, 실제 많은 분야에서 사회적 문제가 야기되거나 관심과 이목이 집중되는 사안에 대하여 특별법의 제정을 통하여 공정거래위원회를 통한 규제의 방향으로 나아가고 있음을 부인할 수 없는바 이를 바람직한 것이라고 할 수는 없다.[14] 행정규제에 이은 형벌권의 개입은 시장경제질서를 해치는 중요한 행위나 상습적이고 반복적이며 고의적

14) 공정거래법의 규정이나 집행의 중심이 원래의 취지인 경쟁촉진보다 경제적 약자보호 또는 물가통제 등에 치우치는 경향에 대하여 '공정거래법의 정체성 위기'라고 우려하는 학계의 견해도 있다.

이고 악질적인 행위에 대하여 예외적으로 인정되어야 하고 그 외에는 정통적인 사법체계에 일임하여야 하며, 종래 문제가 있었다면 당사자 간의 사적 분쟁해결이 효율적으로 이루어지도록 제도나 운영을 개선하는 방안을 꾸준히 강구하여야 한다. 특별히 민사사건의 형사화나 과다한 고소·고발사건 사례 등을 통하여 공권력의 비대화나 무분별한 형벌권의 개입 등 많은 문제가 제기되고 있는 우리나라의 실정을 감안할 때 공정거래위원회, 나아가 수사기관의 권한을 불필요하게 확대하는 것은 신중을 기하여야 할 것이다.

결국 삼권분리원칙에 대한 수정이나 제한 등에 해당하는 제도로서 폐해규제주의, 행정규제주의 및 직권규제주의를 특징으로 한 공정거래위원회의 소관사무는 우리 헌법상의 시장경제질서를 유지하고 이에 반하는 위법행위를 규제하는 필요불가결한 범위 내에서만 제한적으로 인정되어야 한다. 공정거래위원회 소관사무의 무제한적인 확장에 대하여, 그 문제점의 일면을 '하도급거래 공정화에 관한 법률' 집행과정의 예를 들어 아래에서 살펴보고자 한다.

3. 구체적인 문제 사례

불공정한 하도급거래행위는 성질상 독점규제법 제23조 제1항 제4호 소정의 우월적 지위 남용행위 중 하나에 속한다. 그러나 우리나라의 경우 하도급거래에 관한 분쟁의 정도가 워낙 심하여 때로 사회적 문제가 되곤 하였는데, 이러한 연유로 불공정한 하도급거래의 규제에 대하여는 오래전부터 독점규제법과는 별도로 취급하여 왔다. 즉, 당초 제조하도급의 경우는 중소기업계열화촉진법에서, 건설하도급의 경우는 건설업법에서 각각 불공정거래행위의 유형을 지정하고 이를 금지시켜 오다가 1981.4.1.부터 독점규제법이 제정, 시행되면서 1982.12.31. 경제기획원 고시 제59호로 제조, 수리 및 건설 하도급을 포괄적으로 규정하는 '하도급거래상의 불공정거래행위 지정 고시'를 제정하여 1983.4.1.부터 시행하였다. 그 후 1985.4.1.부터 특별법으로 지금의 '하도급거래 공정화에 관한 법률'(1984.12.31. 법률 제3779호: 이하 하도급법이라고 한다)이 제정, 시행되면서 하도급거래에 관하여는 독점규제법 제23조 제1항 제4호의 규정을 적용하지 않고 하도급법을 우선 적용하고 있다.

어떻든 공정거래위원회의 업무 중 하도급거래에 관한 사건의 비중이 상당한바,

그중 특히 하도급법 제13조 소정의 하도급대금 지급에 관하여, 원사업자는 수급사업자로부터 목적물 등의 수령일부터 일정한 기간 안에 하도급대금을 지급하여야 하고 이를 위반할 경우 시정조치(즉, 하도급법 제25조 소정의 대금지급명령 등)와 함께 과징금을 부과할 수 있도록 한 규정은 정책적으로 문제가 있다.[15)]

이 규정에 관하여 대법원 1995.6.16. 94누10320 판결은, 원사업자가 지급기일을 경과하여 수급사업자에게 하도급대금을 지급하지 아니하는 경우 그 자체가 하도급법 위반행위가 되어 제재대상이 되고, 따라서 공정거래위원회로서는 특단의 사정이 없는 한 원사업자가 대금지급기일에 하도급대금의 지급을 거절하거나 그 지급을 미루고 있는 사실 자체에 의하여 법 위반행위가 있는지 여부를 판단하면 되지, 원사업자가 하도급대금의 지급을 거절하거나 그 지급을 미룰 만한 상당한 이유가 있는지 여부에 대해서까지 나아가 판단할 필요는 없다고 판시하였다. 위 대법원 판례에 따르면, 원사업자가 하도급대금의 지급을 지연하고 있는 상당한 경우 공사지연이나 부실공사로 인한 하자보수 등에 관한 다툼이 있기 때문인데, 이러한 경우 원사업자는 우선 계약상의 하도급대금을 지급하거나 공탁하여야 하고 그런 연후 수급사업자를 상대로 하여 민사소송으로 손해배상 등을 청구하여야 한다는 결론이 된다. 결국 위와 같은 하도급법의 규정과 대법원 판례 때문에 하도급대금을 지급받지 못하는 많은 수급사업자들이 법원에 민사소송을 제기하는 대신 또는 민사소송과 병행하여 공정거래위원회에 하도급법 위반행위를 신고하고 시정조치를 받고 있는 실정이다.

통계상으로도 공정거래위원회의 처리건수가 세계적으로 월등히 많다. 이는 우리의 법률문화나 국민의식 등의 특성에 기인하기도 하고, 그래서 외국의 사례처럼 선별조사제도의 도입논의도 있지만, 다른 중요한 원인 중의 하나는 하도급법 위반사건이 큰 비중을 차지하고 있다는 데에 있다. 공정거래위원회의 행위유형별 사건처리건수를 보면, 2016년도의 경우 독점규제법 위반(시장지배적 지위 남용행위, 기업결합제한규정 위반행위, 경제력집중억제 위반행위, 부당한 공동행위, 사업자단체 금지행위, 불공정 거래행위 등)이 301건, 부당한 표시·광고가 185건, 불공정 약관이

15) 하도급법 제25조 제1항에 의하면 공정거래위원회는 제13조의 규정을 위반한 발주자와 원사업자에 대하여 하도급대금의 지급 등 필요한 조치를 명할 수 있다고 규정하고 있는데, 하도급법상의 이러한 대금지급명령은 근로기준법 제30조 제3항 소정의 임금지급명령 등과 함께 '피해구제명령제도'라고 평가되고 있고, 그 피해구제명령 제도를 불공정거래행위 전반에 걸쳐 확대하여야 한다는 견해도 있다.

193건, 전자상거래법 위반이 297건, 방문판매법 위반이 28건, 가맹사업법 위반이 190건 등인데 반해 하도급법 위반행위는 1,035건(2015년도는 1,358건)에 달하고, 이는 다른 해에도 유사하다.[16] 이에 따른 인적, 물적 낭비를 무시할 수 없고, 실제 공정거래위원회의 소회의小會議 업무 중 하도급거래에 관한 사건의 비중이 상당히 높다.

이러한 현상은 공정거래위원회의 업무가 법원의 업무와 중첩 또는 충돌하고 있을 뿐만 아니라,[17] 우리나라에서 특별히 문제되는 불공정 하도급거래행위의 실태를 감안하더라도 바람직한 현상은 아니다. 따라서 우리나라에서 하도급거래의 특이성과 문제점을 무시할 수는 없지만, 거의 모든 하도급법 위반사건을 공정거래위원회에서 무조건적으로 다루는 것은 많은 부분 1심 민사법원과 중복되게 하여 인력과 예산낭비를 초래하므로 정책적으로 재고되어야 한다. 제도적으로 표준약관제도의 시행이나 하도급법 위반약정의 사법상 무효화, 기타 이행보험제도의 도입 등을 통한 별도의 방법으로 해결하고 나머지는 일반 민・형사절차를 통하여 해결하도록 하며, 일부 제한적으로만 공정거래위원회의 소관사항으로 하여야 할 것이다.

4. 소 결

요컨대, 공정거래위원회의 소관사항을 바람직한 방향으로 조정함으로써, 공정거래위원회로 하여금 공정하고 자유로운 시장경제질서를 저해할 가능성이 있는 기업결합이나 경제력 집중, 담합행위 및 다수의 소비자들의 이해에 직결되는, 그러면서도 통상적인 사법제도를 통한 구제절차가 용이하지 않는 구조적인 불공정거래행위 등 그야말로 공정거래위원회가 아니면 해결할 수 없는 그 본연의 업무에 전념하여 효율적인 공정거래법 집행기관으로서의 기능을 충실히 수행할 수 있도록 하여야만 할 것이다.

16) 공정거래위원회, 2017년판 공정거래백서, 68면.

17) 원사업자의 경우 수급사업자가 이행한 목적물에 하자가 있는 경우 그 보수를 청구하거나 이에 갈음하여 손해배상을 청구할 수 있고 그 범위 내에서 하도급대금의 지급을 거절할 수 있는 것인데, 하도급법의 규정에 의하면 우선 하도급대금을 지급하여야 하고 이를 이행하지 아니하여 시정조치를 받게 되는 경우 고발을 당하여 형사처벌까지 받게 된다.

Ⅳ. 공정거래위원회의 독립성

1. 개 론

(1) 공정거래법 집행업무는 이해가 대립되는 당사자들 사이의 구체적이고 개별적인 사건을 다루는 것이기 때문에 일반 사법행위에 버금가게 공정성과 독립성을 그 생명으로 한다. 즉, 구체적 사건별로 증거에 의하여 사실관계를 확정한 후 관계법령의 규정을 적용하여 법적 판단을 하고 결론을 도출한다. 대심적 구조의 사건처리에서 왜 독립성과 공정성이 요구되는지는 굳이 설명할 필요가 없을 것이다. 따라서 공정거래법 집행기관으로서의 공정거래위원회는 여타 행정조직과 달리 그 조직 및 운영에 있어서 독립성과 공정성이 강하게 요구된다.

공정거래위원회의 독립성을 논의할 때 이는 주로 조직상의 독립을 의미한다. 아무리 좋은 제도를 가지고 있어도 이를 운용하는 사람이 그 제도를 지키지 아니하면 소용이 없지만, 좋은 제도를 만들어 놓고 이를 제대로 지키도록 노력함이 정도이고 법의 지배 원리나 법치주의의 원리에 맞는다. 공정거래위원회의 조직상의 독립성은 바로 제도의 문제이다.

(2) 공정거래위원회의 독립성은 우선 외부로부터의 독립과 내부로부터의 독립을 생각할 수 있고, 외부로부터의 독립은 임명권자인 대통령으로부터의 독립, 정치적 압력으로부터의 독립, 사회·경제적 압력으로부터의 독립, 기타 여론이나 사회단체의 압력으로부터의 독립 등을 생각할 수 있으나, 그중에서도 법적으로 가장 중요한 것은 임명권자인 대통령으로부터의 독립이다.

비교법적으로 보더라도, 세계 각국은 각국의 문화나 역사 등에 따라 천차만별이기는 하지만,[18] 공정거래법 집행기관의 조직에 있어서 대통령으로부터의 독립을 위하여 부단히 노력하고 있음을 알 수 있다.

(3) 조직 면에서, 우선 독점규제법 제35조 제1항은 "이 법에 의한 사무를 독립적으로 수행하기 위하여 국무총리 소속 하에 공정거래위원회를 둔다"고 선언하고, 제36조에서 소관사무를 규정하고 있다.

---

18) 가장 철저한 것은 미국으로서, 미국 연방거래위원회는 '3권분립'에서 3부의 어느 하나에 속하지 않는 제4부로 불리면서 독립성이 지나치다는 비판이 제기되는 실정이다.

공정거래위원회는 위원장 1인 및 부위원장 1인을 포함한 9인의 위원으로 구성하며, 그중 4인은 비상임위원으로 구성된다. 공정거래위원회의 상임위원과 비상임위원은 일정한 법적 자격을 갖춘, 독점규제 및 공정거래 또는 소비자분야에 경험 또는 전문지식이 있는 자 중에서, 위원장과 부위원장은 국무총리의 제청으로 대통령이 임명하고 기타 위원은 위원장의 제청으로 대통령이 임명 또는 위촉한다(독점규제법 제37조 제1, 2항).

현재 공정거래위원회의 구성을 보면 위원장, 부위원장 및 내부 3인의 상임위원 외에 4인의 외부 비상임위원에는 경제학을 전공한 학자 2명과 법학을 전공한 학자 또는 법조 실무자 2명으로 되어 있는데, 이것이 바로 전문가들의 의견을 최대한 반영하여 공정거래법을 집행하고자 하는 제도적인 장치라고 할 것이다.[19]

공정거래위원회의 위원장, 부위원장 및 다른 위원의 임기는 3년으로 하고, 1차에 한하여 연임할 수 있다(독점규제법 제39조). 공정거래위원회의 위원은 금고이상의 형의 선고를 받은 경우, 장기간의 심신쇠약으로 직무를 수행할 수 없게 된 경우를 제외하고는 그 의사에 반하여 면직되지 아니한다(독점규제법 제40조). 한편 공정거래위원회의 위원은 정당에 가입하거나 정치운동에 관여할 수 없다(독점규제법 제41조).[20]

(4) 현행 공정거래위원회의 조직에 있어서, 과연 독립성의 보장이라는 측면에서 실상은 어떠하고 문제점은 무엇이며 그 개선책은 무엇인가?

---

19) 공정거래위원회의 구성에서 비상임위원제도를 두고 있는 것은 다른 나라에서 선례를 찾기 어려운 특징 중의 하나다. 그 제도의 취지는 전문적이고 중립적인 외부 인사를 공정거래위원회의 의사결정과정에 참여시킴으로써 공정거래법 집행업무의 독립성과 공정성을 도모하고 나아가 공정거래위원회의 결정에 대한 신뢰감을 제고하고자 한 것으로 이해할 수 있다.

20) 1981.4.1. 독점규제법의 시행 후 1981.5.7. 경제기획원에 공정거래위원회가 창설되었는데, 그 당시 공정거래위원회는 위원장(경제기획원차관이 겸임)을 포함하여 5명(3인 상임위원, 2인 비상임위원)으로 구성되어 경제기획원장관의 업무에 대한 심의·의결기구로서 기능하였다. 1989년 전국 대형백화점들의 사기세일사건을 계기로 1990.1.13. 법률 제4198호로 독점규제법이 전문개정 되면서 합의제 독립행정기관으로서의 공정거래위원회가 새롭게 탄생하여 현재까지 그 골격을 유지하고 있다. 차관급 정무직의 위원장과 부위원장, 상임위원 3인, 비상임위원 2인 등 7인의 위원으로 구성되었다. 1994.12.23. 개정법률에 의하여 국무총리 소속 하에 독립적인 중앙행정기관으로서의 위상을 갖추었고, 1996년 위원장 직급이 장관급으로 격상되었다가, 1996.12.30. 개정법률에 의하여 장관급 정무직의 위원장과 차관급 정무직의 부위원장, 3인의 상임위원, 4인의 비상임위원 등 9인의 위원으로 구성되어 현재에 이르고 있다. 공정거래위원회의 구성 등에 관하여는 독점규제법의 위임에 따라 1981.4.3. 공정거래위원회직제(대통령령 제10272호)가 제정되었고, 2008.2.29. '공정거래위원회와 그 소속기관 직제'로 전부개정 되었다[자세한 것은 위 주 1) '공정거래위원회 30년사' 2면 이하 참조].

공정거래위원회의 조직 및 운영상의 독립성을 보장하기 위한 위와 같은 제도적인 규정들에 대하여 지금까지 많은 사람들이 간단없이 회의적인 시각에서 문제점을 지적하여 왔는데, 아래에서 몇 가지의 쟁점별로 간략히 살펴보기로 한다. 여기서는 주로 현행 공정거래위원회의 구성에 대한 문제점을 살펴보고, 나아가 바람직한 공정거래위원회의 조직 및 구성은 아래에서 보게 될 준사법기능과 관련되기 때문에 거기에서 종합적으로 논의하기로 한다.

2. 위원장, 부위원장, 위원의 임명절차 및 임기에서의 문제

(1) 공정거래위원회의 독립성을 보장하기 위해서는 가장 먼저 고려할 것이 위원장, 부위원장 및 위원의 임명절차 및 임기 등에서 대통령으로부터 독립을 기할 수 있도록 제도적인 장치를 마련하는 것이다. 나라마다 문화가 다르고 역사가 다르기 때문에 하나의 정답은 없다. 다만 비교법적으로 검토하고 문제점을 충분히 헤아려서 가장 합리적인 제도를 만드는 것이 중요할 것이다.

여러 면에서 독립성에 관한 한 지나치다고 비판되기도 하는 미국의 예는 우리에게 가장 주목하여야 할 참고자료다. 미국에서의 제도를 요약하면, 위원의 임명에서 의회의 인준을 받는 것이고[21] 임기를 대통령보다 길게 하면서 임기시차제 staggered term를 도입하여 위원들의 임기가 동시에 종료되지 않으면서 동일한 대통령에 의하여 모든 위원들이 임명되는 일이 없도록 보장하고 있다는 점이다.

(2) 우리나라는 어떠한가?

우선 임명절차에 있어서 장관급인 위원장에 대해서는 2012.3.21. 독점규제법 제37조 제2항의 개정에 의하여 국회의 인사청문절차를 거치도록 되었지만, 나머지 부위원장 및 위원에 대해서는 국회의 인사청문절차 등이나 기타 임명권자로부터의 독립을 보장하는 제도적 장치가 없다는 것이 가장 큰 문제점이다. 우리의 정치문화에서 국회의 인사청문절차가 아직 일반화되지 않았음을 감안할 때 국회의 인사청문절차 도입이 반드시 필요한가 하는 의문이 없지 아니하고 당장 도입이 용이한 것도 아니지만, 인사권자로부터의 독립을 보장하는 것은 가장 시급히 해결하여야 할 과제임을 부인할 수 없다.

다음으로 위원장, 부위원장 및 위원의 임기에 있어서도 대통령 임기와의 상관

21) 이 점은 일본 등 다른 선진국에서도 동일하다.

관계 등에 대한 고려와 대책이 전혀 없어서 이 점은 시급히 개선되어야 한다. 3년 임기에 1차 연임 가능이라는 현행 제도가 갖는 순기능을 완전 부인할 수는 없지만, 근본적으로 연임제도는 순기능보다는, 3년 임기 만료 후의 연임을 염두에 둔 임명권자 눈치 보기라는 역기능이 더 문제라고 할 수도 있어서 재고하여야 할 것으로 생각되고, 나아가 3년의 임기는 대통령의 임기 등과 관련하여 너무 짧기 때문에 5년 정도로 연장하는 것이 바람직할 것이다. 외국의 사례를 보더라도 연임제도는 우리나라에 특유한 제도이고, 대부분 3년보다 긴 임기를 두고 있음을 알 수 있다.

(3) 물론 위와 같은 임명절차 및 임기의 문제는 지금의 공정거래위원회 조직에 관한 제도를 그대로 둔 채 논의하기에는 현실적으로 어려움이 상당하다. 즉, 위원들 중 상임위원들 직급이 1급에 불과하고 기존의 행정관료들이 승진하여 임명되며 비상임위원 4명을 포함하여 위원장 및 부위원장 등 모든 공정거래위원회의 구성원이 9명이나 되는 현 상황에서, 위원장, 부위원장 및 위원들의 임명에 국회의 인사청문 등을 받게 하고 임기를 3년보다 연장한다는 것은 그리 간단한 것은 아니다.

따라서 이 문제는 공정거래위원회의 조직에 대한 근본적인 검토를 거쳐 이를 혁신하면서 한꺼번에 해결하여야 할 과제라고 생각된다. 위원장을 포함한 위원의 숫자를 5인 정도로 줄인 후 모두 상임화 하고 직급을 위원들의 경우 차관급으로 격상하는 등의 조치가 반드시 선행되어야 할 것이다. 외국의 사례나 국내 다른 기관과의 비교법적 고려에서도 결코 명분이 떨어지지 않는 필요불가결한 문제로 생각된다.

나아가 위원장 및 부위원장, 그리고 위원들의 임기가 법령화 되어있음에도 불구하고 정권이 교체될 때마다 그 법령의 규정이 지켜지지 아니한 채 여러 계통으로부터의 압력에 의하여 중도에 사임하는 사례나 내부 인사적체로 관행에 의하여 스스로 사임하는 사례 등 법령 외적인 사유에 의하여 법령의 규정이 지켜지지 아니하고 법령 규정의 실효성이 없다는 현실적인 문제점의 개선도 반드시 우리가 이룩하여야 할 과제임을 지적하고 싶다.

3. 공정거래위원장의 국무회의 참석 문제

독점규제법에 의하면 공정거래위원회를 국무총리 소속하의 중앙행정기관으로 규정하고, 공정거래위원장이 국무회의에 출석하여 발언할 수 있도록 함을 물론 실제 운영에 있어서도 공정거래위원장은 정부의 여러 경제부처장관 중 한 사람으로 활동하고 있다.[22)]

대통령이나 행정부로부터의 독립성 면에서 개선하여야 할 대목인데, 이에 대하여는 견해가 나뉜다. 우리나라 공정거래위원회의 소관업무 중 행정집행적 기능을 고려하면 위원장이 국무회의에 참석하는 것이 이상할 것이 없고, 오히려 공정거래법 집행의 실효성이나 정책적인 고려에서 바람직하다는 견해가 있을 수 있다.

그러나 우리의 경우 공정거래위원회는 공정거래법 위반사건의 조사와 심의·의결이라는 보다 중대한 업무를 담당하고 있고 그 총괄업무를 위원장이 관장하고 있기 때문에, 위원장이 국무회의 참석 등 일반 행정부처와의 공조에 참여한다는 것은 적어도 준사법기능의 수행에 있어서는 독립성 등과 관련하여 결코 묵과할 수 없는 문제이다.

감사원의 사례처럼 위원장이 아니라 공정거래법 위반사건의 심의·의결에 관여하지 않는 사무처장이 국무회의에 참석한다거나, 아래에서 별도 검토하듯이 공정거래법 위반사건의 처리를 위한 별도의 제도적 장치를 마련한다는 등의 근본적인 대책이 필요하다.

4. 위원장, 부위원장 및 위원 식의 계급적 구성에 대한 비판

(1) 위 행정위원회 일반론에서 본 바와 같이 공정거래위원회 도입의 취지나 목적에 비추어 본다면 위원간의 대등성 면에서 볼 때, 공정거래위원회의 구성에서 위원장이나 부위원장, 위원의 구별 없이 일단 위원을 임명한 후 그 위원들 중에서 위원장을 호선하도록 하는 것이 더 바람직할 수 있다. 실제 우리나라의 각종 위원회 중에서 그러한 형식으로 구성되고 운영되는 경우가 많다.

---

22) 미국의 경우 5인의 연방거래위원회 위원들을 대통령이 임명함에 있어서 상원의 동의를 받도록 하고, 대통령은 임명권 외에는 업무상의 지휘 감독권이 없으며, 임기에 있어서도 7년으로서 대통령보다 길게 제도화하고 동일 대통령에 의하여 모든 위원들이 한꺼번에 임명되지 않도록 교차임기제를 도입하는 등 연방거래위원회의 조직 및 운영에 있어서 독립성과 공정성을 보장하기 위한 다각도의 제도적 장치를 마련하고 있음은 이미 본 바와 같다.

위와 같은 형식의 제도가 행정위원회의 본질이라고 할 수는 없고 경우에 따라 다르다. 국내외적으로 위원장의 경우 위원회의 대표와 의전 등의 현실적인 필요에 의하여 임명 및 직급 등에서 위원들과 차이를 두는 것은 어쩔 수 없는 것으로 받아들여지고 있다.

다만 공정거래위원회가 위원장, 부위원장, 상임위원 등의 계급적 구성과 상임위원의 내부 승진제도 등과 관련하여 사실상 독임제와 같이 운영되어 왔다는 과거의 비판 등을 감안할 때, 이 역시 적어도 공정거래법 위반사건의 처리라는 준사법기능의 수행에 관한 한 계급적 구성은 재고되어야 하고, 따라서 특히 부위원장 제도는 존치할 필요가 없다고 할 것이다. 많이들 주장하는 것처럼 상임위원의 직급을 최소한 차관급으로 상향하고 위원장 및 위원이라는 형식의 구조로, 가능한 한 계급적 구성을 폐지하는 것이 바람직할 것으로 생각한다.

(2) 현재 공정거래위원회의 경우 상임위원은 모두 내부 공무원 중에서 승진시켜 임명한다. 아래에서 준사법기능의 수행과 관련한 공정성 면에서 문제점을 지적하듯이, 소추기능과 심판기능의 분리라는 측면에서 제도적으로 중대한 문제점을 가지고 있다. 위원들의 상임화와 직급 상향조정 등의 문제와 상관관계가 있지만 제도적으로 개선하여야 할 과제이다.

5. 비상임위원 제도 등의 문제

(1) 공정거래위원회의 구성에 있어서 비상임위원제도를 두고 있는 현행 제도에 대해서도 비판이 많다.

공정거래위원회가 단순한 자문기구나 심의기구가 아니라 의사결정을 하고 집행하는 합의제 행정기관이고, 공정거래위원회의 업무가 지극히 복잡 다양하여 고도의 경제적 분석 및 법률적 판단을 요구함에 비하여 비상임위원들의 경우 이에 전념할 수 없다는 한계가 있어서, 필요 충분한 업무 수행이 과연 가능한지 의문이라 하지 않을 수 없다. 공정성면에서도 외부의 각종 이해집단에 비교적 노출이 용이한 비상임위원들의 경우 위험성이 상존하고, 비상임위원들 본연의 업무와의 충돌이나 중복 등으로 인한 문제점이 많다.

(2) 다만, 현행 비상임위원제도는 다음에서 보는 공정거래위원회의 공정성면에서 소추기능과 심판기능의 혼합으로 인한 문제점을 해소하기 위한 기능을 수행하

고 있고 충분히 일리 있는 것이어서, 이 점에 대한 해결책 없이 쉽게 폐지만을 주장할 수는 없다. 문제는 공정거래위원회 내부에서의 밀실처리에 대한 문제점을 해소하기 위하여 외부의 인사를 참여시키고자 하는 본래의 취지를 어떻게 살릴 것인가 하는 것인데, 다른 방면의 제도적 장치(예컨대, 대통령, 국회, 대법원의 추천제도 등) 등에 대하여 심도 있는 연구가 필요하다.

(3) 한편 공정거래위원회 위원들의 수 9명에 대해서도 비판이 있다.

공정거래위원회 사건의 성격상 복잡 다양한 사건을 심도 있게 심의하고 결정하기 위한 구성원으로서 9명은 너무 많다. 특히 주심위원 외에 8명의 다른 위원들의 경우 안건 검토를 충실히 하지 못한다는 현실적인 사정을 감안하면, 9명의 수는 너무 많고 특히 비상임위원 4명도 너무 많다. 공정거래위원회의 사건을 처리함에 있어서 사안의 성격이나 규모 등을 감안할 때 심도 있는 검토 없이 만연히 9인의 구성원으로 다수의 견해에 따라 의사결정을 한다는 것은 비효율적일 뿐만 아니라 실체적 정의에도 반할 수 있다. 합리적인 범위를 초과하는 다수의 위원들에 의한 결정의 경우 책임의 분산으로 인한 위원들 간 책임의식의 희석이라는 단점도 있다. 보다 많은 다수의 위원들이 관여하여 다양한 의견을 들은 후 다수결에 의하여 결정하여야 하는 사안이 있을 수 있으나 공정거래위원회의 업무는 그러한 것과 친하지 않다.

바람직한 것은 미국이나 일본처럼 5인 정도의 위원으로 구성하되 모두 상임화하고 지위를 지금보다 격상시키며(감사원처럼) 임명 절차에서 개선점을 찾을 필요가 있다. 이러한 방향으로 개선이 되지 않는다면, 지금의 비상임위원들을 포함한 위원회의 구성을 기본으로 하여 다음에서 보는 바와 같이 '원칙적 소회의, 예외적 전원회의' 등의 방향으로 개선하여야 한다고 생각한다.

V. 준사법기관으로서의 기능

1. 개 론

(1) 공정거래위원회의 준사법기관으로서의 기능은 공정거래위원회가, 공정거래법 위반혐의로 조사된 사건에 대하여 증거에 의하여 사실관계를 인정한 후 이에

법률을 적용하여 심결이라는 형식으로 시정명령 등의 조치를 취하는 일련의 절차를 말한다. 한 마디로 행정기관에 의한 사법작용을 말하는 것으로서, 법원에서 행하여지는 민・형사 사건의 처리절차와 유사한 기능이므로 이를 준사법기관으로서의 기능이라고 하는 것이다.

(2) 공정거래위원회의 준사법기관으로서의 기능과 관련하여 독점규제법 제49조 이하, 같은 법시행령 제54조 이하의 규정과 앞서 본 '사건절차규칙' 등이 있다. 위 법령과 규칙 등을 보면, 우선 독점규제법 제49조에서 제55조의8까지의 규정이 있고, 전담기구인 공정거래위원회의 조직 및 운영에 관한 규정인 독점규제법 제35조 내지 제48조에서 약간의 관련규정이 있을 뿐이다. 공정거래위원회의 준사법기관으로서의 업무의 성격과 내용을 감안하면 그 절차 등을 규율하는 규정으로는 지극히 부족하다.

이에 공정거래위원회는 독점규제법 제48조 제2항 및 제55조의2의 위임에 따라 '사건절차규칙'을 제정, 고시하여 시행하고 있는바, 그 규칙에는 총 76개 조항의 본문과 별도의 부칙 등을 두고 있고, 내용을 보면 공정거래위원회의 전원회의 및 소회의 등 회의운영에 관한 규정 외에 사건처리절차 등에 관하여 민사소송이나 형사소송 등에 준하는 비교적 상세한 규정을 두고 있다.

독점규제법에는 관련규정으로서 제43조 제1항에서 "공정거래위원회의 심리와 의결은 공개한다, 다만, 사업자 또는 사업자단체의 사업상의 비밀을 보호할 필요가 있다고 인정할 때에는 그러하지 아니하다"라고 하고, 제2항에서 "공정거래위원회의 심리는 구술심리를 원칙으로 하되, 필요한 경우 서면심리로 할 수 있다"라는 규정과, 제52조 제1항에서 "공정거래위원회는 이 법의 규정에 위반되는 사항에 대하여 시정조치 또는 과징금 납부명령을 하기 전에 당사자 또는 이해관계인에게 의견을 진술할 기회를 주어야 한다", 제2항에서 "당사자 또는 이해관계인인은 공정거래위원회의 회의에 출석하여 그 의견을 진술하거나 필요한 자료를 제출할 수 있다"는 규정 정도를 두고 있을 뿐이고 대부분은 규칙에 일임된 상태이다. '사건절차규칙'에 보면 증거조사 등의 규정을 둠으로써 일반 민사소송의 경우와 유사한 절차진행을 예정하고 있다.

(3) 공정거래위원회의 사건처리절차가 준사법기관의 업무라는 특성을 가진다는 점에 대하여 독점규제법 및 관련규정 등에 명문의 규정이 있는 것은 아니다.

앞서 본 것처럼 독점규제법에 의하면 제52조 제1항에서 “공정거래위원회는 이 법의 규정에 위반되는 사항에 대하여 시정조치 또는 과징금 납부명령을 하기 전에 당사자 또는 이해관계인에게 의견을 진술할 기회를 주어야 한다”, 제2항에서 “당사자 또는 이해관계인은 공정거래위원회의 회의에 출석하여 그 의견을 진술하거나 필요한 자료를 제출할 수 있다”는 추상적, 선언적인 규정을 두고 있을 뿐이다.

그러나 이는 ‘누구든지 변명의 기회를 부여받지 아니하고는 비난당하지 아니한다’는, 세계적으로 인정되는 적법절차에 관한 자연적 정의의 하나를 선언한 것으로서, 행정절차법에서도 인정되고 있고 일반 독임제 행정기관의 경우에도 행정처분을 하기 전에 사전 고지 및 청문을 행하는 등 일정한 절차를 거쳐야 한다. 따라서 공정거래위원회가 시정명령 등 규제를 하기 전 심판정에서 시행하는 일련의 절차도 바로 일반 행정처분의 경우에 시행하는 청문 등의 절차와 동일 또는 유사한 사전절차에 불과하다고 할 수도 있는 것이다.

그렇다면 공정거래위원회가 시행하는 공정거래법의 집행절차가 일반 행정절차와 다른 점은 무엇인가? 그 근거는 어디에 있는가?

(4) 우리가 공정거래위원회를 준사법기관에 해당한다고 인정하는 것은 우선 연혁적인 이유에서다. 이미 살펴 본 바와 같이 우리의 공정거래위원회는 미국의 독립규제위원회를 모델로 한 것인데, 미국에서 발달한 독립규제위원회라는 개념은 어떤 고유한 행정분야에서 행정수반의 지휘·감독으로부터 독립하고 계층적 행정조직으로부터 일정한 독립적 지위를 가지며, 일정한 권한과 책임이 부여되는 행정집행적, 준입법적, 준사법적 기능을 통합적으로 보유하는 합의제 행정청을 의미한다.

나아가 독점규제법 제55조는 독점규제법에 의한 공정거래위원회의 처분에 대하여 불복의 소를 제기하고자 하는 경우 그 소는 공정거래위원회의 소재지를 관할하는 서울고등법원을 전속관할로 한다고 규정함으로써 특별히 2심제를 채택하고 있는바, 이는 바로 공정거래위원회의 처분절차가 3심제에 있어서 법원의 1심에 해당함을 입법적으로 뒷받침하는 것이다.[23)]

---

23) 비교법적으로 보더라도, 미국의 경우 연방거래위원회의 결정에 대하여 이의가 있는 경우 피심인은 의결서를 송달받은 지 30일 이내에 연방항소법원에 불복의 소를 제기할 수 있는데, 연방지방법원이 아닌 연방항소법원에 소송을 제기하도록 하는 것은 연방거래위원회를 사실상 1심 법원에 해당하는 것으로 취급하는 것이다. 연방거래위원회법에 의하면 증거에 의하여 뒷받침되는 경우 위원회의 사실인정은 결정적(conclusive)이라고 규정하는바, 이는 바로 소위 ‘실질적 증거의 원칙’을 선언하는 것으로 해석한다. 일본의 경우에도 원래는 우리와 같이 公正取引委員

결국 우리나라 공정거래위원회의 절차가 준사법기관에 해당한다는 점에 대하여는 이론적으로나 입법적으로 의문의 여지가 없고 이를 부인할 수 없다.[24)]

2. 최적의 준사법기관의 구성

(1) 심의에서의 대심구조 문제

공정거래위원회는 기본적으로 공정거래법 소정의 관련업무를 관장하는 행정기관이자 공정거래법 위반사건을 조사한 후 심결을 통하여 그 시정 등을 명하는 기능을 수행하는 준사법기관에 해당한다. 따라서 공정거래위원회는 반독점과 각종

會의 결정에 대하여 불복하는 경우 東京高等裁判所에 소송을 제기하도록 하는 한편, 실질적 증거의 원칙에 따라 당해 사건에서 公正取引委員會가 인정한 사실은 그것이 실질적 증거에 입각하는 경우 裁判所를 구속한다고 규정함으로써 公正取引委員會를 사실상 1심법원으로 대우하고 있다가 몇 년 전 소송제기에 대하여는 3심제로 변경하였다. 우리나라에서도 공정거래사건의 2심제에 대하여 일반 행정소송의 경우와 같이 3심제로 변경하여야 한다는 비판이 계속 중인데, 2심제를 채택한 이론적 근거나 각국의 입법례 등에 비추어 볼 때 신중하게 접근하여야 할 것으로 생각한다.

24) 사법부가 아닌 행정부에서 사법기능을 수행하는 점에 대하여 국내외적으로 3권분립이나 적법절차의 원리 등에 반한다는 위헌논의가 계속되어 왔다. 이에 대하여 미국, 일본 등에서 합헌성을 인정하고 있고, 우리나라의 경우에도 헌법재판소 2003.7.24. 2001헌가25 결정에서 합헌이라고 선언하였다. 그러나 위 합헌론은 만장일치가 아니고 4명의 소수반대의견이 있었는바, 그 소수의견은 경청할 만하다(다수의견은, 우리나라 독점규제법에서 행정기관인 위원회로 하여금 과징금을 부과하여 제재할 수 있도록 한 것은 부당내부거래를 비롯한 다양한 불공정 경제행위가 시장에 미치는 부정적 효과 등에 관한 사실수집과 평가는 이에 대한 전문적 지식과 경험을 갖춘 기관이 담당하는 것이 보다 바람직하다는 정책적 결단에 입각한 것이라 할 것이고, 과징금의 부과 여부 및 그 액수의 결정권자인 위원회는 합의제 행정기관으로서 그 구성에 있어 일정한 정도의 독립성이 보장되어 있고, 과징금 부과절차에서는 통지, 의견진술의 기회 부여 등을 통하여 당사자의 절차적 참여권을 인정하고 있으며, 행정소송을 통한 사법적 사후심사가 보장되어 있으므로, 이러한 점들을 종합적으로 고려할 때 과징금 부과 절차에 있어 적법절차원칙에 위반되었다거나 사법권을 법원에 둔 권력분립의 원칙에 위반된다고 볼 수 없다고 결론을 내린 반면, 소수 의견은, 행정부에 속하지도 않고 사법부에도 속하지 않는 제3의 독립기관에게 이를 맡길 필요성이 있고, 이에 따라 행정권과 사법권으로부터 분리된 독립적 기관으로서 공정거래위원회를 설치하여 독립규제위원회로서 독점규제와 공정거래 유지의 국가기능을 담당하게 하여야 할 것이라는 점에서 공정거래위원회는 당연히 행정적 전문성과 사법절차적 엄격성을 함께 가져야 하며 그 규제절차는 당연히 '준사법절차'로서의 내용을 가져야만 하는 것이라고 준사법기관성을 인정한 후, 우리 공정거래위원회의 경우 조사기관과 심판기관의 미분리, 전문성과 독립성의 미흡, 증거조사와 변론의 불충분 및 이의절차에 관한 절차상의 문제 등과 외국의 입법례 등에 비추어 볼 때 적법절차의 원칙에 위배되어 위헌이라고 하였다).

결국 공정거래위원회의 준사법기능에 대하여 역사적, 정책적인 이유 등에서 그 합헌성은 인정하되, 행정적 전문화의 요청에다가 나아가 사법적 엄격화의 요청을 최대한 보장할 수 있도록 제도적, 실무적으로 노력하여야 하고, 만약 그러한 방향에서 어긋나면 오히려 적법절차의 원칙 등 헌법상의 원칙에 반하여 위헌일 수 있다는 결론이 된다.

공정거래에 위배되는 행위를 규제함에 있어서 당해 사업에 관련된 경제적 상황, 위반행위가 시장에 미치는 경제적 영향, 개별 기업의 구체적 상태 등을 신속, 정확히 파악하여 적정하고 신속한 대책을 제시할 수 있는 전문성을 갖추어야 하므로 이 점에서는 규제기관으로서의 행정적 전문화가 요청되고, 다른 한편 부당공동행위나 불공정거래행위의 규제가 대상 기업의 경제적 자유와 재산권에 미칠 수 있는 치명적인 침해의 심각성에 상응하여 사전고지와 청문, 엄격한 사실인정과 공정한 판단 등을 보장하는 절차적 엄격성이 보장되어야 하므로 이 점에서는 규제기관으로서의 사법적 엄격화가 요청된다.[25]

따라서 공정거래위원회의 심결이 행정처분으로서의 기본적인 성격을 가지면서도 일반 사법기관의 업무처리에서처럼 당사자나 이해관계인 등의 권리보호 등의 면에서 절차적 정당성을 보장하도록 적절한 심결구조와 절차를 어떻게 구성하고 이행할 것인가, 즉 어떻게 하면 사법절차로서의 공정성이라는 장점과 행정절차의 효율성이라는 장점을 적절히 조화시킬 것인가 하는 것이 핵심과제로 된다.

이에 관련해서는 원래 연혁적으로 두 가지의 입법례가 있다. 그 하나는 소위 규문주의로서 소추기관과 심판기관을 분리하지 않고 동일한 기관에서 담당하는 것이고, 다른 하나는 소위 탄핵주의로서 소추기관과 심판기관을 분리하여 소추가 있어야만 심판이 비로소 개시되는 구조를 말한다. 세계 각국의 입법례를 보더라도 상당한 나라(캐나다, 호주, 스페인 등)에서 소추기관과 심판기관을 분리하여 심판기능을 특별법원 또는 별도의 행정기관으로 하여금 관장하도록 하는 법제가 있지만, 미국이나 일본 등 선진국들의 사례에서처럼 소추기능과 심판기능을 하나의 기관에서 담당하도록 하는 규문주의가 보편적이다.

이는 기본적으로 대부분의 나라에서 미국에서 발달한 독립규제위원회의 모델을 채택하고 있기 때문이기도 하고, 다른 한편으로서는 공정거래법 집행업무 자체가 갖는 특성, 즉 고도의 효율성, 전문성 등을 필요로 하기 때문에 전통적인 삼권분립원칙 하에서의 별도의 심판기관을 전제로 하기는 곤란하다는 데에 기인한다.

그런데 위에서 본 규문주의를 채택하더라도, 나아가 행정청 대 사인 간의 2면구조의 절차를 통하여 행정처분을 할 것인지, 소추자, 피심인, 주재자 간의 3면대심구조의 절차를 통하여 행정처분을 할 것인지 하는 것은 별도의 문제이다.

25) 헌법재판소 2003.7.24. 2001헌가25 결정 참조.

입법례를 보면, 동일한 기관이 소추기능과 심판기능의 두 기능을 담당하더라도 대부분의 국가에서는 내부조직상 직능을 분리하여 소추자, 피심인, 그리고 주재자의 3면 대심구조를 취하는 것이 대세이고, 종전 2면 구조를 취하였다가도 대심구조로 변경하고 있는 추세에 있다. 이는 공정거래법 집행기관이 준사법기관의 기능을 담당한다는 점을 염두에 둔다면 당연한 것이기도 하다고 생각한다.

규문주의의 장점은 하나의 기관에 의하여 통일적, 효율적 법집행이 가능하다는 것이고, 탄핵주의의 장점은 사법적 공정성의 확보에 유리하다는 것이다. 따라서 행정기관으로서의 기능을 강조하면 규문주의를 취하게 될 것이고, 준사법기관으로서의 기능을 강조하면 탄핵주의를 취하게 될 것이다.

현행 공정거래위원회는 조사 및 소추기능과 심결기능이 하나의 기관에 통합된 규문주의를 취하고 있다. 즉, 공정거래위원회는 공정거래법 위반사건에 대하여 직권 또는 신고에 의하여 조사를 개시하여 소추여부를 직접 결정하고 소추된 사안에 대하여 직접 심판자로서 결정한다. 이러한 구조를 취한 것은 공정거래위원회가 스스로 그 분야에서 전문적인 지식과 경험 등을 바탕으로, 시장에서 공정하고 자유로운 경쟁질서를 촉진한다는 공정거래법상의 공익목적을 실현하기 위하여 소추자로서 그리고 심판자로서 적절하고 신속하며 통일적인 업무를 수행하는 것이 중요하다고 하는 공감대에서 나온 것으로 이해된다.

공정거래위원회를 준사법기관으로 정의한다 하더라도 규문주의가 아닌 탄핵주의를 채택하여야 한다는 결론이 되는 것은 아니지만, 한편 규문주의를 채택한다 하더라도 준사법기관으로서의 의의를 손상시키는 것은 곤란하다. 세계적으로도 규문주의를 채택하되, 대심구조 등을 강화하고 사법행위에 버금하는 절차를 도입함으로써 준사법기관으로서의 의미를 강화하는 방향으로 나아가고 있는 것이 대세이고 특징이다.

(2) 공정거래위원회의 공정성 강화

이미 공정거래위원회의 독립성에 대하여 논의하였거니와, 공정거래위원회의 준사법기능에 있어서 독립성과 공정성은 핵심 중의 핵심이고 본질적 내용이다. 공정거래위원회가 그의 준사법기능을 제대로 수행하기 위해서는 우선 제도적으로 조직상의 독립성이 보장되어야만 한다. 이에 대해서는 이미 살펴보았으므로 여기서는 기타 독립성과 공정성에 대하여 논의하고자 한다.

비교법적으로 보아도, 세계적으로 공정거래법 집행기관은 적어도 심판기능, 즉 준사법기관으로서의 기능과 관련해서는 그 독립성을 보장하기 위해서 부단히 노력하고 있고, 각국 별로 차이가 있지만, 우리나라의 국제적 위상이나 공정거래법 집행기관의 위상 등을 감안할 때 심판기능에 관한 한 공정거래위원회의 독립성은 상당히 부족하고 개선할 점이 많음을 강조하고자 한다.

우리는 미국식 공정거래위원회를 모델로 하고 있으나 실제로는 미국식과 많이 다르다. 즉, 미국식의 경우 비록 규문주의를 취함으로써 공정거래위원회에 조사, 소추기능과 심결기능을 통합시키되 소위 행정법판사제도를 통하여 내부적으로 두 개의 기능을 엄격히 분리하여 운용하고 있다. 세계적으로 보아 공정거래법 위반사건의 경우 소추기관과 심판기관을 아예 분리하여 운용하는 나라가 있지만, 다수는 하나의 기관에서 관장하되, 내부적으로 두 개의 기능을 엄격히 분리함으로써 가능한 한 준사법기능의 수행을 독립적으로 수행하면서 공정성을 기하고자 노력하고 있다는 데에 특징이 있다.

결국 공정거래위원회의 독립성과 공정성과 관련하여 소추기관과 심판기관의 융합이 가장 큰 문제점으로 지적되고 있고,[26] 이를 해소하는 방안이 무엇인지에 대하여 논의와 정책이 집중되어 있다.

우리나라의 경우 실상은 어떠한가? 우선 우리나라의 경우 형식적으로는 위에서 본 3면 대심구조를 취하고 있다. 그러나 소추자와 주재자 사이의 분리, 독립성이 지극히 취약하다. 상임위원의 경우 내부, 즉 소추자 중에서 승진하여 임명되고 있고, 심판 업무를 보좌하는 직원들과 소추자 직원들과의 분리가 자격, 인사관리 등의 면에서 전혀 되어있지 않다. 공정거래위원회의 위상을 생각할 때 업무의 공정성과 독립성 면에서 유래를 찾기 어렵다.

그러한 측면에서 미국이나 일본의 사례에서 보는 행정법판사Administrative Law Judge나 심판관제도의 도입이 논의되고 있다. 미국의 경우 연방거래위원회의 위원 외에 별도의 행정법판사 제도를 두고, 일본의 경우 역시 위원 외에 별도의 심판관 제도를 두고 있으며,[27] 유럽연합의 경우에도 경쟁담당 위원 외에 청문주재관

26) 위 헌법재판소 결정의 소수의견에서도 이 점을 우선 지적하고 있고, '누구든지 자기사건의 재판관이 될 수 없다'는 적법절차에 관한 자연적 정의에 비추어서도 문제가 된다.

27) 미국의 경우 행정법판사는 일차적으로 모든 심판절차를 주재하여 일차결정(Initial Decision)을 내리며, 불복하는 측의 재심요청이 있거나 직권검토로 일정한 절차를 거쳐 연방거래위원회의 최종결정(Final Decision)이 내려지고 그러한 절차가 없는 경우 일차결정이 그대로 확정된다.

제도, 독일의 경우 연방거래청 산하의 심판부 제도를 두고 있으면서, 나라마다 정도의 차이는 있지만 인사 및 업무수행 등에 있어서 다른 직원들과의 분리·독립 원칙을 마련 시행하고 있는 것이 대세이고 특징이다.

그러나 우리나라의 경우 공정거래위원회의 조직과 운용에 있어서 외국과 다르고 여러 가지 요소를 종합하여 검토하여야 하므로 심판관 제도 등의 도입에 대하여 한 마디로 논의하기는 곤란하다. 중요한 것은 지금과 같이 행정집행기능과 준사법기능을 통합하여 수행하면서 제도적으로 대통령으로부터의 독립에 있어서 취약할 수밖에 없는 제도를 그대로 가지고 계속하여 공정거래법 위반사건을 처리한다는 것은 그 어느 명분으로도 합리화될 수 없다. 다시 강조하거니와 준사법기능의 수행에서 어떻게 하는 것이 가장 독립성과 공정성을 기할 수 있는 제도인지 최대공약수를 찾아 제도적으로 개선하여야 한다.

우리나라에서는 공정거래위원회 소회의 구성이 특징이다. 이를 두고 선진국의 행정법판사나 심판관제도, 심판부 등에 관련시켜 생각하려는 견해가 있는 것이 사실이다. 그러나 소회의의 구성이 우리나라에 특유한 제도라는 점에서 이를 여하히 운용하느냐에 따라 외국의 행정법판사 등의 제도를 대신할 수도 있을지 모르나 현재의 실제 운용은 이와 거리가 멀다.[28)]

따라서 현행 공정거래위원회의 조직을 전제로 공정성을 제고하는 방안을 생각하여 본다면, 극히 예외적인 사건(예컨대, 기업결합 심사사건 등 일부사건과 전원회의에서 사안의 중대성을 등을 고려하여 특별히 직접 심리할 것을 결의한 경우 등)을 제외하고는 원칙적으로 모든 공정거래법 위반사건을 소회의에서 취급하고, 전원회의는 소회의에서 전원합의에 이르지 못한 경우 및 소회의 등의 의결에 대한 이의신청 사건 등만을 취급하는 것이다.[29)] 현행 공정거래위원회의 구성을 그대로 둔 채 별도의 행정법판사나 심판관제도 등을 도입하는 것은 적절치 않다고 생각한다.

한편 일본의 경우에도 이와 유사하게 심판관이 모든 심판절차를 주재하여 일차 심결안을 작성하여 위원회에 보고하면 이의신청이나 직권검토에 의하여 최종 심결을 하게 된다.

28) 현행 전원회의의 운영은 지극히 비효율적이어서 '사건절차규칙'대로의 시행을 불가능하게 만드는 요인이 되고 있다. 1996.11.19. 소회의를 추가로 설치하는 독점규제법 개정 법률안 제안 시에도 '공정거래위원회의 회의를 효율적으로 운영하기 위하여 법령 등의 해석적용에 관한 종전의 의견을 변경할 필요가 있거나 이의신청에 대한 재결을 하는 경우 등은 전원위원으로 구성하는 전원회의에서 심의 의결하도록 하고, 그 외에 일상적으로 발생하는 경미한 사건에 대하여는 위원 3인으로 구성하는 소회의에서 심의 의결하도록 함'이라고 되어 있음을 참고할 필요가 있다.

29) 대법원의 소부와 전원합의체 재판부의 운영방안이 중요한 참고가 될 것이다.

(3) 바람직한 공정거래위원회의 구성방안

앞서 본 공정거래위원회의 독립성과 여기 준사법기능 항목에서 논의된 사항을 종합할 때 바람직한 공정거래위원회의 구성방안은 크게 두 가지로 압축할 수 있다.

첫째, 현행 공정거래위원회의 기본적인 구성을 전제로 할 때, 개선하여야 할 중요한 사항은 극히 예외적인 사건(예컨대, 기업결합 심사사건 등 일부사건과 전원회의에서 특별히 직접 심리할 것을 결의한 경우 등)을 제외하고는 원칙적으로 모든 공정거래법 위반사건을 소회의에서 취급하고 전원회의는 소회의에서 전원합의에 이르지 못한 경우 및 소회의 등의 의결에 대한 이의신청사건 등만을 취급하는 것이다. 이럴 경우 행정법판사나 심판관 제도 등을 도입하는 것은 불필요하다.

이렇게 할 경우 소회의의 구성에 대하여, 가장 합리적이면서 공정성을 기할 수 있도록 하는 제도적 방안이 별도로 강구되어야 할 것이다.[30] 그리고 위원장, 부위원장 및 위원 임명과정에서의 임명권자로부터의 독립문제, 위원장 · 부위원장 및 위원 등 직급의 문제, 임기 문제 등은 물론 해소되어야 할 과제에 해당한다. 그리고 소회의의 구성과 관련하여 보좌인력의 확충이 필요하고, 내부적으로 조사담당 직원과 심판담당 직원간의 인사상의 분리 등 가능한 한 공정성을 확보할 수 있는 방안이 반드시 마련되어야 한다. 나아가 아래에서 볼 위원들의 편면적 접촉의 금지 등도 정립되어야 한다.

위와 같이 소회의를 운영함으로써, 그동안 형해화되어 있던 사건절차규칙 소정의 각종 증거조사나 심의속개제도 등의 활성화를 통하여 전원회의 체제하에서 사실상 불가능하였던 심의의 충실화 내지는 사법절차에 준하는 진행이 비로소 가능하게 될 것이다.[31]

둘째, 위원장을 포함한 공정거래위원회의 위원을 5인 정도로 축소하여 모두 상

---

30) 공정거래위원회는 위원 전원으로 구성하는 전원회의 외에 상임위원 1인을 포함한 위원 3인으로 구성하는 소회의로 나뉘며(독점규제법 제37조의2), 소회의는 상임위원 중 위원장이 지정하는 위원이 주재하도록 되어 있다(사건절차규칙 제6조 제3항). 현재 상임위원 3인을 중심으로 각 1, 2, 3소회의로 구성하고 각 그 상임위원이 1, 2, 3소회의를 주재하고 있으면서 나머지 소회의의 구성원은 그때그때 마다 편의에 따라 구성하고 있는 실정이다.

31) 현행 전원회의의 운영실태를 보면, 간단한 예로 위원장 등 위원 9인의 질문권 행사만 하더라도 1인당 10분씩이면 질문권 행사에만 90분이 소요되고, 중요 안건의 경우 전원회의에서 질문권의 행사와 증거조사, 심의기일 속행 등 일련의 절차를 실제로 사건절차규칙대로 시행하는 것은 현실적으로 무리이다. 이의신청 제도를 통하여 전원회의가 별도의 심의기회를 갖는다는 점도 고려사항이다. 아래에서 보듯이 심의준비절차의 시행이 파행되고 있는 것도 이와 무관하지 않다.

임화하고, 직급을 상향조정하며, 임명상의 독립성을 위한 국회의 동의나 타 기관에 의한 임명제청 등의 방안을 통하여 공정거래위원회를 구성하는 것이다.

이 경우 외국에서의 예처럼 행정법판사나 심판관 제도 등을 도입하여야 한다. 위에서 본 방안대로 임명된 위원 5인으로 하여금 지금 공정거래위원회가 처리하는 업무를 그대로 처리하도록 하는 것은 현실적으로 무리이기 때문이다. 나아가 보좌인력의 확충은 특히 중요하고, 내부적으로 조사담당 직원과 심판담당 직원간의 인사상의 분리 등 가능한 한 공정성을 확보할 수 있는 방안이 반드시 마련되어야 하며, 편면적 접촉의 금지 등도 모두 해당된다.

위에서 본 두 가지의 방안 중 어느 하나가 특별히 더 우수한 제도라고 하기는 곤란하다. 결국 선택의 문제이나, 공정거래위원회에 대한 관심과 기대치의 고취나 비상임위원 제도에 대한 비판 등 기왕의 논의와 경험 등에다가 입법례 등을 종합할 때, 이제 선진 공정거래법 집행기관으로서의 도약을 도모하는 마당에 보다 획기적인 개선방안으로서 두 번째의 방안을 더 긍정적으로 고려함이 어떨까 한다. 아래에서 부연하게 될 공정거래위원회의 절차상의 공정성 제고방안 등의 시행과 관련해서도 근본적인 개선이 요구된다.

3. 공정거래위원회 운영절차상의 문제점들

현재 공정거래위원회가 준사법기관으로서 운영절차상 가장 효율적이고 적법, 타당하게 운용되고 있는가? 특히 위 헌법재판소 결정의 소수의견이 제기한 것처럼, '사법절차적 엄격성'의 측면에서 우리의 현주소를 엄밀히 들여다보고 개선점을 찾아야 할 것이다. 세부적인 몇 가지 쟁점들에 대하여 간략히 언급하고자 한다.

(1) 직원들 인사관리상의 분리

위 바람직한 공정거래위원회의 구성방안 중 어느 것을 선택하건 간에 기본적으로 공정거래위원회는 소추기능과 심판기능의 융합이라는 치명적인 결함이 존재하므로, 이를 가능한 한도 내에서 최대한 해소하기 위한 제도적 장치를 마련하는 것이 필요하다. 즉, 행정법판사나 심판관 제도 등을 도입하여 이에 대하여 인사상의 독립성을 가능한 한 보장하는 것이면 더욱 좋겠지만, 만약 우리나라의 제도처럼 이를 도입하지 아니하고 소회의 체제로 운영한다면 더더욱 소추기능을 담당하는 직원과 심판기능을 담당하는 직원 간의 인사상의 분리 등을 가능한 한 제대로 시행하여 공정거래위원회의 공정성을 도모할 수 있도록 노력하여야 할 것이다. 결국 직원들 인사관리상의 분리문제는 선택의 문제가 아니라 최소한의 필수요건이라고 할 수 있는데, 이에 관하여 1997.4.1. 공정거래위원회 훈령 제15호로 제정되어 시행 중인 '공정거래위원회 소속공무원 인사관리규정'에는 위에서 지적한 공정거래위원회의 독립성이나 공정성에 관한 인식과 규정이 별로 보이지 않는다.

(2) 사건절차규칙의 형해화(形骸化) 해소

현행 공정거래위원회의 사건절차규칙을 보면 총 76개 조항의 본문과 별도의 부칙 등을 통하여 전원회의 및 소회의 등 회의운영에 관한 규정 외에 사건처리절차 등에 관하여 민사소송이나 형사소송 등에 준하는 비교적 상세한 규정을 두고 있다. 공정거래위원회가 준사법기관이고 특히 3심제에서 1심법원의 역할을 담당하고 있다는 점에 기인한다.

그러나 실제 실무에서는 그 규정들이 원래의 취지대로 지켜지지 않고 있음이 엄연한 현실인바, 이는 헌법재판소 결정의 소수의견에서 지적하였듯이 적법절차의 원칙과 관련하여 중요한 문제이다. 심의준비기일과 각종 증거조사에 관한 규정들이 제대로 준수되어야 한다. 현행 공정거래위원회의 구성 하에서는 현실적으로 무리라고 할 수도 있으나 가능한 것마저 시행되지 않는 것도 사실이다. 심의절차를 주관하는 공정거래위원회가 우선적으로 의식의 변화와 함께 관행을 변경하려는 노력을 기울여야 하고, 피심인들 역시 절차개선에 대한 의식 변화와 제도개선에 관심을 기울여야 한다. 결국 공정거래위원회의 구성에 관한 문제와 직결되는 문제라서 근본적인 대책이 필요하다고 본다.

(3) 편면적(片面的) 의사소통의 금지

소추기관과 심판기관의 융합에서 오는 공정거래위원회의 공정성 시비와 관련하여 그 해소책으로 논의되고 방안 중의 하나가 소위 '편면적(일면적) 의사소통의 금지ex parte communication'이다. 편면적 의사소통이란 모든 당사자에게 합리적인 사전 고지 없이 공식기록에 남지 않는 구두 혹은 서면상의 의사소통을 의미한다.[32)]

---

32) 미국 연방행정절차법은 행정청의 직원이 아닌 사람은 위원이나 행정법판사, 기타 결정과정에 관여하리라고 예견되는 직원과 심판절차의 본안에 관련된 일면적 의사소통을 하거나 고의적으

공정거래위원회에서는 2003.10.22.부터 '위원 접견관련 세부시행 방안'이라는 지침을 마련하여 상임위원의 경우 단독 접견은 금지하되 심결보좌담당의 입회제도를 도입, 운영하고 심결보좌담당은 면담일지를 작성하며, 비상임위원의 경우 대면접촉은 원칙적으로 금지하되 부득이한 경우 면담일지를 작성하여 심판행정팀장에게 송부하도록 하였고, 2009.3.2.부터 시행된 공정거래위원회 훈령인 '공정거래위원회 공무원 행동강령' 제9조의2(직무관련자와의 사적인 접촉제한) 제1항에 의하면, "공무원은 직무를 수행함에 있어 당해 직무 개시시점부터 종결시점까지 직무관련자(직무관련자인 퇴직자를 포함한다)와 사적인 접촉을 하여서는 아니 된다. 다만, 부득이한 사유로 접촉할 경우에는 사건 관련 사안이나 법집행 방향에 대하여 이야기를 하여서는 아니 되고, 사전 또는 사후에 직근상급자 또는 행동강령책임관에게 보고하여야 한다"고 규정하고 있다. 그리고 사건절차규칙 제30조의2 내지 제30조의6에서는 심사보고서와 피심인의 의견서 제출 후의 의견청취절차에 관하여, 의견청취절차는 원칙적으로 당해 사건의 주심위원 등, 심사관, 피심인, 심의·의결 업무를 보좌하는 공무원이 모두 참석하여야 진행할 수 있고, 주심위원 등은 의견청취절차를 중립적 입장에서 공평하게 진행하여야 하며, 심사관과 피심인에게 주장의 기회를 동등하게 부여하여야 하고, 심의·의결 업무를 보좌하는 공무원은 의견청취절차의 안건, 일시 및 장소, 참석자, 진행 순서, 심사관과 피심인의 발언 요지 등 주요 내용을 기록·보존하여야 하며, 그 기록을 첫 심의기일 전에 각 회의에 제출하여야 한다고 규정하고 있다.[33)]

그러나 위 규정들의 실효성이 의문이고 규정의 형식도 문제이다. 우리나라와 같이 소추기관과 심판기관이 융합되어 있고 직원간의 인사상의 분리 등이 극히

로 하도록 하여서는 아니 된다고 명문의 규정을 두고 있다. 만약 위원이나 행정법판사, 기타 결정과정에 관여하리라고 예견되는 직원이 외부인사와 심판절차의 본안과 관련된 일면적인 의사소통을 하는 경우에는 관련 모든 서면자료 및 구두로 들은 내용과 자신의 응답내용 일체를 공공기록에 남겨야 한다.

33) 공정거래위원회는 2017.10.25. 공정거래위원회 직원과 외부인의 부적절한 만남을 차단하기 위하여, 자산 5조원 이상 상위 57개 대기업 그룹 계열사의 대관업무 담당자, 매출 100억 원 이상 상위 28개 로펌 소속으로 공정거래위원회 사건을 담당한 경력이 있는 변호사와 회계사들, 57개 대기업과 28개 로펌에 재취업해서 공정거래위원회 관련 업무를 하는 공정거래위원회 전직 직원들에 대하여, 사전에 등록한 사람만 공정거래위원회 직원을 만날 수 있도록 하고, 공정거래위원회 직원들은 이해관계자와 만난 후에는 면담내용을 내부에 보고하도록 의무화 하여 2018.1.1.부터 시행한다고 발표하였는데, 이에 대하여는 사건처리의 공정성과 투명성 확보라는 목적과 취지를 감안하더라도 효과에 비하여 문제점이나 부작용이 크고 법적 근거 없이 국민의 권리를 제한할 가능성이 크다는 비판이 제기된 바 있다.

미흡하며 비상임위원 제도를 두고 있는 상황에서는 일면적 의사소통의 금지제도가 중요하므로, 위 규정 등을 상위 법령에 반영하는 등 그 실효성을 확보할 수 있는 방안을 강구하여야 할 것이다.

(4) 기타 합의의 비공개 및 소수의견 부기제도 등

독점규제법 제43조 제3항은 "공정거래위원회의 사건에 관한 의결의 합의는 공개하지 아니 한다"고 규정하고 있고,[34] 사건절차규칙에 의하면 의결서 및 결정서의 작성 등에 관한 제54조 제3항에서 "의결서 등에는 소수의견을 부기할 수 있다"고 명기하고 있으나,[35] 실제 운영상으로는 거의 지켜지지 않고 있고 향후 개선하여야 할 과제이다. 점차 개선되고는 있으나 완전한 의미의 비공개나 소수의견 부기는 위원들의 상임화와 보좌제도의 확충 등 제도적인 개선이 선행되어야 한다. 공정거래위원회의 조직과 운영에 있어서 독립성과 공정성이 철저히 지켜지지 않고 있다는 반증이 되는 대목이기도 한데, 위원들 개개인의 의지와 노력이 선행되어야 하겠지만 현실적으로 각 위원들을 보좌하는 별도의 개인적인 보좌제도가 완비되어 있지 아니한 데에도 근본적인 원인의 하나로 볼 수 있다.

Ⅵ. 준입법기관으로서의 기능

1. 개 론

(1) 공정거래위원회의 준입법적 기능은 위원회가 소관사무를 처리하기 위하여 필요한 규칙이나 지침 등 일반적, 추상적 규범을 제정하는 기능을 말한다.

헌법에 의하면, 대통령은 법률에서 구체적으로 범위를 정하여 위임받은 사항과 법률을 집행하기 위하여 필요한 사항에 관하여 대통령령을 발할 수 있고(헌법 제75조), 국무총리 또는 행정각부의 장은 소관 사무에 관하여 법률이나 대통령령의 위임 또는 직권으로 총리령 또는 부령을 발할 수 있다(헌법 제95조). 공정거래위원

34) 일본의 경우 '사적 독점의 금지 및 공정거래의 확보에 관한 법률' 제38조 제1항은 공정취인위원회의 위원장, 위원, 직원은 사건에 관한 사실의 유무나 법령의 적용에 관한 의견을 외부에 발표하여서는 아니 된다는 규정을 두고 있다.

35) 소수의견 부기는 공정거래위원회의 사건에 관한 의결의 합의를 공개하지 아니한다는 독점규제법 제43조 제3항에 대한 예외사항에 해당하는 것이라고 할 수 있다.

회는 위와 같은 법규명령을 제정할 수 있는 행정각부에 속하지 않기 때문에 부령을 발할 수 없으나, 독점규제법과 불공정거래행위에 관한 여러 특별법 등의 규정에 의하여 소관사무의 집행에 필요한 규칙이나 고시, 지침 등을 제정할 수 있는바, 이를 두고 공정거래위원회의 준입법기능이라고 하는 것이고, 행정각부의 경우와 비교할 때 공정거래위원회의 경우 취급하는 업무의 특수성상 입법작용의 범위와 정도가 바로 아래에서 보듯이 상대적으로 넓기 때문에 특별히 준입법기관이라고 칭하는 것이다.[36)]

(2) 공정거래위원회의 소관사무 중 독점규제법의 집행에 대하여 살펴보면, 독점규제법(이하 이 항에서는 조문만 표시한다) 제7조 제5항에서 "일정한 거래분야에서 경쟁을 실질적으로 제한하는 기업결합 등에 관한 기준은 공정거래위원회가 정하여 이를 고시할 수 있다"고 명문으로 규정하고, 같은 취지로 기업결합 제한규정 위반행위에 대한 시정조치 부과를 위한 기준(제16조 제3항), 부당한 공동행위에 관한 심사기준(제19조 제6항), 불공정거래행위를 예방하기 위하여 사업자가 준수하여야 할 지침(제23조 제4항), 사업자단체의 금지행위를 예방하기 위하여 사업자단체가 준수하여야 할 지침(제26조 제3항), 동의의결의 절차(제51조의3 제6항), 독점규제법 위반사건의 처리절차 등에 필요한 사항(제55조의2) 등에 대하여 공정거래위원회가 정하여 고시할 수 있다고 규정하고, 나아가 공정거래위원회의 운영 등에 관하여 필요한 사항은 공정거래위원회의 규칙으로 정한다고 규정하고 있다(제48조 제2항).

한편 독점규제법시행령에서는 시장지배적 사업자의 판단에 관하여 필요한 세부기준(제4조 제4항), 시장지배적 지위 남용행위의 세부적 유형 및 기준(제5조 제6항), 과징금 산정을 위한 관련매출액 및 평균매출액 산정에 필요한 사항(제9조 제3항), 대규모내부거래 이사회 의결 및 공시의 방법, 절차, 시기에 관한 세부사항(제17조의8 제6항), 주권상장법인이 아닌 회사의 중요사항 공시의 방법, 절차, 시기에 관한 세부사항(제17조의10 제6항), 기업집단현황 등에 관한 공시의 방법, 절차, 시기에 관한 세부사항(제17조의11 제4항), 기업결합의 신고대상 기업에의 해당여부를

36) 이와 같은 공정거래위원회의 준입법기능에 대하여 위헌론이 끊임없이 제기되고 있고 일단 합헌론이 대법원의 결론이지만, 형식과 내용에 있어서 경우에 따라 위헌이 될 소지도 있다. 중앙선거관리위원회의 경우에는 헌법 제114조 제6항에서 선거관리 등 소관사무나 내부규율에 관한 규칙을 제정할 수 있다고 명시하고 있는 것이 특이하다.

판정하기 위한 국내 매출액의 산정에 필요한 사항(제18조 제3항), 기업결합 제한 등의 규정을 피하기 위한 탈법행위의 유형 및 기준(제21조의4 제1항 제3호), 기업결합 제한규정 위반행위에 대한 시정조치의 이행강제금 부과의 세부기준과 이에 필요한 사항(제23조의4 제9항), 자진신고자 등에 대한 구체적인 감면정도, 감면제도의 세부운영절차 등에 필요한 사항(제35조 제4항), 불공정거래행위의 세부적 유형 및 기준(제36조 제2항), 과징금 부과에 관하여 필요한 세부기준(제61조 제2항), 과징금 납부기한 연장 및 분할납부의 허용사유에 관한 기타사항(제62조 제4항 제3호), 각 행위유형별 포상금의 지급기준(제64조의7 제5항), 신고포상금 심의위원회 설치, 운영 등에 관하여 필요한 사항(제64조의7 제7항), 기타 위 각 위임규정과 상관없이 독점규제법시행령의 시행에 관하여 필요한 모든 사항(제66조)에 대하여 공정거래위원회가 정하여 고시할 수 있다고 규정하고 있다.

독점규제법 및 그 시행령의 위와 같은 위임규정에 기하여 실제로 공정거래위원회는 '기업결합 심사기준', '시장지배적 지위 남용행위 심사기준' 등 독점규제법의 집행에 관하여 수많은 고시나 지침을 제정하여 시행하고 있고, 나아가 위 공정거래위원회의 소관사무에서 본 바와 같이 다양한 불공정거래행위의 각 특별법인 '하도급거래 공정화에 관한 법률' 등에서도 동일한 취지의 규정과 절차에 따라 많은 지침이나 고시 등이 제정되어 시행되고 있다.

(3) 공정거래위원회가 갖는 준입법적 권한을 여러 기준에 따라 분류하여 보면, 우선 위임입법의 내용을 보충하는 의미에서 실질적인 내용을 담은 실체적 고시 등과 각종 신고요령이나 절차에 관하여 규정하는 절차적 고시 등이 있고, 형식상으로는 규칙, 고시, 예규, 지침, 훈령 등의 다양한 형태로 되어 있으며, 독점규제법 및 그 시행령에서 명문으로 위임규정을 둔 경우(예컨대, 이 법의 시행을 위하여 필요한 세부사항 및 기준은 공정거래위원회가 정하여 고시할 수 있다: 대부분이 이에 해당한다)와 그렇지 아니한 경우로 나뉘고, 독점규제법 제48조 제2항의 경우처럼 법률에서는 공정거래위원회의 '규칙'으로 정한다고 하였음에도 불구하고 실제로는 '공정거래위원회 회의운영 및 사건절차 등에 관한 규칙'이라는 명칭의 '고시'를 한 것도 있다.

2. 고시, 예규, 지침, 훈령 등의 법적 성질

(1) 강학상 법규명령은 대통령의 긴급명령(헌법 제76조), 대통령령(헌법 제75조), 총리령과 부령(헌법 제95조), 중앙선거관리위원회 규칙(헌법 제114조 제6항) 등과 같이 헌법상의 근거를 갖는 것과 헌법상의 근거는 없더라도 개별 법률에 근거한 것[37] 등을 의미하고, 그 외의 것은 형식상으로는 그 명칭(고시, 예규, 공고, 훈령, 내규, 통첩 등)이 무엇이든 모두 행정규칙에 해당된다.

(2) 그러나 위와 같은 행정규칙 중에서 그 실질이 행정기관 내부에서의 업무처리 기준이나 지침을 정하는 것에 해당하는 경우 이를 행정규칙으로 보는데 이의가 없으나, 그 실체적 내용이 당해 행정입법의 근거가 되는 법령의 규정과 결합하여 그 법령의 내용을 보충하는 기능을 갖는 경우에는 문제가 다르다.

행정규칙과 법규명령 중에는 법규명령의 형식을 취하고 있지만 그 실제적 내용이 행정규칙에 해당하는 경우(예컨대, 재량권 행사의 기준, 즉 재량준칙을 법규명령의 형식으로 제정한 경우)와 행정규칙의 형식으로 제정되었으나 그 내용이 실질에 있어서 법규적 성질을 갖는 경우가 있다.

법규명령 형식의 행정규칙의 경우 학설과 판례가 나뉘어져 있으나, 특히 재량준칙의 경우에는 그 형식에도 불구하고 이를 행정규칙으로 보아야 한다는 판례가 많다. 한편 법규적 성질을 가지는 행정규칙의 경우, 특히 법령 보충적 행정규칙의 경우 역시 학설이 나뉘어 있으나 그러한 행정규칙의 제정이 가능하고 법규명령으로서의 효력이 있다고 보는 것이 다수설이자 판례이다.

(3) 공정거래위원회의 위와 같은 각종 고시 등의 경우 대부분은 법률 또는 그 시행령에서 명시적으로 위임된 것에 해당한다. 따라서 그 형식이 비록 고시 등 행정규칙의 형태로 되어 있을지라도 위와 같이 명시적으로 위임된 범위 내에서 제정된 것이므로 이는 법규명령에 해당한다. 나아가 그와 같은 명문의 위임이 없이 제정된 것이라도 실제 그 실질적 내용이 근거법률의 내용을 보충하는 기능을 갖고 있으므로 그 범위 내에서는 모두 법규명령에 해당하는 것이다.

---

37) 감사원 규칙의 경우 헌법에 근거가 없고 감사원법에 근거를 두고 있는바, 행정입법의 허용여부와 관련하여 헌법에 명시적인 근거가 있는 경우에만 행정입법을 한정적으로 인정하여야 한다는 부정설과 입법권자인 국회가 스스로 정한 한계 내에서 입법권을 행정기관에게 부여하는 것이 가능하고 헌법에 위배되지 아니한다는 긍정설 등이 있고, 헌법재판소 결정례는 이를 긍정하고 있다.

상급행정기관이 하급행정기관에 대하여 또는 단위 행정기관이 소속 공무원에 대하여 업무처리지침이나 법령의 해석적용에 관한 기준을 정하여 주는 내용의 행정규칙의 경우 이는 단순히 행정규칙으로서 행정조직 내부에서만 효력을 가질 뿐 대외적인 구속력은 없다. 그러나 독점규제법 및 그 시행령 등에서 일반적, 추상적인 규제규정만을 하면서 구체적인 적용기준이나 해석심사에 관한 내용은 공정거래위원회에서 세부적으로 정할 것을 위임하거나, 명시적으로 그러한 위임이 없더라도 그러한 위임이 예정되어 있는 경우 이에 따라 제정된 행정규칙 형식의 각종 규정은 행정기관에 법령의 내용을 보충할 권한을 부여한 법령의 효력에 의하여 그 내용을 보충하는 효력을 갖는 것이므로 이는 당해 법령의 위임한계를 벗어나지 아니하는 한 법령과 결합하여 대외적인 구속력이 있는 법규명령으로서의 효력을 가지는 것이다.

공정거래위원회의 각종 고시, 지침 등은 대부분 부당한 공동행위, 불공정거래행위, 재판매가격유지행위 등 공정거래법 소정의 개별 행위에 대하여 그 유형 및 기준 등 세부적인 내용을 규정하는 것이어서 공정거래법을 보충하는 것일 뿐 아니라 국민의 권리·의무에 직접적인 영향을 미치므로 이를 법규명령으로 보아야 함은 지극히 타당하다.

3. 행정규칙 제정절차의 문제점

(1) 형식상 법규명령의 제정절차와 행정규칙의 제정절차는 상이하다.

헌법상의 근거를 갖는 법규명령인 대통령령, 총리령 및 부령의 경우 정부의 그 입법활동에 대하여는 정부입법계획의 수립과 시행, 입법과정에서의 관련기관 간의 협조, 국민의 입법의견 수렴(입법예고), 법제처장의 법령안 등의 심사 등 일련의 절차를 거치도록 법제업무운영규정(최초 1995.8.10. 대통령령 제14748호로 제정)이 마련되어 있고, 이와는 별도로 행정절차법 제41조 이하에서 입법예고 및 공고, 관련단체에의 통지 등 세부적인 규정을 두고 있다. 사법부에 의한 사후 통제와 병행한 이른바 법규명령에 대한 사전통제인 셈이다.

한편 형식상의 행정규칙의 경우에도 그 제·개정 및 폐지 등에 관한 사전 또는 사후 통제규정이 있다. 즉, 행정적 통제로서 법제처장의 심사 등(법제업무운영규정 제25조), 국무회의 심의, 관련부처 간의 협의 등 절차상의 통제를 받고, 국회에 의한 통제로서 중앙행정기관의 장은 훈령, 예규, 고시 등을 제·개정, 폐지하는 경우 10일 이내에 국회 소관 상임위원회에 제출하여 검토를 받아야 하고(국회법 제98조의2), 중앙행정심판위원회는 심판청구를 심리·의결함에 있어서 훈령, 예규, 고시 등이 법령에 근거가 없거나 상위법령에 위반되거나 기타 국민에게 과도한 부담을 주는 등 현저하게 불합리하다고 인정되는 경우 관계 행정기관에 당해 규정의 개정·폐지 등 적절한 시정조치를 요청할 수 있도록 함(행정심판법 제59조)으로써 사후 통제규정을 두고 있다.

어떻든 법규명령의 경우와 행정규칙의 경우 그 사전 또는 사후통제에 있어서 현저한 차이가 있음은 분명하다. 특히 위에서 본 바와 같이 행정규칙의 경우 국민의 입법참여가 보장되는 입법예고절차가 없다는 점에서 사전예방적인 통제가 극히 미흡하다.

(2) 공정거래위원회의 각종 고시, 지침 등의 제정과 관련하여 독점규제법 시행령 제36조 제2항에서 불공정거래행위의 유형 및 기준을 고시로 정함에 있어서는 관계 행정기관의 장의 의견을 들어야 한다는 절차규정을 두고 있으나 이는 지극히 예외적인 규정이고, 그 밖에는 공정거래위원회의 고시, 지침 등의 제정절차에 관한 구체적인 규정이 전혀 없다.

따라서 공정거래위원회는 고시나 지침 등을 제정함에 있어서 일반 행정규칙의 제정에 관한 앞서 본 절차규정에 따르는 것 외에 특별한 규정은 없는 셈이다. 법령 보충적인 내용과 효력을 가지는 공정거래위원회의 고시, 지침 등의 경우 그 내용이 워낙 방대하고 세부적이며 실질적이어서 공정거래위원회 업무의 고시, 지침 등에의 의존도는 지극히 크고 일반 국민에게 미치는 영향 역시 막대하다. 반면 그 고시, 지침 등의 제정 과정에서 일반국민의 참여방법 등 절차규정은 거의 없으므로 앞으로 독점규제법에 별도의 행정입법 절차에 관한 규정을 마련하거나 법규명령의 형식으로 제정함으로써 이러한 문제점을 개선함이 필요하다고 생각한다.

4. 과도한 행정입법의 문제점

공정거래위원회의 준입법기관으로서의 성격을 역사적으로나 법리적으로 충분히 고려하더라도, 위에서도 본 바와 같이 현재 공정거래위원회가 수행하고 있는 행정입법의 제정실태는 너무 광범위하고 통제와 정비 면에서 많은 문제점을 가지고 있어서, 상위 근거규정의 유무 및 상위 규정과의 배치여부, 내용의 적정 여부, 개정의 필요성 여부 등을 늘 챙겨서 공정거래법의 집행에 차질이 없도록 함은 물론 국민들의 권리보호에도 소홀함이 없도록 각계에서 모두가 관심을 기울여야 할 것이다.[38)]

나아가 근본적인 문제점으로서 지금처럼 대부분의 내용을 행정입법으로 시행하고 있는 것이 과연 적정하고 타당한가 하는 것이다. 이미 행정입법의 제정절차 등에 대하여 살펴보았거니와 상당한 부분 법률이나 법규명령의 형식으로 편입하여 제정함으로써, 제정절차상의 정당성은 물론 공정거래법 집행의 효율과 국민들의 권리보호에 최선을 다하는 방향으로 개선함이 좋을 것으로 생각한다. 특히, 공정거래위원회의 고시 중 앞서 본 제정과정에서의 문제점이 중요하게 제기된 것 중의 하나가 바로 사건절차규칙이 아닌가 한다. 그 고시의 근거규정은 독점규제법에서 한 개의 조문을 두고 있고 대부분을 하위 고시에 위임하고 있는바, 그 내용이 방대하고 중요하며 일반 국민에게 지대한 영향을 미침은 굳이 설명할 필요가 없을 것이다. 적어도 준사법기관으로서 1심법원의 기능이라는 현행 체제를 유지하려고 한다면 공정거래법 시행에 관한 독립적인 절차법령의 제정이 필요하다고 생각한다.

Ⅶ. 행정집행기관으로서의 기능

1. 개 론

(1) 독점규제법에 의하면 공정거래위원회의 소관사무는 앞에서 살펴 본 바와 같이 극히 다양하고 광범위한데, 공정거래위원회는 총리령인 '공정거래위원회와 그 소속기관 직제' 및 그 '시행규칙'에 의하여, 맡겨진 소관사무를 집행하기 위하

38) 이러한 문제의식에 따라 공정거래위원회는 2009년경부터 대규모기업집단의 불공정거래행위에 대한 심사기준, 의결권 행사가 금지되는 주식의 공시규정, 하도급자문위원회 위촉 및 운영에 관한 규정, 국제계약상 불공정거래행위 기준 등 상위 근거규정이 없거나 상당기간 집행실적이 없어 남겨둘 이유가 약해진, 사실상 사문화된 규정 등 행정규칙 98건 중 10건을 폐지하고 88건은 3년 혹은 5년의 일몰기한을 정해 유지하기로 하는 등 행정규칙의 정비작업을 시행한 바 있고(2009.8.13.자 동아일보 참조), 만시지탄의 감이 있지만 2011.2.28. 공정거래위원회 훈령 제166호로 '훈령, 예규 등의 관리에 관한 규정'을 제정하여 시행하고 있다.

여 각 소관사무별로 기업집단국, 소비자정책국, 시장감시국, 카르텔조사국, 기업거래정책국 등을 설치하여 각 소관사무별 기본계획의 수립 및 시행, 지도감독 및 사후 이행여부 확인 등에 관한 세부 업무사항을 규정하고 있다.

(2) 결국 지금까지 설명하여 온 내용을 종합하면, 공정거래위원회의 업무는 준입법기관으로서의 업무, 준사법기관으로서의 업무 외에 순수한 행정집행기관으로서의 업무 등으로 나누어 볼 수 있고 그 행정집행기관으로서의 업무내용이 광범위하고 국가적으로 중요함은 다언을 요하지 않는데, 공정거래위원회의 행정집행적 기능 중에서 가장 논란이 많고 중요한 쟁점은, 어떻게 하면 공정거래위원회가 공정거래법 위반사건의 조사와 그에 상응한 행정처분을 함에 있어서 국민들의 권리를 실체법적으로나 절차법적으로 최대한 보장하되 공정거래법 집행의 효율성을 극대화함으로써 공정거래법의 목적을 최대한 달성할 수 있겠는가 하는 점에 있다고 할 것이다. 국민들의 권리보장과 공정거래법 집행의 효율성은 다분히 상충되는 이념이기 때문에 그 실현이 말처럼 쉽지 않아서 늘 민원이나 논쟁의 주제가 되고 있고, 계속하여 개선되고 있지만 아직도 많은 과제를 남기고 있다. 이와 관련하여 문제점과 개선방안을 시급한 과제 위주로 몇 가지 살펴보기로 한다.

2. 효율적인 조사방안

(1) 공정거래위원회는 공정거래법 위반의 혐의가 있다고 인정할 때에는 직권으로 필요한 조사를 할 수 있고, 누구든지 공정거래법에 위반되는 사실이 있다고 인정할 때에는 그 사실을 공정거래위원회에 신고할 수 있다(독점규제법 제49조 제1, 2항). 공정거래위원회에서의 사건심사 개시의 단서가 직권 또는 신고라는 의미이다.

공정거래위원회는 위반행위의 조사 등을 위하여 필요하다고 인정할 때에는 당사자, 이해관계인 또는 참고인의 출석 및 의견의 청취, 감정인의 지정 및 감정의 위촉, 사업자, 사업자단체 또는 이들의 임직원에 대하여 원가 및 경영상황에 관한 보고, 기타 필요한 자료나 물건의 제출을 명하거나 제출된 자료나 물건의 영치 등의 처분을 할 수 있고(독점규제법 제50조 제1항), 그 소속공무원으로 하여금 사업자 또는 사업자단체의 사무소 또는 사업장에 출입하여 업무 및 경영상황, 장부・서류, 전산자료・음성녹음자료・화상자료 그 밖의 자료나 물건을 조사하게 할 수 있으며, 지정된 장소에서 당사자, 이해관계인 또는 참고인의 진술을 듣게 할 수 있고(독점규제법 제50조 제2항), 위 제2항의 규정에 의하여 조사를 하는 공무원은 사업자, 사업자단체 또는 이들의 임직원에 대하여 조사에 필요한 자료나 물건의 제출을 명하거나 제출된 자료나 물건의 영치를 할 수 있다(독점규제법 제50조 제3항).[39]

공정거래위원회는 사업자 또는 사업자단체가 제50조 제1항 제3호 또는 같은 조 제3항에 따른 보고 또는 자료나 물건의 제출 명령을 이행하지 아니한 경우, 그 보고 또는 자료나 물건이 이 법 위반 여부를 확인하는 데 필요하다고 인정하는 때에는 소회의의 결정으로 그 보고 또는 자료나 물건의 제출을 다시 명령할 수 있으며, 이를 이행하지 아니한 자에게는 매 1일당 대통령령으로 정하는 1일 평균매출액의 1000분의 3의 범위에서 이행강제금을 부과할 수 있는데, 다만, 매출액이 없거나 매출액의 산정이 곤란한 경우에는 매 1일당 200만원의 범위에서 이행강제금을 부과할 수 있고(독점규제법 제50조의4), 사업자 또는 사업자단체가 공정거래위원회의 위와 같은 위반행위 조사 등에 대하여 이를 거부·방해 또는 기피하거나 허위의 보고 또는 자료나 물건을 제출하는 등의 행위를 하는 경우 최고 2억 원의 과태료에 처하게 된다(독점규제법 제69조의2).

결국 공정거래위원회는 위반행위의 조사를 위하여 상당한 범위의 조사권이 있지만, 사실상 피조사자가 조사에 불응하거나 방해하여도 이를 강제할 직접적인 방법이 없다. 즉, 강제조사권이 없다는 의미이다. 따라서 사업자 또는 사업자단체의 입장에서는 최고액 2억 원의 과태료 처분이나 이행강제금을 감수할 각오로 공정거래위원회의 조사 등에 대하여 고의로 이를 거부·방해하는 등의 행위를 할 가능성이 농후하고 실무에서도 실제 그러한 사례가 몇 회 있었다.

(2) 공정거래위원회의 조사는 피조사자의 권익을 해치지 않은 범위 내에서 공

39) 독점규제법은 제50조 제5항에서, "공정거래위원회는 독점규제법 제15조(탈법행위의 금지)를 위반하여 같은 법 제9조(상호출자의 금지 등) 제1항의 적용을 면탈하는 행위를 한 상당한 혐의가 있는 자의 조사와 관련하여 금융거래 관련 정보 또는 자료(이하 '금융거래정보'라 한다)에 의하지 아니하고는 그 탈법행위 여부를 확인할 수 없다고 인정되는 경우 또는 독점규제법 제23조(불공정거래행위의 금지) 제1항 제7호를 위반한 상당한 혐의가 있는 내부거래공시대상회사의 조사와 관련하여 금융거래정보에 의하지 아니하고는 자금 등의 지원 여부를 확인할 수 없다고 인정되는 경우에는 「금융실명거래 및 비밀보장에 관한 법률」 제4조의 규정에 불구하고 공정거래위원회의 전원회의 또는 소회의 의결을 거쳐 문서에 의하여 금융기관의 특정점포의 장에게 금융거래정보의 제출을 요구할 수 있으며, 그 특정점포의 장은 이를 거부하지 못 한다"고 규정하였으나, 이는 2010.12.31.까지의 한시법이었다.

정거래법의 집행을 위하여 가장 효율적으로 이루어져야 할 것인데, 그러한 목표 아래에서 공정거래위원회의 효율적인 조사 등을 위하여 앞으로 개선하여야 할 점은 무엇인가?

우선 조사를 담당하는 직원들의 전문화가 가장 시급하다. 분야별로 전문적 자격과 실무 경험을 축적한 직원들을 채용하고 끊임없는 재교육을 통하여 공정거래법 위반의 혐의에 대하여 조사에 임하는 경우 가장 효율적인 방법으로 조사를 할 수 있도록 하는 것이 중요한 과제이다. 사업자 또는 사업자단체보다도 앞선 전문적인 식견과 경험을 가진 직원들로 하여금 압도하는 권위를 가지고 조사를 하도록 하여야 한다는 의미이다.[40)]

한편 공정거래위원회로서는 공정거래법 위반의 혐의를 조사하는 경우 위법 또는 탈법이 없는 상태에서 가장 효율적으로 조사할 수 있는 과학적이고 합리적인 조사기법을 개발하여야 한다. 위법 또는 탈법적인 방법으로 조사를 해서 되는 시대는 더 이상 기대하기 어렵다. 지금도 종종 조사과정에서의 위법 또는 탈법 등의 문제로 조사자와 피조사자 사이에서 문제가 발생하곤 한다. 이에 대한 여러 방면에서의 비판과 감시가 있음을 늘 염두에 두어야 한다.

(3) 공정거래위원회 조사권의 효율성을 극대화하기 위하여 공정거래위원회의 조사에 대하여 이를 거부·방해하거나 기피하는 등의 고의적인 불법행위에 대하여 제재를 강화하는 방안도 꾸준히 연구하여야 하고,[41)] 나아가 합헌적인 범위 내에서 강제조사를 하는 방안 등을 장기적 과제로서 검토하여야 한다. 공정거래위원회의 강제조사권 문제는 헌법상의 영장주의 원칙 등과 맞물려 있는 것으로서, 행정처분을 전제로 한 공정거래위원회의 조사에서 강제조사권을 허용하는 문제는 간단히 다룰 문제가 아니다. 각국의 사례도 각양각색인데, 일본의 경우 일반 행정조사권 외에 일본의 독점금지법에 규정된 형사벌에 관한 사건에 대해서는 이를 범칙조사권으로 구분하고, 범칙조사의 경우 법원의 허가장을 받아 압수, 수색 등의 강제조사를 할 수 있도록 한 점이 특이하고 우리에게도 참고가 될 것이다.

(4) 독점규제법은 제50조의2에서 “조사공무원은 이 법의 시행을 위하여 필요한 최소한도의 범위 안에서 조사를 행하여야 하며, 다른 목적 등을 위하여 조사권을

---

40) ‘공정거래위원회 소속공무원 인사관리규정’에 이에 관련된 규정들이 있다.

41) 위에서 본 독점규제법 제50조의4 이행강제금 부과 규정은 조사방해 등에 대한 제재강화의 필요성을 반영하여 2017.4.18. 개정 법률에 의하여 비로소 입법화된 것이다.

남용하여서는 아니 된다"고 규정하는 등 피조사자의 권익보호에 관한 주의적, 선언적 규정 등을 두고 있는데,[42] 이미 언급한 대로 피조사자의 권익보장과 공정거래법 집행의 효율성이라는 두 가지 이념은 상충되고 동전의 양면과도 같아서 아무리 공정거래법 집행의 효율성을 제고하려고 하더라도 국민들의 권익이 침해되는 경우 설 자리를 잃게 되는 것이어서, 효율적인 조사방안을 생각할 때는 항상 피조사자의 권익보호를 먼저 염두에 두어야만 한다.

공정거래위원회는 2015.10.21. 피조사업체의 절차적 권리를 획기적으로 강화한다는 목표로 '사건처리절차 개혁방안(사건처리 3.0)'을 마련하여 발표하였는데, 이는 과거 사건처리의 지연이나 사건기록 유실 등을 방지하기 위한 공정거래위원회 내부통제 시스템이 충분하지 않고, 공정거래위원회의 조사권한이 임의조사임에도 불구하고 조사공무원의 위압적 조사태도 등으로 인하여 실제로는 강제조사처럼 운용되며, 변호인의 조력을 받을 권리가 제대로 보장되지 않는 등 공정거래위원회의 사건처리절차 전반에 대한 비판이 지속적으로 제기되어 온데다가, 공정거래위원회가 시행한 고액의 과징금부과처분 취소소송에서 공정거래위원회가 패소하는 사례가 빈발하자, 이러한 비판이나 문제점을 해소하기 위하여 국제적 기준과 관행에 부합하는 선진적인 사건처리절차 개혁방안을 마련하고자 하는 것이었다.

위 '사건처리절차 개혁방안(사건처리 3.0)'에 담긴 내용에 의하면, ① 현장조사 관행의 개선사항으로서, 종래 현장조사 공문에 조사의 목적이나 대상이 포괄적으로 기재되어 있어서 과잉조사의 여지가 있었고 조사과정에서 피조사업체의 권익이 충분히 보장되지 아니한 문제점을 해소하기 위하여, 조사공문에 구체적인 위반혐의, 조사대상의 사업자명과 소재지를 특정하고 조사범위를 벗어난 조사에 대해서는 피조사업체가 거부할 수 있다는 내용을 적시하도록 하고, 조사방법과 절차, 조사공무원의 준수사항에 관한 내부지침이 공개되지 않고 있어서 절차준수 여부

42) 한시적으로 시행된 바 있는 독점규제법 제50조 제5항과 관련하여, 같은 법 제6항에서는 제5항의 규정에 의한 금융거래정보의 제출요구는 조사를 위하여 필요한 최소한도에 그쳐야 한다고 하거나, 제7항에서 제5항의 규정에 따라 금융기관이 공정거래위원회에 금융거래정보를 제공하는 경우에는 당해 금융기관은 금융거래정보를 제공한 날부터 10일 이내에 제공한 금융거래정보의 주요내용 · 사용목적 · 제공받은 자 및 제공일자 등을 거래자에게 서면으로 통지하여야 한다고 하거나, 제8항에서 공정거래위원회는 제5항의 규정에 따라 금융기관에 대하여 금융거래정보를 요구하는 경우에는 그 사실을 기록하여야 하며, 금융거래정보를 요구한 날부터 3년간 동 기록을 보관하여야 한다고 하거나, 제9항에서 제5항의 규정에 따라 금융거래정보를 제공받은 자는 그 자료를 타인에게 제공 또는 누설하거나 그 목적 외의 용도로 이를 이용하여서는 아니 된다고 규정하여 시행한 바 있다.

에 대한 외부의 감시가 곤란하다는 문제점을 해소하기 위하여 담당 과장이 현장조사 종료 후 피조사업체에 전화하여 위압적인 조사태도가 있었는지 등 조사과정에서의 애로사항을 청취하고 내부통제 규정을 위반한 조사공무원에게는 벌칙을 부과할 수 있도록 하며, 피조사업체가 신청하는 경우 현장조사 및 진술조서 작성 등 조사의 전 과정에서 변호인의 조력을 받을 수 있으며, 조사공무원은 '현장조사 과정 확인서'를 작성하여 피조사업체의 확인서명을 받고 조사과정에서 수집하거나 제출받은 자료의 목록을 작성하여 피조사자에게 교부하고, 조사자료 영치의 경우 영치조서를 교부하고 조사내용을 담당과장에게 문서로 일일 보고하도록 하며, ② 내부통제 강화방안으로서, 공정거래위원회 직권조사의 경우 관행적으로 법 위반 증거를 발견한 경우에만 전산시스템에 등록하였기 때문에 법 위반 증거가 없어 심사단계에서 종료된 사건의 경우에는 시스템이 전혀 기록되지 아니하여 반복적인 조사의 가능성이 있고, 사건처리 기한이 비공개 내부지침에만 규정되어 있어서 기한준수 여부에 대한 외부의 감시가 곤란하여 사건처리가 지연될 우려가 있으며, 처분시효와 공소시효 관리가 체계적으로 이루어지지 아니한 문제 등이 존재하여 이를 해소하기 위하여, 전산시스템 등록, 사건처리기한 명시, 처분시효 및 공소시효 등의 전산시스템 입력 등에 관한 구체적인 내부통제시스템을 제도화하고자 하는 것이었다. 공정거래위원회는 실제로 '사건처리절차 개혁방안(사건처리 3.0)'의 실천으로서 2016.2.4. 공정거래위원회 고시 제2016-1호로 '공정거래위원회 조사절차에 관한 규칙'을 제정하여 현장조사의 방법과 절차 등 필요한 사항을 세부적으로 고시하여 시행하고 있고, 한편 2016.2.4. 공정거래위원회 고시 제2016-2호로 사건처리절차를 개정하여 위에서 본 내부통제 강화방안을 입법화하여 시행하고 있는데, 공정거래위원회의 준사법기관으로서의 위상을 한 단계 높이는 계기가 된 의미 있는 것이었다고 할 수 있다.

3. 신고인의 불복청구권 보장

(1) 공정거래위원회의 사건심사 개시의 단서가 직권인지 및 신고임을 이미 보았다. 그런데 신고와 관련하여 신고인에게 일정한 조치를 청구할 수 있는 구체적인 청구권이 있는지 여부에 관하여 우리 대법원은 공정거래위원회의 직권발동을 촉구하는 단서에 불과하다고 보고 있다.[43] 따라서 공정거래위위원회에 공정거래법

위반사실을 신고한 후 공정거래위원회에서 이를 조사한 결과 무혐의처분을 하더라도 신고인은 이에 불복하여 이의신청을 하거나 행정소송을 제기하는 것이 불가능하다.[44] 독점규제법상 누구든지 법 위반사실이 있다고 인정할 때에는 그 사실을 공정거래위원회에 신고할 수 있기 때문에(독점규제법 제49조 제2항) 이해관계 없는 자의 신고를 포함한 모두에 대하여 불복청구권을 인정하는 것은 곤란할 것이나, 직접적인 피해를 입은 경쟁사업자 등의 신고에 대하여 아무런 불복청구권을 인정하지 않는 것은 간과할 수 없는 문제다.

(2) 더욱이 중요한 문제는 공정거래위원회의 내부절차에 있다. 사건절차규칙 제10조에 의하면 공정거래위원회 사무처장은 독점규제법 제49조(위반행위의 인지・신고 등) 등의 규정에 의하여 독점규제법 등에 위반한 혐의가 있는 사실을 인지하거나 신고 등을 받은 때에는 이를 심사할 공무원(이하 '심사관'이라 한다)으로 하여금 사실에 대한 조사와 사전심사를 하게 할 수 있고, 제11조에 의하면 심사관은 제10조(심사절차의 개시) 제1항의 사실에 대한 조사 및 사전심사를 조사공무원으로 하여금 행하게 할 수 있으며, 조사 후 심사보고서를 작성하여 전원회의 또는 소회의에 상정하여 시정조치 등을 의결한다.

이때 심의결과 사건절차규칙 제12조 소정의 심사관 '심사절차 불개시결정'의 사유 – 처음부터 신고내용이 독점규제법의 적용대상이 아니라고 판단되는 경우 – 에 해당되면 심의절차종료를 하고(사건절차규칙 제46조), 신고내용이 독점규제법 위반행위로 인정되지 아니하거나 위반행위에 대한 증거가 없는 경우 무혐의결정을 하며(사건절차규칙 제47조), 피심인의 사망, 해산, 파산, 폐업 또는 이에 준하는 사유가 발생함으로써 시정조치 등의 이행을 확보하기가 사실상 불가능하다고 인정될 경우 등에는 종결처리를 하며(사건절차규칙 제48조), 사건 조사 또는 심사개시 전이나 진행 중에 피조사자나 피심인이나 신고인 또는 이해관계인 등에게 부도 등으로 인한 영업중단, 일시적 폐업이라고 인정되는 경우, 법인의 실체가 없는 경우, 도피 등에 의한 소재불명, 외국인 사업자로서 조사 등이 현저히 곤란한 경우, 기타 이에 준하는 사유가 발생하여 조사 등을 계속하기가 곤란한 경우에는 당해 사유가 해소될 때까지 심의중지를 할 수 있다(사건절차규칙 제49조). 그리고 당해 사건에 대하여 조사한 결과 법에 위반된다고 판단되는 경우에도 법 위반의

---

43) 대법원 1989.5.9. 88누4515 판결.

44) 헌법재판소에 헌법소원을 제기하는 것은 가능하다.

정도가 경미한 경우나 피심인이 사건의 조사과정에서 당해 위반행위를 스스로 시정하여 시정조치의 실익이 없다고 인정되는 경우에는 경고조치를 할 수 있고(제50조) 일정한 경우 시정권고를 할 수도 있다(제51조).

그런데 위원회에 상정하기 전의 단계에서, 즉 심사관의 사전심사나 심사착수 후 그 결과 심사절차불개시, 무혐의, 종결처리, 조사 등의 중지, 경고, 시정권고 등의 사유가 발생할 경우에는 심사관 전결로 처리하는바(단, 예외적으로 독점규제법 제3조의2 제1항 소정의 시장지배적지위의 남용금지에 해당하고 당해 시장의 연간 매출액 규모가 1,000억 원 이상인 경우 또는 기존 선례가 없는 새로운 유형의 경우로서 심의절차종료에 해당한다고 인정되는 사건과 무혐의에 해당한다고 인정되는 사건에 대하여는 심사관 대신 사무처장이 각각 심사절차종료와 무혐의로 전결할 수 있다: 제53조의2), 문제는 위와 같은 심사절차불개시 결정 등이 심사관의 전결로 처리되고 공정거래위원회의 사전 또는 사후 감독, 감시, 감사 등의 절차가 마련되어 있지 않다는 것이다.[45]

(3) 이미 언급한 대로 우리나라의 경우 공정거래위원회 신고건수가 다른 나라에 비하여 많고, 특히 공정거래위원회의 위상이 높아지고 시대적인 상황 등과 맞물리면서 국민들의 공정거래위원회에 대한 기대치가 더더욱 높아지면서 최근 신고건수가 폭증하고 있는 것이 현실이다. 이와 같은 경우 우리나라는 미국이나 일본, EU 집행위원회 등 선진 외국의 사례와는 달리 신고에 대하여 이를 선별하여 처리하지 않고 모든 신고건수를 동일하게 취급하여 조사에 착수하고 처리하고 있는바, 이에 대한 개선책은 무엇인지 생각해보아야 한다.

당장 논의가 활발한 주제인 공정거래위원회의 선별조사권에 대하여는 아직 시기상조라고 하지 않을 수 없다. 수많은 신고사건에 대하여 사안의 경중이나 공익성에 대한 판단 하에 일부 사건에 한하여 조사에 착수하고 처리하는 외국의 경우

---

45) 다만 공정거래위원회는 '공정거래 시민심사위원회 운영지침(2013.12.2. 공정거래위원회 훈령 제195호)'을 제정하여, 신고사건 가운데 심사관이 전결처리 하는 사건에 대해 외부전문가의 의견을 반영하여 사건처리의 공정성과 투명성을 제고하고 국민의 권익을 보장하기 위한 목적으로 '공정거래 시민심사위원회'를 설치 운영함으로써, 그 시민심사위원회로 하여금 심사관 전결처리(사건절차규칙 제53조의2)의 적정 여부를 심사하게 하고 그 결과에 따라 전결처리의 재검토를 하도록 하고 있다.

한편 '재신고사건 민간심사자문위원회 운영지침(2016.8.29. 공정거래위원회 훈령 제231호)'을 제정하여, 이미 처리한 사건과 동일한 위반사실에 대한 재신고(사건절차규칙 제13조)의 경우 이를 심사할 민간심사자문위원회의 자문을 거쳐서 사건처리규칙 제45조 소정의 재심사사유에 따른 재심사착수여부를 결정하도록 하고 있다.

에는, 미국의 3배 손해배상소송treble damages 및 금지청구소송injunction 등과 같이 사적소송 등을 통하여 권리구제를 받을 수 있는 제도적 보완책과 그 활발한 시행이 있어서 큰 문제가 없으나, 그와 같은 보완책과 시행이 미흡한 우리나라의 경우에는 공정거래위원회의 독립성이나 공정성에 대하여 부정적인 시각이 많고 제도적으로 부족한 점이 많은 상태에서 공정거래위원회가 사건을 선별하여 조사한다는 것은 정당성을 얻기 어렵고 국민들을 납득시키기 곤란할 것이다. 나아가 위 심사절차불개시 결정 등과 같이 위원회의 개입 없이 사무처 차원에서 전결처리되고 있고 이에 대한 감시나 통제수단이 없는 상태라서 더더욱 문제다.[46)]

어떻든 공정거래위원회가 단순한 물가 단속기관이나 국민들의 민원성 신고를 위주로 사건을 처리하는 기관이 아닌 진정한 의미의 공정거래법 집행기관으로서의 지위와 권위를 확보할 수 있는 방안이 무엇인지, 공정거래위원회 본연의 기본성격에 부합하는 사건처리의 실효성을 제고하는 방안이 무엇인지 꾸준히 연구 검토하여야 할 것이다.

4. 사적 소송의 활성화 방안

(1) 공정거래위원회의 조직 및 운영과 직·간접적으로 관련된 중요한 정책적 쟁점들로서 최근 뜨거운 이슈로 떠오르고 있는 전속고발권 제도 유지여부[47)]나 사적 금지청구제도의 도입 등 여러 문제가 있으나, 학설대립 등에 대하여 상론하기에는 이 글의 범위를 벗어나기 때문에 생략하되 공정거래위원회로 하여금 효율적인 공정거래법 집행기관으로서의 자리매김 하는 데 필요한 과정 중의 하나로 민사상 손해배상청구소송 등의 활성화에 대하여 언급하고자 한다.

(2) 필자가 1987년도에 '독점규제법에 있어서의 손해배상청구'라는 제하의 석

46) 공정거래위원회의 실무에서 위 '사건처리절차 개혁방안(사건처리 3.0)'의 시행 후 사건처리기한의 강화에 대응하여, 폭주하는 신고사건의 처리에서 편법적인 방법으로 정식신고가 아닌 민원접수와 이에 대한 답변형식으로 처리하고 있는 실정이다.

47) 전속고발권 제도는 공정거래법상의 형벌규정과 상호 연계된 것으로서, 미국의 경우 담합이나 독점화행위 등 일부에 대하여 형벌규정을 두고 있지만 전속고발권 제도는 없는 대신 연방거래위원회 등의 행정적 규제가 철저하다는 점이 특징이고, 독일의 경우 공정거래법 위반행위에 대하여 행정규제 외에 형벌규정이 없어서 전속고발권이 문제되지 않으며, 일본은 우리와 같이 전속고발권 제도가 있으나 담합이나 기업결합 등 일부에 대하여만 형벌규정이 있고 불공정거래행위 등에 대하여는 형벌규정이 없어서 현실적으로 큰 문제가 없다.

사학위논문을 작성할 때만 하여도 우리나라에서 독점규제법 위반을 원인으로 한 손해배상청구는 학계에서는 물론 실무계에서도 거의 관심이 없었고, 오로지 필자의 개인적인 지적 호기심의 정도에 머물렀다. 대법원 1990.4.10. 89다카29075 결정이 이에 관한 거의 최초의 대법원 판결이었고 필자는 너무나 반가운 마음에 판례평석을 한 바 있다.[48)]

그 후 오랜 세월이 흐르면서 지금은 독점규제법 위반을 원인으로 한 손해배상청구소송의 사례를 종종 목도하게 된다. 그러나 아직도 시작에 불과하다고 할 수 있고 그 동안 독점규제법의 관련 규정도 상당부분 개정되는 등 변화를 겪고 있다. 종래 독점규제법상 손해배상책임은 고의·과실을 요건으로 하지 아니한 무과실책임이었으나 과실책임으로 변경하되 입증책임을 가해자인 사업자 또는 사업자단체에게 전환하였고, 독점규제법상 손해배상청구권을 공정거래위원회의 시정조치 확정여부에 상관없이 행사할 수 있도록 허용하였으며(제56조), 특허소송 등에서 예외적으로 인정되고 있는 법원의 손해액 인정제도를 도입하였다(제57조).

(3) 공정거래법의 실효성을 확보하기 위한 방안으로 흔히 행정적 규제, 민사적 규제 및 형사제재 등을 들 수 있는데, 우리나라의 경우 공정거래법 집행기관으로서의 공정거래위원회의 국제적 위상을 감안할 때 행정적 규제와 형사제제에 비하여 상대적으로 민사적 규제가 미약하다고 아니할 수 없는바 그 근본적 원인은 어디에 있을까?

우리나라의 사법제도를 두고 여러 가지 측면에서 평가할 수 있지만, 종종 우리나라에서 형사고소의 건수가 많음을 지적하곤 한다. 가까운 일본에 비하여 상대적으로 고소 사건의 숫자가 많고 남고소의 폐해가 심각한 실정이다. 원인이 어디에 있건 간에 우리나라의 경우 통상 민사상의 방법보다는 형사상의 방법에 의존하는 경향이 있음을 부인할 수 없다. 그와 유사하게 공정거래법 집행과 관련해서도 국민들의 대다수가 공정거래위원회의 업무와 기능에 보다 더 관심을 기울이면서 신고건수가 폭증하고 있고 그만큼 공정거래위원회의 업무가 증가하고 있다.

미국, 일본, 유럽연합 등 선진 외국의 경우 공정거래법 위반사건의 신고를 받은 후 정식으로 조사에 착수하는 것은 공익성이나 사회적 파급효과 등을 기준으로 선별하여 일부에 그치고 있으나, 우리나라의 경우 이러한 선별작업은 하지 않

48) 법조 제40권 제1호(1991.1.), 118면.

은 채 모든 사건에 대하여 조사에 착수하여 처리하고 있다. 따라서 공정거래법 집행기관에서의 연간 정식조사 착수 및 시정조치 등의 건수를 비교하면 경제규모 등을 감안할 때 엄청난 차이를 보이고 있다.[49)]

위와 같은 현상의 근본적인 원인이 무엇이고 이를 어떻게 해소할 것인가를 연구하는 것은 별도의 과제로 남기더라도(즉, 신고 자체를 막을 수는 없을 것이므로 신고건수 중 정식조사에 착수하는 것을 선별하여 하는 것이 가능한지, 가능하다면 어떠한 기준에 의하여 선별할 것인지 등등), 공정거래위원회의 선진화를 위해서는 선진 외국의 사례처럼 행정적 규제와 형사제재 외에 민사적 규제의 방법을 활용하는 방안이 강구되어야 함은 당면과제가 아닌가 생각된다.

이를 위해서는 민사소송의 방법을 대하는 국민들의 의식이 바뀌어야 함은 물론 제도적으로 공정거래위원회를 통하지 않고 법원을 통하여 손쉽게 분쟁을 해결할 수 있는 사적금지명령청구제도나 손해배상청구소송 및 단체소송제도 등 실체법적으로나 절차법적으로 보완작업이 동시에 이루어져야 한다. 현재 '하도급거래의 공정화에 관한 법률' 등 개별적인 법률에서 인정되고 있는 징벌적 손배배상제도와 역시 증권관련소송 등 개별적인 법률에서 인정되고 있는 단체소송제도 등에 대하여, 경제민주화라는 화두와 함께 공정거래법 관련 소송에서의 도입에 관하여 학계와 실무계에서 치열하게 논의 중이고 조만간 입법화되지 않을까 예상하고 있다.[50)]

---

49) 자연히 공정거래위원회의 사건처리실적 중 시정명령이나 시정권고 외에 경고와 무혐의 등 기타 건수가 차지하는 비중이 월등히 높다. 2016년도를 보면 전체 3,885건의 처리건수 중 경고가 1,954건에 달하고 심의절차종료나 무혐의 등 기타 건수가 1,606건에 달한다(공정거래위원회, 2017년판 공정거래백서, 67면).

50) 현재 우리나라에서는 미국의 3배 손해배상제도와 유사하게 징벌적 손해배상제도가 개별적으로 도입 시행되고 있는데, 하도급거래 공정화에 관한 법률(2011.6.29. 시행), 기간제 및 단시간근로자 보호 등에 관한 법률(2014.9.18. 시행), 신용정보의 이용 및 보호에 관한 법률(2015.9.11. 시행), 개인정보 보호에 관한 법률(2016.7.24. 시행), 정보통신망 이용촉진 및 정보보호 등에 관한 법률(2016.7.25. 시행), 대리점 거래의 공정화에 관한 법률(2016.12.22. 시행), 가맹사업거래의 공정화에 관한 법률(2017.10.18. 시행), 제조물 책임법(2018.4.18. 시행) 등이 그것이다. 한편 단체소송제도의 경우도 증권관련 집단소송법(2005.1.1. 시행), 소비자기본법(2008.1.1. 시행), 개인정보 보호에 관한 법률(2011.9.29. 시행) 등에서 개별적으로 인정되고 있다.

Ⅷ. 맺음말

공정거래위원회의 위상이 높아지고 그 기능이 확대되면서 국민들이 피부로 느끼는 공정거래위원회의 중요성도 날로 커지고 있다. 공정거래위원회가 처리하는 사건 수도 수 년 간 엄청나게 증가하였고 질적으로도 획기적인 발전을 이룩하였다. 이에 발맞추어 공정거래법을 전공하는 학자가 많아짐은 물론 실무계에서도 관심 제고는 물론 인적 자원이 급속히 팽창하였다. 여러 해에 걸쳐 관계법령의 제·개정이 다수 이루어졌으며 공정거래위원회 내부의 각종 훈령이나 고시, 지침 등도 크게 개선되었다. 이것이 짧은 기간 획기적인 발전을 이룩한 우리나라 공정거래위원회의 현주소이다.

그러나 지금까지 이룩한 공정거래위원회의 위상과 운용실적은 미시적인 분야에서 임기응변적인 개혁과 발전에 그치고 있을 뿐 거시적이고 근본적인 분야에서는 아직 갈 길이 멀다 하지 않을 수 없다. 특히 공정거래위원회의 독립성과 공정성을 선진화하는 방안으로서 공정거래위원회의 조직에 관한 핵심사항을 향후 중요과제로 강조하지 않을 수 없다.

이 글에서 공정거래위원회의 향후과제로 제시한 내용들은 경우에 따라서는 당장 실천이 가능한 것이 있는가 하면 입법정책 등의 이유로 장기간의 추진이 필요한 것도 있고, 중대한 것이 있는가 하면 비교적 덜 중요한 것도 있다. 현명하게 분별하여 다루어야 하겠지만, 중요한 점은 공정거래위원회에 대한 사랑과 위와 같은 문제점들에 대한 관심 그리고 이를 개혁하고자 하는 소명의식이나 의지여부에 있다고 할 것이다.

강조하고 싶은 것은 국민들은 물론 특히 국가정책을 입안하고 집행하는 모든 당사자들이 과연 공정거래위원회가 무엇을 하는 기관인지, 즉 공정거래위원회의 기본성격이 무엇인지에 대하여 정확하게 인식한 후 그 정확한 인식을 토대로 공정거래위원회에 부여된 많은 향후과제를 풀어가는 일에 앞장 서 주었으면 하는 바람이다. 덧붙여서, 정치경제적으로 '경제민주화'라는 화두와 함께 공정거래위원회에 대한 온 국민의 높은 관심과 기대치에 부응하여 요즘 공정거래법 집행에 관하여 하루가 멀다 하고 새로운 정책과 입법론 등이 발표되고 있으나,[51] 서양 격

51) 특히 대기업과 중소기업 간의 상생협력이나 동반성장이 화두가 되고 있고 이를 위하여 대기업의 우월적 지위를 이용한 소위 '갑질 행위' 근절대책이 사회·경제적으로 모든 분야에 걸쳐 강

언에 "최상의 법은 최고의 불법이다Summum ius, summa iniuria"라는 말이 있듯이 손쉽다고 하여 모든 것을 입법이나 행정규제 또는 형사제재 등을 통하여 해결하려고 할 것이 아니라, 공정거래의 중요성에 대한 국민들의 의식을 제고하여 경제주체간의 조화를 통한 경제의 민주화로써 안정적이고 균형있는 국민경제의 성장을 이룩할 수 있도록 우리 모두가 노력하여야 할 것이라는 점을 지적하고자 한다.

공정거래위원회에서는 2018년도 들어서서, 독점규제법 제정 38년 만에 "공정하고 혁신적인 시장경제의 시스템을 구현하기 위한 '시장경쟁의 룰(규칙)' 선진화를 목표로 독점규제법의 전면 개편을 추진하기 위하여 전문가들로 구성된 특별위원회를 출범시켰다"고 발표하였다. 한 사람의 꿈은 그저 꿈으로만 머무를 수 있지만 여러 사람의 꿈은 반드시 현실로 실현된다는 말이 있다. 공정거래위원회의 위와 같은 노력들은 바로 공정거래법 집행기관으로서 공정거래위원회의 선진화를 위하여 우리 모두가 제도적으로나 실무적으로 느끼는 필요성과 바람이 절박하고 정당하다는 증거이고, 그 바람이 조금씩 현실로 나타나고 있는 것이라고 생각한다. 조만간 우리나라 공정거래위원회가 보다 선진화된 모습으로 재탄생하는 것을 볼 수 있을 것으로 기대해 마지않는다.

조되고 있는 실정인데, 우리나라가 한 단계 선진화되는 과정임에는 틀림없다.

산업재산권법의 회고와 제언

이 상 정

[초　록]

지적재산법은 크게 산업재산권법과 저작권법으로 나뉘어 진다. 이 중 산업재산권법에는 발명을 보호하는 특허법과 소발명(고안)을 보호하는 실용신안법, 디자인을 보호하는 디자인보호법, 그리고 등록상표를 보호하는 상표법이 포함된다. 특허법, 실용신안법, 디자인보호법이 창작보호법이라면 상표법은 표지標識보호법이다. 이러한 산업재산권법도 서구의 산물이며, 우리나라에서의 산업재산권법의 효시는 1908년 시행된 대한제국 특허령(칙령 제196호), 의장령(칙령 제197호), 상표령(칙령 제198호)이다.

1910년 8월 29일 한일합방과 함께 칙령 제335호에 의하여 당시 일본의 산업재산권 제도가 한국에 그대로 시행되어 제2차 세계대전 후 미군정법령에 의하여 우리 정부가

경희대학교 명예교수

* 산업재산권법 부분은 원래 다른 분이 집필하기로 되어 있었다. 그런데 그 분의 개인적 사정으로 집필을 할 수 없게 되어 부득이 본인이 담당하게 되었다. 갑자기 능력없는 사람이 준비도 없이 쓰다 보니 부실하기 짝이 없다. 양해 부탁드리며, 기회가 되면 실용신안법과 디자인보호법을 아우르는 보다 완성된 원고를 쓸 것을 약속드린다.

** 우리나라 지적재산권 제도 발전과 관련된 다음 문헌을 소개한다.
- 박준석, “한국 지적재산권법의 과거 · 현재 · 미래”, 「저스티스」(통권 제136호), 한국법학원, 2013.6.
- 배대헌, “한국 지식재산법제의 발전과 그 국제적 위상 – 특허법을 중심으로”, 「저스티스」(통권 제146-2호), 한국법학원, 2015.2.
- 신재호, “한국 지식재산법제의 발전과 그 국제적 위상 – 저작권법의 과거, 현재 그리고 미래”, 「저스티스」(통권 제146-2호), 한국법학원, 2015.2.

산업재산권 업무를 이관받게 된 1946년 1월 22일까지 36년간 지속되었다. 이후 1946년 특허법과 1949년 상표법이 제정되었고, 그 이래 우리나라의 산업재산권법 제도는 많게는 40~50 차례에 걸쳐 개정되었다. 본고에서는 산업재산법의 두 축인 특허법과 상표법에 대해서 1945년 광복 이후의 변화과정을 기본적으로 두 법의 법률 순서에 따라 주제별로 살펴보고, 이에 근거하여 간단한 제언을 하였다. 그것은 권리범위확인심판제도를 폐지하거나 대폭 수정되어야 한다는 것과 침해증거확보를 위한 영국의 조사명령Search Order제도나 프랑스 지적재산권침해에 기한 압류명령Saisie-contrefaçon제도와 같은 실효성 있는 제도의 도입이다.

Ⅰ. 서 설

지적재산법은 크게 산업재산권법과 저작권법으로 나뉘고, 산업재산권법에는 발명을 보호하는 특허법과 소발명(고안)을 보호하는 실용신안법, 디자인을 보호하는 디자인보호법, 그리고 등록상표를 보호하는 상표법이 포함된다. 특허법, 실용신안법, 디자인보호법이 창작보호법이라면 상표법은 표지標識보호법이다. 이러한 산업재산권법도 서구의 산물임은 물론이다. 1882년 특허제도 창설에 관한 지석영 선생의 주장이 있었다고는 하나 이는 열매를 맺지 못하였고, 우리나라에서의 산업재산권법의 효시는 구한말인 1908년 8월 12일 공포되고, 동년 8월 16일에 시행된 대한제국 특허령, 의장령, 상표령이다.[1)]

위의 법령은 비록 순종의 칙령 형식으로 되어 당시 내각총리대신이었던 이완용의 이름으로 고시되었으나, 그것은 한국에 있어서의 발명, 의장, 상표 및 저작권의 보호에 관한 미·일 조약에 기한 미국과 일본인의 기득권보호를 위해 일본의 특허제도 등을 한국정부의 이름을 빌어 실시한 데 불과한 것이다.

1910년 8월 29일 한·일합방과 함께 칙령 제335호에 의하여 당시 일본의 산업재산권 제도가 한국에 그대로 시행되어 제2차 세계대전 후 미군정법령에 의하여 우리 정부가 산업재산권 업무를 이관받게 된 1946년 1월 22일까지 36년간 지속되었다. 본고에서는 산업재산권법의 두 축인 특허법과 상표법에 대해서 1945년 광복 이후의 변화과정을 살펴보고 이에 기초한 간단한 제언을 하기로 한다.

Ⅱ. 우리 특허법 및 상표법의 변화

1. 전체적 개관

(1) 1946년 특허법과 1949년 상표법

8·15 해방후인 1946년 1월 22일 미군정법령 제44호의 공포에 의해 특허원이 창설되었고,[2)] 동년 10월 5일 미군정법령 제91호에 의해 제12장 제265조로 구성

1) 상세한 것은 한국특허제도사편찬위원회, 한국특허제도사(특허청, 1988) 참조. 또 남계영 외, 「신특허법」, 고시계사, 1987, 25면 이하 참조. 실용신안령은 1909년(융희 3년) 11월 1일부터 시행하게 되었다(남계영 외, 27면).

된 특허법이 제정 · 공포되어 10월 15일부터 발효되었다.[3)]

동법에는 발명특허, 실용특허, 미장특허[4)] 등을 단일법에 규정하였을 뿐 아니라, 특허국의 설치와 직제에 관한 사항까지를 동시에 규정하였고, 선발명주의 · 식물특허제도의 채택 · 물질특허의 인정과 특허의 존속기간을 17년으로 하는 등 미국 특허법을 본떠 만든 것이 특색이다.

한편 상표법은 우리나라 정부수립 후인 1949년 법률 제71호로 제정되었고, 이전의 상표관련 법령은 폐지되었다. 동법 부칙 제38조는 폐지된 종전의 법령에 의하여 등록된 상표는 동법 시행후 1년 이내에 다시 등록 출원한 때에는 그 등록은 동법 시행일에 등록된 것으로 간주하였다. 동법은 미국제도의 영향을 받아 선사용주의를 취하였으나 우리 실정에 맞지 아니하므로 1958년 선출원주의로 개정하였다.

(2) 1961년의 법 제정 및 개정

5 · 16 군사정부는 구법령 정리사업의 일환으로 1961년 12월 31일 특허법을 전부 개정하고, 같은 날 실용신안법, 의장법을 단행법으로 제정하였다. 또 1961년 12월 30일 부정경쟁방지법을 제정하였고,[5)] 상표법은 1963년 3월 5일 법률 제1295호로 1949년 제정법을 개정하였다. 이로써 비로소 특허법, 실용신안법, 의장

---

2) "그러나, 미군정법령에 의해 특허원이 개원되기는 했으나, 산업재산권에 관한 제반 법령의 미비로 실제적인 업무집행이 불가능해지자, 특허원은 1946년 1월 28일자로 특허원장령 제1호를 발령, 우선 잠정조치로 특허법이 제정될 때까지 일종의 가보호제도인 보호원제도를 실시케 하였는데, 이 제도는 일제하의 특허권 뿐만 아니라 발명 고안의 내용을 명확히 표시한 명세서와 필요한 도면을 첨부하여 보호원을 제출하면 후일 특허법이 공포되어 동일한 내용으로 특허를 출원할 경우 그 출원일자를 최초의 보호원 출원일로 소급해주는 제도였다. 보호원은 1947년 1월 14일까지 1년에 걸쳐 접수한 결과 특허 164건, 실용신안 184건, 기타 8건 등 모두 356건이 접수되었으나, 특허법 제255조 제2항에 의거, 동년 1월 15일부터 4월 14일까지 3개월간 정식으로 본 출원된 것은 66건에 불과했다. 어쨌든 이 보호원제도는 당시 과도기적인 사회 정세에 따라 널리 주지되지 못하여 비록 출원 건수는 적었으나 이 제도에 의해 사회혼란기에 발명고안자의 보호는 물론 산업재산권 행정의 기반 확립에 커다란 기여를 한 것으로 평가되고 있다."(특허청, 「특허청20년사」, 1997, 46면).

3) 당시 특허원에서는 특허 · 실용신안 · 의장 · 상표 · 저작권에 관한 모든 업무를 관장하였다(군정법령 제44호 참조). 그러나 특허법 제정과 더불어 저작권 업무는 특허원 업무에서 제외시켰다(남계영 외, 앞의 책, 34면). 현재 특허청은 산업재산권법과 부정경쟁방지법을 관장하며, 저작권법은 문화체육관광부 소관 사항이다.

4) 당시 특허법 제정에 참가한 분들은 일제하의 「意匠」이라는 용어를 의식적으로 피하여 「美匠」이란 용어로 사용하였다고 한다[남계영, "한국특허제도와 그 역사", 「특허와 상표」(200호), 1984.3.31., 7면].

5) "따라서 실질적인 우리 주권에 의한 공업소유권제도는 1961년이 그 역사의 기원이라고 할 것이다"라는 견해가 있다(남계영 외, 앞의 책, 36면).

법,[6] 상표법이라는 근대적 의미의 산업재산권법 체계를 형성하게 된 것이다.

이후 우리나라의 산업재산권법제도는 많게는 40~50 차례에 걸쳐 개정되었다.[7]

(3) 1961년 이후의 변화

1960년 대에 근대적 틀을 갖춘 특허법을 비롯한 산업재산권법은 산업화와 더불어 1973년 비상국무회의[8]에서 특허법, 실용신안법, 의장법, 상표법이 전부 개정되고, 1974년 1월 1일부터 시행되었다. 1977년에는 상공부 外局인 특허국이 특허청으로 확대 개편되었고, 이렇게 개편된 특허청은 법개정을 주도하였고, 산업재산권법의 지식보급을 위하여 1978년부터 특허 전담요원 교육을 실시하였다.[9] 1979년 WIPO[10] 가입, 1980년 파리협약[11] 가입을 계기로 우리도 국제화의 길을 걷게 되었다. 1980년대 초의 미국의 무역압력이 거세지고 그 일환으로 1986년에는 산업재산권법이 개정되어 상표법은 즉시,[12] 특허법, 실용신안법, 의장법은 1987년 7월 1일부터 시행되었다.

경제발전과 국제화 추세에 맞추어 1990년에는 산업재산권법의 전부개정이 있었다. 미국의 주도로 1986년 9월 우루과이의 푼타델에스테에서 시작된 가트 우루과이 라운드가 1993년 12월 타결되고, 1994년 4월 모로코의 마라케시에서 최종문서에 서명됨으로써 WTO/TRIPs[13]가 성립되었다.[14] 1995년에는 이에 따른 법

---

6) 현재는 '디자인보호법'으로 그 명칭이 변경되었다.

7) 구체적인 내용은 법제처(www. moleg.go.kr) 연혁 법령 참조.

8) 비상국무회의는 1972년 10월 18일부터 1973년 3월 11일까지 국회를 대신하여 입법활동과 헌법개정작업을 담당하였다.

9) 이렇게 시작된 산업재산권 교육은 1987년에는 국제특허연수원에서의 조직적인 교육으로 발전하였다. 국제특허연수원은 1999년에 행정자치부 국가전문 행정연수원에 편입되었고, 2004년에는 국제지식재산연수원으로 명칭이 변경되었다. 2006년 WIPO 공식교육기관으로 지정되었다.

10) '세계지적재산권기구'(World Intellectual Property Organization)이며, 우리나라는 1979.3.1. WIPO 설립조약에 가입하였다. 현재(2018.8.31.) 가입국은 191개국이다.

11) 산업재산권 보호에 관한 파리협약(Paris Convention for Protection of Industrial Property of March 20, 1883). 우리나라는 1980.4.14. 가입하였고, 현재(2018.8.31.) 파리동맹 회원국은 175개국이다.

12) 상표법 부칙은 "①(시행일) 이 법은 공포한 날로부터 시행한다"고 되어 있다.

13) WTO's Agreement on Trade-Related Aspects of Intellectual Property Rights(무역관련 지적재산권 협정).

14) 이에 대해서는, 졸고, "우루과이 라운드와 지적소유권", 「울산대학교 사회과학논집」(제4권 제1호), 울산대학교, 1994, 33면 이하; 송영식 외, 「송영식 지적소유권법」(상), 육법사, 2013, 192-209면; 정상조, "특허법개정안에 대한 검토의견", 「법학」, 서울대학교 법학연구소, 1994, 176면 이하 참조.

개정이 있었다. 1995년 개정에서 또 하나 특기할만한 시항은 심결취소소송제도의 도입이다. 1998년까지는 특허심결 등에 불복이 있는 경우에는 특허청 항고심판소에 항고심판을 제기하고 항고심판소의 심결에 불복이 있는 경우에는 대법원에 상고할 수 있는 제도를 취하여 왔으나, 1995.1.5. 특허법 등 산업재산권법 4법의 개정에 의해 항고심판소는 폐지되고 그에 갈음하여 특허법원이 설립되게 되었다(특허청심판소는 특허심판원으로 개편). 이 제도는 1998.3.1.부터 시행되고 있다.[15)]

한편 1990년대 후반부터 시작된 인터넷 혁명은 1998년 미국 영업방법특허로 이어졌고, BMBusiness Method특허라는 이름으로 우리나라에 큰 영향을 주었다. 2000년대 이후 우리는 미국이나 유럽과 자유무역협정FTA을 맺음으로써 산업재산권법 보호 수준은 더욱 높아지게 되었고, 현재는 세계 어느 나라 못지않은 수준이 되었다. 보호수준의 상향과 더불어 정부가 능동적·적극적으로 지적재산권 침해물의 단속을 실시함으로써 미국 무역대표부USTR가 매년 지정하는 지식재산권 분야 감시대상국에서 2009년에 최초로 제외된 이래 현재에 이르고 있다. 우리 특허청은 IP5[16)]에 속하고, 산업재산권 출원 및 등록 건수는 세계적 수준이나 산업재산권 무역수지는 아직도 적자를 면치 못하고 있다.[17)] 이하 특허법과 상표법의 변화에 대해서 살펴보는 것으로 한다.

---

15) 특허심판의 심급제도에 문제점이 있다는 논의는 오래전부터 있어 왔다. 그 사이 ① 서울지방변호사회의 개정안(1983년) ② 법원행정처 사법행정제도 개선위원회의 회의(1987년) ③ 특허법 개정과정에서의 논의(1989년) ④ 특허심판제도개선위원회(1990년)의 논의가 있었다. 이러한 논의를 거쳐 급기야는 1991년 12월에는 대법원이 헌법재판소에 위헌심사제청을 하기에 이르렀다. 다만 본 위헌심사제청은 당사자의 본안 취하로 대법원제청이 취소되었다. 그러나 그 후에도 위헌심사제청이 계속되었고, 마침내 1995년 9월 28일 헌법재판소는 특허법 제186조에 대하여 「헌법불합치」라는 결정을 내렸다. 그 이유는 「특허쟁송제도와 관련된 강한 법적 안정성의 요구와 이미 확인된 입법자의 합헌적인 의사를 존중(1995년 1월 5일 특허법 등의 개정으로 1998년 3월 1일부터 특허법원에서 특허쟁송사건을 담당하게 되었다), 새로운 특허심판제도가 유효하게 시행될 수 있을 때까지는, 비록 위헌성이 있으나 현행제도를 유지하는 것이 오히려 충격과 혼란을 방지하고 과학기술자들의 권리를 두텁게 보호하는 효과적인 방안」이 될 것이기 때문이라는 것이다.

16) IP5(Five IP Offices)는 선진 5개 특허청을 의미하며, 회원국으로 한국(KIPO), 미국(USPTO), 유럽(EPO), 일본(JPO), 중국(SIPO)이 포함된다. IP5 체제는 '07년 출범하였으며, 지재권제도 사용자와 대중에게 개선된 서비스를 제공하고자 특허 심사, 통계보고서 발간(IP5 Statistics Report) 등 다양한 분야에서 협력을 추진하고 있다(특허청, 「2017 통계로 보는 특허동향」(The Patent Statistics in Korea), 43면).

17) 2016년 산업재산권은 24억 달러 적자다. 유형별로 보면 특허 및 실용신안권 적자가 20억1,000만 달러, 상표 및 프랜차이즈가 4억1,000만 달러에 이른다. 반면 디자인권은 2015년 4억3,000만 달러 적자에서 1,390만 달러 흑자로 돌아섰다(전자신문 2017.2.17.).

2. 특허법

(1) 특허의 대상: 발명

(가) 발명이란?

특허법의 보호 대상은 발명이다. 1946년 제정법은 제18조에서 "기술, 방법, 기계, 생산품, 물질의 합성 급 기 개량에 관하여 신규 유용한 산업적 발명을 한 자는 기 발명에 대하여 발명 특허를 수득할 수 있음"이라 하여 미국식의 규정을 하였다.[18] 또 제19조에서 "무성적으로 반복 생식할 수 있는 신규한 변종 식물을 발명한 자는 기 식물에 대하여 식물 특허를 수득할 수 있음"이라고 규정하였다.

1961년 전부개정법[19]은 "산업에 이용할 수 있는 신규의 발명을 한 자는 그 발명에 대하여 특허를 받을 수 있다"고 규정하였고(제2조), 식물발명특허을 인정하되, 괴경, 괴근, 구근을 제외한다고 규정하였다(제3조). 1963년 개정법[20]은 제2조(특허의 대상)에서 "신규의 발명을 한 자는 그 발명에 대하여 특허를 받을 수 있다"고 규정한 후, 제5조(정의)에서 "이 법에서 발명이라 함은 자연법칙을 이용한 고도의 기술적 창작으로서 산업에 이용할 수 있는 것을 말한다"고 규정하여, 발명의 정의규정을 처음으로 도입되었다. 이것은 콜러Kohler[21]가 주장한 정의에 따른 것이다. 콜러는 '발명이란 기술적으로 표시된 인간의 정신적 창작이며, 자연을 제어하고 자연력을 이용해서 일정한 효과를 낳게 하는 것을 말한다'고 정의하였다.[22]

1973년 전부개정법은 제5조(정의)에서 "이 법에서 발명이라 함은 자연법칙을 이용한 기술적 사상의 창작으로서 고도의 것을 말한다"고 하여 1963년 법에 규정되었던 '산업에 이용할 수 있는 것'을 삭제한 후 이를 특허요건에 규정하였다.[23] 이러한 발명의 정의는 현행법에까지 이어지고 있다.

---

18) 미국특허법 제101조는 특허의 보호대상을 "모든(any) … 제조방법(process), 기계(machine), 제조물(manufacture), 조성물(composition of matter) 또는 이러한 …개량(improvement)"이라고 규정하고 있다(35 U.S.C. § 101).

19) 법률 제950호(1961.12.31., 전부개정, 1961.12.31. 시행).

20) 법률 제1293호(1963.3.5., 일부개정, 1963.4.5. 시행).

21) Josef Kohler (March 9, 1849-August 3, 1919).

22) 吉藤幸朔/YOU ME 특허법률사무소 역, 「특허법개설」(제9판), 대광서림, 1996, 51면.

23) 동법 제6조 제1항 참조. 산업상 이용가능성이 특허요건으로 들어온 이래 인간의 질병을 진단·치료·예방하는 의료업이 산업에 속하는지가 문제되었고, 우리나라에서는 의약특허는 인정하나 인간치료방법은 현재도 특허를 부여하지 아니한다. 다만 최근 대법원은 의약의 투여용법과 투여용량이라는 새로운 의약용도가 부가되어 특허요건을 갖춘 의약에 대해서는 새롭게 특허권이 부여될 수 있다고 판시한 바 있다(대법원 2015.5.21. 2014후768 전원합의체 판결).

(나) 특허를 받을 수 없는 발명

특허를 받을 수 없는 발명은 제정법에서 현행법에 이르기까지 존재하고 있으나 그 종류는 축소되어 왔다.

1) **제정법**-1961년 개정법 전까지: ① 의약 또는 그 조합법, ② 질서와 풍속을 문란하거나 또는 위생을 해하고 또는 공중을 기만할 염려가 있는 물품 또는 방법, ③ 괴경으로 번식하는 식물 ④ 국기 또는 외국기와 동일 또는 유사한 형상을 가진 산업적 물품 급及 미장

2) **1961년 개정법**-1973년 전부개정법 전까지: ① 음식물 또는 기호물, ② 의약 또는 그 조합법, ③ 화학방법에 의하여 제조할 수 있는 물질, ④ 질서 또는 풍속을 문란하게 하거나 위생에 해가 있을 염려가 있는 것.

3) **1973년 전부개정법**[24]-1986년 개정법 전까지: ① 음식물 또는 기호물의 발명, ② 의약 또는 2이상의 의약을 혼합하여 1의 의약을 제조하는 방법의 발명, ③ 화학방법에 의하여 제조될 수 있는 물질의 발명, ④ 원자핵 변환방법에 의하여 제조될 수 있는 물질의 발명, ⑤ 물질 자체가 지니는 성질에 따르는 용도의 발명, ⑥ 공공의 질서 또는 선량한 풍속을 문란하게 하거나 공중의 위생을 해할 염려가 있는 발명.

4) **1986년 개정법**[25]-1990년 개정법 전까지: ① 음식물 또는 기호물의 발명, ② 원자핵 변환방법에 의하여 제조될 수 있는 물질의 발명, ③ 공공의 질서 또는 선량한 풍속을 문란하게 하거나 공중의 위생을 해할 염려가 있는 발명

5) **1990년 개정법**[26]-1995년 개정법 전까지: ① 원자핵 변환방법에 의하여 제조될 수 있는 물질의 발명, ② 공공의 질서 또는 선량한 풍속을 문란하게 하거나 공중의 위생을 해할 염려가 있는 발명

6) **1995년 개정법**[27]-현행법까지: 공공의 질서 또는 선량한 풍속을 문란하게 하거나 공중의 위생을 해할 염려가 있는 발명.

---

24) 법률 제2505호(1973.2.8., 전부개정, 1974.1.1. 시행).

25) 법률 제3891호(1986.12.31., 일부개정, 1987.7.1. 시행). 당시 한·미 사이에 최대의 현안이었던 물질특허가 이 개정을 계기로 인정되기에 이르렀다. 물질특허제도 도입 경위에 대해서는, 송영식 외, 「지적소유권법」, 육법사, 1987, 135면 이하 참조.

26) 법률 제4207호(1990.1.13., 전부개정, 1990.9.1. 시행).

27) 법률 제5080호(1995.12.29., 일부개정, 1996.7.1. 시행).

(다) 특허대상인지 여부가 문제되는(되었던) 경우

1) 식물특허

우리나라는 1946년 특허법 제정 이래 식물특허에 관한 규정을 두고 있었으나, 2006년 개정법은 식물 관련 발명에 대한 특허권 보호대상을 확대하였다. 개정 전 특허법은 무성번식식물만을 보호대상으로 규정하였고, 유성번식 식물에 대해서는 특허를 부여하지 않고 종자산업법[(현) 식물신품종보호법]에서만 보호하는 것으로 되어 있었으나, 2006년 개정 특허법에서는 식물발명의 보호대상을 한정하는 구 특허법 제31조를 삭제하여 식물 관련 발명의 보호대상이 '무성적으로 반복생식할 수 있는 변종식물'에서 모든 신규 식물로 확대되었다.

2) 미생물발명

우리나라에서도 판례가 미생물발명을 일찍부터 인정하고 왔고[28] 나아가 특허법시행령에서도 미생물의 기탁, 특허출원명세서의 기재방법, 미생물시료의 분양 등에 대하여 규정하고 있어서(특허법시행령[29] 2조~4조) 미생물발명이 특허대상임을 명백히 하고 있다. 다만 미생물관련발명의 출원인은 그 미생물이 용이하게 입수될 수 있는 경우를 제외하고는 그 미생물을 기탁하여야 한다. 이는 미생물관련발명은 명세서의 기재만으로 발명의 공개가 불가능하고 또 반복재현에 어려움이 많으므로 입수가 용이하도록 미생물의 기탁을 의무화한 것이다. 우리는 1987.12.28. 「특허절차상 미생물 기탁의 국제적 승인에 관한 부다페스트 조약」에 가입하였다.[30]

3) 동물특허

식물발명이나 미생물발명을 인정하는 국가도 아직은 동물의 발명에 대해서는 부정적이다. 영국, 독일, 프랑스, EPC는 동물신품종의 발명을 특허대상에서 제외하고 있으며, 캐나다도 미생물이나 원생동물에 관련한 발명에 한하여 특허법상 보호하고 있다. 현재 특허법상 명문으로 동물특허를 인정하고 있는 나라는 헝가리(헝가리 특허 71조)뿐이지만, 1988년 미국이 현실로 인공쥐(일명 하버드 마우스)에 대하여 특허를 부여한 이래 일본에서도 이를 허용하고 있으며 이에 대해서는 윤

28) 우리나라의 특허법의 해석으로서도 신균종이 발견된 경우에 반드시 새로운 특허권을 부여할 수 없는 것은 아니다(대법원 1963.11.28. 63후34 판결).

29) '미생물관련 발명특허의 출원요건'이 시행령에 신설된 것은 대통령령 제12199호(1987.7.1., 일부개정, 1987.7.1. 시행)부터이다.

30) 1988.3.28. 발효.

리적 · 도덕적 측면에서 많은 비판이 나오고 있다. 결국 특허법적으로는 당해 동물발명이 '공공의 질서 또는 선량한 풍속을 문란하게 하거나 공중의 위생을 해할 염려가 있는 발명'인지 여부가 관건이 될 것이다.

4) 컴퓨터프로그램

특허제도의 성립이래 가장 논란이 많았던 부분 중의 하나이다. 본고에서는 특허청 「특허 · 실용신안 심사기준」[31] 내용만을 소개하는 것으로 한다. 심사기준에는 다음과 같이 되어 있다.[32]

> 컴퓨터 프로그램은 컴퓨터를 실행하는 명령에 불과한 것으로 컴퓨터 프로그램 자체는 발명이 될 수 없다. 다만 컴퓨터 프로그램에 의한 정보처리가 하드웨어를 이용해 구체적으로 실현되는 경우에는 해당 프로그램과 연동해 동작하는 정보처리장치(기계), 그 동작 방법, 해당 프로그램을 기록한 컴퓨터로 읽을 수 있는 매체 및 매체에 저장된 컴퓨터프로그램('14.7.1. 출원부터 적용)은 자연법칙을 이용한 기술적 사상의 창작으로서 발명에 해당한다.

(2) 특허요건(1): 신규성

(가) 신규성 상실

이미 알려진 기술에 대해서 특정인에게 독점권을 줄 수는 없다. 새로운 기술을 알려줘야 그 대가로서 독점권을 줄 수 있다. 그러므로 당해 기술이 새롭다는 것은 특허를 받기 위한 필수적인 요소이다. 1946년 제정법 제18조는 "**신규** 유용한 산업적 발명을 한 자는 기 발명에 대하여 발명 특허를 수득할 수 있음"이라 하여 신규성을 규정하였다. 신규성 상실 사유는 다음에 보는 바와 같이 국내주의에서 국제주의로, 오프라인 자료에서 온 · 오프라인 자료로 확대되어 왔다.

1) **제정법**-1973년 개정법까지: 출원전에 국내 공지 · 공용, 국내 간행물 기재된 발명

2) **1973년 개정법**—2001년 개정법 전까지: 출원전에 국내 공지 · 공용, <u>국내외</u> 간행물 기재

3) **2001년 개정법**[33]-2006년 개정법 전까지: 출원전에 국내 공지 · 공용, 국내

---

31) 개정 2018.8.1. 특허청 예규 제104호.

32) 제3부 특허요건 § 4.1.8 컴퓨터 프로그램 언어 자체, 컴퓨터 프로그램 자체(3105-3106면).

33) 법률 제6411호(2001.2.3., 일부개정, 2001.7.1. 시행).

외 간행물 기재 또는 대통령령이 정하는 전기통신회선을 통하여 공중이 이용가능하게 된 발명

4) 2006년 개정법[34)]-2013년 개정법 전까지: 출원전에 국내외 공지·공용, 국내외 간행물 기재 또는 대통령령이 정하는 전기통신회선을 통하여 공중이 이용가능하게 된 발명

5) 2013 개정법[35)]-현재: 출원전에 국내외 공지·공용국내외 간행물 기재 또는 전기통신회선을 통하여 공중이 이용가능하게 된 발명[밑줄: 필자].

(나) 신규성 상실 의제-공지의 의제

현행법 제29조 제3항은 공지의 의제(확대된 선원의 범위)에 대해서 규정한다. 이것은 우리가 파리조약 가입 후 개정된 1980년 개정법[36)]에서 처음 규정한 후 현재에 이르고 있다.

(다) 신규성 의제

신규성 의제에 관한 규정이 특허법에 들어온 것은 1961년 개정법에서부터 이다. 즉 1961년 법은 국내 공지·공용, 국내 간행물 기재된 경우는 신규성을 상실하되, 자기의 발명을 시험하기 위하여, 혹은 박람회에 출품하기 위해서 신규성이 상실된 경우는 6개월 이내에는 신규성이 의제된다는 규정을 두었다(제6-7조). 이러한 유예기간 6개월은 2011년 개정법에서 12개월로 바뀔 때까지 유지되었다. 의제사유의 변천을 간단히 살펴보면 다음과 같다.

1) 1961년 개정법: 자기의 발명의 시험, 자의에 반한 공지, (일정한) 박람회에 출품하여 공지로 된 경우

2) 1973년 개정법: 위 1961년법 사유에 '학술단체의 연구집회'에서 발표가 추가되었다.

3) 1980년 개정법: 위 1973년법 사유에 '간행물에 발표'가 추가되었고, 의제가 인정되는 박람회가 확대되었다. 그러나 연구집회에서의 발표는 문서로 한 경우로 한정되었다.

4) 2001년 개정법[37)]: 위 1980년법의 사유에 '대통령령이 정하는 전기통신회선

34) 법률 제7871호(2006.3.3., 일부개정, 2006.3.3. 시행).
35) 법률 제11654호(2013.3.22., 일부개정, 2013.7.1. 시행).
36) 법률 제3325호(1980.12.31., 일부개정, 1981.9.1. 시행).
37) 법률 제6411호(2001.2.3., 일부개정, 2001.7.1. 시행).

을 통한 발표'가 추가되고, 인정되는 박람회는 제한을 없애, 모든 박람회로 확대되었다.

5) 2006년 개정법[38]: 권리자에 의해서 공지된 모든 경우로 확대하되, 국내외에서 당해 발명의 출원공개, 등록공고된 경우는 제외하였다.

6) 2011년 개정법[39]: 유예기간을 12개월로 확대하여 현재에 이르고 있다.[40]

(3) 특허요건(2): 진보성

진보성에 관한 내용은 1963년 개정법에서부터이다. 다만 제6조 제3항[41]이 "극히 용이하게 발명하였을 때에는 그 발명은 신규의 발명으로 볼 수 없다"는 표현을 사용하여 논란의 여지는 있지만, 내용 자체는 진보성에 관한 것이라고 본다. 이러한 제6조는 1973년 전부개정법 제6조 제2항에서 "특허출원전에 그 발명이 속하는 기술의 분야에서 통상의 지식을 가진 자가 전항 각호에 게기한 발명에 의하여 용이하게 발명할 수 있는 것일 때에는 그 발명은 전항의 규정에 불구하고 특허를 받을 수 없다"고 규정하여 대체로 현행법과 유사한 형태로 되었다.

(4) 출원관련 제도

제정법은 제46조에서 선발명주의를 채택하였다. 그러나 1961년 전부개정법에서부터는 선출원주의, 1발명 1출원주의[42]를 채택하였다. 또 서면주의를 채택하고 있다.[43] 제출서류 중 중요한 것은 명세서이다. 명세서의 특허청구범위는 1980년

---

38) 법률 제7871호(2006.3.3., 일부개정, 2006.3.3. 시행).

39) 법률 제11117호(2011.12.2., 일부개정, 2012.3.15. 시행).

40) 현행법 제30조 참조.

41) 제6조 ③ 특허출원전에 그 발명이 속하는 기술분야에서 통상의 지식을 가진 자가 전조 제2항 각호에 게기한 것에 의하여 그와 다른 것을 극히 용이하게 발명하였을 때에는 그 발명은 신규의 발명으로 볼 수 없다.

42) 특허출원은 1발명에 대하여 1출원으로 한다. 단, 2이상의 발명이 상호 견련하여 이용상 1발명이 된다고 인정되는 경우에는 예외로 한다(제8조). 다만 1980년 개정법 제9조부터 "① 특허출원은 1발명(단일의 총괄적 발명개념의 형성에 관련되는 1군의 발명을 포함한다)에 대하여 1출원으로 한다. ② 제1항의 규정에 의한 1발명 1출원의 요건 기타 필요한 사항은 대통령령으로 정한다."로 변경되어 현행법 제45조까지 그 내용이 실질적으로 그대로 이어지고 있다.

43) 현행법 제28조의3은 '전자문서에 의한 특허에 관한 절차의 수행'에 대해서 규정한다. 즉 "특허출원서, 그 밖의 서류를 산업통상자원부령으로 정하는 방식에 따라 전자문서화하고, 이를 정보통신망을 이용하여 제출하거나 이동식 저장장치 등 전자적 기록매체에 수록하여 제출할 수 있다"고 한 후, "제출된 전자문서는 이 법에 따라 제출된 서류와 같은 효력을 가진다"고 규정한다. 우리나라에서 전자문서에 의한 출원은 1999년 1월 1일부터 시작되었다. 최근 전자출원비율은 90% 이상을 상회하고 있으며, '13년 96.3%를 최고정점을 기준으로 '14년 96.1%, '15년

개정법 이전에는 특허청구범위 기재에 관한 단항제를 채택하고 있었으나 1980년 개정법부터 다항제로 변경되었다. 이하 명세서 관련 변화과정을 살펴보기로 한다.

(가) 1980년 개정법 이전

1) 1961년 개정법에서 명세서에 관한 사항은 시행규칙[44]에 규정되어 있었고 "특허청구의 범위에는 그 발명의 구성에 필요한 사항과 자기가 발명한 부분사항만을 기재하여야 한다"고 되어 있었다. 이것이 약 10년 후의 1970년 전부개정에서[45] "특허청구의 범위는 그 발명의 구성에 필요한 사항만을 하나의 항으로 기재하여야 한다"는 단항제를 명시하게 된다.

2) 1973년 전부개정법에서는 명세서에 관한 사항은 시행령에 규정되었다. 동법 제8조는 "특허를 받고자 하는 자는 대통령령이 정하는 바에 의하여 특허출원서를 특허국장에게 제출하여야 한다"고 규정하였다. 이에 따른 1973년 개정 시행령[46] 제1조 제2항, 제4항, 제5항은 다음과 같다.

> ② 제1항의 특허출원서에는 다음 각호의 사항을 기재한 명세서 및 도면을 첨부하여야 한다.
> 1. 발명의 명칭
> 2. 발명에 관한 도면의 간단한 설명
> 3. 발명의 상세한 설명
> 4. 특허청구의 범위
>
> ④ 제2항 제3호의 발명의 상세한 설명은 그 발명이 속하는 기술분야에서 통상의 지식을 가진 자가 용이하게 그 실시를 할 수 있을 정도로 그 발명의 목적·구성·작용 및 효과를 설명한 것이어야 한다.
> ⑤ 제2항 제4호의 특허청구의 범위는 그 발명의 구성에 필요한 사항만을 하나의 항으로 기재하여야 한다.

제5항의 단항제는 당시의 일본법을 따른 것인데 일본도 처음에는 이러한 단항제를 채택하지 아니하였지만 운용상 혼란이 생긴다는 견해가 있었기 때문에 1921년에 다항제에서 단항제로 바꾼 것이었다.[47] 단항제는 일본을 제외하면 별로 유

93.5%로 조금 감소하는 경향에 있다(한국능률협회컨설팅, 「지능형 정보화 시대를 대비한 전자출원 제도 발전 방안 연구」, 2017.12., 1면).

44) 상공부령 제99호(1962.10.19., 제정, 1962.10.19. 시행).

45) 상공부령 제314호(1970.3.23., 전부개정, 1970.3.23. 시행).

46) 대통령령 제6978호(1973.12.31., 전부개정, 1974.1.1. 시행).

47) 吉藤幸朔/YOU ME 특허법률사무소 역, 앞의 책, 201면.

례가 없는 것이었는데 우리는 이것을 1970년 시행규칙에서 명시하여 1980년 개정되기까지 운용하였다.

(나) 1980년 개정법

1980년 개정법은 제8조 제1항에서 "특허를 받고자 하는 자는 다음 각호의 사항을 기재한 특허출원서를 특허청장에게 제출하여야 한다"고 규정하였다. 즉 이전에 시행령에 규정했던 사항을 법률사항으로 변경한 후 다항제를 채택하였다.[48)]

> ④ 제2항 제4호의 특허청구의 범위는 명세서에 기재된 사항중 보호를 받고자 하는 사항을 1 또는 2이상의 항으로 명확하고 간결하게 기재하여야 한다.
> ⑤ 제4항 이외에 특허청구의 범위의 기재에 관하여 필요한 사항은 대통령령으로 정한다.

(다) 1990년 전부개정법

1990년 전부개정법에서는 제42조[49)] 제4항이 다음과 같이 변경되었다.

> ④ 제2항 제4호의 규정에 의한 특허청구범위에는 보호를 받고자하는 사항을 기재한 항(이하 '請求項'이라 한다)이 1 또는 2이상 있어야 하며, 그 청구항은 다음 각호에 해당하여야 한다.
> 1. 발명의 상세한 설명에 의하여 뒷받침될 것
> 2. 발명이 명확하고 간결하게 기재될 것
> 3. 발명의 구성에 없어서는 아니되는 사항만으로 기재될 것

(라) 2007년 개정법[50)]

2007년에는 명세서와 관련하여 상당한 개정이 있었다.

1) 발명의 상세한 설명의 기재사항이 변경되었다: "발명의 상세한 설명에는 그 발명이 속하는 기술분야에서 통상의 지식을 가진 자가 그 발명을 쉽게 실시할 수 있도록 산업자원부령이 정하는 기재방법에 따라[51)] 명확하고 상세하게 기재하여야

---

48) 명세서 기재사항(제2항), 상세한 설명 기재방법(제3항)은 이전의 시행령과 동일하다. 1980년 개정법 이후에도 운용과정상에서의 문제점에 대해서는, 최덕규, "특허청구범위구성론", 「창작과 권리」(창간호), 세창출판사, 1995, 64면 이하 참조.

49) 전부개정에서 제8조가 제42조로 되었다.

50) 법률 제8197호(2007.1.3., 일부개정, 2007.7.1. 시행).

51) 산업자원부령 제402호(2007.6.29., 일부개정) 제21조 ③ 법 제42조제3항에 따른 발명의 상세한 설명에는 다음 각 호의 사항이 포함되어야 한다.
1. 기술분야

한다." 이전의 특허법에서는 발명의 상세한 설명에 발명의 목적·구성 및 효과를 기재토록 규정하고 있었으나, 2007년 개정법에서는 구체적인 기재방법을 시행규칙에서 정하도록 하고 있다. 발명 기술의 다양화·복잡화 추세에 따라 발명의 목적, 구성, 효과라는 기재형식에 얽매일 경우 기재요건에 맞추어 충분하게 그 사항을 작성할 수 없는 경우가 발생할 수 있기 때문에 발명의 상세한 설명의 기재요건에서 발명의 목적·구성 및 효과로 구분하는 것을 삭제하고, 특허출원인이 발명을 충분히 개시할 수 있는 편리하고 다양한 기재방법을 선택할 수 있도록 기재요건을 완화한 것이다.

2) 특허청구범위의 기재사항이 변경되었다: ① 제42조 제4항 제3호 "발명의 구성에 없어서는 아니되는 사항만으로 기재될 것"이 삭제되었다. ② 제42조 제6항에 "제2항 제4호의 규정에 따른 특허청구범위를 기재할 때에는 보호받고자 하는 사항을 명확히 할 수 있도록 발명을 특정하는데 필요하다고 인정되는 구조·방법·기능·물질 또는 이들의 결합관계 등을 기재하여야 한다"는 규정이 신설되었다.

3) 2007년 개정 특허법에서는 특허출원시 특허청구범위를 기재하지 아니한 명세서를 첨부하여 특허출원을 할 수 있도록 하여 소위 특허청구범위 기재유예제도를 도입하였다(동법 제42조 제5항).

(마) 2011년 개정법

제42조 제3항 2호에 "그 발명의 배경이 되는 기술을 기재할 것"이 추가되었다. 그 이전에는 「배경기술 기재의무 사항」은 「특허법 시행규칙」 별지 제15호 서식의 기재요령으로 위임하여 규정하고 있어 배경기술 기재가 의무사항임을 출원인이 명확히 알기 어렵다는 문제점이 있었고, 실제로도 발명의 배경기술을 기재하지 않고 특허출원을 하는 경우가 발생하고 있었다. 그런데 발명의 배경기술은 그 발명의 기술적 특징을 쉽게 파악하는 데 도움이 되어 그 발명에 관한 특허출원의 심사에 유용할 뿐만 아니라 특허협력조약Patent Cooperation Treaty: PCT 규칙에서도 필수 기재사항으로 규정하고 있다.

---

2. 해결하고자 하는 과제
3. 과제의 해결 수단
4. 그 밖에 그 발명이 속하는 기술분야에서 통상의 지식을 가진 자가 그 발명의 내용을 쉽게 이해하기 위하여 필요한 사항.

(바) 2014년 개정법[52)]

종래 명세서에 발명의 명칭, 도면의 간단한 설명, 발명의 상세한 설명, 특허청구범위를 기재하도록 하던 사항을 '발명의 설명, 특허청구범위'로 감축하였고, 청구범위 기재유예와 관련된 제42조 제5항, 제7항 관련사항이 제42의2조로 변경되었다.

(5) 심사관련 제도

(가) 심사지연방지책

특허출원의 심사라함은 특정의 특허출원에 대하여 그 방식과 내용을 심리하여 특허를 부여할 것이냐의 여부를 결정하는 심사관의 행위로서 특허절차의 핵심을 이루고 있다. 우리는 특허출원에 대하여 국가에서 특허성(신규성 · 진보성 등) 여부의 심사를 하여 특허권을 부여하는 심사주의를 채택하고 있다. 그런데 산업의 급격한 발전과 과학기술의 진보 및 기술경쟁의 격화에 따라 특허출원건수가 날로 증가하고 기술내용은 점차 복잡 · 고도화하여 심사가 만성적으로 장기화하는 경향에 있다. 이러한 전통적인 심사제도의 폐단인 심사의 지연을 개선하려는 노력이 각국에서 행하여지고 있다. 이러한 수정된 심사제도로서 그 대표적인 것이 출원공개제도와 심사청구제도이다. 우리는 1980년 개정법[53)]에서부터 양제도를 모두 채택하고 있다. 출원공개에 대하여 1980년 법은 "특허출원일(……)로부터 1년 6월이 경과된 때에는 그 특허출원에 관하여 특허공보에 출원공개를 하여야 한다"고 규정하고 있었고,[54)] 이 제도는 기본적으로 현행법에까지 이어지고 있다. 다만 1995년 12월 29일의 법개정을 계기로 출원 후 1년 6월이 경과하기 전이라도 출원인이 신청하면 공개할 수 있는 신청에 의한 출원공개제도(자발적 조기공개제도)를 현재까지 운용하고 있다.

한편 심사청구제도는 1980년 법에서는 "특허출원이 있는 때에는 누구든지 그 날로부터 5년내에 특허청장에게 그 특허출원에 관하여 출원심사를 청구할 수 있다"[55)]고 규정하고 있었고, 그러나 특허출원일부터 5년 이내에 출원심사의 청구를 하도록 함에 따라 심사청구기간이 길어져 특허발명에 대한 권리확정이 지연되는

52) 법률 제12753호(2014.6.11., 일부개정, 2015.1.1. 시행).
53) 법률 제3325호(1980.12.31.).
54) 제83조의2.
55) 제80조의2.

문제점이 있었다. 2016년 개정특허법[56]은 국제적 추세에 맞추어 특허출원의 심사청구기간을 특허출원일부터 3년 이내로 단축하여 특허발명에 대한 권리확정이 조속히 이루어질 수 있도록 하고 있다.[57]

(나) 특허결정 이후의 절차: 출원공고, 이의신청, 무효심판의 확대, 재심사, 취소결정

1949년 제정법 제71조는 심사관이 특허출원에 대하여 거절이유를 발견할 수 없을 때에는 즉시 特許査定((현) 특허결정)을 하는 것이 아니고 중간처분으로서의 출원공고를 하도록 하였다. 이로써 공중에게는 특허이의신청의 기회를 주어 공중으로 하여금 심사에 참여케 하고 심사관에 의한 심사의 불비를 지적하게 함으로써 심사에 공정을 기하고 무효인 특허의 발생을 미연에 방지하여 특허에 대한 신뢰도를 높일 수 있게 된다.[58]

이러한 출원공고제도는 1997년 4월 10일 법[59] 개정시까지 존속되었다.[60] 그런데 단기간 내에 특허처분을 공중에게 재심사받아 흠瑕疵이 있는 특허권의 발생 및 심사관의 주관적, 자의적 판단을 예방하고자 하였던 이의신청제도가 실제로는 경쟁상대의 특허취득을 방해하는 심사지연책으로 악용되는 사례도 없지 아니하고, 또 이의에 대한 심사 때문에 신속한 특허부여에 상당한 장해요인도 되었다. 이러한 문제점 때문에 1997년부터는 특허부여 후 이의신청으로 개정 운영하여 왔다.[61]

그러나 특허등록 후의 이의신청제도는 운영과정에서 무효심판제도와 중복된다는 지적이 나왔다. 즉 특허법에서 이의신청제도와 무효심판제도의 병존을 인정하였기 때문에 이해관계인은 특허이의신청을 하든 무효심판을 청구하든, 또는 두 가지 다 청구하든 자유로이 선택할 수 있었다. 특허청에서는 이의신청과 무효심판이 동시에 계속되는 경우에는 심판절차를 중지할 수 있어 상호 모순 저촉되는 결정을 회피할 수 있었으나, 이의결정에 대해서는 심결취소소송과 같은 별도의 불복수

---

56) 법률 제14035호(2016.2.29., 일부개정, 2017.3.1. 시행).
57) 제59조 제2항
58) 송영식 외, 앞의 책(주 25), 361면.
59) 법률 제5329호(1997.4.10., 일부개정, 1997.7.1. 시행).
60) 1997년 개정 전의 법은 다음과 같다.
제66조(출원공고) ① 심사관은 특허출원에 대하여 제62조의 규정에 의한 거절이유를 발견할 수 없는 때에는 출원공고결정을 하여야 한다.
제70조(특허이의신청) ① 출원공고가 있는 때에는 누구든지 특허출원공고일부터 2월 이내에 특허청장에게 특허이의신청을 할 수 있다.
61) 송영식 외, 「송영식 지적소유권법」(상), 806면.

단이 없고 이의결정이 확정되더라도 무효심판을 청구할 수 있는 등 무효심판과 중복되는 결과를 초래하여 비효율성을 증가시키고 있다는 지적과 이의결정은 심사관이, 무효심결은 심판관이 각각 담당하고 있어 판단의 주체가 달라 제도 이용자들에게 혼선을 야기시킬 수 있다는 것이었다.[62] 이에 2006년 3월 3일 개정으로[63] 2007년 7월 1일 이후 설정등록 된 특허권에 대한 이의신청제도가 완전히 폐지되었고 무효심판제도는 다음과 같이 변경되었다.

> 제133조(특허의 무효심판) ① 이해관계인 또는 심사관은 특허가 다음 각 호의 어느 하나에 해당하는 경우에는 무효심판을 청구할 수 있다. 이 경우 특허청구범위의 청구항이 2 이상인 때에는 청구항마다 청구할 수 있다. 다만, 특허권의 설정등록이 있는 날부터 등록공고일 후 3월 이내에 누구든지 다음 각 호(제2호를 제외한다)의 어느 하나에 해당한다는 이유로 무효심판을 청구할 수 있다.

그런데 이렇게 운영되던 제도는 2016년 개정법[64]에서 '특허무효심판절차가 복잡하여 활용도가 적은 문제점이 있'다는 이유로 특허취소신청제도[65]로 변경되었다. 이와 관련하여 언급할 것은 '직권재심사제도'의 도입이다. 직권재심사란 심사관이 특허결정을 한 후 명백한 거절이유를 발견한 경우 직권으로 특허결정을 취소하고 그 특허출원을 다시 심사할 수 있도록 하여 하자 있는 특허를 사전에 방지하도록 하되, 권리 보호의 안정성을 위하여 특허권이 설정등록되기 전까지만 특허결정을 취소할 수 있게 하는 제도이다.[66]

(6) 특허권 및 그 이용

(가) 특허권

1) 특허권의 내용 및 효력

특허권은 설정등록에 의해 발생한다. 특허권은 물권과 유사한 권리이며, 대상이 되는 발명을 독점배타적으로 사용·수익·처분하는 권리이다. 특허권의 효력

---

62) 위의 책, 807면 각주 1479 참조.

63) 법률 제7871호(2006.3.3., 일부개정, 2006.3.3. 시행. 단 부칙 제1조에서 특허이의신청 관련 개정부분은 2007.7.1.부터 시행하도록 되어 있었다.

64) 법률 제14035호(2016.2.29., 일부개정, 시행 2017.3.1. 시행).

65) 제132조의2(특허취소신청) ① 누구든지 특허권의 설정등록일부터 등록공고일 후 6개월이 되는 날까지 그 특허가 다음 각 호의 어느 하나에 해당하는 경우에는 특허심판원장에게 특허취소신청을 할 수 있다. 이 경우 청구범위의 청구항이 둘 이상인 경우에는 청구항마다 특허취소신청을 할 수 있다.

66) 2016년 법 제66조의3. 현행법도 동일하다.

을 '적극적 효력'(실시권)과 '소극적 효력'(금지권)으로 나눌 수 있지만, 상표권과는 달리[67] 실시권과 금지권의 범위는 중첩되므로 양자를 나누어 논할 실익은 적다. 한편 실시의 범위에도 다음과 같은 변화가 있었다.

가) 1946년 **제정법**: 물품의 특허권자는 기 특허품을 제작, 사용, 판매 또는 확포할 권리를 전유함. 기술 급 방법의 특허권자는 기 기술 급 방법을 사용하는 권리와 기 기술 급 방법에 의하여 생산된 물품을 사용, 판매 또는 확포할 권리를 전유함. 식물의 특허권자는 기 식물을 무성적으로 반복 생식하며 그것을 사용, 판매 또는 확포할 권리를 전유함.[68]

나) 1961년 **전부개정법**: 특허권자는 물건의 특허증명에 있어서는 그 물건을 제작, 사용, 판매 또는 확포할 권리를 독점하고, 방법의 특허발명에 있어서는 그 방법을 사용하거나 그 방법에 의하여 제작된 물건을 사용, 판매 또는 확포하는 권리를 독점한다.[69]

다) 1974년 **전부개정법**: 물건의 특허발명에 있어서는 업으로써 그 물건을 생산·사용·판매·수입 또는 확포한 권리를 독점하고, 그 방법의 발명에 있어서는 업으로써 그 방법을 사용하거나 그 방법에 의하여 생산된 물건을 사용·판매·수입 또는 확포하는 권리를 독점한다.[70]

라) 1990년 **전부개정법**: 제2조 3호로 실시의 정의가 신설되었다. 그 내용은 다음과 같다.

> 가. 물건의 발명인 경우에는 그 물건을 생산·사용·양도·대여·수입 또는 전시(讓渡나 貸與를 위한 경우에 한한다.)하는 행위
> 나. 방법의 발명인 경우에는 그 방법을 사용하는 행위
> 다. 물건을 생산하는 방법의 발명인 경우에는 나목의 행위외에 그 방법에 의하여 생산한 물건을 사용·양도·대여·수입 또는 전시하는 행위

마) 1995년 **개정법**: WTO/TRIPs의 성립에 따라 동 협정의 'offer'라는 개념을 '양도 또는 대여의 청약(讓渡 또는 貸與를 위한 展示를 포함한다)을 하는 행위'로 수

67) 상표법에 의하면 상표권자는 등록상표를 지정상품에 사용할 권리를 독점하지만, 이것과 유사한 상표를 지정상품에 사용하거나, 등록상표를 유사상품에 사용하는 권리는 아니다. 그러나 이러한 행위를 타인이 행하는 것은 금지할 수 있다. 즉 특허권과는 달리 상표권은 실시권(사용권)과 금지권의 범위가 일치하지 않는다.

68) 동법 제96조 참조.

69) 동법 제39조 참조.

70) 동법 제45조 참조. 수입행위가 실시개념에 포함되었다.

용하여 실시가 "사용 · 양도 · 대여 또는 수입하거나 그 물건의 양도 또는 대여의 청약(讓渡 또는 貸與를 위한 展示를 포함한다.)을 하는 행위"로 되었다. 그 이래 현재까지 실시 개념에는 변동이 없었다.

2) 특허권의 존속기간

가) 1946년 특허법은 발명 특허 급及 식물 특허에 대하여는 17년 보호하였다(제87조). 또 제88조에서 "중요한 발명의 특허권자가 정당한 이유로 원특허권의 존속기간 내 상당한 발명의 이익을 득하지 못하게 된 경우에는 제89조 내지 제95조의 규정에 의하여 발명 특허권의 존속기간을 3년 내지 7년간 연장할 수 있"다고 규정하였다.

나) 1961년법은 출원공고로부터 12년간 존속했으며, 특허출원일로부터 15년을 초과하지 못한다고 규정하였다(동법 제46조). 이러한 존속기간은 1986년 개정법 이전까지 계속되었다. 그러나 제정법에 있었던 존속기간연장제도는 삭제되었다. 아마도 당시의 산업 · 경제 상황에서는 필요성이 없다고 보았을 것이다.

다) 1986년 개정법은 특허권의 존속기간을 '출원공고가 있은 경우에는 그 공고가 있은 날로부터, 출원공고가 없는 경우에는 특허권설정의 등록이 있은 날로부터 15년으로 한다'(동법 제53조 제1항)로 변경하고 물질특허, 의약특허의 도입에 따라 "특허청장은 제1항의 규정에 불구하고 특허발명을 실시하기 위하여 다른 법령에 의하여 허가를 받거나 등록을 하여야 하고 그 허가 또는 등록을 위하여 필요한 활성 · 안전성등의 시험에 장기간이 소요되는 경우에는 5년의 기간내에서 당해 특허권의 존속기간을 연장할 수 있다"는 존속기간 연장제도를 도입하였다.

라) 존속기간 및 연장제도는 1990년 전부개정법에서 다음과 같이 변경되었다.

> **제88조(특허권의 존속기간)** ① 특허권의 존속기간은 출원공고가 있는 경우에는 그 공고가 있는 날부터, 출원공고가 없는 경우에는 특허권의 설정등록이 있는 날부터 15년으로 한다. 다만, 특허출원일부터 20년을 초과할 수 없다.
>
> **제89조(특허권의 존속기간의 연장)** 특허발명을 실시하기 위하여 다른 법령의 규정에 의하여 허가를 받거나 등록등을 하여야 하고, 그 허가 또는 등록등(이하 "許可등"이라 한다)을 위하여 필요한 활성 · 안전성등의 시험으로 인하여 장기간이 소요되는 대통령령이 정하는 발명으로서 그 특허발명이 2년이상 실시할 수 없었던 경우에는 제88조제1항의 규정에 불구하고 그 실시할 수 없었던 기간에 대하여 5년의 기간내에서 당해 특허권의 존속기간을 연장할 수 있다.

마) WTO/TRIPs의 성립에 따른 1995년 개정법[71]에서 특허권의 존속기간은 특허출원일부터 20년으로 한다(제88조)로 변경되어 현재에 이르고 있다.

한편 존속기간 연장과 관련해서는 한·미 FTA에 따른 2011년 개정[72]에서 등록지연에 따른 연장제도가 추가되어 현재에 이르고 있다.[73]

바) 존속기간의 현실

특허권은 등록으로부터 권리가 발생하여 출원일로부터 20년까지 존속한다. 그렇다면 현실적으로 모든 특허가 그렇게 존속할가. 특허청이 국회에 제출한 '특허청 서면답변자료 2008년' 23면에는 우리나라의 경우 2007년 현재 존속 중인 특허권은 약 58만 7천 건인데, 등록유지료 불납과 존속기간 만료로 소멸하는 특허는 18만 9천 건으로 등록 특허권의 24.4%를 차지한다. 개인 발명가와 중소기업이 16년 이상 장기 보유한 특허는 678건(개인: 148건, 중소기업: 530건)으로 존속 중인 전체 특허권의 불과 0.1155%에 지나지 않는다. 2014년 서면답변자료에 의하면 개인·중소기업의 경우 통상 4~6년차에 50% 정도는 특허권을 포기하고 있는 것으로 확인되고 있다. 또 특허료의 납부가 어려워 7년 차로 되면 대학특허의 상당부분이 소멸한다. 현실은 돈을 버는 특허보다 돈이 드는 특허가 많다.

3) 특허권의 효력이 미치지 아니하는 범위

특허법은 산업정책적 측면과 공공의 이익 및 공평의 원칙에서 다음과 같이 일정한 범위 내에서 특허권의 효력을 제한한다.

가) 1946년 **제정법**: 다음의 경우에는 특허침해로 간주하지 아니한다.[74]

2. 외국에 소속한 선박 또는 해, 육, 공의 운수 기구가 일시적 혹은 우연히 아국 영해 또는 영토 내에 입국한 시기 선박 또는 기타 운수 기구상에서 차에 전용되는 물품을 제작 혹은 사용하는 행위
3. 연구 또는 실험할 목적으로 적당한 범위 내에서 하는 제작 또는 사용하는 행위
4. 특허 출원이 실제로 아국에 제출되였을 당시 국내에 현존하고 있든 그 물품을 사용 판매 또는 확포하는 행위

---

71) 법률 제5080호(1995.12.29., 일부개정, 1996.7.1. 시행).

72) 법률 제11117호(2011.12.2., 일부개정, 2012.3.15. 시행).

73) 제92조의2(등록지연에 따른 특허권의 존속기간의 연장) ① 특허출원에 대하여 특허출원일부터 4년과 출원심사 청구일부터 3년 중 늦은 날보다 지연되어 특허권의 설정등록이 이루어지는 경우에는 제88조 제1항에도 불구하고 그 지연된 기간만큼 해당 특허권의 존속기간을 연장할 수 있다.

74) 동법 제97조 참조.

나) 1961년 **전부개정법**: 특허권의 효력은 다음 각호의 1에 해당하는 것에 미치지 아니한다.[75)]

1. 연구 또는 시험을 하기 위한 특허발명의 실시
2. 국내를 통과함에 불과한 운수구 또는 그 장치
3. 특허출원 당시에 국내에 있었던 물건

다) 1974년 **전부개정법**: 대체로 1961년과 유사하나 제46조 제2항으로 다음이 추가되었다. 수출제일주의의 면모가 엿보인다 할 것이다.

> ② 수출허가 또는 승인을 받고 수출화물을 선적하기 위하여 수출통관면허신고를 한 화물에 대하여는 특허권 침해를 이유로 가처분, 가압류 또는 압류명령을 신청할 수 없다.

라) 1986년 **개정법**: 1974년 전부개정법 제46조 제2항의 내용이 삭제되고 그 자리에 의약특허의 도입과 더불어 다음 내용이 추가되었다.

> ② 2이상의 의약(사람의 질병의 診斷·治療·輕減·處置 또는 豫防을 위하여 사용되는 물건을 말한다.)을 혼합함으로써 제조되는 의약의 발명 또는 2이상의 의약을 혼합하여 의약을 제조하는 방법의 발명에 관한 특허권의 효력은 약사법에 의한 조제행위와 그 조제에 의한 의약에는 미치지 아니한다.

마) 2010년 **개정법**[76)]: 특허권의 효력이 미치지 않는 범위에 「약사법」에 따른 의약품의 품목허가나 품목신고 및 「농약관리법」에 따른 농약의 등록을 위한 연구 또는 시험이 포함된다는 것을 법률에 명확히 규정하였다. 즉 제96조 제1항 제1호가 "연구 또는 시험(「약사법」에 따른 의약품의 품목허가·품목신고 및 「농약관리법」에 따른 농약의 등록을 위한 연구 또는 시험을 포함한다)을 하기 위한 특허발명의 실시"로 되어 현재에 이르고 있다.[77)]

(나) 특허권의 이용: 약정실시권

특허권자는 당해 발명을 타인에게 이용허락을 한 후 이용료를 받을 수도 있다. 약정실시에는 계약에서 정한 범위 안에서 그 타인이 독점적으로 지배·이용할 수 있는 경우와 그렇지 아니한 경우가 있다.

---

75) 동법 제40조(특허권의 한계). 대체로 제정법과 유사하다.
76) 법률 제9985호(2010.1.27., 일부개정, 2010.7.28. 시행).
77) 현행법 제96조 참조.

1) 1946년 제정법은 독점적 실시권과 비독점적 실시권을 모두 인정했으며, 등록은 대항요건이었다.[78)]

2) 1961년 개정법은 전용실시권과 (통상) 실시권 모두를 인정하고,[79)] 등록은 대항요건을 하되, 전용실시권자는 사업과 같이 이전하는 경우를 제외하고는 특허권자의 승낙없이 그 전용실시권을 이전하지 못한다[80)]고 규정하였다.

3) 1974년 전부개정법은 전용실시권, 통상실시권이라는 용어를 사용하였고, 전용실시권의 설정은 등록을 성립요건[81)]으로 하였다. 이후 전용실시권과 통상실시권의 인정, 전용실시권의 설정은 등록을 성립요건, 통상실시권의 설정 등록은 대항요건으로 하는 것은 현행법에까지 계속되고 있다.[82)]

(다) 법정실시권

특허법은 국민경제상 필요하거나 특허권자와 제3자의 이익조정이 필요한 경우에 법률의 규정에 의하여 제3자에게 통상실시권을 부여하는 제도를 두고 있으므로 이러한 경우 반사적으로 특허권은 제한을 받게 된다. 현행법상 법정실시권이 인정되는 경우는 다음과 같다. 이들이 언제부터 인정된 것인지 차례로 살펴보기로 한다.

내용	현행법 조문	최초 인정 특허법
1) 직무발명에 있어서 사용자 등의 실시권	발명진흥법 제10조 제1항	1946년 특허법 제32조 1961년 전부개정법 제15조
2) 선사용자의 실시권(선사용권)	특허법 제103조	1946년 특허법 제98조 1961년 전부개정법 제41조
3) 무효심판청구등록 전의 권리자의 실시권(중용권)	특허법 제104조	1946년 특허법 제99조 1961년 전부개정법 제42조
4) 디자인권의 존속기간만료 후의 실시권[83)]	특허법 제105조	1974년 전부개정법 제49조 (실용신안권 또는 의장권)
5) 질권실행의 경우 특허권자의 실시권	특허법 제122조	1961년 전부개정법 제60조
6) 재심청구등록 전의 선의실시자의 실시권(후용권)	특허법 제182조, 제183조	1961년 전부개정법 제133조

78) 동법 제110조, 제111조, 제115조 참조.
79) 동법 제48조, 제51조 참조.
80) 동법 제48조 제3항.
81) 동법 제56조 제1항 2호. 통상실시권의 등록은 대항요건이다(동법 제62조).
82) 현행법 제100조, 제101조, 제102조, 제118조 참조.
83) 1961년 법에는 제43조에 실용신안권의 존속기간만료후의 실시권에 대해서도 규정하고 있었다. 또 1974년 법에는 실용신안권 또는 의장권이 모두 포함되어 있었다.

(7) 특허권자의 보호

특허권 침해에 대해서는 민·형사적 구제가 주어진다. 1946년 제정법은 민사상 구제로서 금지청구와 소해배상청구를 모두 인정하였다. 그러나 벌칙에 관한 제232조-제242조에는 특허권침해죄는 보이지 않는다. 즉 미국 특허법과 마찬가지로 민사적 구제만을 인정하였다. 민사적 구제에 대해서도 다음과 같이 현행법과 상당히 다른 내용으로 되어 있다.

(가) 1946년 제정법

1) **금지청구** : 금지청구와 관련해서 제223조는 '특허 목적물에 사용, 제작, 판매 또는 확포의 제한 또는 금지'를 명할 수 있다고 되어있었다.

2) **손해배상청구** : 특허표지부착의무가 중시되었음이 눈에 띈다. 즉 동법 215조는 "특허권자는 사용, 판매 또는 확포할 특허품에 특허 표지를 부함을 요함"이라고 한 후, 제218조에서 "제215조 급 제216조에 규정한 특허 표식[84]이 없음으로 특허되였음을 부지하고 특허를 침해한 경우에는 손해배상의 책임이 없음"이라고 규정한 것이다. 참으로 미국 특허법 제287조의 영향이 그대로 들어나는 조항이다. 또 제220조는 "해 침해자는 기 특허 표식을 부하기 전에 제작된 식물 또는 물품은 정당한 특허 표식을 부할 때에 차를 사용, 판매, 확포할 권리가 유함"이라 하여 표지가 부재하여 특허품인 줄 모르고 이미 만든 침해품은 사용, 판매할 수 있다고 규정하였다. 제224조는 "이익에 관하여는 특허 표식 또는 기에 의한 권리자는 판매에 대하여만 입증함을 요하며 침해자는 주장하는 모든 비용의 내용을 입증함을 요함"이라 규정하였다. 그 외에도 손해액 인정에 대한 제225조, 제226조, 그리고 침해품의 권리자에 대한 교부를 규정한 제227조를 두고 있다.

(나) 1961년 전부개정법

제150조의 형사처벌 규정과 함께 다음과 같은 민사적 구제 규정을 두었다. 중과실의 경우에만 손해배상을 인정하였다.

> 제147조(권리침해에 대한 특허권자의 보호) ① 특허권자는 자기의 권리를 침해한 자에 대하여 그 행위를 금지할 것을 청구할 수 있다.

84) 한자 '標識'를 일률적으로 한글화하는 과정에서 표식으로 표기한 것으로 보이나 법률내용을 소개할 때는 법제처 표기대로 '표식' 그대로 두기로 한다.

② 법원은 전항의 청구가 이유있다고 인정할 때에는 침해한 자에 대하여 특허권자를 보호하는데 필요한 조치를 명할 수 있다.

第148条(손해배상의 청구) 특허권자는 고의 또는 중대한 과실에 의하여 자기의 특허권을 침해한 자에 대하여는 손해배상을 청구할 수 있다.

第149条(특허권자의 신용회복) 특허권을 침해함으로써 특허권자의 신용을 실추하게 한자에 대하여는 신용회복을 위하여 필요한 조치를 명할 수 있다.

(다) 1973년 전부개정법

1961년 법이 다음과 같이 변경되어 침해예방청구권이 인정 되었고 중과실에서 과실로 변경되었다.

第155条(권리침해에 대한 특허권자등의 보호) ① 특허권자 또는 전용실시권자는 자기의 권리를 침해한 자 또는 침해할 우려가 있는 자에 대하여 그 행위를 금지 또는 예방할 것을 청구할 수 있다.

第156条(손해배상의 청구) ① 특허권자 또는 전용실시권자는 고의 또는 과실에 의하여 자기의 특허권을 침해한 자에 대하여는 손해배상을 청구할 수 있다.
② 특허권자는 선의무과실로 자기의 특허권을 침해한 자에 대하여는 이득반환 또는 손해배상을 청구할 수 없다. 다만, 그 행위를 금지할 것을 청구할 수 있다.[밑줄: 필자]

(라) 1990년 전부개정법

1) 제126조의 권리침해에 대한 금지청구권과 관련하여 제2항에 "침해행위를 조성한 물건(물건을 生産하는 방법의 發明인 경우에는 침해행위로 생긴 물건을 포함한다)의 폐기, 침해행위에 제공된 설비의 제거 기타 침해의 예방에 필요한 행위를 청구할 수 있다"고 규정하였다.

2) 제127조에 침해로 보는 행위, 즉 간접침해에 대해서 규정하였다.

3) 제128조의 손해액의 추정등과 관련하여 다음과 같은 규정을 두었다.

가) 권리를 침해한 자가 그 침해행위에 의하여 이익을 받은 때에는 그 이익의 액을 특허권자 또는 전용실시권자가 받은 손해의 액으로 추정한다.
나) 그 특허발명의 실시에 대하여 통상 받을 수 있는 금액에 상당하는 액을 특허권자 또는 전용실시권자가 받은 손해의 액으로 하여 그 손해배상을 청구할 수 있다.
다) 이득액이나 실시료 상당액을 넘는 초과액에 대하여도 손해배상을 청구할 수 있다.
라) 고의 또는 중대한 과실이 없는 때에는 배상의 액을 정함에 있어서 이를 참작할

수 있다.

4) 제129조에서 생산방법의 추정, 제130조에서 과실의 추정에 관한 규정을 두었다.

5) 손해의 계산을 하는 데에 필요한 서류의 제출을 명할 수 있도록 하였다.

(마) 2001년 개정법

2001년 개정에서는 다음 세 가지의 개정이 있었다.

1) 제128조(손해액의 추정등) 제1항에 "침해한 자가 그 침해행위를 하게 한 물건을 양도한 때에는 그 물건의 양도수량에 특허권자 또는 전용실시권자가 당해 침해행위가 없었다면 판매할 수 있었던 물건의 단위수량당 이익액을 곱한 금액을 특허권자 또는 전용실시권자가 입은 손해액으로 할 수 있다"는 내용이 추가되었다.

2) 제128조에 손해액을 입증하는 것이 당해 사실의 성질상 극히 곤란한 경우에는 법원은 변론 전체의 취지와 증거조사의 결과에 기초하여 상당한 손해액을 인정할 수 있다는 규정이 추가되었다(제5항).[85)]

3) 제129조의 생산방법의 추정에 관한 조항이 변경되었다. 1990년 법에서는 "제129조(생산방법의 추정) 물건을 생산하는 방법의 발명에 관하여 특허가 된 경우에 그 물건이 특허출원전에 국내에서 공지된 물건이 아닌 때에는 그 물건과 동일한 물건은 그 특허된 방법에 의하여 생산된 것으로 추정한다"고 공지된 물건이 아닌 것을 조건으로 하였으나 2001년 개정법은 ① 특허출원전에 국내에서 공지되었거나 공연히 실시된 물건, ② 특허출원전에 국내 또는 국외에서 반포된 간행물에 게재되거나 대통령령이 정하는 전기통신회선을 통하여 공중이 이용가능하게 된 물건의 경우에는 추정규정이 적용되지 않도록 하였다.

(바) 2013년,[86)] 2014년 개정법[87)]

2013년 개정에서 제129조 제2호가 "특허출원전에 국내 또는 국외에서 반포된 간행물에 게재되었거나 전기통신회선을 통하여 공중이 이용할 수 있는 물건"으로 변경되어 '대통령령이 정하는'이라는 문구가 삭제되었다.

---

85) 이러한 손해액의 직권인정에 관한 조항은 우리 민사소송법 2016년 개정에서 제202조의2(손해배상 액수의 산정)로 규정되었다.

86) 법률 제11654호(2013.3.22., 일부개정, 2013.7.1. 시행).

87) 법률 제12753호(2014.6.11., 일부개정, 2015.1.1. 시행).

2014년 개정에서는 제128조 제1항이 2개 조항으로 나뉘어 전체 5개항으로 되어있던 것이 6개항으로 늘어나거나 표현의 변경이 있었다.

(사) 2016년 개정법[88)]

2016년에는 중요한 개정이 있었다.

1) "특허권 또는 전용실시권 침해소송에서 법원이 침해로 인한 손해액의 산정을 위하여 감정을 명한 때에는 당사자는 감정인에게 감정에 필요한 사항을 설명하여야 한다"는 감정사항 설명의무가 제128조의2로 신설되었다.

2) 서류제출이 자료의 제출로 바뀌면서 중요한 변화가 있었다. 우선 2016년 개정 전후를 비교해 본다.

[2016년 개정 이전법][89)]

제132조(서류의 제출) 법원은 특허권 또는 전용실시권의 침해에 관한 소송에서 당사자의 신청에 의하여 해당 침해행위로 인한 손해를 계산하는 데 필요한 서류를 제출하도록 다른 당사자에게 명할 수 있다. 다만, 그 서류의 소지자가 그 서류의 제출을 거절할 정당한 이유가 있으면 그러하지 아니한다.

[2016년 개정법]

제132조(자료의 제출) ① 법원은 특허권 또는 전용실시권 침해소송에서 당사자의 신청에 의하여 상대방 당사자에게 해당 침해의 증명 또는 침해로 인한 손해액의 산정에 필요한 자료의 제출을 명할 수 있다. 다만, 그 자료의 소지자가 그 자료의 제출을 거절할 정당한 이유가 있으면 그러하지 아니하다.
② 법원은 자료의 소지자가 제1항에 따른 제출을 거부할 정당한 이유가 있다고 주장하는 경우에는 그 주장의 당부를 판단하기 위하여 자료의 제시를 명할 수 있다. 이 경우 법원은 그 자료를 다른 사람이 보게 하여서는 아니 된다.
③ 제1항에 따라 제출되어야 할 자료가 영업비밀(「부정경쟁방지 및 영업비밀보호에 관한 법률」 제2조제2호에 따른 영업비밀을 말한다.)에 해당하나 침해의 증명 또는 손해액의 산정에 반드시 필요한 때에는 제1항 단서에 따른 정당한 이유로 보지 아니한다. 이 경우 법원은 제출명령의 목적 내에서 열람할 수 있는 범위 또는 열람할 수 있는 사람을 지정하여야 한다.
④ 당사자가 정당한 이유 없이 자료제출명령에 따르지 아니한 떠에는 법원은 자료의 기재에 대한 상대방의 주장을 진실한 것으로 인정할 수 있다.

88) 법률 제14035호(2016.2.29., 일부개정, 2017.3.1. 시행).
89) 예컨대 2014.6.11. 특허법(법률 제12753호).

⑤ 제4항에 해당하는 경우 자료의 제출을 신청한 당사자가 자료의 기재에 관하여 구체적으로 주장하기에 현저히 곤란한 사정이 있고 자료로 증명할 사실을 다른 증거로 증명하는 것을 기대하기도 어려운 때에는 법원은 그 당사자가 자료의 기재에 의하여 증명하고자 하는 사실에 관한 주장을 진실한 것으로 인정할 수 있다.

가) 종래에는 손해액 산정을 위해서만 서류제출을 요구할 수 있었으나 이번 개정에서 "특허침해소송에서 법원의 증거제출 명령대상 범위를 서류에서 자료로 확대할 뿐만 아니라 침해행위에 대한 입증자료를 포함하도록 하여 실체적 진실 발견에 기여하고자" 하였다.[90]

나) 2016년 개정에서 주목되는 부분은 제5항이다. 제4항의 경우는 현행 민사소송법 제349조[91]나 제350조[92]의 취지와 동일하다. 그런데 위 민사소송법 조문상의 "문서의 기재에 대한 상대방의 주장을 진실한 것으로 인정할 수 있다"는 의미에 대해서[93] 판례・일부학설은 법원이 상대방의 그 문서의 기재(성질, 성립의 진정 및 내용)에 관한 주장을 진실한 것으로 인정할 수 있다는 것이지, 원칙적으로 상대방의 그 문서에 의하여 상대방이 증명하고자 하는 사실(요증사실)이 바로 증명되었다고는 볼 수 없으며, 요증사실의 인정 여부는 법관의 자유심증에 의할 것이라는 것이다(자유심증설). 이에 대해 요증 사실 자체를 진실인 것으로 인정할 수 있다는 법정증거설이 있다. 위 학설들의 중간에 절충설이 있다. 절충설은 대상문서가 상대방의 지배영역 안에 있어 증거 대는 자로서는 문서의 구체적 내용을 특정할 수 없고, 또한 다른 증거에 의한 증명이 현저히 곤란한 경우에는, 제한적으로나마 요증사실이 직접 증명되었다고 볼 것이라는 것이다.[94] 이것은 또한 일본 민사소송법 제224조 제3항의 내용이다. 어쨌든 우리민사송법 제349조, 제350조의 내용에 대해 판례와 일부 학설이 자유심증설에 서 있는 현실에서 일본 민사소송법 규정을 특허법에 도입한 것은 의미있는 개정이라고 본다.

---

90) 대한민국 국회 의안정보 '[1918592] 특허법 일부개정법률안' 참조.

91) 제349조(당사자가 문서를 제출하지 아니한 때의 효과) 당사자가 제347조제1항・제2항 및 제4항의 규정에 의한 명령에 따르지 아니한 때에는 법원은 문서의 기재에 대한 상대방의 주장을 진실한 것으로 인정할 수 있다.

92) 제350조(당사자가 사용을 방해한 때의 효과) 당사자가 상대방의 사용을 방해할 목적으로 제출의무가 있는 문서를 훼손하여 버리거나 이를 사용할 수 없게 한 때에는, 법원은 그 문서의 기재에 대한 상대방의 주장을 진실한 것으로 인정할 수 있다.

93) 이하, 이시윤, 「신민사소송법」(제11판), 박영사, 2017, 520면에 의함.

94) 절충설을 지지하는 학자는, 이시윤(위의 책); 송상현・박익환, 「민사소송법」(신정7판), 박영사, 2014, 590면.

(8) 심판과 소송

특허법은 특허권의 발생·변경(정정)·소멸(무효) 등 일정한 사항에 관한 다툼을 해결하기 위하여 통상의 민사소송이나 행정소송과는 다른 특별한 심판절차를 마련하고 있다.[95] 이하 심판제도의 변천에 대해서 알아본다.

(가) 1946년 제정법

제정법 당시에도 통상실시권허여심판(제100조), 무효심판(제118조), 정정심판(제123조), 특허권의 범위 확인의 심판(제156조)이 인정되었다. 거절결정에는 항고심판이 인정되었다.[96] 무효심판에는 5년, 정점심판에는 2년이라는 제척기간이 있었다(제157조). 또 권리범위확인심판에는 "심결함에 있어서는 특허의 효력, 중요한 기술 상태, 지역적 권리 또는 실시권의 조건 혹은 제32조 제2항 제98조, 제99조, 제211조 급 제212조 규정에 의한 실시권 등 제반의 사항을 참작하여야 함"이라고 규정하고 있었다(제156조). 심판은 심판관 3인의 합의에 의하여 행하여졌다(제162조). 또 직권으로 증거조사를 할 수 있었고(제174조), "심판에 있어서는 당사자 또는 참가인이 신립치 않는 이유 또는 취하한 이유에 대하여도 차를 충분히 심사할 수" 있었다(제177조). 일사부재리의 효력에 대해서는 제183조에서 규정하고 있었다. 동법 제12장에 '항고 심판' 제도를 두고 있었고, 항고심판의 심결에 불복한 자는 심결이 법령에 위반된 것을 이유로 하는 경우에 한하여 심결의 등본을 수한 일부터 40일 이내에 대법원에 상고할 수 있었다(제203조). 1946년 법은 미국법의 영향이 지대했으나 심판제도에 대해서는 일본 1921년 법제도를 그대로 답습한 데서 기인한다.[97] 이러한 심판-항고심판-대법원으로 이어지는 유형의 심판제도는 제정법에서부터 심결취소소송이 시작되기 직전인 1998.2.28.까지 약 50년간 존속되었다.

---

95) 특허권의 부여·무효선언은 특허청의 관할로 하고, 특허권의 해석은 일반의 민사법원의 관할로 하는 것은 독일·일본의 舊제도를 따른 것이다.

96) 출원에 대하여 최후적 거절 사정이 있는 시, 심사관의 거절 사정에 대하여 심판과에 항고 심판을 청구할 수 있음(제188조).

97) 일본은 1959년에 종래의 항고심판제도를 폐지하고 심결취소를 행정소송(항고소송, 동경고등법원 관할)에 의하도록 하였다. 2004년(平成16年) 지적재산고등재판소가 동경고등재판소 특별지부로서 설치되었다.

(나) 1961년 전부개정법

1961년 전부개정법은 특허 또는 허가의 무효심판과 특허권의 권리범위 확인심판(제89조), 통상실시권 허여심판(제52조), 정정허가심판(제56조), 거절사정에 대한 항고심판(제117조)등 제정법과 큰 변동이 없었다.

(다) 1973년 전부개정법

심판제도가 정비되었다. 제97조는 "이 법에 특별히 규정한 것을 제외하고, 다음 각호에 게기하는 사항에 대하여는 심판을 청구할 수 있다"고 한 후 다음의 5종의 심판제도를 인정하였다.

1. 제69조 제1항 및 제2항의 규정에 의한 특허의 무효심판
2. 특허권의 권리범위확인심판
3. 제59조의 규정에 의한 통상실시 허여심판
4. 제63조 제1항 및 제2항의 규정에 의한 허가의 무효심판
5. 제69조 제3항의 규정에 의한 허가의 무효심판

또 제98조에서 제척기간을 규정하였다.[98] 거절사정에 대해서는 항고심판이 인정되었다(제125조).

(라) 1986년 개정법

거절결정에 대해서는 '청구가 있는 날로부터 30일 이내에 그 청구에 관련된 특허출원서에 첨부한 명세서 또는 도면에 대한 보정이 있는 때에는 항고심판을 하기 전에 심사관에게 그 청구를 다시 심사하게 하여야 한다'고 하여 항고심판 청구에 앞서 심사전치주의가 도입되었다(제126조의2).

(마) 1990년 전부개정법

1990년 개정에서는 심판별로 규정하는 체제의 변화가 있었다. 제133조(특허의 무효심판), 제134조(특허권의 존속기간의 연장등록의 무효심판), 제135조(권리범위 확인심판), 제136조(정정심판), 제137조(정정의 무효심판), 제138조(통상실시권 허여의 심판), 제167조(거절사정 항고심판)이 그것이다. 특허의 무효심판청구에 대한 5년의

98) 특허가 특허출원전에 외국에서 반포된 간행물에 기재된 발명 또는 그 발명에 의하여 그 발명이 속하는 기술분야에서 통상의 지식을 가진 자가 용이하게 발명할 수 있는 발명에 대하여 허여된 때에는 전조제1항제1호의 무효심판은 제44조에 규정하는 특허권의 설정의 등록일로부터 5년을 경과한 후에는 이를 청구할 수 없다.

제척기간은 본 개정을 통해 삭제되었다. 심사전치는 1986년법과 마찬가지로 존치되었다(제173조).

(바) 1995년 개정법[99)]

특허법 제정이래 가장 큰 변화가 있었다.

1) 특허심판원 및 특허법원에 의한 심결취소송제도 도입

가) 제132조의2에서 "특허 · 실용신안 · 의장 및 상표에 관한 심판과 재심 및 이에 관한 조사 · 연구에 관한 사무를 관장하게 하기 위하여 특허청장소속하에 특허심판원을" 두었다.

나) 제186조 제1항에서 "심결에 대한 소와 제170조제1항의 규정(第184條의 規定에 의하여 準用되는 경우를 포함한다)에 의하여 준용되는 제51조 제1항의 규정에 의한 각하결정 및 심판청구서나 재심청구서의 각하결정에 대한 소는 특허법원의 전속관할로 한다"고 하여 심결취소송제도가 도입되었다.

2) 거절사정에 대한 항고심판이 제132조의3의 '거절사정에 대한 심판'으로 변경되었다.

(사) 1997년 개정법[100)]

제132조의3가 특허거절결정 또는 특허취소결정 등에 대한 심판으로 변경되었다. 이것은 1997년 등록후 이의신청제도로의 변경에 따른 것이다.[101)]

(아) 2006년 개정법[102)]

앞서 언급한 바와 같이 2006년 법 개정을 통해 특허등록 후의 이의신청제도가 삭제되고 무효심판으로 통합됨에 따라 무효심판에 관한 개정이 있었고, 특허무효심판절차에서의 특허의 정정제도가 신설되었다(제133조의2). 또 전용실시권자의 권리범위확인심판에 대한 청구인 적격을 법에 구체적으로 규정하고 있지 않음을 이유로 들어 대법원 판례가[103)] 인정하지 아니한 바가 있었고, 2006년 개정에서 이를 입법적으로 해결하였다.

---

99) 법률 제4892호(1995.1.5., 일부개정, 1998.3.1. 시행).
100) 법률 제5329호(1997.4.10., 일부개정, 1997.7.1. 시행).
101) 이 조항에 대한 시행은 1998.3.1.부터이다.
102) 법률 제7871호(2006.3.3., 일부개정, 2006.3.3. 시행).
103) 대법원 2003.5.16. 2001후3262 판결.

(자) 2016년 개정법[104)]

개정법 제6장의2에 '특허취소신청'제도가 신설됨에 따라 무효심판에서 '다만, 특허권의 설정등록일부터 등록공고일 후 3개월 이내에는 누구든지 다음 각 호(제2호는 제외한다)의 어느 하나에 해당한다는 이유로 무효심판을 청구할 수 있다'는 부분이 삭제되었다.

(차) 심판 및 소송제도의 규범과 현실

1) 심판제도

심판제도는 제정법에서부터 현행법에 이르기까지 존속하는 제도로서 특허제도의 일익을 담당해 왔다. 그런데 이와 관련하여 그 사이 많은 논란이 있었던 부분이 권리범위확인심판제도이다. 본고에서는 한두 개 쟁점만 간단히 소개하는 것으로 한다.

가) 등록된 발명특허의 전부가 공지공용인 경우 무효심결 없이 권리범위확인심판이나 일반소송에서 무효를 인정할 수 있느냐는 문제이다. 처음에는 특허권이 등록된 이상 이에 대한 무효심결의 확정이 없는 한 공지공용의 기술사상에 대한 등록이라는 이유로 무효라는 주장을 할 수 없다는 것이 판례[105)]였으나 1983년 전원합의체판결로[106)] 종전 판례를 변경하여 "등록된 특허발명의 전부가 출원 당시 공지공용의 것이었다면 그러한 경우에는 특허무효의 심결의 유무에 관계없이 그 권리범위를 인정할 근거가 상실된다는 것은 논리상 당연한 이치라 보지 않을 수 없다"고 판시하고 있다. 문제는 진보성에 관한 것도 판단할 수 있는지 여부이다. 대법원은 "특허법이 규정하고 있는 권리범위확인심판……에서 특허발명의 진보성 여부까지 판단하는 것은 특허법이 권리범위확인심판 제도를 두고 있는 목적을 벗어나고 그 제도의 본질에 맞지 않다"고 보았다.[107)]

나) 침해소송에 대한 기속력이다. 대법원은 "민사재판에 있어서 이와 관련된 다른 권리범위확인심판사건 등의 확정심결에서 인정된 사실은 특별한 사정이 없는 한 유력한 증거자료가 되는 것이나, 당해 민사재판에서 제출된 다른 증거내용에 비추어 관련 권리범위확인심판 사건 등의 확정심결에서의 사실판단을 그대로

---

104) 법률 제14035호(2016.2.29., 일부개정, 2017.3.1. 시행).
105) 대법원 1972.8.22. 72다1025 판결.
106) 대법원 1983.7.26. 81후56 전원합의체 판결.
107) 대법원 2014.3.20. 2012후4162 전원합의체 판결.

채용하기 어렵다고 인정될 경우에는 이를 배척할 수 있다"고 보았다.[108)]

2) 소송제도

가) 1994년 법원조직법 개정을[109)] 통해 신설된 고등법원급의 특허법원이 1995년 특허법개정을 통해 1998년 3월 1일부터는 특허심판원의 심결에 대한 취소 여부를 판단하는 제1심 법원이 되었고, 2015년 민사소송법[110)]과 법원조직법[111)]의 개정에 따라 전국 23개원의 고등법원 및 지방법원 합의부에서 관할하고 있는 특허권 등에 관한 침해소송의 항소심 관할을 특허법원의 전속관할로 하게 되었다.

나) 권한 분배의 원칙이 지배하는 우리법 하에서 침해소송법원이 심판절차에 의하지 아니하고 특허발명의 무효여부를 판단할 수 있는가. 2012년 대법원 전원합의체 판결은 "특허발명에 대한 무효심결이 확정되기 전이라고 하더라도 특허발명의 진보성이 부정되어 특허가 특허무효심판에 의하여 무효로 될 것임이 명백한 경우에는 특허권에 기초한 침해금지 또는 손해배상 등의 청구는 특별한 사정이 없는 한 권리남용에 해당하여 허용되지 아니한다고 보아야 하고, 특허권침해소송을 담당하는 법원으로서도 특허권자의 그러한 청구가 권리남용에 해당한다는 항변이 있는 경우 당부를 살피기 위한 전제로서 특허발명의 진보성 여부에 대하여 심리·판단할 수 있다"고 판시하였다.[112)]

(9) 직무발명

1946년 제정법부터 2006년 개정법에서 삭제되어 발명진흥법에서 규율하기까지 발명자주의를 택해, 특허받을 권리는 종업원(발명자)에게 귀속하고 종업원등이 특허를 받았거나 특허를 받을 수 있는 권리를 승계한 자가 특허를 받았을 때에는 사용자등은 그 특허권에 대하여 통상실시권을 가졌다. 만약 사용자등이 직무발명에 대하여 특허를 받을 수 있는 권리 또는 직무발명에 대한 특허권을 계약 또는 근무규정에 의하여 승계하게 하거나 전용실시권을 설정받은 경우에는 종업원 등은 정당한 보상을 받을 권리를 가졌다.[113)]

---

108) 대법원 2002.1.11. 99다59320 판결.
109) 법률 제4765호(1994.7.27., 일부개정, 1995.3.1. 시행).
110) 법률 제13521호(2015.12.1., 일부개정, 2016.1.1. 시행).
111) 법률 제13522호(2015.12.1., 일부개정, 2016.1.1. 시행).
112) 대법원 2012.1.19. 2010다95390 전원합의체 판결.
113) 예컨대 법률 제7554호(2005.5.31.) 제39조, 제40조 참조.

3. 상표법

(1) 법의 목적

상표법은 상표를 보호함으로써 상표 사용자의 업무상 신용 유지를 도모하여 산업발전에 이바지하고 수요자의 이익을 보호함을 목적으로 한다. 이렇듯 권리자의 보호 외에 수요자의 이익 보호를 전면에 내세우고 있는 점에서 다른 산업재산권법과 다른 특색이 있다.

(2) 보호의 대상

상표법의 보호 대상은 등록상표이다. 여기서는 상표의 정의에 대해서 살펴보고 등록요건은 항을 달리하여 살펴본다. 상표법상 상표의 구성요소에 대해서는 적지 않은 변화가 있었다. 1949년 제정법에서는 "상표라 함은 상품을 표시하는 것으로서 생산, 제조, 가공, 증명 또는 판매업자가 자기의 상품을 타업자의 상품과 식별시키기 위하여 사용하는 기호, 문자, 도형 또는 그 결합의 특별현저한 것을 말한다"고 규정하였고, 1995년 법이 개정될 때까지 변화가 없었다. 그 후는 상표 구성요소가 다음과 같은 변화를 겪어 현재는 식별력이 있는 것이면 어느 것이나 상표가 될 수 있다.

(가) 1995년 **개정법**(착색상표 도입): (가) 기호·문자·도형 또는 이들을 결합한 것, (나) 가목의 각각에 색채를 결합한 것.

(나) 1997년 8월 **개정법**(입체상표도입): (가) 기호·문자·도형·입체적 형장 또는 이들을 결합한 것, (나) 가목의 각각에 색채를 결합한 것

(다) 2007년 **개정법**(색채, 홀로그램, 동작상표 도입): (가) 기호·문자·도형·입체적 형상·색채·홀로그램·동작 또는 이들을 결합한 것. (나) 그 밖에 시각적으로 인식할 수 있는 것.

(라) 2011년 **개정법**(소리, 냄새상표 도입): (가) 기호·문자·도형, 입체적 형상 또는 이들을 결합하거나 이들에 색채를 결합한 것. (나) 다른 것과 결합하지 아니한 색채 또는 색채의 조합, 홀로그램, 동작 또는 그 밖에 시각적으로 인식할 수 있는 것. (다) 소리·냄새 등 시각적으로 인식할 수 없는 것 중 기호·문자·도형 또는 그 밖의 시각적인 방법으로 사실적寫實的으로 표현한 것.

(마) 2016년 **전부개정법**: "상표"란 자기의 상품(지리적 표시가 사용되는 상품의

경우를 제외하고는 서비스 또는 서비스의 제공에 관련된 물건을 포함한다. 이하 같다)과 타인의 상품을 식별하기 위하여 사용하는 표장標章을 말한다. "표장"이란 기호, 문자, 도형, 소리, 냄새, 입체적 형상, 홀로그램·동작 또는 색채 등으로서 그 구성이나 표현방식에 상관없이 상품의 출처出處를 나타내기 위하여 사용하는 모든 표시를 말한다.

(3) 등록요건(1) : 적극적 요건

상표가 등록을 받기 위해서는 자타상품식별력을 구비해야 한다. 상표법상 식별력이라함은 거래자나 일반 수요자로하여금 상표를 표시한 상품이 누구의 상품인가를 알 수 있도록 인식시켜 주는 것을 말한다. 비록 상표가 기술적 사상의 창작이 아닌 단순한 선택이기는 하지만 식별력이 없는 상표들까지도 등록을 인정한다면 자타상품식별이 불가능해지고, 부정경쟁 및 상품의 오인·혼동을 초래하여 상거래 질서를 문란하게할 것이므로, 식별력은 상표로서 최소한의 등록요건인 것이다.

일반적으로 식별력 유무의 판단은 지정상품과 관련하여 판단하고 있으며 1974년 전부개정법까지는 '특별현저한 것'을 말한다고 규정한 후, 다음의 소극적요건과 통합하여 규정하였던 것을 1974년 상표법부터는 적극적 요건과 소극적 요건을 구분하여 규정하였다. 자타상품의 식별력이 없는 상표로서 ① 보통명칭, ② 관용상표, ③ 산지·품질·원재료·효능·용도·수량·형상·가격·생산방법·가공방법·사용방법 또는 시기를 보통으로 사용하는 방법으로 표시한 표장, ④ 현저한 지리적 명칭, 그 약어 또는 지도, ⑤ 흔히 있는 성 또는 명칭, ⑥ 간단하고 흔히 있는 표장, ⑦ 기타 자타 상품을 식별할 수 없는 상표가 그것이며, 현행법까지 이어지고 있다. 다만 사용을 통해 식별력을 취득한 경우의 등록허용에 대해 ③, ⑤, ⑥에 대해서만 인정하던 것을 2001년 개정법에서부터 ④ 현저한 지리적 명칭으로 구성된 상표라 하더라도 출원인이 상표등록출원전에 당해 상표를 사용함으로써 식별력이 생긴 때에는 상표등록을 할 수 있도록 허용하였다. 또 2005년 7월 1일부터 시행된 2004년 개정상표법에서는 기존의 단체표장제도[114]를 개선한 "지리적 표시 단체표장"을[115] 신설하여 그 표장이 특정 상품에 대한 지리적 표시인 경우에도

114) "단체표장"이라 함은 상품을 생산·제조·가공 또는 판매하는 것 등을 업으로 영위하는 자나 서비스업을 영위하는 자가 공동으로 설립한 법인이 직접 사용하거나 그 감독 하에 있는 소속 단체원으로 하여금 자기 영업에 관한 상품 또는 서비스업에 사용하게 하기 위한 표장을 말한다(상표법 제2조 제1항 3호).

등록을 받을 수 있도록 하였다.

(4) 등록요건(2) : 소극적 요건

비록 상표가 적극적 요건으로서의 식별력을 가지고 있다 하더라도 그 상표의 등록으로 인해 공익상 또는 타인의 이익을 침해하는 경우에는 당해 상표의 등록을 배제하도록 하는 규정을 상표법은 제한적으로 열거해 놓고 있다.

우선 1949년 제정법은 적극적, 소극적 요건을 다음과 같이 12가지 사항을 규정하고 있었다: ① 국기, 국장, 군기, 훈장, 포장, 기장, 서울특별시와 도의 표장, 외국의 국기, 국장, 또는 적십자의 칭호, 문자 또는 기장과 동일 또는 유사한 것, ② 국가, 민족, 단체 또는 종교와의 관계를 허위로 표시하거나 이를 비방 또는 모욕하거나 악평을 받게 할 염려가 있는 것, ③ 정부에서 개설하거나 정부의 허가를 얻어 개설하는 박람회 또는 외국의 관설이나 관허의 박람회의 상패, 상장 또는 포장과 동일 또는 유사한 도형을 표시한 것(단, 그 상패, 상장 또는 포장을 받은 자가 그 상표의 일부로서 사용할 때에는 예외로 한다.), ④ 질서 또는 풍속을 문란하게 할 염려가 있는 것, ⑤ 동종의 상품에 널리 관용하는 표장과 동일 또는 유사한 것, ⑥ 상품의 성질만을 설명하거나 상표를 사용할 상품의 그림만을 표시한 것, ⑦ 현저한 지리적인 명칭, 도면, 약어 또는 기호만으로 된 것, ⑧ 상품을 오인혼동시키거나 기만할 염려가 있는 것, ⑨ 타인 또는 고인의 명예 또는 신용을 훼손하거나 타인 또는 고인과의 관계를 허위로 표시한 것, ⑩ 타인의 성명, 명칭 또는 상호, 초상, 서명 또는 인장과 동일한 것(단, 그 타인의 승낙을 얻은 것은 예외로 한다.), ⑪ 타인의 등록상표와 동일 또는 유사한 상표로서 동종의 상품에 사용하는 것, ⑫ 등록실효일부터 1년을 경과하지 아니한 타인의 상표와 동일 또는 유사한 상표로서 동종의 상품에 사용하는 것(단, 타인의 상표가 실효전 1년이상 사용하지 아니하였을 때에는 예외로 한다.).

그러나 1974년 개정법에서는 ⑤, ⑥, ⑦은 적극적 요건에서 규정한 후 소극적 요건에서 제외하였다. 그리고 약간의 자구변경, 수정과 더불어 업무표장에 관한 사항(제3호), 주지상표와 관련된 사항(제9호), 저명상표와 관련된 사항(제10호)이

115) "지리적 표시"란 상품의 특정 품질 · 명성 또는 그 밖의 특성이 본질적으로 특정지역에서 비롯된 경우에 그 지역에서 생산 · 제조 또는 가공된 상품임을 나타내는 표시를 말한다(상표법 제2조 제1항 4호).

추가되었다.

1997년에 개정되고 1998년부터 시행된 개정법에서는 ① 외국의 수요자간에 특정인의 상품을 표시하는 것이라고 현저하게 인식되어 있는 상표, ② 상품 또는 그 상품의 포장의 기능을 확보하는데 불가결한 입체적 형장만으로 된 상표, ③ 포도주 및 증류주의 산지에 관한 지리적 표시로서 구성되거나 동 표시를 포함하는 상표가 부등록사유로 추가되었다. ①은 개방화 추세와 더불어 우리나라에 진출하려는 외국기업을 배려한 규정으로 보인다. ②는 1997년 입체상표도입과 더불어 신설되었고, ③은 WTO/TRIPs와의 조화를 위한 규정이다.

2007년 개정[116]에서는 지리적 표시와 관련된 규정이 추가되었다.[117] 2010년에는 외국 국기 등과 외국 감독용이나 증명용 인장과 관련된 사항과 종자산업법상의 품종명칭 관련된 사항이 추가되었다.[118] 2011년 개정에서는 지리적 표시와 관련된 사항 및 FTA 관련 사항이 추가되었다.[119] 2014년 개정에서는 저명상표의 희석화 방지조항과 신의칙에 반하는 출원의 상표등록 방지 규정이 추가되었다.[120] 2016년에는 전부개정이 있었고, 종래 제7조에 규정되어있던 부등록사유는 제34조(상표등록을 받을 수 없는 상표)로 되었으며, 호수의 개정[121]과 자구 수정이 있었다.

이러한 부등록사유와 관련하여 주목을 끄는 것은 2007년 개정된[122] 동법 제7조 제1항 제4호이다. 그것은 “상표 그 자체 또는 상표가 상품에 사용되는 경우 수요자에게 주는 의미와 내용 등이 일반인의 통상적인 도덕관념인 선량한 풍속에 어긋나거나 공공의 질서를 해칠 우려가 있는 상표”를 부등록사유로 규정한 것으로 그 이전의 “공공의 질서 또는 선량한 풍속을 문란하게 할 염려가 있는 상표”로 되어 있던 것과 대조된다. 2007년 개정법 이전의 규정은 불명확하여 법규정 적용상 예측가능성 등의 측면에서 문제가 있었다. 특히, 국내 또는 외국의 주지・저명상표를 모방한 경우 본호에 해당하는지 여부에 대하여 논란이 있었다. 왜냐하면, 주지・저명상표 등 유명상표의 보호를 위한 법규정이 제7조 제1항 제6호 및 제9호 내지 제12호 등으로 다수 구비되어 있는 상태에서 일반규정의 성격을 갖고

116) 법률 제8190호(2007.1.3., 일부개정, 2007.1.3. 시행).
117) 위 법률 제7조의2, 제8조의2, 제9조의2, 제12조의 2가 그것이다.
118) 법률 제9987호(2010.1.27., 일부개정, 2010.7.28. 시행) 제7조 제1항 1호-1의5호, 제15호.
119) 법률 제10811호(2011.6.30., 일부개정, 2012.1.1. 시행) 제7조 제1항 16호, 17호.
120) 법률 제12751호(2014.6.11., 일부개정, 2014.6.11. 시행) 제7조 제1항 10호, 18호.
121) 예컨대 7의2호가 8호가 되었다.
122) 법률 제8190호(2007.1.3., 일부개정, 2007.1.3. 시행).

있는 본호를 중복하여 적용하는 것은 문제가 있었기 때문이다. 따라서 2007년 개정법은 본호의 적용범위를 명확히 하였다.

(5) 상표출원의 원칙

법 제정 이래 우리는 1상표 1류 1출원 주의를 채택하고 있었다. 즉 상표등록출원은 대통령령으로 정하는 상품구분 내에서 상표를 사용할 1 또는 2 이상의 상품을 지정하여 상표마다 출원하여야 한다거나 상표등록출원을 하고자 하는 자는 상공자원부령이 정하는 상품류구분 내에서 상표를 사용할 상품을 지정하여 상표마다 출원하여야 한다는 것이 그것이다. 그러나 1997년 개정 상표법은[123] 제10조 제1항에서 "상표등록출원을 하고자 하는 자는 산업통상자원부령이 정하는 상품류구분상 1류구분 이상의 상품을 지정하여 상표마다 출원하여야 한다"라고 규정하여 종전의 1상표 1류 1출원주의를 폐지하고 1상표 다류 1출원주의를 채택하여 현재에 이르고 있다.

(6) 상표권

(가) 상표권의 발생 및 그 존속기간

상표권은 등록을 통해 발생하며, 그 존속기간은 10년이다. 이 점은 제정법에서부터 현행법에 이르기까지 변동이 없다. 다만 제정법에서는 最先사용자에게 등록을 허용했으나 1958년 개정법[124]에서는 최선출원자에게 등록을 허용하였고, 현재까지도 선출원주의를 택하고 있다.

그런데 상표는 다른 지적재산권과 달리 10년씩 갱신함으로써 영구적 존속도 가능하다. 다만 2010년 개정법 이전에는 상표권의 존속기간 갱신등록출원을 하여야 했으나[125] 2010년 개정법[126]부터는 존속기간 갱신등록신청제도로 변경되어, 신청을 하면 상표권의 존속기간이 갱신된 것으로 보게 되었다.

(나) 상표권의 효력 및 그 한계

상표권자는 지정상품에 관하여 그 등록상표를 사용할 권리를 독점한다. 다만

123) 법률 제5355호(1997.8.22., 일부개정, 1998.3.1. 시행).
124) 법률 제480호(1958.3.11., 일부개정, 1958.3.11. 시행).
125) 출원을 하면 심사가 진행되고 일정한 사유가 있으면 거절된다(예컨대 법률 제9678호(2009.5.21.).
126) 법률 제9987호(2010.1.27., 일부개정, 2010.7.28. 시행).

일정한 경우에는 상표권의 효력이 미치지 아니하며, 이 점은 제정법에서부터 현재까지 변함이 없다. 다만 그러한 효력이 미치지 아니하는 범위에 대한 내용에는 변화가 있었다.

1) 1974년 전부개정법[127] 제26조

1. 자기의 성명・명칭・초상・서명・인장 또는 서명한 아호・예명・필명과 이들의 저명한 약칭을 보통으로 사용하는 방법으로 표시하는 상표. 다만, 상표권설정의 등록이 있는 후에 부정경쟁의 목적으로 이들의 상표를 사용하는 경우에는 적용하지 아니한다.
2. 등록상표의 지정 상품과 동일 또는 유사한 상품의 보통명칭・산지・판매지・품질・원자재・효능・용도・수량・형상・가격 또는 생산방법・가공방법・사용방법 및 시기를 보통으로 사용하는 방법으로 표시하는 상표
3. 등록상표의 지정상품과 동일 또는 유사한 상품에 대하여 관용하는 상표와 현저한 지리적 명칭 및 그 약어 또는 지도로 된 상표

2) 1980년 개정법에서는 제26조 제1호에 '상호'가 추가되었다.

3) 1990년 전부개정법에서 제26조가 51조가 되었으나 내용에는 변화가 없다.

4) 1997년 개정법[128]에서 입체상표제도의 도입에 따라 제51조 제4호로 "상표등록을 받고자 하는 상품 또는 그 상품의 포장의 기능을 확보하는데 불가결한 입체적 형장[129]만으로 된 상표"가 효력이 미치지 아니하는 범위에 포함되었다.

5) 2004년 개정법[130]에서는 지리적 표시 단체표장 제도가 신설됨에 따라 제51조 제2항에 "지리적 표시 단체표장권은 다음 각호의 1에 해당하는 경우에는 그 효력이 미치지 아니한다"는 규정이 신설되었다.

6) 2007년 개정법[131]에서는 제51조 제1항에 "2의2. 제9조 제2항의 규정에 따른 입체적 형상으로 된 등록상표에 있어서 그 입체적 형상이 누구의 업무에 관련된 상품을 표시하는 것인지 식별할 수 없는 경우에 등록상표의 지정상품과 동일하거나 유사한 상품에 사용하는 등록상표의 입체적 형상과 동일하거나 유사한 형상으로 된 상표"가 추가되었다.

127) 법률 제2506호(1973.2.8., 전부개정, 1974.1.1. 시행).
128) 법률 제5355호(1997.8.22., 일부개정, 1998.3.1. 시행).
129) 2001년 개정에서 형상으로 바뀌었다.
130) 법률 제7290호(2004.12.31., 일부개정, 2005.7.1. 시행).
131) 법률 제8190호(2007.1.3., 일부개정, 2007.1.3. 시행).

이상의 개정과 더불어 주목되는 것은 선사용권제도의 도입이다. 2007년 개정법 제57의3조에서 인정된 선先사용제도는[132] 등록주의 원칙에 사용주의적 요소를 가미하여, 부정경쟁의 목적이 없음을 조건으로 상표의 선사용자에게 그 상표를 계속하여 사용할 권리를 인정함으로써 진정한 상표 사용자의 이익을 보호하고 모방상표의 등록으로 인한 기대이익을 차단하기 위함이다. 본 제도는 과오등록에 대한 구제의 측면도 있지만, 그보다는 선사용자에게 법정사용권을 부여하여 적극적으로 상표의 계속적인 사용을 보장한 점에서 의의를 찾을 수 있다.[133] 우리가 등록주의를 취한 이래 이러한 규정이 필요함은 일찍부터 지적되어 왔다.[134] 2007년에야 입법화된 것은 만시지탄의 감은 있으나 다행이라 할 것이다.

7) 2011년 개정법[135]에서는 색채, 소리, 냄새상표제도의 도입에 따라 제4호가 "등록상표의 지정상품 또는 그 지정상품의 포장의 기능을 확보하는데 불가결한 형상, 색채, 색채의 조합, 소리 또는 냄새로 된 상표"로 되었다.

8) 2013년 개정법에서는 제1호 단서의 "다만, 상표권의 설정등록이 있은 후에 부정경쟁의 목적으로 그 상표를 사용하는 경우에는 그러하지 아니하다"를 삭제하고 제3항으로 "제1항제1호는 상표권의 설정등록이 있은 후에 부정경쟁의 목적으로 자기의 성명·명칭 또는 상호·초상·서명·인장 또는 저명한 아호·예명·필명과 이들의 저명한 약칭을 사용하는 경우에는 적용하지 아니한다"를 신설하였다.

9) 2016년 전부개정법[136]에서는 제51조가 제90조로 되면서 제1항 1호의 "보통으로 사용하는 방법으로 표시하는 상표"가 "상거래 관행에 따라 사용하는 상표"로 변경되거나 제2호의 괄호가 삭제되는 등 자구의 변화가 있었다.

(7) 상표권의 양도 및 이용

(가) 상표권의 양도

상표권은 재산권이며, 양도가 가능하다. 그러나 1990년 개정법[137] 이전에는[138]

---

132) 현행법 제99조.
133) 송영식 외, 「송영식 지적소유권법」(하), 육법사, 2013, 274-275면.
134) 예컨대, 이상정, "상표권침해에 대한 민사적 구제"(법학석사학위논문), 서울대학교 대학원, 1985.1., 104-107면.
135) 법률 제11113호(2011.12.2., 일부개정, 2012.3.15. 시행).
136) 법률 제14033호(2016.2.29., 전부개정, 2016.9.1. 시행).
137) 법률 제4210호(1990.1.13., 전부개정, 1990.9.1. 시행).
138) 예컨대 제정법 제16조, 법률 제1295호(1963.3.5., 일부개정) 제16조, 법률 제3892호(1986.12.31., 일부개정) 제27조 등.

상표는 등록여부를 불문하고 그 지정 상품의 영업과 같이 하지 아니하면 이를 이전할 수 없었다. 1990년 전부개정법은 상표권은 그 지정상품마다 분할하여 이전할 수 있되, 유사한 지정상품은 함께 이전하여야 한다로 변경하였다. 또 영업과 같이할 필요도 없게 되었다.[139)]

(나) 상표권의 이용: 사용권 설정

1986년 개정법[140)] 이전에는 통상사용권 제도만이 존재하였다. 그리고 상표법은 통상사용권설정시 품질의 동일성 보장에 대해서 사전규제방식을 택하고 있었다. 즉, 상표권자와 그 등록상표를 사용할 자는 공동으로 등록상표의 통상사용권설정의 등록신청을 하여야 하며 이 때 특허청장은 이러한 신청이 지정상품의 품질의 동일성을 보장하는 것이라고 인정될 때에는 통상사용권설정의 등록을 하여야 한다고 규정하였다. 그리고 지정상품의 품질의 동일성이 인정되는 범위는 1980년 개정법 이전에는 ① 상품 또는 업무에 관하여 대통령령으로 정하는 지배관계에 있는 회사 상호간, ② 외자도입법에 의한 외국인 투자 또는 기술도입(차관 또는 상표 사용만을 목적으로 한 것을 제외한다)으로써 상표사용을 포함하여 경제기획원장관의 인가를 받은 투자회사와 그 투자에 의하여 설립된 회사 상호간 또는 기술도입계약 당사자간으로 규정하고 있던 것[141)]을 1980년 개정에서 그 범위를 대통령령으로 정하도록 하였다.[142)] 이러한 사전규제방식에서 1986년 개정법에서는 품질의 동일성 보장에 관하여 사후규제방식을 채택하였다. 즉 ① 지정상품의 품질의 동일성 보장규정을 삭제하였으며, ② 품질의 동일성 보장규정이 삭제됨에 따라 동 규정에 위반되어 설정된 상표사용권에 대한 특허청장의 취소 및 말소규정을 폐지하였고, ③ 상표등록의 취소사유에 "사용권자가 지정상품에 관하여 그 등록상표를 사용함으로써 상품의 품질을 오인하게 하거나 상품의 출처를 혼동"시켰을 경우를 추가시켰다. 아울러 통상사용권이라는 명칭을 '사용권'으로 변경하였다. 이 '사용권'은 1990년 개정법[143)]에서 전용사용권과 통상사용권으로 2분 되었고, 등록은 전용사용권의 경우는 성립요건(효력발생요건)으로, 통상사용권의 경우에는 대항요건

139) 현행법[법률 제15581호(2018.4.17., 일부개정, 2018.7.18. 시행)] 제93조 참조.
140) 법률 제3892호(1986.12.31., 일부개정).
141) 법률 제2659호(1973.12.31., 일부개정) 제29조 제3항.
142) 법률 제3326호(1980.12.31., 일부개정, 1981.9.1. 시행) 제29조 제4항.
143) 법률 제4210호(1990.1.13., 전부개정, 1990.9.1. 시행).

으로 규정하였다. 그러나 한미 FTA를 계기로 개정된 2011년 개정법[144)]은 등록하지 아니한 전용사용권도 그 효력이 발생하도록 한 후, 등록은 대항요건으로 변경하였다.[145)]

(8) 상표권자의 보호

상표권 침해에 대해 민·형사적 구제제도를 갖추고 있다.

(가) 민사적 구제

민사적 구제로서 침해금지청구권[146)]과 손해배상청구권, 그리고 신용회복청구권을 인정하고 있는 것은 변함이 없다. 이 중 손해배상과 관련하여서는 흥미로운 변천이 있었다. 우선 1949년 제정법은 그 상표가 '이미 등록된 사실을 알았을 경우에 한하여' 침해행위에 의한 손해배상을 인정하면서, '등록표시'가 있으면 침해인은 그 상표가 이미 등록된 사실을 알았던 것으로 추정한다고 규정하였다. 아울러 증명된 손해액을 근거로 적당한 배상액을 정할 수 있으나 그 전액은 손해액의 3배를 초과할 수 없다고 규정하였다.[147)] 미국 상표법의 영향이 느껴지는 대목이라고 할 것이다. 그 후 1974년 전부개정법은 "상표권자는 고의 또는 과실로 자기의 상표권을 침해한 자에 대하여는 손해배상을 청구할 수 있다"고[148)] 변경한 후 침해자 이익액을 권리자의 손해액으로 추정하는 규정과 추정된 손해액에 실시료 상당액을 추가하는 규정[149)]을 두었다. 그러면서 1949년 법과 같이 '손해액의 3배를 초과할 수 없다'는 것과 고의의 추정 규정은 그대로 존치시켰다. 파리협약 가입 후의 1980년 개정법[150)]과 미국의 통상압력이 계기로 된 1986년 개정법도 1974년과 같다. 1990년 전부개정법으로 오면 1974년 법 제37조 제1항과 같은 원칙 규정이 삭제되고 제67조는 다음과 같이 변경된다.

---

144) 법률 제11113호(2011.12.2., 일부개정, 2012.3.15. 시행).
145) 위의 법 제58조, 현행법[법률 제15581호(2018.4.17., 일부개정)] 제100조.
146) 1974년 전부개정에서 명시적으로 인정되었다(동법 제35조).
147) 동법 제30조.
148) 동법 제37조 제1항.
149) 동법 제37조 제2항, 제3항.
150) 다만 제37조 제1항의 괄호에 '단체표장의 경우에는 그 소속단체원에게 발생된 손해액을 포함한다'는 내용이 추가되어, "① 상표권자는 고의 또는 과실로 자기의 상표권을 침해한 자에 대하여는 손해배상(단체표장의 경우에는 그 소속단체원에게 발생된 손해액을 포함한다)을 청구할 수 있다"로 되었다.

제67조(손해액의 추정등) ① …… 권리를 침해한 자가 그 침해행위에 의하여 이익을 받은 때에는 그 이익의 액을 상표권자 또는 전용사용권자가 받은 손해의 액으로 추정한다.
② 상 …… 그 등록상표의 사용에 대하여 통상 받을 수 있는 금액에 상당하는 액을 상표권자 또는 전용사용권자가 받은 손해의 액으로 하여 그 손해배상을 청구할 수 있다.
③ 제2항의 규정에 불구하고 손해의 액이 동항에 규정하는 금액을 초과하는 경우에는 그 초과액에 대하여도 손해배상을 청구할 수 있다. 이 경우 ……침해한 자에게 고의 또는 중대한 과실이 없는 때에는 법원은 손해배상의 액을 정함에 있어서 이를 참작할 수 있다.

그러면서 제68조 고의의 추정 규정은 그대로 존치되고 이것은 현행법으로까지 이어진다.

2001년 개정법은 종전 법 제67조 제1항을 제2항으로 한 후 제1항에 "침해한 자가 그 침해행위를 하게 한 상품을 양도한 때에는 그 상품의 양도수량에 상표권자 또는 전용사용권자가 그 침해행위가 없었다면 판매할 수 있었던 상품의 단위수량당 이익액을 곱한 금액을 상표권자 또는 전용사용권자의 손해액으로 할 수 있다"는 내용을 신설한다. 또 제5항에 "법원은 상표권 또는 전용사용권의 침해행위에 관한 소송에 있어서 손해가 발생된 것은 인정되나 그 손해액을 입증하기 위하여 필요한 사실을 입증하는 것이 해당 사실의 성질상 극히 곤란한 경우에는 제1항 내지 제4항의 규정에 불구하고 변론전체의 취지와 증거조사의 결과에 기초하여 상당한 손해액을 인정할 수 있다"를 신설한다.

한・미 FTA를 계기로 개정된 2011년 법은 제67조의2에 법정손해배상 규정을 추가한다. 그러나 저작권법과 마찬가지로 하한선은 없고 "5천만 원 이하의 범위에서 상당한 금액을 손해액으로 하여 배상을 청구할 수 있다. 이 경우 법원은 변론전체의 취지와 증거조사의 결과를 고려하여 상당한 손해액을 인정할 수 있다"고 되어 있다.

2014년 개정법은 1974년에 삭제되었던 원칙규정이 "상표권자 또는 전용사용권자는 자기의 상표권 또는 전용사용권을 고의 또는 과실로 침해한 자에 대하여 그 침해에 의하여 자기가 받은 손해의 배상을 청구할 수 있다"는 형태로 제66조의2(손해배상의 청구)로 부활한다. 2016년 2월 전부개정법에서는 조문 변동이 있었으나 내용은 이전법과 대동소이하다.[151)]

(나) 형사적 구제

1949년 제정법에 형사적 규정이 있으나 침해죄에 관한 것은 아니다. 상표권 침해에 대한 형사처벌 규정이 신설된 것은 1973년 전부개정법에서부터이다. 또 상표권침해죄는 특허권침해죄와는 달리 비친고죄로 되어 있고, 이 점은 현재도 마찬가지이다.

(9) 상표법에서 사라진 제도

상표법에 존재했으나 현재는 없어진 제도로는 제정법 시행규칙[152] 제44조에 있었으나 1974.1.1.부터 시행된 시행규칙[153]에서 폐지된 권리불요구제도와 1997년 개정법[154]에서 폐지된 연합상표제도 등이 있다.

Ⅲ. 제언 – 맺음말에 대신하여

국가의 법령임에도 마치 개인의 원고를 교정보듯이 법 개정이 잦았음에도 불구하고 삭제되거나 대폭 변경되어야 할 제도가 그대로 존속하거나 필요성이 인정됨에도 도입되지 않은 제도가 있어 이에 대해 일언하고 본고를 맺기로 한다.

1. 권리범위확인심판제도를 폐지하거나 대폭 수정되어야 한다. 우리제도의 모범이 되었던 일본의 경우는 권리범위확인심판제도의 법적 성격이 애매하여 1959년 이를 폐지하고 판정제도를 두게 되었다. 또 우리나라를 제외하고 유일하게 권리범위확인심판 제도를 두고 있는 것으로 평가되고 있는 오스트리아에서는 "동일한 당사자 사이에서 동일한 물건 또는 방법에 관한 침해소송이 확인심판 청구 전에 제기되어 계류 중임을 증명한 때에는 확인심판 청구는 각하되어야 한다"고 규정하고 있다. 현실적으로 이 제도의 폐지가 어렵다면 오스트리아와 마찬가지로 적어도 침해소송제기 후 소극적 권리범위확인심판의 제기는 금지시켜야 할 것이다.

2. 모든 소송에 있어서 증거의 확보 여부는 소송의 승패를 좌우한다. 통상의

---

151) 동법 제110조 참조.
152) 대통령령 제284호(1950.3.8., 제정, 1950.3.8. 시행).
153) 상공부령 제404호(1973.12.31., 제정).
154) 법률 제5355호(1997.8.22., 일부개정, 1998.3.1. 시행).

소송에 있어서는 증거는 대략 자기 수중에 있고 이를 앞세워 소를 제기한다. 그러나 지적재산권침해 소송에 있어서는 대부분의 증거가 상대방 수중에 있다. 따라서 피고 수중에 있는 증거의 확보는 지적재산권침해 소송에 있어서 무엇보다도 중요하다. 영국에 있어서 이러한 상황 하에서 이용할 수 있는 제도로서 조사명령Search Order 제도가 있다. 이것은 권리자가 그 자신의 변호사와 함께 침해가 행하여지고 있는 장소에 가서 침해품을 조사하고 이를 보전하여 소송에서 이용할 수 있도록 허용하는 제도이다. 프랑스 지적재산법은 지적재산권 침해에 기한 압류명령Saisie-contrefaçon제도를 규정하고 있다. Saisie-contrefaçon을 실행하기 위한 권한은 당해 구역을 관할하는 제1심 법원의 합의체 재판장이 상대방에 대한 신문을 거침이 없이 신청인의 일방적 요구에 따라 부여한다. 피신청인은 saisie-contrefaçon 부여 절차에 참여하지도, 통지를 받지도 못한다. 따라서 마지막 순간까지 피신청인은 무엇이 진행되고 있는지를 모르며, 따라서 침해의 증거를 옮기거나 버릴 수 없게 된다. EU 집행지침 제7조의 증거보전을 위한 조치는 이러한 프랑스의 Saisie-contrefaçon이나 영국의 조사명령제도를 모범으로 한 것으로 알려져 있다. 우리도 이러한 제도를 신속히 도입하여야 할 것이다.

우리 저작권법의 회고와 바람직한 발전 방향

이 상 정

[초 록]

이 글은 우리나라 저작권제도의 시초에서부터 현행 저작권법까지를 살펴보면서 바람직한 발전방향을 제시한 것이다. 먼저 최초의 법령인 1908년 저작권령에서부터 일정시대의 상황과 해방 후의 상황을 간단히 살펴보았다. 아울러 대한민국 최초의 저작권법인 1957년 법과 그 형식은 개정이지만 새로운 법의 제정이라고 할 수 있는 1986년 법의 입법과정을 살펴본 후 1986년 전부개정이후의 변화과정을 기본적으로 저작권법의 순서에 따라 살펴보았다. 즉 (1) 통칙, (2) 저작물과 저작자, (3) 저작권, (4) 저작재산권의 제한 등, (5) 저작물 등의 이용, (6) 저작권 침해에 대한 구제 등이 그것이다. 아울러 저작권 제도와 다른 제도와의 관계에 대해서도 언급하였다.

경희대학교 명예교수

우리 저작권법은 1986년 저작권법 전부개정 이후, 1996년 베른협약 가입까지 국제적 기준에 부응하기 위하여, 그리고 그 이후는 디지털 · 인터넷 시대에 부응하기 위하여 현재까지 19차(형식적으로는 25차)의 개정이 있었다. 그러나 이러한 십 수차의 개정에도 불구하고 저작권법 제1조가 천명한 저작자의 권리보호와 공정한 이용도모, 그리고 이를 통한 문화발전이라는 목표에 어느만큼 다가갔는지는 의문이다. 형식상 저작권이 강화되었지만 그 열매가 저작자에게 전달되었는지, 문화법이라는 저작권법을 운용하면서 그에 합당한 방법을 사용하였는지도 의문이며, 이제 방향전환이 필요하다고 본다. 이에 바람직한 발전 방향을 제시하였다. 다만 4차 산업혁명, 인공지능시대에 적합한 저작권제도가 어떠하여야 되는지에 대해서는 훗날로 미루어 두었다.

Ⅰ. 서 설

저작권 제도는 학문적 또는 예술적 저작물의 저작자를 보호하여 문화발전에 이바지하기 위한 제도이다. 이것은 우리 저작권법 제1조를 보아드 알 수 있다. 이러한 저작권법은 우리의 많은 법이 그러하듯이 서구의 산물이다. 자생적 법 제도는 아니라는 것이다.[1] 다시 말하면 르네상스 시대에 이미 지적창작물 보호제도가 있었던 서구와는 달리 우리나라에는 지적창작물을 특정 개인의 소유물이라고 보고 이를 배타적으로 보호하는 제도는 적어도 1908년 이전에는 존재하지 아니하였다. 그리고 1908년 저작권령도 기본적으로는 미국과 일본의 저작자를 보호하기 위한 것이지, 우리나라 저작자를 보호하기 위해서 만든 법은 아니었다. 또 이 법이 생긴 후에도 우리 저작자들은 대부분의 경우, 자신의 저작물을 둘러싼 금전적 시비나 소송 등을 천박하거나 번거로운 것으로 여겨 적극적·법률적으로 분쟁해결을 꾀하지 아니하고 소극적 항의나 체면치레의 합의에 의하여 분쟁을 비법률적으로 해결하여 온 실정에 있었다.[2] 이러한 상황은 1957년 저작권법이 시행된 이후에도 크게 변하였다는 징후는 보이지 아니한다. 그러므로 20세기에 와서도 저작권 제도는 있되 저작자의 권리는 무시되는 상황이 1980년대 중반까지 지속되었다고 보아도 큰 잘못은 아닐 것이다. 이 점은 저작자 보호를 위한 '한국문예학술저작권협회' 설립배경[3]을 보면 알 수 있다. 그런 의미에서 1986년 저작권법은 우리 사회에 저작권의식을 각인시킨 최초의 법인지도 모른다. 물론 그 이면에는 미국 등 제 외국의 무역압력 등 영향이 있었다. 그런데 1987년 이후의 발전과정을 보면 우리가 WTO/TRIPs에 가입을 하고 이에 대한 의무 이행으로 베른조약에 가

1) 이에 반해 우리의 자생적 기원을 찾으려는 글로는, 서계원, "저작권 제도의 자생적 기원에 관한 연구", 「계간 저작권」(제94호), 한국저작권위원회, 2011.6., 83면 이하; 민경재, "한·중·일에서 근대 저작권법 입법이전의 저작권법 및 저작권문화의 존재여부에 관한 연구", 「계간 저작권」(제99호), 한국저작권위원회, 2012. 9., 4면 이하 각 참조.

2) 1953년 6월 22일 서울대학신문 제52호에 당시 서울대학교 법과대학 정광현 교수는 저작권의 보호에도 투쟁의 기록이 필요하니 저작권 침해사례가 있을 때에는 화해하지 말고 형사고소와 손해배상청구 등 법률적 투쟁에 의할 것을 호소하고 있다.

3) "협회가 창설되기 이전에는 출판사에서 저작자의 동의 없이 무단으로 저작물이 출판되는 사례가 많았습니다. 그래서 이러한 출판사들의 횡포를 방지하고 저작권자들의 권익을 적극적으로 보호하기 위하여 1984년 5월 19일 작가들과 교수 65명이 모여 '한국저작인협회'를 설립하고 초대회장으로 김증한 서울대 법과대학 교수를 추대하였습니다."(http://www.copyrightkorea.or.kr/doc/org_foundation.php. 2018.2.1. 방문). '한국저작인협회'는 1988년부터 법인체로 되어 현재는 '사단법인 한국문예학술저작권협회'로 되어 있다.

입한 1996년까지를 국제화를 위한 법 개정 내지는 의식변화의 단계라면, 1996년 이후는 컴퓨터와 인터넷의 보급에 따른 디지털환경에 적응한 단계라고 볼 수 있을 것이다. 또 2000년대 이후를 보면 저작권 제도의 운영 내지 현실에 있어서 양극화 현상이 보이기도 한다. 즉 종래와 마찬가지로 저작권 제도는 있되 저작자의 권리는 없는 현상이 보이는가 하면, 저작권자들의 지나친 저작권행사로 저작권 제도에 혐오감 내지는 적대감을 불러일으키는 현상[4]까지도 나타나고 있다.

이하 본고에서는 먼저 우리나라에서의 1986년까지의 저작권 제도의 발전을 알아보고(제2장), 그 후의 개정을 거친 현행 저작권법의 내용과 문제점을 살펴본 후(제3장), 다른 제도와의 관계에 대해 언급하면서(제4장), 바람직한 발전 방향에 대해서 일언하기로 한다(제5장).

Ⅱ. 우리 저작권제도의 발전

1. 대한제국 및 일정시대의 저작권법

저작권이라는 개념이 없던 우리나라에서 저작물에 대한 법적 보호가 시작된 것은 1908년 8월 12일 「조선에서의 발명, 의장, 상표 및 저작권에 관한 美日조약」이다. 동 조약 제1조는 일본국 정부는 특허권, 의장권, 상표권 및 저작권에 관하여 일본에서 시행되고 있는 법령을 이 조약의 시행과 동시에 한국에도 시행하며, 미국인에 대해서는 한 · 일 양국 국민과 동일한 보호를 준다고 규정하고 있다. 이 조약에 따라 저작권령(칙령 제200호)이 1908년 8월 12일 공포되고, 1908년 8월 16일부터 시행됨에 따라 당시 일본 저작권법이 한국에 '의용'되게 되었고, 한일합방에 의하여 1910년 8월 29일부터 「저작권법을 조선에서 시행하는 데 관한 건」(칙령 제338호)[5]에 따라 종래의 '의용'에서 '시행'으로 전환되었다.[6]

4) 이른바 '저작권 합의금 장사', '저작권 파파라치', '시간차 공격' 등 용어가 이를 잘 나타내고 있다. 형사입건 인원이 "일본과의 총인구의 차이를 전혀 무시하더라도 약 100배에 가까운 상황이"라고 한다(박준석, "오픈캡쳐 판결 비판", 「계간 저작권」(제120호), 저작권위원회, 2017.12, 114면).

5) 이 칙령에 의해 칙령 제200호(한국 저작권령)는 폐지되었다.

6) 보다 자세한 상황에 대해서는, 곽중섭, "우리나라 저작권법제의 발전과정연구", 「계간저작권」(제17호), 저작권심의조정위원회, 1992.3, 46면 이하; 박성호, "한국에 있어서 저작권법제의 도입과 전개", 「계간저작권」(제48호), 저작권심의조정위원회, 1999.12, 8면 이하 참조.

이렇듯 우리나라에 있어서 저작권법의 역사는 우리나라 국민의 학문·예술에 관한 창작물을 보호함으로써 문화의 발달을 촉진시켜야 한다는 국민적 합의나 국가적 필요성에 의하여 만들어진 것이 아니라 열강에 의한 시장지배의 일환으로 외국인의 저작물을 보호할 필요성 때문에 만들게 되었고, 또한 개정되게 되었다는 점에서 특이한 역사를 가지고 있다. 그렇기는 하나 침략당하고 있는 암울한 시기에도 저작권의 싹은 돋아나고 있었다.

(1) 상해 임시정부 직할기관 가운데 내무부 경무국 업무에는 '도서출판 및 저작권에 관한 사항'이 포함되어 있었다.[7] 그 구체적인 법 조항은 알 수 없으나 대한민국 뿌리인 임시정부가 이미 저작권에 대한 인식을 가지고 있었던 것 같다.

(2) 1920년대부터 저작권에 대한 의식이 향상되면서 몇 건의 저작권 소송도 눈에 띈다. 예컨대 최초의 저작권 소송이 역사가 황의돈씨에 의해 1924년 제기되었고[8], 같은 해 소설 '옥루몽' 사건이 김동진씨에 의해 제기되었으며, 리상준씨가 그 8년 후인 1932년 음악저작권 침해소송을 제기하였다. 또 1933년에는 '도안'에 대한 보수 청구 소송이 화가 고희동씨에 의해 제기되었다.[9] 이러한 일련의 사태를 겪으면서 '저작권을 중심으로 한 일체의 권익을 옹호하자'라는 구호를 앞세우고 문필가협회가 탄생되었다.[10] 반면 사회주의 영향을 받은 문인들은 저작권을 주장하거나 원고료를 요구하는 행위를 지식인의 전형적인 소부르주아적 행동으로 간주하기도 했다.[11]

2. 해방과 1957년 법으로의 발전

(1) 해방과 일본법

1945년 해방 후에도 미 군정청이 1945년 11월 2일 발포한 '在朝鮮美國陸軍司令部軍政廳 법령 제21호'에 의하여 일본 저작권법이 해방 이전과 마찬가지로 시

7) 독립신문, 대한민국 원년(1919.11.27.)[문화관광부·저작권위원회, 「한국저작권50년사」, 2007, 72면에서 재인용].

8) 그 이전인 1908년 현채가 자신의 저서인 '고등소학이과서'의 일부분을 무단 전재했다고 정인호를 고소한 사건이 있었다고 한다(황성신문 1908.9.10.: 「한국저작권50년사」, 227면에서 재인용).

9) 자세한 것은, 위 「한국저작권50년사」, 77면 이하; 조선일보, 2012.9.20. A37면 「조선일보에 비친 '신문화의 탄생'(75)」. 또 황의돈, 朝鮮新史 사건과 조선요리제법 사건에 대해서는 박성호, 앞의(주 6) 논문, 11면.

10) 위 「한국저작권50년사」, 82면.

11) 위의 책, 228면 주) 4.

행되었다. 또한 1948년 정부수립 후에는 제헌헌법 제10장 부칙 제100조에 따라 일본 저작권법이 계속 시행되었다.[12] 이렇듯 일본 저작권법은 1957년 1월 28일까지는 우리나라에서 그대로 시행되게 되었다.

(2) 1957년 저작권법

(가) 서 언

어찌 보면 1957년 저작권법은 우리 손으로 만들어진 최초의 저작권법이다. 그리고 다른 나라의 압력이 없었던 상태에서 만들어진 유일한 법이기도 하다.[13] 이 법을 기초한 이항녕 선생에 의하면 "1955년 나는 국회 문교위원회의 위촉을 맡고 저작권著作權 법안을 기초하였다. … 베른 조약 …을 기초로 하여 성안成案하였으며, … 공청회도 개최했다"고 한다.[14] 이에 비추어 보면 본격적인 법안 작성은 1955년부터로 보이나 이미 1951년 문교사회분과위원회에서 저작권법을 초안해 올렸고[15], 1953년에 정광현 교수에 의해 '저작권법의 입법과 행사문제'라는 글[16]이 발표된 것에 비추어보면 그 이전에도 준비 작업이 상당부분 진척되었던 것으로 보인다. 1957년 법안이 발표된 이후 기초자이신 이항녕 선생과 정광현 교수 사이에 법안 내용에 대한 공방이 있었고, "그래서 … 원안은 많이 수정되었다."[17] 이렇게 하여 제정된 1957년 저작권법[18]의 주요한 내용은 다음과 같다.

(나) 주요한 내용

1) 전체적인 구성

전 5장(제1장 총칙, 제2장 저작권, 제3장 출판권과 공연권, 제4장 저작권침해, 제5장 벌칙) 본문 75개조, 부칙 4개조를 합쳐서 전문 79개조로 구성되어 있는 이 법률은 베른 체제에 따라 창작과 더불어 권리가 발생했으며(무방식주의를 채택), '저작

12) 박성호, 앞의(주 6) 논문, 12면.
13) 1908년 저작권령이나 1986년 법이 외국의 지대한 영향이 있었던 점과 비교하면 그렇다. 그런 의미에서 '우리의, 우리에 의한, 우리를 위한' 저작권법이라고 할 것이다.
14) 소고 이항녕 선생 유고집, 「작은 언덕 큰 바람」, 나남, 2011, 150면.
15) 그 내용에 대해서는, 앞의 「한국저작권50년사」, 91-94면. 이 법안은 1954년 4월 30일 회기불계속으로 폐기되었다(최경수, "1957년 저작권법 제정 과정과 특징", 「계간 저작권」(제121호), 한국저작권위원회, 2018.3, 100면).
16) 정광현, 「대학신문」(제52호), 서울대학교, 1953.6.22.
17) 위 「작은 언덕 큰 바람」, 154면.
18) 1957.1.28. 법률 제432호.

자 권리 체계'에 따라 저작인격권을 저작권법에 명시하였고, 저작권 2원론에 따라 저작재산권과 저작인격권을 구분하였다. 또 구체적인 내용은 당시의 일본법을 참조하였다.

2) 개별 내용

가) "본 법에서 저작물이라 함은 표현의 방법 또는 형식의 여하를 막론하고 … 학문 또는 예술의 범위에 속하는 일체의 물건을 말한다"고 하면서 저작물과 저작인접물을 구분하지 아니하였다(구법 2조).

나) 저작권의 존속기간은 원칙으로 저작자 생존중 및 사후 30년까지이고(구법 30조), 번역권의 5년 소멸제도를 채택하였다(구법 34조).

다) 외국인의 저작물은 조약에 별도의 규정이 없는 한 국내에서 처음으로 발행된 것 이외에는 보호하지 아니한다고 규정하였다(구법 46조).[19]

라) 또한 음반, 녹음, 필름 등을 공연 또는 방송에 이용하는 것을 비침해행위로 규정하는 등 자유이용의 범위가 상당히 넓었고(구법 46조), 이것은 논란의 대상으로 되어 왔다. 특히 구법상 텔레비전·라디오 등 방송 매체에서의 음반 등의 자유이용이 가능하였으므로 많은 논란이 있었다.

3. 1986년 저작권법

(1) 1957년 법 하에서의 상황과 1986년 법으로의 발전

1957년 법 제정 이후 단 한 번의 개정도 없이 1980년대를 맞이하게 되었다. 그 사이 한국사회의 경제성장, 새로운 문화·산업·기술의 발전은 저작권법개정을 촉구하였다. 무엇보다도 1957년 법은 외국인 저작권 보호가 미흡하였다. 무단번역은 물론, 무단 복제로 인한 외국인 저작권의 침해는 심각한 수준에 도달했다. 이와 같은 현실에 대해 국제적인 통상압력이 가중되었다. 결국 1986년에 한·미 지적소유권 협상이 체결되면서[20] 한국은 저작권법 개정과 국제조약 가입을 약속하였다.[21]

19) 그러나 저작권 보호에 관한 국가 간의 조약을 체결하거나 국제적인 조약에 일체 가입하지 아니함으로써 실질적으로 그 보호를 부정하여 왔다.
20) 협상문의 구체적인 내용은, 앞의 「한국저작권50년사」, 119-120면.
21) 위의 책, 118-119면.

이렇게 하여 전면 개정된 1986년 저작권법[22]은 전 9장 전문 111개 조로 구성되어 있는데 체제 면이라든가 제도적인 면에서는 구법과 비교할 수 없을 만큼 새로우므로 구법의 개정이라기보다는 새로운 저작권법의 제정이라 볼 수 있다.

또 우리 정부는 개정 저작권법의 시행(1987.7.1.)과 동시에 세계저작권조약(조약 제936호)과 음반의 무단복제에 대한 음반제작자의 보호에 관한 조약(조약 제937호)에 가입하였다. 우리가 베른조약에 가입하지 않고, 세계저작권조약에 가입한 이유는 베른조약에 가입하면 동 조약의 소급보호 규정으로 인해 외국에 지급해야 할 '로열티'를 감당할 수 없다고 판단했기 때문이다.

(2) 1986년법의 내용

1987년 7월 1일부터 시행된 신법은 저작자권리체계, 저작권 이원론이라는 점에서는 1957년 법과 유사하나 i) 저작자권리체계를 취했고, 따라서 자연인만이 저작자가 될 수 있음에도 제9조에서 '단체명의저작물의 저작자'를 규정하여 "법인·단체 그 밖의 사용자(이하 이 조에서는 '법인 등'이라 한다)의 기획 하에 법인 등의 업무에 종사하는 자가 업무상 작성하는 저작물로서 법인 등의 명의로 공표된 것의 저작자는 계약 또는 근무규칙등에 다른 정함이 없는 때에는 그 법인 등이 된다."고 규정하였고, ii) 보호저작물의 확대(응용미술, 컴퓨터 프로그램 등의 포함), iii) 저작자의 권리 강화(보호기간의 연장, 비침해행위의 감축, 벌칙의 강화 등), iv) 저작권과 저작인접권의 구분, v) 외국인 저작물 보호규정의 보충 및 세계저작권조약UCC에의 가입, vi) 저작권자와 저작물 이용자의 이해 조정을 위한 많은 규정의 신설, vii) 저작권 위탁관리업제도와 저작권 심의조정제도의 설치 등 많은 면에서 획기적이었다.

(3) 컴퓨터프로그램보호법

1986년 저작권법의 대개정과 더불어 제정된 법률이 「컴퓨터프로그램보호법」[23]이다. 컴퓨터프로그램보호법은 컴퓨터프로그램을 저작권 법리로 보호하는 법률이다. 이렇듯 우리가 미국이나 일본과 같이 저작권법의 一部改正에 의하지 아니하

22) 개정 1986.12.31. 법률 제3916호. 재석 의원 161인 중 가 139, 부 20, 기권 2인으로 가결되었다. 국회에서의 과정에 대해서는, 앞의 「한국저작권50년사」, 124-125면 참조.

23) 제정 1986.12.31. 법률 제3920호. 2007년까지 10여 차례의 개정이 있었다. 최근 개정은 2006.10.4. 법률 제8032호.

고 컴퓨터프로그램보호법이라는 별도의 單行法을 제정한 것은 컴퓨터프로그램의 저작권 보호라는 대세 및 미국의 요청에 따르면서도 컴퓨터프로그램의 기술적 성격과 장래의 법발전 등을 고려했기 때문이다. 즉 "세계적 추세가 현재까지는 소프트웨어를 저작권 법리로 보호하자는 것이 주류이지만 기술적 소산인 소프트웨어가 예술문화적 창작을 규제하는 저작권 법리에 항상 들어맞는 것은 아니고 장래에 소프트웨어 규제에 적합한 새로운 법리가 형성·발전할 것에 대비하여 별도의 단행법을 제정하는 것도 현명한 일"이라고 보았기 때문이다.[24]

이렇듯 형식적으로나마 저작권법으로부터 분리됨으로써 통상의 저작물과는 다른 컴퓨터프로그램의 특성에 맞는 법 제도를 구축하는 것이 보다 용이하게 되었고, 이 점은 저작권법과 독립된 별도 입법을 택한 입법자의 혜안의 산물이었다고 할 것이다. 그러나 이렇게 제정된 컴퓨터프로그램보호법은 2009년 개정으로 저작권법으로 통합되었다. 이에 따라 2009.4.22. 컴퓨터프로그램보호법은 폐지되었고 저작권법 제1조의 목적에 '… 및 관련 산업'이라는 문구가 추가되었다.

Ⅲ. 1986년 저작권법 이후의 개정: 현행 저작권법으로의 발전

1. 서설: 저작권법 내용의 변화

1987년 7월 1일 시행된 1986년 법은 그 사이 25차의 개정을 거치면서[25] 14장 184개 조문으로 확대되었다. 컴퓨터프로그램보호법이 폐지되면서 저작권법에 신설된 제5장의2 '프로그램에 관한 특례'에 관한 부분을 제외하더라도 4개의 장이 숫자상은 늘어난 것이다. 그러나 1986년 법에서 별도의 장을 차지했던 '출판권'이 그 사이의 개정으로 제2장 '저작권'에 포함된 것을 감안하면 실제로 5개장이 늘어났다. 제4장의 데이터베이스제작자의 보호, 제6장 온라인서비스제공자의 책임 제한, 제6장의2 '기술적보호조치의 무력화 금지 등', 제8장의2 '한국저작권보호원',

24) 서울대학교 법학연구소(연구책임자: 송상현), 「지적소유권보호에 관한 연구」, 1987, 43면.

25) 1986년 저작권법의 대개정 이후에도 2017년 12월 현재까지 25차 개정이 있었다. 이 중 6회의 타법 개정에 따른 관련 조문 정비를 제외하면 19회의 개정이 있었고, 2006.12.28. 개정되고, 2007.6.29. 시행된 법률 제8101호는 전부개정 법률이다.

제10장 '보칙'이 그것이다. 이렇게 확대된 부분을 살펴보면 모두 디지털 · 인터넷 영향을 직 · 간접적으로 받은 것들이다. 제6장이나 제6장의2는 물론 나머지 부분도 디지털 · 인터넷과 관련된다. 결국 지난 30년간의 주된 변화는 아날로그에서 디지털 · 인터넷 환경으로의 변화이며, 그에 부응한 법 개정이라고 할 것이다. 그러나 이러한 큰 틀에서의 변화 외에도 적지 않은 변화가 있었음은 물론이다. 무엇보다도 1986년 법 입법당시에는 우리가 10년도 못 되어 베른협약에 가입하리라고 생각한 사람은 거의 없었을 것이다. 이하에서는 저작권법의 순서에 따라 지난 30년간 쟁점이 되었던 사항을 중심으로 살펴보는 것으로 한다.

2. 저작권법의 변화 내용과 문제점

(1) 통 칙

(가) 저작권법의 목적 및 성격

1957년 법 제1조가 "본 법은 학문적 또는 예술적 저작물의 저작자를 보호하여 민족문화의 향상발전을 도모함을 목적으로 한다"고 규정하던 것을 1986년 법으로 오면 "이 법은 저작자의 권리와 이에 인접하는 권리를 보호하고 저작물의 공정한 이용을 도모함으로써 문화의 향상발전에 이바지함을 목적으로 한다."로 변경되었고, 컴퓨터프로그램보호법을 흡수한 2009.4.22. 개정법[26]에서 현재와 같은 "이 법은 저작자의 권리와 이에 인접하는 권리를 보호하고 저작물의 공정한 이용을 도모함으로써 문화 및 관련 산업의 향상발전에 이바지함을 목적으로 한다."로 변경되었다.

1) 1986년 법이 1957년 법에 없었던 '이에 인접하는 권리를 보호'가 들어간 것은 1957년 법에서 저작물로 보호했던 음반이나 가창 등이 1986년 법에서 저작인접권 대상으로 되었기 때문이며, '저작물의 공정한 이용을 도모'가 들어간 것은 저작권제도의 또 다른 축인 공공의 이익 보호를 명문화한 것이라고 본다.[27]

2) 1957년 법에서 '민족문화의 향상발전'이라고 되었던 법문구가 '문화의 향상발전'이라는 문구로 바뀌었다. "저작권 제도가 법제화하기 시작하던 19세기 초만

26) 법률 제9625호.

27) 1986.10. 정부 개정법률안에는 "그 權利의 행사를 公共의 利益과 調和시킴으로써"라고 되어 있었다(http://likms.assembly.go.kr/bms_svc/img_attach2/12/doc_10/120290_10.PDF).

하더라도 국가 간의 문화교류가 오늘 같지 않아서 저작권법은 당해 국가 내의 문화만을 의식할 수밖에 없었을 것이다. 그러나 오늘날 …… 문화전파의 속도나 범위가 국가라는 장벽을 거의 무효화시킨 마당에 있어서는 한 국가만을 위한 문화보호란 있을 수 없게 되었고, 저작권법 또한 그 궁극의 목적을 인류문화의 발전에 두지 않을 수 없게 된 것이다."[28]

3) '관련 산업의 향상발전'이란 문구는 2009년 컴퓨터프로그램보호법이 폐지되면서 들어온 것이나 이러한 명문의 규정이 없더라도 저작권법이 문화보호·창작보호뿐만 아니라 산업보호·투자보호법으로의 성격까지 아울러 가지고 있음을 쉽게 알 수 있다. 1957년 법에는 물권적 이용권인 출판권·공연권[29]에 관한 규정이 있었고,[30] 1986년 법부터 컴퓨터프로그램이 저작물로 예시되었다. 또 음반제작자나 방송사업자가 저작인접권으로, 그리고 영상저작물제작자가 특례규정으로 보호되기 시작했다. 더욱이 2003년 창작성 없는 데이터베이스의 제작자의 보호가 저작권법에 들어오면 저작권법은 문화산업보호법이자, 투자보호법이라는 것을 쉽게 알 수 있다. 무엇보다도 문화산업이 발전하여야 그에 의존하여 생계를 유지하는 창작자의 존립이 가능하게 되며, 반대로 문화계가 존립하여야 문화산업도 발전하게 된다. 문화계와 문화산업계는 상호 의존적 관계에 있고, 두 관계를 이어주는 고리는 다름 아닌 '저작권 계약'이다. 그러므로 저작권 계약이 공정하여야 두 관계가 원만하고 지속적인 관계로 발전하게 된다. 그런 면에서 공정한 저작권 계약에 관한 규정이 저작권법에 반드시 존재하여야 함에도 이에 대한 규정이 불비한 것은 우리 저작권법의 문제라고 할 것이다.[31]

(나) 외국인 저작물 보호

우리는 1987년 10월 1일부터 외국인 저작물을 보호하기 시작했다. 다만 비非

28) 장인숙, 「저작권법원론」, 보진재출판사, 1989, 14-15면.

29) 1957년 법 제59조의 공연권은 "저작권자는 그 저작물의 공연을 인수하는 자에 대하여 공연권을 설정할 수 있다"는 문구에서 보듯이 저작물이용자의 권리이며, 1986년 법과 같은 저작재산권의 하나인 공연권과는 다르다.

30) 그러나 1986년 법에는 물권적 이용권으로 출판권만 인정되었다.

31) 그 사이 이에 대한 연구(예컨대 이영욱, "공정한 저작권 계약을 위한 입법적 보완방안에 관한 연구"(박사학위논문), 고려대학교 대학원, 2015.2.)나 입법적 노력이 없지 않았으나 현재까지 구체적인 성과는 보이지 않고 있다. 또 표준계약서의 작성 및 보급의 노력도 적지 않으나 저작권시장에서는 크게 실효성을 거두지 못하고 있다. 예술인복지법에서는 '문화예술용역' 관련 계약의 공정성에 관한 규정을 두고 있다.

소급적이었다. 외국인 저작물의 보호라는 소식을 접한 사업자 중 일부는 외국 저작권자와 계약을 맺고 우리나라에서 사업을 시작하였다. 이들은 '비 소급적'이라는 사실을 모르고 기존에 존재했던 유사저작물을 침해물로 문제 삼았다. 그러나 저작권법으로는 속수무책이었다. 이에 부정경쟁방지법에 의존하였다. 법원은 다음과 같이 판시하면서 상고인(검사)의 상고를 기각하였다.[32)]

> "부정경쟁방지법 제2조 제1호 가목에 규정된 국내에 널리 인식된 타인의 상품임을 표시한 표지가 되기 위하여는 캐릭터 자체가 국내에 널리 알려져 있는 것만으로는 부족하고 그 캐릭터에 대한 상품화 사업이 이루어지고, 이에 대한 지속적인 선전・광고 및 품질관리 등으로 그 캐릭터가 이를 상품화할 수 있는 권리를 가진 자의 상품표지이거나 위 상품화권자와 그로부터 상품화 계약에 따라 캐릭터 사용허락을 받은 사용권자 및 재사용권자 등 그 캐릭터에 관한 상품화사업을 영위하는 집단group의 상품표지로서 수요자들에게 널리 인식되어 있을 것을 요한다."

한편 WTO의 회원국으로서 우리나라는 1995년 12월 6일 개정에서 불소급을 규정한 저작권법 제3조 제1항 단서를 삭제하고, 1996년 7월 1일부터는 '소급보호'를 시작하였다.[33)] 이로써 1996년 6월 30일까지는 아무런 대가 없이 이용하였던 1957년 이후에 사망했거나 생존한 외국인의 저작물(이를 '회복저작물 등'이라 한다)은 그 이후로는 허락을 얻어야만 사용할 수 있게 되었다.

(2) 저작물과 저작자

(가) 저작물

1) 정의규정과 저작물의 예시

1986년 법에서는 "문학・학술 또는 예술의 범위에 속하는 창작물을 말한다."라고 되어 있던 저작물에 관한 정의규정이 2006년 개정에서 "저작물은 인간의 사상 또는 감정을 표현한 창작물을 말한다"로 변경되었다. 그러나 이러한 형식상의 변경에도 불구하고 학자들은 그 실질적인 내용에는 변경이 없는 것으로 본다.

이렇듯 저작권법은 제2조 제1호에서 저작물에 대한 정의규정을 두고 있지만 실제문제로 되면 이러한 정의규정만으로는 어떠한 것이 저작권법상 보호를 받는

---

32) 대법원 1996.9.6. 96도139 판결.

33) 이것은 1996년 8월 21일 베른협약에 가입하기 전이다.

저작물인가 그 판정기준이 아주 어렵다. 여기에서 정의규정과 별도로 저작권법은 제4조 제1항에서 보호를 받는 주된 저작물을 표현형식별로 분류하여 열거하고 있다(예시적 열거주의). ① 소설・시・논문・강연・연설・각본 그 밖의 어문저작물, ② 음악저작물, ③ 연극 및 무용・무언극 그 밖의 연극저작물, ④ 회화・서예・조각・판화・공예・응용미술저작물 그 밖의 미술저작물, ⑤ 건축물・건축을 위한 모형 및 설계도서 그 밖의 건축저작물, ⑥ 사진저작물(이와 유사한 방법으로 제작된 것을 포함한다), ⑦ 영상저작물, ⑧ 지도・도표・설계도・약도・모형 그 밖의 도형저작물, ⑨ 컴퓨터프로그램저작물이 그것이다. 본고에서는 예시된 저작물 중 그사이 문제가 많았던 디자인과 창작성 인정과 관련하여 문제가 많은 사진저작물, 그리고 현재 예시된 바 없는 기보에 대해서 살펴보는 것으로 한다.

2) 디자인

1957년 법에서는 저작물이란 "표현의 방법 또는 형식의 여하를 막론하고 … 회화, 조각, 공예, … 기타학문 또는 예술의 범위에 속하는 일체의 물건을 말한다"고 규정하였고, 미술저작물에 해당하는 것으로 회화, 조각, 공예를 예시하고 있었다. 1957 법에 대한 유일한 해설서[34]는 공예는 응용미술이며, 베른협약 제2조에 따른 것으로 우리도 "이러한 국제조류에 호흡을 맞추어 공예를 저작물로 규정한 것이다"고 설명하고 있다. 또 "공예에 속하는 저작물 중 중요한 것으로서 木竹공품, 金屬공품, 도자기, 漆공품, 칠보, 자수, 염직물 등이 있다"고 설명한다. 그러니까 1957년 법도 응용미술 일반을 저작권법의 보호대상으로 본 것으로 이해된다. 다만 응용미술의 하나로 보이는 산업디자인(당시 용어로는 美匠 또는 意匠)의 저작물성과 관련된 분쟁 사례는 없었던 것 같다. 아마도 당시의 산업디자인계에서는 이것은 디자인보호법(당시 특허법[35] 또는 의장법[36])의 보호대상으로 보고 저작권법과는 무관한 것으로 본 것 아닐까 추측해 본다.

그런데 1986년 법은 이러한 공예 외에 '응용미술작품'을 명시하였다. 이에 해설서 등에서는 적지 않은 우려를 나타냈고[37], 또 해설서에 따라서는 '대량생산되

34) 장인숙, 「저작권법개론」, 교학도서주식회사, 1960, 27-28면.

35) 1946년 특허법 제21조는 "물품의 형상, 모양, 색채 혹은 기 결합에 관하여 신규하고 장식적인 산업적 미장을 고안한 자는 기 美匠에 대하여 미장 특허를 수득할 수 있음."이라고 규정하고 있었다.

36) 의장법은 법률 제951호로서 1961.12.31. 제정되고, 1961.12.31. 시행되었다. 아울러 부칙에서 "군정법령 제91호 특허법 중 의장에 관한 규정은 이를 폐지한다."고 규정하였다.

는 실용공예품'은 저작권법의 보호대상이 아니라는 견해도 나타났다.[38] 실제 분쟁 사례가 발생하자 법원은 저작권법에 의한 디자인 보호를 거부하였다.[39] 그런데 同 사건에서 문제가 된 직물디자인은 WTO/TRIPs 제25조 제2항[40]에서 신속한 보호를 요구하고 있는 사항이었다. 당시의 의장제도 하에서의 심사의 적체는 유행에 민감하고 계절상품적 성격이 강한 섬유디자인 분야에서는 디자인보호를 거의 무의미하게 만들었다. 또 위 판결을 통해 저작권법도 이용할 수 없게 되었다. 이에 특허청[41]은 디자인보호법(당시 '의장법')을 개정하여 1998년 3월 무심사등록제도(현 '일부심사등록제도')를 도입하였다. 그런데 이번에는 문화부가 저작권법을 개정하여 제2조 제11의2호에서 응용미술저작물이란 "물품에 동일한 형상으로 복제될 수 있는 미술저작물로서 그 이용된 물품과 구분되어 독자성을 인정할 수 있는 것을 말하며, 디자인등을 포함한다."고 명시하였다. 이러한 저작권법 개정 후 최초의 대법원 판결이 이른바 '히딩크 넥타이'사건 판결이다. 법원은 "태극문양 및 팔괘문양을 상하 좌우 연속 반복한 넥타이 도안"이 저작권법에 의해 보호된다고 판시하였다.[42]

디자인과 관련하여 문제가 되었고, 현재도 해결되지 못하고 있는 문제가 글자꼴 디자인문제이다. 종래 우리 대법원은 인쇄용 활자 등의 문자 서체의 디자인은 저작물성이 없다고 보았다.[43] 그러나 그 후 서체 파일을 컴퓨터프로그램 저작물로 인정하여 복제행위를 (컴퓨터프로그램)저작권침해로 판단하였다.[44] 한편 저작권법에 의한 글자체 디자인의 보호가 부정된 후, 디자인보호법이 개정되어 2005년 7월 1일부터는 디자인보호법을 통해서도 보호받을 수 있게 되었다.[45] 이렇듯 글

---

37) 황적인 · 정순희 · 최현호, 「저작권법」, 법문사, 1988, 195면; 한승헌, 「저작권의 법제와 실무」, 삼민사, 1988, 308면.
38) 허희성, 「신저작권법축조개설」, 범우사, 1988, 48면.
39) 대법원 1996.2.23. 94도3266 판결.
40) "각 회원국은 직물의장의 보호요건 특히 비용 · 심사 혹은 공고상의 요건들이 직물의장이 보호를 받을 기회를 부당하게 저해하는 것이 아니라는 것을 보장한다. 회원국이 이 의무를 의장법 혹은 저작권법에 의해 이행할 것인지는 자유이다."
41) 당연히 입법부의 권한 사항이나 편의상 이러한 표현을 사용하는 것으로 한다.
42) 대법원 2004.7.22. 2003도7572 판결.
43) 대법원 1996.8.23. 94누5632 판결.
44) 대법원 2001.6.29. 99다23246 판결.
45) 디자인보호법 제2조(정의)에서 이 법에 의해 보호되는 "디자인이란 물품[물품의 부분(제42조는 제외한다) 및 글자체를 포함한다. 이하 같다]의 형상 · 모양 · 색채 또는 이들을 결합한 것으로서 시각을 통하여 미감(美感)을 일으키게 하는 것을 말한다."고 한 후 "글자체란 기록이나 표시 또는 인쇄 등에 사용하기 위하여 공통적인 특징을 가진 형태로 만들어진 한 벌의 글자꼴

자체 원도原圖의 저작물성은 부정되지만 글자체를 디지털화시킨 디지털 폰트파일은 컴퓨터프로그램으로 보고 (별다른 절차 없이) 저작권법에 의해 보호된다.[46] 그러나 디자인보호법과 달리 이용자가 자유로이 이용할 수 있는 범위가 법정되어 있지 않은 상황에서 저작권자들은 이용약관을 통해 이용관계를 규율하므로 출판사 등 이용자와 저작권자 사이에 적지 않은 분쟁이 발생하고 있다.[47]

3) 사진저작물

우리 저작권법은 제4조 6호에서 사진저작물을 저작물로 예시하여 사진이 저작권법에 의해 쉽게 보호되는 것같이 보이지만 적지 않은 사진이 저작권법의 보호대상에서 벗어나고 있다. 이렇게 된 일차적 이유는 사진의 창작성과 관련된다. 즉 모든 저작물에는 창작성이 요구되지만 법문상 창작성에 대한 정의 규정은 없다. 우리 판례는 종래부터 "창작물이라 함은 저자 자신의 작품으로서 남의 것을 베낀 것이 아니라는 것과 최소한도의 창작성이 있다는 것"을 의미하는 하는 것으로 보고 있고,[48] 문헌 역시 이것이 주류적 견해이다. 이러한 주류적 견해나 판례 태도는 대체로 미국 Feist 판결[49]과 궤를 같이 한다. 이러한 흐름 속에서 사진저작물과 관련해서 이정표적인 사건은 이른바 '햄 제품사진 사건'으로 불리는 '대법원 2001.5.8. 98다43366 판결'이다. 동 판결에서 대법원은 문제가 된 사진을 제품사진과 이미지사진으로 나뉜 후 후자에 대해서는 저작물성을 인정했으나 전자에 대

(숫자, 문장부호 및 기호 등의 형태를 포함한다)을 말한다."고 규정한다. 또 디자인보호법 제44조 제2항은 "ⅰ) 타자·조판 또는 인쇄 등의 통상적인 과정에서 글자체를 사용하는 경우, ⅱ) 제1호의 규정에 따른 글자체의 사용으로 생산된 결과물인 경우"에는 디자인권의 효력은 미치지 아니한다고 규정한다.

46) 최근 서체파일은 단순한 데이터파일일 뿐이지 컴퓨터프로그램으로 볼 수 없다는 강력한 주장도 있다(정진근, "컴퓨터프로그램저작권 관련 규정의 정합성에 대한 인식과 시사점," 「정보법학」(제17권 제2호), 한국정보법학회, 2013.8., 123-125면). 또 임원선, "글자체의 법적 보호," 『계간 저작권』(제55호), 저작권심의조정위원회, 2001.9, 40-41면; 박준석, "콘텐츠 산업에서의 저작권 – 최근 1년간의 관련 판례들을 중심으로 –," 『창작과 권리』, 제67호, 세창출판사(2012.6.) 123-125면 각 참조.

47) 이에 문화체육관광부는 「폰트 파일에 대한 저작권 바로 알기」라는 소책자를 발간한 바 있지만 문제가 해결된 것은 아니다(현재 개정판 준비중).

48) 대부분의 판결들이 이에 해당한다. 예컨대 대입 본고사 문제지 사건(대법원 1997.11.25. 97도2227 판결); '경마예상지' 사건(서울지법 1998.11.6. 97가합94348 판결), '고려수지요법강좌' 사건(대법원 1999.11.26. 98다46259 판결) '천하유럽' 사건(대법원 2011.2.10. 2009도291 판결) 등.

49) Feist Publications, Inc. v. Rural Telephone Service Co., Inc. 사건[499 U.S. 340, 111 Sup. Ct 1282(1991)].

해서는 저작물성을 부정하였다. 이 판결의 당부에 대해서는 그대로 수긍하는 견해에서부터 제품사진이라고 저작물성을 부정할 것은 아니라는 견해 및 반대로 홍보용 사진이니 이미지 사진 역시 저작물성을 부정해야 한다는 견해까지 다양하다.[50] 어쨌든 이 판결 이후 적지 않은 사진들이 저작권법의 보호를 받지 못하고 있다.

4) 기보(棋譜)

저작물이란 전술한 바와 같이 '인간의 사상 또는 감정을 표현한 창작물'로서 저작권법이 제4조 제1항에서 보호를 받는 저작물로 열거되지 아니한 것도 얼마든지 저작물이 될 수 있다. 예컨대 바둑 기보가 그것이다.[51] 그런데 이에 대한 반대 견해도 있어서인지 그 사이 기보를 저작물의 하나로 예시하는 법률 개정안이 상정되었고,[52] 현재도 상정되어 있다.[53] 이러한 법안이 나오게 된 배경은 다음과 같다.[54] 즉 케이블 TV나 위성방송의 바둑 프로그램, 인터넷 등의 매체를 통하여 기보를 이용한 서비스의 상업적 이용이 증가하고 있으나 이를 이용하여 영업하는 자들, 특히 일부 출판업자나 인터넷 사업자는 기보가 대국자의 우발적 착수를 기록한 것에 불과하다는 이유를 들어 기보의 저작물성을 부인하면서 기보를 무단으로 이용하고 있기 때문이다. 이에 현행법 상의 저작물의 예시 조항에 기보를 명시적으로 규정함으로써 기보가 「저작권법」의 보호 대상임을 분명하게 하기 위한 것이다.

(나) 저작자

저작자란 저작물을 창작한 자이다(법 제2조 2호). 이러한 저작자와 관련하여 제9조(업무상저작물의 저작자)에 변화가 있었다. 1986년 법에서는 제9조(단체명의저작물의 저작자)로 되어 있던 것이 2006년 전부개정에서 정의규정에 '업무상 저작물'에 대한 정의를 둔 후, 제9조를 업무상저작물의 저작자로 변경하였다.[55] 제9조는

50) 이들에 대해서는, 이상정, "사진의 저작물성에 관한 일고", 「계간 저작권」(제105호), 한국저작권위원회, 2014.3, 84면 이하 참조.

51) 加戶守行, 「著作權法逐條講義」(3訂新版), 著作權情報センター, 114면; 박성호, 「저작권법」(제2판), 박영사, 2017, 38면.

52) 저작권법 일부 개정 법률안[이미경 의원 외 25인 발의,의안번호 720(2008.8.25.)].

53) 저작권법 일부 개정 법률안[조훈현 외 23인 발의, 의안번호 2001408(2016.8.4.)].

54) 위 법안 '제안이유'에 의함.

55) 2009.4.22. 컴퓨터프로그램보호법이 폐지되고 저작권법에 그 내용이 통합되면서 제9조 단서로서 "다만, 컴퓨터프로그램저작물(이하 "프로그램"이라 한다)의 경우 공표될 것을 요하지 아니한다."는 내용이 추가되었다.

'저작자 권리 체계'를 취하는 우리법제에서는 법인이 저작자가 된다는 의미에서 이례적인 내용이다. 이것은 기본적으로 일본 저작권법 제15조(직무상 작성한 저작물의 저작자)를 본받은 것인데 입법 당초부터 비판이 있었고, 현재도 어떤 형태로든지 개정해야 한다는 주장이 강하다.[56] 그러나 한편 현재와 같은 약한 인공지능 결과물의 권리처리를 제9조를 통해 어느 정도 해결할 가능성에 비추어 보면 제9조의 기본 틀을 유지하는 것도 잘못은 아니라고 본다.[57] 다만 지적창작물에 따라서는 산업재산법과 저작권법에 모두 관련되는 경우도 있는 점에 비추어 다음과 같은 제안을 해본다.

> **제9조의2조(업무상저작물의 저작권제한)** ① 제9조의 규정에도 불구하고 종업원은 자신이 업무중에 작성한 저작물로서 공표된 저작물을 업무상 작성된 것임을 표시하고 자신의 이름으로 자유로이 이용할 수 있다. 다만 컴퓨터프로그램, 응용미술저작물, 그 밖의 대통령령으로 정한 저작물로서 당해 저작물의 작성과 관련하여 급여등 통상적으로 받는 업무의 대가 이외의 상당한 보상을 별도로 지급받은 경우에는 그러하지 아니하다.
> ② 전항 단서의 경우에도 종업원은 자신의 업적과 관련된 문서 등에 자신이 당해 저작물의 작성자 또는 작성에 참여한 자임을 표시할 수 있으며, 당해 저작물을 특정할 수 있는 범위에서 이를 인용할 수 있다.

1986년법 전부개정	2006년 전부개정
제9조(단체명의저작물의 저작자) 법인·단체 그밖의 사용자(이하 이 조에서는 "법인등"이라 한다)의 기획하에 법인등의 업무에 종사하는 자가 업무상 작성하는 저작물로서 법인등의 명의로 공표된 것(이하 "단체명의저작물"이라 한다)의 저작자는 계약 또는 근무규칙등에 다른 정함이 없는 때에는 그 법인등이 된다. 다만, 기명저작물의 경우에는 그러하지 아니하다.	제2조 31. "업무상저작물"은 법인·단체 그 밖의 사용자(이하 "법인등"이라 한다)의 기획하에 법인등의 업무에 종사하는 자가 업무상 작성하는 저작물을 말한다. **제9조(업무상저작물의 저작자)** 법인등의 명의로 공표되는 업무상저작물의 저작자는 계약 또는 근무규칙 등에 다른 정함이 없는 때에는 그 법인등이 된다.

56) 구체적인 내용은, 이상정(연구책임)·안효질·손승우·김형렬, 「미래저작권 정책 방향 수립을 위한 연구」, 한국저작권위원회, 2016, 124-125면(김형렬 집필부분) 참조.
57) 한 견해는 "단체에서 도입한 컴퓨터프로그램(또는 소프트웨어)에 의해 작성된 결과물로서 회사명의로 공표된 것도 업무상저작물로 본다"는 개정안을 제시하고 있다(김윤명, "인공지능(로봇)의 법적 쟁점에 대한 시론적 고찰", 「정보법학」(제20권 제1호), 한국정보법학회, 2016.4, 160면).

(3) 저작권

(가) 저작인격권

1957년 저작권법에도 저작인격권에 해당하는 권리가 귀속권(제14조), 공표권(제15조), 원상유지권(제16조), 변경권(제17조)으로 존재했으나 1986년 법은 이를 공표권(제11조), 성명표시권(제12조), 동일성유지권(제13조)으로 정리하였다. 유사한 성질의 원상유지권과 변경권을 동일성유지권으로 통일하면서 명예와 성망 요건을 삭제한 점에서 진일보된 입법이라고 본다. 다만 1957년 법에서는 제29조에서 "제14조 내지 제17조의 권리는 영구히 존속한다"고 규정하고 있었는데, 1986년 법[58]은 저작인격권을 일반적 인격권과 같이 주체의 소멸과 함께 소멸하는 것으로 하고, 사후 인격적 이익보호 규정을 두면서 "그 행위의 성질 및 정도에 비추어 사회통념상 그 저작자의 명예를 훼손하는 것이 아니라고 인정되는 경우에는" 허용한 것은 문제라고 본다. 원래 명예·성망요건은 저작인격권 보호를 국제적으로 최초로 규정한 베른조약 로마개정회의(1928년)에서 저작인격권의 보호에 적극적인 대륙법계 諸國과 저작인격권의 보호에 소극적인 영미법계 諸國과를 타협시키기 위하여 미니멈 스탠더드minimum standard로서 채용한 요건이었다.[59] 그런데 저작자의 사망과 더불어 이러한 최저 기준으로 떨어진다고 하는 것은 원래 명예와 성망요건을 삭제한 취지와도 맞지 않는다고 할 것이다. 우리법의 참고가 되었던 일본 저작권법 제60조는 '저작물을 공중에 제공 또는 제시하는 자는, 그 저작물의 저작자가 존재하지 아니하게 된 후에 있어서도 저작자가 존재하고 있었다면 그 저작인격권의 침해가 될 행위를 하여서는 아니된다. 다만, 그 행위의 성질 및 정도, 사회적 사정의 변동 기타에 의하여 그 행위가 당해 저작자의 뜻을 해하지 아니한다고 인정되는 경우는 그러하지 아니하다.'로 되어 있다.

한편 위에서 본 바와 같이 1957년 법에도 저작인격권 규정이 있었음에도 일반인이 이에 대한 이해가 부족했다는 것은 불문가지이고, 1986년 법 시행 이후에도 마찬가지이었다고 본다. 이러한 상황에서 이른바 성명표시권과 관련된 '윤정아 사건',[60] 동일성유지권과 관련된 '로티 사건'[61]이 발생하였고, 이러한 사례들은 일반

58) 현행법 역시 마찬가지이다.

59) 戸波美代, "同一性保持權に關する規定の考察," 「知的財産權法と競爭法の現代的課題」(紋谷暢男教授古稀記念), (社)發明協會, 2007, 702면.

60) 대법원 1989.10.24. 88다카29269 판결.

61) 대법원 1992.12.24. 92다31309 판결.

인에게 저작인격권의 존재를 인식시키는 계기가 되었다. 그렇기는 하나 그 사이 저작인격권의 적용과 관련하여 적지 않은 혼선이 있었다. 그 하이라이트가 이른바 '미리듣기, 통화연결음, 휴대폰 벨소리 서비스'가 음악저작자의 동일성유지권을 침해하는 것으로 판단한 서울고등법원 2008.9.23. 2007나70720 판결이다. 법원이 이렇게 판단한 것에는 헌법재판소 2007.12.27. 2006헌마1388 결정[62]도 일조하였으리라고 보나 타당치 못함은 물론이다. 다행히 이러한 잘못된 판단은 이른바 '금영 사건' 판결에서 시정되었다.[63]

또 하나 특기할 것은 이른바 '도라산역 벽화' 사건이다. 이 사건은 도라산역 벽화철거 및 파괴를 둘러싸고 작가와 국가 사이에 발생한 사건이다. 종래대로라면 소유권자인 국가에 의한 작품파괴이므로 문제될 것이 없는 것 같이 보였으나 법원은 저작자에게는 저작권법에서 인정하는 저작인격권 이외에도 일정한 경우에 작품에 대해서 갖는 명예감정 등 인격적 이익을 보호받을 수 있다는 점을 확인하면서 적법절차를 거치지 않은 국가의 작품파괴행위에 대해서 국가배상을 인정하였다.[64]

(나) 저작재산권[65]

1986년 법에서는 6개의 권리가 인정되었다. 즉 복제권(제16조), 공연권(제17조), 방송권(제18조), 전시권(제19조), 배포권(제20조), 2차적 저작물 등의 작성권(제21조)이 그것이다. 그 후 1994년 음반에 대해 '최초판매원칙'에 대한 예외로서 대여

---

62) 피고소인들이 각 웹사이트의 서버를 통해 이 사건 노래들의 일부분만을 잘라서 미리듣기나 휴대폰벨소리로 서비스한 행위는 구 저작권법(2006.12.28. 법률 제8101호로 전부 개정되기 전의 것) 제13조의 해석상 동일성유지권 침해행위에 해당될 가능성이 있음에도 기록상 이와 관련된 수사가 이루어진 자료는 보이지 아니한다.

63) 대법원 2015.4.9. 2011다101148 판결: 그러한 부분적 이용은 저작물 전부를 이용하는 것과 이용하는 분량 면에서만 차이가 있을 뿐이어서 저작자의 동일성유지권을 침해한 것으로 볼 수 없다. 이는 부분적 이용에 관하여 저작재산권자의 이용허락을 받지 않은 경우에도 마찬가지이다.

64) 대법원 2015.8.27. 2012다204587 판결. 이 판결의 평석 및 관련 문헌은, 이상정, "소유자의 작품 파괴와 저작인격권", 「계간 저작권」(제97호), 한국저작권위원회, 2012.3, 43면 이하; 동, "작품의 파괴와 저작자의 인격적 이익", 「정보법 판례백선(Ⅱ)」, 한국정보법학회, 2016, 234면 이하; 계승균, "소유자의 저작물 파괴와 저작권", 「창작과 권리」(제62호), 세창출판사, 2011.3, 138면 이하; 박성호, "국가에 의한 '예술 반달리즘'과 예술가의 인격권 침해", 「계간 저작권」(제112호), 2015.12, 37면 이하.

65) 저작재산권의 자세한 변천 과정은, 박성호, "1986년 저작권법에서의 저작재산권 보호규정과 그 이후 전개된 입법적 변천에 관한 고찰", 「계간 저작권」(제100호), 한국저작권위원회, 2012.12, 91면 이하 참조.

권이 인정되었고,[66] 2000년 전송권(제18조의2)이 인정되었다. 전송권의 인정은 인터넷 환경의 도래라는 저작권 환경의 변화에 따른 것이다. 전송권은 2006년 전부개정에서 디지털음성송신,[67] 방송 등과 더불어 공중송신권으로 통합되었다.[68] 공중송신권으로 통합되었다고 하더라도 전송, 디지털음성송신, 방송 등이 권리자에게 주는 경제적 영향은 각기 다르므로 저작재산권이 제한되는 경우도 다르고, 이용형태에 따라 이용료도 다를 수밖에 없다. 또 기술의 발전으로 종래의 전송, 디지털음성송신, 방송에 포섭할 수 없는 이용형태가 증가하고 있다. 이에 따라 권리자와 이용자의 갈등도 증폭되는 현상이 나타나고 있다. 이하에서는 저작재산권의 2대 지주인 복제권과 공연권에 대해 알아보고 재산권 보호의 보조 장치인 기술적 보호조치에 대해 살펴본다.

1) 복제권

1986년 법은 복제란 "인쇄 · 사진 · 복사 · 녹음 · 녹화 그 밖의 방법에 의하여 유형물로 다시 제작하는 것을 말하며, 건축물의 경우에는 그 건축을 위한 모형 또는 설계도서에 따라 이를 시공하는 것을, 각본 · 악보 그밖의 이와 유사한 저작물의 경우에는 그 저작물의 공연 · 방송 또는 실연을 녹음하거나 녹화하는 것을 포함한다"고 규정하였다(법 제2조 제14호). 그러나 현행 저작권법은 복제란 인쇄 · 사진촬영 · 복사 · 녹음 · 녹화 그 밖의 방법으로 일시적 또는 영구적으로 유형물에 고정하거나 다시 제작하는 것을 말하며, 건축물의 경우에는 그 건축을 위한 모형 또는 설계도서에 따라 이를 시공하는 것을 포함한다고 규정한다(저작권법 제2조 제22호). 이렇듯 복제와 관련해서는 1986년 법이래 내용의 변화도 있었지만[69] 무엇보다도 디지털 환경과 인터넷 환경 도래한 당초부터 일시적 저장이 복제의 범위에 포함되는지 여부에 대해서는 논란이 있었다. 한 · 미 FTA 체결과 관련된 2011년 개정[70]에서 일시적 저장도 복제에 포함됨을 분명히 하였다. 그러나 모든 일시

66) 동시에 컴퓨터프로그램보호법에서는 컴퓨터프로그램저작권자에게 대여권이 인정되었다.

67) 2006년 법에서 신설된 개념이다.

68) 동법 제2조 7호는 "공중송신은 저작물, 실연 · 음반 · 방송 또는 데이터베이스(이하 '저작물 등'이라 한다)를 공중이 수신하거나 접근하게 할 목적으로 무선 또는 유선통신의 방법에 의하여 송신하거나 이용에 제공하는 것을 말한다."고 규정한다.

69) 2000년 법 개정에서 '유형물에 고정'하는 것도 복제로 보았고, 2006년 전부 개정에서 "각본 · 악보 그 밖의 이와 유사한 저작물의 경우에는 그 저작물의 공연 · 실연 또는 방송을 녹음하거나 녹화하는 것을" 복제에 포함시킨다는 내용을 삭제하였다.

70) 법률 제11110호[2011.12.2., 일부개정(시행 2012.3.15.)].

적 저장을 복제라고 보고 이를 통제하는 것은 문제이므로 많은 입법이나 해석은 이를 설사 복제라 하더라도 검색행위 내지는 훑어보는 행위 등은 이를 공정이용으로 규정하여 복제권의 효력범위 밖에 두고 있다. 우리 저작권법 제35조의2[71] 역시 이에 대한 예외규정을 두고 있다. 그런데 컴퓨터프로그램의 경우는 별도로 제101조의3 제2항에서 "컴퓨터의 유지·보수를 위하여 그 컴퓨터를 이용하는 과정에서 프로그램(정당하게 취득한 경우에 한한다)을 일시적으로 복제할 수 있다"는 규정을 두고 있어 컴퓨터프로그램의 경우는 '제101조의3'만 적용된다는 견해가 있다. 그러나 최근 판례는 '제35조의2'도 아울러 적용된다고 본다.[72]

2) 공연권

1986년 법하에서 문제가 많았던 권리의 하나가 공연권이다. 공연권은 복제권과 함께 저작권제도 초기에 인정된 권리이다. 1986년 법은 공연권을 인정하면서 제26조 제2항에 "청중이나 관중으로부터 당해 공연에 대한 반대급부를 받지 아니하는 경우에는 판매용 음반 또는 판매용 영상저작물을 재생하여 일반공중에게 공연할 수 있다. 다만, 대통령령이 정하는 경우에는 그러하지 아니하다"는 제한규정을 두었다. 이것은 "음반, 녹음필림 등을 공연 또는 방송의 용에 공하는 것"을 비침해행위로 규정한 1956년 법 제64조에 비하면 저작권자를 두텁게 보호하는 것이었고, 그 후 대통령령을 통하여 침해행위(저작권자의 허락을 받아 이용할 수 있는 경우)를 확대하여 왔다. 이러한 변화과정에서 이른바 '스타벅스' 사건이 발생하였다. 이 사건은 스타벅스 본사가 플레이네트워크사와 계약을 맺고 제작한 CD를 국내 지사가 장당 30.79달러에 구매하여 매장에서 음악서비스를 하여 왔는데 한국음악저작권협회가 이 사건 CD가 판매용 음반에 해당하지 않으며, 저작권법 제29조 제2항의 적용을 받을 수 없다고 주장하면서 소송을 제기하였다. 대법원은 '판매용 음반'이란 시중에 판매할 목적으로 제작된 음반을 의미하는 것으로 제한하여 해석하여야 한다고 하면서 이 사건 CD는 판매용 음반'에 해당하지 아니한다고 판시하였다.[73] 그 후 2016년 법 개정을 통해 종래의 '판매용 음반' 또는 '판매용 영상저

71) 제35조의2(저작물 이용과정에서의 일시적 복제) 컴퓨터에서 저작물을 이용하는 경우에는 원활하고 효율적인 정보처리를 위하여 필요하다고 인정되는 범위 안에서 그 저작물을 그 컴퓨터에 일시적으로 복제할 수 있다. 다만, 그 저작물의 이용이 저작권을 침해하는 경우에는 그러하지 아니하다.

72) 대법원 2017.11.23. 2015다1017,1024,1031,1048 판결; 대법원 2017.11.23. 2015다885 판결 참조.

73) 대법원 2012.5.10. 2010다87474 판결.

작물'이 '상업용 음반' 또는 '상업적 목적으로 공표된 영상저작물'로 변경되었다. 또 정부는 2017.8.22. 시행령[74]을 개정하여 2018.8.23.부터는 '커피 전문점 또는 기타 비알코올 음료점업을 영위하는 영업소에서 하는 공연'은 허락을 받아 이용하도록 하고 있다.

3) 기술적 보호조치

저작권은 법률에 의해 인정되고, 법률에 의해 보호된다. 그러나 복제 등이 용이한 디지털시대로 오면 법률에만 의존할 수는 없다. 권리자 스스로 보호장치를 마련하는 경우도 있다. 경찰을 믿을 수 없으면 자경단을 만드는 것과 같다. 이렇게 스스로 저작권을 지키려는 조치가 기술적 보호조치(제2조 28호)이다. 그런데 이러한 기술적 보호조치에도 불구하고, 이들 조치는 쉽게 제거될 수 있다. 자물쇠가 있으면 열쇠가 있기 마련이다. 이에 디지털시대의 저작권법은 이러한 기술적 보호조치를 보호하는 규정을 두고 있다. 우리는 2003년 법 개정에서 복제통제형(이용통제형) 기술적 보호조치에 대한 규정을 두었고, 2011년 개정법에서 접근통제형 기술적 보호조치에 관한 규정도 두었다. 다만 이러한 기술적 보호조치 때문에 공익목적 행위가 제한되어서는 안 되므로 일정한 경우에 기술적 보호조치의 無力化를 허용하고 있다(제104조의2 제1항).

(4) 저작재산권의 제한 등

(가) 서 설

저작재산권도 다른 재산권과 마찬가지로 권리 자체에 내재하는 제한이 있을 뿐만 아니라 공공복리를 위하여 제한될 수도 있다. 1986년 법은 저작재산권의 제한으로, 재판절차 등에서의 복제(제22조), 학교교육목적 등에의 이용(제23조), 시사보도를 위한 이용(제24조), 공표된 저작물의 인용(제25조), 영리를 목적으로 하지 아니하는 공연・방송(제26조), 사적 이용을 위한 복제(제27조), 도서관 등에서의 복제 등(제28조), 시험문제로서의 복제(제29조), 점자에 의한 복제 등(제30조), 방송사업자의 일시적 녹음・녹화(제31조), 미술저작물 등의 전시 또는 복제(제32조) 등 11개 조항을 규정하였다. 그러나 그 후 개정과정에서 '정치적 연설 등의 이용', '공공저작물의 자유이용', '시사적인 기사 및 논설의 복제 등', '청각장애인 등을 위

74) 대통령령 제28251호.

한 복제 등', '저작물 이용과정에서의 일시적 복제', '저작물의 공정한 이용'이 추가되어 현재는 ① 재판절차 등에서의 복제(제23조), ② 정치적 연설 등의 이용(제24조), ③ 공공저작물의 자유이용(제24조의2), ④ 학교교육목적 등에의 이용(제25조), ⑤ 시사 보도를 위한 이용(제26조), ⑥ 시사적인 기사 및 논설의 복제 등(제27조), ⑦ 공표된 저작물의 인용(제28조), ⑧ 영리를 목적으로 하지 아니하는 공연·방송(제29조), ⑨ 사적 이용을 위한 복제(제30조), ⑩ 도서관 등에서의 복제 등(제31조), ⑪ 시험문제로서의 복제(제32조), ⑫ 시각장애인 등을 위한 복제 등(제33조), ⑬ 청각장애인 등을 위한 복제 등(제33조의2), ⑭ 방송사업자의 일시적 녹음·녹화(제34조), ⑮ 미술저작물 등의 전시 또는 복제(제35조), ⑯ 저작물 이용과정에서의 일시적 복제(제35조의2), ⑰ 저작물의 공정한 이용(제35조의3)이 저작재산권 제한 조항으로 규정되어 있다.

이상의 제한 조항에 해당하지 아니하면 원칙적으로 저작권자의 허락이 없으면 저작물을 이용할 수 없다. 그러나 일정한 예외적인 경우에는 권한 있는 제3자의 허락을 얻어 저작물을 이용할 수 있다. 이를 강제(법정)허락이라고 한다. 한편 저작권은 일정한 기간 동안만 경제적인 이익을 독점하는 유한한 권리이다. 그 기간이 종료되면 누구나 자유롭게 이용할 수 있는 공유재산이 된다. 이하에서는 저작재산권 제한 조항 중 공정이용과 사적사용을 위한 복제를 살펴본 후 법정허락과 존속기간에 대해 살펴보는 것으로 한다.

1) 공정이용

1986년 법이래 저작재산권의 제한과 관련하여 가장 특기할 사항은 2011년 개정[75]에서 도입된 저작권법 제35조의3의 '공정이용' 조항이다. 그 사이 저작권법은 침해가 되지 아니하는 행위를 한정 열거적으로 규정하고 있었다. 따라서 이러한 조항에서 열거되지 아니한 사항에 대해서는 침해로 판정되었다. 그러나 디지털 저작물과 인터넷의 등장과 더불어 미처 법에서 열거되지 아니하였지만 허용되어야 할 행위가 예상됨에 따라 미국식의 공정이용제도를 도입해야 한다는 주장이 적지 않았다. 원래 미국의 공정한 이용fair use의 법리는 판례법으로 발전되어 오던 것을 1976년 현행법에서 명문화된 것으로,[76] 우리도 이 법리를 통하여 저작권법을 유

75) 법률 제11110호[2011.12.2., 일부개정(시행 2012.3.15.)].

76) 미국의회가 공정이용을 조문화한 것은 당시의 판례의 법리를 그대로 조문화한 것으로 판례이론을 변경하지도, 축소하지도, 또 확대하지도 않았다["to restate the present judicial doctrine

연하게 적용함으로써 보다 타당성있는 결과를 도출해야 한다는 것이었다. 2016년에는 일부 자구의 수정이 있었다. 2012년 시행 이래 대법원 판결에서 이 조항에 의거하여 침해를 부정한 판결은 아직 없는 것 같으나 하급심에서는 이 법리를 채택하여 침해를 부정하는 판결이 나오고 있다.[77]

한편 이러한 '공정이용' 조항이 명문화됨에 따라 그 사이 공정이용조항의 역할을 했던 제28조(공표된 저작물의 인용)는 "자기의 저작물(인용저작물) 중에 타인의 저작물(피인용저작물)을 종적 관계로 끌어들이는 '삽입Insert형' 인용"[78]에, 그리고 제35조의3은 '전유Appropriation형' 인용에 적용한다는 역할 분담도 생각해 볼 수 있다는 견해도 있다.[79]

2) 사적사용을 위한 복제

1986년 법 제27조는 "공표된 저작물을 영리를 목적으로 하지 아니하고 개인적으로 이용하거나 가정 및 이에 준하는 한정된 범위 안에서 이용하는 경우에는 그 이용자는 이를 복제할 수 있다"고 규정하고 있었다. 그 후 2000년 개정에서 "다만, 공중의 사용에 제공하기 위하여 설치된 복사기기에 의한 복제는 그러하지 아니하다"는 단서 규정을 추가하였다.[80]

이렇듯 사적사용을 위한 복제를 인정하는 이유는 첫째, 개인적으로 사용하기 위한 복제는 저작권자에게 큰 경제적 피해를 입히지 않는다는 것과, 둘째, 개인의 복제행위를 감시하는 것은 사실상 불가능하다는 것이다. 또 감시를 위한 행위나 조치는 저작권자 보호로 오는 이익보다도 더 큰 해악을 일으킨다. 그러므로 사적사용을 위한 복제를 허용하나 오늘날 복제기술의 발전은 사적사용을 위한 복제라고 하더라도 저작권자에게 커다란 경제적 피해를 준다. 이에 독일에서 생각해낸 제도가 사적복제보상금 제도이다.[81] 즉 복제보상금제도란 가정에서 하는 녹음·

---

of fair use, not to change, narrow, or enlarge it in any way" H.R. Rep. No. 94-1476, at 66(1976)].

77) 서울중앙지방법원 2017.6.15. 2016가합534984 판결.

78) 본고에서 '전유(Appropriation)형' 인용, '삽입(Insert)형' 인용이라는 용어는 박성호 교수의 용어법에 의한 것이다(박성호, 「저작권법」(제2판), 박영사, 2017, 558면).

79) 위의 책, 561면 참조.

80) 같은 맥락에서 제3자(私人)의 의뢰를 받아 복제하여 전달하는 것도 사적복제는 아니며(공정이용은 아니며), 허용될 수 없다고 본다: '엔탈' 사건(서울고등법원 2009.4.30. 2008나86722 판결); '마이티비' 사건(서울중앙지법 2010.9.28. 2009카합4625 결정); '에어리오' 사건[AMERICAN BROADCASTING COS., INC., ET AL. v. AEREO, INC., FKA BAMBOOM LABS, INC., 573 U. S. ____ (2014), (U.S. June 25, 2014)] 등 참조.

녹화·복사에 의해 관계 권리자가 입는 손실을 보상하기 위하여 녹음·녹화기 또는 공 테이프, 복사기나 종이, PC 등 디지털 기기, USB 등 디지털 매체, 프린터 등에 일정한 부과금을 과하는 제도를 말한다. 우리나라에서는 이러한 사적복제보상금제도의 도입을 위해 1986년 법 개정 이후에 저작권단체협의회가 결성되는 등 여러 가지 노력이 있었으나[82] 아직 도입되지 못하고 있다. 그런데 이러한 사적복제와 관련하여 최근 문제가 되고 있는 것은 사적복제의 대상이 된 복제물이 적법한 것이어야 하는지이다. 이것은 독일저작권법 제53조 제1항이 "사적 사용을 위하여 자연인이 저작물을 임의의 매체로 개개 복제하는 행위는, 직·간접적으로 영업목적이 아니며 복제를 위해 명백하게 위법 제작된 모형이 사용되지 않는 한도 내에서 허용된다."는 규정에 기인한다. 우리도 이것과 유사한 내용의 입법을 위한 노력이 나타나고 있다. 또 이러한 법 규정이 없는 상황에서 한 하급심은 "다운로더 입장에서 복제의 대상이 되는 파일이 저작권을 침해한 불법파일인 것을 미필적으로나마 알고 있었다면 위와 같은 다운로드 행위를 사적 이용을 위한 복제로서 적법하다고 할 수는 없다"고 판시한 바 있다.[83]

3) 법정허락

講學상으로는 법에서 정한 사유가 있으면 저작권자와의 협의를 하지 아니하고 소정의 보상금을 지급 또는 공탁하고 그대로 이용할 수 있는 경우를 법정허락 statutory license제도라고 하고, 저작권자에게 이용조건을 협상할 수 있도록 보장하고 그것이 잘 안 되는 경우에 소정의 보상금을 지급 또는 공탁함을 조건으로 저작물을 이용할 수 있는 경우를 강제허락compulsory license제도라고 하나 우리 법은 이를 구별하지 아니하고 법정허락이라는 용어를 사용하고 있다.

1986년 법 제47조(저작재산권자 불명인 저작물의 이용), 제48조(공표된 저작물의 방송), 제49조(공표된 저작물의 번역·발행), 제50조(판매용 음반의 제작)는 법정허락에 관한 규정이다. 이 중 제49조는 우리가 WTO에 가입하고 베른협약 가입을 준

---

81) 독일저작권법 제53-54조. 독일의 사정에 대해서는, 송영식·이상정, 「저작권법개설」(제9판), 세창출판사, 2015, 342면 이하; 박영길(연구 책임) 외, 「"사적복제보상금 제도 도입 및 입법 추진을 위한 연구" 최종보고서」, 동국대학교 비교법연구소, 2008.4. 참조.

82) 이 제도 도입에 가장 적극적이셨던 분이 고 황적인 선생님이시다. 이에 대해서는 졸고, "성헌 황적인 선생님과 저작권법", 「성헌 황적인선생님의 학문과 삶의 세계」(추모논집간행위원회), 화산미디어, 2015, 52면 이하 참조.

83) 서울중앙지법 2008.8.5. 2008카합968 결정. 그러나 현행법 하에서는 무리한 해석이다.

비하는 과정에서 삭제되었다.[84] 원래 제49조는 세계저작권조약에 기초한 것이었다. 나머지 세 조항은 현재도 제50조~제52조로 존속하고 있다. 이 중 활발히 이용되고 있는 조항은 저작재산권자 불명인 저작물의 이용(제50조)이다. 이른바 '고아저작물'orphan works 문제를 해결할 수 있는 조항이다. 이 조항이 도입되고 활용된 최초의 사례는 1998년에 있었다. 문화관광부는 1998년 11월 5일 영국인 저작의 1973년판 '인간운동역학'The Mechanics of Human Movement의 번역 발간을 승인함으로써 지난 1957년 저작권법 제정 이래 처음으로 강제허락제도를 활용하였다. 이렇듯 당초에는 이 제도의 활용도가 떨어졌으나 2000년 개정에서 1986년 법에는 없었던 '대통령령이 정하는 기준에 해당하는'이라는 문구를 추가하여 상당한 노력을 기울였는지 여부에 대한 기준을 제시하고, 대통령령을 통해 이용 활성화를 도모하면서,[85] 담당기관인 한국저작권위원회가 법원행정처와 협의를 통해 공탁업무의 편의를 도모하자 현재 이 제도는 상당히 잘 활용되고 있다.[86]

4) 존속기간

1986년 법에서 저작권 존속기간은 원칙적으로 저작자 생존 중 및 저작자 사후 50년까지이었으나 한·EU FTA 이행을 위한 2011.6.30. 개정으로 사후 70년으로 변경되어 2013.7.1.부터 시행하고 있다. 2011년 개정 저작권법 부칙 제2조는 "이 법 시행 전에 종전의 규정에 따라 저작권, 그 밖에 이 법에 따라 보호되는 권리의 전부 또는 일부가 소멸하였거나 보호를 받지 못한 저작물 등에 대하여는 그 부분에 대하여 이 법을 적용하지 아니한다"고 규정한다. 따라서 2013년 7월 1일 현재 유효한 저작재산권은 저작자 사후 70년간 존속한다.

컴퓨터프로그램은 컴퓨터프로그램보호법에서 프로그램이 창작된 때로부터 50년간 존속했으나 1995년 개정[87]으로 공표시 기산주의로 바뀌어 공표된 다음 연도부터 50년간 존속하였다. 또 2009년 개정에서 컴퓨터프로그램보호법과 저작권법이 통합된 후에도 제42조에서 "프로그램의 저작재산권은 제39조 및 제40조에도 불구하고 공표한 때부터 50년간 존속한다"고 규정되어 있었다. 그러나 2011년 개

84) 법률 제5015호[1995.12.6., 일부개정(시행 1996.7.1.)].
85) 저작권법시행령 제18조.
86) 2015년도 법정허락의 신청 건수는 총 18건으로 그중 14건이 이용 승인되었다(「2015 저작권백서」, 195면). 그러나 2016년에는 신청건수 총 140건 중 136건이 이용 승인되었다(「2016 저작권백서」, 206면).
87) 법률 제4996호[1995.12.6., 일부개정(시행 1996.6.7.)].

정에서 이러한 내용이 삭제되어 일반 저작물의 저작재산권 존속기간과 같이 되었다. 다만 컴퓨터프로그램은 업무상 저작물인 경우가 많을 것이고, 그 경우 공표한 때부터 70년간 존속하게 될 것이다. 그러나 기능적 저작물인 컴퓨터프로그램은 창작이나 공표로부터 50년도 긴 기간인데 70년은 전혀 합리성이 없다고 할 것이다.

(5) 저작물 등의 이용

저작권자는 자신이 권리를 가지고 있는 저작물을 출판한다든지, 방송한다든지, 공연한다든지 하여 스스로 이용할 수 있으나 보통은 제3자에게 이용을 허락하고 그 대가를 취득하는 것이 일반이다. 이때 이용자가 가지는 이용권은 물권적일 수도 있고, 채권적일 수도 있다.

(가) 물권적 이용: 배타적 발행권과 출판권

우리 1957년 법은 물권적 이용권을 공연권과 출판권의 2종을 인정했으나 1986년 법은 출판권만을 인정하였다. 반면 2000년 컴퓨터프로그램보호법 전부 개정법[88]은 제16조에서 프로그램 배타적 발행권[89]을 도입하였다. 이 권리는 2009.4. 컴퓨터프로그램보호법이 저작권법[90]에 통합되면서 제101조의6(프로그램 배타적 발행권)으로 저작권법에 규정되었다. 그 후 한·미 FTA가 타결되면서 법이 개정되는 기회(2011.12. 개정법)에 '제7절 배타적 발행권'으로 되었다. 이로써 컴퓨터프로그램의 발행에만 인정되던 배타적 권리가 저작물의 다른 형태의 발행 등에 대해서도 배타적 발행권을 설정할 수 있게 되었다. 종래 전자책e-book은 출판권 속에 포섭되지 못하고 별도의 (채권적) 허락을 받아야 했는데 이제 배타적 발행권의 설정을 통해 발행할 수 있게 되었다. 다만 종래의 출판은 배타적 발행권 속에 포섭되지 못하고 종래대로 출판권으로 존속되었다. 이것은 출판업계의 의견을 반영한 것이다. 이에 기존 출판권에 적용되었던 표지의무, 소멸 후 배포 등은 배타적 발행권의 내용으로 포섭하고 설정에 대해서만 별도의 특례를 유지하면서 나머지 권리·의무는 배타적 발행권 규정을 준용하고 있다[제7절의2 출판에 관한 특례: 법 제63조(출판권의 설정), 제63조의2(준용)].

---

88) 법률 제6233호[2000.1.28., 전부개정(시행 2000.7.29.)].

89) 프로그램저작권자는 다른 사람에게 그 저작권에 대하여 독점적으로 복제·배포할 수 있도록 하는 배타적 권리를 설정할 수 있다.

90) 법률 제9625호[2009.4.22., 일부개정(시행 2009.7.23.)].

현행법상 배타적 발행권의 내용은 저작물을 ① 복제·배포, ② 복제·전송, ③ 복제·배포·전송할 수 있는 배타적 권리가 될 것이다. 이 중에서 출판의 경우를 제외하므로 예컨대 종이책을 발행하는 경우는 출판권자가, 전자책e-book을 발행하는 경우는 배타적 발행권자가 권리를 가지나, 음반이나 컴퓨터프로그램 등의 경우는 배타적 발행권자가 오프라인에서 배포할 수 있는 권리와 온라인에서 전송할 수 있는 권리를 모두 가진다.

(나) 채권적 이용

1986년 법이래 내용의 변화가 없는 것이 '저작물의 이용허락' 조항(1986년 제42조, 현행법 제46조)이다. 전적으로 계약자유에 맡겨져 있고 저작권법 자체에는 (공정한 계약을 위한) 별다른 규제는 없다. 저작재산권 양도 문제와 더불어 향후 입법과제라고 할 것이다.[91)]

한편 제46조는 "허락을 받은 자는 허락받은 이용 방법 및 조건의 범위 안에서 그 저작물을 이용할 수 있다"고 규정한다. 이용 방법 및 조건을 위반한 경우에 대해서 다양한 해석이 주장되고 있다.[92)] 그러나 제46조의 이용허락과 일반시장 라이선스mass-market license는 구분하여야 한다. 후자의 경우에는 저작물의 이용허락이라기보다는 복제물의 판매나 사용허락이며, 매매와 같은 일시적 계약이거나 사용대차·임대차와 같은 계속적 계약이라고 보아야 할 것이다. 최근 판례는 컴퓨터프로그램의 업그레이드판을 배포하면서 개인적 사용의 경우는 무료로 사용할 수 있으나 업무적으로 사용하는 경우는 소정의 사용료를 지급해야 한다는 조건이 붙어 있는 경우에 사용자가 소정의 사용료를 지급하지 아니하고 업무적으로 사용하는 것은 그 사용자가 계약 위반에 따른 채무불이행책임을 지는 것은 별론으로 하고 저작재산권자의 복제권을 침해하였다고 볼 수는 없다고 보았다.[93)] 그러나 사용료의 지급은 주된 채무이고, 사용료 불지급을 이유로 계약이 해지된 이후에도 계속해서 업무상 사용하는 것은 저작권침해로 보아야 할 것이다.

---

91) '저작권 양도 및 이용허락과 관련된 계약의 해석'에 관해서는 오승종, 「저작권법강의」, 박영사, 2016, 347-359면; 이해완, 「저작권법」(제3판), 박영사, 2015, 518-543면 참조.

92) 이에 대해서는 이해완, 위의 책, 538-543면; 박준석, 앞의 논문(주 4), 89면 이하 참조.

93) 대법원 2017.11.23. 2015다1017,1024,1031,1048 판결; 대법원 2017.11.23. 2015다885 판결 참조. 이 사건과 관련된 항소심 판결(서울고등법원 2014.11.20. 2014나19631(본소) 판결 등)에 대한 비판은 박준석, 위의 논문 참조. 또 정진근, "저작권 라이선스 위반의 해석론", 「지식재산연구」(제12권 제4호), 한국지식재산연구원, 2017.12, 135면 이하 참조.

(6) 저작권침해에 대한 구제

(가) 민사적 구제

1986년 법은 저작권침해에 대해서 민사적 구제규정과 벌칙규정을 두고 있었다. 민사적 구제 규정 중 '침해의 정지 등 청구'[94]규정은 크게 변화가 없음에 반하여 손해배상규정은 많은 변화가 있었다. 우선 1986년 법 제1항과 같은 당연한 규정은 민법 제750조에 비추어 생략하여도 무방하므로 2000년 개정에서 삭제하면서 당연한 규정인 제3항 즉, "제2항의 규정에 불구하고 저작재산권자등이 받은 손해의 액이 제2항의 규정에 의한 금액을 초과하는 경우에는 그 초과액에 대하여도 손해배상을 청구할 수 있다"는 내용을 추가하였다. 또 창작과 더불어 권리가 발생하고 모방금지권으로 되어 있는 저작권법에서 등록된 권리라고 하여 달리 볼 필요가 없는데 등록의 장려라는 취지에서 "등록되어 있는 저작권 …을 침해한 자는 그 침해행위에 과실이 있는 것으로 추정한다"는 규정을 두었다.

한편 제126조[당시 제94조(손해액의 인정)]는 2003년 법 개정에서 도입된 조문이다. 그러면서 1957년 법부터 존속하였던 '부정복제물의 부수 등 추정규정'이 삭제되었다. 상당한 손해액 인정에 관한 제126조는 우리 특허법 제128조 제7항, 상표법 제110조 제6항과 대략 같은 취지이다. 이 조항들은 원래 일본 특허법 등의 규정을 본받은 것인데 일본 특허법 등에서 이러한 규정을 둔 것은 일본 민사소송법 제248조가 "손해가 발생한 것이 인정되는 경우로서 손해의 성질상 그 액을 입증하는 것이 극히 곤란한 때에는 재판소는 변론의 취지 및 증거조사의 결과에 기해 상당한 손해액을 인정할 수 있다"고 규정한 데 기인한다. 즉 지적재산권이 침해된 경우가 이러한 "손해의 성질상 그 액을 입증하는 것이 극히 곤란한 때"에 해당하는지 여부에 대한 논의를 할 것도 없이 바로 지적재산권 침해의 경우에 이러한 규정을 적용하기 위한 것이다. 그러므로 민사소송법에 이러한 규정이 없는 당시 우리로서는 상당히 대담하고 의미 있는 규정이었다.[95]

---

94) 1986년 법 제91조, 현행법 제123조.

95) 우리 민사소송법도 "제202조의2(손해배상 액수의 산정) 손해가 발생한 사실은 인정되나 구체적인 손해의 액수를 증명하는 것이 사안의 성질상 매우 어려운 경우에 법원은 변론 전체의 취지와 증거조사의 결과에 의하여 인정되는 모든 사정을 종합하여 상당하다고 인정되는 금액을 손해배상 액수로 정할 수 있다."는 조항을 2016년 신설하였다.

1986년 법	2017년 법
제93조(손해배상의 청구) ① 저작재산권－자－－－는 고의 또는 과실로 그 권리를 침해한 자에 대하여 손해배상을 청구할 수 있다. ② 저작재산권자등은 제1항의 규정에 의한 청구를 하는 경우에 그 권리를 침해한 자가 침해행위에 의하여 이익을 받았을 때에는 그 이익의 액을 저작재산권자등이 입은 손해액으로 추정한다. ③ 저작재산권자등은 제2항의 규정에 의한 손해액외에 그 권리의 행사로 통상 얻을 수 있는 금액에 상당하는 액을 손해액으로 하여 그 배상을 청구할 수 있다.	제125조(손해배상의 청구) ① [1986년법 제2항과 동일] ② [1986년법 제3항과 동일] ③ 제2항의 규정에 불구하고 저작재산권자등이 받은 손해의 액이 제2항의 규정에 따른 금액을 초과하는 경우에는 그 초과액에 대하여도 손해배상을 청구할 수 있다. ④ 등록되어 있는 저작권－－－을[를] 침해한 자는 그 침해행위에 과실이 있는 것으로 추정한다. 제125조의2(법정손해배상의 청구) ① －－－실제 손해액－－을 갈음하여 침해된 각 저작물등마다 1천만원(영리를 목적으로 고의로 －－－5천만원) 이하의 범위에서 상당한 금액의 배상을 청구할 수 있다. ②~③ [생략] ④ 법원은 제1항의 청구가 있는 경우에 변론의 취지와 증거조사의 결과를 고려하여 제1항의 범위에서 상당한 손해액을 인정할 수 있다.
제94조(부정복제물의 부수등 추정) 저작재산권자의 허락없이 저작물을 복제한 때에 그 부정복제물의 부수등을 산정하기 어려운 경우에는 다음과 같이 이를 추정한다. 1. 출판물 …… 5,000부 2. 음 반 …… 1만매	제126조(손해액의 인정) 법원은 손해가 발생한 사실은 인정되나 제125조의 규정에 따른 손해액을 산정하기 어려운 때에는 변론의 취지 및 증거조사의 결과를 참작하여 상당한 손해액을 인정할 수 있다.

한편 제125조의2(법정손해배상의 청구)는 한・미 FTA 협정을 계기로 미국법을 본받아 2011년 제2차 개정법에서 신설되었다.[96] 그러나 법정손해배상제도를 도입하면서 하한선을 설정하지 않아 제도를 도입한 취지를 반감시키고 있다.[97] 특히 우리는 제126조에서 법원이 재량으로 '상당한 손해액'을 인정할 수 있어 인정손해배상제도와 법정손해배상제도의 경계를 모호하게 하고 있다.[98]

96) 법정배상제도와 관련해서는 박성수, "저작권침해와 법정손해배상제도," 「계간 저작권」(제78호), 저작권위원회, 2007.6, 37면 이하 참조.

97) 이에 대해서는 차상육, "저작권법상 법정손해배상의 비교법적 고찰," 「법학논고」(제47집), 경북대학교 법학연구원, 2014.8, 355면 이하 참조. 또 임원선, 「실무자를 위한 저작권법」(제4판), 한국저작권위원회, 2014, 476면.

98) 해서 "실무에 있어서는 인정손해배상과 유사하게 귀결되는 성향을 보인다. 대구지방법원 2013. 11.29. 2013가단6923 판결 참조."(임원선, 위의 책, 476면, 주 577).

(나) 형사적 제재

1957년 법이 저작권을 침해하여 저작물을 출판 또는 공연한 자는 1년 이하의 징역에 처한다(제71조)고 규정했던 내용이 1986년 법으로 오면 저작재산권 그 밖의 이 법에 의하여 보호되는 재산적 권리를 복제·공연·방송·전시 등의 방법으로 침해한 자는 3년 이하의 징역 또는 300만 원 이하의 벌금에 처한다(제98조)로 변경되고, 1994년 법에서는 3년 이하의 징역 또는 3000만 원 이하의 벌금으로, 2000년 법에서는 5년 이하의 징역 또는 5000만 원 이하의 벌금으로 변경되어 현재에 이르고 있다. 또 저작권 범죄에 대해서는 원칙적으로 고의범만이 처벌되며, 1986년 저작권법에서는 과실범 규정이나 미수범 규정이 없었는데 현재는 과실범 처벌규정,[99] 미수범 처벌규정[100]을 두고 있다.

1986년 법상 저작권침해죄는 친고죄이었으나 2006년 전부개정에서 '영리를 위하여 상습적으로' 저작권을 침해하는 경우는 비친고죄로 되었고, 2011년 법 개정에서 '영리를 목적으로 또는 상습적으로' 침해하는 경우는 비친고죄로 되었다.

(다) 행정적 제재

1986년 법에서는 행정적 제재규정이 없었으나, 2006년 법 개정 시부터 문화체육관광부장관, 시·도지사 또는 시장·군수·구청장에게 불법 복제물을 수거·폐기할 수 있도록 하고 온라인상 불법 복제물을 삭제 명령할 수 있는 권한을 갖도록 하되, 온라인상 삭제명령을 이행하지 않는 자에 대해서는 1천만 원 이하의 과태료를 부과할 수 있도록 하는 내용이 신설되었다. 이것은 구 「음반·비디오물 및 게임물에 관한 법」이나 「출판 및 인쇄진흥법」 등에 흩어져 있던 불법 저작물 수거, 폐기 조항을 모법인 저작권법에 일괄하여 두는 것이 낫다는 판단을 함에 따라 관련 조항을 저작권법에 일괄하여 규정하게 되었던 것이다.[101] 또 오프라인뿐만 아니라 온라인상 불법복제물의 범람으로 문화산업이 크게 위축되고 있는바,

---

99) 제104조의4(암호화된 방송 신호의 무력화 등의 금지), 제136조 제2항 3호의5.

100) 제104조의6(영상저작물 녹화 등의 금지), 제137조 제2항.

101) 심동섭, "개정 저작권법 해설," 「계간저작권(2006 겨울호)」, 62면. 저작권법 제133조 제1항에 대해서는 2006년 개정 논의시 법원의 판결 없이 수거·폐기하는 것이 위헌이라는 주장이 있었다. 그러나 위 조항의 정당성을 주장하는 입장에서는 이미 다른 법령에 규정된 것을 저작권법에 통합한 것이라는 점 외에도, 구 음반·비디오물 및 게임물에 관한 법률 제24조 제3항 제4호 중 "게임물"에 관한 규정 부분에 대하여 헌법재판소로부터 합헌결정(헌법재판소 2002. 10.31. 2000헌가12 결정)을 받은 바 있다는 점을 들어 저작권법 제133조 제1항의 위헌 주장을 반박하였다[정상조 편, 「저작권법주해」, 박영사, 2007, 1290면(조정욱 집필부분)].

우리 문화산업의 활성화와 건전한 저작물 이용 질서를 확립하기 위하여 불법 복제물에 대해 문화체육관광부장관의 삭제 또는 중단명령을 신설하였다.[102] 그런데 2009년 법 개정은 이를 더욱 강화하였다. 법 제133조(불법 복제물의 수거 · 폐기 및 삭제), 제133조의2(정보통신망을 통한 불법복제물등의 삭제명령 등), 제133조의3(시정권고 등) 등이 그것이다.

(라) 침해에 관여된 제3자의 책임

오늘날 많은 저작권침해가 인터넷상에서 일어나고 있다. 이 경우에 P2PPeer-To-Peer 서비스제공자나 그 밖의 인터넷서비스제공자가 실제로 직접 침해행위를 한 자와 더불어 공동불법행위책임을 질 것인지가 논의된다. 우리 법원은 '소리바다' 사건[103]에서 P2P 서비스제공자인 소리바다 운영자의 방조책임을 인정하였고, '당구 동영상'사건[104] 등에서 공유 웹사이트 운영자의 책임을 인정하였다. 현행법은 "다른 사람들 상호 간에 컴퓨터를 이용하여 저작물등을 전송하도록 하는 것을 주된 목적으로 하는 온라인서비스제공자"를 "특수한 유형의 온라인서비스제공자"라 하여 권리자의 요청이 있는 경우 해당 저작물등의 불법적인 전송을 차단하는 기술적인 조치 등 필요한 조치를 하도록 하고 있다(법 제104조). 그러나 모든 온라인서비스제공자에게 지나치게 무거운 책임을 인정하면 사업이 위축되고 이것은 정책적으로도 바람직하지 않다. 무엇보다도 인터넷 공간은 시민들이 자신의 의사를 표현하고 새로운 정보를 생산 · 공유 · 교환하는 공개 광장이기도 하다.[105] 그러므로 저작권자도 보호할 필요가 있지만, 가능한 범위에서 일정한 행위를 한 온라인서비스제공자의 책임을 면제해주어 정보산업을 활성화시키는 것 역시 정책적으로 역점을 두어야 할 부분이다. 이에 우리나라에서는 온라인서비스제공자의 책임 제한에 관한 규정을 두고 있다. 우선 2003년 개정법에서는 요구 및 삭제절차notice & takedown를 도입하였지만(동법 제5장의2 온라인서비스제공자의 책임 제한) 온라인서비스제공자에게 법적 안정성을 주기에는 미흡하였다. 그 후 한 · EU FTA와 한 · 미 FTA가 순차로 체결되면서 EU와 미국의 규정을 참조하여 2011년 개정법[106]에서 온라인서비스제공자를 단순도관, 캐싱, 호스팅, 정보검색의 네 가지 유

102) 심동섭, 위의 글, 63면.
103) 대법원 2007.1.25. 2005다11626 판결.
104) 서울중앙지법 2014.11.28. 2013가합564502 판결.
105) 박성호, 「저작권법」(제2판), 박영사, 2017, 718면.

형으로 나누고, 각 유형별 면책요건을 규정하였다. 제6장 온라인서비스제공자의 책임 제한 규정(제102조~제104조)이 그것이다.

Ⅳ. 저작권제도와 다른 제도와의 관계

저작물은 인간의 사상과 감정의 표현이므로 다양한 종류의 저작물이 존재함은 이미 본 바와 같다. 그 다양한 저작물은 기본적으로는 저작권법에 의해 보호된다고 하더라고 관점을 달리하면 다른 종류의 지적재산법의 보호대상이 되기도 한다. 이들은 중복해서 보호를 받을 수 있을 것인가. 아니면 하나의 법에서 배타적으로 보호되어야 하는가. 또 저작권법은 창작성 있는 저작물을 보호하는바 창작성이 없는 것은 저작권법의 보호를 받을 수 없는 것이 원칙이다. 그런데 그중에는 재산적 가치가 있는 것이 없지 않고, 예컨대 창작성 없는 데이터베이스제작자 보호와 같이 저작권법에서 규정하는 경우도 있다. 그렇다면 그 밖의 것은 저작권법 이외의 다른 법에서 보호받을 수 없는 것인가. 보호한다면 이들을 보호하지 않는 저작권법의 기본 정신과 배치되는 것은 아닌가 하는 문제도 있다. 그 밖에도 저작권은 표현을 보호하는 데 그 표현은 일정한 매체를 통해 일반인에게 전달된다. 저작물이 담겨진 매체를 소유한 자는 그 매체를 어느 정도 사용・수익・처분할 수 있을 것인가. 본 장에서는 지난 30년의 사례를 더듬어 보면서 이들 문제에 대해서 언급하는 것으로 한다.

1. 저작권 제도와 특허 제도

특허제도는 저작권 제도와 함께 지적재산권 제도의 2대 지주이다. 그러나 특허제도에 의한 특허권과 저작권 제도에 의한 저작권은 권리의 발생도, 권리의 내용도 현저하게 다르다. 형식상 저작권법의 보호대상은 저작물이고 특허권의 보호대상은 발명이다. 그런데 2차 대전 후 새로운 창작물인 컴퓨터프로그램이 나오자 이것을 어느 법에서 보호할 것인가, 또는 새로운 보호방법을 찾을 것인가에 대해

---

106) 법률 제11110호(2011.12.2., 일부개정)에서 법률 제10807호(2011.6.30., 일부개정)에 없었던 제102조 제1항 제1호 다목(권리를 반복적으로 침해하는 자의 계정을 해지하는 방침을 채택), 라목(표준적인 기술조치를 수용)이 추가되었다.

첨예한 논란이 있었다.

컴퓨터프로그램이란 기술적 산물이므로 보호법으로 제일 먼저 생각되는 것은 특허법이다. 그러나 초기에는 미국에 있어서도 특허법에 의한 보호에 인색하였다. 즉 기본적으로 컴퓨터 소프트웨어는 연산방식이고algorithmic, 그것은 오랫동안 특허로 보호되지 못한다고 생각되어 왔다. 1970년대 2개의 연방대법원 판결 즉, *Gottschalk v. Benson* 판결[107]과 *Parker v. Flook* 판결[108]은 그 좋은 예이다.

특허법을 통한 보호에 문제가 있다면 다음으로 생각할 수 있는 것은 저작권법이다. 초기에는 프로그램이 저작권법으로 보호되는 저작물인지에 대해서는 다툼이 있었으나, 1978년의 미국의 「저작물의 새로운 기술적 이용에 관한 국립위원회의 최종보고서」the National Commission on New Technological Uses of Copyrighted Works: CONTU[109]와 이에 기초한 미국저작권법의 개정[110]을 시발로 대부분의 나라에서 채택하는 방법이며, WTO/TRIPs에서도 어문저작물로 공인되기에 이르렀다.[111] 그러나 컴퓨터프로그램을 저작권법으로 보호하는 데는 많은 문제점을 포함하고 있다.[112]

그런데 저작권법으로 프로그램의 보호가 확정된 후 이번에는 일정한 경우에 특허법으로 보호가 가능하다는 판결이 미국에서 나왔다. 1981년 *DIAMOND v. DIEHR* 판결이 그것이다. 이후 특허 우호적인pro-patent 경향에 따라 특허적격 대상 컴퓨터프로그램의 보호 범위가 확대되다가[113] 최근에는 미국에서 다시 조정되는

---

107) 409 US 63(1972): *Gottschalk v. Benson* 사건은 미국대법원에서 "수학적 알고리즘은 특허의 대상이 아니다"라고 판단한 최초의 사건이다. Benson 특허는 기차의 속도를 제어하기 위하여 범용 컴퓨터를 사용하며, 이진화 십진수에 포함되는 1의 소거와 소거된 1과 다른 위치의 1의 가산을 반복하는 동작을 적절히 조합하여 이진화 십진수를 이진수로 변환하는 방법에 관한 특허였다.

108) 437 US 584(1978): 후르크씨의 발명은 화학반응을 컴퓨터로 제어하는 기술에 관한 발명이다. 최고법원의 9인의 판사 중 6인은 [경보 한계치의 경신에 관한 후르크의 방법 중에서 신규성이 있는 것은 수식 부분만이다]라고 인정한 후, [추상적으로 표현된 원리는 기본적 진리이거나 혹은 인과의 원천이거나 또는 사고의 원천이다. 이들은 특허될 수 없다]고 판시하였다.

109) CONTU에서의 권고 내용에 대해서는, 저작권심의조정위원회(최경수 역), 「저작물의 새로운 기술적 이용에 관한 국립위원회의 최종보고서」(CONTU), 1994, 37면 이하 참조.

110) Pamela Samuelson은 미국 1980년 개정은 실용품제외의 법리를 오해한 것에 기인한다고 한다.

111) 동 협정, 제10조 1항.

112) 무엇보다도 기존의 저작물은 인간에 의한 인간에 대한 것이었는데 컴퓨터프로그램은 인간에 의한 기계에 대한 것(기계용)이다. 그러므로 기계가 읽을 수 있는 컴퓨터프로그램은 실용품이고, 이러한 실용품은 저작권 보호 대상이 아니다. 또 문제점에 대해서는 이상정, "컴퓨터프로그램보호방법의 재검토", 「서울대학교 법학」(제48권 제1호), 서울대학교 법학연구소, 2007.3, 108면 이하 참조.

113) 이른바 매체특허, 영업방법특허가 그것이다.

과정에 있다.[114)] 한편 일본은 프로그램을 물건을 보고 물건특허로 보호하고 있고, 이를 본받은 개정안이 우리나라에서도 특허청에 의해 제안된 바 있다.[115)] 컴퓨터 프로그램이 일단 특허되면 특허청구범위 내의 모든 프로그램은 특허권 침해로 되고, 특허권은 차단효 있는 독점권이어서 비록 존속기간은 길지 않지만 그 효력은 강대하다. 특허권에 의한 보호 역시 적지 않은 문제점을 가지고 있다.

이러한 모든 문제점은 결국 새로운 창작물을 기존의 법제로 보호하는 데에서 기인하는 것이다. 실제로 1978년에는 WIPO에서 새로운 보호 방법에 기초한 '컴퓨터소프트웨어의 보호에 관한 모델규정'이 작성되었으나 무산된 바 있다. 그러나 이 문제는 앞으로도 지속적으로 연구 · 검토되어야 할 것이다. 이런 측면에서 보면 우리가 2009년에 컴퓨터프로그램보호법과 저작권법을 통합한 것은 그리 현명한 처사는 못되는 것 같다.

2. 저작권제도와 디자인보호제도

1986년 저작권법이 의장법(현: 디자인보호법)이 있는 상태에서 공예품 외에 '응용미술작품'을 명시한 것에 대해서는 적지 않은 비판도 있으나 의장법의 운용 실태나 '응용미술작품' 역시 미술저작물이라는 측면에서 보면 결코 잘못은 아니며, 오히려 20세기 이후의 '산업디자인'의 보호동향에 비추어 보면 어느 면에서는 올바른 방향으로의 선택이었다고 본다. 다만 디자인보호법과 저작권법이 병존하면 두 법 사이의 조정이 필요하게 된다.

현재 디자인보호법에는 "디자인권자 ……는 등록디자인 또는 이와 유사한 디자인이 그 디자인등록출원일 전에 발생한 타인의 저작물을 이용하거나 그 저작권에 저촉되는 경우에는 저작권자의 허락을 받지 아니하고는 자기의 등록디자인 또는 이와 유사한 디자인을 업으로서 실시할 수 없다."는 규정(제95조 제3항)만이 있을 뿐이다. 또 저작권법에는 어떠한 규정도 없다.[116)] 우선 생각할 수 있는 것은 저작권법에서 보호기간의 단축에 대해 규정하는 것이다. 영국 1988년 CDPA는 미

---

114) Bliski v. Kappos, 130 S. Ct. 3218, 561 US 593, 177 L. Ed. 2d 792(2010); Alice Corp. v. CLS Bank Int'l, 573 U.S. __, 134 S. Ct. 2347(2014). Alice 판결에서는 단순히 컴퓨터를 사용해서 처리하는 것만으로는 추상적 아이디어를 특허적격이 있는 발명으로 변환시키지는 않는다고 판시하였다.

115) 예컨대 '의안번호 1911949'로 2014년 10월 1일 발의된 '특허법 일부 개정 법률안'.

116) 분리가능성 기준은 실용적 측면은 저작권법으로 보호받지 못한다는 것을 규정할 뿐이다.

술저작물에 해당하는 경우라 하더라도 저작권자의 허락을 얻어 a) 공업적 방법에 의한 물품제작이라는 형태의 복제행위에 의해, 또는 b) 그렇게 제작한 물품을 유통에 두는 것에 의해 이용한 경우는, 처음 유통에 둔 해의 연말부터 25년이 경과한 후에는, 누구라도 당해 미술저작물을 이용하여 물품을 제작하고 판매할 수 있다고 규정한다. 즉 물품에 응용된 미술저작물의 존속기간은 다른 저작물과 달리 이용으로부터 25년 동안 존속하며, 이 기간이 끝나면 당해 미술저작물의 저작권은 소멸한다(CDPA (구)제52조 제1항, 제2항).[117)]

3. 저작권제도와 상표제도

상표의 구성요소에는 "기호, 문자, 도형, 소리, 냄새, 입체적 형상, 홀로그램·동작 또는 색채 등으로서 그 구성이나 표현방식에 상관없이 상품의 출처出處를 나타내기 위하여 사용하는 모든 표시"가 포함된다.[118)] 이러한 구성요소가 저작물인 경우, 반대로 저작물을 상표 등록한 경우에는 상표법과 저작권법에 의해 각각 보호된다. 종래부터 타인의 저작물, 특히 캐릭터나 그 명칭을 상표로 등록하여 저작권자와의 사이에 분쟁이 발생하는 경우도 적지 않았다.[119)] 이에 상표법은 "상표권자 ……는 그 등록상표를 사용할 경우에 …… 그 상표등록출원일 전에 발생한 타인의 저작권과 저촉되는 경우에는 지정상품 중 저촉되는 지정상품에 대한 상표의 사용은 …… 저작권자의 동의를 받지 아니하고는 그 등록상표를 사용할 수 없다"는 규정을 두고 있다(제92조 제1항). 이와 관련하여 다음의 두 판례가 주목된다. 하나는 이렇듯 "상표권과 저작권의 저촉 관계에 관하여 별도로 규정하고 있는 점 등에 비추어 볼 때, 타인의 저작권의 목적인 도형 등을 상표로서 등록하는 것 자체를 공공의 질서나 선량한 풍속을 문란케 하는 것으로서 곧바로 상표법 제7조 제1항 제4호의 부등록사유에 해당한다고 하기는 어렵다"는 것이다.[120)] 또 하나는

---

117) 영국 CDPA 제52조는 2013년 기업규제개혁법(Enterprise and Regulatory Reform Act 2013)에 의해 삭제되었다. 그러나 의연 우리가 생각해 볼 수 있는 선택지의 하나이다.

118) 상표법 제1항 제1호, 제2호 참조.

119) 예컨대 서울중앙지법 2007.4.11. 2005가합102770 판결; 서울고법 2012.7.25. 2011나70802 판결 등. 그러나 저작물의 제호는 저작권법으로 보호받지 못하므로 제호를 상표로 사용하거나 등록하였다고 하더라도 저작권 침해는 아니다[예컨대 대법원 1977.7.12. 77다90 판결('또복이' 사건)].

120) 특허법원 2003.5.1. 2002허6671 판결.

상표법 규정은 "저작권자에 대한 관계에서 등록상표의 사용이 제한됨을 의미하는 것이므로, 저작권자와 관계없는 제3자가 등록상표를 무단으로 사용하는 경우에는 상표권자는 그 사용금지를 청구할 수 있다"[121]는 점이다.

한편 저작권법으로 보호되지 못하는 저작물의 제호가 적지 않게 상표로 등록되었으나 설사 상표등록이 되어 있더라도 저작물에 동일 제호를 사용하는 것은 그것이 단행본인 경우에는 상표법 제90조 제1항 제2호의 품질표시나 용도표시로 보아 상표권침해로 되지 아니한다.[122]

4. 저작권제도와 소유권제도

이른바 '이휘소' 사건[123]에서 편지 자체의 소유권은 수신인에게 있지만 편지의 저작권은 통상 편지를 쓴 발신인에게 남는다는 판시와 같이 저작권과 소유권은 별개의 것이며, 저작물이 표현된 매체의 소유자가 저작권을 가지는 것은 아니다. 이 점은 미국 저작권법 제202조와 같은 명문의 규정이 없더라도 명백하다. 이렇듯 저작권과 소유권이 독립적이고 병렬적인 권리라고 하더라도 현실의 세계에서는 저작물이 담긴 매체의 소유자와 저작권자 사이에서는 적지 않은 긴장관계, 혹은 이해의 대립이 발생한다. 매체의 소유자는 당해 매체를 전면적으로 지배하여 이용을 극대화하려는 반면, 저작권자는 그 이용을 통제하려고 한다. "독일에서는 저작권과 소유권이 충돌하는 경우 이익형량론을 가지고 해결하려고 한다. 즉 자신의 인격과 개성이 나타나 있는 저작물에 관한 저작자의 이익과 소유물을 임의로 관리, 처분할 수 있다는 소유자의 이익을 형량하여 이 긴장관계를 해결하고자 한다."[124] 우리 저작권법에 나타난 소유권과 저작권의 조절에 관한 예를 들어보면 다음과 같다.[125]

(1) 저작권법 제13조 제2항 2호, 즉 '건축물의 증축·개축 그 밖의 변형'을 동

---

121) 대법원 2006.9.11. 2006마232 결정.

122) 서울민사지법 1994.4.8. 93카합12206 결정; 대법원 1995.9.26. 95다3381 판결(이른바 '녹정기' 사건). 또 대법원 2005.8.25. 2005다22770 판결 참조. 다만 시리즈물의 제호나 정기간행물의 제호인 경우에는 달리 보아야 한다. 아울러 상표심사기준(2016.9.1.) § 4.5.2. 참조.

123) 이른바 '이휘소' 사건(서울민사지법 1995.6.23. 94카합9230 판결).

124) 계승균, "저작권과 소유권," 「계간저작권」(제65호), 저작권심의조정위원회, 2004.3, 8면.

125) 저작권과 소유권에 관한 보다 자세한 것은 이상정, "소유권과 저작권의 충돌과 조화에 관한 일고," 「산업재산권」(제33호), 한국산업재산권법학회, 2010.12, 231면 이하 참조.

일성유지권의 예외로 인정한 점. 그러나 저작자가 가지는 동일성유지권이 모두 유체물의 소유자에게 양보되는 것이 아님은 물론이다. 그 전형적인 예가 변경이다. 원작품의 소유자가 원작품에 변경을 가하는 것은 동일성유지권 침해이다. 반면 작품의 파괴와 관련해서는 동일성유지권이 작동하지 않는다는 것이 다수설·판례[126]이나 반론도 있다.[127] 궁극적으로는 입법적으로 해결될 문제이다.

(2) 저작권법 제29조 제2항, 즉 청중이나 관중으로부터 당해 공연에 대한 반대급부를 받지 아니하는 경우는 상업용 음반 또는 상업용 영상저작물을 재생하여 일반공중에게 공연할 수 있도록 한 점. 다만 그 범위는 대통령령에 의하여 점차 축소되고 있다.[128]

(3) 저작권법 제20조 단서. 즉 최초판매원칙의 승인이 그것이다. 그러나 대여권에 의해 최초판매의 원칙은 제한을 받는다.[129]

(4) 저작권법 제35조 제1항. 다만 저작권법 제19조는 복제물에 대해서도 전시권을 인정하면서 소유자에 의한 전시권을 제한한 제35조 제1항에서는 복제물의 전시를 제한하지 아니한 점은 문제이다. 이와 관련해서는 '달력 사진 전시' 사건이 있다. 이 사건은 달력을 구입한 자가 달이 지난 달력의 사진을 오려 병원복도에 게시하자 저작권자가 전시권 위반을 이유로 손해배상을 청구한 사건이다. 제1심[130]은 전시권 침해가 아니라고 했으나 항소심[131]에서는 침해를 인정하였다. 현재 미국과 일본의 전시권 및 전시권 제한 규정은 다음과 같다.

---

126) 판례로는 이른바 '도라산역 벽화' 사건 제1심(서울중앙지법 2012.3.20. 2011가합49085 판결), 항소심 판결(서울고등법원 2012.11.29. 2012나31842 판결). 학설로는 박성호("국가에 의한 '예술 반달리즘과 예술가의 인격권 침해", 「계간 저작권」(제112호), 45면 이하), 서달주(「저작권법」(제2판), 314면), 오승종(「저작권법강의」, 260면), 이해완(「저작권법」(제3판), 430면), 최경수(「저작권법 개론」, 225면), 허희성(「2011 신저작권법개설」, 146면) 등 저작권법 학자의 대부분은 이러한 입장에 서 있다. 그러나 이러한 입장에 있는 학자들도 대부분 입법적으로는 소유자의 행위에 제한을 가하는 것에 찬성하며, 동일성유지권 외의 다른 법리-예컨대 불법행위-에 의해 규율할 수 있음도 인정한다. 또 입법 시 고려할 사항과 관련해서는 김형렬, "미술 작품 등의 파괴와 저작인격권", 「계간 저작권」(제98호), 2012.6, 180면 이하 참조.

127) 구본진, 「미술가의 저작인격권」(박사학위논문), 서울대학교 대학원, 2010.2, 307면; 계승균, 앞의 논문(주 212), 138면 이하; 이상정, "소유자의 작품 파괴와 저작인격권", 「계간 저작권」(제97호), 한국저작권위원회, 2012.3, 43면 이하 각 참조.

128) 저작권법 시행령 제2조 참조.

129) 저작권법 제21조.

130) 서울중앙지법 2003.9.18. 2003가단215194 판결.

131) 서울중앙지법 2004.11.11. 2003나51230 판결.

	전시권	전시권의 제한
일본	제25조(전시권) 저작자는 그의 미술저작물 또는 아직 발행되지 아니한 사진저작물을 이들 원작품에 의하여 公에게 전시할 권리를 전유한다.	제45조(미술저작물 등의 원작품 소유자에 의한 전시) ① 미술저작물 또는 사진저작물의 원작품 소유자 또는 그의 동의를 얻은 자는 이들 저작물을 그 원작품에 의하여 公에게 전시할 수 있다.
미국	제106조 제5호에서 "영화나 기타 시청각저작물의 개별 영상을 포함한 어문, 음악, 연극 및 무용저작물과 무언극 및 회화, 도면, 또는 조각저작물의 경우에는 저작권으로 보호되는 저작물을 공개적으로 전시하는 행위"를 저작권 속에 포함시킨다.	제109조 (c)는 "제106조 (5)호의 규정에도 불구하고, 본 편 법전상 합법적으로 제작된 특정 복제물의 소유자 또는 이러한 소유자로부터 권한을 부여받은 자는, 저작권자의 허락 없이 그 복제물을 직접 또는 1회에 1영상씩 영사하는 방법으로 복제물이 소재한 장소에 있는 시청자들에게 공개적으로 전시할 수 있다"고 규정한다.

우리도 제35조 제1항을 개정하여야 할 것이다.[132] 이 점은 물품이 적법하게 양도되면 권리가 소진되는 디자인권과의 조화를 위해서도 필요하다.

5. 저작권제도와 불법행위제도

특허법이나 저작권법 등 지적재산법에서 인정되는 권리침해에는 해당하지 않는 경우에는 일반법인 민법으로 보호될 수 없는 것인가. 일반적으로 지적재산법에 의한 보호의 대상으로부터 제외되어 있는 사물을 그대로 모방해도 그 행위는 원칙적으로는 위법이라고 볼 수 없다. 만약 그렇지 않다면 일정한 대상을 일정한 요건 하에 일정기간 모방금지나 독점권을 주어 보호하고 그 기간이 끝나면 누구나 사용할 수 있게 한다는 지적재산법의 기본 취지에 배치되기 때문이다. 그러나 경쟁의 세계에서 이러한 법리를 무제한 관철하면 오히려 창작의욕을 감퇴시키고, 공정한 경쟁질서를 해칠 우려가 있다. 적어도 성과물 제작자와 부정한 경쟁을 할 목적만으로 그 타인의 성과물을 그대로 이용하는 행위는 위법이라고 하여야 할 것이다.[133] 그러므로 판례는 저작권법으로 보호되지 않은 대상이라도 일정한 경우

132) 예시: 제35조(미술저작물등의 전시 또는 복제) ① 미술저작물등의 원본의 소유자나 그의 동의를 얻은 자 혹은 적법하게 복제물을 소유한 자는 그 저작물을 당해 원본이나 복제물에 의하여 전시할 수 있다.

133) 2013년 개정된 부정경쟁방지 및 영업비밀보호에 관한 법률 제2조 제1항 차목.

에 불법행위 책임을 인정하여 왔다. 예컨대 성형외과의 성과 사진을 경쟁자가 무단 이용한 사건(서울중앙지법 2007.6.21. 2007가합16095 판결),[134] 문제해설을 경쟁자가 무단 이용한 사건(서울중앙지법 2008.11.14. 2007가단70153 판결), 인터넷 포털사이트 광고방해 사건(대법원 2010.8.25. 2008마1541 결정) '헬로키티'사건(서울고등법원 2010.1.14. 2009나4116 판결; 대법원 2012.3.29. 2010다20044 판결) 등이 있다. 우리보다 저작물성을 한정하고 있는 일본의 경우에는 글자체[135]나 (창작성 없는) 데이터베이스[136]를 그대로 이용하는 경우에 불법행위에 의한 손해배상책임을 인정하여왔다. 그렇기는 하나 역시 불법행위 인정에는 신중을 요한다. '청바지 에비수 갈매기 문양' 사건 판결[137]은 이를 잘 나타내고 있다.

Ⅴ. 바람직한 발전 방향

1. 서 언

1986년 저작권법의 개정 이래 우리나라는 국제적 환경 및 인터넷·디지털 환경으로의 변화를 반영하기 위하여 지속적으로 저작권법을 개정하여 왔다. 디지털·인터넷 환경에서는 그 변화가 너무 빨랐기에 그에 대처하는 데에도 힘이 들었고, 그러다 보니 다른 법률은 물론 저작권법 자체 내에서의 조화를 달성하려는 노력은 뒷전으로 밀렸다. 또 저작권 선진국이나 국제조약의 수준을 따라가다 보니 전체적인 방향은 저작권 강화의 역사이었다. 그러나 이제는 좀 더 여유를 가지고 전체의 조화를 생각해 보아야 되고, 또 이렇게 강화 일변도로 가는 것이 저작권 환경이 급변한 오늘날, 문화발전이라는 저작권법의 목표 달성을 위한 올바른 방향으로의 진행인가에 대한 재검토도 필요하다. 무엇보다도 저작권의 관계자가 종래의 저작자와 출판자 등 사업자의 관계에서 저작물 사용자나 소비자가 추가되었다. 종래의 침해자가 출판자 등 사업자에 국한되었다면 이제는 저작물 소비자가 저작

134) 이러한 경우에도 불법행위 책임을 인정한 것은 잘못된 것이라는 견해는 이상정, "사진의 저작물성에 관한 일고," 「계간 저작권」(제105호), 2014.3, 93면 이하 참조.
135) '사식기용문자반' 사건(사식기용문자반사건)(대판지재 1989.3.8).
136) '자동차정비용 시스템 데이터베이스' 사건(동경지재 2001.5.25).
137) 서울고등법원 2010.8.26. 2009나122304 판결.

권 침해자로 되었다. 특허권의 경우에는 침해자도 사업자인 경우가 대부분이고, 권리자라고 하더라도 침해자가 가자고 있는 기술을 필요로 할 때가 많아 상호 타협을 통해 크로스 라이선스가 가능하다. 그러나 저작권의 경우에는 이러한 경우를 생각하기 힘들다. 전자가 쌍방적이라면 후자는 일방적이다. 또 전자가 사업적 이익을 위해 권리를 침해한 경우라면 후자는 문화적 욕구나 문화를 향유하는 과정에서 권리를 침해한 경우가 많다. 이러한 저작권의 현상에 비추어 문화발전이라는 목표달성을 위한 바람직한 저작권제도는 재검토되어야 한다. 기본적 방향만 간단히 제안해 본다.[138]

2. 반성: 원래의 목표는 달성되었는가

저작권은 저작물의 창작과 더불어 발생하므로 저작자와 저작권자는 일치하는 것으로 보기 쉽다. 확실히 창작의 당초에는 저작자가 저작권자이다. 그러나 저작재산권은 양도 가능한 권리이므로 언제나 저작자와 저작(재산)권자가 일치하는 것은 아니다. 자칫 저작자 보호가 저작권자 보호 속에 매몰될 수 있다. 매우 불공정한 내용으로 자신의 저작권을 양도하는 저작자가 적지 않다.[139] 저작권자 보호가 상당한 수준에 도달했다고 저작자 보호도 그럴 것이라고 보는 것은 피상적이다. 일반적으로 저작자는 창작자일 뿐 사업자가 아니므로 대부분의 경우 누군가를 매개로 하여야만 저작권시장에 진입할 수 있다. 그 과정에서 이용되는 것은 저작권계약이다. 따라서 저작권계약이 투명하고 공정하여야만 저작권시장의 果實이 저작자에게 전달되고 이것이 창작의 원동력으로 선순환하게 된다. 그런데 우리 저작권법은 이러한 제도적 장치가 전혀 마련되어 있지 않다.[140] 계약의 공정성이 보장되어 적정한 보상이 저작자에게 돌아갈 수 있도록 하는 제도적 장치가 시급히 마련되어야 한다.[141]

---

138) 저작권제도의 재구성이나 개혁과 관련해서는 이미 외국에서 많은 보고서가 나왔으며, 그 내용도 국내에 소개된 바 있다. 이에 본고에서는 졸견의 기본적인 방향만을 간단히 소개하는 것으로 한다.

139) 이른바 '구름빵' 사례(MBN 2014.8.28. '구름빵' 백희나 작가 수입은 천만원, 매출은 4천억? "뭐 이런!"; 연합뉴스 2015.4.19. "저작권 발목잡힌 구름빵, 창조경제 성공사례 '무색'" 등); 해럴드 경제 2014.2.13.("저작권 문제 숙제 던진 '조용필의 권리 회복'); 조선일보 2018.3.28.("포털과 노예 계약 웹툰 작가 웁니다") 등. 알려지지 않은 사례가 더 많음은 물론이다.

140) 배대헌, "역사적 관점에서 본 기술변화와 저작권 관계", 「창작과 권리」(제64호), 세창출판사, 2011.9, 190면 참조.

3. 변화: 새로운 창작 환경에 적합한 저작권제도

오늘날의 창작환경은 예전보다 크게 변화하였다. 무엇보다 '만인이 출판자, 만인이 방송자'로 되는 이른바 프로슈머 시대가 도래하였을 뿐만 아니라 인공지능AI 등 창작의 주체가 인간만이 아닌 세상이 되어가고 있다.[142] 이러한 상황 하에서는 강한 저작권제도만이 미덕은 아니다. 창작 환경의 변화에 맞는 저작권제도는 무엇인가.

(1) 존속기간 및 권리의 다양화

우리를 비롯한 많은 나라는 저작권 존속기간을 저작자 사후 70년으로 연장하였다. 그러나 이것은 저작물에 따라서는 지나치게 장기간의 보호를 하는 것이며, 오히려 문화발전에 역행하는 결과로 되지 않을지 염려된다. 오늘의 저작자가 과거의 저작자들이 구축한 문화유산에 힘입고 있다면 내일의 저작자는 오늘의 저작자가 구축한 문화 환경에 의존하게 될 것이다. 그러함에도 현재와 같은 저작권 존속기간은 또 다른 문화생태계의 파괴로 연결될 것이다. 이제 저작물의 내용에 따라 보다 유연한 권리보호기간이 필요하다. 컴퓨터프로그램, 응용미술을 이렇게 장기간 보호한다는 것은 분명히 문제가 있다.

또 현재 저작권은 특별한 경우가 아닌 한 배타적 권리로 되어 있다. 그러나 사후 70년 동안 존속되는 저작재산권을 이렇게 일률적으로 배타적 권리로 하여야 하는지는 이제 진지하게 검토되어야 한다. 그중 하나가 시간 경과에 따른 권리내용의 차등화이다. 공표 후 일정한 시간이 경과한 경우나 저작자 사후에는 권리내용을 채권적 권리로 변경하거나 혹은 무단 이용에 대해서는 금지청구 대신 손해배상청구만 인정하는 것 등이다.

---

141) 그 사이 전혀 노력이 없었던 것은 아니다. 2015.4.30. 개정안[의안번호 14969호(배제정 의원 대표발의안): 임기만료폐기]도 있었고, 국회에서 개최된 공청회도 있었다[최근 공청회: 2018. 3.5. "창작노동 보호를 위한 저작권법제의 과제"(발제자: 남희섭)].

142) 조선일보 2018.4.10. B1(인공지능이 쓴 소설, 인간의 심장을 두드릴 수 있을까): 소설의 경우에 2016년 구글은 AI가 쓴 연애소설을 공개했고, 2016년 일본은 AI가 쓴 공상과학 단편소설 4편이 호시 신이치 문학상 1차 심사를 통과했다고 발표했다. 작곡의 경우는 2015년 미국 예일대는 바흐풍 음악을 작곡하는 AI '쿨리타'를 공개했고, 2018년 한국 음반제작사 엔터아츠는 영국 스타트업 주크덱과 AI를 활용한 음악 제작업체 'A.I.M'을 설립했다. 주크덱 창업자는 "지금까지는 소수의 음악가만 창작의 즐거움을 누렸지만 AI창작의 등장으로 일반인도 30초안에 자신만의 새로운 음악을 창작할 수 있는 시대가 됐다"고 말했다. 또 그림의 경우는 2016년 구글은 AI '딥드림'이 그린 추상화를 공개했다.

(2) 형사처벌의 축소와 실효성 있는 손해배상제도의 구축

현재 우리는 권리구제의 많은 부분을 형사제도에 의존하고 있다. 형사제도가 범죄라는 사회적 파괴행위를 형벌로 제어하는 수단이라면 문화의 창작이나 이용 과정에서 일어나는 행위 그 자체는 '저작자보호'라는 것을 도외시하면 사회적 파괴행위가 아니다. 또 형사처벌하기 위해서는 어느 행위가 이에 해당하는지 분명해야 함에도 디지털·인터넷 환경하에서는 어느 행위가 저작권침해가 되는지 매우 불분명한 경우가 많다. 그러므로 권리자에 대한 피해구제를 형사제도에 지나치게 의존하는 데는 문제가 있다. 향후 형사적 제재를 축소하고 민사적 구제로 나아가야 한다. 이를 위해서는 우선 민사적 구제제도를 실효성 있는 제도로 재구성해야 한다.

또 민사적 구제 중에서도 금지청구보다는 손해배상청구로 대처하여야 한다. 현재도 그렇지만 앞으로도 창작환경은 수많은 지식의 홍수, 정보의 범람 속에서 이루어질 것이다. 그 경우 창작자 자신도 (타인의 것을 모방했는지) 모르는 사이에 모방이 일어난다. 또 타인의 가르침이나 모방 없는 완전한 창작이란 사실상 불가능하다. 뿐만 아니라 타인의 저작물을 일부 이용했다고 하더라도 거기에 새로운 창작성이 가미된 경우는 그만큼 사회에 기여했으므로 이를 형사처벌이나 금지청구로 대처하기보다는 손해배상으로 대처하는 것이 사회의 문화발전에 도움을 주면서 저작권자를 보호하는 길이 될 것이다. 그러므로 타인의 저작물을 그대로 이용하여 시장수요를 대체하는 불법복제물의 제작·배포자를 처벌하고 그 배포나 유통을 금지시키는 것은 타당하나, 타인 저작물을 이용하여 새로운 창작성이 가미된 2차적 저작물의 경우에는 이용비율에 따른 손해배상이나 부당이득으로 이를 해결하는 것이 바람직하다고 본다. 현재와 같이 저작권 침해부분을 일부 삭제한 후 배포토록 하는 것은 어찌 보면 국가에 의한 동일성유지권의 침해에 다름 아니며, 문화보호법이 채택해야 할 적절한 방법은 아니라고 본다.

4. 보완: 새로운 이용 및 소비 환경에 적합한 저작권제도

(1) 저작권제한 조항의 확충

디지털시대를 맞아 다양한 저작물 이용형태가 발생하고 있다. 이러한 현실에서 허용되는 이용형태와 그렇지 않은 것을 모조리 망라하여 법 규정을 마련할 수는 없다. 그런 의미에서 2011년 개정법이 공정이용fair use조항을 명문화한 것은 매우 바람직한 조치였다. 다만 어느 것이 공정이용에 해당하느냐는 궁극적으로는 법원의 판단에 달려 있으므로 이러한 일반조항은 예측가능성 면에서 구체적 개별조항에 비하여 뒤떨어짐은 명백하다. 따라서 일반조항을 입법화하였다는 데 만족하지 말고 지속적으로 허용되는 구체적 개별조항의 입법화에도 힘을 기울여야 할 것이다.

(2) 저작권제한 조항의 실효성 담보

오늘날과 같은 인터넷 · 디지털 상황 하에서는 저작물의 이용은 점차 종래의 소유 중심에서 접속 중심으로 변화되고 있다. 이러한 상황에서는 저작권자는 자신에게 유리한 조건으로 이용허락을 하려고 할 것임에 틀림없고, 경우에 따라서는 저작권법이 인정하는 저작권 제한 등을 우회할 위험성이 충분히 있다. 심지어는 저작권법으로 보호받을 수 없는 비저작물도 약관 등을 통해 보호받으려고 한다. 이와같이 저작물 이용과 관련된 많은 문제가 계약 혹은 약관으로부터 일어나는 문제인 점을 직시하여 하루빨리 이에 대한 입법조치가 필요하다고 본다.

5. 맺음말

많은 지적재산법 중 문화보호에 향해 있는 것은 저작권법이 유일하다. 저작권법의 기본적이고 고유한 임무가 문화의 향상발전에 있고, 무릇 문화란 많은 사람이 참여하고 공유했을 때 그 의미가 있다면, 저작권법의 궁극의 목적인 문화의 향상발전에 도움이 되도록 저작권법은 입법되고, 해석되고, 운용되어야 할 것이다. 다만 하나의 제도에는 그 제도를 통해 혜택을 받는 자와 그렇지 않은 자가 존재하고, 저작권법과 같이 세계화된 법, 비즈니스 법은 국제적 이해도 첨예하게 된다. 이른바 문화 수출국 · 선진국일수록 강한 저작권을 선호할 것임은 어렵지 않게 알 수 있다. 그러므로 국제적 기준에서의 벗어난 유연화, 다양화는 쉽지 않다. 그러나 우리가 가입한 국제조약은 외국인을 자국민보다 낮게 보호하지 말라는 '내국민대우'를 의무지우고 있을 뿐이며, '내외국인무차별'은 국내 정책의 문제이다. 즉 국제조약에도 불구하고 우리 국민에 대한, 그리고 우리 국민을 위한, 우리의 자율적 정책 결정 가능성은 남아 있는 것이다. 물론 내국민을 외국인과 달리 보호하려면 그에 합당한 이유 내지는 합리성이 있어야 하며, 또 국민적 합의도 필요하다.

한편 이미 본 바와 같이 저작권법은 기술변화에 민감한 법이므로 향후 기술발전에 따라 저작권법은 변화할 것이다. 어떻게 변화할 것인가. 출판시대에 시작한 저작권은 방송시대, 디지털·인터넷 시대를 거치면서 무수히 변해왔지만 하나 변하지 않은 것이 있다. 그것은 자연인인 저작자를 전제로 하고 있다는 것이다. 또 최초의 창작에 들어가는 노력·비용과 복제의 노력·비용에는 커다란 차이가 있다는 것이다. 그런데 이제 그 전제가 무너지고 있다. 2년 전 알파고의 충격을 잊을 수가 없다. 지금 그 인공지능은 더욱더 진화하고 있다. 향후 멀지 않은 장래에 글도, 그림도, 음악도 인공지능이 작성하는 시대로 될 것이다. 오늘의 보조자에서 내일의 주인으로 떠오를 것이다. 현재 보조자로서 지위에 있는 약한 인공지능 정도라면 현행법 체계에서 해결할 수도 있겠지만 주인으로서 지위에 있게 될 강한 인공지능이나 초인공지능의 시대로 되면 저작권법은 어떻게 될 것인가. 지금 미운 오리새끼로 되어있는 제9조의 업무상저작물의 저작자 규정이 한몫을 할 것인가. 아니면 기계인機械人이나 전자인간electronic person을 위한 새로운 저작권법이 별도로 만들어질 것인가. 또는 저작권은 사라지고 모두 공유public domain로 될 것인가. 지금 이 단계에서는 어느 것도 알 수 없다. 그러므로 晴軒 金曾漢 선생님의 30주년 추모기념논문집의 글을 성경 말씀을 인용하면서 끝내고자 한다.

> “그러므로 내일 일을 위하여 염려하지 말라. 내일 일은 내일이 염려할 것이요 한 날의 괴로움은 그 날로 족하니라.”
> —마태복음 6 : 34—

노동법 70년 변화와 전망

김 영 문

[초 록]

1948년 제헌헌법 이후 노동법의 변화를 살펴보고 전망을 한다. 제헌헌법과 제정 노동법은 현재의 헌법과 노동법과 비교할 때 근로자보호의 정도나 집단적 노사자치의 정도나 제약의 정도에서는 차이가 있을 수 있으나 체계와 구조적으로 보면 이미 그 당시에 현행헌법의 노동관련조항과 노동법의 기초프레임을 형성하였다고 본다. 제정 근로기준법의 근로자 근로조건보호의 프레임은 현재의 근로기준법의 프레임과 다르지 않다. 둘 다 헌법적 명령으로부터 만들어진 것이기 때문이다. 이렇게 보면 근로기준법은 제정법 이래로 꾸준히 근로자보호법으로 변모하면서 진화하고 있고, 다만 경제위기시에는 근로조건을 저하하면서 위기에 대응하려는 기제로 활용하면서 위기가 종료되면 다시 근로자보호입법으로 복귀하여 계속해서 근로자보호입법으로 기능하고 있음을 보여 주고 있다.

전북대학교 법학전문대학원 교수

제헌헌법과 제정 노동법은 근로3권의 자유권으로서의 성질을 부각하고, 국가의 개입을 최소화하는 입법이었다. 유신헌법시기와 신군사정부 시절에는 노동자와 그들의 집단행동인 쟁의행위에 대해서는 부정적이어서 가능하면 노동조합에 대한 국가의 개입을 늘리고, 쟁의행위는 제한하는 입법을 해왔다. 이 시기의 집단적 노사관계법은 "산별체제 반대, 노사협의회로 노조 대체, 공익사업범위 확대, 노동쟁의 제한 강화, 국가의 노동행정 강화"로 특징지어진다. 민주화 시기 이후로 집단적 노사관계법의 핵심인 노동조합법과 노동쟁의조정법 또는 '노동조합및노동관계조정법'의 개정사는 바로 과거 독재시절에 자행된 근로3권 제한의 역사를 걷어내는 것, 바로 노사자치와 협약자율로의 복귀의 역사라고 할 수 있다. 결론적으로 제정 노동법 중 제정 근로기준법은 경제위기에 탄력적으로 대응한 뒤 원상으로 복귀한다는 것을 전제로 근로자보호를 위해서 변모해왔고, 집단적 노사관계법은 노사자치와 협약자율로의 복귀의 역사로 변화와 발전을 해 온 것이라고 할 수 있다. 노동입법의 전망으로는 종업원들의 이익대변구조의 개선이 중요하다고 본다. 노동조합조직률이 10% 정도밖에 안 되는 상황에서는 근로자 90%의 이익을 대변하는 구조가 필요하다. 또한 비정규직의 보호를 현재보다 강화할 것이고, 우리 노동법의 ILO 등 국제기관의 협약과의 정합성을 제고해야 하며, 고용형태가 다양화되면서 전통적인 근로자employee 이외에 노동자worker를 노동법으로 수용하는 방안도 필요하다. 그리고 제4차산업혁명과 AI인공지능사회가 도래하면서 기계가 인간노동력을 대체하기 시작하여 노동법이 무엇을 해야 하는지, '노동사회'라는 패러다임이 붕괴되면 노동법은 어디에 있어야 하는지에 대해서도 진지한 성찰이 필요하다고 본다. 마지막으로는 노동법을 사회전방위 방어체계로 이해한다면 가장 중요한 문제는 현재 일자리 창출이라고 본다. 노동법의 기제 중에서 일자리 창출할 수 있는 기제가 무엇인지 논의가 있었고, 계속해서 논의할 것이라고 전망한다. 우리는 농경사회 → 산업사회 → 정보화사회 → 4차산업혁명과 인공지능사회로 진입하고 있는데, 마지막 패러다임은 1948년도부터 지금까지 겪어본 것이 아니다. 노동법 70년은 제정 노동법을 기초프레임으로 하여 경제위기에 탄력적으로 대응한 뒤 원상으로 복귀한다는 것을 전제로 근로자보호를 위해서 변모해왔고, 앞으로도 변모할 것이며, 노사자치와 협약자율로의 복귀 역사로 변화와 발전을 해 온 것이라고 할 수 있다. 그러나 향후 전개되는 사회는 우리가 전혀 겪어보지 못한 사회다. 노동법이 변화해야 한다면 근로자 보호나 노동시장의 유연성을 넘어서 사회전방위 방어체계가 되어 새로운 패러다임을 수용하여 노동입법을 하여야 할 것이다.

Ⅰ. 들어가며

1. 들머리에

노동법은 인간의 노동을 법적으로 규제하여 노동자보호를 주된 목적으로 하는 법분야이다. 그런데 노동법과 노동자 보호는 그때그때 경제상황, 국내경기변동, 정치상황에 따라 달라진다. 말하자면 노동법 분야는 – 지나간 생각이기는 하지만 – 경제라는 하부구조가 법과 제도의 상부구조에 미치는 영향이 가장 큰 분야이기도 하다. 그럼에도 노동법은 헌법 제32조의 근로의 권리, 제33조의 노동3권을 수권규범으로 하여 만들어진 규범체계이고, 기본적으로 인간의 존엄성을 보장하도록 발전해야 하는 분야이기 때문에 노동법에 직접적으로 영향을 미치는 외부환경 변화에도 불구하고 노동법이 발전해 온 과정을 돌이켜 보고, 현재의 모습과 문제점을 살펴보면서 장래 노동법이 나아가야 할 방향을 전망해브는 것은 노동법 발전을 위하여 상당한 의미가 있다고 본다. 이러한 입장에서 본 글은 1948년 제헌헌법 이래 현재까지 근 70년간 노동입법을 대상으로 이들이 변화·발전해 온 과정을 살펴보고, 노동법의 앞날을 전망해 보기로 한다.

2. '노동법 70년 변화와 전망'의 관점목록들

그런데 '노동법 70년 변화와 전망'을 쓰기 전에 몇 가지 관점목록들을 살펴보고자 한다. 어느 하나의 관점만을 강조하면 노동법 발전사를 매우 편협된 시각으로 바라볼 우려가 있기 때문이다.

첫째, 근대적 의미의 법체계와 그 역사 발전이 서양에 비하여 일천한 우리나라에서 어느 법 분야가 70년을 지나왔다는 것은 그 법제도가 우리 삶과 사회의 변화와 발전에 상당한 의미를 지니고 있는 것은 물론 실제 생활에 막대한 영향력을 갖고 있다는 것을 의미한다. 그런데 지나온 이 70년은 1948년의 제헌헌법이 규정한 노동기본권을 구체화한 1953년도의 노동법을 기준으로 보았을 때 제정 노동법은 농경사회를 패러다임으로 하였고, 1990년대 중반까지는 제조업 중심의 산업사회라는 패러다임을 기초로 하였으며, 그 이후는 정보화 사회를 패러다임으로 하여 2018년 현재는 제4차 산업혁명과 AI인공지능시대라는 패러다임의 교체에 직면해 있다. 말하자면 노동법은 이 적다면 적은 세월에 보통 몇 십년에서 몇 백년에 걸쳐 교체되는 사회구조 패러다임이 4가지 이상 바뀌게 되는 경험을 하게 된 것이다. 적은 시간에 사회구조의 패러다임 교체는 노동법의 변화와 발전에 대해서도 지대한 영향을 미치게 된다. 왜냐하면 상부구조로서 노동법제도는 하부구조인 경제・사회구조의 패러다임 교체를 수용하지 않을 수 없기 때문이다. 그렇게 노동법이 변화하는 패러다임을 수용하는 방법은 법률제도의 개정작업이 될 것이다. 그렇다면 근로기준법 등의 개정시 입법자가 이러한 경제・사회구조의 패러다임을 충분히 수용하였는가도 중요한 관점이다.

두 번째, 1948년 이래로 70년간 노동법의 변화에서는 경제상황과 노동법이 어떻게 상응 내지 조응을 하였는가 하는 문제를 짚어 보는 것도 중요하다. 특히 1961년도에 등장한 군사정부는 경제개발을 이룩하기 위하여 근로자보호를 후퇴시키는 입법을 단행하였다. 이 시기에는 산업재해보상보험법이 1963년에 제정되었지만, 근로자 보호보다는 산업인력의 재생산이 주목적이었다. 그리고 정치적 안정을 위하여 노동조합 활동을 억제하는 입법을 단행하였다. 또한 외환위기를 겪은 1996년도 말에는 경제위기 극복을 위하여 기업의 인력구조조정을 원활하게 하는 이른바 정리해고 규정을 도입하였다. 이와 같이 입법자는 근로자보호를 도모함과 동시에 경제위기 극복의 수단으로 근로자보호를 뒤로 하는 노동입법을 단행하였다. 따라서 노동법 70년의 변화와 발전의 기술을 위해서는 경제상황에 노동법이 어떻게 대처해 왔는지, 그 목적을 위하여 어느 규정을 개정하였는지, 그리고 개정법으로 실제로 경제위기 상황을 극복하였는지를 살펴보아야 할 것이다. 그러한 노동법 발전에 관한 실증적 분석은 미래에 유사한 문제가 발생하였을 때 미래를 위해 유용한 소재가 될 것이다.

셋째, 노동법은 규범목적에도 상응하는 바와 같이 근로자 보호를 일차적인 과제로 삼아야 한다는 것은 자명하다. 노동법의 존립근거인 헌법이 이를 명시적으로 규정하고 있기 때문이다. 그러나 노동법의 규범구조는 노동기본권을 저변으로 하여 그 위에 개별적 근로관계법을 세운다. 그리고 그 위에 '노동조합 및 노동관계조정법'과 같은 집단적 노사관계법을 위치시킨다. 그런 의미에서 노동법은 노동기본권을 배경으로 근로기준법을 근로조건의 최저기준으로 하고, 그 위에서는 노사가 힘을 바탕으로 자율적으로 근로조건을 정하는 협약자율구조를 갖는다. 그러므로 노동시장에서의 행동자들actor은 근로자와 노동조합뿐만 아니라 교섭과 협약당사자로서의 사용자와 사용자단체들도 존재한다. 그런 점에서 노동법은 근로자보호와 동시에 노동시장의 질서체계로서 기능도 한다. 입법자는 이와 같은 노동시장에서 이익단체인 노동조합과 사용자의 이익을 조절하는 입법을 만들어 내기도 한다. 그런 점에서 전체 노동법에서 어느 규정들이 역사적으로 노동시장질서체계로서 노사의 이해관계를 조절하여 안정적인 노사관계를 이룩하는 데 기여하여 왔는지를 법제사적으로 규명하는 것도 중요하다.

넷째, 노동법을 바라보는 관점은 다양하다. 노동법을 대하는 태도나 노동법률 규정을 해석하는 관점에 따라서 노동법 70년의 변화와 발전에 대한 평가와 판단도 다르게 될 것이다. 헌법 제32조 제3항은 인간의 존엄성을 보장하도록 근로조건을 법률로 정할 것을 규정하고 있다. 그렇게 입법위임을 하여 근로기준법이 만들어졌고, 그 근로기준법 제1조도 동법이 근로자들의 근로조건보호를 목적으로 하고 있음을 명시하고 있다. 헌법 제33조도 근로자들의 근로조건 향상을 위하여 단결할 권리와 단체교섭권, 단체행동권을 보장하고 있고, 이를 수권규범으로 하여 '노동조합 및 노동관계조정법'(이하 '노동조합법'이라 한다)도 근로조건의 유지와 개선 및 근로자의 경제적·사회적 지위 향상을 도모하는 것을 목적으로 한 것이므로 노동조합법도 근로자들을 위한 법이라고 할 수 있다. 그럼에도 노동법은 헌법의 하위법률이다. 헌법이 개별적으로 근로자들을 위하여 제32조와 제33조의 기본권을 보장한다고 하여도 그 기본권행사를 위한 입법들은 헌법 제37조 제2항의 과잉침해금지 원칙 하에서 가능한 것이다. 말하자면 근로자 보호를 위한 입법을 하는 경우에도 국가안전보장, 질서유지, 공공복리에 의한 제한이 가능하고, 다만 제한 시에는 상대방 자유와 권리의 본질적 내용을 침해할 수 없다. 그런 점에서 근로자보호입법은 사용자 기본권의 본질적 내용을 침해하지 않으면서 비례성의 원칙 하에서 가능한 것이다. 이러한 입장에서는 노동관련입법이 근로자보호에 충실하였는가보다는 근로자와 사용자의 기본권이 충돌하는 경우 양자의 이해관계를 헌법상 비례의 원칙에 충실하게 고려하였는가를 중요한 관점으로 본다. 노동법 70년의 변화와 진화 및 발전은 이와 같은 관점에서도 검토되어야 하는 부분이다. 이와 같이 노동법이 70년 동안 어떻게 변화하고 발전을 했는가의 판단에서는 근로자보호, 기본권의 조화 이외에도 다양한 관점이 동원될 수 있다. 경제위기상황과의 조응의 관점에서는 노동법이 거시적으로 고용의 유연성을 도입함으로써 결과적으로 근로자보호에는 미흡하였지만, 일자리의 기본인 기업의 존립과 존속을 유지하여 실업을 방지하였다면, – 비록 그러한 결과에 대한 실증적 분석이 문제가 될 것이지만 – 노동법을 긍정적으로 평가할 소지도 있다.

다섯째, 노동법은 근로조건 기준을 근로기준법으로 법정화한 위에 노사가 자율적으로 교섭하여 근로조건을 스스로 정하는 것을 원칙으로 한다. 헌법 제33조의 근로3권은 이와 같이 협약자율을 이념적 기초로 하고 있다. 노동조합이 자신들의 근로조건 향상을 위하여 파업을 한다고 하더라도 이를 당장에 업무방해죄로 처벌할 수 없으며, 긴급하게 국민경제와 국민의 일상생활에 현저한 위험을 가져오지 않는 한, 노동조합 결성과 활동을 억제할 수 없다. 그런 점에서 노동법의 변화와 발전사 연구에 있어서는 노사관계에 대한 국가의 개입이 배제되고 노사자치의 원칙이 어느 정도 관철되어 왔는지에 대한 분석도 필요하다.

여섯째, 법제도의 변화와 발전을 논하는 데 있어서는 그 법제도가 효과를 발휘하였는지에 대한 실증분석이 있어야 할 것이다. 예를 들어 근로시간을 단축하도록 규정한 경우 그것이 근로자들의 실근로시간을 단축하는 효과를 가져 왔는지를 살펴보아야 그 규정이 실효성있는 규정으로 변화와 발전하였는지를 알 수 있다. 물론 이러한 경우에도 근로시간 단축의 규범목적과의 상관관계에서 법제도의 변화와 발전이 언급되어야 할 것이다. 사실 법률의 제정과 개정에 있어서는 입법안들이 거의 모두 입법이유(제안이유)를 들고 있다. 그러나 경우에 따라서는 해당 규정이 가져오는 경제적 효과와 사회적 의미가 분석된 입법이어야 법제도로서의 실효성이 입증된다. 그렇게 되면 노동법의 변화와 발전을 규명하는 것은 더욱 광범위한 작업이 될 수밖에 없을 것이다. 그러나 법제도 발전에 있어서는 단순히 규정의 변화나 발전을 기술하는 것보다는 규정을 만듦으로써 발생하는 경제적 · 사회적 효과까지 분석되어야 진정한 의미의 법제도사가 될 것이다.

일곱째, 국회가 국제노동기구의 협약이나 조약을 비준하면 이 협약이나 조약은 국내법과 같은 효력을 갖는다. 따라서 노동법 변천사나 발전사 기술에 있어서는 우리나라 노동법이 어떻게 국제노동기구의 협약을 수용하였는지, 그리고 우리 노동법이 국제조약과 정합성을 유지하고 있는지에 대해서도 검토가 되어야 할 것이다.

여덟째, 법이론적으로 볼 때 법률규정이 일반조항을 많이 둘수록 법률의 실효적인 규정성은 없어지고 판례에 의존하는 경우가 많고, 판례가 원칙을 세우지 않는 한 법적 불안정성은 증폭된다. 그런 의미에서 법률이 일반조항으로 도피하면 할수록 법제도는 올바른 방향으로 발전했다고는 볼 수 없다. 법률규정이 '신의성실', '사회통념상의 합리성', '정당한 이유' 등을 담고 있는 한, 말하자면 일반조항으로의 도피 성향이 많으면 많을수록 법수규자들이 느끼는 법적 불안정성이 커지고, 법관들이 자의적으로 규정을 해석할 가능성이 커지게 된다. 그런 의미에서 노동법의 변화와 발전사를 기술함에 있어서는 일반조항으로의 도피와·판례의 지그재그식 발전을 면밀하게 살펴 볼 필요도 있을 것이다. 물론 노동법은 현실에서 문제가 먼저 발생하고, 노사 당사자들이 법적 다툼을 벌이게 되면 노동법은 흠결을 보이게 되고, 판결을 거부할 수 없는 법관은 판결하지 않을 수 없게 되어 법관을 대체입법자라 부르기도 한다. 법관이 내놓은 판결들이 반복됨으로써 판례법이 형성되고 입법자는 이 판례법을 법률로 수용하는 경우도 있다. 입법과 판례의 상호작용의 결과라고 할 수 있다. 노동법은 이와 같은 진화의 과정을 겪게 되는데, 실제로 이와 같은 과정은 법을 생산하는 입법자와 법을 적용하는 자의 역할이 뒤바뀐 사례라고 할 수 있을 것이다. 그러나 대개의 경우 판례가 세운 대체입법의 요건들을 입법자는 더 정확하게 유형화하고 요건화해야 하는데도 그렇지 못하고 일반조항화함으로써 법발전이 역행하는 경우가 있다. 법제도 발전 연구는 이러한 경우도 포착하여야 할 것이다.

아홉째, 가장 중요한 것으로서 인간다운 삶을 보장하는 노동법으로 변화하였는가 하는 것을 살펴보아야 할 것이다. 예를 들면 IMF금융위기 시에 "산업구조 및 노동시장의 여건변화에 따라 자기가 고용한 근로자를 타인에게 파견하여 근로하게 하는 파견근로가 빠르게 확산되고 있으나 관련법규의 미비로 파견근로자의 권익보호가 제대로 이루어지지 아니하고 기업의 탄력적인 인력관리에 제약요인이 되고 있으므로 근로자파견제를 법제화함으로써 파견근로자의 근로조건을 개선하고 기업의 인력관리에 신축성을 제고하는 것"[1]을 목적으로 하여 1998년 2월에 통과된 '파견근로자보호등에관한법률'은 외관상으로는 파견근로자 보호를 위한 입법이다. 그러나 이 법률의 진정한 목적은 경제위기 상황에서 기업의 인력운용을 탄력적으로 보장하기 위하여 간접고용을 양성화한 법률이라고 보아야 할 것이다. 이 법률의 제정 이후 기간제 근로자들과 더불어 파견근로자들이 증가하였고, 이는 비정규직이 급속도로 증가하게 된 원인이 되었으며, 이 법률이 규정한 범위에서 파견근로자들의 근로조건이 개선되었다고는 하지만, 정규직과 비정규직 근로자들

1) '파견근로자보호등에관한법률안'(의안번호 150953)의 제안이유 참조.

의 임금격차는 거의 60%에 해당한 것으로 조사되고 있었다. 그런 점에서 노동입법이 외관상으로는 근로자들을 보호한다고는 하지만, 실제로는 비정규직이 양산되고 소득격차와 불평등이 심화되어 근로자들의 지위가 종전보다 열악하게 된 결과가 발생하여 노동입법의 제정 내지 개정이 반드시 근로자들에게 유리하게 전개되는 것은 아니었다고 볼 수 있다. 노동입법이 긍정적으로 변화되는 것과는 반대의 결과가 나오게 되었다. 인간다운 삶을 보장하는 노동법으로 변화하였는가를 노동입법의 변화와 발전사의 한 평가기준으로 보아야 하는 중요한 이유이기도 하다.

열 번째, 노동입법에서는 사회적 대화모델에서 보는 바와 같이 노동계와 경영계의 당사자들이 참여한다. 정부입법이나 의원입법의 경우에도 이해관계 당사자들은 법안통과에 격렬하게 반응한다. 따라서 노동입법사에서는 입법과정이 소상하게 밝혀져야 한다. 경우에 따라서는 이러한 입법과정이 법률의 해석에서도 일정한 역할을 할 수 있기 때문이다. 다만 노동입법의 법제사적인 입장에서는 '노동운동사' 또는 입법주체를 중심으로 노동입법사를 보고자 하는 '노동정치학'[2]과는 일정한 거리를 두어야 할 것이다.

이상과 같이 노동법 70년의 변화와 전망을 기술함에 있어서는 i) 노동법이 인간다운 삶을 보장하도록 변화하였는가? 말하자면 근로자보호에 충실하게 변화하였는가? ii) 노동법이 일반조항으로의 도피는 없었고, 이 때문에 불가피하게 형성되는 판례법은 법적 불안정성을 가져오지는 않았는가? iii) 노동법이 국제기구 협약과의 정합성을 이루도록 변천하였는가? iii) 법제도의 형성 시 경제적·사회적 효과는 있었는가를 분석대상으로 하여 법제도가 실효성있게 변화하였는가? iv) 노사관계에 대한 국가의 개입이 배제되고 노사자치의 원칙이 어느 정도 관철되어 왔는지? v) 노동관련입법이 근로자보호에 충실하였는가보다는 근로자와 사용자의 기본권이 충돌하는 경우 양자의 이해관계를 헌법상 비례의 원칙에 충실하게 고려하였는가? vi) 전체 노동법에서 어느 규정들이 역사적으로 노동시장질서체계로서 노사의 이해관계를 조절하여 안정적인 노사관계를 이룩하는 데 기여하여 왔는지? vii) 노동법 개정시 사회구조의 패러다임을 충분히 수용하였는가? viii) 경제상황에 노동법이 어떻게 대처해 왔는지, 개정법으로 실제로 경제위기 상황을 극복하였는지, ix) 노동입법과정에 대한 참여당사자들의 관여·반응 등의 문제가 노동법 70

---

2) 이에 관해서는 무엇보다 한국노동연구원, 「한국의 노동법 개정과 노사관계」, 2000.1, 5면 이하 참조.

년사의 변화와 전망에서 중점적으로 검토되어야 하는 관점목록이라고 할 수 있을 것이다.

3. 노동법 역사 기술의 한계

위와 같은 관점목록에 따라 노동법 70년 변화와 전망을 언급함에 있어서 다음과 같은 한계가 있음을 지적하지 않을 수 없다.

노동법이 우리나라에 도입된 이후에 현재까지 어떻게 변화하였고, 장차 어떻게 변화할 것인지를 전망해 보는 것은 노동법에 대해 과거와 현재, 미래를 성찰하고 진단하여 미래를 예견한다는 의미를 갖는다. 그런데 과거와 현재, 미래가 일련의 논리의 법칙으로 연결되었다든가, 또는 연결되어야 한다는 주장은 할 수 없다. 왜냐하면 과거와 현재, 미래는 매우 많은 요소와 비가역적 사건으로 점철되어 있어서 커다란 담론으로 담아내기에는 매우 어렵다. 그렇기 때문에 역사학의 담론전개방식을 차용한다고 하더라도 그 속에는 담론을 전개하는 자들의 해석학적 주장이 담겨져 있을 수밖에 없다. 그러나 그렇다고 하여 '노동법의 변화와 전망'이라는 제하에 무엇인가를 쓰면서 주장하기 위해서는 노동법의 변천사, 노동법의 변화과정을 언급하지 않을 수밖에 없기 때문에 노동법제사의 방법을 활용할 수밖에 없다. 그리고 그 토대위에 과거로부터의 변화가 오늘날에 이르렀고, 그로부터 노동법이 미래에 어떠한 형태로 발전·전개될 것인가를 언급해야 할 것이다. 그럼에도 노동법은 다른 법에 비하여 현실에서 문제가 먼저 발생하고, 이를 해결하기 위하여 법률이 만들어지거나 개정되는 성향을 띠게 된다. 따라서 과거로부터 발전이나 진화의 순서대로 노동법이 전개되는 것이 아니라, 현재 전개되는 상황으로부터 노동법이 변화되기 때문에 노동법의 발전과 변화는 노동법의 전망과 자명하게 연결되지 않는다는 점이 특징이다. 예를 들어 근로시간은 역사적으로 계속 단축되는 변화를 겪고 있지만, 장래에도 계속 단축되어야 하는지는, 경제상황과 기술발전, 노사합의에 따른 입법과 판례에 따라 다른 방향으로 전개될 수 있기 때문에 논리적으로 장래에도 근로시간은 계속 단축될 것이라고 전망하기 어렵다. 또한 노동법제도와 경제와 시장 상황의 함수관계에서 양자의 긴장관계를 언급하지 않을 수 없다. 이미 낡은 가설이기는 하지만, '경제의 하부구조가 법제도의 상부구조를 결정한다'는 맑스의 명제가 노동법만큼 타당한 경우는 없으리라고 본다. 물론 일부 견해는 경제상황에 따라 노동법을 개정하여 근로자들의 권리와 보호를 위축시켜 왔다고 보고, 특히 신자유주의가 기초하고 있는 시장만능주의가 법제도마저 이윤추구의 극대화를 위한 수단으로 이용하여 노동법을 개악하고 불평등이 심화되었기 때문에 경제상황과는 별개로 노동법은 인간의 존엄과 행복을 추구할 수 있도록 그 헌법적 가치를 유지하는 방향으로 개정되어야 한다고 본다.[3] 궁극적으로 노동법이 지향해야 하는 이념적 가치로서는 의문의 여지가 없는 타당한 말이다. 그럼에도 노동법은 기본적으로 개별 사업장별로 적용된다. 그런데 해당 사업장이 존속하지 않는다면 근로자들은 실직하게 된다. 따라서 아무리 근로자들의 인간의 존엄성과 행복을 추구하고, 인간다운 삶을 보장하고자 하여도 사업장의 존속을 전제로 해야만 하고, 동시에 사업장의 지불능력의 범위에서 가능한 것이다.[4] 이미 헌법학에서 논의되고 헌법재판소[5]도 인정하고 있는 바와 같이 "인간다운 생활을 할 권리로부터 ....(중략) 인간의 존엄에 상응하는 생활에 필요한 '최소한의 물질적인 생활'의 유지에 필요한 급부를 요구할 수 있는 구체적인 권리가 상황에 따라서는 직접 도출될 수 있다 할 수는 있어도, 동 기본권이 직접 그 이상의 급부를 내용으로 하는 구체적인 권리를 발생시키는 것은 아니며", "최소한의 물질적 생활 수준 이상의 급부요구에 대해서는 국회의 광범위한 입법재량권"이 인정된다. 또한 국가가 인간다운 생활을 보장하기 위한 헌법적 의무를 다하였는지의 여부가 사법적 심사의 대상이 된 경우에는, 국가가 생계보호에 관한 입법을 전혀 하지 아니하였다든가, 그 내용이 현저히 불합리하여 헌법상 용인될 수 있는 재량의 범위를 명백히 일탈한 경우에 한하여 헌법에 위반된다. 노동법이 근로조건에 관하여 법률로 보장해야 할 '인간의 존엄성'이라는 가치규범은 노동법이 추구해야 할 최고의 가치로서의 의미를 갖고 있다.[6] 그럼에도 인간의 존엄성이나 인간다운 생활이라는 가치규범은 실제의 기능에서는 특정의 노동법 규정에 대해서 위헌성이 다투어질 때 개별적 기본권 저촉여부를 먼저 검토하고, 그것조차 불분명할 때 그 규정이 인간의 존엄성이나 인간다운 생활을 할 권리를 침해하였는지를 검토하게 되는,

3) 이러한 견해로는 예를 들면 김선수, "인본주의 회복과 노동법의 미래", 「노동법의 미래담론」, 노동법연구소 해밀, 2016, 33면 이하 참조.
4) 노동법과 경제와의 관계에 대해서는 이미 김형배, 노동법(제25판), 박영사, 2015, 4면 이하 참조.
5) 헌법재판소 1995.7.21. 93헌가14 결정; 헌법재판소 1997.5.29. 94헌마33 결정.
6) 헌법재판소 1997.5.29. 94헌마33 결정 참조.

말하자면 잔여사안포섭규정Auffangtatbestand 역할을 하게 된다. 기능적으로 보면 최소한의 입법이 이루어지고 있는 한, 인간의 존엄성이나 인간다운 생활을 할 기본권은 보장되었다고 보며, 그 이상으로는 입법자의 재량권이 허용된다고 보기 때문에 이 영역에서 입법자는 대량의 실업사태, 경제위기 상황에 따라, 말하자면 하부구조의 변화에 따라서 – 노동법을 근로자 억압수단으로 활용하거나 기본권의 본질적 내용을 침해하거나 정권연장을 위하여 국가안보 등을 내세워 명백하게 자의적으로 입법을 하는 것이 아닌 한 – 노동법을 탄력적으로 개정할 수 있게 된다. 기업의 존망이 좌우되는 상황에서 노동법 또는 판례가 임금동결이나 삭감, 회사갱생을 위한 상여금 반납, 인력구조조정 등을 허용하였다고 해서 – 자의적인 입법이나 오로지 사용자의 이윤극대화만을 위한 노동법이 아닌 한 – 그 노동법이 틀렸다고는 할 수 없을 것이다. 그런 점에서 노동법은 경제・사회상황에 따라서 변용되거나 생성 중에 있는 법werdendes Recht이라고 할 수 있고, 궁극적으로는 회사의 존립이 근로자들의 생존을 위해서도 불가결한 것이기 때문에, 인간존엄이나 인간다운 생활할 법Recht에는 반할 수 있지만, 실정법Gesetz으로서의 존재가 부정될 수는 없을 것이다. 그런 점에서 근로자보호는 입법지침이나 법률해석에 있어서 입법원리나 해석원리, 지도이념은 될 수 있어도 그로부터 당장에 청구권이 도출되거나 노동법을 반가치하다고 판단할 수는 없다. 또한 노동법에 대해 시장만능주의 관점에서의 비판을 하는 것 그 자체로 타당할 수 있지만, 어디까지나 이러한 비판은 법리적 비판이라기보다는 (법)사회학적 비판에 가깝기 때문에, 노동법의 변화과정을 기술함에 있어서는 입법자들이 헌법의 테두리에서 어떻게 조화로운 법을 만들어왔고, 어떻게 법원리를 왜곡하면서 입법을 해왔는지에 대해서도 살펴보아야 할 것이다. 노동관련 제법률들[7]은 – 아직까지 명료하게 해석되고 있지는 않지만[8] – 각 법률들의 입법목적으로서 근로자보호와 동시에 산업평화나 국민경제발전을 언

7) 이에 해당하는 법률들로서 근로기준법 제1조, 노동조합 및 노동관계조정법 제1조, 근로자참여 및 협력 증진에 관한 법률 제1조는 입법목적으로서 근로자보호를 원칙적으로 내세운다. 그러나 동시에 근로기준법 제1조는 '균형있는 국민경제의 발전'을, 최저임금법 제1조는 '국민경제의 건전한 발전'을, 근로자참여 및 협력증진에 관한 법률 제1조는 '노사의 공동이익증진과 산업평화 및 국민경제발전'을, 노동조합 및 노동관계조정법 제1조는 '산업평화의 유지와 국민경제발전'을 규정하고 있어서 노동법이 근로자보호만을 목적으로 하는 것이 아니라, 근로자보호를 원칙으로 하면서도 산업평화나 국민경제발전도 도모한다는 것을 규정하고 있다.

8) 이에 관한 문제의 제기로서 김영문, "노동조합 및 노동관계조정법 제1조에 대한 단상", 「월간 노사 FOCUS」(한국공인노무사회), 2017.11, 16면 이하 참조.

급하고 있다. 경제위기 상황에서 일자리를 창출하여 실직자나 근로의욕은 있으나 일자리가 없는 자들을 위하여 고용을 늘려야 한다면 노동법은 이들을 위하여 근로자보호를 완화할 수 있다. 물론 경제적 측면이 노동법의 일차적 고려요소가 되어서는 안 되지만, 인간존엄성의 가치실현, 평등의 원리, 공공이익의 보호 등과 경제적 상황을 고려할 때 항상 조화로운 입법을 하여 왔는지를 살펴보는 것도 중요하다고 할 것이다.

4. 논의의 범위와 방법

이상의 관점목록과 노동법의 현실적응성의 한계를 염두에 두고서 아래에서는 노동법을 개별적 근로관계법과 집단적 노사관계법으로 구분하고, 시기별로 노동법 70년의 변화와 전망을 기술하기로 한다. 개별적 근로관계법은 근로기준법과 특별법 중에서도 근로자보호를 위한 평등이념의 실현과 비정규직 문제의 해결을 위해 만들어진 근로기준법 각론법령('파견근로자보호 등에 관한 법', '기간제 및 단시간 근로자 보호 등에 관한 법률', '남녀고용평등 및 일과 가정양립에 관한 법률' 등)들을 다루고, 집단적 노사관계법은 노동조합 및 노동관계조정법을 중심으로 법령별로 기술하기로 한다. 그리고 노동법의 변천사는 많은 선행연구들이 그러한 것처럼 시기적으로 연대기적으로 기술하는 통시적 방법도 가능할 것이지만, 핵심쟁점별로 시간을 초월하여 공시적 방법도 사용하기로 한다. 공시적 방법은 시간을 공유하며 기술하는 것이기 때문에 1948년도 노동헌법 규정과 현재의 헌법규정이 비교가능하며, 1953년도의 제정노동법과 현재의 노동법 규정이 비교가 가능하다. 예를 들면 정리해고에 관한 규정도 제정 당시의 규정과 현재의 규정을 비교할 수 있다. 이와 같은 점에서 핵심쟁점에 관해서는 시간대별 연대기술이 아니라 경우에 따라서는 공시적 비교도 병행한다.

이상과 같은 점을 기초로 아래에서는 먼저 노동법과 헌법의 관계에서 노동관련 헌법규정의 변천과 노동법 규정들이 어떠한 관점에서 헌법적 판단을 받았는지를 살펴본다. 그리고 제정노동법에 대해서는 개별법과 집단법을 통합하여 그 제정사를 간략하게 살펴보고, 개정사를 뛰어넘어 현재의 노동법과 비교하고, 개별적 근로관계법과 집단적 노사관계법으로 나누어 시기별로 변천사를 살펴보고 노동법의 미래에 대해서 전망해보기로 한다.[9)]

Ⅱ. 노동관련 헌법규정의 변화와 노동법

1. 노동관련 헌법규정의 변화

해방 이후 미군정청의 영향이 있기는 하였지만,[10] 1948년 제정된 헌법 제17조 제1항은 "모든 국민은 근로의 권리와 의무를 가진다". 그리고 "근로조건의 기준은 법률로써 정한다"고 규정하고 있다. 제2항은 "여자와 소년의 근로는 특별한 보호를 받는다"고 규정하고 있다. 근로의 권리는 당시에도 구체적 권리로서 인식된 것이라기 보다는 입법자가 근로의 권리를 보장하는 입법을 하도록 하는, 국가적 책무를 규정한 것이라는 추상권 권리로서 인식되었다.[11]

제헌헌법 제17조 제1항은 1988년 2월 25일부터 시행된 현행헌법 제32조 제3항과 같은 근로기준법을 만들도록 입법자에게 위임을 하고 있다. 제헌헌법 제2항은 현행헌법 제32조 제4항과 제5항의 "여자의 근로는 특별한 보호를 받으며, 고용·임금 및 근로조건에 있어서 부당한 차별을 받지 아니한다"는 규정과 제5항의 "연소자의 근로는 특별한 보호를 받는다"는 규정과 그 규율대상이 동일하다.

그러나 1948년도부터 근 70년이 지나 제10차 개정을 거쳐 지금 적용되는 1988년도 헌법은 그동안의 헌법이 진화를 거쳐 상당히 근로자를 위한 기본가치질서를 충실하게 반영하여 내실있는 기본권으로서의 역할과 기능을 확대한 것으로 보인다. 먼저 현행헌법 제32조 제3항은 "근로조건의 기준은 '인간의 존엄성'을 보장하도록 법률로 정한다"고 규정한다. 제헌헌법에는 이 '인간의 존엄성'이 규정되어 있지 않다. 제헌헌법은 입법자가 어느 형태와 내용으로 근로기준법이 제정되어

---

9) 다만 노동법이 이미 근로관계를 맺고 있는 근로자들의 보호를 넘어서 근로의 의욕은 있으나 일자리가 없는 자들이나 현행법과 판례에 따라서는 근로관계에 있지 않지만 근로자에 준하는 보호가 필요한 자(이른바 'working 그룹'의 보호의 문제)까지 보호하고자 하는 경우 일자리 보존과 기존 근로자의 보호가 충돌하는 경우도 있을 수 있다. 특히 경제위기시에 이러한 노동입법이 나올 수 있다. working 그룹은 노동법의 전형적인 인간상을 종속적인 근로관계를 맺고서 노무를 제공하는 자로서 이들을 근로자(employee)라 한다면 근로관계를 맺지 않고서 노무를 제공하는 특수형태근로종사자(이른바 '전속특고'), 전속성이 없어 자영인에 해당하지만 사회적 보호가 필요한 비전속특수형태근로종사자, 프로에 준하는 운동선수, 전속연예인, 자발적 도우미 등을 아우르는 개념으로서 이들은 노동자(worker)라고 할 수 있을 것이다.

10) 미군정시기의 노동운동과 노동법에 관해서는 유혜경, "미군정(美軍政)시기 노동운동과 노동법", 「노동법학」 제26호, 2008.6, 253면 이하 참조.

11) 헌법안 제1독회(1948.6.26. 제18차 회의) 유진오 전문위원의 답변.

야 하는지에 대해서는 아무런 지침이나 가이드라인, 또는 가치질서를 부여하지 않은 채, 입법자에게 광범위한 입법재량권을 부여하고 있다. 그러나 1988년에 개정된 현행헌법은 근로기준법이 헌법의 최고가치이자 이념인 '인간의 존엄성'을 보장하도록 법률로 정하도록 하였다. 그런데 이 '인간의 존엄성'은 아이러니컬하게도 1980년도 신군사정부 하에서 개정된 것이다.[12] 다만 제헌헌법이나 현행헌법이나 근로의 권리와 근로3권 규정은 제헌헌법에서는 제19조의 "생활유지능력이 없는 자"는 법률이 정하는 바에 의하여 국가의 보호를 받도록 하는 규정 앞에, 현행헌법에서는 제34조의 '인간다운 생활을 할 권리' 앞에 위치하여 오늘날 근로의 권리나 근로3권이 조문의 위치상 사회적 기본권으로서의 성질을 갖는다는 해석을 가능하게 한다. 그럼에도 헌법재판소는 근로3권이 사회권적 기본권의 성질을 가진 자유권적 기본권이라는 절충적인 입장을 갖고 있다.[13]

그리고 제헌헌법은 여성과 소년의 특별한 보호를 규정하고 있다. 여성과 소년의 열악한 지위를 고려하여 입법으로 그 지위를 보장할 것을 포괄적으로 위임하고 있다. 그러나 현행헌법 제32조 제4항은 그동안의 남녀평등 사상의 발전과 그 차별적 지위를 시정하기 위한 입법위임 조항을 만들어 남녀간 차별을 입법자가 구체적인 입법을 통하여 해결하도록 정하고 있다. 현행헌법의 이와 같은 위임규정에 의하여 1988년 4월 1일부터 시행된 남녀고용평등법과 2007년도 12월 21일 개정된, 여성의 육아와 모성보호를 위한 일 · 가정 양립에 관한 법률을 통합하여 '남녀고용평등과 일 · 가정양립 지원에 관한 법률'이 시행되고 있다. 그리고 제헌헌법은 특별한 보호대상을 소년으로 하고 있었던 바, 1988년의 현행헌법은 특별보호대상으로서 소년과 소녀들을 포함하는 15세 이상 18세 미만의 연소자로 적용범위를 확대하고 있다.

집단적 노사관계와 관련하여 제헌헌법 제18조 제1항은 '근로자의 단결, 단체교섭과 단체행동의 자유는 법률의 범위에서 보장된다'고 규정하고 있다. 이로써 제헌헌법은 단결권과 단체교섭 및 단체행동의 '자유권'이라고 규정하여 근로3권이 오늘날 헌법재판소에서도 그 성질이 다투어진 바와 같이 당시 헌법제정권력자들의 인식에는 근로3권을 국가로부터의 자유로 해석하고 있는 것으로 보인다.[14] 그

12) 헌법 제9호, 1980.10.27. 전부개정, 1980.10.27. 시행에 따라 헌법 제30조 제3항.

13) 헌법재판소 1998.2.27. 94헌바13 · 26, 95헌바44(병합) 결정 참조.

14) 단체행동권을 포함하여 제헌헌법 제18조 제1항의 '단결, 단체교섭과 단체행동의 자유'는 1962년 제3공화국 헌법 개정시 헌법 제29조 제1항의 '근로조건의 향상을 위하여 자주적인 단결권,

러나 이미 앞에서도 본 바와 같이 제헌헌법의 조문구조상 근로3권은 제19조에 사회적 기본권이 위치하기 때문에 근로3권이 자유권적 기본권인가 사회권적 기본권인가의 논쟁은 이미 제헌헌법 자체가 잉태한 것은 아닌가 하는 생각이 든다.[15) 단체행동권을 포함하여 제헌헌법 제18조 제1항의 '단결, 단체교섭과 단체행동의 자유'는 앞에 수식어가 없어 근로3권이 어느 목적으로 행사되는가를 묻지 않고 보장되는 것으로 규정되었다. 그러나 이 규정은 1962년 제3공화국 헌법 개정시 헌법 제29조 제1항의 '근로조건의 향상을 위하여 자주적인 단결권, 단체교섭권 및 단체행동권'으로 개정되어 '자유'가 삭제되고, 제헌헌법에는 근로3권의 제약요소가 없었는데, '근로조건 향상을 위하여'라는 제한요소가 부가되었다. 그러나 근로3권에 관한 제헌헌법 제18조 제1항은 근로3권에 개별적인 법률로써 이를 제한할 수 있는 길을 열어두었다. 1988년 개정된 현행헌법 제33조 제1항은 그와 같은 개별법률 유보조항을 두지 않았다. 현행헌법 제33조 제2항에 따라 법률로써 공무원의 근로3권을 제한할 수 있고, 제3항에 따라 주요방위산업에 종사하는 근로자의 단체행동권을 제한할 수 있다. 물론 제헌헌법 제정 당시에 현행헌법 제37조와 같은 기본권제한의 일반유보, 즉 "국민의 자유와 권리는 국가안전보장・질서유지 또는 공공복리를 위하여 필요한 경우에 한하여 법률로써 제한할 수 있으며, 제한하는 경우에도 자유와 권리의 본질적인 내용을 침해할 수 없다"는 규정까지 법리발전상 인식한 것으로는 보이지 않는다. 당시 현행헌법 제37조 제2항에 해당하는 제헌헌법 제28조 제2문은 "국민의 자유와 권리를 제한하는 법률의 제정은 질서유지

단체교섭권 및 단체행동권'으로 개정되어 '자유'가 삭제되고, 제헌헌법에는 근로3권의 제약요소가 없었는데, '근로조건 향상을 위하여'라는 제한요소가 부가되었다.

15) 유진오 전문위원은 근로3권의 자유권적 성질을 강조한다: "근로자의 단결, 단체교섭과 단체행동의 자유는 자유권의 특별한 종류로 보아야 할 것"(유진오, "헌법제정의 정신(1)", 「법정」 제3권 제8호(통권 제22호(1948.8.), 5면. 이흥재, "노동기본권에 관한 제헌의회 심의의 쟁점", 「노동법연구」 27호(서울대학교 노동법연구회), 2009, 193면 각주 49에서 재인용) 제헌헌법에서 명시한 단체행동의 자유권은 1953년도 노동조합법 제정(1953.3.8. 법률 제280호) 당시 동법 제1조에도 '단체행동자유권'으로 명시되었고, 같은 날 공포된 노동쟁의조정법(1953.3.8. 법률 제279호) 제1조도 '헌법에 의거하여 단체행동자유권을 보장하고'로 규정하여 당시에는 자유권적 기본권으로 인식하고 있었다. 그러나 제3공화국에서의 노동조합법 개정(1963.4.17. 법률 제1329호)과 노동쟁의조정법(1963.4.17. 법률 제1327호) 개정 시에는 '자유'라는 문구가 삭제되었다. 이흥재, "노동기본권에 관한 제헌의회 심의의 쟁점", 「노동법연구」 27호(서울대학교 노동법연구회), 2009, 193면 각주 49; 이흥재, "노동조합법제정사의 법사회학적 조명", 「서울대학교 법학」 제46권 제2호, 서울대학교 법학연구소, 2005.6, 179면은 '제헌 당시의 헌법정신과 노동조합법 및 노동쟁의조정법 제정 당시의 입법정신'을 근거로 단체행동권은 자유권으로 파악해야 한다고 본다.

와 공공복리를 위하여 필요한 경우에 한한다"고 하여 국가안전보장이 빠져 있었다. 공공복리나 질서유지를 위한 기본권 제한도 필요한 경우로 제한하여 비례성의 원칙은 인식한 것으로 보이지만, 현행법과 같이 기본권의 본질적 내용 침해 금지와 같이 비례성 원칙을 명확하게 알고서 그러한 헌법규정을 만든 것은 아니라고 본다. 법리발전과 법리진화가 헌법제정 당시와 비교하여 상당히 이루어진 결과라고 할 것이다.

그러나 제헌헌법은 근로3권에 대해 상당히 넓은 범위에서의 개별유보를 허용하고 있고, 기본권 제한법리에서도 '필요한 경우'라는 일반조항으로써 개별법률에 의한 근로3권 제한가능성을 열어두고는 있었지만, 실제 하위 노동법률에 의한 근로3권의 제한은 1953년도의 노동법제정 당시에 비로소 이루어지게 되었다. 말하자면 제헌헌법은 입법에 의하여 근로3권 제한을 할 수 있는 길을 열어두었으나, 개별입법을 당장에 만들지 않았다. 법리보다는 노사관계 발전 단계상 근로자들이나 사용자나 국회, 정부 모두 근로3권 제한 입법의 필요성까지 느낀 것은 아니라고 본다. 그리고 근로3권 중에서도 단결권이나 단체교섭권은 헌법제정 당시에 큰 이슈가 되지 못하였고, 파업권인 단체행동권 보장에 대해서 헌법안 윤독회에서 반복적으로 확인하고 있다.

그러나 정작 중요한 것은 제헌헌법 제18조 2문의 이익균점권이다. 동규정은 "영리를 목적으로 하는 사기업에 있어서는 근로자는 법률의 정하는 바에 의하여 이익의 분배에 균점할 권한이 있다"고 규정하고 있다. 이른바 '이익균점권'의 헌법적 수용이다. 현행헌법에는 없는 규정이다. 이 이익균점권은 제헌헌법에 규정되어 있다가 근로3권이 사회적 기본권인 '인간다운 생활을 할 권리' 앞으로 위치를 옮긴 1963년 12월 17일부터 시행하던 제3공화국 시절부터 지금까지 사라진 조항이다. 이 이익균점권은 기업운영참가권과 함께 헌법초안에는 없었다가 헌법제정과정에서 논의되었고, 무기명투표방식을 거쳐 제헌헌법으로 들어온 조항이다.[16] 이익균점권은 당시 시대상으로 보아 일본의 귀속재산처리와 해방 후 경제체제의 도입과정에서 발생하는 기업이윤에 대한 노동자의 몫을 배분하자는, 이른바 노동자의 기업이윤에 대한 '사회적 배분권'을 헌법에 보장하고 그에 따라 후속입법을 하자

16) 이에 관해서는 무엇보다 이흥재, 「노동법 제정과 전진한의 역할」, 서울대학교 출판문화원, 2010, 50-56면; 강성태, "제정 노동법의 주요내용과 특징", 「노동법학」 제48호, 2013.2, 160면 이하 참조.

는 입법플랜을 의미하는 것으로 당시에 기업이윤에 사회적 이익배분권은 상당히 논란의 여지가 많았다.[17] 어찌 보면 기득권을 주장하는 기업과 유산자들과 무산계급에서 노동과정에 참여하는 노동자들을 위하는 진영 간의 헤게모니 쟁탈에서, 말하자면 노동자도 '생산의 원동력이 될 수 있도록 자본과 동일시하여 노자대등의 입장에서 기업에서 생기는 이윤을 노자가 균점하게 하는 것으로서 노자를 일치시키려는 사상으로부터 나온 것이라고 본다.[18] 말하자면 이익균점권에는 경제적 균등생활, 자본과 노동의 평균이익의 향유 등이 기초이념이었다. 그러나 그 실속은 농지 이외에 장차 기업성립의 기초재산이 될 귀속재산의 처리과정에 근로대중들이 동등한 지위에서 참여해야 한다는 것이 핵심이었다.

이와 같이 헌법초안에는 없었던 이익균점권은 1948년 7월 3일 국회 제24회의 때부터 헌법안 제2독회가 열리는 과정에서 수정안건으로 등장하면서 격론 끝에 무기명 투표로 절대 다수의 찬성으로 조병안 의원안이 가결되었다.[19] 그러나 제헌헌법에 명시적으로 규정된 이익균점권은 이를 법률로 정하도록 헌법이 입법자에게 위임을 한 것이었다. 이익균점권이 헌법에 규정되면 다음 단계는 적산이라 하는 귀속재산이 자본을 형성하는 유일한 자산이 될 것이기 때문에 적산불하를 결정하는 귀속재산에 관한 법률을 제정하는 것은 이익균점법을 제정하는 것을 의미한 것이었다.[20] 이해관계를 반영하는 당시의 격론 끝에 1949년 11월 21일 국회를 통과한 귀속재산처리법에 대해 정부는 거부권을 행사하였다. 국회에서 재의된 이익균점권에 대한 3개 조항은 모두 삭제되고, '종업원조합을 대신하여 종업원이 유지되는 것으로 귀속재산처리법이 확정되었다'.[21] 국회 재의에서는 의원의 3분의 2가 동의를 해야 하는데, 귀속재산 불하가 당면한 문제여서 이익균점권은 의원들의 관심에서 멀어지고, 정부의 요구대로 귀속재산처리에 관한 법률만이 수정안대로 가결됨으로써 이익균점권은 제헌헌법의 규정에도 불구하고 하위의 입법으로

---

17) 당시의 논의과정에 대해서는 이흥재, 앞의 책, 54면 이하.

18) 이에 관해서는 무엇보다 이흥재, "이익균점권의 보장과 우촌 전진한의 사상 및 역할", 「서울대학교 法學」 제46권 1호(서울대학교 법학연구소), 2004, 258면, 273면에서 재인용.

19) 이 과정에 대해서는 상세하게 황승흠, "근로자 이익균점권의 탄생과 그 법률제정의 좌절, 그리고 전승", 「노동법제정 60주년과 사회권의 현대적 의의」(노동법 제정 60주년 기념 학술대회) 국회환경노동위원회/국회입법조사처/서울대노동법연구회/서울대사회보장법연구회(2013.10.18, 국회의원회관 대회의실), 27면 이하 참조.

20) 이에 관해서는 무엇보다 황승흠, 같은 논문, 38면 참조.

21) 황승흠, 같은 논문, 40면에서 재인용함.

제도화되지 못하였다.[22] 제2대 국회에서 노동조합도 이익균점권에 대해서 침묵하고, 1953년도 노동법 제정 시에도 논의되지 못한 채, 1962년도 제3공화국 헌법개정 당시 삭제되었다.[23]

2. 노동법에 대한 헌법적 판단

(1) 헌법소송 관할의 변화

노동법이 헌법에 반하는지에 대해서 제헌헌법 제81조는 '법률이 헌법에 위반되는 여부가 재판의 전제가 되는 때는 법원은 헌법위원회에 제청하여 그 결정에 의하여 재판'하도록 규정하고 있다. 따라서 헌법소송은 헌법위원회가 하도록 하였다. 그러나 1960년 6월 15일의 헌법개정으로 법률의 위헌 여부는 헌법재판소가 심사하도록 하였다. 법원 이외에 외부에 구성된 재판기구로 하여금 위헌법률 심사를 하도록 하여 법원의 영향으로부터 벗어나 독립하여 위헌여부를 판단하도록 하였던 것을 1963년 12월 17일 제3공화국 헌법 개정시 헌법 제102조 제1항은 '법률이 헌법에 위반되는 여부가 재판의 전제가 된 때에는 대법원은 이를 최종적으로 심사할 권한을 가진다'고 규정하여 대법원으로 단일화하였다. 그러나 1972년 12월 27일의 유신헌법은 헌법위원회가 위헌법률 여부를 심사하도록 개정하였다. 그리고 민주화 시대의 1988년 2월 25일의 현행헌법은 1960년도 4·19 시대처럼 헌법재판소가 위헌법률 여부에 대해 심사하도록 하여 현재에 이르고 있다. 그리하여 1988.9.19.부터 헌법재판소가 구성되어 오늘에 이르게 되었다.

(2) 노동관련 헌재의 판결 변화

노동법률에 대한 위헌여부가 실질적으로 다투어진 경우는 1988년도 이후로 보인다. 그 이전의 대법원, 헌법위원회, 헌법재판소가 국회가 만든 법률을 위헌으로 판단한 경우가 얼마인지는 현재로선 알 수 없지만, 국민들도 법률이 자신들이 향유하는 기본권에 반하여 위헌이 되는지를 다툴 정도의 헌법의식이 있었는지도 분명하지 않다.

---

22) 황승흠, 같은 논문, 40면 참조. 당시 이익균점법에 대한 이승만 대통령의 거부권 행사 이유는 '귀속재산관리인에게 귀속재산을 불하하여 경제부흥을 하기로 결정한 이상 정부 측에서 근로자 이익균점권을 추진할 수는 없었다'고 한다. 황승흠, 같은 논문, 41면 참조.

23) 1980년도 이후에 이익균점권의 부활논의에 대해서는 황승흠, 같은 논문, 44면 이하 참조.

이하에서는 1988년도 헌법 개정 이후에 헌법재판소에서 다루어진 노동법관련 헌법소송의 변화를 헌법재판소 홈페이지에 게시된 사건을 중심으로 살펴보도록 한다.

먼저 판결은 압도적으로 합헌판결이 많다.[24] 이는 헌법소원의 청구인들이 대부분 근로자들이나 노동조합 또는 조합원으로서 불이익을 주는 법률의 위헌성을 다투었다. 이들은 헌법의 해당 규정을 모두 동원해 보지만, 입법자들이 입법과정에서 다방면으로 검토하여 입법을 하고 있다는 점, 특히 주무관청에서, 그리고 법제처에서, 국회법사위에서 면밀하게 법률의 위헌성 여부를 검토한 결과 위헌의 소지를 많이 감소시킨 결과로 본다. 노동사건에 관한 한 법률들의 합헌판결들이 많아 법적 안정성은 어느 정도 확보되어 있다고 보인다. 노동관련 법률이 헌법규정에 저촉되는가를 다툼에 있어서 가장 많이 적용한 헌법규정은 평등권 규정이지만, 상당수 헌재판결에서는 다른 기본권과 함께 평등권 위반을 위헌의 기준으로 삼아서 그러한 결과가 발생하였다. 그러나 단독으로 보면 근로3권과 근로의 권리가 가장 많이 적용되었다. 그 다음으로 위헌판단의 기준으로 다투어진 경우가 포괄위임법 금지의 원칙과 죄형법정주의의 원칙상 명확성의 원칙이다. 시간대 별로 보면 1988년 헌법재판소가 설립된 이후 당시에는 노동조합 조직과 활동, 쟁의행위의 제한과 관련하여 헌법소송이 많았고, 지금도 주류를 이루지만, 헌법소원이 법수규자들이 호소할 수 있었던 마지막으로 인식되어 개별적 근로관계법의 위헌성을 다투게 되었다. 또한 헌법재판소가 합헌 결정을 했어도 입법자들이 선제적으로 법률을 개정한 경우도 보인다. 그러나 법발전과 진화에 따라서, 그리고 시대상황에 따라 종전에 합헌이라고 판단했던 것을 변경한 경우도 있다.

그러나 여전히 위헌판결이나 헌법불합치 결정이 내려져 노동법이 개정되지 않으면 안되는 경우들이 있다. 노동법률의 변화에 중대한 영향력을 가진 헌재 결정의 속성상 당연한 결과이다. 전체적으로 보아 헌법재판소의 위헌결정이나 헌법불합치결정으로 인하여 법률을 개정하지 않으면 안 되었던 경우가 주류이지만, 헌법재판소가 합헌이라고 하였어도 입법자들이 법률을 개정한 경우도 있다. 시기적으

24) 1988년 9월 이래 2017년 3월 말까지 총 3만 1,280건의 사건이 접수되었다. 이 중 위헌결정은 576건, 헌법불합치 결정은 188건, 한정위헌결정은 70건, 한정합헌결정은 28건, 헌법소원 등 인용결정은 607건에 달하였다. 법률에 대한 위헌결정은 473건, 헌법불합치결정은 130건, 한정위헌결정은 50건, 한정합헌결정은 28건에 달했다. 노동사건 위헌·헌법불합치결정은 2017년 말 현재 17건에 달했다. 이에 관해서는 김선수, 「헌법의 현장에서」, 오월의 봄, 2018, 335면 이하 참조.

로 보았을 때 위헌이나 헌법불합치 결정은 특정의 시기로 제한되지 않고 매해마다 나오고 있고, 그에 따라 법률을 개정하는 것이 반복되고 있다. 아래에서는 합헌결정이 된 노동법규정은 여전히 적용되고 있으므로, 법 개정의 계기가 되어 노동법 변화를 가져온 위헌 · 헌법불합치 결정들을 중심으로 살펴보고자 한다.

(3) 시기별 · 쟁점별 위헌 · 헌법불합치 결정과 헌재의 판례변경

헌법재판소가 설립된 이후 노동법을 개별적 근로관계법과 집단적 노사관계법으로 나누고, 시기별 · 쟁점별로 특히 문제가 되었던 법률들이 위헌결정이나 헌법불합치결정을 받아 법률을 개정하게 된 내용을 살펴보면 다음과 같다.

(가) 개별적 근로관계법

1) 헌법재판소 1995.3.23. 92헌가14 결정에서는 "근로기준법 위반과 노동조합법 위반으로 기소된 사용자가 원직복직명령과 임금 상당액지급의 구제명령을 받고도 이를 이행하지 않아 구제명령을 이행하지 않는 경우 벌금이나 징역을 부과할 수 있는 구 노동조합법 제46조 벌칙 규정이 사용자의 재판청구권을 박탈하거나 그 본질적 내용을 침해하는 것으로 위헌이라는 주장에 대해서" 헌법재판소는 이를 인정하였다. 구 노동조합법 제46조가 확정된 구제명령을 이행하지 않는 경우와 미확정 구제명령을 구분하지 않고 같은 노동형벌을 부과하는 것은 형평성을 상실하여 적법절차의 원리와 과잉금지원칙에도 저촉되어 위헌이라고 보았다. 이 판결로 구 노동조합법 제46조는 효력을 상실하였으나, 1997년도 3월 13일 노동법의 제정에 가까운 전면개정으로 노동조합 및 노동관계조정법 제89조 1호에 따라 확정되거나 행정소송을 제기하여 확정된 구제명령에 위반한 자에 대해서만 징역과 벌금에 처하도록 하였다.

2) 헌법재판소 1997.8.21. 94헌바19, 95헌바34, 97헌가11(병합) 결정 사건은 청구인이 임금채권우선변제의 효력과 관련하여 저당권 등으로 사용자의 재산에 대해 담보를 설정하였으나, 구 근로기준법 제30조의2 제2항이 저당권에 앞서는 임금채권을 인정하자 헌법소원을 제기하였다. 헌재는 임금채권최우선변제에 관한 구 근로기준법 제30조의2 제2항(구 근로기준법: 1953년 5월 10일 제정되고, 1989년 3월 29일 법률 제4099호로 개정되어 1997년 3월 13일 법률 제5305호로 폐지된 것), 신 근로기준법(1997년 3월 13일 법률 제5309호로 제정된 것) 제37조 제2항의 '퇴직

금' 부분이 저당권 등의 본질적 내용을 형해화하는 것으로서 입법재량의 한계를 벗어난 것으로서 위헌여부 심판제청을 신청하였으나 법원이 기각하자 헌법소원을 제기하였다. 헌법재판소는 위 퇴직금 부분이 저당권 등의 본질적 내용을 형해화하여 시민법 질서를 무너뜨린다는 이유에서 헌법불합치 결정을 하였다. 1997년 12월 24일 공포와 동시에 시행되는 근로기준법 제37조 제2항은 '퇴직금'부분을 '최종 3년간의 퇴직금'으로 개정되어 현재에 이르고 있다.

3) 헌법재판소 2002.7.18. 2000헌마707 결정: 선원으로 종사하던 자가 선박침몰로 실종되자 배우자들인 청구인들은 위 실종자들의 생사불명상태가 3개월 이상 계속되어 실종자들의 사망이 추정됨을 사유로 근로복지공단에 산재법에 의한 유족급여 및 장의비의 지급을 청구하였는데, 근로복지공단이 산재보험 적용제외사업장에 해당함을 이유로 지급을 거부하였으나, 청구인들이 그 부지급처분의 취소를 구하는 소송을 제기하여 승소하였다. 판결 선고 후 청구인들은 노동부장관이 발행한 임금구조기본통계조사보고서의 어업숙련근로자 급여액을 기준으로 보험금을 청구하였다. 이에 근로복지공단은 청구인들에 대한 유족급여 및 장의비를 지급하기 위하여 실종자들의 임금을 조사하였다. 그 조사결과에 의하면 위 선원들은 일반적으로 전체 어획판매대금에서 비용을 공제한 금액을 선주와 선원 및 선장들이 일정 비율로 분배하는 방식으로 임금을 받아왔는데, 실종선박의 경우 선주가 30%, 선장이 20%, 나머지 선원 5명이 각 10%씩을 분배받기로 되어 있었다. 그러나 근로복지공단은 위 실종자들이 선주에게 채용된 후 실제로 임금을 지급받았다는 자료가 없음을 이유로 구 산재법 제38조 제4항 및 시행규칙 제10조 1항에 의한 최저보상기준 1일분을 기준으로 유족급여 및 장의비를 산정하여 일시불로 지급하였다. 이에 대해 청구인들은 '위 실종자들이 채용된 후 첫 출어에 나섰다가 재해를 당하였으므로 근로기준법의 관계규정에 의하여 평균임금을 산정할 수 없는 경우에 해당되고, 이런 경우 근로기준법시행령 제4조에 따라 노동부장관이 정하는 바 또는 산재법 제4조 2호에 의하여 노동부장관이 정하여 고시하는 바에 따라 평균임금을 산정하여야 할 것이나, 아직까지 노동부장관의 정함이나 고시가 시행되지 않고 있으므로 결국 근로자의 통상의 생활임금을 사실대로 산정할 수 있는 방법에 의하여야 할 것인데, 신속하고 공정한 재판을 위하여 노동부장관이 통계법에 의하여 발표하는 임금구조기본통계조사보고서에 의하여 평균임금을 정하는 것이 타당하다'는 이유로 위 처분의 취소를 구하는 행정소송을 제기하였고, 그

소송계속 중 청구인들은 근로기준법의 규정에 의하여 위 실종자들의 평균임금을 산정할 수 없는 경우에 해당함에도 불구하고 노동부장관이 이에 관한 결정 또는 고시를 하지 아니함은 청구인들의 평등권, 재산권, 재판을 받을 권리 및 근로의 권리 등을 침해하는 것으로서 헌법에 위반된다"는 이유로 헌법소원 심판을 청구하였다.[25] 일종의 행정입법 부작위 소송인 셈이다. 헌법재판소는 고용노동부장관이 고시를 만들지 않은 것은 행정입법 부작위로서 재산권을 침해하였다 하여 위헌판결을 내리고 있다. 그러나 고용노동부는 근로자의 퇴직 후 업무상 질병이 발생한 경우 산재보상급여의 산정기초인 평균임금을 정하기 위한 예규로서 '퇴직근로자평균임금산정업무처리규정' 이외에는 구체적인 산정방법을 제시하지 않고 있다. 대법원은 이 경우 평균임금을 정할 수 없고, 고용노동부의 고시도 없다면 근로자의 통상의 생활임금을 사실대로 산정할 것을 기본원리로 하되, 그와 같은 방법이 없을 때는 근로자가 근로하고 있는 지역을 중심으로 한 일대에 있어서 동종의 직업에 종사하고 있는 상용근로자의 평균임금을 표준으로 산정하여야 한다고 한다.[26]

4) 헌법재판소 2002.7.18. 2002헌바57 결정은 공무원연금법(1995년 12월 29일 법률 제5117호로 개정되고 2000.12.30. 법률 제6328호로 개정되기 전의 것: 형벌 등에 의한 급여의 제한) 제64조 제2항이 문제된 사건이다. 이 규정은 "재직중의 사유로 금고 이상의 형에 처할 범죄행위로 인하여 수사가 진행 중에 있거나 형사재판이 계속 중에 있는 때에는 대통령령이 정하는 바에 의하여 퇴직급여 및 퇴직수당의 일부에 대하여 지급을 정지할 수 있다"고 되어 있었다. 그런데 헌재는 "급여제한의 사유가 퇴직 후에 범한 죄에도 적용되는 것으로 보는 것은 입법목적을 달성하기 위한 방법의 적정성을 결하고 공무원이었던 사람에게 입법목적에 비추어 과도한 피해를 주어 법익의 균형성을 잃는 것으로서 과잉침해의 원칙에 위배하여 재산권의 본질적 내용을 침해한다." 따라서 헌재는 "퇴직 후의 사유로 인한 범죄행위를 퇴직금 감액사유로 삼는 것은 헌법에 반하게 된다"고 보았다. 또한 헌법재판소 2007.3.29. 2005헌바33 결정으로 "재직 중이라도 공무원의 신분이나 직무상의 의무와 관련이 없는 범죄를 이유로 퇴직급여 등을 제한하는 것은 헌법에 위반된

25) 제1심법원은 청구인들의 임금구조기본통계조사보고서에 의한 평균임금 산정 주장을 배척하고, 실종자들의 실제 임금을 기존 대법원 판례의 취지에 따라 추산하여 보아도 그 금액이 산재법 시행규칙 제10조 제1항 소정의 최저보상기준에 미달함을 이유로 하여 원고 패소판결을 내렸고, 항소심, 상고심도 기각결정을 내렸다.

26) 대법원 1991.4.26. 90누2772 판결; 대법원 1997.11.28. 97누14798 판결 참조.

다"고 하여 한정위헌결정을 하고 있다.[27] 헌재의 위헌결정으로 이 규정은 2009년 12월 31일 법률 제9905호에 의하여 "재직 중의 사유(직무와 관련이 없는 과실로 인한 경우 및 소속상관의 정당한 직무상의 명령에 따르다가 과실로 인한 경우는 제외한다)로 금고 이상의 형에 처할 범죄행위로 인하여 수사가 진행 중이거나 형사재판이 계속 중일 때에는 퇴직급여(연금인 급여를 제외한다) 및 퇴직수당의 일부를 대통령령으로 정하는 바에 따라 지급정지할 수 있다"로 개정되었다.

5) 헌법재판소 2009.5.28. 2005헌바20 · 22, 2009헌바30(병합) 결정은 2000년 7월 1일부터 적용되는 최고보상제도(산재보험법(1999.12.31. 법률 제6100호로 개정되고, 2007.4.11. 법률 제8373호로 전부개정되기 전의 것) 제38조 제6항)를 2000.7.1일 전에 장해사유가 발생하여 장해보상연금을 수령하고 있던 수급권자에게도 2년 6월의 유예기간 후 2003.1.1.부터 적용하는 산재법 부칙 제7조 중 '2002.12.31.까지는' 부분은 평균임금에 대한 청구인들의 정당한 법적 신뢰를 심각하고 예상하지 못한 방법으로 제약하여 청구인들에게 불이익을 초래하여 위헌으로 결정하였다.

6) 헌법재판소 2010.2.25. 2008헌가6 결정은 "산업재해발생에 관한 보고를 하지 않은 경우를 처벌하는 구 산업안전보건법(1996.12.31. 법률 제5248호로 개정되고, 2009.2.6. 법률 제9434호로 개정되기 이전의 것) 제69조 제1호 중 제10조 제1항에 관한 부분은 보고내용에 관하여 그 대강이 확정되지 않은 상태에서 그 규범의 실질을 모두 하위법령인 노동부령에 위임한 것으로 포괄위임입법금지 원칙에 반할 뿐만 아니라, '이 법에 의한 명령의 시행을 위하여 필요한 사항'도 의미범위가 명확하지 않아 죄형법정주의의 명확성의 원칙에 반한다"는 위헌판단을 하였다.

7) 헌법재판소 2010.12.28. 2000헌가73 · 92 결정: 구 산재법 제71조 "법인의 대리인 · 사용인(관리감독자를 포함한다), 기타 종업원이 그 법인의 업무에 관하여 제66조의2, 제68조 제2호의 위반행위를 한 때에는 그 법인에 대하여도 동조의 벌금형을 가한다"는 부분이 종업원 등의 행위를 감독할 주의의무 위반여부 등을 묻지 않고 곧바로 종업원과 같이 처벌하도록 규정하고 있는 바, 이는 아무런 비난받을 만한 행위를 한 바 없는 자에 대해서까지 다른 사람의 범죄행위를 이유로 처벌하는 것으로서 형벌에 관한 책임주의에 반하기 때문에 헌법에 위배된다는 위

27) 이 사건 이전에 2002년 5월31일 이미 대법원은 공무원연금법 제64조 제3항에 대하여 헌재와 같은 취지의 해석을 한 바 있는데, 대법원 판례와 같은 취지의 한정위헌결정이 가능한지가 문제될 수 있다. 이에 관해서는 홍기태, "대법원 판결과 동일한 취지의 해석을 전제로 한 한정위헌이 가능한지 여부" 법률신문, https://www.lawtimes.co.kr/Legal-News/ 참조.

헌결정을 선고하였다.

이 시기(2000년~2010년까지)는 근로자가 업무상 재해를 입은 경우 지급하는 보험급여 중 휴업급여가 요양급여를 초과하면서 보험재정이 문제가 되어 보험급여를 삭감하는 과정에서 기득권을 침해당하는 피재근로자나 그의 유족들의 산재보상보험법 위헌소송들이 증가하던 시기이다.

8) 헌법재판소 2013.9.26. 헌바271 결정에서는 "공무원에 대해서는 통상의 출·퇴근재해를 공무상 재해로 인정해주는 것과 달리 이 사건 법률조항(산재법 제37조 제1항 다목)이 산재보험에 가입한 근로자의 통상의 출퇴근재해를 업무상 재해로 인정하고 있지 아니하더라도 그것이 현저히 불합리하여 입법자의 입법형성의 한계를 벗어난 자의적인 차별이라고 볼 수 없다"고 합헌판결을 내린 바 있다. 그러나 헌법재판소 2016.9.29., 2014헌바254 결정은 "도보나 자기소유의 교통수단 또는 대중교통수단 등을 이용하여 출퇴근하는 산재보험 가입근로자(이하 '비혜택근로자'라 한다)는 사업주가 제공하거나 그에 준하는 교통수단을 이용하여 출퇴근하는 산재보험 가입 근로자(혜택근로자)와 같은 근로자임에도 사업주의 지배관리 아래 있다고 볼 수 없는 통상의 경로와 방법으로 출퇴근하던 중에 발생한 재해를 업무상 재해로 인정받지 못한다는 점에서 차별적 취급이 존재한다"고 하여 헌법불합치 결정을 하였다. 일종의 헌법재판소의 판례변경에 해당하는 경우이다. 이 헌법불합치 결정으로 2017년 10월 24일 그동안 출퇴근재해와 관련하여 '사업주가 제공한 교통수단이나 그에 준하는 교통수단을 이용하는 등 사업주의 지배관리 하에서 출퇴근하는 중 발생한 사고'라는 사용자의 지배관리 하에서의 통근재해를 넘어서 "통상적인 경로와 방법으로 출퇴근하는 중 발생한 사고"로 일반적 통근재해도 산재보상을 받게 되도록 법률이 개정되었다.

9) 헌법재판소 2015.12.23. 2014헌바3 결정은 상용근로자로서 6개월 미만 근로한 월급근로자에게 해고예고제도를 인정하지 않는 근로기준법 제35조 제3호의 위헌을 다루었다. 헌법재판소의 결정에 따르면 "근로기준법 제35조의 다른 해고예고의 사유가 근로관계의 임시성을 전제로 하는데 반하여 제3호는 보수의 지급형태를 기준으로 하고 있다는 점, 상용근로자로서 6개월 미만 근로한 월급근로자도 전직을 위한 시간적 여유가 필요하고 실직으로 인한 경제적 곤란으로부터 보호받아야 할 필요성이 있으며, 이러한 필요성이 6개월 이상 근무한 월급근로자보다 적다고 볼 수 없음에도 단지 근무기간이 6개월이 되지 아니하였다는 이유만으

로 아무런 예고없이 직장을 상실하게 될 수 있다는 것은 합리적 근거가 없는 차별에 해당하여 위헌"이라고 보았다. 물론 헌법재판소 2001.7.19.99헌바663 결정은 근로기준법 제35조의 제3호는 헌법에 반하지 않는다는 판결을 한 바 있다. 일종의 헌재의 판례변경에 해당하는 셈이다.

10) 헌법재판소 2016.3.31. 2014헌가2, 2015헌가24(병합) 결정: "거짓이나 그 밖의 부정한 방법으로 고용안정 · 직업능력개발사업의 지원을 받은 자 등에 대한 지원 제한에 관하여 규정한 구 고용보험법(2008.12.31. 법률 제9315호로 개정되고, 2010. 6.4. 법률 제10339호)로 개정되기 전의 것) 제35조 제1항 중 '대통령령으로 정하는 바에 따라 그 지원을 제한하거나' 부분 및 구 고용보험법(2010.6.4. 법률 제10339호로 개정되고 2015.1.20. 법률 제13041호로 개정되기 전의 것) 제35조 제1항 중 '대통령령으로 정하는 바에 따라 그 지원을 제한하거나' 부분(이하 '지원제한 부분'이라 한다)에 대해서 제한의 범위나 기간 등에 관하여 기본적 사항들도 법률에 규정하지 아니한 채 대통령령으로 포괄적으로 위임하여 포괄위임금지 원칙에 위배되어 위헌이다"는 결정을 내렸다.

11) 헌법재판소 2016.11.24. 2015헌가23 결정에서는 파견근로자 보호 등에 관한 법률 제42조의 파견금지업무로서 공중도덕상 유해한 업무가 문제되었다. 그리하여 헌재는 "구 파견법 제42조(벌칙)는 파견금지의 대상으로 공중위생 또는 공중도덕상 유해한 업무에 취업시킬 목적으로 근로자파견을 한 경우 5년 이하의 징역 또는 3천만원 이하의 벌금에 처한다고 규정하고 있는 바, 건전한 상식과 통상적인 법감정을 가진 사람으로 하여금 자신의 행위를 결정해 나가기에 충분한 기준이 될 정도의 의미내용을 가지고 있다고 볼 수 없으므로 죄형법정주의의 명확성의 원칙에 위배된다"고 본다. 이러한 결정으로 '공중도덕상 유해한 업무'는 단순위헌으로 무효가 되고, 삭제됨과 동시에 2017년 4월 18일 개정된 법은 공중보건이나 공중도덕상 유해한 업무를 대신하여 '성매매알선 등 행위의 처벌에 관한 법률', '보건범죄단속에 관한 특별법조치법' 등의 구체적인 행위를 처벌대상으로 하고 있다.

이상과 같이 개별적 근로관계법의 위헌성을 인정한 사건은 많지 않지만, 헌법은 끊임없이 현행 노동법을 하위에 두고서 올바른 방향으로의 진화를 유도하고 있다. 물론 헌재도 종전 합헌으로 판단하였던 것도 위헌으로 판단하는 등 법적 진화의 형태를 보이기도 한다. 그러나 경우에 따라서는 대법원이 먼저 선도적으로 판례법을 형성하고 헌재가 뒤따르는 모습을 보이고 있는 경우도 있다. 위 4)의 사건에서 보는 바와 같이 이 사건에서는 이미 대법원이 판결을 한 바가 있고, 헌재는 이러한 대법원 판결과 동일한 취지의 해석을 전제로 해서 한정위헌 판결을 하고 있다.

(나) 집단적 노사관계법 분야

1) 헌법재판소 1993.3.11. 88헌마5 결정은 일찍이 구 노동쟁의조정법 제12조 제2항이 국가와 지방자치단체에 종사하는 근로자는 쟁의행위를 할 수 없다는 규정의 위헌성을 다루고 있다. 이 규정에 의하면 사실상 노무에 종사하는 공무원도 쟁의행위를 할 수 없는 결과가 발생하여 이 조항이 헌법 제33조에 위반된다는 위헌의 문제가 제기되었다. 헌재는 "이 조항의 문언은 모든 공무원에게 단체행동권을 일률적으로 부인하고 있으며, 이로 인하여 헌법 제33조 2항이 예정하는 일정 범위 밖의 공무원에게까지 쟁의권이 제한·금지당하게 되는 결과가 되므로 이 조항은 헌법 제33조 2항과 충돌하게 되고 저촉되어 헌법에 불합치하다'고 본다. 현행 노조법에서는 국가·지방자치단체에 종사하는 근로자의 쟁의행위를 금지하고 있는 동 규정이 삭제되었다.

2) 헌법재판소 1993.3.11. 88헌마5 결정에서는 체신부 소속 공무원으로서 노동조합에 가입한 조합원이 구 노동쟁의조정법 제12조 제2항의 "국가·지방자치단체 및 방위산업체에 관한 특별조치법에 의하여 지정된 방위산업체에 종사하는 근로자는 쟁의행위를 할 수 없다"는 규정이 단체행동권을 침해한다고 하여 헌법소원을 청구하였다. 이 법률규정은 사실상 노무에 종사하는 공무원들의 단체행동권마저 제한하는 입법이 되어 헌법불합치결정을 받았다.[28)]

3) 헌법재판소 1994.12.29. 91헌마2 결정에서는 구 노동조합법 제12조가 문제가 되었다. 이 규정은 "노동조합은 공직선거에 있어서 특정 정당을 지지하거나 특정인을 당선시키는 행위를 할 수 없다"는 규정이 너무 포괄적이어서 포괄위임금지에 저촉한다는 헌법소원에 대해서 헌법소원의 청구기간이 도과하였다는 이유에서 각하하였다. 그 후 헌법재판소 1999.11.25. 95헌마154 결정에서는 노동조합의 정치자금기부를 금지하고 있던 구 정치자금에 관한 법률 제12조 5호가 문제되었

28) 그 밖에 헌재는 "필수공익사업에 대한 직권중재(구 노조법 제62조 3항, 제75조는 2006년 12월 30일에 삭제됨)는 헌법에 반하지 않는다"는 판결과 함께, 헌법재판소 1991.7.22. 89헌가106 결정: "사립학교교원의 노동운동을 금지한 사립학교법 제55조, 제58조 1항 4호는 헌법에 위배되지 않는다"는 판결을 한 바 있다.

다. 이 규정은 사용자단체의 정치자금은 허용하면서도 노동단체의 정치자금 기부는 금지하였다. 따라서 노동단체가 다른 사회단체와 비교하여 차별대우를 받는다는 이유에서 헌재는 위헌결정을 하였다. 그 후 정치자금법에 따라 노동조합은 별도 기금조성으로 정치자금을 기부할 수 있었다. 그러나 2004년 3월 12일 개정법은 기업과 모든 법인과 단체의 정치자금 기부를 금지하였다.

4) 헌법재판소 1998.3.26. 96헌가20 결정에서는 피고인들이 연말성과급 지급문제에 대한 합의점을 찾지 못하자, 조합원들을 선동하여 관행적으로 실시하여 오던 연장근로와 휴일근로를 거부하게 하는 등으로 쟁의행위를 함으로써 단체협약에 규정된 "회사와 조합은 이 협약에서 정하는 단체교섭의 협의에서 해결되지 않은 경우 이외에는 쟁의행위를 하지 않는다"는 평화의무를 위반하였다는 것이다. 제청법원은 단체협약에 위반하는 경우 벌칙을 부과하는 구 노동조합법 제46조의3이 헌법위반의 의심이 있다고 하여 법원이 직권으로 위헌여부의 심판을 제청하였다. '단체협약에 위반한 자를 1,000만원 이하의 벌금에 처한다'고 규정하고 있던 구 노동조합법 제46조의3 중 단체협약 위반에 관한 부분이 죄형법정주의의 원칙에서 요구되는 법률주의와 명확성의 원칙에 반하여 헌법을 위반한다는 결정을 하였다. 이 규정은 2001년 3월 28일 법개정으로 단체협약 중 중요한 근로조건과 노동조합활동에 관한 사항으로 세분화하고 처벌의 대상이 되는 협약위반 사항을 명시적으로 적시하여 위헌의 소지를 없애고 현재에 이르고 있다.[29)]

5) 헌법재판소 2005.11.24. 2002헌바95 · 96, 2003헌바9(병합) 결정에서 헌재는 '노동조합법 제81조 제2항 단서, 즉, 노동조합의 조직률이 3분의 2를 넘는 경우는 고용 후 일정기간 내에 노동조합의 조합원이 될 것을 조건으로 하고 노동조합에 가입하지 않거나 탈퇴하는 경우 근로자를 해고하기로 하는 단체협약상의 유니온 샵 규정의 유효성과 관련하여 해당 규정이 근로자 개인의 단결선택권을 침해하지 않는다'고 합헌결정을 했다. 그러나 2011년 7월부터 복수노조와 교섭창구단일화 제도가 시행되었다. 그런데 현행 노동조합법 제81조 제2호 단단서 규정은 2006년 11월 개정되었는데, 유니온 샵이 인정되는 경우에도 "근로자가 그 노동조합에서

29) 현행법 노동조합법 제92조는 단체협약의 내용 중 "가. 임금 · 복리후생비, 퇴직금에 관한 사항, 나. 근로 및 휴게시간, 휴일, 휴가에 관한 사항, 다. 징계 및 해고의 사유와 중요한 절차에 관한 사항, 라. 안전보건 및 재해부조에 관한 사항, 마. 시설 · 편의제공 및 근무시간 중 회의참석에 관한 사항, 바. 쟁의행위에 관한 사항"을 위반한 자를 벌금에 처하도록 한다.

제명된 것 또는 그 노동조합을 탈퇴하여 새로 노동조합을 조직하거나 다른 노동조합에 가입한 것을 이유로 근로자에게 신분상 불이익한 행위를 할 수 없다"고 규정하고 있다. 이로써 유니온샵이 인정되는 경우에도 근로자의 단결선택권은 그대로 인정되도록 하였다. 그리하여 노동조합이 3분의 2 이상의 조직률을 갖추어 유니온 샵이 인정되는 경우에도 제한적 조직강제가 인정될 수 없게 되었다. 제한적 조직강제를 인정하는 것은 복수노조제도에도 맞지 않으며, 공정대표의무와도 상충한다. 그런 점에서 위 헌재결정은 지금은 의미가 없게 되었다.

6) 헌법재판소 2017.9.28. 2015헌마653 결정에서는 청원경찰법 제5조 제4항 중 국가공무원법 제66조 제1항에서 '노동운동' 금지 규정의 준용으로 청원경찰의 노동운동을 포괄적으로 금지하는 것이 근로3권을 침해하였는지가 문제되었다. 이미 헌법재판소 2008.7.31. 2014헌바9 결정에서는 법외노조의 노동조합 명칭 사용금지 및 벌칙을 정한 노동조합법 제7조 제3항 및 제93조 제1호와 국가공무원법의 준용에 따라 노동운동 또는 집단행위를 금지하는 청원경찰법 제5조 제4항의 국가공무원법 제66조 제1항 준용 부분과 위반시 벌칙을 규정한 동법 제11조가 위헌인지 여부가 다투어졌었다. 당시 헌재는 이들 규정이 헌법에 반하지 않는다는 결정을 하였다. 그러나 2015헌마653 사건에서 위와 같은 헌재의 합헌결정에도 불구하고 헌재는 주요 방위산업체 근로자들과 무기를 휴대하고 국가중요시설의 경비 업무를 수행하는 특수경비원의 경우도 경비업법상 단체행동권만을 규제함에도 위헌심판의 대상규정은 군인이나 경찰과 마찬가지로 청원경찰의 근로3권을 획일적으로 제한한다는 것이다. 다만 이 사건을 단순위헌결정을 하여 즉시 효력을 상실시킨다면 근로3권의 제한이 필요한 청원경찰까지 근로3권 모두를 행사하게 되는 혼란이 발생할 우려가 있어, 잠정적용 헌법불합치결정을 선고하되, 입법자는 2018.12.31.까지 개선입법을 하도록 결정하고 있다.

다른 한편으로 헌재가 경우에 따라서는 자신이 내린 판단을 변경하거나 대법원 판례를 존중하는 결정을 하거나, 대법원과 다른 판단을 하고 대법원이 이에 따르는 경우도 있다. 예를 들면 쟁의행위의 정당성과 관련하여 대법원과 헌재는 그 쟁의행위가 형법 제314조의 업무방해죄에 해당하는가에 대해서 모든 쟁의행위는 업무방해죄의 구성요건을 이미 충족하는 것이고, 노동법상 정당한 쟁의행위인 경우에 위법성이 조각되어 형사상 면책된다는 인식을 가지고 있었다. 이른바 위법성조각설의 입장을 취하고 있었다(헌법재판소 1998.7.10. 97헌바168 결정; 헌법재판소 1998.7.16. 97헌바23 결정; 대법원 1991.4.23. 90도2771 판결; 대법원 2006.5.12. 2002도3450 판결 등). 그러나 헌법재판소 2010.4.29. 2009헌바168 결정은 "파업이 헌법상 기본권으로 보장되는 단체행동권의 행사로서의 적법한 요건을 갖추어 이루어진 경우는 헌법적으로 정당성이 인정되는 행위이므로 이를 업무방해죄의 구성요건인 위력에 해당한다고 볼 수 없다"고 보았다. 말하자면 모든 쟁의행위가 처음부터 업무방해죄의 위력에 해당하는 것은 아니라는 입장을 취하여 위법성조각설을 취하지 않고, 구성요건조각설로 전환한 것이다. 대법원도 위 헌재결정에 따라 파업은 정당한 단체행동권의 행사로서 언제나 업무방해죄에 해당하는 것은 아니라고 보아 더 이상 위법성조각설을 취하지 않았다. 동시에 업무방해죄는 "파업이 사용자가 예측할 수 없는 시기에 전격적으로 이루어져 사용자의 사업운영에 막대한 손해를 초래하는 등 사용자의 사업계속에 관한 자유의사가 제압·혼란될 수 있다고 평가할 수 있는 경우에 비로소 집단적 노무제공의 거부가 위력에 해당하여 업무방해죄가 성립한다"고 보았다(대법원 2011.3.17. 2007도482 전원합의체 판결). 이로써 파업이 일어나면 검찰이 전가의 보도처럼 활용하던 업무방해죄의 적용범위가 대폭 축소되고, 단체행동권의 실질적인 보장으로 그 궤도가 수정되었다. 하위의 형법이 그보다 상위의 헌법상 행사되는 단체행동권을 모조리 업무방해죄의 구성요건을 충족한다는 사고를 뒤집어 제자리로 돌려놓았다고 볼 수 있다.

또한 헌법 제33조의 근로3권을 자유권적 기본권으로 보는가, 사회적 기본권으로 보는가에 따라 국가가 근로3권 보장을 위한 적극적 입법을 해야 하는지에 대한 결과가 다를 수 있다. 후자의 경우에는 근로3권 보장을 위하여 국가가 적극적으로 입법정책을 수행해야 할 책무를 부담한다. 그런데 헌법재판소 1996.12.26. 90헌바19 결정에서 헌재는 "근로3권은 생존권적 기본권이다"는 입장을 취하였다. 그러나 헌법재판소 1998.2.27. 94헌바13·26, 95헌바44(병합) 결정; 헌법재판소 2005.11.24. 2002헌바95·96 결정; 헌법재판소 2009.10.29. 2007헌마1359 결정은 근로3권이 사회적 성격을 띤 자유권적 기본권이라고 본다. 이로써 근로3권은 "근로자의 근로조건을 개선함으로써 이들의 경제적·사회적 지위 향상을 기하기 위한 것으로서 이 권리의 실질적인 보장을 위해서는 국가의 적극적인 개입과 뒷받침이 요구되는 기본권"으로 자리잡게 되었다.

그리고 헌법재판소 2001.7.19. 99헌마663 결정에서 헌재는 "월급근로자로서 6월이 되지 못한 자를 해고예고제도의 적용에서 배제하는 근로기준법 제35조 제3

항은 입법형성권을 벗어나 근로자의 기본권을 침해하는 것이 아니고, 주급·일급 근로자 등과의 관계에서 위헌적인 차별도 아니다"고 결정하였다. 헌법재판소 2015.12.23. 2014헌바3 결정에서 헌재는 "근로기준법 제35조의 다른 해고예고의 예외사유가 근로관계의 임시성을 전제로 하는데 반하여 제3호는 보수의 지급형태를 기준으로 하고 있다는 점, 상용근로자로서 6개월 미만 근로한 월급근로자도 전직을 위한 시간적 여유가 필요하고 실직으로 인한 경제적 곤란으로부터 보호받아야 할 필요성이 있으며, 이러한 필요성이 6개월 이상 근무한 월급근로자보다 적다고 볼 수 없음에도 단지 근무기간이 6개월이 되지 아니하였다는 이유만으로 아무런 예고없이 직장을 상실하게 될 수 있다는 것은 합리적 근거가 없는 차별에 해당한다"고 단순위헌 판결을 내렸다. 이로써 근로기준법(2007.4.11. 법률 제8372호로 전부개정된 것) 제35조 제3호는 효력을 상실하게 되었다.

그러나 헌재가 당해 법률에 대해서 합헌 결정을 하였어도 입법자들이 별도의 입법을 하는 경우도 있다. 헌법재판소 2003.5.15. 2001헌가31 결정은 "필수공익사업에 대한 직권중재(구 노조법 제62조 3항, 제75조는 2006년 12월 30일에 삭제됨)는 헌법에 반하지 않는다"는 합헌결정을 하였다. 그러나 직권중재는 일종의 강제중재로서 노사자치의 원칙과 합치하지 않는다. 그리하여 입법자들은 2006년 12월 30일 직권중재제도를 폐지하고, 필수공익사업이 국민의 생활과 밀접한 영역에 걸쳐있는 사업들이기 때문에 노동조합법 제42조의2 이하에서 쟁의행위가 발생한 경우에도 필수유지업무를 정하도록 개정하였다. 또한 헌법재판소 1991.7.22. 89헌가106 결정은 "교원이 지녀야 할 고도의 자율성과 사회적 책임성을 이유로 교원의 근로3권 제한 또는 금지가 합헌"이라는 결정을 하였다. 그러나 1998년 10월에 노사정위원회는 교원들에게도 노동조합을 허용해야 한다는 데 합의하였고, 이에 따라 1999년 1월 29일 '교원의 노동조합설립 및 운영에 관한 법률'이 제정되었다. 다만 이 법은 공무원노조법처럼 교원에게 단체행동권을 허용하지 않았다. 그 밖에도 공무원의 근로3권 제한에 대해서, 헌재[30]는 합헌결정을 했지만, 공무원노조법을 제정하였다. 그리고 제3자 개입금지에 관한 구 노동조합법 제12조의2와 구 노동쟁의조정법 제13조의2의 근로3권 침해여부에 대해 헌재는 합헌결정을 하였으나,[31] 입법자는 2006.12.30. 이 규정을 삭제하였다. 그리고 헌법재판소 1998.2.27.

30) 헌법재판소 1992.4.28. 90헌바27-34 결정; 헌법재판소 2007.8.30. 2003헌바51, 2005헌가5 결정; 헌법재판소 20005.10.27. 2003헌바50 결정.

94헌바13 · 26, 95헌바44(병합) 결정에서 헌재는 "단체교섭이란 사실행위인 교섭행위뿐만 아니라, 법률행위인 단체협약의 체결까지 포함하기 때문에 단체협약의 체결을 전제로 하지 않는 단체교섭은 무의미하다. 따라서 헌법 제33조 제1항에서 보장하고 있는 단체교섭권에는 당연히 단체협약체결권도 포함한다"고 해석하였다. 이미 대법원 전원합의체는 1993.4.27. 91누12257에서 이러한 판결을 하고 있었다. 통상적으로 노사가 단체교섭에서 합의한 단체협약에 대해 노동조합의 인준투표를 거치도록 하여 부결되는 경우 단체교섭 자체가 무의미하게 되는 경우가 많아 단체교섭에 참가한 노동조합 대표에게 단체협약체결권이 있는지에 대해 논란이 많았다. 그런데 이미 입법자는 1997.3.13. 법률 제5310호의 제정 노동조합법 제29조 제1항에서 이러한 대법원의 판례법을 노동조합법으로 수용하게 되었다.

Ⅲ. 제정 노동법의 탄생

1. 제정 근로기준법

1948년의 제정 헌법이 입법자에게 개별적 근로관계와 집단적 노사관계를 형성할 수 있도록 위임을 했음에도 불구하고, 제정 노동법은 6 · 25 전쟁 기간 중인 1953년에 탄생하게 된다. 그리하여 1953년 3월 8일에는 노동조합법 · 노동쟁의조정법 · 노동위원회법이 공포와 동시에 시행되었고, 1953년 5월 10일에는 근로기준법이 공포되어 90일 후에 시행되었다. 근로기준법은 동법 제1조가 규정하고 있는 바와 같이 "헌법에 따라 근로조건의 기준을 정함으로써 근로자의 기본적 생활을 보장, 향상시키며 균형있는 국민경제의 발전을 꾀하는 것을 목적으로 한다." 이 법은 제헌헌법 제17조 제1항 2문을 수권규범으로 하여 만들어진 규정이다. 이러한 목적 규정은 2018년 7월 1일 개정된 근로기준법까지 그대로 이어지고 있다. 다만, 동법 목적 규정으로서 '균형있는 국민경제의 발전도모'가 무엇을 의미하는지는 아직까지 밝혀진 바 없다.

이 제정 근로기준법은 근로계약 체결시 근로조건의 명시, 최저임금의 결정, 1일 8시간 · 1주일 48시간 원칙, 연소근로자와 여성의 보호, 업무상 부상이나 질병

31) 헌법재판소 1993.3.11. 92헌바33 결정; 헌법재판소 1990.1.15. 89헌가103 결정.

시 사용자의 보상책임, 취업규칙 작성시의 신고의무를 규정하고 있다. 또한 근로조건 기준을 확보하기 위하여 근로감독관을 두어 근로기준법 적용의 실효성을 확보하고자 하였다. 제도로서의 큰 틀에서는 내용상의 엉성함에도 불구하고 근로자의 근로조건 보호를 위한 최초의 입법으로서 의미를 갖는다고 할 것이다. 특히 제도로서는 당시의 현실과 비교할 때 낮은 수준의 것은 아니라고 한다.[32] 그럼에도 관점목록에서 보는 바와 같이 최초의 제정 근로기준법이 실제로 근로자들의 인간다운 삶을 보장할 정도의 실효성있는 법으로서의 기능과 역할을 한 것인가에 대해서는 정확한 판단을 할 수 없다. 오히려 전쟁 당시와 5.16 군사혁명 기간의 약 8년 동안 근로기준법은 개정된 적이 없다는 것은 이 법의 실효성에 의심을 갖게 해준다. 제도는 만들었으나 실제로는 적용되지 않았던 법! 여러 가지 요인이 있겠지만, 전쟁의 결과를 감내해야 했던 기간이고, 폐허가 된 상황을 극복해야 했던 시간들에, 자본주의로의 이행이 더딘 농경사회가 유지되고 있어 근로기준법의 보호를 받아야 할 근로자의 숫자도 적었다는 것이 이 제정 근로기준법의 실효성을 낮추는 요인이 되었을 것이라고 본다.

이 제정 근로기준법은 우리나라 노사관계의 상황, 당시의 패러다임이 노동사회로 완전히 이행되지 않은 상황에서 외국 법제에 대한 면밀한 조사와 연구없이 만들어졌다고 주장되기도 한다.[33] 강성태에 의하면 제정 근로기준법은 총 106개의 조문 중에서 독창적인 몇 개의 조항을 제외하고 대부분은 일본의 제정 노동기준법을 참조하여 만들었다는 것이다.[34] 독창적인 것으로는 폭행의 금지(제7조), 근로의 정의(제16조), 근로계약의 정의(제17조), 정당한 이유 없는 해고 등의 제한(제27조 제1항), 퇴직금의 지급(제28조), 퇴직금지급과 해고예고수당 지급의 예외(제29조), 유해위험작업(제43조), 월차유급휴가(제47조), 교육시설(제63조)의 9개에 해당한다고 한다.[35] 그리고 일본법과 차이가 있는 조문으로서는 균등처우(제5조), 적용범위(제10조), 최저임금(제34조), 합의에 의한 근로시간 연장의 예외(제42조 제1항 단서), 휴일(제45조), 시간외 휴일근로에 대한 가산임금(제46조), 취업최저연령과 취직인허증(제50조), 생리휴가(제59조), 산전후휴가(제60조), 노동위원회 심사와 중

---

32) 김형배, 「노동법」, 박영사, 2010, 63면 참조.
33) 김형배, 「노동법」, 63면 각주 1 참조.
34) 무엇보다 강성태, "제정 노동법의 주요 내용과 특징 – 일본법과의 비교를 중심으로", 「노동법학」 제48호(한국노동법학회), 2013, 154면 이하 참조.
35) 강성태, 같은 글, 154면 참조.

재(제89조), 근로감독관에 관한 규정(제102조 내지 제106조) 등의 규정이다.[36] 결과적으로 제정 근로기준법은 상당부분 일본의 1947년 노동기준법을 계수한 것이지만, 우리의 실정을 반영한 것으로서 가산임금의 할증률 50%, 해고제한 및 퇴직금 및 월차유급휴가 규정들은 독창적인 규정들이라는 것이다.[37]

물론 1953년도의 근로기준법 제정이 당시 우리의 현실에 근거하여 독자적으로 만들어진 법률인가, 현실과 괴리된 채 외국법을 모방한 것인가에 대해서는 현재에도 학계에서는 이견이 있다.[38] 그러나 당시의 입법과정을 보면 제정과정에서 의원주도의 독창적인 법안이 제출되어 치열한 토론이 벌어졌다는 실증적 자료가 있다는 점도 존중되어야 하고, 실제로는 그 내용 중의 상당부분이 외국법, 특히 일본의 노동법제를 그대로 계수하였다는 점도 고려한다면 독창적 규정에도 불구하고 법제 계수의 관점에서는 일본법의 계수를 원칙으로 하여 우리 실정에 맞는 규정을 가미한 것이 아닌가 생각된다.

그러나 일본법을 모방하였든, 계수하였다고 보든, 일단 계수한 법은 우리의 법이다. 그런데 이렇게 계수하여 우리의 법이 되었던 제정 근로기준법은 그 기본골격에 있어서 현행 근로기준법의 모태라고 볼 수 있다. 각 개별 규정의 내용들은 시대변화에 맞게 수정 내지 변경되어 65년이 지난 2018년 7월 1일 현재의 법률들로 정착되어 있지만, 상당수의 제도가 각 규정들의 상세한 내용상의 차이와 그 적용의 실효성과는 별개로 1953년도에 이미 입법화되어 있었다. 당시에 없던 제도로는 단시간근로자의 근로조건(현행법 제18조), 경영상의 이유에 의한 해고의 제한(현행법 제24조), 정리해고시의 우선재고용(현행법 제25조), 해고사유 등의 서면통지(제27조), 부당해고 등의 구제신청과 관련한 규정(제28조 내지 제33조), 미지급임금에 대한 지연이자(현행법 제37조), 임금채권의 우선변제(현행법 제38조), 취업방해의 금지(현행법 제40조), 체불사업주 명단공개(현행법 제43조의2), 임금 등 체불자료의 제공(현행법 제43조의3), 도급사업에 대한 임금지급(현행법 제44조), 건설업에서의 임금지급 연대책임(현행법 제44조의2), 건설업의 공사도급에 있어서의 임금에 관한 특례(현행법 제44조의3), 탄력적 근로시간제(현행법 제51조), 선택적 근로시간제(현행법 제52조), 보상휴가제(현행법 제57조), 근로시간계산의 특례(현행

36) 강성태, 같은 글, 156면 이하 참조.
37) 강성태, 같은 글, 160면 참조.
38) 학설대립에 관해서는 강성태, 같은 글, 136면 이하 참조.

법 제58조), 근로시간 및 휴게시간의 특례(현행법 제59조), 연차유급휴가의 사용촉진(현행법 제61조), 유급휴가의 대체(현행법 제62조), 태아검진 시간의 허용(현행법 제74조의2) 등이 있다. 그러나 이들 규정 외에는 제정 근로기준법은 현행법의 골격이 되었던 규정들을 – 세부 내용에서는 달라도 – 당시에도 가지고 있었다. 제정 근로기준법에만 있던 규정은 최저임금(이하에서는 제정 근로기준법은 '제정법'이라 한다. 제정법 34조), 최저임금통용의 예외(제정법 제35조), 월차유급휴가(제정법 제47조), 여자와 18세 미만의 근로자를 위한 해고시 귀향여비(제정법 제62조), 상시30인 이상의 18세 미만 근로자를 위한 교육시설(제정법 제63조), 안전과 보건에 관한 조문(제정법 제64조 내지 제73조), 기능자양성(제정법 제75조), 미성년자의 기능양성시 연차유급휴가의 보장(제정법 제76조), 기능자양성시 인가취소(제정법 제77조) 등이다. 이 중 최저임금제도는 1986년 최저임금법으로 독립하여 제정되었고, 제정법의 산업안전과 보건에 관한 규정은 건설산업안전보건법 등 각 개별 산업의 안전보건법을 통합한 1981년 12월 31일 공포의 산업안전보건법 제5조 이하로, 제정법의 산업재해 규정은 1963년 11월 5일 제정된 산재보험법으로 대체되었다.[39] 이와 같이 볼 때 1997년도 수차례 개정된 근로기준법을 제정 수준으로 변화시켰다고 하여도 제정법의 기본 골격은 현재에도 유지되고 있다고 할 수 있다.

2. 제정 노동조합법

제정 노동조합법은 제정 근로기준법 보다 먼저 1953년 3월 8일 법률 제280호로 동시에 공포·시행된 법률이다. 이 법은 총52개의 조문으로 되어 있고, 제1조 규정에서 밝히고 있는 바와 같이 "헌법에 의거하여 노동자의 자주적 단결권과 단체교섭권과 단체행동자유권을 보장하며 근로자의 근로조건을 개선함으로써 경제적·사회적 지위향상과 국민경제에 기여하도록 함을 목적"으로 하는 법이다. 제헌헌법 제18조 제1항은 '근로자의 단결, 단체교섭과 단체행동의 자유는 법률의 범위에서 보장된다'고 규정하고 있다. 말하자면 이 규정이 제정 노동조합법의 수권

39) 그 밖에 타법으로 규정되면서 현행 근로기준법에서 없어진 제정 근로기준법의 규정은 제21조의 계약기간에 관한 규정이 기간제 및 단시간근로자 보호 등에 관한 법률 제4조로, 제28조의 해고자에 대한 지급으로서 퇴직금제도가 근로자퇴직급여보장법 제8조로, 해고자에 대한 지급의 예외를 규정한 제29조가 근로자퇴직급여보장법 제4조로 규율되면서 근로기준법에서 제외되고 타법으로 규정되었다.

규범이라고 할 수 있는데, 단결권과 단체교섭 및 단체행동의 '자유권'이라고 규정하고 있다. 노동조합법의 기본원칙이 노사자치를 중심으로 한 협약자율이기 때문에 제헌헌법 규정도 제정 노동조합법도 그 가치이념에서는 노동조합의 조직과 활동에서의 자유를 중심이념으로 설정한 것으로 보인다.

제정 노동조합법이 규율한 주요내용은 ① 노동조합의 결격요건을 규정하고, ② 근로자는 자유로 노동조합을 설립하거나 이에 가입할 수 있도록 하되, 현역군인・군속・경찰관리・형무관리 및 소방관리는 예외로 하고, ③ 사용자의 부당노동행위제도를 도입하고, ④ 노동조합 설립시에는 행정관청에 신고하도록 하였으며, ⑤ 노동조합규약이 법령에 위반하거나 또는 공익을 해할 경우에는 행정관청이 노동위원회의 결의를 얻어 그 취소 또는 변경을 명할 수 있도록 하였고, ⑥ 노동조합은 조합원으로부터 정치자금을 징수할 수 없으며 또한 노동조합기금은 정치적 자금에 유용할 수 없도록 하였다. 일견하여 목적 규정이 제헌헌법 제18조 제1항의 근로3권의 '자유'를 부각시키고 있는 것과는 반대로 노동조합에 대한 규제와 간섭이 예정되어 있는 것으로 보인다.

쟁의행위에 대해서는 제정 노동조합법과는 별도의 제정 노동쟁의조정법이 규율하고 있었기 때문에 제정 노동조합법은 총칙에서 노동조합의 결격요건을 규정하고 있는데, 오늘날의 의미에서 '주로 정치운동을 목적으로 하는 경우'가 요건화되어 있지 않았다.[40] 그리고 제정 노동조합법은 노동조합에 관한 통칙, 특히 사용자의 부당노동행위를 규정하고 있었고(제정 노동조합법 제10조), 노동조합의 설립, 노동조합의 관리, 노동조합의 해산이 법령의 주류를 이루었으며(제정 노동조합법 제6조 내지 제32조), 단체교섭에 관해서는 아무런 규정이 없었으며 단체협약과 벌칙 규정으로 구성되어 있었다. 단체교섭에 관한 한 현행법과 비교하여 – 복수노조와 교섭창구단일화를 제외한다면 – 규정을 두지 않은 이유가 입법이유에는 명시되지 않았기 때문에 확실하지는 않지만, 노사자치의 협약자율과 자유권으로서 근로3권을 인식하고 있었기 때문에 규정을 두지 않았는가 생각된다. 현행 노동조합법도 복수노조와 교섭창구단일화를 제외한다면 단체교섭 분야가 규정이 적다. 제정 노동조합법은 2014년 5월 20일에 개정되어 현재까지 시행되는 노동조합 및 노동관계조정법(이하 '현행 노동조합법'이라 한다)과 비교하여 볼 때 상당수 조문이

40) 물론 당시 논의가 되었던 원안에는 "노동조합이 주로 정치운동 또는 사회운동을 목적으로 하는 경우"가 있었으나 삭제되었다.

제도로서의 틀을 유지하고 있다.[41] 특히 제정 노동조합법 제35조는 "단체협약 체결은 공장, 사업장 기타 직장단위로 한다"고 규정하였는데, 1963년도 노동조합법 개정 때는 없어졌다. 사업장 단위로의 단체협약의 체결은 복수노조와 교섭창구단일화 제도의 전제조건인 바, 이 조항은 2010년 1월 1일 개정하여 2011년 7월 1일 시행된 개정 노동조합법에 '하나의 사업 또는 사업장'에서 교섭창구 단일화가 이루어져 교섭과 단체협약이 체결되도록 한 현행 노동조합법 제29조의2로 돌아오게 되었다.[42] 이와 같이 보면 제정 노동조합법의 규정들의 기본골격들은 제정 근로기준법처럼 그대로 그 틀을 유지한 채 현행 노동조합법을 지탱하고 있는 초석이라고 할 수 있다.

그럼에도 현재에도 그러한 기조가 유지되고 있지만, 노동조합의 명칭사용·신고로 노동조합이 설립되게 한 것, 설립신고증의 교부, 대의원회 결의의 취소 및 변경, 임원의 선거, 조합비, 임시총회의 소집, 소집의 절차, 표결권의 특례, 운영상황의 공개, 행정관청의 검사, 단체협약의 신고 등에 관한 규정들은 제정 노동조합법에서 가장 많은 비중을 차지하는데, 이 규정들은 제정 노동조합법 목적규정과 제헌헌법 제18조 제1항이 헌법의 가치이념으로서 세운 근로3권의 자유권으로서의 이념과는 반대로 노동조합의 운영에 대한 행정관청의 과잉규제로도 보인다. 왜 제정 노동조합법이 노동조합에 대해 과잉규제를 하게 되었는지에 대해서는 정확하게 알 수는 없지만, 해방 후 전평과 대한노총의 지나친 이념대결과 그로 인한 분열상황 및 좌익 노동운동이 6·25 전쟁 발발로 설 자리를 잃으면서 행정관청의 노동조합 통제와 관리가 필요하다는 정부내부결정이 관철되지 않았는가 생각된다.

41) 제도로서 그 틀이 현재까지 유지되고 있는 규정은 제1조부터 제5조까지의 목적, 노동조합의 정의, 노동조합의 결격요건, 근로자의 정의, 사용자의 정의 규정과 노동조합에 관한 통칙규정으로서 제6조부터 제10조까지의 노동조합조직가입의 제한, 노동조합의 명칭사용, 노동조합의 법인격의 취득, 조세의 면제, 사용자의 부당노동행위, 노동조합의 설립과 관련하여 제11조 내지 제14조의 설립신고, 조합규약, 규약의 취소, 변경, 신고증 교부에 관한 규정, 노동조합의 관리에 관하여 제15조 내지 제30조까지의 노동조합의 비치서류, 총회의 개최, 총회의 결의사항, 대의원회, 결의의 취소와 변경, 조합원의 권리, 차별대우의 금지, 임원의 선거, 회계감사, 임시총회의 소집, 소집의 절차, 표결권의 특례, 운영상황의 공개와 행정관청의 검사를 노동조합의 해산사유로서 제31조부터 제32조의 해산이유와 해산명령을 규정하고 있다. 단체협약과 관련하여 제33조부터 제41조까지의 교섭권한, 협약체결에 관한 상호의무, 단체협약의 단위, 협약의 작성, 협약에 관한 성실의무, 협약에 위반되는 근로계약, 협약의 유효기간, 일반적 구속력, 지역적 구속력 등도 승계되었다. 그러나 제23조의 조합비 상한, 제24조의 정치자금의 징수 등, 제32조의 행정관청의 노동조합 해산명령 규정은 더 이상 승계되지 않았다.

42) 같은 의견으로 강성태, 앞의 글, 133면 각주 5).

이러한 노동조합에 대한 통제와 관리규정은 제정 노동조합법의 계수모델이 되었던 일본의 1945년 제정 노동조합법, 1949년과 1952년의 개정법과 비교하여 일본에 없는 독자적인 규정들이다. 일본의 노동조합법은 점령국 미국이 전범이 된 관료체제의 극복수단으로서 노동조합을 염두에 두고서 비교적 자유롭게 설립하고 활동 및 운영에 대해서도 행정관청이 개입하지 않는다는 원칙이 노동조합법에 관철되었다.[43] 그러나 우리 제정 노동조합법이 노동조합에 대한 행정관청의 통제와 개입이 일본에 비하여 많은 것은 당시 좌우익의 노선투쟁이라는 우리나라의 시대적 상황 때문인 것이 아닌가 생각된다.

3. 제정 노동쟁의조정법

1953년 3월 8일 법률 제279호로 공포와 동시에 시행되었던 노동쟁의조정법은 동법 제1조가 규정하고 있는 바와 같이 '헌법에 의거하여 근로자의 단체행동자유권을 보장하고, 노동쟁의를 공정히 조정하여 산업의 평화가 유지되도록 하려는 목적'으로 제정된 것이다. 이 법은 총 29개의 조문으로 되어 있는데, 제정 노동조합법에서도 언급한 바와 같이 이 법은 제헌헌법 제18조 제1항의 '단체행동자유권'을 수권규범으로 하여 만들어진 법률이다. 무엇보다 단체행동자유권이 의미하는 바와 같이 단체행동권은 자유권적 기본권으로 파악되고, 그 가치이념에서 국가는 가능한 한 노동조합의 목적활동인 단체교섭과 쟁의행위에 대해서 개입하지 않는다는 중심이념을 설정한 것으로 보인다.

제정 노동쟁의조정법이 규율한 주요내용은 ① 쟁의행위로서 폭력·파괴행위 기타 공장·직장 등의 정상적인 유지·운영을 저해하는 행위를 금하고(제정법 제5조 제2항), ② 쟁의행위는 행정관청의 알선이나 노동위원회의 조정이 실패한 때에 한하여 할 수 있도록 하되, 분쟁사건이 행정관청과 노동위원회에 보고된 후 일정기간이 경과한 때에는 예외로 하며, ③ 사용자가 직장폐쇄를 하는 경우 행정관청과 노동위원회에 보고하도록 하고, 근로자의 정당한 쟁의행위 등을 이유로 해고 기타 불이익을 주는 행위를 할 수 없도록 하며, ④ 사용자는 쟁의기간 중에는 쟁의에

43) 2차대전 후 일본 노동운동과 노동조합법의 제·개정의 역사에 관해서는 渡辺章, 労働法講義上, 信山社, 2009, 63-69頁 참조. 이른바 미국 점령국은 16원칙을 노동조합운동의 원칙으로서 설정하였는 바, 주된 목적은 패전국 일본에 대해 소련에게 이니셔티브를 주지 않기 위해서라고 한다. 太丸義一·辻岡靖仁·平野義政, 「戰後日本労働運動史」, 學習の友社, 1989, 67頁 참조.

관계없는 자를 채용할 수 없도록 하고, 쟁의행위에 의하여 손해를 받았을 경우 노동조합이나 근로자에 대하여 배상을 청구할 수 없도록 하며, ⑤ 근로자는 쟁의 기간 중에는 현행법 이외에는 여하한 이유로도 그 자유를 구속당하지 아니하도록 하였고, ⑥ 노동쟁의가 발생하였을 때 당사자는 즉시 그 상황을 행정관청과 노동위원회에 보고하여야 하며, 이를 접수한 행정관청은 지체없이 관계당사자 간을 알선하여 사건이 해결되도록 노력하여야 하며, 일정 기간 내에 해결되지 않으면 그 사건을 즉시 노동위원회에 이송하여야 하며, 노동위원회는 행정관청으로부터 사건을 이송받은 경우에 조정을 하도록 하였고, ⑦ 노동위원회의 조정이 성립되거나 노동위원회의 중재판정에 대하여 15일 이내에 행정소송을 제기하지 아니할 때는 확정판결과 동일한 효력이 있도록 하였고, 기타 비용 변상 · 벌칙 등을 규정하였다. 특히 제정 노동조합법이나 제정 근로기준법과 마찬가지로 2014년 5월 20일 개정된 현행법과 비교하여 제정 노동쟁의조정법은 현재에도 그 기본틀이 유지되고 있다. 말하자면 쟁의행위에 대한 프레임을 유지하고 있다는 것이다. 동법 총칙 규정인 목적 규정과 노동쟁의의 정의규정, 쟁의행위의 정의규정, 공익사업의 정의규정은 현행법과 비교하여 핵심적인 기본사항들은 약간의 수정을 거치든지, 아니면 거의 그대로 유지되고 있다. 또한 노동쟁의에 관한 제5조 내지 제14조의 규정 중 쟁의행위의 제한, 쟁의행위의 중지, 직장폐쇄의 보고, 쟁의행위의 보장, 사용자의 채용제한, 손해배상청구권의 제한, 근로자의 구속제한, 노동쟁의의 보고 등은 그 기본틀이 현행법에도 그대로 유지되고 있다. 제15조 이하의 조정과 관련한 규정들 중 중앙노동위원회 조정, 조정안의 작성과 효력, 중재의 개시, 중재판정의 서면화, 중재판정의 효력, 비용변상 등의 규정은 현재에도 유지되고 있는 기본틀이다. 반면에 냉각기간, 노동조합의 명의 사용제한, 행정관청의 알선, 알선의 효력, 노동위원회로의 이송, 행정관청의 조사권, 조정의 개시요건 등은 현행법에는 더 이상 존재하지 않는다.

물론 제정 노동쟁의조정법을 현행법과 비교하였을 때 제정 노동쟁의조정법이 예상하지 못하였거나 새로운 법발전으로 등장한 제도들이 있다. 노동조합의 영향하에서의 쟁의행위를 하도록 한 제38조의 노동조합의 지도와 책임, 제42조의2 필수유지업무에 대한 쟁의행위 제한과 필수유지업무의 절차에 관한 규정, 사적 조정 우선의 원칙과 조정전치주의 규정은 제정 노동쟁의조정법에는 없는 규정들이다. 그러나 그렇다고 하여 제정 노동쟁의조정법이 현행법과 비교하였을 때 연계성이 전혀 없는 법률이라고 할 수는 없다. 비록 1997년도에 노동조합법과 노동쟁의조정법이 통합되어 단일법으로 되었지만, 제정 노동쟁의조정법의 기본 프레임은 그대로 유지된 채 통합되었기 때문에 제정 노동쟁의조정법은 오늘날 노동조합법의 기초가 되는 시금석이라고 할 수 있을 것이다. 물론 제정 노동쟁의조정법은 일본의 노동쟁의조정법의 상당부분을 계수하였고,[44] 일부는 독자적으로 만든 입법이다.[45] 그러나 현행법에 중요한 역할을 담당하는 쟁의행위의 개념, 쟁의행위의 보장, 쟁의행위의 원칙, 쟁의행위에 대한 손해배상의 제한, 사용자의 채용제한, 조정제도 등에 대해 그것을 계수법이라고 하든, 독자입법이라고 하든 기본틀이 유지되어 전승된 것이라고 할 수 있기 때문에 이미 제정 노동법을 만들 때 현재의 노동법은 그 기초공사가 함께 마련된 것이라고 보아야 할 것이다. 다만, 직장폐쇄의 보고, 노동쟁의의 보고, 행정관청의 알선과 같은 공적조정, 헹정관청의 조사권, 직권조정, 직권중재회부 등은 여전히 단체행동에 대해서 행정관청이 주도적으로 개입할 소지를 다분히 줄 수도 있다. 이러한 규정들은 제헌헌법 제18조 제1항이 가치를 두고자 하였던 단체행동의 '자유권'과 배치된다고 생각된다.

4. 소 결

이상을 요약하면 제정 근로기준법, 제정 노동조합법, 제정 노동쟁의조정법은 그 기초틀이 현행법에도 유지되어 현행법으로까지 전승되었다고 본다. 어느 의미에서는 1997년도의 노동법 개정이 제정이라고는 하지만, 실제로 제정형태의 법개정이라고는 할 수 없고, 제정법의 프레임이 그대로 유지된 채 새로운 변화를 담고, 근로자보호 제도를 보충하고, 시대상황에 뒤처진 규정들을 고치면서 현재에 이르렀기 때문에 제정법은 현행법의 초석이라고 볼 수 있다. 물론 제정법은 일본의 노동법 상당수를 계수하기도 하고, 우리 상황을 고려하여 독자적인 규정들을

---

44) 제정법 중 목적, 노동쟁의 정의, 쟁의행위 정의, 공익사업의 정의규정, 폭력과 파괴에 의한 쟁의행위 금지, 쟁의행위의 중지, 냉각기간, 쟁의행위의 보장, 쟁의행위에 대한 손해배상청구권의 제한, 행정관청의 알선, 노동위원회로의 이송, 중앙노동위원회의 조정, 조정안의 작성, 중재의 개시, 중재판정의 서면화, 비용변상 등의 규정은 일본의 노동쟁의조정법을 계수한 것이다. 이에 관해서는 강성태, 같은 글, 139면 이하 참조.

45) 조문이 일본의 노동쟁의조정법과 다르거나 우리 법에만 있는 것으로서 쟁의행위의 인적 제한, 노동조합의 명의사용제한, 직장폐쇄의 보고, 사용자의 채용제한, 근로자의 구속제한, 노동쟁의의 보고, 알선의 효력, 행정관청의 조사권, 조정의 개시, 조정안의 효력, 중재판정의 효력 규정 등이 이에 해당한다. 이에 관해서는 강성태, 같은 글, 140면 이하 참조.

부가하기도 하였다. 그러나 계수된 법도 우리의 법이다. 계수된 법의 기본틀은 유지하면서 독자적인 법규정들을 그 기본프레임에 주입시키는 것은 법발전의 기본 모형이라고 본다. 그러한 법발전에서 어떻게 어느 정도나 외국법을 모방하였는지를 주장하기 보다는 앞에서 언급한 바대로의 관점목록에 얼마나 충실하게, 얼마나 그 관점목록을 달성하려고 입법을 했는가가 중요하다고 본다.

Ⅳ. 노동법의 변화와 진화

제정 근로기준법, 제정 노동조합법, 제정 노동쟁의조정법은 만들어졌어도 관점목록에 어느 정도나 충실하게 발전되었는지, 특히 근로자보호를 얼마나 충실하게 이룩하였는지가 특히 문제가 될 것이다. 아래에서는 노동법의 중대한 변화를 시기별로 언급하고자 한다.

노동법의 중대한 변화를 가져 온 시기를 중심으로 노동법의 패러다임이 농경사회에서 산업사회로 바뀐 시기(제3공화국 시점)와 군사문화의 시기(유신헌법시대와 신군부시대), 민주화 시기(1987년), 경제위기 시기(1997년도 노동법 제정시대)와 그 이후의 시기로 나누어 노동법의 발전을 도표로 살펴보고자 한다.

1. 제3공화국 시기 노동법 변화

1953년 3월과 5월에 제정 노동법이 만들어지기는 했지만, 실제 현실에서 이 법률이 실효성있게 근로자보호 등의 관점목록의 가치를 실현했는지는 판단하기가 어렵다. 제정법의 공포·시행 후 1961년 12월 근로기준법 개정이 논의될 정도로 근 10년간 수정이나 변화가 없었다. 이 10년간 제정 노동법은 그 나름대로의 근로자의 근로조건 향상을 위한 실정법으로서의 위상과 내용을 갖추었다고 할 수 있다. 그러나 실제로 적용된 것인지 의심스러울 정도로 변화를 겪지 못하여 어느 면에서는 제정 노동법은 사문화된 법이라고도 할 수 있다.

그러나 1961년 5월 16일 군사쿠데타로 정권탈취에 성공한 군부세력들은 경제개발의 중요성을 인식하고 경제개발 5개년 계획을 세우고 이를 수행하고자 하였다. 말하자면 한국사회를 농경사회에서 산업화사회로 변모시키려는 계획을 세워 실현하고자 하였다. 그 산업화에는 노동력이 절대로 필요하였기 때문에 그 수요에 맞추어 노동법을 변화시키기 시작하였다. 굳이 말한다면 이 시기는 산업화 초기의 노동법 시대라 할 것이고, 노동법은 그러한 산업화에 상응하도록 변모를 해야만 했다. 1961년 12월 4일의 근로기준법의 일부개정을 필두로 1963년 4월 17일과 1963년 12월 7일 노동조합법이, 1963년 4월 17일과 동년 12월 7일 및 12월 16일에는 노동쟁의조정법이, 1963년 4월 17일과 동년 12월 7일 및 12월 16일에는 노동위원회법이 개정되었다. 그 밖에 1961년 12월 6일에는 직업안정법이, 1963년 11월 5일에는 산재법이 제정되었다. 산업화에는 인간노동력이 절대적으로 필요한 바, 이 인간노동력을 산업화하고, 그에 상응하는 보호조치를 한 것이 이 시기 노동법 변화의 특성이라고 할 것이다.

주요 노동법의 제 · 개정

연도	제 · 개정법률	주요내용
1961. 12.4.	근기법	- 평균임금의 산출기초일인 총 근로일수를 총 일수로 - 해고예고제도(제29조의2 신설)와 퇴직금제도(제28조)가 제정법에서 혼합되어 있는 것을 분리 - 평균임금이 통상임금보다 적으면 통상임금을 평균임금으로(제19조 제2항) - 근로자 사망시 유족보상금과 임금 등의 청산기간을 7일에서 14일로 연장 - 유급휴가(월에 1일) 적치사용 또는 분할사용 기간을 연 1년간에 한하도록 함 - 근로시간 및 휴게시간의 특례신설(제47조의2) - 산전후 유급보호휴가기간 30일 이상
1963. 4.17. 12.7. 12.17.	노동조합법	- 노사협의회에 관한 규정 신설(제6조) - 조합원은 노동조합의 모든 문제에 참여할 권리. 조합비 미납자는 규약으로 이 권리제한(제22조) - 부당노동행위 확대(단체교섭거부, 소극적 단결권, 지배개입) (제39조) - 노동조합 결격사유 확대: 조직이 기존 노조의 정상적인 운영을 저해할 목적으로 하는 경우(제3조 단서 ⑤) - 노동조합 정치활동 금지에 관한 규정 강화: 공직선거에서 특정인 지지나 당선시키기 위한 행위 금지(제12조) - 노동조합 행정관청에 설립신고시 성립한다는 규정 삭제(제13조, 제15조) - 임시총회 행정관청의 지명권 부여(제26조) - 단협의 여후효 인정(제35조 3항) - 부당노동행위를 처벌주의에서 원상회복주의로 - 노조 조직형태 전국적 단일조직형태 지향(제13조 제1항 5호)
1963. 4.7. 12.7.	노동쟁의 조정법	- 노동쟁의조정위한 특별조정위원 둘 수 있도록(제10조 1항) - 공익사업 범위확대: 증권거래소 및 은행사업, 국회동의얻어 국민경제 위태롭게 하는 등의 경우 1년에 한하여 공익사업으로 지정(제4조 2항) - 전국규모 노조 산하단체 쟁의행위시 소속조합의 승인을 받아야(제12조 2항) - 쟁의발생 신고 후 노동위원회 적법여부심사권한 부여(제16조 2항, 3항, 4항) - 알선서, 조정서, 중재재정에 단체협약과 같은 효력부여(제21조, 제29조, 제39조) - 긴급조정제도의 신설(제40조 이하)

1961년 5월 16일 군사쿠데타를 일으켜 집권한 군사정부는 5월 22일 포고령 제6호로 노동위원회법을 포함하여 노동3법의 효력을 정지시켰다. 이 포고령은 정당과 사회단체의 해체령으로서 노동단체는 일단 해산되고 모든 조합활동이 중단되었다. 그리고 1961년 8월 3일은 '근로자의 단체활동에 관한 임시조치법'을 공포하였다. 이 법은 위 포고령에 의해서 중단된 조합활동을 보장하되, 노동조합의 자유설립주의를 지양하면서 허가주의를 채택하는 임시조치법이었다. 경제개발5개년 계획수립을 하면서 노동인력의 중요성을 고려하여 노동문제를 진지하게 다루려 했으나, 노동조합 설립을 허가주의로 바꾼 것은 노동조합 설립을 어렵게 하는 조치였다. 도표에서 보는 바와 같이 근로기준법은 제정 근로기준법에 비하여 근로자들의 근로조건을 확대하였지만, 노동조합법과 노동쟁의조정법 분야에서는 눈에 띄게 행정관청의 개입과 간섭의 범위를 넓혔다. 조합원에게 노동조합의 모든 문제에 참여할 권리 부여, 부당노동행위 확대(단체교섭거부, 소극적 단결권, 지배개입)는 근로자보호를 위한 조치들이지만, 노동조합 결격사유 확대로서 조직이 기존 노조의 정상적인 운영을 저해할 목적으로 하는 경우, 공직선거에서 특정인 지지나 당선시키기 위한 행위를 금지하여 정치활동 금지를 더욱 확대한 것, 임시총회 행정관청의 지명권 부여 등으로 노동조합에 대한 행정관청의 통제와 관리를 더욱 확대하여 노동조합에 대한 간섭과 개입의 여지를 더욱 넓혔다. 노동쟁의조정법에서는 쟁의금지기간이 일반사업보다 길고 직권중재가 가능한 공익사업 범위를 확대하였고, 전국규모 노조 산하단체 쟁의행위시 소속조합의 승인을 받도록 하였으며, 쟁의발생 신고후 노동위원회에 적법여부심사권한을 부여하였다.

2. 유신헌법시대와 신군부시대 노동법의 변화

조국의 근대화를 달성하고 고도성장을 추구한다고 했던 군사정부는 1972년 12월 27일 유신헌법을 공포하였다. 유신헌법 제29조는 단결권 · 단체교섭권 · 단체행동권은 법률로 정하는 범위에서 제한할 수 있다고 하여 개별유보로 근로3권을 제약할 수 있는 기반을 만들었다. 그리고 공무원과 국가 · 지방자치단체 · 국영기업체 · 공익사업체 또는 국민경제에 중대한 영향을 미치는 사업체에 종사하는 근로자들의 단체행동권을 법률로 제한할 수 있도록 하였다(동헌법 제29조 3항). 한마디로 제헌헌법에서 반짝했던 근로3권의 자유권이 법률의 재갈에 물려 질식하는 암

혹기에 처하게 되었다. 물론 유신헌법으로 인권을 억압하고 장기집권체재를 획책하면서도 개별법적으로는 근로자를 보호하는 입법도 없지는 않았다. 1973년 3월 13일의 산재보험법의 개정이 그 예에 해당한다. 그러나 이것도 엄밀히 보면 산업화 노동력을 유지하고 양질의 노동력을 재생산하기 위한 방편에 지나지 않는 것이었다. 전체적으로는 노동조합법에서는 초기업단위 노동조합의 출현을 막기 위해서 "전국적인 규모를 가진 노동조합", "산하 노동단체"라는 표현을 삭제하였다(구 노동조합법 제13조 제1항, 제3항, 제14조 11호, 제20조, 제26조 제2항, 제33조). 이로써 이 시기의 노동조합법은 근로자들의 근로3권을 매우 제약하는 구조를 갖고 있었다. 앞의 개별유보와 단체행동권 제한을 시작으로 노동쟁의조정법에서는 노동위원회가 하던 쟁의적부심사를 행정관청으로 이관하였으며, 노동위원회의 알선절차를 행정관청으로 이관하였고, 알선절차에 있어서의 행정관청의 조사권을 신설하였다. 이 시기의 노동법 정책은 "산별체제 반대, 노사협의회로 노조 대체, 공익사업 범위 확대, 노동쟁의 제한 강화, 국가의 노동행정 강화, 산재보험의 적용대상범위의 확대와 기업주부담의 경감"으로 특징지어진다.[46]

그러나 1973년도 후반기에 오일쇼크로 인한 세계경제불황으로 국내의 경기가 침체하고, 실업률이 높아지는 현상이 발생하자 한계기업에서 노동법 위반 사례가 빈발하게 되어 1974년도에 '국민생활의 안정을 위한 대통령긴급조치'가 발동되었다. 이 긴급조치로 임금체불을 막기 위해 임금채권우선변제권 제도가 신설되고, 근로기준법 위반에 대한 처벌과 단체협약 불이행자에 대한 처벌 및 부당노동행위에 대한 처벌이 강화되었다. 이 긴급조치는 한시적인 것이었으므로 1년 후 이 제도를 근로기준법으로 수용하는 입법작업이 뒤따랐다. 그리하여 1974년 12월 24일에는 아래의 도표에서 보는 바와 같이 근로기준법, 노동조합법, 노동쟁의조정법, 직업훈련법이 개정되어 근로기준법은 근로자보호를 더욱 강화하였고, 적용범위를 확대하고 벌칙을 강화하였다. 안전과 보건 및 재해보상의 보건규정은 1976년 1월 1일부터 5인 이상 16인 미만의 근로자를 사용하는 사업 또는 사업장으로 확대적용되었다. 그러나 이 시기는 전체적으로는 억압적인 집단적 노사관계법은 그대로 존치한 채 벌칙을 강화하는 노동법으로 진화되어 가는 시기라고 평가된다.

46) 허성준, "노동법이 어떻게 개정되었는가?", 「경영과 노동」, 1973.5월호, 11면 이하(김형배, 「노동법」 제10판, 1998, 70면에서 재인용).

	제 · 개정 법률	제 · 개정 법률의 주요내용	비고
1972년	노동청예규 제103호, 제104호 (1972.2.29., 3.24)	· "국가비상사태하의단체교섭등조정업무처리요령"에 따라 단체교섭과 단체행동에 국가보위에관한특별조치법(1971.12.27.)적용	관주도 노사관계
	유신헌법 (1972.12.27.)	· 노동3권 개별 법률유보(제29조 제1항) · 공무원, 공익사업체 등의 단체행동권제한 또는 불인정(제29조 제3항)	
1973년	노동조합법 개정(1973.3.13.)	· 노사협의회 도입(제6조) · 노동쟁의제기를 총회결의사항으로 포함(제19조 I ⑧) · 조합원 200명 미만 조합에도 대의원제도 설치(제20조 II) · 산별체제 전제규정 삭제(구법 제13조 I · II, 제14조 ⑪, 제20조 V, 제26조 II, 제33조)	
	노동쟁의조정법 개정(1973.3.13.)	· 공익사업범위 대통령령으로 결정가능(제4조 II) · 노동위원회의 쟁의적법여부심사를 행정관청으로 이관(제16조) · 알선절차에서 행정관청의 조사권 규정(제19조)	
	노동위원회법 개정(1973.3.13.)	· 위원의 임기 3년으로 연장(제7조 I) · 노동위원회 위원장을 상임위원 중에서 임명(제8조 II)	
	산업재해보상보험 (1973.3.13.) 개정	· 산재보험 적용대상 확대 · 연체금 비율 인하(산재법 제26조 I) · 보험료 조사징수 시 20일 여유기간 통지(제23조 III, 제25조 III) · 근로자 요양 중 급여 제한 사유(제14조) · 수급자 의무위반시 지급 일시중지(제34조의3) · 유족의 청구 · 수령권(제12조의 2)	
	산업재해보험법 시행령(1973.6.23.) 개정	· 산재보험 적용대상 상시 30인이상 → 16인 이상 또는 연인원 4천2백인 이상 사업장으로 확대(산재법 시행령 제2조 I ④)	
1974년	긴급조치 3호 (1.14. 조치)	· 긴급조치 제 4장 "근로조건의 개선" – 임금채권 우선변제(제19조), 근로기준법위반, 부당노동행위, 단체협약불준수에 대한 처벌강화(제20조, 제21조)	오일쇼크, 경제불황, 임금체불급증
	근로기준법개정 (1974.12.24.)	· 임금채권 우선변제(제30조의2) · 임금채권 소멸시효 2년 → 3년으로 연장(제41조) · 연소근로자보호상한선 16세 → 18세미만으로 상향(제55조) · 장해보상을 산재법과 동수준(제55조) · 벌칙강화(제107조, 제109조~제111조, 제110조의2 신설, 제103조 V) · 동법상 권한을 보건사회부장관에서 노동청장으로 이관(제12조 등)	· 1.14조치 내용반영 · 정부주도적 노동입법
	노동조합법 개정 (1974.12.24.)	· 노사협의회 운영규정 구체화(제6조 III) · 조합규약변경과 임원해임의 의결정족수강화(제19조 II) · 단체협약불이행자에 대한 벌칙신설(제46의2) · 노동위원회 명령 · 판정위반자, 부당노동행위에 대한 벌칙 강화(제46조, 제47조)	

	노동쟁의조정법 개정(1974.12.24.)	· 보사부장관 권한 노동청장으로 이관(제10조 III, 제40조 I, II, III) · 벌칙강화(제46조 이하)
1975년	근로기준법, 노동조합법, 직업훈련법 시행령 개정(1975.4월, 5월)	· 근로기준법 적용 확대－5인 이상 16인 미만(시행령 제1조) · 노사협의회운영 구체화(시행령 제1조, 제1조의2, 제1조의3, 제1조의4)

3. 제5공화국과 노동법의 변화

유신시대 이후부터 신군부가 세력을 잡았던 시기 이전에는 지나친 성장정책으로 부익부빈익빈 현상이 나타나고, 결국은 사회불안이 조성되어 국가가 적극적으로 노사문제의 해결을 위해 개입하던 시기가 제5공화국 시기 전이다. 이 시기는 왜곡된 노동정책으로 근로자들의 삶이 피폐해지던 시기로서 유명한 1979년의 "YH사건"이 터지던 때이다. 새롭게 등장한 신군부세력은 1980년 10월 22일 국민투표로 제5공화국 헌법을 통과시켰다. 비록 군부의 통치라는 점에서 유신시대나 속성은 같았지만, 5공화국 헌법은 유신헌법의 "낡은 잔재를 버리고 자유민주적 기본 질서를 확고히 하여 각인의 기회를 균등히 하고 능력을 최대한 발휘하여 국민생활의 균등한 향상을 기할 것을 다짐하면서"[47] 등장한 헌법이다. 노동법의 변화에서 이 헌법이 의미있는 것은 헌법 제30조에 "근로자의 고용의 증진과 적정임금의 보장에 노력할 것"(헌법 제30조 제1항)이라고 하면서도 제3항에 "근로조건의 기준은 인간의 존엄성을 보장하도록 법률로 정한다'는 것이었다"(헌법 제30조 제3항). 제헌헌법이나 유신헌법에는 없는 것이다. 근로조건을 인간의 존엄성을 보장하도록 법률로 정한다는 것은 노동보호입법의 방향이나 노동법률을 해석할 때 중요한 기준이 될 수 있다. 이러한 헌법적 구조와는 이질적이기는 하지만, 1980년 12월 30일 국가보위입법회의는 노동4법의 개정안과 노사협의회법안을 의결·통과시켰다. 그 내용은 아래의 도표에 제시되었다. 무엇보다도 특징적인 것은 행정관청에 의해 주도되었던 노사관계가 노사당사자가 주도하는 협약자율시스템으로 복귀하게 되었다. 그러나 무엇보다 의미있는 것으로는 이 시기에 노사협의회법을 제정하였고, 1986년도에는 최저임금법을 제정하였다는 점과 노사당사자와 정당한 권한을 가진 자 이외에는 노동문제에 개입할 수 없도록 제3자 개입을 금지하였다는 점이라고

47) 김형배, 「노동법」 10판, 1998, 72면 참조.

본다. 개별적인 내용은 도표에 제시되어 있다.

<table>
<tr><td rowspan="7">1980년</td><td>제5공화국 헌법
(1980.10.27.)</td><td colspan="2">· 노동기본권(제30조, 제31조)
· 근로자의 고용증진과 적정임금보장
· 근로조건 법률유보－인간의 존엄성보장 추가
· 여자와 소년근로 특별보호
· 국가유공자 등 유가족 우선 근로기회
· 단체행동권의 행사에 대한 법률유보
· 공무원, 공익사업체 등 단체행동권 제한조항에 방위산업체 추가(제31조 III)</td></tr>
<tr><td>근로기준법 개정
(1980.12.31.)</td><td>· 동일사업 내 퇴직금 차등제도 금지(제28조 II)
· 조세・공과금보다 임금채권 우선변제(제30조의2)
· 도급사업에서 직상수급인에게 임금채무 연대책임(제36의2)
· 1일 8시간 기준근로시간원칙 완화 → 합의 하 주48시간 (제42조 III)
· 연소근로자와 합의 시 연장근로인정(제55조)
· 임금체불 사용자에 대한 체형 인정(제109조)
· 근로자의 중대한 귀책사유 시 해고 후 노동위원회의 인정 신청가능(시행령 제10조)</td><td rowspan="3">1980.12.30. 국가보위입법회의에서 노동관련법 개정안과 노사협의회법안 의결, 통과</td></tr>
<tr><td>노동조합법 개정
(1980.12.31.)</td><td>· 기업별 노동조합 강제(제13조)
· 기업별 단체교섭 강제와 단체교섭위임제한(제33조)
· 조합 성립요건 엄격화(제13조)
· 제3자 개입 금지(제12조의2)
· 조합임원의 자격과 임기제한(제24조)
· 조합비의 일정비율이상 복지・후생에 사용 강제(제24조)
· 단체협약내용에 대한 행정관청의 심사와 취소변경권 인정(제34조)
· 단체협약 효력의 유효기간 연장(제35조)
· 유니온숍 규정 삭제(제39조 ②)</td></tr>
<tr><td>노동쟁의조정법
개정(1980.12.31.)</td><td>· 공익사업 범위 확장(제4조)
· 쟁의조정의 우선처리에서 방위산업체포함(제11조)
· 공무원, 국공영기업과 방위산업체 종사자의 쟁의행위금지 (제12조 II)
· 사업장 밖에서의 쟁의행위금지(제12조 III)
· 쟁의행위에 제3자 개입금지(제13조의2)
· 냉각기간과 알선기간의 연장(제14조, 제20조)
· 모든 사업에서 강제직권중재인정(제30조 ③)
· 금지규정위반에 대한 벌칙강화(제47조, 제48조)</td></tr>
<tr><td>노동위원회법
개정(1980.12.31.)</td><td colspan="2">· 지방노동위원회의 관리와 위원위촉을 노동부로 일원화(제5조, 제6조, 제8조)
· 노동위원회의 상임위원을 2인으로 하고 자격요건 강화(제7조의2, 제7조의3)</td></tr>
<tr><td>노사협의회법의
제정(1980.12.31.)</td><td>· 대통령령이 정한 예외를 제외하고 근로조건의 결정권이 있는 사업 또는 사업장에 노사협의회 설치(제4조)
· 노사 동수 구성, 근로자 및 사용자 대표참여(제6조)
· 노동부장관에 의한 해산 사유 및 위원의 개선 사유 규정 (제19조)
· 협의회 협의사항 규정(제20조)
· 사용자의 보고사항(제21조), 고충처리위원규정(제24조-제26조)</td><td>· 협동적 노사관계수립위한 전기마련
· 구 노동조합법 제6조 삭제</td></tr>
</table>

1986년	최저임금법 제정 (1986.12.31.)	· 상시 10인 이상 근로자 고용하는 전체 제조업(시행령 제2조) · 최저임금은 최저임금심의회의 심의 · 의결에 따라 노동부장관이 결정(제8조) · 최저임금의 결정기준(제4조 I) · 최저임금 미달한 근로계약부분 무효 및 무효부분은 최저임금액과 동일임금으로 정함(제6조 III)	
	노동조합법 개정 (1986.12.31.)	· 제3자 개입금지에서 상급노동조합단체를 제3자에서 배제(제12조의2) · 조합비 사용의무규정 삭제(제24조 II) · 노동조합해산명령요건으로 시정명령(제32조 II) · 상급연합단체에 교섭권한위임시 행정관청승인규정폐지, 신고제로 전환(제33조 II) · 부당노동행위 벌칙규정(제46조의2)	1980년 개정전으로 회귀
	노동쟁의조정법 개정(1986.12.31.)	· 준공익사업지정에 대한 위임규정삭제(제4조 II) · 공익사업개념 엄격히 규정하면서 대상범위 추가 명시(제4조) · 제3자 개입금지에서 상급연합단체 제외(제13조의2) · 냉각기간과 알선기간 단축(제14조, 제20조) · 노동쟁의 발생신고를 쌍방신고에서 일방신고 후 상대방에 통지함으로 변경(제16조 I) · 방어적 직장폐쇄 명문화(제17조) · 직권중재대상에서 일반사업 제외(제30조)	

4. 민주화 시기 노동법의 변화

1987년 6월 29일의 민주화 선언은 유신독재정권과 신군부정권에 억눌렸던 감정을 폭발적으로 분출하게 한 사건이다. 각 분야에서의 민주주의에 대한 열망이 나오면서 그동안 갇혀 있던 각종의 노사관계와 근로조건 개선에 대한 욕구가 나타난 시기로서, 노사분규가 폭발적으로 이어졌고, 조선소의 골리앗이 사업장 밖으로 나오는 등 노동쟁의는 과격하고 매우 빈번하게 행하여졌던 시기이다. 6월 29일 이후 10월 말까지 노사분규는 3,250건에 달하였다. 노사분규가 많았던 이유 중의 하나는 5 · 16 군사정부 이래로 정책적으로 추진해 오던 5개년 경제개발계획의 결과가 분배되지 못하고 근로대중들의 삶은 개선되지 못한 채 성장론의 그늘에서 희생만 강요당하고 제도적으로는 노동악법에 근로조건 개선의 목소리도 내지 못하였던 근로자들과 화이트칼라 근로자들의 불만이 일시에 터져 나온 것이 아닌가 생각한다. 그러한 노도와 같은 국민들의 분노가 함께 뭉쳐 이 시기에는 노동법에 가려졌던 어두운 장막들이 상당히 많이 제거되었던 시기이다. 1987년 10월 27일 국민투표로 통과된 개헌헌법은 오늘날 적용되는 현행헌법인데, 근로조건은 인간의 존엄성을 보장하도록 법률로 정할 것을 규정하고 있고, 근로3권은 법률의 유보없이 보장되어 헌법 제37조 제2항의 국가안전보장, 공공복리, 질서유지의 입장에서만 제한할 수 있도록 하여 그동안 근로3권을 제한하고 정치적으로 근로대중을 억압하여 왔던 장벽들이 없어지기 시작하였다. 근로기준법에서는 최우선변제임금채권이 신설(제30조의2 제2항)되고, 4주 단위 변형근로시간제 폐지(제42조 제2항), 근로기준법 적용범위 확대(시행령 제1조), 즉시해고가능한 근로자의 귀책사유열거규정을 삭제(시행령 제10조)하였다. 무엇보다 양성평등의식과 일·가정 양립의식이 확산된 결과 1988년 4월 1일부터 남녀고용평등법이 제정·시행되었으며, 1987년 11월 28일부터 노동조합법은 복수노조설립제한 완화(제3조 5호)·기업별 노동조합 강제규정을 삭제(제13조)하여 노동조합의 유형을 근로자들이 스스로 선택하도록 하였으며, 규약의 취소와 변경명령은 법령에 위반했을 경우에만 가능하도록 하고(제16조, 제21조)·조합규약 총회결의에 대한 행정취소명령권을 제한했고(제16조, 제21조), 행정관청의 조합운영감사를 완화하는(제30조) 등으로 행정관청이 노사관계에 개입하는 것을 차단하였으며, 복수노조설립제한도 완화하였다. 노동쟁의조정법도 쟁의행위를 제도적으로 보장함으로써 자율적인 해결구조를 갖도록 공익사업의 범위에서 증권거래, 석탄산업 등을 삭제하였으며(제4조), 임의조정제도를 두어 사적 조정제도를 우선시하였으며(제5조의2) 쟁의행위가 금지되는 국공영기업체와 방위산업체를 축소(제12조 제2항)하였고, 냉각기간을 축소하였다(제14조).

이후 노동입법은 노동법의 중심축이 되는 4대 노동입법보다는 근로자 개개인의 노동환경과 노동안전에 직결되는 산업안전보건법, 산업재해보상보험법, 직업안정법, 고용보험법, 고용정책기본법, 최저임금법에 대한 개정이 주류를 이루었다. 고용시장이 악화되어가고 있는 상황에서는 고용관련 법령을 손질하지 않을 수 없었다. 그리고 노동입법사에서 중요한 사건으로는 1991년 12월 9일에 우리나라가 국제노동기구ILO에 정식으로 가입하였다는 점이다. 이후로 복수노조 허용과 같은 주제를 둘러싸고 ILO의 기본조약 비준과 노동법 개정 요구는 지속적으로 이어지고 있다.

<table>
<tr><td rowspan="5">1987년</td><td>현행헌법
(1987.10.29.)</td><td>· 근로의 권리와 근로3권(제32조, 제33조)
· 인간의 존엄성을 보장하는 근로조건 법률유보, 최저임금제(제32조 III, I ②)
· 여성근로자 특별보호 및 차별금지, 연소근로자 특별보호(제32조 IV, V)
· 국가유공자 등 유가족 우선 근로기회 법률유보(제32조 VI)
· 법률유보없는 근로3권 보장(제33조)
· 법률이 정하는 주요방위산업체 종사근로자의 단체행동권 제한 또는 불인정(제33조 III)</td></tr>
<tr><td>근로기준법
개정(1987.11.28.)</td><td>· 최우선변제임금채권신설(제30의2 II)
· 4주 단위 변형근로시간제 폐지(제42조 II)
· 근로기준법적용범위 확대(시행령 제1조)
· 즉시해고가능한 근로자의 귀책사유열거규정 삭제(시행령 제10조)</td></tr>
<tr><td>남녀고용평등법
제정(1988.4.1.부터 시행)</td><td>· 고용에서의 남녀의 평등한 기회 및 대우 보장, 모성보호 및 근로여성지위향상(제1조)
· 모집과 채용(제6조), 교육 · 배치 및 승진(제7조), 정년 · 퇴직 및 해고시(제8조) 차별금지
· 육아휴직(제11조 I · II)
· 사용자의 육아에 필요한 시설제공의무(제12조 I)</td></tr>
<tr><td>노동조합법
개정(1987.11.28.)</td><td>· 복수노조설립제한 완화(제3조 ⑤)
· 기업별 노동조합강제규정 삭제(제13조)
· 조합규약 총회결의에 대한 행정취소명령권 제한(제16조, 제21조)
· 행정관청의 조합운영감사 완화(제30조)
· 단체교섭 위임제한의 완화(제33조)
· 단체협약유효기간 단축(제35조)
· 유니온숍제 부활(제39조)</td></tr>
<tr><td>노동쟁의조정법
개정(1987.11.28.)</td><td>· 공익사업범위 축소(제4조)
· 임의조정제도 도입(제5조의2)
· 쟁의행위금지사업 축소(제12조)
· 냉각기간 단축(제14조)</td></tr>
<tr><td rowspan="3">1989년</td><td>근로기준법
개정(1989.3.29.)</td><td>· 법적용범위 상시5인 이상으로 확대(제10조)
· 즉시해고사유 제한(제27조의2)
· 정당한 이유없이 해고 등 불이익처우받은 근로자의 노동위원회 권리구제신청(제27조의3)
· 근로자의 최우선변제채권범위 확대(제30조의2)
· 평균임금의 70/100의 휴업수당 등 휴업지불규정(제38조)
· 주44시간으로 기준근로시간 단축, 유해 · 위험작업의 경우 주34시간(제42조 I, 제43조)
· 연차유급일수 상향규정(제48조 I)
· 여성근로자의 생리휴가보장(제59조)
· 벌칙규정 강화(제107조, 제109조－제111조)</td></tr>
<tr><td>남녀고용평등법
개정(1989.4.1.)</td><td>· 동일노동 · 동일임금의 원칙, 동일노동의 기준(제6조의2)
· 육아휴직기간을 근속년수에 포함(제11조 II)
· 차별대우 벌칙규정 강화(제23조)
· 사업주와 근로여성 분쟁해결에 노동조합관여 허용(제15조)
· 분쟁관련 입증책임은 사업주가 부담(제19조)</td></tr>
<tr><td>산업재해보상보험법 개정
(1989.4.1.)</td><td>· 휴업급여액 평균임금의 70%로 인상(제9조의4)
· 유족보상일시금과 장의비 인상(제9조의6 II, 제9조의8)
· 상병보상연금 인상(제9조의5 I, 제9조의7 II)
· 장해보상연금의 4년분 선금지급가능(제9조의5 III)</td></tr>
</table>

1990년	근로기준법과 산업안전보건법 개정(1990.1.13.)	· 안전과 보건에 관한 근로기준법의 내용을 산업안전보건법이 흡수 · 통합 (근기법 제64조)	
1993년	고용정책기본법 제정(1993.12.27.)	· 국가의 중장기 고용정책기본계획 수립 · 시행(제5조) · 고용정보 수집 · 제공(제8조－제10조) · 구직자, 고령자, 여성과 청소년에 대한 고용촉진지원(제15조－21조) · 중소기업 사업주의 노동력확보지원(제22조－제25조) · 사업주 고용조정지원, 실업대책수립(제26조－제28조) · 고용정책심의회와 직업안정기관 설치 · 운영(제6조, 제7조)	종래 직업안정법에서 고용촉진사항은 고용정책기본법에 흡수
	고용보험법 제정(1993.12.27.)	· 고용안정사업, 직업능력개발, 실업급여사업의 실시 · 모든 사업과 사업장에 적용, 대통령령에 의한 예외인정(제7조) · 고용보험 제외 근로자 열거(제8조) · 실업급여(상시30인이상)와 고용안정사업 및 직업능력개발사업(상시 70인 이상)의 대상 규정(시행령 제2조)	
	최저임금법개정 (1993.8.5.)	· 최저임금결정일 변경: 11월 30일 → 8월 5일(제8조 I) · 최저임금안 재심요청기간 조정(제8조 I) 및 최저임금안의 14일 내 지체없이 고시의무(제10조 I) · 최저임금의 효력발생시기 변경: 다음연도 1월 1일 → 당해 연도 9월 1일부터(제10조 II)	
1994년	산업재해보상보험법 전면개정 (1994.12.22.)	· 근로복지공단 설립(제13조 이하) · 공단이사장 대통령 임명 등 운영규정(제14조－제19조) · 산재보상보험특별회계 폐지하고 산재보상보험기금 설치(제80조 이하) · 보험급여에 대한 불복시 공단에 심사청구, 심사청구에 불복시 노동부 산하 산재보상보험심사위원회에 재심사청구, 청구에 대한 재결은 제기후 50일 내(제88조－제90조)	
1996년	근로기준법 개정 (1996.12.31.)	· 단시간근로자의 근로조건보호(제22조의2) · 경영상의 이유에 의한 해고제도(제27조의2－제27조의 4) · 퇴직금중간정산제, 퇴직연금제도 도입근거마련(제28조 III · IV) · 사용자의 귀책사유로 인한 휴업수당지급에서 평균임금의 70/100에 상당하는 금액이 통상임급보다 많은 경우 통상임금으로 지급가능(제38조) · 탄력적 근로시간제 도입가능(제42조의2) · 선택적 근로시간제(플렉스타임제) 도입근거(제42조의3) · 업무성질에 비추어 노사 서면합의에 따른 재량근로시간제 도입(제46조의2) · 운수업 · 병원 등 업무특성에 따라 근로시간연장(주12시간)합의 가능(제47조의2) · 연차휴가일 30일로 상한(제48조 II) · 연 · 월차 휴가대체제도(제48조의2) · 최저취업연령을 13세에서 15세로 상향(제50조)	
	산업안전보건법 개정(1996.12.31.)	· 산업재해의 예방과 쾌적한 작업환경의 조성을 위한 사업주의 의무 강화 · 1,000인 이상 사업장에 별도의 산업안전보건위원회 설치(제19조)	
	고용보험법 개정(1996.12.30.)	· 고용안정사업 및 직업능력개발사업 실시 사업주에 대한 지원범위 확대 · 65세이상 고용보험법 적용 제외(제8조) · 실업급여 중 기본급여를 구직급여로 명칭변경(제28조) · 실업급여산정기준변경(이직 전 3월간 임금)으로 보험사고처리 간소화(제35조)	
	건설노동자의 고용개선등에	· 노동부장관에 의한 건설근로자고용개선기본계획 수립 · 시행 · 사업장별 고용관리책임자 지정(제5조)	

관한 법률 제정(1996.12.31.)	· 건설노동자 고용안정 및 직업능력개발시설 등에 대한 비용지원(제7조) · 건설근로자퇴직공제회(제8조－제14조)	
노동조합 및 노동관계조정법 제정(1996.12.31.)	· 노동조합의 정치활동금지규정 삭제, 다만 주로 정치운동 또는 사회운동을 목적으로 하는 단체는 노동조합으로 보지 않음(제2조 ③) · 복수노조 설립 허용(제5조 및 부칙 제6조) · 노동조합 설립신고 등 업무 노동부장관으로 일원화(제10조 I) · 노동조합대표의 단체협약체결권확인 및 노사 단체교섭 성실수행으로 단체교섭 지연방지(제29조 I, 제30조) · 단체협약 이견에 대한 노동위원회 판정(제32조, 제34조) · 전임자급여 부당노동행위로 규정(제24조 II, 제81조 ④, 부칙 제7조) · 제3자 개입금지규정 삭제, 지원받을 수 있는 자 명시(제40조) · 쟁의행위금지된 방위산업체종사자 범위 축소(제41조 II) · 쟁의행위기간 중단된 업무수행위한 채용 및 대체 금지(제43조) · 쟁의행위 참여기간 임금지급금지(제44조) · 노동쟁의의 조정 일원화, 쟁의행위는 조정절차 후에만 가능(제45조 및 제5장) · 직권중재범위 축소(제74조 I) · 노동조합법과 노동쟁의조정법 통합	
근로자참여 및 협력증진에 관한 법률(1996.12.31.)	· 근로자위원 대표성 확보(제6조 II) · 노사협의회 협의사항 추가(제20조) · 노사협의회의 업무에 합의사항 추가(제20조의2) · 합의사항에 관한 의견불성립 또는 의결사항에 대한 분쟁시 노사합의로 중재기구 두거나 노동위원회 중재로 해결(제23조의2) · 중앙노사협의회를 중앙노사정협의회로 명칭변경(제28조)	노사협의회법 명칭변경 · 개정
노동위원회법 개정(1996.12.31.)	· 노동위원회 독립성강화와 중앙노동위원회위원장 차관급으로 지위상향(제4조, 제9조 III) · 노동위원회 수 탄력화(제6조 II) · 공익위원의 공익성, 전문성확보를 위한 선출 및 자격요건 강화(제6조, 제8조)	

노동입법사에서 1996년은 특별한 의미를 갖는다. 경제의 세계화로 기업이 존속하기 위해 힘든 생존경쟁을 하지 않으면 안 되는 어려운 환경에서 정부는 OECD에 가입하게 되고, 선제적으로 경제적 위기상황에 대처하기 위해 노동환경도 개선하기로 결정하였다, 특히 "기업의 경쟁력을 지원하고 근로자의 삶의 질을 향상시켜 노사공영의 제도적 기반을 갖춘다는 취지에서 노사의 자율과 책임을 강화하여 민주적 노사관계를 지향하며, 국제적 규범과 우리 현실의 조화를 도모하는 방향으로 노동관계법의 대폭적인 개정을 단행하기로 하였다."[48] 이러한 개정이 가능한 것은 1987년도 이후의 우리 사회의 민주화에 힘입은 바가 크다. 노동입법은 이러한 관점에서 "노동시장의 규제완화와 유연성 제고, 노사자율교섭기반의 정비

48) 노사관계개혁위원회편, 「'96 노동관계법」, 1996.11, 6면 참고.

와 쟁의행위 및 분쟁조정의 합리화, 불합리한 제도와 관행의 개선, 노동행정의 합리적 개편, 참여와 협력적 노사관계기반의 조성 등을 목표로 노동입법을 수정"[49]하기로 하였다. 이를 위하여 노사관계개혁위원회(이른바 '노개위')를 대통령자문기구로 하여 노・사・공익을 대표하는 노개위는 노동관계법개정요강을 만들어 대통령에게 보고하였다. 그러나 동시에 노개위와는 별개로 정부의 국무위원들 중심으로 구성된 '노사관계개혁추진위원회(이른바 '노개추')'를 구성하여 노개위의 논의 내용을 참고하여 정부안을 만들게 되었다. 이 정부안은 1996년 12월 26일 변칙적으로 국회에서 수정・의결되어 12월 31에 공포되었지만, 당시 경제상황에서 정리해고의 두려움을 가지고 있던 근로자들의 상당한 저항을 받아 다시 논의하게 되어 1997년의 노동법제정을 가져오게 했다. 당시 정부안은 근로기준법과 관련하여 탄력적 근로시간제, 선택적 근로시간제, 재량근로시간제 등을 담아 근로시간의 유연화를 도모하였고, 무엇보다도 정리해고를 법제화한 것이다. 그리고 노동조합법과 노동쟁의조정법을 통합하여 노동조합및노동관계조정법(1996.12.31. 법5244호)을 제정하였다. 이 법은 노동조합의 정치활동금지규정을 삭제하였고, '주로 정치운동 또는 사회운동을 목적으로 하는 단체는 노동조합으로 보지 않는다'(제2조 3호)는 규정을 담고 있었고, 복수노조 설립을 허용하되 단계적 시행을 하고(제5조 및 부칙 제6조), 노동조합 설립신고 등 업무는 노동부장관으로 일원화(제10조 제1항)하였고, 노동조합대표의 단체협약체결권 확인 및 노사 단체교섭 성실수행으로 단체교섭 지연을 방지(제29조 제1항, 제30조)하고자 하였다. 그리고 노사협의회법을 근로자참여및협력증진에관한 법으로 바꾸고 기존의 협의사항과 보고사항 이외에 합의사항까지 추가하는 등 근로자보호를 확대하였다.

그러나 1996년 12월 31일에 공포되고 1997년에 시행되기로 했던 이 법률은 국회에서 충분히 논의도 되지 않은 채, 여당의원만이 참석하여 기습적으로 통과되어 절차상의 하자가 있는 법이었다. 이 법의 변칙처리보다 더 노동계를 분노하게 만든 것은 정리해고를 법제화한다는 것이어서 경제불황기에 고용불안정 심리를 가져와 근로자들을 거리로 뛰쳐나오게 만들어 전국 총파업이 일어날 정도였다. 또한 복수노조의 허용에 대해서는 정리해고의 허용만큼이나 논란이 많았고, 쟁의행위 중 대체근로의 허용이나 공익사업의 범위 및 직권 중재의 대상을 정한 부분에 대해서

49) 김형배, 같은 책, 88면 각주 1)에서 재인용.

노동계는 매우 우려를 하게 되었다. 파업 당시 26일 간에 연인원 500만명이 동원되었다고 한다. 이러한 비판에 직면한 정부는 다시 노동법을 개정하기로 하고 1997년 3월 10일 여야합의로 새 노동관계법을 통과시켰으며 같은 해 3월13일 법률이 공포·시행되었다. 이렇게 되어 1996년 12월 31일 변칙처리 통과시킨 법률은 1997년 3월 12일까지 시행되어 12일간 효력을 발생한 단명한 법률이었다. 그러나 1997년 3월 13일 효력을 발생한 노동법은 중요쟁점사항에 대해서만 바뀌었을 뿐, 12일 단명법과 거의 동일하며 조문의 위치만 바뀌었을 뿐이다. 단명법을 갈아치우고 새로이 만들어진 법률들은 근로기준법, 노동조합및노동관계조정법, 근로자참여및협력증진에관한법, 노동위원회법인데, 그 개정의 범위가 일부 개정이 아니라, 내용과 체제의 변동범위에서 기존의 법률개정과는 현격히 달라 제정입법의 수준이므로 1997년 3월 13일 공포·시행된 법률은 '제정법'의 명칭을 갖게 된다. 그리고 2018년 현재 노동법의 원천인 제정법은 이 때 만들어진 법을 가리킨다.

<table>
<tr><td rowspan="3">1997년</td><td>근로기준법
개정(1997.3.13.)</td><td>· 경영상이유에 의한 해고가 경영상 이유에 의한 고용조정으로 표현변경, 시행 2년유예(제31조)
· 경영상이유에 의한 해고요건규정 변경
· 1개월단위 탄력근로시간제에서 1일 최장근로시간(12시간) 설정(제50조 II)
· 연차휴가일의 상한제 폐지(제59조)</td><td rowspan="3">1996.12.26. 노동관계법에 대한 국회에서의 변칙처리에 대한 저항격화로 1997.3.10. 여야합의로 새노동관계법 통과</td></tr>
<tr><td>노동조합 및
노동관계조정법
개정(1997.3.13.)</td><td>· 노동조합의 결격사유 중 주로 정치운동 및 사회운동을 목적으로 하는 경우를 주로 정치운동을 목적으로 하는 경우로 개정(제2조 ③ ㈒)
· 쟁의행위기간 중 대체근로요건을 사업과 관계없는 자로 한정, 쟁의로 중단된 업무의 신규하도급금지(제43조)
· 쟁의기간중 임금지급을 요구하는 쟁의행위에 대한 벌칙규정(제90조)
· 노동쟁의 조정기간 단축(제54조)
· 필수공익사업(시내버스, 은행)에 관한 규정 적용시한 조정(부칙 제2조)
· 복수노조설립 상급단체 3년, 단위사업장 5년 유예한 것에 상급단체의 경우 유예기간폐기(부칙 제5조)</td></tr>
<tr><td>근로자참여및협력
증진에관한법률
개정(1997.3.13.)</td><td>· 종래 합의사항이 의결사항으로 표현변경(제20조)
· 공익위원자격요건, 중앙노동위원회위원장 직급처우규정 수정(제8조, 제9조 III)</td></tr>
</table>

5. 경제위기상황과 노동법의 변화

1996년도 말과 1997년도 초의 노동법파동을 겪은 상황부터 이미 한국 경제는 침몰하는 위기에 처해 있었다. 1997년도부터 기업들의 부도사태가 줄을 이었고, 한국경제는 외환위기에 봉착하여 국제통화기금IMF의 구제금융을 받을 수밖에 없었고, IMF는 그 조건으로 전 산업에 걸친 구조조정을 요구하였고, 노동시장도 그 영향을 벗어날 수 없었다. 따라서 노동법 개정이 필연적으로 일어날 수밖에 없었는데, 그 핵심은 노동시장의 유연성의 제고이었다. 정부는 불가피하게 이를 수용할 수밖에 없었는데, 노동입법적으로는 국회에서 곧바로 노동관련법을 개정하는 것이 아니었다. 전 사회적으로 이해관계자들의 합의를 전제로 사회협약을 만들어 사회구성원들의 전체적인 동의하에 입법을 하는 방식, 말하자면 사회적 대화와 합의를 기초로 한 노동입법이 만들어지게 되었다. 그리하여 노사정이 참여하는 노사정위원회라는 논의의 장이 만들어지고 여기서 '경제위기 극복을 위한 사회협약'을 체결한 뒤 이를 토대로 국회에서 노동법을 개정하는, 이른바 사회적 합의 방식의 입법모델에 의한 노동법 제·개정을 하는 구조가 형성되기 시작하였다. 1998년 1월 15일 발족한 노사정위원회는 노동시장개혁의 첫 과제로서 정리해고를 통한 인력구조조정 합의와 파견근로 허용을 통한 노동시장 유연화법제에 대한 합의를 이루어내는 것인데, 사회적 합의 모델이기 때문에 이를 관철하기 위해서는 피해를 보는 상대방에게도 무엇인가를 주지 않으면 안 되었다. 그리하여 노동시장의 유연성 확보와 공무원과 교원의 노동기본권 보장이 빅딜의 대상이 되었고, 이것이 노동입법으로 이어지게 되었다. 이 주제가 사회적 대화의 의제가 되면서 정리해고제와 파견근로를 허용하고 그 대가로 공무원의 직장협의회, 교원노동조합 허용, 노동조합의 정치활동보장, 실업자의 초기업단위 노조가입이 타협되어 입법으로 발전하게 된다. IMF 금융위기가 입법사적으로는 사회적 합의모델을 가져오게 된 것이다. 이러한 배경 하에서 도표로 정리한 바와 같이 정리해고 규정의 개정으로서 노동시장의 유연화를 위하여 '경영악화방지를 위한 사업의 양도·인수·합병'도 정리해고를 할 수 있는 '긴박한 경영상의 사유'로 인정되도록 개정되었다. 또한 이 경제위기 시에 파견근로자보호 등에 관한 법률 제정, 근로자를 고용하는 모든 사업장에 고용보험법 적용(제7조), 기업의 폐업 도산으로 인한 임금 확인이 곤란한 경우 기준임금제도 도입을 통한 실업급여 지급(제2조의2) 등의 고용보험법의 개정, 공무원직장협의회 설립·운영에 관한 법률 제정, 교원의 노동조합설립 및 운영에 관한 법률 제정, 임금채권보장법 제정과 같은 노동입법이 사회적 합의 방식으로 만들어졌다. 공무원직장협의회 설립·운영에 관한 법률의 제정은 이미 공무원노동조합의 인정이라는 것을 전제로 사회적 합의가 이어진 것이기 때문에 이를 토대로 2005년 1월 27일에 공무원노동조합설립 및 운영 등에 관한 법률이 제정되었다. 물론 교원노조법이나 공무원노조법은 교원과 공무원이라는 특수신분을 고려하여 일반 근로자들에 비해 단체행동권을 제한하거나 개별교섭을 허용하지 않는다는 문제가 있다. 그리고 사회적 합의 모델의 지속적인 관심사 중의 하나는 OECD 국가 중 우리나라가 최장시간 근로국가로 지적되고 있어서 근로시간을 단축하는 것이 당면과제였다. 그리하여 지속적인 사회적 대화를 통해 국회는 2003년 9월 15일 주당근로시간을 40시간으로 단축(제49조 제1항)하고 탄력적 근로시간제 실시 기간을 3월 이내로 연장하는 근로기준법을 개정하게 되었다. 그리고 2004년 노사정위원회의 논의를 반영한 '근로자퇴직급여보장법'(안)을 정부입법안으로 제시하여 2005년 1월 27일 '근로자퇴직급여보장법'이 제정되었다. 이 제도에 의하여 근로기준법상의 퇴직금규정은 이 법으로 이동하였고, 퇴직연금제도가 도입되었다.

근로기준법 개정 (1998.2.22.)	· 경영상 이유에 의한 해고 제한 규정 개정(제31조)
근로기준법시행령 개정 (1998.2.24.)	· 상시 4인 이하 근로자를 사용하는 사업 및 사업장에서 적용할 균등처우, 휴게·휴일 등 근로조건에 관한 규정과 근로감독관에 대한 규정을 정함(제1조의2) · 경영상 이유에 의한 해고 계획의 신고(제9조의2) · 퇴직일시금신탁제도의 인정 및 지급요건 강화(제11조 1항)
임금채권보장법 제정 (1998.2.20.)	· 적용범위를 산재보험적용 5인 이상 사업장으로 확대(제3조) · 사업주 파산으로 인한 체불의 경우 최종 3개월분의 임금 및 최종 3년간 퇴직금 지급을 규정함(제6조) · 노동부장관이 미지급 임금을 지급한 경우 근로자의 임금청구권을 대위하도록 함(제7조) · 임금채권보장기금 설치·운영 규정 신설(제15조, 제18조)
파견근로자보호등에 관한 법률 제정 (1998.2.20.)	· 파견사업의 허용 내지 금지 범위 규정(제5조, 제6조) · 근로자파견사업에 대한 노동부장관의 허가를 요함(제7조, 제10조) · 근로자파견계약 체결의 서면화(제20조) · 파견근로자 보호를 위한 근로기준법 및 산업안전보건법 적용 특례 규정함(제34조, 제35조) · 파견사업주와 사용사업주의 파견근로자에 대한 조치 및 보호규정을 둠(제23조 이하, 제30조 이하)

노동조합 및 노동관계조정법 개정 (1998.2.20.)	· 노동조합의 관련업무 중 둘 이상의 시·도에 걸쳐 있지 아니한 단위노동조합 관련업무를 노동부장관에서 시·도지사로 이관(노조법 10, 12, 13, 18, 21, 27, 28, 31, 36, 40, 42, 46, 96조) · 단체협약의 유효기간 경과 후 새로운 단체협약 체결 전까지 종전 단체협약의 효력을 존속시킨다는 취지의 약정이 있는 경우, 단체협약 해지를 위한 해지통고기간을 3월에서 6월로 연장(제32조 3항)
공무원직장협의회 설립·운영에 관한 법률 제정('98.2.24.)	· 직장협의회 구성(제2조), 가입범위(제3조), 협의회의 기능(제5조), 기관장의 의무를 규정(제6조)
고용보험법 개정 (1998.9.17.)	· 고용하는 모든 사업장에 고용보험법 적용(제7조) · 기업의 폐업 도산으로 인한 임금 확인이 곤란한 경우 기준임금제도 도입을 통한 실업급여 지급(제2조의2) · 실직시 고액의 금품을 수령한 이직자에 대한 구직급여의 지급유예조항 신설(제45조의2)
교원의노동조합설립 및 운영에 관한 법률 제정 (1999.1.29.)	· 단결권과 단체교섭권 인정하되, 법령·조례·예산 등에 의해 규정되는 내용과 법령 또는 조례에 의한 위임을 받아 규정되는 내용에 대해서는 단체협약으로서의 효력을 가질 수 없다고 규정함(제7조) · 교원노조의 가입자격을 초·중등교육법 제19조의 교원으로 한정함(제2조) · 특별시·광역시·도단위 또는 전국단위에 한하여 노조를 설립할 수 있도록 함(제4조 제1항) · 노조와 조합원의 쟁의행위 일체금지(제8조) · 교원노조의 정치활동 금지(제3조)
근로기준법 개정 (1999.2.8.)	· 근로자 저축금의 사용자 관리에 대한 인가 규정 폐지(제29조) · 업무상 재해로 인한 요양 기간 또는 산전·후 휴가기간과 그 후 30일간일지라도 사업수행이 불가능한 경우 노동부장관의 인정 없이 해고 할 수 있도록 함(제30조) · 근로자가 고의로 사업에 막대한 지장을 초래하거나 재산상 손해를 끼친 경우 노동부장관의 승인 없이 해고할 수 있도록 함(제32조) · 여자와 18세 미만자에 대한 해고시 귀향여비 지급 제도 폐지(제74조)
남녀고용평등법 개정 (1999.2.8.)	· 사업주가 여성 또는 남성 어느 한 성이 충족하기 어려운 인사에 관한 기준이나 조건을 적용하는 것을 차별로 보도록 함(제2조의2 제1항 후단)
노동위원회법 개정 (1999.4.15.)	· 교원의 노동관계 조정을 위해 중앙노동위원회에 교원노동관계조정위원회를 두도록 함(제15조 5항) · 노동위원회 근로자·사용자·공익위원을 각 10인 이상 30인 이하의 범위 안에 두도록 함(제6조 2항)
노사정위원회의 설치 및 운영 등에 관한 법률 제정 (1999.5.24.)	· 위원회는 공공부문 등의 구조조정의 원칙과 방향, 노사관계발전을 위한 제도·의식·관행 등의 개선 등에 관한 사항을 협의하는 것을 목적으로 함(제3조) · 위원회는 위원장과 상임위원 각 1인을 포함하여 근로자, 사용자, 정부 및 공익을 대표하는 20인 이내의 위원으로 구성, 대통령이 위촉함(제4조) · 지방자치단체의 장은 당해 지역의 노사정간 협력 증진을 위하여 지역노사정협의회를 둘 수 있음(제19조)
고용보험법 개정 (1999.12.31.)	· 구직급여 수급요건 완화(제31조 1항 1호) · 저소득 실직자의 구직급여의 금액을 상향 조정(제36조 제1항 2호) · 실직자의 수급권 보호를 위해 이직 후 12월 한도로 지급받도록 함(제39조) · 실업기간 중 근로제공이나 소득신고를 누락, 허위로 신고하는 등 경미한 위반의 경우, 실업인정대상기간(14일) 동안 구직급여를 수급할 수 없고 이후 가능하도록 함(제37조, 제47조 2항)

산업재해보상보험법 개정 (1999.12.31.)	· 근로형태가 특수한 근로자에 대하여 보험급여산정의 기준을 별도의 산정방법에 의하여 평균임금으로 정하도록 함(제38조 3항) · 유족연금을 연금으로 지급하는 것을 원칙으로 하되, 연금수급권자의 선택에 의하여 그 일부를 일시금으로 지급할 수 있도록 함(제43조 2항, 3항)
임금채권보장법 및 시행령의 개정 (1999.12.31.)	· 도산상태에 있는 사업주로부터 임금을 지급받지 못한 퇴직자의 체불임금 지급 신청기간을 3개월에서 6개월로 연장(시행령 제5조 2항) · 파산선고를 받은 사업주를 대신하여 체불임금을 지급받을 수 있는 근로자의 범위를 파산선고 등의 신청일의 3월에서 6월 전부터로 기산하고, 그 후 1년에서 2년 이내에 퇴직한 자로 개정함(제7조)
노동조합 및 노동관계조정법의 개정 (2001.3.28.)	· 노조설립신고사항 변경신고기간을 연장(제13조 1항) · 단체협약 위반의 구체적 내용을 6가지로 한정(제92조 1항) · 사업장 복수노조설립 적용유예 기간 5년 연장(부칙 5조) · 노동조합전임자에 대한 사용자의 급여지급지원금지규정 적용유예기간을 5년 연장(부착 제6조 1항)
근로기준법의 개정 (2001.8.14.)	· 15세 이상 18세 미만의 근로자와 임신중인 여성근로자에 대하여 탄력적 근로시간제에 관한 제50조 1항 및 제2항을 적용하지 아니함(제50조 3항) · 도덕상 · 건강상 유해 · 위험한 사업에 있어서 임산부와 18세 미만자를 사용할 수 없는 사용금지에 관한 규정 전면개정(제63조) · 임산부 보호를 위하여 보호휴가를 90일로하고, 휴가기간 중 45일 이상이 산후에 주어지도록 함(제72조 1항)과 동시에 최초 60일은 유급으로 하고, 시간외 근로의 금지와 임산부의 요구가 있는 때에는 경미한 종류의 근로로 전환하도록 함(동조 3항)
남녀고용평등법 개정 (2001.8.14.)	· 법의 목적에서 남녀고용평등실현 지향을 명문화(제1조) · 간접차별규정의 구체화(제2조 1항) · 모든 사업 또는 사업장으로 적용범위 확대(제3조) · 직장내 성희롱금지규정(제12조) 및 성희로 행위자의 처벌규정 신설(제39조) · 사업주가 근기법 제72조 제1항의 산전후휴가를 부여한 경우 늘어나는 30일에 대하여 그 기간의 통상임금에 상당하는 금액을 국가가 지급하도록 근거규정 신설(제18조) · 육아휴직기간 중 해고금지 규정 신설(제19조) · 파견근로관계의 직장내 성희롱예방교육 의무사업주를 사용사업주로 명시(제34조)
근로기준법 개정 (2003.9.15.)	· 주당근로시간을 40시간으로 단축(제49조 1항) · 탄력적 근로시간제 실시 기간을 3월 이내로 연장(제50조 제1항 본문) · 사용자는 근로자대표와 서면합의에 따라 연장근로 · 야간근로 및 휴일근로에 대하여 임금을 지급하는 것에 갈음하여 휴가를 부여할 수 있는 규정 신설(제55조 2항) · 월차유급휴가 규정 삭제(제57조) · 연차휴가에 관한 규정 개정(제59조)
근로기준법 개정 (2005.1.27.) (2005.3.31.) (2005.5.31.)	· 퇴직급여제도에 관하여 근로자퇴직급여보장법에 따름을 규정(제34조, 제37조 2항 2호 삭제) · 미지급 임금에 대한 지연이자규정의 신설(제36조의2 1항) · 지연이자의 적용제외 사유규정의 신설(제36조의2 2항) · 근기법 제112조에서 정한 규정의 위반자에 대한 처벌에서 반의사불벌죄 도입(제112조 2항) · 임신 16주 이후 유산 또는 사산한 경우 근로자가 청구하는 때에는 보호휴가를 주며, 이에 따른 휴가 중 60일은 유급으로 함(제72조 2항 신설)

근로자퇴직급여보장법 제정('05.1.27.)	· 연금제도 도입(제2조 6항)
공무원노동조합설립 및 운영 등에 관한 법률 제정(2005.1.27.)	· 6급 이하의 공무원, 기능직공무원 및 고용직공무원에 대하여 단결권 및 단체 교섭권이 인정됨(제6조)

6. 비정규직 양산과 노동법의 변화

2006년도 이후 개별적 근로관계 분야에서는 고용형태의 다양화로 인하여 등장하는 직업형태, 예를 들어 특수형태근로종사자, 기간제근로자, 파견근로자, 단시간근로자, 1인 사업주 등의 비정규직이 급증한다. 또한 복수노조는 이를 허용한다고 법률에 정해 놓고도 부칙으로 유예하고 또 유예하여 더 이상 유예할 수 없는 상황이 되어 이 시기 노동입법은 이 두 가지 주제, 즉 비정규직보호입법과 복수노조를 어떻게 할 것인가를 다루지 않으면 안 되었다. 또한 파견근로자를 위한 법률을 만들었어도 이 법은 당시 상황에서 노동시장의 유연화를 위하여 만든 법이었는데, 파견법의 규제를 피해 불법파견이나 위장도급 형태에 의한 간접고용이 양산되면서 파견법을 어떻게 파견근로자 보호입법으로 정비할 것인가 하는 문제들이 노동법의 중심 현안이 되었다. 2001년 7월부터 노사정위원회에 비정규직근로자대책위원회가 구성되어 보호방법을 논의하였으나, 입법화되지 못하고 2006년 11월 30일에야 비로소 기간제및단시간근로자의보호등에관한법률(이하 '기단법'이라 한다) 제정되었다. 기간제 근로의 총 사용기간을 2년으로 제한하고 이 기간을 초과하면 기간의 정함이 없는 계약으로 하여 한편으로는 노동시장 유연화의 요청을 수용하면서도 기간제 근로자 보호 요청도 동시에 수용하였다. 또한 정규직과의 차별을 없애도록 명문으로 규정하였다. 파견법도 차별을 금지하면서 파견대상업무는 종전처럼 열거방식을 유지하되, 파견 총 기간은 2년, 2년을 초과하는 경우는 종전의 고용간주규정에서 고용의무규정으로 개정하였다. 집단적 노사관계법에서는 2006년 3월 15일부터 노사관계 선진화 방안으로서 3월 15일부터 노사정대표자회의(한국노총, 민주노총, 경총, 대한상의, 노사정위원회)가 구성되어 법률개정을 위한 사회적 합의모델을 가동한다. 그리하여 2006.12.30. 필수공익사업에서 노사자치주의 이념과 동떨어진 직권중재제도를 폐지하고 필수공익사업에 항공운수사업과 혈액공급사업을 추가하고, 파업시에도 유지되어야 할 필수유지업무 제도를 도입한다. 복수노조설립의 시행시기 및 노조전임자에 대한 급여지원금지 시행시기를 3년 연장(부칙 5, 6)하여 복수노조는 이 시기에도 해결되지 않았다.

다른 한편 2003년 11월 노사관계제도 선진화연구위원회가 해고보호를 강화하는 방안을 다양하게 제시하였으나, 2007년 1월 26일에 비로소 노동위원회의 구제명령에 대한 이행강제금 및 구제명령에 대한 처벌조항을 신설(제33조의6)하였고, 부당해고로 인한 복직명령에 갈음하는 금전보상제를 도입(제33조의3 제4항)하였으며, 근로자 해고 시 해고사유와 시기를 서면으로 통지할 것을 해고의 효력요건으로 규정(제33조의2)하였다.

2008년도에 리만브러더스 사건 전후로 노동시장의 유연화를 강력하게 원했던 신자유주의의 한계가 드러났지만, 2008년도와 2009년도에는 신자유주의 이전의 고용안정화로 돌아가는 형태로의 노동입법은 없었다. 2008년 10월부터 2009년 7월 노사정위원회에 '노사관계 선진화위원회'가 구성되고 당시 현안이던 근로시간면제제도, 기업별 복수노조 허용 대신 과반수 대표제 등이 논의되었으나 합의없이 종료되었다. 다만, 노동계의 오랜 숙원이던 복수노조 허용과 그에 따른 교섭창구단일화와 노조전임자에 대한 급여지원금지는 2009년 12월 4일 한국노총, 정부, 경총, 한나라당이 합의하여 2010년 1월 1일 본회의에서 의결된다. 그리하여 노조전임자에 대한 급여지급이 금지되고, 이에 대신하여 근로시간면제제도가 도입(제24조의2)되었고, 기업별로 복수노조의 설립이 허용되었으며, 교섭창구단일화 절차에 관한 규정이 도입되어 2011.7.부터 시행되었다(제29조의2부터 5까지). 이 시점을 전후하여 노동법의 큰 주제는 거의 종료되고, 향후 최근까지의 노동입법은 – 근로시간 단축과 같은 큰 주제를 제외하고는 – 각론상의 문제와 모성보호 및 고용평등 등에 관한 입법이 있었다. 변화가 있었던 주요법령으로는 근로자퇴직급여보장법상의 퇴직금중간정산을 제한하였고, 근로기준법상의 체불임금의 연대책임 확대와 해고예고의 서면통보, 산재법상 통근재해의 산재인정 등이 있었고, 2018년 3월 20일에는 근로시간 단축에 관한 입법이 있었다. 주당 40시간을 기초로 최장 52시간의 근로시간과 휴일근로시 연장근로의 중복할증에 대하여 8시간 이상 근로하면 100%의 가산임금 지급과 1주일이 휴일포함하여 7일이라는 점을 명문으로 한 것과 근로시간 특례업종을 축소하는 등의 입법이 있었다. 그러나 논란이 많았던 통상임금 산정기준에 관한 입법은 이루어지지 않았고 여전히 판례에 의존하지 않을 수 밖에 없어 통상임금 산정기준과 산정범위에 관한 재직요건과 신의칙의 인정에 관하여 법적 불안정성이 여전하다.

기간제 및 단시간 근로자의 보호 등에 관한법률 제정 (2006.12.21.)	· 비정규직에 대한 불합리한 차별처우 금지(제8조) · 기간제근로자의 총 사용기간을 2년으로 제한, 2년을 초과한 경우 기간 정함이 없는 근로자로 의제함(부칙 3조). · 1주 12시간 이상의 초과근로제한
파견근로자보호 등에관한법률의 개정 (2006.12.21.)	· 파견기간을 초과하여 계속 사용하는 경우 파견근로자에 대한 사용자의 직접고용 의무화(제6조) · 불법파견 시 사용사업주에 대한 벌칙 강화 · 비정규직 근로자에 대한 차별처우가 있는 경우 근로자가 노동위원회에 그 시정을 신청할 수 있음(제21조 2항)
노동위원회법 개정 (2006.12.21.)	· 기단법 및 파견법의 차별시정절차 운영을 위해 노동위원회에 차별시정위원회 신설, 차별시정을 담당하는 공익위원 위촉 규정을 마련(제15조 4항)
근로기준법 개정 (2006.12.21.)	· 근로계약기간의 상한 규정(제16조) 삭제
노동조합 및 노동관계조정법 개정 (2006.12.30.)	· 복수노조설립의 시행시기 및 노조전임자에 대한 급여지원금지 시행시기를 3년 연장(부칙 5, 6) · 필수공익사업에 대한 필수유지업무제도 도입(제42조의2 이하) · 쟁의행위 시 부분적인 대체근로 허용(제43조 3항 및 4항) · 유니온숍 규정 정비(제81조 2항 단서)
근로기준법 개정 (2007.1.26.)	· 노동위원회의 구제명령에 대한 이행강제금 및 구제명령에 대한 처벌조항 신설(제33조의6) · 부당해고로 인한 복직명령에 갈음하는 금전보상제 도입(제33조의3 4항) · 근로자 해고 시 해고사유와 시기를 서면으로 통지할 것을 해고의 효력요건으로 규정(제33조의2)
근로자참여및협력증진에관한법률 개정 (2007.1.26.)	· 근로자위원의 활동 촉진을 위한 근로시간 인정(제9조 3항) · 노사협의회 근로자위원이 사용자에 대하여 협의회 의제 중 협의사항과 의결사항에 관련된 자료를 회의 개최 전 요구할 수 있음(제13조의2).
근로기준법 개정 (2007.7.27.)	· 하도급을 통한 건설공사 수행 시 직상수급인의 임금지급 책임에 대한 규정 신설(제44조의2, 제44조의3)
노동조합 및 노동관계조정법 개정 (2010.1.1.)	· 노조전임자에 대한 급여지급 금지 · 근로시간면제제도 도입(제24조의2) · 복수노조의 설립 및 창구단일화 절차에 관한 규정 2011. 7.부터 시행(제29조의2부터 5까지)
근로자퇴직급여보장법 개정(2011.7.25)	· 퇴직금 중간정산 제한(주택구입 등 대통령령으로 정하는 사유로 근로자가 요구하는 경우)(제8조 제2항)
근로기준법 개정 (2012.1.1.)	· 근로계약 체결 시 사용자로 하여금 근로조건에 관한 사항을 근로자에게 서면으로 명시하도록 함(제17조)
남녀고용평등법 개정(2012.2.1.)	· 배우자의 출산으로 인한 휴가는 5일의 범위에서 3일 이상의 휴가를 주도록 하고, 사용한 휴가기간 중 3일은 유급으로 함(제18조의2 제1항). · 기간제근로자 또는 파견근로자의 육아휴직 기간은 사용기간 또는 근로자파견기간에 산입 하지 아니함(제19조 제5항 신설). · 사업주는 육아휴직을 신청할 수 있는 근로자가 육아휴직 대신 육아기 근로시간 단축을 신청하면 정상적인 사업운영에 중대한 지장을 초래하는 경우 등을 제외하고는 이를 허용하도록 하고, 위반하는 경우에는 500만원 이하의 과태료를 부과하도록 함(제19조의2 1항, 제39조 2항 6호 신설).

	· 가족돌봄휴직신청 허용 의무화(제22조의2, 제37조 제2항 제6호 · 제39조 제2항 제7호 신설)
최저임금법 개정 (2012.2.1.)	· 1년 미만의 기간제 근로자에 대하여 수습 사용기간 최저임금 감액 규정을 적용하지 않도록 함(제5조 2항)
근로기준법 개정 (2012.8.2.)	· 체불사업주 명단 공개 규정 신설(제43조의2) · 체불임금지급 연대책임 범위의 확대(제44조 제1항 단서 및 제2항). · 근로시간을 산정 시 사용자의 지휘 · 감독 아래에 있는 대기시간을 근로시간으로 보도록 함(제50조 제3항 신설). · 1년간 80퍼센트 미만을 출근한 근로자에게도 1개월 개근 시 1일의 연차 유급휴가를 지급(제60조 2항). · 연차휴가 사용촉진 조치를 시행할 수 있는 시점을 1년간의 휴가청구권 행사 기한 "3개월 전"에서 "6개월 전"으로 변경(제61조). · 유산, 사산 등의 위험이 있는 경우에 산전후휴가를 출산 전에 나누어 사용할 수 있도록 함(제74조 제2항).
산재보험법 개정 (2012.12.18.)	· 유족보상연금 수급자격자의 범위에서 남자배우자에 대한 연령제한을 삭제하고, 자녀 또는 손자녀 등에 대한 수급자격자 연령범위를 18세 미만에서 19세 미만까지로 연장(제64조 제1항 4호)
남녀고용평등법 개정(2014.1.14.)	· 사업주의 직장 내 성희롱 예방 교육 의무화(제13조 2항). · 근로자가 육아휴직을 신청할 수 있는 자녀의 연령을 만 8세 이하 또는 초등학교 2학년 이하로 상향 조정함(19조 제1항).
근로기준법 개정 (2014.3.24.)	· 해고 예고의 서면 통보(제27조 3항) · 임신 후 12주 이내 또는 36주 이후에 있는 여성 근로자의 근로시간 단축 신청 시 사용자는 이를 허용하여야 하고, 단축 후 근로시간은 1일 6시간으로 함(제74조 제7항부터 제9항까지).
임금채권보장법 개정 (2014.3.24.)	· 체당금 지급사유를 열거하여 명시함(제7조 1항). · 5인 미만 사업체의 부담금 경감규정 삭제(제10조). · 체당금 · 융자금의 과오지급 시 국세체납처분의 예에 따라 환수할 수 있도록 함(제14조).
산재보험법 (2016.12.27.)	· 산업재해보상보험급여 신청을 이유로 근로자가 해고 등의 불이익을 당하지 않도록, 불이익 처우 금지와 규정 신설(제111조의2)
산재보험법 개정 (2017.10.24.)	· 출퇴근재해를 산업 재해의 한 종류로 인정(제5조 8호, 제37조 1항 3호, 제37조 제3항). · 「자동차손해배상 보장법」에 따른 책임보험에 대한 구상금청구 문제를 협의 · 조정하기 위하여 구상금조정협의기구를 설립하여 운영할 수 있도록 함(제87조의2).
근로기준법 개정 (2017.11.28.)	· 최초 1년간의 근로에 대한 유급휴가를 다음 해 유급휴가에서 빼는 규정을 삭제하여 1년차에 최대 11일, 2년차에 15일의 유급휴가를 각각 받을 수 있도록 함(제60조 제3항 삭제). · 연차 유급휴가일수 산정 시 육아휴직으로 휴업한 기간을 출근한 것으로 보도록 명시함(제60조 제6항 제3호 신설).
근로기준법 개정 (2018.3.20.)	· 1주가 휴일을 포함한 연속된 7일임을 명시함(제2조 1항 제7호). · 공무원과 일반 근로자가 공평하게 휴일을 향유할 수 있도록 「관공서의 공휴일에 관한 규정」에 따른 공휴일을 유급휴일로 하되, 기업의 부담을 감안하여 기업규모별로 3단계로 나누어 2년에 걸쳐 시행시기를 정함(제55조 2항 및 부칙 제2조 제4항). · 8시간을 초과하는 휴일근로에 대해서 통상임금의 100%를 가산하여 지급함(제56조 제2항). · 주당 40시간을 기초로 1주 최장 근로시간을 52시간으로 제한함.

	· 사용자가 근로자대표와 서면으로 합의한 경우 주(週) 12시간을 초과하여 연장 근로를 하게 하거나 휴게시간을 변경할 수 있는 개인 근로시간 특례업종을 육상운송업 등 5개로 제한함. · 근로시간특례가 유지되는 업종에 대해서도 근로일 사이에 11시간 이상의 연속 휴식시간을 부여하도록 함(제59조). · 연소자의 1주간 근로시간 한도를 현행 40시간에서 35시간으로 축소함(제69조).

Ⅴ. 평가와 전망

1. 평　가

1948년 제헌헌법에 근로3권과 근로의 권리를 규정하고, 근로조건보호를 위한 법률제정의 헌법적 명령을 내린 후 70년이 경과한 지금 – 앞에서 지적한 관점목록을 고려하면서 – 노동법의 제정과 개정사를 요약하기로 한다.

앞에 서 본 바와 같이 노동법 변화를 살펴보는 관점목록은 근로자보호에의 충실도, 법적 불안정성의 해소, 국제기구 협약과의 정합성, 법제도의 실효성, 국가개입배제와 노사자치의 실현도, 노사 이해관계의 조화로운 조절, 경제 · 사회구조 패러다임의 수용도, 경제상황에의 반응도와 위기극복 기여도, 입법과정에서의 이해관계당사자의 대립 등을 들 수 있다. 이 관점목록에 따라 노동법 70년 변화가 분석되어야 할 것이지만, 지면관계상 여기서는 앞에서 언급한 것을 토대로 개략적으로 요약하기로 한다.

제헌헌법과 제정 노동법은 현재의 헌법과 노동법과 비교할 때 근로자보호의 정도나 집단적 노사자치의 정도나 제약의 정도에서는 차이가 있을 수 있으나 체계와 구조적으로 보면 – 법제도의 실효성은 측정할 수 없지만 – 이미 그 당시에 현행헌법의 노동관련조항과 노동법의 기초프레임을 형성하였다고 본다. 그리고 이 프레임을 기초로 새로 발생하는 현상에 대처하기 위하여 노동법의 근로자보호의 파장을 줄였다가 다시 늘렸다가 다시 원점으로 돌아가는 형세를 취하고 있다고 본다. 그런데 근로기준법을 포함한 개별적 근로관계법과 노동조합법을 둘러싼 집단적 노사관계법의 발전 방향은 상이하다는 것을 발견할 수 있다. 제정 근로기준법의 근로자 근로조건보호의 프레임은 현재의 근로기준법의 프레임과 다르지 않다. 둘 다 헌법적 명령으로부터 만들어진 것이기 때문이다. 그러나 제도로서 현재의 근로자보호 수준이나 종류 방법은 현재의 근로기준법이 제정 근로기준법에 비하여 비교할 수 없을 정도로 우수하다. 이는 제정 근로기준법으로부터 출발하여 제3공화국, 유신시기와 신군사정부시절을 거쳐 민주화 시기까지 근로기준법은 꾸준히 근로자의 근로조건을 보호를 강화하는 방향으로 발전했기 때문이다. 심지어 산업화를 시작했던 제3공화국 시절에는 근로기준법은 근로자 보호 방향으로 진화하였다. 물론 이 시기에 산재보험법이 제정되는 것과 같이 제3공화국의 근로자보호는 산업화를 위해 노동력을 집중시키고 그로부터 발생하는 근로자의 부상을 방지하여 노동력을 재생산하려는, 말하자면 산업화의 부작용을 줄이고 근로자를 위로하는 차원의 근로기준법 개정이었다는 점은 부인할 수 없다. 이것은 신군부가 집권하던 시절도 마찬가지이다. 근로자의 근로조건을 '인간의 존엄성이 보장'되도록 법률로 정할 것을 헌법으로 명문화하였다. 그리고 이 시기에 최저임금법이 제정되었고, 임금체불 사용자를 체형할 수 있도록 하였다는 점 등은 정치나 산업화와는 별개로 근로자 보호입법이 추진될 수 있다는 점을 보여주고 있다. 민주화 시절에도 1996년도 근로기준법은 정리해고를 법제화하였고, 근로시간을 유연화하였지만, 최우선변제임금채권 신설, 근로기준법의 적용범위 확대, 부당해고 구제제도 신설, 휴업수당청구권 신설 등은 분명 근로자들의 근로조건을 입법자들이 꾸준히 개선하여 왔다는 것을 말한다. 물론 이러한 경향은 1997년 이후 IMF구제금융기간의 경제위기 시기에 주춤한다. 이 시기에 도산의 위기에 있는 기업변동을 용이하게 하기 위해 경영악화 방지목적의 사업의 양수도를 긴박한 경영상의 사유가 있는 것으로 보는 근로기준법의 개정이 있었고, 노동시장의 유연화를 위하여 파견법이 제정된 것과 탄력적 근로시간제를 3개월 단위로 확장한 것은 근로자에게 불리한 것일 수도 있다. 그러나 그 이후에도 근로조건 개선을 위한 근로기준법의 개정은 계속되었다. 그리하여 임금채권보장법 제정, 해고시 금전보상제, 근로시간을 최장 52시간으로 정한 것, 휴일근로가 8시간을 초월하는 경우 연장근로의 중복할증을 허용한 것, 근로시간 특례업종의 축소 등은 경제위기와 별개로 근로자들의 근로조건 향상을 위하여 근로기준법이 계속 변화될 수 있다는 것을 보여주고 있다. 그리고 경제위기시에는 노동법을 위기극복을 위하여 변화시킬 수 있다는 것을 보여준 것이 1998년의 노동시장유연화를 위한 파견법의 제정이다. 제정 노동법에서 해당 법률의 목적을 규정하고 있는 제1조나 현재 노동법 제1조가 근로자보호 이외에 '산업평화'나 '국민경제발전'을 언급하고 있는 것은 근로자보호를 원칙으로 하되 경제위기 시에 국민경제 발전도 당해 법이 동시에 고려해야 한다는 것으로도 해석할 수 있다. 그러나 경제위기로 인한 노동입법은 근로조건의 저하를 가져올 것이므로 실업으로 인하여 일자자리 창출을 위하여 필요할 때, 경제위기 극복을 위하여 필요한 때로 제한하여 한시적인 입법이 만들어진다. 2006년도에 파견법은 직접고용의무제로의 변화, 불법파견을 한 사용자의 처벌, 차별시정 제도 등에 의해서 파견법이 파견근로자보호법으로 변화될 수 있다는 것을 보여주고 있다. 이렇게 보면 근로기준법은 제정법 이래로 꾸준히 근로자보호법으로 변모하면서 진화하고 있고, 다만 경제위기시에는 근로조건을 저하하면서 위기에 대응하려는 기제로 활용하면서 위기가 종료되면 다시 근로자보호입법으로 복귀하여 계속해서 근로자보호입법으로 기능하고 있음을 보여주고 있다.

그러나 집단적 노사관계법은 상황이 다르다. 제정 노동조합법과 제정 노동쟁의법, 그리고 제헌헌법은 근로3권의 자유권으로서의 성질을 강조하여 국가의 개입을 최소화하는 입법이었다. 특히 근로3권을 개별법률로써 제한할 수 있는 가능성을 열어두기는 했지만, 입법자는 한번도 사용하지 않았다. 그러나 유신헌법시기와 신군사정부 시절에는 노동자와 그들의 집단행동인 쟁의행위에 대해서는 부정적이어서 가능하면 노동조합에 대한 국가의 개입을 늘리고, 쟁의행위는 제한하는 입법을 해왔다. 그리하여 이 시기의 집단적 노사관계법은 “산별체제 반대, 노사협의회로 노조 대체, 공익사업범위 확대, 노동쟁의 제한 강화, 국가의 노동행정 강화”로 특징지어진다. 유신시대 집단법에서 이러한 국가의 개입과 노동단체에 대한 억압은 군사정부가 노동단체인 노동조합을 정권에 위협적인 존재로 보고, 산업화 정책에 장애요인이 될 수 있다고 보기 때문인 것으로 생각한다. 민주화 시기 이후로 집단적 노사관계법의 핵심인 노동조합법과 노동쟁의조정법 또는 ‘노동조합및노동관계조정법’의 개정사는 바로 과거 독재시절에 자행된 근로3권의 제한의 역사를 걷어내는 일, 바로 노사자치와 협약자율로의 복귀의 역사라고 할 수 있다. 필수공익사업에서 직권중재를 폐지하고 필수유지업무를 신설한 것, 필수공익사업을 축소한 것, 제3자 개입금지 규정 삭제, 정치활동 금지 규정의 삭제, 임의조정제도의 도입, 공무원과 교원의 노동조합을 인정한 것 등이 여기에 해당한다. 복수노조 허용도 노사자치로의 복귀이지만, 노동조합 전임자의 급여지급과 맞물려 입법이 2011년에 비로소 통과 · 시행된 것은 늦었지만 노사자치로의 복귀이다. 무노동무임금원칙을 정하는 것은 반드시 노사자치와는 관계없지만, 노동시장 행동자의 질서를 정한 것으로 이해해야 하며, 전임자 급여지급 금지의 원칙도 노동조합의 자주성 확보의 문제로 이해할 수 있기 때문에 그렇게 장기간 동안 복수노조 허용과 전임자 임금지급이 빅딜의 대상이 되어 두 제도 시행에 걸림돌이 된 것은 노동시장에 바람직스럽지 않으며 노사자치로의 복귀에도 바람직한 것은 아니다. 따라서 전임자 제도를 둔 채 근로시간면제 제도를 보충한 것도 노사자치의 회복과 전임자제도의 현대화로 평가할 수 있다. 다만, 복수노조 허용시 교섭창구단일화 절차가 소수노동조합의 단결권과 단체교섭권을 침해하는 것은 아닌가에 대해서 이미 헌법재판소가 합헌판결을 내려 문제를 해결한 것으로 보인다.

이상을 종합하면 제정 노동법 중 제정 근로기준법은 경제위기에 탄력적으로 대응한 뒤 원상으로 복귀한다는 것을 전제로 근로자보호를 위해서 변모해왔고, 앞으로도 변모할 것이며, 집단적 노사관계법은 노사자치와 협약자율로의 복귀의 역사로 변화와 발전을 해 온 것이라고 할 수 있다.

2. 전 망

그러나 위와 같은 발전에도 불구하고 현행법에는 미해결 문제가 산적하여 있다. 70년의 발전으로 현재의 노동법은 성숙단계에 있다고 말할 수 있지만, 지금까지의 '노사관계 선진화'를 위한다면 해결해야 할 문제가 많다.

첫째, 종업원들의 이익대변구조 논의가 중요한 노동입법의 의제가 되리라 전망한다. 우선 현재 노동조합의 조직률은 10%를 넘나들고 있다. 그렇다면 나머지 90%의 노동자의 이익을 대변할 방법은 무엇인가에 대해서 진지한 고민을 해 보아야 할 것이다. 이미 한차례 국회에서 '노동회의소'를 전체 근로자의 이익대변구조로 만들자는 논의가 있으나 진전이 없다. 독일에서와 같은 종업원대표기구에 대한 논의를 통해 사업장마다 전체 근로자의 이익을 대변하는 기구의 설립에 대해 논의가 있을 것으로 예상된다. 그런데 근로자들의 근로조건 형성에서는 취업규칙의 역할이 크다. 그럼에도 근로자들은 사용자가 취업규칙을 작성할 때 노동조합 또는 근로자 과반수를 통하여 의견을 청취하도록 할 뿐 근로조건 결정 구조에 참여하지 못하고 있다. 자신들의 근로조건 결정구조에 이익대변을 하지 못하는 전체 90% 이상의 근로자들을 – 특히 노동조합이 없는 사업장의 근로자들을 – 위해서라도 집단적인 이익대변구조를 만드는 논의가 있을 것으로 보인다.

두 번째로는 비정규직 보호문제는 우리 사회의 계속되는 화두 중의 하나이다. 비정규직문제는 저소득층을 증가시키고 소득격차를 발생시키며 이는 결혼포기세대나 취업포기세대를 야기하기 때문에 노동입법의 문제를 넘어서서 사회문제이다. 공공부문에서 비정규직을 정규직화하고는 있지만, – 국가의 재정 투입은 물론 – 중규직이나 무기계약직이라는 제3의 신분을 만들고 있다는 문제 이외에 공공부문 비정규직의 정규직화가 고용이 많은 민간부문을 선도하는 것은 한계가 있기 때문에 비정규직의 정규직화에 올인하는 것보다는 비정규직을 유지한 채 정규직과 동등한 대우를 받는 방안에 대한 진지한 검토가 있을 것으로 보인다. 물론 동시에 비정규직에 대한 사회안전망의 구축 또한 노동입법과 사회보장입법의 중요한 과제가 되리라 전망한다.

셋째는 현재의 우리나라 노동법은 ILO 등의 국제기구 등의 조약과 협약을 받아들이는 데 인색하다. 복수노조와 공무원노조 또는 교원노조의 근로3권에 대해서 지속적으로 지적과 항의를 받는다. 현재 중요한 4개 분야 협약으로서 결사의 자유, 강제노동금지, 아동노동금지, 차별대우 금지에 관한 ILO 협약 중 결사의 자유와 강제노동금지에 대해서는 비준을 하지 않고 있다. 물론 고용노동부에서 지속적으로 이 문제에 대해 연구하고 정책을 추진하고는 있지만, 우리 노동법의 ILO 등 국제기구의 조약과 협약과의 정합성을 더 심도있게 다루고 추진하여야 한다고 본다.

넷째는, 고용형태가 다양화되면서 노동입법이 이 문제를 수용하지 않으면 안 되리라 전망한다. 이미 특수형태근로종사자는 노동시장에서 다양한 형태로 생성되고 있다. 기존 조직화된 골프장 캐디, 레미콘 운송차주, 학습지 교사를 넘어서 택배기사, 대리운전기사, 방문판매사원, 텔레마케터, 예술인, 간병인 등 다양한 고용형태가 나타나는데 이들은 근로자가 아니지만 경제적으로 종속되어 있기 때문에 사회적 보호가 필요하여 노동법으로 수용할 수 있는지에 대해 논의가 있을 것으로 전망된다. 이미 산재보험법 제124조와 제125조는 이들을 수용하고 있기 때문에 더 넓은 범위에서의 노동입법이 이들을 어떻게 받아들일지 논의가 있을 것으로 전망된다. 노동법이 기존의 종속노동을 제공하는 근로자employee를 보호객체로 하는 것을 넘어서서, 인적 종속성이 없어도 노동을 하는 사람worker의 보호로 그 범주를 넓혀야 하는 문제가 반드시 논의의 대상이 될 것으로 전망한다.

다섯째는, 고용형태 다양화의 끝에는 제4차산업혁명으로 현재의 노동법으로는 포착할 수 없는 플랫폼노동, 클라우드노동, 우버 등 새로운 형태의 노무제공형상들이 나타날 것인데, 이 문제를 노동법은 어떻게 포착할 것인지가 논의되리라 전망된다. 그러나 더 한 발짝 나아가면 제4차산업혁명은 AI인공지능 문제와 결부되어 있다. 이 두 개가 결합되어 인간노동력 대체문제가 나타나리라 전망한다. 한국고용정보연구원의 조사에 의하면 단순노동의 기계대체율은 2025년에 50%를 넘는다고 한다. 그렇게 되면 도시의 단순노무를 제공하는 근로자들이 치명적인 타격을 받으리라 여겨지는데, 이러한 현상은 시간이 가면 갈수록 전 산업에 미치게 될 것이다. 그러면 거대한 담론으로서 '노동의 미래 = 노동법의 종말 = 노동의 종말 = 인류의 종말?'이라는 거대담론이 노동법의 영역에서도 제기되리라 전망된다.

여섯째로는, 인구감소가 우리 사회의 심각한 문제이다. '남녀고용평등 및 일·가정양립에 관한 법률'은 이 문제가 중요한 논의의 대상이 될 것으로 예상한다.

마지막으로는 노동법도 사회전방위 방어체계로 이해한다면 가장 중요한 문제는 현재 일자리 창출이라고 본다. 노동법의 기제 중에서 일자리를 창출할 수 있는 기제가 무엇인지 논의가 있었고, 계속해서 논의되리라는 전망이다. 아마도 그 정점에는 최저임금의 인상과 근로시간의 단축이 일자리창출과의 관계에서 어떠한 의미와 결과를 가져올 것이고, 그 결과에 상응하여 노동법이 어떠한 기여를 해야 하고, 어떠한 규정을 개정해야 할 것인지 논의가 있을 것으로 전망된다. 고용보험법이나 직업안정법이 기존 근로자의 보호와 함께 일자리 보존과 일자리 창출을 해야 하는지에 대해서도 진지한 성찰을 통한 노동입법의 개정이 필요할 것이라고 생각한다.

지금은 불행하게도 농경사회 → 산업화사회 → 정보화사회 → 4차산업혁명과 인공지능사회로 진입하고 있는데, 마지막 패러다임은 1948년도부터 지금까지 겪어본 것이 아니다. 노동법 70년은 제정 노동법을 기초프레임으로 하여 경제위기에 탄력적으로 대응한 뒤 원상으로 복귀한다는 것을 전제로 근로자보호를 위해서 변모해왔고, 앞으로도 변모할 것이며, 노사자치와 협약자율로의 복귀 역사로 변화와 발전을 해 온 것이라고 할 수 있다. 그러나 향후 전개되는 사회는 우리가 전혀 겪어보지 못한 사회다. 노동법이 변화해야 한다면 근로자 보호나 노동시장의 유연성을 넘어서 사회전방위 방어체계가 되어 새로운 패러다임에 대응하여 노동입법이 나올 것이라 전망한다.

사회보장법의 형성과 발전, 개혁과제

전 광 석

[초 록]

1948년 헌법은 사회적 기본권과 경제질서에 관한 규정을 통하여 국가의 사회적 과제를 뚜렷하게 제시하였다. 그러나 식민지시대에 시행된 조선구호령 외에 1960년대 초반까지 우리나라에서 사회보장입법은 정체되어 있었다. 1963년 사회보장 3법(사회보장에 관한 법률, 의료보험법, 산업재해보상보험법)이 제정되었지만 산재보험법 이외에 사회보장에 관한 법률과 의료보험법은 입법의도에 따라 기능할 수 없었다. 1976년 개정 의료보험법은 강제가입을 도입하여 최초의 사회보험으로 시행되었다. 의료보험법은 처음부터

연세대학교 법학전문대학원 교수

복지와 더불어 평등의 이념이 지배하였다. 이와 같은 이념적 특수성으로 인하여 의료보장의 정도는 낮았지만 이는 보편적 제도로 확대되는 데에는 유리하였다. 이와 같은 '낮은 수준의 보편적 평등'는 이후 우리 사회보험을 견인하는 경로path가 되었다. 1990년대 이후 신자유주의와 세계화의 사조, 1997년 우리의 외환위기, 그리고 2007년 전 세계적인 재정위기는 순차적으로 사회보장의 전환점이 되었다. 전체적으로 보면 노동시장의 유연화가 추진되고 시장기능을 강화하면서, 동시에 사회적 안전망을 충실히 하여야 했다. 노인빈곤과 노동빈곤의 새로운 상황은 정책부담을 가중시켰다. 저 출산 고령사회가 심화되면서 사회보장의 거시환경은 악화되었고, 세대 간 정의 및 형평의 문제는 노동과 복지정책뿐 아니라 전체 국가정책을 재검점하는 계기가 되었다. 이와 같은 시대상황 및 사회적 문제를 감당하기에는 전통적인 사회보험과 공공부조는 벅차 보였다. 사회보험을 보충하여 사회문제를 세부적으로 유형화하여 보호하는 방법, 추상적인 보호와 함께 구체적인 지원을 강화하는 필요성, 구체적인 지원의 상황과 처방을 확대하고 세분화하는 방안을 지속적으로 검토하고 진화시켜야 했다. 복지의 이념은 사회보장뿐 아니라 노동으로 확대되어, 노동과 소득, 복지가 선순환관계를 회복하여야 했다. 개인의 능력과 의지를 활성화시키는 정책은 전통적인 고용영역(적극적 노동시장정책)에서 교육과 재교육, 재사화화 등으로 범위를 넓혀야 한다(사회투자국가). 이로써 사회보장은 일종의 복잡체에 성격을 띄게 되었다. 그러나 그럴수록 정치적 결정과 정책적 선택이 투명화되고 또 공론화되어야 한다. 이 점에서 민주주의를 사회화하는 것은 복지국가의 과제일 뿐 아니라 민주주의 자체의 과제가 되었다.

Ⅰ. 사회보장법의 기능, 개념과 범위

이 글은 기본적으로 우리나라에서 사회보장법의 형성과 발전과정을 서술하는 목적을 갖는다. 사회보장법은 산업화 이후 개인이 새로운 상황에서 발생하는 문제를 보호하는 목적을 가지며, 개인의 생활관계를 규율하는 기존의 법률을 보충하거나 대체하면서 전개되어 왔다. 따라서 사회보장법의 목적은 기능적 관련성을 갖는 다른 법분야와의 상호작용을 이해·평가할 수 있을 때 비로소 충실히 실현될 수 있다. 그러나 이 논문이 사회보장의 기능에 관한 종합적인 서술을 할 수는 없고, 전체를 조망하는 과제는 독자에게 맡겨져 있다.

우리나라에서 사회보장법이 기능적 관점에서 논의되지는 못했으며, 또 부분적으로 이해방법에 혼란이 있었다.[1] 이와 같은 혼란은 구체적으로는 다음과 같은 배경을 갖는다. 우리나라에서 사회보장법은 법학개론적인 서술에서 법체계의 분류론과 관련하여 소개되기 시작하였다. 즉 공법체계와 사법체계 어디에도 분류될 수 없는 제3자의 영역이 존재하며, 이를 사회법으로 명명하였다.[2] 경제법, 노동법 및 사회보장법이 여기에 속한다. 이로써 특히 노동법과 사회보장법의 체계상의 차이를 인식할 수 없었다. 노동법과 사회보장법은 모두 자본과의 관계에서 노동을 보호하는 기능을 수행한다는 점에서 공통점이 있지만 기능방식은 현저한 차이가 있다. 노동법은 노동과 임금의 정당한 교환관계를 규율한다. 이에 비해서 사회보장법은 노동과 자본의 관계에서 독립하여 국가 혹은 공법인이 주체가 되어 노동자 혹은 전체 국민의 사회문제를 보호한다. 이와 같은 체계의 이질성을 이해할 때 비로소 독립된 체계 간의 기능적 협력, 즉 보완과 대체관계를 형성할 수 있다. 예컨대 근로기준법의 재해보상은 1963년 제정된 산업재해보상보험법에 의하여 실질적으로 대체되었다. 따라서 재해보상을 통하여 산업재해보상보험을 보완하는 시도는 더 이상 실질적 의미가 없다. 이에 비해서 근로기준법의 퇴직급여제도는 근로자의 노후보장에 있어서 국민연금을 보완하면서 여전히, 혹은 더욱 더 중요성을 더해가고 있다.

1) 1960년대 초반 사회보장법의 제정과정에서 실무가들이 처한 가장 큰 어려움은 위에서 지적한 바와 같이 사회보장법의 (기능적) 위상을 이해할 수 없었다는 것이다. 이에 관한 증언으로는 예컨대 손준규, 사회보장·사회개발론(집문당, 1983), 144면 이하 참조.

2) 이에 대해서는 예컨대 정영석, 법학통론(법문사, 1988), 54면 참조.

노동법은 근로조건을 개별적으로 보호하여 사회보장의 기능을 수행하며, 이 점에서 넓은 의미의 사회보장법에 해당한다. 이에 비해서 좁은 의미의 사회보장법은 사회보장을 1차적인 입법목적으로 하며, 국가 혹은 공법인이 주체가 되어 개인의 사회적 위험을 보호하거나 혹은 인간다운 생활을 유지하기 위하여 필요한 지원을 하기 위하여 제정된 법을 말한다.[3] 이 글의 서술대상은 기본적으로 좁은 의미의 사회보장법이다. 사회보장의 기능을 수행하지만 1차적인 입법목적이 노동과 임금의 정당한 교환관계를 규율하는 노동법, 국가의 재정능력을 위한 세법 등은 서술대상에서 제외된다. 또 사회보장을 1차적인 목적으로 하지만 사인 간의 법률관계를 규율하는 보험법 역시 사회보장법의 범주에서 제외된다. 다만 다시 한번 강조하지만 －그러나 이 글에서 서술할 수 없는 문제, 즉 － 사회정책의 이해 및 정책형성에 있어서 좁은 의미의 사회보장법과 사회보장의 기능을 수행하는 다양한 법률, 즉 넓은 의미의 사회보장법에 대한 종합적인 이해와 평가는 필수적이다.[4]

Ⅱ. 1960년 이전 한국사회와 조선구호령

1945년 일본 식민지로부터 독립한 대한민국의 사회경제질서에서 빈곤과 불평등은 깊어져 있었다. 1948년 헌법제정에서 이 문제는 충분히 인식되었고, 또 이에 대한 규범적 방법론에 대한 지식도 어느 정도 있었다. 이는 1948년 헌법에 다음과 같은 형태로 나타났다. 국가는 사회경제질서를 형성하는 과제를 가지며, 이를 위하여 개인의 자유가 조정될 수 있다(제5조).[5] 이에 한편으로는 경제질서가 사회주의적 경향을 강하게 띠었다. 국민의 기본적 수요를 충족하게 하는 사회정의의 실현과 국민경제의 발전이 목표로 제시되었다(제84조). 1948년 헌법은 국가와 국민과의 관계에 적용될 다양한 사회적 기본권을 두었다. 노령, 질병 기타 근로능력의 상실로 인하여 생활유지의 능력이 없는 자는 법률의 정하는 바에 의하여 국가

3) 사회보장법의 개념에 관한 다양한 이해방법에 대해서는 전광석, 한국사회보장법론(집현재, 2016), 74면 이하 참조.

4) 예컨대 2007년 제정된 노인장기요양보험법에 관한 종합적인 이해 및 평가에 대해서는 전광석, "한국의 노인장기요양 관련 법제도의 현황과 과제", 사회보장법학 제2권 제1호(2013), 111면 이하 참조.

5) 이 점에 대해서는 예컨대 유진오, "국가의 사회적 기능", 헌법의 기초이론(명세당, 1950), 21면 참조.

의 보호를 받는다(제19조). 이는 국가의 사회보장의 과제를 직접적으로 표현한 것이었다.

1948년 헌법의 사회적 과제에 관한 규정에도 불구하고 1950년대 사회보장에 정치적 및 정책적 관심을 두었던 흔적은 찾아볼 수 없다. 군사원호보상에 관한 법률이 부분적으로 제정되었다. 그러나 이는 한국전쟁 후 전상자에 대한 시혜적 배려였으며, 전쟁희생자에 권리를 부여한 것은 아니었다. 또 장기적인 생활보장의 목표를 갖지도 않았다. 이 시기 유일한 사회보장법은 식민지 말기인 1944년 시행된 조선구호령이었다. 조선구호령은 1934년 일본에서 제정된 재해구호법의 내용을 거의 그대로 받아 들였다. 1944년 우리나라에서 조선구호령이 제정된 것은 전시동원체제에서 생활보호를 배려한다는 상징적 의미가 있을 뿐이었다. 빈민보호를 목적으로 하는 조선구호령은 공공부조법의 이념과는 거리가 멀었다. 첫째, 빈곤 그 자체가 아니라 노동능력이 없다고 의제되는 경우에 한하여 보호의 대상으로 하였다. 즉 특정한 인구학적 요건, 그리고 신체 · 정신적 장애가 있는 경우에 한하여 수급자로 선정될 수 있었다[6]. 둘째, 급여의 조건 및 급여의 종류와 내용, 그리고 수준이 행정적으로 결정되었다. 이로써 최저생활을 보장받을 권리가 인정될 수는 없었다. 셋째, 비본질적인 사유로 급여가 제한될 수 있었다. 예컨대 성정性情이 좋지 않은 경우 급여가 제한될 수 있다. 1961년 제정된 생활보호법은 조선구호령의 구조를 그대로 이어 받았다. 생활보호법, 그리고 생활보호법의 이와 같은 구조적 문제는 놀랍게도 거의 40년간 방치되었고, 1999년 국민기초생활보장법에 의하여 비로소 대체되었다.[7]

빈곤이 깊었고, 또 헌법적 근거가 비교적 구체적으로 존재하는 상황에서도 최저한의 사회보장조치는 취해지지 못하고 있었다. 헌법의 사회적 과제가 그 자체 규범력을 갖지는 않으며, 국가권력, 특히 입법부의 적극적인 의지가 없이는 실현될 수 없었다. 1950년대가 우리 사회의 암흑기라고 할 수는 없다. 예컨대 의무교육의 확대를 통하여 문맹률은 현저히 낮아졌다.[8] 그러나 1948년 헌법에 표현된 국가의 사회적 과제를 적극적으로 인식하고 의지를 투입하는 이념과 주체가 아직

6) 이에 대해서 자세히는 안상훈/조성은/길현종, 한국 근대의 사회복지(서울대 출판부, 2005), 165면 참조.
7) 아래 VI.1. 참조.
8) 이 점에 대해서는 김기석 · 강일국, “1950년대 한국 교육”, 문정인 · 김세중(편), 1950년대 한국사의 재조명(선인, 2004), 525면 이하 참조.

성숙해 있지 않았고, 그만큼 정치적 지평은 협소했다.[9] 그 결과 사회보장이 의제화되지 못했고, 또 정치과정에서 공론화될 수 없었다.

1950년대 후반에 이르러 우리 사회는 사회보장의 잠재력을 보유하게 되었다. 첫째, 한국전쟁 후 국가건설의 시기가 지나면서 정치적 경쟁구도가 형성되었다. 1952년과 1954년 헌법개정은 이를 비정상적인 방법으로 억압해 갔다. 이로써 한편으로는 이승만의 독단이 강화되었고, 제도정치의 지평은 좁아졌다. 그러나 다른 한편 국민의 정치의식이 강해졌고, 빈곤을 포함한 사회문제가 사회적 의제로 발전해 가는 잠재력을 띠게 되었다. 둘째, 1945년 2차 세계대전이 끝나고 세계 여러 나라, 그리고 국제기구에서는 세계평화를 도모하기 위하여 국내에서 사회정의social justice의 실현이 핵심적인 여건이라는 의식이 퍼져가고 있었다. 1942년 영국의 비버리지보고서Beverage report, 1952년 국제노동기구ILO의 '사회보장 최저기준에 관한 협약 제102호'가 우리 사회에서도 당시 일종의 전범典範으로 받아들여졌다. 이와 같은 국제사회의 동향이 구체적이지는 않지만 국민의식 및 학문연구에 어느 정도 영향을 미쳤다.[10] 셋째, 사회보장에 대한 인식이 맹아를 보이면서 정부에서 사회보장문제가 주목을 받기 시작하였다. 예컨대 1959년 보건사회부 내부에 '건강보험연구회'가 구성되어 정책연구가 시작되었다.[11]

Ⅲ. 1963년 사회보장 3법과 경로형성

1. 사회보장 논의의 맹아

1950년대 사회보장에 관한 잠재의식은 1960년대 현실화되기 시작하였다. 1961

---

9) 1940년대 후반 이후, 그리고 한국전쟁을 거치면서 국회의 대표성이 편중되는 현상 및 이후에 정치과정에 미친 영향에 대해서는 예컨대 박찬표, 한국의 48년 체제(후마니타스, 2010), 127면 이하, 165면; 박찬표, 한국의 국가형성과 민주주의-미군정기 자유민주주의의 초기제도화(고려대 출판부, 1997), 281면 이하 등 참조.

10) 당시 국제사회보장에 관한 논의에 대해서는 한몽헌, "사회보장의 국제적 동향", 국회보 제24호(1959), 101면 이하 참조.

11) 이에 대해서는 예컨대 최천송, 한국사회보장연구사(한국사회보장문제연구소, 1991), 17면 이하 참조. 이 밖에 1950년대 사회보장에 대한 정치적·사회적 인식과 현황에 대해서는 예컨대 윤홍식, "이승만 정권시기 한국복지 체제; 원조(援助)복지체제의 성립, 1948–1960", 사회복지정책 제45권 제1호(2018), 115면 이하 참조.

년 군사쿠데타 이후 군사정부에서 사회보장이 정치적 의제로 나타났으며, 부분적으로 법안이 작성되었다. 다만 여기에는 한계가 있었다. 사회보장이 국민적, 즉 민주주의의 기반 위에서 형성될 수 없었고, 그만큼 정책의 지속성과 정치적 의지가 불안정했다. 군사정부 최고회의의장은 1961년 '사회보장에 관한 지시각서'를 내각에 보냈다. 군사쿠데타는 시급한 민생고를 해결하겠다는 명분을 내세웠고, 이에 우리 사회에 퍼져있는 빈곤에 대한 정치적 관심과 처방이 필요했다. 사회보장에 대한 관심은 군사정부에 결여되어 있는 정치적 정당성을 보충하려는 의도도 있었다. 이와 함께 당시 최고회의 일부 의원이 강력한 의지를 가졌고, 이와 같은 정치적 뒷받침을 받아 사회보장심의위원회의 전문위원들이 연구와 정책입안, 그리고 법안작성에 집중할 수 있었다.[12] 이에 1963년 사회보장 3법, 즉 '사회보장에 관한 법률', 의료보험법, 산업재해보상보험법(이하 '산재보험법')이 제정되었다. 이 중 산재보험법을 제외한 나머지 두 법은 실질적으로 기능하지는 못했다.[13] 의료보험법은 1976년 제2차 개정에 의하여 비로소 실시될 수 있었다. '사회보장에 관한 법률'은 개별 사회보장법을 선도할 기본원칙을 제시하려는 시도였으나 실제 이와 같은 내용으로 법제화가 될 수 없었고, 이후 아무런 역할을 하지 못했다. 이는 1995년 사회보장기본법이 제정되면서 폐지되었다. 이에 비해서 산재보험법은 1963년 제정된 후 기존에 근로기준법상의 재해보상을 대체하여 한편으로는 근로자의 업무상의 재해를 보상하고, 다른 한편 업무상의 재해에 대한 사용자의 책임을 경감하는 기능을 수행하면서 정착되었다. 산재보험법은 근로자 및 사용자의 이익에 모두 기여하고, 또 산업화를 추진하던 당시에 노사 간의 분쟁을 사전에 예방하여 산업평화를 도모하는 효과가 있었기 때문에 다른 사회보험법과는 달리 쉽게 시행될 수 있었다.[14] 이후 산재보험법은 가입대상을 확대하고, 사회보장의 기능을 강화하는 발전을 거듭해 왔다.

---

12) 이에 관한 증언과 경험에 대해서는 최천송, 위 각주 11의 책, 19면 이하 참조.

13) 이에 대해서 자세히는 전광석, "1963년 사회보장 3법에 관한 연구", 저스티스 제164호(2018), 212면 이하 참조. 이 밖에 군사정부의 제한적인 복지인식과 의지에 대해서는 예컨대 윤홍식, "박정희 정권시기 한국의 복지체제; 반공개발국가, 복지국가의 기능적 등가물", 한국사회정책 제25권 제1호(2018), 200면 이하; 양재진, "한국복지정책 60년; 발전주의 복지, 체제의 형성과 전환의 필요성", 한국행정학보 제42권 제2호(2008), 327면 이하 등 참조.

14) 이에 대해서는 예컨대 김재희, "산업재해보상보험법 제정사", 법학논총(국민대) 제29권 제2호(2016), 77면 이하; 김진수, "산재보험 개선 및 발전에 관한 연구", 사회보장연구 제13권 제1호(1997), 90면; 우명숙, "한국의 복지제도 발전에서 산재보험 도입의 의의", 한국사회학 제41집 제3호(2007), 176면 이하 등 참조.

2. 사회보장 3법의 제정과 전개

(1) 사회보장에 관한 법률

사회보장정책을 구상하면서 이를 지도하기 위한 원칙을 제시하기 위하여 '사회보장에 관한 법률'이 제정되었다. 그러나 입법의도가 실현되지는 못했다. 사회보장의 여러 원칙에 관한 규정, (군사원호보상법 등 국가유공자법을 포함하여) 사회보장사업의 균형발전, 종합적 조정 등 원래 의도했던 핵심적인 내용이 법안에서 삭제되었다.[15] 또 보호되는 위험을 법률이 직접 규율하지 못했다. 보호되는 위험에 대해서는 '사회보장에 관한 법률' 제5조 제6항에 근거하여 제정된 '사회보장제도심의위원회 규정'이 사회보장심의위원회의 조사 및 심의사항에서 급여의 종류를 열거하여 간접적으로 암시하였다. 이 규정은 직무의 범위로 의료급여, 휴업급여, 실업급여, 노령급여, 산업재해보상, 가족급여, 출산급여, 폐질급여, 유족급여, 장제급여 등에 관한 사항, 그리고 공적 부조에 관한 사항 등 11개 사업을 열거하였다(규정 제4조). 사회보장은 "사회보험에 의한 제급여와 무상으로 행하는 공적 부조"로 정의되었다(법 제2조). 그러나 이는 사회보장에 관한 정의가 아니라 제도수단을 열거한 것이었으며, 또 다음과 같은 이유에서 충실하지도 않았다. 첫째, 군사원호보상의 전통에 따라서 확충될 예정이었던 각종 사회보상을 포섭하여 체계를 구상할 수 없었다. 둘째, 일반 국민을 대상으로 하는 복지관련법을 사회보장의 이념과 목적 하에 편입시킬 수 없게 되었다. 이는 이후 사회보장의 인식과 발전에 부정적 영향을 미쳤다. 즉, 당시 이미 시행되고 있었던 사회복지서비스가 정책적 주목을 받지 못했다. 이 점도 작용하여 사회복지서비스가 사회적 취약계층을 대상으로 하는 국가의 일방적이고 시혜적인 조치로서 이해되었으며 이에 관한 공론화는 지체되었다. 노인복지 및 장애인복지에 대한 법제화의 관심은 1980년대에 비로소 관찰될 수 있었다.

(2) 의료보험법

의료보험법 역시 원래의 구상과 이를 담은 법안에서 멀리 벗어났다.[16] 특히 사회보험의 특징적 요소인 강제가입이 도입되지 못했다(법 제8조). 강제가입이 헌법

15) 사회보장에 관한 법률의 초기 법안에 대해서는 손준규, 위 각주 1의 책, 94면 이하; 최천송, 위 각주 11의 책, 26면 이하 등 참조.

16) 의료보험법안의 수정과정에 대해서는 최천송, 위 각주 11의 책, 109면 이하 참조.

과 계약자유의 원칙에 위반된다는 논리가 제시되었지만 실질적으로는 기업의 보험료 부담 및 정부의 사무집행비용에 대한 부담이 장애요소였다.[17] 이로써 질병의 사회화는 유예되었다. 1960년대 초반에는 아직 질병치료 및 건강보장이 국가의 과제라는 인식이 부족했다. 1976년 시기에 와서 비로소 질병에 대한 감수성이 예민해졌고, 경제성장이 가장 기본적인 자유의 조건인 질병의 보호에 미쳐야 한다는 보상의 사고가 나타났다.[18] 강제가입을 포기하였기 때문에 의료보험은 다년간의 연구와 일부 전문위원 및 최고회의 상임위원들의 노력에도 불구하고 실질적인 사회보험으로 기능할 수 없었다. 그 대신 도입된 임의가입제도는 전혀 활성화되지 못했다. 의료보험법이 제정되었던 초기인 1965년과 1966년 한국종합화학과 봉명흑연광업소에 의료보험조합이 설립되어 약 8,000명의 근로자가 피보험자가 되었을 뿐이다.[19]

(3) 산업재해보상보험법

1953년 제정된 근로기준법의 재해보상은 민법상의 불법행위책임에 비해서 상대적으로 근로자의 보호를 위하여 진전된 입법이었다. 그러나 적용범위가 제한되어 있었고, 또 사용자와의 관계에서 규범력이 충실하게 실현되고 있지도 못했다.[20] 산재보험법은 원칙적으로 모든 사업장에 적용되고 적용이 제외되는 사업장을 각령으로 정하도록 하였다. 그러나 시행령은 오랫동안 이러한 원칙과 예외의 관계를 거꾸로 규정하였다. 즉 시행령은 오히려 적용사업장을 열거하고 그 밖의 사업장에는 적용되지 않도록 하였다. 이에 의하면 상시 500인 이상의 근로자를 사용하는 광업 및 제조업이 가입대상이며, 이외의 사업은 제외되었다(시행령 제2조). 이에 산재보험법은 당시 전체 근로자 중 약 18%에 한하여 적용되었다.[21]

---

17) 이 문제는 이후 위헌심판의 대상이 된 바 있으며, 헌법재판소는 합헌으로 결정하였다. 헌법재판소 2000.6.29. 99헌마289 결정, 12-1, 941면 이하; 헌법재판소 2001.8.30. 2000헌마668 결정, 13-2, 294면 이하; 헌법재판소 2003.10.30. 2000헌마801 결정, 15-2(하), 131면 이하; 헌법재판소 2013.7.25. 2010헌바51 결정, 25-2(상), 40면 이하 등 참조.

18) 1976년 당시 질병에 대한 인식과 사회적 성격에 대해서는 예컨대 신영수, "의료보험 도입 30년의 성과와 한계, 그리고 새로운 과제", 대한의학협회지 제50권 제7호(2007), 569면 참조.

19) 의료보험이 시행된 이후 상황에 대해서는 김순양, "권위주의적 발전국가의 사회정책 형성과정 분석 – 제2차 의료보험법 개정과정을 중심으로", 한국행정논집 제21권 제1호(2009), 56면 이하, 80면; 이두호, 국민의료보장론(나남, 1992), 289면 이하; 황병주, "1970년대 의료보험정책의 변화와 복지담론", 의사학 제20권 제2호(2011), 436면 이하 등 참조.

20) 이에 대해서는 예컨대 민부기, "산재보험제도의 창설", 최고회의보 제26권(1963.11.), 75면 이하 참조.

1969년 시행령에 와서 비로소 적용제외 사업장 열거주의를 채택하여 적용사업장이 확대되었다. 의료보험 등 사회보험이 근로자를 우선 가입대상으로 하고 점진적으로 일반 국민으로 확대되었던 것과 달리 사업자를 가입자로 하는 산재보험법의 기본구조는 당시 확정되었다. 이는 산재보험이 근로자의 산업재해를 보호하는 제도이지만, 사용자를 중심으로 보면 산업재해에 대한 사용자의 책임을 면제하는 성격을 갖는다는 점을 반영한 것이다.[22)]

급여의 종류는 요양급여, 휴업급여, 장해급여, 유족급여, 장제급여, 일시급여 등으로 하였다. 휴업급여로 요양으로 인한 휴업기간 1일에 대하여 평균임금의 100분의 60에 해당하는 액이 지급된다. 장해급여는 10등급으로 구분된 장해의 정도에 따라 차등 산정된다. 예컨대 1급에 대해서는 평균임금의 1,000일분, 10급에 대해서는 평균임금의 50일분이 지급된다. 유족급여로 평균임금의 1,000일분에 해당하는 액이 지급된다. 장해급여와 유족급여는 모두 일시금의 형태로 지급된다. 산재보험법이 아직 장기적인 생활보장의 이념을 충실히 반영하지 못했던 것이다. 산재보험법은 1970년 비로소 연금급여를 지급하여 사회보장의 기능을 강화하였다. 보험가입자, 즉 사업자는 산재보험급여의 한도 안에서 근로기준법에 의한 재해보상의 책임으로부터 면제된다(법 제11조 제2항). 이러한 책임구조에서 산업재해에 대한 사용자의 민법상의 책임관계는 여전히 남는다. 이는 근로자의 권리를 보호하기 위하여 필요한 규정일 수 있지만, 사용자와 근로자의 분쟁을 최종적으로 조정하여 노사관계의 안정을 도모하는 취지에는 충실하지 않았다.[23)] 급여의 제한은 다음과 같이 규율되었다. 즉 "보험가입자 또는 근로자가 고의 또는 중대한 과실로 인하여 보험급여의 사유가 되는 재해를 발생하게 한 때"에는 급여의 전부 또는 일부를 지급하지 않을 수 있다(법 제14조 제1항 제3호). 이는 체계적인 입법은 아니었다. 재해에 대한 가입자, 즉 사용자의 책임이 근로자에게 급여를 제한하는 사유가 될 수는 없기 때문이다. 이 경우 근로자의 보호를 위하여 급여가 지급되어야 하며, 보험자의 책임은 다른 방법에 의하여 물어야 한다. 이 문제는 1970년 개정 법률에서 개선되었다. 급여청구권과 재해발생에 책임이 있는 제3자에 대한 구상권은 다음과 같이 조정되었다. 첫째, 제3자의 행위에 의하여 발생한 재해

21) 이에 대해서는 고용노동부, 산재보험 50년사(2014), 95면 참조.
22) 위 각주 14 참조.
23) 산재보험법에서 사용자의 책임의 다양한 상황에 대해서는 전광석, 위 각주 3의 책, 387면 이하 참조.

로 인하여 산재보험급여를 받은 때에는 보험자는 급여를 받은 자가 제3자에 대해서 갖는 손해배상청구권을 취득한다. 둘째, 보험급여를 받을 자가 제3자로부터 동일한 사유로 인하여 이미 손해배상을 받은 때에는 보험자는 그 받은 배상의 한도 안에서 보험급여를 하지 않는다(법 제15조).

산재보험이 사용자책임과 연계되어 있는 특수한 사회보험이라는 점은 재정방식에 반영되었다. 다른 사회보험과 달리 산재보험의 보험료는 가입자, 즉 사업자가 단독으로 부담한다(법 제20조). 보험료율은 재해율이 유사한 사업의 종류별로 차등화되어 있다(법 제21조). 이 밖에 사업주의 산재예방을 유인하기 위한 규정을 두었다. 즉, 같은 종류의 사업에 있어서도 보험료액에 대한 보험급여의 비율에 따라서 보험료율을 달리 할 수 있다. 보험료액에 대한 보험급여의 비율이 85% 이상이거나 75% 이하인 경우에 30%의 범위 내에서 보험료율을 인상 혹은 인하할 수 있다(법 제22조).

Ⅳ. 1976년 의료보험법과 의료보호법

1. 정치적 및 사회경제적 환경

1960년대 초반 이후 경제개발계획에 따라 경제성장은 상당한 정도로 진전되고 있었다. 이에 비해서 정치적 환경은 계속 악화되었다. 1972년 헌법은 민주주의의 보편적 가치로부터 멀리 벗어났으며, 정치과정은 국민의 의견과 이해를 논의하는 장이 되지 못했다. 이에 국민적 저항은 강화되었고, 정부는 긴급조치를 발동하며 이를 억압했다. 1970년대 중반 이후 경제상황 역시 악화되어 갔다. 경제성장은 정체되었고, 특히 물가가 가파르게 높아갔다. 가장 기본적인 생활 및 자유의 조건인 의료보장은 아직 사회화되지 않았다. 예컨대 60년대, 그리고 70년대에도 질병의 치료를 위하여 병원을 이용하는 비율이 25.4%에 불과했고, 의약기능의 64%를 약국이 담당했다.[24] 1975년 의료서비스 이용비율은 40%에 머물렀다. 국민의 60%는 경제적 이유에서 의료서비스를 받을 수 없었다.[25] 중환자가 입원보증금 혹은 진

24) 이에 대해서는 황병주, 위 각주 19의 논문, 428면 참조.
25) 신영수, 위 각주 18의 논문, 569면 참조.

료비가 없다는 이유로 여러 병원을 거치다가 사망하는 문제가 보도되었다.[26] 이와 같은 상황에서 정부는 정치적 억압체제를 유지하면서 국민의 사회경제적 보상욕구에 대응할 필요가 있었다. 이에 1976년 의료보험법이 개정되었다. 개정 의료보험법은 1963년 의료보험법이 포기하였던 강제가입을 도입하여 실질적인 사회보험으로 기능할 수 있게 되었다.

2. 국민복지연금법의 경험

우리 사회에서 노후소득보장의 구상은 1973년 이미 나타났다. 즉 1973년 국민복지연금법이 제정되었다. 그러나 국민복지연금법은 1974년 대통령 긴급조치에 의하여 그 시행이 최종적으로 유보되었다. 국민복지연금의 구상은 공업화와 도시화가 진행되면서 전통적인 대가족 중심의 부양기능을 더 이상 기대할 수 없게 되었다는 사회구조적 변화를 주목하였다. 근로기준법의 퇴직금제도가 노후보장을 위하여 시행되었지만 여러 가지 기능적 및 제도적 흠결이 있었다.[27] 퇴직금은 근로자가 같은 직장에서 오랫동안 재직한 후 퇴직하는 경우에는 어느 정도 노후소득보장을 할 수 있다. 다만 이 경우에도 퇴직금이 일시금으로 지급되기 때문에 장기적인 소득보장으로는 적합하지 않았다. 근로자의 재직기간이 짧은 경우에는 퇴직금은 소득의 공백을 과도기적으로 보장하는 기능에 그쳤다. 또 퇴직금은 지급보장제도가 없었기 때문에 기업이 도산하는 경우 청구권이 실현될 수 없었다. 이에 정부는 노후소득보장을 위한 연금제도를 구상하였고, 국민복지연금법이 제정되었다.

국민복지연금의 시행에는 여러 지점에서 저항이 있었다.[28] 사용자의 입장에서는 퇴직금 적립의무에 더하여 국민복지연금의 부담금을 납부하는 부담이 컸다. 근로자의 경우 저임금의 상황에서 미래의 소득보장에 대한 기대 보다 현재 보험료를 납부하는 부담에 더욱 예민했다. 또 당시 시점에서 국민복지연금을 도입하는 정치적 의도에 대한 의구심이 컸다. 정부는 산업구조를 중화학공업으로 전환하는

26) 이에 대해서는 예컨대 남찬섭, “1970년대의 사회복지”, 복지동향(2006.6.), 6면 이하 참조.

27) 퇴직금의 기능적 및 제도적 문제는 이후에도 계속 지적되었다. 이에 대해서는 예컨대 민재성/박지용, 퇴직금제도의 문제점과 개선방안(한국개발연구원, 1984), 21면, 31면 이하, 146면 등 참조.

28) 국민복지연금법에 대한 여러 당사자의 입장에 대해서는 “국민복지연금제도안과 이에 대한 반응”, 입법조사월보(1973.12.), 122면 이하; 실록 국민의 연금(국민연금사편찬위원회, 2015), 56면 이하 등 참조.

계획을 세웠지만 이에 필요한 재원이 부족했다. 국민복지연금은 노후소득을 보장하는 제도이기 때문에 가입자(와 사용자)가 납부하는 보험료는 오랫동안 적립되고, 제도의 시행 이후 20년이 지나면 비로소 지출이 시작된다. 이와 같이 적립된 기금을 산업정책의 전환에 필요한 재원으로 동원하려는 의도가 있었다. 1974년 원유파동oil shock은 국민복지연금의 시행에 결정적으로 불리한 환경이 되었다. 또 당시 국민복지연금에 의한 재원조달에 비해서 부가가치세의 도입이 훨씬 재정효과가 클 것으로 예측되었고, 해외차관이 원활하게 도입되는 등의 상황이 작용하여 국민복지연금법의 시행은 유예되었다.

1970년대 중후반 정치적 및 사회경제적 상황에서 사회보장의 필요성에 대한 인식이 증대되고 있었다. 당시 의료보험과 연금보험은 사회보장의 양대 지주라고 이해되었다. 1977년 기존의 경제개발5개년계획은 경제사회개발 5개년계획으로 명명되었다. 1974년 국민복지연금의 시행이 유예되면서 이제 의료보험이 주목을 받게 되었다. 국민복지연금의 시행 유보가 의료보험의 실시를 앞당기는 계기가 되었다는 것이다.[29]

3. 의료보험법과 의료보호법: 낮은 수준의 보편적 평등의 기원

(1) 의료보험법

1976년 의료보험법이 개정되어 1977년 시행되었다. 1963년 의료보험법과는 달리 강제가입을 도입하였다. 의료보험의 관리운영주체는 의료보험조합이다. 468개의 의료보험조합이 설립되었으며, 116만명의 근로자가 의무적으로 의료보험에 가입되었다. 수급자는 약 320만명이었으며, 이는 전체 인구 대비 약 8.8%에 해당하였다.[30]

1976년 의료보험법에는 1963년 의료보험법을 지배했던 사고가 그대로 남아 있었다. 즉 질병을 부분적으로 보장하며, 가입자는 스스로 보장의 공백을 보충하여야 했다. 이는 다음과 같이 제도화되었다. 첫째, 법정급여가 제한적이었으며, 법정비급여가 광범하게 존재했다. 법정비급여에 대해서는 가입자가 진료비용을 모두 부담하여야 한다. 둘째, 요양급여의 기간에 제한이 있었다. 즉 요양급여의 기간은

29) 이 점에 대한 지적으로는 예컨대 실록 국민의 연금(국민연금사편찬위원회, 2015), 41면 참조.
30) 의료보험연합회, 의료보험의 발자취(1996년까지)(1997), 123면 참조.

요양급여가 개시된 날로부터 6월 이내로 한다(법 제30조). 셋째, 가입자는 요양급여비용의 일부를 부담한다. 본인일부부담은 가입자와 피부양자에 대해서, 그리고 통원치료 및 입원치료에 따라서 차등화되었다. 통원치료와 입원치료의 경우 가입자와 피부양자는 요양급여비용의 40%와 50%, 그리고 30%와 40%의 범위 내에서 부담한다(법 제34조, 시행령 제34조). 넷째, 보험료산정의 대상인 표준소득월액에 하한과 상한이 정해졌다. 즉 22,500원 미만의 소득자의 표준보수월액은 20,000원으로, 그리고 389,000원 이상의 소득이 있는 자의 표준소득월액은 400,000원으로 한다. 이는 의료보험에서 소득재분배효과가 제한적이며, 또 소득상한을 넘는 부분은 가입자가 자율적인 의료보장을 위하여 투입될 것을 예정하였다고 볼 수 있다.

(2) 의료보호법

의료보험법이 시행되면서 가입자와 가입대상에서 제외된 국민 간의 불평등이 주목을 받았다. 특히 질병과 같이 가장 기본적인 사회적 위험에 있어서 불평등은 그 자체가 용인되기 어려웠고, 또 이는 새로이 시행되는 의료보험의 정치적 정당성을 손상시킬 우려가 있었다. 당시 생활보호법에서 의료보호는 실질적으로 기능하지 못하고 있었다.[31] 이에 의료보험의 시행 직후 저소득층의 의료보장을 위한 조치를 취하였다. 생계보호대상자, 사회복지시설에 수용된 자, 이 밖에 생활유지의 능력이 없거나 생활이 어려운 자로서 대통령령이 정하는 자가 적용대상이다(법 제4조). 당시 생활보호대상자의 선정은 예산상의 제약을 받고 있었다.[32] 예컨대 1970년 생활보호대상자는 전 국민의 5.4%에 머물러 있었다. 이 비율은 1980년에도 거의 변함이 없었다. 생활보호가 예산의 범위 내에서 시행되어 탄력성이 없었기 때문이다.[33] 그 결과 의료보호법이 생활능력이 없는 국민의 질병을 보편적으로 보호할 수 없었다. 의료보호법은 다음과 같은 제도적 문제도 있었다. 급여의 종류는 의료보험법과 같다(법 제5조). 그러나 의료보호법에서 의료보호시설은 제1차 진료기관과 제2차 진료기관으로 나누어 지정되고(법 제7조), 의료보호대상자가

31) 당시 생활보호법상의 의료보호의 현황에 대해서는 예컨대 유승흠 외, 의료보장론(신광출판사, 2010), 44면 이하 참조.

32) 이에 관한 당시의 관행과 예산현실에 대해서는 예컨대 보건복지부/한국보건사회연구원, 국민기초생활보장제도 10년사(2010), 35면 이하; 이혜경, “한국의 소득보장제도; 압축성장의 한계와 탈도구화의 과제”, 연세사회복지연구 제1권(1993), 78면 이하 등 참조.

33) 이에 대해서는 사회보장심의위원회, 사회보장(1982.12.), 47면 이하 참조.

진료기관을 선택하는 가능성은 제한적이었다. 더욱 문제는 의료보호의 수가酬價가 의료보험과는 차이가 있었다. 외래진료의 경우 정액으로 지급되었으며(1인 1일 400원), 입원의 경우 정률제가 적용되었지만 수가는 의료보험에 비해서 70% 수준에 머물렀다. 이는 자연히 의료기관에서 의료보호수급자를 기피하거나 차별하는 원인이 되었다. 이러한 차별수가는 1990년에 비로소 개선되었다.[34)]

(3) 복지정치적 함의

1977년 시행된 의료보험법은 이후 사회보험 및 사회보장의 전개에 일종의 경로path로서 영향을 미쳤다.

의료보험법이 시행되면서 평등의 이념이 보다 중요한 역할을 하였다. 이는 긍정적인 측면과 부정적인 측면이 있었다. 사회보험이 기능하기 위해서는 가입자의 보험능력이 필요하며, 보험능력이 없는 국민을 가입자로 하는 경우 여러 가지 행정 및 재정문제가 발생한다. 그러나 특히 의료보험과 같이 가장 기본적인 위험을 보호하는 제도에서 가입자와, 가입자의 범위에서 제외되는 국민 간에 불평등이 주는 정치적 부담은 매우 크다.[35)] 이에 의료보험은 빠른 시간 안에, 즉 1989년 전국민보험으로 발전하였다. 1988년과 1995년 시행된 국민연금과 고용보험도 같은 궤적을 밟았다. 의료보험에서 가입자가 적정한 규모를 유지하고, 가입자 간에 어느 정도 연대의식이 있는 경우에는 가입자의 재정부담을 증가시키면서 의료보장의 수준을 높일 수 있다.[36)] 그러나 짧은 기간에 전 국민이 가입자가 되면서 의료보험은 국가정책의 성격을 띠게 되었다. 이 경우 복지의 평등은 보편적으로 실현되었지만 복지의 수준이 높아지기는 어렵다. 전 국민의 가입자에게 보험료는 조세와 같이 인식되고, 그 결과 보험료 인상은 저항에 부딪치게 된다. 가입대상이 보편화될수록 재정부담의 증가로 인하여 혜택을 받는 주체가 명확하지 않기 때문

---

34) 이에 대해서는 남찬섭, "1970년대의 사회복지 4", 복지동향(2006.6), 62면 참조.

35) 이 점은 이미 1963년 의료보험법 제정과정에서 거론되었으며, 또 1988년과 1989년 의료보험을 농어촌 및 도시지역주민으로 확대하는 논의에 있어서도 중요한 쟁점이었다. 이에 대해서는 최천송, 위 각주 11의 책, 48면 이하 참조.

36) 예컨대 1970년대 독일에서 사회보험 가입자 간 연대의 존재 여부는 가입자를 확대하는 데 있어서 중요한 기준이었다. 이에 대해서는 예컨대 Michael Kloefer, "Sozialversicherungsbeiträge und Gruppensolidarität", Vierteljahresschrift für Sozialrecht(1974), 160면 이하 참조. 이 점은 이후에도 사회보험의 가입대상인 근로자의 범위를 확대하는 정책에서 헌법적으로 극복되어야 할 문제였다. 이에 대해서는 Josef Isensee, "Sozialversicherungsfreiheit bei geringfügiger Beschäftigung", Zeitschrift für Rechtspolitik(1982), 140면 이하 참조.

이다.

사회보험이 낮은 수준의 보편적 복지를 지향하면서 이후 사회보장에 다음과 같은 과제를 부과하였다. 우선, 사회보험은 기본적으로 가입자의 보험료 납부능력을 전제로 하며, 따라서 소득활동을 하지 않거나 소득이 생활의 기반이 될 수 없는 일부 근로자는 사회보험에서 배제된다. 다음, 복지수준의 공백 역시 피할 수 없었다. 의료보험, 그리고 다른 사회보험 역시 전 국민으로 빠르게 확대되기 위해서는 급여는 낮은 수준에 머물러야 하기 때문이다. 그러나 이는 그동안 성장한 국민의 복지욕구를 충족할 수 없었다. 이에 사회보험은 다른 사회보장방법론에 의하여 보충되어야 했다.[37] 이는 이중적으로 모색되었다. 첫째, 사회보험은 기본적으로 개인의 생활위험을 추상적으로 보호하기 때문에 이제 개인의 개별적인 상황을 구체적으로 보호하는 방법에 의하여 보충되어야 한다. 그러나 이와 같은 사회보장의 방법은 다원적·선택적이며, 따라서 정치과정에서 비로소 구체화된다는 점에서 보면 자의적일 수 있다. 이에 복지의 평등과 불평등이 새로운 의제가 되었다. 둘째, 최후의 안전망에 대한 관심이 강화되어야 했다. 모든 개인에게 최저생활을 보장할 수 있다면 복지의 불평등은 어느 정도 수인될 수 있기 때문이다. 1997년말 이후 외환위기의 상황에서 이 점은 시급하고 피할 수 없는 과제가 되었다.[38]

Ⅴ. 1988년 이후: 사회보장법의 선택적 확대와 보편화

1. 민주화, 헌법의 규범력과 헌법재판

1987년 민주화의 결산으로 헌법이 개정되었다. 대통령직선제의 도입이 상징적이었다. 헌법이 실질적으로 규범력을 갖게 되었고, 새로이 설치되는 헌법재판소는 헌법의 효력을 강화하고, 또 보편화하였다. 민주화를 계기로 복지와 평등의 국민적 요구가 정치과정에 지속적으로 투입되었으며, 이는 정치적 정당성에 영향을 주었다. 특히 국민 대부분이 관련성을 갖는 의료보험이 가입대상을 확대하였다. 국

37) 이는 사회보장에서 공적 영역과 민간영역의 역할분담에 관한 의제인 혼합복지(welfare mix)와는 다른 주제이다. 위에서 지적한 문제는 기본적으로 공적 사회보장에서 다원적 방법론, 그리고 방법론 간의 협력과 조정이 필요하게 되었다는 것이다. 논의상황에 따라서 혼합복지의 문제가 거론되어야 하는 것은 물론이다.

38) 아래 Ⅴ.1. 참조.

민연금법이 시행되었고, 보편화되어 갔다. 헌법재판소는 입법권 등 공권력을 헌법 기준에 따라 심사하면서 정치과정에서 핵심적인 행위자로 성장하였다. 전체적으로 보면 헌법재판소가 사회보장법의 심사에 적극적이지는 않았다.[39] 이는 한편으로는 사회보장에 관한 헌법규정이 추상적이기 때문에 명확한 심사기준이 될 수 없었으며, 다른 한편 계속 변화하는 사회경제적 상황과 다양한 방법론의 존재로 인하여 입법권에 정책적 및 재정적 판단의 여지가 인정되어야 했기 때문이다. 그러나 국민의 복지와 평등에 대한 요구가 헌법적 논리를 갖게 되었고, 헌법재판소가 이를 심사할 수 있게 되었다는 사실 자체가 정치과정에서 중요한 지분持分이었다. 또 헌법재판소가 사회보장법을 사후에 심사하는 권한을 갖게 되었다는 사실은 이미 입법과정에서 헌법심사를 충실히 하는 사전적 효과가 있었다.

헌법재판소는 실질적 심사에 있어서 소극적이었지만 위임의 구체성과 관련하여 몇 가지 중요한 결정을 남겼다.[40] 이는 헌법적 문제이면서 동시에 입법문화와 정치과정에 중요한 영향을 미쳤다. 헌법은 사회보장에 관한 중요한 사항을 법률에서 직접 규정하고(헌법 제40조), 행정입법에 위임이 필요한 경우 구체적으로 범위를 정하도록 하고 있다(헌법 제75, 95조). 이때 비로소 개인은 자신의 사회보장법적 지위를 알거나 적어도 예측할 수 있기 때문이다. 또 사회보장에 관한 중요한 사항이 국회에서 입법과정을 거쳐 규율될 때 비로소 정치과정에서 공론화될 수 있다. 이에 비해서 중요한 사항이 직접 혹은 위임에 의하여 대부분 행정입법에 의하여 비로소 실질적으로 결정된다면 개인의 법적 안정성, 민주주의의 투명성과 개방성, 그리고 결과적으로 헌법과 국가의 신뢰는 감소 혹은 상실될 것이다.

2. 국민연금의 시행과 확대, 의료보험의 확대

(1) 국민연금 시행의 정치적 및 사회경제적 배경

1986년 국민연금법이 제정되었고, 1988년 시행되었다. 1980년 출범한 제5공화

---

39) 이 점에 대해서는 예컨대 전광석, "복지국가와 헌법재판" 헌법학연구 제20권 제1호(2014), 340면 이하 참조.

40) 이에 대해서는 예컨대 헌법재판소 1998.5.28. 96헌가1 결정, 10-1, 518면 이하; 헌법재판소 2003.9.25. 2001헌가22 결정, 15-2(상), 246면 이하; 헌법재판소 2003.9.25. 2000헌바94 결정 등, 15-2(상), 262면 이하; 헌법재판소 2009.3.26. 2007헌가5 결정 등, 21-1(상), 318면 이하 등 참조.

국은 사회복지를 시대적 과제로 제시하였지만 뚜렷한 진전이 있지는 않았다. 정치적으로는 여전히 권위주의적 환경이 지배하였다. 사회경제적으로는 이중적인 상황이 전개되고 있었다. 경제적으로 이른바 3저 호황(저환율, 저금리, 저유가)에 힘입어 안정적 성장을 이루고 있었다. 1970년대 중후반의 경제위기를 극복한 듯했다. 이는 노후소득보장을 위한 연금제도를 실시하는 데 유리한 환경이었다. 또 1980년대 중반 이후 증폭되어 왔던 정치적 저항을 누그러뜨리는 데 기여할 것으로 판단되었다. 1986년 시점에 국민연금을 도입하는 구상은 그동안 우리 사회의 구조적 변화와도 밀접한 관계가 있다. 사실 1973년 국민복지연금법이 제정되었던 시점에 아직 우리 사회에서 전통적인 부양구조가 붕괴되었다고 할 수는 없었다.[41] 1980년대 중반 이후 전개되는 고령사회에서 상황은 달라졌다. 또 당시 공론화되지 않았지만 저출산의 경향이 시작되었고, 인구구조의 불균형이 예상되었다. 이제 근로자의 저축, 그리고 가족 내에서 세대 간의 기능분담을 대신하여 공적 연금제도가 노후보장의 주축이 되어야 했다. 이와 같은 상황 및 상황의 변화 속에서 1986년 국민연금법이 제정되었다.

(2) 국민연금법의 제정 및 주요 내용

국민연금법의 제정에 있어서 사용자와 노동자 간의 이해관계, 그리고 정부 내부에서 이견이 첨예했다.[42] 기존의 퇴직금제도와의 조정이 핵심 쟁점이었다. 사용자는 국민연금 보험료를 부담하게 되었기 때문에 기존의 퇴직금을 폐지하거나 임의제도로 전환하고자 했다. 이에 비해서 근로자는 퇴직금은 임금후불의 성격이 있기 때문에 국민연금의 도입이 퇴직금제도에 영향을 줄 수 없다는 입장이었다. 이에 노사 간에 다음과 같이 타협이 이루어졌다. 즉 국민연금 시행 초기 5년간은 사용자와 가입자가 보험료를 부담하지만 이후 사용자와 근로자의 보험료, 그리고 퇴직금에서 전환되는 금액이 같은 비율로 재정을 부담한다.[43] 이로써 퇴직금제도

---

41) 이 점에 대해서는 예컨대 이혜경, “신한국 소득정책의 방향”, 한국사회복지정책연구원, 신한국의 복지정책(1994), 78면 이하 참조. 각국에서 사회보장 도입시기의 노인인구비율에 대한 비교로는 이혜경, “권위주의적 자본주의사회에서의 복지국가의 발달; 한국의 경험”, 한국사회복지학 제21호(1993), 179면 이하 참조.

42) 국민연금법 제정에 있어서 노사 간의 입장의 차이에 대해서는 예컨대 황정연, “국민연금제도와 사용자의 입장”; 나문섭, “국민연금제도와 근로자의 입장”, 이 글은 사회보장연구 제3권(1987), 101면 이하, 113면 이하에 수록되어 있다.

43) 이러한 타협은 1998년 국민연금법 개정에서 공론화 과정을 거치지 않고 삭제되었다. 이에 대

는 강행규정으로 그대로 남고, 사용자의 재정부담은 줄어드는 효과가 있었다. 정부 내부에서 연금기금의 운영주체를 둘러싸고 보건사회부와 재정경제부 간에 이견이 있었다. 이는 국민연금을 독자적인 공단을 설립하여 운영하도록 하고, 연금기금운용위원회의 위원장을 재정경제부장관이 맡도록 하는 방향으로 결정되었다.

국민연금법은 현재 근로자의 미래 소득을 보장하는 과제를 갖는다. 이는 현재 노인에 대한 소득보장의 공백을 인식하는 계기가 되었다. 무갹출연금을 도입하는 문제가 거론되었으나 재정적인 이유에서 성안되지 못했다. 1989년 노인복지법은 노령수당을 도입하였다. 그러나 이는 임의규정이었고, 또 예산의 범위 내에서 보건사회부장관이 정하도록 하여 안정성이 없었다.[44] 노인에 대한 소득보장은 2007년 국민연금의 수준을 낮추는 개정을 하면서 한편으로는 국민연금을 보충하고, 다른 한편 노인빈곤을 보호하는 목적으로 기초노령연금법이 제정되면서 비로소 제도화되었다.

의료보험과 달리 국민연금에서는 가입대상이 처음부터 넓었다. 즉 국민연금법은 10인 이상 근로자를 고용하는 기업에 적용된다. 국민연금에서는 20년 가입기간이 충족된 후 비로소 연금이 지출되며, 따라서 제도 시행 초기에는 가입대상의 규모와 재정부담의 상관성이 낮았기 때문이다. 국민연금은 가입자 간에 어느 정도 소득재분배가 이루어지도록 설계되었다. 즉 가입자 본인의 소득뿐 아니라 전체 가입자의 평균소득을 함께 반영하여 급여가 산정된다. 이는 기본적으로 1973년 국민복지연금법의 태도를 이어받은 것이다. 또 보험료산정의 한도액을 두었다. 이는 두 가지 정책적 의미를 갖는다. 첫째, 보험료산정에 한도액이 있었기 때문에 소득재분배의 효과가 그만큼 제한적이다. 둘째, 1986년 국민연금법이 일반적으로 저부담 고급여의 구조를 갖는다고 평가되었다. 보험료기여에 비해서 급여가 높다는 점에서 이러한 평가는 옳다. 1986년 국민연금법에서 전체 가입자 평균소득이 있는 가입자는 20년 및 40년 가입기간이 있는 경우 각각 40% 및 70%의 소득이 보장되었다. 그러나 보험료산정한도액이 낮았기 때문에 절대적으로 연금수준이 높은 것은 아니었다. 또 국민연금의 소득보장률은 1998년 및 2007년 개정을 통하여 낮아졌다.[45]

해서는 실록 국민의 연금(국민연금사편찬위원회, 2015), 234면 참조.

44) 이에 관한 판례로는 대법원 1996.4.12. 95누7727 판결 참조.

45) 이에 대해서는 아래 VI.3. 참조.

국민연금법이 시행된 후 연금기금은 점차 쌓여갔다. 이에 정부는 공공자금관리기금법을 제정하여 연금기금을 공공자금으로 투입할 수 있는 근거를 마련하였다. 국민의 노후보장을 위한 목적의 기금이 낮은 이자로 차용되었고, 자금회수의 담보수단이 있지도 않았다. 이에 공공자금관리기금법의 규정이 헌법재판의 대상이 되었으나 합헌으로 결정되었다.[46] 1997년 이후 외환위기를 관리하는 과정에서 차관을 제공한 국제통화기금IMF 등이 국민연금의 독자성과 안정성을 보장하기 위하여 공공자금에의 예탁을 폐지하는 권고를 하였고, 이에 따라 이 규정은 폐지되었다.

(3) 의료보험법과 국민연금법의 적용확대

의료보험법은 1988년 농어촌에, 그리고 1989년 도시지역에 확대되어 시행 12년 만에 사실상 전국민보험으로 발전하였다. 지역의료보험이 실시되면서 의료보험법은 새로운 국면을 맞았다. 기존 가입자인 근로자는 소득이 거의 완벽하게 파악되고, 또 사용자가 보험료 원천징수의무자이기 때문에 보험운영에 있어서 재정적, 그리고 행정적인 편의가 있었다. 이에 비해서 지역가입자는 다음과 같은 특수성이 있다. 첫째, 지역가입자는 일반적으로 노령에 이르러 퇴직한 후에 직장의료보험에서 지역의료보험으로 편입된다. 그 결과 지역의료보험 가입자는 질병과 관련된 위험이 크다. 그만큼 지역의료보험의 재정에 부정적 영향을 미친다. 둘째, 아래에서 서술하는 바와 같이 지역가입자는 소득파악률이 대단히 낮다.[47] 또 가입자 본인이 보험료를 납부하기 때문에 보험료가 체납될 가능성도 높다. 이에 한편으로는 소득 이외에 재산, 자동차 등으로 보험료 부과대상 다원화·확대하였다. 다른 한편 지역의료보험의 재정은 구조적으로 취약하기 때문에 국고지원이 필수적이었으며, 이는 1988년 농어촌의료보험의 경우 의료보험재정의 50%로 하였다. 이 밖에 2009년 이후 근로소득뿐 아니라 자산소득 등을 추가로 보험료산정의 대상에 포함시키는 변화가 있었다.[48]

국민연금법은 1995년과 1999년 농어촌과 도시지역으로 적용이 확대되었다. 국

---

46) 헌법재판소 1996.10.4. 96헌가6 결정, 8-2, 308면 이하 참조. 이 결정에 대해서 자세히는 전광석, “국민연금기금의 운영과 통제 – 공공자금관리기금법 제5조 제1항 등에 대한 위헌제청사건을 중심으로”, 전광석, 헌법판례연구(법문사, 2000), 367면 이하 참조.

47) 아래 각주 49 참조.

48) 이와 같은 재정방식의 변화가 갖는 의미에 대해서는 예컨대 전광석, “사회보장재정의 규범적 논의구조”, 사회보장법학 제4권 제1호(2015), 32면 이하 참조.

민연금에서도 자영인 등 지역주민의 낮은 소득파악률이 걸림돌이 되었다. 1999년 당시 자영인의 소득파악률은 농어촌과 도시 지역에서 55% 및 23%에 불과한 것으로 추정되었다.49) 이러한 상황이 연금보험에 미치는 영향은 의료보험과는 차이가 있었다. 첫째, 의료보험에서는 제도가 시행되면서 보험급여가 지급되기 때문에 의료보험재정의 문제는 적용확대와 동시에 해결되어야 할 문제였다. 이에 비해서 국민연금은 현재 지급되는 것은 아니기 때문에 재정문제의 시급성이 의료보험만큼 크지는 않았다. 둘째, 의료보험에서는 보험료의 다과多寡에 관계없이 가입자에게 동일한 급여가 지급된다. 이에 비해서 국민연금에서 급여는 가입자의 소득에 어느 정도 비례하여 산정되고, 따라서 소득신고를 충실하지 않은 경우에는 연금수준도 그에 상응하여 낮아지는 불이익이 발생한다. 이 점에서 소득파악이 재정에 미치는 영향이 상대적으로 의료보험에 비해서는 덜하다. 셋째, 그렇더라도 소득이 충실히 파악될 수 없는 경우 의도하지 않은 불합리가 나타난다. 국민연금의 소득재분배구조에서 소득을 낮게 신고하는 경우 오히려 고소득자가 수혜자가 될 수 있고, 이로써 국민연금이 소득역진적 효과를 갖게 된다. 이 점은 아직도 해결하여야 할 문제로 남아 있다.

3. 신자유주의와 노동시장의 유연화, 사회보장기본법과 고용보험법의 제정과 시행

(1) 신자유주의와 신한국건설, 노동시장의 유연화

1993년 출범한 문민정부는 신한국건설을 구호로 내세웠지만 이는 기본적으로 경제선진국으로의 도약을 지향하였다. 정부는 1990년대 이후 지배적인 사조인 신자유주의에 충실하였다. 노동시장의 유연화는 시장의 효율성을 증진시키기 위한 1차적인 조치였다. 이에 노동시장의 유연화와 구조조정을 통하여 시장접근성을 상실하게 된 근로자에 대한 배려가 필요하게 되었다. 그러나 적어도 초기에 문민정부는 복지정책에 소극적이었다.50) 1990년대 중반 이후 정부는 경제협력개발기구OECD에 가입을 추진하였고, 이를 계기로 비로소 경제선진국에 걸맞는 복지정책에

49) 헌법재판소 2000.6.29. 99헌마289 결정, 12-1, 952면 참조.

50) 문민정부의 복지정책에 대해서는 예컨대 성경륭, “민주주의의 공고화와 복지국가의 발전-문민정부와 국민의 정부 비교”, 김연명(편), 한국 복지국가 성격 논쟁 I (인간과 복지, 2002), 487면 이하 참조.

관심을 기울였다. 이에 사회보장의 전반적인 구도를 제시하는 기본법의 제정을 추진하였다. 위에서 언급한 바와 같이 국민연금법의 적용대상을 농어촌 및 도시지역으로 확대하였다. 여기에는 사회보장정책과 농어촌정책이 혼합되어 있었다. 당시 우루과이라운드UR가 타결되면서 쌀수입 개방이 어느 정도는 피할 수 없었다. 이에 농어촌주민에 대한 보상조치가 필요했다. 다만 제도를 형성하는 과정에서 농어촌 구조를 개편하는 목적을 고려하여 농어촌 주민을 대상으로 하는 독자적인 연금법을 제정할 것인가, 이들을 기존의 국민연금법에 편입시킬 것인가에 대해서는 논란이 있었다.[51] 최종적으로는 후자의 방법이 채택되었다. 국민연금을 도시지역으로 확대하는 정책은 어려움이 있었다. 연금재정의 악화가 예측되었으며 이에 1998년 연금수준을 낮추는 개정이 예정되어 있었다. 또 위에서 언급한 바와 같이 자영인의 소득파악은 매우 제한적이었다.[52] 그러나 1997년말 외환위기의 상황에서 사회안전망을 강화하기 위하여 국민연금의 확대는 더 이상 미룰 수 없었다. 1999년 도시지역에 국민연금이 확대되었다.

(2) 사회보장기본법과 고용보험법의 제정과 시행

1990년대 중반 이후 정부는 복지정책에 관심을 두기 시작하였다. 1963년 제정된 '사회보장에 관한 법률'은 초기의 입법의도를 실현하지 못했고, 따라서 기능할 수 없었다.[53] 이에 1995년 사회보장을 선도할 중요한 실질적·절차적 및 조직에 관한 원칙과 원리를 제시하는 사회보장기본법이 제정되었다. 그러나 사회보장기본법의 기능과 규범력은 제한적이었다. 사회보장의 전체적인 범주, 개별 사회보장법의 기능과 체계적 위상, 개별 사회보장법 간의 협력과 보충관계에 대한 지식이 아직 없었기 때문이다.[54] 또 사회보장기본법은 개별 사회보장법을 제정할 때 존중되어야 한다고 선언했지만 사회보장기본법은 법률의 효력을 갖기 때문에 개별 사회보장법과 충돌하는 경우 사회보장기본법이 우선적인 효력을 가질 수는 없었다.

사회보장기본법이 다음과 같은 정책적 의미는 있었다. 첫째, 사회보장청구권이

---

51) 당시 이와 관한 논의에 대해서는 예컨대 유광호 외, 농어촌연금제도에 관한 연구(한국사회보장학회, 1989); 이혜경, "농어촌구조개선과 사회복지정책", 사회보장연구 제5권(1989), 80면 이하; 정명채 외, 농어민연금제도의 연구(한국농촌경제연구원, 1988) 등 참조.

52) 위 각주 49 참조.

53) 이 점에 대해서는 위 Ⅲ.2.(1) 참조.

54) 이 점에 대해서 자세히는 예컨대 전광석, "사회정책과 사회보장법 – 사회보장기본법과 개별 사회보장법의 관계를 중심으로", 사회보장법학 제1권 제1호(2012), 44면 이하 참조.

국가정책의 반사적 이익이 아니며, 개별 사회보장법의 규정에 의하여 성립된 청구권에 대해서는 법적 권리가 인정된다는 점을 선언하였다. 둘째, 정부는 매년 최저생계비를 공표하여야 한다. 이로써 사회보장의 핵심적인 과제인 최저생활보장을 위한 객관적 요건을 제시한 것이다. 셋째, 사회보장법은 여러 법률로 구성되어 있고, 또 자주 개정되기 때문에 개인이 자신의 상황에 따라 적용될 법률을 인식하고, 이에 근거하여 적시適時에 청구권을 실현하기 어렵다. 이에 사회보장기본법은 홍보, 정보제공, 상담 등의 절차에 대해서 규정하였다. 개인이 이와 같은 절차에 관한 권리를 가지며, 절차위반에 대해서 사법적 소구를 할 수 있는지에 대해서는 아직 논의의 여지가 있었다.[55] 넷째, 사회보장심의위원회에 노동과 자본, 공익대표 등이 참여하게 하고, 사회보장에 관한 중요한 사항을 심의하는 기관으로 하였다. 국무총리를 위원장으로 하여 사회보장의 비중을 높이는 효과가 있었다. 이는 1963년 '사회보장에 관한 법률'에서 사회보장심의위원회가 보건사회부장관의 자문기관으로 설치되어 아무런 역할을 할 수 없었던 점과 비교된다.

신자유주의와 노동시장의 유연화의 흐름에서 고용안정에 대한 기대는 약화되었고, 실업의 구조적 성격은 강화되었다. 노동조합은 임금투쟁에서 고용안정으로 정책을 선회旋回하였지만 고용의 안정 자체도 불안정한 목표였다. 상징적으로 1998년 근로기준법에 정리해고에 관한 규정이 삽입되었으며, 법원은 정리해고의 조건을 완화하는 경향을 보였다.[56] 고용보험의 시행이 합리적인 대안이었다.[57] 이에 1993년 고용보험법이 제정되어 1995년 시행되었다. 고용보험법은 실업으로 인한 소득상실을 보상하는 급여(실업급여)에 비해서 사전적으로 노동시장의 구조를 조정하고, 변화하는 시장의 수요에 따라 근로자가 취업능력을 유지할 수 있도록 적극적 노동시장정책(고용안정사업 및 직업능력개발사업)을 우선적인 입법목적으로 하였다. 고용보험법 시행 초기에 가입자의 범위에 관하여 노동과 자본 사이에 이견이 있었으며, 적용대상을 한정하였다. 고용안정사업과 직업능력개발사업은 70인 이상 근로자를 고용하는 사업장에, 그리고 실업급여는 30인 이상 근로자를 고용

55) 이 점에 대해서는 예컨대 전광석, "사회보장행정법관계와 행정구제의 새 국면", 현대행정과 공법이론, 서원우 교수 화갑기념논문집(1991), 423면 이하 참조.

56) 대법원 1991.12.10. 91다864 판결; 대법원 2002.7.9. 2001다29452 판결; 대법원 2003.11.13. 2003두4119 판결; 대법원 2013.6.13. 2011다60193 판결; 대법원 2014.11.13. 2014다20875 판결 등 참조.

57) 고용보험법 제정의 배경에 대해서는 예컨대 최영기/전광석/이철수/유범상, 한국의 노동법 개정과 노사관계(한국노동연구원, 2000), 250면 이하 참조.

하는 사업장에 우선적으로 적용되었다. 그러나 실업으로 인한 소득상실을 보장하는 것이 우선 시급했고, 또 적극적 노동시장정책의 사업환경은 아직 정비되지 못했기 때문에 사업의 불균형은 피할 수 없었다.[58)]

Ⅵ. 1997년 이후: 외환위기, 구조조정과 사회적 안전망

1. 고용보험법의 적용확대와 국민기초생활보장법의 제정

1997년말 외환위기가 다가왔다. 이는 우리의 독자적인 노력으로 극복할 수 없었고 국제통화기금IMF, 세계은행World Bank 등 국제기구의 지원을 받아야만 했다. 국제기구는 지원의 조건으로 강력한 구조조정을 권고하였다. 구조조정을 위해서는 사회적 안전망이 충실히 갖추어져야 한다는 점도 인식되고 있었다. 이는 크게 두 가지로 나타났다. 첫째, 구조조정에는 필연적으로 실업이 따른다. 이에 1995년 시행된 고용보험법의 적용범위를 신속히 확대하여야 했다. 이 밖에 고용보험법은 한편으로는 실업으로 인한 소득상실을 보장하고, 다른 한편 개별적 및 구조적 실업을 예방하거나 직장을 전환하는 가능성을 조성하는 등 적극적 조치를 취할 필요가 있었다. 이에 직업전환장려금 등의 직업안정급여를 보충하였다. 둘째, 공공부조법이 최후의 사회적 안정망으로 기능할 수 있도록 개혁되어야 했다.

1961년 제정 이후 빈곤정책의 기본법이었지만 구조적 흠결을 지니고 있었던 생활보호법의 개혁은 더 이상 미루어질 수 없었다. 이에 1999년 국민기초생활보장법은 최저생활을 보편적으로, 즉 모든 국민에게 보장하도록 구조개편을 하였다. 기존의 생활보호법은 위에서 언급한 바와 같이 조선구호령의 태도를 그대로 유지하여 빈곤 그 자체가 아니라 인구학적 및 신체·정신적인 장애로 인하여 근로능력이 없는 경우에 한하여 수급대상자로 하였다.[59)] 이제 소득인정액이 최저생계비에 미치지 못하는 경우에는 수급자로 선정될 수 있고, 또 이를 객관화하기 위하

---

58) 이와 같은 정책의 비대칭에 대해서는 예컨대 안학순, "한국 고용보험제도의 적극적 노동시장정책에서 소득보장 기능 강화로의 전환과정에 관한 연구", 연세사회복지연구 제5권(1998), 135면 이하 참조. 이 점을 비롯하여 초기 고용보험의 운영현황에 대해서는 예컨대 방하남, "한국고용보험제도의 현황과 발전과제", 한국사회정책 제4권 제1호(1997), 272면 이하 참조.

59) 이 점에 대해서는 예컨대 전광석, "생활보호법의 개선방향", 한국사회정책 제3집(1996), 121면 이하 참조.

여 최저생계비를 매년 공표하도록 하였다. 이로써 최저생활보장은 개인의 권리로 전환될 수 있었다. 이 밖에 최저생활보장을 합리화하였다. 기존에는 수급자로 선정되기 위해서는 소득기준과 재산기준을 각각 충족시켜야 했으며, 그 결과 소득이 없는 경우에도 기준 이상의 재산이 있는 경우에는 수급자로 선정될 수 없었다. 국민기초생활보장법은 소득평가액, 그리고 재산의 소득환산액을 합한 소득인정액을 기준으로 수급자를 선정하도록 하였다. 주거급여를 새로이 도입하였다.

국민기초생활보장법에서 구조적 개선에도 불구하고 이념과 규범, 그리고 규범과 현실은 여전히 차이가 있었다. 국민기초생활보장법은 궁극적으로는 수급자가 자신의 능력으로 인간다운 생활을 형성할 능력을 갖추도록 하여야 한다.[60] 이를 위하여 수급자가 소득이 있는 경우에 계속 근로를 유인할 수 있도록 소득의 일정 부분을 소득인정액에서 공제하는 조치가 필요하다. 소득인정액을 넘는 소득이 있는 경우에 모든 급여에 대한 수급자격이 상실된다면 수급자는 근로를 기피하여 사회소득social income에 의존할 가능성이 있기 때문이다. 특히 의료급여 등 수급자가 부담할 수 없는 급여가 상실되는 효과는 크다. 이와 같은 문제는 통합기준이 아니라 개별급여 단위로 선정의 기준을 달리하는 경우 어느 정도 극복될 수 있다. 이 점은 2014년 국민기초생활보장법 개정의 중요한 원인이 되었다.[61]

국민기초생활보장법의 집행에 있어서는 특히 다음과 같은 문제가 보편성의 원칙을 실현하는 데 장애가 되었다. 첫째, 소득인정액 산정에 반영되는 재산의 소득환산제도가 불합리하였다. 주거용 재산은 현재 수급자가 사용하고 있기 때문에 소득인정액의 산정에 반영되는 경우에도 일반재산과는 재산의 종류 및 환산율에 있어서 차이가 있어야 한다. 그런데 주거용 재산 역시 일반재산과 마찬가지로 환산의 대상이 되고, 또 환산율이 같았기 때문에 수급자로 선정될 수 없는 비율이 상당히 높았다.[62] 둘째, 부양의무기준과 관련된 문제이다. 국민기초생활보장법에는 보충성의 원칙이 적용되며, 따라서 부양의무자가 있고 부양능력이 있는 경우에는 수급자로 선정될 수 없다. 그동안 생활보호법 및 국민기초생활보장법은 부양의무

---

60) 이 점에 대해서 자세히는 예컨대 전광석, "최저생활보장의 규범적 기초 – 헌법 및 관련 법제의 형성과 발전을 중심으로", 저스티스 제156호(2016.10.), 73면 이하, 81면 이하 등 참조.

61) 이에 대해서는 전광석, 위 각주 60의 논문, 79면 이하 참조.

62) 재산의 소득환산제의 문제점에 대해서는 예컨대 허선/김미곤/유현상, "국민기초생활보장제도에 있어서 재산의 소득환산제도에 대한 평가 – 형평성을 중심으로", 사회보장연구 제25권 제1호(2009), 3면 이하 등 참조.

기준으로 인하여 수급자로 선정되지 못하는 문제를 방지하기 위하여 부양의무자의 범위를 점차 축소해 왔다. 이는 우리 사회에서 부양에 관한 정서가 약화되고 있다는 변화를 반영한 것이었다. 그런데 기초생활보장 실무에 있어서는 이른바 부양간주제도가 운영되고 있었다. 이에 따르면 부양의무자가 일정 부분 부양을 행하고 있다고 간주하였으며, 그 결과 실제 부양이 이루어지지 않는 경우에도 수급자로 선정될 수 없는 문제가 있었다.[63] 이에 현재 구체적인 보호가 필요한 자에게 먼저 급여를 지급하고 부양의무자에게 구상권을 행사하는 방법이 제안되어 왔다(선급여 후구상).[64]

2. 새로운 사회문제: 저출산 고령사회, 노동빈곤, 노인빈곤

1990년대 중후반 이후 우리 사회는 전통적인 사회적 위험과 함께 새로운 사회적 위험이 병존하는 시대를 맞았다. 저출산 고령사회가 심화되는 문제, 노동을 하면서도 빈곤에서 벗어나지 못하는 문제, 그리고 노인빈곤이 대표적인 현상이었다.

우리나라에서 오랫동안 인구정책은 인구증가를 억제하는 목적으로 추진되었다. 그런데 1980년대 중반 이후 인구증가율은 둔화되었다. 이 문제 자체, 그리고 인구구조의 불균형에 대한 우려는 1990년대 중반 비로소 정책적으로 인지되었다. 예컨대 1990년대 중반에 와서 의료보험에서 분만급여를 2자녀에 한하여 지급하는 정책은 폐기되었다.[65] 이후 저출산은 사회적 경향으로 자리 잡았고, 우리나라의 출산율은 OECD국가 중 가장 낮은 수준이었다. 이에 비해서 의료기술의 발달, 의료서비스의 확대, 그리고 생활수준의 향상에 힘입어 국민의 평균수명은 계속 높아갔다. 저출산 고령사회가 깊어가는 현상은 사회보장에 부정적인 영향을 미친다. 건강보험에서 노인의료비가 가파르게 늘어났고, 이는 건강보험재정을 악화시켰다. 2008년 노인장기요양보험이 시행되었다. 이는 고령사회의 새로운 위험을 배려하는 조치였지만 동시에 건강보험의 노인의료비 부담을 덜어주는 의도도 있었다. 국민연금에서 인구구조의 불균형은 지속가능성을 위협하는 요소이다. 가입자는 현재

63) 부양간주제도의 실제와 문제에 대해서는 예컨대 김지혜, “국민기초생활보장법 부양의무자 기준의 위헌성”, 공법연구 제41집 제3호(2013), 111면 이하; 손윤석, “국민기초생활보장법상 부양능력미약제도에 관한 법적 고찰”, 사회보장연구 제28권 제2호(2012), 1면 이하 등 참조.

64) 이와 같은 제안에 대해서는 예컨대 김남근, “기초생활수급자 부양의무자 요건의 법적 쟁점”, 사회보장법학 제1권 제1호(2012), 166면 이하 참조.

65) 이에 관한 헌법적 쟁점에 대해서는 헌법재판소 1997.12.24. 9-2 결정, 817면 이하 참조.

지급되는 연금의 재정을 부담하는데, 현재 가입자의 연금기대권이 실현되기 위해서는 미래 소득활동을 하는 세대가 적정한 규모를 유지하여야 한다. 그런데 출산율이 낮아지면서 이와 같은 선순환구조가 파괴되기 때문이다. 이는 두 가지 과제를 부과하고 있다. 첫째, 전체 사회적 과제로서 자녀양육의 부담을 사회화하여야 한다. 자녀양육비용을 지원하거나 세제혜택을 부여하며, 자녀양육에 필요한 서비스 및 제도를 확충하여야 한다. 또 자녀양육에 적합한 교육 및 주거환경을 조성하여야 한다. 다만 현재까지의 경험에 비추어 보면 이와 같은 지원과 거시환경의 조성을 통하여 출산율을 높이는 효과는 제한적이다. 둘째, 사회보장법의 특유한 과제로서 자녀양육을 사회보험에 직접 구조화하여야 한다.[66] 국민연금은 인구구조와 직접 관련성을 가지며, 따라서 자녀양육에 보험료 납부와 같은 정도의 기여를 인정하여야 한다. 2008년 자녀양육기간을 보험료납입기간으로 인정하는 국민연금 연금법 개정은 이에 착안한 것이다. 그러나 2자녀 이상을 양육할 때 비로소 보험료납입기간으로 인정하는 한계가 있었다. 이는 자녀양육의 부담을 개별적으로 지원하는 의미는 있었지만 아직 자녀양육이 국민연금의 기능에 구조적 관련성을 갖는다는 인식이 있지는 않았다. 또 이와 같은 구상이 다른 사회보험에 일반적으로 확대될 수 있는가에 대한 논의로 발전하지도 못했다.

전통적으로 노동은 한편으로는 소득의 안정성을, 그리고 다른 한편 일정 부분 복지생산의 기반을 보장하였다. 그런데 1990년대 말 이후 비정규직이 일반화되고, 또 실업 혹은 비정규직이 정규직으로 임용되기 위한 과도기적 현상stepping stone이 아니라 반복되거나 고착되는trap 경향을 보이면서 노동을 하면서 빈곤에서 벗어날 수 없게 되었다.[67] 1990년대 후반 외환위기가 극복되면서 실업률이 낮아졌지만 2007년 이후 전 세계적인 재정위기를 겪으면서 노동빈곤은 보편적이고 항시적인 사회문제가 되었다. 이 시기에 노인빈곤 역시 새로운 모습을 띠기 시작하였다. 1997년 외환위기를 계기로 가족의 사회보장기능은 급격히 약화되었다. 국민연금은 1998년 1차 개혁을 통하여 급여수준을 낮추었으며, 이에 노후소득보장을 위하

66) 이에 대한 다양한 가능성과 한계에 대해서는 예컨대 Thorsten Kingreen, “Familie als Kategorie des Sozialrechts”, Juristen Zeitung(2004), 938면 이하 참조.

67) 이러한 진단에 대해서는 예컨대 노상헌, “노동시장의 변화와 고용보험법의 과제”, 동아법학 제45호(2009), 526면 참조. 이 밖에 새로운 빈곤의 일반적인 상황에 대해서는 김영란, “신빈곤(new poverty)의 발생구조와 빈곤정책의 변화에 관한 연구”, 사회복지정책 제20집(2004), 245면 이하; 박제성, “사회적 형평과 사회적 양극화, 그리고 사회적 연대”, 노동법연구 제20권(2006), 97면 이하 등 참조.

여 국민연금을 보완하는 방법이 필요했다. 노후소득활동을 지원하는 방안이 추진되었으나 노인을 위한 일자리가 충분하지 않았다. 시장과 공적 사회보장이 모두 공백을 보이는 가운데 우리나라의 노인빈곤율은 OECD국가 중 최하위에 머물러 있었다. 노인빈곤은 2007년 재정위기 이후, 그리고 2007년 국민연금에서 급여수준을 다시 인하하는 조치를 취한 후 기초노령연금법을 제정하는 문제를 중심으로 점화되었다.[68] 이들 문제는 2007년 이후 본격적인 정책처방을 기다리고 있었다.

3. 국민연금의 개혁, 공무원연금 개혁의 지체

국민연금은 처음부터 노후소득보장의 기대를 충족할 수 없었다. 또 위에서 언급한 바와 같이 고령사회가 심화되고 인구구조는 균형을 상실해가고 있었다. 여기에 더하여 1997년 외환위기 이후 진행된 구조조정으로 인하여 실업률이 높아지고 비정규직은 급격히 확대되었다. 이와 같은 내부제도적 문제와 외부환경의 변화는 모두 국민연금의 개혁을 필요로 하였다. 이에 1998년 국민연금법이 개정되었다. 연금재정을 개선하기 위하여 보험료율의 인상이 필요했으나 이는 정치적으로 불가능했다. 보험료율의 인상은 현재 가입자의 가처분소득에 영향을 주며 이는 정치적 민감도가 높기 때문이다. 개정 법률을 통하여 국민연금의 수준은 낮아졌고, 이로써 연금기금이 고갈되는 시기는 2036년에서 2046년으로 연장되었다.

1960년 도입된 공무원연금은 지속적으로 연금수급조건과 연금산정방식을 개선하여 왔다. 연금수급연령이 없었으며, 연금은 최종급여를 기준으로 산정되었다. 또 연금은 공무원보수 인상률을 기준으로 조정되었다. 이는 모두 공무원연금의 재정을 악화시키는 요소였다. 이에 공무원연금에서 이미 1980년대 중후반 재정적자가 나타났으며, 일반재정에서 대규모의 지원을 필요했다.[69] 그럼에도 불구하고 공무원연금은 오랫동안 사회적, 또 정치적 의제가 되지 않았다. 적용대상이 한정적이었기 때문이다. 1990년대 들어와서 공무원연금의 개혁이 더 이상 지체될 수 없었다. 또 1998년 급여수준을 낮추는 개정을 앞둔 국민연금과 비교되었으며, 국민

68) 이에 대해서는 예컨대 김지혜, "빈곤과 기초노령연금법", 사회보장법학 제2권 제1호(2013), 51면 이하 참조. 이 밖에 기초노령연금의 기능에 대해서는 예컨대 윤석명, "인구고령화를 반영한 공적 연금 재정전망과 정책과제; 국민연금과 기초노령연금을 중심으로", 보건복지포럼(2011.8.), 16면 이하 등 참조.

69) 이 점을 포함하여 공무원연금법의 개혁쟁점에 대해서는 전광석, "공무원연금법의 체계와 체계전환 – 입법사적 관점에서", 법학연구(연세대 법학연구원) 제28권 제1호(2018), 143면 이하 참조.

연금에 비하여 개혁이 시급하다는 인식이 작용하였다. 이에 1995년 이후 2015년에 이르기까지 크게 4번의 개정이 있었다. 1995년 개정 법률은 연금수급연령을 60세로 하였다. 그러나 개정 법률은 1996년 1월 1일 이후 임용되는 공무원에 한하여 적용하도록 하였다.[70] 이에 또 다른 개혁을 예고하였다. 2000년 개정 법률은 1996년 1월 1일 이전에 임용된 공무원에게도 연금수급연령을 적용하도록 하였다. 다만 기존 공무원의 신뢰를 보호하기 위한 경과규정을 두었다. 개정 법률은 연금산정 및 조정기준을 합리화하였다. 즉 연금이 기존의 최종보수월액 대신 최종 3년간의 평균보수월액을 기준으로 산정되도록 하였다. 1995년과 2000년 개정 법률은 모두 모수母數개혁에 머물렀고, 또 재정개선의 효과가 크지 않았다. 이에 공무원연금법은 2009년 다시 개정되었다. 연금산정의 기준을 국민연금과 같이 전체 재직기간 평균보수월액으로 하였다. 연금수급연령을 65세로 늦추었다. 연금수준을 기존의 지급률인 2.1%에서 1.9%로 낮추었다. 기여금산정의 기준인 기준소득월액에 상한을 두었다. 즉 기준소득월액은 전체 공무원 기준소득월액의 1.8배를 초과할 수 없다. 이로써 연금액에 상한이 두어졌다. 이와 같은 개혁조치에도 불구하고 공무원연금의 재정 전망은 어두웠다. 예컨대 2016년에서 2025년까지 10년간 정부보전금은 70조원에 이를 것으로 예측되었다.[71] 2015년 개정 법률은 부분적으로 구조개혁을 통하여 재정을 건전화하였다. 첫째, 연금수급연령의 경과규정을 완화하여 2033년 모든 공무원에게 65세를 연금수급연령으로 적용하도록 하였다. 둘째, 연금수준은 다시 낮추었다. 지급률은 1.9%에서 2035년까지 단계적으로 1.7%로 낮아진다. 셋째, 2016년에서 2020년까지 연금조정을 정지시켰다. 넷째, 기준소득월액의 상한을 전체 공무원의 기준소득월액의 1.8배에서 1.6배로 다시 낮추었다.

70) 이와 같이 개혁이 지체되는 의사결정구조에 대해서는 예컨대 민효상, “공무원연금 제도개혁의 거부자(veto-player)와 상쇄관계(trade-off)에 관한 연구”, 한국정책학회보 제18권 제3호(2009), 244면 이하 참조.

71) 정창률/김진수, “한국 공무원연금 개혁 평가 및 발전방향”, 사회보장연구 제31권 제4호(2015), 232면 이하 참조.

Ⅶ. 2007년 이후: 고용과 사회보장의 재정렬, 사회통합

1. 고용, 소득, 복지의 악순환

1997년말 우리의 외환위기는 21세기를 맞기 전에 '극복되었다'고 평가되었다. 그러나 우리 사회가 새롭게 경험한 사회문제는 2007년 전 세계적인 재정위기의 시대에 더욱 깊어지고, 또 돌이킬 수 없는 것으로 보였다. 정규직과 비정규직이 분열되었고, 더욱 단절되어 갔다. 이러한 현상이 우리의 특유한 문제가 아니라 전 세계적인 흐름이라는 점이 1997년말의 시기와 달랐다.[72] 우리의 경우 이와 같은 노동의 이중구조가 비용절감에 목적이 있었다는 점이 더욱 문제였다. 비정규직이 업무의 재배치를 통하여 정규직으로 전환되고, 고용을 안정화하는 가능성은 점점 낮아졌다. 단시간, 혹은 초단시간 고용이 일반화되고, 또 취업과 고용의 단절이 반복되었다. 고용의 불안정에는 소득의 불안이 뒤따랐다. 이로써 노동빈곤이 항상화되었다. 이는 동시에 사회보장 그 자체, 그리고 사회보장의 방법론에 영향을 주었다.[73] 사회보험은 안정적인 고용관계에서 취득하는 임금의 일부를 보험료로 납부하여 미래의 생활을 보장할 수 있도록 기능한다. 그런데 고용과 소득이 불안정하게 되면서 이와 같은 선순환관계가 유지될 수 없게 되었기 때문이다. 이에 사회보험의 기능은 약화되었다. 그러나 국민의 복지에 대한 기대가 이미 보편화되어 있었기 때문에 사회보험의 공백은 다른 사회보장방법론에 의하여 보충되어야 했다. 우선 사회보험의 보편성을 강화하여야 했다. 사회보험에 의하여 기초생활을 보장하는 과제가 충실히 수행될 수 있을 때 다른 사회보장방법론에 의하여 사회보장의 공백을 보완하는 지향점이 뚜렷해질 수 있기 때문이다.

우리 사회보험은 새로운 시대의 상황에 대처하기에 유리한 상황에 있다. 사회보험이 처음부터 급여수준을 낮게 유지하여 왔기 때문이다. 위에서 살펴본 바와 같이 국민연금은 장기적인 재정계측에 기초하여 선제적으로 급여수준을 낮추었고, 공무원연금이 뒤늦게 이를 따랐다.[74] 의료보험의 상황에 대해서는 위에서 설명하

---

72) 1997년과 2007년 시대상황 및 과제의 공통점과 차이에 대해서는 전광석, "2007년 이후 사회보장법; 상황과 과제", 류지태교수 추모논문집(박영사, 2018), 453면 이하 참조.

73) 고용과 소득 및 복지의 악순환 구조에 대해서는 예컨대 서정희, "비정규직의 불안정 노동 – 비정규 고용형태별 노동법과 사회보장법에서의 배제", 노동정책연구 제15권 제1호(2015), 12면 이하, 14면 이하, 23면 이하 참조.

였다.[75] 이는 가입대상을 확대하여 사회보험에서 보편적 평등(전국민사회보험)을 실현하는 데 유리한 경로였다. 일부 복지선진국에서 고용상황이 악화되고, 재정긴축이 필요하게 되면서 급여수준을 낮추는 정책이 복잡한 복지정치과정에서 어려움을 겪었던 점과 비교된다.[76] 다만 사회보험에서 체계적, 규범적, 그리고 현실적인 이유에서 넓게 남아 있는 사각지대를 좁히는 과제는 시급하다. 사회보험이 남긴 보장의 공백을 다른 사회보장방법론에 의하여 보완하는 과제는 더욱 먼 길을 남겨 놓고 있다.

2. 고용을 매개로 한 복지실현과 고용을 통한 복지실현

고용과 소득의 불안정이 복지의 불안정으로 연계되는 상황에서 고용 그 자체를 충실히 보장하는 방법이 새롭게 주목을 받게 되었다. 노동의 탈상품화de-commodification의 복지전략 및 목표는 처음부터 이론적 타당성에 의문이 있었지만 이 시기에 들어와서 더 이상 복지정책의 지향점이 될 수 없었다.[77] 고용과 소득의 선순환관계가 회복될 수 있는 경우 한편으로는 개인의 생활이 분배관계에서 적절히 보장될 수 있고, 다른 한편 다원적으로 분산된 사회보장에 의한 재분배의 부담이 덜어질 수 있다. 이에 적극적 노동시장정책이 우선적으로 주목을 받았다(고용에 의한 복지실현). 그러나 이는 단순한 과제가 아니었다. 근로능력이 있는 자에 대한 취업훈련과 지원, 그리고 취업유지 자체가 다양한 프로그램을 통하여 실현되어야 했고, 또 대상계층에 따라 다양한 조직이 설치되어 서로 협력하여야 했다. 이를 통하여 사회에 진입하는 초기에 생활을 안정적으로 형성하는 기반을 보장하고 기회를 제공하여 청년실업이 방지되어야 한다.[78] 위에서 언급한 바와 같

74) 위 각주 69 참조.

75) 위 Ⅳ.3.(1) 참조.

76) 1980년대 서구 사회에서 복지정책을 개편하는 정치과정 및 규범적 구조에 대해서는 예컨대 Paul Pierson, “The New Politics of the Welfare State”, World Politics vol.48(1996), 143면 이하; Rupert Scholz, Der Sozialstaat zwischen Wachstums- und Rezessionsgesellschaft (C.F.Müller, 1981); Michael Stolleis, Möglichkeiten der Fortentwicklung des Rechts der sozialen Sicherheit zwischen Anpassungszwang und Bestandsschutz(C.H.Beck, 1984) 등 참조.

77) 탈상품화의 정도에 따른 복지국가의 유형에 대해서는 Gosta Esping-Andersen, The Three Worlds of Welfare Capitalism(Princeton University Press, 1990), 35면 이하 참조.

78) 이에 대해서는 전광석, “사회통합과 사회보장법”, 사회보장법학 제5권 제2호(2016), 156면 이하 참조.

이 이념적으로 보면 국민기초생활보장법은 수급자가 자신의 능력으로 최저생활을 형성하는 기회를 보장하여야 한다.[79] 근로능력이 제한적인 노인, 장애인 등에 대해서는 이들의 상황에 적합한 특별한 지원이 필요하다. 이를 통하여 자기생활능력을 가질 수 있는 경우 복지정책의 부담은 상당 부분 덜어질 수 있다. 여성의 고용 역시 특별히 배려되어야 한다. 특히 자녀양육의 부담을 사회화하여 여성이 일과 가정을 균형있게 유지할 수 있도록 하고, 이로써 여성의 경력단절을 방지할 수 있어야 한다. 1987년 제정된 남녀고용평등법을 2007년 '남녀고용평등 및 일·가정양립지원에 관한 법률'로 개칭하고 보충한 것은 이와 같은 시대의 변화를 반영한 것이었다. 이와 같은 정책목적은 사회보장이 전통적으로 고용문제에 집중하였던 관심을 넓힐 수 있을 때 비로소 실현될 수 있다. 즉 고용 그 자체뿐 아니라 교육 및 재교육, 그리고 재활사업에 복지의 관점이 확대되어야 한다. 이 점이 사회투자국가의 구상과 기존의 적극적 노동시장정책의 차이였다.[80]

3. 노동법과 사회보장법의 기능관계

이 시기에 노동법의 사회보장기능이 강화되었다.[81] 고용의 불안정은 비정규직이 일반화되어 가는 문제와 관련이 있었다. 1997년과 2007년, 우리의 특유한 외환위기, 전 세계적인 재정위기를 경험하면서 비정규직의 사회보장은 보편적인 의제가 되었다. 이는 노동시장의 유연화가 시대의 의제였기 때문에 어느 정도는 피할 수 없었다. 노동법은 비정규직의 항상성을 주어진 상황으로 받아들이면서 비정규직고용관계와 소득을 안정화하는 과제를 갖게 되었다flexicurity. 이는 비정규직에 대한 규제를 완화하여 노동시장의 유연성을 강화하며, 그 대신 (노동법에서는) 최저임금을 보장하고, 또 (사회보장법에서는) 비정규직에게도 사회보험의 가입을 개방하는 구상으로 발전하였다.[82] 최저임금은 고용과 소득의 불안정이 복지의 불안

---

79) 위 각주 60 참조.

80) 사회투자국가를 표방했던 스칸디나비아의 국가에서 복지서비스를 통한 능력개발의 범위가 훨씬 넓은 현상에 대해서는 예컨대 Marius Busemeyer, "Bildung als Sozialpolitik? Der Sozial-investitionsstaat im 21. Jahrhundert", Grundlagen und Herausforderungen des Sozialstaats. Denkschrift 60 Jahre Bundessozialgericht(Erich Schmidt Verlag, 2014), 634면 이하 참조.

81) 이에 대해서는 예컨대 도재형, "노동법의 위기와 회생, 그리고 과제", 인권과 정의(2016.6), 69면 이하 참조.

82) 대표적인 예가 네덜란드였다. 이에 대해서는 Jelle Visser/Anton Hemerijck, "Die pragmatische Anpassung des niederländischen Sozialstaats", Stephan Leibfried/Uwe Wagschal(편), Der

정으로 이어지는 순환구조를 교정하는 가장 단순한 해결방법이다. 다만 최저임금이 자본, 그리고 자본의 고용능력에 미치는 실질적인 영향에 대해서는 아직 평가가 필요하다. 사회보험은 전통적인 체계를 완화하여 소득의 다과多寡에 관계없이 모든 근로자를 사회보험의 가입대상으로 하고, 이를 규범적으로 명확히 하여야 한다. 이때 비로소 사용자가 근로자를 위한 가입신고를 기피하는 현실이 어느 정도 방지될 수 있다.[83] 이와 같은 과제가 실현될 수 있다면 한편으로는 노동이 현재 생활의 경제적 기초가 될 수 있으며, 다른 한편 소득의 일부를 보험료로 납부하여 사회보험이 미래의 기초생활을 보장할 수 있게 된다.

4. 사회통합

사회보장법, 특히 사회보험법은 19세기 중후반 산업화 시대에 자본과 노동이 새로운 계급을 형성하여 사회가 분열되는 상황에서 자본의 노동에 대한 배려를 통하여 사회의 분열을 방지하고 통합에 기여하는 목적을 가졌다. 노동자를 대상으로 사회보험이 실시되고 정치과정에서 노동의 지분이 커지면서 복지국가는 사회보험가입자 및 수급자, 그리고 복지정치에서 주목을 받을 수 없었던 주변집단으로 분열되었다. 2007년 이후 세계적인 재정위기를 맞아 사회분열의 구조는 다극화되었다. 자본과 노동의 분열은 깊어갔다. 자본은 국경을 넘어 자유롭게 이동할 수 있게 되었고, 노동은 자본을 유치할 수 있을 때 고용관계를 형성·유지할 수 있다는 점에서 자본에 종속되었다. 또 노동과 노동이 경쟁하는 힘겨운 상황이 되었다. 자본은 대기업과 중소기업, 영세상공업으로 분열되었고, 노동은 정규직과 비정규직, 숙련직과 비숙련직, 취업자와 실업자 등으로 나누어지고 고착되었다. 여기에 더하여 재정투자와 국가부채, 연금수혜계층과 기여계층의 불균형은 세대 간의 분열과 갈등의 원인이 되었다.[84]

다극화된 사회분열의 구조에서 사회보장법은 새로운 사회문제를 맞게 되었다. 사회보장법은 민법 등 질서법과는 달리 사회문제와 사회문제의 변화를 신속히 확

Deutsche Sozialstaat(Campus, 2000), 452면 이하 참조.

83) 사회보험 사각지대와 사각지대가 발생하는 다양한 원인에 대해서는 성은미, "비정규직의 사회보험", 이호근(편), 비정규직노동과 복지(인간과 복지, 2011), 17면 이하; 김연명, "비정규직근로자에 대한 사회보험 확대", 한국사회복지학 제45권(2001), 78면 이하 등 참조.

84) 1980년대 이후, 그리고 90년대 이후 사회양극화와 다극화의 구조에 대해서는 예컨대 전광석, 위 각주 78의 논문, 123면 이하 참조.

은 적어도 적시에 인식하고 처방을 제시하여 모든 국민에게 인간다운 생활을 형성하는 기회를 보장하여야 한다. 그러나 기존의 사회보험과 공공부조는 모두 한계가 있었다. 사회보험은 개인의 생활을 추상적으로 보호하기 때문에 구체적인 상황에 둔감하였고, 또 보호의 수준이 이미 낮아져 있었다. 공공부조는 구체적인 상황을 개별적으로 보호하는 과제를 갖지만 새로운 상황을 모두 반영하고, 또 개별적으로 적합한 보호를 하기에는 힘겨웠다. 이에 사회보장의 방법론은 다음과 같은 방향으로 진화하여야 했다. 첫째, 사회보험에 의한 추상적인 보호의 공백을 다른 추상적인 보호의 방법으로 보완하여야 한다. 건강보험이 장기요양을 보장하는 데 한계가 있으며, 이는 노인장기요양보험법을 제정하는 계기가 되었다. 둘째, 사회보험에 의한 보호의 공백을 구체적으로 보호하는 새로운 제도를 시행하는 방법이다. 국민연금의 급여수준이 낮아지면서 나타나는 노인빈곤을 보편적으로 보장하기 위하여 기초연금법이 제정되었다. 셋째, 공공부조에서 보호의 공백을 추상적인 이념과 제도에 의하여 보충하여야 한다. 예컨대 장애인의 특별한 지출을 유형화하여 장애인연금이 이를 지원할 수 있어야 한다. 넷째, 위와 같이 추상적인 혹은 구체적인 상황에 대해서 유형화된 보호가 될 수 없는 경우 이제 공공부조 및 복지관련제도는 개별적인 상황을 구체적으로 보호를 할 수 있어야 한다. 노인장기요양보험이 시행되면서 노인복지법이, 장애인연금법 및 장애인활동지원에 관한 법률이 제정되면서 장애인복지법이 구체적인 상황에 집중할 수 있어야 한다는 것이다.

Ⅷ. 전망과 과제

우리 사회에서 의료보험법과 국민연금법이 시행되면서 개인의 생활이 공법관계에 편입되어 접촉하는 면이 점점 넓어졌다. 그리고 의료보험과 국민연금은 80년대 후반 및 90년대 중후반에 전 국민으로 적용이 확대되었다. 2007년 노인장기요양보험법이 제정되었다. 1997년말 외환위기는 사회보장의 외형과 방법론에 중요한 영향을 미쳤다. 외환위기를 극복하기 위하여 피할 수 없는 구조조정으로 인하여 한편으로 시장의 기능을 강화하였지만 다른 한편 사회안전망의 정비가 시장기능을 강화하는 전제조건이라는 점도 충분히 인식되고 있었다. 역설적으로 이 시기에 사회보장에 대한 사회적 및 정치적 관심은 커졌다. 2007년 전 세계적인 재정위기를 거치면서 우리 사회의 분열구조가 다극화되고 불평등은 깊어졌다. 이와 같은 구조에서 기원하는 고용과 소득의 불안정은 사회보험에는 부분적으로 낯선 상황이었으며, 공공부조는 다양한 상황에 대한 준비가 되어 있지 않았다. 노인빈곤과 노동빈곤이 대표적인 예이다.

위와 같은 상황은 사회보장법에 다음과 같은 과제를 부여하였다. 첫째, 사회보장법이 개인의 생활을 보장하는 능력은 한계가 있으며, 선제적으로 분배과정에서 개인이 스스로의 능력과 의지에 따라 생활을 형성할 수 있도록 지원하여야 한다. 이로써 노동법이 사회보장의 기능을 수행할 수 있어야 한다. 둘째, 낮은 수준의 보편적 평등을 지향해 왔던 사회보험의 한계는 동시에 기회이기도 했다. 사회보험은 체계적 · 규범적 및 현실적 이유에서 보장의 공백을 남겼지만 모든 소득근로자가 가입하여 기초생활을 보장할 수 있다면 다른 방법론에 의한 사회보장의 목표는 비교적 뚜렷해질 수 있다. 셋째, 이와 같이 사회보험이 남긴 공백은 다원적인 방법에 의하여 보완되어야 한다. 그 결과 모든 국민이 적어도 스스로의 능력으로 생활을 형성 · 유지할 수 있는 기회가 보장되어야 한다. 이 점에서 보면 사회적 평등에 비해서 사회적 포섭inclusion과 참여의 기회를 부여하는 것이 규범적으로 헌법에 친화적이고, 또 현실적인 정책목표이다. 넷째, 모든 국민에게 사회보험에 의하여 기초생활을 보장하고, 사회보험의 공백을 추상적 혹은 구체적인 보호를 위한 다원적인 제도를 통하여 보충하는 국가의 과제는 확대되고, 동시에 더욱 복잡하게 되었다.[85] 이와 같은 복잡하고 다원적인 제도로 인하여 복지국가 혹은 재분배의 정의를 실현하는 여부 및 정도를 객관적으로 평가하기는 힘들게 되었다. 그럴수록 정치적 결정과 정책적 선택이 투명화되어 민주주의의 구조에서 공론화될 수 있어야 한다. 민주주의를 사회화하는 것은 복지국가의 과제일 뿐 아니라 민주주의 자체의 과제이다.

85) 국가기능의 변화와 국가과제의 증대에 대해서는 예컨대 전광석, "공공거버넌스와 공법이론; 구조이해와 기능, 공법연구 제38집 제3호(2010), 185면 이하 참조. 이 밖에 서구 사회에서 국가과제의 확대와 기능변화에 대한 역사적 추적으로는 송석윤, "국가역할의 역사적 변천-근대국가의 미래와 관련하여", 법과 사회 제20권(2001), 17면 이하 참조.

한국 국제거래법의 변화와 발전

손 경 한

[초 록]

우리나라는 1960년대 수출지향적인 산업정책을 펼치며 수출증대를 통한 20세기 고도의 경제성장을 이루어 왔다. 이는 현재에 이르러서도 높은 무역의존도로 이어지고 있으며, 이러한 과정에서 국제거래에 관한 한국의 법제도 또한 눈부신 발전을 거듭해 왔다. 그러나 그동안 우리나라는 국제거래규범을 체계적으로 정립해 왔다기보다는 국제거래에 관한 외국이나 국제적인 성문 규범을 추수하는 데 급급하였던 것이 사실이다. 격동적인

법무법인 화현(Jung & Sohn) 변호사 · 성균관대학교 법학전문대학원 초빙교수
본고의 자료를 정리해 준 (사)기술과법연구소 박도윤연구원에게 감사드린다.

경제발전단계를 지나 어느 정도 안정기에 접어들었다고 평가되는 이제는 우리나라도 국내외의 사회변화에 부응하여 사회발전에 기여하는 국제거래법을 모색할 수 있는 때가 되었다고 할 것이다.

본고는 우리나라의 국제거래법제의 발전과정을 국제적 및 국내적 관점에서 종합적으로 고찰해 보고자 하였다. 이는 한국이 국제거래를 촉진하기 위하여 어떤 법제를 갖추어 나갔으며 국제거래에 관한 국제규범을 어떻게 수용하여 왔는가를 거시적으로 살펴봄으로써 지난 한국 국제거래법사를 돌이켜보고 앞으로의 새로운 흐름을 주도해나갈 수 있도록 초석을 다지는 것에 그 의의가 있다. 이에 먼저 국제거래법의 개념을 살펴보고, 세계적인 관점에서 국제거래법이 어떻게 발전하여 왔는가를 검토하였다. 이어 국내적인 관점에서 한국 국제거래법을 국가무역법시대와 국제규범 편입 시기로 나누어 살펴본 후 더 나아가 한국 국제거래분쟁해결제도의 역사를 고찰하였다. 마지막으로는 한국 국제거래법이 앞으로 나아가야 할 방향과 과제를 검토하였다.

Ⅰ. 서론 – 국제거래와 국제거래법

1. 본고의 목적

한국의 국제거래는 1960년대 이래 비약적으로 발전하였다. 이는 제2차 세계대전 이후 미국을 중심으로 구축한 평화의 세기가 가져다 준 혜택의 결과라는 시대적 배경도 있었지만 수출입국의 기치 아래 수출중심의 경제개발을 추진하였던 한국 정부의 효율적인 정책 집행의 결과라 할 수 있다. 국제거래의 확대에 따라 그에 관한 법제도 발전하여 왔을 것이나 우리나라의 국제거래법제의 발전과정을 국제적인 관점과 국내적인 관점 모두에서 종합적으로 통시적으로 고찰한 연구는 거의 전무하였다. 이에 본고는 한국이 국제거래를 촉진하기 위하여 어떤 법제를 갖추어 나갔으며 국제거래에 관한 국제규범을 어떻게 수용하여 왔는가를 거시적으로 살펴보고자 한다. 바꾸어 말하면 국제거래와 관련한 세계사회와 한국사회의 변화와 발전에 부응하는 한국 국제거래법의 변화와 발전을 고찰하는 데 본고의 목적이 있다.

2. 본고에서 논하는 국제거래법의 범위

국제거래법은 다른 법역과는 현저한 특징을 가지고 있다. 먼저 그 규범 정립의 주체에 있어서도 국가, 국가간, 법원, 중재인, 상인 등의 다양하며 그 규범의 존재 형식에 있어서도 조약, 모범법model law, 국제 상관습, 국내 입법 등으로 다기하고 또 그 집행 주체에 있어서도 특정국의 법원뿐 아니라 국제기구, 중재기관, 국제단체 등이 그에 개입하고 있어 과연 이를 통일적으로 이해할 수 있는가 있다면 그 개념을 어떻게 정의할 것인가를 두고 논란이 있다. 통상 최광의의 국제거래법은 물품, 자본, 노동, 기술 및 정보의 국제적 거래와 관한 일체의 법체계를 말한다.[1] 광의의 국제거래법은 최광의의 국제거래법에서 국제거래분쟁해결법을 제외

1) 서헌제, "국제경제법과 국제거래법의 개념과 범위", 「국제거래법연구」 제5권 제1호(1996), 186쪽은 국제거래법은 국가간의 물품과 서비스, 기술 및 자본거래가 이루어지는 국제시장의 형성과 구조에 관한 법(국제경제법)과 시장 내에서 주체들 간의 계약규범(국제상거래법) 그리고 당사자간 또는 국가간의 분쟁이 발생하였을 경우 그 해결에 적용될 사법적 절차적 규범(국제분쟁절차법)등으로 총체적으로 파악해야 한다고 한다.

한다.[2] 왜냐하면 이 영역의 대부분은 국제사법에서 다루고 있기 때문이다. 협의의 국제거래법은 광의의 국제거래법 중 공법을 제외한 국제거래사법체계를 말한다.[3] 학문적인 통일성의 관점에서 보면 협의의 국제거래법이 개념상 타당하다고 할 것이나 국제거래법은 실무적인 법체계로서 공법적 고려를 제외하기 어렵다는 점에서 현실적으로는 광의의 개념을 쓰는 것이 편리할 것이다. 이러한 의미의 국제거래법에는 국제규범은 물론 국제거래에 관한 국내규범도 포함한다. 그러나 본고의 성격상 국제거래법의 범위에 관한 논의와 상관없이 국제거래분쟁해결에 관한 논의도 포함시키기로 한다. 이점은 국제거래법이 국제사회의 평화와 거래의 안전에 기여할 뿐 아니라 국제사회의 분쟁을 예방하고 해결하는 데에도 크게 기여하고 있다는 인식에 기초하고 있다. 또한 본고의 대상이 한국에 적용되는 국제거래법에 국한되므로 세계에서 통용되는 국제거래법은 세계 국제거래법이라고 불러 이를 개념상 분리하기로 한다.

3. 본고의 논의 순서

본고는 해방이후 한국 국제거래법의 변화와 발전을 통시대적으로 고찰함에 그 본지가 있으나 그에 앞서 세계 국제거래법의 사적 발전을 먼저 살펴보고(Ⅱ), 한국의 국제거래법에 관하여는 이를 대별하여 국가무역법 시대(Ⅲ)와 국제거래법에 관한 국제규범 편입 시대(Ⅳ)로 나누어 살펴본 뒤 나아가 한국의 국제거래분쟁해결제도의 역사를 고찰하고(Ⅴ), 마지막으로 한국 국제거래법의 과제(Ⅵ)를 검토하는 순서로 기술하기로 한다.

---

2) 임홍근, "국제거래법의 법적 구조", 「강위두박사화갑기념논문집」 상사법논총(하)(1996), 438쪽은 국제거래법을 '국제 간의 상거래에 적용되는 법의 전체'라고 하고 국제거래법학회는 '재화, 자본, 사람, 서비스 등의 국제적 이동을 규율하는 법'을 연구대상으로 규정한다(동 학회 회칙 제2조 참조).

3) 최준선, 국제거래법 제9판, 삼영사, 2014, 28쪽은 '국제상거래에 공통적으로 적용되는 사법적 법규의 총체'라고 한다.

Ⅱ. 국제거래법의 사적(史的) 발전

1. 개 설

한국 국제거래법의 변화와 발전에 관한 논의는 국제거래법사학法史學의 일부를 형성할 것인바 이를 제대로 이해하기 위해서는 세계 국제거래법사학에 대한 이해가 선행되어야 할 것이다. 그것은 한국의 국제거래법이 한국의 경제발전단계에 따라 국내규범을 중심으로 하는 방어적 국제거래법에서 세계 국제거래법을 수용하면서 우리나라가 국제적인 법체제에 편입되는 가는 과정을 밟아 왔기 때문이며 앞으로도 세계 국제거래법이 한국의 국제거래법의 발전 방향을 제시하는 방향타의 역할을 할 것이기 때문이고 나아가서는 한국 국제거래법이 세계 국제거래법에 어떤 영향을 미칠 수 있는가를 알아야 하기 때문이다. 따라서 아래에서는 세계 국제거래법 발전의 역사를 일별하기로 한다.

2. 근대 이전의 국제거래법의 발전

국제거래법을 역사적으로 보면 고대 해상법시대, 중세 상인법시대, 근대 국가무역법시대, 20세기 신상인법시대, 그리고 21세기 세계무역법시대로 분류할 수 있다,[4] 국제거래법은 그 속성상 비국가규범인 상인법 내지 상관습법lex mercatoria의 형태로 발전하여 왔으며 지금도 국가규범state law과 비국가규범non-state law가 혼효된 상태에서 발전하여 나아가고 있다.

먼저 고대와 중세 상인법시대의 국제거래법을 살펴본다. 역사적으로 국제거래법은 해상법에서 출발하였던바 기원전 800년 이전에 인류 최초의 해상법인 로도스해법이 성립되었다.[5] 9세기부터 12세기에 걸쳐 유럽에서는 중세 상인들의 무역이 활

---

4) 국제거래에 관한 사법을 중심으로 Clive M. Schimitthoff 교수는 구(중세)상인법시대, 국제거래법의 쇠퇴기, 신상인법시대로 구분하고, 최준선 교수는 이를 약간 수정하여 구(중세)상인법시대 이전(국제사법시대), 구(중세)상인법시대, 국제거래법의 쇠퇴기, 신상인법시대, 다자조약시대로 구분한다. 최준선, "국제거래법의 발전추이와 비엔나협약", 국제거래법연구 제7권 제1호(1998), 171-177쪽 참조.

5) 로도스 해법전은 그리스의 로도스섬의 주민들이 형성한 것으로 공동해손, 선박우선특권, 선박압류 등에 관한 규정이 있었던 것으로 알려지고 있다. 로도스해법의 법적 성격은 명확하지는 않으나 로도스섬의 재판관할권이 미치는 범위 내에서는 실정법처럼 하나의 강제규범으로 적용

발해짐에 따라 해사관습법을 포함한 환어음, 선하증권, 상사회사 등에 관한 관습법이 발전하였다. 그 대표적인 예로 아말피표법Amalphitan Table,[6] 올레론해법Rolls of Oleron,[7] 해사영사법Consolato del Mare[8] 및 위즈비해법Laws of Wisby[9]을 들 수 있다.[10] 근대국가의 성립으로 중세 상인법은 국가법체계에 흡수되었으나 국제적으로 적용되었다는 점에서는 관습법과 유사한 법원성을 가졌다.[11] 이어 유럽 각국은 프랑스 상법전code de commerce, 1807, 독일 구상법전Das Allegemeine Deutche Handelsgesetzbuch, 1861 및 영국 상관습의 보통법common law화[12] 등으로 국제거래법은 국내법의 일부로 흡수되었다. 국제거래법의 국가법화의 또다른 예는 18세기 이래 전 세계의 해운을 지배하고 있던 영국의 당시 해상보험 관련 판례를 정리하여 집대성한 1906년 영국 해상보험법Marine Insurance Act 1906, MIA인 바 동법은 총 90개 조문으로 구성되어 적하보험과 선박보험에 공통되는 해상보험의 기본적 원칙과 규칙을 상세히 규정하였다.[13]

되었을 것으로 보이지만 그 외의 그리스나 로마의 법원에서 로도스해법이 적용되었다면 이는 그리스나 로마의 실정법이 아니라 lex mercatoria로서 적용되었다고 할 수 있다. 손경한, “lex mercatoria의 21세기적 의의”, 성균관법학 제28권 제3호(2016), 7-8쪽 참조(이하 중세 상인법에 관한 설명도 이 문헌에 의거하였다.).

6) 아말피표법(Amalphitan Table, Tables of Amalfi)은 11세기 당시 자유도시이자 무역도시였던 아말피공화국의 상법전으로 당시 지중해의 해상법을 수집 정리하여 하나의 체계로 편찬한 것으로 그 후 오랫동안 지중해 연안 국가에서 통용되었다.

7) 1160년경 프랑스에서 공포된 올레론해법(Rolls of Oleron)은 북유럽에서 영향력이 있었던바 동법은 전문 47개조로 구성되어 있으며 북유럽에서의 와인무역에 관한 당사자의 권리의무와 특히 항해에 있어서의 선장과 선원의 권리의무와 공동해손, 해난구조 등 해난사고의 처리에 관하여 규정하였다.

8) 해사영사법(Consolato del Mare)은 14세기 바르셀로나 영사법원(Consular Court of Barcelona)이 해사관습을 집대성하여 편찬하였던바 주로 지중해에서 통용되었다.

9) 위즈비해법은 16세기 위즈비항구가 있는 북구 고틀랜드(Gotland)섬에서 채택한 해사관습법전으로 올레론 해법을 전승한 것이라고 한다.

10) 이를 통틀어 “medieval lex mercatoria”라고 부른다.

11) 예컨대 프랑스 루이 14세의 1681년 해사대칙령(grande ordonnance de la marine d'août 1681)은 이러한 해사관습을 전면적으로 성문화하였던바 프랑스 외에도 영국 민법박사회관(Doctors' Commons), 영국해사법원(English Admiralty Court) 그리고 유럽의 해사법원에서 원용되었다.

12) 맨스필드경(William Murray, 1st Earl of Mansfield)은 lex mercatoria가 전제하고 있는 신의칙을 영국 보통법에 도입하는 등 이 작업을 주도하였다.

13) 동법은 그 합리성으로 인하여 현재까지도 거의 개정되지 않았으며 적하보험증권상 영국법준거약관으로 국제화물보험에서는 동법이 한국 등에서도 광범하게 적용되고 있다.

3. 20세기 신상인법 시대의 도래

20세기 전반 제1차 세계대전과 제2차 세계대전을 거치면서 국제거래가 비약적으로 발전함에 따라 국제거래규범을 통일할 필요성이 커졌으며 그 수요에 부응하여 비국가법인 신상인법new lex mecatoria이 형성되었다.[14] 먼저 국제 운송을 위하여 해상운송인의 책임을 제한하는 1924년 헤이그 규칙International Convention for the Unification of Certain Rules of Law relating to Bills of Lading, and Protocol of Signature이 성립되었고[15] 항공운송인의 책임을 제한하는 1929년 바르샤바 협약Convention for the Unification of certain Rule Relating to International Transportation by Air이 체결되었다.[16] 국제연맹 주도로 국제상사분쟁해결을 위하여 1923년 중재조항에 관한 제네바의정서Geneva Protocol on Arbitration Clauses of 1923와 1927년 외국중재판정집행에 관한 제네바협약Geneva Convention on the Execution of Foreign Arbitral Awards of 1927이 성립되었고,[17] 국제지급에 관하여는 환어음 및 수표 법통일에 관한 제네바협약Geneva Conventions on the unification of the law relating to bills of exchange(1930) and to cheques(1931)이 각 체결되었다.

(1) 국제상업회의소(ICC)의 활동과 성과

그러나 역시 20세기 상인법시대를 주도한 기관은 국제상업회의소International Chamber of Commerce, ICC라 할 수 있다.[18] 국제상업회의소는 1919년 창립 직후인

---

14) UNCITRAL 설치 이전의 국제거래법의 발전에 관하여는 "Progressive Development of the Law of International Trade: Report of the Secretary-General of the United Nations, 1966", https://www.jus.uio.no/lm/un.sg.report.itl.development.1966/doc.html 참조.

15) 동 규칙은 1968년 헤이그-비스비 규칙으로 개정되었으며 세계 각국의 국내법으로 수용되어 현재까지도 국제해상운송에 관한 대표적 규범의 역할을 하고 있다.

16) 동 협약은 이후 헤이그의정서(1955), 과달라하라협약(1961), 과테말라의정서(1971), 몬트리올 제1, 2, 3, 4의정서(1975), 몬트리올협정(1999, 2003.11.4. 발효) 등의 개정을 거쳤으며 이들을 합쳐 국제항공운송에 관한 바르샤바체제(Warsaw system)라 부른다.

17) 1915년 런던국제중재법원(London Court of International Arbitration: LCIA)이 설립되어 국제상사분쟁해결의 일익을 담당하고 있다.

18) ICC에 선행하여 국제법협회(ILA)는 1877년 공동해손에 관한 요크-앤트워프규칙(York and Antwerp Rules: YAR)을 제정하였고 런던보험자협회(Institute of Cargo underwriters)는 1884년 설립이래 영국에서 18세기 이래 통용되어 온 로이즈보험증권(Lloyd's SG Policy)에 따라 협회약관를 제정, 시행하여 왔는바 현행 1982년 협회약관은 선박보험에 사용되는 협회기간약관(Institute Time Clauses, Hulls: ITC)과 적하보험에 사용되는 협회적하약관(Institute Cargo Clauses: ICC)으로 구분되며 현대어로 된 평이한 보험증권양식(MAR Policy)이 만들어 지면서 함께 제정되었다. 그 담보범위에 따라 협회적하약관 (A), (B), (C)(Institute Cargo Clause (A), (B), (C))의 세 가지로 나뉘는 바 각각 종래의 전손담보(All Risks: A/R), 분손담보(With Average: W/A), 특정분손부담보 약관(Free from Particular Average: FPA)을 대체하였다.

1923년 국제중재법원ICC Court of Arbitration을 창설하여 국제상사분쟁을 국가 법원이 아니라 중재로 해결하고자하였으며 1933년 최초로 "화환신용장통일규칙Uniform Customs and Practice for Documentary Credits, UCP"를 채택한 데 이어[19] 1936년 정형적 국제거래조건에 관한 "무역거래조건의 해석에 관한 국제규칙International Rules for the Interpretation of Trade Terms, Incoterms"을 성안하여 광범하게 사용되고 있다. 그 외에도 ICC는 수많은 국제적 지급에 관련한 규범을 제정하여 시행하고 있을 뿐 아니라[20] 국제매매계약, 국제대리점계약, 프로젝트턴키계약 등 각종의 표준계약서 내지 모델계약서를 제정하여 관계자들이 사용할 수 있도록 하여 왔다. 이와 같은 ICC의 국제거래규범 정립활동은 큰 호응을 얻어 국제거래에 종사하는 자들이 자발적으로 이 규범을 이용하고 있다. 이러한 ICC의 성공적인 사적 규범제정이 lex mercatoria의 법리를 발전시켜 20세기를 풍미한 신상인법시대를 여는 데 커다란 기여를 하였다.[21]

(2) 사법통일국제협회(UNIDROIT)의 활동과 성과

한편 1926년 국제연맹의 산하기관으로 설립된 사법통일국제협회International Institute for the Unification of Private Law, UNIDROIT는 상법의 국제적 표준화를 위하여 장기간 활동하여 왔으며 상거래에 관한 수많은 국제 조약을 성안하였고 나아가 모델법과 국제계약원칙을 제정하여 왔다. UNIDROIT은 국제매매협약의 선구적 작업으로 국제매매계약성립 통일법협약Convention relating to a Uniform Law on the Formation of Contracts for the International Sale of Goods, ULF, 1964 및 국제매매 통일법협약Convention relating to a Uniform Law on the International Sale of Goods, ULIS, 1964을 성안하였으며 1988년에는 국제팩토링협약Convention on International Factoring, 1988 및 국제금융리스협약Convention on

---

19) 그 후 수차의 개정을 거쳐 현재에는 2007.7.에 개정된 UCP 600을 사용 중이며 2001년 e-UCP, 즉 '전자적 제시를 위한 화환신용장통일규칙 및 관행 보칙 1.0판(Supplement to the Uniform and Practice for Documentary Credits for Electronic Presentation-Version 1.0,, 2007. 7. e-UCP1.1.)을 제정하였다.

20) 1937년에 최초의 국제광고강령(International Code of Advertising Practice)을 제정하였고, 1956년에는 추심에 관한 통일규칙(Uniform Rules for Collections: URC), 1967년 상업어음추심통일규칙(Uniform Rules for the Collection of Commercial Paper), 1992년 통일독립보증규칙(Uniform Rules for Demand Guarantees: URDG, 2010년 개정), 1998년 국제보증신용장규칙(International Standby Practices), 2002년 국제표준은행거래규칙(International Standard Banking Practice: ISBP), 2002년 전문 신용장 분쟁해결 규칙(Rules for Documentary Instruments Dispute Resolution Expertise: ICC DOCDEX Rules) 등.

21) 손경한, "lex mercatoria의 21세기적 의의", 전게 논문 11-12쪽 참조.

International Financial Leasing, 1988을 완성하였다.[22] 조약의 성안 외에도 동 협회가 1994년, 2004년 및 2010년에 각 공표한 국제상사계약원칙Principles of International Commercial Contracts. PICC, 1994, 2004, 2010은 오늘날 대표적인 비국가 상거래규범lex mercatoria으로 자리 잡고 있다.[23]

(3) 21세기 비상인법의 발전

20세기에 시작된 비상인법의 발전은 정보사회의 도래와 함께 21세기에도 계속되고 있다. 예컨대 전자 신용장, 전자선하증권 및 전자지급제도, 초국법원칙Trans-Lex Principles 제정 등의 작업이 그것이다.[24] 21세기에 접어들어 국제금융시장의 성장, 국제지재거래의 증가, 국제서비스거래의 증가, 국제적 M& A의 증가 등으로 현실적인 수요의 즉각적인 충족에 유용한 비상인법 즉 비국가법의 역할은 오히려 강화되고 있다고도 할 수 있다. 즉 경성법hard law보다는 연성법soft law의 중요성이 점점 더 커지고 있다고 할 수 있다.

4. 21세기 세계무역법 시대

(1) 개 설

그러나 21세기의 중요한 추세는 20세기 후반에 시작된 국제거래법의 성문화 작업과 세계무역기구WTO체제의 출범으로 조약을 포함하는 새로운 국가법시대를 열고 있다는 점이라 할 것이다. 그 중심에 국제거래법위원회United Nations Commission on International Trade Law, UNCITRAL와 세계무역기구World Trade Organization, WTO가 존재하고 있다.

---

22) 그 외에도 도난문화재협약(Convention on Stolen or Illegally Exported Cultural Objects, 1995), 국제장비담보협약(Convention on International Interests in Mobile Equipment, 2001), 간접보유증권협약(Convention on Substantive Rules for Intermediated Securities, 2009) 등을 성안하였다.

23) 손경한, "21세기 한국 국제거래법학의 과제", 국제거래법연구 제20권 제2호(2011), 4-7쪽 및 손경한, "lex mercatoria의 21세기적 의의", 전게 논문, 13쪽 참조. 그 외의 작업으로 1998년 국제 상위 프랜차이즈계약 가이드(Guide to International Master Franchise Arrangements) 및 2002년 모델프랜차이즈공개법(Model Franchise Disclosure Law) 등이 있다.

24) 그에 관한 자세한 소개는 손경한, "lex mercatoria의 21세기적 의의", 전게 논문 중 Lex Informatica에 관한 설명 참조.

(2) 국제거래법위원회(UNCITRAL)의 국제거래규범 정립 작업

1966년 유엔의 산하기구로 출발한 UNCITRAL은 국제거래규범의 정립에 눈부신 기여를 하였다. 대표적인 업적이 1980년 국제매매협약United Nations Convention on Contracts for the International Sale of Goods, 1980이며 그 외에도 무수한 국제거래규범을 성안하였다.[25)]

(3) 기타 국제기구의 국제거래규범 정립 작업

먼저 국제금융법에 관하여는 브레튼우즈체제의 정립을 들 수 있다. 제2차 세계대전 후 미국의 주도하에 국제통화기금IMF과 세계은행IBRD을 중심으로 국제적 통화 관리와 국제개발금융지원 체제와 각국 간의 협의기구를 통한 금융규제시스템을 정립하였다.[26)] 그 외 IMO, ICAO, ILO, WIPO, WCOWorld Customs Organization 등의 국제기구도 자신들의 영역에서 관련 국제거래규범의 정립에 힘써 왔다.

(4) 세계무역기구(WTO)체제의 구축

19세기 패권국가 간의 국제거래에 관한 대립과 갈등으로 1, 2차 세계대전을 초래하였다는 반성 하에서 세계경제의 새로운 질서형성과 아울러 상품과 용역의 국제거래를 확대하고 시장을 광역화하기 위하여 1948년 관세와 무역에 관한 일반협정GATT이 성립되어 관세 인하 등 어느 정도의 무역 자유화를 성취하였으나 관세양허의 부진, 비관세장벽 등장, 유럽공동체시장의 형성과 일본경제의 약진, 제3세계국가의 단결과 신흥공업국NICS의 등장, 미국경제의 후퇴와 국제통화인 달러

---

25) 해상물건운송협약(Hamburg Rule, 1978), 모델국제상사중재법(Model Law on International Commercial Arbitration, 1985), 모델전자상거래법(Model Law on Electronic Commerce with Guide to Enactment, 1996), 모델국제도산법(Model Law on Cross-Border Insolvency with Guide to Enactment, 1997), 국제채권양도협약(United Nations Convention on the Assignment of Receivables in International Trade, 2001), 모델전자서명법(Model Law on Electronic Signatures with Guide to Enactment, 2001), 도산법입법지침(Legislative Guide on Insolvency Law, 2004), 전자국제계약협약(United Nations Convention on the Use of Electronic Communications in International Contracts, 2005) 및 담보거래입법지침(Legislative Guide on Secured Transaction, 2007), 국제도산 사법공조 실무지침(Practice Guide on Cross-Border Insolvency Cooperation, 2009) 해상국제물품운송계약에 관한 유엔 협약(United Nations Convention on Contracts for International Carriage of Goods Wholly or Partly by Sea, Rotterdam Rule, 2009) 등이 그 성과이다. 손경한, "21세기 한국 국제거래법학의 과제", 전게 논문, 4-7쪽 참조. UNCITRAL의 구성과 활동방식에 관하여는 오수근, 우리나라와 UNCITRAL, 법무부, 2009, 6-9쪽; 최준선, 앞의 책, 39쪽 등 참조.

26) 김화진, "새로운 국제금융질서와 국제금융법", 인권과 정의 제451호(2015), 22쪽 이하 참조.

Dollar의 불안정성 등으로 인하여 GATT체제는 그 한계를 노정하여 새로운 국제거래 질서의 수립이 요구되었던 바 미국의 주도로 세계무역기구협정World Trade Organization Agreement이 1994.4. 마라케시에서 성립되었다.[27] WTO체제는 자유무역을 확대한다는 기조 하에서 관세를 추가적으로 인하, MFA등 비관세장벽의 축소하는 한편 농산물, 서비스, 지적소유권, 외국인투자 등 모든 경제행위를 포함시키고 공정무역 규범을 강화하여 덤핑, 보조금규제를 강화하는 한편 반덤핑이나 상계관세 남용에 대한 규제도 강화하였다. 무엇보다도 국가 간 무역분쟁에 관한 분쟁해결제도를 마련하였다는 점에 큰 진전이 있었다.[28]

(5) 21세기 국제거래분쟁해결제도의 새로운 경향

오늘날 국제거래분쟁해결기구로 가장 많이 활용되는 것은 WTO패널과 중재제도이다. WTO패널은 국가 간 공법적인 무역분쟁을 해결하는 제도인 반면 중재제도는 개인 간 사법상의 국제거래분쟁을 해결하는 제도로 자리를 잡고 있다.

먼저 WTO패널에 의한 국제거래분쟁해결제도는 각국 정부의 조치가 WTO협정에 일치하지 않는 경우를 그 대상으로 삼고 있다.[29] WTO 분쟁해결절차는 중재절차와 내국 사법절차를 절충한 것으로 상설 상소기구Appellate Body를 설치한 이래 사법절차적 성격이 강화되었다. 제소 사유에는 WTO협정 위반 제소와 비위반non-violation 제소가 있다.[30] WTO패널절차는 양국간 협의[31] → WTO패널 설치[32] → WTO패널심리[33] → WTO패널판정 → 상소 → 상소기구 판정[34] → WTO분

---

27) 이영찬, "WTO 체제하의 선진국 및 개도국간의 무역이익에 관한 연구", 생산성논집 제9권 제2호(1995), 145-146쪽.

28) 이경태, "WTO 체제 출범과 산업정책방향", 국제거래법연구 제4권 제1호(1995), 94-95쪽 참조.

29) 주지하는 바와 같이 WTO협정은 상품 및 농산물 교역(관세, 반덤핑, 상계관세, 보조금, 기술표준 등), 서비스 교역(GATS) 및 지식재산권(TRIPS) 분야에서 규율하는 각국의 의무와 권리사항을 포함한다.

30) 협정위반제소는 일반적으로 WTO협정을 위반한 경우에 할 수 있고, 비위반제소는 WTO 협정에 위반되지 않더라도 회원국이 협상에서 기대하였던 이익을 침해한 경우에 할 수 있다.

31) WTO 분쟁은 먼저 회원국이 다른 회원국을 상대로 WTO 협정에 따른 양자협의를 요청함으로써 시작되며 이를 흔히 WTO 제소라고 표현한다. WTO 제소는 대개 해당 산업계 또는 기업에서 정부에 요청하면 검토하여 제소여부를 결정한다. 그리고 WTO 분쟁해결 절차에 따른 협의가 있기 전에 통상 먼저 상호간의 비공식 협의를 통해 문제 해결을 시도한다. 양자협의에서 진전이 없는 경우 WTO 협정상의 권리 침해를 주장하는 국가는 상대방 국가를 상대로 WTO패널에 제소한다.

32) WTO 제소 후 60일 이내에 합의하지 못하면 WTO패널의 설치를 요구할 수 있으며 패널은 WTO사무국의 추천을 받아 양국이 합의하여 3명으로 구성한다.

쟁해결기구DSB의 판정 채택[35]의 절차를 거친다. WTO협정 위반 조치를 계속 유지하거나 이를 제대로 이행하지 않는 경우 제소국은 WTO 협정에 의거해 보복조치를 할 수 있다.[36] 이처럼 WTO패널분쟁해결절차가 빈번하게 이용되는 이유는 국력이 열세인 국가는 양자협의에 의하기보다는 WTO분쟁해결제도에 호소하는 것이 유리하기 때문이며 분쟁해결적차가 비교적 공정하여 미국을 포함한 강대국도 WTO패널분쟁에서 패하는 경우가 많기 때문이다.[37]

한편 사인간의 분쟁은 국제상사중재로 많이 해결되고 있는 바 앞서본 LCIA, ICC중재법원 외에 미국중재협회America Arbitration Association, AAA, 싱가포르중재센터Singapore International Center of Arbitration, SIAC, 스톡홀름중재위원회Arbitration Institute of the Stockholm Chamber of Commerce, SCC 등이 많이 활용되고 있다. 최근의 특징은 상사분쟁뿐 아니라 투자자-국가 분쟁Investor-State Dispute, ISD도 중재의 대상이 되고 상당히 활발하게 활용되고 있다는 점이다. 이처럼 상사중재가 많이 활용되는 이유는 전문가인 중재인의 공정한 판정을 받을 수 있고 그 집행이 뉴욕협약에 의하여 보장되고 있기 때문이다.

중재 외에 최근의 국제거래분쟁해결절차의 큰 특징은 국제상사법원의 설치이다. 종래 영국 상사법원Commercial Court은 국제분쟁해결에서 큰 역할을 하였으나 최근에는 싱가포르, 벨기에, 네덜란드, 프랑스, 독일, 그리고 두바이 등의 국가까지 국제상사법원을 설치하여 국제분쟁을 유치하고 있다.[38]

(6) 자유무역협정을 통한 국제거래의 확대 법제

WTO체제의 출범에도 불구하고 양국간의 자유무역협정FTA이 1970년대에 비하

---

33) WTO패널에 당사국은 서면이유서를 제출하며 2회 구두변론의 기회가 부여되는 바 패널 심리에는 대체로 6개월에서 9개월이 소요된다.

34) 패널 심리에서 불리한 판정을 받은 당사국은 패널 판정의 법률해석에 대하여 상소기구에 상소할 수 있으며 동 상소기구는 최장 3개월 내에 판정을 내린다.

35) WTO분쟁해결기구(DSB)에서 패널(상소기구 포함)의 판정을 채택하면 피제소국은 WTO협정을 위반한 조치를 일정 기간내에 WTO 협정에 부합하게 시정하여야 한다.

36) 윤상수, 세계무역기구(WTO)의 분쟁해결 절차, 나라경제(2000.12). 115-116쪽.

37) WTO 출범 이후 2017년까지 제소 또는 피소에 의해 1건 이상 분쟁해결절차를 이용한 국가는 총 105개국으로, 한국은 2016년 말 기준 제소 17건, 피소 16건 합계 33건으로 미국, EU, 캐나다, 중국, 인도 등에 이어 10번째로 분쟁 해결절차를 빈번하게 활용하면서 2017년 말까지 미국을 11차례 제소하여 8건에서 승소하였고 1건만 패소하였으며 2건은 판정 전에 종료되는 좋은 성과를 얻었다.

38) 장지용, “브렉시트(Brexit)가 우리에게 시사하는 점”, 법률신문(2018.2.19.) 참조.

여 2배에서 3배에 달하는 기현상을 보이고 있다. 전 세계적으로 양국간 협정을 포함하는 지역무역협정Regional Trade Agreement, RTA은 2018.5. 말 현재 발효기준 459건을 기록하였으며 2001년 이래 연평균 20건을 상회할 정도로 증가 추세가 지속되고 있다. 이처럼 WTO 체제 하에서도 양국간 FTA가 확산되는 이유는 도하 개발 아젠다 하에서 무역자유화가 난항을 겪은 것에서 찾고 있다.[39] 개발도상국의 WTO체제에 대한 강력한 저항으로 추가협상이 지지부진하자 미국을 비롯한 선진 각국은 양자간 자유무역협정 등 지역무역협정으로 그 방향을 전환하게 되었기 때문이다.

5. 세계 국제거래법의 발전 방향

(1) 국제거래의 일반적 추세

WTO체제의 출범과 정보사회로의 급격한 진전으로 극점에 달하였던 세계화 경향은 1999년 시애틀의 반란[40]을 기점으로 양극화하는 경향을 보이고 있다. 세계화가 진전되는 영역으로는 정보 거래 내지 데이터 거래를 포함하는 전자상거래 분야, 국제투자, 국제금융, 국제엔터테인먼트, 국제관광, 국제법률서비스 등 서비스거래 분야를 들 수 있고 국제적 제조업, 농업, 인력시장 등의 영역에서는 반세계화 경향이 현저해지고 있다. 그러나 4차 산업혁명으로 촉발된 인공지능, 빅데이터, 블록체인 등의 새로운 기술은 국경을 넘어 활용되고 거래될 것이므로 세계화의 추세는 비가역적이라 판단된다.

(2) 세계 국제거래법의 일반적 추세

20세기 후반과 21세기 전반 일시적으로 WTO체제와 UNCITRAL이 성안한 경성법이 위력을 발휘하기도 하였으나 21세기가 진행되면서 국제거래에 관한 국제규범에 있어서는 경성법의 역할은 점점 감소하고 연성법의 역할이 커질 것으로 전망된다. 이는 미국의 국제적 리더십 약화로 인한 것이며 선진국이 후진국을 설득하는 데 한계에 부딪친 결과이기도 하다. 따라서 단기간 내에 특정분야에 관한

39) 채은선, "FTA와 WTO 협정의 병존과 양립: FTA 세이프가드 규정의 WTO 협정 합치성 검토를 중심으로", 성균관대학교 일반대학원, 2010, 47-50쪽 참조.

40) 1999년 11월 말 미국 시애틀에서 열린 WTO각료회의에 즈음하여 전 세계에서 모인 민중들이 세계화에 반대하는 데모를 벌인 사건으로 향후 반세계화운동의 기폭제가 되었다.

조약 등 경성법 형성이 곤란하게 되었으므로 연성법적 접근이 증가할 것으로 보인다. 이런 측면에서는 국제기구, 각국 법원 및 국제중재기관의 판례법이 위력을 발휘하게 될 것이다. 이는 국내 성문법의 부재를 판례법이 보완하는 것과 같은 이치이다. WTO패널의 판정례, 국제중재사건에서의 중재판정례, 일국의 국제상사법원의 판례 등이 국제적인 구속력을 가지고 해외에 대한 영향을 증대시켜 갈 것이 예상된다. 이점과 관련하여 종래 비공개로 일관하였던 중재판정례의 공간이 주목의 대상이 되고 있다.

(3) 국내법 관여의 증가

국제적 경성규범의 약화는 국내법 특히 국내공법의 강화로 나타날 것이다. 각국은 자국의 이익을 보호하기 위한 국내법의 제정에 경도되어 그동안 보편적으로 적용되어 왔던 국제거래규범이 위기에 처할 수 있다. 계약 자유보다는 계약 공정의 확보를 위한 노력이 강화될 것이며 이러한 관점에서는 경쟁법의 간섭이 심해질 것으로 전망된다. 무엇보다도 세계 각국이 자국 국민의 소득확보에 예민해질 것으로 보여 국제조세법의 혁명적인 변화가 예상된다.[41] 또한 외국인의 입국을 제한하고 상품과 서비스의 수입을 제한하는 국내법이 증가할 것이다. 이는 한편으로는 18세기와 같은 상인법의 소멸 내지 세계 국제거래법의 파편화를 야기할 위험을 내포하고 있고 다른 한편으로는 오히려 사경제주체가 국제거래규범을 주도하는 결과를 초래할 수도 있을 것이다.

Ⅲ. 한국의 국가무역법 시대의 국제거래법

1. 국가무역법 시대의 전개

한국의 역사에 있어 20세기 말엽에 접어들 때까지는 국가무역법, 즉 공법적 규제가 국제거래법의 주류를 이루었다고 평가된다. 즉 국제거래에 관한 국제적인 거래규범이 도입될 때까지는 그러한 현상이 수천년 지속되었을 것이다. 다만 국제무역에 있어 상인간의 약속 내지 관습으로 거래조건이 결정되고 계약의 이행이 이

41) 자본거래세(Tobin Tax), 구글세(Google Tax) 등의 부과와 고정사업장 개념의 폐기 등을 상정할 수 있다.

루어진 범위 내에서는 사법 영역이 작동하였을 것이나 법규범으로서의 강제성은 미약하였을 것으로 추측된다. 이하에서는 이를 시기적으로 나누어 살펴본다.

2. 본격적 국제교역 이전 시대

한국 국제거래법의 역사는 한국이 국제교역체제에 편입되기 이전과 그 이후로 나눌 수 있으며 그 이전에는 국제거래법이 국가무역법이라는 국내법에 머물러 있었다. 한국 정부는 1961년 수출 진흥을 통한 경제성장정책을 채택하면서 국제거래에 관한 국내법을 대폭 정비하였다.

(1) 1945년 이전의 국제거래법

조선시대의 국제무역은 외교사절에 의해 이루어지는 사행무역使行貿易과 국경무역國境貿易으로 구분되며 그것은 다시 공무역과 사무역으로 나누어진다.[42] 조선 초기에는 무본억말務本抑末[43]의 경제정책에 따라 기본적으로 중국과는 조공무역체제로, 일본에 대해서는 수직도서를 가진 자에 한정해 교역을 허용하는 허가무역체제 아래 무역이 이루어졌다.[44] 특히 중국과의 국경에서 엄격한 규제 하에서 먼저 북관개시北關開市가 개설되었고[45] 이어 중강개시中江開市,[46] 책문개시柵門開市[47] 및 왜관개시倭館開市[48]가 열렸다. 공무역 외의 사무역은 법으로 엄격하게 금지되어 있었으나 강력한 단속에도 불구하고 사무역이 성행하여 16세기에는 매우 활발하였다.[49] 그 예로는 중강후시中江後市[50]와 책문후시柵門後市[51]를 들 수 있다.[52]

---

42) 조선시대에 발달한 국경무역의 종류에 관해서는 "문화콘텐츠닷컴", http://www.culturecontent.com/content/contentView.do?search_div_id=CP_THE001&cp_code=cp0301&index_id=cp03010423&content_id=cp030104230001&search_left_menu=2 참조.

43) 농업을 장려하고 상업과 공업은 억제하고 업신여기는 정책을 말한다.

44) 이태진, "16세기 국제교역의 발달과 서울 상업의 성쇠", 서울학 연구총서 7(1998.2.), 58쪽 이하 참조.

45) 태종6년(1406)부터 경성과 경원에 여진과의 무역소를 개설하였다고 한다.

46) 1593년 국내의 기근을 타개하기 위해 의주 부근에 있는 압록강 안의 섬인 중강에 시장을 열고 교역을 허락하였다고 한다.

47) 만주 책문에서 열렸던 시장으로 비교적 오랫동안 1887년까지 지속되었다.

48) 동래부 부산포에 설치한 왜관(倭館)에 개설된 시장으로 내상(萊商)을 중심으로 거래가 이루어졌다.

49) 구도영, "16세기 조선 대명사행무역의 수입품과 그 전개양상", 국학연구 제34호(2017); 박평식, "15세기 후반 대외무역의 확대", 한국사연구 제181호(2018); 이태진, 앞의 논문 참조.

50) 중강개시에서 있었던 공매매 외에 사상(私商)들의 교역을 말하는 바 숙종26년(1770)에 없어

당시 이러한 국경무역에는 공무역은 그에 관한 조선 정부와 중국 또는 일본의 규제법령이 국제거래법의 역할을 하였고[53] 사무역에 있어서는 상인간의 상관습법으로 국제거래규범이 있었을 것이나 알려진 바는 거의 없다.[54] 구한말 교역에 어음이 사용되었다는 기록은 보인다. 일제강점기에는 일본의 상거래관습과 법규범이 그대로 한국 땅에도 적용되었을 것으로 짐작된다.

(2) 해방 후 경제개발개시 이전까지의 국제거래법

해방 후 국제거래에 관하여는 체계적인 법제가 마련되지 못하였고 고시행정에 의존하였으나[55] 한국 정부는 먼저 밀수 행위를 근절하기 위하여 "관세법"[56]을 제정하여 고율의 관세를 부과하여 수입을 억제하는 한편 관세관리에게 사법경찰권을 부여하였다. 대외 무역규제에 관한 최초의 통일적인 법률로서 1957년 무역위원회를 설치하여 무역행정 질서를 통일하는 "무역법"을 제정하였다.[57] 국제적으로는 한국 정부는 6.25 전쟁 직전인 1950.6.2. 일본과 통상협정 및 금융협정을 체결한 바 있고[58] 전후 복구과정에서 무역 및 외환 거래의 대외적인 조건을 개선하기 위하여 IMF, IBRD등 국제금융기구에도 가입하는 한편[59] 1956.11.28. 미국과 한미 "우호통상 및 항해조약"을 체결하여 1957.11.7. 발효시킨 데 이어 1961년까지 필리핀, 대만 및 태국과 무역협정을 체결하였다.

졌다.

51) 중국을 오가는 사신 일행이 중국 책문을 출입한 직후 사상(私商)들이 한 교역을 말한다.

52) 중국과의 교역은 개성의 송상(松商)이 이를 담당하였으며 조선후기에는 평양의 유상(柳商)이 일부 관여하였다. 18세기 말 이후에는 의주지방을 중심으로 중국 무역을 하였던 만상(灣商)이 활약하였다. 만상은 기존의 상권을 쥐고 있던 개성 상인들과 제휴하여 주로 중국측에서 물건을 몰래 가져오면 개성 상인들이 국내 판매를 담당하였고 대중국 수출을 할 때에는 반대로 만상이 판매를 맡았다고 한다.

53) 정부가 발행한 서계(書契)를 가진 상인에 한하여 거래를 할 수 있었다는 점에서 서계는 일종의 무역면허라 할 수 있다.

54) 이 부분에 관한 우리 한국법사학자들의 연구를 촉구하는 바이다.

55) 이연호, 국가기록원, "시기별 무역정책", http://www.archives.go.kr/next/search/listSubjectDescription.do?id=008820 참조.

56) 법률 제67호, 1949.11.23., 제정 및 동일자 발효. 동법은 종래의 남조선과도정부법령 제149호 대외무역규칙에 우선하여 적용되었다.

57) 법률 제460호, 1957.12.13. 제정, 동일자 발효. 동법으로 과거 무역에 적용되던 군정법령제82호 대외무역규칙과 제149호 대외무역규칙은 폐지되었다.

58) 이후 장기간의 협상을 거쳐 1965년 국교정상화조약을 체결하였다.

59) 국제통화기금협정(IMF)과 국제부흥개발은행협정(IBRD)에는 금융기구 다자조약 제24호 및 제25호로 1955.8.26.에 각 가입하여 그 익일에 발효하였다.

3. 수출주도 경제개발 시기의 국제거래법

(1) 개 설

한국의 국제거래법은 경제발전단계에 따라 일본의 국제거래법제를 순차적으로 도입하면서 발전하였다. 수입대체산업 육성, 수출촉진, 경공업에서 중화학공업으로 발전하면서 그에 따른 규범의 변화를 가져 왔으며 국제 교역과 외국인투자 활성화를 위하여 외국인들이 국내에서 활동할 수 있는 법체제legal infra를 갖추고 있었고 또 갖추어 나갔다.

(2) 무역관련 법제의 정비

체계적인 수출 진흥과 수입 규제를 위하여 "무역법"을 1967년 "무역거래법"으로 대치하는 한편[60] GATT체제에 가입하였다.[61] 동법은 이후 수출종합상사제도 등의 제도를 도입하는 등 강력한 수출드라이브정책을 뒷받침하였으며 1987년 공정무역질서 확립과 통상 확대를 표방하는 "대외무역법"으로 탈바꿈하여 오늘에 이르고 있다.[62] 나아가 무역의 정보화를 위하여 일찍이 1992년 "무역업무 자동화 촉진에 관한 법률"을 제정하여 무역 업무를 자동화하여 무역절차의 간소화, 무역 정보의 신속한 유통 및 무역업무의 처리시간과 비용을 절감하는 입법을 하였다.[63]

1968년에는 "관세법"을 전부 개정하여 관세의 탄력적 운영을 기할 수 있도록 긴급관세 · 상계관세 · 편익관세 · 제한적 관세 수권 제도 및 관세 할당 제도를 신설하고 그 운영의 적정을 위하여 관세심의위원회를 두는 한편[64] "관세목적을 위한 물품의 평가에 관한 협약"Convention on the Valuation of Goods for Customs Purposes에 가입하였다.[65] 2000년에는 납세자의 권리보호를 강화하기 위하여 "관세법"을 재차 전부 개정하여 "납세자권리헌장"의 제정근거를 규정하는 한편 각종 허가제를 신고제로 전환하는 등 세관절차를 간소화하였다.[66]

---

60) 1967.1.16. 제정 공포, 법률 제1878호 1967.4.1. 발효.

61) 관세와 무역에 관한 일반협정(GATT)에의 대한민국 가입을 위한 의정서 무역/통상/산업 다자조약 제243호 1967.4.14. 가입, 동일자 발효.

62) 1986.12.31. 제정, 법률 제3895호, 1987.7.1. 발효.

63) 1991.12.31. 제정, 법률 제4479호, 1992.7.1. 발효. 동법은 2005.12.23. 법률 제7751호로 전자무역 촉진에 관한 법률로 개칭하는 전부 개정을 하여 2006.6.24. 시행되었다.

64) 1967.11.29., 전부개정, 법률 제1976호, 1968.1.1. 발효.

65) 관세 다자조약 제283호, 1968.10.2. 가입, 발효.

66) 법률 제6305호, 2000.12.29., 전부개정 동일자 발효.

(3) 외국인투자유치제도의 정비

무역법제와 함께 외국인 투자 유치제도와 외국환관리제도도 정비되어 나갔다. 종래부터 주식회사제도, 외국회사 국내 지점제도, 저당권 등 담보제도, 파산제도 등이 도입되어 있었고 외국자본유치를 위하여 자유당 정부시절인 1960년 "외자도입촉진법"을 제정하여[67] 외국인투자에 대한 면세혜택과 해외송금을 보장하는 한편 외국인투자촉진위원회에서 투자적격사업을 심사, 승인하는 제도를 도입하고 외국인투자에 기술도입을 포함시켜 기술도입계약에 대한 승인, 신고제도를 두어 국제거래에 있어서의 불공정계약을 규제하는 한편[68] "외국인토지법"을 제정하여 외국인의 토지 소유를 허용하였다.[69] 한국경제가 성장함에 따라 점차 외국인투자를 자유화하여 나아갔으며[70] 서울에서 조인된 "국제투자보증기구 설립협약"MIGA에도 가입하였다.[71] IMF금융위기 후 "외국인투자촉진법"을 제정하여 외국인투자에 관한 규제를 대폭 완화하고 조세 지원을 확대하는 한편, 대규모의 외국인투자를 유치하기 위한 외국인투자지역 지정제도를 도입하였다.[72] 이로써 우리나라의 외국인투자법제는 완비되었다고 할 수 있다.

(4) 외국환관리제도의 정비

한편 외국환 관리 제도를 보면 항상 외화 부족에 시달리고 있던 정부는 1962년 "외국환관리법"을 제정하여[73] 외국환 거래를 관리하여 국제수지의 균형, 통화

67) 법률 제532호, 1960.1.1. 제정, 동일자 발효. 한 가지 흥미로운 것은 외국인 재산의 수용 및 징발의 보상에 관하여 투자가와 재무부장관간의 합의가 되지 않는 분쟁은 상호합의하에 제3외국인으로서 공적 자격을 가진 자연인, 단체 또는 분쟁의 특수문제에 관계있는 자를 제3 중재자로 선임하여 그 중재에 의한 상호합의에 의하여 해결하도록 규정하고 있었다는 점이다(동법 제36조 제2항 참조). 다만 이러한 분쟁해결방법이 조정인지 중재인지는 명확하지 않다. 동법은 외자도입법이 1966.8.3. 법률 제1802호로 제정, 1966.9.3. 시행되어 폐지되었고 중재조항도 함께 폐지하는 대신 "국가와 타방국가 국민간의 투자분쟁의 해결에 관한 협약"(ICSID협약, 분쟁해결/상사중재 다자조약 제234호로 1967.2.21. 가입하여 1967.3.23. 발효)에 가입하였다.

68) 외자도입법에는 차관도입에 관한 규정도 포함되어 있었다.

69) 외국인토지법 법률 제718호로 1961.9.18. 제정, 동일자 발효하였고 단기 4269년(1936년) 칙령 제470호 외국인토지법을 조선에 시행하는 건은 폐지되었다.

70) 외자도입법은 1997.1.13. 법률 제5256호로 외국인투자 및 외자도입에 관한 법률로 개칭되어 1997.2.1. 시행되었다.

71) 동 조약에는 금융기구 다자조약 제948호로 1988.4.12. 가입하여 1988.4.18. 발효하였다.

72) 1998.9.16. 법률 제5559호로 제정되어 1998.11.17. 시행되었던 바 외국인투자 및 외자도입에 관한 법률 중 공공차관도입에 관한 부분은 별도의 법률로 분리되었다.

73) 1961.12.31. 제정 법률 제933호, 1962.1.21. 발효. 동법 제정으로 종전의 군정법령 제93호 외국과의교역통제는 폐지되었으며 과거 일시 제정되었던 단기 4282년(1949년) 6.13.자 대통령령

가치의 안정과 외화자금의 효율적인 운용을 기하였으며 비로소 대외 송금 억제, 외국환 수지 방어, 국제금융에 대한 규제를 효율적으로 할 수 있는 법적 규범을 갖추었다. 그 과정에서 지나치게 엄격하였던 외국환관리법에 대하여 우리 법원은 이를 단속규정으로 해석하여 그에 위반한 행위의 사법상의 효력을 인정하는 판례를 확립하였다.[74] IMF금융위기를 겪으면서 외국환거래의 자유를 강제 당한 한국 정부는 1999년 외국환관리법을 폐지하고 외국환거래의 자유를 보장하고 시장기능의 활성화를 표방하는 “외국환거래법”을 제정하였다.[75] 즉 한국의 외국환거래에 관한 규제는 엄격한 규제에서 점진적 자유화의 단계를 밟아 왔다고 할 수 있다.

이하에서는 위와 같은 한국의 국가 국제거래법을 전제로 우리나라가 국제적인 국제거래규범에 어떻게 대응하고 그 법체계에 편입되고 있는지를 살펴보기로 한다.

Ⅳ. 한국의 세계 국제거래 규범 편입 시대의 국제거래법

1. 한국에 있어서 국제거래법학의 발전

(1) 상법학의 일부로서의 국제거래법학

한국 상법에는 국제매매조건이나 신용장 등 지급방법에 관하여 규정은 없었으나 매매, 해상 운송, 운송주선, 창고업, 보험 등의 분야를 규정하고 또 환어음제도 등을 어음수표법에 규정하여 한국법이 국제거래의 준거법인 경우에는 상법과 어음법이 적용되는 등 국제성을 띠고 있음에도 불구하고 국제거래규범이나 관행에 대하여는 단편적인 연구에 그쳤다. 따라서 국제거래에 있어서는 INCOTERMS나 UCP에 의거한 신용장 이용등 상관습에 의존하였다.[76]

(2) 국제거래법학의 태동과 발전

국제거래규모는 상대적으로 커졌으나 그에 관한 규범이 미비하였고 학문적 연

제132호 대외무역기타거래에대한외국환취급규칙은 1950.4.10. 대통령령 제324호로 폐지된 바 있었다.

74) 대법원 1975.4.22. 72다2161 전원합의체 판결에 이은 대법원 1981.5.26. 80다2367 전원합의체 판결 이래 일관된 입장을 보였다.

75) 1998.9.16. 제정, 법률 제5550호, 1999.4.1. 발효.

76) 이 당시에는 법학자들이 아니라 국제상학자들이 신용장론, 무역거래론 등의 이름으로 국제거래법을 강의하고 연구하는 실정이었다.

구도 부족하였던 1990년[77] 소장 학자와 국제거래법 실무가들이 주도하여 출범한 국제거래법학회는 한국 국제거래법학을 체계화하는 데 큰 기여를 하였다.[78] 예컨대 후술하는 바와 같이 2005년 국제매매협약이 한국에서 발효할 때까지 동 학회는 그에 관하여 26편의 논문을 발표하였으며 그러한 연구과정에서 법무부에 국제매매협약 가입을 촉구하기도 하였다. 국제통상법 연구에도 같은 노력을 기울여 2005년까지 WTO에 관한 논문만 하더라도 26편을 발표하였다.[79] 2007년에는 국제거래분야 연구에 대한 의욕을 고취하고 국제거래의 진작에 기여하기 위하여 심당 국제거래학술상을 제정하여 매년 우수 논문을 시상하기 시작하였으며 2008년에는 글로벌 금융위기에 즈음하여 그 대책을 다루는 학술대회를 개최하는 한편 세계금융기구World Finance Organization와 세계중앙은행world Central Bank, 아시아통화기금AMF, 국제청산동맹International Clearing Union등의 새로운 국제금융기관과 시스템의 창설을 제안하는 성명서를 발표하기도 하였다. 2007년부터 국제거래법에 관한 각론적 연구를 강화하기 위하여 학회 산하에 국제매매법연구회, 국제금융법연구회, 국제건설·에너지법연구회 등을 설치하여 연구를 계속하고 있으며 각론 분야에 있어서도 2011년부터 2018년에 걸쳐 국제인수합병, 국제합작계약, 국제건설, 국제선박 건조 및 금융, 국제자원개발, 국제지재거래, 국제문화콘텐츠거래, 생물다양성협약 등의 주제를 심층적으로 다루어 오고 있다. 국제거래법학회 외에도 한국무역상무학회, 한국해법학회, 한국국제경제법학회 등에서 관련 국제거래 규범을 연구하여 국제거래법학의 발전에 큰 기여를 하여 왔다. 이처럼 한국의 국제거래법은 국제거래법학회가 학문적 연구를 선도하여 어느 정도 성과가 축적되자 국제거래에 관한 조약에 가입하기 시작하였다는 점에서 큰 특징을 발견할 수 있다. 이하에서는 국제매매협약 가입 과정과 분야별 발전과정을 순차로 살펴본다.

---

77) 당시 한국의 교역규모는 수출 650억불, 수입 698억불 합계 1,300억불 이상에 달하였으나 국제거래법에 관한 전문서로는 고준환, 국제거래법, 경진사, 1982를 효시로, 1884년에는 이상돈교수와 정상조석사가 미국 Donald T. Wilson의 International Business Transaction, Nutshell Series, 1981을 국제거래법론이라는 제목으로 번역, 간행한 바 있고, 이어 장효상, 국제경제법, 박영사, 1985; 이태희, 국제계약법, 학연사, 1990 등의 소수가 발간되었을 뿐이었다.

78) 정홍식, "국제거래법학회 소개", 선진상사법률연구 제72호(2015.10.), 227쪽 이하; 석광현, 한국국제거래법학의 과제, 성균관법학 29권 3호, 손경한 교수 정년기념 논문집(2016), 51쪽 이하 참조.

79) 동 학회지에 2008년까지 발표된 논문을 체계적으로 목록화한 자료로는 손경한, "국제거래법연구 총목차", 국제거래법연구 제17집 제2호(2008) 참조.

2. 한국의 국제매매협약에의 가입

21세기에 접어들어 법무부는 국제거래법연구단을 운영하기 시작하였으며[80] 그 중 일부 위원을 UNCITRAL 실무작업반Working Group에 파견하기 시작하였다. 그러한 작업 중에 한국은 2004.2.17. 63번째 국가로 국제매매협약CISG에 가입하여 2005.3.1. 국내에서 발효하였다.[81] 이는 한국이 비로소 국제거래에 관한 국제적 사법체계에 편입되는 실질적인 첫걸음이었다 할 수 있다. 그것은 동협약이 단순히 국제매매에 적용되는 규범을 넘어 국제계약법 총론을 형성하는 규범이기 때문이다. 그 후 국내법의 일부가 된 국제매매협약을 국내법에 반영함으로써 국제법과 국내법의 통일적 적용을 도모하려는 노력도 계속되고 있다.[82] 또한 국제매매협약을 적용한 판례도 나타나기 시작하여 상당수의 판례가 집적되고 있다.[83] 2005년 국제매매협약 발효이래 2015.6.까지 한국 법원에 접수된 동 협약 관련 사건의 수 39건(그중 고등법원에 항소된 사건 29건, 대법원에 상고된 사건 6건)으로 중국기업 사건이 9건(홍콩 포함 10건), 미국 6건, 일본 3건, 호주 3건, 스페인, 덴마크, 캐나다, 몽골, 대만, 말레이시아, 베트남, 아르헨티나, 남아프리카공화국 등이 1건씩을 기록하였다고 한다.[84] 한국도 2009년부터 관련 사건을 UNCITRAL에 보고하고 있어 국제매매협약이 국내규범으로 정착되고 있고 나아가 그에 관한 판례법도 형성되고 있는 과정에 있다. 우리나라는 국제물품매매협약에 가입하는 외에 후술하는 바와 같이 모델국제상사중재법, 모델전자상거래법, 모델국제도산법, 모델전자서명법 등의 UNCITRAL의 성과를 수용하여 이를 국내 입법화하였다.

---

80) 그 전인 1995.2.부터 법무부는 '통상법률'이라는 잡지를 발간하여 국제거래법에 관한 논문도 수록하고 있다.

81) 한국은 CISG 가입 시 제4편에서 허용하는 어떠한 유보선언도 하지 않았다.

82) 예컨대 2013년 민법 개정시안에서 청약의 철회를 인정하되, 승낙자의 신뢰를 보호할 필요가 있는 경우 등 청약의 철회를 제한하여야 할 사유를 따로 제시하는 내용을 담아 "청약의 철회"라는 표제로 새로운 조문을 두었다. 권영준, 2013년 민법개정시안해설(채권편), 법무부 연구용역 과제 보고서(2013), 99쪽 참조.

83) 한국 최초의 CISG 판결은 서울동부지방법원 2007.11.16. 2006가합6384 판결로 알려져 있다. 석광현, "국제물품매매협약(CISG)을 적용한 우리 판결의 소개와 검토", 국제거래법연구 제20권 제1호(2011), 90-93쪽 참조.

84) 오원석, "한국 CISG 가입 10주년 회고와 전망", 중재연구 제25권 제4호(2015), 78-79쪽 참조.

3. 한국에 있어서 국제거래법의 각론적 발전

(1) 국제지급법의 발전

전통적으로 한국에서도 국제적 지급을 위하여 환어음과 함께 신용장통일규칙에 따른 신용장, 그리고 독립적 은행 보증 등의 지급보증제도가 많이 활용되고 있으나 최근에는 전자지급 등 직접 송금의 이용 빈도가 높아지고 있다.[85] 이는 과거의 국제거래 성향이 시간과 비용보다는 리스크 관리에 중점을 두었으나 오늘날에는 거래 비용 및 시간을 더 중시하게 되었기 때문이다. 송금방식은 시간과 비용이 적게 드는 대신 신용위험과 상업위험이 크므로 기존의 신용장 방식을 대체하면서도 리스크 관리가 가능한 결제방식으로 팩토링 결제방식과 포페이팅 결제방식이 이용되고 있으나[86] 그를 규율하는 국내의 실체적 법률로는 "여신전문금융업법"이 있을 뿐이다.[87] 신용장방식과 관련하여 아직도 수출용원자재의 구매를 위한 내국신용장제도가 운영되고 있으나 그에 관한 입법은 없고 한국은행 "금융중개지원대출관련 무역금융지원프로그램 운용세칙"[88] 및 동 절차에 따라 행해지고 있다. 오늘날 국제적 지급수단으로서 비트코인 등의 암호화폐의 활용가능성이 국제적으로 논의되고 있으나 국내에서는 아직 이를 지급수단으로 인정하고 있지 않다.[89]

(2) 국제운송법 및 보험법의 발전

한국 상법 해상편은 헤이그규칙을 계수하였었고 항공운송에 관하여는 거의 규범을 갖지 못하고 있다가[90] 2007.10.30. 국제민간항공기구에 몬트리올협약 가입서

85) 구체적으로 한국의 수출대금 결제방식 추이를 보면, 신용장방식은 1997년 43.2%에서 2010년에는 15.6%로 감소하였고, 추심거래 비중도 동기간 중 24.9%에서 7.3%로 크게 감소한 반면 송금방식 비중은 1997년 29.4%에서 지속적으로 증가하여 2010년 60.2%로 확대되었다.

86) 허성일, "국제거래 대금결제방식과 금융기관의 소송법상 지위", 고려대학교 대학원, 2013, 31쪽; 송정남, "한국 팩토링제도 운용의 활성화방안에 관한 연구: 한·일간 팩토링제도의 비교를 중심으로", 성균관대학교, 2013, 150-155쪽 참조.

87) 박훤일, "팩토링의 법적 문제점", 금융법연구 제5권 제1호(2008) 참조.

88) 동 세칙은 한국은행법에 따라 한국은행이 제정한 금융기관대출규정과 대출세칙에 의거하여 정해진 것이다.

89) 김재성, "국제 무역거래에서 블록체인의 활용 가능성에 관한 연구", 무역상무연구 제75권(2017), 150-153쪽 참조.

90) 다만 1929년 10월 12일 바르샤바에서 서명된 국제항공운송에 있어서 일부 규칙의 통일에 관한 협약을 개정하기 위한 의정서 항공/우주 다자조약 제259호에 가입하여 1967.10.11. 발효한 바 있다.

를 기탁함에 따라 2007.12.29.자로 몬트리올 협약 가입국이 되었다.[91] 2007년 상법개정시 해상운송에 관한 헤이그-비스비 규칙의 내용 중 일부를 계수하였고,[92] 2011년 상법 개정시에는 항공운송에 관한 규정을 신설하면서 몬트리올 협약의 내용 중 일부를 계수하였다.[93] 해상 보험에 관하여는 앞서 언급한 바와 같이 우리 상법은 제4편에 그에 관한 규정을 두었던 바 1991년 상법개정 시에 보험실무관행과 영국법을 참조하여 이를 대폭 개정하였다 그러나 이러한 상법의 해상보험에 관한 규정들은 대부분 임의규정으로 보험증권약관이 우선하기 때문에 실제 거래에는 거의 적용되지 않고 영국법준거약관에 따라 영국법이 적용되고 있는 실정이다.[94]

(3) 국제전자상거래법의 발전

한국은 국제전자상거래에 관한 규범을 조기에 도입하였다. UNCITRAL의 전자상거래모델법에 기초하여 1999년 초에 "전자거래기본법"과 "전자서명법"을 제정하였고,[95] "OECD 프라이버시보호와 개인 데이터의 국제유통에 관한 이사회권고(1980년)"와 "EU 개인정보지침" 등을 참조하여 "정보통신망이용촉진및정보보호등에관한법률"을 개정하고 "개인정보보호지침"을 제정하였다가 2011년 "개인정보보호법"을 제정하여[96] 그에 대한 보호를 크게 강화시켰다. 또한 1999.12. 채택된

---

91) 국제항공운송에 있어서의 일부 규칙 통일에 관한 협약(Convention for the Unification of Certain Rules for International Carriage by Air)은 국제적으로는 2003.11.4.에 발효되었으나 한국은 다자조약 제1876호로 가입하여 2007.12.28. 국내에서 시행되었다.

92) 2007.8.3. 법률 제8582호로 공포, 2008.8.4. 발효.

93) 2011.5.23. 법률 제10696호로 공포, 2011.11.24. 발효. 이상의 논의는 이창재, 해상운송과 항공운송에 관한 최신국제협약의 비교. 한국해법학회지, 33권 2호 2011, 147-185, 152-153쪽 참조.

94) 최준선 외, (로스쿨) 국제거래법: 이론과 사례, 박영사, 2011. 290-292쪽 참조. 영문 적하보험증권(cargo insurance policy)상 영국법준거조항은 "이 보험증권에 포함되어 있거나 첨부되는 어떠한 반대의 규정에도 불구하고, 이 보험증권상 발생하는 모든 책임과 보상에 대하여는 영국의 법률과 관습에 의하는 것으로 이해하고 합의한다"라는 내용으로 되어 있는바 이 영국법준거약관의 유효성에 관하여는 논란이 있으며, 실질법적 지정으로 보는 견해와 저촉법적 지정으로 보는 견해가 대립하고 있다. 어떤 견해에 의하든 이 준거법약관에 따라 국제적하보험계약에는 영국법이 적용되고 있다.

95) 두 법은 각 1999.2.5.과 8.에 법률 제5792호와 법률 제5834호로 제정되어, 동년 7.1. 발효하였다. 그중 전자서명법은 유엔 모델전자서명법이 성안되기 전에 제정된 점에 특색이 있다. 두 법은 그 후 유엔 모델전자서명법을 고려한 2002.1.19. 개정을 포함하여 수차례 개정되어 오늘에 이르고 있다.

96) 2011.3.29. 법률 제10465호 제정, 2011.9.30. 발효.

OECD 전자상거래 소비자보호 가이드라인을 본받아 "전자상거래소비자보호지침"을 제정하고, 2002년에는 "방문판매등에관한법률"로부터 전자상거래와 통신판매 관련 사항을 별도로 분리하여 "전자상거래등에서의 소비자보호에 관한 법률"을 제정하였다. 한편 도메인이름분쟁에 관하여는 UDRP를 참조하여 "도메인이름분쟁조정규정"을 마련한 데 이어 2004년 "인터넷주소자원에관한법률"을 제정하는 등[97] 법제를 정비하였던 바[98] 동 규정들은 국제거래에도 적용되었다.

(4) 국제금융법의 발전

국제금융법international financial law은 크게 금융규제법financial regulation law과 금융거래법financial transaction law분야로 나눌 수 있다. 한국의 국제금융을 포함한 금융규제법은 1997년 말 금융위기를 겪으면서 대폭 정비되었으나 국제소비대차계약, 국제팩토링, 국제리스, 국제프로젝트금융, 국제자산유동화를 포함한 국제증권거래 등에 관한 국제금융거래법은 아직 사적 자치에 머물고 있는 실정이다. 국제담보법에 관련하여서는 유엔 국제채권양도협약의 도입에 관한 논의를 거쳐[99] 국내법으로 "동산 · 채권 등의 담보에 관한 법률"이 제정되었다.[100] 한편 이와 관련하여 국제파산제도도 획기적으로 발전하였던 바 종래의 회사정리법을 폐지하고 1997년 유엔 모델국제도산법을 수용하여 "채무자 회생 및 파산에 관한 법률"을 제정하여 도산 사건의 관할 범위를 속지주의에서 보편주의로 확대하고 외국 파산절차의 승인과 국제적 공조에 관한 규정도 설치하였다.[101] 정부는 한국을 동북아 금융중심지hub로 하는 국가 추진 전략을 세워 금융산업을 미래 전략 산업으로 육성하는 계획을 추진하고 있으므로 한국의 국제금융법제도 더욱 발전할 것이 기대된다.

(5) 국제조세법의 발전

국제거래에 있어 조세법의 중요성은 무시할 수 없다. 한국의 국제조세제도는 외국인 투자 유치를 위한 국내조세제도 정비와 2중과세 방지협정의 체결로 시작

---

97) 2004.1.29. 법률 제7142호 제정, 2004.7.30. 발효.
98) 손경한, "전자상거래입법의 국제적 동향", 저스티스 제68호(2002), 116-117쪽 참조.
99) 이점에 관하여 국제거래법학회는 UNCITRAL과 함께 2003년에는 UNCITRAL 담보거래 입법지침에 관하여, 2006년에는 국제채권양도협약의 도입에 관하여 각 국제회의를 개최한 바 있다. 국제거래법연구 제12집(2003) 및 제16집(2006) 각 참조.
100) 2010.6.10. 법률 제10366호로 제정, 2012.6.11. 발효.
101) 2005.3.31. 법률 제7428호로 제정, 2006.3.31. 발효.

되었다고 할 수 있다. 한일 국교정상화에 이어 1970년 한일간 2중과세방지협정 체결을 필두로[102] 1979년 미국과 2중과세방지협정을 체결하였고[103] 이어 세계 각국과 유사한 협정을 체결하였다. 국제조세제도의 발전과정에서 한국민의 해외투자를 비롯한 해외 활동을 촉진하기 위한 조세법제도 정비되어 나갔던 바 그 대표적인 것이 간주세액공제제도tax sparing system의 도입이다. 아울러 국제적인 과세공조와 조세 조정을 위한 규범도 갖추어 나가, "국제조세조정법"을 제정하는 한편 국제조세행정공조협약에도 가입하였다.[104]

4. 한국의 세계 국제거래규범 정립에의 참여

앞서 언급한 바와 같이 한국은 국제규범을 국내법화하거나 국제조약에 직접 가입하는 방법으로 세계 국제거래법체제에 편입되고 있다. 특히 1990년대 접어들면서 WTO체제의 출범과 그 궤를 같이 하여 세계 국제거래법체계에 편입되기 시작하였다.[105] 이어 한국은 앞서 본 국제매매협약 등 국제거래 사법조약에도 가입하면서 그 편입 범위를 점차 넓혀가고 있으며 UNCITRAL 등 국제거래규범 정립기관의 활동에도 적극 참여하기에 이르렀다.[106]

한국이 국제거래규범에 적극적인 역할을 한 최초의 예는 2012년 인천 송도에 UNCITRAL 아태지역사무소를 개설한 것이다.[107] 한국 정부는 아태사무소에 인력과 자금을 지원하여 아태지역에서 UNCITRAL이 만든 규범을 홍보하는 활동을 하도록 하고 있다. 최근 UNCITRAL 아태지역센터는 서울대학교 아시아태평양법연구소와 함께 투자자-국가 분쟁ISDS 감시기구의 설립을 통해 아시아태평양 투자협정에 따른 투자자·국가 간 분쟁 해결을 감시하기 위한 협력 체제를 구축하고 있다.[108]

---

102) 소득에 관한 조세의 이중과세회피 및 탈세방지를 위한 대한민국과 일본국간의 협약, 조세 일본 제356호 1970.10.17. 체결, 1970.10.29. 발효.

103) 대한민국과 미합중국간의 소득에 관한 조세의 이중과세 회피와 탈세방지 및 국제무역과 투자의 증진을 위한 협약, 조세 미국 제693호 1979.9.24. 체결, 1979.10.20. 발효.

104) 조세행정공조협약 및 개정의정서(CONVENTION ON MUTUAL ADMINISTRATIVE ASSISTANCE IN TAX MATTERS), 다자조약 제2094호, 2012.6.25. 체결, 2012.7.1. 발효.

105) 세계무역기구설립을 위한 마라케쉬협정(WTO), 경제협력 및 개발 다자조약 제1265호 1994. 12.31. 가입, 1995.1.1. 발효.

106) 한국은 1981년부터 UNCITRAL의 옵서버국가로 참여하기 시작하였으며 2004년부터는 정회원국으로 활동하고 있다.

107) 손경한, "유엔국제거래법위원회 아태사무소의 역할", 법률신문(2012.1.26.) 참조.

108) ISDS 감시기구는 국제무역 규범 및 기준의 보급, 특히 UNCITRAL이 제정한 '투자 협정에 따

Ⅴ. 한국 국제거래분쟁해결제도의 발전

1. 개 설

국제거래법은 실제에 적용되어 국제거래분쟁해결에 기여하여야 한다. 그러한 분쟁해결을 위한 제도로 한국의 법원에서의 국제재판제도와 국제상사중재제도의 발전상을 살펴본다. 그러나 국제적 기준에서 볼 때 아직 한국의 국제거래분쟁해결제도는 궤도에 올랐다고 보기는 어렵다.

2. 국내 법원에서의 국제거래분쟁해결과 법원의 역할

(1) 국제거래 전담 재판부의 설치

국제거래재판의 전문성을 제고하기 위하여 1994.3.1. 서울지방법원에 국제거래 및 상사사건 전담부를 설치한 이래 지방법원급에서는 서울중앙지방법원에 합의부 2개, 서울동부지방법원에 단독 1개, 인천지방법원에 합의부 1개 단독 1개, 대구지방법원에 합의부 1개 단독 1개, 부산지방법원에 합의부 1개, 부산동부지원에 단독 1개 재판부 등 합계 9개 재판부가 설치되었고, 고등법원급에서는 서울고등법원에 2개, 대구고등법원에 1개, 부산고등법원에 1개 등 합계 4개 재판부가 설치되어 있다. 나아가 특성화법원으로 국제거래는 서울중앙지방법원, 해사법은 부산지방법원으로 지정되었다. 그러나 법관의 국제거래전담재판부 재직기간이 짧아 전문성을 제고하는 데 문제가 있다.

(2) 법원 국제거래법연구회의 활동

법관들의 국제거래사건 처리 역량을 강화하기 위하여 2001년 법원 내에 국제거래법연구회를 창립하였다.[109] 동 연구회는 정기모임으로 매년 상반기에 국제거

른 투자자 · 국가 간 중재에 관한 투명성 협약' 및 '투자 협정에 따른 투자자 · 국가 간 중재에 관한 투명성 규칙' 등의 국제무역규범 및 기준의 전파, 아태지역의 투자자 · 국가 간 분쟁 해결에 관한 관련 정보 및 연구의 검색 및 ISDS에 관하여 진행중인 협상 및 무역협정에 대한 관찰을 하고, 아태지역의 관련 자료를 모아 "ISDS와 투명성에 관한 아시아 태평양 연차보고서(Annual Asia-Pacific Report on ISDS and Transparency)"를 발간한다. United Nation UNCITRAL Regional Centre for Asia and the Pacific 홈페이지, "ISDS 감시기구", http://uncitralrcap.org/ko/isds/ 참조.

래법학회와 공동세미나, 하반기에 연구회 단독 세미나가 열리고, 연중 1회 해법학회와 공동발표회를 개최하고 있으며, 그 밖에 매년 1회 정도 국제거래관련 현장(공항, 항만, 컨테이너야드, 세관, 중재원, 상선탑승 등) 견학 행사를 개최하여 왔다.[110] 또한 법원은 2006.1. 국제규범연구반을 만들어 판사들을 국제회의에 참석시키고 그 작업을 모아 매년 간행하고 있다.[111] 법원은 국제거래재판 실무편람 발간 및 개정 작업[112]과 FTA-ISD 연구논문집 발간 등의 실적을 기록하여 향후 국제거래사건 처리역량 강화에 도움이 될 것이 기대된다.

(3) 한국 법원의 해외 법관 교육 제도 지원

국제거래 재판제도와 관련하여 한국 법원이 베트남의 국립대학인 법원아카데미의 설치, 운영을 지원하는 사업을 한 것은 획기적인 업적이다. 먼저 대법원은 한국국제협력단KOICA과 함께 2008.6.부터 2011.6.까지 베트남 법관연수 선진화 지원 사업을 진행하여 2012.7.에 법원연수원 건물[113]을 신축하였고, 신축된 법원연수원 내에 법관연수용 정보화 교육장 구축을 위한 컴퓨터 등 각종 IT 기자재를 지원하여 법원연수원을 개원하였다.[114] 한편 한국 사법연수원에 연수과정을 개설하여 법원연수원 교수진 및 운영실무진과 국제거래법 분야에 관심이 많은 법관 등을 한국에서 연수시켜 베트남의 사법시스템을 개선하고 법관연수원을 자체적으로 운영하여 교육역량을 강화할 수 있도록 하고 있다. 2016년 베트남 법원연수원은 4년제 법원아카데미로 승격되어 유능한 인재를 선발하여 높은 자질을 갖춘 법

---

109) 동 연구회의 설립 목적은 국제거래법 분야의 연구와 논문발표, 심포지엄 등의 활동을 통하여 법관의 전문적 지식과 실무능력을 함양하고, 그 연구 성과에 터잡아 국제거래법 분야와 관련된 재판업무의 충실화 · 효율화 · 신속화를 도모하는 데 있었다.

110) 구체적 활동으로 ① 국제거래법 분야에 관한 연구논문의 발표와 외부자료의 소개, ② 사법부 네트워크를 활용한 국제거래법 분야에 관한 토론 및 특정 쟁점에 관한 질의 응답, ③ 연구성과를 정리하여 법원 내에서 공유하고 실무에 활용할 수 있도록 지원, ④ 국제거래법 분야에 관한 법률심포지엄의 개최를 하고 있다.

111) 2008년 이래 "국제규범의 현황과 전망"이라는 표제로 연구보고서와 국제회의 참가보고서를 엮은 것이다.

112) 2001년과 2006년 개정판이 나왔다. 그 이전인 1997년 서울지방법원은 "국제거래 상사 소송의 실무"라는 단행본을 발간한 바 있다.

113) 베트남 하노이시 잘럼구(huyen Gia Lam) 싸낌선현(xa Kim Son)에 행정 · 강의동 1동, 숙소동 1동 등 2개동의 건물을 신축하였다.

114) 이어 2013.3.부터 2016.3.까지 베트남 법원연수원 역량강화 지원 사업을 펼쳐 건물 10동을 추가 건설하고, 한국의 판사를 계속 베트남에 파견하여 한국의 사법연수원 운영 경험을 바탕으로 베트남에 적합한 법관연수 교육과정 수립 및 운영방안의 자문에 응한 바 있다.

관들을 배출할 수 있게 되었으며 베트남의 타 권력기관처럼 산하에 아카데미를 갖게 된 사법부의 위상이 높아질 것으로 기대되고 있다. 사법부의 위상이 강화되고 투명한 법 시스템 기반을 갖춤으로써 한국 기업이 투자하기 좋은 환경을 만들고 한국 친화적 제도를 베트남에 이식함으로써 한국 기업의 활동 저변을 넓히는 효과를 거둘 수 있게 되었다.[115)]

3. 국제상사중재제도에 의한 국제거래분쟁의 해결

국제거래 분쟁해결에 상사중재제도가 차지하는 비중은 막중한바 한국에서는 최근 국제상사중재의 활성화가 국가적인 과제로 되었다. 한국의 상사중재제도는 애초부터 국제거래와 밀접한 관계를 가지고 있었던 바 1966년 "중재법"이 제정[116)]된 것은 신속한 클레임 해결을 통하여 수출을 증대하기 위한 것이었고 외국의 예에 따라 대한상공회의소 내에 상사중재위원회Korean Commercial Arbitration Committee가 설치되었다.[117)] 대한상사중재원은 우리나라 국제거래의 확대와 더불어 발전을 하여 왔다.[118)] 2000년에는 UNCITRAL 모범중재법을 수용하여 중재법을 전면 개정하면서 그에 따라 중재규칙도 정비하였고 2007년에는 국제중재만을 위한 "국제중재규칙"을 제정, 시행한 바 있다. 2016.5.19. 중재법이 개정되었는 바 2006년 UNCITRAL모델중재법을 수용하면서 중재판정에 대한 집행결정만으로 집행을 가능하게 하는 등 집행 절차를 간이화하고 임시적 처분제도를 실효화하는 등의 개선이 이루어졌다.[119)] 이에 따라 대한상사중재원은 2016.6.1. 국제중재규칙을 개정, 시행하고 2016.11.30. 국내중재규칙을 개정, 시행하였다. 이어 중재를 활성화하고 한국을 중재 중심지로 발전할 수 있도록 중재산업 진흥기반을 조성하기 위한 "중

---

115) 베트남 법원연수원 사업에 대해서는 http://webzine.koica.go.kr/201707/content1.php?code=201707_010102 참조.

116) 1966.3.16. 법률 제1767호. 과거 의용 민사소송법에 중재편이 있었으나 민사소송법 제정시 중재편을 삭제하여 중재법 제정시까지 우리나라에는 중재법제가 부재한 상태에 있었다.

117) 동 위원회는 1970년 3월 27일에 대한상사중재협회라는 독립된 법인으로 확대 개편되었으며 이어 1980년에는 대한상사중재원(Korean Commercial Arbitration Board: KCAB)으로 개칭되어 오늘에 이르고 있다.

118) 2015년에는 국제중재 74건/국제알선 92건/국제상담 731건, 2016년에는 국제중재 62건/국제알선 137건/국제상담 718건을 기록하였다. 대한상사중재원 홈페이지, "통계리스트", http://www.kcab.or.kr/servlet/kcab_kor/claim/1000?cl_clsf=1&sNum=5&dNum=1&mi_code=claim 참조.

119) 손경한, "중재법 개정을 환영하며", 법률신문(2016.6.20.).

재산업진흥에 관한 법률"을 제정하였다.[120)] 2018년 국제 중재를 활성화하기 위하여 대한상사중재원에 국제중재센터KCAB International를 설치하였다. 최근 한국 3대 해운회사의 연간 용선계약관련 분쟁 약 200건을 포함하여 400건의 용선계약관련 분쟁이 영국의 해사중재에서 처리되고 있어 이를 국내에서 처리하도록 하기 위하여 서울과 부산에 해사중재기구가 설치되었다.[121)]

Ⅵ. 한국 국제거래법의 과제

1. 개 설

앞서 살펴본바와 같이 그동안 한국의 국제거래법이 장족의 발전을 한 것은 부인할 수 없고 한국 변호사시험에서 국제거래법을 선택하는 수험생이 압도적으로 많음은 고무적이나 그럼에도 불구하고 아직도 국제거래법 분야의 전문성은 그렇게 높다고 하기 어렵다. 국제거래법학회가 선도적인 역할을 하였고 법무부 국제거래자문단, 법원 국제거래법연구회 등이 구성되어 활동하고 있으나 단편적인 대응을 하고 있을 뿐 체계적인 접근을 하고 있는 것 같지는 않다. 이하에서는 한국 국제거래법이 당면한 과제와 그에 대한 해결방안을 검토해 보기로 한다.

2. 국제거래법 전문가의 양성

과거에 비하면 로스쿨에 국제거래법 전임교수를 임용하는 등 국제거래법 전문가가 많아진 것은 사실이나 아직은 양과 질에 있어 국제적인 수준에 도달하지 못하고 있다. 지금까지의 국제거래법 전문가 양성은 국내의 대형 로펌에 거의 맡겨

---

120) 2016.12.27. 제정, 법률 제14471호, 2017.6.28. 발효. 성준호, "중재산업진흥법의 주요내용과 발전적 운용", 중재연구 제27권 제4호(2017) 참조.

121) 2018.2.28. 임의해사중재를 지원하는 서울해사중재협회가 창립되었으며 2018.3.29. 아시아태평양해사중재센터(Asia Pacifac Maritime Arbitration Center)가 부산국제금융센터에 개소하였다. 김인현, "해사법원 설치에 대하여", 월간 해양한국 제2017권 제7호(2017), 48-50쪽은 해사중재 외에 영국, 미국, 싱가포르, 홍콩에는 해사법원이 설치되어 있고 중국도 해사법원을 10개 설치하였고 지원 24개를 포함하여 현재 34개의 해사법원에서 해사판사 500명이 연간 2만 건의 해사사건을 처리하고 있어 우리나라에도 해사법원이 필요하다고 주장하나 국제거래 전담재판부가 설치되어 있는 우리나라의 경우 소수의 사건을 위하여 별도의 해사법원이 필요할지 의문이다.

져 있다시피 한 실정이었다. 법무부, 외교부, 대법원에서 외국으로 파견되어 국제거래법이나 현지법을 연구한 사람들에 대한 귀국 후의 체계적인 관리도 잘 되고 있지 않다. 이러한 전문 인력의 관리와 함께 체계적인 전문가 양성프로그램이 필요하다고 본다. 그 한 가지 방안으로 법무부는 외교부, 산업부 및 교육부와 협력하여 소수의 로스쿨에 국제거래법 전문 박사과정을 개설할 것을 고려할 수 있을 할 것이다. 이 프로그램에는 국제거래법 개론, 국제매매법, 국제회사법, 국제경제법, 영국법 개론, 미국법 개론, 국제사법, 국제상사중재론을 필수과목으로 하고 그 외 국제금융법, 국제건설법, 국제에너지법, 국제IT법 등 전문 분야 별 선택과목을 두는 커리큘럼을 짜야 할 것이다. 영국법과 미국법은 현지 전문가를 강사로 하는 것이 바람직할 것이다. 장기적으로는 이 프로그램을 이수한 자에 한하여 국제상사중재와 국제거래재판을 담당하고 법무부와 외교부에서도 국제규범 및 조약 관련 업무를 담당하도록 함으로써 전문가 양성과정과 실무를 연결시켜야 할 것이다.[122) 또한 국제거래법학계와 실무계의 협력과 공동연구 또한 좀 더 심도 있게 진행되어야 할 것이다.[123)]

3. 한국적 국제거래법의 모색

그동안 우리나라는 국제거래에 관한 외국이나 국제적인 성문 규범을 추수하는 데 급급하였음을 자인하지 않을 수 없다. 이제부터는 국내에서 행해지고 있는 우리의 국제거래 관행을 조사하여 그 규범력을 인정할 수 있는 것은 한국적인 lex mercatoria로 정립하여 나가는 작업을 하여야 할 것이다. 법원과 중재기관의 활동의 일환으로 국제거래에 관한 판례를 체계적으로 정리하여 적용 규범이 부족한 국제거래분야에 활용할 수 있도록 하여야 할 것이다. 또한 세계 국제거래법의 한국 사법私法 등 법체계와 한국 사회에 대한 기여와 영향에 대한 조사와 연구도 국제거래규범과 국내거래규범의 정합성 확보에 필요할 것이다.

122) 후술하는 외국법비교법연구소를 설립하는 경우 그에 종사할 자들도 마찬가지이다.
123) 로스쿨을 졸업한 변호사들이 대거 기업으로 진출하고 있는 현상을 볼 때 로스쿨에서 국제거래법에 관한 기본적 교육과 그 중요성을 강조하는 것이 향후 법학계와 실무계의 협력에 큰 동인이 될 수 있을 것이다.

4. 국제규범제정에의 참여

종래 국제거래규범의 정립에 다대한 역할을 하였던 UNCITRAL 및 UNIDROIT 등 국제기관의 활동에 적극적으로 참여할 뿐 아니라 한국이 경쟁력을 가진 IT, 엔터테인먼트, 의료 등의 새로운 영역에 있어서의 규범정립 작업에는 주도적인 역할을 담당하여야 할 것이다. 21세기 후반은 아시아의 시대가 될 것이다. 중국, 인도, 일본, 베트남 등 아시아 국가와 협력하여 국제거래규범의 정립과 그 집행에 힘써야 할 것이다. 특히 새로운 국제거래규범 제정 권력으로 부상하고 있는 중국과 협력하여 새로운 국제거래규범정립기구를 창설하거나 공동 작업을 할 수 있을 것이다.[124)]

5. 국제거래분쟁해결능력 제고

한국의 서울을 국제중재의 허브화하기 위한 작업을 좀 더 치밀하게 진행하여야 할 것이다. 이를 위하여는 먼저 중재인의 전문성과 공정성을 제고하는 한편 한국을 중재지로 하는 국제계약 체결을 권장, 홍보하여야 할 것이다. 법원은 좀 더 중재친화적인 태도로 전환하여야 할 것이며 특히 선택적 중재합의의 유효성을 긍정하는 것이 중요할 것이다.[125)] 법원에서의 분쟁해결에 있어서는 국제거래 전담재판부의 전문화가 절실한 과제이다.[126)] 이를 위하여는 담당재판부에 전문가가 배치되어야 하며[127)] 한번 배치된 법관은 적어도 10년은 근무하도록 하여 전문성을 축적하여야 할 것이다. 또 한 가지 방법은 외국법에 정통한 재판연구원을 장기적으로 임용하는 것이며, 중기적으로는 외국법비교법연구소를 법원 외에 설치하여 법원과 중재원에 외국법과 재판제도에 대한 전문적인 조언을 할 수 있게 하여야 할 것이다. 이와 같은 전문성이 확립되면 비로소 외국처럼 국제상사법원의 설치를 고려해 볼 수 있을 것이다.[128)] 또한 법원이나 중재가 아닌 간편한 국제 전자분쟁

124) 주지하는 바와 같이 중국은 자신이 주도한 국제금융기구 AIIB의 역할을 확대하고 일대일로정책과 결부시킴으로써 국제경제질서의 재편을 시도하고 있다.

125) 손경한 외, 중재산업 활성화를 위한 국가지원 필요성 연구, 법무부, 2016 참조.

126) 특히 돌팔이의사가 사람 죽인다는 속담처럼 선부른 국제거래법이나 미국법에 대한 지식에 의거하여 잘못 판단하는 우(愚)를 방지하는 시스템을 구축하여야 한다.

127) 법관 중 외국에 유학하고 국제규범연구반에서 장기간 활동한 사람에 한하여 국제거래 전담부에 배치하는 작업이 선행되어야 할 것으로 본다.

128) 한국 법원은 우리나라를 국제 지식재산권 관련 분쟁 해결의 중심지가 될 수 있도록 하기 위

해결시스템(통상 'Online Dispute Resolution, ODR'이라 한다)의 도입과 실행도 준비하여 나가야 할 것이다.

Ⅶ. 결 론

이상 세계 국제거래법의 발전 과정에 비추어 우리나라 국제거래법의 변화와 발전 과정을 되짚어 보았으며 그에 따른 향후 과제도 일별하였다. 국제거래법은 거래 실제의 수요에 대응하여야 하는 실무적인 성격으로 인하여 매우 광범한 영역을 점하고 있다. 사법영역뿐 아니라 공법영역도 포함하고 있으며 실체규범뿐 아니라 절차규범도 포함하고 있다. 이를 일사불란한 하나의 체계 속에 포섭하여 발전시켜 나가는 것은 쉬운 작업은 아니다. 그러나 국제거래법의 특수한 성격과 그 적용에 있어서의 특수성을 고려할 때 종합적 고려 없이 장님이 코끼리 다리 만지는 식이 되어서는 안 된다. 이런 이유로 국제거래법학 방법론에 대한 이론적 연구도 필요한 단계에 도달하였다고 본다. 나아가 격동적인 경제발전단계를 지나 어느 정도 안정기에 접어들었다고 평가되는 이제는 우리나라도 국내외의 사회변화에 부응하여 사회발전에 기여하는 국제거래법을 모색할 수 있는 때가 되었다고 할 것이다. 우리나라 경제의 대외의존도가 매우 높은 만큼 한국의 법학계와 실무계는 국제거래법에 대한 수요가 클 수밖에 없음을 깊이 인식하고 장기적인 목표를 설정하여 이에 대처해 나가야 할 것이다.

하여 2017.12.12. 법률 제15152호로 법원조직법 제62조의2를 신설하여 지식재산권 관련 소송 담당 법원에 외국어 변론 및 증거 제출이 가능한 국제재판부를 설치하여 국제적 사법접근성을 강화하고 법원의 전문성을 제고하려는 제도를 2018.7.1.부터 시행하고 있다. 그러나 국제상사분쟁에 관한 사건을 외국어로 재판하는 것이 더 실효성 있는 접근이라 본다.

한국 국제사법 70년 변화와 전망

석 광 현*

[초 록]

여기에서는 1948년 이후 현재까지 약 70년간 입법과 판례 및 학설 등을 통하여 우리 국제사법이 변화, 발전해 온 과정을 살펴보고 현행 국제사법의 내용과 문제점을 지적한 뒤에 그 개선방안을 제시한다. 국제사법은 한국 사회의 국제화가 심화됨에 따라 중요성이 점차 커지는 대표적인 법영역이다. '국제사법'과 '국제사법학'의 범위에 관하여는 다양한 견해가 있는데 여기에서는 국제사법의 개념을 최광의로 이해하여 ① 국제재판관할, ② 준거법, ③ 외국재판의 승인 및 집행과 ④ 국제민사사법공조를 다룬다. 지난 70년간

* 서울대학교 법학전문대학원 교수

한국 국제사법학은 장족의 발전을 하였는데, 가장 큰 성취는 1962년 섭외사법의 제정(일본의 법례를 모방했지만)과 이를 전부 개정한 2001년 국제사법의 시행, 4개의 헤이그협약 가입과, (국회를 통과한다면) 2018년 국제사법의 개정을 들 수 있다. 이를 통하여 일본 법례에 종속되었던 섭외사법의 한계를 극복하고 20세기 유럽 국제사법이 이룩한 성과의 상당부분을 도입할 수 있었다. 그리고 섭외사법 및 국제사법 하에서 선고된 판례의 축적도 큰 의의가 있으나 앞으로 갈 길이 먼데, 특히 유럽연합 국제사법의 발전을 보면 이 점을 절실히 느끼게 된다. 한국 사회의 국제화에 수반하여 국제사법의 중요성은 과거와 비교할 수 없을 정도로 커졌으나, 문제는 우리 법률가들이 그러한 변화에 능동적으로 대처하지 못하고 있고, 특히 국제사법의 교육과 연구가 매우 부족하다는 점이다. 이 점은 중국 및 일본과 크게 대비된다. 그러나 우리가 현재의 문제를 해결하고, 동북아 국제사법의 조화 내지 통일을 꿈꾸거나 동북아 분쟁해결의 허브가 되자면 국제사법에 대한 지식이 필수불가결하다. 이를 위해서는 국제화된 한국법률가 양성에 관심이 있는 로스쿨이라면 국제사법을 강의할 수 있는(국제거래법, 국제민사소송법 또는 해상법과 함께 강의해도 좋다) 전임교수를 충원하는 것이 급선무이다. 전공적합성을 갖춘 교수가 충원되지 않는다면 국제사법 과목을 '학점 이수제'로 대체할 수는 없다.

Ⅰ. 머리말

여기에서는 한국의 국제사법 분야에서 1948년 이후 현재까지 약 70년간 입법과 판례 및 학설 등을 통하여 변화, 발전해 온 과정을 살펴보고, 현행 국제사법("현행법")의 내용과 문제점을 지적한 뒤에 그 개선방안을 논의한다. 따라서 연대기적 서술을 배제할 수 없으나 이는 다른 기회에 다루었으므로[1] 연대기적 서술을 줄이고 가급적 쟁점 중심으로 논의한다.

현재 세계에는 200개가 넘는 상이한 법질서(또는 법제)가 병존한다. 어떤 법질서 내에서 제기되는 법률문제는 그 법질서 내에서 해결할 수 있으나, 하나의 법질서를 넘어 다른 법질서와 접점이 있는 사안(즉 외국적 요소가 있는 사안)의 경우 법질서 간의 저촉을 어떻게 해결할지가 문제된다. 국제사법은 이처럼 상이한 법질서(그와 함께 그의 기초를 이루는 법문화)의 병존으로부터 발생하는 저촉을 조정하는 역할을 하므로[2] 한국 사회의 국제화가 심화될수록 그 중요성이 커지는 대표적 법영역이다. 종래 '국제사법' 내지 '국제사법학'의 범위에 관하여는 다양한 견해가 있으므로 본론에 앞서 국제사법의 개념과 영역을 살펴본다(Ⅱ.).

Ⅱ. 국제사법의 개념과 영역

국제사법의 개념은 다의적인 탓에 국제사법(또는 국제사법학)의 정체성에 대한 혼란이 있고 그에 대한 접근이 어렵게 되는 면이 있다. 따라서 이 글에서 사용하

---

1) 석광현, "한국 국제사법학의 과제", 국제사법연구 제22권 제2호(2015.12.), 381면 이하 참조. 국제사법학 일반의 과제는 장준혁, "국제사법학의 과제", 성균관법학 제28권 제3호(2016.9.), 105면 이하 참조. 다만 한국 국제사법학 또는 국제사법학 일반의 과제에 관한 컨센서스는 없다. 석광현, "서울법대 국제사법 · 국제거래법 연구 70년", 별책 서울대학교 법학, 제58권 제1호(2017.3.), 391면 이하는 서울법대에 한정된 논의이다.

2) 국제사법의 과제는 "외국적 요소가 있는 법률관계에서 사적(私人)인 행위주체가 가지는 권리를 판단함에 있어서 다양한 사법(私法)의 병존으로 인하여 달리 판단하는 것으로부터 보호하는 것"이고, 이를 달성하는 방법은 다양한데 주된 것은 ① 전속적 국제재판관할, ② 법관에 의한 준거법의 지정과 ③ 승인이라고 한다. Jürgen Basedow, "Das Prinzip der gegenseitigen Anerkennung im internationalen Wirtschaftsverkehr", Normann Wiutzlerb et al. (Hrsgs.), Festschrift für Dieter Martiny zum 70. Geburtstag(2014), S. 246(Paulo Picone, "*Les méthode de coornination entre ordres juridiques en droit international privé*", *Recueil des Cours*, 276(1999) p. 9 *et seq.*를 인용하면서).

는 국제사법의 개념과 영역을 우선 정리하고 후속 논의를 하고자 한다.

1. 국제사법의 개념

① 협의의 국제사법(또는 저촉법)[3]은 준거법 결정원칙을 말하고, ② 광의의 국제사법은 협의의 개념에 국제재판관할과 외국재판의 승인 및 집행을 더한 것이다. ③ 최광의의 국제사법은 광의의 국제사법에 국제민사사법공조를 더한 것이다.[4] ④ 더 넓게는 광의(또는 최광의)의 국제사법에 국제상사중재법, 국제도산법과 국적법을 포함시키기도 한다. 이를 정리하면 아래와 같다. 여기에서는 최광의(③-1)로 사용한다.

① 협의	② 광의	③ 최광의	④ 더 넓은 개념
준거법 결정원칙	협의+국제재판관할/외국재판의 승인 및 집행[5]	**③-1: 광의+국제민사사법공조** ③-2: 광의+국제상사중재법/국제도산법	③-1(최광의)+국제상사중재법/국제도산법[6]

2. 국제사법의 영역

여기에서는 국제사법을 최광의(③-1)로 이해하므로 그에는 법질서 간의 저촉이 발생하는 국면에 따라 ① 국제재판관할, ② 준거법, ③ 외국재판의 승인 및 집행과 ④ 국제민사사법공조가 포함된다.[7] 여기에서 논의의 중심인 협의의 국제사법(②)은 주로 실체법 영역을, '광의의 국제사법'(협의의 국제사법 이외의)(①, ③, ④) – 또는 '국제민사소송법' 내지 '국제민사절차법' – 은 주로 절차법 영역을 다

3) 실질법이라 함은 법적용규범인 저촉법(또는 국제사법)에 대비되는 개념으로, 우리 민·상법과 같이 저촉법(또는 국제사법)에 의하여 준거법으로 지정되어 특정 법률관계 또는 쟁점을 직접 규율하는 규범을 말한다.

4) 스위스 국제사법처럼 국제민사사법공조 대신 국제상사중재법과 국제도산법을 포함시킬 수도 있다. 석광현, 국제사법과 국제소송, 제1권(2001), 479면 이하 참조.

5) 이는 주로 영미법계의 태도이다.

6) 여기에 국적법을 추가하면 최광의보다 더 넓은 국제사법 개념이 된다. 프랑스 국제사법 문헌들은 그런 태도를 취한다. 예컨대 Pierre Mayer/Vincent Heuzé, Droit international privé, 10e édition(2010), p. 657 이하 참조.

7) 소송절차의 진행상으로는 ④가 ③보다 먼저 제기된다.

룬다. 협의의 국제사법은 대응하는 실질법 영역에 따라 민법(채권법과 친족법 등), 상법(회사법 등), “자본시장과 금융투자업에 관한 법률”(“자본시장법”), 노동법, “독점규제 및 공정거래에 관한 법률”(“독점규제법”)과 지식재산권법 등 광범위한 영역을 포함한다. 그에 상응하여 국제사법 분야를 세분할 수 있다(국제채권법, 국제친족법, 국제회사법, 국제자본시장법, 국제독점규제법과 국제지식재산권법 등).

다양한 영역의 국제사법을 다루자면 대응하는 실질법에 대한 지식이 필요하므로 당해 실질법 영역의 전문가가 관련된 국제사법 논점을 다루는 것이 바람직하다. 그러나 대부분의 한국 실질법(특히 實質私法) 전문가들은 외국법 연구는 활발히 하지만 이는 당해 실질법 분야의 해석론과 입법론을 위한 것일 뿐 정작 언제 그 외국법이 적용되는지(즉 한국법과 외국법의 적용범위의 획정)에는 관심이 없다. 한국에서는 이처럼 외국법 연구와 국제사법 연구가 연계되지 않는 현상이 두드러지는데, 이는 한국에서 국제사법이 본연의 위상을 찾지 못하는 큰 이유 중의 하나이다.

Ⅲ. 지난 70년간 한국 국제사법 분야의 주요 사건

여기에서는 지난 70년간 있었던 한국 국제사법 분야의 주요 사건과 그에 따른 변화를 개관한다. 그의 구체적 내용은 아래(Ⅳ.)에서 논의한다.

1. 일본 법례의 의용과 섭외사법의 제정

우리나라의 저촉규범은 ① 1912.3.28.부터 일왕日王의 칙령 제21호에 의하여 우리나라에 의용依用된 일본 법례, ② 광복 후 군정법령 제21호[8]를 거쳐 한국 제헌헌법 부칙 제100조에 의하여 “현행법령”으로서 한국 법질서에 편입된 일본 ‘법례法例’(1898.6.21. 법률 제10호),[9] ③ 1962.1.15. 제정 및 시행된 섭외사법과 ④ 2001. 7.1. 시행된 국제사법으로 변화하였다.

1962년 제정된 섭외사법은 일부 비송사건(실종선고 등)의 재판관할을 제외하면 준거법 결정원칙만을 규정하는데 황산덕 교수의 통렬한 비판처럼[10] 처음부터 낙

8) 미군정 1945.11.2. 군정법령 제21호(제1조) 참조.
9) 이호정, 국제사법(1981), 74면; 김용한 · 조명래, 국제사법, 전정판(1992), 78면.

후된 것이었다.

2. 1993년 한국국제사법학회의 창립과 학술활동

한국국제사법학회("국제사법학회")는 1993.3.27. 창립되었고 2016년 1월 사단법인이 되었다. 국제사법학회는 국제사법과 국제민사절차법은 물론 비교사법 분야를 연구영역의 하나로 명시한다. 외국사법 및 국제사법을 위한 막스플랑크연구소의 예에서 보듯이 국제사법 연구는 외국사법 또는 비교사법의 연구와 병행해야 하기 때문이다.[11] 국제사법학회는 1999년 현행법 성안과 2018년 국제사법 전부개정법률안("개정법률안") 성안을 주도하였다. 국제사법학회는 1995년 12월 창간호를 간행한 이래 2017년말 제23권 제2호까지 국제사법·국제소송법 전문지로서 학회지 國際私法硏究를 간행하였다. 또한 국제사법학회는 일본 국제사법학자들과 20년 이상 교류하고 있는데 이는 한일 학자들 간에 친목을 도모하고 양국 국제사법규범의 이해를 제고하는 데 기여하였다. 2015년 9월 일본과 학회 차원의 교류를 시작하여 제1차 학술대회를 개최하였다.[12] 또한 국제사법학회는 2011년 중국 국제사법학회와 학술교류를 하기로 합의하고, 서울에서 제1회 공동학술대회를 개최한 이래 2017년 10월까지 양국에서 번갈아 공동학술대회를 개최하였다. 장래에는 국제교류의 범위를 더 확대할 필요가 있다.

3. 1997년 헤이그국제사법회의 및 헤이그협약 가입과 판사의 파견[13]

섭외사법과 달리 국제사법은 국제재판관할이 국제사법의 과제임을 명시한다. 한국은 1997년 8월 헤이그국제사법회의("헤이그회의")에 가입하였고 2018년 5월

10) 황산덕, "엄숙한 태도로 입법을 하라", 사상계(1958.12.), 176면 이하 참조. 그러나 이런 비판은 전혀 고려되지 않은 채 초안 내용대로 통과되었는데 이는 "당시 실무가들의 학계에 대한 무관심과 함께 섭외사법의 중요성에 대한 인식이 결여된 이유도 있을 것"이라고 한다. 최공웅, "섭외사법 개정의 의의와 특징(상)", 법률신문 제2971호(2001.4.19.), 19면. 김진, "섭외사법의 공표를 보고", 고시계(1962.3.), 123면 이하도 섭외사법 공표 후 논평의 가치도 없는 헌신짝 같은 법이라고 혹평하였다고 한다(위 최공웅, 19면에서 재인용).

11) 국제사법학회에서 비교사법 분야의 연구가 많이 부족한 것은 아쉬운 일이다.

12) 원칙적으로 매 2년마다 행사를 하기로 하였으나 2차는 2019년 일본에서 개최될 예정이다.

13) 한국의 헤이그협약 가입의 개관은 석광현, "한국의 헤이그국제사법회의 가입 20주년을 기념하여: 회고, 현상과 전망", 동아대학교 국제거래와 법, 제19호(2017.8.), 69면 이하 참조.

현재 헤이그회의가 채택한 제 협약("헤이그협약") 중 4개 헤이그협약의 당사국이다. 이는 ① 1965년 "민사 또는 상사의 재판상 및 재판외 문서의 해외송달에 관한 협약"("송달협약"), ② 1961년 "외국공문서에 대한 인증의 요구를 폐지하는 협약"("아포스티유협약"), ③ 1970년 "민사 또는 상사의 해외증거조사에 관한 협약"("증거협약")과 ④ 1980년 "국제적 아동탈취의 민사적 측면에 관한 협약"("탈취협약")이다.[14] 이제 한국에서 국제사법은 국제재판관할, 준거법, 외국재판의 승인 및 집행과 국제민사사법공조를 포함하는 법영역이라는 인식이 정착되었다.

주목할 것은 대법원이 헤이그회의에 판사를 꾸준히 파견하여 헤이그회의와의 협력을 강화하고 판사들의 국제사법에 대한 이해를 제고하는 점이다. 2010년 8월 처음 박정훈 판사가, 이어서 정하경 판사(2013), 김윤종 판사(2014), 황인준 판사(2015), 장지용 판사(2016), 차승우 판사(2017)가 파견되었고, 2018년 8월 현재 강동원 판사가 파견근무 중이다. 이는 한국 국제사법의 발전을 위한 법원의 귀중한 투자로서 큰 의의가 있다. 이런 투자가 있었기에 2017년 7월초 서울에서 "HCCH Asia Pacific Week 2017"를 개최할 수 있었다.[15] 장래에는 헤이그 근무 경험을 가진 판사들이 한국 국제사법의 발전에 크게 기여할 것으로 믿는다.

4. 2001년 섭외사법의 전부 개정과 국제사법의 시행

2001년 7월 시행된 국제사법은 섭외사법의 낙후성을 극복하고 20세기 유럽 국제사법이 이룩한 성과를 대폭 수용한 것으로 한국 국제사법의 역사에 큰 획을 긋는 획기적 입법이다. 2001년 국제사법의 특징으로는 ① 완결된 국제사법 체제의 지향과 법의 흠결의 보충, ② 국제사법상 양성평등의 실현, ③ 국제재판관할에 관한 규정의 확대와 특칙의 도입, ④ '가장 밀접한 관련' 원칙의 관철, ⑤ 탄력적인 연결원칙의 도입, ⑥ 본국법주의의 유지와 연결점으로서의 상거소 개념의 도입, ⑦ 소비자계약과 근로계약 및 부양의무의 준거법에서 보듯이 사회·경제적 약자의 보호라는 실질법적 가치의 고려, ⑧ 당사자자치의 확대와 ⑨ 조약의 고려 등을 열거할 수 있다.[16] 유럽 국제사법 기타 국제규범을 주로 참조한 국제사법이 시행

---

14) 탈취협약은 한국이 가입한 가족법 분야의, 그리고 준거법과 관련된(준거법을 직접 규정하지는 않지만) 최초이며 가입 시 이행법률을 제정한 유일한 헤이그협약이다. 근자에는 반환거부사유를 판단한 대법원 2018.4.17. 2017스630 결정이 나왔다.

15) 법무부와 외교부의 지원이 주효하였음은 물론이다.

됨으로써 한국은 국제적 정합성이 강화된 국제사법규범을 가지게 되었고,[17] 이는 일본의 법례 개정[18]과 중국의 섭외민사관계법률적용법의 제정[19]에도 영향을 주었다고 본다. 다만 계약 준거법에 관하여 유럽연합을 지나치게 추수하였다는 비판이 가능하나 반드시 그런 것은 아니다.[20] 물론 장래에는 한국적 국제사법규범을 정립해가야 한다.

특히 국제사법상 양성평등의 원칙을 실현한 것은 2000년대 이후 국제혼인과 국제이혼의 증가라는 현상의 발생에 앞서 선제적으로 문제를 해결한 것으로서 높이 평가할 만하다.[21] 만일 개정이 없었더라면, 한국에 정착한 외국 남성과 한국 여성 간의 재판상 이혼에서 이혼의 준거법은 남편의 본국법인 외국법이라(섭외사법 제18조) 양성평등의 원칙에 위반되었을 것이고, 법원으로서는 외국법 적용에 따르는 어려움을 겪어야 했을 것이다.

---

16) 상세는 법무부, 국제사법 해설(2001), 11면 이하; 석광현, 2001년 개정 국제사법 해설(2001), 15면 이하 참조. 장준혁, "준거법에 관한 국제사법의 2001년 개정과 후속 판례의 회고", 국제사법연구 제20권 제1호(2014.6.), 172면은 (총론에서) 실체법 내의 공법적 요소를 의식적으로 고려한 점과 유연한 연결원칙을 도입한 점을, (각론에서) 계약, 불법행위에서 행위지법주의를 완화하고 속인적 연결을 포함하는 다양한 대안을 모색한 점과 광의의 인법 문제의 연결점으로 국적 대신 거소가 부각된 점을 2001년 개정의 주안점으로 든다.

17) 다만 국제사법 제6장(친족)에 관하여는 아직도 일본법의 영향이 크다.

18) 일본은 2006년에 법례를 "법의 적용에 관한 통칙법"으로 개정하였고 이는 2007년 1월 발효되었다. 김문숙, "일본의 법례개정과 남겨진 과제 – 법의 적용에 관한 통칙법의 제정에 관하여 – ", 국제사법연구 제12호(2006), 462면 이하 참조.

19) 중국의 섭외민사관계법률적용법은 2011년 4월 발효되었다. 이에 관하여는 국제사법연구 제17호(2011), 3면 이하 수록 특집논문들 참조. 개관은 Weizuo Chen, China, Encyclopedia of Private International Law(2017), p. 1970 이하 참조. 조문의 국문번역은 석광현, 국제사법 해설(2013), 678면 이하 참조.

20) 예컨대 국제적 강행규정에 관한 제6조와 제7조를 총칙에 둔 점, 계약의 객관적 준거법을 규정하면서 '특징적 이행(급부)'이라는 용어를 사용하지 않은 점(제26조), 소비자계약의 범위를 확대하고 전자상거래를 고려한 점(제27조), 일반적 예외조항을 둔 점(제8조), 채권양도의 제3자에 대한 효력과 채무인수의 준거법을 명시한 점(제34조) 등에서 로마협약과 다르다. 그중 일부는 스위스 국제사법의 영향을 받은 것이다.

21) 국제혼인의 증가는 국제화 · 개방화라는 시대적 변화, 혼인적령기 여성의 부족과 이를 해결하기 위한 1990년대 이후 추진된 농촌총각 장가보내기 운동, 국제결혼 중개업체의 증가와 외국인 근로자의 증가 등 다양한 원인에 기인한다. 다만 국제결혼을 했다가 이혼하는 부부가 근자에 많이 감소하였는데 이는 법무부의 국제결혼 안내프로그램의 효과라고 한다. http://www.legaltimes.co.kr/news/articleView.html?idxno=40412 참조(2018.6.2. 방문).

5. 외국재판의 승인 및 집행에 관한 법제의 정비

(1) 2002년 민사소송법 제203조의 개정과 민사집행법의 제정

2002년 7월 분리되기 전 구 민사소송법은 독일과 일본 민사소송법의 영향을 받은 것으로 외국판결의 승인은 제203조에서, 외국판결의 집행은 제476조와 제477조에서 각각 규율하였다. 구 민사소송법이 분리되면서 민사소송법 제203조는 제217조가 되었고 외국판결의 집행에 관한 조문은 민사집행법(제26조와 제27조)에 편입되었다. 2002년 발효된 개정 민사소송법은 관할요건과 송달요건을 개정하였다. 구 민사소송법 제203조 제1호의 '재판권'은 '국제재판관할'로 수정되었는데, 이는 2001년에 국제사법이 '국제재판관할'이라는 용어를 도입하고 그 기준을 제시한 덕에 가능하였다.[22] 또한 당시 브뤼셀협약[23]을 고려하여 국적에 관계없이 패소한 피고의 방어권을 보장하고자 송달의 적법성과 적시성을 명시하였다.[24]

(2) 2014년 민사소송법 제217조의 개정과 제217조의2의 신설 및 민사집행법의 개정

2014년 5월 민사소송법(제217조)과 민사집행법(제26조와 제27조)이 각각 개정되면서 2002년 개정 시 제외되었던 승인요건들이 개정되었다. 즉 ① 승인대상이 확정재판으로 확대되었고, ② 공서요건과 ③ 상호보증요건을 보다 친절하게 풀어썼으며,[25] ④ 손해배상에 관한 판결의 승인을 다룬 제217조의2가 신설되었다. 제217조의2는 외국법원의 부당한 재판으로부터 국내기업을 보호하기 위한 조치로서 국회의 주도 하에 신설된 것이다.

---

22) 그러나 일본은 2011년 정치한 국제재판관할규칙을 민사소송법에 도입하였으면서도 민사소송법 제118조 제1호의 '재판권'을 존치하고 있는데 이는 입법의 미비라고 본다.

23) 이는 유럽공동체의 1968년 "민사 및 상사사건의 국제재판관할과 외국판결의 승인・집행에 관한 협약"을 말한다. 브뤼셀협약은 2002년 3월 이사회규정, 즉 '브뤼셀Ⅰ' 또는 '브뤼셀Ⅰ 규정'으로 전환되었다가, 다시 '브뤼셀Ⅰ recast'로 전환되어 2015.1.10.부터 적용된다.

24) 1998년 11월 당초 법원행정처가 제시한 민사소송법 개정안과 민사집행법 초안은 외국판결의 승인 및 집행에 관한 개정을 거의 외면하였다. 필자는 이를 시정하고자 1998년 12월 "외국판결의 승인 및 집행－민사소송법 개정안(제217조)과 민사집행법 초안(제25조, 제26조)에 대한 관견"이라는 글을 법원행정처에 제출하였고 그중 일부가 입법에 반영되었다. 당초 개정안과 실제 개정법이 크게 다른 것은 이런 배경 때문이다. 석광현(주 4), 408면 이하 참조.

25) 결국 제217조 제1항 제4호는 "상호보증이 있거나 상호보증이 있을 것"이라는 취지가 된다. 대법원 2004.10.28. 2002다74213 판결이 이미 상호보증의 의미를 그런 취지로 판시하였기 때문이다. 석광현, 국제사법과 국제소송, 제5권(2012), 263면 이하 참조.

6. 남북한주민 간의 법률관계에 관한 법제의 정비

남북한 주민 간의 교류가 활발해짐에 따라 다양한 남북한 법률관계(정확히는 “남북한 주민 간의 법률관계”. 이하 이런 의미로 사용한다)가 형성되고, 그 과정에서 광의의 국제사법 논점들(즉 국제재판관할, 준거법과 외국판결의 승인 및 집행의 문제와 국제민사사법공조)과 유사한 법적 문제들이 발생한다. 만일 북한이 남한의 일부라면 남북한 법률관계는 남한의 국내적 법률관계가 되고, 반대로 북한이 외국과 같다면 남북한 법률관계는 통상의 국제적 법률관계가 될 것이나 양자 모두 만족스럽지 않다. 올바른 해결방안은 준국제사법적 접근방법이므로 정치한 준국제사법 규칙을 정립해야 한다.[26)27)] 또한 남북한 법률관계를 규율하는 준거법 결정에 있어 헌법 제3조와 제4조만을 논의하나 평등의 원칙을 정한 헌법 제11조 – 이는 국제사법의 헌법적 기초이다[28)] – 도 함께 고려해야 한다. 다만 준국제사법적 해결은 남한법 또는 북한법을 선택하는 것이므로 이를 보완하기 위하여 실질법의 특례를 도입해야 한다. 예컨대 국회는 2007년 “북한이탈주민의 보호 및 정착지원에 관한 법률”(북한이탈주민법) 제19조의2를 도입하였고, 2012년 “남북 주민 사이의 가족관계와 상속 등에 관한 특례법”(“남북가족특례법”)이 정한 중혼과 상속재산의 관리와 반출에 관한 특례를 도입하였다. 남북가족특례법(제4조)은 재판관할을 규정하는데, 초안에는 광의의 준국제사법적 논점을 다룬 조문들이 있었으나 제4조 외에는 모두 삭제되었다. 이는 유감인데 조문이 없더라도 해석론으로 동일한 결론을 도출해야 할 것이다.

---

26) 석광현, “남북한 주민 간 법률관계의 올바른 규율: 광의의 준국제사법규칙과 실질법의 특례를 중심으로”, 국제사법연구 제21권 제2호(2015.12.), 335면 이하 참조. 다양한 쟁점은 이효원, 통일법의 이해(2014) 참조.

27) 대법원 1990.9.28. 89누6396 판결은 북한에도 한국 주권이 미치고 북한주민도 남한주민이라고 보아 남한 저작권법의 효력이 북한에도 미친다고 보았다. 그러나 유독 지식재산권에 관해서만 준국제사법적 접근을 포기할 이유는 없다. 또한 북한에서 ‘조선작가동맹’이 아니라 저자가 저작권을 취득할 수 있는지 검토해야 한다.

28) 안춘수, “외국법 적용의 근거”, 국제사법연구 제3호(1998), 564면 이하; 안춘수, “헌법, 국제사법 그리고 가족법-독일 학설, 판례 및 입법의 변화와 우리 국제사법의 현 위치-”, 가족법연구 제18권 제2호(2004.7.), 359면 이하; Jan Kropholler, Internationales Privatrecht, 6. Auflage (2006), S. 25. 평등의 원칙으로부터 구체적인 국제사법규칙을 도출할 수는 없으나 국제사법규칙이 동 원칙에 반해서는 아니 된다.

Ⅳ. 종래 제기되었던 한국 국제사법상의 주요 쟁점

여기에서는 종래 제기된 한국 섭외사법과 국제사법상의 주요 쟁점을 소개하고 (중점은 협의의 국제사법에 있다) 개선점을 논의한다. 개선점에는 장래의 과제가 부분적으로 포함될 수 있고, 기타 장래 과제는 아래(Ⅴ.)에서 논의한다.

1. 국제재판관할

국제사법학회는 2011년 6월 법무부에 "국제사법 개정 촉구 결의문"을 보내어 정치한 국제재판관할규칙을 국제사법에 도입할 것을 촉구하였고 법무부는 2014년 6월 위원회를 구성함으로써 개정작업에 착수하게 되었다.[29] 국제사법학회의 결의 배경은 아래와 같다.

(1) 재산법상의 사건[30]

재산법상의 사건에 관하여 과거 법원은 일본 판례를 따라 '4단계 접근방법'을 취하였으나, 국제사법 제2조의 신설을 계기로 독자노선을 걷기 시작하였다. 그런 태도를 정립한 것은 도메인이름에 관한 대법원 2005.1.27. 2002다59788 판결이다. 동 판결은 새로운 추상적 법률론을 정립하였다. 그러나 근자에는 국제재판관할의 유무는 누구도 예측하기 어려운 쟁점이 되었다. 국제사법 제2조를 신설하면서 우리는 법원이 정치한 국제재판관할규칙을 정립해 나갈 것으로 기대하였으나 대법원은 사안의 모든 사정을 고려하는 '사안별 분석'을 거쳐 원하는 결론을 내리고 있으며 그 과정에서 토지관할규정은 아예 배제되거나 법원이 고려할 요소 중 하나로 전락하였다.

한편 종래 전속적 국제재판관할에 관한 논의가 부족하나 대법원 2011.4.28. 2009다19093 판결은 "법원은 다른 국가의 특허권 부여행위와 그 행위의 유효성에 대하여 판단할 수 없으므로 등록을 요하는 특허권의 성립에 관한 것이거나 유·무효 또는 취소 등을 구하는 소는 일반적으로 등록국 또는 등록이 청구된 국

29) 한국국제사법학회는 법무부의 요청에 따라 용역보고서, 즉 손경한 외, 국제사법 개정 방안 연구(2014)를 간행하였다.

30) 이를 '재산권상의 사건', '재산상의 사건' 또는 '재산사건'이라고 한다.

가 법원의 전속관할로 볼 수 있으나, 그 주된 분쟁 및 심리의 대상이 특허권의 성립, 유·무효 또는 취소와 관계없는 특허권 등을 양도하는 계약의 해석과 효력의 유무일 뿐인 그 양도계약의 이행을 구하는 소는 등록국이나 등록이 청구된 국가 법원의 전속관할로 볼 수 없다"고 판시하였다. 이는 전향적 태도로서 타당하므로 개정법률안(제10조 제1항)은 이를 따른다.

(2) 가사사건

대법원은 재산법상의 사건에서는 4단계 접근을 하였으나 가사사건에서는(주로 혼인관계사건) 다른 접근방법을 취하였다. 그러나 2001년 국제사법(제2조)이 발효된 후 대법원 판례의 태도는 분명하지 않다. 대법원이 가사사건의 국제재판관할에 관하여 지침을 제시하지 못한 결과 하급심 판결의 혼란을 야기하였고 상당한 법적 불안정성을 초래하였다.[31)]

2. 준거법

여기에서는 필자가 의미가 있다고 생각하는 쟁점만 추려서 논의한다.[32)]

(1) 국제사법의 적용대상인 섭외사건의 범위에 관한 논란

종래 섭외적 생활관계의 개념을 외국적 요소가 포함된 모든 사법적 생활관계 또는 외국관련이 있는 사법관계私法關係를 의미하는 것으로 넓게 이해하는 견해(광의설)와, 단순히 외국적 요소를 포함하고 있는 것만으로는 부족하고 외국적 성격이 상당한 정도에 이르러 그 관계에 막연히 국내법을 적용함은 부당하고 국제사법을 적용하는 것이 합리적이고 타당하다고 할 경우에 한한다고 하여 좁게 파악하는 견해(협의설)[33)]가 있다. 필자는 국제사법이론상 연결점으로 승인되고 있는 당사자의 국적, 주소, 거소, 상거소, 행위지, 이행지, 불법행위지, 물건의 소재지, 등록지, 법인의 본거지 등의 점에서 외국관련이 있는 때에는 일단 '외국적 요소'가 있는 섭외사건으로 보고, 다만 그러한 섭외사건이 연결원칙을 정한 국제사법 개별

31) 상세는 석광현(주 19), 96면 이하 참조. 대법원 2014.5.16. 2013므1196 판결은 위 2005년 대법원판결의 추상적 법률론을 설시하고 결론을 내렸을 뿐이고 이혼사건의 국제재판관할규칙에 관하여 구체적 지침을 제시하지 않았다.

32) 장준혁(주 16), 79면 이하도 참조.

33) 학설 대립은 석광현(주 4), 203면 참조.

조문의 적용대상인가를 판단함에 있어서는 당해 조문의 해석의 문제로서 그러한 외국적 요소가 의미 있는 것인가(relevant한가)를 판단해야 한다고 본다.

흥미롭게도 대법원 2008.1.31. 2004다26454 판결은, "국제사법 제1조를 보면 거래 당사자의 국적・주소, 물건 소재지, 행위지, 사실발생지 등이 외국과 밀접하게 관련되어 있어 곧바로 내국법을 적용하기보다는 국제사법을 적용하여 그 준거법을 정하는 것이 더 합리적이라고 인정되는 법률관계에 대하여는 국제사법의 규정을 적용하여 준거법을 정하여야 한다"는 취지로 판시하였다. 대법원 2014.12.11. 2012다19443 판결도 같다. 그러나 첫째, 합리성 기준은 국제사법상 명문의 근거가 없다. 둘째, "국제사법을 적용하여 그 준거법을 정하는 것이 더 합리적이라고 인정되는가"라는 판단기준도 불분명하다. 셋째, 판단과정에서 법원의 자의恣意가 개입할 여지가 있다. 특히 법원이 '합리성의 기준'을 대법원 1979.11.13. 78다1343 판결(카타르 사건)[34][35]의 결론을 정당화하는 도구로 사용할 우려가 있다.

(2) 준거법인 외국법 불명 시의 처리: 법원(法源)에 관한 민사상의 대원칙?

외국법 불명 시의 처리에 관하여 대법원은 민법(제1조)이 정한 성문법-관습법-조리의 3단계구조를 법원法源에 관한 민사상의 대원칙으로 보면서 최후의 보루로 조리에 의할 것이라고 판시하고 '근사법近似法'을 조리의 내용으로 본다. 근사법을 적용하는 점은 필자도 지지하지만, 대법원이 조리에 이르는 과정에서 대법원이 한

34) 대법원은 카타르에서 근무 중 동료 근로자가 초래한 교통사고로 인하여 피해를 입은 근로자가 고용자인 회사를 상대로 사용자책임을 물은 사건에서 한국법이 준거법이라고 보았는데 그런 결론을 도출하기 위하여 당해 사건의 섭외사건성을 부정한 점에서 문제가 있다. 이러한 연결원칙의 원조는 미국 뉴욕주 대법원(Court of Appeal)의 Babcock v. Jackson(1963) 사건 판결이었다. 191. N.E. 2d. 279. 소개는 최종길, "불법행위의 준거법", 저스티스 제10권 제1호(1972.12), 86면; 이호정(주 9), 307면, 상세는 오승용, "불법행위 준거법에 관한 뉴욕주의 주요 판례", 국제사법연구 제4호(1999), 129면 이하 참조.

35) 1970.11.24. 서울민사지방법원은 월남에서 일어난 한국군인 사이의 총기오발사고를 원인으로 한 손해배상청구소송에서 한국법을 적용하면서 이론을 전개하였는데 이는 당시 미국에서 국제사법을 공부하고 돌아온 민병국 판사가 Babcock 사건 판결의 이론전개를 응용한 기발한 판결이었다고 한다. 최공웅, "한국국제사법의 회고와 전망(상)", 법률신문 제2316호(1994.6.2.), 14면. 이에 이어 대법원의 카타르사건 판결이 나왔다. 이에 대해 "위 대법원판결은 급변하는 현대사회에 있어서 섭외사법의 고전적인 원칙을 그대로 적용할 수 없는 경우에 구체적으로 타당성 있는 결론을 내리기 위해 가치지향적인 국제사법의 새로운 방법론을 제시한 것으로 중요한 의미를 갖는다"는 평가도 있다. 위, 최공웅, 14면. 그러나 필자는 대법원이 섭외성을 부정한 것은 큰 잘못이므로, 위 대법원판결이 새로운 방법론을 제시하였다고 높이 평가하는 것도 잘못이라고 본다. 석광현(주 4), 200면 이하 참조.

국 민법(제1조)이 정한 성문법-관습법-조리의 3단계구조를 외국법질서에도 타당하다고 본 것은 잘못이다. 문제된 사안에서는 준거법이 중국법(대법원 2000.6.9. 98다35037 판결) 또는 미국 연방법(대법원 2003.1.10. 2000다70064 판결)이었다. 중국에는 최고인민법원의 사법해석이 있고 미국에는 판례법이 있으므로 민법의 법원이론을 외국법질서에도 적용할 것은 아니다.

(3) 대법원의 성질결정에 대한 의문: 소송촉진 등에 관한 특례법상의 연체이자[36)]

채권의 준거법이 외국법인 사건에서 우리 법원이 소송촉진 등에 관한 특례법("특례법")을 적용하여 연 15%의 비율에 의한 지연손해금의 지급을 명할 수 있는가. 대법원 1997.5.9. 95다34385 판결은 지연손해금은 준거법에 따를 사항이라고 판시하였다. 그러나 지연손해금은 당사자의 권리·의무에 관한 것이므로 실체에 속하지만, 특례법상의 지연손해금은 한국에서의 소송촉진이라는 소송정책적 고려에 기하여 부과하는 소송상 제도이므로 법정지법인 한국법에 따를 사항이라고 본다.[37)] 다만 소송촉진을 이유로 연 15%(과거 20%)의 과도한 지연손해금을 부과하는 예는 흔치 않고 그 타당성은 의문이므로 준거법이 외국법인 사건에서 특례법의 적용은 신중해야 한다.

(4) 국제적 강행규정 개념의 도입

2001년 시행된 국제사법(제7조)은 국제적 강행규정의 개념을 도입하였다. 즉 외국법이 준거법으로 지정되더라도 그의 입법 목적에 비추어 준거법에 관계없이 적용되어야 하는 법정지인 한국의 강행법규는 여전히 적용된다. 종래 학설·판례도 이를 인정하였으나 국제사법은 그 취지를 분명히 하고 그것이 국제사법적 판단의 결과임을 명시한다. 국제적 강행규정은 연원에 따라 '법정지의 국제적 강행규정', '준거법 소속국의 국제적 강행규정'과 '제3국의 국제적 강행규정'으로 구분되는데 우리 국제사법은 법정지(제7조)와 준거법 소속국의 국제적 강행규정(제6조)에 관하여 규정하나, 제3국의 국제적 강행규정에 관하여는 규정하지 않으므로 그에 관하여는 장래 깊이 있는 연구가 필요하다.[38)]

---

36) 국제소송에서 증명도의 성질결정은 아래(12.)에서 논의한다.

37) 석광현(주 4), 47면 참조. 이헌묵, "원본채권 준거법이 외국법인 경우 지연손해금 지급 여부", 법률신문 제3966호(2011.9.8.), 12면도 동지.

대외무역법, 외국환거래법, 독점규제법 및 문화재보호법 등 공법적 규범이 국제적 강행규정에 해당하나, 특별사법도 국제적 강행규정이 될 수 있다. 양자와 양친의 자격을 정한 입양특례법의 규정이 대표적 사례이다.[39] 사법私法 분야에서 논란이 된 것은 약관규제법과 대리상의 보상청구권을 규정한 상법 제92조의2인데, 판례[40]는 국제적 강행규정성을 모두 부정하였다. 약관규제법이 국제적 강행규정이라고 주장하자면 준거법에도 불구하고 적용되기 위한 요건을 제시해야 한다. 그렇지 않다면 국제적 강행규정이라는 주장은 공허하다.

근자에 원고인 한국 회사가 한국인에게 베트남 자회사의 지분을 양도한 뒤 주주총회의 특별결의가 없었음을 이유로 그의 무효를 주장하고 지분 반환을 구한 사건에서 서울고등법원 2017.1.17. 2016나2015158 판결은 '회사가 영업의 중요한 일부의 양도' 행위를 할 때에는 주주총회 특별결의를 거치도록 규정하는 구 상법 제374조 제1항 제1호는 국제사법 제7조 소정의 국제적 강행규정이라고 판단하였다. 법원은 만약 그렇지 않다면, 한국 회사의 주요 자산을 해외로 처분하면서 그 양도계약의 당사자가 그와 같은 구 상법 규정이 없는 국가의 법을 준거법으로 선택할 경우 위 조항의 적용이 배제되어 그 입법목적을 달성할 수 없게 되는바, 이런 결과는 한국 회사법 질서의 근간을 해하는 것으로서 용인될 수 없다고 설명하였다. 법원이 지분양도계약이 특별결의의 결여로 무효라는 결론은 타당하나, 그 근거를 구 상법 조문의 국제적 강행규정성에서 구한 것은 잘못이다.[41] 지분양도계약이 무효인 근거는, 주주총회 특별결의의 요부는 회사법의 쟁점으로서 원고의 속인법인 한국법이 규율할 사항이고 결의 없이 한 행위는 한국법상 무효이기 때문이다.

---

38) 학설은 신창선 · 윤남순, 신국제사법 제2판(2016), 279면 이하; 석광현, "국제적 불법거래로부터 문화재를 보호하기 위한 우리 국제사법(국제사법)과 문화재보호법의 역할 및 개선방안", 서울대학교 법학 제56권 제3호(2015.9.), 150면, 각주 122 참조.

39) 이는 국제입양에 관한 아래(Ⅳ.2.(10)) 참조.

40) 전자는 대법원 2010.8.26. 2010다28185 판결; 대법원 2015.3.20. 2012다118846(본소), 2012다118853(반소) 판결, 후자는 서울고등법원 2005.1.14. 2004나14040 판결 참조. 양자는 필자가 전부터 주장했던 견해이다. 전자의 평석은 석광현, "영국법이 준거법인 한국 회사들 간의 선박보험계약과 약관규제법의 적용 여부", 저스티스 통권 제149호(2015.8.), 196면 이하 참조.

41) 반면에 특허법원 2017.11.10. 2017나1919 판결은 이 점을 제대로 판단하였다.

(5) 예외조항을 적용한 최초의 대법원 판결: 편의치적선에서 선박우선특권의 준거법

대법원 2014.7.24. 2013다34839 판결[42]은 편의치적선의 경우 예외조항(국제사법 제8조 제1항)을 적용하여 국제사법(제60조 제1호)에도 불구하고 선박우선특권의 준거법으로 선적국법의 적용을 거부하고 한국법을 적용하였다. 이는 예외조항을 최초로 적용한 대법원 판결이다. 이 사건의 결론은 옳을 수 있으나 그 결론이 편의치적에 관한 기존 대법원판결들과 정합성이 없고, 예외조항에 의하여 적용되는 한국법이 규율하는 사항의 범위를 명확히 하지 않은 점에서 아쉬움이 있다. 예외조항은 준거법 결정과정에서 불확실성을 도입하는 것이나, 이는 최밀접관련국법을 적용한다는 국제사법의 대원칙을 관철하기 위한 것으로 부득이하다. 다만 위 대법원 판결의 결론은 편의치적에 일반화할 수 있는 것은 아니다. 제8조 제1항의 예외적 성격을 충분히 고려하여 엄격한 요건 하에서만 예외를 허용해야 한다.

(6) 숨은 반정을 인정한 대법원 판결과 국제사법의 정의(正義)

국제사법에 의하여 외국법이 준거법으로 지정된 경우 당해 외국의 저촉법규정이 한국법으로 반정하는 것은 '명시적 반정'이다. 한편 외국의 국제재판관할규정 등에 숨겨져 있는 저촉법규정이 한국법으로 반정하는 것이 '숨은 반정hidden renvoi'이다. 영미 국제재판관할규칙은 어떤 경우 자국 법원이 관할을 가지는지를 규정하고, 관할이 있으면 법정지법을 준거법으로 적용하는데 이런 관할규칙에는 법정지법이 준거법이라는 저촉규칙이 숨겨져 있다는 것이다. 대법원은 숨은 반정을 인정하였다. 즉 한국에 거주하는 미국인 부부 쌍방이 모두 선택에 의한 주소domicile of choice를 한국에 형성한 상태에서 남편이 처를 상대로 이혼, 친권자 및 양육자지정청구의 소를 제기한 사안에서, 대법원 2006.5.26. 2005므884 판결[43]은, 국제사법(제39조, 제37조 제1호와 제3조 제3항)에 의하면 이혼의 준거법은 미주리 주법인데 미주리 주법과 미국의 국제사법에 관한 일반원칙에 의하면 한국 법원에 제기된 이혼, 친권자 및 양육자지정청구에 관해서는 원・피고의 현재 주소가 소속된 법정지 법률이 준거법이 되므로, 국제사법 제9조 제1항을 유추적용한 '숨은 반정'의

---

42) 평석은 석광현, "편의치적에서 선박우선특권의 준거법 결정과 예외조항의 적용", 국제거래법연구 제24집 제1호(2015.7.), 139면 이하 참조.

43) 평석은 석광현, "2006년 국제사법 분야 대법원판례: 정리 및 해설", 국제사법연구 제12호(2006), 594면 이하 참조. 장준혁(주 16), 99면은 '유추적용'에 대해 의문을 표시한다.

법리에 따라 법정지법인 한국 민법을 적용해야 한다고 판시하였다.

여기에서 의문이 제기된다. 첫째, 숨은 반정을 허용하려면 당해 외국의 국제재판관할규칙에 따라 한국이 관할을 가져야 하는데 그것이 전속관할이어야 하는가이다. 둘째, 위 사건에서 미주리 주법을 적용할 경우 결론이 바뀌었을 것이라면 그것이 숨은 반정의 허용 여부에 영향을 미치는가. 국제사법이 추구하는 정의와 국제사법의 기능은 무엇인가, 반정의 허용은 그에 부합하는가 등 국제사법의 근본 쟁점에 대해 성찰할 수 있는 기회였는데 대법원이 이를 살리지 못한 아쉬움이 있다. 숨은 반정은 우리 아동의 미국 입양에서도 문제되는데 가정법원이 이를 고려하는지 의문이다.

(7) 적하보험계약에서 준거법의 분열을 인정한 대법원 판결의 일관성

준거법의 분열에 관한 규정이 없던 섭외사법 하에서 대법원은 보험계약의 준거법 분열(또는 분할)을 인정하였다. 이는 당사자자치의 원칙을 존중한 전향적 태도이나 약관의 유형별로 분석할 필요가 있다. 즉 영국법준거약관이 사용된 적하보험계약의 경우 실무상 세 가지 유형이 있다. 첫째, 당사자가 "**본건 보험계약은** 영국의 법과 실무에 따른다"[44]는 문언, 둘째, "**이 보험증권상 발생하는 모든 책임문제는** 영국의 법률과 관습에 의하여 규율되어야 한다"[45]는 문언과, 셋째, "이 보험증권에 포함되어 있거나 또는 이 보험증권에 첨부되는 어떠한 반대되는 규정이 있음에도 불구하고 **이 보험은 일체의 전보청구 및 결제에 관해서** 영국의 법률과 관습에만 의한다"[46]는 문언이다. 대법원은 둘째와 셋째 유형에서는 부분지정설을 따른다.[47] 필자는 첫째 유형은 보험계약 전부의 준거법을 영국법으로 지정한 것(저촉법적 지정)으로 보나, 둘째와 셋째 유형은 보험계약의 준거법은 한국법이고 위 문언은 영국법을 계약내용으로 편입한 것(실질법적 지정)으로 본다. 그것이 당

44) 영문은 "The insurance is subject to English law and practice."이다.

45) 영문은 "All questions of liability arising under this policy are to be governed by the laws and customs of England."이다.

46) 영문은 "Notwithstanding anything contained herein or attached hereto to the contrary, this insurance is understood and agreed to be subject to English laws and practice only as to liability for and settlement of any and all claims."이다.

47) 필자는 둘째 유형에서 대법원이 전부지정설을 취한 것으로 보았으나, 대법원 2016.6.23. 2015다5194 판결은 부분지정설임을 밝혔다. 필자가 과거 전부지정설이라고 본 이유는 보험계약의 성립의 문제인 고지의무 위반에 대하여 대법원이 영국법을 적용한 탓인데, 대법원이 그에 대한 설명 없이 부분지정설을 취하는 것은 이해하기 어렵다.

사자의 의사에 부합하고, 해상보험에서 압도적 우위에 있는 영국법의 적용범위를 제한하며, 보험자대위에서 준거법 결정을 쉽게 하는 장점이 있다. 국제사법(제25조 제2항)은 준거법 분열을 명시한다. 저촉법적 지정과 실질법적 지정의 구별은 원칙적으로 당사자의 의사해석의 문제인데,[48] 부분지정으로 보면 영국법에 따를 사항의 범위획정이 중요하고 국제사법상 까다로운 적응(또는 조정)의 문제를 발생시킬 수 있다. 이런 사건은 한국 회사들 간의 보험계약의 준거법을 영국법으로 지정하는 이유, 영국법으로의 과도한 도피인지, 당사자자치의 한계와 법원의 대처 방안 등에 대해 고민해야 함을 보여준다.

(8) 소비자계약의 범위: 국제사법의 목적론적 축소의 가능성?

국제사법은 소비자를 보호하기 위하여 소비자계약에 관한 특칙을 둔다. 소비자계약의 준거법에 관하여 로마협약은 소비자를 보호하는 특칙(제5조)을 두면서도 조약이 적용되는 운송계약과, 소비자의 상거소지국 이외의 장소에서 용역이 배타적으로 제공되는 계약에 대하여는 특칙의 적용을 배제하였고, 로마 I (제6조)도 그런 태도를 유지한다. 우리 국제사법은 로마협약의 영향을 받아 소비자보호를 취한 연결규칙을 도입하면서도 예외를 명시하지 않으므로 소비자 또는 소비자계약의 범위에 관하여 의문이 있다. 즉 ① 소비자에 법인도 포함하는지, 또한 소비자계약에 대한 특칙을 정한 제27조가 ② 무상계약, ③ 운송계약, ④ 소비자의 상거소지 외에서 전적으로 용역이 제공되는 계약과 ⑤ 일부 금융 관련 계약에도 적용되는가라는 의문이 그것이다. 대법원 2014.8.26. 2013다8410 판결(에어프랑스 사건)은, 운송계약과 상거소지 외 용역제공계약에도 제27조를 적용하였고, 국제재판관할에 관한 서울중앙지방법원 2015.10.16. 2014가합38116 판결과 서울고등법원 2017.2.16. 2015나2065729 판결(구글 사건)은 무상계약에도 제27조를 적용하였다. 위 판결들은 국제사법의 문언에 충실하나, 목적론적 축소teleologische Reduktion를 통한 제27조의 적용범위의 제한가능성을 검토해야 한다.[49] 입법론상 소비자계약의 범위를 명확히 할지를 검토해야 한다.

2001년 소비자계약의 특칙을 국제사법에 도입할 당시 과연 그런 특칙의 필요

---

48) 석광현, 국제사법과 국제소송, 제2권(2001), 57면. 대법원 2018.3.29. 2014다41469 판결도 동지.

49) 석광현, “국제사법상 소비자계약의 범위에 관한 판례의 소개와 검토: 제27조의 목적론적 축소와 관련하여”, 국제사법연구 제22권 제1호(2016.6.), 37면 이하 참조.

성에 대해 의문이 있었는데, 위 판결들은 그런 의문이 부당함을 보여준다. 해외직구의 증가에 따라 위 특칙의 중요성이 더 커지고 있다. 이는 인터넷 사용의 확산에 따라 국제사법의 역할 확장을 보여주는 사례이다.

(9) 국제근로계약의 준거법: 섭외사법 하의 혼란과 국제사법에 의한 극복

과거 섭외사법 하에서 우리 기업이 외국에서 노무에 종사하게 하기 위해 한국인 근로자들과 한국에서 근로계약을 체결한 경우 우리 근로기준법이 적용되는지가 문제되었다. 이는 1960년대 우리 건설사들의 해외건설 확대에 수반된 현상이었다.

대법원 1970.5.26. 70다523,524 판결은, 공영건업주식회사가 국내에서 1년간 월남에서 취업시킬 기술자를 모집하여 고용계약을 체결하여 월남에서 취업시키다가 작업량이 줄었음을 이유로 중간에 해고하자, 근로자들이 근로기준법 제38조에 의해 고용약정기한까지의 휴업수당지급을 청구한 사건에서, "… 근로기준법은 대한민국의 국민 간에서의 고용계약에 의한 근로인 이상 그 취업장소가 국내이거나 국외임을 가리지 않고 적용될 성질의 법률"이라고 하여 근로기준법이 적용된다고 판시하였다. 그 결과 그러한 근로계약에 대하여도 근로기준법이 적용된다는 결론이 확립되었는데, 이에 대해서 "근로기준법이 강행법규로서 우리 국민 간에 있어서는 속인적으로 적용된다는 의미에서 강행법규가 적용되는 섭외적 생활관계의 속인주의를 선언한 획기적인 판례"라는 평가가 있다.[50] 그러나 위 판결의 결론의 당부도 논란의 여지가 있고, 가사 결론을 지지하더라도 속인주의를 논거로 삼는 것은 부당하다. 법원으로서는 당해 근로계약의 준거법을 판단하여 한국법이 준거법이면 근로기준법은 그의 일부로서 적용된다고 보거나, 아니면 근로기준법은 준거법에 관계없이 별도의 연결원칙에 의하여 적용된다는 이론구성을 했어야 한다.[51] 속인주의는 결론을 정당화하기 위해 동원된 논리적 도구였지만 합리적 근거가 없다.

이는 당시 국제근로계약의 쟁점이 공법의 문제로서 국제사법과 무관한지 아니면 국제사법에 의하여 해결할 문제인지, 만일 후자라면 통상의 국제계약의 준거법 결정원칙에 따를 문제인지, 나아가 공법의 적용범위는 어떻게 결정할지를 제대로

---

50) 최공웅, 국제소송(1994), 440면.
51) 석광현(주 48), 30면.

파악하지 못하였기 때문에 발생한 혼란이었다. 국제사법(제28조)이 시행됨으로써 상당히 정리되었다.

(10) 국제입양: 외국재판의 승인에서 한국재판의 외국에서의 승인으로의 전환과 입양협약

1950년 6.25. 동란으로 발생한 고아의 해외입양으로 시작되어 20만건 가까운 해외입양이 있었지만 해외입양을 둘러싼 법적 쟁점은 제대로 정리되지 않았는데 이는 해외입양에 대해 우리 사회와 법률가들이 무관심한 탓이다. 이는 상당부분 국제사법에 대한 무지에서 비롯된 것이기에, 해외입양에 내재하는 아픔과 맞물려 우리의 마음을 답답하게 한다. 2012년 8월 "입양특례법"이 개정되기 전에는 "입양촉진 및 절차에 관한 특례법"에 따라 입양대상인 요보호아동은 한국 법원의 재판 없이 보건복지부장관의 해외이주허가를 받아 미국 등 수령국에 가서 입양재판을 받았다. 수령국에서 양친자관계는 그런 재판의 효력으로 형성되었고, 한국 친생부모와의 친자관계는 그런 재판이 한국에서 승인되는지에 따라 결정되었다. 여기에서 민사소송법 제217조가 비송사건인 입양재판에 적용 내지 유추적용되는지가 관건이었다.[52] 반면에 2012년 8월 이후에는 입양특례법에 따라 가정법원의 입양허가를 거치게 되었으므로 이제는 한국 입양재판의 수령국에서의 승인 여부가 문제된다. 따라서 승인을 보장하기 위해 1993년 "국제입양에서 아동보호 및 협력에 관한 협약"("입양협약")에 가입할 필요성이 커졌다.[53] 그러나 2018년 5월 현재 한국은 입양협약에 서명하였을 뿐 비준하지 않고 있다. 우리 법원의 입양재판에서 입양특례법(제9조와 제10조)이 정한 양자 또는 양친의 자격은 국제사법(제43조)상 입양의 준거법이 양친의 본국법인 외국법이더라도 국제적 강행규정으로서 적용된다. 하지만 서울가정법원 2013.2.22. 2012느합356 심판은, 입양특례법이 정한 요건을 마치 절차인 것처럼 취급하였는데 이는 근거가 없다. 근자에 서울가정법원 2016.8.12. 2016느단50599 심판, 서울가정법원 2016.10.13. 2015느단3402 심판에서는 민법 중 친양자에 관한 규정이 국제사법 제7조에 의하여 적용된다고 판단하

52) 상세는 석광현, "국제입양에서 제기되는 국제사법의 제문제: 입양특례법과 헤이그입양협약을 중심으로", 가족법연구 제26권 3호(2012.11.), 375면 이하; 윤진수(편), 주해친족법 제2권(2015), 1706-1709면 참조(석광현 집필부분).

53) 이는 입양협약(제23조)에 따르면, 해외입양이 입양협약에 따라 행해지고 입양국의 권한당국이 이를 증명하는 경우 그 입양은 다른 체약국에서 자동승인되기 때문이다.

였으나[54] 필자의 지적은 입양특례법에 대한 것이지 민법의 친양자에 관한 규정에 대한 것이 아니다. 이런 심판에는 동의하지 않는다.

(11) 국제사법에 명문의 규정이 없는 사건에서 대법원이 준거법을 결정한 사례들

근자에 주목할 만한 대법원 판결들이 나왔다. 첫째, 직무발명의 준거법에 관한 대법원 2015.1.15. 2012다4763 판결,[55] 둘째, 채권자취소권의 준거법에 관한 대법원 2016.12.29. 2013므4133 판결[56]과 셋째, 피해자의 책임보험자에 대한 직접청구권의 준거법에 관한 대법원 2017.10.26. 2015다42599 판결[57]이 그것이다.[58] 이

54) 소개는 이선미, "국제입양 관련 실무 현황과 과제", 2018.6.20. 서울가정법원에서 개최된 한국국제사법학회 창립 25주년 기념 공동학술대회 발표자료, 68면, 주 51 참조.

55) 위 판결은 직무발명에 의하여 발생되는 권리의무는 국제사법 제24조의 적용대상이라 할 수 없고, 직무발명에 관한 섭외적 법률관계에 적용될 준거법은 그 발생의 기초가 된 근로계약의 준거법으로서 국제사법 제28조 제1항, 제2항 등에 따라 정하여지는 법률이라고 판시하였다. 평석은 문선영, "직무발명에 관한 섭외적 법률관계의 준거법", 한국특허법학회(편), 직무발명제도 해설(2015), 331면 이하; 이규호, "직무발명에 관한 섭외적 법률관계에 적용될 준거법", 국제사법연구 제22권 제2호(2016.12.), 149면 이하 참조. 김언숙, "직무발명 및 업무상 저작물에 관한 국제사법상의 문제", 국제사법연구 제17호(2011), 323면 이하도 참조.

56) 위 판결은 채권자취소권의 행사에서 피보전권리는 권리행사의 근거일 뿐이고 취소 및 원상회복의 대상이 되는 것은 사해행위이며, 사해행위가 취소되면 수익자 및 전득자 등이 가장 직접적으로 이해관계를 가지므로 거래의 안전과 제3자의 신뢰를 보호할 필요도 있다고 지적하고, 채권자취소권의 행사에서 가장 밀접한 관련이 있는 국가의 법은 취소대상인 사해행위에 적용되는 국가의 법(매매계약의 준거법인 한국법)이라고 판시하였다. 학설은 이헌묵, "채권자취소권의 준거법에 관한 비교법적 연구", 저스티스 제152호(2016.3.), 115면 이하; 장준혁, "부부재산제와 채권자취소권의 준거법 결정과 그 적용", 판례실무연구[XII](2017), 876면 이하; 정구태, "이혼시 재산분할청구권 및 위자료청구권 보전을 위한 채권자취소권의 준거법 – 대법원 2016.12.29. 선고 2013므4133 판결 –", 사단법인 아시아문화학술원, 인문사회21 제8권 제2호(2017.4.), 1105면 이하; 김윤종, "외국적 요소가 있는 채권자취소권의 준거법(2016.12.29. 선고 2013므4133 판결: 공2017상, 227)", 대법원판례해설 제109호(2016. 하)(2017), 587면 이하; 한애라, "채권자취소권의 준거법에 관한 연구", 국제사법연구 제24권 제1호(2018.6.), 165면 이하 참조.

57) 위 판결은 책임보험계약에서 보험자와 제3자 사이의 직접청구권의 법적 성질을 피보험자가 부담하는 손해배상채무의 병존적 인수라고 보고, 채무인수 및 법률에 의한 채권의 이전에 관하여 이전되는 채무·채권의 준거법에 의하도록 한 국제사법 제34조 및 제35조의 기준을 법률에 의한 채무의 인수의 경우에도 참작해야 한다면서도 제3자의 보험자에 대한 직접청구권의 행사에 관한 법률관계에 대하여는 기초가 되는 책임보험계약의 준거법인 영국법이 가장 밀접한 관련이 있다고 판시하였다.

58) 필자는 피해자의 직접청구권은 책임보험계약과 불법행위로 인한 손해배상의 접점에 있는 쟁점으로, 피해자를 보호하기 위하여 로마II, 독일 민법시행법이나 스위스 국제사법처럼 불법행위의 준거법과 보험계약의 준거법에 선택적으로 연결하자는 견해를 해석론으로 피력하였다. 석광현(주 16), 242면과 석광현(주 19), 297면 참조.

는 국제사법에 규정이 없는 연결대상에 대하여 대법원이 연결원칙을 제시한 판결들인데, 필자가 주목하는 것은, 준거법을 결정하는 대법원의 논리전개 과정이다. 일반론으로는 대법원처럼 연결대상과 가장 밀접한 관련이 있는 법을 준거법으로 지정하는 것은 타당하나, 가장 밀접한 관련이 있는 법의 탐구는 추상적으로 흐를 가능성이 크다. 대법원으로서는 가장 밀접한 관련을 구체화하는 과정에서 연결대상의 성질결정을 거쳐 관련 이익을 형량하고[59] 다양한 요소와 연결정책을 고려한 뒤 준거법을 결정해야 하는데 이 과정에서 아쉬움이 있다.

(12) 증명도에 관하여 대법원이 초래한 혼란?

증명책임과 법률상의 추정은 실체의 문제로서 준거법에 따른다. 한편 민사소송법상 어떤 사실이 증명되기 위하여는 법관의 '고도의 개연성'의 확신이 필요하다. 반면에 영미 민사소송에서 통상 요구되는 증명도(입증의 정도 또는 기준)는 '증거의 우월' 또는 '우월한 개연성'으로 족하다.[60] 그러나 권리의 준거법이 영국법이라는 이유로 영국법의 증명도를 따른 대법원판결과, 준거법도 아닌 미국법의 증명도를 따른 대법원판결이 있다. 이는 대법원이 법관의 심증형성 기준의 혼란을 초래한 사례이다.

(가) 증명도의 준거법: 고도의 개연성보다 낮은 영국법의 증명도를 따른 판결

우리 법원이 손해배상채권의 준거법이 영국법인 사건을 재판하는 경우 증명도의 준거법이 문제되는데 이에 관하여는 견해가 나뉜다. 서로 밀접하게 관련된 법관의 확신 형성과 그 정도를 달리 연결하는 것은 부적절하고, 증명도를 준거법인 외국법에 따르라는 것은 법관에게 부담스러우므로 절차법설이 타당하다.[61] 그러나 대법원 2001.5.15. 99다26221 판결은, 영국 해상보험법 및 관습에 의하면 보험목적에 생긴 손해가 부보위험인 해상고유의 위험으로 인해 발생한 것이라는 점에 관한 입증책임은 피보험자가 부담하고, 그 증명의 정도는 '증거의 우월preponderance

59) 대표적인 것이 Kegel의 당사자이익, 거래이익과 질서이익이다. Dagmar Coester-Waltjen, "Totgesagte leben länger", in Politik und Internationales Privatrecht(2017), S. 10 참조.

60) 우리 민사소송법 교과서 대부분은 이 점을 설명한다. 그러나 이들은 준거법이 외국법인 권리의 존부에 관하여 우리 법원이 재판하는 경우 어느 기준이 적용되는지는 다루지 않는다. 필자가 아쉬워하는 것은 이 대목이다.

61) 석광현, 국제민사소송법(2012), 27면, 320면 이하 참조. The Hague Conference on Private International Law, Permanent Bureau, Commentary on the Principles on Choice of Law in International Commercial Contracts(2015), para. 9.11도 동지.

of evidence'로 충분하다고 판시하였다. 이는 실체법설을 취한 것으로 대법원 2016. 6.23. 2015다5194 판결도 같다. 위 판결들은 영국 해상보험법에 관한 것이나 논리적으로는 그에 한정되지 않고 아마도 요증사실 전반에 타당할 것이다. 그러나 이에 따르면 준거법이 외국법이라면 법원은 외국법상의 증명도를 따라야 하는 어려움에 직면하는데, 이것이 대법원이 원하는 것인지 모르겠다.

(나) 미국법의 상대적으로 높은 증명도를 따른 판결: 고도의 개연성과 다른가?

대법원 2009.5.28. 2006다20290 판결은 추상적 법률론으로 사기에 의하여 획득된 외국중재판정의 승인은 4개 요건이 구비되면 공서에 반한다고 하고, 그 요건의 일부로 중재판정의 집행신청 당사자가 중재절차에서 처벌받을 만한 사기적 행위를 하였고, 그 점이 <u>명확한 증명력을 가진 객관적인 증거에 의하여 명백히 인정될 것</u>을 요구하였다. 후자는 'clear and convincing evidence'라는 개념을 차용한 것으로 보이는데, 이는 미국 민사소송에서 '증거의 우월'보다 높은 증명도를 요구할 때 사용하는 증명도이다.[62] 위 사건에서 중재지는 홍콩이고 법정지는 한국이므로 법원이 미국법의 증명도를 요구한 것은 뜬금없다. 사기적 행위를 했다는 점이 "… 증명될 것", 즉 고도의 개연성을 요구하는 편이 우리 민사소송법상 일관성이 있다.[63] 과연 미국법상의 위 기준이 고도의 개연성보다 높은지도 궁금하다.[64]

3. 외국재판의 승인 및 집행

(1) 승인대상인 외국법원의 재판의 개념에 관한 대법원 판결의 일관성?

승인대상에 관하여 대법원 2010.4.29. 2009다68910 판결은 '외국법원의 판결'이라고 함은 재판권을 가지는 외국의 사법기관이 그 권한에 기하여 사법상私法上의

---

62) 오영준, "판례해설", 대법원판례해설 79호(2009 상반기), 567면 이하 참조.

63) 대법원 2004.10.28. 2002다74213 판결은 유죄의 판결과 같은 '고도의 증명'이라는 개념을 사용하였다. 증명은 고도의 개연성인데 '고도의 증명'은 무엇인지 애매하다.

64) 임호, "제법한정 물건청구항의 해석과 입증책임(하)", 저스티스 통권 제136호(2013.6.), 185면은 미국 판례에 따르면, 통상의 민사소송에서는 증거의 우월로 충분하나 예외적으로 사기, 부당한 위력, 유언의 내용 등 일정한 사항에 대하여는 그보다 높은 clear and convincing evidence가 필요한데, 이는 우리 법상의 증명과 같은 정도라고 한다. 김선화, "형사소송에서 자유심증주의에 관한 이론적 연구", 고려대학교 대학원 법학과 박사학위논문(2005), 95면도 유사하게 설명한다.

법률관계에 관하여 대립적 당사자에 대한 상호간의 심문이 보장된 절차에서 종국적으로 한 재판으로서 구체적 급부의 이행 등 그 강제적 실현에 적합한 내용을 가지는 것을 의미하고 그 재판의 명칭이나 형식 등이 어떠한지는 문제되지 아니한다고 판시하고, 캘리포니아주 법원의 승인판결confession judgment은 외국법원의 판결이 아니라고 보았다. 이런 결론은 수긍할 수 있으나 대법원 2010.3.25. 2009마1600 결정과 상충된다. 위 정의에 따르면 외국도산절차에서 외국법원의 회생계획인가명령은 심급을 이탈시키는 종국적 재판도 아니고,[65] 대립적 당사자 간의 절차[66]에서 한 재판도 아니나, 대법원 2010.3.25. 2009마1600 결정은 이를 구 민사소송법 제217조의 외국법원의 판결에 해당한다고 보았기 때문이다.[67]

캘리포니아주 법원의 승인판결이 외국법원의 판결이 아니라면 그에 대해 민사소송법 제217조 또는 민사집행법 제26조를 유추적용할 수 있는가를 검토해야 한다. 대법원은 이를 부정한 것으로 짐작되나 명확히 설시하지 않은 아쉬움이 있다. 헤이그회의의 2005년 "관할합의에 관한 협약"("관할합의협약")(제12조)은 재판상화해에 대하여 승인을 하지는 않지만 집행은 허용하는 점을[68] 주목할 필요가 있다. 특히 미국 confession judgment, 영국 consent judgment(또는 consent order),[69] 법원의 화해조서, 화해판결과 법원이 승인한 미국 class action settlement가 외국법원의 재판으로서 승인대상인지 아니면 재판상화해인지, 후자를 어떻게 취급할지 나아가 이들 간의 경계를 어떻게 획정할지를 검토해야 한다.

민사소송법 제217조 제1항은 승인대상을 "외국법원의 확정판결 또는 이와 동

65) 그러나 한충수, "국제민사소송절차와 국제도산절차에서의 외국재판 – 외국보전재판의 승인 및 집행가능성을 중심으로", 민사소송 제20권 제2호(2016), 62면은 종국재판이나 등록일로부터 180일 동안은 확정재판이 아니라고 한다.

66) 이는 원고와 피고를 전제로 하는 전통적인 절차로 보는 것이 자연스럽다.

67) 양자의 상충은 석광현, "승인대상인 외국판결의 개념에 관한 대법원재판의 상충," 법률신문 제3976호(2011.10.20.), 11면 참조. 오영준, "민사소송법상 승인 대상인 '외국법원의 판결'의 의의," 법률신문 제3979호(2011.10.31.)은 필자의 지적에 격하게 반발하였으나 그 근거는 잘 모르겠다. 이연주, "민사소송법 제217조의 승인대상으로서 외국재판의 개념 – 외국법원의 면책재판 등에 관한 논의를 중심으로 –", 이화여자대학교 법학논집 제21권 제2호(2016.12.), 83면 이하; 한충수(주 65), 62면 참조.

68) 제12조는 "전속적 관할합의에서 지정된 체약국의 법원이 인가하거나, 또는 소송과정에서 그 법원의 앞에서 체결되고, 재판국에서 재판과 동일한 방법으로 집행될 수 있는 재판상화해는, 이 협약에 따라 재판과 동일한 방법으로 집행된다."고 규정한다.

69) 관할합의협약의 보고서는 보통법계의 consent order(이는 consent judgment와 같은 것으로 보인다)는 협약상 재판으로서 승인 및 집행될 수 있다고 한다.

일한 효력이 인정되는 재판"으로 규정하므로 기판력이 없는 외국 비송재판이 그에 해당하는지는 논란의 여지가 있다.

(2) 송달의 적법성에 관한 의문을 초래한 대법원 판결

구 민사소송법 제217조 제2호는 피고가 송달을 받았을 것만을 요구하였으나, 민사소송법은 송달은 적법한 방식에 따라야 하고, 피고가 방어를 위한 충분한 시간적 여유를 가질 수 있도록 적시에 행해져야 함을 명시한다. 이것이 송달의 '적법성'과 '적시성'의 요건이다.

흥미로운 것은, 흑연전극봉 사건에서 대법원 2006.3.24. 2004두11275 판결이다. 흑연전극봉을 생산하는 일본 업체 등이 런던에서 담합행위를 한 데 대해 공정거래위원회는 일본 회사에 대하여 공시송달과 함께 우편에 의한 송달을 하였는데 대법원은 우편에 의한 송달을 적법하다고 보았다. 그러나 직권송달주의를 취하는 한국에서는 종래 민사사건에서의 송달을 주권의 행사로 보아 우리 법원이 외국의 당사자에게 우편에 의한 송달을 하는 것은 외국의 주권을 침해하는 것으로 이해하였는데,[70] 행정사건인 위 사건에서 대법원판결이 우리 국내법을 근거로 외국에 우편에 의한 송달을 할 수 있다고 본 점은 의외이다. 만일 장래 통상의 민사사건에서 외국(송달협약의 체약국인가에 관계없이) 법원이 한국 당사자에게 우편에 의한 송달을 하고 그에 기하여 한 재판의 한국에서의 승인이 문제된다면 그 경우 대법원이 우편에 의한 송달을 적법하다고 판단할지 궁금하다.

(3) 헌법적 가치와의 충돌을 이유로 외국재판의 승인을 거부한 대법원 판결

일제강점기 강제징용을 당했던 한국인들(또는 그의 후손들)은, 일본 미쓰비시 중공업을 상대로 ① 강제연행 및 강제노동, 원자폭탄 투하 후 구호조치의 불이행과 안전귀국의무 위반을 이유로 하는 손해배상과 ② 강제노동기간 동안의 미지급임금 등의 지급을 구하는 전소를 일본 히로시마지방재판소에 제기하였다가 1999년 3월 패소한 뒤 항소를 제기하여 항소심에 소송계속 중 2000년 5월 부산지방법원에 동일한 청구원인에 기하여 제소하였다. 원고들은 일본 항소심에서도 패소하였고 2007년 11월 일본 최고재판소의 상고기각으로 원고패소판결이 확정되었다. 부산고등법원에 항소심 계속 중 일본판결이 확정된 결과 국제적 소송경합의 문제가 외국

70) 대법원 1992.7.14. 92다2585 판결 참조.

판결의 승인의 문제로 전환되었다. 부산고등법원 2009.2.3. 2007나4288 판결은 일본판결이 승인요건을 구비하였다고 보아 원고들의 청구를 기각하였다.

이 사건의 쟁점은 일본판결의 승인 여부인데, 이를 판단하는 과정에서, 피고가 일제의 침략전쟁에 가담하여 저지른 반인도적인 전쟁범죄가 국민징용령에 따른 것으로서 적법하고, 국민징용령위반으로 인하여 발생한 손해배상의무와 임금지급의무가 제척기간(또는 소멸시효)에 의하여 소멸하였으며, 그렇지 않더라도 한일청구권협정과 일본의 재산권조치법에 의하여 소멸하였다고 보아 청구를 기각한 일본판결의 승인이 우리 공서에 반하는가가 다투어졌다. 대법원 2012.5.24. 2009다22549 판결(미쓰비시 사건)과 대법원 2012.5.24. 2009다68620 판결(신일본제철 사건)은, 일본판결의 이유는 일제강점기의 강제동원 자체를 불법이라고 보는 한국 헌법의 핵심적 가치와 정면으로 충돌하므로, 일본판결을 승인하는 결과는 그 자체로 한국의 공서에 반하므로 승인할 수 없다고 판시하였다. 대법원은 일본판결의 승인을 거부하는 이유에서 일제의 한반도 지배는 규범적 관점에서 불법적인 강점이고, 원고들의 개인청구권은 물론 한국 국민에 대한 외교적 보호권도 청구권협정에 의하여 소멸되지 않았다고 판시하였다. 공서위반을 인정한 대법원판결은 법적으로나 역사적으로 큰 의의가 있고 그 결론과 논리는 높이 평가할 만하다.[71)72)]

71) 반면에 호문혁, “외국판결의 공서위반 판단의 대상에 관한 연구 – 강제징용 사건 관련 대법원 판결에 대한 검토를 중심으로”, 법학평론 제6권(2016.4), 81면 이하는 대법원이 외국판결의 이유에서 판단한 부분 중 주문과 직접 관련이 없는 사항을 이유로 승인을 거부한 것은 잘못이고, 대법원은 실질심리를 하면서 일본법인 회사경리응급조치법과 기업재건정비법 등을 적용하여 그 결과가 우리 국민에 대한 채무면탈의 결과가 되어 공서양속에 위반된다는 이유로 이들 법률의 적용을 배제하고 일본판결의 승인을 거부하였으나 위 판결은 위 법률들이 우리의 공서양속과 관련이 없는 내용임을 간과하였고, 국제사법 제10조의 취지를 오해하여 부당한 판시를 하였다고 신랄하게 비판한다. 그러나 공서위반에 기한 외국재판의 승인거부는 외국재판의 주문만이 아니라 (기판력이 미치지 않는) 이유 중의 판단에 기해서도 그 자체로써(즉 항변을 고려에 넣지 않고) 결론에 직접 영향을 미칠 수 있는 쟁점이라면 가능하고, 위 사건에서 공서위반이라고 판단한 가장 큰 쟁점은 1938년 국가총동원법과 1944년 국민징용령에 따른 징용행위 자체가 위법하지 않다고 판시한 점이므로 저자는 이런 비판에 동의할 수 없다. 대법원 판결이 지적한 것처럼, 첫째 청구에 관한 한, 일본판결 이유에는 일본의 식민지배가 합법적이라는 규범적 인식을 전제로 국가총동원법과 징용령을 한반도와 원고등에게 적용하는 것이 유효하다는 평가가 포함되어 있는데, 이는 한국 헌법의 핵심적 가치와 정면으로 충돌하므로 일본판결을 승인하는 결과는 그 자체로 한국의 공서에 어긋난다. 이는 상식적으로도 쉽게 수긍할 수 있는 이론구성이다.

혹시 우리 법원이 피고의 항변 중 어느 하나를 받아들인다면 원고등의 청구를 어차피 기각해야 하므로 원고등의 청구를 기각한 일본판결을 승인해야 하지 않나라는 의문이 있다. 그러나 그 경우에도 우리 법원은 승인을 거부하고 본안에 관하여 다시 판단하되 문제된 항변을 받아들여 청구를 기각해야 한다고 본다. 더욱이 징용사건에서는, 원고들의 청구 중 첫째 청구에 관

특히 불법행위의 성립 여부와 관련하여 승인공서의 판단기준으로 헌법의 핵심적 가치를 도입한 점은 커다란 의미가 있다. 앞으로 공서위반 여부 판단 기준으로 헌법적 가치가 더 큰 역할을 할 것이다.

(4) 민사소송법 제217조의2: 입법부와 사법부의 충돌?

2014년 5월 민사소송법 제217조의2가 신설되었다. 이는 외국법원의 부당한 손해배상재판으로부터 국내기업을 보호하고자 국회의 주도 하에 이루어진 입법이다. 그러나 그 후 선고된 대법원 판결들[73)]은 "민사소송법 제217조의2 제1항은 징벌적 손해배상과 같이 손해전보의 범위를 초과하는 배상액의 지급을 명한 외국법원의 확정재판 등의 승인을 적정범위로 제한하기 위하여 마련된 규정이므로 외국법원의 확정재판 등이 당사자가 실제로 입은 손해를 전보하는 손해배상을 명하는 경우에는 민사소송법 제217조의2 제1항을 근거로 그 승인을 제한할 수 없다"는 취지로 판시하였다. 여기에서 의문이 제기된다.

우선 입법을 본다. 제217조의2가 입법 목적을 달성할 수 있는지 의문이다. 과도한 전보배상을 명한 외국 재판의 승인 및 집행은 제217조 제1항 제3호(공서조항)로 해결할 수 있다고 보는데 굳이 제217조의2를 신설한 이유는 의문이다. 현재의 문언을 보면 더욱 그러하다. 한편 판례를 보면, 과거 구 민사소송법 하에서 과도한 손해배상을 명한 외국재판의 승인 및 집행을 제한한 하급심판결들이 있었는데 대법원 판결들은 현행 민사소송법 하에서 그런 결론을 거부하는 듯하다. 필자는 전보배상의 지급을 명한 외국재판은 원칙적으로 승인해야 하지만, 그것이 지나치게 과도한 경우(특히 과도한 변호사보수 또는 위자료 지급을 명한 경우) 공서조항을 통하여 승인을 제한할 수 있다고 보는데, 장래 그 요건을 구체화하기 위하여 노력해야 한다. 특히 우리 법원은 위자료 금액과, 소송비용에 산입되는 변호사

한 한, 대법원은 모든 항변을 배척하였으므로 불법행위가 성립하는지에 관한 판단은 판결의 결론(즉 주문)에 직접 영향을 미치므로 일본판결을 승인할 수 없다. 상세는 석광현, "강제징용배상에 관한 일본판결의 승인 가부", 국제사법연구 제19권 제1호(2013.6.), 103면 이하; 남효순 외, 일제강점기 강제징용사건 판결의 종합적 연구(2015), 39면 이하 참조. 위 호문혁 교수의 견해에 대한 비판은 이필복, "외국판결의 승인에서의 '공서위반' 심사의 대상", 사법 제44호(2018.6.), 271면 이하 참조.

72) 호문혁(주 71), 81면은, 징용사건에서 공서위반을 이유로 우리 법원이 일본 판결의 승인을 거부하는 것은 상호보증의 존재에 악영향을 미칠 것이라고 하나, 대법원은 매우 특수한 사건에서 구체적 사유를 들어 판단한 것이므로 그런 우려는 근거가 없다고 본다.

73) 대법원 2015.10.15. 2015다1284 판결; 대법원 2016.1.28. 2015다207747 판결.

보수의 금액을 제한하는데, 그러면서도 고액의 위자료와 변호사보수의 지급을 명한 외국재판을 전부 승인해야 한다면 불균형을 조장하게 되어 부당하다.

요컨대 국회가 제217조의2를 신설한 것은 우리 기업들을 보호하기 위한 것이었는데, 대법원 판결이 그 적용범위를 제한함으로써 우리 기업들은 과거와 비교하여 상대적으로 불리한 지위에 놓이게 되었다. 그렇다면 제217조의2를 신설한 입법취지를 달성할 수 없음이 거의 밝혀진 이상 국회는 이를 개정함으로써 불확실성을 배제하는 방안을 고려해야 한다. 그 때에는 삼배배상을 명한 외국재판의 승인 및 집행의 처리방안도 정비할 필요가 있다.

(5) 외국재판 승인의 효과에 관한 법제의 충돌

외국재판이 승인요건을 구비하면 외국재판은 한국에서 효력을 가진다. 그 경우 기판력의 범위는 논란이 있다. 외국재판은 재판국에서 부여되는 것과 동일한 효력을 한국에서 가진다는 재판국법기준설을 취하는 효력확장설, 외국재판은 그에 상응하는 한국 재판과 동일한 효력을 가진다는 동등(지위)설과, 절충설로서 원칙적으로 재판국법에 의하나 승인국법상 당해 외국재판에 상응하는 재판의 효력을 한도로 재판국법의 효력을 인정하는 '누적설'이 있다.[74] 종래 효력확장설이 한국과 독일의 다수설이었으나 독일에서는 근자에 누적설이 다수설이라는 견해도 있다. 미국 법원의 재판은 기판력에 상응하는 'claim preclusion(청구실권효 또는 청구차단효)'뿐만 아니라, 쟁점효에 상응하는 'issue preclusion(쟁점실권효 또는 쟁점차단효)' 또는 'collateral estoppel(부수적 금반언)'이라고 하여 실제로 변론과 판단의 대상이 된 판결이유 중의 법률상 및 사실상의 판단에까지 효력이 미치므로, 견해에 따라 미국 판결이 한국에서 가지는 효력의 범위가 달라진다. 장래 이 쟁점이 제기될 것이다.

(6) 외국재판의 집행: 집행권원의 특정과 집행판결의 가부

집행이 가능할 정도로 특정되지 않은 중재판정이나 외국재판에 기하여 집행판결을 할 수있는지는 논란이 있다. 우선 중재판정에 대하여 집행판결[75]을 하였다

---

74) 학설은 석광현(주 61), 410면. 호문혁(주 71), 64면은 누적설을 따른다. 다만 효력확장설을 취하면서도 승인국법이 알지 못하는 유형의 효력 확장은 부정하는 견해도 있다. 석광현(주 4), 340면 참조. 브뤼셀 I recast(제54조)는 이런 태도라고 볼 수 있다.

75) 과거에는 중재판정의 집행을 위하여도 외국재판의 경우처럼 집행판결이 필요하였으나, 2016년

고 하여 집행기관에 임의로 판단하여 집행하도록 허락하는 것도 아니며, 상대방은 그 해당절차에서 법에서 정하여진 이의, 항고 등을 통하여 권리를 구제받을 수 있다는 이유로 그런 중재판정의 승인 및 집행이 공서위반이라고 볼 수는 없다는 하급심 판결이 있다.[76] 반면 특정이행을 구하는 의무가 특정되지 않았음을 이유로 집행판결을 불허한 판결도 있다. 즉 대법원 2017.5.30. 2012다23832 판결은 집행판결제도의 취지에 비추어 보면 … 외국법원의 확정재판 등에 표시된 특정이행 명령의 형식 및 기재 방식이 한국 판결의 그것과 상이하더라도, 한국 법원으로서는 민사집행법에 따라 외국법원의 확정재판 등에 의한 집행과 같거나 비슷한 정도의 법적 구제를 제공하는 것이 원칙이나 특정이행 명령의 대상이 되는 계약상 의무가 충분히 특정되지 못하여 판결국인 미국에서도 곧바로 강제적으로 실현하기 어렵다면, 한국 법원도 그 강제집행을 허가하여서는 아니 된다고 판시하였다.

양자가 일관성이 있는지, 아니면 이런 차이가 중재와 소송의 차이에 기인하는지 등을 더 검토할 필요가 있다.

(7) 외국가사재판의 특수성에 대한 고려 부족

민사소송법 제217조가 외국법원의 가사재판에도 적용되는지는 논란이 있고 부정설에는 이를 유추적용하거나, 조리에 의하여 유사한 요건을 요구하는 견해가 있다. 종래 판례와 가족관계등록 실무는 긍정설로 보인다. 학설상 가사사건에서 승인대상과 승인요건에 관한 논의가 있고 특히 파행적 신분관계를 방지하고자 상호보증요건을 요구하지 않는 견해가 유력하나, 판례(특히 대법원판결)에서는 이에 대한 고민이 보이지 않는다. 참고로 재산법상의 승인에 관하여 상호주의를 요구하는 중국도[77] 외국이혼판결의 경우 상호주의를 요구하지 않는다. 가사사건에서 논란을 불식하고 가족관계등록부의 기재를 위해 집행판결이 필요한지를 명확히 하는 입법적 해결이 필요하다.[78]

중재법 하에서는 집행결정으로 족하다(중재법 제37조 제2항).

76) 서울고등법원 2014.1.17. 2013나13506 판결.

77) 재산법상 사건에서 중국과 상호주의가 있는지는 애매하다. 한국 법원이 중국 판결을 승인한 뒤에도 중국 법원이 한국 판결의 승인을 거부한 사례가 있음에도 불구하고 우리 하급심판결들은 이를 모른 채 중국판결을 승인하는 사례가 있다. 수원지방법원 안산지원 2015.12.24. 2015가합936 판결(확정) 참조. 다만 근자에 중국 법원의 태도가 조금씩 바뀌는 듯하다. 우한중급인민법원은 2017.6.30. 판결에서 조약은 없으나 상호주의의 존재를 기초로 계약사건에 관한 미국 재판의 승인 및 집행을 최초로 허용하였다고 한다.

78) 국제사법학회의 창립 20주년 기념논문인 석광현, "국제재판관할과 외국판결의 승인 및 집행",

4. 국제민사사법공조

이와 관련해서는 아래의 논점이 있다.

첫째, 한국의 송달협약 가입 후 체약국으로의 송달은 외교부가 아니라 법원행정처를 경유하는데 그것이 바람직하지만 법적 근거는 없다. 실무는 민사공조예규에 근거한 것이나 민사공조법을 개정하여 송달협약의 체약국에 대해서는 법원행정처가 직접 촉탁서 등을 발송할 수 있는 법적 근거를 마련해야 한다. 증거협약의 경우에도 같다.

둘째, 송달협약 당시 한국은 간이한 송달방법 전부에 대해 이의하였으나 이는 전향적이지 못하다. 특히 오늘날 해외송달은 피고의 방어권을 보장하기 위해 충분한 시간적 여유를 가지고 소송서류의 내용을 현실적으로 알 수 있게 하는 것, 즉 '현실의 고지actual notice'를 보장하기 위한 것임을 고려한다면 더욱 그러하다. 따라서 장기적으로 간이한 송달을 점진적으로 허용하는 방향으로 유보를 철회할 필요가 있다. 특히 외국으로 우편에 의한 송달을 허용하는 방안도 고려하고 필요하다면 민사소송법의 개정도 고려할 수 있다. 송달협약 가입국에 대한 관계에서 유보를 철회하기가 주저된다면 송달협약 체약국과 양자조약을 체결하는 경우 양자조약을 통하여 간이한 송달을 허용하는 방안을 고려할 수 있다.

Ⅴ. 한국 국제사법의 문제점과 장래의 과제

우선 위(Ⅳ.)에서 제기된 쟁점 중 미결인 문제점을 해결해야 한다. 여기에서는 추가로 언급할 문제점과 장래의 과제를 논의한다.

1. 국제재판관할: 국제사법 개정을 통한 국제재판관할법제의 정비

법무부는 2015년 12월말까지의 국제사법개정위원회의 작업을 기초로 개정법률안을 성안하여 2018년 1월 입법예고를 하였고 2월 공청회를 개최하였다. 법무부는 최종적인 법률안을 작성하여 2018년 중 국회에 제출할 예정이다. 개정안은 재

국제사법연구 제20권 제1호(2014. 6), 54면 이하; 권재문, "외국 가사재판의 승인·집행에 관한 입법론적 검토", 국제사법연구 제23권 제2호(2017. 12), 303면 이하 참조.

산법상의 사건은 물론이고 가사사건과 비송사건의 국제재판관할규칙도 함께 규정하는 점에 특색이 있다.[79] 국제사법에 준거법규칙과 국제재판관할규칙을 병치하는 것은 일본 및 중국과 다른 한국 국제사법의 특색이다. 개정안은 한편으로는 정치한 국제재판관할규칙을 도입함으로써 법적 안정성을 제고함과 동시에, 다른 한편으로는 엄격한 요건 하에 부적절한 법정지*forum non conveniens*의 법리를 통하여 법원의 재량을 인정함으로써 개별사건에서 구체적 타당성을 보장하고자 한다.[80] 나아가 국제적 소송경합의 처리도 규정한다. 국회를 통과한다면 개정안은 한국 국제사법 역사에서 큰 획을 긋게 될 것이다.

2. 준거법

준거법 영역에서 장래의 과제를 들면 아래와 같다.[81]

(1) 준거법 공서 판단과 헌법적 가치의 고려

징용사건에서 대법원 판결[82]은, 외국재판 승인과 관련한 공서의 맥락에서 헌법의 핵심적 가치를 동원함으로써 앞으로 준거법인 외국법 적용과 관련한 공서의 맥락에서도 동일한 접근방법을 취할 것을 시사하고, 구 미쓰비시와 피고가 동일한 법인인가를 판단하면서 후자의 맥락에서 공서위반을 이유로 일본법의 적용을 배척하였다. 위 대법원 판결은 승인의 맥락에서 공서위반을 판단함에 있어서 헌법적 가치를 고려하였는데 장래 법원이 준거법과 관련한 공서의 맥락에서도 동일한 접근방법을 취할 것으로 기대된다.

공서조항이 적용되기 위하여는 준거법인 외국법을 적용한 결과가 우리의 공서

---

79) 개정안은 제1장(총칙)을 3개 절로 구분하여 제1절을 목적으로 하고, 제2절에 국제재판관할에 관한 총칙을 두며, 현재 조문은 제3절에 준거법으로 묶는다. 제2절에는 총칙적 성질의 관할규칙을 둔다. 개정안은 특별관할규칙을 각 장에 둔다. 즉 제2장 내지 제9장(단 제3장은 제외)에는 제1절을 신설하여 특별관할규칙을 두고, 기존 준거법 관련 조문은 제2절로 옮기되 물권의 장에 있는 제24조는 독립시켜 제1절과 제2절로 구분한다.

80) 필자는 공청회에서 조문 순서에 따라 개정안의 국제재판관할규칙을 개관하는 기회를 가졌다. 발표문은 국제사법 전부개정법률안 공청회 자료집, 15면 이하 참조.

81) 그중 일부는 국제사법의 개정을 요하는 입법론이다. 손경한 외(주 29), 331면 이하(석광현 집필부분) 참조.

82) 대법원 2012.5.24. 2009다22549 판결(미쓰비시 사건 판결)과 대법원 2012.5.24. 2009다68620 판결(신일본제철 사건 판결). 준거법에 관한 평석은 석광현, "강제징용배상 및 임금 청구의 준거법", 서울대학교 법학 제54권 제3호(2013.9.), 283면 이하; 남효순 외(주 71), 93면 이하 참조.

에 반하여야 한다. 즉 공서의 원칙은 추상적인 외국법 자체를 비난하는 것이 아니라 외국법을 적용한 결과로 인해 한국의 기본적인 사회질서가 파괴될 우려가 있는 경우 이를 막기 위한 것이므로 외국법의 내용 자체가 아니라 외국법을 적용한 결과가 문제된다.[83] 즉 국제사법 제10조는 외국법에 대하여 이른바 '추상적 규범통제abstrakte Normenkontrolle'를 허용하지 않는다.

종래 한국에서는 국제사법의 맥락에서 헌법의 역할이 중시되지 않았으나 위 판결을 계기로 달라질 것으로 기대된다.

(2) 성명의 준거법에 관한 국제사법 정비 필요성

국제혼인이 증가함에 따라 국제성명법이 매우 중요하나 국제사법은 성명의 준거법에 관하여 규정하지 않는다. 문제되는 것은 혼인에 의한 배우자의 성과 자子의 성이다.[84]

민법의 해석상 혼인 후에도 부부는 각자 본래의 성을 유지한다. 국제사법에 명문의 규정이 없으므로 해석론으로는 성명은 당사자의 인격권의 문제라는 측면과 성명에 대한 사법적私法的 측면과 공법적 측면을 일치시킬 수 있는 장점을 들어 국적을 연결점으로 하는 견해와 혼인의 효력의 준거법에 연결하는 견해가 유력하다. 이혼의 경우에도 같다. 가족관계등록의 실무는 후자를 따르고 있다.

국제사법은 자子의 성을 규정하지 않는다. 해석론으로는 부부의 성의 경우처럼 성은 자子의 국적에 연결하는 견해와, 친자관계의 준거법에 따르는 견해가 유력하다. 종래의 실무는 준거법과 관련 없이, 한국인 부와 외국인 모 사이의 혼인중의 자녀의 경우에는 한국인 간에 출생한 혼인중의 자녀와 동일하게 처리하고, 한국인 모와 외국인 부 사이의 혼인중의 자녀의 경우에는 외국인 부의 성을 따르거나 한국인 모의 성과 본을 따른다고 보는 것 같다. 후자는 민법(제781조 특히 제2항)에 근거한 것으로 보이나, 이런 실무는 자子의 성의 준거법이 한국법인 경우 적용되는 것이라는 점에서, 더욱이 혼인에 의한 배우자의 성에 관한 해석론과 일관성이 부족하다는 문제가 있다. 일본에서는 일본 당국의 실무를 설명하기 위하여 '성명

83) 석광현(주 19), 175면. 호문혁(주 71), 78면은 "민사소송법 제217조 상의 공서 규율은 외국판결을 승인한 '결과'가 공서에 위반되는 경우에 승인을 거부할 수 있다는 것이고, 국제사법 제10조의 공서양속 규율은 외국의 준거법의 '내용 자체'가 우리나라 공서에 반하는 내용일 때에 그 법률을 적용하지 않는다는 것"이라고 설명하나 이는 잘못이다.

84) 상세는 석광현(주 19), 218면 이하 참조.

공법이론'이 있다. 이는 성명은 개인의 특정이라고 하는 공법적 요청과 강한 관계가 있고 본국에 의하여 규율된다는 것이 여권제도 등을 통하여 기대되기 때문에 오로지 각자의 본국법에 의하여 규율된다고 본다.[85] 그러나 이 이론은 혼인에 의한 배우자의 성에 관한 우리 실무와 다르고, 자子의 성에 관한 실무와도 맞지 않는 것 같다.

기존 실무를 뒤집기는 쉽지 않으나, 성의 준거법에 관하여 어떤 연결원칙이 바람직한지 또한 그런 원칙을 국제사법에 명시할지에 대해 체계적인 연구가 필요하다.

(3) 간접보유증권 처분의 준거법: PRIMA의 도입

오늘날 투자자는 증권을 중앙예탁기관에 집중예탁하고 장부상의 기재에 의해 권리를 양도한다. 이것이 증권의 간접보유이고 이 경우 투자자는 '간접보유증권'을 가진다. 국제적인 증권 처분의 준거법 결정을 해결하고자 헤이그국제사법회의는 2002년 12월 "헤이그증권협약"을 채택하였고 이는 2017.4.1. 발효되었다. 우리는 국제사법의 해석론과 입법론을 정립해야 하는데 이는 전자증권 도입 시 더욱 중요한 의미를 가진다. 이에 대하여는 담보권자의 권리가 기재되는 중개기관소재지법이라는 견해가 유력하다. 이것이 'place of the relevant intermediary approach(관련중개기관 소재지 접근방법)' – 'PRIMA'이고 유럽연합이 취한 태도이다. 그러나 헤이그증권협약은 통일상법전처럼 '계좌약정접근방법account agreement approach'을 취한다. 전자증권은 계좌기재를 권리를 발생시키고 표창하는 새로운 방법으로 보고 그러한 권리를 계좌이체에 의하여 양도하는 것이므로 PRIMA로 가는 것이 자연스럽다. 한국에서도 PRIMA 또는 이를 다소 수정한 연결원칙을 명시하자는 입법론도 있다.[86]

(4) 지식재산권의 준거법에 관한 입법론

현행법은 지식재산권과 관련한 준거법 결정에 관하여 제24조 한 개의 조문을 두고 있다. 그러나 ALI 원칙, CLIP 원칙이나 한일공동제안과 같은 정도로 정치한

---

85) 木棚照一(編), 국제사법(2016), 240면 이하(임귀미 집필부분) 참조. 일본에서는 '氏名公法理論'이라 한다.

86) 천창민, "외국주식의 상장과 투자자 보호에 관한 고찰", 민사판례연구 제35집(2013), 527면 이하 참조.

연결원칙을 규정하지는 못하더라도 준거법 조문을 보충하여 첫째, 계약의 준거법, 둘째, 지적재산권의 성립과 유효성의 준거법, 셋째, 지적재산권 침해의 준거법과 넷째, 지적재산권의 최초귀속의 준거법을 명시하는 방안을 고려할 필요가 있다.[87)]

(5) 독점규제법의 역외적용과 독점규제법 위반으로 인한 민사책임의 준거법의 관계

흑연전극봉 사건에서 대법원 2006.3.24. 2004두11275 판결은 명문 규정이 없던 구 독점규제법의 해석상 동 법의 역외적용을 최초로 긍정하였는데, 동 사건의 대법원 계속 중 국회는 역외적용을 명시하는 제2조의2를 신설하였다. 이는 주로 공정거래위원회에 의한 행정규제를 염두에 둔 것이나, 독점규제법 위반으로 인한 민사책임의 문제도 있다. 한국의 흑연전극봉 수요업체들이 카르텔에 참여한 외국회사들을 상대로 부당공동행위로 인한 손해배상을 구하는 소를 우리 법원에 제기한다면 민사책임의 준거법이 문제된다. 이는 '국제카르텔사법'의 문제이다. 구 독점규제법(제57조 제1항)은 손해배상청구를 위한 시정조치 선확정제도를 두었으므로 행정적 구제가 선호되었으나 이는 폐지되었고, 손해액 입증의 곤란을 완화하고자 손해액 인정제도가 도입된 덕에 장래 私的 집행이 활성화되면 독점규제법위반의 준거법이 문제된다. 여기에서 독점규제법 제2조의2와, 불법행위의 준거법을 정한 국제사법(제32조 이하)의 관계가 문제된다. 특히 역외적용이 문제되는 사안은 '격지불법행위'에 해당하는데 그 경우 준거법 결정은 논란이 있다. 민사책임에 관하여 제2조의2를 국제사법의 특칙이라고 본다면 독점규제법은 민사책임에 관하여 시장지를 연결점으로 삼고 있다고 볼 수도 있다.[88)] 앞으로 이 쟁점에 대해 더 관심을 가져야 한다.

나아가 민사책임에 관하여 독점규제법을 역외적용하는 경우 국제사법상 불법행위지 원칙에 우선하는 연결원칙들, 즉 사후적 합의(제33조), 종속적 연결과 공통의 속인법(제33조 제2항과 제3항)이 적용되는지와, 입법적 해결의 필요성을 검토해야 한다. 2설을 따른다면 이런 필요성이 크나 1설을 따른다면 이는 불필요하거나 큰 의미는 없다.

---

87) 우선 석광현(주 19), 288면 이하 참조.

88) 로마II 제6조 제3항(a)호는, 경쟁제한으로 인하여 발생하는 계약외채무의 준거법은 그의 시장이 영향을 받거나 받을 가능성이 있는 국가의 법이 된다고 명시한다.

(6) 자본시장법의 역외적용과 자본시장법 위반으로 인한 민사책임의 준거법의 관계

2009.2.4. 시행된 자본시장법 제2조는 동 법의 역외적용을 명시한다. 여기에서도 자본시장법 위반에 따른 민사책임에 관하여 제2조가 국제사법의 특칙인지가 문제된다.[89] 긍정설인 1설은, 제2조를 근거로 민사책임과 행정규제를 통일적으로 연결한다. 이에 의하면 행정규제에 관하여 우리 자본시장법이 역외적용되는 사안에서는 민사책임에 대하여도 우리 자본시장법이 준거법이 된다. 반면에 2설은 민사책임의 연결원칙을 행정규제의 연결원칙과 별개로 구성한다. 즉 제2조는 주로 행정규제를 고려하여 신설된 조문이므로 이를 행정규제에 한하여 적용하고, 민사책임에 관하여는 국제사법의 해석론에 따라 불법행위 또는 부당이득 등의 법률관계로 성질결정하고 준거법을 결정한다.

나아가 민사책임에 관하여 자본시장법을 역외적용하는 경우 국제사법상 불법행위지 원칙에 우선하는 연결원칙들과의 관계가 문제되는 점은 위(4.)에서 본 독점규제법에서와 같다.

(7) 입양협약의 비준과 국제가족법에 대한 관심의 제고

우리나라는 2013.5.24. 입양협약에 서명하였으나 아직 비준하지 못하고 있다. 우리 아동의 최대 수령국receiving state인 미국에서도 입양협약이 2008년 발효되었고, 중국과 베트남도 입양협약에 가입하였음을 생각하면 이는 매우 부끄럽다. 선해하자면 입양협약의 비준이 늦어지고 있는 이유는 현재의 입양기관 중심의 국제입양체제와 결별하고, 아동의 입양적격성을 지방자치단체가 판단하도록 입양체제를 개선하려고 하기 때문이다. 그렇더라도 입양협약의 비준이 이렇게까지 늦어지고 있다는 비판을 면할 수 없다.[90]

---

89) 논의는 석광현 · 정순섭, "국제자본시장법의 서론적 고찰 – 역외적용 및 역외투자자문업자등의 특례를 중심으로 –", 증권법연구 제11권 제2호(2010), 52면 이하 참조.

90) 정부는 2017년 10월 국회에 입양협약 비준동의안을 제출하였다. 국제입양과 관련하여 우리나라에 만연한 오해는 "국제입양은 … 입양 대상에 따라 … 요보호아동은 입양특례법에 의하여, 그 외의 아동은 민법에 따라 입양절차가 이원화되어 있는 등 국제입양에 대한 통일적인 규율이 어려운 상황"이라는 인식이다. 이는 국제사법에 대한 무지에 기인한다. 종래 요보호아동이 아닌 아동의 외국으로의 입양은 민법이 아니라, 국제사법(제43조)에 의하여 지정되는 준거법, 즉 양친의 본국법에 따라서 이루어진다. 다만 외국으로의 입양 시에는 한국법이 정한 동의요건이 구비되어야 하므로 민법이 제한적인 역할을 한다. 다만 아동의 국내로의 입양의 경우 입양의 준거법이 한국법이므로 민법에 따라 법원의 허가가 필요하고, 반대로 아동의 출신국법이 정

국제가족법 영역에 관하여 보자면 한국은 우선 입양협약을 비준하고, 나아가 1996년 "부모책임과 아동(또는 子)의 보호조치와 관련한 관할권, 준거법, 승인, 집행 및 협력에 관한 협약"("아동보호협약")과 2007년 "아동양육 및 기타 형태의 가족부양의 국제적 회수에 관한 협약("아동부양협약") 및 2007.11.23. "부양의무의 준거법에 관한 의정서"("부양의정서")와 2000년 "성년자의 국제적 보호에 관한 협약"("성년자보호협약") 등 가입을 검토해야 한다.[91] 특히 탈취협약 가입을 위한 이행법률에 대하여는 입법론적 비판도 있으므로 필요하다면 이를 보완하는 것도 검토해야 한다.

헤이그협약 가입과 관련하여 우리도 상거소의 개념을 명확히 할 필요가 있다. 우리 국제사법은 상거소를 준거법의 연결점으로 도입하였고, 개정법률안은 상거소를 국제재판관할의 연결점으로 도입하였으므로 더욱 그러하다.[92]

또한 근자에 국제적인 관심사인 국제대리모의 문제에도 관심을 가져야 한다.[93]

(8) 해사국제사법의 쟁점: 선적국법주의의 완화

국제사법(제60조)은 다양한 쟁점에 대해 선적국법주의를 취한다. 그 이유는, 선박의 특질을 고려할 때 선적국법이 가장 밀접한 관련이 있기 때문이다. 이는 무엇보다도 선박 물권관계를 하나의 법에 연결하는 점에서 선박에 관한 각종 물권의 발생, 효력 및 우선순위 등을 일관된 원칙 하에 규율하는 장점이 있다.[94] 그러나 선적국법주의에 대하여는 비판이 있다. 유력설[95]은 ① 편의치적의 출현에 따라

한 동의요건이 구비되어야 한다. 석광현, "헤이그입양협약 비준을 위한 2016년 "국제입양에 관한 법률안"에 대한 검토", 가족법연구 제31권 1호(2017.3.), 105면 이하 참조.

91) 이는 필자가 주관적으로 선정한 것이다. 상세는 석광현(주 13), 112면 이하 참조.

92) 최흥섭, "국제사법에서 일상거소의 의미와 내용", 국제사법연구 제3호(1998), 515면 이하 참조. 2015.2.1.부터 시행 중인 "신분관계를 형성하는 국제신분행위를 함에 있어 신분행위의 성립요건 구비여부의 증명절차에 관한 사무처리지침"[가족관계등록예규 제427호]도 참조.

93) 윤진수/석광현(주 52), 1678면 이하; 이병화, "국제대리모계약에 관한 연구", 국제사법연구 제22권 제1호(2016.6.), 123면 이하; 이병화, "국제대리모계약을 둘러싼 법적 친자관계 쟁점에 관한 헤이그국제사법회의의 최근 동향 분석 및 시사점", 국제사법연구 제23권 제2호(2017.12.), 37면 이하 참조. 대리모에 관한 비교법적 검토는 현소혜, "대리모를 둘러싼 쟁점과 해결방안", 가족법연구 제32권 제1호(통권 제61호)(2018.3.), 107면 이하 참조. 근자에 모자관계는 출산이라는 자연적 사실에 의하여 결정됨을 확인하고 고전적인 대리모뿐만 아니라, '출산대리모'를 위한 계약도 민법 제103조에 의하여 무효라고 판시한 서울가정법원 2018.5.9. 2018브15 결정이 나왔다. 그러나 이는 전형적인 국제대리모사건(예컨대 캘리포니아주 가족법(California Family Code)에 따라 대리모계약을 체결하고 이루어지는 출산대리모)은 아닌 것으로 보인다.

94) 정병석, "국제해상법," 국제사법연구 제4호(1999), 436-437면 참조.

연결점으로서 선적국법의 의미가 감소되었고, ② 일률적인 선적국법의 적용은 불합리하며, ③ 편의치적의 부당성을 국제사법 제8조 제1항으로서 시정하는 데는 한계가 있고, ④ 선적국법은 조사하기 어려우며, ⑤ 대체로 정비되지 않은 선적국법에 대해 우리 법정에서 논란을 벌이는 것은 희극적이고, ⑥ 이중국적과 무국적 선박의 경우 선적국법의 장점이 상실된다고 비판한다. 또한 입법론으로 선적국법을 기국법으로 대체할 것과, 선박소유자의 책임제한의 범위와 선박우선특권에 관한 법률관계에 있어서 법정지법을 적용함으로써 법정지법의 적용범위를 확대하자는 제안도 있다. 국제사법이 선적국법에 과도하게 연결하는 점은 사실이나 개선방안은 더 면밀한 검토를 요한다.

(9) 외국에서 형성된 법상태의 승인: 유럽연합의 논의와 관련하여

섭외적 법률관계의 형성에 관한 국가 간 법제의 차이는 주로 ① 국제사법에 의한 준거법의 지정과 ② 국가의 개별 고권행위의 절차적 승인이라는 방법에 의하여 조정된다. 즉 종래 광의의 국제사법 체제는 "지정규범으로서의 국제사법(협의의 국제사법)과 개별 고권적 행위의 승인(외국재판의 승인)이라는 두 개의 기둥을 가지고 있다.[96] 한국에서 전자는 국제사법에 의하여 후자는 민사소송법에 의하여 규율된다. 첫째 기둥을 보면, 외국법에 따라 외국에서 형성된 법상태를 인정하기 위하여는 당해 법상태가 우리 국제사법이 지정하는 준거법에 따른 것이어야 한다. 이것이 준거법 통제이다.[97] 즉 우리는 기득권이론처럼 외국법에 따라 외국에서 발생한 법상태 또는 기득권을 공서의 유보 하에 승인하는 것이 아니라, 그것이 우리 국제사법이 지정하는 준거법을 적용한 경우이거나(적어도 그 준거법상 유효한 것으로 인정되는 경우에) 그 법률효과를 인정한다. 그러나 근자에 유럽연합에서는 '(준거법)지정에 갈음하는 승인'Anerkennung statt Verweisung' 또는 '저촉법적 승인'이 논의되는데 이는 (준거법 통제가 없는) 외국에서 형성된 '법상태의 승인Anerkennung von

95) 서동희, "선적국법주의의 타당성," 국제사법연구 제17호(2011), 402면 이하 참조.

96) Hans Jürgen Sonnenberger, "Anerkennung statt Verweisung? Eine neue international-privatrechtlichche Methode?", in Festschrift für Ulrich Spellenberg zum 70. Geburtstag (2010), S. 390-391.

97) 구 섭외사법(제15조 제1항 단서)은 혼인의 방식에 대하여 절대적 거행지법주의를 따랐으므로 거행지법 방식이 미비되면 혼인의 성립은 부정된다. 준거법 통제는 이런 형태로 나타난다. 반면에 스위스 국제사법(제45조)은 혼인의 유효성에 대해 준거법을 지정하는 대신 외국에서 유효하게 체결된 혼인은 스위스에서 승인된다고 규정한다.

Rechtslagen, reconnaissance des situations'을 의미한다.[98)]

예컨대 성(姓 또는 姓氏)에 관한 유럽사법재판소의 2008.10.14. Grunkin and Paul 사건 판결을 보자.[99)] 덴마크에 거주하던 독일인 부부는 아이의 성을 덴마크에서 덴마크법에 따라 부모의 결합성인 'Grunkin and Paul'로 등록하였고 그 후 독일로 이주하여 이를 등록하고자 하였다. 그러나 독일 당국은 민법시행법(제10조)에 따른 성의 준거법인 독일법상 결합성은 허용되지 않음을 이유로 등록을 거부하였다. 부부의 제소에 따라, 유럽사법재판소는 어떤 사람이 출생국과 주소지국에서 성명을 유효하게 획득하였다면 다른 회원국은 자신의 국제사법과 실질법에 관계없이 이를 승인해야 한다고 판시하였다. 이러한 '법상태의 승인'에 따르면 어느 회원국에서 등록된 성명과 혼인관계 등은 다른 회원국에서 유효한 것으로 승인된다. 이런 승인원칙이 전통적인 국제사법을 부분적으로 대체할지 또는 외국재판의 승인과 같은 절차법적 승인을 법원 기타 관청이 관여하는 경우(이는 비송사건일 수 있다)만이 아니라 순수한 사인私人의 행위[100)]에도 적용할지의 문제로 논의된다.[101)] 견해가 나뉘나 신분관계(또는 가족관계)에 한정하여 도입하는 견해[102)]도 있다.

그러나 국내법인 국제사법 위에 상위규범이 없는 우리는 유럽연합과 사정이

98) 그 결과, 유럽대륙에서는 Wächter의 통렬한 비판을 받은 뒤 지지를 받지 못한 Huber의 '기득권이론'을 재조명하는 견해도 있다. 법상태의 승인은 국적에서는 자연스럽다. 즉 어떤 사람이 영국인인지는 영국법이 결정하고 타국은 그를 인정한다. 이는 국적의 특수성에 기인하는데 국적이 선결문제인 경우에도 본문제에 종속적으로 연결한다. 석광현(주 19), 42면.

99) C-353/06. 회사법 영역의 사례는 2002.11.5. Überseering 사건 판결(C-208/00) 등 참조. 과거 준거법 결정과 별도로 외국법인(또는 회사)의 승인이 필요한지가 논의되었는데 대체로 승인은 불필요하다고 보았다. 석광현(주 48), 195면. 그러나 본문의 법상태의 승인을 인정한다면 이는 거꾸로 준거법 통제를 배제한다.

100) 입양협약은 사인의 행위인 계약형입양을 승인하는데 이는 조약상 근거가 있기 때문이다.

101) 종래 비송사건의 맥락에서 이를 연상시키는 논의가 있다. 첫째는 외국 비송재판의 국내적 효력이 외국재판 승인의 문제인지 준거법의 문제인지이다. 김상일, "독일의 [가사사건 및 비송사건절차법(FamFG)] 개관," 민사소송 제13권 제1호(2009.5.), 644-645면, 주 24는 일본의 논의를 소개하나 우리 판례는 이를 외국재판 승인의 문제로 본다. 둘째는 비송사건에서 외국재판 대신 외국이 단순히 인가(또는 등록)를 하는 경우 그의 국내적 효력이 외국재판 승인의 문제인지 준거법의 문제인지이다. 혼인신고에 따른 등록(또는 회사설립의 등록)과 같은 비송사건에서도 국제재판관할을 논의하지만 그 승인은 준거법 영역에 속하고 그 경우 외국의 등록은 독립한 절차적 승인의 대상은 아니다(Reinhold Geimer, Internationale Freiwillige Gerichtsbarkeit, Festschrift für Erik Jayme, Band Ⅰ(2004), S. 255f.). 위 둘째는 비송사건에서 '절차적 승인'과 '준거법 통제' 중 선택을 다룬 것이지 준거법 통제에 갈음하는 법상태의 승인의 문제는 아니다.

102) Coester-Waltjen(주 59), S. 398 참조.

다르다. 한국에서는 이런 경우 국제사법이 지정한 준거법에 반하는 법적 효과는 인정되지 않는다. 하지만 우리도 문제가 없지는 않다. 대리모 사례를 보자. 일본의 Mukai Aki 사건[103]에서 일본인 부부는 자신들의 난자와 정자에 의한 수정란을 미국인 대리모에게 이식하였고 대리모는 네바다주에서 쌍둥이를 출산하였다. 위 부부는 네바다주 법원에서 친자관계를 확인받아 일본에 출생신고를 하였으나 행정당국은 일본 민법상 대리모를 모로 인정할 수 없음을 이유로 수리를 거부하였는데, 대리모와 아동의 친자관계를 확인하는 네바다주 법원의 재판이 있었기에 외국재판의 승인이 문제되었다.[104] 만일 유사사건에서 인도India의 재판 없이 출생증명서 기재뿐이라면 우리 행정당국이나 법원이 그에 따라 친자관계를 인정해야 하는지가 문제된다. 즉 인도의 출생증명서는 인도에서 형성된 법상태의 기재라고 볼 수 있으므로 여기에서 법상태의 승인이 문제된다. 외국공문서의 진정성립이 인정되면 실질적 증거력은 법관의 자유심증에 의하는데 판례는 공문서의 기재사항을 진실이라고 추정하는 경향이 있다.[105] 대리모에 관한 서울가정법원 2018.5.9. 2018브15 결정[106]은 미국 법원이 작성한 출생증명서(출산한 대리모를 모라고 기재한)의 실질적 증거력을 인정하였으나, 만일 출생증명서에 의뢰인 부부 중 모가 모라고 기재되었더라면 우리 법원은 이를 인정하지 않았을 것이다. 그러나 보고문서인 출생증명서의 형식적 증거력을 통한 접근은 사실상의 해결일 뿐이고 법상태라는 실체의 승인은 아니다. 종래와 같이 준거법 통제를 하는 경우에는 당연하고(이는 지정된 준거법의 적용 과정에서 이루어지는 통상적인 공서 위반의 문제이다), 가사 법상태를 승인하더라도 공서 통제를 해야 함은 물론인데 우리도 이 문제에 더 관심을 가질 필요가 있다.[107] 한 가지 첨언할 것은, 외국에서 형성된 법상태는 우리 국제사법의 준거법 통제에 반하는 경우 원칙적으로 인정되지 않는 것이 원칙이지

---

103) 이는 윤진수/석광현(주 52), 1680면, 주 33 참조.

104) 캘리포니아주 가족법(§ 7962(f)(2)에 따라 이루어지는 대리모의 경우 법원의 확인재판에 기하여 대리모가 아니라 의뢰인 부부가 출생증명서에 부모로 기재된다. 그러나 승인대상인 외국법원의 재판이 되기 위하여는 법원이 책임을 지는 어떤 판단이 포함되어야 하고, 법원의 역할이 단순히 증서화하는 활동 또는 공증적 기능에 그치는 것으로는 부족하므로 여기의 확인재판이 승인대상인 외국법원의 재판에 포함되는지는 논란의 여지가 있다. 석광현(주 25), 447면.

105) 이시윤, 신민사소송법, 제11판(2017), 513면.

106) 간단한 평석은 이현곤, "대리모가 출산한 자녀의 친모는 누구인가?", 법률신문 제4629호(2018. 8.20.), 10면 참조.

107) 우리로서는 그 경우에도 원칙적으로 준거법 통제를 해야 하고 그렇지 않더라도 최소한 공서 통제를 해야 한다.

만, 예외적으로 그것이 헌법상의 기본권 내지 인권 보호에 반할 경우 그 법률효과가 인정될 수도 있는데, 특히 신분관계의 경우 그러하다. 이런 맥락에서 그리고 더 나아가 우리도 종래 소홀히 취급된 국제사법과 헌법, 특히 기본권 내지 인권과의 관계에 더 큰 관심을 가져야 한다. 이에 대하여는 2018.10.19. 제11회 한국법률가대회에서 '국제사법에 대한 헌법의 영향'이라는 주제로 별도로 논의한다.[108)]

3. 외국재판의 승인 및 집행에 관한 규정의 국제사법 편입

현재 민사소송법과 민사집행법에 분리된 외국재판의 승인 및 집행에 관한 규정을 국제사법에 통합할 필요가 있다. 상호 긴밀하게 관련된 주제를 묶는 것이 자연스럽고, 직접관할과 간접관할에 동일한 기준이 적용되는 점 기타 양자의 유기적 관련을 드러낼 수 있으며 무엇보다도 외국적 요소가 있는 쟁점을 국제사법에 묶는 것이 수범자에게 편리하다.

승인 및 집행의 대상을 확대하는 방안도 고려할 필요가 있다. 민사집행법(제27조)상 집행판결은 승인을 전제로 하나, 입법론상 집행판결의 대상을 기판력이 없는 재판상화해에 따른 화해조서와 제한된 범위의 공정증서 등에까지 확대하는 방안을 검토할 필요가 있다.[109)] 외국의 인증문서[110)]의 집행에 관하여도 관심을 가져야 한다.

또한 가사사건과 비송사건에 속한 외국재판의 승인과 집행에 대해서도 국제사법에서 별도로 규정하는 것이 바람직하다.[111)] 가사소송사건에서 송달요건과 상호

---

108) Patrick Kinsch, Human rights and private international law, Encyclopedia of Private International Law, Vol. 1(2017), pp. 882-883. 2018.8.1. 개최된 한국국제사법학회의 특별세미나에서 Jürgen Basedow 교수도 이 점을 지적하였다.

109) 이헌묵, "외국재판의 승인과 집행의 근거의 재정립과 외국재판의 승인과 집행의 대상 및 상호보증과 관련한 몇 가지 문제", 통상법률 제136호(2017.8.), 28면 이하도 입법론으로 승인 및 집행 대상의 확대를 제안한다. 이헌묵 교수는 승인 대상을 외국재판이 아니라 '외국법에 의하여 확정된 당사자 사이의 사법상의 법률관계'라고 보자고 제안하나 지지하기 어렵다. 이는 외국에서 형성된 법률관계를 국내에서 인정하는 두 가지 경로(즉 준거법 통제와, 개별 고권적 행위의 절차적 승인)를 인정하는 광의의 국제사법 체제에도 반한다.

110) 필자는 과거 브뤼셀체제의 'authentic instrument'를 '공정증서'로 번역하였으나 외국어에 충실하자면 독일어본(öffentliche Urkunde)은 '공문서', 프랑스어본(*acte authentique*)은 '공서증서', 영문본은 '인증문서'라 번역할 수도 있다. EU상속규정이 규정하는 인증문서의 인정과 집행(acceptance and enforcement of authentic instruments)(제59조 이하) 및 상속증명서(제62조 이하)의 취급은 주목할 만하다.

111) 권재문(주 78), 323면 이하는 가사소송법에 두자고 한다.

보증요건이 필요한지는 종래 논란이 있다. 특히 2014년 개정 민사소송법 제217조 제1항이 승인대상을 “외국법원의 확정판결 또는 이와 동일한 효력이 인정되는 재판”으로 수정함에 따라 기판력이 없는 외국 비송재판의 승인 여부는 논란이 있으므로 이를 해소할 필요가 있다.

4. 국제민사사법공조

국제민사사법공조에 관하여는 위(Ⅴ.4.)에서 언급한 것 외에 아래 과제가 있다.

전자정보에 대한 증거조사 나아가 전자증거개시에도 관심을 가져야 한다. 전자문서가 증가하고 있음에 비추어 전자문서 내지 전자적으로 저장된 정보를 어떤 형태로 제출하도록 할지의 문제가 있다. 증거협약의 맥락에서도 이 점이 논의되었으나 아직 충분하지는 않다. 앞으로 전자증거개시가 국제증거조사에서 제기하는 문제와 해결방안을 더 검토해야 한다.[112)]

또한 주목할 것은 아동탈취협약에서 보듯이, 사법기관인지 행정기관인지를 묻지 않고 협약의 목적을 달성하기 위하여 중앙당국 간의 공조체제를 구축하는 현상인데, 이런 공조체제는 입양협약과 아동보호협약 등에서도 채택되었다. 국제적으로 이런 공조체제가 확산 중이므로 우리도 더 관심을 가져야 한다. 또한 국제도산에서의 민사사법공조도 주목해야 한다. “채무자회생 및 파산에 관한 법률”(제641조)은 도산절차의 병행 시 우리 법원이 외국 법원과 직접 공조할 것을 규정하는데, 이는 민사공조법의 공조 수준에 비하면 획기적이다. 고무적인 것은 이런 공조가 실제로 이루어진 사례가 있다는 점이다.[113)] 민사공조법에 이들을 포괄하는 기본원칙을 둘지도 검토할 필요가 있다.

5. 비교국제사법 연구의 중요성

다른 법 분야처럼 국제사법 분야에서도 비교법적 연구가 중요하다. 특히 국제사법 분야에는 전 세계적으로 국제사법의 점진적 통일을 추진하는 헤이그회의가

112) 근자의 전자증거개시(e-discovery)는 미국과 사법마찰을 초래한다. 김용진, “미국과의 증거조사공조 현황과 e-discovery 대응방안”, 인권과 정의, 통권 제429호(2012.11.), 6면 이하.

113) 2018.3.22. 개최된 한국국제사법학회 2018년 정기총회 및 제133회 정기연구회 자료집, 김영석, “[기업집단 도산절차]에 대한 토론문”, 2면.

조약을 성안하고 있으므로 그 작업을 주목해야 하며 한국이 가입할 헤이그협약을 선정하고 가입을 추진해야 한다. 또한 국제사법 분야는 국제적 정합성 내지 조화의 요청이 강한 영역이므로 비교법적 연구가 특히 중요한데, 브뤼셀체제와 로마체제에서 보듯이 유럽연합의 국제사법 통일작업은 주목할 만하고 더욱이 유럽연합은 국제사법규범의 국제적 통일 내지 조화를 주도하고 있으므로 그에 대한 연구를 강화해야 한다.[114] 그러나 전문가가 매우 부족한 한국에서는 비교국제사법 연구[115]가 매우 취약하다. 프랑스법계의 국제사법 연구는 더욱 그러하다.[116] 이 점에서 2017년에 간행된 'Encyclopedia of Private International Law (국제사법 백과사전)'(전 4권)은 소중한 자료이다. 또한 우리와 인적·물적 교류가 빈번한 중일 양국의 국제사법을 연구할 실제적 필요가 큰데[117] 동북아 국제사법의 통일 내지 조화를 꿈꾼다면 더욱 그러하다. 근자에는 베트남과의 인적·물적 교류 확대에 따라 베트남의 국제사법과 실질법 연구의 필요성도 커지고 있다.[118]

114) 계약의 준거법에 관한 한중일 국제사법의 태도는 유사한데 이는 3국간 교류의 결과가 아니라 각자 유럽연합의 로마체제를 참고한 탓이다.

115) 김용진, 국제민사소송전략 – 국제소송실무 가이드(1997)는 귀중한 자료이다. 근자에는 실무자료(법무법인(유한)태평양, 우리 기업을 위한 미국소송 가이드(2016))는 있으나 이론서는 잘 보이지 않는다.

116) 박기갑, 국제사법총론 – 법률충돌이론을 중심으로 –(1996)가 간행될 무렵에는 프랑스 국제사법에 대한 소개를 기대하였으나 박 교수는 그 후 국제사법에 대한 흥미를 잃은 것 같다.

117) 3국법의 비교는 석광현, "국제민 · 상사분쟁해결에 관한 동아시아법의 현황과 미래 – 조화와 통일의 관점에서 –", 저스티스 통권 제158-2호(한국법률가대회 특집호 I)(2017.2.), 542면 이하 참조. 장래 3국의 규범을 통일 내지 조화하려는 노력이 필요하다. Kwang Hyun Suk, Harmonization of Private International Law Rules in Northeast Asia, Japanese Society of International Law, Journal of International Law and Diplomacy, Vol. 114 (1)(2015), p. 1 et seq.

118) 베트남 국제사법규칙은 민법에 포함되어 있다. Nguyen Thu Hong Trinh, Vietnam, Encyclopedia of Private International Law(2017), p. 2658 이하 참조. 영문번역은 위 책, p. 3994 이하 참조. 우리 문헌은 이재열, "베트남 국제사법 개관 – 베트남 민법 및 혼인과 가족법을 중심으로", 국제사법연구 제21권 제1호(2015.6.), 403면 이하; 손경한 외, 베트남 국제사법에 관한 연구, 법무부 최종보고서(2015); 법무부, 베트남 국제사법에 관한 연구(휴먼컬쳐아리랑, 2016) 참조.

Ⅵ. 국제사법 분야에서 입법 및 판례 변화의 동인(動因)

1. 한국 사회의 국제화에 따른 변화의 필요성

국제사법 분야에서 입법 및 판례의 변화를 추동한 동인動因은 편의상 아래와 같은 내적 동인, 즉 한국 사회의 변화에 따른 동인과 외부로부터의 영향인 외적 동인으로 구분할 수 있다.

내적인 동인은 무엇보다도 지난 70년 동안에 있었던 한국 사회의 변화, 특히 우리 사회의 '국제화' — 시장과 기업의 국제화 및 사람의 이동성과 기술의 진보 등으로 나타나는 — 이다.[119] 흔히들 한국은 20세기 후반에 '산업화'와 '민주화'를 동시에 달성하였다고 하나 '국제화'도 무시할 수 없다. 국제화를 법적으로 뒷받침하자면 국제사법의 역할을 제대로 깨달아야 한다. 1950년 6.25. 동란으로 발생한 고아의 해외입양으로 시작되어 점차 확대된 한국 아동의 해외 입양, 경제개발에 따른 국제무역의 비약적 증가와 해외건설의 확대에 따른 국제적 근로계약의 확대, 이러한 현상에 수반되는 다양한 국제소송의 증가와 소송의 진행과정에서 발생하는 국제민사사법공조의 필요성, 6.25. 이후에도 있었고 그 후 농촌 총각들의 국제결혼 증가와 결혼중개업자들의 부실 중개(정보 부족 등)와 문화적 차이 등으로 인한 이혼의 증가, 국제적 아동탈취 사건의 증가, 인터넷의 일상화에 따른 국제거래의 비약적 증가 등을 들 수 있다. 이러한 한국 사회의 변화는 국제재판관할, 준거법의 결정, 외국재판의 승인 및 집행의 맥락에서 국제사법의 실제적 중요성을 제고하였고, 국제사법이 해결해야 할 다양한 쟁점들을 제기하였다.

우리나라가 1997년 헤이그회의에 가입하고 송달협약 등 헤이그협약에 가입한 것은 이러한 변화가 초래한 자연스러운 결과이다.

그와 더불어 준거법만을 국제사법으로 인식하였던 섭외사법의 태도를 지양하여 국제재판관할규칙을 국제사법에 편입시키고, 외국재판의 승인 및 집행도 강학상 국제사법학에 포함시키는 태도가 확산된 탓에 국제사법학의 대상영역이 대폭 확대되었고, 나아가 한국 사회의 변화에 대응하여 20세기 유럽의 국제사법이 이룩한 발전을 입법적으로 반영할 필요성도 국제사법 분야, 특히 입법 분야에서 변

119) 근자 독일의 논의는 Dagmar Coester-Waltjen, "Todesgesagte leben länger", Politik und Internationales Privatrecht(2017), S. 14ff. 참조.

화의 큰 동인이 되었다. 전자가 외적 동인인지는 논란의 여지가 있으나(영미법계와 대륙법계 중 라틴법계의 영향이라고 본다면 외적 동인이다) 후자는 주로 외적 동인이라고 볼 수 있다. 물론 우리 사회가 외적인 동인을 느끼게 된 것은 내적 동인이 있었기 때문이므로 양자의 구별이 반드시 적실適實한 것은 아니다.

민법은 로마시대에도 중요하였지만 현대 한국 사회의 변화에 따라 중요성이 점증하는 대표적 분야가 바로 국제사법이며, 이는 '국제거래의 기본법'이다.

2. 실질법의 변화에 따른 광의의 국제사법 변화의 필요성

과거 우리 실질법에 삼배배상제도가 없을 때에는, 전보배상의 범위를 넘는 부분은 성질이 명백히 피해자의 적절한 배상을 위한 것이 아니라는 이유로 우리 법원이 국제사법(제32조 제4항)을 근거로 삼배배상을 규정한 외국법의 적용을 거부하거나, 민사소송법(제217조와 제217조의2)을 근거로 삼배배상을 명하는 외국재판의 승인 및 집행을 거부할 수 있었다. 그러나 우리 실질법에 삼배배상이 도입된 결과 이제는 그런 태도를 유지하기 어려우므로 국제사법(제32조 제4항)과 민사소송법(제217조와 제217조의2)의 개정을 검토해야 한다.[120]

Ⅶ. 맺음말

지금까지 지난 70년을 회고하면서 한국 국제사법학의 성취를 일별하고 장래 과제를 언급하였다. 그간 한국 국제사법학은 장족의 발전을 하였는데, 가장 큰 성취는 1962년 섭외사법의 제정, 이를 전부 개정한 2001년 국제사법의 시행, 4개의 헤이그협약 가입과 (국회를 통과한다면) 2018년 국제사법 개정작업을 들 수 있다. 2001년 국제사법을 통하여 섭외사법의 한계를 극복하고 20세기 유럽 국제사법이 이룩한 성과를 상당부분 도입하였다. 그리고 지난 70년간 판례의 축적도 큰 의의가 있다. 2001년 국제사법과 2018년 개정안을 보면 우리 국제사법의 특징적 현상은 학설·판례의 축적이 입법을 끌어가는 것이 아니라 입법작업이 국제사법의 개

120) 석광현, "손해배상을 명한 외국재판의 승인과 집행: 2014년 민사소송법 개정과 그에 따른 판례의 변화를 중심으로", 국제사법연구 제23권 제2호(2017.12.), 284면 이하, 288면 이하 참조.

정과 국제사법학의 발전을 선도하는 점이다. 그러나 앞으로 갈 길이 먼데 특히 유럽연합 국제사법의 발전을 보면 이 점을 절실히 느끼게 된다. 한국 사회의 국제화와 더불어 국제사법의 중요성은 비약적으로 커졌으나, 우리 법률가들은 이런 변화를 따라가지 못하고 있고, 특히 국제사법의 교육과 연구는 매우 부족하다.[121)] 중국이나 일본과 달리 한국에서 이런 현상이 현저하다. 그러나 우리가 국제적 법률관계에서 발생하는 문제를 해결하고, 장래 동북아 국제사법의 조화 내지 통일을 꿈꾸거나 동북아 분쟁해결 허브 또는 IP 허브 코트를 구축하자면 국제사법학의 기초 없이는 불가능하다. 이를 위해서는 로스쿨들이(국제화된 법률가 양성에 관심이 있다면) 국제사법을 강의할 수 있는(국제거래법, 국제민사소송법 또는 해상법과 함께라도 좋다) 전임교수를 충원하는 것이 급선무이다. 전공적합성을 구비한 교수가 없다면 국제사법 과목을 '학점 이수제'로 대체하는 방안은 수용할 수 없다. 21세기 국제화시대에 필수과목이어야 할 국제사법의 교육을 접는 것은 2009년 로스쿨 제도 도입 시 정부와 로스쿨이 내세웠던 전문화된 법률가의 양성이라는 목표를 포기하는 지름길이다.

121) 한국에서 국제사법 분야의 법경제학적 연구는 잘 보이지 않는다. 외국 연구로는 Jürgen Basedow and Toshiyuki Kono (eds.), An Economic Analysis of Private International Law(2006); Erin A. O'Hara (ed.), Economics of Conflict of Laws, Vols. 1 & 2(2007); Giesela Rühl, Statut und Effizienz: Ökonomische Grundlagen des Inter-nationalen Privatrechts(2011) 참조.

조세회피행위규제의 현황과 과제

- 가장행위론에 의한 조세회피행위 규제를 중심으로 -

안 경 봉

[초 록]

조세를 절감하려는 납세자의 행위는 절세행위, 조세회피행위, 탈세행위 세 가지 유형으로 나눌 수 있다. 조세회피행위는 납세자가 조세절감을 위해 선택한 우회행위나 다단계행위는 사법적으로 유효한 행위이지만 세법적으로는 경제적 합리성이 결여된 행위라고 할 수 있다.

조세회피행위가 민법상의 가장행위와 어떤 관계에 있는가가 많이 논의되고 있다. 종전 판례에 의해서 조세회피행위를 규율하는 주요 수단으로 사용되었던 가장행위론에 의하면 민법상의 가장행위는 껍데기에 불과한 것으로 보고, 사법상으로 유효하면서 법적 실질이 있는 은닉행위를 기초로 하여 과세하는 논리구조를 취하여 왔다. 더 나아가 "민

국민대학교 법과대학 교수

법상 가장행위의 정도에는 이르지 못하지만 외관과 실질이 괴리되어 있고, 그 실질을 외면하는 것이 심히 부당하다고 볼 수 있는 경우"에는 세법상의 실질과세원칙을 적용할 수 있다고 하여 민법상의 가장행위를 실질과세의 원칙이 적용되는 기준점으로 활용하는 사례도 있다. 그러나 가장행위론은 그 적용 영역이 매우 한정되어 있고, 실제 민사법 이론과 상당 부분 괴리가 있으므로 더 이상 조세회피행위를 규제하는 수단으로 적용되기에는 무리가 있다.

세법의 해석론을 통한 조세회피행위 규율방식은 해당 조문 자체를 해석함에 있어 세법의 목적을 고려한다든가 차용개념에 대해 사법과 달리 세법 고유의 해석을 통해 문제를 해결하려는 입장이다. 그러나 위와 같은 접근법은 그에 대한 명확한 기준을 설정해야 하는 막대한 부담에 직면할 것이고, 적용 기준의 불명확성에 대한 비판을 면하기 어렵다. 따라서 세법해석에 의한 조세회피행위규제도 한계를 넘어서기 어렵다.

세법의 적용에 관한 국세기본법 조항을 통한 접근방식은 개별 세법규정이 아니라 당해 사안에서 당사자가 추구하려고 했던 목적에 비추어 구체적인 해결을 도모하는 이론이므로 일반적이고 추상적인 기준을 정립해야 한다는 부담에서 벗어나 있다. 국세기본법 제14조 제1항의 실질귀속원칙은 조세부담을 회피하기 위하여 형식적 당사자를 내세워 행위하였을 때, 배후의 행위 주체를 간파하여 조세회피행위를 부인할 수 있는 유용한 수단이 될 수 있다. 또한 2007년 말에 신설된 국세기본법 제14조 제3항은 실질귀속원칙과 실질계산원칙 2가지 원칙이 적용되는 경우를 예시한 것이므로, 그 적용유형과 주관적 요건 등을 이론과 판례의 집적을 통하여 구체화해 나갈 경우 조세회피행위에 대하여 효과적인 규율이 가능할 것으로 보인다.

Ⅰ. 들어가며

조세회피행위의 규제와 관련하여 조세법의 적용대상인 경제행위와 민사법이 적용되는 경제행위가 중첩되므로, 우리가 통상 알고 있는 법적용 삼단논법(대전제로서 법규의 해석, 소전제로서 사실의 확정, 사실관계를 법규에 대입하는 법효과를 부여하는 법률의 적용)에 비하여 복잡한 구조를 띠게 된다. 즉 ① 사실관계의 확정, ② 사실관계에 대한 민사법적 성질결정 및 민사법적 효과 부여, ③ 세법의 해석, ④ 세법적 사실관계의 평가 및 적용의 단계를 밟게 마련이고, 실질과세원칙과 관련하여 쟁점이 되는 가장행위론은 ①, ②단계의 문제와, 세법의 해석에 있어 차용개념의 해석이나 엄격해석의 문제는 ③단계와, 조세회피행위의 부인은 ④단계와 각 관계를 맺고 있음을 알 수 있다. 특히 ③세법의 해석 단계에서는 세법이 과세요건을 규정함에 있어서 사법상의 개념을 차용하고 있는 경우 그 사법상의 개념을 해석함에 있어 사법상의 해석과 같이 할 것인가 아니면 조세법의 입장에서 독립하여 해석할 것인가(차용개념의 해석문제)가 중심이 되고, ④세법의 적용 단계에서는 과세요건사실의 인정과 판단을 하면서 당사자가 선택한 사법형성을 세법에서도 이를 그대로 존중할 것인가 아니면 이를 무시하면서 다른 판단을 할 것인가(조세회피행위 재구성의 문제)가 주된 논점이 된다.

따라서 위와 같은 법적용 단계별로 조세회피행위에 대하여 대법원판례가 어떠한 입장을 취하고 있는지를 살펴본다. 먼저 민사법 적용 단계에서의 가장행위론, 당사자의 확정 등을 살펴본다. 다음으로 세법의 해석론 단계에서 차용개념에 대한 취급, 목적론적 확장해석의 인정여부를 검토하고, 세법의 적용 단계에서는 귀속의 실질이론과 국세기본법 제14조 제3항을 일반적 조세회피부인규정으로 보아 효과적으로 조세회피행위에 대응할 수 있는지를 고찰해 보기로 한다.

Ⅱ. 조세회피행위에 관한 주요 사례

1. 조세회피행위의 개념

조세를 절감하려는 납세자의 행위는 절세행위, 조세회피행위, 탈세행위 세 가지 유형으로 나눌 수 있다. 일반적으로 절세행위는 조세법규가 승인하고 있는 합법적인 수단으로 조세부담의 경감을 도모하는 행위[1]이고, 탈세행위는 과세요건사실이 존재하여 조세채무가 성립는 경우임에도 불구하고 국가가 조세채권을 행사하지 못하도록 적극적으로 방해하는 행위[2]이다.

조세회피행위는 "납세자가 경제인의 합리적인 거래형식에 의하지 않고, 우회행위, 다단계적 행위 기타 비정상적인 거래형식을 취함으로써 통상적인 행위형식에 의한 것과 동일한 경제적 목적을 달성하면서 조세의 부담을 부담하게 감소시키는 행위"[3]라거나, "절세의 경우와 같이 조세부담의 경감을 합법적인 수단에 의항 도모하나, 그것이 조세법규가 예정하지 않은 비정상적인 경우에 해당하는 경우",[4] 혹은 "과세요건을 규정하고 있는 세법의 적용을 벗어나기 위해 혹은 반대로 비과세 내지는 조세감면을 규정하고 있는 세법의 적용을 받기 위해 법의 흠결loophole을 이용하는 행위"[5]로 정의하기도 한다. 요컨대 조세회피행위는 납세자가 조세절감을 위해 선택한 우회행위나 다단계행위는 사법적으로 유효한 행위이지만 세법적으로는 경제적 합리성이 결여된 행위라고 할 수 있는데, 거래의 경제적 실질과 법적 행위형식의 불일치 현상이 나타난다.

조세회피행위를 이해함에 있어서 이 행위가 민법상의 가장행위와 어떤 관계에 있는가가 많이 논의되고 있다. 가장행위는 민법 제108조에서 규정한 통정에 의한 허위의 의사표시가 대표적인 경우이지만, 이러한 행위는 민법상 무효이다. 이론적으로는 조세회피행위는 사법적으로 유효한 행위를 전제로 하지만, 가장행위는 무효인 행위이므로 양자는 구분되는 것으로 보인다. 그러나 기존 판례에 의하면 조세회피행위를 규제함에 있어서 민법상의 가장행위는 사법적 효과가 없으므로 껍데기에 불과한 것으로 보고, 사법상으로 유효하면서 법적 실질이 있는 은닉행위를 기초로 하여 과세하는 논리구조를 취하여 왔다.[6] 여기서 더 나아가 조세회피행위는 민법상의 가장행위와 동일한 개념은 아니지만 "민법상 가장행위의 정도에는 이르지 못하지만 외관과 실질이 괴리되어 있고, 그 실질을 외면하는 것이 심히 부당하다고 볼 수 있는 경우"에는 세법상의 실질과세원칙을 적용할 수 있다고 하

1) 이태로 · 한만수, 「조세법강의」, 박영사, 2001, 32면.
2) 이창희, 「세법강의」, 박영사, 2015, 86면.
3) 오윤, 「세법원론」, 한국학술정보, 2013, 180면; 임승순, 「조세법」, 박영사, 2015, 74면.
4) 이태로 · 한만수, 전게서, 32면.
5) 이동식, "조세회피행위 방지를 위한 일반규정의 도입논의", 「조세법연구」 24권 1호(2018.4.), 12면.
6) 아래의 [사례 2]가 대표적인 판례라고 할 수 있다.

여 민법상의 가장행위를 실질과세의 원칙이 적용되는 기준점으로 활용하는 사례[7] 도 있다.

한편 조세회피행위를 탈법행위(법률회피행위Gesetzumgehung)의 일종으로 볼 것인가 하는 문제가 있다. 탈법행위란 "직접 강행법규에 위반하지는 않으나 강행법규가 금지하고 있는 것을 회피수단에 의하여 실질적으로 실현하는 행위"를 말한다[8]. 탈법행위는 거래당사자들이 회피하고자 하는 법률규정의 존재를 전제로 한다. 금지규정Verbotsnorm만이 이러한 규정에 해당하는 것이 아니라 일체의 강행규정도 이에 해당하는 것이라고 한다면 세법규정의 회피도 탈법행위라고 볼 수 있을 것이다. 조세회피행위를 탈법행위의 일종이라고 한다면 세법규정의 해석에 의해서도 조세회피행위규제가 가능하다고 할 수 있다.

2. 조세회피행위에 관한 주요 사례

[사례 1] 폐업법인을 통한 등록세 중과 회피 사건(대법원 2009.4.9. 2007두26629 판결)

A법인은 1996.1.9. 원단, 텐트부품, 플라스틱류의 제조 및 판매를 목적으로 설립등기를 마친 후 1996.7.15. 폐업하였다. 그로부터 5년 가까이 지나 A법인은 2001.6.4. 사업자등록을 하고 2001.6.7. 목적사업에 부동산개발업을 추가하였다. 론스타펀드측 법인인 원고는 2001.6.15. A법인의 주식을 모두 취득하면서 상호, 임원 등 일체의 사항을 변경하고 변경등기를 경료하였다. 그 후 원고는 변경등기일로부터 5년 이내인 2001.6.18. 현대산업개발 주식회사로부터 스타타워빌딩을 매수하여 2001.6.21. 소유권이전등기를 경료하면서 일반세율을 적용한 등록세와 등록세의 20%에 상당하는 지방교육세를 신고납부하였다.

그러나 과세관청인 피고는 원고가 A법인의 주식 전부를 취득할 당시 새로운 법인을 설립한 것이고, 이는 구 지방세법(2001.12.29. 개정되기 전의 것) 제138조 제1항 제3호, 구 지방세법 시행령(2001.6.30. 개정되기 전의 것) 제102조 소정 법인의 설립 이후 5년 이내에 취득하는 부동산등기에 해당한다는 이유로 등록세 중과세율 100분의 300을 적용하여 원고가 이미 신고납부한 세액을 공제한 나머지 등록세와 지방교육세를 부과하였다.

---

7) 아래의 [사례 3]이 대표적인 판례라고 할 수 있다.

8) 이동식, 전게 논문, 14면.

[사례 2] 교환을 통한 양도소득세 회피 사건(대법원 1991.5.14. 90누3027 판결)

원고와 A는 부동산을 동시에 B은행(법인)에게 양도하려고 하였다. 이 때 B은행에 곧바로 각 부동산을 양도할 경우 각각 실지거래가액으로 양도소득세를 산정하여야 하므로, 원고는 이를 피하기 위하여 일단 양도대상인 자신의 제1토지를 A의 제2토지와 서로 교환하는 계약을 체결하고 1984.12.26. 소유권이전등기까지 넘겨받았다. 원고와 A는 1984.12.31. B은행에게 자신이 교환으로 취득한 제2토지를 매도한 뒤 1985.4.24. 소유권이전등기를 넘겨주었다. 원고는 먼저 1985.1.28. A에게 제1토지를 양도한 것에 대하여 기준시가로 양도차익을 계산하여 양도소득세를 산정하여 양도차익예정신고 및 자진납부를 하는 한편, 1985.5.28. 위 은행에 제2토지를 양도한 것에 대하여 양도가액은 실지거래가액으로 취득가액은 소득세법시행령 제170조 제1항 단서, 제115조 제1항 제1호 (다)목에 따라 환산한 가액으로 계산하여 양도차익이 없는 것으로 양도차익예정신고를 하였다.

피고는 1988.1.4. 원고와 위 A 사이의 토지 교환은 각자 소유의 토지를 위 은행에 양도함에 있어 그 각 양도소득세의 상당부분을 포탈하기 위하여 중간에 개인간의 거래를 개입시킨 형식적인 것에 불과하다 하여 이를 부인하고 원고는 교환취득한 제2토지가 아닌 원래 소유인 제1토지를 위 은행에 양도한 것으로 보고 양도가액은 실거래가액으로, 취득가액은 위 환산가액으로 계산하여 과세처분을 하였다.

[사례 3] 모자회사 구조를 이용한 취득세 회피사건(대법원 2012.1.19. 2008두8499 판결)

원고가 100% 지분을 소유하고 있는 자회사 A와 B가 있는데 A와 B는 칠봉산업 주식을 각 50%씩 취득하였다. 위 자회사들은 별도의 직원이 없었고, 주식의 매입대금도 전액 원고가 부담하였다.

이에 과세관청은 칠봉산업 주식이 형식적으로는 자회사가 소유하고 있는 것으로 되어 있으나, 실질적으로는 원고에게 귀속된 것으로 보아 원고가 칠봉산업의 과점주주라는 이유로 칠봉산업 소유 부동산 가액에 해당하는 부동산을 취득한 것으로 보고, 간주취득세 부과처분을 하였다.

[사례 4] 엔화스왑예금 사건(대법원 2011.4.28. 2010두3961 판결)

원고가 2003년부터 2006년 초반까지 사이에 다른 금융기관과 거래하고 있는 고액의 예금 고객을 유치할 목적으로 이른바 엔화스왑예금에 가입하면 엔화의 선물환차익에 대한 소득세가 비과세될 경우 원화예금에 가입하는 경우보다 다소 높은 소득을 얻을 수 있다는 점을 내세워 고객들과 사이에 이 사건 엔화스왑예금거래를 하였는데, 이는 엔화현물환매도계약과 엔화정기예금계약 및 엔화선물환매수계약으로 이루어져 있다.

엔화스왑예금거래의 실례에 의하면, 고객이 2003.10.28. 원고로부터 당일의 현물환율(10.9314원/1엔)에 의하여 660,000,000원을 60,376,530엔으로 환전한 후 이를 원고에게 엔화정기예금(이자율 연 0.0545%, 만기일 2004.1.29.)으로 예치하고, 같은 날 원고와 사이에 위 60,376,530엔을 엔화정기예금의 만기일에 선물환율(11.0306원/1엔)에 의하여 원고에게 매도하되 이를 담보하기 위하여 위 엔화정기예금에 질권을 설정해 주는 내용의 선물환계약을 체결하였으며, 이로써 고객은 엔화정기예금의 만기일에 원금 60,376,530엔과 이자 8,500엔을 지급받되, 그 이자에 관하여는 소득세 원천징수세액 1,401엔을 차감한 7,099엔을 당시의 현물환율(10.9509원/1엔)에 의하여 환전한 77,740원을 수령하고, 그 원금에 관하여는 사전에 약정한 선물환율(11.0306원/1엔)에 의하여 환전한 665,989,351 원을 수령함으로써 당초 예치금액 660,000,000원과의 차액인 5,989,351원의 이익을 얻었다.

피고는 고객이 받은 선물환차익도 소득세법 제16조 제1항 제3호 및 제13호 혹은 제9호, 소득세법 시행령 제24조 등에 의하여 소득에 해당한다고 보아 과세처분을 하였다.

Ⅲ. 가장행위론에 의한 조세회피행위 규제

우리나라의 기존 사례에서는 사법상의 가장행위의 개념을 기준으로 하여 조세회피행위에 대해 접근하는 모습을 보여주었으나, 그 체계가 명확하게 표현되지 못하였다.

1. 가장행위 부인사례 ([사례 2])

[사례 2]에 관해 원심법원(서울고등법원 1990.2.21. 88구11560 판결)은 제1토지의 양도로 인한 양도소득세의 상당 부분을 절감하기 위하여 그 사이에 원고와 전혀 동일한 입장에 처하여 있는 위 A와의 사이에 형식적으로 두 토지에 대한 교환합의에 의한 양도행위가 있었던 것으로 함으로써 형식적으로 이루어진 것에 불과할 뿐 실질적으로 원고와 위 망인 간에 교환에 의한 양도행위가 있었다고 보기 어렵다고 판시하였으나, 대법원(대법원 1991.5.14. 90누3027 판결)은 원고와 A가 서로의 토지를 교환하고 각자 교환취득한 토지를 다시 B은행에 양도한 것이 과중한 양도소득세의 부담을 회피하기 위한 행위라 해도 **위와 같은 토지 교환행위는 가장행위에 해당한다는 등 특별한 사정이 없는 이상 유효하다**고 보아야 할 것이므로 이

를 부인하기 위하여는 권력의 자의로부터 납세자를 보호하기 위한 조세법률주의의 법적 안정성 또는 예측가능성의 요청에 비추어 법률상 구체적인 근거가 필요하다 할 것[9]인바, 이를 부인하게 된 구체적인 법률상 근거를 심리도 하지 아니한 채 원고와 갑이 서로의 토지를 교환하고 각자 교환취득한 토지를 다시 을 은행에 양도한 일련의 과정을 실질적으로는 원고가 교환 전의 소유 토지를 을 은행에 양도한 것으로 본 원심판결은 조세법률주의 내지 실질과세의 원칙에 관한 법리오해 또는 심리미진의 위법을 저지른 것이라고 하여 원심파기하고 환송하였다.

2. 가장행위 인정사례

매도인이 건설회사가 아파트건축을 위하여 토지를 매수한다는 사실을 알면서도 법인 앞으로 양도하게 되면 실지거래가액에 따른 양도소득세를 부담하게 된다는 이유로 회사의 대표이사 개인 명의로의 양도를 고집하여 그와 같은 내용의 계약서를 작성하고 대표이사 개인 앞으로 소유권이전등기를 경료하였다가 후에 회사 앞으로 소유권이전등기를 경료한 경우, 대법원(대법원 1991.12.13. 91누7170 판결)은 매도인과 대표이사 개인 간에 체결된 계약과 그로 인한 소유권이전등기는 회사가 부동산을 실질적으로 매수함에 있어 매도인이 양도소득세의 중과를 피할 목적에서 대표이사 개인 명의를 중간에 개입시킨 가장매매행위라 보아 매도인이 법인에게 부동산을 양도한 것으로 판단하였다.

한편 세무사인 갑은 1978.4.12. A토지를, 그 처인 을은 1989.9.4. A토지에 접한 B토지를 1/2지분씩 취득하였고, 갑과 을은 1995.6.22. A · B토지 위에 상가건물을 건축하여 공동으로 부동산임대사업을 하였다. 갑과 을은 2008.5.27. 제3자에게 A · B토지와 상가건물을 포함한 부동산임대업 전체를 대금 82억 원에 양도하였는 데, A, B토지의 양도가액은 위 금액을 토지와 건물의 각 기준시가를 기준으로 안분계산한 실지거래가액으로, 취득가액은 교환거래로 인하여 실지거래가액을 확인할 수 없다고 보아 교환 취득시 환산가액으로 하고, 상가건물의 경우 취득 및 양도 당시 기준시가로 환산한 가액(취득시 환산가액)으로 하여 A, B토지와 건

9) 당사자의 행위를 부인하기 위해서는 개별적이고 구체적인 부인규정이 있어야 한다는 대법원판례는 실질과세원칙의 존재적 의의라는 측면, 실질과세원칙과 조세법률주의와의 관계 등에서 문제가 있다는 견해로는 김의석, "실질과세원칙의 적용에 관한 접근방식", 「조세법연구」 18권 2호(2012.8.), 28-29면.

물의 양도소득세 신고를 하였다. 이에 대해 대법원(대법원 2013.12.26. 2013두15583 판결)은 "원심은 서로 연접한 이 사건 각 토지는 상가건물의 부지로 사용되고 있어 경제적 차이가 거의 없고, 일방이 토지면적의 손해를 감수하면서 교환거래를 할 뚜렷한 이유도 없으며 오히려 이 사건 교환거래로 인하여 양도소득세와 각종 거래비용만 생기는 점, 이 사건 교환거래를 그대로 인정할 경우 교환없이 그대로 양도하는 경우에 비하여 양도소득세가 상당히 감소되는 점, 갑은 30여 년간 세무사업을 영위하여 온 세금전문가이고, 갑과 을은 2007.7.31.에도 각자의 다른 부동산을 교환하였다가 2007.11.1. 제3자에게 양도한 후 같은 방법으로 양도소득세를 산정하여 신고하기도 하였던 점에 비추어 원고들 사이의 교환거래를 가장행위로 보았고 이는 타당하다"고 판시하고, "다만 이 사건 교환거래를 가장행위로 보는 이상 국세기본법 제14조 제3항의 적용 여부는 별도로 따져 볼 필요가 없음을 지적해 둔다"고 추가적으로 판단하고 있다.[10)]

3. 소 결

가장행위론을 적용한 사례와 그렇지 않은 사례 사이에서 차이가 발생하는 것은 일단 구체적 타당성을 고려한 결과라고 보더라도, 실제 유사한 사안에서 문제해결에 도움이 될 수 있는 뚜렷한 기준을 찾기 어렵다. 특히 대법원 91누7170 판결에 대하여 매도인이 일단 법인과 사이에서 부동산 매매여부나 가격에 관한 합의를 한 뒤, 부동산을 개인과 법인에게 순차로 매도하는 합의가 있고, 대법원은 전자의 합의가 진정한 것이고, 후자의 합의는 진정한 효과의사가 없다고 보는 것인데, 매도인인 원고의 입장에서 보면, 세법상 유리한 개인에게 판다는 것이 오히려 진정한 효과의사로 볼 수 있으므로, 위 판결에 과연 민사법상 통정허위표시론을 적용할 수 있을지 의구심을 가질 수 있다.[11)]

---

10) 갑과 을 사이에는 A, B 토지를 교환하려는 진정한 효과의사가 있다고 볼 수 있으므로, 과연 갑과 을 사이의 토지교환행위를 민법상의 가장행위로 볼 수 있을지 의문이다. 오히려 국세기본법 제14조 제3항이 적용되는 경우라고 보아야 하지 않을까 싶다. 동지: 최선재, "조세회피행위의 규제에 관한 최신 판례의 동향 연구", 「조세법연구」 제22권 제2호(2016.8.), 48-49면.

11) 윤지현, 실질과세원칙과 가장행위에 관한 고찰, 중앙법학, 9집 2호(하)(2007), 중앙법학회, 933면. 민법상 가장행위는 본질상 소극적 개념이기 때문에 당사자가 한 행위가 가장행위에 해당한다는 것은 당사자가 한 행위의 사법상 효력을 부인하는 효과만을 가져올 뿐이고 나아가 적극적으로 사실을 재구성 내지는 평가하여 실질에 따른 과세를 하기 위해서는 '순수한 가장행위론'만으로는 충분하지 않다고 하는 견해로는 김의석, 전게 논문, 16-17면.

경우에 따라서는 대법원은 다음과 같이 가장행위론을 실질과세의 원칙과 관련이 있는 듯 판시함으로써 사법과 세법의 적용이 혼재되어 있는 듯한 느낌을 주기도 한다.

> 거래의 상대방을 누구로 볼 것인가의 문제는 법률행위 해석의 문제로서 계약의 내용과 당사자의 의사를 기초로 하여 판단하여야 할 것이지만, 실질과세의 원칙상 단순히 계약서상의 명의에만 의존할 것이 아니라, 당사자의 의사와 매매대금의 실질적인 출연자 등 계약의 실질적인 내용을 종합적으로 고려하여 판단하여야 할 것이고, 거래의 법적 형식이나 명의, 외관 등이 경제적 실질과 다를 경우에는 후자를 기준으로 판단하여야 하므로 실질적으로는 개인과 법인 사이의 거래이면서 형식적으로 중간에 자연인을 개재시킨 경우에 그 중간의 거래가 가장행위라고 인정되는 때에는 과세상 의미를 가지지 아니하는 그 가장행위를 사상하고, 그 뒤에 숨어 있는 실질에 따라 개인과 법인 간의 거래로 보아야 한다(대법원 1992.5.22. 91누12103 판결).

민법상 통정허위표시론, 즉 가장행위 이론을 위 사례에 적용하여 보면 [사례 4]에서 주식선물환매수약정 자체를 통정허위표시로 보기는 어렵다. [사례 1]은 법인설립행위가 문제되므로 통정허위표시로 볼 만한 계약 자체가 존재하지 않는다. 또한 폐업회사의 주식양수행위를 통정허위표시로 효력을 부인한다고 하여 법인설립 여부판단에 어떠한 영향을 미친다고 보기는 어렵다. 결국 [사례 2](교환을 통한 양도소득세 회피 사건)만 가장행위론이 적용될 여지가 있다. 그러나 가장행위 여부에 대하여는 판례가 직접적으로 판단하고 있지 않지만, 당사자가 교환거래에 기하여 소유권을 이전한 행위, 이후 법인에게 각자 양도한 행위가 민사소송으로 문제되었다면 가장행위로 판단하기는 쉽지 않아 보인다. 이와 같이 가장행위론을 통한 조세회피행위규제는 그 적용대상과 영역에서 매우 제한적이다.

다만 [사례 3]에서 대법원 전원합의체 판결(대법원 2012.1.19. 2008두8499 판결)은 개별 세법상의 구체적인 부인 규정이 없다고 하더라도, 국세기본법상 실질과세의 원칙 조항만으로도 규제가 가능하다는 입장을 취하고 있다. 뿐만 아니라 동 판결의 보충의견은 다음과 같이 판시함으로써, 세법에서 파악할 때의 가장행위와 사법의 가장행위는 다를 수 있다는 대전제를 새로이 제시함으로써 기존의 접근법과는 다른 전제에서 출발하여 실질과세의 원칙이 직접 적용될 수 있는 영역을 창설하는 전기轉機를 마련하고 있다.

> 대법원은 그동안 당사자가 선택한 법률관계에 대하여 그것이 가장행위에 해당하지 않는 한 개별적이고 구체적인 부인 규정 없이 실질과세의 원칙에 의하여 조세회피행위에 해당한다는 이유로 그 효력을 부인할 수 없다는 입장을 여러 사건에서 밝힌 바가 있다. 그러나 거기에서 언급하고 있는 가장행위를 민법 제108조 등에서 그 효력을 인정하지 않는 가장행위와 동일한 개념으로 이해할 필요는 없다. 당사자들 사이에 내심의 의사가 결여된 민법상의 통정허위표시는 그 사법상의 효력도 없으므로 굳이 실질과세의 원칙을 적용할 필요도 없이 그 과세요건 해당성은 가장행위의 배후에 은닉된 실제거래행위를 기준으로 판단하면 된다. 정작 실질과세의 원칙을 적용할 필요가 있는 영역은 그와 같은 민법상 가장행위의 정도에는 이르지 못하지만 외관과 실질이 괴리되어 있고 그 실질을 외면하는 것이 심히 부당하다고 볼 수 있는 경우이다. …… 판례가 실질과세원칙의 적용과 관련하여 가장행위가 아닌 한 행위의 효력을 부인하여서는 안 된다고 한 것을 역으로 민법상 가장행위에 해당하는 경우에만 실질과세원칙을 적용할 수 있다고 이해할 것은 아니라고 할 것이다. 이 사건에서도 설사 이 사건 자회사들이 이 사건 주식 등의 취득에 의한 법률적 효과까지 원고에게 귀속시키고자 하는 내심의 의사가 있었던 것은 아니어서 이 사건 주식 등의 취득이 민법상 가장행위에 해당한다고는 할 수 없다고 하더라도 그것만으로 실질과세의 원칙에 의하여 원고에게 납세의무를 인정하는 것이 종전 판례 법리에 어긋난다고 할 것은 아니라고 하겠다.

Ⅳ. 세법의 해석을 통한 조세회피행위 규제

1. 일반적 조세회피방지규정으로서 국세기본법 제14조

우리 세법에서 조세회피를 방지하기 위한 일반규정으로 국세기본법 14조가 있다. 국세기본법 제14조는 2종류의 원칙으로 구성되어 있다, 하나는 실질귀속원칙이고, 다른 하나는 실질계산원칙이다. 국세기본법 제14조 제1항은 "과세의 대상이 되는 소득, 수익, 재산, 행위 또는 거래의 귀속이 명의일 뿐이고 사실상 귀속되는 자가 따로 있을 때에는 사실상 귀속되는 자를 납세의무자로 하여 세법을 적용한다"고 하여 실질귀속원칙에 관해 규정하고 있다. 실질귀속원칙에 관해서는 비교적 적용빈도가 높은데, 명의신탁 혹은 명의대여의 경우 명의자가 아니라 소득의 실질귀속자에게 소득세과세를 인정하는 것이 대표적 사례라고 할 수 있다.

조세회피부인의 직접적인 이론적 근거규정으로 취급되는 것은 실질계산원칙이다. 국세기본법 제14조 제2항은 실질계산원칙에 관해서 구체적으로 '세법 중 과세표준의 계산에 관한 규정은 소득, 수익, 재산, 행위 또는 재산의 명칭 혹은 형식을 조세회피부인의 직접적인 이론적 근거규정으로 취급되는 것은 실질계산원칙이다. 국세기본법 제14조 제2항은 실질계산원칙에 관해서 구체적으로 '세법 중 과세표준의 계산에 관한 규정은 소득, 수익, 재산, 행위 또는 재산의 명칭 혹은 형식을 묻지 않고 그 실질내용에 의해 적용한다'고 규정하고 있다. 형식과 실질이 다른 경우 실질내용에 의해 과세표준에 관한 규정을 적용하지 않으면 안 된다는 이유는 조세의 공평부담이다.[12)]

2007.12.31. 자로 신설된 국세기본법 제14조 제3항은 "제3자를 통한 간접적인 방법이나 둘 이상의 행위 또는 거래를 거치는 방법으로 이 법 또는 세법의 혜택을 부당하게 받기 위한 것으로 인정되는 경우에는 그 경제적 실질 내용에 따라 당사자가 직접 거래를 한 것으로 보거나 연속된 하나의 행위 또는 거래를 한 것으로 보아 이 법 또는 세법을 적용한다"고 규정하고 있다. 새로 신설된 제3항은 납세자가 영업상의 정당한 이유 없이 간접적 거래방법 또는 다단계 거래방식을 취한 경우에는 "경제적 실질"에 의하여 과세물건의 귀속을 결정하거나 과세표준을 계산한다는 취지로서 실질귀속원칙과 실질계산원칙을 적용하는 2가지의 구체적 경우를 예시한 것이다.[13)]

2. 차용개념의 해석

차용개념이란 "증여"나 "임대"처럼 조세법 조문에 등장하는 개념이지만 그 개념이 연원적으로는 다른 법률(주로 민사법)에서 형성된 개념인데 조세입법자가 과세요건을 규정하면서 그 개념들을 "차용"한 것들이다. 해당 개념을 원래 그 개념이 형성되었던 법 영역에서와 동일한 의미로 조세법에서도 이해해야 하는지, 아니

---

12) 국세기본법 제14조 제2항의 문언은 과세표준 계산에 있어서 필요한 실질들을 찾아 과세한다는 내용이외 이를 어떠한 기준에서 어떻게 실질을 과세할 것인가에 대한 방법론적 내용을 담지 못하고 있으므로, 이들 문제에 관한 판단기준을 경제행위의 주관적인 측면과 객관적인 측면을 모두 반영하되, 주로 객관적인 요소들을 통해서 주관적인 요소들의 존재를 찾는 방향으로 접근하는 판단 구조를 활용할 수 있도록 법제도를 보완하여야 한다는 견해로는 정승영, 국세기본법상 실질과세의 원칙에 대한 연구, 성균관대학교 법학박사학위논문, 2012, 282면 참조.

13) 국세기본법 제14조 제3항의 도입에 따라 개별적인 부인규정 없이도 실질과세의 원칙을 구체적 사안에 적용하여 거래의 재구성을 할 수 있게 되었다는 점에서는 창설적인 효과를 갖는다고 평가하는 견해로는 최선재, 전게 논문, 23면.

면 동일한 개념이라고 할지라도 세법에서는 민법 또는 상법과 다른 의미로 해석할 수 있는 것인지 여부가 문제된다.

차용개념의 해석과 관련하여 대법원은 세법에서 별도의 정의규정을 두고 있지 않는 한, 특별한 사정이 없다면, 차용개념의 세법 독자적 해석을 부정해야 한다는 입장이다. 대표적인 판례가 [사례 1]이다. 이 사건에서 대법원은 “법인의 설립에 관한 민법과 상법의 각 규정에 의하면, 법인의 설립에는 기본적으로 설립행위와 설립등기가 필요하고, 법인은 설립행위를 거쳐 설립등기를 함으로써 성립함과 동시에 법인격을 취득하게 되어(민법 제33조, 상법 제171조 제1항, 제172조 등 참조) 그로써 법인의 설립은 완성되는 것이므로, 설립등기 없는 법인의 설립은 있을 수 없고, 일단 법인이 설립등기로써 성립된 이후에는 그 법인격이 소멸되지 않는 한 같은 설립등기에 의한 새로운 법인의 설립도 있을 수 없는 것이다.

위의 법리는 법인설립절차를 규율하는 기본법인 민법과 상법이 규정하는 바로서 법인설립에 관한 기본원칙이 되고 있고, 법인의 설립등기는 다른 법인등기 또는 상업등기와는 달리 창설적 효력을 가지며 그에 관한 규정은 강행규정인 점, 기타 관계 규정의 형식과 내용 등을 종합적으로 고려할 때, 지방세법에서 ‘법인의 설립’에 관하여 위와 같은 일반적인 법리와는 다른 별도의 정의 규정을 두고 있지 아니한 이상, 구 지방세법 제138조 제1항 제1호와 제3호에서 규정하는 ‘법인의 설립’ 역시 ‘설립등기에 의한 설립’을 뜻하는 것으로 해석하여야 할 것이다.”라고 판시하였다[14].

3. 엄격해석의 원칙

조세법규의 해석방법도 다른 법규의 해석방법과 기본적으로는 동일하다. 그래서 문언 중심적 해석, 체계적 해석, 역사적 해석, 목적적 해석방법은 세법에도 타당하다. 하지만, 조세법규의 해석방법과 관련하여 다른 법분야와는 달리 소위 “엄격해석원칙”이 문제된다. 조세법규는 납세자의 재산권을 침해하는 측면이 있으므로 엄격하게 해석해야 한다는 것이다. 이를 달리 표현해 본다면 조세법규는 문언

14) [사례 1]에서 대법원이 “주식의 인수, 법인의 임원, 자본, 상호, 목적사업의 변경”의 실질이 무엇인지 검토하지 않고 바로 그러한 사실 자체에 해당 법령을 적용할 것이 아니라 위 사실에 실질과세원칙을 적용하여 위 사실을 재구성한 연후에, 지방세법에 규정된 법인의 ‘설립’에 대한 해석을 하는 것이 타당할 것이라는 견해로는 김의석, 전게 논문, 37-38면.

그대로 해석하는 것이 원칙이라는 것이다. 대법원이 엄격해석원칙을 조세법해석의 한 방법으로 주장하는 논거는 조세법률주의이다. 조세법률주의는 납세자의 재산권보호를 위한 것이고, 그러한 납세자의 재산권보호를 위해 조세법규는 예측가능성이 확보되어야 하며 그러한 예측가능성확보를 위해 성문조세법규를 제정하는 것이므로 해석을 통해 성문조세법규의 문언적 의미를 초과해서 확장해석을 하게 되면 조세법규를 성문화해 둔 취지가 유명무실화될 수 있다는 것이다.

엄격해석의 예로 들 수 있는 것이 [사례 4]이다. 이 사건에서 대법원은 다음과 같이 판시하고 있다.

> 이 사건 엔화선물환거래를 구성하는 엔화현물환매도계약과 엔화정기예금계약 및 엔화선물환매수계약이 서로 다른 별개의 법률행위로서 유효하게 성립한 것이므로 그로 인한 조세의 내용과 범위는 그 법률관계에 맞추어 개별적으로 결정되는 것이지 그 거래가 가장행위에 해당한다거나 실질과세의 원칙을 내세워 유기적으로 결합된 하나의 원화예금거래라고 보기 어려우므로, 이 사건 엔화스왑 예금거래를 통하여 고객이 얻은 선물환차익은 자본이익의 일종인 외환매매이익에 불과할 뿐 구 소득세법 제16조 제1항 제3호 소정의 예금의 이자 또는 이와 유사한 소득으로 볼 수 없어 같은 항 제13호 소정의 이자소득세의 과세대상에 해당하지 않는다고 판단하고, 나아가 구 소득세법 제16조 제1항 제9호는 채권 또는 증권을 환매조건부로 매매함으로써 계약 시부터 환매조건이 성취될 때까지 금전사용의 기회를 제공하고 환매시 대가로 지급하는 일정한 이익을 이자소득으로 보아 과세하는 것인데 이 사건 선물환차익은 채권 또는 증권의 환매조건부 매매차익 또는 그와 유사한 것으로 보기 어렵고, 설령 그와 유사하다고 하더라도 구 소득세법 제16조 제1항 제9호와 구 소득세법 시행령 제24조 소정의 환매조건부 매매차익은 채권 또는 증권의 매매차익만을 대상으로 하고 있으므로, 구 소득세법 제16조 제1항 제13호가 유형적 포괄주의의 형태로 규정되어 있다고 하여 이를 근거로 채권이나 증권이 아닌 외국통화의 매도차익인 **이 사건 선물환차익에 관하여도 이자소득세의 과세대상이라고 확대해석하는 것은 조세법률주의의 원칙에 비추어 허용할 수 없다.**

4. 소 결

[사례 1]에서 원심(서울고법 2007.12.4. 2007누12691 판결)은 새로운 법인이 설립된 것과 실질적으로 아무런 차이를 찾을 수 없고, 지방세법의 규정 형식 등에 비추어 지방세법의 '설립'의 개념은 상법상 회사설립과 동일하지 않고 실질적인

설립행위를 포함한다고 보아 목적론적 확장해석[15)]을 긍정한 바 있으나, 이와 같은 해석은 '설립'이라는 문언의 한계를 벗어난 것이라 하지 않을 수 없다.

[사례 4]에서도 하급심(서울행정법원 2009.1.13. 2008구합12825 판결)은 이 사건 계약은 현물환거래, 엔화정기예금거래 및 선물환거래가 독립하여 별도로 이루어진 것이 아니라 그 형식이나 명칭에도 불구하고 위와 같은 거래요소들이 서로 밀접한 연관성을 가지고 하나로 통합되어 이루어진 원화 정기예금에 유사한 계약에 해당하므로 선물환계약을 통하여 수취한 이익은 '국내에서 받은 예금의 이자'와 유사한 소득으로 금전의 사용에 따른 대가로 보아 이자소득의 부과를 긍정한 바 있으나, 이는 오히려 세법의 '해석'이 아니라 세법의 '적용'을 통한 조세회피행위의 규제에 가까운 것으로 보인다.

대법원 2012.1.19. 2008두8499 전원합의체 판결과 같이 실질과세원칙과 조세법률주의의 관계가 대립관계에 있는 것이 아니라 상호보완적이고 불가분적인 관계에 있는 것으로 양자의 관계를 본다면 [사례 1]과 [사례 4]에 있어서도 세법의 적용단계에서 실질과세원칙을 적극적으로 고려해 볼 수 있을 것이다.

V. 세법의 적용을 통한 조세회피행위 규제

국세기본법 제14조의 실질과세원칙에 있어서 '실질'이 무엇인가 하는 것에 관해서는 법적 실질설과 경제적 실질설이 대립하여 왔다. 법적 실질설은 법적으로 형식과 실질이 불일치하는 경우에 (사)법적인 실질에 따라 세법상의 실질을 이해하려는 반면, 경제적 실질설은 법적 형식과 경제적 실질이 불일치하는 경우에 경제적 실질에 초점을 두어 세법상 실질을 이해하고자 한다. 실질과세원칙의 직접적용과 관련해서 이들 견해들 모두 기본적으로 사법상으로 '유효'한 거래 및 행위에 대해서만 실질과세원칙이 적용될 수 있다는 점을 전제로 한다.

---

15) 세법의 해석과 관련하여 최소한 법률에 명백한 편집 또는 표현상의 실수가 있는 경우와 법률의 문언을 그대로 해석하고 적용하는 경우에 극히 불합리한 결과에 도달하는 경우라면 목적적 해석을 시도할 수 있다고 하는 견해로는 이동식 · 안경봉, "한국에 있어서 조세법의 해석 · 적용", 「조세학술논집」 제30집 제2호(2014), 121면 참조.

1. 귀속의 실질

(1) 대법원 2012.1.19. 2008두8499 전원합의체 판결([사례 3])

국세기본법 제14조 제1항의 귀속의 실질규정을 적용하여 조세회피를 위한 다단계적 행위에 대하여 당사자의 재구성을 인정한 판례로는 [사례 3]을 들 수 있다. 즉 모회사가 자신의 자금으로 국내 투자대상회사의 주식을 직접 취득할 수 있었음에도 오로지 구 지방세법 제105조 제6항에 의한 간주취득세 납세의무를 회피하기 위하여 직접 주식을 취득하지 않고 사업상 필요성이 없었던 자회사를 그 투자시점에 2개 설립하여 각 50%씩 주식을 취득하도록 함으로써 주식보유 비율이 51% 이상의 주주취득에 적용되는 간주취득세를 회피한 사안에서, 대법원 2012. 1.19. 2008두8499 전원합의체 판결은 개별적 세법규정에 근거하지 않고 조세의 부담을 회피할 목적으로 과세요건사실에 관하여 실질과 괴리되는 비합리적인 형식이나 외관을 취하는 경우에 그 형식이나 외관에 불구하고 실질에 따라 과세할 수 있다는 법리에 근거하여 납세의무자가 선택한 법률적 형식을 부인하였는 바, '당해 주식이나 지분의 귀속 명의자는 이를 지배·관리할 능력이 없고 그 명의자에 대한 지배권 등을 통하여 실질적으로 이를 지배·관리하는 자가 따로 있으며, 그와 같은 명의와 실질의 괴리가 위 규정의 적용을 회피할 목적에서 비롯된 경우에는, 당해 주식이나 지분은 실질적으로 이를 지배·관리하는 자에게 귀속된 것으로 보아 그를 납세의무자로 삼아야 할 것'이라고 하면서, 그 경우에 해당하는지 여부는 당해 주식이나 지분의 취득 경위와 목적, 취득자금의 출처, 그 관리와 처분과정, 귀속명의자의 능력과 그에 대한 지배관계 등 제반 사정을 종합적으로 고려하여 판단하여야 할 것이다라고 판단하였다.

위 대법원 전원합의체 판결은 법인의 형식을 갖추고 있음에도 불구하고 그 소득을 지배·관리할 능력이 없고, 실질적으로 해당 법인의 주주 등이 당해 소득을 지배·관리하여 '명의와 실질의 괴리'가 발생한 사정이 있고, 그러한 명의와 실질의 괴리가 오로지 국내 조세회피만을 목적으로 법인을 설립하는 등의 방법으로 초래된 사정이 있다면, 실질과세원칙에 의하여 법인의 소득귀속자 지위를 부인할 수 있다는 법리적 기준을 제시하였다. 즉 대법원 판례에 의하면, 납세의무자가 전적으로 또는 주로 조세회피를 목적으로 우회적 또는 다단계의 거래를 하는 등의 방법으로 부당하게 조세부담을 회피하여 거래형식 선택의 자유를 남용한 것으로 평가될 수 있는 경우[16]에는 실질과세 원칙을 규정하고 있는 국세기본법 제14조를 근거로 하여 당해 재산이나 소득의 귀속 관계를 '재구성re-characterization'한 후 그렇게 재구성된 조세법적 법률관계에 기초하여 세법을 적용하게 된다. 위 사안에서 사법상 법률관계에도 불구하고, 세법상으로는 이 사건 자회사들이 국내 투자대상회사의 주식을 취득한 자금이 모두 모회사에 의해 제공되고 그 주식의 취득 및 처분의 의사결정이 실질적으로 모회사에 의해 이루어졌다는 등의 사실관계를 고려하여, 이 사건 자회사들의 주식 취득을 부인하고 모회사가 국내 투자대상회사의 주식을 직접 취득, 소유하는 과점주주라고 조세법적 법률관계를 재구성한 후 이를 기초로 모회사에게 구 지방세법 제105조 제6항을 적용하여 취득세를 과세한 것이다.

(2) 후속 대법원 판례의 입장

외국단체의 실체성 및 소득귀속자 지위에 대한 대법원의 판단이 여러 차례 이어졌는데, 이는 크게 두 가지 유형으로 구분할 수 있다. 첫째, 형식상 외국법인으로 설립된 외국단체의 실체성을 부인하는 경우이고, 둘째, 법인으로 설립되지 않은 외국단체에 대하여 그 실체성을 존중하는 경우이다. 첫째의 경우는 실질과세원칙을 적용하여 법인의 형식을 갖추고 있으나 그 외국법인이 형식적 거래당사자에 불과하여 명의상 지배·관리와 실질적 지배·관리가 괴리되어 있고 그와 같은 괴리가 오로지 조세회피의 목적에서 비롯된 경우에는 외국법인의 소득귀속자의 지위를 부인하는 것이고, 둘째의 경우는 법인의 형식을 갖추고 있지 않은 외국단체라도 사법적 성질을 따져 구성원로부터 독립된 별개의 권리의무의 귀속주체가 된다면 그 외국단체의 소득귀속자의 지위를 인정하는 것이다.[17]

---

16) 대법원 전원합의체판결은 조세회피목적이 인정되지 않는 경우까지 경제적 실질적의 적용을 관철하지 않겠다는 입장을 파악하는 견해로는 황남석, 실질과세원칙의 적용과 관련된 최근 판례의 동향 및 쟁점, 「조세법연구」 23권 1호(2017), 68면.

17) 종전에는 외국법인에 대한 정의규정이 마련되지 않아, 외국단체가 외국법인에 해당되는지의 판정방법에 관해 두 가지 견해가 있었다. 하나는 외국단체의 사법적 성질을 따져서 그 단체가 국내법의 어느 단체에 가까운가에 따라 외국법인 여부를 결정하는 방법이고, 다른 하나는 세법의 관점에서 외국단체의 그 나라에서의 세법상의 취급을 따져서 외국법인 여부를 결정하는 방법이다. 이에 대해 대법원(대법원 2012.1.27. 2010두5950 판결)은 전자의 견해를 지지하는 입장을 취하였다. 이에 법인세법 제1조 제3호; 법인세법시행령 제1조 제2항에서 판례의 이러한 판시를 반영하여 외국법인의 정의규정을 도입하게 되었다. 백제흠, 인적·물적시설이 없는 외국법인 본점과 소득귀속자 판단기준, 「세법의 논점」, 박영사, 2016, 321면.

소득귀속자의 지위가 존중된 대표적 사례로서 우선 해외지주회사의 경우[18]가 있고, 다음으로 집합투자기구로서 기능하는 외국의 유한파트너십에 대하여 다수의 대법원 판결[19]은 소득귀속자의 지위를 인정하고 있다. 즉, 외국 유한파트너십이 설립한 외국 투자목적회사의 실체성 및 소득귀속자의 지위를 부인하면서도, 그 유한파트너십에 대하여는 주식의 인수를 통하여 국내기업의 가치를 증대시킨 다음 주식을 양도하는 방법으로 높은 수익을 얻으려는 뚜렷한 사업목적을 가지고 설립된 영리단체이므로 오로지 조세를 회피할 목적으로 설립된 것으로 볼 수 없고, 주식을 실질적으로 지배·관리할 능력이 없는 명목상의 영리단체에 불과하다고 볼 수 없다고 판단하여 해당 단체의 실체성 및 소득귀속자의 지위를 인정하고 있다.

한편 소득귀속자의 지위가 부인된 사례로서 재무적 투자자에 속하는 펀드들이 조세조약의 혜택을 받기 위하여 (한국에 투자하기 직전에 1회성으로 대표적인 조세피난처에 별도의 사무실이나 직원 없이 소액의 자본금으로 설립된) 투자목적회사를 통하여 국내에 투자한 사례들에서는 대부분 해당 법인의 실체성 및 소득귀속자의 지위가 부정되었다. 대표적으로 대법원 2012.4.26. 2010두11948 판결을 들 수 있다. 대법원 2012.4.26. 2010두11948 판결(일명 '라살레' 판결)의 사안은 다음과 같다.

> 영국의 유한파트너십인 원고들이 한국내 부동산에 대한 투자를 위하여 설립되었고, 설립 당시부터 부동산 투자수익에 관한 세부담을 회피할 수 있는 투자구조를 설계하기 위하여 벨기에 등 조세회피가 가능한 각국의 조세제도를 연구하였으며, 그 과정에서 원고들은 벨기에 법인에 귀속되는 한국 내 주식의 양도소득에 대하여는 한국 정부가 과세할 수 없다는 한·벨 조세조약 제13조 제3항을 적용받을 목적으로 그들이 룩셈부르크에 설립한 이 사건 룩셈부르크 법인들을 통하여 이 사건 벨기에 법인들을 설립하였고, 이 사건 벨기에 법인들은 이 사건 유동화전문유한회사의 주식 전부를 약 47억원에 인수한 다음 위 회사를 주체로 내세워 이 사건 부동산을 매수하여 보유하던 중 이 사건 주식을 영국법인에게 약 430억원에 매각함으로써 이 사건 양도소득을 얻었는데, 이 사건 주식의 인수대금과 이 사

18) 대법원 2014.7.10. 2012두16466 판결에서는 해외 지주회사의 실체성 및 소득귀속 여부 판단과 관련하여 회사의 설립 목적과 설립 경위, 사업활동 내역, 임직원 및 사무소의 존재, 주식매각과 관련한 의사결정과정, 매각자금의 이동 등과 같은 제반 사정 등을 고려할 때, 해당 해외지주회사를 주식양도소득이 귀속되는 수익적 소유자로 볼 수 있다고 판단하였다.

19) 대법원 2013.7.11. 2010두20966 판결(이른바 뉴브리지 캐피탈 판결); 대법원 2013.7.11. 2011두4411 판결(이른바 AIG 판결) 등. 대법원 2013.7.11. 2010두20966 판결이 '유한파트너쉽(Limited Partnership) 형태로 조세피난처에 설립된 외국계펀드'가 뚜렷한 사업목적을 가지고 설립된 영리단체이므로 그 명의 소득을 지배·관리할 능력이 있다고 판단하였다.

건 부동산의 매수대금은 모두 원고들이 이 사건 벨기에 법인들의 이름으로 지급하였으며, 이 사건 주식의 인수와 양도, 이 사건 부동산의 매수 등 전 과정을 원고들과 그들의 투자자문사가 주도적으로 담당하였다. 이 사건 주식의 양수인인 영국법인은 한·벨 조세조약 제13조 제3항에 의하여 주식양도로 인한 소득은 양도인의 거주지국에서만 과세되도록 규정되어 있다는 이유로 이 사건 벨기에 법인들에게 주식 양도대금을 지급하면서 이 사건 양도소득에 관한 법인세를 원천징수하지 않았다. 이에 대하여 과세관청은 이 사건 벨기에 법인들은 조세회피목적을 위하여 설립된 명목상의 회사에 불과하여 이 사건 양도소득의 실질적인 귀속자가 될 수 없고, 그 실질적인 귀속자인 원고 등에게는 한·벨 조세조약 제13조 제3항이 적용될 수 없다는 이유로 이 사건 양도소득에 대한 법인세를 부과하는 처분을 하였다.

위 과세처분에 대하여 대법원은 이 사건 벨기에 법인들은 이 사건 주식의 인수와 양도에 관하여 형식상 거래당사자의 역할만을 수행하였을 뿐 그 실질적 주체는 영국의 유한파트너십인 원고 등인데, 이러한 형식과 실질의 괴리는 오로지 조세회피의 목적에서 비롯되었으므로, 실질과세의 원칙에 의하여 이 사건 양도소득의 실질적 귀속자를 원고 등으로 보아야 하는 데, 이들은 영국법인이어서 한·벨 조세조약 제13조 제3항이 적용될 수 없다고 판시하였다. 즉 대법원은 <u>실질과세의 원칙이 법률과 같은 효력을 가지는 조세조약의 해석과 적용에 있어서도 이를 배제하는 특별한 규정이 없는 한 그대로 적용된다는 전제</u>에서, 이 사건 주식의 양도 거래가 벨기에 법인 등과 영국법인 사이의 거래가 아닌 영국법인 등과 영국법인 사이에서 발생한 것으로 조세법적 법률관계를 재구성한 후 그에 따라 한·벨 조세조약을 적용하지 않은 것이다. 이에 따르면 조세조약을 적용하기 위해서는 먼저 ① 일정한 사실관계를 확정하고(예컨대, 벨기에 법인이 우리나라 주식을 매각하고, 이에 대하여 양도소득을 얻음), ② 여기에 국내 세법을 적용한 후, 다시 ③ 조세조약을 적용하여 내국세법상의 법률효과를 제한하는 논리적 과정을 거치게 되는데, 이 중 최초의 사실관계(사법상형식적 거래관계) 확정 단계 직후(즉, ①단계 직후 ②단계 직전)에 제반 사정을 고려하여 실질과세 원칙에 따라 재산이나 소득의 귀속관계를 재구성하여 조세법적 법률관계를 확정하고, 이를 전제로 ②국내 세법 및 ③조세조약을 적용하게 된다.

(3) 소 결

조세회피를 위한 다단계적 행위에 대하여 판례는 귀속의 실질에 관한 국세기본법 제14조 제1항을 폭넓게 적용해온 것으로 보인다. 특히 [사례 3]에서 종래의 가장행위론에 기대지 않고 직접 국세기본법 조항을 적용하여 행위의 당사자를 확정함으로써 조세회피행위에 대하여 민사법적 해결보다는 세법자체의 적용을 통하여 문제를 해결하였다는 점에서 일종의 Leading Case 역할을 하는 것으로 보인다. 결국, 위 전원합의체판결은, 가장행위 이론을 적용하여 사실인정을 통한 재구성에 국한되었던 기존 판례의 태도를 넘어 국세기본법 제14조 제1항을 직접 적용하여 재구성을 허용함으로써, 실질과세원칙에 대하여 한 걸음 나아간 것으로 평가할 수 있다. 이를 통하여 명목회사를 이용한 경우는 기존의 가장행위 이론을 대체하고, 가장행위 이론으로 과세할 수 없었던 조세회피 행위의 경우는 이에 대응하고자 한 것으로 보인다.

다만 [사례 3]과 같이 당사자가 조세를 회피하기 위하여 제3자를 끼워 넣는 형식을 취하는 경우 취득세의 과세연도가 모두 국세기본법 제14조 제3항이 시행되기 이전의 사안이었으므로, 해당 재판에서 적용될 여지가 없었다고는 하지만 국세기본법 제14조 제3항에서 "'제3자를 통한 간접적인 방법'으로 …… (중략) …… 경우에는 그 경제적 실질내용에 따라 당사자가 직접 거래한 것으로 보거나"라고 규정하고 있는 점에 비추어 국세기본법 제14조 제3항이 직접 적용되는 것이 바람직하다고 본다.[20]

2. 국세기본법 제14조 제3항에 의한 조세회피행위규제

2007년 개정 국세기본법에 따르면 정부는 국제조세조정에 관한 법률에 있는 조세회피방지규정을 국세기본법에도 규정함으로써 국제거래뿐만 아니라 국내 거래까지 적용됨을 명확화하기 위해 국세기본법을 개정하게 되었다. 즉 제3자 거래(예컨대, 우회거래, 예컨대 교환계약을 통한 양도소득세 회피나 변칙파생상품거래를 통한 법인세 회피) 또는 다단계거래(예컨대, 2회 이상의 제3자 거래) 등을 통해 조세를 부당하게 감소시키는 것으로 인정되는 경우 그 경제적 실질에 따라 직접 거래 또

20) 동지: 정재희, 조세회피행위규제의 법적용단계별 고찰, 「사법논집」 제56집, 제57집(2013), 330면.

는 연속된 하나의 행위・거래로 세법을 적용한다는 것이다(국세기본법 제14조 제3항). 이로써 실질과세원칙을 조세회피방지규정으로 인식할 수 있는 가능성이 높아졌다는 것과 2008년부터는 국제거래에 대해 조세조약과 국제조세조정에 관한 법률이 적용되는 경우뿐 아니라 어느 세법이 적용되든 모든 거래에 대해 이른바 단계거래원칙의 적용이 가능하게 되었다. 이와 같은 제정법상 조세회피 일반규정[21)] 은 우리와 같이 세법에 관해 엄격해석을 하는 태도를 취하고, 사법개념에의 의존도가 높을수록 더욱 필요한 것으로 판단된다.

그런데 단계거래원칙은 일반적 조세회피방지규정의 핵심적인 내용에 해당하는 것으로서 국세기본법 제14조 제3항에 관한 당초의 입법취지대로 한다면 그간 실질과세원칙상 내용 또는 계산에 관한 실질의 의미에 대한 논쟁에 종지부를 찍는 효과가 기대된다. 그럼에도 불구하고 단계거래원칙의 조세회피방지규정으로서 완전한 효과를 기대할 수 있는가 하는 문제는 여전히 남아 있다. 단계거래원칙은 일반적 조세회피방지규정이 적용될 만한 대표적인 경우이기는 하지만 그것이 결코 모든 조세회피행위를 포섭하지는 못한다. 조세회피행위를 규제하기 위한 목적이라면 동 규정은 보다 포괄적으로 확대될 필요는 없는가 하는 의문이 남게 된다.[22)]

예컨대 A가 B회사의 주식을 소유하고 있다. 주식의 취득 후 주식가격이 내려가자, A는 그 評價損을 실현하고자 하였다. 그리하여 A는 그 주식을 증권거래소에 내다팔았고, 그 다음날 자신이 1인 주주로 있는 C회사가 B회사의 주식을 동일한 수량만큼 사들였다면 거래를 부당하다고 할 것인가? 물론 사전에 A와 C 사이에 사전 합의가 없었던 경우는 거래가 증권거래소에서 특수관계없는 자들 사이에 이루어진 것이므로 조세회피행위로 볼 여지가 없다고 할 수도 있으나, 국세기본법 제14조 제3항 소정의 단계거래원칙에 의하여 C에 대한 매도행위가 당초 의도된 것이고, A와 B 사이의 거래와 B와 C 사이의 거래의 간격이 짧은 시간 안에 이루

---

21) 국세기본법 제14조 제3항을 부당한 우회거래 또는 다단계거래를 규제하는 개별규정에 불과한 것으로 보는 견해로는 최성근, "실질과세원칙에 관한 법리와 규정에 대한 분석 및 평가", 「조세법연구」 제19권 제2호(2013.8.), 145면.

22) 국세기본법 제14조 제3항 역시 그 규제대상인 거래형태가 복잡한 구조의 간접적, 다단계로 규정되어 있다는 점만 다를 뿐 그 실질적 내용은 동조 제2항을 보다 구체화한 것으로서 궁극적으로는 당사자의 진정한 내심의 효과의사 파악을 통한 사실인정을 기초로 해당 행위가 세법상의 과세요건을 충족하는지 여부를 가리는 기준으로서 작용한다는 견해로는 임승순 외 1인, 조세회피행위의 부인과 사실인정에 의한 부인, 「조세법연구」 18권 3호(2012), 718면 참조.

어진 것이라면 일응 그 거래는 부당하다[23]고 할 것이다.

또한 A가 그 자신이 소유하는 B회사에다 액면가로 주식을 양도하고, 며칠 후 B회사는 그 주식을 특수관계없는 C에게 시가로 매도하였다면, A는 C에게 시가로 매도한 것으로 볼 것인가? 대법원(대법원 2001.3.27. 2000두1355 판결)은 을회사가 갑회사의 주식을 특수관계 있는 대주주 병에게 양도한 다음 날 대주주 병이 그 양수받은 주식을 고가로 정회사에 양도한 사안에서, 을회사는 정회사가 갑회사의 경영권을 장악하기 위하여 주식을 시가보다 훨씬 높은 가격에 매수하려 한다는 사실을 알았거나 아니면 적어도 이를 예상하면서도 정회사와 매매계약을 체결하기 전날 대주주 병에게 주식을 양도함으로써 그 차액 상당의 이익을 대주주 병에게 분여한 것이므로 법인세법 소정의 이익분여행위라고 보고 시가와 양도가액의 차익을 을회사에 익금산입한 것은 타당하다고 판단하고 있다. 그러나 국세기본법 제14조 제3항을 적용함으로써 C에 대한 매도행위가 당초 의도된 것이고, A와 B 사이의 거래와 B와 C 사이의 거래의 간격이 짧은 시간 안에 이루어진 것이라면 A는 C에게 시가로 주식을 판매한 것으로 볼 수도 있을 것이다.

기존 판례는 전술한 바와 같이 가장행위 이론에 따라 실질적인 거래형식을 부인하거나 거래를 재구성하여 왔다. 그에 따라 원칙적으로 당사자들이 선택한 법률관계를 존중하였고, 조세회피 의도 등이 명백히 드러나는 예외적인 경우에만 사실인정의 영역에서 이를 적용하여 왔다. 이러한 태도는 2017년에 들어와 다소 변화가 있었는데, 국세기본법 제14조 제3항과 규정형식이 동일한 구 상속세 및 증여세법(2013.1.1. 법률 제11609호로 개정되기 전의 것, 이하 '구 상증세법'이라 한다) 제2조 제4항[24]에 대한 사례들에서였다. 즉 대법원 2017.2.15. 2015두46963 판결은 납세의무자가 선택한 법률관계를 존중하여야 한다고 하면서도, 국세기본법 제14조 제3항과 규정형식이 동일한 구 상증세법 제2조 제4항의 적용요건을 다음과 같

23) 이와 같은 행위가 부당한 것은 고정자산과 장기투자자산의 평가차손의 손금산입을 금하는 법인세법 제22조를 우회적인 거래행위에 의하여 면탈하는 것이기 때문이다. 국세기본법 제14조 제3항의 '부당성'은 '형식의 부당성'을 의미하는 것으로 국가 입장에서 세수손실이 있는지 여부를 파악하고자 하는 '결과의 부당성'과는 구분하여야 한다는 견해로는 정승영, 전게 박사학위논문, 221-222면 참조.

24) 구 상속세및증여세법 제2조(증여세 과세대상) ④ 제3자를 통한 간접적인 방법이나 둘 이상의 행위 또는 거래를 거치는 방법으로 상속세나 증여세를 부당하게 감소시킨 것으로 인정되는 경우에는 그 경제적인 실질(實質)에 따라 당사자가 직접 거래한 것으로 보거나 연속된 하나의 행위 또는 거래로 보아 제3항을 적용한다.

이 제시하며, 그에 따른 재구성을 인정하였다.

> 구 상증세법 제2조 제4항, 제3항에 의하여, 당사자가 거친 여러 단계의 거래 등 법적 형식이나 법률관계를 재구성하여 직접적인 하나의 거래에 의한 증여로 보고 증여세 과세대상에 해당한다고 하려면, [i] 납세의무자가 선택한 거래의 법적 형식이나 과정이 처음부터 조세회피의 목적을 이루기 위한 수단에 불과하여 그 재산이전의 실질이 직접적인 증여를 한 것과 동일하게 평가될 수 있어야 하고, [ii] 이는 당사자가 그와 같은 거래형식을 취한 목적, [iii] 제3자를 개입시키거나 단계별 거래 과정을 거친 경위, [iv] 그와 같은 거래방식을 취한 데에 조세부담의 경감 외에 사업상의 필요 등 다른 합리적 이유가 있는지 여부, [v] 각각의 거래 또는 행위 사이의 시간적 간격, [vi] 그러한 거래형식을 취한 데 따른 손실 및 위험부담의 가능성 등 관련 사정을 종합하여 판단하여야 한다.

그에 따라 남매사이인 갑과 을, 을의 배우자 병이 각자 소유 중인 X 회사 주식을 각각의 자녀들에게 교차증여한 것에 대하여 구 상증세법 제2조 제4항에 따라 그 실질을 갑, 을, 병이 각자 자신의 자녀들에게 X 회사 주식을 직접 증여한 것으로 보아 한 과세처분을 적법하다고 하였다. 대법원 판례의 원심(서울고법 2015.6.17. 2014누62625 판결)이 제1심 판결이유를 인용하여 "교차증여는 가장행위에 불과하고 …… 실질적인 법률관계는 직계존속이 자신의 주식을 직계비속에게 증여한 것"이라고 보았지만, 대법원 판례는 이를 가장행위로 보는 것은 부적절하다고 하면서 위와 같은 내용의 판시를 한 것이다. 즉, 기존의 가장행위 이론이 적용되지 않는 영역에 대하여 구 상증세법 제2조 제4항에 따라 실질에 맞게 재구성하는 것을 허용한 것이다.

한편 대법원 2017.12.22. 2017두57516 판결은 다음과 같은 사안에서 국세기본법 제14조 제3항에 따라 과세대상으로 삼을 수 있는지 여부를 검토하고 있다.

원고는 네덜란드 소재 다국적 기업인 TNT 그룹의 국내 계열사로, TNT 그룹 내 지주회사인 TNT EWW의 완전자회사이고, TNT Finance는 TNT 그룹 계열사의 채권·채무정산, 자금관리 및 대여 등을 담당하고 있다. TNT 그룹의 지배구조 및 원고가 한 일련의 이 사건 거래 내역을 간단하게 나타내면 아래 [그림]과 같다.

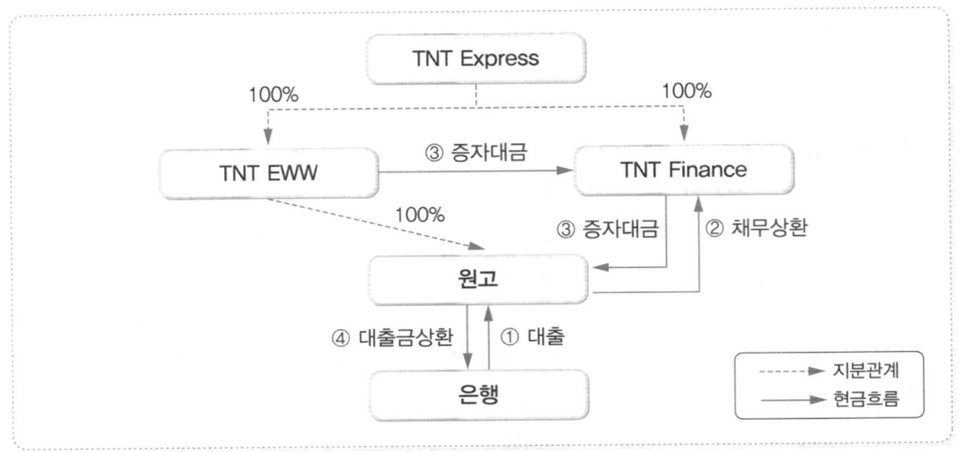

진행단계	시점	
① 대출	10.10.04	11.02.22
② 채무상환		
③ 증자결의		
③ 증자대금	10.10.06	11.02.25
④ 대출상환		

[대법원 2017두57516 판결의 사실관계]

출처: 곽상민, "2017년 국세기본법 판례회고", 「조세법연구」 24권 1호(2018.4.), 266면.

원고는 2010.10.6. 유상증자를 실시하였는데, 발행 신주는 완전모회사인 TNT EWW가 전부 인수하였다. [①・②] 원고는 위 유상증자에 앞서 2010.10.4. 국내 은행 등으로부터 약 520억 원을 대출받아, 이를 이용하여 TNT Finance에 대한 장기차입금 채무를 상환하였다. [③・④] 원고는 위 유상증자로 마련한 자금을 이용하여 은행 등에 대한 대출금 채무를 상환하였다. 원고는 2011.2.경에도 위와 같은 형태로, 유상증자를 통하여 T Finance에 대한 120억 원 상당의 운송용역비 등 채무를 상환하였다.

피고는 ⅰ) TNT EWW 및 TNT Finance는 TNT 그룹 내 재무부서, 기획부서에 불과한 명목상 법인으로 TNT 그룹의 최종 모회사의 도관회사에 불과하다, ⅱ) 국세기본법 제14조 제3항에 따라 원고의 '은행 대출－TNT Finance에 대한 채무 상환-유상증자-은행 대출금 상환'이라는 일련의 거래를 재구성하면, 모회사

(위 그림에서의 TNT Express)가 원고에 대한 채권을 출자하여 신주를 인수한, 즉 하나의 채권(채무)의 출자전환 거래로 볼 수 있고, 원고가 이로 인하여 채무면제이익을 얻었다는 이유로 원고에게 법인세를 부과하였다.

대법원 2017두57516 판결은 다음과 같이 언급하면서, 이 사건 거래의 실질을 피고와 같이 최종 모회사의 원고에 대한 채권의 출자전환으로 볼 수 없다고 한 원심(서울고법 2017.7.25. 2017누35822 판결) 판단을 수긍하였다.

> 국세기본법에서 제14조 제3항을 둔 취지는 과세대상이 되는 행위 또는 거래를 우회하거나 변형하여 여러 단계의 거래를 거침으로써 부당하게 조세를 감소시키는 조세회피행위에 대처하기 위하여 그와 같은 여러 단계의 거래 형식을 부인하고 실질에 따라 과세대상인 하나의 행위 또는 거래로 보아 과세할 수 있도록 한 것으로서, 실질과세의 원칙의 적용 태양 중 하나를 규정하여 조세공평을 도모하고자 한 것이다. 그렇지만 한편 납세의무자는 경제활동을 할 때에 동일한 경제적 목적을 달성하기 위하여 여러 가지의 법률관계 중의 하나를 선택할 수 있고 과세관청으로서는 특별한 사정이 없는 한 당사자들이 선택한 법률관계를 존중하여야 하며(대법원 2001.8.21. 2000두963 판결 등 참조), 또한 여러 단계의 거래를 거친 후의 결과에는 손실 등의 위험 부담에 대한 보상뿐 아니라 외부적인 요인이나 행위 등이 개입되어 있을 수 있으므로, 그 여러 단계의 거래를 거친 후의 결과만을 가지고 그 실질이 하나의 행위 또는 거래라고 쉽게 단정하여 과세대상으로 삼아서는 아니 된다.

그러면서 대법원 2017두57516 판결이 다시 언급한 원심판결의 이유는 원고의 모회사인 TNT EWW와 TNT Finance는 각각 독자적인 실체를 가지고 고유한 목적사업을 수행하는 그룹 내 중간지주회사 내지는 금융회사이므로 이들을 도관으로 보기 어려운 점, 원고의 이 사건 거래는 유상증자를 통하여 재무구조를 개선한 것으로 뚜렷한 동기 내지 목적이 있는 행위로 평가되는 점, 이 사건 모회사가 채권자가 아니므로 채권의 출자전환이 불가능한 점 등을 들고 있다. 대법원 2017두57516 판결은 국세기본법 제14조 제3항을 직접 언급한 최초의 판례라는 점에서 그 의미가 있다. 다만 이 사건에서는 최종적으로 그 적용을 부인한 까닭에 별도로 그 요건[25]을 언급하지는 않았다.

---

25) 미국 조세회피사건에 있어서 주관적 목적(사업목적기준)의 고려, 오스트레일리아의 일반조세회피방지규정인 Part Ⅳ A의 § 177D도 거래의 지배적인 목적이 무엇인가를 조세회피행위 부인의 한 요건으로 삼고 있다는 것을 근거로 들어 조세회피의도를 조세회피행위부인의 근거로 고려해야 할 것이라는 견해로는 최정희, "조세회피사건에 있어서 주관적 요건의 고려여부에 대한

Ⅵ. 나가며

지금까지 판례를 중심으로 민사법 및 세법의 각 해석·적용단계에서 조세회피행위의 규율이 어떻게 이루어져왔는지, 향후 조세회피행위규제를 어떠한 방향으로 접근하는 것이 바람직할지에 대하여 개관하여 보았다. 특히 종래에 대법원판례에 의해서 조세회피행위를 규율하는 주요 수단으로 사용되었던 가장행위론은 그 적용 영역이 매우 한정되어 있고, 실제 민사법 이론과 상당 부분 괴리가 있으므로 더 이상 조세회피행위를 규제하는 수단으로 적용되기에는 무리가 있다.

세법의 해석론을 통한 조세회피행위 규율방식은 해당 조문 자체를 해석함에 있어 세법의 목적을 고려한다든가 차용개념에 대해 사법과 달리 세법 고유의 해석을 통해 문제를 해결하려는 입장이다. 그러나 위와 같은 접근법은 그에 대한 명확한 기준을 설정해야 하는 막대한 부담에 직면할 것이고, 적용 기준의 불명확성에 대한 비판을 면하기 어렵다. 따라서 세법해석에 의한 조세회피행위규제도 한계를 넘어서기 어렵다.

세법의 적용에 관한 국세기본법 조항을 통한 접근방식은 개별 세법규정 자체를 건드리지 않고 당해 사안에서 당사자가 추구하려고 했던 목적에 비추어 구체적인 해결을 도모하는 이론이므로 일반적이고 추상적인 기준을 정립해야 한다는 부담에서 벗어난다. 국세기본법 제14조 제1항의 실질귀속원칙은 조세부담을 회피하기 위하여 형식적 당사자를 내세워 행위하였을 때, 배후의 행위 주체를 간파하여 조세회피행위를 부인할 수 있는 유용한 수단이 될 수 있다. 또한 2007년 말에 신설된 국세기본법 제14조 제3항을 실질귀속원칙과 실질계산원칙 2가지 원칙이 적용되는 경우를 예시한 일반적인 조세회피규정으로 보고, 그 적용유형과 주관적 요건 등을 이론과 판례의 집적을 통하여 구체화해 나갈 경우 조세회피행위에 대하여 효과적인 규율이 가능할 것으로 보인다.

연구",「법학논고」제48집(2014.11.), 106면.

집필진 약력

※ 이하 기재는 '가나다' 순에 따른다.

■ 권영준

서울대학교 법과대학 졸업
서울대학교 법학박사
서울지방법원 등 판사
현, 서울대학교 법학전문대학원 교수

■ 권오승

서울대학교 법과대학 졸업
서울대학교 법학박사
공정거래위원회 위원장
현, 서울대학교 명예교수 · 대한민국학술원 회원

■ 김상용

서울대학교 법과대학 졸업
서울대학교 법학박사
독일, 훔볼트 학술상(Humboldt Forschungspreis) 수상
현, 연세대학교 명예교수 · 대한민국학술원 회원

■ 김상중

고려대학교 법과대학 졸업
독일 쾰른(Köln)대학교 법학박사
현, 고려대학교 법학전문대학원 교수

■ 김영문

고려대학교 법과대학 졸업
독일 프라이부르크(Freiburg)대학교 법학박사
현, 전북대학교 법학전문대학원 교수

■ 김인현

한국해양대학교 항해학과, 고려대학교 법과대학 졸업
고려대학교 법학박사
현, 고려대학교 법학전문대학원 교수

■ 김학동

서울대학교 법과대학 졸업
서울대학교 법학박사
현, 서울시립대학교 명예교수

■ 김형석

서울대학교 법과대학 졸업
독일 트리어(Trier)대학교 법학박사
현, 서울대학교 법학전문대학원 교수

■ 남효순

서울대학교 법과대학 졸업
프랑스 낭시Ⅱ(Nancy Ⅱ)대학교 법학박사
현, 서울대학교 법학전문대학원 교수

■ 석광현

서울대학교 법과대학 졸업
서울대학교 법학박사
김 · 장 법률사무소 변호사
현, 서울대학교 법학전문대학원 교수

■ 손경한

서울대학교 법과대학 졸업
일본 국립오사카대학교 법학박사
성균관대학교 법학전문대학원 교수
현, 법무법인 화현(Jung & Sohn) 변호사

■ 손흥수

서울대학교 동양사학과 졸업
서강대학교 대학원 석사 과정 수료
대전지방법원 천안지원 부장판사
현, 법무법인(유한)바른 변호사

■ 안경봉

서울대학교 법과대학 졸업
서울대학교 법학박사
현, 국민대학교 법과대학 교수

■ 양창수

서울대학교 법과대학 졸업
서울대학교 법학박사
대법관
현, 서울대학교 명예교수 · 한양대학교 석좌교수

■ 엄동섭

서울대학교 법과대학 졸업
서울대학교 법학박사
현, 서강대학교 법학전문대학원 교수

■ 오진환

서울대학교 법과대학 졸업
서울북부지방법원 부장판사
현, 세계법무법인 변호사

■ 윤진수

서울대학교 법과대학 졸업
서울대학교 법학박사
수원지방법원 부장판사
현, 서울대학교 법학전문대학원 교수

■ 윤철홍

숭실대학교 법과대학 졸업
독일 프라이부르크(Freiburg)대학교 법학박사
현, 숭실대학교 법과대학 교수

■ 이동진

서울대학교 법과대학 졸업
서울대학교 법학박사
서울중앙지방법원 등 판사
현, 서울대학교 법학전문대학원 교수

■ 이상정

서울대학교 법과대학 졸업
서울대학교 법학박사
현, 경희대학교 명예교수

■ 이상태

서울대학교 법과대학 졸업
서울대학교 법학박사
현, 건국대학교 명예교수

■ 이시윤

서울대학교 법과대학 졸업
서울대학교 법학박사
헌법재판소 재판관, 감사원장
현, 법무법인 대륙아주 변호사

■ 이승우

서울대학교 법과대학 졸업
성균관대학교 법학박사
현, 성균관대학교 명예교수

■ 이철우

서울대학교 법과대학 졸업
런던정경대(LSE) 법학박사
현, 연세대학교 법학전문대학원 교수

■ 전광석

연세대학교 법과대학 졸업
독일 뮌헨(München)대학교 법학박사
현, 연세대학교 법학전문대학원 교수

■ 정경영

서울대학교 법과대학 졸업
서울대학교 법학박사
현, 성균관대학교 법학전문대학원 교수

■ 최영홍

서울대학교 법과대학 졸업
고려대학교 법학박사, 변호사
현, 고려대학교 법학전문대학원 교수

[청헌 김증한 교수 30주기 추모논문집 간행위원회]

위원장 김용담 변호사(법무법인 세종)

위 원 권오승 교수(서울대학교)

위 원 김학동 교수(서울시립대학교)

위 원 손경한 변호사(법무법인 화현)

위 원 양창수 교수(한양대학교)

청헌 김증한 교수 30주기 추모논문집

우리 법 70년 변화와 전망 –사법을 중심으로–

2018년 10월 10일 초판 인쇄
2018년 10월 15일 초판 1쇄 발행

저 자 청헌 김증한 교수 30주기 추모논문집 간행위원회

발행인 배 효 선

발행처 도서출판 法 文 社

주 소 10881 경기도 파주시 회동길 37-29
등 록 1957년 12월 12일/제2-76호(윤)
전 화 (031)955-6500~6 FAX (031)955-6525
E-mail (영업) bms@bobmunsa.co.kr
(편집) edit66@bobmunsa.co.kr
홈페이지 http://www.bobmunsa.co.kr
조 판 법 문 사 전 산 실

정가 60,000원 ISBN 978-89-18-09181-5